أ ب ت ث ج ح خ د ذ ر ز س ش ص ض ط ظ ع غ ف ق ك ل م ن ه و ي

Langenscheidt Taschenwörterbuch
Arabisch

لانجنشايت
قاموس الجيب للغة العربية

لانجنشايت
قاموس الجيب
للغة العربية

عربي – ألماني

ألماني – عربي

تأليف

الدكتور لورنس كروبفيتش

الدكتور جورج كروتكوف

لانجنشايت

برلين · ميونيخ · ڤيينا · زيوريخ · نيويورك

Langenscheidt Taschenwörterbuch Arabisch

Arabisch – Deutsch
Deutsch – Arabisch

von Dr. Lorenz Kropfitsch
und Prof. Dr. Georg Krotkoff

Herausgegeben von der
Langenscheidt-Redaktion

Langenscheidt

Berlin · München · Wien · Zürich · New York

Ergänzende Hinweise, für die wir jederzeit dankbar sind,
bitten wir zu richten an:
Langenscheidt Verlag, Postfach 40 11 20, 80711 München
redaktion.wb@langenscheidt.de

Satz: Drukkerij Orientaliste, Leuven
Druck: Graph. Betriebe Langenscheidt, Berchtesgaden/Obb.
Printed in Germany · ISBN 978-3-468-11062-7

8. * 08 07

Inhaltsverzeichnis محتويات القاموس

Teil I

Arabisch-Deutsch

von

Dr. Lorenz Kropfitsch

Vorwort zum Teil Arabisch-Deutsch

Nachdem nunmehr über 20 Jahre seit dem Erscheinen des ersten arabisch-deutschen Taschenwörterbuchs vergangen sind, können Verfasser und Verlag eine vollständige Neubearbeitung vorlegen. Das Taschenwörterbuch konnte sich schon sehr bald einen Platz unter den Nachschlagewerken für die arabische Schriftsprache erobern, weil es gelungen war, ein Konzept zu entwickeln, um trotz des beschränkten Raums dem Benutzer eine Fülle von lexikalischer Information zu bieten.
Ziel der vorliegenden Neubearbeitung war es, diesen Informationsgehalt, ohne dabei den vorgegebenen Rahmen zu sprengen, zu aktualisieren und weiter auszubauen. Zu diesem Zweck wurde der Inhalt genau überprüft und inzwischen veraltetes Wortgut ausgeschieden. Dafür wurden nach sorgfältiger Prüfung moderne Wörter, Termini und Bedeutungen neu aufgenommen. Besondere Beachtung fanden dabei die Sprache der Presse sowie die grundlegenden Begriffe aus Kultur, Politik, Wirtschaft und Technik. Auch etliche hochsprachliche Regionalismen, umgangssprachliche Wendungen sowie im schriftlichen Kontext zu findende Dialektwörter konnten berücksichtigt werden.
An der streng alphabetischen Anordnung der Stichwörter, von der lediglich die erweiterten Verbalstämme ausgenommen bleiben, wurde festgehalten, da sie offensichtlich einen rascheren Zugriff auf das Gesuchte gewährleistet.
Die Hinweise für die Benutzung, die Erläuterungen zur Aussprache des Arabischen, das Verzeichnis der Abkürzungen, sowie im Anhang der kurze Überblick über die arabische Grammatik, die Konjugationstabellen, die Liste der Zahlwörter und die Zusammenstellung der unterschiedlichen Monatsnamen sollen dem Benutzer den Umgang mit seinem Nachschlagewerk erleichtern und ihm helfen, sich den vollen Wert dieses handlichen Taschenwörterbuchs zu erschließen.
Mit dieser Neufassung, die nicht zuletzt das Ergebnis seiner mehr als zwanzigjährigen Unterrichtserfahrung als Lektor in Germersheim ist, hofft der Autor, dem Benutzer – vor allem Studierenden und Reisenden – ein zuverlässiges und informatives Hilfsmittel an die Hand geben zu können.

VERFASSER UND VERLAG

مقدمة

بعد مضي أكثر من عشرين عاما على إصدار الطبعة الأولى من قاموس الجيب هذا، يسر المؤلف ودار النشر لانجنشايت أن يقدما طبعة جديدة منقحة له. وقد تمكن هذا القاموس خلال فترة قصيرة من الزمن من تبوء مكانة مرموقة بين المعاجم العربية الألمانية، ومرد ذلك إلى اتباع أسس معجمية موضوعية وترتيبية شكلية كفيلة بتزويد المستعمل بوفرة من المعلومات رغم حجم القاموس المحدود نسبيا.

وكان الهدف من تقديم هذه الطبعة الجديدة هو تحديث محتواها والإضافة إليها بقدر الإمكان مع عدم الخروج عن الإطار المرسوم لهذا المشروع. فقد قمنا تحقيقا لذلك بتدقيق المفردات الواردة في المعجم وكذلك ترجماتها المعطاة واستبعدنا الألفاظ المهملة وأدخلنا بدلا منها مفردات ومصطلحات ومعاني عصرية خاصة في ميادين الثقافة والسياسة والاقتصاد والتقنيات مراعين في ذلك قبل كل شيء لغة الصحافة العربية، كما تمت إضافة عدد غير قليل من الألفاظ التي يقتصر استعمالها على قطر عربي معين دون سواه، علاوة على بعض الكلمات والتعابير العامية التي قد يعثر عليها المستعمل خلال قراءته للصحف والمجلات العربية.

لقد أبقينا على ترتيب المفردات حسب رسمها العربي وليس أصلها المجرد إذ من الواضح أن تلك الطريقة تضمن للمستعمل سرعة إيجاد كلمته المنشودة أو المعنى المطلوب علما بأن مزيدات الأفعال ما زالت مستثناة من هذه القاعدة بحيث ترد كلها تحت الأصل المجرد للفعل أي الجذر.

وبجانب متن المعجم يحتوي هذا القاموس على إرشادات للاستعمال باللغتين الألمانية والعربية وتوضيح للنطق العربي بما في ذلك أسس الكتابة الصوتية العربية، وقائمة بالاختصارات كما يتضمن في ملحقه لمحة عن الصرف والنحو العربيين وقائمة بالأعداد العربية وقائمة بأسماء الشهور المختلفة الشائعة في العالم العربي، وقد يجد المستعمل في كل ذلك ما يساعده على الاستفادة من هذا القاموس استفادة تامة.

ونأمل ونحن نقدم هذه الطبعة الجديدة المنقحة مستعينين في ذلك بتجربتنا التدريسية في كلية العلوم اللغوية المطبقة في غرمرسهايم منذ أكثر من عشرين عاما، أن نكون قد وفقنا إلى إعداد معجم يعول عليه وتعم فائدته المستعملين العرب والألمان على حد سواء وخاصة منهم الطلاب والسياح.

المؤلف والناشر

Hinweise zum Teil Arabisch-Deutsch

إرشادات هامة لاستعمال الجزء الأول من القاموس (عربي – ألماني)

1. Die **arabischen Stichwörter** sind entsprechend dem arabischen Schriftbild in der Reihenfolge des arabischen Alphabets aufgeführt. Wörter mit demselben Schriftbild sind durch hochgestellte Indexziffern voneinander getrennt. Verben – falls vorhanden – sind dabei an erster Stelle angeführt. Es folgen die übrigen Wortarten entsprechend ihrer Vokalisation. Für die Reihenfolge aufgrund der Vokale gilt: [a] vor [u] und [i], z.B.

> [1]**عرض** [ʕarɒđɒ] (Verb), [2]**عرض** [ʕarɒđ], [3]**عرض** [ʕarđ], [4]**عرض** [ʕurđ], [5]**عرض** [ʕirđ]

رتبت مفردات المعجم ترتيبا أبجديا بحسب رسمها العربي وليس بحسب أصلها المجرد، والمفردات ذات الرسم الواحد قد رقمت بأرقام صغيرة مرفوعة. وإذا كانت ثمة أفعال في باب رسم معين فقد وردت قبل الأسماء والحروف التي تليها بحسب تشكيلها. ففي ترتيب المفردات على أساس حركاتها اعتمدت القاعدة التالية: الفتحة أولا فالضمة فالكسرة.

Die wichtigsten Länder- und Eigennamen sind unter die Stichwörter aufgenommen.

وقد أدرجت في متن المعجم أيضا أهم أسماء الأقطار والأعلام.

2. Die **Wiederholung des Schriftbildes** eines Stichworts (bei Verben: des Grundstammes oder eines erweiterten Stammes, siehe unten 5.) ist durch eine **Tilde** (~) angezeigt:

> **مجلس** [madʒlis] ... النواب ~ (= مجلس النواب)

الـ~ bedeutet Stichwort mit Artikel; ~ة (wenn letzter Buchstabe nach links unverbunden), ~ـة (wenn letzter Buchstabe nach links verbunden) bedeutet Stichwort mit Femininendung; ~ه (unverbunden), ~ـه (verbunden) bedeutet Possessiv- (bei Substantiven) oder Objektsuffix (bei Verben), etc.

علامة التكرار المنفصلة:

يشار إلى تكرار المفردة بالعلامة ~، وفي حالة الأفعال تشير هذه العلامة إلى تكرار الأصل المجرد أو الأوزان المزيدة منها، انظر المثل المذكور أعلاه.

علامة التكرار المتصلة:

الـ~ تشير إلى المفردة معرفة بـ«الـ»، وتشير ~ة أو ~ـة إلى المفردة الملحق بها تاء التأنيث، وتشير ~ه و ~ـه إلى ضمير الملكية إذا لحق باسم أو إلى المفعول به إذا لحق بفعل.

3. Den meisten Substantiven folgt die zugehörige **Pluralform.** Die inneren Plurale werden in arabischer Schrift und Umschrift angegeben, die äußeren Plurale nur durch die Endung in Umschrift angedeutet. Die Pluralangabe fehlt, wenn der Plural leicht aufgrund der Regeln zu bilden ist (vgl. die Grammatikübersicht im Anhang). Pluralformen stehen immer nach einem Komma, dem die Abkürzung *pl.* folgt. Ein *pl.* unmittelbar nach der Aussprachebezeichnung eines arabischen Wortes kennzeichnet dieses als eine Pluralform. Ein *pl.* nach einem Strichpunkt bedeutet, daß das Stichwort bei Verwendung im Plural die darauffolgend angegebene Bedeutung hat. Der Zusatz (2) nach einer Pluralform – sowie in einigen anderen Fällen, besonders beim Elativ, auch nach der Singularform — weist auf deren diptotische Flexion hin. (Vgl. Grammatikübersicht 2.8).

حسنة [ḥasana], *pl.* [-aːt] gute Tat; *pl.* Vorteile *m/pl.*

معظم الأسماء متبوعة بصيغة الجمع فيعطى جمع التكسير في رسمه العربي والكتابة الصوتية له بينما لا يشار إلى الجمع السالم إلا بإيراد اللاحقة الخاصة به وذلك بكتابة صوتية. أما الألفاظ النادرة وأسماء الفاعل والمفعول المستعملة كصفة فلا تذكر لها صيغة الجمع في الحالات التي يمكن فيها الاهتداء إلى جمعها حسب القواعد المعروفة بسهولة. وصيغ الجمع دائما مسبوقة بفاصلة يليها الاختصار *pl.* . وإذا كانت الكتابة الصوتية لمفردة عربية متبوعة بهذا الاختصار فمعنى ذلك أن هذه المفردة عادة ما تستخدم في صيغة الجمع فقط. أما إذا كان هذا الاختصار مسبوقا بفاصلة منقوطة فيشير ذلك إلى أن المفردة لها المعنى المذكور بعد ذلك إذا ما وردت في صيغة الجمع. وإذا كانت صيغة جمع ما متبوعة بـ(2) فمعنى ذلك أن تلك الصيغة ممنوعة من الصرف، ونفس الشيء ينطبق على مفرد أفعل التفضيل الوارد في القاموس وعلى بعض الألفاظ الأخرى الواردة في صورها المفردة.

4. Das **Genus** der arabischen Substantive ist meist aus der Endung zu erkennen und bleibt dann unbezeichnet. Nur in den wenigen Fällen, wo Wörter ohne weibliche Endung weiblich oder mit weiblicher Endung männlich sind, steht ein *m* oder *f* unmittelbar nach der Aussprachebezeichnung des arabischen Wortes. Sind Femininformen von Substantiven oder Adjektiven angegeben, so stehen sie nach einem Komma, dem ein *f* und dann die entsprechende Form folgt.
Das Genus der deutschen Substantive ist mit *m*, *f* und *n* angegeben. -(r) bzw. -(s) weisen bei attributiven Adjektiven und substantivierten Partizipien auf das Genus hin: *große(s) Gefäß = [das] große Gefäß; Gefangene(r) = [der] Gefangene; [die] rituelle Waschung.*

جنس الأسماء العربية يمكن معرفته في الغالب من نهاية الكلمة ولا ضرورة في هذه الحالات إلى الإشارة إليه. وفقط في الحالات القليلة النادرة التي تكون فيها الكلمة مؤنثة بدون تاء التأنيث، مثل أرض، أو تكون مذكرة مع أنها تنتهي بتاء التأنيث، مثل علّامة، ففي هذه الحالات تضاف بعد الكتابة الصوتية مباشرة الإشارة *f* إلى الاسم إذا كان مؤنثا والإشارة *m* إذا كان مذكرا. وإذا ذكرت الصيغ المؤنثة للأسماء أو الصفات فإنها ترد بعد الفاصلة المتبوعة بـ *f*. أما جنس الأسماء الألمانية فيشار إليه بـ*m* أو *f* أو *n*. ولم نشر بشيء إلى الصفات المذكرة والمحايدة وأسماء الفاعل والمفعول التي تدل على جنسها نهاياتها الموضوعتان بين قوسين (r)- و (s)- والمحذوفتان في حالة استخدام أداة التعريف، انظر الأمثلة المذكورة أعلاه.

5. Die **Verben** werden wie üblich in ihrer einfachsten Form (3. Person *m/sg.* des Perfekts) angeführt. Auf die Umschrift folgt, abgetrennt durch ein Komma, der **Imperfektvokal**.
Dem unbezeichneten ersten oder Grundstamm des Verbs folgen in herkömmlicher Weise die mit römischen Ziffern bezeichneten **erweiterten Stämme** mit der Umschrift des Perfekts allein, da das Imperfekt hier immer durch das Paradigma gegeben ist. (Vgl. die Konjugationstabellen im Anhang.) Das arabische Schriftbild des II. Stammes ist dann weggelassen, wenn es dem des Stichwortes, also des Grundstammes, entspricht:

[1]**علم** [ʕalima, a] … **II** [ʕallama] … **IV** أعلم [ʔaʕlama] … **V** تعلم [taʕallama] … **X** استعلم [isʼtaʕlama] …

Andere Wortarten sind entweder durch Abkürzungen kenntlich gemacht oder aus der Übersetzung ohne weiteres zu erkennen.

ترد الأفعال كما هي العادة في أبسط صيغها وهي المذكر للغائب فتكون الكتابة الصوتية للفعل متبوعة بحركة المضارع التي تليها بعد فاصلة. وجريا على عادة المستشرقين في الإشارة بأرقام رومانية إلى أوزان الأفعال المزيدة فقد استخدمنا هذه الأرقام، غير أننا أضفنا إليها رسمها العربي مذكورا بعدها.
واستغني عن الرسم العربي لوزن فعّل إذا ما تشابه تشابها تاما مع رسم المفردة التي هو في بابها أي الأصل المجرد للفعل، انظر الأمثلة أعلاه.

6. Die **Aussprache** jedes arabischen Stichwortes ist diesem in eckigen Klammern beigegeben. Bei Zusammensetzungen mit dem Stichwort sind die hinzutretenden Wörter transkribiert, wenn sie nicht ohne Schwierigkeit an einer anderen Stelle des Wörterbuchs nachgeschlagen werden können.
Jedes Wort ist so transkribiert, wie es für sich allein lautet (pausale Aussprache), ohne die Flexionsendungen, die nur im Zusammenhang der Worte gesprochen bzw. gelesen werden. (Vgl. die Ausspracheerklärungen auf Seite 19, Punkt 5, und die Grammatikübersicht auf Seite 538, Punkt 2.3.)

يعقب رسم كل مفردة عربية كتابتها الصوتية مباشرة بين قوسين معقوفين. وتعطى الكتابة الصوتية في الصورة التي تنطق بها الكلمة منفردة أي بدون حركات الإعراب.

7. Die **deutsche Übersetzung**. Es wurde immer danach getrachtet, den vollen, gegenwärtig aktuellen Bedeutungsumfang eines Wortes darzustellen. Unter den Übersetzungen wurde eine möglichst rationelle Reihenfolge eingehalten. Eng zusammengehörige Bedeutungen sind durch **Komma** voneinander getrennt, fernere durch **Strichpunkt**. Sind Wörter verschiedenen Ursprungs und nur lautlich identisch, oder ist der Zusammenhang zwischen Bedeutungen nicht offenkundig, so werden sie – wie darüber hinaus auch einige Sonderfälle – innerhalb desselben Absatzes durch arabische Ziffern voneinander getrennt. Ist eine Pluralform nur für eine der Bedeutungen anwendbar, so steht sie nach der betreffenden Ziffer.

> **عنبر** [ʕambar] **1.** Ambra *f*; **2.** *pl.* عنابر [ʕa'naːbir] (2) (Werk-) Halle *f*; Speicher *m*; Schuppen *m*; …

في الترجمة الألمانية بذلنا كل جهد لتوضيح معنى الكلمة بظلاله الشتى السائدة اليوم توضيحا شاملا. فقد روعي في توالي المقابلات الألمانية استخدام

ترتيب منطقي مفيد وفصلنا بين الدلالات المتشابهة المتقاربة بفاصلة وبين الدلالات المتباعدة بفاصلة منقوطة. وإذا ما كانت هناك مفردات ذات أصل اشتقاقي مختلف متماثلة من حيث رسمها ونطقها فقط دون دلالاتها فصلنا بين تلك المفردات داخل ذات الفقرة بأرقام عربية شأنها في ذلك شأن بعض الحالات الخاصة. فاذا كانت هناك صيغة جمع تعود فقط على إحدى الدلالات المعطاة فإن هذه الصيغة تذكر بعد رقم الدلالة المقصود، انظر المثل أعلاه.

Der Benutzer sollte die Übersetzungen immer in ihrem Zusammenhang beurteilen, da deutsche Polyseme oft nur so näher bestimmt werden, z.B. Stärke, Stärkemehl gegenüber Stärke, Kraft; Sprung, Satz gegenüber Sprung, Riß; ausdrücken, auspressen gegenüber ausdrücken, formulieren. Zusätzlich werden Wörter durch Abgrenzung des Anwendungsbereichs genauer definiert oder als Fachausdrücke gekennzeichnet, z.B. *Sport*: Verteidiger; *Pol.* = *Politik* (vgl. das Abkürzungsverzeichnis auf Seite 22); gelegentlich durch Angabe einer möglichen Zusammensetzung, z.B. (*a. Schul-*)Aufgabe. Grundsätzlich ist die Bedeutung der kursiv gesetzten Zusätze im arabischen Ausdruck selbst nicht enthalten.

> [2]**قطع** [qɒtˤ] **1.** Abschneiden *n*; Abtrennen *n*; Unterbrechung *f*; Sperre *f des Stroms*; Abbruch *m von Beziehungen*; Zurücklegung *f e-s Weges*; … **2.** … *Geom.* Schnitt *m*; … **3.** … Format *n e-s Buches*

على المستعمل أن يراعي دائما العلاقات الدلالية بين المقابلات الألمانية ليفهمها على الوجه الصحيح إذ أن الألفاظ الألمانية المتعددة الدلالة في كثير من الحالات لا يمكن ضبط معناها إلا بهذه الطريقة، مثال Stärke, Stärkemehl مقابل Stärke, Kraft و Sprung, Satz مقابل Sprung, Riß و ausdrücken, auspressen مقابل ausdrücken, formulieren. وعلاوة على ذلك فإن معنى الكلمات يتم تحديده أيضا بذكر المجال الذي تستعمل فيه أو بالإشارة إلى تلك الكلمات على أنها اصطلاحات فنية في حقل من حقول العلم والمعرفة. وفي بعض الأحيان يذكر للكلمة العربية تركيب ألماني ممكن، مثلا (*a. Schul-*)Aufgabe، والقاعدة هنا هي أن الإضافات الألمانية المطبوعة بخط مائل هي إضافات لا تحتوي عليها الكلمة العربية لفظا.

Bei **Verben** stehen oft zwecks genauerer Definition des Gebrauchs charakteristische Subjekte und Objekte, z.B. *Strom*: ausfallen (Subjekt, wenn Doppelpunkt), *Beziehungen* abbrechen (Objekt). Die mit den Verben zu verwendenden **Präpositionen** sind in Klammern beigegeben, wobei zu beachten ist, daß eine arabische Präposition nicht unbedingt einer deutschen gegenüberstehen oder einer solchen wörtlich entsprechen muß, und umgekehrt. Arabische Verben, die den Akkusativ der Person regieren, haben ein (ه) nach sich, solche, die den Akkusativ der Sache regieren, ein (هـ). Der Kasus, den eine deutsche Präposition regiert, ist durch Abkürzung bezeichnet. Wo sich der arabische und der deutsche Gebrauch decken, wurde auf weitere Erklärungen verzichtet. Dies gilt besonders für Verben, die in beiden Sprachen mit dem Akkusativ verbunden werden.

> **قضى** [qɒđɒː, iː] *Zeit* verbringen; *Aufgabe* erledigen; *Pflicht* erfüllen; vorsehen, bestimmen (ب *A*); entscheiden (في über *A*); … ein Urteil fällen (ل zu *j-s* Gunsten); verurteilen (ب على *j-n* zu *D*); … vernichten (على *A*), ein Ende bereiten (على *D*); …

وفيما يخص الأفعال فيستعان بذكر ما هو شائع من فاعل أو مفعول به قد يقترن بها عادة، وتستخدم نقطتان إذا كان الفعل العربي مقترنا في الترجمة بفاعل ولا تستخدمان إذا كان مقترنا بمفعول به، مثلا *Strom*: ausfallen و *Beziehungen* abbrechen. أما حروف الجر المستعملة مع الأفعال فإنها مذكورة بين قوسين علما بأن حرف الجر العربي لا يترجم بالضرورة بحرف جر ألماني والعكس صحيح. والأفعال العربية المتعدية تليها «ه» للدلالة على المفعول به العاقل و«هـ» للدلالة على المفعول به غير العاقل. وتذكر الحالة الإعرابية المرتبطة بحرف جر ألماني بالاختصار الخاص بها (انظر قائمة الاختصارات). وحيثما كان استعمال الأفعال واحدا لا اختلاف فيه في العربية والألمانية استغنينا عن أية إيضاحات، وهذه الطريقة تطبق خاصة بالنسبة للأفعال التي تكون متعدية في كلتا اللغتين.

Es wird dem Benutzer empfohlen, nie bei der ersten Bedeutung stehenzubleiben, sondern immer alle gegebenen Übersetzungen zu berücksichtigen. Auch die Betrachtung benachbarter Wörter kann oft weitere nützliche Hinweise liefern.

من المستحسن ألا يقف المستعمل عند المقابل الأول لمفردة عربية ما، بل عليه أن يراجع دائما كل المقابلات المعطاة للمفردة، وعليه حتى إمعان النظر في الكلمات الأخرى الواردة بجوار المفردة المطلوبة الأمر الذي يمكنه من ضبط الترجمة.

Zur Aussprache des Arabischen

1. Für die **Umschrift** des Arabischen sind die folgenden Zeichen der IPA (International Phonetic Association) verwendet worden:

Buchstabe	Name	Umschrift	Erläuterungen
أ, ا	[ʔalif]	ʔ, aː	Mit Hamza: Stimmabsatz; stimmloser Explosivlaut in der Stimmritze; vgl. im Deutschen die Trennung zwischen *e* und *o* in *beobachten*. Ohne Hamza: Dehnungsbuchstabe für [aː].
ب	[baːʔ]	b	
ت	[taːʔ]	t	
ث	[θaːʔ]	θ	Stimmloser Reibelaut zwischen Zungenspitze und oberen Schneidezähnen. Englisches *th* in *think*, *through*.
ج	[ʤiːm]	ʤ, ʒ, g	Stimmhafte Affrikate. Englisches *j* in *Jim*. In Syrien, Libanon und im Maghrib ʒ. In Ägypten *g*.
ح	[ħaːʔ]	ħ	Gepreßtes *h*. Laut bei starkem Hauchen oder dem Versuch auf Distanz zu flüstern.
خ	[xaːʔ]	x	Stimmloser Gaumensegelreibelaut wie *ch* in *ach*, *Krach*.
د	[daːl]	d	
ذ	[ðaːl]	ð	Wie θ, jedoch stimmhaft. Englisches *th* in *this*, *that*.
ر	[raːʔ]	r	Gerolltes Zungenspitzen-R.
ز	[zaːj]	z	Stimmhaftes *s* wie in *Sonne*.
س	[siːn]	s	
ش	[ʃiːn]	ʃ	Deutsches *sch*.
ص	[sɒːd]	s	Velarisiertes *s*. (Siehe unten 3.)
ض	[đɒːd]	đ	Velarisiertes *d*. Im Irak und in Tunesien velarisiertes ð.
ط	[ŧɒːʔ]	ŧ	Velarisiertes *t*.
ظ	[ð̶ɒːʔ]	ð̶	Velarisiertes ð. In Ägypten, Syrien und Libanon bei dialektaler Aussprache velarisiertes *z*.

Buchstabe	Name	Umschrift	Erläuterungen
ع	[ʕain]	ʕ	Gepreßter Knarrlaut in der Stimmritze.
غ	[ɣain]	ɣ	Stimmhaftes *x*, wie *g* in *Wagen*, *sagen* nach Berliner dialektaler Aussprache.
ف	[faːʔ]	f	
ق	[qɒːf]	q	Am Gaumensegel (Velum) artikuliertes *k*.
ك	[kaːf]	k	
ل	[laːm]	l	Wie deutsches *l*. Nur im Namen Gottes [ɒˈłłɒːh] velarisiert.
م	[miːm]	m	
ن	[nuːn]	n	
ه	[haːʔ]	h	Wie deutsches *h*.
و	[waːw]	w, uː	Bilabialer Halbkonsonant. Englisches *w*. Dehnungsbuchstabe für [uː].
ي	[jaːʔ]	j, iː	Wie deutsches *j*. Dehnungsbuchstabe für [iː]. (Siehe unten 9.)

2. Das **arabische Vokalsystem** hat nur drei Grundvokale, doch werden sie von den umgebenden Konsonanten beeinflußt, so daß helle und dumpfe Varianten entstehen. Auch ist die Unterscheidung von Kürzen und Längen äußerst wichtig.

Vokalzeichen	Name	Umschrift hell	Umschrift dumpf
ـَ	[fatħa]	a	ɒ
ـَا		aː	ɒː
ـِ	[kasra]	i	ɨ
ـِي		iː	ɨː
ـُ	[đɒmma]	u	
ـُو		uː	

Die **Diphthonge** [ai] und [au] bilden jeweils eine Silbe. Gehört der Halbkonsonant zur folgenden Silbe, wird [aja] bzw. [awa] usw. geschrieben. Die langen Vokale [eː] und [oː] kommen in dialektaler Aussprache als Verschleifungen dieser Diphthonge und in Fremdwörtern vor.

3. Velarisation. Die Konsonanten s, đ, ŧ, ð und ł unterscheiden sich von ihren nicht velarisierten Gegenstücken dadurch, daß bei ihrer Artikulierung die Zungenmasse gegen das Gaumensegel und die hintere

Rachenwand konzentriert wird. Diese Engebildung und der gepreßte Charakter der velarisierten Konsonanten bewirkt eine dumpfe Färbung der umgebenden Vokale. Eine solche tritt auch beim Konsonanten q auf.

4. Stimmabsatz. Grundsätzlich beginnt jede arabische Silbe mit einem Konsonanten. Daher geht jedem Vokal im Anlaut eines Wortes ein Stimmabsatz voran, der entweder fest ist, d.h. auch im Kontext erhalten bleibt und dann durch ein Hamza (ء) bezeichnet wird, oder nicht fest ist und dann in der arabischen Schrift unbezeichnet bleibt. Auch in der Umschrift ist dieser Stimmabsatz [ʔ] nur dann bezeichnet, wenn er und der ihm folgende Vokal fest sind, z.B. إحسان [ʔiħ'saːn], الإحسان [al-ʔiħ'saːn]; قال أحمد [qaːla ʔaħmad]. Ist der Stimmabsatz nicht bezeichnet, so bedeutet das, daß er im Kontext zusammen mit dem Vokal verschwindet, und daß der Endvokal eines vorangehenden Wortes direkt an den folgenden Konsonanten anschließt. Dieses Phänomen heißt arabisch وصل [wɒsl] „Verbindung", z.B. استخدام [istix'daːm], الاستخدام [al-istix'daːm], بالاستخدام [bi-l-istix'daːm]; يقول الولد [ja'quːlu l-walad].
Träger des Hamza sind im In- und Auslaut je nach lautlicher Umgebung entweder Alif, *w* oder *j*. Das Hamza wird je nach folgendem Vokal über oder unter das am Wortanfang stehende Alif gesetzt. Nach langem [aː] und im Auslaut, wenn kein Vokal vorangeht, steht es auch allein. Stimmabsatz und langes [aː] schreibt man mit Madda آ [ʔaː].

5. Kurze Endvokale werden in der Pause nicht ausgesprochen (vgl. die Grammatikübersicht, Punkt 2.3) und bleiben in der Regel in der Umschrift unbezeichnet. Ausnahmen wurden gemacht bei Verben sowie gelegentlich auch dort, wo es tunlich erschien, den Flexionsvokal zu bezeichnen.
Bei **weiblichen** Substantiven (z.B. [firqa]) repräsentiert das finale [-a] die in Pausastellung bereits verkürzte Femininendung [-atun] und kann nicht mehr abfallen. Manchmal ist die Kontextform in runden Klammern innerhalb der eckigen Klammern angedeutet: [al-batta(ta)].

6. Die **Betonung** wird durch einen hochgestellten vertikalen Strich **vor** der betonten Silbe angedeutet. Ist die Betonung nicht angegeben, fällt sie auf die erste Silbe. Stoßen zwei verschiedene Konsonanten an der Silbengrenze zusammen, steht der Strich zwischen ihnen, bei zwei identischen Konsonanten (Doppelkonsonanten) jedoch wurde er vor beide gesetzt, z.B. [ma'kaːtib], [mus'taqbal], [ba'lluːra]. Daß es geringe regionale Unterschiede in der Betonung gibt, sei nur am Rande vermerkt.

7. Die **Femininendung ة** ist eine Kombination des Buchstabens ه mit den Punkten des ت. Tritt diese Endung an ein maskulines Wort, so ist die Aussprachebezeichnung sinngemäß zu ergänzen, z.B. تفاح [tu'ffaːħ], ~ة [tu'ffaːħa] (Pausalform), [tu'ffaːħatun] (Kontextform).

8. Das Bildungssuffix der **Bezugsadjektive** ي [-iːj(un)] wird in der Pause zu [-iː] abgeschwächt und erscheint nur so in der Aussprachebezeichnung, z.B. مصري [mɨsriː] ägyptisch. Treten weitere Endungen hinzu, so muß das *j* wieder eingeschoben werden: نسبي [nisbiː], ~ا [nis'biːjan], نسبية [nis'biːja]; حولي [ħauliː], حوليات [ħauliː'jaːt]; دهري [dahriː], ~ون [dahriː'juːn]. Die feminine Form der Bezugsadjektive ist gleichzeitig eine häufige Form abstrakter Substantive.

9. Mehrdeutigkeit des ى/ي. Besonders sei auf die Tatsache hingewiesen, daß das ى/ي am Ende eines Wortes für verschiedene Laute stehen kann:

ي	[iː]	wie in	مصري	[mɨsriː]
ي	[j]	wie in	جري	[ʤarj]
ي	[ai]	wie in	لكي	[li'kai]
ى	[aː]	wie in	جرى	[ʤaraː]
ى	[an]	wie in	مدى	[madan]

Vorstehende Tabelle zeigt die orthographische Unterscheidung von ي und ى, wie sie in den meisten arabischen Ländern üblich ist. Besonders in Ägypten werden unter das ى am Ende eines Wortes allerdings auch dann keine Punkte gesetzt, wenn es für [iː], [j] oder [ai] steht.
Am Anfang eines Wortes ist das ي nur Konsonant [j], in der Mitte [iː], [j] oder zweiter Teil des Diphthongs [ai].

Einige Sonderfälle der Rechtschreibung und der Aussprache:

Das Wort für einen Gott ist إله [ʔi'laːh], welches mit dem Artikel zu الله [ɒ'łłɒːh] verschmilzt. Dies ist das einzige Wort der Schriftsprache, in dem das *l* ohne den Einfluß benachbarter velarisierter Konsonanten selbst velarisiert ist. Das lange [aː] ist nicht bezeichnet. Daneben existiert aber

auch das nicht kontrahierte الإله, insbesondere im Namen عبد الإله [ʕabdu l-ʔi'laːh], welcher zu unterscheiden ist vom häufigeren عبد الله [ʕabdu 'łłɒːh], umgangssprachlich [ʕab'dɒłłɒ].
Die Präposition لِ [li-] verschmilzt mit الله zu لله: الحمد لله [al-ħamdu li-'llaːh] (keine Velarisation nach [i]!) Gott sei gelobt!, Gott sei Dank!
Die Präposition بِ [bi-] verschmilzt mit اسم [ism] in Verbindung mit dem Wort الله zu بسم: بسم الله [bi-smi 'llaːh] im Namen Gottes.
Neben إله und seinen Kombinationen haben noch die folgenden wichtigen Wörter ein langes [aː], das in der arabischen Schrift nicht wiedergegeben ist: هذا [haːðaː], ذلك [ðaːlika], لكن [laːkin].
Im Gegensatz dazu wird أنا [ʔana] „ich" mit kurzem [a] ausgesprochen.

Konsonantenangleichung (Assimilation): Stoßen bestimmte Konsonanten unmittelbar aufeinander, so kommt es zu Lautangleichungen, deren wichtigste die folgenden sind:
Das *l* des Artikels wird an *t*, *θ*, *d*, *ð*, *r*, *z*, *s*, *ʃ*, *ꞩ*, *đ*, *ŧ*, *ð̶*, *n* angeglichen (→ Grammatiküberblick im Anhang, 2.2). *l* wird dann nicht mehr gesprochen, statt dessen werden die aufgezählten Laute verdoppelt, z.B.:
nicht [a*l*-til'miːð] التلميذ, sondern [at-til'miːð] التلميذ *der Schüler*.
Die Schreibung bleibt also bei dieser Angleichung unverändert, ebenso in folgenden anderen Fällen:
– *n* und *b* treffen unmittelbar aufeinander. Es wird dann die Lautkombination *mb* gesprochen, z.B.:
nicht [dʒanb] جنب, sondern [dʒamb] جنب *Seite*.
– *n* und *m* treffen unmittelbar aufeinander. Dann wird ein gelängtes *m* gesprochen, z.B.:
[i'mmaħaː] انمحى ausgelöscht werden.
– *d* und *t* treffen unmittelbar aufeinander. Dann wird ein gelängtes *t* gesprochen, z.B.:
[ʃaː'hattu] شاهدت *ich sah*.

Abkürzungen im Teil Arabisch-Deutsch

u., a.	auch	أيضا
A	Akkusativ	حالة المفعول به
Abk., Abk.	Abkürzung	اختصار
Adv.	Adverb	ظرف
Äg.	Ägypten	في مصر
Alg.	Algerien	في الجزائر
allg.	allgemein	عموما
Anat.	Anatomie	علم التشريح
arab., arab.	arabisch	عربي
Arch.	Architektur	فنّ العمارة
Astr.	Astronomie	علم الفلك
Biol.	Biologie	علم الأحياء
Bot.	Botanik	علم النبات
bsd., bsd.	besonders	خصوصا
ca.	ungefähr, zirka	تقريبا
Chem.	Chemie	كيمياء
Chr.	christlich(e Religion)	الدين المسيحي
D	Dativ	حالة المعطى له
Dipl.	Diplomatie	دبلوماسية
du.	Dual, Zweizahl	مثنّى
EDV	Datenverarbeitung	علم الحاسوب
e-e, e-e	eine	واحدة، أداة التنكير
e-m, e-m	einem	لواحد، أداة التنكير
e-n, e-n	einen	واحدا، أداة التنكير
e-r, e-r	einer	واحدة (مضاف إليه)، لواحدة، أداة التنكير
e-s, e-s	eines	واحد (مضاف إليه)، أداة التنكير
el.	Elativ	اسم التفضيل

El.	Elektrizität, Elektrotechnik	كهرباء
etc.	et cetera, und so weiter	إلخ
f	feminin	مؤنث
fig.	figürlich	مجازا
Fin.	Geldwesen	مالي
Fot.	Fotografie	تصوير شمسي
G	Genitiv	حالة المضاف إليه
Gegens.	Gegensatz	عكس
Geo.	Geographie	جغرافيا
Geol.	Geologie	جيولوجيا
Geom.	Geometrie	علم الهندسة
Gr.	Grammatik	صرف ونحو
Hdl.	Handel	تجارة
hist.	historisch	تاريخي
Imp.	Imperativ	صيغة الأمر
Impf.	Imperfekt	مضارع
intr.	intransitiv	لازم، غير متعدّ
Ir.	Irak	في العراق
isl., *Isl.*	islamisch(e Religion)	دين الإسلام
j-d, j-d	jemand	أحد
j-m, j-m	jemandem	لأحد
j-n, j-n	jemanden	أحدا
j-s, j-s	jemandes	أحد (مضاف إليه)
Jem.	Jemen	في اليمن
Jord.	Jordanien	في الأردنّ
Jur.	Jurisprudenz	قانون
klass.	klassisch	لغة قديمة
koll.	Kollektivum	اسم الجنس

Konj.	Konjunktion	حرف عطف، أداة شرط
Kuw.	Kuwait	في الكويت
l	Liter	لتر
Lib.	Libanon	في لبنان
m	maskulin	مذكّر
Maghr.	Maghreb	في المغرب العربي
Mar.	Marokko	في المملكة المغربية
Math.	Mathematik	رياضيات
Med.	Medizin	طبّ
Meteor.	Meteorologie	علم الأرصاد الجوية
Mil.	Militär	جيش، جندية
Min.	Mineralogie	علم المعادن
Mus.	Musik	موسيقى
n	Neutrum	محايد
N	Nominativ	حالة الفاعل
Neg.	Negation	نفي
npr.	Eigenname	اسم علم
obs.	obsolet, veraltet	قديم الاستعمال
od.	oder	أو
Ök.	Ökonomie, Volkswirtschaft	اقتصاد
örtl.	örtlich	مكاني
Part.	Partizip	اسم الفاعل، اسم المفعول
Pass.	Passiv	صيغة المجهول
Pers.	Person	شخص (المتكلّم أو المخاطب أو الغائب)
Phil.	Philosophie	فلسفة
Phon.	Phonetik	علم الأصوات
Phys.	Physik	علم الطبيعة
pl.	Plural	جمع
poet.	poetisch	شعري
Pol.	Politik	سياسة
Präp.	Präposition	حرف جرّ
Psych.	Psychologie	علم النفس
Rel.	Religion	دين
Rf.	Rundfunk, Fernsehen	إذاعة، تليفزيون
Rhet.	Rhetorik	بلاغة
Saudi-Ar.	Saudi-Arabien	في المملكة العربية السعودية
s-e, s-e	seine	...ـه (ضمير الملكية للغائب)
sg.	Singular	مفرد
s-m, s-m	seinem	لـ...ـه (ضمير الملكية للغائب)
s-n, s-n	seinen	...ـه (ضمير الملكية للغائب في حالة المفعول به)
s-r, s-r	seiner	لـ...ـه (ضمير الملكية للغائب)
s-s, s-s	seines	(ضمير الملكية للغائب في حالة المضاف إليه)
Syr.	Syrien	في سوريا
Techn.	Technik	تقنيات
Tel.	Telefon	هاتف
theol.	theologisch	لاهوتي
trans.	transitiv	متعدّ
Tun.	Tunesien	في تونس
Typ	Typographie, Druckwesen	طباعة
u., u.	und	و
umg.	umgangssprachlich	لغة عامّية
vgl.	vergleiche	قارن
Verk.	Verkehrswesen	مرور
vulg.	vulgär	عبارة سوقية
z.B.	zum Beispiel	مثلا
zeitl.	zeitlich	زماني
Zool.	Zoologie	علم الحيوان

ا

[1]ا (ألف) [ʔalif] *erster Buchstabe des arab. Alphabets; bei Aufzählungen:* a)

[2]أ [ʔa-] **1.** *Fragepartikel, vor direkten Fragen unübersetzbar;* أليس كذلك [ʔa-laisa ka'ðaːlik] ist es nicht so?; *vor indirekten Fragen:* ob; أ ... أم (etwa) ... oder?; *vor indirekten Fragen:* ob ... oder; *vor* و *u.* ف ... etwa?; **2.** *Ausrufewort (bsd. in den Verbindungen* ألا *u.* أما*)*: doch; endlich; ألا وهي, ألا وهو und zwar, nämlich

[1]أب [ʔab], *vor G u. Suffixen: N* أبو [ʔabuː], *G* أبي [ʔabiː], *A* أبا [ʔabaː], *pl.* آباء [ʔaː'baːʔ] Vater *m*; *Chr.* Pater *m*; الأبوان [al-ʔaba'waːn] *du.* die Eltern, Vater und Mutter; الآباء die Eltern (*mehrerer Personen*); أبو + *G*: Besitzer *m* (*G*), mit *e-r Sache* versehen; أبو لحية [ʔa. liħja] bärtig; أبو النظارة [ʔa. n-nɒ'ðɒːra] der mit der Brille

[2]آب [ʔaːb] *Ir., Syr.* August *m* (*Monat*); → (أوب)

إباء [ʔi'baːʔ] Weigerung *f*, Ablehnung *f*; Stolz *m*

إباحة [ʔi'baːħa] Erlaubnis *f*; Freigabe *f*

إباحي [ʔi'baːħiː] zügellos; frivol; Anarchist *m*; Nihilist *m*; ~ة [ʔibaː'ħiːja] Zügellosigkeit *f*; Libertinismus *m*; Anarchismus *m*; Nihilismus *m*

إبادة [ʔi'baːda] Vernichtung *f*; Ausrottung *f*

آبار → بئر

إبان [ʔi'bbaːn] Zeit *f*; ~ [-a] während

ابتداء [ibti'daːʔ] Anfang *m*, Beginn *m*

ابتدائي [ibti'daːʔiː] Anfangs-; primär; الابتدائية Grundschule *f*

ابتذال [ibti'ðaːl] Nachlässigkeit *f der Kleidung*; unmoralische(r) Lebenswandel; Abgeschmacktheit *f*, Banalität *f*

أبتر [ʔabtar] (2) gestutzt; schwanzlos; unvollkommen

ابتزاز [ibti'zaːz] Raub *m*; Erpressung *f*

ابتسام [ibti'saːm] *u.* ~ة Lächeln *n*

ابتعاد [ibti'ʕaːd] Sichentfernen *n* (عن von *D*)

ابتغاء [ibti'ɣaːʔ] Verlangen *n*, Wunsch *m*

ابتكار [ibti'kaːr] Schöpfung *f*, Kreation *f*; Schöpfertum *n*

ابتلاء [ibti'laːʔ] Prüfung *f*; Heimsuchung *f*

ابتهاج [ibti'haːʤ] Freude *f* (ب über *A*); Entzücken *n*

ابتهال [ibti'haːl], *pl.* [-aːt] Flehen *n*

ابتياع [ibti'jaːʕ] Kauf *m*

أبجدي [ʔabʤadiː] alphabetisch; ~ة [ʔabʤa'diːja] Alphabet *n*

أبحر [ʔabħur] → [2]بحر

[1]**أبد** **II** [ʔabbada] verewigen

[2]**أبد** [ʔabad] Ewigkeit *f*; ~ا [-an] *selten ohne Neg.*: immer; *mit Neg.*: nie(mals); gar nicht; *isoliert*: keinesfalls!

إبداء [ʔib'daːʔ] Äußerung *f*

إبداع [ʔib'daːʕ] Schaffung *f*; schöpferische Leistung

إبدال [ʔib'daːl] Ersetzung *f* (ب durch *A*); Wechsel *m*

أبدي [ʔabadiː] ewig (dauernd)

أبر [ʔabara, u, i] *j-n* stechen

إبراز [ʔib'raːz] Hervorhebung *f*; Vorzeigen *n e-s Ausweises*

إبرام [ʔib'raːm] Abschluß *m e-s Vertrages*; Ratifizierung *f*; Bestätigung *f*

إبراهيم [ʔibraː'hiːm] (2) Abraham *npr. m*

أبرص [ʔabrɒs] (2) *Med.* aussätzig, leprakrank

إبرة [ʔibra], *pl.* إبر [ʔibar] Nadel *f*; *Zool.* Stachel *m*; *Med.* Spritze *f*

إبريق [ʔib'riːq], *pl.* أباريق [ʔabaː'riːq] (2) Kanne *f*

أبريل [ʔab'riːl] April *m*

إبزيم [ʔib'ziːm], *pl.* أبازيم [ʔabaː'ziːm] (2) Schnalle *f*

إبصاري [ʔib'sɒːriː] optisch

أبض [ʔubđ], *pl.* آباض [ʔaː'bɒːđ] Kniekehle *f*

[1]**(أبط)** **V** تأبط [ta'ʔabbɒtɒ] unter dem Arm tragen

[2]**إبط** [ʔibŧ] *m u. f*, *pl.* آباط [ʔaː'bɒːŧ] Achselhöhle *f*

إبطاء [ʔib'ŧɒːʔ] Verlangsamung *f*; Verzögerung *f*

إبطال [ʔib'ŧɒːl] Abschaffung *f*; Annullierung *f e-s Vertrages*

إبعاد [ʔib'ʕaːd] Entfernung *f*, Beseitigung *f*

أبعد [ʔabʕad] (2) entfernter; weitgehender

إبقاء [ʔib'qɒːʔ] Erhaltung *f*, Beibehaltung *f* (على *G*)

أبكم [ʔabkam] (2), *f* بكماء [bakmaːʔ] (2), *pl.* بكم [bukm] stumm

إبل [ʔibil] *koll.* Kamele *n/pl.*

إبلاغ [ʔib'laːɣ] Übermittlung *f*; Benachrichtigung *f*

إبلال [ʔib'laːl] Genesung *f*

أبله [ʔablah] (2) dumm; Tor *m*; debil

إبليس [ʔib'liːs] Teufel *m*, Satan *m*

ابن [ibn], *bei vorangehendem Namen nur* بن [bnu], *pl.* أبناء [ʔab'naːʔ] *u.* بنون [ba'nuːn] Sohn *m*; ~ الأخ, ~ الأخت Neffe *m*; أبناء العرب die Araber *m/pl.*

ابنة [ibna], *pl.* بنات [ba'naːt] Tochter *f*

أبه [ʔabaha, a] beachten (ب/ل *A*)

إبهام [ʔib'haːm] **1.** Unklarheit *f*; Mehrdeutigkeit *f*; **2.** *pl.* أباهيم [ʔabaː'hiːm] (2) Daumen *m*

أبو → أب[1]

أبواب → باب

أبوان [ʔaba'waːn] *du.* Eltern *pl.*; → أب[1]

أبو ظبي [ʔa'buː ðɒbiː] *Geo.* Abu Dhabi

أبوة [ʔu'buːwa] Vaterschaft *f*; Väterlichkeit *f*

أبوي [ʔabawiː] väterlich; elterlich

أبى[1] [ʔabaː, aː] sich weigern; ablehnen; verweigern (على هـ *j-m A*)

أبي[2] [ʔabiː] **1.** mein Vater; **2.** *G von* أبو, → أب[1]

أبي[3] [ʔa'biːj] stolz, abweisend

أبيض [ʔabjɒđ], *f* بيضاء [bai'đɒːʔ] (2), *pl.* بيض [biːđ] weiß; *Waffe*: glänzend, blank; unbeschrieben; *Herz*: rein; *Lüge*: verzeihlich; *Tod*: plötzlich; يد بيضاء [jad] Wohltat *f*

آت [ʔaːtin] kommend; folgend, nachstehend; كالآتي [ka-l-ʔaːtiː] wie folgt

اتباع [itti'baːʕ] Verfolgen *n e-r Politik*; Befolgung *f*, Beachtung *f*; **~ي** *Kunst*: klassisch

اتجار [itti'dʒaːr] Handel *m* (ب/في mit *D*)

اتجاه [itti'dʒaːh], *pl.* [-aːt] Richtung *f*; Tendenz *f*

اتجه → وجه[1]

اتحاد [itti'ħaːd] Vereinigung *f*; Bund *m*, Union *f*; الـ~ السوفييتي *hist.* die Sowjetunion; **~ي** Bundes-

اتحد → وحد[1]

اتخاذ [itti'xaːð] Ergreifung *f e-r Maßnahme*; Annahme *f von Empfehlungen durch e-e Konferenz*

اتخذ → أخذ[1]

أتراك → تركي

أتربة → تراب

اتزان [itti'zaːn] Gleichgewicht *n*; Ausgewogenheit *f*

اتزن → وزن[1]

اتساع [itti'saːʕ] Ausdehnung *f*, Weite *f*

اتساق [itti'saːq] Harmonie *f*

اتسع → وسع[1]

اتسق → وسق[1]

اتصال [itti'sɒːl] Verbindung *f*, Kontakt *m* (ب mit *D*); Kommunikation *f*; Kontinuität *f*

اتصل → وصل[1]

اتضاح [itti'đɒːħ] Deutlichkeit *f*; deutliche(s) Inerscheinungtreten

اتضاع [itti'đɒːʕ] Demut *f*

اتضح → وضح[1]

اتفاق [itti'faːq] Vereinbarung *f* (على *G*); Übereinkommen *n*, Abkommen *n*; **~ا** [-an] *Adv.*

zufällig; ~ِيّة [ittifaːˈqiːja] Abkommen *n*; Konvention *f*; Vertrag *m*

اتفق → وفق[1]

إتقان [ʔitˈqaːn] Beherrschung *f e-s Fachs*; Gründlichkeit *f*, Vollendung *f*, Perfektion *f e-r Arbeit*

اتكأ → (وكأ)

اتكاء [ittiˈkaːʔ] Sichstützen *n* (على auf *A*), Aufstützen *n*

اتكال [ittiˈkaːl] Sichverlassen *n*, Vertrauen *n* (على auf *A*)

اتكل → وكل

إتلاف [ʔitˈlaːf], *pl.* [-aːt] Zerstörung *f*, Beschädigung *f*

أتم [ʔaˈtamm] (2) *el.* vollständiger

إتمام [ʔitˈmaːm] Vollendung *f*, Vervollständigung *f*; Abschluß *m*

اتهام [ittiˈhaːm] Verdächtigung *f*; Beschuldigung *f*; *Jur.* Anklage *f*; Vorwurf *m*

اتهم → وهم[1]

أتى [ʔataː, iː] kommen (ه/إلى zu *j-m*; من von *D*); bringen (ه ب *j-m A*); *Arbeit* ausführen; erledigen (على *A*); كما يأتي wie folgt; **III** آتى [ʔaːtaː] günstig sein, passen; zukommen lassen (ه ب *j-m A*); **IV** آتى [ʔaːtaː (juʔtiː)] geben; *Früchte* tragen; **V** تأتى [taˈʔattaː] zustande kommen; herrühren (من von *D*)

أث [ʔaθθa, u, i] dicht wachsen; **II** أثث [ʔaθθaθa] möblieren, einrichten; **V** تأثث [taˈʔaθθaθa] ausgestattet werden

أثاث [ʔaˈθaːθ] Möbel *n/pl.*, Einrichtung *f*

آثار → أثر[2]

إثارة [ʔiˈθaːra] Erregung *f*; Reizung *f*; Spannung *f e-s Spiels*; Aufwerfen *n e-s Problems*

إثبات [ʔiθˈbaːt] Feststellung *f*; Bestätigung *f*; Nachweis *m*; Eintragung *f*; ~ِيّ positiv, bejahend

[1]**أثر** [ʔaθara, u] überliefern (عن von *D*); **II** [ʔaθθara] (ein)wirken (في/على auf *A*); beeinflussen; *El.* induzieren; **IV** آثر [ʔaːθara] vorziehen (هـ على *A e-r Sache*); **V** تأثر [taˈʔaθθara] beeinflußt werden (ب durch *A*); beeindruckt werden; **X** استأثر [isˈtaʔθara] für sich allein haben (wollen) (ب *A*)

[2]**أثر** [ʔaθar], *pl.* آثار [ʔaːˈθaːr] Spur *f*; Narbe *f*; Einfluß *m*, Eindruck *m*; Wirkung *f*; Zeichen *n*; Werk *n e-s Dichters*; (Bau-)Denkmal *n*; *pl.* Altertümer *pl.*, archäologische Funde *m/pl.*

[3]**إثر** [ʔiθra] *Präp.* (unmittelbar) nach; ~ في [ʔiθri] nach

أثرة [ʔaθara] Selbstsucht *f*

أثري [ʔaθariː] antik; archäologisch; Archäologe *m*

أثقل [ʔaθqal] (2) *el.* schwerer

أثل [ʔaθl] *koll.*, *pl.* أثول [ʔuˈθuːl] Tamariske *f*

[1]**أثم** [ʔaθima, a] sündigen; **V** تأثم

[taʔaθθama] sich der Sünde enthalten

²**إثم** [ʔiθm], *pl.* آثام [ʔaːˈθaːm] Sünde *f*; Frevel *m*

³**آثم** [ʔaːθim] frevelhaft, verbrecherisch; Frevler *m*

أثناء [ʔaθˈnaːʔa] *Präp. u.* ~ في [ʔaθˈnaːʔi] während, im Laufe von

اثنا عشر [iθnaː ʕaʃar(a)], *f* اثنتا عشرة [iθnataː ʕaʃra(ta)] zwölf

اثنان [iθˈnaːn(i)], *f* اثنتان [iθnaˈtaːn(i)] zwei

اثنين [iθˈnain]: ~الـ (= ~ يوم) Montag *m*

أثير [ʔaˈθiːr] **1.** bevorzugt; Liebling *m*; **2.** Äther *m*

أثيم [ʔaˈθiːm] frevlerisch, niederträchtig

أج [ʔaddʒa, u] *u.* **V** تأجج [taˈʔaddʒaddʒa] brennen, lodern

إجابة [ʔiˈdʒaːba] Antwort *f*; Beantwortung *f*; Erfüllung *f e-r Bitte*

إجادة [ʔiˈdʒaːda] Beherrschung *f e-r Sache*

إجارة [ʔiˈdʒaːra] Vermietung *f*

إجازة [ʔiˈdʒaːza] Erlaubnis *f*, Genehmigung *f*; Lizenz *f*; Urlaub *m*

إجاص [ʔiˈddʒɒːs] *koll.* Birne(n *pl.*) *f*

أجانب → أجنبي

إجبار [ʔidʒˈbaːr] Zwang *m*; ~ي Zwangs-, obligatorisch

أجنة → جنين

اجتذاب [idʒtiˈðaːb] Anziehung *f*

اجتلاء [idʒtiˈlaːʔ] Enthüllung *f*; Betrachtung *f*

اجتماع [idʒtiˈmaːʕ] Versammlung *f*; Treffen *n*; Gesellschaft *f*; علم ~الـ Soziologie *f*; ~**ي** gesellschaftlich, sozial; soziologisch; Soziologe *m*

اجتناب [idʒtiˈnaːb] Vermeidung *f*

اجتهاد [idʒtiˈhaːd], *pl.* [-aːt] Anstrengung *f*, Fleiß *m*; selbständige Forschung *od.* Interpretation

اجتياز [idʒtiˈjaːz] Durchquerung *f*; Zurücklegung *f e-r Strecke*

إجحاف [ʔidʒˈħaːf] Ungerechtigkeit *f*

أجداد → ²جد

¹**أجر** [ʔadʒara, u] entlohnen; **II** [ʔaddʒara] *u.* **IV** آجر [ʔaːdʒara] vermieten, verpachten; **X** استأجر [isˈtaʔdʒara] mieten, pachten

²**أجر** [ʔadʒr], *pl.* أجور [ʔuˈdʒuːr] Lohn *m*; Gebühr *f*, Preis *m*

إجراء [ʔidʒˈraːʔ] Durchführung *f*; *pl.* [-aːt] Maßnahme *f*

إجرام [ʔidʒˈraːm] Verbrechen *n*; ~**ي** verbrecherisch

أجرب [ʔadʒrab] (2), *f* جرباء [dʒarˈbaːʔ] (2), *pl.* جرب [dʒurb] räudig; krätzig

أجرد [ʔadʒrad] (2), *f* جرداء [dʒarˈdaːʔ] (2), *pl.* جرد [dʒurd] öde; kahl; *Wahrheit*: nackt

أجرة [ʔudʒra] Miete *f*; Gebühr *f*; Porto *n*; ~ سيارة Taxi *n*

أجزاء → جزء

أجزاخانة [ʔadʒzaːˈxaːna] Apotheke *f*

1 **أجل II** [ʔaddʒala] verzögern, hinausschieben; vertagen; **V** تأجل [taˈʔaddʒala] vertagt werden; **X** استأجل [isˈtaʔdʒala] um Aufschub bitten

2 **أجل** [ʔadʒal] **1.** jawohl!, gewiß!; **2.** *pl.* آجال [ʔaːˈdʒaːl] Frist *f*, Termin *m*; Zeit *f*; قصير الـ~ kurzfristig

3 **أجل** [ʔadʒl]: لأجل [li-ˈʔadʒli] *u.* ~ من [min] wegen; um … willen; für

4 **آجل** [ʔaːdʒil] sich verzögernd; *Hdl.* Termin-; (إن) عاجلا أو آجلا [ʕaːdʒilan] früher oder später

إجلال [ʔidʒˈlaːl] (Ver-)Ehrung *f*; Hochachtung *f*

إجماع [ʔidʒˈmaːʕ] Übereinstimmung *f*, Einstimmigkeit *f*; ~ي einmütig; gemeinsam

إجمال [ʔidʒˈmaːl] Zusammenfassung *f*; ~ي zusammenfassend, summarisch; Gesamt-; Pauschal-; Brutto-

أجمع [ʔadʒmaʕ] (2), *pl.* [-uːn], *f* جمعاء [dʒamˈʕaːʔ] (2) gesamt, ganz, all; ~ العالم [-a] die ganze Welt; بأجمعهم [bi-ʔadʒˈmaʕihim] sie alle

أجنبي [ʔadʒnabiː], *pl.* أجانب [ʔaˈdʒaːnib] (2) ausländisch; fremd; Ausländer *m*

إجهاد [ʔidʒˈhaːd] (Über-)Anstrengung *f*; Beanspruchung *f*; Streß *m*

إجهاض [ʔidʒˈhɒːđ] *Med.* Abortus *m*; Abtreibung *f*

أجوبة → جواب

أجود [ʔadʒwad] (2) *el.* (von جيد) besser

أجوف [ʔadʒwaf] (2), *f* جوفاء [dʒauˈfaːʔ] (2), *pl.* جوف [dʒuːf] hohl

أجير [ʔaˈdʒiːr], *pl.* أجراء [ʔudʒaˈraːʔ] (2) Lohnarbeiter *m*; Beschäftigte(r)

أحادي [ʔuˈħaːdiː] ein-, mono-

إحاطة [ʔiˈħaːtɒ] Umschließen *n*; Kenntnis *f*; Mitteilung *f* (ب *G*)

إحالة [ʔiˈħaːla] Umwandlung *f*; Überweisung *f*; Zuweisung *f*; Versetzung *f*; *Jur.* Abtretung *f*

أحب [ʔaˈħabb] (2) *el.* lieber (إلى *j-m*)

أحباء → حبيب

إحباط [ʔiħˈbɒːŧ] Vereitelung *f*; Frustration *f*

احتباس [iħtiˈbaːs] Zurückhaltung *f*; Hemmung *f*; Verhaltung *f des Harns*

احتجاب [iħtiˈdʒaːb] Verschwinden *n*

احتجاج [iħtiˈdʒaːdʒ] Einspruch *m*, Protest *m* (على gegen *A*)

احتجاز [iħtiˈdʒaːz] Festnahme *f*; Beschlagnahme *f*

احتذاء [iħti'ðaːʔ] Nachahmung *f*
احتراز [iħti'raːz] Vorsicht *f*
احتراس [iħti'raːs] Vorsicht *f*
احتراق [iħti'raːq] *intr.* (Ver-)Brennen *n*
احترام [iħti'raːm] (Hoch-)Achtung *f*; Ehrerbietung *f*, Respekt *m*
احتساب [iħti'saːb] Berechnung *f*, Anrechnung *f*; Bewertung *f*
احتشاد [iħti'ʃaːd] Ansammlung *f*; Zusammenballung *f*
احتشام [iħti'ʃaːm] Scham *f*, Scheu *f*; Sittsamkeit *f*
احتضار [iħti'đɒːr] Hinscheiden *n*, Tod *m*
احتضان [iħti'đɒːn] Umarmung *f*; Umhegen *n e-s Kindes*
احتفاء [iħti'faːʔ] herzliche(r) Empfang; Feier *f* (ب *G*)
احتفاظ [iħti'fɒːð] (Be-)Wahrung *f*, Erhaltung *f* (ب *G*)
احتفال [iħti'faːl] Feier *f* (ب *G*), Festlichkeit *f*
احتقار [iħti'qaːr] Verachtung *f*
احتقان [iħti'qaːn] Blutstauung *f*
احتكار [iħti'kaːr], *pl.* [-aːt] Monopol *n*
احتكاك [iħti'kaːk] *a. fig.* Reibung *f*; Kontakt *m*
احتلال [iħti'laːl] *Mil.* Besetzung *f*; **~ي** Besatzungs-, Okkupations-
احتماء [iħti'maːʔ] Schutzsuchen *n* (ب bei *D*); Deckung *f*
احتمال [iħti'maːl] Wahrscheinlichkeit *f*; Erdulden *n*, Aushalten *n*
احتياج [iħti'jaːʤ] Bedürfnis *n* (إلى nach *D*); Nötighaben *n*
احتياط [iħti'jɒːŧ], *pl.* [-aːt] Vorsicht *f*; Reserve *f*; *pl. a.* Vorsichtsmaßnahmen *f/pl.*; **~ي** Ersatz-; präventiv; *pl.* [-aːt] Reserve *f*
احتيال [iħti'jaːl] Täuschungsmanöver *n*, List *f*
إحجام [ʔiħ'ʤaːm] Abstandnehmen *n* (عن von *D*), Verzicht (عن auf *A*)
أحد [ʔaħad], *f* إحدى [ʔiħdaː] einer; jemand; *pl.* آحاد [ʔaː'ħaːd] *Math.* Einer *m*; **~هم** [-hum] einer von ihnen; **~** عشر [-a ʕaʃa-r(a)], *f* إحدى عشرة [ʕaʃra(ta)] elf; **~**الـ (يوم) Sonntag *m*
إحداث [ʔiħ'daːθ] Verursachung *f*, Bewirkung *f*; → حدث²; **~ي** *Math.* Koordinate *f*
إحداق [ʔiħ'daːq] Einkreisung *f*
أحدب [ʔaħdab] (2), *f* حدباء [ħad'baːʔ] (2), *pl.* حدب [ħudb] bucklig
أحدث [ʔaħdaθ] (2) *el.* neuer; moderner
أحدوثة [ʔuħ'duːθa] Geschichte *f*, Erzählung *f*; Thema *n e-s Gesprächs*
إحدى → أحد
أحذية → حذاء²
أحرار → حر³

إحراز [ʔiħ'raːz] Erringung *f e-s Sieges*, Erreichung *f*

إحراق [ʔiħ'raːq] *trans.* Verbrennen *n*

إحرام [ʔiħ'raːm] *Isl.* Weihezustand *m des Mekkapilgers*

أحرى [ʔaħraː] *el.* angemessener (ب für *A*); بالـ~ richtiger gesagt; vielmehr

إحساس [ʔiħ'saːs] Wahrnehmung *f* (ب *G*); Gefühl *n*; Empfindung *f*, Sinn *m* (ب für *A*)

إحسان [ʔiħ'saːn] Wohltätigkeit *f*; *a. npr.* (*meist*) *f*

أحسن [ʔaħsan] (2) besser

إحصاء [ʔiħ'sɒːʔ] Zählung *f*; *pl.* [-aːt] Statistik *f*

إحصان [ʔiħ'sɒːn] Wohlbehütetheit *f*

إحصائي [ʔiħ'sɒːʔiː] statistisch; ~ة *u. pl.* [-'jaːt] Statistik *f*

إحضار [ʔiħ'đɒːr] Herbeischaffung *f*, Besorgung *f*; Beibringung *f*

أحق [ʔa'ħaqq] (2) *el.* würdiger (ب *G*); ~ية [ʔaħa'qqiːja] Berechtigung *f*; Vorrecht *n*

إحكام [ʔiħ'kaːm] Festigkeit *f*; Genauigkeit *f*; Perfektion *f*

أحمر [ʔaħmar] (2), *f* حمراء [ħam'raːʔ] (2), *pl.* حمر [ħumr] rot; تحت الـ~ infrarot

احمرار [iħmi'raːr] Rötung *f*

أحمق [ʔaħmaq] (2), *f* حمقاء [ħam'qaːʔ] (2), *pl.* حمق [ħumq] dumm; Narr *m*

أحوال → حال

أحول [ʔaħwal] (2), *f* حولاء [ħau'laːʔ] (2), *pl.* حول [ħuːl] schielend

¹أحياء [ʔaħ'jaːʔ] *pl. von* حي [ħajj]; علم الـ~ Biologie *f*

²إحياء [ʔiħ'jaːʔ] (Wieder-)Belebung *f*; Abhalten *n e-r Feier*

أحيان → ³حين

أخ [ʔax], *vor G u. Suffixen*: *N* أخو [ʔaxuː], *G* أخي [ʔaxiː], *A* أخا [ʔaxaː], *pl.* إخوة [ʔixwa] *u.* إخوان [ʔix'waːn] Bruder *m*; Nächste(r); Freund *m*; Gefährte *m*; إخوة *a.* Geschwister *pl.*; الإخوان المسلمون [al-musli'muːn] die Muslimbruderschaft

أخاذ [ʔa'xxaːð] packend, mitreißend

إخبار [ʔix'baːr] Benachrichtigung *f*; → ²خبر; ~ي Nachrichten-, Informations-

أخت [ʔuxt], *pl.* أخوات [ʔaxa'waːt] Schwester *f*

اختبار [ixti'baːr] Erfahrung *f*; Erprobung *f*, Versuch *m*; Prüfung *f*, Test *m*; ~ي Erfahrungs-; experimentell

اختتام [ixti'taːm] Beendigung *f*, Abschluß *m*

اختراع [ixti'raːʕ] Erfindung *f*

اختراق [ixti'raːq] Durchdringung *f*, Durchquerung *f*

اختزال [ixti'zaːl] Abkürzung *f*; Reduktion *f*; Stenographie *f*

اختصار [ixti'sɒːr] Abkürzung *f*

اختصاص [ixti'sɒːs] Kompetenz *f*; Fachgebiet *n*; Spezialität *f*; ~ـي Spezialist *m*

اختطاف [ixti'tɒːf] Entführung *f*, Raub *m*

اختفاء [ixti'faːʔ] Verschwinden *n*; Sichverstecken *n*

اختلاء [ixti'laːʔ] Alleinsein *n*

اختلاس [ixti'laːs] Unterschlagung *f*, Veruntreuung *f*

اختلاط [ixti'lɒːt] (Ver-)Mischung *f*; Verkehr *m*, Umgang *m*

اختلاف [ixti'laːf] Unterschied *m*, Verschiedenheit *f*; Meinungsverschiedenheit *f*

اختلال [ixti'laːl] Störung *f*; Mangelhaftigkeit *f*

اختيار [ixti'jaːr] Wahl *f*, Auswahl *f*; ~ي freiwillig, fakultativ

أخدود [ʔux'duːd], *pl.* أخاديد [ʔaxaː'diːd] (2) Furche *f*; Graben *m*

1**أخذ** [ʔaxaða, u] nehmen; erhalten; fassen, ergreifen; *Meinung* einholen; beginnen (في/ب mit *D*, + *Impf.*: *etwas zu tun*); übelnehmen (على *j-m*); **III** آخذ [ʔaːxaða] übelnehmen (ه على *j-m A*); **VIII** اتخذ [i'ttaxaða] *Standpunkt* einnehmen; annehmen; *Maßnahmen* ergreifen; machen (من/ه/ه ه *j-n od. etwas* zu *D*)

2**أخذ** [ʔaxð] Nehmen *n*; Wegnahme *f*; Übernahme *f*; Einholen *n e-r Meinung*; ~ ورد [radd] Hin und Her *n*, Disput *m*

3**آخذ** [ʔaːxið] hinreißend; ~ في النمو im Wachsen begriffen

1**أخر** [ʔaxxara] verzögern, aufschieben; aufhalten; **V** تأخر [ta'ʔaxxara] sich verspäten; zurückbleiben (عن hinter *D*)

2**آخر** [ʔaːxar] (2), *pl.* [-uːn] *u.* أخر [ʔuxar] (2), *f* أخرى [ʔuxraː], *pl.* أخريات [ʔuxra'jaːt] *u.* أخر [ʔuxar] (2) andere(r); weitere(r); هو الـ~ auch er; من وقت إلى ~ von Zeit zu Zeit

3**آخر** [ʔaːxir] (2), *pl.* [-uːn], *f* أخرى [ʔuxraː] letzte(r); (*mit folgendem determiniertem G*:) Ende *n*, Schluß *m*; أواخر [ʔa'waːxir] (2) *pl.* Ende *n des Monats, Jahres*; إلى ~ه [ʔaː'xirihiː] und so weiter, usw.; في ~ه an s-m Ende; من ~ه von hinten; ~ الأمر [-a l-ʔamr] zuletzt, schließlich; الدار الآخرة das Jenseits

إخراج [ʔix'raːdʒ] Herausbringen *n*; Hervorholen *n*; Heranbildung *f*; Herausgabe *f e-s Buches*; Entfernung *f j-s*; *Film*: Regie *f*

أخرس [ʔaxras] (2), *f* خرساء [xar'saːʔ] (2), *pl.* خرس [xurs] stumm

آخرة [ʔaːxira]: الـ~ das Jenseits

أخروي [ʔuxrawiː] jenseitig

أخرى [ʔuxraː]: الـ~ das Jenseits

إخصاب [ʔix'sɒːb] Befruchtung *f*

أخصائي [ʔaxɨ'ssɒːʔiː] Spezialist *m*, Fachmann *m*

إخضاع [ʔix'đɒːʕ] Unterwerfung *f*

أخضر [ʔaxđɒr] (2), *f* خضراء [xɒđ'raːʔ] (2), *pl.* خضر [xuđr] grün; frisch

إخطار [ʔix'ŧɒːr] Benachrichtigung *f* (ب über *A*); Warnung *f*; → 2خطر

إخفاء [ʔix'faːʔ] Verstecken *n*, Verbergen *n*

إخفاق [ʔix'faːq] Fehlschlag *m*, Mißerfolg *m*

إخلاء [ʔix'laːʔ] Leerung *f*; Freimachen *n*; سبيله ~ s-e Freilassung

إخلاص [ʔix'lɒːs] Aufrichtigkeit *f*; Treue *f*

أخلاق [ʔax'laːq] (*pl. von* 3خلق) Charakter *m*; Moral *f*; **ـي~** sittlich, moralisch; ethisch; **ـية~** Sittlichkeit *f*, Moral *f*

إخلال [ʔix'laːl] Verstoß *m* (ب gegen *A*); Störung *f* (ب *G*)

إخماد [ʔix'maːd] Löschung *f*; Dämpfung *f*; Unterdrückung *f*

1**(أخو)** **III** آخى [ʔaːxaː] sich verbrüdern (ه mit *D*); **VI** تآخى [ta'ʔaːxaː] sich miteinander verbrüdern

2**أخو** [ʔaxuː] (→ أخ) Bruder *m*

أخوات → أخت

1**أخوان** [ʔaxa'waːni] zwei Brüder

2**إخوان** [ʔix'waːn] *pl.* Brüder *m/pl.*, → أخ

1**أخوة** [ʔu'xuːwa] Brüderschaft *f*; Brüderlichkeit *f*

2**إخوة** [ʔixwa] *pl. von* أخ

أخوي [ʔaxawiː] brüderlich

أخي [ʔaxiː] **1.** mein Bruder; **2.** *G von* 2أخو, → أخ

أخيار → 2خير

أخير [ʔa'xiːr] letzte(r); hinterste(r); jüngste(r); ا~ [-an] zuletzt, schließlich; kürzlich; الـ~ der letztere

أداء [ʔa'daːʔ] Ausführung *f*, Verrichtung *f*; Leistung *f*; (Be-)Zahlung *f*

إدارة [ʔi'daːra] (Um-)Drehen *n*; Leitung *f*, Verwaltung *f*, Direktion *f*; Amt *n*, Behörde *f*

إداري [ʔi'daːriː] Verwaltungs-, administrativ; Manager *m*

إدام [ʔi'daːm] Zukost *f*, Beilage *f*

إدامة [ʔi'daːma] *Ir.* Instandhaltung *f*

إدانة [ʔi'daːna] Schuldigsprechung *f*; Verurteilung *f a. e-r Handlung*

أداة [ʔa'daːt], *pl.* أدوات [ʔada'waːt] *a. fig.* Instrument *n*; Werkzeug *n*; Gerät *n*; *Gr.* Partikel *f*; *pl. a.* Material *n*; التعريف ~ *Gr.* bestimmte(r) Artikel

1**أدب** **II** [ʔaddaba] erziehen; disziplinieren; züchtigen; **V** تأدب [ta'ʔaddaba] gut erzogen werden

2**أدب** [ʔadab], *pl.* آداب [ʔaː'daːb] gute(s) Benehmen, Anstand *m*; Bildung *f*; Literatur *f*; قليل الـ~ unerzogen, unhöflich; كلية الآداب

[ku'lliːjat al-ʔa.] philosophische Fakultät

أدباء ← أديب

إدبار [ʔid'baːr] Rückzug *m*, Entweichen *n*

أدبي [ʔadabiː] literarisch; moralisch; أدبيات *pl.* Literatur *f*

ادخار [iddi'xaːr] Sparen *n*, Ersparung *f*; Aufspeicherung *f*

إدخال [ʔid'xaːl] Hineinführung *f*; Einfügung *f*

ادخر ← ذخر[1]

إدراج [ʔid'raːʤ] Einfügung *f*; Eintragung *f* (في in *e-e Liste*)

إدراك [ʔid'raːk] Erreichung *f*; Erfassen *n*, Begreifen *n*; Wahrnehmung *f*; Verständnis *n*

ادعاء [iddi'ʕaːʔ] Behauptung *f*; Anspruch *m*; Anmaßung *f*; Anklage *f*; Staatsanwaltschaft *f*

أدعية ← دعاء

أدغال ← دغل

إدغام [ʔid'ɣaːm, iddi'ɣaːm] Verschmelzung *f*; *Gr.* Assimilation *f*

أدل [ʔa'dall] (2) *el.* stärker hindeutend (على auf *A*); besser beweisend

إدلاء [ʔid'laːʔ] Abgabe *f* (ب *e-r Erklärung*); Mitteilung *f*

أدلة ← دليل

آدم [ʔaːdam] (2) Adam; ابن ~ Mensch *m*

إدماج [ʔid'maːʤ] Eingliederung *f*, Einbeziehung *f*; Fusionierung *f*

إدمان [ʔid'maːn] Sucht *f*; ~ المسكرات [ʔi. al-muski'raːt] Trunksucht *f*

أدمغة ← دماغ

أدمة [ʔadama] Haut *f*

آدمي [ʔaːdamiː] menschlich; *pl.* [-uːn] Mensch *m*

أدنى [ʔadnaː] *el.*, *pl.* [-aun] *u.* أدان [ʔa'daːnin], *f* دنيا [dunjaː] näher; niedriger, tiefer; أدناه unten(stehend); الحد الـ~ [al-ħadd] unterste Grenze; Minimum *n*; الشرق الـ~ Nahe(r) Osten, Vordere(r) Orient

أدهم [ʔadham] (2), *f* دهماء [dah'maːʔ] (2) (tief)schwarz

أدواء ← داء

أدوات ← أداة

أدوية ← دواء

أدى **II** [ʔaddaː] *Arbeit* verrichten, leisten; *Dienst* erweisen; *Aufgabe* erfüllen; *Prüfung* ablegen; (be)zahlen; *Äg.* geben; führen (إلى zu *D*)

أديب [ʔa'diːb], *pl.* أدباء [ʔuda'baːʔ] (2) literarisch gebildet; Schriftsteller *m*; Literat *m*

أديم [ʔa'diːm] Haut *f*; Oberfläche *f*, Fläche *f*

إذ [ʔið] da, weil; *zeitlich*: als; ~ أن [ʔanna] da, weil; ~ ذاك [ðaːka] damals

إذا[1] [ʔiðaː] **1.** wenn; als; *in indirekter Frage*: ob; **2.** ~ ب siehe da; da plötzlich

إذا[2] [ʔiðan] also, folglich

آذار [ʔaːˈðaːr] (2) *Ir.*, *Syr.* März *m*

إذاعة [ʔiˈðaːʕa] Veröffentlichung *f*; Rundfunk *m*; *Rf.* Sendung *f*

أذان [ʔaˈðaːn] *Isl.* Gebetsruf *m*; Ankündigung *f* (ب *G*)

إذعان [ʔiðˈʕaːn] Unterwerfung *f*; Unterwürfigkeit *f*; Gehorsam *m*

إذلال [ʔiðˈlaːl] Demütigung *f*, Erniedrigung *f*

¹**أذن** [ʔaðina, a] erlauben, gestatten (ل في/ب *j-m A*); **II** [ʔaððana] zum Gebet rufen; **IV** آذن [ʔaːðana] bekanntgeben; ankündigen (ب *A*); aufrufen (ب zu *D*); **X** استأذن [isˈtaʔðana] um Erlaubnis bitten; sich melden lassen

²**أذن** [ʔuðun] *f*, *pl.* آذان [ʔaːˈðaːn] Ohr *n*; Henkel *m*

³**إذن** [ʔiðan] also, folglich

⁴**إذن** [ʔiðn] Erlaubnis *f*, Genehmigung *f*; *pl.* أذون [ʔuˈðuːn] *u.* أذونات [ʔuðuːˈnaːt] *Fin.* Anweisung *f*

¹**أذي** [ʔaðija, aː] Schaden erleiden; **IV** آذى [ʔaːðaː] Schaden zufügen; Unrecht tun, Schmerz zufügen; belästigen; **V** تأذى [taˈʔaððaː] gekränkt, verletzt werden

²**أذى** [ʔaðan] *u.* **أذية** [aˈðiːja] Schaden *m*; Unrecht *n*; Schmerz *m*; Verletzung *f*, Kränkung *f*

آراء → ²رأي

إرادة [ʔiˈraːda] Wille *m*, Wollen *n*; Erlaß *m*, (*königliches*) Dekret

إرادي [ʔiˈraːdiː] Willens-; willkürlich

إراقة [ʔiˈraːqa] (*Blut-*)Vergießen *n*

أرب [ʔarab], *pl.* آراب [ʔaːˈraːb] Wunsch *m*; Ziel *n*

أرباب → ²رب

أربطة → رباط

أربعاء [ʔarbiˈʕaːʔ, ʔarbaˈʕaːʔ]: (يوم) الـ~ Mittwoch *m*

أربعة [ʔarbaʕa], *f* أربع [ʔarbaʕ] vier; أربع عشر ~ [-ta ʕaʃar(a)], *f* أربع عشرة [ʔarbaʕa ʕaʃra(ta)] vierzehn

أربعون [ʔarbaˈʕuːn] vierzig

أربعينات [ʔarbaʕiːˈnaːt] *pl.*: الـ~ die vierziger Jahre *n/pl.*

ارتباط [irtiˈbɒːṭ] (Ver-)Bindung *f*, Verknüpfung *f*; Zusammenhalt *m*

ارتباك [irtiˈbaːk] Verwirrung *f*; Verlegenheit *f*

ارتجاج [irtiˈdʒaːdʒ] Beben *n*, Erschütterung *f*

ارتجال [irtiˈdʒaːl] Improvisation *f*; **ـي~** improvisiert, unvorbereitet

ارتحال [irtiˈħaːl] Abreise *f*, Aufbruch *m*

ارتخاء [irtiˈxaːʔ] Lockerung *f*, Erschlaffung *f*, Entspannung *f*

ارتداد [irtiˈdaːd] Rückzug *m*; Abfall *m*, Abtrünnigkeit *f*

ارتشاح [irtiˈʃaːħ] *bsd. Med.* Infiltration *f*

ارتعاش [irtiˈʕaːʃ] Zittern *n*, Beben *n*

ارتفاع [irti'faːʕ] Steigen *n*, Zunahme *f*; Höhe *f*

ارتفاق [irti'faːq] Nutzung *f* (ب *G*)

ارتقاء [irti'qaːʔ] Besteigung *f*; *a. fig*. Aufstieg *m*; Evolution *f*

ارتكاب [irti'kaːb] Begehung *f e-s Verbrechens*

ارتكاز [irti'kaːz] Sichstützen *n* (على auf *A*); نقطة الـ~ Stützpunkt *m*

ارتياب [irti'jaːb] Zweifel *m*, Argwohn *m*

ارتياح [irti'jaːħ] Befriedigung *f* (إلى über *A*)

ارتياد [irti'jaːd] Aufsuchen *n e-s Ortes*; Erforschung *f*

ارتياع [irti'jaːʕ] Erschrecken *n*, Entsetzen *n*

إرث [ʔirθ] Erbe *n*

1 أرج [ʔaradʒ] Duft *m*

2 أرج [ʔaridʒ] duftend

1 أرجاء [ʔar'dʒaːʔ] *pl*.: في كل ~ überall in

2 إرجاء [ʔir'dʒaːʔ] Aufschub *m*; Verlegung *f*, Vertagung *f*

إرجاع [ʔir'dʒaːʕ] Rückgabe *f*; Rückführung *f*

إرجاف [ʔir'dʒaːf], *pl*. أراجيف [ʔaraː'dʒiːf] (2) falsche(s) Gerücht

(أرجح) **II** تأرجح [ta'ʔardʒaħa] schaukeln; schwanken

أرجوان [ʔurdʒu'waːn] Purpur *m*

أرجوحة [ʔur'dʒuːħa] Schaukel *f*

أرخ [ʔarraxa] **II** datieren

إردب [ʔir'dabb] *Hohlmaß (198 l)*

أردن [ʔur'dunn]: الـ~ Jordanien; نهر الـ~ der Jordan; ~ي jordanisch; Jordanier *m*

أردواز [ʔardu'waːz] Schiefer *m*

أردية → رداء

1 أرز [ʔarz] Zeder(n *pl.*) *f*

2 أرز [ʔa'ruzz] Reis *m*

إرسال [ʔir'saːl] (Zu-, Ent-)Sendung *f*; ~ية (Post-)Sendung *f*

أرسطو [ʔa'ristoː] Aristoteles

إرشاد [ʔir'ʃaːd] Führung *f*, Leitung *f*; Beratung *f*; ~ات *pl*. Anweisungen *f/pl*.

1 أرض [ʔarɒđ] *koll*. Termite(n *pl.*) *f*

2 أرض [ʔarđ] *f*, *pl*. أراض [ʔa'rɒːđin] Erde *f*, Boden *m*; Land *n*; Gebiet *n*; Grundstück *n*

إرضاء [ʔir'đɒːʔ] Befriedigung *f*, Zufriedenstellung *f*

أرضي [ʔarđiː] Erd-, Boden-; ~ة (Fuß-)Boden *m*

إرغام [ʔir'ɣaːm] Zwang *m*; Nötigung *f* (على zu *D*)

1 أرق **II** [ʔarraqa] den Schlaf rauben (ه *j-m*)

2 أرق [ʔaraq] Schlaflosigkeit *f*

أرمل [ʔarmal], *pl*. أرامل [ʔa'raːmil] (2) Witwer *m*; ~ة Witwe *f*

أرناؤوطي [ʔarnaː'ʔuːtiː] albanisch; Albaner *m*

أرنب [ʔarnab], *pl*. أرانب [ʔa'raːnib] (2) Hase *m*; Kaninchen *n*

إرهاب [ʔir'haːb] Terror *m*; ~ي terroristisch; Terrorist *m*

إرهاص [ʔir'hɒːs], *pl*. [-aːt] Grundlegung *f*; Voraussetzung *f*; Anzeichen *n*, Hinweis *m*

إرهاف [ʔir'haːf] Schärfung *f*

إرهاق [ʔir'haːq] Überlastung *f*, Erschöpfung *f*

أروح [ʔarwaħ] (2) *el.* bequemer; beruhigender

أرومة [ʔa'ruːma] Wurzel *f*; Ursprung *m*

أريب [ʔa'riːb] schlau; geschickt

أريحا [ʔa'riːħaː] Jericho

أريحي [ʔarjaħiː] freigebig

أريكة [ʔa'riːka], *pl.* أرائك [ʔa'raːʔik] (2) (Sitz-)Bank *f*; Thron *m*

أز [ʔazza, i] summen; brummen

إزاء [ʔi'zaːʔa] *u.* بإزاء [bi-ʔi'zaːʔi] *Präp.* vor, gegenüber

إزاحة [ʔizaːħa] Entfernung *f*, Wegnahme *f*

إزار [ʔi'zaːr], *pl.* أزر [ʔuzur] Lendenschurz *m*; Überwurf *m*

إزالة [ʔi'zaːla] Beseitigung *f*, Entfernung *f*; Behebung *f*

ازاي [i'zzaːj] *Äg. umg.* wie?

ازدحام [izdi'ħaːm] Gedränge *n*; Überfüllung *f*

ازدراء [izdi'raːʔ] Verachtung *f*, Geringschätzung *f*

ازدهار [izdi'haːr] Blüte *f*, Prosperität *f*

ازدواج [izdi'waːdʒ] Doppelheit *f*, Paarigkeit *f*; Zweigleisigkeit *f*

ازدياد [izdi'jaːd] Zunahme *f*, Ansteigen *n*

[1]**أزر** **II** [ʔazzara] bedecken, umhüllen; **III** آزر [ʔaːzara] unterstützen; beistehen (ه *j-m*)

[2]**أزر** [ʔazr] Stärke *f*

أزرق [ʔazraq] (2), *f* زرقاء [zar'qaːʔ] (2), *pl.* زرق [zurq] blau

إزعاج [ʔiz'ʕaːdʒ] Belästigung *f*, Störung *f*

أزقة → زقاق

أزل [ʔazal] Ewigkeit *f* (*ohne Anfang*); **ـي**~ (ur)ewig

(أزم) **V** تأزم [ta'ʔazzama] sich zuspitzen

أزمنة → زمان

أزمة [ʔazma] Krise *f*; Not *f*

أزهر [ʔazhar] (2) leuchtend, strahlend; الـ~ Azhar *f* (*Moschee u. isl. Universität in Kairo*); **ـي**~ Student *m od.* Absolvent *m* der Azhar

أزور [ʔazwar] (2), *f* زوراء [zau'raːʔ] (2) schief; krumm; schielend

ازورار [izwi'raːr] Abneigung *f*

ازي [i'zzaj]: ـك~ [-ak] *Äg. umg.* wie geht's?

أزيد [ʔazjad] (2) *el.* mehr; größer

أزيز [ʔa'ziːz] Summen *n*; Brummen *n*

[1]**(أس)** **II** أسس [ʔassasa] (be)gründen; **V** تأسس [ta'ʔassasa] gegründet *od.* begründet werden

[2]**أس** [ʔuss] Grundlage *f*, Basis *f*; *Math.* Exponent *m*, Potenz *f*

أسا → (أسو)

إساءة [ʔi'saːʔa] böse Tat; Kränkung *f*; → [1](سوء) IV

أساتذة ← أستاذ

إسار [ʔi'saːr] Riemen *m*

أسارير [ʔasaː'riːr] (2) *pl.*: الوجه ~ Gesichtszüge *m/pl.*

أساس [ʔa'saːs], *pl.* أسس [ʔusus] Grundlage *f*; Fundament *n*; ~ًا [-an] im wesentlichen; grundsätzlich; ~ على + *G*: auf der Grundlage von; ~ي grundlegend, wesentlich

إسالة [ʔi'saːla]: الماء ~ *Ir.* Wasserversorgung *f*; → [1](سيل) IV

أسام ← اسم

أسباب ← سبب

إسباناخ [ʔisbaː'naːx] Spinat *m*

أسبق [ʔasbaq] (2) *el.* früher; Ex-; ~ية Vorausgehen *n*; Vorrang *m*, Priorität *f*

أسبوع [ʔus'buːʕ], *pl.* أسابيع [ʔasaː'biːʕ] (2) Woche *f*

إست [ʔist] Gesäß *n*; After *m*

أستاذ [ʔus'taːð], *pl.* أساتذة [ʔa'saːtiða] Professor *m*; Meister *m*; *Anrede für Gebildete*; ~ية Professur *f*; Meisterschaft *f*

استباحة [isti'baːħa] Preisgabe *f*; Anmaßung *f*

استبداد [istib'daːd] Willkür *f*

استبدال [istib'daːl] Umtausch *m*, Eintausch *m*

استبقاء [istib'qaːʔ] Erhaltung *f*, Beibehaltung *f*

استتباب [istit'baːb] *intr.* Festigung *f*; Stabilität *f*

استثمار [istiθ'maːr] Nutzung *f*; *pl.* [-aːt] Investition *f*

استثناء [istiθ'naːʔ] Ausnahme *f*; استثنائي Ausnahme-

استجابة [isti'dʒaːba] Folgeleisten *n*; Erfüllung *f*; Reaktion *f*

استجلاء [istidʒ'laːʔ] Aufhellung *f*, Ergründung *f*

استجلاب [istidʒ'laːb] Herbeibringung *f*; Beschaffung *f*

استجمام [istidʒ'maːm] Ausspannen *n*, Erholung *f*

استجواب [istidʒ'waːb] Befragung *f*; *Jur.* Verhör *n*

استحالة [isti'ħaːla] Unmöglichkeit *f*; (Um-)Wandlung *f*

استحداث [istiħ'daːθ] Schaffung *f*; Einführung *f von Neuem*

استحسان [istiħ'saːn] Billigung *f*, Zustimmung *f*; Beifall *m*

استحضار [istiħ'ḍɒːr] Herbeischaffung *f*; Zubereitung *f*

استحقاق [istiħ'qaːq] Fälligkeit *f*; Anspruch *m*; Verdienst *n*

استحكام [istiħ'kaːm] *intr.* Verstärkung *f*; *konkret*: Befestigung *f*

استحمام [istiħ'maːm] Baden *n*

استحياء [istiħ'jaːʔ] Scham *f*, Scheu *f*

استخبار [istix'baːr] Erkundigung *f*; الاستخبارات Nachrichtendienst *m*

استخدام [istix'daːm] Verwendung *f*; Anstellung *f*, Beschäftigung *f*

استخراج [istix'raːʤ] Herausholen *n*; Förderung *f*, Gewinnung *f*
استخفاف [istix'faːf] Geringschätzung *f*
استخلاص [istix'lɒːs] Herleitung *f*; Gewinnung *f* (من aus *D*)
استدارة [isti'daːra] Rundung *f*
استدانة [isti'daːna] Borgen *n von Geld*; Verschuldung *f*
استدراك [istid'raːk] Berichtigung *f*, Richtigstellung *f*
استدعاء [istid'ʕaːʔ] Herbeirufung *f*; Vorladung *f*; Zurückberufung *f*
استدلال [istid'laːl] (Schluß-)Folgerung *f*; Nachweis *m* (على von *D*)
استذكار [istið'kaːr] Sicherinnern *n*; (Auswendig-)Lernen *n*
استراحة [isti'raːħa] Rast *f*, Ruhepause *f*; Rasthaus *n*
استرجاع [istir'ʤaːʕ] Rückforderung *f*; Wiedererlangung *f*
استرخاء [istir'xaːʔ] Nachlassen *n*, Erschlaffung *f*, Entspannung *f*
استرداد [istir'daːd] Rückforderung *f*; Rückgewinnung *f*
استرسال [istir'saːl] Fortfahren *n* (في mit *D*), Sichhingeben *n*
استرشاد [istir'ʃaːd] Einholung *f* von Rat; Sichleitenlassen *n* (بـ von *D*)
استرضاء [istir'đɒːʔ] Zufriedenstellung *f*; Versöhnung *f*
استسلام [istis'laːm] Kapitulation *f*; Resignation *f*
استشارة [isti'ʃaːra], *pl.* [-aːt] Konsultation *f*; Beratung *f*; **استشاري** konsultativ
استشراق [istiʃ'raːq] Orientalistik *f*
استشفاء [istiʃ'faːʔ] (Suche *f* nach) Heilung *f*; Kur *f*
استشهاد [istiʃ'haːd] Märtyrertod *m*; Zitieren *n*
استصباح [istɨs'baːħ] Beleuchtung *f*
استصلاح [istɨs'laːħ]: الأراضي ~ Landgewinnung *f*
استصواب [istɨs'waːb] Billigung *f*, Gutheißen *n*
استطاعة [isti'tɒːʕa] Können *n*; Kapazität *f*; باستطاعته er kann
استطراد [istɨt'rɒːd] Exkurs *m*, Abschweifung *f*
استطلاع [istɨt'laːʕ] Erkundung *f*, Aufklärung *f*; حب الـ~ [ħubb al-i.] Neugier *f*
استعادة [isti'ʕaːda] Wiedergewinnung *f*
استعارة [isti'ʕaːra] Entleihen *n*; *Gr.* Metapher *f*; **استعاري** figürlich, metaphorisch
استعاضة [isti'ʕɒːđɒ] Ersatz *m*; Eintausch *m*
استعانة [isti'ʕaːna] Zuhilfenahme *f*
استعباد [istiʕ'baːd] Versklavung *f*, Knechtung *f*
استعجال [istiʕ'ʤaːl] Eile *f*, Hast *f*

استعداد [istiʕ'daːd] Bereitschaft *f*; Disposition *f*; ~ي vorbereitend

استعراض [istiʕ'rɒːđ] Schau *f*, Parade *f*; Erörterung *f*

استعصاء [istiʕ'sɒːʔ] Widerspenstigkeit *f*; Versagen *n*

استعطاف [istiʕ'tɒːf] Werben *n* um Wohlwollen; Bitten *n*

استعفاء [istiʕ'faːʔ] Bitte *f* um Verzeihung

استعلام [istiʕ'laːm] Erkundigung *f*; مكتب الاستعلامات Auskunft *f*, Auskunftsbüro *n*

استعمار [istiʕ'maːr] Kolonisierung *f*; Kolonialismus *m*; Imperialismus *m*; ~ي Kolonial-; Kolonisator *m*; ~ية Kolonialismus *m*; Imperialismus *m*

استعمال [istiʕ'maːl] Gebrauch *m*, Verwendung *f*

استغاثة [isti'ɣaːθa] Hilferuf *m*

استغراب [istiɣ'raːb] Verwunderung *f*, Befremden *n*

استغلال [istiɣ'laːl] Ausnutzung *f*; Ausbeutung *f*

استغناء [istiɣ'naːʔ] Verzicht *m*

استفادة [isti'faːda] Profitieren *n*, Nutzbarmachung *f*

استفاضة [isti'fɒːđɒ] Überfluß *m*

استفتاء [istif'taːʔ] Einholen *n* e-s Gutachtens; Befragung *f*

استفتاح [istif'taːħ] Anfang *m*, Beginn *m*

استفراغ [istif'raːɣ] Entleerung *f*; Erbrechen *n*

استفزاز [istif'zaːz] Provokation *f*

استفسار [istif'saːr] Erkundigung *f*, Anfrage *f*

استفهام [istif'haːm] (Nach-)Frage *f*; علامة الـ~ Fragezeichen *n*; ~ي *Gr*. interrogativ

استقالة [isti'qaːla] Rücktritt *m*, Demission *f*

استقامة [isti'qaːma] Geradheit *f*; Richtigkeit *f*

استقبال [istiq'baːl] Aufnahme *f*, Empfang *m*; Zukunft *f*

استقراء [istiq'raːʔ] Untersuchung *f*; *Phil*. Induktion *f*

استقرار [istiq'raːr] Stabilität *f*; Festigkeit *f*, Konsolidierung *f*; Beständigkeit *f*, Stetigkeit *f*; Seßhaftigkeit *f*

استقراض [istiq'rɒːđ] Aufnahme *f* e-s Darlehens

استقصاء [istiq'sɒːʔ] gründliche Untersuchung, Durchleuchtung *f e-s Problems*

استقطاب [istiq'tɒːb] Umsichscharen *n*, *Phys*. Polarisation *f*

استقطار [istiq'tɒːr] Destillierung *f*, Destillation *f*

استقطاع [istiq'tɒːʕ] Abzug *m e-s Betrages*

استقلال [istiq'laːl] Unabhängigkeit *f*, Selbständigkeit *f*

استكانة [isti'kaːna] Sichunterwerfen *n*; Demut *f*

استكتاب [istik'taːb] Diktat *n*

استكشاف [istikˈʃaːf] Entdeckung *f*; *Mil.* Aufklärung *f*, Erkundung *f*; ~ـي Aufklärungs-

استكمال [istikˈmaːl] Abschluß *m*, Beendigung *f*; Ergänzung *f*

استلاب [istiˈlaːb] Plünderung *f*, Beraubung *f*

استلام [istiˈlaːm] Empfang *m*; Übernahme *f*

استلحاق [istilˈħaːq] Angliederung *f*, Annexion *f*

استلفات [istilˈfaːt] Erregen *n* von Aufmerksamkeit

استمارة [istiˈmaːra] Formular *n*; Fragebogen *m*

استماع [istiˈmaːʕ] Zuhören *n*, Lauschen *n*; Anhörung *f*

استمتاع [istimˈtaːʕ] Genießen *n*

استمرار [istimˈraːr] Fortdauer *f*; Fortfahren *n* (في mit *D*); بـ~ dauernd, ständig

استمساك [istimˈsaːk] Festhalten *n* (ب an *D*)

استملاك [istimˈlaːk] Aneignung *f*, Besitzergreifung *f*; Enteignung *f*

استناد [istiˈnaːd] Anlehnung *f* (إلى an *A*), Sichstützen *n* (إلى auf *A*); Berufung *f* (إلى auf *A*)

استنارة [istiˈnaːra] Aufgeklärtheit *f*, Aufklärung *f*

استنباط [istimˈbɒːṭ] Erschließung *f*; Ableitung *f*, Schlußfolgerung *f*

استنتاج [istinˈtaːdʒ] Ableitung *f*, (Schluß-)Folgerung *f*

استنزال [istinˈzaːl] Abzug *m e-s Betrages*

استنساخ [istinˈsaːx] Abschreiben *n*, Kopieren *n*

استنصاح [istinˈsɒːħ] Befragung *f* um Rat

استنطاق [istinˈṭɒːq] Verhör *n*, Vernehmung *f*

استنكار [istinˈkaːr] (*moralische*) Verurteilung; Abscheu *m*

استهانة [istiˈhaːna] Verachtung *f*

استهتار [istihˈtaːr] Leichtsinn *m*; Geringschätzung *f* (ب *G*)

استهزاء [istihˈzaːʔ] Spott *m*, Hohn *m*; بـ~ spöttisch (*Adv.*)

استهلاك [istihˈlaːk] Verbrauch *m*, Konsum *m*; Abnutzung *f*; *Fin.* Amortisation *f*

استهلال [istihˈlaːl] Anfang *m*, Beginn *m*; ~ـي Anfangs-; einleitend

استهواء [istihˈwaːʔ] Bezauberung *f*, Verführung *f*

استواء [istiˈwaːʔ] Gleichheit *f*; Ebenheit *f*; Geradheit *f*; خط الـ~ [xɒṭṭ al-i.] Äquator *m*; استوائي äquatorial; tropisch

استياء [istiˈjaːʔ] Unwille(n) *m*; Verärgerung *f*; → [1](سوء) VIII

استئثار [istiʔˈθaːr] Anmaßung *f*; Inanspruchnahme (ب *G*)

استئجار [istiʔˈdʒaːr] Miete *f*, Pacht *f*

استيداع [istiːˈdaːʕ] Deponierung *f*, Hinterlegung *f*

استئذان [istiʔ'ðaːn] Bitte *f* um Erlaubnis

استيراد [istiː'raːd] Import *m*, Einfuhr *f*

استئصال [istiʔ'sɒːl] Ausrottung *f*; operative Entfernung

استيضاح [istiː'đɒːħ] Bitte *f* um Aufklärung; Erkundung *f*

استيطان [istiː'tɒːn] Ansiedlung *f*, Einwanderung *f*

استيعاب [istiː'ʕaːb] Aufnahme *f*; (*geistige*) Aneignung; Erfassen *n*; Kapazität *f*

استيفاء [istiː'faːʔ] Erfüllung *f*; Bezahlen *n*; Ausfüllen *n*; (*Gebühren-*)Erhebung *f*

استيقاظ [istiː'qɒːð] Erwachen *n*

استيلاء [istiː'laːʔ] Besitzergreifung *f* (على von *D*)

استئمارة → استمارة

استئمان [istiʔ'maːn] Vertrauen *n*

استئناف [istiʔ'naːf] Wiederaufnahme *f*; *Jur.* Berufung *f*; محكمة الـ~ Revisionsgericht *n*; ~ي Berufungs-

إسحق [ʔis'ħaːq] Isaak

أسد [ʔasad], *pl.* أسود [ʔu'suːd], آساد [ʔaː'saːd] *u.* أسد [ʔusd] Löwe *m*

[1]**أسر** [ʔasara, i] binden, fesseln; gefangennehmen

[2]**أسر** [ʔasr] Gefangennahme *f*; Gefangenschaft *f*; بأسره [bi-ʔasrihiː] vollständig, insgesamt; → أسرة

أسراء → أسير, **إسراء** → سرى IV

أسرار → سر[2]

إسراع [ʔis'raːʕ] Eile *f*; Beschleunigung *f* (في/ب *G*)

إسراف [ʔis'raːf] Verschwendung *f*; Maßlosigkeit *f*

إسرائيل [ʔisraː'ʔiːl] (2) *f* Israel

أسرة [ʔusra], *pl.* أسر [ʔusar] Familie *f*; Sippe *f*; Dynastie *f*; → سرير

أسس → (أس)[1]

إسطبل [ʔis'tɒbl], *pl.* [-aːt] Stall *m*

أسطوانة [ʔustu'waːna] Säule *f*; *Math.*, *Techn.* Zylinder *m*; Rolle *f*; Walze *f*; Schallplatte *f*; **أسطواني** zylindrisch

أسطورة [ʔus'tuːra], *pl.* أساطير [ʔasaː'tiːr] (2) Sage *f*; Mythos *m*

أسطول [ʔus'tuːl], *pl.* أساطيل [ʔasaː'tiːl] (2) Flotte *f*

أسطى [ʔustɒː] *Äg.* Meister *m*

إسعاف [ʔis'ʕaːf] (erste) Hilfe, Rettung *f*; ~ سيارة Rettungswagen *m*

[1]**أسف** [ʔasifa, a] bedauern (على/ل *A*); **IV** آسف [ʔaːsafa]: يؤسفني أن es tut mir leid, daß; **V** تأسف [ta'ʔassafa] bedauern (على *A*)

[2]**أسف** [ʔasaf] Bedauern *n*; مع الـ~ *u.* للـ~ leider

[3]**آسف** [ʔaːsif] bedauernd; betrübt

أسفل [ʔasfal] (2), *f* سفلى [suflaː], *pl.* أسافل [ʔa'saːfil] (2) untere(r), unterste(r); niedrige(r)

إسفنج [ʔis'fandʒ] Schwamm *m*

إسفين [ʔis'fiːn], *pl.* أسافين [ʔasaː'fiːn] (2) Keil *m*

إسقاط [ʔis'qɒːt] Fallenlassen *n*;

Mil. Abschuß *m*; Abwurf *m*; Sturz *m e-r Regierung*; Aberkennung *f e-s Rechts*

أسقف [ʔusquf], *pl.* أساقفة [ʔa'saːqifa] Bischof *m*

إسكاف [ʔis'kaːf] *u.* **إسكافي** [ʔis'kaːfiː], *pl.* ـة~ Schuster *m*

إسكان [ʔis'kaːn] Ansiedlung *f*; Wohnungsbau *m*

إسكملة [ʔis'kamla] Schemel *m*

إسكندر [ʔis'kandar] Alexander

إسكندرونة [ʔiskanda'ruːna]: الـ~ Iskenderun (*früher Alexandrette*)

إسكندرية [ʔiskanda'riːja]: الـ~ Alexandria

إسلام [ʔis'laːm] Islam *m*; ـي~ islamisch

أسلحة → سلاح

أسلوب [ʔus'luːb], *pl.* أساليب [ʔasaː'liːb] (2) Methode *f*, Verfahren *n*; Stil *m*

اسم [ism], *pl.* أسماء [ʔas'maːʔ] *u.* أسام [ʔa'saːmin] Name *m*; *Gr.* Nomen *n*; ـا~ [-an] *Adv.* nominell

أسمر [ʔasmar] (2), *f* سمراء [sam'raːʔ] (2), *pl.* سمر [sumr] braun; *Haut*: dunkel

إسمنت [ʔis'mant] Zement *m*

1**اسمي** [ismiː] nominell; *Gr.* nominal; قيمة ـة~ *Fin.* Nennwert *m*

2**أسمى** [ʔasmaː] *el.* höher

إسناد [ʔis'naːd] Stützung *f*; Übertragung *f*; Beleg *m*; Überliefererkette *f e-r isl. Tradition*

أسنان → 3سن

إسهاب [ʔis'haːb] Ausführlichkeit *f*

إسهال [ʔis'haːl] *Med.* Durchfall *m*

أسهل [ʔashal] (2) *el.* leichter, einfacher; ebener

أسهم [ʔashum] → 2سهم

أسا (أسو) [ʔasaː,uː] pflegen; **III** آسى [ʔaːsaː] trösten

أسوأ [ʔaswaʔ] (2) *el.* von سيء: schlechter

إسوار [ʔis'waːr], *pl.* أساور [ʔa'saːwir] (2) Armreif *m*

أسواق → 3سوق

أسوان [ʔas'waːn] *Geo.* Assuan; صخر ~ Syenit *m* (*Gestein*)

أسود [ʔaswad] (2), *f* سوداء [sau'daːʔ] (2), *pl.* سود [suːd] *u.* سودان [suː'daːn] schwarz; Schwarze(r)

أسوة [ʔuswa] Beispiel *n*, Vorbild *n*, Muster *n*

1**أسي** [ʔasija, aː] nachtrauern (على *D*); bedauern (على *A*)

2**أسى** [ʔasan] Trauer *f*, Leid *n*

آسيا [ʔaːsijaː] Asien

أسير [ʔa'siːr], *pl.* أسراء [ʔusa'raːʔ] (2) Gefangene(r)

أسئلة → سؤال

أسيوط [ʔas'juːtˤ] (2) *Geo.* Assiut

آسيوي [ʔaːsijawiː] asiatisch

إشادة [ʔi'ʃaːda] lobende Erwähnung

إشارة [ʔi'ʃaːra] Zeichen *n*, Wink *m*; Hinweis *m*; Signal *n*; Andeutung *f*

إشاعة [ʔiˈʃaːʕa] Verbreitung *f*; *pl.* [-aːt] Gerücht *n*

إشباع [ʔiʃˈbaːʕ] Sättigung *f*; Füllung *f*; Befriedigung *f*

أشتات → شت²

اشتباك [iʃtiˈbaːk] Verwicklung *f* (في in *A*); *pl.* [-aːt] Zusammenstoß *m*, Gefecht *n*

اشتباه [iʃtiˈbaːh] Zweifel *m*, Verdacht *m*

اشتداد [iʃtiˈdaːd] Verschärfung *f*; Verschlimmerung *f*

اشتراء [iʃtiˈraːʔ] (Ein-)Kauf *m*

اشتراط [iʃtiˈrɒːt] Bedingung *f*, Voraussetzung *f*

اشتراع [iʃtiˈraːʕ] Gesetzgebung *f*; ~ـي legislativ

اشتراك [iʃtiˈraːk] Teilnahme *f*; Abonnement *n* (في *e-r Zeitung*); بالـ~ مع zusammen mit; ~ـي sozialistisch; [-uːn] Sozialist *m*; ~ـية Sozialismus *m*

اشتعال [iʃtiˈʕaːl] Entzündung *f*, Auflodern *n*

اشتغال [iʃtiˈɣaːl] *intr.* Beschäftigung *f*

اشتقاق [iʃtiˈqaːq] Ableitung *f*; *Gr.* Etymologie *f*

اشتهار [iʃtiˈhaːr] Berühmtheit *f*

اشتياق [iʃtiˈjaːq] Sehnsucht *f*

أشجر [ʔaʃdʒar] (2) baumreich

أشجع [ʔaʃdʒaʕ] (2) *el.* mutiger

أشد [ʔaˈʃadd] (2) *el. von* شديد

أشر II [ʔaʃʃara] mit e-m Vermerk versehen (على *A*); vermerken

إشراف [ʔiʃˈraːf] Aufsicht *f*, Überwachung *f*; Schirmherrschaft *f*

إشراق [ʔiʃˈraːq] Strahlen *n*, Glanz *m*

إشراك [ʔiʃˈraːk] Beteiligung *f j-s* (في an *D*); *a.* → شرك²

أشربة → شراب¹

إشعار [ʔiʃˈʕaːr] Informierung *f*

إشعاع [ʔiʃˈʕaːʕ] (Aus-)Strahlung *f*

إشعال [ʔiʃˈʕaːl] Entfachung *f des Feuers*; Anzünden *n*

أشعة → شعاع

إشفاق [ʔiʃˈfaːq] Mitleid *n* (على mit *D*); Besorgtheit *f* (على um *A*)

أشقر [ʔaʃqar] (2), *f* شقراء [ʃaqˈraːʔ] (2), *pl.* شقر [ʃuqr] blond; hellhaarig; rotblond

إشكال [ʔiʃˈkaːl] Unklarheit *f*; Problem *n*

أشل [ʔaˈʃall] (2), *f* شلاء [ʃaˈllaːʔ] (2) gelähmt

اشمئزاز [iʃmiʔˈzaːz] Ekel *m*, Widerwille(n) *m*

إشهار [ʔiʃˈhaːr] Bekanntgabe *f*

أشهب [ʔaʃhab] (2), *f* شهباء [ʃahˈbaːʔ] (2), *pl.* شهب [ʃuhb] (asch-)grau

أشوه [ʔaʃwah] (2) mißgestaltet; entstellt

أشياء → شيء

أشيب [ʔaʃjab] (2), *f* شيباء [ʃaiˈbaːʔ] (2), *pl.* شيب [ʃiːb] grauhaarig, weißhaarig

إصابة [ʔiˈsɒːba] Treffer *m*; *Sport*: Tor *n*; Erkrankung *f*

أصالة [ʔaˈsɒːla] Echtheit *f*; edle Abstammung; Festigkeit *f*

إصبع [ʔɨsbaʕ], *pl.* أصابع [ʔaˈsɒːbiʕ] (2) Finger *m*; Zehe *f*

أصح [ʔaˈsɒħħ] (2) *el. von* صحيح

أصحاب → صاحب

إصدار [ʔɨsˈdaːr] (Her-)Ausgabe *f*; Ausstellung *f e-s Dokuments*

أصدقاء → صديق [1]

إصرار [ʔɨsˈraːr] Beharren *n*

آصرة [ʔaːsɨra]: أواصر [ʔaˈwɒːsɨr] (2) *pl.* Bande *n/pl. der Freundschaft*

إصطبل [ʔɨsˈtɒbl] Stall *m*

اصطحاب [ɨstɨˈħaːb] Begleitung *f*

اصطخاب [ɨstɨˈxaːb] Lärm *m*, Getöse *n*

اصطدام [ɨstɨˈdaːm] Zusammenstoß *m* (ب mit *D*)

اصطلاح [ɨstɨˈlaːħ] Konvention *f*; Fachausdruck *m*

اصطناع [ɨstɨˈnaːʕ] Vortäuschung *f*; ~ـي künstlich

اصطياف [ɨstɨˈjaːf] Sommeraufenthalt *m*, Sommerurlaub *m*

إصغاء [ʔɨsˈɣaːʔ] Zuhören *n*, Lauschen *n*

أصغر [ʔɒsɣar] (2) *el.*, *f* صغرى [suɣraː] kleiner; jünger

أصفر [ʔɒsfar] (2), *f* صفراء [sɒfˈraːʔ] (2), *pl.* صفر [sufr] gelb; bleich

اصفرار [ɨsfiˈraːr] Gelbfärbung *f*, Gelbwerden *n*; Blässe *f*

[1]**أصل** **II** [ʔɒssɒla] (fest) verwurzeln; **V** تأصل [taˈʔɒssɒla] festen Fuß fassen; verankert sein; **X** استأصل [isˈtaʔsɒla] ausrotten; operativ entfernen

[2]**أصل** [ʔɒsl], *pl.* أصول [ʔuˈsuːl] Wurzel *f*; Herkunft *f*, Ursprung *m*; Original *n e-s Dokuments*; *pl.* Grundlagen *f/pl.*; *Fin.* Aktiva *pl.*; ~ًا [-an] eigentlich

إصلاح [ʔɨsˈlaːħ], *pl.* [-aːt] Reform *f*; Reparatur *f*; Wiederherstellung *f*; ~ـي Reform-; Besserungs-; ~ـية Reformismus *m*; Besserungsanstalt *f*

أصلع [ʔɒslaʕ] (2) kahl(köpfig)

أصلي [ʔɒsliː] ursprünglich; original

أصم [ʔaˈsɒmm] (2), *f* صماء [sɒˈmmaːʔ] (2), *pl.* صم [summ] taub; fest, kompakt, massiv

أصوب [ʔɒswab] (2) *el.* treffender; richtiger

أصولي [ʔuˈsuːliː] den Regeln entsprechend; fundamentalistisch; Fundamentalist *m*

أصيل [ʔaˈsiːl] echt, original; reinrassig; edel; verwurzelt

إضاءة [ʔiˈđɒːʔa] Beleuchtung *f*

إضاعة [ʔiˈđɒːʕa] Vergeudung *f*; Verlust *m*

إضافة [ʔiˈđɒːfa] Hinzufügung *f*, Zusatz *m*; *Gr.* Genitivverbindung *f*; بالـ~ إلى zusätzlich zu; إضافي [ʔiˈđɒːfiː] zusätzlich

إضبارة [ʔɨđˈbaːra] Akte *f*

أضحوكة [ʔuđ'ħuːka] Spaß *m*, Scherz *m*

أضحى [ʔɒđħaː]: عيد الـ~ *Isl.* Opferfest *n*

أضحية [ʔuđ'ħiːja] Opfertier *n*

إضراب [ʔɨđ'rɒːb] Streik *m*

اضطراب [ɨđtɨ'rɒːb], *pl.* [-aːt] Verwirrung *f*, Durcheinander *n*; Störung *f*; *pl.* Unruhen *f/pl.*

اضطرار [ɨđtɨ'rɒːr] Zwang *m*; Gezwungensein *n* (إلى zu *D*); Notfall *m*; ~ي Zwangs-; Not-

اضطهاد [ɨđtɨ'haːd] Unterdrückung *f*, Verfolgung *f*

إضعاف [ʔɨđ'ʕaːf] Schwächung *f*; → ضعف[3]

إضلال [ʔɨđ'laːl] Irreführung *f*

إضمار [ʔɨđ'mɒːr] Verheimlichung *f*; *Gr.* Ellipse *f*

أضمن [ʔɒđman] (2) *el.* sicherer

إطار [ʔi'tɒːr], *pl.* [-aːt] Rahmen *m*; Einfassung *f*; Reifen *m e-s Autos*; *pl. Maghr. a.* Kader *m/pl.*

إطاعة [ʔi'tɒːʕa] Gehorsam *m*

إطالة [ʔi'tɒːla] Verlängerung *f*; Weitschweifigkeit *f*

أطباء → طبيب

اطراد [ɨttɨ'rɒːd] ununterbrochene Folge, Kontinuität *f*

أطرش [ʔɒtrɒʃ] (2), *f* طرشاء [tɒr'ʃaːʔ] (2), *pl.* طرش [turʃ] taub

أطروحة [ʔutˈruːħa] Dissertation *f*

إطعام [ʔɨt'ʕaːm] Speisung *f*

أطعمة → طعام

إطفاء [ʔɨt'faːʔ] Löschung *f e-s Feuers*; **إطفائي** Feuerwehrmann *m*; ~ية [ʔɨtfaː'ʔiːja] Feuerwehr *f*

اطلاع [ɨttɨ'laːʕ] Einsichtnahme *f*; Sich-Informieren *n*

إطلاق [ʔɨt'laːq] Loslassung *f*; Abschuß *m e-r Rakete*; ~ًا [-an] *u.* على الـ~ überhaupt; absolut; ~ الرصاص *u.* النار ~ Beschießung *f*, Schießen *n*; السراح ~ Freilassung *f e-s Gefangenen*

أطلس [ʔɒtlɒs] (2) Atlas *m* (*Stoff u. Kartenwerk*); *Geo.* Atlas *m*; ~ي atlantisch; الأطلسي Atlantik *m*

إطمئنان [ʔɨtmiʔ'naːn] Beruhigung *f*; Zuversicht *f*

إطناب [ʔɨt'nɒːb] Übertreibung *f*

أطنان → طن[2]

أطول [ʔɒtwal] (2) *el.* länger

إظهار [ʔɨð'hɒːr] Zeigen *n*; Bekundung *f*

إعادة [ʔi'ʕaːda] Rückgabe *f*; Rücksendung *f*; Wiederholung *f*; Wieder-, Re-

إعارة [ʔi'ʕaːra] Verleihen *n*, Verleih *m*

إعاشة [ʔi'ʕaːʃa] Ernährung *f*; Versorgung *f*

إعالة [ʔi'ʕaːla] Versorgung *f*, Unterhalt *m der Familie*

إعانة [ʔi'ʕaːna] Hilfe *f*, Unterstützung *f*; Beihilfe *f*

اعتبار [iʕti'bɒːr] Achtung *f*, Hochschätzung *f*; Betrachtung *f*, Erwägung *f*; ~ا من [-an min] von … an; ~بـ in Anbetracht *G*; شخص ~ي juristische Person

اعتداء [iʕti'daːʔ] Überfall *m*; Anschlag *m*

اعتدال [iʕti'daːl] Geradheit *f*; Gemäßigtheit *f*; *Astr*. Tagundnachtgleiche *f*

اعتذار [iʕti'ðaːr] Entschuldigung *f*

اعتراض [iʕti'rɒːđ] Einwand *m*, Einspruch *m*, Protest *m*; Widerstand *m*

اعتراف [iʕti'raːf] Anerkennung *f*; (Ein-)Geständnis *n*; Beichte *f*

اعتزاز [iʕti'zaːz] Stolz *m*

اعتزال [iʕti'zaːl] Absonderung *f*, Zurückgezogenheit *f*

اعتزام [iʕti'zaːm] Entschluß *m*

اعتصاب [iʕti'sɒːb] Zusammenrottung *f*; Streik *m*

اعتصام [iʕti'sɒːm] Festhalten *n*, (Be-)Wahrung *f*; Sitzstreik *m*

اعتقاد [iʕti'qaːd] Glaube *m*, Überzeugung *f*; ~ات *pl*. Glaubenssätze *m/pl*.; ~ي dogmatisch

اعتقال [iʕti'qaːl] Verhaftung *f*; Internierung *f*; معسكر الـ~ Konzentrationslager *n*

اعتلاء [iʕti'laːʔ]: ~ العرش Thronbesteigung *f*

اعتلال [iʕti'laːl] Schwäche *f*; Krankheit *f*

اعتماد [iʕti'maːd] Sichstützen *n*, Verlaß *m* (على auf *A*); *Dipl*. Beglaubigung *f*; Kredit *m*; *Hdl*. Akkreditiv *n*; أوراق الـ~ *Dipl*. Beglaubigungsschreiben *n*

اعتناء [iʕti'naːʔ] Betreuung *f* (بـ von *D*), Sorge *f* (بـ um *A*)

اعتناق [iʕti'naːq] Annahme *f e-r Religion*

اعتياد [iʕti'jaːd] Gewohntsein *n*; ~ي gewöhnlich, üblich, normal

إعجاب [ʔiʕ'dʒaːb] (Wohl-)Gefallen *n*; Bewunderung *f* (بـ für *A*)

إعجاز [ʔiʕ'dʒaːz] Unnachahmlichkeit *f des Korans*

أعجمي [ʔaʕdʒamiː] Nichtaraber *m*; *hist*. Perser *m*

أعجوبة [ʔuʕ'dʒuːba] Wunder *n*, Wunderwerk *n*

أعداء → عدو[3]

إعداد [ʔiʕ'daːd] Vorbereitung *f*; Ausarbeitung *f*; ~ي vorbereitend; ~ية Mittelschule *f*

إعدام [ʔiʕ'daːm] Vernichtung *f*; Hinrichtung *f*; الحكم بالـ~ Todesurteil *n*

إعراب [ʔiʕ'raːb] Äußern *n*; *Gr*. Flexion *f*; Satzanalyse *f*

أعرابي [ʔaʕ'raːbiː] Beduine *m*, Wüstenaraber *m*

إعراض [ʔiʕ'rɒːđ] Meidung *f* (عن *G*), Abkehr *f*

أعرج [ʔaʕradʒ] (2), *f* عرجاء [ʕar'dʒaːʔ] (2), *pl*. عرج [ʕurdʒ] hinkend

أعزب [ʔaʕzab] (2), *f* عزباء [ʕaz-

'baːʔ] (2), *pl.* عزب [ʕuzb] ledig

أعزل [ʔaʕzal] (2) unbewaffnet

إعسار [ʔiʕ'saːr] Zahlungsunfähigkeit *f*; Armut *f*

أعسر [ʔaʕsar] (2), *f* عسراء [ʕas'raːʔ] (2), *pl.* عسر [ʕusr] linkshändig

أعشاري [ʔaʕ'ʃaːriː] Dezimal-

إعصار [ʔiʕ'sɒːr], *pl.* أعاصير [ʔaʕaː'sɨːr] (2) Orkan *m*, Wirbelsturm *m*

أعضاء → عضو

إعطاء [ʔiʕ'tɒːʔ] Geben *n*

أعظم [ʔaʕðɒm] (2) *el.*, *f* عظمى [ʕuðmaː] größer, großartiger

إعفاء [ʔiʕ'faːʔ] Befreiung *f* von *e-r Gebühr*; Erlassung *f e-r Strafe*; Dispensierung *f*

أعفر [ʔaʕfar] (2) staubgrau

أعقف [ʔaʕqaf] (2) krumm

إعلاء [ʔiʕ'laːʔ] Hebung *f*, Erhöhung *f*

إعلام [ʔiʕ'laːm] Benachrichtigung *f*, Unterrichtung *f*; وسائل الـ~ Medien *n/pl.*; ~ي Informations-; Medien-

إعلان [ʔiʕ'laːn] Bekanntmachung *f*; Verkündung *f*; (*Zeitungs-*)Anzeige *f*; Werbung *f*, Reklame *f*; (*Kriegs-*)Erklärung *f*

أعلم [ʔaʕlam] (2): الله ~ Gott weiß es am besten!

أعلى [ʔaʕlaː] *el.*, *f* عليا [ʕuljaː], *pl.* علي [ʕulan] höher; obere(r); Ober-; höchste(r); oberste(r); المذكور أعلاه der Obenerwähnte

أعم [ʔa'ʕamm] (2) *el.* allgemeiner

إعمار [ʔiʕ'maːr] Aufbau *m*

أعمدة → عمود

أعمى [ʔaʕmaː], *f* عمياء [ʕam'jaːʔ] (2), *pl.* عميان [ʕum'jaːn] *u.* عمي [ʕumj] blind

إعنات [ʔiʕ'naːt] Quälerei *f*

إعواز [ʔiʕ'waːz] Bedürftigkeit *f*; Mangel *m*

أعوج [ʔaʕwaʤ] (2), *f* عوجاء [ʕau'ʤaːʔ] (2), *pl.* عوج [ʕuːʤ] krumm, schief, gebogen

أعور [ʔaʕwar] (2), *f* عوراء [ʕau'raːʔ] (2), *pl.* عور [ʕuːr] einäugig

أعوز [ʔaʕwaz] (2) arm, bedürftig, mittellos

إغاثة [ʔi'ɣaːθa] Hilfe *f*, Beistand *m*

إغارة [ʔi'ɣɒːra] Angriff *m*

أغان → أغنية

أغبر [ʔaɣbar] (2) staubfarben

اغتباط [iɣti'bɒːɫ] Freude *f*, Genugtuung *f*

اغتصاب [iɣti'sɒːb] Usurpation *f*; Vergewaltigung *f*

اغتنام [iɣti'naːm] Ausnutzung *f e-r Gelegenheit*

اغتياب [iɣti'jaːb] Verleumdung *f*

اغتيال [iɣti'jaːl] Ermordung *f*

أغر [ʔa'ɣarr] (2), *f* غراء [ɣa'rraːʔ] (2), *pl.* غر [ɣurr] edel; geschätzt; denkwürdig

إغراء [ʔiɣ'rɒːʔ] Verlockung *f*, Verführung *f*, Anreiz *m*

إغراق [ʔiɣ'rɒːq] Versenkung *f e-s Schiffes*; Ertränkung *f*; Überflutung *f*; *Hdl.* Dumping *n*

إغريق [ʔiɣ'riːq] *koll.*: الـ~ die (alten) Griechen

أغسطس [ʔa'ɣustʉs] August *m* (*Monat*)

إغضاء [ʔiɣ'đɒːʔ] Nichtbeachtung *f*; Hinwegsehen *n*

إغضاب [ʔiɣ'đɒːb] Verärgerung *f*, Reizung *f zum Zorn*

إغفال [ʔiɣ'faːl] Übergehung *f*, Übersehen *n*; Auslassung *f*

إغلاق [ʔiɣ'laːq] Schließung *f*

أغلب [ʔaɣlab] (2) der überwiegende Teil *von*; das meiste *von*; die meisten *von*; في الـ~ meistens; ~ية Mehrheit *f*

أغلى [ʔaɣlaː] *el.* teurer; kostbarer

إغماء [ʔiɣ'maːʔ] Ohnmacht *f*

أغنياء → غني[2]

أغنية [ʔuɣ'niːja], *pl.* أغان [ʔa'ɣaːnin] Lied *n*, Gesang *m*

إغواء [ʔiɣ'waːʔ] Verführung *f*, Verleitung *f*

إفادة [ʔi'faːda] Nutzen *m*; Mitteilung *f*, Meldung *f*; Aussage *f vor Gericht*

إفاضة [ʔi'fɒːđɒ] Ausführlichkeit *f*

إفاقة [ʔi'faːqa] Erwachen *n*; Genesung *f*

إفتاء [ʔif'taːʔ] Erteilung *f* von (Rechts-)Gutachten

افتتاح [ifti'taːħ] Eröffnung *f*; Beginn *m*; ~ي Eröffnungs-; ~ية Leitartikel *m*; Ouvertüre *f*

افتخار [ifti'xɒːr] Prahlerei *f*; Stolz *m*

افتراء [ifti'raːʔ] Lüge *f*, Erfindung *f*; Verleumdung *f*

افتراض [ifti'rɒːđ] Annahme *f*, Hypothese *f*; ~ي hypothetisch

افتراق [ifti'rɒːq] Sich-Trennen *n*, Trennung *f*

افتضاح [ifti'đɒːħ] Bloßgestelltwerden *n*; Schändlichkeit *f*

افتقار [ifti'qɒːr] Nötighaben *n*

إفراج [ʔif'raːʤ] Freilassung *f*

إفراط [ʔif'rɒːƚ] Übertreibung *f*, Übermaß *n*

إفراغ [ʔif'raːɣ] (Ent-)Leerung *f*

إفرنج [ʔif'randʒ] *koll.*: الـ~ die Europäer *m/pl.*; *hist. a.* die Franken *m/pl.*

إفريقيا [ʔif'riːqijaː] Afrika

إفساح [ʔif'saːħ]: ~ المجال Schaffung *f* von Möglichkeiten *für*

إفصاح [ʔif'sɒːħ] Äußern *n*, deutliche(s) Aussprechen

أفضل [ʔafđɒl] (2) besser, vorzüglicher; vorzuziehen (من *D*); ~ية Vorrang *m*, Vorzug *m*

إفطار [ʔif'ƚɒːr] Fastenbrechen *n*; Abendessen *n im Fastenmonat*

أفعى [ʔafʕan] *f*, *pl.* أفاع [ʔa'faːʕin] (Gift-)Schlange *f*; Viper *f*

أفق [ʔufuq], *pl.* آفاق [ʔaː'faːq] Horizont *m*; *pl. a.* Gegenden *f/pl.*; Perspektiven *f/pl.*; ~ي horizontal

إفلاس [ʔif'laːs] Konkurs *m*, Bankrott *m*

إفناء [ʔif'naːʔ] Vernichtung *f*

أفندي [ʔa'fandiː], *pl.* [-iːja] Herr *m* (*in europäischer Kleidung*)

آفة [ʔaːfa] Übel *n*; Unglück *n*; Pflanzenkrankheit *f*

إفهام [ʔif'haːm] Begreiflichmachen *n*

أفواه → فم[1]

أفئدة → فؤاد

أفيون [ʔaf'juːn] Opium *n*

إقالة [ʔi'qaːla] Absetzung *f*, (Amts-) Enthebung *f*

إقامة [ʔi'qaːma] Aufenthalt *m*; Aufstellung *f*, Errichtung *f*; Abhaltung *f*, Verrichtung *f*

أقاويل → قول[2]

إقبال [ʔiq'baːl] Herangehen *n* (على an *A*); Interesse *n* (على an *D*); Zuspruch *m*

أقبية → قبو

اقتباس [iqti'baːs] Entlehnung *f*, Übernahme *f*; Zitat *n*

اقتحام [iqti'ħaːm] Eindringen *n*; Erstürmen *n*; Einfall *m*

اقتداء [iqti'daːʔ] Nachahmung *f*

اقتدار [iqti'daːr] Macht *f*; Fähigkeit *f*, Vermögen *n*

اقتراب [iqti'rɒːb] Näherkommen *n*; Annäherung *f* (من an *A*)

اقتراح [iqti'rɒːħ] Vorschlag *m*

اقتراع [iqti'raːʕ] Abstimmung *f* (على über *A*); Auslosung *f*

اقتراف [iqti'raːf] Verübung *f e-r Tat*

اقتران [iqti'raːn] *intr*. Verbindung *f*, Verknüpfung *f*

اقتسام [iqti'saːm] Teilung *f* (*untereinander*)

اقتصاد [iqti'sɒːd] Wirtschaft *f*, Ökonomie *f*; Wirtschaftlichkeit *f*, Sparsamkeit *f*; **~ي** wirtschaftlich, ökonomisch; **~يات** *pl*. Volkswirtschaft *f*

اقتضاء [iqti'đɒːʔ] Erfordernis *n*, Notwendigkeit *f*

اقتضاب [iqti'đɒːb] Abkürzung *f*; Kürze *f*; Improvisation *f*

اقتطاع [iqti'ŧɒːʕ] Abzug *m e-s Betrages*

اقتفاء [iqti'faːʔ] Verfolgung *f e-r Spur*; Nachahmung *f*

اقتناء [iqti'naːʔ] Erwerbung *f*, Anschaffung *f*

اقتناع [iqti'naːʕ] *intr*. Überzeugung *f*

إقدام [ʔiq'daːm] Unternehmungsgeist *m*, Beherztheit *f*

أقدم [ʔaqdam] (2) *el*. älter; **~ية** Dienstalter *n*

إقرار [ʔiq'rɒːr] Bestätigung *f*; (Ein-) Geständnis *n*; Festigung *f*; (Steuer-)Erklärung *f*

إقراض [ʔiq'rɒːđ] Kreditgewährung *f*

أقرباء → قريب

أقرع [ʔaqraʕ] (2) kahlköpfig

أقصر [ʔuqsur]: الـ~ *Geo*. Luxor

أقصوصة [ʔuq'suːsɒ] Erzählung *f*, Kurzgeschichte *f*

أقصى [ʔaqsɒː], *f* قصوى [quswaː], *pl*. أقاص [ʔa'qɒːsin] fern; entfernteste(r); äußerste(r); الشرق الـ~ der Ferne Osten

إقطاع [ʔiq'tɒːʕ] Lehen *n*; ~ـي Lehns-; feudal; ~ـية Lehnswesen *n*; Feudalismus *m*

إقفال [ʔiq'faːl] Schließung *f*; Abschluß *m e-s Kontos*

أقل [ʔa'qall] (2) *el.* weniger; geringer

إقليم [ʔiq'liːm], *pl.* أقاليم [ʔaqaː'liːm] (2) Gebiet *n*, Gegend *f*; Region *f*; Provinz *f*; الـ~ الجنوبي Ägypten, الـ~ الشمالي Syrien *als Teil der Vereinigten Arabischen Republik*; ~ـي regional; territorial; ~ـية Regionalismus *m*; Territorialität *f*

أقلية [ʔaqa'lliːja] Minderheit *f*

إقناع [ʔiq'naːʕ] Überzeugen *n*; Überredung *f*

أقنية → قناة

أقة [ʔuqqa], *pl.* [-aːt] Okka *f* (*Gewichtseinheit, ca. 1250 g*)

أقوياء → قوي[2]

أكاذيب → أكذوبة

أكال [ʔa'kkaːl] gefräßig

إكباب [ʔik'baːb] Beschäftigung *f* (على mit *D*), Hingabe *f* (على an *A*)

إكبار [ʔik'bɒːr] Bewunderung *f*, Achtung *f*

أكبر [ʔakbar] (2) *el.*, *pl.* أكابر [ʔa'kaːbir] (2), *f* كبرى [kubraː], *pl.* كبريات [kubra'jaːt] größer; älter; Groß-; الأكابر die Großen *m/pl.*, die Mächtigen *m/pl.*; دولة كبرى Großmacht *f*; ~ الله [ɒ'łłɒːhu] Gott ist groß!

اكتتاب [ikti'taːb] Zeichnung *f von Aktien*

اكتتام [ikti'taːm] Verheimlichung *f*

اكتراء [ikti'raːʔ] Mieten *n*; Pachten *n*

اكتراث [ikti'raːθ] Interesse *n*, Beachtung *f*

اكتساب [ikti'saːb] Erwerbung *f*, Gewinnung *f*

اكتساح [ikti'saːħ] (Hin-)Wegfegen *n*, Beseitigung *f*

اكتشاف [ikti'ʃaːf] Entdeckung *f*

اكتفاء [ikti'faːʔ] Sichbegnügen *n* (ب mit *D*), Genügsamkeit *f*

اكتمال [ikti'maːl] Vollendung *f*, Vollkommenheit *f*

اكتوبر [ʔok'toːbar] Oktober *m*

أكثر [ʔakθar] (2) *el.* mehr; + *G pl.*: die meisten; ~ية Mehrheit *f*

أكد II [ʔakkada] bekräftigen, betonen; versichern (ـه ل *j-m A*); **V** تأكد [ta'ʔakkada] sich überzeugen (من von *D*), sich vergewissern; sich bestätigen

أكذوبة [ʔuk'ðuːba], *pl.* أكاذيب [ʔakaː'ðiːb] (2) Lüge *f*

إكراء [ʔik'raːʔ] Vermietung *f*; Verpachtung *f*

إكرام [ʔik'raːm] Ehrung *f*; gastfreundliche Aufnahme; ~ـا له [-an] ihm zu Ehren; ~ـية Geschenk *n*; *Äg.* Honorar *n*

إكراه [ʔik'raːh] Zwang *m*, Gewalt

f; ~ـي Zwangs-

أكرة [ʔukra], *pl.* أكر [ʔukar] Kugel *f*; (Tür-)Klinke *f*

أكسيجين [ʔoksiˈdʒeːn] Sauerstoff *m*

إكسير [ʔikˈsiːr] Elixier *n*

[1]أكل [ʔakala, u] essen; fressen; zerfressen; *Haut*: jucken; zugrunde richten; *Recht* verweigern; **II** [ʔakkala] *u.* **IV** آكل [ʔaːkala] zu essen geben, füttern; **VI** تآكل [taˈʔaːkala] zerfressen werden; verwittern

[2]أكل [ʔakl] Essen *n*; Futter *n*

[3]آكل [ʔaːkil] Esser *m*; Fresser *m*; ~ة *Med.* Brand *m*

أكلة [ʔakla] Mahlzeit *f*; Speise *f*

إكليل [ʔikˈliːl], *pl.* أكاليل [ʔakaːˈliːl] (2) Krone *f*; Kranz *m*; Diadem *n*

إكمال [ʔikˈmaːl] Vervollkommnung *f*, Vollendung *f*, Abschluß *m*

أكمل [ʔakmal] (2) *el.* vollkommener, vollständiger; بأكمله [bi-ʔakˈmalihiː] vollständig, gänzlich

أكمة [ʔakama], *pl.* آكام [ʔaːˈkaːm] Hügel *m*; Haufen *m*

أكيد [ʔaˈkiːd] sicher, gewiß; *Wunsch*: fest

[1]ال [al-] der, die, das (*bestimmter Artikel*)

[2]آل [ʔaːl] **1.** Familie *f*, Sippe *f*; **2.** Luftspiegelung *f*; → [1](أول)

[1]ألا [ʔa-laː] ist nicht…?; → [2]أ

[2]ألا [ʔallaː] (= أن لا [ʔan laː]) daß nicht, damit nicht; → [1](ألو)

[3]إلا [ʔillaː] (= إن لا [ʔin laː]) wenn nicht; außer; *nach Neg.*: nur; erst; إذا ~ außer wenn; أن ~ [ʔanna] jedoch, aber

آلاء → [2]إلى

آلاف → [2]ألف

الآن → [5]آن

إلاه = إله; إلاهة = إلهة; إلاهي = إلهي

(ألب) **V** تألب [taˈʔallaba] sich zusammenrotten

إلباس [ʔilˈbaːs] Bekleiden *n*

البتة → بتة

ألبسة → لباس

التباس [iltiˈbaːs] Verwirrung *f*; Unklarheit *f*

التجاء [iltiˈdʒaːʔ] Zuflucht(nahme) *f* (إلى zu *D*)

التحاق [iltiˈħaːq] Anschluß *m* (ب an *A*), Beitritt *m* (ب zu *D*)

التحام [iltiˈħaːm] Aneinanderhaften *n*; *Phys.* Adhäsion *f*; Andocken *n*; (Nah-)Kampf *m*

التزام [iltiˈzaːm], *pl.* [-aːt] Verpflichtung *f*; Engagement *n für ein Ziel*; *pl. Hdl.* Verbindlichkeiten *f/pl.*

التفات [iltiˈfaːt] (Hin-)Wendung *f*; Aufmerksamkeit *f*

التفاف [iltiˈfaːf] Sichwinden *n* (حول um *A*); Umgeben *n*; Wendung *f*

التقاء [iltiˈqaːʔ] Zusammentreffen *n*, Begegnung *f*

التقاط [iltiˈqɒːŧ] *Rf.* Empfang *m*;

Aufnahme *f*; Auflesen *n*

التماس [ilti'maːs] Bitte *f*, Ersuchen *n*

التهاب [ilti'haːb] Entzündung *f*; ~ـي entzündlich

التواء [ilti'waːʔ] Windung *f*, Krümmung *f*

التي → الذي

التياع [ilti'jaːʕ] Entflammtsein *n von Liebe etc.*; Schmerz *m*

إلحاح [ʔil'ħaːħ] Drängen *n*; Nachdruck *m*

إلحاد [ʔil'ħaːd] Ketzerei *f*, Gottlosigkeit *f*

إلحاق [ʔil'ħaːq] Anfügung *f*, (Hin-) Zufügung *f*; Anschluß *m*; Annexion *f*

إلخ *Abk. für* إلى آخره usw.

ألذ [ʔa'laðð] (2) *el.* köstlicher

الذي [a'llaðiː], *du.* اللذان [alla'ðaːn(i)], *pl.* الذين [alla'ðiːn(a)], *f* التي [a'llatiː], *du.* اللتان [alla'taːn(i)], *pl.* اللاتي [a'llaːtiː], اللواتي [alla'waːtiː] *Relativpronomen*: der, die, das; welcher, welche, welches

إلزام [ʔil'zaːm] Zwang *m*; ~ـي Zwangs-, obligatorisch

ألسن *u.* **ألسنة** → لسان

إلصاق [ʔil'sɒːq] Aufkleben *n*; Anheften *n*

أُلعوبة [ʔul'ʕuːba] Spielzeug *n*; Spaß *m*; Trick *m*

إلغاء [ʔil'ɣaːʔ] Abschaffung *f*, Aufhebung *f*; Außerkraftsetzung *f*; Annullierung *f*

إلغام [ʔil'ɣaːm] Amalgamierung *f*

[1]**ألف** [ʔalifa, a] vertraut sein (ه/هـ mit *D*); **II** [ʔallafa] zusammensetzen, *Ausschuß* bilden; *Schrift* verfassen; verbinden, zusammenführen (بين *A*); gewöhnen; **V** تألف [ta'ʔallafa] gebildet werden, sich zusammensetzen; **VI** تآلف [ta'ʔaːlafa] harmonieren; **VIII** ائتلف [iʔ'talafa] sich zusammenschließen; e-e Koalition bilden

[2]**ألف** [ʔalf], *pl.* آلاف [ʔaː'laːf] *u.* ألوف [ʔu'luːf] tausend; Tausend *n*; *meist f* Jahrtausend *n*

[3]**ألف** [ʔalif] *f* der Buchstabe ا

[4]**إلف** [ʔilf] Vertrautheit *f*; Vertraute(r), Freund *m*

ألفبائي [ʔalif'baːʔiː] alphabetisch

ألفت [ʔalfat] (2) linkshändig

ألفة [ʔulfa] Vertrautheit *f*; *Chem.* Affinität *f*

(ألق) **V** تألق [ta'ʔallaqa] strahlen, glänzen

إلقاء [ʔil'qaːʔ] Werfen *n*, Wurf *m*, Abwurf *m*; Halten *n e-r Rede*; ~ القبض Festnahme *f*

اللاتي, **اللتان** *u.* **اللذان** → الذي

الله [ɒ'łłɒːh] Gott *m*

اللّهم [ɒłłɒ'humma] o Gott!; ~ إلا [ʔillaː] es sei denn, daß

[1]**ألم** [ʔalima, a] Schmerz empfinden, leiden; **IV** آلم [ʔaːlama] schmerzen; weh tun; **V** تألم [ta-

'ʔallama] leiden

²**ألم** [ʔalam], *pl.* آلام [ʔaːˈlaːm] Schmerz *m*, Leid *n*, Weh *n*

³**ألم** [ʔa-ˈlam] *verneinte Frage*: hat nicht…?, ist nicht…?

ألماس [ʔalˈmaːs] Diamant *m*

إلماعة [ʔilˈmaːʕa], *pl.* [-aːt] Wink *m*, Anspielung *f*

إلمام [ʔilˈmaːm] Kenntnis *f*, Vertrautheit *f* (ب mit *D*)

ألمان [ʔalˈmaːn] *koll.*: الـ~ die Deutschen *m/pl.*; ~ـي deutsch; Deutsche(r); ~ـيا [-ijaː] Deutschland

ألمع [ʔalmaʕ] (2) *el.* glänzender; ~ـي klug, intelligent; ~ـية Scharfsinn *m*

إله [ʔiˈlaːh], *pl.* آلهة [ʔaːliha] Gott *m*

آلة [ʔaːla], *pl.* [-aːt] Werkzeug *n*, Instrument *n*, Apparat *m*, Gerät *n*; ~ التصوير Fotoapparat *m*; ~ الخياطة Nähmaschine *f*; ~ كاتبة Schreibmaschine *f*

إلهاب [ʔilˈhaːb] Anzünden *n*, Entfachen *n*

إلهام [ʔilˈhaːm] Inspiration *f*, Eingebung *f*

إلهة [ʔiˈlaːha] Göttin *f*

إلهي [ʔiˈlaːhiː] göttlich

¹**(ألو)** ألا [ʔalaː, uː]: لا يألو nichts unterlassen; **IV** آلى [ʔaːlaː]: ~ على نفسه sich geloben

²**ألو** [ʔaloː] *u.* **آلو** [ʔaːloː] *am Telefon* hallo!

ألوف [ʔaˈluːf] vertraut; zahm; → ألف²

لواء ← **ألوية**

¹**إلى** [ʔilaː] *Präp.* zu, nach (*e-m Ort*); bis (zu); ~ أن bis (daß); ~ جانب zusätzlich zu, außer; وما إليه und dergleichen

²**إلى** [ʔilan], *pl.* آلاء [ʔaːˈlaːʔ] Wohltat *f*

³**آلي** [ʔaːliː] mechanisch; maschinell; motorisiert; automatisch

أليف [ʔaˈliːf] vertraut; zahm

أليم [ʔaˈliːm] schmerzlich

¹**أم** [ʔamma, u] sich begeben (هـ nach *D*), *e-n Ort* aufsuchen; vorbeten; **II** أمم [ʔammama] verstaatlichen, nationalisieren; **VIII** ائتم [iʔˈtamma] folgen (ب *j-m*, *e-r Losung*)

²**أم** [ʔam] oder (*in Doppelfragen*): حار ~ بارد [ħaːrr] heiß oder kalt?

³**أم** [ʔumm], *pl.* أمهات [ʔummaˈhaːt] Mutter *f*; Ursprung *m*, Grundlage *f*; Haupt-; الشركة الـ~ Muttergesellschaft *f*

¹**أما** [ʔammaː] *e-n Satz einleitend*, + ف [fa-]: was … betrifft, so …; hingegen

²**إما** [ʔimmaː]: إما … إما *u.* … إما أو entweder … oder

إماتة [ʔiˈmaːta] Tötung *f*

أمار [ʔaˈmmaːr] gebietend

¹**أمارة** [ʔaˈmaːra], *pl.* [-aːt] (An-)Zeichen *n*, Merkmal *n*

²**إمارة** [ʔiˈmaːra], *pl.* [-aːt] Emirat

n, Fürstentum *n*

إماعة [ʔi'maːʕa] Schmelzen *n*, Verflüssigung *f*

أماكن → مكان

إمالة [ʔi'maːla] *Gr.* Aussprache *f* des *a* nach *ä* hin

[1]أمام [ʔa'maːma] vor, gegenüber; für; إلى الـ~ vorwärts

[2]إمام [ʔi'maːm], *pl.* أئمة [ʔa'ʔimma] Vorbeter *m*, Imam *m*; führende(r) Mann; ~ـة Stellung *f* *od.* Würde *f* e-s Imams; Imamat *n*

أمامي [ʔa'maːmiː] vordere(r), vorderste(r), Vorder-

أمان [ʔa'maːn] Sicherheit *f*; Schutz *m*; → أمنية; ~ـة Treue *f*, Zuverlässigkeit *f*; Redlichkeit *f*; Treuhänderamt *n*; anvertraute(s) Gut; Sekretariat *n*; *Saudi-Ar.* Stadtverwaltung *f*

امبارح [im'baːriħ] *Äg. umg.* gestern

إمبراطور [ʔimbara'toːr], *pl.* أباطرة [ʔa'baːtira] *u.* [-aːt] Kaiser *m*; Imperator *m*; ~ية Imperium *n*; Reich *n*

امتثال [imti'θaːl] Befolgung *f*; Gehorsam *m*

امتحان [imti'ħaːn] Prüfung *f*, Examen *n*; Probe *f*

امتداد [imti'daːd] Ausdehnung *f*, Weite *f*; Verlängerung *f*

امتزاج [imti'zaːdʒ] (Ver-)Mischung *f*

امتصاص [imti'sɒːs] Aufsaugung *f*, Absorption *f*

امتعاض [imti'ʕɒːđ] Ärger *m*, Verärgerung *f*

امتلاء [imti'laːʔ] Vollsein *n*, Fülle *f*

امتناع [imti'naːʕ] Weigerung *f*; Enthaltung *f* (عن von *D*)

امتنان [imti'naːn] Dankbarkeit *f*

امتهان [imti'haːn] Erniedrigung *f*, Verachtung *f*; Ausübung *f*

امتى [imta] *Äg. umg.* wann?

امتياز [imti'jaːz] Auszeichnung *f*; Vorzug *m*; Privileg *n*; Konzession *f*

أمثل [ʔamθal] (2) *el.*, *f* مثلى [muθlaː], *pl.* أماثل [ʔa'maːθil] (2) vorbildlich; optimal; ideal

أمثلة → [2]مثال

امحاء [immi'ħaːʔ] *intr.* Auslöschung *f*, Tilgung *f*

أمد [ʔamad], *pl.* آماد [ʔaː'maːd] Frist *f*, Zeit(spanne) *f*

إمداد [ʔim'daːd] Versorgung *f*, Unterstützung *f* (ب mit *D*); ~ات *pl. Mil.* Nachschub *m*

[1]أمر [ʔamara, u] befehlen; bestellen; **III** آمر [ʔaːmara] zu Rate ziehen; **VI** تآمر [ta'ʔaːmara] sich verschwören (على gegen *A*); **VIII** ائتمر [iʔ'tamara] konspirieren (ب gegen *A*); بأمر ~ e-n Befehl ausführen

[2]أمر [ʔamr] **1.** *pl.* أوامر [ʔa'waːmir] (2) Befehl *m*; Anordnung *f*; Auftrag *m*; *Gr.* Imperativ *m*; **2.** *pl.*

أمور [ʔu'muːr] Sache *f*, Angelegenheit *f*; في بادئ *u.* في أول الـ~ الـ~ zuerst, anfangs
[3]آمر [ʔaːmir] Gebieter *m*; Befehlshaber *m*; Auftraggeber *m*
امرء → امرؤ
أمراء → أمير
إمرار [ʔim'raːr] Hindurchführen *n*
امرأة [imraʔa] Frau *f*, Weib *n*
إمرة [ʔimra] Befehlsgewalt *f*, Befehl *m*
امرؤ [imruʔ], *G* امرئ [imriʔ], *A* امرء [imraʔ] Mann *m*, Mensch *m*
أمريكا [ʔam'riːkaː] Amerika
[1]**أمس** [ʔa'mass] (2) *el.* dringender
[2]**أمس** [ʔams(i)], بالأمس [bi-l-ʔams] gestern; ~ الأول [al-ʔawwal] *u.* أول ~ [ʔawwala ʔa.] vorgestern
إمساك [ʔim'saːk] Ergreifung *f*; Zurückhaltung *f*; *Med.* Verstopfung *f*
إمضاء [ʔim'đɒːʔ] Unterschrift *f*; Durchführung *f*
أمعاء → معى[2]
إمعان [ʔim'ʕaːn] Vertiefung *f* (في in *A*), genaue(s) Tun
إمكان [ʔim'kaːn] Möglichkeit *f*; بإمكانه أن er kann; ~ـية Möglichkeit *f*
أمكنة → مكان
[1]**أمل** [ʔamala, u] hoffen; **V** تأمل [taʔammala] betrachten, anschauen; meditieren
[2]**أمل** [ʔamal], *pl.* آمال [ʔaː'maːl] Hoffnung *f*
[3]**آمل** [ʔaːmil] hoffnungsvoll
إملاء [ʔim'laːʔ] **1.** Diktat *n*; Rechtschreibung *f*; **2.** Ausfüllung *f*; Besetzung *f e-r Stelle*
أملس [ʔamlas] (2) glatt
أمم → أمة[2]
[1]**أمن** [ʔamina, a] sicher sein (هـ vor *D*); vertrauen (ل *j-m*); **II** [ʔammana] sichern; versichern; gewährleisten; beschaffen; **IV** آمن [ʔaːmana] glauben (ب an *A*); **VIII** ائتمن [iʔ'tamana] vertrauen (ه auf *A*); anvertrauen (ه على *j-m A*); **X** استأمن [is'taʔmana] Schutz suchen; anvertrauen (ه على *j-m A*)
[2]**أمن** [ʔamn] Sicherheit *f*; الـ~ العام öffentliche Sicherheit
[3]**آمن** [ʔaːmin] sicher; *Bevölkerung*: friedlich
أمناء → أمين[1]
أمنية [ʔum'niːja], *pl.* أماني [ʔa'maːnin] Wunsch *m*, Begehren *n*
[1]**أمة** [ʔama], *pl.* إماء [ʔi'maːʔ] *u.* أموات [ʔama'waːt] Sklavin *f*, Magd *f*
[2]**أمة** [ʔumma], *pl.* أمم [ʔumam] Nation *f*, Volk *n*; (Religions-)Gemeinschaft *f*; الأمم المتحدة die Vereinten Nationen *f/pl.*
أمهات → أم[3]
إمهال [ʔim'haːl] Fristgewährung *f*
أموال → مال
أمومة [ʔu'muːma] Mutterschaft *f*

أموي [ʔumawiː] *hist.* omajjadisch

أمي [ʔummiː] **1.** Analphabet *m*; **2.** mütterlich; **3.** meine Mutter

أمير [ʔa'miːr], *pl.* أمراء [ʔuma'raːʔ] (2) Emir *m*, Fürst *m*; Prinz *m*; ~ البحر Admiral *m*; ~ة Fürstin *f*; Prinzessin *f*; ~ي auf den Emir bezüglich; staatlich, Staats-

¹**أمين** [ʔa'miːn] zuverlässig; treu; redlich; sicher; *pl.* أمناء [ʔuma'naːʔ] (2) Verwalter *m*; Kustos *m e-s Museums*; Sekretär *m*; Treuhänder *m*; *a. npr. m*; ~ الصندوق Kassierer *m*

²**آمين** [ʔaː'miːn] amen!

¹**أمية** [ʔu'majja]: ~ بنو *hist.* die Omajjaden *m/pl.*

²**أمية** [ʔu'mmiːja] Analphabetentum *n*

¹**أن** [ʔan] *vor Verben*, [ʔanna] *vor Nomina u. Pronomina*: daß

²**أن** [ʔanna, i] stöhnen, ächzen

³**إن** [ʔin] wenn; ~و auch wenn

⁴**إن** [ʔinna] wahrlich (*meist nicht zu übersetzende Einleitung von Hauptsätzen*); *nach* قال: daß

⁵**آن** [ʔaːn] Zeit *f*; الـ~ [al-ʔaːn(a)] jetzt; (واحد) ~ في zugleich, gleichzeitig

¹**انا** [ʔanaː] ich

²**إنا** [ʔinnaː] (siehe) wir

¹**إناء** [ʔi'naːʔ], *pl.* آنية [ʔaːnija] *u.* أوان [ʔa'waːnin] Gefäß *n*; *pl. a.* Geschirr *n*

²**آناء** [ʔaː'naːʔ] *pl.*; ~ الليل في die ganze Nacht

إنابة [ʔi'naːba] Bevollmächtigung *f*

أنابيب ← أنبوب

إنارة [ʔi'naːra] Beleuchtung *f*

أناس [ʔu'naːs] = ناس

أناقة [ʔa'naːqa] Eleganz *f*

أنام [ʔa'naːm]: الـ~ die Menschen *m/pl.*

أنانية [ʔanaː'niːja] Egoismus *m*

أناة [ʔa'naːt] Gelassenheit *f*, Geduld *f*

أنب II [ʔannaba] tadeln

أنباء ← ²نبأ

أنبار [ʔam'baːr], *pl.* أنابير [ʔanaː'biːr] (2) Speicher *m*, Magazin *n*

أنباشي ← أونباشي

أنباط [ʔam'bɒːtˤ]: الـ~ *hist.* die Nabatäer *m/pl.* (*Volk*)

انبثاق [imbi'θaːq] Hervorgehen *n* (عن aus *D*); Ausströmen *n*

انبساط [imbi'sɒːtˤ] Fröhlichkeit *f*, Heiterkeit *f*

أنبوب [ʔum'buːb] *u.* **أنبوبة**, *pl.* أنابيب [ʔanaː'biːb] (2) Rohr *n*, Röhre *f*; ~ي röhrenförmig

أنبيق [ʔam'biːq], *pl.* أنابيق [ʔanaː'biːq] (2) Destillierkolben *m*

أنت [ʔanta], *f* [ʔanti] du; Sie

إنتاج [ʔin'taːdʒ] Produktion *f*, Erzeugung *f*; *Bergbau*: Förderung *f*; Leistung *f*; Werke *n/pl.*

انتباه [inti'baːh] Aufmerksamkeit *f*; Beachtung *f*

انتثار [inti'θaːr] Zerstreuung *f*

انتحار [inti'ħaːr] Selbstmord *m*

انتحال [inti'ħaːl] Plagiat *n*

انتخاب [inti'xaːb], *pl.* [-aːt] *bsd. Pol.* Wahl *f*; ~ـي Wahl-

انتداب [inti'daːb] Abordnung *f*, Delegierung *f*, Abkommandierung *f*; *Pol.* Mandat *n*; ~ـي Mandats-

انتزاع [inti'zaːʕ] Entreißen *n*, Wegnahme *f*

انتساب [inti'saːb] Zugehörigkeit *f*; Beitritt *m* (إلى zu *D*)

انتشار [inti'ʃaːr] *intr.* Verbreitung *f*, Ausbreitung *f*

انتصاب [inti'sɒːb] Sichaufrichten *n*

انتصار [inti'sɒːr] Sieg *m*, Triumph *m*

انتظار [inti'ðɒːr] Warten *n*; Erwartung *f*

انتظام [inti'ðɒːm] Ordnung *f*; Regelmäßigkeit *f*, Planmäßigkeit *f*

انتعاش [inti'ʕaːʃ] Erholung *f*; Belebung *f*

انتفاخ [inti'faːx] (Auf-)Blähung *f*, Schwellung *f*

انتفاض [inti'fɒːđ] Beben *n*, Erzittern *n*; ~ـة Beben *n*; Erhebung *f*, Aufstand *m*

انتفاع [inti'faːʕ] Nutzung *f*

انتقاء [inti'qaːʔ] Auslese *f*, Auswahl *f*, Selektion *f*

انتقاد [inti'qaːd] Kritik *f*

انتقاص [inti'qɒːs] Abnahme *f*, Verminderung *f*

انتقاض [inti'qɒːđ] Herfallen *n* (على über *A*); Zerfall *m*

انتقال [inti'qaːl] Fortbewegung *f*; Übersiedlung *f*; *intr.* Verlegung *f*; Versetzung *f*; Übergang *m* (إلى zu *D*); ~ـي Übergangs-

انتقام [inti'qaːm] Rache *f*, Vergeltung *f*

انتكاس [inti'kaːs] Rückfall *m e-r Krankheit*; Rückschlag *m*

أنتم [ʔantum] ihr (2. *Pers. m/pl.*); أنتما [ʔantumaː] ihr beide

انتماء [inti'maːʔ] Zugehörigkeit *f*; Bindung *f* (إلى an *A*)

أنتن [ʔan'tunna] ihr (2. *Pers. f/pl.*)

انتهاء [inti'haːʔ] Ende *n*, Ablauf *m*; Abschluß *m* (من *G*)

انتهار [inti'haːr] Schelte *f*

انتهاز [inti'haːz] Ergreifen *n e-r Gelegenheit*; ~ي, *pl.* [-uːn] opportunistisch; Opportunist *m*; ~ية Opportunismus *m*

انتهاك [inti'haːk] Mißbrauch *m*; (*Rechts-*)Verletzung *f*

أنث II [ʔannaθa] weiblich machen; *Gr.* ins Femininum setzen; **V** تأنث [ta'ʔannaθa] weiblich werden

انثناء [inθi'naːʔ] Biegung *f*, Faltung *f*

أنثى [ʔunθaː], *pl.* إناث [ʔi'naːθ] weiblich; weibliche(s) Wesen; *Zool.* Weibchen *n*

إنجاز [ʔin'ʤaːz] Ausführung *f*, Durchführung *f*; Erfüllung *f e-r Pflicht*; ~ات *pl.* Leistungen *f/pl.*

إنجاص [ʔin'ʤɒːs] *koll. Syr.* Birne(n *pl.*) *f*

أنجل [ʔanʤal] (2), *f* نجلاء [naʤ'laːʔ] (2) *Auge*: groß; *Wunde*: klaffend

إنجلترا [ʔin'gilteraː] England

إنجليز [ʔing(i)'liːz] *koll.*: الـ~ die Engländer *m/pl.*; ~ي englisch; Engländer *m*

إنجيل [ʔin'ʤiːl] Evangelium *n*

انحاء → نحو[2]

انحباس [inħi'baːs] Stocken *n*; Hemmung *f*

انحدار [inħi'daːr] Gefälle *n*, Abschüssigkeit *f*; Abstammung *f*

انحراف [inħi'raːf] Abweichung *f*; Abwegigkeit *f*; Anomalie *f*

انحسار [inħi'saːr] Rückgang *m*, Abnahme *f*, Abklingen *n*

انحصار [inħi'sɒːr] Eingeengtheit *f*; Beschränkung *f*; Monopol *n*

انحطاط [inħi'tɒːt] Niedergang *m*, Verfall *m*, Dekadenz *f*; ~ي dekadent; *Kunst*: nachklassisch

انحلال [inħi'laːl] Auflösung *f*; Zerfall *m*, Abbau *m*

انحناء [inħi'naːʔ] Biegung *f*; Kurve *f*; Neigung *f*; Verbeugung *f*

انحياز [inħi'jaːz] Zurückgezogenheit *f*; Voreingenommenheit *f*; Parteinahme *f*

انخرام [inxi'raːm] Durchlöcherung *f*; Zerrüttung *f*

انخساف [inxi'saːf] Verfinsterung *f* *des Mondes*

انخفاض [inxi'fɒːđ] Sinken *n*; Verminderung *f*

اندثار [indi'θaːr] Verlöschen *n*, Verschwinden *n*; Vergessenwerden *n*

اندحار [indi'ħaːr] Niederlage *f*; Untergang *m*

اندفاع [indi'faːʕ] Elan *m*, Schwung *m*; Antrieb *m*; Spontaneität *f*; Überschwang *m*

اندماج [indi'maːʤ] Eingliederung *f*, Fusionierung *f*

اندهاش [indi'haːʃ] (Er-)Staunen *n*

أندية → ناد

إنذار [ʔin'ðaːr] Warnung *f*; Mahnung *f*; Ultimatum *n*; Ankündigung *f*

آنذاك [ʔaːna'ðaːk(a)] damals, zu jener Zeit

إنزال [ʔin'zaːl] Herabbringen *n*, Herablassen *n*; *Mil.* Landung *f*; Offenbarung *f des Korans*

انزعاج [inzi'ʕaːʤ] Belästigung *f durch j-n*; Beunruhigung *f*

انزلاق [inzi'laːq] (Aus-, Ab-)Gleiten *n* (من von *D*); (Ski-)Lauf *m*

انزواء [inzi'waːʔ] Zurückgezogenheit *f*

[1]**أنس** [ʔanisa, a] vertraut werden (ب mit *D*); **II** [ʔannasa] zähmen; **III** آنس [ʔaːnasa (ju'ʔaːnis)] nett sein (ه zu *j-m*); **IV** آنس [ʔaːnasa (juʔnis)] Gesellschaft leisten (ه *j-m*), erheitern; **X** استأنس [is'ta-

nasa] *j-s* Gesellschaft (ب) suchen; vertraut werden (إلى mit *j-m*); برأيه ~ j-s Meinung einholen

[2] أنس [ʔuns] Geselligkeit *f*, Unterhaltung *f*; Traulichkeit *f*; Vertrautheit *f* (ب mit *D*)

[3] إنس [ʔins] *koll.* Menschen *m/pl.*

إنسال [ʔin'saːl] Zeugung *f*

إنسان [ʔin'saːn] Mensch *m*; الـ~ man; ~ي menschlich; human; humanitär; ~ية Menschheit *f*; Menschlichkeit *f*, Humanität *f*

انسجام [insi'dʒaːm] Harmonie *f*, Zusammenpassen *n*; Flüssigkeit *f der Ausdrucksweise*

انسحاب [insi'ħaːb] *Mil.* Rückzug *m*, Abzug *m*; Ausscheiden *n*

آنسة [ʔaːnisa], *pl.* [-aːt] *u.* أوانس [ʔa'waːnis] (2) Fräulein *n*

انسياب [insi'jaːb] Strömung *f*, Strömen *n*, Fluß *m*; ~ي stromlinienförmig

إنشاء [ʔin'ʃaːʔ] Errichtung *f*, Erbauung *f*; (Er-)Schaffung *f*; Abfassung *f e-s Textes*; (*sprachlicher*) Stil; *pl.* [-aːt] (*Schul-*)Aufsatz *m*; Anlage *f*

إنشاد [ʔin'ʃaːd] Rezitation *f*, Vortrag *m e-s Gedichts*

إنشائي [ʔin'ʃaːʔiː] Bau-; stilistisch; redaktionell; موضوع ~ (*Schul-*) Aufsatz *m*

انشراح [inʃi'raːħ] Frohsinn *m*, Heiterkeit *f*; Entspannung *f*

انشغال [inʃi'ɣaːl] Beschäftigung *f*; Besorgtheit *f*

انشقاق [inʃi'qaːq] *intr.* (Ab-)Spaltung *f*; Schisma *n*

أنشودة [ʔun'ʃuːda] Lied *n*; Hymne *f*

أنشوطة [ʔun'ʃuːtɒ], *pl.* أناشيط [ʔanaː'ʃiːt] (2) Schlinge *f*, Schleife *f*

أنصار ← ناصر

إنصاف [ʔin'sɒːf] Gerechtigkeit *f*, Billigkeit *f*

انصراف [insi'rɒːf] Aufbruch *m*, Weggang *m*

انضباط [inđi'bɒːt] Disziplin *f*; Geregeltsein *n*; الجيش ~ *Ir.* Militärpolizei *f*

انضغاط [inđi'ɣɒːt] *intr.* Komprimierung *f*; Zusammendrückbarkeit *f*

انضمام [inđi'maːm] Beitritt *m* (إلى zu *D*), Anschluß *m* (إلى an *A*)

انطباع [inti'baːʕ], *pl.* [-aːt] Eindruck *m*, Impression *f*; ~ي impressionistisch

انطلاق [inti'laːq] Abfahrt *f*; Start *m*; *u. Chem.* Freiwerden *n*; Ungebundenheit *f*

انطواء [inti'waːʔ] Introversion *f*

أنظمة ← نظام

إنعاش [ʔin'ʕaːʃ] Belebung *f*, Aufmunterung *f*

إنعام [ʔin'ʕaːm] Gunsterweisung *f*; Wohltat *f*

انعدام [inʕi'daːm] Nichtvorhandensein *n*; Schwund *m*

انعزال [inʕi'zaːl] Isolation *f*
انعطاف [inʕi'tɒːf] Biegung *f*; Abbiegen *n*
انعقاد [inʕi'qaːd] *intr.* Abhaltung *f e-r Konferenz*
انعكاس [inʕi'kaːs] Reflektierung *f*; Reflex *m*; Auswirkung *f* (على auf *A*); ~ي Reflex-
[1]**أنف** [ʔanifa, a] von sich weisen; **X** استأنف [is'taʔnafa] wiederaufnehmen; von neuem beginnen; ~ الحكم *Jur.* gegen ein Urteil Berufung einlegen
[2]**أنف** [ʔanf], *pl.* آناف [ʔaː'naːf] Nase *f*; Ausläufer *m e-s Berges*
[3]**آنف** [ʔaːnif]: ~ الذكر [ʔa. að-ðikr] obenerwähnt
إنفاذ [ʔin'faːð] Ausführung *f*, Vollzug *m*; Übermittlung *f*
إنفاق [ʔin'faːq] Ausgabe *f von Geld*; Ausgaben *f/pl.*
انفتاح [infi'taːħ] Öffnung *f*, Sichöffnen *n*
انفجار [infi'dʒaːr] Explosion *f*, Detonation *f*; ~ي explosiv
انفراج [infi'raːdʒ] Gelöstheit *f*; *a. Pol.* Entspannung *f*
انفراد [infi'raːd] Alleinsein *n*, Abgesondertheit *f*; على ~ allein
انفساح [infi'saːħ] Ausdehnung *f*, Weite *f*
انفصال [infi'sɒːl] *intr.* Abtrennung *f*, Loslösung *f*; Sezession *f*; ~ي separatistisch; ~ية Separatismus *m*
انفصام [infi'sɒːm] Spaltung *f*, Bruch *m*
انفضاض [infi'đɒːđ] Auflösung *f*; Schließung *f e-r Sitzung*
انفعال [infi'ʕaːl] Erregtheit *f*; Emotion *f*; ~ية Reizbarkeit *f*
أنفة [ʔanafa] Stolz *m*
(أنق) **V** تأنق [ta'ʔannaqa] elegant auftreten; wählerisch sein
إنقاذ [ʔin'qaːð] Rettung *f*, Befreiung *f aus der Not*
إنقاص [ʔin'qɒːs] Verminderung *f*, Kürzung *f*
أنقاض [ʔan'qɒːđ] *pl.* Trümmer *pl.*
انقباض [inqi'bɒːđ] Zusammenziehung *f*; Beklemmung *f*
انقراض [inqi'rɒːđ] Aussterben *n*
انقسام [inqi'saːm] *intr.* Teilung *f*, Spaltung *f*
انقضاء [inqi'đɒːʔ] Ablauf *m e-r Zeit*; Aufhören *n*
انقضاض [inqi'đɒːđ] Herabstürzen *n*; Sturzflug *m*; Herfallen *n* (على über *A*)
انقطاع [inqi'tɒːʕ] *intr.* Unterbrechung *f*; Aufhören *n*; بدون ~ ununterbrochen, ohne Unterlaß
انقلاب [inqi'laːb] Umsturz *m*, Umwälzung *f*; Putsch *m*; Umschlagen *n*
انقياد [inqi'jaːd] Sichfügen *n*; Gehorsam *m*
إنكار [ʔin'kaːr] Verleugnung *f*, Verneinung *f*

أنكر [ʔankar] (2), *f* نكراء [nak'raːʔ] (2) abscheulich

انكسار [inki'saːr] Gebrochensein *n*; Brechung *f*; القلب ~ Niedergeschlagenheit *f*

إنكلترا, إنكليز = إنجلترا, إنجليز

انكماش [inki'maːʃ] Schrumpfung *f*; *Ök.* Rezession *f*

إنما [ʔinnamaː] vielmehr; nur; doch

إنماء [ʔin'maːʔ] (Ver-)Mehrung *f*; *bsd. Ök.* Entwicklung *f*

أنمش [ʔanmaʃ] (2) sommersprossig

أنملة [ʔunmula], *pl.* أنامل [ʔa'naːmil] (2) Fingerspitze *f*

أنموذج = نموذج

إنهاء [ʔin'haːʔ] Abschluß *m*, Beendigung *f*

إنهاض [ʔin'hɒːđ] Sicherhebenlassen *n*; Förderung *f*

إنهاك [ʔin'haːk] Erschöpfung *f*, Entkräftung *f*

أنهر → [2]نهر *u.* نهار

انهزام [inhi'zaːm] Niederlage *f*; ~ـي Defätist *m*; ~ـية Defätismus *m*

انهضام [inhi'đɒːm] *intr.* Verdauung *f*; Verdaulichkeit *f*

انهماك [inhi'maːk] Hingabe *f* (في an *A*); Versunkenheit *f*

انهيار [inhi'jaːr] Einsturz *m*, Zusammenbruch *m*

أنواء → [2]نوء

أنوثة [ʔu'nuːθa] Weiblichkeit *f*

[1]**أنى** [ʔanaː, iː] *Zeit*: herankommen; **V** تأنى [ta'ʔannaː] sich Zeit nehmen; **X** استأنى [is'taʔnaː] sich Zeit lassen

[2]**أنى** [ʔannaː] wie?, wo?, woher?, wohin?; ~ له أن wie soll(te) er ...?

آنئذ [ʔaː'naʔiðin] damals, zu jener Zeit

أنيس [ʔa'niːs] nett, freundlich; Vertraute(r); *a. npr. m*

أنيق [ʔa'niːq] gefällig, hübsch, elegant

إهاب [ʔi'haːb] Haut *f*

أهالي → [2]أهل

إهانة [ʔi'haːna] Beleidigung *f*

أهب **II** [ʔahhaba] bereitmachen; **V** تأهب [ta'ʔahhaba] sich bereitmachen, sich rüsten

أهبل [ʔahbal] schwachsinnig, blöd

أهبة [ʔuhba] Vorbereitung *f*; Ausrüstung *f*, Ausstattung *f*; ~ على السفر reisefertig

اهتزاز [ihti'zaːz] Erschütterung *f*; Vibrieren *n*

اهتمام [ihti'maːm] Aufmerksamkeit *f*; Interesse *n*; Sichkümmern *n* (ب um *A*), Sorge *f*

إهداء [ʔih'daːʔ] Schenkung *f*; Widmung *f*, Zueignung *f*

إهراق [ʔih'raːq]: الدماء ~ Blutvergießen *n*

[1]**أهل** **II** [ʔahhala] befähigen, qualifizieren; bewillkommnen; **V** تأهل [ta'ʔahhala] sich ausbilden; sich qualifizieren; sich verheiraten;

X استأهل [is'taʔhala] verdienen; würdig sein (هـ *G*)

[2]أهل [ʔahl], *pl.* أهال [ʔa'haːlin] *u.* [-uːn] Angehörige *m/pl.*, Familie *f*; Bewohner *m/pl.*; Leute *pl.*; وسهلا ~ًا [-an wa-sahlan] *u.* بك ~ًا [bika] (sei) willkommen!

أهلي [ʔahliː] heimisch, inländisch; national; privat

إهليلج [ʔih'liːladʒ] *Math.* Ellipse *f*; ~ي elliptisch

أهلية [ʔah'liːja] Eignung *f*, Befähigung *f*, Qualifikation *f*; *Jur.* Geschäftsfähigkeit *f*

أهم [ʔa'hamm] (2) *el.* wichtiger

إهمال [ʔih'maːl] Vernachlässigung *f*, Unachtsamkeit *f*

أهمية [ʔaha'mmiːja] Wichtigkeit *f*, Bedeutung *f*

أو [ʔau] oder

أواخر → [3]آخر

أواسط → أوسط

أوامر → [2]أمر

[1]أوان [ʔa'waːn], *pl.* آونة [ʔaːwina] Zeit *f*; قبل الـ~ zu früh

[2]أوان, أواني → [1]إناء

أوائل → [2]أول

(أوب) آب [ʔaːba, uː] zurückkehren

أوبرا [ʔoːp(i)raː] Oper *f*

أوبة [ʔauba] Rückkehr *f*

أوتوبيس [ʔoːto'biːs] Autobus *m*

أوتوماتيكي [ʔutumaː'tiːkiː] automatisch

أوتيل [ʔoː'teːl] Hotel *n*

أوج [ʔaudʒ] Höhepunkt *m*, Gipfel *m*; Kulmination *f*

أوحد [ʔauħad] (2) einzig

أودة [ʔauda] Bürde *f*, Last *f*

أودية → [2]واد

أوربا [ʔu'rubbaː, ʔu'ruppaː] Europa

أوربي [ʔu'rubbiː] europäisch; Europäer *m*

أورطة [ʔurtɒ] *Mil.* Bataillon *n*

أوروبا [ʔu'roːpaː] Europa

إوز [ʔi'wazz] Gans *f* (*als Art*); ~ة (*e-e*) Gans

أوسط [ʔausɒt] (2), *pl.* أواسط [ʔa'waːsit] (2), *f* وسطى [wustɒː] mittlere(r), Mittel-; أواسط الشهر Mitte *f* des Monats

أوضة [ʔoːđɒ], *pl.* أوض [ʔuwɒđ] *Äg., Syr.* Zimmer *n*

أوعية → وعاء

أوفى [ʔaufaː] *el.* treuer; ausführlicher

أوقية [ʔuː'qiːja], *pl.* أواق [ʔa'waːqin] *Gewichtseinheit*: *Äg. ca. 37 g, Beirut ca. 213 g*; Unze *f*

[1](أول) آل [ʔaːla uː] zurückkehren; *Besitz*: übergehen; **II** [ʔawwala] interpretieren

[2]أول [ʔawwal] (2), *pl.* [-uːn] *u.* أوائل [ʔa'waːʔil] (2), *f* أولى [ʔuːlaː], *pl.* أوليات [ʔuːla'jaːt] *u.* أول [ʔuwal] erste(r); Haupt-; Anfang *m*; الأولون die Alten *m/pl.*; die Vorfahren *m/pl.*; الأمر ~ [-a l-ʔamr] zuerst, anfangs; أوائل الشهر Anfang des Monats; من ~ه

u. من ~ الأمر von Anfang an, von vorne

أولا [ʔawwalan] erstens; zuerst; anfangs; بأول ~ nach und nach; unverzüglich

أولاء *u.* **أولئك** → ذا *u.* ذلك

أولو [ʔuluː] *pl. zu* → ذو

أولوية [ʔaula'wiːja] Vorrang *m*, Priorität *f*

[1]**أولي** [ʔawwaliː] primär, ursprünglich; Grund-; Vor-

[2]**أولى** [ʔaulaː] *el.* würdiger, mehr Anspruch habend (ب auf *A*); angemessener (ب *D*); → [2]أول

أولياء → [2]ولي

أولية [ʔawwa'liːja] Grundwahrheit *f*, Axiom *n*; Priorität *f*, Vorrang *m*

أونباشي [ʔom'baːʃiː] *früher Mil.* Korporal *m*

آونة → [1]أوان

أوى [ʔawaː, iː] *Ort* aufsuchen; Zuflucht suchen (إلى an *e-m Ort od.* bei *D*); **IV** آوى [ʔaːwaː] beherbergen, Unterkunft gewähren

[1]**أي** [ʔaj] das heißt; nämlich

[2]**أي** [ʔajj], *f* أية [ʔajja] welcher?; was für ein?; wer auch immer; irgendein; jeder; من ~ [-u man] wer auch immer; أيا كان [-an] wer *od.* was es auch sei

[3]**آي** → آية

إيا [ʔijjaː] *mit Suffix zur Bezeichnung des Akkusativs*: إياك dich, إياه ihn; → [2]أي

إياب [ʔi'jaːb] Rückfahrt *f*; → ذهاب

أياد → يد

أيار [ʔa'jjaːr] *Ir., Syr.* Mai *m*

إياس [ʔi'jaːs] Verzweiflung *f*

إيالة [ʔi'jaːla] Provinz *f*

أيام → [2]يوم

أيان [ʔa'jjaːna] wann?; wo?

أيتام → يتيم

ائتلاف [iʔti'laːf] Bündnis *n*; *Pol.* Koalition *f*; ~ي *Pol.* Koalitions-

ائتمار [iʔti'maːr] Komplott *n*

ائتمان [iʔti'maːn] Vertrauen *n*; Kredit *m*

ائتناس [iʔti'naːs] Vertrautheit *f*

أيتها → أيها

إيثار [ʔiː'θaːr] Bevorzugung *f*; Selbstlosigkeit *f*

إيجاب [ʔiː'ʤaːb] Bestätigung *f*; Bejahung *f*; ~ًا [-an] *Adv.* positiv; ~ي positiv; bejahend; affirmativ; ~ية Positivismus *m*

إيجاد [ʔiː'ʤaːd] Schaffung *f*, Zustandebringen *n*; Auffinden *n*

إيجار [ʔiː'ʤaːr] Vermietung *f*; ~للـ zu vermieten

إيجاز [ʔiː'ʤaːz] Kürze *f*, Prägnanz *f*; Lakonismus *m*

إيحاء [ʔiː'ħaːʔ] Eingebung *f*; Suggestion *f*; ذاتي ~ Autosuggestion *f*

أيد **II** [ʔajjada] unterstützen; bekräftigen; bestätigen; befürworten; → يد

إيداع [ʔiː'daːʕ] Hinterlegung *f*, Deponierung *f*

إيدروجين [ʔiːdru'dʒiːn] *Chem.* Wasserstoff *m*

أيدي → يد

إيذاء [ʔiː'ðaːʔ] Schädigung *f*; Störung *f*, Belästigung *f*

إيذان [ʔiː'ðaːn] Ankündigung *f*

إيراد [ʔiː'raːd], *pl.* [-aːt] Ertrag *m*; Zitierung *f*, Anführung *f*; *pl. a.* Einnahmen *f/pl.*

إيران [ʔiː'raːn] *f* der Iran, Persien

أيسر [ʔajsar] (2) **1.** *f* يسرى [jusraː] link(s), linksseitig; **2.** *el.* leichter; geringfügiger

إيصاء [ʔiː'sɒːʔ] testamentarische Verfügung

إيصال [ʔiː'sɒːl] Übermittlung *f*, Beförderung *f*; Verbindung *f*, Anschluß *m*; *Hdl.* Quittung *f*

أيضا [ʔaiđɒn] auch; noch

إيضاح [ʔiː'đɒːħ] Erklärung *f*, Verdeutlichung *f*; وسائل الـ~ Lehrmittel *n/pl.*; ~ي erklärend

إيطالي [ʔiː'tɒːliː] italienisch; Italiener *m*; ~ا Italien

إيعاز [ʔiː'ʕaːz] Anraten *n*; Wink *m*

إيفاء [ʔiː'faːʔ] Erfüllung *f*; Begleichung *f e-r Rechnung*

إيفاد [ʔiː'faːd] Entsendung *f*, Abordnung *f*

إيقاظ [ʔiː'qɒːð] Wecken *n*

إيقاع [ʔiː'qaːʕ] Rhythmus *m*

إيقاف [ʔiː'qaːf] Anhalten *n*, Stoppen *n*; Einstellung *f der Arbeit*; Aussetzung *f*, Unterbrechung *f*; التنفيذ ~ *Jur.* Strafaussetzung *f*

آيل [ʔaːjil] führend (إلى zu *D*); ~ للسقوط baufällig

أيلول [ʔai'luːl] (2) *Ir., Syr.* September *m*; ~ة Übergang *m e-s Vermögens*; *Äg.* Besitzrecht *n*

أيما [ʔajjamaː] wie auch immer; (wie) sehr

إيماء [ʔiː'maːʔ] *u.* ~ة Gebärde *f*; Hinweis *m*

إيمان [ʔiː'maːn] Glaube *m* (ب an *A*); → يمين

أيمن [ʔaiman] (2), *f* يمنى [jumnaː] recht(s), rechtsseitig

أئمة [ʔa'ʔimma] → إمام

[1]آن (اين) [ʔaːna, iː] *Zeit*: (heran-) kommen

[2]أين [ʔaina] wo?; wohin?

إيناس [ʔiː'naːs] Gesellschaftleisten *n*, Aufheiterung *f*

إيناع [ʔiː'naːʕ] Reifen *n*, Reife *f*

أينما [ʔainamaː] wo (auch) immer

آية [ʔaːja], *koll.* آي [ʔaːj], *pl.* [-aːt] Zeichen *n*; Wunder *n*; Meisterwerk *n*; Koranvers *m*

أيها [ʔajjuhaː], *f* أيتها [ʔa'jjatuhaː] o ...! (*Vokativpartikel, nur vor bestimmtem Artikel*; *vgl.* يا)

إيهام [ʔiː'haːm] Vortäuschung *f*; Irreführung *f*, Täuschung *f*

إيواء [ʔiː'waːʔ] Aufnahme *f*, Beherbergung *f*

إيوان [ʔiː'waːn], *pl.* [-aːt] (Säulen-) Halle *f*; Palast *m*

أيوه [ʔaiwa] *Äg. umg.* ja!

ب

[1]ب (باء) [baːʔ] *zweiter Buchstabe; bei Aufzählungen*: b)

[2]بـ [bi-] *Präp.* in, an, bei (*örtl. u. zeitl.*); mit, mittels, durch; um (*e-n Preis, e-n Betrag*), für (*e-e Geldsumme*); بسرعة schnell

باء → ب[1] *u.* (بوء)

باب [baːb], *pl.* أبواب [ʔab'waːb] Tür *f*, Tor *n*; Eingang *m*; Kapitel *n*; Klasse *f*, Kategorie *f*; Rubrik *f*

بابا [baːbaː] Papst *m*; Papa *m*

بابوج [baː'buːdʒ], *pl.* بوابيج [bawaː'biːdʒ] (2) Pantoffel *m*

بابور [baː'buːr], *pl.* بوابير [bawaː'biːr] (2) *u.* [-aːt] Dampfer *m*; Dampfmaschine *f*; Lokomotive *f*; *umg.* Petroleumkocher *m*

بابونج [baː'buːnadʒ] Kamille *f*

بابوي [baːbawiː] päpstlich

بات [baːtt] entschieden; definitiv; → بيت[1]

باتر [baːtir] *Schwert*: scharf

باح → (بوح)

باحث [baːħiθ], *pl.* [-uːn] Forscher *m*; *Blick*: suchend

باحة [baːħa] Raum *m*, Halle *f*; Platz *m*; Hof *m*

باخرة [baːxira], *pl.* بواخر [ba'waːxir] (2) Dampfer *m*; Schiff *n*

باد [baːdin] sichtbar; offenbar

بادرة [baːdira], *pl.* بوادر [ba'waːdir] (2) erste(s) Anzeichen, Vorbote *m*; (*plötzliche*) Regung, Anwandlung *f*; Handlung *f*

بادن [baːdin] beleibt

بادئ [baːdiʔ] anfangend, anfänglich; ~ ذي بدء [-a] *u.* في ~ الأمر anfangs

بادية [baːdija] Wüste *f*; Steppe *f*

باذخ [baːðix] prunkvoll; stolz

باذنجان [baːðin'dʒaːn] Aubergine(n *pl.*) *f*

[1]**بار** [baːr], *pl.* [-aːt] Bar *f*; Theke *f*; → (بور)[1]

[2]**بار** [baːrr], *pl.* بررة [barara] rechtschaffen; fromm

بارجة [baːridʒa], *pl.* بوارج [ba'waːridʒ] (2) Kriegsschiff *n*

بارحة [baːriħa]: الـ~ gestern; أول الـ~ [ʔawwala l-b.] vorgestern

بارد [baːrid] kalt, kühl; fade; *Lächeln*: schwach; *Beute*: leicht

بارز [baːriz] vorstehend, vorspringend; hervorragend

بارع [baːriʕ] tüchtig; geschickt

بارود [baː'ruːd] Schießpulver *n*

بارئ [baːriʔ] Schöpfer *m*, Gott *m*

[1]**باز** [baːz], *pl.* أبواز [ʔab'waːz] *u.* بيزان [biː'zaːn] Falke *m*

[2]**باز** [baːzin], *pl.* بزاة [bu'zaːt] Falke *m*

بازار [baː'zaːr] Markt *m*, Bazar *m*

بأس [baʔs] Stärke *f*; Härte *f*; Scha-

ب

den *m*, Schlimme(s); شديد الـ~ stark; mutig; لا ~ به es ist nicht schlecht, ganz gut

باسق [baːsiq] hoch(ragend)

باسل [baːsil] tapfer, heldenhaft

باسور [baːˈsuːr], *meist pl.* بواسير [bawaːˈsiːr] (2) Hämorrhoiden *f/pl.*

[1]**باش** [baːʃ] Ober-, Chef-

[2]**باش** [baːʃʃ] lächelnd, freundlich

باشا [baːʃaː] Pascha *m*

باص [bɒːs], *pl.* [-aːt] Bus *m*

باصرة [bɒːsɨra], *pl.* بواصر [baˈwɒːsɨr] (2) Auge *n*

باض → [1](بيض)

باطل [bɒːtɨl] nichtig, wertlos; ungültig; unwahr, falsch; unrecht; بالـ~ zu Unrecht

باطن [bɒːtɨn] Innere(s); verborgen, geheim; ~ي [bɒːtɨniː] innere(r); innerlich

باطية [bɒːtɨja], *pl.* بواط [baˈwɒːtɨn] Kanne *f*, Krug *m*

باع [baːʕ], *pl.* أبواع [ʔabˈwaːʕ] Klafter *m*, Spannweite *f der Arme*; *fig.* Macht *f*; → [1](بيع)

باعث [baːʕiθ], *pl.* بواعث [baˈwaːʕiθ] (2) Veranlassung *f*, Motiv *n*; Triebkraft *f*

باعة → بائع

باغ [baːɣin], *pl.* بغاة [buˈɣaːt] gewalttätig; Tyrann *m*

باغة [baːɣa] Zelluloid *n*; Schildpatt *n*

باق [baːqin] (ver)bleibend; dauerhaft; *Gott*: ewig; übrig; Rest *m*

باقلاء [baːqiˈlaːʔ] Saubohnen *f/pl.*

باقة [baːqa] (Blumen-)Strauß *m*, Bukett *n*; Bündel *n*

باك [baːkin], *pl.* بكاة [buˈkaːt] weinend, weinerlich

باكر [baːkir] früh(zeitig)

باكرة [baːkira], *pl.* بواكر [baˈwaːkir] (2) Erstlinge *m/pl.*; erste Anzeichen *n/pl.*, Vorboten *m/pl.*

باكورة [baːˈkuːra], *pl.* بواكير [bawaːˈkiːr] (2) Erstling *m*; Beginn *m*; ~ الفواكه Frühobst *n*

[1]**بال** [baːl] Sinn *m*, Gemüt *n*; Bedeutung *f*; ذو ~ (ge)wichtig; طويل الـ~ langmütig, geduldig; → [1]بول

[2]**بال** [baːlin] alt, abgenutzt, schäbig; zerschlissen

بالطو [baltoː] (*europäischer*) Mantel

بالغ [baːliɣ] erreichend; sich belaufend (*A*: auf *A*); weitgehend, stark; tief; *Verwundung*: schwer; mündig, volljährig

بالة [baːla] Ballen *m*, Bündel *n*

بالوعة [baːˈluːʕa], *pl.* بواليع [bawaːˈliːʕ] (2) Abflußöffnung *f*, Kanalloch *n*, Gully *m*

باميا *u.* **بامية** [baːmija(ː)] Bamia *f*, Okra *f* (*e-e Art Gemüse*)

[1]**بان** [baːnin], *pl.* بناة [buˈnaːt] Erbauer *m*; → [1](بين)

[2]**بأن** [bi-ʔan] dadurch, daß; indem; [bi-ʔanna] daß

باهت [baːhit] blaß, verblaßt

باهر [baːhir] glänzend, prächtig

باهظ [baːhið] schwer, drückend; *Preis*: hoch, enorm

باون [baːun]: ~ إسترليني [ʔistar'liːniː] *Ir.* Pfund Sterling *n*

بائت [baːʔit] abgestanden, alt; über Nacht bleibend

بائخ [baːʔix] *u. umg.* **بايخ** [baːjix] fade, abgeschmackt; verdorben

بائد [baːʔid] vergangen; ~ عهد [ʕahd] ferne *od.* vergangene Zeit

بائر [baːʔir] *Land*: brachliegend; unverkäuflich

بائس [baːʔis] elend, unglücklich

بائع [baːʔiʕ], *pl.* باعة [baːʕa] *u.* [-uːn] Verkäufer *m*; Händler *m*

بائقة [baːʔiqa], *pl.* بوائق [ba'waːʔiq] (2) Unglück *n*

بائن [baːʔin] klar, deutlich

ببغاء [bab(ba)'ɣaːʔ] (2), *pl.* ببغاوات [bab(ba)ɣaː'waːt] Papagei *m*

1**بت** [batta, u] entscheiden (ه *A*, في über *A*); **VII** انبت [im'batta] entschieden werden; abgeschnitten werden

2**بت** [batt] Entscheidung *f*

بتاتا [ba'taːtan] *Adv.* definitiv

بتاع [bi'taːʕ] *Äg. umg.* (*Hilfswort zum Ausdruck der Zugehörigkeit*): البيت ~ي [il-beːt bi'taːʕiː] mein Haus

1**بتر** [batara, u] abschneiden, abtrennen; *Med.* amputieren

2**بتر** [batr] Abtrennung *f*; *Med.* Amputation *f*

بترول [bit'roːl] (Erd-)Öl *n*; Petroleum *n*

(**بتل**) **V** تبتل [ta'battala] sich von der Welt zurückziehen

بتة [batta] Entscheidung *f*; الـ~ [al-batta(ta)] entschieden, bestimmt; absolut

بتول [ba'tuːl] Jungfrau *f*

1**بث** [baθθa, u] ausbreiten, verbreiten; *Minen* legen; *Rf.* senden, ausstrahlen; **VII** انبث [im'baθθa] sich ausbreiten, verstreut werden

2**بث** [baθθ] Verbreitung *f*; *Rf.* Ausstrahlung *f*

1**بثر** [baθr] *koll., sg.* ~ة, *pl.* بثور [bu'θuːr] Pickel *m/pl.*, Pusteln *f/pl.*

2**بثر** [baθir] *Haut*: mit Pusteln bedeckt

بثق [baθaqa, u] *Damm* durchstechen; **VII** انبثق [im'baθaqa] sich ergießen; hervorbrechen; hervorgehen (عن/من aus *D*)

بجح [badʒiħa, a] sich freuen; **V** تبجح [ta'baddʒaħa] prahlen

بجدة [budʒda] Wesen *n e-r Sache*

بجع [badʒaʕ] Pelikan *m*

بجل **II** [baddʒala] (sehr) verehren

بح [baħħa, a] heiser sein

بحاثة [ba'ħħaːθa] Forscher *m*

بحار [ba'ħħaːr], *pl.* ~ة Seemann *m*; → بحر2

بحبوحة [buħ'buːħa] angenehme(s) Leben, Wohlstand *m*

بحت [baħt] rein, unvermischt

ب

[1]بحث [baħaθa, a] suchen, forschen (عن nach *A*); untersuchen, erforschen (ـه/في *A*); **III** باحث [baːħaθa] erörtern (ه في mit *j-m A*); **VI** تباحث [ta'baːħaθa] sich besprechen; erörtern (مع في mit *j-m A*)

[2]بحث [baħθ], *pl.* بحوث [bu'ħuːθ] *u.* أبحاث [ʔab'ħaːθ] Suche *f* (عن nach *A*); Untersuchung *f*; Forschung *f*; (*wissenschaftliche*) Abhandlung (في über *A*)

[1](بحر) **IV** أبحر [ʔabħara] *Schiff*: abfahren, in See stechen; **V** تبحر [ta'baħħara] tief eindringen (في in *A*), sich gründlich befassen (في mit *D*)

[2]بحر [bahr], *pl.* بحار [bi'ħaːr], بحور [bu'ħuːr] *u.* أبحر [ʔabħur] Meer *n*, See *f*; (*pl.* بحور) Versmaß *n*, Metrum *n*; في ~ أسبوع im Laufe e-r Woche; الـ~ الابيض (المتوسط) [al-ʔabjɒđ (al-muta'wassiŧ)] das Mittelmeer; ا~ [-an] zur See; ~ي See-, Meer-; Marine-; *Äg.* nördlich

بحرين [baħ'rain] *f*: الـ~ *Geo.* Bahrain

بحرية [baħ'riːja] Marine *f*

بحلق [baħlaqa] anstarren (في *A*)

بحة [buħħa] Heiserkeit *f*

بحيرة [bu'ħaira], *pl.* [-aːt] See *m*

[1]بخ [baxxa, u] **1.** schnarchen; **2.** spritzen

[2]بخ [bax]: ~ ~ bravo!

بخار [bu'xaːr], *pl.* أبخرة [ʔabxira] Dampf *m*; ~ي Dampf-; Motor-

بخت [baxt] Glück *n*

[1]بخر **II** [baxxara] verdampfen lassen; beräuchern; **V** تبخر [ta'baxxara] verdampfen, verdunsten; sich verflüchtigen

[2]بخر [baxar] Mundgeruch *m*

[1]بخس [baxasa, a] schmälern; *Preise* drücken

[2]بخس [baxs] *Preis*: (sehr) niedrig; *Strafe*: gering; ~ بسعر [bi-siʕr] spottbillig

بخشيش [bax'ʃiːʃ] Trinkgeld *n*

[1]بخل [baxila, a] *u.* [baxula, u] geizen (ب mit *D*)

[2]بخل [buxl] Geiz *m*

بخلاء → بخيل

بخور [ba'xuːr] Räucherwerk *n*; Weihrauch *m*

بخيت [ba'xiːt] glücklich

بخيل [ba'xiːl], *pl.* بخلاء [buxa'laːʔ] (2) geizig; Geizhals *m*

[1](بد) **II** بدد [baddada] zerteilen, zerstreuen; vergeuden; **V** تبدد [ta'baddada] sich zerstreuen; **X** استبد [ista'badda] willkürlich *od.* despotisch handeln; *Idee*: beherrschen (ب *j-n*)

[2]بد [budd] Ausweg *m*; لا ~ من [-a] es muß …; es ist unumgänglich

بدء [badʔ] Anfang *m*, Beginn *m*

[1]بدا [badaː] → [1](بدو)

[2]بدأ [badaʔa, a] beginnen, anfangen (ـه *A*, ب/في mit *D*; *a. intr.*);

III بادأ [baːdaʔa] *j-m* gegenüber (ه) mit *etwas* (ب) beginnen; **IV** أبدأ [ʔabdaʔa]: يبدئ ويعيد er wiederholt sich ständig; **VIII** ابتدأ [ib'tadaʔa] = بدأ

بداءة [ba'daːʔa] Anfang *m*

بدار [ba'daːri] schnell!

بدال [ba'ddaːl] **1.** Gemischtwarenhändler *m*; **2.** Pedal *n*

بدالة [ba'ddaːla] **1.** Telefonzentrale *f*; **2.** Abzugskanal *m*

بدانة [ba'daːna] Beleibtheit *f*, Leibesfülle *f*

بدأة [badʔa] Anfang *m*

بداهة [ba'daːha] Selbstverständlichkeit *f*; Eingebung *f*; ~ [-tan] spontan, intuitiv

بداوة [ba'daːwa] Beduinentum *n*

بداية [bi'daːja] Anfang *m*, Beginn *m*

بدائي [bi'daːʔiː] anfänglich; ursprünglich; primitiv; ~ة [bidaː'ʔiːja] Primitivität *f*

[1]**بدر** [badara, u] spontan gemacht werden (من von *D*); *Worte*: entschlüpfen; **III** بادر [baːdara] eilends tun (إلى/ب *A*); bestürmen; **VI** تبادر [ta'baːdara] eilends tun (إلى *A*); *in den Sinn* kommen; **VIII** ابتدر [ib'tadara] eilends tun *od.* kommen

[2]**بدر** [badr], *pl.* بدور [bu'duːr] Vollmond *m*

بدروم [bad'ruːm] Keller *m*

بدري [badriː] *umg.* früh

[1]**بدع** [badaʕa, a] (neu) schaffen; **IV** أبدع [ʔabdaʕa] (neu) schaffen; Hervorragendes leisten (في in *D*); **VIII** ابتدع [ib'tadaʕa] erfinden; (neu) schaffen

[2]**بدع** [bidʕ], *pl.* أبداع [ʔab'daːʕ] Neuerung *f*, unerhörte Sache; ~ة [bidʕa], *pl.* بدع [bidaʕ] Neuerung *f*, Neuheit *f*; Ketzerei *f*

[1]**بدل** **II** [baddala] (aus)wechseln; (ein-, aus-, um)tauschen; **III** بادل [baːdala] austauschen (ه ب mit *j-m A*); **IV** أبدل [ʔabdala] eintauschen; ersetzen; **V** تبدل [ta'baddala] sich (ver)ändern; ausgetauscht werden; **VI** تبادل [ta'baːdala] (miteinander) austauschen; **X** استبدل [is'tabdala] (um-)tauschen; eintauschen; ersetzen

[2]**بدل** [badal], *pl.* أبدال [ʔab'daːl] Ersatz *m*; Entschädigung *f*, Vergütung *f*; Gebühr *f*; *Gr.* Apposition *f*; ~ [-a] *Präp. u.* بدلا من [-an] anstatt, anstelle von

بدلة [badla], *pl.* [bad(a)'laːt] *u.* بدل [bidal] Anzug *m*; (~ رسمية) Uniform *f*

[1]**بدن** [baduna, u] dick sein

[2]**بدن** [badan], *pl.* أبدان [ʔab'daːn] Körper *m*; Rumpf *m*; ~ي körperlich, physisch

بده [badaha, a] plötzlich kommen; **VIII** ابتده [ib'tadaha] improvisieren

بدهي [badahiː] selbstverständlich

ب

بدهية [bada'hiːja] = بديهية

[1]**(بدو)** بدا [badaː, uː] erscheinen, sich zeigen, offenbar werden; **IV** أبدى [ʔabdaː] zeigen, zum Ausdruck bringen, äußern; **V** تبدى [ta'baddaː] sich zeigen

[2]**بدو** [badw] *koll.* Beduinen *m/pl.*; ~ي [badawiː] beduinisch, nomadisch

بديع [ba'diːʕ] wundervoll, einzigartig, herrlich; *a. npr. m*; ~ة, *pl.* بدائع [ba'daːʔiʕ] (2) Erstaunliche(s), Wunderding *n*

بديل [ba'diːl], *pl.* بدلاء [buda'laːʔ] (2) Ersatz *m*; Ersatzmann *m*; *pl.* بدائل [ba'daːʔil] (2) Alternative *f*

بدين [ba'diːn] beleibt

بديهة [ba'diːha] Intuition *f*; Schlagfertigkeit *f*

بديهي [ba'diːhiː] selbstverständlich; intuitiv; ~ة Selbstverständlichkeit *f*, Axiom *n*

[1]**بذ** [baðða, u] übertreffen

[2]**بذ** [baðð] schäbig, schlampig, schmutzig

بذاءة [ba'ðaːʔa] Unanständigkeit *f*, Zotigkeit *f*

بذخ [baðax] Luxus *m*, Verschwendung *f*

[1]**بذر** [baðara, u] säen, ausstreuen; **II** [baððara] verschwenden

[2]**بذر** [baðr] Aussaat *f*; *pl.* بذور [bu'ðuːr] Samen *m*; Saat *f*; ~ة [baðra] Samenkorn *n*; Kern *m* *e-r Frucht*

[1]**بذل** [baðala, u] *Geld* ausgeben; *Mühe* aufwenden; (hin)geben; **V** تبذل [ta'baððala] sich ordinär benehmen; herunterkommen; Banales sagen; **VIII** ابتذل [ib'taðala] herunterkommen

[2]**بذل** [baðl] Aufwendung *f von Mühe*; Hingabe *f*; Aufopferung *f*; ~ة [biðla], *pl.* بذل [biðal] Anzug *m*

بذئ [baðiʔa, a] Zoten reißen

بذيء [ba'ðiːʔ] schmutzig, unzüchtig

[1]**بر** [barra, a, i] *s-e Eltern* ehren; *Gott* gehorchen; **II** برر [barrara] rechtfertigen; erklären

[2]**بر** [barr] **1.** *pl.* أبرار [ʔab'raːr] rechtschaffen; pietätvoll; fromm; gütig; **2.** (Fest-)Land *n*; ~ا [-an] zu Lande; *umg.* [barraː] raus!

[3]**بر** [burr] Weizen *m*

[4]**بر** [birr] Rechtschaffenheit *f*; Frömmigkeit *f*; Pietät *f*; Güte *f*

[1]**برء** [barʔ] Schöpfung *f*, Erschaffung *f*

[2]**برء** [burʔ] Genesung *f*

[1]**برأ** [baraʔa, a] *Gott*: erschaffen

[2]**برأ** [barraʔa] → برئ

[1]**براء** [ba'raːʔ] *m, f u. pl.* frei (من von *D*); ~ة [ba'raːʔa] Unschuld *f*, Schuldlosigkeit *f*; Freisein *n von etw.*; Patent *n*; الذمة ~ Schuldlosigkeit *f*; *Ir. a.* Unbedenklichkeitsbescheinigung *f*

براح [ba'raːħ] **1.** Weggang *m*; **2.** weite(s) Land, Weite *f*

براد [ba'rraːd] **1.** Monteur *m*; **2.** Eisschrank *m*; Teekanne *f*; ~ة [ba'rraːda] Kühlschrank *m*; – [bu'raːda] Feilspäne *m/pl.*

براز [bi'raːz] **1.** Exkrement *n*; **2.** Wettkampf *m*; Duell *n*

براعة [ba'raːʕa] Tüchtigkeit *f*, Geschicklichkeit *f*

براق[1] [ba'rraːq] glänzend, leuchtend; *Metall*: blitzend

براق[2] [bu'raːq] *Isl. Reittier Mohammeds bei der Himmelfahrt*

برامج → برنامج

براني [ba'rraːniː] außen befindlich, Außen-

براية [ba'rraːja] Bleistiftspitzer *m*

بربخ [barbax], *pl.* برابخ [ba'raːbix] (2) Wasserrohr *n*

بربر [barbar] *koll.*: الـ~ die Berber *m/pl.*; ~ي, *pl.* برابرة [ba'raːbira] **1.** berberisch; Berber *m*; **2.** barbarisch

برتقال [burtu'qaːl] *koll.*, *sg.* ~ـة Orange(n *pl.*) *f*, Apfelsine(n *pl.*) *f*

برثن [burθun], *pl.* براثن [ba'raːθin] (2) *a. fig.* Kralle *f*, Klaue *f*

برج [burʤ], *pl.* أبراج [ʔab'raːʤ] *u.* بروج [bu'ruːʤ] Turm *m*; Burg *f*; *Astr.* Tierkreiszeichen *n*; ~ عاجي Elfenbeinturm *m*

برجل [barʤal], *pl.* براجل [ba'raːʤil] (2) Zirkel *m*

برجمة [burʤuma], *pl.* براجم [ba'raːʤim] (2) Fingerknöchel *m*

برح [bariħa, a] *Ort* verlassen; ما ~ nicht aufhören; **II** [barraħa] quälen; **III** بارح [baːraħa] *Ort* verlassen

برد[1] [barada, u] **1.** erkalten; sich erkälten; **2.** feilen; – [baruda, u] erkalten; **II** [barrada] kühlen; **IV** أبرد [ʔabrada] mit der Post schikken; **V** تبرد [ta'barrada] sich abkühlen

برد[2] [barad] *koll.* Hagel *m*

برد[3] [bard] Kälte *f*, Kühle *f*; Erkältung *f*

بردان [bar'daːn] fröstelnd; أنا ~ mir ist kalt

بردية [bar'daːja] Vorhang *m*

بردخ [bardaxa] polieren

بردة [burda] Obergewand *n*; *Isl.* Mantel *m* des Propheten

بردي [bardiː], *pl.* [-aːt] Papyrus *m*

برذعة [barðaʕa], *pl.* براذع [ba'raːðiʕ] (2) (Esel-)Sattel *m*

بروة → بار[2]

برز [baraza, u] hervortreten, vorspringen, hervorragen; **II** [barraza] erscheinen lassen; sich auszeichnen; **III** بارز [baːraza] fechten, sich duellieren (ه mit *j-m*); **IV** أبرز [ʔabraza] hervorheben; vorzeigen, vorweisen; **V** تبرز [ta'barraza] Stuhlgang haben

برزخ [barzax], *pl.* برازخ [ba'raːzix]

ب

(2) Landenge *f*; Zwischenraum *m*

برسام [bir'saːm] *Med.* Pleuritis *f*, Rippenfellentzündung *f*

برسيم [bir'siːm] Klee *m*

[1]برش [baraʃa, u] *Syr.* (zer)reiben

[2]برش [burʃ], *pl.* أبراش [ʔab'raːʃ] Matte *f*

برشامة [bur'ʃaːma], *koll.* برشام Niet *m*, Niete *f*; Oblate *f*; Pille *f*

برشم [barʃama] (ver)nieten

برص [barɒs] Lepra *f*, Aussatz *m*

برطيل [bir'tiːl] Bestechungsgeschenk *n*, Schmiergeld *n*

برع [baraʕa, a] Hervorragendes leisten; **V** تبرع [ta'barraʕa] spenden, beisteuern

[1]برعم [barʕama] knospen

[2]برعم [burʕum], *pl.* براعم [ba'raːʕim] (2) Knospe *f*; *pl. a. Sport, Kunst*: Nachwuchs *m*

برغل [burɣul] *Art* Weizengrütze *f*

برغوث [bur'ɣuːθ], *pl.* براغيث [baraː'ɣiːθ] (2) Floh *m*

برغي [burɣiː], *pl.* براغي [ba'raːɣiː] Schraube *f*

[1]برق [baraqa, u] blitzen, leuchten, funkeln; **IV** أبرق [ʔabraqa] blitzen; telegrafieren

[2]برق [barq], *pl.* بروق [bu'ruːq] Blitz *m*; Telegraf *m*

برقشة [barqaʃa] Buntheit *f*

برقع [burquʕ], *pl.* براقع [ba'raːqiʕ] (2) Gesichtsschleier *m*

برقوق [bar'quːq] *koll.*, *sg.* ~ة Pflaume(n *pl.*) *f*

برقي [barqiː] telegrafisch; ~ة [bar'qiːja] Telegramm *n*

برك [baraka, u] *Kamel*: niederknien; **II** [barraka] **1.** niederknien lassen; **2.** e-n Segenswunsch aussprechen; **III** بارك [baːraka] *Gott*: segnen; **VI** تبارك [ta'baːraka]: ~ الله Gott sei gepriesen!

بركار [bir'kaːr] Zirkel *m*

بركان [bur'kaːn], *pl.* براكين [baraː'kiːn] (2) Vulkan *m*; ~ي vulkanisch

[1]بركة [baraka], *pl.* [-aːt] Segen *m*

[2]بركة [birka], *pl.* برك [birak] Teich *m*; Tümpel *m*

برلمان [barla'maːn] Parlament *n*; ~ي parlamentarisch

برم [barama, u] *Strick* drehen; festdrehen; zwirbeln; **IV** أبرم [ʔabrama] *Vertrag* schließen; ratifizieren; **V** تبرم [ta'barrama] ärgerlich, unzufrieden sein

برمائي [bar'maːʔiː] amphibisch

برمج [barmadʒa] programmieren

برمجة [barmadʒa] Programmierung *f*

برمة [burma], *pl.* برم [buram] irdene(r) Topf

برميل [bar'miːl], *pl.* براميل [baraː'miːl] (2) Faß *n*, Tonne *f*; Barrel *n*

برنامج [bar'naːmadʒ], *pl.* برامج [ba'raːmidʒ] (2) Programm *n*; (*Lehr-*) Plan *m*

برنس *pl.* برانس [ba'raːnis] (2) Kapuzenmantel *m*; Bademantel *m*

برنيطة *umg.* [bur'neːtɒ], *pl.* برانيط [baraː'niːt] (2) Hut *m*

برهان [bur'haːn], *pl.* براهين [baraː'hiːn] (2) Beweis *m*

برهن [barhana] beweisen (على *A*)

برهة [burha], *pl.* [bur(a)'haːt] Weile *f*

برواز [bir'waːz], *pl.* براويز [baraː'wiːz] (2) Rahmen *m*

برودة [bu'ruːda] Kälte *f*, Kühle *f*

[1]**بروز** [barwaza] rahmen

[2]**بروز** [bu'ruːz] Hervorragen *n*; Erscheinen *n*

بروفة [broːva] *Theater*: Probe *f*; Anprobe *f*; Korrekturbogen *m*

[1]**برى** [baraː, iː] zuschneiden; *Bleistift* spitzen; **III** بارى [baːraː] wetteifern (mit ه); **VI** تبارى [ta'baːraː] miteinander wetteifern; **VII** انبرى [im'baraː] entgegentreten (ل *j-m*)

[2]**بري** [barriː] Land-; *Tier*, *Pflanze*: wild

برئ [bariʔa, a] frei sein *od.* werden (من von *Schuld*); genesen; **II** برأ [barraʔa] freisprechen (من von *D*); **IV** أبرأ [ʔabraʔa] entbinden (من *j-n* von *D*); entlasten; heilen; **V** تبرأ [ta'barraʔa] sich freimachen (من von *D*); sich lossagen (من von *D*)

بريء [ba'riːʔ], *pl.* أبرياء [ʔabri'jaːʔ] (2) unschuldig; arglos; frei (من von *D*)

بريد [ba'riːd] Post *f*; *Sport*: Staffellauf *m*

بريطاني [briː'tɒːniː] britisch; ~يا (العظمى) Großbritannien

بريق [ba'riːq] Blitzen *n*, Schimmern *n*; Glanz *m*

بريم [ba'riːm] Strick *m*

بريمة [ba'rriːma] Bohrer *m*; Schraube *f*; Korkenzieher *m*

برية [ba'riːja], *pl.* برايا [ba'raːjaː] Geschöpf *n*, Kreatur *f*

[1]**بز** [bazza, u] entreißen, wegnehmen; übertreffen; **VIII** ابتز [ib'tazza] rauben; erpressen

[2]**بز** [bazz] **1.** Entreißen *n*; **2.** Stoff *m*, Zeug *n*

[3]**بز** [buzz, bizz], *pl.* بزاز [bi'zaːz] Brustwarze *f*; Zitze *f*

بزاز [ba'zzaːz] Stoffhändler *m*

بزبوز [baz'buːz] Schnabel *m e-s Gefäßes*; Ausfluß *m*

[1]**بزر** [bazara, u] säen

[2]**بزر** [bizr], *pl.* بزور [bu'zuːr] Samen *m*; ~ة Samenkorn *n*

بزغ [bazaɣa, u] *Sonne*: aufgehen; *Tag*: anbrechen

بزق [bazaqa, u] spucken

بزل [bazala, u] anbohren; *Faß* anstechen, anzapfen

بزة [bizza] Kleidung *f*; Uniform *f*

بس [bass] *umg.* nur

بساط [bi'sɒːt], *pl.* بسط [busut] *u.* أبسطة [ʔabsitɒ] Teppich *m*; طرحه

ب

على ~ البحث etwas zur Diskussion stellen

بساطة [ba'saːtɒ] Einfachheit *f*, Schlichtheit *f*

بسالة [ba'saːla] (Helden-)Mut *m*, Tapferkeit *f*

بسام [ba'ssaːm] lächelnd

بسائط [ba'saːʔɨt] (2) *pl*. Grundbegriffe *m/pl*.; → بسيطة

بستان [bus'taːn], *pl*. بساتين [basaː'tiːn] (2) Garten *m*; **~ي** Gärtner *m*

بستون [bis'toːn], *pl*. [-aːt] *Techn*. Kolben *m*

بستوني [bas'tuːniː] *Spielkarten*: Pik *n*

[1]**بسط** [basatɒ, u] ausbreiten, entfalten; erfreuen; *Ir*. schlagen, peitschen; **II** [bassatɒ] vereinfachen; **III** باسط [baːsatɒ] freundlich behandeln; **V** تبسط [ta'bassatɒ] sich ausbreiten (في über *ein Thema*); **VII** انبسط [im'basatɒ] sich ausbreiten; sich freuen

[2]**بسط** [bast] Ausbreitung *f*; Darlegung *f*; *Math*. Zähler *m*; **~ة** Ausdehnung *f*; hohe(s) Maß (في an *D*); *Ir*. Prügel *pl*.; Treppenabsatz *m*

بسق [basaqa, u] emporragen

بسل [basula, u] tapfer sein; **X** استبسل [is'tabsala] Mut zeigen

بسلة [bi'silla] Erbsen *f/pl*.

[1]**بسم** [basama, i], **V** تبسم [ta'bassama] *u*. **VIII** ابتسم [ib'tasama] lächeln

[2]**بسم** [bi-smi] im Namen *Gottes*; → اسم

بسملة [bas'mala] *die Formel* بسم الله الرحمن الرحيم [bi-smi llaːhi r-raħ'maːni r-ra'ħiːm] Im Namen Gottes, des Gnädigen, des Barmherzigen

بسمة [basma], *pl*. [basa'maːt] Lächeln *n*

بسيط [ba'sɨːt], *pl*. بسطاء [busa'tɒːʔ] (2) einfach; schlicht, bescheiden; **~ة**: الـ~ die Erde; بسائط [ba'saːʔɨt] (2) *pl*. Landstriche *m/pl*.

بش [baʃʃa, a] freundlich sein; *j-m* zulächeln

بشارة [bi'ʃaːra], *pl*. بشائر [ba'ʃaːʔir] (2) frohe Botschaft; *pl*. erste Anzeichen *n/pl*.

بشاشة [ba'ʃaːʃa] Freundlichkeit *f*, frohe Miene

بشاعة [ba'ʃaːʕa] Häßlichkeit *f*

[1]**بشر** [baʃara, u] *Käse* reiben; **II** [baʃʃara] verkünden, ankündigen, verheißen (ه ب *j-m Gutes*); **III** باشر [baːʃara] *Arbeit* aufnehmen; ausüben; **X** استبشر [is'tabʃara] sich freuen (ب über *A*); (freudig) begrüßen

[2]**بشر** [baʃar] *koll*. Menschen *m/pl*.; بنو الـ~ die Menschen *m/pl*.

[3]**بشر** [biʃr] Freude *f*; Heiterkeit *f*; *a. npr. m*

بشرة [baʃara] Haut *f*

[1]بشري [baʃariː] menschlich; ~ـة [baʃa'riːja] Menschheit *f*

[2]بشرى [buʃraː] frohe Botschaft

[1]بشع [baʃiʕa, a] häßlich sein; **X** استبشع [is'tabʃaʕa] häßlich finden

[2]بشع [baʃiʕ] häßlich, abstoßend

بشكير [baʃ'kiːr], *pl.* بشاكير [baʃaː'kiːr] (2) Badetuch *n*

بشم [baʃima, a] Ekel empfinden

بشمق [baʃmaq] Lederpantoffeln *m/pl.*

بشير [ba'ʃiːr], *pl.* بشراء [buʃa'raːʔ] (2) (Freuden-)Bote *m*; Evangelist *m*; *a. npr. m*

بص [bɒssɒ, i] schimmern; – [bɒssɒ, u] gucken

[1]بصارة [bɒ'sɒːra] Scharfblick *m*

[2]بصارة [bi'sɒːra] *ein Bohnengericht*

بصاق [bu'sɒːq] Speichel *m*; Spucke *f*

بصبص [bɒsbɒsɒ] mit dem Schwanz wedeln; kokettieren

[1]بصر [bɒsira, ɒ] sehen; begreifen (ب *A*); **II** [bɒssɒra] aufklären (ب über *A*); **IV** أبصر [ʔabsɒra] sehen, erblicken; **V** تبصر [ta'bɒssɒra] überlegen, nachdenken; **X** استبصر [is'tabsɒra] genau betrachten, überlegen

[2]بصر [bɒsɒr], *pl.* أبصار [ʔab'sɒːr] Blick *m*; Sehkraft *f*; Gesichtssinn *m*; فى لمح الـ~ blitzartig, sofort; مدى الـ~ Sichtweite *f*

بصرة [bɒsra]: الـ~ Basra (*Stadt im Irak*)

[1]بصري [bɒsɒriː] Seh-; optisch

[2]بصري [bɒsriː] basrisch, aus Basra

[1]بصق [bɒsɒqa, u] (aus)spucken

[2]بصق [bɒsq] (Aus-)Spucken *n*; ~ـة Ausspucken *n*; Spucke *f*

بصل [bɒsɒl] *koll., sg.* ~ـة Zwiebel(n *pl.*) *f*

بصم [bɒsɒma, u] e-n Abdruck machen

بصمة [bɒsma], *pl.* [bɒsɒ'maːt] (*bsd. Finger-*)Abdruck *m*

بصير [bɒ'siːr], *pl.* بصراء [busɒ'raːʔ] (2) scharfsichtig, tiefblickend; ~ة, *pl.* بصائر [bɒ'sɒːʔir] (2) Tiefblick *m*, Verstand *m*

بصيص [bɒ'siːs] *fig.* Lichtblick *m*, (Hoffnungs-)Schimmer *m*

بض [bɒđđ] *Haut*: zart

بضاعة [bi'đɒːʕa], *pl.* بضائع [bɒ'đɒːʔiʕ] (2) Ware *f*; *pl.* Güter *n/pl.*

[1]بضع [bɒđɒʕa, a] (auf)schneiden; sezieren; amputieren; **V** تبضع [ta'bɒđđɒʕa] *u.* **X** استبضع [is'tabđɒʕa] einkaufen

[2]بضع [bɒđʕ] Amputation *f*

[3]بضع [biđʕ] *u.* ~ـة + *G*: einige, ein paar (*zwischen 3 u. 9*)

بط [bɒtt] *koll., sg.* ~ـة Ente *f*

بطء [butʔ] Langsamkeit *f*; بـ~ langsam (*Adv.*)

بطارية [bɒttɒː'riːja], *pl.* [-aːt] *El. u. Mil.* Batterie *f*

بطاطا [bɒ'tɒːtɒː] *koll., Syr.* Kartoffel(n *pl.*) *f*; *Äg.* Batate(n *pl.*) *f*

ب

بطاطس [bɒ'tɒːtɨs] (2) *koll. Äg.* Kartoffel(n *pl.*) *f*

بطاقة [bi'tɒːqa], *pl.* [-aːt] (*Post-, Eintritts-*)Karte *f*; *Ir.* Fahrschein *m*; Etikett *n*

بطال [bɒ'ttɒːl] untätig, arbeitslos; *Äg.* schlecht, übel

بطالسة [bɒ'tɒːlisa] *u.* **بطالمة** [bɒ'tɒːlima] *pl. hist.* Ptolemäer *m/pl.*

بطالة [bi'tɒːla] Arbeitslosigkeit *f*; Untätigkeit *f*

بطانة [bi'tɒːna], *pl.* بطائن [bɒ'tɒːʔin] (2) (*Kleider-*)Futter *n*; Anhänger *m*, Gefolge *n*

بطانية [bɒttɒː'niːja], *pl.* [-aːt] (Woll-) Decke *f*

بطح [bɒtɒħa, a] *j-n* niederwerfen; **VII** انبطح [im'bɒtɒħa] sich hinwerfen

بطحة [bɒtħa] *Syr.* flache Flasche; *Äg.* Kopfwunde *f*

بطر [bɒtɒr] Hochmut *m*, Selbstherrlichkeit *f*

بطرخ [bɒtrɒx], *pl.* بطارخ [bɒ'tɒːrix] (2) Fischrogen *m*

بطرس [butrus] *npr.* Peter

بطريرك [bɒtri'jark], *pl.* بطاركة [bɒ'tɒːrika] Patriarch *m*

بطريق [bit'riːq], *pl.* بطارقة [bɒ'tɒːriqa] Patrizier *m*; Pinguin *m*

[1]**بطش** [bɒtɒʃa, i] grausam sein, brutal vorgehen (ب gegen *A*)

[2]**بطش** [bɒtʃ] Gewalttätigkeit *f*

[1]**بطل** [bɒtɒla, u] hinfällig, nichtig, falsch sein; aufhören; eingestellt werden; **II** [bɒttɒla] *Tätigkeit* einstellen; **IV** أبطل [ʔabtɒla] aufheben, abschaffen; zunichte machen; *Bombe* entschärfen

[2]**بطل** [bɒtɒl], *pl.* أبطال [ʔab'tɒːl] Held *m*; *Sport*: Meister *m*

[3]**بطل** [butl] Falschheit *f*, Unwahrheit *f*

بطلان [but'laːn] Hinfälligkeit *f*, Nichtigkeit *f*

بطلة [bɒtɒla] Heldin *f*; Meisterin *f*

بطم [butm] Terebinthe(n *pl.*) *f*

[1]**بطن** **II** [bɒttɒna] *Kleid* füttern; auslegen (mit ب); **IV** أبطن [ʔabtɒna] verbergen; **X** استبطن [is'tabtɒna] zu ergründen suchen

[2]**بطن** [bɒtn], *pl.* بطون [bu'tuːn] Bauch *m*; Mutterleib *m*; Innere(s); Tiefe *f*; **~ي** Bauch-

بطة [bɒttɒ] *e-e* Ente; ~ الساق Wade *f*

بطؤ [bɒtuʔa, u] langsam sein; **IV** أبطأ [ʔabtɒʔa] langsam sein; verlangsamen, verzögern; **VI** تباطأ [ta'bɒːtɒʔa] sich verlangsamen

بطولة [bu'tuːla] Heldentum *n*; *Sport*: Meisterschaft *f*

بطيء [bɒ'tiːʔ] langsam

بطيخ [bɒ'ttiːx] *koll.*, *sg.* ~ة Wassermelone(n *pl.*) *f*; *Ir.* (Zucker-) Melone(n *pl.*) *f*

[1]**بطين** [bɒ'tiːn] dickbäuchig

[2]**بطين** [bu'tɒin] Herzkammer *f*

بظر [bɒðr] Klitoris *f*

بعاد [bi'ʕaːd] Trennung *f*

ب

[1]بعث [baʕaθa, a] schicken, senden, entsenden; erregen, hervorrufen; wiederbeleben; veranlassen; **VII** انبعث [im'baʕaθa] ausgesandt werden; ausströmen; ausgelöst werden

[2]بعث [baʕθ] Aussendung *f*; Auslösung *f*; Auferweckung *f*; Auferstehung *f*; Wiedergeburt *f*; ~ـة Mission *f*; Expedition *f*

بعثر [baʕθara] verstreuen; durcheinanderbringen

[1]بعد [baʕuda, u] (weit) entfernt sein (عن von *D*); unwahrscheinlich sein; **III** باعد [baːʕada] trennen (بين *A*); **IV** أبعد [ʔabʕada] entfernen, beseitigen; ausschließen; **VI** تباعد [ta'baːʕada] sich voneinander entfernen; **VIII** ابتعد [ib'taʕada] sich entfernen; **X** استبعد [is'tabʕada] *Sport*: disqualifizieren; *Möglichkeit* ausschließen

[2]بعد [baʕda] *Präp.* nach (*zeitl.*); ~ أن nachdem; ~ ذلك danach; demnach; außerdem

[3]بعد [baʕdu] *Adv.* darauf, später; noch; ~ لم يأت [lam jaʔti] er ist noch nicht gekommen

[4]بعد [buʕd], *pl.* أبعاد [ʔab'ʕaːd] Ferne *f*; Entfernung *f*, Distanz *f*, Abstand *m*

بعدئذ [baʕ'daʔiðin] *Adv.* hernach, nachher, danach

بعدين [baʕ'deːn] *umg.* dann, später

بعض [baʕđ] (*ein*) Teil *m* (*von*); einige; etwas; ~ الشيء [-ɒ ʃ-ʃaiʔ] einigermaßen; ~ـهم ~ـا [-uhum -ɒn] einander, gegenseitig

بعل [baʕl] Herr *m*, Gebieter *m*; Gatte *m*; ~ـي *Boden*: ohne künstliche Bewässerung

بعوض [ba'ʕuːđ] *koll.* Mücken *f/pl.*; Moskitos *m/pl.*

[1]بعيد [ba'ʕiːd] entfernt, fern; weit, entlegen; unwahrscheinlich

[2]بعيد [bu'ʕaida] *Präp.* kurz nach

بعير [ba'ʕiːr], *pl.* بعران [buʕ'raːn] Kamel *n*

بغاء [bi'ɣaːʔ] Prostitution *f*

بغال [ba'ɣɣaːl] Maultiertreiber *m*; → بغل

بغاة → باغ

بغت [baɣata, a] unerwartet kommen; **III** باغت [baːɣata] überraschen; überrumpeln

بغتة [baɣta]: ~ [-tan] *Adv.* überraschend, plötzlich

بغداد [baɣ'daːd] (2) *Geo.* Bagdad

بغشة [baɣʃa] feine(r) Regen

[1]بغض [baɣiđɒ, a] verhaßt sein

[2]بغض [buɣđ] Haß *m*

بغل [baɣl], *pl.* بغال [bi'ɣaːl] Maultier *n*; (Brücken-)Pfeiler *m*; *Turnen*: Pferd *n*

[1]بغى [baɣaː, iː] wünschen; begehren; unterdrücken (على *j-n*), Unrecht zufügen; **VII** انبغى [im'baɣaː]: ينبغي (عليه) أن er soll(te) *od.* muß; **VIII** ابتغى [ib'taɣaː] erstreben, *Zweck* verfolgen

[2]**بغي** [baɣj] Unrecht *n*

[3]**بغي** [ba'ɣiːj], *pl.* بغايا [ba'ɣaːjaː] Prostituierte *f*

بغيض [ba'ɣiːđ] verhaßt (إلى *j-m*); abscheulich, widerwärtig

بغية [buɣja] Wunsch *m*, Ziel *n*; ~ [-ta] *Adv.* zwecks; im Bestreben zu

بفتة [bafta] Kattun *m*, Kaliko *m*

[1]**بق** [baqq] *koll.*, *sg.* ~ة Wanze(n *pl.*) *f*

[2]**بق** [buqq] *umg.* Mund *m*

بقاء [ba'qaːʔ] Bleiben *n*, Verweilen *n*; (Fort-)Dauer *f*; Existenz *f*; دار ال~ Jenseits *n*

بقال [ba'qqaːl] Gemüsehändler *m*; Lebensmittelhändler *m*

بقالة [bi'qaːla] Lebensmittelhandel *m*, -geschäft *n*

بقايا → بقية

بقبوقة [baq'buːqa] Blase *f der Haut*

بقجة [buqdʒa] Bündel *n*

بقدونس [baq'duːnis] Petersilie *f*

[1]**بقر** [baqara, u] aufschlitzen

[2]**بقر** [baqar] *koll.* Rinder *n/pl.*; ~ة Kuh *f*; ~ي Rinder-, Kuh-

بقسماط [buqsu'mɒːŧ] Zwieback *m*

بقشيش [baq'ʃiːʃ] Trinkgeld *n*

بقع II [baqqaʕa] fleckig machen, beklecker n

بقعة [buqʕa], *pl.* بقع [buqaʕ] Fleck *m*, Flecken *m*; *pl.* بقاع [bi'qaːʕ] Ort *m*, Stelle *f*, ein Flecken Erde

بقل [baqala, u] *Pflanze*: sprießen

بقلاوة [baq'laːwa] *süßes Gebäck aus Blätterteig*

بقي [baqija, aː] bleiben; verweilen; übrigbleiben; bestehenbleiben; **IV** أبقى [ʔabqaː] belassen; übriglassen; bewahren, beibehalten (على *A*); (ver)schonen; **X** استبقى [is'tabqaː] (zurück)behalten

بقية [ba'qiːja], *pl.* بقايا [ba'qaːjaː] Rest *m*, Überbleibsel *n*

[1]**بك** [beː(h)], *pl.* بكوات [baka'waːt] Bey *m*, Beg *m* (*Titel*)

[2]**بك** [bi-ka], *f* [bi-ki] mit dir

بكاء [bu'kaːʔ] Weinen *n*

بكارة [ba'kaːra] Jungfräulichkeit *f*

بكت II [bakkata] tadeln

بكتيريا [bak'teːrijaː] *koll.* Bakterien *f/pl.*

[1]**بكر II** [bakkara] (zu) früh kommen; früh(zeitig) *od.* verfrüht tun (في *A*); **VIII** ابتكر [ib'takara] erfinden, schaffen

[2]**بكر** [bakr] junge(s) Kamel; *a. npr. m*

[3]**بكر** [bikr] *m u. f*, *pl.* أبكار [ʔab'kaːr] Erstgeborene(r); Erstling *m*; jungfräulich; Jungfrau *f*

[1]**بكرة** [bakara], *pl.* [-aːt] Rolle *f*, Spule *f*; Winde *f*, Flaschenzug *m*

[2]**بكرة** [bukra] frühe(r) Morgen; *Adv.* *umg.* morgen

بكلة [bukla], *pl.* بكل [bukal] Schnalle *f*

بكم [bakam] Stummheit *f*; → *a.* أبكم

بكور [bu'kuːr] Frühe *f*

بكورية [bukuː'riːja] Erstgeburtsrecht *n*

بكى [bakaː, iː] weinen; beweinen; nachtrauern; **IV** أبكى [ʔabkaː] zum Weinen bringen; **VI** تباكى [ta'baːkaː] Trauer heucheln; **X** استبكى [is'tabkaː] zu Tränen rühren

بكير [ba'kiːr] früh(reif); *a. npr. m*

[1]**بل** [bal] sondern; vielmehr; ja sogar

[2]**بل** [balla, u] *u.* **II** بلل [ballala] befeuchten, naß machen; **IV** أبل [ʔa'balla] genesen; **VIII** ابتل [ib'talla] naß, feucht werden

[3]**بل** [ball] Befeuchtung *f*

بلا [bi'laː] *Präp.* ohne; *a.* → (بلو)

بلاء [ba'laːʔ] Heimsuchung *f*, Unglück *n*; Plage *f*, Geißel *f*

بلاج [blaːʒ] (Bade-)Strand *m*

بلاد [bi'laːd] (= *pl. von* [2]بلد), *pl.* بلدان [bul'daːn] Land *n*

بلادة [ba'laːda] Dummheit *f*; Abgestumpftheit *f*

بلاش [ba'laːʃ] *umg.* umsonst, gratis

بلاط [ba'lɒːʈ] (Königs-)Hof *m*; Fliesen *f/pl.*, (*Stein-*)Pflaster *n*; ~ة Fliese *f*; Platte *f*

بلاعة [ba'llaːʕa] Abflußloch *n*

بلاغ [ba'laːɣ], *pl.* [-aːt] Mitteilung *f*; *Pol.* Kommuniqué *n*; Meldung *f*; ~ة Beredsamkeit *f*, Rhetorik *f*; ~ي rhetorisch

بلاهة [ba'laːha] Dummheit *f*, Einfalt *f*; *Med.* Idiotie *f*

[1]**بلبل** [balbala] verwirren; durcheinanderbringen

[2]**بلبل** [bulbul], *pl.* بلابل [ba'laːbil] (2) Nachtigall *f*

بلبلة [balbala], *pl.* بلابل [ba'laːbil] (2) Verwirrung *f*; Unruhe *f*

بلج [baladʒa, u] *u.* **VII** انبلج [im'baladʒa] *Morgen*: anbrechen

بلجيكا [bal'dʒiːkaː] Belgien

بلح [balaħ] *koll., sg.* ~ة, *pl.* [-aːt] Dattel(n *pl.*) *f*

[1]**بلد** **II** [ballada] *Gefühl* abstumpfen; **V** تبلد [ta'ballada] stumpfsinnig werden

[2]**بلد** [balad], *pl.* بلاد [bi'laːd] *u.* بلدان [bul'daːn] Land *n*; Ortschaft *f*, Stadt *f*; بلاد Land *n*; Länder *n/pl.*

بلدة [balda] Ortschaft *f*

بلدي [baladiː] einheimisch; städtisch, kommunal; ~ة Gemeinde *f*; Stadtverwaltung *f*

بلسان [bala'saːn] Balsam *m*

بلص [balasɒ, u] wegnehmen

بلط **II** [ballatɒ] pflastern

بلطجي [baltɒdʒiː] Gauner *m*, Ganove *m*; Schlägertyp *m*

بلطة [baltɒ], *pl.* بلط [bulɒt] Axt *f*, Beil *n*

بلع [balaʕa, a] schlucken; verschlingen; **IV** أبلع [ʔablaʕa] schlucken lassen; **VIII** ابتلع [ib'talaʕa] verschlingen

ب

بلعم [bulˁum], *pl.* بلاعم [ba'laːˁim] (2) Schlund *m*

بلعة [bulˁa] Schluck *m*, Bissen *m*

بلغ [balaɣa, u] erreichen; gelangen (ه zu *j-m*); *Betrag*: sich belaufen (ـه auf *A*), *Preis*: betragen; volljährig, mündig werden; **II** [ballaɣa] gelangen lassen, übermitteln; in Kenntnis setzen; **III** بالغ [baːlaɣa] übertreiben; **IV** أبلغ [ʔablaɣa] informieren, benachrichtigen; anzeigen (عن *A*); **V** تبلغ [ta'ballaɣa] entgegennehmen; sich begnügen

بلغم [balɣam] Schleim *m*; Auswurf *m*; ~ي Schleim-; phlegmatisch

بلغة [bulɣa] Genüge *f*

بلف [balafa, i] bluffen

بلفة [balfa] Bluff *m*

بلكي [balkiː] *Ir.*, *Syr.* vielleicht

بلل [balal] Feuchtigkeit *f*

بلم [balam], *pl.* أبلام [ʔab'laːm] *Ir.* (Fähr-)Boot *n*

[1]**بله** [balah] Dummheit *f*, Idiotie *f*

[2]**بله** [balha] geschweige denn

بلة [billa] Feuchtigkeit *f*

(**بلو**) بلا [balaː, uː] prüfen, heimsuchen; **III** بالى [baːlaː] sich kümmern (ب/ـه/ه um *A*); beachten; **IV** أبلى [ʔablaː] sich (*im Kampf*) bewähren; **VIII** ابتلى [ib'talaː] heimsuchen, plagen

[1](**بلور**) **II** تبلور [ta'balwara] sich (heraus-)kristallisieren

[2]**بلور** [ba'lluːr] Kristall *m*; Glas *n*; ~ة *ein* Kristall *m*; Stück *n* Glas

بلوز [bluːz] Bluse *f*

بلوط [ba'lluːṭ] Eiche(n *pl.*) *f*; Eichel(n *pl.*) *f*

بلوغ [bu'luːɣ] Erreichen *n*; Reife *f*, Volljährigkeit *f*

بلوك [bloːk] (Häuser-)Block *m*; Block(stein) *m*

بلوى [balwaː] Heimsuchung *f*, Unglück *n*, Not *f*

[1]**بلي** [balija, aː] *Kleid*: abgetragen werden; verfallen; verwesen; **IV** أبلى [ʔablaː] abnützen, abtragen

[2]**بلى** [balaː] gewiß, doch!

[3]**بلي** [ba'liːj] abgenutzt, abgetragen; verfallen

[4]**بلى** [bilan] Verfall *m*

بليد [ba'liːd] dumm, blöde

بليغ [ba'liːɣ], *pl.* بلغاء [bula'ɣaːʔ] (2) beredt; wirkungsvoll

بلية [ba'liːja], *pl.* بلايا [ba'laːjaː] Prüfung *f*, Heimsuchung *f*

بم [bi-ma] *u.* **بما** [bi-maː] wodurch; womit; بما *relativ*: was; so daß; بما أن weil; in Anbetracht dessen, daß …; بما فيه einschließlich

بن [bunn] *koll.* Kaffeebohnen *f/pl.*; *a.* → ابن

بنا [bi-naː] mit uns

[1]**بناء** [ba'nnaːʔ] Erbauer *m*, Baumeister *m*; Maurer *m*

[2]**بناء** [bi'naːʔ] Erbauung *f*, Errichtung *f*; Aufbau *m*, Struktur *f*; *pl.* أبنية [ʔabnija] Gebäude *n*

بنت → **بنات**

بنادورة [bana'doːra] Tomate *f*

بنان [ba'naːn] *koll.* Finger *m/pl.*, Fingerspitzen *f/pl.*

بناية [bi'naːja], *pl.* [-aːt] Gebäude *n*

بنائي [bi'naːʔiː] baulich, Bau-; Struktur-

بنت [bint], *pl.* بنات [ba'naːt] Mädchen *n*, Tochter *f*

[1]**بنج** **II** [bannadʒa] betäuben, narkotisieren

[2]**بنج** [bandʒ] Narkosemittel *n*

بنج بنج [ping pong] Tischtennis *n*

بنجر [bandʒar] Rübe *f*

بند [band], *pl.* بنود [bu'nuːd] **1.** Absatz *m e-s Vertrages*; Posten *m e-r Bilanz*; **2.** *Mil.* Banner *n*

بندر [bandar] Hafenstadt *f*; (Provinz-)Stadt *f*

بندق [bunduq] *koll.* Haselnuß *f*

بندقية [bundu'qiːja], *pl.* بنادق [ba'naːdiq] (2) Gewehr *n*, Flinte *f*; الـ~ Venedig

بندول [ban'duːl] Pendel *n*

بنزين [ban'ziːn] Benzin *n*

بنصر [binsir] *f*, *pl.* بناصر [ba'nɒːsir] (2) Ringfinger *m*

بنطلون [bantɒ'loːn] Hose *f*

بنفسج [ba'nafsadʒ] *koll.* Veilchen *n (n/pl.)*; ~ـي violett; فوق الـ~ [fauqa l-b.] ultraviolett

بنك [bank], *pl.* بنوك [bu'nuːk] Bank *f (Kreditinstitut)*

ابن → **بنون**, **بنو**

بنوة [bu'nuːwa] Sohnschaft *f*, Kindschaft *f*

بنوي [banawiː] Sohnes-

[1]**بنى** [banaː, iː] (er)bauen, errichten; aufbauen; **V** تبنى [ta'bannaː] adoptieren; *Vorschlag* annehmen; **VII** انبنى [im'banaː] sich gründen (على auf *A*); **VIII** ابتنى [ib'tanaː] bauen

[2]**بني** [bu'naija] mein Söhnchen

[3]**بني** [bunniː] (kaffee)braun

بنيان [bun'jaːn] (Auf-)Bau *m*

بنية [binja], *pl.* بنى [binan] Bau *m*, Struktur *f*; Konstitution *f*

به [bi-hi] mit ihm; **بها** [bi-haː] mit ihr; → [2]بـ

بهاء [ba'haːʔ] Pracht *f*, Glanz *m*

بهار [ba'haːr], *pl.* [-aːt] Gewürz *n*

بهت [bahata, a] verblüffen; verleumden; – [bahita, a] verblüfft sein; *Farbe*: verblassen

بهتان [buh'taːn] Verleumdung *f*, Lüge *f*

بهج [bahidʒa, a] *u.* **VIII** ابتهج [ib'tahadʒa] sich freuen, entzückt sein

بهجة [bahdʒa] Pracht *f*; Freude *f*, Entzücken *n*

بهدل [bahdala] gemein behandeln, beschimpfen

[1]**بهر** [bahara, a] *u.* **IV** أبهر [ʔabhara] blenden, überwältigen; **VII** انبهر [im'bahara] geblendet sein

[2]**بهر** [buhr] Atemnot *f*

[1]بهرج [bahradʒa] schmücken; **II** تبهرج [ta'bahradʒa] sich aufputzen

[2]بهرج [bahradʒ] eitel; falsch; falsche(r) Glanz, Flitter *m*

بهظ [bahaðɒ, a] belasten

(بهل) **VIII** ابتهل [ib'tahala] flehen

بهلوان [bahla'waːn] Akrobat *m*

(بهم) **IV** أبهم [ʔabhama] unklar, unverständlich sein (على *j-m*)

بهمة [buhma] Dunkel *n der Nacht*

[1](بهو) بها [bahaː, uː] schön sein; → [1]بهي

[2]بهو [bahw], *pl.* أبهاء [ʔab'haːʔ] Halle *f*, Saal *m*

[1]بهي [bahija, aː] schön sein; **III** باهى [baːhaː] wetteifern; prahlen; **VI** تباهى [ta'baːhaː] prahlen (ب mit *D*)

[2]بهي [ba'hiːj] prächtig, glänzend

بهيج [ba'hiːdʒ] prächtig; froh, freudig; ~ة *npr. f*

بهيم [ba'hiːm] *Nacht*: schwarz; ~ة, *pl.* بهائم [ba'haːʔim] (2) Tier *n*, Vieh *n*; ~ي tierisch; bestialisch; ~ية tierische(s) Wesen; Bestialität *f*

بو = أبو

(بوء) باء [baːʔa, uː] zurückkehren (ب mit *D*); *Fehlschlag* erleiden; **II** بوأ [bawwaʔa] *j-n e-n Platz* einnehmen lassen; **V** تبوأ [ta'bawwaʔa] *Platz* einnehmen, *Thron* besteigen

بواب [ba'wwaːb], *pl.* [-uːn] Portier *m*, Türhüter *m*; ~ة Tor *n*; Einfahrt *f*

بوار [ba'waːr] Ruin *m*; Unverkäuflichkeit *f e-r Ware*; Brachland *n*

بواق [ba'wwaːq] Trompeter *m*

بوب **II** [bawwaba] in Kapitel einteilen; klassifizieren

بؤبؤ [buʔbuʔ]: العين ~ Pupille *f*

بوتاغاز [buːta'ɣaːz] Flüssiggas *n*; Gasherd *m*

بوتقة [buːtaqa] Schmelztiegel *m*

(بوح) باح [baːħa, uː] enthüllen; **IV** أباح [ʔa'baːħa] erlauben, gestatten; freigeben; **X** استباح [ista'baːħa] für erlaubt halten; als Beute nehmen; sich anmaßen

(بوخ) باخ [baːxa, uː] nachlassen, den Geschmack verlieren; *intr.* verderben

[1](بور) بار [baːra, uː] brachliegen; ertraglos sein; *Ware*: unverkäuflich sein; **II** [bawwara] *Erde* brachliegen lassen

[2]بور [buːr] *Erde*: brach, unbebaut; سعيد ~ Port Said

بورصة [bursɒ] *Hdl.* Börse *f*

بؤرة [buʔra], *pl.* بؤر [buʔar] *fig.* Mittelpunkt *m*; *Optik*: Fokus *m*; Herd *m e-r Infektion*

بوري [buːriː] **1.** Trompete *f*; **2.** Meeräsche *f*

[1]بوز **II** [bawwaza] schmollen

[2]بوز [buːz], *pl.* أبواز [ʔab'waːz] Mund *m*; Schnauze *f*; Schnabel *m e-r Kanne*

[1](بوس) باس [baːsa, uː] küssen

[2]**بؤس** [buʔs] Not *f*, Elend *n*, Leid *n*, Unglück *n*

بوستة [busta] *u.* **بوسطة** [bustɒ] *umg.* Post *f*

بوش [bauʃ] Pöbel *m*, Mob *m*

بوص [buːs] *koll.* Schilf *n*

بوصلة [buːs(ɒ)la, bosla] Kompaß *m*, Bussole *f*

بوصة [buːsɒ] **1.** *ein* Schilfrohr *n*; **2.** Zoll *m* (*Längenmaß*)

بوق [buːq], *pl.* أبواق [ʔab'waːq] Trompete *f*, Horn *n*; Hupe *f*

[1](بول) بال [baːla, uː] *u.* **V** تبول [ta'bawwala] urinieren

[2]**بول** [baul] Urin *m*, Harn *m*; ~ي Harn-

بوليس [buː'liːs] Polizei *f*

بوليصة [buː'liːsɒ], *pl.* بوالص [ba'waːlis] (2) (Versicherungs-)Police *f*

بوم [buːm] *koll.*, *sg.* ~ة Eule(n *pl.*) *f*

بون [baun] Zwischenraum *m*, Entfernung *f*; Unterschied *m*

بويجي [boːjadʒiː], *pl.* ~ية Schuhputzer *m*; Anstreicher *m*

بويضة [bu'waiđɒ] Eizelle *f*

بوية [boːja] Farbe *f*; Lack *m*; Schuhcreme *f*

بي [biː] mit mir; → ب[2]

بيات [ba'jaːt] Übernachten *n*

بيادة [ba'jjaːda] Infanterie *f*

بيارة [ba'jjaːra] Plantage *f*; Schacht *m*

بياض [ba'jɒːđ] Weiß *n*, Weiße *f*; leere, unbeschriebene Stelle; على ~ blanko; ~ البيض Eiweiß *n*; ~ النهار Tageslicht *n*

بياع [ba'jjaːʕ] *umg.* Händler *m*, Verkäufer *m*

بيان [ba'jaːn], *pl.* [-aːt] Deutlichkeit *f*; Erklärung *f*, Kommuniqué *n*; Verzeichnis *n*, Aufstellung *f*; *pl.* Angaben *f/pl.*; علم الـ~ Rhetorik *f*

بيانو [b(i)'jaːnoː] Klavier *n*

بياني [ba'jaːniː] erklärend; rhetorisch

[1](بيت) بات [baːta, iː] übernachten; werden; *zu tun* beginnen; **II** [bajjata] Böses aushecken; die Nacht verbringen; *Schüler*: sitzenbleiben; **IV** أبات [ʔa'baːta] die Nacht verbringen lassen

[2]**بيت** [bait], *pl.* بيوت [bu'juːt] Haus *n*; (*Beduinen*-)Zelt *n*; Familie *f*; *pl.* بيوتات [bujuː'taːt]) Handelshaus *n*; Gehäuse *n*; *pl.* أبيات [ʔab'jaːt] Vers *m*; بنات البيوتات Töchter *f/pl.* aus gutem Hause; ~ي häuslich, Haus-

[1](بيد) باد [baːda, iː] zugrunde gehen; **IV** أباد [ʔa'baːda] vernichten, ausrotten

[2]**بيد** [baida]: ~ أن aber, allerdings; obgleich

بيداء [bai'daːʔ] (2), *pl.* بيد [biːd] Steppe *f*, Wüste *f*

بيدر [baidar], *pl.* بيادر [ba'jaːdir] (2)

Tenne *f*, Dreschboden *m*

بيدق [baidaq], *pl.* بيادق [ba'jaːdiq] (2) Bauer *m im Schachspiel*

بئر [biʔr], *pl.* آبار [ʔaː'baːr] Brunnen *m*, Wasserstelle *f*; Bohrloch *n*

بيرا [biːraː] *u.* **بيرة** [biːra] Bier *n*

بيروت [bai'ruːt] (2) Beirut

[1]**بئس** [baʔisa, a] unglücklich, in elender Lage sein

[2]**بئس** [biʔsa]: الرجل ~ der elende Kerl!

[1](**بيض**) باض [bɒːđɒ, iː] Eier legen; **II** [bajjađɒ] weißen; bleichen; verzinnen; ins reine schreiben; **IX** ابيض [ib'jɒđđɒ] weiß werden; → أبيض

[2]**بيض** [baiđ] *koll.* Eier *n/pl.*; ـة~, *pl.* [-aːt] Ei *n*

بيضوي [baiđɒwiː] eiförmig, oval

بيطار [bai'tɒːr] Hufschmied *m*; Tierarzt *m*

بيطرة [baitɒra] Tierheilkunde *f*

بيطري [baitɒriː] tierärztlich

[1](**بيع**) باع [baːʕa, iː] verkaufen; **III** بايع [baːjaʕa] huldigen (ه *j-m*); **VII** انباع [im'baːʕa] verkauft werden; **VIII** ابتاع [ib'taːʕa] kaufen

[2]**بيع** [baiʕ], *pl.* بيوع [bu'juːʕ] Verkauf *m*; ~للـ [li-l-b.] zu verkaufen; ـة~ Geschäft *n*, Verkauf *m*, Kauf *m*; Huldigung *f*

بيك [beːg], *pl.* بيكوات [beːga'waːt] Bey *m*, Beg *m* (*Titel*)

بيكار [biː'kaːr] Zirkel *m*

[1](**بين**) بان [baːna, iː] klar, deutlich sein *od.* werden; sich trennen (عن von *D*); **II** [bajjana] erklären, aufzeigen, darlegen; **III** باين [baːjana] sich unterscheiden (ه/ـه von *D*); **IV** أبان [ʔa'baːna] erklären; unterscheiden (عن von *D*); **V** تبين [ta'bajjana] sich zeigen, sich herausstellen; hervorgehen (من aus *D*); (deutlich) erkennen; **VI** تباين [ta'baːjana] differieren, sich voneinander unterscheiden; **X** استبان [ista'baːna] klar werden; erkennen, wahrnehmen

[2]**بين** [bain] Zwischenraum *m*, Trennung *f*; *fig.* Kluft *f*

[3]**بين** [baina] *Präp.* zwischen; inmitten, unter; ~ ~ mittelmäßig; ~ وقت وآخر von Zeit zu Zeit; ... ~ و teils ... teils; يديه ~ [ja'daihi] vor ihm; in s-n Händen; ~ فيما dazwischen; während; من ~هم [min bainihim] unter ihnen; aus ihrer Mitte

[4]**بين** [bajjin] klar, deutlich

بينما [bainamaː] *Konj.* während

بينة [bajjina], *pl.* [-aːt] (klarer) Beweis; هو على ~ من er ist sich im klaren darüber

بيوت → [2]بيت

بئيس [ba'ʔiːs], *pl.* بؤساء [buʔa'saːʔ] (2) elend, unglücklich

بيئة [biːʔa], *pl.* بيئات [biː'ʔaːt] Umwelt *f*; Milieu *n*; *fig.* Gebiet *n*

بيئي [biːʔiː] Umwelt-

ت

ت

[1]ت (تاء) [taːʔ] *dritter Buchstabe*; *Abk. für* تليفون

[2]تـ [ta] *Schwurpartikel*: تالله [tɒ'łłɒːħi] bei Gott!

تاب → (توب)

تابع [taːbiʕ] folgend; untergeordnet, gehörend (zu لـ); abhängig; *pl.* أتباع [ʔat'baːʕ] Anhänger *m*, Gefolgsmann *m*; *pl.* توابع [ta'waːbiʕ] (2) Satellit *m*; ـة~, *pl.* توابع (2) Untergebene *f*; *pl.* Dazugehörige(s); ـية~ [taːbi'ʕiːja] Abhängigkeit *f*; Staatsangehörigkeit *f*

تابل [taːbil, *pl.* توابل [ta'waːbil] (2) Gewürz *n*

تابوت [taː'buːt], *pl.* توابيت [tawaː'biːt] (2) Sarg *m*, Sarkophag *m*; Schrein *m*

تأثر [ta'ʔaθθur] (*passive*) Beeinflussung, Erregung *f*; Ergriffenheit *f*

تأثيث [taʔ'θiːθ] Möblierung *f*, Einrichtung *f*

تأثير [taʔ'θiːr] Einfluß *m*, Einwirkung *f*; Eindruck *m*; *Phys.* Induktion *f*

تاج [taːʤ], *pl.* تيجان [tiː'ʤaːn] Krone *f*; Kapitell *n*

تاجر [taːʤir], *pl.* تجار [tu'ddʒaːr] Kaufmann *m*, Händler *m*

تأجير [taʔ'ʤiːr] Vermietung *f*, Verpachtung *f*

تأجيل [taʔ'ʤiːl] Aufschub *m*; Verlegung *f e-s Termins*; Vertagung *f e-r Sitzung*

تآخ [ta'ʔaːxin] Verbrüderung *f*, Partnerschaft *f*

تأخر [ta'ʔaxxur] Verspätung *f*, Zuspätkommen *n*; Zurückbleiben *n*, Rückständigkeit *f*

تأخير [taʔ'xiːr] Verzögerung *f*

تأدب [ta'ʔaddub] Anstand *m*, Wohlerzogenheit *f*

تأديب [taʔ'diːb] Erziehung *f*; Disziplinierung *f*; ـي~ disziplinarisch, Disziplinar-

تأدية [taʔdija] Ausführung *f e-r Arbeit*, Verrichtung *f*, Erledigung *f*; Erfüllung *f e-r Pflicht*; Leistung *f*; Zahlung *f*

تأذ [ta'ʔaððin] Gekränktsein *n*, Kränkung *f*

تارة [taːratan]: ~ ~ *u.* ~ وطورا ~، ~ وأخرى bald … bald

[1]تاريخ [taː'riːx], *pl.* تواريخ [tawaː'riːx] (2) **1.** Datum *n*; **2.** Geschichte *f*

[2]تأريخ [taʔ'riːx] Datierung *f*; Geschichtsschreibung *f*

تاريخي [taː'riːxiː] geschichtlich, historisch

تآزر [ta'ʔaːzur] gegenseitige(r) Beistand; Zusammenwirken *n*

ت

تاسع [taːsiʕ] neunte(r); عشر ~ [-a ʕaʃara] neunzehnte(r)

تأسف [ta'ʔassuf] Bedauern *n*

تأسيس [taʔ'siːs] Gründung *f*, Errichtung *f*

تأشير [taʔ'ʃiːr] Eintragung *f*, Vermerk *m*; ة~ Visum *n*, Sichtvermerk *m*

تافه [taːfih] gering, unbedeutend, nichtig; ـة~, *pl.* توافه [ta'waːfih] (2) Kleinigkeit *f*; Nebensächlichkeit *f*

تاك → ذاك

تأكل [ta'ʔakkul] *u.* **تآكل** [ta'ʔaːkul] Verschleiß *m*; Korrosion *f*; Verwitterung *f*

تأكيد [taʔ'kiːd] Versicherung *f*, Zusicherung *f*; Nachdruck *m*, Betonung *f*; بالـ~ gewiß!

تال [taːlin] folgend; nachstehend

تالف[1] [taːlif] beschädigt, kaputt; verdorben

تآلف[2] [ta'ʔaːluf] Harmonie *f*, Eintracht *f*

تألم [ta'ʔallum] Schmerz *m*; Kummer *m*

تأليف [taʔ'liːf] Abfassung *f von Büchern*; Schriftstellerei *f*; Bildung *f e-r Regierung etc.*

تأليه [taʔ'liːh] Vergöttlichung *f*

تام [taːmm] vollständig, vollkommen

تآمر [ta'ʔaːmur] Verschwörung *f*

تأمل [ta'ʔammul] Nachdenken *n*; Überlegung *f*; Betrachtung *f*

تأمور [taʔ'muːr] *Anat.* Herzbeutel *m*

تأميم [taʔ'miːm] Nationalisierung *f*, Verstaatlichung *f*

تأمين [taʔ'miːn] Sicherstellung *f*, Gewährleistung *f*; *pl.* [-aːt] Versicherung *f*; Garantie *f*; Kaution *f*

تأن [ta'ʔannin] Bedächtigkeit *f*

تأنس [ta'ʔannus] Menschwerdung *f*

تأنيب [taʔ'niːb] Tadel *m*

تأنيث [taʔ'niːθ] *Gr.* Gebrauch *m* im Femininum

تأهب [ta'ʔahhub] *intr.* Vorbereitung *f*; Bereitschaft *f*

تأهيل [taʔ'hiːl] Qualifizierung *f*; *Med.* Rehabilitation *f*

تأويل [taʔ'wiːl] Auslegung *f*, Interpretation *f*

تائب [taːʔib] reumütig

تائه [taːʔih] umherirrend; verloren; hochmütig

تأييد [taʔ'jiːd] Unterstützung *f*; Befürwortung *f*; Bekräftigung *f*, Bestätigung *f*

تأيين [taʔ'jiːn] *trans. Phys.* Ionisation *f*

تب [tabba, i] zugrunde gehen; **X** استتب [ista'tabba] sich festigen

تبا [tabban]: له ~ Verderben über ihn!

تبادل [ta'baːdul] Austausch *m*

تباشير [tabaː'ʃiːr] (2) *pl.* erste Anzeichen *n/pl.*

تباطؤ [ta'bɒːtuʔ] Verlangsamung

f; Langsamkeit *f*

تباعا [ti'baːʕan] nacheinander

تباعد [ta'baːʕud] Entfernung *f* voneinander; gegenseitige Entfremdung

تبانة [ta'bbaːna] درب الـ~ *Astr.* Milchstraße *f*

تباين [ta'baːjun] Unterschied *m*; Gegensatz *m*, Kontrast *m*; ~ي gegensätzlich

تبجيل [tab'dʒiːl] Verehrung *f*

تبحر [ta'baħħur] gründliche Beschäftigung, Vertiefung *f*

تبخر [ta'baxxur] Verdampfung *f*, Verdunstung *f*

تبخير [tab'xiːr] *trans.* Verdampfen *n*, Verdunsten *n*; Beräuchern *n*

تبدل [ta'baddul] Veränderung *f*

تبديد [tab'diːd] Verstreuung *f*; Vergeudung *f*

تبديل [tab'diːl] (Ab-)Änderung *f*; Auswechslung *f*; Umtausch *m*

تبذير [tab'ðiːr] Verschwendung *f*

تبر [tibr] Goldstaub *m*

تبرع [ta'barruʕ] Spende *f*, (freiwilliger) Beitrag

تبريد [tab'riːd] Kühlung *f*

تبرير [tab'riːr] Rechtfertigung *f*

تبريك [tab'riːk] Segenswunsch *m*

تبسيط [tab'sɨːt] Vereinfachung *f*

تبشير [tab'ʃiːr] *Rel.* Verkündigung *f e-r Lehre*; Missionierung *f*, Mission *f*

تبصر [ta'bɒssur] Nachdenken *n*, Überlegung *f*; Umsicht *f*

تبصرة [tabsɨra] *u.* **تبصير** [tab'sɨːr] Belehrung *f*, Aufklärung *f*

[1] **تبع** [tabiʕa, a] folgen (ه *j-m*); hinter j-m (ه) (her)gehen; *Weg* verfolgen; unterstehen; gehören (ـه zu *D*); **III** تابع [taːbaʕa] verfolgen; kontrollieren; fortsetzen; **IV** أتبع [ʔatbaʕa] (nach)folgen lassen; unterordnen; **V** تتبع [ta'tabbaʕa] verfolgen, beobachten; **VI** تتابع [ta'taːbaʕa] aufeinanderfolgen; **VIII** اتبع [i'ttabaʕa] folgen; *Politik* verfolgen; *Methode* anwenden; **X** استتبع [is'tatbaʕa] nach sich ziehen, zur Folge haben

[2] **تبع** [tabaʕ] Folge *f*; *pl.* أتباع [ʔat'baːʕ] Gefolgsmann *m*, Anhänger *m*; ~ا ل [-an] entsprechend, gemäß

تبعة [tabiʕa] Folge *f*, Konsequenz *f*; Verantwortung *f*

تبعية [taba'ʕiːja] Abhängigkeit *f*; Staatsangehörigkeit *f*

تبغ [tabɣ] Tabak *m*

تبل II [tabbala] würzen

تبلبل [ta'balbul] Verwirrung *f*

تبلد [ta'ballud] Abstumpfung *f*; Verblödung *f*

تبلور [ta'balwur] Kristallisation *f*

تبليط [tab'lɨːt] Pflasterung *f*; Fliesenlegen *n*

تبليغ [tab'liːɣ] Benachrichtigung *f*, Mitteilung *f*; Meldung *f*; Übermittlung *f*

[1]تبن [ta'bannin] Adoption *f*; *fig.* Übernahme *f*

[2]تبن [tibn] Stroh *n*

تبوء [ta'bawwuʔ] Einnahme *f e-s Platzes*, Besteigung *f des Thrones*

تبويب [tab'wiːb] Kapiteleinteilung *f*; Klassifizierung *f*

تبيان [tab'jaːn, tib'jaːn] Erklärung *f*, Darlegung *f*

تبييض [tab'jiːđ] Weißfärbung *f*; Verzinnen *n*; Reinschrift *f*

تبيين [tab'jiːn] Erklärung *f*, Darlegung *f*

تتابع [ta'taːbuˤ] Aufeinanderfolge *f*; Staffellauf *m*

تتبع [ta'tabbuˤ] Verfolgung *f*, Beobachtung *f e-s Vorgangs*

تتمة [ta'timma] Schluß *m e-s Artikels*; Ergänzung *f*

تتميم [tat'miːm] Vollendung *f*, Durchführung *f*

تتن [tutun] Tabak *m*

تتويج [tat'wiːdʒ] Krönung *f*

تثبت [ta'θabbut] Vergewisserung *f*, Nachprüfung *f*

تثبيت [taθ'biːt] Befestigung *f*; Festigung *f*, Stabilisierung *f*

تثقف [ta'θaqquf] (*Geistes-*)Bildung *f*

تثقيف [taθ'qiːf] Bildung *f*; Belehrung *f*; Erziehung *f*

تثقيل [taθ'qiːl] Beschwerung *f*, Belastung *f*

تثمين [taθ'miːn] Schätzung *f des Wertes*, Taxierung *f*

تثنية [taθnija] Wiederholung *f*; Verdoppelung *f*; *Gr*. Dual *m*

تجار → تاجر; ~ة [ti'dʒaːra] Handel *m*; ~ي kaufmännisch, Handels-, kommerziell

تجاسر [ta'dʒaːsur] Kühnheit *f*, Dreistigkeit *f*

تجانس [ta'dʒaːnus] Gleichheit *f*

تجاه [tu'dʒaːha] vor, gegenüber

تجاهل [ta'dʒaːhul] Ignorierung *f*, Vortäuschung *f* von Unwissenheit

تجاوب [ta'dʒaːwub] Übereinstimmung *f*; Resonanz *f*

تجاوز [ta'dʒaːwuz] Überschreitung *f e-r Grenze*, *des Maßes*; Absehen *n* (عن von *D*)

تجدد [ta'dʒaddud] *intr*. Erneuerung *f*; Wiederaufleben *n*

تجديد [tadʒ'diːd] Erneuerung *f*; Neugestaltung *f*; Verlängerung *f der Frist*

تجذير [tadʒ'ðiːr] *Math*. Wurzelziehen *n*

(تجر) **III** تاجر [taːdʒara] Handel treiben (ه mit *j-m*); **VIII** اتجر [i'ttadʒara] Handel treiben (ب mit *D*)

تجربة [tadʒriba], *pl*. تجارب [ta'dʒaːrib] (2) Versuch *m*, Experiment *n*; Probe *f*; Erfahrung *f*

تجرد [ta'dʒarrud] Freisein *n* (من von *D*); Unparteilichkeit *f*

تجريب [tadʒ'riːb] Versuch *m*, Erprobung *f*; ~ي experimentell,

Probe-, Versuchs-

تجريد [tadʒ'riːd] Entblößung *f*; Freimachung *f*; Aberkennung *f* (من *G*); Abstraktion *f*; Entsendung *f* von Truppen; ة~ *Mil.* Expeditionskorps *n*

تجزئة [tadʒziʔa] (Zer-)Teilung *f*; Zerstückelung *f*; تاجر الـ~ Einzelhändler *m*

تجسد [ta'dʒassud] Inkarnation *f*

تجسس [ta'dʒassus] Spionage *f*

تجسيد [tadʒ'siːd] Verkörperung *f*

تجسيم [tadʒ'siːm] Verkörperung *f*; Aufbauschung *f*

تجعد [ta'dʒaʕʕud] Falte *f*

تجفيف [tadʒ'fiːf] Trocknung *f*

تجلد [ta'dʒallud] Ausdauer *f*

تجلة [ta'dʒilla] Verehrung *f*

تجليد [tadʒ'liːd] Buchbinden *n*

تجمد [ta'dʒammud] Gefrieren *n*; Erstarren *n*

تجمع [ta'dʒammuʕ] Ansammlung *f*; (Zusammen-)Ballung *f*; Agglutination *f*; Gruppierung *f*

تجميد [tadʒ'miːd] *a. fig.* Einfriedung *f*; Sperrung *f von Geldern*

تجميل [tadʒ'miːl] Verschönerung *f*; Kosmetik *f*

تجن [ta'dʒannin] Bezichtigung *f*

تجنب [ta'dʒannub] Vermeidung *f*, Ausweichen *n*

تجنس [ta'dʒannus] *intr.* Einbürgerung *f*, Naturalisierung *f*

تجنيد [tadʒ'niːd] Einberufung *f*; Rekrutierung *f*

تجنيس [tadʒ'niːs] *trans.* Einbürgerung *f*, Naturalisierung *f*

تجهيز [tadʒ'hiːz] (Vor-)Bereitung *f*; Ausrüstung *f*, Ausstattung *f*; Vorrichtung *f*

تجوال [tadʒ'waːl] Streifzug *m*

تجول [ta'dʒawwul] Umhergehen *n*; Patrouillieren *n*; منع الـ~ Ausgehverbot *n*

تجويع [tadʒ'wiːʕ] Aushungerung *f*

تجويف [tadʒ'wiːf], *pl.* تجاويف [tadʒaː'wiːf] (2) Höhlung *f*

تحاش [ta'ħaːʃin] Vermeidung *f*

تحاك [ta'ħaːkk] gegenseitige Reibung

تحالف [ta'ħaːluf] Bündnis *n*, Allianz *f*

تحامل [ta'ħaːmul] Voreingenommenheit *f*; Feindseligkeit *f*; ~ على النفس Selbstbeherrschung *f*

تحبيذ [taħ'biːð] Gutheißen *n*

تحت[1] [taħta] *Präp.* unter; ~ من [min taħti] unter; unter … hervor; تصرفه ~ zu s-r Verfügung; السداد ~ *Schuld*: ausstehend; الطبع ~ im Druck

تحت[2] [taħtu] *Adv.* unten; darunter

تحتاني [taħ'taːniː] *u.* تحتي [taħtiː] untere(r), Unter-

تحجج [ta'ħaddʒudʒ] Argumentation *f*

تحجر [ta'ħaddʒur] *intr.* Versteinerung *f*; *fig.* Erstarrung *f*

تحجير [taħ'ʤiːr] **1.** *trans.* Versteinerung *f*; Gesteinsabbau *m*; **2.** Verbot *n*

تحجيم [taħ'ʤiːm] Beschränkung *f*

تحد [ta'ħaddin], *pl.* تحديات [taħaddi'jaːt] Herausforderung *f*, Provokation *f*

تحدث [ta'ħadduθ] Sprechen *n*

تحدر [ta'ħaddur] Herabsinken *n*; Abstammung *f*

تحديث [taħ'diːθ] Modernisierung *f*

تحديد [taħ'diːd] Begrenzung *f*; Beschränkung *f*; Definition *f*; Festlegung *f*

تحذير [taħ'ðiːr] Warnung *f*

تحر [ta'ħarrin] Untersuchung *f*; Nachforschung *f*, Suche *f*

تحرج [ta'ħarruʤ] Zurückhaltung *f*; kritische Lage

تحرر [ta'ħarrur] (Selbst-)Befreiung *f*; ~ي Befreiungs-

تحرش [ta'ħarruʃ] Provokation *f*; Übergriff *m*

تحرك [ta'ħarruk] Bewegung *f*; Abfahrt *f*; Vorstoß *m*, Initiative *f*

تحريج [taħ'riːʤ] **1.** Aufforstung *f*; **2.** Untersagung *f*

تحرير [taħ'riːr] **1.** Befreiung *f*; **2.** Abfassung *f*; إدارة الـ~ Redaktion *f*, Schriftleitung *f*; ~ي **1.** Befreiungs-; **2.** schriftlich

تحريض [taħ'riːđ] Aufreizung *f*, Aufwiegelung *f*, Hetze *f*; *El.* Induktion *f*

تحريف [taħ'riːf] Entstellung *f*; Verdrehung *f des Sinnes*

تحريم [taħ'riːm] Verbot *n*

تحزب [ta'ħazzub] Parteinahme *f*

تحسر [ta'ħassur] Bedauern *n*

تحسن [ta'ħassun] Besserung *f*

تحسين [taħ'siːn] Verbesserung *f*; Verschönerung *f*

تحشية [taħʃija] Einschaltung *f*, Einschiebung *f*

تحصيص [taħ'sɨːs] Aufteilung *f*, Kontingentierung *f*

تحصيل [taħ'sɨːl] Erwerbung *f*, Aneignung *f*; Erhebung *f von Gebühren*; Studieren *n*

تحصين [taħ'sɨːn] *Mil.* Befestigung *f*; Immunisierung *f*

تحضير [taħ'đɨːr] (Vor-)Bereitung *f*; Herstellung *f*; (*Geister*-)Beschwörung *f*; ~ي vorbereitend, Vorbereitungs-

تحطم [ta'ħɒŧŧum] Zerschellen *n*; Schiffbruch *m*

تحطيم [taħ'ŧɨːm] Zerschlagung *f*, Zertrümmerung *f*

(**تحف**) **IV** أتحف [ʔatħafa] beschenken

تحفز [ta'ħaffuz] Bereitschaft *f*, Lauern *n*

تحفظ [ta'ħaffuð] Zurückhaltung *f*, Reserve *f*; Vorsicht *f*; Vorbehalt *m*; ~ي Vorsichts-, Präventiv-

تحفة [tuħfa], *pl.* تحف [tuħaf] Kunstgegenstand *m*; Rarität *f*, Kostbarkeit *f*

تحقق [ta'ħaqquq] Zustandekommen *n*; Vergewisserung *f*

تحقير [taħ'qiːr] Verachtung *f*

تحقيق [taħ'qiːq] Verwirklichung *f*, Realisierung *f*; Durchführung *f*; Feststellung *f*; *pl.* [-aːt] Ermittlung *f*, Untersuchung *f*; Nachforschung *f*

تحكم [ta'ħakkum] Kontrolle *f*, Herrschaft *f*; Willkür *f*; ~ـي willkürlich

تحكيم [taħ'kiːm] Schiedsspruch *m*; لجنة الـ~ Schiedsgericht *n*

تحلل [ta'ħallul] Auflösung *f*

تحليف [taħ'liːf] Vereidigung *f*

تحليق [taħ'liːq] Flug *m*; Überfliegen *n e-s Landes*

تحليل [taħ'liːl] Zerlegung *f*; Analyse *f*; ~ـي analytisch

تحمس [ta'ħammus] Begeisterung *f*, Enthusiasmus *m*

تحمل [ta'ħammul] Übernahme *f von Kosten*; Belastbarkeit *f*

تحميض [taħ'mɨːđ] Säuerung *f*; *Fot.* Entwicklung *f*

تحميل [taħ'miːl] Belastung *f*; Verladung *f*; ~ـة *Med.* Zäpfchen *n*

تحنيط [taħ'nɨːŧ] Einbalsamierung *f*; Ausstopfen *n*

تحوط [ta'ħawwuŧ] Vorsorge *f*, Vorsicht *f*

تحول [ta'ħawwul] Wandel *m*, Wechsel *m*, Änderung *f*; Übergang *m* (إلى zu *D*)

تحوير [taħ'wiːr] Modifizierung *f*, Umbildung *f*

تحويط [taħ'wɨːŧ] Umzingelung *f*

تحويل [taħ'wiːl] Umwandlung *f*; *El.* Umformung *f*; Umtausch *m von Währungen*; Überweisung *f von Geld*; ~ـة Abzweigung *f*; Umleitung *f*

تحير [ta'ħajjur] Verlegenheit *f*, Ratlosigkeit *f*

تحيز [ta'ħajjuz] Voreingenommenheit *f*, Parteilichkeit *f*

تحيل [ta'ħajjul] Anwendung *f* von List

تحية [ta'ħiːja] Begrüßung *f*, Gruß *m*

تخابر [ta'xaːbur] Austausch *m* von Informationen

تخاذل [ta'xaːðul] Erschlaffung *f*; Schwäche *f*

تخاطب [ta'xɒːŧub] Unterhaltung *f*, Konversation *f*

تخت [taxt], *pl.* تخوت [tu'xuːt] Sitz *m*; Sofa *n*, Bank *f*; Kasten *m*; ~ـة Schulbank *f*, Schülerpult *n*

تخثر [ta'xaθθur] Gerinnung *f*; *Med.* Thrombose *f*

تخدير [tax'diːr] Betäubung *f*; *Med.* Narkose *f*

تخرج [ta'xarrudʒ] Absolvierung *f* (من *e-r Schule*)

تخريب [tax'riːb] Zerstörung *f*; Sabotage *f*

تخريج [tax'riːdʒ] Ausbildung *f*, Schulentlassung *f*

تخريم [tax'riːm] Durchlöcherung *f*, Perforierung *f*

تخزين [tax'ziːn] Einlagerung *f*, (Auf-)Speicherung *f*

تخشب [ta'xaʃʃub] Erstarrung *f*; Totenstarre *f*

تخشيب [tax'ʃiːb] Täfelung *f mit Holz*

تخصص [ta'xɒssus] Spezialisierung *f* (في auf *A*)

تخصيب [tax'siːb] Fruchtbarmachung *f*

تخصيص [tax'siːs] Bestimmung *f* (ل für *A*); Spezifizierung *f*; Zuteilung *f*; Privatisierung *f*

تخطيط [tax'tiːt] Planung *f*; Entwurf *m*; Linierung *f*

تخف [ta'xaffin] Verkleidung *f*

تخفيض [tax'fiːđ] Verminderung *f*; Senkung *f*, Herabsetzung *f*

تخفيف [tax'fiːf] Erleichterung *f*, Milderung *f*, Verringerung *f*

تخل [ta'xallin] Verzicht *m* (عن auf *A*), Abtretung *f*

تخلص [ta'xallus] Loskommen *n* (من von *D*), Freiwerden *n*

تخلف [ta'xalluf] Zurückbleiben *n*; Rückständigkeit *f*

تخليد [tax'liːd] Verewigung *f*

تخليص [tax'liːs] Freimachen *n*, Befreiung *f*; Verzollung *f*; Abfertigung *f von Gepäck*

تخلية [taxlija] Überlassung *f*

[1]تخم [taxima, a] sich den Magen überladen; **III** تاخم [taːxama] angrenzen (ﻫ an *A*); **IV** أتخم [ʔatxama] überfüttern, übersättigen

[2]تخم [tuxm], *pl.* تخوم [tu'xuːm] Grenze *f*; ~ة Völlegefühl *n*; Übersättigung *f*

تخمير [tax'miːr] Vergärung *f*, Fermentierung *f*; Säuerung *f des Brotes*

تخمين [tax'miːn] Schätzung *f*

تخوف [ta'xawwuf] Angst *f*

تخويف [tax'wiːf] Einschüchterung *f*, Verängstigung *f*

تخويل [tax'wiːl] Einräumung *f e-s Rechts*

تخيل [ta'xajjul] Einbildung *f*, Phantasie *f*; ~ي imaginär

تداخل [ta'daːxul] Ineinandergreifen *n*, Durchdringung *f*

تداع [ta'daːʕin] gegenseitige Hervorrufung; Zusammenbruch *m*; تداعي الأفكار Gedankenassoziation *f*

تداو [ta'daːwin] Heilbehandlung *f*; Genesung *f*

تداول [ta'daːwul] Zirkulieren *n*, Umlauf *m*; *Börse*: Handel *m*; بالـ~ abwechselnd

تدبر [ta'dabbur] planvolle(s) Vorgehen; Überlegen *n*

تدبيج [tad'biːdʒ] Ausschmückung *f*; Formulierung *f*

تدبير [tad'biːr], *pl.* تدابير [tadaː'biːr] (2) Maßnahme *f*; Disposition *f*; Führung *f*, Leitung *f*;

Beschaffung *f von Mitteln*

تدخل [ta'daxxul] Eingreifen *n*; Einmischung *f*, Intervention *f*

تدخين [tad'xiːn] Rauchen *n*

تدرج[1] [ta'darrudʒ] *intr*. Abstufung *f*; Allmählichkeit *f*

تدرج[2] [tadrudʒ] Fasan *m*

تدرن [ta'darrun] Tuberkulose *f*

تدريب [tad'riːb] Ausbildung *f*, Training *n*; Übung *f*; Exerzieren *n*

تدريج [tad'riːdʒ] Abstufung *f*, Staffelung *f*; **~ـي** allmählich; **~ـيا** [tadriː'dʒiːjan] *Adv*. allmählich, stufenweise

تدريس [tad'riːs] Unterricht *m*, Lehre *f*

تدشين [tad'ʃiːn] Einweihung *f*, Eröffnung *f*

تدعيم [tad'ʕiːm] (Unter-)Stützung *f*; Stärkung *f*

تدفق [ta'daffuq] Hervorbrechen *n*; Zustrom *m*

تدفئة [tadfiʔa] (Be-)Heizung *f*

تدقيق [tad'qiːq] (sorgfältige) Prüfung; Genauigkeit *f*

تدلل [ta'dallul] Koketterie *f*; Ziererei *f*

تدليس [tad'liːs] Betrug *m*

تدليك [tad'liːk] Massage *f*; Einreibung *f*

تدليل [tad'liːl] **1.** Erhärtung *f* (على *e-r Tatsache*); Beweisführung *f*; **2.** Verwöhnung *f*

تدمر [tadmur] (2) *Geo*. Palmyra

تدمير [tad'miːr] Vernichtung *f*, Zerstörung *f*

تدن [ta'dannin] Sinken *n*; Tiefstand *m der Moral*

تدهور [ta'dahwur] Niedergang *m*, Verfall *m*

تدويل [tad'wiːl] Internationalisierung *f*

تدوين [tad'wiːn] Aufzeichnung *f*; Eintragung *f*, Registrierung *f*

تدين [ta'dajjun] Religiosität *f*, Frömmigkeit *f*

تذبذب [ta'ðabðub] Schwingung *f*, Oszillation *f*

تذكار [tað'kaːr] Andenken *n*, Erinnerung *f*; **~ي** Gedenk-, Erinnerungs-

تذكرة [taðkira, taðkara], *pl*. تذاكر [ta'ðaːkir] (2) (*Eintritts-*, *Fahr-*) Karte *f*, Ausweis *m*; Schein *m*

تذكير [tað'kiːr] Erinnerung *f j-s*

تذلل [ta'ðallul] Selbsterniedrigung *f*

تذليل [tað'liːl] Überwindung *f*, Bewältigung *f*

تذمر [ta'ðammur] Murren *n*, Unmut *m*

تذويب [tað'wiːb] Auflösung *f*, Schmelzung *f*

تراب [tu'raːb], *pl*. أتربة [ʔatriba] Erde *f*, Erdboden *m*; Staub *m*; **~ـي** Erd-; staubig, Staub-

ترابط [ta'raːbuṭ] Verknüpfung *f*, Verflechtung *f*

ترابيزة [tara'beːza] *Äg*. Tisch *m*

تراث [tu'raːθ] (Kultur-)Erbe *n*

ت

تراجع [ta'raːdʒuʕ] Rückzug *m*; Rückgang *m*

ت

تراخ [ta'raːxin] Erschlaffung *f*, Lockerung *f*, Nachlassen *n*; Verstreichen *n der Zeit*

ترادف [ta'raːduf] Aufeinanderfolge *f*; Synonymie *f*

تراض [ta'rɒːđɨn] gegenseitige(s) Einverständnis

تراكز [ta'raːkuz] Konzentrizität *f*

تراكم [ta'raːkum] (Auf-)Häufung *f*; Zusammenballung *f*

[1]**ترام** [ta'raːmin] weite Ausdehnung

[2]**ترام** [t(i)raːm] Straßenbahn *f*

[1]**ترب** [tarib] staubig

[2]**ترب** [tirb] *pl.* أتراب [ʔat'raːb] Altersgenosse *m*, Gefährte *m*

ترباس [tir'baːs], *pl.* ترابيس [taraː'biːs] (2) (*Tür-*)Riegel *m*

تربس [tarbasa] verriegeln

تربة [turba], *pl.* ترب [turab] Erde *f*, Boden *m*; Grab *n*

تربوي [tarbawiː] pädagogisch, Erziehungs-; Pädagoge *m*

تربيع [tar'biːʕ] Vervierfachung *f*; *Math.* Quadrieren *n*; ~ة Quadrat *n*; viereckige Fläche; ~ي quadratisch

تربية [tarbija] Erziehung *f*; Zucht *f*, Züchtung *f*; علم الـ~ Pädagogik *f*

ترتيب [tar'tiːb] (An-)Ordnung *f*; Arrangieren *n*; Maßnahme *f*, Vorkehrung *f*; Reihenfolge *f*; ~ي Ordnungs-; ~ عدد Ordinalzahl *f*

ترتيل [tar'tiːl] Psalmodieren *n*; singende(s) Rezitieren

ترجم [tardʒama] übersetzen; umsetzen (إلى in *A*)

ترجمان [turdʒu'maːn], *pl.* تراجمة [ta'raːdʒima] Übersetzer *m*, Dolmetscher *m*

ترجمة [tardʒama] Übersetzung *f*; Dolmetschen *n*; Umsetzung *f* (إلى in *A*); Biographie *f*

ترح [tarah], *pl.* أتراح [ʔat'raːħ] Kummer *m*, Betrübnis *f*

ترحاب [tar'ħaːb] Willkommensgruß *m*

ترحال [tar'ħaːl] Abreise *f*, Aufbruch *m*

ترحيب [tar'ħiːb] Bewillkommnung *f*, Begrüßung *f*

ترحيل [tar'ħiːl] Entsendung *f*; Aussiedlung *f*; *Hdl.* Übertragung *f e-s Postens*

ترخيص [tar'xɨːs] **1.** Erlaubnis *f*, Genehmigung *f*, Lizenz *f*; **2.** Verbilligung *f*

ترخيم [tar'xiːm] **1.** *Gr.* am Ende verkürzte Aussprache e-s Wortes; **2.** Marmorverkleidung *f*

تردد [ta'raddud] Schwanken *n*; Zögern *n*; Unschlüssigkeit *f*; *Phys.* Frequenz *f*; Besuch *m*

ترديد [tar'diːd] (*ständige*) Wiederholung

ترزي [tarziː], *pl.* ~ة *Äg.* Schneider *m*

ترس [turs], *pl.* تروس [tu'ruːs] **1.**

Schild *m*; **2.** *a.* [tirs] Zahnrad *n*; *pl. a.* Getriebe *n*; صندوق التروس Getriebekasten *m*

ترسانة [tar'saːna] Arsenal *n*; (Schiffs-)Werft *f*

ترسيب [tar'siːb] Ablagerung *f*, Sedimentierung *f*; *Chem.* Ausfällung *f*

ترشيح [tar'ʃiːħ] Nominierung *f*; ~ نفسه Bewerbung *f*, Kandidatur *f*

ترضية [tarđija] Zufriedenstellung *f*

ترعة [turʕa], *pl.* ترع [turaʕ] (*Wasser*-)Kanal *m*

1**ترف** [taraf] Luxus *m*

2**ترف** [tarif] luxuriös, üppig

ترفع [ta'raffuʕ] Überheblichkeit *f*; Dünkel *m*

ترفيه [tar'fiːh] Entspannung *f*, Unterhaltung *f*, Erholung *f*

ترق [ta'raqqin] Aufstieg *m*, Fortschritt *m*

ترقب [ta'raqqub] Erwarten *n*

ترقيم [tar'qiːm] Numerierung *f*; Interpunktion *f*

ترقية [tarqija] Hebung *f*, Erhöhung *f*; Verbesserung *f*; Beförderung *f e-s Beamten*

1**ترك** [taraka, u] lassen; ver-, zurück-, hinterlassen; unterlassen; aufgeben; **II** [tarraka] türkisieren

2**ترك** [tark] Lassen *n*; Auslassung *f*, Unterlassung *f*; Aufgabe *f e-r Sache*

3**ترك** [turk] *koll.*: الـ~ die Türken *m/pl.*

تركة [tarika, tirka] Nachlaß *m*, Hinterlassenschaft *f*

تركي [turkiː] türkisch; *pl.* أتراك [ʔat'raːk] Türke *m*; ~يا Türkei *f*

تركيب [tar'kiːb] Zusammensetzung *f*; Montage *f*, Installation *f*; Konstruktion *f*; *Chem.* Verbindung *f*; Struktur *f*; ~ي Konstruktions-; Struktur-

تركيز [tar'kiːz] Einpflanzung *f*; Stabilisierung *f*; Konzentration *f*

تركية [tur'kiːja]: الـ~ türkische Sprache

ترمس [turmus] Lupine *f* (*Hülsenfrucht*)

ترميم [tar'miːm] Reparatur *f*, Ausbesserung *f*; Restaurierung *f*

ترنيمة [tar'niːma] Lied *n*, Hymne *f*

ترهة [turraha] Schwindel *m*, Lügenmärchen *n*

ترهيب [tar'hiːb] Einschüchterung *f*

ترو [ta'rawwin] Nachdenken *n*, Überlegung *f*

ترؤس [ta'raʔʔus] Leitung *f*; Vorsitz *m*

ترويج [tar'wiːʤ] Verbreitung *f*, Propagierung *f*; *Hdl.* Vertrieb *m*; Werbung (ل für *A*)

ترويح [tar'wiːħ] Lüftung *f*, Ventilation *f*; Erholung *f*

ترويسة [tar'wiːsa] Überschrift *f*, Titel *m*, (Brief-)Kopf *m*

ترويق [tar'wiːq] Klärung *f*, Filterung *f*; ~ة *Syr.* Frühstück *n*

ترى → رأى[1]

ت

ترياق [tir'jaːq] Gegengift *n*

تريكو [triːkoː] Strickware *f*; شغل الـ~ Stricken *n*

تزاحم [ta'zaːħum] Gedränge *n*; (gegenseitige) Konkurrenz

تزايد [ta'zaːjud] Anwachsen *n*, Zunahme *f*, Vermehrung *f*

تزحلق [ta'zaħluq] Gleiten *n*; الـ~ على الثلج Skilaufen *n*; الـ~ على الجليد Eislaufen *n*; Skilaufen *n*

تزكية [tazkija] Läuterung *f*; Empfehlung *f*, Referenz *f*

تزلج [ta'zalludʒ] Gleiten *n*; Skilaufen *n*; Eislaufen *n*

تزمت [ta'zammut] Strenge *f*; konservative Einstellung

تزهد [ta'zahhud] Askese *f*

تزوج [ta'zawwudʒ] Heirat *f*

تزويج [taz'wiːdʒ] Verheiratung *f*

تزويد [taz'wiːd] Versorgung *f*, Ausrüstung *f* (ب mit *D*)

تزوير [taz'wiːr] Fälschung *f*

تزييف [taz'jiːf] Fälschung *f*

تزيين [taz'jiːn] (Aus-)Schmücken *n*, Verzierung *f*

تسابق [ta'saːbuq] Wetteifer *m*, Konkurrenz *f*

تسامح [ta'saːmuħ] Nachsicht *f*, Toleranz *f*

تساهل [ta'saːhul] Entgegenkommen *n*, Großzügigkeit *f*, Toleranz *f*

تساو [ta'saːwin] Gleichheit *f*, Gleichwertigkeit *f*

تساوق [ta'saːwuq] Zusammenhang *m*; Harmonie *f*

تساؤل [ta'saːʔul] Frage *f an sich selbst*

تسبيب [tas'biːb] Verursachung *f*

تسبيح [tas'biːħ] *u.* ~ة, *pl.* تسابيح [tasaː'biːħ] (2) Lobpreisung *f Gottes*

تسبيع [tas'biːʕ] Versiebenfachung *f*

تسجيل [tas'dʒiːl] Eintragung *f*, Registrierung *f*; Aufzeichnung *f*; *Hdl.* Buchung *f*

تسديد [tas'diːd] Bezahlung *f*; Begleichung *f e-r Schuld*

تسرع [ta'sarruʕ] Eile *f*, Hast *f*; Überstürzung *f*

تسريح [tas'riːħ] Entlassung *f*; *Mil.* Demobilisierung *f*; ~ة Frisur *f*; Toilettentisch *m*

تسرية [tasrija] Zerstreuung *f*, Erheiterung *f*

تسع [tusʕ], *pl.* أتساع [ʔat'saːʕ] Neuntel *n*

تسعة [tisʕa], *f* تسع [tisʕ] neun; ~ عشر [-ta ʕaʃar(a)], *f* تسع عشرة [tisʕa ʕaʃra(ta)] neunzehn

تسعون [tis'ʕuːn] neunzig

تسعير [tas'ʕiːr] Preisfestsetzung *f*; Preisgestaltung *f*; ~ة Preisfestsetzung *f*; Tarif *m*; *Börse*: Notierung *f*

تسعينات [tisʕiː'naːt] *pl.*: الـ~ die neunziger Jahre *n/pl.*

تسقيف [tas'qiːf] Überdachung *f*

تسكين [tas'kiːn] Beruhigung *f*, Besänftigung *f*

تسلح [ta'salluħ] *intr.* Bewaffnung *f*, (Auf-)Rüstung *f*

تسلسل [ta'salsul] fortlaufende Folge

تسلط [ta'sallut̴] Beherrschung *f*; Kontrolle *f*

تسلق [ta'salluq] Klettern *n*; ~ الجبال Bergsteigen *n*

تسلم [ta'sallum] Übernahme *f*, Empfang *m*

تسليح [tas'liːħ] Bewaffnung *f*

تسليف [tas'liːf] Kreditgewährung *f*; Kredit *m*, Vorschuß *m*

تسليك [tas'liːk] Säuberung *f*; Entwirrung *f*

تسليم [tas'liːm] Übergabe *f*, Auslieferung *f*; *Mil.* Kapitulation *f*; Begrüßung *f* (على *j-s*)

تسلية [taslija] Tröstung *f*; Zerstreuung *f*, Unterhaltung *f*

تسمم [ta'sammum] *intr.* Vergiftung *f*; *Med.* Sepsis *f*

تسميد [tas'miːd] Düngung *f*

تسمية [tasmija] Benennung *f*, Bezeichnung *f*

تسهيل [tas'hiːl] Erleichterung *f*

تسوس [ta'sawwus] *Med.* Karies *f*; Wurmfraß *m*; Fäule *f*

تسول [ta'sawwul] Bettelei *f*

تسويد [tas'wiːd] Entwurf *m*, Konzept *n*

تسويغ [tas'wiːɣ] **1.** Erlaubnis *f*; **2.** *Maghr.* Verpachtung *f*

تسويق [tas'wiːq] *Hdl.* Absatz *m*, Vertrieb *m*

تسوية [taswija] Gleichmachung *f*, Ebnung *f*, Nivellierung *f*; Regelung *f*; Schlichtung *f*, Ausgleich *m*; Begleichung *f*

تسيير [tas'jiːr] Inbetriebnahme *f*; *Techn.* Antrieb *m*; Lenkung *f*; Entsendung *f*

تشابه [ta'ʃaːbuh] Ähnlichkeit *f*

تشاكل [ta'ʃaːkul] Ähnlichkeit *f*

تشامخ [ta'ʃaːmux] Stolz *m*, Hochmut *m*

تشاور [ta'ʃaːwur] Beratung *f* (مع mit *D*)

تشاؤم [ta'ʃaːʔum] Pessimismus *m*; ~ـي pessimistisch

تشبيه [taʃ'biːh] Vergleich *m*; Gleichnis *n*

تشتيت [taʃ'tiːt] Zersplitterung *f*; Zerstreuung *f*

تشجير [taʃ'ʤiːr] Aufforstung *f*

تشجيع [taʃ'ʤiːʕ] Ermutigung *f*, Förderung *f e-s Unternehmens*

تشحيم [taʃ'ħiːm] Einfettung *f*, Schmierung *f*; *Auto*: Abschmieren *n*

تشخيص [taʃ'xiːs] Personifizierung *f*; Identifizierung *f*; *Med.* Diagnose *f*

تشديد [taʃ'diːd] Verstärkung *f*, Intensivierung *f*; *Gr.* Verdopp(e)lung *f*; Hervorhebung *f*

تشرب [ta'ʃarrub] Einsaugung *f*, Absorption *f*

ت

تشريح [taʃ'riːħ] Sezieren *n*; علم الـ~ Anatomie *f*

تشريد [taʃ'riːd] Vertreibung *f*

تشريع [taʃ'riːʕ] Gesetzgebung *f*, Legislatur *f*; ~ـي legislativ

تشريفة [taʃ'riːfa] Zeremonie *f*; ~ـات *pl. a.* Zeremoniell *n*, Protokoll *n*

تشرين [tiʃ'riːn] *Ir.*, *Syr.*: ~ الأول [al-ʔawwal] Oktober *m*; ~ الثاني November *m*

تشعب [ta'ʃaʕʕub] Verzweigung *f*; Abzweigung *f*

تشعع [ta'ʃaʕʕuʕ] (Aus-)Strahlung *f*

تشغيل [taʃ'ɣiːl] Beschäftigung *f j-s*; Inbetriebnahme *f*, Betrieb *m*; Einsatz *m von Kapital*; Bearbeitung *f von Material*

تشقق [ta'ʃaqquq] *intr.* (Auf-)Spaltung *f*

تشكيل [taʃ'kiːl] Gestaltung *f*, Bildung *f*, Formung *f*; ~ـة *Hdl.* Auswahl *f*, Sortiment *n*; Formation *f*; *Mil.* Verband *m*; ~ـي *Kunst*: bildend

تشنج [ta'ʃannudʒ] Zusammenziehung *f*; *Med.* Krampf *m*

تشهير [taʃ'hiːr] Anprangerung *f*; Beschimpfung *f*

تشوق [ta'ʃawwuq] Sehnsucht *f*, Verlangen *n*

تشويش [taʃ'wiːʃ] *trans.* Verwirrung *f*; *Radio*: Störung *f*

تشويق [taʃ'wiːq] Erweckung *f* von Sehnsucht *od.* Interesse

تشويه [taʃ'wiːh] Entstellung *f*; Verfälschung *f*

تشيع [ta'ʃajjuʕ] Parteinahme *f*; *Isl.* Bekenntnis *n* zum Schiitentum

تشييد [taʃ'jiːd] Errichtung *f*, Erbauung *f*; Aufbau *m*

تشييع [taʃ'jiːʕ]: ~ الجنازة Beisetzung *f*

تصاعد [ta'sɒːʕud] Anstieg *m*; Eskalation *f*

تصبيرة [tɒs'biːra] Imbiß *m*; Gabelfrühstück *n*

تصحيح [tɒs'ħiːħ] Verbesserung *f*, Berichtigung *f*, Korrektur *f*

تصحيف [tɒs'ħiːf] Schreibfehler *m*; Entstellung *f*

تصدع [ta'sɒdduʕ] Spaltung *f*, Bersten *n*; Riß *m*

تصدير [tɒs'diːr] *Hdl.* Export *m*; Vorwort *n e-s Buches*

تصديق [tɒs'diːq] Beglaubigung *f*; Genehmigung *f*, Billigung *f*

تصرف [ta'sɒrruf] Verfügung(sgewalt) *f*; Durchfluß *m des Wassers*; *pl.* [-aːt] Verhalten *n*, Handlungsweise *f*; Vorgehen *n*; تحت ~ـه zu s-r Verfügung

تصريح [tɒs'riːħ] Erlaubnis *f*, Lizenz *f*; *Pol.* Erklärung *f*

تصريف [tɒs'riːf] Ableitung *f des Wassers*; *Hdl.* Absatz *m*; *Gr.* Flexion *f*

تصغير [tɒs'ɣiːr] Verkleinerung *f*; *Gr.* Diminutiv *n*

تصفيح [tɒs'fiːħ] Plattierung *f*, Panzerung *f*

تصفيق [tɒs'fiːq] Applaus *m*, Händeklatschen *n*

تصفية [tɒsfija] Klärung *f*; Ausscheidung *f*; Liquidierung *f*; *Hdl*. Räumungsverkauf *m*

تصلب [ta'sɒllub] Verhärtung *f*; ~ الشرايين *Med*. Arteriosklerose *f*

تصليح [tɒs'liːħ] Reparatur *f*

تصميم [tɒs'miːm] Entschluß *m*; Plan *m*, Entwurf *m*, Skizze *f*; Konstruktion *f*

تصنع [ta'sɒnnuʕ] Verstellung *f*, Künstelei *f*

تصنيف [tɒs'niːf] Sortierung *f*; Kompilation *f*; *pl*. تصانيف [tasɒː'niːf] (2) (literarisches) Werk; ~ـة Auswahl *f*

تصور [ta'sɒwwur] Vorstellung *f*, Idee *f*; ~ي imaginär

تصوف [ta'sɒwwuf] Mystik *f*

تصويب [tɒs'wiːb] Hinwenden *n*, Richten *n* (على auf *A*); Richtigstellung *f*, Berichtigung *f*

تصويت [tɒs'wiːt] Abstimmung *f* (على über *A*)

تصوير [tɒs'wiːr] Darstellung *f*; Illustrierung *f*; Malerei *f*; (= ~ شمسي) Fotografie *f*; ~ شعاعي Röntgen *n*

تضاد [ta'đɒːdd] Gegensatz *m*

تضارب [ta'đɒːrub] Widerspruch *m*, Konflikt *m von Interessen*

تضاريس [tađɒː'riːs] (2) *pl*. Oberflächenform *f*, Relief *n*

تضاعف [ta'đɒːʕuf] Verdopp(e)lung *f*; Vergrößerung *f*

تضاعيف [tađɒː'ʕiːf] (2) *pl*. Inhalt *m*

تضامن [ta'đɒːmun] Solidarität *f*

تضحية [tɒđħija] (Auf-)Opferung *f*; Opfer *n*

تضخم [ta'đɒxxum] Aufblähung *f*, Anschwellung *f*; Inflation *f*

تضخيم [tɒđ'xiːm] *trans*. Aufblähung *f*

تضعيف [tɒđ'ʕiːf] Verdopp(e)lung *f*

تضليل [tɒđ'liːl] Irreführung *f*

تضييع [tɒđ'jiːʕ] Vergeudung *f*

تضييق [tɒđ'jiːq] Einengung *f*, Beschränkung *f*

تطابق [ta'tɒːbuq] Kongruenz *f*

تطبيق [tɒt'biːq] Anwendung *f*; ~ي angewandt, praktisch

تطرف [ta'tɒrruf] Extremismus *m*, extreme(r) Standpunkt

تطريز [tɒt'riːz] Stickerei *f*

تطعيم [tɒt'ʕiːm] Impfung *f*; Pfropfung *f*; Einlegearbeit *f*

تطلع [ta'tɒlluʕ] Ausschauhalten *n* (إلى nach *D*); Streben *n*; Bestrebung *f*

تطهير [tɒt'hiːr] Säuberung *f*, Reinigung *f*; Desinfektion *f*; *Isl*. Beschneidung *f*

تطور [ta'tɒwwur] *intr*. Entwicklung *f*; Evolution *f*; ~ي Entwicklungs-; Evolutions-

تطوع [ta'tɒwwuʕ] freiwillige(r) Dienst; Freiwilligkeit *f*

تطوير [tɒt'wiːr] *trans.* Entwicklung *f*

تطويق [tɒt'wiːq] Einschließung *f*, Einkreisung *f*

تطويل [tɒt'wiːl] Verlängerung *f*, Ausdehnung *f*

تظاهر [ta'ðɒːhur] Vortäuschung *f*; Demonstration *f*

تظهير [tɒð'hiːr] *Hdl.* Indossament *n*

تعادل [ta'ʕaːdul] Gleichgewicht *n*; Parität *f*; *Sport*: Unentschieden *n*

تعارض [ta'ʕaːruđ] Gegensätzlichkeit *f*, Widerspruch *m*

تعاضد [ta'ʕɒːđud] gegenseitige(r) Beistand

تعاط [ta'ʕɒːtin] Einnahme *f von Speisen, Medikamenten*; Ausübung *f e-r Tätigkeit*

تعاقب [ta'ʕaːqub] Aufeinanderfolge *f*

تعال [ta'ʕaːla] *Imp.* komm

تعالى [ta'ʕaːlaː] *nach dem Gottesnamen*: erhaben ist Er

تعام [ta'ʕaːmim] Sichblindstellen *n*; Ignorierung *f* (عن *G*)

تعامل [ta'ʕaːmul] Umgang *m*, Verkehr *m* (مع mit *D*); *Hdl.* Geschäftsverkehr *m*

تعاون [ta'ʕaːwun] Zusammenarbeit *f*, Kooperation *f*; **~ي** genossenschaftlich, kooperativ; **~ية** Genossenschaft *f*

تعايش [ta'ʕaːjuʃ] Zusammenleben *n*; *Pol.* Koexistenz *f*

1**تعب** [taʕiba, a] sich plagen; müde werden; genug haben (من von *D*); **IV** أتعب [ʔatʕaba] anstrengen, ermüden

2**تعب** [taʕab], *pl.* أتعاب [ʔat'ʕaːb] Mühe *f*, Plage *f*, Anstrengung *f*; Ermüdung *f*; *pl. a.* Honorar *n*

3**تعب** [taʕib] ermüdet, ermattet

تعبان [taʕ'baːn] müde, ermüdet, ermattet

تعبيد [taʕ'biːd] Versklavung *f*; ~ الطرق [t. ɒt-turuq] Straßenbau *m*

تعبير [taʕ'biːr] Äußerung *f* (عن *G*); Deutung *f*; *pl.* [-aːt] *u.* تعابير [taʕaː'biːr] (2) Ausdruck *m*; **بـ~** آخر mit anderen Worten; **~ي** Ausdrucks-; expressionistisch

تعبئة [taʕbiʔa] (Ab-)Füllung *f*; Verpackung *f*; (Auf-)Laden *n*; *Mil.* Mobilmachung *f*; Mobilisierung *f*

تعتيم [taʕ'tiːm] Verdunkelung *f*

تعجب [ta'ʕaddʒub] Erstaunen *n*, Verwunderung *f*

تعجيل [taʕ'dʒiːl] Beschleunigung *f*

تعد [ta'ʕaddin] Überschreitung *f*; Überholen *n*; Übertretung *f*, Verletzung *f*; Angriff *m*

تعداد [taʕ'daːd] (*statistische*) Zählung

تعدد [ta'ʕaddud] Vielzahl *f*, Vielfalt *f*; **~ي** pluralistisch

تعديل [taʕ'diːl] Abänderung *f*, Modifizierung *f*; Einrichten *n*, Adjustieren *n*

تعدين [taʕ'diːn] Bergbau *m*; Hüttenwesen *n*

تعدية [taʕdija] Überfuhr *f*, Übersetzen *n über e-n Fluß*; *Gr.* Transitivität *f*

تعذر [ta'ʕaðður] Unmöglichkeit *f*

تعذيب [taʕ'ðiːb] Bestrafung *f*; Quälerei *f*, Folterung *f*

تعرج [ta'ʕarruʤ] Gewundenheit *f*, Zickzack *m*

تعرف [ta'ʕarruf] Bekanntwerden *n* (ب mit), Kennenlernen *n*

تعريب [taʕ'riːb] Arabisierung *f*; Übersetzung *f* ins Arabische

تعريج [taʕ'riːʤ], *pl.* تعاريج [taʕaː'riːʤ] (2) Krümmung *f*, Windung *f*

تعريض [taʕ'riːđ] Verbreiterung *f*; Anspielung *f*

تعريف [taʕ'riːf], *pl.* تعاريف [taʕaː'riːf] (2) Bekanntmachung *f*; Bestimmung *f*, Definition *f*; *Gr.* Determination *f*; ~ة Tarif *m*; Preisliste *f*; *früher Äg.* Münze *f* zu 5 Millièmes

تعرية [taʕrija] Entkleidung *f*; Abtragung *f*, Erosion *f*

تعزيز [taʕ'ziːz] Festigung *f*, (Ver-) Stärkung *f*

تعزية [taʕzija], *pl.* تعاز [ta'ʕaːzin] Tröstung *f*; Beileid *n*

تعس[1] [taʕs] Unglück *n*, Elend *n*

تعس[2] [taʕis] unglücklich, elend

تعسر [ta'ʕassur] Schwierigkeit *f*

تعسف [ta'ʕassuf] Willkür *f*; Unüberlegtheit *f*

تعشيق [taʕ'ʃiːq] Verzahnung *f*; *Techn.* Kupplung *f*; *Tischlerei*: Verzapfung *f*

تعصب [ta'ʕɒssub] Fanatismus *m*, blinde(r) Eifer

تعضيد [taʕ'điːd] Unterstützung *f*

تعطل [ta'ʕɒttul] Arbeitslosigkeit *f*; Stillstand *m*

تعطيب [taʕ'tiːb] Beschädigung *f*

تعطيل [taʕ'tiːl] Einstellung *f e-r Arbeit*; Stillegung *f*; Abstellen *n e-r Maschine*; Behinderung *f*

تعظيم [taʕ'ðiːm] Verherrlichung *f*; *Mil.* Ehrenbezeigung *f*

تعفف [ta'ʕaffuf] Keuschheit *f*; Enthaltsamkeit *f*

تعفن [ta'ʕaffun] Fäulnis *f*, Schimmelbildung *f*; Verwesung *f*

تعقب [ta'ʕaqqub] Verfolgung *f*

تعقد [ta'ʕaqqud] Kompliziertheit *f*

تعقل [ta'ʕaqqul] Verstand *m*, Vernunft *f*

تعقيب [taʕ'qiːb] Kommentar *m*; *Tun. Jur.* Revision *f*

تعقيد [taʕ'qiːd] Verwicklung *f*, Komplikation *f*

تعقيم [taʕ'qiːm] Sterilisierung *f*; Pasteurisierung *f*; Entkeimung *f*, Desinfektion *f*

تعلق [ta'ʕalluq] Abhängigkeit *f* (ب

von *D*); Verbindung *f* (ب mit *D*); Verbundenheit *f*

ت

تعلم [ta'ʕallum] Lernen *n*, Studium *n*; Erlernung *f*

تعليق [taʕ'liːq] Aufhängung *f*; *Jur.* Aussetzung *f*; *pl.* [-aːt] Kommentar *m*; ~ة Randbemerkung *f*, Glosse *f*

تعليل [taʕ'liːl] Begründung *f*, Erklärung *f*

تعليم [taʕ'liːm] Unterricht *m*, Lehre *f*, Unterweisung *f*; ~ات *pl.* Anweisungen *f/pl.*, Instruktionen *f/pl.*; تعاليم [taʕaː'liːm] (2) *pl.* Lehrsätze *m/pl.*; ~ي Unterrichts-; Bildungs-

تعلية [taʕlija] Erhöhung *f*, (Er-)Hebung *f*

تعمد [ta'ʕammud] Absicht *f*, Vorsatz *m*; ~ي vorsätzlich

تعمل [ta'ʕammul] Geziertheit *f*, Unnatürlichkeit *f*

تعميد [taʕ'miːd] Taufe *f*

تعمير [taʕ'miːr] (Wieder-)Aufbau *m*; Reparatur *f*; (Auf-)Füllung *f*; ~ة Füllung *f*

تعميم [taʕ'miːm] Popularisierung *f*; Verallgemeinerung *f*; Runderlaß *m*

تعن [ta'ʕannin] Mühe *f*, Plage *f*

تعنت [ta'ʕannut] Starrsinn *m*, Verbohrtheit *f*

تعنيف [taʕ'niːf] Zurechtweisung *f*, Schelte *f*

تعهد [ta'ʕahhud] Verpflichtung *f*; Übernahme *f* e-s (Bau-)Auftrags; Fürsorge *f*

تعود [ta'ʕawwud] Gewöhnung *f*

تعويد [taʕ'wiːd] *trans.* Gewöhnung *f* (على an *A*)

تعويذ [taʕ'wiːð] Amulett *n*; Zauberspruch *m*; Exorzismus *m*

تعويض [taʕ'wɨːđ] Ersatz *m*; Entschädigung *f*; *a. Psych.* Kompensation *f*; ~ات *pl.* Ersatzleistungen *f/pl.*; Reparationen *f/pl.*; ~ي Ersatz-

تعويق [taʕ'wiːq] Behinderung *f*

تعيين [taʕ'jiːn] Bestimmung *f*, Spezifizierung *f*; Ernennung *f e-s Beamten*; Zuweisung *f*, Zuteilung *f*

تغافل [ta'ɣaːful] Nichtbeachtung *f*, Vernachlässigung *f*

تغذية [taɣðija] Ernährung *f*; *a. Techn.* Speisung *f*

تغرب [ta'ɣarrub] Trennung *f* von der Heimat; Verwestlichung *f*

تغرض [ta'ɣarruđ] Voreingenommenheit *f*, Vorurteil *n*

تغريب [taɣ'riːb] Verbannung *f*; *trans.* Verwestlichung *f*

تغريد [taɣ'riːd] Zwitschern *n*, Vogelgesang *m*

تغريق [taɣ'riːq] Ertränkung *f*; Überflutung *f*

تغطيس [taɣ'tɨːs] Eintauchen *n*, Versenkung *f*

تغطية [taɣtɨja] Bedeckung *f*; Dekkung *f der Währung, von Kosten*; Berichterstattung *f*

تغلب [ta'ɣallub] Überwindung *f*, Überwältigung *f* (على *G*)

تغلغل [ta'ɣalɣul] Eindringen *n*

تغيب [ta'ɣajjub] Abwesenheit *f*, Fernbleiben *n*

تغير [ta'ɣajjur] *intr.* (Ver-)Änderung *f*; Wechsel *m*

تغيير [taɣ'jiːr] *trans.* (Ver-)Änderung *f*; Auswechslung *f*

تفاح [tu'ffaːħ] *koll.*, *sg.* ~ة Apfel *m*; Äpfel *m/pl.*

تفاخر [ta'faːxur] Prahlerei *f*

تفاد [ta'faːdin] Vermeidung *f*

تفاضل [ta'fɒːđul] Streit *m* um den Vorrang; حساب الـ~ Differentialrechnung *f*

تفاعل [ta'faːʕul] Wechselwirkung *f*; *Chem.* Prozeß *m*, Reaktion *f*; ~ متسلسل Kettenreaktion *f*

تفاهم [ta'faːhum] Verständigung *f*, Einvernehmen *n*; سوء الـ~ Mißverständnis *n*

تفاهة [ta'faːha] Bedeutungslosigkeit *f*; Bagatelle *f*; Fadheit *f*

تفاوت [ta'faːwut] Verschiedenheit *f*, Unterschied *m*

تفاؤل [ta'faːʔul] Optimismus *m*

تفتيش [taf'tiːʃ] Inspektion *f*; Durchsuchung *f*; Fahndung *f*; ~ي [taf'tiːʃiː] Inspektions-; Durchsuchungs-;

تفجع [ta'faddʒuʕ] Leid *n*, Qual *f*

تفجير [taf'dʒiːr] Auslösung *f* e-r Explosion; Zündung *f*

تفخيم [taf'xiːm] Verstärkung *f*; *Gr.* Velarisierung *f*

تفرج [ta'farrudʒ] Betrachtung *f*, Besichtigung *f*

تفرع [ta'farruʕ] Abzweigung *f*, Verzweigung *f*

تفرق [ta'farruq] Auseinandergehen *n*, Zerstreuung *f*

تفرقة [tafriqa] Unterscheidung *f*; Trennung *f*

تفريج [taf'riːdʒ] Erleichterung *f*; Aufheiterung *f*

تفريخ [taf'riːx] Ausbrüten *n*; آلة الـ~ Brutapparat *m*

تفريغ [taf'riːɣ] (Ent-)Leerung *f*; Entladung *f*

تفريق [taf'riːq] Trennung *f*, Teilung *f*; Unterscheidung *f*

تفسير [taf'siːr] Deutung *f*, Interpretation *f*; Kommentar *m*; ~ي erklärend, erläuternd

تفش [ta'faʃʃin] *intr.* Ausbreitung *f*, Verbreitung *f*

تفصيل [taf'sˤiːl] Zuschneiden *n e-s Kleidungsstücks*, Anfertigung *f* nach Maß; *pl.* تفاصيل [tafɒː'sˤiːl] (2) *u.* [-aːt] Einzelheit *f*, Detail *n*; بالـ~ im einzelnen; ausführlich; ~ي detailliert; ausführlich

تفضل [ta'fɒđđul] Geruhen *n*, Bereitwilligkeit *f*, Gefälligkeit *f*

تفضيل [taf'điːl] Bevorzugung *f*; ~ات *pl. Hdl.* Präferenzen *f/pl.*; اسم الـ~ *Gr.* Elativ *m*

تفقد [ta'faqqud] Inspizierung *f*, Untersuchung *f*

ت

تفكه[1] [ta'fakkuh] Belustigung *f*

تفكه[2] [tufga] *Ir.* Gewehr *n*

تفكير [taf'kiːr] Denken *n*, Nachdenken *n*, Sinnen *n*

تفل [tafala, u, i] spucken

تفليس [taf'liːs] *Hdl.* Konkurs *m*; ~ة Konkurs(verfahren *n*) *m*

تفنن [ta'fannun] Meisterschaft *f*, Kunstfertigkeit *f*; Vielseitigkeit *f*

تفه[1] [tafah] Geringfügigkeit *f*, Bedeutungslosigkeit *f*

تفه[2] [tafih] gering, unbedeutend; banal; fade

تفهم [ta'fahhum] Verständnis *n*, Erfassen *n*

تفهيم [taf'hiːm] Unterweisung *f*, Erklärung *f*

تفوق [ta'fawwuq] Überlegenheit *f*; hervorragende Leistung

تفويض [taf'wɨːđ] Bevollmächtigung *f*; Vollmacht *f*

تقارب [ta'qaːrub] (gegenseitige) Annäherung

تقاطع [ta'qɒːtuˁ] (*Straßen-*)Kreuzung *f*; Schnittpunkt *m*

تقاعد [ta'qaːˁud] Ruhestand *m*, Pension *f*

تقانة [ta'qaːna] Festigkeit *f*; Vollendung *f*; — [ti'qaːna] Technik *f*

تقاوي [ta'qaːwiː] *pl.* Saatgut *n*

تقدم [ta'qaddum] Vorangehen *n*, Vormarsch *m*; Fortschritt *m*; *Hdl.* Bewerbung *f*

تقدمة [taqdima] Darbringung *f*; Einleitung *f*

تقدمي [ta'qaddumiː] fortschrittlich, progressiv

تقدير [taq'diːr] Schätzung *f*, Bewertung *f*; Wertschätzung *f*, Würdigung *f*; Annahme *f*, Vermutung *f*; على أقل ~ [ʔa'qalli t.] mindestens

تقديس [taq'diːs] Heiligung *f*

تقديم [taq'diːm] Voranstellung *f*; Vorausschicken *n*; Unterbreitung *f*, Vorlage *f*; Überreichung *f*; Einreichung *f e-s Gesuches*

تقذيف [taq'ðiːf] Rudern *n*

تقرب [ta'qarrub] *intr.* Annäherung *f* (من/إلى an *A*)

تقريب [taq'riːb] *trans.* Annäherung *f*; ~ا [-an] *Adv.* annähernd, ungefähr; ~ي annähernd

تقرير [taq'riːr] Festlegung *f*, Bestimmung *f*; Beschluß *m*; *pl.* تقارير [taqaː'riːr] (2) Bericht *m*; ~ المصير *Pol.* Selbstbestimmung *f*

تقريظ [taq'rɨːð] Lobrede *f*

تقسيط [taq'sɨːt] *Hdl.* Ratenzahlung *f*; بالـ~ auf Raten

تقسيم [taq'siːm] Teilung *f*; Einteilung *f*; Aufteilung *f*

تقشف [ta'qaʃʃuf] Askese *f*; *Pol.* Sparmaßnahmen *f/pl.*

تقشير [taq'ʃiːr] (Ab-)Schälen *n*; Entrindung *f*

تقص [ta'qɒssin] Erforschung *f*, (eingehende) Untersuchung

تقصيب [taq'sʉːb] Behauen *n von Steinen*

تقصير [taq'sʉːr] (Ver-)Kürzung *f*; Unvermögen *n*; Unzulänglichkeit *f*; Vernachlässigung *f*

تقضية [taqđʉja] Ausführung *f*, Verrichtung *f*

تقطع [ta'qɒtʉuʕ] *intr.* Unterbrechung *f*

تقطير [taq'tʉːr] Destillation *f*

تقطيع [taq'tʉːʕ] Zerstückelung *f*; *pl.* تقاطيع [taqɒː'tʉːʕ] (2): تقاطيع الوجه Gesichtszüge *m/pl.*

تقلب [ta'qallub] Wechsel *m*, Schwankung *f*; Fluktuieren *n*; Unbeständigkeit *f*

تقلص [ta'qallus] (Zusammen-) Schrumpfen *n*; Eingehen *n e-s Stoffes*

تقليد [taq'liːd], *pl.* تقاليد [taqaː-'liːd] (2) Nachahmung *f*, Imitation *f*; *pl.* Tradition *f*, Überlieferung *f*; ~ي traditionell, herkömmlich

تقليعة [taq'liːʕa] Modeerscheinung *f*

تقليل [taq'liːl] Verringerung *f*, Reduzierung *f*

تقليم [taq'liːm] Stutzen *n*, Beschneiden *n*

(تقن) **IV** أتقن [ʔatqana] vollendet können, beherrschen

تقني [tiq(a)niː] technisch

تقنين [taq'niːn] Gesetzgebung *f*; *Jur.* Kodifikation *f*; Rationierung *f*; Normierung *f*

تقنية [tiq(a)'niːja] Technik *f*

تقهقر [ta'qahqur] Rückzug *m*, Rückgang *m*

تقوت [ta'qawwut] Ernährung *f*

تقول [ta'qawwul] Gerede *n*

تقوى [taqwaː] Gottesfurcht *f*

تقوير [taq'wiːr] Höhlung *f*; ~ة Halsausschnitt *m e-s Kleides*

تقويم [taq'wiːm] Bewertung *f*; Bestandsaufnahme *f*; Verbesserung *f*; *El.* Gleichrichtung *f*; Kalender *m*; Almanach *m*

تقوية [taqwija] (Ver-)Stärkung *f*, Festigung *f*

تقى[1] [taqaː] *Gott* fürchten; **VIII** اتقى → وقى

تقي[2] [ta'qiːj], *pl.* أتقياء [ʔatqi'jaːʔ] (2) gottesfürchtig, fromm

تقيد [ta'qajjud] Gebundensein *n*; *intr.* Beschränkung *f*

تقية [ta'qiːja] Vorsicht *f*; Geheimhaltung *f*

تقييد [taq'jiːd] Bindung *f*; Beschränkung *f*, Eintragung *f*, (Ver-) Buchung *f*

تقييم [taq'jiːm] Bewertung *f*

تكاتف [ta'kaːtuf] Zusammenhalt *m*, Geschlossenheit *f*

تكاثر [ta'kaːθur] Zunahme *f*, Vermehrung *f*

تكاسل [ta'kaːsul] Faulheit *f*

تكافل [ta'kaːful] gegenseitige Garantie; Solidarität *f*

تكافؤ [ta'kaːfuʔ] Gleichwertigkeit

f, Gleichheit *f*

تكاليف → تكليف

تكامل [ta'kaːmul] Vollzähligkeit *f*; Integration *f*; حساب الـ~ Integralrechnung *f*

تكأة [tukaʔa] Stab *m*; Stütze *f*

تكبر [ta'kabbur] Stolz *m*, Hochmut *m*

تكبير [tak'biːr] Vergrößerung *f*; Verherrlichung *f*

تكتل [ta'kattul] Blockbildung *f*; Block *m*

تكتم [ta'kattum] Verschwiegenheit *f*, Diskretion *f*

تكثير [tak'θiːr] Vermehrung *f*

تكثيف [tak'θiːf] Verdichtung *f*; Kondensierung *f*; Intensivierung *f*

تكدير [tak'diːr] Trübung *f*; Belästigung *f*

تكديس [tak'diːs] Aufhäufung *f*; Aufstapelung *f*

تكذيب [tak'ðiːb] Leugnung *f*; *Pol.* Dementi *n*

تكرار [tak'raːr] Wiederholung *f*; ~ا [-an] *Adv.* wiederholt

تكرم [ta'karrum] freundliche Gewährung, Geruhen *n*

تكرير [tak'riːr] **1.** Wiederholung *f*; **2.** Raffination *f*

تكريس [tak'riːs] **1.** Weihe *f*, Einweihung *f*; Widmen *n*; **2.** (Ver-) Festigung *f*

تكريم [tak'riːm] Ehrung *f*; ~ا له [-an] ihm zu Ehren

تكسب [ta'kassub] Verdienst *m*, Erwerb *m*

تكسر [ta'kassur] *intr.* Brechen *n*

تكسير [tak'siːr] (Zer-)Brechung *f*; جمع الـ~ *Gr.* innere(r) *od.* gebrochene(r) Plural

تكسية [taksija] Belag *m*, Überzug *m*

تكعيب [tak'ʕiːb] *Math.* Kubieren *n*; ~ة Gitterwerk *n*, Spalier *n*; ~ي kubisch

تكفير [tak'fiːr] Sühnung *f* (عن *G*); Bezichtigung *f* des Unglaubens

تكلف [ta'kalluf] Affektiertheit *f*; Umständlichkeit *f*

تكلفة [taklifa] *Hdl.* Kosten *pl.*

تكلم [ta'kallum] Sprechen *n*, Reden *n*

تكليف [tak'liːf] Beauftragung *f*; Förmlichkeit *f*; تكاليف [takaː'liːf] (2) *pl.* Kosten *pl.*; بلا ~ ohne Umstände

تكملة [takmila] Ergänzung *f*

تكميل [tak'miːl] Vervollständigung *f*; ~ي ergänzend

تكهن [ta'kahhun] Voraussage *f*, Prophezeiung *f*

تكوين [tak'wiːn] Formung *f*, Bildung *f*; *Maghr.* Ausbildung *f*; Konstitution *f*; Struktur *f*; *Bibel*: Genesis *f*

تكيف [ta'kajjuf] *intr.* Anpassung *f*

تكية [ta'kiːja], *pl.* تكايا [ta'kaːjaː] *Isl.* Kloster *n*; Hospiz *n*

تكييف [tak'jiːf] *trans.* Anpassung

f; الهواء ~ Klimatisierung *f*; Klimaanlage *f*

تل [tall], *pl.* تلال [ti'laːl] *u.* تلول [tu'luːl] Hügel *m*, Anhöhe *f*; *Archäologie*: Tell *m*

تلا → [1](تلو)

تلاش [ta'laːʃin] (Ver-)Schwinden *n*; Zunichtewerden *n*

تلاصق [ta'lɒːsuq] Aneinanderhaften *n*

تلاعب [ta'laːʕub] Spiel *n* (*das j-d treibt*); Manipulation *f*

تلاف [ta'laːfin] Behebung *f e-s Mangels*, Abhilfe *f*

تلألؤ [ta'laʔluʔ] Glänzen *n*, Schillern *n*

تلامذة → تلميذ

تلاوة [ti'laːwa] Verlesung *f*; Rezitation *f*

تلبيب [tal'biːb], *pl.* تلابيب [talaː'biːb] (2) Kragen *m*

تلبيس [tal'biːs] Verkleiden *n*, Überzug *m*; Verputz *m*; ـة~ *Med.* Zäpfchen *n*

تلبية [talbija] Folgeleisten *n*; Annahme *f e-r Einladung*

تلحين [tal'ħiːn] Vertonung *f e-s Liedes*, Komposition *f*

تلخيص [tal'xiːs] Zusammenfassung *f*, Resümee *n*

تلطف [ta'lɒttuf] Freundlichkeit *f*, Liebenswürdigkeit *f*

تلطيف [tal'tiːf] Milderung *f*, Abschwächung *f*

تلغراف [tiliɣ'raːf] Telegraf *m*; Telegramm *n*; ـي~ telegrafisch

[1]تلف [talifa, a] verderben; beschädigt werden; **IV** أتلف [ʔatlafa] verderben; beschädigen, ruinieren

[2]تلف [talaf], *pl.* أتلاف [ʔat'laːf] Schaden *m*, Verderb *m*

تلفزة [talfaza] Fernsehen *n*

تلفظ [ta'laffuð] Aussprache *f*

تلفن [talfana] telefonieren; anrufen (ل/إلى *j-n*)

تلفون [tili'foːn] Telefon *n*

تلفيعة [tal'fiːʕa] Schal *m*

تلفيف [tal'fiːf] Wicklung *f*

تلفيق [tal'fiːq] Erdichtung *f*, Verfälschung *f*; Flunkerei *f*

تلق [ta'laqqin] Empfang *m*, Entgegennahme *f*; Unterrichtetwerden *n*

تلقاء [til'qaːʔa] *Präp.* gegenüber, vor; من ~ نفسه [min til'qaːʔi nafsihi] von selbst

تلقائي [til'qaːʔiː] automatisch

تلقيح [tal'qiːħ] Impfung *f*; Befruchtung *f*

تلقين [tal'qiːn] Lehren *n*, Unterweisung *f*; Suggerierung *f*

تلك [tilka] jene *f*; → ذلك

(تلمذ) **II** تتلمذ [ta'talmaða] in die Lehre gehen

تلمذة [talmaða] Lehre *f*, Lehrzeit *f*

تلمس [ta'lammus] (Ab-, Herum-)Tasten *n*; Suche *f*

تلميح [tal'miːħ], *pl.* تلاميح [talaː-

'miːħ] (2), *u.* ـة~ Andeutung *f*, Anspielung *f*

ت

تلميذ [til'miːð], *pl.* تلاميذ [talaː'miːð] (2) *u.* تلامذة [ta'laːmiða] Schüler *m*; Lehrling *m*; Jünger *m*; **ة**~, *pl.* [-aːt] Schülerin *f*

تلميع [tal'miːʕ] Polieren *n*, Glätten *n*

تلهف [ta'lahhuf] Sehnsucht *f*

تلهية [talhija] Zerstreuung *f*, Unterhaltung *f*; Ablenkung *f*

[1](تلو) تلا [talaː, uː] **1.** folgen (ه/ـه auf *A*); **2.** vorlesen; rezitieren; **VI** تتالى [ta'taːlaː] aufeinanderfolgen

[2]**تلو** [tilwa] *Präp.* nach

تلوث [ta'lawwuθ] *intr.* Verschmutzung *f*

تلويث [tal'wiːθ] *trans.* Verschmutzung *f*

تلويح [tal'wiːħ] Winken *n*; *pl.* [-aːt] Wink *m*; Andeutung *f*, Anspielung *f*; ـة~ Wink *m*

تلويم [tal'wiːm] Tadel *m*

تلوين [tal'wiːn] Färbung *f*, Bemalung *f*

تليد [ta'liːd] alt, ererbt

تليفزيون [tiliviz'joːn] Fernsehen *n*

تليفون [tili'foːn], *pl.* [-aːt] Telefon *n*

تم [tamma, i] vollendet werden; zustande kommen, erfolgen; **II** تمم [tammama] vollenden; vervollständigen, ergänzen; überprüfen (على *A*); **IV** أتم [ʔa'tamma] vollenden, abschließen

تماس [ta'maːss] (gegenseitige) Berührung; Kontakt *m*

تماش [ta'maːʃin] Einklang *m*, Übereinstimmung *f*

تمام [ta'maːm] Vollkommensein *n*; ـا~ [-an] *Adv.* ganz, völlig; genau; في ~ الساعة ... um Punkt ... Uhr

تمتع [ta'mattuʕ] Sicherfreuen *n* (ب *G*), Genießen *n* (ب *A*)

تمثال [tim'θaːl], *pl.* تماثيل [tamaː'θiːl] (2) Statue *f*, Denkmal *n*; (Ab-)Bild *n*

تمثيل [tam'θiːl] *Theater*: Aufführung *f*, Darstellung *f*; Vertretung *f*, Repräsentation *f*; *Biol.* Assimilation *f*; Vergleich *m*; **ـي**~ Schauspiel-, dramatisch; **ـية**~ Schauspiel *n*, Drama *n*, Theaterstück *n*

تمجيد [tam'dʒiːd] Verherrlichung *f*

تمحيص [tam'ħiːs] Prüfung *f*, Untersuchung *f*

تمدد [ta'maddud] *intr.* Ausdehnung *f*, Expansion *f*, Ausbreitung *f*

تمدن [ta'maddun] Zivilisation *f*; **ـي**~ Zivilisations-

تمديد [tam'diːd] Verlängerung *f a. e-r Frist*, Ausdehnung *f*

تمر [tamr] *koll.*, *n. un.* ـة~ Dattel(n *pl.*) *f*

تمرد [ta'marrud] Empörung *f*, Meuterei *f*, Revolte *f*

تمرن [ta'marrun] Geübtheit *f*; Übung *f*; Erfahrung *f*

تمريض [tam'riːđ] Krankenpflege *f*
تمرين [tam'riːn], *pl.* تمارين [tamaː'riːn] (2) Übung *f*, Training *n*
تمزيق [tam'ziːq] Zerreißung *f*
تمساح [tim'saːħ], *pl.* تماسيح [tamaː'siːħ] (2) Krokodil *n*
تمسك [ta'massuk] Festhalten *n* (ب an *D*)
تمش [ta'maʃʃin] Übereinstimmung *f* (مع mit *D*); تمشيا مع [ta'maʃʃijan] entsprechend
تمغة [tamɣa] Stempel *m*; Stempelmarke *f*
تمكن [ta'makkun] Imstandesein *n* (من zu *D*); Beherrschung *f*; Selbstbeherrschung *f*
تمكين [tam'kiːn] Stärkung *f*, Festigung *f*; Ermöglichung *f*
تملق [ta'malluq] Schmeichelei *f*
تملك [ta'malluk] Besitzergreifung *f*, Erwerb *m*
تملي [ta'malliː] *Äg. umg.* immer
تمليك [tam'liːk] Übereignung *f*
تمن[1] [ta'mannin], *pl.* تمنيات [tamanni'jaːt] Wunsch *m*
تمن[2] [timman] *Ir.* Reis *m*
تمهل [ta'mahhul] Langsamkeit *f*, Bedächtigkeit *f*
تمهيد [tam'hiːd] Ebnung *f*; Vorbereitung *f*; Einleitung *f*; ~ي vorbereitend; vorläufig
تموج [ta'mawwudʒ] Wellenbewegung *f*; Gewelltheit *f*
تموز [ta'mmuːz] *Ir., Syr.* Juli *m*
تمويج [tam'wiːdʒ] Wellung *f*, Ondulation *f*
تمويل [tam'wiːl] Finanzierung *f*
تموين [tam'wiːn] Versorgung *f mit Lebensmitteln*
تمويه [tam'wiːh] Überziehen *n mit Metall*, Plattierung *f*; *Mil.* Tarnung *f*; Entstellung *f der Wahrheit*; ~ي Schein-, trügerisch
تمييز [tam'jiːz] Auszeichnung *f*; Privilegierung *f*; Unterscheidung *f*; Diskriminierung *f*; *Jur.* Revision *f*; *Gr.* Spezifikation *f*
تناحر [ta'naːħur] Kampf *m*; ~ي antagonistisch
تنازع [ta'naːzuʕ] Streit *m*, Kampf *m*; Konflikt *m*
تنازل [ta'naːzul] Verzicht *m* (عن auf *A*); Abtretung *f*; Konzession *f*, Zugeständnis *n*; ~ي → عد[2]
تناسب [ta'naːsub] gegenseitige Beziehung; Verhältnis *n*; *a. Math.* Proportion *f*; Gleichmäßigkeit *f*, Symmetrie *f*
تناسخ [ta'naːsux] Seelenwanderung *f*
تناسق [ta'naːsuq] Ebenmäßigkeit *f*, Symmetrie *f*; Harmonie *f*
تناسل [ta'naːsul] Fortplanzung *f*, Zeugung *f*; ~ي Geschlechts-; أعضاء ~ة Geschlechtsorgane *n/pl.*
تناظر [ta'nɒːður] Disput *m*; Symmetrie *f*
تنافس [ta'naːfus] Konkurrenz *f*, Rivalität *f*, Wettstreit *m*

ت

تناقص [tanaː'qus] Verringerung *f*, Abnahme *f*

تناقض [ta'naːquđ] Widerspruch *m*; Unvereinbarkeit *f*

تناه [ta'naːhin] Begrenztheit *f*, Endlichkeit *f*; Ablauf *m e-r Zeit*

تناوب [ta'naːwub] Abwechslung *f*, Ablösung *f*; بالـ~ abwechselnd, nacheinander

تناول [ta'naːwul] Einnahme *f von Speisen*; Behandlung *f e-s Themas*

تنبؤ [ta'nabbuʔ] Vorhersage *f*, Prophezeiung *f*; Prognose *f*

تنبيت [tam'biːt] (An-)Pflanzung *f*

تنبيه [tam'biːh] Aufmerksammachen *n*; Wecken *n*; Hinweis *m*; *Biol.* Reiz *m*; آلة الـ~ Hupe *f*, Signalhorn *n*

تنجيز [tan'dʒiːz] Ausführung *f*, Durchführung *f*, Vollzug *m*

تنجيم [tan'dʒiːm] Astrologie *f*

تنجية [tandʒija] Rettung *f*

تنديد [tan'diːd] (heftige) Kritik; Verurteilung *f*

تنزه [ta'nazzuh] Spaziergang *m*

تنزيل [tan'ziːl] Herabsetzung *f des Preises*; Abzug *m* (عن von *D*); Herabsenden *n*, Herablassen *n*

تنس [tinis] Tennis *n*

تنسق [ta'nassuq] richtige Anordnung

تنسيق [tan'siːq] Koordinierung *f*; Anordnung *f*, Arrangement *n*

تنشيط [tan'ʃiːt] Anregung *f*, Belebung *f*, Aktivierung *f*

تنشيف [tan'ʃiːf] (Ab-)Trocknen *n*

تنشين [tan'ʃiːn] Zielen *n*; Schießen *n auf ein Ziel*

تنشئة [tanʃiʔa] Erziehung *f*, Aufziehen *n*

تنصيب [tan'siːb] Einsetzung *f in ein Amt*; Ernennung *f*

تنصير [tan'siːr] Christianisierung *f*

تنصيف [tan'siːf] Halbierung *f*

تنظيف [tan'ðiːf] Reinigung *f*; ~ جاف [dʒaːff] chemische Reinigung

تنظيم [tan'ðiːm] Organisation *f*; Regelung *f*; إعادة الـ~ Reorganisation *f*; ~ي organisatorisch

تنفس [ta'naffus] Atmung *f*; ~ي Atmungs-

تنفيذ [tan'fiːð] Ausführung *f*, Durchführung *f*; Vollstreckung *f e-s Urteils*; Exekution *f*; ~ي Exekutiv-

تنفير [tan'fiːr] Abstoßung *f*; Entfremdung *f*

تنقل [ta'naqqul] Umherreisen *n*, Umherwandern *n*; Ortswechsel *m*; Transport *m*; Fahrt *f*; Versetzung *f e-s Beamten*

تنقيب [tan'qiːb] Grabung *f*; Bohrung *f nach Öl*; Untersuchung *f*; ~ات *pl. Archäologie*: Ausgrabungen *f/pl.*

تنقيح [tan'qiːħ] Durchsicht *f*, Revision *f*

ت

تنقيص [tan'qiːs] Kürzung *f*, Herabsetzung *f*

تنقية [tanqija] Reinigung *f*, Säuberung *f*; Aussortieren *n*

تنك [tanak] *Ir.*, *Syr.* (Weiß-)Blech *n*; Kanister *m*; ~ـجي [ta'nakʤiː], *pl.* ~ـة *Ir.* Klempner *m*

تنكر [ta'nakkur] Entfremdung *f*; Maskerade *f*

تنكس [ta'nakkus] Entartung *f*, Degeneration *f*

تنكة [tanaka] Kanister *m*; (*Blech-*) Topf *m*

تنكير [tan'kiːr] Unkenntlichmachung *f*, Maskierung *f*

تنكيل [tan'kiːl] exemplarische Bestrafung

تنموي [tanmawiː] Entwicklungs-

تنمير [tan'miːr] Numerierung *f*

تنميق [tan'miːq] Verzierung *f*, Ausschmückung *f*

تنمية [tanmija] Entwicklung *f*; Wachsenlassen *n*

تنهد [ta'nahhud] Seufzen *n*; *pl.* [-aːt] Seufzer *m*

تنور[1] [ta'nawwur] Erleuchtung *f*

تنور[2] [ta'nnuːr], *pl.* تنانير [tanaː'niːr] (2) Backgrube *f*, Backofen *m für Fladenbrot*; ~ة *Syr.* Unterrock *m*

تنوع [ta'nawwuʕ] Vielfalt *f*, Mannigfaltigkeit *f*

تنوير [tan'wiːr] Erleuchtung *f*; Aufklärung *f*; Blühen *n*

تنويع [tan'wiːʕ] Diversifizierung *f*; Variierung *f*

تنويم [tan'wiːm] Einschläfern *n*; ~ مغنطيسي Hypnose *f*

تنويه [tan'wiːh] Hinweis *m*; Hervorhebung *f*, Betonung *f*

تنين [ti'nniːn] Drache *m*

تهافت [ta'haːfut] Sichstürzen *n* (على auf *A*); Zusammenbruch *m*

تهان, **تهانئ** → تهنئة

تهاون [ta'haːwun] Geringschätzung *f*; Gleichgültigkeit *f*

تهايؤ [ta'haːjuʔ] gegenseitige Anpassung

تهتك [ta'hattuk] Zerrissenwerden *n*; Schamlosigkeit *f*

تهجية [tahʤija] Buchstabieren *n*

تهدد [ta'haddud] *intr.* (Be-)Drohung *f*

تهدم [ta'haddum] Einsturz *m*, Zusammenbruch *m*

تهديد [tah'diːd] (Be-)Drohung *f*

تهديف [tah'diːf] *Ir.* Zielen *n*

تهديم [tah'diːm] Zerstörung *f*

تهدئة [tahdiʔa] Beruhigung *f*

تهذيب [tah'ðiːb] Verfeinerung *f*, Überarbeitung *f*, Revision *f*; (gute) Erziehung

تهريب [tah'riːb] Schmuggel *m*

تهكم [ta'hakkum] Spott *m*, Hohn *m*; Ironie *f*; ~ـي spöttisch, höhnisch

تهلكة [tahluka] Verderben *n*

تهلل [ta'hallul] Freude *f*, Jubel *m*

تهمة [tuhma], *pl.* تهم [tuham] Verdacht *m*, Vorwurf *m*, Anschuldigung *f*

ت

تهنئة [tahniʔa], *pl.* تهانئ [taˈhaːniʔ] (2) Glückwunsch *m*

تهور [taˈhawwur] Leichtsinn *m*, Unbesonnenheit *f*, Unüberlegtheit *f*; Überstürzung *f*

تهويد [tahˈwiːd] Judaisierung *f*

تهويش [tahˈwiːʃ] Aufhetzung *f*

تهويل [tahˈwiːl], *pl.* تهاويل [tahaːˈwiːl] (2) Verängstigung *f*; Schreckbild *n*; *pl. a.* Ausschmückungen *f/pl.*

تهوية [tahwija] (Be-)Lüftung *f*, Ventilation *f*

تهيج [taˈhajjudʒ] Aufregung *f*, Erregung *f*; Affekt *m*

تهيؤ [taˈhajjuʔ] Bereitschaft *f*

تهييج [tahˈjiːdʒ] Erregung *f*, Aufreizung *f*; Anstachelung *f*

تهيئة [tahjiʔa] Vorbereitung *f*, Herrichten *n*

تو [taww]: ~ا [-an] *Adv.*, في الـ~, للـ~ *u.* لتوه sofort; soeben

تواتر [taˈwaːtur] (ununterbrochene) Aufeinanderfolge; Häufigkeit *f*

تواد [taˈwaːdd] freundschaftliche(s) Verhältnis

توارث [taˈwaːruθ] Vererbung *f*

توارد [taˈwaːrud] Eintreffen *n mehrerer Personen*; Einlaufen *n von Nachrichten*

توازن [taˈwaːzun] Gleichgewicht *n*

تواصل [taˈwɒːsul] Fortdauer *f*; Kontinuität *f*; Kommunikation *f*

تواضع [taˈwɒːđuʕ] Bescheidenheit *f a. e-r Sache*

تواطؤ [taˈwɒːtuʔ] Einverständnis *n*; Verabredung *f*; Komplizenschaft *f*

توافر [taˈwaːfur] Vorhandensein *n*

توافق [taˈwaːfuq] Übereinstimmung *f*

تواكل [taˈwaːkul] gegenseitige(s) Sichverlassen; Gleichgültigkeit *f*, Sorglosigkeit *f*

توال [taˈwaːlin] (Aufeinander-)Folge *f*; على التوالي nacheinander

توأم [tauʔam], *du.* توأمان [tauʔaˈmaːn], *pl.* توائم [taˈwaːʔim] (2) Zwilling *m*

توان [taˈwaːnin] Saumseligkeit *f*, Zögern *n*

تاب **(توب)** [taːba, uː] bereuen; Buße tun; *Gott*: verzeihen

توبة [tauba] Buße *f*, Abkehr *f*

توبيخ [tauˈbiːx] Tadel *m*, Schelte *f*

توت [tuːt] *koll.*, *n. un.* ~ة Maulbeerbaum *m*; Maulbeere(n *pl.*) *f*; ~ إفرنجي [ʔifˈrandʒiː] Erdbeere *f*

توتر [taˈwattur] Spannung *f*, Anspannung *f*

توثيق [tauˈθiːq] Festigung *f*, Konsolidierung *f*; Dokumentation *f*; Beurkundung *f*

توج **II** [tawwadʒa] krönen

توجه [taˈwaddʒuh] Sichbegeben *n*; Hinwendung *f*; Richtung *f*

ت

توجيه [tau'ʤiːh] Hinlenkung *f*, Steuerung *f*; Ausrichtung *f*, Orientierung *f*; Anleitung *f*, Direktive *f*; ~ـي richtunggebend; (شهادة) التوجيهي *Jord.* Reifezeugnis *n*; ~ـية Abitur *n*

توحد [ta'waħħud] Einsamkeit *f*

توحش [ta'waħħuʃ] Verwilderung *f*, Verrohung *f*

توحيد [tau'ħiːd] Vereinheitlichung *f*, Zusammenfassung *f*; Vereinigung *f*; Monotheismus *m*

توخ [ta'waxxin] Verfolgen *n e-s Ziels*; Bestreben *n*

توديع [tau'diːʕ] Verabschiedung *f*, Abschied *m*

تورد [ta'warrud] Rötung *f*

تورط [ta'warruṭ] *intr.* Verwicklung *f*, Verstrickung *f* (في in *A*)

تورم [ta'warrum] Schwellung *f*

توريد [tau'riːd] Lieferung *f von Waren*

تورية [taurija] Anspielung *f*

توزع [ta'wazzuʕ] *intr.* Verteilung *f*

توزيع [tau'ziːʕ] Verteilung *f*; Ausgabe *f*; Vertrieb *m*

توسط [ta'wassuṭ] Vermittlung *f*; Mittelstellung *f*

توسع [ta'wassuʕ] Ausdehnung *f*, Ausweitung *f*, *a. Pol.* Expansion *f*

توسعة [tausiʕa] Erweiterung *f*

توسل [ta'wassul] Flehen *n*, inständige Bitte

توسيع [tau'siːʕ] Erweiterung *f*, Ausweitung *f*; Vergrößerung *f*

توشية [tauʃija] Verzierung *f*

توصل [ta'wɒṣṣul] Erreichung *f* (إلى *e-s Ziels*)

توصيل [tau'ṣiːl] Verbindung *f* (ب mit *D*); *a. El.* Anschluß *m*; Hinbringen *n*; Übermittlung *f*; *El.* Schaltung *f*

توصية [tauṣija], *pl.* [-aːt] Empfehlung *f*; Vermächtnis *n*; Auftrag *m*, Bestellung *f*

توضؤ [ta'wɒđđuʔ] rituelle Waschung

توضيب [tau'điːb] (An-)Ordnen *n*; Herrichten *n*; Verpacken *n*

توضيح [tau'điːħ] Verdeutlichung *f*, Erklärung *f*

توطن [ta'wɒṭṭun] Sichniederlassen *n*, Heimischwerden *n*

توطيد [tau'ṭiːd] Festigung *f*, Stärkung *f*, Konsolidierung *f*

توطين [tau'ṭiːn] Ansiedlung *f*

توطئة [tauṭiʔa] Wegbereitung *f*; Vorbereitung *f*; Einleitung *f*; Senkung *f*

توظف [ta'wɒððuf] Übernahme *f e-r Funktion*

توظيف [tau'ðiːf] Anstellung *f*, Einstellung *f*; Anlage *f von Geldern*

توعد [ta'waʕʕud] Drohung *f*

توغل [ta'waɣɣul] Eindringen *n*

توفر [ta'waffur] Vorhandensein *n*

توفير [tau'fiːr] Bereitstellung *f*; Sparen *n*, Ersparnis *f*; صندوق الـ~ Sparkasse *f*

ت

توفيق [tau'fiːq] Anpassung *f*; Schlichtung *f*, Versöhnung *f*; Gelingen *n*, Erfolg *m von Gottes Hand*; *a. npr.*

(توق) تاق [taːqa, uː] sich sehnen (إلى nach *D*)

توقد [ta'waqqud] Brennen *n*

توقع [ta'waqquˁ] Erwartung *f*; Voraussage *f*

توقف [ta'waqquf] Anhalten *n*; Stillstand *m*; Aufenthalt *m*; Pause *f*

توقيت [tau'qiːt] Zeitbestimmung *f*; Timing *n*; ~ محلي Ortszeit *f*

توقيع [tau'qiːˁ] Unterzeichnung *f*; Unterschrift *f*; Verhängung *f e-r Strafe*

توقيف [tau'qiːf] Anhalten *n*; Festnahme *f*; Aufrichten *n*

توكل [ta'wakkul] Vertrauen *n* (على auf *A*); Gottvertrauen *n*

توكؤ [ta'wakkuˀ] Sichstützen *n* (على auf *A*)

توكيد [tau'kiːd] Bestätigung *f*; Nachdruck *m*; *Gr.* Verstärkung *f*

توكيل [tau'kiːl] Ernennung *f* zum Vertreter; Bevollmächtigung *f*; Vollmacht *f*

تول [ta'wallin] Übernahme *f e-r Aufgabe*

تولد [ta'wallud] Erzeugtwerden *n*, Entstehung *f*

توليد [tau'liːd] Erzeugung *f von Elektrizität*; Hervorbringung *f*; Geburtshilfe *f*, Entbindung *f*

تونس [tuːnis] (2) Tunis; Tunesien; **~ي** tunesisch; Tunesier *m*

(توه) تاه [taːha, uː] umherirren

توهم [ta'wahhum] Einbildung *f*

تيار [ta'jjaːr], *pl.* [-aːt] *El.* Strom *m*; *a. geistige* Strömung; ~ مستمر Gleichstrom *m*; ~ متردد/متقطع / متناوب Wechselstrom *m*

تيجان → تاج

(تيح) تاح [taːħa, iː] *vom Schicksal* bestimmt sein; sich bieten; **IV** أتاح [ˀa'taːħa] ermöglichen; *Gelegenheit* bieten; *Pass.* أتيح لي [ˀu'tiːħa] es war mir vergönnt *od.* möglich

تيس [tais], *pl.* تيوس [tu'juːs] Bock *m*

تيسر [ta'jassur] Leichtigkeit *f*; Möglichsein *n*

تيسير [tai'siːr] Erleichterung *f*

تيك → ذاك

تيل [tiːl] Hanf *m*; **~ة** Faser *f*

تيم **II** [tajjama] *Liebe*: krank, verrückt, toll machen

تيمم [ta'jammum] rituelle Waschung mit Sand (*bei Wassermangel*)

تين [tiːn] *koll.*, *n. un.* **~ة** Feige(n *pl.*) *f*; ~ شوكي Feigenkaktus *m*

[1]**(تيه)** تاه [taːha, iː] umherirren; sich viel einbilden (ب auf *A*)

[2]**تيه** [tiːh] Wüste *f*, Wildnis *f*; Eingebildetheit *f*

ث

ث (ثاء) [θaːʔ] *vierter Buchstabe*; *Abk. für* ثانية Sekunde *f*

ثاب[1] → (ثوب)[1]

(**ثأب**)[2] **VI** تثاءب [ta'θaːʔaba] gähnen

ثابت [θaːbit] fest, stabil; konstant; fix; feststehend; ~ـة, *pl.* ثوابت [θa'waːbit] (2) Fixstern *m*

ثار[1] → (ثور)[1]

ثأر[2] [θaʔara, a] rächen (ل *A*); sich rächen (من an *j-m)*

ثأر[3] [θaʔr], *pl.* أثآر [ʔaθ'ʔaːr] Rache *f*; Revanche *f*; أخذ ~ه Rache nehmen

ثاقب [θaːqib] *Blick*: bohrend; *Verstand*: scharf

ثاكل [θaːkil] e-s Angehörigen *durch den Tod* beraubt

ثالث [θaːliθ] dritte(r); ~ا [-an] *Adv.* drittens; ~ عشر [-a ʕaʃar(a)] dreizehnte(r)

ثالوث [θaː'luːθ] *Chr.* Dreifaltigkeit *f*; Dreiergruppe *f*

ثامن [θaːmin] achte(r); ~ عشر [-a ʕaʃar(a)] achtzehnte(r)

ثان [θaːnin], *f* ثانية [θaːnija] zweite(r); ثانيا [θaːnijan] zweitens; nochmals, wieder; ثانية [θaː'nijatan] nochmals, wieder; ثاني عشر [θaːnija ʕaʃar(a)], *f* ثانية عشرة [θaː'nijata ʕaʃra(ta)] zwölfte(r); ثاني أكسيد Dioxyd *n*

ثانوي [θaːnawiː] sekundär; Neben-; Oberschul-; (مدرسة) ~ـة Oberschule *f*

ثانية [θaːnija], *pl.* ثوان [θa'waːnin] Sekunde *f*

ثائر [θaːʔir] **1.** erregt; *Vulkan*: tätig; tobend; *pl.* ثوار [θu'wwaːr] Rebell *m*, Revolutionär *m*; **2.** Rächer *m*

ثبات [θa'baːt] Festigkeit *f*, Beständigkeit *f*, Stabilität *f*; Zuverlässigkeit *f von Angaben*; في ~ unbeirrbar

ثبت[1] [θabata, u] fest stehen; standhalten; sich behaupten; feststehen, erwiesen sein; **II** [θabbata] befestigen, anbringen; stabilisieren; bestätigen; **IV** أثبت [ʔaθbata] nachweisen, beweisen; bestätigen; feststellen; eintragen, verzeichnen; ~ شخصيته sich ausweisen; **V** تثبت [ta'θabbata] sich vergewissern (من *G*), nachprüfen

ثبت[2] [θabat], *pl.* أثبات [ʔaθ'baːt] **1.** Liste *f*, Verzeichnis *n*; **2.** glaubwürdig, zuverlässig

(**ثبر**) **III** ثابر [θaːbara] beharrlich tun (على *A*)

ثبط II [θabbɒtɒ] abhalten (من von *D*); hemmen

ثبوت [θu'buːt] Festigkeit *f*; Feststehen *n*; Nachweis *m*

ثبور [θu'buːr] Untergang *m*

ثخانة [θa'xaːna] Dicke *f*

ثخن [θaxuna, u] dick sein *od.* werden; **IV** أثخن [ʔaθxana] *j-n* schwer mitnehmen

ثخونة [θu'xuːna] Dicke *f*

ثخين [θa'xiːn] dick

ثدي [θadj], *pl.* أثداء [ʔaθ'daːʔ] (*weibliche*) Brust

ثدييات [θadjiː'jaːt] Säugetiere *n/pl.*

ثر [θarr] *Quelle*: wasserreich; *fig.* reich

ثراء [θa'raːʔ] Reichtum *m*

ثرثار [θar'θaːr] Schwätzer *m*

ثرثر [θarθara] schwatzen

ثرثرة [θarθara] Geschwätz *n*

ثرم [θarama, i] *Zähne* einschlagen

ثروة [θarwa], *pl.* ثروات [θara'waːt] Reichtum *m*, Vermögen *n*; ثروات طبيعية natürliche Ressourcen *f/pl.*

[1]**ثري** [θarija, aː] reich sein; **IV** أثرى [ʔaθraː] reich werden; bereichern

[2]**ثرى** [θaran] Erde *f*, Boden *m*

[3]**ثري** [θa'riːj], *pl.* أثرياء [ʔaθri'jaːʔ] (2) reich, wohlhabend

ثريا [θu'rajjaː] **1.** Plejaden *pl.* (*Sterngruppe*); *a. npr. f*; **2.** Lüster *m*, Kronleuchter *m*

ثريد [θa'riːd] Brotsuppe *f*

ثعبان [θuʕ'baːn], *pl.* ثعابين [θaʕaː'biːn] (2) Schlange *f*

ثعلب [θaʕlab], *pl.* ثعالب [θa'ʕaːlib] (2) Fuchs *m*

ثغاء [θu'ɣaːʔ] Blöken *n der Schafe*

ثغر [θaɣr], *pl.* ثغور [θu'ɣuːr] Vorderzahn *m*; Mund *m*; Hafenstadt *f*

ثغرة [θuɣra], *pl.* ثغر [θuɣar] Lücke *f*; Bresche *f*

(ثغو) ثغا [θaɣaː, uː] *Schaf*: blöken

ثقاب [θi'qaːb] *koll.* Streichhölzer *n/pl.*

ثقافة [θa'qaːfa] Bildung *f*; Kultur *f*; **ثقافي** [θa'qaːfiː] kulturell, Kultur-; Bildungs-

ثقالة [θa'qaːla] Schwere *f*; Schwerfälligkeit *f*

[1]**ثقب** [θaqaba, u] durchbohren, durchlöchern

[2]**ثقب** [θaqb] Durchlöcherung *f*

[3]**ثقب** [θuqb], *pl.* ثقوب [θu'quːb] *u.* أثقاب [ʔaθ'qaːb] Loch *n*, Öffnung *f*; ~ـة, *pl.* ثقب [θuqab] Loch *n*, Öffnung *f*

ثقف II [θaqqafa] *j-n* bilden; ausbilden; **V** تثقف [ta'θaqqafa] ausgebildet werden

[1]**ثقل** [θaqula, u] schwer sein; bedrücken (على *j-n*); **II** [θaqqala] belasten; beschwerlich werden (على *j-m*); **IV** أثقل [ʔaθqala] belasten, beschweren, bedrücken; **VI** تثاقل [ta'θaːqala] schwerfällig sein; lästig fallen (على *j-m*); ungern tun (عن *A*); **X** استثقل [is-

'taθqala] lästig *od.* unsympathisch finden

[2]**ثقل** [θaqal], *pl.* أثقال [ʔaθ'qaːl] Last *f*, Gepäck *n*

[3]**ثقل** [θiqal] Schwere *f*; Schwerfälligkeit *f*

[4]**ثقل** [θiql], *pl.* أثقال [ʔaθ'qaːl] Gewicht *n*; Schwere *f*; Last *f*

ثقلة [θaqla] Mühe *f*, Beschwerlichkeit *f*

ثقة [θiqa] Vertrauen *n*

ثقيل [θa'qiːl] schwer *an Gewicht*; beschwerlich, lästig; widerwärtig, unsympathisch

ثكلان [θak'laːn] (2), *f* ثكلى [θak-laː] e-s Kindes *od.* e-s geliebten Menschen beraubt

ثكنة [θukna], *pl.* [-aːt] *u.* ثكن [θukan] Kaserne *f*

ثلاثاء [θulaː'θaːʔ, θalaː'θaːʔ]: (يوم) الـ~ Dienstag *m*

ثلاثمائة = ثلاث مائة [θa'laːθu miʔa(tin)] dreihundert

ثلاثة [θa'laːθa], *f* ثلاث [θa'laːθ] drei; ثلاثا [θa'laːθan] *Adv.* dreimal; ~ عشر [-ta ʕaʃar(a)], *f* ثلاث عشرة [θa'laːθa ʕaʃra(ta)] dreizehn

ثلاثون [θalaː'θuːn] dreißig

ثلاثي [θu'laːθiː] dreiteilig; drei-; Trio *n*; Terzett *n*; ~ـة Dreiheit *f*; Trilogie *f*

ثلاثينات [θalaːθiː'naːt] *pl.*: الـ~ die dreißiger Jahre *n/pl.*

ثلاجة [θa'llaːdʒa] Eisschrank *m*, Kühlschrank *m*

ثلب [θalaba, i] *j-n* schlechtmachen

[1]**ثلث II** [θallaθa] verdreifachen

[2]**ثلث** [θulθ], *pl.* أثلاث [ʔaθ'laːθ] Drittel *n*

[1]**ثلج** [θaladʒa, u] schneien; **II** [θalladʒa] kühlen; gefrieren lassen; **IV** أثلج [ʔaθladʒa] schneien; erquicken; **V** تثلج [ta'θalladʒa] gefrieren

[2]**ثلج** [θaldʒ], *pl.* ثلوج [θu'luːdʒ] Schnee *m*; Eis *n*; *pl.* Schnee- *od.* Eismassen *f/pl.*

[1]**ثلم** [θalima, a] stumpf, schartig werden; – [θalama, i] stumpf, schartig machen; verunglimpfen; **II** [θallama] stumpf, schartig machen

[2]**ثلم** [θalm] Verunglimpfung *f*

ثلمة [θulma], *pl.* ثلم [θulam] Ritze *f*; Lücke *f*; Bresche *f*

ثلة [θulla], *pl.* ثلل [θulal] Schar *f*; Gruppe *f*; Trupp *m*

[1]**ثم** [θamma] da, dort; من ~ deshalb

[2]**ثم** [θumma] dann, darauf, ferner; من ~ danach

ثمالة [θu'maːla] Rest *m*, Rückstand *m*; Neige *f des Weines*

ثمانون [θamaː'nuːn] achtzig

ثماني [θu'maːniː] achtfach; Achter-; → ثمانية

ثمانينات [θamaːniː'naːt] *pl.*: الـ~ die achtziger Jahre *n/pl.*

ثمانية [θa'maːnija], *f* ثمان [θa'maː-

nin] acht; عشر ~ [-ta ʕaʃar(a)], *f* ثماني عشرة [θa'maːnija ʕaʃra(ta)] achtzehn

[1](**ثمر**) **IV** أثمر [ʔaθmara] Früchte tragen; *Positives* erbringen; **X** استثمر [is'taθmara] Nutzen ziehen (ـه aus *D*); auswerten; investieren

[2]**ثمر** [θamar] *koll.*, *n. un.* ة~, *pl.* ثمار [θi'maːr] *u.* أثمار [ʔaθ'maːr] Frucht *f*, Früchte *f/pl.*; Ertrag *m*; **ة~** *e-e* Frucht *f*; Ertrag *m*

[1]**ثمل** [θamila, a] berauscht werden; **IV** أثمل [ʔaθmala] berauschen, trunken machen

[2]**ثمل** [θamal] Rausch *m*

[3]**ثمل** [θamil] betrunken, berauscht

[1]**ثمن** **II** [θammana] **1.** schätzen, taxieren; **2.** verachtfachen

[2]**ثمن** [θaman], *pl.* أثمان [ʔaθ'maːn] *a. fig.* Preis *m*

[3]**ثمن** [θumn], *pl.* أثمان [ʔaθ'maːn] Achtel *n*

ثمة [θammata] da, dort; es gibt

ثمين [θa'miːn] kostbar, wertvoll

[1]**ثناء** [θa'naːʔ] Lob *n*

[2]**ثناء** [θu'naːʔa] zu zweien; ~ ~ zwei und zwei

ثنائي [θu'naːʔiː] zweifach, doppelt; zwei-; bilateral; Duo *n*, Duett *n*; *Sport*: Doppel *n*

ثنوي [θanawiː] Dualist *m*

[1]**ثنى** [θanaː, iː] zusammenlegen, falten; biegen; abbringen (عن von *D*); **II** [θannaː] fälteln; verdoppeln; **IV** أثنى [ʔaθnaː] loben (على *A*); **VII** انثنى [in'θanaː] sich (um)biegen, sich beugen; umgeklappt werden; sich abwenden; beginnen zu; **X** استثنى [is'taθnaː] ausnehmen (من von *D*)

[2]**ثني** [θanj] Falten *n*; Biegen *n*; Abbringen *n*

[3]**ثني** [θinj], *pl.* أثناء [ʔaθ'naːʔ] Biegung *f*; Falte *f*

[1]**ثنية** [θanja] Falte *f*; Knick *m*

[2]**ثنية** [θa'niːja], *pl.* ثنايا [θa'naːjaː] Schneidezahn *m*; في ثنايا im Innern von, in

ثواب [θa'waːb] Lohn *m*, Belohnung *f*

ثوار → ثائر

ثوان → ثانية

[1](**ثوب**) ثاب [θaːba, uː] zurückkehren; إلى رشده ~ wieder zur Vernunft kommen; **IV** أثاب [ʔa'θaːba] belohnen; zurückbringen

[2]**ثوب** [θaub], *pl.* ثياب [θi'jaːb] *u.* أثواب [ʔaθ'waːb] Kleid *n*, Gewand *n*; *Ir.* Hemd *n*; Tuch *n*

[1](**ثور**) ثار [θaːra, uː] sich regen; aufbrausen; sich empören; *Problem*: sich ergeben; **IV** أثار [ʔa'θaːra] in Erregung versetzen, erregen; reizen; hervorrufen; *Frage* aufwerfen; **X** استثار [ista'θaːra] erregen; wecken; *Schrei* entlocken

[2]**ثور** [θaur], *pl.* ثيران [θiː'raːn] Stier *m*, Bulle *m*; Ochse *m*

ثوران [θawa'raːn] Erregung *f*, Aufwallung *f*; Empörung *f*

ثورة [θaura] Erregung *f*; Aufbrausen *n*; Ausbruch *m e-s Vulkans*; Revolution *f*; Aufstand *m*

ثوروي [θaurawiː] *u.* **ثوري** [θauriː] revolutionär

(**ثول**) **VII** انثال [in'θaːla] sich ergießen (على über *A*)

ثوم [θuːm] Knoblauch *m*

¹**ثوى** [θawaː, iː] sich aufhalten, sich befinden; *Toter*: ruhen; **IV** أثوى [ʔaθwaː] **1.** wohnen; **2.** wohnen lassen

²**ثوي** [θa'wiːj] Gästezimmer *n*

ثياب → ²ثوب

ثيب [θajjib] deflorierte Frau

ثيران → ²ثور

ج

ج (جيم) [ʤiːm], *Äg.* [giːm] *fünfter Buchstabe*; *bei Aufzählungen*: c); *Abk. für* جواب Antwort *f*, جمع Plural *m u.* جنيه Pfund *n*

جاء → (جيء)

¹**جاب** → (جوب) *u.* ¹(جيب)

²**جاب** [ʤaːbin], *pl.* جباة [ʤu'baːt] Steuereinnehmer *m*; *Ir.* (*Autobus-*)Schaffner *m*

جاحد [ʤaːħid] undankbar

جاحظ [ʤaːħið]: العين ~ glotzäugig

جاد [ʤaːdd] wichtig, ernsthaft; bestrebt; ة~, *pl.* جواد [ʤa'waːdd] (2) Weg *m*

جاذب [ʤaːðib] anziehend, gewinnend, reizvoll; ـية~ Anziehung *f*, *a. Phys.* Anziehungskraft *f*; Charme *m*

¹**جار** [ʤaːr], *pl.* جيران [ʤiː'raːn] Nachbar *m*; → ¹(جور)

²**جار** [ʤaːrr] ziehend; *Gr.* den Genitiv regierend

³**جار** [ʤaːrin] *a. Monat*: laufend; ~ حساب Girokonto *n*

⁴**جأر** [ʤaʔara, a] *Rind*: brüllen

جارح [ʤaːriħ] verletzend; obszön; ~ طير Greifvogel *m*; ـة~, *pl.* جوارح [ʤa'waːriħ] (2) Raubtier *n*; Greifvogel *m*

جارف [ʤaːrif] *Strom*: reißend

جارة [ʤaːra] Nachbarin *f*

جارور [ʤaː'ruːr], *pl.* جوارير [ʤawaː'riːr] (2) *bsd. Syr.* Schublade *f*

جارية [ʤaːrija] **1.** *pl.* جوار [ʤa'waːrin] Sklavin *f*; Mädchen *n*; **2.** *f zu* جار [ʤaːrin]

جاز [gaːz] *Äg.* Gas *n*; Petroleum *n*; → ¹(جوز)

جازم [ʤaːzim] entschieden, fest

جاسوس [ʤaː'suːs], *pl.* جواسيس [ʤawaː'siːs] (2) Spion *m*

¹**جاش** → ¹(جيش)

[2]**جأش** [ʤaʔʃ] Innere(s), Seele *f*; ثابت/رابط الـ~ unerschütterlich, gefaßt

جاع → [1](جوع)

[1]**جاف** [ʤaːff] trocken

[2]**جاف** [ʤaːfin], *pl.* جفاة [ʤu'faːt] hart, rauh, grob

جالس [ʤaːlis], *pl.* [-uːn] *u.* جلوس [ʤu'luːs] sitzend; Sitzende(r)

جالون [gaː'loːn] Gallone *f* (*englisches Hohlmaß, ca. 4 1/2 l*)

جالية [ʤaːlija], *pl.* [-aːt] Kolonie *f von Ausländern in e-m Land*

جام [ʤaːm], *pl.* [-aːt] Becher *m*; Schale *f*

جامح [ʤaːmiħ] widerspenstig; nicht zu bändigen; stürmisch

جامد [ʤaːmid] hart, fest, steif, starr; apathisch; unbelebt; *pl.* جوامد [ʤa'waːmid] (2) *Phys.* feste(r) Körper

جامع [ʤaːmiʕ] umfassend; Sammler *m*; *pl.* جوامع [ʤa'waːmiʕ] (2) Moschee *f*; **ـة~**, *pl.* [-aːt] Liga *f*; Universität *f*; الجامعة العربية die Arabische Liga; **ـي~** Universitäts-, akademisch

جاموس [ʤaː'muːs], *pl.* جواميس [ʤawaː'miːs] (2) Büffel *m*; **ـة~** Büffelkuh *f*

[1]**جان** [ʤaːnin], *pl.* جناة [ʤu'naːt] Täter *m*, Delinquent *m*

[2]**جان** [ʤaːnn] *koll.* Dschinnen *m/pl.*

جانب [ʤaːnib], *pl.* جوانب [ʤa'waːnib] (2) Seite *f*; Aspekt *m*; Teil *m*; ـا~ [-an] beiseite; إلى ـه~ *u.* بجانبه neben ihm; إلى ~ ذلك außerdem; من ـه~ seinerseits; من ~ ... ومن ~ آخر einerseits ... andererseits; **ـي~** Seiten-, seitlich; Neben-

جانح [ʤaːniħ] neigend (إلى zu *D*); Delinquent *m*

جاه [ʤaːh] Ansehen *n*, gesellschaftliche Geltung

جاهز [ʤaːhiz] bereit, fertig

جاهل [ʤaːhil], *pl.* جهلة [ʤahala] *u.* جهال [ʤu'hhaːl] unwissend; ungebildet; Ignorant *m*; *Ir.* Kind *n*; **ـي~** vorislamisch; **ـية~** vorislamische Zeit

جاويش [ʤaː'wiːʃ] = شاويش

جائبة [ʤaːʔiba], *pl.* جوائب [ʤa'waːʔib] (2) Neuigkeit *f*

جائر [ʤaːʔir], *pl.* جورة [ʤawara] ungerecht; Tyrann *m*

جائز [ʤaːʔiz] erlaubt, zulässig; möglich, denkbar; **ة~**, *pl.* جوائز [ʤa'waːʔiz] (2) Preis *m*, Prämie *f*

جائع [ʤaːʔiʕ], *pl.* جياع [ʤi'jaːʕ] hungrig; Hungernde(r)

جب [ʤubb], *pl.* أجباب [ʔaʤ'baːb] Brunnen *m*, Grube *f*

جبار [ʤa'bbaːr], *pl.* جبابرة [ʤa'baːbira] mächtig, gewaltig; riesig; Riese *m*, Gigant *m*; *Beiname Gottes*

جبال → [2]جبل

جبالة [ʤa'bbaːla] Betonmischmaschine *f*

[1]**جبان** [ʤa'baːn], *pl.* جبناء [ʤuba'naːʔ] (2) feige; Feigling *m*

[2]**جبان** [ʤa'bbaːn] Käseverkäufer *m*

جبانة [ʤa'bbaːna] Friedhof *m*

جباية [ʤi'baːja] Erhebung *f von Steuern*; Steuer *f*

جبائي [ʤi'baːʔiː] Steuer-, steuerlich

[1]**جبر** [ʤabara, u] *Knochen* einrichten, schienen, *a. fig.* einrenken; trösten; zufriedenstellen; **IV** أجبر [ʔaʤbara] zwingen; **V** تجبر [ta'ʤabbara] den starken Mann spielen

[2]**جبر** [ʤabr] Einrenkung *f*; *Math.* Algebra *f*; اً~ [-an] mit Gewalt; zwangsweise; ~ي Zwangs-; algebraisch

[1]**جبس** [ʤabas] *koll., sg.* ~ة *Syr.* Wassermelone(n *pl.*) *f*

[2]**جبس** [ʤibs] Gips *m*

[1]**جبل** [ʤabala, u, i] formen, gestalten; *Syr. Mörtel* anmachen

[2]**جبل** [ʤabal], *pl.* جبال [ʤi'baːl] Berg *m*; Gebirge *n*

جبلة [ʤibla, ʤi'billa] natürliche Veranlagung

جبلي [ʤabaliː] bergig, gebirgig; Gebirgs-; Bergbewohner *m*

[1]**جبن** [ʤabuna, u] feige sein; **II** [ʤabbana]: اللبن ~ Käse bereiten; **V** تجبن [ta'ʤabbana] zu Käse werden

[2]**جبن** [ʤubn] **1.** Feigheit *f*; **2.** *u.* ~ة Käse *m*

جبه [ʤabaha, a] begegnen (ه ب *j-m mit D*); **III** جابه [ʤaːbaha] entgegentreten, begegnen

جبة [ʤubba], *pl.* جبب [ʤubab] *Obergewand mit weiten Ärmeln*

جبهة [ʤabha], *pl.* جباه [ʤi'baːh] Stirn *f*; Vorderseite *f*; Front *f*

جبى [ʤabaː, iː] *Steuer* erheben

جبيرة [ʤa'biːra], *pl.* جبائر [ʤa'baːʔir] (2) *Med.* Schiene *f*

جبين [ʤa'biːn], *pl.* أجبنة [ʔaʤbina] *u.* جبن [ʤubun] Stirn *f*

جث [ʤaθθa, u] *u.* **VIII** اجتث [iʤ'taθθa] ausreißen

جثم [ʤaθama, u] *Tier*: hocken, sitzen; sich breitmachen; bedrükken (على *j-n*)

جثمان [ʤuθ'maːn] Körper *m*, Leib *m*; Leichnam *m*; ~ي körperlich

جثة [ʤuθθa], *pl.* جثث [ʤuθaθ] Körper *m*, Leib *m*; Leichnam *m*

[1]**(جثو)** جثا [ʤaθaː, uː] knien; auf die Knie fallen

[2]**جثو** [ʤu'θuːw] Knien *n*

جحد [ʤaħada, a] verleugnen; abstreiten; verweigern

جحر [ʤuħr], *pl.* أجحار [ʔaʤ'ħaːr] *u.* جحور [ʤu'ħuːr] Höhle *f*, Bau *m*, (*Mause-*)Loch *n*

جحش [ʤaħʃ], *pl.* جحاش [ʤi'ħaːʃ] junge(r) Esel; *pl.* جحوش [ʤu'ħuːʃ] Holzgerüst *n*

جحف [ʤaħafa, a] wegnehmen

(ب *A*); **IV** أجحف [ʔadʒħafa] *j-m* Unrecht tun

جحفل [dʒaħfal] große(s) Heer

جحود [dʒu'ħuːd] (Ver-)Leugnung *f*; Undankbarkeit *f*

جحيم [dʒa'ħiːm] Hölle *f*

[1]**جد** [dʒadda, i] neu eintreten; sich ereignen; ernsthaft tun (في *A*), sich bemühen (في bei *D*); **II** جدد [dʒaddada] erneuern; renovieren, modernisieren; *Dokument*, *Frist* verlängern; **IV** أجد [ʔa'dʒadda] sich bemühen; **V** تجدد [ta'dʒaddada] sich erneuern; **X** استجد [ista'dʒadda] neu entstehen, auftreten

[2]**جد** [dʒadd] **1.** *pl.* أجداد [ʔadʒ'daːd] Großvater *m*; Vorfahre *m*, Ahne *m*; **2.** *pl.* جدود [dʒu'duːd] Geschick *n*

[3]**جد** [dʒidd] Ernst *m*, Ernsthaftigkeit *f*; ا~ [-an] sehr

جداء [dʒa'daːʔ] Nutzen *m*

جدار [dʒi'daːr], *pl.* جدران [dʒud'raːn] *u.* جدر [dʒudur] Mauer *f*, Wand *f*

جدارة [dʒa'daːra] Würdigkeit *f*; Eignung *f*; ~ عن zu Recht

جدال [dʒi'daːl] Streit *m*, Disput *m*; ~ بلا unstreitig

جدب [dʒadb] Trockenheit *f*, Dürre *f*; Unfruchtbarkeit *f*

[1]**جدر** [dʒadura, u] passen, angemessen sein; يجدر بنا أن wir sollten

[2]**جدر** [dʒadr] = جدار

جدران → جدار

جدري [dʒudariː] Pocken *f/pl.*

[1]**جدع** [dʒadaʕa, a] *Glied* abschneiden

[2]**جدع** [gadaʕ] *Äg.* Bursche *m*

جدف II [dʒaddafa] **1.** rudern; **2.** lästern; schmähen

[1]**جدل** [dʒadala, u, i] *Strick* drehen; flechten; **III** جادل [dʒaːdala] streiten, disputieren, debattieren (ه mit *j-m*)

[2]**جدل** [dʒadal] Streit *m*, Disput *m*; ~ي Streit-; dialektisch

[1]**جدة** [dʒadda] Großmutter *f*

[2]**جدة** [dʒidda] **1.** *Geo.* Dschidda; **2.** Neuheit *f*, Neusein *n*

(**جدو**) **IV** أجدى [ʔadʒdaː] *Nutzen* bringen; nützen; **X** استجدى [is'tadʒdaː] erflehen

جدول [dʒadwal], *pl.* جداول [dʒa'daːwil] (2) Tabelle *f*, Liste *f*; Plan *m*; Bach *m*; الأعمال ~ Tagesordnung *f*; الضرب ~ Einmaleins *n*

جدوى [dʒadwaː] Nutzen *m*, Nützlichkeit *f*

[1]**جدي** [dʒadj], *pl.* جداء [dʒi'daːʔ] *u.* جديان [dʒid'jaːn] junge(r) Ziegenbock; *Astr.* Steinbock *m*

[2]**جدي** [dʒiddiː] ernst, ernsthaft

جديد [dʒa'diːd], *pl.* جدد [dʒudud] neu; ~ من wieder

جدير [dʒa'diːr] wert (ب *G*); geeignet; بالذكر ~ erwähnenswert; ~ به أن er sollte

جديلة [ʤa'diːla], *pl.* جدائل [ʤa-'daːʔil] (2) (*Haar-*)Zopf *m*

جذاب [ʤa'ððaːb] anziehend, gewinnend; reizvoll, fesselnd

جذاذة [ʤu'ðaːða] Zettel *m*

جذام [ʤu'ðaːm] Lepra *f*

[1]**جذب** [ʤaðaba, i] ziehen; anziehen; **VI** تجاذب [ta'ʤaːðaba] hin- und herziehen; sich anziehen; **VIII** اجتذب [iʤ'taðaba] anziehen, anlocken

[2]**جذب** [ʤaðb] *a. Phys.* Anziehung *f*; Anziehungskraft *f*, Reiz *m*

[1]**جذر II** [ʤaððara] *Math.* Wurzel ziehen

[2]**جذر** [ʤiðr], *pl.* جذور [ʤu'ðuːr] *a. Math.* Wurzel *f*; Grund *m*, Basis *f*; تربيعي ~ Quadratwurzel *f*; **ي**~ Wurzel-

[1]**جذع** [ʤaðaʕ], *pl.* جذعان [ʤuð-'ʕaːn] Bursche *m*

[2]**جذع** [ʤiðʕ], *pl.* جذوع [ʤu'ðuːʕ] Stamm *m*; (Baum-)Stumpf *m*; Rumpf *m*

جذف II [ʤaððafa] rudern

[1]**جذل** [ʤaðila, a] fröhlich sein; **IV** أجذل [ʔaʤðala] erheitern

[2]**جذل** [ʤaðal] Fröhlichkeit *f*

[3]**جذل** [ʤaðil] froh, guter Dinge

جذلان [ʤað'laːn] (2), *f* جذلى [ʤaðlaː] = [3]جذل

جذم [ʤaðama, i] abschneiden, abhauen

جذوة [ʤaðwa, ʤuðwa] Feuerbrand *m*, Glut *f*

[1]**جر** [ʤarra, u] ziehen, schleppen; herbeiführen; **VII** انجر [in'ʤarra] herrühren (عن von *D*); hineingezogen werden; **VIII** اجتر [iʤ-'tarra] *a. fig.* wiederkäuen

[2]**جر** [ʤarr] Ziehen *n*; *Gr.* Genitiv *m*; ~ حرف Präposition *f*

جرأ → جرؤ

جراء [ʤa'rraːʔ]: ~ من [-i] um … willen, wegen

جراءة [ʤa'raːʔa] Kühnheit *f*

[1]**جراب** [ʤu'raːb], *pl.* [-aːt] Strumpf *m*, Socke *f*

[2]**جراب** [ʤi'raːb], *pl.* أجربة [ʔaʤriba] Sack *m*, Ranzen *m*; Futteral *n*

جراثيم → جرثومة

جراج [ga'raːʒ] *Äg.* Garage *f*

جراح [ʤa'rraːħ] Chirurg *m*

جراحة [ʤi'raːħa] Chirurgie *f*

جراحي [ʤi'raːħiː] chirurgisch

جراد [ʤa'raːd] *koll.*, *sg.* ة~ Heuschrecke(n *pl.*) *f*

جرار [ʤa'rraːr] *Heer*: gewaltig; Traktor *m*; **ة**~ Traktor *m*; Skorpion *m*

جرافة [ʤa'rraːfa] Rechen *m*; Bagger *m*; Egge *f*

جرام [graːm] *Äg.* Gramm *n*

جرأة [ʤurʔa] Mut *m*, Kühnheit *f*; Dreistigkeit *f*

جرائد → جريدة

جراية [ʤi'raːja] Ration *f*

[1]**جرب II** [ʤarraba] versuchen, erproben, probieren, auf die Probe stellen

²**جرب** [dʒarab] Räude *f*, Krätze *f*; → أجرب

جربوع [dʒar'buːʕ] = يربوع

ج

جرثومة [dʒur'θuːma], *pl.* جراثيم [dʒaraː'θiːm] (2) Keim *m*; Mikrobe *f*; Bakterie *f*

¹**جرح** [dʒaraħa, a] verwunden, verletzen; **II** [dʒarraħa] *Ehre* verletzen; als unglaubwürdig bezeichnen; **VIII** اجترح [idʒ'taraħa] *Sünde* begehen

²**جرح** [dʒurħ], *pl.* جراح [dʒi'raːħ] *u.* جروح [dʒu'ruːħ] Wunde *f*, Verletzung *f*

جرحى → جريح

¹**جرد** [dʒarada, u] schälen; *Hdl.* inventarisieren; **II** [dʒarrada] entblößen; entkleiden; berauben (من *G*), aberkennen; abstrahieren; *Truppen* entsenden; *Schwert* zükken; من السلاح ~ entwaffnen

²**جرد** [dʒard] Bestandsaufnahme *f*; *Hdl.* Inventur *f*

³**جرد** [dʒarid] kahl; → أجرد

جردل [dʒardal], *pl.* جرادل [dʒa'raːdil] (2) Eimer *m*, Kübel *m*

جرذ [dʒurað], *pl.* جرذان [dʒur'ðaːn] Ratte *f*

¹**جرس** [dʒarasa, i] klingen; **II** [dʒarrasa] bloßstellen, blamieren

²**جرس** [dʒaras], *pl.* أجراس [ʔadʒ'raːs] Glocke *f*; Klingel *f*

جرسة [dʒursa] Bloßstellung *f*; Skandal *m*

جرش [dʒaraʃa, u, i] zerreiben, zermahlen

جرع [dʒaraʕa, a] (hinunter)schlukken; **V** تجرع [ta'dʒarraʕa] (aus-)trinken; *fig.* schlucken müssen

جرعة [dʒurʕa], *pl.* جرع [dʒuraʕ] Schluck *m*; Dosis *f*

¹**جرف** [dʒarafa, u] (hin)wegspülen, fortreißen; **VII** انجرف [in'dʒarafa] weggespült, mitgerissen werden; **VIII** اجترف [idʒ'tarafa] = [dʒarafa]

²**جرف** [dʒurf] Steilufer *n*; Böschung *f*, Abhang *m*

¹**جرم** **II** [dʒarrama] e-s Verbrechens beschuldigen; *Handlung* kriminalisieren; **IV** أجرم [ʔadʒrama] ein Verbrechen begehen

²**جرم** [dʒaram]: لا ~ [-a] gewiß

³**جرم** [dʒurm], *pl.* أجرام [ʔadʒ'raːm] Straftat *f*; Vergehen *n*

⁴**جرم** [dʒirm], *pl.* أجرام [ʔadʒ'raːm] (*Himmels*-)Körper *m*

جرن [dʒurn], *pl.* أجران [ʔadʒ'raːn] (*Stein*-)Mörser *m*; (*Tauf*-)Becken *n*; Scheune *f*

جرنال [ʒur'naːl] Zeitung *f*

جرة [dʒarra] **1.** *pl.* جرار [dʒi'raːr] (*Ton*-)Krug *m*; **2.** قلم ~ Federstrich *m*

جرؤ [dʒaruʔa, u] wagen (على *A*); **V** تجرأ [ta'dʒarraʔa] sich erkühnen; **VIII** اجترأ [idʒ'taraʔa] wagen; sich viel herausnehmen

¹**جرى** [dʒaraː, iː] fließen; laufen; geschehen, stattfinden, sich ereig-

nen; verlaufen; im Umlauf sein; verfahren (على nach *e-r Methode*); **III** جارى [ʤaːraː] zusammengehen (ه mit *j-m*); Schritt halten; **IV** أجرى [ʔaʤraː] fließen lassen; durchführen, *Handlung* vornehmen

[2]**جري** [ʤarj] Lauf *m*

جريء [ʤa'riːʔ], *pl.* أجرياء [ʔaʤri'jaːʔ] (2) mutig, kühn; dreist

جريان [ʤara'jaːn] Fließen *n*, Fluß *m*, Strömen *n*

جريح [ʤa'riːħ], *pl.* جرحى [ʤarħaː] Verwundete(r), Verletzte(r)

جريد [ʤa'riːd] *koll.* Palmzweige *m/pl.* ohne Blätter; ة~, *pl.* جرائد [ʤa'raːʔid] (2) Zeitung *f*

جريرة [ʤa'riːra], *pl.* جرائر [ʤa'raːʔir] (2) Vergehen *n*; Frevel *m*

جريش [ʤa'riːʃ] Getreideschrot *m od. n*, Grütze *f*

جريمة [ʤa'riːma], *pl.* جرائم [ʤa'raːʔim] (2) Verbrechen *n*, Straftat *f*

جز [ʤazza, u] scheren, (ab)schneiden

جزء [ʤuzʔ], *pl.* أجزاء [ʔaʤ'zaːʔ] Teil *m*; Bestandteil *m*; Bruchteil *m*; Abschnitt *m*

جزأ **II** [ʤazzaʔa] (zer-, auf)teilen; zersplittern; **V** تجزأ [ta'ʤazzaʔa] zerteilt werden; **VIII** اجتزأ [iʤ'tazaʔa] abtrennen; sich begnügen

جزاء [ʤa'zaːʔ] Vergeltung *f*; Belohnung *f*; Strafe *f*

جزار [ʤa'zzaːr] Fleischer *m*, Metzger *m*, Schlächter *m*

جزافا [ʤu'zaːfan] *Adv.* aufs Geratewohl

جزالة [ʤa'zaːla] Fülle *f*; Ausdruckskraft *f des Stils*

جزائر [ʤa'zaːʔir] (2): الـ~ Algerien; ي~ algerisch; Algerier *m*

جزائي [ʤa'zaːʔiː] Straf-

[1]**جزر** [ʤazara, u] **1.** schlachten; **2.** *Wasser*: zurückgehen, ebben

[2]**جزر** [ʤazar] *koll.*, *sg.* ة~ Karotte(n *pl.*) *f*, Möhren *f/pl.*

[3]**جزر** [ʤazr] **1.** Schlachten *n*; **2.** Ebbe *f*; → جزيرة

جزري [ʤazariː] Insel-, insular

[1]**جزع** [ʤaziʕa, a] besorgt sein; trauern (على um *A*)

[2]**جزع** [ʤazaʕ] Unruhe *f*; Besorgnis *f*; Angst *f*

[3]**جزع** [ʤazʕ] Onyx *m* (*Mineral*)

(**جزف**) **III** جازف [ʤaːzafa] aufs Geratewohl handeln; riskieren

[1]**جزل** [ʤazula, u] reichlich vorhanden sein

[2]**جزل** [ʤazl] reichlich; *Stil*: ausdrucksstark

[1]**جزم** [ʤazama, i] abschneiden; entscheiden; mit Bestimmtheit behaupten

[2]**جزم** [ʤazm] Abtrennung *f*; Entscheidung *f*; Bestimmtheit *f*; *Gr.* Apokopat *m*; ة~, *pl.* جزم [ʤizam] Schuhe *m/pl.*, Stiefel *m/pl.*

جزة [ʤizza] Schurwolle *f*

ج

جزى [ʤazaː, iː] vergelten; belohnen; bestrafen; ausgleichen; **III** جازى [ʤaːzaː] = جزى; **IV** أجزى [ʔaʤzaː] genügen (ه *j-m*); ersetzen (عن *A*)

جزيء [ʤu'zaiʔ] Teilchen *n*, Molekül *n*

جزيرة [ʤa'ziːra], *pl.* جزر [ʤuzur] *u.* جزائر [ʤa'zaːʔir] (2) Insel *f*; شبه الـ~ [ʃibh al-ʤ.] Halbinsel *f*

جزيل [ʤa'ziːl] reichlich, viel; شكرا ~ا [ʃukran -an] vielen Dank!

جزية [ʤizja] *hist.* Tribut *m*; Steuer *f* der Nicht-Muslime

جزئي [ʤuzʔiː] Teil-; nebensächlich; ~ا [-jan] teilweise; ~ات *pl.* Kleinigkeiten *f/pl.*, Einzelheiten *f/pl.*

جس [ʤassa, u] betasten, befühlen; prüfen; erkunden; **V** تجسس [ta'ʤassasa] spionieren; auskundschaften

جسارة [ʤa'saːra] Kühnheit *f*, Wagemut *m*

جسامة [ʤa'saːma] Größe *f*, Umfang *m*; Bedeutung *f*

[1]**جسد** **II** [ʤassada] verkörpern; konkretisieren; **V** تجسد [ta'ʤassada] sich verkörpern

[2]**جسد** [ʤasad], *pl.* أجساد [ʔaʤ'saːd] Körper *m*, Leib *m*; ~ي körperlich, leiblich

[1]**جسر** [ʤasara, u] sich erkühnen; **II** [ʤassara] **1.** e-e Brücke *od.* e-n Damm bauen; **2.** ermutigen; **VI** تجاسر [ta'ʤaːsara] sich erkühnen; dreist sein (على gegen *j-n*)

[2]**جسر** [ʤisr], *pl.* جسور [ʤu'suːr] Brücke *f*; Damm *m*

[1]**جسم** [ʤasuma, u] dick, groß sein; **II** [ʤassama] plastisch darstellen; vergrößern; übertreiben; **V** تجسم [ta'ʤassama] sich verkörpern; Gestalt annehmen; sich konkretisieren

[2]**جسم** [ʤism], *pl.* أجسام [ʔaʤ'saːm] Körper *m*, Leib *m*; Karosserie *f*; Substanz *f*

جسمان [ʤus'maːn] Körper *m*, Leib *m*; ~ي körperlich

جسمي [ʤismiː] körperlich

جسور [ʤa'suːr] kühn, wagemutig; frech

جسيم [ʤa'siːm] dick, beleibt; umfangreich; schwer

(**جشأ**) **V** تجشأ [ta'ʤaʃʃaʔa] rülpsen

[1]**جشع** [ʤaʃaʕ] (Hab-)Gier *f*

[2]**جشع** [ʤaʃiʕ] (hab)gierig

جشم **II** [ʤaʃʃama] aufbürden; **V** تجشم [ta'ʤaʃʃama] auf sich nehmen

جشة [ʤuʃʃa] Heiserkeit *f*

جص[ʤiss] Gips *m*

جعالة [ʤu'ʕaːla] Bezahlung *f*, Belohnung *f*

جعبة [ʤuʕba], *pl.* جعاب [ʤi'ʕaːb] Köcher *m*

جعد **II** [ʤaʕʕada] kräuseln, lockig machen, wellen; runzeln; **V** تجعد

[ta'ʤaʕʕada] sich kräuseln; wellig sein

جعدة [ʤaʕda] Locke *f*

جعران [ʤuʕ'raːn] Mistkäfer *m*; Skarabäus *m*

[1]**جعل** [ʤaʕala, a] machen (هـ zu *D*); festsetzen; setzen, legen; (veran)lassen; beginnen *zu tun*

[2]**جعل** [ʤuʕal] = جعران

[3]**جعل** [ʤuʕl] (*zugewendete*) Geldsumme

جعة [ʤiʕa] Bier *n*

جغرافي [ʤuɣ'raːfiː] geographisch; ~يا [ʤuɣ'raːfijaː] Geographie *f*

جف [ʤaffa, i] (aus)trocknen, trokken werden; **II** جفف [ʤaffafa] *trans.* trocknen

جفاء [ʤa'faːʔ] Rauheit *f*, Grobheit *f*; Abneigung *f*, Entfremdung *f*

جفاف [ʤa'faːf] Trockenheit *f*, Dürre *f*; Vertrocknen *n*

جفل [ʤafala, i] erschrecken; *Pferd*: scheuen; **II** [ʤaffala] aufschrecken; **IV** أجفل [ʔaʤfala] = [ʤafala]

جفن [ʤafn], *pl.* أجفان [ʔaʤ'faːn] *u.* جفون [ʤu'fuːn] Augenlid *n*; ~ة, *pl.* جفان [ʤi'faːn] Schüssel *f*

[1](**جفو**) جفا [ʤafaː, uː] grob, rauh sein; meiden; **III** جافى [ʤaːfaː] grob behandeln, anfahren; verstoßen (هـ gegen *A*)

[2]**جفو** [ʤafw] *u.* ~ة = جفاء

[1]**جل** [ʤalla, i] groß, erhaben sein; **II** جلل [ʤallala] **1.** ehren; **2.** umhüllen; bedecken; **IV** أجل [ʔa'ʤalla] ehren, hochachten

[2]**جل** [ʤull] Großteil *m*

جلا → (جلو)

جلاء [ʤa'laːʔ] Klarheit *f*, Deutlichkeit *f*; Abzug *m* (عن aus *D*); Räumung *f*

جلاب [ʤa'llaːb] Sklavenhändler *m*; ~ة *Mar.* Kapuzenmantel *m*; ~ية *Äg.* lange(s), hemdartige(s) Gewand, Gallabija *f*

جلاد [ʤa'llaːd] Henker *m*

جلادة [ʤa'laːda] Ausdauer *f*, Zähigkeit *f*

جلال [ʤa'laːl] Erhabenheit *f*; Größe; *a. npr. m*; ~ة Majestät *f*

[1]**جلب** [ʤalaba, i] heranschaffen, herbeiholen; bringen; importieren; **VIII** اجتلب [iʤ'talaba] holen, herbeischaffen; an den Haaren herbeiziehen; **X** استجلب [is'taʤlaba] kommen lassen; heranholen

[2]**جلب** [ʤalb] Heranschaffung *f*, Holen *n*; Einfuhr *f*

جلبة [ʤalaba] Lärm *m*

[1]**جلخ** [ʤalaxa, a] *u.* **II** [ʤallaxa] *Messer* schleifen, schärfen

[2]**جلخ** [ʤalx] Schleifen *n*; حجر الـ~ Schleifstein *m*

[1]**جلد** [ʤalada, i] (aus)peitschen; – [ʤalida, a] gefrieren; – [ʤaluda, u] ausdauernd, standhaft

sein; **II** [ʤallada] **1.** *Buch* binden; **2.** gefrieren lassen; **III** جالد [ʤaːlada] bekämpfen; **V** تجلد [ta'ʤallada] standhaft sein; durchhalten

ج

[2]**جلد** [ʤalad] Ausdauer *f*, Zähigkeit *f*, Geduld *f*

[3]**جلد** [ʤald] **1.** Auspeitschung *f*; **2.** standhaft, stark

[4]**جلد** [ʤild], *pl.* جلود [ʤu'luːd] Haut *f*; Leder *n*; ـة~ Haut *f*; Stück *n* Leder; ابن ~نا unser Landsmann; ي~ Haut-; Leder-

جلس [ʤalasa, i] sich setzen (على auf *A*; إلى zu *j-m*); sitzen; **III** جالس [ʤaːlasa] zusammensitzen (ه mit *j-m*); **IV** أجلس [ʔaʤlasa] setzen, sitzen lassen

جلسة [ʤalsa], *pl.* [ʤala'saːt] Sitzung *f*

جلطة [ʤultɒ] (= دموية ~) *Med.* Thrombose *f*; Embolie *f*

جلل [ʤalal] wichtig; *Verlust*: schwer

[1]**جلة** [ʤulla], *pl.* جلل [ʤulal] *a. Sport*: Kugel *f*

[2]**جلة** [ʤilla] Kot *m von Tieren*

(جلو) جلا [ʤalaː, uː] klar sein; weggehen; räumen; *Braut* entschleiern; vertreiben, entfernen; putzen, polieren; **IV** أجلى [ʔaʤlaː] evakuieren; sich entfernen; **V** تجلى [ta'ʤallaː] sich zeigen, klar werden; **VII** انجلى [in'ʤalaː] sich zeigen; entschwinden; zum Ergebnis haben (عن *A*); **VIII** اجتلى [iʤ'talaː] enthüllen; betrachten; **X** استجلى [is'taʤlaː] klären, aufhellen

جلوس [ʤu'luːs] Sitzen *n*; Thronbesteigung *f*; → جالس

[1]**جلي** [ʤa'liːj] klar, offenbar, deutlich

[2]**جلى** [ʤullaː] wichtige Sache

جليد [ʤa'liːd] **1.** Eis *n*; **2.** standhaft, stark

جليس [ʤa'liːs], *pl.* جلساء [ʤula'saːʔ] (2) Gesellschafter *m*; (Tisch-)Genosse *m*

جليل [ʤa'liːl], *pl.* أجلاء [ʔaʤi'llaːʔ] (2) *u.* أجلة [ʔa'ʤilla] groß, bedeutsam; erhaben; prächtig

[1]**جم** [ʤamma, u] sich sammeln; **X** استجم [ista'ʤamma] sich erholen, ausspannen

[2]**جم** [ʤamm] reichlich, zahlreich, viel; Menge *f*

جماح [ʤi'maːħ] Eigenwilligkeit *f*; Widerspenstigkeit *f*

جماد [ʤa'maːd] feste(r), leblose(r) Körper

جمادى [ʤu'maːdaː]: الأولى ~ [l-ʔuːla] *u.* الآخرة ~ [l-ʔaːxira] *5. u. 6. Monat des isl. Jahres*

جماع [ʤi'maːʕ] Geschlechtsverkehr *m*

جماعة [ʤa'maːʕa] Gruppe *f*; Schar *f*; Gemeinschaft *f*; Kollektiv *n*

جماعي [ʤa'maːʕiː] kollektiv

جمال[1] [dʒa'maːl] Schönheit *f*; *a. npr. m*; علم الـ~ Ästhetik *f*

جمال[2] [dʒa'mmaːl] Kameltreiber *m*; → [2]جمل

جمالي [dʒa'maːliː] ästhetisch

جمان [dʒu'maːn] *koll., sg.* ~ة Perlen *f/pl.*

جماهيري [dʒamaː'hiːriː] Massen-, Volks-; ~ة *Libyen*: Dschamahirija *f*

جمجمة [dʒumdʒuma], *pl.* جماجم [dʒa'maːdʒim] (2) Schädel *m*

جمح [dʒamaħa, a] unbezähmbar, widerspenstig sein; *Pferd*: durchgehen

جمد[1] [dʒamada, u] gefrieren; erstarren; *fig.* unbeweglich sein; **II** [dʒammada] gefrieren *od.* erstarren lassen; *a. fig.* einfrieren; *Geldbeträge* sperren; **V** تجمد [ta'dʒammada] gefrieren; erstarren; fest werden

جمد[2] [dʒamd] Gefrieren *n*; *a. fig.* Erstarrung *f*

جمر [dʒamr] glühende Kohle, Glut *f*

جمرك [dʒumruk], *pl.* جمارك [dʒa'maːrik] (2) Zoll *m* (*Abgabe*); ~ي Zoll-

جمرة [dʒamra] glühende Kohle; *Med.* Karbunkel *m*

جمع[1] [dʒamaʕa, a] sammeln; vereinen; zusammenfügen; zusammenfassen; addieren; **II** [dʒammaʕa] (an)sammeln; montieren; **III** جامع [dʒaːmaʕa] sexuell verkehren (ها mit *e-r Frau*); **IV** أجمع [ʔadʒmaʕa] einer Meinung sein; einmütig beschließen; **V** تجمع [ta'dʒammaʕa] sich ansammeln, sich zusammenballen; **VIII** اجتمع [idʒ'tamaʕa] sich versammeln; sich treffen (ب/إلى/مع mit *j-m*); zusammentreten; sich verbinden; **X** استجمع [is'tadʒmaʕa] (bei sich) sammeln

جمع[2] [dʒamʕ] (Ein-)Sammeln *n*; Vereinigung *f*; Zusammenstellung *f*; Zusammenfügen *n*; *Math.* Addition *f*; *Gr.* Plural *m*; *pl.* جموع [dʒu'muːʕ] Menge *f*

جمعة [dʒumʕa], *pl.* جمع [dʒumaʕ] Woche *f*; (يوم) الـ~ Freitag *m*

جمعية [dʒam'ʕiːja] Vereinigung *f*, Verein *m*, Gesellschaft *f*; ~ تعاونية Genossenschaft *f*; ~ عامة/عمومية Generalversammlung *f*

جمل[1] [dʒamula, u] schön, hübsch sein; passen; **II** [dʒammala] verschönern; **III** جامل [dʒaːmala] freundlich sein (ه zu *j-m*); **IV** أجمل [ʔadʒmala] zusammenfassen, resümieren; **V** تجمل [ta'dʒammala] sich schön machen

جمل[2] [dʒamal], *pl.* جمال [dʒi'maːl] Kamel *n*

جملة [dʒumla], *pl.* جمل [dʒumal] Gesamtheit *f*, Ganze(s); Summe *f*; Menge *f*; *Gr*. Satz *m*; ~بالـ im ganzen; *Hdl*. en gros; ~تاجر الـ Großhändler *m*

ج

(جمهر) II تجمهر [ta'dʒamhara] sich versammeln; sich scharen

جمهور [dʒum'huːr], *pl*. جماهير [dʒamaː'hiːr] (2) Allgemeinheit *f*; Publikum *n*; *bsd*. *pl*. (Volks-) Menge *f*, Masse *f*; **~ي** republikanisch; **~ية** Republik *f*

جمود [dʒu'muːd] Starrheit *f*, Erstarrung *f*, Verhärtung *f*; Stagnation *f*; Apathie *f*

جميع [dʒa'miːʕ] alle; ~ا [-an] insgesamt, zusammen

جميل [dʒa'miːl] schön, hübsch; gute Tat; *a*. *npr*. *m*; ~نكران الـ Undank *m*

[1]**جن** [dʒanna, u] *Nacht*: hereinbrechen; *Pass*. [dʒunna] wahnsinnig, verrückt werden; **II** جنن [dʒannana] verrückt machen

[2]**جن** [dʒinn] *koll*. Dschinnen *m/pl*., Dämonen *m/pl*., Geister *m/pl*.

[1]**جناب** [dʒa'naːb] *Ehrentitel*: ~كم Euer Gnaden!

[2]**جناب** [dʒu'naːb] Rippenfellentzündung *f*

[1]**جناح** [dʒa'naːħ], *pl*. أجنحة [ʔadʒniħa] Flügel *m*; Pavillion *m* *e-r* *Ausstellung*

[2]**جناح** [dʒu'naːħ] Vergehen *n*; لا ~ عليه أن [-a] es schadet nichts, wenn er …

جنازة [dʒi'naːza, dʒa'naːza] Begräbnis *n*, Beisetzung *f*

جنان [dʒa'naːn] Innere(s), Herz *n*

جناة → جان[1]

جنائزي [dʒa'naːʔiziː] Beisetzungs-

جنائني [dʒa'naːʔiniː], *pl*. ~ة Gärtner *m*

جناية [dʒi'naːja] Verbrechen *n*

جنائي [dʒi'naːʔiː] kriminell; Kriminal-; Straf-; ~القانون الـ Strafrecht *n*

[1]**جنب** **II** [dʒannaba] abwenden, fernhalten; **V** تجنب [ta'dʒannaba] (ver)meiden, ausweichen; **VIII** اجتنب [idʒ'tanaba] meiden; sich fernhalten

[2]**جنب** [dʒamb], *pl*. جنوب [dʒu'nuːb] *u*. أجناب [ʔadʒ'naːb] Seite *f*; ~ [-a] *Präp*. bei, neben; ~ا ~ إلى [-an] Seite an Seite; ذات ~الـ Rippenfellentzündung *f*

جنباز [dʒum'baːz] Turnen *n*, Gymnastik *f*

جنبة [dʒamba], *pl*. [dʒana'baːt] Seite *f*, Gegend *f*; **جنبي** [dʒambiː] seitlich, Seiten-

[1]**جنح** [dʒanaħa, a] neigen (إلى zu *D*); abweichen (عن von *D*); *Schiff*: stranden; **II** [dʒannaħa] Flügel verleihen

[2]**جنح** [dʒunħ]: في الليل ~ bei Nacht und Nebel

جنحة [dʒunħa], *pl*. جنح [dʒunaħ] *Jur*. Vergehen *n*

[1]**جند** **II** [dʒannada] *zum Heer* einziehen, einberufen; mobilisieren;

V تجند [ta'dʒannada] einberufen werden

[2]**جند** [dʒund] Heer *n*, Truppe *f*; ~ي, *pl.* جنود [dʒu'nuːd] Soldat *m*; ~ية Heeresdienst *m*

جنزير [dʒin'ziːr], *pl.* جنازير [dʒanaː'ziːr] (2) Kette *f*

[1]**جنس** **II** [dʒannasa] gleichartig machen; einbürgern; **III** جانس [dʒaːnasa] ähneln (ه/ـه *D*); **V** تجنس [ta'dʒannasa] die Staatsangehörigkeit (ب) erwerben; **VI** تجانس [ta'dʒaːnasa] einander gleich *od.* ähnlich sein

[2]**جنس** [dʒins], *pl.* أجناس [ʔadʒ'naːs] Art *f*, Gattung *f*; Geschlecht *n*; *Gr.* Genus *n*; ~ـي Geschlechts-, geschlechtlich, sexuell; Sex-; لا ~ ungeschlechtlich; ~ـية Nationalität *f*; Sexualität *f*

[1]**جنة** [dʒanna], *pl.* جنان [dʒi'naːn] Garten *m*; Paradies *n*

[2]**جنة** [dʒunna] Schutz *m*, Schild *m*

[3]**جنة** [dʒinna] Verrücktheit *f*

جنوب [dʒa'nuːb] Süden *m*; ~ [-a] südlich von; im Süden von; ~ـا [-an] nach Süden; ~ـي südlich

جنوح [dʒu'nuːħ] Hinneigen *n* (إلى zu *D*); Abweichung *f*

جنون [dʒu'nuːn] Wahnsinn *m*, Besessenheit *f*, Verrücktheit *f*

[1]**جنى** [dʒanaː, iː] **1.** pflücken, ernten; *Nutzen* ziehen; verursachen; **2.** *Verbrechen* begehen; *Schaden* zufügen; **V** تجنى [ta'dʒannaː] Unrecht tun; vorwerfen; **VIII** اجتنى [idʒ'tanaː] ernten

[2]**جنى** [dʒanan] Geerntete(s)

[3]**جني** [dʒanj] Ernte *f*; Einbringen *n der Ernte*

[4]**جني** [dʒinniː] Dämon *m*, Geist *m*

جنين [dʒa'niːn], *pl.* أجنة [ʔa'dʒinna] Embryo *m*; Fetus *m*

جنينة [dʒu'naina] Garten *m*

جنيه [dʒu'naih], *Äg.* [gi'neːh] Pfund *n* (*Währungseinheit*)

جنية [dʒi'nniːja] weibliche(r) Dämon, Fee *f*, Elfe *f*

جهات → جهة

جهاد [dʒi'haːd] Kampf *m*; *Isl.* heilige(r) Kampf

جهاز [dʒi'haːz], *pl.* أجهزة [ʔadʒhiza] Gerät *n*, Vorrichtung *f*; Apparat *m*; (technische) Anlage; Organ *n*; System *n*; Ausstattung *f der Braut*

[1]**جهد** [dʒahada, a] sich anstrengen, sich bemühen; **III** جاهد [dʒaːhada] sich bemühen; kämpfen; **IV** أجهد [ʔadʒhada] anstrengen; **VIII** اجتهد [idʒ'tahada] sich bemühen; fleißig sein; selbständig forschen

[2]**جهد** [dʒuhd], *a.* [dʒahd], *pl.* جهود [dʒu'huːd] Anspannung *f*, Anstrengung *f*, Mühe *f*; *El.* Spannung *f*

[3]**جهد** [dʒuhd] (letzte) Anstrengung; ~ه [-ahu], طاقته ~ nach Kräften

ج

[1]جهر [dʒahara, a] *Stimme* erheben; bekanntgeben (ب *A*); äußern; – [dʒahura, u] *Stimme*: laut sein; **III** جاهر [dʒaːhara] offen sagen, äußern

[2]جهر [dʒahr] Offenkundigkeit *f*; ا~ [-an] *Adv*. offen; öffentlich; ة~ [-atan] *Adv*. offen; unverhüllt

جهز **II** [dʒahhaza] bereiten; einrichten; ausstatten, ausrüsten; **IV** أجهز [ʔadʒhaza] den Gnadenstoß geben, erledigen; **V** تجهز [ta'dʒahhaza] ausgerüstet werden; sich bereitmachen

(جهش) **IV** أجهش [ʔadʒhaʃa]: ~ بالبكاء in Tränen ausbrechen

[1](جهض) **IV** أجهض [ʔadʒhaðɒ] e-e Fehlgeburt haben; *fig*. zu Fall bringen

[2]جهض [dʒihđ] Fehlgeburt *f*

[1]جهل [dʒahila, a] unwissend sein; nicht wissen; **VI** تجاهل [ta'dʒaːhala] nichts wissen wollen (هـ von *D*); ignorieren

[2]جهل [dʒahl] Unwissenheit *f*, Ignoranz *f*; Dummheit *f*

(جهم) **V** تجهم [ta'dʒahhama] mürrisch *od*. finster dreinschauen

جهنم [dʒa'hannam] (2) Hölle *f*

جهة [dʒiha] Seite *f*; Richtung *f*; Gegend *f*; Stelle *f*, Behörde *f*; الجهات المختصة die zuständigen Stellen *f/pl*.

جو [dʒaww], *pl*. أجواء [ʔadʒ'waːʔ] Luft *f*; *a. fig*. Atmosphäre *f*; Wetter *n*; ا~ [-an] *Adv*. auf dem Luftwege

جوا [dʒuwwaː] *umg*. (dr)innen; *Ir*. *a*. unten; → جو

جواب [dʒa'waːb], *pl*. أجوبة [ʔadʒwiba] Antwort *f*; *pl*. [-aːt] *Äg*. Brief *m*

جواد [dʒa'waːd] **1.** *pl*. أجواد [ʔadʒ'waːd] freigebig, großzügig; *a*. *npr*. *m*; **2.** *pl*. جياد [dʒi'jaːd] (Renn-)Pferd *n*

جوار [dʒi'waːr] Nachbarschaft *f*, Nähe *f*; ~بـ neben

جواز [dʒa'waːz] Zulässigkeit *f*; Erlaubnis *f*, Genehmigung *f*; *pl*. [-aːt] (= سفر ~) Reisepaß *m*

جوال [dʒa'wwaːl] (umher)wandernd; ambulant; Reisende(r)

جوانتي [gu'wantiː] *Äg*. Handschuhe *m/pl*.

جوانح [dʒa'waːniħ] (2) *pl*. Innere(s)

جواني [dʒu'wwaːniː] *umg*. innere(r); *Ir*. *a*. untere(r)

(جوب) جاب [dʒaːba, uː] durchqueren, durchwandern; **III** جاوب [dʒaːwaba] antworten; **IV** أجاب [ʔa'dʒaːba] antworten (على auf *A*); beantworten; entsprechen (هـ/إلى *e-r Bitte*), erfüllen (*e-e Forderung*); **VI** تجاوب [ta'dʒaːwaba] einander entsprechen; harmonieren; widerhallen; **X** استجاب [ista'dʒaːba] reagieren; gewähren (لـ *e-e Bitte*); Folge leisten (ل D); – استجوب [is'tadʒ-waba] ausfragen, verhören

(جوح) **VIII** اجتاح [idʒ'taːħa] heimsuchen; überfluten

جوخ [dʒuːx], *pl.* أجواخ [ʔadʒ'waːx] Tuch *n*, Stoff *m*

[1](**جود**) جاد [dʒaːda, uː] gut sein; freigebig sein; gewähren (ب *A*); spenden; **II** [dʒawwada] gut machen; *Koran* rezitieren; **IV** أجاد [ʔa'dʒaːda] gut machen (können); *Sprache* beherrschen

[2]**جود** [dʒuːd] Freigebigkeit *f*

جودة [dʒauda] Güte *f*, gute Qualität, Vorzüglichkeit *f*

[1](**جور**) جار [dʒaːra, uː] ungerecht sein (على gegen *j-n*); tyrannisieren; **III** جاور [dʒaːwara] benachbart sein; angrenzen; **IV** أجار [ʔa'dʒaːra] Schutz gewähren (ه *j-m*); **VI** تجاور [ta'dʒaːwara] benachbart sein; **X** استجار [ista-'dʒaːra] Schutz suchen (ب bei *D*)

[2]**جور** [dʒaur] Unrecht *n*; Unterdrükkung *f*; Abirren *n*

جورب [dʒaurab], *pl.* جوارب [dʒa-'waːrib] (2) Socke *f*, Strumpf *m*

جورة [dʒuːra], *pl.* جور [dʒuwar] Grube *f*

جوري [dʒuːriː] Damaszener Rose *f*

[1](**جوز**) جاز [dʒaːza, uː] (hin)durchgehen; erlaubt, möglich sein; **II** [dʒawwaza] erlauben; **III** جاوز [dʒaːwaza] überschreiten; hinausgehen (هـ über *A*); **IV** أجاز [ʔa'dʒaːza] erlauben, gestatten; genehmigen; bestätigen; **VI** تجاوز [ta'dʒaːwaza] = جاوز; *Verk.* überholen; außer acht lassen; **VIII** اجتاز [idʒ'taːza] hindurchgehen, durchqueren, passieren; *Prüfung* bestehen

[2]**جوز** [dʒauz] **1.** *koll.*, *sg.* ة~ (Wal-)Nuß *f*, (Wal-)Nüsse *f/pl.*; ~ الهند Kokosnuß *f*; **2.** *pl.* أجواز [ʔadʒ'waːz]: ~ في mitten in; **3.** = زوج[2]

[1](**جوع**) جاع [dʒaːʕa, uː] hungern, hungrig sein; **II** [dʒawwaʕa] *u.* **IV** أجاع [ʔa'dʒaːʕa] hungern lassen; aushungern

[2]**جوع** [dʒuːʕ] Hunger *m*

جوعان [dʒau'ʕaːn] (2), *f* جوعى [dʒauʕaː], *pl.* جياع [dʒi'jaːʕ] hungrig

[1]**جوف** **II** [dʒawwafa] aushöhlen, hohl machen

[2]**جوف** [dʒauf], *pl.* أجواف [ʔadʒ-'waːf] Hohlraum *m*, Höhlung *f*; Bauch *m*; Innere(s); ~ـي: مياه ~ة Grundwasser *n*

جوقة [dʒauqa], *pl.* [-aːt] Gruppe *f*; (*Theater-*)Truppe *f*; Orchester *n*; Chor *m*

(**جول**) جال [dʒaːla, uː] umherziehen, umherstreifen; **IV** أجال [ʔa'dʒaːla] herumgehen lassen; *Blicke* schweifen lassen; **V** تجول [ta'dʒawwala] umherziehen, wandern, umhergehen

جولة [ʤaula] Rundgang *m*, Rundfahrt *f*; Rundreise *f*; Runde *f*; Ausflug *m*

[1]**(جوهر)** **II** تجوهر [ta'ʤauhara] Substanz werden

[2]**جوهر** [ʤauhar], *pl.* جواهر [ʤa'waːhir] (2) Materie *f*, Substanz *f*; Wesen *n*; Kern *m*; Edelstein *m*; **ة~** Edelstein *m*; Juwel *n*; **ي~** substantiell; wesentlich

جوي [ʤawwiː] Luft-; atmosphärisch; Wetter-; meteorologisch; ~ بريد Luftpost *f*

(جيء) جاء [ʤaːʔa, iː] kommen, gelangen; geschrieben stehen; erfolgen; bringen (ب *A*)

جيار [ʤa'jjaːr] ungelöschte(r) Kalk; **ة~** Kalkofen *m*

جياش [ʤa'jjaːʃ] erregt

[1]**(جيب)** جاب [ʤaːba, iː] *umg.* bringen; *Kind* gebären

[2]**جيب** [ʤaib], *pl.* جيوب [ʤu'juːb] Tasche *f bei Kleidungsstücken*; (*Kiefer-*, *Stirn-*)Höhle *f*; *Math.* Sinus *m*; التمام ~ *Math.* Kosinus *m*; **ي~** Taschen-

جئت [ʤiʔtu] ich kam, → (جيء)

[1]**جيد** [ʤajjid], *pl.* جياد [ʤi'jaːd] gut; جدا ~ [ʤiddan] sehr gut

[2]**جيد** [ʤiːd], *pl.* أجياد [ʔaʤ'jaːd] (*schöner*, *schlanker*) Hals

[1]**جير** **II** [ʤajjara] *Wechsel* indossieren; *Summe* überweisen

[2]**جير** [ʤiːr] Kalk *m*

جيران → جار[1]

جيرة [ʤiːra] Nachbarschaft *f*

جيري [ʤiːriː] Kalk-, kalkig

جيزة [giːza]: الـ~ *Geo.* Gizeh

[1]**(جيش)** جاش [ʤaːʃa, iː] erregt sein; wogen; toben; **II** [ʤajjaʃa] *Truppen* mobilisieren

[2]**جيش** [ʤaiʃ], *pl.* جيوش [ʤu'juːʃ] Heer *n*, Armee *f*

جيفة [ʤiːfa], *pl.* جيف [ʤijaf] Kadaver; Aas *n*

جيل [ʤiːl], *pl.* أجيال [ʔaʤ'jaːl] Generation *f*; *pl. a.* lange(r) Zeitraum

جيم [ʤiːm] der Buchstabe ج

جيولوجيا [ʤiju'loːʤijaː] Geologie *f*

جيئة [ʤiːʔa] Kommen *n*

ح

ح (حاء) [ħaːʔ] *f sechster Buchstabe*

حاثة [ħaːθθa] Hormon *n*

حاج [ħaːdʤ], *pl.* حجاج [ħu'dʤaːʤ] (Mekka-)Pilger *m*

حاجب [ħaːʤib] verhüllend; *pl.* حجاب [ħu'dʤaːb] Pförtner *m*; (Gerichts-)Diener *m*; *pl.* حواجب [ħa'waːʤib] (2) Augenbraue *f*; *Fot.* Blende *f*

حاجز [ħaːʤiz], *pl.* حواجز [ħa'waː-

dʒiz] (2) Schranke *f*, Barriere *f*, Hindernis *n*; Sperre *f*; Geländer *n*; Scheidewand *f*

حاجة [ħaːdʒa] Notwendigkeit *f* (إلى *G*); Bedürfnis *n*, Bedarf *m*; Anliegen *n*; Geschäft *n*, Sache *f*

حاجيات [ħaːdʒiː'jaːt] *pl.* Bedarfsgüter *n/pl.*

حاخام [ħaː'xaːm] Rabbiner *m*

[1]**حاد** [ħaːdd] scharf; *Winkel*: spitz; heftig; *Med. a.* akut

[2]**حاد** [ħaːdin], *pl.* حداة [ħu'daːt] Kameltreiber *m*; → [1](حيد)

حادث [ħaːdiθ] *u.* ~ة [ħaːdiθa], *pl.* حوادث [ħa'waːdiθ] (2) Ereignis *n*, Vorfall *m*; Zwischenfall *m*; Unfall *m*

حادي [ħaːdiː]: ~ عشر [ħaːdija ʕaʃar(a)], *f* حادية عشرة [ħaː'dijata ʕaʃra(ta)] elfte(r); → [2]حاد

حاذق [ħaːðiq] geschickt

حار [ħaːrr] heiß; herzlich; → (حير)

حارث [ħaːriθ], *pl.* حراث [ħu'rraːθ] Pflüger *m*; *a. npr. m*

حارس [ħaːris], *pl.* حراس [ħu'rraːs] Wächter *m*, Wachtposten *m*; Aufseher *m*; *Jur.* Verwalter *m*; *Sport*: Torwart *m*

حارق [ħaːriq] brennend; Brandstifter *m*

حارة [ħaːra] Stadtviertel *n*; Gasse *f*

حاز → [1](حوز)

حازم [ħaːzim] entschlossen; energisch; *a. npr. m*

حاسب [ħaːsib] **1.** zählend; Rechner *m*; آلي ~ Computer *m*; **2.** *Imp.* gib acht!, Vorsicht!

حاسد [ħaːsid] neidisch; Neider *m*

حاسر [ħaːsir] entblößt; الرأس ~ barhäuptig

حاسم [ħaːsim] entscheidend; endgültig

حاسة [ħaːssa], *pl.* حواس [ħa'waːss] (2) Sinn *m*, Sinnesorgan *n*

حاسوب [ħa'suːb], *pl.* حواسيب [ħawaː'siːb] (2) Computer *m*

حاشا [ħaːʃaː]: لله ~ Gott bewahre!, ~ه davon kann keine Rede sein!

حاشد [ħaːʃid] *Menschenmenge*: zahlreich, dicht

حاشية [ħaːʃija], *pl.* حواش [ħa'waːʃin] Rand *m*; Saum *m*; Glosse *f*; Fußnote *f*; Gefolge *n*, Anhang *m*

حاصد [ħɒːsɨd] Schnitter *m*; ~ة Mähmaschine *f*

حاصل [ħɒːsɨl] geschehend; im Besitz (على *e-r Sache*); *pl.* حواصل [ħa'wɒːsɨl] (2) Ergebnis *n*, Resultat *n*; *Math.* Summe *f*; Produkt *n*; ~ات *pl.* Erzeugnisse *n/pl.*

حاضر [ħɒːđɨr], *pl.* [-uːn] *u* حضور [ħu'đuːr] anwesend; Anwesende(r); bereit, fertig; gegenwärtig; الـ~ Gegenwart *f*; !~ *Äg. umg.* in Ordnung!, o.k.; ~ة Metropole *f*; *Tun.* Hauptstadt *f*

حاضنة [ħɒːđɨna] Frau *f*, die das Sorgerecht für ein Kind besitzt; Brutkasten *m*

حاف [ħaːfin], *pl.* حفاة [ħu'faːt] barfuß

حافر [ħaːfir], *pl.* حوافر [ħa'waːfir] (2) Huf *m*

حافز [ħaːfiz], *pl.* حوافز [ħa'waːfiz] (2) Antrieb *m*, Motiv *n*

حافظ [ħaːfið], *pl.* حفاظ [ħu'ffɒːð] *u.* حفظة [ħafaðɒ] Bewahrer *m*; j-d, der den Koran auswendig kann; *a. npr. m*; ~ة Gedächtnis *n*

حافل [ħaːfil] zahlreich, *Veranstaltung*: stark besucht; voll; feierlich; ~ة, *pl.* [-aːt] *u.* حوافل [ħa'waːfil] (2) (Omni-)Bus *m*

حافة [ħaːffa] Rand *m*, Kante *f*, Saum *m*

حاك [ħaːkin] Erzähler *m*; Plattenspieler *m*; → (حوك)

حاكم [ħaːkim], *pl.* [-uːn] *u.* حكام [ħu'kkaːm] herrschend; Herrscher *m*; Gouverneur *m*; Richter *m*

حال [ħaːl], *pl.* أحوال [ʔaħ'waːl] Zustand *m*; Lage *f*; Befinden *n*; Fall *m*; ~ [-a] *Präp.* gleich bei, sobald; ~ا [-an] *Adv.* sofort, jetzt; على كل ~ [kulli ħ.] auf jeden Fall; كيف ~ك [kaifa -uka], *umg.* [kiːf -ak] wie geht es dir?; الأحوال الشخصية Personenstandsangelegenheiten *f/pl.*; → [1](حول), [1](حيل)

حالم Träumer *m*

حالما [ħaːlamaː] sobald (als)

حالة [ħaːla] Zustand *m*; Lage *f*, Situation *f*; Fall *m*; في ~ im Falle (*des*)

حالي [ħaːliː] gegenwärtig, jetzig; ~ا [-jan] *Adv.* zur Zeit

حام [ħaːmin] **1.** Schutz-; *pl.* حماة [ħu'maːt] Beschützer *m*, Protektor *m*; **2.** heiß; feurig; heftig

حامض [ħaːmiđ] sauer; *Ir.* Zitronenaufguß *m*; *pl.* حوامض [ħa'waːmiđ] (2) Säure *f*

حامل [ħaːmil] tragend; *f, pl.* حوامل [ħa'waːmil] (2) schwanger; *pl.* حملة [ħamala] Träger *m*; Überbringer *m*, Inhaber *m e-s Dokuments*; ~ة طائرات Flugzeugträger *m*

حامية [ħaːmija] Beschützerin *f*; *Mil.* Garnison *f*

حان → [1](حين)

حانة [ħaːna] (Wein-)Schenke *f*

حانوت [ħaː'nuːt], *pl.* حوانيت [ħawaː'niːt] (2) (Kauf-)Laden *m*

حاو [ħaːwin] enthaltend; Gaukler *m*; ~ية Containerschiff *n*; Container *m*

حائر [ħaːʔir] verlegen, ratlos

حائز [ħaːʔiz] Besitzer *m*; Gewinner *m*, Träger *m* (على *e-s Preises*)

حائض [ħaːʔiđ] *f* menstruierend

حائط [ħaːʔiŧ], *pl.* حيطان [ħiː'ŧɒːn] Wand *f*, Mauer *f*

حائك [ħaːʔik], *pl.* حاكة [ħaːka] Weber *m*; Schneider *m*

حائل [ħaːʔil] verhindernd; *pl.* حوائل [ħa'waːʔil] (2) Hindernis *n*

[1](حب) **II** حبب [ħabbaba] **1.** lieb, schmackhaft machen (إلى *j-m*); **2.** Körner tragen; **IV** أحب [ʔa'ħabba] lieben, mögen; **V** تحبب [ta'ħabbaba] sich beliebt machen (إلى bei *j-m*); umwerben; **X** استحب [ista'ħabba] als wünschenswert ansehen

[2]**حب** [ħabb] *koll., sg.* ~ة, *pl.* حبوب [ħu'buːb] Körner *n/pl.*, Korn *n*, Samen *m*; Beeren *f/pl.*; Kügelchen *n/pl.*; Pillen *f/pl.*

[3]**حب** [ħubb] Liebe *f*, Zuneigung *f*; ~ الاستطلاع Neugier *f*

[4]**حب** [ħibb], *pl.* أحباب [ʔaħ'baːb] j-d, der etwas liebt

حباء [ħi'baːʔ] Geschenk *n*

حبارى [ħu'baːraː] *Zool.* Trappe *f*

حباكة [ħi'baːka] Weberei *f*

حبذ II [ħabbaða] gutheißen

حبذا [ħabbaðaː] *u.* لو ~ es wäre schön, wenn

[1]**حبر II** [ħabbara] (elegant) schreiben, abfassen

[2]**حبر** [ħibr] Tinte *f*

[1]**حبس** [ħabasa, i] in Haft nehmen, einsperren; zurückhalten; **VII** انحبس [in'ħabasa] zurückgehalten werden; stocken; **VIII** احتبس [iħ'tabasa] zurückgehalten werden; *Atem*: stocken

[2]**حبس** [ħabs] Zurückhalten *n*; Haft *f*, Gefängnis *n*

[3]**حبس** [ħubus], *pl.* أحباس [ʔaħ'baːs] religiöse Stiftung

حبسة [ħubsa] Sprachhemmung *f*; Aphasie *f*

حبش [ħabaʃ] *koll.*: الـ~ die Äthiopier *m/pl.*; الحبشة Äthiopien; ~ي äthiopisch; Äthiopier *m*

(**حبط**) **IV** أحبط [ʔaħbatɒ] zunichtemachen, vereiteln

[1]**حبك** [ħabaka, u, i] drehen; flechten; weben; ausdenken

[1]**حبل**: ~ت [ħabilat, a] schwanger werden; **II** [ħabbala] *u.* **IV** أحبل [ʔaħbala] schwängern

[2]**حبل** [ħabal] Schwangerschaft *f*

[3]**حبل** [ħabl], *pl.* حبال [ħi'baːl] *u.* أحبال [ʔaħ'baːl] Seil *n*, Strick *m*, Tau *n*; (*Nabel-*)Schnur *f*

حبلى [ħublaː], *pl.* حبالى [ħa'baːlaː] schwanger

حبن [ħaban] *Med.* Wassersucht *f*

حبة [ħabba] *ein* Korn *n*; Samenkorn *n*; Beere *f*; Pille *f*; Pickel *m*, Pustel *f*

(**حبو**) حبا [ħabaː, uː] **1.** kriechen; **2.** schenken; **III** حابى [ħaːbaː] entgegenkommen (ه *j-m*), begünstigen

حبوس [ħa'buːs] *Maghr.* (= [3]حبس)

حبيب [ħa'biːb], *pl.* أحباء [ʔaħi'bbaːʔ] (2) *u.* أحباب [ʔaħ'baːb] Liebling *m*, Geliebte(r); Liebe(r); lieb, teuer; ~ة **1.** [ħa'biːba], *pl.* حبائب [ħa'baːʔib] (2) Geliebte *f*; **2.** [ħu'baiba] Körnchen *n*

حبيس [ħa'biːs] eingesperrt

حت [ħatta, u] abkratzen

حتات [ħu'taːt] Stückchen *n/pl.*, Abfälle *m/pl.*

حتار [ħi'taːr] Rand *m*

حتف [ħatf] Tod *m*; لقي ~ه den Tod finden

ح

[1]**حتم II** [ħattama] zur Pflicht machen, vorschreiben (على *j-m*); **V** تحتم [ta'ħattama] notwendig sein, obliegen (على *j-m*)

[2]**حتم** [ħatm] Unabänderlichkeit *f*; ~ا [-an] *Adv.* zwangsläufig; bestimmt; **~ي** unausweichlich; zwangsläufig; ~ية [ħat'miːja] Notwendigkeit *f*; Unabänderlichkeit *f*

حتة [ħitta], *pl.* حتت [ħitat] *Äg.* Stück *n*; Stadtviertel *n*

حتى [ħattaː] **1.** *Präp.* bis, bis zu; **2.** *Konj.* bis (daß); so daß, damit; **3.** sogar, selbst

حث [ħaθθa, u] *u.* **X** استحث [ista'ħaθθa] drängen, antreiben

حثالة [ħu'θaːla] Bodensatz *m*

حثيث [ħa'θiːθ] schnell; *Bemühungen*: intensiv

[1]**حج** [ħaddʒa, u] die Pilgerfahrt (*nach Mekka*) machen; **III** حاج [ħaːddʒa] disputieren; argumentieren; **VIII** احتج [iħ'taddʒa] als Argument anführen (ب *A*); protestieren, Einwand erheben (على gegen *A*)

[2]**حج** [ħaddʒ] Pilgerfahrt *f* (*nach Mekka*)

حجاب [ħi'dʒaːb], *pl.* حجب [ħudʒub] *u.* أحجبة [ʔaħdʒiba] Schleier *m*; Vorhang *m*; Amulett *n*; ~ حاجز Zwerchfell *n*

حجاج [ħi'dʒaːdʒ] Streit *m*, Disput *m*; → حاج

حجاز [ħi'dʒaːz]: الـ~ Hedschas (*Landschaft in Saudi-Arabien*)

[1]**حجب** [ħadʒaba, u] verhüllen; abschirmen (عن vor *D*); **II** [ħaddʒaba] verhüllen, verbergen; **V** تحجب [ta'ħaddʒaba] = احتجب; **VIII** احتجب [iħ'tadʒaba] sich verbergen; entschwinden

[2]**حجب** [ħadʒb] Verhüllung *f*; Abschirmung *f*

حجج → حجة

[1]**حجر** [ħadʒara, u] verbieten (على *j-m*); hindern; entmündigen; **V** تحجر [ta'ħaddʒara] versteinern

[2]**حجر** [ħadʒar], *pl.* حجارة [ħi'dʒaːra] *u.* أحجار [ʔaħ'dʒaːr] Stein *m*

[3]**حجر** [ħadʒr] Verbot *n*; Einschränkung *f*; Absperrung *f*

[4]**حجر** [ħidʒr] verboten, untersagt; Schoß *m*; Schutz *m*

حجرة [ħudʒra], *pl.* [ħudʒu'raːt] *u.* حجر [ħudʒar] Zimmer *n*, Kammer *f*; Zelle *f*

حجري [ħadʒariː] steinern, Stein-; العصر الـ~ Steinzeit *f*

[1]**حجز** [ħadʒaza, i] zurückhalten; festnehmen; einschließen; reservieren, *Platz* belegen; *Jur.* beschlagnahmen; **VIII** احتجز [iħ'tadʒaza] zurückhalten; festhalten

[2]حجز [ħadʒz] Zurückhalten *n*; Reservierung *f*, Belegung *f*; *Jur.* Beschlagnahme *f*

حجل [ħidʒl], *pl.* أحجال [ʔaħ'dʒaːl] Fußring *m* (*Frauenschmuck*)

[1]حجم [ħadʒama, u] *Med.* schröpfen; **II** [ħaddʒama] beschränken; **IV** أحجم [ʔaħdʒama] verzichten (عن auf *A*), unterlassen (عن *A*); sich enthalten

[2]حجم [ħadʒm], *pl.* أحجام [ʔaħ'dʒaːm] *u.* حجوم [ħu'dʒuːm] Größe *f*, Umfang *m*, Volumen *n*; Format *n*

حجة [ħuddʒa], *pl.* حجج [ħudʒadʒ] Argument *n*; Vorwand *m*; Beweis *m*; Urkunde *f*; Autorität *f*

[1]حد [ħadda, u] **1.** begrenzen; abgrenzen; **2.** schärfen; **II** حدد [ħaddada] **1.** begrenzen, beschränken; bestimmen, definieren; **2.** schärfen; **IV** أحد [ʔa'ħadda] scharf machen; **V** تحدد [ta'ħaddada] begrenzt, bestimmt werden; **VIII** احتد [iħ'tadda] in Wut geraten

[2]حد [ħadd], *pl.* حدود [ħu'duːd] Rand *m*, Kante *f*; Schneide *f*; Grenze *f*; Strafe *f*; ~لـ [li-ħaddi] *u.* ~ إلى bis (zu); إلى ~ كبير in hohem Maße

حداثة [ħa'daːθa] Neuheit *f*, Modernität *f*; Jugend *f*

[1]حداد [ħa'ddaːd] Schmied *m*

[2]حداد [ħi'daːd] Trauer *f*; ~ة Schmiedehandwerk *n*

[1]حدب [ħadiba, a] gewölbt, bucklig sein; umsorgen (على *j-n*); **II** [ħaddaba] wölben; **V** تحدب [ta'ħaddaba] gewölbt, bucklig sein; **XII** احدودب [iħ'daudaba] gekrümmt sein

[2]حدب [ħadab] **1.** *pl.* أحداب [ʔaħ'daːb] Buckel *m*; من كل ~ وصوب von überall her; **2.** (Zu-) Neigung *f*

حدبة [ħadaba] Buckel *m*, Höcker *m*; Wölbung *f*

[1]حدث [ħadaθa, u] geschehen, sich ereignen; – [ħaduθa, u] neu sein; **II** [ħaddaθa] erzählen, berichten; **III** حادث [ħaːdaθa] sprechen (ه mit *j-m*); **IV** أحدث [ʔaħdaθa] hervorrufen, bewirken, verursachen; schaffen; **V** تحدث [ta'ħaddaθa] sprechen, reden; **VI** تحادث [ta'ħaːdaθa] miteinander reden; **X** استحدث [is'taħdaθa] (neu) einführen *od.* schaffen

[2]حدث [ħadaθ], *pl.* أحداث [ʔaħ'daːθ] Ereignis *n*, Vorfall *m*; Jugendliche(r); *Isl.* kleine rituelle Unreinheit

(حدر) **V** تحدر [ta'ħaddara] herabsteigen, herabkommen; abstammen; **VII** انحدر [in'ħadara] hinabgehen; herabgleiten; *Gelände*: abfallen; abstammen

حدس [ħads] Vermutung *f*; Intuition *f*

ح

حدق [ħadaqa, i]: anschauen; **II** [ħaddaqa] anblicken, anstarren; **IV** أحدق [ʔaħdaqa] umgeben, umringen; anblicken

حدقة [ħadaqa] Pupille *f*

(**حدم**) **VIII** احتدم [iħ'tadama] entbrennen; heftig(er) werden

[1]**حدة** [ħida]: ~ على allein

[2]**حدة** [ħidda] Schärfe *f*; Heftigkeit *f*; Wut *f*, Ärger *m*

(**حدو**) حدا [ħadaː, uː] *Kamel* antreiben; treiben, anspornen, bewegen; **V** تحدى [ta'ħaddaː] herausfordern; trotzen

حدوث [ħu'duːθ] Geschehen *n*, Eintreten *n e-s Zustandes*

حدود [ħu'duːd] (*pl. von* → [2]حد) (Landes-)Grenze *f*

حدوة [ħidwa] Hufeisen *n*

حديث [ħa'diːθ] **1.** *pl.* حداث [ħi'daːθ] modern, neu; jung; ~ا [-an] neulich, jüngst; **2.** *pl.* أحاديث [ʔaħaː'diːθ] (2) Gespräch *n*, Unterhaltung *f*; Erzählung *f*, Bericht *m*; *Isl.* Tradition *f*, Überlieferung *f* (*über den Propheten*)

حديد [ħa'diːd] Eisen *n*; **ة**~ Stück *n* Eisen; **ي**~ eisern, Eisen-

حديقة [ħa'diːqa], *pl.* حدائق [ħa'daːʔiq] (2) Garten *m*; ~ الحيوانات Zoo *m*; ~ عامة Park *m*

[1]**حذاء** [ħa'ððaːʔ] Schuster *m*

[2]**حذاء** [ħi'ðaːʔ] **1.** *pl.* أحذية [ʔaħðija] Schuh *m*; **2.** [-a] gegenüber; entlang

حذار [ħa'ðaːri] hüte dich

حذافير [ħaðaː'fiːr]: بحذافيره ganz, vollständig

حذاقة [ħa'ðaːqa] Geschick *n*, Geschicklichkeit *f*

[1]**حذر** [ħaðira, a] sich in acht nehmen, hüten; **II** [ħaððara] warnen (من vor *D*); **III** حاذر [ħaːðara] auf der Hut sein

[2]**حذر** [ħaðar, ħiðr] Vorsicht *f*, Wachsamkeit *f*; Argwohn *m*

[3]**حذر** [ħaðir] vorsichtig, wachsam

[1]**حذف** [ħaðafa, i] wegnehmen, weglassen; streichen; *Gr.* elidieren

[2]**حذف** [ħaðf] Weglassen *n*, Streichung *f*; *Gr.* Elision *f*

[1]**حذق** [ħaðaqa, i] geschickt machen, gut können

[2]**حذق** [ħiðq] Geschicklichkeit *f*

حذلقة [ħaðlaqa] Getue *n*; Pedanterie *f*

[1](**حذو**) حذا [ħaðaː, uː] *j-s Beispiel* folgen; **III** حاذى [ħaːðaː] parallel laufen (ـه mit *D*); entlanggehen; **VIII** احتذى [iħ'taðaː] **1.** j-s Beispiel (ه) folgen; **2.** Schuhe anziehen *od.* tragen

[2]**حذو** [ħaðwa] *Präp.* gegenüber; parallel

[1](**حر**) **II** حرر [ħarrara] befreien; freilassen; liberalisieren; redigieren; *Urkunde* ausstellen; **V** تحرر [ta'ħarrara] sich befreien; **X** استحر

[ista'ħarra] *a. fig.* heiß werden; heftiger werden

²حر [ħarr] Hitze *f*

³حر [ħurr], *pl.* أحرار [ʔaħ'raːr] frei, ungebunden; edel, echt, rein

حراث [ħa'rraːθ] Pflüger *m*; ~ة [ħi'raːθa] Ackerbau *m*

حراج [ħa'raːʤ] Auktion *f*; → ²حرج; ~ة Schwierigkeit *f der Lage*

حرارة [ħa'raːra] Hitze *f*; Wärme *f*; Temperatur *f*; Leidenschaft *f*; Herzlichkeit *f*

حراري [ħa'raːriː] Wärme-; Kalorien-; ~ات [-'jaːt] *pl.* Schamottesteine *m/pl.*; Wärmeisolierstoffe *m/pl.*

حراس → حارس; ~ة [ħi'raːsa] Bewachung *f*; Wache *f*; *Jur.* Sequestration *f*

حراق [ħa'rraːq] brennend; scharf

حراقة [ħa'rraːqa] Kanonenboot *n*

حراك [ħa'raːk] Bewegung *f*

حرام [ħa'raːm] verboten; Verbotene(s); unrechtmäßig; Sünde *f*; unverletzlich; geheiligt; البيت ال~ die Kaaba; ~ي, *pl.* ~ة Dieb *m*, Räuber *m*

¹(**حرب**) **III** حارب [ħaːraba] bekämpfen; **VI** تحارب [ta'ħaːraba] miteinander Krieg führen

²**حرب** [ħarb] *f*, *pl.* حروب [ħu'ruːb] Krieg *m*; ~ أهلية Bürgerkrieg *m*; ~ة, *pl.* حراب [ħi'raːb] Lanze *f*, Speer *m*; Bajonett *n*; ~ي Kriegs-; militärisch; ~ية Kriegswesen *n*; *Äg.* Kriegsakademie *f*

¹**حرث** [ħaraθa, u] pflügen

²**حرث** [ħarθ] Pflügen *n*; Ackerland *n*

¹**حرج** [ħariʤa, a] beengt sein; bedrückt sein; **II** [ħarradʒa] **1.** verbieten; **2.** aufforsten; **IV** أحرج [ʔaħradʒa] in Verlegenheit bringen; verbieten; **V** تحرج [ta'ħarradʒa] kritisch, schwierig werden

²**حرج** [ħaradʒ] **1.** Schwierigkeit *f*, Bedrängnis *f*, kritische Lage; **2.** *pl.* حراج [ħi'raːʤ] *u.* أحراج [ʔaħ'raːʤ] Wald *m*, Forst *m*

³**حرج** [ħariʤ] schwierig, kritisch; ~ الصدر bedrückt

¹**حرز** [ħaraza, u] bewachen; **IV** أحرز [ʔaħraza] erlangen; *Sieg* erringen; **V** تحرز [ta'ħarraza] sich hüten

²**حرز** [ħirz], *pl.* أحراز [ʔaħ'raːz] sichere(r) Ort; Amulett *n*

¹**حرس** [ħarasa, u] bewachen, bewahren, hüten; **VIII** احترس [iħ'tarasa] sich hüten (من vor *D*)

²**حرس** [ħaras] Wache *f*, Leibwache *f*, Garde *f*

¹**حرش** **II** [harraʃa] aufhetzen; **V** تحرش [ta'ħarraʃa] provozieren (ب *j-n*)

²**حرش** [ħurʃ, ħirʃ], *pl.* أحراش [ʔaħ'raːʃ] Wald *m*, Dickicht *n*

¹**حرص** [ħarɒsɒ, i] streben (على

nach *D*), bedacht sein (على auf *A*)

[2]**حرص** [ħirṣ] Streben *n*, Bestreben *n*, Bemühen *n*

حرض II [ħarrɒđɒ] anstacheln, aufhetzen, aufwiegeln

[1]**حرف II** [ħarrafa] *Sinn* verdrehen; entstellen; **VII** انحرف [in'ħarafa] abweichen, abkommen (عن von *D*); auf Abwege geraten; ausarten (إلى in *A*); **VIII** احترف [iħ'tarafa] als Beruf ausüben

[2]**حرف** [ħarf], *pl.* حروف [ħu'ruːf] *u.* أحرف [ʔaħruf] **1.** Rand *m*, Kante *f*; **2.** Buchstabe *m*; Konsonant *m*; *Gr.* Partikel *f*; *Gr.* Präposition *f*; صوتي ~ Vokal *m*

حرفة [ħirfa], *pl.* حرف [ħiraf] Gewerbe *n*; Handwerk *n*; Beruf *m*

[1]**حرفي** [ħarfiː] buchstäblich, wörtlich (*Adv.* ~ًا [-jan])

[2]**حرفي** [ħir(a)fiː] gewerblich, Handwerks-; Handwerker *m*

[1]**حرق** [ħaraqa, u, i] *etw.* verbrennen; *Ziegel* brennen; **II** [ħarraqa] verbrennen; *mit den Zähnen* knirschen; **IV** أحرق [ʔaħraqa] anzünden; versengen; **V** تحرق [ta'ħarraqa] verbrannt werden; brennen (إلى auf *A*); **VIII** احترق [iħ'taraqa] *intr.* (ver)brennen

[2]**حرق** [ħarq] Verbrennung *f*; Brandstiftung *f*

[1]**حرقة** [ħarqa] *Med.* Verbrennung *f*

[2]**حرقة** [ħurqa] Qual *f*, Pein *f*

[1]**حرك II** [ħarraka] bewegen, in Gang setzen; rühren; anregen, erwekken; **V** تحرك [ta'ħarraka] sich bewegen; abfahren, aufbrechen

[2]**حرك** [ħarik] beweglich, lebhaft

حركة [ħaraka] Bewegung *f*; Aktion *f*; Betriebsamkeit *f*; Verkehr *m*; Regung *f*; *Gr.* Vokal *m*

حركي [ħarakiː] Bewegungs-; dynamisch

[1]**حرم** [ħarama, i] berauben (ه من/ـه *j-n e-r Sache*); wegnehmen, entziehen; ausschließen (من von *D*); – [ħaruma, u] verboten sein (على *j-m*); **II** [ħarrama] verbieten; für unverletzlich *od.* heilig erklären; **VIII** احترم [iħ'tarama] (ver)ehren, achten, respektieren

[2]**حرم** [ħaram], *pl.* أحرام [ʔaħ'raːm] heilige(r) Ort; Heiligtum *n*; unantastbare Sache; Ehefrau *f*; الحرمان *du.* Mekka und Medina

حرمان [ħir'maːn] Beraubung *f*; Ausschließung *f*; Entbehrung *f*

حرمة [ħurma] Unverletzlichkeit *f*; Ehefrau *f*; Ehrfurcht *f*, Respekt *m*

حرون [ħa'ruːn] störrisch

[1]**(حري) V** تحرى [ta'ħarraː] suchen; untersuchen; anstreben; sich e-r Sache (ـه) befleißigen

[2]**حري** [ħa'riːj], *pl.* أحرياء [ʔaħri'jaːʔ] (2) geeignet; würdig

حرير [ħa'riːr] Seide *f*; حرائر [ħa'raːʔir] (2) *pl.* Seidenstoffe *m/pl.*

حريرة [ħu'raira] Kalorie *f*
حريري [ħa'riːriː] seiden, aus Seide
حريص [ħa'riːs] bemüht
[1]**حريف** [ħa'riːf], *pl.* حرفاء [ħura'faːʔ] (2) *Tun.* Kunde *m*
[2]**حريف** [ħi'rriːf] *Gewürz:* scharf
حريق [ħa'riːq] Brand *m*, Feuer *n*
حريم [ħa'riːm] Frauengemach *n*; Frauen *f/pl.*
حرية [ħu'rriːja] Freiheit *f*
[1]**حز** [ħazza, u] (ein)schneiden
[2]**حز** [ħazz], *pl.* حزوز [ħu'zuːz] Einschnitt *m*, Kerbe *f*
حزاز [ħa'zaːz] *Bot., Med.* Flechte *f*; ~ـة Groll *m*
حزام [ħi'zaːm], *pl.* أحزمة [ʔaħzima] Gürtel *m*, Gurt *m*
[1](**حزب**) **V** تحزب [ta'ħazzaba] Partei ergreifen; e-e Partei bilden
[2]**حزب** [ħizb], *pl.* أحزاب [ʔaħ'zaːb] (*politische*) Partei; ~ـي Partei-; ~ـية Parteiwesen *n*; Parteigeist *m*; Parteilichkeit *f*
[1]**حزر** [ħazara, i, u] vermuten; erraten
[2]**حزر** [ħazr] Vermutung *f*
[1]**حزم** [ħazama, i] (zu)schnüren; (ein)packen; أمره ~ entschlossen handeln; – [ħazuma, u] entschlossen sein; **VIII** احتزم [iħ'tazama] sich gürten
[2]**حزم** [ħazm] (Ver-)Packen *n*; (Ver-)Schnüren *n*; Entschlossenheit *f*; Tatkraft *f*; Umsicht *f*
حزمة [ħuzma], *pl.* حزم [ħuzam] Bund *n*; Bündel *n*; Garbe *f*
[1]**حزن** [ħazina, a] traurig sein; trauern; **IV** أحزن [ʔaħzana] traurig machen, betrüben
[2]**حزن** [ħuzn], *pl.* أحزان [ʔaħ'zaːn] Trauer *f*, Kummer *m*
حزورة [ħa'zzuːra] Rätsel *n*
حزيران [ħaziː'raːn] *Ir., Syr.* Juni *m*
حزيم [ħa'ziːm] entschlossen, energisch
حزين [ħa'ziːn], *pl.* حزناء [ħuza'naːʔ] (2) traurig, betrübt
[1]**حس** [ħassa, u] fühlen; **II** حسس [ħassasa] betasten; fühlen lassen; **IV** أحس [ʔa'ħassa] merken; fühlen, empfinden; **V** تحسس [ta'ħassasa] betasten; Erkundigungen einziehen
[2]**حس** [ħiss] **1.** *u.* [ħass] Empfindung *f*, Gefühl *n*; **2.** Geräusch *n*, Laut *m*
حساء [ħa'saːʔ] Suppe *f*
حساب [ħi'saːb], *pl.* [-aːt] (Be-)Rechnen *n*; Abrechnung *f*; Rechnung *f*; Kalkulation *f*; Arithmetik *f*; *Hdl.* Konto *n*; Berücksichtigung *f*; *pl.* Buchhaltung *f*, ~ـي rechnerisch
حساس [ħa'ssaːs] empfindlich, sensibel; ~ـية Empfindlichkeit *f*, Sensibilität *f*; Allergie *f*
حسام [ħu'saːm] Schwert *n*
[1]**حسب** [ħasaba, u] (be)rechnen; anrechnen; kalkulieren; – [ħasiba, a] meinen, glauben; **III**

حاسب [ħaːsaba] abrechnen; zur Rechenschaft ziehen; achtgeben, aufpassen; **V** تحسب [ta'ħassaba] sich vorsehen; rechnen (ل mit *D*); **VI** تحاسب [ta'ħaːsaba] miteinander abrechnen; **VIII** احتسب [iħ'tasaba] berechnen; anrechnen

ح

²**حسب** [ħasab] **1.** *pl.* أحساب [ʔaħ'saːb] vornehme Herkunft; **2.** [-a], ~بـ *u.* ~ على *Präp.* gemäß

³**حسب** [ħasb] Genüge *f*; ~ك [-uka] es genügt dir (أن daß), du brauchst nur; ~فـ weiter nichts, nur

حسبان [ħus'baːn] (Be-)Rechnung *f*; كان في الـ~ man rechnete damit

حسبما [ħa'sabamaː] je nachdem wie

حسبة [ħisba] Rechnung *f*; Rechenaufgabe *f*

حسبي [ħasbiː]: مجلس ~ *Äg.* Vormundschaftsgericht *n*

¹**حسد** [ħasada, u] (be)neiden

²**حسد** [ħasad] Neid *m*

حسر [ħasara, u] *Hülle* entfernen; entblößen; *Auge*: ermüden; **II** [ħassara] betrüben; **VII** انحسر [in'ħasara] zurückgehen; weichen

حسران [ħas'raːn] betrübt

حسرة [ħasra] Kummer *m*, Jammer *m*; واحسرتاه [waː-ħasra'taːh] o Jammer!, o weh!

حسك [ħasak] *koll.*, *sg.* ~ة Stachelgewächs *n*; Fischgräten *f/pl.*

¹**حسم** [ħasama, i] beenden; *Streit* beilegen, schlichten; entscheiden; *Betrag* abziehen

²**حسم** [ħasm] Beilegung *f*, Entscheidung *f*; Abzug *m*, Skonto *m*

¹**حسن** [ħasuna, u] gut sein; schön sein; **II** [ħassana] verbessern; **III** حاسن [ħaːsana] gut behandeln; **IV** أحسن [ʔaħsana] gut können, beherrschen; Gutes tun; أحسنت [ʔaħ'sant(a)] bravo!; **V** تحسن [ta'ħassana] sich (ver)bessern; **X** استحسن [is'taħsana] *etwas* gut, richtig finden

²**حسن** [ħasan] gut, schön; *a. npr. m*; ~ا [-an] *Adv.* gut

³**حسن** [ħusn] Schönheit *f*; ~ الظن [ħ. ɒð-ðɒnn] gute Meinung; لـ~/من ~ الحظ [li-ħusni l-ħɒðð] zum Glück

حسناء [ħas'naːʔ] (2) schöne Frau

حسنة [ħasana] gute Tat; ~ات *pl.* Vorteile *m/pl.*

حسنى [ħusnaː]: بالـ~ im guten, gütlich; freundlich

(**حسو**) حسا [ħasaː, uː] *u.* **VIII** احتسى [iħ'tasaː] trinken

حسود [ħa'suːd] neidisch

حسور [ħu'suːr] Ermüdung *f des Auges*

حسي [ħissiː] sinnlich (wahrnehmbar); Sinnes-; fühlbar

حسيب [ħa'siːb], *pl.* حسباء [ħusa'baːʔ] (2) vornehm; geachtet

حسير [ħa'siːr], *pl.* حسرى [ħasraː] traurig; *Auge*: müde

حسين [ħu'sain] Hussain *npr. m*

حش [ħaʃʃa, u] mähen

حشا [ħaʃan], *pl.* أحشاء [ʔaħ'ʃaːʔ] Gedärme *pl.*, Eingeweide *pl.*; في أحشاء im Innern von; → [1](حشو)

حشاش [ħa'ʃʃaːʃ] Haschischraucher *m*

[1]**حشد** [ħaʃada, u] *Truppen* sammeln, zusammenziehen; *Kräfte* mobilisieren; **II** [ħaʃʃada] *Truppen* konzentrieren; **V** تحشد [ta'ħaʃʃada] sich (an)sammeln

[2]**حشد** [ħaʃd] Zusammenziehung *f*; *pl.* حشود [ħu'ʃuːd] Ansammlung *f*; *pl.* Menschenmassen *f/pl.*

[1]**حشر** [ħaʃara, u, i] versammeln; hineinzwängen

[2]**حشر** [ħaʃr] Versammlung *f*; يوم الـ~ der Jüngste Tag

حشرة [ħaʃara], *pl.* [-aːt] Insekt *n*, علم الحشرات [ʕilm al-ħ.] Entomologie *f*

[1](**حشم**) **V** تحشم [ta'ħaʃʃama] verschämt, züchtig sein; **VIII** احتشم [iħ'taʃama] = تحشم; sich schämen

[2]**حشم** [ħaʃam] Dienerschaft *f*

[3]**حشم** [ħaʃm] *Ir.* Bußgeld *n*

حشمة [ħiʃma] Scham *f*, Züchtigkeit *f*, Anstand *m*

[1](**حشو**) حشا [ħaʃaː] (aus)stopfen; füllen; *Gewehr* laden; **II** حشى [ħaʃʃaː] *in e-n Text* einschieben; *Kleid* säumen; **VI** تحاشى [ta'ħaːʃaː] (ver)meiden

[2]**حشو** [ħaʃw] (Auf)Füllen *n*, Füllung *f*; *Rhet.* Pleonasmus *m*; *Gr.* Infix *n*; ة~ Füllung *f*

حشيش [ħa'ʃiːʃ], *pl.* حشائش [ħa'ʃaːʔiʃ] (2) Gras *n*; Kraut *n*; Haschisch *n*; ـة~ Kraut *n*

حشيم [ha'ʃiːm] schamhaft; zurückhaltend

(**حص**) **II** حصص [ħɒssɒsɒ] kontingentieren

حصاد [ħɨ'sɒːd] Ernte *f*

حصار [ħɨ'sɒːr] Belagerung *f*, Blockade *f*; Umzingelung *f*

حصافة [ħɒ'sɒːfa] Umsicht *f*; abgewogene(s) Urteil

حصان [ħɨ'sɒːn], *pl.* أحصنة [ʔaħsɨna] Hengst *m*, Pferd *n*

حصانة [ħɒ'sɒːna] Uneinnehmbarkeit *f*; Keuschheit *f*; *Med.*, *Dipl.* Immunität *f*

حصاة [ħɒ'sɒːt], *pl.* حصيات [ħɒsɒ'jaːt] Steinchen *n*, Kiesel *m*

حصب [ħɒsɒb] Schotter *m*, Kies *m*

حصبة [ħɒsba] *Med.* Masern *pl.*

حصد [ħɒsɒda, u] ernten; mähen; *Korn* schneiden

[1]**حصر** [ħɒsɒra, u] einschließen, blockieren; be-, einschränken; zusammenstellen, erfassen; *Wort* einklammern; **III** حاصر [ħɒːsɒra]

einschließen, belagern; **VII** انحصر [inˈħɒsɒra] sich resümieren lassen; sich beschränken (في auf *A*)

[2]**حصر** [ħɒsɒr] Gehemmtheit *f*

[3]**حصر** [ħɒsr] Einschließung *f*; Blokkierung *f*; Beschränkung *f*, Einengung *f*; Zusammenfassung *f*, Erfassung *f*; لا ~ له [-a] unbegrenzt; على سبيل الـ~ vollständig

[4]**حصر** [ħusr] Harnverhaltung *f*

حصل [ħɒsɒla, u] sich ereignen, eintreten, stattfinden; entstehen, sich ergeben; passieren, zustoßen (ل *j-m*); resultieren (من aus *D*); erlangen, erhalten (على *A*); **II** [ħɒssɒla] erwerben, sich aneignen; *Steuern* eintreiben; *Gebühr* erheben; **V** تحصل [taˈħɒssɒla] erlangen; sich ergeben, resultieren; **X** استحصل [isˈtaħsɒla] sich verschaffen (على *A*)

[1]**حصن** [ħasuna, u] befestigt, unzugänglich sein; **II** [ħɒssɒna] *Mil.* befestigen; immunisieren; **V** تحصن [taˈħɒssɒna] sich verschanzen

[2]**حصن** [ħɨsn], *pl.* حصون [ħuˈsuːn] Festung *f*, Burg *f*; Bollwerk *n*, Bastion *f*; Schutz *m*

حصة [ħɨssɒ], *pl.* حصص [ħɨsɒs] Anteil *m*; Quote *f*; Kontingent *n*; Dividende *f*; (Schul-)Stunde *f*

حصول [ħuˈsuːl] Eintritt *m*, Stattfinden *n e-s Ereignisses*; Erlangung *f*, Erhalt *m*, Erwerb *m* (على *G*)

حصوة [ħɒswa], *pl.* حصوات [ħɒsɒˈwaːt] Steinchen *n*; Kiesel *m*

حصوي [ħɒsɒwiː] steinig

[1](**حصي**) **IV** أحصى [ʔaħsɒː] (auf-)zählen

[2]**حصى** [ħɒsɒn] *koll.* Kies *m*, Steinchen *n/pl.*

حصيد [ħɒˈsɨːd] Ernte(ertrag *m*) *f*

حصيرة [ħɒˈsɨːra], *pl.* حصائر [ħɒˈsɒːʔir] (2) Matte *f*

حصيف [ħɒˈsɨːf] umsichtig

حصيلة [ħɒˈsɨːla], *pl.* حصائل [ħɒˈsɒːʔil] (2) Ertrag *m*; Ergebnis *n*; (*Steuer-*)Aufkommen *n*

حصين [ħɒˈsɨːn] unzugänglich, fest; immun

حض [ħɒđđɒ, u] anstacheln, antreiben (على zu *D*)

حضارة [ħɒˈđɒːra] Kultur *f*; Zivilisation *f*

حضاري [ħɒˈđɒːriː] kulturell

حضانة [ħɨˈđɒːna] *od. (meist)* [ħɒˈđɒːna] Aufziehen *n e-s Kindes*; Bebrütung *f*; *Med.* Inkubation *f*; (دار) الـ~ Kinderkrippe *f*

[1]**حضر** [ħɒđɒra, u] zugegen, anwesend sein; kommen (إلى zu *D*), erscheinen; teilnehmen (ه an *e-r Veranstaltung*); **II** [ħɒđđɒra] (vor)bereiten; zubereiten, herstellen; herbeischaffen; **III** حاضر [ħɒːđɒra] Vorlesung halten, vor-

tragen; **IV** أحضر [ʔaħđɒra] herbeischaffen, holen, bringen; **V** تحضر [ta'ħɒđđɒra] sich bereitmachen; seßhaft werden; **VIII** احتضر *Pass.* [uħ'tuđɨra] sterben, verscheiden; **X** استحضر [is'taħđɒra] kommen lassen, *Jur.* vorladen; sich vergegenwärtigen; zubereiten

[2]**حضر** [ħɒđɒr] Stadt (*Gegens. Land*); seßhafte Bevölkerung

حضرة [ħɒđra] **1.** ~ في + *G*: in Gegenwart von; **2.** *pl.* [ħɒđɒ'raːt] *höfliche Anrede*: ~ـك [ħɒd'ratuka] Sie

حضري [ħɒđɒriː] ansässig; städtisch; zivilisiert

[1]**حضن** [ħɒđɒna, u] umarmen; *Kind* aufziehen; *Ei* ausbrüten; **VIII** احتضن [iħ'tɒđɒna] in die Arme nehmen

[2]**حضن** [ħɨđn], *pl.* أحضان [ʔaħ'đɒːn] Brust *f*, *fig.* Busen *m*; بأحضانه in s-n Armen

حضور [ħu'đuːr] Anwesenheit *f*; Erscheinen *n*, Teilnahme *f*, Besuch *m*; → حاضر

حضيض [ħɒ'đɨːđ] Fuß *m e-s Berges*; Tiefe *f*, Tiefpunkt *m*

[1]**حط** [ħɒttɒ, u] niedersetzen, absetzen; sich herabsenken; landen; herabsetzen (من *A*); **VII** انحط [in'ħɒttɒ] (herab)sinken; sich verringern

[2]**حط** [ħɒtt] Niedersetzen *n*; Herabsetzung *f*

حطاب [ħɒ'ttɒːb] Holzfäller *m*; Brennholzverkäufer *m*

حطام [ħu'tɒːm] Trümmer *n/pl.*, Bruchstücke *n/pl.*; Wrack *n*

حطب [ħɒtɒb] (Brenn-)Holz *n*

حطم [ħɒtɒma, i] zerbrechen; **II** [ħattɒma] zerschlagen, zertrümmern; **V** تحطم [ta'ħattɒma] zertrümmert werden; in Stücke gehen

حطة [ħittɒ] Niedrigkeit *f*; Erniedrigung *f*

حظ [ħɒðð], *pl.* حظوظ [ħu'ðuːð] Anteil *m*; Los *n*, Geschick *n*; Glück *n*; Chance *f*, Aussicht *f*; سوء الـ~ Unglück *n*

[1]**حظر** [ħɒðɒra, u] einzäunen; verbieten (على *j-m*)

[2]**حظر** [ħɒðr] Verbot *n*; Embargo *n*

حظوة [ħuðwa] Gunst *f*, Wohlwollen *n*

حظي [ħɒðɨja, aː] in Gunst stehen (عند bei *j-m*); erhalten (ب *A*); finden (ب *Interesse*)

حظيرة [ħɒ'ðɨːra], *pl.* حظائر [ħɒ'ðɒːʔir] (2) Gehege *n*, Pferch *m*, (*Flugzeug-*)Halle *f*

حظيظ [ħɒ'ðɨːð] glücklich

حظية [ħɒ'ðɨːja], *pl.* حظايا [ħɒ'ðɒːjaː] Lieblingsfrau *f*; Mätresse *f*

حف [ħaffa, u] umgeben, umsäumen; *Haare* entfernen; – [ħaffa, i] rauschen

حفار [ħa'ffaːr] Erdarbeiter *m*; Totengräber *m*; Graveur *m*; Bohrgerät *n*; **ة~** Bagger *m*; Bohrgerät *n*

حفاز [ħa'ffaːz] Katalysator *m*

حفاظ [ħi'fɒːð] Schutz *m*; *pl.* [-aːt] *Med.* Binde *f*

ح

حفاة → حاف

حفاوة [ħa'faːwa] freundliche(r) Empfang, herzliche Aufnahme

[1]**حفر** [ħafara, i] graben; bohren; (ein)gravieren; schnitzen

[2]**حفر** [ħafr] Graben *n*, Grabung *f*; Bohren *n*; Gravierung *f*

حفرة [ħufra], *pl.* حفر [ħufar] Grube *f*; Loch *n*

حفرية [ħaf'riːja], *pl.* [-aːt] Grabung *f*; Bohrung *f*; *pl. a.* Ausgrabungen *f/pl.*

حفز [ħafaza, i] antreiben, motivieren; **V** تحفز [ta'ħaffaza] sich anschicken, bereit sein; zum Sprung ansetzen

[1]**حفظ** [ħafiðɒ, a] (be)wahren, behüten; erhalten; verwahren; auswendig lernen *od.* können; **II** [ħaffaðɒ] auswendig lernen lassen; **III** حافظ [ħaːfaðɒ] bewahren, beschützen; wahren; achten (على auf *A*); (ein)halten; **V** تحفظ [ta'ħaffaðɒ] sicherstellen (على *A*); Zurückhaltung üben; Vorbehalte machen; **VIII** احتفظ [iħ'tafaðɒ] behalten, (aufrecht)erhalten; aufbewahren; sich vorbehalten (ب *A*)

[2]**حفظ** [ħifð] Wahrung *f*, Erhaltung *f*; Schutz *m Gottes*; Konservierung *f*; Gedächtnis *n*

[1]**حفل** [ħafala, i] voll sein; sich kümmern (ب um *A*); **VIII** احتفل [iħ'tafala] feiern, begehen (ب *A*); Interesse entgegenbringen (ب *D*)

[2]**حفل** [ħafl] Feier *f*; (*Sport-*)Veranstaltung *f*; **ة~**, *pl.* [ħaf(a)'laːt] Feier *f*, Fest *n*; Veranstaltung *f*; (*Kino-*)Vorstellung *f*

حفنة [ħafna] e-e Handvoll

حفي [ħafija, aː] **1.** freundlich aufnehmen (ب *j-n*); **2.** barfuß gehen; **VIII** احتفى [iħ'tafaː] herzlich empfangen; feiern (ب *A*); sich interessieren

حفيد [ħa'fiːd], *pl.* أحفاد [ʔaħ'faːd] Enkel *m*; Nachkomme *m*; **ة~** Enkelin *f*

حفيظ [ħa'fiːð] Bewahrer *m* (*Gott*); **ة~** Groll *m*

حفيف [ħa'fiːf] Rauschen *n des Windes*, Rascheln *n*

[1]**حق** [ħaqqa, i] wahr, richtig sein; angemessen sein; obliegen (على *j-m*); zustehen (ل *j-m*); **II** حقق [ħaqqaqa] wahr machen, verwirklichen, realisieren; untersuchen, nachprüfen; feststellen, ermitteln; bestätigen; **IV** أحق [ʔa'ħaqqa] recht haben; الحق ~ das Recht (*e-s anderen*) anerkennen; **V** تحقق [ta'ħaqqaqa] sich be-

wahrheiten; sich verwirklichen; sich vergewissern (من/ـه G); **X** استحق [ista'ħaqqa] Anspruch haben; verdienen; fällig sein

حق[2] [ħaqq] wahr, recht, richtig; Wahrheit *f*, Richtigkeit *f*; *pl.* حقوق [ħu'quːq] Recht *n*; Anspruch *m*; Pflicht *f*; ~ا [-an] wirklich; بـ~ [-in] mit Recht; [-i] hinsichtlich; الـ~ معك du hast recht; كلية الحقوق juristische Fakultät

حق[3] [ħuqq], *pl.* حقاق [ħi'qaːq] Dose *f*; Töpfchen *n*; *Anat.* Gelenkpfanne *f*

حقارة [ħa'qaːra] Verächtlichkeit *f*, Niedrigkeit *f*

حقانية [ħaqqaː'niːja] *u.* وزارة الـ~ *früher Äg.* Justizministerium *n*

حقب [ħuqb], *pl.* أحقاب [ʔaħ'qaːb] *u.* ~ة [ħiqba], *pl.* حقب [ħiqab] Zeitraum *m*, Periode *f*

حقد[1] [ħaqada, i] Haßgefühle hegen

حقد[2] [ħiqd] Haß *m*, Groll *m*

حقر [ħaqura, u] verächtlich sein; **II** [ħaqqara] verächtlich machen, herabwürdigen; **VIII** احتقر [iħ'taqara] verachten, geringschätzen

حقل [ħaql], *pl.* حقول [ħu'quːl] Feld *n*; Acker *m*; *fig.* Gebiet *n*; ~ي Feld-

حقن [ħaqana, u] **1.** (ein)spritzen, injizieren; **2.** *Blutvergießen* verhindern; **VIII** احتقن [iħ'taqana] *Blut*: sich stauen

حقنة [ħuqna], *pl.* حقن [ħuqan] *Med.* Injektion *f*, Einspritzung *f*; *Med.* Einlauf *m*

حقة [ħuqqa] → حق[3]

حقود [ħa'quːd] haßerfüllt

حقوق → حق[2]

حقيبة [ħa'qiːba], *pl.* حقائب [ħa'qaːʔib] (2) Koffer *m*; Tasche *f*

حقير [ħa'qiːr] verachtet, verächtlich; niedrig

حقيق [ħa'qiːq], *pl.* أحقاء [ʔaħi'qqaːʔ] (2) würdig; geeignet

حقيقة [ħa'qiːqa], *pl.* حقائق [ħa'qaːʔiq] (2) Wahrheit *f*, Realität *f*; Tatsache *f*; ~ [-tan] *Adv.* wirklich, in der Tat

حقيقي [ħa'qiːqiː] wirklich, wahr; tatsächlich; real; echt

حك[1] [ħakka, u] reiben, kratzen; abreiben; **II** حكك [ħakkaka] abreiben; **IV** أحك [ʔa'ħakka] jukken; **V** تحكك [ta'ħakkaka] sich reiben; Streit suchen; **VIII** احتك [iħ'takka] sich reiben; Kontakt haben

حك[2] [ħakk] Reiben *n*, Reibung *f*; Kratzen *n*

حكام → حاكم

حكاية [ħi'kaːja], *pl.* [-aːt] Erzählung *f*, Geschichte *f*

[1](**حكر**) **VIII** احتكر [iħ'takara] aufkaufen, monopolisieren

حكر[2] [ħukr, ħikr] Pachtzins *m*; *Äg.* Monopol *n*

حكم[1] [ħakama, u] urteilen; verurteilen (على ب j-n zu D); beurteilen (على A); entscheiden; herrschen, regieren; **III** حاكم [ħaːkama] vor Gericht stellen; **IV** أحكم [ʔaħkama] fest machen; *Arbeit* gut *od.* genau machen; **V** تحكم [ta'ħakkama] kontrollieren; willkürlich verfahren; **X** استحكم [is'taħkama] sich festigen

ح

[2]**حكم** [ħakam] Schiedsrichter *m*

[3]**حكم** [ħukm], *pl.* أحكام [ʔaħ'kaːm] Urteil *n*, Entscheidung *f*; Verurteilung *f*; Beurteilung *f*; Urteilskraft *f*; *bsd. pl.* Bestimmung *f*, Vorschrift *f*; Herrschaft *f*, Regierung *f*; Regime *n*; ~ًا [-an] *Adv.* rechtlich; بـ~ kraft, auf Grund von; في ~ zu betrachten als; ~ ذاتي *Pol.* Autonomie *f*

حكمدار [ħikim'daːr] *Äg. obs.* Polizeipräsident *m*

حكمة [ħikma], *pl.* حكم [ħikam] Weisheit *f*, Klugheit *f*; Zweckmäßigkeit *f*; Maxime *f*

حكة [ħikka] Jucken *n*; *Med.* Krätze *f*

حكومة [ħu'kuːma] Regierung *f*

حكومي [ħu'kuːmiː] Regierungs-; staatlich

حكى [ħakaː, iː] erzählen; sprechen; nachahmen; **III** حاكى [ħaːkaː] nachahmen, imitieren; ähneln

حكيم [ħa'kiːm], *pl.* حكماء [ħuka'maːʔ] (2) weise; Weise(r); *obs.* Arzt *m*

[1]**حل** [ħalla, u] **1.** *Problem*, *Vertrag* lösen; *Organisation* auflösen; aufbinden; dechiffrieren; **2.** kommen; Halt machen; *Zeit*: eintreten; hereinbrechen; *Platz* einnehmen; – [ħalla, i] erlaubt, statthaft sein; **II** حلل [ħallala] auflösen, analysieren; für erlaubt erklären; entbinden (من von *D*); **IV** أحل [ʔa'ħalla] erlauben, freigeben; *Platz* einnehmen lassen; **V** تحلل [ta'ħallala] sich (auf)lösen; **VII** انحل [in'ħalla] gelöst, gelockert werden; sich (auf)lösen, zerfallen; **VIII** احتل [iħ'talla] *Platz* einnehmen, *Mil.* besetzen; *Amt* bekleiden; **X** استحل [ista'ħalla] für erlaubt halten

[2]**حل** [ħall], *pl.* حلول [ħu'luːl] Lösung *f*, Auflösung *f*; Aufknüpfung *f*; Entzifferung *f*; ~ وسط Kompromiß *m*

[3]**حل** [ħill] Erlaubtsein *n*; هو في ~ من أن es steht ihm frei, zu …

حلا → [1](حلو)

حلاب [ħa'llaːb] Melker *m*

حلاج [ħa'llaːdʒ] Baumwollentkörner *m*

حلاق [ħa'llaːq] Friseur *m*

حلاقة [ħi'laːqa] Rasieren *n*; صالون الـ~ Friseursalon *m*

حلال [ħa'laːl] erlaubt; erlaubte(r) Besitz; ابن ~ anständige(r) Mensch

حلاوة [ħa'laːwa] Anmut *m*; Süßigkeit *f*, Konfekt *n*

[1]حلب [ħalaba, u, i] melken; **V** تحلب [ta'ħallaba]: ~ ريقه ihm wässerte der Mund

[2]حلب [ħalab] (2) *Geo.* Aleppo

[3]حلب [ħalb] Melken *n*

حلج [ħaladʒa, i] *Baumwolle* entkörnen

حلزون [ħala'zuːn] *koll.*, *sg.* ~ة Schnecke(n *pl.*) *f*; Spirale *f*; ~ي spiralförmig

[1]حلف [ħalafa, i] schwören; **II** [ħallafa] schwören lassen; vereidigen; **III** حالف [ħaːlafa] sich verbünden (ه mit *j-m*); **VI** تحالف [ta'ħaːlafa] sich miteinander verbünden

[2]حلف [ħilf] Schwur *m*; Bund *m*, Pakt *m*, Allianz *f*; (الـ)~ الأطلسي *Pol.* Atlantikpakt *m*, NATO *f*

[1]حلق [ħalaqa, i] *Haare* schneiden; rasieren; **II** [ħallaqa] in der Luft kreisen; (über)fliegen; einkreisen

[2]حلق [ħalq], *pl.* حلوق [ħu'luːq] Kehle *f*, Rachen *m*

حلقة [ħalqa, ħalaqa], *pl.* [ħala'qaːt] *u.* حلق [ħalaq] Ring *m*; Kettenglied *n*, Zirkel *m*, Kreis *m von Menschen*

حلقوم [ħul'quːm] Kehle *f*

حلقي [ħalqiː] guttural, Kehl-

[1]حلك [ħalak] Schwärze *f*

[2]حلك [ħalik] tiefschwarz

[1]حلم [ħalama, u] träumen

[2]حلم [ħulm], *pl.* أحلام [ʔaħ'laːm] Traum *m*

[3]حلم [ħulum] Mannbarkeit *f*

[4]حلم [ħilm] Sanftmut *f*, Milde *f*

حلمة [ħalama] Brustwarze *f*

[1]حلة [ħalla], *pl.* حلل [ħilal] (Koch-) Topf *m*

[2]حلة [ħulla], *pl.* حلل [ħulal] Kleidung *f*, Gewand *n*

[1]حلا (حلو) [ħalaː, uː] süß, angenehm sein; **II** حلى [ħallaː] süßen; schmücken; **V** تحلى [ta'ħallaː] sich schmücken

[2]حلو [ħulw] süß; angenehm; hübsch, reizend

حلواني [ħal(a)'waːniː] Konditor *m*

حلوب [ħa'luːb]: ~ بقرة [baqara] Milchkuh *f*

حلول [ħu'luːl] Kommen *n*; Hereinbrechen *n*; Beginn *m*

حلوى [ħalwaː], *pl.* حلاوى [ħa'laːwaː] Süßigkeit *f*, Konfekt *n*

حلويات [ħalawiː'jaːt] *pl.* Süßigkeiten *f/pl.*

[1]حلي [ħalija, aː] geschmückt sein; **II** حلى [ħallaː] schmücken

[2]حلي [ħalj], *pl.* حلي [ħu'liːj] Schmuck *m*, Pretiosen *pl.*

حليب [ħa'liːb] Milch *f*

حليف [ħa'liːf], *pl.* حلفاء [ħula'faːʔ] (2) Verbündete(r), Alliierte(r)

حليم [ħa'liːm] milde, sanftmütig

حلية [ħilja], *pl.* حلى [ħilan] Schmuck *m*; Dekoration *f*

[1]حم [ħumma] (*Pass.*) fiebern; ~ القضاء Schicksal!; **II** حمم [ħammama] baden; **X** استحم [ista'ħamma] ein Bad nehmen

[2]حم [ħam] (*vor G u. Suffixen:* حمو [ħamuː], *vgl.* [1]أب), *pl.* أحماء [ʔaħ'maːʔ] Schwiegervater *m*

[1]حمار [ħa'mmaːr] Eseltreiber *m*

[2]حمار [ħi'maːr], *pl.* حمير [ħa'miːr] Esel *m*

حماس [ħa'maːs] *u.* ~ة Begeisterung *f*, Enthusiasmus *m*, Eifer *m*; ~ي begeistert, enthusiastisch

حماقة [ħa'maːqa] Dummheit *f*, Torheit *f*

حمال [ħa'mmaːl], *pl.* [-uːn] *u.* ~ة Lastträger *m*; ~ة Träger *m am Kleid*; — [ħi'maːla] Beruf *m* des Trägers

[1]حمام [ħa'maːm] *koll.* Taube(n *pl.*) *f*

[2]حمام [ħa'mmaːm] Bad *n*; Badezimmer *n*

حماة [ħa'maːt], *pl.* حموات [ħama'waːt] Schwiegermutter *f*; → حام

حماية [ħi'maːja] Schutz *m*; Protektorat *n*

[1]حمد [ħamida, a] loben, preisen

[2]حمد [ħamd] Lob *n*, Preis *m*; الـ~ لله [al-ħamdu li-llaːh] Gott sei gelobt!, Gott sei Dank!

[1]حمر **II** [ħammara] röten, rot färben; rösten; **IX** احمر [iħ'marra] rot werden, sich röten

[2]حمر [ħumar] Bitumen *n*

حمرة [ħumra] Röte *f*, Rot *n*

حمس **II** [ħammasa] begeistern (ه ل *j-n* für *A*); anfeuern; **V** تحمس [ta'ħammasa] sich begeistern; sich ereifern

[1]حمص **II** [ħammasɒ] rösten

[2]حمص [ħims] *Geo.* Homs

[3]حمص [ħimmis, ħummus] *koll.* Kichererbse(n *pl.*) *f*

[1]حمض [ħamuđɒ, u] sauer sein *od.* werden; **II** [ħammađɒ] säuern; *Fot.* entwickeln

[2]حمض [ħamđ], *pl.* أحماض [ʔaħ'mɒːđ] Säure *f*

[1]حمق [ħamuqa, u] dumm sein; zornig werden

[2]حمق [ħumq] Dummheit *f*, Torheit *f*; → أحمق

حمقاء → أحمق

[1]حمل [ħamala, i] tragen, mit sich führen, befördern; (über)bringen; *Gefühl* hegen; bewegen, veranlassen (ه على *j-n* zu *D*); angreifen (على *A*); beziehen (هـ على *ein Wort* auf *ein anderes*); schwanger werden; **II** [ħammala] beladen; aufbürden; **V** تحمل [ta'ħammala] (er)tragen, auf sich nehmen; **VI** تحامل [ta'ħaːmala] voreingenommen sein (على gegen *j-n*); **VIII** احتمل [iħ'tamala] tragen; ertragen; *Pass.* möglich, wahrscheinlich sein

[2]حمل [ħamal], *pl.* حملان [ħum-

'laːn] Lamm *n*; *Astr.* Widder *m*

[3]**حمل** [ħaml] Tragen *n*; Schwangerschaft *f*

[4]**حمل** [ħiml], *pl.* أحمال [ʔaħ'maːl] Last *f*, Bürde *f*

حملة [ħamla], *pl.* [ħama'laːt] Angriff *m*; Feldzug *m*; Kampagne *f*

[1]**حمة** [ħuma] (*Insekten-*)Stachel *m*

[2]**حمة** [ħumma] Fieber *n*

حمو [ħamw, ħu'muːw] Hitze *f*; → حم[2]

حمود [ha'muːd] lobenswert

حموضة [ħu'muːđɒ] Säure *f*; saure(r) Geschmack

[1]**حمولة** [ħa'muːla], *pl.* حمائل [ħa'maːʔil] (2) *Ir.*, *Saudi-Ar.* Familie *f*

[2]**حمولة** [ħu'muːla] Tragfähigkeit *f*; Tonnage *f*; Ladung *f*, Fracht *f*

[1]**حمى** [ħamaː, iː] (be)schützen; **III** حامى [ħaːmaː] (*vor Gericht*) verteidigen; **VIII** احتمى [iħ'tamaː] Zuflucht suchen; sich schützen

[2]**حمي** [ħamija, aː] heiß sein; wütend werden

[3]**حمى** [ħummaː] Fieber *n*

[4]**حمى** [ħiman] Schutz *m*

[5]**حمي** [ħummiː] Fieber-, fiebrig

حميد [ħa'miːd] lobenswert; *Med.* gutartig

حمير [ħa'miːr] → حمار[2]

حميم [ħa'miːm] Vertraute(r); vertraut, innig, intim

[1]**حمية** [ħa'miːja] Eifer *m*; Begeisterung *f*; Hitzigkeit *f*

[2]**حمية** [ħimja] Diät *f*

حن [ħanna, i] sich sehnen, verlangen (إلى nach *D*); Mitleid haben (على mit *j-m*); **II** حنن [ħannana] rühren; **V** تحنن [ta'ħannana] Mitleid haben (على mit *j-m*)

حنا → (حنو)[1]

حناء [ħi'nnaːʔ] Henna *f* (*roter Pflanzenfarbstoff*)

[1]**حنان** [ħa'naːn] Liebe *f*, Zärtlichkeit *f*; Mitleid *n*

[2]**حنان** [ħa'nnaːn] liebevoll, zärtlich; mitleidig

حنبلي [ħambaliː] *Isl.* hanbalitisch

[1]**حنث** [ħaniθa, a] brechen (ب/في *e-n Eid*)

[2]**حنث** [ħinθ], *pl.* أحناث [ʔaħ'naːθ] Meineid *m*

حنجرة [ħandʒara], *pl.* حناجر [ħa'naːdʒir] (2) Kehle *f*, Kehlkopf *m*

حنط II [ħannatɒ] einbalsamieren; *Tier* präparieren

حنطة [ħintɒ] Weizen *m*

حنطور [ħan'tuːr] Kutsche *f*

حنظل [ħanðɒl] *koll.*, *sg.* ~ة Koloquinte(n *pl.*) *f*

حنفية [ħana'fiːja] **1.** (Wasser-)Hahn *m*; **2.** *Isl.* hanefitische Rechtsschule

[1]**حنق** [ħaniqa, a] wütend sein; **IV** أحنق [ʔaħnaqa] in Wut versetzen

[2]**حنق** [ħanaq] Wut *f*, Groll *m*

[3]حنق [ħaniq] wütend, verärgert
[1]حنك **II** [ħannaka] erfahren machen
[2]حنك [ħanak], *pl.* أحناك [ʔaħ'naːk] Gaumen *m*
ح
حنكليس [ħanka'liːs] Aal *m*
حنكة [ħunka, ħinka] (Lebens-)Erfahrung *f*
حنة [ħinna] Zärtlichkeit *f*; Mitgefühl *n*
[1](حنو) حنا [ħanaː, uː] Mitgefühl haben
[2]حنو [ħu'nuːw] Mitgefühl *n*
حنون [ħa'nuːn] liebevoll, zärtlich; mitleidig
[1]حنى [ħanaː, iː] biegen, krümmen; sich biegen; sich neigen; **IV** أحنى [ʔaħnaː] neigen, beugen; **VII** انحنى [in'ħanaː] sich biegen; sich beugen; sich verneigen; *Weg*: sich winden
[2]حني [ħanj] Biegung *f*, Krümmung *f*
حنيف [ħa'niːf] rechtgläubig; الدين الـ~ der Islam
حنين [ħa'niːn] Sehnsucht *f*; ~ إلى الوطن Heimweh *n*
حنية [ħa'niːja], *pl.* حنايا [ħa'naːjaː] Wölbung *f*; حناياه sein Inneres
حواء [ħa'wwaːʔ] (2) Eva *npr. f*; بنات ~ Evastöchter *f/pl.*
حوادث → حادث
حوار [ħi'waːr] Gespräch *n*; Dialog *m*
[1]حواري [ħa'waːriː], *pl.* [-uːn] Jünger *m*, Apostel *m*
[2]حوارى [ħu'wwaːraː] Mergel *m*
حواس → حاسة
حوالة [ħa'waːla] *Hdl.* Wechsel *m*; Zahlungsanweisung *f*
حوالي [ħawaː'laj] zirka, ungefähr, um … herum
حوامة [ħa'wwaːma] Luftkissenboot *n*
حوت [ħuːt], *pl.* حيتان [ħiː'taːn] (großer) Fisch; Wal *m*
(حوج) **IV** أحوج [ʔaħwadʒa] brauchen; nötig machen (ه إلى für *j-n A*); **VIII** احتاج [iħ'taːdʒa] brauchen, benötigen, bedürfen
حوذي [ħuːðiː] Kutscher *m*
[1]حور **II** [ħawwara] ändern, umbilden; *Teig* ausrollen; **III** حاور [ħaːwara] diskutieren, disputieren; **V** تحور [ta'ħawwara] (ab)geändert, modifiziert werden
[2]حور [ħawar] **1.** *koll.* Pappel(n *pl.*) *f*; **2.** Schwarzäugigkeit *f*
حورية [ħuː'riːja] Paradiesjungfrau *f*; Nymphe *f*
[1](حوز) حاز [ħaːza, uː] erlangen, gewinnen (هـ/على *A*); **V** تحيز [ta'ħajjaza] Partei ergreifen (ل für *A*); لا يتحيز unparteiisch sein; **VII** انحاز [in'ħaːza] Partei ergreifen (ل für *A*); sich fernhalten (عن von *D*); **VIII** احتاز [iħ'taːza] in Besitz nehmen
[2]حوز [ħauz] *Jur.* Besitz *m*; **ة~** Besitz(tum *n*) *m*; Territorium *n*

[1](حوش) **II** [ħawwaʃa] *Geld* sparen, zusammenbringen

[2]**حوش** [ħauʃ], *pl.* أحواش [ʔaħ'waːʃ] Hof *m*; *Ir. a.* Haus *n*

حوصلة [ħausɒla] Kropf *m*

حوض [ħauđ], *pl.* أحواض [ʔaħ'wɒːđ] *u.* حياض [ħi'jɒːđ] Becken *n*; Bassin *n*; Beet *n*; Dock *n*

(**حوط**) حاط [ħɒːŧɒ, uː] umgeben; **II** [ħawwaŧɒ] ummauern; **IV** أحاط [ʔa'ħɒːŧɒ] umgeben, umschließen (ب *A*; ب mit *D*); vertraut sein; (= به علما ~ [ʕilman]) gründlich kennen; ـه علما ب~ j-n von *etwas* in Kenntnis setzen; **V** تحوط [ta'ħawwaŧɒ] Vorkehrungen treffen; **VIII** احتاط [iħ'taːŧɒ] sich vorsehen; vorsorgen

(**حوك**) حاك [ħaːka, uː] weben; stricken; *Kleid* nähen; ersinnen, aushecken; anzetteln

[1](**حول**) حال [ħaːla, uː] verhindern (دون *A*); hindern (بينه وبين *j-n* an *D*); sich wandeln; **II** [ħawwala] verwandeln, umwandeln; *a. El.* umformen; *Geld* überweisen; übertragen; ablenken, abbringen; **III** حاول [ħaːwala] versuchen; **IV** أحال [ʔa'ħaːla] verwandeln; weiterleiten; *j-n* überweisen; verweisen; *Jur.* abtreten; **V** تحول [ta'ħawwala] sich verwandeln; überwechseln; **X** استحال [ista'ħaːla] sich verwandeln; unmöglich sein

[2]**حول** [ħawal] Schielen *n*

[3]**حول** [ħaul] **1.** Macht *f*; **2.** Jahr *n*

[4]**حول** [ħaula] *Präp.* um, um … herum; über *ein Thema*; ungefähr

حولي [ħauliː] periodisch; einjährig; ~ات [-'jaːt] *pl.* Annalen *pl.*

(**حوم**) حام [ħaːma, uː] schweben; kreisen

حوى [ħawaː, iː] umfassen, enthalten; **VIII** احتوى [iħ'tawaː] umfassen, enthalten, in sich schließen (على *A*)

حويط [ħa'wiːŧ] durchtrieben

[1]**حي** [ħajj], *pl.* أحياء [ʔaħ'jaːʔ] **1.** lebend, lebendig; lebhaft; Lebewesen *n*; علم الأحياء Biologie *f*; **2.** (Stadt-)Viertel *n*; → [1]حيي

[2]**حي** [ħajja]: على الصلاة ~ auf zum Gebet!

حياء [ħa'jaːʔ] Scham *f*, Scheu *f*

حيات → حية; ~ي [ħa'jaːtiː] Lebens-

حياد [ħi'jaːd] **1.** Neutralität *f*; على الـ~ neutral; **2.** (*Zug*-)Entgleisung *f*; ~ي neutral

حيارى → حيران

حيازة [ħi'jaːza] Inbesitznahme *f*; Besitz *m*

حياض [ħi'jɒːđ] Menstruation *f*; → حوض

حياكة [ħi'jaːka] Weben *n*; Stricken *n*; Nähen *n e-s Kleides*

حيال [ħi'jaːla] *Präp.* gegenüber; angesichts

حياة [ħa'jaːt] Leben *n*

حيث [ħaiθu] *Konj.* wo; wohin; während; da; insofern als; wobei; بـ~ so daß; أن ~ [ʔanna] in Anbetracht dessen, daß ...; da; من ~ woher; hinsichtlich

ح

حيثما [ħaiθumaː] wo(hin auch) immer

حيثية [ħai'θiːja] Standpunkt *m*; حيثيات *pl. Jur.* Begründung *f*

[1](**حيد**) حاد [ħaːda, iː] abweichen; aufgeben (عن *Absicht*); entgleisen; **II** [ħajjada] neutralisieren; **III** حايد [ħaːjada] sich abseits halten; neutral sein

[2]**حيد** [ħaid] Abweichung *f*; ة~ Abweichung *f*; Neutralität *f*; على ~ neutral

(**حير**) حار [ħaːra, aː] verlegen, ratlos sein; **II** [ħajjara] ratlos, verlegen machen; **V** تحير [ta'ħajjara] *u.* **VIII** احتار [iħ'taːra] = حار

حيران [ħai'raːn] (2), *f* حيرى [ħairaː], *pl.* حيارى [ħa'jaːraː] verwirrt, verlegen, ratlos

حيرة [ħaira] Verwirrung *f*, Ratlosigkeit *f*

حيز [ħajjiz], *pl.* أحياز [ʔaħ'jaːz] Bereich *m*, Gebiet *n*; Sphäre *f*

(**حيص**) حاص [ħɒːsɒ, iː] entrinnen

حيض [ħaiđ] Menstruation *f*

حيطان → حائط

حيطة [ħiːtɒ, ħaitɒ] Vorsicht *f*, Vorsorge *f*

[1](**حيف**) حاف [ħaːfa, iː] ungerecht behandeln; **V** تحيف [ta'ħajjafa] beeinträchtigen, schmälern

[2]**حيف** [ħaif] Ungerechtigkeit *f*

حيفا [ħaifaː] *Geo.* Haifa

(**حيق**) حاق [ħaːqa, iː] heimsuchen, treffen; **IV** أحاق [ʔa'ħaːqa] widerfahren

[1](**حيل**) **V** تحيل [ta'ħajjala] List anwenden; **VIII** احتال [iħ'taːla] überlisten, täuschen (على *j-n*)

[2]**حيل** [ħail] Kraft *f*, Stärke *f*

حيلة [ħiːla], *pl.* حيل [ħijal] List *f*, Trick *m*; Kniff *m*, Behelf *m*; Ausweg *m*

حيلولة [ħai'luːla] Verhinderung *f* (دون *G*); Hinderung *f* (بينه وبين *j-s* an *D*)

[1](**حين**) حان [ħaːna, iː] *Zeit*: kommen; **V** تحين [ta'ħajjana] *u.* **X** استحين [is'taħjana] abwarten

[2]**حين** [ħain] Tod *m*, Ende *n*

[3]**حين** [ħiːn], *pl.* أحيان [ʔaħ'jaːn] Zeit *f*, Zeitpunkt *m*; ~ [-a] *Präp.* zur Zeit von, bei; *Konj.* zur Zeit, da; während; ا~ [-an] e-e Zeitlang; أحيانا [-an] *u.* في بعض الأحيان manchmal, bisweilen; في ~ه zu seiner Zeit; rechtzeitig; من ~ إلى آخر von Zeit zu Zeit

حينذاك [ħiːna'ðaːk(a)] damals, zu jener Zeit

حينما [ħiːnamaː] während; wenn; als

[1]حيي [ħajija] (يحيا [jaħjaː]) *u.* حي [ħajja, a] leben; **II** حيا [ħajjaː] *Gott*: lange leben lassen; grüßen; **IV** أحيا [ʔaħjaː] beleben, wiederbeleben; feiern, veranstalten; **X** استحيا [is'taħjaː] *u.* استحى [is'taħaː] sich schämen

[2]حيي [ħa'jiːj] schamhaft; schüchtern

حينئذ [ħiː'naʔiðin] damals

حية [ħajja], *pl.* [-aːt] Schlange *f*

حيوان [ħaja'waːn] Tier *n*; Lebewesen *n*; علم الـ~ [ʕilm al-ħ.] Zoologie *f*; ~ـي Tier-, tierisch, animalisch

حيوي [ħajawiː] vital; lebenswichtig; ~ـة Vitalität *f*; Lebensnotwendigkeit *f*

خ

خ (خاء) [xaːʔ] *siebenter Buchstabe*

خاب [xaːbin] erloschen; → (خيب)

خابور [xaː'buːr], *pl.* خوابير [xawaː'biːr] (2) Pflock *m*, Zapfen *m*

خابئة [xaːbiʔa], *pl.* خواب [xa'waːbin] große(s) Gefäß

خاتم [xaːtam, xaːtim], *pl.* خواتم [xa'waːtim] (2) Siegel *n*; (Finger-)Ring *m*; ~ـة, *pl.* خواتم [xa'waːtim] (2) Ende *n*, Abschluß *m*; Nachwort *n*

خاتون [xaː'tuːn], *pl.* خواتين [xawaː'tiːn] (2) Dame *f*

خاثر [xaːθir] *Milch*: geronnen; dickflüssig, eingedickt

خادع [xaːdiʕ] betrügerisch; trügerisch

خادم [xaːdim], *pl.* خدام [xu'd-daːm] *u.* خدم [xadam] Diener *m*; Kellner *m*; ~ـة Dienerin *f*; Dienstmädchen *n*

خار → [1](خور)

خارب [xaːrib] Zerstörer *m*

خارج [xaːridʒ] außen befindlich, auswärtig; herauskommend; Außenseite *f*; Ausland *n*; ~ [-a] *Präp.* außerhalb; ~ا [-an] draußen, außerhalb; في الـ~ draußen; im Ausland; ~ـي äußere(r), Außen-; auswärtig; Extern; ~ـية: وزارة الـ~ Außenministerium *n*

خارصين [xaːrɒ'siːn] Zink *n*

خارطة [xaːritɒ] (Land-)Karte *f*; Plan *m*

خارق [xaːriq] (durch)brechend; (= ~ للعادة) außergewöhnlich, unerhört; خوارق [xa'waːriq] (2) *pl.* Wunder(dinge) *n/pl.*

خازن [xaːzin] Schatzmeister *m*

خازوق [xaː'zuːq], *pl.* خوازيق [xawaː'ziːq] (2) Pfahl *m*; *fig.* böse(r) Streich

خاسر [xaːsir] verlustbringend; verloren; Verlierer

خاشع [xaːʃiʕ] unterwürfig, demütig

خاص [xɒːss] speziell, Spezial-; besondere(r); eigen; privat; betreffend (ب *A*), bezüglich (ب *G*)

خاصرة [xɒːsira], *pl.* خواصر [xa'wɒːsir] (2) Hüfte *f*

خاصة [xɒːssɒ], *pl.* خواص [xa'wɒːss] (2) Besonderheit *f*, Eigenheit *f*, Eigentümlichkeit *f*, Charakteristikum *n*; الـ~ die Oberschicht, die Besten *m/pl.*; ~ [-tan] *Adv.* besonders, insbesondere; الـ~ والعامة alle (Menschen)

خاصية [xɒː'ssiːja], *pl.* خصائص [xɒ'sɒːʔis] (2) Besonderheit *f*, Charakteristikum *n*; Zuständigkeit *f*

خاض → [1](خوض)

خاضع [xɒːđiʕ] unterworfen (ل *e-r Sache*); unterwürfig, demütig

خاط → [1](خيط)

خاطب [xɒːtib] Brautwerber *m*; Verlobte(r)

خاطر [xɒːtir], *pl.* خواطر [xa'wɒːtir] (2) Einfall *m*, Gedanke *m*; Gemüt *n*; Belieben *n*; سرعة الـ~ Geistesgegenwart *f*; لخاطرك dir zuliebe

خاطف [xɒːtif] schnell, rasch; reißend, raubend; Entführer *m*

خاطئ [xɒːtiʔ] falsch, irrig; fehlerhaft; Sünder *m*

خاف [xaːfin] verborgen; غير ~ أن [ʔanna] offenkundig; → [1](خوف)

خافت [xaːfit] *Stimme*, *Licht*: schwach, gedämpft

خافق [xaːfiq] *Herz*: klopfend; *Fahne*: flatternd; الخافقان Ost und West, die ganze Welt

خافية [xaːfija] Geheimnis *n*

خاكي [xaːkiː] khakifarben

[1]**خال** [xaːl] **1.** *pl.* أخوال [ʔax'waːl] *u.* خؤولة [xu'ʔuːla] Onkel *m mütterlicherseits*; **2.** *pl.* خيلان [xiː'laːn] Muttermal *n*

[2]**خال** [xaːlin] leer; frei (من von *D*); vakant; *pl.* خوال [xa'waːlin] *Zeit*: verflossen

خالجة [xaːlidʒa], *pl.* خوالج [xa'waːlidʒ] (2) (innere) Regung

خالد [xaːlid] ewig (dauernd); unvergänglich; *a. npr. m*

خالص [xaːlis] rein, lauter; aufrichtig; *Äg. umg.* sehr; ~ الرسوم gebührenfrei; ~ ذهب Feingold *n*

خالق [xaːliq] schöpferisch; Schöpfer *m* (*Gott*)

خالة [xaːla] Tante *f mütterlicherseits*

خام [xaːm] roh, unbearbeitet; مادة ~ Rohstoff *m*; خامات *pl.* Rohstoffe *m/pl.*; Erze *n/pl.*

خامد [xaːmid] erlöschend; erloschen; schlaff

خامس [xaːmis] fünfte(r); ~ عشر [-a ʕaʃar(a)] fünfzehnte(r)

خامل [xaːmil] träge; schwach, matt; unbedeutend

خامة [xaːma] Rohstoff *m*; Erz *n*

خان [xaːn] Karawanserei *f*, Khan *m*

خانع [xaːniʕ] unterwürfig

خانق [xaːniq] erstickend; ~ صمام *Techn.* Drosselklappe *f*

خانة [xaːna] Spalte *f e-r Tabelle*; Feld *n a. des Schachbretts*, Kästchen *n*; Fach *n*

خانوق [xaː'nuːq] *Med.* Diphtherie *f*

خاو [xaːwin] leer; öde

خائب [xaːʔib] erfolglos, gescheitert; enttäuscht; Versager *m*

خائف [xaːʔif] furchtsam, ängstlich

خائن [xaːʔin], *pl.* خونة [xawana] Verräter *m*; treulos

خب [xabba, u] traben

خبأ [xabaʔa, a] *u.* **II** [xabbaʔa] verbergen, verstecken; **VIII** اختبأ [ix'tabaʔa] sich verbergen

خباء [xi'baːʔ], *pl.* أخبئة [ʔaxbiʔa] Zelt *n*; (*Getreide-*)Hülse *f*

خباثة [xa'baːθa] Bosheit *f*, Bösartigkeit *f*

خباز [xa'bbaːz] Bäcker *m*; ~ة [xi'baːza] Bäckerhandwerk *n*

خبازى [xu'bbaːzaː] Malve *f*

خباط [xu'bɒːtˤ] Wahnsinn *m*

خبال [xa'baːl] Verrücktheit *f*

خبايا → خبيئة

خبب [xabab] Trab *m*

[1]**خبث** [xabuθa, u] schlecht, bösartig sein

[2]**خبث** [xubθ] Schlechtigkeit *f*

[1]**خبر** [xabara, u] (aus Erfahrung) kennen; erfahren; **II** [xabbara] benachrichtigen; **III** خابر [xaːbara] sich wenden (ه an *A*); ه~ بالهاتف j-n anrufen; **IV** أخبر [ʔaxbara] benachrichtigen (von ب), informieren; **V** تخبر [ta'xabbara] sich erkundigen; **VI** تخابر [ta'xaːbara] Informationen austauschen; **VIII** اختبر [ix'tabara] prüfen, testen, erproben; **X** استخبر [is'taxbara] sich erkundigen

[2]**خبر** [xabar], *pl.* أخبار [ʔax'baːr] Nachricht *f*, Kunde *f*; Meldung *f*, Mitteilung *f*; *Gr.* Prädikat *n*

خبراء → خبير

خبرة [xibra] Erfahrung *f*

[1]**خبز** [xabaza, i] *Brot* backen

[2]**خبز** [xubz], *pl.* أخباز [ʔax'baːz] Brot *n*

خبص [xabasˤɒ, i] *Äg.* denunzieren

خبط [xabatˤɒ, i] schlagen, klopfen, stampfen; **V** تخبط [ta'xabbatˤɒ] umhertappen; *Menge*: sich stoßen

خبطة [xabtˤɒ] Schlag *m*, Klopfen *n*, Stoßen *n*

[1]**خبل** [xabala, u] verrückt machen; **VIII** اختبل [ix'tabala] den Verstand verlieren

[2]**خبل** [xabal] Verrücktheit *f*

خبا (**خبو**) [xabaː, uː] erlöschen

خبيث [xa'biːθ], *pl.* خبثاء [xuba'θaːʔ] (2) schlecht, böse, boshaft, bösartig

خبير [xa'biːr], *pl.* خبراء [xuba'raːʔ] (2) erfahren (ب in *D*); Fachmann *m*, Experte *m*, Sachverständige(r)

خبيئة [xa'biːʔa], *pl.* خبايا [xa'baːjaː] Verborgene(s); Geheimnis *n*

ختام [xi'taːm] Ende *n*, (Ab-)Schluß *m*; ~ي Schluß-

خ

ختان [xi'taːn] *u.* ~ة *Med.* Beschneidung *f*

ختل [xatala, u, i] täuschen, betrügen; auflauern

[1]**ختم** [xatama, i] (ver)siegeln; stempeln; besiegeln; beenden; **VIII** اختتم [ix'tatama] abschließen, beenden

[2]**ختم** [xatm] Versiegelung *f*; *pl.* أختام [ʔax'taːm] Siegel *n*, Stempel(abdruck) *m*

[1]**ختن** [xatana, i] *Med.* beschneiden

[2]**ختن** [xatan], *pl.* أختان [ʔax'taːn] Schwiegersohn *m*

خثارة [xu'θaːra] Molke *f*

خثر [xaθara, u] *u.* **V** تخثر [ta'xaθθara] dickflüssig werden; *Milch*: gerinnen

خثرة [xaθra] Thrombose *f*

[1]**خجل** [xadʒila, a] sich schämen, verlegen sein; **IV** أخجل [ʔaxdʒala] beschämen; in Verlegenheit bringen

[2]**خجل** [xadʒal] Scham *f*; Scheu *f*, Schüchternheit *f*

خجلان [xadʒ'laːn] (2), *f* خجلى [xadʒlaː] beschämt; verlegen; schüchtern

خجول [xa'dʒuːl] schamhaft, schüchtern

[1]**خد** [xadda, u] *Boden* furchen

[2]**خد** [xadd] **1.** *pl.* خدود [xu'duːd] Wange *f*, Backe *f*; **2.** *pl.* خداد [xi'daːd] Furche *f*

[1]**خداع** [xa'ddaːʕ] betrügerisch; trügerisch; Betrüger *m*

[2]**خداع** [xi'daːʕ] Betrug *m*, Täuschung *f*; Tücke *f*

خدام [xa'ddaːm], *pl.* ~ة Diener *m*; → خادم; ~ة Dienerin *f*

[1]**خدر** [xadira, a] *Glied*: einschlafen; **II** [xaddara] betäuben, narkotisieren; *Gewissen* einschläfern; *Frau* von der Außenwelt abschließen

[2]**خدر** [xadar] Gefühllosigkeit *f e-s Gliedes*; Benommenheit *f*

[3]**خدر** [xadir] *Glied*: eingeschlafen, gefühllos; betäubt

[4]**خدر** [xidr], *pl.* خدور [xu'duːr] Frauengemach *n*

خدش [xadaʃa, i] zerkratzen; *fig.* verletzen; abträglich sein (ه *j-s Ruf*)

خدع [xadaʕa, a] betrügen, täuschen, irreführen; **III** خادع [xaːdaʕa] zu täuschen suchen; **VII** انخدع [in'xadaʕa] sich täuschen (lassen)

خدعة [xudʕa], *pl.* خدع [xudaʕ] Betrug *m*; Täuschung *f*

[1]**خدم** [xadama, i, u] dienen; bedie-

nen; Dienst erweisen; **II** [xaddama] in Dienst stellen; **X** استخدم [is'taxdama] benutzen, gebrauchen; sich bedienen (هـ *G*); anstellen, in Dienst nehmen

[2]**خدم** [xadam] *koll.* Dienerschaft *f*

خدمة [xidma], *pl.* [xada'maːt, xid'maːt] Dienst *m*, Dienstleistung *f*, Service *m*

خدة [xudda], *pl.* خدد [xudad] Furche *f*

خديج [xa'diːʤ] Frühgeborene(s)

خديعة [xa'diːʕa], *pl.* خدائع [xa'daːʔiʕ] (2) Betrug *m*; Täuschung *f*

خديو [xi'diːw] *u.* ~ي *hist.* Khedive *m* (*Titel des ägyptischen Herrschers*)

خذل [xaðala, u] im Stich lassen; enttäuschen; **VI** تخاذل [ta'xaːðala] nachlassen, erschlaffen

خذلان [xið'laːn] Mißerfolg *m*; Entmutigung *f*; Enttäuschung *f*

(**خذو**) **X** استخذى [is'taxðaː] sich unterwerfen

خر [xarra, i, u] *Wasser*: plätschern; *Bach*: murmeln; niederfallen

خرء [xurʔ] Exkrement *n*

خراء [xa'raːʔ] *vulg.* Scheiße *f*

خراب [xa'raːb] Zerstörung *f*, Ruin *m*; ~ة, *pl.* خرائب [xa'raːʔib] (2) *u.* [-aːt] Ruine *f*; Trümmerstätte *f*

[1]**خراج** [xa'raːʤ] *Isl. hist.* Grundsteuer *f*

[2]**خراج** [xu'raːʤ, xu'rraːʤ] *Med.* Geschwür *n*, Abszeß *m*

خراط [xa'rrɒːṭ] Drechsler *m*; Dreher *m*; ~ة *Syr.* Damenrock *m*; [xi'rɒːṭɒ] Drehen *n*

خرافة [xu'raːfa] Aberglaube *m*; Fabel *f*, Märchen *n*

خرافي [xu'raːfiː] abergläubisch; Fabel-, legendär; sagenhaft

خرامة [xa'rraːma] Bohrer *m*, Locher *m*

[1]**خرب** [xaraba, i] zerstören, ruinieren; – [xariba, a] zerstört werden, kaputtgehen; **II** [xarraba] zerstören, in Trümmer schlagen; sabotieren; **V** تخرب [ta'xarraba] zerstört werden

[2]**خرب** [xarib] zerstört; verfallen; ruiniert

خربان [xar'baːn] zerstört, kaputt

خربشة [xarbaʃa] Kratzen *n*

خربط [xarbaṭɒ] in Unordnung bringen

خربة [xirba, xariba], *pl.* خرب [xirab] Ruinenstätte *f*, Ruine *f*

خرتيت [xar'tiːt], *pl.* خراتيت [xaraː'tiːt] (2) Nashorn *n*

[1]**خرج** [xaraʤa, u] hinaus-, herausgehen; herauskommen; ausgehen, weggehen; hinausfahren; hervorgehen; austreten, ausscheiden; außerhalb von etwas (عن) liegen; herausbringen (ب *A*); verstoßen (على gegen *A*); **II** [xarraʤa] herausholen; vertreiben; *j-n* ausbilden; erklären, deuten;

IV أخرج [ʔaxradʒa] herausbringen, hervorholen; hinausbefördern; hinauswerfen; ausweisen; *Künstler*: schaffen; *Produkt* gewinnen; Regie führen; **V** تخرج [ta'xarradʒa] das Studium abschließen; absolvieren (في/من *e-e Schule*); **X** استخرج [is'taxradʒa] herausholen, herausziehen; *Bodenschätze* fördern, gewinnen; *Genehmigung* erwirken; exzerpieren

[2]**خرج** [xardʒ] Ertrag *m*; *Techn.* Leistung *f*; Ausgaben *f/pl.* (*Gegens.* دخل)

[3]**خرج** [xurdʒ], *pl.* أخراج [ʔax'raːdʒ] Satteltasche *f*

خرجة [xardʒa] Ausgang *m*, Ausfahrt *f*; *Äg.* Begräbnis *n*

خردل [xardal] Senf *m*

خردة [xurda] Schrott *m*, Altmetall *n*; *Ir.* Kleingeld *n*; خردوات [xurda'waːt] *pl.* Kramwaren *f/pl.*; Eisenwaren *f/pl.*

[1]**خرز** [xaraza, u, i] durchbohren

[2]**خرز** [xaraz] *koll.*, *sg.* ~ة (*unechte*) Perlen *f/pl.*

[1]**خرس** [xarisa, a] stumm sein; schweigen; **IV** أخرس [ʔaxrasa] zum Schweigen bringen

[2]**خرس** [xaras] Stummheit *f*; → أخرس

خرسانة [xara'saːna] Beton *m*

خرشوف [xur'ʃuːf] *koll.*, *sg.* ~ة Artischocke(n *pl.*) *f*

(**خرص**) **V** تخرص [ta'xarrɒsɒ] verleumden

خرط [xarɒtɒ, u] drechseln; *Metall* drehen; *Tee*: ziehen; **II** [xarrɒtɒ] zerstückeln; **VII** انخرط [in'xarɒtɒ] eintreten (في/في سلك in *A*), beitreten; *in Tränen* ausbrechen

خرطوشة [xar'tuːʃa] Patrone *f*; Bleistiftmine *f*; Stange *f Zigaretten*

خرطوم [xur'tuːm], *pl.* خراطيم [xaraː'tiːm] (2) Rüssel *m*; Schlauch *m*; الـ~ *Geo.* Khartum

[1](**خرع**) **VIII** اخترع [ix'taraʕa] erfinden; sich ausdenken

[2]**خرع** [xariʕ] schlaff; Weichling *m*; verzagt

[1]**خرف** [xarifa, a] altersschwach werden; faseln

[2]**خرف** [xaraf] (Alters)Schwachsinn *m*; Gefasel *n*

[3]**خرف** [xarif] schwachsinnig

[1]**خرق** [xaraqa, u, i] durchbohren, durchdringen; *Gesetz* brechen; ungewöhnlich sein; **VIII** اخترق [ix'taraqa] durchbrechen; durchdringen; durchqueren; *Grenze* überschreiten

[2]**خرق** [xarq] Durchbohrung *f*, Durchbrechung *f*; *fig.* Verletzung *f*; *pl.* خروق [xu'ruːq] Loch *n*

[3]**خرق** [xurq] Dummheit *f*

خرقة [xirqa], *pl.* خرق [xiraq] Lumpen *m*, Lappen *m*

[1]**خرم** [xarama, i] ein Loch bohren, lochen; **II** [xarrama] durchlöchern, perforieren; **VIII** اخترم [ix'tarama] durchbrechen; *Tod*: dahinraffen

[2]**خرم** [xurm], *pl.* خروم [xu'ruːm] Loch *n*; (Nadel-)Öhr *n*

خرنوب [xur'nuːb] *u.* **خروب** [xa'r-ruːb] Johannisbrot *n*

خروج [xu'ruːʤ] Hinausgehen *n*; Ausgang *m*, Weggang *m*; Ausreise *f*; Austritt *m*; Verstoß *m* (على gegen *A*)

خروع [xirwaˁ] Rizinus *m*

خروف [xa'ruːf], *pl.* خراف [xi'raːf] *u.* خرفان [xir'faːn] Hammel *m*

خرئ [xariʔa, a] *vulg.* scheißen

خريج [xi'rriːʤ] Absolvent *m e-r Schule*

خريدة [xa'riːda], *pl.* خرائد [xa'raːʔid] (2) (*undurchbohrte*) Perle

خرير [xa'riːr] Plätschern *n*, Murmeln *n des Wassers*

خريطة [xa'riːtɒ], *pl.* خرائط [xa'raːʔɨt] (2) (Land-)Karte *f*; Plan *m*

خريف [xa'riːf] Herbst *m*; ~ي herbstlich

خز [xazza, u] stechen

خزاف [xa'zzaːf] Töpfer *m*; ~ة [xi-'zaːfa] Töpferhandwerk *n*

خزام [xi'zaːm] Nasenring *m*

خزامى [xu'zaːmaː] Lavendel *m*

خزان [xa'zzaːn] Reservoir *n*, Behälter *m*; *Auto*: Tank *m*; Staubecken *n*

خزانة [xi'zaːna], *pl.* خزائن [xa-'zaːʔin] (2) Schrank *m*; Tresor *m*, Safe *m*; *Bank*: Depot *n*; Staatskasse *f*; ~ الكتب *a.* Bibliothek *f*

خزب [xazab] *Med.* Ödem *n*

خزعبلات [xuzaˁba'laːt] *pl.* dumme(s) Zeug; Flunkerei *f*

خزف [xazaf] Keramik *f*; Steingut *n*, Porzellan *n*; ~ي keramisch; Porzellan-

خزق [xazaqa, i] *Auge* ausschlagen

(**خزل**) **VIII** اختزل [ix'tazala] (ab-)kürzen; reduzieren; stenographieren

خزم [xazama, i] *Nase* durchbohren

[1]**خزن** [xazana, u] speichern; lagern; **II** [xazzana] speichern; lagern; horten; **VIII** اختزن [ix'tazana] speichern, anhäufen, lagern

[2]**خزن** [xazn] (Auf-)Speicherung *f*; Lagerung *f*

خزنة [xazna] Schatzkammer *f*; أمين الـ~ Schatzmeister *m*

[1]**خزى** [xazija, aː] beschämt werden; sich schämen (ب *G*); **IV** أخزى [ʔaxzaː] beschämen; enttäuschen; **X** استخزى [is'taxzaː] beschämt werden, sich schämen

[2]**خزي** [xizj] *u.* **خزى** [xazan] Beschämung *f*; Schande *f*

خزيان [xaz'jaːn] (2), *f* خزيا [xaz-jaː], *pl.* خزايا [xa'zaːjaː] beschämt

خزينة [xa'ziːna], *pl.* خزائن [xa'zaː-

ʔin] (2) Kasse *f*; Tresor *m*; Staatskasse *f*

[1]**خس** [xassa, u] vermindern; – [xassa, a, i] gemein, niedrig sein; abnehmen

[2]**خس** [xass] (Kopf-)Salat *m*

خسارة [xa'saːra], *pl.* خسائر [xa'saːʔir] (2) Verlust *m*, Schaden *m*

خساسة [xa'saːsa] Gemeinheit *f*, Niedrigkeit *f*

خسر [xasira, a] verlieren, Verlust erleiden; **II** [xassara] *u.* **IV** أخسر [ʔaxsara] schädigen, Verlust zufügen; **X** استخسر [is'taxsara] mißgönnen

[1]**خسران** [xas'raːn] geschädigt; Verlierer *m*; verloren

[2]**خسران** [xus'raːn] Verlust *m*, Schaden *m*

[1]**خسف** [xasafa, i] *u.* **VII** انخسف [in'xasafa] einsinken; *Mond*: sich verfinstern

[2]**خسف** [xasf] Erniedrigung *f*, Unterdrückung *f*

خسوف [xu'suːf] Mondfinsternis *f*

خش [xaʃʃa, u] *umg.* eintreten

خشاب [xa'ʃʃaːb] Holzhändler *m*

خشاف [xu'ʃʃaːf] *Ir.* = خفاش

[1]**خشب II** [xaʃʃaba] täfeln; **V** تخشب [ta'xaʃʃaba] hölzern *od.* steif werden, erstarren

[2]**خشب** [xaʃab], *pl.* أخشاب [ʔax'ʃaːb] Holz *n*; ~ة Stück *n* Holz; Brett *n*, Planke *f*; ~ي aus Holz, hölzern

خشخاش [xaʃ'xaːʃ] Mohn *m*

خشخش [xaʃxaʃa] rasseln, klappern, knarren, rascheln, klirren

خشع [xaʃaʕa, a] unterwürfig, demütig sein

خشم [xaʃm] Nase *f*; Mund *m*, *umg.* Klappe *f*

[1]**خشن** [xaʃuna, u] rauh, grob sein; **II** [xaʃʃana] grob machen, aufrauhen; **III** خاشن [xaːʃana] grob behandeln; **V** تخشن [ta'xaʃʃana] rauh, grob werden

[2]**خشن** [xaʃin] grob, rauh, hart; roh, derb, ungeschliffen; *Ton*: barsch

خشوع [xu'ʃuːʕ] Unterwürfigkeit *f*, Demut *f*

خشونة [xu'ʃuːna] Grobheit *f*, Rauheit *f*, Derbheit *f*

خشي [xaʃija, aː] fürchten; befürchten (على für *j-n*); **VIII** اختشى [ix'taʃaː] sich schämen

خشية [xaʃja] Furcht *f*, Befürchtung *f*

[1]**خص** [xɒssɒ, u] eigen, eigentümlich sein (ه *j-m*); gehören; angehen, betreffen; bedenken (ب mit *D*); **II** خصص [xɒssɒsɒ] bestimmen (ل für *A*); zuweisen; *Gelder* bereitstellen; widmen; **V** تخصص [ta'xɒssɒsɒ] sich spezialisieren (في auf *A*); **VIII** اختص [ix'tɒssɒ] zuständig sein (ب für *A*); betreffen, angehen (ب *A*); bedenken (ب mit *D*)

[2]**خص** [xɒss] (Kopf-)Salat *m*

[3]خص [xuss], *pl.* أخصاص [ʔax'sɒːs] Hütte *f*, Bude *f*

خصاص [xɒ'sɒːs] *koll., sg.* ~ة Spalt *m*, Lücke *f*, Ritze *f*

خصام [xɨ'sɒːm] Streit *m*, Zwist *m*; Konflikt *m*

خصائص → خاصية

[1]خصب [xɒsɨba, a] fruchtbar sein; **II** [xɒssɒba] fruchtbar machen; **IV** أخصب [ʔaxsɒba] fruchtbar machen; befruchten

[2]خصب [xɨsb] Fruchtbarkeit *f*; fruchtbar, ergiebig

خصخصة [xɒsxɒsɒ] Privatisierung *f*

[1](خصر) **III** خاصر [xɒːsɒra] um die Hüfte fassen; **VIII** اختصر [ix'tasɒra] abkürzen; zusammenfassen

[2]خصر [xɒsr], *pl.* خصور [xu'suːr] Taille *f*

[1]خصلة [xɒsla], *pl.* خصال [xi'sɒːl] Eigenschaft *f*, Eigentümlichkeit *f*

[2]خصلة [xusla], *pl.* خصل [xusɒl] Locke *f*, (Haar-)Strähne *f*

[1]خصم [xɒsɒma, i] **1.** im Streit besiegen; **2.** abziehen (من von *D*); *Wechsel* diskontieren; **III** خاصم [xɒːsɒma] streiten (ه mit *j-m*); prozessieren (ه gegen *j-n*); **VI** تخاصم [ta'xɒːsɒma] miteinander streiten; **VIII** اختصم [ix'tasɒma] streiten

[2]خصم [xɒsm] **1.** *pl.* خصوم [xu'suːm] Abzug *m*; *Hdl.* Rabatt *m*; Diskont *m*; *pl. a. Fin.* Passiva *pl.*; **2.** Gegner *m*, Widersacher *m*; Prozeßgegner *m*

خصوبة [xu'suːba] Fruchtbarkeit *f*

خصوص [xu'suːs]: ~ًا [-an] *Adv.* insbesondere, speziell; بـ~ hinsichtlich, betreffs; ~ي besondere(r), speziell, Spezial-; privat; ~ية Besonderheit *f*

خصومة [xu'suːma] Streit *m*; Gegnerschaft *f*

[1]خصى [xɒsɒː, iː] kastrieren

[2]خصي [xɒ'sɨːj], *pl.* خصيان [xɨs'jaːn] Kastrat *m*, Eunuch *m*

خصيب [xɒ'sɨːb] fruchtbar

خصيصا [xɒ'sɨːsɒn], *a.* [xɨ'ssɨːsɒn] *Adv.* speziell, eigens

خصيصة [xɒ'sɨːsɒ], *pl.* خصائص [xɒ'sɒːʔɨs] (2) Charakteristikum *n*

خصيم [xɒ'sɨːm], *pl.* خصماء [xusɒ'maːʔ] (2) Gegner *m*, Widersacher *m*

خصية [xusja], *pl.* خصى [xusɒn] Hoden *m*

خض [xɒđđɒ, u] schütteln; buttern; erschrecken

خضاب [xɨ'đɒːb] Farbe *f*, Färbemittel *n*

خضار [xu'đɒːr], *a.* [xɒ'đɒːr] Gemüse *n*

[1]خضب [xɒđɒba, i] *u.* **II** [xɒđđɒba] färben

[2]خضب [xɒđb] Chlorophyll *n*; Pigment *n*

[1]**خضر** [xɒđɨra, a] grün sein; **II** [xɒđđɒra] grün machen *od.* färben; begrünen; **IX** اخضر [ix'đɒrra] grün werden, grünen

[2]**خضر** [xɒđɒr] Grün *n*; → أخضر *u.* خضرة

خضرة [xuđra] Grün *n*, Grünfärbung *f*; خضر [xuđɒr] *pl.* Gemüse *n*

خضروات [xuđra'waːt, xɒđra'waːt] *pl.* Gemüse *n*

خضري [xuđɒriː], *pl.* ~ة Gemüsehändler *m*

خضع [xɒđɒʕa, a] sich fügen, sich unterwerfen; unterliegen (ل *e-r Sache*); **IV** أخضع [ʔaxđɒʕa] unterwerfen

خضل [xɒđɨl] feucht

خضم [xɨ'đɒmm]: في ~ inmitten *der Fluten, des Kampfes*

[1]**خضوع** [xɒ'đuːʕ] unterwürfig

[2]**خضوع** [xu'đuːʕ] *intr.* Unterwerfung *f*; Unterwürfigkeit *f*

[1]**خط** [xɒŧŧɒ, u] e-e Linie ziehen; zeichnen, schreiben; **II** خطط [xɒŧŧɒŧɒ] Linien ziehen; (auf-)zeichnen; markieren; planen; projektieren; **VIII** اختط [ix'tɒŧŧɒ] planen, entwerfen; vorzeichnen

[2]**خط** [xɒŧŧ], *pl.* خطوط [xu'ŧuːŧ] Linie *f*; Strich *m*, Streifen *m*; (*Eisenbahn-*)Strecke *f*; (*Telefon-, Rohr-*)Leitung *f*; Leitlinie *f*; Furche *f*; Schrift *f*

[3]**خط** [xuŧŧ], *pl.* أخطاط [ʔax'ŧɒːŧ] (Stadt-)Viertel *n*

[1]**خطا** → (خطو)

[2]**خطأ** [xɒŧɒʔ], *pl.* أخطاء [ʔax'ŧɒːʔ] Fehler *m*, Irrtum *m*; falsch; → [2]خطئ

خطاب [xɨ'ŧɒːb] Ansprache *f*, Rede *f*; Brief *m*, Schreiben *n*

[1]**خطابة** [xɒ'ŧɒːba] Reden *n*, Vortragen *n*; Predigen *n*

[2]**خطابة** [xɨ'ŧɒːba] Redekunst *f*

خطابي [xɨ'ŧɒːbiː] Rede-, Vortrags-

خطاط [xɒ'ŧŧɒːŧ] Kalligraph *m*, Schreiber *m*

[1]**خطاف** [xɒ'ŧŧɒːf] räuberisch

[2]**خطاف** [xu'ŧŧɒːf], *pl.* خطاطيف [xɒŧɒː'ŧiːf] (2) **1.** Haken *m*; **2.** Schwalbe *f*

خطايا → خطيئة

[1]**خطب** [xɒŧɒba, u] e-e Rede halten; predigen; *um ein Mädchen* anhalten, werben; **III** خاطب [xɒːŧɒba] ansprechen, anreden; **VI** تخاطب [ta'xɒːŧɒba] miteinander sprechen

[2]**خطب** [xɒŧb], *pl.* خطوب [xu'ŧuːb] Angelegenheit *f*; Unglück *n*

[1]**خطبة** [xuŧba], *pl.* خطب [xuŧɒb] Rede *f*, Predigt *f*

[2]**خطبة** [xiŧba] Brautwerbung *f*; Verlobung *f*

[1]**خطر** [xɒŧɒra, i] (einher)stolzieren; *in den Sinn* kommen (بباله/على باله), einfallen; – [xɒŧura, u] wichtig sein; gefährlich, ernst sein; **III** خاطر [xɒːŧɒra] riskieren; **IV** أخطر [ʔaxŧɒra] infor-

mieren, benachrichtigen; **V** تخطر [ta'xɒŧŧɒra] (einher)stolzieren

[2]**خطر** [xɒŧɒr], *pl.* أخطار [ʔax'ŧɒːr] Gefahr *f*, Gefährlichkeit *f*; Bedeutsamkeit *f*

[3]**خطر** [xɒŧir] gefährlich, ernst; bedeutend, wichtig

خطران [xɒŧɒ'raːn] wiegende(r) Gang

خطط → خطة

[1]**خطف** [xɒŧɒfa, i] *u.* **VIII** اختطف [ix'taŧɒfa] rauben; entführen, entreißen

[2]**خطف** [xɒŧf] Entreißen *n*, Entführung *f*; ~ًا [-an] *Adv.* schnell, flüchtig

خطل [xɒŧɒl] dumme(s) Gerede, Geschwätz *n*

[1]**خطة** [xuŧŧɒ], *pl.* خطط [xuŧɒŧ] Plan *m*; Richtlinie *f*; ~ خمسية Fünfjahresplan *m*

[2]**خطة** [xiŧŧɒ], *pl.* خطط [xiŧɒŧ] Grundstück *n*; *Tun.* Stelle *f*, Stellung *f*

(خطو) خطا [xɒŧɒː, uː] schreiten, (vorwärts)gehen; **V** تخطى [ta'xɒŧŧɒː] überschreiten; *Krise* überwinden; *Verk.* überholen

خطوبة [xu'ŧuːba] Verlobung *f*

خطورة [xu'ŧuːra] (Ge-)Wichtigkeit *f*, Bedeutung *f*; Ernst *m*, Gefährlichkeit *f*

خطوة [xuŧwa, xɒŧwa], *pl.* [xuŧu'waːt, xɒŧɒ'waːt] *u.* خطى [xuŧɒn] Schritt *m*

[1]**خطي** [xɒŧŧiː] handschriftlich

[2]**خطئ** [xɒŧiʔa, a] irren, e-n Fehler begehen; **II** خطأ [xɒŧŧɒʔa] e-s Fehlers beschuldigen; **IV** أخطأ [ʔaxŧɒʔa] sich irren, fehlgehen; sich täuschen; falsch machen; *Ziel* verfehlen

خطيب [xɒ'ŧiːb], *pl.* خطباء [xuŧɒ'baːʔ] (2) Redner *m*; Prediger *m*; Verlobte(r), Bräutigam *m*; Freier *m*; ~ة Verlobte *f*, Braut *f*

خطير [xɒ'ŧiːr] (ge)wichtig; ernst; gefährlich

خطية [xɒ'ŧiːja] *Tun.* Geldstrafe *f*

خطيئة [xɒ'ŧiːʔa], *pl.* خطايا [xɒ'ŧɒːjaː] Fehltritt *m*; Sünde *f*

[1]**خف** [xaffa, i] *Gewicht*: leicht sein; leichter werden, abnehmen; eilen; **II** خفف [xaffafa] leichter machen; erleichtern; vermindern; verdünnen; **X** استخف [ista'xaffa] geringschätzen; mißachten

[2]**خف** [xuff], *pl.* أخفاف [ʔax'faːf] Pantoffel *m*; (*Kamel*-)Huf *m*

خفاء [xa'faːʔ] Verborgenheit *f*

خفارة [xi'faːra] Bewachung *f*, Wachdienst *m*

خفاش [xu'ffaːʃ], *pl.* خفافيش [xafaː'fiːʃ] (2) Fledermaus *f*

خفاف [xa'ffaːf, xa'faːf] Bimsstein *m*

خفاق [xa'ffaːq] *Fahne*: flatternd; *Herz*: klopfend

خفايا → خفية[1]

خفت [xafata, u] verstummen; leiser werden; **IV** أخفت [ʔaxfata] zum Schweigen bringen

[1]خفر [xafara, u, i] bewachen; *Mil.* eskortieren

[2]خفر [xafar] **1.** Eskorte *f*; Wache *f*; السواحل ~ Küstenwacht *f*; **2.** Scheu *f*, Schüchternheit *f*

خفش [xafaʃ] Tagblindheit *f*

[1]خفض [xafađɒ, i] senken; *Stimme* dämpfen; herabsetzen; **II** [xaffađɒ] senken, herabsetzen, ermäßigen; **IV** أخفض [ʔaxfađɒ] *Stimme* dämpfen; **VII** انخفض [in'xafađɒ] ermäßigt werden; sich senken; sich verringern

[2]خفض [xafđ] Senkung *f*, Herabsetzung *f*; Ermäßigung *f*; Dämpfung *f*

[1]خفق [xafaqa, i] *Fahne*: flattern; zucken; *Herz*: schlagen, klopfen; **IV** أخفق [ʔaxfaqa] scheitern

[2]خفق [xafq] Klopfen *n*; Geräusch *n von Schritten*

خفقان [xafa'qaːn] Klopfen *n des Herzens*; Flattern *n der Fahne*

خفة [xiffa] Leichtigkeit *f*; Behendigkeit *f*; Beweglichkeit *f*

[1]خفي [xafija, aː] verborgen, unbekannt sein; **IV** أخفى [ʔaxfaː] verbergen, verheimlichen; **V** تخفى [ta'xaffaː] sich verstecken; sich verkleiden; **VIII** اختفى [ix'tafaː] verschwinden; entschwinden; sich verbergen

[2]خفي [xa'fiːj] verborgen, geheim

خفير [xa'fiːr], *pl.* خفراء [xufa'raːʔ] (2) Wächter *m*

خفيض [xa'fiːđ] leise, gedämpft

خفيف [xa'fiːf], *pl.* خفاف [xi'faːf] leicht (*an Gewicht*); spärlich; gering, unbedeutend; behende, flink; الدم ~ *Mensch*: sympathisch, nett

[1]خفية [xa'fiːja], *pl.* خفايا [xa'faːjaː] Geheimnis *n*

[2]خفية [xifja]: ~ [-tan] *Adv. u.* في ~ heimlich

[1](خل) **II** خلل [xallala] **1.** in Essig einlegen, säuern; **2.** stochern; **IV** أخل [ʔa'xalla] verletzen; verstoßen (ب gegen *A*); stören, schädigen; **V** تخلل [ta'xallala] dazwischen liegen; durchsetzen, durchziehen; **VIII** اختل [ix'talla] gestört, beeinträchtigt sein

[2]خل [xall] Essig *m*

خلا [xalaː] *u.* ما ~ (+ *A*) außer, ausgenommen; → [1](خلو)

خلاء [xa'laːʔ] Leere *f*; الـ~ في im Freien

خلاب [xa'llaːb] faszinierend, packend; trügerisch

خلابة [xi'laːba] Faszination *f*

خلاسي [xi'laːsiː] Mulatte *m*

خلاص [xa'lɒːs] Befreiung *f*, Erlösung *f*; (Be-)Zahlung *f*; Schluß *m*

خلاصة [xu'lɒːsɒ] Auszug *m*, Extrakt *m*; Zusammenfassung *f*; Quintessenz *f*

خلاط [xa'llɒːṭ] *u.* ~ة Mischmaschine *f*; Mixer *m*

خلاعة [xa'laːʕa] Verkommenheit *f*; Liederlichkeit *f*

خلاف [xi'laːf] Gegensatz *m*, Widerspruch *m*; Unterschied *m*; Meinungsverschiedenheit *f*; ~ [-a] *Präp.* außer, neben; ~ة Nachfolge *f*; Kalifat *n*

خلاق [xa'llaːq] schöpferisch; Schöpfer *m* (*a. = Gott*)

[1]**خلال** [xi'laːl], *pl.* أخلة [ʔa'xilla] Zahnstocher *m*; → خلل *u.* خلة

[2]**خلال** [xi'laːla] *Präp.* während, im Laufe von, binnen; durch … hindurch; (= ~ من [xi'laːli]) durch, mittels

خلايا → خلية

[1]**خلب** [xalaba, u] ergreifen, packen; faszinieren

[2]**خلب** [xullab]: ~ أمل/برق trügerische Hoffnung

خلج [xaladʒa, i] sich bewegen, zucken; **III** خالج [xaːladʒa] innerlich berühren, bewegen; **VIII** اختلج [ix'taladʒa] zucken; beben, zittern; *die Seele* bewegen

خلجة [xaldʒa] innere Regung

خلخال [xal'xaːl] Fußreif *m* (*Frauenschmuck*)

[1]**خلد** [xalada, u] ewig dauern; unsterblich sein; **II** [xallada] verewigen, unsterblich machen; **IV** أخلد [ʔaxlada] sich zurückziehen; **V** تخلد [ta'xallada] sich verewigen

[2]**خلد** [xalad] Sinn *m*, Geist *m*

[3]**خلد** [xuld] **1.** Ewigkeit *f*; **2.** Maulwurf *m*

(**خلس**) **III** خالس [xaːlasa]: ~ النظر verstohlen anblicken; **VIII** اختلس [ix'talasa] unterschlagen, veruntreuen

خلسة [xulsatan, xilsatan] *Adv.* heimlich, verstohlen

خلص [xalasɒ, u] rein, lauter sein; frei sein; befreit, erlöst werden; *umg.* zu Ende sein; **II** [xallasɒ] befreien, erlösen; freimachen (على *Brief*); verzollen (على *Waren*); *umg.* beenden; **IV** أخلص [ʔaxlasɒ] aufrichtig, treu sein; **V** تخلص [ta'xallasɒ] loswerden (من *A*); **X** استخلص [is'taxlasɒ] (heraus)ziehen; exzerpieren; entnehmen

[1]**خلط** [xalatɒ, i] mischen, vermengen; verwechseln; **III** خالط [xaːlatɒ] verkehren (ه mit *j-m*); sich mischen (ـه in *A*); *Gefühl*: überkommen; **VIII** اختلط [ix'talatɒ] sich vermischen; verkehren (ب mit *j-m*)

[2]**خلط** [xalṭ] (Ver-)Mischung *f*; Verwechslung *f*

[3]**خلط** [xilṭ], *pl.* أخلاط [ʔax'lɒːṭ] Bestandteil *m e-r Mischung*; Gemisch *n*

خلطة [xaltɒ, xultɒ] Mischung *f*

[1]**خلع** [xaltɒ, xalaˁa, a] *Kleidungsstück* ausziehen, ablegen; *Zahn* ziehen; **II** [xallaˁa] herausreißen; *Pass.* [xulliˁa] aus den Fugen geraten; **V** تخلع [ta'xallaˁa] herausbrechen; ausgerenkt werden

خ

[2]**خلع** [xalˁ] Ablegen *n der Kleidung*; Ziehen *n e-s Zahnes*

خلعة [xilˁa], *pl.* خلع [xilaˁ] Ehrenkleid *n*

[1]**خلف** [xalafa, u] nachfolgen (ه *j-m*), folgen (ـه/ه auf *A*), an die Stelle treten; **II** [xallafa] zurücklassen, hinterlassen; Nachkommen haben; **III** خالف [xaːlafa] widersprechen; zuwiderhandeln; *Gebot* übertreten; **IV** أخلف [ʔaxlafa] Ersatz geben; enttäuschen; *Versprechen* nicht halten; **V** تخلف [ta'xallafa] zurückbleiben (عن hinter *D*); nicht erscheinen; nicht tun (عن *A*); **VI** تخالف [ta'xaːlafa] voneinander abweichen; **VIII** اختلف [ix'talafa] verschieden sein, sich unterscheiden, abweichen (عن von *D*); (oft) besuchen (إلى *A*); **X** استخلف [is'taxlafa] zu s-m Nachfolger bestimmen

[2]**خلف** [xalaf], *pl.* أخلاف [ʔax'laːf] Nachkomme *m*; Nachfolger *m*

[3]**خلف** [xalf] hintere(r) Teil; [-a] *Präp.* hinter; **~ي** hintere(r), hinten befindlich, Hinter-; **~ية** [xal'fiːja] *a. fig.* Hintergrund *m*

[1]**خلق** [xalaqa, u] (er)schaffen; **V** تخلق [ta'xallaqa] sich formen; annehmen (ب *Eigenschaft*); **VIII** اختلق [ix'talaqa] sich ausdenken, ersinnen, erfinden

[2]**خلق** [xalq] Schaffung *f*, Schöpfung *f*; Menschheit *f*

[3]**خلق** [xuluq], *pl.* أخلاق [ʔax'laːq] Wesensart *f*, Charakter *m*; → أخلاق

خلقة [xilqa], *pl.* خلق [xilaq] Wesen *n*, Naturell *n*; Aussehen *n*; Physiognomie *f*

[1]**خلقي** [xuluqiː] moralisch

[2]**خلقي** [xilqiː] angeboren

خلل [xalal], *pl.* خلال [xi'laːl] Zwischenraum *m*, Lücke *f*; Störung *f*; Fehler *m*, Defekt *m*

خلة [xalla], *pl.* خلال [xi'laːl] Wesenszug *m*, Wesensart *f*

[1](**خلو**) خلا [xalaː, uː] leer sein; frei sein (من von *D*); entbehren, ermangeln; allein sein; sich zurückziehen; *Zeit*: verfließen; **II** خلى [xallaː] freimachen; lassen; ablassen (عن von *D*); **IV** أخلى [ʔaxlaː] freimachen, räumen; ~ سبيله j-n freilassen; **V** تخلى [ta'xallaː] aufgeben (عن *A*), verzichten (عن auf *A*); **VIII** اختلى [ix'talaː] sich zurückziehen

[2]**خلو** [xu'luːw] Leere *f*; Freisein *n* (من von *D*)

خلود [xu'luːd] ewige Dauer; Unsterblichkeit *f*

خلوص [xu'luːs]: النية ~ Aufrichtigkeit *f*, Lauterkeit *f*

خلوة [xalwa] Alleinsein *n*; Zurückgezogenheit *f*; stille(r) Ort

خلوي [xalawiː] einsam, zurückgezogen; ländlich

خلي [xa'liːj], *pl.* أخلياء [ʔaxli'jaːʔ] (2) frei, ungebunden; sorglos

خليج [xa'liːdʒ], *pl.* خلجان [xul'dʒaːn] Golf *m*, Meerbusen *m*

خليط [xa'liːt] gemischt; *pl.* خلائط [xa'laːʔit] (2) Mischung *f*, Gemisch *n*; Legierung *f*

خليع [xa'liːʕ] liederlich; unanständig

خليفة [xa'liːfa] *m*, *pl.* خلفاء [xula'faːʔ] (2) Kalif *m*; Nachfolger *m*; Stellvertreter *m*

خليق [xa'liːq] geeignet; angemessen (ب *j-m*), würdig (ب *j-s*); ـة~ Schöpfung *f*, Natur *f*

خليل [xa'liːl], *pl.* خلان [xu'llaːn] Freund *m*; الـ~ *Geo.* Hebron

خلية [xa'liːja], *pl.* خلايا [xa'laːjaː] Zelle *f*; Bienenstock *m*

خم [xumm] Hühnerstall *m*; Taubenschlag *m*

خمار[1] [xa'mmaːr] Weinhändler *m*

خمار[2] [xu'maːr] Kater *m* (*vom Alkohol*)

خمار[3] [xi'maːr] (Gesichts-)Schleier *m*

خمارة [xa'mmaːra] Schenke *f*

خماسي [xu'maːsiː] fünfteilig, fünffach; Fünf-; Quintett *n*

خماسين [xamaː'siːn] *heißer Wüstenwind in Ägypten*; هواء ~ـي = خماسين

خماشة [xu'maːʃa] Kratzer *m*

خمد [xamada, u] ausgehen, erlöschen; nachlassen; **IV** أخمد [ʔaxmada] (aus)löschen; dämpfen, abschwächen

خمر[1] **II** [xammara] gären lassen; *Teig* säuern, gehen lassen; **III** خامر [xaːmara] *Gefühl*: überkommen; **V** تخمر [ta'xammara] gären; *Teig*: gehen; **VIII** اختمر [ix'tamara] gären; *Teig*: gehen; (aus)reifen

خمر[2] [xamr] *u.* ة~, *pl.* خمور [xu'muːr] alkoholische(s) Getränk; Wein *m*; الخمر *fig.* der Alkohol

خمس [xums], *pl.* أخماس [ʔax'maːs] Fünftel *n*; → خمسة

خمسة [xamsa], *f* خمس fünf; ~ عشر [-ata ʕaʃar(a)], *f* خمس عشرة [xamsa ʕaʃra(ta)] fünfzehn

خمسون [xam'suːn] fünfzig

خمسينات [xamsiː'naːt] *pl.*: الـ~ die fünfziger Jahre *n/pl.*

خمش [xamaʃa, u, i] *u.* **II** [xammaʃa] (zer)kratzen

خمل [xamala, u] schwach, matt sein; ذكره ~ er geriet in Vergessenheit

خمن **II** [xammana] (ab)schätzen, vermuten; (er)raten

خمود [xu'muːd] Erlöschen *n*, Nachlassen *n*; Trägheit *f*

خمول [xu'muːl] Trägheit *f*; Schwäche *f*; Apathie *f*; Unbekanntheit *f e-s Künstlers*

خمير [xa'miːr] gesäuert; ausgereift; ة~, *pl.* خمائر [xa'maːʔir] (2) Hefe *f*; Sauerteig *m*; Ferment *n*, Enzym *n*

خميس [xa'miːs]: (يوم) الـ~ Donnerstag *m*

[1]**خن** [xanna, i] näseln

[2]**خن** [xunn] Körbchen *n*; Behausung *f von Kleintieren*

[1]**خناق** [xu'naːq] Diphtherie *f*; ~ القلب Angina pectoris *f*

[2]**خناق** [xi'naːq] Würgestrick *m*; Hals *m*, Kehle *f*; Streit *m*; ـة~ Streit *m*

(**خنث**) **V** تخنث [ta'xannaθa] weibisch, effeminiert sein

خنثى [xunθaː], *pl.* خناث [xi'naːθ] Hermaphrodit *m*

خنجر [xandʒar], *pl.* خناجر [xa'naːdʒir] (2) Dolch *m*

خندق [xandaq], *pl.* خنادق [xa'naːdiq] (2) Graben *m*; Schützengraben *m*

خنزير [xin'ziːr], *pl.* خنازير [xanaː'ziːr] (2) Schwein *n*

خنصر [xinsir], *pl.* خناصر [xa'nɒːsir] (2) kleine(r) Finger

خنع [xanaʕa, a] sich unterwerfen

خنفس [xunfus] *u.* **خنفساء** [xunfu'saːʔ] (2), *pl.* خنافس [xa'naːfis] (2) Mistkäfer *m*

[1]**خنق** [xanaqa, u] (er)würgen; *Techn.* drosseln; **III** خانق [xaːnaqa] streiten; **VIII** اختنق [ix'tanaqa] ersticken, erstickt werden

[2]**خنق** [xanq] Erwürgung *f*, (Ab-) Drosselung *f*

[1]**خنوع** [xa'nuːʕ] unterwürfig

[2]**خنوع** [xu'nuːʕ] Unterwerfung *f*

خواء [xa'waːʔ] Leere *f*

خواجة [xa'waːdʒa], *pl.* [-aːt] *Äg.* Herr *m* (*Anrede für Ausländer*)

خوار [xu'waːr] Brüllen *n*, Gebrüll *n*

خواف [xa'wwaːf] ängstlich, furchtsam; Angsthase *m*

[1]**خوان** [xa'wwaːn] treulos, verräterisch

[2]**خوان** [xu'waːn, xi'waːn], *pl.* أخونة [ʔaxwina] Tisch *m*

خوخ [xaux] *koll.*, *sg.* ـة~ Pfirsich(e *pl.*) *m*; *Syr.* Pflaume(n *pl.*) *f*; ـة~ Luke *f*; kleine Tür *in e-m Tor*

خوذة [xuːða], *pl.* خوذ [xuwað] Helm *m*

[1](**خور**) خار [xaːra, uː] **1.** brüllen; **2.** schwach werden, ermatten

[2]**خور** [xawar] Schwäche *f*, Ermattung *f*

[3]**خور** [xaur], *pl.* أخوار [ʔax'waːr] Bucht *f*

خوري [xuːriː], *pl.* خوارنة [xa'waːrina] Pfarrer *m*

خوص [xuːs] *koll.* Palmblätter *n/pl.*

خوصصة [xausɒsɒ] *Mar., Alg.* Privatisierung *f*

[1](**خوض**) خاض [xɒːđɒ, uː] waten; eindringen, sich hineinstürzen; eingehen (في auf *ein Thema*); *Kampf* führen

[2]**خوض** [xauđ] Eindringen *n*; Erörterung *f e-s Themas*

[1](**خوف**) خاف [xaːfa, aː] (*1. Pers.* [xiftu]) sich fürchten (من/ه/ـه vor *D*); (be)fürchten; **II** [xawwafa] *u.* **IV** أخاف [ʔa'xaːfa] angst machen; erschrecken; **V** تخوف [ta'xawwafa] Angst haben

[2]**خوف** [xauf] Angst *f*, Furcht *f*; ـاً~ من [-an] aus Angst vor

خول II [xawwala] gewähren (ه/ل *j-m*); ermächtigen

(**خون**) خان [xaːna, uː] *j-n* verraten; betrügen; *Organ*: versagen; im Stich lassen; **II** [xawwana] verdächtigen; mißtrauen (ه *j-m*)

خؤون [xa'ʔuːn] treulos, verräterisch

خوى [xawaː, iː] leer sein

خيار [xi'jaːr] **1.** (*freie*) Wahl; Option *f*; **2.** *koll.*, *sg.* ة~ Gurke(n *pl.*) *f*; → [2]خير

[1]**خياط** [xa'jjɒːŧ] Schneider *m*; ـة~ Schneiderin *f*

[2]**خياط** [xi'jɒːŧ] Nadel *f*; ـة~ Schneiderei *f*; Nähen *n*

[1]**خيال** [xa'jaːl], *pl.* أخيلة [ʔaxjila] Phantasie *f*, Einbildung *f*, Vorstellung(skraft) *f*; Gespenst *n*; Schatten *m*

[2]**خيال** [xa'jjaːl], *pl.* ـة~ Reiter *m*; *pl. a.* Kavallerie *f*

خيالي [xa'jaːliː] eingebildet, imaginär; phantastisch

خيانة [xi'jaːna] Verrat *m*, Treubruch *m*

(**خيب**) خاب [xaːba, iː] scheitern; enttäuscht werden; **II** [xajjaba] scheitern lassen; enttäuschen

خيبة [xaiba] Scheitern *n*, Fehlschlag *m*; (= أمل ~ [x. ʔamal]) Enttäuschung *f*

[1]**خير II** [xajjara] wählen lassen; vorziehen; **V** تخير [ta'xajjara] *u.* **VIII** اختار [ix'taːra] (aus)wählen; aussuchen

[2]**خير** [xair] Gute(s); Wohl *n*; *pl.* أخيار [ʔax'jaːr] *u.* خيار [xi'jaːr] gut, vorzüglich; besser, beste(r); بـ~ in Ordnung; هو ~ منك [-un minka] er ist besser als du; ~ لك es ist besser für dich; ~ وسيلة das beste Mittel

[3]**خير** [xajjir] gut, wohltätig, wohlwollend, edel

[1]**خيرة** [xaira] Gute(s); gute Tat; *pl.* Güter *n/pl.*, Schätze *m/pl.*

[2]**خيرة** [xiːra, xijara] Auslese *f*, Beste(s); Elite *f*

خيري [xairiː] wohltätig; ـة~ [xai'riːja] Wohltätigkeit *f*

خيزران [xaizu'raːn] *koll.* Bambus *m*; (Schilf-)Rohr *n*; ـة~ Rohrstock *m*

خيش [xaiʃ] Sackleinwand *f*; **ـة~** Scheuerlappen *m*

خيشوم [xai'ʃuːm], *pl.* خياشيم [xajaː'ʃiːm] (2) Kieme *f*

[1](**خيط**) خاط [xɒːtɒ, iː] *u.* **II** [xajjɒtɒ] nähen

[2]**خيط** [xaiŧ], *pl.* خيوط [xu'juːŧ] *u.* خيطان [xiː'tɒːn] Faden *m*, Zwirn *m*; Bindfaden *m*; أمل ~ Hoffnungsfunke *m*; **ـي~** fadenartig

خيفة [xiːfa] Angst *f*, Furcht *f*

[1](**خيل**) خال [xaːla, aː] sich einbilden, denken; **II** [xajjala] glauben machen; *Pass.* إليه ~ [xujjila] es schien ihm; er bildete sich ein; **V** تخيل [ta'xajjala] sich vorstellen; sich einbilden; **VI** تخايل [ta'xaːjala] erscheinen (ل vor *j-s Augen*); **VIII** اختال [ix'taːla] eingebildet sein

[2]**خيل** [xail] *koll.*, *pl.* خيول [xu'juːl] Pferde *n/pl.*

خيم II [xajjama] zelten; *fig.* liegen (على über *D*)

خيمة [xaima], *pl.* [-aːt], خيم [xijam] *u.* خيام [xi'jaːm] Zelt *n*

خية [xajja] *umg.* Schlinge *f*; Falle *f*

د

د (دال) [daːl] *achter Buchstabe*; *Abk. für* دقيقة Minute *f*, دكتور Doktor *m u.* دينار Dinar *m*

داء [daːʔ], *pl.* أدواء [ʔad'waːʔ] Krankheit *f*

[1]**دأب** [daʔaba, a] beharren (على auf *D*); unermüdlich tun (على/في *A*)

[2]**دأب** [daʔb, daʔab] Beharrlichkeit *f*; Gewohnheit *f*

دابر [daːbir] vergangen, verstrichen

دابة [daːbba], *pl.* دواب [da'waːbb] (2) Tier *n*; Reittier *n*

داج [daːdʒin] dunkel

داجن [daːdʒin] zahm; دواجن [da'waːdʒin] (2) *pl.* Geflügel *n*; حيوان ~ Haustier *n*

داخل [daːxil] innen befindlich, innere(r); hineingehend; Innere(s); gehörend (في zu *D*), einbezogen; ~ [-a] *Präp.* innerhalb; **ـة~**, *pl.* دواخل [da'waːxil] (2) Innere(s); **ـي~** Innen-, innere(r); inländisch; intern; **ـية~**: وزارة الـ~ Innenministerium *n*

دادة [daːda] Kindermädchen *n*, Kinderfrau *f*

دار [daːr] *f*, *pl.* دور [duːr] Haus *n*; *pl.* ديار [di'jaːr] Stätte *f*; Land *n*, Gebiet *n*; → [1](دور)

دارج [daːridʒ] im Umlauf befindlich, verbreitet; اللغة الدارجة Umgangssprache *f*

دارس [daːris] **1.** Studierende(r); Forscher *m*; **2.** alt, verfallen

دارعة [daːriˁa] Panzerschiff *n*

دارة [daːra], *pl.* [-aːt] Haus *n*; Kreis *m*; Hof *m des Mondes*

داسر [daːsir] Propeller *m*

داع [daːˁin], *pl.* دواع [da'waːˁin] Anlaß *m*, Ursache *f*; Motiv *n*; *pl.* دعاة [du'ˁaːt] Rufer *m*; Verfechter *m*, Propagandist *m*; لا ~ [daːˁija] es ist nicht nötig (ل zu)

داعر [daːˁir] unsittlich; frivol, anrüchig

داعية [daːˁija] = داع

دافع [daːfiˁ] stoßend; (an)treibend; zahlend; *pl.* دوافع [da'waːfiˁ] (2) Antrieb *m*, Triebfeder *f*, Beweggrund *m*, Motiv *n*; Trieb *m*

داكن [daːkin] dunkel

دال [daːll] bezeichnend; hinweisend; ~ـة Vertraulichkeit *f*, Vertrautheit *f*; Respektlosigkeit *f*; *Math.* Funktion *f*

دام [daːmin] blutend, blutig; → [1](دوم)

دان [daːnin] nahe; niedrig; → [1](دين)

داه [daːhin], *pl.* دهاة [du'haːt] klug, schlau, gewitzt

داهم [daːhim] *Gefahr*: drohend

داهية [daːhija] **1.** Schlaukopf *m*; **2.** *pl.* دواه [da'waːhin] Unglück *n*, Katastrophe *f*

داود [daːwud] David *npr. m*

دائب [daːʔib] beharrlich

دائخ [daːʔix] schwindlig

دائر [daːʔir] sich drehend; im Gang, laufend; ~ة, *pl.* دوائر [da'waːʔir] (2) Kreis *m*; Bereich *m*; Amt *n*, Behörde *f*, Dienststelle *f*; Abteilung *f e-s Ministeriums*; ~ المعارف [d. al-ma'ˁaːrif] Enzyklopädie *f*; دوائر ديبلوماسية diplomatische Kreise *m/pl.*; ~ي kreisförmig, ringförmig

دائم [daːʔim] dauernd, ständig, fortgesetzt; ~ا [-an] *Adv.* immer, ständig; ~ي [daːʔimiː] ständig

دائن [daːʔin] *Hdl.* Gläubiger *m*; الجانب الـ~ Habenseite *f des Kontos*

داية [daːja] Hebamme *f*

[1]**دب** [dabba, i] kriechen, krabbeln; sich regen, aufkommen; *Leben*: pulsieren; **II** دبب [dabbaba] spitzen

[2]**دب** [dubb], *pl.* دببة [dibaba] *u.* أدباب [ʔad'baːb] Bär *m*

دبابة [da'bbaːba] Panzer(wagen) *m*

دبارة [du'baːra] = دوبارة

دباسة [da'bbaːsa] (*Büro-*)Heftmaschine *f*

دباغ [da'bbaːɣ] Gerber *m*; ~ة [di'baːɣa] Gerben *n*, Gerberei *f*

دبج **II** [dabbadʒa] ausschmücken; gut formulieren

[1]**دبر** **II** [dabbara] vorbereiten, planen, arrangieren; *Plan* schmieden; regeln; leiten, führen; beschaffen; **IV** أدبر [ʔadbara] den

Rücken kehren; entfliehen, entweichen; **V** تدبر [ta'dabbara] nachdenken, überlegen; **VI** تدابر [ta'daːbara] nicht übereinstimmen

[2]**دبر** [dubur], *pl.* أدبار [ʔad'baːr] Rücken *m*; Hinterteil *n*

[1]**دبس** **II** [dabbasa] (zusammen)heften

[2]**دبس** [dibs] Sirup *m*

دبش [dabʃ] Schotter *m*; (Bau-)Schutt *m*

دبغ [dabaɣa, u, a] gerben

دبق [dibq] Vogelleim *m*; *Bot.* Mistel *f*

دبكة [dabka] *Art Volkstanz*

دبلة [dibla], *pl.* دبل [dibal] (*Finger-*)Ring *m*

دبلوم [dib'loːm] Diplom *n*

دبلوماسي [dibloː'maːsiː] diplomatisch; Diplomat *m*; ~ة Diplomatie *f*

دبور [da'bbuːr], *pl.* دبابير [dabaː'biːr] (2) Hornisse *f*; Wespe *f*

دبوس [da'bbuːs], *pl.* دبابيس [dabaː'biːs] (2) (Steck-)Nadel *f*; Sicherheitsnadel *f*; Büroklammer *f*

دثار [di'θaːr] Decke *f*, Hülle *f*

دثر [daθara, u] ausgelöscht werden; **II** [daθθara] einhüllen; bedecken; **VII** اندثر [in'daθara] untergehen, verschwinden

دجاج [da'dʒaːdʒ] *koll.* Hühner *n*/*pl.*; ~ة Huhn *n*, Henne *f*

دجال [da'ddʒaːl] Betrüger *m*, Schwindler *m*; Antichrist *m*

[1]**دجل** [dadʒala, u] betrügen; **II** [daddʒala] betrügen, beschwindeln

[2]**دجل** [dadʒl] Betrug *m*, Schwindel *m*

دجلة [didʒla] (2) Tigris *m* (*Fluß*)

دجن [dadʒana, u] düster, dunkel sein; **II** [daddʒana] zähmen, domestizieren

دجنة [dudʒna] Dunkelheit *f*

دجا (**دجو**) [dadʒaː, uː] finster sein; **III** داجى [daːdʒaː] umschmeicheln

دجى [dudʒan] Finsternis *f*

دحر [daħara, a] verjagen; *Heer* schlagen; **VII** اندحر [in'daħara] geschlagen werden; zusammenbrechen

دحرج [daħradʒa] rollen, wälzen; **II** تدحرج [ta'daħradʒa] rollen, kullern

[1]**دحض** [daħaðɒ, a] *Argument* widerlegen, entkräften

[2]**دحض** [daħđ] Widerlegung *f*, Entkräftung *f e-s Arguments*

دخان [du'x(x)aːn], *pl.* أدخنة [ʔadxina] Rauch *m*, Tabak *m*

دخر: ذخر → ادخر [1]

[1]**دخل** [daxala, u] hineingehen, hereinkommen (هـ in *A*); eintreten (على bei *j-m*); (hin)einfahren; die Ehe vollziehen (على mit *e-r Frau*); gehören (في zu *D*); **III** داخل [daːxala] *Gefühl*: überkom-

men; **IV** أدخل [ʔadxala] hineinbringen; eintreten lassen, einführen; einfügen; **V** تدخل [ta'daxxala] sich einmischen; eingreifen, intervenieren; **VI** تداخل [ta'daːxala] ineinandergreifen; sich überlagern; sich einmischen

[2]**دخل** [daxl] Einkommen *n*, Einkünfte *f/pl.*; Einmischung *f*, Beteiligung *f*; قومي ~ Volkseinkommen *n*; لا ~ له في ذلك [-a] er hat damit nichts zu schaffen

[1]**دخلة** [duxla]: ليلة الـ~ Hochzeitsnacht *f*

[2]**دخلة** [dixla] Innere(s) *e-s Menschen*

[1]**دخن** **II** [daxxana] qualmen; *Tabak* rauchen; räuchern

[2]**دخن** [duxn] Hirse *f*

دخول [du'xuːl] Hineingehen *n*; Betreten *n*, Eintritt *m*, Zutritt *m*; Einreise *f*

دخيل [da'xiːl], *pl.* دخلاء [duxa'laːʔ] (2) eingedrungen; fremd; Fremde(r); Fremdkörper *m*; ~ة, *pl.* دخائل [da'xaːʔil] (2) Innere(s), Innerste(s)

[1]**در** [darra, u, i] (reichlich) fließen, strömen; **IV** أدر [ʔa'darra] fließen lassen; *Ertrag* abwerfen

[2]**در** [darr] **1.** Milch *f*; **2.** لله ~ه [li-'llaːhi -uhu] wie vortrefflich von ihm!

[3]**در** [durr] *koll.*, *sg.* ~ة, Perlen *f/pl.*

درء [darʔ] Abwendung *f e-r Gefahr*

درأ [daraʔa, a] *Gefahr* abwenden

درابزين [daraːba'ziːn] Geländer *n*

دراجة [da'rraːdʒa] Fahrrad *n*

[1]**دراسة** [da'rraːsa] Dreschmaschine *f*

[2]**دراسة** [di'raːsa] Studium *n*; Unterricht *m*; Studie *f*

دراسي [di'raːsiː] Studien-; Schul-; Lehr-

دراق [du'rraːq] *koll.*, *sg.* ~ة Pfirsich(e *pl.*) *m*

دراية [di'raːja] Kenntnis *f*, Wissen *n*

[1]**درب** [dariba, a] geübt sein; **II** [darraba] schulen, ausbilden; trainieren; **V** تدرب [ta'darraba] sich ausbilden (lassen); einüben (على *A*)

[2]**درب** [darb], *pl.* دروب [du'ruːb] Weg *m*, Gasse *f*; Pfad *m*

درباس [dir'baːs], *pl.* درابيس [daraː'biːs] (2) (*Tür-*)Riegel *m*

دربكة [dara'bukka, dir'bakka] *kleine Handtrommel*

دربة [durba] Gewöhnung *f*; Übung *f*, Erfahrung *f*

[1]**درج** [daradʒa, u] voranschreiten, gehen; im Umlauf sein; heranwachsen; zu tun pflegen (على *A*); verfahren (على nach *e-r Methode*); **II** [darradʒa] abstufen; einstufen (في in *A*); einrollen (في in *A*); **IV** أدرج [ʔadradʒa] eintragen (في in *A*); einfügen,

aufnehmen; **V** تدرج [ta'darradʒa] allmählich voranschreiten; sich schrittweise entwickeln; **VII** اندرج [in'daradʒa] einzustufen sein (تحت unter *A*); **X** استدرج [is'tadradʒa] verleiten, verlokken

[2]**درج** [daradʒ] *koll.* Stufen *f/pl.*, Treppe *f*; *pl.* أدراج [ʔad'raːdʒ] Weg *m*

[3]**درج** [dardʒ] Schriftrolle *f*; ~ في الكتاب in dem Buch

[4]**درج** [durdʒ], *pl.* أدراج [ʔad'raːdʒ] Schublade *f*

درجة [daradʒa] Stufe *f*; *a. fig.* Grad *m*; Rang *m*, Klasse *f*; Note *f*, Zensur *f*

دردشة [dardaʃa] Plauderei *f*; Geschwätz *n*

درز [daraza, u] nähen, steppen

[1]**درس** [darasa, u] **1.** studieren; untersuchen; **2.** dreschen; **3.** ausgelöscht werden; **II** [darrasa] lehren, unterrichten; **VI** تدارس [ta'daːrasa] gemeinsam untersuchen; eingehend prüfen; **VII** اندرس [in'darasa] getilgt werden

[2]**درس** [dars] **1.** *pl.* دروس [du'ruːs] Untersuchung *f*; Lektion *f*; Unterrichtsstunde *f*; Lehre *f*; **2.** Tilgung *f*

[1]**درع** **II** [darraʕa] panzern; wappnen; **V** تدرع [ta'darraʕa] sich wappnen (بـ mit *D*)

[2]**درع** [dirʕ], *pl.* دروع [du'ruːʕ] *u.* أدرع [ʔadruʕ] Panzer *m*; Rüstung *f*; *a. fig.* Schild *m*

درفل [darfala] walzen

درفة [darfa], *pl.* درف [diraf] (*Tür-*, *Fenster-*)Flügel *m*

درفيل [dar'fiːl] **1.** Delphin *m*; **2.** Walze *f*

درقي [daraqiː]: غدة ~ـة Schilddrüse *f*

[1](**درك**) **III** دارك [daːraka] erreichen; **IV** أدرك [ʔadraka] erreichen, einholen; *Tod*: ereilen; erfassen, erkennen, wahrnehmen, begreifen; **VI** تدارك [ta'daːraka] vorbeugen; ausgleichen, wettmachen; **X** استدرك [is'tadraka] berichtigen, korrigieren

[2]**درك** [darak] **1.** (Land-)Polizei *f*; **2.** *pl.* أدراك [ʔad'raːk] tiefste Stufe; ~ـة, *pl.* [-aːt] tiefste Stufe; ~ـي Polizist *m*

درن [daran], *pl.* أدران [ʔad'raːn] Tuberkulose *f*; Schmutz *m*; ~ـة Tuberkel *m*; *Bot.* Knolle *f*

درة [durra] Perle *f*

درهم [dirham], *pl.* دراهم [da'raːhim] (2) Dirham *m* (*Währungseinheit*)

دروز [du'ruːz] *pl.*: الـ~ die Drusen *m/pl.*

درويش [dar'wiːʃ], *pl.* دراويش [daraː'wiːʃ] (2) Derwisch *m*

درى [daraː, iː] wissen; **III** دارى [daːraː] schmeicheln; verheimlichen; **IV** أدرى [ʔadraː] wissen lassen, lehren; **VI** تدارى [ta'daːraː] sich verbergen

دس [dassa, u] hineintun, hineinstecken; einschmuggeln; intrigieren; **VII** اندس [in'dassa] sich einschleichen

دساس [da'ssaːs] Intrigant *m*

دسامة [da'saːma] Fettheit *f*; Reichhaltigkeit *f*

دست [dast], *pl.* دسوت [du'suːt] **1.** Kessel *m*; **2.** في ~ الحكم an der Macht; ~ة Dutzend *n*; Pack (-en) *m*

دستور [dus'tuːr], *pl.* دساتير [dasaː'tiːr] (2) Verfassung *f*, Statut *n*; ~ي verfassungsmäßig; konstitutionell; ~ية Verfassungsmäßigkeit *f*

[1]**دسم** [dasam] Fettheit *f*; Fett *n*

[2]**دسم** [dasim] fett; ergiebig

دسيسة [da'siːsa], *pl.* دسائس [da'saːʔis] (2) Intrige *f*, Ränkespiel *n*

دشن II [daʃʃana] einweihen, eröffnen

دع [daʕ] *Imp.* laß!, → ([1]ودع)

دعاء [du'ʕaːʔ], *pl.* أدعية [ʔadʕija] Ruf *m*; Gebet *n*; Bitte *f*; Verwünschung *f*

دعابة [du'ʕaːba] Scherz *m*, Spaß *m*

دعارة [da'ʕaːra] Unsittlichkeit *f*; Prostitution *f*

دعامة [di'ʕaːma], *pl.* دعائم [da'ʕaːʔim] (2) Stütze *f*; (Stütz-)Pfeiler *m*

دعاة → داع

دعاية [di'ʕaːja] Propaganda *f*; Werbung *f*, Reklame *f*

دعب [daʕaba, a] *u.* **III** داعب [daːʕaba] scherzen, spaßen

دعر [daʕara, a] sich unsittlich verhalten

دعس [daʕasa, a] niederstoßen; *Auto*: überfahren

دعك [daʕaka, a] reiben; schrubben; *Papier* zerknüllen

[1]**دعم** [daʕama, a] *u.* **II** [daʕʕama] (unter)stützen, stärken, festigen

[2]**دعم** [daʕm] Stützung *f*; Subvention *f*

دعة [daʕa] Sanftmut *f*, Friedfertigkeit *f*; Ruhe *f*

(دعو) دعا [daʕaː, uː] rufen; herbeirufen, auffordern; propagieren (ل *A*); einladen; einberufen; hervorrufen; nennen; **V** تداعى [ta'daːʕaː] sich gegenseitig auffordern; *Gedanken*: assoziiert werden; zusammenbrechen; **VIII** ادعى [i'ddaʕaː] behaupten; für sich in Anspruch nehmen; **X** استدعى [is'tadʕaː] herbeirufen; erfordern, nötig machen

دعوة [daʕwa] Ruf *m*; Aufruf *m*, Aufforderung *f*; Einladung *f*; Vorladung *f*; Propaganda *f*; Mission *f*

دعوى [daʕwaː], *pl.* دعاوى [da'ʕaːwaː] Behauptung *f*; Anspruch *m*; *Jur.* Klage *f*, Prozeß *m*

دعي [da'ʕiːj], *pl.* أدعياء [ʔadʕi'jaːʔ] (2) großsprecherisch; Angeber *m*

دغدغ [daɣdaɣa] kitzeln

دغري [duɣriː] *umg.* geradeaus, direkt

دغش [daɣaʃ] Dunkelheit *f*, Dämmerung *f*

دغل [daɣal], *pl.* أدغال [ʔad'ɣaːl] Dschungel *m*; Dickicht *n*

(**دغم**) **IV** أدغم [ʔadɣama] *u.* **VIII** ادغم [i'ddaɣama] einfügen; *Gr.* assimilieren

دف [duff], *pl.* دفوف [du'fuːf] Tamburin *n*

دفء [difʔ] *u.* **دفاءة** [da'faːʔa] Wärme *f*

دفاع [di'faːʕ] *a. Jur.* Verteidigung *f*; Abwehr *f*; ~ي Verteidigungs-

دفاق [da'ffaːq] (über)strömend

دفاية [da'ffaːja] Heizgerät *n*

دفتر [daftar], *pl.* دفاتر [da'faːtir] (2) Heft *n*; Register *n*; *Hdl.* (Geschäfts-)Buch *n*

[1]**دفع** [dafaʕa, a] stoßen; ab-, wegstoßen; (vor)antreiben; veranlassen, drängen; (be)zahlen; **III** دافع [daːfaʕa] verteidigen (عن *A*); **VI** تدافع [ta'daːfaʕa] einander stoßen; hervorbrechen; **VII** اندفع [in'dafaʕa] losstürzen, eilen; hervorbrechen; sich fortreißen lassen; stürmisch sein

[2]**دفع** [dafʕ] **1.** Stoßen *n*; Wegstoßen *n*; (Be-)Zahlung *f*; ~ة, *pl.* [dafa'ʕaːt] Stoß *m*, Schub *m*; Zahlung *f*; Mal *n*; – [dufʕa], *pl.* [dufu'ʕaːt] Schub *m*; Gruppe *f*

دفق [dafaqa, u] ausgießen; herausfließen; **V** تدفق [ta'daffaqa] sich ergießen; hervorströmen; fließen, strömen

دفقة [dufqa] Stoß *m*, Schub *m*; Schwall *m*; Mal *n*

دفلى [diflaː] Oleander *m*

[1]**دفن** [dafana, i] beerdigen, begraben; vergraben

[2]**دفن** [dafn] Beerdigung *f*

دفة [daffa] Seite *f*; (*Buch-*)Deckel *m*; Steuerruder *n*

دفئ [dafiʔa, a] warm sein; **II** دفأ [daffaʔa] wärmen, heizen; **IV** أدفأ [ʔadfaʔa] (er)wärmen; anheizen

دفين [da'fiːn] begraben; vergraben; verborgen

دفية [di'ffiːja] weite(r) Wollmantel

[1]**دق** [daqqa, u] klopfen, schlagen; *Tamburin* spielen; läuten; zerstoßen, zermalmen, pulverisieren; — [i] fein, subtil sein; **II** دقق [daqqaqa] genau machen; (über-)prüfen; exakt sein (في bei *D*); **VII** اندق [in'daqqa] gebrochen werden

[2]**دق** [daqq] Klopfen *n*; Zerstoßen *n*; Läuten *n*

دقاق [da'qqaːq] schlagend; Spieler *m* e-s Schlaginstruments

دقشوم [daq'ʃuːm] Bruchstein *m*

[1]**دقة** [daqqa] Schlag *m*, Klopfen *n*

[2]**دقة** [duqqa] Gewürzmischung *f*

[3]**دقة** [diqqa] Feinheit *f*, Subtilität *f*; Genauigkeit *f*, Präzision *f*, Exaktheit *f*; Sorgfalt *f*

دقيق [da'qiːq] **1.** *pl.* دقاق [di'qaːq] fein, dünn, zart; subtil; Mikro-; genau, exakt, präzise; heikel, delikat; **2.** Mehl *n*; ~ـة, *pl.* دقائق [da'qaːʔiq] (2) Minute *f*; Teilchen *n*; Feinheit *f*

دك [dakka, u] einebnen; zerstören; (ein)rammen; **VII** اندك [in'dakka] zusammenbrechen

دكاترة → دكتور

دكان [du'kkaːn], *pl.* دكاكين [dakaː'kiːn] (2) Laden *m*, Geschäft *n*

دكتاتور [diktaː'toːr] Diktator *m*; ~**ي** diktatorisch; ~**ية** Diktatur *f*

دكتور [dok'toːr], *pl.* دكاترة [da'kaːtira] Doktor *m*

دكتوراه [doktoː'raːh] Doktorat *n*

دكة [dikka] **1.** *pl.* دكك [dikak] (Sitz-)Bank *f*; **2.** Hosenbund *m*

[1]**دل** [dalla, u] hinweisen (على auf *A*); beweisen; (an)zeigen (على *A*); führen, leiten; **II** دلل [dallala] **1.** beweisen, erhärten; **2.** verwöhnen, verzärteln; **3.** versteigern; **V** تدلل [ta'dallala] kokettieren; **X** استدل [ista'dalla] Aufschluß erhalten; schließen, folgern (من aus *D*)

[2]**دل** [dall] Koketterie *f*

[1]**دلال** [da'laːl] Koketterie *f*; Ziererei *f*

[2]**دلال** [da'llaːl] Vermittler *m*, Makler *m*; Versteigerer *m*

[1]**دلالة** [da'laːla] Hinweis *m*; Bedeutung *f*, Sinn *m*

[2]**دلالة** [di'laːla] Vermittlergewerbe *n*; Maklergebühr *f*

دلالي [da'laːliː] semantisch

دلتا [diltaː] Delta *n*

دلس II [dallasa] betrügen; fälschen

دلع II [dallaʕa] verwöhnen, verziehen; **VII** اندلع [in'dalaʕa] *Flammen*: emporlodern, züngeln; *Krieg*: ausbrechen

دلك [dalaka, u] reiben; streichen; **II** [dallaka] einreiben; massieren, kneten

دله II [dallaha] um den Verstand bringen

(**دلهم**) **IV** ادلهم [idla'hamma] dunkel, finster sein

[1](**دلو**) **II** دلى [dallaː] hinablassen; herabsenken; **IV** أدلى [ʔadlaː] herablassen; äußern; mitteilen (ب *A*); *Erklärung* abgeben; **V** تدلى [ta'dallaː] herabhängen; herabsinken

[2]**دلو** [dalw] *f u. m*, *pl.* دلاء [di'laːʔ] Eimer *m*; *Astr.* Wassermann *m*

دلوقتي [dil'waqti] *Äg. umg.* jetzt

دليل [da'liːl], *pl.* أدلاء [ʔadi'llaːʔ] (2) (Fremden-)Führer *m*; Lotse

m; *pl.* أدلة [ʔa'dilla] Führer *m* (*Buch*); Indiz *n*; *pl.* دلائل [da'laːʔil] (2) Hinweis *m*, Anzeichen *n*; Beweis *m*

دم [dam], *pl.* دماء [di'maːʔ] Blut *n*

دماثة [da'maːθa] Friedfertigkeit *f*; Rücksichtnahme *f*

دمار [da'maːr] Vernichtung *f*, Untergang *m*, Ruin *m*

د

دماغ [di'maːɣ], *pl.* أدمغة [ʔadmiɣa] Gehirn *n*

دمامة [da'maːma] Häßlichkeit *f*

دمث [damiθ] sanft, milde; rücksichtsvoll

[1]**دمج** [damadʒa, u] einfügen; **IV** أدمج [ʔadmadʒa] einfügen, eingliedern; inkorporieren; **VII** اندمج [in'damadʒa] eingefügt, eingegliedert werden; verschmelzen, fusionieren

[2]**دمج** [damdʒ] Eingliederung *f*, Fusion *f*

دمر II [dammara] vernichten, zerstören

دمس II [dammasa] *Bohnen* dünsten

دمشق [di'maʃq] (2) *Geo.* Damaskus

[1]**دمع** [damaʕa, a] tränen

[2]**دمع** [damʕ] *koll.*, *sg.* ~ة, *pl.* دموع [du'muːʕ] Tränen *f/pl.*

[1]**دمغ** [damaɣa, u] stempeln; punzieren; brandmarken

[2]**دمغ** [damɣ] Stempelung *f*; ~ة Stempel *m*; Stempelmarke *f*

[1](**دمل**) **VII** اندمل [in'damala] (ver-)heilen

[2]**دمل** [dummal], *pl.* دمامل [da'maːmil] (2) Geschwür *n*, Abszeß *m*; Furunkel *m od. n*

(**دمن**) **IV** أدمن [ʔadmana] sich hingeben (على *D*); süchtig sein

دموي [damawiː] Blut-

دمي [damija, aː] bluten; **IV** أدمى [ʔadmaː] zum Bluten bringen; blutig machen

دميث [da'miːθ] sanft, mild; rücksichtsvoll

دميم [da'miːm], *pl.* دمام [di'maːm] häßlich

دمية [dumja], *pl.* دمى [duman] Puppe *f*; Statue *f*

دن [dann], *pl.* دنان [di'naːn] irdene(r) Weinkrug

دنا → [1](دنو)

دناءة [da'naːʔa] Niedrigkeit *f*, Gemeinheit *f*

دنانير → دينار

دناوة [da'naːwa] Niedrigkeit *f*, Schlechtigkeit *f*

دندرمة [dun'durma] Speiseeis *n*

دندن [dandana] *Lied* summen

[1]**دنس** [danisa, a] schmutzig, besudelt sein; **II** [dannasa] beschmutzen, besudeln

[2]**دنس** [danas] Unreinheit *f*

دنف [danif] schwerkrank

[1](**دنو**) دنا [danaː, uː] nahe sein; sich nähern (من *D*); **II** دنى [dan-

naː] nähern; → [1]دني; **III** دانى [daːnaː] nahekommen; **IV** أدنى [ʔadnaː] nähern, näher heranrücken; **VI** تدانى [ta'daːnaː] sich (einander) nähern

[2]**دنو** [du'nuːw] (Heran-)Nahen *n*

[3]**دنؤ** [danuʔa, u] niedrig sein

[1]**دني** [danija, aː] niedrig sein; → [1](دنو); **V** تدنى [ta'dannaː] sich erniedrigen; herabsinken

[2]**دني** [da'niːj] *u.* **دنيء** [da'niːʔ], *pl.* أدنياء [ʔadni'jaːʔ] (2) niedrig, gemein, verachtet

دنيا [dunjaː] Welt *f*; Diesseits *n*; → أدنى

دنية [da'niːja], *pl.* دنايا [da'naːjaː] Gemeinheit *f*

دنيوي [dunjawiː] weltlich, irdisch, vergänglich

دهاء [da'haːʔ] Schlauheit *f*, Gewitztheit *f*

[1]**دهان** [da'hhaːn] Maler *m*, Anstreicher *m*

[2]**دهان** [di'haːn], *pl.* أدهنة [ʔadhina] Creme *f*; Salbe *f*; Farbe *f*, Tünche *f*

دهر [dahr], *pl.* دهور [du'huːr] (lange) Zeit; Ewigkeit *f*

[1]**دهري** [dahriː] Freidenker *m*; Materialist *m*

[2]**دهري** [duhriː] sehr alt, steinalt

دهس [dahasa, a] niedertreten, zertreten; überfahren

دهش [dahiʃa, a] erstaunt, überrascht, verblüfft sein; sich wundern; **IV** أدهش [ʔadhaʃa] verblüffen, in Erstaunen versetzen; **VII** دهش = اندهش

دهشة [dahʃa] Staunen *n*, Verwunderung *f*, Verblüffung *f*

دهليز [dih'liːz], *pl.* دهاليز [dahaː'liːz] (2) Vorhalle *f*, Wandelhalle *f*, Korridor *m*

دهم [dahama, a] unerwartet kommen, überraschen; **III** داهم [daːhama] befallen, überkommen; überfallen, überraschen

[1]**دهن** [dahana, u] einölen, salben, einfetten, einreiben; (an)streichen; **III** داهن [daːhana] umschmeicheln

[2]**دهن** [dahn] Einfetten *n*; Streichen *n*, Lackieren *n*

[3]**دهن** [duhn], *pl.* أدهان [ʔad'haːn] Fett *n*; Speck *m*

دهناء [dah'naːʔ] (2) Wüste *f*

دهني [duhniː] fettig, Fett-; ~ات *pl.* Fettstoffe *m/pl.*

دهور [dahwara] *trans.* (um)stürzen; **II** تدهور [ta'dahwara] herabsinken; verfallen; sich verschlechtern

دهى [dahaː, aː] *Unglück*: treffen; zustoßen; — دهي [dahija, aː] schlau sein

دواء [da'waːʔ], *pl.* أدوية [ʔadwija] Heilmittel *n*, Medikament *n*, Arznei *f*

دواب → دابة

[1]**دوار** [da'wwaːr] sich drehend, krei-

send; Dreh-; Strudel *m*; *Techn.* Rotor *m*; *Äg.* Gutshof *m*

دوار[2] [du'waːr] Schwindel(gefühl *n*) *m*

دوار[3] [du'wwaːr] *Jord.* Platz *m* mit Kreisverkehr

دوارة [da'wwaːra] Wirbel *m*, Strudel *m*; Kreisel *m*

دواسة [da'wwaːsa] Pedal *n*; Fußabtreter *m*

دواليك [dawaː'laika]: ~ وهكذا und so fort

دوام [da'waːm] Dauer *f*; Arbeitszeit *f*, Geschäftszeit *f*; (*regelmäßiger*) Schulbesuch

دوامة [du'wwaːma] Kreisel *m*; Wirbel *m*, Strudel *m*

دواة [da'waːt], *pl.* دوي [du'wiːj] Tintenfaß *n*

دواوين → ديوان

دوبارة [duː'baːra] Bindfaden *m*, Schnur *f*

(**دوخ**) داخ [daːxa, uː] schwindlig sein; **II** [dawwaxa] *Land* unterwerfen; schwindlig machen

دوخة [dauxa] Schwindel(gefühl *n*) *m*

دود [duːd] *koll.*, *sg.* ~ة Wurm *m*; Made *f*; Raupe *f*; ~ي wurmförmig

[1](**دور**) دار [daːra, uː] sich drehen; kreisen; umlaufen, zirkulieren; handeln (حول von *D*); **II** [dawwara] in Drehung versetzen; umdrehen; *Motor* laufen lassen; **III** داور [daːwara] umgarnen; **IV** أدار [ʔa'daːra] (um)drehen, wenden; kreisen lassen; in Gang bringen; lenken, leiten, verwalten; **X** استدار [ista'daːra] sich (um)drehen; *Auto*: wenden; sich runden

دور[2] [daur], *pl.* أدوار [ʔad'waːr] Runde *f*; *Theater u. fig.* Rolle *f*; Phase *f*, Stadium *n*; Reihe *f* (*an die man kommt*); *Äg.* Stockwerk *n*; Bedeutung *f*; → دار

دوران [dawa'raːn] Rotieren *n*, (Um-)Drehung *f*; Zirkulieren *n*; Wenden *n des Fahrzeugs*

دورة [daura] Umdrehung *f*, Umlauf *m*; Kreislauf *m*; Rundgang *m*; Periode *f*; Sitzungsperiode *f*; Lehrgang *m*, Kurs(us) *m*

دوري [dauriː] periodisch, zyklisch; ~ـة [-ja] Streife *f*, Patrouille *f*

دوزن [dauzana] *Instrument* stimmen

(**دوس**) داس [daːsa, uː] (nieder-) treten; zertrampeln; überfahren

دوسيه [doː'seːh] Akte *f*, Dossier *n*; Aktendeckel *m*

دوشة [dauʃa] *Äg.* Lärm *m*, Krach *m*, Radau *m*

دوق [duːq] Herzog *m*

دوكة [dauka] Lärm *m*, Getue *n*

(**دول**) دال [daːla, uː] sich ändern; ablaufen; **II** [dawwala] internationalisieren; **III** داول [daːwala] wechseln lassen; besprechen, diskutieren (ه في mit *j-m A*); **IV** أدال [ʔa'daːla] *j-n* über *j-n* (على) stellen; ersetzen; **VI** تداول [ta'daːwala] miteinander austauschen; diskutieren; sich beraten; sich abwechseln; im Umlauf sein

دولاب [duː'laːb], *pl.* دواليب [dawaː'liːb] (2) Schrank *m*; Rad *n*

دولار [doː'laːr], *pl.* [-aːt] Dollar *m*

دولة [daula], *pl.* دول [duwal] Staat *m*, Reich *n*; Dynastie *f*; صاحب الـ~ *Titel des Ministerpräsidenten*, Se. Exzellenz

دولي [duwaliː], *a.* [dauliː] international; [dauliː] *bsd. Tun.* staatlich, Staats-

[1](دوم) دام [daːma, uː] (an-, fort-) dauern; ما ~ solange; wenn; da, weil; **II** [dawwama] kreisen, sich drehen; **III** داوم [daːwama] bleiben (على bei *D*); regelmäßig tun *od.* besuchen (على *A*); **IV** أدام [ʔa'daːma] (an)dauern lassen

[2]**دوم** [daum] **1.** (Fort-)Dauer *f*; ~ا [-an] *Adv.* ständig, immer; **2.** Dumpalme *f*

[1]**دون** **II** [dawwana] aufzeichnen, eintragen, registrieren

[2]**دون** [duːn] niedrig, minderwertig

[3]**دون** [duːna] *Präp.* unter; ohne; vor, diesseits; أن ~ ohne daß; ما ~ *u.* من ~, بـ~ ohne; ~ك gib acht!; nimm …!

دونم [duːnum] Donum *m* (*ein Flächenmaß*)

دونما [duːnamaː] ohne

[1]**دوى** **II** [dawwaː] hallen, dröhnen; **III** داوى [daːwaː] (ärztlich) behandeln; **VI** تداوى [ta'daːwaː] sich behandeln lassen

[2]**دوي** [da'wiːj] Schall *m*, (Wider-)Hall *m*, Dröhnen *n*

دويلة [du'waila] Kleinstaat *m*

دياجي [da'jaːdʒiː]: في ~ الليل im Dunkel der Nacht

ديار → دار

ديان [da'jjaːn] *Beiname Gottes*

ديانة [di'jaːna] Religion *f*, Bekenntnis *n*

ديباج [diː'baːdʒ] (Seiden-)Brokat *m*; ~ة **1.** Präambel *f*; **2.** Schönheit *f des Gesichtes*

دير [dair], *pl.* أديار [ʔad'jaːr] *u.* أديرة [ʔadjira] Kloster *n*

ديسمبر [di'sambar] Dezember *m*

ديك [diːk], *pl.* ديوك [du'juːk] Hahn *m*; رومي ~ Truthahn *m*

ديمقراطي [diːmuq'rɒːtiː] demokratisch; ~ة Demokratie *f*

ديمومة [dai'muːma] Dauer *f*

[1](دين) دان [daːna, iː] **1.** schulden; verdanken (ل ب *j-m A*); **2.** richten, verurteilen; **3.** sich bekennen (ب zu *e-r Religion*); **III** داين [daːjana] e-e (Schuld-)Forderung haben (ه an *j-n*); **IV** أدان [ʔa'daːna] *Jur.* schuldig sprechen; (*moralisch*) verurteilen; zu s-m Schuldner machen; **V** تدين [ta'dajjana] sich bekennen (ب zu

e-r Religion); **VI** تداين [ta'daːjana] *u.* **X** استدان [ista'daːna] Schulden machen

[2]**دين** [dain], *pl.* ديون [du'juːn] Schuld *f*; Forderung *f*; بالـ~ auf Kredit; ~ سند *Fin.* Obligation *f*

[3]**دين** [dajjin] religiös, fromm

[4]**دين** [diːn], *pl.* أديان [ʔad'jaːn] Religion *f*; Glaube *m*

دينار [diː'naːr], *pl.* دنانير [danaː'niːr] (2) Dinar *m* (*Währungseinheit*); ~ي Karo *n* (*beim Kartenspiel*)

دينونة [dai'nuːna] *a. Rel.* Gericht *n*

ديني [diːniː] religiös, geistlich; sakral

دية [dija] Blutgeld *n*, Wergeld *n*

ديوان [diː'waːn], *pl.* دواوين [dawaː'wiːn] (2) Kanzlei *f*, Büro *n*, Amt *n*; *Äg.* Abteil *n*; Gedichtsammlung *f*, Diwan *m*; ~ المحاسبة Rechnungshof *m*

ذ

ذ (ذال) [ðaːl] *neunter Buchstabe*

ذا [ðaː], *f* [ðiː], *pl.* أولاء [ʔu'laːʔi] dies(er); بذا [biðaː] damit, somit; كذا [kaðaː] so; لذا [liðaː] deshalb; ~ ها هو da(s) ist er; → ذو

ذاب → (ذوب)

ذابل [ðaːbil], *pl.* ذبل [ðubul] welk, verwelkt; matt, trübe; blaß

ذات [ðaːt] (*f zu* ذو), *pl.* ذوات [ða'waːt] habend, besitzend; Selbst *n*; Ich *n*; (eigene) Person; Identität *f*; selbst; derselbe; بالـ~ eben, gerade; besonders; هو ~ـه/ بذاته er selbst; الجنب ~ Rippenfellentzündung *f*; الرئة ~ Pneumonie *f*; مرة ~ [-a marra(tin)] einmal; اليمين ~ [-a] nach rechts; يوم ~ [-a jaumin] eines Tages; بـ~ المكان am selben Ort

ذاتي [ðaːtiː] Eigen, Selbst-; subjektiv; persönlich; selbsttätig, automatisch; ~ًا [-jan] *Adv.* persönlich, in eigener Person; حكم ~ [ħukm] Autonomie *f*; ~ـة [ðaː'tiːja] Persönlichkeit *f*, Identität *f*; Subjektivismus *m*; قسم الـ~ *Ir.* Personalabteilung *f*

ذاق → [1](ذوق)

ذاك [ðaːka], *f* تاك [taːka] *u.* تيك [tiːka] jener

ذاكرة [ðaːkira] Gedächtnis *n*; Speicher *m e-s Computers*

ذاهل [ðaːhil] bestürzt, verwirrt; zerstreut, vergeßlich

ذاو [ðaːwin] verwelkt, welk; matt

ذائب [ðaːʔib] schmelzend, geschmolzen; sanft

ذائد [ðaːʔid], *pl.* ذادة [ðaːda] Verteidiger *m*

ذائع [ðaːʔiʕ] verbreitet, weithin bekannt; الصيت ~ berühmt

ذب [ðabba, u] verjagen; verteidigen (عن *A*)

ذباب [ðu'baːb] *koll.*, *pl.* ذبان [ði'bbaːn] Fliegen *f/pl.*; ـة~ **1.** Fliege *f*; **2.** Spitze *f des Degens*

ذباح [ða'bbaːħ] Schlächter *m*

ذبالة [ðu'baːla] Docht *m*

ذبان → ذباب; ـة~ [ði'bbaːna] Korn *n des Gewehres*

[1]**ذبح** [ðabaħa, a] schlachten; abschlachten, niedermetzeln

[2]**ذبح** [ðabħ] Schlachtung *f*

[3]**ذبح** [ðibħ] Schlachtopfer *n*

ذبحة [ðibħa] Angina *f*

ذبذب [ðabðaba] in Schwingung versetzen; **II** تذبذب [ta'ðabðaba] schwingen, pendeln; vibrieren; oszillieren

ذبذبة [ðabðaba] Schwingung *f*; Schwankung *f*; *El.* Frequenz *f*

ذبل [ðabala, u] welken, verwelken; matt werden

ذبول [ðu'buːl] (Ver-)Welken *n*

[1]**ذخر** [ðaxara, a] aufbewahren; *Kräfte* aufsparen; **VIII** ادخر [i'ddaxara] aufbewahren, speichern, anhäufen

[2]**ذخر** [ðuxr], *pl.* أذخار [ʔað'xaːr] *fig.* Schatz *m*; Bereicherung *f* (ل für *A*)

ذخيرة [ða'xiːra], *pl.* ذخائر [ða'xaːʔir] (2) Vorrat *m*; *Mil.* Munition *f*

[1]**ذر** [ðarra, u] **1.** streuen; bestreuen; **2.** *Sonne*: aufgehen; sich zeigen

[2]**ذر** [ðarr] Streuen *n*

ذراع [ði'raːʕ], *pl.* أذرع [ʔaðruʕ] *a. Techn.* Arm *m*; Elle *f* (*Maß*)

ذرب [ðarib] *Zunge*: scharf

[1]**ذرع** [ðaraʕa, a] *Raum* durchmessen, *Land* durchqueren; **V** تذرع [ta'ðarraʕa] sich bedienen (ب *e-s Vorwands*, *Mittels*)

[2]**ذرع** [ðarʕ]: ضاق ~ـا ب [-an] *etwas* satt haben

ذرف [ðarafa, i] *Tränen* vergießen; *Tränen*: fließen

[1]**ذرة** [ðarra], *pl.* [-aːt] Atom *n*; Teilchen *n*, Stäubchen *n*; Spur *f*, Quentchen *n*

[2]**ذرة** [ðura] Mais *m*; بيضاء ~ *Ir.* Mohrenhirse *f*

(**ذرو**) ذرا [ðaraː, uː] *Wind*: davontragen; *Kummer* zerstreuen; worfeln; **II** ذرى [ðarraː] worfeln; **IV** أذرى [ʔaðraː] = ذرا

ذروة [ðirwa, ðurwa], *pl.* ذرى [ðuran] Gipfel *m*; Spitze *f*; Höhepunkt *m*

ذري [ðarriː] atomar, Atom-; الطاقة الذرية Atomenergie *f*

ذريع [ða'riːʕ] verheerend, schlimm; ـة~, *pl.* ذرائع [ða'raːʔiʕ] (2) Mittel *n*; Vorwand *m*

ذرية [ðu'rriːja] Nachkommenschaft *f*

ذعاف [ðu'ʕaːf] *Gift*: tödlich

[1]ذعر [ðaʕara, a] *j-n* erschrecken; *Pass.* [ðuʕira] erschrecken

[2]ذعر [ðuʕr] Schreck *m*, Entsetzen *n*, Angst *f*, Panik *f*

(ذعن) **IV** اذعن [ʔaðʕana] sich unterwerfen, gehorchen

ذفر [ðafar] Gestank *m*

ذقن [ðaqn, ðaqan], *pl.* أذقان [ʔað'qaːn] *u.* ذقون [ðu'quːn] Kinn *n*; Bart *m*

ذكاء [ða'kaːʔ] Intelligenz *f*

[1]ذكر [ðakara, u] erwähnen, nennen, anführen; *Zeitung*: melden, berichten; sich erinnern (ـه an *A*), gedenken (ه *G*); *Pass.* يذكر [juðkar] nennenswert, erwähnenswert; **II** [ðakkara] **1.** erinnern (ه ب *j-n* an *A*); **2.** *Gr.* ins Maskulinum setzen; **III** ذاكر [ðaːkara] lernen, memorieren; **IV** أذكر [ʔaðkara] erinnern; **V** تذكر [ta'ðakkara] sich erinnern, denken (ـه an *A*); **VI** تذاكر [ta'ðaːkara] miteinander besprechen; **X** استذكر [is'taðkara] lernen; sich ins Gedächtnis rufen

[2]ذكر [ðakar], *pl.* ذكور [ðu'kuːr] männliche Person; *Zool.* Männchen *n*; männliche(s) Glied

[3]ذكر [ðikr] Erwähnung *f*, Nennung *f*; Erinnerung *f*, Gedenken *n*; Anrufung *f Gottes*; (sufische) Andachtsübung; الـ~ الحكيم der Koran; سالف الـ~ obenerwähnt

ذكرى [ðikraː], *pl.* ذكريات [ðikra'jaːt] Erinnerung *f*; Jubiläum *n*; الـ~ المئوية Hundertjahrfeier *f*

(ذكو) ذكا [ðakaː, uː] aufflammen; **II** ذكى [ðakkaː] *u.* **IV** أذكى [ʔaðkaː] anfachen; entfachen

[1]ذكي [ðakija, aː] intelligent sein

[2]ذكي [ða'kiːj], *pl.* أذكياء [ʔaðki'jaːʔ] (2) intelligent, klug, gescheit; wohlriechend; schmackhaft

[1]ذل [ðalla, i] sich demütigen; **II** ذلل [ðallala] überwinden, bezwingen; unterwerfen; **IV** أذل [ʔa'ðalla] demütigen, erniedrigen; **V** تذلل [ta'ðallala] sich erniedrigen *od.* demütigen; **X** استذل [ista'ðalla] demütigen

[2]ذل [ðull] Unterwürfigkeit *f*; Erniedrigung *f*; Niedrigkeit *f*

ذلاقة [ða'laːqa] Zungenfertigkeit *f*

ذلق [ðaliq] zungenfertig

ذلك [ðaːlika], *f* تلك [tilka], *pl.* أولئك [ʔu'laːʔika] jener; das; بـ~ dadurch, so; كـ~ ebenso, auch; لـ~ deshalb, deswegen; مع ~ dennoch, trotzdem

ذلة [ðilla] Erniedrigung *f*, Würdelosigkeit *f*; Ärmlichkeit *f*

ذلول [ða'luːl] fügsam, folgsam, gefügig

ذليل [ða'liːl], *pl.* أذلاء [ʔaði'llaːʔ] (2) unterwürfig; fügsam; würdelos

[1]ذم [ðamma, u] tadeln, mißbilligen

[2]ذم [ðamm] Tadel *m*

ذمام [ði'maːm] Schutz *m*

ذمة [ðimma], *pl.* ذمم [ðimam] (Zahlungs-)Verpflichtung *f*, Schuld *f*; Verantwortlichkeit *f*; Obhut *f*, Schutz *m*; *Hdl.* Vermögen *n*; Gewissen *n*; بالـ~ ehrlich?; على ~ + *G*: zugunsten von, für; على ~ـه unter j-s Obhut; في ~ـه *u.* بذمته in j-s Schuld

ذمي [ðimmiː] *hist.* nichtmuslimische(r) Untertan

ذميم [ða'miːm] tadelnswert; schändlich; schlimm

[1](ذنب) **IV** أذنب [ʔaðnaba] e-e Missetat begehen, schuldig werden

[2]ذنب [ðanab], *pl.* أذناب [ʔað'naːb] Schwanz *m*

[3]ذنب [ðamb], *pl.* ذنوب [ðu'nuːb] Schuld *f*, Vergehen *n*

ذنيبة [ðu'naiba]: أبو ~ Kaulquappe *f*

ذهاب [ða'haːb] Gehen *n*; Weggehen *n*, Fahrt *f*; Hinfahrt *f*; ~ا وإيابا [-an wa-ʔi'jaːban] hin und zurück

[1]ذهب [ðahaba, a] gehen, sich begeben; weggehen, fortgehen, (ver)schwinden; wegnehmen, rauben (ب *A*); der Ansicht sein (إلى أن [ʔanna] daß); ~ مذهبه [mað'habahuː] j-s Anschauung *od.* Lehre folgen; **II** [ðahhaba] vergolden; **IV** أذهب [ʔaðhaba] verschwinden lassen, wegnehmen

[2]ذهب [ðahab] Gold *n*; ~ أبيض Platin *n*; Baumwolle *f*; ~ي golden, aus Gold; ~ية Hausboot *n auf dem Nil*

ذهل [ðahila, a] verblüfft sein; — [ðahala, a] vergessen

ذهن [ðihn], *pl.* أذهان [ʔað'haːn] Geist *m*; ~ي geistig

ذهول [ðu'huːl] Überraschung *f*; Bestürzung *f*, Schreck *m*

ذو [ðuː], *G* ذي [ðiː], *A* ذا [ðaː], *f* ذات [ðaːt] (→ *alphabetisch*), *m/pl.* ذوو [ðawuː] *u.* أولو [ʔuluː], *f/pl.* ذوات [ða'waːt] (versehen *od.* ausgestattet) mit; Besitzer *m*, Inhaber *m von etwas*; ذووه s-e Angehörigen; ~ شأن wichtig, bedeutend; ~ القرنين [ðuː l-qar'nain] *Beiname Alexanders des Großen*; ~ القعدة [ðuː l-qaʕda] *u.* ~ الحجة [ðuː l-ħiddʒa] *11. u. 12. Monat des isl. Jahres*

ذوات → ذات *u.* ذو

ذواق [ða'wwaːq] *u.* ~ة Genießer *m*, Feinschmecker *m*

(ذوب) ذاب [ðaːba, uː] schmelzen, zergehen, zerfließen, sich auflösen; **II** [ðawwaba] *u.* **IV** أذاب [ʔa'ðaːba] schmelzen, zerfließen lassen; (auf)lösen

ذوبان [ðawa'baːn] Schmelzen *n*; Auflösung *f*

(ذود) ذاد [ðaːda, uː] verteidigen (عن *A*); abwehren

[1](ذوق) ذاق [ðaːqa, uː] *Speise* kosten, probieren; (er)leiden; **IV** أذاق [ʔa'ðaːqa] kosten lassen; **V** تذوق [ta'ðawwaqa] kosten; auskosten, genießen

[2]**ذوق** [ðauq], *pl.* أذواق [ʔað'waːq] Geschmack *m*; Geschmackssinn *m*; Takt *m*; Lebensart *f*

ذوي [ðawija, aː] welken; verfallen; *G* von ذوو, → ذو

ذي → ذو

ذئب [ðiʔb], *pl.* ذئاب [ði'ʔaːb] Wolf *m*

(**ذيع**) ذاع [ðaːʕa, iː] sich ausbreiten, sich verbreiten; allgemein bekannt werden; **IV** أذاع [ʔa'ðaːʕa] verbreiten; bekanntgeben, melden; *Radio*: senden, ausstrahlen

[1](**ذيل**) **II** [ðajjala] *Buch* mit e-m Anhang *od.* Nachtrag versehen; anfügen

[2]**ذيل** [ðail], *pl.* أذيال [aʔð'jaːl] *u.* ذيول [ðu'juːl] unterste(r) Teil; Ende *n*; Schwanz *m*; Schleppe *f e-s Kleides*; *fig.* Rockzipfel *m*; Saum *m*; Anhang *m*, Nachtrag *m*; Nachwirkung *f*, Folge *f*

ذيوع [ðu'juːʕ] Verbreitung *f*; Bekanntwerden *n*; Bekanntheit *f*

ر

ر (راء) [raːʔ] *zehnter Buchstabe*

[1]**راب** [raːbb] Stiefvater *m*; → [1](روب) *u.* [1](ريب)

[2]**رأب** [raʔaba, a] reparieren, ausbessern, flicken

رابح [raːbiħ] gewinnbringend, einträglich; Gewinner *m*

رابض [raːbiđ] daliegend, lagernd; dastehend

رابط [raːbiŧ] bindend; Band *n*; ~ الجأش unerschütterlich, gefaßt; ~ة, *pl.* روابط [ra'waːbiŧ] (2) Band *n*, Verbindung *f*; Vereinigung *f*, Bund *m*, Liga *f*; Kreis *m*, Club *m*

رابع [raːbiʕ] vierte(r); ~ عشر [-a ʕaʃar(a)] vierzehnte(r)

رابة [raːbba] Stiefmutter *f*

رابية [raːbija], *pl.* روابٍ [ra'waːbin] Hügel *m*

راتب [raːtib], *pl.* رواتب [ra'waːtib] (2) Gehalt *n*, Besoldung *f*

راجٍ [raːdʒin] hoffend

راجح [raːdʒiħ] überwiegend; wahrscheinlich; vorzuziehen

راجع [raːdʒiʕ] zurückkehrend; zurückgehend (إلى auf *A*)

راجل [raːdʒil], *pl.* رجالة [ra'ddʒaːla] Fußgänger *m*

راح [raːħ] Wein *m*; → [1]روح

راحل [raːħil] dahingegangen; verstorben, Verstorbene(r); ~ة Reitkamel *n*

راحة [raːħa] **1.** Ruhe *f*; Erholung *f*; Bequemlichkeit *f*; البال ~ Unbeschwertheit *f*; **2.** Handfläche *f*

راد → (رود)

راديو [raːdjoː] Radio *n*, Rundfunk *m*; Radioapparat *m*

[1]**راس** [raːsin] fest(gegründet); verankert; رواس [ra'waːsin] *pl.* Berge *m/pl.*

[2]**رأس** [raʔasa, a, i] an der Spitze stehen (ـه von *D*), führen, leiten; den Vorsitz führen (ـه bei *e-r Sitzung*); **II** [raʔʔasa] zum Leiter machen; **V** ترأس [ta'raʔʔasa] leiten; j-s (ه) Vorgesetzter sein

[3]**رأس** [raʔs], *pl.* رؤوس [ru'ʔuːs] Kopf *m*, Haupt *n*; Oberhaupt *n*; Stück *n* (*Vieh*); Spitze *f*, Gipfel *m*; Kap *n*; ~ا [-an] direkt, unmittelbar; الجسر ~ Brückenkopf *m*; السنة ~ Neujahr *n*; مال ~, *pl.* رؤوس أموال Kapital *n*; على العين والـ~ ganz wie Sie wünschen

راسب [raːsib] (*in e-r Prüfung*) durchgefallen; *pl.* رواسب [ra'wasib] (2) Sediment *n*, Bodensatz *m*, *Chem.* Niederschlag *m*; Überreste *m/pl. der Vergangenheit*

راسخ [raːsix] fest(gefügt), verwurzelt; beschlagen (في in *D*)

رأسمال [raʔs(u)'maːl] Kapital *n*; ~ي kapitalistisch; Kapitalist *m*; ~ية Kapitalismus *m*

رأسي [raʔsiː] senkrecht, vertikal

راشد [raːʃid] vernünftig; volljährig, mündig; rechtgeleitet

راصد [rɒːsˈid], *pl.* رصاد [ru'ssɒːd] Beobachter *m*, Aufpasser *m*; ~ة Teleskop *n*

راض [rɒːđin], *pl.* رضاة [ru'đɒːt] zufrieden; einverstanden; → [1](روض)

راع [raːʕin], *pl.* رعاة [ru'ʕaːt] Hirt *m*; Hüter *m*; *Chr.* Pfarrer *m*; → [1](روع) *u.* [1](ريع)

راغب [raːɣib] begehrend; Interessent *m*; *a. npr. m*

راغم [raːɣim]: الأنف ~ widerstrebend, gezwungen

رأف [raʔafa, a] sich erbarmen

رافد [raːfid] Stütze *f*, Hilfe *f*; *pl.* روافد [ra'waːfid] (2) Nebenfluß *m*; الرافدان *du.* Euphrat und Tigris; ~ة Tragbalken *m*

رافض [raːfiđ] ablehnend; ~ي abtrünnig; *Isl.* Rafidit *m*

رافعة [raːfiʕa], *pl.* [-aːt] *u.* روافع [ra'wafiʕ] (2) Hebegerät *n*; Kran *m*; Hebel *m*

رأفة [raʔfa] Mitleid *n*

[1]**راق** [raːq] *Äg.* Lage *f*, Schicht *f*; → (روق) *u.* [1](ريق)

[2]**راق** [raːqin] **1.** hochstehend, hochentwickelt; niveauvoll; vornehm; **2.** *pl.* رقاة [ru'qaːt] Zauberer *m*

راقد [raːqid] liegend, ruhend; schlafend

راقص [raːqis] tanzend; Tanz-; Tänzer *m*; ~ة Tänzerin *f*

راقن [raːqin]: آلة ~ـة *Maghr.* Schreibmaschine *f*

راكب [raːkib] reitend; fahrend; *pl.* رُكّاب [ru'kkaːb] Fahrgast *m*, Passagier *m*; *pl.* رُكّاب *u.* رُكبان [ruk'baːn] Reiter *m*

راكد [raːkid] stagnierend

رام [raːmin] werfend; abzielend (إلى auf *A*); *pl.* رُماة [ru'maːt] *a. Astr.* Schütze *m*; Werfer *m*; → [1](روم) *u.* [1](ريم)

راهب [raːhib] sich fürchtend; *pl.* رُهبان [ruh'baːn] Mönch *m*; ~ـة Nonne *f*

راهن [raːhin] **1.** gegenwärtig, jetzig; **2.** verpfändend

راو [raːwin], *pl.* رُواة [ru'waːt] Erzähler *m*; Überlieferer *m*

راوند [raː'wand] Rhabarber *m*

راوية [raːwija] = راو

[1]**رأى** [raʔaː (يرى jaraː)] sehen, erblicken; meinen, der Ansicht sein; beschließen; (يا) ترى [taraː, turaː] (was meinst du) wohl …?; أين هو يا ترى wo mag er wohl sein?; **III** راءى [raːʔaː] heucheln, sich verstellen; **IV** أرى [ʔaraː (يري juriː)] zeigen (ه ـه j-m *A*); **VI** تراءى [ta'raːʔaː] zu sehen sein; scheinen (ل *j-m*); richtig scheinen (ل *j-m*); **VIII** ارتأى [ir'taʔaː] im Auge haben; für angebracht halten, beschließen; meinen

[2]**رأي** [raʔj], *pl.* آراء [ʔaːraːʔ] Meinung *f*, Ansicht *f*; الـ~ العام die öffentliche Meinung

رائب [raːʔib] *Milch*: geronnen, sauer

رائج [raːʔidʒ] verbreitet, gängig; kursierend; *Ware*: gut absetzbar

رائح [raːʔiħ] (weg)gehend; ~ـة [raːʔiħa], *pl.* روائح [ra'waːʔiħ] (2) Geruch *m*, Duft *m*; Parfüm *n*

رائد [raːʔid] führend; beispielgebend; *pl.* رُوّاد [ru'wwaːd] Vorkämpfer *m*, Führer *m*; Besucher *m*; *Mil.* Major *m*; Richtschnur *f*; ~ الفضاء Astronaut *m*

رائع [raːʔiʕ] prächtig, wunderbar, großartig, glänzend; ~ـة, *pl.* روائع [ra'waːʔiʕ] (2) Meisterwerk *n*, wunderbare Sache

رائق [raːʔiq] klar, rein

راية [raːja] Banner *n*, Flagge *f*

[1]**رب** [rabba, u] (um)rühren

[2]**رب** [rabb], *pl.* أرباب [ʔar'baːb] Herr *m*, Gebieter *m*; Familienvater *m*; الـ~ der Herr, Gott; ~ العمل Arbeitgeber *m*

[3]**رب** [rubb], *pl.* ربوب [ru'buːb] Dicksaft *m*, Sirup *m*

[4]**رب** [rubba] + *G*: manch; ~ رجل [r. radʒulin] mancher Mann

ربا [riban] Wucherzins *m*, Wucher *m*

رباب [ra'baːb] *koll.*, *sg.* ~ـة Rebab *m* (*orientalisches Streichinstrument*)

رباط [ri'bɒːt], *pl.* أربطة [ʔarbitɒ] *u.*

[-aːt] Band *n*; Binde *f*, Verband *m*; Schnürsenkel *m*; Krawatte *f*; الـ~ *Geo*. Rabat; ~ـة: الجأش ~ Unerschrockenheit *f*; Fassung *f*

رباع [ra'bbaːʕ] Gewichtheber *m*

رباعي [ru'baːʕiː] vierteilig; vierfach; vier-, Vierer-; *Mus*. Quartett *n*; ~ـة Vierzeiler *m*

ربان [ru'bbaːn] Kapitän *m e-s Schiffes*

رباني [ra'bbaːniː] göttlich; الصلاة الربانية *Chr*. das Vaterunser

ربت [rabata, i] *u*. **II** [rabbata] streicheln, tätscheln, *auf die Schulter* klopfen

[1]**ربح** [rabiħa, a] gewinnen; profitieren (من von *D*); **IV** أربح [ʔarbaħa] gewinnen lassen; einbringen (ه ه *j-m A*)

[2]**ربح** [ribħ], *pl*. أرباح [ʔar'baːħ] Gewinn *m*, Profit *m*; Zins *m*; ~ مركب [mu'rakkab] Zinseszins *m*

(**ربد**) **IX** اربد [ir'badda] sich verfinstern

(**ربص**) **V** تربص [ta'rabbasɒ] auflauern (ل/ب *j-m*); lauern (ل auf *A*), warten (ب auf *A*)

ربض [rabađɒ, i] *Tier*: lagern; liegen; dastehen

[1]**ربط** [rabatɒ, i, u] binden, anbinden, festmachen; verbinden; festsetzen; **III** رابط [raːbatɒ] in Stellung gehen, sich postieren; **VI** ترابط [ta'raːbatɒ] sich miteinander verbinden; **VIII** ارتبط [ir'tabatɒ] verbunden sein (ب mit *D*); abhängig sein (ب von *D*); sich binden, gebunden sein (ب an *A*)

[2]**ربط** [rabt] Binden *n*; Verknüpfung *f*; Festsetzung *f*; ~ـة Bündel *n*; Band *n*; (*Schlüssel*-)Bund *m u. n*

[1]**ربع** **II** [rabbaʕa] vervierfachen; quadratisch machen; *Math*. quadrieren; **V** تربع [ta'rabbaʕa] mit gekreuzten Beinen sitzen; hokken

[2]**ربع** [rabʕ], *pl*. ربوع [ru'buːʕ] (Wohn-)Viertel *n*; *pl*. Gebiet *n*, Territorium *n*

[3]**ربع** [rubʕ], *pl*. أرباع [ʔar'baːʕ] Viertel *n*; الـ~ الخالي Rub al-Khali (*Sandwüste im Saudi-Arabien*)

ربعة [rabʕa] *m u. f Mensch*: mittelgroß

ربقة [ribqa] Lasso *n u. m*, Schlinge *f*

[1]**ربك** [rabaka, u] *u*. **IV** أربك [ʔarbaka] verwirren, durcheinanderbringen; **VIII** ارتبك [ir'tabaka] in Unordnung geraten, verwirrt werden

[2]**ربك** [rabik] verwirrt, durcheinander

ربما [rubba-maː] vielleicht; manchmal

ربة [rabba] Herrin *f*, Gebieterin *f*; ~ البيت Hausfrau *f*; Hauswirtin *f*

[1](ربو) ربا [rabaː, uː] mehr sein (على als), übersteigen; (heran)wachsen; **II** ربى [rabbaː] ziehen, züchten; aufziehen, erziehen; **III** رابى [raːbaː] Wucher treiben; **IV** أربى [ʔarbaː] übersteigen (على *A*); **V** تربى [ta'rabbaː] heranwachsen; erzogen werden

[2]**ربو** [rabw] Atemnot *f*; *Med.* Asthma *n*

ربوبية [rubuː'biːja] Göttlichkeit *f*

ربوة [rabwa], *pl.* ربى [ruban] Hügel *m*, Anhöhe *f*

ربوي [ribawiː] wucherisch, Wucher-

ربي [rabbiː] mein Herr!, mein Gott!; → ربوة

ربيب [ra'biːb], *pl.* أرباء [ʔari'bbaːʔ] (2) *u.* أربة [ʔa'ribba] Stiefsohn *m*; Hätschelkind *n*

ربيع [ra'biːʕ] Frühling *m*, Frühjahr *n*; الأول ~ *u.* الثاني ~ *3. u. 4. Monat des isl. Jahres*; ~**ي** Frühlings-

رتابة [ra'taːba] Eintönigkeit *f*, Monotonie *f*; Routine *f*

رتاج [ri'taːdʒ], *pl.* رتج [rutudʒ] (*Tür-*)Riegel *m*

رتب II [rattaba] (an)ordnen, arrangieren; aufräumen; regeln; zuweisen; **V** ترتب [ta'rattaba] sich ergeben, resultieren (على aus *D*); obliegen (على *j-m*)

رتبة [rutba], *pl.* رتب [rutab] Rang *m*; Grad *m*, Stufe *f*; Klasse *f*

(**رتج**) **IV** *Pass.* (القول) أرتج عليه [ʔurtidʒa] es verschlug ihm die Sprache

رتع [rataʕa, a] weiden, grasen; schwelgen

رتق [rataqa, u, i] flicken, ausbessern, zusammennähen

[1]**رتل II** [rattala] psalmodieren, *Koran* rezitieren

[2]**رتل** [ratl], *pl.* أرتال [ʔar'taːl] Zug *m*, Kolonne *f*

رتيب [ra'tiːb] eintönig, monoton; gleichmäßig; routinemäßig

رث [raθθ], *pl.* رثاث [ri'θaːθ] alt, schäbig, abgetragen

رثاء [ri'θaːʔ] Trauergedicht *n*; Totenklage *f*

رثاثة [ra'θaːθa] Schäbigkeit *f*, Zerlumptheit *f*

رثى [raθaː, iː] *e-n Toten* beklagen; ein Trauergedicht verfassen (ه auf *j-n*); *Pass.* يرثى له [jurθaː] beklagenswert

رثيث [ra'θiːθ] schäbig, abgetragen

[1]**رج** [raddʒa, u] schütteln; rütteln; **VIII** ارتج [ir'taddʒa] erbeben, erzittern

[2]**رج** [raddʒ] Schütteln *n*

[1]**رجا** [radʒan]: *sg. zu* → [1]أرجاء

[2](**رجا**) **IV** أرجأ [ʔardʒaʔa] aufschieben, vertagen

رجاء [ra'dʒaːʔ] Bitte *f*, Ersuchen *n*; Hoffnung *f*

رجاحة [ra'dʒaːħa] Ausgeglichenheit *f*; العقل ~ Besonnenheit *f*

رجال → ²رجل; ~ـي [ri'dʒaːliː] Männer-

رجب [radʒab] *7. Monat des isl. Jahres*

رجح [radʒaħa, a] *Waagschale*: sich senken; überwiegen; wahrscheinlich sein; **II** [raddʒaħa] überwiegen lassen (على über *A*); bevorzugen; für wahrscheinlich halten; **V** ترجح [ta'raddʒaħa] sich hin- und herbewegen, schaukeln; überwiegen

رجحان [rudʒ'ħaːn] Überwiegen *n*, Übergewicht *n*

رجز [radʒaz] *ein arab. Versmaß*

رجس [ridʒs], *pl.* أرجاس [ʔar'dʒaːs] verdammenswerte Handlung; Sünde *f*

¹**رجع** [radʒaʕa, i] zurückkehren, zurückkommen, wiederkehren; zurückgehen, zurückzuführen sein (إلى auf *A*); gebühren (إلى *j-m*); sich beziehen (إلى auf *A*); sich abkehren, ablassen (عن von *D*); zurücknehmen (في *e-n Beschluß*); **II** [raddʒaʕa] zurückgeben, *Kassette* zurücklaufen lassen; **III** راجع [raːdʒaʕa] durchsehen, nachprüfen; nachschlagen (هـ in *e-m Buch)*; konsultieren, befragen; sich wenden (ه an *j-n*); wiederholen, repetieren; **IV** أرجع [ʔardʒaʕa] zurückbringen, zurücksenden; zurückführen (إلى auf *A*); **VI** تراجع [ta'raːdʒaʕa] zurückweichen, zurückgehen; **X** استرجع [is'tardʒaʕa] zurückverlangen; zurückerhalten, zurückgewinnen; widerrufen

²**رجع** [radʒʕ]: ~ الصدى Widerhall *m*; كـ~ البصر im Nu

رجعة [radʒʕa] Rückkehr *f*, Wiederkehr *f*; Widerruf *m*

رجعي [radʒʕiː] rückschrittlich, reaktionär; ~ـة *Pol.* Rückschrittlichkeit *f*, Reaktion *f*

رجف [radʒafa, u] zittern; erschrekken; **IV** أرجف [ʔardʒafa] erschau(d)ern lassen, erschrecken; Gerüchte verbreiten; **VIII** ارتجف [ir'tadʒafa] zittern, beben

رجفة [radʒfa] Zittern *n*; Schau(d)er *m*

¹**رجل** [radʒila, a] zu Fuß gehen; **V** ترجل [ta'raddʒala] absteigen (عن *vom Pferd*); zu Fuß gehen; **VIII** ارتجل [ir'tadʒala] aus dem Stegreif vortragen; **X** استرجل [is'tardʒala] sich wie ein Mann benehmen

²**رجل** [radʒul], *pl.* رجال [ri'dʒaːl] Mann *m*; رجالات *pl.* Persönlichkeiten *f/pl.*

³**رجل** [ridʒl], *pl.* أرجل [ʔardʒul] Fuß *m*

¹**رجم** [radʒama, u] steinigen; verfluchen; ~ بالغيب Mutmaßungen anstellen

²**رجم** [radʒm] Steinigung *f*; *pl.* رجوم [ru'dʒuːm] Wurfgeschoß *n*; Meteor *m*

رجمة [rudʒma] Grabstein *m*

(رجو) رجا [radʒaː, uː] hoffen, erhoffen; bitten, ersuchen; wünschen; **V** ترجى [ta'raddʒaː] hoffen (هـ auf *A*); bitten; **VIII** ارتجى [ir'tadʒaː] hoffen; erwarten

رجوع [ru'dʒuːʕ] Rückkehr *f*; Zurückkommen *n*; Rücktritt *m* (عن von *D*)

رجولة [ru'dʒuːla] *u.* **رجولية** [rudʒuː'liːja] Männlichkeit *f*, Mannhaftigkeit *f*

[1]**رجيم** [ra'dʒiːm] verflucht

[2]**رجيم** [ri'ʒiːm] Diät *f*

رحابة [ra'ħaːba] Weite *f*; الصدر ~ Weitherzigkeit *f*

رحال [ra'ħħaːl], *pl.* رحل [ruħħal] reisend, umherziehend; nomadisierend; ~ة Forschungsreisende(r)

رحاية [ra'ħħaːja] (*Hand*-)Mühle *f*

[1]**رحب** [raħuba, u] weit, geräumig sein; **II** [raħħaba] willkommen heißen, begrüßen (ب *A*)

[2]**رحب** [raħb] weit, geräumig; ~ الصدر weitherzig

[3]**رحب** [ruħb, raħb] Weite *f*; على الـ~ والسعة willkommen!

رحبة [raħba], *pl.* رحاب [ri'ħaːb] freie(r) Platz, Weite *f*; *pl.* Gefilde *n/pl.*

[1]**رحل** [raħala, a] aufbrechen, abreisen; wegziehen; **II** [raħħala] auf den Weg bringen; umsiedeln; aussiedeln; deportieren; *Summe* vortragen, übertragen; **VIII** ارتحل [ir'taħala] aufbrechen; abreisen

[2]**رحل** [raħl], *pl.* رحال [ri'ħaːl] (*Kamel*-)Sattel *m*; *pl. a.* Reisegepäck *n*

رحلة [riħla], *pl.* [raħa'laːt, riħ'laːt] Reise *f*, Fahrt *f*; Flug *m*

[1]**رحم** [raħima, a] sich erbarmen (ه *j-s*), gnädig sein; **V** ترحم [ta'raħħama] Mitleid haben (على mit *j-m*); **X** استرحم [is'tarħama] um Erbarmen bitten

[2]**رحم** [raħ(i)m], *pl.* أرحام [ʔar'ħaːm] *f* Gebärmutter *f*; *fig.* Mutterleib *m*; Verwandtschaft *f*

رحمان *u.* **رحمن** [raħ'maːn]: الـ~ der Erbarmer (*Beiname Gottes*)

رحمة [raħma] Erbarmen *n*, Barmherzigkeit *f*, Gnade *f*; Güte *f*

رحوي [raħawiː] rotierend

رحى [raħan] *f*, *pl.* أرحاء [ʔar'ħaːʔ] (*Hand*-)Mühle *f*

رحيق [ra'ħiːq] Nektar *m*

رحيل [ra'ħiːl] Aufbruch *m*, Abreise *f*; Auszug *m*; Verscheiden *n*

رحيم [ra'ħiːm] barmherzig; الـ~ *Beiname Gottes*

رخ [ruxx] **1.** Turm *m im Schachspiel*; **2.** der Vogel Roch

رخاء [ra'xaːʔ] Wohlstand *m*, Wohlergehen *n*

رخام [ru'xaːm] Marmor *m*

رخامة [ra'xaːma] Wohlklang *m der Stimme*

رخاوة [ra'xaːwa] Weichheit *f*, Schlaffheit *f*

[1]**رخص** [raxusɒ, u] billig sein; **II** [raxxasɒ] **1.** erlauben; **2.** verbilligen; **IV** أرخص [ʔarxasɒ] verbilligen; **V** ترخص [ta'raxxasɒ] lockern (في *Verbot*); sich erlauben (في *A*); **X** استرخص [is'tarxasɒ] für billig halten

[2]**رخص** [raxs] zart, weich

[3]**رخص** [ruxs] Billigkeit *f*; ~ة, *pl.* رخص [ruxɒs] Erlaubnis *f*, Genehmigung *f*; Lizenz *f*; Zulassung *f*

[1]**رخم** [raxuma, u] *Stimme*: wohlklingend sein; **II** [raxxama] **1.** mit Marmor auslegen; **2.** *Gr.* ein Wort am Ende kürzen

[2]**رخم** [raxam] *koll.* Aasgeier *m*

[1]**(رخو)** رخا [raxaː, uː] *u.* رخو [raxuwa, u] weich, locker sein; **IV** أرخى [ʔarxaː] lockern; herablassen; **VI** تراخى [ta'raːxaː] sich lockern; nachlassen, erlahmen; **VIII** ارتخى [ir'taxaː] sich lockern, schlaff werden; ermatten; **X** استرخى [is'tarxa] sich entspannen; nachlassen

[2]**رخو** [raxw, rixw] weich, locker; *Stimme*: sanft

رخوي [raxawiː], *pl.* [raxawiː'jaːt] Weichtier *n*

[1]**رخي** [raxija, aː] = [1](رخو)

[2]**رخي** [ra'xiːj] entspannt

رخيص [ra'xiːs] *a. fig.* billig

رخيم [ra'xiːm] *Stimme*: angenehm, wohlklingend

[1]**رد** [radda, u] zurückgeben, zurückschicken; zurückschlagen, abwehren; abweisen; widerlegen; zurückführen (إلى auf *A*); antworten, erwidern; **II** ردد [raddada] *Schall* zurückwerfen; wiederholen; **V** تردد [ta'raddada] verkehren (على bei *j-m*); sich wiederholen; *Stimme*: widerhallen; zögern, schwanken; **VIII** ارتد [ir'tadda] sich zurückziehen; ablassen (عن *A*); abfallen, abtrünnig werden (عن von *D*); **X** استرد [ista'radda] zurückerhalten; zurückverlangen

[2]**رد** [radd], *pl.* ردود [ru'duːd] Rückgabe *f*; Zurückwerfen *n*; Abwehr *f*; Widerlegung *f*; Zurückführung *f*; Antwort *f*, Erwiderung *f*; ~ الاعتبار Rehabilitierung *f*; ~ فعل Reaktion *f*, Rückwirkung *f*

رداء [ri'daːʔ], *pl.* أردية [ʔardija] Gewand *n*, Überwurf *m*, Mantel *m*

رداءة [ra'daːʔa] schlechte(r) Zustand, Minderwertigkeit *f*

ردح [radaħ] lange Zeit

[1]**ردع** [radaʕa, a] abschrecken, zurückhalten

[2]**ردع** [radʕ] Abschreckung *f*

[1]**ردف** [radafa, u] (nach)folgen; **III** رادف [raːdafa] *j-s* (ه) Hintermann sein; gleichbedeutend sein; **IV** أردف [ʔardafa] hinter sich auf-

ر

sitzen lassen; ergänzen; hinzufügen; **VI** ترادف [ta'raːdafa] aufeinanderfolgen; miteinander synonym sein

[2]**ردف** [ridf], *pl.* أرداف [ʔar'daːf] Hintermann *m*; Hinterteil *n*

[1]**ردم** [radama, i] *Grube* zuschütten; aufschütten

[2]**ردم** [radm] Aufschüttung *f*; **~يات** [-iː'jaːt] *pl.* Erdarbeiten *f/pl.*

ردن [rudn], *pl.* أردان [ʔar'daːn] Ärmel *m*

[1]**ردة** [radda] Antwort *f*; Kleie *f*

[2]**ردة** [ridda] Abfall *m von e-r Religion*

ردهة [radha], *pl.* [rada'haːt] Halle *f*, Saal *m*; Foyer *n*

ردؤ [raduʔa, u] schlecht sein

(**ردي**) **IV** أردى [ʔardaː] zu Fall bringen, niederstrecken; **V** تردى [ta'raddaː] fallen; sich verschlechtern; sich bekleiden (ب mit *D*); **VIII** ارتدى [ir'tadaː] *Kleidungsstück* anziehen *od.* tragen

رديء [ra'diːʔ], *pl.* أردياء [ʔardi'jaːʔ] (2) schlecht

رديف [ra'diːf] Hintermann *m auf e-m Reittier*; Reservist *m*

رذ [raðða, u]: ~ت السماء es nieselt

رذاذ [ra'ðaːð] Nieselregen *m*

رذالة [ra'ðaːla] Verworfenheit *f*; Gemeinheit *f*

رذل [raðala, u] mißbilligen; verwerfen; — [raðula, u] gemein, verworfen sein; **II** [raððala] zurechtweisen, schelten

رذيل [ra'ðiːl] gemein, nichtswürdig; verworfen

[1]**رز** [razza, u] *Pflock* einschlagen

[2]**رز** [ruzz] Reis *m*

رزء [ruzʔ], *pl.* أرزاء [ʔar'zaːʔ] schwere(r) Schlag, Unglück *n*

رزأ [razaʔa, a] heimsuchen

رزاق [ra'zzaːq] der Ernährer (*Beiname Gottes*); عبد الـ~ *npr. m*

رزانة [ra'zaːna] Ernst *m*, Besonnenheit *f*, Gelassenheit *f*

رزح [razaħa, a] zu Boden sinken (تحت unter *e-r Last*)

[1]**رزق** [razaqa, u] *Gott*: schenken, bescheren; *Pass.* يرزق [jurzaqu] am Leben sein; **VIII** ارتزق [ir'tazaqa] den Lebensunterhalt verdienen; **X** استرزق [is'tarzaqa] den Lebensunterhalt suchen

[2]**رزق** [rizq], *pl.* أرزاق [ʔar'zaːq] Lebensunterhalt *m*, Nahrung *f*, tägliche(s) Brot

رزم [razama, u] zusammenbinden, packen, schnüren

رزمة [rizma, ruzma], *pl.* رزم [rizam, ruzam] Bündel *n*, Paket *n*

رزن [razuna, u] ernst sein

رزة [razza] Eisenband *n* (*Türbeschlag*), Scharnier *n*

رزين [ra'ziːn] ernst, besonnen, gelassen

رزية [ra'ziːja] = رزء

رسا → (رسو)

رسالة [ri'saːla], *pl.* رسائل [ra'saːʔil]

(2) Brief *m*; Sendschreiben *n*; Botschaft *f*; Dissertation *f*; Sendung *f*, Mission *f*

رسام [ra'ssaːm] Zeichner *m*, Maler *m*

رسب [rasaba, u] niedersinken; *in e-r Prüfung* durchfallen; **II** [rassaba] sich ablagern lassen; *Chem.* ausfällen; durchfallen lassen; **V** ترسب [ta'rassaba] sich setzen, sich ablagern; *Chem.* sich niederschlagen

رسخ [rasaxa, u] fest gegründet, verwurzelt sein; beschlagen sein (في in *D*); **II** [rassaxa] *u.* **IV** أرسخ [ʔarsaxa] verankern, festigen

رسغ [rusɣ], *pl.* أرساغ [ʔar'saːɣ] Handgelenk *n*, Handwurzel *f*

[1]**رسل** [rasila, a] *Haar*: herabwallen; **III** راسل [raːsala] korrespondieren (ه mit *j-m*); **IV** أرسل [ʔarsala] schicken, senden; *Haar* herabhängen lassen; *Bart* wachsen lassen; freien Lauf lassen (ـه *e-r Sache*); **V** ترسل [ta'rassala] sich Zeit lassen, bedachtsam tun; **VI** تراسل [ta'raːsala] miteinander korrespondieren; **X** استرسل [is'tarsala] ausführlich, intensiv tun (في *A*), sich hingeben (في *e-r Sache*); *Haar*: herabwallen

[2]**رسل** [risl]: على ~ك gemach!

[1]**رسم** [rasama, u] zeichnen; malen; entwerfen; skizzieren; vorzeichnen, vorschreiben; darstellen; **V** ترسم [ta'rassama] folgen (ـه *e-r Sache*); **VIII** ارتسم [ir'tasama] gezeichnet werden, sich abzeichnen

[2]**رسم** [rasm] Zeichnen *n*; *pl.* رسوم [ru'suːm] *u.* رسومات Zeichnung *f*, Abbildung *f*, Bild *n*, Skizze *f*; Musterung *f*; Beschriftung *f*; Gebühr *f*, Abgabe *f*; بـ~ bestimmt für; ~ بياني Diagramm *n*; ~ هزلي Karikatur *f*

رسمي [rasmiː] offiziell, amtlich; formell

رسن [rasan], *pl.* أرسان [ʔar'saːn] Halfter *m u. n*

(**رسو**) رسا [rasaː, uː] vor Anker gehen; ankern; verankert sein; ~ عليه المزاد er erhielt den Zuschlag; **IV** أرسى [ʔarsaː] Anker werfen; verankern

رسوب [ru'suːb] Durchfallen *n bei e-r Prüfung*; Niederschlag *m*, Bodensatz *m*

رسول [ra'suːl], *pl.* رسل [rusul] Bote *m*; Gesandte(r); Abgesandte(r) *Gottes*; Apostel *m*; ـي ~ apostolisch, päpstlich

رسوم [ru'suːm] Gebühren *f/pl.*, → [2]رسم

[1]**رش** [raʃʃa, u] (ver)spritzen; besprengen; bestreuen

[2]**رش** [raʃʃ] Spritzen *n*; Besprengung *f*; Bestreuung *f*

رشاد [ra'ʃaːd] **1.** richtige(s) Handeln, Vernunft *f*; *a. npr. m*; **2.** Gartenkresse *f*

رشاش [ra'ʃʃaːʃ] Maschinenpistole *f*; Maschinengewehr *n*; **~ة** Maschinenpistole *f*; Maschinengewehr *n*; Zerstäuber *m*; Spritzgerät *n*; Gießkanne *f*

رشاقة [ra'ʃaːqa] Eleganz *f*; Grazie *f*; Gewandtheit *f*

[1]**رشح** [raʃaħa, a] (durch)sickern; *Wand*: schwitzen; durchlässig sein; **II** [raʃʃaħa] filtrieren; als Kandidaten aufstellen, nominieren; نفسه ~ kandidieren; **V** ترشح [ta'raʃʃaħa] filtriert werden; nominiert werden; kandidieren

[2]**رشح** [raʃħ] Durchsickern *n*; Lecksein *n*; Schwitzen *n*

[1]**رشد** [raʃada, u] vernünftig werden, richtig handeln; **II** [raʃʃada] den rechten Weg führen; **IV** أرشد [ʔarʃada] führen, anleiten; instruieren (إلى in *D*); beraten; **X** استرشد [is'tarʃada] sich leiten lassen (بـ von *D*)

[2]**رشد** [ruʃd] Vernunft *f*, richtige(s) Handeln; سن الـ~ Volljährigkeit *f*

رشف [raʃafa, u, i] schlürfen

رشفة [raʃfa] (kleiner) Schluck

رشق [raʃaqa, u] bewerfen; *fig.* verletzen; — [raʃuqa, u] elegant, graziös sein; **VI** تراشق [ta'raːʃaqa] einander bewerfen

رشم [raʃama, u] *Chr.* das Kreuzzeichen machen

[1]**(رشو)** رشا [raʃaː, uː] bestechen; **VIII** ارتشى [ir'taʃaː] sich bestechen lassen

[2]**رشو** [raʃw] Bestechung *f*; **~ة** Bestechung(sgeschenk *n*) *f*

رشيد [ra'ʃiːd] vernünftig, klug; mündig; *Geo.* Rosette

رشيق [ra'ʃiːq] elegant; graziös; schlank

رص [rɒssɒ, u] (auf)stapeln; aneinanderreihen; **II** رصص [rɒssɒsɒ] **1.** (auf)schichten, verstauen; **2.** mit Blei überziehen; **VI** تراص [ta'rɒːssɒ] festgefügt sein

رصاد → راصد

رصاص [rɒ'sɒːs] Blei *n*; **~ة** (*Gewehr*-)Kugel *f*; **~ي** bleiern

رصافة [rɒ'sɒːfa] Festigkeit *f*

رصانة [rɒ'sɒːna] Gesetztheit *f*, Gelassenheit *f*; Festigkeit *f*

[1]**رصد** [rɒsɒda, u] beobachten; auflauern; *Gelder* bereitstellen; **II** [rɒssɒda] bereitstellen; *Konto* abschließen; *Posten* eintragen; **IV** أرصد [ʔarsɒda] *Gelder* bereitstellen; **V** ترصد [ta'rɒssɒda] auflauern (لـ *j-m*)

[2]**رصد** [rɒsd], *pl.* أرصاد [ʔar'sɒːd] Beobachtung *f*; Bereitstellung *f von Geldern*; أرصاد جوية Wetterbeobachtung *f*

رصع **II** [rɒssɒʕa] besetzen (بـ mit *Edelsteinen*)

رصف [rɒsɒfa, u] pflastern; asphaltieren

رصن [rɒsuna, u] fest sein; ruhig, gelassen sein

رصيد [rɒ'siːd], *pl.* أرصدة [ʔarsida] Bestand *m*; Guthaben *n*; Saldo *m*

رصيص [rɒ'siːs] fest zusammengefügt, kompakt

رصيف [rɒ'siːf] **1.** fest, solide; *pl.* أرصفة [ʔarsifa] Gehsteig *m*; Bahnsteig *m*; Kai *m*; **2.** *pl.* رصفاء [rusɒ'faːʔ] (2) Kollege *m*

رصين [rɒ'siːn] gesetzt, gelassen; fest, solide

[1]**رض** [rɒđđɒ, u] quetschen, zermalmen

[2]**رض** [rɒđđ], *pl.* رضوض [ru'đuːđ] Quetschung *f*

رضاء [ri'đɒːʔ] Zufriedenheit *f*; Billigung *f*, Zustimmung *f*

رضاع [ri'đɒːʕ, rɒ'đɒːʕ] *u.* ~ة Säugen *n e-s Kindes*; أخ في الـ~ Milchbruder *m*

رضح [rɒđɒħa, a] zerknacken; *Kopf* einschlagen

رضخ [rɒđɒxa, a, i] sich unterwerfen, sich beugen, sich fügen (ل *D*)

رضع [rɒđiʕa, a] *Kind*: saugen; **IV** أرضع [ʔarđɒʕa] *Kind* säugen

رضوان [riđ'waːn] Zufriedenheit *f*; Wohlgefallen *n Gottes*; *a. npr. m*

[1]**رضي** [rɒđija, aː] zufrieden sein (ب/عن mit *D*); einverstanden sein; gutheißen; Gefallen finden (ب/عن an *D*); **II** رضى [rɒđđɒː] zufriedenstellen; **III** راضى [rɒː-đɒː] zufriedenzustellen suchen, begütigen, versöhnen; **IV** أرضى [ʔarđɒː] zufriedenstellen, befriedigen; **VI** تراضى [ta'rɒːđɒː] sich verständigen (هـ auf *A*); **VIII** ارتضى [ir'tađɒː] zufrieden sein (هـ mit *D*); billigen; **X** استرضى [is'tarđɒː] zu versöhnen suchen, besänftigen

[2]**رضى** [riđɒn] Zufriedenheit *f*; Einverständnis *n*, Billigung *f*; ~ عن bereitwillig

[3]**رضي** [rɒ'điːj], *pl.* أرضياء [ʔarđi-'jaːʔ] (2) zufrieden; einverstanden

رضيع [rɒ'điːʕ], *pl.* رضع [ruđđɒʕ] Säugling *m*; Milchbruder *m*

رطانة [rɒ'tɒːna] Kauderwelsch *n*

[1]**رطب** **II** [rɒttɒba] befeuchten; erfrischen, kühlen; **V** ترطب [ta'rɒt-tɒba] erfrischt werden

[2]**رطب** [rɒtb] feucht; frisch, kühl; *Pflanze*: zart

[3]**رطب** [rutɒb] *koll.*, *sg.* ~ة frische Dattel(n *pl.*) *f*

رطل [rɒtl], *pl.* أرطال [ʔar'tɒːl] Ratl *n (Gewichtseinheit, Äg. ca. 450 g, Syr. ca. 2,5 kg)*

(**رطم**) **VIII** ارتطم [ir'tatɒma] aufprallen (ب auf *A*), stoßen (ب an *A*); *Schiff*: stranden

رطوبة [ru'tuːba] Feuchtigkeit *f*

رعاع [ra'ʕaːʕ] Pöbel *m*, Gesindel *n*

رعاف [ru'ʕaːf] Nasenbluten *n*

رعاة → راع

رعايا → رعية

رعاية [ri'ʕaːja] Betreuung *f*, Fürsorge *f*, Pflege *f*; Obhut *f*; Schirmherrschaft *f*, Patronat *n*

[1]**رعب** [raʕaba, a] *u.* **IV** أرعب [ʔarʕaba] *j-n* erschrecken; **VIII** ارتعب [ir'taʕaba] erschrecken

[2]**رعب** [ruʕb] Schrecken *m*, Angst *f*

رعبوب [ruʕ'buːb] mollig

[1]**رعد** [raʕada, a] donnern; drohen (ل *j-m*); **IV** أرعد [ʔarʕada] beben lassen; **VIII** ارتعد [ir'taʕada] (er)zittern, (er)beben

[2]**رعد** [raʕd], *pl.* رعود [ru'ʕuːd] Donner *m*; **ة~** Zittern *n*, Erschauern *n*

(رعرع) **II** ترعرع [ta'raʕraʕa] aufblühen, gedeihen; heranwachsen

رعش [raʕiʃa, a] zittern, beben; **IV** أرعش [ʔarʕaʃa] erzittern lassen; **VIII** ارتعش [ir'taʕaʃa] zittern, beben; zucken

رعشة [raʕʃa] Zittern *n*, Zucken *n*

رعف [raʕafa, u] Nasenbluten haben

رعن [raʕn] Sonnenstich *m*

رعونة [ru'ʕuːna] Leichtsinn *m*, Gedankenlosigkeit *f*

رعوي [raʕawiː] Hirten-; Nomaden-; Weide-

رعوية [raʕa'wiːja] Staatsangehörigkeit *f*

[1]**رعى** [raʕaː, aː] *Vieh*: weiden; *Tiere* hüten, weiden; Sorge tragen (ـه für *A*); beachten, einhalten; *Interessen* wahren; **III** راعى [raːʕaː] Rücksicht nehmen (ه/ ـه auf *A*), berücksichtigen; beachten; beaufsichtigen; **VIII** ارتعى [ir'taʕaː] *Vieh*: weiden; **X** استرعى [is'tarʕaː] *Blick* auf sich ziehen

[2]**رعي** [raʕj] Hüten *n von Tieren*; Weidewirtschaft *f*; Einhaltung *f von Regeln*

رعيل [ra'ʕiːl] Trupp *m*; *fig.* Pioniere *m/pl.*

رعية [ra'ʕiːja], *pl.* رعايا [ra'ʕaːjaː] Untertan *m*, Bürger *m*; Herde *f*; Pfarrgemeinde *f*

رغادة [ra'ɣaːda] Sorgenfreiheit *f*

رغام [ra'ɣaːm] Erde *f*, Staub *m*

رغب [raɣiba, a] wünschen, begehren (في *A*); nicht wünschen, nicht mögen (عن *A*); **II** [raɣɣaba] den Wunsch erwecken (في nach *D*)

رغبة [raɣba], *pl.* [raɣa'baːt] Wunsch *m*, Begehren *n*, Verlangen *n*

[1]**رغد** [raɣad] = رغادة

[2]**رغد** [raɣd] *Leben*: sorgenfrei

[1]**(رغم)** **IV** أرغم [ʔarɣama] zwingen, nötigen (على zu *D*)

[2]**رغم** [raɣm] Widerstreben *n*; ~ [-a] *Präp. u.* بالـ~ من [bi-r-raɣmi min] trotz

(رغو) رغا [raɣaː, uː] *u.* **II** رغى [raɣ-ɣaː] *u.* **IV** أرغى [ʔarɣaː] schäumen

رغوة [raɣwa] Schaum *m*

رغيبة [ra'ɣiːba], *pl.* رغائب [ra'ɣaː-ʔib] (2) Gewünschte(s), Wunsch *m*

رغيف [ra'ɣiːf], *pl.* أرغفة [ʔarɣifa] (Brot-)Laib *m*, Fladen *m*

1**رف** [raffa, u, i] zucken; flattern; blinzeln; blinken

2**رف** [raff], *pl.* رفوف [ru'fuːf] *u.* أرفف [ʔarfuf] Wandbrett *n*; Regal *n*; Gepäcknetz *n*

رفأ [rafaʔa, a] ausbessern, flicken, stopfen

1**رفاء** [ra'ffaːʔ] (Kunst-)Stopfer *m*

2**رفاء** [ri'faːʔ] Eintracht *f*

رفات [ru'faːt] sterbliche Überreste *m/pl.*

رفادة [ri'faːda] *Med.* Verband *m*

رفاس [ra'ffaːs] Propeller *m*, Schiffsschraube *f*

رفاق → رفيق

رفاه [ra'faːh], ~ة *u.* ~ية [-ija] Wohlstand *m*; Wohl *n*

رفت [rafata, i, u] *Arbeitskräfte* entlassen, abbauen

رفتية [raf'tiːja] *Äg.* Zollbescheinigung *f*

رفث [rafaθ] obszöne Reden *f/pl.*

1**رفد** [rafada, i] *u.* **IV** أرفد [ʔarfada] unterstützen; beschenken

2**رفد** [rifd], *pl.* رفود [ru'fuːd] Unterstützung *f*; Geschenk *n*

1**رفرف** [rafrafa] flattern

2**رفرف** [rafraf], *pl.* رفارف [ra'faːrif] (2) Schirm *m e-r Mütze*; Kotflügel *m des Autos*

رفس [rafasa, i, u] treten; *Pferd*: ausschlagen

رفسة [rafsa] (Fuß-)Tritt *m*; Rückstoß *m e-s Gewehrs*

رفش [rafʃ], *pl.* رفوش [ru'fuːʃ] Schaufel *f*

1**رفض** [rafađɒ, u, i] ablehnen, zurückweisen, verweigern; verwerfen; **IX** ارفض [ir'fɒđđɒ] sich zerstreuen, auseinandergehen

2**رفض** [rafđ] Ablehnung *f*, Verweigerung *f*; Verwerfung *f*

1**رفع** [rafaʕa, a] (hoch-, er)heben; erhöhen; hissen; vorlegen (إلى *j-m*); wegnehmen; *Sitzung*, *Verbot* aufheben; *Prozeß* anstrengen; **II** [raffaʕa] erhöhen; *Mil.* *j-n* befördern; **III** رافع [raːfaʕa] *Jur.* verteidigen (عن *j-n*); **V** ترفع [ta'raffaʕa] sich erhaben dünken (عن über *A*); **VI** ترافع [ta'raːfaʕa] prozessieren; **VIII** ارتفع [ir'tafaʕa] (an)steigen, sich erhöhen; zunehmen

2**رفع** [rafʕ] Hebung *f*; Erhöhung *f*; Hissen *n*; Unterbreitung *f*, Einreichung *f*; Wegnehmen *n*; Aufhebung *f*; *Gr.* Nominativ *m*; *Gr.* Indikativ *m*; ~ الأثقال *Sport*: Gewichtheben *n*

رفعة [rifʕa] hohe(r) Rang; Aufstieg *m e-s Landes*; صاحب الـ~ *früher* Exzellenz *f*

[1]رفق [rafaqa, u] freundlich, nett behandeln; **III** رافق [raːfaqa] begleiten; j-s (ه) Gefährte sein; **IV** أرفق [ʔarfaqa] beifügen (هـ ب *etwas e-r Sache*); **V** ترفق [ta'raffaqa] gütig, freundlich behandeln (ب *j-n*); **VI** ترافق [ta'raːfaqa] einander begleiten; **VIII** ارتفق [ir'tafaqa] sich bedienen (ب *G*), sich stützen (ب auf *A*)

[2]رفق [rifq] Güte *f*, Freundlichkeit *f*; بـ~ behutsam; ~ة Begleitung *f*, Gesellschaft *f*

رفه [rafuha, u] *Leben*: angenehm, sorgenfrei sein; **II** [raffaha] vergnügen, unterhalten (عن *j-n*)

(رفو) رفا [rafaː, uː] stopfen

رفيع [ra'fiːʕ] *a. Stimme*: hoch; hochgestellt, erhaben; fein, dünn; erlesen

رفيق [ra'fiːq], *pl.* رفاق [ri'faːq] *u.* رفقاء [rufa'qaːʔ] (2) Gefährte *m*, Kamerad *m*, Kollege *m*; Genosse *m*; ~ة Gefährtin *f*; Genossin *f*; Geliebte *f*

[1]رق [raqqa, i] dünn, fein, zart sein; mitfühlend sein; **II** رقق [raqqaqa] dünn, zart machen; **V** ترقق [ta'raqqaqa] dünn werden; mitfühlen; **X** استرق [ista'raqqa] versklaven

[2]رق [riqq] **1.** Sklaverei *f*; **2.** *pl.* رقوق [ru'quːq] Pergament *n*; Tamburin *n*

رقابة [ra'qaːba] Aufsicht *f*, Kontrolle *f*, Überwachung *f*, Zensur *f*

رقاد [ru'qaːd] Liegen *n*; Schlaf *m*

رقاص [ra'qqɒːs] Tänzer *m*; Pendel *n*; ~ة Tänzerin *f*

رقاعة [ra'qaːʕa] Dummdreistigkeit *f*, Unverschämtheit *f*

رقاق [ru'qaːq] dünne(s) Brot; Waffeln *f/pl.*; ~ة, *pl.* رقائق [ra'qaːʔiq] (2) *Elektronik*: Chip *m*

رقب [raqaba, u] beobachten, überwachen; warten; **III** راقب [raːqaba] kontrollieren, überwachen; beobachten; zensieren; **V** ترقب [ta'raqqaba] *u.* **VIII** ارتقب [ir'taqaba] erwarten; abwarten

رقبة [raqaba] Hals *m*; Sklave *m*

رقد [raqada, u] sich niederlegen; liegen, ruhen; schlafen; **II** [raqqada] *Henne* brüten lassen; **IV** أرقد [ʔarqada] schlafen legen

رقدة [raqda] Liegen *n*, Ruhen *n*; Schlaf *m*

(رقرق) **II** ترقرق [ta'raqraqa] *Tränen*: fließen

[1]رقص [raqɒsɒ, u] tanzen; **II** [raqqɒsɒ] tanzen lassen; **III** راقص [raːqɒsɒ] tanzen (ه mit *j-m*); **IV** أرقص [ʔarqɒsɒ] tanzen lassen

[2]رقص [rɒqs] Tanz *m*, Tanzen *n*; ~ة (*ein*) Tanz *m*

رقع [raqaʕa, a] *u.* **II** [raqqaʕa] flicken, ausbessern

رقعة [ruqˁa] **1.** *pl.* رقاع [ri'qaːˁ] *u.* رقع [ruqaˁ] Stück *n* Land; Stück *n* Tuch; Flicken *m*; Zettel *m*; **2.** *Name der arab. Schreibschrift*

[1]**رقم** [raqama, u] markieren; punktieren; **II** [raqqama] numerieren; punktieren

[2]**رقم** [raqm], *pl.* أرقام [ˀar'qaːm] Nummer *f*; Ziffer *f*; قياسي ~ [qi'jaːsiː] Rekord *m*

رقن [raqn] *Maghr.* Maschineschreiben *n*

رقة [riqqa] Dünnheit *f*, Feinheit *f*; Sanftheit *f*

رقود [ru'quːd] Liegen *n*; Schlaf *m*

[1]**رقي** [raqija, aː] emporsteigen; aufsteigen, aufstreben; fördern (ب *A*); **II** رقى [raqqaː] heben, fördern; *in der Dienststellung* befördern; **V** ترقى [ta'raqqaː] aufsteigen, sich entwickeln; befördert werden; **VIII** ارتقى [ir'taqaː] hinaufsteigen, besteigen; aufsteigen; heben (ب *A*)

[2]**رقي** [ru'qiːj] Aufstieg *m*, Fortschritt *m*

رقيب [ra'qiːb], *pl.* رقباء [ruqa'baːˀ] (2) Aufseher *m*; Zensor *m*; *Mil.* Feldwebel *m*

رقيع [ra'qiːˁ] **1.** dummdreist; **2.** Firmament *n*

رقيق [ra'qiːq] **1.** *pl.* رقاق [ri'qaːq] dünn, fein, zart; sanft; **2.** *pl.* أرقاء [ˀari'qqaːˀ] (2) Sklave *m*; ~ة, *pl.* رقائق [ra'qaːˀiq] (2) dünne(s) Blättchen; Folie *f*; → رقاقة

رقيم [ra'qiːm] Schrifttafel *f*

رقية [ruqja], *pl.* رقى [ruqan] Zauber (-spruch) *m*; Amulett *n*

رك [rakka, i] *Stil*: schwach, dürftig, blaß sein

ركاب [ri'kaːb], *pl.* ركب [rukub] Steigbügel *m*; Zug *m*, Gefolge *n*; → راكب

ركاز [ri'kaːz] (edle) Erze *n/pl.*

ركاض [ra'kkɒːđ] Läufer *m*

ركاكة [ra'kaːka] Schwäche *f*, Dürftigkeit *f bsd. des Stils*

ركام [ru'kaːm] Haufen *m*

ركائب → ركوبة

[1]**ركب** [rakiba, a] reiten; *Reittier*, *Fahrzeug* besteigen; fahren; sich begeben (ـه in *e-e Gefahr*); **II** [rakkaba] montieren, zusammensetzen, installieren; einsetzen, einbauen; → [ˀarkaba]; **IV** أركب [ˀarkaba] reiten *od.* aufsitzen lassen; **V** تركب [ta'rakkaba] sich zusammensetzen, bestehen (من aus *D*); **VI** تراكب [ta'raːkaba] sich (an)häufen; sich überlagern; **VIII** ارتكب [ir'takaba] *Fehler*, *Verbrechen* begehen, *Tat* verüben

[2]**ركب** [rakb] (Reiter-)Zug *m*; لحق بركبه j-n einholen

ركبان → راكب

ركبة [rukba], *pl.* ركب [rukab] Knie *n*

ركد [rakada, u] stagnieren

[1]**ركز** [rakaza, u] in den Boden stekken; **II** [rakkaza] aufpflanzen; befestigen; (sich) konzentrieren (على auf *A*); **V** تركز [ta'rakkaza] sich konzentrieren (على auf *A*); **VIII** ارتكز [ir'takaza] aufgepflanzt werden; sich stützen (على auf *A*), (be)ruhen (على auf *D*)

[2]**ركز** [rikz] Geräusch *n*, Laut *m*

ركض [rakađɒ, u] laufen, rennen; galoppieren; **III** راكض [raːkađɒ] um die Wette laufen (ه mit *j-m*)

ركع [rakaˁa, a] niederknien; **II** [rakkaˁa] in die Knie zwingen

ركعة [rakˁa], *pl.* [raka'ˁaːt] *Isl.* Rakˁa (Rumpfbeugung *beim Gebet*)

ركلة [rakla] Fußtritt *m*

ركم [rakama, u] aufhäufen; **VI** تراكم [ta'raːkama] sich anhäufen, sich aufhäufen; sich akkumulieren

[1]**ركن** [rakana, u] vertrauen, sich verlassen (إلى auf *A*); ruhig werden; — *Äg. Wagen* parken; **VIII** ارتكن [ir'takana] sich lehnen (على an *A*), sich stützen (على auf *A*)

[2]**ركن** [rukn], *pl.* أركان [ʔar'kaːn] Stütze *f*, Pfeiler *m*; Grundlage *f*, Basis *f*; Ecke *f*; *Mil.* Stab *m*; أركان الحرب *Mil.* Generalstab *m*

ركة [rukka]: طب الـ~ *Äg.* Volksmedizin *f*

ركوب [ru'kuːb] Reiten *n*, Fahren *n*

ركوبة [ra'kuːba], *pl.* ركائب [ra'kaːʔib] (2) Reittier *n*

ركود [ru'kuːd] Stagnation *f*

ركون [ru'kuːn] Vertrauen *n* (إلى auf *A*)

ركيزة [ra'kiːza], *pl.* ركائز [ra'kaːʔiz] (2) Stütze *f*, (Stütz-)Pfosten *m*; *fig.* Pfeiler *m*

ركيك [ra'kiːk] *Stil*: schwach, dürftig, blaß

ركين [ra'kiːn] fest, unerschütterlich

رم [ramma, u] reparieren, ausbessern; — [i] verwesen; morsch werden; **II** رمم [rammama] reparieren, ausbessern; restaurieren

رماد [ra'maːd] Asche *f*; **~ي** aschfarben, grau

رمال [ra'mmaːl] Wahrsager *m*

رمان [ru'mmaːn] *koll.*, *sg.* **~ة** Granatapfel *m*; ~ بلي [billiː] *Techn.* Kugellager *n*; **~ة** Knauf *m*, Knopf *m*; *Mil.* Handgranate *f*

رماة → رام

رماية [ri'maːja] Schießen *n*

رمث [ramaθ], *pl.* أرماث [ʔar'maːθ] Floß *n*

[1]**رمح** [ramaħa, a] durchbohren; *Pferd*: treten

[2]**رمح** [rumħ], *pl.* رماح [ri'maːħ] Speer *m*, Lanze *f*

[1]**رمد** [ramida, a] *Auge*: entzündet sein; **II** [rammada] einäschern

[2]**رمد** [ramad] Augenentzündung *f*

ر

[1]رمز [ramaza, u, i] hinweisen (إلى auf *A*); symbolisieren; ein Zeichen *od.* e-n Wink geben

[2]رمز [ramz], *pl.* رموز [ru'muːz] Zeichen *n*, Wink *m*; Symbol *n*; Chiffre *f*; ~ي symbolisch; ~ية Symbolismus *m*

رمس [rams], *pl.* أرماس [ʔar'maːs] Grab *n*

[1]رمش [ramaʃa, u, i] blinzeln; zwinkern

[2]رمش [rimʃ], *pl.* رموش [ru'muːʃ] Wimper *f*

رمشة [ramʃa] Blinzeln *n*

رمضان [rama'ɖɒːn] (2) Ramadan *m* (*9. Monat des isl. Jahres, Fastenmonat*)

[1]رمق [ramaqa, u] *u.* **II** [rammaqa] anblicken, anstarren

[2]رمق [ramaq], *pl.* أرماق [ʔar'maːq] Lebensfunke *m*

[1]رمل **II** [rammala] zur Witwe machen

[2]رمل [raml], *pl.* رمال [ri'maːl] Sand *m*; ~ي sandig

[1]رمة [rumma]: برمته ganz, insgesamt

[2]رمة [rimma], *pl.* رمم [rimam] Kadaver *m*; Aas *n*

[1]رمى [ramaː, iː] werfen, schleudern; wegwerfen; bewerfen; beschießen (ب mit *D*); abzielen (إلى auf *A*), bezwecken (إلى *A*); **VI** ترامى [ta'raːmaː] sich werfen (على auf *A*); weit auseinander liegen; *Nachricht*: gelangen (إلى zu *D*); **VIII** ارتمى [ir'tamaː] sich werfen, sich stürzen

[2]رمي [ramj] Werfen *n*; (Be-)Schießen *n*

رميم [ra'miːm] morsch, verfault

رمية [ramja] Wurf *m*; Schuß *m*

رن [ranna, i] klingen; läuten, klingeln; hallen

رنان [ra'nnaːn] klingend, schallend; klangvoll

رنجة [ringa] Hering *m*

رنح **II** [rannaħa] wanken lassen; **V** ترنح [ta'rannaħa] wanken, taumeln, schwanken

رنق **II** [rannaqa] *Wasser* trüben; anstarren

رنم **II** [rannama] *u.* **V** ترنم [ta'rannama] singen, trällern

رنة [ranna] Klang *m*, Ton *m*, Hall *m*

(**رنو**) رنا [ranaː, uː] liebevoll anschauen

رنين [ra'niːn] Klingen *n*; Klang *m*, Hallen *n*; Resonanz *f*

رهان [ri'haːn] Wette *f*

رهب [rahiba, a] sich fürchten (ه vor *D*); **II** [rahhaba] Angst machen (ه *j-m*); **IV** أرهب [ʔarhaba] terrorisieren; **V** ترهب [ta'rahhaba] Mönch werden

رهبان ← راهب

رهبنة [rahbana] Mönchtum *n*

رهبة [rahba] Furcht *f*, Schrecken *m*, Entsetzen *n*

رهط [rahŧ], *pl.* أرهاط [ʔar'hɒːŧ] Schar *f*, Gruppe *f*

رهف [rahufa, u] dünn, fein sein; — [rahafa, a] schärfen; **IV** أرهف [ʔarhafa] *bes. Sinne* schärfen; *Ohren* spitzen

(**رهق**) **III** راهق [raːhaqa] heranwachsen, in die Pubertät kommen; **IV** أرهق [ʔarhaqa] anstrengen, erschöpfen; belasten, bedrücken

(**رهل**) **V** ترهل [ta'rahhala] wabbelig sein

1**رهن** [rahana, a] verpfänden; **III** راهن [raːhana] wetten (على ه mit *j-m* um *A*); setzen (على auf *A*); **VI** تراهن [ta'raːhana] miteinander wetten; **VIII** ارتهن [ir'tahana] als Pfand erhalten; sich verpflichten (ب zu *D*)

2**رهن** [rahn] Verpfändung *f*; *pl.* رهون [ru'huːn] Pfand *n*; Unterpfand *n*; Hypothek *f*; ~ [-a] *Präp.* unterliegend, abhängig von; ~ـية [rah'niːja] Hypothek *f*

رهو [rahw] Kranich *m*

رهيب [ra'hiːb] furchtbar, schrecklich; irrsinnig gut

رهيف [ra'hiːf] dünn, fein; *Messer*: scharf

رهين [ra'hiːn] abhängig (ب von *D*), gebunden (ب an *A*); ~ة, *pl.* رهائن [ra'haːʔin] (2) Geisel *f*; Pfand *n*

رواء [ru'waːʔ] Anmut *f*

رواج [ra'waːʤ] Verkäuflichkeit *f*, Absatz *m von Waren*; Verbreitung *f*

رواح [ra'waːħ] (Weg-)Gehen *n*

رواغ [ra'wwaːɣ] listig, schlau

رواق [ri'waːq], *pl.* أروقة [ʔarwiqa] (Säulen-)Gang *m*; Arkaden *f/pl.*; Pavillon *m*; ~ي stoisch

رواة → راو

رواية [ri'waːja], *pl.* [-aːt] Erzählung *f*, Bericht *m*; Überlieferung *f*; Roman *m*; Drama *n*

روائي [ri'waːʔiː] erzählerisch; Romanschriftsteller *m*

1(**روب**) راب [raːba, uː] *Milch*: sauer werden; **II** [rawwaba] gerinnen lassen

2**روب** [roːb] Morgenrock *m*; Robe *f*

روث [rauθ] Kot *m*, Mist *m*

(**روج**) راج [raːʤa, uː] kursieren; im Umlauf sein; Absatz finden; *Markt*: florieren; **II** [rawwaʤa] in Umlauf setzen, verbreiten; *Ware* absetzen, vertreiben; propagieren (ل *A*)

1(**روح**) راح [raːħa, uː] gehen; weggehen; sich anschicken zu; **II** [rawwaħa] fächeln; *Herz* erfrischen; sich erholen lassen (عن *j-n*); **III** راوح [raːwaħa] abwechselnd tun (بين ... و *verschiedene Dinge*); **IV** أراح [ʔa'raːħa] (aus)ruhen lassen; beruhigen; *Gewissen* erleichtern;

VI تراوح [ta'raːwaħa] schwanken (بين zwischen *D*); **VIII** ارتاح [ir'taːħa] sich ausruhen; zufrieden sein (إلى mit *D*), befriedigt sein; **X** استراح [ista'raːħa] sich ausruhen; sich erholen; zufrieden sein (إلى mit *D*)

[2]**روح** [ruːħ], *pl.* أرواح [ʔar'waːħ] Geist *m*, Seele *f*; Lebensgeist *m*; Menschenleben *n*

روحاني [ruː'ħaːniː] geistig; geistlich; ~ة Geistigkeit *f*

روحي [ruːħiː] geistig, Geistes-; geistlich; ~ة Geistesart *f*

(**رود**) راد [raːda, uː] durchstreifen; suchen; **III** راود [raːwada] *Gefühl*: überkommen; **IV** أراد [ʔa'raːda] wollen; wünschen; vorhaben; **VIII** ارتاد [ir'taːda] aufsuchen; erforschen

روزنامة [ruːz'naːma] (Termin-)Kalender *m*; Almanach *m*

روس [ruːs]: الـ~ die Russen *m/pl.*

رؤساء → رئيس

روسي [ruːsiː] russisch; Russe *m*

[1](**روض**) راض [raːđa, uː] *Tier* abrichten; **II** [rawwađa] *Tier* abrichten; bändigen, zähmen; **VIII** ارتاض [ir'taːđa] sich üben

[2]**روض** [rauđ] Garten *m*; ~ة, *pl.* رياض [ri'jaːđ] Garten *m*; ~ الأطفال Kindergarten *m*

[1](**روع**) راع [raːʕa, uː] erschrecken, entsetzen; beeindrucken; **II** [rawwaʕa] *u.* **IV** أراع [ʔa'raːʕa] in Angst *od.* Schrecken versetzen; **VIII** ارتاع [ir'taːʕa] erschrecken (من vor *D*)

[2]**روع** [rawaʕ] (*überraschende*) Schönheit

[3]**روع** [rauʕ] Schreck *m*, Bestürzung *f*, Schock *m*

[4]**روع** [ruːʕ] Seele *f*, Gemüt *n*

روعة [rauʕa] Pracht *f*

(**روغ**) راغ [raːɣa, uː] abweichen, sich abwenden; **III** راوغ [raːwaɣa] täuschen, (zu) hintergehen (suchen)

(**روق**) راق [raːqa, uː] rein, klar sein; gefallen (لـ *j-m*); **II** [rawwaqa] klären, reinigen; **IV** أراق [ʔa'raːqa] ausgießen, vergießen; **V** تروق [ta'rawwaqa] frühstücken

[1](**روم**) رام [raːma, uː] wünschen, begehren, verlangen; على ما يرام [ju'raːm(u)] in bester Ordnung

[2]**روم** [ruːm] **1.** Rum *m*; **2.** الـ~ Ostrom *n*, die Byzantiner *m/pl.*

روما [roːmaː] Rom

رومان [ruː'maːn]: الـ~ die Römer *m/pl.*; die Romanen *m/pl.*; ~ي römisch; romanisch; rumänisch

رومي [ruːmiː] oströmisch, byzantinisch

رونق [raunaq] Schönheit *f*, Pracht *f*, Glanz *m*

رؤوس → [2]رأس

رؤوف [ra'ʔuːf] barmherzig, gütig; الـ~ *Beiname Gottes*

روى [rawaː, iː] **1.** erzählen; berichten, überliefern; **2.** bewässern; — [rawija, aː] bewässert werden; **IV** أروى [ʔarwaː] *j-s Durst* löschen; bewässern; *j-s Neugier* befriedigen; **V** تروى [ta'rawwaː] nachdenken; **VIII** ارتوى [ir'tawaː] s-n Durst stillen; bewässert werden; *aus e-r Quelle* schöpfen

رؤيا [ruʔjaː], *pl.* رؤى [ruʔan] Vision *f*, Traumgesicht *n*

رويدا [ru'waidan] *Adv.* gemächlich; ~ ~ nach und nach, allmählich

[1]**روية** [ra'wiːja] Nachdenken *n*, Erwägung *f*, Überlegung *f*

[2]**رؤية** [ruʔja] Sehen *n*; Sicht *f*; Anblick *m*

ري [rajj] Bewässerung *f*

رياء [ri'jaːʔ] Heuchelei *f*, Verstellung *f*

رئات → رئة

رياح [ra'jjaːħ] (*Bewässerungs-*) Hauptkanal *m*; → [2]ريح

ريادة [ri'jaːda] führende Rolle

رئاسة [ri'ʔaːsa], *Äg. a.* رياسة [ri'jaːsa] Führung *f*, Leitung *f*; Vorsitz *m*; Präsidentschaft *f*

رئاسي [ri'ʔaːsiː] Präsidentschafts-, Präsidial-

رياش [ri'jaːʃ] Einrichtung *f*, Mobiliar *n*

رياض [ri'jɒːđ]: الـ~ Riad (*Hauptstadt Saudi-Arabiens*); → روضة

رياضة [ri'jɒːđɒ] Sport *m*; *selten, bsd. Äg. umg.* Mathematik *f*; ~ بدنية Turnen *n*, Gymnastik *f*

رياضي [ri'jɒːđiː] **1.** sportlich, Sport-; **2.** mathematisch; ~ات *pl.* Mathematik *f*

ريال [ri'jaːl] Rial *m* (*Währungseinheit*)

ريان [ra'jjaːn] (2), *f* ريا [rajjaː] mit Flüssigkeit gesättigt; üppig; saftig

[1](**ريب**) راب [raːba, iː] *u.* **IV** أراب [ʔa'raːba] Verdacht erregen (ه bei *j-m*); **V** تريب [ta'rajjaba] argwöhnen; verdächtigen; **VIII** ارتاب [ir'taːba] verdächtigen (في *j-n*); zweifeln (في an *D*)

[2]**ريب** [raib] Zweifel *m*, Ungewißheit *f*; ~ بلا zweifellos

ريبة [riːba], *pl.* ريب [rijab] Argwohn *m*, Verdacht *m*

(**ريث**) **V** تريث [ta'rajjaθa] (hinaus)zögern; (ab)warten

ريثما [raiθamaː] (so lange) bis; um zu

[1]**ريح** **II** [rajjaħa] (aus)ruhen lassen

[2]**ريح** [riːħ] *f*, *pl.* رياح [ri'jaːħ] Wind *m*; Geruch *m*

ريحان [rai'ħaːn] Basilikum *n*; Duftpflanze *f*

ريحة [riːħa] Duft *m*, Geruch *m*

ريس [rajjis] *Äg.* = رئيس

[1](**ريش**) راش [raːʃa, iː] *u.* **II** [rajjaʃa] befiedern; *umg.* zu Geld kommen (lassen); **V** تريش [ta'rajjaʃa] *umg.* zu Geld kommen

[2]**ريش** [riːʃ] *koll.* Gefieder *n*; ~ة

Feder *f*; Schreibfeder *f*; Pinsel *m des Malers*; Plektrum *n*; Lanzette *f*

[1](ريع) راع [raːʕa, iː] sich mehren, zunehmen

[2]**ريع** [raiʕ] Ertrag *m*; Rendite *f*

ريعان [rai'ʕaːn] Blüte *f der Jugend*

ريف [riːf], *pl.* أرياف [ʔar'jaːf] Land *n*, ländliche Gegend; الـ~ *Geo.* das Rif; ~ـي ländlich

[1](ريق) V تريق [ta'rajjaqa] *Syr.* frühstücken

[2]**ريق** [riːq] Speichel *m*; على الـ~ auf nüchternen Magen

(ريل) رال [raːla, iː] *u.* **II** [rajjala] sabbern

[1](ريم) رام [raːma, iː] weggehen

[2]**رئم** [raʔima, a] liebkosen

(رين) ران [raːna, iː] überwältigen (على *j-n*)

رئة [riʔa], *pl.* رئات [ri'ʔaːt] Lunge *f*

رئوي [riʔawiː] Lungen-

رئيس [ra'ʔiːs], *pl.* رؤساء [ruʔa'saːʔ] (2) Leiter *m*, Vorsitzende(r), Chef *m*; Präsident *m*; Oberhaupt *n*; Anführer *m*, Häuptling *m*; *Mil.* Hauptmann *m*; البلدية ~ Bürgermeister *m*; التحرير ~ Chefredakteur *m*; الوزراء ~ Ministerpräsident *m*, Premierminister *m*

رئيسة [ra'ʔiːsa] Leiterin *f*; Präsidentin *f*

رئيسي [ra'ʔiːsiː] Haupt-, hauptsächlich; wichtigste(r)

ز

ز (زاء) [zaːʔ] *u.* (زاي) [zaːj] *elfter Buchstabe*

زاج [zaːʤ] Vitriol *n*

زاجر [zaːʤir] abhaltend; *pl.* زواجر [za'waːʤir] (2) Hemmnis *n*, Gewissen *n*

زاجل [zaːʤil]: ~ حمام *koll.* Brieftauben *f/pl.*

زاحف [zaːħif] kriechend; vorrükkend; ~ة, *pl.* زواحف [za'waːħif] (2) Kriechtier *n*

زاخر [zaːxir] (über)voll

زاد [zaːd], *pl.* أزواد [ʔaz'waːd] Proviant *m*, Wegzehrung *f*; → [1](زيد)

[1]**زار** [zaːr] *Äg.* Geisterbeschwörung *f*; → [1](زور)

[2]**زأر** [zaʔara, a] brüllen

زارع [zaːriʕ] anbauend, *pl.* زراع [zu'rraːʕ] Ackerbauer *m*, Landwirt *m*

زاغ [zaːɣ], *pl.* زيغان [ziː'ɣaːn] (Aas-) Krähe *f*; → (زوغ) *u.* [1](زيغ)

زال → (زول)

[1]**زان** [zaːn] Buche *f*; → [1](زين)

[2]**زان** [zaːnin], *pl.* زناة [zu'naːt] Ehebrecher *m*, Hurer *m*

زانة [zaːna] Stange *f*, Stab *m*; *Sport:* Stabhochsprung *m*

زانية [zaːnija], *pl.* زوان [za'waːnin] Ehebrecherin *f*, Hure *f*

زاه [zaːhin] glänzend, strahlend; prächtig; blühend

زاهد [zaːhid] entsagend; *pl.* زهاد [zu'hhaːd] Asket *m*

زاهر [zaːhir] leuchtend, strahlend

زاوية [zaːwija], *pl.* زوايا [za'waːjaː] *a. Math.* Winkel *m*; Ecke *f*; Blickwinkel *m*; kleine(s) Bethaus; ~ حادة spitze(r) Winkel; ~ قائمة rechte(r) Winkel; ~ منفرجة stumpfe(r) Winkel

زائد [zaːʔid] zunehmend; übersteigend; überzählig, überflüssig, Über-; *Math.* plus; hinausgehend (عن über *A*); ة~ *Biol.* Fortsatz *m*; Blinddarm *m*

زائر [zaːʔir], *pl.* زوار [zu'wwaːr] *u.* [-uːn] Besucher *m*

زائغ [zaːʔiɣ] abweichend; schief

زائف [zaːʔif] falsch, gefälscht

زائل [zaːʔil] vorübergehend, vergänglich; beseitigt

زب [zubb] *umg.* Penis *m*

زبادي [za'baːdiː] *u.* ~ لبن [laban] Joghurt *m*, Dickmilch *f*

زبال [za'bbaːl] Straßenkehrer *m*, Müllmann *m*

زبالة [zu'baːla] Müll *m*

زبانى [zu'baːnaː] *Zool.* Schere *f*

زبانية [za'baːnija] *pl.* Schergen *m/pl.*

زبائن → زبون[1]

[1]**زبد** **II** [zabbada] *Milch*: Rahm ansetzen; **IV** أزبد [ʔazbada] *a. vor Wut* schäumen

[2]**زبد** [zabad], *pl.* أزباد [ʔaz'baːd] Schaum *m*; Schlacke *f*

[3]**زبد** [zubd] Butter *f*; ة~ Butter *f*; Auslese *f*; Quintessenz *f*; ية~ kleine Schüssel, Schale *f*; Butterdose *f*

زبر [zubr] Penis *m*

زبل [zibl] Mist *m*, Dung *m*

زبور [za'buːr] Psalter *m*

[1]**زبون** [za'buːn] **1.** *Kampf*: erbittert; **2.** *pl.* زبائن [za'baːʔin] (2) Kunde *m*; Gast *m*

[2]**زبون** [zu'buːn] *Ir.*, *Syr.* hemdartige(s) Gewand

زبى [zuban] *pl.*: بلغ السيل الـ~ die Sache erreichte den Höhepunkt

زبيب [za'biːb] *koll.* Rosine(n *pl.*) *f*; *Äg.* Rosinenschnaps *m*; ة~ (*e-e*) Rosine

زج [zaddʒa, u] werfen; stoßen; **II** زجج [zaddʒadʒa] verglasen; emaillieren

[1]**زجاج** [za'ddʒaːdʒ] Glaser *m*

[2]**زجاج** [zu'dʒaːdʒ] Glas *n*; ة~ Stück *n* Glas; Flasche *f*; ي~ gläsern, Glas-

زجال [za'ddʒaːl] Zadʒal-Dichter *m*, → زجل

[1]**زجر** [zadʒara, u] zurückhalten, abhalten; zurechtweisen

[2]**زجر** [zadʒr] Hinderung *f*; Zurechtweisung *f*; ة~ Tadel *m*

زجل [zadʒal] Dichtung *f* im Dialekt, Volksdichtung *f*

(زجو) زجا [zadʒaː, uː] (an)treiben; **II** زجى [zaddʒaː] *Zeit* verbringen

زحار [zu'ħaːr] **1.** *Med.* Ruhr *f*; **2.** Stöhnen *n*

زحافة [za'ħħaːfa] Kriechtier *n*; Egge *f*; Schlitten *m*

زحام [zi'ħaːm] Gedränge *n*

زحر [zaħara, a, i] stöhnen

زحزح [zaħzaħa] verschieben, verrücken

[1]**زحف** [zaħafa, a] kriechen; *Heer*: vorrücken

[2]**زحف** [zaħf] Kriechen *n*; Vormarsch *m*; *pl.* زحوف [zu'ħuːf] (vorrückender) Heerhaufe

زحل [zuħal] Saturn *m* (*Planet*)

زحلاوي [zaħ'laːwiː] Zahlawi (*libanesischer Anisschnaps*)

زحلق [zaħlaqa] gleiten lassen; **II** تزحلق [ta'zaħlaqa] gleiten, rutschen; Ski laufen; eislaufen

زحم [zaħama, a] drücken, drängen; **III** زاحم [zaːħama] drängeln; konkurrieren, rivalisieren (ه mit *j-m*); **VI** تزاحم [ta'zaːħama] sich drängen; miteinander konkurrieren; **VIII** ازدحم [iz'daħama] sich drängen; *Ort*: gedrängt voll sein (ب von *D*)

زحمة [zaħma] Gedränge *n*; *Ir.*, *Syr.* Beschwerlichkeit *f*, Ungelegenheit *f*

زحير [za'ħiːr] Stöhnen *n*

زخر [zaxara, a] übervoll sein (ب von *D*), reich sein (ب an *D*)

[1]**زخرف** [zaxrafa] schmücken, dekorieren

[2]**زخرف** [zuxruf], *pl.* زخارف [za'xaːrif] (2) Schmuck *m*, Dekoration *f*

زخرفة [zaxrafa] Dekoration *f*, Ornamente *n/pl.*

زخرفي [zuxrufiː] Dekorations-; ornamental

[1]**زخم** [zaxm] Stoßen *n*; Antrieb *m*, Schwung *m*

[2]**زخم** [zaxim] stinkend

زخمة [zaxma] Gestank *m*

زخة [zaxxa] (Regen-)Schauer *m*

[1]**زر** [zarra, u] *Auge* zukneifen; **II** زرر [zarrara] zuknöpfen

[2]**زر** [zirr], *pl.* أزرار [ʔaz'raːr] Knopf *m*; Knospe *f*

زرادية [zarraː'diːja] *Äg.* Zange *f*

زراع [za'rraːʕ] Ackerbauer *m*, Landwirt *m*

زراعة [zi'raːʕa] Landwirtschaft *f*, Ackerbau *m*; *Med.* Verpflanzung *f*

زراعي [zi'raːʕiː] landwirtschaftlich, Landwirtschafts-

زرافة [za'raːfa] **1.** Schar *f*, Gruppe *f*; **2.** Giraffe *f*

زراية [zi'raːja] Schmähung *f*; Mißachtung *f*

زربية [zur'biːja], *pl.* زرابي [zaraː'biːj] (2) Teppich *m*

ز

زرد [zarida, a] *u.* **VIII** ازدرد [iz'darada] verschlingen

[1]زرع [zaraʕa, a] anbauen, pflanzen, säen; *Boden* bebauen

[2]زرع [zarʕ] Anbau *m*; *Med.* Verpflanzung *f*; Saatgut *n*; Pflanzung *f*; Feldfrüchte *f/pl.*

زرق [zariqa, a] *u.* **IX** ازرق [iz'raqqa] blau werden

زرقة [zurqa] Bläue *f*, Blau *n*

زركش [zarkaʃa] besticken; schmükken

زرنيخ [zir'niːx] Arsen *n*

[1]زرى [zaraː, iː] vorwerfen (على هـ *j-m A*); tadeln; **IV** أزرى [ʔazraː] herabwürdigen; **VIII** ازدرى [iz'daraː] verachten, geringschätzen

[2]زري [za'riːj] miserabel, verächtlich

زريبة [za'riːba], *pl.* زرائب [za'raːʔib] (2) Stall *m*, Pferch *m*

زريعة [za'riːʕa] Feldfrüchte *f/pl.*

زريق [zu'raiq] *u.* ~ أبو Eichelhäher *m*

زعاف [zu'ʕaːf] *Gift*: tödlich

زعامة [za'ʕaːma] Führung *f*, Führerschaft *f*

زعتر [zaʕtar] Thymian *m*

(زعج) **IV** أزعج [ʔazʕadʒa] stören, belästigen; **VII** انزعج [in'zaʕadʒa] gestört, belästigt werden; sich beunruhigen

زعزع [zaʕzaʕa] erschüttern

زعفران [zaʕfa'raːn] Safran *m*

زعق [zaʕaqa, a] schreien

[1]زعل [zaʕila, a] ärgerlich sein; böse sein (من auf *j-n*); **II** [zaʕʕala] ärgern

[2]زعل [zaʕal] Ärger *m*, Verdruß *m*

زعلان [zaʕ'laːn] ärgerlich; böse (من auf *j-n*)

[1]زعم [zaʕama, u] behaupten, vorgeben; لنفسه ~ für sich in Anspruch nehmen; **V** تزعم [ta'zaʕʕama] (an-) führen

[2]زعم [zaʕm] Behauptung *f*

زعنفة [ziʕnifa], *pl.* زعانف [za'ʕaːnif] (2) Flosse *f des Fisches*

زعيم [za'ʕiːm], *pl.* زعماء [zuʕa'maːʔ] (2) Führer *m*; *Jord. Mil.* Brigadegeneral *m*

زغب [zaɣab] Flaum *m*

زغد [zaɣada, a] rempeln, puffen

زغرودة [zaɣ'ruːda], *pl.* زغاريد [zaɣaː'riːd] (2) Freudentriller *m*

زغزغ [zaɣzaɣa] kitzeln

زغطة [zu'ɣuttɒ] *Äg.* Schluckauf *m*

زف [zaffa, i] *die Braut dem Bräutigam* zuführen; verheiraten; ~ بشرى إلى *j-m* e-e frohe Botschaft bringen

زفاف [zi'faːf] Hochzeit *f*

زفت [zift] Asphalt *m*; Pech *n*; *Ausruf*: (verdammter) Mist!

[1]زفر [zafar] fette Speisen *f/pl.*

[2]زفر [zafir] fettig

زفرة [zafra] Ausatmen *n*, Seufzer *m*

زفة [zaffa] Hochzeitszug *m*

[1]زق [zaqqa, u] *Vogel*: *Junge* füttern

[2]زق [ziqq], *pl.* زقاق [zi'qaːq] (*Wasser-*) Schlauch *m*

زقاء [zu'qaːʔ] Krähen *n des Hahnes*

زقاق [zu'qaːq], *pl.* أزقة [ʔa'ziqqa] Gasse *f*

زقم **II** [zaqqama] schlucken lassen

(زقو) زقا [zaqaː, uː] krähen; schreien; piepen

زكام [zu'kaːm] Schnupfen *m*

زكانة [za'kaːna] Spürsinn *m*

زكاة [za'kaːt] *Isl.* Almosensteuer *f*; Reinheit *f*

(زكو) زكا [zakaː, uː] wachsen, gedeihen

[1]زكي [zakija, aː] lauter sein; **II** زكى [zakkaː] (ver)mehren; reinigen, läutern; *j-n* empfehlen; **V** تزكى [ta'zakkaː] geläutert werden

[2]زكي [za'kiːj], *pl.* أزكياء [ʔazki'jaːʔ] (2) lauter; schuldlos

زكيبة [za'kiːba], *pl.* زكائب [za'kaːʔib] (2) (großer) Sack

زل [zalla, i, a] ausgleiten; e-n Fehler begehen; **IV** أزل [ʔa'zalla] ausrutschen *od.* straucheln lassen

زلاجة [za'llaːdʒa] Ski *m*

[1]زلاقة [za'laːqa] Glätte *f*, Schlüpfrigkeit *f*

[2]زلاقة [za'llaːqa] Schlitten *m*

زلال [zu'laːl] *u.* ~ البيض Eiweiß *n*; ~ـي Eiweiß-; ~ـيات *pl.* Eiweißstoffe *m/pl.*

[1]زلج [zalidʒa, a] (aus)gleiten; **V** تزلج [ta'zalladʒa] (dahin)gleiten; eislaufen; **VII** انزلج [in'zaladʒa] (aus)gleiten

[2]زلج [zalidʒ, zaldʒ] glatt, schlüpfrig

زلزال [zil'zaːl], *pl.* زلازل [za'laːzil] (2) Erdbeben *n*

زلزل [zalzala] erschüttern; **II** تزلزل [ta'zalzala] *Erde*: beben

زلزلة [zalzala], *pl.* زلازل [za'laːzil] (2) Erdbeben *n*

زلط [zalɒt] *Äg.* Kies *m*, Schotter *m*

(زلف) **V** تزلف [ta'zallafa] schmeicheln (إلى *j-m*)

زلفى [zulfaː] Schmeichelei *f*

[1]زلق [zaliqa, a] ausgleiten; **VII** انزلق [in'zalaqa] gleiten, rutschen; abgleiten; Ski laufen; eislaufen

[2]زلق [zaliq] glatt

زلقة [zalqa] (*einmaliges*) Ausgleiten, Rutsch *m*

زلمة [zalama] *Syr.* Bursche *m*, Kerl *m*

زلة [zalla] Ausrutscher *m*; Fehler *m*, Lapsus *m*

زم [zamma, u] zubinden; **II** زمم [zammama] zäumen

زمار [za'mmaːr] Bläser *m*, Flötenspieler *m*; ~ة Doppelflöte *f*

زمالة [za'maːla] Kameradschaft *f*; *Ir.* Stipendium *n e-s Fellow*

زمام [zi'maːm], *pl.* أزمة [ʔa'zimma] *a. fig.* Zügel *m* (*meist pl.*)

زمان [za'maːn], *pl.* أزمنة [ʔazmina] Zeit *f*; ~ة chronische(r) Zustand; ~ـي Zeit-

زمبرك = زنبرك

ز

(زمت) **V** تزمت [ta'zammata] streng sein
زمر [zamara, u] *u.* **II** [zammara] *Blasinstrument* blasen
زمرد [zu'murrud] Smaragd *m*
زمرة [zumra], *pl.* زمر [zumar] Gruppe *f*; Clique *f*
زمزم [zamzam] *Brunnen in Mekka*; ~ـية Feldflasche *f*
(**زمع**) **IV** أزمع [ʔazmaʕa] sich entschließen (على zu *D*)
(**زمل**) **III** زامل [zaːmala] j-s (ه) Kollege sein
¹(**زمن**) **IV** أزمن [ʔazmana] chronisch sein; lange dauern
²**زمن** [zaman], *pl.* أزمان [ʔaz'maːn] Zeit *f*; ~ا [-an] e-e Zeitlang; ~ـي Zeit-, zeitlich
زمهرير [zamha'riːr] Frost *m*, Eiseskälte *f*
زميل [za'miːl], *pl.* زملاء [zuma'laːʔ] (2) Kollege *m*, Gefährte *m*, Kamerad *m*; ~ـة Kollegin *f*
زن [zanna, u] summen, surren
زناء [zi'naːʔ] Ehebruch *m*
زناد [zi'naːd] Abzug *m am Gewehr*; حجر الـ~ Feuerstein *m*
زنار [zu'nnaːr] Gürtel *m*
زنبرك [zam'barak] (*Metall-*)Feder *f*
زنبق [zambaq] Lilie *f*
زنبور [zum'buːr], *pl.* زنابير [zanaː'biːr] (2) Wespe *f*; Hornisse *f*
زنبيل [zam'biːl] Korb *m*
زنج [zandʒ] *koll.* Neger *m/pl.*
زنجار [zin'dʒaːr] Grünspan *m*
زنجبيل [zandʒa'biːl] Ingwer *m*
زنجي [zandʒiː] negroid; *pl.* زنوج [zu'nuːdʒ] Neger *m*
زنجير [zin'dʒiːr] Kette *f*
¹**زنخ** [zanixa, a] *u.* **II** [zannaxa] ranzig werden
²**زنخ** [zanix] ranzig
زند [zand] Unterarm *m*, Elle *f*
زندقة [zandaqa] Ketzerei *f*, Freidenkertum *n*
زنديق [zin'diːq], *pl.* زناديق [zanaː'diːq] (2) Ketzer *m*, Freigeist *m*
زنزانة [zin'zaːna] (*Gefängnis-*)Zelle *f*
زنقة [zanqa] *Mar.* Straße *f*
زنك [zink] Zink *n*
زنكين [zan'giːn] *Ir.* reich
زنة [zina] Gewicht *n*
زنى [zinan] Hurerei *f*; Ehebruch *m*
زهاء [zu'haːʔa] ungefähr
¹**زهد** [zahida, a] entsagen (في *D*), sich enthalten; **V** تزهد [ta'zahhada] asketisch leben
²**زهد** [zuhd] (Welt-)Entsagung *f*, Askese *f*
¹**زهر** **II** [zahhara] blühen; *Wäsche* bläuen; **IV** أزهر [ʔazhara] blühen; strahlen; **VIII** ازدهر [iz'dahara] blühen; florieren
²**زهر** [zahr] **1.** *koll.* Blumen *f/pl.*; Blüten *f/pl.*; **2.** Gußeisen *n*
¹**زهرة** [zahra], *pl.* أزهار [ʔaz'haːr] *u.* زهور [zu'huːr] Blume *f*; Blüte *f*

[2]زهرة [zuhara]: الـ~ Venus *f* (*Planet*)
زهري [zuhariː] Syphilis *f*; *Krankheit*: venerisch
زهرية [zah'riːja] (*Blumen-*)Vase *f*
زهق [zahaqa, a] zugrunde gehen; ~ـت روحه *umg.* erledigt sein; überdrüssig werden
زهم [zahim] stinkend
زهمة [zuhma] Gestank *m*
[1](زهو) زها [zahaː, uː] stolz sein (ب auf *A*); *Farbe*: leuchten; blühen; **VIII** ازدهى [iz'dahaː] stolz sein (ب auf *A*)
[2]زهو [zahw, zu'huːw] Blüte *f*; Leuchten *n*; Stolz *m*
زهيد [za'hiːd] gering, unbedeutend; *Preis*: mäßig
زواج [za'waːdʒ] Heirat *f*, Ehe(schließung) *f*
زوادة [zu'wwaːda] Proviant *m*
زوار ← زائر
زواق [zi'waːq] (Auf-)Putz *m*
زوال [za'waːl] **1.** (Ver-)Schwinden *n*, Aufhören *n*; (*Sonnen-*)Untergang *m*; **2.** Mittag *m*; خط الـ~ Meridian *m*
زوبعة [zaubaˁa], *pl.* زوابع [za'waːbiˁ] (2) Sturm *m*
[1](زوج) **II** [zawwadʒa] *e-e Frau* verheiraten (من/ب/ه/ل mit *j-m*); paaren; **III** زاوج [zaːwadʒa] paarweise verbinden (بين *A*); **V** تزوج [ta'zawwadʒa] heiraten, sich verheiraten; **VIII** ازدوج [iz'dawadʒa] doppelt, paarig sein

[2]زوج [zaudʒ], *pl.* أزواج [ʔaz'waːdʒ] Ehemann *m*; Ehefrau *f*; Paar *n*; ~ان *du.* (Ehe-)Paar *n*; ~ة Ehefrau *f*; ~ي ehelich, Ehe-; *Tennis:* Doppel *n*; ~ية Ehestand *m*
زود **II** [zawwada] versorgen, ausstatten, versehen (ب mit *D*); **V** تزود [ta'zawwada] sich versorgen; Proviant mitnehmen
[1](زور) زار [zaːra, uː] besuchen, aufsuchen; **II** [zawwara] fälschen
[2]زور [zaur] Kehle *f*, Hals *m*
[3]زور [zuːr] Unwahrheit *f*, Falschheit *f*
زورق [zauraq], *pl.* زوارق [za'waːriq] (2) Boot *n*
زورة [zaura] Besuch *m*, Visite *f*
(زوغ) زاغ [zaːɣa, uː] abweichen
زوق **II** [zawwaqa] (aus)schmücken, herausputzen
(زول) زال [zaːla, uː] verschwinden, aufhören, zu Ende gehen; **III** زاول [zaːwala] *Tätigkeit* ausüben, betreiben; **IV** أزال [ʔa'zaːla] entfernen, beseitigen; → (زيل)
زولوجيا [zoː'loːdʒijaː] Zoologie *f*
زوى [zawaː, iː] verstecken, entfernen; Stirn runzeln; **VII** انزوى [in'zawaː] sich zurückziehen, sich verkriechen
زي [zijj], *pl.* أزياء [ʔaz'jaːʔ] Kleidung *f*; Tracht *f*; Uniform *f*; Mode *f*; — [zajj] *Äg. umg.* wie
زيا ← زيي
زياح [za'jjaːħ] Prozession *f*

زيادة [zi'jaːda] Zunahme *f*, Anstieg *m*; Steigerung *f*; Übersteigen *n* (على *e-s Betrags*); Zulage *f*; Über-; ~ على ذلك [-tan] darüber hinaus

زيارة [zi'jaːra] Besuch *m*; *Ir.* Pilgerfahrt *f*

زئبق [ziʔbaq] Quecksilber *n*

¹**زيت** **II** [zajjata] ölen, schmieren

²**زيت** [zait], *pl.* زيوت [zu'juːt] (*Speise-*, *Mineral-*)Öl *n*

زيتون [zai'tuːn] *koll.*, *sg.* ~ة Ölbaum *m*, Ölbäume *m/pl.*; Oliven *f/pl.*; ~ي olivgrün

زيتي [zaitiː] ölig, Öl-

زيج [ziːʤ] astronomische Tafel; Richtschnur *f des Maurers*; ~ة [ziːʤa] Ehe *f*; Heirat *f*

(**زيح**) **IV** أزاح [ʔa'zaːħa] entfernen, vertreiben; wegziehen; **VII** انزاح [in'zaːħa] weggezogen werden

¹(**زيد**) زاد [zaːda, iː] zunehmen, anwachsen, steigen; übersteigen, überschreiten (على/عن *A*), höher sein (على/عن als); vermehren, steigern, erhöhen (هـ/من *A*); hinzufügen (على zu *D*); **III** زايد [zaːjada] überbieten (*bei e-r Versteigerung*); **V** تزيد [ta'zajjada] zunehmen, steigen; **VI** تزايد [ta'zaːjada] zunehmen, anwachsen; **VIII** ازداد [iz'daːda] zunehmen, anwachsen; *Mar.* geboren werden

²**زيد** [zaid] Zeid *npr. m*

زير [ziːr], *pl.* أزيار [ʔaz'jaːr] große(r) Tonkrug; Frauenheld *m*

زيزفون [zaiza'fuːn] Linde *f*

زيط **II** [zajjatɒ] lärmen

¹(**زيغ**) زاغ [zaːɣa, iː] abweichen; **IV** أزاغ [ʔa'zaːɣa] abweichen lassen

²**زيغ** [zaiɣ] *u.* **زيغان** [zaja'ɣaːn] Abweichung *f*

¹**زيف** **II** [zajjafa] *Geld* fälschen

²**زيف** [zaif] Falschheit *f*

زيق [ziːq], *pl.* أزياق [ʔaz'jaːq] Kragen *m*; Saum *m*, Borte *f*

(**زيل**) زال [zaːla, aː]: ~ ما, ما يزال, لا يزال noch (immer) sein *od.* tun; ما ~ قائما [qaːʔiman] er steht noch immer; لم يزل يعمل er arbeitet(e) immer noch; **III** زايل [zaːjala] sich trennen (هـ von *D*); **VI** تزايل [ta'zaːjala] allmählich schwinden; → (زول)

¹(**زين**) زان [zaːna, iː] schmücken; **II** [zajjana] schmücken, dekorieren; schmackhaft machen (هـ ل *A j-m*); **V** تزين [ta'zajjana] sich schmücken; sich schön machen; **VIII** ازدان [iz'daːna] geschmückt werden

²**زين** [zain] schön; *Ir. umg.* [zeːn] *Adv.* gut, schön

زينة [ziːna] Schmuck *m*, Zier *f*, Dekoration *f*, Putz *m*

(**زيي**) **II** زيا *u.* زيى [zajjaː] kleiden; **V** تزيا *u.* تزيى [ta'zajjaː] sich kleiden, sich kostümieren

زئير [za'ʔiːr] Brüllen *n*

ز

س

س (سين) [siːn] *zwölfter Buchstabe*; *Math.* x; *Abk. für* سؤال Frage *u.* ساعة Stunde, Uhr

ســ [sa-] *Futurpartikel*: سيفعل [sa-jafʕalu] er wird tun

ساء → (سوء)[1]

ساب → (سيب)

سابع [saːbiʕ] sieb(en)te(r); ~ عشر [-a ʕaʃar(a)] siebzehnte(r); ~ًا [-an] sieb(en)tens

سابغ [saːbiɣ] *Kleid*: lang

سابق [saːbiq] vorhergehend, früher, ehemalig; ~ًا [-an] *Adv.* früher, ehemals

سابقة [saːbiqa], *pl.* سوابق [sa'waːbiq] (2) Präzedenzfall *m*; *Gr.* Präfix *n*; *pl. a.* Vorstrafen *f/pl.*

ساج [saːdʒ] Teakholz *n*; ~ات *pl.* Kastagnetten *f/pl.*

ساح → (سيح)

ساحب [saːħib] Trassant *m e-s Wechsels*, Aussteller *m e-s Schecks*; ~ة Schleppfahrzeug *n*

ساحر [saːħir] bezaubernd; *pl.* سحرة [saħara] Zauberer *m*

ساحق [saːħiq] *Mehrheit*: überwältigend; vernichtend

ساحل [saːħil], *pl.* سواحل [sa'waːħil] (2) Küste *f*; *Geo.* Sahel *n*

ساحة [saːħa] Platz *m*; Schauplatz *m*, Bühne *f*

ساخن [saːxin] heiß

سادر [saːdir] unbekümmert

سادس [saːdis] sechste(r); ~ عشر [-a ʕaʃar(a)] sechzehnte(r); ~ًا [-an] sechstens

سادن [saːdin], *pl.* سدنة [sadana] Aufseher *m*

سادة *u.* **ساده** [saːda] einfach; *Stoff*: einfarbig; *Kaffee*: ungesüßt; → سيد

ساذج [saːðidʒ, saːðadʒ] naiv, unbedarft; einfach, bieder

سار[1] [saːrr] erfreulich; → (سير)[1]

سار[2] [saːrin] zirkulierend, verbreitet; ساري المفعول gültig, in Kraft

سارق [saːriq], *pl.* [-uːn] *u.* سراق [su'rraːq] Dieb *m*

سارية [saːrija], *pl.* [-aːt] *u.* سوار [sa'waːrin] Mast *m*

ساس → (سوس)[1]

ساسة → سياسي

ساطع [saːtiʕ] strahlend, klar; *a. npr. m*

ساطور [saː'tuːr], *pl.* سواطير [sawaː'tiːr] (2) Hackbeil *n*

ساع [saːʕin] strebend (إلى nach *D*); *pl.* سعاة [su'ʕaːt] Bote *m*; Verleumder *m*; ساعي البريد Briefträger *m*

ساعاتي [saː'ʕaːtiː] Uhrmacher *m*

ساعد [saːʕid], *pl.* سواعد [sa'waːʕid] (2) Unterarm *m*

ساعة [saːʕa] Stunde *f*; Uhr *f*; الـ~ [-ta] zur Stunde, jetzt

ساغ → (سوغ)

سافر [saːfir] offen(kundig); *Frau:* unverschleiert

سافل [saːfil] niedrig, gemein

1**ساق** [saːq] *f, pl.* سيقان [siː'qaːn] Bein *n*; (Unter-)Schenkel *m*; *Bot.* Stamm *m*, Stengel *m*; متساوي الساقين *Geom.* gleichschenk(e)lig

2**ساق** [saːqin], *pl.* سقاة [su'qaːt] Kellner *m*; Mundschenk *m*

ساقية [saːqija], *pl.* سواق [sa'waːqin] Bewässerungskanal *m*; Schöpfrad *n*

ساكت [saːkit] schweigend, schweigsam; stumm

ساكن [saːkin] ruhend; *Gr.* vokallos; *pl.* سكان [su'kkaːn] Bewohner *m*, Einwohner *m*

1**سال** → 1(سيل)

2**سأل** [saʔala, a], *Imp.* اسأل [isʔal] *u.* سل [sal] fragen (عن nach *D*); bitten; **III** ساءل [saːʔala] befragen; **VI** تساءل [ta'saːʔala] fragen; sich fragen

سالب [saːlib] raubend; negativ

سالف [saːlif] vorausgegangen, früher; الذكر ~ [s. að-ðikr] obenerwähnt

سالم [saːlim] wohlbehalten; *Gr.* regelmäßig; *a. npr. m*

1**سام** [saːmm] giftig, Gift-

2**سام** [saːmin] hoch, erhaben, edel; → (سوم) *u.* سامي

3**سأم** [saʔm] Überdruß *m*; Langeweile *f*

سامع [saːmiʕ] hörend; (Zu-)Hörer *m*; ة~ Ohr *n*

سامق [saːmiq] hochragend

سآمة [sa'ʔaːma] Langweiligkeit *f*

سامي [saːmiː] semitisch; Semit *m*; → 2سام

سانح [saːniħ] günstig

ساه [saːhin] unaufmerksam, nachlässig; zerstreut

ساهر [saːhir] wach; wachsam; Abend-

سائح [saːʔiħ], *pl.* سواح [su'wwaːħ] *u.* سياح [su'jjaːħ] Tourist *m*

سائد [saːʔid] (vor)herrschend

سائر [saːʔir] **1.** (*von* سير) gehend; gängig; **2.** (*von* سئر) übrig; alle; الأشياء ~ die übrigen Dinge

سائس [saːʔis], *pl.* سواس [su'wwaːs] *u.* سياس [su'jjaːs] Lenker *m*; Stallknecht *m*

سائق [saːʔiq] Fahrer *m*, Chauffeur *m*; *pl.* سواق [su'wwaːq] Treiber *m*

سائل [saːʔil] **1.** (*von* سأل) fragend; Bittsteller *m*; **2.** (*von* سيل) fließend, flüssig; *pl.* سوائل [sa'waːʔil] (2) Flüssigkeit *f*

سب [sabba, u] beleidigen; schmähen; **II** سبب [sabbaba] verursachen, auslösen; **V** تسبب [ta'sabbaba] verursacht werden (عن durch *A*); verursachen (في *A*); (Klein-)Handel treiben (ب mit *D*)

1**سباب** [sa'bbaːb] Lästerer *m*

2**سباب** [si'baːb] Beschimpfung *f*

س

سبابة [sa'bbaːba] Zeigefinger *m*
سبات [su'baːt] Schlaf *m*; Lethargie *f*; *Med.* Koma *n*
سباح [sa'bbaːħ] Schwimmer *m*; ـة~ [si'baːħa] Schwimmen *n*
سباخ [si'baːx], *pl.* أسبخة [ʔasbixa] Dünger *m*
سباعي [su'baːʕiː] siebenteilig, siebenfach; Siebener-
سباق [si'baːq] Wettkampf *m*; (Pferde-)Rennen *n*
سباك [sa'bbaːk] Gießer *m*
سبانخ [sa'baːnax] Spinat *m*
سبب [sabab], *pl.* أسباب [ʔas'baːb] Grund *m*, Ursache *f*; *pl. a.* Voraussetzungen *f/pl.*, Mittel *n/pl.*; ~بـ + *G*: auf Grund von, wegen
سببية [saba'biːja] Kausalität *f*
[1]**سبت** [sabata, u] (aus)ruhen
[2]**سبت** [sabt]: (يوم) الـ~ Samstag *m*, Sonnabend *m*
سبتمبر [sab'tambar] September *m*
سبح [sabaħa, a] schwimmen; schweben; **II** [sabbaħa] *Gott* preisen; die Formel سبحان الله [sub'ħaːna ɫɫaːh] »gepriesen sei Gott!« aussprechen
سبحة [subħa], *pl.* سبح [subaħ] Rosenkranz *m*, *od. dessen* Kügelchen *n/pl.*
سبخ **II** [sabbaxa] **1.** düngen; **2.** tief schlafen
سبخة [sabxa] Salzboden *m*
سبر [sabara, u] sondieren, untersuchen
[1]**سبط** [sabit] *Haar*: glatt; hochgewachsen
[2]**سبط** [sibt] Enkel *m*; أبو السبطين [ʔabuː s-sib'tɒin] *Beiname Alis*
[1]**سبع** **II** [sabbaʕa] versiebenfachen
[2]**سبع** [sab(u)ʕ], *pl.* سباع [si'baːʕ] Löwe *m*; Raubtier *n*
[3]**سبع** [subʕ], *pl.* أسباع [ʔas'baːʕ] Sieb(en)tel *n*
سبعة [sabaʕ], *f* سبع [sabʕ] sieben; ~ عشر [-ta ʕaʃar(a)], *f* سبع عشرة [sabʕa ʕaʃra(t)a] siebzehn
سبعون [sab'ʕuːn] siebzig
سبعينات [sabʕiː'naːt] *pl.*: الـ~ die siebziger Jahre *n/pl.*
[1]**سبق** [sabaqa, i, u] vorangehen; zuvorkommen; überholen; ~ له أن er hatte bereits …; **III** سابق [saːbaqa] wetteifern (ه mit *j-m*); **VI** تسابق [ta'saːbaqa] miteinander wetteifern; vorgreifen (هـ *D*)
[2]**سبق** [sabq] Vorausgehen *n*; Vorrang *m*
[1]**سبك** [sabaka, i] *Metall* gießen; gut formulieren; **II** [sabbaka] schmoren
[2]**سبك** [sabk] (*Metall*-)Guß *m*; (gute) Formulierung
سبورة [sa'bbuːra] (Wand-)Tafel *f*
سبى [sabaː, iː] gefangennehmen; *fig.* fesseln
سبيكة [sa'biːka], *pl.* سبائك [sa'baːʔik] (2) (*Metall*-)Barren *m*
سبيل [sa'biːl], *pl.* سبل [subul] *a. fig.*

Weg *m*; Mittel *n*, Möglichkeit *f*; öffentliche(r) Brunnen; ~ في + *G*: um … willen, für

ست [sitt] Dame *f*; Herrin *f*; → ستة

[1]**ستار** [sa'ttaːr] beschützend; ~الـ *Beiname Gottes*

[2]**ستار** [si'taːr], *pl.* ستر [sutur] Vorhang *m*; *fig.* Schleier *m*; Deckmantel *m*

[1]**ستر** [satara, u] verbergen; schützen; verhüllen; **V** تستر [ta'sattara] sich verbergen; verschleiern (على *A*); **VIII** استتر [is'tatara] sich verbergen

[2]**ستر** [sitr], *pl.* ستور [su'tuːr] Schleier *m*; Schutz *m*, Schirm *m*

سترة [sutra], *pl.* ستر [sutar] Jacke *f*

ستف II [sattafa] stapeln

ستة [sitta], *f* ست [sitt] sechs; ~ عشر [-ta ʕaʃar(a)], *f* ست عشرة [sitta ʕaʃra(ta)] sechzehn

ستون [si'ttuːn] sechzig

ستينات [sittiː'naːt] *pl.*: ~الـ die sechziger Jahre *n/pl.*

سجاد [sa'ddʒaːd] *koll.* Teppiche *m/pl.*; ~ة, *pl.* سجاجيد [sadʒaː'dʒiːd] (2) Teppich *m*

سجارة → سيجارة

سجد [sadʒada, u] sich niederwerfen; anbeten

سجدة [sadʒda] Sichniederwerfen *n*

سجع [sadʒʕ] Reimprosa *f*

سجق [sudʒuq] Wurst *f*

[1]**سجل II** [saddʒala] eintragen, registrieren; aufzeichnen

[2]**سجل** [si'dʒill] Register *n*, Verzeichnis *n*

(**سجم**) **VII** انسجم [in'sadʒama] harmonieren

[1]**سجن** [sadʒana, u] gefangensetzen, einkerkern

[2]**سجن** [sidʒn], *pl.* سجون [su'dʒuːn] Gefängnis *n*, Kerker *m*

سجود [su'dʒuːd] Prosternation *f im Gebet*

سجين [sa'dʒiːn], *pl.* سجناء [sudʒa'naːʔ] (2) (*Straf-*)Gefangene(r)

سجية [sa'dʒiːja], *pl.* سجايا [sa'dʒaːjaː] Charakter *m*; Natur *f*, Wesen *n*

سحاءة [si'ħaːʔa], *pl.* سحايا [sa'ħaːjaː] Hirnhaut *f*

[1]**سحاب** [sa'ħaːb] *koll.* Wolken *f/pl.*

[2]**سحاب** [sa'ħħaːb] Reißverschluß *m*

سحابة [sa'ħaːba], *pl.* سحب [suħub] Wolke *f*

سحار [sa'ħħaːr] Zauberer *m*

سحاق [si'ħaːq] lesbische Liebe

[1]**سحب** [saħaba, a] ziehen; zurück-, entziehen; *Truppen* abziehen; **VII** انسحب [in'saħaba] sich zurückziehen; gelten (على für *A*)

[2]**سحب** [saħb] Ziehen *n*; Entzug *m*; Ziehung *f e-r Lotterie*; *Hdl.* Abhebung *f*

سحج [saħadʒa, a] hobeln

[1]**سحر** [saħara, a] (ver)zaubern; bezaubern

[2]**سحر** [saħar] Morgendämmerung *f*

[3]سحر [saħr] Lungengegend *f*
[4]سحر [siħr] Zauber *m*; Magie *f*
سحري [siħriː] Zauber-, magisch
[1]سحق [saħaqa, a] zerreiben, zermahlen, zerstoßen
[2]سحق [saħq] Zerreiben *n*
سحل [saħala, a] zu Tode schleifen
سحلب [saħlab] Salep *m*; *süßes Getränk aus Salep*
سحلية [siħ'liːja], *pl.* سحالٍ [sa'ħaːlin] Eidechse *f*
سحن [saħana, a] zerstoßen
سحنة [saħna] Aussehen *n*; Gesicht *n*
سحور [sa'ħuːr] Morgenmahlzeit *f im Ramadan*
سحيق [sa'ħiːq] fern; tief
سخا → (سخو)
سخاء [sa'xaːʔ] Freigebigkeit *f*
سخافة [sa'xaːfa] Dummheit *f*; Unsinn *m*
سخام [su'xaːm] Ruß *m*; Schwärze *f*
سخان [sa'xxaːn] Boiler *m*
سخاوة [sa'xaːwa] Großzügigkeit *f*
سخر [saxira, a] verspotten, verlachen (من *j-n*); **II** [saxxara] sich dienstbar machen; zum Frondienst zwingen
سخرة [suxra] Zwangsarbeit *f*; Gegenstand *m* des Spottes
سخرية [sux'riːja] Spott *m*, Ironie *f*
[1]سخط [saxitɒ, a] sich empören (على über *A*)
[2]سخط [sux(u)ŧ] Ärger *m*, Unwille *m*
[1]سخف [saxufa, u] dumm sein
[2]سخف [suxf] Torheit *f*; Unsinn *m*
سخلة [saxla], *pl.* سخال [si'xaːl] Lamm *n*
سخم **II** [saxxama] schwärzen
[1]سخن [saxana, u] heiß sein; **II** [saxxana] erhitzen
[2]سخن [suxn] heiß
(سخو) سخا [saxaː, uː] = [1]سخي
سخونة [su'xuːna] Hitze *f*
[1]سخي [saxija, aː] großzügig sein
[2]سخي [sa'xiːj] freigebig
سخيف [sa'xiːf] dumm, albern; unsinnig, absurd
سخيمة [sa'xiːma] Böswilligkeit *f*
[1]سد [sadda, u] verstopfen; (ver-)sperren; *Lücke* schließen; *Bedarf* decken; **II** سدد [saddada] bezahlen; richten, lenken; **VII** انسد [in'sadda] verstopft werden
[2]سد [sadd] Verstopfung *f*, Blockierung *f*; Deckung *f des Bedarfs*; *pl.* سدود [su'duːd] Damm *m*; Wall *m*; Sperre *f*
[1]سداد [sa'daːd] (Be-)Zahlung *f*, Tilgung *f*; Richtigkeit *f*
[2]سداد [si'daːd], *pl.* أسدة [ʔa'sidda], *u.* ~ة Verschluß *m*, Stöpsel *m*, Pfropfen *m*
سدارة [si'daːra] Mütze *f*
سداسي [su'daːsiː] sechsteilig, sechsfach; Sechser-; *Maghr.* Semester *n*

س

سداة [sa'daːt], *pl.* أسدية [ʔasdija] Kette *f des Gewebes*

[1]**سدس** **II** [saddasa] versechsfachen

[2]**سدس** [suds], *pl.* أسداس [ʔas'daːs] Sechstel *n*

سدل [sadala, u] *u.* **IV** أسدل [ʔasdala] herablassen, herabhängen lassen

[1]**(سدي)** **IV** أسدى [ʔasdaː] *Dienst* erweisen; *Ratschläge* erteilen

[2]**سدى** [sadan] = سداة

[3]**سدى** [sudan] *Adv.* vergeblich, umsonst

سديد [sa'diːd] richtig, treffend, passend

سديم [sa'diːm] *Astr.* Nebel *m*

سذاجة [sa'ðaːdʒa] Naivität *f*, Einfalt *f*; Schlichtheit *f*

[1]**سر** [sarra, u] (er)freuen; *Pass.* [surra] sich freuen; **III** سار [saːrra] anvertrauen (ه ب *j-m A*); **IV** أسر [ʔa'sarra] anvertrauen (إلى *j-m*); für sich behalten

[2]**سر** [sirr], *pl.* أسرار [ʔas'raːr] Geheimnis *n*; Mysterium *n*; (wahrer) Grund; ا~ [-an] *Adv.* insgeheim, heimlich

سراب [sa'raːb] Fata Morgana *f*

[1]**سراج** [sa'rraːdʒ] Sattler *m*

[2]**سراج** [si'raːdʒ], *pl.* سرج [surudʒ] Lampe *f*, Leuchte *f*

سراح [sa'raːħ] Freilassung *f*; → [1]طلق IV

سرادق [su'raːdiq] (Fest-)Zelt *n*; Pavillon *m*

سراعا [si'raːʕan] *Adv.* schnell

سراق → سارق

سراي [sa'raːj] Palast *m*, Schloß *n*

[1]**سرب** [saraba, u] fließen; **II** [sarraba] durchsickern lassen; **V** تسرب [ta'sarraba] *Flüssigkeit*: auslaufen; *a. fig.* durchsickern; (ein)sickern

[2]**سرب** [sirb], *pl.* أسراب [ʔas'raːb] Schar *f*; Schwarm *m*; Staffel *f*, Geschwader *n von Flugzeugen*

[1]**سرج** [saradʒa, u] *Pferd* satteln; **II** [sarradʒa] *Pferd* satteln; *Stoff* heften

[2]**سرج** [sardʒ], *pl.* سروج [su'ruːdʒ] Sattel *m*

سرح [saraħa, a] umherziehen; *Vieh*: auf die Weide gehen; schweifen; zerstreut sein; **II** [sarraħa] losschicken; freilassen; entlassen; schweifen lassen; *Haar* kämmen

[1]**سرحان** [sara'ħaːn] Geistesabwesenheit *f*

[2]**سرحان** [sar'ħaːn] geistesabwesend

[1]**سرد** [sarada, u] erzählen, schildern; anführen, aufführen

[2]**سرد** [sard] Erzählung *f*, Schilderung *f*

سرداب [sir'daːb], *pl.* سراديب [saraː'diːb] (2) Keller *m*

سرطان [sara'tɒːn] *Zool., Astr., Med.* Krebs *m*

سرع **II** [sarraʕa] beschleunigen; **III** سارع [saːraʕa] eilen, laufen;

IV أسرع [ʔasraʕa] eilen; sich beeilen; schnell tun; beschleunigen; V تسرع [ta'sarraʕa] überstürzt tun; VI تسارع [ta'saːraʕa] eilen, stürzen

سرعان [sur'ʕaːna]: ما ~ alsbald, gar bald, schnell; sofort

سرعة [surʕa] Schnelligkeit *f*, Geschwindigkeit *f*, Tempo *n*

[1]**(سرف)** IV أسرف [ʔasrafa] verschwenden, vergeuden; übertreiben (في bei *D*)

[2]**سرف** [saraf] Übertreibung *f*, Maßlosigkeit *f*

سرق [saraqa, i] stehlen, rauben (من ـه *j-m A*); bestehlen; VIII استرق [is'taraqa] sich einschleichen; ~ السمع heimlich lauschen; ~ النظر verstohlen anblicken (إلى *j-n*)

سرقة [sariqa] Diebstahl *m*, Entwendung *f*; Einbruch *m*

سرمدي [sarmadiː] ewig dauernd

سرة [surra], *pl.* سرر [surar] *u.* [-aːt] Nabel *m*; ~ أبو Navelorange *f*

سرو [sarw] *koll.*, *sg.* ة~ Zypresse(n *pl.*) *f*

سروال [sir'waːl], *pl.* سراويل [saraː'wiːl] (2) Hose *f*; ~ فضفاض Pluderhose *f*

سرور [su'ruːr] Freude *f*; Vergnügen *n*

[1]**سرى** [saraː, iː] fließen; zirkulieren; sich ausbreiten; (~ مفعوله =) gelten, gültig sein; in Kraft sein; II [sarraː] Sorgen vertreiben; aufheitern; IV أسرى [ʔasraː] nachts reisen

[2]**سري** [sa'riːj], *pl.* أسرياء [ʔasri'jaːʔ] (2) *u.* سراة [su'raːt] vornehm, hochstehend

[3]**سري** [sirriː] geheim; illegal, Untergrund-

[1]**سريان** [sara'jaːn] Fließen *n*; Geltung *f*, Gültigkeit *f*

[2]**سريان** [sur'jaːn] *koll. hist.* Syrer *m/pl.*; ـي~ syrisch; Syrer *m*

سرير [sa'riːr], *pl.* أسرة [ʔa'sirra] Bett *n*; Liege *f*; ة~, *pl.* سرائر [sa'raːʔir] (2) Innerste(s); Gesinnung *f*

سريع [sa'riːʕ], *pl.* سراع [si'raːʕ] schnell, rasch, eilig; ـا~ [-an] *Adv.* schnell

[1]**سرية** [sa'riːja], *pl.* سرايا [sa'raːjaː] *Mil.* Kompanie *f*

[2]**سرية** [si'rriːja] Geheimniskrämerei *f*; ~ البنوك Bankgeheimnis *n*

سطا → [1](سطو)

[1]**سطح** II [sɒttɒħa] flach machen; V تسطح [ta'sɒttɒħa] *u.* VII انسطح [in'satɒħa] sich flach hinlegen

[2]**سطح** [sɒtħ], *pl.* سطوح [su'tuːħ] Fläche *f*, Oberfläche *f*; Dach *n*, Terrasse *f*; Deck *n e-s Schiffs*; ~ البحر Meeresspiegel *m*; ـي~ oberflächlich

[1]**سطر** [satɒra, u] *u.* II [sattɒra] Linien ziehen; lini(i)eren; (nieder-) schreiben

[2]**سطر** [sɒtr], *pl.* سطور [su'tuːr] *u.* أسطر [ʔastur] Linie *f*; Zeile *f*

سطع [satɒʕa, a] *Gestirn, Duft*: aufsteigen; *Sonne*: scheinen, strahlen

[1]**سطل** [satɒla, u] *Rauschgift*: berauschen

[2]**سطل** [sɒtl], *pl.* سطول [su'tuːl] Eimer *m*, Kübel *m*

[1](**سطو**) سطا [satɒː, uː] überfallen (على *j-n*); einbrechen (على in *A*)

[2]**سطو** [sɒtw] Überfall *m*; Einbruch *m*; ة~ Gewalt *f*; Macht *f*; Autorität *f*

سعاد [su'ʕaːd] *npr. f*

سعادة [sa'ʕaːda] Glück *n*, Glückseligkeit *f*; Exzellenz *f* (*als Anrede für Botschafter*)

سعار [su'ʕaːr] Heißhunger *m*

سعال [su'ʕaːl] Husten *m*

سعاة → ساع

[1]**سعد** [saʕida, a] glücklich sein; **III** ساعد [saːʕada] helfen (ه *j-m*), unterstützen; **IV** أسعد [ʔasʕada] glücklich machen

[2]**سعد** [saʕd], *pl.* سعود [su'ʕuːd] Glück *n*; *a. npr. m*

[1]**سعر** [saʕara, a] *a. fig.* entfachen; **II** [saʕʕara] den Preis festsetzen; **V** تسعر [ta'saʕʕara] lodern; **VIII** استعر [is'taʕara] entbrennen, (auf)lodern

[2]**سعر** [suʕr], *pl.* أسعار [ʔas'ʕaːr] Kalorie *f*

[3]**سعر** [siʕr], *pl.* أسعار [ʔas'ʕaːr] Preis *m*; *Hdl.* Kurs *m*; الفائدة ~ Zinssatz *m*

سعرة [suʕra] Kalorie *f*

[1](**سعف**) **IV** أسعف helfen, beistehen (ه *j-m*)

[2]**سعف** [saʕaf] *koll.* Palmzweige *m/pl.*; Palmwedel *m/pl.*

سعل [saʕala, u] husten

سعة [saʕa] Kapazität *f*, Fassungsvermögen *n*; Geräumigkeit *f*; Kraft *f*, Vermögen *n*; Wohlhabenheit *f*; الموجة ~ Amplitude *f*

سعود [su'ʕuːd] *npr. m*; ي~ *a.* [sa'ʕuːdiː] saudisch; المملكة العربية السعودية Saudi-Arabien

سعوط [sa'ʕuːt] Schnupftabak *m*

[1]**سعى** [saʕaː, aː] eilen, laufen; streben (إلى nach *D*), bestrebt sein; sich bemühen

[2]**سعي** [saʕj] Lauf *m*; Streben *n* (إلى nach *D*), Bemühen *n*

سعيد [sa'ʕiːd] glücklich; *a. npr. m*

سعير [sa'ʕiːr] Hitze *f*, Feuer *n*; Hölle *f des Krieges*

سغب [saɣab] Hunger *m*

(**سف**) **IV** أسف [ʔa'saffa] *Vogel*: herunterflattern; *moralisch* absinken; **VIII** استف [is'taffa] schlukken

سفاح [sa'ffaːħ] Blutvergießer *m*

سفارة [si'faːra], *a.* [sa'faːra] *Dipl.* Botschaft *f*

سفاك [sa'ffaːk] blutrünstig

سفالة [sa'faːla] Gemeinheit *f*, Niedertracht *f*

سفاهة [sa'faːha] Dummheit *f*; Unverschämtheit *f*

سفتجة [suftadʒa] *Hdl.* Wechsel *m*

[1]**سفح** [safaħa, a] *Blut* vergießen

[2]سفح [safħ] **1.** (*Blut-*)Vergießen *n*; **2.** *pl.* سفوح [su'fuːħ] Fuß *m e-s Berges*

[1]سفر [safara, i] **1.** *Frau*: sich entschleiern; الصباح ~ es tagte; **2.** abreisen; **II** [saffara] auf die Reise schicken; **III** سافر [saːfara] abreisen; reisen; fahren (ب mit *dem Zug, Bus*); **IV** أسفر [ʔasfara] sichtbar werden lassen (عن *A*); erbringen; enden (عن mit *D*)

[2]سفر [safar], *pl.* أسفار [ʔas'faːr] Abreise *f*; Reise *f*, Fahrt *f*

[3]سفر [safr] *koll.* Reisende *m/pl.*

[4]سفر [sifr], *pl.* أسفار [ʔas'faːr] Buch *n*, Werk *n*

سفرجل [sa'fardʒal] *koll.* Quitte(n *pl.*) *f*

سفرجي [sufradʒiː], *pl.* ـة~ Kellner *m*

[1]سفرة [safra], *pl.* [safa'raːt] Reise *f*, Fahrt *f*

[2]سفرة [sufra], *pl.* سفر [sufar] (Eß-)Tisch *m*

سفرية [safa'riːja] Reise *f*, Fahrt *f*

سفسطة [safsatɒ] Sophistik *f*

سفع [safaʕa, a] schlagen

سفك [safaka, i] *Blut* vergießen

[1]سفل [safala, u] niedergehen; niedrig, gemein sein; **V** تسفل [ta'saffala] herabsinken

[2]سفل [sufl] unterste(r) Teil; ـي~ unten befindlich, untere(r); → أسفل

سفن → سفينة

سفنج [sa'fandʒ] Schwamm *m*

[1]سفه [safiha, a] dumm, töricht sein; **II** [saffaha] als dumm *od.* töricht bezeichnen

[2]سفه [safah] Dummheit *f*; Unzurechnungsfähigkeit *f*

سفود [sa'ffuːd], *pl.* سفافيد [safaː'fiːd] (2) Bratspieß *m*

سفور [su'fuːr] Ablegen *n* des Schleiers

سفير [sa'fiːr], *pl.* سفراء [sufa'raːʔ] (2) Botschafter *m*

سفين [sa'fiːn] **1.** Keil *m*; **2.** *koll.* Schiffe *n/pl.*; ـة~, *pl.* سفن [sufun] Schiff *n*

سفيه [sa'fiːh], *pl.* سفهاء [sufa'haːʔ] (2) dumm, töricht

سقاء [sa'qqaːʔ] Wasserträger *m*

[1]سقاطة [sa'qqɒːtɒ], [su'qqɒːtɒ] Türklinke *f*; Türklopfer *m*

[2]سقاطة [su'qɒːtɒ] Abfall *m*

سقاية [si'qaːja] Tränkung *f*; *Techn.* Abschreckung *f*

[1]سقط [saqɒtɒ, u] fallen; herabfallen; *Flugzeug*: abstürzen; absinken, niedersinken; (*bei e-r Prüfung*) durchfallen; hinfällig werden; **IV** أسقط [ʔasqɒtɒ] fallen lassen; zu Fall bringen; stürzen, *Flugzeug* abschießen; *Zahl* abziehen; aberkennen (عن *j-m*); **VI** تساقط [ta'saːqɒtɒ] (herab)fallen; *Haare*: ausfallen; tropfen

[2]سقط [saqɒt], *pl.* أسقاط [ʔas'qɒːt] Abfall *m*, Ausschuß *m*; Plunder *m*

[3] **سقط** [saqṭ] *koll.* Funken *m/pl.*
[4] **سقط** [siqṭ] Fehlgeburt *f*
سقطة [saqṭɒ], *pl.* [saqɒ'ṭɒːt] Sturz *m*; Fehler *m*, Versagen *n*
[1] **سقف** **II** [saqqafa] überdachen
[2] **سقف** [saqf], *pl.* سقوف [su'quːf] Dach *n*; (*Zimmer-*)Decke *f*; ~ الحلق Gaumen *m*
سقلبي [saqlabiː] slawisch; *pl.* سقالبة [sa'qaːliba] Slawe *m*
سقم [suqm, saqam] Siechtum *n*; Überdruß *m*
سقوط [su'quːṭ] Fall *m*; Absturz *m*; Zusammenbruch *m*; Wegfall *m*
سقى [saqaː, iː] *u.* **IV** أسقى [ʔasqaː] zu trinken geben, tränken; bewässern; **VIII** استقى [is'taqaː] *a. fig.* schöpfen
سقيم [sa'qiːm] krank; siech; mager; mangelhaft
سك [sakka, u] **1.** verschließen; **2.** *Münzen* prägen
سكاف [sa'kkaːf] Schuster *m*
سكاكين → سكين; **~ي** [sakaː'kiːniː] Messerschmied *m*
سكان [su'kkaːn] (Steuer-)Ruder *n*; → ساكن; **~ي** Bevölkerungs-
سكب [sakaba, u] (aus-, ver)gießen
سكت [sakata, u] schweigen; verstummen; **II** [sakkata] *u.* **IV** أسكت [ʔaskata] zum Schweigen bringen
[1] **سكر** [sakira, a] sich betrinken; berauscht sein ; **II** [sakkara] **1.** *Tür* (ver-)schließen; **2.** zuckern, kandieren; **IV** أسكر [ʔaskara] (be-)trunken machen, berauschen; **VI** تساكر [ta'saːkara] sich betrunken stellen
[2] **سكر** [sukkar] Zucker *m*
[3] **سكر** [sukr] Rausch *m*, Trunkenheit *f*
سكران [sak'raːn] (2), *f* سكرى [sakraː], *pl.* سكارى [sa'kaːraː] (be-)trunken, berauscht
سكرتير [sikri'teːr] Sekretär *m*; ~ عام Generalsekretär *m*
سكرة [sakra] Rausch *m*
سكري [sukkariː] Zucker-, zuckerig; **~ة** Zuckerdose *f*
(**سكع**) **V** تسكع [ta'sakkaʕa] herumlungern; umherbummeln
سكك → سكة
[1] **سكن** [sakana, u] ruhig, still sein; sich beruhigen, nachlassen, sich legen; wohnen; *Konsonant*: vokallos sein; **II** [sakkana] beruhigen; lindern, mildern; **III** ساكن [saːkana] zusammenwohnen; **IV** أسكن [ʔaskana] wohnen lassen, unterbringen; ansiedeln
[2] **سكن** [sakan] Wohnen *n*, Unterkunft *f*
[1] **سكني** [sakaniː] Wohn-
[2] **سكنى** [suknaː] Wohnen *n*; Wohnung *f*
سكة [sikka], *pl.* سكك [sikak] Weg *m*, Straße *f*; *Tel.* Leitung *f*; ~ الحديد *u.* الـ~ الحديدية Eisenbahn *f*
سكوت [su'kuːt] Schweigen *n*

سكون [su'kuːn] Ruhe *f*, Stille *f*; *Gr.* Vokallosigkeit *f*; ~ـي statisch

سكين [si'kkiːn], *pl.* سكاكين [sakaː'kiːn] (2) Messer *n*

سكينة [sa'kiːna] Ruhe *f*; ~ النفس Seelenruhe *f*

[1]**سل** [sal] (*Imp. von* سأل) frag!

[2]**سل** [salla, u] herausziehen; **V** تسلل [ta'sallala] sich einschleichen, eindringen; hindurchschlüpfen; sich fortstehlen; **VII** انسل [in'salla] sich einschleichen; sich davonschleichen; **VIII** استل [is'talla] (heraus)ziehen

[3]**سل** [sull] Tuberkulose *f*

سلاح [si'laːħ], *pl.* أسلحة [ʔasliħa] Waffe *f*; *koll.* Waffen *f/pl.*; Pflugschar *f*; ~ أبيض blanke Waffe; ~ ناري Feuerwaffe *f*

سلاسة [sa'laːsa] Gefügigkeit *f*, Lenksamkeit *f*; Glätte *f des Stils*

سلاطة [sa'laːtɒ] **1.** Salat *m*; **2.** *fig.* Bissigkeit *f*; Unverschämtheit *f*

سلافي [slaːviː] slawisch; Slawe *m*

سلالة [su'laːla] Dynastie *f*; Nachkommenschaft *f*; Rasse *f*; (*Zucht-*)Stamm *m*

سلام [sa'laːm] Friede *m*; Wohlbehaltenheit *f*; *pl.* [-aːt] Gruß *m*; (*National-*)Hymne *f*; مدينة الـ~ *Beiname von Bagdad*; يا ~ *Ausruf des Erstaunens*: mein Gott!; الـ~ عليكم [as-sa'laːmu ʕa'laikum] *Grußformel*: Friede sei mit euch!

سلامة [sa'laːma] Unversehrtheit *f*, Wohlbehaltenheit *f*; Gesundheit *f des Verstandes*; *territoriale* Integrität; ~ الذوق gute(r) Geschmack; مع الـ~ *Abschiedsgruß*: leb wohl!

[1]**سلب** [salaba, u] rauben, berauben (ه هـ/من *j-n e-r Sache*); plündern; **VIII** استلب [is'talaba] = سلب

[2]**سلب** [salab], *pl.* أسلاب [ʔas'laːb] Beute *f*

[3]**سلب** [salb] Beraubung *f*; Plünderung *f*; Verneinung *f*; ~ًا [-an] *Adv.* negativ; علامة الـ~ *Math.* Minuszeichen *n*

سلبي [salbiː] negativ; passiv; ~ات *pl.* negative Seiten *f/pl.*; صورة ~ة *Fot.* Negativ *n*; مقاومة ~ة passive(r) Widerstand; ~ة Negativismus *m*

[1]**سلح** **II** [sallaħa] bewaffnen; armieren; **V** تسلح [ta'sallaħa] sich bewaffnen; rüsten

[2]**سلح** [salħ] (*Vogel-*)Kot *m*

سلحفاة [sulaħ'faːt], *pl.* سلاحف [sa'laːħif] (2) Schildkröte *f*

[1]**سلخ** [salaxa, a] abhäuten, *Fell* abziehen; beenden; **V** تسلخ [ta'salaxa] sich schälen

[2]**سلخ** [salx] Abhäutung *f*; Abziehen *n*; (Ab-)Trennung *f*

سلس [salis] fügsam, gefügig; *Stil*: glatt, flüssig

سلسل [salsala] zusammenketten; **II** تسلسل [ta'salsala] verkettet sein;

ununterbrochen fortlaufen; *Wasser*: rieseln

سلسلة [silsila], *pl.* سلاسل [sa'laːsil] (2) Kette *f*; Reihe *f*, Serie *f*; ~ الظهر Wirbelsäule *f*

سلط II [sallatɒ] als Herrscher einsetzen (على über *A*); *Hunde* hetzen (على auf *A*); ~ الضوء على *etwas* beleuchten; **V** تسلط [ta'sallatɒ] herrschen (على über *A*); beherrschen, kontrollieren (على *A*)

سلطان [sul'tɒːn] Macht *f*, Herrschaft *f*; *pl.* سلاطين [salaː'tɨːn] (2) Herrscher *m*; Sultan *m*; ~ي Herrscher-; Sultans-; ~ية (*Suppen-*) Schüssel *f*

سلطنة [saltɒna] Sultanat *n*

[1]**سلطة** [salatɒ] Salat *m*

[2]**سلطة** [sultɒ], *pl.* [sulu'tɒːt] *u.* سلط [sulɒt] Macht *f*, Gewalt *f*; Autorität *f*, Vollmacht *f*; Staatsmacht *f*; Behörde *f*

سلعة [silʕa], *pl.* سلع [silaʕ] Ware *f*; *pl. a.* Güter *n/pl.*

[1]**سلف** [salafa, u] vorausgehen; فيما ~ früher; **II** [sallafa] *Geld* vorschießen, leihen; **IV** أسلف [ʔaslafa] (schon) vorher tun; أسلفنا القول wir haben schon vorher gesagt; **VIII** استلف [is'talafa] als Kredit aufnehmen

[2]**سلف** [salaf], *pl.* أسلاف [ʔas'laːf] Vorgänger *m*; *koll.* Vorfahren *m/pl.*; ~ا [-an] im voraus

[3]**سلف** [silf], *pl.* أسلاف [ʔas'laːf] Schwager *m*

[1]**سلفة** [sulfa], *pl.* سلف [sulaf] Kredit *m*, Darlehen *n*

[2]**سلفة** [silfa] Schwägerin *f*

سلفي [salafiː] traditionsgebunden; ~ة Darlehen *n*, Kredit *m*

[1]**سلق** [salaqa, u] sieden, in Wasser kochen; versengen; beschimpfen; **V** تسلق [ta'sallaqa] hinaufklettern; erklimmen; *Pflanze*: sich emporranken

[2]**سلق** [salq] Mangold *m*

[1]**سلك** [salaka, u] **1.** *e-n Weg* einschlagen, beschreiten, verfolgen; sich benehmen; **2.** einreihen; **II** [sallaka] *Rohr*, *Kanal* reinigen, freimachen; *Angelegenheit* entwirren; **IV** أسلك [ʔaslaka] einreihen

[2]**سلك** [silk], *pl.* أسلاك [ʔas'laːk] Draht *m*; Korps *n*; أسلاك شائكة Stacheldraht *m*; ~ دبلوماسي / سياسي diplomatische(s) Korps; ~ي Draht-; لا~ drahtlos; Funk-; Radio *n*

[1]**سلم** [salima, a] unversehrt, wohlbehalten sein; verschont bleiben (من von *D*); **II** [sallama] übergeben, aushändigen; (aus)liefern; zugestehen (ب *A*); grüßen (على *j-n*); *Gott*: erretten; **III** سالم [saːlama] in Frieden leben (ه mit *j-m*); **IV** أسلم [ʔaslama] ausliefern; Muslim werden; **V** تسلم [ta'sallama] entgegenneh-

men; übernehmen; **VIII** استلم [is'talama] empfangen, erhalten; übernehmen; **X** استسلم [is'tasلama] sich ergeben, kapitulieren

[2]**سلم** [sullam], *pl.* سلالم [sa'laːlim] (2) Leiter *f*, Treppe *f*

[3]**سلم** [silm] Friede *m*

سلمان [sal'maːn] *npr. m*

[1]**سلمى** [salmaː] *npr. f*

[2]**سلمي** [silmiː] friedlich, Friedens-

سلة [salla], *pl.* سلال [si'laːl] Korb *m*

(**سلو**) سلا [salaː, uː] vergessen; **II** سلى [sallaː] ablenken (عن von *D*); unterhalten, zerstreuen; trösten; **V** تسلى [ta'sallaː] sich ablenken, sich zerstreuen; sich amüsieren

سلوقي [sa'luːqiː] Windhund *m*

سلوك [su'luːk] Benehmen *n*, Verhalten *n*; Führung *f*; ~ية Behaviorismus *m*

سلوة [salwa] *u.* **سلوى** [salwaː] Trost *m*; Vergnügen *n*

سليط [sa'lɨːŧ] scharf, bissig; unverschämt

سليقة [sa'liːqa] Veranlagung *f*, Instinkt *m*

سليم [sa'liːm], *pl.* سلماء [sula'maːʔ] (2) unversehrt, wohlbehalten; einwandfrei; gesund; normal; sicher; *a. npr. m*

سليمان [sulai'maːn] Salomo, Suleiman

[1]**سم** [samma, u] *u.* **II** سمم [sammama] vergiften; **V** تسمم [ta'sammama] vergiftet werden; sich vergiften

[2]**سم** [samm, summ], *pl.* سموم [su'muːm] **1.** Gift *n*; **2.** (*Nadel-*)Öhr *n*

سماء [sa'maːʔ] *f*, *pl.* سماوات [samaː'waːt] Himmel *m*

سمات → سمة

سماح [sa'maːħ] Erlaubnis *f* (ب zu *D*); Großmut *f*; ~ة Großmut *f*, Güte *f*; Eminenz *f* (*Titel e-s isl. religiösen Würdenträgers*)

سماد [sa'maːd], *pl.* أسمدة [ʔasmida] Dünger *m*, Düngemittel *n*

سماط [si'mɒːŧ] Tischtuch *n*; (*Eß-*)Tisch *m*

سماع [sa'maːʕ] (An-)Hören *n*; Sprachgebrauch *m*

سماعة [sa'mmaːʕa] (Telefon-)Hörer *m*; Stethoskop *n*

سماعي [sa'maːʕiː] durch den Sprachgebrauch sanktioniert

سماكة [sa'maːka] Dicke *f*

سماوات → سماء

سماوي [sa'maːwiː] himmlisch, Himmels-; göttlich

[1](**سمت**) **III** سامت [saːmata] gegenüberstehen

[2]**سمت** [samt], *pl.* سموت [su'muːt] Art und Weise *f*; Weg *m*; *Astr.* Azimut *m*; ~ الرأس Zenit *m*

سمج [samdʒ, samidʒ] widerwärtig, häßlich

سمح [samaħa, a] erlauben, gestatten; — [samuħa, u] großmütig sein; **III** سامح [saːmaħa] Nachsicht haben (ه mit *j-m*); nachsehen, verzeihen; **VI** تسامح [ta'saːmaħa] nachsichtig, tolerant sein; **X** استسمح [is'tasmaħa] um Erlaubnis *od.* Verzeihung bitten

سمد **II** [sammada] düngen

[1]**سمر** [samara, u] die Nacht im Gespräch verbringen; — [samura, u] braun sein *od.* werden; **II** [sammara] **1.** annageln; **2.** bräunen; **III** سامر [saːmara] sich (abends) unterhalten (ه mit *j-m*); **VI** تسامر [ta'saːmara] abends einander Gesellschaft leisten

[2]**سمر** [samar] abendliche Unterhaltung

سمرة [sumra] Bräune *f*; Dunkelheit *f der Haut*

سمسار [sim'saːr], *pl.* سماسرة [sa'maːsira] Makler *m*

سمسرة [samsara] Maklertätigkeit *f*; Maklergebühr *f*

سمسم [simsim] Sesam *m*

سمط [simṭ], *pl.* سموط [su'muːṭ] Perlenschnur *f*

[1]**سمع** [samiʕa, a] hören (ـه/ه *A*, /ب عن von *D*); **II** [sammaʕa] hören lassen; aufsagen; **IV** أسمع [ʔasmaʕa] hören lassen; **V** تسمع [ta'sammaʕa] horchen, lauschen; **VIII** استمع [is'tamaʕa] hören (إلى auf *A*, *e-e Sendung*); anhören, zuhören

[2]**سمع** [samʕ] Gehör *n*; *pl.* أسماع [ʔas'maːʕ] Ohr *n*; ~ـا وطاعة [-an] zu Befehl!

سمعة [sumʕa] Ruf *m*, Ansehen *n*

سمعي [samʕiː] Gehör-; akustisch; auditiv

[1]**سمك** [samak] *koll.*, *sg.* ~ة, *pl.* أسماك [ʔas'maːk] Fisch *m*

[2]**سمك** [sumk] Dicke *f*, Stärke *f e-r Platte*

سمكري [samkariː] Klempner *m*

سمل [samal], *pl.* أسمال [ʔas'maːl] Lumpen *m*

[1]**سمن** [samina, a] fett, beleibt sein *od.* werden; **II** [sammana] *u.* **IV** أسمن [ʔasmana] fett machen; mästen

[2]**سمن** [samn], *pl.* سمون [su'muːn] Fett *n*; Butterschmalz *n*

[3]**سمن** [siman] Fettheit *f*, Korpulenz *f*

سمنة [simna] = [3]سمن

سمة [sima], *pl.* [-aːt] Merkmal *n*, Kennzeichen *n*; *Ir.* Visum *n*

[1]**(سمو)** سما [samaː, uː] hoch sein; sich erheben; erhaben sein (عن über *A*); streben (إلى nach *D*); **II** سمى [sammaː] nennen, benennen; nominieren; **IV** أسمى [ʔasmaː] nennen, benennen; bezeichnen (ب *als*); **V** تسمى [ta'sammaː] genannt werden; **VI** تسامى [ta'saːmaː] emporragen; sich erheben (عن über *A*); miteinander wetteifern

[2]**سمو** [sumuːw] Höhe *f*, Erhabenheit *f*; *Titel*: Hoheit *f*

سموات → سماء

سموم [sa'muːm] heiße(r) Sandsturm, Samum *m*; → [2]سم

سمي [sa'miːj] **1.** hoch, erhaben; **2.** Namensvetter *m*

سميح [sa'miːħ] großmütig, gütig

سمير [sa'miːr] (abendlicher) Gesprächspartner; *a. npr. m*

سميع [sa'miːʕ] hörend; ~ال *Beiname Gottes*

سميك [sa'miːk] dick

سمين [sa'miːn], *pl.* سمان [si'maːn] fett, korpulent

[1]**سن** [sanna, u] **1.** schärfen, schleifen; **2.** *Gesetz* erlassen; *Methode* einführen; **II** سنن [sannana] zähnen, auszacken; *Kind*: zahnen; **IV** أسن [ʔa'sanna] alt werden; **VIII** استن [is'tanna] *Gesetz* einführen, erlassen; *Weg* verfolgen

[2]**سن** [sann] Erlaß *m von Gesetzen*; Einführung *f*

[3]**سن** [sinn] *m u. f* Alter *n*; *pl.* أسنان [ʔas'naːn] Zahn *m* (*a. bei Kamm, Säge etc.*); Spitze *f der Feder*

سناء [sa'naːʔ] Erhabenheit *f*; Glanz *m*

سنارة [si'nnaːra] Angel *f*; Häkelnadel *f*

سنام [sa'naːm], *pl.* أسنمة [ʔasnima] (*Kamel*-)Höcker *m*

سنان [si'naːn], *pl.* أسنة [ʔa'sinna] Speerspitze *f*

سنبلة [sumbula], *pl.* سنابل [sa'naːbil] (2) Ähre *f*; *Astr.* Jungfrau *f*

سنجق [sanʤaq], *pl.* سناجق [sa'naːʤiq] (2) Banner *n*; *hist.* Sandschak *m*

[1]**سنجة** [sanʤa], *pl.* سنج [sinaʤ] Gewicht *n der Waage*

[2]**سنجة** [singa] *Äg.* Bajonett *n*

سنح [sanaħa, a] *Gelegenheit*: sich bieten; *Gedanke*: kommen

سنخ [sinx], *pl.* أسناخ [ʔas'naːx] Alveole *f* (*Zahnfach*)

[1]**سند** [sanada, u] sich stützen (إلى auf *A*); **II** [sannada] stützen; **III** ساند [saːnada] helfen, unterstützen; **IV** أسند [ʔasnada] stützen (إلى auf *A*), anlehnen; zuschreiben (إلى *j-m*); **VIII** استند [is'tanada] sich stützen (إلى/على auf *A*); sich anlehnen; sich gründen; sich verlassen (إلى/على auf *A*)

[2]**سند** [sanad], *pl.* أسناد [ʔas'naːd] Stütze *f*; Rückhalt *m*; *pl.* [-aːt] Urkunde *f*, Schein *m*, Beleg *m*; Schuldverschreibung *f*; *Hdl.* Wechsel *m*

سندان [sin'daːn], *pl.* سنادين [sanaː'diːn] (2) Amboß *m*

سنفرة [sanfara]: ~ ورق Schmirgelpapier *n*

(**سنم**) **V** تسنم [ta'sannama] besteigen, erklimmen

[1]**سنة** [sana], *pl.* سنوات [sana'waːt] *u.* سنون [si'nuːn] Jahr *n*; كبيسة ~ Schaltjahr *n*; مالية ~ Finanzjahr *n*

[2]**سنة** [sunna], *pl.* سنن [sunan]

Brauch *m*, Sitte *f*; Gesetz *n*; الـ~ Sunna *f* (*Aussagen u. Handlungen des Propheten*); أهل الـ~ die Sunniten *m/pl.*

3**سنة** [sina] Schlummer *m*

(**سنو**) **V** تسنى [ta'sanna:] leicht, möglich sein (ل für *j-n*)

سنوات → سنة1

سنور [si'nnaur] Katze *f*

سنونو [su'nu:nu:] *koll.* Schwalbe(n *pl.*) *f*

سنوي [sanawi:] jährlich, Jahres-

1**سني** [sa'ni:j] erhaben, hoch

2**سني** [sunni:] *Isl.* sunnitisch; Sunnit *m*

سنين *G u. A von* سنون, → سنة1

سهاد [su'ha:d] Schlaflosigkeit *f*

(**سهب**) **IV** أسهب [ʔashaba] weitschweifig, ausführlich reden

سهد [sahida, a] schlaflos sein; **II** [sahhada] *u.* **IV** أسهد [ʔashada] nicht schlafen lassen

سهر [sahira, a] (*nachts*) aufbleiben, wach sein; wachen (على über *A*); **IV** أسهر [ʔashara] wach halten

سهران [sah'ra:n] wach

سهرة [sahra], *pl.* [saha'ra:t] Abendgesellschaft *f*, Soiree *f*

1**سهل** [sahula, u] leicht (*nicht schwierig*) sein; **II** [sahhala] erleichtern; **III** ساهل [sa:hala] Entgegenkommen zeigen; **IV** أسهل [ʔashala] abführen, Durchfall verursachen; **VI** تساهل [ta'sa:hala] nachsichtig, tolerant, entgegenkommend sein; **X** استسهل [is'tashala] für leicht halten

2**سهل** [sahl] **1.** leicht, einfach; **2.** *pl.* سهول [su'hu:l] Ebene *f*

1(**سهم**) **III** ساهم [sa:hama] sich beteiligen (في an *D*); beitragen; **IV** أسهم [ʔashama] sich beteiligen (في an *D*); beitragen; *j-n* beteiligen

2**سهم** [sahm] **1.** *pl.* سهام [si'ha:m] Pfeil *m*; **2.** *pl.* أسهم [ʔashum] Aktie *f*

1(**سهو**) سها [saha:, u:] unaufmerksam sein; übersehen (عن *A*)

2**سهو** [sahw] Unaufmerksamkeit *f*; Übersehen *n*; Versehen *n*; Vergeßlichkeit *f*

سهوان [sah'wa:n] (2) unachtsam, vergeßlich

سهولة [su'hu:la] Leichtigkeit *f*

1(**سوء**) ساء [sa:ʔa, u:] schlecht, schlimm sein; mißfallen (ه *j-m*); **II** سوأ [sawwaʔa] schlecht machen; tadeln (هـ على *j-n* wegen *G*); **IV** أساء [ʔa'sa:ʔa] schlecht tun, miß-; schlecht handeln (إلى an *j-m*); kränken; استخدامه ~ mißbrauchen; فهمه ~ mißverstehen; **VIII** استاء [is'ta:ʔa] ungehalten, erbost sein (من über *A*); übelnehmen (من *A*)

2**سوء** [su:ʔ] Böse(s), Übel *n*, Unheil *n*; Miß-; التفاهم/الفهم ~ Mißverständnis *n*; الحظ ~ Unglück *n*; ~ النية böse Absicht

سواء [sa'waːʔ] gleich; gleichgültig (على für *j-n*); ~ [-a] außer; على ~ الـ gleichermaßen; ~ أ ... أم/أو sei es, daß ... oder

سوابق → سابقة

سواح → سائح

سواد [sa'waːd] Schwärze *f*, schwarze Farbe; ~ الناس die Masse (des Volkes)

سوار [si'waːr], *pl.* أساور [ʔa'saːwir] (2) Armreif *m*

سواسية [sa'waːsija] *pl.* gleich

سواق [sa'wwaq] Fahrer *m*, Chauffeur *m*; → سائق

سواك [si'waːk] Hölzchen *n* zum Reinigen der Zähne

سؤال [su'ʔaːl], *pl.* أسئلة [ʔasʔila] Frage *f* (عن nach *D*); Bitte *f*

سواه [si'waːhu] außer ihm, → 3سوى

سوءة [sauʔa] Schande *f*; schimpfliche Tat; Schamteile *pl.*

1(**سود**) ساد [saːda, uː] herrschen, beherrschen; vorherrschen; **II** [sawwada] schwärzen, schwarz machen; ins unreine schreiben, entwerfen; **IX** اسود [is'wadda] schwarz werden

2**سود** → أسود

سوداء [sau'daːʔ] (2) Melancholie *f*, Trübsinn *m*; → أسود

سودان [suː'daːn]: ~الـ der Sudan; → أسود; ~ي sudanesisch; Sudanese *m*

سؤدد [suʔdud] Macht *f*

1**سور** **II** [sawwara] mit e-r Mauer umgeben, einzäunen; **III** ساور [saːwara] befallen, überfallen; **V** تسور [ta'sawwara] e-e Mauer ersteigen

2**سور** [suːr], *pl.* أسوار [ʔas'waːr] Mauer *f*; Einzäunung *f*

سورة [suːra], *pl.* سور [suwar] Sure *f* (*Kapitel des Korans*)

سوري [suːriː] syrisch; Syrer *m*

سوريا [surijaː] Syrien

1(**سوس**) ساس [saːsa, uː] führen, lenken; **II** [sawwasa] *u.* **V** تسوس [ta'sawwasa] wurmstichig sein; *Zahn*: kariös werden

2**سوس** [suːs] **1.** *koll.* (Holz-, Mehl-) Wurm *m*; **2.** Süßholz *n*

سوسن [sausan] Lilie *f*; (= ~ الوادي) Maiglöckchen *n*; *a. npr. f*

1(**سوط**) ساط [saːtɒ, uː] peitschen

2**سوط** [sauṭ], *pl.* سياط [si'jɒːṭ] *u.* أسواط [ʔas'wɒːṭ] Peitsche *f*

(**سوغ**) ساغ [saːɣa, uː] erlaubt sein; sich leicht schlucken lassen; **II** [sawwaɣa] erlauben, zulassen; rechtfertigen; *Maghr.* verpachten; **IV** أساغ [ʔa'saːɣa] *a. fig.* schlucken; Geschmack finden (ـه an *D*); **X** استساغ [ista'saːɣa] angenehm finden; billigen

1**سوف** **II** [sawwafa] aufschieben; vertrösten

2**سوف** [saufa] *Futurpartikel*: ~ يفعل er wird machen

سوفياتي [suf'jaːti] *hist.* sowjetisch; ~الاتحاد الـ die Sowjetunion

[1](سوق) ساق [saːqa, uː] *Vieh* treiben; *Fahrzeug* lenken, fahren; führen; anführen, zitieren; **II** [sawwaqa] *Waren* absetzen; **V** تسوق [ta'sawwaqa] einkaufen; **VI** تساوق [ta'saːwaqa] miteinander harmonieren; **VII** انساق [in'saːqa] geführt werden; sich treiben lassen

[2]**سوق** [sauq] Fahren *n*, Führen *n*; Einziehung *f zum Militär*

[3]**سوق** [suːq] *f*, *pl.* أسواق [ʔas'waːq] Markt *m*; الـ~ السوداء Schwarzmarkt *m*; ~ة Untertanen *m/pl.*, Pöbel *m*

[1]**سوقي** [sauqiː] strategisch

[2]**سوقي** [suːqiː] Markt-; plebejisch, gemein

سوك II [sawwaka] *Zähne* putzen

سول II [sawwala] verleiten (ل *j-n*); **V** تسول [ta'sawwala] betteln

(سوم) سام [saːma, uː] **1.** *Strafe* auferlegen; ~ه عذابا j-n peinigen; **2.** *Priester* weihen; **III** ساوم [saːwama] feilschen, handeln

[1]**سوي** [sawija, aː] wert sein, kosten; **II** سوى [sawwaː] ebnen, gleichmachen; regeln, ordnen; schlichten; begleichen; *Ir.*, *Syr.* machen, herstellen; **III** ساوى [saːwaː] gleich sein, entsprechen; gleichmachen, gleichstellen (بين ... و *A*); **VI** تساوى [ta'saːwaː] einander gleichen; **VIII** استوى [is'tawaː] gleich, gleichmäßig sein; gerade sein; thronen (على auf *D*); reif sein

[2]**سوي** [sa'wiːj], *pl.* أسوياء [ʔaswi'jaːʔ] (2) richtig, recht; intakt, gesund; normal

[3]**سوى** [siwaː] *Präp.* außer; لا/ليس ... سوى nur

سويا [sa'wiːjan] *Adv.* zusammen, gemeinsam

سويد [suweːd]: الـ~ Schweden

سويس [su'wais]: الـ~ Suez; قناة الـ~ Suezkanal *m*

سويسرا [swiːsraː] Schweiz *f*

سوية [sa'wiːjatan] *Adv.* zusammen, gemeinsam

سي [sijj] gleich; سيان عندي [si'jjaːni] es ist mir gleich

سيء [sajjiʔ] schlecht, böse, schlimm; ~ الحظ unglücklich

سياج [si'jaːdʒ], *pl.* [-aːt] *u.* أسوجة [ʔaswidʒa] Hecke *f*; Zaun *m*, Einfriedung *f*

سياح → سائح

سياحة [si'jaːħa] Tourismus *m*; *pl.* [-aːt] Reise *f*

سيادة [si'jaːda] Herrschaft *f*; Souveränität *f*; *Titel*, *etwa*: Exzellenz *f*

سيار [sa'jjaːr] in ständiger Bewegung; ~ كوكب Planet *m*; ~ة Auto (-mobil) *n*, Kraftwagen *m*; ~ أجرة [s. ʔudʒra] Taxi *n*

سياسة [si'jaːsa] Politik *f*

سياسي [si'jaːsiː] politisch; diplomatisch (→ [2]سلك); *pl.* [-uːn] *u.* ساسة [saːsa] Politiker *m*

سياف [sa'jjaːf] Scharfrichter *m*

سياق [si'jaːq] Zusammenhang *m*, Kontext *m*; (Ab-)Laug *m*; ~ـة Fahren *n*, Lenken *n e-s Fahrzeugs*

سيال [sa'jjaːl] fließend, strömend

سيان ← سي

(**سيب**) ساب [saːba, iː] fließen; dahingleiten, eilen; *Äg.* (los)lassen, freilassen; **II** [sajjaba] (los-)lassen; vernachlässigen; **VII** انساب [in'saːba] fließen; dahingleiten

سيجار [si'gaːr] Zigarre *f*; ~ة, *pl.* سجائر [sa'gaːʔir] (2) Zigarette *f*

(**سيح**) ساح [saːħa, iː] **1.** fließen; schmelzen, zergehen; **2.** reisen, umherziehen; **II** [sajjaħa] zum Schmelzen bringen

سيخ [siːx], *pl.* أسياخ [ʔas'jaːx] Spieß *m*; (Eisen-)Stab *m*

سيد [sajjid], *pl.* سادة [saːda] *u.* أسياد [ʔas'jaːd] Herr *m*; Gebieter *m*; *Isl.* Nachkomme *m des Propheten*; ~ة Dame *f*; Herrin *f*; *Anrede*: Frau *f*

[1](**سير**) سار [saːra, iː] gehen; marschieren; fahren; *Maschine*: laufen, funktionieren; umlaufen, kursieren; führen (ب *j-n*); handeln, verfahren; **II** [sajjara] laufen lassen, antreiben, betreiben, in Gang setzen; **III** ساير [saːjara] Schritt halten (ه mit *j-m*); sich anpassen (ـه an *A*); willfahren (ه *j-m*)

[2]**سير** [sair] **1.** Gehen *n*; Fahrt *f*; Gang *m*, Fortgang *m*, (Ver-)Lauf *m*; Verkehr *m*; Lebenswandel *m*; **2.** *pl.* سيور [su'juːr] Gurt *m*, (Leder-)Riemen *m*

سيرة [siːra], *pl.* سير [sijar] Lebenswandel *m*, Verhalten *n*; Lebenslauf *m*; Biographie *f*

سيطر [saitɒra] kontrollieren, beherrschen (على *A*)

سيطرة [saitɒra] Kontrolle *f*, Herrschaft *f* (على über *A*)

(**سيغ**) ساغ [saːɣa, iː] *Essen*: schmekken; → (سوغ) IV

[1]**سيف** [saif], *pl.* سيوف [su'juːf] Schwert *n*, Säbel *m*

[2]**سيف** [siːf], *pl.* أسياف [ʔas'jaːf] Ufer *n*

سيقان ← ساق [1]

سيكولوجي [siːko'loːdʒiː] psychologisch

[1](**سيل**) سال [saːla, iː] fließen; **II** [sajjala] verflüssigen; **IV** أسال [ʔa'saːla] fließen lassen; verflüssigen

[2]**سيل** [sail], *pl.* سيول [su'juːl] Strom *m*, Flut *f*; Sturzbach *m*

سيلان [saja'laːn] Fließen *n*, Rinnen *n*; *Med.* Tripper *m*

سيما [sijjamaː] *u.* ~ لا besonders; ~ وأن besonders da, zumal

سيمة [siːma] Zeichen *n*

سيناء [siː'naːʔ] (2) Sinai *m*

سينما [sinemaː] Kino *n*

سيئ = سيء

سيئة [sajjiʔa], *pl.* [-aːt] Missetat *f*; *pl.* Nachteile *m/pl.*

س

ش

ش (شين) [ʃiːn] *dreizehnter Buchstabe*; *Abk. für* شارع Straße *f u.* شركة Gesellschaft *f*

شاء [ʃaːʔ] *koll.* Schafe *n/pl.*; → (شيأ)

شاب [ʃaːbb], *pl.* شبان [ʃu'bbaːn] *u.* شباب [ʃa'baːb] jung, jugendlich; Jüngling *m*, junge(r) Mann; → [1](شوب) *u.* [1](شيب)

شابة [ʃaːbba] Mädchen *n*, junge Frau

شات [ʃaːtin] winterlich

شاحب [ʃaːħib] blaß; mager

شاحن [ʃaːħin] *El.* Ladegerät *n*; beladen; **ـة~** Lastwagen *m*

شادوف [ʃaː'duːf], *pl.* شواديف [ʃawaː'diːf] (2) *Äg.* Schöpfbaum *m zur Bewässerung*

شادية [ʃaːdija] Sängerin *f*

شاذ [ʃaːðð], *pl.* شواذ [ʃa'waːðð] (2) anormal, abartig, unnatürlich; regelwidrig; *pl.* Ausnahmen *f/pl.*

شار [ʃaːrin], *pl.* شراة [ʃu'raːt] Käufer *m*

شارب [ʃaːrib] trinkend; Trinker *m*; *pl.* شوارب [ʃa'waːrib] (2) Schnurrbart *m*

شارح [ʃaːriħ], *pl.* شراح [ʃu'rraːħ] Erklärer *m*, Kommentator *m*

شارد [ʃaːrid] flüchtig; verirrt; ~ الفكر [ʃ. al-fikr] zerstreut; **ة~**, *pl.* شوارد [ʃa'waːrid] (2) Absonderlichkeit *f*

شارع [ʃaːriʕ] **1.** *pl.* شوارع [ʃa'waːriʕ] (2) Straße *f*; **2.** *pl.* [-uːn] Gesetzgeber *m*

شارقة [ʃaːriqa]: الـ~ Sharjah (*Emirat am Arab.-Pers. Golf*)

شارة [ʃaːra] Zeichen *n*; Abzeichen *n*

شاسع [ʃaːsiʕ] weit (ausgedehnt); *Unterschied*: gewaltig

شاش [ʃaːʃ] Mull *m*; **ـة~** (Film-)Leinwand *f*; (Bild-)Schirm *m*

شاطر [ʃaːtˤir], *pl.* شطار [ʃu'tˤtˤaːr] schlau, klug, tüchtig

شاطئ [ʃaːtˤiʔ], *pl.* شواطئ [ʃa'waːtˤiʔ] (2) Küste *f*, Ufer *n*, Strand *m*

شاع → (شيع)

شاعر [ʃaːʕir], *pl.* شعراء [ʃuʕa'raːʔ] (2) Dichter *m*, Poet *m*

شاغر [ʃaːɣir] *Stellung*: frei, vakant, unbesetzt

شاغل [ʃaːɣil], *pl.* شواغل [ʃa'waːɣil] (2) Beschäftigung *f*, Sorge *f*

شاف [ʃaːfin] heilend; *Antwort*: definitiv; → (شوف)

شافع [ʃaːfiʕ] Vermittler *m*, Fürsprecher *m*; **ـي~** *Isl.* schafiitisch; Schafiit *m*

شأفة [ʃaʔfa] Wurzel *f*

شاق [ʃaːqq] beschwerlich, mühevoll, hart; أعمال ~ة Zwangsarbeit *f*; → [1](شوق)

شاقول [ʃaː'quːl] Lot *n*, Senkblei *n*; **ـي~** senkrecht

[1] شاك [ʃaːkk] zweifelnd
[2] شاك [ʃaːkin] klagend
شاكر [ʃaːkir] dankbar
شاكوش [ʃaːˈkuːʃ] Hammer *m*
شال [ʃaːl], *pl.* شيلان [ʃiːˈlaːn] Schal *m*; → (شول) *u.* (شيل)
[1](شأم) **VI** تشاءم [taˈʃaːʔama] pessimistisch sein; als böses Omen betrachten
[2] شام [ʃaːm]: الـ~ Syrien; Damaskus
شامخ [ʃaːmix] stolz; hochragend
شامل [ʃaːmil] umfassend; global; total
[1] شامة [ʃaːma] Muttermal *n*
[2] شامة [ʃaːmma] Geruchssinn *m*
شامي [ʃaːmiː] syrisch; damaszenisch; Syrer *m*
[1] شأن [ʃaʔn], *pl.* شؤون [ʃuˈʔuːn] Angelegenheit *f*, Sache *f*; Bedeutung *f*, Stellung *f*; Ansehen *n*; Anliegen *n*; ~ [-a] (ebenso) wie; بـ~ [bi-ʃaʔni] betreffs, hinsichtlich; ذو ~ bedeutend, wichtig; صاحب الـ~ der Betreffende; من ~ـه أن er *od.* es ist dazu angetan *od.* geeignet; es liegt in s-m Wesen, daß; لا ~ له في ذلك [-a] damit hat er nichts zu schaffen; ~ـه في ذلك ~ [-uhuː] (ebenso) wie
[2] شان → [1](شين)
[1] شاه [ʃaːh] Schah *m*; *Schach*: König *m*
[2] شاة [ʃaːt], *pl.* شياه [ʃiˈjaːh] Schaf *n*
شاهد [ʃaːhid], *pl.* شهود [ʃuˈhuːd] Zeuge *m*; *pl.* شواهد [ʃaˈwaːhid] (2) Beweis *m*, Beleg *m*; Belegstelle *f*; Grabstein *m*; ~ الإثبات Belastungszeuge *m*; ~ النفي Entlastungszeuge *m*; ~ة Zeugin *f*; *pl.* شواهد [ʃaˈwaːhid] (2) Grabstein *m*
شاهق [ʃaːhiq] hochragend; *Höhe*: gewaltig
شاهين [ʃaːˈhiːn] Wanderfalke *m*
شأو [ʃaʔw]: قطع / بلغ ~ا بعيدا [-an] ein gewaltiges Stück vorankommen
شاويش [ʃaːˈwiːʃ] *Äg. umg.* Polizist *m*; *früher Mil.* Sergeant *m*
شاي [ʃaːj] Tee *m*

شائب [ʃaːʔib] weißhaarig; *Haar*: grau, weiß; ~ـة, *pl.* شوائب [ʃaˈwaːʔib] (2) Verunreinigung *f*; Makel *m*
شائع [ʃaːʔiʕ] verbreitet, bekannt; ~ـة Gerücht *n*
شايف [ʃaːjif] *umg.* sehend
شائك [ʃaːʔik] dornig, stachelig; heikel, schwierig; → [2]سلك
شايل [ʃaːjil] *umg.* (weg)tragend
شائن [ʃaːʔin] unehrenhaft
شائه [ʃaːʔih] entstellt
[1] شب [ʃabba, i] heranwachsen; *Feuer*: lodern; ausbrechen; — [u] anzünden
[2] شب [ʃabb] Alaun *m*
شباب [ʃaˈbaːb] Jugend *f*; → شاب
شباط [ʃuˈbɒːṭ] *Ir., Syr.* Februar *m*
شباك [ʃuˈbbaːk], *pl.* شبابيك [ʃabaː-

'biːk] (2) Fenster *n*; Schalter *m der Post etc.*; (*Holz-*)Gitter *n*

شباة [ʃa'baːt], *pl.* شبوات [ʃaba'waːt] Spitze *f*; Stachel *m*

[1](**شبث**) **V** تشبث [ta'ʃabbaθa] festhalten (ب an *D*)

[2]**شبث** [ʃi'biθθ] *Bot.* Dill *m*

شبح [ʃabaћ], *pl.* أشباح [ʔaʃ'baːћ] Gespenst *n*; Phantom *n*; schemenhafte Gestalt

شبر [ʃibr], *pl.* أشبار [ʔaʃ'baːr] Spanne *f der Hand*

شبشب [ʃibʃib], *pl.* شباشب [ʃa'baːʃib] (2) Pantoffel *m*

شبع [ʃabiʕa, a] sich satt essen, satt werden; satt haben; **II** [ʃabbaʕa] sättigen; tränken (ب mit *D*); **IV** أشبع [ʔaʃbaʕa] sättigen; *Bedürfnis* befriedigen; gründlich machen; **V** تشبع [ta'ʃabbaʕa] gesättigt, getränkt sein; erfüllt sein (ب von *D*)

شبعان [ʃab'ʕaːn] (2), *f* شبعى [ʃabʕaː], *pl.* شباع [ʃi'baːʕ] satt, gesättigt

شبك [ʃabaka, i] anheften; **II** [ʃabbaka] verflechten, ineinanderfügen; **VI** تشابك [ta'ʃaːbaka] (ineinander) verflochten sein; verworren sein; **VIII** اشتبك [iʃ'tabaka] verwickelt, verstrickt werden; sich verwickeln (في in *A*); zusammenstoßen (مع/ب mit *D*)

شبكة [ʃabaka], *pl.* شباك [ʃi'baːk] *u.* شبك [ʃabak] Netz *n*; Gitter *n*

شبكية [ʃaba'kiːja] Netzhaut *f des Auges*

شبل [ʃibl], *pl.* أشبال [ʔaʃ'baːl] Löwenjunge(s); *Sport*: Jugendliche(r), Fohlen *n*

[1]**شبه** **II** [ʃabbaha] vergleichen; *Pass.* [ʃubbiha] zweifelhaft sein (على j-m); **III** شابه [ʃaːbaha] *u.* **IV** أشبه [ʔaʃbaha] gleichen, ähneln (ه/هـ *D*); **V** تشبه [ta'ʃabbaha] sich vergleichen (ب mit *D*); nachahmen (ب *A*); **VI** تشابه [ta'ʃaːbaha] einander ähnlich sein; unklar sein; **VIII** اشتبه [iʃ'tabaha] verdächtigen (في *j-n*); bezweifeln (في *A*)

[2]**شبه** [ʃabah] Ähnlichkeit *f*, Gleichartigkeit *f*

[3]**شبه** [ʃibh], *pl.* أشباه [ʔaʃ'baːh] + *G*: etwas Ähnliches *od.* Gleiches wie; -ähnlich, -gleich; halb-, Halb-; جزيرة ~ Halbinsel *f*; ~ رسمي halbamtlich, halboffiziell; أشباهه seinesgleichen

شبهان [ʃaba'haːn] Messing *n*

شبهة [ʃubha], *pl.* [ʃubu'haːt] Verdacht *m*, Argwohn *m*; Zweifel *m*

شبيبة [ʃa'biːba] Jugend *f*

شبين [ʃa'biːn], *pl.* شباين [ʃa'baːjin] (2) Pate *m*; Trauzeuge *m*

شبيه [ʃa'biːh], *pl.* شباه [ʃi'baːh] ähnlich, gleich (ب *D*)

[1]**شت** [ʃatta, i] zerstreut, aufgelöst werden; **II** شتت [ʃattata] zerstreuen, zersprengen; **V** تشتت [ta'ʃat-

tata] sich zerstreuen; aufgelöst werden

[2]**شت** [ʃatt]: أشتات [ʔaʃ'taːt] *pl.* zerstreute Teile *m/pl.*; verschiedene Arten *f/pl.*

شتاء [ʃi'taːʔ], *pl.* أشتية [ʔaʃtija] Winter *m*; Regenzeit *f*

شتان [ʃa'ttaːna] welch ein Unterschied (*zwischen ... und ...*)!

شتل [ʃatala, u, i] pflanzen

شتلة [ʃatla], *koll.* شتل [ʃatl], *pl.* [ʃata'laːt] Setzling *m*

[1]**شتم** [ʃatama, i, u] *u.* **III** شاتم [ʃaːtama] beschimpfen; **VI** تشاتم [ta'ʃaːtama] einander beschimpfen

[2]**شتم** [ʃatm] Beschimpfung *f*

(شتو) شتا [ʃataː, uː] überwintern; **II** شتى [ʃattaː] **1.** überwintern; **2.** regnen; **V** تشتى [ta'ʃattaː] überwintern

شتوي [ʃatwiː] winterlich, Winter-

شتيت [ʃa'tiːt], *pl.* شتى [ʃattaː] zerstreut; mannigfaltig; شتى الأشياء *u.* أشياء شتى verschiedenste Dinge

شتيمة [ʃa'tiːma], *pl.* شتائم [ʃa'taːʔim] (2) Beschimpfung *f*

شج [ʃaddʒa, u] zerbrechen; *Schädel* einschlagen

شجا [ʃadʒan] Wehmut *f*

شجار [ʃi'dʒaːr] Streit *m*

شجاع [ʃu'dʒaːʕ], *pl.* شجعان [ʃudʒ'ʕaːn] tapfer, mutig, kühn

شجاعة [ʃa'dʒaːʕa] Mut *m*, Tapferkeit *f*, Kühnheit *f*

شجب [ʃadʒaba, u] (scharf) verurteilen

[1]**شجر** **II** [ʃaddʒara] aufforsten; **III** شاجر [ʃaːdʒara] sich streiten; **VI** تشاجر [ta'ʃaːdʒara] miteinander streiten; **VIII** اشتجر [iʃ'tadʒara] *Streit*: ausbrechen

[2]**شجر** [ʃadʒar] *koll.* Bäume *m/pl.*, Sträucher *m/pl.*; ة~, *pl.* أشجار [ʔaʃ'dʒaːr] Baum *m*, Strauch *m*

شجع [ʃadʒuʕa, u] mutig sein; **II** [ʃaddʒaʕa] ermuntern, ermutigen (على zu *D*); fördern; **V** تشجع [ta'ʃaddʒaʕa] Mut fassen

شجن [ʃadʒan] **1.** *pl.* شجون [ʃu'dʒuːn] *u.* أشجان [ʔaʃ'dʒaːn] Wehmut *f*, Kummer *m*; **2.** *pl.* شجون allerlei

شجو [ʃadʒw] Wehmut *f*, Kummer *m*; Rührung *f*

شجي [ʃa'dʒiːj] wehmütig, traurig; ergreifend

شجيرة [ʃu'dʒaira] Strauch *m*, Busch *m*, kleine(r) Baum

[1]**شح** [ʃaħħa, i] knapp sein; — [u] geizen

[2]**شح** [ʃuħħ, ʃaħħ] Knappheit *f*; Geiz *m*

شحات [ʃa'ħħaːt] *u.* **شحاذ** [ʃa'ħħaːð] Bettler *m*

شحاذة [ʃi'ħaːða] Bettelei *f*

شحاطة [ʃa'ħħaːtɒ] **1.** *Syr.* Hausschuh *m*; **2.** *Ir.* Zündholz *n*

شحذ [ʃaħaða, a] **1.** schärfen; wetzen; **2.** betteln

شحرور [ʃuħ'ruːr] Amsel *f*

شحط [ʃaħatɒ, a] *Zündholz* anstreichen

1**شحم** II [ʃaħħama] einfetten, schmieren

2**شحم** [ʃaħm], *pl.* شحوم [ʃu'ħuːm] Fett *n*, Talg *m*; Schmierfett *n*; ~ة Stück *n* Fett; ~ الأذن Ohrläppchen *n*

1**شحن** [ʃaħana, a] *a. El.* laden; *Schiff* beladen; *Ware* verladen; verfrachten; **III** شاحن [ʃaːħana] sich streiten (ه mit *D*)

2**شحن** [ʃaħn] Beladung *f*; Verladung *f*; Verfrachtung *f*; *El.* (Auf-) Ladung *f*

شحناء [ʃaħ'naːʔ] (2) Haß *m*

شحنة [ʃaħna, ʃuħna] *a. El.* Ladung *f*; Fracht *f*

شحة [ʃiħħa] Knappheit *f*

شحوب [ʃu'ħuːb] Blässe *f*

شحيح [ʃa'ħiːħ], *pl.* شحاح [ʃi'ħaːħ] geizig; knapp, spärlich

شخ [ʃaxxa, u] urinieren; *Äg. vulg. a.* scheißen

شختورة [ʃax'tuːra] Barke *f*

شخر [ʃaxara, i] schnarchen

شخشخ [ʃaxʃaxa] rasseln; klirren

1**شخص** [ʃaxɒsɒ, a] erscheinen (ل *j-m*); *Auge*: starren (إلى auf *A*); (weg)ziehen (من von *D*); **II** [ʃaxxɒsɒ] diagnostizieren; darstellen, personifizieren; identifizieren

2**شخص** [ʃaxs], *pl.* أشخاص [ʔaʃ'xɒːs] Person *f*; *Lit.* Gestalt *f*, Figur *f*; ~ي persönlich; privat; ~يا [ʃax'sɨːjan] *Adv.* persönlich; ~ية Persönlichkeit *f*

1**شد** [ʃadda, i] fest, stark, heftig sein; — [u] festmachen, befestigen; festziehen, spannen; schnüren, binden; drücken; **II** شدد [ʃaddada] verstärken; mit Nachdruck tun (في *A*); betonen (على *A*); *Gr. Buchstaben* verdoppeln; **V** تشدد [ta'ʃaddada] hart bleiben, streng sein; **VIII** اشتد [iʃ'tadda] sich verstärken, sich verschärfen, heftiger werden

2**شد** [ʃadd] (Fest-)Ziehen *n*

1**(شدق)** **V** تشدق [ta'ʃaddaqa] den Mund vollnehmen

2**شدق** [ʃidq] Mundwinkel *m*

1**شدة** [ʃadda] Zug *m*, Ruck *m*; *Gr.* Verdoppelungszeichen *n*

2**شدة** [ʃidda] Stärke *f*, Schärfe *f*, Heftigkeit *f*, Intensität *f*; Not *f*, Unglück *n*

شديد [ʃadiːd], *pl.* شداد [ʃi'daːd] *u.* أشداء [ʔaʃi'ddaːʔ] (2) stark, heftig, intensiv; hart, streng, schlimm; ~ة, *pl.* شدائد [ʃa'daːʔid] (2) Unglück *n*, Elend *n*, Not *f*

شذ [ʃaðða, u, i] (von der Norm) abweichen; abartig sein; unregelmäßig sein

شذب **II** [ʃaððaba] *Bäume* stutzen

شذرة [ʃaðra], *pl.* شذور [ʃu'ðuːr] Teilchen *n*, Bruchstück *n*, Splitter *m*

شذوذ [ʃu'ðuːð] Abweichung *f*, Abnormität *f*; *Gr*. Unregelmäßigkeit *f*

شر [ʃarr], *pl.* أشرار [ʔaʃ'raːr] schlecht, schlimm, böse; *el.* schlimmer; *pl.* شرور [ʃu'ruːr] Böse(s), Übel *n*

شراء [ʃi'raːʔ] Kauf *m*, Ankauf *m*, Einkauf *m*

1**شراب** [ʃa'raːb], *pl.* أشربة [ʔaʃriba] Getränk *n*; Saft *m*; Wein *m*

2**شراب** [ʃu'rraːb] Strumpf *m*, Socke *f*

شرابة [ʃa'rraːba] Quaste *f*

شرارة [ʃa'raːra] Funke *m*

شراسة [ʃa'raːsa] Bösartigkeit *f*; Wildheit *f*

شراع [ʃi'raːʕ], *pl.* أشرعة [ʔaʃriʕa] Segel *n*; ـي ~ Segel-; سفينة ـة ~ Segelschiff *n*

شراني [ʃa'rraːniː] böse, zänkisch

شراهة [ʃa'raːha] Gefräßigkeit *f*, Gier *f*

1**شرب** [ʃariba, a] trinken; *Tabak* rauchen; **II** [ʃarraba] zu trinken geben; imprägnieren; **IV** أشرب [ʔaʃraba] trinken lassen; **V** تشرب [ta'ʃarraba] durchtränkt werden

2**شرب** [ʃurb] Trinken *n*

1**شربة** [ʃarba] Trunk *m*, Trank *m*; Schluck *m*; *Med.* Mittel *n*

2**شربة** [ʃurba] Suppe *f*

شرج [ʃaradʒ], *pl.* أشراج [ʔaʃ'raːdʒ] After *m*

1**شرح** [ʃaraħa, a] erklären, erläutern, kommentieren; صدره ~ j-n aufgeschlossen machen (ل für *A*); **II** [ʃarraħa] in Stücke schneiden; sezieren; **VII** انشرح [in'ʃaraħa] (= خاطره / باله ~) sich freuen

2**شرح** [ʃarħ], *pl.* شروح [ʃu'ruːħ] Erklärung *f*, Erläuterung *f*, Kommentar *m*; ـة ~ dünne Scheibe

شرد [ʃarada, u] davonlaufen; umherirren; **II** [ʃarrada] vertreiben, heimatlos *od.* obdachlos machen; **V** تشرد [ta'ʃarrada] umherstreichen

شرذمة [ʃirðima] kleine Gruppe, Häuflein *n*

شرس [ʃaris] bösartig, zanksüchtig; wild

شرش [ʃirʃ], *pl.* شروش [ʃu'ruːʃ] Wurzel *f*

شرشف [ʃarʃaf], *pl.* شراشف [ʃa'raːʃif] (2) Bettuch *n*, Laken *n*

1**شرط** [ʃarɒtɒ, u, i] (ein-, auf-) schneiden; zur Bedingung machen; **II** [ʃarrɒtɒ] Einschnitte machen; **III** شارط [ʃaːrɒtɒ] zur Bedingung machen (ه *j-m*); **VIII** اشترط [iʃ'tarɒtɒ] bedingen; zur Bedingung machen

2**شرط** [ʃarɒt], *pl.* أشراط [ʔaʃ'rɒːt] (Vor-)Zeichen *n*

3**شرط** [ʃɒrt], *pl.* شروط [ʃu'ruːt] Bedingung *f*, Voraussetzung *f*; Klausel *f im Vertrag*; (Ein-)Schnitt *m*; بلا ~ ولا قيد bedingungslos

1**شرطة** [ʃɒrtɒ], *pl.* شرط [ʃurɒt] Strich *m*; Bindestrich *m*

2**شرطة** [ʃurtɒ] Polizei *f*

ش

[1]**شرطي** [ʃɒrtˈiː] Bedingungs-; bedingt

[2]**شرطي** [ʃurtˈiː] Polizist *m*

[1]**شرع** [ʃaraʕa, a] anfangen, beginnen (في mit *D*; + *Impf.*: zu); vorhaben; *Waffe* zücken; **II** [ʃarraʕa] Gesetze geben; **IV** أشرع [ʔaʃraʕa] *Waffe* zücken; **VIII** اشترع [iʃ'taraʕa] *Gesetz* geben

[2]**شرع** [ʃarʕ] *Isl.* religiöse(s) Gesetz; ~ا [-an] nach dem Gesetz

شرعة [ʃirʕa] (religiöses) Gesetz

شرعي [ʃarʕiː] gesetzlich, legitim, legal, rechtmäßig; *Isl.* Scharia-; ~ا [-jan] *Adv.* gesetzlich, de jure; الطب الـ~ Gerichtsmedizin *f*; ~ة Gesetzlichkeit *f*, Legalität *f*

[1]**شرف** [ʃarifa, a] hoch, erhaben sein; — [ʃarufa, u] edel sein; **II** [ʃarrafa] ehren; beehren; adeln, auszeichnen; **III** شارف [ʃaːrafa] sich nähern; herabschauen (ﻫ auf *A*); **IV** أشرف [ʔaʃrafa] beaufsichtigen, kontrollieren, überwachen (على *A*); überblicken; überragen, beherrschen; nahe daran sein; **V** تشرف [ta'ʃarrafa] geehrt werden; die Ehre haben, sich beehren

[2]**شرف** [ʃaraf] Ehre *f*; على ~ـه ihm zu Ehren

شرفاء → شريف

شرفة [ʃurfa] Balkon *m*; Terrasse *f*, Veranda *f*

شرفي [ʃarafiː] Ehren-

[1]**شرق** [ʃaraqa, u] *Sonne*: aufgehen; — [ʃariqa, a] sich verschlucken; **II** [ʃarraqa] nach Osten gehen; **IV** أشرق [ʔaʃraqa] *Sonne*: aufgehen; strahlen; **V** تشرق [ta'ʃarraqa] zum Orientalen werden; **X** استشرق [is'taʃraqa] sich mit dem Orient befassen

[2]**شرق** [ʃarq] Osten *m*; Orient *m*; ~ [-a] östlich von; im Osten von; ~ا [-an] *Adv.* im Osten; ostwärts; الـ~ الأوسط der Nahe Osten; الـ~ الأقصى der Ferne Osten; ~ي östlich; orientalisch; Orientale *m*

[1]**شرك** [ʃarika, a] Anteil haben (في an *D*); **III** شارك [ʃaːraka] teilnehmen, sich beteiligen (في an *D*); *Meinung* teilen; **IV** أشرك [ʔaʃraka] teilnehmen lassen (في an *D*); ~ بالله Polytheist sein; **VIII** اشترك [iʃ'taraka] teilnehmen, sich beteiligen, mitwirken (في an *D*); abonnieren (في *Zeitschrift*)

[2]**شرك** [ʃarak], *pl.* أشراك [ʔaʃ'raːk] Falle *f*, Schlinge *f*

[3]**شرك** [ʃirk] Polytheismus *m*

شركاء → شريك

شركة [ʃarika], *Äg.* [ʃirka] (Handels-)Gesellschaft *f*; Firma *f*, Betrieb *m*; ~ توصية Kommanditgesellschaft *f*; ~ مساهمة Aktiengesellschaft *f*

شرم [ʃarm], *pl.* شروم [ʃu'ruːm] Spalt *m*, Schlitz *m*; Bucht *f*

شرموطة [ʃar'muːtɒ], *pl.* شراميط [ʃaraː'miːt] (2) Hure *f*; Fetzen *m*, Lappen *m*

[1]**شره** [ʃarah] Gefräßigkeit *f*; Gier *f*

[2]**شره** [ʃarih] gefräßig; gierig

شروال [ʃir'waːl] = سروال

شرود [ʃu'ruːd] Umherirren *n*, Umherschweifen *n*

شروع [ʃu'ruːˁ] Beginn *m*, Anfang *m*; *Jur*. Versuch *m*

شروق [ʃu'ruːq] (Sonnen-)Aufgang *m*

شروى → نقير

[1]**شرى** [ʃaraː, iː] kaufen; hingeben; **VIII** اشترى [iʃ'taraː] kaufen, erwerben; **X** استشرى [is'taʃraː] um sich greifen; *Lage*: sich verschlimmern

[2]**شرى** [ʃaran] *Med*. Nesselsucht *f*

شريان [ʃir'jaːn], *pl.* شرايين [ʃaraː'jiːn] (2) Arterie *f*; **~ي** Arterien-

شريب [ʃi'rriːb] Säufer *m*

شريحة [ʃa'riːħa] Scheibe *f*, Schnitte *f*; Dia *n*; (*Steuer*-)Klasse *f*

شريد [ʃa'riːd] vertrieben, verjagt; Vagabund *m*

شرير [ʃi'rriːr], *pl.* أشرار [ʔaʃ'raːr] böse; Bösewicht *m*, Schurke *m*

شريط [ʃa'riːt], *pl.* أشرطة [ʔaʃritɒ] Band *n*, Streifen *m*; Borte *f*; (*Kino*-)Film *m*; Schienenstrang *m*; **~ة**, *pl.* شرائط [ʃa'raːʔit] (2) **1.** Bedingung *f*; **2.** Band *n*

شريعة [ʃa'riːˁa], *pl.* شرائع [ʃa'raːʔiˁ] (2) Gesetz *n*; islamische(s) Recht

شريف [ʃa'riːf], *pl.* شرفاء [ʃura'faːʔ] (2) edel, vornehm; achtbar, ehrenhaft; *pl.* أشراف [ʔaʃ'raːf] Scherif *m* (*Titel der Nachkommen Mohammeds*)

شريك [ʃa'riːk], *pl.* شركاء [ʃura'kaːʔ] (2) Teilhaber *m*, Partner *m*; Gesellschafter *m*; Komplize *m*

شزراء [ʃaz'raːʔ] (2) *Blick:* schief, scheel

شص [ʃiss], *pl.* شصوص [ʃu'suːs] Angelhaken *m*

[1]**شط** [ʃɒttɒ, u] *u.* **VIII** اشتط [iʃ'tɒttɒ] zu weit gehen, das Maß überschreiten

[2]**شط** [ʃɒtt], *pl.* شطوط [ʃu'tuːt] Ufer *n*, Küste *f*, Strand *m*; العرب ~ *Geo*. Schatt el-Arab

شطارة [ʃa'tɒːra] Schlauheit *f*, Klugheit *f*, Tüchtigkeit *f*

[1]**شطب** [ʃatɒba, u] (durch)streichen, tilgen; **II** [ʃɒttɒba] tilgen; *Äg*. fertigstellen; *Äg*. Feierabend machen

[2]**شطب** [ʃɒtb] Streichung *f*, Tilgung *f*

[1]**شطر** [ʃatɒra, u] halbieren, in zwei Hälften spalten; — [ʃatura, u] schlau, tüchtig sein; **III** شاطر [ʃaː-tɒra] teilen (ـه ه mit *j-m A*); **VII** انشطر [in'ʃatɒra] sich spalten

[2]**شطر** [ʃɒtr] Teilung *f*, Halbierung *f*; *pl.* شطور [ʃu'tuːr] Hälfte *f*, Teil *m*; ~ [-a] *Präp*. in Richtung auf

شطرنج [ʃɒt'randʒ] Schach(spiel) *n*

شطف [ʃatɒfa, u] (ab)spülen, waschen

شطة [ʃɒttɒ] *koll.* rote Pfefferschoten *f/pl.*

شظف [ʃaðɒf] Entbehrung *f*, Härte *f des Lebens*

شظية [ʃa'ðiːja], *pl.* شظايا [ʃa'ðɒːjaː] Splitter *m*

شع [ʃaʕʕa, i] sich (strahlenförmig) ausbreiten; **IV** أشع [ʔa'ʃaʕʕa] (aus-, ab)strahlen

شعار [ʃi'ʕaːr], *pl.* أشعرة [ʔaʃʕira] Devise *f*, Losung *f*, Motto *n*; Kennwort *n*; Abzeichen *n*, Emblem *n*

شعاع [ʃu'ʕaːʕ], *pl.* أشعة [ʔa'ʃiʕʕa] Strahl *m*; Radspeiche *f*; أشعة إكس Röntgenstrahlen *m/pl.*

[1]**شعب II** [ʃaʕʕaba] verzweigen; sich verzweigen; **V** تشعب [ta'ʃaʕʕaba] sich verzweigen; untergliedert sein

[2]**شعب** [ʃaʕb], *pl.* شعوب [ʃu'ʕuːb] Volk *n*

[3]**شعب** [ʃiʕb], *pl.* شعاب [ʃi'ʕaːb] Bergpfad *m*; *Äg.* Riff *n*

شعبان [ʃaʕ'baːn] (2) *8. Monat des isl. Jahres*

شعبذة [ʃaʕbaða] = شعوذة

شعبة [ʃuʕba], *pl.* شعب [ʃuʕab] Abteilung *f*, Sektion *f*; Filiale *f*; Bronchie *f*

[1]**شعبي** [ʃaʕbiː] Volks-; volkstümlich, populär; ~ـة Popularität *f*

[2]**شعبي** [ʃuʕabiː] Bronchial-

[1]**شعث** [ʃaʕaθ]: لم ~ـه [lamma -ahu] etwas wieder in Ordnung bringen

[2]**شعث** [ʃaʕiθ] zerzaust; struppig

[1]**شعر** [ʃaʕara, u] fühlen, spüren, empfinden, wahrnehmen; begreifen; **IV** أشعر [ʔaʃʕara] fühlen lassen; wissen lassen, informieren; **X** استشعر [is'taʃʕara] fühlen; merken

[2]**شعر** [ʃaʕr], *pl.* شعور [ʃu'ʕuːr] *koll.* Haar *n*; Fell *n*

[3]**شعر** [ʃiʕr], *pl.* أشعار [ʔaʃ'ʕaːr] Dichtung *f*, Poesie *f*; Gedicht *n*; → ليت

شعراء → شاعر

شعرة [ʃaʕra] (ein einzelnes) Haar

[1]**شعري** [ʃaʕriː] Haar-; kapillar

[2]**شعري** [ʃiʕriː] dichterisch, poetisch

[1]**شعرية** [ʃaʕ'riːja] **1.** Drahtnetz *n*, Gitter *n*; **2.** *Ir.* = [2]شعرية

[2]**شعرية** [ʃiʕ'riːja] *Äg.* Fadennudeln *f/pl.*

(**شعل**) **IV** أشعل [ʔaʃʕala] anzünden, in Brand stecken; **VIII** اشتعل [iʃ'taʕala] sich entzünden, auflodern; *Kampf*: ausbrechen

شعلة [ʃuʕla], *pl.* شعل [ʃuʕal] Fackel *f*; Flamme *f*

شعوذة [ʃaʕwaða] Gaukelei *f*, Hokuspokus *m*

شعور [ʃu'ʕuːr] Gefühl *n*, Empfindung *f*; Bewußtsein *n*; اللا~ das Unbewußte; ~ي gefühlsmäßig; bewußt; لا~ unbewußt

شعير [ʃa'ʕiːr] *koll.* Gerste *f*; **ة~ 1.** religiöse Zeremonie, Ritus *m*; **2.** Gerstenkorn *n*

شغّال [ʃa'ɣɣaːl] beschäftigt; arbeitsam; *Maschine*: in Betrieb; Arbeiter *m*

[1]**شغب** [ʃaɣaba, a] Unruhe stiften; **III** شاغب [ʃaːɣaba] Unruhe stiften; sich anlegen (ه mit *D*)

[2]**شغب** [ʃaɣab] Unruhe *f*, Aufruhr *m*, Streit *m*

شغر [ʃaɣara, u] *Stelle*: frei, unbesetzt, vakant sein

شغف [ʃaɣaf] Begeisterung *f*, Leidenschaft *f*, Interesse *n*

[1]**شغل** [ʃaɣala, a] beschäftigen, in Anspruch nehmen; *Stelle* besetzen; *Fläche* einnehmen; ausfüllen; *Kräfte* binden; ablenken (عن von *D*); البال ~ beunruhigen; **II** [ʃaɣɣala] beschäftigen, arbeiten lassen; in Gang setzen; *Kapital* einsetzen; **III** شاغل [ʃaːɣala] beschäftigen; **IV** أشغل [ʔaʃɣala] beschäftigen; ablenken (عن von *D*); **VII** انشغل [in'ʃaɣala] beschäftigt sein; beunruhigt sein, sich sorgen; **VIII** اشتغل [iʃ'taɣala] arbeiten, beschäftigt sein; sich beschäftigen (ب mit *D*)

[2]**شغل** [ʃuɣl], *pl.* أشغال [ʔaʃ'ɣaːl] Arbeit *f*, Beschäftigung *f*; Sorge *f*; أشغال شاقة [ʃaːqqa] Zwangsarbeit *f*

شغلة [ʃaɣla] *umg.* Arbeit *f*

شغور [ʃu'ɣuːr] Vakanz *f e-r Stelle*

[1]**شفّ** [ʃaffa, i] durchsichtig sein; — [u] (durch)pausen; **X** استشف [ista'ʃaffa] hindurchsehen (ه durch *A*); ablesen (من an *D*)

[2]**شفّ** [ʃaff], *pl.* شفوف [ʃu'fuːf] durchsichtige(r) Stoff

شفا [ʃafan], *pl.* أشفاء [ʔaʃ'faːʔ] Rand *m*

شفاء [ʃi'faːʔ] Heilung *f*, Genesung *f*; *pl.* أشفية [ʔaʃfija] Heilmittel *n*, Arznei *f*

شفّاطة [ʃa'ffaːtɒ] Saugpumpe *f*

شفاعة [ʃa'faːʕa] Fürsprache *f*, Fürbitte *f*

شفّاف [ʃa'ffaːf] durchsichtig, transparent

شفاه → [2]شفة; ~ـا [ʃi'faːhan] *Adv.* mündlich; ~ـي [ʃi'faːhiː] mündlich

شفت [ʃift] Zange *f*; Pinzette *f*

[1]**شفرة** [ʃafra], *pl.* [ʃafa'raːt] Klinge *f*, Rasierklinge *f*

[2]**شفرة** [ʃafra, ʃifra] Chiffre *f*

[1]**شفع** [ʃafaʕa, a] **1.** Fürsprache einlegen (ل für *j-n*); **2.** beifügen; **V** تشفع [ta'ʃaffaʕa] = [ʃafaʕa] 1.

[2]**شفع** [ʃafʕ], *pl.* أشفاع [ʔaʃ'faːʕ] Paar *n*; gerade Zahl

شفعة [ʃufʕa] Vorkaufsrecht *n*

شفعي [ʃafʕiː] paarig; *Zahl*: gerade

[1](**شفق**) **IV** أشفق [ʔaʃfaqa] Mitleid haben (على mit *D*), besorgt sein (على um *A*); fürchten (من *A*)

[2]**شفق** [ʃafaq] Abendröte *f*; Dämme-

rung *f*; الـ~ القطبي Polarlicht *n*; ~ـة Mitleid *n*, Erbarmen *n*

[1](شفه) **III** شافه [ʃaːfaha] sich mündlich unterhalten (ه mit *D*)

[2]**شفة** [ʃafa], *pl.* شفاه [ʃi'faːh] *u.* شفوات [ʃafa'waːt] Lippe *f*; بنت الـ~ Wort *n*

شفهي [ʃafahiː] mündlich

(**شفو**) **IV** أشفى [ʔaʃfaː] nahe sein (على *D*)

شفوف [ʃu'fuːf] Durchsichtigkeit *f*, Transparenz *f*

شفوق [ʃa'fuːq] mitleidsvoll

شفوي [ʃafawiː] mündlich

شفى [ʃafaː, iː] heilen, kurieren; befriedigen; **V** تشفى [ta'ʃaffaː] *u.* **VIII** اشتفى [iʃ'tafaː] geheilt werden; **X** استشفى [is'taʃfaː] Heilung suchen

شفيع [ʃa'fiːʕ], *pl.* شفعاء [ʃufa'ʕaːʔ] (2) Fürsprecher *m*; *Chr.* Schutzheilige(r)

شفيف [ʃa'fiːf] durchscheinend, durchsichtig, transparent

شفيق [ʃa'fiːq] mitleidig, mitleidsvoll; *a. npr. m*

[1]**شق** [ʃaqqa, u] **1.** spalten, zerbrechen; durchfurchen; durchqueren; *Weg* bahnen; *Straße* anlegen; *Zahn*: durchbrechen; **2.** hart, mühevoll sein; belasten (على *A*); **II** شقق [ʃaqqaqa] spalten; *intr.* reißen; **V** تشقق [ta'ʃaqqaqa] sich spalten, bersten; **VII** انشق [in'ʃaqqa] gespalten werden, sich spalten; sich trennen, sich abspalten; **VIII** اشتق [iʃ'taqqa] *Wort* ableiten

[2]**شق** [ʃaqq] Spaltung *f*; Anlegen *n von Straßen*; *pl.* شقوق [ʃu'quːq] Spalt *m*, Riß *m*, Schlitz *m*

[3]**شق** [ʃiqq] **1.** Hälfte *f*, (*ergänzender*) Teil; **2.** Mühe *f*

شقا [ʃaqan] *u.* **شقاء** [ʃa'qaːʔ] Elend *n*, Not *f*; Mühsal *f*

شقافة [ʃu'qaːfa] Scherben *f/pl.*

شقاق [ʃi'qaːq] Zwist *m*, Zwietracht *f*

شقاوة [ʃa'qaːwa] **1.** Unglück *n*, Elend *n*; **2.** Ungezogenheit *f*

شقر [ʃaqura, u] blond sein

شقف [ʃaqaf] *koll.*, *sg.* ~ة Scherben *f/pl.*

[1]**شقة** [ʃaqqa], *pl.* شقق [ʃuqaq] Wohnung *f*; Appartement *n*

[2]**شقة** [ʃuqqa, ʃiqqa], *pl.* شقق [ʃuqaq, ʃiqaq] Mühe *f*; Beschwerlichkeit *f*; Entfernung *f*

[3]**شقة** [ʃiqqa], *pl.* شقق [ʃiqaq] Wohnung *f*; Appartement *n*; Stück *n* Land; Stück *n* Stoff; Parzelle *f*

شقي [ʃaqija, aː] elend, unglücklich sein; **IV** أشقى [ʔaʃqaː] elend machen, ins Unglück stürzen

شقيق [ʃa'qiːq], *pl.* أشقاء [ʔaʃi'qqaːʔ] (2) (*leiblicher*) Bruder; Bruder-; ~ة **1.** *pl.* [-aːt] Schwester *f*; **2.** Migräne *f*

[1]**شك** [ʃakka, u] **1.** zweifeln (في an *D*); bezweifeln; verdächtigen

ش

(في *j-n*); **2.** (hinein)stechen; **II** شكّك [ʃakkaka] in Zweifel ziehen; **V** تشكّك [taˈʃakkaka] zweifeln, skeptisch sein

[2]**شك** [ʃakk], *pl.* شكوك [ʃuˈkuːk] Zweifel *m*; Verdacht *m*; بلا ~ zweifellos, ohne Zweifel

شكا → (شكو)

شكارة [ʃiˈkaːra], *pl.* شكاير [ʃaˈkaːjir] (2) *Äg.* Sack *m*

شكاسة [ʃaˈkaːsa] Übellaunigkeit *f*, Streitsucht *f*

شكاك [ʃaˈkkaːk] Skeptiker *m*

شكاية [ʃiˈkaːja] Klage *f*, Beschwerde *f*

[1]**شكر** [ʃakara, u] danken (ه على/ل *j-m* für *A*); **V** تشكّر [taˈʃakkara] dankbar sein

[2]**شكر** [ʃukr] Dank *m*; ~ا [-an] danke!; → جزيل

شكس [ʃakis] übellaunig, unverträglich, streitsüchtig

[1]**شكل** [ʃakala, u] *Gr.* vokalisieren; **II** [ʃakkala] formen, gestalten, bilden; formieren; variieren; *Gr.* vokalisieren; **III** شاكل [ʃaːkala] gleichen (ه/ه *D*); **IV** أشكل [ʔaʃkala] schwierig, unklar sein (على für *j-n*); **V** تشكّل [taˈʃakkala] geformt, gestaltet, gebildet werden; die Gestalt (ب *e-r Sache*) annehmen

[2]**شكل** [ʃakl], *pl.* أشكال [ʔaʃˈkaːl] Form *f*; Gestalt *f*, Figur *f*; Abbildung *f*; Art und Weise *f*; *Gr.* Vokalisierung *f*; ~ي formal, formell; ~يات [ʃakliːˈjaːt] *pl.* Formalitäten *f/pl.*

شكم [ʃakama, u] *Reittier* (auf-)zäumen

(**شكو**) شكا [ʃakaː, uː] klagen (من/ه über *A*); sich beklagen, sich beschweren (إلى bei *j-m*); leiden (من/ه unter *D*); **V** تشكّى [taˈʃakkaː] *u.* **VIII** اشتكى [iʃˈtakaː] klagen, sich beklagen

شكور [ʃaˈkuːr] (sehr) dankbar

شكوى [ʃakwaː], *pl.* شكاوى [ʃaˈkaːwaː] *a. Jur.* Klage *f*; Beschwerde *f*

شكيمة [ʃaˈkiːma], *pl.* شكائم [ʃaˈkaːʔim] (2) Unbeugsamkeit *f*; Trense *f des Pferdes*; قوي الـ~ zielbewußt, energisch

شل [ʃalla, u] *a. fig.* lähmen; **IV** أشل [ʔaˈʃalla] lähmen; **VII** انشل [inˈʃalla] gelähmt werden

شلاء → أشل

شلال [ʃaˈllaːl], *pl.* [-aːt] Wasserfall *m*; Stromschnelle *f*, Katarakt *m*

شلجم [ʃaldʒam] *koll.* (Kohl-)Rübe(n *pl.*) *f*

شلح [ʃalaħa, a] *Kleid* ausziehen, ablegen; **II** [ʃallaħa] entkleiden, ausziehen; berauben

شلغم [ʃalɣam] *Ir.* (*Weiße*) Rübe

شلل [ʃalal] Lähmung *f*

[1]**شلة** [ʃalla], *pl.* شلل [ʃilal] *Äg.* Gruppe *f*, Clique *f*

²شلة [ʃilla, ʃalla], *pl.* شلل [ʃilal] Knäuel *n*, (Woll-)Strähne *f*

شلو [ʃilw]: أشلاء [ʔaʃ'laːʔ] *pl.* Leichenteile *m/pl.*; Trümmer *n/pl.*

¹شم [ʃamma, a] stolz sein; — [u] riechen; schnuppern; **II** شمم [ʃammama] riechen lassen; **V** تشمم [ta'ʃammama] schnuppern, schnüffeln; **VIII** اشتم [iʃ'tamma] riechen; ablesen (من an *D*)

²شم [ʃamm] Riechen *n*; Geruchssinn *m*; النسيم ~ *Äg.* Frühlingsfest *n am koptischen Ostermontag*

شماتة [ʃa'maːta] Schadenfreude *f*, Frohlocken *n*

(شمأز) **IV** اشمأز [iʃma'ʔazza] Abscheu *od.* Ekel empfinden (من vor *D*)

شماس [ʃa'mmaːs], *pl.* شمامسة [ʃa'maːmisa] Diakon *m*; Küster *m*

شماعة [ʃa'mmaːʕa] Kleiderhaken *m*; Kleiderbügel *m*

¹شمال [ʃa'maːl, ʃi'maːl] Norden *m*; *f* Nordwind *m*; ~ [-a] nördlich von; im Norden von; ~ا [-an] *Adv.* nördlich; nach Norden

²شمال [ʃi'maːl] linke Seite; ~ا [-an] *Adv.* links; nach links

شمالي [ʃa'maːliː] nördlich, Nord-; ~ [-ja] nördlich von

شمام [ʃa'mmaːm] **1.** (Zucker-)Melone *f*; **2.** Schnupfer *m*

شمت [ʃamita, a] Schadenfreude empfinden (ب über *A*)

شمخ [ʃamaxa, a] hoch aufragen; hochmütig sein; **VI** تشامخ [ta'ʃaːmaxa] hochmütig sein

¹شمر **II** [ʃammara] *Ärmel* hochkrempeln, *fig.* sich bereit machen

²شمر [ʃamar] *u.* ~ة [ʃamra] Fenchel *m*

¹شمس **II** [ʃammasa] der Sonne aussetzen; **V** تشمس [ta'ʃammasa] sich sonnen

²شمس [ʃams] *f, pl.* شموس [ʃu'muːs] Sonne *f*; ~ي Sonnen-, solar; ~ية (*Sonnen-*)Schirm *m*

¹شمع **II** [ʃammaʕa] *etwas* wachsen; versiegeln

²شمع [ʃamʕ] Wachs *n*; أحمر ~ Siegellack *m*

شمعدان [ʃamʕa'daːn] Leuchter *m*; Kerzenhalter *m*

شمعة [ʃamʕa], *pl.* [ʃama'ʕaːt] *u.* شموع [ʃu'muːʕ] Kerze *f*; احتراق ~ Zündkerze *f*

¹شمل [ʃamala, u] umfassen, umschließen; *Gefühl*: erfüllen; **VIII** اشتمل [iʃ'tamala] umfassen, enthalten (على *A*)

²شمل [ʃaml]: جمع ~هم [-ahum] vereinigen, zusammenführen

شمم [ʃamam] Stolz *m*

شمندر [ʃa'mandar] Rübe(n *pl.*) *f*

شمول [ʃumuːl] Umfassen *n*; umfassende(r) Charakter; ~ي allumfassend; ganzheitlich

شميلة [ʃa'miːla], *pl.* شمائل [ʃa'maːʔil] (2) Wesensart *f*

شن [ʃanna, u] *Krieg* führen, *Angriff* richten

شنار [ʃa'naːr] Schimpf *m*, Schande *f*

شناعة [ʃa'naːʕa] Abscheulichkeit *f*, Gräßlichkeit *f*

شنب [ʃanab], *pl.* أشناب [ʔaʃ'naːb] Schnurrbart *m*

(**شنج**) **V** تشنج [ta'ʃannadʒa] sich verkrampfen; zucken

شنطة [ʃantɒ], *pl.* شنط [ʃunɒt] (Reise-, Hand-)Tasche *f*

شنع [ʃanuʕa, u] abscheulich, gräßlich sein; **II** [ʃannaʕa] schmähen, verunglimpfen

[1]**شنق** [ʃanaqa, u] aufhängen, erhängen

[2]**شنق** [ʃanq] Erhängung *f*; ~ا [-an] *Adv.* durch Erhängen

شنيع [ʃa'niːʕ] abscheulich, gräßlich, schrecklich

شنينة [ʃa'niːna] *Ir.* gewässerte Sauermilch

شهاب [ʃi'haːb], *pl.* شهب [ʃuhub] Sternschnuppe *f*; Meteor *m*

شهادة [ʃa'haːda] Zeugnis *n*; Bescheinigung *f*, Zertifikat *n*; (Zeugen-)Aussage *f*; Glaubensbekenntnis *n* (لا إله إلا الله محمد رسول الله)

شهامة [ʃa'haːma] Anständigkeit *f*, Edelmut *m*

شهبة [ʃuhba] graue Farbe

[1]**شهد** [ʃahida, a] Zeuge sein, zugegen sein, sehen, erleben; aussagen (ل für *A*, على gegen *A*); bezeugen; bescheinigen; **III** شاهد [ʃaːhada] sehen; ansehen, betrachten, besichtigen; beobachten; **IV** أشهد [ʔaʃhada] als Zeugen anrufen; **V** تشهد [ta'ʃahhada] das Glaubensbekenntnis (شهادة) aussprechen; **X** استشهد [is'taʃhada] als Zeugen anführen; zitieren (ب *A*); *Pass.* [us'tuʃhida] den Heldentod erleiden

[2]**شهد** [ʃahd, ʃuhd] Honig *m*; Honigwabe *f*

شهداء → شهيد

[1]**شهر** [ʃahara, a] bekanntgeben; berühmt machen; *Waffe* ziehen; **II** [ʃahhara] bloßstellen, anprangern (ب *A*); **IV** أشهر [ʔaʃhara] bekanntgeben; *Konkurs* anmelden; **VIII** اشتهر [iʃ'tahara] bekannt *od.* berühmt sein *od.* werden

[2]**شهر** [ʃahr] **1.** Bekanntgabe *f*; **2.** *pl.* شهور [ʃu'huːr] *u.* أشهر [ʔaʃhur] Monat *m*

شهرة [ʃuhra] Berühmtheit *f*, Ansehen *n*, Ruf *m*; Zuname *m*

شهري [ʃahriː] monatlich, Monats-; ~ا [-jan] *Adv.* monatlich; ~ة Monatsgehalt *n*

شهق [ʃahiqa, a] tief einatmen; röcheln; *Esel*: schreien

شهل **II** [ʃahhala] sich beeilen

شهم [ʃahm] anständig, ehrenhaft

(**شهو**) **II** شهى [ʃahhaː] den Appetit

anregen; **VIII** اشتهى [iʃ'tahaː] begierig sein, verlangen; Appetit haben (ـه auf *A*)

شهواني [ʃah'waːniː] gierig, lüstern, sinnlich

شهوة [ʃahwa], *pl.* [ʃaha'waːt] Verlangen *n*, Begierde *f*; Lust *f*, Lüsternheit *f*

[1]**شهى** → (شهو)

[2]**شهي** [ʃa'hiːj] appetitlich

شهيد [ʃa'hiːd], *pl.* شهداء [ʃuha'daːʔ] (2) Blutzeuge *m*, Märtyrer *m*, *im Krieg* Gefallene(r)

شهير [ʃa'hiːr] bekannt, berühmt; berüchtigt

شهيق [ʃa'hiːq] (tiefes) Einatmen; Schreien *n des Esels*

شهية [ʃa'hiːja] Appetit *m*

شو [ʃuː] *Syr. umg.* was?

[1]**شواء** [ʃa'wwaːʔ] Grillkoch *m*

[2]**شواء** [ʃi'waːʔ] gegrillte(s) Fleisch; Grillen *n*

شواذ → شاذ

شوارع → شارع

[1]**شوال** [ʃa'wwaːl] *10. Monat des isl. Jahres*

[2]**شوال** [ʃi'waːl, ʃu'waːl] Sack *m*

شواهد → شاهد *u.* شاهدة

شواية [ʃa'wwaːja] Grill *m*

[1]**(شوب)** شاب [ʃaːba, uː] sich mischen (ـه in *A*); trüben, verunreinigen

[2]**شوب** [ʃaub] Beimischung *f*; [ʃoːb] *Syr.* Hitze *f*

شور II [ʃawwara] e-n Wink geben; **III** شاور [ʃaːwara] um Rat fragen; **IV** أشار [ʔa'ʃaːra] hinweisen, deuten, zeigen (إلى auf *A*); ein Zeichen geben (إلى *j-m*); **VI** تشاور [ta'ʃaːwara] sich beraten (مع mit *D*); **X** استشار [ista'ʃaːra] um Rat fragen, konsultieren

شوربة [ʃoːr(a)ba] Suppe *f*

شورى [ʃuːraː] Beratung *f*, Rat *m*; مجلس الـ~ Konsultativrat *m*

شوش II [ʃawwaʃa] stören; verwirren; **V** تشوش [ta'ʃawwaʃa] gestört, verwirrt sein

شوشة [ʃuːʃa] Haarbüschel *n*; Kamm *m der Vögel*

شوط [ʃauṭ], *pl.* أشواط [ʔaʃ'wɒːṭ] Etappe *f*; *Sport*: Halbzeit *f*, Runde *f*

(شوف) شاف [ʃaːf, uː] *umg.* sehen, schauen; **II** [ʃawwafa] **1.** *umg.* zeigen; **2.** schmücken; **V** تشوف [ta'ʃawwafa] sich sehnen (إلى nach *D*)

شوفان [ʃuː'faːn] Hafer *m*

شوفة [ʃaufa] *umg.* (An-)Blick *m*

[1]**(شوق)** شاق [ʃaːqa, uː] *u.* **II** [ʃawwaqa] Sehnsucht, Verlangen erwecken (ه in *j-m*); **V** تشوق [ta'ʃawwaqa] *u.* **VIII** اشتاق [iʃ'taːqa] sich sehnen, verlangen (إلى nach *D*)

[2]**شوق** [ʃauq], *pl.* أشواق [ʔaʃ'waːq] Sehnsucht *f*

[1]**شوك II** [ʃawwaka] *Dornen*: stechen; *Bart*: kratzen

[2]شوك [ʃauk] *koll.*, *pl.* أشواك [ʔaʃ'waːk] Dornen *m/pl.*, Stacheln *m/pl.*; Gräten *f/pl.*; ~ة Dorn *m*, Stachel *m*; Zinke *f*; Gräte *f*; Gabel *f*; ~ي dornig, stachelig

(شول) شال [ʃaːla, uː] *Waagschale*: hochgehen

شولة [ʃaula] Komma *n*

شؤم [ʃuʔm] böse(s) Vorzeichen; Unheil *n*

شون **II** [ʃawwana] *Äg.* aufspeichern

شوندر [ʃa'wandar] Rübe(n *pl.*) *f*

شونة [ʃuːna], *pl.* شون [ʃuwan] *Äg.* Scheune *f*, Speicher *m*

[1]شوه **II** [ʃawwaha] entstellen, verunstalten; verzerren

[2]شوه [ʃawah] *intr.* Entstellung *f*

شؤون → شأن

شوى [ʃawaː, iː] grillen; *Kartoffeln* rösten

شوية [ʃu'wajja] (*Diminutiv von* شيء) *umg.* etwas, ein wenig

(شيأ) شاء [ʃaːʔa, aː] wollen; ~ إن الله [ʔin ʃaːʔa ɫɫɒːh] so Gott will; ما ~ الله **1.** solange Gott will; **2.** nein so etwas!; (wie) großartig!

شيء [ʃaiʔ], *pl.* أشياء [ʔaʃ'jaːʔ] (2) Ding *n*, Sache *f*; etwas; كل ~ alles; لا ~ nichts; بعض الـ~ [baʕđɒ ʃ-ʃaiʔ] einigermaßen, ein wenig, etwas

شياخة [ʃi'jaːxa] Amt *n* e-s Scheichs; *Äg.* Stadtdistrikt *m*

شيال [ʃa'jjaːl] (Last-)Träger *m*

[1]شيالة [ʃa'jjaːla] Topflappen *m*; Hosenträger *m*

[2]شيالة [ʃi'jaːla] Trägerlohn *m*

[1](شيب) شاب [ʃaːba, iː] *Haar*: weiß, grau werden; weißhaarig werden; **II** [ʃajjaba] weißhaarig machen

[2]شيب [ʃaib] *u.* ~ة Weißhaarigkeit *f*; Alter *n*

شيت [ʃiːt] Kattun *m*

شيح [ʃiːħ] Wermut *m*

[1](شيخ) شاخ [ʃaːxa, iː] alt werden

[2]شيخ [ʃaix], *pl.* شيوخ [ʃu'juːx], مشايخ [ma'ʃaːjix] *u.* أشياخ [ʔaʃ'jaːx] alte(r) Mann, Greis *m*; Älteste(r) *e-s Stamms*: Scheich *m* (*a. als Titel geistlicher Würdenträger*); *Tun.* Bürgermeister *m*; *Pol.* Senator *m*; Altmeister *m*, Nestor *m*; ~ة alte Frau, Greisin *f*

شيخوخة [ʃai'xuːxa] hohe(s) Alter; Altern *n*

(شيد) شاد [ʃaːda, iː] *u.* **II** [ʃajjada] erbauen, errichten; **IV** أشاد [ʔa'ʃaːda] würdigen, rühmen

شيش [ʃiːʃ] Florett *n*; Bratspieß *m*; Jalousie *f*; ~ة, *pl.* شيش [ʃijaʃ] Wasserpfeife *f*; *Tun.* Flasche *f*

شيطان [ʃai'tɒːn], *pl.* شياطين [ʃajaː'tiːn] (2) Teufel *m*, Satan *m*

شيطنة [ʃaitɒna] Teufelei *f*, Schurkerei *f*

(شيع) شاع [ʃaːʕa, iː] sich verbreiten, sich ausbreiten; bekannt werden; **II** [ʃajjaʕa] geleiten; zu Grabe tragen; **III** شايع [ʃaːjaʕa]

folgen, sich anschließen (ه *j-m*); Partei ergreifen (ه für *A*); **IV** أشاع [ʔa'ʃaːʕa] verbreiten, bekanntmachen; **V** تشيع [ta'ʃajjaʕa] Partei ergreifen; *Isl.* Schiit werden

شيعة [ʃiːʕa], *pl.* شيع [ʃijaʕ] Anhängerschaft *f*; الـ~ *Isl.* die Schia, die Schiiten *m/pl.*

شيعي [ʃiːʕiː] schiitisch; Schiit *m*

شيق [ʃajjiq] interessant

شيك [ʃeːk], *pl.* [-aːt] Scheck *m*

(**شيل**) شال [ʃaːla, iː] tragen

شيلة [ʃaila] Last *f*

شيمة [ʃiːma], *pl.* شيم [ʃijam] Wesen *n*, Charakter *m*

1(**شين**) شان [ʃaːna, iː] entstellen; entwürdigen

2**شين** [ʃain] Entstellung *f*; Entwürdigung *f*

شية [ʃija] (Kenn-)Zeichen *n*; (Farb-) Fleck *m*

شيوع [ʃu'juːʕ] Verbreitung *f*; Bekanntwerden *n*; ~ي kommunistisch; Kommunist *m*; ~ية Kommunismus *m*

شيئي [ʃaiʔ'iː] sachlich, dinglich

ص

ص (صاد) [sɒːd] *vierzehnter Buchstabe*; *Math.* y; *Abk. für* صفحة Seite *f*; ص.ب *Abk. für* صندوق بريد Postfach *n*

صابر [sɒːbir] geduldig, standhaft, ausdauernd

صابون [sɒː'buːn] Seife *f*

صاج [sɒːdʒ] Blech *n*

صاح [sɒːħin] wach; wachsam; heiter, klar; → (صيح)

صاحب [sɒːħib], *pl.* أصحاب [ʔɒs'ħaːb] Besitzer *m*, Inhaber *m*, Herr *m*; Verfasser *m e-s Buches*; Begleiter *m*; Gefährte *m*, Freund *m*; الأمر ~ Gebieter *m*; الجلالة ~ Seine Majestät (*der König*); العلاقة ~ der Betreffende; العمل ~ Arbeitgeber *m*; الفكرة ~ geistige(r) Urheber

صاخب [sɒːxib] laut, lärmend

صاد [sɒːdin] dürstend; → 1(صيد)

صادر [sɒːdir] *Buch*: herausgegeben; *Gesetz*: erlassen; ~ات *pl.* Ausfuhren *f/pl.*, Exportgüter *n/pl.*

صادق [sɒːdiq] aufrichtig; wahr; *a. npr. m*

صار [sɒːrin] Mast *m*; → (صير)

صارخ [sɒːrix] *a. fig.* schreiend

صارم [sɒːrim] scharf, hart, streng

صاروخ [sɒː'ruːx], *pl.* صواريخ [sɒwaː'riːx] (2) Rakete *f*

صارية [sɒːrija], *pl.* صوار [sɒwaːrin] Mast *m*; Stange *f*

صاعد [sɒːʕid] aufsteigend; من الآن فصاعدا [min al-ʔaːna fa-sɒːʕidan] von jetzt an

صاعقة [sɒːʕiqa], *pl.* صواعق [sɒ'waːʕiq] (2) (*einschlagender*) Blitz

[1]**صاغ** [sɒːɣ] *früher Äg. Mil.* Major *m*; → [1](صوغ) *u.* [2]قرش

[2]**صاغ** [sɒːɣin] lauschend; aufmerksam

صاغر [sɒːɣir] unterwürfig

صاف [sɒːfin] rein, klar, ungetrübt; Netto-

صالح [sɒːliħ] rechtschaffen, richtig, gut; fromm; brauchbar, geeignet; Wohl *n*, Interesse *n*; ~لـ zugunsten

صالة [sɒːla] Saal *m*, Halle *f*

صالون [sɒː'luːn] Salon *m*; Limousine *f*

صامت [sɒːmit] schweigend, still

صامد [sɒːmid] standhaltend

صامولة [sɒː'muːla], *pl.* صواميل [sɒwaː'miːl] (2) (Schrauben-)Mutter *f*

صان → [1](صون)

صانع [sɒːniʕ], *pl.* صناع [su'nnaːʕ] Hersteller *m*; Handwerker *m*; Gestalter *m*

صائب [sɒːʔib] treffend, richtig

صائر [sɒːʔir] werdend

صائغ [sɒːʔiɣ], *pl.* صاغة [sɒːɣa] *u.* صياغ [su'jjaːɣ] Goldschmied *m*, Juwelier *m*

صائم [sɒːʔim] fastend

[1]**صب** [sɒbba, u] gießen; (ein)münden; **V** تصبب [ta'sɒbbaba] sich ergießen; **VII** انصب [in'sɒbba] (aus)gegossen werden; sich ergießen; gerichtet sein (على auf *A*)

[2]**صب** [sabb] Gießen *n*, Guß *m*

صبا [sɨban] Jugend(lichkeit) *f*

صباح [sɒ'baːħ] Morgen *m*; ~ًا [-an] *Adv.* morgens; ~ الخير [-a l-xair] guten Morgen!

صبار [su'bbaːr, sɒ'bbaːr] *koll.* Feigenkaktus *m*; Kaktus *m*

[1]**صباغ** [sɒ'bbaːɣ] Färber *m*

[2]**صباغ** [sɨ'baːɣ], *pl.* أصبغة [ʔɒsbiɣa] Färbemittel *n*; ~ة Färberhandwerk *n*

صبانة [sɒ'bbaːna] Seifendose *f*

[1]**صبح** **II** [sɒbbaħa] am Morgen kommen (ب mit *D*); ~ه بالخير j-m e-n guten Morgen wünschen; **IV** أصبح [ʔɒsbaħa] werden; dahin kommen, daß …; (*mit Impf.*) beginnen *etwas zu tun*; **VIII** اصطبح [ɨs'tɒbaħa] e-n Morgentrunk nehmen; *Lampe* anzünden

[2]**صبح** [subħ], *pl.* أصباح [ʔɒs'baːħ] Morgen *m*; *Isl.* Morgengebet *n*

[1]**صبر** [sɒbara, i] Geduld haben; ertragen, erdulden; standhalten, standhaft sein; sich enthalten (عن *G*); **II** [sɒbbara] um Geduld bitten; trösten; haltbar machen, konservieren; **V** تصبر [ta'sɒbbara] *u.* **VIII** اصطبر [ɨs'tɒbara] geduldig sein

[2]**صبر** [sɒbr] Geduld *f*; Ausdauer *f*, Standhaftigkeit *f*

[1]صبغ [sɒbaɣa, u, i] färben; بصبغته ~ sein Gepräge geben; **VIII** اصطبغ [is'tɒbaɣa] gefärbt werden; geprägt sein

[2]صبغ [sɨbɣ], *pl.* أصباغ [ʔɒs'baːɣ] Farbstoff *m*; Schminke *f*; ~ة Farbe *f*, Färbemittel *n*; Tinktur *f*; Färbung *f*, Gepräge *n*

صبن **II** [sɒbbana] einseifen

(صبو) صبا [sɒbaː, uː] streben, trachten (إلى nach *D*); **II** صبى [sɒbbaː] verjüngen; **V** تصبى [ta'sɒbbaː] *u.* **VI** تصابى [ta'sɒːbaː] sich jugendlich geben

صبور [sɒ'buːr] geduldig, ausdauernd; standhaft

صبوة [sɒbwa] Trachten *n*; jugendliche(r) Überschwang

[1]صبى [sɨban] Jugend(lichkeit) *f*

[2]صبي [sɒ'biːj], *pl.* صبيان [sɨb'jaːn] *u.* صبية [sɨbja] Junge *m*, Knabe *m*; Lehrjunge *m*

صبيح [sɒ'biːħ] hübsch, anmutig

[1]صح [sɒħħa, i] gesund sein; richtig, in Ordnung sein; wahr sein, zutreffen; gelingen (ل *j-m*); gelten (في für *A*); feststehen; **II** صحح [sɒħħaħa] korrigieren, berichtigen; *Zahl* aufrunden; **V** تصحح [ta'sɒħħaħa] korrigiert, berichtigt werden

[2]صح [sɒħħ] *umg.* richtig!

صحا → [1](صحو)

صحابة [sɒ'ħaːba] *koll.*: ~ال *Isl.* die Gefährten *m/pl.* des Propheten

صحاح → صحيح

صحافة [sɨ'ħaːfa] Presse *f*, Journalistik *f*

صحافي [sɨ'ħaːfiː] journalistisch; Journalist *m*

[1]صحب [sɒħiba, a] begleiten; befreundet sein (ه mit *D*); **III** صاحب [sɒːħaba] begleiten; **IV** أصحب [ʔɒsħaba] beifügen, beigeben; **VIII** اصطحب [ɨs'tɒħaba] *Begleiter* mitnehmen; begleiten; **X** استصحب [is'tɒsħaba] mitnehmen

[2]صحب [sɒħb] → صاحب

صحبة [suħba] Begleitung *f*; Kameradschaft *f*; Gefährten *m/pl.*

صحراء [sɒħ'raːʔ] (2), *pl.* صحارى [sɒ'ħaːraː] Wüste *f*

صحراوي [sɒħ'raːwiː] Wüsten-

صحف **II** [sɒħħafa] falsch schreiben; entstellen

صحفة [sɒħfa], *pl.* صحاف [sɨ'ħaːf] Schüssel *f*

صحفي [sɒ'ħafiː, suħufiː] Presse-; Journalist *m*

صحن [sɒħn], *pl.* صحون [su'ħuːn] Teller *m*, Napf *m*; Hof *m des Hauses*

صحة [sɨħħa] Gesundheit *f*; Hygiene *f*; Richtigkeit *f*

[1](صحو) صحا [sɒħaː, uː] aufklaren; (wieder) zu sich kommen, aufwachen; **II** صحى [sɒħħaː] (auf-)wecken, wach machen

[2]صحو [sɒħw] Heiterkeit *f*, Wolkenlosigkeit *f*; Aufwachen *n*; Wach-

heit *f*; ة~ Wachheit *f*; Wiedererwachen *n*

صحي [siħħiː] gesundheitlich; gesund; hygienisch; sanitär

صحيح [sɒ'ħiːħ], *pl.* صحاح [si'ħaːħ] *u.* أصحاء [ʔasi'ħħaːʔ] (2) gesund; richtig; wahr; echt; authentisch; ~ عدد ganze Zahl

صحيفة [sɒ'ħiːfa], *pl.* صحف [suħuf] Zeitung *f*; Blatt *n e-s Buches*

1صخب [sɒxiba, a] lärmen; tosen; **VIII** اصطخب [is'tɒxaba] *Meer*: toben, tosen

2صخب [sɒxab] Lärm *m*, Geschrei *n*

صخر [sɒxr] *koll.*, *sg.* ة~, *pl.* صخور [su'xuːr] Felsen *m*, Gestein *n*; ي~ felsig, Stein-

1صد [sɒdda, u] *Angriff* abwehren; zurückweisen; zurückhalten; sich abwenden

2صد [sɒdd] Zurückweisung *f*, Abwehr *f*; Hinderung *f* (عن an *D*)

صدأ [sɒdaʔ] Rost *m* (*a. Pflanzenkrankheit*); → 3صدئ

صدار [si'daːr] Weste *f*

صدارة [sɒ'daːra] erste(r) Platz, Spitzenposition *f*

صداع [su'daːʕ] Kopfschmerzen *m/pl.*

صداق [sɒ'daːq] Brautgeld *n*; ة~ Freundschaft *f*

صدام [si'daːm] Zusammenstoß *m*

صدد [sɒdad] Hinsicht *f*, Zusammenhang *m*; ~بـ betreffs; هو في ~ er ist im Begriff, zu…

1صدر [sɒdara, u] herauskommen, hervorkommen; *Post*: abgehen; *Befehl*: ergehen; *Gesetz*: erlassen werden; *Buch*: erscheinen; **II** [sɒddara] ausführen, exportieren; *Buch* einleiten; **III** صادر [sɒːdara] beschlagnahmen, konfiszieren; **IV** أصدر [ʔɒsdara] herausgeben; *Aktien* ausgeben; erlassen; *Befehl* erteilen; *Urteil* fällen; **V** تصدر [ta'sɒddara] an der Spitze stehen

2صدر [sɒdr], *pl.* صدور [su'duːr] Brust *f*, Busen *m*; Vorderteil *n*; Anfang *m*, Frühzeit *f*

صدرة [sudra] Weste *f*

صدري [sɒdriː] Brust-

1صدع [sɒdaʕa, a] spalten; befolgen (ب *A*); *Pass.* [sudiʕa] Kopfschmerzen haben; **II** [sɒddaʕa] bersten lassen; Kopfschmerzen bereiten; **V** تصدع [ta'sɒddaʕa] *u.* **VII** انصدع [in'sɒdaʕa] bersten; Risse bekommen

2صدع [sɒdʕ], *pl.* صدوع [su'duːʕ] Riß *m*, Sprung *m*

صدغ [sudɣ], *pl.* أصداغ [ʔɒs'daːɣ] Schläfe *f*; Koteletten *pl.*

1صدف [sɒdafa, i, u] sich abwenden (عن von *D*); **III** صادف [sɒːdafa] treffen, stoßen (ه/ه auf *A*); fallen (ه auf *ein Datum*); zufällig geschehen; **VI** تصادف [ta'sɒːdafa] zufällig geschehen

[2]صدف [sɒdaf] *koll.*, *sg.* ـة~, *pl.* أصداف [ʔɒs'daːf] (Perl-)Muschel *f*; Perlmutt *n*
صدفة [sudfa], *pl.* صدف [sudaf] Zufall *m*; ~ [-tan] *Adv.* zufällig
صدفي [sɒdafiː] Muschel-; Perlmutt-
[1]صدق [sɒdaqa, u] die Wahrheit sagen; sich bewahrheiten; zutreffen (على auf *A*); aufrichtig sein; **II** [sɒddaqa] glauben (ه *j-m*), für wahr halten; beglaubigen, bestätigen (على *A*); ratifizieren (على *A*); zustimmen (على *D*); **III** صادق [sɒːdaqa] beglaubigen, bestätigen (على *A*); ratifizieren (على *A*); Freundschaft schließen (ه mit *D*); **V** تصدق [ta'sɒddaqa] als Almosen geben (على *j-m*)

[2]صدق [sɨdq] Wahrheit *f*, Richtigkeit *f*; Aufrichtigkeit *f*
صدقة [sɒdaqa] Almosen *n*
صدم [sɒdama, i] stoßen, prallen (ـه gegen *A*); anfahren, niederstoßen; schockieren; **III** صادم [sɒːdama] prallen (ـه gegen *A*); rammen; **VI** تصادم [ta'sɒːdama] miteinander zusammenstoßen, kollidieren; **VIII** اصطدم [ɨs'tɒdama] zusammenstoßen (ب mit *D*)
صدمة [sɒdma], *pl.* [sɒda'maːt] Stoß *m*; Aufprall *m*; Schock *m*
صدور [su'duːr] Herauskommen *n*, Erscheinen *n e-s Buches*
صدوق [sɒ'duːq] wahrhaft, aufrichtig
[1]صدي [sɒdija, aː] dürsten; **IV** أصدى [ʔɒsdaː] widerhallen; **V** تصدى [ta'sɒddaː] entgegentreten (ل *D*); sich befassen (ل mit *D*)
[2]صدى [sɒdan], *pl.* أصداء [ʔɒs'daːʔ] Echo *n*, Widerhall *m*
[3]صدئ [sɒdiʔa, a] rosten; **II** صدأ [sɒddaʔa] rosten; rosten lassen
صديد [sɒ'diːd] Eiter *m*
[1]صديق [sɒ'diːq], *pl.* أصدقاء [ʔɒsdi'qaːʔ] (2) Freund *m*
[2]صديق [sɨ'ddiːq] rechtschaffen
صر [sɒrra, i] quietschen, knarren; knirschen; *Grille*: zirpen; — [u] zusammenbinden, schnüren; **IV** أصر [ʔa'sɒrra] bestehen, beharren (على auf *D*)
صراحة [sɒ'raːħa] Offenheit *f*, Freimütigkeit *f*; ~ [-tan] *Adv.* offen, freimütig
صراخ [su'raːx] Schreien *n*
صرار [sɒ'rraːr] Grille *f*
صراط [sɨ'rɒːt] Weg *m*
صراع [sɨ'raːʕ] Kampf *m*, Ringen *n*; Konflikt *m*
صراف [sɒ'rraːf] Geldwechsler *m*; Kassierer *m*
صرامة [sɒ'raːma] Strenge *f*, Härte *f*, Schärfe *f*
[1]صرح **II** [sɒrraħa] erklären (ب *A*, بأن [bi-ʔanna] daß); erlauben, gestatten (ب ل *j-m A*); **III** صارح

[sɒːraha] offen reden; offen sagen; **VI** تصارح [ta'sɒːraħa] offen miteinander reden

²**صرح** [sɒrħ], *pl.* صروح [su'ruːħ] *bsd. fig.* Gebäude *n*; Schloß *n*

صرخ [sɒraxa, u] schreien, laut rufen; anbrüllen (في *j-n*)

صرخة [sɒrxa] Schrei *m*; استغاثة ~ Hilferuf *m*

صرصار [sɨr'sɒːr], *pl.* صراصير [sɒraː'sɨːr] (2) Schabe *f* (*Insekt*)

صرصر [sursur], *pl.* صراصر [sɒ'raːsɨr] (2) Grille *f*

صرصور [sur'suːr] = صرصار

¹**صرع** [sɒraʕa, a] niederwerfen, zu Boden strecken; **III** صارع [sɒːraʕa] ringen, kämpfen (ه mit *D*); **VI** تصارع [ta'sɒːraʕa] miteinander kämpfen

²**صرع** [sɒrʕ] Epilepsie *f*

¹**صرف** [sɒrafa, i] abhalten, ablenken (عن von *D*); *Blick* abwenden; *Geld* ausgeben; *Mühe*, *Zeit* aufwenden; *Geld* wechseln; *Gr.* triptotisch flektieren; النظر عن ~ nicht berücksichtigen; **II** [sɒrrafa] *Wasser* ableiten; entwässern; *Waren* absetzen; abwickeln, erledigen; *Gr.* konjugieren, deklinieren; **V** تصرف [ta'sɒrrafa] handeln, vorgehen; verfügen (في über *A*); **VII** انصرف [in'sɒrafa] sich abwenden, weggehen; abfließen; sich zuwenden (إلى *D*)

²**صرف** [sɒrf] Abhalten *n*; Abwenden *n*; Entwässerung *f*; Ausgabe *f*; Auszahlung *f*; Ausstellung *f e-r Bescheinigung*; *Gr.* Konjugation *f*, Deklination *f*; *Gr.* Flexion *f*; Geldwechsel *m*; صحي ~ *Äg.* Kanalisation

³**صرف** [sɨrf] rein, bloß

(**صرم**) **V** تصرم [ta'sɒrrama] *u.* **VII** انصرم [in'sɒrama] *Zeit*: vergehen, ablaufen

صرمة [sɒrma], *pl.* صرم [suram] *Äg.* Paar *n* Schuhe

صرة [surra], *pl.* صرر [surar] (Geld-) Beutel *m*

صريح [sɒ'riːħ], *pl.* صرحاء [sura'ħaːʔ] (2) offen, freimütig; ausdrücklich; klar

صريع [sɒ'riːʕ], *pl.* صرعى [sɒrʕaː] niedergestreckt; toll; *e-r Sache* verfallen

صريفة [sɒ'riːfa], *pl.* صرائف [sɒ'raːʔif] (2) *Ir.* Hütte *f bsd. aus Schilf*

صعاب → ²صعب *u.* صعوبة

¹**صعب** [sɒʕuba, u] schwer, schwierig sein (على für *A*); **II** [sɒʕʕaba] schwierig machen; **X** استصعب [is'tɒsʕaba] schwierig finden

²**صعب** [sɒʕb], *pl.* صعاب [sɨ'ʕaːb] schwierig, schwer

صعد [sɒʕida, a] aufsteigen; steigen (هـ auf *A*), besteigen, ersteigen; einsteigen (إلى in *ein Fahrzeug*); **II** [sɒʕʕada] steigen lassen; steigen (في auf *A*); *trans.* eskalieren; **V** تصعد [ta'sɒʕʕada]

ص

aufsteigen; **VI** تصاعد [ta'sɒːʕada] aufsteigen; ansteigen; eskalieren

صعداء [suʕa'daːʔ] (2) Seufzer *m*

صعق [sɒʕaqa, a] *Blitz*: treffen; niederschmettern

صعلوك [suʕ'luːk], *pl.* صعاليك [sɒʕaː'liːk] (2) Strolch *m*

صعوبة [su'ʕuːba], *pl.* [-aːt] *u.* صعاب [sɨ'ʕaːb] Schwierigkeit *f*

صعود [suʕuːd] Aufsteigen *n*, Aufstieg *m*; Anstieg *m*

صعيد [sɒ'ʕiːd], *pl.* أصعدة [ʔɒsʕida] *fig.* Ebene *f*; الـ~ Oberägypten

صغار → صغير

[1]**صغر** [sɒɣura, u] klein, gering sein; **II** [sɒɣɣara] verkleinern; erniedrigen; **X** استصغر [is'tɒsɣara] für klein halten, geringachten

[2]**صغر** [sɨɣar] Kleinheit *f*; Jugend *f*; منذ الـ~ von klein auf

(**صغو**) **IV** أصغى [ʔɒsɣaː] lauschen, zuhören

صغير [sɒ'ɣiːr], *pl.* صغار [sɨ'ɣaːr] klein; jung

[1]**صف** [sɒffa, u] in e-r Reihe anordnen; *Typ.* setzen; **II** صفف [sɒffafa] in e-r Reihe aufstellen *od.* anordnen; *Haar* frisieren; **VIII** اصطف [ɨs'tɒffa] sich in e-r Reihe aufstellen

[2]**صف** [sɒff] Anordnung *f* in e-r Reihe; *pl.* صفوف [su'fuːf] Reihe *f*; (Schul-)Klasse *f*

صفا → [1](صفو)

صفاء [sɒ'faːʔ] Klarheit *f*, Reinheit *f*, Lauterkeit *f*; Heiterkeit *f*

صفات → صفة

صفاد [sɨ'faːd] = [2]صفد

صفار [sɒ'faːr] Gelb *n*; البيض ~ Eidotter *m*

صفارة [sɒ'ffaːra, su'ffaːra] Pfeife *f*; Sirene *f*

صفاف [sɒ'ffaːf] Schriftsetzer *m*

صفاقة [sɒ'faːqa] Unverschämtheit *f*

[1]**صفح** [sɒfaħa, a] verzeihen (عن *j-m, etwas*); **II** [sɒffaħa] platt machen, (aus)walzen; panzern; plattieren; **III** صافح [sɒːfaħa] die Hand schütteln; *Wind*: streichen (هـ über *A*); **V** تصفح [ta'sɒffaħa] *Buch* durchblättern; durchsehen, prüfen; **VI** تصافح [ta'sɒːfaħa] einander die Hand schütteln

[2]**صفح** [sɒfħ] Verzeihung *f*; ضرب عنه ~ا [-an] j-n *od.* etwas übergehen; von etwas absehen; ~ة, *pl.* [sɒfa'ħaːt] Seite *f e-s Buches*; (Ober-)Fläche *f*

[1]**صفد** **II** [sɒffada] fesseln

[2]**صفد** [sɒfad], *pl.* أصفاد [ʔɒs'faːd] Fessel *f*

[1]**صفر** [sɒfara, i] pfeifen; zischen; *Sirene*: heulen; — [sɒfira, a] leer sein; **II** [sɒffara] **1.** pfeifen; **2.** gelb färben; **IX** اصفر [ɨs'farra] gelb werden, erbleichen

[2]**صفر** [sɒfar] **1.** Gelbsucht *f*; **2.** *zweiter Monat des isl. Jahres*

[3]**صفر** [sufr] Messing *n*; → أصفر

ص

[4]صفر [sɨfr] **1.** *pl.* أصفار [ʔɒs'faːr] Null *f*; **2.** leer

صفراء [sɒf'raːʔ] (2) Galle *f*; → أصفر

صفرة [sufra] Gelb *n*; Blässe *f*

صفصاف [sɒf'sɒːf] Weide *f* (*Baum*)

صفع [sɒfaʕa, a] ohrfeigen

صفعة [sɒfʕa] Ohrfeige *f*, Klaps *m*

صفق [sɒfaqa, i] schlagen, klatschen; **II** [sɒffaqa] Beifall klatschen, applaudieren

صفقة [sɒfqa], *pl.* [sɒfa'qaːt] Geschäft *n*; Geschäftsabschluß *m*

صفة [sɨfa], *pl.* [-aːt] Eigenschaft *f*; *Gr.* Adjektiv *n*, Attribut *n*; ~بـ خاصة [bi-sɨfatin xɒːssɒ] besonders, speziell

[1]صفا (صفو) [sɒfaː, uː] klar, rein sein; **II** صفى [sɒffaː] klären, reinigen; filtern, (durch)sieben; passieren; *Erdöl* raffinieren; liquidieren; *Rechnung* begleichen; *Ware* ausverkaufen; **III** صافى [sɒːfaː] *u.* **IV** أصفى [ʔɒsfaː] aufrichtig sein; **VIII** اصطفى [ɨs'tɒfaː] (aus)erwählen

[2]صفو [sɒfw] Klarheit *f*, Reinheit *f*; Glück *n*

صفوح [sɒ'fuːħ] verzeihend

صفوة [sɒfwa] Beste(s), Auslese *f*; Elite *f*

صفي [sɒ'fiːj] rein, lauter; innige(r) Freund

صفيح [sɒ'fiːħ] Blech *n*; ~ة, *pl.* صفائح [sɒ'faːʔiħ] (2) Platte *f*; Kanister *m*, Blechkanne *f*; Dose *f*

صفير [sɒ'fiːr] Pfeifen *n*

صفيق [sɒ'fiːq], *pl.* صفاق [sɨ'faːq] unverschämt; dick; dicht

صقال [sɒ'qqaːl] Polierer *m*; ~ة (*Bau*-)Gerüst *n*

صقر [sɒqr], *pl.* صقور [su'quːr] Falke *m*

[1]صقع **II** [sɒqqaʕa] eiskalt werden, gefroren sein

[2]صقع [suqʕ], *pl.* أصقاع [ʔɒs'qaːʕ] Gegend *f*, Landstrich *m*, Region *f*

صقعة [sɒqʕa] Kälte *f*

[1]صقل [sɒqala, u] polieren, schleifen, glätten

[2]صقل [sɒql] Polieren *n*, Schleifen *n*; Geschliffenheit *f*

صقلية [sɨqɨ'lliːja] Sizilien

صقيع [sɒ'qiːʕ] Frost *m*

صقيل [sɒ'qiːl] poliert, glatt

[1]صك [sɒkka, u] schlagen (ـه an *A*); *Tür* schließen; **VIII** اصطك [ɨs'tɒkka] *Knie*: schlottern; *Zähne*: klappern

[2]صك [sɒkk], *pl.* صكوك [su'kuːk] Scheck *m*; Urkunde *f*

[1]صل [sɒlla, i] klirren, rasseln

[2]صل [sɨll], *pl.* أصلال [ʔɒs'laːl] Brillenschlange *f*

صلابة [sɒ'laːba] Härte *f*, Festigkeit *f*; Hartnäckigkeit *f*

صلاح [sɒ'laːħ] Rechtschaffenheit *f*; Richtigkeit *f*; Eignung *f*; *a. npr. m*; ~ية Tauglichkeit *f*, Brauchbarkeit *f*; Gültigkeit *f*; Befugnis *f*, Vollmacht *f*

صلاة [sɒ'laːt], *pl.* صلوات [sɒla'waːt] *Isl.* (*rituelles*) Gebet; Segen *m Gottes*

[1]**صلب** [sɒlaba, i] kreuzigen; — [sɒluba, u] hart sein; **II** [sɒllaba] **1.** hart *od.* steif machen; **2.** das Kreuzzeichen machen; **V** تصلب [ta'sɒllaba] hart werden; hart, streng sein

[2]**صلب** [sɒlab] Rückgrat *n*

[3]**صلب** [sɒlb] Kreuzigung *f*

[4]**صلب** [sulb] **1.** hart, fest, steif; **2.** Stahl *m*; **3.** *pl.* أصلاب [ʔɒs'laːb] Rückgrat *n*; Lenden *f/pl.*; Innerste(s), Kern *m*; من ~ه sein leibliches Kind; ~ة Lederhaut *f des Auges*

[1]**صلح** [sɒlaħa, sɒluħa, u] tauglich, geeignet sein; passen; gültig sein; richtig, in Ordnung sein; **II** [sɒllaħa] reparieren, ausbessern; **III** صالح [sɒːlaħa] sich versöhnen (ه mit *D*); Frieden stiften (بين zwischen *D*); **IV** أصلح [ʔɒslaħa] in Ordnung bringen, wiederherstellen; reformieren; reparieren; Frieden stiften; **VI** تصالح [ta'sɒːlaħa] sich miteinander versöhnen; **VII** انصلح [in'sɒlaħa] in Ordnung gebracht werden; **VIII** اصطلح [ɨs'tɒlaħa] sich einigen (على auf *A*); sich versöhnen (مع mit *D*); **X** استصلح [is'tɒslaħa] *Boden* urbar machen

[2]**صلح** [sulħ] Friede *m*; Aussöhnung *f*; حاكم الـ~ Friedensrichter *m*

صلد [sɒld] hart, fest; *Boden*: dürr

صلصل [sɒlsɒla] klirren

صلصة [sɒlsɒ] Soße *f*

صلع [sɒlaʕ] Kahlköpfigkeit *f*

صلعة [sɒlʕa] Glatze *f*

صلف [sɒlifa, a] sich aufblasen

صلة [sɨla], *pl.* [-aːt] Verbindung *f*, Zusammenhang *m*; *Gr.* Relativsatz *m*

(**صلو**) **II** صلى [sɒllaː] beten; ~ الله عليه وسلم [sallam] Gott segne ihn! (= *den Propheten*)

صلوة = صلاة

صلي [sɒlija, aː] ausgesetzt sein (هـ *bsd. dem Feuer*); **IV** أصلى [ʔɒslaː] aussetzen (*dem Feuer*); **VIII** اصطلى [is'tɒlaː] sich wärmen

صليب [sɒ'liːb], *pl.* صلبان [sul'baːn] Kreuz *n*; ~ي Kreuz-; *pl.* [-uːn] Kreuzfahrer *m*

صم [sɒmma, a] taub sein; **II** صمم [sɒmmama] beschließen (على *A*), entschlossen sein (على zu *D*); konstruieren; planen

صماخ [sɨ'maːx] Gehörgang *m*

صمام [sɨ'maːm] Stöpsel *m*; Ventil *n*; *Techn.*, (*a. Herz-*)Klappe *f*; (*Radio-*)Röhre *f*

[1]**صمت** [sɒmata, u] schweigen; **IV** أصمت [ʔɒsmata] zum Schweigen bringen

[2]**صمت** [sɒmt] Schweigen *n*

[1]**صمد** [sɒmada, u] standhalten; **II** [sɒmmada] *Ir.*, *Syr.* *Geld* sparen

[2]صمد [sɒmad] ewig, unvergänglich; ~الـ *Beiname Gottes*

[1]صمغ **II** [sɒmmaɣa] kleben, gummieren

[2]صمغ [sɒmɣ], *pl.* صموغ [su'muːɣ] Gummi *m u. n*, Leim *m*; Harz *n*; ~ي Gummi-, Leim-

صمم [sɒmam] Taubheit *f*

صموت [sɒ'muːt] schweigsam

صمود [su'muːd] Standhalten *n*; Standhaftigkeit *f*

صمولة [sɒ'muːla] = صامولة

صميم [sɒ'miːm] Innerste(s), Kern *m*; ~ في mitten in

صنارة [sɨ'nnaːra], *pl.* صنانير [sɒnaː'niːr] (2) Angelhaken *m*, Angel *f*; Häkelnadel *f*

صناع → صانع

صناعة [sɨ'naːʕa], *pl.* [-aːt] Industrie *f*; Handwerk *n*, Gewerbe *n*; Erzeugung *f*

صناعي [sɨ'naːʕiː] industriell, Industrie-; künstlich

صنبور [sum'buːr], *pl.* صنابير [sɒnaː'biːr] (2) (*Wasser-*)Hahn *m*; Schnabel *m der Kanne*

(صنت) **V** تصنت [ta'sɒnnata] belauschen (على *j-n*)

صندل [sɒndal] **1.** Sandelholz *n*; **2.** *pl.* صنادل [sɒ'naːdil] (2) (Last-) Kahn *m*; Paar *n* Sandalen

صندوق [sun'duːq], *pl.* صناديق [sɒnaː'diːq] (2) Kiste *f*, Kasten *m*; Koffer *m*; Kasse *f*; *Fin.* Fonds *m*; (*Post-*)Fach *n*; ~ التوفير Sparkasse *f*

[1]صنع [sɒnaʕa, a] herstellen, erzeugen, anfertigen; machen; **II** [sɒnnaʕa] industrialisieren; **III** صانع [sɒːnaʕa] schmeicheln (ه *j-m*); **V** تصنع [ta'sɒnnaʕa] vortäuschen, heucheln; affektiert reden; **VIII** اصطنع [ɨs'tɒnaʕa] fabrizieren, künstlich schaffen; *j-n* gewinnen; machen (ه ـه *etwas* zu *D*)

[2]صنع [sunʕ] Herstellung *f*, Erzeugung *f*

صنعاء [sɒn'ʕaːʔ] (2) *Geo.* Sana

صنعة [sɒnʕa] Machart *f*; Handwerk *n*; Gewerbe *n*

[1]صنف **II** [sɒnnafa] sortieren, klassifizieren; *Buch* verfassen

[2]صنف [sɨnf], *pl.* أصناف [ʔɒs'naːf] Art *f*, Klasse *f*, Kategorie *f*, Sorte *f*; *Hdl.* Artikel *m*

صنفرة [sɒnfara]: ~ ورق Schmirgelpapier *n*

صنم [sɒnam], *pl.* أصنام [ʔɒs'naːm] Götzenbild *n*, Götze *m*

صنو [sɨnw] Zwillingsbruder *m*; gleichartig

صنوبر [sɒ'naubar] Pinie *f*; ~ي: غدة ~ة Zirbeldrüse *f*

صنيع [sɒ'niːʕ] Handlung *f*, Tat *f*; gute Tat; Schützling *m*; ~ة, *pl.* صنائع [sɒ'naːʔiʕ] (2) gute Tat; willige(s) Werkzeug

صه [sɒh!] pst!, still!

[1]صهر [sɒhara, a] *Metall* schmel-

zen; **III** صاهر [sɒːhara] sich verschwägern (ه mit *D*)

[2]**صهر** [sihr] **1.** Verschwägerung *f*; **2.** *pl.* أصهار [ʔɒs'haːr] Schwager *m*; Schwiegersohn *m*

صهريج [sih'riːdʒ] Tank *m*

صهل [sɒhala, a] *Pferd*: wiehern

صهير [sɒ'hiːr] Magma *n*

صهيوني [sɒh'juːniː] zionistisch; *pl.* صهاينة [sɒ'haːjina] Zionist *m*; ~ة Zionismus *m*

صواب [sɒ'waːb] Richtige(s), Richtigkeit *f*; Vernunft *f*

[1]**صوان** [sɒ'wwaːn] Feuerstein *m*; Granit *m*; → صينية

[2]**صوان** [si'waːn, su'waːn], *pl.* أصونة [ʔɒswina] Schrank *m*

[1]**(صوب)** **II** [sɒwwaba] richten, zielen (إلى auf *A*); berichtigen; **IV** أصاب [ʔa'sɒːba] treffen; erreichen; erwerben; *Fußball*: *Tor* schießen; *Krankheit*: befallen; recht haben; **X** استصوب [is'tɒswaba] für richtig halten

[2]**صوب** [sɒub] Richtung *f*, Seite *f*; *Ir.* Seite *f e-r Stadt in bezug auf e-n Fluß*; ~ [-a] *Präp.* in Richtung auf

صوبة [soːba] *Äg.* Treibhaus *n*; *Syr.* Ofen *m*

[1]**صوت** **II** [sɒwwata] (ab)stimmen; e-n Laut von sich geben

[2]**صوت** [sɒut], *pl.* أصوات [ʔɒs'waːt] Stimme *f* (*a. bei der Wahl*); Laut *m*; Klang *m*, Geräusch *n*; ~ي Stimm-; lautlich, Schall-

صودا [soːdaː] Soda *f*; Sprudel *m*

[1]**صور** **II** [sɒwwara] illustrieren; malen; fotografieren; darstellen; formen; **V** تصور [ta'sɒwwara] sich vorstellen

[2]**صور** [suːr], *pl.* أصوار [ʔɒs'waːr] Horn *n*, Posaune *f*

صورة [suːra], *pl.* صور [suwar] Bild *n*; Gestalt *f*; Kopie *f*; Form *f*, Art und Weise *f*; ~ شمسية Fotografie *f*; بـ~ عامة im allgemeinen

صوري [suːriː] Schein-; fiktiv

(صوع) **VII** انصاع [in'sɒːʕa] sich fügen (لـ *D*)

[1]**(صوغ)** صاغ [sɒːɣa, uː] formen, gestalten; prägen; formulieren

[2]**صوغ** [sɒuɣ] Formung *f*, Gestaltung *f*

صوف [suːf], *pl.* أصواف [ʔɒs'waːf] Wolle *f*; ~ي **1.** wollen; **2.** Sufi *m*, Mystiker *m*

(صول) صال [sɒːla, uː] herfallen (على über *A*)

صولة [sɒula] Gewalt *f*, Macht *f*

[1]**(صوم)** صام [sɒːma, uː] fasten

[2]**صوم** [sɒum] Fasten *n*

صومعة [sɒumaʕa] Silo *m*; *Maghr.* Minarett *n*

[1]**(صون)** صان [sɒːna, uː] bewahren, erhalten; schützen; instandhalten, pflegen

[2]**صون** [sɒun] Bewahrung *f*, Erhaltung *f*; Schutz *m*; Pflege *f*

صياح [sɨ'jaːħ] Schreien *n*, Geschrei *n*

صياد [sɒ'jjaːd] Jäger *m*; Fischer *m*

صياغة [sɨ'jaːɣa] Formung *f*; Formulierung *f*; Goldschmiedehandwerk *n*

صيانة [sɨ'jaːna] Instandhaltung *f*, Pflege *f*, Erhaltung *f*

صيت [sɨːt] Ansehen *n*, Ruf *m*

(**صيح**) صاح [sɒːħa, iː] schreien; rufen; *Hahn*: krähen; **II** [sɒjjaħa] Schreie ausstoßen; **VI** تصايح [ta'sɒːjaħa] einander zurufen

صيحة [sɒiħa] Schrei *m*

1(**صيد**) صاد [sɒːda, iː] *u.* **VIII** اصطاد [ɨs'tɒːda] jagen; fischen; erlegen, fangen

2**صيد** [sɒid] Jagd *f*; Jagdbeute *f*; ~ السمك Fischfang *m*

صيدا [sɒidaː] *Geo.* Saida

صيدلة [sɒidala] Pharmazie *f*, Pharmakologie *f*

صيدلي [sɒidaliː] pharmazeutisch; Apotheker *m*, Pharmazeut *m*; ~ـة Apotheke *f*

(**صير**) صار [sɒːra, iː] werden; geschehen; enden (إلى mit *D*); *vor Impf.*: beginnen zu; **II** [sɒjjara] machen (ه ه *j-n* zu *etwas*)

صيرفي [sɒirafiː], *pl.* صيارفة [sɒ'jaːrifa] Geldwechsler *m*

صيرورة [sɒi'ruːra] Werden *n*

صيغة [sɨːɣa], *pl.* صيغ [sɨjaɣ] *a. Gr.* Form *f*; Formel *f*

1(**صيف**) صاف [sɒːfa, iː] sommerlich sein; **II** [sɒjjafa] *u.* **VIII** اصطاف [ɨs'tɒːfa] den Sommer verbringen

2**صيف** [sɒif], *pl.* أصياف [ʔɒs'jaːf] Sommer *m*; ~ـي sommerlich

صين [sɨːn] *f*: الـ~ China; ~ـي chinesisch; Chinese *m*; Porzellan *n*; ~ـية, *pl.* صوان [sɒ'waːnin] Servierbrett *n*; (*metallene*) Tischplatte

ض

ض (ضاد) [đɒːd] *fünfzehnter Buchstabe*

ضابط [đɒːbɨt] **1.** *pl.* ضباط [đu'bbɒːt] Offizier *m*; صف ~ *u.* صف ~ Unteroffizier *m*; **2.** *pl.* ضوابط [đɒ'waːbɨt] (2) Regel *f*; *Techn.* Regler *m*; *pl. a.* Kontrollinstanzen *f/pl.*; بلا ~ unkontrolliert; ~ـة *Syr.* Polizei *f*; *pl.* ضوابط [đɒ'waːbɨt] (2) Regel *f*

ضاحك [đɒːħik] lachend; lustig

ضاحية [đɒːħija], *pl.* ضواح [đɒ'waːħin] Vorort *m*; *pl.* Umgebung *f e-r Stadt*

1**ضار** [đɒːrr] schädlich

2**ضار** [đɒːrin] wild; erbittert

ضاع → (ضيع)

ضاغطة [đɒːɣitɒ], *pl.* ضواغط [đɒ'waːɣit] (2) Kompressor *m*; Druckmittel *n*

ضاف [đɒːfin] ausführlich; → [1](ضيف)

ضاق → [1](ضيق)

ضال [đɒːll] irrend, verirrt, verloren; ~ة Gegenstand *m* der Suche

ضآلة [đɒ'ʔaːla] Geringheit *f der Menge*; Schmächtigkeit *f*

ضامر [đɒːmir] mager, dünn

ضامن [đɒːmin] haftend, bürgend; Bürge *m*, Garant *m*

ضأن [đɒʔn] *koll.* Schafe *n*/*pl.*

ضاني [đɒːniː] Hammelfleisch *n*

ضائع [đɒːʔiʕ] verloren

ضائقة [đɒːʔiqa] schwierige Lage, Bedrängnis *f*

ضب [đɒbb], *pl.* ضباب [đɨ'baːb] Eidechse *f*

ضباب [đɒ'baːb] Nebel *m*

ضبارة [đu'baːra] = إضبارة

[1]**ضبط** [đɒbɒtɒ, i, u] ergreifen, fassen; beschlagnahmen; in der Gewalt haben; kontrollieren; einstellen, regulieren; genau machen; **VII** انضبط [in'đɒbɒtɒ] kontrolliert werden; diszipliniert sein

[2]**ضبط** [đɒbt] Ergreifung *f*; Beschlagnahme *f*; Kontrolle *f*; Einstellung *f*, Regulierung *f*; Genauigkeit *f*, Exaktheit *f*; Disziplin *f*; Protokoll *n*; بالـ~ [bi-đ-đɒbt] genau, exakt, pünktlich (*Adv.*)

ضبع [đɒbuʕ], *pl.* ضباع [đɨ'baːʕ] Hyäne *f*

ضبة [đɒbba] Türriegel *m*

ضج [đɒddʒa, i] lärmen, schreien, zetern

[1]**ضجر** [đɒdʒira, a] ärgerlich sein; **IV** أضجر [ʔɒđdʒara] ärgern, mißmutig machen

[2]**ضجر** [đɒdʒar] Ärger *m*, Verdruß *m*, Unmut *m*

[3]**ضجر** [đɒdʒir] ärgerlich, mißmutig

ضجع [đɒdʒaʕa, a] liegen; schlafen; **VIII** اضطجع [ɨđ'tɒdʒaʕa] sich hinlegen

ضجة [đɒddʒa] Lärm *m*, Geschrei *n*; Aufsehen *n*

ضجيج [đɒ'dʒiːdʒ] Lärm *m*, Geschrei *n*

ضحالة [đɒ'ħaːla] Seichtheit *f*; Oberflächlichkeit *f*

[1]**ضحك** [đɒħika, a] lachen (من über *A*); **IV** أضحك [ʔɒđħaka] zum Lachen bringen

[2]**ضحك** [đɒħik, đɨħk] Lachen *n*, Gelächter *n*; ~ة [đɒħka, đɨħka] (*einmaliges*) Lachen, Auflachen *n*

ضحل [đɒħl] *a. fig.* seicht

(**ضحو**) **II** ضحى [đɒħħaː] opfern (ب/هـ *A*); **IV** أضحى [ʔɒđħaː] werden; *vor Impf.*: beginnen zu

ضحى [đuħan] Morgen *m*, Vormittag *m*

ضحية [đɒ'ħiːja], *pl.* ضحايا [đɒ'ħaːjaː] Opfer *n*

ضخ [đɒxxa, u] pumpen

ضخامة [đɒ'xaːma] große(r) Umfang, Größe *f*

[1]**ضخم** [đɒxuma, u] umfangreich, groß sein; **II** [đɒxxama] aufblähen; verstärken; **V** تضخم [ta'đɒxxama] sich aufblähen, anschwellen

[2]**ضخم** [đɒxm], *pl.* ضخام [đɨ'xaːm] umfangreich, groß, gewaltig; schwer

[1](**ضد**) **VI** تضاد [ta'đɒːdda] einander entgegengesetzt sein

[2]**ضد** [đɨdd], *pl.* أضداد [ʔɒđ'daːd] Gegenteil *n*, Gegensatz *m*; ~ [-a] *Präp.* gegen; **~ي** gegensätzlich

[1]**ضر** [đɒrra, u], **III** ضار [đɒːrra] *u.* **IV** أضر [ʔa'đɒrra] schaden (ه *j-m*), schädigen (ه *j-n*); **V** تضرر [ta'đɒrrara] *u.* **VII** انضر [in'đɒrra] geschädigt werden; Schaden erleiden; **VIII** اضطر [ɨđ'tɒrra] zwingen (إلى zu *D*)

[2]**ضر** [đurr] Schaden *m*, Nachteil *m*

ضراء [đɒ'rraːʔ] (2) Not *f*

ضراعة [đɒ'raːʕa] Unterwürfigkeit *f*; Flehen *n*

ضراوة [đɒ'raːwa] Wildheit *f*

ضرائبي [đɒ'raːʔibiː] Steuer-, steuerlich

[1]**ضرب** [đɒraba, i] schlagen; beschießen (ب mit *D*); *Münzen* prägen; *Instrument* spielen; schreiben (على auf *der Schreibmaschine*); *Glocke* läuten; *Zelt* aufschlagen; *Tier* decken; *Beispiel* anführen; multiplizieren (في mit *D*); umherziehen, (durch)reisen; *in e-e Farbe* (إلى) spielen; بالرصاص ~ beschießen; erschießen; → [2]صفح; **II** [đɒrraba] *Stoff* steppen; **III** ضارب [đɒːraba] spekulieren; **IV** أضرب [ʔɒđraba] sich abwenden (عن von *D*); عن العمل ~ streiken; **VI** تضارب [ta'đɒːraba] sich gegenseitig schlagen; einander widersprechen; kollidieren; **VIII** اضطرب [ɨđ'tɒraba] erregt sein; *See*: unruhig sein; schwanken; gestört werden

[2]**ضرب** [đɒrb] **1.** Schlagen *n*; Beschuß *m*; Prägung *f von Münzen*; *Math.* Multiplikation *f*; **2.** *pl.* ضروب [đu'ruːb] Art *f*, Gattung *f*; **~ة**, *pl.* ضربات [đɒra'baːt] Schlag *m*, Stoß *m*; Schuß *m*

ضرر [đɒrar], *pl.* أضرار [ʔɒđ'raːr] Schaden *m*; Nachteil *m*

ضرس [đɨrs], *pl.* أضراس [ʔɒđ'raːs] *u.* ضروس [đu'ruːs] Backenzahn *m*

[1]**ضرع** [đɒraʕa, a] anflehen; sich demütigen; **III** ضارع [đɒːraʕa] gleichen (ه *D*); **V** تضرع [ta'đɒrraʕa] anflehen; sich demütigen

[2]**ضرع** [đɒrʕ], *pl.* ضروع [đu'ruːʕ] Euter *n*

(**ضرم**) **IV** أضرم [ʔɒđrama] anzünden; **V** تضرم [ta'đɒrrama] brennen

ضرورة [đɒ'ruːra] Notwendigkeit *f*; بالـ~ notwendigerweise; عند الـ~ notfalls

ضروري [đɒ'ruːriː] notwendig, nötig

ضريبة [đɒ'riːba], *pl.* ضرائب [đɒ'raːʔib] (2) Steuer *f*; ~ الدخل Einkommensteuer *f*

ضريح [đɒ'riːħ], *pl.* أضرحة [ʔɒđriħa] Grabmal *n*, Mausoleum *n*

ضرير [đɒ'riːr] blind

ضعاف → ضعيف

ضعضع [đɒʕđɒʕa] ruinieren

1 **ضعف** [đɒʕufa, u] schwach sein; schwächer werden; **II** [đɒʕʕafa] *u.* **III** ضاعف [đɒːʕafa] verdoppeln, vervielfachen; verstärken; ~ ثلاث مرات [θa'laːθa ma'rraːt] verdreifachen; **IV** أضعف [ʔɒđʕafa] schwächen, schwach machen; **VI** تضاعف [ta'đɒːʕafa] sich verdoppeln; **X** استضعف [is'tɒđʕafa] für schwach halten

2 **ضعف** [đuʕf, đɒʕf] Schwäche *f*

3 **ضعف** [đɨʕf], *pl.* أضعاف [ʔɒđ'ʕaːf] Doppelte(s); *pl.* Vielfache(s)

ضعة [đɒʕa] Erniedrigung *f*; Niedrigkeit *f*

ضعيف [đɒ'ʕiːf], *pl.* ضعفاء [đuʕa'faːʔ] (2) *u.* ضعاف [đɨ'ʕaːf] schwach; schwächlich

1 **ضغط** [đɒɣɒtɒ, a] drücken, pressen; komprimieren; **VII** انضغط [in'dɒɣɒtɒ] gedrückt, gepreßt werden

2 **ضغط** [đɒɣt] Druck *m*

ضغن [đɨɣn] *u.* **ضغينة** [đɒ'ɣiːna] Haß *m*, Groll *m*

ضفدع [đɨfdiʕ], *pl.* ضفادع [đɒ'faːdiʕ] (2) Frosch *m*

ضفر [đɒfara, i] *u.* **II** [đɒffara] flechten, *Strick* drehen; **VI** تضافر [ta'đɒːfara] miteinander verflochten sein; ineinandergreifen

ضفة [đɨffa, đɒffa], *pl.* ضفاف [đɨ'faːf] Ufer *n*

(**ضفو**) **IV** أضفى [ʔɒđfaː] verleihen (على *D*)

ضفيرة [đɒ'fiːra], *pl.* ضفائر [đɒ'faːʔir] (2) Zopf *m*, Flechte *f*

ضل [đɒlla, i] sich verirren, irregehen; **II** ضلل [đɒllala] irreführen; **IV** أضل [ʔa'đɒlla] irreführen; den Weg verlieren lassen

ضلال [đɒ'laːl] Irregehen *n*, Abweichen *n vom Wege*; ~ـة Irrtum *m*

1 **ضلع** [đɒlaʕa, a] im Einklang sein *od.* handeln (مع mit *D*); **II** [đɒllaʕa] gerippt machen; **V** تضلع [ta'đɒllaʕa] gründlich vertraut sein (في / ب mit *D*); **VIII** اضطلع [iđ'tɒlaʕa] übernehmen, auf sich nehmen (ب *A*)

2 **ضلع** [đɨlʕ], *pl.* أضلاع [ʔɒđ'laːʕ] *u.* ضلوع [đu'luːʕ] Rippe *f*; Seite *f e-s Dreiecks, Polygons*; متوازي الأضلاع Parallelogramm *n*

ضلفة [đɒlfa], *pl.* ضلف [đulaf] (Fenster-, Tür-)Flügel *m*

ضلمة [đolma] gefüllte(s) Gemüse (*Paprika, Weinblätter etc.*)

ضليع [đɒ'liːʕ] stark, kräftig; beschlagen, bewandert

[1]**ضم** [đɒmma, u] umfassen, enthalten; eingliedern; hinzufügen (إلى zu *D*); annektieren; **VI** تضام [ta'đɒːmma] sich vereinigen; **VII** انضم [in'đɒmma] sich anschließen; vereinigt werden (إلى mit *D*); beitreten

[2]**ضم** [đɒmm] Vereinigung *f*; Hinzufügung *f*; *Gr*. Vokal *u*

ضمادة [đɨ'maːda] (*Wund*-)Verband *m*, Binde *f*, Bandage *f*

ضمان [đɒ'maːn] Garantie *f*, Bürgschaft *f*; *Hdl*. Sicherheit *f*; *Tun*. Versicherung *f*; ~ مالي Kaution *f*; ~ة Garantie *f*, Bürgschaft *f*

ضمد **II** [đɒmmada] *Wunde* verbinden

ضمر [đɒmura, u] abmagern; schrumpfen; **II** [đɒmmara] mager, dürr machen; **IV** أضمر [ʔɒđmara] verbergen; *Gefühl* hegen, empfinden; **VII** انضمر [in'đɒmara] schrumpfen

[1]**ضمن** [đɒmina, a] garantieren, gewährleisten; bürgen; **II** [đɒmmana] einschließen, einbeziehen; **V** تضمن [ta'đɒmmana] enthalten, beinhalten; **VI** تضامن [ta'đɒːmana] solidarisch sein; gemeinsam haften

[2]**ضمن** [đɨmna] *Präp*. innerhalb, in; unter (*Menschen*); ~ا [-an] *Adv*. stillschweigend; implizit; ~ي stillschweigend; implizit

ضمور [đu'muːr] Magerkeit *f*; Schrumpfen *n*

ضمير [đɒ'miːr], *pl*. ضمائر [đɒ'maːʔir] (2) Gewissen *n*; *Gr*. (*Personal*-)Pronomen *n*

ضمين [đɒ'miːn], *pl*. ضمناء [đuma'naːʔ] (2) Bürge *m*, Garant *m*

[1]**ضن** [đɒnna, i] geizen (ب mit *D*), vorenthalten

[2]**ضن** [đɒnn]: ~ا ب [-an] mit Rücksicht auf

ضنك [đɒnk]: عيش ~ kümmerliche(s) Leben

ضني [đɒnija, aː] abmagern, schwach werden; **IV** أضنى [ʔɒđnaː] schwächen, erschöpfen

(**ضهد**) **VIII** اضطهد [ɨđ'tɒhada] unterdrücken, verfolgen

(**ضهي**) **III** ضاهى [đɒːhaː] gleichkommen (ـه/ه *D*); vergleichen

ضوأ **II** [đɒwwaʔa] *Lampe* anzünden; **IV** أضاء [ʔa'đɒːʔa] beleuchten, erleuchten, erhellen; **X** استضاء [ista'đɒːʔa] sich erleuchten *od*. leiten lassen (ب von *D*)

ضوء [đɒuʔ], *pl*. أضواء [ʔɒđ'waːʔ] Licht *n*; أضواء كاشفة Scheinwerferlicht *n*

ضوضاء [đɒu'đɒːʔ] Lärm *m*, Getöse *n*, Krach *m*

ضؤل [đɒʔula, u] gering, schwach sein

(**ضوي**) **VII** انضوى [in'đɒwaː] sich

scharen (إلى um *j-n*); sich anschließen (إلى *D*)

ضوئي [đɒuʔiː] Licht-

ضياء [đɨ'jaːʔ] Leuchten *n*, Glanz *m*

ضياع [đɒ'jaːʕ] Verlust *m*; Untergang *m*

ضيافة [đɨ'jaːfa] Gastfreundschaft *f*

ضير [đɒir] Schaden *m*; لا ~ في ذلك [-a] es schadet nichts

(**ضيع**) ضاع [đɒːʕa, iː] verlorengehen; **II** [đɒjjaʕa] *u.* **IV** أضاع [ʔa'đɒːʕa] verlieren; *Zeit* vergeuden; *Gelegenheit* versäumen; zugrunde gehen lassen, verderben

ضيعة [đɒiʕa], *pl.* ضياع [đɨ'jaːʕ] Landgut *n*; Weiler *m*

[1](**ضيف**) ضاف [đɒːfa, iː] zu Gast sein; **II** [đɒjjafa] als Gast aufnehmen; bewirten; **IV** أضاف [ʔa'đɒːfa] hinzufügen (إلى zu *D*); **VII** انضاف [in'đɒːfa] hinzugefügt werden; **X** استضاف [ista'đɒːfa] als Gast einladen

[2]**ضيف** [đɒif], *pl.* ضيوف [đu'juːf] Gast *m*

[1](**ضيق**) ضاق [đɒːqa, iː] eng sein; zu eng sein (عن für *A*); bedrängt sein (ب durch *A*); الوقت ~ die Zeit drängte; ~ـت يده عن [jaduhu] unfähig sein zu; → [2]ذرع; **II** [đɒjjaqa] verenge(r)n (ـه/من *A*); bedrängen (على j-n); **III** ضايق [đɒːjaqa] belästigen, stören, ärgern, bedrängen; **VI** تضايق [ta'đɒːjaqa] sich ärgern (عن über *A*)

[2]**ضيق** [đɒjjiq] eng, schmal; knapp; beschränkt; الخلق ~ [đ. al-xuluq] ärgerlich

[3]**ضيق** [đɨːq] Enge *f*; Knappheit *f*; Beschränktheit *f*; Mangel *m*; Bedrücktheit *f*, Sorge *f*, Ärger *m*; Armut *f*

ضيم [đɒim], *pl.* ضيوم [đu'juːm] Unrecht *n*

ضئيل [đɒ'ʔiːl], *pl.* ضؤلاء [đuʔa'laːʔ] (2) gering; schwach; schmächtig

ط

ط (طاء) [tɒːʔ] *sechzehnter Buchstabe*

طاب → [1](طيب)

طابع [tɒːbiʕ] **1.** Gepräge *n*, Charakter *m*; **2.** Drucker *m*; **3.** *pl.* طوابع [tɒ'waːbiʕ] (2) Stempel *m*, Abdruck *m*; (*Brief-*)Marke *f*; ~ـة *EDV* Drucker *m*; *Ir.* Schreibmaschine *f*

طابق [tɒːbiq, tɒːbaq], *pl.* طوابق [tɒ'waːbiq] (2) Stockwerk *n*, Geschoß *n*

طابو [tɒːpuː] *Ir.* Grundbuch *n*; Grundbuchamt *n*

طابور [tɒːˈbuːr], *pl.* طوابير [tɒwaːˈbiːr] (2) (*Menschen-*)Schlange *f*; *Mil.* Kolonne *f*

طابوق [tɒːˈbuːq] *koll.*, *sg.* ~ة *Ir.* Ziegel *m/pl.*

طابية [tɒːbija], *pl.* طواب [tɒˈwaːbin] Festung *f*; *Schach*: Turm *m*

طاجن [tɒːdʒin], *pl.* طواجن [tɒˈwaːdʒin] (2) Kasserolle *f*; *Äg.* irdene(r) Topf

طاحنة [tɒːħina], *pl.* طواحن [tɒˈwaːħin] (2) Backenzahn *m*

طاحونة [tɒːˈħuːna], *pl.* طواحين [tɒwaːˈħiːn] (2) Mühle *f*

طار [tɒːr] Tamburin *n*; → (طير)[1]

طارد [tɒːrid] vertreibend; قوة مركزية ~ة Zentrifugalkraft *f*

طارق [tɒːriq] *npr. m*; ~ جبل [dʒabal t.] *Geo.* Gibraltar

طارمة [tɒːrima] *Ir.* Veranda *f*, Terrasse *f*

طارة [tɒːra] Felge *f*; Rad *n*

طارئ [tɒːriʔ] unerwartet, plötzlich; ~ اجتماع Sondersitzung *f*

طارئة [tɒːriʔa], *pl.* طوارئ [tɒˈwaːriʔ] (2) unvorhergesehene(s) Ereignis; حالة الطوارئ Notstand *m*

طازج [tɒːzadʒ, tɒːzidʒ] *u. Äg.* **طازه** [tɒːza] frisch

طاس [tɒːs] Tasse *f*, Schale *f*; ~ة Schale *f*; Tiegel *m*

طأطأ [tɒʔtɒʔa] *Kopf* neigen

طاعن [tɒːʕin] durchbohrend; *Jur.* anfechtend; في السن ~ [fi s-sinn] alt, bejahrt

طاعة [tɒːʕa] Gehorsam *m*

طاعون [tɒːˈʕuːn] Pest *f*

طاغ [tɒːɣin] tyrannisch

طاغوت [tɒːˈɣuːt] Schreckensherrscher *m*; *Koran*: Götze *m*

طاغية [tɒːɣija] Tyrann *m*, Unterdrücker *m*

طاف → (طوف)[1]

طاق [tɒːq], *pl.* طيقان [tiːˈqaːn] (*Gewölbe-*)Bogen *m*; Schicht *f*; → (طوق)[1]

طاقم [tɒːqim] **1.** Besatzung *f e-s Flugzeugs*; **2.** = طقم

طاقة [tɒːqa] **1.** Kraft *f*, Vermögen *n*; Kapazität *f*; Potential *n*; Energie *f*; ذرية ~ Atomenergie *f*; **2.** Luke *f*

طاقية [tɒːˈqiːja], *pl.* طواق [tɒˈwaːqin] Mütze *f*, Kappe *f*

طال → (طول)[1]

طالب [tɒːlib] Antragsteller *m*; *pl.* طلاب [tuˈllaːb] *u.* طلبة [tɒlaba] Student *m*; Schüler *m*; ~ة Studentin *f*

طالح [tɒːliħ] schlecht, böse

طالع [tɒːliʕ] aufsteigend; Schicksal *n*; حسن الـ~ Glück *n*

طالق [tɒːliq] geschieden

طالما [tɒːlamaː] schon lange; wie oft!; أن ~ [ʔanna] solange

طامة [tɒːmma] Unglück *n*

طاه [tɒːhin], *pl.* طهاة [tuˈhaːt] Koch *m*

طاهر [tɒːhir], *pl.* أطهار [ʔɒtˈhaːr] rein; *a. npr. m*

طاولة [tɒːwila] Tisch *m*; Tricktrack *n* (*Brettspiel*)
طاووس [tɒː'wuːs], *pl.* طواويس [tɒwaː'wiːs] (2) Pfau *m*
طائر [tɒːʔir] fliegend; Flieger *m*; Vogel *m*; **ة~** Flugzeug *n*; نفاثة ~ Düsenflugzeug *n*
طائش [tɒːʔiʃ] unbedacht, unüberlegt; *Kugel*: verirrt
طائع [tɒːʔiʕ] gehorsam
طائف [tɒːʔif] umhergehend, umherziehend; **ة~**, *pl.* طوائف [tɒ'waːʔif] (2) Gruppe *f*; Sekte *f*; Konfession *f*; **ية~** Sektierertum *n*
طائل [tɒːʔil] **1.** enorm, gewaltig; **2.** Nutzen *m*; **ة~**: تحت ~ العقاب bei Strafe
[1]**طب** [tɒbba, u] fallen; **II** طبب [tɒbbaba] ärztlich behandeln; **V** تطبب [ta'tɒbbaba] sich mit Medizin beschäftigen; sich behandeln lassen; **X** استطب [ista'tɒbba] *e-n Arzt* konsultieren
[2]**طب** [tibb] Medizin *f*, Heilkunde *f*
طبابة [tɨ'baːba] ärztliche Tätigkeit
طباخ [tɒ'bbaːx] Koch *m*; *Ir.* (*Gas-*, *Elektro-*)Herd *m*
طباشير [tɒbaː'ʃiːr] Kreide *f*
طباع [tɒ'bbaːʕ] Drucker *m*
طباعة [tɨ'baːʕa] Drucken *n*, Buchdruck *m*
[1]**طباق**[tɒ'baːq] *Äg.* Tabak *m*
[2]**طباق** [tɨ'baːq] Entsprechung *f*
طبال [tɒ'bbaːl] Trommler *m*
[1]**طبخ** [tɒbaxa, u] *Speisen* kochen
[2]**طبخ** [tɒbx] Kochen *n*; **ة~** Gericht *n*
طبر [tɒbar] Axt *f*, Beil *n*
[1]**طبع** [tɒbaʕa, a] drucken; stempeln; schreiben, tippen; ~ه بطابعه etwas prägen; **II** [tɒbbaʕa] normalisieren; **V** تطبع [ta'tɒbbaʕa] das Gepräge (ب *e-r Sache*) annehmen; **VII** انطبع [in'tɒbaʕa] gedruckt werden; sich einprägen
[2]**طبع** [tɒbʕ] **1.** Druck *m e-s Buches*; تحت الـ~ im Druck; **2.** *pl.* طباع [tɨ'baːʕ] Anlage *f*, Natur *f*, Charakter *m*; ~ا [-an] *Adv. u.* بالـ~ [bi-t-tɒbʕ] natürlich, selbstverständlich
طبعة [tɒbʕa] Auflage *f od.* Ausgabe *f e-s Buches*; Abdruck *m*
[1]**طبق** **II** [tɒbbɒqa] anwenden (على auf *A*); sich verbreiten; auflegen (على auf *A*); **III** طابق [tɒːbɒqa] entsprechen, übereinstimmen, passen; deckungsgleich machen (بين *zwei Dinge*); **IV** أطبق [ʔɒtbɒqa] schließen; umzingeln; **VI** تطابق [ta'tɒːbɒqa] sich decken; **VII** انطبق [in'tɒbɒqa] Anwendung finden (على auf *A*), gelten (على für *A*)
[2]**طبق** [tɒbɒq], *pl.* أطباق [ʔɒt'bɒːq] Teller *m*; Gang *m beim Essen*; *pl. a.* (*Eß-*)Geschirr *n*
[3]**طبق** [tɨbqa] *Präp. u.* ~ا ل [-an] gemäß
طبقة [tɒbɒqa], *pl.* [-aːt] Schicht *f*, Lage *f*; (*soziale*) Klasse

[1] طبل II [tɒbbala] trommeln

[2] طبل [tɒbl], *pl.* طبول [tu'buːl] Trommel *f*; ـة~ = طبل

طبنجة [tɒ'bandʒa] Pistole *f*

طبة [tɒbba] Polster *n*

طبي [tɨbbiː] medizinisch, ärztlich

طبيب [tɒ'biːb], *pl.* أطباء [ʔatɨ'bbaːʔ] (2) Arzt *m*; أسنان ~ Zahnarzt *m*; بيطري ~ Tierarzt *m*; ـة~ Ärztin *f*

طبيخ [tɒ'biːx] Gekochte(s)

طبيعة [tɒ'biːʕa], *pl.* طبائع [tɒ'baːʔiʕ] (2) Natur *f*; Charakter *m*; Veranlagung *f*; بـ~ الحال naturgemäß; selbstverständlich; علم الـ~ Physik *f*; ما وراء الـ~ Metaphysik *f*

طبيعي [tɒ'biːʕiː] natürlich, Natur-; normal; physikalisch

طحال [tɨ'ħaːl] Milz *f*

طحان [tɒ'ħħaːn] Müller *m*

طحلب [tuħlub] Moos *n*; Algen *f/pl.*

طحن [tɒħana, a] (zer)mahlen; **VI** تطاحن [ta'tɒːħana] sich befehden

طحين [tɒ'ħiːn] Mehl *n*; ـة~ Sesammus *n*; *würzige Soße aus Sesammehl*

طخوري [tux'ruːriː]: طبقة ـة~ Stratosphäre *f*

طرأ [tɒraʔa, a] (*plötzlich*) kommen; überkommen (على *j-n*); eintreten, stattfinden

طرابلس [tɒ'raːbulus] Tripolis (*in Libyen*, = الغرب ~); Tripoli (*im Libanon*)

طراحة [tɒ'rraːħa], *pl.* طراريح [tɒraː'riːħ] (2) *Lib.* Polstersitz *m*

[1] طراد [tɒ'rraːd] *u.* ـة~ Kreuzer *m* (*Kriegsschiff*)

[2] طراد [tɨ'raːd] Verfolgung *f*, Jagd *f*

طراز [tɨ'raːz], *pl.* طرز [turuz] *u.* أطرزة [ʔɒtriza] Typ *m*, Modell *n*; (Bau-) Stil *m*

طرافة [tɒ'raːfa] Kuriosität *f*, Eigenartigkeit *f*

طراوة [tɒ'raːwa] Frische *f*, Zartheit *f*, Weichheit *f*

[1] طرب [tɒriba, a] entzückt sein; **IV** أطرب [ʔɒtraba] in Entzücken versetzen; singen

[2] طرب [tɒrab] Entzücken *n*; Unterhaltung *f durch Musik*

[3] طرب [tɒrib] entzückt, erfreut

طربوش [tɒr'buːʃ], *pl.* طرابيش [tɒraː'biːʃ] (2) Fes *m* (*Kopfbedeckung aus rotem Filz*)

طربيزة [tɒra'beːza] *Äg.* Tisch *m*

[1] طرح [tɒraħa, a] (weg)werfen; *Frage* vorlegen (على *j-m*); *Problem* aufwerfen; *Math.* abziehen, subtrahieren; e-e Fehlgeburt haben; **III** طارح [tɒːraħa] austauschen (ـه ه mit *j-m etwas*); **VI** تطارح [ta'tɒːraħa] miteinander austauschen; **VII** انطرح [in'tɒraħa] sich werfen (على auf *A*); **VIII** اطرح [ɨ'ttɒraħa] wegschleudern

[2] طرح [tɒrħ] Werfen *n*; Vorlegen *n*; Subtraktion *f*; Fehlgeburt *f*; ـة~ Kopftuch *n*

[1]طرد [tɒrada, u] vertreiben, verjagen, ausweisen; **III** طارد [tɒːrada] verfolgen, jagen; nachstellen (ه *j-m*); **VIII** اطرد [iʼttɒrada] ununterbrochen vonstatten gehen; **X** استطرد [isʼtɒtrada] *in der Rede* fortfahren; abschweifen

[2]طرد [tɒrd] **1.** Vertreibung *f*, Verjagung *f*; Ausweisung *f*; **2.** *pl.* طرود [tuʼruːd] Paket *n*; Bienenschwarm *m*

طرز **II** [tɒrraza] sticken

طرش [tɒraʃ] Taubheit *f*

طرشي [turʃiː] Mixed Pickles *pl.*

طرطر [tɒrtɒra] *Äg. umg.* pinkeln

طرطش [tɒrtɒʃa] spritzen

طرطوفة [tɒrʼtuːfa] *Bot.* Topinambur *m*; *Äg.* Trüffel *f*; Spitze *f*

[1]طرف [tɒrufa, u] kurios sein; **IV** أطرف [ʔɒtrafa] schenken (ه ب *j-m A*), darbringen; **V** تطرف [taʼtɒrrafa] extrem, radikal sein

[2]طرف [tɒraf] *pl.* أطراف [ʔɒtʼraːf] Rand *m*, Spitze *f*, Ende *n*; Seite *f*; Partei *f beim Vertragsabschluß*; Extremität *f des Körpers*; ~ [-a] bei *j-m*; ~ من von seiten

[3]طرف [tɒrf] Auge *n*, Blick *m*

[1]طرفة [tɒrfa] Augenblick *m*

[2]طرفة [turfa], *pl.* طرف [turaf] Kuriosität *f*; Meisterwerk *n*

[1]طرق [tɒrɒqa, u] klopfen (هـ an *e-e Tür*); hämmern, schmieden; dringen (هـ an *j-s Ohr*); *Weg* begehen; *Thema* berühren; **II** [tɒrrɒqa] hämmern, schmieden; **IV** أطرق [ʔɒtraqa] senken (ب *den Kopf*); schweigen; **V** تطرق [taʼtɒrrɒqa] vordringen (إلى zu *D*); eingehen (إلى auf *A*)

[2]طرق [turuq] → طريق *u.* طريقة

[1]طرقة [tɒrqa] Klopfen *n*, Schlag *m*

[2]طرقة [turqa] Korridor *m*

طرمبة [tuʼrumba] *Äg.* Pumpe *f*

[1]طري [tɒrija, aː] frisch, zart, weich sein; **IV** أطرى [ʔɒtraː] rühmen, preisen

[2]طري [tɒʼriːj] *u.* طريء [tɒʼriːʔ] weich, zart; *Gemüse*: frisch

طريح [tɒʼriːħ], *pl.* طرحى [tɒrħaː] hingeworfen; الفراش ~ bettlägerig

طريد [tɒʼriːd] vertrieben, ausgestoßen; flüchtig; ة~ Wild *n*

طريف [tɒʼriːf] kurios, originell; ة~, *pl.* طرائف [tɒʼraːʔif] (2) kuriose Sache; Anekdote *f*

طريق [tɒʼriːq], *pl.* طرق [turuq] *u.* طرقات [turuʼqɒːt] Weg *m*; (Land-) Straße *f*; ~ عن durch; über, via; ة~, *pl.* طرق [turuq] Art und Weise *f*; Methode *f*, Verfahren *n*; *Isl.* religiöse(r) Orden

طست [tɒst], *pl.* طسوت [tuʼsuːt] (*Wasch-*)Schüssel *f*

طش [tɒʃʃa, u] *Syr.* spritzen

طعام [tɒʼʕaːm], *pl.* أطعمة [ʔɒtʕima] Essen *n*, Speise *f*

[1]طعم [tɒʕima, a] kosten, schmekken; **II** [tɒʕʕama] impfen; *Baum*

pfropfen; einlegen, inkrustieren; **IV** أطعم [ʔɒtˤama] zu essen geben, füttern

²**طعم** [tɒˤm] Geschmack *m*

³**طعم** [tɒˤim] schmackhaft

⁴**طعم** [tuˤm], *pl.* طعوم [tu'ˤuːm] Köder *m*; Pfropfreis *n*; Impfstoff *m*; ـة~, *pl.* طعم [tuˤam] Futter *n*; Köder *m*

طعمية [tɒˤ'miːja] *Äg. Kroketten aus zerriebenen Bohnen* = فلافل

¹**طعن** [tɒˤana, a] stechen, durchbohren; angreifen (ﻫ/في *A*); schmähen, verunglimpfen; anfechten (في *Urteil*); في السن ~ alt werden

²**طعن** [tɒˤn] Durchbohrung *f*; *Jur.* Anfechtung *f*, Revision *f*; ـة~ Stich *m*, Stoß *m*; Schmähung *f*

طغمة [tuɣma] Clique *f*; Junta *f*

(**طغو**) طغا [tɒɣaː, uː] *See*: toben; *Fluß*: über die Ufer treten; → طغى

طغى [tɒɣaː, aː] vorherrschen (على bei *D*); in den Hintergrund drängen (على *A*); tyrannisch sein

طغيان [tuɣ'jaːn] Wüten *n*; Tyrannei *f*, Überschwemmung *f*

(**طفأ**) **IV** أطفأ [ʔɒtfaʔa] (aus)löschen; *Licht*, *Gerät* ausschalten; *Schuld* tilgen; **VII** انطفأ [in'tɒfaʔa] erlöschen, ausgehen

طفاية [tɒ'ffaːja] Feuerlöscher *m*; *Äg.* Aschenbecher *m*

¹**طفح** [tɒfaħa, a] überfließen; **IV** أطفح [ʔɒtfaħa] bis zum Überlaufen füllen

²**طفح** [tɒfħ] Überfülle *f*; *Med.* Ausschlag *m*

طفر [tɒfara, i] springen

طفرة [tɒfra] Sprung *m*; Aufschwung *m*

طفق [tɒfiqa, a] anfangen (*etwas zu tun*)

¹(**طفل**) **V** تطفل [ta'tɒffala] schmarotzen (على bei *j-m*)

²**طفل** [tifl], *pl.* أطفال [ʔɒt'faːl] Kind *n*; Junge *m*

¹**طفلة** [tɒfla] Ton *m*, Lehm *m*

²**طفلة** [tifla] (*kleines*) Mädchen

طفلي [tifliː] kindlich, Kinder-, Kindes-

(**طفو**) طفا [tɒfaː, uː] *an der Oberfläche* schwimmen, treiben

طفولة [tu'fuːla] Kindheit *f*; Kinder *n*/*pl*.

طفيف [tɒ'fiːf] geringfügig, leicht

طفيلي [tu'failiː] Schmarotzer *m*; ـات~ *pl.* Parasiten *m*/*pl*.

طق [tɒqqa, u] platzen, knallen

طقس [tɒqs] **1.** Wetter *n*; Klima *n*; **2.** *pl.* طقوس [tu'quːs] Ritus *m*, religiöse(r) Brauch

طقطوقة [tɒq'tuːqa] *Äg.* Schlager *m*, Lied *n*; Aschenbecher *m*

طقم [tɒqm], *pl.* طقوم [tu'quːm] Satz *m*, Set *n*; Garnitur *f*; Service *n*; Geschirr *n e-s Pferdes*; أسنان ~ (künstliches) Gebiß

¹**طل** [tɒlla, u] besuchen (على *j-n*); **IV** أطل [ʔa'tɒlla] herabschauen (على auf *A*), überblicken; beherr-

schen (على *Gegend*); *Fenster*: hinausgehen (على auf *A*)

[2]**طل** [ṭɒll] Tau *m*; Nieselregen *m*

طلاء [ṭɨ'laːʔ] Streichen *n*; Anstrich *m*, Lackierung *f*; Überzug *m*

طلاب → طالب; ~ي [ṭu'llaːbiː] studentisch

طلاق [ṭɒ'lɒːq] Scheidung *f der Ehe*; ~ة Ungebundenheit *f*, Freiheit *f*; Flüssigkeit *f der Rede*; Redegewandtheit *f*

طلاوة [ṭɒ'laːwa] Eleganz *f*, Glätte *f des Stils*

[1]**طلب** [ṭɒlaba, u] verlangen, fordern; bitten (إلى/من *j-n*); erbitten; suchen; العلم ~ studieren; **III** طالب [ṭɒːlaba] fordern (ه ب von *j-m A*), auffordern; **V** تطلب [ta'ṭɒllaba] erfordern, nötig machen

[2]**طلب** [ṭɒlab], *pl.* [-aːt] Verlangen *n*, Forderung *f*; Bitte *f*; *Hdl.* Bestellung *f*; Antrag *m*, Gesuch *n*; Suche *f*; Nachfrage *f* (على nach *D*); تحت الـ~ *Hdl.* bei Sicht *fällig*; عند الـ~ auf Wunsch

طلبة [ṭɒlba] *Chr.* Litanei *f*, Gebet *n*

طلبية [ṭɒla'biːja] Bestellung *f*, Auftrag *m*

طلس **II** [ṭɒllasa] *Geschriebenes* auslöschen

[1]**طلع** [ṭɒlaʕa, u] emporsteigen, *Gestirn*: aufgehen; hervorkommen, erscheinen; (*a.* [ṭɒlaʕa, ṭɒliʕa, a]) hinaufgehen, besteigen; **II** [ṭɒllaʕa] hervorkommen lassen; hochschaffen; **III** طالع [ṭɒːlaʕa] lesen, durchsehen; sich zeigen, entgegenleuchten; **IV** أطلع [ʔɒṭlaʕa] informieren (على über *A*); **V** تطلع [ta'ṭɒllaʕa] ausschauen (إلى nach *D*); entgegensehen (إلى *D*); streben (إلى nach *D*); **VIII** اطلع [iʼṭṭɒlaʕa] sich informieren (على über *A*); Einsicht nehmen (على in *A*), kennenlernen (على *A*); **X** استطلع [is'tɒṭlaʕa] erkunden, erforschen

[2]**طلع** [ṭɒlʕ] *Bot.* Blütenstand *m*

[1]**طلعة** [ṭɒlʕa] Aussehen *n*, Äußere(s); *Mil.* Flug *m*

[2]**طلعة** [ṭulaʕa] wißbegierig

[1]**طلق** **II** [ṭɒllɒqa] *Frau* verstoßen, sich *von ihr* (ها) scheiden lassen; **IV** أطلق [ʔɒṭlɒqa] *Pfeil*, *Rakete* abschießen, *Schuß* abfeuern (على auf *A*); freilassen, loslassen; nennen (على *A*), bezeichnen (على هـ *A* als); الرصاص/النار على ~ beschießen; سراحه ~ j-n freilassen, auf freien Fuß setzen; **VII** انطلق [in'ṭɒlɒqa] losfahren, losgehen, starten; losgelassen werden; abgefeuert werden; (los)stürzen, (dahin)eilen

[2]**طلق** [ṭɒlq] **1.** frei, offen; اللسان ~ beredt; في الهواء الـ~ im Freien, unter freiem Himmel; **2.** Schießen *n*; Geburtswehen *pl.*; **3.** Talk *m*

طلقة [tɒlqa], *pl.* [tɒlɒ'qaːt] (*Gewehr-*, *Kanonen-*)Schuß *m*

طلل [tɒlal]: أطلال [ʔɒt'laːl] *pl. u.* طلول [tu'luːl] *pl.* Ruinen *f/pl.*

طلمبة [tu'lumba] *Äg.* Pumpe *f*

طلوع [tu'luːʕ] Aufsteigen *n*, Aufstieg *m*; Aufgang *m der Sonne*

طلى [tɒlaː, iː] (an)streichen; überziehen, beschichten; بالقصدير ~ verzinnen; بالكهرباء ~ galvanisieren

طليان [tɒl'jaːn] *koll.*: الـ~ die Italiener *m/pl.*

طليعة [tɒ'liːʕa], *pl.* طلائع [tɒ'laːʔiʕ] (2) *Mil.* Vorhut *f*; Avantgarde *f*, Spitze *f*; *pl.* Anfänge *m/pl.*

طليق [tɒ'liːq], *pl.* طلقاء [tulɒ'qɒːʔ] (2) frei; freigelassen; ـة~ geschiedene Frau

طم [tɒmma, u] *Ir., Syr. mit Erde* bedecken

طماطم [tɒ'mɒːtim] (2) *koll. u. Ir.* **طماطة** [tɒ'mɒːtɒ] Tomaten *f/pl.*

طماع [tɒ'mmaːʕ] gierig, habgierig

طمأن [tɒmʔana] beruhigen; **IV** اطمأن [itma'ʔanna] sich beruhigen; sicher sein; vertrauen (إلى auf *A*)

طمأنينة [tumaʔ'niːna] Beruhigung *f*; Gefühl *n* der Sicherheit

طمث [tɒmaθa, u, i] menstruieren

طمح [tɒmaħa, a] streben, trachten (إلى nach *D*)

طمر [tɒmara, u] vergraben, verscharren

طمس [tɒmasa, i] *Spuren* auslöschen, verwischen

1 **طمع** [tɒmiʕa, a] verlangen, trachten (في/ب nach *D*); versessen sein (في/ب auf *A*); **II** [tɒmmaʕa] *j-s* Verlangen wecken

2 **طمع** [tɒmaʕ], *pl.* أطماع Verlangen *n*, Gier *f*; Bestrebung *f*

طمن II [tɒmmana] beruhigen

1 **طموح** [tɒ'muːħ] ehrgeizig; strebsam

2 **طموح** [tu'muːħ] Streben *n*, Trachten *n*

طمي [tɒmj] Schlamm *m*

1 **طن** [tɒnna, i] klingen, summen

2 **طن** [tunn], *pl.* أطنان [ʔɒt'naːn] Tonne *f* (*Gewicht*); مسجل ~ Registertonne *f*

طنان [tɒ'nnaːn] weithin hörbar

1 (**طنب**) **IV** أطنب [ʔɒtnaba] weitschweifig sein

2 **طنب** [tunub], *pl.* أطناب [ʔɒt'naːb] Zeltstrick *m*

طنبور [tum'buːr] **1.** Archimedische Schraube (*Wasserhebegerät*); **2.** *ein Saiteninstrument*

طنجة [tɒndʒa] *Geo.* Tanger

طنطن [tɒntɒna] lärmen; klingeln; summen

طنين [tɒ'niːn] Klingen *n*, Tönen *n*; Klingeln *n*; Summen *n*

طه [tɒːhaː] Taha *npr. m*

طهارة [tɒ'haːra] *fig.* Sauberkeit *f*; *Isl.* rituelle Reinheit

طهاة → طاه

طهر [tɒhura, u] rein sein; **II** [tɒhhara] reinigen; *fig.* säubern; *Kanal* räumen; läutern; desinfizieren; *Isl.* beschneiden; **III** طاهر [tɒːhara] beschneiden; **V** تطهر [ta'tɒhhara] sich reinigen

(طهو) طها [tɒhaː, uː] kochen, *Speise* zubereiten

طهور [tɒ'huːr] rein; *Isl.* Beschneidung *f*

طهي [tɒhj] Kochen *n*; فن الـ~ Kochkunst *f*

طوابع → طابع

طوارئ → طارئة

[1]**طواف** [tɒ'waːf] Rundgang *m*

[2]**طواف** [tɒ'wwaːf] herumgehend; ~ة Patrouillenboot *n*

طوال [tɒ'waːla] *Präp.* während, … hindurch

طوب [tuːb] *koll.*, *sg.* ~ة Ziegel *m*/*pl.*

طوبى [tuːbaː] Seligkeit *f*

(طوح) **II** [tɒwwaħa] (weg)werfen; **IV** أطاح [ʔatɒːħa] stürzen (ب *Regierung*)

[1]**طور** **II** [tɒwwara] entwickeln; fördern; **V** تطور [ta'tɒwwara] sich entwickeln

[2]**طور** [tɒur], *pl.* أطوار [ʔɒt'waːr] Phase *f*, Stadium *n*; ~ا … ~ا [-an] bald … bald

[3]**طور** [tuːr]: ~ سيناء der Sinai

[1]**طوع** **II** [tɒwwaʕa] gehorsam machen, unterwerfen; dienstbar machen (ل *D*), anpassen; **III** طاوع [tɒːwaʕa] *u.* **IV** أطاع [ʔa'tɒːʕa] gehorchen, sich fügen (ه *j-m*); **V** تطوع [ta'tɒwwaʕa] freiwillig tun (ب/ل *A*); **X** استطاع [ista'tɒːʕa] können, imstande sein

[2]**طوع** [tɒuʕ] Gehorsam *m*; ~ا [-an] *Adv.* freiwillig

طوعيا [tɒu'ʕiːjan] *Adv.* freiwillig

[1]**(طوف)** طاف [tɒːfa, uː] umhergehen, umherstreifen; herumlaufen; umkreisen (حول *A*); *Isl.* den Rundlauf um die Kaaba machen; **II** [tɒwwafa] mehrmals herumgehen; herumführen; **IV** أطاف [ʔa'tɒːfa] nachts kommen (ب zu *D*)

[2]**طوف** [tɒuf] Rundgang *m*; Patrouille *f*, Streife *f*

[1]**طوفان** [tɒwa'faːn] Umhergehen *n*, Rundgang *m*

[2]**طوفان** [tuː'faːn] Überschwemmung *f*; Sintflut *f*

[1]**(طوق)** طاق [tɒːqa, uː] aushalten, ertragen (können); **II** [tɒwwaqa] umzingeln, einschließen; mit Reifen *od.* Ringen versehen; **IV** أطاق [ʔa'tɒːqa] können, vermögen; ertragen (können)

[2]**طوق** [tɒuq] **1.** Kraft *f*, Vermögen *n*; **2.** *pl.* أطواق [ʔɒt'waːq] Ring *m*; Halsband *n*; Kragen *m*; Umklammerung *f*

[1]**(طول)** طال [tɒːla, uː] lang sein; lange dauern; erfassen; **II** [tɒwwala] lang machen, verlängern;

باله ~ [baːlahuː] geduldig sein (على mit *j-m*); **IV** أطال [ʔaˈtɒːla] verlängern, ausdehnen, in die Länge ziehen; **VI** تطاول [taˈtɒːwala] sich strecken; angreifen (على *j-n*); sich anmaßen (ب *A*)

²**طول** [tɒul] Macht *f*

³**طول** [tuːl], *pl.* أطوال [ʔɒtˈwaːl] Länge *f*; (*Körper-*)Größe *f*; ~ [-a] *Präp.* während; ~ًا [-an] der Länge nach; خط الـ~ *Geo.* Längengrad *m*; على ~ entlang, längs; *umg.* geradeaus; ständig; ~ي Längen-; Längs-

طوى [tɒwaː, iː] falten, zusammenlegen; verbergen; *Entfernung* zurücklegen, *Land* durcheilen; **VII** انطوى [inˈtɒwaː] zusammengefaltet werden; *Zeit*: verfließen; enthalten (على *A*); sich abkapseln

طويل [tɒˈwiːl], *pl.* طوال [tɨˈwaːl] lang; ~ الباع mächtig; tüchtig; ~ القامة hochgewachsen

طوية [tɒˈwiːja], *pl.* طوايا [tɒˈwaːjaː] Absicht *f*

طي [tɒjj] Falten *n*, Zusammenlegen *n*; طيه [-ahuː] beiliegend, anbei (*im Brief*); → طوى

طيار [tɒˈjjaːr] *Chem.* flüchtig; *pl.* [-uːn] Flieger *m*; ~ة, *pl.* [-aːt] Fliegerin *f*; Flugzeug *n*

¹(**طيب**) طاب [tɒːba, iː] gut sein; gefallen, zusagen (ل *j-m*); genesen; **II** [tɒjjaba] parfümieren; würzen; ~ خاطره j-n begütigen; **V** تطيب [taˈtɒjjaba] sich parfümieren

²**طيب** [tɒjjib] gut; köstlich; bei guter Gesundheit

³**طيب** [tɨːb] Güte *f*; *pl.* طيوب [tuˈjuːb] Parfüm *n*

¹**طيبة** [tɒjjiba]: *bsd. pl.* [-aːt] angenehme Dinge *n/pl.*; Genüsse *m/pl.*

²**طيبة** [tɨːba] Güte *f des Menschen*

¹(**طير**) طار [tɒːra, iː] fliegen; **II** [tɒjjara] fliegen lassen; *Brief* abschicken; **IV** أطار [ʔaˈtɒːra] fortwehen; **V** تطير [taˈtɒjjara] abergläubisch sein; **VI** تطاير [taˈtɒːjara] umherfliegen, auseinanderfliegen; sich verflüchtigen

²**طير** [tɒir] *koll.*, *pl.* طيور [tuˈjuːr] *u.* أطيار [ʔɒtˈjaːr] Vögel *m/pl.*

طيران [tɒjaˈraːn] Fliegen *n*, Flug *m*; Flugwesen *n*, Luftfahrt *f*

¹(**طيش**) طاش [tɒːʃa, iː] gedankenlos handeln; verfehlen (عن *Ziel*)

²**طيش** [tɒiʃ] Gedankenlosigkeit *f*, Leichtsinn *m*

طيع [tɒjjiʕ] gehorsam

طيف [tɒif], *pl.* أطياف [ʔɒtˈjaːf] Traumbild *n*, Phantom *n*; *Phys* Spektrum *n*; ~ي spektral

طيقان → طاق

طيلة [tɨːlata] *Präp.* während

طين [tɨːn], *pl.* أطيان [ʔɒtˈjaːn] Lehm *m*, Ton *m*; Ackerboden *m*; ~ة Lehm *m*; Art *f*, Beschaffenheit *f*

طية [tɒjja] Falte *f*

ظ

ظ (ظاء) [ðɒːʔ] *siebzehnter Buchstabe*

ظافر [ðɒːfir] siegreich, triumphierend; Sieger *m*

ظالم [ðɒːlim] ungerecht; *pl.* [-uːn] *u.* ظلمة [ðɒlama] Tyrann *m*, Unterdrücker *m*

ظامئ [ðɒːmiʔ] durstig

ظاهر [ðɒːhir] sichtbar; offensichtlich, augenscheinlich; äußerlich; Äußere(s); scheinbar; wörtliche Bedeutung; ة~, *pl.* ظواهر [ðɒ'waːhir] (2) Erscheinung *f*, Phänomen *n*; Anzeichen *n*; ي~ äußerlich, Außen-

ظبي [ðɒbj], *f* ـة~, *pl.* ظباء [ði'baːʔ] Antilope *f*; Gazelle *f*

ظرافة [ðɒ'raːfa] Eleganz *f*; Charme *m*, Geist *m*

[1]**ظرف** [ðɒrufa, u] elegant, geistreich sein; **II** [ðɒrrafa] in e-e Hülle stecken; **V** تظرف [ta'ðɒrrafa] vornehm tun

[2]**ظرف** [ðɒrf], *pl.* ظروف [ðu'ruːf] Umschlag *m*, Kuvert *n*; Hülle *f*; Umstand *m*; *Gr.* Adverb *n*; *pl. a.* Verhältnisse *n/pl.*; ~ في innerhalb von; ـي~ adverbial

ظريف [ðɒ'riːf], *pl.* ظرفاء [ðura'faːʔ] (2) elegant; charmant; geistreich, fein

[1]**ظفر** [ðɒfira, a] siegen (على über *A*), besiegen (على *A*); erlangen, gewinnen (ب *A*); **II** [ðɒffara] den Sieg verleihen

[2]**ظفر** [ðɒfar] Sieg *m*, Triumph *m*

[3]**ظفر** [ðuf(u)r], *pl.* أظفار [ʔɒð'faːr] *u.* أظافر [ʔa'ðɒːfir] (2) (Finger-) Nagel *m*; Kralle *f*

[1]**ظل** [ðɒlla, a] bleiben; fortfahren, noch immer tun; **II** ظلل [ðɒllala] Schatten spenden; **IV** أظل [ʔa'ðɒlla] Schatten spenden; schützen; **X** استظل [ista'ðɒlla] Schatten suchen; Schutz suchen (ب bei *D*)

[2]**ظل** [ðill], *pl.* ظلال [ði'laːl] Schatten *m*; Schattierung *f*; Schutz *m*; *Math.* Tangens *m*; ~ في im Rahmen von, unter; التمام ~ Kotangens *m*; ~الـ خفيف sympathisch

ظلام [ðɒ'laːm] Dunkelheit *f*, Finsternis *f*

ظلع [ðɒlaʕa, a] hinken

ظلف [ðilf], *pl.* أظلاف [ʔɒð'laːf] (*gespaltener*) Huf

[1]**ظلم** [ðɒlama, i] ungerecht behandeln; unterdrücken, tyrannisieren; **IV** أظلم [ʔɒðlama] dunkel, finster werden; **V** تظلم [ta'ðɒllama] sich beschweren (من über *A*); **VII** انظلم [in'ðɒlama] Unrecht erleiden

[2]**ظلم** [ðulm] Unrecht *n*, Ungerech-

tigkeit *f*; Tyrannei *f*; ـة~ Dunkelheit *f*, Finsternis *f*

ظليل [ðɒ'liːl] schattig

ظمأ [ðɒmaʔ] Durst *m*

ظمآن [ðɒm'ʔaːn] durstig

ظمئ [ðɒmiʔa, a] durstig sein

1**ظن** [ðɒnna, u] glauben, meinen, denken, vermuten; verdächtigen; أظنه يكذب [ʔa'ðunnuhuː jakðib] ich glaube, daß er lügt

2**ظن** [ðɒnn], *pl.* ظنون [ðu'nuːn] Glaube *m*, Meinung *f*, Annahme *f*; Argwohn *m*; أكبر الـ~ höchstwahrscheinlich; → 3حسن

ظنة [ðinna], *pl.* ظنن [ðinan] Argwohn *m*, Verdacht *m*

ظنين [ðɒ'niːn] verdächtig

1**ظهر** [ðɒhara, a] sichtbar werden, erscheinen, sich zeigen; sich herausstellen; sich ergeben (من aus *D*); **II** [ðɒhhara] *Hdl.* indossieren; **III** ظاهر [ðɒːhara] unterstützen; **IV** أظهر [ʔɒðhara] zeigen, sichtbar machen; enthüllen; **VI** تظاهر [ta'ðɒːhara] zur Schau tragen, vorgeben (ب *A*); demonstrieren (ضد gegen *A*), e-e Kundgebung veranstalten; **X** استظهر [is'tɒðhara] **1.** auswendig lernen; **2.** Hilfe suchen (ب bei *D*)

2**ظهر** [ðɒhr], *pl.* ظهور [ðu'huːr] *u.* أظهر [ʔɒðhur] Rücken *m;* Rückseite *f*; Deck *n e-s Schiffes*; عن ~ القلب auswendig

3**ظهر** [ðuhr] Mittag *m*; بعد الـ~ nachmittags; قبل الـ~ vormittags

ظهور [ðu'huːr] Erscheinen *n*, Sichzeigen *n*

ظهير [ðɒ'hiːr] Helfer *m*; *Fußball*: Verteidiger *m*; *Mar.* Dekret *n*; ـة~ Mittagszeit *f*

ع

ع (عين) [ʕain] *achtzehnter Buchstabe*; *Abk. für* عدد Nummer *f e-r Zeitschrift*

عابد [ʕaːbid], *pl.* عباد [ʕu'bbaːd] Anbeter *m*, Verehrer *m*

عابر [ʕaːbir] überquerend; vergangen; vorübergehend

عابس [ʕaːbis] mürrisch, düster

عات [ʕaːtin], *pl.* عتاة [ʕu'taːt] anmaßend, zügellos; wild, heftig

عاتق [ʕaːtɪq], *pl.* عواتق [ʕa'waːtiq] (2) *fig.* Schulter *f*

عاج [ʕaːʤ] Elfenbein *n*

عاجز [ʕaːʤiz] unfähig, außerstande (عن zu *D*); *pl.* عجزة [ʕaʤaza] altersschwach; Invalide *m*

عاجل [ʕaːʤil] eilig; dringend; sofortig; → 4آجل

عاجي [ʕaːʤiː] Elfenbein-

عاد [ʕaːdin], *pl.* عداة [ʕu'daːt] angreifend; Feind *m*; → [1](عود)

عادل [ʕaːdil] gerecht; fair

عادم [ʕaːdim], *pl.* عوادم [ʕa'waːdim] (2) Abgas *n*; مياه ~ة Abwässer *n/pl.*

عادة [ʕaːda], *pl.* [-aːt] Gewohnheit *f*, Brauch *m*, Sitte *f*; Regel *f der Frau*; ~ [-tan] *Adv.* gewöhnlich; فوق الـ~ außergewöhnlich

عادي [ʕaːdiː] gewöhnlich, üblich, normal, regulär; غير ~ außergewöhnlich

عادية [ʕaːdija], *pl.* عواد [ʕa'waːdin] Schicksalsschlag *m*, Unglück *n*

[1]**عار** [ʕaːr] Schande *f*, Schmach *f*

[2]**عار** [ʕaːrin], *pl.* عراة [ʕu'raːt] nackt, entblößt; entbehrend (عن/من *e-r Sache*)

عارض [ʕaːriđ] vorlegend; Aussteller *m*; vorübergehend; *pl.* عوارض [ʕa'waːriđ] (2) zufällige Erscheinung, Akzidens *n*; Hindernis *n*; ~ة Querbalken *m*

عارف [ʕaːrif] Kenner *m*; *a. npr. m*; ~ة Wohltat *f*

عارم [ʕaːrim] stürmisch; *Flut*: reißend

عازب [ʕaːzib], *pl.* عزاب [ʕu'zzaːb] ledig; Junggeselle *m*

عازل [ʕaːzil] *u.* ~ة, *pl.* عوازل [ʕa'waːzil] (2) Isolator *m*

عاشر [ʕaːʃir] zehnte(r)

عاشق [ʕaːʃiq], *pl.* عشاق [ʕu'ʃʃaːq] Liebende(r); Liebhaber *m*

عاشوراء [ʕaːʃuː'raːʔ] (2) *schiitischer Trauertag (10. Muharram)*

عاص [ʕaːsin], *pl.* عصاة [ʕu'sɒːt] aufrührerisch; Aufrührer *m*, Rebell *m*

عاصف [ʕaːsif] stürmisch; ~ة, *pl.* عواصف [ʕa'waːsif] (2) Sturm *m*

عاصمة [ʕaːsima], *pl.* عواصم [ʕa'waːsim] (2) Hauptstadt *f*, Metropole *f*

عاطر [ʕaːtir] wohlriechend

عاطف [ʕaːtif] zugetan, mitfühlend; *a. npr. m*; ~ة, *pl.* عواطف [ʕa'waːtif] (2) Gefühl *n*, Emotion *f*; Zuneigung *f*; ~ي empfindsam, sentimental; zärtlich; ~ية Sentimentalität *f*

عاطل [ʕaːtil] arbeitslos; funktionslos

عافية [ʕaːfija] Gesundheit *f*, Wohlbefinden *n*

عاقبة [ʕaːqiba], *pl.* عواقب [ʕa'waːqib] (2) Folge *f*; Ausgang *m e-r Sache*

عاقر [ʕaːqir] unfruchtbar, steril

عاقل [ʕaːqil], *pl.* عقلاء [ʕuqa'laːʔ] (2) verständig, vernünftig

عاكس [ʕaːkis] Reflektor *m*

عاكف [ʕaːkif], *pl.* عكوف [ʕu'kuːf] beschäftigt (على mit *D*), hingegeben (على *e-r Sache*)

عال [ʕaːlin] hoch, erhaben; *Stimme*: laut; *Äg.* [ʕaːl] ausgezeichnet; erstklassig

[1]**عالم** [ʕaːlam], *pl.* عوالم [ʕa'waː-

lim] (2) Welt *f*; (*Tier-, Pflanzen-*) Reich *n*

عالم[2] [ʕaːlim] wissend (ب um *A*); *pl.* علماء [ʕulaˈmaːʔ] (2) Wissenschaftler *m*

عالمي [ʕaːlamiː] Welt-, international; universal

عالمية[1] [ʕaːlaˈmiːja] Internationalität *f*; Universalität *f*

عالمية[2] [ʕaːliˈmiːja] Gelehrtenwürde *f*

عام[1] [ʕaːm], *pl.* أعوام [ʔaʕˈwaːm] Jahr *n*; → [1](عوم)

عام[2] [ʕaːmm] allgemein, generell; öffentlich; ~ بشكل im allgemeinen

عامر [ʕaːmir] blühend, in Blüte; bevölkert; voll (ب von *D*); *a. npr. m*

عامل [ʕaːmil] arbeitend; tätig; aktiv; *pl.* عمال [ʕuˈmmaːl] *u. Tun.* عملة [ʕamala] Arbeiter *m*; Beschäftigte(r); *Mar.* Gouverneur *m*; *hist.* Statthalter *m*; *pl.* عوامل [ʕaˈwaːmil] (2) Faktor *m*; Koeffizient *m*; *Gr.* Regens *m*

عامة [ʕaːmma], *pl.* عوام [ʕaˈwaːmm] (2) Allgemeinheit *f*, Volk *n*; ~ [-tan] im allgemeinen; → خاصة

عامود [ʕaːˈmuːd], *pl.* عواميد [ʕawaːˈmiːd] (2) = عمود

عامي [ʕaːmmiː] Volks-; umgangssprachlich; العامية Umgangssprache *f*

عامئذ [ʕaːˈmaʔiðin] in jenem Jahr

عاهرة [ʕaːhira] Prostituierte *f*

عاهل [ʕaːhil], *pl.* عواهل [ʕaˈwaːhil] (2) Herrscher *m*, Monarch *m*

عاهة [ʕaːha] Gebrechen *n*, Krankheit *f*; ~ مستديمة Dauerschaden *m*

عاوز [ʕaːwiz] = عايز

عائد [ʕaːʔid] zurückkehrend; gehörend (ل *j-m*); *pl.* عواد [ʕuˈwwaːd] Besucher *m e-s Kranken*; *pl.* [-aːt] *u.* عوائد [ʕaˈwaːʔid] (2) Ertrag *m*; *pl.* Einkünfte *pl.*, Einnahmen *f/pl.*; عوائد *a.* Abgaben *f/pl.*, Gebühren *f/pl.*; ة~ Aida *npr. f*

عائز[1] [ʕaːʔiz] bedürftig, arm

عايز[2] [ʕaːjiz] *Äg. umg.* brauchend, wollend

عائش [ʕaːʔiʃ] lebend

عائق [ʕaːʔiq] *u.* ة~, *pl.* عوائق [ʕaˈwaːʔiq] (2) Hindernis *n*

عائل [ʕaːʔil] Ernährer *m e-r Familie*; ة~, *pl.* عوائل [ʕaˈwaːʔil] (2) Familie *f*; ي~ Familien-

عب [ʕubb, ʕibb] Ausschnitt *m des Kleides*

عبء [ʕibʔ], *pl.* أعباء [ʔaʕˈbaːʔ] Last *f*, Belastung *f*

عبأ [ʕabaʔa, a] *mit Negation*: sich nicht kümmern (ب um *A*); **II** [ʕabbaʔa] füllen; *Waffe* laden; *a. Mil.* mobilisieren

عباءة [ʕaˈbaːʔa] (*Beduinen-*)Mantel *m*, Überwurf *m*

عباب [ʕuˈbaːb] Fluten *f/pl.*, Wogen *f/pl.*

ع

عباد [ʕa'bbaːd]: الشمس ~ Sonnenblume *f*

عبادة [ʕi'baːda] Anbetung *f*, Verehrung *f*, Gottesdienst *m*

[1]**عبارة** [ʕa'bbaːra] Fähre *f*

[2]**عبارة** [ʕi'baːra], *pl.* [-aːt] Ausdruck *m*, Wort *n*, Phrase *f*; ~ عن gleichbedeutend mit; bestehend in

عباس [ʕa'bbaːs] Abbas *npr. m*; ~ي *hist.* abbasidisch; *pl.* [-uːn] Abbaside *m*

عباية [ʕa'baːja] = عباءة

[1]**عبث** [ʕabiθa, a] spielen, scherzen; Unfug treiben (ب mit *D*); mißbrauchen (ب *A*)

[2]**عبث** [ʕabaθ] Scherz *m*, (*böses*) Spiel; Unfug *m*

[1]**عبد** [ʕabada, u] anbeten, verehren; **II** [ʕabbada] *Straße* befestigen, asphaltieren; **V** تعبد [taʕabbada] Gott dienen; **X** استعبد [isʼtaʕbada] versklaven, unterjochen

[2]**عبد** [ʕabd] **1.** *pl.* عبيد [ʕa'biːd] Sklave *m*, Knecht *m*; **2.** *pl.* عباد [ʕi'baːd] Diener *m Gottes*, Mensch *m*

[1]**عبر** [ʕabara, u] durchqueren, überqueren; *Fluß* durchschwimmen; **II** [ʕabbara] ausdrücken, zum Ausdruck bringen (عن *A*); *Traum* deuten; **VIII** اعتبر [iʕ'tabara] betrachten, ansehen (ه/هـ/ه *A* als); sich als Lehre dienen lassen (ب *A*); *Pass.* [uʕ'tubira] gelten (ه/هـ als)

[2]**عبر** [ʕabra] *Präp.* quer durch, hindurch; durch, über

عبراني [ʕib'raːniː] hebräisch; Hebräer *m*

[1]**عبرة** [ʕabra] Träne *f*

[2]**عبرة** [ʕibra], *pl.* عبر [ʕibar] Lehre *f* (*die man zieht*); ال~ ب maßgeblich *od.* entscheidend ist

عبري [ʕibriː] hebräisch; Hebräer *m*

عبس [ʕabasa, i] finster *od.* mürrisch blicken

عبق [ʕabiq] duftend

عبقري [ʕabqariː] genial; Genie *n*; ~ة Genialität *f*; Genie *n*

عبودية [ʕubuː'diːja] Sklaverei *f*, Knechtschaft *f*

عبور [ʕu'buːr] Überquerung *f*, Durchquerung *f*; Überfahrt *f*

عبوس [ʕa'buːs] finster blickend

عبوة [ʕu'buːwa] Packung *f e-r Ware*; Ladung *f der Waffe*

عبى II [ʕabbaː] *umg.* = عبأ II

عبيد [ʕu'baid] *npr. m*; → [2]عبد

عبيط [ʕa'biːṭ] dumm, blöd

عتاب [ʕi'taːb] Vorwurf *m*, Schelte *f*

عتابة [ʕa'taːba] *Syr. e-e Art Volkslied*

عتاد [ʕa'taːd], *pl.* أعتدة [ʔaʕtida] *u.* عتد [ʕutud] (*Kriegs-*)Material *n*, Ausrüstung *f*

عتال [ʕa'ttaːl] (Last-)Träger *m*

عتامة [ʕa'taːma] Undurchsichtigkeit *f*; Dunkelheit *f*

عتاهة [ʕa'taːha] Schwachsinn *m*

عتب [ʕataba, i, u] schelten (على *j-n*); **III** عاتب [ʕaːtaba] schelten (ه على *j-n* wegen *G*)

عتبة [ʕataba], *pl.* أعتاب [ʔaʕ'taːb] *u.* عتب [ʕatab] (*Tür-*)Schwelle *f*

(**عتد**) **IV** أعتد [ʔaʕtada] herrichten, (vor)bereiten

[1]**عتق** [ʕataqa, i] freilassen; — [ʕatuqa, u] alt werden; *Wein*: ablagern; **IV** أعتق [ʔaʕtaqa] *Sklaven* freilassen

[2]**عتق** [ʕitq] **1.** Alter *n*; **2.** Freilassung *f*

عتل [ʕatala, i, u] tragen

عتلة [ʕatala] Brechstange *f*

عتم [ʕatama, i] zögern; **II** [ʕattama] verdunkeln; **IV** أعتم [ʔaʕtama] dunkel sein

عتمة [ʕatma] Dunkelheit *f*

عته [ʕatah, ʕuth] Schwachsinn *m*, Idiotie *f*

عتو [ʕu'tuːw] Wildheit *f*; Anmaßung *f*, Arroganz *f*

عتي [ʕa'tiːj] ungezügelt, wild

عتيد [ʕa'tiːd] bereit; altvertraut; zukünftig

عتيق [ʕa'tiːq] alt; veraltet; *Wein*: abgelagert; freigelassen

عث [ʕuθθ] *koll.*, *sg.* ~ة, *pl.* عثث [ʕuθaθ] Motte(n *pl.*) *f*

عثر [ʕaθara, u] stoßen (على auf *A*), finden (على *A*); straucheln; **IV** أعثر [ʔaʕθara] stolpern lassen; führen (ه على *j-n* auf *A*); **V** تعثر [ta'ʕaθθara] stolpern; stottern

عثرة [ʕaθra] Stolpern *n*, Straucheln *n*, Fehltritt *m*

عثمان [ʕuθ'maːn] Osman *npr. m*; ~ي osmanisch; Osmane *m*

عثور [ʕu'θuːr] Auffindung *f* (على *G*)

عج [ʕaddʒa, i] wimmeln (ب von *D*); tosen, dröhnen

عجاج [ʕa'dʒaːdʒ] Staubwirbel *m*

عجالة [ʕu'dʒaːla] Abriß *m*, Skizze *f*

عجالي [ʕa'ddʒaːliː] Kalbfleisch *n*

عجائن → عجينة

[1]**عجب** [ʕadʒiba, a] sich wundern (ل/من über *A*); **IV** أعجب [ʔaʕdʒaba] gefallen (ه *j-m*); *Pass.* [ʔuʕdʒiba] bewundern (ب *A*); **V** تعجب [ta'ʕaddʒaba] *u.* **X** استعجب [is'taʕdʒaba] sich wundern (من über *A*)

[2]**عجب** [ʕadʒab] Verwunderung *f*; Wunder *n*; ~ا [-an] wie erstaunlich!; لا ~ [-a] kein Wunder!

عجر [ʕadʒr] *Äg.* unreif

(**عجرف**) **II** تعجرف [ta'ʕadʒrafa] arrogant sein

عجرة [ʕudʒra], *pl.* عجر [ʕudʒar] *Med.* Knoten *m*, Auswuchs *m*

[1]**عجز** [ʕadʒaza, i] nicht imstande sein, unfähig sein (عن zu); **II** [ʕaddʒaza] unfähig machen, lähmen; alt werden; **IV** أعجز [ʔaʕdʒaza] unfähig machen; unmöglich sein (ه für *j-n*)

[2]**عجز** [ʕadʒz] Unfähigkeit *f*; Invalidität *f*; Defizit *n*

[3]**عجز** [ʕadʒuz], *pl.* أعجاز [ʔaʕ'dʒaːz] Gesäß *n*, Hinterteil *n*

[1]**عجل** [ʕadʒila, a] sich beeilen; **II** [ʕaddʒala] beschleunigen; anzahlen; **III** عاجل [ʕaːdʒala] überfallen, ereilen; **IV** أعجل [ʔaʕdʒala] antreiben, drängen; **V** تعجل [ta'ʕaddʒala] sich beeilen; voreilig tun; **X** استعجل [is'taʕdʒala] in Eile sein, sich beeilen

[2]**عجل** [ʕadʒal] Eile *f*, Hast *f*

[3]**عجل** [ʕidʒl], *pl.* عجول [ʕu'dʒuːl] Kalb *n*

عجلان [ʕadʒ'laːn] (2), *f* عجلى [ʕadʒlaː] eilig, hastig, rasch

عجلة [ʕadʒala] **1.** Eile *f*, Hast *f*; **2.** *pl.* [-aːt] Rad *n*; *bsd. Äg.* Fahrrad *n*

[1]**عجم** [ʕadʒama, u] prüfen, erproben; **IV** أعجم [ʔaʕdʒama] *Gr. e-n Buchstaben* mit diakritischen Punkten versehen

[2]**عجم** [ʕadʒam] *koll.* Nichtaraber *m/pl.*; *hist.* Perser *m/pl.*

عجمة [ʕudʒma] fehlerhafte Ausdrucksweise

عجمي [ʕadʒamiː] nichtarabisch; *hist.* persisch; ~ة *Äg.* gepreßte Datteln *f/pl.*

عجن [ʕadʒana, i] *Teig* kneten

عجة [ʕuddʒa] Omelett *n*

عجوز [ʕa'dʒuːz], *pl.* عجائز [ʕa'dʒaːʔiz] (2) alt, greis; alte Frau; alte(r) Mann

عجول [ʕa'dʒuːl] schnell, eilig

عجوة [ʕadʒwa] gepreßte Datteln *f/pl.*

عجيب [ʕa'dʒiːb] erstaunlich, merkwürdig, wunderbar; ~ة, *pl.* عجائب [ʕa'dʒaːʔib] (2) Wunder *n*, Wunderding *n*

عجيج [ʕa'dʒiːdʒ] Geschrei *n*, Lärm *m*

عجين [ʕa'dʒiːn] Teig *m*; ~ة Teig *m*; Paste *f*, weiche Masse; *pl.* عجائن [ʕa'dʒaːʔin] (2) Kunststoff *m*

[1]**عد** [ʕadda, u] zählen; rechnen (من zu *D*); betrachten (ه *A* als *A*); *Pass.* [ʕudda] gelten (ه als), gezählt werden (من zu *D*); **II** عدد [ʕaddada] aufzählen; **IV** أعد [ʔa'ʕadda] (vor)bereiten, herrichten; *Projekt* ausarbeiten; **V** تعدد [ta'ʕaddada] zahlreich *od.* vielfältig sein; **VIII** اعتد [iʕ'tadda] halten (ه für *A*); berücksichtigen (ب *A*); rechnen (ب mit *D*); **X** استعد [ista'ʕadda] sich vorbereiten (ل auf *A*)

[2]**عد** [ʕadd] Zählen *n*; تنازلي ~ Countdown *m*

عدا [ʕadaː] (+ *A od. G*), ما عدا [maː ʕadaː] *Präp.* außer, mit Ausnahme von; → [1](عدو)

[1]**عداء** [ʕa'daːʔ] Feindschaft *f*

[2]**عداء** [ʕa'ddaːʔ] Läufer *m*

[1]**عداد** [ʕa'ddaːd] Zähler *m*, Zählgerät *n*, Messer *m*

[2]**عداد** [ʕi'daːd] Zahl *f*, Anzahl *f*

عدالة [ʕa'daːla] Gerechtigkeit *f*

عداوة [ʕa'daːwa] Feindschaft *f*, Feindseligkeit *f*

عدائي [ʕa'daːʔiː] feindlich, feindselig, aggressiv

عدد [ʕadad], *pl.* أعداد [ʔaʕ'daːd] Zahl *f*; Anzahl *f*; Nummer *f e-r Zeitschrift*; ~ي zahlenmäßig, numerisch

عدس [ʕadas] *koll., sg.* ~ـة Linse(n *pl.*) *f* (*Hülsenfrucht*); ~ة *Opt., Anat.* Linse *f*; *Fot.* Objektiv *n*; ~ـية *Opt.* Linse *f*

[1]**عدل** [ʕadala, i] gerecht handeln; gleichkommen (هـ *D*); absehen (عن von *D*), verzichten (عن auf *A*); **II** [ʕaddala] abändern, modifizieren; geraderichten, in Ordnung bringen; anpassen; **III** عادل [ʕaːdala] gleichkommen, entsprechen (هـ *D*); aufwiegen; **VI** تعادل [ta'ʕaːdala] sich ausgleichen, im Gleichgewicht sein; **VIII** اعتدل [iʕ'tadala] sich geradesetzen, sich aufrichten; gemäßigt sein

[2]**عدل** [ʕadl] Gerechtigkeit *f*; *pl.* عدول [ʕu'duːl] unbescholten, redlich; وزير الـ~ Justizminister *m*

عدلي [ʕadliː] Justiz-, Gerichts-; ~ـية Justiz *f*, Rechtswesen *n*

[1]**عدم** [ʕadima, a] ermangeln (هـ *e-r Sache*), nicht haben; **IV** أعدم [ʔaʕ-dama] hinrichten; berauben (ه هـ *j-n e-r Sache*); **VII** انعدم [in'ʕa-dama] nicht vorhanden sein, verschwinden

[2]**عدم** [ʕadam] Nichtexistenz *f*, Fehlen *n*; Nicht-, Un-; In-; ~ التدخل *Pol.* Nichteinmischung *f*; ~ـي Nihilist *m*

[1]**عدن** **II** [ʕaddana] *Bodenschätze* abbauen

[2]**عدن** [ʕadan] *Geo.* Aden

[3]**عدن** [ʕadn] der Garten Eden

عدنان [ʕad'naːn] Adnan *npr. m*

[1]**عدة** [ʕudda], *pl.* عدد [ʕudad] Gerät *n*; (*Kriegs-*)Material *n*

[2]**عدة** [ʕida] Versprechen *n*

[3]**عدة** [ʕidda] **1.** mehrere, e-e Anzahl von; **2.** *Isl.* Wartefrist *f*

[1]**(عدو)** عدا [ʕadaː, uː] laufen; hinausgehen (هـ über *A*), überschreiten; überfallen, angreifen (على *A*); لا يعدو أن يكون es ist nichts weiter als; **II** عدى [ʕaddaː] *über e-n Fluß* übersetzen; *Gr.* transitiv machen; **III** عادى [ʕaːdaː] feindselig sein (ه gegen *A*); **IV** أعدى [ʔaʕdaː] anstecken, infizieren (ب mit *D*); **V** تعدى [ta'ʕad-daː] überschreiten; hinausgehen (هـ über *A*); sich darüber hinaus (ه) erstrecken (إلى auf *A*); *Gesetze* übertreten; überholen; angreifen (على *j-n*), feindselig vorgehen (على gegen *A*); **VII** انعدى [in'ʕadaː] sich anstecken; **VIII** اعتدى [iʕ'tadaː] überfallen (على *A*), ein Attentat verüben (على auf *A*); sich vergehen (على an *D*)

[2]**عدو** [ʕadw] Laufen *n*, Lauf *m*

ع

[3]عدو [ʕa'duːw], *pl.* أعداء [ʔaʕ'daːʔ] Feind *m*

عدوان [ʕud'waːn] Aggression *f*; ~ي aggressiv; ~ية Aggressivität *f*

عدول [ʕu'duːl] Verzicht *m* (عن auf *A*), Aufgabe *f* (عن *G*)

عدوى [ʕadwaː] Ansteckung *f*, Infektion *f*

عديد [ʕa'diːd] zahlreich

عديل [ʕa'diːl] Schwager *m* (*Mann der Schwester der Ehefrau*)

عديم [ʕa'diːm] nicht habend, ohne, -los

عذاب [ʕa'ðaːb] Folter *f*, Qual *f*

عذار [ʕi'ðaːr]: خلع ~ه alle Hemmungen abwerfen

[1]عذب [ʕaðuba, u] süß, angenehm sein; **II** [ʕaððaba] quälen, martern, foltern; **V** تعذب [ta'ʕaððaba] gepeinigt werden, leiden

[2]عذب [ʔaðb] süß (*bsd. Wasser*); angenehm

[1]عذر [ʕaðara, i] entschuldigen; verzeihen (ه في *j-m A*); **IV** أعذر [ʔaʕðara] entschuldigt sein; **V** تعذر [ta'ʕaððara] unmöglich sein (على für *j-n*); **VIII** اعتذر [iʕ'taðara] sich entschuldigen (عن/من für *A*, wegen *G*, ل/إلى bei *j-m*); عن ~ حضوره sich (*für sein Wegbleiben*) entschuldigen

[2]عذر [ʕuðr], *pl.* أعذار [ʔaʕ'ðaːr] Entschuldigung *f*; Entschuldigungsgrund *m*; Ausrede *f*

عذراء [ʕað'raːʔ] (2) *a. Astr.* Jungfrau *f*; jungfräulich

عذرة [ʕuðra] Jungfräulichkeit *f*

عذل [ʕaðala, i, u] tadeln, rügen

عذوبة [ʕu'ðuːba] Süße *f*, angenehme(r) Charakter *e-r Sache*

عر [ʕarra, u] Schande machen (ه *j-m*)

عراء [ʕa'raːʔ] freie(s) Land; في الـ~ im Freien

عراف [ʕa'rraːf] Wahrsager *m*

عراق [ʕi'raːq]: الـ~ Irak *m*; ~ي irakisch; Iraker *m*

عراقيل [ʕaraː'qiːl] (2) *pl.* Hindernisse *n/pl.*

عراك [ʕi'raːk] Kampf *m*

[1]عرب **II** [ʕarraba] arabisieren; ins Arabische übersetzen; **IV** أعرب [ʔaʕraba] aussprechen, zum Ausdruck bringen, äußern (عن *A*); *Satz* analysieren; *Nomen* flektieren; **V** تعرب [ta'ʕarraba] arabisiert werden; **X** استعرب [is'taʕraba] sich arabisieren

[2]عرب [ʕarab] *koll.* Araber *m/pl.*

عربان [ʕur'baːn] *pl.* Wüstenaraber *m/pl.*, Beduinen *m/pl.*

عربانة [ʕara'baːna] *Ir.* (*kleiner*) Wagen, Karren *m*

عربجي [ʕarbadʒiː], *pl.* ~ة [ʕarba'dʒiːja] *umg.* Kutscher *m*

عربد [ʕarbada] randalieren

عربة [ʕaraba], *pl.* [-aːt] Wagen *m*; Waggon *m*; Kutsche *f*

عربون [ʕara'buːn] Anzahlung *f*

ع

عربي [ʕarabiː] arabisch; Araber *m*; العربية die arabische Sprache

عربية [ʕara'biːja] Wagen *m*, *Äg*. *a*. Auto *n*

[1]**عرج** [ʕaradʒa, u] hinaufsteigen; — [ʕaridʒa, a] hinken, lahmen; **II** [ʕarradʒa] abbiegen (عن von *D*); e-n Abstecher machen (على zu *D*); **V** تعرج [ta'ʕarradʒa] *Straße*: sich winden, zickzackförmig verlaufen

[2]**عرج** [ʕaradʒ] Hinken *n*; → أعرج

[1]**عرس** [ʕurs], *pl*. أعراس [ʔaʕ'raːs] Hochzeit *f*

[2]**عرس** [ʕirs]: ~ ابن Wiesel *n*

عرش [ʕarʃ], *pl*. عروش [ʕuruːʃ] Thron *m*

عرصة [ʕarsɒ], *pl*. [ʕara'sɒːt] Hof *m*; freie(r) Platz

[1]**عرض** [ʕarɒđɒ, i] vorführen, aufführen, darbieten, zeigen; *Waren* ausstellen; vorlegen, unterbreiten (على *j-m*); anbieten (على *j-m*); *Gesuch* einreichen; sich zeigen (ل *j-m*); *Gedanke*: in den Sinn kommen; entgegentreten (ل *j-m*); sich zuwenden (ل *D*); — [ʕaruđɒ, u] breit sein *od*. werden; **II** [ʕarrɒđɒ] verbreitern; aussetzen (ل *e-r Gefahr*); anspielen (ب auf *A*); **III** عارض [ʕaːrɒđɒ] sich widersetzen (ه *D*), opponieren (ـه gegen *A*); **IV** أعرض [ʔaʕrɒđɒ] sich abwenden (عن von *D*), meiden (عن *A*); **V** تعرض [ta'ʕarrɒđɒ] ausgesetzt sein (ل *e-r Gefahr*); sich widersetzen (ل *D*); eingehen (ل auf *A*); **VI** تعارض [ta'ʕaːrɒđɒ] zueinander im Widerspruch stehen; **VIII** اعترض [iʕ'tarɒđɒ] sich entgegenstellen, den Weg verstellen (ل *j-m*); Einspruch erheben, protestieren (على gegen *A*); **X** استعرض [is'taʕrɒđɒ] anschauen, Revue passieren lassen; erörtern, darlegen; *Mil*. Parade abnehmen

[2]**عرض** [ʕarɒđ], *pl*. أعراض [ʔaʕ'rɒːđ] Zufällige(s); *Med*. Symptom *n*; *Phil*. Akzidens *n*; ~ًا [-ɒn] *Adv*. zufällig; nebenbei

[3]**عرض** [ʕarđ] Breite *f*, Weite *f*; *pl*. عروض [ʕu'ruːđ] Vorführung *f*, Darbietung *f*; Ausstellung *f*; Unterbreitung *f*; *a*. *Ök*. Angebot *n*, *Hdl*. Offerte *f*; ~ًا [-ɒn] *u*. بالـ~ quer, der Breite nach; ~ حال Gesuch *n*; خط الـ~ *Geo*. Breitengrad *m*

[4]**عرض** [ʕurđ] Mitte *f e-r Fläche*; في ~ البحر auf hoher See

[5]**عرض** [ʕirđ], *pl*. أعراض [ʔaʕ'rɒːđ] Ehre *f*, Würde *f*

عرضة [ʕurđɒ] *fig*. Zielscheibe *f*; ausgesetzt (ل *e-r Sache*)

[1]**عرضي** [ʕarɒđiː] vorübergehend; unwesentlich, akzidentiell

[2]**عرضي** [ʕarđiː] Breiten-; Quer-

[1]**عرف** [ʕarafa, i] kennen, wissen;

erfahren; erkennen; *Pass.* [ʕurifa] bekannt sein (ب *als*); **II** [ʕarrafa] bekanntmachen (ب *A*); bekannt machen (إلى/على mit *D*), vorstellen (إلى/ب *j-m*); bestimmen, definieren; *Gr.* determinieren; **V** تعرف [ta'ʕarrafa] kennenlernen (على/إلى/ب *A*); erkennen (على *A*); **VI** تعارف [ta'ʕaːrafa] sich kennenlernen; bekannt werden (ب mit *D*); **VIII** اعترف [iʕ'tarafa] anerkennen (ب *A*); zugeben, gestehen (ب *A*); beichten; بالجميل ~ dankbar sein

²**عرف** [ʕurf], *pl.* أعراف [ʔaʕ'raːf] **1.** Brauch *m*, Gewohnheit *f*; Gewohnheitsrecht *n*; **2.** Kamm *m des Hahnes*; Mähne *f des Pferdes*

عرفان [ʕir'faːn] (Er-)Kenntnis *f*; Anerkennung *f*

عرفي [ʕurfiː] den Konventionen entsprechend; الأحكام العرفية Kriegsrecht *n*; Ausnahmezustand *m*

¹**عرق** [ʕariqa, a] schwitzen; **II** [ʕarraqa] **1.** zum Schwitzen bringen; **2.** Wurzeln schlagen; **3.** mit Adern durchziehen; **4.** irakisieren

²**عرق** [ʕaraq] Schweiß *m*; Anisschnaps *m*

³**عرق** [ʕirq], *pl.* عروق [ʕu'ruːq] Ader *f*; Rasse *f*, Abstammung *f*; ~ النسا *Med.* Ischias *f*

عرقل [ʕarqala] behindern, hemmen

عرقلة [ʕarqala] Behinderung *f*

عرقوب [ʕur'quːb] Achillessehne *f*

عرقية [ʕir'qiːja] Rassismus *m*

عرك [ʕaraka, u] reiben; **III** عارك [ʕaːraka] kämpfen (ه mit *D*); **VI** تعارك [ta'ʕaːraka] *u.* **VIII** اعترك [iʕ'taraka] miteinander kämpfen

عرم **II** [ʕarrama] aufhäufen

عرمة [ʕurma] Haufen *m*

عرموط [ʕar'muːṭ] *koll.*, *sg.* ~ة *Ir.* Birne(n *pl.*) *f*

عرة [ʕurra] Räude *f*, Krätze *f*

(عرو) عرا [ʕaraː, uː] *u.* **VIII** اعترى [iʕ'taraː] *j-n* befallen, überkommen

عروبة [ʕu'ruːba] Arabertum *n*; arabische Sache, arabische Welt

عروس [ʕa'ruːs], *pl.* عرائس [ʕa'raːʔis] (2) Braut *f*; Neuvermählte *f*; العروسان *du.* das Brautpaar; ~ة *Äg.* Puppe *f*

عروض [ʕa'ruːḍ]: علم الـ~ Metrik *f*, Verslehre *f*

عروة [ʕurwa], *pl.* عرى [ʕuran] Knopfloch *n*; Öse *f*; *pl. a. fig.* Bande *n/pl.*

¹**عري** [ʕarija, aː] nackt, entblößt sein; **II** عرى [ʕarraː] entkleiden, entblößen

²**عري** [ʕurj] Nacktheit *f*

عريان [ʕur'jaːn], *pl.* عرايا [ʕa'raːjaː] nackt, entblößt

عريس [ʕa'riːs], *pl.* عرسان [ʕir'saːn] Bräutigam *m*

ع

عريش [ʕa'riːʃ] *pl.* عرش [ʕuruʃ] Spalier *n*, Laube *f*; Deichsel *f*

عريض [ʕa'riːđ], *pl.* عراض [ʕi'rɒːđ] breit, weit (*ausgedehnt*); ~ة, *pl.* عرائض [ʕa'raːʔiđ] (2) Gesuch *n*, Eingabe *f*, Antrag *m*

عريف [ʕa'riːf], *pl.* عرفاء [ʕura'faːʔ] (2) *Mil.* Unteroffizier *m*; *Ir.* Feldwebel *m*

عريق [ʕa'riːq] verwurzelt; uralt

1**عز** [ʕazza, i] stark, mächtig, angesehen sein; lieb, teuer sein (على *j-m*); leid tun (على *j-m*); **II** عزز [ʕazzaza] (ver)stärken, festigen, fördern; ehrenvoll behandeln; **IV** أعز [ʔa'ʕazza] ehren, hochschätzen; stärken; **V** تعزز [ta'ʕazzaza] stark, gestärkt, gefestigt werden; **VIII** اعتز [iʕ'tazza] stolz sein (ب auf *A*), sich rühmen (ب *G*)

2**عز** [ʕizz] Ehre *f*, Ansehen *n*; Höhepunkt *m*, Blüte *f*

عزاء [ʕa'zaːʔ] Tröstung *f*, Trost *m*; Beileid *n*

1**عزب** [ʕazaba, i] entschwinden (عن *j-s Gedächtnis*); — [u] unverheiratet sein

2**عزب** [ʕazab], *pl.* أعزاب [ʔaʕ'zaːb] *u.* عزاب [ʕu'zzaːb] unverheiratet, ledig; Junggeselle *m*

1**عزبة** [ʕuzba] Ledigenstand *m*

2**عزبة** [ʕizba], *pl.* عزب [ʕizab] *Äg.* Bauernhof *m*, Landgut *n*

عزر [ʕazara, i] *u.* **II** [ʕazzara] zurechtweisen

عزف [ʕazafa, i] **1.** spielen (على auf *e-m Musikinstrument*); **2.** verzichten (عن auf *A*), sich abwenden (عن von *D*)

عزق [ʕazaqa, i] *Boden* umgraben

1**عزل** [ʕazala, i] absondern, isolieren (عن von *D*); *Beamten* absetzen, entlassen; **II** [ʕazzala] *Äg.* umziehen; **VII** انعزل [in'ʕazala] isoliert werden; **VIII** اعتزل [iʕ'tazala] sich isolieren; sich zurückziehen, sich absondern (عن von *D*)

2**عزل** [ʕazl] Absonderung *f*, Isolierung *f*; Absetzung *f*

عزلة [ʕuzla] Isoliertheit *f*, Abgeschiedenheit *f*, Zurückgezogenheit *f*

1**عزم** [ʕazama, i] sich entschließen (على zu), beschließen (على *A*); einladen (على zu *D*); **VIII** اعتزم [iʕ'tazama] sich entschließen, entschlossen sein (على zu)

2**عزم** [ʕazm] Entschlossenheit *f*; ~ة Entschluß *m*

عزة [ʕizza] Ansehen *n*, Macht *f*; Stolz *m*

1(**عزو**) عزا [ʕazaː, uː] zurückführen (إلى auf *A*); zuschreiben (إلى ه *j-m A*); **VIII** اعتزى [iʕ'tazaː] s-e Abstammung zurückführen (إلى auf *A*); → (عزي)

2**عزو** [ʕazw] Zurückführung *f*, Zuschreibung *f*

عزوبة [ʕu'zuːba] Ledigenstand *m*

ع

عزوف [ʕu'zuːf] Abstandnehmen *n* (عن von *D*), Verzicht *m*

عزومة [ʕu'zuːma] Einladung *f*, Gastmahl *n*

(**عزي**) **II** عزى [ʕazzaː] trösten; sein Beileid aussprechen; **V** تعزى [ta'ʕazzaː] sich trösten, Trost finden

عزيز [ʕa'ziːz] **1.** *pl.* أعزاء [ʔaʕi'zzaːʔ] (2) lieb (*a. in Briefanrede*), teuer; kostbar; **2.** mächtig, stark; **3.** schwierig

عزيمة [ʕa'ziːma], *pl.* عزائم [ʕa'zaːʔim] (2) Entschluß *m*, feste Absicht; Einladung *f*

[1]**عسر** [ʕasura, u] schwierig, hart sein; **II** [ʕassara] schwierig machen, erschweren; **IV** أعسر [ʔaʕsara] in Schwierigkeiten *od.* Not geraten; zahlungsunfähig werden; **V** تعسر [ta'ʕassara] schwierig sein (على für *A*); **X** استعسر [is'taʕsara] schwierig finden

[2]**عسر** [ʕasir] schwierig, mißlich

[3]**عسر** [ʕusr] Schwierigkeit *f*, Härte *f*; ة~ Armut *f*, Not *f*

[1]**عسف** [ʕasafa, i] ungerecht behandeln; **V** تعسف [ta'ʕassafa] *u.* **VIII** اعتسف [iʕ'tasafa] willkürlich verfahren

[2]**عسف** [ʕasf] Willkür *f*

[1]**عسكر** [ʕaskara] lagern; militarisieren

[2]**عسكر** [ʕaskar] Heer *n*, Armee *f*; ي~ militärisch, Militär-; *pl.* عساكر [ʕa'saːkir] (2) Soldat *m*; *Äg.* Polizist *m*; ية~ Militarismus *m*

عسل [ʕasal] Honig *m*; ي~ honigfarben; *Äg.* dunkelbraun

عسى [ʕasaː]: أن ~ es könnte sein, daß; vielleicht, möglicherweise; *in der Frage*: wohl

عسير [ʕa'siːr] schwierig, hart

[1](**عش**) **II** عشش [ʕaʃʃaʃa] nisten

[2]**عش** [ʕuʃʃ], *pl.* أعشاش [ʔaʕ'ʃaːʃ] *u.* عشاش [ʕi'ʃaːʃ] Nest *n*

عشا [ʕaʃan] Sehschwäche *f*

[1]**عشاء** [ʕa'ʃaːʔ], *pl.* أعشية [ʔaʕʃija] Abendessen *n*

[2]**عشاء** [ʕi'ʃaːʔ] Abend *m*; *Isl.* Abendgebet *n*

عشار [ʕi'ʃaːr] *Äg.* trächtig

عشاري [ʕu'ʃaːriː] Zehner-; *Sport*: Zehnkampf *m*

عشائر → عشيرة; ي~ [ʕa'ʃaːʔiriː] Sippen-; Gruppen-

عشب [ʕuʃb] *koll.*, *sg.* ة~, *pl.* أعشاب [ʔaʕ'ʃaːb] Kraut *n*, Gras *n*; Pflanze *f*; ي~ Gras-

[1]**عشر** **II** [ʕaʃʃara] den Zehnten nehmen; *Äg. Tier* decken; **III** عاشر [ʕaːʃara] verkehren, Umgang haben (ه mit *D*)

[2]**عشر** [ʕaʃr] → [1]عشرة

[3]**عشر** [ʕuʃr], *pl.* أعشار [ʔaʕ'ʃaːr] Zehntel *n*

[1]**عشرة** [ʕaʃara], *f* عشر [ʕaʃr] zehn; عشرات [ʕaʃa'raːt] *pl.* Dutzende *n/pl.*; *Math.* Zehner *m/pl.*

[2]**عشرة** [ʕiʃra] Verkehr *m*, Umgang *mit j-m*

عشرون [ʕiʃ'ruːn] zwanzig

[1]**عشري** [ʕaʃriː] Dezimal-; خطة ~ـة Zehnjahresplan *m*

[2]**عشري** [ʕuʃriː] Dezimal-

عشرينات [ʕiʃriː'naːt] *pl.*: الـ~ die zwanziger Jahre *n/pl.*

[1]**عشق** [ʕaʃiqa, a] lieben; **II** [ʕaʃʃaqa] ineinanderfügen; verzapfen; *Auto*: kuppeln

[2]**عشق** [ʕiʃq] Liebe *f*

عشم II [ʕaʃʃama] *Äg.* Hoffnung machen (ه *j-m*)

(**عشو**) عشا [ʕaʃaː, uː] nachtblind sein; **II** عشى [ʕaʃʃaː] das Abendessen geben; **V** تعشى [ta'ʕaʃʃaː] zu Abend essen

عشوائي [ʕaʃ'waːʔiː] planlos

عشوة [ʕaʃwa] Dunkelheit *f*; Abendessen *n*

عشير [ʕa'ʃiːr], *pl.* عشراء [ʕuʃa'raːʔ] (2) Gefährte *m*; ~ة, *pl.* عشائر [ʕa'ʃaːʔir] (2) Sippe *f*, (Volks-)Stamm *m*; *pl. a.* Beduinen *m/pl.*

عشيق [ʕa'ʃiːq] Geliebte(r); ~ـة Geliebte *f*

عشية [ʕa'ʃiːja] Abend *m*; Vorabend *m*

عصا [ʕasɒn] *f*, *pl.* عصي [ʕi'siːj, ʕu'siːj] Stock *m*, Stab *m*

عصاب [ʕu'sɒːb] Neurose *f*

عصابة [ʕi'sɒːba] **1.** Bande *f*; Clique *f*; **2.** *pl.* عصائب [ʕa'sɒːʔib] (2) Binde *f*, Verband *m*

[1]**عصارة** [ʕɒ'ssɒːra] Presse *f* (*zum Auspressen*)

[2]**عصارة** [ʕu'sɒːra] Saft *m*

عصافة [ʕu'sɒːfa] Spreu *f*

عصامي [ʕi'sɒːmiː] durch eigene Tüchtigkeit hochgekommen; Selfmademan *m*

عصاية [ʕa'sɒːja] *Äg.* = عصا

[1]**عصب** [ʕasɒba, i] *u.* **II** [ʕɒssɒba] umwickeln, verbinden; **V** تعصب [ta'ʕɒssɒba] fanatisch sein; Partei ergreifen (لـ für *A*)

[2]**عصب** [ʕasɒb], *pl.* أعصاب [ʔaʕ'sɒːb] Nerv *m*

عصبة [ʕusba], *pl.* عصب [ʕusɒb] Bund *m*, Liga *f*

عصبي [ʕasɒbiː] Nerven-, nervös; ~ـة **1.** Nervosität *f*; **2.** Fanatismus *m*, Parteigeist *m*; Stammesbewußtsein *n*; Gemeinschaftsgeist *m*

[1]**عصر** [ʕasɒra, i] auspressen, auswringen; **III** عاصر [ʕaːsɒra] Zeitgenosse sein (ه *j-s*); (mit)erleben; **VIII** اعتصر [iʕ'tasɒra] auspressen

[2]**عصر** [ʕɒsr] **1.** Auspressen *n*; **2.** *pl.* عصور [ʕu'suːr] Zeitalter *n*, Epoche *f*, Periode *f*; الـ~ الحجري Steinzeit *f*; العصور الوسطى Mittelalter *n*; **3.** *pl.* عصار [ʕa'sɒːrin] Nachmittag *m*; *f Isl.* Nachmittagsgebet *n*

عصري [ʕɒsriː] modern; ~ـة Modernität *f*; Modernismus *m*

عصف [ʕasɒfa, i] *Wind*: stürmen, heftig wehen

عصفة [ʕɒsfa] Windstoß *m*

عصفور [ʕus'fuːr], *pl.* عصافير [ʕasɒː'fiːr] (2) Sperling *m*, Spatz *m*; ~ة *Äg.* (*hölzerner*) Zapfen, Pflock *m*

عصم [ʕasɒma, i] schützen, bewahren; **VIII** اعتصم [iʕ'tasɒma] Schutz suchen (ب bei *D*); *Schweigen* (ب) bewahren; sich (aus Protest) hinsetzen *od.* hinlegen

عصمة [ʕɨsma] Reinheit *f*, Sündlosigkeit *f*; Unfehlbarkeit *f*; Schutz *m*, Bewahrung *f*

1**عصى** [ʕasɒː, iː] sich auflehnen, rebellieren (ه gegen *A*); **X** استعصى [is'taʕsɒː] widerstehen, trotzen (على *D*); *Krankheit*: hartnäckig sein

2**عصي** [ʕa'sɨːj] sich widersetzend (على *e-r Sache*)

عصيان [ʕɨs'jaːn] Ungehorsam *m*; Aufstand *m*, Rebellion *f*

عصيب [ʕa'sɨːb] kritisch, schwierig

عصير [ʕa'sɨːr], *pl.* عصائر [ʕa'sɒːʔir] (2) (Frucht-)Saft *m*

عصية [ʕu'sɒjja] Stäbchen *n*; Bazillus *m*

عض [ʕađđɒ, a] beißen; *Hunger*: quälen

عضال [ʕu'đɒːl] unheilbar

1**عضد** [ʕađɒda, u] *u.* **II** [ʕađđɒda] unterstützen

2**عضد** [ʕađud], *pl.* أعضاد [ʔaʕ'đɒːd] Oberarm *m*; Stütze *f*

1(**عضل**) **IV** أعضل [ʔaʕđɒla] schwierig sein (ه für *A*)

2**عضل** [ʕađɒl] *koll.* Muskeln *m/pl.*

عضلة [ʕađɒla] Muskel *m*

عضلي [ʕađɒliː] Muskel-

عضة [ʕɒđđɒ] Biß *m*

عضو [ʕuđw], *pl.* أعضاء [ʔaʕ'đɒːʔ] Glied *n*, Organ *n*; Mitglied *n*; أعضاء تناسلية Geschlechtsorgane *n/pl.*; ~ فخري Ehrenmitglied *n*; ~ي organisch; غير ~ anorganisch; ~ية Mitgliedschaft *f*

عطاء [ʕa'tɒːʔ] Gegebene(s), Leistung *f*; *pl.* أعطية [ʔaʕtɨja] Gabe *f*, Geschenk *n*; *Hdl.* Angebot *n*

عطار [ʕɒ'ttɒːr] Drogist *m*; Gewürzhändler *m*

عطارد [ʕu'tɒːrid] (2) *Astr.* Merkur *m*

عطاس [ʕu'tɒːs] Niesen *n*

عطالة [ʕa'tɒːla] Arbeitslosigkeit *f*

1**عطب** [ʕatɨba, a] beschädigt werden; **II** [ʕɒttɒba] *u.* **IV** أعطب [ʔaʕtɒba] beschädigen

2**عطب** [ʕatɒb] Beschädigung *f*, Schaden *m*, Panne *f*

1**عطر** **II** [ʕɒttɒra] parfümieren

2**عطر** [ʕɨtr], *pl.* عطور [ʕu'tuːr] Parfüm *n*, Wohlgeruch *m*; ~ي wohlriechend, aromatisch

عطس [ʕatɒsa, i] niesen

1**عطش** [ʕatɨʃa, a] durstig sein; **V** تعطش [ta'ʕɒttɒʃa] dürsten

2**عطش** [ʕatɒʃ] Durst *m*

3**عطش** [ʕatɨʃ] durstig

عطشان [ˤɒtˈʃaːn], *f* عطشى [ˤɒtʃaː], *pl.* عطاش [ˤiˈtɒːʃ] durstig

[1]**عطف** [ˤatɒfa, i] zugetan sein (على *j-m*), Sympathie empfinden (على für *A*); Mitleid haben (على mit); biegen; **II** [ˤɒttɒfa] Mitgefühl *od.* Mitleid erwecken (على für *A*); **V** تعطف [taˈˤɒttɒfa] mitfühlen (على mit *D*); **VI** تعاطف [taˈˤaːtɒfa] sympathisieren (مع mit *D*); **VII** انعطف [inˈˤatɒfa] sich biegen, gekrümmt sein; *Auto*: abbiegen; **X** استعطف [isˈtaˤtɒfa] um Mitleid bitten

[2]**عطف** [ˤɒtf] Zuneigung *f*, Sympathie *f*; Mitgefühl *n*; ~ حرف *Gr.* koordinierende Konjunktion

[3]**عطف** [ˤitf], *pl.* أعطاف [ʔaˤˈtɒːf] Seite *f des Körpers*

عطفة [ˤɒtfa] Windung *f*, Krümmung *f*; *Äg.* Gasse *f*

[1]**عطل** [ˤatɒla, u] arbeitslos sein; — [ˤatila, a] entbehren (من *G*); **II** [ˤɒttɒla] stillegen, außer Betrieb setzen; *Motor* abstellen; *Tätigkeit* einstellen; behindern; kampfunfähig machen; **V** تعطل [taˈˤɒttɒla] *Maschine*: aussetzen, zum Stehen kommen; unterbrochen sein; arbeitslos sein

[2]**عطل** [ˤutl], *pl.* أعطال [ʔaˤˈtɒːl] Schaden *m*, Panne *f*; ـة~ Urlaub *m*, Ferien *pl.*; Feiertag *m*

عطن [ˤatina, a] faulen

(**عطو**) **III** عاطى [ˤaːtɒː] geben (ه *j-m*); **IV** أعطى [ʔaˤtɒː] geben; gewähren, schenken (ه *j-m*); **VI** تعاطى [taˈˤaːtɒː] zu sich nehmen, *Medizin* einnehmen; ausüben, betreiben

عطوف [ˤaˈtuːf] gütig, mitleidig

عطية [ˤaˈtiːja], *pl.* عطايا [ˤaˈtɒːjaː] Gabe *f*, Geschenk *n*

عظام → [2]عظم *u.* عظيم; ـي~ [ˤiˈðɒːmiː] aristokratisch

[1]**عظم** [ˤaðuma, u] groß, gewaltig sein; großartig sein; **II** [ˤaððɒma] verherrlichen; **IV** أعظم [ʔaˤðɒma] verherrlichen; für bedeutend halten; **V** تعظم [taˈˤɒððɒma] hochmütig sein; **VI** تعاظم [taˈˤaːðɒma] (immer) größer werden

[2]**عظم** [ˤɒðm], *pl.* عظام [ˤiˈðɒːm] *u.* أعظم [ʔaˤðum] Knochen *m*

[3]**عظم** [ˤiðɒm] Größe *f*, Mächtigkeit *f*; Großartigkeit *f*

عظمة [ˤaðɒma] Größe *f*, Erhabenheit *f*

[1]**عظمي** [ˤɒðmiː] Knochen-

[2]**عظمى** [ˤuðmaː] *f el. zu* أعظم

عظة [ˤiðɒ] Ermahnung *f*; Predigt *f*

عظيم [ˤaˈðiːm], *pl.* عظام [ˤiˈðɒːm] *u.* عظماء [ˤuðɒˈmaːʔ] (2) groß, gewaltig, mächtig; großartig, prächtig; bedeutend; ـة~, *pl.* عظائم [ˤaˈðɒːʔim] (2) gewaltige(s) *od.* schreckliche(s) Ding

[1]**عف** [ˤaffa, i] sich enthalten (عن *G*); züchtig, keusch sein

[2]**عف** [ˤaff] tugendhaft

عفاء [ʕa'faːʔ] Verschwinden *n*, Untergang *m*

عفار [ʕu'faːr] *Äg*. Staub *m*

عفارم [ʕa'faːrim] *Äg*. bravo!

عفارة [ʕa'ffaːra] Zerstäuber *m*

عفاف [ʕa'faːf] → عفة

عفر **II** [ʕaffara] mit Staub bedekken

عفرتة [ʕafrata] Teufelei *f*, böse(r) Streich

عفريت [ʕif'riːt], *pl*. عفاريت [ʕafaː'riːt] (2) Dämon *m*, Teufel *m*; *Äg*. Lausbub *m*; ~ة Dämonin *f*; [ʕaf'riːta] Overall *m*; Wagenheber *m*

عفش [ʕafʃ] Hausrat *m*; *Äg*. Gepäck *n*, Sachen *f/pl*.

عفص [ʕafs] *koll*. Galläpfel *m/pl*.

1**عفن** [ʕafina, a] *u*. **V** تعفن [ta'ʕaffana] faulen, verwesen; schimmeln

2**عفن** [ʕafan] Fäulnis *f*

3**عفن** [ʕafin] faul, verdorben; verschimmelt; *Med*. septisch

عفة [ʕiffa] Tugendhaftigkeit *f*, Anständigkeit *f*, Keuschheit *f*, Züchtigkeit *f*

1**(عفو)** عفا [ʕafaː, uː] auslöschen, tilgen; verzeihen (عن *j-m*); begnadigen (عن *j-n*); **II** عفى [ʕaffaː] auslöschen, verwischen; **III** عافى [ʕaːfaː] gesund machen; **IV** أعفى [ʔaʕfaː] befreien, ausnehmen, dispensieren (من/عن von *D*); **X** استعفى [is'taʕfaː] um Befreiung *od*. Entlastung bitten

2**عفو** [ʕafw] Verzeihung *f*; Begnadigung *f*, Amnestie *f*; ~ا [-an] *u*. الـ~ Verzeihung!; bitte! (*als Antwort auf*: *danke!*)

عفوصة [ʕu'fuːsɒ] Herbheit *f*

عفونة [ʕu'fuːna] Fäulnis *f*

عفوي [ʕaf(a)wiː] spontan; ~ة Spontaneität *f*

عفي [ʕa'fiːj] stark, kräftig

عفيف [ʕa'fiːf] tugendhaft, keusch, züchtig

عق [ʕaqq] *Kind*: ungehorsam

1**عقاب** [ʕu'qaːb], *pl*. عقبان [ʕiq'baːn] Adler *m*

2**عقاب** [ʕi'qaːb], *pl*. [-aːt] Strafe *f*

1**عقار** [ʕa'qaːr], *pl*. [-aːt] Grundstück *n*; Grundbesitz *m*

2**عقار** [ʕa'qqaːr], *pl*. عقاقير [ʕaqaː'qiːr] (2) Droge *f*, Arznei *f*

عقاري [ʕa'qaːriː] Grundstücks-, Immobilien-

عقال [ʕi'qaːl], *pl*. عقل [ʕuqul] Kopfband *n zum Festhalten des Kopftuches* كوفية; Fessel *f*

عقائدي [ʕa'qaːʔidiː] dogmatisch; ideologisch

1**عقب** [ʕaqaba, u] (nach)folgen; **II** [ʕaqqaba] kommentieren (على *A*), **III** عاقب [ʕaːqaba] bestrafen (ه *j-n*, على *etwas*); **IV** أعقب [ʔaʕqaba] folgen; *Nachkommen* hinterlassen; **V** تعقب [ta'ʕaqqaba] verfolgen; **VI** تعاقب [ta'ʕaːqaba] aufeinanderfolgen

[2]**عقب** [ʕaqb, ʕaqib], *pl.* أعقاب [ʔaʕ'qaːb] Ferse *f*; ~ [ʕaqiba] *Präp.* sofort nach, im Anschluß an; في أعقاب (unmittelbar) nach

[3]**عقب** [ʕuqb], *pl.* أعقاب [ʔaʕ'qaːb] (*Zigaretten-*)Stummel *m*

عقبة [ʕaqaba], *pl.* [-aːt] *u.* عقاب [ʕi'qaːb] Schwierigkeit *f*, Hindernis *n*

عقبى [ʕuqbaː] Folge *f*, Ergebnis *n*; Ausgang *m*

[1]**عقد** [ʕaqada, i] *Versammlung* abhalten; *Vertrag* schließen; knüpfen, knoten; **II** [ʕaqqada] kompliziert machen; (fest) verknoten; **V** تعقد [ta'ʕaqqada] kompliziert sein; verknotet sein; **VI** تعاقد [ta'ʕaːqada] e-n Vertrag schließen (على über *A*); **VII** انعقد [in'ʕaqada] *Konferenz*: abgehalten werden, stattfinden; verknotet werden; **VIII** اعتقد [iʕ'taqada] glauben

[2]**عقد** [ʕaqd] **1.** Knüpfen *n*; Abhaltung *f e-r Sitzung*; Abschluß *m e-s Vertrages*; **2.** *pl.* عقود [ʕu'quːd] Vertrag *m*, Kontrakt *m*; Jahrzehnt *n*; (*Tor-*)Bogen *m*

[3]**عقد** [ʕiqd], *pl.* عقود [ʕu'quːd] Halskette *f*

عقدة [ʕuqda], *pl.* عقد [ʕuqad] Knoten *m* (*a. Seemeile*); *Lit.* Verwicklung *f*, Konflikt *m*; *Psych.* Komplex *m*

عقر [ʕuqr] **1.** Unfruchtbarkeit *f*; **2.**: في ~ داره in s-m eigenen Haus *od.* Land

عقرب [ʕaqrab], *pl.* عقارب [ʕa'qaːrib] (2) Skorpion *m*; Zeiger *m der Uhr*

عقف [ʕaqafa, i] krümmen, biegen

[1]**عقل** [ʕaqla, i] **1.** vernünftig sein, Verstand haben; begreifen, verstehen; **2.** *Tier* anbinden; **V** تعقل [ta'ʕaqqala] vernünftig, einsichtig sein; **VIII** اعتقل [iʕ'taqala] verhaften, internieren

[2]**عقل** [ʕaql], *pl.* عقول [ʕu'quːl] Verstand *m*, Vernunft *f*, Geist *m*, Intellekt *m*

عقلاني [ʕaq'laːniː] rational

عقلة [ʕuqla], *pl.* عقل [ʕuqal] Knöchel *m des Fingers*; Knoten *m des Halmes*; Steckreis *n*; *Sport*: Reck *n*

عقلي [ʕaqliː] Geistes-, intellektuell; rational; ~ة Geisteshaltung *f*, Mentalität *f*

[1]**عقم** [ʕaqama, u] unfruchtbar sein; **II** [ʕaqqama] sterilisieren; desinfizieren

[2]**عقم** [ʕuqm] Sterilität *f*

عقوبة [ʕu'quːba] Strafe *f*, Bestrafung *f*; Sanktion *f*

عقور [ʕa'quːr] bissig

عقول [ʕa'quːl] verständig, einsichtig; *Med.* stopfend

عقيب [ʕa'qiːba] *Präp.* sofort nach, im Anschluß an

عقيد [ʕa'qiːd], *pl.* عقداء [ʕuqa'daːʔ]

(2) Oberst *m*; *Lib.* Oberstleutnant *m*; ة~, *pl.* عقائد [ʕa'qaːʔid] (2) Glaube *m*, Bekenntnis *n*, Überzeugung *f*; Doktrin *f*, Dogma *n*

عقيرة [ʕa'qiːra] Stimme *f*

عقيق [ʕa'qiːq] Karneol *m*; يماني ~ Achat *m*

عقيلة [ʕa'qiːla], *pl.* عقائل [ʕa'qaːʔil] (2) Gattin *f*

عقيم [ʕa'qiːm] steril, unfruchtbar

عك [ʕakka, u] *Äg.* durcheinanderbringen

عكاز [ʕu'kkaːz] *u.* ة~, *pl.* عكاكيز [ʕakaː'kiːz] (2) Krücke *f*

1**عكر** [ʕakira, a] trübe sein; **II** [ʕakkara] trüben; stören; **V** تعكر [ta'ʕakkara] trübe werden, sich trüben

2**عكر** [ʕakar] Trübheit *f*

3**عكر** [ʕakir] trübe

1**عكس** [ʕakasa, i] widerspiegeln, reflektieren; **III** عاكس [ʕaːkasa] entgegenarbeiten (ه *j-m*); belästigen; necken; **VI** تعاكس [ta'ʕaːkasa] einander entgegengesetzt sein; **VII** انعكس [in'ʕakasa] reflektiert werden; sich auswirken (على auf *A*)

2**عكس** [ʕaks] Gegenteil *n*; Reflektierung *f*; بالـ~ im Gegenteil, umgekehrt; ~ي gegenteilig

عكف [ʕakafa, i] sich beschäftigen (على mit *D*), sich widmen (على *e-r Sache*); verweilen; **VIII** اعتكف [iʕ'takafa] sich zurückziehen; sich widmen (إلى *e-r Sache*)

عكيس [ʕa'kiːs] Ableger *m e-r Pflanze*

1**عل** *Pass.* [ʕulla] krank sein; **II** علل [ʕallala] begründen, motivieren; hinhalten (ه ب mit *D*); نفسه ~ ب sich der Hoffnung hingeben, daß; **V** تعلل [ta'ʕallala] vorbringen (ب *Entschuldigung*); sich zerstreuen; **VIII** اعتل [iʕ'talla] krank sein; *Gr.* schwach sein; vorschützen, vorgeben (ب *A*)

2**عل** [ʕalu]: من ~ von oben

3**عل** [ʕalla] = لعل

علاء [ʕa'laːʔ] Höhe *f*; hohe(r) Rang

علاج [ʕi'laːdʒ] Behandlung *f* (*a. Med.*), Therapie *f*; Kur *f*; تحت ~ in Behandlung; ~ي Heil-, therapeutisch

علاف [ʕa'llaːf] Futtermittelhändler *m*

1**علاقة** [ʕa'laːqa], *pl.* [-aːt] *u.* علائق [ʕa'laːʔiq] (2) Beziehung *f*, Verbindung *f*, Zusammenhang *m*; *pl. a.* Verhältnisse *n*/*pl.*

2**علاقة** [ʕa'llaːqa] Kleiderbügel *m*; Gurt *m*, Aufhängeriemen *m*

علام [ʕa'laːma] = على ما

1**علامة** [ʕa'laːma], *pl.* علائم [ʕa'laːʔim] (2) Zeichen *n*, Marke *f*; Kennzeichen *n*

2**علامة** [ʕa'llaːma] *m* hochgelehrt; Gelehrte(r)

علانية [ʕa'laːnija] Öffentlichkeit *f*, Offenheit *f*

علاوة [ʕi'laːwa] Zulage *f zum Gehalt*; Zuschuß *m*; Lohnerhöhung *f*; على ~ [-tan] zusätzlich zu

علب II [ʕallaba] konservieren, in Dosen einlegen

علبة [ʕulba], *pl.* علب [ʕulab] Schachtel *f*, Dose *f*, Büchse *f*

(**علج**) **III** عالج [ʕaːladʒa] *e-n Kranken, ein Thema* behandeln; bearbeiten; *Mangel* beheben; **VI** تعالج [ta'ʕaːladʒa] behandelt werden; **VIII** اعتلج [iʕ'taladʒa] wogen, erregt sein

علشان [ʕala'ʃaːn] *Äg. umg.* weil; wegen

[1]**علف** [ʕalafa, i] *Vieh* füttern

[2]**علف** [ʕalaf], *pl.* أعلاف [ʔaʕ'laːf] Futter(mittel) *n*

[1]**علق** [ʕaliqa, a] hängen, hängenbleiben, haften; **II** [ʕallaqa] hängen, aufhängen, festmachen; *Hoffnungen* knüpfen (على an *A*); suspendieren; kommentieren (على *A*); **V** تعلق [ta'ʕallaqa] *a. fig.* hängen (ب an *D*); zusammenhängen (ب mit *D*); abhängen, abhängig sein (ب von *D*)

[2]**علق** [ʕalaq] *koll.* (Blut-)Egel *m* (*pl.*); geronnene(s) Blut

علقم [ʕalqam] **1.** *koll.* Koloquinte(n *pl.*) *f*; **2.** Bitternis *f*

[1]**علقة** [ʕalaqa] (Blut-)Egel *m*

[2]**علقة** [ʕalqa] Tracht *f* Prügel

[1]**علك** [ʕalaka, u, i] kauen

[2]**علك** [ʕilk] Kaugummi *m*

[1]**علم** [ʕalima, a] wissen; Kenntnis haben (ب von *D*); erfahren; **II** [ʕallama] lehren, unterrichten; markieren; **IV** أعلم [ʔaʕlama] wissen lassen, informieren; **V** تعلم [ta'ʕallama] lernen; **X** استعلم [is'taʕlama] sich erkundigen (عن nach *D*)

[2]**علم** [ʕalam], *pl.* أعلام [ʔaʕ'laːm] Fahne *f*, Flagge *f*; Symbol *n* (على für *A*); große Persönlichkeit; Eigenname *m*

[3]**علم** [ʕilm] Wissen *n*, Kenntnis *f*; ~ا بأن [-an] wobei (zu sagen ist, daß); *pl.* علوم [ʕu'luːm] Wissenschaft *f*; كلية العلوم naturwissenschaftliche Fakultät

علماني [ʕal'maːniː] säkular; laizistisch

علمي [ʕilmiː] wissenschaftlich

(**علن**) **IV** أعلن [ʔaʕlana] bekanntmachen, verkünden; proklamieren (هـ/عن *A*); annoncieren

علنا [ʕalanan] *Adv.* offen, öffentlich

علني [ʕalaniː] öffentlich

علة [ʕilla], *pl.* علل [ʕilal] **1.** Mangel *m*, Fehler *m*; Schwäche *f*; Krankheit *f*; **2.** Ursache *f*; Vorwand *m*, Ausrede *f*

[1](**علو**) علا [ʕalaː, uː] hoch sein; sich erheben, (an-, auf)steigen; besteigen; höher sein (عن als), überragen, übersteigen (هـ/عن *A*); *j-s Gesicht* überziehen; **II** على

ع

[ʕallaː] erhöhen; *Stimme* erheben; **IV** أعلى [ʔaʕlaː] erhöhen; **V** تعلى [taˈʕallaː] höher werden; **VI** تعالى [taˈʕaːlaː] *Gott*: erhaben sein; sich erheben; تعال [taˈʕaːla] *Imp.* komm!; **VIII** اعتلى [iʕˈtalaː] erklettern, besteigen; **X** استعلى [isˈtaʕlaː] sich erheben (على über *A*)

[2]**علو** [ʕuˈluːw] Höhe *f*; Größe *f*, Erhabenheit *f*

[1]**علوي** [ʕalawiː] alawitisch

[2]**علوي** [ʕulwiː] obere(r), Ober-

[1]**على** [ʕalaː] *Präp.* auf, an; bei; gemäß; gegen; zuungunsten von (*Gegens.* ل); ~ أن wobei, unter der Voraussetzung, daß; ~ أن [ʔanna] allerdings; عليه أن [ʕaˈlaihiː ʔan] er muß; وعليه فـ demgemäß, so; عليه لي er schuldet mir; ما علينا was liegt (uns) daran, was kümmert es uns; ما هو عليه der Zustand, in dem er ist; ~ ما يقال [juˈqaːl] wie man sagt, wie es heißt; ~ ضوء + *G*: im Lichte *G*; ~ يده [jadihi] durch ihn (*wörtlich*: s-e Hand)

[2]**على** [ʕulan] Größe *f*, Erhabenheit *f*

[3]**علي** [ʕaˈliːj] hoch, erhaben; *Beiname Gottes*; Ali *npr. m*

عليا → أعلى

علياء [ʕalˈjaːʔ] Höhe *f*; *a. npr. f*

[1]**عليق** [ʕaˈliːq] (Vieh-)Futter *n*

[2]**عليق** [ʕuˈllaiq] *koll.* Brombeerstrauch *m*; Dornbusch *m*

عليل [ʕaˈliːl] **1.** angenehm, lind, sanft; **2.** *pl.* أعلاء [ʔaʕiˈllaːʔ] (2) krank

عليم [ʕaˈliːm] wissend (ب um *A*); *Beiname Gottes*

عليه [ʕaˈlaihi] auf ihm, darauf; → [1]على

[1]**علية** [ʕuˈlliːja] Mansarde *f*

[2]**علية** [ʕilja]: ~ الناس Oberschicht *f*

[1]**عم** [ʕamma, u] allgemein (verbreitet) sein; umfassen, erfassen; **II** عمم [ʕammama] **1.** popularisieren; verallgemeinern; **2.** mit e-m Turban bekleiden; **V** تعمم [taˈʕammama] e-n Turban aufsetzen

[2]**عم** [ʕamm], *pl.* أعمام [ʔaʕˈmaːm] Onkel *m väterlicherseits*; ابن الـ~ Vetter *m*, Cousin *m väterlicherseits*; بنت الـ~ Base *f*, Cousine *f väterlicherseits*

[3]**عم** [ʕamma] = عن ما

عما [ʕammaː] = عن ما

عماد [ʕiˈmaːd] **1.** Stütze *f*, Pfeiler *m*; **2.** Taufe *f*; ~ة Dekanat *n*

عمارة [ʕiˈmaːra], *pl.* [-aːt] Gebäude *n*; فن الـ~ Baukunst *f*

عمال → عامل

عمالة [ʕaˈmaːla] **1.** Arbeiterschaft *f*; *Ök.* Beschäftigung *f*; **2.** *Mar.* Präfektur *f*

عمالي [ʕuˈmmaːliː] Arbeiter-

عمامة [ʕiˈmaːma], *pl.* عمائم [ʕaˈmaːʔim] (2) Turban *m*

[1]عمان [ʕa'mmaːn] (2) *Geo.* Amman

[2]عمان [ʕu'maːn] (2) *Geo.* Oman

[1]عمد [ʕamada, i] darangehen (إلى *etwas zu tun*), schreiten (إلى zu *D*); bedacht sein (إلى auf *A*); **II** [ʕammada] taufen; **V** تعمد [ta'ʕammada] absichtlich tun; getauft werden; **VIII** اعتمد [iʕ'tamada] sich stützen; sich verlassen, vertrauen (على auf *A*); bestätigen, beglaubigen; *Gelder* bereitstellen

[2]عمد [ʕamd] Absicht *f*; *Jur.* Vorsatz *m*; ا~ [-an] *Adv.* absichtlich, vorsätzlich

عمدة [ʕumda] **1.** Stütze *f*; **2.** Bürgermeister *m*

عمدي [ʕamdiː] absichtlich, vorsätzlich

[1]عمر [ʕamara, u] *Land*: in Blüte stehen; bevölkert sein; mit Leben erfüllen; bewohnen; **II** [ʕammara] (wieder)aufbauen; bevölkern; reparieren; füllen, *Gewehr* laden, *Pfeife* stopfen; *Gott*: ein langes Leben schenken; **IV** أعمر [ʔaʕmara] aufbauen; **X** استعمر [is'taʕmara] kolonisieren

[2]عمر [ʕumr], *pl.* أعمار [ʔaʕ'maːr] Leben *n*; (Lebens-)Alter *n*; Lebensdauer *f*; لعمري [la-ʕamriː] bei meinem Leben!; ذات العمرين [ðaːt al-ʕum'rain] Amphibie *f*

[3]عمر [ʕumar] (2) Omar *npr. m*

عمران [ʕum'raːn] Bau *m*, Bauwesen *n*; Bevölkertsein *n e-s Landes*; ~ي Bau-, (städte)baulich

[1]عمرة [ʕamra] *Äg.* Reparatur *f*; Kopfbedeckung *f*

[2]عمرة [ʕumra] *Isl.* »kleine« Wallfahrt

عمرو [ʕamr] Amr *npr. m*

[1]عمق [ʕamuqa, u] tief sein; **II** [ʕammaqa] vertiefen; **V** تعمق [ta'ʕammaqa] tief eindringen, sich vertiefen

[2]عمق [ʕumq], *pl.* أعماق [ʔaʕ'maːq] Tiefe *f*

[1]عمل [ʕamila, a] tun, machen; arbeiten; handeln; funktionieren; hinwirken, hinarbeiten (على auf *A*); *Gr.* Rektion ausüben (في auf *A*); **III** عامل [ʕaːmala] behandeln; umgehen (ه mit *D*); **IV** أعمل wirken lassen; **VI** تعامل [ta'ʕaːmala] umgehen (مع mit *D*); in Geschäftsbeziehung stehen; **VIII** اعتمل [iʕ'tamala] wirken; **X** استعمل [is'taʕmala] verwenden, gebrauchen, benutzen

[2]عمل [ʕamal] Tun *n*, Handeln *n*; Herstellung *f*; Hinarbeiten *n* (على auf *A*); *pl.* أعمال [ʔaʕ'maːl] Arbeit *f*, Tätigkeit *f*; Tat *f*, Handlung *f*, Aktion *f*; Geschäft *n*; الـ~ ب Gültigkeit *f e-s Gesetzes*; ~ا ب [-an] in Durchführung *e-r Sache*; رجل أعمال Geschäftsmann *m*

ع

عملاق [ʕim'laːq] riesig; *pl.* عمالقة [ʕa'maːliqa] Riese *m*

[1]**عملة** [ʕamla] böse Tat, Streich *m*

[2]**عملة** [ʕumla] Währung *f*

عملي [ʕamaliː] praktisch; ~ياتي [-'jaːtiː] operativ, Operations-; ~ة [-ja] Aktion *f*, *a. Mil.* Operation *f*; Prozeß *m*, Vorgang *m*; Verfahren *n*; Arbeit *f*

عمن [ʕamman] = عن من

عمة [ʕamma] Tante *f väterlicherseits*

عمود [ʕa'muːd], *pl.* أعمدة [ʔaʕ-mida] Säule *f*, Pfeiler *m*; Pfahl *m*; Schaft *m*, Stiel *m*; Spalte *f*, Kolumne *f*; فقري ~ Wirbelsäule *f*; ~ي senkrecht, vertikal

عمولة [ʕu'muːla] Provision *f*, Vermittlungsgebühr *f*

عموم [ʕu'muːm] Allgemeinheit *f*, Gesamtheit *f*; ~ا [-an] *Adv.* *u.* على الـ~ im allgemeinen; ~ي öffentlich; Staats-; General-

[1]**عمي** [ʕamija, aː] blind sein; erblinden; **II** عمى [ʕammaː] *u.* **IV** أعمى [ʔaʕmaː] blind machen, blenden; **VI** تعامى [ta'ʕaː-maː] sich blind stellen (عن gegenüber *D*)

[2]**عمى** [ʕaman] Blindheit *f*; → أعمى

عميان → أعمى

عميد [ʕa'miːd], *pl.* عمداء [ʕuma-'daːʔ] (2) Oberhaupt *n*; Dekan *m e-r Fakultät*; *Dipl.* Doyen *m*; *Mil.* Brigadegeneral *m*

عميق [ʕa'miːq] tief

عميل [ʕa'miːl], *pl.* عملاء [ʕuma'laːʔ] (2) Kunde *m*, Klient *m*; Agent *m*; Handlanger *m*, Lakai *m*

عميم [ʕa'miːm] allgemein

[1]**عن** [ʕan] *Präp.* von, von weg; über *ein Thema*; (stellvertretend) für; حق ~ mit Recht; طريق ~ über, via; mittels; قريب ~ bald; ما ~ von dem, was; من ~ von dem, der; von wem

[2]**عن** [ʕanna, i] einfallen (ل *j-m*)

عناء [ʕa'naːʔ] Mühe *f*, Plage *f*

عناد [ʕi'naːd] Widerstand *m*; Starrsinn *m*, Trotz *m*

عناق [ʕi'naːq] Umarmung *f*

[1]**عنان** [ʕa'naːn] *koll.* Wolken *f/pl.*

[2]**عنان** [ʕi'naːn], *pl.* أعنة [ʔa'ʕinna] Zügel *m*, Zaum *m*

عناية [ʕi'naːja] Sorgfalt *f*, Aufmerksamkeit *f*; Fürsorge *f*

عنب [ʕinab] *koll.*, *sg.* ~ة Weintrauben *f/pl.*

عنبر [ʕambar] **1.** Ambra *f*; **2.** *pl.* عنابر [ʕa'naːbir] (2) (Werk-)Halle *f*; Speicher *m*, Schuppen *m*; Baracke *f*

[1]**عنت** [ʕanita, a] in Bedrängnis sein; **IV** أعنت [ʔaʕnata] drangsalieren; **V** تعنت [ta'ʕannata] zusetzen (ه *j-m*); verbohrt sein

[2]**عنت** [ʕanat] Qual *f*

عنترة [ʕantara] Antara (*Held e-s Ritterromans*)

ع

عنجهية [ʕundʒu'hiːja] Hochmut *m*, Arroganz *f*

[1]**عند** [ʕanada, i] widerspenstig, trotzig sein; **III** عاند [ʕaːnada] sich widersetzen (ه *j-m*)

[2]**عند** [ʕinda] *Präp.* bei; ~ي bei mir; ich habe; ~ك [ʕindak] *umg.* halt!; من ~ه [min ʕindihi] von ihm weg, aus s-m Haus; ما ~ك was meinst du?

عندليب [ʕanda'liːb], *pl.* عنادل [ʕa-'naːdil] (2) Nachtigall *f*

عندما [ʕindamaː] als, sobald; wenn (*temporal*)

عندئذ [ʕin'daʔiðin] dann; damals

عنز [ʕanz] *koll.*, *sg.* ~ة, *pl.* أعنز [ʔaʕnuz] Ziege(n *pl.*) *f*

عنس [ʕanasa, u, i] unverheiratet bleiben

عنصر [ʕunsur], *pl.* عناصر [ʕa'naːsir] (2) Element *n*; (Arbeits-)Kraft *f*; Rasse *f*

عنصرة [ʕansɒra]: الـ~ Pfingsten *n*

عنصري [ʕunsuriː] rassisch, Rassen-; rassistisch; ~ة Rassismus *m*

[1]**عنف** **II** [ʕannafa] hart behandeln; schelten

[2]**عنف** [ʕunf] Gewalt *f*; Strenge *f*, Härte *f*, Heftigkeit *f*

عنفة [ʕanafa] Turbine *f*

عنفوان [ʕunfu'waːn] Blüte *f der Jugend*, Vollkraft *f*

[1](**عنق**) **III** عانق [ʕaːnaqa] umarmen; **VI** تعانق [taʕaːnaqa] sich umarmen; **VIII** اعتنق [iʕ'tanaqa] umarmen; übernehmen, *Religion* annehmen

[2]**عنق** [ʕunuq], *pl.* أعناق [ʔaʕ'naːq] Hals *m*

عنقود [ʕun'quːd], *pl.* عناقيد [ʕanaː-'qiːd] (2) (Wein-)Traube *f*

عنكبوت [ʕanka'buːt], *pl.* عناكب [ʕa-'naːkib] (2) Spinne *f*; بيت الـ~ Spinnennetz *n*

عنة [ʕunna] Impotenz *f*

(**عنو**) عنا [ʕanaː, uː] sich unterwerfen, sich demütigen

عنوان [ʕun'waːn], *pl.* عناوين [ʕanaː-'wiːn] (2) Adresse *f*, Anschrift *f*; Titel *m*, Überschrift *f*; Symbol *n* (على für *A*)

عنون [ʕanwana] adressieren; betiteln

عنوة [ʕanwa] Gewalt *f*; ~ [-tan] *Adv.* gewaltsam

عنى [ʕanaː, iː] bedeuten; meinen; angehen, betreffen, interessieren; *Pass.* عني [ʕunija] sich kümmern (ب um *A*); — عني [ʕanija, aː] sich abmühen; **II** [ʕannaː] Mühe machen; **III** عانى [ʕaːnaː] leiden (من an, unter *D*), durchmachen (من *A*); **VIII** اعتنى [iʕ'tanaː] sich kümmern, sich sorgen (ب um *A*); pflegen (ب *j-n*)

عنيد [ʕa'niːd], *pl.* عند [ʕunud] widerspenstig, hartnäckig

عنيف [ʕa'niːf] heftig, hart, *Kampf*: erbittert

عهارة [ʕa'haːra] Unzucht *f*

ع

[1]**عهد** [ʕahida, a] übertragen (إلى ب *j-m A*), betrauen, beauftragen (إلى ب *j-n* mit *D*); kennen; **III** عاهد [ʕaːhada] versprechen (على ه *j-m A*); **V** تعهد [ta'ʕahhada] sich verpflichten (ب ل *j-m* gegenüber zu *D*); sorgen (ـه für *A*); pflegen, unterhalten; **VI** تعاهد [ta'ʕaːhada] einander geloben

[2]**عهد** [ʕahd] **1.** Beauftragung *f* (إلى ب *j-s* mit *D*); **2.** Kenntnis *f*; ~ي بك أن [ʔanna] ich kenne dich als; **3.** *pl.* عهود [ʕu'huːd] Versprechen *n*; Gelübde *n*; *Chr.* Bund *m*; Zeit *f*, Epoche *f*; ~ال الجديد das Neue Testament; ~ال القديم das Alte Testament; حديث ~ال jüngeren Datums, neu, jung; قديم الـ~ lange vertraut (ب mit *D*)

عهدة [ʕuhda] Verantwortlichkeit *f*, Obhut *f*

عهدئذ [ʕah'daʔiðin] zu jener Zeit

عهر [ʕihr] Unzucht *f*

عهن [ʕihn] Wolle *f*

عواء [ʕu'waːʔ] Geheul *n*

عوام [ʕa'wwaːm] gute(r) Schwimmer

عوامل → عامل

عوامة [ʕa'wwaːma] Boje *f*; Ponton *m*; Schwimmkörper *m*, *Techn.* Schwimmer *m*; *Äg.* Hausboot *n*

عواميد → عامود

[1](**عوج**) عاج [ʕaːdʒa, uː] vorbeikommen (على bei *D*); gebogen sein; **II** [ʕawwadʒa] biegen, krümmen; **IX** اعوج [iʕ'waddʒa] sich krümmen; krumm, gebogen sein

[2]**عوج** [ʕiwadʒ] Krümmung *f*

[1](**عود**) عاد [ʕaːda, uː] zurückkehren, zurückkommen; zurückgehen (إلى auf *A*); gehören (ل/إلى *j-m*); gebühren, zukommen (ل *j-m*); bringen (ب *Nutzen*); + *A*: zu *etwas* werden; *Kranken* besuchen; *mit Impf.*: wieder *tun*; fortfahren zu; *mit Negation*: nicht mehr *tun*; يقول ~ er fuhr fort (in der Rede); لم يعد يشعر er spürt *od.* spürte nicht mehr; **II** [ʕawwada] gewöhnen (على an *A*); **III** عاود [ʕaːwada] wiederaufnehmen; **IV** أعاد [ʔa'ʕaːda] zurückgeben, zurückbringen, zurücksenden; wiederherstellen; wiederholen; النظر ~ في *etwas* überprüfen, revidieren; **V** تعود [ta'ʕawwada] sich gewöhnen (على/ـه an *A*); **VIII** اعتاد [iʕ'taːda] gewohnt sein (على/ـه *A*), gewöhnlich tun; **X** استعاد [ista'ʕaːda] wiedererlangen, wiedergewinnen

[2]**عود** [ʕaud] Rückkehr *f*; *Jur.* Rückfälligkeit *f*

[3]**عود** [ʕuːd] **1.** *pl.* عيدان [ʕiː'daːn] Stengel *m*, Halm *m*; الكبريت ~ Zündholz *n*; **2.** *pl.* أعواد [ʔaʕ'waːd] Laute *f* (*Saiteninstrument*); **3.** hart, unbeugsam

عودة [ʕauda] Rückkehr *f*

ع

[1](عوذ) عاذ [ʕaːða, uː] Schutz *od.* Zuflucht suchen (ب bei *D*); أعوذ بالله من [bi-'llaːhi] Gott bewahre mich vor ...!; **II** [ʕawwaða] durch ein Amulett schützen; **V** تعوذ [ta'ʕawwaða] = عاذ

[2]**عوذ** [ʕauð] Zufluchtnahme *f*

عور II [ʕawwara] e-s Auges berauben; beschädigen; **IV** أعار [ʔa'ʕaːra] leihen; **VI** تعاور [ta'ʕaːwara] nacheinander befallen; **VIII** اعتور [iʕ'tawara] überkommen, befallen; **X** استعار [ista'ʕaːra] borgen, entleihen

عورة [ʕaura] Scham *f*, Schamteile *m/pl.*; Blöße *f*, Schwäche *f*

[1](عوز) عاز [ʕaːza, uː] *umg.* brauchen; **IV** أعوز [ʔaʕwaza] fehlen, abgehen (ه *j-m*)

[2]**عوز** [ʕawaz] Bedürftigkeit *f*

[1]**عوض II** [ʕawwaɗɒ] ersetzen (عن *A*), entschädigen (عن für *A*); ausgleichen (عن *A*); **VIII** اعتاض [iʕ'taːɗɒ] als Ersatz nehmen; **X** استعاض [ista'ʕaːɗɒ] ersetzen (ب durch *A*)

[2]**عوض** [ʕiwɒɗ] Ersatz *m*; ~ا عن [-an] anstatt, als Ersatz für

[1](عوق) عاق [ʕaːqa, uː] behindern, hemmen; erschweren; hindern (عن an *D*); **II** [ʕawwaqa] *u.* **IV** أعاق [ʔa'ʕaːqa] behindern, hemmen; **V** تعوق [ta'ʕawwaqa] behindert werden

[2]**عوق** [ʕauq] (Be-)Hinderung *f*

(عول) عال [ʕaːla, uː] versorgen, ernähren, *Familie* erhalten; **II** [ʕawwala] sich verlassen, sich stützen (على auf *A*); **IV** أعال [ʔa'ʕaːla] = عال; — أعول [ʔaʕwala] heulen

[1](عوم) عام [ʕaːma, uː] schwimmen; **II** [ʕawwama] schwimmen machen; *Währung* floaten lassen; *Äg.* überfluten

[2]**عوم** [ʕaum] Schwimmen *n*

[1](عون) **III** عاون [ʕaːwana] *u.* **IV** أعان [ʔa'ʕaːna] helfen, beistehen (ه *j-m*), unterstützen (ه في *j-n* bei *D*); **VI** تعاون [ta'ʕaːwana] zusammenarbeiten; **X** استعان [ista'ʕaːna] um Hilfe bitten (ب *j-n*); zu Hilfe nehmen (ب *A*)

[2]**عون** [ʕaun] Hilfe *f*, Unterstützung *f*; *pl.* أعوان [ʔaʕ'waːn] Helfer *m*; *Tun.* Bedienstete(r)

عوى [ʕawaː, iː] heulen, jaulen

عويص [ʕa'wiːs] schwierig

عويل [ʕa'wiːl] Geheul *n*; *Äg.* Schnorrer *m*

عوينات [ʕuwai'naːt] *pl.* Brille *f*

[1]**عي** [ʕajja, a] unfähig sein (عن/ب zu), kein Wort hervorbringen; **IV** أعيا [ʔaʕjaː] über j-s (ه) Kraft gehen

[2]**عي** [ʕajj], *pl.* أعياء [ʔaʕ'jaːʔ] unfähig zu sprechen

[3]**عي** [ʕijj] Unfähigkeit *f* zu sprechen

عياء [ʕa'jaːʔ] Unfähigkeit *f*, Schwäche *f*; unheilbar

عيادة [ʕi'jaːda] (*Arzt-*)Praxis *f*; Klinik *f*; (Kranken-)Besuch *m*, Visite *f*

عيار [ʕi'jaːr] Eichen *n von Maßen*; *pl.* [-aːt] Karat *n* (*Maß für den Feingehalt*); Kaliber *n*; *pl.* أعيرة [ʔaʕjira] Schuß *m*

عياط [ʕi'jɒːʈ] Geschrei *n*

عيال → عيل; ـة~ [ʕi'jaːla] Versorgung *f*, Unterhalt *m e-r Familie*

[1]**عيان** [ʕa'jjaːn] *Äg. umg.* krank

[2]**عيان** [ʕi'jaːn] Sehen *n mit eigenen Augen*; ~ شاهد Augenzeuge *m*; ~للـ واضح klar (erkennbar)

[1]**(عيب)** عاب [ʕaːba, iː] zu bemängeln, auszusetzen sein (ـه/ه an *D*); tadeln; **II** [ʕajjaba] auszusetzen haben (على an *j-m*); sich lustig machen (على über *A*); beschädigen

[2]**عيب** [ʕaib], *pl.* عيوب [ʕu'juːb] Fehler *m*, Makel *m*; Schande *f*; ـة~ Makel *m*, Schande *f*

(عيث) عاث [ʕaːθa, iː] wüten, Unheil anrichten; verheeren

[1]**عيد** **II** [ʕajjada] ein Fest feiern; zu e-m Fest beglückwünschen; **III** عايد [ʕaːjada] zu e-m Fest beglückwünschen (على *j-n*)

[2]**عيد** [ʕiːd], *pl.* أعياد [ʔaʕ'jaːd] Fest *n*, Feiertag *m*; ـية~ Festgeschenk *n*

عير **II** [ʕajjara] Vorwürfe machen, schmähen; eichen, prüfen; **III** عاير [ʕaːjara] eichen, prüfen

عيرة [ʕiːra] *Zähne, Haar*: falsch

عيسى [ʕiːsaː] Jesus; *npr. m*

[1]**(عيش)** عاش [ʕaːʃa, iː] leben; ~ … es lebe …!; **II** [ʕajjaʃa] ernähren, unterhalten; **III** عايش [ʕaːjaʃa] zusammenleben (ه mit *D*); **IV** أعاش [ʔaʕaːʃa] am Leben erhalten; mit Proviant versorgen; **V** تعيش [ta'ʕajjaʃa] sein Auskommen haben; leben (من von *D*); **VI** تعايش [ta'ʕaːjaʃa] zusammenleben, koexistieren

[2]**عيش** [ʕaiʃ] Leben *n*; [ʕeːʃ] *bsd. Äg.* Brot *n*

عيشة [ʕiːʃa] Lebensweise *f*

عيط II [ʕajjaʈɒ] schreien; rufen (على nach *D*)

[1]**(عيف)** عاف [ʕaːfa, iː] Ekel empfinden (ـه vor *D*)

[2]**عيف** [ʕaif] Ekel *m*

عيل [ʕajjil], *pl.* عيال [ʕi'jaːl] zu ernährende(s) Familienmitglied, Kind *n*

[1]**عين** **II** [ʕajjana] bestimmen, festsetzen; *j-n* einstellen, *zu e-m Amt* ernennen; zuteilen (لـ *j-m*); **III** عاين [ʕaːjana] besichtigen, in Augenschein nehmen; **V** تعين [ta'ʕajjana] bestimmt, ernannt werden; ~ عليه er muß

[2]**عين** [ʕain] *f*, *pl.* عيون [ʕu'juːn] *u.* أعين [ʔaʕjun] Auge *n*; böse(r) Blick; Masche *f im Netz*; Öhr *n*; Quelle *f*; *pl.* أعيان [ʔaʕ'jaːn] bedeutende Persönlichkeit; ـا~ [-an] *Adv.* in Sachwerten; هو بعينه er

ع

selbst; ملأ ~ـه j-m gefallen; → رأس[3]

عينة [ʕajjina], *pl.* [-aːt] Muster *n*, Probe *f*

عيني [ʕainiː] Sach-, Natural-; *Jur.* dinglich

عينية [ʕai'niːja] Okular *n*

عيي [ʕa'jiːj] unfähig zu sprechen

غ

غ (غين) [ɣain] *neunzehnter Buchstabe; Abk. für* غرش Piaster *m*

غاب [ɣaːb] *koll.* Schilfrohr *n*; ~ هندي Bambus *m*; → [1](غيب)

غابر [ɣaːbir] vergangen, verflossen

غابة [ɣaːba], *pl.* [-aːt] Wald *m*

غادر [ɣaːdir] treulos, falsch

غادة [ɣaːda] junge(s) Mädchen

غار [ɣaːr] **1.** *koll.* Lorbeer *m*; **2.** *pl.* أغوار [ʔaɣ'waːr] Höhle *f*; → [1](غور) *u.* [1](غير)

غارب [ɣaːrib]: ترك الحبل على الـ~ die Zügel schießen lassen

غارق [ɣaːriq] untergehend; untergegangen; ertrunken

غارة [ɣaːra], *pl.* [-aːt] Angriff *m*, Überfall *m*; ~ جوية Luftangriff *m*

[1]**غاز** [ɣaːz] Gas *n*; Benzin *n*

[2]**غاز** [ɣaːzin], *pl.* غزاة [ɣu'zaːt] Eroberer *m*; غازي *npr. m*

غازوزة [ɣaː'zuːza] Sprudel *m*, Sodawasser *n*

غازية [ɣaːzija] Tänzerin *f*

غاشم [ɣaːʃim] grausam, brutal

غاشية [ɣaːʃija], *pl.* غواش [ɣa'waːʃin] Hülle *f*; Herzbeutel *m*; Unglück *n*

غاص [ɣɒːs̶s̶] angefüllt, vollgestopft; → [1](غوص)

غاصب [ɣaːs̶ib] räuberisch; Usurpator *m*

غاضب [ɣɒːđ̶ib] zornig, wütend

غاطس [ɣɒːt̶is] tauchend; Tiefgang *m des Schiffes*

غافل [ɣaːfil], *pl.* [-uːn] *u.* غفل [ɣuffal] sorglos; nachlässig, unachtsam

[1]**غال** [ɣaːl] (Vorlege-)Schloß *n*

[2]**غال** [ɣaːlin] **1.** teuer, kostbar; **2.** *pl.* غلاة [ɣu'laːt] Extremist *m*, Fanatiker *m*

غالب [ɣaːlib] dominierend; في الـ~ meistens; ~ـية Mehrheit *f*

غامر [ɣaːmir] überflutend; *fig.* überströmend

غامض [ɣaːmiđ̶] undurchsichtig, rätselhaft, dunkel; vage

غامق [ɣaːmiq] *Farbe*: dunkel

غانم [ɣaːnim] erfolgreich

غانية [ɣaːnija], *pl.* غوان [ɣa'waːnin] schöne Frau

غاو [ɣaːwin], *pl.* غواة [ɣu'waːt] Liebhaber *m*, Anhänger *m*; Verführer *m*

غائب [ɣaːʔib] abwesend; verborgen; *Gr*. dritte Person

غائر [ɣaːʔir] *Auge*: eingesunken; *Wunde*: tief

غائط [ɣaːʔiṭ] Kot *m*, Exkremente *n/pl*.

غائلة [ɣaːʔila] Unglück *n*

غائم [ɣaːʔim] wolkig, bewölkt

غاية [ɣaːja], *pl*. [-aːt] Ziel *n*, Zweck *m*; äußerste Grenze; ~لـ + *G*: zwecks; bis; ~للـ [li-l-ɣaːja] äußerst

غب [ɣibba] *Präp*. nach (*zeitlich*)

غباء [ɣa'baːʔ] Dummheit *f*

غبار [ɣu'baːr] Staub *m*

غباوة [ɣa'baːwa] Dummheit *f*

غبر [ɣabara, u] vergehen, verfließen; **II** [ɣabbara] staubig machen; **V** تغبر [ta'ɣabbara] staubig werden

غبراء [ɣab'raːʔ] (2): ~الـ die Erde

[1]**غبرة** [ɣabara] Staub *m*

[2]**غبرة** [ɣubra] Staubfarbe *f*

غبش [ɣabaʃ] *u*. **غبشة** [ɣubʃa] Halbdunkel *n*, Dämmerlicht *n*

(**غبط**) **VIII** اغتبط [iɣ'tabaṭɒ] sich freuen, Genugtuung empfinden (ب über *A*)

غبطة [ɣibṭɒ] Glückseligkeit *f*; صاحب ~الـ *Titel des Patriarchen*

[1]**غبن** [ɣabana, i] übervorteilen, betrügen

[2]**غبن** [ɣabn] Übervorteilung *f*, Betrug *m*; Schädigung *f*

[1]**غبي** [ɣabija, aː] dumm sein; zu dumm sein (عن für *A*)

[2]**غبي** [ɣa'biːj], *pl*. أغبياء [ʔaɣbi'jaːʔ] (2) dumm

غت [ɣatta, u] eintauchen; *Lachen* unterdrücken

غث [ɣaθθ] mager, dürftig

غثاء [ɣu'θaːʔ] Schaum *m*

غثاثة [ɣa'θaːθa] Magerkeit *f*, Dürftigkeit *f*

[1]**غجر** **II** [ɣaddʒara] *Äg*. schimpfen

[2]**غجر** [ɣadʒar]: ~الـ *koll*. Zigeuner *m/pl*.; ~ي Zigeuner *m*

غد [ɣad] morgige(r) Tag; ~ بعد übermorgen

غدا [ɣadan] *Adv*. morgen; → (غدو)

غداء [ɣa'daːʔ], *pl*. أغدية [ʔaɣdija] Mittagessen *n*

غدار [ɣa'ddaːr] treulos, verräterisch; ~ة Pistole *f*

غداة [ɣa'daːt], *pl*. غدوات [ɣada'waːt] frühe(r) Morgen

غددي [ɣudadiː] Drüsen-; *s*. غدة

[1]**غدر** [ɣadara, i] treulos, verräterisch handeln; täuschen (ه/ب *j-n*); **III** غادر [ɣaːdara] *e-n Ort* verlassen; abreisen (ه von, aus *D*, إلى nach *D*)

[2]**غدر** [ɣadr] Treulosigkeit *f*, Verrat *m*; Heimtücke *f*

(**غدق**) **IV** أغدق [ʔaɣdaqa] überhäufen (ه على *j-n* mit *D*)

غدة [ɣudda], *pl*. غدد [ɣudad] Drüse *f*; ~ درقية [dara'qiːja] Schilddrüse *f*; ~ صماء [sɒ'mmaːʔ] endokrine Drüse

غ

(غدو) غدا [ɣadaː, uː] werden (هـ zu *D*); **II** غدى [ɣaddaː] das Mittagessen geben (ه *j-m*); **V** تغدى [ta'ɣaddaː] zu Mittag essen

[1]**غدوة** [ɣadwa] **1.** Mittagessen *n*; **2.** Gang *m* (am Morgen)

[2]**غدوة** [ɣudwa] Morgen *m*

غدير [ɣa'diːr], *pl.* غدران [ɣud'raːn] Bach *m*; ة~, *pl.* غدائر [ɣa'daːʔir] (2) Zopf *m*

غذاء [ɣi'ðaːʔ], *pl.* أغذية [ʔaɣðija] Nahrung *f*, Speise *f*

غذائي [ɣi'ðaːʔiː] Nahrungs-, Nähr-

[1](**غذو**) غذا [ɣaðaː, uː] nähren; **II** غذى [ɣaððaː] (er)nähren, füttern, speisen; **V** تغذى [ta'ɣaððaː] sich ernähren; versorgt werden (ب mit *D*)

[2]**غذو** [ɣaðw] Ernährung *f*

[1]**غر** [ɣarra, u] täuschen; **II** غرر [ɣarrara] irreführen, verführen; **VIII** اغتر [iɣ'tarra] sich täuschen (lassen); eingebildet sein

[2]**غر** [ɣirr], *pl.* أغرار [ʔaɣ'raːr] unerfahren; Grünschnabel *m*

غراء [ɣi'raːʔ] Leim *m*; → أغر

غراب [ɣu'raːb], *pl.* غربان [ɣir'baːn] Krähe *f*; Rabe *m*

غرابة [ɣa'raːba] Merkwürdigkeit *f*, Seltsamkeit *f*; Fremdheit *f*

غرار [ɣi'raːr] Art und Weise *f*; على ~ + *G*: nach Art von

غرارة [ɣi'raːra] Sack *m*

غراس [ɣi'raːs] Pflanzgut *n*; Pflanzzeit *f*; ـة~ Pflanzung *f*, Kultur *f*

[1]**غرام** [ɣa'raːm] Leidenschaft *f* (ب für *A*), Liebe *f*

[2]**غرام** [ɣ(i)raːm] Gramm *n*

غرامة [ɣa'raːma] Buße *f*, (Geld-) Strafe *f*

غرامي [ɣa'raːmiː] Liebes-

غرائي [ɣi'raːʔiː] leimig

[1]**غرب** [ɣaraba, u] weggehen; *Sonne*: untergehen; — [ɣaruba, u] seltsam, sonderbar sein; fremd vorkommen (على *j-m*); **II** [ɣarraba] nach Westen gehen; *trans.* verwestlichen; in die Fremde schikken; **IV** أغرب [ʔaɣraba] sich seltsam aufführen; übertreiben; **V** تغرب [ta'ɣarraba] *intr.* verwestlichen; in die Fremde gehen; **VIII** اغترب [iɣ'taraba] in der Fremde leben; **X** استغرب [is'taɣraba] seltsam *od.* merkwürdig finden; erstaunt sein

[2]**غرب** [ɣarb] Westen *m*; ~ [-a] westlich von; im Westen von; ـا~ [-an] *Adv.* westwärts

غربال [ɣir'baːl], *pl.* غرابيل [ɣaraː'biːl] (2) Sieb *n*

غربل [ɣarbala] sieben

غربة [ɣurba] Fremde *f*; Exil *n*

غربي [ɣarbiː] westlich; ~ [-ja] westlich von

غرد II [ɣarrada] *Vogel*: singen, zwitschern

غرز [ɣaraza, i] (hinein)stechen; hineinstecken; (hin)einbohren; **VII**

غ

انغرز [in'ɣaraza] hineingesteckt werden

غرزة [ɣurza], *pl.* غرز [ɣuraz] Stich *m*; *Äg.* Haschischkneipe *f*

[1]**غرس** [ɣarasa, i] (ein)pflanzen; bepflanzen; **VII** انغرس [in'ɣarasa] gepflanzt werden

[2]**غرس** [ɣars] Pflanzen *n*; *koll.*, *pl.* أغراس [ʔaɣ'raːs] Setzlinge *m/pl.*, Jungpflanzen *f/pl.*

[3]**غرس** [ɣirs] Setzling *m*

غرش [ɣirʃ], *pl.* غروش [ɣu'ruːʃ] Piaster *m* (*Münze*); → [2]قرش

[1](**غرض**) **IV** أغرض [ʔaɣradɒ] persönliche Interessen verfolgen

[2]**غرض** [ɣarɒđ], *pl.* أغراض [ʔaɣ'rɒːđ] Zweck *m*, Ziel *n*; *pl.* Sachen *f/pl.*; ~لـ + *G*: zwecks

غرغر [ɣarɣara] gurgeln; brodeln

غرف [ɣarafa, i] *u.* **VIII** اغترف [iɣ'tarafa] schöpfen

غرفة [ɣurfa], *pl.* غرف [ɣuraf] Zimmer *n*, Kammer *f*, Stube *f*; ~ التجارة Handelskammer *f*

[1]**غرق** [ɣariqa, a] versinken, untergehen; ertrinken; **II** [ɣarraqa] versenken; ertränken; **IV** أغرق [ʔaɣraqa] versenken; ertränken; überschwemmen; maßlos sein (في in *D*), übertreiben (في *A*); **X** استغرق [is'taɣraqa] *Zeit* dauern; beanspruchen; versunken sein

[2]**غرق** [ɣaraq] Versinken *n*, Untergehen *n*

غرقان [ɣar'qaːn] versunken; ertrunken

غرلة [ɣurla] *Anat.* Vorhaut *f*

[1]**غرم** [ɣarima, a] *Strafe* zahlen; **II** [ɣarrama] mit e-r Geldstrafe belegen; **IV** أغرم *Pass.* [ʔuɣrima] verliebt, vernarrt sein (ب in *A*), verrückt sein (ب nach *D*)

[2]**غرم** [ɣurm] Schaden *m*, Verlust *m*

[1]**غرة** [ɣurra], *pl.* غرر [ɣurar] Blesse *f des Pferdes*; erste(r) Tag des Monats

[2]**غرة** [ɣirra] Unachtsamkeit *f*; على ~ (حين) unversehens

(**غرو**) **II** غرى leimen; **IV** أغرى [ʔaɣraː] verlocken, verführen, anreizen (ب zu *D*); hetzen (ب auf, gegen *A*)

[2]**غرو** [ɣarw]: ~ لا [-a] kein Wunder!

غروب [ɣu'ruːb] (*Sonnen-*)Untergang *m*

[1]**غرور** [ɣa'ruːr] trügerisch

[2]**غرور** [ɣu'ruːr] Täuschung *f*, Illusion *f*, Verblendung *f*; Einbildung *f*, Dünkel *m*

غروي [ɣirawiː] *Chem.* kolloidal

غريب [ɣa'riːb], *pl.* غرباء [ɣura'baːʔ] (2) fremd; seltsam, sonderbar, merkwürdig; *Wort*: ausgefallen; Fremde(r); Fremdling *m*; ~ الأطوار absonderlich; ~ـة, *pl.* غرائب [ɣa'raːʔib] (2) Merkwürdigkeit *f*, unglaubliche Sache

غرير [ɣa'riːr] verblendet; unerfahren, naiv

غريزة [ɣa'riːza], *pl.* غرائز [ɣa'raːʔiz] (2) Instinkt *m*, Trieb *m*

غريزي [ɣa'riːziː] instinktiv

غريسة [ɣa'riːsa], *pl.* غرائس [ɣa'raːʔis] (2) Setzling *m*

غريض [ɣa'riːđ] *Fleisch, Obst:* frisch

غريق [ɣa'riːq], *pl.* غرقى [ɣarqaː] ertrunken; Ertrunkene(r)

غريم [ɣa'riːm], *pl.* غرماء [ɣura'maːʔ] (2) Gegner *m*, Widersacher *m*

غرين [ɣa'riːn] Schlamm *m*

غزارة [ɣa'zaːra] Reichlichkeit *f*

[1]**غزال** [ɣa'zaːl], *pl.* غزلان [ɣiz'laːn] Gazelle *f*; Hirsch *m*

[2]**غزال** [ɣa'zzaːl] (*Garn-*)Spinner *m*

غزالة [ɣa'zaːla] weibliche Gazelle; Hirschkuh *f*

غزاة → غاز[2]

غز [ɣazza, u] stechen

غزر [ɣazura, u] reichlich sein

[1]**غزل** [ɣazala, i] spinnen; — [ɣazila, a] den Hof machen (ب *e-r Frau*); **III** غازل [ɣaːzala] flirten (ها mit *e-r Frau*); **V** تغزل [ta'ɣazzala] besingen (ب/في *A*)

[2]**غزل** [ɣazal] Liebespoesie *f*

[3]**غزل** [ɣazl] Spinnen *n*; *pl.* غزول [ɣu'zuːl] Garn *n*

غزلي [ɣazaliː] Liebes-, erotisch

غزة [ɣazza] **1.** Stich *m*; **2.** (2) *Geo.* Gaza

[1](غزو) **غزا** [ɣazaː, uː] erobern; einfallen (ـه in *A*), überfallen

[2]**غزو** [ɣazw] Eroberung *f*; Einfall *m*, Invasion *f*; ة~, *pl.* [ɣaza'waːt] Einfall *m*, Überfall *m*; Kriegszug *m*

غزير [ɣa'ziːr] reichlich, reich

غسالة [ɣa'ssaːla] Wäscherin *f*; Waschmaschine *f*

غسق [ɣasaq] Dämmerung *f*

[1]**غسل** [ɣasala, i] waschen; spülen; **II** [ɣassala] gründlich waschen; **VIII** اغتسل [iɣ'tasala] sich waschen; baden

[2]**غسل** [ɣasl] Waschen *n*

[3]**غسل** [ɣusl] Waschung *f*; *Isl.* rituelle Waschung *des ganzen Körpers*

غسول [ɣa'suːl] Lotion *f*

غسيل [ɣa'siːl] Wäsche *f*

[1]**غش** [ɣaʃʃa, u] täuschen, beschwindeln; verfälschen; **VII** انغش [in'ɣaʃʃa] sich täuschen lassen

[2]**غش** [ɣaʃʃ] Verfälschung *f*

[3]**غش** [ɣiʃʃ] Täuschung *f*, Schwindel *m*, Betrug *m*

غشاء [ɣi'ʃaːʔ], *pl.* أغشية [ʔaɣʃija] Hülle *f*, Überzug *m*, Film *m*; Häutchen *n*; مخاطي ~ [mu'xɒːtiː] Schleimhaut *f*

غشاش [ɣa'ʃʃaːʃ] Betrüger *m*, Schwindler *m*

غشم [ɣaʃama, i] ungerecht behandeln, unterdrücken

غشوم [ɣa'ʃuːm] brutal

غشومة [ɣu'ʃuːma] Unerfahrenheit *f*, Torheit *f*

غشي [ɣaʃija, aː] kommen (ه zu *j-m*);

bedecken, verhüllen; *Frau* beschlafen; *Tier* decken; *Pass.* ~ عليه [ɣuʃija] bewußtlos, ohnmächtig werden; **II** غشّى [ɣaʃʃaː] bedecken; überziehen; **IV** أغشى [ʔaɣʃaː] *Nacht*: sich niedersenken; **V** تغشّى [ta'ɣaʃʃaː] sich bedecken

غشيان [ɣaʃa'jaːn] Ohnmacht *f*

غشيم [ɣa'ʃiːm], *pl.* غشماء [ɣuʃa'maːʔ] (2) unerfahren; unbeholfen; Tolpatsch *m*

غشية [ɣaʃja] Ohnmacht *f*

غصّ [ɣɒssɒ, a] würgen (ب an *D*); vollgestopft sein; **VIII** اغتصّ [iɣ'tɒssɒ] überfüllt, vollgestopft sein

[1]**غصب** [ɣasɒba, i] rauben; **VIII** اغتصب [iɣ'tasɒba] rauben, mit Gewalt an sich reißen, usurpieren; vergewaltigen

[2]**غصب** [ɣɒsb] gewaltsame Wegnahme, Usurpation *f*; Nötigung *f*

غصن [ɣusn], *pl.* أغصان [ʔaɣ'sɒːn] *u.* غصون [ɣu'suːn] Zweig *m*

غصّة [ɣussɒ] Qual *f*; Würgen *n*

[1]**غضّ** [ɣɒđđɒ, u] niederschlagen (هـ/من *Augen*), senken (هـ/من *Blick*); schmälern; ~ النظر عن über *etwas* hinwegsehen

[2]**غضّ** [ɣɒđđ] **1.** بـ~ النظر عن abgesehen von; **2.** zart

غضار [ɣɒ'đɒːr] *Min.* Ton *m*; ~ة Üppigkeit *f*

غضاضة [ɣɒ'đɒːđɒ] **1.** Zartheit *f*, Frische *f*; **2.** Makel *m*, Fehler *m*, Schande *f*

[1]**غضب** [ɣađiba, a] zornig, ärgerlich sein (من/على über *A*); zürnen (من/على *j-m*); sich ereifern (ل für *A*); **IV** أغضب [ʔaɣđɒba] ärgern, erzürnen, wütend machen

[2]**غضب** [ɣɒđɒb] Zorn *m*, Ärger *m*

غضبان [ɣɒđ'baːn] (2), *f* غضبى [ɣɒđbaː], *pl.* غضاب [ɣi'đɒːb] zornig, wütend

غضبة [ɣɒdba] Wutanfall *m*; Zorn *m*

غضروف [ɣuđ'ruːf], *pl.* غضاريف [ɣɒđɒː'riːf] (2) Knorpel *m*

غضّن II [ɣɒđđɒna] in Falten ziehen, *Stirn* runzeln

غضوب [ɣɒ'đuːb] jähzornig, reizbar

غضون [ɣu'đuːn] *pl.* Falten *f/pl.*; في ~ während, innerhalb von

(**غضي**) **IV** أغضى [ʔaɣđɒː] *die Augen* schließen; übersehen (عن *A*), hinwegsehen (عن über *A*); **VI** تغاضى [ta'ɣɒːđɒː] nicht beachten (عن *A*), hinwegsehen (عن über *A*)

غضير [ɣɒ'điːr] üppig

غطّ [ɣɒŧŧɒ, i] schnarchen; — [u] eintauchen (في in *A*)

غطاء [ɣitɒːʔ], *pl.* أغطية [ʔaɣŧija] Decke *f*, Bedeckung *f*; Deckel *m*, Verschluß *m*; Deckung *f e-r Währung*

[1]**غطّاس** [ɣɒ'ŧŧɒːs] Taucher *m*

[2]**غطاس** [ɣi'tɒːs] *Chr.* Taufe *f*

(**غطرس**) **II** تغطرس [ta'ɣɒtrasa] hochmütig, arrogant sein

غطرسة [ɣɒtrasa] Hochmut *m*, Arroganz *f*

[1]**غطس** [ɣɒtɒsa, i] tauchen; **II** [ɣɒt-tɒsa] ins Wasser tauchen, eintauchen

[2]**غطس** [ɣɒts] Tauchen *n*

(**غطو**) **II** غطى [ɣɒttɒː] bedecken, abdecken; *Kosten* decken; *Presse*: berichten (ـه über *A*); **V** تغطى [ta'ɣɒttɒː] bedeckt werden; sich zudecken

غطيط [ɣɒ'tiːt] Schnarchen *n*

غفار [ɣa'ffaːr] *Gott*: verzeihend

غفر [ɣafara, i] verzeihen, vergeben; **II** [ɣaffara] *Äg*. bewachen; **VIII** اغتفر [iɣ'tafara] verzeihen; **X** استغفر [is'taɣfara] um Verzeihung bitten; أستغفر الله [ʔas'taɣfiru łłɒːh] (*Formel zur Abwehr von Lob*:) nicht doch!

غفران [ɣuf'raːn] Verzeihung *f*, Vergebung *f*

[1]**غفل** [ɣafala, u] vergessen, vernachlässigen (عن *A*); **III** غافل [ɣaːfala] überrumpeln; **IV** أغفل [ʔaɣfala] übersehen, weglassen, auslassen; **VI** تغافل [ta'ɣaːfala] vernachlässigen, nicht beachten (عن *A*); **X** استغفل [is'taɣfala] für dumm halten

[2]**غفل** [ɣufl] nicht gekennzeichnet; ~ من التاريخ undatiert

غفلان [ɣaf'laːn] (2) sorglos

غفلة [ɣafla] Unachtsamkeit *f*, Sorglosigkeit *f*; ~ على unerwartet, unvermutet

(**غفو**) غفا [ɣafaː, uː] ein Schläfchen machen

غفور [ɣa'fuːr] *Gott*: verzeihend

غفوة [ɣafwa] Schläfchen *n*

غفي [ɣafija, aː]: ~ـت عينه ihm fielen die Augen zu

غفير [ɣa'fiːr] **1.** zahlreich, *Zahl*: groß; **2.** *pl.* غفراء [ɣufa'raːʔ] (2) Wächter *m*

[1]**غل** [ɣalla, u] **1.** in Ketten legen, fesseln; **2.** *Ertrag* abwerfen; **II** غلل [ɣallala] fesseln; **IV** أغل [ʔa-'ɣalla] *Ertrag* abwerfen; **X** استغل [ista'ɣalla] nutzen, ausnutzen; ausbeuten

[2]**غل** [ɣull], *pl.* أغلال [ʔaɣ'laːl] Kette *f*, Fessel *f*

[3]**غل** [ɣill] Haß *m*, Groll *m*

غلاء [ɣa'laːʔ] Teuerung *f*

غلاب [ɣa'llaːb] siegreich

غلاظة [ɣa'laːðɒ] Dicke *f*; Grobheit *f*

غلاف [ɣi'laːf], *pl.* أغلفة [ʔaɣlifa] Hülle *f*; Umschlag *m*; Futteral *n*; Verpackung *f*

غلال → [1]غلة; ~ـة [ɣi'laːla] durchsichtige(s) Gewand

غلام [ɣu'laːm], *pl.* غلمان [ɣil'maːn] Jüngling *m*, Bursche *m*; Diener *m*

غلاة → [2]غال

غلاية [ɣa'llaːja] (Wasser-)Kessel *m*

غلب [ɣalaba, i] besiegen, überwinden, überwältigen (ه/على *j-n*); dominieren, überwiegen; يغلب على الظن [ɒð-ðɒnn] es ist wahrscheinlich; **II** [ɣallaba] den Vorzug geben (على gegenüber *D*); **III** غالب [ɣaːlaba] kämpfen, ringen (ه mit *D*); **V** تغلب [ta'ɣallaba] meistern (على *A*); siegen (على über *A*), überwältigen (على *A*)

غلبان [ɣal'baːn] *Äg.* arm

غلباوي [ɣala'baːwiː] *Äg.* Schwätzer *m*

غلبة [ɣalaba] Dominanz *f*; Sieg *m*; *Äg.* Geschwätz *n*

[1]**غلط** [ɣalitɒ, a] (sich) irren, e-n Fehler machen; **II** [ɣallatɒ] e-s Fehlers zeihen; **III** غالط [ɣaː-latɒ] täuschen, beschwindeln

[2]**غلط** [ɣalɒt], *pl.* أغلاط [ʔaɣ'lɒːt] Irrtum *m*, Fehler *m*

غلطان [ɣal'tɒːn] (2) im Irrtum befindlich

غلطة [ɣaltɒ] Irrtum *m*, Fehler *m*

غلظ [ɣaluðɒ, u] dick sein; grob, rauh sein; **II** [ɣallaðɒ] dick, grob machen, vergröbern

غلظة [ɣilðɒ] Dicke *f*; Grobheit *f*, Roheit *f*

(**غلغل**) **II** تغلغل [ta'ɣalɣala] (tief) eindringen (في in *A*)

غلف II [ɣallafa] in e-e Hülle stecken, einwickeln; verpacken

غلفة [ɣulfa] *Anat.* Vorhaut *f*

[1]**غلق** [ɣalaqa, i] schließen; **II** [ɣallaqa] verschließen; **IV** أغلق [ʔaɣ-laqa] (ver)schließen, zumachen; **VII** انغلق [in'ɣalaqa] sich schließen; sich abschließen (على gegen *A*); **X** استغلق [is'taɣlaqa] unmöglich sein (على *j-m*)

[2]**غلق** [ɣalaq] **1.** *pl.* أغلاق [ʔaɣ'laːq] Schloß *n an der Tür*; **2.** *pl.* غلقان [ɣul'qaːn] *Äg.* Korb *m*

[3]**غلق** [ɣalq] Schließung *f*

غلمة [ɣulma] Sinnenlust *f*

[1]**غلة** [ɣalla], *pl.* غلال [ɣi'laːl] Feldfrüchte *f/pl.*, Getreide *n*; Ertrag *m*

[2]**غلة** [ɣulla] Durst *m*

[1](**غلو**) غلا [ɣalaː, uː] teuer sein; übertreiben (في *A*), zu weit gehen; **II** غلى [ɣallaː] verteuern; → [1]غلى; **III** غالى [ɣaːlaː] übertreiben (في *A*); ~ في تقديره etwas überbewerten; **X** استغلى [is-'taɣlaː] teuer finden

[2]**غلو** [ɣu'luːw] Übertreibung *f*, Übermaß *n*

غلواء [ɣula'waːʔ] (2) = [2]غلو

غلومة [ɣu'luːma] Jugendlichkeit *f*

[1]**غلى** [ɣalaː, iː] sieden, kochen; **II** [ɣallaː] zum Sieden bringen, kochen; → [1](غلو)

[2]**غلي** [ɣalj] *u.* **غليان** [ɣala'jaːn] Sieden *n*, Kochen *n*

غليظ [ɣaliːð], *pl.* غلاظ [ɣi'lɒːð] dick; grob, rauh, roh, hart

غليل [ɣa'liːl] (heftiger) Durst; Rachedurst *m*

غ

غليون [ɣal'juːn], *pl.* غلايين [ɣalaː'jiːn] (2) **1.** (Wasser-)Pfeife *f*; **2.** Galeone *f* (*Schiff*)

[1]**غم** [ɣamma, u] bedrücken, schmerzen; **II** غمم [ɣammama] verhüllen; **VIII** اغتم [iɣ'tamma] bekümmert, traurig sein

[2]**غم** [ɣamm], *pl.* غموم [ɣu'muːm] Kummer *m*, Sorge *f*, Gram *m*

غمار → [2]غمر *u.* غمرة

غماز [ɣa'mmaːz] Abzug(shahn) *m des Gewehrs*; ة~ Grübchen *n*

غمام [ɣa'maːm] *koll.* Wolken *f/pl.*

[1]**غمامة** [ɣa'maːma], *pl.* غمائم [ɣa'maːʔim] (2) Wolke *f*

[2]**غمامة** [ɣi'maːma] Augenbinde *f*

[1]**غمد** [ɣamada, i] in die Scheide stecken; **V** تغمد [ta'ɣammada]: برحمته ~ *Gott*: *j-m* gnädig sein

[2]**غمد** [ɣimd], *pl.* أغماد [ʔaɣ'maːd] (*Schwert-*)Scheide *f*

[1]**غمر** [ɣamara, u] überfluten, überschütten (ب mit *D*); *fig.* durchströmen; **III** غامر [ɣaːmara] riskieren, wagen

[2]**غمر** [ɣamr] Überflutung *f*; *pl.* غمار [ɣi'maːr] Flut *f*

غمرة [ɣamra], *pl.* [ɣama'raːt] *u.* غمار [ɣi'maːr] *a. fig.* Flut *f*; Hitze *f des Kampfes*; Überschwang *m des Gefühls*

غمز [ɣamaza, i] zublinzeln (ه/ل *j-m*); denunzieren (ب/على *j-n*); **VI** تغامز [ta'ɣaːmaza] einander zublinzeln

غمزة [ɣamza] Blinzeln *n*, Wink *m mit den Augen*

غمس [ɣamasa, i] eintauchen; **VII** انغمس [in'ɣamasa] *intr.* eintauchen; verwickelt werden

غمض [ɣamađɒ, u] verborgen, undurchsichtig sein; **II** [ɣammađɒ] *Augen* schließen; unklar machen; **IV** أغمض [ʔaɣmađɒ] *Augen* schließen; *Augen* verschließen (عن vor *A*)

غمضة [ɣamđɒ]: في ~ عين in e-m Augenblick

غمط [ɣamatɒ, i] undankbar sein; *Recht* bestreiten

غمغم [ɣamɣama] brummen, murmeln

غمق [ɣamiqa, a] *Farbe*: dunkel sein

غمة [ɣumma] Kummer *m*, Sorge *f*; Not *f*

غموض [ɣu'muːđ] Unklarheit *f*, Vagheit *f*

غموم → [2]غم

[1](**غمي**) **II** غمى [ɣammaː] *Äg.* die *Augen* verbinden; **IV** *Pass.* أغمي عليه [ʔuɣmija] ohnmächtig, bewußtlos werden

[2]**غمي** [ɣamj] Ohnmacht *f*, Bewußtlosigkeit *f*

غميزة [ɣa'miːza] Makel *m*, Fehler *m*

غن [ɣanna, a] näseln

[1]**غناء** [ɣa'naːʔ] Genüge *f*; Nützlichkeit *f*

[2]**غناء** [ɣi'naːʔ] Gesang *m*, Singen *n*

غ

غنام [ɣa'nnaːm] Schafhirt *m*
غنائي [ɣi'naːʔiː] Gesangs-; lyrisch
[1]**غنج** [ɣanidʒa, a] *u.* **V** تغنج [ta'ɣannadʒa] kokettieren
[2]**غنج** [ɣundʒ] Koketterie *f*
(**غندر**) **II** تغندر [ta'ɣandara] sich herausputzen
غندور [ɣan'duːr], *pl.* غنادرة [ɣa'naːdira] *Äg.* Geck *m*
[1]**غنم** [ɣanima, a] erbeuten; **VIII** اغتنم [iɣ'tanama] *Gelegenheit* benutzen
[2]**غنم** [ɣanam] *koll., pl.* أغنام [ʔaɣ'naːm] Schafe *n/pl.*
[3]**غنم** [ɣunm] Gewinn *m*
غنمة [ɣanama] Schaf *n*
غنة [ɣunna] näselnde Aussprache, Nasalierung *f*
[1]**غني** [ɣanija, aː] reich sein; entbehren können (عن *A*); **II** غنى [ɣannaː] singen; besingen (ب *A*); **IV** أغنى [ʔaɣnaː] bereichern; entbehrlich, überflüssig machen (عن ه *j-m A*); ersparen (عن ه *j-m A*); nützen (ه/عن *j-m*); **V** تغنى [ta'ɣannaː] singen; besingen (ب *A*); **VIII** اغتنى [iɣ'tanaː] reich werden; **X** استغنى [is'taɣnaː] entbehren können (عن *A*), verzichten (können) (عن auf *A*)
[2]**غني** [ɣa'niːj], *pl.* أغنياء [ʔaɣni'jaːʔ] (2) reich, wohlhabend
[3]**غنى** [ɣinan] Reichtum *m*; لا ~ عنه [ɣinaː] unentbehrlich
غنيمة [ɣa'niːma], *pl.* غنائم [ɣa'naːʔim] (2) Beute *f*
غواص [ɣa'wwɒːs] Taucher *m*; ~ـة Unterseeboot *n*
غواية [ɣa'waːja] Verfehlung *f*, Irrtum *m*
[1](**غوث**) **IV** أغاث [ʔa'ɣaːθa] zu Hilfe kommen (ه *j-m*); **X** استغاث [ista'ɣaːθa] zu Hilfe rufen (ه/ب *j-n*); um Hilfe rufen
[2]**غوث** [ɣauθ] Hilfe *f*
[1](**غور**) غار [ɣaːra, uː] *Auge*: einfallen; *Wasser*: versickern; **IV** أغار [ʔa'ɣaːra] angreifen; überfallen (على *j-n*)
[2]**غور** [ɣaur], *pl.* أغوار [ʔaɣ'waːr] (Boden-)Senke *f*; Tiefe *f*; الـ~ das Jordantal
غوز II [ɣawwaza] in Gas umwandeln
[1](**غوص**) غاص [ɣaːsɒ, uː] tauchen (على nach *D*); **II** [ɣawwasɒ] tauchen lassen, *j-n* untertauchen
[2]**غوص** [ɣaus] Tauchen *n*
غوط II [ɣawwatɒ] vertiefen; **V** تغوط [ta'ɣawwatɒ] den Darm entleeren
غوطة [ɣuːtɒ]: الـ~ *Name der fruchtbaren Ebene rund um Damaskus*
غوطي [ɣuːtiː] gotisch
غوغاء [ɣau'ɣaːʔ] (2) Pöbel *m*, Mob *m*
[1](**غول**) غال [ɣaːla, uː] packen, wegraffen; vernichten; **VIII** اغتال [iɣ'taːla] ermorden

غ

[2]غول [ɣuːl] *m u. f, pl.* غيلان [ɣiː'laːn] Dämon *m*

غوى [ɣawaː, iː] verführen, irreleiten; — غوي [ɣawija, aː] irregehen; mögen; **II** [ɣawwaː] verführen, verleiten; **X** استغوى [is'taɣwaː] verführen, verlocken

غي [ɣajj] Irrtum *m*, Verfehlung *f*; Verführung *f*

غياب [ɣi'jaːb] Abwesenheit *f*; ~ـي *Jur.* in Abwesenheit

غياث [ɣi'jaːθ] Hilfe *f*

غيار [ɣi'jaːr]: قطع الـ~ [qitɒʕ al-ɣ.] Ersatzteile *n/pl.*

[1](**غيب**) غاب [ɣaːba, iː] fernbleiben (عن *D*), abwesend sein; sich entfernen (عن von *D*); *Sonne*: untergehen; **II** [ɣajjaba] verschwinden lassen, entfernen; **V** تغيب [ta'ɣajjaba] fernbleiben (عن *D*), abwesend sein (عن von *D*); **VIII** اغتاب [iɣ'taːba] diffamieren

[2]**غيب** [ɣaib] Verborgene(s), Übersinnliche(s); ~ًا [-an] *Adv.* auswendig

[1]**غيبة** [ɣaiba] Abwesenheit *f*; Verborgenheit *f*

[2]**غيبة** [ɣiːba] Verleumdung *f*

غيبوبة [ɣai'buːba] Bewußtlosigkeit *f*; *Med.* Koma *n*

غيبي [ɣaibiː] übersinnlich

غيث [ɣaiθ] Regen *m*

[1](**غير**) غار [ɣaːra, aː] eifersüchtig sein (من auf *A*); **II** [ɣajjara] ändern, verändern; wechseln; **III** غاير [ɣaːjara] anders sein (ـه als), sich unterscheiden; abwechselnd benutzen; **V** تغير [ta'ɣajjara] sich (ver-)ändern, wechseln; **VI** تغاير [ta'ɣaːjara] voneinander verschieden sein

[2]**غير** [ɣair] + *G*: andere(r), andere(s) als, verschieden von; *zur Verneinung von Adjektiven*: nicht-, un-; ~ [-a] *Präp.* außer; الـ~ die anderen, Dritte *pl.*; ~ أن [-a ʔanna] jedoch, aber, indessen; غيرهم [-uhum] andere (als sie); وغيره und anderes; و~ ذلك und so weiter; ~ رسمي inoffiziell; ~ مفيد nutzlos; ~ واحد mehr als einer; بـ~ *u.* من ~ ohne; في ~ هذا المكان [-i haːðа l-makaːn] an anderer Stelle

غيران [ɣai'raːn] (2), *f* غيرى [ɣairaː] eifersüchtig

غيرة [ɣaira, ɣiːra] Eifersucht *f*; Eifer *m* (على für *A*)

غيري [ɣairiː] Altruist *m*; ~ـة Altruismus *m*

(**غيض**) غاض [ɣaːđɒ, iː] versiegen

غيضة [ɣaiđɒ], *pl.* غياض [ɣi'jɒːđ] Dickicht *n*

غيط [ɣaiŧ], *pl.* غيطان [ɣiː'ŧɒːn] Feld *n*, Acker *m*

[1](**غيظ**) غاظ [ɣaːðɒ, iː] *u.* **IV** أغاظ [ʔa'ɣaːðɒ] wütend machen, erzürnen; **V** تغيظ [ta'ɣajjaðɒ] *u.* **VIII** اغتاظ [iɣ'taːðɒ] wütend, zornig werden

[2]غيظ [ɣaið] Zorn *m*, Wut *f*, Ärger *m*

غيل [ɣiːl], *pl.* أغيال [ʔaɣ'jaːl] Dickicht *n*

غيلة [ɣiːla] Meuchelmord *m*

[1](غيم) غام [ɣaːma, iː] *u.* **II** [ɣajjama] *Himmel*: sich bewölken, sich umwölken

[2]غيم [ɣaim] *koll.*, *sg.* ـة~, *pl.* غيوم [ɣu'juːm] Wolken *f/pl.*

غيهب [ɣaihab], *pl.* غياهب [ɣa'jaːhib] (2) *meist pl.* Finsternis *f*

غيور [ɣa'juːr], *pl.* غير [ɣujur] eifersüchtig; sich einsetzend (على für *A*)

ف

[1]ف (فاء) [faːʔ] *zwanzigster Buchstabe*; *Abk. für* فدان (*Flächenmaß*) *u.* فلس Fils *m*

[2]فـ [fa-] und, (und) da, (und) dann, so; denn

فا → [1]فم

[1](فأت) **VIII** افتأت [if'taʔata] Lügen erzählen

[2]فات → (فوت)

فاتح [faːtiħ] **1.** öffnend; Eroberer *m*; erste(r) Tag des Monats; **2.** *Farbe*: hell; ـة~, *pl.* فواتح [fa'waːtiħ] (2) Anfang *m*, Einleitung *f*; الـ~ *Name der ersten Sure des Korans*

فاتر [faːtir] matt, schlaff; lau; flau

فاتك [faːtik], *pl.* فتاك [fu'ttaːk] Mörder *m*

فاتن [faːtin] bezaubernd, faszinierend, verführerisch

فاتورة [faː'tuːra], *pl.* فواتير [fawaː'tiːr] (2) Rechnung *f*, Faktura *f*

فاجر [faːʤir] unmoralisch

فاجع [faːʤiʕ] betrüblich, schmerzlich; ـة~, *pl.* فواجع [fa'waːʤiʕ] (2) Unglück *n*, Tragödie *f*

فاحش [faːħiʃ] ungeheuerlich, unerhört; schamlos, unanständig; ـة~, *pl.* فواحش [fa'waːħiʃ] (2) Schandtat *f*; Hurerei *f*

فاحم [faːħim] kohlschwarz

فاخر [faːxir] prächtig, herrlich, vorzüglich; luxuriös

فاخورة [faː'xuːra] Töpferei *f*

فاخوري [faː'xuːriː] Töpfer *m*

فادح [faːdiħ] *Verlust*: schwer; *Last*: drückend

[1]فار [faːrr] flüchtig; → [1](فور)

[2]فأر [faʔr], *pl.* فئران [fiʔ'raːn] Maus *f*; Ratte *f*

فارس [faːris] **1.** *pl.* فرسان [fur'saːn] *u.* فوارس [fa'waːris] (2) Reiter *m*; Ritter *m*; **2.** Persien; ـة~ Amazone *f*; ـي~ persisch; Perser *m*

فارط [faːriṭ] *Maghr.* vergangen

فارع [faːriʕ] hochgewachsen

فارغ [faːriɣ] leer; frei, vakant; *Gerede*: hohl; وزن ~ Tara *f*

فارق [faːriq], *pl.* فوارق [fa'waːriq] (2) Unterschied *m*

فاره [faːrih] flink; hübsch

[1]**فارة** [faːra] Hobel *m*

[2]**فأرة** [faʔra] (*e-e*) Maus (*a. EDV*)

[1]**فاس** [faːs] (2) *Geo.* Fes

[2]**فأس** [faʔs] *f*, *pl.* فؤوس [fu'ʔuːs] Axt *f*, Beil *n*

فاسد [faːsid] verdorben, schlecht; korrupt

فاسق [faːsiq], *pl.* فساق [fu'ssaːq] *u.* فسقة [fasaqa] unmoralisch, lasterhaft; Hurer *m*

فاشل [faːʃil] gescheitert

فاصل [fɒːsɨl] **1.** trennend; entscheidend; **2.** *pl.* فواصل [fa'wɒːsɨl] (2) Unterbrechung *f*; Intermezzo *n*; *Tun.* Komma *n*; ـة~, *pl.* فواصل [fa'wɒːsɨl] (2) Komma *n*; *Math.* Abszisse *f*

فاصم [fɒːsɨm] *El.* Unterbrecher *m*

فاض [fɒːđin] leer, frei

فاضح [fɒːđɨħ] schändlich

فاضل [fɒːđɨl] **1.** *pl.* فضلاء [fuđɒ'laːʔ] (2) trefflich, vorzüglich, hervorragend, ausgezeichnet; verdienstvoll; **2.** übrig, übrigbleibend

فاطر [fɒːtɨr] **1.** Schöpfer *m* (*Gott*); **2.** das Fasten beendend

فاطمة [fɒːtɨma] Fatima *npr. f*

فاطمي [fɒːtɨmiː] *hist.* fatimidisch; Fatimide *m*

فاعل [faːʕil] machend, tuend; Handelnde(r), Täter *m*; *Gr.* Subjekt *n*; *pl.* فعلة [faʕala] Arbeiter *m*; اسم الـ~ *Gr.* Partizip *n* Aktiv

فاعلية [faːʕi'liːja] Wirksamkeit *f*

فأفأ [faʔfaʔa] stammeln

فاق → [1](فوق)

فاقد [faːqid] beraubt (+ *G*: *e-r Sache*), -los; verlorengegangen; ~ الوعي bewußtlos

فاقع [faːqiʕ] *Farbe*: grell

فاقة [faːqa] Armut *f*, Bedürftigkeit *f*

فاكه [faːkih] lustig; ـة~, *pl.* فواكه [fa'waːkih] (2) Obst *n*, Früchte *f/pl.*

[1](**فأل**) **VI** تفاءل [ta'faːʔala] als gutes Vorzeichen betrachten (ب *A*); optimistisch sein

[2]**فأل** [faʔl], *pl.* فؤول [fu'ʔuːl] gute(s) Vorzeichen *od.* Omen

فالج [faːlidʒ] Halbseitenlähmung *f*

[1]**فان** [faːnin] vergänglich; altersschwach

[2]**فإن** [fa'ʔinna] denn; ~ لذلك deshalb

فانلا [fa'nillaː] *u.* **فانلة** *Äg.* Unterhemd *n*; Trikot *n*; Flanell *m*

فانوس [faː'nuːs], *pl* فوانيس [fawaː'niːs] (2) Laterne *f*; سحري ~ [siħ'riː] Laterna magica *f*

فاهم [faːhim] verstehend

فائت [faːʔit] vorübergehend, vergangen

فائدة [faːʔida], *pl.* فوائد [fa'waːʔid] (2) Nutzen *m*, Vorteil *m*; Zins *m*, Zinsen *pl.*

ف

فائز [faːʔiz] siegreich; Gewinner *m*, Sieger *m*

فائض [faːʔiđ] überfließend; überschüssig; *pl.* فوائض [fa'waːʔiđ] (2) Überschuß *m*; *pl. Tun.* Zinsen *pl.*

فائق [faːʔiq] übertreffend; überragend, vorzüglich; überaus groß

فبراير [fib'raːjir] Februar *m*

فت [fatta, u] zerbröckeln; **II** فتت [fattata] zersplittern, zerbröckeln; **V** تفتت [ta'fattata] *intr.* zersplittern; zerbröckeln

فتات [fu'taːt] (Brot-)Krumen *f/pl.*, Krümel *pl.*, Brösel *m/pl.*

فتاح [fa'ttaːħ] Eröffner *m* (*Beiname Gottes*); ~ة (Büchsen-)Öffner *m*

فتاق [fi'taːq] *Med.* Bruch *m*, Hernie *f*

فتاك [fa'ttaːk] todbringend

فتال [fa'ttaːl] Seiler *m*

فتان [fa'ttaːn] bezaubernd, hinreißend, faszinierend

فتاة [fa'taːt], *pl.* فتيات [fata'jaːt] Mädchen *n*, junge Frau

[1]**فتح** [fataħa, a] öffnen, aufmachen; *Hahn* aufdrehen, *Gerät* einschalten; *Kredit, Feuer* eröffnen; *Land* erobern, einnehmen; **II** [fattaħa] öffnen; *Blüte*: sich öffnen; **III** فاتح [faːtaħa] eröffnen (ه ب *j-m A*); herantreten (ه an *j-n*), *j-n* ansprechen; **V** تفتح [ta'fattaħa] sich öffnen; **VII** انفتح [in'fataħa] sich öffnen; geöffnet werden; **VIII** افتتح [if'tataħa] eröffnen; einleiten, beginnen; **X** استفتح [is'taftaħa] den Anfang machen, beginnen

[2]**فتح** [fatħ] Öffnung *f*; Eröffnung *f*; *pl.* فتوح [fu'tuːħ] *u.* فتوحات [futuː'ħaːt] Eroberung *f*, Sieg *m*

[1]**فتحة** [fatħa] *Gr.* Vokalzeichen für *a*, der Vokal *a*

[2]**فتحة** [futħa] Öffnung *f*, Loch *n*; Ausschnitt *m e-s Kleides*

[1]**فتر** [fatara, u] erschlaffen, ermatten; nachlassen; sich legen; *Wasser*: lau werden; **II** [fattara] abschwächen, dämpfen; lau machen

[2]**فتر** [fitr] Spanne *f zwischen Daumen u. Zeigefinger*

فترة [fatra], *pl.* [fata'raːt] Zeitraum *m*, Periode *f*, Zeit *f*

فتش II [fattaʃa] durchsuchen; inspizieren; suchen (عن nach *D*)

فتفت [fatfata] zerkrümeln

فتفوتة [fat'fuːta], *pl.* فتافيت [fataː'fiːt] (2) Krümel *m*, Krume *f*

[1]**فتق** [fataqa, u, i] aufreißen, aufschlitzen; **II** [fattaqa] aufreißen; auftrennen; **V** تفتق [ta'fattaqa] *u.* **VII** انفتق [in'fataqa] zerreißen, platzen

[2]**فتق** [fatq], *pl.* فتوق [fu'tuːq] Riß *m*, Schlitz *m*; *Med.* Bruch *m*, Hernie *f*

[1]**فتك** [fataka, i] umbringen; dahinraffen; vernichten

ف

[2]فتك [fatk] Umbringen *n*; Vernichtung *f*

فتل [fatala, i] drehen, zwirnen; **VII** انفتل [in'fatala] sich umdrehen und gehen

فتلة [fatla] *Äg.* (Zwirns-)Faden *m*

فتن [fatana, i] bezaubern, faszinieren; verführen, verlocken; *Pass.* [futina] fasziniert sein (ب von *D*); verrückt sein (ب nach *D*); **VIII** افتتن [if'tatana] = فتن; *Pass.* [uf'tutina] bezaubert, betört werden

فتنة [fitna], *pl.* فتن [fitan] Zauber *m*, Faszination *f*; Aufruhr *m*, Aufstand *m*

فتور [fu'tuːr] Nachlassen *n*; Mattheit *f*; Lauheit *f*

فتوة [fu'tuːwa] Jugend *f*; Ritterlichkeit *f*; *pl.* [-aːt] *Äg.* Rowdy *m*

فتوى [fatwaː], *pl.* فتاوى [fa'taːwaː] *Isl.* Rechtsgutachten *n*

[1]فتي [fatija, aː] jung sein; **IV** أفتى [ʔaftaː] ein Rechtsgutachten abgeben (في über *A*); **X** استفتى [is'taftaː] um ein Rechtsgutachten bitten (ه في *j-n* über *A*); befragen (ه في *j-n* über *A*)

[2]فتى [fatan], *pl.* فتيان [fit'jaːn] *u.* فتية [fitja] junge(r) Mann, Jüngling *m*, Bursche *m*

[3]فتي [fa'tiːj] jung

[4]فتئ [fatiʔa, a]: ما ~ يفعل nicht aufhören zu tun

فتيات → فتاة

فتيت [fa'tiːt] zerbröckelt, zerkrümelt; ~ـة *Äg. Art* Brotsuppe *f*

فتيل [fa'tiːl] gedreht, gezwirnt; Docht *m*; Zündschnur *f*; ~ـة, *pl.* فتائل [fa'taːʔil] (2) Docht *m*

(فثأ) **VII** انفثأ [in'faθaʔa] abklingen

[1]فج [faddʒa, u] *die Beine* spreizen

[2]فج [faddʒ], *pl.* فجاج [fi'dʒaːdʒ] Bergsattel *m*, Paß *m*

[3]فج [fiddʒ] unreif

فجأ [fadʒaʔa, a] *u.* **III** فاجأ [faːdʒaʔa] überraschen (ب mit *D*); unerwartet kommen

فجاءة [fu'dʒaːʔatan] *Adv.* unerwartet, plötzlich

فجأة [fadʒʔatan] *Adv.* unerwartet, plötzlich

فجائي [fu'dʒaːʔiː] überraschend, plötzlich

[1]فجر [fadʒara, u] ausschweifend leben, unmoralisch sein; **II** [faddʒara] zur Explosion bringen; **V** تفجر [ta'faddʒara] hervorbrechen; explodieren; **VII** انفجر [in'fadʒara] explodieren, detonieren; platzen

[2]فجر [fadʒr] Morgendämmerung *f*; Frühzeit *f*

فجع [fadʒaʕa, a] heimsuchen; *Pass.* [fudʒiʕa] durch Tod verlieren (في *j-n*); **II** [faddʒaʕa] heimsuchen

فجعة [fadʒʕa] *Äg.* Gefräßigkeit *f*

فجل [fudʒl, fidʒl] Rettich *m*; رومي ~ Radieschen *n/pl.*

فجور [fu'dʒuːr] Unsittlichkeit *f*; Hurerei *f*

فجوة [fadʒwa] Lücke *f*, Kluft *f*

فجيعة [fa'dʒiːʕa] Unglück *n*

فح [faħħa, u] *Schlange*: zischen

فحام [fa'ħħaːm] Kohlenhändler *m*; Köhler *m*

1**فحش** [faħuʃa, u] ungeheuerlich, unerhört sein; unanständig, schmutzig sein

2**فحش** [fuħʃ] Ungeheuerlichkeit *f*; Unanständigkeit *f*, Zotenhaftigkeit *f*

فحشاء [faħ'ʃaːʔ] (2) = فاحشة

1**فحص** [faħasɒ, a] untersuchen, prüfen; **V** تفحص [ta'faħħasɒ] prüfen, mustern; forschen (عن nach *D*)

2**فحص** [faħs], *pl.* فحوص [fu'ħuːs] Untersuchung *f*, Prüfung *f*; ~ طبي ärztliche Untersuchung

1(**فحل**) **X** استفحل [is'tafħala] sich verschlimmern

2**فحل** [faħl], *pl.* فحول [fu'ħuːl] Hengst *m*; hervorragende *od.* führende Persönlichkeit

1**فحم** **II** [faħħama] verkohlen; schwärzen; **IV** أفحم [ʔafħama] zum Verstummen bringen

2**فحم** [faħm] Kohle *f*; حجري ~ Steinkohle *f*; ~ة **1.** Stück *n* Kohle; **2.** Schwärze *f*

فحولة [fuħuːla] Männlichkeit *f*; Vortrefflichkeit *f*

فحوى [faħwaː] Sinn *m*, Inhalt *m*

فحيح [fa'ħiːħ] Zischen *n der Schlange*

فخ [faxx], *pl.* فخاخ [fi'xaːx] Falle *f*, Schlinge *f*

1**فخار** [fa'xaːr] Stolz *m*; Ruhm *m*

2**فخار** [fa'xxaːr] Tonware *f*; ~ي keramisch; Töpfer *m*

فخامة [fa'xaːma] Herrlichkeit *f*, Pracht *f*; *als Ehrentitel*: Exzellenz *f*

فخت [faxata, a] *Auge* ausstechen

فخذ [fax(i)ð], *pl.* أفخاذ [ʔaf'xaːð] Oberschenkel *m*; Unterabteilung *f* e-s Stammes

1**فخر** [faxara, a] stolz sein (ب auf *A*); **III** فاخر [faːxara] sich rühmen (ب *G*); **VI** تفاخر [ta'faːxara] sich rühmen (ب *G*), prahlen (ب mit *D*); **VIII** افتخر [if'taxara] = فخر; sich rühmen (ب *G*), prahlen (ب mit *D*)

2**فخر** [faxr] Stolz *m*; ~ي Ehren-

1**فخم** [faxuma, u] stattlich, prächtig, herrlich sein; **II** [faxxama] ehren; *Gr.* emphatisch aussprechen

2**فخم** [faxm] stattlich, prächtig

فخور [fa'xuːr] stolz (ب auf *A*); prahlerisch

فداء [fi'daːʔ] Opferung *f*; Opfer *n*

فداحة [fa'daːħa] Schwere *f von Verlusten*

فدان [fa'ddaːn], *pl.* أفدنة [ʔafdina] *u.* فدادين [fadaː'diːn] (2) Feddan *m* (*Flächenmaß*, *0,42 Hektar*)

فدائي [fi'daːʔiː] Freiheitskämpfer *m*; ~ـة Opfergeist *m*

فدح [fadaħa, a] schwer sein

فدخ [fadaxa, a] zerschlagen

[1]**فدى** [fadaː, iː] auslösen, loskaufen; فداه بنفسه sich für j-n (auf-) opfern; **VI** تفادى [ta'faːdaː] vermeiden; sich hüten (من vor *D*); **VIII** افتدى [if'tadaː] opfern (ه ب für *j-n etwas*)

[2]**فدى** [fidan] Loskauf *m*; Opfer *n*

فدية [fidja] Lösegeld *n*

فذ [faðð], *pl.* أفذاذ [ʔaf'ðaːð] einzigartig, einmalig

فذلكة [faðlaka] Zusammenfassung *f*, Übersicht *f*

فر [farra, i] fliehen, ausreißen; ausbrechen (من aus *D*); desertieren; **VIII** افتر [if'tarra] entblößen (عن *A*); lächeln

فرأ [faraʔ], *pl.* أفراء [ʔaf'raːʔ] Wildesel *m*

فراء [fa'rraːʔ] Kürschner *m*, Pelzhändler *m*

فرات [fu'raːt]: الـ~ der Euphrat

فراخ → فرخة

فرادى [fu'raːdaː] *Adv.* einzeln, einer nach dem anderen

فرار [fi'raːr] Flucht *f*

فرازة [fa'rraːza] Milchzentrifuge *f*; Sortiermaschine *f*

فراسة [fi'raːsa] Menschenkenntnis *f*; علم الـ~ Physiognomik *f*

[1]**فراش** [fa'raːʃ] *koll.*, *sg.* ~ة Schmetterling(e *pl.*) *m*

[2]**فراش** [fa'rraːʃ] Diener *m*, Bürodiener *m*, Bote *m*

[3]**فراش** [fi'raːʃ], *pl.* فرش [furuʃ] *u.* أفرشة [ʔafriʃa] Bett *n*

فراشة [fa'raːʃa] Schmetterling *m*

فراطة [fu'raːtɒ] *Syr.* Kleingeld *n*

فراعنة → فرعون

فراغ [fa'raːɣ] Leere *f*, Vakuum *n*; Lücke *f*; Freizeit *f*; ~ي Vakuum-

فراق [fi'raːq] Trennung *f*, Abschied *m*

فرامة [fa'rraːma] Fleischwolf *m*

فران [fa'rraːn] Bäcker *m*

فراهة [fa'raːha] Lebhaftigkeit *f*, Flinkheit *f*

فراولة [fa'raːwla] *koll.* Erdbeere(n *pl.*) *f*

[1]**فرج** [faradʒa, i] *Sorge* vertreiben; öffnen; **II** [farradʒa] zeigen (ه على *j-m A*); *Sorgen* vertreiben; **IV** أفرج [ʔafradʒa] freilassen (عن *j-n*); freigeben (عن *A*); **V** تفرج [ta'farradʒa] zuschauen (على bei *D*); sich ansehen, besichtigen (على *A*); **VII** انفرج [in'faradʒa] sich entspannen; gelöst sein; zerstreut werden; auseinanderklaffen

[2]**فرج** [faradʒ] Erleichterung *f*, Entspannung *f*

[3]**فرج** [fardʒ], *pl.* فروج [fu'ruːdʒ] Öffnung *f*; Vulva *f*

فرجار [fir'dʒaːr] Zirkel *m*

ف

فرجة [furdʒa], *pl.* فرج [furadʒ] **1.** Spalt *m*; **2.** Anblick *m*, Schauspiel *n*; Erleichterung *f*

[1]**فرح** [fariħa, a] sich freuen, froh sein (ب über *A*); **II** [farraħa] erfreuen, erheitern

[2]**فرح** [faraħ] Freude *f*; *pl.* أفراح [ʔaf'raːħ] Hochzeit *f*

[3]**فرح** [fariħ] *u.* **فرحان** [far'ħaːn] froh, erfreut

فرحة [farħa] Freude *f*

[1]**فرخ** **II** [farraxa] *u.* **IV** أفرخ [ʔafraxa] *Vogel*: Junge haben; *Baum*: Schößlinge treiben

[2]**فرخ** [farx], *pl.* أفراخ [ʔaf'raːx] *u.* فروخ [fu'ruːx] (Vogel-)Junge(s); Küken *n*; (Pflanzen-)Schößling *m*; *Äg.* Bogen *m* Papier; ~ة, *pl.* فراخ [fi'raːx] Henne *f*; Hühnchen *n*; *pl. a.* Geflügel *n*

[1]**فرد** [farada, faruda, u] einzig(artig) sein; **II** [farrada] isolieren, absondern; **IV** أفرد [ʔafrada] bestimmen (ل für *A*), widmen (ل *e-m Zweck*); absondern; **V** تفرد [ta'farrada] allein tun, allein besitzen (ب *A*); **VII** انفرد [in'farada] allein sein; einzig dastehen (ب mit *D*); sich absondern (عن von *D*); **X** استفرد [is'tafrada] isolieren, trennen

[2]**فرد** [fard], *pl.* أفراد [ʔaf'raːd] Einzelperson *f*, Individuum *n*; allein, einzig; *pl. a.* Angehörige *m/pl.*, Mitglieder *n/pl.*

فردة [farda] Hälfte *f e-s Paares*; (einzelnes) Stück *n*

فردوس [fir'daus] Paradies *n*; ~ي paradiesisch

فردي [fardiː] Einzel-, individuell, persönlich; *Sport*: Einzel *n*; *Zahl*: ungerade; Individualist *m*; ~ة Individualität *f*; Individualismus *m*

[1]**فرز** [faraza, i] absondern; sichten; sortieren, mustern; *Stimmen* auszählen; **IV** أفرز [ʔafraza] ausscheiden, absondern

[2]**فرز** [farz] Sortieren *n*, *a. Mil.* Musterung *f*; Auszählung *f der Stimmen*

[1]**فرس** [farasa, i] *Beutetier* reißen; **V** تفرس [ta'farrasa] prüfend ansehen, mustern; erkennen; **VIII** افترس [if'tarasa] = فرس

[2]**فرس** [faras], *pl.* أفراس [ʔaf'raːs] Pferd *n*, Stute *f*; Springer *m im Schachspiel*; ~ البحر Flußpferd *n*

[3]**فرس** [furs]: الـ~ die Perser; Persien

فرسان → فارس

[1]**فرش** [faraʃa, u, i] *Teppich* ausbreiten; möblieren; **II** [farraʃa] (aus-)bürsten; **VIII** افترش [if'taraʃa] sich hinlegen (هـ auf *A*)

[2]**فرش** [farʃ] Ausbreiten *n*; *pl.* فروش [fu'ruːʃ] Einrichtung *f*, Möbel *pl.*

فرشاة [fur'ʃaːt] *u.* **فرشاية** [fur'ʃaːja] Bürste *f*; Pinsel *m*

فرشح [farʃaħa] *Beine* spreizen

[1]**فرشة** [farʃa] Matratze *f*

[2]**فرشة** [furʃa], *pl.* فرش [furaʃ] Bürste *f*; Pinsel *m*

فرصة [fursɒ], *pl.* فرص [furɒs] Gelegenheit *f*, Chance *f*; Ferien *pl.*

[1]**فرض** [farɒđɒ, i] vorschreiben, zur Pflicht machen; auferlegen; verhängen (على über *A*); *Steuer* erheben; annehmen, voraussetzen; نفسه ~ sich durchsetzen; **VIII** افترض [if'tarɒđɒ] annehmen, voraussetzen

[2]**فرض** [farđ] Auferlegung *f*; Verhängung *f*; *pl.* فروض [fu'ruːđ] Pflicht *f*, Vorschrift *f*; *Isl.* religiöse Pflicht; Annahme *f*, Hypothese *f*

فرضة [furđɒ], *pl.* فرض [furɒđ] Hafen *m*; Einschnitt *m*, Öffnung *f*

فرضي [farđiː] hypothetisch; ~ـة Hypothese *f*, These *f*

[1]**فرط** [farɒtɒ, u] *Wort*: entschlüpfen (من *j-m*); *Früchte* abstreifen; **II** [farrɒtɒ] vernachlässigen (في *A*); aufgeben (في *A*); vergeuden (في *A*); **IV** أفرط [ʔafrɒtɒ] übertreiben (في *A*), unmäßig sein (في in *D*); **VII** انفرط [in'farɒtɒ] abgestreift werden; sich auflösen

[2]**فرط** [fart] Übermaß *n*; Über-

فرطح [fartɒha] platt machen

[1]**فرع** **II** [farraʕa] Zweige treiben; ableiten, herleiten; **V** تفرع [ta'farraʕa] sich verzweigen, sich gabeln; abzweigen

[2]**فرع** [farʕ], *pl.* فروع [fu'ruːʕ] Ast *m*, Zweig *m*; Zweigstelle *f*, Filiale *f*; (Unter-)Abteilung *f*; Fachrichtung *f*; *pl.* abgeleitete Dinge *n/pl.*

فرعون [fir'ʕaun], *pl.* فراعنة [fa'raːʕina] Pharao *m*

فرعي [farʕiː] Zweig-, Neben-, Unter-; sekundär

فرغ [faraɣa, a, u] leer sein; fertig sein (من mit *D*); beendigen (من *A*); sich widmen (ل *e-r Sache*); **II** [farraɣa] leeren; entladen; **IV** أفرغ [ʔafraɣa] leeren; gießen, schütten; **V** تفرغ [ta'farraɣa] sich ausschließlich beschäftigen (ل mit *D*), sich widmen (ل *D*); **X** استفرغ [is'tafraɣa] leeren; erschöpfen; sich erbrechen

فرفوري [far'fuːriː] *Ir.* Porzellan *n*

[1]**فرق** [faraqa, u, i] teilen, trennen; scheiden (بين ... و *A* von *D*); — [fariqa, a] sich fürchten; **II** [farraqa] trennen, teilen; zersprengen, auflösen; unterscheiden (بين zwischen *D*); فرق تسد [farriq tasud] teile und herrsche!; **III** فارق [faːraqa] *j-n* verlassen; sich trennen, scheiden (ه von *D*); **V** تفرق [ta'farraqa] zersprengt werden; sich zerstreuen, sich auflösen; **VIII** افترق [if'taraqa] sich trennen, auseinandergehen

ف

[2]فرق [faraq] Furcht *f*

[3]فرق [farq], *pl.* فروق [fu'ruːq] Unterschied *m*, Differenz *f*; Scheitel *m*

فرقان [fur'qaːn]: الـ~ der Koran; *Chr.* die Bibel

فرقع [farqaʕa] knallen, platzen, krachen

[1]فرقة [furqa] Trennung *f*

[2]فرقة [firqa], *pl.* فرق [firaq] Gruppe *f*; Ensemble *n*, Truppe *f*; Mannschaft *f*; *Mil.* Division *f*; ~ موسيقية Orchester *n*

فرك [faraka, u] (ein)reiben

فركش [farkaʃa] *Äg.* durcheinanderwerfen

فرم [farama, i] in kleine Stücke schneiden, *Fleisch* hacken

فرملة [farmala], *pl.* فرامل [fa'raːmil] (2) Bremse *f am Wagen*

فرن [furn], *pl.* أفران [ʔaf'raːn] Ofen *m*; Bäckerei *f*; Hochofen *m*

(فرنج) **II** تفرنج [ta'farnadʒa] sich europäisieren

فرنجي [fa'randʒiː] europäisch; Europäer *m*

فرنسا [fa'ransaː] Frankreich

فرنساوي [faran'saːwiː] *u.* **فرنسي** [fa'ransiː] französisch; Franzose *m*

فرنك [fi'rank] Franc *m*; Franken *m*

فرو [farw] *koll., pl.* فراء [fi'raːʔ] Pelz *m*, Fell *n*

فروج [fa'rruːdʒ] *koll., sg.* ـة~, *pl.* فراريج [faraː'riːdʒ] (2) Hühnchen *n*

فروسية [furuː'siːja] Reitkunst *f*; Rittertum *n*

فروغ [fu'ruːɣ] Leere *f*; Fertigsein *n* (من mit *D*)

فروة [farwa] Pelz *m*, Fell *n*; ~ الرأس Kopfhaut *f*

فرى [faraː, iː] schneiden, zerkleinern; **VIII** افترى [if'taraː] verleumden (على *j-n*); erlügen

فريد [fa'riːd] einzigartig; ة~, *pl.* فرائد [fa'raːʔid] (2) kostbare Perle; Kostbarkeit *f*

فريسة [fa'riːsa], *pl.* فرائس [fa'raːʔis] (2) Beute *f*, Opfer *n*

فريضة [fa'riːđɒ], *pl.* فرائض [fa'raːʔiđ] (2) *Isl.* (religiöse) Pflicht

فريق [fa'riːq] **1.** *pl.* فرق [firaq] Mannschaft *f*, Team *n*, Gruppe *f*; **2.** *pl.* فرقاء [fura'qaːʔ] (2) Partei *f e-s Vertrags*; *Mil.* Generalleutnant *m*; ~ أول General *m*

فريك [fa'riːk] zerrieben

فرية [firja], *pl.* فرى [firan] Lüge *f*, Verleumdung *f*

فز [fazza, i] aufspringen; aufschrecken; **IV** أفز [ʔa'fazza] *j-n* aufschrecken; verscheuchen; **X** استفز [ista'fazza] aufschrecken; provozieren

فزر **II** [fazzara] *Äg. etwas* raten; **V** تفزر [ta'fazzara] bersten

[1]فزع [faziʕa, a] sich fürchten (من vor *D*), erschrecken; **II** [fazzaʕa] *u.* **IV** أفزع [ʔafzaʕa] schrecken, ängstigen

ف

[2]فزع [fazaʕ], *pl.* أفزاع [ʔaf'zaːʕ] Angst *f*, Schrecken *m*

[3]فزع [faziʕ] ängstlich

فزة [fazza] (plötzliches) Aufspringen

فساد [fa'saːd] Fäulnis *f*; Verdorbenheit *f*, Korruptheit *f*; Schlechtigkeit *f*

فستان [fus'taːn], *pl.* فساتين [fasaː'tiːn] (2) Kleid *n*

فستق [fustuq] *koll.* Pistazie(n *pl.*) *f*

فسح [fasaħa, a] Platz machen (ل für *A*); — [fasuħa, u] weit, geräumig sein; **II** [fassaħa] weit, geräumig machen; **IV** أفسح [ʔafsaħa] Platz machen; *Weg* freimachen (ل für *A*); المجال أمام ~ j-m die Möglichkeit geben; **V** تفسح [ta'fassaħa] spazierengehen; **VII** انفسح [in'fasaħa] weit, geräumig sein

[1]فسحة [fasaħa] Vorraum *m*, Diele *f*, Foyer *n*

[2]فسحة [fusħa] **1.** Weite *f*; Spielraum *m*; **2.** *pl.* فسح [fusaħ] *u.* [-aːt] Spaziergang *m*; Pause *f*

[1]فسخ [fasaxa, a] annullieren, aufheben; zerreißen; **II** [fassaxa] in Stücke reißen; *Äg. Fische* einsalzen; **V** تفسخ [ta'fassaxa] zerrissen werden; kaputtgehen; verfaulen; **VII** انفسخ [in'fasaxa] annulliert *od.* aufgehoben werden

[2]فسخ [fasx] Annullierung *f*, Aufhebung *f*

فسد [fasada, u, i] schlecht, faul, verdorben sein *od.* werden; korrupt sein; **IV** أفسد [ʔafsada] verderben; korrumpieren; zugrunde richten

فسر **II** [fassara] erklären, deuten, auslegen, interpretieren; kommentieren; **X** استفسر [is'tafsara] sich erkundigen (عن nach *D*, über *A*), anfragen (ه bei *j-m*)

فسطاط [fus'tɒːtˤ]: الـ~ *alte Stadt im Gebiet des heutigen Kairo*

فسطان [fus'tɒːn] = فستان

فسفس [fasfas] *koll.* Wanze(n *pl.*) *f*

فسفور [fus'fuːr] Phosphor *m*

[1]فسق [fasaqa, u, i] ein unmoralisches Leben führen

[2]فسق [fisq] Unmoral *f*, Ausschweifungen *f/pl.*; Hurerei *f*

فسقية [fis'qiːja] Springbrunnen *m*

فسوق [fu'suːq] = [2]فسق

فسيح [fa'siːħ] weit, geräumig

فسيخ [fa'siːx] *Äg.* gesalzene(r) Fisch

فسيفساء [fusai'fisaːʔ] (2) Mosaik *n*

فسيلة [fa'siːla], *pl.* فسائل [fa'saːʔil] (2) (Palm-)Schößling *m*

فش [faʃʃa, u] *Geschwulst*: abnehmen, zurückgehen

فشخ [faʃaxa, a] die Beine spreizen; große Schritte machen

فشخة [faʃxa] große(r) Schritt

فشر [faʃara, u] aufschneiden, prahlen

فشك [faʃak] *koll., sg.* ـة~ Patronen *f/pl.*

فشل [faʃila, a] scheitern, Mißerfolg haben (في bei *D*); fehlschlagen; **IV** أفشل [ʔafʃala] zum Scheitern bringen

فشل [faʃal] Scheitern *n*, Fehlschlag *m*; Fiasko *n*

فشة [fiʃʃa] (*Tier-*)Lunge *f*

(فشو) فشا [faʃaː, uː] sich ausbreiten, sich verbreiten, um sich greifen; **IV** أفشى [ʔafʃaː] enthüllen; **V** تفشى [ta'faʃʃaː] = فشا

[1]**(فص)** **II** فصص [fɒssɒsɒ] enthülsen; zerlegen

[2]**فص** [fɒss], *pl.* فصوص [fu'suːs] (*gefaßter*) Edelstein; Schnitz *m*, Teil *m e-r Frucht*; *Anat.* Lappen *m*

فصاحة [fa'sɒːħa] Reinheit *f der Sprache*; Beredsamkeit *f*

[1]**فصح** [fasuħa, u] sprachgewandt sein; **IV** أفصح [ʔafsɒħa] (klar) zum Ausdruck bringen (عن *A*); deutlich sprechen

[2]**فصح** [fisħ] *u.* عيد الـ~ Osterfest *n*

فصحى [fusħaː]: الـ~ das Hocharabische

فصد [fɒsɒda, i] zur Ader lassen; **V** تفصد [ta'fɒssɒda] *Schweiß*: triefen

فصفور [fusfuːr] Phosphor *m*

[1]**فصل** [fasɒla, i] trennen (عن von *D*), abtrennen; entlassen, s-s Amtes (عن/من) entheben; *Streit* entscheiden; e-e Entscheidung fällen (في über *A*); **II** [fɒssɒla] detaillieren; *Anzug* zuschneiden; **III** فاصل [faːsɒla] **1.** feilschen, handeln; **2.** sich trennen (ه von *D*); **VII** انفصل [in'fasɒla] abgetrennt werden; sich trennen, sich lösen (عن von *D*); entlassen werden; ausscheiden, austreten

[2]**فصل** [fɒsl] **1.** (Ab-)Trennung *f*; Entlassung *f*; Entscheidung *f*; *pl.* فصول [fu'suːl] Abschnitt *m*; Kapitel *n*; Akt *m im Theater*; Klasse *f in der Schule*; Jahreszeit *f*; القول الـ~ das entscheidende Wort

فصلة [fɒsla] Komma *n*

فصم [fɒsɒma, i] abtrennen, abbrechen; **VII** انفصم [in'fɒsɒma] zerreißen, gespalten werden

فصوليا [fɒ'suːlijaː] Bohne(n *pl.*) *f*

فصيح [fa'siːħ] *Sprache*: rein; hochsprachlich; *pl.* فصحاء [fusɒ'ħaːʔ] (2) sprachgewandt

فصيلة [fa'siːla], *pl.* فصائل [fa'sɒːʔil] (2) Gruppe *f*, *a. Mil.* Abteilung *f*; *Biol.* Gattung *f*; الدم ~ Blutgruppe *f*

[1]**فض** [fɒđđɒ, u] *Sitzung* beenden, aufheben; *Brief* öffnen; *Siegel* aufbrechen; **II** فضض [fɒđđɒđɒ] versilbern; **VII** انفض [in'fɒđđɒ] *Sitzung*: aufgehoben werden

[2]**فض** [fɒđđ] Aufhebung *f e-r Sitzung*; Öffnung *f e-s Briefes*

فضاء [fa'đɒːʔ] (leerer) Raum; Weltraum *m*

ف

فضالة [fu'đɒːla] Rest *m*, Überbleibsel *n*

[1]**فضح** [fɒđɒħa, a] enthüllen; bloßstellen, blamieren; **VII** انفضح [in'fađɒħa] *u.* **VIII** افتضح [if'tađɒħa] enthüllt, bloßgestellt werden

[2]**فضح** [fɒđħ] Bloßstellung *f*, Kompromittierung *f*

[1]**فضل** [fɒđɒla, u] **1.** übertreffen, besser sein (هـ/ه/على als); **2.** übrigbleiben; **II** [fɒđđɒla] vorziehen (هـ على *A e-r Sache*); **III** فاضل [fɒːđɒla] abwägen, vergleichen; **IV** أفضل [ʔafđɒla] e-e Wohltat erweisen (على *j-m*); beschenken (على ب *j-n* mit *D*); **V** تفضل [ta'fɒđđɒla] die Güte haben, geruhen (ب *zu*)

[2]**فضل** [fɒđl], *pl.* فضول [fu'đuːl] Überschüssige(s), Überflüssige(s); *pl.* أفضال [ʔaf'đɒːl] Verdienst *n* (في um *A*); Wohltat *f*; Güte *f*; ~بـ *Präp.* dank, infolge; ~ًا عن [-an] hinzu kommt noch; من ~ك [min fɒđlika], *umg.* [min fɒđlak] bitte! (*nur bittend, vgl.* [2]عفو); ~ه عليهم das, was sie ihm zu verdanken haben

فضلة [fɒđla], *pl.* [fɒđɒ'laːt] Rest *m*, Überbleibsel *n*; Abfall *m*

فضة [fɨđđɒ] Silber *n*

(**فضو**) **II** فضى [fɒđđɒ] *Äg.* leeren, räumen; **IV** أفضى [ʔafđɒː] führen (إلى zu *D*); mitteilen (إلى ب *j-m A*)

فضول [fu'đuːl] Neugier *f*; ~ي neugierig

فضي [fɨđđiː] silbern, Silber-

فضيحة [fa'điːħa], *pl.* فضائح [fa'đɒːʔiħ] (2) Skandal *m*; Blamage *f*, Schande *f*

فضيل [fa'điːl], *pl.* فضلاء [fuđɒ'laːʔ] (2) trefflich; ~ة, *pl.* فضائل [fa'đɒːʔil] (2) Tugend *f*; Vortrefflichkeit *f*; *Titel isl. Theologen*

فطاطري [fa'tɒːtiriː] *Äg.* Feinbäcker *m*

فطام [fi'tɒːm] Entwöhnung *f e-s Säuglings*

فطانة [fa'tɒːna] Klugheit *f*, Scharfsinn *m*

[1]**فطر** [fɒtɒra, u] frühstücken; *Isl.* nach dem Fasten essen u. trinken; *Gott*: (er)schaffen; brechen; *Pass.* على ~ [futira] *etwas* ist ihm angeboren; **IV** أفطر [ʔaftɒra] das Fasten brechen; **V** تفطر [ta'fɒttɒra] *u.* **VII** انفطر [in'fɒtɒra] *intr.* (zer)brechen

[2]**فطر** [futr] *koll.*, *sg.* ~ة Pilz(e *pl.*) *m*

[3]**فطر** [fitr]: عيد الـ~ das Fest des Fastenbrechens am 1. شوال

فطرة [fitra] Natur *f*, natürliche Anlage, Veranlagung *f*

فطري [fitriː] natürlich, angeboren

فطس [fɒtɒsa, i] krepieren, verrekken; **II** [fɒttɒsa] umbringen

فطم [fɒtɒma, i] *Säugling* entwöhnen; **VII** انفطم [in'fɒtɒma] entwöhnt werden

[1]**فطن** [fɒtɨna, a] verstehen, erfassen (إلى *A*); — [fɒtuna, u] klug, intelligent sein; **II** [fɒttɒna] begreiflich machen (ه إلى/ل *j-m A*); **V** تفطن [ta'fɒttɒna] verstehen, begreifen (ل *A*)

[2]**فطن** [fɒtɨn] klug, intelligent

فطنة [fitna] Klugheit *f*, Intelligenz *f*

فطور [fu'tuːr] Frühstück *n*

فطير [fa'tiːr] ungesäuert; unausgereift; **ة~** Feingebäck *n*

فطيسة [fa'tiːsa] Aas *n*, Kadaver *m*

فطين [fa'tiːn], *pl.* فطناء [futɒ'naːʔ] (2) klug, intelligent

فظ [fɒðð], *pl.* أفظاظ [ʔaf'ðɒːð] grob, roh, rüde

فظاظة [fa'ðɒːðɒ] Grobheit *f*, Roheit *f*

فظاعة [fa'ðɒːʕa], *pl.* فظائع [fa'ðɒːʔiʕ] (2) Scheußlichkeit *f*; Greueltat *f*

فظع [fɒðuʕa, u] scheußlich, gräßlich, abscheulich sein

فظيع [fa'ðiːʕ] scheußlich, gräßlich, fürchterlich

فعال [fa'ʕʕaːl] wirksam, effektiv; aktiv; **ية~** Wirksamkeit *f*; *pl.* [-aːt] Aktivität *f*

[1]**فعل** [faʕala, a] tun, machen; (ein-)wirken (في auf *A*); **VI** تفاعل [ta'faːʕala] aufeinander einwirken; reagieren; **VII** انفعل [in'faʕala] beeinflußt werden (ب/ل von *D*); sich erregen, sich aufregen; **VIII** افتعل [if'taʕala] erfinden, ersinnen, fabrizieren

[2]**فعل** [fiʕl], *pl.* أفعال [ʔaf'ʕaːl] Tun *n*, Tätigkeit *f*; Handlung *f*, Tat *f*; Wirkung *f*; *Gr.* Verb *n*; ا~ [-an] *Adv.* *u.* بال~ tatsächlich, wirklich, in der Tat; بـ~ + *G*: durch, infolge

فعلة [faʕla] Tat *f*; Untat *f*

فعلي [fiʕliː] tatsächlich, wirklich; faktisch; *Gr.* verbal; ا~ [-jan] *Adv.* de facto

(**فعم**) **IV** أفعم [ʔafʕama] (an-, er)füllen

فغرة [fuɣra] Talöffnung *f*

فقار [fa'qaːr] *koll.* Rückenwirbel *m/pl.*; Wirbelsäule *f*; **ي~** Wirbel-; سلسلة ~ـة Wirbelsäule *f*

فقاعة [fu'qqaːʕa], *pl.* فقاقيع [faqaː'qiːʕ] (2) (*Wasser-*)Blase *f*

[1]**فقد** [faqada, i] verlieren; *Pass.* [fuqida] verlorengehen (من *j-m*); **IV** أفقد [ʔafqada] verlieren lassen; rauben (ه هـ *j-m A*); **V** تفقد [ta'faqqada] inspizieren, besichtigen; **VIII** افتقد [if'taqada] verlieren; vermissen

[2]**فقد** [faqd] Verlust *m*

فقدان [fuq'daːn] Verlust *m*, Schwund *m*, -losigkeit *f*

[1](**فقر**) **VIII** افتقر [if'taqara] ermangeln (إلى *G*); vermissen lassen (إلى *A*); arm werden

[2]**فقر** [faqr] Armut *f*; Mangel *m*

فقراء → فقير

فقرة [faqra, fiqra], *pl.* [faqa'raːt, fiqa'raːt] *u.* فقر [fiqar] Wirbel *m*; *pl.* [fiqa'raːt] Absatz *m e-s Paragraphen od. Textes*

فقري [faqriː, fiqriː] Wirbel-; عمود ~ Wirbelsäule *f*

فقس [faqasa, i] *Eier* ausbrüten; *Küken*: (aus)schlüpfen

فقش [faqaʃa, i] zerbrechen, zerdrükken

فقط [faqɒt] nur; ليس ... ~ بل أيضا nicht nur ... sondern auch

فقع [faqaʕa, a] platzen, bersten; **II** *mit den Fingern* schnalzen

(**فقم**) **VI** تفاقم [ta'faːqama] *Lage*: sich zuspitzen

[1]**فقه** [faqiha, a] verstehen, begreifen; sich auskennen (ـه in *D*); **II** [faqqaha] *u.* **IV** أفقه [ʔafqaha] lehren, unterweisen; **V** تفقه [ta'faqqaha] verstehen; sich beschäftigen (في mit *D*), studieren (*bsd. isl. Recht*)

[2]**فقه** [fiqh] Kenntnis *f*; *allg.* Rechtswissenschaft *f*; اللغة ~ Philologie; ~ي (islamisch-)juristisch

فقوس [fa'qquːs] *koll.*, *sg.* ~ة Schlangengurke(n *pl.*) *f*

فقيد [fa'qiːd] verstorben; Verstorbene(r)

فقير [fa'qiːr], *pl.* فقراء [fuqa'raːʔ] (2) arm; Arme(r)

فقيه [fa'qiːh], *pl.* فقهاء [fuqa'haːʔ] (2) Rechtsgelehrte(r); Koranrezitator *m*

[1]**فك** [fakka, u] auseinandernehmen, zerlegen; abmontieren; abschrauben; *Knoten* aufbinden, lösen; aufmachen, *Hand* öffnen; aufknöpfen; *Zeichen* entziffern; *Äg. Geld* wechseln; **II** فكك [fakkaka] auseinandernehmen, in Stücke zerlegen; **V** تفكك [ta'fakkaka] sich (auf)lösen, zerfallen; **VII** انفك [in'fakka] auseinandergenommen werden; aufgebunden werden; sich (los)lösen; **VIII** افتك [if'takka] *Pfand* einlösen

[2]**فك** [fakk] **1.** Auseinandernehmen *n*, (Los-)Lösen *n*; **2.** *pl.* فكوك [fu'kuːk] Kiefer *m*; Backe *f e-r Zange*; الـ~ الأسفل Unterkiefer *m*; الـ~ الأعلى Oberkiefer *m*

فكاك [fa'kaːk] Einlösung *f e-s Pfandes*; Befreiung *f*

فكاهة [fu'kaːha] Humor *m*; Scherz *m*, Spaß *m*

[1]**فكر** **II** [fakkara] denken (في an *A*); nachdenken; **V** تفكر [ta'fakkara] *u.* **VIII** [if'takara] denken, nachdenken

[2]**فكر** [fikr] Denken *n*; Gedankenwelt *f*; Geistesleben *n*; ~ة, *pl.* أفكار [ʔaf'kaːr] Gedanke *m*, Idee *f*; ~ي geistig; gedanklich

[1]**فكه** [fakiha, a] lustig sein; **II** [fakkaha] erheitern; **III** فاكه [faːka-

ha] scherzen (ه mit *D*); **V** تفكه [ta'fakkaha] sich amüsieren

[2]**فكه** [fakih] lustig, heiter

فكة [fakka] *Äg*. Kleingeld *n*

[1]**فل** [falla, u] schartig machen; brechen, zerschlagen

[2]**فل** [fall], *pl.* فلول [fu'luːl] Scharte *f*; *pl.* Trümmer *pl.*

[3]**فل** [full] Jasmin *m*

[4]**فل** [fill] *Äg*. Kork *m*

[1]**فلاح** [fa'laːħ] Wohl *n*; Erfolg *m*, Gedeihen *n*

[2]**فلاح** [fa'llaːħ] Bauer *m*; ~ة Bäuerin *f*

فلاحة [fi'laːħa] Bebauung *f*, Ackerbau *m*; *Maghr*. Landwirtschaft *f*

فلاحي [fi'laːħiː] *Maghr*. landwirtschaftlich

فلاسفة → فيلسوف

فلافل [fa'laːfil] (2) Falafil *pl.* (*gebakkene Kroketten aus zerstoßenen Bohnen; in Äg.* طعمية)

فلان [fu'laːn], *f* ~ة N.N. (*statt e-s Namens*), Soundso

فلاة [fa'laːt] Wüste *f*

فلائك → فلوكة

فلت [falata, i] entkommen; **IV** أفلت [ʔaflata] entkommen, entschlüpfen; sich entziehen (من *D*)

فلتة [falta] Versehen *n*, Fehler *m*

[1]**فلج** [faladʒa, u, i] spalten; *Pass.* [fulidʒa] halbseitig gelähmt sein

[2]**فلج** [faladʒ], *pl.* أفلاج [ʔaf'laːdʒ] Bewässerungskanal *m*

فلح [falaħa, a] *Boden* bebauen; **IV** أفلح [ʔaflaħa] erfolgreich sein

فلذة [filða] Stück *n Fleisch*; ~ كبده sein Kind

فلز [fi'lizz], *pl.* [-aːt] Metall *n*

[1]**فلس** **II** [fallasa] für bankrott erklären; **IV** أفلس [ʔaflasa] in Konkurs gehen

[2]**فلس** [fals]: فلوس [fu'luːs] *pl.* Fischschuppen *f/pl.*

[3]**فلس** [fils], *pl.* فلوس [fu'luːs] Fils *m* (*1/1000 Dinar*); *pl. umg*. Geld *n*

فلسطين [filas'tiːn] Palästina

فلسفة [falsafa] Philosophie *f*

فلسفي [falsafiː] philosophisch

فلع [falʕ], *pl.* فلوع [fu'luːʕ] Spalt *m*, Riß *m*

فلفل [filfil] Pfeffer *m*; ~ أحمر Paprika *m*; ~ أخضر Paprikaschoten *f/pl.*

[1]**فلق** [falaqa, i] spalten; **VII** انفلق [in'falaqa] gespalten werden; *Morgen*: anbrechen

[2]**فلق** [falaq] Tagesanbruch *m*

[3]**فلق** [falq], *pl.* فلوق [fu'luːq] Spalt *m*, Riß *m*

فلقة [falaqa] Bastonade *f*

[1]**فلك** [falak], *pl.* أفلاك [ʔaf'laːk] Himmelssphäre *f*; Gestirn *n*; Bahn *f e-s Gestirns*; علم الـ~ Astronomie *f*

[2]**فلك** [fulk] Schiff *n*

فلكة [filka] *Ir*. runde(r) Platz; Kreisverkehr *m*

ف

فلكي [falakiː] astronomisch; Astronom *m*

فلم ← فيلم

فلنكة [fa'lanka] *Äg.* (*Eisenbahn-*)Schwelle *f*

فلة [filla] *Äg.* Korken *m*

فلوس [fu'luːs] → [2]فلس *u.* [3]فلس

فلوكة [fa'luːka], *pl.* فلائك [fa'laːʔik] (2) Boot *n*, Feluke *f*

فلى **II** [fallaː] lausen, entlausen

فلين [fa'lliːn] Kork *m*; ـة~ Korken *m*

[1]**فم** [fam], *pl.* أفواه [ʔaf'waːh] Mund *m*; Mündung *f*; Mundstück *n*

[2]**فم** [fumm], *pl.* أفمام [ʔaf'maːm] *umg.* = [1]فم

[1](**فن**) **II** فنن [fannana] variieren; **V** تفنن [ta'fannana] meisterhaft beherrschen

[2]**فن** [fann] **1.** *pl.* فنون [fu'nuːn] Kunst *f*; Technik *f*; الفنون الجميلة die schönen Künste; **2.** *pl.* فنون [fu'nuːn], أفنان [ʔaf'naːn] *u.* أفانين [ʔafaː'niːn] (2) Art *f*, Sorte *f*

[1]**فناء** [fa'naːʔ] Untergang *m*

[2]**فناء** [fi'naːʔ], *pl.* أفنية [ʔafnija] Hof *m e-s Hauses*

فنار [fa'naːr] Leuchtturm *m*

فنان [fa'nnaːn] Künstler *m*; ـة~ Künstlerin *f*

فنجان [fin'dʒaːn], *pl.* فناجين [fanaː'dʒiːn] (2) Tasse *f*

فند **II** [fannada] **1.** widerlegen; **2.** einzeln aufführen

فندق [funduq], *pl.* فنادق [fa'naːdiq] (2) Hotel *n*

فنط **II** [fannatɒ] *Karten* mischen

فنن [fanan], *pl.* أفنان [ʔaf'naːn] Zweig *m*

[1]**فني** [fanija, aː] untergehen, vergehen, verschwinden; **IV** أفنى [ʔafnaː] vernichten, zerstören; verbrauchen; **VI** تفانى [ta'faːnaː] sich verzehren (في in *D*); sich aufopfern (في für *A*)

[2]**فني** [fanniː] künstlerisch, Kunst-; technisch; fachlich, Fach-; Techniker *m*

فنيك [fi'niːk] Karbolsäure *f*

فهد [fahd], *pl.* فهود [fu'huːd] Gepard *m*; *a.* Panther *m*

[1]**فهرس** [fahrasa] ein (Inhalts-)Verzeichnis anfertigen; *Bücher* katalogisieren

[2]**فهرس** [fihris] *u.* **فهرست** [fihrist], *pl.* فهارس [fa'haːris] (2) (Inhalts-)Verzeichnis *n*; Index *m*; Katalog *m*

[1]**فهم** [fahima, a] verstehen, begreifen; **II** [fahhama] *u.* **IV** أفهم [ʔafhama] begreiflich machen; zu verstehen geben; **V** تفهم [ta'fahhama] zu verstehen suchen; verstehen; **VI** تفاهم [ta'faːhama] einander verstehen; sich verständigen; **X** استفهم [is'tafhama] fragen, sich erkundigen (عن ه bei *j-m* nach *D*)

[2]**فهم** [fahm], *pl.* أفهام [ʔaf'haːm] Verstehen *n*, Verständnis *n*

[3]فهم [fahim] verständig

فو [fuː] (*G* في [fiː], *A* فا [faː]) *Nebenform zu* [1]فم

فوات [fa'waːt] Vorübergehen *n*, Verstreichen *n e-r Zeit*; بعد ~ الأوان zu spät

فواح [fa'wwaːħ] stark riechend

فؤاد [fu'ʔaːd], *pl.* أفئدة [ʔafʔida] Herz *n*; *a. npr. m*

فوار [fa'wwaːr] aufwallend, sprudelnd; ة~ Quelle *f*

فواق [fu'waːq] Schluckauf *m*

(فوت) فات [faːta, uː] entgehen (ه *j-m*); vorübergehen, vorbeigehen; ~ الأوان es ist zu spät; **II** [fawwata] entgehen lassen (ه على *j-m A*), versäumen lassen (على *j-n*); **VI** تفاوت [ta'faːwata] unterschiedlich sein

فوتوغرافي [futuɣ'raːfiː] fotografisch

فوج [faudʒ], *pl.* أفواج [ʔaf'waːdʒ] Gruppe *f*, Trupp *m*; Schar *f*

(فوح) فاح [faːħa, uː] *Geruch*: ausströmen; duften

فوحان [fawa'ħaːn] Ausströmen *n von Geruch*

فود [faud], *pl.* أفواد [ʔaf'waːd] Schläfe *f*

[1](فور) فار [faːra, uː] (auf)wallen, sprudeln, brodeln; *fig.* kochen; hervorquellen; **II** [fawwara] in Wallung bringen

[2]فور [faur]: ا~ [-an] *Adv. u.* على الـ~ sofort, sogleich, unverzüglich; ~ [-a] *Präp.* sofort nach

فوران [fawa'raːn] Aufwallen *n*

فورة [faura] Aufwallung *f*

فوري [fauriː] sofortig, Sofort-

[1](فوز) فاز [faːza, uː] gewinnen (ب *A*, على gegen *A*); siegen (على über *A*)

[2]فوز [fauz] Sieg *m*, Gewinn *m* (ب *G*)

فوض **II** [fawwađɒ] übertragen (إلى/ل ه *j-m A*), betrauen; bevollmächtigen; **III** فاوض [faːwađɒ] verhandeln (ه mit *j-m*); **VI** تفاوض [ta'faːwađɒ] miteinander verhandeln; verhandeln (مع mit *j-m*)

فوضوي [fawđɒwiː] chaotisch; Anarchist *m*

فوضى [fawđɒː] Chaos *n*; Anarchie *f*

فوطة [fuːtɒ], *pl.* فوط [fuwɒt] Handtuch *n*; Serviette *f*

[1](فوق) فاق [faːqa, uː] übertreffen, überragen; übersteigen; **II** [fawwaqa] wieder zu sich bringen; **IV** أفاق [ʔa'faːqa] aufwachen; wieder zu sich kommen; sich erholen, genesen; **V** تفوق [ta'fawwaqa] übertreffen (على *A*), überlegen sein (على *j-m*); **X** استفاق [ista'faːqa] erwachen; sich erholen, genesen

[2]فوق [fauqa] *Präp.* über, oberhalb; ~ العادة außerordentlich, außergewöhnlich

[3]فوق [fauqu] *Adv.* oben, darüber

فوقاني [fau'qaːniː] obere(r), Ober-

فول [fuːl] *koll.* (Sau-)Bohne(n *pl.*) *f*; سوداني ~ Erdnüsse *f/pl.*

فولاذ [fuː'laːð] Stahl *m*; ~ي stählern

(**فوه**) فاه [faːha, uː] *u.* **V** تفوه [ta'fawwaha] aussprechen, äußern (ب *A*)

فوهة [fuwwaha, fuːha], *pl.* [-aːt] Öffnung *f*, Loch *n*; Mündung *f*; Krater *m*

[1]**في** [fiː] *Präp.* in; an; bei; فيه [fiː(h)] *umg.* es gibt; ما فيش *Äg. umg.* es gibt nicht; فيهم [fiːhim] unter ihnen; ~ الشارع auf der Straße; ~ يوم الأحد am Sonntag; ثلاثة ~ أربعة drei mal vier; → فو

[2]**في** [fijja] in mir

[1](**فيء**) فاء [faːʔa, iː] zurückkehren; **V** تفيأ [ta'fajjaʔa] Schatten suchen

[2]**فيء** [faiʔ], *pl.* أفياء [ʔaf'jaːʔ] Schatten *m*; Beute *f*

فئات → فئة

فياض [fa'jjɒːđ] überströmend; überschwenglich; freigebig

فيتو [viːtoː] *Pol.* Veto *n*; حق الـ~ Vetorecht *n*

(**فيد**) **IV** أفاد [ʔa'faːda] nützen, nützlich sein, Nutzen bringen (ه *j-m*); mitteilen, melden (ب *A*), informieren; **X** استفاد [ista'faːda] Nutzen ziehen (من aus *D*); *Pass.* يستفاد منه [justa'faːdu] dem ist zu entnehmen

فيروز [fai'ruːz] Türkis *m*

فيزا [viːzaː], *pl.* فيزات [viː'zaːt] Visum *n*

فيزياء [fiːzi'jaːʔ] Physik *f*

فيشة [fiːʃa] Zettel *m*; Schildchen *n*; Karteiblatt *n*; *El.* Stecker *m*

فيصل [faisɒl] Faisal *npr. m*

[1](**فيض**) فاض [faːđɒ, iː] überfließen; überfluten, überschwemmen (على *A*); überquellen (ب vor *D*); **IV** أفاض [ʔa'faːđɒ] überströmen lassen; schütten, gießen; weitschweifig darlegen; **X** استفاض [ista'faːđɒ] sich ausbreiten

[2]**فيض** [faiđ] Überflutung *f*; Fülle *f*, Überfluß *m*

فيضان [faja'đɒːn] Überschwemmung *f*

فيل [fiːl], *pl.* أفيال [ʔaf'jaːl] *u.* فيلة [fijala] Elefant *m*; Läufer *m im Schachspiel*; داء الـ~ *Med.* Elefantiasis *f*

فيلسوف [faila'suːf], *pl.* فلاسفة [fa'laːsifa] Philosoph *m*

فيلق [failaq], *pl.* فيالق [fa'jaːliq] (2) Armeekorps *n*

فيلم [film], *pl.* أفلام [ʔaf'laːm] Film *m*

فيم [fiːma] = في ما

فيما [fiːmaː] in dem, was…; *Konj.* während; ~ إذا wenn; ob; ~ بعد [baʕd(u)] später

فينة [faina] Zeit *f*

فينيقي [fiː'niːqiː] phönizisch

فئة [fiʔa], *pl.* فئات [fi'ʔaːt] Gruppe *f*; (*Gesellschafts-*)Schicht *f*

ق

ق (قاف) [qaːf] *einundzwanzigster Buchstabe*; *Abk. für* دقيقة Minute *f*, قبل vor *u.* قرش Piaster *m*

قاب [qaːb]: على ~ قوسين من [-i qau'sain] dicht vor

قابض [qaːbiđ] haltend; Empfänger *m von Geld*; *Med.* stopfend; *Techn.* Kupplung *f*

قابل [qaːbil] annehmend; -bar, -lich; künftig; ~ للاحتراق brennbar; ~ للشفاء heilbar; ~ للكسر zerbrechlich

قابلة [qaːbila], *pl.* [-aːt] *u.* قوابل [qa'waːbil] (2) Hebamme *f*

قابلية [qaːbi'liːja] Fähigkeit *f*; -barkeit *f*

قابوس [qaː'buːs] Qabus *npr. m*

قات [qaːt] Kat *n* (*Blätter von Catha edulis mit anregender Wirkung*)

قاتل [qaːtil] tötend; Mörder *m*

قاتم [qaːtim] dunkel; düster

قاحل [qaːħil] trocken, dürr

قاد → (قود)

قادر [qaːdir] fähig (على zu *D*); vermögend

قادم [qaːdim] (an)kommend, künftig, nächste(r)

قادة → قائد

قاذفة [qaːðifa] Werfer *m*, Wurfmaschine *f*; ~ قنابل Bombenflugzeug *n*, Bomber *m*

قاذورات [qaːðuː'raːt] *pl.* Unrat *m*

قار[1] [qaːr] Teer *m*; Pech *n*

قار[2] [qaːrr] **1.** fest, ständig; **2.** kalt

قارب [qaːrib], *pl.* قوارب [qa'waːrib] (2) Boot *n*

قارس [qaːris] bitter kalt; *Kälte*: streng

قارص [qaːris̶] beißend, stechend

قارض [qaːriđ], *pl.* قوارض [qa'waːriđ] (2) Nagetier *n*

قارعة [qaːriʕa] **1.** *pl.* قوارع [qa'waːriʕ] (2) Unglück *n*, Verhängnis *n*; **2.** على ~ الطريق mitten auf der Straße

قارة [qaːrra] Erdteil *m*, Kontinent *m*

قارورة [qaː'ruːra], *pl.* قوارير [qawaː'riːr] (2) Flasche *f*

قارئ [qaːriʔ], *pl.* قراء [qu'rraːʔ] Leser *m*; Rezitator *m*

قاس [qaːsin], *pl.* قساة [qu'saːt] hart, streng, grausam, unbarmherzig; → (قيس)

قاسم [qaːsim] Teiler *m*; *Math.* Nenner *m*; *a. npr. m*

قاص[1] [qɒːss] Erzähler *m*

قاص[2] [qɒːs̶in] fern

قاصد [qɒːs̶id] aufsuchend; meinend; *Reise*: bequem; ~ رسولي Nuntius *m*

قاصر [qɒːs̶ir] beschränkt (على auf *A*); unfähig (عن zu *D*); *pl.* قصر [qussɒr] minderjährig, unmündig

قامة [qaːma] Statur *f*, Körpergröße *f*

قاموس [qaː'muːs], *pl.* قواميس [qawaː'miːs] (2) Wörterbuch *n*

قان [qaːnin]: أحمر ~ tiefrot

قانص [qaːnis], *pl.* قناص [qu'nnɒːs] Jäger *m*

قانع [qaːniʕ] zufrieden (ب mit *D*)

قانون [qaː'nuːn], *pl.* قوانين [qawaː'niːn] (2) **1.** Gesetz *n*; Recht *n*; أساسي ~ Satzung *f*, Statuten *pl.*; الـ~ المدني Zivilrecht *n*; الـ~ الجنائي Strafrecht *n*; **2.** Zither *f*; ~ي gesetzlich; legal; Rechts-

قاهر [qaːhir] zwingend; قوة ~ة höhere Gewalt

قاهرة [qaːhira]: الـ~ Kairo

قاورما [qaː'wurmaː] *geschmorte Fleischstücke*

قائد [qaːʔid], *pl.* قادة [qaːda] *u.* قواد [qu'wwaːd] Führer *m*; Oberhaupt *n*; Pilot *m*; عام ~ Oberbefehlshaber *m*

قايش [qaːjiʃ], *pl.* قوايش [qa'waːjiʃ] (2) *Äg.* (Leder-)Riemen *m*

قائل [qaːʔil] sagend

قائم [qaːʔim] stehend, aufrecht; bestehend; überwachend (على *A*); زاوية ~ة rechtwink(e)lig; الزاوية ~ rechte(r) Winkel

قائمقام [qaːʔimma'qaːm] *Ir.* Vorsteher *m* e-s قضاء, Landrat *m*

قائمة [qaːʔima] **1.** *pl.* قوائم [qa'waːʔim] (2) Pfosten *m*; Bein *n e-s Möbels*; **2.** Liste *f*, Verzeichnis *n*

قاض [qɒːđin] entscheidend; *pl.* قضاة [qu'đɒːt] Richter *m*, Kadi *m*

قاطبة [qɒː'tibatan] *Adv.* insgesamt

قاطرة [qɒːtira] Lokomotive *f*; Zugmaschine *f*

قاطع [qɒːtiʕ] schneidend; entschieden; *Beweis*: schlagend; *pl.* [-aːt] *El.* Unterbrecher *m*; *pl.* قواطع [qa'waːtiʕ] (2) Trennwand *f*; *pl.* قطاع [qu'ttɒːʕ]: الطريق ~, *pl.* قطاع الطرق Straßenräuber *m*

قاطن [qɒːtin], *pl.* قطان [qu'ttɒːn] Einwohner *m*, Bewohner *m*

قاع [qaːʕ], *pl.* قيعان [qiː'ʕaːn] Grund *m*, Boden *m*, Sohle *f*

قاعد [qaːʕid] sitzend; untätig

قاعدة [qaːʕida], *pl.* قواعد [qa'waːʕid] (2) Grundlage *f*, Basis *f*; *Mil.* Stützpunkt *m*; Fundament *n*, Sockel *m*; *Geom.* Grundlinie *f*; Regel *f*; Grundsatz *m*, Prinzip *n*

قاعة [qaːʕa] Saal *m*, Halle *f*

قافلة [qaːfila], *pl.* قوافل [qa'waːfil] (2) Karawane *f*; Kolonne *f*; *Mil.* Geleitzug *m*

قافية [qaːfija], *pl.* قواف [qa'waːfin] Reim *m*

قاق [qaːq], *pl.* قيقان [qiː'qaːn] Krähe *f*; Rabe *m*

قال [qaːl]: الـ~ والقيل [wa-l-qiːl] Gerede *n*; → [1](قول), [1](قيل)

قالب [qaːlib], *pl.* قوالب [qa'waːlib] (*Guß-*, *Back-*)Form *f*; Matrize *f*; (*gegossenes*) Stück (*z.B. Seife*)

قام → [1](قوم)

ق

[1]قب [qabba, u] sich heben, anschwellen

[2]قب [qabb] Nabe *f*; Waagbalken *m*

قباء [qa'baːʔ], *pl.* أقبية [ʔaqbija] Obergewand *n*, Mantel *m*

قباب → قبة

قباحة [qa'baːħa] Häßlichkeit *f*

[1]**قبالة** [qu'baːlata] *Präp.* gegenüber

[2]**قبالة** [qi'baːla] Geburtshilfe *f*

قبان [qa'bbaːn] Brückenwaage *f*

قبائل → قبيلة

[1]**قبح** [qabuħa, u] häßlich, schlecht sein; **II** [qabbaħa] häßlich machen; häßlich finden; **X** استقبح [is'taqbaħa] häßlich finden

[2]**قبح** [qubħ] Häßlichkeit *f*, Schlechtigkeit *f*

[1]**قبر** [qabara, u, i] begraben

[2]**قبر** [qabr], *pl.* قبور [qu'buːr] Grab *n*

قبرص [qubrus] *f* Zypern

[1](**قبس**) **VIII** اقتبس [iq'tabasa] entnehmen, übernehmen, entlehnen; zitieren

[2]**قبس** [qabas] glühende Kohle

[1]**قبض** [qabađɒ, i] fassen, packen, ergreifen, festhalten (على *A*); festnehmen (على *j-n*); *Geld* empfangen; *Essig den Mund* zusammenziehen; *Med.* stopfen; bedrücken; **II** [qabbađɒ] *Geld* auszahlen; bedrücken; **VII** انقبض [in'qabađɒ] sich zusammenziehen; صدره ~ niedergedrückt sein

[2]**قبض** [qabđ] Ergreifung *f*, Festnahme *f*; Erhalt *m*; ~ة Griff *m*; Handgriff *m*, Stiel *m*; Handvoll *f*; اليد ~ Faust *f*

قبط [qibŧ] *koll.*: الـ~ die Kopten *m/pl.*

قبطان [qub'tɒːn] Kapitän *m*

قبطي [qibŧiː] koptisch; *pl.* أقباط [ʔaq'bɒːŧ] Kopte *m*

قبع [qabaʕa, a] hocken

قبعة [qubbaʕa] Hut *m*

[1]**قبل** [qabila, a] annehmen, akzeptieren; zustimmen (ـه/ب *D*), einverstanden sein (ـه/ب mit *D*); zulassen; **II** [qabbala] küssen; **III** قابل [qaːbala] treffen, begegnen; empfangen; gegenüberstehen, gegenüberliegen (ـه/ه *D*); vergleichen (ب mit *D*); vergelten (ب mit *D*); **IV** أقبل [ʔaqbala] herangehen, herantreten, herankommen (على an *A*); sich an *etwas* (على) machen, sich zuwenden (على *D*); sich interessieren (على für *A*); **V** تقبل [ta'qabbala] entgegennehmen, annehmen; **VI** تقابل [ta'qaːbala] einander gegenüberliegen; einander treffen, begegnen; **X** استقبل [is'taqbala] empfangen, aufnehmen

[2]**قبل** [qabla] *Präp.* vor (*zeitlich*); ~ أن bevor; التاريخ ~ ما Vorgeschichte *f*, Urgeschichte *f*

[3]**قبل** [qabl(u)] *Adv. u.* ~ من vorher, zuvor, früher

[4]**قبل** [qubul]: ~ من von vorn

ق

[5]قبل [qibal] Macht *f*, Gewalt *f*; ~ [-a] *Präp.* bei, gegenüber; ~ من [min -i] durch, von, von seiten

قبلا [qablan] vorher, früher

[1]**قبلة** [qubla], *pl.* قبل [qubal] Kuß *m*

[2]**قبلة** [qibla] *Isl.* Gebetsrichtung *f nach Mekka*

[1]**قبلي** [qabaliː] Stammes-

[2]**قبلي** [qabliː] apriorisch

[3]**قبلي** [qibliː] südlich; الوجه الـ~ *Äg.* Oberägypten

قبة [qubba], *pl.* قباب [qi'baːb] Kuppel *f*

قبو [qabw], *pl.* أقبية [ʔaqbija] Gewölbe *n*, Keller *m*

قبول [qu'buːl] Annahme *f*, Akzeptieren *n*; Zustimmung *f*; Aufnahme *f*; Zulassung *f zum Studium*

قبيح [qa'biːħ], *pl.* قباح [qi'baːħ] häßlich; schändlich, gemein; ~ة Gemeinheit *f*

[1]**قبيل** [qa'biːl] Art *f*, Gattung *f*; من هذا الـ~ von dieser Art

[2]**قبيل** [qu'baila] *Präp.* kurz vor

قبيلة [qa'biːla], *pl.* قبائل [qa'baːʔil] (2) (*Volks-*)Stamm *m*

[1]**قتال** [qa'ttaːl] mörderisch, tödlich

[2]**قتال** [qi'taːl] Kampf *m*; Schlacht *f*

قتام [qa'taːm] *u.* ~ة Finsternis *f*, Dunkelheit *f*

قتب [qatab], *pl.* أقتاب [ʔaq'taːb] Buckel *m*, Höcker *m*

قتر II [qattara] knauserig sein (على gegenüber *j-m*)

[1]**قتل** [qatala, u] töten, umbringen, ermorden; gründlich tun; **II** [qattala] niedermetzeln; **III** قاتل [qaːtala] bekämpfen; kämpfen (ه/هـ gegen *A*); **VI** تقاتل [ta'qaːtala] *u.* **VIII** اقتتل [iq'tatala] einander bekämpfen

[2]**قتل** [qatl] Tötung *f*; Totschlag *m*; Mord *m*

قتم II [qattama] verdunkeln

قتيل [qa'tiːl], *pl.* قتلى [qatlaː] Getötete(r), Gefallene(r)

قثاء [qi'θθaːʔ] *koll.*, *sg.* ~ة (Schlangen-)Gurke(n *pl.*) *f*

[1]**قح** [qaħħa, u] *Syr.* husten

[2]**قح** [quħħ], *pl.* أقحاح [ʔaq'ħaːħ] echt, rein

قحط [qaħt] Dürre *f*, Trockenheit *f*

قحطان [qaħ'tɒːn] Qahtan *npr. m*

قحف [qiħf], *pl.* أقحاف [ʔaq'ħaːf] Schädeldecke *f*

قحل [qaħal] Dürre *f*, Trockenheit *f*

(**قحم**) **IV** أقحم [ʔaqħama] hineinstoßen, hineinzwängen; einführen; **VIII** اقتحم [iq'taħama] eindringen, sich hineinstürzen; (er-)stürmen

[1]**قحة** [quħħa] *Syr.* Husten *m*

[2]**قحة** [qiħa] Frechheit *f*, Unverschämtheit *f*

[1]**قد** [qad] *bleibt vor dem Perfekt unübersetzt*; *vor dem Impf.*: vielleicht, möglicherweise, manchmal

[2]**قد** [qadda, u] (in Streifen) schnei-

ق

den; **II** قدّد [qaddada] (in Streifen schneiden u.) trocknen

[3]**قد** [qadd], *pl.* قدود [qu'duːd] Gestalt *f*, Statur *f*, Wuchs *m*; Größe *f*, Umfang *m*

[4]**قد** [qudd] Dorsch *m*

قداحة [qa'ddaːħa] Feuerzeug *n*; حجر ~الـ Feuerstein *m*

قداس [qu'ddaːs] *Chr.* Messe *f*

قداسة [qa'daːsa] Heiligkeit *f* (*a. Titel des Papstes*)

قدام [qu'ddaːma] *Präp.* vor (*örtlich*)

قدامى → قديم

[1]**قدح** [qadaħa, a] Feuer schlagen; (durch)bohren; tadeln (في *j-n*); beeinträchtigen, schmälern (في *A*); فكره ~ scharf nachdenken

[2]**قدح** [qadaħ], *pl.* أقداح [ʔaq'daːħ] Becher *m*, (Trink-)Glas *n*

[3]**قدح** [qadħ] Herabwürdigung *f* (في *j-s*); Tadel *m*

[1]**قدر** [qadara, i] können, vermögen (على *A*), imstande sein (على *zu*); —[u,i] *Gott*: bestimmen; **II** [qaddara] schätzen (ب auf *A*); bewerten, abschätzen; wertschätzen, würdigen; vermuten, annehmen; festsetzen, bestimmen; **IV** أقدر [ʔaqdara] befähigen (على zu); **V** تقدر [ta'qaddara] bestimmt, festgesetzt werden; **VIII** اقتدر [iq'tadara] = قدر

[2]**قدر** [qadar], *pl.* أقدار [ʔaq'daːr] Schicksal *n*, Bestimmung *f*

[3]**قدر** [qadr], *pl.* أقدار [ʔaq'daːr] (Aus-)Maß *n*; ~ [-a], ~بـ *u.* على ~ (in dem Maße) wie, gemäß, entsprechend; ما ~بـ in dem Maße wie; ه~ مبلغ [mablaɣun -uhu] ein Betrag von

[4]**قدر** [qidr] *f*, *pl.* قدور [qu'duːr] Kochtopf *m*, Kessel *m*

[1]**قدرة** [qudra] Fähigkeit *f* (على zu *D*), Vermögen *n*, Kraft *f*, Macht *f*; Leistungsfähigkeit *f*

[2]**قدرة** [qidra], *pl.* قدر [qidar] irdene(r) Topf

[1]**قدس II** [qaddasa] heiligen, heilighalten; *Chr.* heiligsprechen

[2]**قدس** [quds] Heiligkeit *f*; *pl.* أقداس [ʔaq'daːs] Heiligtum *n*; ~الـ Jerusalem; الأقداس ~ *Chr.* das Allerheiligste

[3]**قدس** [qudus]: ~الروح الـ *Chr.* der Heilige Geist

قدسي [qudsiː] heilig; aus Jerusalem

[1]**قدم** [qadama, u] vorangehen (ه *j-m*); — [qadima, a] (an)kommen, eintreffen (من aus *D*); — [qaduma, u] alt sein; **II** [qaddama] überreichen; vorlegen, Ge*such* einreichen; anbieten; *Hilfe*, *Kredit* gewähren; *Dienst* erweisen; darbieten, vorführen; vorangehen lassen, voranstellen, vorausschikken; *Uhr* vorstellen; *Geld* vorschießen; vorstellen (إلى ه *j-n j-m*); **IV** أقدم [ʔaqdama] herangehen (على an *A*); sich heran-

wagen (على an *A*); **V** تقدم [ta'qaddama] vorangehen (ه/ه *D*); vortreten; fortschreiten, Fortschritte machen; herantreten, sich wenden (إلى an *A*); vorlegen, unterbreiten (ب *A*); **VI** تقادم [ta'qaːdama] verjähren; veralten; **X** استقدم [is'taqdama] kommen lassen

[2]**قدم** [qadam] *f, pl.* أقدام [ʔaq'daːm] Fuß *m*; على ~ وساق in vollem Gange

[3]**قدم** [qidam] alte Zeit; Alter *n*; منذ الـ~ von alters her

قدما [quduman] *Adv.* vorwärts; سار ~ vorankommen

(**قدو**) **VIII** اقتدى [iq'tadaː] sich zum Vorbild nehmen (ب *j-n*), nacheifern, folgen (ب *j-m*)

قدوس [qa'dduːs] hochheilig

قدوم [qu'duːm] Ankunft *f*; Kommen *n*

قدوة [qudwa] Vorbild *n*, Beispiel *n*, Muster *n*

قديد [qa'diːd] getrocknete(s) Fleisch

قدير [qa'diːr] mächtig (على *G*), fähig (على zu *D*)

قديس [qi'ddiːs] heilig; Heilige(r)

قديم [qa'diːm], *pl.* قدماء [quda'maːʔ] (2) *u.* قدامى [qu'daːmaː] alt; veraltet; antik

قذارة [qa'ðaːra] Schmutzigkeit *f*; Schmutz *m*

قذاف [qa'ððaːf] = قاذفة

[1]**قذر** [qaðira, a] schmutzig sein; **II** [qaððara] beschmutzen

[2]**قذر** [qaðar], *pl.* أقذار [ʔaq'ðaːr] Schmutz *m*

[3]**قذر** [qaðir] *a. fig.* schmutzig

(**قذع**) **IV** أقذع [ʔaqðaʕa] beschimpfen, schmähen

[1]**قذف** [qaðafa, i] werfen, schleudern; bewerfen, bombardieren; verleumden; **II** [qaððafa] rudern; **VI** تقاذف [ta'qaːðafa] einander bewerfen

[2]**قذف** [qaðf] Werfen *n*, Schleudern *n*; Bewerfen *n*; Bombardierung *f*; Verleumdung *f*

قذى [qaðan] Stäubchen *n*, Fremdkörper *m im Auge*

قذيفة [qa'ðiːfa], *pl.* قذائف [qa'ðaːʔif] (2) Geschoß *n*; Granate *f*

[1]**قر** [qarra, a] sich niederlassen, bleiben (ب an *e-m Ort*); ~ رأيه [raʔjuhu] beschließen (على *A*), sich entschließen (على zu *D*); — [i] kühl sein; ~ت عينه [ʕainuhu] sich freuen; **II** قرر [qarrara] beschließen; festlegen, festsetzen; bestimmen; feststellen; berichten; **IV** أقر [ʔa'qarra] bestätigen; bekennen, eingestehen (ب *A*); stabilisieren, konsolidieren; **V** تقرر [ta'qarrara] beschlossen, festgelegt, bestimmt werden; **X** استقر [ista'qarra] sich niederlassen, bleiben, verharren; sich festigen, sich stabilisieren

[2]**قر** [qurr] Kälte *f*, Kühle *f*

قرأ [qaraʔa, a] lesen; *Koran* rezitieren; studieren (على bei *D*); **IV** أقرأ [ʔaqraʔa] lesen lassen; **X** استقرأ [is'taqraʔa] untersuchen, erforschen; zu lesen bitten

قراء → قارئ

قراءة [qɨ'raːʔa] Lesen *n*; Lesung *f*; Lektüre *f*; Rezitation *f*

قراب [qɨ'raːb], *pl.* أقربة [ʔaqriba] (*Schwert-*)Scheide *f*

[1]**قرابة** [qa'raːba] Verwandtschaft *f*

[2]**قرابة** [qu'raːbata] + *G*: ungefähr, etwa

قراح [qa'raːħ] *Wasser*: rein, klar

قراد [qu'raːd] *koll.*, *sg.* ة~, *pl.* قردان [qɨr'daːn] Zecke(n *pl.*) *f*

قرار [qa'raːr] Beständigkeit *f*, Stabilität *f*; Grund *m*, Boden *m*, Tiefe *f*; *Techn.* Wellental *n*; *pl.* [-aːt] Beschluß *m*, Entscheidung *f*; ة~ Tiefe *f*, Grund *m*

قراصيا [qa'rɒːsɨjaː] Dörrpflaume(n *pl.*) *f*

[1]**قران** [qɨ'raːn] Verbindung *f*; Eheschließung *f*; *Astr.* Konjunktion *f*

[2]**قرآن** [qur'ʔaːn]: ~الـ der Koran; ~ـي Koran-

[1]**قرب** [qaruba, u] sich nähern, nahe kommen (من/إلى *D*); ما يقرب من annähernd; **II** [qarraba] nähern; nahebringen; *Opfer* darbringen; verständlich machen; **III** قارب [qaːraba] nahekommen (هـ *D*); **V** تقرب [ta'qarraba] sich nähern (من/ إلى *j-m*); sich um *j-s* (إلى) Gunst bemühen; **VI** تقارب [ta'qaːraba] sich einander (an)nähern; **VIII** اقترب [iq'taraba] sich nähern (من *D*), herankommen (من an *A*)

[2]**قرب** [qurb] Nähe *f*; ~ [-a] *Adv.* nahe bei, in der Nähe von

قربان [qur'baːn], *pl.* قرابين [qaraː'biːn] (2) Opfer *n*; Meßopfer *n*

قربة [qɨrba], *pl.* قرب [qɨrab] Wasserschlauch *m*; Dudelsack *m*

قربى [qurbaː] Verwandtschaft *f*

[1]**قرح** [qariħa, a] mit Geschwüren bedeckt sein, schwären; **II** [qarraħa] *u.* **V** تقرح [ta'qarraħa] = قرح; **VIII** اقترح [iq'taraħa] vorschlagen (على *j-m*), anregen

[2]**قرح** [qarħ], *pl.* قروح [qu'ruːħ] Geschwür *n*; Wunde *f*

قرحة [qurħa], *pl.* قرح [quraħ] Geschwür *n*

قرد [qɨrd], *pl.* قرود [qu'ruːd] *u.* قردة [qɨrada] Affe *m*

قردان [qɨr'daːn]: ~ أبو Ibis *m*

[1]**قرش** [qaraʃa, u] *Äg.* (an)knabbern; **II** [qarraʃa] Geld verdienen

[2]**قرش** [qɨrʃ] **1.** *pl.* قروش [qu'ruːʃ] Piaster *m*; ~ صاغ *Äg.* Piaster *m*; → *a.* تعريفة; **2.** Hai *m*

[1]**قرص** [qɒrɒsɒ, u] kneifen, zwicken; stechen, beißen

[2]**قرص** [qurs], *pl.* أقراص [ʔaq'rɒːs] Scheibe *f*, runde Platte; Diskus *m*; Diskette *f*; Tablette *f*

قرصان [qur'sɒːn], *pl.* قراصنة [qa'rɒːsɨna] Pirat *m*, Seeräuber *m*

ق

قرصنة [qɒrsɒna] Piraterie *f*

[1]قرصة [qɒrsɒ] Kneifen *n*; (*Insekten-*) Stich *m*

[2]قرصة [qursɒ] Brotfladen *m*; *Äg.* runde(r) Kuchen

[1]قرض [qɒrɒđɒ, i] nagen; Verse schreiben; **IV** أقرض [ʔaqrɒđɒ] leihen, Kredit gewähren (ه *j-m*); **VII** انقرض [in'qɒrɒđɒ] aussterben; **VIII** اقترض [iq'tarɒđɒ] borgen (من von *j-m*); e-n Kredit aufnehmen

[2]قرض [qɒrđ], *pl.* قروض [qu'ruːđ] Kredit *m*, Darlehen *n*; Anleihe *f*

[1]قرط [qɒrɒtɒ, u] (ab)schneiden; **II** [qɒrrɒtɒ] zusetzen (على *j-m*)

[2]قرط [qurt], *pl.* أقراط [ʔaq'rɒːt] Ohrring *m*

قرطاس [qɨr'tɒːs], *pl.* قراطيس [qɒrɒː'tiːs] (2) Papier *n*, Blatt *n* Papier; ~ـية Papierwaren *f/pl.*

قرظ **II** [qɒrrɒðɒ] loben, rühmen

[1]قرع [qaraʕa, a] schlagen (ـه auf *A*); klopfen (ـه an *A*); *Glocke* läuten; *mit den Zähnen* knirschen; **II** [qarraʕa] schelten, zurechtweisen; **III** قارع [qaːraʕa] bekämpfen; streitig machen; **VIII** اقترع [iq'taraʕa] auslosen; abstimmen (على über *A*)

[2]قرع [qaraʕ] Kahlköpfigkeit *f*

[3]قرع [qarʕ] **1.** Klopfen *n*, Pochen *n*; Klingeln *n*; **2.** *koll.* Kürbis *m*

[1]قرعة [qarʕa] **1.** Klopfen *n*, Schlag *m*; **2.** (*ein*) Kürbis *m*

[2]قرعة [qurʕa], *pl.* قرع [quraʕ] Losen *n*, Auslosung *f*

[1]قرف [qarifa, a] Ekel empfinden; **VIII** اقترف [iq'tarafa] *Verbrechen* begehen, verüben

[2]قرف [qaraf] Ekel *m*, Widerwille *m*

قرفص [qɒrfɒsɒ] hocken

قرفصاء [qurfu'sɒːʔ] Hocken *n*, Hockstellung *f*

قرفة [qɨrfa], *pl.* قرف [qɨraf] Rinde *f*, Schale *f*; Zimt *m*

قرقر [qarqara] *Magen*: knurren; *Katze*: schnurren

قرقش [qarqaʃa] knabbern

قرقع [qarqaʕa] knarren; knallen

قرم [qarama, i] nagen, beißen

قرمزي [qɨrmiziː] scharlachrot

قرمة [qurma], *pl.* قرم [quram] Baumstumpf *m*; Holzklotz *m*

قرميد [qɨr'miːd] *koll.*, *sg.* ~ة Ziegel *m/pl.*

[1]قرن [qarana, i] verbinden, verknüpfen; **III** قارن [qaːrana] vergleichen (ب mit *D*, بين *mehrere Dinge*); **VIII** اقترن [iq'tarana] verbunden, verknüpft sein (ب mit *D*); sich verbinden; sich verheiraten (ب mit *D*)

[2]قرن [qarn], *pl.* قرون [qu'ruːn] Horn *n*; Hülse *f*, Schote *f*; Jahrhundert *n*; القرون الوسطى [wustɒː] Mittelalter *n*

[3]قرن [qɨrn], *pl.* أقران [ʔaq'raːn] gleich; gleichaltrig; Kollege *m*

ق

قرنبيط [qarna'biːt] Blumenkohl *m*
قرنفل [qa'ranful] Nelke *f*; Gewürznelke *f*
قرنة [qurna], *pl.* قرن [quran] Ecke *f*, Winkel *m*
قرني [qarniː] aus Horn, hörnern; ـة~ Hornhaut *f des Auges*
(قرو) **X** استقرى [is'taqraː] untersuchen, prüfen
قروس [qa'ruːs] Seebarsch *m*
قروي [qarawiː] dörflich, Dorf-; ländlich
قرى [qaraː, iː] *Gast* bewirten; → (قرو) *u.* قرية
قريب [qa'riːb] **1.** nahe; ـا~ [-an] *u.* عن ~ bald, demnächst; منذ عهد ~ seit kurzem; kürzlich; **2.** *pl.* أقرباء [ʔaqri'baːʔ] (2) Verwandte(r)
قريحة [qa'riːħa], *pl.* قرائح [qa'raːʔiħ] (2) geniale Begabung, Genius *m*
¹**قريش** [qa'riːʃ] Quarkkäse *m*
²**قريش** [qu'raiʃ] *altarab. Stamm*
قرين [qa'riːn], *pl.* قرناء [qura'naːʔ] (2) Gatte *m*, Gemahl *m*; Gefährte *m*; ـة~, *pl.* [-aːt] Gattin *f*, Gemahlin *f*; *pl.* قرائن [qa'raːʔin] (2) Indiz *n*; Zusammenhang *m*
قرية [qarja], *pl.* قرى [quran] Dorf *n*
¹(**قز**) **II** قزز [qazzaza] verglasen; **V** تقزز [ta'qazzaza] sich ekeln (من vor *D*)
²**قز** [qazz] (Roh-)Seide *f*
قزاز [qi'zaːz] *Äg.* Glas *n*; ة~, *pl.* قزائز [qa'zaːʔiz] (2) Flasche *f*
قزح [quzaħ]: ~ قوس [qausu quzaħ(in)] Regenbogen *m*
قزحية [quza'ħiːja] Iris *f*, Regenbogenhaut *f des Auges*
قزعة [quzʕa] *Äg.* Knirps *m*
قزقز [qazqaza] (auf)knacken
قزم [qazam], *pl.* أقزام [ʔaq'zaːm] Zwerg *m*
قزمة [qazma], *pl.* قزم [qizam] Beil *n*, Hacke *f*
قس [qass], *pl.* قسوس [qu'suːs] Priester *m*
قساة → قاس
قساوة [qa'saːwa] Härte *f*, Strenge *f*, Grausamkeit *f*
قسر [qasara, i] zwingen (على zu *D*)
¹**قسط** **II** [qassatɒ] in Raten zahlen; **IV** أقسط [ʔaqsatɒ] gerecht handeln
²**قسط** [qist], *pl.* أقساط [ʔaq'sɒːt] Teil *m*, Portion *f*; Maß *n*; Rate *f*, Teilzahlung *f*
قسطاس [qus'tɒːs] Waage *f*; Kriterium *n*
قسطر [qastɒra] *Münzen* prüfen; *Med.* katheterisieren
قسطل [qastɒl], *pl.* قساطل [qa'saːtɪl] (2) Wasserrohr *n*
¹**قسم** [qasama, i] teilen; dividieren (على durch *A*); zuteilen, bestimmen (ل/على *j-m*); **II** [qassama] teilen; aufteilen; einteilen; **III** قاسم [qaːsama] teilen (ه هـ mit *j-m A*); **IV** أقسم [ʔaqsama] schwören (ب bei *D*), e-n Eid leisten; **V**

ق

تقسم [ta'qassama] geteilt, verteilt werden; **VI** تقاسم [ta'qaːsama] unter sich (auf)teilen; **VII** انقسم [in'qasama] geteilt werden, sich teilen; **VIII** اقتسم [iq'tasama] = تقاسم

قسم[2] [qasam], *pl.* أقسام [ʔaq'saːm] Schwur *m*, Eid *m*

قسم[3] [qism], *pl.* أقسام [ʔaq'saːm] Teil *m*; Abteilung *f*, Sektion *f*; *Maghr.* Klasse *f in der Schule*; *Äg.* Stadtkreis *m*; *Äg.* Polizeirevier *n*

قسمات [qasa'maːt] *pl.* Gesichtszüge *m/pl.*

قسمة [qisma], *pl.* قسم [qisam] Teilung *f*; Division *f*; Anteil *m*, Los *n*, Schicksal *n*

(**قسو**) قسا [qasaː, uː] streng, hart, grausam sein; **II** قسى [qassaː] *Herz* verhärten; **III** قاسى [qaːsaː] erleiden, erdulden, ertragen

قسوسة [qu'suːsa] Priesterwürde *f*, Priestertum *n*

قسوة [qaswa] Härte *f*, Strenge *f*, Grausamkeit *f*

قسي → قوس[2], (قسو)

قسيس [qi'ssiːs], *pl.* قساوسة [qa'saːwisa] Priester *m*

قسيم [qa'siːm], *pl.* أقسماء [ʔaqsi'maːʔ] (2) Teilhaber *m*; Gegenstück *n*; **ـة~**, *pl.* قسائم [qa'saːʔim] (2) Kupon *m*, Abschnitt *m*; Beleg *m*, Bon *m*

قش[1] [qaʃʃa, u] sammeln, auflesen

قش[2] [qaʃʃ] Stroh *n*

قشاط[1] [qu'ʃɒːʈ] Stein *m des Brettspiels*

قشاط[2] [qi'ʃɒːʈ] (Treib-)Riemen *m*

قشدة [qiʃda] Sahne *f*, Rahm *m*

قشر[1] [qaʃara, i, u] *u.* **II** [qaʃʃara] schälen, enthülsen; **V** تقشر [ta'qaʃʃara] geschält werden; sich schälen; **VII** انقشر [in'qaʃara] sich schälen; abblättern

قشر[2] [qiʃr], *pl.* قشور [qu'ʃuːr] Schale *f*; Hülse *f*; Rinde *f*; *koll.* Schuppen *f/pl.*; **ة~** Schale *f*; Hülse *f*; Rinde *f*; Schuppe *f*; ~ أرضية Erdkruste *f*

قشط [qaʃaʈɒ, i, u] abkratzen, abschaben; abschöpfen

قشطة [qiʃʈɒ] Sahne *f*, Rahm *m*; *Äg.* Zimtapfel *m*

قشع [qaʃaʕa, a] vertreiben, zerstreuen; **VII** انقشع [in'qaʃaʕa] verjagt, zerstreut werden

(**قشعر**) **IV** اقشعر [iqʃa'ʕarra] e-e Gänsehaut bekommen

قشف [qaʃifa, a] im Elend leben; **II** [qaʃʃafa] *Haut*: rissig werden; **V** تقشف [ta'qaʃʃafa] asketisch leben

قشفة [qiʃfa], *pl.* قشف [qiʃaf] (*Brot-*)Kruste *f*

قشلة [qiʃla] Kaserne *f*

قشمش [qiʃmiʃ] Korinthen *f/pl.*, Rosinen *f/pl.*

قشة [qaʃʃa] Strohhalm *m*

قشيب [qa'ʃiːb] neu; blank

قص [qɒssɒ, u] (ab)schneiden; stutzen, scheren; erzählen (على *j-m*); **II** قصص [qɒssɒsɒ] zerschnippeln; **III** قاص [qɒːssɒ] abrechnen, verrechnen (ه mit *j-m*); Gleiches mit Gleichem vergelten (ه *j-m*); **VI** تقاص [ta'qɒːssɒ] gegenseitig verrechnen; **VIII** اقتص [iq'tɒssɒ] Vergeltung üben (من an *D*); erzählen

قصاب [qɒ'ssɒːb] Fleischer *m*, Metzger *m*

قصاد [qu'sɒːd(a)] *Präp. Äg.* vor, gegenüber

قصار [qɒ'sɒːr] *u.* **قصارى** [qu'sɒːraː] Äußerste(s), Höchste(s); → قصير

[1]**قصاص** [qɒ'ssɒːs] Erzähler *m*

[2]**قصاص** [qɨ'sɒːs] Vergeltung *f*, Abrechnung *f*; Bestrafung *f*

قصاصة [qu'sɒːsɒ] Zettel *m*; Schnitzel *n*; Ausschnitt *m*; (*Stoff-*)Rest *m*

[1]**قصب** [qɒsɒba, i] *Schlachttier* zerlegen; **II** [qɒssɒba] mit Gold- u. Silberfäden durchwirken; *Stein* behauen

[2]**قصب** [qɒsɒb] Rohr *n*, Schilf *n*; Zuckerrohr *n*; Gold- u. Silberfäden *m/pl.*; ~ة **1.** Rohr *n*; Röhre *f*; Rohrpfeife *f*; Metropole *f*; *ein Längenmaß* (= *3,55 m*); ~ الرجل [q. ar-ridʒl] Schienbein *n*; **2.** [qɒsba] *Maghr.* Zitadelle *f*

[1]**قصد** [qɒsɒda, i] sich begeben (إلى zu *j-m*, nach *D*), aufsuchen; beabsichtigen, ins Auge fassen; meinen; **V** تقصد [ta'qɒssɒda] drangsalieren; **VIII** اقتصد [iq'tasɒda] sparsam sein, haushalten (في mit *D*)

[2]**قصد** [qɒsd] Absicht *f*, Vorsatz *m*; Zweck *m*, Ziel *n*; ~ا [-an] *Adv.* absichtlich, vorsätzlich; ~ي absichtlich

قصدير [qɒs'diːr] Zinn *n*

[1]**قصر** [qɒsɒra, u] beschränken (على auf *A*); unfähig *od.* nicht imstande sein (عن zu *D*); *Äg.* (ver)kürzen; *Stoff* bleichen; — [qɒsura, u] kurz sein *od.* werden; **II** [qɒssɒra] kürzer machen, (ver)kürzen; nicht erreichen, verfehlen (عن *Zweck*); vernachlässigen (في *A*); **IV** أقصر [ʔaqsɒra] kurz machen; ablassen (عن von *D*); **VI** تقاصر [ta'qɒːsɒra] allmählich kürzer werden; ablassen (عن von *D*); **VIII** اقتصر [iq'tasɒra] sich beschränken (على auf *A*); **X** استقصر [is'taqsɒra] für kurz halten

[2]**قصر** [qɒsr] **1.** Beschränkung *f* (على auf *A*); **2.** *pl.* قصور [qu'suːr] Palast *m*, Schloß *n*

[3]**قصر** [qɨsɒr] Kürze *f*, Kleinheit *f*; ~ النظر Kurzsichtigkeit *f*

قصرية [qɒs'riːja] Blumentopf *m*; Nachttopf *m*

قصص [qɒsɒs] Erzählkunst *f*; → [2]قصة *u.* [3]قصة; ~ي episch

قصع [qɒsɒʕa, a] zerquetschen

قصعة [qɒsʕa], *pl.* قصاع [qɨ'sɒːʕ] Holzschüssel *f*

[1]**قصف** [qɒsɒfa, i] beschießen; dröhnen, donnern; zerbrechen; **V** تقصف [ta'qɒssɒfa] *intr.* abbrechen, zerbrechen

[2]**قصف** [qɒsf] Bombardierung *f*; Dröhnen *n*, Donner *m der Geschütze*

[1]**قصل** [qɒsɒla, i] abschneiden

[2]**قصل** [qɒsɒl] Spreu *f*; Halme *m/pl.*

قصم [qɒsɒma, i] *etwas* zerbrechen; **VII** انقصم [in'qɒsɒma] *intr.* zerbrechen

[1]**قصة** [qɒssɒ] Schnitt *m*

[2]**قصة** [qussɒ], *pl.* قصص [qusɒs] Stirnlocke *f*

[3]**قصة** [qɨssɒ], *pl.* قصص [qɨsɒs] Erzählung *f*, Geschichte *f*

(**قصو**) **IV** أقصى [ʔaqsɒː] entfernen (*a.* عن von *D*); ausweisen (عن aus *D*); **V** تقصى [ta'qɒssɒː] *u.* **X** استقصى [is'taqsɒː] genau untersuchen, erforschen

قصور [qu'suːr] Unfähigkeit *f* (عن zu *D*); Minderjährigkeit *f*; Unzulänglichkeit *f*; → [2]قصر

قصوى → أقصى

قصي [qɒ'siːj] fern, entfernt

قصيد [qɒ'sɨːd] → قصيدة; بيت الـ~ das Wesentliche

قصيدة [qɒ'sɨːda], *pl.* قصائد [qɒ'sɒːʔid] (2) Qaside *f* (*altarab. Gedichtform*); Gedicht *n*

قصير [qɒ'sɨːr], *pl.* قصار [qɨ'sɒːr] kurz; klein (*von Wuchs*); ~ النظر *fig.* kurzsichtig

[1]**قض** [qɒđđɒ, u] niederreißen, einreißen; **VII** انقض [in'qɒđđɒ] sich stürzen (على auf *A*); *Blitz*: einschlagen

[2]**قض** [qɒđđ]: ~ـهم [-uhum] *u.* بقضهم [bi-qɒđđɨhim] allesamt

قضاء [qɒ'đɒːʔ] **1.** Verbringen *n e-r Zeit*; Erledigung *f*; Erfüllung *f e-r Pflicht*; Vernichtung *f* (على *G*); Entscheidung *f* (في über *A*); Verurteilung *f* (على *j-s*); Rechtsprechung *f*, Gerichtsbarkeit *f*; Justiz *f*; Schicksal *n*; **2.** *pl.* أقضية [ʔaqđɨja] *Ir.*, *Jem.*, *Lib.* Regierungsbezirk *m*, Distrikt *m*

قضاة → قاض

قضايا → قضية

قضائي [qɒ'đɒːʔiː] richterlich, gerichtlich, Rechts-

قضب [qɒđɒba, i] *u.* **II** [qɒđđɒba] abschneiden, stutzen; **VIII** اقتضب [iq'tađɒba] (ab)kürzen; improvisieren

قضبان → قضيب

قضم [qɒđɒma, i] nagen, knabbern

قضى [qɒđɒː, iː] *Zeit* verbringen; *Aufgabe* erledigen; *Pflicht* erfüllen; vorsehen, bestimmen (ب *A*); entscheiden (في über *A*); vernichten (على *A*), ein Ende bereiten (على *D*); urteilen; ein Urteil fällen (ل zu *j-s* Gunsten); verurteilen (على ب *j-n* zu *D*); notwendig machen (على ب für *j-n A*); **II** [qɒđđɒː] durchführen, verrichten; **III** قاضى [qɒːđɒː] gerichtlich vorgehen (ه gegen *j-n*); **V** تقضى [ta'qɒđđɒː] *Zeit*: ablaufen, verstreichen; **VI** تقاضى [ta'qɒːđɒː] *Gehalt* erhalten; (ein)fordern; miteinander prozessieren; **VII** انقضى [in'qɒđɒː] *Zeit*: ablaufen, verstreichen; beendet werden; **VIII** اقتضى [iq'tađɒː] notwendig machen, erfordern; verlangen; **X** استقضى [is'taqđɒː] (ein-, er)fordern

قضيب [qɒ'điːb], *pl.* قضبان [quđ'baːn] Stab *m*, Stange *f*; Rute *f*; (*Eisenbahn-*)Schiene *f*; Penis *m*

قضية [qɒ'điːja], *pl.* قضايا [qɒ'đɒːjaː] Angelegenheit *f*, Sache *f*, Frage *f*, Problem *n*; *Jur.* Fall *m*, Verfahren *n*; Affäre *f*

1 **قط** [qɒʈʈɒ, u] (zurecht)schneiden; *Bleistift* anspitzen

2 **قط** [qɒʈʈ(u)] *im verneinten Satz*: nie

3 **قط** [qiʈʈ], *pl.* قطط [qiʈɒʈ] Kater *m*, Katze *f*

قطار [qi'tɒːr], *pl.* [-aːt] *u.* قطر [quʈur] (*Eisenbahn-*)Zug *m*

قطارة [qɒ'ʈʈɒːra] Pipette *f*; Tropfflasche *f*

قطاع [qi'tɒːʕ], *pl.* [-aːt] *a. Geom.* Sektor *m*; *Mil.* Abschnitt *m*; *Techn.* Profil *n*; عرضي ~ [ʕarđiː] Querschnitt *m*

قطاعي [qɒ'ʈʈɒːʕiː]: بالـ~ en détail; Einzel-

قطاف [qi'tɒːf] Pflücken *n*, Ernte *f*

قطان [qɒ'ʈʈɒːn] Baumwollhändler *m*

1 **قطب** [qɒʈɒba, i] (auf)sammeln; **X** استقطب [is'taqʈɒba] *Phys.* polarisieren; um sich (ver)sammeln

2 **قطب** [quʈb], *pl.* أقطاب [ʔaq'tɒːb] *El.* Pol *m*; führende Persönlichkeit; الرحى ~ Angelpunkt *m*; ~ي polar

1 **قطر** [qɒʈɒra, u] tropfen, tröpfeln; **II** [qɒʈʈara] tropfen lassen, (ein-)träufeln; destillieren; **V** تقطر [ta'qɒʈʈɒra] (ab)tropfen; **VI** تقاطر [ta'qɒːʈɒra] (zusammen)strömen; **X** استقطر [is'taqʈɒra] destillieren

2 **قطر** [qɒʈɒr] (2) *Geo.* Katar

3 **قطر** [qɒʈr] **1.** Tropfen *n*, Tröpfeln *n*; **2.** *Äg.* (*Eisenbahn-*)Zug *m*

4 **قطر** [quʈr], *pl.* أقطار [ʔaq'tɒːr] *Pol.* Land *n*; Durchmesser *m e-s Kreises*; نصف الـ~ Radius *m*

قطران [qɒʈ'raːn] Teer *m*

قطرن [qɒʈrana] teeren

قطرة [qɒʈra], *pl.* [qɒʈɒ'raːt] Tropfen *m*

1 **قطري** [qɒʈɒriː] aus Katar

2 **قطري** [quʈriː] Landes-

1 **قطع** [qɒʈɒʕa, a] (ab-, durch)schneiden, abtrennen; *Strom* unterbrechen, abschalten; *Beziehungen* abbrechen; *Karten* abheben; *Weg* zurücklegen; *Phase* durchlaufen; überqueren, durchqueren; *Fahr-*

ق

karte lösen; fest behaupten, versichern (ب *A*); *Versprechen* geben; الطريق ~ Straßenraub betreiben; **II** [qɒttɒʕa] in Stücke schneiden, zerstückeln; **III** قاطع [qɒːtɒʕa] boykottieren, *j-n* schneiden; brechen (ه mit *j-m*); *j-n* unterbrechen; **IV** أقطع [ʔaqtɒʕa] als Lehen übergeben (ـه ه *j-m A*); zuweisen; **V** تقطع [ta'qɒttɒʕa] zerschnitten, zerstückelt, zerhackt werden; **VI** تقاطع [ta'qɒːtɒʕa] sich schneiden, sich kreuzen; sich (voneinander) trennen; **VII** انقطع [in'qɒtɒʕa] abgeschnitten, abgetrennt, unterbrochen werden; *Strom*: ausfallen; abreißen, enden, aufhören; einstellen (عن *A*); sich ausschließlich beschäftigen (إلى mit); **VIII** اقتطع [iq'tatɒʕa] *Betrag* abziehen; sich aneignen; **X** استقطع [is'taqtɒʕa] *Betrag* abziehen

[2]**قطع** [qɒtʕ] **1.** Abschneiden *n*, Abtrennen *n*; Unterbrechung *f*, Sperre *f des Stroms*; Abbruch *m von Beziehungen*; Zurücklegung *f e-s Weges*; Durchquerung *f*; ~ًا [-an] *Adv. u.* بالـ~ entschieden, bestimmt, *mit Negation*: bestimmt nicht; الـ~ الأجنبي Devisen *pl.*; الطريق ~ Straßenraub *m*; **2.** *pl.* قطوع [qu'tuːʕ] *Geom.* Schnitt *m*; زائد ~ Hyperbel *f*; مكافئ ~ [mu'kaːfiʔ] Parabel *f*; ناقص ~ Ellipse *f*; **3.** *pl.* أقطاع [ʔaq'tɒːʕ] Format *n e-s Buches*

قطعة [qitʕa], *pl.* قطع [qitɒʕ] Stück *n*; *Mil.* Einheit *f*; (*Kreis-*)Segment *n*

قطعي [qɒtʕiː] **1.** bestimmt, definitiv; **2.** Schnitt-

[1]**قطف** [qɒtɒfa, i] pflücken, abreißen; **VIII** اقتطف [iq'tatɒfa] pflücken, abreißen; auswählen

[2]**قطف** [qɒtf] Pflücken *n*, Abreißen *n*

قطقوطة [qɒt'quːtɒ] *Äg. umg.* (hübsches) junge(s) Mädchen

قطم [qɒtɒma, i] abschneiden; abbeißen

[1]**قطن** [qɒtɒna, u] wohnen, ansässig sein

[2]**قطن** [qutn], *pl.* أقطان [ʔaq'tɒːn] Baumwolle *f*; Watte *f*; ~ـي Baumwoll-, baumwollen; ~ـية, *pl.* قطاني [qɒtɒː'niːj] (2) Hülsenfrüchte *f/pl.*

قطة [qittɒ] Katze *f*

قطيع [qɒ'tiːʕ] Herde *f*, Rudel *n*; ~ـة Bruch *m mit j-m*; Lehen *n*

قطيفة [qɒ'tiːfa] Plüsch *m*, Samt *m*

قعد [qaʕada, u] sich setzen; sitzen; hocken; verweilen, bleiben; sitzen lassen (ب *j-n*); ablassen (عن von *D*); auflauern (ل *j-m*); **IV** أقعد [ʔaqʕada] sitzen lassen, (hin)setzen; abhalten (عن von *D*), hindern (عن an *D*); **VI** تقاعد [ta'qaːʕada] sich zur Ruhe setzen; ablassen (عن von *D*), unterlassen (عن *A*); **VIII** اقتعد [iq'taʕada] sich setzen (ـه auf *A*)

قعدة [qaʕda] Sitzen *n*; → ذو

[1]**قعر** [qaʕura, u] tief sein; **II** [qaʕ-ʕara] vertiefen; konkav machen

[2]**قعر** [qaʕr], *pl.* قعور [qu'ʕuːr] Boden *m*, Grund *m*, Tiefe *f*

(**قعس**) **VI** تقاعس [ta'qaːʕasa] zögern, nichts wissen wollen (عن von *D*)

قعقع [qaʕqaʕa] rasseln, klappern, klirren

[1]**قعود** [qa'ʕuːd] junge(s) Kamel

[2]**قعود** [qu'ʕuːd] Sitzen *n*; Unterlassen *n* (عن *G*)

قعيد [qa'ʕiːd] Gefährte *m*; المنزل ~ an das Haus gebunden

قف [qif] (*Imp. zu* وقف) halt!, bleib stehen!

قفا[qafan]*f*, *pl.* أقفية [ʔaqfija] *u.* أقفاء [ʔaq'faːʔ] Nacken *m*; Rückseite *f*; → (قفو)

قفاز [qu'ffaːz], *pl.* قفافيز [qafaː'fiːz] (2) Handschuh *m*

قفال [qa'ffaːl] Schlosser *m*

[1](**قفر**) **IV** أقفر [ʔaqfara] veröden; entblößt sein (من von *D*)

[2]**قفر** [qafr], *pl.* قفار [qi'faːr] Einöde *f*; öde, verlassen; *Brot*: trocken

[1]**قفز** [qafaza, i] springen; **V** تقفز [ta-'qaffaza] Handschuhe anziehen

[2]**قفز** [qafz] Springen *n*; ة~ Sprung *m*

قفص [qafɒs], *pl.* أقفاص [ʔaq'fɒːs] Käfig *m*; Korb *m*; Brustkorb *m*; الاتهام ~ Anklagebank *f*

قفطان [quf'tɒːn], *pl.* قفاطين [qafaː-'tiːn] (2) Kaftan *m*, Obergewand *n*

(**قفع**) **V** تقفع [ta'qaffaʕa] sich zusammenziehen

[1]**قفل** [qafala, i] **1.** (ab-, ver)schließen, verriegeln; **2.** zurückkehren; **II** [qaffala] *u.* **IV** أقفل [ʔaqfala] (ver)schließen, verriegeln

[2]**قفل** [qufl], *pl.* أقفال [ʔaq'faːl] (Vorhänge-)Schloß *n*

قفة [quffa], *pl.* قفف [qufaf] große(r) Korb; *Ir.* Guffa *f* (*geflochtenes Rundboot*)

(**قفو**) قفا [qafaː, uː] folgen (ـه *j-s Spur*); **II** قفى [qaffaː] nachschikken (ه *j-m*); reimen; **VIII** اقتفى [iq'tafaː] *j-s Spur* folgen

[1]**قل** [qalla, i] wenig, gering sein; weniger, geringer werden; sich verringern, abnehmen; weniger sein (عن als); selten geschehen; **II** قلل [qallala] verringern, vermindern, reduzieren; **IV** أقل [ʔa'qalla] **1.** verringern, vermindern; **2.** befördern, bringen, tragen; **X** استقل [ista'qalla] **1.** unabhängig, selbständig sein *od.* werden; **2.** gering finden, geringachten; **3.** *Fahrzeug* besteigen

[2]**قل** [qul] sag!, sprich!; → ([1]قول)

قلاب[qa'llaːb] Kipper *m*; ـة~ Rührmaschine *f*

قلادة [qi'laːda], *pl.* قلائد [qa'laː-ʔid] (2) Halskette *f*

قلاع [qu'laːʕ] *Med.* Mundfäule *f*; ~ـي: الحمى القلاعية Maul- und Klauenseuche *f*; → ²قلع *u.* قلعة

قلامة [qu'laːma] Schnitzel *n/pl.*, Späne *m/pl.*

قلاووظ [qalaː'wuːð] Schraube *f*

قلاية [qa'llaːja] Bratpfanne *f*

¹**قلب** [qalaba, i] wenden, umdrehen, umkehren; umstürzen; umwälzen; *Seite* umblättern; umwandeln; **II** [qallaba] nach allen Seiten drehen; *Seiten* umblättern; *Buch* durchblättern; wälzen; (um)rühren; untersuchen, prüfen; wühlen (في in *D*); **V** تقلب [ta'qallaba] sich hin- und herwenden; schwanken, wechseln; **VII** انقلب [in'qalaba] gewendet, umgedreht, umgestürzt, umgewälzt werden; umstürzen; sich umkehren; sich verwandeln, sich verändern

²**قلب** [qalb] **1.** Wenden *n*, Umkehrung *f*; Umwerfen *n*, Umstürzen *n*; Umblättern *n*; **2.** *pl.* قلوب [qu-'luːb] Herz *n*; *fig.* Kern *m*; Mitte *f*; Gemüt *n*; → ²ظهر [ðɒhr]

³**قلب** [qullab] wankelmütig

قلبي [qalbiː] Herz-; herzlich

قلد **II** [qallada] nachmachen, nachahmen, imitieren; *bsd. Orden* verleihen; betrauen (ه ه *j-n* mit *D*), *Herrschaft* übertragen; umgürten (ه ه *j-n* mit *D*); ein Halsband anlegen; **V** تقلد [ta'qallada] *Amt* übernehmen; sich umgürten (ه mit *D*); *Schmuck* anlegen

قلص **II** [qallasɒ] *Zeitraum* verkürzen; **V** تقلص [ta'qallasɒ] sich zusammenziehen, schrumpfen; *Stoff*: eingehen; schwinden

¹**قلع** [qalaʕa] ausreißen, herausziehen; *Zahn* ziehen; *Kleidungsstück* ausziehen; **II** [qallaʕa] ausreißen, entwurzeln; **IV** أقلع [ʔaqlaʕa] abfliegen; *Schiff*: abfahren, in See stechen; aufgeben (عن *A*); **VIII** اقتلع [iq'talaʕa] ausreißen; ausrotten

²**قلع** [qilʕ], *pl.* قلوع [qu'luːʕ] *u.* قلاع [qi'laːʕ] Segel *n*

قلعة [qalʕa], *pl.* قلاع [qi'laːʕ] Festung *f*, Zitadelle *f*, Burg *f*

قلف [qalafa, i] entrinden; *j-n* beschneiden; **II** [qallafa] kalfatern

قلفة [qulfa] Vorhaut *f*

¹**قلق** [qaliqa, a] besorgt, beunruhigt sein; **IV** أقلق [ʔaqlaqa] beunruhigen

²**قلق** [qalaq] Besorgnis *f*, Sorge *f*, Beunruhigung *f*

³**قلق** [qaliq] besorgt, beunruhigt

قلقل [qalqala] bewegen, erschüttern, schütteln; **II** تقلقل [ta'qalqala] erschüttert werden; wackeln

¹**قلم** **II** [qallama] abschneiden, stutzen, *Fingernägel* schneiden

²**قلم** [qalam], *pl.* أقلام [ʔaq'laːm]

(*Schreib-*)Stift *m*; Schreibrohr *n*; Schrift *f*; Stil *m*; Amt *n*, Büro *n*; رصاص ~ Bleistift *m*; حبر ~ [q. ħibr] Füllfederhalter *m*; (حبر) ~ جاف [dʒaːff] Kugelschreiber *m*

قلما [qallamaː] selten

قلنسوة [qalan'suwa] Mütze *f*; Kapuze *f*

[1]**قلة** [qulla], *pl.* قلل [qulal] **1.** Gipfel *m*; **2.** *Äg.* Tonkrug *m zum Kühlen des Wassers*

[2]**قلة** [qilla] Wenigkeit *f*, geringe Menge; Mangel *m*; الصبر ~ Ungeduld *f*; الوجود ~ Seltenheit *f*

(قلو) قلا [qalaː, uː] hassen

قلوظ [qalwaðɒ] (fest)schrauben

قلوي [qilwiː, qalawiː] alkalisch, basisch; Alkali *n*

قلى [qalaː, iː] braten

قليل [qa'liːl], *pl.* [-uːn] *u.* قلائل [qa'laːʔil] (2) wenig; *Zahl*: gering, klein; spärlich; ~ا [-an] *Adv.* (ein) wenig, etwas; ~ بعد kurz darauf; bald; الوجود ~ selten

قمار [qi'maːr] Glücksspiel *n*

قماش [qu'maːʃ], *pl.* أقمشة [ʔaqmiʃa] Stoff *m*, Tuch *n*; Abfall *m*, Plunder *m*

قماط [qi'mɒːŧ], *pl.* أقمطة [ʔaqmiŧɒ] *u.* قمط [qumuŧ] Windel *f*

قمامة [qu'maːma] Müll *m*

قمح [qamħ] Weizen *m*; ~ة Weizenkorn *n*; ~ي weizenfarben

[1]**قمر** **II** [qammara] toasten; **III** قامر [qaːmara] ein Glücksspiel spielen (ه mit *j-m*); aufs Spiel setzen (ب *A*); *im Spiel*: setzen (على auf *A*)

[2]**قمر** [qamar], *pl.* أقمار [ʔaq'maːr] Mond *m*; Satellit *m*; ~ة Kabine *f*; Dachluke *f*; ~ي Mond-, lunar; mondförmig; ~ية Oberlicht *n*, Dachluke *f*

قمش [qamaʃa, u, i] *u.* **II** [qammaʃa] auflesen, sammeln

قمص **II** [qammasɒ] mit e-m Hemd bekleiden; **II** تقمص [ta'qammasɒ] ein Hemd anziehen; *Seele*: wandern; sich identifizieren (ه mit *j-m*)

قمصان → قميص

قمط [qamaŧɒ, u, i] *u.* **II** [qammaŧɒ] *Kind* wickeln

[1]**قمع** [qamaʕa, a] unterdrücken; **II** [qammaʕa] *Äg.* das obere Ende (*der Okrafrucht*) abschneiden

[2]**قمع** [qamʕ] Unterdrückung *f*

[3]**قمع** [qimʕ, qumʕ] *pl.* أقماع [ʔaq'maːʕ] Trichter *m*; *pl.* قموع [qu'muːʕ] (Frucht-)Stiel *m*

قمقم [qumqum] Flasche *f zum Verspritzen von Parfüm*

[1]**قمل** [qaml] *koll.*, *sg.* ~ة Läuse *f/pl.*

[2]**قمل** [qamil] verlaust

قمة [qimma], *pl.* قمم [qimam] Gipfel *m e-s Berges*; Scheitel *m*; *Phys.* Wellenberg *m*

قميص [qa'miːs], *pl.* قمصان [qum-

ق

'sɒːn] *u.* أقمصة [ʔaqmisɒ] Hemd *n*; Überzug *m*

قمين [qa'miːn] **1.** würdig (ب *G*); geeignet (für ب); **2.** Ofen *m*

[1](**قن**) **II** قنن [qannana] *Gesetz* erlassen; gesetzlich regeln; normieren; rationieren

[2]**قن** [qunn] Hühnerstall *m*

[3]**قن** [qinn], *pl.* أقنان [ʔaq'naːn] Sklave *m*

قناص [qa'nnɒːs] Heckenschütze *m*; Scharfschütze *m*

قناع [qi'naːʕ], *pl.* أقنعة [ʔaqniʕa] Maske *f*; واق ~ [waːqin] Gasmaske *f*

قناعة [qa'naːʕa] Überzeugung *f*; Zufriedensein *n*

قنال [qa'naːl] Kanal *m*

قناة [qa'naːt] **1.** *pl.* قنوات [qana'waːt] *u.* أقنية [ʔaqnija] Kanal *m*; **2.** Lanze *f*

قنب [qinnab] Hanf *m*

قنبار [qum'baːr] *Ir.* Läufer *m aus Kokosfasern*, (*Kokos-*)Matte *f*

قنبر [qumbur] *koll., sg.* ة~, *pl.* قنابر [qa'naːbir] (2) *Zool.* Lerche *f*

قنبلة [qumbula], *pl.* قنابل [qa'naːbil] (2) Bombe *f*; يدوية ~ [jada'wiːja] Handgranate *f*

قنت [qanata, u] gehorchen, sich unterwerfen

قند [qand] Kandiszucker *m*

قنديل [qin'diːl], *pl.* قناديل [qanaː'diːl] (2) (*bsd.* Öl-)Lampe *f*

[1]**قنص** [qanasɒ, i] (er)jagen; **VIII** اقتنص [iq'tanasɒ] erjagen; *Gelegenheit* benutzen

[2]**قنص** [qanɒs] Jagdbeute *f*

[3]**قنص** [qans] Jagd *f*

قنصل [qunsul], *pl.* قناصل [qa'naːsɨl] (2) Konsul *m*; عام ~ Generalkonsul *m*; ـية~ Konsulat *n*

[1]**قنط** [qanitɒ, a] verzweifeln (من an *D*), verzagen; **II** [qannatɒ] mutlos machen

[2]**قنط** [qanɨt] verzweifelt, mutlos

قنطار [qin'tɒːr], *pl.* قناطير [qanaː'tɨːr] (2) *Gewicht von 100* رطل, *Äg. etwa* Zentner *m*

قنطرة [qantɒra], *pl.* قناطر [qa'naːtɨr] (2) Brücke *f*; (Gewölbe-)Bogen *m*

[1]**قنع** [qaniʕa, a] zufrieden sein; sich zufriedengeben (mit *D*); überzeugt sein; **II** [qannaʕa] maskieren; verschleiern; **IV** أقنع [ʔaqnaʕa] überzeugen; überreden; **V** تقنع [ta'qannaʕa] sich maskieren; **VIII** اقتنع [iq'tanaʕa] sich überzeugen (ب von *D*)

[2]**قنع** [qaniʕ] zufrieden

قنفذ [qunfuð], *pl.* قنافذ [qa'naːfið] (2) Igel *m*

قنو [qinw], *pl.* أقناء [ʔaq'naːʔ] Büschel *n*, Traube *f Datteln*

قنوت [qu'nuːt] Gottergebenheit *f*

قنوط [qu'nuːt] Verzweiflung *f*

قنوع [qa'nuːʕ] zufrieden (ب mit *D*); genügsam

قنوة [qinwa] Erwerbung *f*

قنى [qanaː, iː] erwerben; **II** [qan-

naː] *Kanal* graben; **VIII** اقتنى [iq'tanaː] erwerben
قنينة [qi'nniːna], *pl.* قنان [qa'naːnin] Flasche *f*; Fläschchen *n*
قنية [qinja] = قنوة
[1]**قهر** [qahara, a] bezwingen, überwinden; zwingen (على zu *D*)
[2]**قهر** [qahr] Bezwingung *f*; Zwang *m*, Gewalt *f*; *Äg*. Kummer *m*
قهرمان [qahra'maːn], *pl.* قهارمة [qa'haːrima] (Haus-)Verwalter *m*
قهري [qahriː] zwingend, Zwangs-
(**قهقر**) **II** تقهقر [ta'qahqara] zurückweichen, sich zurückziehen
قهقرى [qahqaraː]: رجع/عاد الـ~ zurückweichen
قهقه [qahqaha] laut lachen
قهوجي [qahwadʒiː], *pl.* ~ـة *umg.* Kaffeehausbesitzer *m*; Kaffeekoch *m*
قهوة [qahwa] Kaffee *m*; *pl.* [qaha'waːt] *u.* قهاو [qa'haːwin] *umg.* Kaffeehaus *n*
قواء [qa'waːʔ] öde Gegend
قوات → قوة
قواد [qa'wwaːd] Zuhälter *m*; → قائد
قواس [qawwaːs] Bogenschütze *m*; Wächter *m bei Gesandtschaften*
قواعد → قاعدة
قوال [qa'wwaːl] gesprächig, redselig; Wandersänger *m*
[1]**قوام** [qa'waːm] Statur *f*, Gestalt *f*; Geradheit *f*
[2]**قوام** [qa'wwaːm] Leiter *m*, Verwalter *m*
[3]**قوام** [qi'waːm] Grundlage *f*; Bestand *m*
قوائم → قائمة
قوب [quːb], *pl.* أقواب [ʔaq'waːb] Küken *n*, Vogeljunge(s)
قوباء [quwa'baːʔ] Ekzem *n*; Herpes *m*
[1](**قوت**) **IV** أقات [ʔa'qaːta] ernähren; **V** تقوت [ta'qawwata] *u.* **VIII** اقتات [iq'taːta] sich ernähren, leben (ب von *D*)
[2]**قوت** [quːt], *pl.* أقوات [ʔaq'waːt] Nahrung *f*; Lebensmittel *pl.*
(**قوح**) **III** قاوح [qaːwaħa] *Äg.* nicht lockerlassen
(**قود**) قاد [qaːda, uː] *a. Fahrzeug* führen; lenken; **VII** انقاد [in'qaːda] geführt werden; sich fügen (ل *j-m*); **VIII** اقتاد [iq'taːda] führen
قور **II** [qawwara] aushöhlen; **V** تقور [ta'qawwara] *Schlange*: sich zusammenrollen
[1]**قوس** **II** [qawwasa] biegen, krümmen; **V** تقوس [ta'qawwasa] sich krümmen
[2]**قوس** [qaus] *f*, *pl.* أقواس [ʔaq'waːs] *u.* قسي [qi'siːj] Bogen *m* (*a. Waffe*); *Schrift*: runde Klammer; → قزح; ~**ي** bogenförmig
(**قوض**) قاض [qɒːđɒ, u] *u.* **II** [qawwađɒ] niederreißen; zerstören
قوطة [quːtɒ] *Äg.* Tomaten *f*/*pl.*
قوطي [quːtiː] gotisch

قوطية [quːˈtɨːja], *pl.* قواطي [qaˈwaːtɨː] *Ir.* Dose *f*, Schachtel *f*

قوقاز [qauˈqaːz]: الـ~, *a.* القوقاس der Kaukasus

[1](**قوقع**) **II** تقوقع [taˈqauqaʕa] sich abkapseln

[2]**قوقع** [qauqaʕ] *koll.* Schnecken *f/pl.*; Muscheln *f/pl.*; ~ة, *pl.* قواقع [qaˈwaːqɨʕ] (2) Schnecke *f*

[1](**قول**) قال [qaːla, uː] sagen; besagen; behaupten, aussagen (ب *A*); **III** قاول [qaːwala] e-n Kontrakt *od.* ein Geschäft abschließen; verhandeln (ه mit *D*); **V** تقول [taˈqawwala] abfällig reden (على über *j-n*); → [1](قيل)

[2]**قول** [qaul], *pl.* أقوال [ʔaqˈwaːl] Worte *pl.*, Äußerung *f*, Ausspruch *m*, Aussage *f*; أقاويل [ʔaqaːˈwiːl] (2) *pl.* Gerede *n*; Reden *f/pl.*

قولحة [qaulaħa] *Äg.* (*Mais-*)Kolben *m*

قولة [qaula] Wort *n*, Ausspruch *m*

[1](**قوم**) قام [qaːma, uː] aufstehen, sich aufrichten; sich erheben (*a.* على gegen *A*); entstehen; *Zug*: abfahren; *Flugzeug*: abfliegen; aufbrechen, sich begeben (إلى nach *D*); durchführen, verrichten, tun (ب *Pflicht*), erfüllen (ب *Aufgabe*); beruhen (على auf *D*); wachen (على über *A*); *Rel.* auferstehen; مقامه ~ [maˈqaːmahuː] an j-s Stelle treten; **II** [qawwama] geraderichten, in Ordnung bringen, (ver)bessern; *El.* gleichrichten; bewerten, einschätzen; **III** قاوم [qaːwama] Widerstand leisten, sich widersetzen, standhalten (ه *j-m*); **IV** أقام [ʔaˈqaːma] aufstellen, aufrichten; errichten, gründen, einrichten; *Fest* veranstalten, abhalten; *Gebet* verrichten; *Beweis* erbringen; *Klage* erheben; einsetzen (*j-n* ه als *A*); *Rel.* auferwecken; sich aufhalten, wohnhaft sein; **X** استقام [isˈtaˈqaːma] gerade, richtig sein; aufrecht sein; in Ordnung kommen

[2]**قوم** [qaum], *pl.* أقوام [ʔaqˈwaːm] Volk *n*, Leute *pl.*; ~ة Aufstehen *n*; ~ي national; Volks-; ~ية Nationalismus *m*; Volkstum *n*; Völkerschaft *f*

قوة [quwwa] **1.** *pl.* قوى [quwan] Kraft *f*, Stärke *f*, Macht *f*; Gewalt *f*; Potential *n*; *Math.* Potenz *f*; بالـ~ gewaltsam; الإرادة ~ Willenskraft *f*; عظمى ~ Großmacht *f*; القوى العاملة Arbeitskräfte *f/pl.*; مركزيه جاذبة ~ Zentripetalkraft *f*; مركزية طاردة ~ Zentrifugalkraft *f*; معنوية ~ sittliche Kraft, Moral *f*; **2.** *pl.* قوات [quˈwwaːt] Truppe *f*; *pl.* Streitkräfte *pl.*

[1]**قوي** [qawija, aː] stark sein *od.* werden; stärker werden; so stark sein (على daß); **II** قوى [qawwaː] (ver)stärken, kräftigen; **III** قاوى

[qaːwaː] sich messen (ه mit *j-m*); **V** تقوى [ta'qawwaː] sich verstärken; **X** استقوى [is'taqwaː] sich trauen (على *A*)

[2]**قوي** [qa'wiːj], *pl.* أقوياء [ʔaqwi'jaːʔ] (2) stark, kräftig; mächtig; fest, solide; → قوة

قويق [qu'waiq]: ~ أم Eule *f*

قويم [qa'wiːm] *Mensch*: gerade, aufrecht; richtig, wahr(haft)

[1](**قيء**) قاء [qaːʔa, iː] (sich) erbrechen; **II** قيأ [qajjaʔa] zum Erbrechen bringen; **V** تقيأ [ta'qajjaʔa] → [qaːʔa]

[2]**قيء** [qaiʔ] Erbrechen *n*

قياد [qi'jaːd] Halfter *m*; Führung *f*; ة~, *pl.* [-aːt] Führung *f*, Leitung *f*; *Mil.* Kommando *n*; Lenken *n e-s Fahrzeugs*; *pl. a.* Führungskräfte *f/pl.*

قياس [qi'jaːs] Messen *n*; *pl.* أقيسة [ʔaqjisa] Maß *n*, Maßstab *m*; Anprobe *f*; Vergleich *m*; Analogie *f*; ~ـاً إلى [-an] *u.* ~بالـ إلى gemessen an, im Vergleich zu; ~ـي Analogie-; regelmäßig; Rekord-; → [2]رقم

قيافة [qi'jaːfa] Verfolgung *f e-r Spur*

قيام [qi'jaːm] Aufstehen *n*; Entstehen *n*, Zustandekommen *n*; Ausbruch *m e-s Aufstandes*; Abfahrt *f*; Abflug *m*; Durchführung *f*, Verrichtung *f* (ب *G*), Erfüllung *f* (ب *e-r Pflicht*); ~ة *Rel.* Auferstehung *f*

قيتار [qiː'taːr], **قيثار** [qiː'θaːr] *u.* **قيثارة** Gitarre *f*; Leier *f*

[1]**قيح** **II** [qajjaħa] *u.* **V** تقيح [ta'qajjaħa] eitern

[2]**قيح** [qaiħ] Eiter *m*

[1]**قيد** **II** [qajjada] fesseln, binden; einschränken, beschränken; eintragen, registrieren, verbuchen; **V** تقيد [ta'qajjada] sich halten (ب an *A*); eingeschränkt werden

[2]**قيد** [qaid], *pl.* قيود [qu'juːd] Fessel *f*; Beschränkung *f*; Eintragung *f*, Registrierung *f*; Buchung *f*; Urkunde *f*; *pl. Ök.* Restriktionen *f/pl.*; ~ [-a] *Präp.* im Stadium von, Gegenstand von; ~ البحث gerade *od.* derzeit geprüft werden(d); على ~ الحياة (noch) am Leben; → [3]شرط

[1]**قير** **II** [qajjara] teeren

[2]**قير** [qiːr] Teer *m*

قيراط [qiː'rɒːtˀ], *pl.* قراريط [qaraː'riːtˀ] (2) Karat *n*; *Name mehrerer alter Maße*

(**قيس**) قاس [qaːsa, iː] messen, abmessen; *Kleidungsstück* anprobieren; vergleichen (ب/على mit *D*); **III** قايس [qaːjasa] vergleichen (ب mit *D*)

قيصر [qaisɒr] Kaiser *m*; Zar *m*; ~ي kaiserlich; عملية ~ـة Kaiserschnitt *m*

قيض **II** [qajjaðɒ] *Gott*: bestimmen, schicken (ل *j-m*); **III** قايض [qaːjaðɒ] tauschen (ه mit *j-m*), eintauschen

قيظ [qaið] Sommerhitze *f*, Gluthitze *f*

قيف II [qajjafa] *Spur* verfolgen

[1](**قيل**) قال [qaːla, iː] *u.* **II** [qajjala] s-n Mittagsschlaf halten; **IV** أقال [ʔaˈqaːla] des Amtes entheben, absetzen; rückgängig machen; **X** استقال [istaˈqaːla] zurücktreten, demissionieren

[2]**قيل** [qail], *pl.* أقيال [ʔaqˈjaːl] *hist.* König *m der Himjariten*

[3]**قيل** [qiːl] → قال; [qiːla] es wurde gesagt; → [1](قول)

قيلولة [qaiˈluːla] Mittagsschlaf *m*, Siesta *f*

[1]**قيم II** [qajjama] (be)werten

[2]**قيم** [qajjim] **1.** wertvoll; **2.** Verantwortliche(r) (على für *A*)

قيمة [qiːma], *pl.* قيم [qijam] Wert *m*; Betrag *m*, Summe *f*; لا ~ له [-ta] wertlos

قيمي [qiːmiː] wertmäßig

قينة [qaina] *hist.* Sängerin *f*

قيوم [qaˈjjuːm]: الـ~ der Ewige (*Beiname Gottes*)

ك

[1]**ك** (كاف) [kaːf] *zweiundzwanzigster Buchstabe*

[2]**كـ** [ka-] *Präp.* wie; (*in der Eigenschaft*) als; كهذا solch ein

[3]**ـك** *u.* **ك** [-ka], *f* [-ki] **1.** *Possessivsuffix*: dein; **2.** *Objektsuffix*: dich

كاب [kaːbin] *Licht*: trübe; *Farbe*: matt

كابس [kaːbis] pressend; آلة ~ـة Kompressor *m*

كابل [kaːbil], *pl.* [-aːt] *u.* كوابل [kaˈwaːbil] (2) Kabel *n*

كآبة [kaˈʔaːba] Betrübnis *f*, Kummer *m*

كابوريا [kaˈbuːrijaː] Krebs(e *pl.*) *m*

كابوس [kaːˈbuːs], *pl.* كوابيس [kaˈwaːˈbiːs] (2) Alptraum *m*

كاتب [kaːtib] schreibend; *pl.* كتاب [kuˈttaːb] Schriftsteller *m*; *pl.* كتبة [kataba] Schreiber *m*; *bsd. Maghr.* Sekretär *m*; ~ السر Sekretär *m*; ~ العدل Notar *m*

كاتم [kaːtim]: ~ الصوت Schalldämpfer *m*

كاتو [gaːtoː] Kuchen *m*, Gebäck *n*

كاثوليكي [kaːθuːˈliːkiː] katholisch; Katholik *m*

كاحل [kaːħil], *pl.* كواحل [kaˈwaːħil] (2) Fußknöchel *m*

كاخية [kaːxija], *pl.* كواخ [kaˈwaːxin] *hist.* Verwalter *m*

كاد [kaːd]: بالـ~ fast, beinahe; → (كود) *u.* [1](كيد)

كأداء [kaʔ'daːʔ] (2) *Hindernis*: unüberwindbar

كادح [kaːdiħ] Arbeiter *m*, Werktätige(r)

كادر [kaːdir], *pl.* كوادر [ka'waːdir] (2) Kader *m*, (Stamm-)Personal *n*

كاذب [kaːðib] lügnerisch; trügerisch; Lügner *m*

كار [kaːr] Gewerbe *n*, Beruf *m*

كارثة [kaːriθa], *pl.* كوارث [ka'waːriθ] (2) Katastrophe *f*, Unglück *n*

كاز [gaːz] Gas *n*; Benzin *n*

كازوزة [gaː'zoːza] Sprudel *m*, Sodawasser *n*

كأس [kaʔs], *pl.* كؤوس [ku'ʔuːs] Becher *m*, (Trink-)Glas *n*; Pokal *m*

كاسب [kaːsib] Verdiener *m*

كاسح [kaːsiħ] *Sieg*: überwältigend; ~ـة الألغام Minensuchboot *n*

كاسد [kaːsid] stagnierend; *Markt*: flau; *Ware*: schlecht verkäuflich

كاسر [kaːsir] (zer)brechend; *Tier*: reißend, wild

كاسف [kaːsif] betrübt; finster

كاشف [kaːʃif] aufdeckend; أضواء ~ـة Flutlicht *n*

كاظم [kaːðim] *npr. m*

كاعب [kaːʕib] vollbusig

كاف [kaːfin] genug, genügend, ausreichend

كافر [kaːfir], *pl.* [-uːn] *u.* كفار [ku'f-faːr] Ungläubige(r); ~ بالنعمة undankbar

كافة [kaːffa] alle; ganz; ~ [-tan] *Adv.* insgesamt

كافور [kaː'fuːr] Kampfer *m*

كال [kaːll] matt, ermüdet; → [1](كيل)

كالح [kaːliħ] *Farbe*: trüb; *Gesicht*: finster

كالو [kalloː] *Äg. umg.* Hühnerauge *n*

[1]**كالون** [kaː'luːn], *pl.* كوالين [kawaː'liːn] (2) *Äg.* (Tür-)Schloß *n*

[2]**كالون** [gaː'loːn] Gallone *f*

كامبيو [kambijoː] Geldwechsel *m*; Wechselkurs *m*

كامخ [kaːmix] Essiggemüse *n*

كامل [kaːmil] vollständig, vollzählig, ganz, vollkommen; *a. npr. m*

كامن [kaːmin] verborgen, latent; liegend, begründet (في in *D*)

[1]**كان** → [1](كون)

[2]**كأن** [ka'ʔanna] als ob

كانون [kaː'nuːn] **1.** *pl.* كوانين [kawaː'niːn] (2) Ofen *m*; **2.** ~ الأول *Ir.*, *Syr.* Dezember *m*; ~ الثاني *Ir.*, *Syr.* Januar *m*

كاهل [kaːhil], *pl.* كواهل [ka'waːhil] (2) Rücken *m*, Schultern *f/pl.*

كاهن [kaːhin], *pl.* كهنة [kahana] Priester *m*

كائن [kaːʔin] seiend, existierend; Geschöpf *n*, Wesen *n*

[1]**كب** [kabbu, a] umwerfen, umstürzen; ausgießen; **II** كبب [kabbaba] zu e-r Kugel formen; **IV** أكب

ك

[ʔa'kabba] niederwerfen; sich widmen (على e-r Sache); **VII** انكب [in'kabba] sich beugen (على über *etwas*); sich hingeben (على *e-r Sache*)

²**كب** [kabb] Umwerfen *n*, Umstürzen *n*

كباب [ka'baːb] Kebab *m* (*am Spieß gebratene Fleischstücke*)

كبار [ku'baːr] sehr groß; → كبير

كباس [ka'bbaːs] Kolben *m*; Presse *f*; Ladestock *m*

كباية [ku'bbaːja] *Äg.* Trinkglas *n*

¹**كبت** [kabata, i] unterdrücken

²**كبت** [kabt] Unterdrückung *f*; *Psych.* Verdrängung *f*

¹**كبح** [kabaħa, a] *Pferd* zügeln; zurückhalten; bändigen; bremsen

²**كبح** [kabħ] Zurückhalten *n*; Bändigung *f*; Bremsen *n*

¹**كبد** **II** [kabbada] *Verluste* zufügen (ه *j-m*); **III** كابد [kaːbada] ertragen, erdulden, aushalten; **V** تكبد [ta'kabbada] *Verluste* erleiden; *Kosten* zu tragen haben; *Astr.* im Zenit stehen

²**كبد** [kabid], *pl.* أكباد [ʔak'baːd] Leber *f*; Mitte *f*, Innere(s); *Astr.* Zenit *m*

¹**كبر** [kabara, u] älter sein (ه als *j-d*); — [kabura, u] groß *od.* alt werden; größer *od.* älter werden; zunehmen; zu groß werden (عن für *A*); **II** [kabbara] vergrößern; الله أكبر [ɒ'ɫɫɒːhu ʔakbar] rufen; **III** كابر [kaːbara] hochmütig behandeln; rechthaberisch sein (ه gegenüber *j-m*); **IV** أكبر [ʔakbara] rühmen; für groß halten; **V** تكبر [ta'kabbara] überheblich, hochmütig sein (على gegenüber *j-m*); **X** استكبر [is'takbara] hochmütig sein; für groß *od.* wichtig halten

²**كبر** [kubr] Ansehen *n*, Würde *f*; Größe *f*

³**كبر** [kibar] Größe *f*; (hohes) Alter

⁴**كبر** [kibr] Hochmut *m*, Stolz *m*

كبرى → أكبر

كبرياء [kibri'jaːʔ] *f* Stolz *m*, Hochmut *m*

كبريت [kib'riːt] Schwefel *m*; Streichhölzer *n/pl.*

كبريتات [kibriː'taːt] *Chem.* Sulfat *n*

كبريتور [kibriː'tuːr] *Chem.* Sulfid *n*

كبريتي [kib'riːtiː] schwefelig, Schwefel-

¹**كبس** [kabasa, i] pressen; drücken; überrumpeln; in Essig einmachen; **II** [kabbasa] massieren

²**كبس** [kabs] Pressen *n*; Einschaltung *f e-s Tages im Schaltjahr*; Einmachen *n in Essig*; ~ة Überfall *m*, Überrumpelung *f*

¹**كبش** [kabaʃa, i] e-e Handvoll nehmen (ـه von *D*)

²**كبش** [kabʃ], *pl.* كباش [ki'baːʃ] Widder *m*; الفداء ~ Sündenbock *m*

[1]كبشة [kabʃa] Handvoll *f*; Schöpfkelle *f*

[2]كبشة [kubʃa] Haken *m*, Häkchen *n*, Spange *f*

كبل II [kabbala] fesseln, in Fesseln legen

كبة [kubba], *pl.* كبب [kubab] Knäuel *n*, Kugel *f*; *a.* [kibba] Buletten *f/pl.*

(**كبو**) كبا [kabaː, uː] stolpern, niederfallen

كبوت [ka'bbuːt] (2) Kapuze *f*; (*Kapuzen-*)Mantel *m*; (*Wagen-*)Verdeck *n*

كبوة [kabwa] Straucheln *n*, Fehltritt *m*

كبير [ka'biːr], *pl.* كبار [ki'baːr] groß (*a. = bedeutend*); *Mensch*: alt; hoch (*an Rang*); الكبار die Erwachsenen *m/pl.*; السن ~ [k. as-sinn] alt; المهندسين ~ Chefingenieur *m*; ة~, *pl.* كبائر [ka'baːʔir] (2) schwere Sünde

كبيس [ka'biːs] *in Essig* eingemacht; → [1]سنة

[1]**كتاب** [ki'taːb], *pl.* كتب [kutub] Buch *n*; Schreiben *n*, Schriftstück *n*, Brief *m*; أهل الـ~ Christen und Juden (*als Besitzer e-r heiligen Schrift*)

[2]**كتاب** [ku'ttaːb], *pl.* كتاتيب [kataː'tiːb] (2) Koranschule *f*, Elementarschule *f*; → كاتب

كتابة [ki'taːba] Schreiben *n*; Schrift *f*; Aufschrift *f*, Inschrift *f*; *Maghr.* Sekretariat *n*; ~ [-tan] *Adv.* schriftlich

كتابي [ki'taːbiː] schriftlich; Schreib-; Schrift-;

كتاف [ki'taːf], *pl.* كتف [kutuf] (*Hand-*)Fessel *f*

كتان [ka'ttaːn] Flachs *m*, Lein *m*; Leinen *n*; ي~ leinen, aus Leinwand

[1]**كتب** [kataba, u] schreiben; aufschreiben; *Schicksal*: bestimmen (على/ل *j-m*); *Pass.* [kutiba] beschieden sein; **III** كاتب [kaːtaba] korrespondieren (ه mit *D*); **IV** أكتب [ʔaktaba] schreiben lassen; **VI** تكاتب [ta'kaːtaba] miteinander in Briefwechsel stehen; **VIII** اكتتب [ik'tataba] sich eintragen; zeichnen (في *Aktien*); subskribieren; spenden; **X** استكتب [is'taktaba] schreiben *od.* abschreiben lassen

[2]**كتب** → [1]كتاب; ة~ → كاتب; ي~ [kutubiː] *umg.* Buchhändler *m*

كتشينة [kut'ʃiːna] *Äg.* Spielkarten *f/pl.*

[1]**كتف** [katafa, i] die Hände auf dem Rücken zusammenbinden; **V** تكتف [ta'kattafa] die Arme verschränken; **VI** تكاتف [ta'kaːtafa] zusammenstehen, zusammenhalten

[2]**كتف** [katif], [katf], *pl.* أكتاف [ʔak'taːf] Schulter *f*; Stützpfeiler *m*

كتكوت [kat'kuːt], *pl.* كتاكيت [kaːta'kiːt] (2) Küken *n*

كتل II [kattala] zusammenballen; **V** تكتل [ta'kattala] sich zusammenballen; *Pol.* e-n Block *od.* e-e Gruppe bilden

كتلة [kutla], *pl.* كتل [kutal] Klumpen *m*, *a. Phys.* Masse *f*; *Pol.* Block *m*; Fraktion *f im Parlament*

كتم[1] [katama, u] geheimhalten; *Zorn* unterdrücken; *Atem* anhalten; *Schall* dämpfen; **III** كاتم [kaːtama] verschweigen (ه ه *j-m A*); **V** تكتم [ta'kattama] Stillschweigen bewahren

كتم[2] [katm] Geheimhaltung *f*, Verheimlichung *f*; ~ـة *Äg.* Schwüle *f*

كتمان [kit'maːn]=كتم[2]; Verschwiegenheit *f*

كتوم [ka'tuːm] verschwiegen, diskret; verschlossen

كتيب [ku'tajjib] Büchlein *n*

كتيبة [ka'tiːba], *pl.* كتائب [ka'taːʔib] (2) *Mil.* Bataillon *n*; Schwadron *f*

كتينة [ka'tiːna] *Äg.* (*Uhr-*)Kette *f*

كث [kaθθa, i] *Haar*: dicht sein

كثار → كثير

كثافة [ka'θaːfa] Dichte *f*; Intensität *f*; السكان ~ Bevölkerungsdichte *f*

كثب [kaθab] Nähe *f*; عن ~ aus der Nähe

كثر [kaθura, u] viel, zahlreich sein; mehr werden; **II** [kaθθara] vermehren; خيرك ~ [kattar xeːrak] *Äg.* danke! (= *Gott vermehre dein Wohl*); **III** كاثر [kaːθara] an Zahl übertreffen (ه *j-n*); **IV** أكثر [ʔakθara] vermehren; viel tun; **VI** تكاثر [ta'kaːθara] sich vermehren; sich zusammentun (على gegen *A*); **X** استكثر [is'takθara] viel tun; für zu viel halten

كثرة [kaθra] Vielzahl *f*, Menge *f*, Fülle *f*

كثف [kaθufa, u] dicht, dick sein *od.* werden; **II** [kaθθafa] verdichten, kondensieren; intensivieren; **V** تكثف [ta'kaθθafa] *intr.* kondensieren; **VI** [ta'kaːθafa] sich verdichten

كثيب [ka'θiːb], *pl.* كثبان [kuθ'baːn] (Sand-)Düne *f*

كثير [ka'θiːr], *pl.* [-uːn] *u.* كثار [ki'θaːr] viel, zahlreich; ~ا [-an] *Adv.* sehr; oft; ~ا ما *vor Verben*: oft, häufig; (الـ)~ من viel(e); ~ الحدوث häufig

كثيف [ka'θiːf] dicht, dick, kompakt; intensiv

كح [kaħħa, u] husten

كحت [kaħata, a] abschaben

كحكحة [kaħkaħa] Husten *m*, Hüsteln *n*

كحل [kuħl] *Mittel n zum Schwärzen der Augenlider*; Antimon *n*; ~ـي dunkelblau

كحول [ku'ħuːl] Alkohol *m*; ~ـي alkoholisch, Alkohol-

[1]**كد** [kadda, u] sich anstrengen; *j-n* anstrengen

[2]**كد** [kadd] Anstrengung *f*, Mühe *f*

كداس [ku'ddaːs] = [2]كدس

[1]**كدح** [kadaħa, a] sich abmühen, sich plagen; hart arbeiten

[2]**كدح** [kadħ] Mühe *f*, Plackerei *f*

[1]**كدر** [kadira, a] trübe sein *od.* werden, getrübt sein; **II** [kaddara] trüben; betrüben; ärgern, stören; **V** تكدر [ta'kaddara] trübe, getrübt werden; verärgert sein (من über *A*)

[2]**كدر** [kadar] Getrübtheit *f*; Betrübnis *f*, Ärger *m*

[3]**كدر** [kadir] trübe, getrübt

كدرة [kudra] Getrübtheit *f*

[1]**كدس** **II** [kaddasa] anhäufen, aufhäufen; **V** تكدس [ta'kaddasa] sich aufhäufen, sich stapeln

[2]**كدس** [kuds], *pl.* أكداس [ʔak'daːs] Haufen *m*, Stapel *m*

كدمة [kadma] Prellung *f*; blaue(r) Fleck

كدود [ka'duːd] arbeitsam, fleißig

كديش [ka'diːʃ], *pl.* كدش [kudʃ] *umg.* Schindmähre *f*, Gaul *m*

كذا [kaðaː] so, auf diese Weise; ~ و~ soundso (viel)

كذاب [ka'ððaːb] lügnerisch; Lügner *m*

[1]**كذب** [kaðaba, i] lügen; belügen (على *j-n*); **II** [kaððaba] der Lüge bezichtigen; dementieren

[2]**كذب** [kaðib, kiðb] Lügen *n*; Lüge *f*

كذبة [kiðba] Lüge *f*

كذلك [ka'ðaːlika] ebenso, ebenfalls, auch

كذوب [ka'ðuːb] Lügner *m*

[1]**كر** [karra, u] (wieder) angreifen (على *j-n*); zurückkehren; **II** كرر [karrara] **1.** wiederholen; **2.** reinigen, klären; raffinieren; **V** تكرر [ta'karrara] sich wiederholen; raffiniert werden

[2]**كر** [karr] Angriff *m*, Attacke *f*; Wandel *m der Zeiten*

كراء [ki'raːʔ] Miete *f*, Pacht *f*

كراث [ku'rraːθ] Lauch *m*; *Äg. a.* Schnittlauch *m*

كراج [ga'raːʒ] Garage *f*

كرار [ka'raːr] Vorratskammer *f*

كرارية [kurraː'riːja] *Äg. umg.* (*Garn-*)Knäuel *n*

كرازة [ki'raːza] *Chr.* Predigt *f*, Verkündung *f*

كراس [ku'rraːs] *u.* ~ـة, *pl.* كراريس [karaː'riːs] (2) Heft *n*; Lieferung *f e-s Buches*

كراع [ku'raːʕ], *pl.* أكرع [ʔakruʕ] (*Hammel-*)Fuß *m*

كراكة [ka'rraːka] *Äg.* Bagger *m*

كرام [ka'rraːm] Weinbauer *m*; → كريم

كرامة [ka'raːma] Würde *f*, Ansehen *n*, Ehre *f*; Edelmut *m*, Adel *m*;

ك

Großzügigkeit *f*, Freigebigkeit *f*; Wundertat *f*

كراهة [ka'raːha] *u.* **كراهية** [ka'raːhija] Haß *m*, Widerwille *m*, Abneigung *f*

كراويا [ka'raːwijaː] Kümmel *m*

[1]**كرب** [karaba, u] bedrücken, betrüben; **VII** انكرب [in'karaba] niedergeschlagen sein

[2]**كرب** [karb], *pl.* كروب [ku'ruːb] Bedrücktheit *f*, Kummer *m*, Sorge *f*

كرباج [kur'baːdʒ] Peitsche *f*

كربة [kurba] Kummer *m*, Sorge *f*, Notlage *f*

كربون [kar'boːn] Kohlenstoff *m*; ~ ورق Kohlepapier *n*

(**كرث**) **VIII** اكترث [ik'taraθa] sich kümmern (ب/ل um *A*), sich interessieren (ب/ل für *A*)

كرخانة [kara'xaːna] Bordell *n*; *Syr.* Fabrik *f*

كرد [kurd]: ~الـ die Kurden *m/pl.*; ~ي kurdisch; *pl.* أكراد [ʔak'raːd] Kurde *m*

[1]**كرز** [karaza, i] *Chr.* predigen

[2]**كرز** [karaz] *koll.*, *sg.* ~ة Kirsche(n *pl.*) *f*

[3]**كرز** [karz] *Chr.* Predigt *f*

كرس **II** [karrasa] **1.** festigen, *fig.* zementieren; **2.** weihen, einweihen; widmen (ل *e-r Sache*)

كرسي [kursiː], *pl.* كراسي [karaː'siːj] (2) Stuhl *m*, Sessel *m*; Sitz *m*; Lehrstuhl *m*; Thron *m*; *Techn.* Lager *n*; بلي ~ [billiː] Kugellager *n*

[1]**كرش** [kariʃa, a] faltig sein

[2]**كرش** [kirʃ], *pl.* كروش [ku'ruːʃ] Bauch *m*, Wanst *m*

كرع [karaʕa, a] schlürfen

كرفس [ka'rafs] Sellerie *f*

كركدن [karka'dann] Nashorn *n*

كركر [karkara]: في الضحك ~ lauthals lachen

كركم [kurkum] Kurkuma *f*

كركند [kar'kand] Hummer *m*

كركة [karaka] Destillierkolben *m*

كركي [kurkiː], *pl.* كراكي [karaː'kiːj] (2) Kranich *m*; سمك الـ~ Hecht *m*

[1]**كرم** [karuma, u] edel(mütig), großzügig, freigebig sein; **II** [karrama] ehren; **III** كارم [kaːrama] großzügig behandeln; **IV** أكرم [ʔakrama] ehren, ehrenvoll behandeln; beschenken (ب mit *D*); **V** تكرم [ta'karrama] die Ehre *od.* die Güte haben, geruhen (ب zu); verehren (على ب *j-m A*)

[2]**كرم** [karam] Großmut *f*, Güte *f*; Freigebigkeit *f*

[3]**كرم** [karm] *koll.*, *pl.* كروم [ku'ruːm] Reben *f/pl.*, Wein *m*; Weingarten *m*

كرمشة [karmaʃa] *Äg.* Falte *f*, Runzel *f*

كرمة [karma] Weinstock *m*

كرنب [ku'rumb] Kohl *m*, Kraut *n*

كرنيش [kur'niːʃ] Uferstraße *f*

[1]كره [kariha, a] nicht leiden können, verabscheuen, hassen; **II** [karraha] verhaßt machen; **IV** أكره [ʔakraha] zwingen (على zu *D*)

[2]كره [karh]: ~ًا [-an] *Adv.* widerwillig, gezwungen

[3]كره [kurh] Haß *m*, Abneigung *f*, Widerwille *m*; ~ على widerwillig, gezwungen

[1]كرة [karra] Wiederkehr *f*; Mal *n*; Angriff *m*

[2]كرة [kura] Kugel *f*, Ball *m*; ~ القدم Fußball *m*; ~ نصف Halbkugel *f*

كروي [kurawiː] kugelförmig; Fußball-; ~ة Kugelgestalt *f der Erde*

[1](كرى) **IV** أكرى [ʔakraː] vermieten, verpachten; **VIII** اكترى [ik'taraː] mieten, pachten

[2]كرى [karan] Schlummer *m*

كريز [ku'raiz] = [2]كز

كريك [ku'reːk] Schaufel *f*; Wagenheber *m*

كريم [ka'riːm], *pl.* كرام [ki'raːm] *u.* كرماء [kura'maːʔ] (2) edel, hochherzig; großzügig, freigebig; geehrt; *Leben*: anständig; ~ حجر Edelstein *m*; ~ة, *pl.* كرائم [ka'raːʔim] (2) Kostbarkeit *f*; Tochter *f*

كريه [ka'riːh] widerlich, verhaßt; ~ة, *pl.* كرائه [ka'raːʔih] (2) Widerwärtigkeit *f*; Unglück *n*, Not *f*

كرية [ku'raija] Kügelchen *n*; Blutkörperchen *n*

[1]كز [kazza, u] schrumpfen

[2]كز [kazz] steif, starr

كزاز [ku'zaːz] *Med.* Tetanus *m*

كزبرة [kuzbara] Koriander *m*

كس [kuss] *umg.* Vulva *f*

كساء [ki'saːʔ], *pl.* أكسية [ʔaksija] Gewand *n*, Kleid *n*

كساح [ku'saːħ] *Med.* Rachitis *f*; ~ة Kehricht *m*

كساد [ka'saːd] Stagnation *f*, (Wirtschafts-)Flaute *f*

[1]كسب [kasaba, i] verdienen, erwerben; *Zeit, a. j-n* gewinnen; *Beifall* ernten; **II** [kassaba] verdienen lassen; **IV** أكسب [ʔaksaba] gewinnen lassen; verleihen (ه/ه *j-m A*); **VIII** اكتسب [ik'tasaba] erwerben, verdienen; *Eigenschaft* annehmen

[2]كسب [kasb] Verdienen *n*, Erwerb *m*, Gewinn *m*

[3]كسب [kusb] Ölkuchen *m bei der Ölgewinnung*

كستبان [kustu'baːn] Fingerhut *m*

كسح [kasaħa, a] fegen; *Minen* räumen; — [kasiħa, a] verkrüppelt sein; **VIII** اكتسح [ik'tasaħa] (hin-)wegfegen

كسد [kasada, u] stagnieren; *Markt*: flau sein

[1]كسر [kasara, i] (zer-, auf)brechen; *Durst* löschen; **II** [kassara] in Stücke zerbrechen, zerschlagen; **V** تكسر [ta'kassara] zerbrochen werden; **VII** انكسر [in'kasara]

ك

zerbrochen werden; *Licht*: sich brechen

[2]**كسر** [kasr] (Zer-)Brechen *n*; *pl.* كسور [ku'suːr] *Med., Math.* Bruch *m*; ة~ **1.** *Gr.* Vokalzeichen für *i*; **2.** Niederlage *f*

كسرى [kisraː] Chosroes; persische(r) (*sassanidischer*) König

كسف [kasafa, i] **1.** *Sonne*: sich verfinstern; **2.** beschämen; **VII** انكسف [in'kasafa] sich verfinstern; sich schämen

كسكس [kuskus] *u.* ~ي Kuskus *m* (*Gericht aus Hirse od. Hartweizengrieß in Nordafrika*)

[1]**كسل** [kasila, a] faul, träge sein; **VI** تكاسل [ta'kaːsala] faul sein; sich faul stellen

[2]**كسل** [kasal] Faulheit *f*, Trägheit *f*

كسلان [kas'laːn], *f* كسلى [kaslaː] *u.* ة~, *pl.* كسالى [ka'saːlaː] faul, träge

كسم [kasm] Form *f*, Fasson *f*, Schnitt *m e-s Kleides*

(**كسو**) كسا [kasaː, uː] kleiden, bekleiden; bedecken; **IV** أكسى [ʔak-saː] bekleiden; **VIII** اكتسى [ik'ta-saː] sich kleiden; sich bedecken

كسوف [ku'suːf] Sonnenfinsternis *f*

كسول [ka'suːl] faul, träge

كسوة [kiswa], *pl.* كسى [kisan] *u.* كساو [ka'saːwin] Kleidung *f*, Gewand *n*; Uniform *f*; Hülle *f der Kaaba in Mekka*

كسيح [ka'siːħ] verkrüppelt, lahm

كسير [ka'siːr], *pl.* كسرى [kasraː] gebrochen, zerbrochen

كش [kaʃʃa, i] **1.** *Stoff*: einlaufen; **2.** *Fliegen* verjagen

كشاف [ka'ʃʃaːf], *pl.* ة~ Kundschafter *m*; Pfadfinder *m*; Fahnder *m*; *pl.* [-aːt] Scheinwerfer *m*

كشافة [ka'ʃʃaːfa] Pfadfinderbewegung *f*

[1]**كشح** [kaʃaħa, a] verjagen, zerstreuen

[2]**كشح** [kaʃħ], *pl.* كشوح [ku'ʃuːħ] Seite *f*, Flanke *f*

كشر [kaʃara, i] *die Zähne* zeigen; **II** [kaʃʃara] ein böses Gesicht machen

كشرة [kiʃra] Grimasse *f*

كشط [kaʃatɒ, i] abkratzen; *Rahm* abschöpfen

[1]**كشف** [kaʃafa, i] wegnehmen, wegziehen; aufdecken, enthüllen (عن *A*); prüfen; ärztlich untersuchen (على *j-n*); **III** كاشف [kaːʃafa] eröffnen, offenbaren (ب ه *j-m A*); **V** تكشف [ta'kaʃʃafa] offenbar werden; **VII** انكشف [in'kaʃafa] aufgedeckt, enthüllt werden; sich zeigen; **VIII** اكتشف [ik'taʃa-fa] entdecken; ausfindig machen; **X** استكشف [is'takʃafa] erkunden, auskundschaften; *Mil.* aufklären

[2]**كشف** [kaʃf] **1.** Aufdeckung *f*, Enthüllung *f*; **2.** *pl.* كشوف [ku'ʃuːf] Prüfung *f*, Untersuchung *f*; Liste

f, Aufstellung f; Verzeichnis n; ~ـي Pfadfinder-

كشك [kuʃk], pl. أكشاك [ʔak'ʃaːk] Kiosk m, Verkaufsbude f; Kabine f; Pavillon m

كشكشة [kaʃkaʃa] Rüsche f

كشكول [kaʃ'kuːl] Bettelschale f; (Sammel-)Mappe f; Heft n

كشمش [kiʃmiʃ] Rosinen f/pl.

(**كظ**) **VIII** اكتظ [ik'tɒðːɒ] überfüllt, überladen sein

كظم [kaðɒma, i] *Zorn* unterdrükken, verbeißen

كظيم [ka'ðiːm] zornerfüllt; ~ة Thermosflasche f

[1]**كعب** **II** [kaʕʕaba] würfelförmig machen; *Math.* kubieren

[2]**كعب** [kaʕb], pl. كعوب [ku'ʕuːb] u. كعاب [ki'ʕaːb] Knöchel m; Ferse f; (*Schuh-*)Absatz m; (*Buch-*)Rükken m; Knoten m *e-s Halmes*; (*Spiel-*)Würfel m; ~ة Würfel m; الـ~ die Kaaba *in Mekka*

كعك [kaʕk] *koll.*, *sg.* ~ة Kuchen m, Keks(e pl.) m

[1]**كف** [kaffa, u] verzichten (عن auf A), aufgeben (عن A); zurückhalten, abbringen (عن von D); *Kleid* säumen; *Pass.* [kuffa] erblinden; **II** كفف [kaffafa] säumen

[2]**كف** [kaff] Verzicht m (عن auf A); pl. كفوف [ku'fuːf] u. أكف [ʔa'kuff] Hand f, Handfläche f; Pfote f

كفء [kufʔ], pl. أكفاء [ʔak'faːʔ] gewachsen (لـ j-m); fähig, befähigt; geeignet (لـ für A)

كفأ [kafaʔa, a] sich abwenden (عن von D); **III** كافأ [kaːfaʔa] belohnen, entlohnen (على für A); wettmachen (بـ durch A); gleichkommen (ـه D); **VI** تكافأ [ta'kaːfaʔa] einander gleich sein; **VII** انكفأ [in'kafaʔa] zurückweichen, sich zurückziehen; umgestürzt werden

كفاء [ki'faːʔ]: لا ~ له [-a] unvergleichlich

كفاءة [ka'faːʔa] Leistungsfähigkeit f; Fähigkeit f, Qualifikation f; Effizienz f; pl. a. Fachkräfte f/pl.

كفاح [ki'faːħ] Kampf m

كفار → كافر

كفارة [ka'ffaːra] Sühne f, Buße f

[1]**كفاف** [ka'faːf] Lebensnotwendige(s)

[2]**كفاف** [ki'faːf] Saum m, Rand m, Borte f

كفالة [ka'faːla] Bürgschaft f, Garantie f; Kaution f

كفاية [ki'faːja] Genüge f; Fähigkeit f; Effizienz f; ~! *umg.* genug!

كفت **II** [kaffata] mit Intarsien versehen, einlegen

كفتة [kufta] *Art* Frikadellen f/pl.

(**كفح**) **III** كافح [kaːfaħa] kämpfen (عن/من أجل für A, ضد gegen A); bekämpfen

[1]**كفر** [kafara, u] ungläubig sein; un-

ك

dankbar sein (ب für *A*); بالله ~ [bi-llaːh] nicht an Gott glauben; **II** [kaffara] **1.** des Unglaubens bezichtigen; **2.** sühnen (عن *A*), büßen (عن für *A*); verzeihen (عن/ل *j-m*)

²**كفر** [kafr], *pl.* كفور [ku'fuːr] Dorf *n*

³**كفر** [kufr] *u.* **كفران** [kuf'raːn] Unglaube *m*; Undankbarkeit *f*; بالله ~ Gottlosigkeit *f*

¹**كفل** [kafala, u] **1.** gewährleisten, garantieren, verbürgen; bürgen (ه/ـه für *A*); **2.** ernähren; **II** [kaffala] ernähren; j-s Fürsorge anvertrauen; **IV** أكفل [ʔakfala] zum Bürgen machen; **V** تكفل [ta'kaffala] übernehmen (ب *A*), sich verpflichten (ب zu *D*); sich verbürgen; **VI** تكافل [ta'kaːfala] füreinander bürgen

²**كفل** [kafal], *pl.* أكفال [ʔak'faːl] Kruppe *f des Pferdes*

¹**كفن** **II** [kaffana] ins Leichentuch hüllen

²**كفن** [kafan], *pl.* أكفان [ʔak'faːn] Leichentuch *n*

¹**كفة** [kuffa] Saum *m*, Rand *m*

²**كفة** [kiffa, kaffa], *pl.* كفف [kifaf] Waagschale *f*

(**كفهر**) **IV** اكفهر [ikfa'harra] sich verdüstern

كفؤ [kufuʔ] *u.* **كفوء** [ku'fuːʔ] gewachsen, ebenbürtig (ل *D*)

كفور [ka'fuːr] undankbar

كفى [kafaː, iː] genügen, genug sein (ه *j-m*); *Mühe* ersparen (ه *j-m*); schützen (ـه ه *j-n* vor *D*); **VIII** اكتفى [ik'tafaː] sich begnügen (ب mit *D*)

كفيف [ka'fiːf] blind

كفيل [ka'fiːl] Gewähr bietend (ب für *A*); *pl.* كفلاء [kufa'laːʔ] (2) Bürge *m*; Garant *m* (ب *e-r Sache*)

¹**كل** [kalla, i] müde, schwach werden; stumpf werden; **II** كلل [kallala] krönen; *Chr.* trauen; **IV** أكل [ʔa'kalla] matt, müde machen, erschöpfen; **V** تكلل [ta'kallala] gekrönt werden

²**كل** [kall] Erschöpfung *f*; schwach; stumpf

³**كل** [kull] jeder; ganz; alle; الـ~ die Gesamtheit, alle; بيت ~ [-u baitin] jedes Haus; البيت ~ [-u lbaiti] *u.* البيت ~ـه [al-baitu -uhu] das ganze Haus; ما ~ alles, was; من ~ [-u man] jeder, der; [-un min] sowohl … als auch

¹**كلا** [kallaː] nein!, keineswegs!

²**كلا** [kilaː], *f* كلتا [kiltaː], *G*, *A* كلي [ki'lai], *f* كلتي [kil'tai] beide; كلاهما [ki'laːhumaː] sie beide

³**كلأ** [kalaʔa, a] behüten, beschützen

⁴**كلأ** [kalaʔ] (Futter-)Gras *n*

كلاب [ku'llaːb], *pl.* كلاليب [kalaː'liːb] (2) Haken *m*; → ³كلب; ~ـة Zange *f*

كلاسيكي [klaːˈsiːkiː] klassisch

كلاكس [k(a)laks] Autohupe *f*

كلال [ka'laːl] Erschöpfung *f*, Mattheit *f*, Ermüdung *f*

كلام [ka'laːm] Worte *n/pl.*, Äußerung *f*; Sprechen *n*, Reden *n*, Rede *f*, Sprache *f*; فارغ ~ leere(s) Gerede, Geschwätz *n*; علم الـ~ scholastische Theologie; ~ي Wort-, Rede-; scholastisch

كلاوي → كلوة

[1]**كلب** [kaliba, a] tollwütig sein; verrückt sein (على nach *D*); **VI** تكالب [ta'kaːlaba] sich stürzen (على auf *A*)

[2]**كلب** [kalab] Tollwut *f*

[3]**كلب** [kalb], *pl.* كلاب [ki'laːb] Hund *m*; البحر ~ Hai *m*; Seehund *m*; ~ الماء Fischotter *m*; Biber *m*

[4]**كلب** [kalib] tollwütig

كلبش [ka'labʃ] Handschelle(n *pl.*) *f*

كلبة [kalba] Hündin *f*; كلبتان *du.* Zange *f*

كلبي [kalbiː] hündisch, Hunde-

كلتا, **كلتي** → [2]كلا

كلح [kalaħa, a] ein finsteres Gesicht machen

كلداني [kal'daːniː] chaldäisch; Chaldäer *m*

[1]**كلس** **II** [kallasa] kalken, weißen; *Chem.* kalzinieren

[2]**كلس** [kils] Kalk *m*; ~ي Kalk-, kalkig

كلسة [kalsa] Strumpf *m*

[1]**كلف** [kalifa, a] versessen sein (ب auf *A*); sommersprossig sein; **II** [kallafa] beauftragen (ب mit *D*); kosten (ه ه *j-n etwas*); ~ نفسه sich die Mühe machen; *teuer* zu stehen kommen (*j-n* ه); **V** تكلف [ta'kallafa] auf sich nehmen; sich zwingen (ه zu *D*); sich affektiert *od.* geziert verhalten

[2]**كلف** [kalaf] *koll.* Sommersprossen *pl.*; Sonnenflecken *m/pl.*

[3]**كلف** [kalif] versessen (ب auf *A*), verliebt (ب in *A*)

كلفة [kulfa], *pl.* كلف [kulaf] Kosten *pl.*, Kostenaufwand *m*; *Mode*: Besatz *m*

كلكل [kalkal] Brust *f*; ~ة Schwiele *f*

كلل [kalal] = كلال

[1]**كلم** [kalama, i] verletzen; **II** [kallama] sprechen (ه mit *j-m*), ansprechen; **III** كالم [kaːlama] (telefonisch) sprechen (ه mit *D*); **V** تكلم [ta'kallama] sprechen (ـه/ب *e-e Sprache*, مع mit *D*); reden

[2]**كلم** [kalm], *pl.* كلوم [ku'luːm] Wunde *f*

[3]**كلم** [kalim] *koll.* Worte *n/pl.*, Äußerung *f*

كلما [kullamaː] jedesmal wenn, sooft; ~ … ~ je … desto

كلمة [kalima] Wort *n*; Rede *f*, Ansprache *f*

كلنا [kullunaː] wir alle; **كله**, **كلها**, **كلهم** → [3]كل

كلوة [kulwa], *pl.* كلى [kulan] *u.* كلاوي [ka'laːwiː] Niere *f*

ك

كلوي [kulwiː] Nieren-

كلي [kulliː] gesamt, Gesamt-, total, absolut

كليب [ku'laib] Hündchen *n*

كليشيه [kliː'ʃeːh] Klischee *n*

كليل [ka'liːl] erschöpft, matt

[1]كليم [ka'liːm] **1.** verwundet; **2.** Sprecher *m*; الله ~ *Beiname des Moses*

[2]كليم [ki'liːm] Kelim *m* (*Teppich ohne Flor*)

[1]كلية [kulja], *pl.* كلى [kulan] Niere *f*

[2]كلية [ku'lliːja] Gesamtheit *f*; Fakultät *f e-r Universität*; Hochschule *f*, College *n*

[1]كم [kam] + *A sg.*: wieviel(e); ~ رجلا [radʒulan] wieviele Männer?; مرة ~ [marratan] wie oft?; بـ~ um wieviel?; الساعة ~ wie spät ist es?

[2]كم [kamma, u]: فمه ~ j-n knebeln; **II** كمم [kammama] **1.** e-n Maulkorb anlegen (ـه *e-m Tier*, ه *j-m*); knebeln; **2.** mit Ärmeln versehen

[3]كم [kamm] Quantität *f*, Menge *f*; نظرية الـ~ Quantentheorie *f*

[4]كم u. ـكم [-kum] **1.** *Possessivsuffix*: euer, Ihr; **2.** *Objektssuffix*: euch, Sie

[5]كم [kumm], *pl.* أكمام [ʔak'maːm] Ärmel *m*

[6]كم [kimm], *pl.* أكمام [ʔak'maːm] Blütenkelch *m*

كمء [kamʔ], *pl.* أكمؤ [ʔakmuʔ] Trüffel *f*

[1]كما [kamaː] (so) wie

[2]كما u. ـكما [-kumaː] **1.** *Possessivsuffix*: euer (beider); **2.** *Objektssuffix*: euch (beide)

كمادة [ki'maːda] Umschlag *m*, Kompresse *f*

كماشة [ka'mmaːʃa] Zange *f*

كمال [ka'maːl] Vollkommenheit *f*, Vollendung *f*; *a. npr. m*; ~ي Luxus-

كمامة [ki'maːma], *pl.* كمائم [ka'maːʔim] (2) Maulkorb *m*; (Gas-) Maske *f*; Blütenkelch *m*

كمان [ka'maːn] **1.** Geige *f*; **2.** *Äg.*, *Syr. umg.* noch, auch

كمبيالة [kamb'jaːla] *Hdl.* Wechsel *m*

كمبيو [kambjoː] Geldwechsel *m*; سعر الـ~ Wechselkurs *m*

كمبيوتر [kamb'juːtar] Computer *m*

كمثرى [kummaθraː] *koll.*, *sg.* كمثراة Birne(n *pl.*) *f*

[1]كمد [kamida, a] bekümmert sein; sich grämen; **II** [kammada] e-n Umschlag machen (ـه um *A*)

[2]كمد [kamad] Kummer *m*, Gram *m*

كمر [kamar] (*Hosen-*)Bund *m*

كمرك [gumruk], *pl.* كمارك [ga'maːrik] *Ir.* (2) Zoll *m* (*Abgabe*); ~ي Zoll-

كمرة [kamara] (Eisen-)Träger *m*, Tragbalken *m*

كمساري [kum'saːriː] *Äg.* Schaffner *m*

كمش [kamaʃa, u] ergreifen, packen; **VII** انكمش [in'kamaʃa] schrumpfen, sich zusammenziehen; *Stoff*: eingehen; in sich versinken

كمل [kamula, u] ganz, vollkommen sein *od.* werden; **II** [kammala] vervollständigen, ergänzen; **IV** أكمل [ʔakmala] vollenden, fertigmachen; **VI** تكامل [ta'kaːmala] einander vervollständigen; integriert werden; **VIII** اكتمل [ik'tamala] vollendet, abgeschlossen werden; **X** استكمل [is'takmala] vollenden, zu Ende führen; vervollständigen

[1]**كمن** [kamana, u] sich verbergen (في in *D*); liegen, begründet sein (في in *D*); auflauern (ل *j-m*)

[2]**كمن** [ka-man] wie jemand, der

كمنجة [ka'mandʒa] Geige *f*

كمه [kamah] Blindheit *f*

[1]**كمون** [ka'mmuːn] Kümmel *m*

[2]**كمون** [ku'muːn] Latenz *f*

كمي [kammiː] quantitativ, mengenmäßig

ك

كمين [ka'miːn] Hinterhalt *m*, Falle *f*

كمية [ka'mmiːja] Menge *f*, Quantität *f*

كميون [kam'juːn] Lastwagen *m*

[1]**كن** [kanna, u] *Gefühl* hegen; *Wind*: sich legen; **IV** أكن [ʔa'kanna] *Gefühl* hegen, entgegenbringen; **X** استكن [ista'kanna] verborgen sein

[2]**كن** *u.* **ـكن** [-kunna] **1.** *Possessivsuffix*: euer (*weiblich*); **2.** *Objektsuffix*: euch (*Frauen*)

[3]**كن** [kinn], *pl.* أكنان [ʔak'naːn] Obdach *n*, Heim *n*; Nest *n*

كنا [kunnaː] wir waren, → [1](كون)

كنار [ka'naːr] *Mode*: Borte *f*

كناس [ka'nnaːs] Straßenkehrer *m*; ~ة [ku'naːsa] Kehricht *m*

كنافة [ku'naːfa] *Süßigkeit aus Teigfäden mit Honig u. Nüssen*

كنانة [ki'naːna] Köcher *m*; أرض الـ~ Ägypten

كنائسي [ka'naːʔisiː] kirchlich

كناية [ki'naːja] *Rhet.* Metonymie *f*; Anspielung *f*

كنب [kanab] Schwiele *f*; ~ة Sofa *n*

كنت [kuntu] ich war, **كنتم** [kuntum] ihr wart, → [1](كون)

كندرة [kundura], *pl.* كنادر [ka'naːdir] (2) *Ir.*, *Syr.* Schuh *m*

[1]**كنز** [kanaza, i] *Schatz* vergraben; horten; **VIII** اكتنز [ik'tanaza] horten; kompakt sein *od.* werden

[2]**كنز** [kanz], *pl.* كنوز [ku'nuːz] Schatz *m*

كنس [kanasa, u] fegen, kehren

كنسي [kanasiː] kirchlich

[1]**كنف** [kanafa, u] einfrieden, umgeben; schützen; **VIII** اكتنف [ik'tanafa] umgeben; *Gefühl*: erfüllen

[2]**كنف** [kanaf], *pl.* أكناف [ʔak'naːf] Flügel *m*; *fig.* Fittich *m*; Schutz *m*

[1](كنه) **VIII** اكتنه [ik'tanaha] ergründen, erfassen; **X** استكنه [is'taknaha] zu ergründen suchen

[2]**كنه** [kunh] Kern *m*, Wesen *n e-r Sache*

[3]**كنة** [kanna], *pl.* كنائن [ka'naːʔin] (2) Schwiegertochter *f*

كنود [ka'nuːd] undankbar

كنى [kanaː, iː] anspielen (عن auf *A*); metonymisch gebrauchen; mit e-m Beinamen (ب) benennen; **II** [kannaː] mit e-m Beinamen (ب) benennen; **V** تكنى [ta'kannaː] *u.* **VIII** اكتنى [ik'tanaː] sich mit e-m Beinamen (ب) nennen

كنيسة [ka'niːsa], *pl.* كنائس [ka'naːʔis] (2) Kirche *f*; Synagoge *f*

كنيف [ka'niːf], *pl.* كنف [kunuf] Klosett *n*

كنية [kunja], *pl.* كنى [kunan] (*aus* أبو [ʔabuː] *bzw.* أم [ʔumm] *bestehender*) Beiname

كهانة [ki'haːna] Wahrsagung *f*, Prophezeiung *f*; Priestertum *n*

[1]**كهرب** [kahraba] elektrifizieren; elektrisieren

[2]**كهرب** [kahrab], *pl.* كهارب [ka'haːrib] (2) Elektron *n*

كهرباء [kahra'baːʔ] Elektrizität *f*

كهربائي [kahra'baːʔiː] elektrisch; Elektriker *m*

كهربة [kahraba] Elektrifizierung *f*; Elektrisierung *f*

كهرطيسي [kahra'tiːsiː] elektromagnetisch

كهرمان [kahra'maːn] Bernstein *m*

كهف [kahf], *pl.* كهوف [ku'huːf] Höhle *f*

[1](كهل) **VIII** اكتهل [ik'tahala] in das reife Alter kommen

[2]**كهل** [kahl], *pl.* كهول [ku'huːl] Mann *m* im reifen Alter

(كهن) **V** تكهن [ta'kahhana] vorhersagen, prophezeien (ب *A*)

كهنة [kuhna] Lumpen *pl.*; zerlumpt; → كاهن

كهنوت [kaha'nuːt] Priestertum *n*; ~ي priesterlich, geistlich

كهولة [ku'huːla] reife(s) Alter

كواء [ka'wwaːʔ] Bügler *m*

كوارة [ku'waːra], *pl.* كوائر [ka'waːʔir] (2) Bienenstock *m*

كواليني [kawaː'liːniː] Schlosser *m*

كوب [kuːb], *pl.* أكواب [ʔak'waːb] (Trink-)Glas *n*

كوبري [kubriː], *pl.* كباري [ka'baːriː] *Äg.* Brücke *f*

كوبة [kuːba] **1.** Trinkglas *n*; **2.** Herz *n im Kartenspiel*

كوبيا [koːbijaː] Kopie *f*; *Ir.* Spickzettel *m*

كوشينة → كتشينة

كوثر [kauθar]: ~الـ *Name e-s Flusses im Paradies*

كوخ [kuːx], *pl.* أكواخ [ʔak'waːx] Hütte *f*

(كود) كاد [kaːda, aː] nahe daran sein; fast, beinahe tun; *mit Negation*: kaum; ~ يموت beinahe wäre er gestorben; ما ~ / لم يكد

يخرج حتى kaum war er hinausgegangen, als

[1]كور II [kawwara] zusammenrollen; (auf)wickeln; ballen; **V** تكور [ta'kawwara] sich zusammenrollen; sich runden

[2]**كور** [kuːr], *pl.* أكوار [ʔak'waːr] *u.* كيران [kiː'raːn] Esse *f*; Blasebalg *m*; Kamelsattel *m*; **ة~** **1.** Bezirk *m*, Distrikt *m*; **2.** Ball *m*

كوز [kuːz], *pl.* أكواز [ʔak'waːz] Krug *m*, Kanne *f*; *Bot.* Zapfen *m*; Maiskolben *m*

كوسا [kuːsaː], **كوسة** [kuːsa] *u.* **كوسى** [kuːsaː] *koll.* Zucchini *m/pl.*

كوع [kuːʕ], *pl.* أكواع [ʔak'waːʕ] Ellbogen *m*; Knie *n e-s Rohres*

كوفي [kuːfiː] kufisch, aus Kufa; kufische Schrift; **ـة~** Kopftuch *n*, → عقال

كوكب [kaukab], *pl.* كواكب [ka'waːkib] (2) Stern *m*; (*Film-*)Star *m*; **ـة~** Gruppe *f*, Schar *f*

[1]**كوم** II [kawwama] aufhäufen, aufstapeln; **V** تكوم [ta'kawwama] sich aufhäufen, sich türmen

[2]**كوم** [kaum] *u.* **ـة~**, *pl.* أكوام [ʔak'waːm] Haufen *m*

[1](**كون**) كان [kaːna, uː] sein; existieren; geschehen; عليه أن ~ er mußte; er hätte müssen; له ~ er hatte; ما يكون + *Elativ*: äußerst; **II** [kawwana] bilden, formen, gestalten, schaffen; **V** تكون [ta'kawwana] sich bilden, entstehen; **X** استكان [ista'kaːna] aufgeben, sich fügen

[2]**كون** [kaun] Sein *n*, Dasein *n*, Existenz *f*; الـ~ das Weltall; مع ~ه … obwohl er … ist; **ـي~** kosmisch; Welt-

كوة [kuwwa], *pl.* كوى [kuwan] kleine(s) Fenster, Luke *f*; Schießscharte *f*

كوى [kawaː, iː] bügeln, plätten; ätzen; *Med.* kauterisieren

كويت [ku'wait] *f*: الـ~ Kuwait

كويس [ku'wajjis] *Äg. umg.* gut; hübsch

[1]**كي** [kai] *Konj.* damit

[2]**كي** [kajj] Bügeln *n*; Ätzung *f*; *Med.* Kauterisation *f*

كياسة [ki'jaːsa] Klugheit *f*, Schlauheit *f*; Gewandtheit *f*; Takt *m*

كيان [ki'jaːn] Existenz *f*; Wesen *n*; Gebilde *n*

[1](**كيد**) كاد [kaːda, iː] täuschen, hintergehen; Ränke schmieden (ل gegen *j-n*); **III** كايد [kaːjada] zu überlisten suchen

[2]**كيد** [kaid] Machenschaften *f/pl.*, Ränke *pl.*

كير [kiːr], *pl.* أكيار [ʔak'jaːr] Blasebalg *m*

[1]**كيس** **II** [kajjasa] in Beutel verpacken

[2]**كيس** [kajjis] klug, schlau; gewandt

[3]**كيس** [kiːs], *pl.* أكياس [ʔak'jaːs] Sack *m*, Beutel *m*; Tüte *f*

[1]**كيف II** [kajjafa] anpassen (ل/مع an *A*); *Luft* durch Klimaanlage verbessern; *Reflex* bedingen; formen; leicht berauschen, in Stimmung bringen; **V** تكيف [ta'kajjafa] sich anpassen; sich formen; in Stimmung kommen

[2]**كيف** [kaif] **1.** Qualität *f*; Belieben *n*; على ~ك wie es dir beliebt; **2.** *pl.* كيوف [ku'juːf] Genußgift *n*

[3]**كيف** [kaifa], *umg.* [keːf, kiːf] wie?; → حال

كيفما [kaifamaː] wie auch immer

كيفي [kaifiː] qualitativ; willkürlich

كيفية [kai'fiːja] Art und Weise *f*; Beschaffenheit *f*, Qualität *f*

كيكة [keːka] *Äg.*, *Ir.* Kuchen *m*

[1]كال (**كيل**) [kaːla, iː] messen, wägen; zumessen (ل *j-m*); Schläge austeilen; **II** [kajjala] (ab)messen

[2]**كيل** [kail] Messen *n*; *pl.* أكيال [ʔak'jaːl] (Hohl-)Maß *n*

كيلا [kai-laː] damit nicht

كيلو [kiːloː] Kilogramm *n*; Kilometer *m*; **~جرام** [kiːlu'graːm] Kilogramm *n*; **~سيكل** [kiːlu'saikil] Kilohertz *n*; **~غرام** [kiːlu'ɣraːm] Kilogramm *n*; **~متر** Kilometer *m*

كيماوي [kiː'maːwiː] chemisch; Chemiker *m*

كيمياء [kiːmi'jaːʔ] Chemie *f*

كيمياوي [kiːmi'jaːwiː] *u.* **كيميائي** [kiːmi'jaːʔiː] chemisch

(**كين**) **X** استكان → كون[1]

كينونة [kai'nuːna] Sein *n*, Existenz *f*

كية [kajja] kauterisierte Stelle; Brandmal *n*

كئيب [ka'ʔiːb] niedergeschlagen; düster

ل

[1]**ل** (لام) [laːm] *dreiundzwanzigster Buchstabe*; *Abk. für* لتر Liter *m u.* ليرة Pfund *n*

[2]**لـ** [la-] *Bekräftigungspartikel*

[3]**لـ** [li-] **1.** *Präp.* für; zugunsten; zu; wegen; von (*bei Verfassernamen*); *dient zum Ausdruck des Dativs*; له [lahu] er hat; ليس لي أن es steht mir nicht zu, daß; هل لك في möchtest du ...?; لي عليه ... er schuldet mir ...; **2.** *Konj. mit Subjunktiv*: um zu; *mit Apokopat*: (er) soll

لا [laː] nein!; nicht; kein

لاأدرية [laː-ʔad'riːja] Agnostizismus *m*; Skeptizismus *m*

لاإرادي [laː-ʔi'raːdiː] unwillkürlich

لابس [laːbis] bekleidet (هـ mit *D*), tragend

لأجل → أجل[3]

لاجنسي [laː-'ʤinsiː] geschlechtslos

لاجئ [laːʤiʔ] flüchtend; *pl.* [-uːn] Flüchtling *m*; Asylant *m*

لاح → [1](لوح)

لاحق [laːħiq] erreichend, einholend (ب *A*); folgend, anschließend; ~ة, *pl.* لواحق [la'waːħiq] (2) Anhang *m*; *Gr.* Suffix *n*

لاديني [laː-'diːniː] irreligiös, atheistisch

لاذع [laːðiʕ] brennend, stechend; beißend

لاذقية [laːði'qiːja]: الـ~ *Geo.* Latakia

لازم [laːzim] notwendig, nötig, erforderlich, unerläßlich; *umg. mit Impf.*: (er) muß; *Gr.* intransitiv; لوازم [la'waːzim] (2) *pl.* Zubehör *n*, Bedarfsgüter *n/pl.*; ~ة dauernde(s) Attribut

لازورد [laːzu'ward] Lapislazuli *m*; Ultramarin *n*

لاسامي [laː-'saːmiː] antisemitisch

لاسع [laːsiʕ] brennend, beißend, scharf

لاسلكي [laː-'silkiː] drahtlos, Funk-; Radio *n*

لاسيما → سيما

لاشعور [laː-ʃu'ʕuːr] Unbewußte(s)

لاشيء [laː-'ʃaiʔ] nichts; null

لاصق [laːsiq] anhaftend, klebend; ~ة *Gr.* Affix *n*

لاعب [laːʕib] spielend; Spieler *m*

لاعج [laːʕiʤ] brennend, quälend

لاعقلاني [laː-ʕaq'laːniː] *u.* **لاعقلي** [laː-ʕaqliː] irrational

لاغ [laːɣin] ungültig, unwirksam, (null und) nichtig

لافت [laːfit]: للنظر ~ auffällig; ~ة, *pl.* لوافت [la'waːfit] (2) (*Hinweis-*) Tafel *f*, Schild *n*

لافح [laːfiħ] sengend, heiß

لاق → (ليق)

لاقط [laːqit] aufnehmend, *Rf.* empfangend; ~ جهاز Empfänger *m*

لألأ [laʔlaʔa] *u.* **II** تلألأ [ta'laʔlaʔa] glänzen, leuchten, schimmern

لآلئ → لؤلؤ

[1]**لام** → [1](لوم)

[2]**لأم** [laʔama, a] *Wunde* verbinden; ausbessern, flicken; **III** لاءم [laː-ʔama] passen (ه *j-m*, ـه zu *D*), günstig sein (ـه/ه für *A*); übereinstimmen (ـه mit *D*); in Einklang bringen (بين *mehrere Dinge*); **VI** تلاءم [ta'laːʔama] übereinstimmen (مع mit *D*); **VIII** التأم [il'taʔama] *Wunde*: sich schließen; miteinander harmonieren; *Kongreß*: zusammentreten

[3]**لأم** [laʔm] Verbinden *n e-r Wunde*; Ausbesserung *f*

لامبالاة [laː-mubaː'laːt] Desinteresse *n*

لامتناه [laː-muta'naːhin] unendlich

لامحدود [laː-maħ'duːd] unbeschränkt, unbegrenzt

لامركزية [laː-marka'ziːja] Dezentralisation *f*

ل

لامع [laːmiʕ] glänzend, strahlend; brillant

[1]**لأن** [li-'ʔan] *Konj. mit Subjunktiv*: damit

[2]**لأن** [li-'ʔanna] *Konj. mit A*: weil

لانهاية [laː-ni'haːja] Unendlichkeit *f*

لانهائي [laː-ni'haːʔiː] unendlich

لاه [laːhin] unaufmerksam, achtlos

لاهوت [laː'huːt] *u.* علم الـ~ Theologie *f*; **~ي** theologisch

لاو [laːwin]: غير ~ على شيء sich um nichts kümmernd

لاوعي [laː-'waʕj]: الـ~ das Unbewußte

لأي [laʔj]: بعد ~ zu guter Letzt

لائحة [laːʔiħa], *pl.* لوائح [la'waːʔiħ] (2) *u.* [-aːt] Liste *f*; Tabelle *f*; Satzung *f*; (*Fahr-*)Plan *m*; (*Gesetzes-*)Vorlage *f*; لوائح Bestimmungen *f*/*pl.*, Vorschriften *f*/*pl.*

لائق [laːʔiq] angemessen, würdig; tauglich, passend

لائم [laːʔim] Tadler *m*; **~ة**, *pl.* لوائم [la'waːʔim] (2) Tadel *m*, Vorwurf *m*

لب [lubb] **1.** Mark *n*, *a. fig.* Kern *m*; **2.** *pl.* ألباب [ʔal'baːb] Herz *n*; Geist *m*, Verstand *m*

لباب [lu'baːb] Innere(s); Krume *f des Brotes*

لباد [la'bbaːd] Filz *m*; **~ة** [lu'bbaːda] Satteldecke *f*; Filzkappe *f*

لباس [li'baːs], *pl.* ألبسة [ʔalbisa] Gewand *n*; Kleidung *f*; *Äg.* Unterhose *f*

لباقة [la'baːqa] Gewandtheit *f*, Geschicklichkeit *f*

[1]**لبان** [la'bbaːn] **1.** Milchhändler *m*; **2.** Ziegelmacher *m*

[2]**لبان** [lu'baːn] **1.** Weihrauch *m*; **2.** Kaugummi *m*

[1]**لبانة** [lu'baːna] **1.** Verlangen *n*, Wunsch *m*; **2.** Kaugummi *m*

[2]**لبانة** [li'baːna] Milchhandel *m*

لبث [labiθa, a] bleiben, verharren; *mit Verb*: weiter tun; لم يلبث أن es dauerte nicht lange, so …; **V** تلبث [ta'labbaθa] bleiben, verweilen

لبثة [lubθa] kurze Pause

لبخة [labxa] Breiumschlag *m*

[1]**لبد** [labada, u] haften, kleben (ب an *D*); **II** [labbada] verfilzen; *Fasern* walken; **V** تلبد [ta'labbada] sich verfilzen; *Himmel*: sich bewölken

[2]**لبد** [labad] Wolle *f*; Filz *m*

[3]**لبد** [libd], *pl.* لبود [lu'buːd] Filz *m*; *Äg.* Torf *m*

لبدة [libda] Mähne *f des Löwen*; Filzmütze *f*

[1]**لبس** [labisa, a] *Kleidungsstück* anziehen, tragen; sich anziehen; **II** [labbasa] umhüllen, überziehen, verkleiden; (be)kleiden; unklar machen (على für *j-n*); **III** لابس [laːbasa] *Umstände*: begleiten; Umgang haben (ه mit *j-m*); **IV**

ألبس [ʔalbasa] (be)kleiden; **V** تلبس [ta'labbasa] sich kleiden; sich einlassen (ب auf *A*), verwickelt werden (ب in *A*); **VIII** التبس [il'tabasa] unklar, zweifelhaft sein (على für *j-n*)

[2]**لبس** [labs, lubs] Unklarheit *f*, Verwirrung *f*

[3]**لبس** [lubs] Anziehen *n*, Tragen *n* *e-s Kleidungsstücks*

[4]**لبس** [libs] Kleidung *f*

لبط [labatɒ, u, i] *Pferd*: ausschlagen; zu Boden werfen

لبق [labiq] gewandt, geschickt

لبك **II** [labbaka] durcheinanderbringen, in Unordnung bringen

لبكة [labka] Verwirrung *f*

لبلاب [lab'laːb] Efeu *m*

[1]**لبن** **II** [labbana] Ziegel machen

[2]**لبن** [laban], *pl.* ألبان [ʔal'baːn] *Äg.* Milch *f*; *Ir., Syr.* Joghurt *m*; *pl.* Milchprodukte *n/pl.*

[3]**لبن** [labin, libn] *koll.* Ziegel *m/pl.*

لبنات [laba'naːt] *Chem.* Laktat *n*

لبنان [lub'naːn] (2) *m* Libanon *m*; ~ي libanesisch; Libanese *m*

لبنة [labina, libna] Ziegel *m*

لبني [labaniː] milchig; Milch-

لبوس [la'buːs] Kleidung *f*; *Med.* Zäpfchen *n*

لبون [la'buːn] milchgebend; حيوان ~ Säugetier *n*

لبوة [labwa], *pl.* [laba'waːt] Löwin *f*; *Äg. umg.* Hure *f*

لبى **II** [labbaː] folgen, Folge leisten (هـ *e-r Einladung, Aufforderung*)

لبيب [la'biːb], *pl.* ألباء [ʔali'bbaːʔ] (2) klug, verständig, einsichtig; *a. npr. m*

لبيس [la'biːs] Nilkarpfen *m*

لبيسة [la'bbiːsa] Schuhlöffel *m*

لبيك [la'bbaika] zu deinen/Ihren Diensten!

[1]**لت** [latta, u] zerstoßen; *Teig* kneten; schwatzen

[2]**لت** [latt] *Äg.* Geschwätz *n*

لتات [la'ttaːt] Schwätzer *m*

لتر [litr], *pl.* [-aːt] Liter *m*

لثام [li'θaːm], *pl.* لثم [luθum] (Gesichts-)Schleier *m*

لثغ [laθiɣa, a] lispeln

لثغة [luθɣa] Lispeln *n*, fehlerhafte Aussprache

لثم [laθama, i] küssen; **II** [laθθama] *Gesicht* verschleiern

لثمة [laθma] Kuß *m*

لثة [liθa], *pl.* [-aːt] Zahnfleisch *n*

[1]**لج** [laddʒa, i, a] hartnäckig sein (في bei *D*) *od.* tun

[2]**لج** [luddʒ] = [2]لجة

لجأ [ladʒaʔa, a] flüchten; Zuflucht nehmen, greifen (إلى zu *D*); **IV** ألجأ [ʔaldʒaʔa] veranlassen, nötigen (إلى zu *D*); **VIII** التجأ [il'tadʒaʔa] Zuflucht nehmen (إلى zu *D*); Zuflucht suchen (إلى bei *D*)

لجاجة [la'dʒaːdʒa] Hartnäckigkeit *f*

لجام [li'dʒaːm], *pl.* لجم [ludʒum] Zügel *m*, Zaum *m*

لجان ← لجنة

لجب [laʤib] tosend

(لجلج) **II** تلجلج [ta'laʤlaʤa] stottern, stammeln

(لجم) **IV** ألجم [ʔalʤama] zügeln; im Zaum halten

لجنة [laʤna], *pl.* لجان [li'ʤaːn] Ausschuß *m*, Kommission *f*, Komitee *n*

[1]لجة [ladʤa] Geschrei *n*, Lärm *m*

[2]لجة [ludʤa], *pl.* لجج [luʤaʤ] Tiefe *f des Meeres*

لجوء [lu'ʤuːʔ] Zufluchtnahme *f* (إلى zu *D*)

لجوج [la'ʤuːʤ] hartnäckig

لجي [ludʤiː] unendlich tief

(لح) **IV** ألح [ʔa'laħħa] drängen (في auf *A*, على *j-n*); bestehen, beharren (في auf *D*)

لحاء [li'ħaːʔ] Bast *m*

لحاد [la'ħħaːd] Totengräber *m*

لحاف [li'ħaːf], *pl.* لحف [luħuf] *u.* ألحفة [ʔalħifa] Steppdecke *f*

لحاق [la'ħaːq] Sichanschließen *n* (ب an *A*); Einholen *n*, Erreichen *n* (ب *G*)

[1]لحام [la'ħħaːm] **1.** Fleischer *m*; **2.** Schweißer *m*

[2]لحام [li'ħaːm] Schweißen *n*; Löten *n*

لحامة [la'ħaːma] Fleischigkeit *f*, Korpulenz *f*

[1]لحد [laħada, a] beerdigen; **IV** ألحد [ʔalħada] vom Glauben abfallen, Ketzer werden

[2]لحد [laħd], *pl.* لحود [lu'ħuːd] *u.* ألحاد [ʔal'ħaːd] Grab *n*

[3]لحد [li-'ħaddi] → [2]حد

لحس [laħisa, a] lecken

[1]لحظ [laħaðɒ, a] anblicken; beobachten; **III** لاحظ [laːħaðɒ] bemerken, wahrnehmen; beobachten; e-e Bemerkung machen; feststellen

[2]لحظ [laħð], *pl.* ألحاظ [ʔal'ħɒːð] Blick *m*; ـة~, *pl.* [laħa'ðɒːt] Augenblick *m*, Moment *m*

(لحف) **IV** ألحف [ʔalħafa] bestehen (في auf *A*); **VIII** التحف [il'taħafa] sich zudecken, sich einhüllen

لحق [laħiqa, a] sich anschließen, folgen (ب *j-m*); einholen, erreichen (ب/ه/ـه *A*); *Verlust*: treffen (ب/ه *j-n*); antreten (ب *e-n Dienst*); **III** لاحق [laːħaqa] folgen (ه *j-m*); *a. Jur.* verfolgen; **IV** ألحق [ʔalħaqa] anschließen (ب an *A*); anfügen, beigeben (ب *D*); die Aufnahme (ب in *e-e Schule*) veranlassen; *Mil.* abkommandieren (ب zu *D*); *Schaden* zufügen; **VI** تلاحق [ta'laːħaqa] aufeinanderfolgen; **VIII** التحق [il'taħaqa] sich anschließen (ب *D*); eintreten, beitreten

[1]لحم [laħama, u] schweißen; löten; **IV** ألحم [ʔalħama] verbinden, koppeln; **VI** تلاحم [ta'laːħama] aneinanderhaften; miteinander kämpfen; **VIII** التحم [il'taħama]

fest verbunden sein (ب mit *D*); sich anschmiegen; sich ineinander verbeißen

2لحم [laħm], *pl.* لحوم [lu'ħuːm] Fleisch *n*

3لحم [laħim] fleischig, korpulent

1لحمة [laħma] Stück *n* Fleisch

2لحمة [luħma] **1.** Schußfaden *m des Gewebes*; **2.** Verwandtschaft *f*

لحمية [laħ'miːja] *Anat.* Bindehaut *f*; *Med.* wilde(s) Fleisch

1لحن [laħana, a] fehlerhaft sprechen; etwas andeuten (له *j-m* gegenüber); **II** [laħħana] vertonen, komponieren; intonieren

2لحن [laħn], *pl.* ألحان [ʔal'ħaːn] **1.** Melodie *f*, Weise *f*, Klang *m*; **2.** fehlerhafte(s) Sprechen

(لحو) لحا [laħaː, uː] **1.** entrinden, schälen; **2.** beschimpfen, schmähen; **VIII** التحى [il'taħaː] sich den Bart wachsen lassen

لحوح [la'ħuːħ] hartnäckig, beharrlich

1لحى [laħaː, aː] = لحا, → (لحو)

2لحي [laħj], *pl.* لحي [lu'ħiːj] Kinn *n*, Kinnbacke *f*

لحية [liħja], *pl.* لحى [liħan] Bart *m*

لخبط [laxbatɒ] *Äg.* durcheinanderbringen, verwirren

لخص **II** [laxxasɒ] (kurz) zusammenfassen; e-n Auszug machen (ه aus *D*); **V** تلخص [ta'laxxasɒ] zusammengefaßt werden

لخلخ [laxlaxa] schütteln; **II** تلخلخ [ta'laxlaxa] wackeln

لخمة [laxma, luxama] *Äg.* schwerfällig

(لد) **III** لادّ [laːdda] anfeinden

لدانة [la'daːna] Weichheit *f*, Biegsamkeit *f*

لدائن [la'daːʔin] (2) *pl.* Kunststoffe *m/pl.*

لدغ [ladaɣa, a] *Insekt*: stechen; *Schlange*: beißen

لدغة [ladɣa] Stich *m*, Biß *m*

1لدن [laduna, u] weich, elastisch sein; **II** [laddana] weich *od.* elastisch machen

2لدن [ladn, ladin] biegsam, knetbar; elastisch

3لدن [ladun] *Präp.* bei; من ~ von seiten; ~ي mystisch; von Gott verliehen

لدود [la'duːd] *Feind*: erbittert

لدى [ladaː] *Präp.* bei; *mit Suffix*: [la'dai-]: لديه bei ihm (= er hat)

لديغ [la'diːɣ] gestochen, gebissen

لذ [laðða, a] köstlich, angenehm sein; **II** لذذ [laððaða] erfreuen, ergötzen; **V** تلذذ [ta'laððaða] *u.* **VIII** التذ [il'taðða] sich erfreuen, sich ergötzen (ب an *D*); **X** استلذ [ista'laðða] köstlich finden

لذاذة [la'ðaːða] Annehmlichkeit *f*, Köstlichkeit *f*

لذاع [la'ððaːʕ] brennend, scharf

1لذع [laðaʕa, a] *Speisen*: brennen; verletzen, kränken

2لذع [laðʕ] Brennen *n*

ل

لذلك [li'ðaːlik(a)] deshalb, darum

لذة [laðða] Genuß *m*, Wonne *f*, Lust *f*, Freude *f*

لذيذ [la'ðiːð] köstlich, herrlich, genußreich, angenehm; süß

لز [lazza, u] fest verbinden (ب mit *D*); nötigen (الى zu *D*)

[1]**لزاق** [la'zzaːq] Klebe-

[2]**لزاق** [li'zaːq] Klebstoff *m*

لزام [li'zaːm]: كان ~ا عليه [-an] es ist für ihn nötig

[1]**لزج** [laziʤa, a] klebrig sein; kleben (ب an *D*)

[2]**لزج** [laziʤ] klebrig

[1]**لزق** [laziqa, a] kleben, haften (ب/ـه an *D*); **II** [lazzaqa] (an)kleben; **IV** ألزق [ʔalzaqa] ankleben, aufkleben; **VIII** التزق [il'tazaqa] = لزق

[2]**لزق** [lizq]: بـ~ـه eng an s-r Seite

لزقة [lazqa], *pl.* لزق [luzaq] (Zug-) Pflaster *n*

لزم [lazima, a] notwendig sein (ه für *j-n*), obliegen (ه *j-m*); unzertrennlich sein (ـه/ه von *D*); *Bett* hüten; *Schweigen* bewahren; **III** لازم [laːzama] untrennbar verbunden sein (ـه mit *D*); dauernd bei j-m *od.* um j-n (ه) sein; **IV** ألزم [ʔalzama] verpflichten (ه ب/ ـه *j-n* zu *D*); **VI** تلازم [ta'laːzama] unzertrennlich sein; eng verbunden sein; **VIII** التزم [il'tazama] sich verpflichten (ب zu *D*); sich halten (ب/ـه an *A*); auf sich nehmen; **X** استلزم [is'talzama] erfordern

لزمة [lazma] (behördliche) Konzession; *Äg*. Notwendigkeit *f*

لزوجة [lu'zuːʤa] Klebrigkeit *f*; *Chem*. Viskosität *f*

لزوم [lu'zuːm] Notwendigkeit *f*; Bedarf *m*

لسان [li'saːn], *pl.* ألسنة [ʔalsina] *u.* ألسن [ʔalsun] Zunge *f*; Sprache *f*; (= ~ الحال) Organ *n* (*Zeitung*); على ~ـه durch (*e-n Sprecher*); ~ـي linguistisch; ~ـيات *pl.* Linguistik *f*

لست [lasta] du bist nicht; [lastu] ich bin nicht; → ليس

لستيك [las'tiːk] Gummi *m od. n*

لسع [lasaʕa, a] stechen, beißen; brennen; verletzen

لسعة [lasʕa] Stich *m*, Biß *m*

[1]**لسن** [lasina, a] beredt sein

[2]**لسن** [lasin] sprachgewandt

لسه [lissa] *umg.* noch *nicht*

(**لشى**) **III** لاشى [laːʃaː] beseitigen, vernichten; **VI** تلاشى [ta'laːʃaː] (ver)schwinden, zunichte werden

[1](**لص**) **V** تلصص [ta'lɒssɒsɒ] verstohlen tun

[2]**لص** [liss], *pl.* لصوص [lu'suːs] Dieb *m*, Räuber *m*

[1]**لصق** [lasiqa, a] kleben, haften (ب an *D*); — [lasɒqa, a] (auf)kleben; **III** لاصق [laːsɒqa] angrenzen; in enger Berührung sein (ـه mit *D*); **IV** ألصق [ʔalsɒqa] (auf)kle-

ben (ب auf *A*), ankleben (ب an *A*); **VI** تلاصق [ta'laːsɒqa] aneinanderkleben; **VIII** [il'tasɒqa] kleben, haften (ب an *D*); klebenbleiben (ب an *D*)

[2]**لصق** [lisqa] *u.* ~بـ [bi-lisqi] dicht neben

لصوصية [lusuː'siːja] Dieberei *f*, Räuberei *f*

[1]**لصوق** [la'suːq] Pflaster *n*

[2]**لصوق** [lu'suːq] Kleben *n*, Haften *n*

لصيق [la'siːq] klebend, haftend; eng anliegend

لضم [lađɒma, u] *umg. Faden* einfädeln; *Perlen* auffädeln

لط [lɒttɒ, u] schlagen

لطافة [la'tɒːfa] Zartheit *f*, Feinheit *f*; Anmut *f*; Freundlichkeit *f*, Güte *f*

لطخ II [lɒttɒxa] beflecken, beschmutzen

لطخة [lɒtxa] Fleck *m*

لطش [latɒʃa, u] *umg.* schlagen; klauen

لطع [latɒʕa, a] *Äg.* warten lassen

لطعة [lɒtʕa] Fleck *m*

[1]**لطف** [latɒfa, u] gütig, freundlich sein; — [latufa, u] zart, fein, anmutig sein; **II** [lɒttɒfa] mildern, lindern, abschwächen; angenehm machen; **III** لاطف [laːtɒfa] freundlich, wohlwollend behandeln; liebkosen, streicheln; **V** تلطف [ta'lɒttɒfa] angenehm *od.* mild werden; so freundlich *od.* gütig sein (ب *etwas zu tun*); **VI** تلاطف [ta'laːtɒfa] zueinander freundlich sein; **X** استلطف [is'taltɒfa] angenehm, nett finden

[2]**لطف** [lutf], *pl.* ألطاف [ʔal'tɒːf] Freundlichkeit *f*, Güte *f*; Höflichkeit *f*; Milde *f*, Sanftheit *f*

لطم [latɒma, i] mit der Hand schlagen, ohrfeigen; **VI** تلاطم [ta'laːtɒma] *u.* **VIII** التطم [il'tatɒma] aufeinanderprallen

لطمة [lɒtma] Schlag *m mit der Hand*; Ohrfeige *f*

لطيف [la'tiːf], *pl.* لطفاء [lutɒ'faːʔ] (2) *u.* لطاف [li'tɒːf] freundlich, liebenswürdig; mild, sanft; zart, fein; anmutig, zierlich; angenehm; الجنس الـ~ das schöne Geschlecht; ~ة, *pl.* لطائف [la'tɒːʔif] (2) geistvolle(r) Ausspruch, Witz *m*

لطيم [la'tiːm] elternlos

لظي [laðija, aː] *u.* **V** تلظى [ta'lɒððɒː] flammen, lodern

لعاب [lu'ʕaːb] Speichel *m*; Geifer *m*

[1]**لعب** [laʕiba, a] spielen (ب mit *D*, دورا [dauran] e-e Rolle, الورق Karten); sein Spiel treiben (على mit *j-m*); **II** [laʕʕaba] spielen lassen (ه/ـه *A*, *a. Muskeln*); wedeln (ـه mit *dem Schwanz*); **III** لاعب [laːʕaba] spielen (ه/ـه mit *D*); **VI** تلاعب [ta'laːʕaba] spielen,

sein Spiel treiben (ب mit *j-m*); manipulieren (ب/في *A*)

²**لعب** [laˤib, laˤb, liˤb], *pl.* ألعاب [ʔal'ˤaːb] Spiel *n*; Spielraum *m*; ألعاب رياضية Sport *m*; ألعاب القوى Leichtathletik *f*

¹**لعبة** [laˤba] Spiel *n*; Trick *m*

²**لعبة** [luˤba], *pl.* لعب [luˤab] Spielzeug *n*; Puppe *f*

(**لعثم**) **II** تلعثم [ta'laˤθama] stottern, stocken

لعق [laˤiqa, a] (ab-, be)lecken

لعل [la'ˤalla] vielleicht; wohl

لعلع [laˤlaˤa] **1.** schallen, hallen; **2.** schimmern

¹**لعن** [laˤana, a] verfluchen; fluchen

²**لعن** [laˤn] Verfluchung *f*; ـة~, *pl.* [laˤa'naːt] Fluch *m*

لعوب [la'ˤuːb] verspielt; *Frau*: kokett

لعيب [li'ˤˤiːb] verspielt; *Sport*: Ballkünstler *m*

لعين [la'ˤiːn] verflucht, verdammt, verwünscht

لغات → لغة

لغب [laɣiba, a] ermatten

¹(**لغز**) **IV** ألغز [ʔalɣaza] in Rätseln sprechen

²**لغز** [luɣz], *pl.* ألغاز [ʔal'ɣaːz] Rätsel *n*

لغط [laɣ(ɒ)ƚ] Lärm *m*, Geschrei *n*

¹**لغم** [laɣama, a] *u.* **II** [laɣɣama] verminen; **IV** ألغم [ʔalɣama] *Chem.* amalgamieren

²**لغم** [luɣm], *pl.* ألغام [ʔal'ɣaːm] Mine *f*

لغة [luɣa], *pl.* [lu'ɣaːt] Sprache *f*; علم الـ~ Sprachwissenschaft *f*; Philologie *f*; → ²فقه

¹(**لغو**) لغا [laɣaː, uː] unsinniges Zeug reden; **IV** ألغى [ʔalɣaː] abschaffen, aufheben; annullieren, ungültig machen

²**لغو** [laɣw] Unsinn *m*, unsinnige(s) Gerede

لغوي [luɣawiː] sprachlich, Sprach-; sprachwissenschaftlich; Philologe *m*

¹**لف** [laffa, u] (ein-, auf)wickeln; aufspulen, herumwinden; zusammenrollen, einrollen; einhüllen; herumgehen (ـه um *A*); (um die Sache) herumreden; **II** لفف [laffafa] mehrfach einwickeln; *j-n* herumführen; **VIII** التف [il'taffa] sich (ein)wickeln; sich winden (حول um *A*); sich ineinanderschlingen; *Verk.* wenden, abbiegen (إلى nach *D*); sich scharen (حول um *D*)

²**لف** [laff] Wickeln *n*, Einrollen *n*; Umweg *m*

لفافة [li'faːfa], *pl.* لفائف [la'faːʔif] (2) *u.* [-aːt] Hülle *f*, Decke *f*; Binde *f*, Bandage *f*; Wickelgamasche *f*; Zigarette *f*

¹**لفت** [lafata, i] *u.* **IV** ألفت [ʔalfata] *bsd. Blick* wenden, richten, lenken; **V** تلفت [ta'laffata] sich wenden; **VIII** التفت [il'tafata] sich

umdrehen; sich wenden (إلى zu *D*, an *A*); achten (إلى auf *A*); berücksichtigen (إلى *A*); **X** استلفت [is'talfata] *Blicke* auf sich lenken

[2]**لفت** [laft]: النظر إلى ~ Lenkung *f* der Aufmerksamkeit auf

[3]**لفت** [lift] Weiße Rübe

لفتة [lafta], *pl.* [lafa'taːt] Sichumwenden *n*; Geste *f*

لفح [lafaħa, a] versengen, verbrennen

[1]**لفظ** [lafaðɒ, i] ausstoßen, ausspukken; aussprechen, artikulieren, sagen; **V** تلفظ [ta'laffaðɒ] aussprechen (ب *A*)

[2]**لفظ** [lafð] Aussprache *f*; *pl.* ألفاظ [ʔal'fɒːð] Wort *n*, Ausdruck *m*; ~ًا [-ɒn] dem Wortlaut nach; ~ة, *pl.* [lafa'ðɒːt] Wort *n*; ~ي wörtlich, buchstäblich

(**لفع**) **V** تلفع [ta'laffaʕa] sich hüllen (ب in *A*)

لفق **II** [laffaqa] erdichten, erfinden; verfälschen

لفة [laffa] Drehung *f*, Windung *f*, *a.* *El.* Wicklung *f*; Rolle *f*; Paket *n*

(**لفو**) **IV** ألفى [ʔalfaː] finden; **VI** تلافى [ta'laːfaː] (wieder) in Ordnung bringen; *Mangel* beheben

لفيف [la'fiːf] versammelt, zusammengeschart; Schar *f*, Menge *f*; ~ة Zigarette *f*

لقاء [li'qaːʔ] Begegnung *f*, Treffen *n*, Zusammenkunft *f*; ~ [-a] *Präp.* gegen, als Gegenleistung für; إلى الـ~ auf Wiedersehen!

لقاح [la'qaːħ] Impfstoff *m*, Serum *n*; *a.* [li'qaːħ] Blütenstaub *m*, Pollen *m*

لقاط [lu'qɒːṭ] *u.* ~ة Aufgelesene(s); Nachlese *f*

[1]**لقب** **II** [laqqaba] benennen, e-n Beinamen geben

[2]**لقب** [laqab], *pl.* ألقاب [ʔal'qaːb] Beiname *m*; Familienname *m*; Titel *m*

[1]**لقح** [laqaħa, a] befruchten, bestäuben; **II** [laqqaħa] impfen; *Baum* okulieren; befruchten; **VI** تلاقح [ta'laːqaħa] sich befruchten

[2]**لقح** [laqħ] Befruchtung *f*

لقد [la'qad] + *Perfekt* → [1]قد

لقط [laqaṭɒ, u] auflesen, sammeln; **VIII** التقط [il'taqaṭɒ] auflesen; *Rf.* empfangen; *Bild* aufnehmen; aufschnappen

[1]**لقطة** [laqṭɒ] *Fot.* Aufnahme *f*

[2]**لقطة** [luqṭɒ] Fund *m*; Gelegenheitskauf *m*

لقف [laqifa, a] *u.* **V** تلقف [ta'laqqafa] (auf)fangen, schnappen

لقلق [laqlaq], *pl.* لقالق [la'qaːliq] (2) Storch *m*

لقم [laqima, a] hinunterschlingen; **II** [laqqama] füttern; *Anlage* speisen; *Waffe* laden; *Kaffee* aufbrühen; **IV** ألقم [ʔalqama] zu essen geben

لقمة [luqma], *pl.* لقم [luqam] Bissen *m*, Happen *m*

لقن **II** [laqqana] beibringen (ه ه *j-m A*), unterweisen; eintrichtern; soufflieren; **V** تلقن [ta'laqqana] erfahren

لقي [laqija, aː] begegnen (ه *j-m*); treffen; finden; erfahren, erleiden; **III** لاقى [laːqaː] begegnen (ه *j-m*), treffen; stoßen (ه auf *A*); erfahren, erleiden; **IV** ألقى [ʔalqaː] (weg)werfen; *Vortrag* halten; *Frage* stellen; *Gedicht* vortragen; *Erklärung* abgeben; *Waffen* strecken; السمع إلى ~ *j-m* Gehör schenken; على عاتقه ~ j-m *etwas* aufbürden; القبض على ~ *j-n* festnehmen; **V** تلقى [ta'laqqaː] empfangen, erhalten; entgegennehmen; *Unterricht* nehmen; **VI** تلاقى [ta'laːqaː] zusammentreffen; **VIII** التقى [il'taqaː] treffen (ب *j-n*), begegnen (ب *j-m*); sich treffen (ب mit *D*); **X** استلقى [is'talqaː] sich hinlegen

لقيا [luqjaː] Begegnung *f*

لقيط [la'qiːt] Findling *m*, Findelkind *n*

لقية [luqja, la'qiːja] Fund *m*

1**لك** [laka] dir; [laki] dir (*f*)

2**لك** [lakka, u] mit der Faust schlagen

3**لك** [lakk] Lack *m*

لكأ [lakaʔa, a] schlagen; **V** تلكأ [ta'lakkaʔa] saumselig sein, bummeln

لكز [lakaza, u] stoßen, puffen

1**لكم** [lakama, u] mit der Faust schlagen, boxen; **III** لاكم [laːkama] boxen (ه mit *j-m*)

2**لكم** [lakum] euch

لكمة [lakma] Faustschlag *m*, Boxhieb *m*

1**لكن** [lakina, a] mit Akzent sprechen

2**لكن** [lakan] (*Kupfer*-)Becken *n*

3**لكن** [laːkin] (*vor Nomina u. Suffixen*: [laː'kinna]) aber, jedoch

لكنة [lukna] Akzent *m*, falsche Aussprache

لكي [li'kai] *Konj.* damit; لكيلا [li'kailaː] damit nicht

1**لم** [lamma, u] sammeln, zusammenbringen, vereinen; **IV** ألم [ʔa'lamma] sich vertraut machen, vertraut sein (ب mit *D*); einkehren (ب bei *j-m*); befallen (ب *j-n*); **VIII** التم [il'tamma] sich versammeln, sich scharen

2**لم** [lam] *mit Apokopat*: nicht

3**لم** [lima] warum?

1**لما** [lammaː] *Konj.* als; da, weil; *mit Apokopat*: noch nicht

2**لما** [limaː] warum?; für das, was…; wegen dessen, was…

لماح [la'mmaːħ] glänzend, brillant

لماذا [li'maːðaː] warum?

لماع [la'mmaːʕ] glänzend, leuchtend, strahlend

لماما [li'maːman] *Adv.* gelegentlich

لمبة [lamba] Lampe *f*, Glühbirne *f*; Radioröhre *f*

[1]لمح [lamaħa, a] erblicken, erspähen; **II** [lammaħa] andeuten (إلى *A*); anspielen (إلى auf *A*); **IV** ألمح [ʔalmaħa] hinweisen, anspielen (إلى auf *A*)

[2]لمح [lamħ]: ~كـ البصر blitzartig, im Nu; ~ة (flüchtiger) Blick; Aufleuchten *n*; (kurzer) Überblick

لمز [lamaza, i] schmähen

[1]لمس [lamasa, i, u] berühren, betasten; wahrnehmen; suchen; **III** لامس [laːmasa] berühren; in Berührung kommen (ـه mit *D*); **V** تلمس [ta'lammasa] abtasten, befühlen; ertasten; suchen; **VI** تلامس [ta'laːmasa] einander berühren; **VIII** التمس [il'tamasa] erbitten (ـه من von *j-m A*), ersuchen (من ـه *j-n* um *A*)

[2]لمس [lams] Berührung *f*, Tasten *n*; Tastsinn *m*; ~ة Berührung *f*; ~ي Tast-

لمع [lamaʕa, a] glänzen, leuchten, funkeln, blitzen, blinken; **II** [lammaʕa] glänzend machen, polieren, glätten; **IV** ألمع [ʔalmaʕa] hinweisen, anspielen (إلى auf *A*); **VIII** التمع [il'tamaʕa] aufleuchten

لمعان [lama'ʕaːn] Glanz *m*, Schimmer *m*

لمعة [lumʕa], *pl.* لمع [lumaʕ] Aufleuchten *n*; Glanz *m*

لملم [lamlama] aufnehmen, zusammenraffen

لمن [li-'man] wem?; für wen?

[1]لمة [lamma] (An-)Sammlung *f*; Anfall *m* von Wahnsinn

[2]لمة [lumma] Gruppe *f*, Gesellschaft *f*

[3]لمة [limma], *pl.* لمم [limam] Haarlocke *f*

لن [lan] *mit Subjunktiv*: nicht (*zur Verneinung der Zukunft*)

لنا [lanaː] uns (*D*); له [lahu] ihm; لها [lahaː] ihr; → [1](لهو)

لنش [lanʃ] *u.* ~ة Motorboot *n*

لهاث [lu'haːθ] Keuchen *n*

لهانة [la'hhaːna] *Ir.* Weißkohl *m*

لهاة [la'haːt], *pl.* لهوات [laha'waːt] *u.* لهيات [laha'jaːt] (Gaumen-)Zäpfchen *n*, Uvula *f*

[1]لهب [lahiba, a] flammen, lodern; **IV** ألهب [ʔalhaba] entzünden, entfachen; **VIII** التهب [il'tahaba] *a. Med.* sich entzünden; (auf)flammen, lodern

[2]لهب [lahab] Flamme(n *pl.*) *f*

لهث [lahaθa, a] keuchen, außer Atem sein; lechzen (وراء nach *D*)

لهج [lahidʒa, a]: ~ بالثناء des Lobes voll sein (على über *A*); **IV** *Pass.* أُلهج [ʔulhidʒa] versessen sein (ب auf *A*)

لهجة [lahdʒa] Dialekt *m*, Mundart *f*; Ton *m*, Redeweise *f*

[1]لهف [lahifa, a] beklagen (على *A*); **V** تلهف [ta'lahhafa] begierig sein (على auf *A*), lechzen (على nach *D*)

ل

²لهف [lahf]: يا ~ [-a] ach wie schade!, wie bedauerlich!; ~ان sehnsüchtig verlangend (على nach *D*); ~ة Sehnsucht *f*, Verlangen *n*

لهم [lahima, a] verschlingen; **IV** ألهم [ʔalhama] eingeben (ه ه *j-m A*), inspirieren (ه zu *D*); **VIII** التهم [il'tahama] verschlingen; **X** استلهم [is'talhama] sich inspirieren lassen; sich leiten lassen

¹(لهو) لها [lahaː, uː] sich vergnügen, sich unterhalten; vergessen (عن *A*); **II** لهى [lahhaː] ablenken (عن von *D*); unterhalten, zerstreuen; **IV** ألهى [ʔalhaː] vergessen lassen; **V** تلهى [ta'lahhaː] *u.* **VI** تلاهى [ta'laːhaː] *u.* **VIII** التهى [il'tahaː] sich unterhalten, sich amüsieren

²لهو [lahw] Unterhaltung *f*, Zeitvertreib *m*, Spiel *n*, Ablenkung *f*

لهوي [lahawiː] *Phon.* uvular, velar

لهيب [la'hiːb] Flamme(n *pl.*) *f*

لهيف [la'hiːf] begierig (إلى nach *D*); bekümmert

لو [lau] wenn; wenn doch; لا ~ wenn nicht; و~ selbst wenn, wenn auch

لواء [li'waːʔ], *pl.* ألوية [ʔalwija] Banner *n*; *früher Ir.* Provinz *f*; *Jord.* Distrikt *m*; *Mil.* Brigade *f*; Generalmajor *m*

لوازم → لازم

لواط [li'wɒːṭ] *u.* ~ة Homosexualität *f*

لوام [la'wwaːm] Tadler *m*

(لوب) لاب [laːba, uː] begierig herumstreichen (حول/على um *A*)

لوبيا [luːbijaː] Bohne(n *pl.*) *f*

لوث **II** [lawwaθa] beschmutzen, beflecken; verschmutzen

لوثة [lauθa, luːθa] Schwäche *f*, Schwachheit *f*

¹(لوح) لاح [laːħa, uː] erscheinen; scheinen (ل *j-m*); leuchten, schimmern; **II** [lawwaħa] **1.** winken (ب mit *D*); schwingen, schwenken (ب *A*); Zeichen geben, signalisieren; anspielen (ب auf *A*), **2.** *Sonne*: bräunen; **3.** *Fußboden* dielen

²لوح [lauħ], *pl.* ألواح [ʔal'waːħ] Tafel *f*, Platte *f*; Brett *n*; Planke *f*; Blech *n*; ~ة, *pl.* [-aːt] Tafel *f*, Schild *n*; Brett *n*; Bild *n*

(لوذ) لاذ [laːða, uː] sich flüchten, Zuflucht nehmen (ب zu *D*)

لوذعي [lauðaʕiː] scharfsinnig, intelligent

لوري [loːriː] Lastkraftwagen *m*

لوز [lauz] *koll.*, *sg.* ~ة Mandeln *f/pl.*; Samenkapseln *f/pl. der Baumwolle*; دودة الـ~ Baumwollkapselwurm *m*; ~ي mandelförmig

(لوص) لاص [laːsɒ, uː] *durch die Türritze* spähen

¹(لوط) لاط [laːṭɒ, uː] haften (ب an *D*); *Äg. Wand* verputzen

²لوط [luːṭ] Lot *npr. m*; ~ي Homosexuelle(r)

ل

لوع **II** [lawwaʕa] quälen, peinigen; **VIII** التاع [il'taːʕa] entbrannt, entflammt sein

لوعة [lauʕa] Qual *f*, Pein *f*

لوف [luːf] Luffa *f* (*pflanzlicher Schwamm*)

لوق **II** [lawwaqa] mit Butter anrühren *od.* anrichten

(**لوك**) لاك [laːka, uː] kauen; تلوكه الألسن in aller Munde sein

لوكندة [loː'kanda] *Äg.* Gasthof *m*

لولا → لو

لولب [laulab], *pl.* لوالب [la'waːlib] (2) Schraube *f*; Spirale *f*; Spiralfeder *f*; **~ي** schraubenförmig; spiralförmig

لؤلؤ [luʔluʔ] *koll.*, *sg.* ~ة, *pl.* لآلئ [la'ʔaːliʔ] (2) Perlen *f/pl.*

[1](**لوم**) لام [laːma, uː] tadeln, schelten; Vorwürfe machen (ه على *j-m* wegen *G*)

[2]**لوم** [laum] Tadel *m*, Vorwurf *m*

[3]**لؤم** [luʔm] Schlechtigkeit *f*, Gemeinheit *f*; Durchtriebenheit *f*

لومان [luː'maːn] *Äg.* Zuchthaus *n*

[1]**لون** **II** [lawwana] färben, bemalen; **V** تلون [ta'lawwana] sich (ver-) färben; ~ بلونه [bi-launihi] die Farbe e-r Sache annehmen

[2]**لون** [laun], *pl.* ألوان [ʔal'waːn] Farbe *f*, Färbung *f*; Tönung *f*, Schattierung *f*; Art *f*, Gattung *f*, Sorte *f*; **~ي** Farben-

لوى [lawaː, iː] (ver)drehen, krümmen; sich kümmern (على um *A*); **IV** ألوى [ʔalwaː] (ver)drehen; **V** تلوى [ta'lawwaː] sich drehen, sich krümmen; sich winden; **VIII** التوى [il'tawaː] verdreht, gekrümmt sein; sich krümmen; sich winden; kompliziert sein (على für *j-n*)

[1]**لي** [lajj] Biegung *f*, Drehung *f*

[2]**لي** [liː] mir

لياقة [li'jaːqa] Angemessenheit *f*; Tauglichkeit *f*; Schicklichkeit *f*; ~ بدنية Fitness; *Sport*: Kondition *f*

ليال *u.* **ليالي** → ليلة

ليبيا [liːbijaː] Libyen

ليت [laita] *u.* يا ~ wäre doch…!, o daß doch…!; ~ـه كان هنا wäre er doch hier!; ~ شعري [ʃiʕriː] wenn ich doch wüßte…!

ليث [laiθ] *poet.* Leu *m*, Löwe *m*

ليرة [liːra] Pfund *n*, Lira *f*

ليس [laisa] nicht sein (*A etwas*); ~ بكثير es ist nicht viel

ليف [liːf] *koll.*, *pl.* ألياف [ʔal'jaːf] Fasern *f/pl.*; ~ زجاجي Glasfibern *f/pl.*; **~ة** Faser *f*; Büschel *n* Palmfasern; Badeschwamm *m*; **~ي** faserig

(**ليق**) لاق [laːqa, iː] angemessen, würdig sein (ب *G*); sich schicken (ب für *j-n*); passen; tauglich sein

ليقة [liːqa] Fasern *f/pl. zum Festhalten der Tinte im Tintenfaß*

ليل [lail] Nacht *f*, Nachtzeit *f*; ~ا [-an] *Adv.* nachts

لئلا [li-'ʔallaː] damit nicht

ليلك [lailak] Flieder *m*; ~ي lila

ليلة [laila], *pl.* ليال [la'jaːlin] Nacht *f*; ~الـ [-ta] heute abend, heute nacht; أمس ~ [-ta ams(i)] gestern abend, gestern nacht

[1]**ليلى** [lailaː] Laila *npr. f*

[2]**ليلي** [lailiː] nächtlich, abendlich; Nacht-, Abend-

ليمان [liː'maːn] *Äg.* Zuchthaus *n*

ليمون [lai'muːn] *koll., sg.* ~ة Zitrone(n *pl.*) *f*

[1]لان (لين) [laːna, iː] weich, zart, sanft, milde sein; nachgiebig sein; **II** [lajjana] weich, locker machen; milde stimmen; **IV** ألان [ʔa'laːna] milde stimmen, besänftigen; weich machen

[2]**لين** [lajjin] weich, zart; mild, sanft; nachgiebig

[3]**لين** [liːn] Weichheit *f*, Zartheit *f*; Nachgiebigkeit *f*

[1]**ليه** [leː] *Äg. umg.* warum?

[2]**لية** [lajja] Biegung *f*, Krümmung *f*; Falte *f*

[3]**لية** [liːja] Fettschwanz *m des Schafes*

ليونة [lu'juːna] Weichheit *f*; Milde *f*, Sanftheit *f*; Nachgiebigkeit *f*

لئيم [la'ʔiːm], *pl.* لئام [li'ʔaːm] schlecht, durchtrieben

م

[1]**م** (ميم) [miːm] *vierundzwanzigster Buchstabe; Abk. für* متر Meter *m*, مليم Mallim *m* (*äg. Münze*), ميلادية (*nach Jahreszahlen*) n. Chr.; بعد الميلاد = ب م n. Chr.; قبل الميلاد = ق م v. Chr.

[2]**م** [ma] (nach *Präp.*) = ما was?

ما [maː] **1.** *Pron.* was? (*fragend u. relativ*); das, was; → بما *u.* لما; **2.** *bsd. beim Perfekt u. umg.*: nicht; **3.** *Konj.* solange; لم ~ solange nicht; sofern nicht; **4.** *nachgestellt*: irgendein; ~ يوما [jauman] irgendwann; eines Tages; إلى ~ حد [ħaddin] bis zu e-m gewissen Grade; einigermaßen; **5.** … أجمل ~ [ʔadʒmala] + *A*: wie schön ist …!

ماء [maːʔ], *pl.* مياه [mi'jaːh] Wasser *n*; *pl.* Gewässer *n/pl.*; مياه إقليمية Hoheitsgewässer *n/pl.*; ~ عذب Süßwasser *n*; الوجه ~ Ehre *f*

مأتى → مآت; (موت)[1] → **مات**

مأتم [ma'ʔtam], *pl.* مآتم [ma'ʔaːtim] (2) Trauerfeier *f*

مأتى [maʔtan], *pl.* مآت [ma'ʔaːtin] Ort *m*, von *od.* zu dem man kommt; *fig.* Ursprung *m*

مأثرة [maʔθara] Ruhmestat *f*

ماثل [maːθil] (da)stehend; sich zeigend, erscheinend

مأثور [maʔ'θuːr] überliefert
ماجريات [maːdʒara'jaːt] *pl.* Ereignisse *n/pl.*
ماجن [maːdʒin] unverschämt
[1]**ماجور** [maː'dʒuːr] **1.** (*Teig-*)Schüssel *f*; **2.** Major *m*
[2]**مأجور** [maʔ'dʒuːr] bezahlt (على für *e-e Arbeit*)
مأخذ [maʔxað] **1.** أخذه ~ الجد [-a l-dʒidd] etwas ernst nehmen; **2.** (2) Schwachstelle *f*
مأخوذ [maʔ'xuːð] genommen; entnommen; überrascht
ماخور [maː'xuːr] Bordell *n*
مأدبة [maʔduba], *pl.* مآدب [ma'ʔaːdib] (2) Bankett *n*; Gastmahl *n*
مادة [maːdda], *pl.* مواد [ma'waːdd] (2) Materie *f*, Substanz *f*; Stoff *m*, Material *n*; (Schul-)Fach *n*; Paragraph *m*, Artikel *m e-s Gesetzes*; أولية ~ *u.* خام ~ Rohstoff *m*; مواد غذائية Lebensmittel *n/pl.*
مادي [maːddiː] materiell; materialistisch; Materialist *m*; ة~ Materialismus *m*
ماذا [maːðaː] was?
مأذنة [maʔðana], *pl.* مآذن [ma'ʔaːðin] (2) Minarett *n*
مأذون [maʔ'ðuːn] autorisiert; *für Eheschließungen zuständiger* Standesbeamte(r)
[1]**مار** [maːr] *Chr. vor dem Namen*: der Heilige …
[2]**مار** [maːrr] vorübergehend, vorüberfahrend; Passant *m*
مأرب [maʔrab], *pl.* مآرب [ma'ʔaːrib] (2) Wunsch *m*; Ziel *n*
مارت [maːrt] *Ir.* März *m*
مارد [maːrid] Dämon *m*; Riese *m*
مارس [maːr(i)s] März *m*
مارستان [maːris'taːn] Irrenhaus *n*
مارك [mark], *pl.* [-aːt] Mark *f* (*Währung*); ة~, *pl.* [-aːt] (Handels-)Marke *f*; Warenzeichen *n*
مأزق [maʔziq], *pl.* مآزق [ma'ʔaːziq] (2) schwierige Lage, Dilemma *n*
مازوت [maː'zuːt] *u. Tun.* **مازوط** [maː'zoːṭ] Schweröl *n*; Dieselöl *n*; Heizöl *n*
ماس [maːss] berührend; *Notwendigkeit*: dringend; → ألماس
مأساة [maʔ'saːt], *pl.* مآس [ma'ʔaːsin] Tragödie *f*, Trauerspiel *n*
ماسح [maːsiħ] (ab)wischend; (*Schuh*)Putzer *m*
ماسخ [maːsix] fade (schmeckend)
ماسورة [maː'suːra], *pl.* مواسير [mawaː'siːr] (2) Rohr *n*, Röhre *f*; ~ العادم Auspuff *m*
ماش [maːʃin] gehend, laufend; *pl.* مشاة [mu'ʃaːt] Fußgänger *m*; *Mil.* Infanterist *m*; *pl.* Infanterie *f*; ماشي *Äg. umg.* es geht, o.k.
ماشية [maːʃija], *pl.* مواش [ma'waːʃin] Vieh *n*
ماض [mɒːđin] vergangen; *Schwert*: scharf; الماضي Vergangenheit *f*, *Gr.* Perfekt *n*
ما عدا [maː ʕadaː] + *A*: außer

م

ماعز [maːʕiz], *pl.* معيز [maˈʕiːz] Ziege *f*; Ziegenbock *m*

ماعون [maːˈʕuːn], *pl.* مواعين [mawaː-ˈʕiːn] (2) Gefäß *n*; *Syr.* Topf *m*; *Ir.* Teller *m*; *pl. a.* Geschirr *n*

ماكر [maːkir], *pl.* مكرة [makara] schlau, listig, verschlagen

مأكل [maʔkal] Essen *n*

مأكول [maʔˈkuːl] eßbar; ~ـات *pl.* Nahrungsmittel *n/pl.*, Speisen *f/pl.*

ماكينة [maːˈkiːna], *pl.* [-aːt] *u.* مكائن [maˈkaːʔin] (2) Maschine *f*

مال [maːl], *pl.* أموال [ʔamˈwaːl] Vermögen *n*, Hab und Gut *n*; Geld *n*; *pl.* Mittel *pl.*, Gelder *n/pl.*; بيت الـ~ Schatzkammer *f*, Staatskasse *f*; رأس الـ~ Kapital *n*; → (ميل)[1]

مالح [maːliħ] salzig, Salz-

مالك [maːlik] besitzend; *pl.* ملاك [muˈllaːk] Eigentümer *m*, Besitzer *m*; ~ـي *Isl.* malikitisch; Malikit *m*

مألوف [maʔˈluːf] gewohnt, vertraut; üblich

مالي [maːliː] finanziell, Finanz-; geldlich; ~ـة [maːˈliːja] Finanzwesen *n*; وزارة الـ~ Finanzministerium *n*

مأمن [maʔman] sichere(r) Ort

مأمور [maʔˈmuːr] Beauftragte(r), Kommissar *m*; Beamte(r); ~ـية Auftrag *m*, Mission *f*; Kommissariat *n*

مانجو [mangoː] Mango *f*

مانع [maːniʕ] verbietend; (ver)hindernd; *pl.* موانع [maˈwaːniʕ] (2) Hindernis *n*; ما عندي ~ ich habe nichts dagegen

ماهر [maːhir], *pl.* مهرة [mahara] geschickt; clever; *a. npr. m*; عامل ~ Facharbeiter *m*

ماهية [maːˈhiːja] **1.** Wesen *n*, Charakter *m*; **2.** Gehalt *n*; Sold *m*

[1]**مأوى** [maʔwan], *pl.* مآو [maˈʔaːwin] Behausung *f*; Zufluchtsort *m*

[2]**ماوي** [maːwiː] *Ir.* blau

مائت [maːʔit] sterbend

مائج [maːʔidʒ] wogend

مائدة [maːʔida], *pl.* موائد [maˈwaːʔid] (2) *u.* [-aːt] Tisch *m*

مايس [maːjis] *Ir.* Mai *m*

مائع [maːʔiʕ] schmelzend, (zer)fließend

مائل [maːʔil] geneigt, schief, schräg; neigend (إلى zu *D*)

مائة [miʔa], *pl.* مئات [miˈʔaːt] hundert; Hundert *n*; مئات + *G od.* من: Hunderte von; في الـ~ Prozent

مايو [maːjuː] *Äg., Mar.* Mai *m*

مايوه [maːˈjoːh] Badeanzug *m*

مائي [maːʔiː] Wasser-, wässerig; hydraulisch; Aquarell-

مباءة [maˈbaːʔa] Brutstätte *f*

مباح [muˈbaːħ] erlaubt, zulässig; freistehend

مباحثة [muˈbaːħaθa] Unterredung *f*, Besprechung *f*

مبادرة [mu'baːdara] Herangehen *n* (إلى an *A*); Initiative *f*

مبادلة [mu'baːdala] Austausch *m*

مبادئ → مبدأ

مباراة [mubaː'raːt], *pl.* مباريات [mubaːra'jaːt] (Wett-)Kampf *m*; Spiel *n*, Match *n*

مبارزة [mu'baːraza] Duell *n*; Fechten *n*

مبارك [mu'baːrak] *a. fig.* gesegnet; erfreulich; *a. npr. m*

مباشر [mu'baːʃir] direkt, unmittelbar; غير ~ indirekt

مباشرة [mu'baːʃara] Ausübung *f od.* Aufnahme *f e-r Tätigkeit*; ~ [-tan] *Adv.* direkt

مباع [mu'baːʕ] verkauft

مباغتة [mu'baːɣata] Überraschung *f*; Überfall *m*

مبال [mu'baːlin]: غير ~ unbekümmert (ب um *A*)

مبالاة [mubaː'laːt] Beachtung *f*; Rücksichtnahme *f*; عدم الـ~ Gleichgültigkeit *f*

مبالغة [mu'baːlaɣa] Übertreibung *f*

مبان → مبنى [1]

مبايعة [mu'baːjaʕa] Treueid *m für e-n Herrscher*, Huldigung *f*

مبتاع [mub'taːʕ] Käufer *m*

مبتدأ [mub'tadaʔ] Anfang *m*; *Gr.* Subjekt *n des Nominalsatzes*

مبتدئ [mub'tadiʔ] anfangend; Anfänger *m*

مبتذل [mub'taðal] abgenutzt, banal; ordinär

مبتسم [mub'tasim] lächelnd

مبتغى [mub'taɣan] erstrebt; Wunsch *m*, Ziel *n*

مبتكر[1] [mub'takar] originell, neu; Schöpfung *f*; Erfindung *f*

مبتكر[2] [mub'takir] schöpferisch; Schöpfer *m*

مبتلى [mub'talan] heimgesucht (ب von *D*)

مبحث [mabħaθ], *pl.* مباحث [ma'baːħiθ] (2) Gegenstand *m* der Untersuchung, Thema *n*; *pl. a.* Kriminalpolizei *f*

مبخرة [mibxara], *pl.* مباخر [ma'baːxir] (2) Räuchergefäß *n*

مبدأ [mabdaʔ], *pl.* مبادئ [ma'baːdiʔ] (2) Grundsatz *m*, Prinzip *n*; *pl. a.* Elemente *n/pl.*, Grundzüge *m/pl.*

مبدع [mubdiʕ] schöpferisch, kreativ; Schöpfer *m*

مبدئي [mabdaʔiː] prinzipiell, grundsätzlich

مبراة [mib'raːt] Bleistiftspitzer *m*; Taschenmesser *n*

مبرد[1] [mu'barrad] gekühlt

مبرد[2] [mu'barrid] kühlend; erfrischend; Kühler *m des Autos*

مبرد[3] [mibrad], *pl.* مبارد [ma'baːrid] (2) Feile *f*, Raspel *f*

مبرر [mu'barrir] Rechtfertigung *f*; Erklärung *f*

مبرز [mu'barriz] überragend

مبرم [mubram] (ab)geschlossen; ratifiziert; fest

م

مبرة [ma'barra] gute(s) Werk; karitative Einrichtung

مبرور [mab'ruːr] gottgefällig

مبروك [mab'ruːk] gesegnet; !~ Gratulation!

مبستر [mu'bastar] pasteurisiert

مبسط [mu'bassɒṭ] vereinfacht; gemeinverständlich

مبسم [mabsim] Mundstück *n von Zigaretten*

مبسوط [mab'suːṭ] ausgebreitet; zufrieden, froh; *Ir.* geschlagen

مبشر [mu'baʃʃir] verheißend; Verkünder *m*; Missionar *m*

مبشرة [mibʃara] Reibeisen *n*

مبصقة [mibsɒqa] Spucknapf *m*

مبضع [mibđɒʕ], *pl.* مباضع [ma'baːđiʕ] (2) Skalpell *n*, Seziermesser *n*

مبطن [mu'bɒṭṭɒn] *Kleid*: gefüttert; ausgekleidet

مبطون [mab'ṭuːn] magenkrank

مبعث [mabʕaθ], *pl.* مباعث [ma'baːʕiθ] (2) Ursprung *m*; Ursache *f*, Faktor *m*

مبعثر [mu'baʕθar] verstreut, durcheinandergeworfen

مبعد [mubʕad] ausgewiesen, verbannt

مبعوث [mab'ʕuːθ] Gesandte(r)

مبك [mubkin] traurig, zu Tränen rührend

مبكر [mu'bakkir] früh, frühzeitig; Früh-

مبكى [mabkan]: حائط الـ~ Klagemauer *f in Jerusalem*

مبلط [mu'ballɒṭ] gepflastert; gefliest

مبلغ[1] [mablaɣ], *pl.* مبالغ [ma'baːliɣ] (2) Betrag *m*, Summe *f*; (Aus-) Maß *n*

مبلغ[2] [mu'balliɣ] Informant *m*; Denunziant *m*

مبلول [mab'luːl] naß, feucht

مبنى[1] [mabnan], *pl.* مبان [ma'baːnin] Gebäude *n*, Bauwerk *n*, Bau *m*

مبني[2] [mab'niːj] gebaut; aufgebaut, gegründet (على auf *D*); *Gr.* undeklinierbar; للمجهول ~ *Gr.* passiv

مبهج [mubhidʒ] erfreulich, freudig

مبهدل [mu'bahdal] unordentlich, schlampig

مبهم [mubham] unklar, zweideutig; zweifelhaft; *Math. Zahl*: abstrakt

مبهوت [mab'huːt] verblüfft, sprachlos

مبهور [mab'huːr] überwältigt; außer Atem

مبوب [mu'bawwab] in Kapitel eingeteilt, klassifiziert

مبولة [mabwala] Pissoir *n*; harntreibende(s) Mittel

مبيت [ma'biːt] Übernachtung *f*; Unterkunft *f*

مبيد [mu'biːd] vernichtend; Vertilgungsmittel *n*, Pestizid *n*

مبيض [ma'biːđ, mibjɒđ] Eierstock *m*; *Bot.* Stempel *m*

مبيضة [mu'bajjɒđɒ] Reinschrift *f*
مبيع [ma'biːʕ] **1.** verkauft; **2.** Verkauf *m*
[1]مبين [mu'bajjan] angeführt; aufgezeigt; erklärt
[2]مبين [mu'biːn] klar, deutlich
مت [matta, u] in Beziehung stehen (إلى zu *D*), Verbindung haben (إلى mit *D*)
متابعة [mu'taːbaʕa] Verfolgung *f*; Kontrolle *f*; Fortsetzung *f*, Fortführung *f*
متأثر [muta'ʔaθθir] beeinflußt; beeindruckt, ergriffen (ب von *D*)
متاح [mu'taːħ] sich bietend (ل *j-m*); verfügbar
متأخر [muta'ʔaxxir] spät; verspätet; noch nicht erledigt; zurückgeblieben, rückständig
متاخم [mu'taːxim] angrenzend
متأسف [muta'ʔassif] bedauernd; ~! es tut mir leid!
متأصل [muta'ʔɒssɨl] eingewurzelt, verwurzelt
متاع [ma'taːʕ], *pl.* أمتعة [ʔamtiʕa] Hab und Gut *n*, Sachen *f/pl.*; Hausrat *m*; *pl. a.* Gepäck *n*
متاعب [ma'taːʕib] (2) *pl.* Mühen *f/pl.*, Strapazen *f/pl.*; Beschwerden *f/pl.*
متأكد [muta'ʔakkid] sicher (من *e-r Sache*), überzeugt (من von *D*)
متآمرون [mutaʔaːmi'ruːn] *pl.* Verschwörer *m/pl.*
متانة [ma'taːna] Festigkeit *f*, Solidität *f*
متأهب [muta'ʔahhib] bereit (ل zu *D*)
متاهة [ma'taːha] Labyrinth *n*
متبادل [muta'baːdal] wechselseitig, gegenseitig, beiderseitig
متبار [muta'baːrin] Wettbewerber *m*, Wettkämpfer *m*
متباين [muta'baːjin] unterschiedlich, verschiedenartig
متبرم [muta'barrim] mürrisch; verdrossen
متبطل [muta'bɒttɨl] untätig, mußig
[1]متبع [mu'ttabaʕ] üblich, gängig, befolgt
[2]متبع [mu'ttabiʕ] j-d, der (be)folgt
متبوع [mat'buːʕ] Führer *m*
متتابع [muta'taːbiʕ] aufeinanderfolgend; fortgesetzt
متتال [muta'taːlin] aufeinanderfolgend
متجانس [muta'dʒaːnis] homogen
متجاوب [muta'dʒaːwib] (miteinander) in Einklang
متجاور [muta'dʒaːwir] einander benachbart
متجر [matdʒar], *pl.* متاجر [ma'taːdʒir] (2) Geschäft *n*, Laden *m*; Ware *f*
متجمد [muta'dʒammid] gefroren; *Lage*: festgefahren
[1]متجه [mu'ttadʒah] Richtung *f*
[2]متجه [mu'ttadʒih] gerichtet (إلى auf *A*), sich zuwendend

متجول [muta'dʒawwil] umherziehend, umherreisend; ambulant

متحارب [muta'ħaːrib] miteinander kriegführend

متحالف [muta'ħaːlif] miteinander verbündet

متحجر [muta'ħaddʒir] versteinert; ~ات *pl.* Fossilien *n/pl.*

متحد[1] [muta'ħaddin] herausfordernd

متحد[2] [mu'ttaħid] vereint, vereinigt

متحدث [muta'ħaddiθ] Sprecher *m*; ~ باسم الحكومة Regierungssprecher *m*

متحرر [muta'ħarrir] befreit; emanzipiert

متحرك [muta'ħarrik] sich bewegend; beweglich; *Konsonant*: vokalisiert; رسوم ~ة Zeichentrickfilm *m*

متحزب [muta'ħazzib] parteiisch; Parteigänger *m*

متحصل [muta'ħɒssɨl] Ertrag *m*

متحضر [muta'ħɒđđɨr] zivilisiert

متحف [matħaf], *pl.* متاحف [ma'taːħif] (2) Museum *n*

متحير [muta'ħajjir] verlegen, ratlos

متحيز [muta'ħajjiz] parteiisch, voreingenommen

متخرج [muta'xarridʒ] Absolvent *m e-r Schule*

متخصص [muta'xɒssɨs] spezialisiert; Spezialist *m*

متخلف [muta'xallif] zurückgeblieben; rückständig

متداع [muta'daːʕin] **1.** baufällig; **2.** *Gedanken*: assoziiert

متداول [muta'daːwal] umlaufend, kursierend; gängig; gebräuchlich, üblich

متدل [muta'dallin] herabhängend

متدين [muta'dajjin] religiös, fromm

متر [mitr], *pl.* أمتار [ʔam'taːr] Meter *m*

مترابط [muta'raːbɨt] verbunden, zusammenhängend; kohärent

متراخ [muta'raːxin] schlaff; locker; träge

مترادف [muta'raːdif] Synonym *n*

متراس [mit'raːs], *pl.* متاريس [mataː'riːs] (2) Barrikade *f*

متراكز [muta'raːkiz] konzentrisch

مترام [muta'raːmin] weit, ausgedehnt

مترب [mutrib] staubig

متربص [muta'rabbɨs] (auf)lauernd; *Maghr.* Teilnehmer *m* an e-m Ausbildungskurs

متربة [matraba] Armut *f*, Elend *n*

مترجم [mu'tardʒim] Übersetzer *m*; Dolmetscher *m*

مترف [mutraf] luxuriös; verwöhnt

متروك [mat'ruːk] verlassen; hinterlassen; überlassen

متري [mitriː] metrisch

متزامن [muta'zaːmin] synchron

متزايد [muta'zaːjid] zunehmend, sich steigernd, ansteigend

متزمت [muta'zammit] streng; orthodox; konservativ

م

متزن [mu'ttazin] ausgewogen

متزوج [muta'zawwidʒ] verheiratet

متسابق [muta'saːbiq] Mitbewerber *m*; Wettkämpfer *m*

متساهل [muta'saːhil] nachsichtig, tolerant; konziliant

متساو [muta'saːwin] gleichartig; gleichwertig

1 متسع [mu'ttasaʕ] Raum *m*; Spielraum *m*

2 متسع [mu'ttasiʕ] weit, geräumig, ausgedehnt; Platz bietend (ل für *A*)

متسلسل [muta'salsil] *Numerierung*: fortlaufend; → تفاعل

متسلق [muta'salliq] Kletter-

متسول [muta'sawwil] Bettler *m*

متشابه [muta'ʃaːbih] einander ähnlich

متشائم [muta'ʃaːʔim] Pessimist *m*

متشرد [muta'ʃarrid] obdachlos; Vagabund *m*, Landstreicher *m*

متشعب [muta'ʃaʕʕib] verzweigt

متصاعد [muta'sɒːʕid] (allmählich) ansteigend

متصرف [muta'sɒrrif] verfügungsberechtigt; *Ir*. Gouverneur *m* e-r Provinz; ~ية *Ir*. Provinzverwaltung *f*

متصل [mu'ttasɨl] verbunden, zusammenhängend; fortgesetzt

متصنع [muta'sɒnniʕ] affektiert; geheuchelt

متضارب [muta'đɒːrib] widerspruchsvoll, unvereinbar; *Meinungen*: gegensätzlich

متضامن [muta'đɒːmin] solidarisch

متضايق [muta'đɒːjiq] unbehaglich; verärgert

متضح [mu'ttađɨħ] klar, deutlich, offenbar

متطرف [muta'tɒrrif] extrem; radikal; Extremist *m*

متطلبات [mutatɒlla'baːt] *pl*. Erfordernisse *n*/*pl*.

متطور [muta'tɒwwir] (hoch)entwickelt

متطوع [muta'tɒwwiʕ] Freiwillige(r), Volontär *m*

متطير [muta'tɒjjir] abergläubisch

متظاهر [muta'ðɒːhir] Demonstrant *m*

متع **II** [mattaʕa] genießen lassen (ه *j-n A*), erfreuen; **IV** أمتع [ʔamtaʕa] Genuß spenden; **V** تمتع [ta'mattaʕa] genießen, haben (ب *A*); **X** استمتع [is'tamtaʕa] genießen (ب *A*)

متعادل [muta'ʕaːdil] das Gleichgewicht haltend

متعارف [muta'ʕaːraf] *u*. عليه ~ (allgemein) üblich

متعاقب [muta'ʕaːqib] aufeinanderfolgend, ununterbrochen

متعال [muta'ʕaːlin] sich erhebend; erhaben (عن über *A*); arrogant

متعامد [muta'ʕaːmid] im rechten Winkel (على zu *D*)

متعاهد [muta'ʕaːhid] vertragschließend; Vertragspartner *m*

م

[1]متعب [mutˁab] müde, ermüdet

[2]متعب [mutˁib] ermüdend, beschwerlich, lästig

متعجل [muta'ˁaddʒil] voreilig

متعد [muta'ˁaddin] angreifend (على j-n); *Gr*. transitiv

متعدد [muta'ˁaddid] mehrfach, mehr-; viel-, multi-

متعذر [muta'ˁaððir] unmöglich

متعصب [muta'ˁɒssɨb] fanatisch; Fanatiker *m*

متعفن [muta'ˁaffin] schimmlig, verfault, verdorben

متعلق [muta'ˁalliq] zusammenhängend (ب mit *D*); abhängig (ب von *D*)

متعلم [muta'ˁallim] lernend; gebildet; Lehrling *m*

متعنت [muta'ˁannit] starrsinnig, verbohrt

متعة [mutˁa], *pl*. متع [mutaˁ] Genuß *m*; *Isl*. Zeitehe *f bei den Schiiten*

متعهد [muta'ˁahhid] (Bau-)Unternehmer *m*; Lieferant *m*

متعود [muta'ˁawwid] gewöhnt (على an *A*), gewohnt (على zu)

متغير [muta'ɣajjir] wechselnd; veränderlich

متفائل [muta'faːʔil] Optimist *m*

متفتح [muta'fattiħ] offen, aufgeschlossen

متفجر [muta'faddʒir] explosiv; Spreng-, Explosiv-; *pl*. [-aːt] Sprengstoff *m*

متفرج [muta'farridʒ] Zuschauer *m*, Betrachter *m*

متفرع [muta'farriˁ] abzweigend (من von *D*); verzweigt, verästelt

متفرغ [muta'farriɣ] ausschließlich beschäftigt (ل mit *D*)

متفرق [muta'farriq] verstreut; verschieden; ~ـات *pl*. Diverse(s)

متفسخ [muta'fassix] verdorben; degeneriert

[1]متفق [mu'ttafaq]: ~ عليه vereinbart; من الـ~ أن [ʔanna] man ist sich darin einig, daß

[2]متفق [mu'ttafiq] übereinstimmend (مع mit *D*)

متفقد [muta'faqqid] Aufseher *m*, Inspektor *m*

متفنن [muta'fannin] findig; vielseitig

متفوق [muta'fawwiq] überlegen; überragend

متق [mu'ttaqin] gottesfürchtig, fromm; sich schützend (→ وقى)

متقاض [muta'qɒːđɨn] prozeßführend(e Partei)

متقاعد [muta'qaːˁid] im Ruhestand, pensioniert

متقد [mu'ttaqid] brennend, entflammt

متقدم [muta'qaddim] vorausgehend; vorrückend; fortgeschritten; vorn befindlich

متقطع [muta'qɒttɨˁ] zerrissen, zerstückelt, zerhackt; *Stimme*: abgehackt; تيار ~ *El*. Wechselstrom *m*

متقلب [muta'qallib] schwankend, veränderlich; unbeständig

متقن [mutqan] genau, exakt; perfekt, vollendet

متكأ [mu'ttakaʔ] (*Arm-*)Stütze *f*; Polster *n*; Sofa *n*

متكاثر [muta'kaːθir] sich vermehrend; zahlreich

متكافئ [muta'kaːfiʔ] (einander) gleich

متكبر [muta'kabbir] hochmütig, stolz

متكتل [muta'kattil] klumpig, geballt; kompakt

متكدر [muta'kaddir] verärgert (من über *A*)

متكرر [muta'karrir] wiederholt, häufig

متكلف [muta'kallaf] gekünstelt, affektiert; gezwungen

متكلم [muta'kallim] Sprecher *m*; *Gr.* erste Person; *Isl.* scholastische(r) Theologe

متكهن [muta'kahhin] Wahrsager *m*

متلاش [muta'laːʃin] (ver)schwindend, vergehend

متلألئ [muta'laʔliʔ] glänzend, glitzernd, schimmernd

متلبس [muta'labbis]: (بالجريمة) ~ـًا [-an] auf frischer Tat, in flagranti

متلف [mutlif] schädigend, ruinierend

متلوف [mat'luːf] verdorben

متلون [muta'lawwin] (viel)farbig, schillernd; launenhaft

متماسك [muta'maːsik] zusammenhängend, fest verbunden

متمدن [muta'maddin] zivilisiert; verstädtert

متمرد [muta'marrid] meuternd; Meuterer *m*, Rebell *m*

متمرس [muta'marris] ausübend (ب *A*); geübt, erprobt

متمسك [muta'massik] (zäh) festhaltend (ب an *D*)

متمصر [muta'mɒssir] ägyptisiert

متمكن [muta'makkin] fest gegründet; beherrschend (من *A*); Könner *m*, Meister *m*; *Gr.* deklinierbar

متمم [mu'tammim] ergänzend; vervollständigend

متمهل [muta'mahhil] langsam, gemächlich

متموج [muta'mawwidʒ] gewellt, wellenförmig; wogend

متمول [muta'mawwil] Finanzmann *m*, Kapitalist *m*

متميز [muta'majjiz] ausgezeichnet; charakteristisch; besondere(r); privilegiert

[1]متن [matuna, u] fest, sein *od.* werden; **II** [mattana] festigen

[2]متن [matn], *pl.* متون [mu'tuːn] Rükken *m e-s Tieres*; Mitte *f der Straße*; Text *m*; Wortbestand *m e-r Sprache*; ~ على an Bord *e-s Schiffes od. Flugzeugs*

متناسب [muta'naːsib] zueinander passend; *Math.* proportional; konform (مع mit *D*)

م

متناسق [muta'naːsiq] harmonisch; symmetrisch

متناقض [muta'naːqiđ] einander widersprechend, unvereinbar

متناه [muta'naːhin] endlich, begrenzt; äußerst, extrem; غير ~ endlos

متناوب [muta'naːwib] abwechselnd; تيار ~ *El.* Wechselstrom *m*

متناول [muta'naːwal] Reichweite *f*; في ~ـه für j-n erreichbar

متنزه [muta'nazzah] Park *m*

متنفس [muta'naffas] Bewegungsfreiheit *f*, Auslauf *m*

متنقل [muta'naqqil] umherziehend; mobil, fahrbar; transportabel, tragbar

متنكر [muta'nakkir] verkleidet; ~ا [-an] inkognito

متنوع [muta'nawwiˁ] verschiedenartig, mannigfaltig

متهاود [muta'haːwid] *Preis*: mäßig

متهذب [muta'haððib] geschliffen; wohlerzogen

1 متهم [mu'ttaham] verdächtig; Beschuldigte(r), Angeklagte(r)

2 متهم [mu'ttahim] Ankläger *m*

متهور [muta'hawwir] überstürzt; leichtsinnig, unbesonnen

متهوس [muta'hawwis] besessen, verrückt

متواتر [muta'waːtir] aufeinanderfolgend

متواجد [muta'waːdʒid] anwesend, sich befindend

متواز [muta'waːzin] parallel; متوازيان *du. Sport*: Barren *m*; متوازي الأضلاع Parallelogramm *n*

متوازن [muta'waːzin] ausgewogen

متواصل [muta'wɒːsˠil] fortwährend, ununterbrochen, andauernd

متواضع [muta'wɒːđiˁ] bescheiden

متوال [muta'waːlin] aufeinanderfolgend, ununterbrochen

متوالية [muta'waːlija] *Math.* Reihe *f*; حسابية / عددية ~ arithmetische Reihe; هندسية ~ geometrische Reihe

متوتر [muta'wattir] gespannt, angespannt

متوج [mu'tawwadʒ] gekrönt

متوحش [muta'waħħiʃ] wild, barbarisch, roh; Wilde(r)

متوسط [muta'wassitˠ] mittlere(r), Mittel-; durchschnittlich; Durchschnitt *m*; مدرسة ~ة Mittelschule *f*

متوطن [muta'wɒttˠin] ansässig; *Krankheit*: endemisch

متوفر [muta'waffir] vorhanden

متوفى [muta'waffan] verstorben

متوقع [muta'waqqaˁ] erwartet; من الـ~ أن es wird erwartet, daß

متول [muta'wallin] beauftragt, betraut

متوهم [muta'wahhim] sich Einbildungen hingebend

1 متى [mataː] wann?; wenn; ~ ما wann (auch) immer

[2]متى [mattaː] Matthäus *npr. m*
متئد [mu'ttaʔid] langsam
متيسر [muta'jassir] (leicht) erreichbar; leicht; möglich
متيقظ [muta'jaqqið] wach, wachsam, auf der Hut
متيقن [muta'jaqqin] überzeugt, sicher
متين [ma'tiːn] fest, solide
مثابر [mu'θaːbir] beharrlich
مثابة [ma'θaːba]: بـ~ gleichbedeutend mit
مثار [ma'θaːr] Anlaß *m*, Ursache *f*, Motiv *n*; (*Streit*-)Objekt *n*
مثاقفة [mu'θaːqafa] Fechten *n*, Fechtsport *m*
[1]مثال [ma'θθaːl], *pl.* [-uːn] *u.* ~ة Bildhauer *m*
[2]مثال [mi'θaːl], *pl.* أمثلة [ʔamθila] Beispiel *n*; Vorbild *n*, Muster *n*; على سبيل الـ~ zum Beispiel; ~ أعلى, *pl.* مثل عليا [muθul] Ideal *n*
مثالي [mi'θaːliː] vorbildlich, beispielhaft, ideal; idealistisch; ~ة Idealismus *m*
مثانة [ma'θaːna] (Harn-)Blase *f*
[1]مثبت [mu'θabbat] befestigt, fixiert
[2]مثبت [muθbat] bejaht, positiv; bestätigt, nachgewiesen
مثقاب [miθ'qaːb] Bohrer *m*
مثقال [miθ'qaːl], *pl.* مثاقيل [maθaː'qiːl] (2) *Gewichtseinheit von 4,68 g*; ~ ذرة ein klein wenig
مثقب [miθqab], *pl.* مثاقب [ma'θaːqib] (2) Bohrer *m*

مثقف [mu'θaqqaf] gebildet; المثقفون *pl.* die Intelligenz
[1]مثل [maθala, u] erscheinen (بين يديه vor *j-m*), sich zeigen; sich hinstellen, stehen; **II** [maθθala] vertreten, repräsentieren; verkörpern, bilden; *Rolle* darstellen, spielen; *Theaterstück* aufführen; vergleichen (ب mit *D*); *Pflanze*: assimilieren; ein Exempel statuieren (ب an *j-m*); verstümmeln (ب *j-n*); **III** ماثل [maːθala] gleichen, ähneln (ه/ـه *D*); vergleichen (ب mit *D*); **V** تمثل [ta'maθθala] sich verkörpern, sich darstellen, bestehen (في in *D*); erscheinen; sich *etwas* vorstellen; als Beispiel anführen (ب *A*); sich ein Vorbild nehmen (ب an *D*); sich assimilieren; **VI** تماثل [ta'maːθala] einander ähnlich sein; genesen (من von *D*); **VIII** امتثل [im'taθala] sich fügen, gehorchen (ـه *e-m Befehl*), befolgen (ـه *A*)
[2]مثل [maθal], *pl.* أمثال [ʔam'θaːl] Beispiel *n*; Sprichwort *n*, Gleichnis *n*; Gleiche(s); ~ا [-an] zum Beispiel; ~ أعلى, *pl.* مثل عليا [muθul] Ideal *n*
[3]مثل [miθl], *pl.* أمثال [ʔam'θaːl] Gleiche(s); *nach Zahlen*: -fach; ~ [-a], *pl.* أمثال [-a] wie (z.B.); رجل ~ـه [-uhu] ein Mann wie er; ~ هذا الرجل [-u] ein solcher Mann; هو وأمثاله er und seines-

gleichen; مبدأ المعاملة بالـ~ Gegenseitigkeitsprinzip *n*

مثلبة [maθlaba], *pl.* مثالب [ma'θaːlib] (2) Fehler *m*, Mangel *m*

مثلث [mu'θallaθ] dreifach; Dreieck *n*; المثلثات *pl.* Trigonometrie *f*; ~ متساوي الساقين gleichschenklige(s) Dreieck; ~ متساوي الأضلاع gleichseitige(s) Dreieck

مثلج [mu'θalladʒ] eisgekühlt

مثلما [miθlamaː] ebenso wie

مثلى → أمثل

مثمر [muθmir] fruchtbar, ergiebig

مثمن[1] [mu'θamman] **1.** kostbar, geschätzt; **2.** achtfach; achteckig; Achteck *n*

مثمن[2] [mu'θammin] Taxator *m*

مثني[1] [maθ'niːj] gefaltet

مثنى[2] [mu'θannan] (ver)doppelt, zweifach; *Gr.* Dual *m*

مثول [mu'θuːl] Erscheinen *n* (أمام vor *D*); Audienz *f*

مثوى [maθwan], *pl.* مثاو [ma'θaːwin] Aufenthaltsort *m*; Behausung *f*

مثير [mu'θiːr] erregend; spannend; aufreizend, provozierend; Anstifter *m*; Stimulans *n*; Erreger *m*

مثيل [ma'θiːl] Gleiche(s); ~ ليس له ohnegleichen

مج [maddʒa, u] ausspeien

مجابهة [mu'dʒaːbaha] Entgegentreten *n*, Konfrontation *f*

مجادلة [mu'dʒaːdala] Disput *m*, Streit *m*

مجاراة [mudʒaː'raːt] Schritthalten *n*; ~ ل [-an] im Einklang mit *D*

مجاز[1] [ma'dʒaːz] Bedeutungsübertragung *f*; Metapher *f*

مجاز[2] [mu'dʒaːz] lizenziert, graduiert

مجازاة [mudʒaː'zaːt] Vergeltung *f*; Bestrafung *f*

مجازف [mu'dʒaːzif] abenteuerlustig; wagemutig

مجازفة [mu'dʒaːzafa] Abenteuer *n*; Risiko *n*; Wagemut *m*

مجازي [ma'dʒaːziː] übertragen, figürlich, metaphorisch

مجاعة [ma'dʒaːʕa] Hungersnot *f*

مجال[1] [ma'dʒaːl], *pl.* [-aːt] Bereich *m*, Gebiet *n*; Raum *m*, Platz *m* (ل für *A*); Spielraum *m*; (*magnetisches*) Feld; → فسح

مجال[2] [ma'dʒaːlin] *pl.* Manifestationen *f/pl.*

مجالسة [mu'dʒaːlasa] Zusammensein *n*, Gesellschaft *f*

مجاملة [mu'dʒaːmala] Höflichkeit *f*; Schmeichelei *f*

مجان [ma'ddʒaːn]: ~ا [-an] *Adv.* kostenlos, umsonst

مجانسة [mu'dʒaːnasa] Ähnlichkeit *f*, Artverwandtschaft *f*

مجاني [ma'ddʒaːniː] kostenlos, unentgeltlich; ~ة Kostenlosigkeit *f*

مجاهد [mu'dʒaːhid] Kämpfer *m*

مجاهدة [mu'dʒaːhada] Bekämpfung *f*; Kampf *m*

مجاهل [ma'dʒaːhil] (2) *pl.* unerforschte(s) Gebiet

م

مجاور [mu'ʤaːwir] benachbart, Nachbar-; angrenzend

مجاورة [mu'ʤaːwara] Nachbarschaft *f*, Nähe *f*

[1]**مجبر** [mu'ʤabbir] Knocheneinrenker *m*

[2]**مجبر** [muʤbar] gezwungen

مجبنة [maʤbana] **1.** Käserei *f*; **2.** Anlaß *m* zur Feigheit

مجبور [maʤ'buːr] gezwungen

مجتر [muʤ'tarr] Wiederkäuer *m*

مجتمع [muʤ'tamaˁ] Gesellschaft *f*, Gemeinschaft *f*; Versammlungsort *m*

مجتهد [muʤ'tahid] fleißig; sich bemühend; (*schiitischer*) Rechtsgelehrte(r)

[1]**مجد II** [madʤada] rühmen, preisen

[2]**مجد** [maʤd], *pl.* أمجاد [ʔam'ʤaːd] Ruhm *m*; *pl. a.* Ruhmestaten *f*/*pl.*

[3]**مجد** [muʤdin] nützlich

[4]**مجد** [mu'ʤidd] fleißig, eifrig, ernsthaft

مجداف [miʤ'daːf] Ruder *n*

مجدب [muʤdib] unfruchtbar, öde

[1]**مجدد** [mu'ʤaddad] erneuert; ا~ [-an] *Adv.* erneut

[2]**مجدد** [mu'ʤaddid] Erneuerer *m*; Neuerer *m*

مجذاف [miʤ'ðaːf], *pl.* مجاذيف [maʤaː'ðiːf] (2) Ruder *n*

مجذوب [maʤ'ðuːb] besessen, verrückt

مجذوم [maʤ'ðuːm] leprakrank

م

مجر [maʤar] *f*: الـ~ Ungarn

مجراف [miʤ'raːf], *pl.* مجاريف [maʤa'riːf] (2) Schaufel *f*

[1]**مجرب** [mu'ʤarrab] erprobt; erfahren

[2]**مجرب** [mu'ʤarrib] Prüfer *m*; Versucher *m*

مجرد [muʤarrad] frei (من/عن von *D*); bloß, (+ *G*) nur; abstrakt, absolut; بـ~ + *G*: sofort bei

مجرفة [miʤrafa], *pl.* مجارف [ma'ʤaːrif] (2) Schaufel *f*

مجرم [muʤrim] (Straf-)Täter *m*, Verbrecher *m*

مجرة [ma'ʤarra] Milchstraße *f*

مجرور [maʤ'ruːr] gezogen; *Gr.* (*nach e-r Präposition*) im Genitiv stehend; Kanalrohr *n*

[1]**مجري** [maʤariː] ungarisch; Ungar *m*

[2]**مجرى** [maʤran], *pl.* مجار [ma'ʤaːrin] Wasserlauf *m*, Rinne *f*, Kanal *m*; (Rohr-)Leitung *f*; Lauf *m*, Verlauf *m*, Strömung *f*

مجريات [maʤara'jaːt] = ماجريات

[1]**مجز** [muʤzin] lohnend

[2]**مجز** [mi'ʤazz] Schurschere *f*

مجزأ [mu'ʤazzaʔ] (auf)geteilt; zersplittert

مجزر [maʤzir] Schlachthaus *n*

مجزرة [maʤzara] Gemetzel *n*, Blutbad *n*

مجزوم [maʤ'zuːm] entschieden; feststehend; *Verb*: im Apokopat

مجس [mi'ʤass] Sonde *f*

مجسم [mu'dʒassam] körperhaft, plastisch; konkret, greifbar; Relief-; *Film*: dreidimensional; übertrieben

مجعد [mu'dʒaʕʕad] gewellt, gekräuselt; runzelig, in Falten

مجفف [mu'dʒaffaf] getrocknet

مجلبة [madʒlaba] Ursache *f*

1 **مجلد** [mu'dʒallad] *Buch*: gebunden; *pl.* [-aːt] Band *m* (*Buch*)

2 **مجلد** [mu'dʒallid] Buchbinder *m*

مجلس [madʒlis], *pl.* مجالس [ma'dʒaːlis] (2) Sitz *m*, Sitzplatz *m*; Zusammenkunft *f*, Gesellschaft *f*; Rat *m*; *Pol.* Kammer *f*; Konzil *n*; *Mil.* Gericht *n*; الإدارة ~ Verwaltungsrat *m*; الأمن ~ *Pol.* Sicherheitsrat *m*; الأمة ~ Nationalversammlung *f*, Parlament *n*; التأديب ~ Disziplinargericht *n*; ~ تشريعي gesetzgebende Versammlung; الشيوخ ~ Senat *m*; العموم ~ das (*britische*) Unterhaus; ~ النواب Abgeordnetenhaus *n*, Parlament *n*; الوزراء ~ Ministerrat *m*, Kabinett *n*

مجلة [ma'dʒalla], *pl.* [-aːt] Zeitschrift *f*

مجمد [mu'dʒammad] eingefroren; *Konto*: gesperrt

مجمرك [mu'dʒamrak] verzollt

1 **مجمع** [madʒmaʕ], *pl.* مجامع [ma'dʒaːmiʕ] (2) Akademie *f*; Synode *f*; علمي ~ Akademie *f* der Wissenschaften

2 **مجمع** [mu'dʒammaʕ] zusammengetragen; montiert; Kombinat *n*; Komplex *m*

3 **مجمع** [mu'dʒammiʕ] Sammler *m*; Akkumulator *m*

مجمل [mudʒmal] Zusammenfassung *f*; Abriß *m*; Summe *f*

مجموع [madʒ'muːʕ] Gesamtheit *f*, Ganze(s); Summe *f*; ~ة Sammlung *f*; Gruppe *f*; Block *m*; Komplex *m*, Anlage *f*; Reihe *f*, Serie *f*; الأوروبية ~ال *hist.* die Europäische Gemeinschaft; ~ شمسية Sonnensystem *n*

1 **مجن** [madʒana, u] scherzen, spaßen; unverschämt sein

2 **مجن** [mi'dʒann] Schild *m*

مجنون [madʒ'nuːn] verrückt, wahnsinnig; besessen

1 **مجنى** [madʒnan], *pl.* مجان [ma'dʒaːnin] Geerntete(s)

2 **مجني** [madʒ'niːj]: عليه ~ Opfer *n* *e-s Verbrechens*

مجهار [midʒ'haːr] Lautsprecher *m*

مجهر [midʒhar], *pl.* مجاهر [madʒaːhir] (2) Mikroskop *n*

مجهز [mu'dʒahhaz] ausgerüstet (ب mit *D*); bestückt (ب mit *Geschützen*)

مجهود [madʒ'huːd] Anstrengung *f*, Bemühung *f*; Mühe *f*

مجهول [madʒ'huːl] unbekannt; anonym; *Gr.* Passiv *n*

مجوف [mu'dʒawwaf] ausgehöhlt, hohl

مجون [mu'ʤuːn] Schamlosigkeit *f*; Übermut *m*

مجوهرات [muʤauha'raːt] *pl.* Schmuck *m*, Juwelen *n/pl.*

مجيء [ma'ʤiːʔ] Ankunft *f*, Kommen *n*

مجيب [mu'ʤiːb] antwortend; *Gott*: *Bitte* erhörend

مجيد [ma'ʤiːd] ruhmreich

محاباة [muħaː'baːt] Begünstigung *f*; Entgegenkommen *n*

محادثة [mu'ħaːdaθa] Gespräch *n*, Unterhaltung *f*; Konversation *f*

محاذ [mu'ħaːðin] parallel (ل zu *D*); gegenüberliegend

محاذاة [muħaː'ðaːt]: ~ بـ + *G*: entlang; parallel zu *D*

محاذرة [mu'ħaːðara] Vorsicht *f*

محار [ma'ħaːr] Austern *f/pl.*

محارب [mu'ħaːrib] Kämpfer *m*; Krieger *m*

محاربة [mu'ħaːraba] Bekämpfung *f*

محاسب [mu'ħaːsib] Buchhalter *m*

محاسبة [mu'ħaːsaba] Abrechnung *f* (*G*: mit *j-m*); Buchführung *f*

محاسن [ma'ħaːsin] (2) *pl.* gute Seiten *f/pl.*, Vorzüge *m/pl.*

م

محاسنة [mu'ħaːsana] freundliche Behandlung

محاصة [mu'ħɒːssɒ]: ~ شركة stille Gesellschaft

محاضر [mu'ħɒːđɨr] Vortragende(r); *Äg.* Lektor *m*

محاضرة [mu'ħɒːđɒra] Vortrag *m*; Vorlesung *f*

محاط [mu'ħɒːŧ] umgeben (ب von *D*)

محافظ [mu'ħaːfɨð] wachend (على über *A*); Gouverneur *m*; *Pol.* konservativ; Konservative(r)

محافظة [mu'ħaːfaðɒ] Erhaltung *f* (على *G*); Provinz *f*, Gouvernement *n*

محاكم → محكمة

محاكمة [mu'ħaːkama] gerichtliche Verfolgung; Prozeß *m*

محال [mu'ħaːl] unmöglich, undenkbar, absurd; → محل [2]

محالة [ma'ħaːla]: ~ لا [(-ta)] sicherlich, ganz gewiß; منه ~ لا unvermeidlich

محام [mu'ħaːmin], *pl.* محامون [muħaː'muːn] (Rechts-)Anwalt *m*; Verteidiger *m*

محاماة [muħaː'maːt] Anwaltsberuf *m*; *Jur.* Verteidigung *f*

محاورة [mu'ħaːwara] Gespräch *n*; Dialog *m*

محاولة [mu'ħaːwala] Versuch *m*; (*Mord*-)Anschlag *m*

محايد [mu'ħaːjid] neutral

محب [mu'ħibb] liebend; Freund *m*; Liebhaber *m*

محبب [mu'ħabbab] lieb (لدى *j-m*), angenehm

محبرة [miħbara], *pl.* محابر [ma'ħaːbir] (2) Tintenfaß *n*

[1]**محبس** [maħbis] Gefängnis *n*

[2]محبس [miħbas] Absperrvorrichtung *f*, -hahn *m*

محبة [ma'ħabba] Liebe *f*, Zuneigung *f*

محبوب [maħ'buːb] geliebt; beliebt; populär; Liebling *m*

محبوس [maħ'buːs] zurückgehalten; eingeschlossen, eingesperrt; Gefangene(r)

محتاج [muħ'taːdʒ] bedürftig (*a.* إلى *e-r Sache*), arm

محتال [muħ'taːl] listig, betrügerisch; Schwindler *m*

[1]محترف [muħ'taraf] Atelier *n*

[2]محترف [muħ'tarif] berufsmäßig, Berufs-, professionell

محترم [muħ'taram] geehrt, verehrt; geachtet, respektabel

محتشم [muħ'taʃim] schamhaft, züchtig; bescheiden

محتل [muħ'tall] besetzt; besetzend; القوات المحتلة Besatzungstruppen *f/pl.*

محتم [mu'ħattam] unvermeidlich, unabdingbar

محتمل [muħ'tamal] möglich, wahrscheinlich; من الـ~ es ist wahrscheinlich

محتوم [maħ'tuːm] (vom Schicksal) bestimmt, unvermeidlich, zwangsläufig

محتوى [muħ'tawan], *pl.* محتويات [muħtawa'jaːt] Inhalt *m*

[1]محجر [maħdʒar], *pl.* محاجر [ma'ħaːdʒir] (2) **1.** Steinbruch *m*; **2.** Quarantäne *f*

[2]محجر [maħdʒir] Augenhöhle *f*

محجم [miħdʒam], *pl.* محاجم [ma'ħaːdʒim] (2) Schröpfkopf *m*

محجوب [maħ'dʒuːb] verhüllt, verborgen

محدب [mu'ħaddab] gewölbt, konvex

[1]محدث [mu'ħaddiθ] Erzähler *m*; *Isl.* Überlieferer *m*

[2]محدث [muħdaθ] neu; modern

محدد [mu'ħaddad] **1.** festgesetzt; bestimmt; begrenzt; **2.** geschärft

محدود [maħ'duːd] begrenzt; beschränkt; (genau) bestimmt

محراب [miħ'raːb], *pl.* محاريب [maħaː'riːb] (2) Gebetsnische *f in der Moschee*

محراث [miħ'raːθ], *pl.* محاريث [maħaː'riːθ] (2) Pflug *m*

محراك [miħ'raːk] Schürhaken *m*

محرر [mu'ħarrir] **1.** Befreier *m*; **2.** Redakteur *m*, Schriftleiter *m*

محرض [mu'ħarriđ] Hetzer *m*, Agitator *m*, Provokateur *m*

[1]محرق [maħraq] Brennpunkt *m*

[2]محرق [muħriq] brennend, Brand-

محرقة [maħraqa], *pl.* محارق [ma'ħaːriq] (2) Verbrennungsanlage *f*

محرك [mu'ħarrik] bewegend; Antriebs-; *pl.* [-aːt] Motor *m*

[1]محرم [maħram], *pl.* محارم [ma'ħaːrim] (2) Verwandte(r), *der nicht geheiratet werden darf*

م

[2]محرم [mu'ħarram] **1.** verboten; **2.** Muharram *m* (*1. Monat des isl. Jahres*)

محرمة [maħrama], *pl.* محارم [ma'ħaːrim] (2) Taschentuch *n*

محروس [maħ'ruːs] beschützt; المحروسون *pl.* die Kinder *m/pl.*, die Familie

محروق [maħ'ruːq] verbrannt; brennbar; ~ـات *pl.* Brennstoffe *m/pl.*

محروم [maħ'ruːm] beraubt (من *e-r Sache*); ausgeschlossen

محز [ma'ħazz] Kerbe *f*

محزن [muħzin] traurig, betrüblich; tragisch

محزون [maħ'zuːn] traurig, betrübt

محسن [muħsin] wohltätig; *a. npr. m*; → محاسن

محسوب [maħ'suːb] gerechnet (في zu *D*); Günstling *m*, Protegé *m*; ~ـية Günstlingswirtschaft *f*

محسور [maħ'suːr] betrübt

محسوس [maħ'suːs] fühlbar, spürbar, merklich; konkret

محش [mi'ħaʃʃ] *u.* ~ة Sense *f*; Sichel *f*

محشو [maħ'ʃuːw] gefüllt, ausgestopft; *Waffe*: geladen

محشي [maħ'ʃiːj] *umg. Speise*: gefüllt

محص [maħasɒ, a] läutern, reinigen; **II** [maħħasɒ] klären; prüfen, untersuchen

محصد [miħsɒd], *pl.* محاصد [ma'ħaːsɨd] (2) Sichel *f*

محصل [mu'ħɒssɨl] Kassierer *m*; Schaffner *m*; (*Steuer*-)Einnehmer *m*; ~ة Ergebnis *n*

محصن [mu'ħɒssɒn] *Mil.* befestigt; immun (ضد gegen *A*)

محصود [maħ'suːd] (ab)geerntet

محصور [maħ'suːr] eingeengt; beschränkt (في auf *A*); (statistisch) erfaßt

محصول [maħ'suːl], *pl.* محاصيل [maħaː'sɨːl] (2) Ertrag *m*; Ernteertrag *m*, Ernte *f*; (landwirtschaftliches) Erzeugnis, Produkt *n*

[1]**محض** [maħađɒ, a]: ~ـه الود j-m Zuneigung schenken

[2]**محض** [mahđ] rein, bloß, pur

[1]**محضر** [maħđɒr], *pl.* محاضر [ma'ħaːđɨr] (2) Protokoll *n*, Bericht *m*; ~ـب منه in s-r Gegenwart

[2]**محضر** [muħđɨr] Gerichtsdiener *m*

محضنة [miħđɒna] Brutapparat *m*; Brutkasten *m*

محط [ma'ħɒtt] *fig.* Zielpunkt *m*, Gegenstand *m*

محطمة [mu'ħɒttɨma] Brechmaschine *f*; (*Eis*-)Brecher *m*; ~ الذرة [m. að-ðarra] Zyklotron *n*

محطة [ma'ħɒttɒ], *pl.* [-aːt] Haltestelle *f*; Station *f*; Bahnhof *m*

محظور [maħ'ðuːr] verboten, untersagt

محظوظ [maħ'ðuːð] glücklich; *pl. a.* wohlhabend

محفر [miħfar], *pl.* محافير [ma'ħaːfir] (2) Spaten *m*

محفظة [maħfɒðɒ], *pl.* محافظ [ma'ħaːfið] (2) Mappe *f*, Tasche *f*; Brieftasche *f*

محفل [maħfil], *pl.* محافل [ma'ħaːfil] (2) Versammlung *f*; Gremium *n*; *bsd. pl.* Kreis *m*

محفور [maħ'fuːr] gegraben; eingraviert

محفوظ [mah'fuːð] aufbewahrt, verwahrt; vorbehalten; konserviert; *a. npr. m*; ~ات *pl.* Archiv *n*; Konserven *f/pl.*

¹**محق** [maħaqa, a] auslöschen, vernichten; **VII** انمحق [i'mmaħaqa] verschwinden

²**محق** [maħq] Auslöschung *f*

³**محق** [mu'ħiqq] im Recht; recht habend

¹**محقق** [mu'ħaqqaq] verwirklicht; sicher, gesichert, gewiß

²**محقق** [mu'ħaqqiq] verwirklichend; (Nach-)Prüfer *m*; Untersuchungsrichter *m*

محقنة [miħqana] Spritze *f*

¹(**محك**) **III** ماحك [maːħaka] Streit suchen (ه mit *j-m*), zanken

²**محك** [mi'ħakk] Prüfstein *m*

¹**محكم** [mu'ħakkam] Schiedsrichter *m*

²**محكم** [muħkam] fest (geschlossen); genau, exakt; gut gemacht

محكمة [maħkama], *pl.* محاكم [ma'ħaːkim] (2) Gericht *n*, Gerichtshof *m*; ~ ابتدائية Gerichtshof *m* erster Instanz

محكوك [maħ'kuːk] abgerieben, durchgewetzt

محكوم [maħ'kuːm] beherrscht; ~ عليه verurteilt (ب zu *D*); ~ية Verurteilung *f*

¹**محل** [mahala, a] unfruchtbar sein; **IV** أمحل [ʔamħala] *Regen*: ausbleiben; **V** تمحل [ta'maħħala] List anwenden; *Ausreden* erfinden

²**محل** [ma'ħall], *pl.* محال [ma'ħaːll] *u.* [-aːt] Ort *m*, Stelle *f*, Platz *m*; Geschäft *n*, Firma *f*; Gegenstand *m der Untersuchung etc.*; Anlaß *m*; ~ الإقامة Aufenthaltsort *m*; Wohnort *m*; في غير ~ه am unrechten Platz, unpassend

³**محل** [maħl] Unfruchtbarkeit *f*; Dürre *f*, Trockenheit *f*

محلب [maħlab] Melkstation *f*

¹**محلج** [maħladʒ] (*Baumwoll-*)Entkörnungsbetrieb *m*

²**محلج** [miħladʒ] Entkörnungsmaschine *f*

محلف [mu'ħallaf] vereidigt; Geschworene(r)

محلل [mu'ħallil] Analytiker *m*; Lösungsmittel *n*

محلة [ma'ħalla] Halteplatz *m*, Station *f*; Stadtviertel *n*

محلول [maħ'luːl] (auf)gelöst; *Chem.* Lösung *f*

محلي [ma'ħalliː] örtlich, lokal; einheimisch, Inlands-

محمد [mu'ħammad] gepriesen; Muhammad *npr. m*

[1]محمر [mu'ħammar] geröstet

[2]محمر [muħ'marr] gerötet, rot, rötlich

محمصة [miħmɒsɒ] Röstpfanne *f*

[1]محمل [maħmal]: ~ حمله على + *G*: etwas als *etwas* auffassen

[2]محمل [mu'ħammal] beladen; belastet

محمود [maħ'muːd] gelobt, gepriesen; Mahmud *npr. m*

محمول [maħ'muːl] getragen; tragbar; Ladegewicht *n*, Tonnage *f*

محموم [maħ'muːm] fiebernd

محمي [maħ'miːj] geschützt, beschützt; Protegé *m*; ~ة *Pol.* Protektorat *n*

(محن) **VIII** امتحن [im'taħana] prüfen, untersuchen, erproben

محنك [mu'ħannak] erfahren

محنة [miħna], *pl.* محن [miħan] Heimsuchung *f*, Prüfung *f*; Leid *n*, Unglück *n*

[1](محو) محا [maħaː, uː] auslöschen, ausradieren, abwischen; ausmerzen, beseitigen; **VII** انمحى *u.* امحى [i'mmaħaː] ausgelöscht werden; verschwinden

[2]محو [maħw] Auslöschung *f*, Beseitigung *f*

محور [miħwar], *pl.* محاور [ma'ħaːwir] (2) Achse *f*; (Dreh-)Punkt *m*

محول [mu'ħawwil] *Hdl.* überweisend; *El.* Transformator *m*, Umformer *m*

محيا [mu'ħajjan] Gesicht *n*, Antlitz *n*

محيد [ma'ħiːd]: لا ~ عنه [-a] unvermeidlich

محيص [ma'ħɨːs]: لا ~ عنه [-a] unvermeidlich

محيط [mu'ħɨːt] umgebend (ب *A*); vertraut (ب mit *D*); Umfang *m e-s Kreises*; Peripherie *f*; Umgebung *f*; Umwelt *f*, Milieu *n*; Gebiet *n*; Ozean *m*

محيل [mu'ħiːl] *Hdl.* Indossant *m*; *Jur.* Zedent *m*

مخ [muxx], *pl.* أمخاخ [ʔam'xaːx] Gehirn *n*

مخابرة [mu'xaːbara] Verständigung *f*, Mitteilung *f*; (*Telefon-*)Gespräch *n*; ~ات *pl. a.* Nachrichtendienst *m*

مخاض [ma'xɒːđ] Geburtswehen *pl.*; ~ة, *pl.* مخاوض [ma'xaːwiđ] (2) Furt *f*

مخاط [mu'xɒːŧ] Schleim *m*, Rotz *m*

مخاطب [mu'xɒːŧɒb] angeredet; *Gr.* zweite Person; ~ة Anrede *f*; Gespräch *n*

مخاطر [ma'xɒːŧɨr] (2) *pl.* Gefahren *f/pl.*

مخاطرة [mu'xɒːŧɒra] Wagnis *n*, Risiko *n*; Abenteuer *n*

مخاطي [mu'xɒːŧɨː] schleimig, Schleim-

مخافة [ma'xaːfa] Furcht *f*

مخالصة [mu'xaːlasɒ] Quittung *f*

مخالطة [mu'xaːlatɒ] Umgang *m*, Verkehr *m*

مخالف [mu'xaːlif] entgegengesetzt; im Widerspruch stehend; Übertreter *m*

مخالفة [mu'xaːlafa] Zuwiderhandlung *f*; Übertretung *f*; (*Geld-*) Strafe *f*

مخايل [ma'xaːjil] (2) *pl.* Anzeichen *n/pl.*

مخبأ [maxbaʔ], *pl.* مخابئ [ma'xaːbiʔ] (2) Versteck *n*; Unterschlupf *m*; *Mil.* Bunker *m*

مخبار [mix'baːr], *pl.* مخابير [maxaː'biːr] (2) Reagenzglas *n*

[1] **مخبر** [maxbar] **1.** Labor(atorium) *n*; **2.** Innere(s), Kern *m*

[2] **مخبر** [muxbir] Berichterstatter *m*; Spitzel *m*; Detektiv *m*

مخبز [maxbaz], *pl.* مخابز [ma'xaːbiz] (2) Bäckerei *f*

مخبل [mu'xabbal] verrückt; Narr *m*

مختار [mux'taːr] ausgewählt; bevorzugt; Dorfschulze *m*; *a. npr. m*

مختال [mux'taːl] eingebildet, angeberisch

مختبر [mux'tabar] Labor(atorium) *n*

مختبئ [mux'tabiʔ] versteckt, verborgen

مختتم [mux'tatam] Ende *n*, Abschluß *m*

[1] **مخترع** [mux'taraʕ] Erfindung *f*

[2] **مخترع** [mux'tariʕ] Erfinder *m*

مختزل [mux'tazil] Stenograph *m*

مختص [mux'tɒss] betreffend (ب *A*); zuständig, kompetent (ب für *A*)

مختصر [mux'tasɒr] gekürzt, kurz (-gefaßt); Abkürzung *f*; Abriß *m* (*Buch*)

مختف [mux'tafin] verborgen

مختفى [mux'tafan] Versteck *n*

مختل [mux'tall] gestört

[1] **مختلس** [mux'talas] *Blick*: verstohlen

[2] **مختلس** [mux'talis] veruntreuend; verstohlen *blickend*

مختلط [mux'taliŧ] gemischt

[1] **مختلف** [mux'talaf]: فيه ~ umstritten, strittig

[2] **مختلف** [mux'talif] unterschiedlich; verschieden, abweichend (عن von *D*)

مختلق [mux'talaq] frei erfunden, erdichtet

مختمر [mux'tamir] gärend; *Teig*: aufgehend

مختوم [max'tuːm] versiegelt

[1] **مخدر** [mu'xaddar] betäubt; berauscht

[2] **مخدر** [mu'xaddir], *pl.* [-aːt] Narkotikum *n*, Anästhetikum *n*; Rauschgift *n*

مخدع [muxdaʕ], *pl.* مخادع [ma'xaːdiʕ] (Schlaf-)Gemach *n*

مخدة [mi'xadda], *pl.* مخاد [ma'xaːdd] (2) Kissen *n*

مخدوم [max'duːm] Dienstherr *m*

مخر [maxara, u, a] *Schiff*: *die Wellen* pflügen

مخرب [mu'xarrib] Saboteur *m*

[1]**مخرج** [maxraʤ], *pl.* مخارج [ma'xaːriʤ] (2) Ausgang *m*, Ausfahrt *f*; Austrittsstelle *f*; *fig.* Ausweg *m*; Artikulationsstelle *f e-s Lautes*

[2]**مخرج** [muxriʤ] Regisseur *m*

مخرز [mixraz] Ahle *f*

مخرطة [mixrɒtɒ], *pl.* مخارط [ma'xaːrɨt] (2) Drehbank *f*

مخرف [mu'xarrif] Schwachkopf *m*; Schwätzer *m*

مخرم [mu'xarram] gelocht, perforiert; durchbrochen

مخروط [max'ruːt] gedrechselt; Kegel *m*; Konus *m*; ~ـي kegelförmig, konisch

مخروم [max'ruːm] durchlöchert

مخز [muxzin] beschämend; schändlich; unwürdig

مخزاة [max'zaːt], *pl.* مخاز [ma'xaːzin] Schändlichkeit *f*

مخزن [maxzan], *pl.* مخازن [ma'xaːzin] (2) Lager *n*, Speicher *m*, Depot *n*, Magazin *n*; Geschäft *n*; Warenhaus *n*; الـ~ *früher* die (*marokkanische*) Regierung

مخزون [max'zuːn] gelagert, gespeichert; Vorrat *m*

[1]**مخصب** [mu'xɒssɨb], *pl.* [-aːt] Düngemittel *n*, Dünger *m*

[2]**مخصب** [muxsɨb] fruchtbar

مخصص [mu'xɒssɒs] bestimmt (لـ für *A*); zugeteilt (لـ *j-m*); ~ـات *pl.* zugeteilte Mittel *n*/*pl.*

مخصوص [max'suːs] speziell

مخصي [max'sɨːj] kastriert

مخض [maxɒđɒ, u, a] buttern; — [maxiđɒ, a] Geburtswehen haben, kreißen; **V** تمخض [ta'maxxɒđɒ] erbringen, hervorbringen (عن *A*); kreißen

مخضر [mux'đɒrr] grün, grünlich

مخضرم [mu'xɒđram] zwei verschiedenen Epochen angehörend

مخضرة [maxđɒra] Grünfläche *f*

(**مخط**) **V** تمخط [ta'maxxɒtɒ] sich schneuzen

[1]**مخطر** [muxtɨr] gefährlich

[2](**مخطر**) **II** تمخطر [ta'maxtɒra] stolzieren

مخطط [mu'xɒttɒt] geplant; *Stoff*: gestreift; Plan *m*; Skizze *f*

مخطوبة [max'tuːba] Verlobte *f*, Braut *f*

مخطوط [max'tuːt] *u.* ~ـة Manuskript *n*, Handschrift *f*

مخطئ [muxtɨʔ] irrend, im Irrtum befindlich

مخفر [maxfar], *pl.* مخافر [ma'xaːfir] (2) Wache *f*, Revier *n*

مخفض [mu'xaffɒđ] *Preis*: herabgesetzt, ermäßigt, reduziert

مخفف [mu'xaffaf] abgeschwächt, gemildert; *Flüssigkeit*: verdünnt

[1]**مخل** [mu'xill] störend, verletzend

[2]**مخل** [muxl], *pl.* أمخال [ʔam'xaːl] Hebel *m*; Brechstange *f*

مخلب [mixlab], *pl.* مخالب [ma'xaːlib] (2) Kralle *f*, Klaue *f*

[1]مخلص [mu'xallɨs] Befreier *m*; *Chr.* Erlöser *m*

[2]مخلص [muxlɨs] aufrichtig, treu; الـ~ *im Briefschluß*: Ihr (ergebener)

مخلفات [muxalla'faːt] *pl.* Überbleibsel *n/pl.*; Nachlaß *m*, *a. fig.* Hinterlassenschaft *f*

مخلل [mu'xallal] in Essig eingelegt

مخلوط [max'luːŧ] gemischt; Gemisch *n*; Legierung *f*

مخلوع [max'luːʕ] herausgerissen

مخلوق [max'luːq], *pl.* [-aːt] Geschöpf *n*, Kreatur *f*

مخمس [mu'xammas] fünffach; fünfeckig; Fünfeck *n*

مخمل [muxmal] Samt *m*

مخمن [mu'xammin] Schätzer *m*, Taxator *m*

مخنث [mu'xannaθ] weibisch, effeminiert

مخوف [ma'xuːf] gefürchtet

مخول [mu'xawwal] ermächtigt, berechtigt (ب zu *D*)

مخيض [ma'xɨːđ] Buttermilch *f*

مخيط [mixjɒŧ] (Näh-)Nadel *f*

مخيف [mu'xiːf] furchtbar, schrecklich; beängstigend

مخيلة [mu'xajjila] Einbildung(skraft) *f*, Phantasie *f*

مخيم [mu'xajjam] Zeltlager *n*

[1]مد [madda, u] ausdehnen, (aus-)strecken; *Frist* verlängern; *Netz* auslegen; *Kabel* verlegen; unterstützen, versorgen (ب mit *D*); *Wasser*: steigen; **II** مدد [maddada] *Frist* verlängern; ausdehnen; eitern; **IV** أمد [ʔa'madda] versorgen, versehen (ب mit *D*); unterstützen (ب mit *D*); **V** تمدد [ta'maddada] sich (aus)dehnen; sich ausstrecken; verlängert werden; **VIII** امتد [im'tadda] sich ausdehnen, sich erstrecken (إلى auf *A*); *Hand*: sich ausstrecken; **X** استمد [ista'madda] entnehmen, herleiten; um Hilfe bitten

[2]مد [madd] Ausdehnen *n*, Ausstrekken *n*; Verlängerung *f*; Dehnung *f*; Flut *f des Meeres*

مداخلة [mu'daːxala] Eingreifen *n*; (Diskussions-)Beitrag *m*

مداد [mi'daːd] Tinte *f*

مدار [ma'daːr], *pl.* [-aːt] Umlaufbahn *f*, Umlauf *m*; *Geo.* Wendekreis *m*; Drehpunkt *m*; Gegenstand *m*, Thema *n*; ~ على السنة das ganze Jahr hindurch

مداراة [mudaː'raːt] Freundlichkeit *f*; Verstellung *f*, Heuchelei *f*

مدارس → مدرسة

مدارك [ma'daːrik] (2) *pl.* Sinneskräfte *f/pl.*, Sinne *m/pl.*

مداري [ma'daːriː] Orbital-; tropisch

مداس [ma'daːs] Paar *n* Schuhe *od.* Sandalen

مداعبة [mu'daːʕaba] Scherzen *n*; Flirt *m*

مدافع [mu'daːfiʕ] Verteidiger *m*

مدافعة [mu'daːfaʕa] Verteidigung *f* (عن *G*)

مدان [mu'daːn] schuldig (gesprochen), verurteilt

مداهن [mu'daːhin] Schmeichler *m*; Heuchler *m*

مداهنة [mu'daːhana] Schmeichelei *f*; Heuchelei *f*

مداواة [mudaː'waːt] *Med.* Behandlung *f*

مداورة [mu'daːwara] (Täuschungs-)Manöver *n*

مداولة [mu'daːwala] **1.** Beratung *f*, Diskussion *f*; **2.**: ~ [-tan] abwechselnd

مداومة [mu'daːwama] Fortsetzung *f* (على *e-r Tätigkeit*); Ausdauer *f*

مدبب [mu'dabbab] spitz, zugespitzt

[1]**مدبر** [mu'dabbar] geplant; vorbereitet, arrangiert

[2]**مدبر** [mu'dabbir] Planer *m*, Leiter *m*, Lenker *m*

مدبغة [madbaɣa], *pl.* مدابغ [ma'daːbiɣ] (2) Gerberei *f*

مدجج [mu'daddʒadʒ]: ~ بالسلاح waffenstarrend

[1]**مدح** [madaħa, a] loben, preisen; **V** تمدح [ta'maddaħa] sich rühmen (ب *G*); **VIII** امتدح [im'tadaħa] = مدح

[2]**مدح** [madħ] Lob *n*

مدخل [madxal], *pl.* مداخل [ma'daːxil] (2) Eingang *m*; Einfahrt *f*; Zugang *m*; Einführung *f* (إلى in *A*)

مدخن [mu'daxxin] Raucher *m*

مدخنة [madxana], *pl.* مداخن [ma'daːxin] (2) Schornstein *m*

مدخول [mad'xuːl], *pl.* مداخيل [madaː'xiːl] (2) (*Geld*-)Einnahme *f*

مدد [madad], *pl.* أمداد [ʔam'daːd] Hilfe *f*; → [2]مدة

مدر [mu'dirr] (*harn*)treibend; *Gewinn*: abwerfend

[1]**مدرب** [mu'darrab] ausgebildet, geschult; trainiert; geübt

[2]**مدرب** [mu'darrib] Ausbilder *m*; Trainer *m*

[1]**مدرج** [madradʒ], *pl.* مدارج [ma'daːridʒ] (2) Weg *m*; Startbahn *f*, Rollfeld *n*; *pl. a.* Stufen *f/pl.*

[2]**مدرج** [mu'darradʒ] abgestuft; Hörsaal *m*; Amphitheater *n*

[3]**مدرج** [mudradʒ] eingefügt; eingetragen

مدرس [mu'darris] Lehrer *m*; Dozent *m*

مدرسة [madrasa], *pl.* مدارس [ma'daːris] (2) Schule *f*; *Isl.* Medrese *f*; ~ داخلية Internat *n*; ~ عالية, ~ عليا [ʕuljaː] Hochschule *f*

مدرسي [madrasiː] Schul-

مدرع [mu'darraʕ] gepanzert; ~ة Panzerfahrzeug *n*

[1]**مدرك** [mudrak] Begriff *m*, Vorstellung *f*

[2]**مدرك** [mudrik] begreifend; verständig, intelligent

مدع [mu'ddaʕin] behauptend; Kläger *m*; Ankläger *m*; المدعي العام Staatsanwalt *m*

مدعاة [mad'ʕaːt] Anlaß *m* (ل zu *D*)

مدعبل [mu'daʕbal] rund, kugelig

مدعو [mad'ʕuːw] eingeladen; aufgerufen; mit Namen

مدعى [mu'ddaʕan]: الـ~ عليه Beklagte(r); Angeklagte(r)

مدغم [mudɣam] *Laut*: assimiliert, kontrahiert

مدفأة [midfaʔa] Ofen *m*; Heizgerät *n*

مدفع [midfaʕ], *pl.* مدافع [ma'daːfiʕ] (2) Kanone *f*, Geschütz *n*; ~ مضاد للطائرات Fliegerabwehrkanone *f*; ~ـي Geschütz-; Artillerist *m*; ~ـية Artillerie *f*

مدفن [madfan], *pl.* مدافن [ma'daːfin] (2) Friedhof *m*; Grabstätte *f*

مدفوع [mad'fuːʕ] bezahlt; ~ـات *pl.* Zahlungen *f/pl.*

مدق [mi'daqq] **1.** Schlegel *m*; Stößel *m*; **2.** Weg *m*, Pfad *m*

مدقق[1] [mu'daqqaq] genau, exakt, präzise

مدقق[2] [mu'daqqiq] prüfend; *Forscher*: genau, exakt

مدقة [mi'daqqa], *pl.* مداق [ma'daːqq] (2) Stößel *m*; *Bot.* Stempel *m*

مدقوق [mad'quːq] zerstoßen, zerrieben, zermahlen

مدك [mi'dakk] Ramme *f*; Ladestock *m*

مدل [mu'dill] eingebildet, anmaßend

مدلل [mu'dallal] verwöhnt, verzärtelt

مدلول [mad'luːl] Bedeutung *f*, Sinn *m e-s Wortes*; Begriff *m*

مدمج [mudmadʒ] fest, kompakt

مدمر [mu'dammir] vernichtend; ~ة *Mil.* Zerstörer *m*

مدمس [mu'dammas]: فول ~ gedünstete Saubohnen *f/pl.*

مدمن [mudmin] süchtig, *e-r Leidenschaft* (على) ergeben

مدموك [mad'muːk] fest, straff

مدن **II** [maddana] zivilisieren; **V** تمدن [ta'maddana] zivilisiert werden; → مدينة

مدني [madaniː] zivil, bürgerlich; städtisch; Zivilist *m*; medinensisch; القانون الـ~ Zivilrecht *n*; ~ـة Zivilisation *f*

مدة[1] [madda] Madda *n* (*Dehnungszeichen über dem Alif*)

مدة[2] [mudda], *pl.* مدد [mudad] Zeitraum *m*, Zeitspanne *f*, Dauer *f*; Frist *f*

مدة[3] [midda] Eiter *m*

مدهش [mudhiʃ] erstaunlich, verblüffend; wunderbar

مدهن [mudhin] *Fleisch*: fett

مدور [mu'dawwar] rund; kreisförmig

مدون [mu'dawwan] aufgezeichnet; eingetragen; ~ة Gesetzbuch *n*; Aufzeichnung *f*

[1](مدى) **VI** تمادى [ta'maːdaː] behar-

ren (في auf *D*); fortfahren (في mit *D*); sich in die Länge ziehen

[2]مدى [madan] (Reich-)Weite *f*; Ausmaß *n*; ~ [madaː] *Präp.* für die Dauer von; ~ البصر Sehweite *f*; ~ الحياة Lebensdauer *f*; طويل الـ~ langfristig; على الـ~ البعيد auf lange Sicht

مديح [ma'diːħ] Lob *n*; Lobgedicht *n*

مديد [ma'diːd] ausgedehnt, lang

مدير [mu'diːr], *pl.* [-uːn] *u.* مدراء [muda'raːʔ] (2) Leiter *m*, Direktor *m*; Verwalter *m*; Rektor *m* *e-r Universität*; Bezirksvorsteher *m*; *Äg.* Provinzgouverneur *m*; ~ عام Generaldirektor *m*; ~ة Leiterin *f*, Direktorin *f*; ~ية Direktion *f*; Verwaltungsbezirk *m*; *Äg.* Provinz *f*

مدين [ma'diːn] verschuldet; schuldig; *pl.* [-uːn] Schuldner *m*

مدينة [ma'diːna], *pl.* مدن [mudun] Stadt *f*; الـ~ *Geo.* Medina

مديون [mad'juːn] verschuldet; ~ية Verschuldung *f*

مذ [muð] (= منذ) seit

مذاب [mu'ðaːb] geschmolzen; aufgelöst

مذاق [ma'ðaːq] Geschmack *m*

مذاكرة [mu'ðaːkara] (Auswendig-) Lernen *n*; Verhandlung *f*; Debatte *f*

مذبح [maðbaħ], *pl.* مذابح [ma'ðaːbiħ] (2) Schlachthof *m*; Altar *m*; ~ة Gemetzel *n*

مذبة [mi'ðabba] Fliegenwedel *m*

مذراة [mið'raːt] (Getreide-)Schwinge *f*

مذعن [muðʕin] gehorsam, gefügig; unterwürfig

مذكر [mu'ðakkar] *Gr.* männlich, maskulin

مذكرة [mu'ðakkira], *pl.* [-aːt] Notiz *f*; Note *f*, Memorandum *n*, Denkschrift *f*; Notizbuch *n*; *pl.* Erinnerungen *f/pl.*, Memoiren *pl.*

مذكور [mað'kuːr] erwähnt, genannt; ~ أعلاه oben erwähnt

مذلة [ma'ðalla] Demütigung *f*; Demut *f*

مذمة [ma'ðamma] Tadel *m*

[1]مذنب [mu'ðannab] *Komet*: geschweift; Komet *m*

[2]مذنب [muðnib] schuldig; Missetäter *m*, Sünder *m*

[1]مذهب [maðhab], *pl.* مذاهب [ma'ðaːhib] (2) Verfahrensweise *f*; Meinung *f*, Ansicht *f*; Lehre *f*, Doktrin *f*, Schule *f*; Konfession *f*; *Isl.* Rechtsschule *f*; الـ~ الواقعي Realismus *m*

[2]مذهب [mu'ðahhab] vergoldet

مذهبي [maðhabiː] ideologisch; konfessionell; ~ة Sektierertum *n*

مذهل [muðhil] verblüffend

مذهول [mað'huːl] verblüfft; bestürzt

مذود [miðwad], *pl.* مذاود [ma'ðaːwid] (2) (Futter-)Krippe *f*

م

مذيع [mu'ðiːʕ] Rundfunksprecher *m*, Ansager *m*

مر[1] [marra, u] vorbeigehen, vorbeikommen (ب an *D*); passieren, durchqueren, durchreisen; durchfließen; durchlaufen (ب *Phase*); *Weg*: führen; *Linie*: verlaufen; *Zeit*: vergehen, verfließen, vorübergehen; ذكره ~ [ðikruhu] es wurde (schon) erwähnt; **II** مرر [marrara] **1.** weitergeben; **2.** bitter machen; **IV** أمر [ʔa'marra] passieren, (hin)durchgehen lassen, hindurchführen; **X** استمر [ista'marra] (an)dauern; fortfahren (في mit *D*), fortsetzen (في *A*)

مر[2] [marr] Vorbeigehen *n*; ~ على الزمان im Laufe der Zeit

مر[3] [murr], *pl.* أمرار [ʔam'raːr] bitter, scharf; Myrrhe *f*

مرء [marʔ]: الـ~ man

(مرأ) **X** استمرأ [is'tamraʔa] schmackhaft finden

مراء[1] [mu'raːʔin], *pl.* مراؤون [muraː'ʔuːn] Heuchler *m*

مراء[2] [mi'raːʔ] Streit *m*; بلا ~ unbestreitbar

مراءاة [muraː'ʔaːt] Heuchelei *f*

مرأب[1] [marʔab], *pl.* مرائب [ma'raːʔib] (2) Garage *f*; Reparaturwerkstatt *f*

مراب[2] [mu'raːbin] Wucherer *m*

مرابحة [mu'raːbaħa] *Isl.* Weiterverkauf *m* mit Aufschlag

مرابط [mu'raːbiṭ] *Mil.* stationiert; *pl.* [-uːn] *Isl.* Marabut *m*; المرابطون *hist.* die Almoraviden *m/pl.*

مرات → مرة[1]

مراجع [mu'raːdʒiʕ] **1.** Prüfer *m*, Kontrolleur *m*; **2.** Vorsprechende(r), Partei *f im Amtsverkehr*; → مرجع

مراجعة [mu'raːdʒaʕa] **1.** Überprüfung *f*, Durchsicht *f*; **2.** Konsultation *f*, Vorsprache *f*; ساعات الـ~ Sprechzeiten *f/pl.*

مراح [mi'raːħ] Ausgelassenheit *f*, Fröhlichkeit *f*

مراد [mu'raːd] gewollt, beabsichtigt; gemeint (ب mit *D*); *a. npr. m*

مرادف [mu'raːdif] gleichbedeutend; Synonym *n*

مرارة [ma'raːra] Bitterkeit *f*; Gallenblase *f*

مراس [mi'raːs]: سهل الـ~ fügsam, lenkbar

مراسل [mu'raːsil] Korrespondent *m*, Berichterstatter *m*

مراسلة [mu'raːsala] Korrespondenz *f*

مراسم [ma'raːsim] (2) *pl.* Zeremonien *f/pl.*; Etikette *f*, Protokoll *n*

مراضاة [murɒː'ḍɒːt] Zufriedenstellung *f*; بالـ~ gütlich (*Adv.*)

مراعاة [muraː'ʕaːt] Berücksichtigung *f*; Rücksicht *f*; Beachtung *f*

مرافعة [mu'raːfaʕa] Gerichtsverfahren *n*; Plädoyer *n*

مرافق [mu'raːfiq] Begleiter *m*; *Mil.* Adjutant *m*; → مرفق[2]

مرافقة [mu'raːfaqa] Begleitung *f*, Gesellschaft *f*

مراقب [mu'raːqib] Beobachter *m*; Aufseher *m*; Kontrolleur *m*

مراقبة [mu'raːqaba] Beobachtung *f*; Überwachung *f*; Kontrolle *f*; Zensur *f*

مراكش [ma'rraːkuʃ] Marrakesch; *früher a.* Marokko

مرام [ma'raːm] Wunsch *m*, Verlangen *n*

مران [mi'raːn] Übung *f*, Training *n*, Praxis *f*

مرأة [marʔa]: الـ~ (*ohne Artikel*: امرأة) Frau *f*

مرآة [mir'ʔaːt], *pl.* مرايا [ma'raːjaː] Spiegel *m*

مراهقة [mu'raːhaqa] Pubertät *f*

مراهنة [mu'raːhana] Wette *f*

مراوغة [mu'raːwaɣa] Hinterlist *f*, Verdrehung *f* der Tatsachen

مرأى [marʔan] Anblick *m*; Sicht *f*

مرب [mu'rabbin], *pl.* مربون [mura'b-buːn] Erzieher *m*, Pädagoge *m*; Züchter *m*

مربح [murbiħ] gewinnbringend, einträglich

1 **مربط** [marbiṭ] Stelle *f* zum Anbinden von Tieren

2 **مربط** [mirbɒṭ], *pl.* مرابط [ma'raːbiṭ] (2) Haltevorrichtung *f*; *El.* Klemme *f*

1 **مربع** [marbaʕ], *pl.* مرابع [ma'raːbiʕ] (2) Nachtlokal *n*

2 **مربع** [mu'rabbaʕ] viereckig, quadratisch; Quadrat *n*

مربة [mu'rabba] Marmelade *f*

مربوط [mar'buːṭ] (an)gebunden; festgesetzt; Fixum *n*

مربوع [mar'buːʕ] mittelgroß

مربى [mu'rabban] **1.** erzogen; **2.** *pl.* مربيات [murabba'jaːt] Marmelade *f*; Eingemachte(s)

مربية [mu'rabbija] Erzieherin *f*

مرتاب [mur'taːb] zweifelnd; ~ فيه zweifelhaft, verdächtig

مرتاح [mur'taːħ] beruhigt; befriedigt, zufrieden

مرتب [mu'rattab] angeordnet; arrangiert; Gehalt *n*

مرتبط [mur'tabiṭ] verbunden, verknüpft (ب mit *D*)

مرتبك [mur'tabik] verwirrt, in Verlegenheit; verworren, verwickelt

مرتبة [martaba], *pl.* مراتب [ma'raː-tib] (2) Stufe *f*, Rang *m*; Matratze *f*

مرتجل [mur'tadʒal] improvisiert

مرتد [mur'tadd] Abtrünnige(r); Apostat *m*

مرتزقة [mur'taziqa] *pl.* Söldner *m*

مرتع [martaʕ], *pl.* مراتع [ma'raːtiʕ] (2) Weide *f*; fruchtbare(r) Boden

1 **مرتفع** [mur'tafaʕ] Höhe *f*, Anhöhe *f*

2 **مرتفع** [mur'tafiʕ] hoch, erhöht; (an-)steigend

مرتق [mur'taqin] hochstehend

مرتكب [mur'takib] Täter *m*

مرتكز [mur'takaz] *fig.* Stütze *f*; Grundlage *f*

مرتل [mu'rattil] Koranrezitator *m*; (Kirchen-)Sänger *m*

مرتين [marra'tain] zweimal (→ [1]مرة)

مرثاة [mar'θaːt] *u.* **مرثية** [marθija], *pl.* مراث [ma'raːθin] Trauergedicht *n*, Elegie *f*

[1]**مرج** [maradʒ] Durcheinander *n*, Wirrwarr *m*; → [2]هرج

[2]**مرج** [mardʒ], *pl.* مروج [mu'ruːdʒ] Wiese *f*

مرجان [mar'dʒaːn] Korallen *f/pl.*

مرجاة [mar'dʒaːt] Hoffnung *f*

[1]**مرجح** [mu'raddʒaħ] wahrscheinlich; überwiegend

[2]**مرجح** [mu'raddʒiħ] ausschlaggebend

مرجع [mardʒiʕ], *pl.* مراجع [ma'raːdʒiʕ] (2) zuständige Stelle, maßgebliche Instanz; Autorität *f*; (*wissenschaftliche*) Quelle, Nachschlagewerk *n*

مرجل [mirdʒal], *pl.* مراجل [ma'raːdʒil] (2) Kessel *m*

مرجو [mar'dʒuːw] erhofft; erwünscht; erbeten

مرجوحة [mar'dʒuːħa] Schaukel *f*

[1]**مرح** [mariħa, a] fröhlich, vergnügt sein

[2]**مرح** [maraħ] Fröhlichkeit *f*, Ausgelassenheit *f*

[3]**مرح** [mariħ], *pl.* مرحى [marħaː] fröhlich, vergnügt

مرحاض [mir'ħɒːđ], *pl.* مراحيض [maraː'ħiːđ] (2) Toilette *f*, Klosett *n*

مرحبا [marħaban] willkommen!; ~ بك sei willkommen!

مرحل [mu'raħħal] *Buchführung*: Übertrag *m*

مرحلة [marħala], *pl.* مراحل [ma'raːħil] (2) Etappe *f*; Stufe *f*; Phase *f*, Stadium *n*

مرحمة [marħama], *pl.* مراحم [ma'raːħim] (2) Erbarmen *n*

مرحوم [mar'ħuːm] verstorben, selig

مرخ **II** [marraxa] einreiben, geschmeidig machen

مرخص [mu'raxxɒs]: به ~ zugelassen, autorisiert

[1]**مرد** [maruda, u] sich auflehnen; **V** تمرد [ta'marrada] sich empören, meutern, rebellieren

[2]**مرد** [ma'radd]: لا ~ له [-a] unabwendbar; ~ ه إلى das ist darauf zurückzuführen, daß

مردقوش [marda'quːʃ] Majoran *m*

مردود [mar'duːd] Ertrag *m*; Nutzeffekt *m*; *bsd. Tun.* Leistung *f*

مرزوق [mar'zuːq] von Gott beschenkt, gesegnet

[1](**مرس**) **III** مارس [maːrasa] *Beruf* ausüben; betreiben, praktizieren; **V** تمرس [ta'marrasa] praktisch zu tun haben, sich auseinandersetzen (ب mit *D*)

[2]**مرس** [maris], *pl.* أمراس [ʔam'raːs] erfahren, erprobt

مرساة [mir'saːt], *pl.* مراس [ma'raːsin] Anker *m*

[1]مرسل [mursal] (ab)gesandt; *Haar*: herabwallend; frei, ungebunden; Missionar *m*; الـ~ إليه Empfänger *m e-s Briefes*

[2]مرسل [mursil] Absender *m*; *Rf.* Sender *m*

مرسم [marsam] Atelier *n e-s Malers*

مرسة [marasa], *pl.* أمراس [ʔam'raːs] Seil *n*, Tau *n*

مرسوم [mar'suːm], *pl.* مراسيم [maraː'siːm] (2) Erlaß *m*, Verordnung *f*, Dekret *n*; *pl. a.* Zeremonien *f/pl.*; Vorschriften *f/pl.*

مرسى [marsan], *pl.* مراس [ma'raːsin] Ankerplatz *m*; Hafen *m*

[1]مرشح [mu'raʃʃaħ] Kandidat *m*, Bewerber *m*

[2]مرشح [mu'raʃʃiħ] Filter *m*; Kläranlage *f*

مرشد [murʃid] (*geistiger*) Führer, Leiter *m*; Instrukteur *m*; Lotse *m*

مرشة [mi'raʃʃa] Gießkanne *f*

مرصاد [mir'sɒːd]: بالـ~ auf der Lauer

[1]مرصد [marsɒd], *pl.* مراصد [ma'rɒːsɨd] (2) Warte *f*, Observatorium *n*

[2]مرصد [mirsɒd] Teleskop *n*

مرصوف [mar'suːf] gepflastert; asphaltiert

[1]مرض [marɨđɒ, a] erkranken; **II** [marrɒđɒ] *e-n Kranken* pflegen; **IV** أمرض [ʔamrɒđɒ] krank machen; **VI** تمارض [ta'maːrɒđɒ] sich krank stellen

[2]مرض [marɒđ], *pl.* أمراض [ʔam'rɒːđ] Krankheit *f*; أمراض سرية Geschlechtskrankheiten *f/pl.*; أمراض صدرية Lungenkrankheiten *f/pl.*; أمراض عقلية Geisteskrankheiten *f/pl.*

[3]مرض [murđɨn] zufriedenstellend, befriedigend; *Note*: ausreichend

مرضع [murđɨʕ] *u.* ~ـة Amme *f*

مرضي [marɒđiː] Krankheits-; krankhaft; → مريض

مرط [marɒtɒ, u] ausrupfen

مرطبات [murɒttɨ'baːt] *pl.* Getränke *n/pl.*, Erfrischungen *f/pl.*

مرعب [murʕib] erschreckend; furchteinflößend

[1]مرعى [marʕan], *pl.* مراع [ma'raːʕin] Weide *f*, Weideland *n*

[2]مرعي [mar'ʕiːj] eingehalten, befolgt; *Gesetz*: herrschend

مرغوب [mar'ɣuːb] *u.* ~ فيه erwünscht, begehrt

مرفأ [marfaʔ], *pl.* مرافئ [ma'raːfiʔ] (2) Hafen *m*, Landeplatz *m*

[1]مرفع [marfaʕ] *Chr.* Fastnacht *f*

[2]مرفع [mirfaʕ] Hebevorrichtung *f*

[1]مرفق [murfaq] beigefügt, beigegeben (ب *e-m Brief etc.*); ~ات *pl.* Anlagen *f/pl. zu e-m Brief*

[2]مرفق [mirfaq], *pl.* مرافق [ma'raːfiq] (2) **1.** Ellbogen *m*; **2.** *bsd. pl.* (*öffentliche, soziale*) Einrichtung; (*Sport-*)Anlage *f*; *pl.* Nutzräume *m/pl.*, Bad *n* u. Toilette *f*

مرفوع [mar'fuːʕ] gehoben; vorgelegt; *Gr.* im Nominativ *od.* Indikativ stehend

[1]مرق [maraqa, u] durchbohren, durchdringen; abweichen (من von *D*); vorbeieilen

[2]مرق [maraq] Brühe *f*; Soße *f*

[1]مرقب [marqab] Beobachtungsposten *m*; Wachtturm *m*

[2]مرقب [mirqab] Fernrohr *n*

[1]مرقد [marqad], *pl.* مراقد [ma'raːqid] (2) Lager *n*, Ruhebett *n*; Ruhestätte *f* (*Grab*)

[2]مرقد [murqid] einschläfernd

[1]مركب [markab], *pl.* مراكب [ma'raːkib] (2) Schiff *n*

[2]مركب [mu'rakkab] zusammengesetzt; Komplex *m*; *Chem.* Verbindung *f*

[1]مركبة [markaba] Fahrzeug *n*

[2]مركبة [mu'rakkiba], *pl.* [-aːt] Bestandteil *m*, Komponente *f*

[1]مركز [markaz], *pl.* مراكز [ma'raːkiz] (2) Zentrum *n*, Mittelpunkt *m*; Zentrale *f*, (Haupt-)Sitz *m e-r Firma*; Standort *m*; Station *f*; Position *f*, (*a. gesellschaftliche*) Stellung; (*Polizei-*)Revier *n*; *Äg.* Bezirk *m*

[2]مركز [mu'rakkaz] konzentriert; Konzentrat *n*; ~ حليب Kondensmilch *f*

مركزي [markaziː] zentral; ~ـة Zentralismus *m*; ~لا Dezentralisation *f*

مركم [mirkam] Akkumulator *m*

مركوب [mar'kuːb], *pl.* مراكيب [maraː'kiːb] (2) (*orientalischer*) Schlüpfschuh

مرمر [marmar] Marmor *m*; ~ي marmorn

مرمط [marmatɒ] verderben

مرموق [mar'muːq] beachtlich; angesehen; (ge)wichtig

[1]مرمى [marman], *pl.* مرام [ma'raːmin] Ziel *n*, Absicht *f*; *Sport*: Tor *n*; (Reich-)Weite *f*

[2]مرمي [mar'miːj] (weg)geworfen

[1]مرن [marana, u] elastisch, flexibel sein; **II** [marrana] einüben (ه على *j-m A*); trainieren; **V** تمرن [ta'marrana] sich üben (على in *D*); trainieren; *Mil.* exerzieren

[2]مرن [marin] biegsam, geschmeidig, elastisch; flexibel

[1]مرة [marra], *pl.* [-aːt] *u.* مرار [mi'raːr] Mal *n*; ~ [-tan] einmal; مرتين [-'tain(i)] zweimal; مرارا [-an] mehrmals, wiederholt; غير ~ [ɣaira -(tin)] mehr als einmal, mehrmals; ~ ذات [ðaːta -(tin)] einmal, einst; ~ كل [kulla m.] jedesmal; ~ كم wie oft; ... لا ~بالـ überhaupt nicht

[2]مرة [mirra] **1.** Galle *f*; **2.** Kraft *f*

مرهف [murhaf] scharf; *Sinn*: geschärft; fein

مرهم [marham], *pl.* مراهم [ma'raːhim] (2) Salbe *f*, Creme *f*

مرهوب [mar'huːb] fürchterlich

م

مرهون [mar'huːn] verpfändet; gebunden (بـ an *A*)

مرؤ [maruʔa, u] männlich sein

مروءة [mu'ruːʔa] Männlichkeit *f*; Ritterlichkeit *f*

مروحة [mirwaħa], *pl.* مراوح [ma'raːwiħ] (2) Fächer *m*; Ventilator *m*

مرور [mu'ruːr] Passage *f*; Durchfahrt *f*, Durchreise *f*; *Mil.* Durchmarsch *m*; Transit *m*; Verkehr *m*; Vorbeigehen *n*; Ablauf *m e-r Frist*

مروق [mu'ruːq] Durchdringung *f*; Abfall *m* (من von *D*)

مرونة [mu'ruːna] Elastizität *f*; *Techn.* Spannkraft *f*; Flexibilität *f*

مرؤوس [mar'ʔuːs] Untergebene(r)

(**مرى**) **III** مارى [maːraː] streiten (ه mit *j-m*); bestreiten (في *A*)

مريء [ma'riːʔ] **1.** bekömmlich, gesund; **2.** *pl.* أمرئة [ʔamriʔa] Speiseröhre *f*

مريب [mu'riːb] verdächtig

مريح [mu'riːħ] beruhigend; bequem, behaglich

مريخ [mi'rriːx] Mars *m* (*Planet*)

مريد [mu'riːd] wollend; Jünger *m*; Novize *m*

م

مرير [ma'riːr], *pl.* مرائر [ma'raːʔir] (2) hart, zäh; bitter; **ة~**, *pl.* مرائر [ma'raːʔir] (2) Härte *f*, Festigkeit *f*; Entschlossenheit *f*

مريض [ma'riːđ], *pl.* مرضى [marđɒː] krank, erkrankt; Kranke(r), Patient *m*

مريع[1] [ma'riːʕ] fruchtbar, ertragreich

مريع[2] [mu'riːʕ] schrecklich

مريلة [marjala] Lätzchen *n*; Schürze *f*

مريم [marjam] Maria *npr. f*

مريول [mar'juːl] Lätzchen *n*; (einheitliche) Schulkleidung

مرئي [mar'ʔiːj] sichtbar; visuell; الإذاعة المرئية Fernsehen *n*

مزاج [mi'zaːdʒ], *pl.* أمزجة [ʔamzidʒa] Temperament *n*, Naturell *n*; Laune *f*, Stimmung *f*

مزاح [mi'zaːħ] Spaß *m*, Scherz *m*

مزاحم [mu'zaːħim] Konkurrent *m*, Rivale *m*

مزاحمة [mu'zaːħama] Konkurrenz *f*; Rivalität *f*

مزاد [ma'zaːd] Versteigerung *f*

مزار [ma'zaːr] Wallfahrtsort *m*

مزارع [mu'zaːriʕ] Bauer *m*, Landwirt *m*; Farmer *m*

مزاعم [ma'zaːʕim] (2) *pl.* Behauptungen *f/pl.*

مزاولة [mu'zaːwala] Ausübung *f e-r Tätigkeit*

مزايا → مزية

مزايدة [mu'zaːjada] Versteigerung *f*

مزبلة [mazbala], *pl.* مزابل [ma'zaːbil] (2) Müllhaufen *m*

مزج [mazadʒa, u] mischen, vermengen; **III** مازج [maːzadʒa] sich vermischen (ـه mit *D*); **VIII** امتزج [im'tazadʒa] sich mischen, vermischt werden (بـ mit *D*)

مزح [mazaħa, a] scherzen, spaßen
مزخرف [mu'zaxraf] verziert, dekoriert
مزداد [muz'daːd] *Mar.* geboren
مزدحم [muz'daħim] gedrängt, überfüllt
مزدر [muz'darin] geringschätzig, verächtlich
مزدهر [muz'dahir] blühend
مزدوج [muz'dawidʒ] doppelt, Doppel-, zweifach
مزر [muzrin] entwürdigend; schmählich
مزراب [miz'raːb], *pl.* مزاريب [mazaː'riːb] (2) Abflußrohr *n*
مزرعة [mazraʕa], *pl.* مزارع [ma'zaːriʕ] (2) Pflanzung *f*; Bauernhof *m*, Farm *f*; Ranch *f*
مزركش [mu'zarkaʃ] verziert; bunt; bestickt
مزروع [maz'ruːʕ] (an)gepflanzt; bepflanzt, bebaut
مزع [mazaʕa, a] (ab-, zer)reißen; **II** [mazzaʕa] abzupfen; zerreißen
مزعج [muzʕidʒ] störend, lästig, unangenehm
مزعم → مزاعم
مزعوم [maz'ʕuːm] behauptet; angeblich
مزغل [mazɣal] Schießscharte *f*
¹**مزق** [mazaqa, i] zerreißen; **II** [mazzaqa] zerreißen, zerfetzen; **V** تمزق [ta'mazzaqa] *intr.* zerreißen
²**مزق** [mazq] Riß *m*

مزلاج [miz'laːdʒ], *pl.* مزاليج [mazaː'liːdʒ] (2) (Tür-)Riegel *m*
مزلق [mazlaq], *pl.* مزالق [ma'zaːliq] (2) schlüpfrige Stelle; *pl.* Gefahren *f/pl.*; ~ان [-aːn] Bahnübergang *m*
مزمار [miz'maːr], *pl.* مزامير [mazaː'miːr] (2) Oboe *f*, Schalmei *f*; Stimmritze *f*
¹**مزمع** [muzmaʕ]: عليه ~ beschlossen
²**مزمع** [muzmiʕ] entschlossen
مزمن [muzmin] chronisch
مزمور [maz'muːr], *pl.* مزامير [mazaː'miːr] (2) Psalm *m*
مزة [mazza] Appetithäppchen *n*
مزهر [muzhir] blühend; glänzend, strahlend
مزهو [maz'huːw] stolz, hochmütig
¹**مزود** [mizwad] Proviantbeutel *m*
²**مزود** [mu'zawwad] versehen, versorgt (ب mit *D*)
³**مزود** [mu'zawwid] Lieferant *m*
¹**مزور** [mu'zawwar] gefälscht
²**مزور** [mu'zawwir] **1.** Fälscher *m*; **2.** (*Pilger-*)Führer *m*
مزولة [mizwala], *pl.* مزاول [ma'zaːwil] (2) Sonnenuhr *f*
مزيتة [mizjata] Ölkanne *f*
مزيج [ma'ziːdʒ] Mischung *f*, Gemisch *n*; Legierung *f*
مزيد [ma'ziːd] Mehr *n* (من an *D*); gesteigert; Höchstmaß *n*; *Gr.* erweiterte(r) Stamm; بـ~ السرور mit größter Freude

[1]مزيف [mu'zajjaf] gefälscht, Falsch-; Pseudo-

[2]مزيف [mu'zajjif] Fälscher *m*

[1]مزين [mu'zajjan] geschmückt, verziert

[2]مزين [mu'zajjin] Friseur *m*

مزية [ma'ziːja], *pl.* مزايا [ma'zaːjaː] Vorzug *m*; Vorteil *m*; *pl. a. Hdl.* Präferenzen *f/pl.*

[1]**مس** [massa, a] berühren; tangieren; antasten; *Unglück*: treffen; *Umstände*: erfordern; **III** ماس [maːssa] berühren; anstoßen (ـهـ an *A*); **VI** تماس [ta'maːssa] einander berühren

[2]**مس** [mass] Berührung *f*; Anfall *m e-r Krankheit*; Besessenheit *f*

مساء [ma'saːʔ], *pl.* أمسية [ʔamsija] Abend *m*; ~ [-an] *Adv.* abends; ~ الخير [-a] guten Abend!

مساءة [ma'saːʔa], *pl.* مساوئ [ma'saːwiʔ] (2) *bsd. pl.* schlechte Eigenschaft *od.* Seite, Nachteil *m*, Fehler *m*

مسابقة [mu'saːbaqa] Wettbewerb *m*, Wettkampf *m*; Wettlauf *m*; Preisausschreiben *n*

مساح [ma'ssaːħ] **1.** Landvermesser *m*, Geodät *m*; **2.** Schuhputzer *m*

مساحة [mi'saːħa] Vermessung *f*; Fläche *f*; Flächeninhalt *m*; مصلحة الـ~ Vermessungsamt *n*

مسار [ma'saːr] Bahn *f von Himmelskörpern*; Fahrspur *f*; (Ab-, Ver-)Lauf *m*

مساس [mi'saːs] Berührung *f*; Antasten *n* (ب *von Rechten*); ~ له ب es berührt *od.* betrifft

مساع → مسعى

مساعد [mu'saːʕid] Gehilfe *m*; Mitarbeiter *m*, Assistent *m*; ~ أستاذ Assistenzprofessor *m*

مساعدة [mu'saːʕada] Hilfe *f*, Unterstützung *f*, Beistand *m*

مسافر [mu'saːfir] abreisend; Reisende(r); Fahrgast *m*

مسافة [ma'saːfa] Entfernung *f*, Distanz *f*; Strecke *f*

مسالم [mu'saːlim] friedfertig, friedlich; pazifistisch

مسألة [masʔala], *pl.* مسائل [ma'saːʔil] (2) Frage *f*, Problem *n*; Angelegenheit *f*

مسامحة [mu'saːmaħa] Nachsicht *f*; *Äg.* Ferien *pl.*

مسامرة [mu'saːmara] (abendliche) Unterhaltung

مسامة [ma'saːmma], *pl.* مسام [ma'saːmm] (2) Pore *f*

مسامي [ma'saːmmiː] porös; ~ـة Porosität *f*

مساندة [mu'saːnada] Unterstützung *f*, Hilfe *f*

مساهم [mu'saːhim] beteiligt (في an *D*); Aktionär *m*; شركة ~ـة Aktiengesellschaft *f*

مساهمة [mu'saːhama] Beteiligung *f*; Beitrag *m*; شركة الـ~ Aktiengesellschaft *f*

مساو [mu'saːwin] gleich (ل *D*)

م

مساواة [musaː'waːt] Gleichheit *f*, Gleichberechtigung *f*

مساومة [mu'saːwama] Handeln *n*, Feilschen *n*

مساوئ → مساءة

مسايرة [mu'saːjara] Schritthalten *n* (*G*: mit *D*); Anpassung *f*

مسائل → مسألة

مسائي [masaːʔiː] abendlich, Abend-

[1]**مسبب** [mu'sabbab] verursacht; Wirkung *f*

[2]**مسبب** [mu'sabbib] verursachend; Verursacher *m*; Ursache *f*

مسبح [masbaħ], *pl.* مسابح [ma'saː-biħ] (2) Schwimmbad *n*

مسبحة [misbaħa], *pl.* مسابح [ma'saː-biħ] (2) Rosenkranz *m*

مسبر [misbar] Sonde *f*

[1]**مسبق** [mu'sabbaq] im voraus gemacht, vor-

[2]**مسبق** [musbaq] vorhergehend; ~ًا [-an] *Adv.* im voraus

مسبك [masbak], *pl.* مسابك [ma'saː-bik] (2) (*Metall-*)Gießerei *f*

مسبة [ma'sabba] Beschimpfung *f*

مستاء [mus'taːʔ] verärgert, ungehalten

مستأجر [mus'taʔdʒir] Mieter *m*; Pächter *m*

مستبد [musta'bidd] selbstherrlich; tyrannisch, despotisch

مستتر [mus'tatir] verborgen

مستثمر [mus'taθmir] Investor *m*

مستثنى [mus'taθnan] ausgenommen (من von *D*)

مستجد [musta'dʒidd] neu (aufgetreten); Neuling *m*

مستجيب [musta'dʒiːb] erhörend; reagierend (ل auf *A*); Folge leistend (ل *D*)

مستحب [musta'ħabb] beliebt, geschätzt

مستحدث [mus'taħdaθ] neu; Neuerung *f*, Neuheit *f*

مستحسن [mus'taħsan] löblich; empfehlenswert

مستحضر [mus'taħđɒr], *pl.* [-aːt] Präparat *n*

[1]**مستحق** [musta'ħaqq] zu beanspruchen; verdient; *a.* fällig

[2]**مستحق** [musta'ħiqq] fällig; zu zahlend; Anspruch habend; verdienend

مستحكم [mus'taħkam] fest, gefestigt

مستحلب [mus'taħlab] Emulsion *f*

مستحيل [musta'ħiːl] unmöglich, absurd

[1]**مستخدم** [mus'taxdam] Angestellte(r); Arbeitnehmer *m*

[2]**مستخدم** [mus'taxdim] Arbeitgeber *m*, Dienstherr *m*

مستخذ [mus'taxðin] unterwürfig, demütig

مستخرج [mus'taxradʒ] (*Register-*) Auszug *m*; *pl. a.* geförderte Bodenschätze *pl.*; Extrakte *m/pl.*

مستخلص [mus'taxlɒs] Auszug *m*, Exzerpt *n*; Extrakt *m*

مستدير [musta'diːr] rund

م

مستديم [musta'diːm] dauernd, beständig

مستراح [musta'raːħ] Toilette *f*

مسترسل [mus'tarsil] *Haar*: herabhängend

مستريب [musta'riːb] argwöhnisch

مستريح [musta'riːħ] sich ausruhend; beruhigt

مستشار [musta'ʃaːr] Berater *m*, Rat *m*; *Pol*. Kanzler *m*

مستشرق [mus'taʃriq] Orientalist *m*

مستشفى [mus'taʃfan], *pl.* مستشفيات [mustaʃfa'jaːt] Krankenhaus *n*

مستطاع [musta'tɒːʕ] möglich

مستطرف [mus'tɒtrɒf] kurios, interessant

مستطيل [musta'tiːl] länglich, langgestreckt; Rechteck *n*

مستعار [musta'ʕaːr] entliehen, geborgt; figürlich, metaphorisch; شعر ~ Perücke *f*

1مستعجل [mus'taʕdʒal] dringend

2مستعجل [mus'taʕdʒil] in Eile; Eil-

مستعد [musta'ʕidd] bereit (ل zu *D*); vorbereitet

مستعرب [mus'taʕrib] Arabist *m*

مستعمر [mus'taʕmir] Kolonist *m*; Kolonialist *m*

مستعمرة [mus'taʕmara] Kolonie *f*; Siedlung *f*

1مستعمل [mus'taʕmal] gebraucht; gebräuchlich

2مستعمل [mus'taʕmil] Benutzer *m*

1مستغرب [mus'taɣrab] seltsam

2مستغرب [mus'taɣrib] **1.** verwundert; **2.** verwestlicht

مستغل [musta'ɣill] ausbeutend; nutzend; Ausbeuter *m*

مستفحل [mus'tafħil] schlimm, ernst

مستفيض [musta'fiːđ] ausführlich, eingehend

1مستقبل [mus'taqbal] Zukunft *f*; zukünftig

2مستقبل [mus'taqbil] Empfänger *m* (*Radio*)

مستقبلي [mus'taqbaliː] Zukunfts-

1مستقر [musta'qarr] Wohnort *m*

2مستقر [musta'qirr] fest, stabil; konstant; seßhaft

مستقطع [mus'taqtɒʕ] Abzug *m von e-r Summe*

مستقل [musta'qill] unabhängig, selbständig

مستقيل [musta'qiːl] *vom Amt* zurückgetreten

مستقيم [musta'qiːm] gerade; geradlinig; recht(schaffen); Mastdarm *m*, Rektum *n*; *Math*. Gerade *f*

مستل [mus'tall] *Ir*. Sonderdruck *m*

مستلزمات [mustalza'maːt] *pl*. Erfordernisse *n*/*pl*.; Bedarf *m*

مستلم [mus'talim] Empfänger *m*

مستمر [musta'mirr] andauernd; fortgesetzt, ständig; fortfahrend (في mit *D*); → تيار

مستمسك [mus'tamsak] *Jur*. Beweisstück *n*, Corpus delicti *n*

مستمع [mus'tamiʕ] (Zu-)Hörer *m*

مستميت [musta'miːt] todesmutig

مستنبت [mus'tambat] gezüchtet; Pflanzung *f*, Kultur *f*

مستند [mus'tanad], *pl.* [-aːt] Unterlage *f*, Beleg *m*; Urkunde *f*, Dokument *n*

مستنطق [mus'tantiq] *Syr.* Untersuchungsrichter *m*

مستنقع [mus'tanqaʕ] Sumpf *m*, Moor *n*

مستنكر [mus'tankar] verwerflich

مستنير [musta'niːr] erleuchtet, aufgeklärt

مستهتر [mus'tahtir] unbekümmert, leichtsinnig; rücksichtslos

مستهزئ [mus'tahziʔ] Spötter *m*

مستهل [musta'hall] Anfang *m*, Beginn *m*

مستهلك[1] [mus'tahlak] verbraucht; abgenutzt

مستهلك[2] [mus'tahlik] Verbraucher *m*, Konsument *m*

مستو [mus'tawin] gerade; eben, gleichmäßig, glatt; gar (*gekocht*)

مستوجب [mus'taudʒib] erforderlich; verdienend

مستوحى [mus'tauħan] geleitet, inspiriert (من von *D*)

مستودع [mus'taudaʕ] Speicher *m*, Lager *n*, Depot *n*; *Mar*. Garage *f*

مستور [mas'tuːr] verborgen; *Lebenswandel*: anständig

مستورد [mus'taurid] Importeur *m*

مستوصف [mus'tausɒf] Klinik *f*

مستوطن [mus'tautin] (ein)heimisch; Siedler *m*

مستوطنة [mus'tautɒna] Siedlung *f*

مستوعب [mus'tauʕib] aufnehmend; begreifend

مستوفى [mus'taufan] vollständig; voll (*bezahlt*)

مستوى [mustawan] Ebene *f*, Niveau *n*; Höhe *f*, Stand *m*; المعيشة ~ Lebensstandard *m*

مسجد [masdʒid], *pl.* مساجد [ma'saːdʒid] (2) Moschee *f*

مسجل[1] [mu'saddʒal] eingetragen, registriert; gebucht; *Brief*: eingeschrieben

مسجل[2] [mu'saddʒil] Registerführer *m*; Tonbandgerät *n*, Recorder *m*

مسجون [mas'dʒuːn] inhaftiert; (Straf-)Gefangene(r)

مسح[1] [masaha, a] (ab)wischen, putzen; einreiben, salben; *Grundstück* ausmessen; *bei e-r Erhebung* erfassen; **II** [massaħa] salben; christianisieren; **V** تمسح [ta'massaħa] sich reiben (بـ an *j-m*)

مسح[2] [masħ] Abwischen *n*; Salbung *f*; Vermessung *f*, Aufnahme *f*; Erfassung *f*

مسحاة [mis'ħaːt], *pl.* مساح [ma'saːħin] Spaten *m*, Schaufel *f*

مسحج [misħadʒ], *pl.* مساحج [ma'saːħidʒ] (2) Hobel *m*

مسحل [misħal] Feile *f*

مسحنة [misħana] Stößel *m*

مسحة [masħa] Salbung *f*, Ölung *f*; Anstrich *m*; Spur *f von etwas*

م

مسحوق [mas'ħuːq] zerrieben; Pulver *n*; Puder *m*

[1]**مسخ** [masaxa, a] verwandeln; entstellen

[2]**مسخ** [masx] Verwandlung *f*; Entstellung *f*; Verfälschung *f*

[3]**مسخ** [misx] Mißgeburt *f*

مسخرة [masxara] lächerliche Sache; Maskerade *f*

مسخن [mu'saxxin] Erhitzer *m*; Boiler *m*

[1]**مسد II** [massada] massieren

[2]**مسد** [masad] *koll.* Palmfasern *f/pl.*

مسدس [mu'saddas] sechsfach; sechseckig; Revolver *m*

مسدود [mas'duːd] verstopft; versperrt, abgesperrt

مسر [mu'sirr] erfreulich

مسرب [masrab], *pl.* مسارب [ma'saːrib] (2) Fahrspur *f*; Flußbett *n*

مسرح [masraħ], *pl.* مسارح [ma'saːriħ] (2) Bühne *f*, Theater *n*; Schauplatz *m*; ~ي Theater-; theatralisch; ~ية Theaterstück *n*

مسرد [masrad] Index *m*, Register *n*

مسرع [musriʕ] eilig, schnell

مسرة [ma'sarra] Freude *f*, Vergnügen *n*

م

مسرور [mas'ruːr] erfreut, froh

مسروق [mas'ruːq] gestohlen

مسطبة [mastɒba] Steinbank *f*; Mastaba *f* (*altägyptische Grabform*)

مسطح [mu'sɒttɒħ] eben, platt; Fläche *f*

[1]**مسطرة** [mastɒra] *Mar.* Strafprozeß *m*, Verfahren *n*

[2]**مسطرة** [mistɒra], *pl.* مساطر [ma'saːtɨr] (2) Lineal *n*

مسطول [mas'tuːl] berauscht (*bsd. von Haschisch*)

مسعر [mu'saʕʕar] *Preis*: festgesetzt

مسعود [mas'ʕuːd] glücklich; *a. npr. m*

مسعى [masʕan], *pl.* مساع [ma'saːʕin] Bemühung *f*, Anstrengung *f*

مسقط [masqɒt] **1.** Stelle *f*, wo etwas auf- *od.* niederfällt; ~ الرأس Geburtsort *m*; **2.** (2) *Geo.* Maskat

مسقف [mu'saqqaf] überdacht; gedeckt

[1]**مسك** [masaka, i] fassen, ergreifen; (fest)halten; haften (ب an *D*); *Bücher* führen; **IV** أمسك [ʔamsaka] ergreifen, packen; (fest)halten; zurückhalten (عن von *D*); sich enthalten (عن *G*); *Med.* stopfen; **V** تمسك [ta'massaka] festhalten (ب an *D*); *Jur.* geltend machen (ب *A*); **VI** تماسك [ta'maːsaka] zusammenhalten, aneinanderhaften; sich zusammennehmen; **X** استمسك [is'tamsaka] festhalten (ب an *D*)

[2]**مسك** [mask] Ergreifen *n*; ~ الدفاتر Buchführung *f*

[3]**مسك** [misk] Moschus *m*

مسكت [muskit] *Antwort*: überzeugend, schlagfertig

[1]مسكر [mu'sakkar] **1.** gezuckert; **2.** (ab)geschlossen

[2]مسكر [muskir] berauschend; alkoholische(s) Getränk

[1]مسكن [maskan], *pl.* مساكن [ma'saːkin] (2) Wohnung *f*

[2]مسكن [mu'sakkin] Beruhigungsmittel *n*; schmerzstillende(s) Mittel

مسكنة [maskana] Elend *n*

[1]مسكة [maska] Griff *m*

[2]مسكة [muska] **1.** *pl.* مسك [musak] Griff *m*, Henkel *m*; **2.** Geiz *m*

مسكوكة [mas'kuːka] Münze *f*

مسكون [mas'kuːn] bewohnt; von Geistern heimgesucht; ~ة: الـ~ die bewohnte Erde; *Chr.* die Ökumene

مسكين [mis'kiːn], *pl.* مساكين [masaː'kiːn] (2) arm, elend, bedauernswert

مسل [mu'sallin] tröstend; unterhaltsam; amüsant

مسلاة [mas'laːt] Vergnügung *f*

مسلح [mu'sallaħ] bewaffnet; إسمنت ~ Eisenbeton *m*

مسلخ [maslax], *pl.* مسالخ [ma'saːlix] (2) Schlachthof *m*

مسلسل [mu'salsal] *Nummer*: fortlaufend; *Roman*: in Fortsetzungen; Sendereihe *f*

مسلك [maslak], *pl.* مسالك [ma'saːlik] (2) Weg *m*; Handlungsweise *f*; Methode *f*

[1]مسلم [mu'sallam] *u.* به ~ anerkannt, unbestritten

[2]مسلم [muslim] muslimisch; *pl.* [-uːn] Muslim *m*

مسلة [mi'salla] Sacknadel *f*; Obelisk *m*

مسلوق [mas'luːq] (*in Wasser*) gekocht

مسمار [mis'maːr], *pl.* مسامير [masaː'miːr] (2) Nagel *m*, Stift *m*; ~ي: الخط المسماري die Keilschrift

مسماة → مسمى

[1]مسمع [masmaʕ] Hörweite *f*

[2]مسمع [mismaʕ], *pl.* مسامع [ma'saːmiʕ] (2) Ohr *n*; *Med.* Stethoskop *n*

مسموح [mas'muːħ]: به ~ erlaubt, gestattet

مسموع [mas'muːʕ] hörbar

مسموم [mas'muːm] vergiftet

مسمى [mu'samman] genannt, benannt; Bezeichnung *f*

[1]مسن [mu'sinn] alt, bejahrt

[2]مسن [mi'sann] Schleifstein *m*

مسند [misnad], *pl.* مساند [ma'saːnid] (2) Stütze *f*; Lehne *f*; Polsterkissen *n*

مسنم [mu'sannam] gewölbt

مسنن [mu'sannan] gezähnt, gezackt

[1]مسهل [mu'sahhil] erleichternd

[2]مسهل [mushil] abführend; Abführmittel *n*

(مسو) **II** مسى [massaː] e-n guten Abend wünschen (ه *j-m*); **IV** أمسى [ʔamsaː] werden; am Abend sein

م

مسودة [mu'sawwada] Entwurf *m*, Konzept *n*

مسوغ [mu'sawwiɣ], *pl.* [-aːt] Rechtfertigungsgrund *m*

مسوكر [mu'saukar] versichert

مسؤول [mas'ʔuːl] verantwortlich (عن für *A*); ~ية Verantwortung *f*, Verantwortlichkeit *f*; Haftung *f*

مسى → (مسو)

مسيء [mu'siːʔ] schädlich, abträglich; Übeltäter *m*

مسيح [ma'siːħ] gesalbt; Christus *m*; ~ي christlich; ~ية Christentum *n*

مسير [mu'sajjar] angetrieben, gelenkt; *Maghr.* verwaltet; willensunfrei

مسيرة [ma'siːra] Marsch *m*; *a. fig.* Weg *m*; Gehen *n*, Gang *m*; Entwicklung *f*

مسيس [ma'siːs]: الحاجة ~ dringende(s) Bedürfnis

مسيل [mu'siːl]: غاز ~ للدموع Tränengas *n*

مش [muʃ, miʃ] *umg.* nicht

مشابه [mu'ʃaːbih] ähnlich

مشابهة [mu'ʃaːbaha] Ähnlichkeit *f*

مشاحة [mu'ʃaːħħa] Streit *m*

مشادة [mu'ʃaːdda] Streit *m*; Wortgefecht *n*

مشار [mu'ʃaːr]: الـ~ إليه der (vor-) erwähnte …

مشاركة [mu'ʃaːraka] Beteiligung *f*, Mitwirkung *f*

مشاغب [mu'ʃaːɣib] Unruhestifter *m*, Störenfried *m*

مشاغبة [mu'ʃaːɣaba] Unruhe(stiftung) *f*, Aufruhr *m*

مشاق → مشقة

مشال [ma'ʃaːl] Trägerlohn *m*

مشاة → ماش

مشاهد [mu'ʃaːhad] zu sehen, sichtbar; ~ات *pl.* Beobachtungen *f/pl.*; ~ة Anschauen *n*; Besichtigung *f*

مشاهرة [mu'ʃaːhara] monatliche Zahlung

مشاورة [mu'ʃaːwara] Beratung *f*

مشايخ → شيخ[2] *u.* مشيخة

مشاية [ma'ʃʃaːja] Läufer *m* (*Teppich*); Laufgitter *n*

مشبع [mu'ʃabbaʕ] gesättigt, saturiert; *a.* [muʃbaʕ] voll (ب von *D*)

مشبك [miʃbak], *pl.* مشابك [ma'ʃaːbik] (2) Klammer *f*; Schnalle *f*; Haarnadel *f*

مشبوه [maʃ'buːh] verdächtig, zweifelhaft

مشتاق [muʃ'taːq] sehnsüchtig

مشتبك [muʃ'tabik] verflochten, verwickelt

مشتبه [muʃ'tabah]: فيه ~ verdächtig, zweifelhaft

مشتت [mu'ʃattat] zerstreut; zersplittert

مشتد [muʃ'tadd] hart, streng

مشتر [muʃ'tarin] Käufer *m*; المشتري *Astr.* Jupiter *m*

مشترط [muʃ'tarɒt] ausbedungen
مشترع [muʃ'tariˁ] Gesetzgeber *m*
مشترك[1] [muʃ'tarak] gemeinsam
مشترك[2] [muʃ'tarik] Teilnehmer *m*; Abonnent *m*
مشترى [muʃ'taran] gekauft; مشتريات [muʃtara'jaːt] *pl.* (Ein-)Käufe *m/pl.*
مشتغل [muʃ'taɣil] beschäftigt (ب mit *D*); *Maschine*: in Betrieb
مشتق [muʃ'taqq] *Wort*: abgeleitet; Derivat *n*
مشتك [muʃ'takin] Kläger *m*
مشتكى [muʃ'takan]: الـ~ عليه Beklagte(r)
مشتل [maʃtal], *pl.* مشاتل [ma'ʃaːtil] (2) Baumschule *f*
مشتمل[1] [muʃ'tamal], *pl.* [-aːt] *Ir.* kleine(s) Haus (*zum Vermieten*); *pl. a.* Inhalt *m*
مشتمل[2] [muʃ'tamil] enthaltend, umfassend (على *A*)
مشته [muʃ'tahin] begierig
مشتى [maʃtan], *pl.* مشات [ma'ʃaːtin] (2) Winterkurort *m*
مشجر [mu'ʃaddʒar] mit Bäumen bepflanzt; *Stoff*: gemustert
مشجع [mu'ʃaddʒiˁ] ermutigend; fördernd; Förderer *m*; Anhänger *m e-s Klubs*, Fan *m*
مشحون [maʃ'ħuːn] beladen; *El., fig.* geladen
مشخص [mu'ʃaxxis̶] Darsteller *m*, Schauspieler *m*; ~ات *pl.* Charakteristika *n/pl.*; ~ة Darstellerin *f*
مشدد [mu'ʃaddad] verstärkt; *Konsonant*: verdoppelt
مشدود [maʃ'duːd] gespannt, straff
مشرب [maʃrab] Trinken *n*; *pl.* مشارب [ma'ʃaːrib] (2) Tränke *f*; Kneipe *f*; Neigung *f*, Richtung *f*; ~ية Gitterfenster *n*
مشرح [mu'ʃarriħ] Anatom *m*
مشرد [mu'ʃarrad] vertrieben; obdachlos
مشرط [miʃrɒt̶], *pl.* مشارط [ma'ʃaːrit̶] (2) Skalpell *n*
مشرع [mu'ʃarriˁ] Gesetzgeber *m*
مشرف[1] [maʃraf], *pl.* مشارف [ma'ʃaːrif] (2): على مشارف unmittelbar vor
مشرف[2] [muʃrif] *erhöhter Punkt*: beherrschend (على *A*); überwachend (على *A*); Aufseher *m*
مشرق[1] [maʃriq] Osten *m*; Orient *m*
مشرق[2] [muʃriq] strahlend, leuchtend
مشرك [muʃrik] Polytheist *m*, Heide *m*
مشروب [maʃ'ruːb], *pl.* [-aːt] Getränk *n*
مشروع [maʃ'ruːˁ] gesetzlich, legal, legitim; *pl.* مشاريع [maʃaː'riːˁ] (2) *u.* [-aːt] Projekt *n*, Vorhaben *n*, Unternehmen *n*
مشط[1] **II** [maʃʃatɒ] kämmen; **V** تمشط [ta'maʃʃatɒ] sich kämmen
مشط[2] [muʃt̶], *pl.* أمشاط [ʔam'ʃɒːt̶] Kamm *m*; Rechen *m*; Spann *m des Fußes*; *Mil.* Ladestreifen *m*

م

مشع [mu'ʃiʕʕ] strahlend; radioaktiv

مشعر [maʃʕar], *pl.* مشاعر [ma'ʃaːʕir] (2) Gefühl *n*, Empfindung *f*

مشعل [maʃʕal], *pl.* مشاعل [ma'ʃaːʕil] (2) Fackel *f*

مشعوذ [mu'ʃaʕwið] Gaukler *m*, Taschenspieler *m*

مشغل [maʃɣal], *pl.* مشاغل [ma'ʃaːɣil] (2) Werkstatt *f*; ـة~, *pl.* مشاغل [ma'ʃaːɣil] (2) Beschäftigung *f*; Sorge *f*

مشغول [maʃ'ɣuːl] beschäftigt; besetzt, belegt

مشق [maʃaqa, u] dehnen; kämmen; **VIII** امتشق [im'taʃaqa] *Schwert* zücken

مشقة [ma'ʃaqqa], *pl.* مشاق [ma'ʃaːqq] (2) *u.* [-aːt] Mühe *f*, Mühsal *f*, Beschwerlichkeit *f*

مشكاة [miʃ'kaːt] Wandnische *f für Beleuchtung*; Lampe *f*

1 مشكل [mu'ʃakkal] gebildet, geformt; verschiedenartig; *Gr.* vokalisiert

2 مشكل [muʃkil] problematisch; unklar; Problem *n*; ـة~, *pl.* مشاكل [ma'ʃaːkil] (2) Problem *n*, Schwierigkeit *f*

م

مشكور [maʃ'kuːr] dankenswert

مشكوك [maʃ'kuːk]: فيه ~ zweifelhaft; verdächtig

مشلح [maʃlaħ] (*weiter*) Mantel

مشلول [maʃ'luːl] gelähmt

مشمش [miʃmiʃ] *koll.* Aprikose(n *pl.*) *f*

مشمع [mu'ʃammaʕ] Wachstuch *n*; Regenmantel *m*

مشمول [maʃ'muːl] enthalten, inbegriffen

مشنقة [maʃnaqa], *pl.* مشانق [ma'ʃaːniq] (2) Galgen *m*

مشنة [mi'ʃanna] Korb *m*

مشهد [maʃhad], *pl.* مشاهد [ma'ʃaːhid] (2) Schauplatz *m*, Szenerie *f*; Szene *f*; Wallfahrtsstätte *f*; Todesstätte *f* e-s Märtyrers

مشهود [maʃ'huːd] denkwürdig; bezeugt

مشهور [maʃ'huːr], *pl.* مشاهير [maʃaː'hiːr] (2) berühmt

مشوار [miʃ'waːr], *pl.* مشاوير [maʃaː'wiːr] (2) Gang *m*; Besorgung *f*; *Techn.* Takt *m*, Hub *m*

مشواة [miʃ'waːt], *pl.* مشاو [ma'ʃaːwin] Bratrost *m*

مشورة [ma'ʃuːra] Beratung *f*, Rat *m*

مشوش [mu'ʃawwaʃ] verwirrt; konfus; *Radio*: gestört

مشوق [mu'ʃawwiq] spannend, interessant; anregend

مشوه [mu'ʃawwah] entstellt, verzerrt; körperbehindert

مشؤوم [maʃ'ʔuːm] unheilvoll, Unglücks-

مشوي [maʃ'wiːj] geröstet

1 مشى [maʃaː, iː] gehen, laufen; funktionieren; **II** [maʃʃaː] *j-n* gehen lassen; *Angelegenheit* be-

schleunigen; **III** ماشى [maːʃaː] Schritt halten (ه mit *D*); mitgehen (ه mit *j-m*); **V** تمشى [ta'maʃʃaː] spazierengehen; übereinstimmen (مع mit *D*), entsprechen (مع *D*); folgen (على *e-m Prinzip*); **VI** تماشى [ta'maːʃaː] in Einklang stehen (مع mit *D*)

مشي[2] [maʃj] Gehen *n*

مشيخة [maʃjaxa] Würde *f* e-s Scheichs; *pl.* مشايخ [ma'ʃaːjix] (2) Scheichtum *n*

مشيد [mu'ʃajjad] errichtet; *Bau*: stattlich

مشير [mu'ʃiːr] hinweisend; Berater *m*, Ratgeber *m*; *Mil.* Feldmarschall *m*

مشيمة [ma'ʃiːma] *Anat.* Plazenta *f*

مشية [miʃja] Gangart *f*, Gang *m*

مشيئة [ma'ʃiːʔa] Wille *m*; Wunsch *m*

مص[1] [mɒssɒ, u] saugen, einsaugen; lutschen; **V** تمصص [ta'mɒssɒsɒ] aufsaugen, einschlürfen; **VIII** امتص [im'tɒssɒ] aufsaugen

مص[2] [mɒss] Saugen *n*

مصاب [mu'sɒːb] getroffen; befallen (ب von *D*), erkrankt (ب an *D*); verwundet; Verwundete(r); → مصب

مصاحبة [mu'sɒːħaba] Begleitung *f*

مصادرة [mu'sɒːdara] Beschlagnahme *f*, Konfiskation *f*

مصادفة [mu'sɒːdafa] Zufall *m*; ~ [-tan] *Adv.* zufällig

مصادقة [mu'sɒːdaqa] Beglaubigung *f*, Bestätigung *f* (على *G*); Ratifizierung *f*

مصارع [mu'sɒːriʕ] Kämpfer *m*; Ringer *m*

مصارعة [mu'sɒːraʕa] Ringen *n*, Ringkampf *m*

مصاريف → مصروف

مصاعب [mɒ'sɒːʕib] (2) *pl.* Schwierigkeiten *f/pl.*

مصاغ [mɒ'sɒːɣ] Schmuck *m*

مصاف [mɒ'sɒːff] (2) *pl.*: ~ فى *einzureihen* unter

مصافحة [mu'sɒːfaħa] Händedruck *m*, Handschlag *m*

مصالحة [mu'sɒːlaħa] Aussöhnung *f*, Versöhnung *f*, Vergleich *m*

مصاهرة [mu'sɒːhara] Verschwägerung *f*

مصب [mɒ'sɒbb], *pl.* [-aːt] *u.* مصاب [mɒ'sɒːbb] (2) Mündung *f*, Ausflußstelle *f*

مصباح [mis'baːħ], *pl.* مصابيح [mɒsɒː'biːħ] (2) Lampe *f*, Leuchte *f*

مصبغة [mɒsbaɣa] Färberei *f*

مصبوغ [mɒs'buːɣ] gefärbt; geprägt (ب von *D*)

مصح [maɜɒħħ] → مصحة

مصحح [mu'sɒħħiħ] Korrektor *m*

مصحف [musħaf], *pl.* مصاحف [mɒ'sɒːħif] (2) Koranexemplar *n*

مصحة [mɒ'sɒħħa] Sanatorium *n*

مصداق [mis'daːq] Kriterium *n*; Bestätigung *f*; ~ية Glaubwürdigkeit *f*

مصدر[1] [mɒsdar], *pl.* مصادر [mɒ'sɒː-

dir] (2) Quelle *f*, Ursprung *m*; Ausgangspunkt *m*; *Gr.* Verbalsubstantiv *n*

[2]**مصدر** [mu'sɒddir] Exporteur *m*

مصدق [mu'sɒddaq] glaubwürdig; عليه ~ beglaubigt

[1]**مصر II** [mɒssɒra] ägyptisieren

[2]**مصر** [misr] **1.** *f* Ägypten; *Äg.* Kairo; **2.** *pl.* أمصار [ʔam'sɒːr] große Stadt, Metropole *f*

[3]**مصر** [mu'sirr] beharrend (على auf *D*); entschlossen

مصراع [mis'raːʕ], *pl.* مصاريع [mɒsɒː'riːʕ] (2) Türflügel *m*; Halbvers *m*

مصران [mus'raːn], *pl.* مصارين [mɒsɒː'riːn] (2) Darm *m*

مصرع [mɒsraʕ] (gewaltsamer) Tod

مصرف [mɒsrif], *pl.* مصارف [mɒ'sɒːrif] (2) **1.** Bank *f* (*Kreditinstitut*); **2.** Entwässerungsgraben *m*, Abzugskanal *m*

مصروف [mɒs'ruːf], *pl.* مصاريف [mɒsɒː'riːf] (2) Ausgaben *f/pl.*; Kosten *pl.*

مصري [misriː] ägyptisch; Ägypter *m*

مصطاف [mus'tɒːf] Sommerurlauber *m*

مصطبة [mɒstɒba] = مسطبة

مصطفى [mustɒfan] auserwählt; [mustɒfaː] Mustafa *npr. m*

مصطلح [mus'tɒlaħ] Fachausdruck *m*, Terminus *m*; عليه ~ allgemein angenommen

مصطنع [mus'tɒnaʕ] künstlich, gekünstelt, unecht

مصطول [mɒs'tuːl] = مسطول

مصعد [misʕad], *pl.* مصاعد [mɒ'sɒːʕid] (2) Aufzug *m*, Lift *m*

مصغ [musɣin] zuhörend, aufmerksam

مصغر [mu'sɒɣɣar] verkleinert

مصفاة [mis'faːt], *pl.* مصاف [mɒ'sɒːfin] Filter *m*; Sieb *n*; Raffinerie *f*

مصفح [mu'sɒffaħ] gepanzert; ـة~ Panzerwagen *m*

مصفر [mus'farr] gelb (geworden); bleich, fahl

مصفى [mɒsfan], *pl.* مصاف [mɒ'sɒːfin] Raffinerie *f*

[1]**مصل** [mɒsl], *pl.* مصول [mu'suːl] Serum *n*; Molke *f*

[2]**مصل** [mu'sɒllin] Betende(r)

مصلح [musliħ] Reformer *m*; Reformator *m*

مصلحة [mɒslaħa], *pl.* مصالح [mɒ'sɒːliħ] (2) Interesse *n*, Wohl *n*; Amt *n*, Behörde *f*, Verwaltung *f*; في ~ـه in s-m Interesse; لمصلحته zu s-m Nutzen; الـ~ العامة das Gemeinwohl

مصلى [mu'sɒllan] Bethaus *n*

مصمم [mu'sɒmmim] entschlossen (على zu *D*); Konstrukteur *m*; Designer *m*

مصنع [mɒsnaʕ], *pl.* مصانع [mɒ'sɒːniʕ] (2) Fabrik *f*, Werk *n*

[1]**مصنف** [mu'sɒnnaf], *pl.* [-aːt] (*literarisches*) Werk

[2]مصنف [mu'sɒnnif] Kompilator *m*, Verfasser *m*

مصنوع [mɒs'nuːʕ] hergestellt; *pl.* [-aːt] Erzeugnis *n*, Produkt *n*, Fabrikat *n*

[1]مصهر [mɒshar] Schmelzhütte *f*

[2]مصهر [mɨshar] *El.* Sicherung *f*

[1]مصور [mu'sɒwwar] illustriert; gemalt; *Film*: gedreht

[2]مصور [mu'sɒwwir] Maler *m*; Fotograf *m*; Kameramann *m*

مصوغات [mɒsuː'ɣaːt] *pl.* Goldschmiedearbeiten *f/pl.*

مصون [mɒ'suːn] geschützt, *Frau*: wohlbehütet

مصيبة [mu'sɨːba], *pl.* مصائب [mɒ'sɒːʔib] (2) Unglück *n*

[1]مصيدة [mɒsjada], *pl.* مصايد [mɒ'sɒːjid] (2) Fischereigründe *m/pl.*; Fischerei *f*

[2]مصيدة [mɨsjada], *pl.* مصايد [mɒ'sɒːjid] (2) Falle *f*, Schlinge *f*

مصير [mɒ'siːr] Werden *n*, Fortgang *m*; Ausgang *m*; Schicksal *n*; حق تقرير الـ~ *Pol.* Selbstbestimmungsrecht *n*; ~ي schicksalhaft

مصيف [mɒ'sɨːf], *pl.* مصايف [mɒ'sɒːjif] (2) Sommeraufenthalt *m*; Sommerkurort *m*

مض [mɒđđɒ, a, u] schmerzen, quälen

[1]مضاء [mɒ'đɒːʔ] Schärfe *f*

[2]مضاء [mu'đɒːʔ] beleuchtet (ب von *D*)

مضاد [mu'đɒːdd] entgegengesetzt; Gegen-, Anti-; Gegenmittel *n*; → مدفع

مضارب [mu'đɒːrib] Spekulant *m*

مضاربة [mu'đɒːraba] Spekulation *f*

مضارع [mu'đɒːriʕ] ähnlich; *Gr.* Imperfekt *n*

مضارعة [mu'đɒːraʕa] Ähnlichkeit *f*, Gleichheit *f*

مضاعف [mu'đɒːʕaf] verdoppelt; vervielfacht; ~ـة Verdoppelung *f*; Vervielfachung *f*

مضاف [mu'đɒːf] hinzugefügt; *Gr.* erste(s) *od.* regierende(s) Nomen e-r Genitivverbindung; ~ إليه Genitivattribut *n*

مضاهاة [muđɒː'haːt] Gleichheit *f*, Entsprechung *f*

مضايق [mu'đɒːjiq] lästig, störend

مضايقة [mu'đɒːjaqa] Belästigung *f*, Störung *f*

مضبوط [mɒđ'buːŧ] genau, exakt; richtig

مضجع [mɒđdʒaʕ], *pl.* مضاجع [mɒ'đɒːdʒiʕ] (2) Lager *n*, Liegestatt *f*

مضحك [muđħik] komisch; lächerlich

مضخم [mu'đɒxxim] Verstärker *m*; ~ الصوت Megaphon *n*

مضخة [mi'đɒxxa] Pumpe *f*

مضر [mu'đɨrr] schädlich

مضراب [miđ'raːb] = [3]مضرب

[1]مضرب [mɒđrib], *pl.* مضارب [mɒ'đɒːrib] (2) (Zelt-)Lager *n*; Reismüllerei *f*

[2]مضرب [muđrib] Streikende(r)

[3]مضرب [miđrab], *pl.* مضارب [mɒ-'đɒːrib] (2) (*Tennis*-)Schläger *m*; Schlegel *m*

مضرج [mu'đɒrradʒ] blutverschmiert

مضرة [mɒ'đɒrra] Schaden *m*; Nachteil *m*

مضروب [mɒđ'ruːb] geschlagen; festgesetzt; multipliziert; *Math.* Multiplikand *m*; فيه ~ Multiplikator *m*

مضض [mɒđɒđ] Schmerz *m*, Qual *f*

[1]مضطجع [muđ'tɒdʒaʕ] = مضجع

[2]مضطجع [muđ'tɒdʒiʕ] (da)liegend, hingestreckt

مضطر [muđ'tɒrr] gezwungen, genötigt (إلى zu *D*)

مضطرب [muđ'tɒrib] in Unordnung; gestört, verwirrt; unruhig, aufgeregt

مضعف [mu'đɒʕʕaf] verdoppelt; vervielfacht

مضغ [mɒđɒɣa, u, a] kauen

مضغة [muđɣa] Bissen *m*; في ~ الأفواه im Gerede (*sein*)

مضغوط [mɒđ'ɣuːt] gepreßt, komprimiert; Preß-

مضل [mu'đɨll] irreführend, trügerisch

مضلع [mu'đɒllaʕ] gerippt; vieleckig; Polygon *n*

مضمار [miđ'maːr], *pl.* مضامير [mɒ-đɒː'miːr] (2) Arena *f*; *fig.* Gebiet *n*

مضمدة [mu'đɒmmida] *Ir.* Krankenpflegerin *f*; Kompresse *f*

مضمر [muđmar] verborgen; impliziert; *Gr.* Pronomen *n*

مضمن [mu'đɒmman] enthalten (في in *D*)

مضمون [mɒđ'muːn] garantiert, verbürgt; *pl.* مضامين [mɒđɒː'miːn] (2) Inhalt *m*

[1]مضى [mɒđɒː, iː] *Zeit*: vergehen, verfließen; weggehen; fortfahren, fortsetzen (في *A*); ausführen (في *A*); **II** [mɒđđɒː] *Zeit* verbringen; **IV** أمضى [ʔamđɒː] vollenden, durchführen; *Zeit* verbringen; unterschreiben

[2]مضي [mu'đɨːj] Vergehen *n der Zeit*, Ablauf *m*; Fortführung *f* (في *G*); المدة ~ *Jur.* Verjährung *f*

مضيء [mu'đɨːʔ] leuchtend, hell

مضيف [mu'điːf] Gastgeber *m*; Steward *m*; *Ir.* Gästehaus *n*; ـة~ Stewardeß *f*

مضيق [mɒ'đɨːq], *pl.* مضايق [mɒ-'đɒːjiq] (2) (Eng-)Paß *m*; Meerenge *f*

مط [mɒttɒ, u] *u.* **II** مطط [mɒttɒtɒ] dehnen, langziehen

مطابق [mu'tɒːbiq] entsprechend (ل *D*); konform(istisch)

مطابقة [mu'tɒːbaqa] Übereinstimmung *f*, Entsprechung *f*

مطار [mɒ'tɒːr], *pl.* [-aːt] Flughafen *m*, Flugplatz *m*

مطارد [mu'tɒːrid] Verfolger *m*, Jäger *m*; طائرة ~ـة Jagdflugzeug *n*

م

مطاردة [mu'tɒːrada] Verfolgung *f*
مطاط [mɒ'ttɒːt] dehnbar, elastisch; Gummi *m od. n*
مطاف [mɒ'tɒːf]: نهاية الـ~ das Ende vom Lied
مطافئ → مطفأة
مطالب [mu'tɒːlib] fordernd (ب *A*); Prätendent *m*; → مطلب
مطالبة [mu'tɒːlaba] Forderung *f*, Beanspruchung *f*
مطالعة [mu'tɒːlaʕa] Lesen *n*, Lektüre *f*
مطب [mɒ'tɒbb] Schlagloch *n*
مطبخ [mɒtbax], *pl.* مطابخ [mɒ'tɒːbix] (2) Küche *f*
[1]**مطبعة** [mɒtbaʕa], *pl.* مطابع [mɒ'tɒːbiʕ] (2) Druckerei *f*
[2]**مطبعة** [mitbaʕa], *pl.* مطابع [mɒ'tɒːbiʕ] (2) Druckerpresse *f*
[1]**مطبق** [mu'tɒbbaq] angewandt
[2]**مطبق** [mutbiq] vollständig
مطبوع [mɒt'buːʕ] gedruckt, geprägt; von Natur aus begabt (على für *A*) *od.* neigend (على zu *D*); ~ات *pl.* Druckerzeugnisse *n/pl.*, Drucksachen *f/pl.*
مطثة [mi'tɒθθa] *Ir. Sport*: Diskus *m*
مطحنة [mɒthana, mithana], *pl.* مطاحن [mɒ'tɒːhin] (2) Mühle *f*
[1]**مطر** [mɒtɒra, u] *u.* **IV** أمطر [ʔamtɒra] regnen
[2]**مطر** [mɒtɒr], *pl.* أمطار [ʔam'tɒːr] Regen *m*
مطران [mut'raːn], *pl.* مطارنة [mɒ'tɒːrina] Erzbischof *m*, Metropolit *m*

مطرب [mutrib] entzückend; Sänger *m*; ~ة Sängerin *f*
مطرح [mɒtrah], *pl.* مطارح [mɒ'tɒːrih] (2) Stelle *f*, Platz *m*
مطرد [mu'ttɒrid] ständig, stet(ig), kontinuierlich; *Regel*: allgemein
مطرقة [mitraqa], *pl.* مطارق [mɒ'tɒːriq] (2) Hammer *m*
مطروح [mɒt'ruːh] hingestreckt; *Math.* Subtrahend *m*; الـ~ منه Minuend *m*
مطرود [mɒt'ruːd] vertrieben, verjagt
مطروق [mɒt'ruːq] *Weg*: begangen, befahren
مطعم [mɒtʕam], *pl.* مطاعم [mɒ'tɒːʕim] (2) Restaurant *n*, Gasthaus *n*; Speisesaal *m*
مطعن [mɒtʕan], *pl.* مطاعن [mɒ'tɒːʕin] (2) Angriffspunkt *m*
مطفأة [mitfaʔa], *pl.* مطافئ [mɒ'tɒːfiʔ] (2) Löschgerät *n*, Feuerspritze *f*; فرقة المطافئ Feuerwehr *f*
[1]**مطل** [mɒtɒla, u] hinauszögern; *Eisen* strecken; **III** ماطل [mɒːtɒla] *j-n* hinhalten
[2]**مطل** [mu'till] hinabschauend
مطلب [mɒtlab], *pl.* مطالب [mɒ'tɒːlib] (2) Forderung *f*; Anliegen *n*; Anspruch *m*; Problem *n*
[1]**مطلع** [mɒtlaʕ], *pl.* مطالع [mɒ'tɒːliʕ] (2) Ort *od.* Zeit *f* des Aufgangs; Anbruch *m des Tages*; Anfang *m*, Beginn *m*
[2]**مطلع** [mu'ttɒliʕ] informiert (على über *A*)

[1]مطلق [mu'tɒllaq] geschieden

[2]مطلق [mutlaq] uneingeschränkt, absolut; ـاً [-an] *Adv.* absolut, ganz und gar

مطلوب [mɒt'luːb] gewünscht; gesucht; benötigt; ~ات *pl. Hdl.* Verbindlichkeiten; Forderungen *f/pl.*

مطلي [mɒt'liːj] bestrichen; überzogen (ب mit *D*)

مطمح [mɒtmaħ], *pl.* مطامح [mɒ'tɒːmiħ] (2) Bestrebungen *f/pl.*, Ziele *n/pl.*

مطمع [mɒtmaʕ], *pl.* مطامع [mɒ'tɒːmiʕ] (2) Bestrebung *f*, Absicht *f*

مطمئن [mutma'ʔinn] beruhigt; sicher; zuversichtlich

[1]مطهر [mɒthar] *Chr.* Fegefeuer *n*

[2]مطهر [mu'tɒhhar] gereinigt, geläutert; beschnitten

[3]مطهر [mu'tɒhhir] Desinfektionsmittel *n*

(مطو) **V** تمطى [ta'mɒttɒː] sich strecken, sich recken; **VIII** امتطى [im'tatɒː] *Tier* reiten; *Fahrzeug* besteigen

مطواة [mit'waːt], *pl.* مطاو [mɒ'tɒːwin] Taschenmesser *n*

مطول [mu'tɒwwal] ausführlich

مطوى [mɒtwan], *pl.* مطاو [mɒ'tɒːwin]: في مطاوي im Innern von, in

مطيع [mu'tiːʕ] gehorsam

مطيل [mɒ'tiːl] *Techn.* streckbar, dehnbar

مطية [mɒ'tiːja], *pl.* مطايا [mɒ'tɒːjaː] Reittier *n*; Mittel *n*

مظان → مظنة

مظاهرة [mu'ðɒːhara] Demonstration *f*

مظروف [mɒð'ruːf], *pl.* مظاريف [mɒðɒː'riːf] (2) Umschlag *m*, Kuvert *n*

مظفر [mu'ðɒffar] siegreich, triumphierend

مظل [mu'ðill] *u.* مظلل [mu'ðɒllal] schattig

مظلم [muðlim] dunkel, finster

مظلمة [mɒðlama], *pl.* مظالم [mɒ'ðɒːlim] (2) Ungerechtigkeit *f*; Beschwerde *f*

مظلة [mi'ðɒlla] Schirm *m*; Schutzdach *n*; واقية ~ Fallschirm *m*

مظلوم [mɒð'luːm] ungerecht behandelt; unterdrückt

مظلي [mi'ðɒlliː] Fallschirmspringer *m*

مظنة [mɒ'ðinna], *pl.* مظان [mɒ'ðɒːnn] (2) vermutete(r) Ort; Verdacht *m*

مظهر [mɒðhar], *pl.* مظاهر [mɒ'ðɒːhir] (2) Äußere(s), Erscheinung *f*, Aussehen *n*, Anblick *m*; Aspekt *m*

مع [maʕa] *Präp.* (zusammen) mit; bei; trotz; أن ~ [ʔanna] obwohl; ذلك ~ trotzdem; → [2]كون; ~ـاً [maʕan] *Adv.* zusammen, miteinander

معاء [mi'ʕaːʔ] = [2]معى

معابة [ma'ʕaːba], *pl.* معايب [ma'ʕaːjib] (2) Fehler *m*, Makel *m*

[1]**معاد** [ma'ʕaːd] Rückkehr *f*

[2]**معاد** [mu'ʕaːd] wiederholt; zurückgegeben; retourniert

[3]**معاد** [mu'ʕaːdin] feindselig; -feindlich, anti-; → معدية

معادل [mu'ʕaːdil] entsprechend; gleichwertig

معادلة [mu'ʕaːdala] Entsprechung *f*, Gleichwertigkeit *f*; Gleichstellung *f*; *Math.* Gleichung *f*

معاذ [maʕaːð] Zuflucht *f*, Zufluchtsort *m*

معارض [mu'ʕaːriđ] oppositionell; Gegner *m*

معارضة [mu'ʕaːrɒđɒ] Opposition *f*; Widerstand *m*, Protest *m*

معارف → معرفة

[1]**معاش** [ma'ʕaːʃ] Lebensunterhalt *m*; Rente *f*, Pension *f*

[2]**معاش** [mu'ʕaːʃ] gelebt; erlebt

معاشرة [mu'ʕaːʃara] Verkehr *m mit Menschen*, Umgang *m*

معاصر [mu'ʕaːsir] zeitgenössisch; Zeitgenosse *m*

معافاة [muʕaː'faːt] Befreiung *f*, Dispensierung *f*

معاقبة [mu'ʕaːqaba] Bestrafung *f*

معاكس [mu'ʕaːkis] entgegengesetzt; Gegen-; Sperrholz *n*

معاكسة [mu'ʕaːkasa] Belästigung *f*; Widrigkeit *f*

معالجة [mu'ʕaːladʒa] Behandlung *f e-s Kranken od. e-s Themas*; Bearbeitung *f*, Aufbereitung *f*

معالي [ma'ʕaːliː] *pl.* Exzellenz *f*; صاحب المعالي Se. Exzellenz

معاملة [mu'ʕaːmala], *pl.* [-aːt] Behandlung *f j-s*; *Hdl.* Geschäft *n*; *pl.* Geschäftsverkehr *m*

معان → [1]معنى

معاناة [muʕaː'naːt] Leiden *n* (من unter *D*), Last *f*

معاندة [mu'ʕaːnada] Widerstand *m*, Widersetzlichkeit *f*

معانقة [mu'ʕaːnaqa] Umarmung *f*

معاهدة [mu'ʕaːhada] Vertrag *m*; Konvention *f*

معاون [mu'ʕaːwin] Helfer *m*, Gehilfe *m*; Assistent *m*

معاونة [mu'ʕaːwana] Hilfe *f*, Beistand *m*

معايدة [mu'ʕaːjada] Glückwunsch *m zu e-m Festtag*

معايرة [mu'ʕaːjara] Eichung *f von Gewichten etc.*

معاينة [mu'ʕaːjana] Besichtigung *f*, Begutachtung *f*, Inspizierung *f*

[1]**معبد** [maʕbad], *pl.* معابد [ma'ʕaːbid] (2) Tempel *m*, Gotteshaus *n*

[2]**معبد** [mu'ʕabbad] *Straße*: befestigt, ausgebaut

[1]**معبر** [maʕbar], *pl.* معابر [ma'ʕaːbir] (2) Übergang *m*; Furt *f*

[2]**معبر** [mu'ʕabbir] ausdrucksvoll

[3]**معبر** [miʕbar], *pl.* معابر [ma'ʕaːbir] (2) Brücke *f*; Fähre *f*

معبود [maʕ'buːd] angebetet; Abgott *m*, Idol *n*

معتاد [muʕ'taːd] gewohnt, üblich; كالـ~ wie gewöhnlich

معتبر [muʕ'tabar] angesehen, respektiert

معتد [muʕ'tadin] Angreifer *m*

معتدل [muʕ'tadil] gemäßigt, mild; ebenmäßig

معترض [muʕ'tariđ] protestierend; Gegner *m*

معترف [muʕ'taraf]: ~ به anerkannt

معتزلة [muʕ'tazila]: الـ~ *isl. theologische Schule*

معتقد [muʕ'taqad] geglaubt; *pl.* [-aːt] Überzeugung *f*; Glaubenssatz *m*

معتقل [muʕ'taqal] **1.** Häftling *m*; **2.** Gefangenenlager *n*

معتل [muʕ'tall] krank; *Gr.* mit e-m schwachen Radikal

معتمد [muʕ'tamad] beglaubigt; akkreditiert; Beauftragte(r), Kommissar *m*; ~ عليه verläßlich; ~ تجاري Handelsdelegierte(r)

معتن [muʕ'tanin] besorgt, aufmerksam

[1]**معجب** [muʕdʒab] beeindruckt (ب von *D*); Bewunderer *m*; ~ بنفسه eingebildet

[2]**معجب** [muʕdʒib] bewunderungswürdig

معجزة [muʕdʒiza] Wunder *n*

معجل [mu'ʕaddʒal] beschleunigt; vorzeitig

معجم [muʕdʒam] *Buchstabe*: punktiert; *pl.* معاجم [ma'ʕaːdʒim] (2) Wörterbuch *n*, Lexikon *n*

معجون [maʕ'dʒuːn] Paste *f*, Creme *f*; Kitt *m*; ~ الأسنان Zahnpasta *f*

[1]**معد** [mu'ʕadd] vorbereitet; fertig; bestimmt (لـ für *A*); ~ات *pl.* Geräte *n/pl.*; Material *n*, Ausrüstung *f*

[2]**معد** [muʕdin] *Krankheit*: anstekkend

معدل [mu'ʕaddal] **1.** modifiziert, abgeändert; **2.** Durchschnitt *m*; (*Wachstums-*)Rate *f*

[1]**معدن** [maʕdin], *pl.* معادن [ma'ʕaːdin] (2) Metall *n*; Mineral *n*; Wesen *n*, Kern *m*

[2]**معدن** [mu'ʕaddin] Bergmann *m*

معدني [maʕdiniː] metallisch; mineralisch, Mineral-

معدة [maʕida, miʕda], *pl.* معد [miʕad] Magen *m*

معدود [maʕ'duːd] gezählt; wenig, ein paar

معدوم [maʕ'duːm] fehlend, nicht vorhanden; + *G*: -los

[1]**معدى** [maʕdan] Ausweg *m*

[2]**معدي** [maʕidiː] Magen-; → [2]معد

معدية [mu'ʕaddija], *pl.* معاد [ma'ʕaːdin] Fähre *f*

معذرة [maʕðira], *pl.* معاذر [ma'ʕaːðir] (2) Entschuldigung *f*

معذور [maʕ'ðuːr] entschuldigt; entschuldbar

معراج [miʕ'raːdʒ] die Himmelfahrt Mohammeds

معرب [mu'ʕarrab] arabisiert; ins Arabische übersetzt

م

معرض [maʕriđ], *pl.* معارض [ma'ʕaː-ʕrɨđ] (2) Ausstellung *f*, Messe *f*; ~ في bei (Gelegenheit von)

معرفة [maʕrifa], *pl.* معارف [ma'ʕaː-rif] (2) Wissen *n*, Kenntnis *f*; Erkenntnis *f*; Bekanntschaft *f*; Bekannte(r); *Gr.* determinierte(s) Nomen; وزارة المعارف Bildungsministerium *n*

معرق [mu'ʕarraq] geädert; *Holz*: gemasert

معركة [maʕraka], *pl.* معارك [ma'ʕaː-rik] (2) Kampf *m*, Schlacht *f*

معروض [maʕ'ruːđ] ausgestellt; angeboten; *pl.* [-aːt] Ausstellungsgegenstand *m*

معروف [maʕ'ruːf] bekannt; Gefälligkeit *f*, Freundschaftsdienst *m*

معز [maʕz] *koll.* Ziege(n *pl.*) *f*

معزاة [miʕ'zaːt] Ziege *f*

معزف [miʕzaf] (Saiten-)Instrument *n*; Klavier *n*

معزقة [miʕzaqa] Hacke *f*, Haue *f*

معزل [maʕzil] Isolation *f*

معزوفة [maʕ'zuːfa] Musikstück *n*

معزول [maʕ'zuːl] isoliert; fern (عن von *D*)

معسرة [maʕsara] bedrängte Lage

معسكر [mu'ʕaskar], *pl.* [-aːt] *a. Pol.* Lager *n*

معسلة [maʕsala] Bienenstock *m*

معسور [maʕ'suːr] notleidend, arm

معشار [miʕ'ʃaːr] Zehntel *n*

معشبة [maʕʃaba] Herbarium *n*

معشر [maʕʃar], *pl.* معاشر [ma'ʕaːʃir] (2) Gruppe *f*, Gesellschaft *f*

معشوق [maʕ'ʃuːq] Geliebte(r)

معصرة [miʕsɒra], *pl.* معاصر [ma'ʕaː-sɨr] (2) (*Öl*-)Presse *f*

معصم [miʕsɒm] Handgelenk *n*

معصوم [maʕ'suːm] geschützt (من vor *D*); unfehlbar

معصية [maʕsɨja] Ungehorsam *m*; Sünde *f*

(**معض**) **VIII** امتعض [im'taʕađɒ] sich ärgern

معضلة [muʕđila] Problem *n*, Schwierigkeit *f*

معط[1] [maʕatɒ, a] *Haare* rupfen

معط[2] [muʕtɨn] gebend; Geber *m*; المعطي *Beiname Gottes*

معطاء [miʕ'tɒːʔ] viel gebend; ertragreich

معطر [mu'ʕɒttɒr] parfümiert

معطف [miʕtɒf], *pl.* معاطف [ma'ʕɒː-tɨf] (2) Mantel *m*

معطل [mu'ʕɒttɒl] außer Betrieb; *Amt*: geschlossen

معطوب [maʕ'tuːb] schadhaft, kaputt

معطى [muʕtɒn] gegeben; *pl.* معطيات [muʕtɒ'jaːt] Gegebenheiten *f/pl.*

معظم[1] [mu'ʕɒððɒm] *Herrscher*: erhaben

معظم[2] [muʕðɒm] + *G*: die meisten; der Hauptteil

معفن [mu'ʕaffan] verfault, faul; schimmlig

معقد [mu'ʕaqqad] kompliziert, verwickelt

معقل [maʕqil], *pl.* معاقل [ma'ʕaːqil] (2) Festung *f*; *fig.* Bollwerk *n*

معقم [mu'ʕaqqam] entkeimt, sterilisiert; pasteurisiert

معقود [maʕ'quːd] geknüpft; *Vertrag*: geschlossen

معقوف [maʕ'quːf] gekrümmt; eckige Klammer

معقول [maʕ'quːl] vernünftig, rational, begreiflich; غير ~ widersinnig

معكر [mu'ʕakkar] getrübt, trübe

معكرونة [maʕka'ruːna] Makkaroni *pl.*

معلاق [miʕ'laːq] Innereien *f/pl.*

معلف [miʕlaf], *pl.* معالف [ma'ʕaːlif] (2) Futterkrippe *f*

[1]**معلق** [mu'ʕallaq] aufgehängt; abhängig (على von *D*); in der Schwebe, unentschieden; ~ات *pl. altarab. Gedichte*

[2]**معلق** [mu'ʕalliq] Kommentator *m*

[1]**معلم** [maʕlam], *pl.* معالم [ma'ʕaːlim] (2) Merkmal *n*, (Kenn-)Zeichen *n*; *pl. a.* Umrisse *m/pl.*; Sehenswürdigkeiten *f/pl.*

[2]**معلم** [mu'ʕallim] Lehrer *m*; Meister *m*; ~ة Lehrerin *f*

معلول [maʕ'luːl] **1.** krank, leidend; **2.** Wirkung *f*

معلوم [maʕ'luːm] bekannt; gewiß!, selbstverständlich!; *Gr.* Aktiv *n*; ~ات *pl.* Informationen *f/pl.*; Kenntnisse *f/pl.*

معليش [maʕ'leːʃ] *umg.* macht nichts!

معماري [miʕ'maːriː] architektonisch, bautechnisch; ~ مهندس Architekt *m*

معمد [mu'ʕammad] *Chr.* getauft; Täufling *m*

معمدان [maʕma'daːn]: يوحنا الـ~ [juː'ħannaː] Johannes der Täufer

[1]**معمر** [mu'ʕammar] alt, betagt; *Sport*: Senior *m*

[2]**معمر** [mu'ʕammir] langlebig

معمعة [maʕmaʕa] Durcheinander *n*, Tumult *m*

معمل [maʕmal], *pl.* معامل [ma'ʕaːmil] (2) Werkstätte *f*; Fabrik *f*, Werk *n*

معمم [mu'ʕammam] **1.** verallgemeinert; **2.** turbantragend

معمودية [maʕmuː'diːja] Taufe *f*

معمور [maʕ'muːr] bevölkert, bewohnt; المعمورة die Welt

معمول [maʕ'muːl] angefertigt; ~ به gültig; gebräuchlich

(معن) **IV** أمعن [ʔamʕana] gründlich tun (في *A*); sich vertiefen (في in *A*); ~ النظر في aufmerksam betrachten; **V** تمعن [ta'maʕʕana] genau betrachten (في *A*)

معنون [mu'ʕanwan] *Brief*: adressiert; betitelt

معنوي [maʕnawiː] ideell; abstrakt; moralisch; ~ات *pl.* ideelle Dinge *n/pl.*; Geist *m*, Moral *f*; شخص ~ juristische Person

[1]**معنى** [maʕnan], *pl.* معان [ma'ʕaːnin]

Sinn *m*, Bedeutung *f*; Begriff *m*, Idee *f*; علم المعاني Rhetorik *f*; Semantik *f*

[2]معني [maʕ'niːj] *j-n* betreffend; *Stelle*: zuständig; interessiert (ب an *D*)

معهد [maʕhad], *pl.* معاهد [ma'ʕaːhid] (2) Institut *n*; (Fach-)Schule *f*; معاهد عليا Hochschulen *f/pl.*

معهود [maʕ'huːd] (wohl)bekannt; bewußt

معوج [muʕ'waddʒ] gekrümmt, gebogen; schief

معود [mu'ʕawwad] gewöhnt (على an *A*), gewohnt (على zu *D*)

معوز [muʕwiz, muʕwaz] arm, mittellos

[1]معول [mu'ʕawwal] Verlaß *m*

[2]معول [miʕwal], *pl.* معاول [ma'ʕaːwil] (2) Spitzhacke *f*

معونة [ma'ʕuːna] Hilfe *f*, Unterstützung *f*

معوي [miʕawiː] Darm-; intestinal

[1]معي [maʕiː] mit mir (→ مع)

[2]معى [miʕan], *pl.* أمعاء [ʔam'ʕaːʔ] Darm *m*; Eingeweide *n/pl.*

معيار [miʕ'jaːr], *pl.* معايير [maʕaː'jiːr] (2) Richtmaß *n*; Standard *m*, Norm *f*; Kriterium *n*

معيب [ma'ʕiːb] fehlerhaft

معيد [mu'ʕiːd] Repetitor *m*, Assistent *m an der Universität*

معير [mu'ʕiːr] Verleiher *m*

معيشة [ma'ʕiːʃa] Leben *n*, Lebensunterhalt *m*; → مستوى

معيل [mu'ʕiːl] Ernährer *m e-r Familie*

[1]معين [mu'ʕajjan] **1.** bestimmt; festgesetzt; ernannt; **2.** Rhombus *m*

[2]معين [mu'ʕiːn] Helfer *m*, Gehilfe *m*

معية [ma'ʕiːja] Begleitung *f*, Gesellschaft *f*

معيوب [maʕ'juːb] mangelhaft, fehlerhaft; schändlich

مغادرة [mu'ɣaːdara] Verlassen *n*; Abreise *f*

مغارة [ma'ɣaːra], *pl.* [-aːt] *u.* مغاور [ma'ɣaːwir] (2) Höhle *f*, Grotte *f*

مغازلة [mu'ɣaːzala] Flirt *m*

مغازة [ma'ɣaːza]: عامة ~ *Tun.* Kaufhaus *n*

مغالاة [muɣaː'laːt] Übertreibung *f*

مغالبة [mu'ɣaːlaba] Bekämpfung *f*; Kampf *m*

مغالطة [mu'ɣaːlatɒ] Irreführung *f*, Betrug *m*; Trugschluß *m*

مغامر [mu'ɣaːmir] Abenteurer *m*

مغامرة [mu'ɣaːmara] Abenteuer *n*; Risiko *n*

مغاير [mu'ɣaːjir] entgegengesetzt (ل *D*); -widrig

مغبة [ma'ɣabba] Ergebnis *n*, Konsequenz *f*

مغبون [maɣ'buːn] übervorteilt, geprellt

مغتبط [muɣ'tabiŧ] erfreut, froh, befriedigt (ب über *A*)

مغترب [muɣ'tarib] im Ausland Lebende(r)

مغتسل [muɣ'tasal] Waschraum *m*

مغتصب [muɣ'tasɨb] Usurpator *m*

مغتم [muɣ'tamm] betrübt, traurig

مغذ [mu'ɣaððin] nahrhaft

مغر [muɣrin] verlockend, verführerisch; Ansporn *m*; Verführer *m*; ~يات [muɣri'jaːt] *pl.* Verlockungen *f/pl.*

مغرب [maɣrib] Sonnenuntergang *m*; Westen *m*; الـ~ Marokko; der Maghreb (Nordwestafrika); **~ي** marokkanisch; maghrebinisch; *pl.* مغاربة [ma'ɣaːriba] Marokkaner *m*; Nordwestafrikaner *m*

مغرض [muɣrɨđ] tendenziös; berechnend; böswillig

مغرفة [miɣrafa], *pl.* مغارف [ma'ɣaːrif] (2) Schöpflöffel *m*

مغرق [muɣriq] versunken, vertieft (في in *A*)

مغرم [muɣram] verliebt (ب in *A*)

مغرور [maɣ'ruːr] getäuscht, verblendet; eingebildet

[1]**مغزل** [maɣzil], *pl.* مغازل [ma'ɣaːzil] (2) Spinnerei *f*

[2]**مغزل** [miɣzal], *pl.* مغازل [ma'ɣaːzil] (2) Spindel *f*

مغزى [maɣzan] Sinn *m*, Bedeutung *f*; Moral *f e-r Geschichte*

[1]**مغسل** [maɣsal], *pl.* مغاسل [ma'ɣaːsil] (2) Waschraum *m*

[2]**مغسل** [miɣsal] Waschbecken *n*; Waschschüssel *f*

مغسلة [maɣsala] Waschraum *m*; Waschtisch *m*

مغشوش [maɣ'ʃuːʃ] verfälscht

مغشي [maɣ'ʃiːj]: عليه ~ ohnmächtig

مغص [maɣs] Kolik *f*; Bauchschmerzen *m/pl.*

مغصوب [maɣ'suːb] usurpiert; erzwungen

مغضوب [maɣ'đuːb]: عليه ~ der, dem man zürnt

[1]**مغطس** [maɣtɒsa] magnetisieren, magnetisch machen

[2]**مغطس** [maɣtɨs] Tauchbecken *n*; *Chem.* Bad *n*

مغطى [mu'ɣɒttɒn] zugedeckt, *a. Fin.* gedeckt

مغفرة [maɣfira] Vergebung *f*, Verzeihung *f*

[1]**مغفل** [mu'ɣaffal] dumm, einfältig

[2]**مغفل** [muɣfal] weggelassen; anonym; شركة ~ة *Syr.*, *Lib.* Aktiengesellschaft *f*

مغفور [maɣ'fuːr]: الـ~ له der Verstorbene

مغلاق [miɣ'laːq] Schloß *n*, Verschluß *m*

مغلف [mu'ɣallaf] eingehüllt; (Brief-) Umschlag *m*

مغلق [muɣlaq] geschlossen; verschlossen

مغلوب [maɣ'luːb] besiegt, unterlegen; *Biol.* rezessiv

مغلوط [maɣ'luːt] irrig, falsch

مغلي [maɣ'liːj] (ab)gekocht; Brühe *f*; Absud *m*

مغمور [maɣ'muːr] überflutet; unbekannt

مغموم [maɣ'muːm] bekümmert, betrübt

مغمى [muɣman]: ~ عليه ohnmächtig, bewußtlos

مغن [mu'ɣannin] Sänger *m*

مغنط [maɣnatɒ] magnetisieren, magnetisch machen

مغنطيس [maɣna'tiːs] Magnet *m*; ~ كهربائي Elektromagnet *m*; ~ي magnetisch; ~ية Magnetismus *m*

مغنم [maɣnam], *pl.* مغانم [ma'ɣaːnim] (2) Ausbeute *f*, Gewinn *m*, Nutzen *m*

مغنى [maɣnan] Wohnsitz *m*

مغنية [mu'ɣannija] Sängerin *f*

مغوار [miɣ'waːr], *pl.* مغاوير [maɣaː'wiːr] (2) verwegen

مغول [mu'ɣuːl]: الـ~ die Mongolen *m/pl.*

مغيب [ma'ɣiːb] Abwesenheit *f*; (Sonnen-)Untergang *m*

مغيبات [muɣajji'baːt] *pl.* Betäubungsmittel *n/pl.*

مغير[1] [mu'ɣajjar] geändert

مغير[2] [mu'ɣajjir] ändernd

مغير[3] [mu'ɣiːr] Angreifer *m*

مغيم [mu'ɣajjim] bewölkt

مفاتحة [mu'faːtaħa] Ansprechen *n*; Herantreten *n an j-n mit e-r Angelegenheit*

مفاتن [ma'faːtin] (2) *pl.* Reize *m/pl.*

مفاجأة [mu'faːdʒaʔa] Überraschung *f*

مفاجئ [mu'faːdʒiʔ] überraschend, plötzlich

مفاد [mu'faːd] Inhalt *m*; ~ه أن [ʔanna] des Inhalts, daß…

مفارقة [mu'faːraqa] Paradox *n*; unglaubliche(s) Ereignis; Trennung *f von j-m*

مفاعل [mu'faːʕil] Reaktor *m*

مفاوضة [mu'faːwɒđɒ] Verhandlung *f*, Besprechung *f*

مفت [muftin] *Isl.* Mufti *m*

مفتاح [mif'taːħ], *pl.* مفاتيح [mafaː'tiːħ] (2) Schlüssel *m*; *El.* Schalter *m*; Taste *f*

مفتتح [muf'tataħ] Beginn *m*, Eröffnung *f*

مفترس [muf'taris]: حيوان ~ Raubtier *n*

مفترق [muf'taraq] (*Straßen-*)Gabelung *f*; *fig.* Scheideweg *m*

مفتش [mu'fattiʃ] Aufseher *m*, Inspektor *m*; ~ية Inspektorat *n*

مفتعل [muf'taʕal] künstlich, gekünstelt, unecht

مفتوح [maf'tuːħ] geöffnet, offen

مفتوق [maf'tuːq] zerrissen, aufgetrennt

مفتول [maf'tuːl] (zusammen)gedreht; kräftig, muskulös

مفتون [maf'tuːn] bezaubert, entzückt, fasziniert

مفتي → مفت

مفجر [mu'faddʒir] Zünder *m*

مفجوع [maf'dʒuːʕ] beraubt (في *j-s*); gefräßig

مفخرة [mafxara], *pl.* مفاخر [ma'faː-

xir] (2) Gegenstand *m* des Stolzes; Ruhmestat *f*

مفخم [mu'faxxam] geehrt; *Phon.* velarisiert, emphatisch

مفر [ma'farr] Entrinnen *n*; لا ~ منه [-a] unvermeidlich

مفرح [mufriħ] erfreulich

مفرد [mufrad] einzeln; *Gr.* Singular *m*; *pl.* [-aːt] (Einzel-)Wort *n*

مفرزات [mufra'zaːt] *pl.* Ausscheidungen *f/pl.*, Sekrete *n/pl.*

مفرش [mifraʃ], *pl.* مفارش [ma'faːriʃ] (2) Tischtuch *n*; Matratze *f*

مفرط [mufriṭ] übermäßig, übertrieben

مفرطح [mu'fartɒħ] platt, flach

[1]**مفرغ** [mu'farraɣ] entleert; hohl; luftleer; Vakuum-

[2]**مفرغ** [mufraɣ] entleert; حلقة ~ة Teufelskreis *m*

[1]**مفرق** [mafraq], *pl.* مفارق [ma'faːriq] (2) Gabelung *f*, Scheideweg *m*

[2]**مفرق** [mafriq] Scheitel *m*

[3]**مفرق** [mu'farraq] getrennt; Detail-; بالـ~ en détail

مفرقعات [mufarqi'ʕaːt] *pl.* Sprengstoffe *m/pl.*

مفرمة [miframa] Fleischwolf *m*

مفروش [maf'ruːʃ] bedeckt; möbliert; ~ات *pl.* Möbel *n/pl.*

مفروض [maf'ruːđ] auferlegt (على *j-m*); vorausgesetzt; من الـ~ أن er *od.* es sollte

مفروم [maf'ruːm] *Fleisch*: gehackt; *Tabak*: geschnitten

مفسد [mufsid] verderblich; demoralisierend

مفسدة [mafsada], *pl.* مفاسد [ma'faːsid] (2) Verderbnis *f*; schimpfliche Tat

مفسر [mu'fassir] Kommentator *m*

مفصد [mifsɒd], *pl.* مفاصد [ma'fɒːsɨd] (2) Lanzette *f*

[1]**مفصل** [mafsɨl], *pl.* مفاصل [ma'fɒːsɨl] (2) Gelenk *n*

[2]**مفصل** [mu'fɒssɒl] detailliert; maßgeschneidert; ~ة Scharnier *n*

مفصول [maf'suːl] abgetrennt

مفضل [mu'fɒđđɒl] bevorzugt; Lieblings-

مفطر [mufṭɨr] (*Gegens.* صائم) nicht fastend

مفطور [maf'ṭuːr] von Natur aus veranlagt (على zu *D*)

مفعم [mufʕam] voll (ب von *D*), voller

مفعول [maf'ʕuːl] Wirkung *f*, Wirksamkeit *f*; Geltung *f*, Gültigkeit *f*; ~ به *Gr.* Objekt *n*; اسم الـ~ *Gr.* Partizip Passiv *n*; ساري الـ~ gültig

مفعولية [mafʕuː'liːja] Gültigkeit *f*

مفقود [maf'quːd] verloren, vermißt, fehlend; Verlust *m*

مفك [mi'fakk] Schraubenzieher *m*

مفكر [mu'fakkir] denkend; Denker *m*; ~ة Notizbuch *n*

مفكوك [maf'kuːk] auseinandergenommen; lose, locker

مفلح [mufliħ] erfolgreich

مفلس [muflis] bankrott, zahlungsunfähig

مفلوج [maf'luːdʒ] gelähmt

مفهوم [maf'huːm] verstanden; verständlich, begreiflich; *pl.* مفاهيم [mafaː'hiːm] (2) Begriff *m*; Konzeption *f*

مفوض [mu'fawwɒđ] bevollmächtigt; *Pol.* Kommissar *m*; ~ وزير Gesandte(r); ~ية Gesandtschaft *f*

مفيد [mu'fiːd] nützlich, nutzbringend

مفيق [mu'fiːq] wach

مقابل [mu'qaːbil] gegenüberliegend; Entsprechende(s), Gegenwert *m*; Entgelt *n*; ~ [-a] *Präp.* (als Gegenleistung) für, gegen

مقابلة [mu'qaːbala] Begegnung *f*, Treffen *n*; Interview *n*; Empfang *m*; Vergeltung *f*; Vergleich *m*

مقاتل [mu'qaːtil] Kämpfer *m*, Krieger *m*; ~ة Kampfflugzeug *n*

مقارب [mu'qaːrib] nahekommend (ل *e-r Sache*)

مقارن [mu'qaːrin] vergleichend

مقارنة [mu'qaːrana] Vergleich *m*, Vergleichung *f*

مقاس [ma'qaːs], *pl.* [-aːt] Abmessung *f*, (Aus-)Maß *n*

مقاصة [mu'qɒːssɒ] *Hdl.* Verrechnung *f*, Clearing *n*

مقاطعة [mu'qɒːtɒʕa] **1.** Boykott *m*; Bruch *m* (*mit j-m*); **2.** Provinz *f*, Distrikt *m*

مقال [ma'qaːl] *u.* ~ة Aufsatz *m*, Artikel *m*; Abhandlung *f*

مقاليد [maqaː'liːd] *pl.*: الأمور ~, ~ الحكم die Zügel *m/pl.* der Macht

مقام[1] [ma'qaːm], *pl.* [-aːt] Stelle *f*, Stellung *f*, Position *f*; Heiligengrab *n*; *Math.* Nenner *m*; *Mus.* Tonart *f*

مقام[2] [mu'qaːm] aufgestellt; *Prozeß*: anhängig; Aufenthalt *m*

مقامة [ma'qaːma] Makame *f* (*arab. Literaturgattung*)

مقاه ← مقهى

مقاول [mu'qaːwil] (Bau-)Unternehmer *m*

مقاولة [mu'qaːwala] Abmachung *f*, Kontrakt *m*; (Bau-)Auftrag *m*

مقاوم [mu'qaːwim] Widerstand leistend; Widerstandskämpfer *m*

مقاومة [mu'qaːwama] Widerstand *m*; Bekämpfung *f*

مقايضة [mu'qaːjɒđɒ] Tauschhandel *m*

مقبب [mu'qabbab] mit e-r Kuppel versehen; gewölbt

مقبرة [maqbara], *pl.* مقابر [ma'qaːbir] (2) Friedhof *m*; Grabstätte *f*

مقبس [maqbis] *El.* Fassung *f*

مقبض [miqbɒđ], *pl.* مقابض [ma'qaːbiđ] (2) Griff *m*, Stiel *m*, Heft *n*

مقبل [muqbil] kommend, künftig; nächste(r)

مقبلات [muqabbi'laːt] *pl.* Appetithäppchen *n/pl.*

مقبوض [maq'buːđ] **1.** *pl.* [-aːt]

Einnahme *f*; **2.** عليه ~ Festgenommene(r)

مقبول [maq'buːl] annehmbar, akzeptabel; willkommen

مقت [maqt] Haß *m*, Abneigung *f*

مقتبس [muq'tabas] entlehnt; *pl.* [-aːt] Entlehnung *f*, Übernahme *f*

مقترح [muq'taraħ] Vorschlag *m*

مقترف [muq'tarif] Täter *m*

مقتصر [muq'tasɨr] beschränkt (على auf *A*)

مقتضب [muq'tađɒb] **1.** kurz, knapp; **2.** improvisiert

مقتضى [muq'tađɒn] erforderlich, notwendig; مقتضيات [muqtađɒ'jaːt] *pl.* Erfordernisse *n/pl.*

مقتطف [muq'tatɒf] Auslese *f*, Auswahl *f*, Auszug *m*

مقتل [maqtal] Tötung *f*, Tod *m*; *pl.* مقاتل [ma'qaːtil] (2) lebenswichtige Stelle *des Körpers*

مقتن [muq'tanin] Erwerber *m*, Käufer *m*

مقتنع [muq'taniˁ] überzeugt (ب von *D*)

مقتنى [muq'tanan] Erworbene(s), Erwerbung *f*

مقدار [miq'daːr], *pl.* مقادير [maqaː'diːr] (2) Ausmaß *n*, Maß *n*; ~بـ *u.* ه~ [-uhu] in Höhe von; بـ~ ما in dem Maße, wie

مقدام [miq'daːm] unerschrocken, kühn

مقدر [mu'qaddar] geschätzt; vorherbestimmt; implizit

مقدرة [maqdira] Kraft *f*, Fähigkeit *f*

[1]**مقدس** [maqdis]: بيت الـ~ Jerusalem

[2]**مقدس** [mu'qaddas] geheiligt, heilig; geweiht

[1]**مقدم** [mu'qaddam] überreicht; Vorderteil *n*; Vorauszahlung *f*; *Mil.* Oberstleutnant *m*; ~ا [-an] im voraus

[2]**مقدم** [mu'qaddim] Präsentator *m*, Moderator *m*; ~ة Vorderteil *n*; Einleitung *f*, Vorwort *n*, Präambel *f*; Prämisse *f*

مقدور [maq'duːr] Fähigkeit *f*; verhängt; Schicksal *n*

مقذاف [miq'ðaːf], *pl.* مقاذيف [maqaː'ðiːf] (2) Ruder *n*

مقذوف [maq'ðuːf] *u.* ~ة Geschoß *n*, Projektil *n*

مقر [ma'qarr], *pl.* مقار [ma'qaːrr] (2) Standort *m*; (Amts-)Sitz *m*

مقرب [mu'qarrab] nahestehend; Vertraute(r) *m*

مقربة [maqraba] Nähe *f*

مقرر [mu'qarrar] beschlossen; festgesetzt; *pl.* [-aːt] Lehrplan *m*; Studienfach *n*; *pl. a.* Beschlüsse *m/pl.*

مقرعة [miqraˁa] (Tür-)Klopfer *m*; Knüppel *m*

مقرف [muqrif] widerlich, ekelhaft

مقسوم [maq'suːm] geteilt; *Math.* Dividend *m*; عليه ~ *Math.* Divisor *m*

مقص [mi'qɒss], *pl.* مقاص [ma'qɒːss] (2) Schere *f*
مقصب [mu'qɒssɒb] mit Gold- u. Silberfäden durchwirkt
مقصد [maqsɒd], *pl.* مقاصد [ma'qɒː-sɨd] (2) Zielort *m*, Ziel *n*; Absicht *f*
مقصف [maqsɒf] Kantine *f*, Büfett *n*
مقصلة [miqsɒla] Guillotine *f*
مقصود [maq'suːd] beabsichtigt; gemeint
مقصور [maq'suːr] beschränkt (على auf *A*); ة~, *pl.* [-aːt] *u.* مقاصير [maqɒː'sɨːr] (2) Abteil *n*; Kabinett *n*, Loge *f*
مقضي [maq'điːj] entschieden; ~ عليه ب verurteilt zu
مقطر [mu'qɒttɒr] destilliert
[1] مقطع [maqtɒˁ], *pl.* مقاطع [ma'qɒː-tiˁ] (2) Abschnitt *m*; Silbe *f*; Schnittpunkt *m*; Übergangsstelle *f*; Steinbruch *m*; *Math.* Querschnitt *m*
[2] مقطع [miqtɒˁ] Schneidegerät *n*
مقطف [maqtɒf] Korb *m*
مقطورة [maq'tuːra] Anhänger *m e-s Lastkraftwagens*
مقطوع [maq'tuːˁ] abgeschnitten; *Ir. Preis*: fest(gesetzt); به ~ entschieden; ـة~ (Musik-)Stück *n*; ـية~ Akkordarbeit *f*; Verbrauch *m*
[1] مقعد [maqˁad], *pl.* مقاعد [ma'qaː-ˁid] (2) Sitz *m*; Stuhl *m*, Bank *f*
[2] مقعد [muqˁad] invalid
مقعر [mu'qaˁˁar] vertieft, hohl, konkav
مقفر [muqfir] öde, verödet
مقلاع [miq'laːˁ], *pl.* مقاليع [maqaː-'liːˁ] (2) Schleuder *f*, Katapult *n*
مقلب [maqlab] Müllkippe *f*; (Schelmen-)Streich *m*
[1] مقلد [mu'qallad] nachgemacht; gefälscht
[2] مقلد [mu'qallid] Imitator *m*; Fälscher *m*
مقلع [maqlaˁ] Steinbruch *m*
مقلم [mu'qallam] **1.** gestutzt, geschnitten; **2.** *Stoff*: gestreift
مقلمة [maqlama] Federkasten *m*
مقلة [muqla], *pl.* مقل [muqal] Augapfel *m*
مقلوب [maq'luːb] gewendet, umgekehrt; verkehrt; *Math.* reziprok
[1] مقلي [maq'liːj] gebraten
[2] مقلى [miqlan] Bratpfanne *f*
مقمر [mu'qammar] geröstet; Toast *m*
مقمرة [maqmara] Spielkasino *n*
مقنطر [mu'qantɒr] gewölbt
[1] مقنع [mu'qannaˁ] maskiert; verschleiert
[2] مقنع [muqniˁ] überzeugend
[1] مقنن [mu'qannan] festgelegt, normiert; rationiert
[2] مقنن [mu'qannin] Gesetzgeber *m*
مقهور [maq'huːr] bezwungen; traurig, niedergeschlagen
مقهى [maqhan], *pl.* مقاه [ma'qaː-hin] Kaffeehaus *n*
مقو [mu'qawwin] stärkend, kräfti-

gend; *pl.* مقويات [muqawwi'jaːt] Stärkungsmittel *n*; *Radio*: Verstärker *m*

مقود [miqwad], *pl.* مقاود [ma'qaːwid] (2) Lenkrad *n*; Halfter *m od. n*, Leitstrick *m*

مقور [mu'qawwar] ausgehöhlt; *Kleid*: ausgeschnitten

مقوس [mu'qawwas] bogenförmig, gebogen

مقول [ma'quːl] Gesagte(s); *pl.* [-aːt] *Phil.* Kategorie *f*; **ـة~** Äußerung *f*, Wort *n*

[1]**مقوم** [mu'qawwam] bewertet; geradegerichtet

[2]**مقوم** [mu'qawwim] bewertend; *pl.* [-aːt] *El.* Gleichrichter *m*; *pl.* Grundlagen *f/pl.*, Voraussetzungen *f/pl.*

مقوى [mu'qawwan] verstärkt, gestärkt; ~ ورق Karton *m*

مقياس [miq'jaːs], *pl.* مقاييس [maqaː'jiːs] (2) Maßstab *m*, Maß *n*; Kriterium *n*; Meßgerät *n*; Skala *f*; ~ الحرارة Thermometer *n*

مقيد [mu'qajjad] gefesselt; eingeschränkt, gebunden; eingetragen

مقيم [mu'qiːm] sich aufhaltend, wohnhaft, ansässig; Deviseninländer *m*; *hist.* Resident *m*

مكابر [mu'kaːbir] rechthaberisch, eigensinnig

مكابرة [mu'kaːbara] Rechthaberei *f*, Eigensinn *m*

مكاتبة [mu'kaːtaba] Korrespondenz *f*, Briefwechsel *m*

[1]**مكار** [ma'kkaːr] listig, schlau, verschlagen

[2]**مكار** [mu'kaːrin] Vermieter *m bsd. von Lasttieren*

مكافأة [mu'kaːfaʔa] Belohnung *f*; Entlohnung *f*, Vergütung *f*

مكافح [mu'kaːfiħ] Kämpfer *m*

مكافحة [mu'kaːfaħa] Bekämpfung *f*, Kampf *m*

مكافئ [mu'kaːfiʔ] gleich(artig), entsprechend

مكالمة [mu'kaːlama] Gespräch *n*, Unterredung *f*

مكان [ma'kaːn], *pl.* أمكنة [ʔamkina] *u.* أماكن [ʔa'maːkin] (2) Ort *m*, Platz *m*, Stelle *f*, Stätte *f*; ~ [-a] *Präp.* anstatt; **ـة~** Stellung *f*, Rang *m*, Platz *m*; **ـي~** örtlich, räumlich

مكائن → مكنة[1]

مكب [mi'kabb] Spule *f*

مكبح [mikbaħ] *Techn.* Bremse *f*

مكبر [mu'kabbir] vergrößernd; ~ الصوت Lautsprecher *m*

مكبس [mikbas], *pl.* مكابس [ma'kaːbis] (2) Presse *f*; *Techn.* Kolben *m*

مكبوس [mak'buːs] gepreßt; eingemacht, konserviert

مكتب [maktab], *pl.* مكاتب [ma'kaːtib] (2) Büro *n*; Amt *n*; Schreibtisch *m*; **ـة~**, *pl.* [-aːt] Bibliothek *f*; Buchhandlung *f*

مكتشف [muk'taʃif] Entdecker *m*

مكتشفات [muktaʃa'faːt] *pl.* Entdeckungen *f/pl.*

مكتظ [muk'tɒðð] überfüllt (ب mit *D*)

مكتف [muk'tafin] genügsam, zufrieden

مكتنز [muk'taniz] fest, kompakt; *Körper*: gedrungen

مكتنف [muk'tanaf] umgeben (ب von *D*)

مكتوب [mak'tuːb] geschrieben; beschieden, bestimmt; *pl.* مكاتيب [makaː'tiːb] (2) Schreiben *n*, Brief *m*

مكتوم [mak'tuːm] verborgen, geheim

مكث [makaθa, u] bleiben, verweilen

مكثر [mukθir] wohlhabend, begütert

[1]مكثف [mu'kaθθaf] verdichtet; intensiv

[2]مكثف [mu'kaθθif] Kondensator *m*

مكذوب [mak'ðuːb] erlogen, falsch

[1]مكر [makara, u] täuschen, betrügen; **III** ماكر [maːkara] zu täuschen suchen

[2]مكر [makr] (Arg-)List *f*, Verschlagenheit *f*

[3]مكر [mukrin] Vermieter *m*

مكرر [mu'karrar] wiederholt; raffiniert, gereinigt

مكرس [mu'karras] geweiht; ماء ~ Weihwasser *n*

مكرش [mukriʃ] dickbäuchig

مكرم [mu'karram] geehrt, verehrt

مكرمة [makrama, makruma], *pl.* مكارم [ma'kaːrim] (2) edle Eigenschaft; gute Tat

مكرهة [makraha] verhaßte Sache; مكاره [ma'kaːrih] (2) *pl.* Widerwärtigkeiten *f/pl.*

[1]مكروب [mak'ruːb] bedrückt, betrübt

[2]مكروب [mik'roːb], *pl.* [-aːt] Mikrobe *f*

مكروه [mak'ruːh] verhaßt, widerwärtig; verpönt; Unheil *n*

مكس [maks], *pl.* مكوس [mu'kuːs] Abgabe *f*, Steuer *f*

مكسب [maksab], *pl.* مكاسب [ma'kaːsib] (2) Gewinn *m*, Erfolg *m*; Errungenschaft *f*

مكسح [mu'kassaħ] Krüppel *m*

مكسحة [miksaħa] Besen *m*

[1]مكسر [maksir] Bruch *m*

[2]مكسر [mu'kassar] zerbrochen, zerschlagen; *Sprache*: gebrochen; ~ات *pl.* Mandeln *f/pl.* u. Nüsse *f/pl.*

مكسم [mu'kassam] wohlgeformt

مكشوف [mak'ʃuːf] offen, unbedeckt; السحب على الـ~ Überziehung *f des Kontos*

مكعب [mu'kaʕʕab] kubisch, Kubik-; Würfel *m*, Kubus *m*

مكفوف [mak'fuːf] blind

مكفول [mak'fuːl] garantiert, gesichert

مكلف [mu'kallaf] beauftragt; rechts-

م

fähig; steuerpflichtig; wehrpflichtig

مكلل [mu'kallal] bekränzt, gekrönt

مكمن [makman], *pl.* مكامن [ma'kaːmin] (2) Versteck *n*; (*Erz*-)Lagerstätte *f*

مكن II [makkana] befähigen, in den Stand setzen (من zu *D*); ermöglichen (ه من *j-m A*); befestigen, stärken; **IV** أمكن [ʔamkana] möglich sein (ل *j-m*); يمكن أن es ist möglich, daß; **V** تمكن [ta'makkana] imstande sein (من zu *D*), vermögen, können (من *A*); beherrschen (من *A*); **X** استمكن [is'tamkana] sich bemächtigen (من *G*); in s-r Gewalt haben (من *A*)

مكنسة [miknasa], *pl.* مكانس [ma'kaːnis] (2) Besen *m*; كهربائية ~ Staubsauger *m*

مكننة [maknana] Mechanisierung *f*

[1]**مكنة** [makina], *pl.* مكائن [ma'kaːʔin] (2) Maschine *f*

[2]**مكنة** [mukna] Macht *f*, Möglichkeit *f*

مكنون [mak'nuːn] verborgen

مكنى [mu'kannan] benannt (ب mit *e-m Beinamen*)

مكة [makka] Mekka (*Stadt*)

مكهرب [mu'kahrab] elektrifiziert; elektrisch geladen

مكواة [mik'waːt] Bügeleisen *n*; Brenneisen *n*

مكوث [mu'kuːθ] Verweilen *n*, Aufenthalt *m*

مكوجي [makwagiː] *Äg.* Bügler *m*

مكور [mu'kawwar] kugelförmig

مكوك [ma'kkuːk], *pl.* مكاكيك [makaː'kiːk] (2) Weberschiffchen *n*; Raumfähre *f*

[1]**مكون** [mu'kawwan] gebildet (من aus *D*)

[2]**مكون** [mu'kawwin] Schöpfer *m*; ـات ~ *pl.* Komponenten *f/pl.*, Bestandteile *m/pl.*

مكي [makkiː] mekkanisch; Mekkaner *m*

مكيال [mik'jaːl], *pl.* مكاييل [makaː'jiːl] (2) (Hohl-)Maß *n*

مكيدة [ma'kiːda], *pl.* مكائد [ma'kaːʔid] (2) Intrige *f*; *pl.* Ränke *pl.*

مكيف [mu'kajjaf] angepaßt; ~ الهواء klimatisiert

مكيفات [mu'kajji'faːt] *pl.* Rauschgifte *n/pl.*

مكين [ma'kiːn], *pl.* مكناء [muka'naːʔ] (2) fest, solide; angesehen

مل [malla, a] müde, überdrüssig sein; sich langweilen; **IV** أمل [ʔa'malla] langweilen

[1]**ملء** [malʔ] Füllen *n*

[2]**ملء** [milʔ] voll machende Menge, Fülle *f*; اليد ~ e-e Handvoll

[1]**ملا** [mullaː] *Isl.* (*schiitischer*) Geistliche(r)

[2]**ملأ** [malaʔa, a] füllen, an-, aus-, erfüllen; vollmachen; *Uhr* aufziehen; **III** مالأ [maːlaʔa] helfen, beistehen (ه *j-m*); **VIII** امتلأ [im-

م

'talaʔa] sich füllen; voll, erfüllt sein (ـه/ب von *D*)

[3]ملأ [malaʔ], *pl.* أملاء [ʔam'laːʔ] Leute *pl.*, Menge *f*; Öffentlichkeit *f*

ملاءمة [mu'laːʔama] Übereinstimmung *f*; In-Einklang-Bringen *n*

[1]ملاءة [ma'laːʔa] Zahlungsfähigkeit *f*

[2]ملاءة [mu'laːʔa] = ملاية

ملابس → [1]ملبس

ملابسات [mulaːba'saːt] *pl.* Begleitumstände *m/pl.*

ملاح [ma'llaːħ] Matrose *m*, Seemann *m*

[1]ملاحظ [mu'laːħɒð] bemerkt; من الـ~ أن [ʔanna] es ist zu bemerken, daß

[2]ملاحظ [mu'laːħið] Aufseher *m*, Kontrolleur *m*; *Ir.* Inspektor *m*

ملاحظة [mu'laːħaðɒ] Beobachtung *f*, Wahrnehmung *f*; Beachtung *f*; Überwachung *f*; *pl.* [-aːt] Bemerkung *f*, Anmerkung *f*

ملاحقة [mu'laːħaqa] *a. Jur.* Verfolgung *f*

[1]ملاحة [ma'laːħa] Schönheit *f*, Anmut *f*

[2]ملاحة [ma'llaːħa] Saline *f*; Salzfaß *n*

[3]ملاحة [mi'laːħa] Schiffahrt *f*

ملاحي [mi'laːħiː] Schiffahrts-, nautisch

ملاذ [ma'laːð] Zuflucht *f*; Zufluchtsort *m*

ملازم [mu'laːzim] untrennbar verbunden (ل mit *D*); bleibend, ständig; *Mil.* Leutnant *m*; ~ أول Oberleutnant *m*

ملازمة [mu'laːzama] enge Verbundenheit; Bleiben *n*, Verweilen *n*; Verfolgung *f e-s Zieles*; Beharrlichkeit *f*

ملاسة [ma'laːsa] Glätte *f*

ملاشاة [mulaː'ʃaːt] Beseitigung *f*, Vernichtung *f*

ملاصق [mu'laːsiq] angrenzend, anstoßend

ملاصقة [mu'laːsɒqa] Angrenzen *n*, Nachbarschaft *f*; Verbundensein *n*

ملاط [mi'lɒːt] Mörtel *m*

ملاطفة [mu'laːtɒfa] Liebenswürdigkeit *f*; Liebkosung *f*

ملافاة [mulaː'faːt] Behebung *f e-s Schadens*

ملاق [ma'llaːq] Schmeichler *m*

ملاقاة [mulaː'qaːt] Begegnung *f*, Treffen *n*

[1]ملاك [ma'laːk], *pl.* ملائكة [ma'laːʔika] Engel *m*

[2]ملاك [ma'llaːk] Eigentümer *m*, (Grund-)Besitzer *m*, → مالك

[3]ملاك [mi'laːk] Personal *n*, Belegschaft *f*

ملاكم [mu'laːkim] Boxer *m*

ملاكمة [mu'laːkama] Boxen *n*, Faustkampf *m*

ملاكي [ma'llaːkiː] *Auto*: privat

ملال [ma'laːl] Langeweile *f*; Überdruß *m*

م

[1]ملام [ma'laːm] Tadel *m*
[2]ملام [mu'laːm] tadelnswert
ملامح [ma'laːmiħ] (2) *pl.* Wesenszüge *m/pl.*; Gesichtszüge *m/pl.*
ملامسة [mu'laːmasa] Berühren *n*
ملآن [mal'ʔaːn], *f* ملأى [malʔaː], *pl.* ملاء [mi'laːʔ] voll
ملاوص [mu'laːwis] *u.* ملاوع [mu'laːwiʕ] *Äg.* schlau, listig
ملائكي [ma'laːʔikiː] Engels-
ملائم [mu'laːʔim] passend (ل für *A*); günstig
ملاية [mi'laːja] *Äg. schwarzes* Umschlagtuch *der Frauen*; Bettuch *n*, Laken *n*
ملايين → مليون
ملبد [mu'labbad] verfilzt; بالغيوم ~ bewölkt
[1]ملبس [malbas], *pl.* ملابس [ma'laːbis] (2) Kleidungsstück *n*, Gewand *n*; Anzug *m*; *pl. a.* Kleider *n/pl.*; ملابس رسمية Uniform *f*
[2]ملبس [mu'labbas] überzogen, eingelegt; *pl.* [-aːt] Bonbon *n*; *pl. a.* kandierte Nüsse *f/pl.*
ملبن [malban] Rahatlukum (*orientalische Süßigkeit*)
ملبوس [mal'buːs] *Äg.* besessen; ~ات *pl.* Kleidung *f*
ملتح [mul'taħin] bärtig
ملتحمة [mul'taħama] Bindehaut *f des Auges*
ملتزم [mul'tazim] sich haltend (ب an *A*); verpflichtet (ب zu *D*); engagiert; (*Wechsel-*)Verpflichtete(r)
ملتصق [mul'tasiq] haftend; (eng) verbunden; anliegend
ملتف [mul'taff] zusammengerollt; verschlungen; gewickelt
ملتفت [mul'tafit] achtsam; Rücksicht nehmend (إلى auf *A*)
ملتقى [mul'taqan], *pl.* ملتقيات [multaqa'jaːt] Treffen *n*, Tagung *f*; Treffpunkt *m*; Schnittpunkt *m*, Kreuzung *f*
ملتمس [mul'tamas] Ersuchen *n*, Gesuch *n*
ملتهب [mul'tahib] brennend, lodernd; *a. Med.* entzündet
ملتوى [mul'tawan] Windung *f*, Kurve *f*
ملثم [mu'laθθam] verschleiert
ملجأ [maldʒaʔ], *pl.* ملاجئ [ma'laːdʒiʔ] (2) Zufluchtsort *m*; Asyl *n*; Heim *n*; *Mil.* Bunker *m*, Unterstand *m*
[1]ملح [maluħa, u] **1.** salzig sein; **2.** schön, hübsch sein; **II** [mallaħa] salzen; einsalzen, pökeln
[2]ملح [mu'liħħ] eindringlich; drängend, dringend
[3]ملح [milħ], *pl.* أملاح [ʔam'laːħ] Salz *n*
ملحد [mulħid] ungläubig; Ketzer *m*; Atheist *m*
ملحف [milħaf] *u.* ~ة, *pl.* ملاحف [ma'laːħif] (2) Decke *f*, Überwurf *m*
ملحق [mulħaq] angefügt, beigege-

ben (ب *D*); *pl.* [-uːn] Attaché *m*; *pl.* [-aːt] *u.* ملاحق [ma'laːħiq] (2) Anhang *m*, Zusatz *m*; Beilage *f*; ~ات *a.* abhängige Gebiete *n*/*pl.*

ملحمة [malħama], *pl.* ملاحم [ma'laːħim] (2) Schlacht *f*, Kampf *m*; Heldenepos *n*

ملحمي [malħamiː] episch

ملحن [mu'laħħin] Komponist *m*

ملحة [mulħa], *pl.* ملح [mulaħ] Anekdote *f*

ملحوظ [mal'huːð] merklich, beachtlich; ~ة Bemerkung *f*

ملحي [milħiː] Salz-, salzig

ملخص [mu'laxxɒs] (kurz) zusammengefaßt; Resümee *n*

ملذة [ma'laððа] Wonne *f*, Freude *f*, Genuß *m*

[1]ملزم [mulzam] verpflichtet (ب zu *D*)

[2]ملزم [mulzim] bindend, zwingend

[1]ملزمة [malzama] Bogen *m e-s Buches*

[2]ملزمة [milzama], *pl.* ملازم [ma'laːzim] (2) Schraubstock *m*

[1]ملس [malusa, u] glatt sein; **II** [mallasa] glätten, ebnen; streichen (على über *A*); **V** تملس [ta'mallasa] glatt werden; entschlüpfen

[2]ملس [malis] glatt

[1](ملص) **V** تملص [ta'mallasɒ] entgleiten, entschlüpfen; sich drükken (من vor *D*)

[2]ملص [malis] glatt

ملصق [mulsɒq] angeklebt; *pl.* [-aːt] Plakat *n*

ملط [malatɒ, u] *u.* **II** [mallatɒ] *Mauer* verputzen

ملطف [mu'lɒttif] lindernd, besänftigend; *pl.* [-aːt] Beruhigungsmittel *n*

ملعب [malʕab], *pl.* ملاعب [ma'laːʕib] (2) Spielplatz *m*; Sportplatz *m*, Stadion *n*

ملعقة [milʕaqa], *pl.* ملاعق [ma'laːʕiq] (2) Löffel *m*

ملعون [mal'ʕuːn] verdammt, verflucht

ملغى [mulɣan] aufgehoben; ungültig; abgeschafft

[1]ملف [mi'laff, ma'laff], *pl.* [-aːt] Akte *f*; Dossier *n*

[2]ملف [mi'laff], *pl.* [-aːt] Rolle *f*; *El.* Spule *f*

ملفق [mu'laffaq] erfunden, erdichtet

ملفوف [mal'fuːf] gewickelt; *Syr.* Kohl *m*

(ملق) **III** مالق [maːlaqa] *u.* **V** تملق [ta'mallaqa] schmeicheln

ملقب [mu'laqqab] benannt (ب mit *e-m Namen*)

ملقح [mu'laqqaħ] geimpft; befruchtet

ملقط [milqɒt], *pl.* ملاقط [ma'laːqit] (2) Zange *f*; Pinzette *f*

ملقن [mu'laqqin] Souffleur *m*

[1]ملقى [malqan] Treffpunkt *m*; Schnittpunkt *m*

[2]ملقى [mulqan] (hin-, weg)geworfen

[1]ملك [malaka, i] besitzen; in Besitz nehmen, erwerben; beherrschen; imstande sein (ـه *zu*), vermögen; **II** [mallaka] zum Besitzer machen; übereignen (ـه ه *j-m A*); zum König machen; **V** تملك [ta'mallaka] erwerben, in Besitz nehmen; sich bemächtigen (ه *j-s*); **VI** تمالك [ta'maːlaka] sich beherrschen; **VIII** امتلك [im'talaka] besitzen; erwerben; **X** استملك [is'tamlaka] in Besitz nehmen; enteignen

[2]ملك [malak], *pl.* ملائكة [ma'laːʔika] Engel *m*

[3]ملك [malik], *pl.* ملوك [mu'luːk] König *m*, Monarch *m*

[4]ملك [mulk] Herrschaft *f*; Königtum *n*

[5]ملك [milk], *pl.* أملاك [ʔam'laːk] Eigentum *n*, Besitz *m*; Hab und Gut *n*; Besitzungen *f/pl.*

[1]ملكة [malaka] Gabe *f*, Begabung *f*, Talent *n*

[2]ملكة [malika], *pl.* [-aːt] Königin *f*

ملكوت [mala'kuːt] (*König-*)Reich *n*; السماوات ~ *Chr.* das Himmelreich

ملكي [malakiː] königlich; monarchistisch

[1]ملكية [mala'kiːja] Monarchie *f*

[2]ملكية [mil'kiːja] Eigentum *n*

ملل [malal] Langeweile *f*; Verdrossenheit *f*; → [1]ملة *u.* [2]ملة

ملم [mu'limm] vertraut (ب mit *D*); Kenner *m* (ب *G*)

ملمس [malmas] Berühren *n*, Fühlen *n*; *pl.* ملامس [ma'laːmis] (2) Fühler *m*

ملمع [mu'lammaʕ] poliert

(ململ) **II** تململ [ta'malmala] unruhig werden

ملمة [mu'limma] Unglück *n*, Schicksalsschlag *m*

ملموس [mal'muːs] fühlbar, greifbar; konkret

مله [mulhin] unterhaltsam

[1]ملة [mulla], *pl.* ملل [mulal] Sprungfedermatratze *f*

[2]ملة [milla], *pl.* ملل [milal] Religion(sgemeinschaft) *f*

ملهاة [mal'haːt] Komödie *f*

ملهم [mulham] inspiriert

ملهوف [mal'huːf] besorgt, bedrückt

ملهى [malhan], *pl.* ملاه [ma'laːhin] Vergnügungslokal *n*; Belustigung *f*

(ملو) **IV** أملى [ʔamlaː] diktieren (على *j-m*); **V** تملى [ta'mallaː] genießen; **X** استملى [is'tamlaː] sich diktieren lassen

[1]ملوث [mu'lawwaθ] beschmutzt, verschmiert; verschmutzt

[2]ملوث [mu'lawwiθ] verschmutzend; *pl.* [-aːt] Schadstoff *m*

[1]ملوحة [mu'lawwiħa] Signal *n*

[2]ملوحة [mu'luːħa] Salzgehalt *m*

م

ملوخية [mulu:'xi:ja] Naltajute *f*; *daraus zubereitete Soße*

ملوكي [mu'lu:ki:] monarchisch; monarchistisch

ملوم [ma'lu:m] getadelt; tadelnswert

ملون [mu'lawwan] gefärbt; bunt

¹ملوي [mal'wi:j] gewunden; verbogen; gekrümmt

²ملوى [milwan], *pl.* ملاو [ma'la:win] Wirbel *m e-r Geige*; Schraubenschlüssel *m*

ملي [milli:] Religions-

مليء [ma'li:ʔ] voll, gefüllt, füllig; reich (ب an *D*); zahlungsfähig

مليا [mi'li:jan] lange Zeit

مليار [mil'ja:r] Milliarde *f*

مليح [ma'li:ħ] hübsch, schön, nett

مليك [ma'li:k], *pl.* ملكاء [mula'ka:ʔ] (2) König *m*

مليم [ma'lli:m] Mallim *m* (*Münzeinheit, früher Äg. 1/1000 Pfund*)

ملين [mu'lajjin] weich machend; Abführmittel *n*

مليون [mal'ju:n], *pl.* ملايين [mala:'ji:n] (2) Million *f*

¹مم [mimma] (= من ما) wovon?; woraus?

²مم *Abk. für* مليمتر Millimeter *m*

مما [mimma:] (= من ما) was (*Relativpronomen*); von dem, was

مماثل [mu'ma:θil] ähnlich (ل *D*); gleich, analog

مماثلة [mu'ma:θala] Ähnlichkeit *f*, Gleichheit *f*

ممارسة [mu'ma:rasa] Ausübung *f e-s Berufs*; Praxis *f*; ~ات *pl.* Praktiken *f/pl.*

مماس [mu'ma:ss] *Math.* Tangente *f*; ~ة Berühren *n*, Angrenzen *n*

مماطل [mu'ma:tˤil] saumselig

مماطلة [mu'mɒ:tɒla] Hinhalten *n*

ممالأة [mu'ma:laʔa] Parteinahme *f*; Kollaboration *f*

ممالئ [mu'ma:liʔ] parteiisch

ممانعة [mu'ma:naʕa] Widerstand *m*; Einwand *m*

ممتاز [mum'ta:z] ausgezeichnet, hervorragend, vorzüglich; Sonder-

ممتثل [mum'taθil] sich fügend (ل *D*), gehorsam

¹ممتحن [mum'taħan] geprüft; Prüfling *m*

²ممتحن [mum'taħin] Prüfer *m*

ممتد [mum'tadd] sich erstreckend; ausgestreckt, ausgedehnt

ممتص [mum'tɒsˤ] saugfähig, absorbierend

ممتع [mumtiʕ] angenehm, genußreich; interessant

ممتلكات [mumtala'ka:t] *pl.* Besitz *m*, Besitzung(en *pl.*) *f*

ممتلئ [mum'taliʔ] gefüllt, voll

ممتنع [mum'taniʕ] sich enthaltend; unzugänglich (على für *j-n*); unmöglich

ممثل [mu'maθθil] Vertreter *m*, Repräsentant *m*; Darsteller *m*, Schauspieler *m*; ~ة Schauspielerin *f*; ~ية (*diplomatische*) Vertretung

ممحاة [mim'ħaːt] Radiergummi *m*

ممدد [mu'maddad] *u.* ممدود [mam'duːd] ausgestreckt; verlängert, gedehnt

ممر [ma'marr], *pl.* [-aːt] Gang *m*, Korridor *m*; Durchgang *m*; Paß *m im Gebirge*; مائي ~ Wasserstraße *f*

ممرض [mu'marrɨđ] Krankenpfleger *m*, Sanitäter *m*; ~ة Krankenschwester *f*

1ممرن [mu'marran] geübt, erfahren; ausgebildet, trainiert

2ممرن [mu'marrin] *Sport*: Trainer *m*; *Mil.* Ausbilder *m*

ممسحة [mimsaħa], *pl.* مماسح [ma'maːsiħ] (2) (Wisch-)Lappen *m*; Fußmatte *f*

ممسك [mumsik] ergreifend, festhaltend; sparsam; *Med.* stopfend

ممسوس [mam'suːs] berührt; fühlbar; besessen

ممشوق [mam'ʃuːq] schlank

ممشى [mamʃan], *pl.* مماش [ma'maːʃin] Gang *m*, Korridor *m*; Fußweg *m*; Promenade *f*; Laufsteg *m*

ممض [mu'miđđ] quälend

ممضى [mumđɒn] unterzeichnet, unterschrieben

1ممطر [mumtɨr] regnerisch

2ممطر [mimtɒr] Regenmantel *m*

ممعود [mam'ʕuːd] magenleidend

ممكن [mumkin] möglich; غير ~ unmöglich; من الـ~ أن es ist möglich, daß

ممل [mu'mill] langweilig, ermüdend

مملح [mu'mallaħ] gesalzen; eingesalzen, gepökelt

مملحة [mimlaħa] Salzfaß *n*

مملكة [mamlaka], *pl.* ممالك [ma'maːlik] (2) Königreich *n*; Reich *n*

مملوء [mam'luːʔ] gefüllt; erfüllt

مملوك [mam'luːk] gehörend (ل *j-m*); المماليك [al-mamaː'liːk] (2) *pl. hist.* die Mamluken *m/pl.*

ممن [mimman] (= من من) von wem

ممنوع [mam'nuːʕ] verboten, untersagt

ممنون [mam'nuːn] zu Dank verpflichtet, verbunden; ~ية Dankbarkeit *f*; بكل ~ sehr gerne

ممهد [mu'mahhad] *Weg*: geebnet, gebahnt; vorbereitet

مموج [mu'mawwadʒ] wellig, gewellt

ممول [mu'mawwil] Finanzier *m*; *Äg.* Steuerzahler *m*

مميت [mu'miːt] tödlich, todbringend

1مميز [mu'majjaz] unterschieden; ausgezeichnet; privilegiert

2مميز [mu'majjiz] unterscheidend; charakteristisch; *Ir.* leitende(r) Beamte(r), Amtmann *m*; ~ة Charakteristikum *n*, Wesenszug *m*

1من [man] wer?; wen?; *Relativpronomen*: wer; einer, der…; بيت ~ [baitu m.] wessen Haus?; كل ~ jeder, der…

2من [min] *Präp.* von, aus; gehörend

zu; seit; durch (*die Tür kommen*); *sich* vor *etwas fürchten*; *nach Komparativ*: als

[3]من [manna, u] gewähren, schenken (على ب *j-m A*); **VIII** امتن [im'tanna] dankbar, verbunden sein (ل *j-m*)

[4]من [mann] Gunst *f*, Geschenk *n*; Manna *n*

مناب [ma'naːb] Stellvertretung *f*

مناجاة [munaː'dʒaːt] *geheime od. vertrauliche* Zwiesprache

مناجزة [mu'naːdʒaza] Kampf *m*, Streit *m*

مناح → منحى

مناخ [ma'naːx, mu'naːx] Klima *n*; ~ـي klimatisch

مناد [mu'naːdin] verlangend (ب *A*); Rufer *m*, Ausrufer *m*; Herold *m*

مناداة [munaː'daːt] Rufen *n*; Ausrufung *f*, Proklamation *f*; Aufruf *m* (ب zu *D*)

منادم [mu'naːdim] Zechgenosse *m*; Kamerad *m*

منار [ma'naːr] Leuchtturm *m*; ~ة, *pl.* منائر [ma'naːʔir] (2) Leuchtturm *m*; Minarett *n*

[1]**منازع** [mu'naːzaʕ]: ~ عليه strittig

[2]**منازع** [mu'naːziʕ]: ~ بدون unbestritten

منازعة [mu'naːzaʕa] Streit *m*; Konflikt *m*

مناسب [mu'naːsib] passend, geeignet; entsprechend; günstig; angemessen

مناسبة [mu'naːsaba] Entsprechung *f*, Eignung *f*; *pl.* [-aːt] Anlaß *m*, Gelegenheit *f*; ~بـ anläßlich

مناشدة [mu'naːʃada] Beschwörung *f*, Appell *m*

مناص [ma'nɒːs]: لا ~ منه [-a] (es ist) unvermeidlich; → منصة

مناصرة [mu'nɒːsɒra] Beistand *m*

مناصفة [munɒː'sɒfatan] je zur Hälfte

مناضل [mu'nɒːđil] Kämpfer *m*

مناظر [mu'nɒːðir] gleich; Konkurrent *m*, Gegner *m*

مناظرة [mu'nɒːðɒra] Auseinandersetzung *f*, Kontroverse *f*; Wettbewerb *m*

مناعة [ma'naːʕa] Widerstandskraft *f*, Stärke *f*; Immunität *f*

مناف [mu'naːfin] unvereinbar

منافاة [munaː'faːt] Widerspruch *m*, Unvereinbarkeit *f*

منافس [mu'naːfis] Konkurrent *m*, Mitbewerber *m*

منافسة [mu'naːfasa] Wettbewerb *m*, Konkurrenz *f*, Rivalität *f*

منافق [mu'naːfiq] Heuchler *m*

منافقة [mu'naːfaqa] Heuchelei *f*

مناقب [ma'naːqib] (2) *pl.* Verdienste *n/pl.*; Tugenden *f/pl.*

مناقشة [mu'naːqaʃa] Diskussion *f*; Verteidigung *f e-r Dissertation*

مناقصة [mu'naːqɒsɒ] (*öffentliche*) Ausschreibung

مناقض [mu'naːqiđ] widersprechend, unvereinbar

م

مناقضة [mu'naːqɒđɒ] Widerspruch *m*, Unvereinbarkeit *f*

منال [ma'naːl] Erlangung *f*, Erreichen *n*

منام [ma'naːm] Schlaf *m*; Traum *m*; Schlafzimmer *n*; ~ة **1.** Schlafanzug *m*; **2.**: ال~ *Geo.* Manama

منان [ma'nnaːn] gütig, wohltätig; *Beiname Gottes*

مناهض [mu'naːhiđ] anti-; Gegner *m*

مناهضة [mu'naːhɒđɒ] Widerstand *m*, Opposition *f*

مناوأة [mu'naːwaʔa] Gegnerschaft *f*, Widerstand *m*

مناوبة [mu'naːwaba] Abwechslung *f*, Ablösung *f*

مناورة [mu'naːwara] *a. Mil.* Manöver *n*

مناوشة [mu'naːwaʃa] Geplänkel *n*, Scharmützel *n*

مناولة [mu'naːwala] (Hin-, Zu-)Reichen *n*; *Chr.* Kommunion *f*

مناوئ [mu'naːwiʔ] bekämpfend, entgegenwirkend

منايا ← منية[1]

منبار [mim'baːr] Darm *m*; ~ محشي [mah'ʃiːj] *Äg.* Wurst *f*

منبت [mambit, mambat], *pl.* منابت [ma'naːbit] (2) Ursprung *m*; (*Krankheits-*)Herd *m*

منبر [mimbar], *pl.* منابر [ma'naːbir] (2) Kanzel *f*; Rednerpult *n*

منبسط [mum'basiŧ] ausgebreitet; froh, heiter

منبض [mambiđ] Pulsader *f*

منبطح [mum'batiħ] ausgestreckt; flach

منبع [mambaʕ], *pl.* منابع [ma'naːbiʕ] (2) Quelle *f*, Ursprung *m*

منبه [mu'nabbih] weckend; stimulierend; Wecker *m*

منبوذ [mam'buːð] weggeworfen; ausgestoßen, verstoßen

منتبه [mun'tabih] beachtend; aufmerksam, wachsam

منتج[1] [muntadʒ] erzeugt; *pl.* [-aːt] Produkt *n*, Erzeugnis *n*

منتج[2] [muntidʒ] produzierend; produktiv; Erzeuger *m*

منتحر [mun'taħir] Selbstmörder *m*

منتخب [mun'taxab] (aus)gewählt; Auswahl(mannschaft) *f*; Auslese *f*

منتدب [mun'tadab] delegiert, abgeordnet; beauftragt

منتدى [mun'tadan] Treffpunkt *m*, Klub *m*

منتزه [mun'tazah] Park *m*; Promenade *f*

منتسب [mun'tasib] zugehörig (إلى zu *D*); Angehörige(r)

منتشر [mun'taʃir] verbreitet

منتصب [mun'tɒsib] aufgerichtet, aufrecht

منتصر [mun'tɒsir] siegreich

منتصف [mun'tɒsɒf] Mitte *f*; ~ الليل Mitternacht *f*

منتظر [mun'tɒðɒr] erwartet; ~ غير

unerwartet; من الـ~ أن es ist zu erwarten, daß

منتظم [mun'tɒðim] (wohl)geordnet; ordentlich; geregelt, regelmäßig; systematisch; gleichmäßig

منتفخ [mun'tafix] *a. fig.* aufgeblasen; geschwollen

منتفع [mun'tafiʕ] Nutznießer *m*

[1]**منتقد** [mun'taqad] kritikwürdig

[2]**منتقد** [mun'taqid] Kritiker *m*

منتقل [mun'taqil] beweglich; *Krankheit*: übertragbar

منتقم [mun'taqim] rachsüchtig; Rächer *m*

منتقى [mun'taqan] ausgewählt, ausgesucht

منتم [mun'tamin] zugehörig (إلى zu *D*); Angehörige(r) *e-r Partei*

منتمى [mun'taman] Abstammung *f*; Zugehörigkeit *f*

منته [mun'tahin] endend; zu Ende, abgelaufen

منتهى [mun'tahan] Ende *n*; Äußerste(s), Extrem *n*; في ~ السهولة außerordentlich leicht

منتوج [man'tuːdʒ], *pl.* [-aːt] Erzeugnis *n*, Produkt *n*

منثور [man'θuːr] zerstreut, verstreut; Prosa *f*

منج [mu'naddʒin] Retter *m*

منجاة [man'dʒaːt], *pl.* مناج [ma'naːdʒin] (Mittel *n* der) Rettung *f*

منجر [mindʒar], *pl.* مناجر [ma'naːdʒir] (2) Hobel *m*

منجزات [mundʒa'zaːt] *pl.* Errungenschaften *f*/*pl.*

منجل [mindʒal], *pl.* مناجل [ma'naːdʒil] (2) Sichel *f*; Sense *f*

منجلة [mandʒala] *Äg.* Schraubstock *m*

[1]**منجم** [mandʒam], *pl.* مناجم [ma'naːdʒim] (2) Bergwerk *n*, Mine *f*

[2]**منجم** [mu'naddʒim] Astrologe *m*

منجة [manga] *u.* **منجو** [mangu] *Bot.* Mango *f*

منجى [mandʒan]: في ~ in Sicherheit (من vor *D*)

[1]**منح** [manaħa, a] gewähren, verleihen; *Erlaubnis* erteilen

[2]**منح** [manħ] Gewährung *f*, Verleihung *f*

منحت [minħat], *pl.* مناحت [ma'naːħit] (2) Meißel *m*

[1]**منحدر** [mun'ħadar], *pl.* [-aːt] (Boden-)Neigung *f*, Gefälle *n*; (Ab-)Hang *m*, Böschung *f*

[2]**منحدر** [mun'ħadir] abschüssig, absteigend; abstammend

منحرف [mun'ħarif] abweichend; schief; abwegig; pervers; *Math.* Trapez *n*

منحط [mun'ħɒtt] niedrig, minderwertig; dekadent

منحل [mun'ħall] aufgelöst; verkommen

منحن [mun'ħanin] gebogen, gekrümmt; geneigt, gebeugt

منحنى [mun'ħanan], *pl.* منحنيات [munħana'jaːt] Biegung *f*, Kurve *f*

منحة [minħa], *pl.* منح [minaħ] Zuwendung *f*, Beihilfe *f*; Stipendium *n*

منحوت [man'ħuːt] gemeißelt; behauen; geformt

منحوس [man'ħuːs] unglückselig

منحى [manħan], *pl.* مناحٍ [ma'naːħin] Richtung *f*; *fig.* Gebiet *n*, Bereich *m*

منخار [min'xaːr], *pl.* مناخير [manaː'xiːr] (2) Nasenloch *n*, Nüster *f*; *umg.* Nase *f*

منخر [manxar], *pl.* مناخر [ma'naːxir] (2) = منخار

منخس [minxas], *pl.* مناخس [ma'naːxis] (2) Sporn *m*

1**منخفض** [mun'xafɒđ] *Geo.* Senke *f*; *Meteor.* Tief *n*

2**منخفض** [mun'xafiđ] *a. Preis*: niedrig; tief(liegend); *Stimme*: leise, gedämpft

منخل [munxul], *pl.* مناخل [ma'naːxil] (2) Sieb *n*

مندب [mandab] Totenklage *f*; باب ~ال *Geo.* Bab el-Mandeb

مندوب [man'duːb] Delegierte(r), Beauftragte(r); Berichterstatter *m*, Reporter *m*; سامٍ ~ [saːmin] Hochkommissar *m*

مندوحة [man'duːħa]: لا ~ عن [-ta] es ist unausweichlich

منديل [man'diːl, min'diːl], *pl.* مناديل [manaː'diːl] (2) Taschentuch *n*; (Kopf-)Tuch *n*

منذ [munðu] **1.** *Präp.* seit; vor (*zeitlich*); **2.** *Konj.* seitdem

منذر [munðir] Warner *m*; *a. npr. m*; ~ة Warnzeichen *n*, Alarmsignal *n*

منزع [manzaʕ], *pl.* منازع [ma'naːziʕ] (2) Neigung *f*, Tendenz *f*

1**منزل** [manzil], *pl.* منازل [ma'naːzil] (2) Haus *n*, Heim *n*; Wohnung *f*

2**منزل** [munzal] *Koran*: herabgesandt, geoffenbart

منزلة [manzila] Rang *m*, Stellung *f*

منزلي [manziliː] häuslich, Haus-; Haushalts-

منزه [mu'nazzah] erhaben (عن über *A*)

منزو [mun'zawin] zurückgezogen; entlegen

1**منسج** [mansadʒ], *pl.* مناسج [ma'naːsidʒ] (2) Weberei *f*

2**منسج** [minsadʒ], *pl.* مناسج [ma'naːsidʒ] (2) Webstuhl *m*

منسر [mansar] (*Räuber-*)Bande *f*

منسلخ [mun'salax] Monatsende *n*

منسوب [man'suːb] **1.** zugeschrieben (إلى *j-m*); bezogen (إلى auf *A*); Angehörige(r) *e-r Institution*; **2.** *pl.* مناسيب [manaː'siːb] (2) Pegelstand *m*

منسوج [man'suːdʒ] gewebt; Gewebe *n*, Stoff *m*; ~ات *pl.* Webwaren *f/pl.*, Textilien *pl.*

منسي [man'siːj] vergessen

منشأ [manʃaʔ] Herkunft *f*, Ursprung *m*; Entstehung *f*; Aufwachsen *n*

منشار [min'ʃaːr], *pl.* مناشير [manaː'ʃiːr] (2) Säge *f*

منشأة [munʃaʔa], *pl.* منشآت [munʃa'ʔaːt] (*industrielle, militärische*) Anlage; Einrichtung *f*, Institution *f*; Unternehmen *n*, Firma *f*

منشفة [minʃafa], *pl.* مناشف [ma'naːʃif] (2) Handtuch *n*; Serviette *f*

منشة [mi'naʃʃa] Fliegenwedel *m*

منشود [man'ʃuːd] gesucht; erstrebt, ersehnt

منشور [man'ʃuːr], *pl.* [-aːt] Flugblatt *n*; Rundschreiben *n*; Proklamation *f*; Prospekt *m*; Verordnung *f*, Edikt *n*; *pl.* Publikationen *f/pl.*; *pl.* مناشير *Math.* Prisma *n*

منشئ [munʃiʔ] Gründer *m*, Errichter *m*; Verfasser *m*

1 **منصب** [mansɨb], *pl.* مناصب [ma'nɒːsɨb] (2) Amt *n*, Stellung *f*, Posten *m*

2 **منصب** [mun'sɒbb] gerichtet (على auf *A*)

1 **منصرف** [mun'sɒraf] Fortgang *m*, Weggang *m*

2 **منصرف** [mun'sɒrif] *Geld:* ausgegeben; *Gr.* voll flektierbar

منصرم [mun'sɒrim] vergangen, verflossen

منصف [munsɨf] gerecht, billig

منصة [mi'nɒssɒ], *pl.* [-aːt] *u.* مناص [ma'nɒːss] (2) Podium *n*; Tribüne *f*

منصوب [man'suːb] aufgerichtet; *Gr.* im Akkusativ *od.* Subjunktiv

منصور [man'suːr] *von Gott* unterstützt; *a. npr. m*

منصوص [man'suːs]: عليه ~ festgelegt; *im Text* angeführt

منضحة [mindɒħa] Gießkanne *f*

منضدة [mindɒda], *pl.* مناضد [ma'nɒːdɨd] (2) Tisch *m*; Werkbank *f*

منضم [mun'dɒmm]: إلى ~ا [-an] zusätzlich zu *D*

منطاد [mun'tɒːd], *pl.* مناطيد [manɒː'tɨːd] (2) Ballon *m*, Luftschiff *n*

منطق [mantɨq] Logik *f*; Sprache *f* (*als Fähigkeit*)

منطقة [mintɒqa], *pl.* مناطق [ma'nɒːtɨq] (2) Gebiet *n*, Region *f*, Zone *f*

1 **منطقي** [mantɨqiː] logisch; Logiker *m*

2 **منطقي** [mintɒqiː] Zonen-, zonal

1 **منطلق** [mun'tɒlaq] Ausgangspunkt *m*

2 **منطلق** [mun'tɒliq] startend; dahineilend; losgelassen, frei

منطوق [man'tuːq] ausgesprochen; Wortlaut *m*; wörtliche Bedeutung

منظار [min'ðɒːr], *pl.* مناظير [manaː'ðɨːr] (2) Fernglas *n*, Fernrohr *n*; *Med.* Spiegel *m*

1 **منظر** [manðɒr], *pl.* مناظر [ma'nɒːðɨr] (2) Anblick *m*, Ansicht *f*; Aussehen *n*; Panorama *n*; Landschaft *f*

2 **منظر** [mu'nɒððɨr] Theoretiker *m*

منظرة [manðɒra] Gästezimmer *n*

[1]منظم [mu'nɒððɒm] geregelt, geordnet; ordentlich; regulär; regelmäßig

[2]منظم [mu'nɒððɨm] Organisator *m*; *Techn*. Regler *m*

منظمة [mu'nɒððɒma] Organisation *f* (*konkret*)

منظور [man'ðuːr] gesehen; sichtbar; *Fall*: in Bearbeitung; Blickwinkel *m*

منظوم [man'ðuːm] geordnet; *Rede*: gebunden; ~ة System *n*; Gedicht *n*

[1]منع [manaʕa, a] verbieten, untersagen (ه من/ـه *j-m A*); hindern (ه من/عن *j-n* an *D*), abhalten; verweigern (ه من/عن *j-m A*); schützen (ه من *j-n* vor *D*); **II** [mannaʕa] immunisieren; **III** مانع [maːnaʕa] dagegen sein, dagegen einwenden; verweigern (ه *j-m A*); **V** تمنع [ta'mannaʕa] sich weigern; sich verschanzen; **VIII** امتنع [im'tanaʕa] sich enthalten (عن *G*); ablehnen (عن *A*); unmöglich sein (على für *j-n*)

[2]منع [manʕ] Verbot *n*; (Ver-)Hinderung *f*; → تجول

منعزل [mun'ʕazil] isoliert; abgelegen

منعش [munʕiʃ] belebend, erfrischend

منعطف [mun'ʕatɒf] Biegung *f*, Kurve *f*; Wendepunkt *m*

منعكس [mun'ʕakis] reflektiert; Reflex-, Spiegel

منعم [munʕim] Gewährer *m* von Gnade (*Beiname Gottes*)

منعة [manʕa] Stärke *f*, Unüberwindlichkeit *f*

منفاخ [min'faːx], *pl*. منافيخ [manaː'fiːx] (2) Blasebalg *m*; Luftpumpe *f*

[1]منفذ [manfað], *pl*. منافذ [ma'naːfið] (2) Ausgang *m*; Zugang *m*; Öffnung *f*, Durchlaß *m*; *El*. Elektrode *f*

[2]منفذ [mu'naffið] Ausführende(r); Vollzieher *m*

منفر [mu'naffir] abstoßend, abschreckend

منفرج [mun'faridʒ] weit geöffnet; *Winkel*: stumpf; entspannt, gelöst

منفرد [mun'farid] einzeln; separat; isoliert; *Musik*: Solo-

منفس [manfas], *pl*. منافس [ma'naːfis] (2) Lüftungsklappe *f*

منفصل [mun'fɒsil] getrennt, separat

منفضة [minfɒðɒ] Aschenbecher *m*; Staubwedel *m*

منفعل [mun'faʕil] erregt, bewegt

منفعة [manfaʕa], *pl*. منافع [ma'naːfiʕ] (2) Nutzen *m*, Vorteil *m*; منافع صحية sanitäre Anlagen *f*/*pl*.

[1]منفى [manfan], *pl*. مناف [ma'naːfin] Exil *n*; Verbannung *f*

[2]منفي [man'fiːj] *Gr*. verneint; dementiert; verbannt

م

منقاد [min'qaːd], *pl.* مناقيد [manaː'qiːd] (2) Schnabel *m*
منقاش [min'qaːʃ] Stichel *m des Graveurs*; Meißel *m*
[1]منقب [mu'naqqib] Ausgräber *m*; Forscher *m*
[2]منقب [minqab] Bohrer *m*
منقذ [munqið] Retter *m*
منقش [minqaʃ] = منقاش
منقض [mun'qɒđđ]: طائرة ~ـة Sturzkampfflugzeug *n*
منقط [mu'naqqɒŧ] punktiert; getupft, gefleckt
منقطع [mun'qɒŧiˁ] abgeschnitten, abgetrennt; unterbrochen; *Strom*: ausgefallen
منقل [manqal] Kohlenbecken *n*
منقلب [mun'qalab] Ort *m* der Umkehr; *Geo.* Wendekreis *m*; Sonnenwende *f*
منقلة [minqala] Winkelmesser *m*
منقوش [man'quːʃ] graviert; eingemeißelt; bemalt
منقوص [man'quːs] mangelhaft
منقوط [man'quːŧ] punktiert; فصلة ~ـة Semikolon *n*
منقول [man'quːl] befördert; übertragen, *in e-e Sprache* übersetzt; abgeschrieben; transportabel, tragbar, beweglich
منكب [mankib], *pl.* مناكب [ma'naːkib] (2) Schulter *f*; Seite *f*, Flanke *f*
[1]منكر [mu'nakkar] *Gr.* unbestimmt, indeterminiert
[2]منكر [munkar] verleugnet; verwerflich; abscheulich
[1]منكس [mu'nakkas] *Kopf*: gesenkt; halbmast
[2]منكس [mu'nakkis] *den Kopf* senkend
منكمش [mun'kamiʃ] zusammengeschrumpft; in sich versunken
منكوب [man'kuːb] leidgeprüft, unglücklich; *pl.* [-uːn] Opfer *n e-r Katastrophe*
منكود [man'kuːd] unglücklich
منمر [mu'nammar] **1.** numeriert; **2.** getigert, gefleckt
منمنمة [mu'namnama] Miniatur *f*
[1]منة [munna] Kraft *f*, Stärke *f*
[2]منة [minna] Gunst *f*, Gnade *f*; Wohltat *f*
منه [minhu] von ihm; منها [minhaː] von ihr
منهاج [min'haːʤ], *pl.* مناهيج [manaː'hiːʤ] (2) → منهج
منهج [manhaʤ], *pl.* مناهج [ma'naːhiʤ] (2) Weg *m*, Methode *f*; Programm *n*; التعليم ~ Lehrplan *m*; ~ـي methodisch; programmatisch
منهل [manhal], *pl.* مناهل [ma'naːhil] (2) Quelle *f*
منهمك [mun'hamik] intensiv beschäftigt (في mit *D*), vertieft (في in *A*)
منهي [man'hiːj] verboten
منوال [min'waːl] Art und Weise; على هذا الـ~ auf diese Weise

[1]منور [manwar] Lichtschacht *m*; Oberlicht *n*

[2]منور [mu'nawwar] erleuchtet; المنورة *Beiname von Medina*

منوط [ma'nuːṭ] gebunden (ب an *A*), abhängig (ب von *D*); *Aufgabe*: übertragen (ب *j-m*)

منوع [mu'nawwaʕ] verschiedenartig, mannigfaltig

منول [minwal] Webstuhl *m*

منوم [mu'nawwim] einschläfernd; hypnotisch; Hypnotiseur *m*; Schlafmittel *n*

منون [ma'nuːn] Todesgeschick *n*, Tod *m*

منوي [manawiː] Samen-, Sperma-; ~ حيوان Spermium *n*

[1]منى [manaː, iː] prüfen, heimsuchen; *Pass.* مني [munija] erleiden (ب*A*); **II** [mannaː] Hoffnung machen (ه ـه/ب *j-m* auf *A*); **V** تمنى [ta'mannaː] wünschen (ل ـه *j-m A*); **X** استمنى [is'tamnaː] onanieren

[2]مني [ma'niːj] Sperma *n*, Samen *m*

[3]مني [minniː] von mir

منيب [mu'niːb] reuig

منير [mu'niːr] leuchtend, strahlend; *a. npr. m*

منيع [ma'niːʕ] uneinnehmbar, unüberwindlich; wehrhaft

منيف [mu'niːf] hoch(ragend), stolz; erhaben

منين [m(i)neːn] *umg.* woher?

[1]منية [ma'niːja], *pl.* منايا [ma'naːjaː] Todesgeschick *n*, Tod *m*

[2]منية [munja], *pl.* منى [munan] Wunsch *m*, Begehren *n*

مهاب [mu'haːb] Ehrfurcht einflößend, respektgebietend

مهابة [ma'haːba] Ehrfurcht *f*, Respekt *m*; Würde *f*

مهاترة [mu'haːtara] Beschimpfung *f*, Schmähung *f*

مهاجر [mu'haːdʒir] Auswanderer *m*, Emigrant *m*

مهاجرة [mu'haːdʒɒra] Auswanderung *f*

مهاجم [mu'haːdʒim] Angreifer *m*; *Fußball*: Stürmer *m*

مهاجمة [mu'haːdʒama] Angriff *m*, Attacke *f*; Überfall *m*

مهادنة [mu'haːdana] Waffenstillstand *m*

مهارة [ma'haːra] Geschicklichkeit *f*; Cleverness *f*

مهام → [2]مهمة

مهانة [ma'haːna] Erniedrigung *f*, Schande *f*

مهبط [mahbiṭ], *pl.* مهابط [ma'haːbiṭ] (2) Landeplatz *m für Flugzeuge*; *El.* Kathode *f*

مهبل [mahbil] Scheide *f*, Vagina *f*

مهتد [muh'tadin] rechtgeleitet

مهترئ [muh'tariʔ] abgenutzt, zerrissen; zerkocht

مهتز [muh'tazz] zitternd, bebend

مهتم [muh'tamm] sich kümmernd (ب um *A*), interessiert (ب an *D*)

مهجر [mahdʒar] Emigration *f*, Exil *n*

مهجة [muhdʒa] Lebensodem *m*

مهجور [mah'dʒuːr] verlassen; *Wort*: veraltet

[1]**مهد** **II** [mahhada] *Weg* ebnen; leicht zugänglich machen; einleiten, vorbereiten; **V** تمهد [ta'mahhada] geebnet werden

[2]**مهد** [mahd], *pl.* مهود [mu'huːd] Wiege *f*

[1]**مهدد** [mu'haddad] bedroht

[2]**مهدد** [mu'haddid] (be)drohend; bedrohlich

مهدم [mu'haddam] zerstört, niedergerissen

مهدي [mah'diːj] rechtgeleitet; *Isl.* Mahdi *m*; *a. npr. m*

مهدئ [mu'haddiʔ] beruhigend; Beruhigungsmittel *n*

[1]**مهذب** [mu'haððab] wohlerzogen, artig; *Text*: überarbeitet

[2]**مهذب** [mu'haððib] Erzieher *m*

[1]**مهر** [mahara, u] geschickt sein; **IV** أمهر [ʔamhara] das Brautgeld geben (ها *e-r Frau*)

[2]**مهر** [mahr], *pl.* مهور [mu'huːr] Brautgeld *n*

[3]**مهر** [muhr], *pl.* أمهار [ʔam'haːr] Fohlen *n*

[1]**مهرب** [mahrab] Flucht *f*; Zufluchtsort *m*

[2]**مهرب** [mu'harrib] Schmuggler *m*

مهرج [mu'harridʒ] Spaßmacher *m*, Clown *m*

مهرجان [mahra'dʒaːn], *pl.* [-aːt] Festival *n*, Festspiele *n/pl.*

مهرق [muhraq] vergossen

مهزأة [mahzaʔa] Spott *m*

مهزلة [mahzala], *pl.* مهازل [ma'haːzil] (2) Komödie *f*

مهزة [mi'hazza] (*Kasten-*)Sieb *n*

مهضوم [mah'ḍuːm] verdaut; verdaulich; الحق ~ in s-m Recht beeinträchtigt

مهفة [mi'haffa] *Äg.* Wedel *m*

مهفوت [mah'fuːt] verblüfft, verwirrt

مهفوف [mah'fuːf] leichtsinnig, leichtfertig

[1]**(مهل)** **IV** أمهل [ʔamhala] Zeit lassen, Aufschub gewähren (ه *j-m*); **V** تمهل [ta'mahhala] langsam tun (في *A*), sich Zeit lassen

[2]**مهل** [mahl] Langsamkeit *f*; ~ا [-an] *Adv.* langsam, gemächlich; ~ك [-ak(a)] *u.* على ~ك langsam!, sachte!

مهلبية [muhalla'biːja] *e-e Art Milchpudding*

مهلك [muhlik] vernichtend, verderblich, tödlich

مهلة [muhla] Frist *f*; Bedenkzeit *f*

مهم [mu'himm] wichtig, bedeutend; interessant

مهما [mahmaː] was (auch) immer; wie (sehr auch) immer

مهماز [mih'maːz] Sporn *m am Reitstiefel*

[1]**مهمل** [muhmal] vernachlässigt;

Wort: ungebräuchlich; nicht versehen (*G*: mit *D*); ~ـات *pl.* Abfälle *m/pl.*

[2]**مهمل** [muhmil] nachlässig, sorglos

[1]**مهمة** [ma'hamma] Sorge *f*

[2]**مهمة** [mu'himma], *a.* [ma'hamma], *pl.* مهام [ma'haːmm] (2) *u.* [muhi'mmaːt] Aufgabe *f*; Auftrag *m*, Mission *f*; مهمات *a.* Material *n*, Bedarf *m*

مهموم [mah'muːm] besorgt

مهن [mahuna, u] verachtet sein *od.* werden; **VIII** امتهن [im'tahana] **1.** (beruflich) ausüben; **2.** erniedrigen, herabwürdigen

مهندس [mu'handis] Ingenieur *m*; Techniker *m*; معماري ~ Architekt *m*

مهنة [mihna], *pl.* مهن [mihan] Beruf *m*; Gewerbe *n*

مهواة [mah'waːt] Abgrund *m*

مهوى [mahwan], *pl.* مهاو [ma'haːwin] **1.** Abgrund *m*; **2.** Gegenstand *m* der Sehnsucht

[1]**مهيب** [ma'hiːb] respektgebietend, würdevoll, würdig

[2]**مهيب** [mu'hiːb] *Ir.* General *m*

مهيج [mu'hajjidʒ] erregend; Aufwiegler *m*, Agitator *m*; Stimulans *n*

مهين [mu'hiːn] beleidigend; schimpflich

مواء [mu'waːʔ] Miauen *n*

مواءمة [mu'waːʔama] Übereinstimmung *f*; Anpassung *f*

[1]**موات** [ma'waːt] Unbelebte(s); Ödland *n*

[2]**موات** [mu'waːtin] günstig, passend

مواج [ma'wwaːdʒ] *See*: wogend; gewellt

مواجهة [mu'waːdʒaha] Gegenüberstehen *n*; Entgegentreten *n*; Konfrontation *f*

مؤاخذة [mu'ʔaːxaða] Übelnehmen *n*, Verargen *n*; ~ لا [-ta] nehmen Sie es mir nicht übel!

مواد ← مادة

موارية [mu'waːraba]: ~ بدون unzweideutig

مواز [mu'waːzin] parallel; gleichwertig

موازاة [muwaː'zaːt] Parallelität *f*

مؤازرة [mu'ʔaːzara] Unterstützung *f*, Beistand *m*

موازنة [mu'waːzana] Ausbalancierung *f*; Abwägung *f*, Vergleich *m*; (Staats-)Haushalt *m*

مؤاساة [muʔaː'saːt] *u.* **مواساة** [muwaː'saːt] Tröstung *f*, Trost *m*

مواش ← ماشية

مواصفات [mu'waːsɒfaːt] *pl.* Beschreibung *f*; Daten *pl.*, Angaben *f/pl.*; Normen *f/pl.*

مواصلة [mu'waːsɒla] Fortsetzung *f*, Fortführung *f*; مواصلات *pl.* Verkehrsverbindungen *f/pl.*; Verkehr *m*

مواطأة [mu'wɒːtɒʔa] Einverständnis *n*; geheime Übereinstimmung

م

مواطن [mu'wɒːtɨn] (Mit-)Bürger *m*, Landsmann *m*

مواظب [mu'wɒːðɨb] fleißig, arbeitsam; beharrlich

مواظبة [mu'wɒːðɒba] Fleiß *m*; Beharrlichkeit *f*

موافاة [muwaː'faːt] Übermittlung *f*; Eintreffen *n*

موافق [mu'waːfiq] einverstanden; übereinstimmend, entsprechend

موافقة [mu'waːfaqa] Zustimmung *f*, Einverständnis *n*; Übereinstimmung *f*

مواقيت → ميقات

مواكبة [mu'waːkaba] Begleiten *n*; Schritthalten *n*

موال [mu'waːlin] Anhänger *m*; *Maghr.* folgende(r); ~ لـ pro-, -treu

موالاة [muwaː'laːt] Unterstützung *f als Anhänger*

مؤامرة [mu'ʔaːmara] Verschwörung *f*

مؤانسة [mu'ʔaːnasa] Geselligkeit *f*; Freundlichkeit *f*; Traulichkeit *f*

موانئ → ميناء

مؤبد [mu'ʔabbad] *Haft*: lebenslang; *Rente*: auf Lebenszeit

موبوء [mau'buːʔ] verseucht

[1]**(موت)** مات [maːta, uː] sterben, absterben; **IV** أمات [ʔa'maːta] sterben lassen, (ab)töten; **VI** تماوت [ta'maːwata] sich tot stellen; **X** استمات [ista'maːta] todesmutig kämpfen; sich aufopfern

[2]**موت** [maut] Tod *m*; ~ أبيض natürliche(r) Tod

مؤتمر [muʔ'tamar] Konferenz *f*, Kongreß *m*

موتى → ميت

مؤثث [mu'ʔaθθaθ] eingerichtet, möbliert

مؤثر [mu'ʔaθθir] beeinflussend (في *A*); wirksam; ergreifend, rührend; *pl.* [-aːt] Einflußfaktor *m*

موثق [mu'waθθiq] Notar *m*

موثوق [mau'θuːq] fest gebunden; ~ (به) verläßlich, vertrauenswürdig

[1]**(موج)** ماج [maːdʒa, uː] wogen; Wellen schlagen; **II** [mawwadʒa] gewellt machen; **V** تموج [ta'mawwadʒa] wogen; gewellt sein; schwanken

[2]**موج** [maudʒ] *koll., pl.* أمواج [ʔam'waːdʒ] Wellen *f/pl.*, Wogen *f/pl.*

[1]**موجب** [muːdʒab] *a. El.* positiv; *Gr.* affirmativ

[2]**موجب** [muːdʒib] notwendig machend; *pl.* [-aːt] Veranlassung *f*, Anlaß *m*; Erfordernis *n*; ~بـ gemäß, kraft, auf Grund

مؤجر [mu'ʔaddʒir] Vermieter *m*; *Tun.* Arbeitgeber *m*

موجز [muːdʒaz] kurz(gefaßt)

مؤجل [mu'ʔaddʒal] verzögert; *Sitzung*: vertagt; gestundet

[1]**موجه** [mu'waddʒah] gerichtet (على auf *A*, إلى an *A*, ضد gegen *A*); (fern)gelenkt

م

[2]موجة [mauʤa], *pl.* [-aːt] Welle *f*, Woge *f*

موجود [mau'ʤuːd] vorhanden, existierend; anwesend; ~ات *Hdl.* Aktiva *pl.*

موح [muːħin] inspirierend (ب *A*); suggerierend; suggestiv

[1]موحد [mu'waħħad] vereint, geeinigt; vereinheitlicht, einheitlich; genormt

[2]موحد [mu'waħħid] Monotheist *m*

موحش [muːħiʃ] einsam, öde; beklemmend

موخر [mu'ʔaxxar] verzögert, zurückgestellt; ~ا [-an] *Adv.* neulich, kürzlich; ~ة hintere(r) Teil; Heck *n e-s Schiffes*; *Mil.* Nachhut *f*

[1]مؤدب [mu'ʔaddab] wohlerzogen

[2]مؤدب [mu'ʔaddib] Erzieher *m*

مودع [muːdaʕ] hinterlegt, deponiert; Depositum *n*

[1]مودة [ma'wadda] Liebe *f*, Sympathie *f*

[2]مودة [moːda] Mode *f*

مؤدى [mu'ʔaddan] Sinn *m*, Bedeutung *f*; هذا النص ~ dieser Text besagt

مؤذ [muʔðin] schädlich; schmerzlich; kränkend

مؤذن [mu'ʔaððin] Gebetsrufer *m*, Muezzin *m*

[1]مؤرخ [mu'ʔarrax] datiert

[2]مؤرخ [mu'ʔarrix] Historiker *m*; Chronist *m*

[1]مورد [maurid], *pl.* موارد [ma'waːrid] (2) *fig.* Quelle *f*; Einnahmequelle *f*; *pl.* Ressourcen *f/pl.*

[2]مورد [mu'warrid] Lieferant *m*

موروث [mau'ruːθ] geerbt; ererbt; erblich

موز [mauz] *koll.*, *sg.* ~ة Banane(n *pl.*) *f*

موزع [mu'wazziʕ] Verteiler *m*

موزون [mau'zuːn] gewogen; ausgewogen; *Schritt*: gemessen; *Vers*: rhythmisch

مؤسس [mu'ʔassis] Gründer *m*

مؤسسة [mu'ʔassasa] Institution *f*, Einrichtung *f*; Unternehmen *n*, Betrieb *m*; Stiftung *f*

مؤسف [muʔsif] bedauerlich, betrüblich, schmerzlich

موسم [mausim], *pl.* مواسم [ma'waːsim] (2) Saison *f*, Jahreszeit *f*; *Isl.* Festzeit *f*; Jahrmarkt *m*

موسوعة [mau'suːʕa] Enzyklopädie *f*; موسوعي enzyklopädisch

موسى [muːsaː] **1.** Moses *npr. m*; **2.** *pl.* مواس [ma'waːsin] Rasiermesser *n*

موسيقار [muːsiː'qaːr] Musiker *m*

[1]موسيقى [muː'siːqaː] Musik *f*

[2]موسيقي [muː'siːqiː] Musik-, musikalisch; Musiker *m*

موشح [mu'waʃʃaħ], *pl.* [-aːt] Strophengedicht *n*, -lied *n*

مؤشر [mu'ʔaʃʃir] Zeiger *m e-s Meßgerätes*; Indikator *m*; *Ök.* Index *m*

موشور [mau'ʃuːr] Prisma *n*

موص [muːsɨn, mu'wɒssɨn] Auftraggeber *m*; Erblasser *m*, Testator *m*

[1]**موصل** [mausɨl]: الـ~ *Geo.* Mossul

[2]**موصل** [mu'wɒssɨl] *El.* Leiter *m*

موصوف [mau'suːf] beschrieben, geschildert; verordnet

موصول [mau'suːl] verbunden; اسم ~ *Gr.* Relativpronomen *n*

[1]**موصى** [muːsɒn]: ~ به *Jur.* Vermächtnis *n*; ~ له Vermächtnisnehmer *m*

[2]**موصى** [mu'wɒssɒn]: ~ به empfohlen; aufgetragen

موضع [mauđɨʕ], *pl.* مواضع [ma'wɒːđɨʕ] (2) Stelle *f*, Ort *m*, Platz *m*; Gegenstand *m* (*z.B. der Bewunderung*); ~ي lokal

موضوع [mau'đuːʕ], *pl.* مواضيع [mawɒː'đɨːʕ] (2) *u.* [-aːt] Thema *n*; Objekt *n*, Gegenstand *m*; ~ي objektiv; ~ية Objektivität *f*

موطد [mu'wɒttɒd] fest, solide

موطن [mautɨn], *pl.* مواطن [ma'wɒːtɨn] (2) Heimat *f*; Vaterland *n*; Wohnsitz *m*; Stelle *f*

موظف [mu'wɒððɒf], *pl.* [-uːn] Angestellte(r); Beamte(r)

موعد [mauʕid], *pl.* مواعد [ma'waːʕid] (2) Termin *m*, Zeitpunkt *m*; Verabredung *f*

موعز [muːʕaz]: ~ به angeregt, empfohlen

موعظة [mauʕiðɒ], *pl.* مواعظ [ma'waːʕɨð] (2) Predigt *f*; Ermahnung *f*

موعود [mau'ʕuːd] versprochen; *Zeit*: verabredet

موفد [muːfad] Abgesandte(r), Delegierte(r)

موفر [mu'waffir] sparsam

موفق [mu'waffaq] erfolgreich

موفور [mau'fuːr] reichlich

[1]**موقت** [mauqit], *pl.* مواقت [ma'waːqit] (2) Zeitpunkt *m*; Verabredung *f*

[2]**موقت** [mu'waqqat] zeitlich festgelegt; vorübergehend, provisorisch

[3]**مؤقت** [mu'ʔaqqat] (*Adv.* ~ا [-an]) vorübergehend, provisorisch

موقد [mauqid] Feuerstelle *f*; Herd *m*; Kocher *m*

موقر [mu'waqqar] verehrungswürdig; verehrt

[1]**موقع** [mauqiʕ], *pl.* مواقع [ma'waːqiʕ] (2) Stelle *f*, Platz *m*; *a. Mil.* Stellung *f*; Position *f*, Standort *m*

[2]**موقع** [mu'waqqiʕ] unterschreibend; الـ~ أدناه [ʔad'naːhu] der Unterzeichnete

موقف [mauqif], *pl.* مواقف [ma'waːqif] (2) Halteplatz *m*, Haltestelle *f*; Parkplatz *m*; Haltung *f*, Stellungnahme *f*, Position *f*; Lage *f*, Situation *f*

موقن [muːqin] sicher (ب *G*), überzeugt (ب von *D*)

موقوف [mau'quːf] angehalten, gestoppt; stillgelegt; suspendiert;

م

Verfahren: ausgesetzt; festgenommen; *Isl.* zur Stiftung (*Waqf*) gemacht; abhängig (على von *D*)

موكب [maukib], *pl.* مواكب [ma'waːkib] (2) Zug *m*, Umzug *m*, Prozession *f*

مؤكد [mu'ʔakkad] sicher, bestimmt, feststehend; bekräftigt

1**موكل** [mu'wakkal] beauftragt (ب mit *D*), bevollmächtigt

2**موكل** [mu'wakkil] Auftraggeber *m*, Vollmachtgeber *m*

مول II [mawwala] finanzieren

مولاة [mau'laːt] Herrin *f*

مولج [mu'wallaʤ] betraut (ب mit *D*)

1**مولد** [maulid], *pl.* موالد [ma'waːlid] (2) Geburt *f*; Geburtsfest *n*; Geburtsort *m*

2**مولد** [mu'wallad] erzeugt; nachklassisch; gemischter Herkunft; *pl.* [-aːt] Erzeugnis *n*; Neologismus *m*

3**مولد** [mu'wallid] Erzeuger *m*; Geburtshelfer *m*; Generator *m*; ~ة Hebamme *f*

مولع [muːlaʕ] begeistert (ب für *A*, von *D*), versessen (ب auf *A*)

1**مؤلف** [mu'ʔallaf] zusammengesetzt; *pl.* [-aːt] Schrift *f*, (*literarisches*) Werk

2**مؤلف** [mu'ʔallif] Verfasser *m*, Autor *m*

مؤلم [muʔlim] schmerzhaft, schmerzlich

مولود [mau'luːd] geboren; *pl.* مواليد [mawaː'liːd] (2) Neugeborene(s), Kind *n*, Sohn *m*

مولى [maulan], *pl.* موال [ma'waːlin] Herr *m*; Schutzherr *m*, Patron *m*; الموالي *hist.* die Schutzbefohlenen *m/pl.*

مومأ [muːmaʔ]: الـ~ إليه der oben erwähnte

مؤمن [muʔmin] gläubig; المؤمنون *pl.* die Gläubigen *m/pl.*

مون II [mawwana] versorgen; verproviantieren; **V** تمون [ta'mawwana] sich versorgen

مؤنث [mu'ʔannaθ] *Gr.* feminin, weiblich

مؤنس [muʔnis] vertraut; freundlich, nett; *a. npr. m*

1**مونة** [muːna] Proviant *m*, Vorräte *m/pl.*; Mörtel *m*

2**مؤنة** [muʔna] Proviant *m*

موه II [mawwaha] überziehen, plattieren; verfälschen; verschleiern, kaschieren; *Mil.* tarnen

موهبة [mauhiba], *pl.* مواهب [ma'waːhib] (2) Begabung *f*, Talent *n*

1**مؤهل** [mu'ʔahhal] qualifiziert

2**مؤهل** [mu'ʔahhil], *pl.* [-aːt] Qualifikation *f*; *pl. a.* Fähigkeiten *f/pl.*

موهوب [mau'huːb] geschenkt; begabt, talentiert

موهوم [mau'huːm] eingebildet, imaginär

مؤونة [ma'ʔuːna] Proviant *m*, Vorrat *m*; Material *n*; Ausrüstung *f*

مؤيد [mu'ʔajjid] unterstützend; Anhänger *m*, Befürworter *m*

مئات → مائة

ميال [ma'jjaːl] neigend (إلى zu *D*)

مياه → ماء

مياومة [mu'jaːwama] Tageslohn *m*; ~ عامل Tagelöhner *m*

ميت [majjit], *pl.* موتى [mautaː] *u.* أموات [ʔam'waːt] tot; Tote(r)

[1]**ميتة** [maita] Kadaver *m*, Aas *n*

[2]**ميتة** [miːta] Todesart *f*

ميثاق [miː'θaːq], *pl.* مواثيق [mawaː'θiːq] (2) Charta *f*; Bündnis *n*, Pakt *m*; الأمم المتحدة ~ Charta *f* der Vereinten Nationen

(**ميح**) **X** استماح [ista'maːħa] erbitten

ميدان [mai'daːn], *pl.* ميادين [majaː'diːn] (2) Platz *m*; *fig.* Gebiet *n*, Bereich *m*; الحرب ~ Kriegsschauplatz *m*; المعركة ~ Schlachtfeld *n*

مئذنة [miʔðana], *pl.* مآذن [ma'ʔaːðin] (2) Minarett *n*

ميراث [miː'raːθ], *pl.* مواريث [mawaː'riːθ] (2) Erbe *n*, Erbschaft *f*

ميرة [miːra] Proviant *m*

ميري [miːriː] staatlich, fiskalisch

(**ميز**) ماز [maːza, iː] unterscheiden; **II** [majjaza] unterscheiden, differenzieren; auszeichnen; bevorzugen; privilegieren; **V** تميز [ta'majjaza] sich auszeichnen; charakterisiert sein; **VIII** امتاز [im'taːza] sich auszeichnen; sich unterscheiden

ميزاب [miː'zaːb], *pl.* ميازيب [majaː'ziːb] (2) Abfluß *m*, Wasserrinne *f*; Dachrinne *f*

ميزان [miː'zaːn], *pl.* موازين [mawaː'ziːn] (2) Waage *f*; Bilanz *f*; الحرارة ~ Thermometer *n*; ~ية Haushalt *m*, Budget *n*; *Hdl.* Bilanz *f*

مئزر [miʔzar], *pl.* مآزر [ma'ʔaːzir] (2) Schurz *m*; Umhang *m*

ميزة [miːza] Vorzug *m*; Kennzeichen *n*, Charakteristikum *n*

ميسر [mu'jassar] erleichtert

[1]**ميسرة** [maisara] linke Seite; linke(r) Flügel *e-s Heeres*

[2]**ميسرة** [maisara, maisura] Wohlhabenheit *f*

ميسور [mai'suːr] leicht (möglich); wohlhabend

(**ميط**) **IV** أماط [ʔa'maːtɒ]: اللثام ~ عن aufdecken, enthüllen

(**ميع**) ماع [maːʕa, iː] (zer)fließen, schmelzen; **II** [majjaʕa] verflüssigen; aufweichen; **IV** أماع [ʔa'maːʕa] verwässern

ميعاد [miː'ʕaːd], *pl.* مواعيد [mawaː'ʕiːd] (2) Termin *m*, Verabredung *f*; Sprechstunde *f*, Besuchszeit *f*; Abfahrtszeit *f*

ميقات [miː'qaːt], *pl.* مواقيت [mawaː'qiːt] (2) Zeit *f*, (*genaue*) Zeitangabe

[1](**ميل**) مال [maːla, iː] sich neigen; schräg *od.* schief stehen; neigen, hinneigen (إلى zu *D*), Sympathie

haben (إلى für *A*); abweichen (عن von *D*); **II** [majjala] neigen, beugen; **IV** أمال [ʔa'maːla] neigen, beugen; geneigt machen (إلى/نحو *D*); abgeneigt machen (عن *D*); **VI** تمايل [ta'maːjala] schwanken; sich (allmählich) neigen; **X** استمال [ista'maːla] sich geneigt machen, gewinnen (ه *j-n*)

²**ميل** [mail], *pl.* ميول [mu'juːl] Neigung *f*; Schrägheit *f*; Tendenz *f* (إلى zu *D*); Zuneigung *f* (إلى zu *D*), Sympathie *f* (إلى für *A*)

³**ميل** [miːl], *pl.* أميال [ʔam'jaːl] Meile *f*

ميلاد [miː'laːd] Geburt *f*; عيد الـ~ Weihnachten *n*; بعد الـ~ nach Christus; **ي~** *Jahr*: nach Christus

ميلان [maja'laːn] Neigung *f*

ميمنة [maimana] rechte Seite; rechte(r) Flügel *des Heeres*

ميمون [mai'muːn] **1.** glücklich, gesegnet; **2.** *Zool.* Mandrill *m*

¹**مين** [main] Lüge *f*, Trug *m*

²**مين** [miːn] *umg.* wer?

مينا [miːnaː] Email *n*; Glasur *f*; Schmelz *m der Zähne*; Zifferblatt *n*

ميناء [miː'naːʔ], *pl.* موانئ [ma'waːniʔ] (2) Hafen *m*

مئة → مائة

ميوعة [mu'juːʕa] flüssige(r) Zustand; Verschwommenheit *f*

مئون → مائة

مئوي [miʔawiː] Hundert-; zentesimal; درجة ~ة [daradʒa] Grad Celsius; نسبة ~ة [nisba] Prozentsatz *m*

ن

ن (نون) [nuːn] *fünfundzwanzigster Buchstabe*

ـنا *u.* **نا** [-naː] **1.** *Possessivsuffix*: unser; **2.** *Objektsuffix*: uns

ناء [naːʔin] fern, abgelegen

ناب [naːb], *pl.* أنياب [ʔan'jaːb] Eckzahn *m*; Reißzahn *m*; Stoßzahn *m*

نابت [naːbit] keimend, wachsend; **ة~** junge Generation

نابض [naːbiđ] pulsierend; Sprungfeder *f*; Triebfeder *f e-r Uhr*

نابغ [naːbiɣ] herausragend; **ة~** herausragende Persönlichkeit, Genie *n*

نابه [naːbih] angesehen, berühmt; klug

ناتج [naːtidʒ] sich ergebend; *pl.* نواتج [na'waːtidʒ] (2) Ergebnis *n*

ناتئ [naːtiʔ] vorspringend, hervortretend; **ة~** Vorsprung *m*, Wölbung *f*

ناثر [naːθir] Prosaist *m*

ناجح [naːdʒiħ] erfolgreich

ناجذ [naːdʒið], *pl.* نواجذ [na'waːdʒið] (2) Backenzahn *m*

ناجز [naːdʒiz] vollendet; vollkommen, voll

ناجع [naːdʒiʕ] wirksam

ناح [naːħin], *pl.* نحاة [nu'ħaːt] Grammatiker *m*, Philologe *m*

ناحل [naːħil] dünn; ausgemergelt, abgezehrt

ناحية [naːħija], *pl.* نواح [na'waːħin] Seite *f*, Richtung *f*; Gegend *f*, Gebiet *n*; Bezirk *m*, Distrikt *m*; Hinsicht *f*, Gesichtspunkt *m*; من ~ einerseits; ~ من + *G*: hinsichtlich; seitens

ناخب [naːxib] Wähler *m*

ناد [naːdin], *pl.* أندية [ʔandija] *u.* نواد [na'waːdin] Klub *m*, Verein *m*

نادبة [naːdiba] Klageweib *n*

نادر [naːdir] selten, ungewöhnlich; ة~, *pl.* نوادر [na'waːdir] (2) Seltenheit *f*, Rarität *f*; ungewöhnliche(s) Phänomen; Anekdote *f*, Witz *m*

نادل [naːdil] Kellner *m*

نار [naːr] *f*, *pl.* نيران [niː'raːn] *u. Mil.* Feuer *n*

نارجيل [naːr(a)'dʒiːl] *koll.* Kokosnuß *f*; ـة~ **1.** (*e-e*) Kokosnuß *f*; **2.** Wasserpfeife *f*

نارنج [naː'randʒ] *koll.*, *sg.* ـة~ Pomeranze *f*, Bitterorange *f*

ناري [naːriː] Feuer-, feurig

نازح [naːziħ] weit entfernt; Abwanderer *m*, Auswanderer *m*

نازعة [naːziʕa], *pl.* نوازع [na'waːziʕ] (2) Tendenz *f*, Neigung *f*

نازل [naːzil] seßhaft geworden; ansässig; ـة~, *pl.* نوازل [na'waːzil] (2) Mißgeschick *n*, Unglück *n*

ناس [naːs] *koll.* Leute *pl.*

ناسخ [naːsix] **1.** *Jur.* aufhebend; **2.** Abschreiber *m*, Kopist *m*

ناسف [naːsif] sprengend; مادة ـة~ Sprengstoff *m*

ناسك [naːsik], *pl.* نساك [nu'ssaːk] Asket *m*, Einsiedler *m*

ناسوت [naː'suːt] menschliche Natur; Menschheit *f*

ناسور [naː'suːr], *pl.* نواسير [nawaː'siːr] (2) Fistel *f*

ناشر [naːʃir] Verleger *m*

ناشز [naːʃiz] widerspenstig; vorspringend, erhaben

ناشط [naːʃiŧ] munter, lebhaft; tätig, aktiv, rührig

ناشف [naːʃif] trocken; hart

ناشئ [naːʃiʔ] entstehend; heranwachsend; Jugendliche(r); ـة~ Jugend *f*, junge Generation

ناصح [nɒːs̶iħ], *pl.* نصاح [nu's̶s̶ɒːħ] Ratgeber *m*

ناصر [nɒːs̶ir] Helfer *m*; أنصار [ʔan's̶ɒːr] *pl.* Anhänger *m/pl.*; Parteigänger *m/pl.*; الـ~ *Beiname Gottes*

ناصع [nɒːs̶iʕ] klar, offenkundig; *Farbe*: leuchtend

ناصية [nɒːs̶ija], *pl.* نواص [na'wɒːs̶in]

Stirnhaar *n*, Schopf *m*; Ecke *f e-r Straße*

ناضج [nɒːđiʤ] reif; gar

ناضر [nɒːđir] frisch, blühend

ناط → [1](نوط)

ناطحة [nɒːṫiħa]: السحاب ~ Wolkenkratzer *m*

ناطر [nɒːṫir], *pl.* نطار [nu'ṫṫɒːr] Wächter *m*; (Flur-)Hüter *m*

ناطق [nɒːṫiq] (aus)sprechend; *Wesen*: vernunftbegabt; Sprecher *m der Regierung*; ~ فيلم Tonfilm *m*

ناطور [nɒː'ṫuːr] = ناطر

ناظر [nɒːðir], *pl.* نظار [nu'ððɒːr] Vorsteher *m*, Leiter *m*; (Schul-) Direktor *m*; Aufseher *m*; ة~ Vorsteherin *f*, Leiterin *f*, Direktorin *f*

ناظم [nɒːðim] Verseschmied *m*

ناعل [naːʕil] beschuht; *Pferd*: beschlagen

ناعم [naːʕim] fein, zart, weich, glatt

ناعورة [naː'ʕuːra], *pl.* نواعير [nawaː'ʕiːr] (2) Wasserrad *n*, Schöpfrad *n*

ناف [naːfin] negierend; → (نوف)

نافد [naːfid] *Ware*: vergriffen; *Geduld*: erschöpft

نافذ [naːfið] durchdringend; rechtswirksam, (rechts)gültig, in Kraft; ة~, *pl.* نوافذ [na'waːfið] (2) Fenster *n*

نافر [naːfir] scheu, fliehend; vorspringend, reliefartig

نافع [naːfiʕ] nützlich, vorteilhaft; *Heilmittel*: wirksam

نافق [naːfiq] *Ware*: gängig; *Markt*: florierend

نافلة [naːfila] freiwillige Leistung; من ~ القول أن [ʔanna] es ist überflüssig zu sagen, daß

نافورة [naː'fuːra], *pl.* نوافير [nawaː'fiːr] (2) Springbrunnen *m*

ناقد [naːqid], *pl.* نقاد [nu'qqaːd] Kritiker *m*

ناقص [nɒːqiṡ] abnehmend; unvollkommen, mangelhaft; mangelnd, fehlend; *Math.* minus

ناقل [naːqil] tragend; *pl.* [-uːn] *u.* نقلة [naqala] Überbringer *m*; Übersetzer *m*; Abschreiber *m*; ـة~ Transportschiff *n*; البترول ~ Tanker *m*

ناقم [naːqim] Rächer *m*

ناقة [naːqa], *pl.* نوق [nuːq] *u.* نياق [ni'jaːq] weibliche(s) Kamel

ناقوس [naː'quːs], *pl.* نواقيس [nawaː'qiːs] (2) (*Kirchen-*)Glocke *f*; Gong *m*

ناكث [naːkiθ] wortbrüchig

ناكر [naːkir] leugnend; الجميل ~ undankbar

نال → [1](نول) *u.* [1](نيل)

نام [naːmin] wachsend; ~ بلد Entwicklungsland *n*

نأمة [naʔma] Laut *m*, Geräusch *n*

ناموس [naː'muːs] **1.** *pl.* نواميس [nawaː'miːs] (2) (*moralisches*) Gesetz; **2.** *koll.*, *n. un.* ـة~ Stechmücke(n *pl.*) *f*, Moskito(s *pl.*) *m*; ـية~ Moskitonetz *n*

ناه [naːhin] verbietend; ناهيك عن ganz zu schweigen von, ganz abgesehen von

ناهد [naːhid] *Busen*: schwellend; vollbusig

ناهض [naːhiđ] sich erhebend; tatkräftig, aktiv

ناهية [naːhija], *pl.* نواه [na'waːhin] Verbot *n*

ناووس [naː'wuːs] Sarkophag *m*

1**ناي** [naːj], *pl.* [-aːt] Flöte *f*

2**نأى** [naʔaː, aː] fern sein; **VI** تناءى [ta'naːʔaː] sich (voneinander) entfernen

3**نأي** [naʔj] Entferntsein *n*

نائب [naːʔib], *pl.* نواب [nu'wwaːb] Stellvertreter *m*; Abgeordnete(r), Deputierte(r); + *G*: Vize-; *Jord.* Feldwebel *m*; الرئيس ~ Vizepräsident *m*; الـ~ العام (General-) Staatsanwalt *m*; → مجلس

نائم [naːʔim] schlafend; *pl.* نيام [ni'jaːm] Schläfer *m*

1**نبأ** **II** [nabbaʔa] benachrichtigen (ب von *D*), mitteilen; zeugen (عن von *D*); **IV** أنبأ [ʔambaʔa] benachrichtigen (ب von *D*); **V** تنبأ [ta'nabbaʔa] vorhersagen, prophezeien; sich für e-n Propheten ausgeben

2**نبأ** [nabaʔ], *pl.* أنباء [ʔam'baːʔ] Nachricht *f*, Meldung *f*, Kunde *f*

نبات [na'baːt] *koll.* Pflanzen *f/pl.*; *pl.* [-aːt] Pflanze *f*, Gewächs *n*; علم الـ~ Botanik *f*; ـي~ pflanzlich, Pflanzen-; botanisch; vegetarisch

نباح [nu'baːħ] Gebell *n*, Bellen *n*

نبال [na'bbaːl] Bogenschütze *m*

نبالة [na'baːla] Adel *m*, Vornehmheit *f*

نباهة [na'baːha] Klugheit *f*; Ruf *m*, Ruhm *m*; Adel *m*, Vornehmheit *f*

1**نبت** [nabata, u] wachsen, keimen; **II** [nabbata] säen; **IV** أنبت [ʔambata] wachsen lassen; **X** استنبت [is'tambata] anbauen, züchten

2**نبت** [nabt] Wachsen *n*; Pflanzenwuchs *m*

نبتة [nabta] Pflanze *f*; Keim *m*

نبح [nabaħa, a] bellen

1**نبذ** [nabaða, i] wegwerfen; ausstoßen, verstoßen; verwerfen; *Gehorsam* versagen; **VI** تنابذ [ta'naːbaða] miteinander in Fehde liegen

2**نبذ** [nabð] Wegwerfen *n*; Verwerfung *f*; Verzicht *m*

نبذة [nubða], *pl.* نبذ [nubað] Ausschnitt *m*, Abschnitt *m*; (*Zeitungs-*) Artikel *m*, Skizze *f*

1**نبر** [nabara, i] *Silbe* betonen; *Stimme* heben

2**نبر** [nabr] Hervorhebung *f*, Betonung *f*

نبراس [nib'raːs] Leuchte *f*, Laterne *f*

نبرة [nabra], *pl.* [naba'raːt] Ton *m*, Tonfall *m*

نبس [nabasa, i] *u.* **II** [nabbasa] sprechen, sich äußern

نبش [nabaʃa, u] ausgraben; *Geheimnis* aufdecken; **II** [nabbaʃa] suchen, stöbern, wühlen

[1]**نبض** [nabɒđɒ, i] *a. fig.* pulsieren

[2]**نبض** [nabđ] Pulsieren *n*, Pulsschlag *m*; Puls *m*; **ـة~** (*ein*) Pulsschlag *m*; *El.* Impuls *m*

[1]**نبط II** [nabbɒŧɒ] *Äg.* spotten, höhnen; **X** استنبط [is'tambɒŧɒ] erschließen; entdecken, herausfinden; herleiten; folgern

[2]**نبط** [nabɒŧ]: ~الـ *hist.* die Nabatäer *m/pl.* (*Volk*)

[1]**نبع** [nabaʕa, u] (hervor)quellen; entspringen

[2]**نبع** [nabʕ] Quelle *f*

نبغ [nabaɣa, u] Hervorragendes *od.* Geniales leisten, sich hervortun

نبق [nabq] *koll.* Kreuzdorn *m*; *Äg.* Jujube *f*

نبكة [nabka] *Äg.* Hügel *m*

[1]**نبل** [nabala, u] mit Pfeilen beschießen; – [nabula, u] edel, vornehm, nobel sein

[2]**نبل** [nabl] *koll.* Pfeile *m/pl.*

[3]**نبل** [nubl] Adel *m*, Vornehmheit *f*

نبلاء → نبيل

نبه [nabiha, a] achten (ل auf *A*); erwachen; — [nabuha, u] angesehen sein; **II** [nabbaha] aufmerksam machen, hinweisen (إلى/على auf *A*); wecken; reizen, stimulieren; **V** تنبه [ta'nabbaha] achtgeben (ل/إلى auf *A*); aufmerksam werden (ل/إلى auf *A*); wach werden; **VIII** انتبه [in'tabaha] achten (ل/إلى auf *A*); beachten (ل/إلى *A*); aufmerksam werden (ل/إلى auf *A*), bemerken

(نبو) نبا [nabaː, uː] danebentreffen; verfehlen; abprallen (عن von *D*); zuwiderlaufen (عن *D*)

نبوءة [nu'buːʔa] Prophetie *f*

نبوت [na'bbuːt], *pl.* نبابيت [nabaː'biːt] (2) Knüppel *m*

نبوغ [nu'buːɣ] Hervortreten *n*; Genialität *f*, Genie *n*

نبوة [nu'buːwa] Prophetentum *n*

نبوي [nabawiː] prophetisch, Propheten-

نبي [na'biːj], *pl.* أنبياء [ʔambi'jaːʔ] (2) Prophet *m*

نبيذ [na'biːð] Wein *m*

نبيل [na'biːl], *pl.* نبلاء [nuba'laːʔ] (2) edel, vornehm; adlig; *Gefühl*: erhaben

نبيه [na'biːh] aufgeweckt, klug; vornehm, edel

نتأ [nataʔa, a] vorspringen, hervortreten

نتاج [ni'taːʤ] Ertrag *m*; Produkt *n*; Wurf *m von Tieren*; Jungtiere *n/pl.*

نتانة [na'taːna] Gestank *m*; Fäulnis *f*, Verwesung *f*

نتج [natadʒa, i] **1.** sich ergeben, resultieren; **2.** *Junges* werfen; **IV** أنتج [ʔantadʒa] erzeugen, herstellen, produzieren; hervorbringen; **X** استنتج [is'tantadʒa] schließen, folgern (من aus *D*)

نتر [natr] Reißen *n* (*Gewichtheben*)

نتش [nataʃa, i] ausreißen, auszupfen; entreißen (من *j-m*)

نتف [natafa, i] *Haare* ausreißen, auszupfen; *Federn* ausrupfen

نتفة [nutfa] geringe Menge, Stückchen *n*

[1]**نتن** [natuna, u] stinken; verfaulen; **II** [nattana] stinkend machen; **IV** أنتن [ʔantana] stinken

[2]**نتن** [natn] = نتانة

[3]**نتن** [natin] stinkend

نتوء [nu'tuːʔ] Vorsprung *m*, Ausbuchtung *f*, Auswuchs *m*

نتيجة [na'tiːdʒa], *pl.* نتائج [na'taːʔidʒ] (2) Ergebnis *n*, Resultat *n*; Folge *f*, Konsequenz *f*; *Hdl.* Ertrag *m*; *Äg.* Kalender *m*; ~ [-ta] *u.* ل ~ [-tan] infolge

نثار [nu'θaːr] Konfetti *n*

[1]**نثر** [naθara, u] (aus)streuen, verstreuen; **VI** تناثر [ta'naːθara] umhergestreut werden; sich zerstreuen, sich verlaufen; *Blätter*: abfallen; **VIII** انتثر [in'taθara] verstreut sein *od.* werden

[2]**نثر** [naθr] (Aus-)Streuen *n*; Prosa *f*, ungebundene Rede

نثري [naθriː] Prosa-, prosaisch; geringfügig; ~ات *pl.* Diverse(s)

نجاء [na'dʒaːʔ] Entkommen *n*, Rettung *f*

نجابة [na'dʒaːba] Vornehmheit *f*, Adel *m*

نجاح [na'dʒaːħ] Erfolg *m*

[1]**نجاد** [na'ddʒaːd] Polsterer *m*

[2]**نجاد** [ni'dʒaːd] Schwertgehänge *n*

نجادة [ni'dʒaːda] Polsterergewerbe *n*

نجار [na'ddʒaːr] Tischler *m*, Zimmermann *m*

نجارة [ni'dʒaːra] Tischlerei *f*

نجاسة [na'dʒaːsa] Unreinheit *f*

نجاشي [na'dʒaːʃiː]: ~ال *hist.* Negus *m* (*Kaiser von Äthiopien*)

نجاعة [na'dʒaːʕa] Wirksamkeit *f*

نجاة [na'dʒaːt] Rettung *f*, Entkommen *n*

نجب [nadʒuba, u] edler Herkunft sein; **IV** أنجب [ʔandʒaba] gebären; ein Kind bekommen

نجح [nadʒaħa, a] erfolgreich sein; bestehen (في *Prüfung*); *Unternehmen*: gelingen; **IV** أنجح [ʔandʒaħa] zum Erfolg führen, gelingen lassen

[1]**نجد** **II** [naddʒada] (aus)polstern; **IV** أنجد [ʔandʒada] helfen, beistehen (ه *j-m*); **X** استنجد [is'tandʒada] um Hilfe bitten, um Hilfe rufen

[2]**نجد** [nadʒd], *pl.* نجاد [ni'dʒaːd] Hochland *n*; *Geo.* Nedschd *m*

نجدة [nadʒda] Hilfe *f*, Beistand *m*; *Mil.* Entsatz *m*; الـ~ Hilfe!

نجر [nadʒara, u] *Holz* behauen, hobeln

(**نجز**) **III** ناجز [naːdʒaza] kämpfen (ه mit *j-m*); **IV** أنجز [ʔandʒaza] ausführen, durchführen; *Arbeit* verrichten; fertigstellen; *Versprechen* erfüllen; **X** استنجز [is'tandʒaza] auf Erledigung drängen

1 **نجس** [nadʒusa, u] *u.* [nadʒisa, a] unrein, unsauber, schmutzig sein; **II** [naddʒasa] *u.* **IV** أنجس [ʔandʒasa] verunreinigen, beschmutzen; **V** تنجس [ta'naddʒasa] verunreinigt werden

2 **نجس** [nadʒas] Unreinheit *f*

3 **نجس** [nadʒis] unrein, unsauber, schmutzig

1 **نجع** [nadʒaʕa, a] *bsd. Medikament*: wirksam sein; **VIII** انتجع [in'tadʒaʕa] *Ort* aufsuchen; e-n Weideplatz suchen

2 **نجع** [nadʒʕ], *pl.* نجوع [nu'dʒuːʕ] Dörfchen *n*, Weiler *m*

نجف [nadʒaf] **1.**: الـ~ *Geo.* Nedschef; **2.** *koll.* Kronleuchter *m/pl.*; ~ة Kronleuchter *m*, Lüster *m*

1 **نجل** [nadʒala, u] *ein Kind* zeugen

2 **نجل** [nadʒl], *pl.* أنجال [ʔan'dʒaːl] Sprößling *m*, Nachkomme *m*

1 **نجم** [nadʒama, u] sich ergeben (عن aus *D*); erscheinen, *Stern*: aufgehen; **II** [naddʒama] Astrologie betreiben; **V** تنجم [ta'naddʒama] aus den Sternen wahrsagen

2 **نجم** [nadʒm], *pl.* نجوم [nu'dʒuːm] Stern *m*; (*Film-*)Star *m*; ~ة Stern *m*; (*Film-*)Star *m*; ~ي Stern-, astral; sternförmig

(**نجو**) نجا [nadʒaː, uː] sich retten (من vor *D*), entrinnen, entkommen, entgehen; **II** نجى [naddʒaː] retten; **III** ناجى [naːdʒaː] zuflüstern; anvertrauen (ه ب *j-m Geheimes*); **IV** أنجى [ʔandʒaː] retten; **VI** تناجى [ta'naːdʒaː] einander zuflüstern

نجوة [nadʒwa] **1.** Rettung *f*; **2.** Bodenerhebung *f*

نجوى [nadʒwaː] vertrauliche(s) Gespräch, Flüstergespräch *n*

نجي [na'dʒiːj] Vertraute(r)

نجيب [na'dʒiːb], *pl.* نجباء [nudʒa'baːʔ] (2) vornehmer Herkunft; klug

نجيع [na'dʒiːʕ] zuträglich

نحا → 1(نحو)

نحات [na'ħħaːt] Bildhauer *m*; Steinmetz *m*

نحاتة [nu'ħaːta] (*Stein-*)Splitter *m/pl.*

1 **نحاس** [na'ħħaːs] Kupferschmied *m*

2 **نحاس** [nu'ħaːs] Kupfer *n*; ~ أصفر Messing *n*

نحافة [na'ħaːfa] Magerkeit *f*

نحال [na'ħħaːl] Imker *m*, Bienenzüchter *m*

نحالة [ni'ħaːla] Imkerei *f*

نحام [nu'ħaːm] Flamingo *m*

[1](نحب) **VIII** انتحب [in'taħaba] schluchzen, heftig weinen

[2]**نحب** [naħb] Tod *m*; قضى ـه~ *fig.* die Augen schließen

[1]**نحت** [naħata, u, a] behauen; meißeln; schnitzen; formen

[2]**نحت** [naħt] Bildhauerei *f*; Schnitzkunst *f*

[1]**نحر** [naħara, a] die Kehle durchschneiden, schlachten, töten; **VI** تناحر [ta'naːħara] sich streiten, einander bekämpfen; **VIII** انتحر [in'taħara] Selbstmord begehen

[2]**نحر** [naħr] Schlachtung *f*, Tötung *f*; *pl.* نحور [nu'ħuːr] Halsansatz *m*, Kehle *f*

[1]**نحس** [naħasa, a] Unglück bringen; — [naħusa, u] unheilvoll sein; **II** [naħħasa] verkupfern

[2]**نحس** [naħs], *pl.* نحوس [nu'ħuːs] Unglück *n*, Unheil *n*

[3]**نحس** [naħis] unheilvoll

نحف [naħufa, u] mager, dünn, dürr sein *od.* werden; **IV** أنحف [ʔanħafa] mager machen, auszehren

[1]**نحل** [naħala, a] (fälschlich) zuschreiben (ـه ه *j-m A*); — [naħula, u] *u.* [naħila, a] dünn sein, abmagern; **IV** أنحل [ʔanħala] abmagern lassen, abzehren; **VIII** انتحل [in'taħala] sich (unberechtigt) zulegen; plagiieren; *Religion* annehmen

[2]**نحل** [naħl] *koll.*, *sg.* ـة~ Biene(n *pl.*) *f*

نحلة [niħla], *pl.* نحل [niħal] religiöse Gruppe, Sekte *f*

نحم [naħama, i] sich räuspern

نحن [naħnu] wir

(**نحنح**) **II** تنحنح [ta'naħnaħa] sich räuspern, hüsteln

[1](**نحو**) نحا [naħaː, uː] sich wenden, die Richtung einschlagen (ـه nach *D*); نحوه ~ sich nach j-m richten, j-m folgen; **II** نحى [naħħaː] entfernen; beiseite schieben; **IV** أنحى [ʔanħaː] sich wenden (على gegen *j-n*); **V** تنحى [ta'naħħaː] zur Seite gehen, ausweichen; sich abwenden (عن von *D*); sich heraushalten (عن aus *D*); verzichten (عن auf *A*); **VIII** انتحى [in'taħaː] sich wenden (ـه zu *D*, nach *D*)

[2]**نحو** [naħw], *pl.* أنحاء [ʔan'ħaːʔ] Art und Weise *f*; *bsd. pl.* Gegend *f*; Grammatik *f*, *bsd.* Syntax *f*; من ~ ungefähr

[3]**نحو** [naħwa] *Präp.* in Richtung auf, gegen, zu … hin; etwa, ungefähr

نحول [nu'ħuːl] Magerkeit *f*

نحوي [naħwiː] grammatisch; schriftsprachlich; Grammatiker *m*

نحيب [na'ħiːb] Schluchzen *n*

نحيزة [na'ħiːza] Natur *f*, Veranlagung *f*

نحيف [na'ħiːf] mager, dünn; schmächtig

نحيل [na'ħiːl] mager, abgezehrt

نخاسة [ni'xaːsa] Viehhandel *m*; Sklavenhandel *m*

نخاع [nu'xaːʕ] Rückenmark *n*; Knochenmark *n*

نخالة [nu'xaːla] Kleie *f*, Abfall *m*

نخامة [nu'xaːma] Schleim *m*, Auswurf *m*

نخامي [nu'xaːmiː]: الغدة النخامية Hypophyse *f*

[1]**(نخب)** **VIII** انتخب [in'taxaba] *a. Pol.* wählen

[2]**نخب** [naxb] Trunk *m* auf j-s Wohl

نخبة [nuxba], *pl.* نخب [nuxab] Auslese *f*; Elite *f*

[1]**نخر** [naxara, u] **1.** zerfressen, zernagen; *Zweifel*: nagen; **2.** schnarchen; — [naxira, a] zerfressen sein

[2]**نخر** [naxar] Fäulnis *f*; *Med.* Karies *f*

[3]**نخر** [naxir] zerfressen, faulend; *Zahn*: kariös

نخز [naxaza, a] stechen, pieken; weh tun (ه *j-m*)

نخس [naxasa, a] *Tier* antreiben

نخشوش [nax'ʃuːʃ], *pl.* نخاشيش [naxaː'ʃiːʃ] (2) Kieme *f*

[1]**نخل** [naxala, u] sieben

[2]**نخل** [naxl] **1.** Sieben *n*; **2.** *koll.*, *sg.* ~ة Dattelpalme(n *pl.*) *f*

(نخم) **V** تنخم [ta'naxxama] sich räuspern u. ausspucken

نخوة [naxwa] Stolz *m*, Ehrgefühl *n*

نخير [na'xiːr] Schnarchen *n*; Grunzen *n*

نخيل [na'xiːl] *koll.* Dattelpalmen *f/pl.*

[1]**ند** [nadda, i] *Wort*: entschlüpfen; entgehen; **II** ندد [naddada] verurteilen, (heftig) kritisieren

[2]**ند** [nadin] feucht

[3]**ند** [nidd], *pl.* أنداد [ʔan'daːd] ebenbürtig; ebenbürtige(r) Partner *od.* Rivale

نداء [ni'daːʔ], *pl.* [-aːt] Ruf *m*, Aufruf *m*, Appell *m*; Anruf *m*; حرف الـ~ *Gr.* Interjektion *f*

نداف [na'ddaːf] Baumwollkrempler *m*

ندامة [na'daːma] Reue *f*

[1]**ندب** [nadaba, u] **1.** abordnen, entsenden; **2.** *e-n Toten* beklagen, beweinen; — [nadiba, a] *Wunde*: vernarben; **VIII** انتدب [in'tadaba] abordnen; beauftragen, betrauen (ل mit *D*)

[2]**ندب** [nadab], *pl.* ندوب [nu'duːb] Narbe *f*

[3]**ندب** [nadb] Totenklage *f*

ندبة [nadaba] Narbe *f*

ندر [nadara, u] selten, ungewöhnlich sein; **V** تندر [ta'naddara] sich amüsieren (ب über *A*), Witze machen

ندرة [nadra, nudra] geringe(s) Vorkommen, Seltenheit *f*; Knappheit *f*

ندف [nadafa, i] *Baumwolle* krempeln

ندفة [nudfa], *pl.* ندف [nudaf] Flocke *f*

[1]**ندم** [nadima, a] bereuen (على *A*); **III** نادم [naːdama] zechen (ه mit

j-m); **VI** تنادم [ta'naːdama] miteinander zechen

²**ندم** [nadam] Reue *f*

ندمان [nad'maːn] (2), *pl.* ندامى [na'daːmaː] reuig, reuevoll

(**ندو**) **III** نادى [naːdaː] rufen; ausrufen, zurufen; aufrufen (ب zu *D*); proklamieren, verkünden; **VIII** انتدى [in'tadaː] zusammenkommen

¹**ندوة** [nadwa] Versammlung *f*; Seminar *n*, Symposium *n*, Konferenz *f*

²**ندوة** [nu'duːwa] Feuchtigkeit *f*

¹**ندي** [nadija, aː] feucht, taufeucht sein; **II** ندى [naddaː] befeuchten, benetzen; **V** تندى [ta'naddaː] feucht, betaut werden; sich freigebig zeigen; → (ندو)

²**ندى** [nadan] Tau *m*; Freigebigkeit *f*

³**ندي** [na'diːj] feucht; frisch, zart; الكف ~ freigebig

نديد = ³ند

نديم [na'diːm], *pl.* ندماء [nuda'maːʔ] (2) Zechgenosse *m*; Kamerad *m*

نذالة [na'ðaːla] Verworfenheit *f*, Gemeinheit *f*

¹**نذر** [naðara, i, u] geloben; weihen (ـه الله *etwas Gott*); **IV** أنذر [ʔanðara] warnen; ankündigen (ب *A*); zu werden drohen (ب *etwas*)

²**نذر** [naðr], *pl.* نذور [nu'ðuːr] Gelübde *n*; Weihgeschenk *n*

¹**نذل** [naðula, u] verachtenswert, ehrlos sein

²**نذل** [naðl], *pl.* أنذال [ʔan'ðaːl] verachtenswert, ehrlos

نذير [na'ðiːr], *pl.* نذر [nuður] Warner *m*; Vorbote *m*, Vorzeichen *n*

نذيل [na'ðiːl] = ²نذل

نرجس [nardʒis] *koll.*, *sg.* ـة~ Narzisse(n *pl.*) *f*

نرجيلة [nar'dʒiːla] Wasserpfeife *f*

نرد [nard] Tricktrack *n* (*Brettspiel*)

نرنج [na'randʒ] = نارنج

نرويج [nar'wiːdʒ, nur'weːdʒ]: الـ~ Norwegen

نز [nazza, i] durchsickern; *Saite*: schwingen

¹**نزاع** [na'zzaːʕ] e-e Neigung habend (إلى zu *D*)

²**نزاع** [ni'zaːʕ] Streit *m*, Konflikt *m*

نزال [ni'zaːl] *a. Sport*: Kampf *m*

نزاهة [na'zaːha] Lauterkeit *f*, Redlichkeit *f*; Objektivität *f*

نزح [nazaħa, a, i] **1.** abwandern, wegziehen; auswandern; **2.** *Wasser* ausschöpfen, entleeren; **VIII** انتزح [in'tazaħa] verlassen (عن *e-n Ort*), auswandern

نزر [nazr] wenig, gering(fügig); Kleinigkeit *f*

¹**نزع** [nazaʕa, i] **1.** herausziehen, (her)ausreißen; wegnehmen, entfernen; entreißen (من *j-m*); *Kleidungsstück* ausziehen; ملكيته ~ [milki'jatahu] j-n enteignen; **2.** neigen, Tendenz haben (إلى zu *D*); meiden, unterlassen (عن *A*);

III نازع [naːzaˤa] streiten, kämpfen (ه mit *j-m*); streitig machen (ه هـ *j-m A*); **VI** تنازع [taˈnaːzaˤa] miteinander streiten; **VIII** انتزع [inˈtazaˤa] (her)ausreißen; wegreißen, entreißen; *Sieg* erringen

[2]**نزع** [nazˤ] (Her-)Ausreißen *n*; Wegnahme *f*, Entfernung *f*; Agonie *f*; السلاح ~ Entwaffnung *f*; Abrüstung *f*

نزعة [nazˤa], *pl.* [nazaˈˤaːt] Tendenz *f*, Neigung *f*

[1]**نزف** [nazafa, i] *Blut* abzapfen; *Pass.* (دما) ~ [nuzifa (daman)] ausbluten, verbluten; — [nazifa, a]: ~ دمه [damuhu] bluten; **X** استنزف [isˈtanzafa] erschöpfen; auszehren, zermürben

[2]**نزف** [nazf] Blutverlust *m*

[1]**نزق** [nazaq] Voreiligkeit *f*, Leichtsinnigkeit *f*, Unbesonnenheit *f*

[2]**نزق** [naziq] voreilig, leichtsinnig, unbesonnen

[1]**نزل** [nazala, i] absteigen, heruntersteigen; aussteigen; hinuntergehen; *Flugzeug*: niedergehen, landen; *Preis*: sinken, fallen; einkehren, wohnen; herfallen (على über *A*); verzichten (عن auf *A*); **II** [nazzala] herabsteigen lassen; herunterlassen, niederlassen; abladen, ausladen; offenbaren (على *j-m*); *Preis* senken, herabsetzen; abziehen, subtrahieren (من von *D*); **III** نازل [naːzala] kämpfen (ه mit *j-m*); **IV** أنزل [ʔanzala] herunterlassen, niederlassen, herunterholen; abladen; aussteigen lassen; wohnen lassen; offenbaren (على *j-m*); *Preis* senken, herabsetzen; *Schaden* zufügen (ب *j-m*); **V** تنزل [taˈnazzala] (allmählich) herabsteigen; **VI** تنازل [taˈnaːzala] verzichten (عن auf *A*), aufgeben (عن *A*); abtreten (عن إلى *etwas* an *j-n*); sich herablassen (إلى zu *D*)

[2]**نزل** [nazl], [nuzl], *pl.* نزل [nuzul] *u.* نزول [nuˈzuːl] *Mar.*, *Tun.* Hotel *n*, Herberge *f*

نزلة [nazla] **1.** Absteigen *n*, Einkehr *f*; **2.** Katarrh *m*; Schnupfen *m*

نزه [nazuha, u] redlich, lauter sein; **II** [nazzaha] frei halten (عن von *D*); für lauter halten; spazierenführen; **V** تنزه [taˈnazzaha] spazierengehen; erhaben sein (عن über *A*)

نزهة [nuzha], *pl.* [nuzaˈhaːt] Spaziergang *m*, Ausflug *m*

نزوح [nuˈzuːħ] Abwanderung *f*; Auswanderung *f*

نزوع [nuˈzuːˤ] Streben *n* (إلى nach *D*)

نزول [nuˈzuːl] Abstieg *m*; Landung *f*; Sinken *n*, Fallen *n*; *Isl.* Offenbarung *f*

نزوة [nazwa], *pl.* [nazaˈwaːt] Laune *f*, Anwandlung *f*; Ungestüm *n*

نزيف [na'ziːf] Blutung *f*

نزيل [na'ziːl], *pl.* نزلاء [nuza'laːʔ] (2) (*Hotel-*)Gast *m*; (*Gefängnis-*) Insasse *m*

نزيه [na'ziːh], *pl.* نزهاء [nuza'haːʔ] (2) redlich, lauter; uneigennützig

نسا → عرق[3]

نسأ [nasaʔa, a] *u.* **IV** أنسأ [ʔansaʔa] aufschieben; stunden

[1]**نساء** [na'ssaːʔ] vergeßlich

[2]**نساء** [ni'saːʔ] *pl.* Frauen *f/pl.*

نساج [na'ssaːdʒ] Weber *m*

نساجة [ni'saːdʒa] Weberei *f*

نساخ [na'ssaːx], *pl.* ~ة *u.* [-uːn] Abschreiber *m*, Kopist *m*

نسافة [na'ssaːfa] Torpedoboot *n*

نسائي [ni'saʔiː] Frauen-, Damen-, weiblich; الحركة النسائية Frauenbewegung *f*; Feminismus *m*

[1]**نسب** [nasaba, i] zuschreiben (إلى *j-m*); beziehen (إلى auf *A*); *j-s Abstammung* zurückführen (إلى auf *A*); **III** ناسب [naːsaba] entsprechen (ـه *D*); passen (ـه/ه zu *D*); sich verschwägern (ه mit *j-m*); **VI** تناسب [ta'naːsaba] zusammenpassen; entsprechen (مع *D*), passen (مع zu *D*); proportional sein; sich verschwägern; **VIII** انتسب [in'tasaba] gehören (إلى zu *D*); beitreten (إلى *e-r Organisation*); abstammen (إلى von *D*); **X** استنسب [is'tansaba] passend finden

[2]**نسب** [nasab], *pl.* أنساب [ʔan'saːb] Abstammung *f*, Herkunft *f*; Verwandtschaft *f*

نسبة [nisba] In-Beziehung-Setzen *n*; *pl.* نسب [nisab] Beziehung *f*; Verhältnis *n*, Proportion *f*; Prozentsatz *m*; Quote *f*; Rate *f*; *Gr.* Nisbe *f*; *Syr.* Familienname *m*; بالـ~ إلى im Hinblick auf, für

نسبي [nisbiː] relativ; proportional; ~ًا [-jan] *Adv.* relativ, verhältnismäßig; ~ة Relativität *f*

[1]**نسج** [nasadʒa, i, u] weben

[2]**نسج** [nasdʒ] Weben *n*; *a. fig.* Gewebe *n*

[1]**نسخ** [nasaxa, a] aufheben, außer Kraft setzen; *Vertrag* kündigen; abschreiben, kopieren; **VI** تناسخ [ta'naːsaxa] *Seele*: wandern; **VIII** انتسخ [in'tasaxa] abschreiben; **X** استنسخ [is'tansaxa] abschreiben; abschreiben lassen

[2]**نسخ** [nasx] Aufhebung *f*; Abschreiben *n*; Kopieren *n*; خط الـ~ *gewöhnlicher arab. Schrifttyp*

نسخة [nusxa], *pl.* نسخ [nusax] Abschrift *f*, Kopie *f*; Exemplar *n e-s Buches*

نسر [nasr], *pl.* نسور [nu'suːr] *Äg.* Adler *m*; *Syr.* Geier *m*

نسغ [nusɣ] (Pflanzen-)Saft *m*

[1]**نسف** [nasafa, i] (in die Luft) sprengen; *Schiff* torpedieren

[2]**نسف** [nasf] Sprengung *f*; Torpedierung

[1]نسق **II** [nassaqa] planvoll anordnen, arrangieren; koordinieren; **V** تنسق [ta'nassaqa] planvoll angeordnet werden; **VI** تناسق [ta'naːsaqa] aufeinander abgestimmt sein; symmetrisch sein; miteinander harmonieren

[2]نسق [nasaq] Ordnung *f*, System *n*; Art und Weise *f*; حروف الـ~ *Gr.* koordinierende Konjunktionen *f/pl.*

نسك [nusk] Askese *f*, gottgeweihte(s) Leben

[1]نسل [nasala, u] **1.** *Kinder* zeugen; **2.** auszupfen; *Haare* ausfallen; **VI** تناسل [ta'naːsala] sich fortpflanzen, sich vermehren

[2]نسل [nasl], *pl.* أنسال [ʔan'saːl] Nachkommenschaft *f*

[1]نسم [nasama, i] (sanft) wehen; **V** تنسم [ta'nassama] (ein)atmen; duften

[2]نسم [nasam], *pl.* أنسام [ʔan'saːm] Atem *m*, Hauch *m*

[1]نسمة [nasama] Person *f*, Seele *f* (*als Zählwort*)

[2]نسمة [nasma] Windhauch *m*

نسناس [nas'naːs] Affe *m*

نسوان [nis'waːn] *pl.* Frauen *f/pl.*

نسوة [niswa] *pl.* Frauen *f/pl.*

نسوي [niswiː] Frauen-, weiblich

[1]نسي [nasija, aː] vergessen; **IV** أنسى [ʔansaː] vergessen lassen; **VI** تناسى [ta'naːsaː] sich stellen, als ob man vergessen habe; vergessen, übersehen

[2]نسي [nasj] Vergessen *n*

[3]نسي [na'siːj] vergeßlich

نسيان [nis'jaːn] Vergessen *n*, Vergessenheit *f*

نسيب [na'siːb] (*arab.*) Liebespoesie *f*; *pl.* أنسباء [ʔansi'baːʔ] (2) Schwager *m* (*Bruder der Ehefrau*); von vornehmer Herkunft

نسيج [na'siːdʒ], *pl.* أنسجة [ʔansidʒa] Gewebe *n* (*a. Anat.*), Textilerzeugnis *n*

نسيم [na'siːm] Windhauch *m*, Brise *f*; شم الـ~ [ʃamm an-n.] *Äg. Frühlingsfest am koptischen Ostermontag*

نسيئة [na'siːʔa] Stundung *f der Zahlung*, Kredit *m*

نش [naʃʃa, i] sieden, brodeln; zischen; — [u] *Fliegen* verscheuchen

نشء [naʃʔ] Jugend *f*; Nachwuchs *m*

[1]نشا [naʃan] = نشاء

[2]نشأ [naʃaʔa, a] entstehen; aufwachsen; hervorgehen, resultieren (من / عن aus *D*); **II** [naʃʃaʔa] aufziehen, heranziehen; **IV** أنشأ [ʔanʃaʔa] errichten, einrichten; (be-)gründen, ins Leben rufen; (er-)bauen; *Schriftstück* verfassen

نشاء [na'ʃaːʔ], *umg.* [ni'ʃaːʔ] Stärke *f*, Stärkemehl *n*

نشاب [nu'ʃʃaːb] *koll.*, *sg.* ~ة Pfeile *m/pl.*

نشادر [nu'ʃaːdir] Ammoniak *n*
نشار [na'ʃʃaːr] Säger *m*
[1]نشارة [nu'ʃaːra] Sägemehl *n*
[2]نشارة [ni'ʃaːra] Sägen *n*
نشاز [na'ʃaːz] Mißton *m*, Mißklang *m*
نشاط [na'ʃɒːṭ], *pl.* [-aːt] *u.* أنشطة [ʔanʃiṭɒ] Tätigkeit *f*, Aktivität *f*; Tatkraft *f*; Vitalität *f*
نشاف [na'ʃʃaːf]: ~ ورق Löschpapier *n*; ~ة Löschblatt *n*; Handtuch *n*
نشال [na'ʃʃaːl] Taschendieb *m*
نشأة [naʃʔa] Entstehung *f*; Aufwachsen *n*
[1]نشب [naʃiba, a] **1.** *Feuer, Krieg*: ausbrechen; **2.** haften (في an *D*); **IV** أنشب [ʔanʃaba] anheften
[2]نشب [naʃab] Hab und Gut *n*
نشج [naʃadʒa, i] schluchzen
نشد [naʃada, u] suchen; beschwören; **III** ناشد [naːʃada] *j-n* beschwören; appellieren (ه an *j-n*); **IV** أنشد [ʔanʃada] vortragen, rezitieren
[1]نشر [naʃara, u] **1.** ausbreiten, entfalten; *Segel* hissen; *Wäsche* aufhängen; veröffentlichen, verbreiten; **2.** sägen; **3.** von den Toten auferwecken; **VIII** انتشر [in'taʃara] sich verbreiten, sich ausbreiten
[2]نشر [naʃr] Ausbreitung *f*, Entfaltung *f*; Veröffentlichung *f*, Verbreitung *f*; يوم الـ~ Tag *m* der Auferstehung; ~ة, *pl.* [naʃa'raːt] Veröffentlichung *f*, Publikation *f*; Bericht *m*; ~ الأخبار Nachrichtensendung *f*
نشز [naʃaza, u, i] aufbegehren, sich auflehnen; mißtönend sein
[1]نشط [naʃiṭɒ, a] tatkräftig, energisch, aktiv sein; sich beleben; **II** [naʃʃaṭɒ] beleben, aktivieren; anregen; **V** تنشط [ta'naʃʃaṭɒ] lebhaft werden
[2]نشط [naʃiṭ] tatkräftig, energisch; aktiv, tätig; lebhaft, munter
نشع [naʃaʕa, a] *Wasser*: durchsikkern
نشف [naʃifa, a] *intr.* trocknen, austrocknen; **II** [naʃʃafa] trocknen, abtrocknen, austrocknen; **V** تنشف [ta'naʃʃafa] trocken werden
نشق **II** [naʃʃaqa] zu riechen geben (ه *j-m*); **V** تنشق [ta'naʃʃaqa] riechen, (in die Nase) einziehen; **X** استنشق [is'tanʃaqa] einatmen
[1]نشل [naʃala, u, i] herausziehen; stehlen; **VIII** انتشل [in'taʃala] herausziehen, bergen, retten
[2]نشل [naʃl] Taschendiebstahl *m*
نشن **II** [naʃʃana] *Äg.* zielen, *Geschütz* richten
نشوء [nu'ʃuːʔ] Entstehung *f*, Entwicklung *f*; نظرية الـ~ والارتقاء Evolutionstheorie *f*
نشوان [naʃ'waːn] (2), *f* نشوى [naʃwaː], *pl.* نشاوى [na'ʃaːwaː] berauscht

ن

نشوب [nu'ʃuːb] Ausbruch *m e-s Krieges*

نشور [nu'ʃuːr] Auferstehung *f*

نشوز [nu'ʃuːz] Widerspenstigkeit *f*

نشوق [na'ʃuːq] Schnupftabak *m*

نشوة [naʃwa] *bsd. fig.* Rausch *m*; Ekstase *f*

نشوي [naʃawiː] stärkehaltig, Stärke-

نشي [naʃija, aː] berauscht, trunken werden; **II** نشى [naʃʃaː] *Wäsche* stärken; **VIII** انتشى [in'taʃaː] sich berauschen

نشيد [na'ʃiːd], *pl.* أناشيد [ʔanaː'ʃiːd] (2) Lied *n*, Hymne *f*; الـ~ الوطني Nationalhymne *f*

نشيط [na'ʃiːṭ], *pl.* [-uːn] *u.* نشاط [ni'ʃɒːṭ] = ²نشط

[1]**نص** [nɒssɒ, u] zum Inhalt haben, besagen; vorsehen, bestimmen, festlegen; **II** نصص [nɒssɒsɒ] anführen, zitieren

[2]**نص** [nɒss], *pl.* نصوص [nu'suːs] Text *m*; Wortlaut *m*

[3]**نص** [nuss] *umg.* (= ²نصف) Hälfte *f*, + *G*: halb

[1]**نصاب** [nɒ'ssɒːb] Betrüger *m*, Schwindler *m*

[2]**نصاب** [ni'sɒːb] vorgeschriebene (Mindest-)Zahl; اكتمل الـ~ القانوني *Parlament*: beschlußfähig sein; أعاد الأمور إلى ~ـها die Dinge wieder ins rechte Lot bringen

نصارى ← نصراني

[1]**نصب** [nɒsɒba, u, i] aufstellen, aufrichten; *Zelt* aufschlagen; *Gr.* in den Akkusativ setzen; — [u] *Äg.* betrügen, beschwindeln; **II** [nɒssɒba] einsetzen (هـ *als*), ernennen (هـ zu *D*); **III** ناصب [nɒːsɒba]: ~ه العداء mit j-m verfeindet sein; **IV** أنصب [ʔansɒba] ermüden; **VIII** انتصب [in'tɒsɒba] sich aufrichten, sich erheben; aufgerichtet werden

[2]**نصب** [nɒsb] Aufstellung *f*, Aufrichtung *f*; *Gr.* Akkusativ *m*; Subjunktiv *m*; *Äg.* Betrug *m*

[3]**نصب** [nusba] *Präp.* vor (*räumlich*)

[4]**نصب** [nus(u)b], *pl.* أنصاب [ʔan'sɒːb] Denkmal *n*

نصبة [nɒsba] **1.** Pflanze *f*; **2.** *Ir.*, *Syr.* Schwindel *m*

(**نصت**) **IV** أنصت [ʔansɒta] lauschen (ل *j-m*); **V** تنصت [ta'nɒssɒta] lauschen; belauschen

[1]**نصح** [nɒsɒħa, a] raten (ب / ه/ل *j-m* zu *D*); **VI** تناصح [ta'nɒːsɒħa] einander raten; **VIII** انتصح [in'tɒsɒħa] e-n Rat befolgen; **X** استنصح [is'tansɒħa] um Rat fragen

[2]**نصح** [nusħ] (guter) Rat

[1]**نصر** [nɒsɒra, u] beistehen, helfen (ه على *j-m* gegen *A*); *Gott*: den Sieg verleihen; **II** [nɒssɒra] christianisieren; **III** ناصر [nɒːsɒra] beistehen, unterstützen; **V** تنصر [ta'nɒssɒra] Christ werden; **VI**

تناصر [ta'nɒːsɒra] einander beistehen; **VIII** انتصر [in'tɒsɒra] siegen (على über *A*); Partei ergreifen (لـ für *j-n*); **X** استنصر [is'tansɒra] um Beistand bitten

²**نصر** [nɒsr] Sieg *m*

نصراني [nɒs'raːniː], *pl.* نصارى [nɒ'sɒːraː] Christ *m*; ~ـة Christentum *n*

نصرة [nusra] Beistand *m*, Hilfe *f*

نصع [nɒsɒʕa, a] *Farbe*: strahlend hell sein; klar, offenkundig sein

¹**نصف** **II** [nɒssɒfa] halbieren; **III** ناصف [nɒːsɒfa] zur Hälfte beteiligt sein (هـ ه mit *j-m* an *D*); **IV** أنصف [ʔansɒfa] gerecht sein, gerecht behandeln; **VIII** انتصف [in'tɒsɒfa] die Mitte erreichen; Gerechtigkeit widerfahren lassen (لـ *j-m*); **X** استنصف [is'tansɒfa] Gerechtigkeit verlangen

²**نصف** [nisf], *pl.* أنصاف [ʔan'sɒːf] Hälfte *f*; + *G*: halb-, Halb-; ~ي Halb-

¹**نصل** [nɒsɒla, u] *Farbe*: ausgehen; **V** تنصل [ta'nɒssɒla] sich distanzieren (من von *D*); ablehnen (من *Verantwortung*)

²**نصل** [nɒsl], *pl.* نصال [ni'sɒːl] Klinge *f des Messers*

نصة [nussɒ], *pl.* نصص [nusɒs] Stirnlocke *f*

نصوح [nɒ'suːħ] aufrichtig

نصيب [nɒ'siːb], *pl.* أنصبة [ʔansiba] Anteil *m*; Los *n*, Schicksal *n*; يانصيب [jaːnɒ'siːb] Lotterie *f*

نصيحة [nɒ'siːħa], *pl.* نصائح [nɒ'sɒːʔiħ] (2) Rat *m*, Ratschlag *m*

نصير [nɒ'siːr], *pl.* نصراء [nusɒ'raːʔ] (2) Helfer *m*, Beistand *m*; Anhänger *m*

نض [nɒđđɒ, i] durchsickern, rinnen; **II** نضض [nɒđđɒđɒ] schütteln

نضارة [nɒ'đɒːra] Frische *f*, Jugendlichkeit *f*; Blüte *f der Jugend*

نضال [ni'đɒːl] Kampf *m*

نضب [nɒđɒba, u] *a. fig.* versiegen; لا ينضب unerschöpflich

¹**نضج** [nɒđidʒa, a] reif werden, *a. fig.* reifen; gar werden; **IV** أنضج [ʔanđɒdʒa] reifen lassen; gar kochen

²**نضج** [nuđdʒ] Reife *f*; Garsein *n*

نضح [nɒđɒħa, a] bespritzen, besprengen; durchsickern lassen

¹**نضد** [nɒđɒda, i] (auf)schichten; ordnen; **II** [nɒđđɒda] (auf)schichten; *Schrift* setzen

²**نضد** [nɒđɒd], *pl.* أنضاد [ʔan'đɒːd] (Bett-)Gestell *n*

¹**نضر** [nɒđura, u] frisch, blühend sein; **II** [nɒđđɒra] frisch machen

²**نضر** [nɒđir] frisch, blühend

نضرة [nɒđra] Frische *f*, blühende(s) Aussehen

نضل [nɒđɒla, u] besiegen; **III** ناضل [nɒːđɒla] kämpfen (ه mit *j-m*, من أجل für *A*); verteidigen (عن *A*)

(**نضو**) نضا [nɒđɒː, uː] *Kleidung*

ausziehen; **VIII** انتضى [in'tɒđɒː] *Schwert* ziehen

نضوب [nu'đuːb] Versiegen *n*

نضوج [nu'đuːʤ] *a. fig.* Reife *f*

نضيد [nɒ'điːd] (wohl)geordnet

نط [nɒŧŧɒ, u] springen, hüpfen

نطاسي [ni'ŧɒːsiː] geschickt; (medizinische) Kapazität

نطاق [ni'ŧɒːq], *pl.* نطق [nuŧuq] Bereich *m*; *fig.* Rahmen *m*; Gürtel *m*; في ~ im Rahmen von; واسع الـ~ umfangreich

نطح [nɒŧɒħa, a] (*mit dem Kopf od. den Hörnern*) stoßen; **VI** تناطح [ta'nɒːŧɒħa] einander stoßen

نطر [nɒŧɒra, u] bewachen

(**نطع**) **V** تنطع [ta'nɒŧŧɒʕa] penibel sein; ~ في الكلام hochgestochen reden

نطفة [nuŧfa] Tropfen *m*; Samentropfen *m*

[1]**نطق** [nɒŧɒqa, i] sprechen; aussprechen, artikulieren; **II** [nɒŧŧɒqa] zum Sprechen bringen; **V** أنطق [ʔanŧɒqa] *Gott*: die Sprache geben; **VIII** انتطق [in'tɒŧɒqa] sich gürten; **X** استنطق [is'tanŧɒqa] befragen; verhören; sich erbrechen

[2]**نطق** [nuŧq] Aussprache *f*; Sprache *f*

نطقي [nuŧqiː] phonetisch

نطة [nɒŧŧɒ] Sprung *m*

نظار [nɒ'ðːðɒːr], *pl.* ة~ Zuschauer *m*; → ناظر

نظاراتي [nɒðːðɒː'raːtiː] Optiker *m*

[1]**نظارة** [nɒ'ðːðɒːra] Brille *f*; Fernglas *n*

[2]**نظارة** [ni'ðɒːra] Aufsicht *f*, Inspektion *f*; Leitung *f*

نظافة [nɒ'ðɒːfa] Sauberkeit *f*, Reinheit *f*; Reinlichkeit *f*

نظام [ni'ðɒːm], *pl.* نظم [nuðum] *u.* أنظمة [ʔanðima] System *n*, Ordnung *f*; Satzung *f*, Statut *n*; *Pol.* Regime *n*; Disziplin *f*; ~ أساسي / داخلي Statut *n*; ~**ي** regulär, ordentlich; systematisch

[1]**نظر** [nɒðɒra, u] blicken, schauen; anblicken, ansehen, betrachten (إلى *A*); erwägen (في *A*); überprüfen (في *A*); sich befassen (في mit *D*, *bsd. Rechtssache*), bearbeiten (في *Fall*); **III** ناظر [nɒːðɒra] disputieren, sich auseinandersetzen (ه mit *j-m*); gleichkommen (ه/ـه *D*); **IV** أنظر [ʔanðɒra] Aufschub gewähren; **V** تنظر [ta'nɒððɒra] betrachten; abwarten; **VI** تناظر [ta'nɒːðɒra] miteinander disputieren; *Math.* symmetrisch sein; **VIII** انتظر [in'tɒðɒra] warten (ه/ـه auf *A*), erwarten; abwarten; **X** استنظر [is'tanðɒra] warten (ه/ـه auf *A*); um Aufschub bitten

[2]**نظر** [nɒðɒr] Sehen *n*; Betrachtung *f* (إلى *G*); Erwägung *f* (في *G*), Überlegung *f*; Prüfung *f* (في *G*), Bearbeitung *f*; *pl.* أنظار [ʔan'ðɒːr] Blick *m*; ~ا إلى/ل [-an] im Hinblick auf, angesichts; إعادة

ن

~الـ Überprüfung *f*, Revision *f* (في *G*); ~بعيد الـ weitblickend; ~طويل الـ weitsichtig; ~قصير الـ kurzsichtig

نظرة [nɒðra], *pl.* [nɒðɒ'raːt] Blick *m*; Betrachtung *f* (إلى *G*)

نظري [nɒðɒriː] theoretisch; *selten*: optisch; **~ة** Theorie *f*

نظف [nɒðufa, u] sauber, rein sein; **II** [nɒððɒfa] säubern, reinigen, putzen; **V** تنظف [ta'nɒððɒfa] sich reinigen

[1]**نظم** [nɒðɒma, i] *Perlen* auffädeln; *Gedichte* verfassen; **II** [nɒððɒma] ordnen, anordnen; regeln, regulieren; organisieren, veranstalten; *Instrument* stimmen; *Syr. Dokument* ausstellen; **V** تنظم [ta'nɒððɒma] geordnet, organisiert werden; **VIII** انتظم [in'tɒðɒma] geordnet, geregelt sein; eintreten (في in *A*), sich anschließen (في *D*); durchdringen

[2]**نظم** [nɒðm] Abfassung *f e-s Gedichts*; Dichtung *f*, Poesie *f*

نظير [nɒ'ðiːr], *pl.* نظراء [nuðɒ'raːʔ] (2) Amtskollege *m*; *pl.* نظائر [nɒ'ðɒːʔir] (2) Gleiche(s), Gegenstück *n*; Gegenwert *m*; *Tun.* Kopie *f*, Ausfertigung *f*; *Phys.* Isotop *n*; ~الـ (= السمت ~) *Astr.* Nadir *m*; ~ [-a] gegen, als Gegenleistung für

نظيف [nɒ'ðiːf], *pl.* نظفاء [nuðɒ'faːʔ] (2) sauber, rein

نعاس [nu'ʕaːs] Schläfrigkeit *f*, Müdigkeit *f*

نعام [na'ʕaːm] *koll.*, *sg.* ~ة, *pl.* نعائم [na'ʕaːʔim] (2) Strauß(e *pl.*) *m*

نعب [naʕaba, a, i] krächzen; verkünden (ب *Unheil*)

[1]**نعت** [naʕata, a] beschreiben, kennzeichnen

[2]**نعت** [naʕt] Beschreibung *f*; *Gr.* Attribut *n*; Adjektiv *n*

نعجة [naʕdʒa], *pl.* [naʕa'dʒaːt] *u.* نعاج [ni'ʕaːdʒ] (*weibliches*) Schaf, Mutterschaf *n*

نعر [naʕara, a] brüllen; grunzen; *Syr.* jaulen

[1]**نعرة** [naʕra] (*einmaliges*) Brüllen

[2]**نعرة** [nuʕara, naʕra] Dünkel *m*, Hochmut *m*

نعس [naʕasa, a] einnicken; **IV** أنعس [ʔanʕasa] schläfrig machen; **VI** تناعس [ta'naːʕasa] sich schläfrig stellen

نعسان [naʕ'saːn] (2) schläfrig, müde

نعسة [naʕsa] Nickerchen *n*

[1](**نعش**) **IV** أنعش [ʔanʕaʃa] beleben, erfrischen; **VIII** انتعش [in'taʕaʃa] sich beleben, sich erholen

[2]**نعش** [naʕʃ], *pl.* نعوش [nu'ʕuːʃ] (Toten-)Bahre *f*

نعظ [naʕaðɒ, a] *Penis*: erigieren

نعق [naʕaqa, a, i] *Rabe*: krächzen; schreien; kreischen

[1]**نعل** [naʕala, a] *u.* **IV** أنعل [ʔan-

ʕala] *Pferd* beschlagen; **VIII** انتعل [in'taʕala] Schuhe anziehen *od.* tragen

[2]**نعل** [naʕl], *pl.* نعال [ni'ʕaːl] (Schuh-) Sohle *f*; Paar *n* Sandalen; Hufeisen *n*

[1]**نعم** [naʕima, a] gut, sorgenfrei leben; genießen (ب *A*); — [naʕuma, u] zart, weich, fein sein; **II** [naʕʕama] weich, fein machen; pulverisieren; verwöhnen; **IV** أنعم [ʔanʕama] schenken, gewähren (على ب *j-m A*); sich vertiefen (في in *A*); **V** تنعم [ta'naʕʕama] genießen (ب *A*)

[2]**نعم** [naʕam] **1.** ja!, gewiß!; **2.** *pl.* أنعام [ʔan'ʕaːm] Vieh *n*

[3]**نعم** [niʕma] welch ein vortrefflicher *od.* wundervoller…!

نعمان [nuʕ'maːn] *npr. m*; شقيق الـ~ Anemone(n *pl.*) *f*

[1]**نعمة** [naʕma] Wohlleben *n*

[2]**نعمة** [niʕma], *pl.* نعم [niʕam] Wohltat *f*, Gnade *f*

نعمى [nuʕmaː] Wohltat *f*; Glück *n*, Wohlhabenheit *f*

نعناع [naʕ'naːʕ] *u.* **نعنع** [naʕnaʕ] Pfefferminze *f*

نعومة [nu'ʕuːma] Weichheit *f*, Glätte *f*, Feinheit *f*

نعوة [naʕwa] Todesbotschaft *f*

[1]**نعى** [naʕaː, aː] den Tod j-s (ه) anzeigen; vorwerfen (على *j-m*); — [i] *umg.* beklagen

[2]**نعي** [na'ʕiːj] Todesbote *m*

[3]**نعي** [naʕj] Todesbotschaft *f*

نعير [na'ʕiːr] Gebrüll *n*, Schreien *n*; Grunzen *n*

نعيم [na'ʕiːm] Wohlleben *n*, Glück *n*

نعية [naʕja] Todesanzeige *f*

نغز [naɣaza, a] stechen

(**نغش**) **III** ناغش [naːɣaʃa] necken

نغص **II** [naɣɣɒsɒ] vergällen (على ه *j-m das Leben*)

نغل [naɣl] uneheliche(s) Kind

[1]**نغم** **II** [naɣɣama] (vor sich hin) singen, summen; **VI** تناغم [ta'naːɣama] gleichzeitig ertönen

[2]**نغم** [naɣam], *pl.* أنغام [ʔan'ɣaːm] Melodie *f*, Weise *f*; ~ـة [naɣma, naɣama] Ton *m*; Klang *m*

(**نغو**) **III** ناغى [naːɣaː] zärtliche Worte sagen (ه *j-m*)

نغيل [na'ɣiːl] uneheliche(s) Kind

نف [naffa, i] *Äg.* sich schneuzen; *Tun. Tabak* schnupfen

نفاث [na'ffaːθ] Düsen-; طائرة ~ـة Düsenflugzeug *n*

[1]**نفاثة** [na'ffaːθa] Düsenflugzeug *n*

[2]**نفاثة** [nu'faːθa] Spucke *f*, Auswurf *m*

نفاثي [na'ffaːθiː]: تسيير ~ Düsenantrieb *m*

نفاخ [nu'ffaːx] Schwellung *f*; ~ـة *a. Med.* Blase *f*

نفاد [na'faːd] Erschöpfung *f der Vorräte*

[1]**نفاذ** [na'faːð] Durchdringung *f*; Gültigkeit *f e-s Gesetzes*

[2]نفاذ [na'ffaːð] durchdringend; durchlässig; ~ية Durchlässigkeit *f*

نفاس [ni'faːs] Wochenbett *n*; Niederkunft *f*; حمى الـ~ Kindbettfieber *n*

نفاسة [na'faːsa] Kostbarkeit *f*

نفاضة [nu'fɒːđɒ] abgeschüttelte(r) Staub *od.* Schmutz

[1]نفاق [na'faːq] gute Absetzbarkeit *der Ware*

[2]نفاق [ni'faːq] Heuchelei *f*

نفاية [nu'faːja], *pl.* [-aːt] Abfall *m*, Ausschuß *m*

نفث [nafaθa, u] ausspeien, ausspucken; *Gift* ausspritzen; ausblasen

نفثة [nafθa], *pl.* [nafa'θaːt] Spucke *f*, Auswurf *m*

نفج [nafadʒa, u] prahlen

نفح [nafaħa, a] *Duft*: sich verbreiten; schenken; **III** نافح [naːfaħa] verteidigen (عن *A*)

نفحة [nafħa] (Wind-)Hauch *m*; Duft *m*; Geschenk *n*

[1]نفخ [nafaxa, u] blasen; aufblasen, aufpumpen; hauchen; einhauchen; *Kerze* ausblasen; **VIII** انتفخ [in'tafaxa] sich (auf)blähen; *fig.* sich aufblasen

[2]نفخ [nafx] Blasen *n*; Aufblasen *n*; Ausblasen *n*

نفخة [nafxa] Blasen *n*; Aufgeblasenheit *f*

نفد [nafida, a] *Vorräte*: aufgebraucht, erschöpft sein; ausgehen; *Buch*: vergriffen sein; **X** استنفد [is'tanfada] aufbrauchen, aufzehren, erschöpfen

نفذ [nafaða, u] durchdringen (من/ه *A*), (hin)durchgehen (من/ه durch *A*); hineindringen (إلى in *A*); *Öffnung*: hinausgehen (إلى auf *A*); (rechts)gültig, in Kraft sein; **II** [naffaða] durchführen, ausführen; *Beschluß* vollziehen; *Urteil* vollstrecken; **IV** أنفذ [ʔanfaða] *Nachricht* übermitteln

[1]نفر [nafara, i] **1.** Abneigung *od.* Widerwillen haben (من gegen *A*); meiden, fliehen (عن/من *A*); scheuen, scheu werden; **2.** anschwellen, hervortreten; **II** [naffara] *j-n* abstoßen; abschrecken (من von *D*); verscheuchen; **VI** تنافر [ta'naːfara] einander meiden, einander abstoßen; **X** استنفر [is'tanfara] in Bereitschaft versetzen, mobilisieren

[2]نفر [nafar], *pl.* أنفار [ʔan'faːr] Person *f*, Mann *m* (*als Zählwort*); (einfacher) Soldat, Gemeine(r); Gruppe *f*, Schar *f*

نفرة [nafra] Abneigung *f*, Antipathie *f*

[1]نفس [nafisa, a] **1.** im Kindbett liegen; **2.** zurückhalten (ب mit *D*); mißgönnen (على ه *j-m A*); — [nafusa, u] kostbar, wertvoll sein; **II** [naffasa] *Kummer* vertreiben; Luft machen (عن *s-n Gefühlen*),

abreagieren (عن *A*); **III** نافس [naːfasa] wetteifern, konkurrieren, rivalisieren (ـه/ه mit *D*); **V** تنفس [taˈnaffasa] atmen, Atem holen; ~ الصعداء aufatmen, aufseufzen; **VI** تنافس [taˈnaːfasa] miteinander konkurrieren

نفس[2] [nafas], *pl.* أنفاس [ʔanˈfaːs] Atem *m*, Atemzug *m*; Zug *m beim Rauchen*; Hauch *m*

نفس[3] [nafs] *f*, *pl.* نفوس [nuˈfuːs] *u.* أنفس [ʔanfus] Seele *f*; Psyche *f*; Selbst *n*; *m* Person *f*, Mensch *m*; هو ~ـه/بنفسه er selbst; ~ الشيء dasselbe Ding; dasselbe; الشيء ~ـه das Ding selbst; dasselbe Ding; في ~ الوقت zur selben Zeit; الثقة بالـ~ Selbstvertrauen *n*; علم الـ~ Psychologie *f*

نفساء [nufaˈsaːʔ] (2), *pl.* نفساوات [nufasaːˈwaːt] Wöchnerin *f*

نفساني [nafˈsaːniː] seelisch, psychisch; psychologisch

نفسي [nafsiː] seelisch, psychisch; psychologisch; ~ة Seelenleben *n*

نفش [nafaʃa, u] *Baumwolle* krempeln; *Äg.* aufquellen; ~ ريشه das Gefieder sträuben; **II** [naffaʃa] *Baumwolle* krempeln; **VIII** انتفش [inˈtafaʃa] das Gefieder *od.* die Haare sträuben

نفض [nafɒđɒ, u] schütteln, abschütteln, ausschütteln; abstauben; *Tuch* ausstauben; *Zigarette* abstreifen; **II** [naffɒđɒ] kräftig schütteln, ausklopfen; **VIII** انتفض [inˈtafɒđɒ] sich schütteln; zittern, beben; *Volk*: sich erheben

نفط [naft] Erdöl *n*; ~ة Blase *f*, Pustel *f*

نفع[1] [nafaʕa, a] nützen (ه *j-m*); nützlich sein (ل für *A*); **II** [naffaʕa] *Äg.* nutzbar machen; *Syr.* verdienen lassen; **VIII** انتفع [inˈtafaʕa] Nutzen ziehen (ب/من aus *D*); ausnutzen; sich bedienen (ب/من *A*)

نفع[2] [nafʕ] Nutzen *m*, Vorteil *m*

نفعي [nafʕiː] eigennützig; utilitaristisch; Utilitarist *m*

نفق[1] [nafaqa, u] **1.** *Ware*: guten Absatz haben; **2.** *Tier*: verenden; — [nafiqa, a] aufgebraucht werden, zu Ende gehen; **III** نافق [naːfaqa] heucheln, sich verstellen; **IV** أنفق [ʔanfaqa] *Geld* ausgeben; *Zeit* zubringen

نفق[2] [nafaq], *pl.* أنفاق [ʔanˈfaːq] Tunnel *m*; Unterführung *f*; ~ة, *pl.* [-aːt] Kosten *pl.*; Ausgaben *f/pl.*; Auslagen *f/pl.*, Spesen *pl.*; *Isl.* (Lebens-)Unterhalt *m*

نفل [nafal] **1.** Beute *f*; Geschenk *n*; **2.** Klee *m*

نفوذ [nuˈfuːð] Einfluß *m*; Durchdringung *f*; ذو ~ einflußreich

نفور[1] [naˈfuːr] scheu, schreckhaft, furchtsam

[2]نفور [nu'fuːr] Abneigung *f*, Widerwille *m*, Antipathie *f*; Scheuen *n e-s Tieres*

[1]نفى [nafaː, iː] verneinen, negieren; (ab)leugnen; dementieren; ausweisen, verbannen, vertreiben; verstoßen; **III** نافى [naːfaː] widersprechen (ـه *D*); unvereinbar sein (ـه mit *D*); **VI** تنافى [ta'naːfaː] miteinander unvereinbar sein; **VIII** انتفى [in'tafaː] entfallen, fortfallen; verneint, negiert werden

[2]نفي [nafj] Verneinung *f*, Negation *f*; Leugnen *n*; Dementierung *f*; Ausweisung *f*, Verbannung *f*

[3]نفي [na'fiːj] verbannt; ausgestoßen

نفير [na'fiːr] **1.** Aufbruch *m* zum Krieg; *pl.* أنفار [ʔan'faːr] *u.* أنفرة [ʔanfira] Signalhorn *n*; **2.** *pl.* أنفار Schar *f*

نفيس [na'fiːs] kostbar, wertvoll; ~ـة, *pl.* نفائس [na'faːʔis] (2) Kostbarkeit *f*; *a. npr f*

نق [naqqa, i] *Frosch*: quaken; *Huhn*: gackern

نقاء [na'qaːʔ] Reinheit *f*

نقاب [ni'qaːb], *pl.* نقب [nuqub] Schleier *m*; ~ـة Gewerkschaft *f*; Berufsverband *m*; Innung *f*; Syndikat *n*; ~ـي gewerkschaftlich; Gewerkschafter *m*

نقار [na'qqaːr] Schnitzer *m*; Graveur *m*; ~ الخشب Specht *m*; ~ة kleine Pauke

[1]نقاش [na'qqaːʃ] Graveur *m*; Maler *m*

[2]نقاش [ni'qaːʃ] Diskussion *f*, Debatte *f*, Disput *m*

نقاشة [ni'qaːʃa] Gravierkunst *f*; Holzschneidekunst *f*; Malerei *f*

نقاعة [nu'qaːʕa] Aufguß *m*

نقال [na'qqaːl] transportabel; ~ـة Bahre *f*, Trage *f*; ~ـي transportabel, beweglich

نقانق [na'qaːniq] (2) *pl. Syr.* Würstchen *n/pl.*

نقاهة [na'qaːha] Genesung *f*; دار الـ~ Erholungsheim *n*

نقاوة [na'qaːwa] Reinheit *f*; Auslese *f*, Beste(s)

[1]نقب [naqaba, u] durchbohren, durchbrechen; *Boden* aufgraben; forschen (عن nach *D*); **II** [naqqaba] graben; bohren (عن nach *D*); forschen (عن nach *D*); erkunden (عن *A*); **V** تنقب [ta'naqqaba] untersuchen (عن *A*); *u.* **VIII** انتقب [in'taqaba] sich verschleiern

[2]نقب [naqb] Durchbohrung *f*, Durchbruch *m*; Bohren *n*; *pl.* أنقاب [ʔan'qaːb] Loch *n*

نقح II [naqqaħa] *Buch* überarbeiten, durchsehen

[1]نقد [naqada, u] **1.** kritisieren; pikken; **2.** in bar bezahlen; **VIII** انتقد [in'taqada] kritisieren

[2]نقد [naqd] **1.** Kritik *f*; **2.** *pl.* نقود

ن

[nu'quːd] Geld *n* (*bsd. pl.*), Bargeld *n*; Währung *f*; ا~ [-an] *Adv.* in bar; أجنبي ~ Devisen *f/pl.*; ~ي Geld-, geldlich; Währungs-; Bar-; ~ية Bargeld *n*

(نقذ) **IV** أنقذ [ʔanqaða] retten, erretten; befreien

[1]**نقر** [naqara, u] ein Loch machen (هـ in *A*), aushöhlen; *Vogel*: picken, hacken; schnitzen; klopfen, schlagen; **II** [naqqara] etwas auszusetzen haben (على an *D*); **III** ناقر [naːqara] streiten, zanken (ه mit *j-m*)

[2]**نقر** [naqr] Aushöhlen *n*; Picken *n*; Klopfen *n*; *pl.* نقور [nu'quːr] Aushöhlung *f*

نقرس [niqris] Gicht *f*

[1]**نقرة** [naqra] Schlag *m*; Trommelschlag *m*

[2]**نقرة** [nuqra], *pl.* نقر [nuqar] (Aus-)Höhlung *f*, Vertiefung *f*, Grube *f*; Loch *n*

[1]**نقش** [naqaʃa, u] gravieren; einmeißeln; bunt bemalen; **II** [naqqaʃa] anmalen; **III** ناقش [naːqaʃa] diskutieren, erörtern (ه هـ/في mit *j-m A*); **VI** تناقش [ta'naːqaʃa] miteinander diskutieren

[2]**نقش** [naqʃ] (Ein-)Gravieren *n*; *pl.* نقوش [nu'quːʃ] Inschrift *f*; Gravur *f*; Zeichnung *f*; بارز ~ Relief *n*

[1]**نقص** [naqɒsɒ, u] abnehmen, sich verringern; weniger sein (عن als); fehlen, mangeln (ه *j-m*); **II** [naqqɒsɒ] *u.* **IV** أنقص [ʔanqɒsɒ] verringern, vermindern; *Gehalt* kürzen; **VI** تناقص [ta'naːqɒsɒ] sich (allmählich) verringern; **VIII** انتقص [in'taqɒsɒ] verringern, vermindern; abnehmen, sich verringern; **X** استنقص [is'tanqɒsɒ] für (zu) gering halten

[2]**نقص** [naqs] Abnahme *f*, Verringerung *f*; Mangelhaftigkeit *f*; Mangel *m*; Fehler *m*, Defekt *m*; Defizit *n*

نقصان [nuq'sɒːn] Abnahme *f*, Rückgang *m*; Fehlen *n*

[1]**نقض** [naqɒđɒ, u] *Vertrag* brechen; *Rechtspflicht* verletzen; *Argument* entkräften, widerlegen; *Urteil* aufheben; annullieren; *Haus* niederreißen; **III** ناقض [naːqɒđɒ] im Widerspruch stehen (هـ zu *D*), unvereinbar sein (هـ mit *D*); **V** تنقض [ta'naqqɒđɒ] einstürzen, zusammenbrechen; **VI** تناقض [ta'naːqɒđɒ] einander widersprechen; **VIII** انتقض [in'taqɒđɒ] *Vertrag*: gebrochen werden; sich auflehnen, sich erheben (على gegen *j-n*)

[2]**نقض** [naqđ] Bruch *m des Vertrages*, Verletzung *f*; Widerlegung *f*; Aufhebung *f*; *Pol.* Veto *n*; Niederreißen *n*

نقط [naqɒtɒ, u] *Gr.* mit diakritischen Punkten versehen; **II** [naq-

ن

qɒtɒ] punktieren; tüpfeln; tropfen

نقطة [nuqtɒ], *pl.* نقط [nuqɒt] *u.* نقاط [ni'qɒːt] Punkt *m*; Fleckchen *n*, Tüpfelchen *n*; Tropfen *m*; ~ الارتكاز Stützpunkt *m*; الشرطة ~ Polizeistation *f*

[1]**نقع** [naqaʕa, a] einweichen; *Tee* aufgießen; *Durst* löschen; *Wasser*: sich sammeln

[2]**نقع** [naqʕ] Aufguß *m*

[1]**نقل** [naqala, u] befördern, transportieren; bringen, schaffen (إلى nach *D*); *Sitz* verlegen; *Beamten* versetzen; übermitteln, überbringen; übertragen (إلى auf *j-n*); übersetzen; überliefern; zitieren, anführen; abschreiben; **II** [naqqala] mehrmals umherbewegen; **V** تنقل [ta'naqqala] umherziehen, umhergehen, umherfahren; befördert, transportiert werden; naschen; **VI** تناقل [ta'naːqala] weitererzählen; *Nachricht* verbreiten; **VIII** انتقل [in'taqala] sich fortbewegen; umziehen, übersiedeln; verlegt, transferiert werden; sich verlagern; übertragen werden; übergehen (إلى zu *D*, إلى auf *j-n*); sich zuwenden (إلى *D*); sich begeben (إلى zu, nach *D*)

[2]**نقل** [naql] Beförderung *f*, Transport *m*; Transfer *m*; Verlegung *f*; Versetzung *f*; Übertragung *f*; Übersetzung *f*; ~ًا عن [-an] unter Berufung auf; ~ سيارة Lastkraftwagen *m*

[3]**نقل** [nuql], *pl.* نقول [nu'quːl] gesalzene *od.* kandierte Nüsse *f/pl.* *od.* Kerne *m/pl.*

نقلة [naqla] Sprung *m* (nach vorn), Fortschritt *m*; Zug *m beim Schachspiel*

نقليات [naqliː'jaːt] *pl.* Transporte *m/pl.*; Transportwesen *n*

نقم [naqama, i] grollen (على *j-m*); verübeln (على هـ *j-mA*); **VIII** انتقم [in'taqama] sich rächen (من an *j-m*); rächen (ل *j-n*)

نقمة [naqma, niqma], *pl.* [niqam] Groll *m*; Unheil *n*

نقه [naqiha, a] genesen (من von *D*)

نقود → نقد[2]

نقوط [nu'quːt] Hochzeitsgeschenk *n*

[1]**نقي** [naqija, aː] rein sein; **II** نقى [naqqaː] reinigen; aussondern, aussortieren; **VIII** انتقى [in'taqaː] auswählen, aussuchen

[2]**نقي** [na'qiːj] rein

نقيب [na'qiːb], *pl.* نقباء [nuqa'baːʔ] (2) Vorsitzende(r), Vorsteher *m*, Obmann *m*; *Mil.* Hauptmann *m*; الأشراف ~ Oberhaupt *n* der Abkömmlinge des Propheten

نقير [na'qiːr]: لا ... ~ شروى [ʃarwaː n.] nicht das geringste

نقيصة [na'qiːsɒ], *pl.* نقائص [na'qaːʔis] (2) Fehler *m*, Mangel *m*, Schwäche *f*

ن

نقيض [na'qi:đ] Gegenteil *n*, Gegensatz *m*; **ة~** Streitgedicht *n*

نقيع [na'qi:ʕ] Aufguß *m*; Saft *m* von aufgeweichten Früchten

نقيق [na'qi:q] Gequake *n*; Gegakker *n*

نكأ [nakaʔa, a] *Wunde* aufreißen

نكات [na'kka:t] Spaßmacher *m*

نكاح [ni'ka:ħ] Heirat *f*, Ehe *f*

نكاف [nu'ka:f] Ziegenpeter *m*, Mumps *m*

نكال [na'ka:l] exemplarische Bestrafung

نكاية [ni'ka:ja] Bosheitsakt *m*, Schikane *f*

نكب [nakaba, u] heimsuchen, schwer treffen; *u.* **II** [nakkaba] abweichen (عن *vom Weg*); **V** تنكب [ta'nakkaba] ausweichen (عن *D*), meiden (عن *A*)

نكبة [nakba], *pl.* [naka'ba:t] Unglück *n*; Schicksalsschlag *m*

نكت [nakata, u] *die Erde* aufscharren; **II** [nakkata] Witze machen; sich lustig machen (على über *A*)

نكتة [nukta], *pl.* نكت [nukat] *u.* نكات [ni'ka:t] Witz *m*; Anekdote *f*; Tüpfelchen *n*

[1]**نكث** [nakaθa, u, i] *Wort* brechen, *Vertrag* verletzen; **VIII** انتكث [in'takaθa] gebrochen, verletzt werden

[2]**نكث** [nakθ] Bruch *m*, Verletzung *f e-s Vertrages*

نكح [nakaħa, a, i] ehelichen, heiraten (ها *e-e Frau*)

[1]**نكد** [nakida, a] unglücklich sein; **II** [nakkada] unglücklich machen

[2]**نكد** [nakad] Unglück *n*, Widerwärtigkeit *f*

[3]**نكد** [nakid] unleidlich

نكر [nakira, a] nicht wissen, nicht kennen; **II** [nakkara] unkenntlich machen; verkleiden; **IV** أنكر [ʔankara] leugnen, nicht anerkennen; *j-n* verleugnen; bestreiten; mißbilligen (على هـ bei *j-m A*); **V** تنكر [ta'nakkara] sich verkleiden; sich entfremden (ل *D*); sich ablehnend verhalten (ل gegenüber *j-m*); **VI** تناكر [ta'na:kara] sich unwissend stellen; **X** استنكر [is'tankara] mißbilligen, verurteilen

نكراء → أنكر

نكران [nuk'ra:n] Verleugnung *f*; ~ الجميل Undankbarkeit *f*

نكرة [nakira] *Gr.* indeterminierte(s) Nomen

نكس [nakasa, u] *Kopf* senken; *Fahne* auf halbmast setzen; *Pass.* [nukisa] e-n Rückfall erleiden; **II** [nakkasa] *Kopf* senken; **VIII** انتكس [in'takasa] *Kranker*: e-n Rückfall erleiden

نكسة [naksa] Rückschlag *m*; Schlappe *f*, Desaster *m*

نكش [nakaʃa, u, i] aufscharren, aufwühlen; durchstöbern; *Haar* zerzausen

نكص [nakasɒ, u] sich zurückziehen (عن von *D*); sich drücken (عن vor, von *D*)

نكف [nakafa, u] zurückweisen (عن *A*); **III** ناكف [naːkafa] ärgern, plagen; **X** استنكف [is'tankafa] von sich weisen (عن *A*)

نكفة [nakafa] Ohrspeicheldrüse *f*

نكل [nakala, u] exemplarisch bestrafen (ب *j-n*); zurückschrecken (عن vor *D*); **II** [nakkala] **1.** ein Exempel statuieren (ب an *j-m*); mißhandeln (ب *A*); **2.** vernickeln

نكهة [nakha] Aroma *n*

نكوص [nu'kuːs] Rückzug *m*

نكول [nu'kuːl] Zurückschrecken *n* (عن vor *D*)

نكير [na'kiːr] widerwärtig, gräßlich

نم [namma, i, u] verraten, erkennen lassen (عن/على *A*); Zwietracht säen

نماء [na'maːʔ] Wachstum *n*

نمارة [na'mmaːra] Nummernstempel *m*

نمام [na'mmaːm] **1.** Feldthymian *m*; **2.** Verleumder *m*

[1]**نمر** **II** [nammara] numerieren; **V** تنمر [ta'nammara] sich wie wild gebärden

[2]**نمر** [namir, nimr], *pl.* نمور [nu'muːr] *u.* أنمار [ʔan'maːr] Panther *m*, Leopard *m*; مخطط ~ Tiger *m*

[1]**نمرة** [numra], *pl.* نمر [numar] Fleck *m*, Tupfen *m*

[2]**نمرة** [numra], *umg.* [nimra], *pl.* نمر [numar], [nimar] Nummer *f*

نمس [nims] *koll.*, *sg.* ~ـة, *pl.* نموس [nu'muːs] Marder *m*

نمسا [namsaː], *Äg.* [nimsaː]: الـ~ Österreich

نمساوي [nam'saːwiː] österreichisch; Österreicher *m*

نمش [namaʃ] *koll.* Sommersprossen *f/pl.*

نمط [namɒṭ], *pl.* أنماط [ʔan'mɒːṭ] Art und Weise *f*; Typ *m*; ~ـي Standard-, Norm-; typisch

نمق **II** [nammaqa] verzieren, ausschmücken; verschnörkeln

[1]**نمل** [namila, a] *Gliedmaßen*: kribbeln, einschlafen

[2]**نمل** [namal] Kribbeln *n der Gliedmaßen*

[3]**نمل** [naml] *koll.*, *sg.* ~ـة Ameise(n *pl.*) *f*; ~ـي Ameisen-; ~ـية Fliegenschrank *m*

نمنم [namnama] verzieren

نمنمة [nimnima] Zaunkönig *m*

[1]نما (**نمو**) [namaː, uː] wachsen, sich entwickeln; → نمى

[2]**نمو** [nu'muːw] Wachstum *n*, Entwicklung *f*

نموذج [na'muːðadʒ], *pl.* نماذج [na'maːðidʒ] (2) Muster *n*, Modell *n*; Probe *f*; Beispiel *n*, Vorbild *n*; ~ـي Muster-, Modell-; musterhaft, vorbildlich

نمى [namaː, iː] wachsen, sich entwickeln; *Nachricht*: erreichen

(إلى *j-n*); zuschreiben (هـ إلى *A j-m*); **II** [namma:] wachsen lassen, entwickeln; fördern; **IV** أنمى [ʔanma:] wachsen lassen, entwickeln; **VI** تنامى [ta'na:ma:] anwachsen; **VIII** انتمى [in'tama:] angehören (إلى *D*), zugehören (إلى zu *D*)

نميمة [na'mi:ma] Verleumdung *f*

نهاب [na'hha:b] Plünderer *m*

نهار [na'ha:r], *pl.* أنهر [ʔanhur] Tag *m* (*Gegens.* ليل Nacht); ا~ [-an] *Adv.* bei Tag(e); النهارده [-da] *Äg. umg.* heute; **ي~** Tages-

نهاية [ni'ha:ja] Ende *n*, Schluß *m*; äußerste(r) Grad; الـ~ الصغرى Minimum *n*; القصوى ~ Maximum *n*

نهائي [ni'ha:ʔi:] End-, Schluß-; endgültig, definitiv; *Sport*: Endrunde *f*, Finale *n*; ~ا [-jan] *Adv.* endgültig

نهب[1] [nahaba, a] rauben, plündern

نهب[2] [nahb] Raub *m*, Plünderung *f*; Beute *f*

نهج[1] [nahadʒa, a] *Weg* einschlagen, verfolgen; verfahren, sich verhalten; **IV** أنهج [ʔanhadʒa] außer Atem bringen; **VIII** انتهج [in'tahadʒa] *Weg* einschlagen; *Politik* verfolgen

نهج[2] [nahdʒ], *pl.* نهوج [nu'hu:dʒ] Weg *m*; Methode *f*; *pl.* أنهج [ʔanhudʒ] *Tun.* Straße *f*

نهد[1] [nahada, a, u] *Busen*: schwellen, sich wölben; **V** تنهد [ta'nahhada] seufzen

نهد[2] [nahd], *pl.* نهود [nu'hu:d] Busen *m*

نهر[1] [nahara, a] **1.** fließen, strömen; **2.** schelten; **VIII** انتهر [in'tahara] schelten

نهر[2] [nahr], *pl.* أنهار [ʔan'ha:r] *u.* أنهر [ʔanhur] Fluß *m*, Strom *m*; ما بين النهرين [an-nah'rain] Mesopotamien; **ي~** Fluß-

(**نهز**) **III** ناهز [na:haza] sich nähern (هـ *e-r Zahl*); **VIII** انتهز [in'tahaza] *Gelegenheit* ergreifen, ausnutzen

نهش [nahaʃa, a, i] beißen, schnappen

نهض [nahɒđɒ, a] sich erheben, aufstehen; *a. fig.* heben (ب *A*); fördern (ب *A*); durchführen (ب *Arbeit*); sich empören (على gegen *A*); **III** ناهض [na:hɒđɒ] sich entgegenstellen, entgegenwirken (ه/ هـ *D*); **IV** أنهض [ʔanhɒđɒ] aufstehen lassen, aufrichten; anregen, aufmuntern; **VIII** انتهض [in'tahɒđɒ] aufstehen; **X** استنهض [is'tanhɒđɒ] *fig.* aufrütteln, wachrütteln

نهضة [nahđɒ] Aufschwung *m*; Erneuerung *f*, Renaissance *f*

نهق [nahaqa, a] *Esel*: schreien

نهك[1] [nahaka, a] erschöpfen, entkräften, schwächen; **IV** أنهك [ʔanhaka] erschöpfen, entkräften, schwächen, zermürben; **VIII**

ن

انتهك [in'tahaka] *Gesetz* verletzen; حرمته ~ etwas entweihen; ~ عرضه [ʕirđɒhuː] etwas schänden

[2]**نهك** [nahk] Erschöpfung *f*, Entkräftung *f*, Zermürbung *f*

نهل [nahila, a] trinken; *fig.* schöpfen

[1]**نهم** [nahima, a] unersättlich, gierig sein, lechzen (في nach *D*)

[2]**نهم** [naham] Unersättlichkeit *f*, Begierde *f*

[3]**نهم** [nahim] unersättlich; gierig

نهوض [nu'huːđ] Aufstehen *n*; Hebung *f* (ب *des Niveaus*), Förderung *f* (ب *G*)

[1]**نهى** [nahaː, aː] verbieten, untersagen, verwehren (ه عن *j-m A*); **IV** أنهى [ʔanhaː] beenden, abschließen; zur Kenntnis bringen (إلى *j-m*); **VI** تناهى [ta'naːhaː] dringen (إلى zu *j-m*); den höchsten Grad erreichen; einander abhalten (عن von *D*); **VIII** انتهى [in'tahaː] zu Ende gehen, enden (ب mit *D*); *Zeit*: ablaufen; fertig werden (من mit *D*), beenden (من *A*); (schließlich) gelangen (إلى zu *D*)

[2]**نهي** [nahj] Verbot *n*

[3]**نهى** [nuhan] Verstand *m*

نهير [nu'hair] Flüßchen *n*, Bach *m*

نهيق [na'hiːq] Schreien *n des Esels*

[1](**نوء**) ناء [naːʔa, uː] zusammenzubrechen drohen (ب unter *e-r Last*); schwer lasten (ب auf *j-m*); **III** ناوأ [naːwaʔa] Widerstand leisten; bekämpfen

[2]**نوء** [nauʔ], *pl.* أنواء [ʔan'waːʔ] Unwetter *n*; Sturm *m*

نواب ← نائب

نواتي ← نوتي

نواح [nu'waːħ] Klagen *n*; Totenklage *f*

نوار [nu'wwaːr] *koll.*, *sg.* ة~, *pl.* نواوير [nawaː'wiːr] (2) Blüten *f/pl.*

نوال [na'waːl] Geschenk *n*, Gabe *f*

نواة [na'waːt], *pl.* نويات [nawa'jaːt] Kern *m* (*a. des Atoms*); Kernstück *n*

نوايا ← نية

(**نوب**) ناب [naːba, uː] vertreten (عن *j-n*), *j-s* (عن) Stelle einnehmen; *Unglück*: *j-n* treffen; zurückkehren (إلى zu *D*); إلى الله ~ Reue empfinden; **III** ناوب [naːwaba] sich abwechseln (ه mit *j-m*); **IV** أناب [ʔa'naːba] mit der Vertretung *j-s* (عن) beauftragen, bevollmächtigen; **VI** تناوب [ta'naːwaba] miteinander abwechseln, einander ablösen (في/هـ bei *D*); nacheinander befallen; **VIII** انتاب [in'taːba] befallen, überkommen

نوبتجي [nau'batʃiː], *pl.* ة~ Diensthabende(r); Wachhabende(r)

[1]**نوبة** [nauba] Reihe *f* (*an die man kommt*), Turnus *m*; (*Arbeits-*) Schicht *f*; *Mil.* Zapfenstreich *m*; Anfall *m e-r Krankheit*

[2]**نوبة** [nuːba]: الـ~ die Nubier *m/pl.*; Nubien

نوت [noːt] *koll.* (*Musik-*)Noten *f/pl.*

نوتي [nuːtiː], *pl.* ~ة *u.* نواتي [na'waːtiː] Matrose *m*, Seemann *m*; *pl.* Besatzung *f*, Mannschaft *f*

[1](**نوح**) ناح [naːħa, uː] wehklagen, jammern; klagen (على um *j-n*); **VI** تناوح [ta'naːwaħa] *Wind*: von überallher blasen

[2]**نوح** [nauħ] Wehklage *f*

[3]**نوح** [nuːħ] Noah *npr. m*; سفينة ~ die Arche Noah

(**نوخ**) **IV** أناخ [ʔa'naːxa] *Kamel* niederknien lassen; sich aufhalten, verweilen

[1](**نور**) **II** [nawwara] leuchten; erleuchten; *Lampe* anzünden; *j-n* aufklären; blühen; **III** ناور [naːwara] manövrieren; **IV** أنار [ʔa'naːra] erleuchten, beleuchten; **V** تنور [ta'nawwara] erleuchtet werden; **X** استنار [ista'naːra] Aufklärung suchen *od.* erhalten

[2]**نور** [nawar] *koll.* Zigeuner *m/pl.*

[3]**نور** [naur] = نوار

[4]**نور** [nuːr], *pl.* أنوار [ʔan'waːr] Licht *n*; كاشف / كشاف ~ Scheinwerfer *m*

نوراني [nuː'raːniː] leuchtend

نورج [nauradʒ] Dreschschlitten *m*

نورس [nauras] Möwe *f*

نوروز [nau'ruːz] (*persisches*) Neujahrsfest

نوري [nuːriː] Licht-; *a. npr. m*; *pl.* نور [nawar] Zigeuner *m*

(**نوس**) ناس [naːsa, uː] schwingen, schaukeln

(**نوش**) **III** ناوش [naːwaʃa] sich in Geplänkel *od.* Gefechte verwickeln (ه mit *j-m*)

(**نوص**) ناص [nɒːsɒ, uː] ausweichen (عن *D*)

[1](**نوط**) ناط [nɒːtɒ, uː] (auf-, an)hängen; **IV** أناط [ʔa'nɒːtɒ] betrauen (ب هـ *j-n* mit *D*), übertragen (ب هـ *j-m A*); abhängig machen (ب/على von *D*)

[2]**نوط** [nauṭ], *pl.* أنواط [ʔan'wɒːṭ] Auszeichnung *f*, Medaille *f*

[1]**نوع** **II** [nawwaʕa] variieren, breit fächern; klassifizieren; **V** تنوع [ta'nawwaʕa] verschiedenartig, vielfältig sein, variieren

[2]**نوع** [nauʕ], *pl.* أنواع [ʔan'waːʕ] Art *f*, Gattung *f*, Spezies *f*; Sorte *f*, Kategorie *f*; Qualität *f*; ~ًا ما [-an] *Adv.* einigermaßen; gewissermaßen; ~ي spezifisch; qualitativ; ~ وزن spezifische(s) Gewicht; ~ية Qualität *f*

(**نوف**) ناف [naːfa, uː] hinausgehen (على/عن über *e-e Zahl*); **IV** أناف [ʔa'naːfa] hinausgehen (على über *A*), mehr sein (على als)

نوفمبر [nuː'fambar] November *m*

نوق → ناقة

[1](**نول**) نال [naːla, uː] geben, schenken (ب ل/ه *j-m A*); → [1](نيل); **III** ناول [naːwala] (zu)reichen, geben, aushändigen (ه هـ *j-m A*);

VI تناول [ta'naːwala] *Nahrung* zu sich nehmen, *Mahlzeit* einnehmen; *die Kommunion* empfangen; *Thema* behandeln

[2]**نول** [naul], *pl.* أنوال [ʔan'waːl] Webstuhl *m*

نولون [nau'luːn] Frachtgeld *n*

[1]**(نوم)** نام [naːma, aː] schlafen; einschlafen; reglos, still sein; **II** [nawwama] *Kind* einschläfern; hypnotisieren; **IV** أنام [ʔa'naːma] zum Schlafen bringen; **VI** تناوم [ta'naːwama] sich schlafend stellen; **X** استنام [ista'naːma] sich beruhigen (إلى bei *e-r Sache*); sich überlassen (إلى *e-r Sache*); sich verlassen (إلى auf *j-n*)

[2]**نوم** [naum] Schlaf *m*, Schlummer *m*; ~ـة Schläfchen *n*

نومي [nuːmiː] *Ir.* Limette(n *pl.*), Zitrone(n *pl.*) *f*

[1]**نون II** [nawwana] *Gr. ein Nomen* mit der Nunation (*Endung -n*) versehen

[2]**نون** [nuːn] *f* der Buchstabe ن; ~ـة Grübchen *n am Kinn*

نوه II [nawwaha] lobend erwähnen (ب *A*); hervorheben (ب *A*); hinweisen (ب/إلى/عن auf *A*)

نؤوم [na'ʔuːm] verschlafen

نووي [nawawiː] Kern-, nuklear

[1]**نوى** [nawaː, iː] beabsichtigen, vorhaben, anstreben; **VIII** انتوى [in'tawaː] beabsichtigen

[2]**نوى** [nawan] **1.** Fernsein *n*; **2.** *koll.* Kerne *m/pl.*

ني [najj, niːj] *u.* **نيء** [niːʔ, najjiʔ] roh, ungekocht

نيابة [ni'jaːba] Vertretung *f*, Stellvertretung *f*; Staatsanwaltschaft *f*; ~ عن [-tan] stellvertretend für; بالـ~ in Vertretung; المدير بالـ~ der stellvertretende Direktor

نيابي [ni'jaːbiː] parlamentarisch

نيافة [ni'jaːfa] Eminenz *f* (*Titel der koptischen Bischöfe*)

نياق ← ناقة

نيتروجين [niːtro'ʒeːn] *Chem.* Stickstoff *m*

[1]**نير** [najjir] leuchtend; glänzend; hell

[2]**نير** [niːr], *pl.* أنيار [ʔan'jaːr] Joch *n*

نيران ← نار

نيروز [nai'ruːz] (*koptischer*) Neujahrstag

نيزك [naizak], *pl.* نيازك [na'jaːzik] (2) Sternschnuppe *f*, Meteor *m*; (kurze) Lanze

نيسان [niː'saːn, nai'saːn] *Ir.*, *Syr.* April *m*

نشان [niː'ʃaːn], *pl.* نياشين [najaː'ʃiːn] (2) **1.** Ziel *n*, Zielscheibe *f*, **2.** Orden *m*

[1]**نيف II** [najjafa] hinausgehen (على über *A*), übersteigen (على *A*)

[2]**نيف** [najjif]: عشرون و~ *u.* ~ وعشرون ein paar mehr als zwanzig

نيق [najjiq] wählerisch

[1]**(نيل)** نال [naːla, aː] erlangen; *Ruhm* erwerben; *Zustimmung* finden;

beeinträchtigen, schaden (من *D*); → [1](نول); **IV** أنال [ʔa'naːla] erlangen lassen (ه ه *j-n A*); verschaffen (ه ه *j-m A*)

[2]**نيل** [nail] Erlangung *f*; Beeinträchtigung *f* (من *e-r Sache*), Zufügung *f* von Schaden

[3]**نيل** [niːl] **1.** Indigo *n od. m;* **2.**: ~الـ der Nil

نيلة [niːla] Indigo *n od. m*

نيلي [niːliː] **1.** indigofarben, tiefblau; **2.** Nil-

نية [niːja], *pl.* نوايا [na'waːjaː] Absicht *f*, Intention *f*; Vorsatz *m*; حسن الـ~ [ħusn an-n.] gute Absicht; سيئ الـ~ arglistig

هـ

[1]**هـ** (هاء) [haːʔ] *sechsundzwanzigster Buchstabe*; *Abk. für* هجرية *nach Jahreszahlen*: nach der Hidschra

[2]**ـه** *u.* **ه** [-hu] (*nach* [i]: [-hi]) **1.** *Possessivsuffix*: sein; **2.** *Objektsuffix*: ihn

[1]**ها** [haː] da!, hier!; هأنذا da bin ich!; ~ك [haːka], *pl.* ~كم [haːkum] da hast du…!

[2]**ـها** *u.* **ها** [-haː] **1.** *Possessivsuffix*: ihr; **2.** *Objektsuffix*: sie (*3. Pers. sg. f*)

هاب → (هيب)

هابط [haːbit̶] fallend, sinkend, niedergehend

هات [haːt(i)], *f* هاتي [haːtiː], *pl.* هاتوا [haːtuː] gib (her)!; bring (her)!

هاتان → هذا

هاتف [haːtif] rufend; *pl.* هواتف [ha'waːtif] (2) Telefon *n*; ~ي telefonisch

هاته → هذا

هاج [haːʤin] Spötter *m*; → [1](هيج)

هاجرة [haːʤira] Mittagshitze *f*

هاجس [haːʤis], *pl.* هواجس [ha'waːʤis] (2) Sorge *f*, Befürchtung *f*

هاد [haːdin] Führer *m*; الهادي *Beiname Gottes*

هادف [haːdif] abzielend (إلى auf *A*); zielgerichtet

هادئ [haːdiʔ] ruhig, still

هارب [haːrib] fliehend, flüchtig; Deserteur *m*

هارون [haː'ruːn] Harun *npr. m*, Aaron *npr. m*

هازل [haːzil] scherzend, spaßend; satirisch

هاش [haːʃʃ] vergnügt, heiter

هاشم [haːʃim] Haschim *npr. m*; ~ي *Dynastie*: haschimitisch

هافت [haːfit] *Meinung*: falsch, unbegründet

هاك [haːka], *pl.* هاكم → [1]ها

هال [haːl] **1.** Kardamom *m od. n*;

2. Luftspiegelung *f*; → [1](هول) *u.* (هيل)

هالك [haːlik] zugrunde gehend; vergänglich; *Tun.* Verstorbene(r)

هالة [haːla] Hof *m um den Mond*; Ring *m um das Auge*; Aureole *f*, Nimbus *m*

هام [haːmm] wichtig, bedeutend; → (هيم)

هامد [haːmid] leblos, regungslos

هامش [haːmiʃ], *pl.* هوامش [ha'waːmiʃ] (2) Rand *m a. der Buchseite*; Randbemerkung *f*

[1]**هامة** [haːma] Spitze *f*; Kopf *m*

[2]**هامة** [haːmma], *pl.* هوام [ha'waːmm] (2) Ungeziefer *n*

هان → [1](هون)

هانذا → [1]ها

هانم [haːnim] *Äg.* Frau *f*, Dame *f*

هانئ [haːniʔ] glücklich, froh

هأها [haʔhaʔa] schallend lachen

هاهنا [haːhunaː] hier

هاو [haːwin] fallend; *pl.* هواة [hu'waːt] Liebhaber *m*; Amateur *m*

هاون [haːwun], *pl.* هواوين [hawaː'wiːn] (2) Mörser *m*; مدفع الـ~ *Mil.* Granatwerfer *m*

هاوية [haːwija] Abgrund *m*

هائج [haːʔidʒ] *bsd. Meer*: bewegt; erregt, aufgeregt

هائل [haːʔil] gewaltig, ungeheuer, enorm; erstaunlich; furchtbar, schrecklich

هائم [haːʔim] leidenschaftlich verliebt; على وجهه ~ umherirrend

[1]**هب** [hab] (*Imp. von* وهب) gesetzt den Fall, *daß*

[2]**هب** [habba, u] *Wind*: aufkommen, wehen; *Feuer*: ausbrechen; aufstehen, sich erheben; anfallen (في *j-n*); sich anschicken, sich aufmachen; **II** هبب [habbaba] **1.** zerreißen; **2.** *Äg.* mit Ruß schwärzen

هباء [ha'baːʔ] Staub *m*; ذهب ~ا [-an] umsonst *od.* vergeblich sein

هباب [hi'baːb] Ruß *m*

هبالة [ha'baːla] Dummheit *f*, Schwachsinn *m*

هبر [habara, u] *Fleisch* in große Stücke schneiden

هبرة [habra] Stück *n* Fleisch

هبش [habaʃa, i] zusammenraffen; packen

هبط [habatɒ, i] herunterkommen, herabsteigen; *Flugzeug*: landen; *Preis*: fallen, sinken; **IV** أهبط [ʔahbatɒ] sinken lassen; senken

هبطة [habtɒ] Fall *m*, Abstieg *m*; Bodensenkung *f*

[1](**هبل**) **VIII** اهتبل [ih'tabala] nutzen; *Interessen* wahrnehmen

[2]**هبل** [habal] Dummheit *f*, Schwachsinn *m*

[1]**هبة** [habba], *pl.* [-aːt] Windstoß *m*

[2]**هبة** [hiba], *pl.* [-aːt] Gabe *f*, Geschenk *n*

هبهاب [hab'haːb] **1.** flink; **2.** Fata Morgana *f*

هبهب [habhaba] *Äg.* bellen

(هبو) هبا [habaː, uː] *Staub*: aufwirbeln, umherfliegen

هبوب [hu'buːb] Wehen *n des Windes*

هبوط [hu'buːṭ] Herabsteigen *n*; Landung *f e-s Flugzeugs*; Sinken *n*, Fallen *n*; Abnahme *f*

هبيط [ha'biːṭ] abgemagert, ausgemergelt

هتاف [hu'taːf], *pl.* [-aːt] Zuruf *m*, Hochruf *m*, Beifall *m*

(هتر) **III** هاتر [haːtara] beschimpfen; **VI** تهاتر [ta'haːtara] *Aussagen*: einander widersprechen; **X** استهتر [is'tahtara] leichtfertig, unbedacht handeln; geringschätzen (ب *A*); umspringen (ب mit *j-m*)

هتف [hatafa, i] (laut) rufen (ب *j-n*); zujubeln (ل *j-m*); ~ بحياته [bi-ħa'jaːtihi] j-n hochleben lassen

[1]**هتك** [hataka, i] *Schleier* zerreißen; entehren, schänden; **V** تهتك [ta'hattaka] zerrissen werden; entehrt werden; unanständig handeln

[2]**هتك** [hatk] Zerreißung *f*; Entehrung *f*

هتن [hatana, i] in Strömen regnen

هج [haddʒa, u] **1.** lodern, flammen; **2.** *Äg.* davonlaufen; **II** هجج [haddʒadʒa] *Feuer* entfachen

[1]**هجاء** [ha'ddʒaːʔ]: ~ شاعر Spottdichter *m*

[2]**هجاء** [hi'dʒaːʔ] **1.** Verspottung *f*; **2.** Buchstabierung *f e-s Wortes*; Alphabet *n*

هجان [ha'ddʒaːn], *pl.* ~ة Kamelreiter *m*

هجائي [hi'dʒaːʔiː] **1.** alphabetisch; **2.** satirisch

[1]**هجر** [hadʒara, u] auswandern, emigrieren; verlassen; aufgeben; **II** [haddʒara] aussiedeln, umsiedeln; **III** هاجر [haːdʒara] auswandern; fortziehen

[2]**هجر** [hadʒr] Verlassen *n*; Aufgabe *f*, Meidung *f*

[3]**هجر** [hudʒr] unzüchtige Worte *n/pl.*

هجرة [hidʒra] Auswanderung *f*, Emigration *f*; الـ~ die Hidschra (*Auszug des Propheten Mohammed aus Mekka nach Medina im Jahre 622*; *Beginn der isl. Zeitrechnung*)

هجري [hidʒriː] Hidschra-; *Jahr*: nach der Hidschra

هجس [hadʒasa, i] *Gedanken*: überkommen, beschleichen

هجص [hadʒɒs] *Äg.* Unsinn *m*, dumme(s) Gerede

هجع [hadʒaʕa, a] schlafen, ruhen; sich legen

هجعة [hadʒʕa] Schlummer *m*

هجم [hadʒama, u] überfallen, angreifen (على *j-n*); sich stürzen (على auf *A*); eindringen (على in *A*); **III** هاجم [haːdʒama] angreifen, attackieren; **V** تهجم [ta'hadʤama] herfallen (على über *j-n*)

هجمة [hadʒma] Angriff *m*, Attacke *f*; Überfall *m*

هجن [hadʒuna, u] *Sprache*: fehlerhaft sein; **II** [haddʒana] *Biol.* kreuzen; mißbilligen; **X** استهجن [is'tahdʒana] mißbilligen

[1]**هجو**) هجا) [hadʒaː, uː] (in e-m Gedicht) verspotten, schmähen; **II** هجى [haddʒaː] *u.* **V** تهجى [ta'haddʒaː] buchstabieren

[2]**هجو** [hadʒuː] Verspottung *f*; Spottdichtung *f*

هجوع [hu'dʒuːʕ] Schlummer *m*; Beruhigung *f*

هجوم [hu'dʒuːm] Angriff *m*, Überfall *m*; *Fußball*: Sturm *m*; ~ معاكس Gegenangriff *m*

هجير [ha'dʒiːr] *u.* ة~ Mittagshitze *f*

هجين [ha'dʒiːn] **1.** *pl.* هجن [hudʒun] Reitkamel *n*; **2.** *pl.* هجناء [hudʒa'naːʔ] (2) *u.* هجن [hudʒun] Mischling *m*; Kreuzung *f*, Bastard *m*; unedel

هد [hadda, u] niederreißen, einreißen; ruinieren; **II** هدد [haddada] drohen (ب mit *D*), bedrohen; **V** تهدد [ta'haddada] bedrohen; **VII** انهد [in'hadda] einstürzen

هدأ [hadaʔa, a] ruhig werden; verstummen; *Wind*: sich legen, nachlassen; **II** [haddaʔa] beruhigen; *Geschwindigkeit* vermindern

هداب [hu'ddaːb] *koll.*, *sg.* ة~ Fransen *f/pl.*

هدار [ha'ddaːr] tobend, tosend; brausend, brüllend

هداف [ha'ddaːf] *Sport*: Torjäger *m*

هدام [ha'ddaːm] destruktiv; umstürzlerisch

هدايا ← هدية

هداية [hi'daːja] (göttliche) Führung *od.* Leitung

هدب [hudb], *pl.* أهداب [ʔah'daːb] Wimpern *f/pl.*; Fransen *f/pl.*; تمسك بأهدابه an e-r Sache festhalten

[1]**هدر** [hadara, i] **1.** toben, tosen; *Donner*: rollen; brausen, rauschen; **2.** vergeuden, verschwenden; **IV** أهدر [ʔahdara] mißachten; zunichte machen; *Freiheiten* beschneiden

[2]**هدر** [hadr] Vergeudung *f*; ا~ [-an] *Adv.* nutzlos, vergeblich

[1]**هدف** [hadafa, i] (ab)zielen (إلى auf *A*); **X** استهدف [is'tahdafa] abzielen (هـ auf *A*); zur Zielscheibe werden (ل für *A*), ausgesetzt sein (ل *e-r Gefahr*)

[2]**هدف** [hadaf], *pl.* أهداف [ʔah'daːf] Ziel *n*, Zweck *m*; *Sport*: Tor *n*

هدل [hadala, i] *Taube*: gurren; — [hadila, a] *u.* **V** تهدل [ta'haddala] (lose) herabhängen

[1]**هدم** [hadama, i] niederreißen, abreißen; zerstören; **II** [haddama] *bsd. fig.* niederreißen, zerstören;

V تهدم [ta'haddama] verfallen; **VII** انهدم [in'hadama] einstürzen

[2]**هدم** [hadm] Niederreißen *n*, Abriß *m*; Zerstörung *f*

[3]**هدم** [hidm], *pl.* هدوم [hu'duːm] *u.* أهدام [ʔah'daːm] alte(s) Kleidungsstück, Lumpen *m*; هدوم *umg.* Kleidung *f*, Kleider *n/pl.*

هدن [hadana, i] ruhig werden, sich beruhigen; **III** هادن [haːdana] e-n Waffenstillstand schließen (ه mit *j-m*)

هدنة [hudna] Waffenstillstand *m*

[1]**هدهد** [hadhada] *Kind* wiegen

[2]**هدهد** [hudhud] Wiedehopf *m* (*Vogel*)

هدوء [hu'duːʔ] Ruhe *f*, Stille *f*

هدوم → [3]هدم

[1]**هدى** [hadaː, iː] führen, leiten; den rechten Weg weisen (ه إلى *j-m* zu *D*); **IV** أهدى [ʔahdaː] schenken (ه/ل/إلى ه *j-m A*); *Buch* widmen; **VI** تهادى [ta'haːdaː] Geschenke austauschen; hin- und herschwanken; **VIII** اهتدى [ih'tadaː] recht geleitet werden; finden (إلى zu *D*); verfallen (إلى auf *A*); sich leiten lassen (ب von *D*), sich richten (ب nach *D*); **X** استهدى [is'tahdaː] sich leiten lassen (ب von *D*); den rechten Weg suchen

[2]**هدي** [hadj] Führung *f*, Leitung *f*

[3]**هدى** [hudan] rechte Führung; الـ~ der rechte Weg

هدير [ha'diːr] Toben *n*, Tosen *n*; Brausen *n*; Brüllen *n*

هدية [ha'diːja], *pl.* هدايا [ha'daːjaː] Geschenk *n*, Gabe *f*

هذا [haːðaː], *f* هذه [haːðihiː] *u. Maghr.* هاته [haːtihiː], *du.* هذان [haː'ðaːni], *f* هاتان [haː'taːni], *pl.* هؤلاء [haːʔu'laːʔi] dieser, diese, dieses; dies; بـ~ damit, dadurch

هذار [hi'ðaːr] *Äg.* Spaß *m*

هذب II [haððaba] verfeinern; ausfeilen, überarbeiten; erziehen; *Baum* (be)schneiden; **V** تهذب [ta'haððaba] verfeinert werden

[1]**هذر II** [haððara] *Äg.* spaßen

[2]**هذر** [haðar] Geschwätz *n*

[3]**هذر** [haðir] geschwätzig

هذلولي [huð'luːliː]: ~ خط *Math.* Hyperbel *f*

هذه → هذا

هذى [haðaː, iː] faseln, phantasieren

هذيان [haða'jaːn] Faselei *f*, irre(s) Gerede; Delirium *n*

[1]**هر** [harra, i] knurren; — [u] *umg.* Durchfall haben

[2]**هر** [hirr] Kater *m*

هرأ [haraʔa, a] abnutzen, zerschleißen; zerkochen; *Frost*: beißen; *Haut* reizen; **V** تهرأ [ta'harraʔa] zerschlissen werden

هراء [hu'raːʔ] alberne(s) Gerede, Geschwätz *n*

هراس [ha'rraːs] (Straßen-)Walze *f*

هراش [hi'raːʃ] Streit *m*, Zank *m*

هراوة [hi'raːwa], *pl.* [-aːt] *u.* هراوى [ha'raːwaː] Stock *m*, Knüppel *m*, Prügel *m*

[1]هرب [haraba, u] fliehen, flüchten (من vor *D*); ausreißen, durchbrennen; entrinnen (من *e-r Gefahr*); desertieren; **II** [harraba] schmuggeln; zur Flucht verhelfen (ه *j-m*); **V** تهرب [ta'harraba] ausweichen (من *e-r Sache*), sich drücken (من vor *D*)

[2]هرب [harab] Flucht *f*; Durchbrennen *n*; Desertion *f*

هربان [har'baːn] *Äg.* flüchtig; Deserteur *m*

[1]هرج **II** [harradʒa] scherzen; *Ir.* Lärm machen

[2]هرج [hardʒ] Durcheinander *n*, Verwirrung *f*

هرس [harasa, u] zerstoßen, zerstampfen, zerquetschen

[1]هرش [haraʃa, u] *umg.* kratzen; **II** [harraʃa] Zwietracht säen (بين zwischen *D*); **III** هارش [haːraʃa] sich streiten (ه mit *j-m*)

[2]هرش [harʃ] *umg.* Kratzen *n*; *Äg.* Abnutzung *f*, Verschleiß *m*

هرطقة [hartɒqa] Ketzerei *f*, Häresie *f*

هرطمان [hurtu'maːn] Hafer *m*

[1]هرع [haraʕa, a] eilen (إلى zu, nach *D*), hasten

[2]هرع [haraʕ] Eile *f*, Hast *f*

هرق [haraqa, a] *u.* **IV** أهرق [ʔahraqa] *Blut* vergießen

[1]هرم [harima, a] altersschwach werden; **II** [harrama] altersschwach machen; *Fleisch* zerhacken

[2]هرم [haram] **1.** Altersschwäche *f*; **2.** *pl.* أهرام [ʔah'raːm] *u.* أهرامات Pyramide *f*; ناقص ~ *Math.* Pyramidenstumpf *m*

[3]هرم [harim] altersschwach, senil

هرمي [haramiː] pyramidenförmig

هرة [hirra] Katze *f*

هروب [hu'ruːb] Flucht *f*

هرول [harwala] eilen, schnell gehen

هري [hurj], *pl.* أهراء [ʔah'raːʔ] Kornspeicher *m*

هرير [ha'riːr] Knurren *n*

هريسة [ha'riːsa] Gericht *n* aus Grütze u. Fleisch; *Tun.* scharfe Gewürzmischung

هز [hazza, u] schütteln, hin- und herbewegen, schaukeln; erzittern lassen; *mit dem Schwanz* wedeln; **II** هزز [hazzaza] (durch)schütteln; **VIII** اهتز [ih'tazza] (er)zittern, (er)beben; vibrieren, schwingen; bewegt, ergriffen sein

هزأ → هزئ

هزاز [ha'zzaːz] schüttelnd, vibrierend; Schaukel-

[1]هزال [ha'zzaːl] Spaßmacher *m*

[2]هزال [hu'zaːl] Magerkeit *f*

[1]هزأة [huzaʔa] Spötter *m*

[2]هزأة [huzʔa] Gegenstand *m* des Spottes, Gespött *n*

هزج [hazidʒa, a] (vor sich hin) singen

[1]**هزل** [hazala, i] scherzen, spaßen; — [hazila, a] abmagern; **IV** أهزل [ʔahzala] abmagern lassen; **VII** انهزل [in'hazala] abmagern

[2]**هزل** [hazl] Spaß *m*; ~ـي spaßig; humoristisch, komisch; satirisch; parodistisch

[1]**هزم** [hazama, i] besiegen, schlagen; *Pass.* [huzima] *Sport*: verlieren; **VII** انهزم [in'hazama] besiegt werden, unterliegen

[2]**هزم** [hazm] Besiegen *n*

[1]**هزة** [hazza] Erschütterung *f*; Schwingung *f*; Beben *n*; Erdstoß *m*

[2]**هزة** [hizza] freudige Erregung, Taumel *m*

هزهز [hazhaza] schütteln, schaukeln

هزئ [haziʔa, a] verspotten, verlachen (ب/من *A*), spotten (ب/من über *A*); **X** استهزأ [is'tahzaʔa] spotten (ب über *A*)

هزيل [ha'ziːl], *pl.* هزلى [hazlaː] abgemagert, mager

هزيمة [ha'ziːma], *pl.* هزائم [ha'zaːʔim] (2) Niederlage *f*

[1]**هس** [hassa, i] flüstern

[2]**هس** [hass] Flüstern *n*

هسيس [ha'siːs] Geflüster *n*

[1]**هش** [haʃʃa, a, i] **1.** ein freundliches Gesicht machen; **2.** *Brot*: knusprig sein

[2]**هش** [haʃʃ] *Brot*: knusprig; zart, zerbrechlich, brüchig; *Metall*: spröde; الوجه ~ fröhlich, heiter

هشاشة [ha'ʃaːʃa] Zartheit *f*, Zerbrechlichkeit *f*; الوجه ~ Fröhlichkeit *f*

هشم [haʃama, i] zerschlagen, zerbrechen; **II** [haʃʃama] zertrümmern, zerschmettern; **V** تهشم [ta'haʃʃama] zerschlagen, zertrümmert werden

هشيم [ha'ʃiːm] Spreu *f*

هصر [hɒsɒra, i] knicken, brechen; **VII** انهصر [in'hɒsɒra] geknickt werden

هضبة [hɒđba], *pl.* هضاب [hi'đɒːb] Anhöhe *f*, Hügel *m*

[1]**هضم** [hɒđɒma, i] verdauen; ~ـه حقه j-s Recht beschneiden; **VII** انهضم [in'hɒđɒma] verdaut werden

[2]**هضم** [hɒđm] Verdauung *f*; سهل الـ~ leicht verdaulich; سوء الـ~ Verdauungsstörung *f*; ~ـي Verdauungs-

هضيم [hađiːm] verdaulich; schlank

هطال [hɒ'ŧŧɒːl] *Regen*: strömend

هطل [hɒŧɒla, i] *u.* **VI** تهاطل [ta'haːŧɒla] *Regen*: strömen

هطول [hu'ŧuːl]: الأمطار ~ Regenfälle *m/pl.*

هف [haffa, i] *Wind*: wehen, säuseln; *Äg.* leicht berühren, streifen

هفاف [ha'ffaːf] durchscheinend, hauchdünn

(**هفت**) **VI** تهافت [ta'haːfata] sich stürzen (على auf *A*)

هفتان [haf'taːn] *Äg.* ausgehungert

هفهاف [haf'haːf] hauchfein, dünn

(هفو) هفا [hafaː, uː] **1.** e-n Fehltritt begehen, sich irren; **2.** sich sehnen (إلى nach *D*)

هفوة [hafwa], *pl.* [hafa'waːt] Fehltritt *m*, Fehler *m*, Versehen *n*

هكذا [haːkaðaː] so, auf diese Weise

(هكم) **V** تهكم [ta'hakkama] spotten, sich lustig machen (على/ب über *A*)

[1]**هل** [hal] *Fragepartikel*; *in indirekter Frage*: ob; أم ... ~ (etwa ...) oder; ob ... oder

[2]**هل** [halla, u] *Neumond*: sich zeigen, erscheinen; **II** هلل [hallala] jubeln, jauchzen; *die Formel* لا إله إلا الله aussprechen; **IV** أهل [ʔa'halla] = [halla]; **V** تهلل [ta'hallala] jubeln; vor Freude strahlen; **X** استهل [ista'halla] beginnen (ب mit *D*)

هلا [hallaː] (< هل لا) ist nicht ...?; ob nicht

هلاك [ha'laːk] Untergang *m*, Verderben *n*, Ruin *m*

هلال [hi'laːl], *pl.* أهلة [ʔa'hilla] Neumond *m*, Halbmond *m*; Mondsichel *f*; (runde) Klammer; ~ي halbmondförmig

هلام [hu'laːm] Gallert *n*, Gelatine *f*; ~ي gallertartig

هلاهيل [halaː'hiːl] (2) *Äg.* Lumpen *pl.*

هلب [hilb], *pl.* أهلاب [ʔah'laːb] Anker *m*

هلس [hals] Abmagerung *f*; *Äg.* Unsinn *m*; *Äg.* Ausschweifung *f*

[1]**هلع** [haliʕa, a] entsetzt sein

[2]**هلع** [halaʕ] Entsetzen *n*, Bestürzung *f*

هلك [halaka, i] zugrunde gehen, umkommen, untergehen; **IV** أهلك [ʔahlaka] zugrunde richten, vernichten; **VI** تهالك [ta'haːlaka] sein Äußerstes tun (في *um etwas zu erreichen*), sich abkämpfen (على für *A*); sich stürzen (على auf *A*); erschöpft (hin)sinken; **X** استهلك [is'tahlaka] verbrauchen, konsumieren; aufbrauchen, verzehren; abnutzen, verschleißen; amortisieren, tilgen

هلم [ha'lumma] auf!, los!; و~ جرا [dʒarran] und so weiter

هلوسة [halwasa] Halluzination *f*

هلوع [ha'luːʕ] entsetzt

هليون [hil'jaun] Spargel *m*

[1]**هم** [hamma, u] betreffen, angehen, kümmern; Sorgen machen (ه *j-m*), bekümmern, sich anschicken (ب *etwas zu tun*); **IV** أهم [ʔa'hamma] betreffen, angehen; interessieren; bekümmern; **VIII** اهتم [ih'tamma] sich kümmern (ب um *A*), sorgen (ب für *A*), sich beschäftigen (ب mit *D*); sich interessieren (ب für *A*); Wert legen (ب auf *A*)

ه

[2]هم [hamm], *pl.* هموم [hu'muːm] Sorge *f*, Besorgnis *f*; Vorhaben *n*

[3]هم [hum] *Personalpronomen*: sie *m/pl.*

[4]ـهم *u.* هم [-hum] **1.** *Possessivsuffix* (*nach* [i]: [-him]): ihr *m/pl.*; **2.** *Objektsuffix*: sie *m/pl.*

[1]هما [humaː] *Personalpronomen*: sie beide

[2]ـهما *u.* هما [-humaː] **1.** *Possessivsuffix* (*nach* [i]: [-himaː]): ihrer beider; **3.** *Objektsuffix*: sie beide

همّاز [ha'mmaːz] Verleumder *m*

[1]همّام [ha'mmaːm] eifrig, energisch

[2]همام [hu'maːm] couragiert

همج [hamadʒ] Gesindel *n*; ~ـي unzivilisiert; barbarisch; ~ـية Unkultiviertheit *f*

همد [hamada, u] sich legen, nachlassen, abklingen; *Gefühl*: ersterben; **II** [hammada] *u.* **IV** أهمد [ʔahmada] abschwächen, beruhigen; (aus)löschen

همر [hamara, u] vergießen; **VII** انهمر [in'hamara] *Regen*: strömen; *Tränen*: fließen

همرة [hamra] Regenschauer *m*

[1]همز [hamaza, i] die Sporen geben (ـه *dem Pferd*); anstacheln; verleumden

[2]همز [hamz] Anspornen *n des Pferdes*; *Phonetik*: Kehlkopfverschluß *m*; ~ة Hamza *n* (*Zeichen für den Kehlkopfverschlußlaut*); ~ الوصل nicht feste(s) Hamza; *fig*. Bindeglied *n*

[1]همس [hamasa, i] flüstern; **VI** تهامس [ta'haːmasa] miteinander flüstern, tuscheln

[2]همس [hams] Flüstern *n*

همسة [hamsa], *pl.* [hama'saːt] Geflüster *n*

همش [hamaʃa, u] beißen

(**همك**) **VII** انهمك [in'hamaka] versunken sein, sich vertiefen (في in *A*), aufgehen (في in *D*)

همل [hamala, u] *Auge*: Tränen vergießen; **IV** أهمل [ʔahmala] vernachlässigen; nachlässig sein (في in *D*); übersehen, vergessen, unterlassen

همة [himma], *pl.* همم [himam] Eifer *m*, Hingabe *f*, Ambition *f*

همهم [hamhama] murmeln, brummen

همود [hu'muːd] Sichlegen *n*, Nachlassen *n*, Erlöschen *n*

[1]هن [hunna] *Personalpronomen*: sie *f/pl.*

[2]ـهن *u.* هن [-hunna] **1.** *Possessivsuffix* (*nach* [i]: [-hinna]): ihr *f/pl.*; **2.** *Objektsuffix*: sie *f/pl.*

[1]هنا [hunaː] hier; ~ إلى hierher; ~ من von hier; von daher

[2]هنأ [hanaʔa, a] bekömmlich sein; → هنئ; **II** [hannaʔa] beglückwünschen (ب ه *j-n zu D*), gratulieren; **V** تهنأ [ta'hannaʔa] sich

erfreuen (ب *G*), genießen (ب *A*)

هناء [ha'naːʔ] Glück *n*, Wohlergehen *n*

هناك [hu'naːka] dort, da; es gibt; إلى ~ dorthin; من ~ von dort

هنالك [hu'naːlika] dort, da; es gibt

هند [hind]: الـ~ *f* Indien; *m* die Inder *m/pl.*

هندازة [hin'daːza] Elle *f* (*Äg. 65,6 cm*)

هندام [hin'daːm]: حسن الـ~ [ħasan al-h.] gut angezogen, adrett

هندسة [handasa] Technik *f*, Ingenieurwesen *n*; Geometrie *f*; ~ تحليلية analytische Geometrie; ~ السطوح Planimetrie *f*; ~ فراغية Stereometrie *f*; ~ مدنية Bauwesen *n*; ~ معمارية Architektur *f*

هندسي [handasiː] technisch; geometrisch; *Mil.* Pionier-

هندم [handama] ordnen, richten

هندي [hindiː] indisch; *pl.* هنود [hu'nuːd] Inder *m*; ~ أحمر, *pl.* هنود حمر [ħumr] Indianer *m*

هنة [hana], *pl.* [-aːt] *u.* هنوات [hana'waːt] (kleiner) Fehler

هنود → هندي

هنئ [haniʔa, a] glücklich sein; genießen (ب *A*), sich freuen (ب *D*); → هنأ²

هنيء [ha'niːʔ] bekömmlich; *Leben*: froh, glücklich; هنيئا [-an] wohl bekomm's!

هنيهة [hu'naiha] Weilchen *n*

هو [huwa] er; es; *Mystik*: Gott; ~ ~ بقي er ist der gleiche geblieben

هواء [ha'waːʔ], *pl.* [ʔahwija] Luft *f*; في الـ~ الطلق im Freien

هوادة [ha'waːda] Nachsicht *f*, Entgegenkommen *n*; بلا ~ rücksichtslos

هوان [ha'waːn] Verächtlichkeit *f*, Geringschätzigkeit *f*

هواية [hi'waːja] Hobby *n*, Liebhaberei *f*, Steckenpferd *n*

هوائي [ha'waːʔiː] Luft-; *pl.* [-aːt] Antenne *f*

هود **II** [hawwada] judaisieren; **III** هاود [haːwada] entgegenkommen (ه *j-m*), nachsichtig handeln

هودج [haudadʒ] Sänfte *f*

¹(**هور**) **V** تهور [ta'hawwara] kopflos handeln, leichtsinnig sein; hinabstürzen; **VII** انهار [in'haːra] zusammenbrechen, einstürzen

²**هور** [haur], *pl.* أهوار [ʔah'waːr] Sumpfsee *m*

¹**هوس** **II** [hawwasa] verrückt, besessen machen; *Ir.* in (Kampf-) Geschrei ausbrechen; **V** تهوس [ta'hawwasa] verrückt, besessen werden

²**هوس** [hawas] Verrücktheit *f*, Besessenheit *f*; Manie *f*; ~ وطني Chauvinismus *m*

هوسة [hausa] *umg.* Lärm *m*, Krach *m*, Tumult *m*

(**هوش**) هاش [haːʃa, uː] erregt, aufgeregt sein; **II** [hawwaʃa] in Aufregung versetzen, aufhetzen

هوشة [hauʃa] Aufregung *f*, Tumult *m*, Lärm *m*

[1]**(هول)** هال [haːla, uː] Schrecken *od.* Furcht einjagen (ه *j-m*); **II** [hawwala] Schrecken einflößen (ه *j-m*); übertreiben, aufbauschen

[2]**هول** [haul], *pl.* أهوال [ʔah'waːl] Schrecken *m*, Entsetzen *n*; أبو الـ~ Sphinx *f*

[1]**(هون)** هان [haːna, uː] verächtlich sein; unbedeutend sein; leicht fallen (على *j-m*); **II** [hawwana] leicht machen (على ه *j-m A*); bagatellisieren (من *A*); هون عليك [hawwin] nimm's nicht so schwer!; **IV** أهان [ʔa'haːna] beleidigen; **VI** تهاون [ta'haːwana] geringschätzen (ب *A*); nachlässig sein (في bei *D*); **X** استهان [ista'haːna] unterschätzen (ب *A*)

[2]**هون** [haun] Gemächlichkeit *f*; Leichtigkeit *f*

[3]**هون** [huːn] Erniedrigung *f*, Entwürdigung *f*

هوة [huwwa], *pl.* هوى [huwan] Abgrund *m*; *fig.* Kluft *f*

[1]**هوى** [hawaː, iː] herabfallen, stürzen; — هوي [hawija, aː] lieben, gern haben; **II** [hawwaː] (be-) lüften; fächeln; **IV** أهوى [ʔahwaː] sich herabstürzen; *Hand* ausstrecken; **V** تهوى [ta'hawwaː] belüftet werden; **X** استهوى [is'tahwaː] bezaubern, faszinieren; verlocken

[2]**هوى** [hawan], *pl.* أهواء [ʔah'waːʔ] Liebe *f*, Passion *f*, Leidenschaft *f*; Neigung *f*; على هواه nach s-m Belieben

هويس [ha'wiːs] Schleuse *f*

هوية [hu'wiːja] Identität *f*; (Personal-)Ausweis *m*

هي [hija] sie *sg.*

[1]**هيا** [hajjaː] auf!, los!

[2]**هيأ** **II** [hajjaʔa] vorbereiten, herrichten; *Weg* bereiten; *Bedingungen* schaffen; **V** تهيأ [ta'hajjaʔa] sich vorbereiten; vorbereitet werden; *Gelegenheit*: sich bieten

هياب [ha'jjaːb] furchtsam

هياج [hi'jaːʤ] Aufregung *f*, Erregung *f*; Wüten *n*

هياط [hi'jɒːʈ] Geschrei *n*

هيام [hu'jaːm] leidenschaftliche Liebe

(هيب) هاب [haːba, aː] Ehrfurcht *od.* Respekt haben (ه/ـه vor *D*); **II** [hajjaba] *Äg.* einschüchtern, bedrohen (على *j-n*); **IV** أهاب [ʔa'haːba] aufrufen (ب إلى *j-n* zu *D*); **V** تهيب [ta'hajjaba] Respekt haben (ه/ـه vor *D*)

هيبة [haiba] Ehrfurcht *f*, Respekt *m*, Achtung *f*; Würde *f*; Furcht *f*

[1]**(هيج)** هاج [haːʤa, iː] sich aufre-

gen (على über *A*); *See*: bewegt sein; **II** [hajjadʒa] aufregen, erregen; aufbringen (على ه *j-n* gegen *A*); reizen, stimulieren; entfachen; **IV** أهاج [ˀa'haːdʒa] aufregen, erregen; **V** تهيج [ta'hajjadʒa] sich erregen; in Wallung geraten; *Organ*: sich entzünden; **VIII** اهتاج [ih'taːdʒa] sich aufregen, sich erregen

[2]**هيج** [haidʒ] Erregung *f*

هيجان [haja'dʒaːn] Aufregung *f*, Erregung *f*; Unruhe *f*

هيدروجين [hidro'ʒeːn] *Chem.* Wasserstoff *m*; ~ـي Wasserstoff-

هيشة [haiʃa] = هوشة

هيضة [haiðɒ] Brechdurchfall *m*; Cholera *f*

هيط [haiṭ] Lärm *m*, Geschrei *n*

هيكل [haikal], *pl.* هياكل [ha'jaːkil] (2) Struktur *f*; Skelett *n*, Gerippe *n*; (tragendes) Gerüst; Fahrgestell *n e-s Autos*; Altar *m*; هياكل أساسية Infrastruktur *f*

(**هيل**) هال [haːla, iː] schütten, streuen; **IV** أهال [ˀa'haːla] *Wind*: *Sand* aufhäufen; **VII** انهال [in'haːla] herfallen (على über *j-n*); sich ergießen

(**هيم**) هام [haːma, iː] **1.** (leidenschaftlich) lieben; ~ على وجهه umherirren; **2.** dürsten; **II** [hajjama] *Liebe*: betören

هيمان [hai'maːn] (2), *f* هيمى [haimaː] leidenschaftlich verliebt; sehr durstig

هيمن [haimana] beherrschen, kontrollieren (على *A*)

هيمنة [haimana] Kontrolle *f*; Vorherrschaft *f*

هين [hajjin] leicht; geringfügig, unbedeutend

هيهات [hai'haːti] weit gefehlt!

هيوب [ha'juːb] furchtsam

هيولى [ha'juːlaː] *Phil.* Urstoff *m*, Urmaterie *f*

هيئة [haiˀa] Form *f*, Aussehen *n*, Gestalt *f*; (Körper-)Haltung *f*; *pl.* هيئات [hai'ˀaːt] Organisation *f*; Behörde *f*, staatliche Stelle; Körperschaft *f*; Gremium *n*; ~ أركان الحرب Generalstab *m*; ~ التحكيم Kampfgericht *n*, Jury *f*; ~ التدريس Lehrkörper *m*; ~ عامة [ʕaːmma] Körperschaft *f*; *Jord. Hdl.* Hauptversammlung *f*

و

[1]و (واو) [waːw] *siebenundzwanzigster Buchstabe*; *Abk. für* وكالة (*Nachrichten-*)Agentur *f*

[2]و [wa-] **1.** *Konj.* und; *zur Einleitung von Zustandssätzen*: indem, wobei, wie; während; **2.**

Präp. (+ *A*) mit; **3.** *Schwurpartikel* (+ *G*): bei; والله [wɒ'łłɒːhi] bei Gott!

وا [waː-] *bei Ausrufen des Jammers zusammen mit der Endung* [-aːh] *des Nomens*: واحسرتاه [waːħasra'taːh] welch ein Jammer!

وابل [waːbil] Regenguß *m*; ~ من الرصاص Kugelhagel *m*

وابور [waː'buːr] *umg.* Lokomotive *f*; Dampfer *m*; Maschine *f*, Anlage *f*; *Äg.* (Petroleum-)Kocher *m*

واثق [waːθiq] vertrauend (ب auf *A*); sicher, gewiß (من *e-r Sache*)

واجب [waːdʒib] notwendig; *pl.* [-aːt] Pflicht *f*; (*a. Schul-*)Aufgabe *f*; عليه ~ es ist s-e Pflicht, er muß; من الـ~ أن es ist notwendig, daß

واجس [waːdʒis] beunruhigende(r) Gedanke

واجهة [waːdʒiha] Vorderseite *f*, Front *f*, Fassade *f*; Schaufenster *n*

واحد [waːħid] eine(r); eins (*beim Zählen*); (ein und) derselbe; *pl.* وحدان [wuħ'daːn] einzeln; واحدا (فـ)واحدا [-an] einer nach dem andern; كل ~ jeder einzelne

واحة [waːħa] Oase *f*

[1]**وأد** [waʔada (يئد jaʔidu)] *Mädchen* lebendig begraben; **VIII** اتأد [i'ttaʔada] sich Zeit lassen

[2]**واد** [waːdin], *pl.* وديان [wid'jaːn] *u.* أودية [ʔaudija] Tal *n*; Flußbett *n*

وارث [waːriθ] erbend; *pl.* ورثة [waraθa] Erbe *m*

وارد [waːrid] ankommend, eintreffend; vorkommend, stehend (في in *e-m Text*); واردات *pl.* Einfuhren *f/pl.*, Importe *m/pl.*; Einnahmen *f/pl.*

وارف [waːrif] *Schatten*: lang; *Pflanze*: üppig

وارق [waːriq] *Baum*: belaubt

وازع [waːziʕ] moralische Hemmung; moralische(r) Antrieb *od.* Zwang; دون أي ~ hemmungslos

واسطة [waːsitɒ], *pl.* وسائط [wa'saːʔit] (2) Mittel *n*; بـ~ mittels, durch

واسع [waːsiʕ] weit, ausgedehnt, geräumig; großangelegt

واش [waːʃin], *pl.* وشاة [wu'ʃaːt] Verleumder *m*, Denunziant *m*

واضح [wɒːđiħ] klar, deutlich; offenkundig, augenfällig

واضع [wɒːđiʕ] Schöpfer *m*, Urheber *m*; Verfasser *m*; *Frau*: gebärend

واط [wɒːt] *El.* Watt *n*

واطئ [wɒːtiʔ] niedrig; *Stimme*: leise

واع [waːʕin] sich bewußt (ل *e-r Sache*); aufgeklärt, aufgeschlossen

واعد [waːʕid] vielversprechend, hoffnungsvoll

واعظ [waːʕið], *pl.* وعاظ [wu'ʕʕɒːð] Prediger *m*

واف [waːfin] einhaltend (ب *A*);

reichlich; ausführlich; erschöpfend

وافد [waːfid] **1.** Ankömmling *m*; عمال ~ون ausländische Arbeitskräfte *f/pl.*; **2.** epidemisch; ~ة Epidemie *f*

وافر [waːfir] reichlich, reich, ausgiebig

واق [waːqin] schützend, Schutz-; vorbeugend; Schutzmittel *n*

واقع [waːqiʕ] fallend; sich ereignend; *Geo.* liegend; Wirklichkeit *f*, Realität *f*; بـ~ in Höhe von; في الـ~ tatsächlich, in der Tat; in Wirklichkeit; الـ~ أن [ʔanna] Tatsache ist, daß; أمر ~ vollendete Tatsache; ~ة, *pl.* [-aːt] *u.* وقائع [wa'qaːʔiʕ] (2) Ereignis *n*, Vorfall *m*; Tatsache *f*; Unglück *n*, Schlacht *f*; ~ي tatsächlich, wirklich, real; realistisch; Realist *m*; ~ية Realismus *m*

واقف [waːqif] stehend, aufrecht; informiert (على über *A*); *pl.* [-uːn] *u.* وقوف (Herum-)Stehende(r)

واقية [waːqija] Schutzmittel *n*, Schutz *m*

[1]**وال** [waːlin], *pl.* ولاة [wu'laːt] Gouverneur *m*; Statthalter *m*; Präfekt *m*; ولاة الأمر maßgebliche Persönlichkeiten *f/pl.*

[2]**وأل** [waʔala (يئل jaʔilu)] sich flüchten (إلى zu *D*, in *A*)

وإلا [wa-'ʔillaː] sonst, andernfalls

والد [waːlid] Vater *m*; الوالدان *du.* die Eltern *pl.*; ~ة Mutter *f*

واله [waːlih] verwirrt, verstört

(**وأم**) **III** واءم [waːʔama] übereinstimmen (هـ mit *D*); passen (هـ/ه zu *D*, ه *j-m*); **VI** تواءم [ta'waːʔama] miteinander übereinstimmen

[1]**وان** [waːnin] schwach, matt

[2]**وإن** [wa-ʔin] wenn auch, selbst wenn; obwohl

واه [waːhin] schwach; brüchig; *Grund*: nichtig; unbegründet

واهب [waːhib] Geber *m*, Spender *m*

واهم [waːhim] in e-m Irrtum *od.* e-r Illusion befangen

واهن [waːhin] schwach, kraftlos; zermürbt, entnervt

وباء [wa'baːʔ], *pl.* أوبئة [ʔaubiʔa] Seuche *f*, Epidemie *f*

وبال [wa'baːl] Verhängnis *n*, Unheil *n*

وبائي [wa'baːʔiː] epidemisch

وبخ **II** [wabbaxa] schelten, tadeln, rügen

[1]**وبر** [wabar], *pl.* أوبار [ʔau'baːr] Haar *n*, Fell *n*; Kamelhaar *n*; أهل الـ~ die Beduinen *m/pl.*

[2]**وبر** [wabir] behaart, wollig

وبش [wabaʃ]: أوباش [ʔau'baːʃ] *pl.* Pöbel *m*, Pack *n*

وبل [wabl] Regenguß *m*

وبئ [wabiʔa (يوبأ jaubaʔu)] verseucht sein

وبيء [wa'biːʔ] verseucht

وبيل [wa'biːl] *Klima*: ungesund; verhängnisvoll

1**وتد** **II** [wattada] *Pflock* einschlagen

2**وتد** [watad], *pl.* أوتاد [ʔau'taːd] (*Zelt*-)Pflock *m*, Pfahl *m*

1**وتر** [watara (يتر jatiru)] *Bogen* spannen; *Rechte* beschneiden; **II** [wattara] (an)spannen; **V** توتر [ta'wattara] (an)gespannt sein *od.* werden; **VI** تواتر [ta'waːtara] aufeinanderfolgen

2**وتر** [watar], *pl.* أوتار [ʔau'taːr] Sehne *f* (*a. des Bogens u. Math.*); Saite *f*; *Math.* Hypotenuse *f*

3**وتر** [watr, witr] *Zahl*: ungerade

1**وتري** [watariː] Saiten-

2**وتري** [watriː, witriː] = 3وتر

وتيرة [wa'tiːra] Art und Weise *f*

وتين [wa'tiːn] Aorta *f*

وثء [waθʔ] Verrenkung *f*

وثاب [wa'θθaːb] draufgängerisch; wild, feurig

وثاق [wi'θaːq, wa'θaːq], *pl.* وثق [wuθuq] Fessel *f*, Band *n*

وثائق → وثيقة

وثائقي [wa'θaːʔiqiː] Dokumentar-

1**وثب** [waθaba (يثب jaθibu)] springen; herfallen (على über *A*); **V** توثب [ta'waθθaba] losspringen (على auf *A*); **VI** تواثب [ta'waːθaba] aufeinander losspringen

2**وثب** [waθb] Springen *n*; عال ~ Hochsprung *m*

وثبة [waθba], *pl.* [waθa'baːt] Sprung *m*, Satz *m*; Aufschwung *m*

وثق [waθiqa (يثق jaθiqu)] vertrauen, sich verlassen (ب auf *j-n*); — [waθuqa (يوثق jauθuqu)] fest sein; sich sicher sein (من *G*); **II** [waθθaqa] festigen, konsolidieren; beurkunden; **III** واثق [waːθaqa] abmachen (على ه mit *j-m A*); **IV** أوثق [ʔauθaqa] (fest)binden; **V** توثق [ta'waθθaqa] sich festigen; **X** استوثق [is'tauθaqa] sich vergewissern (من *e-r Sache*)

وثن [waθan], *pl.* أوثان [ʔau'θaːn] Götzenbild *n*, Götze *m*; ~ي heidnisch; Heide *m*; ~ية Heidentum *n*

وثوب [wu'θuːb] Springen *n*

وثوق [wu'θuːq] Vertrauen *n*, Sichverlassen *n* (ب auf *A*)

وثيق [wa'θiːq], *pl.* وثاق [wi'θaːq] fest, eng; ~ة, *pl.* وثائق [wa'θaːʔiq] (2) Urkunde *f*, Dokument *n*

وجار [wi'dʒaːr] Höhle *f*, Bau *m von Tieren*

وجاها [wi'dʒaːhan] *Jur.* in Anwesenheit beider Parteien

وجاهة [wa'dʒaːha] Ansehen *n*, (*äußere*) Würde; Stichhaltigkeit *f*

وجب [wadʒaba (يجب jadʒibu)] **1.** Pflicht sein (على für *j-n*); يجب (عليه) أن er muß ...; **2.** *Herz*: pochen; **IV** أوجب [ʔaudʒaba] zur Pflicht machen, vorschreiben (على *j-m*); verlangen, notwendig machen; **V** توجب [ta'waddʒaba] erforderlich sein; **X** استوجب [is'taudʒaba] erfordern, verlangen

وجبة [wadʒba], *pl.* [wadʒa'baːt] Mahlzeit *f*; *Syr.* Menü *n*; *Ir.* Gruppe *f*

وجد[1] [wadʒada (يجد jadʒidu)] **1.** finden; antreffen; *Pass.* [wudʒida] vorhanden sein, existieren, sich befinden; يوجد [juːdʒadu] es gibt; **2.** grollen (على *j-m*); leidenschaftlich lieben (ب *j-n*); **IV** أوجد [ʔaudʒada] schaffen, ins Leben rufen; *Lösung* finden; **V** توجد [ta'waddʒada] leidenschaftlich lieben (ب *j-n*); sich grämen (ب um *A*); **VI** تواجد [ta'waːdʒada] sich einfinden; anwesend sein, sich befinden

وجد[2] [wadʒd] Liebesleidenschaft *f*; Ekstase *f*

وجدان [widʒ'daːn] Fühlen *n*, Gefühlsleben *n*; Gemüt *n*; Bewußtsein *n*; ~ـي Gefühls-, emotional

وجرة [wadʒara] Fallgrube *f*

(وجز) **IV** أوجز [ʔaudʒaza] kurz fassen; sich kurz fassen (في/ـه bei *D*)

(وجس) **IV** أوجس [ʔaudʒasa] befürchten, *Schlimmes* ahnen; **V** توجس [ta'waddʒasa] befürchten, ahnen

وجع[1] [wadʒiʕa (يوجع jaudʒaʕu)] weh tun (ه *j-m*); **IV** أوجع [ʔaudʒaʕa] weh tun (ه *j-m*), schmerzen; **V** توجع [ta'waddʒaʕa] Schmerz leiden; wehklagen; bemitleiden (ل *j-n*)

وجع[2] [wadʒaʕ], *pl.* أوجاع [ʔau'dʒaːʕ] Schmerz *m*

وجف [wadʒafa (يجف jadʒifu)] *Herz:* beben, klopfen

وجل[1] [wadʒal] Furcht *f*

وجل[2] [wadʒil] ängstlich

وجم [wadʒama (يجم jadʒimu)] stillschweigen; niedergeschlagen sein

وجنة [wadʒna], *pl.* [wadʒa'naːt] Wange *f*, Backe *f*

وجه[1] [wadʒuha (يوجه jaudʒuhu)] angesehen sein; **II** [waddʒaha] *Bitte*, *Frage*, *Aufmerksamkeit* richten; lenken, leiten, dirigieren; entsenden; Anweisung geben (ب zu); **III** واجه [waːdʒaha] gegenüberliegen; gegenübertreten (ه *j-m*); begegnen (ه *j-m*, *e-m Mangel*, *e-r Gefahr*); gegenüberstehen (ه/ـه *D*), konfrontiert sein (ـه mit *D*); entgegentreten (ه/ـه *D*); konfrontieren (ه ب *j-n* mit *D*); **V** توجه [ta'waddʒaha] sich wenden (إلى nach, zu *D*); sich begeben (إلى nach, zu *D*); **VI** تواجه [ta'waːdʒaha] einander gegenüberstehen; **VIII** اتجه [i'ttadʒaha] gerichtet sein, sich richten (إلى auf *A*); sich wenden (إلى nach *D*); zugehen (إلى auf *A*)

وجه[2] [wadʒh], *pl.* وجوه [wu'dʒuːh] Gesicht *n*, Antlitz *n*; Vorderseite *f*, Außenseite *f*; Oberfläche *f*; Avers *m der Münze*; Zifferblatt *n*; Art und Weise *f*; *pl.* أوجه

[ʔaudʒuh] Aspekt *m*, Gesichtspunkt *m*; الوجوه Persönlichkeiten *f/pl.*, Prominente *m/pl.*; ~الـ البحري Unterägypten; ~الـ القبلي [al-qibliː] Oberägypten; ~ في + *G*: gegenüber; für; ~ على الإجمال insgesamt; ~ على التقريب annäherungsweise, annähernd; ~ على العموم im allgemeinen; ~على هذا الـ auf diese Weise; من كل الوجوه in jeder Hinsicht

وجهة [widʒha] Richtung *f*; Hinsicht *f*; ~ نظر Standpunkt *m*, Gesichtspunkt *m*

وجوب [wu'dʒuːb] Notwendigkeit *f*, Unerläßlichkeit *f*

وجود [wu'dʒuːd] Vorhandensein *n*, Existenz *f*; Dasein *n*; Anwesenheit *f*, Präsenz *f*; ~ي existentiell; Existentialist *m*; ~ية Existentialismus *m*

وجوم [wu'dʒuːm] Schweigen *n*; Niedergeschlagenheit *f*

وجيز [wa'dʒiːz] kurz; kurz und bündig, knapp

وجيه [wa'dʒiːh], *pl.* وجهاء [wudʒa-'haːʔ] (2) angesehen, vornehm; stichhaltig; *pl.* die Prominenten *m/pl.*

[1]**وحد** **II** [waħħada] vereinigen, vereinen; vereinheitlichen; ~ الله die Formel لا إله إلا الله aussprechen; **V** توحد [ta'waħħada] sich vereinigen; vereinheitlicht werden; allein *od.* einsam sein; allein dastehen (ب mit *D*); allein tun (ب *A*); **VIII** اتحد [i'ttaħada] sich vereinigen; einig sein (في in *e-r Meinung*)

[2]**وحد** [waħda] (*nur mit Personalsuffixen*) allein; ~ه [-hu] er allein; ~ك [-ka] du allein

وحداني [waħ'daːniː] Einzel-, einzig; alleinstehend; ~ة Alleinsein *n*; Einheit *f Gottes*

وحدة [waħda], *pl.* [waħa'daːt] *a. Mil.* Einheit *f*; Organisationseinheit *f*; *Techn.* Anlage *f*

وحدوي [waħdawiː] Einheits-

[1]**(وحش)** **IV** أوحش [ʔauħaʃa] einsam machen; *Gegend*: öde, verlassen sein; **V** توحش [ta'waħħaʃa] wild sein *od.* werden; verwildern; **X** استوحش [is'tauħaʃa] sich einsam fühlen; Abneigung empfinden (من gegen *A*)

[2]**وحش** [waħʃ] wild; *pl.* وحوش [wu-'ħuːʃ] (wildes) Tier; Ungeheuer *n*, Bestie *f*

وحشة [waħʃa] Einsamkeit *f*, Trostlosigkeit *f*

وحشي [waħʃiː] barbarisch, roh, brutal; wild; ~ة Roheit *f*, Brutalität *f*, Bestialität *f*; Wildheit *f*

[1]**وحل** [waħal, waħl], *pl.* أوحال [ʔau-'ħaːl] Schlamm *m*, Morast *m*

[2]**وحل** [waħil] schlammig, kotig

وحم [waħima (يحم jaħimu, يوحم jauħamu)] *Schwangere*: ein Gelüst haben (هـ auf *A*)

وحمة [waħma] Muttermal *n*

[1](**وحى**) **IV** أوحى [ʔauħaː] eingeben (ب إلى *j-m A*), inspirieren (إلى ب *j-n* zu *D*); den Eindruck vermitteln (ب von *D*); **X** استوحى [is'tauħaː] sich inspirieren lassen; sich leiten lassen (هـ von *D*)

[2]**وحي** [waħj] Eingebung *f*, Inspiration *f*; *Rel.* Offenbarung *f*

وحيد [wa'ħiːd] einzig, alleinig; ~ا [-an] allein, einsam

وخامة [wa'xaːma] Unbekömmlichkeit *f*, Ungesundheit *f*

[1]**وخز** [waxaza (يخز jaxizu)] stechen; *Gewissen*: quälen

[2]**وخز** [waxz] Stechen *n*; ~ الضمير Gewissensbisse *m/pl.*; ~ة Stich *m*

وخم [waxuma (يوخم jauxumu)] unbekömmlich, ungesund sein; — [waxima (يوخم jauxamu)] *u.* **VIII** اتخم [i'ttaxama] sich den Magen überladen

(**وخى**) **III** واخى [waːxaː] sich verbrüdern (ه mit *j-m*); **V** توخى [ta'waxxaː] anstreben, im Sinn haben; bedacht sein (هـ auf *A*); *Ziel* verfolgen

وخيم [wa'xiːm] ungesund; verhängnisvoll; schlimm

[1]**ود** [wadda (يود jawaddu)] mögen, gern haben; wollen; **III** واد [waːdda] sich bemühen (ه um *j-n*); **V** تودد [ta'waddada] sich anbiedern (إلى bei *j-m*), umschmeicheln (إلى *j-n*)

[2]**ود** [wudd, widd] Wunsch *m*, Begehren *n*; Zuneigung *f*; بوده أن er möchte (gern), er will

وداد [wi'daːd] Zuneigung *f*; Freundschaft *f*; *a. npr. f*

وداع [wa'daːʕ] Abschied *m*; ~ا [-an] lebe wohl!; ~ة Sanftmut *f*, Friedfertigkeit *f*

ودج [wadadʒ] Halsader *f*

[1]**ودع** [wadaʕa (يدع jadaʕu)] lassen; *Imp.* دع [daʕ] laß!; **II** [waddaʕa] Abschied nehmen (ه von *j-m*), verabschieden; **IV** أودع [ʔaudaʕa] hinterlegen, deponieren; *Geld* einlegen; *ins Gefängnis* werfen; X استودع [is'taudaʕa] anvertrauen, in Verwahrung geben (هـ ه *j-m A*); أستودعك الله [ʔastau'diʕuka] Gott befohlen!

[2]**ودع** [wadaʕ] *koll.*, *sg.* ~ة Muscheln *f/pl.*

ودك [wadik] fett, feist

ودود [wa'duːd] freundlich, liebenswürdig

[1]**ودى** [wadaː (يدي jadiː)] das Blutgeld zahlen; **II** [waddaː] *umg.* *irgendwohin* geben, tun; bringen, schicken; **IV** أودى [ʔaudaː] vernichten (ب *A*); umkommen; ~ بحياته j-m den Tod bringen

[2]**ودي** [wuddi, widdiː] freundschaftlich

وديان → واد[2]

وديع [wa'diːʕ] sanftmütig, friedfertig; *a. npr. m*; ~ـة, *pl.* ودائع [wa'daːʔiʕ] (2) hinterlegte Sache; Depositum *n*, Einlage *f*

[1]وراء [wa'raːʔa] *Präp.* hinter; jenseits; ما ~ الأردن *hist.* Transjordanien; ما ~ البحار Übersee; ما ~ الطبيعة Metaphysik *f*

[2]وراء [wa'raːʔu] hinten

وراثة [wi'raːθa] Vererbung *f*

وراثي [wi'raːθiː] erblich, Erb-; genetisch

وراق [wa'rraːq] Papier- und Schreibwarenhändler *m*

ورب **II** [warraba] sich zweideutig ausdrücken; anspielen (عن auf *A*); **III** وارب [waːraba] *j-n* hintergehen; *Äg. Tür* anlehnen

[1]**ورث** [wariθa (يرث jariθu)] erben; *j-n* beerben; **II** [warraθa] vererben (ه ـه *j-m A*); zum Erben einsetzen; **IV** أورث [ʔauraθa] vererben (ه ـه *j-m A*); verursachen; **VI** توارث [ta'waːraθa] als Erbe weitergeben; ererben

[2]**ورث** [wirθ] Erbe *n*, Erbschaft *f*

ورثة → وارث

[1]**ورد** [warada (يرد jaridu)] eintreffen, ankommen; *Postsendung*: eingehen, einlaufen; vorkommen, genannt werden, stehen (في in *e-m Text*); **II** [warrada] **1.** *Ware* liefern; importieren; **2.** blühen; rot färben; **IV** أورد [ʔaurada] bringen (إلى an *e-n Ort*); anführen, zitieren; **V** تورد [ta'warrada] sich rot färben, *Wange*: glühen; **VI** توارد [ta'waːrada] nacheinander eintreffen; *Probleme*: einstürzen (على ذهنه auf *j-n*); **X** استورد [is'taurada] importieren

[2]**ورد** [ward] *koll.*, sg. ~ة, *pl.* ورود [wu'ruːd] Rosen *f/pl.*

[3]**ورد** [wird] Wasserstelle *f*, Tränke *f*; (*Koran-*)Abschnitt *m*

وردي [wardiː] rosa, rosig; ~ـة (Arbeits-)Schicht *f*; *Chr.* Rosenkranz *m*

ورش [wariʃ] lebhaft

ورشة [warʃa], *pl.* [-aːt] *u.* ورش [wiraʃ, wuraʃ] Werkstatt *f*

ورط **II** [warratɒ] geraten lassen (في in *Schwierigkeiten*), verwickeln, verstricken; **V** تورط [ta'warratɒ] verwickelt werden, sich verstricken

ورطة [wartɒ] schwierige Lage, Verlegenheit *f*, Klemme *f*

[1]**ورع** [wariʕa (يرع jariʕu)] fromm sein; **V** تورع [ta'warraʕa] zurückschrecken (عن vor *D*)

[2]**ورع** [waraʕ] Frömmigkeit *f*, Gottesfurcht *f*

[3]**ورع** [wariʕ] gottesfürchtig

(**ورف**) **IV** أورف [ʔaurafa] *Schatten*: länger werden

[1]**ورق** **II** [warraqa] sich belauben; tapezieren; **IV** أورق [ʔauraqa] sich belauben

[2]**ورق** [waraq] *koll.*, *pl.* أوراق [ʔau'raːq] Laub *n*, Blätter *n/pl.* *e-s*

Baumes; Papier *n*; اللعب ~ Spielkarten *f/pl.*; مقوى ~ [mu'qawwan] Karton *m*

ورقة [waraqa], *pl.* أوراق [ʔau'raːq] *u.* [-aːt] Blatt *n*; Blatt *n* Papier, Bogen *m*; Zettel *m*; Karte *f*; أوراق *a.* Dokumente *n/pl.*; أوراق مالية Wertpapiere *n/pl.*

ورك [wirk], *pl.* أوراك [ʔau'raːk] Hüfte *f*

ورل [waral] Waran *m* (*große Wüstenechse*)

[1]**ورم** [warima (يرم jarimu)] (an-)schwellen; **II** [warrama] e-e Schwellung hervorrufen; **V** تورم [ta'warrama] (an)schwellen

[2]**ورم** [waram], *pl.* أورام [ʔau'raːm] Geschwulst *f*, Tumor *m*

ورنيش [war'niːʃ] Firnis *m*; Lack *m*; Schuhcreme *f*

ورود [wu'ruːd] Eintreffen *n*, Eingang *m*; Vorkommen *n*

[1]**ورى** [waraː (يري jariː)] *Feuerzeug*: zünden; **II** [warraː] Feuer schlagen; anspielen (عن auf *A*); **III** وارى [waːraː] verbergen, verheimlichen; **VI** توارى [ta'waːraː] sich verbergen (عن vor *D*)

[2]**ورى** [waran]: الورى [al-waraː] die Menschen *m/pl.*, die Sterblichen *m/pl.*

وريد [wa'riːd], *pl.* أوردة [ʔaurida] Ader *f*, Vene *f*

وز [wazz] *koll.* Gänse *f/pl.*

وزارة [wi'zaːra] Ministerium *n*; Kabinett *n*

وزاري [wi'zaːriː] ministeriell

[1]**وزر** [wazara (يزر jaziru)] *Last* auf sich nehmen; **III** وازر [waːzara] helfen, unterstützen; **V** توزر [ta'wazzara] Minister werden; **X** استوزر [is'tauzara] zum Minister ernennen

[2]**وزر** [wizr], *pl.* أوزار [ʔau'zaːr] Last *f*, Bürde *f*; Sünde *f*

وزراء → وزير

وزع [wazaʕa (يزع jazaʕu)] zurückhalten; **II** [wazzaʕa] verteilen (على auf *A*), aufteilen; **V** توزع [ta'wazzaʕa] sich verteilen, sich aufteilen

[1]**وزن** [wazana (يزن jazinu)] abwiegen; *soundso viel* wiegen; **III** وازن [waːzana] ausbalancieren (بين *zwei Dinge*), ausgleichen; abwägen (بين *gegeneinander*); **VI** توازن [ta'waːzana] im Gleichgewicht sein, sich die Waage halten; **VIII** اتزن [i'ttazana] ausgewogen sein

[2]**وزن** [wazn] (Ab-)Wiegen *n*; *pl.* أوزان [ʔau'zaːn] Gewicht *n*; Versmaß *n*, Metrum *n*; *Gr.* Form *f*; انعدام الـ~ Schwerelosigkeit *f*; ~ـي Gewichts-

وزة [wazza] Gans *f*

(**وزى**) **III** وازى [waːzaː] gleichkommen, entsprechen (ـه *D*); parallel sein (ـه zu *D*); gegenüberliegen (ـه *D*); **VI** توازى [ta'waːzaː] miteinander parallel laufen

وزير [wa'ziːr], *pl.* وزراء [wuza'raːʔ] (2) Minister *m*; *Schach*: Königin *f*; بلا وزارة ~ Minister *m* ohne Portefeuille; → مفوض
وساخة [wa'saːxa] Schmutzigkeit *f*, Schmutz *m*
وسادة [wi'saːda], *pl.* وسائد [wa'saːʔid] (2) Kissen *n*
وساطة [wa'saːtɒ] Vermittlung *f*; بـ~ mittels, durch
وسام [wi'saːm], *pl.* أوسمة [ʔausima] Orden *m*, Auszeichnung *f*; Medaille *f*
وسامة [wa'saːma] Schönheit *f*, Anmut *f*
وسائل → وسيلة
[1]**وسخ** **II** [wassaxa] beschmutzen, verunreinigen; **V** توسخ [ta'wassaxa] *u.* **VIII** اتسخ [i'ttasaxa] schmutzig werden
[2]**وسخ** [wasax], *pl.* أوساخ [ʔau'saːx] Schmutz *m*
[3]**وسخ** [wasix] schmutzig
وسد **II** [wassada] *Kopf* betten, legen
[1]**وسط** **II** [wassatɒ] in die Mitte stellen; **V** توسط [ta'wassatɒ] in der Mitte liegen *od.* stehen (ها/هم von *D*); vermitteln (بين zwischen *D*)
[2]**وسط** [wasɒt], *pl.* أوساط [ʔau'sɒːt] Mitte *f*, Zentrum *n*; *Math.* Mittel *n*; Medium *n*; Milieu *n*; Taille *f*; mittlere(r); mittelmäßig; *pl.* Kreise *m/pl.* *der Gesellschaft*; ~ [wastɒ] *Präp.* mitten in
وسطاني [was'tɒːniː] mittlere(r), in der Mitte befindlich
وسطي [wasatiː] Mittel-; zentristisch; Milieu-; → أوسط
[1]**وسع** [wasiʕa (يسع jasaʕu)] fassen (هـ/هم *A*), Raum bieten (هـ/هم für *A*); möglich sein (ه *j-m*); **II** [wassaʕa] erweitern, ausweiten; weiter machen; **IV** أوسع [ʔausaʕa] erweitern; überhäufen (ه هـ *j-n* mit *D*); **V** توسع [ta'wassaʕa] sich erweitern, sich ausweiten; sich weiten; erweitern, ausweiten (في *A*); sich weitschweifig auslassen (في über *ein Thema*); **VIII** اتسع [i'ttasaʕa] sich erweitern, sich ausweiten; sich ausdehnen; groß genug sein, ausreichen (ل für *A*); Platz bieten (ل für *A*)
[2]**وسع** [wusʕ] Fähigkeit *f*, Vermögen *n*; في ~ـه *u.* بوسعه er ist in der Lage
[1]**وسق** [wasaqa (يسق jasiqu)] *Schiff* beladen; **VIII** اتسق [i'ttasaqa] wohlgeordnet sein; im Einklang stehen
[2]**وسق** [wasq] Beladen *n*; Ladung *f*, Fracht *f*
(**وسل**) **V** توسل [ta'wassala] anflehen (إلى *j-n*); sich bedienen (ب *e-r Sache*), als Mittel benutzen (ب *A*)
[1]**وسم** [wasama (يسم jasimu)] kennzeichnen; brandmarken; **II** [wassama] *Tun.* auszeichnen (ب mit

e-m Orden); **V** توسم [ta'wassama]: فيه الخير ~ Gutes in j-m erkennen; **VIII** اتسم [i'ttasama] gekennzeichnet *od.* charakterisiert sein (ب durch *A*)

2**وسم** [wasm], *pl.* وسوم [wu'suːm] Brandmal *n*; Kennzeichen *n*, Marke *f*

وسن [wasan] Schlummer *m*

وسواس [was'waːs] Einflüsterung *f*; Zwangsvorstellung *f*; الـ~ der Satan

وسوس [waswasa] einflüstern; zuflüstern; **V** توسوس [ta'waswasa] *Äg.* Zweifel *od.* Argwohn haben

(**وسى**) **III** واسى [waːsaː] Trost spenden (ه *j-m*)

وسيط [wa'siːṭ] Mittel-; *pl.* وسطاء [wusa'ṭɒːʔ] (2) Vermittler *m*; Mittelsmann *m*; Makler *m*; Zwischenhändler *m*; ~ة, *pl.* وسائط [wa'saːʔiṭ] (2) Mittel *n*

وسيع [wa'siːʕ], *pl.* وساع [wi'saːʕ] weit, geräumig

وسيلة [wa'siːla], *pl.* وسائل [wa'saːʔil] (2) Mittel *n*; Hilfsmittel *n*; وسائل الإعلام (Massen-)Medien *n/pl.*; وسائل النقل Transportmittel *n/pl.*

وسيم [wa'siːm] schön, hübsch

وشاح [wi'ʃaːħ], *pl.* أوشحة [ʔauʃiħa] Schärpe *f*; Wehrgehänge *n*

وشاية [wi'ʃaːja] Verleumdung *f*, Denunziation *f*

وشح **II** [waʃʃaħa] schmücken; **V** توشح [ta'waʃʃaħa] anlegen (ب *Gürtel*); sich bekleiden (ب mit *D*)

وشع **II** [waʃʃaʕa] *Baumwolle* aufwickeln

وشق [waʃaq] Luchs *m*

1(**وشك**) **IV** أوشك [ʔauʃaka] nahe daran sein, im Begriff sein (أن/على *etwas zu tun*)

2**وشك** [waʃk]: على ~ + *G u.* على ~ أن kurz vor, im Begriff zu

وشم [waʃm] Tätowierung *f*

وشنة [wiʃna] *Äg.* Weichsel *f*

وشوش [waʃwaʃa] zuflüstern

وشى [waʃaː (يشي jaʃiː)] **1.** schmücken, verzieren; **2.** denunzieren, verleumden (ب *j-n*); **II** [waʃʃaː] besticken

وشيج [wa'ʃiːdʒ] eng (verbunden); ~ة, *pl.* وشائج [wa'ʃaːʔidʒ] (2) (enges) Band

وشيع [wa'ʃiːʕ] Hecke *f*; ~ة, *pl.* وشائع [wa'ʃaːʔiʕ] (2) Spule *f*

وشيك [wa'ʃiːk] kurz bevorstehend, nahe

وصال [wi'sɒːl] Vereinigung *f der Liebenden*

وصايا → وصية

وصاية [wi'sɒːja] Vormundschaft *f*; Treuhandschaft *f*

وصب [wɒsɒb], *pl.* أوصاب [ʔau'sɒːb] Krankheit *f*

(**وصد**) **IV** أوصد [ʔausɒda] *Tür* schließen

1**وصف** [wɒsɒfa (يصف jɒsɨfu)] beschreiben, schildern; bezeichnen

(ب als); *Arznei* verschreiben; **VIII** اتصف [i'ttɒsɒfa] gekennzeichnet sein (ب durch *A*); besitzen (ب *Eigenschaft*); **X** استوصف [is'tausɒfa] *Arzt* konsultieren

[2]**وصف** [wɒsf] Beschreibung *f*, Schilderung *f*; *pl.* أوصاف [ʔau'sɒːf] Merkmal *n*, Eigenschaft *f*, Charakteristikum *n*; ~ة ärztliche Verordnung, Rezept *n*; ~ي deskriptiv

[1]**وصل** [wɒsɒla (يصل jɒsɨlu)] ankommen, eintreffen; gelangen (هـ/إلى zu *D*), erreichen (هـ/إلى *A*); bringen, führen (ب إلى *j-n* zu *D*); schenken (ب ه *j-m A*); verbinden (ب mit *D*); e-e Verbindung herstellen; **II** [wɒssɒla] gelangen lassen, führen, bringen (إلى nach, zu *D*); verbinden (ب mit *D*); *El.* leiten; *El.* anschließen; *El.* schalten; **III** واصل [wɒːsɒla] fortsetzen, fortführen; in engen Beziehungen stehen (ه mit *j-m*); **IV** أوصل [ʔausɒla] gelangen lassen, führen, bringen (إلى nach, zu *D*); übermitteln; weiterleiten; **V** توصل [ta'wɒssɒla] gelangen (إلى zu *D*), erreichen (إلى *A*); *Mar.* erhalten (ب *A*); **VI** تواصل [ta'wɒːsɒla] aufeinanderfolgen; miteinander in Verbindung stehen; **VIII** اتصل [i'ttɒsɒla] sich in Verbindung setzen (ب mit *j-m*); verbunden sein (ب mit *D*)

[2]**وصل** [wɒsl] Verbindung *f*; *a. El.* Anschluß *m*; *pl.* وصول [wu'suːl] Quittung *f*, Empfangsschein *m*

[3]**وصل** [wusl], *pl.* أوصال [ʔau'sɒːl] (Körper-)Glied *n*

[1]**وصلة** [wɒsla] *Gr.* Wasla *n* (*das Zeichen* ٱ *über nicht ausgesprochenem Alif*)

[2]**وصلة** [wusla], *pl.* وصل [wusɒl] *Techn.* Verbindungsstück *n*, Muffe *f*; Bindeglied *n*; *Ir.* Lappen *m*

وصم [wɒsɒma (يصم jɒsɨmu)]: ~ه بالعار brandmarken, anprangern

وصمة [wɒsma] Schandfleck *m*

وصول [wu'suːl] Ankunft *f*, Eintreffen *n*; Gelangen *n* (إلى zu *D*), Erreichen *n*; ~ي Emporkömmling *m*; ~ية Karrierismus *m*

[1]**وصى** **II** [wɒssɒː] *bsd. umg. u.* **IV** أوصى [ʔausɒː] empfehlen (ب ه *j-m A*); auftragen (ب ه *j-m A*); in Auftrag geben, bestellen (ه ب/على bei *j-m A*); testamentarisch verfügen

[2]**وصي** [wɒ'sɨːj], *pl.* أوصياء [ʔausɨ'jaːʔ] (2) Vormund *m*; Treuhänder *m*; *Jur.* Verwalter *m*; ~ على العرش Regent *m*, Thronverweser *m*

وصيف [wɒ'sɨːf], *pl.* وصفاء [wusɒ'faːʔ] (2) Page *m*; ~ة, *pl.* وصائف [wɒ'sɒːʔif] (2) Zofe *f*

وصية [wɒ'sɨːja], *pl.* وصايا [wɒ'sɒːjaː] Testament *n*, Vermächtnis *n*; *Rel.* Gebot *n*

وضاء [wu'đđɒːʔ] strahlend, leuchtend

وضاءة [wɒ'đɒːʔa] Strahlen *n*, Leuchten *n*

وضاعة [wɒ'đɒːʕa] Nichtswürdigkeit *f*

وضب **II** [wɒđđɒba] herrichten; *Ware* (abpacken u.) aufmachen

1 وضح [wɒđɒħa (يضح jɒđiħu)] klar, deutlich sein; **II** [wɒđđɒħa] verdeutlichen, veranschaulichen, erläutern; **IV** أوضح [ʔauđɒħa] erklären, erläutern, klarmachen; darlegen; **VIII** اتضح [i'ttɒđɒħa] klar, deutlich werden; sich herausstellen; sich (klar) ergeben; **X** استوضح [is'tauđɒħa] um Aufklärung bitten

2 وضح [wɒđɒħ]: في ~ النهار am hellichten Tag

1 وضع [wɒđɒʕa (يضع jɒđɒʕu)] setzen, stellen, legen; hinstellen, hinlegen; *a. Theorie* aufstellen; anbringen; gebären, schaffen; verfassen; *Wort* prägen; ausarbeiten, konzipieren; herabsetzen (من *j-n*); — [wɒđuʕa (يوضع jauđuʕu)] niedrig, gering sein; **VI** تواضع [ta'wɒːđɒʕa] bescheiden sein; **VIII** اتضع [i'ttɒđɒʕa] demütig sein

2 وضع [wɒđʕ] Setzen *n*, (Hin-)Stellen *n*, Niederlegen *n*; Aufstellung *f*; Gebären *n*; Schaffung *f*; Abfassung *f e-s Buches*; Prägung *f e-s Wortes*; Ausarbeitung *f*; *pl.* أوضاع [ʔau'đɒːʕ] Lage *f*, Situation *f*; Haltung *f*, Pose *f*; *pl. a.* Verhältnisse *n/pl.*, Umstände *m/pl.*; ~ة Stellung *f*, Position *f*; ~ي *Jur.* positiv; positivistisch; vom Menschen geschaffen; قيمة ~ة *Math.* Stellenwert *m*; ~ية Lage *f*, Situation *f*

وضؤ [wɒđuʔa (يوضؤ jauđuʔu)] leuchten; **V** توضأ [ta'wɒđđɒʔa] die rituelle Waschung vornehmen

وضوء [wu'đuːʔ] rituelle Waschung *vor dem Gebet*

وضوح [wu'đuːħ] Klarheit *f*, Deutlichkeit *f*

وضيء [wɒ'điːʔ], *pl.* وضاء [wi'đɒːʔ] rein, sauber; strahlend

وضيع [wɒ'điːʕ], *pl.* وضعاء [wuđɒ'ʕaːʔ] (2) niedrig, nichtswürdig; niederträchtig

وطء [wɒŧʔ] Niederung *f*, Senke *f*; Beischlaf *m*

وطأ → 2 وطئ

وطاء [wɒ'ŧɒːʔ] Niederung *f*, Senke *f*

وطأة [wɒŧʔa] Druck *m*, Schwere *f*

وطد **II** [wɒŧŧɒda] festigen, stärken; أقدامه ~ festen Fuß fassen; **V** توطد [ta'wɒŧŧɒda] sich festigen

وطر [wɒŧɒr], *pl.* أوطار [ʔau'ŧɒːr] Ziel *n*, Absicht *f*

1 وطن **II** [wɒŧŧɒna] sich niederlassen (ـه an *e-m Ort*); ansiedeln, heimisch machen; نفسه على ~

و

sich innerlich auf *etwas* einstellen; **V** توطن [ta'wɒttɒna] sich niederlassen, ansässig werden (ﻫ/ ب an *e-m Ort*); **X** استوطن [is'tautɒna] *Land* besiedeln

[2]**وطن** [wɒtɒn], *pl.* أوطان [ʔau'tɒːn] Heimat *f*, Vaterland *n*; الـ~ العربي die arabische Welt; ~ي national; einheimisch; patriotisch; Nationalist *m*; Patriot *m*; ~ية Nationalismus *m*; Patriotismus *m*

وطواط [wɒt'wɒːt] Fledermaus *f*

[1]**وطى** **II** [wɒttɒː] niedriger machen

[2]**وطئ** [wɒtiʔa (يطأ jɒtɒʔu)] treten (ﻫ auf *A*); betreten; beiwohnen (ها *e-r Frau*); **II** وطأ [wɒttɒʔa] *Weg* ebnen; herrichten; vorbereiten (ل *A*); **III** واطأ [wɒːtɒʔa] heimlich abmachen (ه على mit *j-m A*); **VI** تواطأ [ta'wɒːtɒʔa] miteinander verabreden, abkarten (على *A*)

وطيء [wɒ'tiːʔ] niedrig, tief

وطيد [wɒ'tiːd] fest, stabil

وطيس [wɒ'tiːs] Hitze *f des Kampfes*

(**وظب**) **III** واظب [wɒːðɒba] fleißig sein (على bei *D*), sich mit Eifer widmen (على *e-r Sache*)

وظف **II** [wɒððɒfa] *j-n* einstellen, anstellen; *Geld* anlegen, investieren; **V** توظف [ta'wɒððɒfa] angestellt werden; Beamter werden; *Geld*: angelegt werden

وظيفة [wɒ'ðiːfa], *pl.* وظائف [wɒ'ðɒːʔif] (2) Stelle *f*, Posten *m*, Amt *n*; Dienst *m*; Aufgabe *f*; Funktion *f*

وظيفي [wɒ'ðiːfiː] funktional

وعاء [wi'ʕaːʔ], *pl.* أوعية [ʔauʕija] Behälter *m*; Gefäß *n*; دموي ~ Blutgefäß *n*

(**وعب**) **X** استوعب [is'tauʕaba] (in sich) aufnehmen, fassen; begreifen, erfassen; beherrschen

وعثاء [waʕ'θaːʔ] (2) Mühsal *f*

[1]**وعد** [waʕada (يعد jaʕidu)] versprechen (ه ب/ﻫ *j-m A*); androhen (ه ب *j-m A*); **III** واعد [waːʕada] sich verabreden (ه mit *j-m*); **IV** أوعد [ʔauʕada] androhen; **V** توعد [ta'waʕʕada] drohen, bedrohen; **VI** تواعد [ta'waːʕada] sich verabreden

[2]**وعد** [waʕd], *pl.* وعود [wu'ʕuːd] Versprechen *n*, Zusage *f*

وعر [waʕr] *Gelände*: unwegsam, zerklüftet; *fig. Weg*: steinig

(**وعز**) **IV** أوعز [ʔauʕaza] hinweisen (إلى ب *j-n* auf *A*); anregen (إلى ب *j-n* zu *D*), empfehlen; anweisen (إلى ب *j-n* zu *D*)

[1]**وعظ** [waʕaðɒ (يعظ jaʕiðu)] ermahnen; predigen; **VIII** اتعظ [i'ttaʕaðɒ] beherzigen (ب *e-n Rat*), e-e Lehre ziehen (ب aus *D*)

[2]**وعظ** [waʕð] Ermahnung *f*; Predigt *f*

(**وعك**) **V** توعك [ta'waʕʕaka] unwohl sein

وعكة [waʕka] Unwohlsein *n*, Unpäßlichkeit *f*; الحر ~ drückende Hitze

وعل [waʕl], *pl.* وعول [wu'ʕuːl] Steinbock *m*

وعورة [wu'ʕuːra] Unwegsamkeit *f*; Schwierigkeit *f* (*des Geländes, a. fig.*)

[1]**وعى** [waʕaː (يعي jaʕiː)] sich bewußt sein *od.* werden (ـه *e-r Sache*), erfassen; im Gedächtnis behalten; **II** [waʕʕaː] bewußt machen (ه ب *j-m A*); aufklären; **IV** أوعى [ʔauʕaː] bewahren, behalten

[2]**وعي** [waʕj] Bewußtsein; ~ عن bewußt

وعيد [wa'ʕiːd] Drohung *f*

وغر [waɣara (يغر jaɣiru)]: صدره ~ zürnen, grollen (على *j-m*); **IV** أوغر [ʔauɣara]: صدره ~ [sɒdrahuː] j-n aufbringen; **V** توغر [ta'waɣɣara] zornig sein

[1]**وغل** [waɣala (يغل jaɣilu)] uneingeladen kommen; **IV** أوغل [ʔauɣala] *u.* **V** توغل [ta'waɣɣala] tief eindringen (في in *A*)

[2]**وغل** [waɣl] Eindringling *m*

وفاء [wa'faːʔ] Erfüllung *f* (ب *e-r Verpflichtung*), Einhaltung *f*; Bezahlung *f* (ب *e-r Schuld*); Treue *f*; ل ~ [-an] als Ausgleich für

وفادة [wi'faːda] Ankunft *f*

وفاق [wi'faːq] Übereinstimmung *f*; *Pol.* Entspannung *f*

وفاة [wa'faːt], *pl.* وفيات [wafa'jaːt] Tod *m*, Todesfall *m*

[1]**وفد** [wafada (يفد jafidu)] ankommen (إلى/على in *e-r Stadt*, bei *j-m*), neu eintreffen; **IV** أوفد [ʔaufada] entsenden, delegieren; **VI** توافد [ta'waːfada] (*in Scharen*) strömen (على zu, nach *D*)

[2]**وفد** [wafd], *pl.* وفود [wu'fuːd] Abordnung *f*, Delegation *f*; *Äg. hist.* Wafd-Partei *f*

[1]**وفر** **II** [waffara] vorhanden sein lassen, schaffen; bereitstellen; sichern, gewährleisten; sparen; ersparen (على ـه *j-m A*); **V** توفر [ta'waffara] vorhanden sein; *Bedingung*: erfüllt sein; sich (intensiv) widmen (على *e-r Tätigkeit*); *Maghr.* verfügen (على über *A*); **VI** توافر [ta'waːfara] vorhanden sein

[2]**وفر** [wafr] Fülle *f*, große Menge; *pl.* وفورات [wufuː'raːt] Ersparung *f*; Überschuß *m*; *Ir.* Schnee *m*; **ة~** Fülle *f*, Überfluß *m*

وفضة [wafđɒ], *pl.* وفاض [wi'fɒːđ] Lederbeutel *m*; خالي الوفاض mit leeren Händen

[1]**وفق** **II** [waffaqa] in Einklang bringen (مع mit *D*); anpassen (مع an *A*); versöhnen (بين *Streitende*); *Gott*: Erfolg verleihen (ه *j-m*); *Pass.* [wuffiqa] Erfolg haben (إلى/ل bei *D*); **III** وافق [waː-

faqa] zustimmen (ه *j-m*, على *e-r Sache*), einverstanden sein (على mit *D*); genehmigen, billigen (على *A*); *Kleid*: passen, stehen (ه *j-m*); fallen (ـه auf *ein Datum*); zusagen (ه *j-m*); **V** توفق [ta'waffaqa] erfolgreich sein; **VIII** اتفق [i'ttafaqa] vereinbaren, verabreden (على *A*), sich einigen (على über *A*, مع mit *j-m*); übereinstimmen (مع / و mit *D*), entsprechen (مع / و *D*); geschehen, sich treffen (أن daß)

[2]**وفق** [wafqa] *Präp. u.* ~ًا ل [wafqan] gemäß, entsprechend

وفود [wu'fuːd] Ankunft *f*, Eintreffen *n*

[1]**وفى** [wafaː (يفي jafiː)] halten, einhalten (ب *Versprechen*); erfüllen (ب *Verpflichtung*); nachkommen (ب *e-r Forderung*); *Schuld* bezahlen; treu sein (ل *j-m*); **II** [waffaː] in vollem Maße geben (ه ـه *j-m A*); **III** وافى [waːfaː] bringen (ه ب *j-m A*); informieren (ب über *A*); kommen (ه zu *j-m*); **IV** أوفى [ʔaufaː] in vollem Maße geben; erfüllen; begleichen; überschreiten (على *e-e Zahl*); **V** توفى [ta'waffaː] *Gott*: zu sich nehmen; *Pass.* توفي [tu'wuffija] sterben; **X** استوفى [is'taufaː] (voll) erhalten; *Gebühren* erheben; *Bedingungen* erfüllen; *Thema* erschöpfend behandeln

[2]**وفي** [wa'fiːj], *pl.* أوفياء [ʔaufi'jaːʔ] (2) treu (ل *D*)

وفيات → وفاة

وفير [wa'fiːr] reichlich vorhanden

وقاحة [wa'qaːħa] Frechheit *f*, Unverschämtheit *f*

وقاد [wa'qqaːd] brennend; strahlend; Heizer *m*

وقار [wa'qaːr] Würde *f*, würdevolle(s) Wesen

وقاع [wa'qqaːʕ], *pl.* [-uːn] Aufhetzer *m*

وقاية [wi'qaːja] Schutz *m*; Vorbeugung *f*, *Med.* Prophylaxe *f*

وقائي [wi'qaːʔiː] vorbeugend, präventiv; *Med.* prophylaktisch

وقب [waqb], *pl.* أوقاب [ʔau'qaːb] Höhlung *f*; Augenhöhle *f*

[1]**وقت** **II** [waqqata] zeitlich festlegen *od.* bestimmen

[2]**وقت** [waqt], *pl.* أوقات [ʔau'qaːt] Zeit *f*, Zeitpunkt *m*; ~ [-a] *Präp.* zur Zeit von; ~ـه [-ahu] zu seiner Zeit; في ~ـه zu seiner Zeit; zur rechten Zeit; من ~ـها seit damals; في الـ~ الذي zu e-r Zeit da …, während

وقتذاك [waqta'ðaːk(a)] zu jener Zeit, damals; في الـ~ الذي zu e-r Zeit da…, während

وقتي [waqtiː] Zeit-; zeitweilig, vorläufig

وقتئذ [waq'taʔiðin] zu jener Zeit, damals

[1]**وقح** [waquħa (يوقح jauquħu)] *u.* **V**

توقح [ta'waqqaħa] frech, unverschämt sein

[2]**وقح** [waqiħ] frech, unverschämt

(**وقد**) **IV** أوقد [ʔauqada] anzünden; **V** توقد [ta'waqqada] brennen, flammen; *Stern*: funkeln; **VIII** اتقد [i'ttaqada] entbrennen, sich entzünden

وقدة [waqda] Feuer *n*, Glut *f*

وقذ [waqaða (يقذ jaqiðu)] tödlich treffen, niederstrecken

[1]**وقر** [waqara (يقر jaqiru)] *Knochen* zerbrechen; — [waqura (يوقر jauquru)] würdevoll sein; **II** [waqqara] achten, (ver)ehren, respektieren; **IV** أوقر [ʔauqara] beladen; *Obstbaum*: voll behangen sein

[2]**وقر** [wiqr] (schwere) Last

[1]**وقع** [waqaʕa (يقع jaqaʕu)] fallen (*a.* في auf *ein Datum*); *Geo.* liegen, gelegen sein; geschehen, sich ereignen, stattfinden; passieren (ل *j-m*); geraten (في in *e-e Lage*); zerfallen (في in *A*), bestehen (في aus *D*); stoßen (على auf *A*); **II** [waqqaʕa] unterschreiben, unterzeichnen (على/ﻫ *A*); *Strafe* verhängen (على über *j-n*); spielen (على auf *e-m Instrument*); stürzen lassen; **III** واقع [waːqaʕa] verkehren (ها mit *e-r Frau*); **IV** أوقع [ʔauqaʕa] fallen lassen, zu Fall bringen; geraten lassen (في in *e-e Lage*); *Strafe* verhängen (على über *j-n*); *Verluste* zufügen (ب *j-m*); herfallen (ب über *j-n*); Unfrieden stiften (بين zwischen *D*); **V** توقع [ta'waqqaʕa] erwarten; voraussagen

[2]**وقع** [waqʕ] Fallen *n*, Auftreffen *n*; Wirkung *f*, Eindruck *m*; **ـة~**, *pl.* [waqa'ʕaːt] Fall *m*; Geschehnis *n*; Zusammenstoß *m im Kampf*

[1]**وقف** [waqafa (يقف jaqifu)] stehenbleiben, anhalten, innehalten; sich (hin)stellen; stehen; aufstehen; sich in den Weg stellen (دون *e-r Sache*); unterstützen (مع *j-n*); anhalten, stoppen; hindern (ه عن *j-n* an *D*); widmen, weihen (على *e-m Zweck*); *Isl.* stiften, als fromme Stiftung vermachen; sich informieren (على über *A*); verstehen, begreifen (على *A*); informieren (ه على *j-n* über *A*); **II** [waqqafa] anhalten, zum Stehen bringen; *umg. Auto* parken; aufrecht hinstellen; festnehmen, verhaften; **IV** أوقف [ʔauqafa] anhalten, zum Stehen bringen, stoppen; *Auto* abstellen, parken; *Maschine* abschalten; einstellen, unterbinden; *Maßnahme* aussetzen; *Konto* sperren; festnehmen, verhaften; suspendieren (عن *vom Dienst*); informieren (ه على *j-n* über *A*); **V** توقف [ta'waqqafa] stehenbleiben, Halt machen; verweilen (عند/على bei *D*); zum Stillstand kommen; aufhören (عن

mit *D*), einstellen (عن *A*); abhängen (على von *D*); **X** استوقف [is'tauqafa] anhalten, zum Stehen bringen

[2]**وقف** [waqf] Stehenbleiben *n*, Halten *n*; Einstellung *f*, Stopp *m*; Sperrung *f des Kontos*; Suspendierung *f*; *pl.* أوقاف [ʔau'qaːf] *Isl.* Waqf *m*, fromme Stiftung; ~ التنفيذ *Jur.* Strafaussetzung *f*

وقفة [waqfa] Halt *m*, Innehalten *n*; Aufenthalt *m*; Vorabend *m e-s Festes*; *a.* [wiqfa] Haltung *f*, Pose *f*

وقفي [waqfiː] Stiftungs-, Waqf-

وقة [wuqqa, wiqqa] Okka *f* (*Gewichtseinheit, ca. 1250 g*)

وقواق [waq'waːq] Kuckuck *m*

وقود [wa'quːd] Brennstoff *m*, Treibstoff *m*

وقور [wa'quːr] würdig, würdevoll, ehrwürdig

وقوع [wu'quːʕ] Fallen *n*; Eintritt *m e-s Ereignisses*; Geschehen *n*, Vorfall *m*

وقوف [wu'quːf] Stehenbleiben *n*, (An-)Halten *n*; Stillstand *m*; Parken *n des Autos*; Stehen *n*; Sichinformieren *n* (على über *A*); *a. pl. zu* واقف

وقوق [waqwaq] Kuckuck *m*

وقى [waqaː (يقي jaqiː)] schützen, bewahren (من/هـ vor *D*); **V** توقى [ta'waqqaː] sich schützen; auf der Hut sein (ه/هـ vor *D*); **VIII** اتقى [i'ttaqaː] sich schützen; auf der Hut sein (ه/هـ vor *D*); الله ~ Gott fürchten

وقيعة [wa'qiːʕa], *pl.* وقائع [wa'qaːʔiʕ] (2) Kampf *m*, Schlacht *f*; (وقائع: *a. pl.* zu واقعة)

(وكأ) **V** توكأ [ta'wakkaʔa] sich stützen (على auf *A*); **VIII** اتكأ [i'ttakaʔa] sich (auf)stützen; sich lehnen (على an *A*)

وكالة [wi'kaːla, wa'kaːla] Agentur *f*; Vertretung *f*; ~بالـ in Vertretung, stellvertretend

(وكب) **III** واكب [waːkaba] begleiten; Schritt halten (ه/هـ mit *D*)

[1]**وكد** **II** [wakkada] bekräftigen; verstärken; → [1]أكد; **V** توكد [ta'wakkada] bekräftigt werden; sich vergewissern (من *G*)

[2]**وكد** [wakd] Absicht *f*, Ziel *n*

وكر [wakr], *pl.* أوكار [ʔau'kaːr] Nest *n*, Horst *m*; Schlupfwinkel *m*

وكس [wakasa (يكس jakisu)] *Preis, Wert* herabsetzen

وكل [wakala (يكل jakilu)] übertragen (إلى هـ *j-m e-e Aufgabe*), betrauen (إلى هـ *j-n* mit *D*); **II** [wakkala] bevollmächtigen, mit der Vertretung beauftragen; **IV** أوكل [ʔaukala] = وكل [wakala]; **V** توكل [ta'wakkala] vertrauen (على auf *A*); übernehmen (ب *A*); mit der Vertretung beauftragt werden; **VI** تواكل [ta'waːkala] sorglos, gleichgültig sein; **VIII** اتكل [i'ttakala] sich verlassen, vertrauen (على auf *A*)

وكيد [wa'kiːd] sicher, gewiß

وكيل [wa'kiːl], *pl.* وكلاء [wuka'laːʔ] (2) Vertreter *m*, Agent *m*; Stellvertreter *m*, Vize-; Bevollmächtigte(r); الدولة ~ *Maghr.* Staatsanwalt *m*; مدير ~ stellvertretende(r) Direktor; النيابة ~ *Äg.* Staatsanwalt *m*; الوزارة ~ Staatssekretär *m*

ولا [walla, wulla] *umg.* oder

ولاء [wa'laːʔ] Treue *f*, Loyalität *f*; Freundschaft *f*

[1]ولادة [wa'llaːda] oftgebärend

[2]ولادة [wi'laːda] Geburt *f*

ولاعة [wa'llaːʕa] Feuerzeug *n*

ولاة → [1]وال

ولاية [wi'laːja] Herrschaft *f*; rechtliche Gewalt; (Bundes-)Staat *m*; *Alg.*, *Tun.* Provinz *f*; الولايات المتحدة [al-mu'ttaħida] die Vereinigten Staaten *m*/*pl.*

ولج [waladʒa (يلج jalidʒu)] eintreten; eindringen; **IV** أولج [ʔauladʒa] einführen, hineinstecken

[1]ولد [walada (يلد jalidu)] gebären; *Kind* zeugen; *Pass.* [wulida] geboren werden; **II** [wallada] Geburtshilfe leisten; erzeugen, hervorbringen; **V** تولد [ta'wallada] erzeugt, produziert werden; entstehen, resultieren (من aus *D*); **VI** توالد [ta'waːlada] sich fortpflanzen; **X** استولد [is'taulada] zeugen (ها ه mit *e-r Frau ein Kind*)

[2]ولد [walad], *pl.* أولاد [ʔau'laːd] Kind *n*, Sohn *m*; Junge *m*

[3]ولد [wuld] *koll.* Nachkommen *m*/*pl.*; *Maghr.* Sohn *m*

ولدان → وليد

[1](ولس) **III** والس [waːlasa] betrügen, täuschen

[2]ولس [wals] Betrug *m*, Täuschung *f*

ولط [wolt] *El.* Volt *n*

[1]ولع [waliʕa (يولع jaulaʕu)] leidenschaftlich lieben (ب *A*), begeistert sein (ب für *A*); *Licht*: angehen; **II** [wallaʕa] *Feuer* anzünden; **IV** أولع [ʔaulaʕa] begeistert machen (ب ه *j-n* für *A*); *Pass.* [ʔuːliʕa] begeistert sein (ب für *A*); leidenschaftlich lieben (ب *A*); **V** تولع [ta'wallaʕa] = [waliʕa]

[2]ولع [walaʕ] Leidenschaft *f*, Begeisterung *f*

ولغ [walaɣa (يلغ jalaɣu)] lecken

ولف **II** [wallafa] *Radio* genau einstellen

(ولم) **IV** أولم [ʔaulama] ein Gastmahl geben

[1]وله [walaha (يله jalihu)] den Kopf verlieren; **II** [wallaha] *u.* **IV** أوله [ʔaulaha] kopflos machen, von Sinnen bringen

[2]وله [walah] Kopflosigkeit *f*, Verwirrung *f*

ولهان [wal'haːn] (2) kopflos, (wie) von Sinnen

ولو [wa-lau] selbst wenn
ولود [wa'luːd] vielgebärend
ولوع [wu'luːʕ] Leidenschaft *f*, Vernarrtheit *f*
ولولة [walwala] Wehgeschrei *n*
1**ولي** [walija (يلي jaliː)] **1.** folgen (ه/ـه *D*); فيما يلي im folgenden; كما يلي wie folgt; **2.** verwalten, regieren; herrschen (ـه/على über *A*); **II** ولى [wallaː] **1.** zuwenden (ه ـه *j-m A*); sich abwenden (عن von *D*); fliehen, enteilen; **2.** zum Verwalter *od.* Gouverneur ernennen; übertragen (ه ـه *j-m A*); **III** والى [waːlaː] halten (ه zu *j-m*), unterstützen; fortsetzen, fortwährend tun; **IV** أولى [ʔaulaː] *Aufmerksamkeit* zuwenden, *Interesse* entgegenbringen; *Gefallen* erweisen (ه *j-m*); **V** تولى [ta'wallaː] *Aufgabe*, *Macht* übernehmen; *Amt* ausüben, bekleiden; unternehmen, betreiben; **VI** توالى [ta'waːlaː] aufeinanderfolgen; **X** استولى [is'taulaː] sich bemächtigen (على *e-r Sache*), sich aneignen (على *A*); besetzen (على *A*); überwältigen (على *j-n*)
2**ولي** [wa'liːj], *pl.* أولياء [ʔauli'jaːʔ] (2) Helfer *m*, Beistand *m*; Freund *m*; Vormund *m*; *Isl.* Heilige(r); Besitzer *m* (*G*: von *D*); الأمر ~ Verantwortliche(r); Erziehungsberechtigte(r); العهد ~ Thronfolger *m*
وليد [wa'liːd] Ergebnis *n*, Produkt *n*; *pl.* ولدان [wil'daːn] neugeboren; Kind *n*, Sohn *m*; *a. npr. m*; ~ة Produkt *n*; *pl.* ولائد [wa'laːʔid] (2) kleine(s) Mädchen
وليمة [wa'liːma], *pl.* ولائم [wa'laːʔim] (2) Gastmahl *n*
(**ومأ**) **IV** أومأ [ʔaumaʔa] ein Zeichen geben; hinweisen (إلى auf *A*)
ومض [wamađɒ (يمض jamiđu)] aufleuchten; **IV** أومض [ʔaumađɒ] aufleuchten; zublinzeln
ونش [winʃ], *pl.* أوناش [ʔau'naːʃ] Winde *f*; Kran *m*
1**ونى** [wanaː (يني janiː)] *u.* **VI** توانى [ta'waːnaː] ermatten, erlahmen
2**ونى** [wanan] Erlahmen *n*, Ermattung *f*
وهاب [wa'hhaːb] Schenkende(r); الـ~ *Beiname Gottes*; ~ي wahhabitisch; Wahhabit *m* (*Anhänger e-r Sekte in Saudi-Arabien*)
وهاج [wa'hhaːdʒ] glühend; funkelnd, strahlend
وهب [wahaba (يهب jahabu)] geben, schenken (ه ل/ه *j-m A*); *Imp.* هب [hab] gesetzt den Fall *od.* angenommen (أن [ʔanna] daß); **X** استوهب [is'tauhaba] als Geschenk erbitten
وهبة [wahba] *Äg.* Geschenk *n*, Trinkgeld *n*
1(**وهج**) **V** توهج [ta'wahhadʒa] glühen; funkeln
2**وهج** [wahadʒ] Glühen *n*

وهد **II** [wahhada] *Bett* machen, bereiten

وهدة [wahda], *pl.* وهاد [wi'haːd] (Boden-)Mulde *f*, Senkung *f*

وهران [wah'raːn] (2) *Geo.* Oran

وهق [wahaq], *pl.* أوهاق [ʔau'haːq] Lasso *n*

وهل [wahila (يوهل jauhalu)] *intr.* erschrecken; **II** [wahhala] *trans.* erschrecken

وهلة [wahla] Augenblick *m*, Moment *m*

1**وهم** [wahima (يوهم jauhamu)] sich täuschen; **IV** أوهم [ʔauhama] vortäuschen, vorspiegeln (ه ـه/ب *j-m A*); **V** توهم [ta'wahhama] sich einbilden, wähnen; **VIII** اتهم [i't-tahama] beschuldigen, anklagen (ب *e-r Sache*); verdächtigen

2**وهم** [wahm], *pl.* أوهام [ʔau'haːm] Illusion *f*; Einbildung *f*, Phantasie *f*; Wahn *m*; Fiktion *f*; böse Ahnung; ~ـي illusorisch; imaginär, Schein-; fiktiv

1**وهن** [wahana (يهن jahinu)] schwach, kraftlos sein; **IV** أوهن [ʔauhana] schwächen; zermürben

2**وهن** [wahan] Schwäche *f*, Kraftlosigkeit *f*

وهى [wahaː (يهي jahiː)] schwach, zerbrechlich sein; nichtig sein; **IV** أوهى [ʔauhaː] schwächen, entkräften

وهيج [wa'hiːdʒ] Glühen *n*, Glut *f*; Strahlen *n*

وئام [wi'ʔaːm] Harmonie *f*; Übereinstimmung *f*

ويح [waiħa] wehe…!

ويل [wail] Unheil *n*; لك ~ [-un laka] *u.* ~ـك [-aka] wehe dir!

ويلة [waila] Unheil *n*, Leid *n*

وئيد [wa'ʔiːd] bedächtig, langsam

ي

1**ي** (ياء) [jaːʔ] *achtundzwanzigster Buchstabe*

2**ـي** *u.* **ي** [-iː] *Possessivsuffix*: mein

يا [jaː] *Vokativpartikel u. Interjektion*: o…!; ach!; ~ سلام ach du meine Güte!

يابان [jaː'baːn]: الـ~ Japan; ~ـي japanisch; Japaner *m*

يابس [jaːbis] trocken; dürr; hart; اليابسة das Festland

ياردة [jaːrda] Yard *n* (*englisches Längenmaß*)

يأس [jaʔs] Verzweiflung *f*; سن الـ~ Wechseljahre *pl.*

ياسين [jaː'siːn] *npr. m*

يافطة [jaːfitɒ] (*Namens-, Firmen-*) Schild *n*; Aufschrift *f*

يافع [jaːfiʕ] heranwachsend, halbwüchsig, jugendlich

ياقة [jaːqa] Kragen *m*

ياقوت [jaːˈquːt], *pl.* يواقيت [jawaːˈqiːt] (2) Edelstein *m*, *bsd.* Korund *m*; أحمر ~ Rubin *m*; أزرق ~ Saphir *m*

باميش [jaːˈmiːʃ] getrocknete Früchte *f/pl.*

يانسون [jaːnaˈsuːn] Anis *m*

يانصيب [jaː-nɒˈsɨːb] Lotterie *f*

يانع [jaːniʕ] reif

ياور [jaːwir], *pl.* ياورية [jaːwiˈriːja] Adjutant *m*

ياي [jaːj] Sprungfeder *f*

يائس [jaːʔis] verzweifelt, hoffnungslos

1**يبس** [jabisa (ييبس jaibasu)] austrocknen; **II** [jabbasa] *u.* **IV** أيبس [ʔaibasa] *trans.* austrocknen

2**يبس** [jabas] Trockenheit *f*

يبوسة [juˈbuːsa] Trockenheit *f*

1**يتم** [jatima (ييتم jaitamu)] verwaisen; **II** [jattama] zur Waise machen; **V** تيتم [taˈjattama] Waise werden

2**يتم** [jatam, jutm] Verwaistsein *n*, Elternlosigkeit *f*

يتيم [jaˈtiːm], *pl.* يتامى [jaˈtaːmaː] *u.* أيتام [ʔaiˈtaːm] Waise *f*, Waisenkind *n*; einzig

يثرب [jaθrib] (2) *ursprünglicher Name der Stadt Medina*

يحيى [jaħjaː] Yahya *npr. m*

يخضور [jaxˈđuːr] Chlorophyll *n*

يد [jad] *f*, *pl.* أيد [ʔaidin] *u.* أياد [ʔaˈjaːdin] Hand *f*; Pfote *f*; Griff *m*, Henkel *m*; Macht *f*; بين يديه [jaˈdaihi] vor ihm; in s-r Gegenwart; على ~ه, *pl.* على أيديهم durch j-n; الـ~ العاملة, *pl.* الأيدي العاملة Arbeitskraft *f*; ساعة الـ~ Armbanduhr *f*; شغل الـ~ Handarbeit *f*

يدوي [jadawiː] Hand-; manuell

يربوع [jarˈbuːʕ], *pl.* يرابيع [jaraːˈbiːʕ] (2) Wüstenspringmaus *f*

يرقان [jaraˈqaːn] **1.** Gelbsucht *f*; **2.** *koll. Zool.* Larven *f/pl.*

يرى ← رأى[1]

يسار [jaˈsaːr] linke Seite; ~ا [-an] *Adv. u.* عن الـ~ links; ~ي *Pol.* linksgerichtet

1**يسر** [jasira (ييسر jaisaru)] leicht sein; **II** [jassara] leicht machen, erleichtern; *Weg* ebnen; **III** ياسر [jaːsara] entgegenkommend sein (ه gegenüber *j-m*); **IV** أيسر [ʔaisara] zu Wohlstand gelangen; *Frau*: leicht gebären; **V** تيسر [taˈjassara] leicht sein; möglich sein (ل *j-m*)

2**يسر** [jusr] Leichtigkeit *f*; Wohlstand *m*

يسرة [jasra] linke Seite

يسرى [jusraː]: الـ~ linke Hand; → أيسر

يسوع [jaˈsuːʕ] (2) *Chr.* Jesus; ~ي jesuitisch; Jesuit *m*

يسير [jaˈsiːr] leicht; gering, unbedeutend; من الـ~ es ist leicht

يشم [jaʃm] Jade *m u. f*

يعقوب [jaʕ'quːb] Jakob *npr. m*
يفطة [jaftɒ] = يافطة
[1]**يفع** [jafaʕa (يفع jaifaʕu)] *u.* **IV** أيفع [ʔaifaʕa] heranwachsen, das Jünglingsalter erreichen
[2]**يفع** [jafaʕ] Heranwachsende(r), Jugendliche(r)
[3]**يفع** [jafʕ] Jugendalter *n*
[1]**يقظ** [jaqiðɒ (ييقظ jaiqɒðu)] wachen, wach sein; **IV** أيقظ [ʔaiqɒðɒ] aufwecken, wecken; **V** تيقظ [ta'jaqqɒðɒ] wachsam sein; **X** استيقظ [is'taiqɒðɒ] aufwachen, erwachen
[2]**يقظ** [jaqið] wach, wachsam
يقظان [jaq'ðɒːn] (2), *f* يقظى [jaqðɒː], *pl.* يقاظى [ja'qɒːðɒː] wach
يقظة [jaqɒðɒ] Wachen *n*, Wachheit *f*; Wachsamkeit *f*
(**يقن**) **IV** أيقن [ʔaiqana] *u.* **V** تيقن [ta'jaqqana] sich sicher sein (ب/ ـه *G*), überzeugt sein (ب von *D*); **X** استيقن [is'taiqana] sicher wissen
يقين [ja'qiːn] Sicherheit *f*, Gewißheit *f*; ~ـا [-an] *Adv.* sicher, gewiß; أنا على ~ ich bin sicher; ~ـي gesichert, feststehend
يكون [ja'kuːn]: الـ~ (Gesamt-)Summe *f*
[1](**يم**) **II** يمم [jammama] sich wenden (نحو nach *D*); *u.* **V** تيمم [ta'jammama] *Isl.* die rituelle Waschung mit Sand vollziehen
[2]**يم** [jamm] Meer *n*
يمام [ja'maːm] *koll.*, *n. un.* ~ـة Wildtaube(n *pl.*) *f*
[1]**يمن** [jamuna (ييمن jaimunu)] glücklich sein; Glück bringen; **II** [jammana] nach rechts gehen; **V** تيمن [ta'jammana] ein gutes Vorzeichen erblicken (ب in *D*)
[2]**يمن** [jaman]: الـ~ *Geo.* Jemen
[3]**يمن** [jumn] Glück *n*, Segen *m*
يمنة [jamnatan] *Adv.* rechts
يمني [jamaniː] jemenitisch; Jemenit *m*
يمين [ja'miːn] **1.** rechte Seite; *f* rechte Hand; ~ـا [-an] *u.* إلى الـ~ (nach) rechts; ~ـا وشمالا (nach) rechts und links; **2.** *f*, *pl.* أيمان [ʔai'maːn] *u.* أيمن [ʔaimun] Eid *m*, Schwur *m*; ~ـي *Pol.* rechtsgerichtet
يناير [ja'naːjir] Januar *m*
ينبوع [jam'buːʕ], *pl.* ينابيع [janaː'biːʕ] (2) Quelle *f*
ينع [janaʕa (ينع jainaʕu)] *u.* **IV** أينع [ʔainaʕa] reifen
ينيع [ja'niːʕ] reif
يهود [ja'huːd] *koll.*; الـ~ die Juden *m/pl.*; ~ي jüdisch; Jude *m*
يوبيل [juː'biːl] Jubiläum *n*
يوحنا [juː'ħannaː] Johannes *npr. m*
يود [joːd] Jod *n*; صبغة ~ Jodtinktur *f*
يوسف [juːsuf] (2) Josef *npr. m*; ~ أفندي *u.* ~ـي Mandarine(n *pl.*) *f*
يوليو [juːljuː] Juli *m*
يوم [jaum], *pl.* أيام [ʔa'jjaːm] Tag *m*;

pl. a. Zeiten *f/pl.*; الـ~ [-a] heute; ~ [-a] *u.* أن ~ an dem Tage als; ~ـا [-an] *u.* ~ـا ما eines Tages; أياما [-an] *Adv.* einige Tage; ~ أسود Unglückstag *m*; ~ الدين [j. ad-diːn] der Tag des Jüngsten Gerichts; ~ ذات [ðaːta j.] eines Tages

يومي [jaumiː] täglich, Tages-; ~ـا [-jan] *Adv.* täglich

يومئذ [jau'maʔiðin] an jenem Tag, damals

يومية [jau'miːja] Tagelohn *m*; Tagebuch *n*

يونان [juː'naːn]: الـ~ die Griechen *m/pl.*; *f* Griechenland; ~ـي griechisch; Grieche *m*; ~ـية Griechentum *n*; griechische Sprache

يونس [juːnus] Jonas *npr. m*

يونيو [juːnjuː] Juni *m*

يئس [jaʔisa (ييئس jaiʔasu)] verzweifeln (من an *D*); *Frau*: in die Wechseljahre kommen; **IV** أيأس [ʔaiʔasa] die Hoffnung rauben (ه *j-m*); **X** استيأس [is'taiʔasa] verzweifeln

Kurzer Überblick über die arabische Grammatik

1. Wurzel und Form

In der arabischen Sprache besteht eine Wurzel in der Regel aus drei, manchmal auch aus vier Wurzelkonsonanten, den sogenannten Radikalen. Jedes Wort muß als eine Kombination zwischen einer solchen bedeutungstragenden **Wurzel** und einer durch eine bestimmte Vokalfolge gekennzeichneten **Form**, die das so entstehende Wort sowohl einer Bedeutungskategorie zuordnet als auch seine grammatische Funktion definiert, betrachtet werden. So ist z.B. mit der Wurzel KTB die Idee des Schreibens verknüpft; aber erst wenn diese drei Konsonanten mit der jeweils charakteristischen Vokalfolge kombiniert werden, werden sie zu einem verwendbaren Wort, z.B.

KaTaBa – *er schrieb*
KuTiBa – *er wurde geschrieben*
KaːTiB – *jemand, der schreibt, der Schreibende*, also auch *Schreiber* und *Autor*
maKTuːB – *etwas, was geschrieben ist, das Geschriebene*, also auch *Brief*
maKTaB – *ein Ort, wo geschrieben wird*, also *Schreibtisch, Büro*.

Andererseits werden diese Formen jeder anderen Wurzel, die anstelle von KTB eingesetzt würde, die Bedeutungen der aktiven und passiven Vergangenheit, des aktiven und passiven Partizips, des „Ortes wo" usw. geben. Fast der ganze Wortschatz läßt sich auf solche Kategorieformen aufteilen, die mehr oder weniger spezifisch sein können. Es ist daher von größter Wichtigkeit, daß sich der Lernende dieser Formen bewußt wird und ein Gefühl für sie entwickelt, wodurch er in den Stand gesetzt wird, den Sinn noch nicht gelernter Wörter zu erschließen oder zu erahnen.

2. Das Nomen

2.1 Substantive und **Adjektive** werden grundsätzlich gleich behandelt und in Apposition vollständig miteinander koordiniert.

Indeterminiert:	ki'taːbun ka'biːrun	*ein großes Buch*
	ma'diːnatun ka'biːratun	*eine große Stadt*
Determiniert:	al-ki'taːbu l-ka'biːru	*das große Buch*
	al-ma'diːnatu l-ka'biːratu	*die große Stadt*

2.2 Der Artikel [al-] ist für alle Geschlechter und Numeri gleich. Sein **a** weicht dem Endvokal eines vorangehenden Wortes. Sein **l** wird an die Laute t, θ, d, ð, r, z, s, ʃ, ṣ, ḍ, ṭ, ð̣, n assimiliert. Bei seinem Antritt fällt das **n** der indeterminierten Endung weg. Dasselbe geschieht vor einem anderen Nomen im Genitiv, also in einer Genitivverbindung; das erste Nomen darf dann keinen Artikel annehmen:

ki'taːbu waladin *das Buch eines Jungen*
ki'taːbu l-waladi *das Buch des Jungen*

2.3 Das arabische Nomen kennt **drei Fälle**: Nominativ, Genitiv und Akkusativ, deren Charakteristika die Vokale **u**, **i** und **a** sind (vgl. jedoch 2.8).

maskulin		*feminin*	
indeterminiert	*determiniert*	*indeterminiert*	*determiniert*
walad**un**	(al-)walad**u**	ma'diːnat**un**	(al-)ma'diːnat**u**
walad**in**	(al-)walad**i**	ma'diːnat**in**	(al-)ma'diːnat**i**
walad**an**	(al-)walad**a**	ma'diːnat**an**	(al-)ma'diːnat**a**

Diese Flexionsendungen einschließlich des femininen **t** fallen (mit einer Ausnahme) in der Aussprache weg, falls in der Rede nichts weiter folgt (Satzende, Sprechpause). Sie werden in der arabischen Schrift auch nicht geschrieben. Die einzige Ausnahme bildet der indeterminierte Akkusativ der maskulinen Wörter. Er wird durch ein Alif bezeichnet (ولدا) und wird auch in der Pause gesprochen (klassisch: [waladaː], modern: [waladan]). Die Endung [**-an**] fungiert darüber hinaus als Adverbialsuffix. Bei Antritt von Possessivsuffixen verwandelt sich die Femininendung ة/ـة in ein normales ت. (Zur Darstellung der Femininendung vgl. die Benutzungshinweise sowie die Ausspracheerklärungen, Punkt 7.)
Bei Nomina, die von Wurzeln mit **w** und **j** als drittem Radikal gebildet sind, ist zu beachten, daß die zu erwartenden Lautfolgen [-awun/in/an], [-ajun/in/an] zu [-an] verkürzt werden (vgl. 2.8., [marman]). Bei Determination lautet die Endung [-aː]. In der arabischen Schrift enden diese Nomina in allen Fällen mit ا (wenn letzter Radikal **w**) oder ى (wenn letzter Radikal **j**).

Desgleichen verkürzen sich [-ujun/in], [-iwun/in], [-ijun/in] (nicht jedoch [-ijan]) zu [-in]. Bei Abfall des [-n] durch Determination lautet die Endung [-iː]. In der arabischen Schrift ist das [-iː] bezeichnet, das [-in] jedoch nicht. Wo also im Wörterbuch nur die indeterminierte Form auf [-in] für den Nominativ aufgeführt wird, bedeutet dies, daß die determinierte auf [-iː] endet, z.B. رام [raːmin], determiniert رامي [raːmiː] *Schütze*.

2.4 Das Arabische hat eine **Zweizahl (Dual)**, für die es nur ein Bildungselement gibt: [-aːni] (*G* und *A* fallen zusammen in [-aini]). Die Endungen verändern sich bei Antritt eines Artikels nicht, verlieren aber vor einem Genitiv das [-ni].

N (al-)wala'd**aːni**, *vor Genitivattribut*: walada**ː**, *f* (al-)madiːna't**aːni**
G, A (al-)wala'd**aini**, *vor Genitivattribut*: wala'd**ai**, *f* (al-)madiːna't**aini**

2.5 Der Plural: Eine beschränkte Anzahl maskuliner Substantive, hauptsächlich Personenbezeichnungen, die der Form nach Partizipien sind, bildet den Plural mit Hilfe der Endung [-uːna] (*G* und *A* [-iːna]), die an die Stelle der Kasusendung des Singulars tritt (sogenannter **äußerer** oder gesunder Plural):

mu'ʕallimun *Lehrer*, *pl.* *N* muʕalli'm**uːna**
G, *A* muʕalli'm**iːna**

Wie beim Dual bleibt diese Endung bei Antritt eines Artikels unverändert, verliert jedoch vor einem Genitiv das [-na].

2.6 Das feminine Gegenstück dieses äußeren Plurals ist die Endung [-aːtun] (*G* und *A* [-aːtin]), welche an die Stelle der Femininendung des Singulars tritt. Sowohl bei Antritt eines Artikels als auch vor einem Genitiv fällt das [-n] weg:

sa'jjidatun, *pl.* sajji'd**aːtun** – (as-)sajji'd**aːtu**
G, *A* sajji'd**aːtin** – (as-)sajji'd**aːti**

Dieser Plural findet auch auf viele Abstrakta und Verbalnomina Anwendung, auch wenn sie im Singular maskulin sind:

ikti'ʃaːfun – *pl.* iktiʃaː'f**aːtun**

2.7 Die Mehrheit der Substantive bildet jedoch sogenannte **innere** oder gebrochene Plurale, die nicht von der Singularform abgeleitet werden können, sondern von der Wurzel neu zu bildende Formen sind, z.B. [ki'taːbun] – [kutubun]; [waladun] – [ʔau'laːdun]; [qɒsrun] – [qu'suːrun]; [baħrun] – [bi'ħaːrun]. Ihrer relativ geringen Berechenbarkeit zufolge werden sie hier nicht weiter aufgezählt, sondern sind dem Wörterbuch zu entnehmen. Nur bei folgenden Singularformen ist der dazugehörige Plural mit Sicherheit (a, b) oder fast mit Sicherheit (c, d) vorauszusagen:

a) [mafˁalun] – [ma'faːˁilu], sowie alle vierradikaligen Substantive ohne langen Vokal: [faˁlalun] *usw.* – [fa'ˁaːlilu].
b) [maf'ˁuːlun] – [mafaː'ˁiːlu], sowie alle vierradikaligen Substantive mit langem Vokal in letzter Silbe.
c) Die aktive Partizipialform [faːˁilun], wenn sie keine Person bezeichnet: [ˁaːmilun] *Faktor* – [ˁa'waːmilu]; [faː'ʔidatun] *Nutzen* – [fa'waːʔidu].
d) [fa'ˁiːlatun] – [fa'ˁaːʔilu], wenn diese Form keine Person bezeichnet, z.B. [qa'biːlatun] *Volksstamm* – [qa'baːʔilu].

Ferner ist es nützlich zu wissen, daß die Pluralformen فعلاء [fuˁa'laːʔu] und أفعلاء [ʔafˁi'laːʔu] dem Singular فعيل [fa'ˁiːlun] und die Plurale فعال [fu'ˁˁaːlun] und فعلة [fa'ˁalatun] dem Singular فاعل [faːˁilun] zugeordnet sind, wenn es sich um Personen handelt.
Zur Endung [-u] der obigen Pluralformen vgl. 2.8.
Zu gebrochenen (wie auch zu äußeren) Pluralen, die keine Personen bezeichnen, tritt der feminine Singular der Adjektive. Einige häufige Adjektive haben gebrochene Plurale, z.B.:

qu'suːrun faː'xiratun *prächtige Schlösser*, aber
ʔau'laːdun ki'baːrun *große Kinder*

2.8 Diptosie. Gewisse Nominalformen haben, wenn sie nicht determiniert sind, abweichende Flexionsendungen, denen das [-n] fehlt und bei denen Genitiv und Akkusativ zusammenfallen. Man nennt sie Diptota. Sobald jedoch ein solches Nomen determiniert wird, flektiert es regelmäßig. Beispiele:

N	ʔaħmar**u**	ħam'raːʔ**u**	ʔakbar**u**	ma'kaːtib**u**
G, A	ʔaħmar**a**	ħam'raːʔ**a**	ʔakbar**a**	ma'kaːtib**a**

Diptotisch sind vor allem manche Eigennamen, die Adjektive für Farben und Gebrechen, der Elativ (vgl. 2.9) und die vierradikaligen Plurale (vgl. 2.7). Auf ihre diptotische Endung wird im Wörterverzeichnis mit (2) hingewiesen.
Obwohl die vierradikaligen Plurale diptotisch sind, haben solche, die von Wurzeln mit **j** als drittem Radikal abgeleitet sind, die Endung [-in], die determiniert zu [-iː] wird, z.B. مرمى [marman], determiniert [marmaː], *pl.* مرام [ma'raːmin], determiniert مرامي [ma'raːmiː].

2.9 Komparation. Von fast jedem zum Vergleich tauglichen Adjektiv kann die Form [ʔafʕalu] (genannt Elativ) gebildet werden: [ka'biːrun] *groß* – [ʔakbaru]. Dieser Elativ dient indeterminiert zum Ausdruck des Komparativs ([ʔakbaru min] – *größer als*), determiniert auch zum Ausdruck des Superlativs ([al-ʔakbaru] – *der größere*, *der größte*; [ʔakbaru ma'diːnatin] *die größte Stadt*). In eigentlich elativischer Funktion hat er eine eigene Femininform: الكبرى [al-kubraː] *die* (*sehr*) *große*.

3. Das Pronomen

3.1 Personalpronomina

	Singular	*Dual*	*Plural*
1. Pers.	أنا [ʔana]	–	نحن [naħnu]
2. Pers.	أنت *m* [ʔanta], *f* [ʔanti]	أنتما [ʔantumaː]	*m* أنتم [ʔantum], *f* أنتن [ʔan'tunna]
3. Pers.	*m* هو [huwa], *f* هي [hija]	هما [humaː]	*m* هم [hum], *f* هن [hunna]

3.2 Possessivsuffixe

	Singular	*Dual*	*Plural*
1. Pers.	ـي [-iː (-ja)]	–	ـنا [-naː]
2. Pers.	ـك *m* [-ka], *f* [-ki]	ـكما [-kumaː]	*m* ـكم [-kum], *f* ـكن [-kunna]
3. Pers.	*m* ـه [-hu], *f* ـها [-haː]	ـهما [-humaː]	*m* ـهم [-hum], *f* ـهن [-hunna]

Nach langen Vokalen und dem Diphthong [ai] lautet das Suffix der 1. Pers. sg. [-ja]. Dieselben Suffixe mit Ausnahme des Suffixes der 1. Pers. sg., welches dann [-niː] lautet, dienen als Objektsuffixe beim Zeitwort.

3.3 Demonstrativpronomina

	„dieser"	„jener"
sg. m	هذا [haːðaː]	ذلك [ðaːlika]
sg. f	هذه [haːðihiː]	تلك [tilka]
du. m, N	هذان [haː'ðaːni]	(*klass.*) ذانك [ðaːnika]
du. m, G u. A	هذين [haː'ðaini]	(*klass.*) ذينك [ðainika]
du. f, N	هاتان [haː'taːni]	(*klass.*) تانك [taːnika]
du. f, G u. A	هاتين [haː'taini]	(*klass.*) تينك [tainika]
pl. m u. f	هؤلاء [haːʔu'laːʔi]	أولئك [ʔu'laːʔika]

3.4 Relativpronomina

	maskulin	*feminin*
sg.	الذي [a'llaðiː]	التي [a'llatiː]
du. N	اللذان [alla'ðaːni]	اللتان [alla'taːni]
du. G u. A	اللذين [alla'ðaini]	اللتين [alla'taini]
pl.	الذين [alla'ðiːna]	اللاتي [a'llaːtiː] *od.* اللواتي [alla'waːtiː]

4. Das Verb

4.1 Das arabische Zeitwort unterscheidet zwei Zeitformen, die sich prinzipiell in der Konjugation unterscheiden und gewöhnlich (aufgrund der von ihnen bezeichneten abgeschlossenen bzw. nicht abgeschlossenen Handlung) **Perfekt** und **Imperfekt** genannt werden. Die Konjugation des ersteren operiert mit Suffixen, die des letzteren mit Präfixen und einigen zusätzlichen Suffixen:

[kataba] *er schrieb*, [katabat] *sie schrieb* etc.
[jaktubu] *er schreibt*, [taktubu] *sie schreibt* etc.

Als absolute Tempora fungieren sie also als Vergangenheit und Gegenwart, können jedoch in Relation zu einem bereits fixierten Zeitpunkt anders übersetzt werden, insbesondere das Imperfekt als Vergangenheit. Das Imperfekt kann auch zum Ausdruck der **Zukunft** verwendet werden, doch wird ihm dann meist die Silbe [sa-] präfigiert oder die Partikel [saufa] vorangesetzt.
Der mittlere Vokal im Aktiv des Perfekts und Imperfekts des Grundstamms ist lexikalisch gegeben und vom Paradigma unabhängig. Es gibt also individuelle Unterschiede wie:

[kasara] – [jaks**i**ru]
[samiʕa] – [jasm**a**ʕu]
[kabura] – [jakb**u**ru]

Im Passiv hingegen sind alle Vokale durch das Paradigma gegeben und daher für alle Zeitwörter gleich. (Zur Angabe des Imperfektvokals im Wörterbuch vgl. die Benutzungshinweise, Punkt 5.)

4.2 Vom Imperfekt leiten sich die eigentlich zeitlosen Modi ab: Der **Subjunktiv** (auch als Konjunktiv bezeichnet), eine von subordinierenden Konjunktionen abhängige Verbalform, und der **Apokopat** (auch Jussiv genannt), der mit der Negation [lam] die verneinte Vergangenheit ausdrückt, aber auch konditionale und kohortative Funktionen hat. Auch der **Imperativ** wird vom Imperfekt abgeleitet, wobei die Präfixe weggelassen und die Endungen gekürzt werden.

4.3 Die sogenannten **erweiterten Stämme** sind nichts anderes als ein System der Wortbildung, durch das, ähnlich den Vorsilben des deutschen Zeitwortes, die beschränkte Zahl der Grundverben erheblich vermehrt werden kann. Jedem Stamm entspricht eine (oft mehrdeutige) semantische Kategorie (Kausativ, Reflexiv usw.), die die Wurzelbedeutung modifiziert. Jedes so entstehende Zeitwort wird zu einer unabhängigen Einheit im Vokabular der Sprache, bleibt aber morphologisch vollkommen durch das Paradigma bestimmt, so daß sich die Angabe des Imperfekts im Wörterbuch erübrigt. Die Numerierung der Stämme ist rein konventionell.

4.4 Jeder Stamm hat seine aktive und passive **Partizipialform**. Viele Partizipien sind als Nomina selbständige Einheiten im Vokabular der Sprache geworden und werden als solche im Wörterbuch alphabetisch aufgeführt. Das gleiche gilt von den **Verbalsubstantiven**, die substantivierte Infinitive darstellen, für die dem Grundstamm mehrere, teilweise den gebrochenen Pluralen ähnliche Formen zur Verfügung stehen, wohingegen den erweiterten Stämmen nur jeweils eine Form zugeordnet ist.

Konjugation der arabischen Verben

In den folgenden **Paradigmen** wird als Musterwurzel für alle Formen und Stämme des sog. „gesunden", d.h. des regelmäßigen dreikonsonantigen Zeitworts die Wurzel FʕL verwendet, selbst wenn solche Formen von dieser Wurzel nicht in allen Fällen auch eine tatsächliche Bedeutung haben.
Alle auf langes [-uː] auslautenden Verbalformen gehen in der arabischen Schrift auf ein stummes Alif aus: فعلوا [faʕaluː].
Die Reihenfolge der Personen von der dritten zur ersten ist traditionell in der arabischen Grammatik und hat ihren guten Grund, da die einfachste Form die der dritten Person ist.

Regelmäßige Verben

Grundstamm

Aktiv:

	Perfekt	*Imperfekt*	*Subjunktiv*	*Apokopat*	*Imperativ*[1)]
sg.					
3. m	فعل [faʕala]	يفعل [jafʕalu]	يفعل [jafʕala]	يفعل [jafʕal]	
3. f	فعلت [faʕalat]	تفعل [tafʕalu]	تفعل [tafʕala]	تفعل [tafʕal]	
2. m	فعلت [fa'ʕalta]	تفعل [tafʕalu]	تفعل [tafʕala]	تفعل [tafʕal]	افعل [ifʕal]
2. f	فعلت [fa'ʕalti]	تفعلين [tafʕa'liːna]	تفعلي [tafʕaliː]	تفعلي [tafʕaliː]	افعلي [ifʕaliː]
1.	فعلت [fa'ʕaltu]	أفعل [ʔafʕalu]	أفعل [ʔafʕala]	أفعل [ʔafʕal]	
du.					
3. m	فعلا [faʕalaː]	يفعلان [jafʕa'laːni]	يفعلا [jafʕalaː]	يفعلا [jafʕalaː]	
3. f	فعلتا [fa'ʕalataː]	تفعلان [tafʕa'laːni]	تفعلا [tafʕalaː]	تفعلا [tafʕalaː]	
2.	فعلتما [fa'ʕaltumaː]	تفعلان [tafʕa'laːni]	تفعلا [tafʕalaː]	تفعلا [tafʕalaː]	افعلا [ifʕalaː]
pl.					
3. m	فعلوا [faʕaluː]	يفعلون [jafʕa'luːna]	يفعلوا [jafʕaluː]	يفعلوا [jafʕaluː]	
3. f	فعلن [fa'ʕalna]	يفعلن [jaf'ʕalna]	يفعلن [jaf'ʕalna]	يفعلن [jaf'ʕalna]	
2. m	فعلتم [fa'ʕaltum]	تفعلون [tafʕa'luːna]	تفعلوا [tafʕaluː]	تفعلوا [tafʕaluː]	افعلوا [ifʕaluː]
2. f	فعلتن [faʕal'tunna]	تفعلن [taf'ʕalna]	تفعلن [taf'ʕalna]	تفعلن [taf'ʕalna]	افعلن [if'ʕalna]
1.	فعلنا [fa'ʕalnaː]	نفعل [nafʕalu]	نفعل [nafʕala]	نفعل [nafʕal]	

1) Ist der Imperfektvokal ein **u**, so lautet der Imperativ mit **u** an: اكتب [**uktub**], اكتبي **uktubiː** etc.

Passiv:

	Perfekt	*Imperfekt*	*Subjunktiv*	*Apokopat*
sg.				
3. m	فعل [fuʕila]	يفعل [jufʕalu]	يفعل [jufʕala]	يفعل [jufʕal]
3. f	فعلت [fuʕilat]	تفعل [tufʕalu]	تفعل [tufʕala]	تفعل [tufʕal]
2. m	فعلت [fu'ʕilta]	تفعل [tufʕalu]	تفعل [tufʕala]	تفعل [tufʕal]
2. f	فعلت [fu'ʕilti]	تفعلين [tufʕa'liːna]	تفعلي [tufʕaliː]	تفعلي [tufʕaliː]
1.	فعلت [fu'ʕiltu]	أفعل [ʔufʕalu]	أفعل [ʔufʕala]	أفعل [ʔufʕal]
	etc.	*etc.*	*etc.*	*etc.*

***Aktives Partizip*: فاعل faːʕilun** ***Passives Partizip*: مفعول maf'ʕuːlun**

Die erweiterten Stämme des regelmäßigen Verbs[1)]

	Perfekt	*Imperfekt*	*Imperativ*	*Partizip*	*Verbalsubstantiv*
II.					
Aktiv	فعّل [faʕʕala]	يفعّل [ju'faʕʕilu]	فعّل [faʕʕil]	مفعّل [mu'faʕʕil]	تفعيل taf'ʕiːl]
Passiv	فعّل [fuʕʕila]	يفعّل [ju'faʕʕalu]		مفعّل [mu'faʕʕal]	
III.					
Aktiv	فاعل [faːʕala]	يفاعل [ju'faːʕilu]	فاعل [faːʕil]	مفاعل [mu'faːʕil]	مفاعلة [mu'faːʕala] *od.* فعال [fi'ʕaːl]
Passiv	فوعل [fuːʕila]	يفاعل [ju'faːʕalu]		مفاعل [mu'faːʕal]	

IV.					
Aktiv	أفعل [ʔ**a**fʕala]	يفعل [j**u**fʕilu]	أفعل	مفعل [m**u**fʕil]	إفعال
Passiv	أفعل [ʔ**u**fʕila]	يفعل [j**u**fʕalu]	[ʔ**a**fʕil]	مفعل [m**u**fʕal]	[ʔ**i**f'ʕ**a**ːl]
V.					
Aktiv	تفعل [**ta**'faʕʕala]	يتفعل [j**ata**'faʕʕalu]	تفعل	متفعل [mu**ta**'faʕʕil]	تفعل
Passiv	تفعل [**tu**'fuʕʕila]	يتفعل [j**uta**'faʕʕalu]	[**ta**'faʕʕal]	متفعل [mu**ta**'faʕʕal]	[**ta**'faʕʕul]
VI.					
Aktiv	تفاعل [**ta**'f**a**ːʕala]	يتفاعل [j**ata**'f**a**ːʕalu]	تفاعل	متفاعل [mu**ta**'f**a**ːʕil]	تفاعل
Passiv	تفوعل [**tu**'f**u**ːʕila]	يتفاعل [j**uta**'f**a**ːʕalu]	[**ta**'f**a**ːʕal]	متفاعل [mu**ta**'f**a**ːʕal]	[**ta**'f**a**ːʕul]
VII.					
Aktiv	انفعل [**in**'faʕala]	ينفعل [ja**n**'faʕilu]	انفعل	منفعل [mu**n**'faʕil]	انفعال
Passiv	انفعل [**un**'fuʕila]	ينفعل [ju**n**'faʕalu]	[**in**'faʕil]	منفعل [mu**n**'faʕal]	[**in**fi'ʕ**a**ːl]
VIII.					
Aktiv	افتعل [if'**ta**ʕala]	يفتعل [jaf'**ta**ʕilu]	افتعل	مفتعل [muf'**ta**ʕil]	افتعال
Passiv	افتعل [**u**f'**tu**ʕila]	يفتعل [juf'**ta**ʕalu]	[**i**f'**ta**ʕil]	مفتعل [muf'**ta**ʕal]	[**i**f**t**i'ʕaːl]
IX.					
Aktiv	افعل [if'ʕ**all**a]	يفعل [jaf'ʕ**all**u]	افعلل [if'ʕalil]	مفعل [muf'ʕ**all**]	افعلال [ifʕi'**l**aː**l**]
X.					
Aktiv	استفعل [**is**'**t**afʕala]	يستفعل [jas'**t**afʕilu]	استفعل	مستفعل [mus'**t**afʕil]	استفعال
Passiv	استفعل [**us**'**t**ufʕila]	يستفعل [jus'**t**afʕalu]	[**is**'**t**afʕil]	مستفعل [mus'**t**afʕal]	[**ist**if'ʕaːl]

[1] Es genügt die Anführung der 3. Pers. m/sg., da jede dieser Formen völlig analog zum Grundstamm konjugiert wird. Die Partizipien und die Verbalsubstantive sind in der Tabelle ohne die Flexionsendung [-un] angeführt.

Verben mit identischem zweiten und dritten Radikal

Grundstamm

Beispiel: رد

	Perfekt		*Imperfekt*		*Apokopat*[2)]
	Aktiv	*Passiv*	*Aktiv*	*Passiv*	*Aktiv*
sg.					
3. m	رد [radda]	رد [rudda]	يرد [ja'ruddu]	يرد [ju'raddu]	يردد [jar**dud**]
3. f	ردت [raddat]	ردت [ruddat]	ترد [ta'ruddu]	ترد [tu'raddu]	تردد [tar**dud**]
2. m	رددت [ra'**dad**ta]	رددت [ru'**did**ta]	ترد [ta'ruddu]	ترد [tu'raddu]	تردد [tar**dud**]
2. f	رددت [ra'**dad**ti]	رددت [ru'**did**ti]	تردين [taru'ddiːna]	تردين [tura'ddiːna]	تردي [ta'ruddiː]
1.	رددت [ra'**dad**tu]	رددت [ru'**did**tu]	أرد [ʔa'ruddu]	أرد [ʔu'raddu]	أردد [ʔar**dud**]
du.					
3. m	ردا [raddaː]	ردا [ruddaː]	يردان [jaru'ddaːni]	يردان [jura'ddaːni]	يردا [ja'ruddaː]
3. f	ردتا [raddataː]	ردتا [ruddataː]	تردان [taru'ddaːni]	تردان [tura'ddaːni]	تردا [ta'ruddaː]
2.	رددتما [ra'**dad**tumaː]	رددتما [ru'**did**tumaː]	تردان [taru'ddaːni]	تردان [tura'ddaːni]	تردا [ta'ruddaː]

pl.					
3. *m*	ردوا [radduː]	ردوا [rudduː]	يردون [jaru'dduːna]	يردون [jura'dduːna]	يردوا [ja'rudduː]
3. *f*	رددن [ra'**dad**na]	رددن [ru'**did**na]	يرددن [jar'**dud**na]	يرددن [jur'**dad**na]	يرددن [jar'**dud**na]
2. *m*	رددتم [ra'**dad**tum]	رددتم [ru'**did**tum]	تردون [taru'dduːna]	تردون [tura'dduːna]	تردوا [ta'rudduː]
2. *f*	رددتن [ra**da**'**d**tunna]	رددتن [ru**di**'**d**tunna]	ترددن [tar'**dud**na]	ترددن [tur'**dad**na]	ترددن [tar'**dud**na]
1.	رددنا [ra'**dad**naː]	رددنا [ru'**did**naː]	نرد [na'ruddu]	نرد [nu'raddu]	نردد [nar**dud**]

	Imperativ		
	maskulin		*feminin*
sg.	رد rudda *od.* اردد ur**dud**		ردي ruddiː
du.		ردا ruddaː	
pl.	ردوا rudduː		ارددن ur'**dud**na

***Aktives Partizip*:** راد raːdd

***Passives Partizip*:** مردود mar'duːd.

---

[2] Der Apokopat kann auch [ja'rudda] etc. lauten und ist dann identisch mit dem Subjunktiv.

Die erweiterten Stämme

	Perfekt	*Imperfekt*	*Imperativ*	*Partizip*	*Verbalsubstantiv*
II	ردد [raddada]	يردد [ju'raddidu]	ردد [raddid]	مردد [mu'raddid]	ترديد [tar'diːd]
III	ماس [maːssa]	يماس [ju'maːssu]	ماسس [maːsis]	مماس [mu'maːss]	مماسة [mu'maːssa]
Passiv	موسس [muːsisa]	يماس [ju'maːssu]		مماس [mu'maːss]	
IV	أمر [ʔa'marra]	يمر [ju'mirru]	أمرر [ʔamrir] *od.* أمر [ʔa'mirra]	ممر [mu'mirr]	إمرار [ʔim'raːr]
V	تردد [ta'raddada]	يتردد [jata'raddadu]	تردد [ta'raddad]	متردد [muta'raddid]	تردد [ta'raddud]
VI	تماس [ta'maːssa]	يتماس [jata'maːssu]	تماسس [ta'maːsas] *od.* تماس [ta'maːssa]	متماس [muta'maːss]	تماس [ta'maːss]
VII	انجر [in'ʤarra]	ينجر [jan'ʤarru]	انجرر [in'ʤarir] *od.* انجر [in'ʤarra]	منجر [mun'ʤarr]	انجرار [inʤi'raːr]
VIII	ارتد [ir'tadda]	يرتد [jar'taddu]	ارتدد [ir'tadid] *od.* ارتد [ir'tadda]	مرتد [mur'tadd]	ارتداد [irti'daːd]
X	استرد [ista'radda]	يسترد [jasta'riddu]	استردد [is'tardid] *od.* استرد [ista'ridda]	مسترد [musta'ridd]	استرداد [istir'daːd]

Verben mit w als erstem Radikal

	Perfekt	*Imperfekt*	*Imperativ*	*Partizip*	*Verbalsubstantiv*
I	ولد [walada]	يلد [j**a**lidu]	لد [lid]	والد [waːlid]	
Passiv	ولد [wulida]	يولد [j**uː**ladu]		مولود [m**au**'luːd]	
IV	أورد [ʔ**au**rada]	يورد [j**uː**ridu]	أورد [ʔ**au**rid]	مورد [m**uː**rid]	إيراد [ʔ**iː**'raːd]
Passiv	أورد [ʔ**uː**rida]	يورد [j**uː**radu]		مورد [m**uː**rad]	
VIII	اتفق [i'**tt**afaqa]	يتفق [ja'**tt**afiqu]	اتفق [i'**tt**afiq]	متفق [mu'**tt**afiq]	اتفاق [**itti**'faːq]
Passiv	اتفق [u'**tt**ufiqa]	يتفق [ju'**tt**afaqu]		متفق [mu'**tt**afaq]	

Alle anderen Stämme regelmäßig.

Verben mit j als erstem Radikal

	Perfekt	*Imperfekt*	*Imperativ*	*Partizip*	*Verbalsubstantiv*
I	يبس [jabisa]	ييبس [j**ai**basu]	ايبس [**iː**bas]	يابس [jaːbis]	
IV	أيقن [ʔ**ai**qana]	يوقن [j**uː**qinu]	أيقن [ʔ**ai**qin]	موقن [m**uː**qin]	إيقان [ʔ**iː**'qaːn]

Verben mit w als mittlerem Radikal

Grundstamm — *Aktiv*:

	mit [**u**] *im Perfekt* (*Beispiel*: قال)			*mit* [**i**] *im Perfekt* (*Beispiel*: خاف)		
	Perfekt	*Imperfekt*	*Apokopat*	*Perfekt*	*Imperfekt*	*Apokopat*
sg.						
3. m	قال [qaːla]	يقول [ja'quːlu]	يقل [jaqul]	خاف [xaːfa]	يخاف [ja'xaːfu]	يخف [jaxaf]
3. f	قالت [qaːlat]	تقول [ta'quːlu]	تقل [taqul]	خافت [xaːfat]	تخاف [ta'xaːfu]	تخف [taxaf]
2. m	قلت [q**u**lta]	تقول [ta'quːlu]	تقل [taqul]	خفت [x**i**fta]	تخاف [ta'xaːfu]	تخف [taxaf]
2. f	قلت [q**u**lti]	تقولين [taquː'liːna]	تقولي [ta'quːliː]	خفت [x**i**fti]	تخافين [taxaː'fiːna]	تخافي [ta'xaːfiː]
1.	قلت [q**u**ltu]	أقول [ʔa'quːlu]	أقل [ʔaqul]	خفت [x**i**ftu]	أخاف [ʔa'xaːfu]	أخف [ʔaxaf]
du.						
3. m	قالا [qaːlaː]	يقولان [jaquː'laːni]	يقولا [ja'quːlaː]	خافا [xaːfaː]	يخافان [jaxaː'faːni]	يخافا [ja'xaːfaː]
3. f	قالتا [qaːlataː]	تقولان [taquː'laːni]	تقولا [ta'quːlaː]	خافتا [xaːfataː]	تخافان [taxaː'faːni]	تخافا [ta'xaːfaː]
2.	قلتما [q**u**ltumaː]	تقولان [taquː'laːni]	تقولا [ta'quːlaː]	خفتما [x**i**ftumaː]	تخافان [taxaː'faːni]	تخافا [ta'xaːfaː]
pl.						
3. m	قالوا [qaːluː]	يقولون [jaquː'luːna]	يقولوا [ja'quːluː]	خافوا [xaːfuː]	يخافون [jaxaː'fuːna]	يخافوا [ja'xaːfuː]
3. f	قلن [q**u**lna]	يقلن [ja'qulna]	يقلن [ja'qulna]	خفن [x**i**fna]	يخفن [ja'xafna]	يخفن [ja'xafna]
2. m	قلتم [q**u**ltum]	تقولون [taquː'luːna]	تقولوا [ta'quːluː]	خفتم [x**i**ftum]	تخافون [taxaː'fuːna]	تخافوا [ta'xaːfuː]
2. f	قلتن [q**u**l'tunna]	تقلن [ta'qulna]	تقلن [ta'qulna]	خفتن [x**i**f'tunna]	تخفن [ta'xafna]	تخفن [ta'xafna]
1.	قلنا [q**u**lnaː]	نقول [na'quːlu]	نقل [naqul]	خفنا [x**i**fnaː]	نخاف [na'xaːfu]	نخف [naxaf]

Passiv (*Beispiel* قاد):

	Perfekt	*Imperfekt*	*Apokopat*
3. m	قيد [qiːda]	يقاد [ju'qaːdu]	يقد juqad
3. f	قيدت [qiːdat]	تقاد [tu'qaːdu]	تقد tuqad
2. m	قدت [qidta]	تقاد [tu'qaːdu]	تقد tuqad
	etc.	*etc.*	*etc.*

***Imperativ*:** قل q**u**l, قولي q**uː**liː قولا q**uː**laː, قولوا q**uː**luː, قلن q**u**lna.

***Aktives Partizip*:** قائل q**aː**ʔil

***Passives Partizip*:** مقول ma'q**uː**l.

Die erweiterten Stämme

	Perfekt	*Imperfekt*	*Apokopat*	*Imperativ*	*Partizip*
IV	أقام [ʔa'qaːma]	يقيم [ju'qiːmu]	يقم [juqim]	أقم [ʔaqim]	مقيم [mu'qiːm]
2. m/pl.	أقمتم [ʔa'qamtuːn]	تقيمون [tuqiː'muːna]	تقيموا [tu'qiːmuː]	أقيموا [ʔa'qiːmuː]	
Passiv	أقيم [ʔu'qiːma]	يقام [ju'qaːmu]	يقم [juqam]		مقام [mu'qaːm]
VII	انقاد [in'qaːda]	ينقاد [jan'qaːdu]	ينقد [janqad]	انقد [inqad]	منقاد [mun'qaːd]
VIII	احتاج [iħ'taːdʒa]	يحتاج [jaħ'taːdʒu]	يحتج [jaħtadʒ]	احتج [iħtadʒ]	محتاج [muħ'taːdʒ]
Passiv	احتيج [uħ'tiːdʒa]	يحتاج [juħ'taːdʒu]	يحتج [juħtadʒ]		محتاج [muħ'taːdʒ]
X	استشار [ista'ʃaːra]	يستشير [jasta'ʃiːru]	يستشر [jas'taʃir]	استشر [is'taʃir]	مستشير [musta'ʃiːr]
Passiv	استشير [ustu'ʃiːra]	يستشار [justa'ʃaːru]	يستشر [jus'taʃar]		مستشار [musta'ʃaːr]

In den übrigen Stämmen behält das **w** konsonantische Qualität.

Die Verbalsubstantive zu den erweiterten Stämmen

II. تقويم [taq'wiːm] ***III.*** مقاومة [mu'qaːwama] ***IV.*** إقامة [ʔi'qaːma]	***V.*** تنوع [ta'nawwuʕ] ***VI.*** تناول [ta'naːwul] ***VII.*** انقياد [inqi'jaːd]	***VIII.*** احتياج [iħti'jaːʤ] ***IX.*** اسوداد [iswi'daːd] ***X.*** استشارة [isti'ʃaːra]

Verben mit j als mittlerem Radikal

Grundstamm

Beispiel: سار

	Perfekt	*Imperfekt*	*Apokopat*	*Imperativ*
sg.				
3. m	سار [saːra]	يسير [ja'siːru]	يسر [jasir]	
3. f	سارت [saːrat]	تسير [ta'siːru]	تسر [tasir]	
2. m	سرت [sirta]	تسير [ta'siːru]	تسر [tasir]	سر [sir]
2. f	سرت [sirti]	تسيرين [tasiː'riːna]	تسيري [ta'siːriː]	سيري [siːriː]
1.	سرت [sirtu]	أسير [ʔa'siːru]	أسر [ʔasir]	

du.				
3. m	سارا [saːraː]	يسيران [jasiː'raːni]	يسيرا [ja'siːraː]	
3. f	سارتا [saːrataː]	تسيران [tasiː'raːni]	تسيرا [ta'siːraː]	
2.	سرتما [sirtumaː]	تسيران [tasiː'raːni]	تسيرا [ta'siːraː]	سيرا [siːraː]
pl.				
3. m	ساروا [saːruː]	يسيرون [jasiː'ruːna]	يسيروا [ja'siːruː]	
3. f	سرن [sirna]	يسرن [ja'sirna]	يسرن [ja'sirna]	
2. m	سرتم [sirtum]	تسيرون [tasiː'ruːna]	تسيروا [ta'siːruː]	سيروا [siːruː]
2. f	سرتن [sir'tunna]	تسرن [ta'sirna]	تسرن [ta'sirna]	سرن [sirna]
1.	سرنا [sirnaː]	نسير [na'siːru]	نسر [nasir]	

Das ***Passiv*** mit Ausnahme des passiven Partizips ist genau wie bei den **w**-Verben.

***Aktives Partizip*:** سائر [saːʔir]

***Passives Partizip*:** مسير [ma'siːr].

Die ***erweiterten Stämme*** sind analog zu denen der **w**-Verben zu bilden, nur daß sinngemäß für jedes konsonantische **w** ein konsonantisches **j** zu setzen ist.

Verben mit w als drittem Radikal

Beispiel: دعا

	Perfekt	*Imperfekt*	*Subjunktiv*	*Apokopat*	*Imperativ*
sg.					
3. m	دعا [daʕaː]	يدعو [jadʕ**uː**]	يدعو [jadʕuwa]	يدع [jadʕu]	
3. f	دعت [daʕat]	تدعو [tadʕ**uː**]	تدعو [tadʕuwa]	تدع [tadʕu]	
2. m	دعوت [da'ʕ**auta**]	تدعو [tadʕ**uː**]	تدعو [tadʕuwa]	تدع [tadʕu]	ادع [udʕu]
2. f	دعوت [da'ʕ**auti**]	تدعين [tad'ʕ**iː**na]	تدعي [tadʕiː]	تدعي [tadʕiː]	ادعي [udʕiː]
1.	دعوت [da'ʕ**autu**]	أدعو [ʔadʕ**uː**]	أدعو [ʔadʕuwa]	أدع [ʔadʕu]	
du.					
3. m	دعوا [daʕawaː]	يدعوان [jadʕu'waːni]	يدعوا [jadʕuwaː]	يدعوا [jadʕuwaː]	
3. f	دعتا [daʕat**aː**]	تدعوان [tadʕu'waːni]	تدعوا [tadʕuwaː]	تدعوا [tadʕuwaː]	
2.	دعوتما [da'ʕ**autu**maː]	تدعوان [tadʕu'waːni]	تدعوا [tadʕuwaː]	تدعوا [tadʕuwaː]	ادعوا [udʕuwaː]

pl.					
3. m	دعوا [daʕ**au**]	يدعون [jad'ʕ**uː**na]	يدعوا [jadʕuː]	يدعوا [jadʕuː]	
3. f	دعون [da'ʕ**au**na]	يدعون [jad'ʕ**uː**na]	يدعون [jad'ʕ**uː**na]	يدعون [jad'ʕ**uː**na]	
2. m	دعوتم [da'ʕ**au**tum]	تدعون [tad'ʕ**uː**na]	تدعوا [tadʕuː]	تدعوا [tadʕuː]	ادعوا [udʕuː]
2. f	دعوتن [daʕ**au**'tunna]	تدعون [tad'ʕ**uː**na]	تدعون [tad'ʕ**uː**na]	تدعون [tad'ʕ**uː**na]	ادعون [ud'ʕ**uː**na]
1.	دعونا [da'ʕ**au**naː]	ندعو [nadʕ**uː**]	ندعو [nadʕuwa]	ندع [nadʕu]	

***Aktives Partizip*:** داع [daːʕin], *determiniert* داعي [daːʕiː], *f* داعية [daːʕija]
***Passives Partizip*:** مدعو [mad'ʕuːw].

Verben mit j als drittem Radikal

Mit [a] ***im Perfekt*** (*Beispiel:* رمى)

	Perfekt	*Imperfekt*	*Subjunktiv*	*Apokopat*	*Imperativ*
sg.					
3. m	رمى [ramaː]	يرمي [jarm**iː**]	يرمي [jarmija]	يرم [jarmi]	
3. f	رمت [ramat]	ترمي [tarm**iː**]	ترمي [tarmija]	ترم [tarmi]	
2. m	رميت [ra'm**ai**ta]	ترمي [tarm**iː**]	ترمي [tarmija]	ترم [tarmi]	ارم [irmi]
2. f	رميت [ra'm**ai**ti]	ترمين [tar'miːna]	ترمي [tarmiː]	ترمي [tarmiː]	ارمي [irmiː]
1.	رميت [ra'm**ai**tu]	أرمي [ʔarm**iː**]	أرمي [ʔarmija]	أرم [ʔarmi]	
du.					
3. m	رميا [ramajaː]	يرميان [jarmi'jaːni]	يرميا [jarmijaː]	يرميا [jarmijaː]	
3. f	رمتا [ramataː]	ترميان [tarmi'jaːni]	ترميا [tarmijaː]	ترميا [tarmijaː]	
2.	رميتما [ra'm**ai**tumaː]	ترميان [tarmi'jaːni]	ترميا [tarmijaː]	ترميا [tarmijaː]	ارميا [irmijaː]

pl.					
3. m	رموا [ram**au**]	يرمون [jar'm**uː**na]	يرموا [jarmuː]	يرموا [jarmuː]	
3. f	رمين [ra'm**ai**na]	يرمين [jar'm**iː**na]	يرمين [jar'miːna]	يرمين [jar'miːna]	
2. m	رميتم [ra'm**ai**tum]	ترمون [tar'm**uː**na]	ترموا [tarmuː]	ترموا [tarmuː]	ارموا [irmuː]
2. f	رميتن [ram**ai**'tunna]	ترمين [tar'm**iː**na]	ترمين [tar'miːna]	ترمين [tar'miːna]	ارمين [ir'miːna]
1.	رمينا [ra'm**ai**naː]	نرمي [narm**iː**]	نرمي [narmija]	نرم [narmi]	

***Aktives Partizip*:** رام [raːmin], *determiniert* رامي [raːmiː], *f* رامية [raːmija].
***Passives Partizip*:** مرمي [mar'm**iː**j].

Mit [i] *im Perfekt* (*Beispiel*: لقي)

	Perfekt	*Imperfekt*	*Subjunktiv*	*Apokopat*	*Imperativ*
sg.					
3. m	لقي [laqija]	يلقى [jalq**aː**]	يلقى [jalq**aː**]	يلق [jalq**a**]	
3. f	لقيت [laqijat]	تلقى [talq**aː**]	تلقى [talq**aː**]	تلق [talq**a**]	
2. m	لقيت [la'qiːta]	تلقى [talq**aː**]	تلقى [talq**aː**]	تلق [talq**a**]	الق [ilq**a**]
2. f	لقيت [la'qiːti]	تلقين [tal'q**ai**na]	تلقي [talq**ai**]	تلقي [talq**ai**]	القي [ilq**ai**]
1.	لقيت [la'qiːtu]	ألقى [ʔalq**aː**]	ألقى [ʔalq**aː**]	ألق [ʔalq**a**]	
du.					
3. m	لقيا [laqijaː]	يلقيان [jalqa'jaːni]	يلقيا [jalqajaː]	يلقيا [jalqajaː]	
3. f	لقيتا [laqijataː]	تلقيان [talqa'jaːni]	تلقيا [talqajaː]	تلقيا [talqajaː]	
2. m	لقيتما [la'qiːtumaː]	تلقيان [talqa'jaːni]	تلقيا [talqajaː]	تلقيا [talqajaː]	القيا [ilqajaː]
pl.					
3. m	لقوا [laquː]	يلقون [jal'q**au**na]	يلقوا [jalq**au**]	يلقوا [jalq**au**]	
3. f	لقين [la'qiːna]	يلقين [jal'q**ai**na]	يلقين [jal'q**ai**na]	يلقين [jal'q**ai**na]	
2. m	لقيتم [la'qiːtum]	تلقون [tal'q**au**na]	تلقوا [talq**au**]	تلقوا [talq**au**]	القوا [ilq**au**]
2. f	لقيتن [laqiː'tunna]	تلقين [tal'q**ai**na]	تلقين [tal'q**ai**na]	تلقين [tal'q**ai**na]	القين [il'q**ai**na]
1.	لقينا [la'qiːnaː]	نلقى [nalq**aː**]	نلقى [nalq**aː**]	نلق [nalq**a**]	

Aktives Partizip: لاق [laːqin], *determiniert* لاقي [laːqiː], *f* لاقية [laːqija].
Passives Partizip: ملقي [mal'q**iː**j].

Passiv für alle Verben mit w und j als drittem Radikal:

	Perfekt	*Imperfekt*	*Subjunktiv*	*Apokopat*
sg.				
3. m	دعي [duʕija]	يدعى [judʕ**aː**]	يدعى [judʕ**aː**]	يدع [judʕ**a**]
3. f	دعيت [duʕijat]	تدعى [tudʕ**aː**]	تدعى [tudʕ**aː**]	تدع [tudʕ**a**]
2. m	دعيت [du'ʕiːta]	تدعى [tudʕ**aː**]	تدعى [tudʕ**aː**]	تدع [tudʕ**a**]
2. f	دعيت [du'ʕiːti]	تدعين [tud'ʕ**aina**]	تدعي [tudʕ**ai**]	تدعي [tudʕ**ai**]
1.	دعيت [du'ʕiːtu]	أدعى [ʔudʕ**aː**]	أدعى [ʔudʕ**aː**]	أدع [ʔudʕ**a**]
pl.				
3. m	دعوا [duʕuː]	يدعون [jud'ʕauna]	يدعوا [judʕau]	يدعوا [judʕau]
3. f	دعين [du'ʕiːna]	يدعين [jud'ʕaina]	يدعين [jud'ʕaina]	يدعين [jud'ʕaina]
2. m	دعيتم [du'ʕiːtum]	تدعون [tud'ʕauna]	تدعوا [tudʕau]	تدعوا [tudʕau]
2. f	دعيتن [duʕiːtunna]	تدعين [tud'ʕaina]	تدعين [tud'ʕaina]	تدعين [tud'ʕaina]
1.	دعينا [du'ʕiːnaː]	ندعى [nudʕaː]	ندع [nudʕaː]	ندع [nudʕa]

Erweiterte Stämme aller Verben mit w und j als drittem Radikal

	Perfekt	*Imperfekt*	*Apokopat*	*Imperativ*	*Partizip*
II.	سمى [sammaː]	يسمي [ju'sammiː]	يسم [ju'sammi]	سم [sammi]	مسم [mu'sammin]
Passiv	سمي [summija]	يسمى [ju'sammaː]	يسم [ju'samma]		مسمى [mu'samman]
III.	لاقى [laːqaː]	يلاقي [ju'laːqiː]	يلاق [ju'laːqi]	لاق [laːqi]	ملاق [mu'laːqin]
Passiv	لوقي [luːqija]	يلاقى [ju'laːqaː]	يلاق [ju'laːqa]		ملاقى [mulaːqan]
IV.	ألقى [ʔalqaː]	يلقي [julqiː]	يلق [julqi]	ألق [ʔalqi]	ملق [mulqin]
Passiv	ألقي [ʔulqija]	يلقى [julqaː]	يلق [julqa]		ملقى [mulqan]
V.	تلقى [ta'laqqaː]	يتلقى [jata'laqqaː]	يتلق [jata'laqqa]	تلق [talaqqa]	متلق [muta'laqqin]
Passiv	تلقي [tu'luqqija]	يتلقى [juta'laqqaː]	يتلق [juta'laqqa]		متلقى [muta'laqqan]
VI.	تلاقى [ta'laːqaː]	يتلاقى [jata'laːqaː]	يتلاق [jata'laːqa]	تلاق [ta'laːqa]	متلاق [muta'laːqin]
Passiv	تلوقي [tu'luːqija]	يتلاقى [juta'laːqaː]	يتلاق [juta'laːqa]		متلاقى [muta'laːqan]
VII.	انقضى [in'qɒđɒː]	ينقضي [jan'qɒđɨː]	ينقض [jan'qɒđɨ]	انقض [in'qɒđɨ]	منقض [mun'qɒđɨn]
VIII.	التقى [il'taqaː]	يلتقي [jal'taqiː]	يلتق [jal'taqi]	التق [il'taqi]	ملتق [mul'taqin]
Passiv	التقي [ul'tuqija]	يلتقى [jul'taqaː]	يلتق [jul'taqa]		ملتقى [mul'taqan]
X.	استلقى [is'talqaː]	يستلقي [jas'talqiː]	يستلق [jas'talqi]	استلق [is'talqi]	مستلق [mus'talqin]
Passiv	استلقي [us'tulqija]	يستلقى [jus'talqaː]	يستلق [jus'talqa]		مستلق [mus'talqan]

Bei den erweiterten Stämmen wird das [-aː] aller Verben in der arabischen Schrift durch ى wiedergegeben.

Bei den ***Partizipien*** sind folgende Veränderungen zu beachten:

Aktiv: مسم [mu'sammin], *determiniert* مسمي [mu'sammiː], *f* مسمية [mu'sammija].
Passiv: مسمى [mu'samman], *determiniert* [mu'sammaː], *f* مسماة [musa'mmaːt].

Die Verbalsubstantive zu den erweiterten Stämmen

II.	تسمية	[tasmija]	***IV.***	إلقاء	[ʔil'qaːʔ]	***VII.***	انقضاء	[inqi'đɒːʔ]
III.	ملاقاة	[mulaː'qæːt],	***V.***	تلق	[ta'laqqin]	***VIII.***	التقاء	[ilti'qaːʔ]
	لقاء	[li'qaːʔ]	***VI.***	تلاق	[ta'laːqin]	***X.***	استلقاء	[istil'qaːʔ]

Zahlwörter

Grundzahlen

		maskulin		*feminin*	
1	واحد	[waːħidun]	واحدة	[waː'ħidatun]	١
2	اثنان	[iθ'naːni]	اثنتان	[iθna'taːni]	٢
3	ثلاثة	[θa'laːθatun]	ثلاث	[θa'laːθun]	٣
4	أربعة	[ʔar'baʕatun]	أربع	[ʔarbaʕun]	٤
5	خمسة	[xamsatun]	خمس	[xamsun]	٥
6	ستة	[sittatun]	ست	[sittun]	٦
7	سبعة	[sabʕatun]	سبع	[sabʕun]	٧
8	ثمانية	[θamaː'nijatun]	ثمان	[θa'maːnin]	٨
9	تسعة	[tisʕatun]	تسع	[tisʕun]	٩
10	عشرة	[ʕa'ʃaratun]	عشر	[ʕaʃrun]	١٠
11	أحد عشر	[ʔaħada ʕaʃara]	احدى عشرة	[ʔiħdaː ʕaʃrata]	١١
12	اثنا عشر	[iθnaː ʕaʃara]	اثنتا عشرة	[iθnataː ʕaʃrata]	١٢
13	ثلاثة عشر	[θa'laːθata ʕaʃara]	ثلاث عشرة	[θa'laːθa ʕaʃrata]	١٣
14	أربعة عشر	[ʔar'baʕata ʕaʃara]	أربع عشرة	[ʔarbaʕa ʕaʃrata]	١٤

19	تسعة عشر	[tisʕata ʕaʃara]	تسع عشرة	[tisʕa ʕaʃrata]	١٩
20	عشرون	[ʕiʃ'ruːna]	عشرون	[ʕiʃ'ruːna]	٢٠
21	واحد وعشرون	[waːħidun wa-ʕiʃ'ruːna]	احدى وعشرون	[ʔiħdaː wa-ʕiʃ'ruːna]	٢١
22	اثنان وعشرون	[i'θnaːni wa-ʕiʃ'ruːna]	اثنتان وعشرون	[iθna'taːni wa-ʕiʃ'ruːna]	٢٢
23	ثلاثة وعشرون	[θa'laːθatun wa-ʕiʃ'ruːna]	ثلاث وعشرون	[θa'laːθun wa-ʕiʃ'ruːna]	٢٣

30	ثلاثون	[θalaː'θuːna]	**200**	مائتان	[miʔa'taːni]	**1000**	ألف	[ʔalfun]
40	أربعون	[ʔarba'ʕuːna]	**300**	ثلاثمائة	[θalaːθu'miʔatin]	**2000**	ألفان	[ʔal'faːni]
50	خمسون	[xam'suːna]	**400**	أربعمائة	[ʔarbaʕu'miʔatin]	**3000**	ثلاثة آلاف	[θa'laːθatu ʔaː'laːfin]
60	ستون	[si'ttuːna]	**500**	خمسمائة	[xamsu'miʔatin]	**11000**	أحد عشر ألفا	[ʔaħada ʕaʃara ʔalfan]
70	سبعون	[sab'ʕuːna]	**600**	ستمائة	[sittu'miʔatin]	**100.000**	مائة ألف	[miʔatu ʔalfin]
80	ثمانون	[θamaː'nuːna]	**700**	سبعمائة	[sabʕu'miʔatin]	**1.000.000**	مليون	[mal'juːn]
90	تسعون	[tis'ʕuːna]	**800**	ثمانمائة	[θamaːni'miʔatin]			
100	مائة *od.* مئة	[miʔatun]	**900**	تسعمائة	[tisʕu'miʔatin]			

Die Zahlwörter von 11 bis 19 sind indeklinabel, ausgenommen die Zahl 12: *G*, *A* اثني عشر [iθnai ʕaʃara], *f* اثنتي عشرة [iθnatai ʕaʃrata].

Es ist ein bekanntes Paradox, daß die Zahlwörter von 3 bis 19 (mit Ausnahme von 11 und 12) in umgekehrter Weise mit dem Geschlecht der gezählten Objekte übereinstimmen. Nach den Zahlwörtern von 3 bis 10 steht der Genitiv des Plurals, von 11 bis 99 der Akkusativ des Singulars, und nach 100, 1000, 1.000.000 der Genitiv des Singulars. Das zweite Zahlwort für „ein" أحد [ʔaħadun], *f* إحدى [ʔiħdaː] wird als Pronomen gebraucht: [ʔa'ħaduhum] *einer von ihnen*.

Ordnungszahlen

		maskulin		*feminin*
1.	الأول	[al-ʔawwalu]	الأولى	[al-ʔuːlaː]
2.	الثاني	[aθ-θaːniː]	الثانية	[aθ-θaː'nijatu]
3.	الثالث	[aθ-θaːliθu]	الثالثة	[aθ-θaː'liθatu]
4.	الرابع	[ar-raːbiʕu]	الرابعة	[ar-raː'biʕatu]
5.	الخامس	[al-xaːmisu]	الخامسة	[al-xaː'misatu]
6.	السادس	[as-saːdisu]	السادسة	[as-saː'disatu]
7.	السابع	[as-saːbiʕu]	السابعة	[as-saː'biʕatu]
8.	الثامن	[aθ-θaːminu]	الثامنة	[aθ-θaː'minatu]
9.	التاسع	[at-taːsiʕu]	التاسعة	[at-taː'siʕatu]
10.	العاشر	[al-ʕaːʃiru]	العاشرة	[al-ʕaː'ʃiratu]
11.	الحادي عشر	[al-ħaːdija ʕaʃara]	الحادية عشرة	[al-ħaː'dijata ʕaʃrata]
12.	الثاني عشر	[aθ-θaːnija ʕaʃara]	الثانية عشرة	[aθ-θaː'nijata ʕaʃrata]
13.	الثالث عشر	[aθ-θaːliθa ʕaʃara]	الثالثة عشرة	[aθ-θaː'liθata ʕaʃrata]
20.	العشرون	[al-ʕiʃ'ruːna]	العشرون	[al-ʕiʃ'ruːna]
21.	الحادي والعشرون	[al-ħaːdiː wa-l-ʕiʃ'ruːna]	الحادية والعشرون	[al-ħaː'dijatu wa-l-ʕiʃ'ruːna]
25.	الخامس والعشرون	[al-xaːmisu wa-l-ʕiʃ'ruːna]	الخامسة والعشرون	[al-xaː'misatu wa-l-ʕiʃ'ruːna]
100.	المئة *od.* المائة	[al-miʔatu]	المئة *od.* المائة	[al-miʔatu]

Bruchzahlen

1/2	نصف	[nɨsfun]	1/3	ثلث	[θulθun]	1/4	ربع	[rubʕun]
1/5	خمس	[xumsun]	1/6	سدس	[sudsun]	1/7	سبع	[subʕun]
1/8	ثمن	[θumnun]	1/9	تسع	[tusʕun]	1/10	عشر	[ʕuʃrun]

Vielfaches

مثلث [mu'θallaθun] *dreifach*; *Dreieck* — مربع [mu'rabbaʕun] *vierfach*; *Viereck*, *Quadrat*
مسدس [mu'saddasun] *sechsfach*; *Sechseck*; *Revolver*

Die Tage der Woche

يوم الأحد	[jaumu l-ʔaħad(i)]	Sonntag
يوم الاثنين	[jaumu l-iθ'nain(i)]	Montag
يوم الثلاثاء	[jaumu l-θulaː'θaːʔ(i)]	Dienstag
يوم الأربعاء	[jaumu l-ʔarba'ʕaːʔ(i)]	Mittwoch
يوم الخميس	[jaumu l-xa'miːs(i)]	Donnerstag
يوم الجمعة	[jaumu l-ʤumʕa(ti)]	Freitag
يوم السبت	[jaumu s-sabt(i)]	Samstag

Das Wort يوم kann auch weggelassen werden.

Die Monate des islamischen Mondjahres

Die islamische Zeitrechnung beginnt mit 622 n.Chr. Da das Mondjahr kürzer ist, entsprechen 33 Mondjahre 32 Sonnenjahren. Um schnell die ungefähre Entsprechung eines Jahres der Hidschra festzustellen, ziehe man pro Jahrhundert 3 ab und schlage 622 dazu, z.B. für 1260 d.H. erhält man: (1260-38) + 622 = 1844.

I.	المحرم	[al-mu'ħarram]
II.	صفر	[sɒfɒr]
III.	ربيع الأول	[ra'biːˁu l-ʔawwal]
IV.	ربيع الثاني	[ra'biːˁu θ-θaːniː]
V.	جمادى الأولى	[ʤu'maːdaː l-ʔuːlaː]
VI.	جمادى الآخرة	[ʤu'maːdaː l-ʔaːxira]
VII.	رجب	[raʤab]
VIII.	شعبان	[ʃaˁ'baːn]
IX.	رمضان	[rama'đɒːn] (der Fastenmonat)
X.	شوال	[ʃa'wwaːl]
XI.	ذو القعدة	[ðuː l-qaˁda]
XII.	ذو الحجة	[ðuː l-ħiddʒa] (Monat der Pilgerfahrt)

Die Monate des christlichen Jahres

Links stehen die in Ägypten, rechts die in Syrien, im Irak, in Jordanien und im Libanon gebräuchlichen Namen:

Januar	يناير	[ja'naːjir]	كانون الثاني	[kaː'nuːnu θ-θaːniː]
Februar	فبراير	[fib'raːjir]	شباط	[ʃu'bɒːʈ]
März	مارس	[maːris]	آذار	[ʔaː'ðaːr]
April	أبريل	[ʔab'riːl]	نيسان	[niː'saːn]
Mai	مايو	[maːjuː]	أيار	[ʔa'jjaːr]
Juni	يونيو	[juːnjuː]	حزيران	[ħaziː'raːn]
Juli	يوليو	[juːljuː]	تموز	[ta'mmuːz]
August	أغسطس	[ʔa'ɣusʈus]	آب	[ʔaːb]
September	سبتمبر	[sib'tambar]	أيلول	[ʔai'luːl]
Oktober	أكتوبر	[ʔuk'toːbar]	تشرين الأول	[tiʃ'riːnu l-ʔawwal]
November	نوفمبر	[nuː'fambar]	تشرين الثاني	[tiʃ'riːnu θ-θaːniː]
Dezember	ديسمبر	[di'sambar]	كانون الأول	[kaː'nuːnu l-ʔawwal]

In Tunesien und Algerien werden folgende von den in Ägypten gebräuchlichen abweichende französische Monatsnamen verwendet: I. جانفي [ʒaːnfiː], II. فيفري [fiːvriː], IV. أفريل [ʔav'riːl], V. ماي [maːj], VI. جوان [ʒwaːn], VII. جويلية [ʒwiːlja], VIII. أوت [ʔuːt].

In Marokko sind darüber hinaus üblich:
VII. يوليوز [jul'juːz], VIII. غشت [ɣuʃt], IX. شتنبر [ʃu'tambir], XI. نونبر [nu'wambir], XII. دجنبر [du'ʒambir].

Teil II

Deutsch-Arabisch

Von

Prof. Dr. Georg Krotkoff

Vorwort zum Teil Deutsch-Arabisch

Fast ein Vierteljahrhundert ist seit dem Erscheinen des ersten deutsch-arabischen Taschenwörterbuchs vergangen, und eine Neubearbeitung bedarf keiner besonderen Rechtfertigung. Der Wortschatz wurde gegenüber der ersten Fassung von Schukry/Humberdrotz erheblich aktualisiert und erweitert, viele zusätzliche Anwendungsbeispiele aufgenommen. Die durch das Taschenformat vorgegebenen Beschränkungen erlauben allerdings nicht, alle anfallenden Neubildungen und ephemeren Modewörter zu berücksichtigen. Wie immer in solchen Fällen, unterliegt die Auswahl des aufzunehmenden Materials dem auf langer beruflicher Erfahrung fußenden Ermessen des Verfassers und der redaktionellen Berater, die sich alle nur zu sehr ihrer menschlichen Fehlbarkeit bewußt sind.

Bei der Neufassung des Wörterbuchs wurde zunächst besonderer Wert darauf gelegt, die Stichwörter und ihre Entsprechungen für Deutsche wie für Araber möglichst in gleicher Weise benutzbar zu machen. Demgemäß wurde bei den deutschen Stichwörtern die Aussprache dort, wo sie von den gängigen Regeln abweicht oder sonstige Besonderheiten aufweist, angegeben. Dazu kommen grammatische Angaben wie z.B. die Bezeichnung der Wortart, bei den Nomina die Formen des Genitivs Singular und des Plurals, bei den Verben die Rektion. Die Stammformen der deutschen unregelmäßigen Verben sind im Anhang in einer gesonderten Liste zusammengestellt. Allen arabischen Entsprechungen ist in Internationaler Lautschrift die Aussprache beigegeben. Bei den Verben wurde ebenfalls die Rektion sowie (beim einfachen Verb) der Imperfektvokal angegeben.

Große Sorgfalt wurde außerdem auf eine vollere Erfassung der Bedeutungsvielfalt der deutschen Wörter und auf die Anführung arabischer Synonyme verwendet. Da die Bedeutungen von Wörtern so sehr von ihrem Kontext abhängen, kann dem Benutzer nicht nahe genug gelegt werden, immer über die konsultierte

Eintragung hinaus eventuelle verwandte Wörter der nächsten Umgebung zu betrachten und auch die arabischen Übersetzungen zur Kontrolle im arabisch-deutschen Teil nachzuschlagen. Solch kombiniertes Nachschlagen, zusammen mit der bewußten Erarbeitung der von Einzelwörtern ausgefüllten Bedeutungsfelder, wird den Lernenden am sichersten zum Ziele führen.

VERFASSER UND VERLAG

مقدمة

نظرا لمضي ربع قرن على صدور المعجم الألماني العربي الأول في هذه السلسلة فقد رأت دار لانجنشايت للنشر أن تعيد طبعه بصورة منقحة ومزيدة كما يقتضيه تطور الحياة الاجتماعية والعلمية والإعلامية في وقتنا هذا.

ولقد اجتهد المؤلف وخبراء دار النشر في تنسيق المفردات ومراعاة التوازن في إيراد المصطلحات من مختلف العلوم والفنون حسبما يتيسر في إطار معجم للجيب، كما اهتموا أيضا بتغطية المفاهيم المتعددة للمفردة الألمانية الواحدة حرصا على الدقة في نقل المعاني اللغوية بقدر الإمكان. وتيسيرا على الباحث فقد سجلت مع كل الكلمات إشارات ورموز تدل على نوعها وجنسها وبناء جمعها وما إلى ذلك من المعلومات النحوية والصرفية. وإن كانت الكلمات مصطلحات في فن من الفنون فتسبقها مختصرات تحدد مجال استعمالها كما يتبين من القائمة في بداية المعجم. وحتى يكون المعجم ذا فائدة أكبر لأبناء العربية فقد أضيف إليه مختصر لقواعد اللغة الألمانية وجداول إعراب أسمائها وتصريف أفعالها.

ونظرا لأن الألفاظ العربية قد طبعت لأسباب فنية بدون علامات التشكيل فلا بد للقارئ من مراعاة الرموز الصوتية الدولية الموضوعة بين المعكوفين والتي تمثل النطق الصحيح حتى يتمكن من تفرقة ما يتشابه من هذه الألفاظ في الهجاء. وحتى تتحقق أتم الفائدة لمن يبحث عن أدق ترجمة لكلمة معينة فعليه ألا يكتفي بالنظر إلى مفردة واحدة فقط بل أن يراعي ما بجوارها وما لهذه الكلمة من مشتقات، وربما تراءى له أيضا أن يراجع تعريف الكلمات العربية في القسم العربي الألماني ليقارن بين مجالات استعمال الكلمة العربية ونظيرتها الألمانية. هكذا يستفيد الباحث والمتعلم من هذا المعجم الصغير أكثر استفادة.

المؤلف والناشر

Hinweise zum Teil Deutsch-Arabisch
إرشادات هامة لاستعمال الجزء الثاني من القاموس (ألماني – عربي)

I. Der deutsche Wortschatz. المفردات الألمانية

1. Die deutschen Stichwörter sind gemäß der Reihenfolge des deutschen Alphabets angeordnet. Aus Gründen der Platzersparnis werden sich wiederholende Teile von Stichwörtern durch eine Tilde (~) ersetzt. Die Tilde stellt entweder das ganze vorangegangene Stichwort oder seinen vor dem vertikalen Strich (|) stehenden Teil dar. Die Tilde mit dem Kreis (≗) bedeutet, daß sich die Schreibung des Anfangsbuchstabens von groß auf klein, oder umgekehrt, ändert. Beispiele:

Abbau ...; **≗en** (= abbauen);

Abend|blatt ...; **~kleid** (= Abendkleid) ...; **≗lich** (= abendlich);

gleich|falls ...; **≗heit** (= Gleichheit).

المفردات الألمانية مرتبة حسب الترتيب الأبجدي الألماني وتمثل علامة (~) المفردة السابقة إما بكاملها أو ما كان منها قبل الخط العمودي (|) وهذا تجنبا للتكرار واقتصادا للمكان، وإن كان الحرف الأول للكلمة الجديدة عكسه في الكلمة الأولى فيما إذا كان حرفا كبيرا (حرف التاج) أم لا فيرمز إلى ذلك بالحلقة الإضافية (≗). انظر الأمثلة أعلاه.

2. Der **kurze Bindestrich** (-) wird normalerweise nicht geschrieben und dient nur im Wörterbuch dazu, in besonderen Fällen die Silbentrennung anzugeben. Dies ist speziell in der Konsonantengruppe **sch**, bei anderen Vokal- und Konsonantenhäufungen und bei zusammengesetzten Wörtern, deren zweiter Teil mit einem Vokal beginnt, wichtig. Beispiele: **Häus-chen** [hoisxen] (vgl. **mischen** [miʃen]), **Rettungs-anker** [rettungsʔanker]; **Ab-art** [abʔart], **Bau-amt** [bauʔamt], **So-undso** [zoʔundzo], **Tat-ort** [tatʔort].

الخط الفاصل القصير المستعمل في وسط بعض الكلمات والذي لا يكتب عادة يشير إلى الحد بين مقطعي الكلمة حتى لا يخلط مثلا بين **sch** في **Häus-chen** [hoisxen] وفي **mischen** [miʃen]، وحيث يبدأ المقطع الداخلي بحرف علة تسمع بينه وبين الحرف السابق فاصلة صوتية تشبه الهمزة العربية. انظر الأمثلة أعلاه.

3. Wörter mit **identischer Schreibung** aber verschiedener Herkunft und mit nicht verwandten Bedeutungen werden separat angeführt und durch hochgestellte Ziffern differenziert. Z.B.:

Ton[1] (*-¢s, -e*) *m* (*Mineral*)...
Ton[2] (*-¢s, ¨e*) *m* (*Musik*)...

تسرد الكلمات المتشابهة الهجاء والمتباينة الأصول والمعاني كمفردات مستقلة وتميز بأرقام مرفوعة كما يرى في المثل أعلاه.

4. Die Mehrzahl der deutschen Wörter bedarf keiner **Aussprachebezeichnung**. Letztere ist nur in Ausnahmefällen, oft nur für einen Laut des Wortes, in der Lautschrift der *Association Phonétique Internationale* in eckigen Klammern ([ ]) gemäß der weiter unten folgenden Tabelle angegeben. So bezeichnet z.B. das [-uː-] nach **Taschentuch** die Länge des u-Vokals, das [-ʃiː-] nach **revanchieren** die Aussprache des **ch** als sch und das [v-] nach **vakant** die Aussprache des **v** als w.

المطابقة بين الحرف واللفظ في اللغة الألمانية كبيرة نسبيا فلذلك يستغنى عن بيان النطق إلا في حالات استثنائية، فيرمز مثلا بـ [-uː-] إلى طول حركة **u** في كلمة **Taschentuch** أو بواسطة [-ʃiː-] إلى أن الحرفان **ch** يمثلان الشين في **revanchieren** بدل الخاء كما هي العادة في الألمانية، أو إلى أن الحرف **v** ينطق كـ **w** (ڤ) أو كـ **f** (ف). انظر قائمة الرموز الصوتية مع العلم أن الكتابة لا تغني عن السماع. الرموز الصوتية توضع دائما بين معقوفين.

5. Der **Wortakzent** wird nicht bezeichnet, wenn er auf die erste Wortsilbe fällt. Ansonsten steht ein kurzer vertikaler Strich, das Tonzeichen ('), **vor** der betonten Silbe. In der Lautschrift wird der Akzent immer angegeben. Beispiele: **Vakuum** ['vaːkuˑum], **u'topisch** [u'toːpiʃ], **Uto'pie** [uto'piː].

النبر عادة على المقطع الأول من الكلمة الألمانية ولذلك لا يرمز إليه إلا إذا كان على أحد المقاطع الأخرى بواسطة خط عمودي قصير معلق قبل الحرف الذي يبدأ به المقطع المنبور. انظر الأمثلة أعلاه.

Bei Stichwörtern, die eine Tilde enthalten und deren Akzent gegenüber dem vorangehenden Wort verschoben ist, wird zu seiner Bezeichnung oft die Lautschrift herangezogen, z.B.: **sepa'rat** ...; **∼ismus** [-'ti-] (= Separa'tismus); **Überfall** ...; **∼en** [-'fa-] (= über'fallen).

تستعمل الرموز الصوتية لبيان موضع النبر أو تغيره في الكلمات المكتوبة جزئيا بواسطة (∼) حسب الطريقة الموضحة أعلاه.

6. **Grammatische Information.** تعاريف صرفية

a) **Substantive** (Hauptwörter) sind durch ihre Großschreibung kenntlich, und ihr Geschlecht ist immer durch folgende Abkürzungen angegeben: *m* = männlich, *f* = weiblich, *n* = sächlich. Außer bei regelmäßigen weiblichen Substantiven folgen dann in Klammern die Charakteristiken des Genitivs (Singular) und des Plurals, mit deren Hilfe das Deklinationsmuster im Anhang bestimmt werden kann. Beispiele:

Huhn *n* (*-es; ¨er*) (= Huhnes; Hühner),
Vater *m* (*-s; ¨*) (= Vaters; Väter),
Vorschuß *m* (*-sses; ¨sse*) (= Vorschusses; Vorschüsse).

Die Null (*O*) oder (*-s; O*) bedeutet, daß das betreffende Wort keinen Plural bilden kann.

الأسماء الألمانية تعرف بأنها تبدأ بحروف كبيرة (حروف التاج) وبأن لها جنسا يشار إليه بالرموز الآتية، *m* للمذكر، *f* للمؤنث و *n* للجماد. وتسهيلا لمعرفة فئة التصريف (انظر الملحق) كتبت لواحق المضاف إليه والجمع بين القوسين. الصفر (*O*) يدل على أن الاسم لا جمع له.

Substantive, die mit einem eingeklammerten Konsonanten enden, sind substantivierte Adjektive und folgen daher der adjektivischen Deklination; z.B. **Delegierte(r)** *m*, **Gefrorene(s)** *n*.

الاسماء المنتهية بحرف بين قوسين كما يرى في المثلين الأخيرين بطبيعتها صفات وتصريفها كتصريف الصفات.

Die Abkürzung *Koll.* bezeichnet Gattungs- oder Kollektivbegriffe (z.B. „Pflaume" als Gattung, nicht als Einzelfrucht), ein Umstand, der bei der Übersetzung ins Arabische wichtig ist, denn dort läßt sich von praktisch jedem Kollektivbegriff mit Hilfe des Femininsuffixes das Wort für das Einzelstück bilden.

الاختصار *Koll.* يشير إلى أن الكلمة مترجمة كأنها اسم جنس وإذا أردت الفرد منه أضفت إليه التاء المربوطة فيكون اسم الوحدة، أما الألمانية فلا فرق فيها بينها.

b) **Adjektive** (Eigenschaftswörter) sind durch *adj.* gekennzeichnet. In Klammern folgen Hinweise auf die Bildung der Steigerungsformen (s. Grammatischer Anhang unter Komparation). Die Null (*O*) bedeutet die Unfähigkeit des gegebenen Adjektivs, gesteigert zu werden.

يرمز إلى الصفات بـ *adj.* وعند الحاجة تضاف إلى ذلك بين قوسين معلومات عن بناء صيغة التفضيل (انظر الملحق) ويشير الصفر (*O*) إلى استحالة بناء صيغة التفضيل.

c) **Präpositionen** (Verhältniswörter; Abk. *präp.*) sind von der Angabe des Falles oder der Fälle, die sie regieren, gefolgt (*G* = Genitiv, *D* = Dativ, *A* = Akkusativ). Wenn zwei Fälle möglich sind, weisen *Wo?* und *Wohin?* auf Ruhe bzw. Bewegung hin.

حروف الجر (*präp.*) متبوعة بإشارات إلى حالة الاسم التي يقتضيها الحرف وإن كان الوجود في مكان (سكون) يقتضي غير ما يقتضيه الاتجاه إليه (حركة) فينبه إلى ذلك ب *Wo?* أو *Wohin?*.

d) Das **Verb** (Zeitwort) ist entweder transitiv (*v/t.*), intransitiv (*v/i.*) oder reflexiv (*v/r.*). Manche Verben können sowohl transitiv als auch intransitiv gebraucht werden. In solchen Fällen reflektiert die Reihenfolge *v/t. u. v/i.* bzw. *v/i. u. v/t.* die relative Häufigkeit des jeweiligen Gebrauchs. Diesen Hinweisen folgen in der Regel Angaben über die Konjugation gemäß den Konjugationsmustern im Anhang. (*L*) bedeutet, daß das Verb unregelmäßig (stark) ist und in der Liste im Anhang nachgeschlagen, (*L; a. -te*), daß es sowohl stark als auch schwach konjugiert werden kann. (—) bedeutet, daß das Partizip des Perfekts ohne *ge-* gebildet wird.

Die Rektion der Verben ist je nach Kompliziertheit mit oder ohne Klammern angegeben. Z.B. **spenden** *v/t.* ب bedeutet, daß das deutsche Verb ein direktes Objekt, das arabische hingegen die Präposition [bi] verlangt; **spezialisieren** *v/r.* (***auf*** *A* في) bedeutet, daß dieses reflexive Verb die Präposition „auf" mit dem Akkusativ regiert (z.B. „Ich spezialisiere mich auf dieses Gebiet."), während das arabische Gegenstück [fiː] erfordert.

Die Angaben „***sich*** (*A*)" oder „***sich*** (*D*)" bedeuten, daß das „sich" in dem einen Fall als Akkusativ, in dem anderen als Dativ fungiert und in den anderen Personen einem „mich" oder „dich" bzw. „mir" oder „dir" entspricht.

Auf der arabischen Seite bedeuten ه und هـ, daß das Verb einen Akkusativ der Person, bzw. einen Akkusativ der Sache verlangt. Z.B. **sprechen** *v/i.* (***mit*** *D* ه): „Ich spreche mit ihm" = [ʔukallimuhu].

الأفعال تنقسم إلى المتعدية (*v/t.*) واللازمة (*v/i.*) والمنعكسة على الفاعل (*v/r.*) وهي تتبع عدة نماذج التصريف (انظر الملحق) يرمز إليها بمعلومات بين قوسين. (*L*) تشير إلى أن الفعل شاذ ويمكن مراجعته في الكشف في آخر الملحق. ولبعض الأفعال تصريفان شاذ وعاد ويرمز إلى ذلك ب (*L; a. -te*). (—) يعني أن اسم المفعول من ذلك الفعل يبنى بدون السابقة (*ge-*).

وتشير المصطلحات الأخرى إلى استعمال الفعل في سياق الكلام فيستدل مثلا من (تبرع ب **spenden** *v/t.*) على أن الجملة (Ich spende einen gewissen Betrag.) تساوي (أتبرع بمبلغ معين).

ومن ((في **auf** *A*) **spezialisieren** *v/r.*) على أن الجملة (Ich spezialisiere mich auf dieses Gebiet.) تساوي (أتخصص في هذا المضمار). (*A*) **sich** و **sich** (*D*) تبين أن الضمير العائد يعتبر في حالة المفعول به أو في حالة القابل.

الرمزان (ه) و (هـ) بعد الأفعال العربية تدل على أن الفعل يتعدى إلى شخص (ه) أو إلى شيء (هـ).

7. Wegen der **Mehrdeutigkeit** vieler Wörter wird, wenn notwendig, vor der Übersetzung auf die Gebrauchssphäre (z.B. *Agr.* = Landwirtschaft; *Thea.* = Theater) hingewiesen, oder es werden bei Verben typische Subjekte oder Objekte, bei den übrigen Wortarten andere, idiomatisch zugehörige oder der Bedeutungseinengung dienliche, Zusätze angeführt. Verschiedenartige Begriffe werden durch Semikola (;), Synonyme durch Kommas (,) getrennt. Es empfiehlt sich, zusätzlich den Bedeutungsbereich der arabischen Wörter mit Hilfe des arabisch-deutschen Teiles zu studieren.

عند المفردات المتعددة المعاني لا بد من تحديد المعنى المترجم بواسطة كلمات إضافية موضحة لمجال المعنى أو بمترادفات وأضداد وما إليها من الوسائل الدالة على الاستعمال.

II. Die arabische Übersetzung und ihre Transkription.
الترجمة العربية

Die arabischen Wörter werden in unvokalisierter Schrift, dafür aber mit Beigabe der phonetischen **Transkription** in eckigen Klammern ([]) angeführt. Die Symbole sind die der *Association Phonétique Internationale*, und eine vollständige Tabelle der Entsprechungen findet sich im arabisch-deutschen Teil. Aus technischen Gründen, bedingt durch den Übergang zum elektronischen Satz, mußte gegenüber dem ersten Teil eine kleine Abweichung in Kauf genommen werden: Das arabische صاد [ʃaːd] wird durch ein ʃ statt eines s̶ wiedergegeben.

Eingeklammerte arabische Wörter, die nicht transkribiert sind, sind Hinweise für den arabischen Benutzer. Eingeklammerte Wörter, die transkribiert sind, stellen alternative Bestandteile eines Ausdrucks oder erklärende Erweiterungen desselben dar; z.B.

außerdem *adv.* فضلا (علاوة) عن ذلك [fađlan (ʕalaːwatan) ʕan ðaːlika], lies: [fađlan ʕan ðaːlika] oder [ʕalaːwatan ʕan ðaːlika].

Infolge der Vieldeutigkeit der unvokalisierten Schrift, ist die Beachtung der Transkription unerläßlich. Bei Substantiven und Adjektiven bleiben die regelmäßigen **Flexionsendungen** im allgemeinen unbezeichnet ([kitaːb] statt [kitaːbun]). Nur wenn infolge des Schwundes schwacher Konsonanten die Endung verändert und die Wurzel unkenntlich ist, wird die Endung voll ausgeschrieben; z.B. صاف [ʃaːfin] (Wurzel [ʃfw]) oder مغن [muɣannin] (Wurzel [ɣnj]). Das folgende Beispiel führt besonders klar vor Augen, wie verschieden eine Konsonantengruppe, je nach Kontext, interpretiert werden kann, und wie unerläßlich daher im kontextfreien Wörterbuch die genaue Beachtung der Transkription ist. محل = [maħl] „Dürre" oder [maħall] (Wurzel [ħll] „Ort" oder [muħallin] (Wurzel [ħlw] „Süßstoff."

Die **Femininendung** (ة) erscheint meist als kurzes [-a], als [-aːt] wenn ein Alif vorangeht (حياة [ħajaːt]) und als [-at] in der Genitivverbindung (Annexion). Man merke den Unterschied:

[daula ʕudw] „Mitgliedsstaat" (Apposition),
[saːʕat ʤaib] „Taschenuhr" (Annexion).

Bei adverbieller Verwendung erscheint die Endung [-an], wie in [kitaːbatan] „schriftlich".

Der **lange i-Vokal** am Ende von Wörtern erscheint entweder als [-iː] oder als [-iːj]. Dies bedeutet keinen Unterschied in der Aussprache, sondern nur eine Hilfe für das Erkennen von schwachen Wurzeln. Die Transkription [-iːj] bedeutet, daß ein schwacher Wurzelradikal (w oder j) in der Endung aufgegangen ist. Man vergleiche:

[ðahabiː] „golden" (Wurzel [ðhb];
[θariːj] „reich" (Wurzel [θrw]);
[marmiːj] „geworfen" (Wurzel [rmj]).

Der Grundform des **Verbs** ist immer der Imperfektvokal beigegeben; z.B. [kataba, -u-] (= [jaktubu]); [kaːna, -uː-] (= [jakuːnu]); [daʕaː, -uː] (= [jadʕuː]; [dalla, -u-] (= [jadullu]). Bei den abgeleiteten Formen ist der Vokal paradigmatisch gegeben und seine Angabe ist daher überflüssig.

Ein Bindestrich oder ein einzelner Anfangsbuchstabe innerhalb der eckigen Klammern vertritt, zwecks Raumersparnis, ein unmittelbar vorangehendes, voll transkribiertes Wort. Wie bei jeder

Sprache, setzt die erfolgreiche Benutzung des Wörterbuchs eine Kenntnis der Grammatik voraus.

لأسباب فنية تورد المفردات العربية بدون شكل ولذلك لا بد حتى للقارئ العربي من مراعاة الكتابة الصوتية بين المعقوفين التي تعوض عن الشكل، ليتمكن من تفرقة الكلمات المتشابهة الهجاء. اعتبر مثلا الحروف الثلاثة (محل) وأن قراءتها يمكن أن تكون [mahl] أو [mahall] أو [muhallin] فيتضح نوع الحركات ومكان التشديد من الكتابة الصوتية.

III. Das deutsche Alphabet.

الأبجد الألماني

A, a	[ʔaː]	**J, j**	[jɔt]	**S, s**	[ʔɛs]
Ä, ä	[ʔɛː]	**K, k**	[kɑː]	**(ß)**	[ʔɛs'tsɛt]
B, b	[beː]	**L, l**	[ʔɛl]	**T, t**	[teː]
C, c	[tseː]	**M, m**	[ʔɛm]	**U, u**	[ʔuː]
D, d	[deː]	**N, n**	[ʔɛn]	**Ü, ü**	[ʔyː]
E, e	[ʔeː]	**O, o**	[ʔoː]	**V, v**	[faʊ]
F, f	[ʔɛf]	**Ö, ö**	[ʔøː]	**W, w**	[veː]
G, g	[geː]	**P, p**	[peː]	**X, x**	[ʔɪks]
H, h	[hɑː]	**Q, q**	[kuː]	**Y, y**	['ʏpsɪlɔn]
I, i	[ʔiː]	**R, r**	[ʔɛʁ]	**Z, z**	[tsɛt]

IV. Entsprechungen zwischen Schrift und Aussprache.

مقابلة بين الحروف ونطقها

Buchstabe, ~ngruppe الحرف أو التركيب	Laut-wert الصوت	Beispiele أمثلة		Vergleiche, Bemerkungen مقارنة وملاحظات	
a, aa, ah	[ɑː]	Wagen	['vɑːgən]		
		Saal	[zɑːl]		ألوان الفتحة
		wahr	[vɑːɐ̯]		
a	[a]	Mann	[man]		
	[ɑˑ]	radieren	[ʀɑˑ'diːʀən]		
ai, ay	[aɪ]	Mai	[maɪ]	أَيْ	
au	[aʊ]	Haus	[haʊs]	أَوْ	
ä, äh	[ɛː]	Käse	['kʻɛːzə]		
		wählen	['vɛːlən]		فتحة ممالة

Buchstabe, ~ngruppe الحرف أو التركيب	Laut-wert الصوت	Beispiele أمثلة			Vergleiche, Bemerkungen مقارنة وملاحظات
ä	[ɛ]	Männer	['mɛnɐ]		
	[ɛˑ]	Ägypten	[ʔɛˑ'gʏptən]		
äu	[ɔʏ]	läuten	['lɔʏtən]	أوي	
b	[b]	Brot	[bʀoːtʻ]	ب	
		Abend	['ʔaːbəntʻ]		
	[p]	halb	[halpʻ]	پ	
		(er) gibt	[giːptʻ]		
	[b̥]	abladen	['ʔab̥laːdən]		
c	[k]	Café	[kʻa'feː]	ك	فى كلمات دخيلة فقط
	[ts]	Celsius	['tsɛlzɪʊs]	تْس	
ch	[ç]	Fächer	['fɛçɐ]		بعد ä, e, i, ö, ü, äu, eu, ei, ai, ay
					و فى لاحقة -chen
		schlecht	[ʃlɛçtʻ]		
		ich	[ˀɪç]		
		Köchin	['kʻœçɪn]		
		Bücher	['byːçɐ]		خاء مائلة إلى الشين
		Sträucher	['ʃtʀɔʏçɐ]		
		euch	[ˀɔʏç]		
		leicht	[laɪçtʻ]		
		laichen	['laɪçən]		
	[x]	lachen	['laxən]	خ	بعد a, o, u, au
		Koch	[kʻɔx]		خاء مخففة
		Buch	[buːx]		
		auch	[ˀaʊx]		
	[k]	Charakter	[kʻɑˑ'ʀaktɐ]	ك	فى كلمات دخيلة فقط
		Chronik	['kʻʀoːnɪkʻ]		
	[ʃ]	Chauffeur	[ʃɔ'føːɐ̯]	ش	
		Chef	[ʃɛf]		
	[tʃ]	Couch	[kaʊtʃ]	تْش	
chs	[ks]	sechs	[zɛks]	كْس	
		nächst	[nɛːçstʻ]		
ck	[k]	Brücke	['bʀʏkə]	ك	
d	[d]	Dank	[daŋkʻ]	د	
		leider	['laɪdɐ]		
	[t]	Bad	[baːtʻ]		
	[d̥]	endlich	['ˀɛnd̥lɪç]		

Buchstabe, ~ngruppe الحرف أو التركيب	Laut-wert الصوت	Beispiele أمثلة			Vergleiche, Bemerkungen مقارنة وملاحظات
dt	[t]	Stadt	[ʃtatʻ]	ت	
		(er) sandte	['zantə]		
e, ee, eh	[eː]	Weg	[veːkʻ]		
		Meer	[meːɐ̯]		
		mehr	[meːɐ]		
	[ɛ]	weg	[vɛkʻ]		ألوان الفتحة الممالة
	[e˔]	Telefon	[tʻe˔le˔'foːn]		(اَىْ فى اللغة الدارجة)
	[ə]	bitte	['bɪtə]		
		bitten	['bɪtən]		
		Handel	['handəl]		
ei, ey	[aɪ]	klein	[kʻlaɪn]	اَيْ	
		Meyer	['maɪɐ]		
eu	[ɔʏ]	heute	['hɔʏtə]	اُوىْ	
f	[f]	Fall	[fal]	ف	
		fünf	[fʏnf]		
g	[g]	Garten	['gaʀtən]	گ	جيم مصرية
		tragen	['tʻʀaːgən]		
		Gnade	['gnaːdə]		
	[k]	Tag	['taːkʻ]	ك	
		Weg	[veːkʻ]		
	F [x], [ç]	Tag	[tʻax]		
		Weg	[veːç]		
	[ç]	König	['kʻøːnɪç]		فى -ig
		wenig	['veːnɪç]		
		Könige	['kʻøːni˔gə]		ولكن
		Königreich	['kʻøːnɪġʀaɪç]		
	[ġ]	königlich	['kʻøːnɪġlɪç]		
h	[h]	Haus	[haus]	ه	
		hinein	[hɪ'naɪn]		
i, ie, ih, ieh	[iː]	wir	[viːɐ̯]	إي	ألوان الكسرة
		hier	[hiːɐ̯]		
		ihn	[ʔiːn]		
		Vieh	[fiː]		
	[ɪ]	in	[ɪn]		
	[i˔]	Minute	[mi˔'nuːtə]		
	[ĭ]	Ferien	['feːʀĭən]		
		Spanien	['ʃpaːnĭən]		

Buchstabe, ~ngruppe الحرف أو التركيب	Lautwert الصوت	Beispiele أمثلة		Vergleiche, Bemerkungen مقارنة وملاحظات
j	[j]	Jahr	[jaːɐ̯]	ي
		jeder	['jeːdɐ]	
	[ʒ]	Jalousie	[ʒaˑluˑ'ziː]	فى كلمات دخيلة فقط جيم سورية
k	[k]	Karte	['kaʀtə]	
		klein	[kʻlaɪn]	
l	[l]	Land	[lantʻ]	ل
		spielen	['ʃpiːlən]	
		viel	[fiːl]	
m	[m]	Mann	[man]	م
		Heim	[haɪm]	
n	[n]	nein	[naɪn]	ن
		nun	[nuːn]	
ng	[ŋ]	lang	[laŋ]	
		singen	['zɪŋən]	
		Endung	['ˀɛndʊŋ]	
nk	[ŋk]	Bank	[baŋkʻ]	
		sinken	['zɪŋkən]	
	[ng]	eingreifen	['ˀaɪngʀaɪfən]	
		ungern	['ˀʊngɛʀn]	
	[nk]	Unkenntnis	['ˀʊnkʻɛntnɪs]	
o, oo, oh	[oː]	Tor	[tʻoːʀ]	ألوان الضمة
		Boot	[boːtʻ]	
		Ohr	[ˀoːʀ]	
	[oˑ]	monoton	[moˑnoˑ'tʻoːn]	
	[ɔ]	Post	[pʻɔstʻ]	
	[õ]	Memoiren	[me'mõaːʀən]	
ö, oe, öh	[øː]	schön	[ʃøːn]	غير موجود فى العربية
		Goethe	['gøːtə]	
		Höhle	['høːlə]	
	[øˑ]	Ökonomie	[ˀøˑkʻoˑnoˑ'miː]	
	[œ]	öffnen	['ˀœfnən]	
p	[p]	Post	[pʻɔstʻ]	پ
		Puppe	['pʻʊpə]	

Buchstabe, ~ngruppe الحرف أو التركيب	Lautwert الصوت	Beispiele أمثلة			Vergleiche, Bemerkungen مقارنة وملاحظات
pf		Pferd	[pfeːɐ̯tʻ]	پْف	
		Kupfer	['kʻʊpfɐ]		
		stumpf	[ʃtʊmpf]		
ph	[f]	Phonetik	[fo·'neːtʻɪkʻ]	ف	فى كلمات يونانية الأصل
		Philosophie	[fi·lo·zo·'fiː]		
qu	[kv]	Quelle	['kʻvɛlə]	كْو	
		bequem	[bə'kʻveːm]		
		Quadrat	[kʻva·'dʀaːtʻ]		
r	[ʀ]	Rose	['ʀoːzə]	ر	
	[ʁ]	für	[fyːɐ̯]		
	[ɐ]	Lehrer	['leːʀɐ]		
rh	[ʀ]	Rhythmus	['ʀʏtmʊs]		فى كلمات دخيلة فقط
s	[z]	See	[zeː]	ز	فى بداية الكلمة أو بين حركات
		Absicht	['ʔab̥ziçtʻ]		
		lesen	['leːzən]		
		Linse	['lɪnzə]		
	[s]	Haus	[haʊs]	س	
		ist	[ʔɪstʻ]		
		Erbse	['ʔɛʁb̥sə]		
sp	[ʃp]	sprechen	['ʃprɛçən]	شپ	فى بداية كلمات وإن سبقها سوابق
		Beispiel	['baɪʃpiːl]		
	[sp]	Knospe	['kʻnɔspə]	سْپ	
st	[ʃt]	stehen	['ʃteːən]	شْت	
		verstehen	[fɛʁ'ʃteːən]		
	[st]	Fenster	['fɛnstɐ]	سْت	
		Industrie	[ʔɪndʊs'tʻʀiː]		
ss	[s]	Wasser	['vasɐ]	س	
		lassen	['lasən]		
ß	[s]	Größe	['gʀøːsə]	س	فى آخر الكلمة أو إن كان حرف العلة طويلا
		heißen	['haɪsən]		
		Gruß	[gʀuːs]		
		muß	[mʊs]		
sch	[ʃ]	schön	[ʃøːn]	ش	
		waschen	['vaʃən]		

Buchstabe, ~ngruppe الحرف أو التركيب	Laut-wert الصوت	Beispiele أمثلة		Vergleiche, Bemerkungen مقارنة وملاحظات	
t	[t]	Tag	[tʻaːkʻ]	ت	
		Hut	[huːtʻ]		
th	[t]	Theater	[tʻeˑˈaːtɐ]		
		Theodor	[ˈtʻeːoˑdoːɐ̯]		
-tion	[-ˈtsĭoːn]	Nation	[naˑˈtsĭoːn]	تْس	
tsch	[tʃ]	deutsch	[dɔʏtʃ]	تْش	
		Tscheche	[ˈtʃɛçə]		
tz	[ts]	sitzen	[ˈzɪtsən]	تْس	
		Platz	[pʻlats]		
u, uh	[uː]	Hut	[huːtʻ]	أو	
		Uhr	[ˀuːɐ̯]		
u	[ʊ]	Mutter	[ˈmʊtɐ]		ألوان الضمة
	[uˑ]	Musik	[muˑˈziːkʻ]		
	[ŭ]	Statue	[ˈʃtaːtʻŭə]		
	[v]	Etui	[ˀeˑˈtʻviː]		
ü, üh	[yː]	Tür	[tʻyːɐ̯]		u فرنسية
		führen	[ˈfyːʀən]		
ü	[ʏ]	Glück	[glʏkʻ]		
	[yˑ]	amüsieren	[ˀamyˑˈziːʀən]		
v	[f]	Vater	[ˈfaːtɐ]	ف	
		brav	[bʀaːf]		
	[v]	Vase	[ˈvaːzə]	ڤ	
		November	[noˑˈvɛmbɐ]		
w	[v]	Welt	[vɛltʻ]	ڤ	
		Schwester	[ˈʃvɛstɐ]		
		ewig	[ˈˀeːvɪç]		
x	[ks]	Axt	[ˀakstʻ]	كْس	
		Hexe	[ˈhɛksə]		
y	[yː]	Lyrik	[ˈlyːʀɪk]		u فرنسية
	[ʏ]	Rhythmus	[ˈʀʏtmʊs]		
z	[ts]	Zahl	[tsaːl]	تْس	
		zwei	[tsvaɪ]		
		Herz	[hɛʀts]		

Abkürzungen im Teil Deutsch-Arabisch

a.	auch	أيضا
A	Akkusativ	حالة المفعول به (منصوب)
abstr.	abstrakt	تجريدى، مجرد
adj.	Adjektiv	صفة
adv.	Adverb	ظرف
Äg.	Ägypten	مصر
Agr.	Landwirtschaft	زراعة
allg.	allgemein	عام
Anat.	Anatomie	تشريح
Arch.	Architektur	الفن المعمارى
art.	Artikel	أداة
Bergb.	Bergbau	مناجم
bes.	besonders	بصورة خاصة
Biol.	Biologie	علم الحياة
Bot.	Botanik	علم النبات
Chem.	Chemie	كيمياء
cj.	Konjunktion	حرف عطف
comp.	Komparativ	صيغة تفضيل
D	Dativ	حالة المفعول له
dem.pron.	Demonstrativpronomen	اسم الاشارة
e.	ein	واحد، أداة النكرة
e-e	eine	واحدة، أداة النكرة
e-m	einem	لواحد، أداة النكرة
e-n	einen	واحدا، أداة النكرة
e-r	einer	لواحدة، أداة النكرة
e-s	eines	واحد (مضاف اليه)
Eisenb., Esb.	Elativ	السكة الحديد
El.	Elektrizität, Elektronik	كهرباء، الكترونيات
etc.	und so weiter	الى آخره
etw.	etwas	شيء، شيئا
euph.	euphemistisch	عبارة تلطيفية
f	feminin	مؤنث
F	familiär	استعمال غير رسمى او دارج
fig.	figürlich	مجازى
Fin.	Finanzwesen	مالية
Flugw.	Flugwesen	طيران
Fot.	Fotografie	تصوير شمسى
G	Genitiv	حالة المضاف اليه
Gegens.	Gegensatz	ضد
Geogr.	Geographie	جغرافية
Geom.	Geometrie	هندسة
Gr.	Grammatik	صرف ونحو
Hdl.	Handel	تجارة
Ind.	Industrie	صناعة
indef.pron.	Indefinitpronomen	ضمير المبهم
inf.	Infinitiv	مصدر
interj.	Interjektion	حرف النداء
interr.pron.	Interrogativpronomen	حرف اشهام
Isl.	Islamische Religion	الاسلام
j-m	jemandem	لأحد
j-n	jemanden	أحدا
Jr.	Jordanien	الأردنّ
j-s	jemandes	أحد (مضاف اليه)
Jur.	Jura, Rechtswissenschaft	الحقوق

Koll.	Kollektivbezeichnung	اسم جنس او شبة الجمع
L	Liste der unregelmäßigen Verben	قائمة الافعال الشاذة
m	maskulin	مذكر
Mar.	Marine, Seefahrt	ملاحة
Math.	Mathematik	رياضيات
Med.	Medizin	طب
Meteor.	Meteorologie	الانواء الجوية
Mil.	Militärwesen	جيش
Mot.	Motoren, Kraftfahrwesen	سيارات، نقليات
mst.	meistens	غالبا
Mus.	Musik	الموسيقى
n	Neutrum	محايد الجنس
num.	Numerale	عدد
od.	oder	أو
Öst.	Österreich	النمسا
pers.pron.	Personalpronomen	ضمير شخصي
Phys.	Physik	علم الطبيعة
pl.	Plural	جمع
Pol.	Politik	سياسة
pop.	volkstümlicher Ausdruck	عبارة شعبية
poss.pron.	Possessivpronomen	ضمير ملكي
Präp.	Präposition	حرف جر
pron.	Pronomen	ضمير
Psych.	Psychologie	علم النفس
refl.pron.	Reflexivpronomen	ضمير عائد
Rel.	Religion	دين
rel.pron.	Relativpronomen	ضمير الصلة
rez.pron.	reziprokes Pronomen	ضمير المشاركة
Rundf.	Rundfunk	اذاعة
s.	siehe	انظر
S.	Sache	شيء
sn.	sein	فعل «كان»
superl.	Superlativ	أقصى التفضيل
Syr.	Syrien	سوريا
Techn.	Technik	تقنية، تكنولوجيا
Telef.	Telefon	تلفون، هاتف
Thea.	Theater	مسرح
Typ.	Typographie	فن الطباعة
u.	und	و
uv.	unveränderlich	ثابت، ممتنع من
v.	von	من
v/aux.	Hilfsverb	فعل مساعد
v/i.	intransitives Verb	فعل لازم
v/r.	reflexives Verb	فعل متعد على فاعله (مع sich)
v/t.	transitives Verb	فعل متعد
vulg.	vulgärer Ausdruck	عبارة سوقية
Wirt.	Wirtschaft	اقتصاد
Zo.	Zoologie	علم الحيوان
Zssgn.	Zusammensetzungen	كلمات مركبة

A

Aal *m* (*-ɇs; -e*) *Zo.* جرى [ʤirriː], أنقليس [ʔanqaliːs].

Aas *n* (*-es; -e*) جيفة [ʤiːfa], رمة [rimma].

ab *präp. D* من (ابتداء) [(ibtidaːʔan) min]; *adv.* إلى الأسفل [ʔilaː lʔasfal]; جانبا [ʤaːniban]; ***auf und*** ~ ذهابا وايابا [ðahaːban wa ʔijaːban]; ~ ***und zu*** أحيانا [ʔaħjaːnan]; ***weit***~ بعيدا [baʕiːdan]; ***von nun*** ~ من الآن فصاعدا [min alʔaːn faʃaːʕidan].

ab-änder|n (*-re*) *v/t.* غير [ɣajjara]; **≈ung** *f* تغيير [taɣjiːr].

ab-arbeiten (*-e-*) *v/t.*: **e-e *Schuld*** ~ سدد دينا بعمله [saddada dainan biʕamalihi]; *v/r.* أجهد نفسه [ʔadʒhada nafsahu].

Ab-art *f* نوع [nauʕ], لون [laun].

Abbau *m* (*-ɇs; O*) تهديم [tahdiːm]; (*v. Preisen*) تخفيض [taxfiːđ]; (*v. Personal*) عزل [ʕazl]; *Bergb.* حفر [ħafr], استخراج [istixraːʤ]; **≈en** *v/t.* هدم [haddama]; *Bergb.* استخرج [istaxradʒa]; (*Personal*) عزل [ʕazala, -i-].

abberufen (*L*) *v/t.* أقال [ʔaqaːla], استدعى [istadʕaː].

abbestell|en *v/t.* ألغى طلبا [ʔalɣaː ŧalaban]; **e-e *Zeitung*** **~en** قطع اشتراك الجريدة [qaŧaʕa, -a-, iʃtiraːk alʤariːda]; **≈ung** *f* الغاء طلب [ʔilɣaːʔ ŧalab].

abbiegen (*L*) *v/t.* ثنى [θanaː, -iː]; *v/i.* (*L; sn*) حاد [ħaːda, -iː-].

abbild|en (*-e-*) *v/t.* صور [ʃawwara]; **≈ung** *f* صورة [ʃuːra], شكل [ʃakl].

abbinden (*L*) *v/t.* (*losbinden*) فك [fakka, -u-]; *Med.* ربط [rabaŧa, -u-], شد [ʃadda, -i-].

Abbitte *f* (*O*) اعتذار [iʕtiðaːr]; **≈n** (*L*) *v/t.* (*D/A* ل عن) اعتذر [iʕtaðara].

abblenden (*-e-*) *v/t.* حجب [ħadʒaba, -u-]; *Mot.* خفض النور [xaffađa nnuːr].

abbrausen *v/r.* استحم بالدوش [istaħamma bidduːʃ].

abbrechen (*L*) *v/t.* (*Zelte*) هد [hadda, -u-]; (*e-e Arbeit*) قطع [qatаʕa, -a-], أنهى [ʔanhaː]; *v/i.* (*L; sn*) انكسر [inkasara], انقطع [inqatаʕa].

abbrennen (*L*) *v/t.* أحرق [ʔaħraqa]; *v/i.* (*L; sn*) احترق [iħtaraqa].

abbringen (*L*) *v/t.*: *jmdn.* **von** *D* ~ صرف ه عن [ʃarafa, -i-], أقنع ه بالعدول عن [ʔaqnaʕa bilʕuduːl].

Abbruch *m* (*-ẹs; ⁼e*) هدم [hadm]; (*Unterbrechung*) قطع [qatʕ].

abbürsten (*-e-*) *v/t.* نظف بالفرشة [nazzafa bilfurʃa].

Abc [aːbeːˈtseː] *n* (*uv.*) ألف باء [ʔalif baːʔ].

abdämm|en *v/t.* سد [sadda, -u-]; **~ung** *f* سد [sadd].

abdank|en *v/i.* استقال [istaqaːla]; **~ung** *f* استقالة [istiqaːla].

abdecken *v/t.* كشف [kaʃafa, -i-]; (*Tisch*) رفع المائدة [rafaʕa, -a-, almaːʔida].

abdichten (*-e-*) *v/t.* أحكم [ʔaħkama], سد [sadda, -u-].

abdrehen *v/t.* برم [barama, -u-]; (*Wasser, Gas*) أغلق [ʔaɣlaqa]; (*Licht*) أطفأ [ʔatfaʔa]; *v/i.* (*sn*) غير الاتجاه [ɣajjara littidʒaːh].

abdrosseln (*-le*) *v/t. Techn.* كتم [katama, -u-].

Abdruck *m* (*Fuß~: -ẹs; ⁼e*) أثر [ʔaθar]; (*Finger~: -ẹs; ⁼e*), (*Typ.: -ẹs; -e*) بصمة [baʃma]; **~en** *v/t.* طبع [tabaʕa, -a-].

abdrücken *v/t.* (*Gewehr*) أطلق [ʔatlaqa], ضغط على الزناد [đaɣata, -a-, ʕalaː zzinaːd].

Abend *m* (*-s; -e*) مساء [masaːʔ]; **guten ~!** مساء الخير [m. alxair]; **heute ~** الليلة [allaila]; **gestern ~** ليلة البارحة [lailat albaːriħa]; **morgen ~** مساء الغد [masaːʔ alɣad]; **zu ~ essen** تعشى [taʕaʃʃaː].

Abend|blatt *n* (*-es; ⁼er*) جريدة مسائية [dʒariːda masaːʔiːja]; **~brot** *n* (*-ẹs; O*) عشاء [ʕaʃaːʔ]; **~dämmerung** *f* (*O*) غسق [ɣasaq]; **~kleid** *n* (*-es; -er*) فستان السهرة [fustaːn assahra]; **~land** *n* الغرب [alɣarb]; **~lich** (*O*) *adj.* مسائى [masaːʔiː]; **~rot** *n* (*O*) شفق [ʃafaq]; **~s** *adv.* مساء [masaːʔan]; **~vorstellung** *f* حفلة مسائية [ħafla masaːʔiːja].

Abenteuer *n* مغامرة [muɣaːmara].

aber *cj.* لكن [laːkin(na)]; **~er** لكنه [laːkinnahu].

Aberglaube *m* (*-ns; O*) الاعتقاد بالباطل [aliʕtiqaːd bilbaːtil].

Ab-erkennung *f* (*G* من) حرمان [ħirmaːn].

abfahren (*L; sn*) *v/i.* رحل [raħala, -a-]; (*Zug*) قام [qaːma, -uː-].

Abfahrt *f* قيام [qijaːm], سفر [safar], رحيل [raħiːl]; **~s-bahnsteig** *m* (*-ẹs; -e*) رصيف القيام [rasiːf alqijaːm]; **~s-signal** *n* (*-s; -e*) إشارة القيام [ʔiʃaːrat alqijaːm].

Abfall *m* (*-es; ⸚e*) انفصال [infiʃaːl]; *Rel.* ارتداد [irtidaːd]; (*Müll*) قمامة [qumaːma]; (*Überreste*) بقايا [baqaːjaː]; (*Abfälle*) نفايات [nufaːjaːt]; **°en** (*L; sn*) *v/i.* سقط [saqata, -u-]; انفصل [infaʃala]; *Rel.* ارتد (عن دينه) [irtadda (ʕan diːnihi)].

abfällig *adj.* مستنكر [mustankir].

abfärben *v/i.* حال لونه [ħaːla launuhu]; (**auf** *A* على) بهت [bahita, -a-].

abfass|en (*-ßt*) *v/t.* (*Schrift*) ألف [ʔallafa]; **°ung** *f* تأليف [taʔliːf].

abfertig|en *v/t.* خلص [xallaʃa], صرف [ʃarrafa]; (*Zug*) أعد للقيام [ʔaʕadda lilqijaːm]; **°ung** *f* تخليص [taxliːʃ], إرسال [ʔirsaːl].

abfeuern (*-re*) *v/t.* (*Schuß*) أطلق [ʔatlaqa].

abfind|en (*L*) *v/t.* عوض [ʕawwada]; *v/r.* (**mit** *D* ب) رضى [radija, -aː]; **°ung** *f* إرضاء [ʔirdaːʔ], تعويض [taʕwiːd].

abflauen (*sn*) *v/i.* (*Wind*) هبط [habata, -i-].

abfliegen (*L; sn*) *v/i.* (*Flugzeug*) قام [qaːma, -uː-], طار [taːra, -iː-]; (*Reisender*) سافر [saːfara].

abfließen (*L; sn*) *v/i.* ذهب (سائل) [ðahaba, -a-], جرى [ʤaraː, -iː].

Abflug *m* (*-es; ⸚e*) قيام [qijaːm], إقلاع [ʔiqlaːʕ], رحيل [raħiːl].

Abfluß *m* (*-sses; ⸚sse*) سيلان [sajalaːn]; (*konkret*) مجرى [maʤran]; **~rohr** *n* (*-es; -e*) بالوعة [baːluːʕa], ماسورة [maːsuːra].

Abfuhr *f* نقل [naql], إبعاد [ʔibʕaːd]; *fig.* رفض [rafd], فشل [faʃal].

abführ|en *v/t.* نقل [naqala,

-u-], أبعد [ʔabʕada]; (*Geld*) سلم [sallama]; **˜en** *n* (*-s; O*) *Med.* إسهال [ʔishaːl]; **˜mittel** *n* مسهل (دواء) [(dawaːʔ) mushil].

Abgabe *f* (*Steuer*) ضريبة [đariːba]; (*Gebühr*) رسم [rasm]; (*Übergabe*) تسليم [tasliːm]; **˜n-frei** *adj.* خالص الرسوم [xaːliʃ arrusuːm]; **˜n-pflichtig** *adj.* مستحق الرسم [mustaħiqq arrasm].

Abgang *m* (*-ęs; ¨-e*) ذهاب [ðahaːb], نزول [nuzuːl]; (*Zug*) قيام [qijaːm]; *Hdl.* رواج [rawaːʤ]; **~s-zeugnis** *n* (*-ses; -se*) شهادة التخرج [ʃahaːdat attaxarruʤ].

Abgase *n/pl.* غازات عادمة [ɣaːzaːt ʕaːdima].

abge-arbeitet *adj.* متعب [mutʕab].

abgeben (*L*) *v/t.* سلم [sallama], أعطى [ʔaʕtaː]; (*äußern*) أدلى [ʔadlaː]; *v/r.* (**mit** *D* ب) انشغل [inʃaɣala].

abgebrüht *adj.* مسموط [masmuːt]; *fig.* عديم الإحساس [ʕadiːm alʔiħsaːs].

abgedroschen *adj.* مبتذل [mubtaðal].

abgehärtet *adj.* محصن [muħaʃʃan].

abgehen (*L; sn*) *v/i.* ذهب [ðahaba, -a-], خرج [xaraʤa, -u-], انصرف [inʃarafa]; (*abweichen*) حاد [ħaːda, -iː-]; (*Zug*) قام [qaːma, -uː-]; *Hdl.* راج [raːʤa, -uː-]; (*fehlen*) نقص [naqaʃa, -u-].

abgekocht *adj.* (*Wasser*) مغلي [maɣliːj].

abgekürzt *adj.* مختصر [muxtaʃar].

abgelegen *adj.* بعيد [baʕiːd].

abgemacht *adj.* متفق عليه [muttafaq ʕalaihi].

abgeneigt *adj.* (*D* عن) راغب [raːɣib].

abgenutzt *adj.* بال [baːlin].

Abge-ordnet|e(r) *m* مندوب [manduːb], نائب [naːʔib]; **~en-haus** *n* (*-es; ¨-er*) مجلس النواب [maʤlis annuwwaːb].

abgerissen *adj.* (*losgerissen*) منقطع [munqatiʕ]; (*zerfetzt*) ممزق [mumazzaq].

Abgesandte(r) *m* (*-en*) مبعوث [mabʕuːθ]; *Isl.* **~ Gottes** رسول الله [rasuːl allaːh].

abgeschieden *adj.* معتزل [muʕtazil].

abgeschlossen *adj.* مغلق [muɣlaq]; (*beendet*) مختوم [maxtuːm].

abgesehen: ~ von (*D*) فضلا

بصرف النظر عن [fađlan ʕan], عن [biʃarf annazzar ʕan].

abgespannt *adj.* منهك [munhak], متعب [mutʕab].

abgestanden *adj.* بائت [baːʔit].

abgestumpft *adj.* فاقد الإحساس [faːqid alʔiħsaːs], متبلد [mutaballid].

abgetragen *adj.* بال [baːlin].

abgewöhnen (—) *v/t. j-m etw.* فصل عن عادة [faʃala, -i-, ʕan ʕaːda]; *v/r.* (من عادة) تخلص [taxallaʃa], كف عن [kaffa, -u-]; ***sich** (D)* ***das Rauchen*** ~ ترك التدخين [taraka, -u-, attadxiːn].

abgleiten *(L; sn) v/i.* (**an** *D* عن) تزلق [tazallaqa].

abgrenz|en *(-t) v/t.* حدد [ħaddada]; **~ung** *f* تحديد [taħdiːd].

Abgrund *m (-es; ⸚e)* هاوية [haːwija], هوة [huːwa].

Abguß *m (-sses; ⸚sse)* قالب [qaːlab].

abhalten *(L) v/t.* أقام [ʔaqaːma]; **e-e** ***Sitzung*** ~ عقد جلسة [ʕaqada, -i-, ʤalsa]; *j-n* **von** *etw.* ~ منع ه من [manaʕa, -a-].

abhandeln *(-le) v/t. (erörtern)* عالج [ʕaːlaʤa], تناول [tanaːwala]; *etw.* ***vom Preis*** ~ ساوم ونال خصما [saːwama wanaːla xaʃman].

ab'handen: ~ ***kommen*** *v/i.* ضاع [đaːʕa, -iː-].

Abhandlung *f* بحث [baħθ], دراسة [diraːsa], رسالة [risaːla].

Abhang *m (-ɇs; ⸚e)* منحدر [munħadar].

abhäng|en *v/t.* فصل [faʃala, -i-]; *v/i. (L)* **~en** (**von** *D* ب) تعلق [taʕallaqa], توقف على [tawaqqafa]; *(sich stützen)* اعتمد على [iʕtamada]; **~ig** *adj.* (**von** *D* ب) متعلق [mutaʕalliq], مرتبط ب [murtabit], متوقف على [mutawaqqif]; *(hörig)* خاضع ل [xaːđiʕ], غير مستقل [ɣair mustaqill]; **⸚igkeit** *f (O)* ارتباط [irtibaːt], توقف [tawaqquf]; *Pol.* تبعية [tabaʕiːja].

abhärt|en *(-e-) v/t.* حصن [ħaʃʃana], عود على المشاق [ʕawwada ʕalaː lmaʃaːqq]; **⸚ung** *f* تعود [taʕawwud], تخشن [taxaʃʃun].

abheben *(L) v/t. (Geld vom Konto)* سحب [saħaba, -a-]; *(Karten)* قطع [qataʕa, -a-]; *v/r.* برز [baraza, -u-].

abhelfen *(L) v/i. e-r S.*

استدرك ه [istadraka]; أصلح [ʔaʃlaħa].

abhetzen (-*t*) *v/r.* أجهد نفسه [ʔadʒhada nafsahu].

Abhilfe *f* (*O*) استدراك [istidraːk], إزالة صعوبات [ʔizaːlat ʃuʕuːbaːt].

abholen *v/t.* ذهب لإحضاره [ðahaba, -a-, liʔiħđaːrihi], ذهب واستلم [ðahaba wastalama], جاء وأخذ [dʒaːʔa, -iː-, waʔaxaða, -u-]; ~ ***lassen*** *v/t.* أرسل لإحضاره [ʔarsala liʔiħđaːrihi].

abhorchen *v/t. Med.* فحص بالسمع [faħaʃa, -a-, bissamʕ].

abhören *v/t.* (*Telefon, Radio*) أنصت ل [ʔanʃata].

ab-irren (*sn*) *v/i.* (*vom Wege*) ضل عن [đalla, -i-].

Abi'tur *n* (-*s*; -*e*) امتحان توجيهي [imtiħaːn taudʒiːhiː].

Abiturient [-'ʀĭɛnt] *m* (-*en*) متخرج ثانوية [mutaxarridʒ θaːnawiːja].

abkaufen *v/t. j-m etw.* اشترى ه منه [iʃtaraː minhu].

abkehren *v/r.*: ***sich*** ~ ***von*** (*D*) أعرض عن [ʔaʕrađa].

Abklärung *f* تصفية (الماء) [taʃfija]; *fig.* توضيح [tauđiːħ].

Abklatsch *m* (-*es*; -*e*) *fig.* تقليد [taqliːd].

abklingen (*L; sn*) *v/i.* هدأ [hadaʔa, -a-], خف [xaffa, -i-], انتهى [intahaː].

Abkomme *m* (-*n*) سليل [saliːl].

abkommen (*L; sn*) *v/i.* (**von** *D*) عدل (عن) [ʕadala, -i-]; (*vom Wege*) ضل [đalla, -i-]; ***er kann nicht*** ~ لا يستغنى عنه [laː justaɣnaː ʕanhu]; ***˜*** *n* اتفاق [ittifaːq].

abkömmlich *adj.* مستغنى عنه [mustaɣnan ʕanhu].

abkühlen *v/i.* (*sn*) برد [barada, -u-]; *v/t.* برد [barrada].

Abkühlung *f* تبريد [tabriːd], تبرد [tabarrud].

Abkunft *f* (*O*) أصل [ʔaʃl].

abkürz|en (-*t*) *v/t.* اختصر [ixtaʃara]; **˜ung** *f* اختصار [ixtiʃaːr].

abladen (*L*) *v/t.* أنزل (الحمل) [ʔanzala (lħiml)].

Ablagerung *f* ترسيب [tarsiːb]; (*Sediment*) راسب [raːsib]; (*Müll˜*) مقلب [maqlab].

ablassen (*L*) *v/t.* (*Wasser*) صرف [ʃarrafa]; *v/i.* (**von** *D*) كف (عن) [kaffa, -u-].

Ablauf *m* (-*ẹs*; *¨e*) جريان [dʒarajaːn]; (*der Zeit*) مرور [muruːr], مضى [muđiːj], انتهاء [intihaːʔ]; ***nach*** ~ ***von*** (*D*) بعد مضى [baʕda muđiːj]; **˜en**

(*L; sn*) *v/i.* (*Uhrwerk*) توقف [tawaqqafa]; (*Zeit*) انقضى [inqađaː], مضى [mađaː, -iː]; (*Vertrag*) انتهى مفعوله [intahaː mafʕuːluhu]; (*Wechsel*) استحق [istaħaqqa]; *v/t.*: **Geschäfte** **~en** ذهب من محل إلى محل [ðahaba, -a-, min maħall ʔilaː m.]; ***die Schuhe ~en*** أبلى الأحذية [ʔablaː lʔaħðija].

ablegen *v/t.* حط [ħatta, -u-]; (*Akten*) حفظ [ħafiza, -a-], رتب [rattaba]; (*Kleider*) خلع [xalaʕa, -a-]; (*Prüfung*) اجتاز [idʒtaːza]; ***e-n Eid ~*** حلف يمينا [ħalafa, -i-, jamiːnan].

ablehn|en *v/t.* رفض [rafađa, -u-]; **~ung** *f* رفض [rafđ].

ableisten *v/t.* (*Dienst, Pflicht*) أدى [ʔaddaː].

ableiten (-*e*-) *v/t.* (*Wasser*) حول [ħawwala]; (*Wort*) اشتق [iʃtaqqa].

ablenken *v/t.* (**von** *D* عن) صرف [ʃarafa, -i-], حول [ħawwala].

Ablenkung *f* تحويل [taħwiːl]; *fig.* تسلية [taslija].

ableugnen (-*e*-) *v/t.* أنكر [ʔankara], كذب [kaððaba].

abliefer|n (-*re*) *v/t.* سلم [sallama]; **~ung** *f* تسليم [tasliːm].

ablös|en (-*t*) *v/t.* حل [ħalla, -i-], فك [fakka, -u-]; (*Schale, Haut*) قشر [qaʃʃara]; *Mil.* (*Wache, Posten*) بدل [baddala], غير [ɣajjara]; ***einander ~en bei*** (*D*) تناوب عند [tanaːwaba]; **~ung** *f* فك [fakk], تغيير [taɣjiːr].

abmach|en *v/t.* (*lösen*) فك [fakka, -u-]; (*vereinbaren*) اتفق على [ittafaqa]; **~ung** *f* اتفاق [ittifaːq].

abmagern (-*re; sn*) *v/i.* نحف [naħufa, -u-].

Abmagerungskur *f* علاج لإنقاص الوزن [ʕilaːdʒ liʔinqaːf alwazn].

Abmarsch *m* (-*es;* ⸗*e*) رحيل [raħiːl], قيام [qijaːm].

abmelden (-*e*-) *v/r.* أبلغ (السلطات) بالرحيل [ʔablaɣa (ʃʃulutaːt) birraħiːl].

Abmeldung *f*: ***polizeiliche ~*** إبلاغ البوليس بالمغادرة [ʔiblaːɣ albuːliːs bilmuɣaːdara].

abmessen (*L*) *v/t.* قاس [qaːsa, -iː-].

abmontieren (—) *v/t.* فك [fakka, -u-].

abmühen *v/r.* أتعب نفسه [ʔatʕaba nafsahu].

Abnahme *f* (*O*) (*Kauf*) شراء [ʃiraːʔ]; (*Verminderung*) نقصان [nuqʃaːn], انخفاض

[inxifaːđ], هبوط [hubuːt]; (*Inspektion*) فحص [faħʃ].

abnehm|en (*L*) *v/t.* نزع [nazaʕa, -a-]; (*Hut*) خلع [xalaʕa, -a-]; (*Deckel*) رفع [rafaʕa, -a-]; (*Ware*) اشترى [iʃtaraː] *v/i.* نقص [naqaʃa, -u-]; (*Zahl*) قل [qalla, -i-]; (*Umfang*) صغر [ʃaɣura]; (*Tag*) قصر [qaʃura, -u-]; (*Mensch*) نقص وزنه [n. waznuhu]; **∻er** *m* مشتر [muʃtarin], زبون [zabuːn].

Abneigung *f* (**gegen** *A* عن) نفور من [raɣba], رغبة [nufuːr], كراهية [karaːhiːja].

ab'norm *adj.* شاذ [ʃaːðð].

abnutz|en (*-t*) *v/t.* استهلك [istahlaka], أبلى [ʔablaː]; *v/r.* بلى [balija, -aː]; **∻ung** *f* بلى [bilan]; *Techn.* هرش [harʃ].

Abon|ne'ment *n* (*-s; -s*) اشتراك [iʃtiraːk]; **∼ne'ments-karte** *f* تذكرة اشتراك [taðkirat i.]; **∼'nent** *m* (*-en*) مشترك [muʃtarik]; **∻'nieren** (—) *v/t.* اشترك [iʃtaraka].

ab-ord|nen (*-e-*) *v/t.* انتدب [intadaba], أوفد [ʔaufada]; **∻nung** *f* وفد [wafd].

A'bort[1] *m* (*-~~e~~s; -e*) مرحاض [mirħaːđ]; **∼**[2] *m* (*-s; -e*) *Med.* إجهاض [ʔidʒhaːđ].

abpflücken *v/t.* قطف [qatafa, -i-].

abplagen *v/r.* أتعب نفسه [ʔatʕaba nafsahu].

abprallen (*sn*) *v/i.* تردد [taraddada], انعكس [inʕakasa].

abputzen (*-t*) *v/t..* نظف [nazzafa].

abraten (*L*) *v/i. j-m* **von** *etw.* نصح بالعدول عن [naʃaħa, -a-, bilʕuduːl], نصح ألا يفعل [n. ʔallaː jafʕala].

abrech|nen (*-e-*) *v/t.* (*abziehen*) خصم [xaʃama, -i-]; *v/i.* (**mit** *D* **über** *A* ه على) حاسب [ħaːsaba]; ***miteinander* ∼*nen*** تحاسب [taħaːsaba]; **∻nung** *f* محاسبة [muħaːsaba], تصفية الحساب [taʃfijat alħisaːb].

Abrede *f*: ***in* ∼ *stellen*** أنكر [ʔankara].

Abreibung *f* دلك [dalk], دعك [daʕk]; (*Prügel*) علقة [ʕalqa].

Abreis|e *f* سفر [safar], رحيل [raħiːl]; **∻en** (*-t; sn*) *v/i.* سافر [saːfara], رحل [raħala, -a-].

abreißen (*L*) *v/t.* قطع [qataʕa, -a-], قلع [qalaʕa, -a-]; (*Blume*) قطف [qatafa, -i-]; (*Gebäude*) هدم [hadama,

-i-]; *v/i.* (*sn*) انقطع [inqataʕa].

abricht|en (-*e*-) *v/t.* درب [darraba], روض [rawwađa]; **~er** *m* مدرب [mudarrib], مروض [murawwiđ]; **~ung** *f* تدريب [tadriːb], ترويض [tarwiːđ].

abriegeln (-*le*) *v/t.* تربس [tarbasa].

Abriß *m* (-*sses;* -*sse*) مختصر [muxtaʃar], موجز [muːdʒaz].

abrücken (*sn*) *v/i.* ابتعد [ibtaʕada], انسحب [insaħaba].

Abruf *m* (-*ẹs; O*): **auf ~** تحت الطلب [taħt attalab].

abrunden *v/t.* (*Zahlen*) قرب [qarraba].

abrupt *adj.* فجائى [fudʒaːʔiː].

abrüst|en (-*e*-) *v/i.* نزع السلاح [nazaʕa, -a-, assilaːħ]; **~ung** *f* نزع السلاح [nazʕ assilaːħ].

abrutschen (*sn*) *v/i.* تزحلق [tazaħlaqa].

Absage *f* جواب سلبى [dʒawaːb salbiː].

absagen *v/t.* ألغى [ʔalɣaː].

absägen *v/t.* قطع بالمنشار [qataʕa, -a-, bilminʃaːr]; *fig.* عزل [ʕazala, -i-].

Absatz *m* (-*ẹs;* ⸚*e*) *Hdl.* بيع [baiʕ]; (*guter ~*) رواج [rawaːdʒ]; (*Abschnitt*) فصل [faʃl], فقرة [fiqra]; (*Schuh~*) كعب [kaʕb]; (*Treppen~*) دوران سلم [dawaraːn sullam], بسطة [basta]; **~fähig** *adj.* (*Ware*) رائج [raːʔidʒ]; **~gebiet** *n* (-*es;* -*e*) سوق [suːq].

abschaff|en *v/t.* ألغى [ʔalɣaː], أبطل [ʔabtala]; **~ung** *f* إلغاء [ʔilɣaːʔ].

abschälen *v/t.* قشر [qaʃara, -i-].

abschalten (-*e*-) *v/t.* (*Motor*) أوقف [ʔauqafa]; (*Strom*) قطع [qataʕa]; (*Radio*) قفل [qafala, -i-].

abschätz|en (-*t*) *v/t.* قدر [qaddara], خمن [xammana]; **~ung** *f* تقدير [taqdiːr].

Abscheu *m* (-*ẹs; O*) اشمئزاز [iʃmiʔzaːz], قرف [qaraf].

ab'scheulich *adj.* مقيت [maqiːt], شنيع [ʃaniːʕ].

abschicken *v/t.* أرسل [ʔarsala].

abschieben (*L*) *v/t.* أبعد [ʔabʕada]; *fig.* (*ausweisen*) نفى [nafaː, -iː].

Abschied *m* (-*s;* -*e*) وداع [wadaːʕ]; **~ nehmen (von** *D*) ودع ه [waddaʕa]; **seinen ~ nehmen** استقال [istaqaːla]; **~s-besuch** *m* (-*es;* -*e*) زيارة وداع [zijaːrat wadaːʕ].

abschießen (*L*) *v/t.* *s.* **abfeuern**; (*e. Flugzeug*) أسقط (بالنار) [ʔasqaṭa (binnaːr)]; (*Wild*) اصطاد [iʃṭaːda].

abschinden (*-e-*) *v/t.* سلخ [salaxa, -u-]; *v/r.* أتعب نفسه [ʔatʕaba nafsahu].

abschirmen *v/t.* حجب [ħadʒaba, -u-].

abschlagen (*L*) *v/t.* قطع (بضربة واحدة) [qaṭaʕa, -a- (biđarba waːħida)]; (*Bitte*) رفض [rafađa, -u-]; (*Angriff*) صد [ṣadda, -u-].

abschlägig *adj.*: **~e Antwort** رفض [rafđ].

Abschlags-zahlung *f* دفع بالأقساط [dafʕ bilʔaqsaːṭ], قسط [qisṭ].

abschleifen (*L*) *v/t.* صقل [ṣaqala, -u-]; *fig.* هذب [haððaba].

abschließen (*L*) *v/t.* (*Tür*) أقفل [ʔaqfala]; (*Arbeit*) أنهى [ʔanhaːʔ], أتم [ʔatamma]; (*Vertrag*) عقد [ʕaqada, -i-]; **~d** *adv.* فى الختام [fiː lxitaːm].

Abschluß *m* (*-sses; ⸚sse*) إنهاء [ʔinhaːʔ], إتمام [ʔitmaːm]; (*e-s Vertrages*) عقد [ʕaqd]; **~prüfung** *f* امتحان نهائى [imtiħaːn nihaːʔiː].

abschmieren *v/t.* (*Auto*) شحم [ʃaħħama].

abschneiden (*L*) *v/t.* قطع [qaṭaʕa, -a-], فصل [faṣala, -i-], قص [qaṣṣa, -u-].

Abschnitt *m* (*-ȼs; -e*) فصل [faṣl], قسم [qism], مقطع [maqṭaʕ]; (*Zeit*~) فترة [fatra]; (*Weg*~) مرحلة [marħala].

abschöpfen *v/t.* قشط [qaʃaṭa, -i-].

abschrauben *v/t.* فك (لولبا) [fakka, -u- (laulaban)].

abschrecken *v/t.* (**von** *D* عن) منع بالخوف [manaʕa, -a-, bilxauf], خوف [xawwafa]; (*plötzlich abkühlen*) برد [barrada]; **~d** *adj.* مفزع [mufziʕ]; **~des Beispiel** مثل منذر [maθal munðir].

abschreib|en (*L*) *v/t.* (*kopieren*) نسخ [nasaxa, -a-]; *v/i.* (*absagen*) (*j-m* ل) اعتذر [iʕtaðara]; *Hdl.* أنزل من الحساب [ʔanzala min alħisaːb]; **~ung** *f* *Fin.* تنزيل [tanziːl].

Abschrift *f* نسخة [nusxa].

Abschürfung *f* *Med.* سحج [saħdʒ].

Abschuß *m* (*-sses; ⸚sse*) إطلاق [ʔiṭlaːq]; **~rampe** *f* قاعدة إطلاق [qaːʕidat ʔiṭlaːq].

abschüssig *adj.* منحدر [munħa-dir], شامخ [ʃaːmix].

abschütteln (*-le*) *v/t.* (*Staub*) نفض [nafađa, -u-]; (*Verfolger*) نجا من [nadʒaː, -uː].

abschwächen *v/t.* خفف [xaf-fafa].

abschweifen (*sn*) *v/i.* حاد [ħaːda, -iː-], شرد [ʃarada, -u-].

abschwellen (*L; sn*) *v/i. Med.* فش [faʃʃa, -u-].

abschwören *v/i.* (*D*) جحد [dʒaħada, -a-].

absegeln (*-le; sn*) *v/i.* أقلع [ʔaqlaʕa].

absehbar *adj.*: **in ~er Zeit** في وقت غير بعيد [fiː waqt ɣair baʕiːd].

absehen (*L*) *v/i.* (**von** *D* عن) صرف النظر [ʃarafa, -i-, anna-zar]; **~ auf** (*A*) قصد [qaʃada, -i-]; *v/t.* **man kann das Ende nicht ~** لا تقدر النتيجة [laː tuqaddaru nna-tiːdʒa].

abseits *adv.* جانبا [dʒaːniban], على بعد [ʕalaː buʕd].

absend|en (*-e- oder L*) *v/t.* أرسل [ʔarsala], بعث [baʕaθa, -a-]; **~er** *m* مرسل [mursil]; **~ung** *f* إرسال [ʔirsaːl].

absetz|en (*-t*) *v/t.* حط [ħatta, -u-], أنزل [ʔanzala]; *Hdl.* (*verkaufen*) باع [baːʕa, -iː-], روج [rawwadʒa]; (*Beamten*) عزل [ʕazala, -i-]; **~ung** *f* عزل [ʕazl]; (*e-s Monarchen*) إقصاء عن السلطة [ʔiqʃaːʔ ʕan assulta].

Absicht *f* نية [niːja], قصد [qaʃd]; **mit ~** عمدا [ʕam-dan]; **~lich** *adv.* قصدا [qaʃ-dan], عمدا [ʕamdan].

absitzen (*L*) *v/i.* (*vom Pferd*) نزل [nazala, -i-]; *v/t.* **e-e Strafe ~** قضى مدة العقوبة [qađaː, -iː, muddat alʕu-quːba].

abso'lut *adj.* مطلق [mutlaq]; *adv.* على الإطلاق [ʕalaː lʔit-laːq], إطلاقا [ʔitlaːqan].

absol'vieren *v/t.* (*e-e Schule*) تخرج من [taxarradʒa].

ab'sonder|lich *adj.* غريب [ɣariːb]; **~lichkeit** *f* غرابة [ɣaraːba]; **'~n** (*-re*) *v/t.* فرق [farraqa], عزل [ʕazala, -i-]; (*sekretieren*) أفرز [ʔafraza]; *v/r.* اعتزل [iʕtazala]; **'~ung** *f* عزل [ʕazl]; (*Sekretion*) إفراز [ʔifraːz].

absor'bieren (—) *v/t.* امتص [imtaʃʃa].

Absorp'tion [-'tsĭoːn] *f* امتصاص [imtiʃaːʃ].

absperr|en *v/t.* أقفل [ʔaqfala]; (*Straße, Fluß*) سد [sadda, -u-]; **≈hahn** *m* (-¢s; ≈e) محبس [miħbas]; **≈ung** *f* حبس [ħabs]; (*Schranken*) حاجز [ħaːʤiz].

abspielen *v/t.* (*e-e Schallplatte*) استمع إلى [istamaʕa]; *v/r.* حدث [ħadaθa, -u-].

absprechen (*L*) *v/t. j-m etw.* أنكر على [ʔankara]; **mit** *j-m etw.* اتفق على [ittafaqa].

abspringen (*L; sn*) *v/i.* قفز [qafaza, -i-], هبط [habata, -i-]; (*Belag*) تقشر [taqaʃʃara].

Absprung *m* (-¢s; ≈e) قفز [qafz], هبوط [hubuːt].

abspülen *v/t.* غسل [ɣasala, -i-].

abstamm|en *v/i.* (**von** *D*) انتسب الى [intasaba]; **≈ung** *f* نسب [nasab], أصل [ʔaʃl].

Abstand *m* (-¢s; ≈e) مسافة [masaːfa], بعد [buʕd]; **~ halten** حافظ على المسافة [ħaːfaza ʕalaː lmasaːfa]; **~ nehmen von** كف عن [kaffa, -i-], أقلع عن [ʔaqlaʕa].

abstatten (-*e*-) *v/t.* (*Besuch, Dank*) أدى [ʔaddaː].

abstauben *v/t.* نفض التراب من [nafaḍa, -u-, atturaːb].

abstech|en (*L*) *v/t.* ذبح [ðabaħa]; *v/i.* (**von** *D*) اختلف عن [ixtalafa], برز [baraza, -u-]; **≈er** *m* جولة [ʤaula].

abstehen (*L*) *v/i.* برز [baraza, -u-].

absteigen (*L; sn*) *v/i.* (**von** *D* من, **in** *D* في) نزل [nazala, -i-].

abstellen *v/t.* (*wegstellen*) حط [ħatta, -u-], ودع [wadaʕa, jadaʕu]; (*Gas*) أقفل [ʔaqfala]; (*Maschine*) بطل [battala], أوقف [ʔauqafa]; *fig.* أبطل [ʔabtala].

abstempeln (-*le*) *v/t.* بصم [baʃama, -u-], ختم [xatama, -i-].

Abstieg *m* (-¢s; -*e*) نزول [nuzuːl].

abstimm|en *v/i.* (**über** *A* على) اقترع [iqtaraʔa], صوت [ʃawwata]; *v/t.* وافق بين [waːfaqa], نسق [nassaqa]; **≈ung** *f* تصويت [taʃwiːt], اقتراع [iqtiraːʕ]; (*Anpassung*) تنسيق [tansiːq].

Absti'nenz *f* (**von** *D* عن) امتناع [imtinaːʔ], زهد [zuhd].

abstoßen (*L*) *v/t.* دفع [dafaʕa, -a-], صد [ʃadda, -u-]; **~d** *adj.* منفر [munaffir].

abstra'hieren *v/t.* جرد [ʤarrada].

ab'strakt (*-est*) *adj.* معنوى [maʕnawiː].

abstreifen *v/t.* سلخ [salaxa, -a-].

abstreiten (*L*) *v/t.* أنكر [ʔankara].

Abstrich *m* (*-¢s; -e*) *Med.* عينة [ʕajjina].

abstuf|en *v/t.* درج [darraʤa]; **~ung** *f* تدريج [tadriːʤ], درجة لون [daraʤat laun].

abstumpfen *v/t.* أكل [ʔakalla].

abstürzen (*-t; sn*) *v/i.* سقط [saqata, -u-].

absuchen *v/t.* فتش [fattaʃa].

ab'surd (*-est*) *adj.* غير معقول [ɣair maʕquːl].

Ab'szeß [aps'tsɛs] *m* (*-sses; -sse*) دمل [dummal], خراج [xuraːʤ].

Abt *m* (*-es; ⸚e*) رئيس دير [raʔiːs dair].

Ab'tei *f* دير [dair].

Ab'teil *n* (*-¢s; -e*) *Eisenb.* مقصورة [maqṣuːra]; **'~en** ['ap-] *v/t.* قسم [qasama, -i-]; **'~ung** *f* قسم [qism], شعبة [ʃuʕba]; *Mil.* فصيل [faṣiːl].

abtragen (*L*) *v/t.* (*Gebäude*) هدم [hadama, -i-]; (*Kleider*) أبلى [ʔablaː].

abtreiben (*L*) *v/i.* (*Schiff*) انجرف [inʤarafa].

Abtreibung *f Med.* إجهاض [ʔiʤhaːđ].

abtrenn|en *v/t.* فصل [faṣala, -i-]; **~ung** *f* فصل [faṣl].

abtret|en (*L*) *v/t.* (*D/A* عن ل) تنازل [tanaːzala]; *v/i.* (*sn*) انصرف [inṣarafa], خرج [xaraʤa, -u-]; **~ung** *f* تنازل (عن) [tanaːzul].

Abtritt *m* (*-¢s; -e*) مرحاض [mirħaːđ].

abtrocknen (*-e-*) *v/t.* نشف [naʃʃafa]; *v/r.* تنشف [tanaʃʃafa].

abtrünnig *adj.*, **~e(r)** *m* (*-n*) مرتد [murtadd].

abtun (*L*) *v/t.* قضى [qađaː, -iː].

ab-urteilen *v/t.* حكم على [ħakama, -u-].

abwägen *v/t.* وزن [wazana, jazinu].

abwarten (*-e-*) *v/t.* انتظر [intaẓara], تريث [tarajjaθa].

abwärts *adv.* إلى الأسفل [ʔilaː lʔasfal].

abwaschbar *adj.* يمكن إزالته بالغسل [jumkinu ʔizaːlatuhu bilɣasl].

abwaschen (*L*) *v/t.* أزال بالغسل [ʔazaːla bilɣasl].

Abwässer *n/pl.* مياه المجارى [mijaːh almaʤaːriː].

abwechs|eln (*-le*) *v/i.* تناوب

[tanaːwaba]; **~elnd** *adv.* بالتناوب [bittanaːwub]; **~lung** *f* (*Vielfalt*) تنوع [tanawwuʕ]; (*Zerstreuung*) تسلية [taslija].

Abweg *m* (*-es; -e*) ضلال [đalaːl]; **~ig** *adj.* شاذ [ʃaːðð].

Abwehr *f* (*O*) دفاع [difaːʕ], رد [radd]; (*Spionage~*) مقاومة التجسس [muqaːwamat attadʒassus]; **~en** *v/t.* رد [radda, -u-]; **~mechanismus** (*-; -men*) *m Psych.* حيل دفاعية نفسية [ħijal difaːʕiːja nafsiːja]; **~stoff** *m* (*-es; -e*) *Med.* جسم مضاد [dʒism muđaːdd].

abweich|en (*L; sn*) *v/i.* (**von** *D* عن) حاد [ħaːda, -iː-], انحرف [inħarafa]; **~ung** *f* انحراف [inħiraːf].

abweisen (*L*) *v/t.* رفض [rafađa, -u-].

abwenden *v/t.* صرف [ʃarafa, -i-], حول [ħawwala]; *v/r.* (**von** *D* عن) أدبر [ʔadbara].

abwerfen (*L*) *v/t.* طرح [taraħa, -a-], ألقى [ʔalqaː]; **Gewinn ~** أدر ربحا [ʔadarra ribħan].

abwerten (*-e-*) *v/t.* (*Währung*) خفض القيمة [xaffađa lqiːma].

Abwertung *f Fin.* تخفيض قيمة العملة [taxfiːđ qiːmat alʕumla].

abwesen|d *adj.* غائب [ɣaːʔib]; **~heit** *f* (*O*) غياب [ɣijaːb].

abwischen *v/t.* مسح [masaħa, -a-].

abzahl|en *v/t.* (*Schulden*) سد [sadda, -u-]; (*auf Raten*) دفع بالأقساط [dafaʕa, -a-, bilʔaqsaːt]; **~ung** *f* دفع على أقساط [dafʕ ʕalaː ʔaqsaːt], سد [sadd].

abzapfen *v/t.* (سائلا) استخرج [istaxradʒa]; (*Blut*) فصد [faʃada, -i-].

Abzeich|en *n* علامة [ʕalaːma], شارة [ʃaːra], شعار [ʃiʕaːr]; **~nen** (*-e-*) *v/t.* نقل رسما [naqala, -u-, rasman].

abziehen (*L*) *v/t.* نزع [nazaʕa, -a-]; (*Betrag*) طرح [taraħa, -a-], خصم [xaʃama, -i-]; (*drukken*) طبع [tabaʕa, -a-]; (*kopieren*) نسخ [nasaxa, -a-]; (*Rasiermesser*) سن [sanna, -u-]; (*Truppen*) سحب [saħaba, -a-]; *v/i.* (*sn*) انسحب [insaħaba]; (*davongehen*) انصرف [inʃarafa].

abzielen *v/i.* (**auf** *A* هـ) استهدف [istahdafa].

Abzug *m* (*-ȩs; ¨e*) (*v. Truppen*)

انسحاب [insiħaːb]; (*Diskont*) خصم [xaʃm]; (*Foto*) صورة [ʃuːra]; (*Kopie*) نسخة [nusxa]; (*am Gewehr*) زناد [zinaːd], تتك [titik]; ***nach ~ der Kosten*** بعد خصم المصاريف [baʕda xaʃm almaʃaːriːf].

abzweigen *v/i.* تفرع [tafarraʕa].

Abzweigung *f* مفرق [mafraq].

A'chat *m* (*-ɇs; -e*) عقيق يمانى [ʕaqiːq jamaːniː].

Achse *f* محور [miħwar].

Achsel *f* (*-; -n*) كتف [katif]; ***mit den ~n zucken*** هز كتفيه [hazza, -i-, katifaihi].

acht *num.* ثمانية [θamaːnija]; ***heute in ~ Tagen*** بعد أسبوع [baʕda ʔusbuːʕ].

Acht[1] *f* (*O*) وعى [waʕj], انتباه [intibaːh]; ***gib ≈!*** انتبه [intabih]; ***sich in ≈ nehmen vor*** (*D*) حذر من [ħaðira, -a-]; ***außer ≈ lassen*** أهمل [ʔahmala].

Acht[2] *f* حرمان من الحقوق [ħirmaːn min alħuquːq]; **≈bar** *adj.* محترم [muħtaram]; **≈e(r, -s)** *num.* ثامن [θaːmin]; **~el** *n* ثمن [θumn]; **≈en** (*-e-*) *v/t.* احترم [iħtarama]; (***auf*** *A* إلى) انتبه [intabaha].

acht|geben (*L*) *v/i.* (***auf*** *A* إلى) انتبه [intabaha], التفت [iltafata]; **~hundert** *num.* ثمانى مائة [θamaːniː miʔa]; **~los** (*-est*) *adj.* غافل [ɣaːfil]; **≈losigkeit** *f* (*O*) عدم التفات [ʕadam iltifaːt], غفلة [ɣafla]; **~mal** *adv.* ثمانى مرات [θamaːnija marraːt].

Achtung *f* (*O*) (*Respekt*) احترام [iħtiraːm]; (*Vorsicht*) انتباه [intibaːh], احتراس [iħtiraːs]; ***~!*** حذار [ħaðaːri]; **≈s-voll** *adv.* مع الاحترام [maʕa liħtiraːm].

acht|zehn *num.* ثمانية عشر [θamaːnijata ʕaʃara]; **~zehnte(r, -s)** *num.* ثامن عشر [θaːmin ʕaʃara]; **~zig** *num.* ثمانون [θamaːnuːn]; **≈ziger** *m* بالغ الثمانين [baːliɣ aθθamaːniːn].

ächzen (*-t*) *v/i.* أن [ʔanna, -i-].

Acker *m* (*-s; ¨*) حقل [ħaql]; **~bau** *m* (*-ɇs; O*) زراعة [ziraːʕa]; **~boden** *m* (*-s; ¨*), **~land** *n* (*-ɇs; O*) أرض زراعية [ʔarđ ziraːʕiːja]; **≈n** (*-re*) *v/t.* حرث [ħaraθa, -u-].

A'dapter *m El.* وصيلة [waʃiːla].

ad'dieren (—) *v/t.* جمع [ʤamaʕa, -a-].

Addi'tion *f* جمع [ʤamʕ].

a'de! الوداع [alwadaːʕa].

Adel *m* (*-s; O*) شرف [ʃaraf], نبالة [nabaːla].

Aden *Geogr.* عدن [ʕadan].

A'dept *m* تابع [taːbiʕ].

Ader *f* (*-; -n*) عرق [ʕirq]; (*Schlag*≈) شريان [ʃirjaːn]; (*Vene*) وريد [wariːd]; ~**laß** *m* (*-sses; ⸗sse*) فصد [fasˤd].

Adhä'sion *f* التصاق [iltisˤaːq].

a'dieu = **ade**.

Adjektiv *n* (*-s; -e*) *Gr.* صفة [sˤifa].

Adju'tant *m* ياور [jaːwir], مرافق [muraːfiq].

Adler *m Zo.* نسر [nasr].

adlig *adj.* شريف [ʃariːf], نبيل [nabiːl].

Admini|stra'tion *f* إدارة [ʔidaːra]; ≈**strativ** *adj.* إداري [ʔidaːriː]; ~'**strator** *m* مدير [mudiːr].

Admi'ral *m* (*-s; -e a. ⸗e*) أمير البحر [ʔamiːr albaħr].

adop't|ieren (—) *v/t.* تبنى [tabannaː]; ≈**ion** [-p'tsĭoːn] *f* تبن [tabannin].

Adres'sat *m* (*-en*) مرسل إليه [mursal ʔilaihi].

A'dreßbuch *n* [-uː-] (*-es; ⸗er*) دليل عناوين [daliːl ʕanaːwiːn].

Adress|e [-'dʀɛsə] *f* عنوان [ʕunwaːn], سكنى [suknaː]; *per* ~**e** (*c/o*) بطرف [bitˤaraf]; ≈**ieren** [-'siː-] (—) *v/t.* عنون [ʕanwana].

a'drett (*-est*) *adj.* أنيق [ʔaniːq].

Adsorption [-'tsĭoːn] *f* امتزاز [imtizaːz].

Ad'vent *m* الشهر قبل عيد الميلاد [aʃʃahr qabla ʕiːd almilaːd].

Ad'verb *n* (*-s; -ien*) *Gr.* ظرف [zˤarf].

Advo'kat *m* (*-en*) محام [muħaːmin].

Aerody'namik *f* علم حركة الهواء [ʕilm ħarakati lhawaːʔ].

Af'färe *f* قضية [qadˤiːja], أمر [ʔamr].

Affe *m* (*-n*) قرد [qird].

Af'fekt *m* (*-ẹs; -e*) انفعال [infiʕaːl], تهيج [tahajjudʒ].

affek'tiert *adj.* متكلف [mutakallaf].

Affini'tät *f* ألفة [ʔulfa], ملاءمة [mulaːʔama].

Af'front *m* إهانة [ʔihaːna].

Af'ghanistan *n* افغانستان [afɣaːnistaːn].

Afrika إفريقيا [ʔifriːqijaː].

Afri'ka|ner *m*, ≈**nisch** *adj.* إفريقي [ʔifriːqiː].

After *m Anat.* شرج [ʃaradʒ].

A'gent *m* (*-en*) وكيل [wakiːl], عميل [ʕamiːl]; (*Geheim*≈)

جاسوس [ʤaːsuːs]; **~ur** [-'tuːʁ] *f* وكالة [wikaːla].

Agglomera'tion *f* تكتل [takattul].

Aggre'gat *n* مجموع [maʤmuːʕ].

Aggres|'sion [-'sĭoːn] *f* اعتداء [iʕtidaː]; **~'siv** *adj.* عدوانى [ʕudwaːniː].

a'gil *adj.* نشط [naʃiṭ].

Agita'tion [-'tsĭoːn] *f* دعاية [diʕaːja].

Ago'nie *f* نزاع [nizaːʕ], سكرة الموت [sakrat almaut].

Ag'rar-, ag'rarisch *adj.* زراعى [ziraːʕiː].

Agrikul'tur *f* زراعة [ziraːʕa].

Agrono'mie *f* علم الزراعة [ʕilm azziraːʕa].

Ägypten *n* (*-s; O*) مصر [miʃr].

Ä'gypter *m*, **ä'gyptisch** *adj.* مصرى [miʃriː].

Ahle *f* مخرز [mixraz].

Ahn *m* (*-en*) جد [ʤadd].

ähneln (*-le*) *v/i. j-m* شابهه [ʃaːbaha].

ahnen *v/t.* شعر [ʃaʕara, -u-], خمن [xammana].

ähnlich *adj. D* مشابه [muʃaːbih]; **~keit** *f* شبه [ʃabah].

Ahnung *f* شعور [ʃuʕuːr], هاجس [haːʤis]; ***er hat keine ~*** لا يعرف شيئا [laː jaʕrifu ʃaiʔan]; **~s-los** *adj.* على غير وعى [ʕalaː ɣair waʕj].

Ähre *f* سنبلة [sumbula].

Akade'mie *f* معهد [maʕhad]; ***~ der Wissenschaften*** مجمع علمى [maʤmaʕ ʕilmiː].

A'kazie [-tsĭə] *f Bot.* طلح [ṭalħ].

akklimati'sieren (—) *v/r.* تأقلم [taʔaqlama].

Ak'kord *m* (*-ɇs; -e*) اتفاق [ittifaːq]; *Mus.* ائتلاف نغمات [iʔtilaːf naɣamaːt]; **~arbeit** *f* عمل بالقطعة [ʕamal bilqiṭʕa].

Ak'kordeon [-deˑɔn] *n* (*-s; -s*) أكورديون [ʔakordijoːn].

Akkredi'tiv *n* (*-s; -e*) *Fin.* خطاب اعتماد [xitaːb iʕtimaːd].

Akkumu'lator *m* (*-s; -toren* [-'toː-]) *El.* مجمع [muʤammiʕ], مركم [mirkam], بطارية مدخرة [baṭṭaːriːja muddaxira].

Akt *m* (*-ɇs; -e*) فعل [fiʕl]; *Thea.* فصل [faʃl]; (*Kunst*) تصوير جسم عار [taʃwiːr ʤism ʕaːrin].

Akte *f* ملف [milaff], دوسييه [dosjeːh]; **~n** *pl.* مستندات [mustanadaːt]; **~n-mappe** *f*, **~n-tasche** *f* محفظة أوراق [miħfaẓat ʔauraːq].

Aktie ['aktsĭə] *f* سهم [sahm]; **~n-gesellschaft** *f* شركة المساهمة [ʃarikat almusaːhama]; **~n-inhaber** *m* حامل أسهم [ħaːmil ʔashum].

Aktion [ak'tsĭoːn] *f* عمل [ʕamal], حركة [ħaraka]; (*gegen etw.*) حملة [ħamla].

Aktio'när *m* (*-s; -e*) *s.* ***Aktien-inhaber.***

Aktiv *n* (*-s; O*) *Gr.* المبنى للمعلوم [almabniːj lilmaʕluːm]; **~** [ak'tiːf] *adj.* فعال [faʕʕaːl], نشيط [naʃiːt]; **~a** *pl. Hdl.* موجودات [mauʤuːdaːt], أصول [ʔuʃuːl]; **~ität** *f* نشاط [naʃaːt].

aktu'ell *adj.* حالى [ħaːliː], مناسب للحال [munaːsib lilħaːl].

Akupunk'tur *f Med.* الثقب بالإبرة [aθθaqb bilʔibra].

A'kustik *f* (*O*) علم السمعيات [ʕilm assamʕiːjaːt].

a'kut *Med.* حاد [ħaːdd].

Ak'zent *m* (*-ȼs; -e*) نبرة [nabra]; (*fremder ~*) لكنة [lukna].

akzept|abel [-'taː-] *adj.* مقبول [maqbuːl]; **~ieren** [-'tiːʀən] (—) *v/t.* قبل [qabila, -a-].

A'larm *m* (*-ȼs; -e*) إنذار [ʔinðaːr]; **~bereitschaft** *f* حالة التأهب [ħaːlat attaʔahhub]; **~ieren** [-'miːʀən] (—) *v/t.* أنذر (بالخطر) [ʔanðara (bilxatar)].

A'laun *m* (*-s; -e*) شبة [ʃabba].

albern *adj.* سخيف [saxiːf].

Ale'xandria *n* (*-s; O*) الإسكندرية [alʔiskandariːja].

Algebra *f* (*O*) علم الجبر [ʕilm alʤabr].

Al'gerien [-rĭən] *n* (*-s; O*) الجزائر [alʤazaːʔir].

Alibi *n* (*-s; -s*) إثبات الغيبة [ʔiθbaːt alɣaiba].

Alkohol *m* (*-s; -e*) كحول [kuħuːl]; **~frei** [-'hoːlfʀaɪ] *adj.* خال من الكحول [xaːlin min alkuħuːl]; **~isch** *adj.*: ***~ische Getränke*** مشروبات روحية [maʃruːbaːt ruːħiːja], مسكرات [muskiraːt].

all *indef. pron., unbest. num.* كل [kull]; جميع [ʤamiːʕ], كافة [kaːffa]; ***vor ~em*** قبل كل شيء [qabla kull ʃaiʔ]; ***~es in ~em*** على كل [ʕalaː kull]; **~** *n* (*-s; O*) الكون [alkaun].

Al'lee *f* طريق بين صفين من الشجر [tariːq baina ʃaffain min aʃʃaʤar].

al'lein *adj.* وحيد [waħiːd], منفرد [munfarid]; **er ~** وحده

[waħdahu]; *adv.* فقط [fa-qat].

Al'leinsein *n* (*-s; O*) خلوة [xalwa], انفراد [infiraːd].

alleinstehend *adj.* (*Person*) أعزب [ʔaʕzab].

allen'falls *adv.* عند الضرورة [ʕinda đđaruːra].

aller'dings *adv.* حقا [ħaqqan], فى الواقع [fiː lwaːqiʕ], طبعا [ṭabʕan].

Aller'gie *f* مرض الحساسية [marađ alħassaːsiːja].

al'lergisch *adj.* حساسى [ħassaːsiː].

aller'hand *adj.* من كل نوع [min kull nauʕ], غير تافه [ɣair taːfih].

Aller'heiligen *n* (*-; O*) عيد جميع القديسين [ʕiːd ʤamiːʕ alqiddiːsiːn] (أول نوفمبر).

allerlei *adj.* متنوع [mutanawwiʕ], شتى [ʃattaː].

aller'letzt *adj.* آخر خالص [ʔaːxir xaːliṣ].

alles *indef. pron., unbest. num.* كل شيء [kull ʃaiʔ].

allge'mein *adj.* عام [ʕaːmm], عمومى [ʕumuːmiː]; *adv. u. im ~en* عامة [ʕaːmmatan], على العموم [ʕalaː lʕumuːm]; **≈befinden** *n* حالة صحية عامة [ħaːla ṣiħħiːja ʕaːmma]; **≈heit** *f* (*O*) العامة [alʕaːmma], الجمهور [alʤumhuːr]; **≈verständlich** *adj.* فى متناول كل الأفهام [fiː mutanaːwal kull alʔafhaːm].

Allianz *f* [a'li̯ants] حلف [ħilf], تحالف [taħaːluf].

Alli'ierte(r) *m* حليف [ħaliːf].

all|'jährlich *adj.* سنوى [sanawiː]; *adv.* كل سنة [kull sana]; **~'mählich** *adj.* تدريجى [tadriːʤiː]; *adv.* تدريجيا [tadriːʤiːjan]; **~seitig** *adj.* عام [ʕaːmm]; ***~seitiges Einverständnis*** إجماع كل الأطراف [ʔiʤmaːʕ kull alʔaṭraːf]; **~'täglich** *adj.* يومى [jaumiː]; *fig.* مبتذل [mubtaðal], عادى [ʕaːdiː]; **~zuviel** *adv.* أكثر من اللازم [ʔakθar min allaːzim].

Alm *f* مرج فى الجبال [marʤ fiː lʤibaːl].

Almosen *n* صدقة [ṣadaqa].

Alpen *f/pl.* جبال الألب [ʤibaːl alʔalb].

Alpha'bet *n* (*-ęs, -e*) أبجد [ʔabʤad]; **≈isch** (*O*) *adj.* أبجدى [ʔabʤadiː].

Alptraum *m* (*-s; ¨e*) كابوس [kaːbuːs].

als *cj.* (*zeitlich*) لما [lammaː], عندما [ʕindamaː]; (*in Eigen-

schaft) ك [ka], بصفة [bifi-fat]; (*nach Komparativ*) من [min]; ~ **ob** كأن [kaʔan-(-na)].

also *adv.* هكذا [haːkaðaː], كذلك [kaðaːlika]; *cj.* إذا [ʔiðan].

alt *adj.* (*̈-er; ̈-est*) (*Sache, Zeit*) قديم [qadiːm]; (*nicht neu*) عتيق [ʕatiːq]; (*Mensch*) كبير (السن) [kabiːr (assinn)], مسن [musinn], عجوز [ʕadʒuːz]; **wie ~ bist du?** كم عمرك [kam ʕumruka]; **ich bin … ~** … عمري [ʕumriː …].

Alte *f* (*-n*) عجوز [ʕadʒuːz].

Alte(r) *m* (*-n*) شيخ [ʃaix].

Alter *n* عمر [ʕumr], سن [sinn]; (*hohes ~*) شيخوخة [ʃai-xuːxa]; **er ist in meinem ~** هو من عمري [huwa min ʕumriː].

älter (*Komparativ von* **alt**) أكبر سنا [ʔakbar sinnan].

altern (*-re; sn*) *v/i.* كبر [ka-bura, -u-], شاخ [ʃaːxa, -iː-].

Alterna'tive *f* بديلة [badiːla], إمكانية أخرى [ʔimkaːniːja ʔuxraː].

Alters|genosse *m* (*-n*) ترب [tirb]; **~heim** *n* (*-es; -e*) **̃schwach** (*O*) *adj.* هرم [harim].

Altertum *n* (*-s; O*) العصور القديمة [alʕuʃuːr alqadiːma].

Altertümer *pl.* آثار قديمة [ʔaːθaːr qadiːma].

altertümlich *adj.* عتيق [ʕatiːq].

altmodisch *adj.* من الطراز القديم [min attiraːz alqadiːm].

am = **an dem**; **~ besten** الأحسن [alʔaħsan].

Amateur [-'tøːʁ] *m* (*-s; -e*) هاو [haːwin].

Amboß *m* (*-sses; -sse*) سندان [sindaːn].

Ambu'lanz *f* مستوصف [mustau-ʃaf]; (*~wagen*) سيارة الإسعاف [sajjaːrat alʔisʕaːf].

Ameise *f* نملة [namla]; **~n-haufen** *m* بيت نمل [bait naml].

A'merika *n* أمريكا [ʔamriːka].

Ameri'kan|er *m*, **̃isch** *adj.* أمريكي [ʔamriːkiː].

Amme *f* مرضعة [murđiʕa].

Ammoni'ak *n* (*-s; O*) نشادر [nuʃaːdir].

Amne'stie *f* عفو عام [ʕafw ʕaːmm].

Amortisation [-'tsĭoːn] *f* استهلاك القيمة [istihlaːk alqiːma].

Ampel *f* مصباح معلق [miʃbaːħ muʕallaq]; (*Verkehr*) أضواء المرور [ʔađwaːʔ almuruːr].

am'phibisch *adj.* برمائى [barmaːʔiː].

Am'pulle *f* أنبوبة [ʔumbuːba].

Amputation [-'tsĭoːn] *f Med.* بتر [batr].

Amsel *f* (—; -*n*) *Zo.* شحرور [ʃuħruːr].

Amt *n* (-*ẹs*; ⸗*er*) (*Behörde*) قلم [qalam], مصلحة [maʃlaħa]; (*Funktion*) وظيفة [waziːfa]; ***von ~s wegen*** رسميا [rasmiːjan]; ***Auswärtiges ~*** وزارة الخارجية [wizaːrat alxaːridʒiːja]; **⸗ieren** [-'tiː-] (—) *v/i.* توظف [tawazzafa], اشتغل فى وظيفته [iʃtaɣala fiː waziːfatihi]; **⸗lich** *adj.* رسمى [rasmiː]; *adv.* بصفة رسمية [biʃifa rasmiːja].

Amts|gericht *n* (-*ẹs*; -*e*) محكمة جزئية [maħkama dʒuzʔiːja]; **~geschäfte** *n/pl.* أعمال رسمية [ʔaʕmaːl rasmiːja]; **~gewalt** *f* (*O*) سلطة رسمية [sulta r.]; **~person** *f* شخصية رسمية [ʃaxʃiːja r.]; **~pflicht** *f* وظيفة [waziːfa], واجب [waːdʒib]; **~schimmel** *m* (*ironisch*) روتين حكومى [ruːtiːn ħukuːmiː], ديوانية [diːwaːniːja]; **~verkehr** *m* (-*ẹs*; *O*) معاملات رسمية [muʕaːmalaːt rasmiːja]; **~vorsteher** *m* مدير [mudiːr], رئيس قلم [raʔiːs qalam].

amüsant (-*est*) *adj.* مله [mulhin], مسل [musallin].

amüsieren *v/t.* سلى [sallaː]; *v/r.* تسلى [tasallaː].

an *präp.* (*wo?*) *D*, (*wohin?*) *A* (*Stelle, Tag*) فى [fiː]; (*Wand, hängend*) على [ʕalaː]; (*Wand, stehend*) عند [ʕinda]; (*Hand*) ب [bi]; ***am Meer*** على شاطئ [ʕalaː ʃaːtiʔ]; ***~ die Arbeit!*** إلى العمل [ʔilaː lʕamal]; ***er ist ~ der Reihe*** جاء دوره [dʒaːʔa dauruhu]; ***es liegt ~ ihm*** الأمر فى يده [alʔamr fiː jadihi].

ana'log *adj.* مماثل [mumaːθil], مطابق [mutaːbiq]; *adv.* **~ zu** قياسا على [qijaːsan ʕalaː].

Analo'gie *f* قياس [qijaːs], مطابقة [mutaːbaqa].

Analpha'bet *m* (-*en*) أمى [ʔummiː].

Ana'lys|e *f* تحليل [taħliːl]; **⸗ieren** [-'ziːʀən] (—) *v/t.* حلل [ħallala].

Ananas *f* (-; -) أناناس [ʔanaːnaːs].

Anar'chie *f* فوضى [fauđaː].

Anato'mie *f* (*O*) علم التشريح [ʕilm attaʃriːħ].

anbahnen *v/t.* مهد [mahhada].

Anbau *m* (*-es; O*) زراعة [ziraːʕa]; (*-es; -ten*) (*Gebäude*) بناء ملحق [binaːʔ mulħaq].

anbauen *v/t.* زرع [zaraʕa, -a-].

an'bei *adv.* مرفق طيه [murfaq tajjahu].

anbelang|en *v/t.*: ***was ... ~t, so*** أما ... ف [ʔammaː ... fa].

anbeten (*-e-*) *v/t.* عبد [ʕabada, -u-].

Anbetracht: ***in ~*** (*G*) نظرا إلى [nazaran ʔilaː].

Anbetung *f* عبادة [ʕibaːda].

anbieten (*L*) *v/t.* (*j-m etw.* ه ل) عرض [ʕarađa, -i-].

anbinden (*L*) *v/t.* (**an** *A* إلى) ربط [rabata, -u-].

Anblick *m* (*-¢s; -e*) منظر [manzar], مشهد [maʃhad].

anblicken *v/t.* نظر الى [nazara, -u-], حدق [ħaddaqa].

anbrechen (*L*) *v/t.* كسر جزئيا [kasara, -i-, ʤuzʔiːjan]; (*e-e Packung*) فتح [fataħa, -a-]; *v/i.* (*Tag*) طلع [talaʕa, -u-], بدأ [badaʔa, -a-].

anbrennen (*L*) *v/t.* أحرق [ʔaħraqa]; (*Licht, Zigarre*) ولع [wallaʕa]; *v/i.* (*sn*) (*Essen*) احترق [iħtaraqa].

anbringen (*L*) *v/t.* (*befestigen*) (**an** *D*) ثبت فى [θabbata], ركب [rakkaba]; (*Ware*) باع [baːʕa, -iː-], صرف [ʃarrafa]; (*Bitte*) وجه [waddʒaha]; ***e-e Beschwerde ~*** قدم شكوى [qaddama ʃakwaː].

Anbruch *m* (*-¢s; O*): ***~ des Tages*** طلوع النهار [tuluːʕ annahaːr], فجر [fadʒr].

Andacht *f* تعبد [taʕabbud].

andächtig *adj.* متعبد [mutaʕabbid].

andauernd *adj.* مستمر [mustamirr].

Andenken *n* ذكرى [ðikraː], تذكار [taðkaːr].

ander|e *adj.* آخر [ʔaːxar]; ***e. ~es Mal*** مرة أخرى [marratan ʔuxraː]; ***e. ~er als er*** غيره [ɣairuhu]; ***~erseits*** *adv.* من جهة اخرى [min dʒiha ʔuxraː].

ändern (*-re*) *v/t.* غير [ɣajjara]; *v/r.* تغير [taɣajjara].

andernfalls *adv.* وإلا [wa ʔillaː].

anders *adv.* على وجه آخر [ʕalaː wadʒh ʔaːxar]; ***jemand ~*** غيره (ها) [ɣairu/hu, -haː]; ***~denkend*** *adj.* مخالف رأيا [muxaːlif raʔjan]; ***~wo*** *adv.* فى مكان آخر [fiː makaːn ʔaːxar].

andert'halb *num.* واحد ونصف [waːħid waniʃf].

Änderung *f* تغيير [taɣjiːr]; (*von sich aus*) تغير [taɣajjur].

andeut|en (*-e-*) *v/t.* لمح إلى [lammaħa], أشار [ʔaʃaːra]; **˜ung** *f* تلميح [talmiːħ].

andrehen *v/t.* (*Gas usw.*) فتح [fataħa, -a-].

an-eignen (*-e-*) *v/r.*: **sich** (*D*) *etw.* ~ استولى على [istaulaː], امتلك ه [imtalaka]; (*Kenntnisse*) حصل على [ħaʃala, -u-].

an-ei'nander *adv.* بعض ببعض [baʕđ bibaʕđ]; **~reihen** *v/t.* رتب بعضا ببعض [rattaba baʕđan bibaʕđ].

Anek'dote *f* نادرة [naːdira], نكتة [nukta].

An-erbieten *n* اقتراح [iqtiraːħ], عرض [ʕarđ].

an-erkenn|en (*L*; —) *v/t.* اعترف ب [iʕtarafa]; *Hdl.* (*Wechsel*) قبل [qabila, -a-]; **~ens-wert** *adj.* مقبول [maqbuːl], حميد [ħamiːd]; **˜ung** *f* اعتراف [iʕtiraːf], قبول [qubuːl].

anfahr|en *v/t.*: *j-n* **grob ~en** خاشن ه [xaːʃana]; (*e-n Hafen*) توجه إلى [tawadʤaha]; *v/i.* (*sn*) (*Wagen*) تحرك [taħarraka]; **˜t** *f* وصول [wuʃuːl], اقتراب [iqtiraːb].

Anfall *m* (*-¢s; ¨e*) *Med.* نوبة [nauba]; **˜en** (*L*) *v/t.* هجم [hadʒama, -u-]; *v/i.* (*sn*) حصل [ħaʃala, -u-].

anfällig *adj.* (**für** *A* ل) قابل [qaːbil], مستعد [mustaʕidd]; **˜keit** *f* (**für** *A* ل) استعداد [istiʕdaːd].

Anfang *m* (*-¢s; ¨e*) بدء [badʔ], بداية [bidaːja], أول [ʔawwal]; **˜en** (*L*) *v/t.* بدأ [badaʔa, -a-]; *v/i.* ابتدأ [ibtadaʔa].

Anfäng|er *m* مبتدئ [mubtadiʔ]; **˜lich** *adj.* ابتدائى [ibtidaːʔiː], *adv.* فى الأول [fiː lʔawwal].

anfangs *adv.* أولا [ʔawwalan], فى البدء [fiːlbadʔ]; **˜stadium** *n* (*-s; -dien*) مرحلة ابتدائية [marħala ibtidaːʔiːja].

anfassen (*-ßt*) *v/t.* مسك [masaka, -i-], لمس [lamasa, -i-].

anfechten (*L*) *v/t.* عارض [ʕaːrađa], نازع فى [naːzaʕa], طعن [taʕana, -a-].

anfertigen *v/t.* صنع [ʃanaʕa, -a-].

anfeuchten (*-e-*) *v/t.* بلل [ballala].

anfeuern (*-re*) *v/t. fig.* حث

[ħaθθa, -u-], شجع [ʃad-ʤaʕa].

anflehen *v/t.* تضرع إلى [tađar-raʕa].

anfliegen (*L; sn*) *Flugw.* توجه (إلى مطار) [tawaddʒaha (ʔilaː mataːr)].

Anflug *m* (*-¢s; ⁼e*) (*Farbton*) مسحة [masħa], صبغة [ʃibɣa]; *Flugw.* هبوط [hubuːt], اقتراب [iqtiraːb].

anford|ern (*-re*) *v/t.* طلب [talaba, -u-], استجلب [istadʒ-laba]; **∼erung** *f* طلب [talab], مطالبة [mutaːlaba].

Anfrag|e *f* استعلام [istiʕlaːm], سؤال [suʔaːl]; *Pol.* استجواب [istidʒwaːb]; **∼en** *v/i.* (**bei** *D* ه) استجوب [istadʒwaba]; (**nach** *D* عن) استفسر ه [istaf-sara].

anfreunden *v/r.* (**mit** *j-m* ه) صادق [ʃaːdaqa].

anfügen *v/t.* ألحق [ʔalħaqa], ضم [đamma, -u-]; وصل [waʃ-ʃala].

anführ|en *v/t.* رأس [raʔasa, -a-], ترأس [taraʔʔasa], قاد [qaːda, -uː-]; (*zitieren*) اقتبس [iqtabasa], أورد [ʔaurada]; (*täuschen*) خدع [xadaʕa, -a-]; **∼er** *m* قائد [qaːʔid].

Angabe *f* بيان [bajaːn]; (*O*) (*Prahlerei*) تفاخر [tafaːxur].

angeb|en (*L*) *v/t.* بين [bajjana], أبدى [ʔabdaː]; (*anzeigen*) وشى ب [waʃaː, jaʃiː]; *v/i.* فشر [faʃʃara]; تفاخر [tafaːxara]; **∼er** *m* فشار [faʃʃaːr]; (*Denun-ziant*) واش [waːʃin], مبلغ [muballiɣ]; **∼e'rei** *f* فشر [faʃr]; **∼lich** *adj.* مزعوم [mazʕuːm]; *adv.* كما يزعم [kamaː juzʕamu].

angeboren *adj.* وراثي [wiraː-θiː], فطري [fitriː].

Angebot *n* (*-¢s; -e*) عطاء [ʕataːʔ]; *Hdl.* عرض [ʕarđ].

angebracht (*-est*) *adj.* مناسب [munaːsib].

angedeihen: ∼ lassen (*L*) *v/t.* (*D/A* ه ه) منح [manaħa, -a-].

angeheitert *adj.* ثمل [θamil], نشوان [naʃwaːn].

angehen (*L*) *v/t.* (*betreffen*) خص [xaʃʃa, -u-], هم [hamma, -u-]; (*beginnen*) بدأ [badaʔa, -a-]; ***es geht nicht an*** لا يجوز [laː jadʒuːzu], لا ينبغي [laː janbaɣiː]; ***das geht dich nichts an*** هذا لا يهمك [haːðaː laː jahum-muka], هذا ليس من شأنك [haːðaː laisa min ʃaʔnika].

angehörig *adj.* (*D*) تابع

[taːbiʕ]; **s-e** **~en** *pl.* أهله [ʔahluhu].

Angeklagte(r) *m* متهم [muttaham].

Angel [-ŋ-] *f* (-; *-n*) صنارة [ʃinaːra]; (*Tür~*) مفصلة الباب [miffalat albaːb].

Angelegenheit *f* أمر [ʔamr], شأن [ʃaʔn], قضية [qađiːja].

angel|n [-ŋ-] (*-le*) *v/t.* صاد بالصنارة [ʃaːda, -iː-, biʃʃinaːra]; **~schnur** *f* (-; *⸚e*) خيط الصنارة [xaiṭ aʃʃ.].

angemessen *adj.* مناسب [munaːsib].

angenehm *adj.* لطيف [laṭiːf], مقبول [maqbuːl].

angenommen: ~ **daß** مفروض أن [mafruːđ ʔan(na)].

angeschlossen *adj.* موصل [muwaʃʃal].

angesehen *adj.* معتبر [muʕtabar], وجيه [wadʒiːh].

Angesicht *n* (*-es; -e*) وجه [wadʒh].

angespannt *adj.* متوتر [mutawattir].

Angestellte(r) *m* مستخدم [mustaxdam].

angewiesen *adj.* (**auf** *A* إلى) محتاج [muħtaːdʒ], معتمد على [muʕtamid].

angewöhnen (—) *v/r.*: **sich** (*D*) *etw.* ~ تعود على [taʕawwada].

Angewohnheit *f* عادة [ʕaːda].

An'gina *f* (*O*) *Med.* ذبحة [ðibħa].

angreif|en (*L*) *v/t.* (*berühren*) لمس [lamasa, -i-]; (*attackieren*) هجم [hadʒama, -u-]; (*ätzen*) أكل [ʔakala, -u-]; **~er** *m* مهاجم [muhaːdʒim], معتد [muʕtadin].

angrenzen *v/i.* (**an** *A*) تاخم [taːxama], جاور [dʒaːwara].

Angriff *m* (*-es; -e*) هجوم [hudʒuːm].

Angst [-ŋ-] *f* (-; *⸚e*) خوف [xauf], وجل [wadʒal].

ängst|igen [-ŋ-] *v/t.* خوف [xawwafa], أقلق [ʔaqlaqa]; *v/r.* فزع [faziʕa, -a-]; **~lich** [-ŋ-] *adj.* قلق [qaliq], وجل [wadʒil], خواف [xawwaːf].

anhaben (*L*) *v/t.* (*Kleider*) لبس [labisa, -a-].

anhaften (*-e-*) *v/i.* لصق [laʃiqa, -a-].

Anhalt *m* (-; *O*) سند [sanad]; **~en** (*L*) *v/t.* أوقف [ʔauqafa]; *v/i.* (*stehenbleiben*) توقف [tawaqqafa]; (*dauern*) استمر [istamarra], دام [daːma, -uː-]; *v/r.* تمسك ب [tamassaka], استند

على [istanada]; **~end** *adj.* مستمر [mustamirr]; **~s-punkt** *m* (*-es; -e*) سند [sanad], دليل [daliːl].

Anhang *m* (*-s; ¨e*) (*e-s Buches*) ملحق [mulħaq]; (*Gefolge*) أتباع [ʔatbaːʕ].

anhäng|en (*L*) *v/t.* ألحق [ʔal-ħaqa], علق [ʕallaqa]; **~er** *m Mot.* مقطورة [maqtuːra]; (*Person*) تابع [taːbiʕ]; (*Schmuck*) دلاية [dallaːja]; **~lich** *adj.* ودود [waduːd], متعلق ب [mutaʕalliq]; **~lich-keit** *f* مودة [mawadda], تعلق [taʕalluq].

anhäuf|en *v/t.* كوم [kawwama]; **~ung** *f* تكويم [takwiːm].

anheben (*L*) *v/t.* رفع قليلا [rafaʕa, -a-, qaliːlan]; *v/i.* ابتدأ [ibtadaʔa].

anheften (*-e-*) *v/t.* (**an** *A* ب) شبك [ʃabaka, -i-], ألصق [ʔalʃaqa], علق [ʕallaqa].

anheuern *v/t.* استكرى [ista-kraː].

Anhöhe *f* تل [tall].

anhören *v/t.* أصغى إلى [ʔafɣaː], استمع إلى [istamaʕa].

A'nis *m* (*-; O*) أنيسون [ʔaniː-suːn].

Ankauf *m* (*-ǝs; ¨e*) شراء [ʃiraːʔ].

Anker [-ŋ-] *m* هلب [hilb].

Anklage *f* اتهام [ittihaːm]; **~n** *v/t.* اتهم [ittahama].

Ankläger *m* متهم [muttahim]; ***öffentlicher*** ~ نائب [naːʔib].

Anklang *m* (*-ǝs; ¨e*) استحسان [istiħsaːn].

ankleben *v/t.* ألصق [ʔalʃaqa].

ankleiden (*-e-*) *v/t.* ألبس [ʔalbasa]; *v/r.* اكتسى [ik-tasaː].

anklopfen *v/i.* طرق الباب [taraqa, -u-, albaːb].

anknipsen *v/t.*: ***das Licht*** ~ فتح النور [fataħa, -a-, annuːr].

ankommen (*L*) *v/i.* وصل [waʃala, jaʃilu]; ~ ***auf*** (*A*) تعلق على [taʕallaqa]; ***es kommt darauf an, daß ...*** المهم أن [almu-himm ʔan].

Ankömmling *m* (*-s; -e*) قادم [qaːdim].

ankündig|en *v/t.* أعلن [ʔaʕlana]; **~ung** *f* إعلان [ʔiʕlaːn].

Ankunft *f* (*-; ¨e*) وصول [wuʃuːl], قدوم [quduːm].

ankurbeln (*-le*) *v/t.* (*Motor*) دور [dawwara]; *fig.* أنعش [ʔan-ʕaʃa].

Anlage *f* (*Begabung*) فطرة [fitra]; (*Fabrik*) مصنع [maʃ-naʕ]; (*Park~*) متنزه [munta-zah]; (*Plan*) تصميم [taʃmiːm];

(*Kapital*~) تشغيل [taʃɣiːl], توظيف [tauziːf].

anlangen *v/t.* خص [xaffa, -u-]; *v/i.* (*sn*) وصل [wafala, jafilu].

Anlaß *m* (*-sses; ⸚sse*) (*Gelegenheit*) مناسبة [munaːsaba]; (*Ursache*) سبب [sabab], داع [daːʕin]; ~ **geben zu** دعا إلى [daʕaː, -uː].

anlass|en (*L*) *v/t.* (*Mantel*) احتفظ [iħtafaza], ما خلع [maː xalaʕa, -a-]; (*Motor*) دور [dawwara]; **die Sache läßt sich gut an** بدأ الأمر على ما يرام [badaʔa lʔamr ʕalaː maː juraːmu]; ~**er** *m Mot.* مارش [maːrʃ], محرك الإقلاع [muħarrik alʔiqlaːʕ].

anläßlich *präp. G* بمناسبة [bimunaːsabat].

Anlauf *m* (*-¢s; ⸚e*) *Sport* تحفز [taħaffuz].

anlaufen *v/i.* (*L; sn*) (**gegen** *A* ب) اصطدم [iʃtadama]; (*Glas*) تكدر [takaddara], عرق [ʕariqa, -a-]; **rot** ~ احمر [iħmarra]; (*schwellen*) انتفخ [intafaxa]; *v/t.*: **e-n Hafen** ~ دخل ميناء [daxala, -u-, miːnaːʔan].

anlegen *v/t.* صف [ʃaffa, -u-], وضع [wađaʕa, jađaʕu]; (*Geld*) وظف [wazzafa]; (*Kleider*) لبس [labisa, -a-]; (*Gärten usw.*) أنشأ [ʔanʃaʔa]; *v/i.* (*Schiff*) رسا [rasaː, -uː].

Anlegestelle *f* مرسى [marsan].

anlehnen *v/t.* أسند [ʔasnada]; (*Tür*) وارب [waːraba]; *v/r.*: **sich** (*A*) ~ (**an** *A* على) ارتكن [irtakana].

Anleihe *f* قرض [qarđ].

anleit|en (*-e-*) *v/t.* أرشد [ʔarʃada]; ~**ung** *f* إرشاد [ʔirʃaːd], تعليمات [taʕliːmaːt].

anlernen *v/t.* درب [darraba].

anliefern *v/t.* أورد [ʔaurada].

Anliegen *n* مطلب [matlab], رغبة [raɣba].

anliegend *adv.* مرفق طيه [murfaq tajjahu].

anlocken *v/t.* أغرى [ʔaɣraː].

anmachen *v/t.* (*befestigen*) ثبت [θabbata]; (*Feuer*) أشعل [ʔaʃʕala].

anmalen *v/t.* دهن [dahana, -u-].

Anmarsch *m* (*-es; ⸚e*) *Mil.* زحف [zaħf], تقدم [taqaddum].

anmaß|en (*-ßt*) *v/r.*: **sich** (*D*) *etw.* ~**en** ادعى [iddaʕaː]; ~**end** *adj.* متعجرف [mutaʕadʒrif]; ~**ung** *f* عجرفة [ʕadʒrafa].

Anmeld|e-frist *f* مهلة للتسجيل

[muhla littasdʒiːl]; **~en** (-e-) v/t. سجل [saddʒala]; v/r. سجل اسمه [saddʒala smahu]; **~e-schein** m (-ẹs; -e) إستمارة تسجيل [ʔistimaːrat tasdʒiːl]; **~ung** f تسجيل [tasdʒiːl]; ***polizeiliche ~ung*** تسجيل إسم نزيل [tasdʒiːl ʔism naziːl].

anmerk|en v/t. لاحظ [laːħaza]; (*kommentieren*) علق [ʕallaqa]; **~ung** f ملاحظة [mulaːħaza].

anmessen (L) v/t. قاس وطبق [qaːsa, -iː-, wa tabbaqa].

Anmut f (O) ظرافة [zaraːfa], لباقة [labaːqa]; **~ig** *adj.* ظريف [zariːf].

annähen v/t. خيط [xajjata].

annäher|n (-re) v/t. قرب [qarraba]; v/r. (**an** A من) اقترب [iqtaraba]; **~nd** *adv.* تقريبا [taqriːban]; **~ung** f اقتراب [iqtiraːb].

Annahme f قبول [qubuːl], إستلام [ʔistilaːm]; (*Hypothese*) فرض [fard]; (*Adoption*) تبن [tabannin]; **~stelle** f مكتب إستلام [maktab ʔistilaːm].

annehm|bar *adj.* مقبول [maqbuːl]; **~en** (L) v/i. قبل [qabila, -a-]; (*adoptieren*) تبنى [tabannaː]; (*voraussetzen*) فرض [farada, -i-]; v/r. *e-r Sache* اعتنى ب [iʕtanaː].

Annehmlichkeit f رفاهية [rafaːhiːja]; **~en** *pl.* مرافق [maraːfiq].

Annonce [a'nɔŋsə, a'nõːsə] f إعلان [ʔiʕlaːn].

annul'lieren (—) v/t. ألغى [ʔalɣaː].

A'node f *El.* القطب الموجب [alqutb almuːdʒab].

an-ord|nen (-e-) v/t. رتب [rattaba]; (*befehlen*) أمر [ʔamara, -u-]; **~nung** f ترتيب [tartiːb]; (*Befehl*) أمر [ʔamr].

anpacken v/t. قبض [qabada, -i-]; *fig.* باشر [baːʃara].

anpass|en (-ßt) v/t. كيف [kajjafa], وفق [waffaqa]; v/r. (**an** A) تكيف مع [takajjafa], انطبق على [intabaqa]; **~ung** f تكييف [takjiːf], مطابقة [mutaːbaqa].

Anprall m (-ẹs; O) تصادم [taʃaːdum], صدمة [ʃadma].

anpreisen (L) v/t. (*Ware*) روج [rawwadʒa].

anraten (L) v/t. نصح ب [naʃaħa].

anrechnen (-e-) v/t. قيد على حساب [qajjada ʕalaː ħisaːb].

Anrecht *n* (*-ȼs; -e*) (**auf** *A* في) حق [ħaqq].

Anred|e *f* مخاطبة [muxaːtaba]; **~en** (*-e-*) *v/t.* خاطب [xaːtaba].

anreg|en *v/t.* (*beleben*) أنعش [ʔanʕaʃa]; (*vorschlagen*) اقترح [iqtaraħa]; **~end** *adj.* منعش [munʕiʃ]; **~ung** *f* اقتراح [iqtiraːħ].

anrichten (*-e-*) *v/t.* (*Essen*) حضر [ħađđara]; ***Unheil ~*** أحدث ضررا [ʔaħdaθa đararan].

Anruf *m* (*-es; -e*) نداء [nidaːʔ]; (*telefonischer ~*) مكالمة [mukaːlama], مخابرة [muxaːbara]; ***Sie hatten e-n ~*** طلبوك بالتلفون [talabuːka bittelefoːn]; **~en** (*L*) *v/t.* نادى [naːdaː]; (*per Telefon*) طلب [talaba, -u-].

anrühren *v/t.* لمس [lamasa, -i-], مس [massa, -a-]; (*mischen*) خلط [xalata, -i-].

Ansag|e *f* إعلان [ʔiʕlaːn]; **~en** *v/t.* أعلن [ʔaʕlana], أخبر [ʔaxbara]; **~er** *m* معلن [muʕlin]; (*Radio*) مذيع [muðiːʕ].

Ansammlung *f* (*von Dingen*) تراكم [taraːkum]; (*von Menschen*) حشد [ħaʃd], تجمهر [tadʒamhur].

ansässig *adj.* مقيم [muqiːm].

Ansatz *m* (*Anfang*) ابتداء [ibtidaːʔ]; (*Schätzung*) تقدير [taqdiːr]; (*Fortsatz*) ملحق [mulħaq].

anschaff|en *v/t.* (*ordern*) أمر [ʔamara, -u-]; (*kaufen*) اشترى [iʃtaraː]; **~ungskosten** *pl.* مصاريف الشراء [maʃaːriːf aʃʃiraːʔ].

anschau|en *v/t.* نظر إلى [naẓara, -u-]; **~lich** *adj.* واضح [waːđiħ], مبين [mubiːn]; **~ung** *f* مشاهدة [muʃaːhada], رؤية [ruʔja]; (*Auffassung*) رأى [raʔj].

Anschein *m* (*-ȼs; O*) ظاهر [ẓaːhir]; ***allem ~ nach*** كما يظهر [kamaː jaẓharu]; ***sich*** (*D*) ***den ~ geben, als ob*** تظاهر ب [taẓaːhara]; **~end** *adv.* يظهر أن [jaẓharu ʔan(na)].

Anschlag *m* (*-ȼs; ⸚e*) (*Plakat*) إعلان [ʔiʕlaːn], ملصق [mulṣaq]; (*Attentat*) (**auf** *A* على) اعتداء [iʕtidaːʔ], محاولة [muħaːwala]; (*Schlag*) ضربة [đarba]; **~brett** *n* (*-ȼs; -er*) لوحة إعلانات [lauħat ʔiʕlaːnaːt]; **~en** (*L*) *v/t.* علق [ʕallaqa], ألصق [ʔalṣaqa]; (*Gewehr*) صوب [ṣawwaba]; **~säule** *f* عمود إعلانات [ʕamuːd ʔiʕlaːnaːt].

anschließen (*L*) *v/t.* أضاف [ʔaḍaːfa]; (*Rohr, Draht*) وصل [waṣṣala]; *v/r.* انضم [inḍamma], التحق [iltaħaqa].

Anschluß *m* (*-sses; ⸗sse*) انضمام [inḍimaːm], التحاق [iltiħaːq]; *Eisenb.* اتصال [ittiṣaːl]; *El.* توصيل [tauṣiːl]; **~dose** *f El.* بريزة [bariːza]; **~zug** *m* (*-ɇs; ⸗e*) قطار مواصلة [qiṭaːr muwaːṣala].

anschmieren *v/t.* دهن [dahana, -u-]; (*beschmutzen*) وسخ [wassaxa]; *fig.* خدع [xadaʕa, -a-].

anschnallen *v/t.* ربط بإبزيم [rabaṭa, -u-, biʔibziːm]; *v/r.* تحزم [taħazzama].

anschneiden (*L*) *v/t.* بدأ يقطع [badaːʔa, -a-, jaqṭaʕu], بدأ بقطع [b. biqaṭʕ]; ***e. Thema*** ~ فتح موضوعا [fataħa, -a-, mauḍuːʕan].

Anschrift *f* عنوان [ʕunwaːn].

anschwellen (*L; sn*) *v/i.* تورم [tawarrama]; (*Fluß*) فاض [faːḍa, -iː-].

ansehen (*L*) *v/t.* نظر إلى [nazara, -u-]; (***für*** *A* ه ‎(ه اعتبر [iʕtabara]; *v/r.*: ***sich*** (*D*) *etw.* ~ تفرج على [tafarradʒa]; **≗** *n* (*-s; O*) شهرة [ʃuhra], سمعة [sumʕa], مكانة [makaːna].

ansehnlich *adj.* غير هين [ɣair hajjin], جليل [dʒaliːl].

ansetzen (*-t*) *v/t.* وضع [waḍaʕa, jaḍaʕu]; (*Termin*) حدد [ħaddada]; ***Fett*** ~ سمن [samina, -a-].

Ansicht *f* منظر [manzar], مشهد [maʃhad]; (*Meinung*) رأى [raʔj]; *Hdl.*: ***zur*** ~ للفرجة [lilfurdʒa]; **~s-(post)karte** *f* تذكرة (بريد) مصورة [taðkira(t bariːd) muṣawwara].

ansied|eln (*-le*) *v/t.* أسكن [ʔaskana]; *v/r.* استوطن [istauṭana]; **≗ler** *m* مستوطن [mustauṭin]; **≗lung** *f* (*Seßhaftmachung*) إسكان [ʔiskaːn]; (*Siedlung*) مستوطنة [mustauṭana].

anspann|en *v/t.* شد [ʃadda, -u-], وتر [wattara]; (*Pferd*) شد [ʃadda, -i-], قرن [qarana, -i-]; ***alle Kräfte*** **~en** جمع كل قواه [dʒamaʕa, -a-, kulla quwaːhu]; **≗ung** *f* جهد [dʒahd].

anspiel|en *v/i.* (***auf*** *A* إلى) لمح [lammaħa], ورب عن [warraba]; ~ung *f fig.* تلميح [talmiːħ], إيماء [ʔiːmaːʔ].

Ansporn *m* (*-s; O*) حث [ħaθθ]; ~en *v/t. j-n* **zu** *etw.* حث ه على [ħaθθa, -u-]; *fig.* شجع [ʃaddʒaʕa].

Ansprache *f* خطاب [xitaːb], خطبة [xutba]; **e-e** ~ ***halten*** ألقى خطابا [ʔalqaː xitaːban].

ansprechen (*L*) *v/t.* خاطب [xaːtaba]; *fig.* (*gefallen*) أعجب [ʔaʕdʒaba]; ~**d** *adj.* معجب [muʕdʒib].

Anspruch *m* (*-es; ⸚e*) (*Recht*) (**auf** *A* فى) حق [ħaqq]; (*Forderung*) طلب [talab]; ~ ***erheben*** (**auf** *A* ب) طالب [taːlaba]; ~ ***haben*** (**auf** *A* ه) استحق [istaħaqqa]; ***in*** ~ ***nehmen*** احتجز ه [iħtadʒaza], أشغل من [ʔaʃɣala]; ~**s-los** *adj.* قنوع [qanuːʕ]; ~**s-voll** *adj.* صعب الإرضاء [saʕb alʔirđaːʔ].

Anstalt *f* مؤسسة [muʔassasa], معهد [maʕhad]; ~***en machen*** استعد [istaʕadda].

Anstand *m* (*-s; O*) أدب [ʔadab], حشمة [ħiʃma], لياقة [lijaːqa]; ***ohne*** ~ بلا مانع [bilaː maːniʕ].

anständig *adj.* مؤدب [muʔaddab], لائق [laːʔiq]; (*Preis*) مناسب [munaːsib]; ~**keit** *f* (*O*) لياقة [lijaːqa], نزاهة [nazaːha].

anstandslos *adv.* بلا صعوبة [bilaː suʕuːba].

an'statt *präp. G* بدلا من [badalan min], عوضا عن [ʕiwađan ʕan].

ansteck|en *v/t.* شبك [ʃabaka, -i-]; (*Ring*) لبس [labisa, -a-]; *Med.* (**mit** *D* ب) أعدى [ʔaʕdaː]; *v/r.* انعدى [inʕadaː]; ~**end** *adj.* معد [muʕdin].

anstehen (*L*) *v/i.* (*zögern*) تردد [taraddada]; (*in e-r Reihe*) وقف فى صف [waqafa, jaqifu, fiː saff], انتظر [intazara]; (*passen*) *j-m* ناسب ه [naːsaba]; ~ ***lassen*** أخر [ʔaxxara].

ansteigen (*L; sn*) *v/i.* ارتفع [irtafaʕa], تصاعد [tasaːʕada].

anstell|en *v/t.* (*Person*) استخدم [istaxdama]; (*Versuch etc.*) عمل [ʕamila, -a-], أجرى [ʔadʒraː]; (*Gerät*) أشعل [ʔaʃɣala]; *v/r.* وقف فى صف [waqafa, jaqifu, fiː saff]; ~**ung** *f* استخدام [istixdaːm], وظيفة [waziːfa].

anstift|en (*-e-*) *v/t.* سبب [sabbaba], دبر [dabbara]; *j-n* **zu**

etw. حرض ه على [ħarrađa]; **~er** *m* محرض [muħarriđ], مدبر [mudabbir].

Anstoß *m* (*-es; ¨-e*) صدمة [ʃadma]; (*Antrieb*) دافع [daːfiʕ]; (*Fußball*) أول رفسة للكرة [ʔawwal rafsa lilkura]; **~ nehmen an** (*D*) استاء من [istaːʔa], استنكر ه [istankara]; **~ geben** (**zu** *D* ه) سبب [sabbaba]; **Stein des ~es** حجر عثرة [ħadʒar ʕaθra]; **~en** (*L; sn*) *v/i.* (**an** *D*) صدم [ʃadama, -i-]; *v/t.* قرع [qaraʕa, -a-]; (*Ball*) رفس [rafasa, -i-].

anstößig *adj.* مسيء [musiːʔ], منكر [munkar].

anstreben *v/t.* قصد [qaʃada, -u-].

anstreichen (*L*) *v/t.* دهن [dahana, -u-].

Anstreicher *m* دهان [dahhaːn].

anstreng|en *v/t.* أجهد [ʔadʒhada], أتعب [ʔatʕaba]; **eine Klage gegen** *j-n* **~en** رفع دعوى على [rafaʕa, -a-, daʕwaː]; *v/r.* أجهد نفسه [ʔadʒhada nafsahu]; **~end** *adj.* متعب [mutʕib]; **~ung** *f* اجهاد [idʒhaːd], تعب [taʕb].

Anstrich *m* (*-ẹs; -e*) دهان [dihaːn], صبغة [ʃibɣa], طلاء [ŧilaːʔ]; *fig.* مظهر [mazhar], نزعة [nazʕa].

Ansturm *m* (*-ẹs; ¨-e*) (**auf** *A* على) هجوم [hudʒuːm].

antasten *v/t.* مس [massa, -a-]; *fig.* نال من [naːla, -aː-].

Anteil *m* (*-s; -e*) نصيب [naʃiːb], حصة [ħiʃʃa]; **~ haben** (**an** *D* في) اشترك [iʃtaraka]; **~ nehmen** (**an** *etw.* ب) اهتم [ihtamma]; **~nahme** *f* (*O*) عطف [ʕaŧf].

An'tenne *f* (سلك) هوائي [(silk) hawaːʔiː].

Anti'babypille *f* قرص لمنع الحمل [qurʃ limanʕ alħaml].

Antibiotikum [-'bĭo-] *n* (*-s; -ka*) مضادة حيوية [muđaːdda ħajawiːja].

an'tik *adj.* قديم [qadiːm], عتيق [ʕatiːq].

An'tike *f* (*O*) العصور القديمة [alʕuʃuːr alqadiːma].

Anti'lope *f* ريم [riːm].

Antipa'thie *f* كراهية [karaːhiːja].

Anti'quar *m* (*-s; -e*) بائع كتب قديمة [baːʔiʕ kutub qadiːma].

anti'quarisch *adj.* (*Buch*) مستعمل [mustaʕmal].

Antiqui'tätenhändler *m* بائع آثار قديمة [baːʔiʕ ʔaːθaːr qadiːma].

Antise'mit *m* (*-en*), **~isch** *adj.* معاد للساميين [muʕaːdin lissaːmiːjiːn].

antiseptisch *adj.* معقم [muʕaqqim].

Antrag *m* (*-ẹs; ⸚e*) طلب [talab]; (*Heirats~*) خطب [xatb], خطبة [xitba]; (*Vorschlag*) اقتراح [iqtiraːħ]; **~steller** *m* مقدم الطلب [muqaddim attalab].

antreffen (*L*) *v/t.* صادف [ṣaːdafa], لقي [laqija, -aː].

antreiben (*L*) *v/t.* (*Tier*) ساق [saːqa, -uː-]; (*Maschine*) حرك [ħarraka]; *fig.* حث [ħaθθa, -u-].

antreten (*L*) *v/t.*: **e-e Reise ~** قام بسفر [qaːma, -uː-, bisafar], رحل [raħala, -a-]; **e-e Stelle ~** تقلد وظيفة [taqallada waziːfa]; *v/i.* *Mil.* اصطف [iṣtaffa].

Antrieb *m* (*-ẹs; -e*) *Techn.* تحريك [taħriːk]; (*Beweggrund*) باعث [baːʕiθ], دافع [daːfiʕ]; **aus eigenem ~** من تلقاء نفسه [min tilqaːʔi nafsihi].

antun (*L*) *v/t.*: **j-m Böses ~** أساء إلى [ʔasaːʔa]; **j-m Gutes ~** أحسن إلى [ʔaħsana]; **sich etw. ~** أضر نفسه [ʔaḍarra nafsahu].

Antwort *f* (**auf** *A* على) جواب [ʤawaːb], رد [radd]; **~en** (*-e-*) *v/i.* *D* أجاب [ʔaʤaːba].

anvertrauen (—): **j-m etw. ~** أناط ه ب [ʔanaːta], ائتمن ه على [iʔtamana].

anwachsen (*L*) *v/i.* (*verwurzelt werden*) تأصل [taʔaṣṣala], التحم [iltaħama]; (*zunehmen*) ازداد [izdaːda], نما [namaː, -uː].

Anwalt *m* (*-s; ⸚e*) محام [muħaːmin].

Anwärter *m* (**auf** *A* ل) مرشح [muraʃʃaħ], مترشح [mutaraʃʃiħ].

anweisen (*L*) *v/t.* (*belehren*) أرشد [ʔarʃada]; (*anordnen*) أمر [ʔamara, -u-]; (*zuteilen*) عين [ʕajjana]; (*Geld*) حول [ħawwala].

Anweisung *f* إرشاد [ʔirʃaːd], توجيه [tauʤiːh], أمر [ʔamr]; *Hdl.* (*Geld~*) حوالة [ħawaːla].

anwend|en (*-e- od. L*) *v/t.* طبق [tabbaqa]; **~ung** *f* تطبيق [tatbiːq].

anwerben *v/t.* استكرى [istakraː].

anwesen|d *adj.* حاضر [ħaːḍir];

~heit *f* (*O*) حضور [ħuđuːr].

anwidern (*-re*) *v/t.* قرف [qarrafa], نفر [naffara].

Anzahl *f* (*O*) كمية [kammiːja], عدد [ʕadad]; **~ung** *f* سلفة [sulfa]; *Hdl.* عربون [ʕarabuːn].

anzapfen *v/t.* بزل [bazala, -u-].

Anzeichen *n* علامة [ʕalaːma], إشارة [ʔiʃaːra]; ***alle*** **~** كل الدلائل [kull addalaːʔil].

anzeichnen (*-e-*) *v/t.* أشر [ʔaʃʃara].

Anzeig|e *f* (*Zeitungs~*) إعلان [ʔiʕlaːn]; (*polizeiliche* **~**) تبليغ [tabliːɣ]; **~en** *v/t.* أعلن [ʔaʕlana], بلغ [ballaɣa]; (*Meßinstrument*) أرى [ʔaraː, juriː]; *j-n* **~en** وشى به [waʃaː, jaʃiː bihi].

anzieh|en (*L*) *v/t.* جذب [ʤaðaba, -i-]; (*spannen, zudrehen*) شد [ʃadda, -i-]; (*Kleid*) لبس [labisa, -a-]; *v/i.* (*sn*) (*Preise*) ارتفع [irtafaʕa]; **~end** *adj.* جذاب [ʤaððaːb], فاتن [faːtin]; **~ung** *f* (*O*) جذب [ʤaðb]; **~ungs-kraft** *f* (*-; ⸚e*) جاذبية [ʤaːðibiːja].

Anzug *m* (*-ɇs; ⸚e*) (*Herren~*) بدلة [badla], بذلة [biðla]; (*Kleidung*) ملابس [malaːbis]; (*Herannahen*) اقتراب [iqtiraːb]; ***im*** **~** مقبل [muqbil], وشيك [waʃiːk].

anzüglich *adj.* وقح [waqiħ], لاذع [laːðiʕ].

anzünden (*-e-*) *v/t.* أوقد [ʔauqada], أشعل [ʔaʃʕala], ولع [wallaʕa].

a'part *adj.* ظريف [ẓariːf].

a'pathisch *adj.* فاتر [faːtir].

Apfel *m* (*-s; ⸚*) *Koll.* تفاح [tuffaːħ]; **~'sine** *f* *Koll.* برتقال [burtuqaːl].

Apo'theke *f* صيدلية [ṣaidaliːja]; *Äg.* أجزاخانة [ʔagzaːxaːna]; **~r** *m* صيدلى [ṣaidaliː].

Appa'rat *m* (*-ɇs; -e*) آلة [ʔaːla], جهاز [ʤihaːz].

Ap'pell *m* (*-s; -e*) نداء [nidaːʔ]; *Mil.* مناداة الأسماء [munaːdaːt alʔasmaːʔ].

Ap'pendix *m* (*-es; Appendizes*) ملحق [mulħaq]; *Anat.* زائدة دودية [zaːʔida duːdiːja].

Appe'tit *m* (*-ɇs; -e*) شهية [ʃahiːja]; **~lich** *adj.* شهى [ʃahiːj], مشوق [muʃawwiq].

Ap'plaus *m* (*-es; O*) تصفيق [taṣfiːq].

Apri'kose *f* *Koll.* مشمش [miʃmiʃ].

A'pril *m* (*-[s]; -e*) *Äg.* أبريل [ʔabriːl]; *Syr.* نيسان [niːsaːn].

Aqua'rell *n (-s; -e)* رسم بالألوان المائية [rasm bilʔalwaːn almaːʔiːja].

Ä'quator *m (-s; O)* خط الاستواء [xatt alistiwaːʔ].

äquiva'lent *(O) adj.* مكافئ [mukaːfiʔ]; **~̈** *n (-ẹs; -e)* مثل [miθl].

Araber *m* عربي [ʕarabiː].

Arab|ien [ʔaˑːˈʀɑːbĭən] *n* جزيرة العرب [ʤaziːrat alʕarab]; **~̈isch** [ʔaˑˈʀɑːbɪʃ] *adj.* عربي [ʕarabiː].

Arbeit *f* عمل [ʕamal], شغل [ʃuɣl]; **~̈en** *(-e-) v/i.* عمل [ʕamila, -a-], اشتغل [iʃtaɣala]; **~er** *m* عامل [ʕaːmil]; **~geber** *m* مستخدم [mustaxdim]; **~nehmer** *m* مستخدم [mustaxdam]; **~̈s-fähig** *adj.* صالح للعمل [ʃaːliħ lilʕamal]; **~s-lohn** *m (-ẹs; ¨e)* أجرة [ʔuʤra]; **~̈s-los** *(O) adj.* بطال [battaːl], عاطل [ʕaːtil]; **~s-losen-unterstützung** *f* مساعدة للعطلة [musaːʕada lilʕatala]; **~s-lose(r)** *m (-n)* عاطل [ʕaːtil]; **~s-losigkeit** *f (O)* بطالة [bitaːla], عطالة [ʕataːla]; **~s-platz** *m (-es; -e)* مكان العمل [makaːn alʕamal]; **~̈s-unfähig** *adj.* غير قادر على العمل [ɣair qaːdir ʕalaː lʕamal]; **~s-zeit** *f* أوقات العمل [ʔauqaːt alʕamal].

Archäo'loge *m (-n)* عالم الآثار [ʕaːlim alʔaːθaːr].

Archäolo'gie *f (O)* علم الآثار القديمة [ʕilm alʔaːθaːr alqadiːma].

Archi'pel *m (-s; -e)* مجموعة جزر [maʤmuːʕat ʤuzur].

Archi'tekt *m (-en)* معمار [miʕmaːr], مهندس معماري [muhandis miʕmaːriː].

Architek'tur *f* فن العمارة [fann alʕimaːra].

Ar'chiv *n (-ẹs; -e)* محفوظات [maħfuːzaːt].

Arena *f (-; -nen)* حلبة [ħalba].

arg *(¨er; ¨st-) adj.* ردىء [radiːʔ], سيء [sajjiʔ]; *adv.* جدا [ʤiddan].

Ärger *m (-s; O)* كدر [kadar], زعل [zaʕl], إزعاج [ʔizʕaːʤ]; **~̈lich** *adj. S.* مزعج [muzʕiʤ]; *(Mensch)* *(**über** A* من*)* زعلان [zaʕlaːn], متكدر [mutakaddir]; **~̈n** *(-re) v/t.* أزعل [ʔazʕala], أزعج [ʔazʕaʤa]; *v/r.* *(**über** A* من*)* تكدر [takaddara], زعل [zaʕila, -a-]; **~nis** *n (-ses; -se)* جرسة [ʤursa], فضيحة [fadiːħa].

Arg|list *f* (*O*) مكر [makr]; **~los** (*O*) *adj.* سليم النية [saliːm anniːja].

Argu'ment *n* (-*¢s*; -*e*) حجة [ħuddʒa], دليل [daliːl].

Arg|wohn *m* (-*s*; *O*) شبهة [ʃubha], ريبة [riːba]; **~wöhnisch** *adj.* مستريب [mustariːb].

Aristokra'tie *f* أرستوقراطية [ʔaristuqraːtiːja].

Arith'metik *f* (*O*) علم الحساب [ʕilm alħisaːb].

arm (*¨er*; *¨st-*) *adj.* فقير [faqiːr]; (*elend*) مسكين [miskiːn].

Arm *m* (-*¢s*; -*e*) ذراع [ðiraːʕ].

Arma'turenbrett *n* (-*es*; -*er*) لوحة أدوات [lauħat ʔadawaːt].

Armband *n* سوار [siwaːr]; **~uhr** *f* ساعة يد [saːʕat jad].

Armbinde *f* شريط على الكم [ʃariːt ʕalaː lkumm].

Ar'mee *f* جيش [dʒaiʃ].

Ärmel *m* كم [kumm].

Armut *f* (*O*) فقر [faqr].

A'roma *n* (-*s*; -*men*) رائحة [raːʔiħa], عبير [ʕabiːr].

aro'matisch *adj.* عطرى [ʕitriː], عبق [ʕabiq].

Ar'rest *m* (-*¢s*; -*e*) حبس [ħabs].

arro'gant *adj.* متكبر [mutakabbir].

Arsch *m* (-*¢s*; *¨e*) *vulg.* إست [ʔist], طيظ [tiːz].

Arse'nal *n* ترسانة [tarsaːna].

Art *f* نوع [nauʕ], لون [laun], صنف [ʃinf], ضرب [đarb], جنس [dʒins].

Ar'terie [-ʀĭə] *f* شريان [ʃirjaːn].

artig *adj.* مؤدب [muʔaddab], مهذب [muhaððab].

Ar'tikel *m* (*Zeitungs~*) مقالة [maqaːla]; (*Gesetzes~*) مادة [maːdda]; *Hdl.* (*Ware*) بضاعة [biđaːʕa]; *Gr.* أداة [ʔadaːt].

Artille'rie *f* مدفعية [midfaʕiːja].

Arti'schocke *f* خرشوف [xarʃuːf].

Arz'nei *f* دواء [dawaːʔ].

Arzt *m* (-*es*; *¨e*) طبيب [tabiːb].

Ärztin *f* طبيبة [tabiːba].

ärztlich (*O*) *adj.* طبي [tibbiː].

As *n* (-*ses*; -*se*) آس [ʔaːs].

As'best *m* حرير صخرى [ħariːr ʃaxriː].

Asche *f* رماد [ramaːd]; **~n-becher** *m* منفضة [minfađa]; **~r-mittwoch** *m* (-*s*; *O*) *Rel.* أربعاء الرماد [ʔarbiʕaːʔ arramaːd].

'Asien ['ʔaːzĭən] *n* آسيا [ʔaːsijaː].

asi'atisch *adj.* آسيوى [ʔaːsi-jawiː].

As'ket *m (-en)*, **~isch** *adj.* زاهد [zaːhid].

As'pekt *m (-s; -e)* وجه [wadʒh], جانب [dʒaːnib].

As'phalt *m (-s; -e)* أسفلت [ʔasfalt]; **~ierung** [-'tiː-] *f* سفلتة [saflata].

Assis'tent *m (-en)* مساعد [musaːʕid].

Ast *m (-es; ¨e)* فرع [farʕ], غصن [ɣuʃn].

Astro'loge *m (-n)* منجم [munaddʒim].

Astro'naut *m (-en)* رائد فضاء [raːʔid fađaːʔ].

Astrono'mie *f (O)* علم الفلك [ʕilm alfalak].

A'syl *n (-s; -e)* ملجأ [maldʒaʔ], مأوى [maʔwan]; **~recht** *n (-es; O)* حق الالتجاء [ħaqq aliltidʒaːʔ].

Ate'lier [atə'li̯ə] *n (-s; -s)* استوديو [istuːdijuː], مرسم [marsam].

Atem *m (-s; O)* نفس [nafas]; ***außer ~*** *s.* **~los**; **~ holen** تنفس [tanaffasa]; **~los** *(O) adj.* مبهور الأنفاس [mabhuːr alʔanfaːs].

Äther *m (-s; O)* أثير [ʔaθiːr]; *Chem.* إثير [ʔiθiːr]; **~isch** [ɛ'teːrɪʃ] *adj.* أثيرى [ʔaθiːriː].

Ath'let *m (-en)* رياضى [rijaːđiː].

atlantisch *(O)*: ***der ~e Ozean*** المحيط الأطلسى [almuħiːt alʔatlasiː].

Atlas *m (-; -se od. -lanten)* أطلس جغرافى [ʔatlas dʒuɣraːfiː].

atmen ['ɑː-] *(-e-) v/i.* تنفس [tanaffasa].

Atmos'phär|e [-'fɛː-] *f* جو [dʒaww]; **~isch** *(O) adj.* جوى [dʒawwiː].

Atmung *f* تنفس [tanaffus].

A'tom *n (-s; -e)* ذرة [ðarra]; **~'ar** *(O) adj.* ذرى [ðarriː]; **~bombe** *f* قنبلة ذرية [qumbula ðarriːja]; **~energie** *f (O)* طاقة ذرية [taːqa ð.]; **~müll** *m (O)* قمامة ذرية [qumaːma ð.]; **~spaltung** *f* تحطيم الذرة [taħtiːm aððarra].

Attaché [-'ʃeː] *m (-s; -s)* ملحق [mulħaq].

Attentat *n (-es; -e)* (**auf** على) محاولة اغتيال اعتداء [iʕtidaːʔ], [muħaːwalat iɣtijaːl].

Attentäter *m* معتد [muʕtadin].

At'test *n (-es; -e)* شهادة [ʃahaːda].

ätz|en (-*t*) *v/t.* کوى [kawaː, -iː]; *Chem.* أكل [ʔakala, -u-]; **~end** *adj.* كاو [kaːwin].

Aubergine [oˑbɛʀˈʒiːnə] *f* باذنجان [baːðindʒaːn].

auch *adv.* أيضا [ʔaiđan], كذلك [kaðaːlika]; ***wenn*** ~ وإن [wa ʔin].

Audienz [-ˈdĭɛnts] *f* مقابلة [muqaːbala].

auf *präp.* (*wo?*) *D* (*wohin?*) *A* على [ʕalaː], فوق [fauqa]; ~ ***der Straße*** في الشارع [fiː ʃʃaːriʕ]; ~ ***die Straße*** إلى الشارع [ʔilaː ʃ.]; ~ ***ein Jahr*** لمدة سنة [limuddat sana]; ~ ***deutsch*** بالألمانية [bilʔalmaːniːja]; ~ ***einmal*** بالمرة [bilmarra]; *adv.* ***die Tür ist*** ~ الباب مفتوح [albaːb maftuːħ]; ***er ist schon*** ~ قد قام (من النوم) [qad qaːma (min annaum)].

aufarbeiten (-*e*-) *v/t.* خلص (العمل) [xallaʃa (lʕamal)].

aufatmen (-*e*-) *v/i.* تنفس واستراح [tanaffasa wastaraːħa].

Aufbau *m* (-*e̸s*; -*e od.* -*ten*) إنشاء [ʔinʃaːʔ], تشييد [taʃjiːd], إقامة [ʔiqaːma]; (*Struktur*) تركيب [tarkiːb], بناء [binaːʔ];

~en *v/t.* بنى [banaː, -iː], شيد [ʃajjada].

aufbäumen *v/r.* (*Pferd*) شب [ʃabba, -u-]; *fig.* تمرد [tamarrada].

aufbauschen *v/t.* بالغ في [baːlaɣa].

aufbekommen *v/t.* فتح [fataħa, -a-].

aufbessern (-*re*) *v/t.* (*Gehalt*) زاد [zaːda, -iː].

aufbewahren (—) *v/t.* حفظ ه [ħafiʒa, -a-], احتفظ ب [iħtafaʒa].

aufbieten (*L*) *v/t.* حشد [ħaʃada, -i-]; ***alle Kräfte*** ~ جهد جهده [dʒahada, -a-, dʒahdahu].

aufbinden (*L*) *v/t.* ربط [rabaṭa, -u-], شبك [ʃabaka, -i-]; (*auflösen*) فك [fakka, -u-].

aufbläh|en *v/t.* نفخ [nafaxa, -u-], ضخم [đaxxama].

aufblasen (*L*) *v/t.* ملأ بالهواء [malaʔa, -a-, bilhawaːʔ].

aufbleiben (*L*) *v/i.* (*nicht schlafen*) سهر [sahira, -a-]; (*offen bleiben*) بقى مفتوحا [baqija, -aː, maftuːħan].

aufblühen (*sn*) *v/i.* ازدهر [izdahara].

aufbrauchen *v/t.* استنفد [istanfada], استهلك [istahlaka].

aufbrausen (*-t; sn*) *v/i.* فار [faːra, -uː-]; *fig.* غضب [ɣadiba, -a-].

aufbrechen (*L*) *v/t.* حطم [ħattama], كسر [kassara]; *v/i.* (*sn*) انكسر [inkasara]; (*losgehen, abreisen*) رحل [raħala, -a-], انصرف [infarafa].

aufbringen (*L*) *v/t.* (*zornig machen*) أغضب [ʔaɣdaba]; (*Geld*) دبر [dabbara]; *Mar.* (*Schiff*) صادر [ʃaːdara].

Aufbruch *m* (*-¢s; ¨-e*) قيام [qijaːm], رحيل [raħiːl].

aufdecken *v/t.* كشف [kaʃafa, -i-].

aufdrehen *v/t.* (*Wasserhahn*) فتح [fataħa, -a-].

aufdringlich *adj.* ملحاح [milħaːħ], لجوج [ladʒuːdʒ].

Aufdruck *m* (*-¢s; -e*) بصمة [baʃma], مطبوع [matbuːʕ].

aufein'ander *adv.* بعض على بعض [baʕd ʕalaː baʕd]; **~folgend** *adj.* متعاقب [mutaʕaːqib], متتابع [mutataːbiʕ]; *adv.* بالتعاقب [bittaʕaːqub].

Aufenthalt *m* (*-¢s; -e*) إقامة [ʔiqaːma]; *Eisenb.* وقوف [wuquːf]; **~s-dauer** *f* مدة الإقامة [muddat alʔiqaːma]; **~s-genehmigung** *f* تصريح بالإقامة [taʃriːħ bilʔiqaːma].

auffahr|en (*L; sn*) *v/i.* صعد [ʃaʕada, -a-]; *fig.* فز [fazza, -i-]; (*Schiff*) ارتطم ب [irtatama]; **⁓t** *f* صعود [ʃuʕuːd]; (*Rampe*) رصيف [raʃiːf].

auffall|en (*L; sn*) *v/i.* ألفت النظر [ʔalfata nnazar]; (**auf** *A* على) سقط [saqata, -u-], انطرح [intaraħa]; **~end** *adj.* ملفت للنظر [mulfit linnazar].

auffangen (*L*) *v/t.* تلق [talaqqaː].

auffass|en (*-ßt*) *v/t.* فهم [fahima, -a-], أدرك [ʔadraka]; **⁓ung** *f* إدراك [ʔidraːk], وجهة النظر [widʒhat annazar].

auffinden (*L*) *v/t.* وجد [wadʒada, jadʒidu].

aufford|ern (*-re*) *v/t.* (**zu** *D* إلى) دعا [daʕaː, -uː]; **⁓erung** *f* دعوة [daʕwa], طلب [talab].

aufführ|en *v/t.* (*e-n Bau*) شيد [ʃajjada]; *Thea.* مثل [maθθala]; *v/r.* سلك [salaka, -u-]; **⁓ung** *f Thea.* تمثيل [tamθiːl]; (*Benehmen*) سلوك [suluːk].

Aufgabe *f* (*Verpflichtung, Schul⁓*) واجب [waːdʒib]; (*Problem*) مسألة [masʔala];

(*Versand*) شحن [ʃaħn], إرسال [ʔirsaːl]; (*Verzicht*) ترك [tark], (*G* عن) إقلاع [ʔiqlaːʕ].

Aufgang *m* (*-ęs; ¨e*) مطلع [matlaʕ]; (*Sonnen*~) شروق [ʃuruːq].

aufgeben (*L*) *v/t.* (*Brief, Telegramm, Gepäck*) أرسل [ʔarsala]; ***j-m e. Rätsel*** ~ طرح عليه أحجية [taraħa, -a-, ʕalaihi ʔuħʤiːja]; (*verzichten*) ترك [taraka, -u-], أقلع عن [ʔaqlaʕa]; ***die Hoffnung auf*** (*A*) ~ يئس من [jaʔisa, -a-].

Aufgebot *n* (*-ęs; -e*) حشد [ħaʃd]; ***allgemeines*** ~ التعبئة العامة [attaʕbiʔa alʕaːmma].

aufgebracht *adj.* (**über** *A* ب) متهيج [mutahajjiʤ], زعلان من [zaʕlaːn].

aufgehen (*L; sn*) *v/i.* طلع [talaʕa, -u-]; (*Sonne*) شرق [ʃaraqa, -u-]; (*sich öffnen*) انفتح [infataħa]; (*gelöst werden*) انفك [infakka], انحل [inħalla]; ***ihm ging endlich ein Licht auf*** فهم أخيرا [fahima, -a-, ʔaxiːran].

aufgeklärt *adj.* مستنير [mustaniːr].

aufgelegt *adj.* (**zu** *D* إلى) مائل [maːʔil]; ***gut*** ~ حسن المزاج [ħasan almizaːʤ].

aufgeweckt *adj.* (*Kind*) ذكي [ðakiːj].

aufgießen (*L*) *v/t.* صب [ʃabba, -u-]; *(Tee)* نقع [naqaʕa, -a-].

Aufguß *m* (*-sses; ¨sse*) نقاعة [nuqaːʕa].

aufhaben (*L*) *v/t.*: ***e-n Hut*** ~ لبس قبعة [labisa, -a-, qubbaʕa].

aufhalten (*L*) *v/t.* (*stoppen*) أوقف [ʔauqafa]; (*zurückhalten*) أخر [ʔaxxara]; (*offen halten*) فتح [fataħa, -a-]; *v/r.* مكث [makaθa, -u-]; (**über** *A* من) استاء [istaːʔa].

aufhängen (*L*) *v/t.* علق [ʕallaqa]; (*hinrichten*) شنق [ʃanaqa, -u-].

aufhäufen *v/t.* كوم [kawwama].

aufheben (*L*) *v/t.* رفع [rafaʕa, -a-]; (*auflesen*) لقط [laqata, -u-]; (*aufbewahren*) حفظ [ħafiza, -a-], احتفظ ب [iħtafaza]; (*Verbot, Gesetz*) ألغى [ʔalɣaː]; ***einander*** ~ تنافى [tanaːfaː].

Aufhebung *f* رفع [rafʕ], إلغاء [ʔilɣaːʔ].

aufheitern (*-re*) *v/t.* سلى [sallaː], أبهج [ʔabhaʤa]; *v/r.* (*Wetter*) صفا [ʃafaː, -uː].

aufhelfen (*L*) *v/i. j-m* عاون على القيام [ʕaːwana ʕalaː lqijaːm].

aufhellen *v/t.* وضح [wađđaħa]; *v/r.* (*Wetter*) صفا [ʃafaː, -uː].

aufhetzen (*-t*) *v/t.* حرض [ħarrađa].

aufhören *v/i.* (**mit** *D* عن) انقطع [inqataʕa], توقف [tawaqqafa], زال [zaːla, -aː-], كف [kaffa, -u-]; (**mit** *D* ه) أنهى [ʔanhaː].

aufklären *v/t. etw.* أوضح [ʔauđaħa], وضح [wađđaħa], أنار [ʔanaːra]; *j-n* نور [nawwara], أطلع [ʔatlaʕa].

Aufklärung *f* إيضاح [ʔiːðaːħ], تنوير [tanwiːr]; *Mil.* استكشاف [istikʃaːf].

aufkleben *v/t.* ألصق [ʔalʃaqa].

aufknöpfen *v/t.* فك الأزرار [fakka, -u-, alʔazraːr].

aufkommen (*L; sn*) *v/i.* قام [qaːma, -uː-], طلع [talaʕa, -u-], ظهر [zahara, -a-]; **für die Kosten** ~ تحمل النفقات [taħammala nnafaqaːt]; ≈**n** قيام [qijaːm].

aufladen *v/t.* حمل [ħammala]; *El.* شحن [ʃaħana, -a-].

Auflage *f* (*Steuer, Verpflichtung*) ضريبة [đariːba]; (*e-s Buches*) طبعة [tabʕa].

auflassen (*L*) *v/t.*: **die Tür** ~ ترك الباب مفتوحا [taraka, -u-, albaːb maftuːħan].

Auflauf *m* (*-ǂs; ¨-e*) تجمهر [tadʒamhur]; ≈**en** (*L; sn*) *v/i.* (*Schiff*) ارتطم [irtatama].

auflegen *v/t.* (**auf** *A* على) وضع [wađaʕa, jađaʕu]; (*e. Buch*) طبع [tabaʕa, -a-].

auflehnen *v/r.* (**gegen** *A* على) تمرد [tamarrada], عصى ه [ʕaʃaː, -iː].

auflesen (*L*) *v/t.* التقط [iltaqata].

auflös|en (*-t*) *v/t.* حل [ħalla, -i-]; (*Knoten*) فك [fakka, -u-]; (*Versammlung*) فض [fađđa, -u-]; (*Vertrag*) فسخ [fasaxa, -a-]; *v/r.* انحل [inħalla]; ≈**ung** *f* حل [ħall]; (*Zerfall*) تشتت [taʃattut].

aufmach|en *v/t.* فتح [fataħa, -a-]; *v/r.* ارتحل [irtaħala]; ≈**ung** *f* زينة [ziːna].

aufmerksam *adj.* (**auf** *A* إلى) منتبه [muntabih]; *j-n* ~ **machen** نبه [nabbaha]; ≈**keit** *f* انتباه [intibaːh], اعتناء [iʕtinaːʔ].

Aufnahme *f* استقبال [istiqbaːl], قبول [qubuːl]; ~ **finden** وجد ملجأ [wadʒada maldʒaʔan]; (*Foto*≈) صورة [ʃuːra];

(*Film*~) تصوير [taʃwiːr]; (*Ton*~) تسجيل [tasdʒiːl]; (*Inventur*) جرد [dʒard]; (*Bericht*) تقرير [taqriːr]; **e-e ~ machen** التقط صورة [iltaqata ʃuːra].

aufnehmen (*L*) *v/t.* (*aufheben*) التقط [iltaqata]; (*zulassen*) قبل [qabila, -a-]; (*e-n Gast*) استقبل [istaqbala]; **e-e Anleihe ~** اقترض [iqtarađa]; (*fotografieren*) صور [ʃawwara]; (*auf Tonband*) سجل [saddʒala].

aufpassen (*-ßt*) *v/i.* (**auf** *A* إلى) انتبه [intabaha]; (*vorsichtig sein*) احترس [iħtarasa], احتذر [iħtaðara].

Aufprall *m* (*-¢s; -e*) وقعة [waqʕa], صدمة [ʃadma].

aufpumpen *v/t.* نفخ [nafaxa, -u-], ملأ بالهواء [malaʔa, -a-, bilhawaːʔ].

aufräumen *v/t.* (*ordnen*) نظم [nazzama]; (*reinigen*) نظف [nazzafa].

aufrecht *adj.* قائم [qaːʔim], منتصب [muntaʃib]; (*aufrichtig*) مستقيم [mustaqiːm], مخلص [muxliʃ]; **~-erhalten** (*L*) *v/t.* حافظ على [ħaːfaza].

aufreg|en *v/t.* هيج [hajjadʒa], أثار [ʔaθaːra]; *v/r.* قلق [qaliqa, -a-]; **~ung** *f* (*O*) تهيج [tahajjudʒ], اضطراب [iđtiraːb]; *Äg.* دوشة [dauʃa].

aufreiben (*L*) *v/t.* سحق [saħaqa, -a-]; **~d** *adj.* منهك [munhik], متعب [mutʕib].

aufreihen *v/t.* نظم [nazzama], صف [ʃaffa, -u-].

aufreißen (*L*) *v/t.* شق [ʃaqqa, -u-], فض [fađđa, -u-]; (*Fenster, Tür*) فتح بشدة [fataħa, -a-, biʃidda].

aufricht|en (*-e-*) *v/t.* نصب [naʃaba, -u-], قوم [qawwama]; **~ig** *adj.* صادق [ʃaːdiq], مخلص [muxliʃ], مستقيم [mustaqiːm]; **~igkeit** *f* (*O*) إخلاص [ʔixlaːʃ], صدق [ʃidq].

aufrollen *v/t.* (*zusammenrollen*) لف [laffa, -i-]; (*entrollen*) فك [fakka, -u-], نشر [naʃara, -u-].

Aufruf *m* (*-¢s; -e*) دعوة [daʕwa], نداء [nidaːʔ]; **~en** (*L*) *v/t.* (**zu** *D* إلى) دعا [daʕaː, -uː-].

Aufruhr *m* (*-¢s; -e*) (*Lärm*) ضجة [đaddʒa]; (*Revolte*) تمرد [tamarrud], عصيان [ʕiʃjaːn].

aufrühr|en *v/t.* أثار [ʔaθaːra]; **~er** *m* متمرد [mutamarrid], ثائر [θaːʔir].

Aufrüstung *f* تسلح [tasallu̇h].

aufsagen *v/t.* تلا [talaː, -uː]; (*e. Gedicht*) أنشد [ʔanʃada].

aufsässig *adj.* جموح [dʒa-muːħ], لجوج [ladʒuːdʒ].

Aufsatz *m* (-*¢s*; ⸚*e*) (*Zeitungs*~) مقالة [maqaːla]; (*Schul*~) إنشاء [ʔinʃaːʔ]; *Techn.* ما يوضع فى الأعلى [maː juːđaʕu fiː lʔaʕlaː].

aufschieben (*L*) *v/t.* (*zeitlich*) أجل [ʔaddʒala].

Aufschlag *m* (-*¢s*; ⸚*e*) (*Aufprall*) صدمة [ʃadma]; (*Gebühren*~) رسم إضافى [rasm ʔiđaːfiː]; (*Ärmel*~) حاشية كم [ħaːʃijat kumm]; (*Rock*~) قلبة [qalba]; ~**en** (*L*) *v/t.* (*e. Ei*) كسر [kasara, -i-]; (*e. Zelt*) نصب [naʃaba, -u-]; (*e. Buch, die Augen*) فتح [fataħa, -a-]; (*Gebühr*) أضاف [ʔađaːfa]; (*Ärmel*) شمر [ʃammara]; *v/i.* اصطدم [iʃta-dama].

aufschließen *v/t.* فتح [fataħa, -a-].

Aufschluß *m* (-*sses*; ⸚*sse*) إخبار [ʔixbaːr], إعلام [ʔiʕlaːm], إيضاح [ʔiːđaːħ]; ~**reich** *adj.* مفيد [mufiːd], دال [daːll].

aufschnallen *v/t.* حل إبزيما [ħalla, -u-, ʔibziːman]; (*befestigen*) ربط بإبزيم [rabata, -u-, biʔibziːm].

aufschneiden (*L*) *v/t.* قطع [qattaʕa], شرح [ʃarraħa]; (*öffnen*) فتح بالقطع [fataħa, -a-, bilqatʕ]; *v/i.* بالغ [baːlaɣa], فاخر [faːxara].

Aufschnitt *m* (-*¢s*; *O*) شرائح لحوم متنوعة [ʃaraːʔiħ luħuːm mutanawwiʕa].

Aufschrei *m* (-*¢s*; -*e*) صرخة [ʃarxa].

aufschreiben (*L*) *v/t.* قيد [qaj-jada], سجل [saddʒala].

Aufschrift *f* عنوان [ʕunwaːn], بيان [bajaːn], كلمات مكتوبة [kalimaːt maktuːba].

Aufschub *m* (-*s*; *O*) تأجيل [taʔdʒiːl], مهلة [muhla].

Aufschwung *m* (-*¢s*; ⸚*e*) ترق [taraqqin], نهضة [nahđa]; *Wirt.* رواج [rawaːdʒ].

Aufsehen (-*s*; *O*) انتباه [inti-baːh], دهشة [dahʃa]; ~ **erregen** لفت الأنظار [lafata, -i-, alʔanzaːr]; ~**erregend** *adj.* مثير للدهشة [muθiːr lid-dahʃa].

Aufseher *m* مفتش [mufattiʃ], ناظر [naːzir].

aufsein (*L*) *v/i.* صحى [ʃaħija, -aː]; (*bei Nacht*) سهر [sahira, -a-].

aufsetzen (*-t*) *v/t.* وضع [waḍaʕa, jaḍaʕu]; (*Hut*) لبس [labisa, -a-]; (*Schriftstück*) ألف [ʔallafa].

Aufsicht *f* مراقبة [muraːqaba], إشراف [ʔiʃraːf]; **~s-rat** *m* مجلس الإدارة [madʒlis alʔidaːra].

aufsitzen (*L*) *v/i.* ركب [rakiba, -a-].

aufspringen (*L; sn*) *v/i.* (**auf** *A*) قفز (على) [qafaza, -i-]; (*Tür*) انفتح [infataħa]; (*Haut*) تشقق [taʃaqqaqa].

aufstacheln (*-le*) *v/t.* نخس [naxasa, -a-], حث [ħaθθa, -u-].

Aufstand *m* (*-es; ⸗e*) ثورة [θaura], تمرد [tamarrud].

aufstehen (*L; sn*) *v/i.* قام [qaːma, -uː-], نهض [nahaḍa, -a-]; (*gegen*) تمرد على [tamarrada].

aufsteigen (*L; sn*) *v/i.* صعد [ʃaʕida, -a-], طلع [ṭalaʕa, -u-]; (*Flugzeug*) ارتفع [irtafaʕa]; (*im Beruf*) ترق [taraqqaː].

aufstellen *v/t.* نصب [naʃaba, -u-], أقام [ʔaqaːma]; (*Rechnung, Regel*) وضع [waḍaʕa, jaḍaʕu]; (*e-n Kandidaten*) رشح [raʃʃaħa]; **e-n Rekord ~** سجل رقما قياسيا [saddʒala raqman qijaːsiːjan].

Aufstellung *f* سرد [sard], قائمة [qaːʔima].

Aufstieg *m* (*-ɇs; -e*) صعود [ʃuʕuːd], طلوع [ṭuluːʕ], ارتفاع [irtifaːʕ]; *fig.* ترق [taraqqin].

aufstoßen (*L*) *v/t.* فتح دفعا [fataħa, -a-, daffʕan].

aufstützen (*-t*) *v/t.* أسند [ʔasnada]; *v/r.* استند [istanada].

aufsuchen *v/t.* *j-n* زار [zaːra, -uː-].

Auftakt *m* (*-ɇs; -e*) ابتداء [ibtidaːʔ].

auftanken *v/t.* ملأ بالبنزين [malaʔa, -a-, bilbanziːn].

auftauchen (*sn*) *v/i.* ظهر [ẓahara, -a-].

aufteilen *v/t.* قسم [qassama], وزع [wazzaʕa].

Auftrag *m* (*-ɇs; ⸗e*) تكليف [takliːf], أمر [ʔamr]; *Hdl.* (*Bestellung*) طلب [ṭalab], توصية [tauʃija]; **⸗en** (*L*) *v/t.* (*aufstreichen*) طلى ب [ṭalaː, -iː]; (*Speisen*) قدم [qaddama]; *j-m etw.* كلف ه ب [kallafa]; **dick ⸗en** بالغ [baːlaɣa].

auftreiben (*L*) *v/t.* (*beschaffen*) حصل [ħaʃʃala], اقتنى [iqtanaː].

auftrennen *v/t.* فتق [fattaqa].

auftreten (*L; sn*) *v/i.* داس [daːsa, -uː-]; (*agieren*) تصرف [taʃarrafa]; *Thea.* ظهر [zahara, -a-]; **~̰** *n* ظهور [zuhuːr], تصرف [taʃarruf].

Auftritt *m* (-*ɇs*; -*e*) *Thea.* مشهد [maʃhad]; (*Streit*) مشاجرة [muʃaːdʒara].

aufwachen (*sn*) *v/i.* استيقظ [istaiqaza].

aufwachsen (*L; sn*) *v/i.* نشأ [naʃaʔa, -a-].

Aufwand *m* (-*ɇs*; *¨e*) (*Einsatz*) صرف [ʃarf], بذل [baðl]; (*Luxus*) ترف [taraf].

aufwärmen *v/t.* سخن [saxxana].

aufwärts *adv.* نحو العلى [naħwa lʕulaː], إلى فوق [ʔilaː fauqu], صاعدا [ʃaːʕidan].

auf|wecken *v/t.* أيقظ [ʔaiqaza]; **~wenden** (-*e*-) *v/t.* صرف [ʃarafa, -i-]; (*Mühe*) بذل [baðala, -u-]; **~werfen** (*L*) *v/t.*: ***e-e Frage ~werfen*** طرح سؤالا [taraħa, -a-, suʔaːlan]; **~werten** (-*e*-) *v/t.* رفع قيمته [rafaʕa, -a-, qiːmatahu].

Aufwertung *f*: ***~ der Währung*** زيادة قيمة العملة [zijaːdat qiːmat alʕumla].

auf|wickeln (-*le*) *v/t.* لف [laffa, -i-]; (*öffnen*) فك [fakka, -u-]; **~wiegeln** (-*le*) *v/t.* حرض [ħarraɖa]; **~wiegen** (*L*) *v/t.* وازن [waːzana], عادل [ʕaːdala]; **~winden** (*L*) *v/t.* لف [laffa, -i-].

aufzähl|en *v/t.* عدد [ʕaddada]; **~̰ung** *f* تعداد [taʕdaːd].

aufzeichnen (-*e*-) *v/t.* رسم [rasama, -i-], قيد [qajjada], سجل [saddʒala].

Aufzeichnungen *f/pl.*: ***~ machen*** دون [dawwana].

aufzeigen *v/t.* أشار إلى [ʔaʃaːra]; (*Schule*) رفع يده [rafaʕa, -a-, jadahu].

aufziehen (*L*) *v/t.* (*Anker, Flagge*) رفع [rafaʕa, -a-]; (*Kind*) ربى [rabbaː]; (*Uhr*) ملأ [malaʔa, -a-]; *v/i.* (*sn*) (*Gewitter*) اقترب [iqtaraba].

Aufzug *m* (-*ɇs*; *¨e*) (*Prozession*) موكب [maukib]; *Thea.* فصل [faʃl]; (*Fahrstuhl*) مصعد [miʃʕad]; (*Anzug*) زى [zijj].

aufzwingen (*L*) *v/t.* (*j-m etw.*) أجبر (ه على) [ʔadʒbara].

Aug-apfel *m* (-*s*; *¨*) مقلة العين [muqlat alʕain].

Auge *n* (-*s*; -*n*) عين [ʕain]; ***im ~ haben*** قصد [qaʃada, -u-]; ***im ~ behalten*** راقب

[raːqaba], فكر فى [fakkara], ما نسى [maː nasija]; ***die ~n schließen*** (***vor*** *D* ﻫ) أغفل [ʔaɣfala]; ***ich habe ihn aus den ~n verloren*** اختفى عن نظرى [ixtafaː ʕan nazariː].

Augen|-arzt *m* (*-es; ¨-e*) طبيب عيون [tabiːb ʕujuːn]; **~blick** *m* (*-ɇs; -e*) لحظة [lahza]; **~̊blicklich** *adv.* (*sofort*) حالا [haːlan], فى لمح البصر [fiː lamh albaʃar]; (*gegenwärtig*) حاليا [haːliːjan]; **~braue** *f* حاجب [haːdʒib]; **~entzündung** *f* رمد [ramad], التهاب العين [iltihaːb alʕain]; **~klinik** *f* قسم أمراض العين [qism ʔamraːđ alʕain]; **~licht** *n* (*-ɇs; O*) بصر [baʃar]; **~lid** *n* (*-ɇs; -er*) جفن [dʒafn]; **~maß** *n* (*-es; O*) تقدير نظرى [taqdiːr nazariː]; **~merk** *n* (*-s; O*) انتباه [intibaːh]; ***das ~merk richten*** (***auf*** *A* إلى) انتبه [intabaha]; **~nerv** *m* (*-s; -en*) عصب بصرى [ʕaʃab baʃariː].

augenscheinlich *adv.*: ***~ ist es so*** الظاهر أنه كذلك [azzaːhir ʔannahu kaðaːlika].

Augen|wimper *f* (*-; -n*) رمش [rimʃ], هدب [hudb]; **~zeuge** *m* (*-n*) شاهد عيان [ʃaːhid ʕijaːn].

Au'gust *m Äg.* أغسطس [ʔaɣustus]; *Syr.* آب [ʔaːb].

Auktion [aʊk'tsĭoːn] *f* مزاد [mazaːd].

aus *präp.* (داخل) من [min (daːxil)]; ***~ Stein*** من حجر [min hadʒar]; ***~ Angst*** (***vor*** *D* من) خوفا [xaufan min]; ***von mir ~!*** لا مانع عندى [laː maːniʕ ʕindiː]; *adv.* خلاص [xalaːʃ]; ***es ist ~*** انتهى [intahaː].

Ausarbeitung *f* انجاز [indʒaːz].

aus-arten (*-e-; sn*) *v/i.* انحط [inhatta].

ausbauen *v/t.* وسع بناء [wasaʕa binaːʔan], قوى [qawwaː], حسن [hassana].

ausbedingen *v/t.* اشترط [iʃtarata].

ausbess|ern (*-re*) *v/t.* أصلح [ʕaʃlaha], رم [ramma, -u-]; **~̊erung** *f* إصلاح [ʔiʃlaːh], رم [ramm].

Ausbeut|e *f* (*O*) مكسب [maksab], منفعة [manfaʕa]; **~̊en** (*-e-*) *v/t.* استغل [istaɣalla]; **~ung** *f* استغلال [istiɣlaːl].

ausbild|en (*-e-*) علم [ʕallama], درب [darraba], مرن [marrana]; **~̊ung** *f* تدريب [tadriːb].

ausbleiben (*L; sn*) *v/i.* تغيب

[taɣajjaba], ما حضر [maː ħađara, -u-]; ~̃n (-s; O) عدم وصول [ʕadam wuʃuːl].

Ausblick *m* (-*¢s*; -*e*) منظر [manzar].

ausbrechen (*L*) *v/t.* كسر [kasara, -i-], خلع [xalaʕa, -a-]; *v/i.* (*sn*) (*Feuer*) شب [ʃabba, -i-]; (*Krieg*) نشب [naʃiba, -a-]; (*Vulkan*) ثار [θaːra, -uː-]; (*Häftling*) هرب [haraba, -u-].

ausbreit|en (-*e*-) *v/t.* نشر [naʃara, -u-]; (*e-n Teppich*) فرش [faraʃa, -u-]; *v/r.* انتشر [intaʃara]; ~̃**ung** *f* انتشار [intiʃaːr].

Ausbruch *m* (-*¢s*; ⸚*e*) (*Eruption*) انفجار [infidʒaːr]; (*e-s Krieges*) نشوب [nuʃuːb]; (*e-r Krankheit*) ظهور [zuhuːr].

ausbürsten (-*e*-) *v/t.* فرش [farraʃa].

Ausdauer *f* (*O*) مثابرة [muθaːbara], جلد [dʒalad]; ~̃**nd** *adj.* مثابر [muθaːbir], صبور [ʃabuːr].

ausdehn|en *v/t.* مد [madda, -u-]; *v/r.* امتد [imtadda]; ~̃**ung** *f* امتداد [imtidaːd].

aus|denken (*L*) *v/r.*: **sich** (*D*) *etw.* ~**denken** تخيل [taxajjala], اختلق [ixtalaqa];

~**deuten** *v/t.* فسر [fassara];

~**drehen** *v/t.*: ***das Licht ~drehen*** أطفأ النور [ʔatfaʔa nnuːr].

Ausdruck *m* (-*¢s*; ⸚*e*) عبارة [ʕibaːra], تعبير [taʕbiːr]; ~ ***geben*** (*D* عن) عبر [ʕabbara].

ausdrück|en *v/t.* (*auspressen*) عصر [ʕaʃara, -i-]; (*Gedanken*) عبر عن [ʕabbara]; *v/r.* تكلم [takallama]; ~**lich** *adj.* صريح [ʃariːħ]; *adv.* بوضوح [biwuđuːħ].

ausdrucks|los *adj.* غير معبر [ɣair muʕabbir]; ~**voll** *adj.* معبر [muʕabbir], حسن التعبير [ħasan attaʕbiːr].

ausein'ander *adv.* بعض عن بعض [baʕđ ʕan baʕđ].

ausein'ander|gehen (*L*; *sn*) *v/i.* افترق [iftaraqa]; ~**nehmen** (*L*) *v/t.* فرق [farraqa], فك [fakka, -u-].

ausein'andersetz|en (-*t*) *v/t.* فسر [fassara]; *v/r.*: **sich** (*A*) **mit** *j-m* ~**en** جادل ه [dʒaːdala]; **sich** (*A*) **mit** *etw.* (*D*) ~**en** عالج ه [ʕaːladʒa]; ~̃**ung** *f* جدال [dʒidaːl], نزاع [nizaːʕ].

aus-erlesen *adj.* مختار [muxtaːr], منتقى [muntaqan]; (*vorzüglich*) ممتاز [mumtaːz].

Ausfahrt *f* خروج للسيارات [xuruːʤ lissajjaːraːt].

Ausfall *m* (*-¢s; ¨e*) سقوط [suquːt]; (*e-r Maschine*) تعطل [taʕattul]; (*Verlust*) فقدان [fuqdaːn].

ausfallen (*L; sn*) *v/i.* سقط [saqata, -u-], فقد [fuqida], تعطل [taʕattala]; **schlecht ~** خاب [xaːba, -iː-]; **gut ~** نجح [nadʒaħa, -a-].

ausfegen *v/t.* كنس [kanasa, -u-].

ausfertig|en *v/t.* (*e. Dokument*) حرر [ħarrara], أصدر [ʔaʃdara]; **˜ung** *f* إصدار [ʔiʃdaːr].

aus|fliegen (*L; sn*) *v/i.* طار [taːra, -iː-]; **~fließen** (*L; sn*) *v/i.* (*langsam*) خر [xarra, -i-]; (*schnell*) تدفق [tadaffaqa].

Ausflucht *f* (*-; ¨e*) عذر [ʕuðr], تعلة [taʕilla].

Ausflug *m* (*-¢s; ¨e*) جولة [ʤaula], نزهة [nuzha].

Ausfluß *m* (*-sses; ¨sse*) (*~-rohr*) مصب [maʃabb]; *Med.* (*Sekretion*) إفراز [ʔifraːz].

aus|forschen *v/t.* تحرى [taħarraː], تفحص [tafaħħaʃa], استقصى [istaqʃaː]; **~fragen** *v/t.* استجوب [istadʒwaba].

Ausfuhr *f* تصدير [taʃdiːr].

ausführ|bar *adj.* (*Plan*) يمكن تنفيذه [jumkinu tanfiːðuhu]; **~en** *v/t.* أنجز [ʔandʒaza], نفذ [naffaða], صنع [ʃanaʕa, -a-]; (*exportieren*) صدر [ʃaddara].

Ausfuhrgenehmigung *f* رخصة تصدير [ruxʃat taʃdiːr].

ausführ|lich *adj.* مفصل [mufaʃʃal]; *adv.* بالتفصيل [bittafʃiːl]; **˜ung** *f* إنجاز [ʔindʒaːz], تنفيذ [tanfiːð]; (*Arbeitsqualität*) صنع [ʃanʕ], جودة العمل [ʤaudat alʕamal].

ausfüllen *v/t.* ملأ [malaʔa, -a-].

Ausgabe *f* تسليم [tasliːm], إصدار [ʔiʃdaːr]; (*Verteilung*) توزيع [tauziːʕ]; (*Buch*) طبعة [tabʕa]; *pl.* **~n** مصاريف [maʃaːriːf].

Ausgang *m* (*-¢s; ¨e*) خروج [xuruːʤ], مخرج [maxradʒ]; (*Ende*) نهاية [nihaːja]; (*Resultat*) نتيجة [natiːʤa].

ausgeben (*L*) *v/t.* (*Geld*) صرف [ʃarafa, -i-]; (*Aktien*) أصدر [ʔaʃdara]; (*Ware*) سلم [sallama].

ausgebombt *adj.* مهدم بالقنابل [muhaddam bilqanaːbil].

ausgedehnt *adj.* واسع [waːsiʕ], ممتد [mumtadd].

ausgehen (*L*) *v/i.* خرج

[xaradʒa, -u-]; (*enden*) انتهى [intahaː]; (*Geld, Vorräte*) نفد [nafida, -a-]; (*Farbe*) بهت [bahita, -a-]; (*Haar*) سقط [saqata, -u-]; (*Licht*) انطفأ [intafaʔa]; ~ (**von** *etw.* من) انطلق [intalaqa].

ausge|lassen *adj.* لعوب [laʕuːb], مرح [mariħ]; **~nommen** *präp. A* سوى [siwaː], ما عدا [maː ʕadaː]; *cj.*: **~nommen daß** إلا أن [ʔillaː ʔan(na)]; *adv.*: ***die Anwesenden ~nommen*** باستثناء الحاضرين [bistiθnaːʔ alħaːđiriːn]; **~prägt** *adj.* جلي [dʒaliːj], بين [bajjin]; **~rechnet** *adv.* بالذات [biððaːt]; ***~rechnet!*** رغم الانتظار [raɣm alintizaːr], كما لو عمدا [kamaː lau ʕamdan]; **~schlafen** *adj.* منعش بالنوم [munʕaʃ binnaum]; **~schlossen** *adj.* مستحيل [mustaħiːl]; *adv.*: ***~schlossen!*** لا يمكن [laː jumkin], أبدا [ʔabadan]; **~schnitten** *adj.* (*Kleid*) واسع التقويرة [waːsiʕ attaqwiːra]; **~sprochen** *adj.* أكيد [ʔakiːd]; *adv.* بلا شك [bilaː ʃakk]; **~storben** *adj.* (*Gattung*) منقرض [munqarid]; (*Straße*) خال [xaːlin], لا نسمة فيه [la nasamata fiːhi]; **~sucht** [-uː] *adj.* مختار [muxtaːr], منتقى [muntaqan], نادر [naːdir]; **~zeichnet** *adj.* ممتاز [mumtaːz], فاخر [faːxir].

ausgiebig *adj.* وافر [waːfir].

ausgießen (*L*) *v/t.* صب [ʃabba, -u-], أفرغ [ʔafraɣa].

Ausgleich *m* (*-s; O*) تسوية [taswija], مقاصة [muqaːʃʃa]; (*e-r Rechnung*) تسديد [tasdiːd]; (*Spiel*) تعادل [taʕaːdul]; **⁓en** (*L*) *v/t.* سوى [sawwaː], عادل [ʕaːdala], وازن [waːzana].

ausgleiten (*L; sn*) *v/i.* زل [zalla, -i-], زلق [zaliqa, -a-].

Ausgrabungen *f/pl.* حفريات [ħafriːjaːt], تنقيبات [tanqiːbaːt].

Ausguß *m* (*-sses; ⸚sse*) بالوعة [baːluːʕa].

aus|halten (*L*) *v/t.* تحمل [taħammala], أطاق [ʔataːqa], صبر على [ʃabara, -i-]; **~händigen** *v/t.* سلم [sallama]; **⁓hang** *m* (*-ɇs; ⸚e*) إعلان [ʔiʕlaːn], يافطة [jaːfita]; **~harren** *v/i.* صبر [ʃabara, -i-], (***bei*** في) استمر [istamarra]; **~heben** (*L*) *v/t.* رفع [rafaʕa, -a-]; (*Grube*) حفر [ħafara, -i-]; *Mil.* (*Truppen*)

جند [ʤannada]; (*e. Diebesnest*) قبض على [qabađa, -i-].

ausheilen *v/i.* شفى [ʃafija, -a-].

aushelfen (*L*) *v/i.* *D* ساعد [saːʕada].

Aushilfe *f* معاونة [muʕaːwana], مساعدة [musaːʕada].

aus|höhlen *v/t.* جوف [ʤawwafa]; **~holen** *v/i.* رفع اليد [rafaʕa, -a-, aljad]; *v/t.* استجوب [istaʤwaba]; **~horchen** *v/t.* جس [ʤassa, -u-], استخبر [istaxbara]; **~hungern** (*-re*) *v/t.* جوع [ʤawwaʕa]; **~kehren** *v/t.* كنس [kanasa, -u-].

aus|kennen (*L*) *v/r.*: ***sich*** (*A*) ***an e-m Ort gut ~kennen*** عرف المكان جيدا [ʕarafa, -i-, almakaːn ʤajjidan]; **~kleiden** (*-e*) *v/t.* شلح [ʃallaħ]; *v/r.* خلع ثيابه [xalaʕa, -a-, θijaːbahu], تعرى [taʕarraː].

ausklopfen *v/t.* نفض [nafađa, -u-].

auskommen (*L; sn*) *v/i.*: ***mit seinem Gehalt ~*** اكتفى براتبه [iktafaː biraːtibihi]; ***mit j-m gut ~*** انسجم معه [insaʤama maʕahu]; (*entkommen*) انفلت [infalata]; **≈** *n* (*O*) كفاية [kifaːja].

auskundschaften (*-e-*) *v/t.* استكشف [istakʃafa], تجسس [taʤassasa].

Auskunft *f* (*-; ¨e*) استعلام [istiʕlaːm], خبر [xabar]; ***~ geben*** (*D*) أعلم ه [ʔaʕlama].

aus|lachen *v/t.* *j-n* سخر من [saxira, -a-], ضحك على [đaħika, -a-]; **~laden** (*L*) *v/t.* (*Waggon, Waren*) فرغ [farraɣa]; (*Gast*) تراجع عن دعوة [taraːʤaʕa ʕan daʕwa].

Auslage *f* (*Schaufenster*) واجهة محل [waʤihat maħall], شباك عرض [ʃubbaːk ʕarđ]; (*Kosten*) نفقة [nafaqa].

Ausland *n* (*-ȼs; O*) الخارج [alxaːriʤ], خارج البلاد [xaːriʤ albilaːd].

Ausländ|er *m*, **≈isch** *adj.* أجنبى [ʔaʤnabiː]

Auslandsgespräch *n* *Telef.* مخابرة خارج البلاد [muxaːbara xaːriʤ albilaːd].

auslass|en (*L*) *v/t.* (*loslassen*) أطلق [ʔatlaqa]; (*weglassen*) أهمل [ʔahmala], ترك [taraka, -u-]; (*Buchstaben, Wort*) حذف [ħađafa, -i-]; (*Wasser, Luft*) أفرغ [ʔafraɣa]; (*Kleid*) طول [tawwala]; ***seinen Zorn ~en an*** (*D*) صب غضبه على [ʃabba, -u-, ɣađabahu]; *v/r.* (***über*** *A* عن) في استرسل

الكلام [istarsala fiː lkalaːm]; **~ung** *f* حذف [ħaðf], إهمال [ʔihmaːl].

aus|laufen (*L; sn*) *v/i.* (*Wasser*) تسرب [tasarraba]; (*Schiff*) أبحر [ʔabħara], أقلع [ʔaqlaʕa]; **~läufer** *m/pl.* أطراف [ʔatraːf]; **~leeren** *v/t.* فرغ [farraɣa], فضى [faddaː].

ausleg|en *v/t.* (*Waren*) عرض [ʕarada, -i-]; (*Geld*) دفع [dafaʕa, -a-]; (*deuten*) فسر [fassara]; **~ung** *f* تفسير [tafsiːr], تأويل [taʔwiːl].

ausleihen (*L*) *v/t.* (*j-m etw.* أعار (ه ه) [ʔaʕaːra]; (*Geld*) أقرض [ʔaqrada]; *v/r.*: **sich** (*D*) *etw.* **von j-m ~** استعار ه منه [istaʕaːra].

Auslese *f* (*O*) انتقاء [intiqaːʔ]; (*Ausgewähltes*) منتخب [muntaxab], نقاوة [naqaːwa], نخبة [nuxba].

ausliefer|ern (*-re*) *v/t.* سلم [sallama]; **~erung** *f* تسليم [tasliːm]; (*Verteilung*) توزيع [tauziːʕ].

auslöschen *v/t.* أطفأ [ʔatfaʔa]; *v/i.* انطفأ [intafaʔa].

auslösen (*-t*) *v/t.* خلص [xallaṣa]; (*e-n Schuß*) أطلق [ʔatlaqa]; (*j-n* **mit** *D* ه ب) فدى [fadaː, -iː].

Auslosung *f* اقتراع [iqtiraːʕ].

Auslösung *f* تخليص [taxliːṣ], إطلاق [ʔitlaːq], افتداء [iftidaːʔ].

ausmachen *v/t.* (*verabreden*) اتفق على [ittafaqa]; (*betragen*) بلغ [balaɣa, -u-]; (*bedeuten*) هم [hamma, -u-]; **es macht nichts aus** لا يهم [laː jahummu]; (*ausschalten*) أطفأ [ʔatfaʔa].

ausmalen *v/t.* لون [lawwana]; *v/r.* تصور [taṣawwara].

Ausmaß *n* (*-es; -e*) مقاس [maqaːs], حجم [ħadʒm], مقدار [miqdaːr].

ausmerzen (*-t*) *v/t.* استأصل [istaʔṣala].

Ausnahm|e *f* استثناء [istiθnaːʔ]; **~e-zustand** *m* (*-¢s; ¨e*) حالة الطوارىء [ħaːlat attawaːriʔ]; **~s-los** *adv.* بدون استثناء [biduːn istiθnaːʔ]; **~s-weise** *adv.* بصورة استثنائية [biṣuːra istiθnaːʔiːja].

ausnehmen (*L*) *v/t.* استثنى [istaθnaː].

ausnütz|en (*-t*) *v/t.* استغل [istaɣalla], استفاد من [istafaːda]; **~ung** *f* استغلال [istiɣlaːl].

aus|packen *v/t.* حل [ħalla, -i-], فتح [fataħa, -a-]; *v/i.* فرغ

الحقائب [farraɣa lħaqaːʔib]; **~peitschen** *v/t.* جلد [dʒalada, -i-]; **~plündern** *v/t.* سلب [salaba, -u-]; **~pressen** *(-ßt) v/t.* عصر [ʕaʃara, -i-]; **~probieren** *v/t.* جرب [dʒarraba].

Auspuff *m (-ęs; -e)* انفلات [infilaːt]; **~gas** *n (-es; -e)* غاز عادم [ɣaːz ʕaːdim]; **~rohr** *n (-es; -e)* أنبوب العادم [ʔumbuːb alʕaːdim]; **~ventil** *n (-es; -e)* صمام الانفلات [ʃimaːm alinfilaːt].

aus|radieren (—) *v/t.* محا [maħaː, -uː]; **~räumen** *v/t.* أفرغ [ʔafraɣa], خلى [xallaː].

ausrechnen *(-e-) v/t.* حسب [ħasaba, -u-].

Ausred|e *f* تعلة [taʕilla], عذر [ʕuðr]; **⁓en** *(-e-) v/i. j-m etw.* أقنع ه بالعدول عن [ʔaqnaʕa bilʕuduːl]; *(zu Ende sprechen)* أتم الكلام [ʔatamma lkalaːm]; *v/r. (Ausflüchte machen)* تعلل [taʕallala].

ausreichen *v/i.* كفى [kafaː, -iː].

Ausreise *f* خروج (من بلاد) [xuruːdʒ (min bilaːd)]; **~visum** *n (-s; -visa u. -visen)* تأشيرة خروج [taʔʃiːrat xuruːdʒ].

aus|reißen *(L) v/t.* اقتلع [iqtalaʕa], انتزع [intazaʕa]; *(Haare)* نتف [natafa, -i-]; *v/i. (sn) F* هرب [haraba, -u-]; **~renken** *v/t.* ملخ [malaxa, -a-], فسخ [fasaxa, -a-].

ausrichten *(-e-) v/t. (gerade aufstellen)* عدل [ʕaddala]; *(e-e Botschaft)* بلغ [ballaɣa]; ***etwas ~*** وفق [wuffiqa], أفلح [ʔaflaħa]; ***er hat nichts ausgerichtet*** لم يوفق [lam juwaffaq].

ausrott|en *(-e-) v/t.* أباد [ʔabaːda]; **⁓ung** *f* إبادة [ʔibaːda].

ausrücken *v/i. Mil. (Heer)* خرج [xaradʒa, -u-].

Ausruf *m (-ęs; -e)* نداء [nidaːʔ]; **⁓en** *(L) v/i.* هتف [hatafa, -i-], صاح [ʃaːħa, -iː-]; *v/t.* أعلن [ʔaʕlana]; **~e-zeichen** *n* علامة التعجب [ʕalaːmat attaʕaddʒub]; **~ung** *f* منادادة [munaːdaːt]; *(e-s Herrschers)* مبايعة [mubaːjaʕa].

ausrüsten *(-e-) v/t.* جهز [dʒahhaza].

Ausrüstung *f* عدة [ʕudda], جهاز [dʒihaːz]; *Mil.* عتاد [ʕataːd]; *(Ausrüsten)* تجهيز [tadʒhiːz]; *(mit Waffen)* تسليح [tasliːħ].

Aussag|e *f* قول [qaul], إفادة

[ʔifaːda]; *Gr.* خبر [xabar]; (*Zeugen*~) شهادة [ʃahaːda]; **~en** *v/t.* قال [qaːla, -uː-], أفاد [ʔafaːda].

Aussatz *m* (*-es; O*) *Med.* برص [baraʃ].

aus|saugen *v/t.* امتص [imtaʃʃa]; *fig.* استغل [istaɣalla]; **~schalten** (*-e-*) *v/t.* أقفل [ʔaqfala]; (*Licht*) أطفأ [ʔatfaʔa]; *fig.* استراح [istaraːħa].

ausscheid|en (*L*) *v/t.* استبعد [istabʕada], أخرج [ʔaxradʒa]; (*Drüse*) أفرز [ʔafraza]; *v/i.* (**aus** *D* عن) انفصل [infaʃala]; **~ung** *f* إفراز [ʔifraːz]; **~ungs-kampf** *m* (*-es; ⁼e*) (*Sport*) مباراة تصفية [mubaːraːt taʃfija].

aus|scheren (*sn*) *v/i.* زاغ [zaːɣa, -iː-]; **~schimpfen** *v/t.* ذم [ðamma, -u-], عاتب [ʕaːtaba].

Ausschlag *m* (*-ẹs; ⁼e*) *Med.* طفح [tafħ]; (*e-s Zeigers*) ذبذبة [ðabðaba], حركة [ħaraka]; (*e-r Waage*) رجحان [rudʒħaːn]; **den ~ geben** رجح [raddʒaħa]; **~en** (*L*) *v/t.* (*ablehnen*) رفض [rafaḍa, -u-]; (*e-n Zahn*) كسر [kasara, -i-]; *v/i.* (*Pferd*) رفس [rafasa, -u-]; (*Zeiger*) تحرك [taħarraka]; (*Waage*) ترجح [taraddʒaħa]; **~gebend** *adj.* قاطع [qaːtiʕ], فاصل [faːʃil].

ausschließ|en (*L*) *v/t.* (**von** *D* عن) استثنى [istaθnaː], فصل [faʃala, -i-], منع [manaʕa, -a-], استبعد [istabʕada]; **~lich** *adv.* دون غيره [duːna ɣairihi], وحده [waħdahu], فقط [faqat].

Ausschluß *m* (*-sses; ⁼sse*) إخراج [ʔixraːdʒ]; **Sitzung unter ~ der Öffentlichkeit** جلسة سرية [dʒalsa sirriːja].

Ausschnitt *m* (*-ẹs; -e*) جزء [dʒuzʔ], قطاع [qitaːʕ]; (*e-s Kleides*) تقويرة [taqwiːra].

ausschöpfen *v/t.* فرغ [farraɣa]; *fig.* استنفد [istanfada].

ausschreib|en (*L*) *v/t.*: **e-e offene Stelle ~en** أعلن عن وظيفة شاغرة [ʔaʕlana ʕan waziːfa ʃaːɣira]; **~ung** *f* مناقصة [munaːqaʃa].

Ausschuß *m* (*-sses; ⁼sse*) (*Komitee*) لجنة [ladʒna]; (*defekte Ware*) سقط [saqat]; **~sitzung** *f* اجتماع اللجنة [idʒtimaːʕ alladʒna], جلسة اللجنة [dʒalsat all.].

ausschütten (*-e-*) *v/t.* سكب [sakaba, -u-]; *Hdl.* **den**

Gewinn ~ وزع الأرباح [wazzaʕa lʔarbaːħ].

ausschweif|en *v/i.* شط [ʃatta, -u-]; **~end** *adj. fig.* فاسق [faːsiq], فاجر [faːʤir]; **≈ung** *f* فجور [fuʤuːr], دعارة [daʕaːra].

ausschwitzen (-*t*-) *v/t.* رشح [raʃaħa, -a-].

aussehen *v/i.* ظهر [zahara, -a-]; ***es sieht aus als ob*** يظهر كأنه [jazharu kaʔannahu]; (*ähnlich sein*) ***wie j-d*** شابه ه [ʃaːbaha], أشبه [ʔaʃbaha]; ***er sieht gut aus*** منظره حسن [manzaruhu ħasan]; ***er sieht müde aus*** يبدو عليه التعب [jabduː ʕalaihi ttaʕab]; **≈** *n* مظهر [mazhar].

außen *adv.* فى الخارج [fiː lxaːriʤ]; ***nach*** ~ إلى الخارج; ***von*** ~ من الخارج.

Außen|handel *m* تجارة خارجية [tiʤaːra xaːriʤiːja]; **~ministerium** *n* (-*s*; -*ien*) وزارة الخارجية [wizaːrat alxaːriʤiːja]; **~seite** *f* سطح خارجى [satħ xaːriʤiː], ظاهر [zaːhir], وجه [waʤh]; **~stände** *pl. Hdl.* ديون مطلوبة [dujuːn matluːba].

außer *präp. D* عدا [ʕadaː], سوى [siwaː]; ~ ***daß*** إلا أن [ʔillaː ʔan(na)]; ~ ***wenn*** إلا إذا [ʔillaː ʔiðaː]; **~dem** *adv.* فوق ذلك [fauqa ðaːlika], فضلا عن ذلك [fađlan ʕan ðaːlika], علاوة عن ذلك [ʕalaːwatan ʕ. ð.].

äußer|e(r, -s) *adj.* خارجى [xaːriʤiː], ظاهرى [zaːhiriː]; **≈e** *n* (-*n*; *O*) مظهر خارجى [mazhar xaːriʤiː].

außer|gewöhnlich *adj.* خارق العادة [xaːriq alʕaːda], غير عادى [ɣair ʕaːdiː]; **~halb** *präp. G* خارج [xaːriʤa].

äußerlich *adj.* خارجى [xaːriʤiː]; (*oberflächlich*) سطحى [satħiː]; *adv. Med.* ***nur*** ~ ***!*** للاستعمال الخارجى فقط [lilistiʕmaːl alxaːriʤiː faqat]; **≈keit** *f* ظاهر [zaːhir]; (*Oberflächlichkeit*) سطحية [satħiːja].

äußern (-*re*) *v/t.* عبر عن [ʕabbara], نطق ب [nataqa]; *v/r.* (***über*** *A* فى) أبدى رأيه [ʔabdaː raʔjahu].

außer-ordentlich *adj.* فوق العادى [fauqa lʕaːdiː], استثنائى [istiθnaːʔiː]; (*hervorragend*) فائق [faːʔiq]; *adv.* للغاية [lilɣaːja].

äußerst *adj.* أقصى [ʔaqʃaː]; *fig.* لأقصى درجة [liʔaqʃaː daraʤa], للغاية [lilɣaːja].

außer'stande: ~ **sein** *v/i.* ما قدر [maː qadara, -i-], ما استطاع [maː istataːʕa], عجز عن [ʕadʒaza, -i-].

Äußerung *f* قول [qaul]; (*Meinungs*~) إبداء الرأى [ʔibdaːʔ arraʔj].

aussetzen (*-t*) *v/t.* (*e-r Gefahr*) عرض ل [ʕarrađa]; (*preisgeben*) ترك [taraka, -u-]; (*Belohnung*) عين [ʕajjana]; (*Arbeit, Zahlung*) أوقف [ʔauqafa]; ***ich habe an ihm nichts auszusetzen*** لا أجد عيبا فيه [laː ʔadʒidu ʕaiban fiːhi]; *v/i.* انقطع [inqataʕa], توقف [tawaqqafa]; (*Motor*) تعطل [taʕattala]; *v/r.*: ***sich einer Gefahr*** ~ تعرض للخطر [taʕarrađa lilxatar].

Aussicht *f* منظر [manzar]; (*Hoffnung*) أمل [ʔamal]; ~**s-los** (*-est*) *adj.* بدون أمل [biduːn ʔamal], لا أمل فيه [laː ʔamala fiːhi]; ~**s-turm** *m* (*-ęs; ⸗e*) مرصد [marʃad].

aussöhn|en *v/t.* صالح بين [ʃaːlaħa]; ~**ung** *f* مصالحة [muʃaːlaħa], تصالح [taʃaːluħ].

aus|spannen *v/t.* حل [ħalla, -u-], فك [fakka, -u-]; *v/i.* ارتاح [irtaːħa], استجم [istadʒamma]; ~**sperren** *v/t.* منع من الدخول [manaʕa, -a-, min adduxuːl].

ausspionieren (—) *v/t.* تجسس [tadʒassasa].

Aus|sprache *f* نطق [nutq], لفظ [lafz]; (*Unterredung*) حديث [ħadiːθ], حوار [ħiwaːr]; ~**sprechen** (*L*) *v/t.* نطق ب [nataqa, -u-], تلفظ [talaffaza]; *v/r.* (**über** *A* عن) عبر [ʕabbara].

Ausspruch *m* (*-es; ⸗e*) قول مأثور [qaul maʔθuːr], حكمة [ħikma].

ausspucken *v/i.* *u.* *v/t.* بصق [baʃaqa, -u-].

ausspülen *v/t.* غسل [ɣasala, -i-]; (*den Mund*) مضمض [mađmađa].

ausstaffieren (—) *v/t.* جهز [dʒahhaza].

Ausstand *m* (*-ęs; ⸗e*) إضراب [ʔiđraːb].

ausstatt|en (*-e-*) *v/t.* (*a. Braut*) جهز [dʒahhaza]; (*Raum*) فرش [farraʃa]; ~**ung** *f* جهاز [dʒihaːz]; (*Möbel*) أثاث [ʔaθaːθ], مفروشات [mafruːʃaːt].

aus|stehen (*L*) *v/i.* نقص [naqaʃa, -u-]; *v/t.* (*ertragen*)

تحمل [taħammala]; **~steigen** (*L; sn*) *v/i.* (**aus** *D* من) نزل [nazala, -i-].

ausstell|en *v/t.* عرض [ʕarađa, -i-]; (*e. Dokument*) أصدر [ʔaʃdara]; **~er** *m* عارض [ʕaːriđ]; **~ung** *f* معرض [maʕriđ].

aussterben (*L; sn*) *v/i.* انقرض [inqarađa].

Aussteuer *f* (-; -*n*) جهاز العروس [ʤihaːz alʕaruːs].

Ausstieg *m* (-*ɇs*; -*e*) مخرج [maxraʤ].

ausstopfen *v/t.* حشا [ħaʃaː, -uː].

ausstoßen (*L*) *v/t.* دفع [dafaʕa, -a-], أطلق [ʔatlaqa]; **e-n** ***Schrei*** **~** صرخ [ʃaraxa, -u-]; (*vertreiben*) طرد [tarada, -u-].

ausstrahl|en *v/t.* أشع [ʔaʃaʕʕa]; **~ung** *f* إشعاع [ʔiʃʕaːʕ].

aus|streuen *v/t.* بذر [baðara, -u-], نثر [naθara, -u-]; (*Gerüchte*) أشاع [ʔaʃaːʕa], أذاع [ʔaðaːʕa]; **~strömen** *v/i.* (*sn*) انبعث [inbaʕaθa], انبثق [inbaθaqa]; (*Duft*) فاح [faːħa, -uː-]; **~suchen** *v/t.* اختار [ixtaːra], انتقى [intaqaː].

Austausch *m* (-*es*; *O*) (*a.* *Handels*~) مبادلة [mubaːdala]; (*gegenseitiger* ~) تبادل [tabaːdul]; (*Auswechslung*) تبديل [tabdiːl]; **~en** *v/t.* بدل [baddala]; ***mit j-m*** بادل ه [baːdala]; (*gegenseitig*) تبادل [tabaːdala].

austeil|en *v/t.* وزع [wazzaʕa]; **~ung** *f* توزيع [tauziːʕ].

austragen (*L*) *v/t.* (*Briefe*) وزع [wazzaʕa].

Austräger *m* موزع [muwazziʕ].

Aus'tral|ien [-lĭən] *n* أستراليا [ʔusturaːlijaː]; **~ier** *m*, **~isch** *adj.* أسترالى [ʔusturaːliː].

austreiben (*L*) *v/t.* طرد [tarada, -u-].

austreten (*L; sn*) *v/i.* خرج [xaraʤa, -u-], برز [baraza, -u-]; (*Toilette aufsuchen*) خرج ليقضى حاجته [x. lijaqđija ħaːʤatahu]; *v/t.* (*Schuhe*) أبلى [ʔablaː].

austrinken (*L*) *v/t.* شرب كله [ʃariba, -a-, kullahu].

Austritt *m* خروج [xuruːʤ].

austrocknen (-*e*-) *v/t.* جفف [ʤaffafa]; *v/i.* (*sn*) جف [ʤaffa, -i-].

ausüb|en *v/t.* (*Beruf*) مارس [maːrasa]; **e-e** ***Wirkung*** **~*en auf*** (*A*) أثر فى [ʔaθθara]; **~*ende Gewalt*** سلطة تنفيذية

[sulṭa tanfiːðiːja]; **~ung** *f* ممارسة [mumaːrasa].

Ausverkauf *m* (-*¢s*; *-̈e*) بيع تصفية [baiʕ taṣfija]; **~t!** نفد [nafada].

Auswahl *f* اختيار [ixtijaːr]; *Hdl.* تشكيلة [taʃkiːla].

auswählen *v/t.* اختار [ixtaːra].

auswand|ern (*-re*) *v/i.* هجر [hadʒara, -u-], هاجر [haːdʒara]; **~erung** *f* هجرة [hidʒra].

auswärt|ig *adj.* خارجى [xaːridʒiː]; **~s** *adv.* فى الخارج [fiː lxaːridʒ].

auswaschen (*L*) *v/t.* غسل [ɣasala, -i-], أزال بالغسل [ʔazaːla bilɣasl].

Ausweg *m* (*-¢s*; *-e*) مخرج [maxradʒ]; *fig.* مفر [mafarr], مهرب [mahrab], بد [budd], مناص [manaːṣ].

ausweich|en (*L*; *sn*) *v/i.* *D* تجنب ه [tadʒannaba]; تنحى عن [tanaħħaː], **~end** *adj.* (*Antwort*) متملص [mutamalliṣ], غير صريح [ɣair ṣariːħ].

Ausweis *m* (*-¢s*; *-e*) (*Personal~*) هوية [huwiːja], بطاقة إثبات الشخصية [biṭaːqat ʔiθbaːt aʃʃaxṣiːja]; (*Bank~*) بيان [bajaːn]; **~en** (*L*) *v/t.* (**aus** *D* من) طرد [ṭarada, -u-]; (*aus e-m Land*) نفى عن [nafaː, -iː]; *v/r.* أثبت شخصيته [ʔaθbata ʃaxṣiːjatahu]; **~papiere** *n/pl.* سندات [sanadaːt]; **~ung** *f* نفى [nafj].

auswendig *adv.* عن ظهر القلب [ʕan ẓahr alqalb]; **~ lernen** حفظ استظهر [istaẓhara], [ħafiẓa, -a-]; **er kann den Koran ~** هو حافظ القرآن [huwa ħaːfiẓ alqurʔaːn].

aus|werfen (*L*) *v/t.* ألقى [ʔalqaː]; *Med.* تنخم [tanaxxama]; **~werten** *v/t.* استفاد من [istafaːda]; **~wirken** *v/r.*: **sich ~wirken** (**auf** *A* فى) أثر [ʔaθθara]; **~wirkung** *f* أثر [ʔaθar].

Aus|wuchs *m* (*-es*; *-̈e*) نتوء [nutuːʔ]; **~wurf** *m* (*-s*; *-̈e*) *Med.* نخامة [nuxaːma].

aus|zahlen *v/t.* دفع أجره [dafaʕa, -a-, ʔadʒrahu]; *v/r.*: **die Mühe hat sich ausgezahlt** المجهود أجدى نفعا [almadʒhuːd ʔadʒdaː nafʕan]; **~zählen** *v/t.* عد [ʕadda, -u-].

auszehr|en *v/t.* هزل [hazzala], أنهك [ʔanhaka]; **~ung** *f* هزال [huzaːl].

auszeich|nen (*-e-*) *v/t.* ميز [majjaza], خص [xaṣṣa, -u-]; *Hdl.*

(*Waren*) سعر [saʕʕara]; *v/r.* امتاز [imtaːza]; **~nung** *f* امتياز [imtijaːz]; (*Orden*) نيشان [niːʃaːn].

ausziehen (*L*) *v/t.* (*dehnen*) مدد [maddada]; (*Kleid*) خلع [xalaʕa, -a-]; *v/r.* خلع ثيابه [xalaʕa θijaːbahu], تعرى [taʕarraː]; *v/i.* (*sn*) ارتحل [irtaħala], ظعن [zaʕana, -a-], انتقل [intaqala].

Auszug *m* (-*¢s*; *¨e*) انتقال [intiqaːl], رحيل [raħiːl]; (*e-s Heeres*) خروج [xuruːdʒ]; (*Buch~*) ملخص [mulaxxaʃ]; (*Konto~*) مستخرج [mustaxradʒ]; **~s-weise** *adv.* بالتلخيص [bittalxiːʃ].

Autar'kie *f* اكتفاء ذاتي [iktifaːʔ ðaːtiː].

au'thentisch *adj.* صحيح [ʃaħiːħ], حقيق [ħaqiːqiː].

Auto *n* (-*s*; -*s*) سيارة [sajjaːra]; **~ fahren** (*lenken*) ساق [saːqa, -uː-]; (*als Fahrgast*) ركب [rakiba, -a-]; **~bahn** *f* أوتوستراد [ʔotostraːd], طريق سيارات مزدوج [tariːq sajjaːraːt muzdawidʒ]; **~biographie** [-fiː] *f* ترجمة ذاتية [tardʒama ðaːtiːja]; **~bus** *m* (-*ses*; -*se*) أوتوبيس [ʔotobiːs]; *Irak* باص [baːʃ]; **~bushaltestelle** *f* موقف أوتوبيس [mauqif ʔo.]; **~buslinie** *f* خط أوتوبيس [xatt ʔo.].

Autodi'dakt *m* (-*en*) متعلم بنفسه [mutaʕallim binafsihi].

Autofähre *f* معبر للسيارات [miʕbar lissajjaːraːt].

Autofahrer *m* سائق [saːʔiq].

Auto'gramm *n* (-*s*; -*e*) (*e-s Autors*) توقيع مؤلف [tauqiːʕ muʔallif].

Autokarte *f* خارطة طرق [xaːritat turuq].

Auto'mat *m* (-*en*) آلة ذاتية [ʔaːla ðaːtiːja], ماكنة تلقائية [maːkina tilqaːʔiːja].

Automa'tion [-'tsĭoːn] *f* (*O*) تشغيل تلقائي [taʃɣiːl tilqaːʔiː].

automati'sieren *v/t.* أتمت [ʔatmata], جعل آليا [dʒaʕala, -a-, ʔaːliːjan].

Automo'bilklub *m* نادى السيارات [naːdiː ssajjaːraːt].

auto'nom *adj.* مستقل [mustaqill].

Autono'mie *f* حكم ذاتي [ħukm ðaːtiː].

Autop'sie *f* تشريح كشفي [taʃriːħ kaʃfiː].

Autor *m* (-*s*; -*'toren*) مؤلف [muʔallif].

Auto|reifen *m* إطار [ʔitaːr]; **~rennen** *n* سباق السيارات

[sibaːq assajjaːraːt]; **~reparaturwerkstatt** *f* كراج ، جراج [garaːʒ], مرأب [marʔab].

autori'sieren *v/t.* (*erlauben*) رخص [raxxaʃa]; (*bevollmächtigen*) خول [xawwala].

autori'tär *adj.* مستبد [mustabidd]; **~es Regime** حكم استبدادى [ħukm istibdaːdiː].

Autori'tät *f* (*wissenschaftliche* ~) حجة [ħuddʒa]; (*staatliche* ~) سلطة [sulta].

Auto|straße *f* طريق سيارات [tariːq sajjaːraːt]; **~verkehr** *m* (*-s; O*) مرور السيارات [muruːr ass.]; **~vermietung** *f* إيجار السيارات [ʔiːdʒaːr ass.]; **~zubehör** *n* عدة السيارات [ʕuddat ass.].

Avis [aˑ'viːs] *n* (*-es; -e*) *Hdl.* تنبيه [tanbiːh], إشعار [ʔiʃʕaːr].

avi'sieren *v/t.* أشعر ب [ʔaʃʕara], أشار إلى [ʔaʃaːra].

Axt *f* (*-; ¨e*) بلطة [balta], فأس [faʔs].

Azalee [-'leːə] *f Bot.* أضاليا [ʔađaːlijaː].

Aze'ton *n* أسيتون [ʔasiːtuːn].

a'zurblau (*O*) *adj.* لازوردى [laːzuwardiː], سماوى [samaːwiː].

B

Baby ['beːbiˑ] *n* (*-s; -s*) طفل [tifl], رضيع [rađiːʕ].

Babylon بابل [baːbil].

Baby'lonien *n* بلاد بابل [bilaːd b.].

Bach *m* (*-es; ¨e*) مجرى [madʒraː], جدول (ماء) [dʒadwal (maːʔ)].

Backbord *n* (*-ęs; -e*) *Mar.* يسار السفينة [jasaːr assafiːna].

Backe *f* خد [xadd], وجنة [wadʒna].

backen (*L*) *v/t.* خبز [xabaza, -i-]; (*in Fett aus*~) قلى [qalaː, -iː].

Backenzahn *m* (*-s; ¨e*) ضرس [đirs].

Bäcker *m* خباز [xabbaːz]; **~ei** [-'ʀaɪ] *f* مخبز [maxbaz].

Back|huhn *n* (*-s; ¨er*) دجاجة مقلية [dadʒaːdʒa maqliːja]; **~obst** *n* (*-es; O*) فواكه مجففة [fawaːkih mudʒaffafa]; **~ofen** *m* (*-s; ¨*) فرن [furn];

~stein *m* (-*¢s*; -*e*) طوب [tuːb], آجر [ʔaːdʒurr].

Bad *n* (-*es*; ⸗*er*) حمام [ħammaːm]; (*Schwimm*⸗) مسبح [masbaħ]; (*Heil*⸗) حمام استشفاء [ħ. istiʃfaːʔ]; **~e-anstalt** *f* حمام عمومي [ħ. ʕumuːmiː]; **~e-anzug** *m* (-*¢s*; ⸗*e*) مايو [maːju]; **~e-hose** *f* لباس استحمام [libaːs istiħmaːm]; **~e-kappe** *f* طاقية استحمام [taːqiːjat istiħmaːm]; **~e-kur** *f* علاج بالحمامات [ʕilaːdʒ bilħammaːmaːt]; **~e-mantel** *m* (-*s*; ⸗) برنس الحمام [burnus alħammaːm]; **⸗en** (-*e*-) *v*/*t*. حمم [ħammama]; *v*/*i*. استحم [istaħamma]; **~e-ort** *m* (-*es*; -*e*) حمام [ħammaːm], حمامات [ħammaːmaːt]; **~e-wanne** *f* حوض استحمام [ħauđ istiħmaːm]; **~e-zimmer** *n* حمام [ħammaːm].

Bagger *m* جرافة [dʒarraːfa], كراكة [karraːka]; **⸗n** (-*re*) *v*/*t*. كرا [karaː, -uː], طهر (نهرا) [tahhara (nahran)].

Bahn *f* طريق [tariːq], درب [darb]; (*Eisen*⸗) سكة الحديد [sikkat alħadiːd]; (*Planeten*⸗) فلك [falak], مدار [madaːr]; (*Renn*⸗) حلبة [ħalba]; **zur ~ bringen** رافق للمحطة [raːfaqa lilmaħatta].

Bahn|brecher *m* رائد [raːʔid]; **⸗en** *v*/*t*. (*e-n Weg*) مهد [mahhada]; شق [ʃaqqa, -u-]; **~hof** *m* (-*¢s*; ⸗*e*) محطة [maħatta]; **~hofs-vorsteher** *m* ناظر محطة [naːzir m.]; **~körper** *m* أساس السكة الحديدية [ʔasaːs assikka alħadiːdiːja]; **~linie** *f* خط سكة الحديد [xatt sikkat alħadiːd]; **~schranke** *f* حاجز [ħaːdʒiz]; **~steig** *m* (-*¢s*; -*e*) رصيف [rafiːf]; **~strecke** *f* خط سكة الحديد [xatt sikkat alħadiːd]; **~übergang** *m* (-*¢s*; ⸗*e*) معبر سكة الحديد [maʕbar sikkat alħadiːd], مزلقان [mazlaqaːn]; **~verbindung** *f* مواصلة بالسكة الحديدية [muwaːfala bissikka alħadiːdiːja].

Bahre *f* (*Trag*⸗) نقالة [naqqaːla]; (*Toten*⸗) نعش [naʕʃ].

Bai *f* خليج [xaliːdʒ].

Baisse ['bɛːsə] *f* *Hdl.* هبوط الأسعار [hubuːt alʔasʕaːr].

Bajo'nett *n* (-*¢s*; -*e*) *Mil.* حربة [ħarba].

Bak'terie [-ʀĭə] *f* جرثومة [dʒurθuːma], مكروب [mikruːb].

bald *adv.* بعد قليل [baʕda qaliːl], قريبا [qariːban]; ~ ***darauf*** قليلا بعد ذلك [qaliːlan baʕda ðaːlika]; **~ig** *adj.* سريع [sariːʕ], عاجل [ʕaːʤil]; **~igst, ~möglichst** *adv.* بأسرع ما يمكن [biʔasraʕ maː jumkinu].

Balg *m (-es; ¨-e)* سلخ [salx], جلد [ʤild]; *(Blase~)* منفخ [minfax].

Balken *m* عارضة خشب [ʕaːriđat xaʃab], دعامة [daʕaːma].

Balkon [bal'koŋ] *m (-s; -s)* شرفة [ʃurfa].

Ball *m (-¢s; ¨-e)* كرة [kura]; *(Tanzveranstaltung)* حفلة راقصة [ħafla raːqiʃa].

Ballast *m* ثقل [θiql]; *Mar.* صابورة [ʃaːbuːra].

Ballen *m (Waren~)* بالة [baːla]; *(Hand~)* كلوة اليد [kulwat aljad]; ~ *v/t.: **die Faust** ~* جمع اليد [ʤamaʕa, -a-, aljad].

Ballon [ba'loŋ] *m (-s; -s)* بالون [baːluːn], منطاد [muntaːd].

Ballspiel *n (-¢s; -e)* لعب كرة [liʕb kura].

Balsam *m (-s; -e)* بلسم [balsam].

Bambus *m (-ses; -se)* خيزران [xaizuraːn].

ba'nal *adj.* تافه [taːfih].

Ba'nane *f Koll.* موز [muːz].

Band[1] *n (-¢s; -e od. ¨-er)* شريط [ʃariːt], رباط [ribaːt]; *fig.* رابطة [raːbita], صلة [ʃila].

Band[2] *m (-es; ¨-e)* مجلد [muʤallad]; *(Teil e-s Werkes)* جزء [ʤuzʔ].

bandagieren [-'ʒiː-] *v/t.* ضمد [đammada].

Band-aufnahme *f* تسجيل على شريط [tasʤiːl ʕalaː ʃariːt].

Bande *f* عصابة [ʕiʃaːba].

bändigen *v/t.* روض [rawwađa]; *fig.* أخضع [ʔaxđaʕa].

Ban'dit *m (-en)* لص [liʃʃ].

Bandwurm *m (-¢s; ¨-er)* الدودة الوحيدة [adduːda alwaħiːda].

bang(e): ~ ***machen*** *j-m* خوف ه [xawwafa]; ***mir ist ~ vor*** *(D)* أخشى من [ʔaxʃaː].

Bank[1] *f (-; ¨-e)* مقعد [maqʕad].

Bank[2] *f (-; -en) (Geldinstitut) Äg.* بنك [bank]; *Irak* مصرف [maʃraf]; **~anweisung** *f* شيك [ʃeːk], حوالة [ħawaːla]; **~(e)rott** *adj.* مفلس [muflis]; **~(e)rott** *m (-¢s; -s)* إفلاس [ʔiflaːs]; **~geschäft** *n (-¢s; -e)* معاملة مالية [muʕaːmala maːliːja]; **~ier** [baŋ'kĭeː] *m (-s; -s)* صاحب مصرف [ʃaːħib maʃraf]; **~konto** *n* (*-s; -konten*) حساب فى البنك [ħisaːb fiː lbank]; **~note** *f* ورقة نقدية [waraqa naqdiːja].

Bann *m* (*-ⱸs; -e*) حرم كنائسى [ħirm kanaːʔisiː]; (*Zauber*) سحر [siħr]; **≈en** *v/t.* سحر [saħħara]; (*Geister*) عزم [ʕazzama].

bar *adj.* خالص [xaːliʃ]; *adv.* ~ ***bezahlen*** دفع نقدا [dafaʕa, -a-, naqdan].

Bar *f* (*-; -s*) بار [baːr], خمارة [xammaːra].

Bär *m* (*-en*) دب [dubb].

Ba'racke *f* بيت موقت [bait muwaqqat]; (*Militär≈*) ثكنة [θukna]; **~n-lager** *n* معسكر [muʕaskar].

bar'barisch *adj.* بربرى [barbariː], وحشى [waħʃiː].

bar|fuß (*O*) *adj.* حاف [ħaːfin]; **≈geld** *n* (*-ⱸs; O*) نقد [naqd]; **~geldlos** *adj.* بدون نقد [biduːn naqd], بالتحويل [bittaħwiːl]; **~häuptig** (*O*) *adj.* مكشوف الرأس [makʃuːf arraʔs].

barm'herzig *adj.* رحيم [raħiːm], رؤوف [raʔuːf]; **≈keit** *f* (*O*) رحمة [raħma], رأفة [raʔfa].

Baro'meter *n* مقياس الضغط الجوى [miqjaːs ađđaɣt aldʒawwiː].

Barren *m* سبيكة [sabiːka].

Barriere [baʳ'ʀĭeːʀə] *f* حاجز [ħaːdʒiz].

Barri'kade *f* مترس [mitras].

barsch *adj.* خشن [xaʃin].

Bart [aː] *m* (*-es; ⸚e*) لحية [liħja], ذقن [ðaqan].

Barzahlung *f* دفع نقدا [dafʕ naqdan].

Ba'salt *m* (*-s; -e*) بازلت [baːzalt].

Ba'sar *m* (*-s; -e*) سوق [suːq], بازار [baːzaːr].

Base[1] *f Chem.* قاعدة [qaːʕida].

Base[2] *f* s. **Cousine**.

Basis *f* (*-; Basen*) أساس [ʔasaːs], قاعدة [qaːʕida].

Baß *m* (*-sses; ⸚sse*) صوت عميق [ʃaut ʕamiːq], قرار [qaraːr].

Bast *m* (*-ⱸs; -e*) ليف [liːf].

Batte'rie *f* بطارية [baṭṭaːriːja], مركم [markam].

Bau *m* (*-ⱸs; -ten od. -e*) (*Ausführung*) بناء [binaːʔ], تشييد [taʃjiːd], إنشاء [ʔinʃaːʔ]; (*Gebäude*) بناء [binaːʔ], مبنى [mabnan]; (*Struktur*) تركيب [tarkiːb]; **~art** *f* طراز البناء [ṭiraːz albinaːʔ].

Bauch *m* (*-ⱸs; ⸚e*) بطن [baṭn]; *vulg.* كرش [kirʃ]; **~fell** *n*

(*-ɇs; -e*) *Anat.* صفاق [ʃifaːq]; **~schmerzen** *m/pl.* مغص [maɣʃ]; **~speicheldrüse** *f Anat.* (*Pankreas*) معثكلة [muʕaθkala].

bauen *v/t.* بنى [banaː, -iː], أنشأ [ʔanʃaʔa], شيد [ʃajjada].

Bauer[1] *m* (*-n*) فلاح [fallaːħ], مزارع [muzaːriʕ]; (*Schachspiel*) بيدق [baidaq].

Bauer[2] *m od. n* (*-s; -*) (*Vogelkäfig*) قفص [qafaʃ].

Bäuerin *f* فلاحة [fallaːħa].

Bauernhof *m* (*-ɇs; ⸚e*) *Äg.* عزبة [ʕizba].

baufällig *adj.* وشيك الانهدام [waʃiːk alinhidaːm].

Baukunst *f* (*O*) الفن المعارى [alfann almiʕmaːriː].

Baum *m* (*-ɇs; ⸚e*) *Koll.* شجر [ʃadʒar].

Baumeister *m* بناء [bannaːʔ].

Baumschule *f* مشتل [maʃtal].

Baumwolle *f* (*O*) قطن [qutn].

Bausch: ***in ~ und Bogen*** بالجملة [bildʒumla]; **⸗ig** *adj.* منفوش [manfuːʃ].

Baustil *m* (*-s; -e*) طراز معمارى [tiraːz miʕmaːriː].

Baustoffe *m/pl.* مواد البناء [mawaːdd albinaːʔ].

Bauwerk *n* (*-ɇs; -e*) أثر معمارى [ʔaθar miʕmaːriː].

Ba'zillus *m* (*-; -'zillen*) جرثومة [dʒurθuːma].

be'absichtigen (—) *v/t.* نوى [nawaː, -iː], قصد [qaʃada, -i-].

be'acht|en (*-e-;* —) *v/t.* لاحظ ه [laːħaza], التفت إلى [iltafata]; (*befolgen*) اتبع [ittabaʕa]; ***nicht ~en*** أغفل [ʔaɣfala]; **~ens-wert** *adj.* جدير بالملاحظة [dʒadiːr bilmulaːħaza]; **~lich** *adj.* لا يستهان به [laː justahaːnu bihi]; **⸗ung** *f* (*e-r Regel*) مراعاة [muraːʕaːt]; (*Aufsehen*) التفات [iltifaːt].

Be'amte(r) *m* موظف [muwazzaf].

be'ängstigend *adj.* مقلق [muqliq].

be'an|spruchen (—) *v/t.* ادعى [iddaʕaː], طالب [taːlaba], تقاضى [taqaːđaː]; ***dies ~-srucht mehr Zeit*** هذا يقتضى زيادة من الوقت [haːðaː jaqtadiː ziјaːda min alwaqt]; **~standen** (*-e-;* —) *v/t.* انتقد [intaqada], عيب [ʕajjaba]; **~tragen** (—) *v/t.* اقترح [iqtaraħa]; (*fordern*) طلب [talaba, -u-].

be'antwort|en (*-e-;* —) *v/t.*

B

أجاب على [ʔaʤaːba]; **~ung** *f* إجابة [ʔiʤaːba].

be'arbeiten (*-e-*) *v/t.* عالج [ʕaːladʒa]; (*zurecht machen*) أعد [ʔaʕadda].

be'auf|sichtigen (—) *v/t.* راقب [raːqaba], أشرف على [ʔaʃrafa]; **~tragen** (—) *v/t.* (*j-n* ***mit*** *etw.* ه ب) وكل [wakkala], كلف [kallafa]; **~trag-te(r)** *m* وكيل [wakiːl], مكلف [mukallaf], منتدب [muntadab].

be'bauen (—) *v/t. Agr.* زرع [zaraʕa, -a-]; (*mit Gebäuden*) ملأ بالمبانى [malaʔa bilmabaːniː].

beben *v/i.* ارتجف [irtaʤafa], اهتز [ihtazza]; (*Erde*) تزلزل [tazalzala].

Becher *m* قدح [qadaħ], كأس [kaʔs].

Becken *n* حوض [ħauđ]; (*Stein~*) جرن [ʤurn].

be'dacht: **~ *sein auf*** *A* توخى ه [tawaxxaː].

Be'dacht: ***mit*** **~** بالقصد [bilqaʃd].

be'dächtig *adj.* متئد [muttaʔid].

be'danken *v/r.* (—) (***bei*** *j-m* ***für*** *A* ه على) شكر [ʃakara, -u-].

Be'darf *m* (*-¢s; O*) (**an** *D* إلى) حاجة [ħaːʤa], لزوم [luzuːm]; **~s-artikel** *m/pl.* لوازم [lawaːzim]; **~s-haltestelle** *f* موقف عند الضرورة [mauqif ʕinda đđaruːra].

be'dauer|lich *adj.* مؤسف [muʔsif]; **~licher'weise** *adv.* للأسف [lilʔasaf]; **~n** (—) *v/t.* تأسف ل [taʔassafa]; (*bemitleiden*) أشفق على [ʔaʃfaqa]; **~n** *n* أسف [ʔasaf]; **~ns-wert** *adj.* مسكين [miskiːn].

be'deck|en (—) *v/t.* غطى [ɣattaː]; **~t** *adj.* (*Himmel*) غائم [ɣaːʔim].

be'denk|en (*L*; —) *v/t.* اعتبر [iʕtabara], تبصر [tabaʃʃara], نظر فى [nazara, -u-]; **~en** *n* شك [ʃakk], ارتياب [irtijaːb]; **~en *haben*** تردد [taraddada]; **~lich** *adj.* مرتاب فيه [murtaːb fiːhi]; **~zeit** *f* مهلة [muhla].

be'deut|en (*-e-*; —) *v/t.* عنى [ʕanaː, -iː]; (*j-m e. Zeichen machen*) أشار ل [ʔaʃaːra]; **~end** *adj.* مهم [muhimm]; (*Mensch*) عظيم [ʕaziːm], ذو مكانة [ðuː makaːna]; **~ung** *f* (*Sinn*) معنى [maʕnan]; (*Wichtigkeit*) أهمية [ʔahammiːja]; **~ungs-los** *adj.* بدون

أهمية [biduːn ʔahammiːja], لا معنى له [laː maʕnaː lahu]; **~ungs-voll** *adj.* مهم [muhimm], ذو معنى [ðuː maʕnan].

be'dien|en (—) *v/t.* خدم [xadama, -i-]; *v/r. e-r Sache* استخدم ﻫ [istaxdama]; (*zugreifen*) تناول [tanaːwala]; **~en Sie sich!** تفضل [tafaḍḍal]; **~ung** *f* خدمة [xidma]; **~ungs-anleitung** *f* تعليمات الاستعمال [taʕliːmaːt alistiʕmaːl].

be'ding|en (—) *v/t.* اشترط [iʃtarata]; **~t** *adj.* (*Strafe*) مع إيقاف التنفيذ [maʕa ʔiːqaːf attanfiːð]; **~ung** *f* شرط [ʃart]; ***unter der ~ung, daß*** على شرط أن [ʕalaː ʃ. ʔan(na)]; **~ungs-los** *adj. u. adv.* بدون شرط [biduːni ʃart].

be'dräng|en (—) *v/t.* ضايق [ḍaːjaqa]; **~nis** *f* (-; -se) ضيق [ḍiːq].

be'droh|en (—) *v/t.* هدد [haddada]; **~lich** *adj.* خطر [xatir]; **~ung** *f* تهديد [tahdiːd].

Bedu'ine *m* (-n) بدوى [badawiː], أعرابى [ʔaʕraːbiː].

be'dürf|en (*L;* —) *v/i. e-r Sache* احتاج إلى [iħtaːdʒa], أعوز ﻫ [ʔaʕwaza]; **~nis** *n* (*-ses; -se*) حاجة [ħaːdʒa], عوز [ʕawaz]; ***sein ~nis verrichten*** قضى حاجته [qaḍaː, -iː, ħaːdʒatahu]; **~tig** *adj.* محتاج [muħtaːdʒ], معوز [muʕwiz].

be'eilen (—) *v/r.* استعجل [istaʕdʒala].

be'ein|drucken (—) *v/t. j-n* أثر في [ʔaθθara], ترك انطباعا عند [taraka, -u-, intibaːʕan]; **~flussen** (*-ßt*) *v/t.* أثر في [ʔaθθara]; **~trächtigen** (—) *v/t.* (*vermindern*) قلل [qallala]; (*schädigen*) أضر [ʔaḍarra]; **~trächtigung** *f* ضرر [ḍarar], تنقيص [tanqiːṣ], إجحاف [ʔidʒhaːf].

be'endig|en (—) *v/t.* أنهى [ʔanhaː]; **~ung** *f* إنهاء [ʔinhaːʔ].

be'erben (—) *v/t. j-n* ورث ﻩ [wariθa, jariθu].

be'erdig|en (—) *v/t.* دفن [dafana, -i-]; **~ung** *f* دفن [dafn], جنازة [dʒinaːza].

Beere *f* ثمرة صغيرة [θamra ʃaɣiːra], حبة [ħabba].

Beet *n* (*-ȩs; -e*) حوض (زرع) [ħauḍ (zarʕ)].

be'fähig|en (—) *v/t.* أهل [ʔahhala]; **~t** *adj.* (**zu** *D* ل)

B

أهل [ʔahl], قادر على [qaːdir]; **~ung** *f* أهلية [ʔahliːja], كفاءة [kafaːʔa].

be'fahrbar *adj.* صالح للمرور [ʂaːliħ lilmuruːr]; (*Fluß*) صالح للملاحة [ʂ. lilmilaːħa].

be'fahren (—) *v/t.* سار فى [saːra, -iː-].

be'fallen (*L*; —) *v/t.* أصاب [ʔaʂaːba], ألم ب [ʔalamma].

be'fangen *adj.* مرتبك [murtabik]; (*voreingenommen*) متحيز [mutaħajjiz].

be'fassen (*-ßt*; —) *v/r.* (**mit** *D*) اشتغل (ب) [iʃtaɣala]; (**mit** *D* ه) عامل [ʕaːmala].

Be'fehl *m* (*-es*; *-e*) أمر [ʔamr]; **~en** (*L*; —) *v/t. j-m etw.* أمره ب [ʔamara, -u-]; **~s-haber** *m* آمر [ʔaːmir], قائد [qaːʔid].

be'festigen (—) *v/t.* حصن [ħaʂʂana].

be'feuchten (*-e-*; —) *v/t.* بل [balla, -u-].

be'finden (*L*; —) *v/t.* اعتبر [iʕtabara]; ***für gut*** **~** استحسن [istaħsana]; *v/r.* كان [kaːna, -uː-], وجد [wuʤida, juːʤadu]; ***wo befindet er sich?*** أين هو [ʔaina huwa]; ***wie ~ Sie sich?*** كيف حالكم [kaifa ħaːlukum]; **~** *n* (*-s*; *O*) صحة [ʂiħħa], حال [ħaːl], حالة [ħaːla].

be'folg|en (—) *v/t.* اتبع [ittabaʕa]; **~ung** *f* (*O*) اتباع [ittibaːʕ].

be'förd|ern (*-re*; —) *v/t.* نقل [naqala, -u-], وصل [waʂʂala]; (*im Rang*) رقى [raqqaː]; **~erung** *f* نقل [naql], إيصال [ʔiːʂaːl]; **~erungs-mittel** *n* وسيلة نقل [wasiːlat naql].

be'fragen (—) *v/t.* استفهم [istafhama], سأل [saʔala, -a-]; (*konsultieren*) استشار [istaʃaːra].

be'frei|en (—) *v/t. Pol.* حرر [ħarrara]; **von** *etw.* خلص من [xallaʂa]; أعفى من [ʔaʕfaː]; (*freilassen*) *j-n* أطلق سراحه [ʔatlaqa saraːħahu]; **~ung** *f* تحرير [taħriːr]; **~ungs-kampf** *m* نضال التحرر [niđaːl attaħarrur].

be'fremden (*-e-*; —) *v/t.* أدهش [ʔadhaʃa]; **~** *n* استغراب [istiɣraːb].

befreunden (*-e-*) *v/t. u. v/r.* (**mit** *D* ه) صادق [ʂaːdaqa].

be'friedig|en (—) *v/t.* أرضى [ʔarđaː]; **~end** مرض [murđin]; **~ung** *f* إرضاء [ʔirđaːʔ]; (*die man empfindet*) ارتياح [irtijaːħ], رضى [riđan].

befristet *adj.* محدود الأجل [mahduːd alʔadʒal].

be'frucht|en (*-e-; —*) *v/t.* لقح [laqqaha]; **~ung** *f* تلقيح [talqiːh].

Be'fug|nis *f* (*-; -se*) حق [ħaqq], تصريح [tasriːħ]; (*Macht~*) سلطة [sulta]; **~t** *adj.* مصرح له [musarrah lahu].

be'fühlen (*—*) *v/t.* لمس [lamasa, -i-].

Befund *m* (*-es; -e*) تقرير [taqriːr]; *Med.* نتيجة كشف [natiːdʒat kaʃf].

be'fürcht|en (*-e-; —*) *v/t.* خشى [xaʃija, -aː]; **~ung** *f* خشية [xaʃja], مخافة [maxaːfa], تخوف [taxawwuf].

be'fürwort|en (*-e-; —*) *v/t.* أيد [ʔajjada]; **~ung** *f* تأييد [taʔjiːd].

be'gab|t (*-est*) *adj.* موهوب [mauhuːb], نابغ [naːbiɣ], ذو موهبة [ðuː mauhiba]; **~ung** *f* موهبة [mauhiba].

be'geben (*L; —*) *v/r.* (*an e-n Ort*) توجه [tawaddʒaha], قصد [qasada, -i-]; **~heit** *f* حادث [ħaːdiθ], واقعة [waːqiʕa].

be'gegn|en (*-e-; —; sn*) *v/i. j-m* لقى ه [laqija, -aː], قابل [qaːbala]; (*zufällig*) صادف [saːdafa]; **~ung** *f* مقابلة [muqaːbala].

be'gehen (*L; —*) *v/t.* (*e-n Fehler*) ارتكب [irtakaba]; (*e. Fest*) احتفل ب [iħtafala]; (*e-e Strecke*) مشى فى [maʃaː, -iː].

be'gehr|en (*—*) *v/t.* طلب [talaba, -u-], رغب فى [raɣiba, -a-], اشتهى [iʃtahaː]; **~t** *adj.* مطلوب [matluːb], مرغوب فيه [marɣuːb fiːhi].

be'geist|ern (*-re; —*) *v/t.* (*j-n* ***für*** *A* ه ل) حمس [ħammasa]; *v/r.* (***für*** *A* ل) تحمس [taħammasa]; **~ert** *adj.* ***von*** *D* (ل) متحمس [mutaħammis], مولع ب [muːlaʕ]; ***von*** *j-m* متأثر ب [mutaʔaθθir]; **~erung** *f* حماس [ħamaːs], تأثر [taʔaθθur], شغف [ʃaɣaf].

Be'gier|de *f* رغبة [raɣba], طمع [tamaʕ], شهوة [ʃahwa]; **~ig** *adj.* راغب فى [raːɣib], (***nach*** *D* إلى) مشتاق [muʃtaːq].

be'gießen (*L; —*) *v/t.* (*den Garten*) سقى [saqaː, -iː].

Be'ginn *m* (*-ɇs; O*) بدء [badʔ], ابتداء [ibtidaːʔ], أول [ʔawwal]; **~en** (*L; —*) *v/t.* بدأ [badaʔa, -a-]; *v/i.* ابتدأ [ibtadaʔa].

be'glaubig|en (*—*) *v/t.* صدق

على [ʃaddaqa]; ~**t** *adj.* مصدق عليه [muʃaddaq ʕalaihi]; ~̊**ung** *f* تصديق [taʃdiːq].

be'gleichen (*L*) *v/t.* (*e-e Rechnung*) سدد [saddada].

begleit|en (—) *v/t.* صاحب [ʃaːħaba], رافق [raːfaqa]; ~̊**er** *m* رفيق [rafiːq]; ~̊**ung** *f* مرافقة [muraːfaqa], صحبة [ʃuħba].

be'glückwünschen (—) *v/t.* (*j-n* **zu** *D* ه ب) هنأ [hannaʔa].

be'gnadig|en (—) *v/t.* عفا عن [ʕafaː, -uː]; ~̊**ung** *f* عفو [ʕafw].

be'gnügen (—) *v/r.* (**mit** *D* ب) اكتفى [iktafaː], قنع ب [qaniʕa, -a-].

be'graben (*L*; —) *v/t.* دفن [dafana, -i-]; *fig.* ترك [taraka, -u-].

Be'gräbnis [-ɛː-] *n* (*-ses; -se*) دفن [dafn], جنازة [dʒinaːza].

be'greif|en (*L*; —) *v/t.* أدرك [ʔadraka], فهم [fahima, -a-]; ~**lich** *adj.* مفهوم [mafhuːm], ممكن فهمه [mumkin fahmuhu].

be'grenz|en (*-t*; —) *v/t.* حدد [ħaddada]; ~**t** *adj.* محدود [maħduːd], ضيق [đajjiq]; ~̊**ung** *f* حد [ħadd], تحديد [taħdiːd].

Be'griff *m* (*-ẹs; -e*) مفهوم [mafhuːm]; (*e-s Wortes*) مدلول [madluːl], معنى [maʕnan]; **im** ~ **sein zu** كان على وشك أن [kaːna ʕalaː waʃk ʔan], أوشك أن [ʔauʃaka ʔan]; ~̊**lich** *adj.* معنوى [maʕnawiː]; (*abstrakt*) مجرد [mudʒarrad].

be'gründ|en (*-e-*; —) *v/t.* أسس [ʔassasa]; (*mit Argumenten*) علل [ʕallala]; ~̊**ung** *f* تعليل [taʕliːl].

be'grüß|en (*-ßt*; —) *v/t.* حيا [ħajjaː], رحب ب [raħħaba], سلم على [sallama]; ~̊**ung** *f* تحية [taħiːja], ترحيب [tarħiːb].

be'günstigen (—) *v/t.* فضل [fađđala], آثر [ʔaːθara]; (*fördern*) ساعد على [saːʕada].

be'gutachten (—) *v/t.* تفرس [tafarrasa], أبدى رأيه عن [ʔabdaː raʔjahu].

be'gütert *adj.* ثرى [θariːj].

be'hag|en (—) *v/i.* *j-m* أراح ه [ʔaraːħa], ناسب [naːsaba]; ~̊**en** *n* (*-s*; *O*) راحة [raːħa], ارتياح [irtijaːħ]; ~**lich** *adj.* مريح [muriːħ]; ~̊**lichkeit** *f* راحة [raːħa], رفاهة [rafaːha].

be'halten (*L; —*) *v/t.* استبقى [istabqaː], احتفظ ب [iħtafaẓa]; (*sich merken*) تذكر [taðakkara]; **für sich** (*A*) ~ احتفظ لنفسه [iħtafaẓa linafsihi]; (*verschweigen*) كتم [katama, -u-].

Be'hält|er *m*, **~nis** *n* (*-ses; -se*) وعاء [wiʕaːʔ], إناء [ʔinaːʔ]; (*Groß~*) خزان [xazzaːn].

be'hand|eln (*-le; —*) *v/t.* عامل [ʕaːmala]; *Med.* (*u. e. Thema*) عالج [ʕaːladʒa]; **~lung** *f* معاملة [muʕaːmala]; *Med.* معالجة [muʕaːladʒa], علاج [ʕilaːdʒ].

be'harr|en (*—*) *v/i.* بقي [baqija, -aː]; **~en auf** *A* أصر على [ʔaṣarra], ألح في [ʔalaħħa], ثابر على [θaːbara]; **~lich** *adj.* مثابر [muθaːbir], مصر [muṣirr], صبور [ṣabuːr]; **~lichkeit** *f* (*O*) صبر [ṣabr], جلد [dʒalad], مواظبة [muwaːẓaba].

be'hauen (*—*) *v/t.* (*e-n Stein*) قطع [qaṭaʕa, -a-], نحت [naħata, -u-].

be'haupt|en (*-e-; —*) *v/t.* (*nicht aufgeben*) حافظ [ħaːfaẓa]; (*versichern*) زعم [zaʕama, -u-], ادعى [iddaʕaː]; *v/r.* **gegen** *j-n* قاوم [qaːwama]; **~ung** *f* زعم [zaʕm], ادعاء [iddiʕaːʔ].

be'heben *v/t.* (*e-n Schaden*) أصلح [ʔaṣlaħa].

Be'helf *m* (*-es; -e*) وسيلة [wasiːla], حيلة [ħiːla]; **~en** (*L; —*) *v/r.* **mit** *etw.* استعان ب [istaʕaːna].

be'hellig|en (*—*) *v/t.* أزعج [ʔazʕadʒa], ضايق [ḍaːjaqa]; **~ung** *f* إزعاج [ʔizʕaːdʒ].

be'hende *adj.* ماهر [maːhir], سريع [sariːʕ].

be'herbergen (*—*) *v/t.* آوى [ʔaːwaː], أضاف [ʔaḍaːfa], أبات [ʔabaːta].

be'herrsch|en (*—*) *v/t.* حكم على [ħakama, -u-], تسلط على [tasallaṭa]; (*e-e Sprache*) أتقن [ʔatqana]; *v/r.* تمالك [tamaːlaka]; **~er** *m*: **~er der Gläubigen** أمير المؤمنين [ʔamiːr almuʔminiːn]; **~ung** *f* (*e-r Sprache*) إتقان [ʔitqaːn].

be'herz|igen (*—*) *v/t.* (*e-n Rat*) راعى [raːʕaː], اتبع [ittabaʕa]; **~t** *adj.* شجاع [ʃudʒaːʕ].

be'hilflich *adv.*: ~ **sein** *j-m* عاون ه [ʕaːwana].

be'hinder|n (*-re; —*) *v/t.* *j-n* عاق [ʕaːqa, -uː-]; (*Tätigkeit*)

عرقل [ʕarqala]; **~t** *adj.*: ***körperlich ~t*** عاجز [ʕaːʤiz].

Be'hörde *f* سلطة [sulṭa], مصلحة [maṣlaħa]; ***die ~n*** *pl.* الدوائر الحكومية [addawaːʔir alħukuːmiːja].

be'hüten (*-e-; —*) *v/t. j-n* ***vor*** حفظ ه من [ħafiẓa, -a-], حمى [ħamaː, -iː], حاط [ħaːṭa, -uː-].

be'hutsam *adj.* محترس [muħtaris], متحوط [mutaħawwiṭ]; *adv.* بتحوط [bitaħawwuṭ]; **~keit** *f* احتراس [iħtiraːs], حيطة [ħiːṭa].

bei *präp. D* لدى [ladaː], عند [ʕinda]; (*neben*) بجانب [biʤaːnib]; (*während*) أثناء [ʔaθnaːʔ]; ~ ***Nacht*** ليلا [lailan], بالليل [billail]; ~ ***Gott!*** والله [wallaːhi], بالله [billaːhi].

beibehalten (*L*) *v/t.* أبقى [ʔabqaː], احتفظ [iħtafaẓa].

beibringen (*L*) *v/t.* أورد [ʔaurada], قدم [qaddama]; ***e-e Wunde ~*** أصاب بجرح [ʔaṣaːba biʤarħ]; ***e-e Niederlage ~*** هزم [hazama, -i-]; *j-m etw.* ~ علم ه ه [ʕallama].

Beichte *f Rel.* اعتراف [iʕtiraːf]; **~n** (*-e-*) *v/t.* اعترف ب [iʕtarafa].

beide كلا [kilaː], *f* كلتا [kilta]; ***sie ~*** كلاهما [kilaːhumaː]; ***e-r von ~n*** أحد الاثنين [ʔaħad aliθnain].

beiderseitig *adj.* متبادل [mutabaːdil].

beiei'nander *adv.* معا [maʕan], بعض عند بعض [baʕḍ ʕinda b.].

Beifall *m* (*-ɇs; O*) استحسان [istiħsaːn]; (*Applaus*) تصفيق [taṣfiːq].

beifällig *adj.* مستحسن [mustaħsin].

beifüg|en *v/t.* ***zu*** *etw.* أضاف إلى [ʔaḍaːfa], ألحق ب [ʔalħaqa]; **~ung** *f* إضافة [ʔiḍaːfa], إلحاق [ʔilħaːq].

Beigabe *f* إضافة [ʔiḍaːfa], زيادة [zijaːda].

beige [bɛːʃ] (*O*) *adj.* بيج [beːʒ].

Beigeschmack *m* (*-ɇs; O*) طعم خارجي [ṭaʕm xaːriʤiː].

Beihilfe *f* معاونة [muʕaːwana], معونة [maʕuːna].

Beil *n* (*-ɇs; -e*) بلطة [balṭa], فأس [faʔs].

Beilage *f* (*Buch, Zeitung*) ملحق [mulħaq]; **~n** *pl.* (*e-r Eingabe*) مرفقات [murfaqaːt];

(*Zuspeise, Gemüse*) مجملات [mudʒammilaːt], خضار [xuđaːr], إدام [ʔidaːm].

beiläufig *adj.* عرضي [ʕarađiː]; *adv.* بالتقريب [bittaqriːb].

beilegen *v/t.* أضاف [ʔađaːfa]; (*etw. e-m Brief*) أرفق ه ب [ʔarfaqa]; (*e-n Streit*) سوى [sawwaː], حسم [ħasama, -i-].

Beileid *n* (-*¢s; O*) تعزية [taʕzija].

beiliegend *adj.* مرفق طيه [murfaq tajjahu].

beim = **bei dem**.

Bein *n* (-*es; -e*) ساق [saːq]; (*Knochen*) عظم [ʕazm]; ***sich auf die ~e machen*** انصرف [inʃarafa]; *j-m* ***ein ~ stellen*** أعثر ه [ʔaʕθara].

bei'nahe *adv.* تقريبا [taqriːban]; ***er wäre ~ gestorben*** كاد يموت [kaːda jamuːtu].

Beiname *m* (-*n*) لقب [laqab]; (*wenn mit Abū/Umm beginnend*) كنية [kunja].

beipflichten (-*e*-) *v/i.* (*D* ه) وافق [waːfaqa].

be'irren: ***sich nicht ~ lassen von*** (*D*) لا يتأثر بأقوال الغير [laː jataʔaθθaru biʔaqwaːl alɣair].

bei'sammen *adv.* معا [maʕan], بعض مع بعض [baʕđ maʕa b.].

Bei'sammensein *n* (-*s; O*) عشرة [ʕiʃra], اجتماع [idʒtimaːʕ].

Beischlaf *m* جماع [dʒimaːʕ].

Beisein *n* (-*s; O*) حضور [ħuđuːr]; ***im ~ von*** (*D*) بحضور [biħuđuːr].

bei'seite *adv.* جانبا [dʒaːniban]; ***~ legen*** احتفظ [iħtafaza]; ***~ schaffen*** خبأ [xabbaʔa].

beisetzen (-*t*) *v/t.* دفن [dafana, -i-].

Beisitzer *m* عضو لجنة [ʕuđw ladʒna].

Beispiel *n* (-*s; -e*) مثل [maθal]; (*Vorbild*) قدوة [qudwa], مثال [miθaːl]; ***zum ~*** مثلا [maθalan]; **~gebend** *adj.* يقتدى به [juqtadaː bihi]; **~haft** *adj.* مثالي [miθaːli]; **~los** (-*est*) *adj.* لا مثيل له [laː maθiːla lahu].

beißen (*L*) *v/t.* عض [ʕađđa, -u-]; (*Insekt*) قرص [qaraʃa, -u-]; (*Schlange*) لدغ [ladaɣa, -u-]; (*kauen*) قرض [qarađa, -i-]; **~d** *adj.* (*Geschmack*) حريف [ħirriːf]; (*Rauch, Kälte*) قارص [qaːriʃ]; *fig.* لاذع [laːðiʕ].

Beistand *m* (-*¢s; O*) مساعدة

[musaːʕada], عون [ʕaun]; (*Person*) معاون [muʕaːwin], نصير [naʃiːr].

beistehen (*L*) *v/i. j-m* ساعد [saːʕada], عاون [ʕaːwana].

Beisteuer *f* قسط [qisṭ], إسهام [ʔishaːm]; **~n** (*-re*) *v/t.*: **~n zu** *A* ساهم فى [saːhama]; (*freiwillig*) تبرع ب [tabarraʕa].

beistimmen *v/i.* (*D* ه) وافق [waːfaqa].

Beitrag *m* (*-ẹs; ⸚e*) حصة [ħiʃʃa], إسهام [ʔishaːm]; (*Mitglieds~*) اشتراك [iʃtiraːk], رسم العضوية [rasm alʕuđwiːja]; **seinen ~ leisten** (**zu** *D* فى) ساهم [saːhama]; **~en** (*L*) *v/t.* **zu** *etw.* أسهم ل [ʔashama], ساعد على [saːʕada].

beitreten (*L; sn*) *v/i.* (*D, z.B. e-r Organisation* ب) التحق [iltaħaqa], دخل ه [daxala].

Beitritt *m* (*-s; O*) (**zu** *D* ب) التحاق [iltiħaːq].

beiwohnen *v/i.* (*D, z.B. e-r Sitzung* ه) حضر [ħađara, -u-]; (*e-r Frau*) جامع [ʤaːmaʕa].

Beize *f* مادة كاوية [maːdda kaːwija]; (*Falkenjagd*) بيزرة [baizara].

bei'zeiten *adv.* مبكرا [mubakkiran].

beizen (*-t*) *v/t.* كوى بالحامض [kawaː, -iː, bilħaːmiđ]; (*Holz*) صبغ [ʃabaɣa, -u-].

be'jahen (—) *v/t.* (*e-e Frage*) أجاب عليه بالإيجاب [ʔaʤaːba ʕalaihi bilʔiːʤaːb].

be'jahrt *adj.* مسن [musinn].

Be'jahung *f* رد بالإيجاب [radd bilʔiːʤaːb].

be'kämpf|en (—) *v/t.* قاتل [qaːtala], كافح [kaːfaħa]; (*e-e Meinung*) عارض [ʕaːrađa]; **~ung** *f* مكافحة [mukaːfaħa].

be'kannt (*-est*) *adj.* معروف [maʕruːf]; **~e(r)** *m* (*-n*) أحد المعارف [ʔaħad almaʕaːrif], معرفة [maʕrifa]; **~geben** (*L*) *v/t.* أعلن [ʔaʕlana]; **~lich** *adv.* كما هو معروف [kamaː huwa maʕruːf]; **~machen** *v/t.* أعلن [ʔaʕlana], أذاع [ʔaðaːʕa]; **~machung** *f* إعلان [ʔiʕlaːn]; **~schaft** *f* (*Kenntnis*) معرفة [maʕrifa]; (*Bekanntenkreis*) معارف [maʕaːrif].

be'kehren (—) *v/t.*: **zum rechten Glauben ~** هدى إلى الإيمان [hadaː, -iː, ʔilaː

lʔiːmaːn]; *v/r.* اهتدى [ihtadaː].

be'kennen (*L;* —) *v/t.* اعترف ب [iʕtarafa]; **Farbe** ~ كان صريحا [kaːna ʃariːħan], أبدى رأيه [ʔabdaː raʔjahu]; *v/r.* **zu** *j-m* وقف إلى جانبه [waqafa, jaqifu, ʔilaː ʤaːnibihi]; **sich schuldig** ~ اعترف بالجرم [iʕtarafa bilʤurm].

Be'kenntnis *n* (*-ses; -se*) اعتراف [iʕtiraːf]; (*Religions*≈) ديانة [dijaːna], عقيدة [ʕaqiːda], ملة [milla].

be'klag|en (—) *v/t.* شكا [ʃakaː, -uː]; *v/r.*: **sich** (*A*) ~**en** (**über** *A* من) اشتكى [iʃtakaː]; ≈**te(r)** *m* المدعى عليه [almuddaʕaː ʕalaihi].

be'kleid|en (*-e-;* —) *v/t.* ألبس [ʔalbasa]; (*e. Amt*) تقلد [taqallada]; *v/r.* لبس [labisa, -a-]; ≈**ung** *f* ملابس [malaːbis].

be'klommend *adj.* (*Gefühl*) مرهب [murhib].

be'kommen (*L;* —) *v/t.* (*erhalten*) استلم [istalama], حصل على [ħaʃala, -u-]; (*e-n Preis*) فاز ب [faːza, -uː-]; (*e-n Zug*) لحق [laħiqa, -a-]; **e-e Krankheit** ~ مرض [mariđa, -a-]; **Hunger** ~ جاع [ʤaːʕa, -uː-]; **e. Kind** ~ ولد له ولد [wulida lahu walad]; **es bekommt ihm nicht** لا يلائمه [laː julaːʔimuhu].

be'kömmlich *adj.* ملائم [mulaːʔim], مفيد [mufiːd].

be'köstig|en (—) *v/t.* أطعم [ʔatʕama].

be'kräftig|en (—) *v/t.* أيد [ʔajjada], أكد [ʔakkada], أثبت [ʔaθbata]; ≈**ung** *f* تأييد [taʔjiːd].

be'kränzen (*-t;* —) *v/t.* كلل [kallala].

be'kritteln (*-le;* —) *v/t.* انتقد [intaqada], عيب [ʕajjaba].

be'kümmer|n (*-re;* —) *v/t.* هم [hamma, -u-]; (*traurig machen*) أحزن [ʔaħzana], كرب [karaba, -u-]; *v/r.* (**um** *A* ب) اهتم [ihtamma], اعتنى ب [iʕtanaː]; ~**t** *adj.* حزين [ħaziːn], مغموم [maɣmuːm].

bekunden *v/t.* أبدى [ʔabdaː].

be'laden (*L,*) *v/t.* شحن [ʃaħana, -a-], حمل [ħammala], وسق [wasaqa, jasiqu]; *adj.* مشحون [maʃħuːn].

Be'lag *m* (*-¢s; ¨e od. O*) طلاء [tilaːʔ], غطاء [ɣitaːʔ]; (*Straßen*≈) تبليط [tabliːt];

(*Boden*~) أرضية [ʔarđiːja]; (*Zungen*~) بياض [bajaːđ].

Be'lager|er *m* محاصر [muħaːʃir]; **~n** (*-re; —*) *v/t.* حاصر [ħaːʃara]; **~ung** *f* حصار [ħiʃaːr].

Be'lang *m* (*-es: -e*) شأن [ʃaʔn], صدد [ʃadad]; (*Wichtigkeit*) أهمية [ʔahammiːja]; **von ~** ذو أهمية [ðuː ʔa.]; **~en** (*—*) *v/t. j-n* حاسب ه [ħaːsaba]; ***gerichtlich* ~en** قاضى [qaːđaː]; **~los** (*-est*) *adj.* عديم الأهمية [ʕadiːm alʔahammiːja]; **~losigkeit** *f* تفاهة [tafaːha].

be'lasten (*-e-; —*) *v/t.* حمل [ħammala]; *fig.* أثقل [ʔaθqala]; (*e. Konto*) قيد على [qajjada ʕalaː]; *Jur.* (*den Angeklagten*) شهد على [ʃahada, -a-].

be'lästig|en (*—*) *v/t.* أزعج [ʔazʕadʒa], ضايق [đaːjaqa]; **~ung** *f* مضايقة [muđaːjaqa], إزعاج [ʔizʕaːdʒ].

Be'lastung *f* تحميل [taħmiːl]; (*Last*) عبء [ʕibʔ].

be'leb|en (*—*) *v/t.* أنعش [ʔanʕaʃa]; (*lebendig machen*) أحيى [ʔaħjaː]; **~end** *adj.* منعش [munʕiʃ]; **~t** (*-est*) *adj.* نشط [naʃit], نابض الحياة [naːbiđ alħajaːt]; **~ungsmittel** *n* دواء منعش [dawaːʔ munʕiʃ].

Be'leg *m* (*-ẹs; -e*) سند [sanad].

be'leg|en (*—*) *v/t.* (*Brot*) أدم [ʔadama, -i-]; (*Boden*) فرش [farraʃa]; (*e-n Platz*) حجز [ħadʒaza, -i-]; **~schaft** *f* المستخدمون [almustaxdamuːn]; **~t** *adj.* (*Zunge*) مطلو [matluːw]; (*Platz*) محجوز [maħdʒuːz]; ***~tes Brot*** سندوتش [sandwitʃ].

be'lehr|en (*—*) *v/t.* علم [ʕallama]; **~ung** *f* تعليم [taʕliːm].

be'leibt (*-est*) *adj.* بدين [badiːn].

be'leidig|en (*—*) *v/t.* أهان [ʔahaːna]; **~end** *adj.* مهين [muhiːn]; **~ung** *f* إهانة [ʔihaːna].

be'lesen *adj.* كثير الاطلاع [kaθiːr alittilaːʕ].

be'leucht|en (*-e-; —*) *v/t.* أضاء [ʔađaːʔa], أنار [ʔanaːra]; **~ung** *f* إضاءة [ʔiđaːʔa], إنارة [ʔinaːra]; **~ungs-körper** *m* جهاز إنارة [dʒihaːz ʔinaːra].

Belgien [-gĭən] *n* بلجيكا [baldʒiːkaː].

be'licht|en (*-e-; —*) *v/t. Fot.* عرض للضوء [ʕarrađa liđđauʔ]; *v/i.* فتح العدسة [fataħa, -a-, alʕadasa]; **~ung** *f* تعريض للضوء [taʕriːđ liđđauʔ].

be'lieben (—) *v/i.* أراد [ʔaraːda], رغب [raɣiba, -a-]; **~** *n* رغبة [raɣba]; ***nach Ihrem ~*** حسب رغبتك [ħasaba raɣbatika].

be'liebig *adj.* أي [ʔajj]; ***jeder ~e*** أى من كان [ʔajju man kaːna].

be'liebt *adj.* محبوب [maħbuːb]; (*populär*) ذو شعبية [ðuː ʃaʕbiːja]; **~heit** *f* (*O*) حظوة عند الناس [ħuzwa ʕinda nnaːs], شعبية [ʃaʕbiːja].

be'liefern (*-re*) *v/t.* زود [zawwada].

bellen *v/i.* نبح [nabaħa, -a-].

Belle'tristik *f* أدب قصصى [ʔadab qaʃaʃiː].

be'lobigen (—) *v/t.* مدح [madaħa, -a-].

be'lohn|en (—) *v/t.* كافأ [kaːfaʔa]; **~ung** *f* مكافأة [mukaːfaʔa].

Belüftung *f* تهوية [tahwija].

be'lügen (*L;* —) *v/t. j-n* ∘ *u.* كذب (على) [kaðaba, -i-].

be'lust|igen (—) *v/t.* سلى [sallaː], أضحك [ʔađħaka]; *v/r.* تسلى [tasallaː]; **~igung** *f* تسلية [taslija].

be'mächtigen (—) *v/r.*: ***sich e-r Sache*** (*G*) **~** استولى على [istaulaː].

be'malen *v/t.* دهن [dahana, -u-].

be'mängeln *v/t.* عيب [ʕajjaba].

be'merk|bar *adj.* ملحوظ [malħuːz]; ***sich ~bar machen*** نبه إلى نفسه [nabbaha ʔilaː nafsihi]; **~en** (—) *v/t.* لاحظ [laːħaza]; (*sagen*) علق [ʕallaqa]; **~ens-wert** *adj.* جدير بالملاحظة [dʒadiːr bilmulaːħaza]; **~ung** *f* ملاحظة [mulaːħaza].

be'messen (*L;* —) *v/t.* قاس [qaːsa, -iː-], حدد [ħaddada].

be'mitleiden (*-e-;* —) *v/t.* أشفق على [ʔaʃfaqa]; **~s-wert** *adj.* جدير بالشفقة [dʒadiːr biʃʃafaqa], مسكين [miskiːn].

be'mittelt *adj.* متيسر [mutajassir], ثرى [θariːj].

be'müh|en (—) *v/t.* أتعب [ʔatʕaba]; (***mit** D* ب) كلف [kallafa]; *v/r.* اجتهد [idʒtahada], أتعب نفسه [ʔatʕaba nafsahu]; ***um** etw.* سعى إلى [saʕaː, -aː]; **~ung** *f* اجتهاد [idʒtihaːd], مجهود [madʒhuːd].

B

be'nachbart *adj.* مجاور [muʤaːwir].

be'nachrichtig|en (—) *v/t.* (*j-n* ***von*** *etw.* ه ب) أخبر [ʔaxbara]; **~ung** *f* إخبار [ʔixbaːr].

be'nachteilig|en (—) *v/t.* (*A* ب) أجحف [ʔaʤħafa], أخسره [ʔaxsara]; **~ung** *f* ضرر [đarar], إنقاص الحق [ʔinqaːʃ alħaqq].

Be'nehmen *n* (*-s; O*) سلوك [suluːk], تصرفات [taʃarrufaːt]; ***schlechtes*** ~ قلة الأدب [qillat alʔadab]; **~** (*L;* —) *v/r.*: ***sich gut (schlecht)*** **~** سلك سلوكا حسنا (سيئا) [salaka, -u-, suluːkan ħasanan (sajjiʔan)].

be'neiden (*-e-;* —) *v/t.* حسد [ħasada, -u-]; **~s-wert** *adj.* يحسد عليه [juħsadu ʕalaihi].

Be'nennung *f* تسمية [tasmija].

be'nommen *adj.* دائخ [daːʔix]; **~heit** *f* (*O*) دوخة [dauxa].

be'nötigen (—) *v/t.* احتاج إلى [iħtaːʤa], عاز [ʕaːza, -uː-].

be'nutz|en (*-t-;* —) *v/t.* استعمل [istaʕmala], استخدم [istaxdama]; ***e-e Gelegenheit*** **~en** انتهز فرصة [intahaza furʃatan]; **~ung** *f* (*O*) استعمال [istiʕmaːl], استخدام [istixdaːm]; **~ungs-gebühr** *f* أجرة [ʔuʤra], رسم [rasm].

Ben'zin *n* (*-s; O*) بنزين [banziːn]; **~kanister** *m* صفيحة [ʃafiːħa], تنكة [tanaka]; **~pumpe** *f* محطة بنزين [maħaŧŧat banziːn]; **~tank** *m* خزان بنزين [xazzaːn b.].

be'obacht|en (*-e-;* —) *v/t.* راقب [raːqaba]; **~er** *m* مراقب [muraːqib]; **~ung** *f* مراقبة [muraːqaba].

be'packt *adj.* محمل [muħammal].

be'quem *adj.* مريح [muriːħ], وثير [waθiːr]; **~lichkeit** *f* راحة [raːħa], هينة [hiːna]; (*Faulheit*) كسل [kasal].

be'raten (*L;* —) *v/t.* نصح [naʃaħa, -a-], أشار على [ʔaʃaːra]; *v/r.* (***mit*** *D* مع) تشاور [taʃaːwara].

Be'ratung *f* مشاورة [muʃaːwara]; (*die man einholt*) استشارة [istiʃaːra]; **~s-stelle** *f* مكتب استشارات [maktab istiʃaːraːt].

be'rauben (—) *v/t.* (*j-n G* ه من) حرم [ħarama, -i-]; (*mit Gewalt*) سلب [salaba, -u-].

be'rauschen (—) *v/t.* أسكر [ʔaskara]; *v/r.* سكر [sakira, -a-], انتشى [intaʃaː].

be'rechnen *v/t.* حسب [ħasaba, -u-]; *(j-m A)* قيد على حسابه [qajjada ʕalaː ħisaːbihi].

Be'rech|nung *f* حساب [ħisaːb], حسبان [ħusbaːn]; **˜tigen** (—) *v/t. j-n* أجازه [ʔaʤaːza], رخص ل [raxxaʃa], صرح ل [ʃarraħa]; **~tigung** *f* *(O)* إجازة [ʔiʤaːza], تصريح [taʃriːħ]; *(Anspruch)* حق [ħaqq].

Be'redsamkeit *f* *(O)* بلاغة [balaːɣa], فصاحة [faʃaːħa].

Be'reich *m od. n (-ȼs; -e)* مجال [maʤaːl], مدى [madan], نطاق [nitaːq].

be'reifen (—) *v/t. (Auto)* ركب إطارات [rakkaba ʔitaːraːt].

Be'reifung *f* إطارات السيارة [ʔitaːraːt assajjaːra].

be'reinigen (—) *v/t. (Unstimmigkeiten)* سوى [sawwaː], أزال [ʔazaːla].

be'reit *(O) adj.* جاهز [ʤaːhiz]; **(zu** *D* ل) مستعد [mustaʕidd]; **~en** *(-e-; —) v/t.* جهز [ʤahhaza], أعد [ʔaʕadda]; **~s** *adv.* من قبل [min qablu]; **˜schaft** *f* استعداد [istiʕdaːd]; **~stellen** *v/t.* حضر [ħaððara]; **˜ung** *f* *(O)* تحضير [taħðiːr]; **~willig** *adj.* مستعد للخدمة [mustaʕidd lilxidma].

be'reuen (—) *v/t. etw.* ندم على [nadima, -a-].

Berg *m (-es; -e)* جبل [ʤabal]; *(Haufen)* كوم [kaum]; ***über alle*** **'~e** بعيد [baʕiːd]; **˜'ab** *adv.* نازلا [naːzilan]; **˜'an, ˜'auf** *adv.* صاعدا [ʃaːʕidan]; **~arbeiter** *m* عامل منجم [ʕaːmil manʤam]; **~bau** *m* *(-ȼs; O)* تعدين [taʕdiːn]; **˜en** *(L)* *v/t.* أمن [ʔammana], أودع [ʔaudaʕa]; *(retten)* أنقذ [ʔanqaða]; **~gipfel** *m* قمة جبل [qimmat ʤabal]; **˜ig** *adj.* جبلى [ʤabaliː]; **~mann** *m (-es; -leute) s.* **~*arbeiter***; **~steiger** *m* متسلق جبال [mutasalliq ʤibaːl]; **~tour** *f* جولة فى الجبال [ʤaula fiː lʤibaːl]; **~ung** *f* إنقاذ [ʔinqaːð], تنجية [tanʤija]; **~werk** *n (-s; -e)* منجم [manʤam].

Be'richt *m (-ȼs; -e)* تقرير [taqriːr]; *(Wetter˜)* نشرة [naʃra]; **~ *erstatten*** **(über** *A* عن) قدم تقريرا [qaddama taqriːran]; ***laut*** **~** *Hdl.* حسب البيان [ħasab albajaːn]; *Med.* حسب الوصفة [ħ.

alwaffa]; ˜en (-e-; —) v/t. أخبر ب [ʔaxbara], روى ه [rawaː, -iː], حدث عن [ħaddaθa]; ~**erstatter** *m* مراسل [muraːsil], مخبر جريدة [muxbir ʤariːda]; ~**erstattung** *f* (*Radio, Presse*) ريبورتاج [riːburtaːʒ].

berichtig|en (—) *v/t.* صحح [ʃaħħaħa]; ˜**ung** *f* تصحيح [taʃħiːħ], استدراك [istidraːk].

Bernstein *m* (-ǿs; -e, *mst. O*) كهرمان [kahramaːn].

bersten (*L; sn*) *v/i.* انشق [inʃaqqa], تفزر [tafazzara]; (*explodieren*) انفجر [infaʤara].

be'rüchtigt (*-est*) *adj.* مشهر [muʃahhar], قبيح الصيت [qabiːħ aʃʃiːt].

be'rücksichtig|en (—) *v/t.* راعى [raːʕaː], اعتبر [iʕtabara], التفت إلى [iltafata]; ˜**ung** *f* (*O*) مراعاة [muraːʕaːt].

Be'ruf *m* (-ǿs; -e) مهنة [mihna], حرفة [ħirfa], شغل [ʃuɣl]; ***was ist er von ~?*** ما مهنته [maː mihnatuhu]; ˜**en** (*L;* —) *v/t.* استدعى [istadʕaː]; (*auf e-n Posten*) عين في [ʕajjana]; *v/r.* (**auf** *A* ب) استشهد [istaʃhada], استند على [istanada], احتج ب [iħtaʤʒa]; ˜**lich** (*O*) *adj.* مهني [mihaniː]; *adv.* كمهنة [kamihna]; ˜***lich ausüben*** احترف [iħtarafa]; ~**ung** *f* استدعاء [istidʕaːʔ]; *Jur.* ***gegen e. Urteil ~ung einlegen*** استأنف حكما [istaʔnafa ħukman]; ~**ungs-gericht** *n* محكمة استئناف [maħkamat istiʔnaːf].

be'ruhen (—) *v/i.* (**auf** *D* على) توقف [tawaqqafa], قام على [qaːma, -uː-]; ***e. Sache auf sich ~ lassen*** ترك ه [taraka, -u-].

be'ruhig|en (—) *v/t.* هدأ [haddaʔa], سكن [sakkana]; *v/r.* هدأ [hadaʔa, -a-]; (*Mensch*) اطمأن [itmaʔanna]; ˜**ung** *f* (*O*) تهدئة [tahdiʔa]; ˜**ungsmittel** *n Med.* مسكن [musakkin].

be'rühmt (*-est*) *adj.* مشهور [maʃhuːr]; ˜**heit** *f* شهرة [ʃuhra].

be'rühr|en (—) *v/t.* لمس [lamasa, -i-], مس [massa, -a-]; (*e. Thema*) تناول [tanaːwala]; ˜**ung** *f* لمس [lams].

be'sagen (—) *v/t.* (*bedeuten*) عنى [ʕanaː, -iː].

be'sänftig|en (—) *v/t.* هدأ [haddaʔa]; ~ung f (O) تهدئة [tahdiʔa].

Be'satz m (-es; ⸚e) (am Kleid) حاشية [ħaːʃija], ترصيع [tarfiːʕ]; **~ung** f Mil. حامية [ħaːmija]; Mar. بحارة [baħħaːra], نواتي السفينة [nawaːtiː ssafiːna]; **~ungs-zone** f منطقة الاحتلال [mantiqat aliħtilaːl].

be'schädig|en (—) v/t. أضر [ʔađarra], أتلف [ʔatlafa]; **~t** adj. متلف [mutlaf], مكسور [maksuːr]; **~ung** f تلف [talaf], ضرر [đarar].

be'schaffen (—) v/t. أورد [ʔaurada], أحضر [ʔaħđara], حصل على [ħaʃala, -u-]; adj.: **wie ist er ~?** ما طبيعته [maː ṭabiːʕatuhu]; **~heit** f (O) كيفية [kaifiːja], طبيعة [ṭabiːʕa].

be'schäftig|en (—) v/t. شغل [ʃaɣɣala]; (j-m Arbeit geben) استخدم [istaxdama]; v/r. (**mit** D ب) اشتغل [iʃtaɣala]; **~ung** f (**mit** D ب) اشتغال [iʃtiɣaːl]; (Arbeit) استخدام [istixdaːm]; **~ungs-los** adj. عاطل [ʕaːtil].

be'schäm|en (—) v/t. أخجل [ʔaxʤala]; **~t** adj. خجلان [xaʤlaːn]; **~ung** f (O) خجل [xaʤal].

Be'schau f فحص [faħʃ]; **~en** v/t. فحص [faħaʃa, -a-]; (inspizieren) فتش [fattaʃa]; **~lich** adj. متأمل [mutaʔammil]; (Leben) هادئ [haːdiʔ].

Be'scheid m (-es; -e) (Antwort) جواب [ʤawaːb]; (Auskunft) إخبار [ʔixbaːr]; (Gerichts~) قرار [qaraːr]; **~ geben** (j-m ه) أعلم [ʔaʕlama]; **~ wissen** (**über** A ب) ألم [ʔalamma]; **~en** adj. متواضع [mutawaːđiʕ]; **~enheit** f (O) تواضع [tawaːđuʕ].

be'scheinig|en (—) v/t. شهد [ʃahida, -a-], أقر ه [ʔaqarra], وثق ه [waθθaqa]; **~ung** f شهادة [ʃahaːda], وثيقة [waθiːqa], إثبات [ʔiθbaːt]; (Quittung) إيصال [ʔiːʃaːl].

Be'scherung f توزيع هدايا [tauziːʕ hadaːjaː]; umg. ورطة [warṭa].

be'schimpf|en (—) v/t. سب [sabba, -u-], شتم [ʃatama, -i-]; **~ung** f سب [sabb]; (Schimpfwort) شتيمة [ʃatiːma].

be'schirm|en (—) v/t. حمى [ħamaː, -iː].

Be'schlag *m* (*-es; ¨e*) تلبيس [talbiːs], زينة [ziːna]; ***in ~ nehmen*** حجز [ħadʒaza, -i-], استأثر ب [istaʔθara]; **~en** (—) *v/t.* *(Pferd)* نعل [naʕ-ʕala]; **~nahme** *f* مصادرة [muʃaːdara]; **~nahmen** (—) *v/t.* صادر [ʃaːdara].

be'schleunig|en (—) *v/t.* عجل [ʕaddʒala], شهل [ʃahhala]; **~ung** *f* تعجيل [taʕdʒiːl], تسريع [tasriːʕ]; *Phys.* تسارع [tasaːruʕ].

be'schließen (*L;* —) *v/t.* (*beenden*) أنهى [ʔanhaː], ختم [xatama, -i-]; (*entscheiden*) قرر [qarrara], عزم على [ʕazama, -i-].

Be'schluß *m* (*-sses; ¨sse*) قرار [qaraːr]; **~fähigkeit** *f* (*O*) صلاحية [ʃalaːħiːja].

be'schmieren (—) *v/t.* لوث [lawwaθa], وسخ [wassaxa].

be'schmutzen (*-t;* —) *v/t.* وسخ [wassaxa], قذر [qað-ðara].

be'schneid|en (*L;* —) *v/t.* قص [qaʃʃa, -u-]; (*Finger-nägel*) قلم [qallama]; *fig.* قصر [qaʃʃara]; (*e-n Knaben*) ختن [xatana, -i-], طهر [tahhara]; **~ung** *f* (*Ritual*) ختان [xitaːn].

be'schönig|en (—) *v/t.* لطف [lattafa], برر [barrara]; **~ung** *f* تلطيف [taltiːf].

be'schränk|en (—) *v/t.* حدد [ħaddada], حصر [ħaʃara, -i-]; *v/r.*: ***sich ~en*** (***auf** A* على) اقتصر [iqtaʃara]; **~t** *adj.* محدود [maħduːd], ضيق [đajjiq]; (*geistig*) غبي [ɣabiːj], ضيق العقل [đ. alʕaql]; **~ung** *f* تحديد [taħdiːd]; (***auf*** على) اقتصار [iqtiʃaːr].

be'schreib|en (*L;* —) *v/t.* وصف [waʃafa, jaʃifu]; ***e-n Kreis ~en*** دار [daːra, -uː-]; **~ung** *f* وصف [waʃf].

be'schuldig|en (—) *v/t.* (*j-n G*) اتهم (ه ب) [ittahama]; **~ung** *f* اتهام [ittihaːm].

be'schütz|en (*-t;* —) *v/t.* حمى [ħamaː, -iː]; **~er** *m* حام [ħaːmin].

Be'schwerde *f* شكوى [ʃak-waː]; (*Mühe*) تعب [taʕb]; (*Schmerz*) ألم [ʔalam].

be'schwer|en (—) *v/t.* أثقل [ʔaθqala]; *v/r.* (***über** A* من, ***bei** j-m* إلى) اشتكى [iʃtakaː]; **~lich** *adj.* متعب [mutʕib].

be'schwichtigen (—) *v/t.* هدأ [haddaʔa].

be'schwör|en (*L;* —) *v/t.* (*beeiden*) أقسم على [ʔaqsama]; (*anflehen*) تضرع إلى [tađarraʕa]; (*Geister*) عزم على [ʕazzama]; **≈ung** *f* (*dringendes Ersuchen*) مناشدة [munaːʃada]; (*Zauber*) سحر [siħr], عزيمة [ʕaziːma].

besehen (*L; —*) *v/t.* عاين [ʕaːjana].

be'seitig|en (—) *v/t.* أزال [ʔazaːla], أبعد [ʔabʕada]; **≈ung** *f* (*O*) إزالة [ʔizaːla].

Besen *m* مكنسة [miknasa].

be'setz|en (*-t; —*) *v/t.* (*Kleid*) رصع [raffaʕa]; (*Platz, Amt*) شغل [ʃaɣala, -i-]; (*militärisch*) احتل [iħtalla]; **~t** *adj.* مشغول [maʃɣuːl], محجوز [maħʤuːz]; **≈ung** *f Mil.* احتلال [iħtilaːl].

be'sichtig|en (—) *v/t.* عاين [ʕaːjana], تفرج على [tafarraʤa]; *Mil.* فتش [fattaʃa]; (*als Tourist*) زار [zaːra, -uː-]; **≈ung** *f* معاينة [muʕaːjana], مشاهدة [muʃaːhada].

be'sied|eln (*-le, —*) *v/t.* أعمر [ʔaʕmara]; **≈lung** *f* إعمار [ʔiʕmaːr].

be'siegen (—) *v/t.* غلب [ɣalaba, -i-], انتصر على [intaʃara]; *Sport* فاز على [faːza, -uː-].

be'sinn|en (*L; —*) *v/r.* (*zur Vernunft kommen*) ثاب إلى رشده [θaːba, -uː-, ʔilaː ruʃdihi]; (*sich erinnern*) (**auf** *A* ه) تذكر [taðakkara]; **≈ung** *f* (*O*) (*Bewußtsein*) وعى [waʕj]; **zur ≈ung kommen** أفاق [ʔafaːqa]; (*Überlegung*) تبصر [tabaffur], تردد [taraddud]; **~ungs-los** *adj.* غير واع [ɣair waːʕin], مغمى عليه [muɣman ʕalaihi]; **≈ungs-losigkeit** *f* إغماء [ʔiɣmaːʔ].

Be'sitz *m* (*-es; O*) ملك [milk]; *Jur.* حوز [ħauz], حوزة [ħauza]; **≈en** (*L; —*) *v/t.* حاز [ħaːza, -uː-], ملك [malaka, -u-]; **~er** *m* حائز [ħaːʔiz], مالك [maːlik].

be'soffen *adj. pop.* سكران [sakraːn].

be'sohlen (—) *v/t.*: **die Schuhe ~** جدد نعال الأحذية [ʤaddada niʕaːl alʔaħðija].

Be'soldung *f* (*O*) راتب [raːtib], مرتب [murattab]; (*Bezahlung*) دفع الأجور [dafʕ alʔuʤuːr].

be'sonder *adj.* خاص [xaːff], مخصوص [maxfuːf]; **≈heit** *f* خاصة [xaːffa], ميزة [miːza]; **~s** *adv.* خاصة [xaːffatan],

خصوصا [xuʃuːʃan], بصورة خاصة [biʃuːra xaːʃʃa].

be'sonnen *adj.* رزين [raziːn]; **~heit** *f (O)* رزانة [razaːna].

be'sorg|en (—) *v/t.* (*beschaffen*) أحضر [ʔaħđara]; (*erledigen*) أنجز [ʔandʒaza]; **~nis** *f* (-; -se) هم [hamm], قلق [qalaq]; **~nis-erregend** *adj.* مقلق [muqliq].

besorg|t *adj.* قلق [qaliq], مهموم [mahmuːm]; **~t um** *etw.* مهتم ب [muhtamm]; **~ung** *f* مهمة [muhimma]; **~ungen machen** ذهب لشراء حاجة [ðahaba, -a-, liʃiraːʔ ħaːdʒa].

be'sprech|en (*L*; —) *v/t.* ناقش [naːqaʃa], باحث في [baːħaθa]; **~ung** *f* (*e-s Themas*) مناقشة [munaːqaʃa]; (*Unterredung*) محادثة [muħaːdaθa], اجتماع [idʒtimaːʕ]; (*Kritik*) نقد [naqd].

besser *adj.* أحسن [ʔaħsan], خير [xair]; (*gütiger*) أطيب [ʔatjab]; (*edler*) أفضل [ʔafđal].

besser|n (-*re*) *v/t.* حسن [ħassana]; *v/r.* تحسن [taħassana]; **~ung** *f (O)* تحسن [taħassun]; (*Gesundung*) شفاء [ʃifaːʔ].

best|- *adj.* الأحسن [alʔaħsan], الأفضل [alʔafđal]; ***der erste ~e*** أول من تراه [ʔawwal man taraːhu]; ***j-n zum ~en haben*** هزأ ب [hazaʔa, -a-], سخر من [saxira, -a-].

Be'stand *m* (-*ⱸs*; ⸗*e*) (*Dauer*) دوام [dawaːm], بقاء [baqaːʔ]; (*Vorhandenes*) مخزون [maxzuːn], موجودات [maudʒuːdaːt].

be'ständig *adj.* ثابت [θaːbit], دائم [daːʔim], مستمر [mustamirr]; **~keit** *f (O)* ثبات [θabaːt], استقرار [istiqraːr].

Be'stands-aufnahme *f* جرد [dʒard].

Be'standteil *m* (-*ⱸs*; -*e*) جزء [dʒuzʔ], مركب [murakkib]; *Chem.* مكون [mukawwin], عنصر [ʕunʃur]; (*e-r Mischung*) خلط [xilt].

be'stärken (—) *v/t.* أيد [ʔajjada].

be'stätig|en (—) *v/t.* أثبت [ʔaθbata], شهد ب [ʃahida, -a-]; **~ung** *f* إثبات [ʔiθbaːt]; (*Bescheinigung*) شهادة [ʃahaːda]; (*Empfangs~*) إيصال [ʔiːʃaːl].

be'statt|en (-*e*-; —) *v/t.* دفن [dafana, -i-]; **~ung** *f* دفن [dafn].

be'stech|en (*L; —*) *v/t.* رشا [raʃaː, -uː]; **~end** *adj.* مغر [muɣrin]; **~lich** *adj.* مرتش [murtaʃin]; **˜lichkeit** *f* (*O*) ارتشاء [irtiʃaːʔ]; **˜ung** *f* رشو [raʃw], رشوة [raʃwa].

Be'steck *n* (*-es; -e*) أدوات سفرة [ʔadawaːt sufra]; (*botanisches, medizinisches ~*) طقم أدوات [taqm ʔadawaːt].

be'stehen (*L; —*) *v/t.* (*e-e Prüfung*) نجح في [nadʒaħa, -a-]; (*e-e Gefahr*) سلم من [salima, -a-]; *v/i.* وجد [wudʒida], كان [kaːna, -uː-]; (*dauern*) دام [daːma, -uː-]; ~ **auf** *D* أصر على [ʔaʃarra]; ~ **aus** *D* احتوى على [iħtawaː], تكون من [takawwana]; ˜ *n* وجود [wudʒuːd], قيام [qijaːm].

be'stehlen (*L; —*) *v/t. j-n* سرق [saraqa, -i-].

be'steigen (*L; —*) *v/t.* (*e-n Berg, Baum*) طلع [talaʕa, -a-], صعد [ʃaʕida, -a-]; (*e. Pferd*) ركب [rakiba, -a-].

be'stell|en (*—*) *v/t.* (*Ware*) طلب [talaba, -u-]; (*das Feld*) حرث [ħaraθa, -u-], زرع [zaraʕa, -a-]; (*e-n Gruß*) (**an** *j-n* ه) بلغ [ballaɣa]; **˜nummer** *f* رقم البضاعة [raqm albidaːʕa]; **˜schein** *m* استمارة طلب [istimaːrat talab]; **˜ung** *f Hdl.* طلب [talab].

bestenfalls *adv.* في أحسن الأحوال [fiː ʔaħsan alʔaħwaːl].

be'steuern (*-re; —*) *v/t. j-n* فرض ضريبة على [farada, -i-, dariːba].

Bestie ['bɛstĭə] *f* وحش [waħʃ].

be'stimm|en (*—*) *v/t.* عين [ʕajjana]; (*entscheiden*) حسم [ħasama, -i-]; (*definieren*) عرف [ʕarrafa]; **~t** *adj.* معين [muʕajjan]; (*sicher*) أكيد [ʔakiːd]; *Gr.* **~ter Artikel** أداة التعريف [ʔadaːt attaʕriːf]; *adv.* بالتأكيد [bittaʔkiːd], حتما [ħatman]; **˜theit** *f* (*O*) حتمية [ħatmiːja], قطعية [qatʕiːja]; **˜ung** *f* (*Festsetzung*) تحديد [taħdiːd]; (*Definition*) تعريف [taʕriːf]; (*Ernennung*) تعيين [taʕjiːn]; (*˜ung des Gesetzes*) حكم [ħukm].

be'straf|en (*—*) *v/t.* عاقب [ʕaːqaba]; **˜ung** *f* عقوبة [ʕuquːba], معاقبة [muʕaːqaba].

be'strahl|en (*—*) *v/t.* أضاء [ʔadaːʔa]; *Med.* عالج بالأشعة [ʕaːladʒa bilʔaʃiʕʕa]; **˜ung** *f*

إشعاع [ʔiʃʕaːʕ]; *Med.* علاج بالأشعة [ʕilaːʤ bilʔaʃiʕʕa].

be'streb|en (—) *v/r.* سعى [saʕaː, -aː], اجتهد [iʤtahada]; **~ung** *f* مسعى [masʕan], مرمى [marman].

be'streichen (—) *v/t.* طلى [t̤alaː, -iː].

be'streiten (*L;* —) *v/t.* (*verneinen*) أنكر [ʔankara]; (*anfechten*) جادل [ʤaːdala]; (*Kosten*) تحمل [taħammala]; ***das ist nicht zu ~*** لا جدال فيه [laː ʤidaːla fiːhi].

be'stürmen (—) *v/t.* هجم [haʤama, -u-]; ***j-n mit Bitten ~*** انهال عليه بالرجاء [inhaːla ʕalaihi birraʤaːʔ].

be'stürz|t *adj.* مذهول [maðhuːl], مبهوت [mabhuːt]; **~ung** *f* (*O*) ذهول [ðuhuːl], دهشة [dahʃa].

Be'such [-uː-] *m* (-*ẹs; -e*) زيارة [zijaːra]; (*Gast*) ضيف [d̤aif]; ***e-n ~ machen*** (***bei*** *D* ه) زار [zaːra, -uː-]; **~en** (—) *v/t.* زار [zaːra, -uː-]; (*häufig ~*) تردد على [taraddada], اختلف إلى [ixtalafa]; (*Schule*) ذهب إلى [ðahaba, -a-]; **~er** *m* زائر [zaːʔir]; (*Gast*) ضيف [d̤aif]; **~s-zeit** *f* أوقات العيادة [ʔauqaːt alʕijaːda].

be'tagt [ɑː] *adj.* مسن [musinn].

be'tätigen (—) *v/t.* شغل [ʃaɣɣala].

be'täub|en (—) *v/t.* خدر [xaddara]; **~ung** *f* تخدير [taxdiːr]; **~ungs-mittel** *n* مخدر [muxaddir].

Bete *f*: ***rote ~*** شمندر [ʃamandar].

be'teilig|en (—) *v/t.* (*j-n* ***an*** *D* في) أسهم (ل [ʔashama]; *v/r.* (***an*** *D* في) اشترك [iʃtaraka], ساهم في [saːhama]; **~ung** *f* اشتراك [iʃtiraːk], مساهمة [musaːhama].

beten (-*e*-) *v/i.* (*rituell*) صلى [ʃallaː]; ***zu Gott ~*** دعا الله [daʕaː, -uː, allaːha].

Beton [-'tɔŋ] *m* (-*s; -s*) خرسانة [xarasaːna].

be'ton|en (—) *v/t.* (*versichern*) أكد [ʔakkada]; **~ung** *f* نبرة [nabra].

Be'tracht *m* (-*ẹs; O*): ***in ~ ziehen*** اعتبر [iʕtabara]; ***in ~ kommen*** كان من المعتبرين [kaːna min almuʕtabariːn]; ***er kommt nicht in ~*** هو خارج أى اعتبار [huwa xaːriʤ ʔajj iʕtibaːr]; **~en** (-*e*-; —) *v/t.* تأمل [taʔammala]; (*j-n* ***als*** *A* ه ه) اعتبر [iʕtabara].

be'trächtlich *adj.* غير هين [ɣair

hajjin], بالغ [baːliɣ], مهم [muhimm].

Be'trachtung *f* تأمل [taʔammul], تبصر [tabaʃʃur].

Be'trag *m* (-*ẹs*; ⸚*e*) مبلغ [mablaɣ]; **⁓en** (*L*; —) *v/i.* بلغ [balaɣa, -u-]; *v/r.* سلك [salaka, -u-], تصرف [taʃarrafa]; **~en** *n* (-*s*; *O*) سلوك [suluːk].

be'trauern (-*re*; —) *v/t.* رثا [raθaː, -uː].

Be'treff *m* (-*ẹs*; -*e*) (*im Briefkopf*) الموضوع [almauđuːʕ]; **⁓en** (*L*; —) *v/t.* خص [xaʃʃa, -u-]; **⁓end** *adj.* مذكور [maðkuːr]; **der ~ende** المشار إليه [almuʃaːr ʔilaihi]; **⁓s** *präp. G* بخصوص [bixuʃuːs], بصدد [biʃadad], من حيث [min ħaiθu].

betreiben (*L*; —) *v/t.* أجرى [ʔadʒraː]; أدار [ʔadaːra].

be'treten[1] (*L*) *v/t.* (*e-n Raum*) دخل [daxala]; (*auf etw. treten*) وطئ [watiʔa, jataʔu]; **⁓** *n* (-*s*; *O*) دخول [duxuːl]; **⁓ verboten!** ممنوع الدخول [mamnuːʕ add.].

be'treten[2] *adj.* مبهوت [mabhuːt], حرج [ħaridʒ].

be'treuen *v/t.* اعتنى ب [iʕtanaː], راعى [raːʕaː].

Be'treuung *f* (*O*) عناية [ʕinaːja], رعاية [riʕaːja].

Be'trieb *m* (-*ẹs*; -*e*) (*Bewegung*) حركة [ħaraka]; (*das Betreiben*) إدارة [ʔidaːra], إجراء [ʔidʒraːʔ]; (*Geschäfts⁓*) محل [maħall]; (*Werk, Fabrik*) معمل [maʕmal], مصنع [maʃnaʕ]; **in ~** شغال [ʃaɣɣaːl]; **außer ~** معطل [muʕattal]; **in ~ nehmen** شغل [ʃaɣɣala], استخدم [istaxdama]; **in ~ setzen** أدار [ʔadaːra].

Betriebs|kapital *n* (-*s*; -*kapitalien*) رأسمال متداول [raʔsmaːl mutadaːwil]; **~leitung** *f* إدارة [ʔidaːra]; **~rat** *m* (-*ẹs*; ⸚*e*) مجلس العمال [madʒlis alʕummaːl]; (*Person*) ممثل النقابة فى مصنع [mumaθθil anniqaːba fiː maʃnaʕ]; **~schutz** *m* (-*es*; *O*) حرس المصنع [ħaras almaʃnaʕ]; **~sicherheit** *f* سلامة التشغيل [salaːmat attaʃɣiːl]; **~system** *n EDV* نظام التشغيل [nizaːm attaʃɣiːl]; **~unfall** *m* (-*ẹs*; ⸚*e*) حادث عند العمل [ħaːdiθ ʕinda lʕamal]; **~wirtschaft** *f* إدارة الأعمال [ʔidaːrat alʔaʕmaːl].

betrinken (*L*) *v/r.* سكر [sakira, -a-], ثمل [θamila, -a-].

B

be'troffen *adv.* (**von** *etw.* ب) متأثر [mutaʔaθθir]; *adj. s.* ***betreten***[2].

be'trüb|en (—) *v/t.* أحزن [ʔaħzana]; **~t** *adj.* حزين [ħaziːn].

Be'trug *m* (*-ẹs; O od. Betrü-ge'reien*) غش [ɣiʃʃ], خداع [xidaːʕ].

be'trüg|en (*L;* —) *v/t.* خدع [xadaʕa, -a-], غش [ɣaʃʃa, -i-]; *Äg.* نصب على [naʃaba, -u-]; **≈er** *m*, **~erisch** *adj.* خداع [xaddaːʕ].

be'trunken *adj.*, **≈e(r)** *m* (*-n*) سكران [sakraːn].

Bett *n* (*-es; -en*) فراش [firaːʃ]; (*~gestell*) سرير [sariːr].

Bettdecke *f* غطاء [ɣitaːʔ], بطانية [battaːniːja]; (*Steppdecke*) لحاف [liħaːf].

Bette'l|ei *f* شحاذة [ʃiħaːða], تسول [tasawwul]; **≈n** (*-le*) *v/i.* شحذ [ʃaħaða, -a-], تسول [tasawwala].

Bettkarte *f Eisenb.* تذكرة لعربة النوم [taðkira liʕarabat an-naum].

bettlägerig *adj.* ملازم الفراش [mulaːzim alfiraːʃ].

Bettlaken *n s.* ***Bettuch***.

Bettler *m* شحاذ [ʃaħħaːð], متسول [mutasawwil].

Bettuch [bɛttuːx] *n* (*-ẹs; ¨er*) *Äg.* ملاية [milaːja]; *Irak* شرشف [ʃarʃaf].

Bett|vorleger *m* سجادة [saddʒaːda]; **~wäsche** *f* (*O*) شراشف [ʃaraːʃif], بياضات السرير [bajaːđaːt assariːr].

beugen *v/t.* ثنى [θanaː, -iː], أحنى [ʔaħnaː]; *Gr.* صرف [ʃar-rafa]; *v/r.* انحنى [inħanaː].

Beule *f* دمل [dummal], ورم [waram].

be'unruhig|en (—) *v/t.* أقلق [ʔaqlaqa], أزعج [ʔazʕadʒa]; (*Frage*) راود [raːwada]; *v/r.* قلق [qaliqa, -a-]; **≈ung** *f* (*O*) إقلاق [ʔiqlaːq], إزعاج [ʔizʕaːdʒ].

be'urkunden (*-e-;* —) *v/t.* وثق [waθθaqa], أثبت [ʔaθbata].

be'urlauben (—) *v/t. j-n* أجازه بالغياب [ʔadʒaːzahu bilɣi-jaːb].

be'urteilen (—) *v/t.* قدر [qad-dara]; ***wie ~ Sie das?*** ما رأيك فى هذا [maː raʔjuka fiː haːðaː].

Beute *f* (*O*) غنيمة [ɣaniːma], أسلاب [ʔaslaːb].

Beutel *m* كيس [kiːs].

be'völker|n (*-re;* —) *v/t.* عمر [ʕammara]; (*bewohnen*) سكن [sakana, -u-]; **~t** *adj.* آهل

[ʔaːhil], مأهول [maʔhuːl]; **~ung** *f* سكان [sukkaːn], أهل [ʔahl]; **~ungs-dichte** *f* كثافة السكان [kaθaːfat assukkaːn].

be'vollmächt|igen (—) *v/t.* وكل [wakkala], فوض [fawwađa]; **~igte(r)** *m* وكيل [wakiːl], مفوض [mufawwađ]; **~igung** *f* (*O*) توكيل [taukiːl], تفويض [tafwiːđ].

be'vor *cj.* قبل أن [qabla ʔan], قبلما [qablamaː]; **~stehen** (*L*) *v/i.* أوشك [ʔauʃaka], قرب [qaruba, -u-]; **~stehend** *adj.* قريب [qariːb], مقبل [muqbil], وشيك [waʃiːk]; **~zugen** (—) *v/t.* (*etw. e-r S.*) فضل (ه على) [fađđala], آثر [ʔaːθara].

be'wach|en (—) *v/t.* حرس [ħarasa, -u-]; **~ung** *f* (*O*) حراسة [ħiraːsa].

be'waffn|en (*-e-;* —) *v/t.* سلح [sallaħa]; *v/r.* تسلح [tasallaħa]; **~ung** *f* تسليح [tasliːħ], تسلح [tasalluħ]; (*Waffen*) سلاح [silaːħ].

be'wahren (—) *v/t.* حفظ [ħafiẓa, -a-]; **vor** *etw.* وقى [waqaː, jaqiː]; (*schützen*) حمى [ħamaː, -iː].

be'währ|en (—) *v/r.* اجتاز الاختبار [idʒtaːza lixtibaːr]; **~t** *adj.* مجرب [mudʒarrab], أمين [ʔamiːn], موثوق به [mauθuːq bihi]; **~ung** *f* (*O*) اختبار [ixtibaːr]; **~ungs-frist** *f* مدة اختبار [muddat ixtibaːr].

be'waldet *adj.* مكسو بالحرج [maksuːw bilħaradʒ].

be'wältigen (—) *v/t.* (*Schwierigkeit*) تغلب على [taɣallaba]; (*Aufgabe*) أنجز [ʔandʒaza].

be'wandert *adj.* خبير [xabiːr]; *in D* ملم ب [mulimm].

be'wäss|ern (*-re;* —) *v/t.* روى [rawaː, -iː], أروى [ʔarwaː], سقى [saqaː, -iː]; **~erung** *f* ري [rajj]; **~erungs-kanal** *m* (*-es; ⸗e*) ساقية [saːqija], ترعة [turʕa], قناة [qanaːt].

be'weg|en (—) *v/t.* حرك [ħarraka]; (*erregen*) أثار [ʔaθaːra], هيج [hajjadʒa]; *v/r.* تحرك [taħarraka]; **~lich** *adj.* متحرك [mutaħarrik]; (*Mensch*) نشط [naʃiṭ]; (*Besitz*) منقول [manquːl]; **~grund** *m* (*-es; ⸗e*) داع [daːʕin], باعث [baːʕiθ], مبرر [mubarrir]; **~t** *adj.* (*Meer*) هائج [haːʔidʒ]; (*Seele*) طرب [tarib], متأثر [mutaʔaθθir]; **~ung** *f* حركة [ħaraka]; (*kreisförmige* ~) دوران

[dawaraːn]; (*seelische* ~) طرب [tarab]; **sich in ~ setzen** تحرك [taħarraka]; **~ungs-los** (*O*) *adj.* ساكن [saːkin].

be'weinen (—) *v/t.* بكى [bakaː, -iː]; (*e-n Toten*) رثى [raθaː, -iː], ناح على [naːħa, -u-].

Be'weis *m* (*-es; -e*) دليل [daliːl], بينة [bajjina]; (*schlagender* ~) برهان (قاطع) [burhaːn (qaːtiʕ)]; (*Argument*) حجة [ħuddʒa]; **unter ~ stellen** برهن [barhana]; *v/t.* **~en** (*L;* —) *v/t.* برهن [barhana], دل على [dalla, -u-]; **~kräftig** *adj.* مقنع [muqniʕ].

be'werb|en (*L;* —) *v/r.*: **sich ~en** (**um** *A* إلى) تقدم بطلب [taqaddama bitalab]; **~er** *m* متقدم [mutaqaddim], طالب [taːlib]; (*um die Hand e-s Mädchens*) خطيب [xatiːb]; **~ung** *f* تقديم طلب [taqdiːm talab].

be'werten *v/t.* (*etw.* **mit, nach** *D* ه ب) قدر [qaddara], ثمن [θammana].

Be'wertung *f* تقدير [taqdiːr], تقييم [taqjiːm].

be'willig|en (—) *v/t.* (*j-m etw.* له ب) سمح [samaħa, -a-]; (*gewähren*) منح ه ه [manaħa, -a-]; **~ung** *f* (*O*) سماح [samaːħ], ترخيص [tarxiːʃ], رخصة [ruxʃa].

be'wirken *v/t.* سبب [sabbaba], أحدث [ʔaħdaθa].

be'wirt|en (*-e-;* —) *v/t.* ضيف [đajjafa], أضاف [ʔađaːfa], أطعم [ʔatʕama]; **~schaften** (*-e-;* —) *v/t.* شغل [ʃaɣɣala], استغل [istaɣalla]; (*Felder*) فلح [falaħa, -a-]; **ganzjährig ~schaftet** مفتوح طول السنة [maftuːħ tuːla ssana]; **~ung** *f* (*O*) إكرام [ʔikraːm], ضيافة [đijaːfa].

be'wohn|bar صالح للسكنى [ʃaːliħ lissuknaː]; **~en** (—) *v/t.* سكن [sakana, -u-]; **~er** *m* ساكن [saːkin].

be'wölk|en (—) *v/r.* (*Himmel*) غام [ɣaːma, -iː-]; **~t** *adj.* غائم [ɣaːʔim], متغيم [mutaɣajjim]; **~ung** *f* غيم [ɣaim], سحاب [saħaːb].

be'wunder|n (*-re*) *v/t.* استحسن [istaħsana], أعجب ب [ʔuʕdʒiba]; **~ns-wert** *adj.* جدير بالإعجاب [dʒadiːr bilʔiʕdʒaːb]; **~ung** *f* (*O*) إعجاب [ʔiʕdʒaːb], استحسان [istiħsaːn].

be'wußt (*-est*) *adj.* (*G* ب)

على وعى من [ʕalaː waʕj]; عارف [ʕaːrif], **das ist mir ~** أعرف هذا [ʔaʕrifu haːðaː]; (*beabsichtigt*) مقصود [maqʃuːd]; **~los** *adj.* مغمى (مغشى) عليه [muɣman (maɣʃiːj) ʕalaihi]; **≗sein** *n* (*-s; O*) وعى [waʕj].

be'zahl|en (—) *v/t.* (*Ware*) دفع ثمنه [dafaʕa, -a-, θamanahu]; *v/i.* سدد الحساب [saddada lħisaːb]; **≗ung** *f* دفع [dafʕ].

bezähmen *v/t.* كبح [kabaħa, -a-]; (*den Zorn*) كظم [kaẓama, -i-].

be'zaubern (*-re;* —) *v/t.* سحر [saħara, -a-], فتن [fatana, -i-]; **~d** *adj.* فاتن [faːtin], جذاب [ʤaððaːb].

be'zeichnen (*-e-;* —) *v/t.* (*markieren*) علم على [ʕallama], أشر على [ʔaʃʃara]; (*kennzeichnen*) وصف [waʃafa, jaʃifu]; **~d** *adj.* مميز [mumajjiz].

be'zeugen *v/t.* شهد ب [ʃahida, -a-].

be'zichtigen *v/t.* (*j-n G* ه ب) اتهم [ittahama].

be'zieh|en (*L;* —) *v/t.* (*Waren*) جلب [ʤalaba, -i-]; (*Gehalt, Lohn*) قبض [qabađa, -i-]; (*Kenntnisse*) استنبط [istanbaṭa]; (*e. Haus, e-e Wohnung*) سكن في [sakana, -u-], انتقل إلى [intaqala]; (*e. Bett*) فرش البياضات [faraʃa, -u-, albajaːđaːt]; **e-e Stellung ~en** *Mil.* احتل موقعا [iħtalla mauqiʕan]; *fig.* اتخذ موقفا [ittaxaða mauqifan]; *v/r.* (**auf** *A* إلى) أشار (نوه) [ʔaʃaːra (nawwaha)]; **≗ung** *f* نسبة [nisba], صلة [ʃila], علاقة [ʕilaːqa]; **in jeder ≗ung** من كل وجه [min kull waʤh]; **~ungs-weise** *adv.* أو [ʔau].

Be'zirk *m* (*-¢s; -e*) حى [ħaːjj], ناحية [naːħija], دائرة [daːʔira], مديرية [mudiːriːja]; (*Bereich*) نطاق [niṭaːq].

Be'zug [-tsuːk] *m* (*-¢s; ¨e*) غطاء [ɣiṭaːʔ]; (*Kissen≗*) كيس [kiːs]; (*im Briefkopf*) الموضوع [almauđuːʕ]; (*von Waren*) جلب [ʤalb], توريد [tauriːd]; (*e-r Zeitung*) اشتراك [iʃtiraːk]; **Bezüge** (*nur pl.*) دخل [daxl], إيراد [ʔiːraːd]; **in ≗ auf** *A* بالنسبة إلى [binnisba ʔilaː]; **direkter ~ auf** *A* مساس مباشر ب [masaːs mubaːʃir bi].

be'züglich *präp. G* بخصوص

B

[bixuʃuːʃ], فيما يتعلق ب [fiːma jataʕallaqu bi].

be'zwecken (—) *v/t.* قصد [qaʃada, -i-], استهدف [istahdafa].

be'zweifeln (*-le;* —) *v/t.* شك فى [ʃakka, -u-], ارتاب فى [irtaːba].

be'zwingen (*L;* —) *v/t.* غلب على [ɣalaba, -i-], تغلب على [taɣallaba]; ***e-n Berggipfel* ~** صعد قمة الجبل [ʃaʕida, -a-, qimmat alʤabal].

Bibel *f* (*-; -n*) الكتاب المقدس [alkitaːb almuqaddas].

Biber *m Zo.* قندس [qundus].

Bibliogra'phie *f* فهرسية [fihrisiːja]; (*Literaturnachweis*) فهرس المراجع [fihris almaraːʤiʕ].

Biblio'thek *f* مكتبة [maktaba]; **~ar** [-teˑ'kaːʁ] *m* (*-s; -e*) أمين مكتبة [ʔamiːn m.].

bieg|en (*L*) *v/t.* ثنى [θanaː, -iː], لوى [lawaː, -iː]; *v/r.* انحنى [inħanaː]; **~sam** *adj.* مرن [marin], لين [lajjin]; **~ung** *f* منحنى [munħanan]; (*Kehre*) دوران [dawaraːn].

Biene *f* نحلة [naħla]; *Koll.* نحل [naħl].

Bier *n* (*-ɇs; -e*) بيرة [biːra]; **~brauerei** *f* معمل بيرة [maʕmal b.].

bieten (*L*) *v/t.* (*j-m etw.*) عرض (ه على) [ʕaraḍa, -i-], قدم [qaddama]; *v/r.* (*Gelegenheit*) سنح [sanaħa, -a-].

Bi'lanz *f* ميزانية [miːzaːniːja]; ***die* ~ *ziehen*** رصد الحساب [raʃʃada lħisaːb].

bilate'ral *adj.* ثنائى [θanaːʔiː].

Bild *n* (*-es; -er*) صورة [ʃuːra]; **~en** (*-e-*) *v/t.* كون [kawwana], شكل [ʃakkala]; (*den Geist*) ثقف [θaqqafa]; *v/r.* تثقف [taθaqqafa]; **~end** *adj.* مثقف [muθaqqif]; ***~ende Künste*** فنون تشكيلية [funuːn taʃkiːliːja]; **~erbuch** *n* كتاب مصور [kitaːb muʃawwar]; **~er-galerie** *f* متحف صور فنية [matħaf ʃuwar fanniːja]; **~er-rahmen** *m* إطار [ʔitaːr]; **~funk** *m* (*-s; O*) نقل صور باللاسلكى [naql ʃuwar billaːsilkiː]; **~hauer** *m* نحات [naħħaːt], مثال [maθθaːl]; **~lich** *adj.* (*darstellend*) تصويرى [taʃwiːriː]; (*übertragen*) مجازى [maʤaːziː]; **~nis** *n* (*-ses; -se*) صورة (لشخص) [ʃuːra (liʃaxʃ)]; **~schirm** *m* شاشة [ʃaːʃa]; **~ung** *f* (*O*) (*Wer-

den) تكون [takawwun]; (*Gestaltung*) تكوين [takwiːn], تشكيل [taʃkiːl]; (*geistige ~, Kultur*) ثقافة [θaqaːfa].

Billard ['bɪljaʁt] *n* (*-s; -s*) بلياردو [biljaːrdo].

billig *adj.* رخيص [raxiːʃ]; (*spott~*) بخس [baxs]; (*gerecht*) منصف [munʃif].

billig|en *v/t.* استحسن [istaħsana]; (*einverstanden sein*) وافق على [waːfaqa]; **~keit** *f* (*O*) رخص [ruxʃ]; **~ung** *f* استحسان [istiħsaːn].

Binde *f* رباط [ribaːt]; (*Leib~*) حزام [ħizaːm]; (*Verband*) ضمادة [đimaːda]; **~gewebe** *n Anat.* نسيج ضام [nasiːdʒ đaːmm]; **~glied** *n* حلقة اتصال [ħalaqat ittiʃaːl]; **~haut** *f* (*O*) ملتحمة (العين) [multaħima(t alʕain)]; **~-haut-entzündung** *f* التهاب الملتحمة [iltihaːb alm.]; **~mittel** *n* مادة ملصقة [maːdda mulʃiqa], لاصق [laːʃiq]; **~n** (*L*) *v/t.* ربط [rabata, -u-], قيد [qajjada]; (*e. Buch*) جلد [dʒallada]; **~wort** *n Gr.* حرف عطف [ħarf ʕatf].

Bind|faden *m* (*-s; ⸚*) خيط [xait], دوبارة [duːbaːra]; **~ung** *f* ربط [rabt], وصل [waʃl]; *fig.* رابطة [raːbita], ارتباط [irtibaːt].

binnen *präp. D od. G* فى ظرف [fiː zarf], فى خلال [fiː xilaːl], أثناء [ʔaθnaːʔ]; **~handel** *m* تجارة داخلية [tidʒaːra daːxiliːja]; **~schiffahrt** *f* ملاحة داخلية [milaːħa d.]; **~verkehr** *m* حركة المرور الداخلية [ħarakat almuruːr add.]; **~währung** *f* عملة داخلية [ʕumla d.].

Binse *f Bot. Koll.* أسل [ʔasal], سمار [samaːr].

Biogra'phie *f* سيرة [siːra], ترجمة (لشخص) [tardʒama (liʃaxʃ)].

Biolo'gie *f* علم الأحياء [ʕilm alʔaħjaːʔ].

bio'logisch *adj.* حيوى [ħajawiː]; (*lebenskundlich*) أحيائى [ʔaħjaːʔiː].

Birne *f Bot.* كمثرى [kummaθraː]; *Syr.* إنجاص [ʔindʒaːʃ]; (*elektrische ~*) لمبة [lamba], مصباح كهربائى [miʃbaːħ kahrabaːʔiː].

bis *cj.* حتى [ħattaː]; **~ *heute*** حتى اليوم [ħ. aljaum]; **~ *hierher*** حتى هنا [ħ. hunaː]; **~ *an die Wand*** حتى الحائط [ħ. alħaːʔit]; **~ *zur Ecke*** حتى الركن [ħ. arrukn].

Bischof *m* (*-s; ¨-e*) أسقف [ʔusquf].

bis'her *adv.* إلى الآن [ʔilaː lʔaːn].

Biß *m* (*-sses; -sse*) عضة [ʕađđa]; (*Schlangen*~̈) لدغة [ladɣa]; (*Stich*) لسعة [lasʕa]; ~̈**chen**: **ein** ~ قليلا [qaliːlan]; *pop.* شوية [ʃuwajja].

Biss|en *m* لقمة [luqma]; ~̈**ig** *adj.* عضاض [ʕađđaːđ]; (*Rede*) لاذع [laːðiʕ].

Bitte *f* رجاء [radʒaːʔ], طلب [talab], التماس [iltimaːs]; ~̈*!* من فضلك [min fađlika], رجاء [radʒaːʔan]; (*Dank abwehrend*) عفوا [ʕafwan]; (*beim Anbieten*) تفضل [tafađđal]; ***bitte, treten Sie ein!*** تفضل ادخل [t. udxul]; ~̈**n** (*L*) *v/t.* (*j-n* ***um*** *A* ه) رجا [radʒaː, -uː], التمس من [iltamasa], سأل من [saʔala, -a-]; *j-n* ***um Auskunft*** ~**n** استفتاه [istaftaːhu].

bitter (*-tr-*) *adj.* مر [murr]; (*Kälte*) قاس [qaːsin]; (*Erfahrung*) مؤلم [muʔlim]; ~̈**keit** *f* مرارة [maraːra]; (*im Ausdruck*) حدة [ħidda].

bläh|en ['blɛːən] *v/t.* نفخ [nafaxa, -u-], ملأ بالهواء [malaʔa, -a-, bilhawaːʔ], ورم [warrama]; *v/r.* انتفخ [intafaxa]; ~**end** *adj. Med.* نافخ البطن [naːfix albatn]; ~̈**ung** *f Med.* ريح [riːħ], انتفاخ [intifaːx].

bla'mieren (—) *v/t.* فضح [fađaħa, -a-], كسف [kasafa, -i-]; *v/r.* انكسف [inkasafa], انفضح [infađaħa].

blank (*-est*) *adj.* (*glänzend*) لامع [laːmiʕ], ملمع [mulammaʕ]; *F* (*ohne Geld*) مفلس [muflis].

blanko *adv. Hdl.* على بياض [ʕalaː bajaːđ]; ~̈**-unterschrift** *f* توقيع على بياض [tauqiːʕ ʕalaː b.].

Bläschen ['blɛːsçən] *n Med.* بثرة [baθra].

Blas|e *f* فقاعة [fuqqaːʕa]; (*Harnblase*) مثانة [maθaːna]; ~**e-balg** *m* (*-s; ¨-e*) منفاخ [minfaːx], كير [kiːr]; ~̈**en** (*L*) *v/t.* نفخ [nafaxa, -u-]; *v/i.* (*Wind*) هب [habba, -u-]; ~**instrument** *n* (*-s; -e*) *Musik* آلة هوائية [ʔaːla hawaːʔiːja].

blaß (*-sser; -ssest*) *adj.* شاحب [ʃaːħib]; ~ **werden** شحب [ʃaħaba, -u-]; *s.* ***erblassen.***

Blässe *f* (*O*) شحوب [ʃuħuːb].

Blatt *n* (*-¢s; ¨-er*) *Bot.* ورقة

[waraqa]; (*Papier* ~) صحيفة [ʃahiːfa]; (*Zeitung*) جريدة [dʒariːda]; **kein ~ vor den Mund nehmen** تكلم بصراحة [takallama biʃaraːha].

blättern (*-re*) *v/i.* (*in e-m Buch*) تصفح هـ [taʃaffaha].

blau *adj.* أزرق [ʔazraq]; *F* (*betrunken*) سكران [sakraːn].

bläulich *adj.* ضارب إلى الزرقة [daːrib ʔilaː zzurqa].

Blaustift *m* (*-¢s; -e*) قلم أزرق [qalam ʔazraq].

Blech *n* (*-¢s; -e*) صفيح [ʃafiːh], تنك [tanak].

Blechdose *f* علبة صفيح [ʕulbat ʃ.].

blechen *v/i.* *F* (**für** *A*) دفع ثمنه [dafaʕa, -a-, θamanahu].

Blech|kanister *m* صفيحة [ʃafiːha]; **~schaden** *m* (*-s;* *¨*) *Mot.* تلف سطحى [talaf sathiː].

Blei *n* (*-¢s; -e*) رصاص [raʃaːʃ]; *s.* **~stift**.

bleiben (*L; sn*) *v/i.* بقى [baqija, -aː], مكث [makaθa, -u-]; **~d** *adj.* باق [baːqin], دائم [daːʔim]; **~lassen** (*L*) *v/t.* ترك [taraka, -u-].

bleich *adj.* شاحب [ʃaːhib]; *s.* ***blaß***.

Bleistift *m* (*-¢s; -e*) قلم رصاص [qalam raʃaːʃ]; **~(an)spitzer** *m* براية [barraːja].

Blend|e *f* حاجب النور [haːdʒib annuːr]; **~en** (*-e-*) *v/t.* بهر [bahara, -a-]; (*blind machen*) عمى [ʕammaː]; **~end** *adj.* (*a. fig.*) باهر [baːhir].

Blick *m* (*-¢s; -e*) نظر [nazar], نظرة [nazra], بصر [baʃar]; ***auf den ersten ~*** من أول نظرة [min ʔawwal nazra]; **~en** *v/i.* (**auf** *A* إلى) نظر [nazara, -u-]; ***sich ~en lassen*** ظهر [zahara, -a-], حضر [hadara, -u-]; **~feld** *n* مدى البصر [madaː lbaʃar]; **~punkt** *m* وجهة نظر [widʒhat nazar].

blind (*O*) *adj.* أعمى [ʔaʕmaː]; ***~er Alarm*** إنذار كاذب [ʔinðaːr kaːðib]; **~darm** *m* (*-¢s; ¨e*) *Anat.* المعى الأعور [almaʕj alʔaʕwar]; **~darmentzündung** *f* *Med.* التهاب الأعور [iltihaːb alʔaʕwar]; **~darm-fortsatz** *m* (*-es; ¨e*) *Anat.* الزائدة الدودية [azzaːʔida adduːdiːja].

Blinde(r) *m* أعمى [ʔaʕmaː].

Blind|gänger *m* قذيفة غير منفجرة [qaðiːfa ɣair munfadʒira]; *fig.* فاشل [faːʃil]; **~heit** *f* (*O*) عمى [ʕamj].

blink|en *v/i.* لمع [lamaʕa, -a-],

تلألأ [tala?la?a], ومض [wamađa, jamiđu]; **~er** *m* *Mot.* ضوء الإشارة [đau? al?iʃaːra]; **~licht** *n* (-¢*s*; *-er*) إشارة ضوئية [?iʃaːra đau?iːja].

blinzeln (*-le*) *v/i.* رمش [ramaʃa, -i-].

Blitz *m* (*-es; -e*) برق [barq]; (*einschlagender* ~) صاعقة [ʃaːʕiqa]; **~ableiter** *m* مانعة الصواعق [maːniʕat aʃʃawaː-ʕiq]; **~blank** *adj.* لماع [lam-maːʕ]; **~en** (*-t*) *v/i.* برق [baraqa, -u-], أبرق [?abraqa]; ***es blitzte*** برقت السماء [bara-qat assamaː?]; **~krieg** *m* (*-es; -e*) حرب خاطفة [ħarb xaːtifa]; **~licht** *n* (*-es; -er*) *Fot.* فلاش [flaːʃ]; **~schlag** *m* (*-es; ¨e*) صاعقة [ʃaːʕiqa]; **~telegramm** *n* (*-s; -e*) برقية عاجلة [barqiːja ʕaːʤila].

Block *m* (*¨e; -s*) (*a. Pol.*) كتلة [kutla]; (*Holz*~) قرمة [qurma]; (*Häuser*~) حارة [ħaːra], مربعة مبان [murab-baʕat mabaːnin]; (*Notiz*~) مذكرة [muðakkira], كراسة [kurraːsa]; **~frei** *adj.*: **~*e Staaten*** دول عدم الانحياز [duwal ʕadam alinħijaːz]; **~ieren** [blo'kiːʀən] (—) *v/t.* سد [sadda, -u-]; *Mil.* حاصر [ħaːʃara].

blöd|e *adj.* أحمق [?aħmaq], أبله [?ablah]; (*idiotisch*) مخبول [maxbuːl]; **~sinn** *m* (-¢*s; O*) حمق [ħumq], بلاهة [balaːha], سخافة [saxaːfa]; (*Gefasel*) هذيان [haðajaːn]; **~sinnig** *adj.* أبله [?ablah], معتوه [maʕtuːh], مخبل [muxabbal], عبيط [ʕabiːt].

blond (*-est*) *adj.* أشقر [?aʃqar].

bloß (*O*) *adj.* (*unbedeckt*) مكشوف [makʃuːf]; ***mit ~en Füßen*** حاف [ħaːfin]; (*nackt*) عار [ʕaːrin]; (*allein, aus-schließlich*) مجرد [muʤarrad]; *adv.* (*nur*) فقط [faqat], لا غير [laː ɣair].

Blöße *f* عراء [ʕaraː?], عورة [ʕaura]; (*Schwäche*) ضعف [đaʕf]; ***sich e-e ~ geben*** أبدى ضعفه [?abdaː đuʕfahu].

bloß|legen *v/t.* كشف [kaʃafa, -i-], عرى [ʕarraː]; **~stellen** *v/t.* أخجل [?axʤala], فضح [fađaħa, -a-], ندد ب [nad-dada]; *v/r.* تعرض للانتقاد [taʕarrađa lilintiqaːd].

Bluff *m* (*-s; -s*) بلفة [balfa], خدعة [xudʕa]; **~en** *v/t.* بلف [balafa, -i-], غر [ɣarra, -u-].

blühen *v/i.* ازدهر [izdahara]; **~d** *adj.* مزدهر [muzdahir].

Blume *f* زهرة [zahra]; **~n-kohl**

m (*-s; O*) قرنبيط [qarnabiːt]; ~**n-strauß** *m* (*-es; ⸚e*) باقة [baːqa]; ~**n-topf** *m* (*-ẹs; ⸚e*) أصيص [ʔafiːf]; ~**n-vase** *f* زهرية [zuhriːja].

Bluse *f* بلوزة [buluːza].

Blut *n* (*-ẹs; O*) دم [dam]; ≁**arm** *adj.* مصاب بالأنيميا [mufaːb bilʔaniːmijaː]; ~**armut** *f* فقر الدم [faqr addam], فاقة الدم [faːqat addam], أنيميا [ʔaniːmijaː]; ≁**befleckt**, ≁**beschmiert** *adj.* ملطخ بالدم [mulattax bid-dam]; ~**blase** *f* فقاعة دم [fuqqaːʕat dam]; ~**druck** *m* (*-ẹs; O*) ضغط الدم [đaɣt addam].

Blüte *f* زهرة [zahra].

Blut|egel *m* علقة [ʕalaqa]; ≁**en** (*-e-*) *v/i.* دمي [damija, -aː], سال دمه [saːla, -iː-, damuhu]; ~**erguß** *m* (*-sses; ⸚sse*) نزيف [naziːf]; (*blauer Fleck*) كدمة [kadma]; ~**gefäß** [-ɛː-] *n* (*-es; -e*) *Anat.* وعاء دموى [wiʕaːʔ damawiː]; ~**gruppe** *f* صف الدم [ʃaff addam]; ≁**ig** *adj.* دموى [damawiː], دام [daːmin]; ~**körperchen** *n* كرية دموية [kurajja dama-wiːja]; ~**kreislauf** *m* (*-ẹs; O*) الدورة الدموية [addaura addamawiːja]; ~**spender** *m* متبرع بالدم [mutabarriʕ bid-dam]; ~**stillend** *adj.* موقف للنزيف [muːqif linnaziːf]; ~**transfusion** *f*, ~**übertragung** *f* نقل الدم [naql ad-dam]; ~**ung** *f* نزيف [naziːf]; ~**vergiftung** *f* تسمم دموى [tasammum damawiː].

Bö *f* هبة ريح [habbat riːħ].

Bock *m* (*-es; ⸚e*) (*Ziegen*≁) تيس [tais]; (*Schaf*≁) كبش [kabʃ]; (*Gestell*) جحش [ʤaħʃ], حامل [ħaːmil]; ≁**beinig**, ≁**ig** *adj.* عنيد [ʕaniːd].

Boden *m* (*-s; ⸚*) (*Erde*) أرض [ʔarđ], تربة [turba]; (*Fuß*≁) أرضية [ʔarđiːja]; (*Grund*) قعر [qaʕr], قاع [qaːʕ]; ≁**los** (*-est*) *adj.* لا قرار له [laː qaraːra lahu]; ~**personal** *n* (*-s; O*) الملاك الأرضي [almi-laːk alʔarđiː]; ~**satz** *m* (*-es; O*) راسب [raːsib]; ~**schätze** *m/pl.* معادن [maʕaːdin], ثروات الأرض [θarawaːt alʔarđ].

Bogen *m* (*-s; - od. ⸚*) قوس [qaus]; (*Krümmung*) منحنى [munħanan]; *Arch.* طاق [taːq]; (*Papier*≁) فرخ ورق [farx waraq]; (*Blatt Papier*)

صحيفة [ʃahiːfa]; **~förmig** *adj.* مقوس [muqawwas]; **~gang** *m* (*-es; ¨e*) رواق [riwaːq].

Bohle *f* لوح خشب سميك [lauħ xaʃab samiːk].

Bohne *f Bot.* فاصوليا [faːsuːlijaː]; (*Sau~*) فول [fuːl]; ***grüne ~n*** فاصوليا خضراء [f. xađraːʔ]; (*einzelne ~*) حبة [ħabba].

Bohnenkaffee *m* بن [bunn].

Bohnensuppe *f* شوربة فاصوليا [ʃurbat f.].

bohr|en *v/t.* ثقب [θaqaba, -u-], خرم [xarrama], خرز [xaraza, -i-]; **~er** *m* مثقب [miθqab]; **~turm** *m* منصة الحفر [minaṣṣat alħafr].

Boje *f Mar.* شمندورة [ʃamanduːra], عوامة [ʕawwaːma].

Bollwerk *n* (*-ẹs; -e*) حصن [ħiṣn].

Bolzen *m* (*Riegel*) مزلاج [mizlaːʤ]; (*Geschoß*) نبل [nabl]; مسمار ملولب [mismaːr mulaulab].

Bombardement [-'mãː] *n* (*-s; -s*) قذف القنابل [qaðf alqanaːbil].

bombar'dieren (—) *v/t.* قذف بالقنابل [qaðafa, -i-, bilqanaːbil].

Bombe *f* قنبلة [qumbula].

Bomben|angriff *m* (*-ẹs; -e*) غارة جوية [ɣaːra ʤawwiːja]; **~erfolg** *m* (*-ẹs; -e*) نجاح هائل [naʤaːħ haːʔil]; **~geschäft** *n* (*-ẹs; -e*) رواج هائل [rawaːʤ haːʔil]; **~schaden** *m* (*-s; ¨*) ضرر مسبب بالقنابل [đarar musabbab bilqanaːbil]; **~sicher** *adj.* مصون عن القنابل [maṣuːn ʕan alqanaːbil]; *fig.* مؤكد [muʔakkad].

Bon [bɔŋ] *m* (*-s; -s*) قسيمة [qasiːma].

Bonbon [bɔŋ'bɔŋ] *m* (*-s; -s*) ملبس [mulabbas].

Boot *n* (*-es; -e*) قارب [qaːrib], زورق [zauraq]; (*Schiff*) مركب [markab].

Boots|fahrt *f* جولة على مركب [ʤaula ʕalaː markab]; **~mann** *m* (*-es; ¨er, auch -s-leute*) مراكبي [maraːkibiː].

Bord[1] *n* (*-ẹs; -e*) (*Wandbrett*) رف [raff].

Bord[2] *m* (*-es; -e*) *Mar.* جانب (مركب) [ʤaːnib (markab)]; ***an ~ e-s Schiffes*** على متن سفينة [ʕalaː matn safiːna]; ***an ~ gehen*** ركب [rakiba, -a-].

Bor'dell *n* (*-s; -e*) ماخور [maːxuːr].

Bordwaffen *f/pl.* أسلحة الطائرة [ʔasliħat attaːʔira].

Borg *m* (-*ȼs*; *O*): **auf** ~ بالدين [biddain].

borgen *v/t.* (*A* **von** *j-m* ه من) استعار [istaʕaːra]; (*Geld*) اقترض [iqtarađa]; (*j-m A* ه ه) أعار [ʔaʕaːra], أقرض [ʔaqrađa].

Borke *f* قلافة [qulaːfa].

Borsalbe ['boːʁzalbə] *f* (*O*) مرهم بوريك [marham boriːk].

Borsäure *f* (*O*) *Chem.* حامض البوريك [ħaːmiđ alb.].

Börse *f* *Fin.* بورصة [burʃa]; (*Geldtäschchen*) كيس [kiːs]; ~**n-kurse** *m/pl.* أسعار البورصة [ʔasʕaːr alburʃa]; ~**n-makler** *m* سمسار [simsaːr].

Borste *f* *Koll.* شعر خشن [ʃaʕr xaʃin], هلب [hulb].

Borte *f* حاشية [ħaːʃija].

bös-artig *adj.* (*a. Med.*) خبيث [xabiːθ].

Böschung *f* منحدر [munħadar].

bös(e) *adj.* ردئ [radiːʔ], خبيث [xabiːθ]; (*zornig*) غضب [ɣađib].

Böse *n* (-*n*; *O*): **das** ~ الشر [aʃʃarr]; ~**wicht** *m* (-*ȼs*; -*e*) شرير [ʃirriːr], وغد [waɣd].

bos|haft (-*est*) *adj.* خبيث [xabiːθ]; ~**heit** *f* خبث [xubθ].

Bo'tanik *f* (*O*) علم النبات [ʕilm annabaːt].

Bote *m* (-*n*) رسول [rasuːl]; (*Post*~) ساع [saːʕin].

Botschaft *f* (*Nachricht*) خبر [xabar], رسالة [risaːla]; **frohe** ~ بشرى [buʃraː]; (*diplomatische Vertretung*) سفارة [sifaːra]; ~**er** *m* سفير [safiːr].

Böttcher *m* صانع البراميل [ʃaːniʕ albaraːmiːl].

Bottich *m* (-*s*; -*e*) خابية [xaːbija], دن [dann].

Bouillon [bul'joŋ] *f* (-; -*s*) حسوة [ħuswa], مرق [maraq].

Boulevard [buˑlə'vaːʁ] *m* (-*s*; -*s*) بولفار [bulvaːr], منتزه [muntazah].

box|en (-*t*) *v/t.* لكم [lakama, -u-]; *v/i.* (**mit** *D* ه) لاكم [laːkama]; ~**er** *m* ملاكم [mulaːkim]; ~**kampf** *m* (-*ȼs*; ~*e*) ملاكمة [mulaːkama].

Boykott [bɔʏ'-] *m* (-*s*; -*e*) مقاطعة [muqaːtaʕa]; ~**ieren** [-'tiː-] (—) *v/t.* قاطع [qaːtaʕa].

brach [aː] (*O*) *adj.* بائر [baːʔir].

Brachland *n* أرض بور [ʔarđ buːr].

Brand *m* (-ẹs; ⸚e) حريق [ħariːq]; *Med.* غنغرينا [ɣanɣriːna]; *Bot.* يرقان (النبات) [jaraqaːn (annabaːt)]; **~blase** *f* نفطة [nafta], مجلة [madʒla], بقبوقة [baqbuːqa]; **~bombe** *f* قنبلة محرقة [qumbula muħriqa]; **~stifter** *m* حارق [ħaːriq], مشعل [muʃʕil]; **~stiftung** *f* حرق عمدى [ħarq ʕamdiː]; **~ung** *f* ارتطام الأمواج [irtitaːm alʔamwaːdʒ]; **~wunde** *f* حرق [ħarq].

Branntwein *m* (-s; O) عرق [ʕaraq], كونياك [konjaːk].

Brasilien [-'ziːlĭən] *n* البرازيل [albraːziːl].

braten (L) *v/t.* حمر [ħammara]; (*am Rost, im Rohr*) شوى [ʃawaː, -iː]; (*in der Pfanne*) قلى [qalaː, -iː]; **≈** *m* لحم مشوى [laħm maʃwiː], شواء [ʃiwaːʔ]; **≈soße** *f* مرق [maraq].

Brat|fisch *m* (-es; -e) سمك مقلى [samak maqliːj]; **~huhn** *n* (-ẹs; ⸚er) دجاجة مشوية [dadʒaːdʒa maʃwiːja]; **~kartoffeln** *f/pl.* بطاطس محمرة [bataːtis . muħammara]; **~pfanne** *f* مقلاة [miqlaːt]; **~rost** *m* (-ẹs; -e) شواية [ʃawwaːja]; **~spieß** *m* (-es; -e) سيخ [siːx], سفود [saffuːd]; **~wurst** *f* (-; ⸚e) سجق للقلى [sudʒuq lilqalj]; (*gebratene ~*) سجق محمر [s. muħammar].

Brauch *m* (-ẹs; ⸚e) عادة [ʕaːda]; **≈bar** *adj.* مفيد [mufiːd], صالح [faːliħ]; **≈en** *v/t.* (*A* إلى) احتاج [iħtaːdʒa]; (*verwenden*) استعمل [istaʕmala].

Braue *f* حاجب العين [ħaːdʒib alʕain].

brauen *v/t.*: ***Bier*** ~ صنع بيرة [ʃanaʕa, -a-, biːra].

Braue'rei *f* معمل بيرة [maʕmal biːra].

braun *adj.* (*licht~, gebräunt*) أسمر [ʔasmar]; (*kaffee~*) بنى [bunniː].

Bräune *f* (O) *Med.* ذبحة [ðibħa]; (*Sonnen≈*) سمرة [sumra].

bräunen *v/t.* حمر [ħammara]; *v/r.* اسمر [ismarra].

Brause *f* منضح [minđaħ], دوش [duːʃ]; (*Getränk*) غازوزة، جازوزة [gaːzuːza]; **~bad** *n* (-ẹs; ⸚er) حمام الدوش [ħammaːm adduːʃ]; **≈n** (-t) *v/i.* (*Meer*) عج [ʕaddʒa, -i-]; (*Wind*) هب [habba, -u-]; (*rasen*) أسرع [ʔasraʕa], طار [tˤaːra, -iː-].

Braut *f* (-; ⸚e) عروس [ʕaruːs]; (*Verlobte*) خطيبة [xatˤiːba]; **~gabe** *f* (-; -*n*) مهر [mahr].

Bräutigam *m* (-*s*; -*e*) عريس [ʕariːs]; (*Verlobter*) خطيب [xatˤiːb].

Braut|kleid *n* فستان العروس [fustaːn alʕaruːs]; **~kranz** *m* (-*es*; ⸚*e*) إكليل العروس [ʔikliːl alʕaruːs]; **~paar** *n* (-*es*; -*e*) العروسان [alʕaruːsaːn].

brav *adj.* (*gut*) طيب [tˤajjib], صالح [ʃaːliħ]; (*artig*) مؤدب [muʔaddab].

Brecheisen *n* عتلة [ʕatala].

brechen (*L*) *v/t.* كسر [kasara, -i-]; (*zerschlagen*) كسر [kassara], حطم [ħattˤama]; (*e-n Vertrag*) نقض [naqađa, -u-]; (*e. Versprechen*) أخلف [ʔaxlafa]; (*e-n Rekord*) حطم [ħatˤama, i-]; *v/i.* انكسر [inkasara].

Brech|mittel *n Med.* مقيئ [muqajjiʔ]; **~ung** *f Optik* انكسار [inkisaːr].

Brei *m* (-*ɇs*; -*e*) عصيدة [ʕaʃiːda], هريسة [hariːsa].

breit (-*er*; -*est*) *adj.* واسع [waːsiʕ], عريض [ʕariːđ]; **⸗e** *f* عرض [ʕarđ]; **geographische ⸗e** عرض (خط) [(xatˤtˤ) ʕarđ]; **~treten** *v/t. e-e S.* لت وعجن فى مسألة [latta wa ʕadʒana fiː masʔala]; **⸗wand** *f Kino* شاشة عريضة [ʃaːʃa ʕariːđa].

Bremse *f Mot.* مكبح [mikbaħ], كابحة [kaːbiħa], فرملة [farmala]; *Zo.* نعرة [nuʕara], ذبابة قارضة [ðubaːba qaːriđa]; **⸗n** *v/t.* كبح [kabaħa, -a-]; *v/t. u. v/i.* فرمل [farmala].

Brems-spur *f* أثر العجلات عند الكبح [ʔaθar alʕadʒalaːt ʕinda lkabħ].

Brems-weg *m* (-*ɇs*; -*e*) مسافة الكبح [masaːfat alkabħ].

brenn|bar *adj.* قابل للاحتراق [qabil liliħtiraːq]; **⸗dauer** *f* مدة الاحتراق [muddat aliħtiraːq]; **~en** (*L*) *v/i.* احترق [iħtaraqa], اشتعل [iʃtaʕala], وقد [waqada, jaqidu]; (*flammen*) التهب [iltahaba]; (*Lampe*) أضاء [ʔađaːʔa]; *v/t.* أحرق [ʔaħraqa], أوقد [ʔauqada], أضرم [ʔađrama]; *Med.* (*kauterisieren*) كوى [kawaː, -iː]; (*schmerzen*) حرق [ħaraqa, -i-]; **⸗er** *m* موقد [mauqid], شعلة [ʃuʕla];

B

~holz *n* (*-es; O*) حطب [ħatab]; **~nessel** *f Bot.* قريص [qurraiʃ]; **~punkt** *m* (*-es; -e*) بؤرة [buʔra]; *fig.* مركز الاهتمام [markaz alihtimaːm]; **~spiritus** *m* (*-; O*) اسبرتو [isbirto]; **~stoff** *m* (*-ḙs; -e*) وقود [waquːd]; **~weite** *f* بعد البؤرى [buʕd albuʔra].

Bresche *f* ثغرة [θaɣra].

Brett *n* (*-ḙs; -er*) لوح [lauħ]; (*Regal*) رف [raff]; **~erwand** *f* (*-; ¨e*) حاجز من ألواح خشبية [ħadʒiz min ʔalwaːħ xaʃabiːja].

Brezel *f* (*-; -n*) شريك [ʃuraik].

Brief *m* (*-ḙs; -e*) خطاب [xitaːb], مكتوب [maktuːb]; رسالة [risaːla]; *Äg.* جواب [gawaːb]; **~-aufschrift** *f* عنوان [ʕunwaːn]; **~kasten** *m* (*-s; ¨*) صندوق بريد [ʃunduːq bariːd]; **~lich** (*O*) *adv.* عن طريق المراسلة [ʕan tariːq almuraːsala]; **~marke** *f* طابع بريد [taːbiʕ bariːd]; **~papier** *n* (*-s; O*) ورق رسائل [waraq rasaːʔil]; **~porto** *n* (*-s; -s*) أجرة بريد [ʔudʒrat bariːd]; **~tasche** *f* محفظة [miħfaza]; **~träger** *m* ساعى بريد [saːʕiː bariːd]; **~umschlag** *m* (*-ḙs; ¨e*) ظرف [zarf], مظروف [mazruːf]; **~waage** *f* ميزان خطابات [miːzaːn xitaːbaːt]; **~wechsel** *m* مكاتبة [mukaːtaba], مراسلة [muraːsala]; ***im ~wechsel stehen mit*** تراسل مع [taraːsala].

Bri'gade *f Mil.* لواء [liwaːʔ].

Bri'kett *n* (*-s; -s*) قالب فحم [qaːlib faħm].

Brillant [-'lĭant] *m* ماس [maːs], ألماس [ʔalmaːs].

Brille *f* نظارة [nazzaːra].

bringen (*L*) *v/t.* أحضر [ʔaħđara], جلب [dʒalaba, -i-]; *etw.* ***zustande ~*** قدر على [qadara, -i-], أنجزه [ʔandʒaza]; ***in Ordnung ~*** نظم [nazzama]; ***mit sich ~*** سبب [sabbaba]; ***zur Welt ~*** ولد [walada, jalidu].

Brise *f* نسيم [nasiːm], ريح [riːħ].

britisch *adj.* بريطانى [briːtaːniː].

bröckeln (*-le*) *v/t.* فتت [fattata]; *v/i.* تفتت [tafattata].

Brocken *m* كسرة [kisra], حطمة [ħitma], قطعة [qitʕa].

brodeln (*-le*) *v/i.* غلى [ɣalaː, -iː], فار [faːra, -uː-].

Bro'kat *m* (*-ḙs; -e*) (*Stoff*) قصب [qaʃab], ديباج [diːbaːdʒ].

Bronchie *f Anat.* شعبة [ʃuʕba].

Bronze ['bʀoŋsə] *f* برونز [bronz].

Brosche *f* مشبك [miʃbak].

Bro'schüre *f* كراسة [kurraːsa], كتاب غير مجلد [kitaːb ɣair mudʒallad].

Brot *n* (-*ęs*; -*e*) خبز [xubz]; *Äg.* عيش [ʕaiʃ]; (*~fladen*) رغيف [raɣiːf].

Brötchen *n* رغيف صغير [raɣiːf ʃaɣiːr]; ***belegtes*** ~ سندويش [sandwiːʃ].

Brot|korb *m* (-*ęs*; *-̈e*) سلة الخبز [sallat alxubz]; **~laib** *m* (-*es*; -*e*) رغيف إفرنجي [raɣiːf ʔifrandʒiː]; **∻los** (*O*) *adj.* بدون رزق [biduːn rizq]; **~rinde** *f* قشرة الخبز [qiʃrat alxubz], قشفة [qiʃfa]; **~schnitte** *f* شريحة خبز [ʃariːħat xubz].

Bruch *m* (-*ęs*; *-̈e*) *a. Med.* (*Fraktur*) *u. Math.* كسر [kasr]; *Med.* (*Hernie*) فتق [fatq]; (*e-s Vertrags*) نقض [naqđ]; (*Trennung*) انقطاع [inqitaːʕ].

brüchig *adj.* سهل التكسر [sahl attakassur], هش [haʃʃ].

Bruchstück *n* (-*ęs*; -*e*) جزء [dʒuzʔ], حطمة [ħitma], شظية [ʃaziːja].

Bruchteil *m* (-*ęs*; -*e*) كسر [kasr], جزء [dʒuzʔ].

Bruchzahl *f Math.* كسر [kasr].

Brücke *f* جسر [dʒisr], قنطرة [qantara]; *Äg.* كوبرى [kubriː].

Bruder *m* (-*s*; *-̈*) أخ [ʔax]; (*leiblicher* ~) شقيق [ʃaqiːq].

brüderlich *adj.* أخوى [ʔaxawiː].

Bruderschaft *f* أخوية [ʔaxawiːja]; (*Brüderlichkeit*) أخوة [ʔuxuːwa].

Brühe *f* مرق [maraq], شوربة [ʃurba].

brüllen *v/i.* جأر [dʒaʔara, -a-], هدر [hadara, -i-]; (*Löwe*) زأر [zaʔara, -a-]; *v/i. u. v/t.* (*Mensch*) صاح [ʃaːħa, -iː-].

brummen *v/t. u. v/i.* (*Mensch*) دمدم [damdama], همهم [hamhama]; *v/i.* (*Insekt*) طن [tanna, -i-]; (*Tier*) هر [harra, -i-].

brü'nett *adj.* أسمر [ʔasmar].

Brunnen *m* بئر [biʔr]; **~kur** *f* علاج بالمياه المعدنية [ʕilaːdʒ bilmijaːh almaʕdiniːja].

Brunst *f* (-; *-̈e*) ودقان [wadaqaːn], ضبع [đabaʕ], حرارة [ħaraːra].

brüsk (-*est*) *adj.* خشن [xaʃin], فظ [fazz].

brüs'kieren (—) *v/t. j-n* غلظ على [ɣalaẓa, -i-].

Brust *f* (-; ⸗e) صدر [ʃadr]; (*weibliche* ~) ثدى [θadj].

brüsten (-*e*-) *v/r.* تفاخر [tafaːxara].

Brust|fell *n* (-*¢s*; -*e*) *Anat.* غشاء الجنب [ɣiʃaːʔ aldʒamb]; **~schwimmen** *n* سباحة الصدر [sibaːħat aʃʃadr].

Brüstung *f* درابزين [daraːbziːn].

Brustwarze *f* حلمة الثدى [ħalamat aθθadj].

Brut *f* (*von Vögeln*) حضنة [ħaḍna], أفراخ [ʔafraːx], صيصان [ʃiːʃaːn]; (*allgemein*) صغار الحيوان [ʃiɣaːr alħajawaːn]; *fig. vulg.* نسل [nasl].

bru'tal *adj.* وحشى [waħʃiː], قاس [qaːsin]; *adv.* بالقسوة [bilqaswa], بالزور [bizzuːr]; **~i'tät** *f* وحشية [waħʃiːja], قساوة [qasaːwa].

Brut-apparat *m* (-*¢s*; -*e*) آلة التفريخ (التفقيص) [ʔaːlat attafriːx (attafqiːʃ)].

brüten (-*e*-) *v/i.* (*Henne*) رقد على البيض [raqada, -u-, ʕalaː lbaiḍ], حضن [ħaḍana, -u-]; *fig.* **über** *D* أمعن الفكر فى [ʔamʕana lfikra fiː].

Brutstätte *f fig.* مرتع [martaʕ].

brutto *adv.* على الإجمال [ʕalaː lʔidʒmaːl].

Brutto-einkommen *n* إيراد إجمالى [ʔiːraːd ʔidʒmaːliː].

Bruttogewicht *n* (-*¢s*; -*e*) وزن قائم [wazn qaːʔim].

Bruttogewinn *m* (-*¢s*; -*e*) مجمل الربح [mudʒmal arribħ].

Bruttopreis *m* (-*es*; -*e*) سعر إجمالى [siʕr ʔidʒmaːliː].

brutzeln *v/i.* فرقع [farqaʕa].

Bub *m* (-*en*) ولد [walad], صبى [ʃabiːj].

Bube *m* (-*n*) وغد [waɣd]; (*im Kartenspiel*) أعرج [ʔaʕradʒ], ولد [walad].

Buch [-uː-] *n* (-*es*; ⸗*er*) كتاب [kitaːb]; **~binder** *m* مجلد [mudʒallid]; **~binde'rei** *f* محل تجليد [maħall tadʒliːd]; **~drucke'rei** *f* مطبعة [matbaʕa].

Buche *f Bot.* زان [zaːn].

buchen [uː] *v/t.* سجل [saddʒala], قيد [qajjada]; (*e-n Sitz*) حجز [ħadʒaza, -i-].

Bücher|brett *n* (-*¢s*; -*er*) رف الكتب [raff alkutub]; **~ei** [-'ʀaɪ] *f* مكتبة [maktaba]; **~schrank** *m* (-*¢s*; ⸗*e*) خزانة الكتب [xizaːnat alkutub].

Buch|führer *m*, **~halter** *m*

محاسب [muħaːsib], ماسك الدفاتر [maːsik addafaːtir].

Buch|haltung ['buːx-] *f* مسك الدفاتر [mask addafaːtir]; **~händler** *m* بائع الكتب [baːʔiʕ alkutub]; **~handlung** *f* مكتبة [maktaba]; **~macher** *m* ماسك دفتر المراهنات [maːsik daftar almuraːhanaːt]; **~prüfer** *m* مراجع الحسابات [muraːʤiʕ alħisaːbaːt].

Buchsbaum ['bʊksbaum] *m* (-*¢s*; *⁻e*) *Bot.* بقس [baqs].

Büchse ['bʏksə] *f* (*Dose*) علبة [ʕulba]; (*Flinte*) بندقية [bunduqiːja].

Büchsen|fleisch *n* (-*es*; *O*) لحم معلب [laħm muʕallab]; **~milch** *f* (*O*) لبن مركز [laban murakkaz]; **~öffner** *m* فتاحة (علب) [fattaːħa(t ʕulab)].

Buch|stabe [uː] *m* (-*n*) حرف [ħarf]; **~sta'bieren** (—) *v/t.* هجى [haddʒaː]; **~stäblich** *adj* حرفي [ħarfiː]; *adv.* حرفيا [ħarfiːjan].

Bucht *f* خليج [xaliːʤ].

Buchung *f* قيد [qaid]; (*für e-n Flug*) حجز [ħaʤz].

Buckel *m* حدبة [ħadaba]; **~ig** *adj. s.* **bucklig**.

bücken *v/r.* انحنى [inħanaː].

bucklig *adj.* أحدب [ʔaħdab].

Bückling *m* (-*s*; -*e*) انحناء [inħinaːʔ]; (*Räucherhering*) رنجة مدخنة [ringa mudaxxana].

Bude *f* كشك [kuʃk]; *F* مسكن [maskan].

Budget [by'dʒeː] *n* (-*s*; -*s*) ميزانية [miːzaːniːja].

Büfett [by'feː] *n* (-*s*; -*s*) بوفيه [buːfeː].

Büffel *m* جاموس [ʤaːmuːs].

Bug *m* (-*¢s*; -*e*) *Mar.* مقدم [muqaddam].

Bügel *m Techn.* ذراع [ðiraːʕ], قوس [qaus]; (*Steig~*) ركاب [rikaːb].

Bügel|eisen *n* مكواة [mikwaːt]; **~n** (-*le*) *v/t.* كوى [kawaː, -iː].

Bühne *f* (*Tribüne*) منصة [minaʃʃa]; (*Theater~*) خشبات المسرح [xaʃabaːt almasraħ]; **~n-stück** *n* (-*¢s*; -*e*) رواية تمثيلية [riwaːja tamθiːliːja].

Bu'lette *f* كفتة [kufta].

Bul'garien [-rĭən] *n* بلغاريا [bulɣaːrijaː].

Bulle *m* (-*n*) ثور [θaur].

Bulletin [bʏl'tɛ̃ː] *n* (-*s*; -*s*) نشرة [naʃra].

Bummel *m* فسحة [fusħa], نزهة [nuzha]; **~ei** [-'laɪ] *f* تسكع

B

[tasakkuʕ], كسل [kasal]; **~n** (-*le*) *v/i.* تفسح [tafassaħa]; (*faulenzen*) تكاسل [takaːsala].

Bund[1] *n* (-*ǝs*; -*e*) رزمة [rizma], حزمة [ħuzma].

Bund[2] *m* (-*es*; ¨-*e*) (*Vereinigung*) رابطة [raːbiṭa], جمعية [dʒamʕiːja], اتحاد [ittiħaːd]; (*Hosen~*) رباط [ribaːṭ], حزام [ħizaːm].

Bündel *n* حزمة [ħuzma], ربطة [rabṭa].

Bundes|amt *n* (-*ǝs*; ¨-*er*): ~ **für** مصلحة اتحادية ل [maṣlaħa ittiħaːdiːja]; **~bahn** *f* السكة الحديدية الاتحادية [assikka alħadiːdiːja ali.]; **~genosse** *m* (-*n*) حليف [ħaliːf]; **~gericht** *n* (*ǝs*; -*e*) محكمة اتحادية [maħkama ittiħaːdiːja]; **~kanzler** *m* رئيس الحكومة الاتحادية [raʔiːs alħukuːma ali.]; **~land** *n* (-*es*; ¨-*er*) ولاية [wilaːja], إقليم [ʔiqliːm]; **~präsident** *m* (-*en*) رئيس الجمهورية الاتحادية [raʔiːs aldʒumhuːriːja ali.]; **~rat** *m* (-*ǝs*; ¨-*e*) المجلس الاتحادي [almadʒlis alittiħaːdiː]; **~regierung** *f* الحكومة الاتحادية [alħukuːma alittiħaːdiːjaː]; **~republik** *f* الجمهورية الاتحادية [aldʒumhuːriːja alittiħaːdiːja]; **~staat** *m* (-*ǝs*; -*en*) ولاية [wilaːja]; **~tag** *m* (-*ǝs*; -*e*) مجلس النواب الاتحادي [madʒlis annuwwaːb alittiħaːdiː]; **~verfassung** *f* الدستور الاتحادي [addustuːr ali.]; **~wehr** *f* (*O*) الجيش الاتحادي [aldʒaiʃ ali.].

bünd|ig *adj.* موجز [muːdʒaz]; **kurz und ~ig** *adv.* باقتضاب [biqtiḍaːb]; **~nis** *n* (-*ses*; -*se*) حلف [ħilf], محالفة [muħaːlafa], معاهدة [muʕaːhada].

Bunker *m Mil.* مخبأ [maxbaʔ]; (*Speicher*) مخزن [maxzan].

Bunsenbrenner *m Chem.* موقد بنزن [mauqid bunzen].

bunt (-*er*; -*est*-) *adj.* مبرقش [mubarqaʃ], متعدد الألوان [mutaʕaddid alʔalwaːn].

Buntmetalle *n/pl.* المعادن غير الحديدية [almaʕaːdin ɣair alħadiːdiːja].

Buntstift *m* (-*es*; -*e*) قلم ألوان [qalam ʔalwaːn].

Bürde *f* عبء [ʕibʔ], حمل [ħiml].

Burg *f* قلعة [qalʕa], حصن [ħiṣn]; (*Palast*) قصر [qaṣr].

Bürge *m* (-*n*) ضامن [ḍaːmin], كفيل [kafiːl]; **~n** *v/i.*: **~n**

***für** A* كفل ه/ه [kafala, -i-], ضمن [đamina, -a-].

Bürger *m* (*e-r Stadt*) أحد أهالى المدينة [ʔaħad ʔahaːliː almadiːna]; (*e-s Staates*) مواطن [muwaːtin]; **~in** *f* مواطنة [muwaːtina]; **~krieg** *m* (*-es; -e*) حرب أهلية [ħarb ʔahliːja]; **≈lich** *adj.* (*Gegens. militärisch*) *u. Jur.* مدنى [madaniː]; (*schlicht*) بسيط [basiːt], غير متكلف [ɣair mutakallaf]; **~meister** *m* رئيس البلدية [raʔiːs albaladiːja]; (*e-s Dorfes*) عمدة [ʕumda], مختار [muxtaːr].

Bürgschaft *f* كفالة [kafaːla], ضمانة [đamaːna].

Bü'ro *n* (*-s; -s*) مكتب [maktab].

Bü'robedarf *m* (*-ȩs; O*) لوازم المكتب [lawaːzim almaktab].

Bü'roklammer *f* مشبك [miʃbak].

Bü'rokraft *f* (*-; -̈e*) كاتب [kaːtib], كاتبة [kaːtiba].

Bürokrat [-'kʀaːt] *m* (*-en*), **≈isch** *adj.* بيروقراطى [biːruqraːtiː]; **~ie** [-kʀaˑ'tiː] *f* بيروقراطية [biːruqraːtiːja].

Bursche *m* (*-n*) غلام [ɣulaːm].

Bürste *f* فرشة [furʃa]; **≈n** (*-e-*) *v/t.* فرش [farraʃa], نظف بالفرشة [nazzafa bilfurʃa].

Bus *m* (*-ses; -se*) *s.* ***Autobus***.

Busch *m* (*-es; -̈e*) شجيرة [ʃuʤaira]; (*Dickicht*) غابة [ɣaːba], دغل [daɣal], أجمة [ʔaʤama].

Büschel *n* خصلة [xufla].

buschig *adj.* كثيث [kaθiːθ].

Busen *n* صدر [ʃadr]; (*Brüste*) ثديان [θadjaːni]; (*Meer≈*) خليج [xaliːʤ].

Buße [-uː-] *f* (*Strafgeld*) غرامة [ɣaraːma]; *Rel.* كفارة [kaffaːra]; **~ *tun*** تاب إلى الله [taːba, -uː-, ʔilaː llaːh].

büßen ['byː-] (*-ßt*) *v/i.* (***für** A* كفر (عن [kaffara]; ***mit dem Leben*** ~ دفع بحياته [dafaʕa, -a-, biħajaːtihi].

Bußtag *m* (*-es; -e*) يوم التوبة [jaum attauba].

Büste *f* تمثال نصفى [timθaːl niffiː]; **~n-halter** *m* حمالة الصدر [ħammaːlat affadr].

Butter *f* (*O*) زبدة [zubda]; **~brot** *n* (*-es; -̈e*) شريحة خبز بالزبدة [ʃariːħat xubz bizzubda]; **~milch** *f* (*O*) لبن زبادى [laban zabaːdiː]; **≈n** (*-re*) *v/i.* مخض اللبن [maxađa, -u-, allaban].

byzan'tinisch *adj.* بيزنطى [biːzantiː].

bzw. = ***beziehungsweise.***

C

Café [ka'feː] *n* (*-s; -s*) مقهى [maqhan].

Campingplatz ['kɛm-] *m* (*-es; ̈-e*) مخيم للسواح [muxajjam lissuwwaːħ].

Casablanca *n* الدار البيضاء [ad-daːr al-bai'đɒːʔ]

Cello ['tʃɛ-] *n* (*-s; -s od. -li*) *Mus.* تشيلو [tʃeːlo].

Champagner [ʃam'panǐə] *m* شمبانيا [ʃambaːnijaː].

Champignon ['ʃampɪnjɔ̃ː] *m* (*-s; -s*) *Bot.* فطر أبيض [futr ʔabjađ].

Chaos ['kɑːos] *n* (*—; O*) فوضى [fauđaː].

cha'otisch *adj.* فوضوى [fauđawiː].

Charakter [ka'ʀaktə] *m* (*-s; -e* [-'teː-]) خلق [xulq], أخلاق [ʔaxlaːq]; (*Natur*) طبع [tabʕ]; (*Persönlichkeit*) شخصية [ʃaxʃiːja]; **~isieren** [kaʀakteʀiˑ'ziːʀən] (*—*) *v/t.* وصف [wafafa, jafifu], ميز [majjaza]; **~istisch** [-'ʀɪstɪʃ] *adj.*: **~istisch für** *A* مميز ل [mumajjiz], خاص ب [xaːff]; **~lich** (*O*) *adj.* خلقى [xulqiː]; **~los** (*-est*) *adj.* عديم الشخصية [ʕadiːm aʃʃaxʃiːja]; (*gemein*) نذل [naðl]; **~zug** *m* (*-es; ̈-e*) خصلة [xafla].

Chartermaschine ['(t)ʃaʁ-] *f* *Flugw.* طائرة مستأجرة [taːʔira mustaʔdʒara].

Chauffeur [ʃo'føːʁ] *m* (*-s; -e*) سائق [saːʔiq].

Chaussee [ʃo'seː] *f* طريق سيارات [tariːq sajjaːraːt].

Chef [ʃɛf] *m* (*-s; -s*) رئيس [raʔiːs], مدير [mudiːr].

Chem|ie [çeˑ'miː] *f* (*O*) كيمياء [kiːmijaːʔ]; **~iefaser** *f* ليف صناعى [liːf finaːʕiː]; **~ikalien** [çeˑmi'kɑːlǐən] *f/pl.* كيماويات [kiːmaːwiːjaːt], مواد كيماوية [mawaːdd kiːmaːwiːja]; **~iker** ['çeːmɪkə] *m*, **~isch** ['çeː-] *adj.* كيميائى [kiːmijaːʔiː].

Chiffre ['ʃɪfə] *f* (*—; -n*) رمز [ramz], شفرة [ʃifra].

chif'friert [ʃ] *adj.* شفرى [ʃifriː], رمزى [ramziː].

China ['çiːnaˑ] *n* الصين [affiːn].

Chines|e [-'neː-] *m* (*-n*), **~isch** *adj.* صينى [ʃiːniː].

Chi'nin [çiˑ'niːn] *n* (*-s; O*) *Med.* كينين [kiːniːn].

Chip *m El.* رقيقة [ra'qiːqa], رقاقة [ru'qaːqa].

Chirurg [çiˑ'ʀʊʁk] *m* (*-en*) جراح [ʤarraːħ]; **~ie** [çiˑʀʊʁ'giː] *f* (*O*) جراحة [ʤiraːħa].

Chlor [kloˑʁ] *n* (*-s; O*) *Chem.* كلور [kuluːr].

Cholera ['koːləʀaː] *f* (*O*) *Med.* هيضة وبائية [haiđa wabaːʔiːja], كوليرا [koːliːraː].

Chor [koːʁ] *m* (*-¢s; ¨e*) فرقة غنائية [firqa ɣinaːʔiːja]; *Arch.* كورس [koːras].

Christ [k-] *m* (*-en*) مسيحى [masiːħiː], نصرانى [naʃraːniː]; **~entum** *n* (*-s; O*) المسيحية [almasiːħiːja], النصرانية [annaʃraːniːja]; **~fest** *n* (*-¢s; O*) عيد ميلاد المسيح [ʕiːd miːlaːd almasiːħ]; **~in** *f* مسيحية [masiːħiːja]; **~lich** *adv.* مسيحى [masiːħiː], نصرانى [naʃraːniː].

Christus [k-] *m* المسيح [almasiːħ].

Chrom [kʀoˑm] *n* (*-s; O*) *Chem.* كروم [kuruːm].

Chronik ['kʀoː-] *f* تاريخ [taːriːx].

chronisch ['kʀoːnɪʃ] (*O*) *adj.* مزمن [muzmin].

chrono'logisch [k-] (*O*) *adv.* بالترتيب الزمنى [bittartiːb azzamaniː].

Clique ['klɪkə] *f* زمرة [zumra].

Clown [klaʊn] *m* (*-s; -s*) بهلول [bahluːl], مضحك [muđaħħik].

Code [koːd] *m* (*-s; -s*) ترميز [tarmiːz], مصطلح رمزى [muʃtalaħ ramziː].

Computer [kɔm'pĭuː-] *m* كمبيوتر [kompjuːter], حاسوب [ħaː'suːb], حاسب آلي [ħaːsib ʔaːliː].

'Corpus [k-] **de'licti** [-k-] *n* (*- -; -pora -*) *Jur.* جسم الجريمة [ʤism alʤariːma].

Couch [kaʊtʃ] *f* (*-; -es*) كنبة [kanaba], أريكة [ʔariːka].

Cousin [kuˑ'zɛ̃ː] *m* (*-s; -s*) ابن عم (عمة، خال، خالة) [ibn ʕamm (ʕamma, xaːl, xaːla)].

Cousine [kuˑ'ziːnə] *f* بنت عم (عمة، خال، خالة) [bint ʕamm *etc.*].

D

D

da *adv.* (*hier*) هنا [hunaː]; (*dort*) هناك [hunaːka]; (*dann*) ف [fa], ثم [θumma]; (*vorhanden*) موجود [mauʤuːd]; *cj.* (*als*) لما [lammaː]; (*weil*) لأن [liʔanna].

da'bei *adv.* (*außerdem*) مع ذلك [maʕa ðaːlik]; عند ذلك [ʕinda ð.]; (*nahe*) بالقرب [bilqurb].

dableiben (*L; sn*) بقى [baqija, -a-].

Dach *n* (-*¢s*; *¨er*) سطح [satħ]; ~ **über dem Kopf** مأوى [maʔwaː]; ~**decker** *m* مسقف [musaqqif]; ~**rinne** *f* مزراب [mizraːb]; ~**ziegel** *m* قرميد [qirmiːd].

dadurch *adv.* بذلك [biðaːlik].

da'für *adv.* لذلك [liðaːlik]; **ich kann nichts** ~ لا ذنب لى [laː ðanba liː].

da'gegen *adv.* ضد ذلك [đidda ðaːlik]; ~ **sein** عارض [ʕaːrađa].

da'heim *adv.* فى البيت [fiː lbait].

daher *adv.* (*von dort*) من هناك [min hunaːk]; *cj.* (*deshalb*) لذلك [liðaːlik].

da'hin *adv.* إلى هناك [ʔilaː hunaːk]; (*vergangen*) **es ist** ~ ذهب [ðahaba], انتهى [intahaː]; *zeitl.* **bis** ~ إلى ذلك الحين [ʔilaː ðaːlik alħiːn]; ~**ter** *adv.* وراءه [waraːʔahu].

damals *adv.* حينئذ [ħiːnaʔiðin].

Dame *f* سيدة [sajjida].

Damen|binde *f* حفاظ الحيض [ħifaːʑ alħaiđ]; ~**friseur** [øː] *m* (-*s*; -*e*) مزين للسيدات [muʑajjin lissajjidaːt]; ~**wäsche** *f* بياضات النساء [bajaːđaːt annisaːʔ].

Damespiel *n* (-*¢s*; -*e*) لعبة الداما [liʕbat addaːmaː].

'damit *adv.* بذلك [biðaːlik], به [bihi].

da'mit *cj.* (*auf daß*) لكى [likaj], لأن [liʔan].

Damm *m* (-*¢s*; *¨e*) سد [sadd]; (*Fahr*~) رصيف [rafiːf].

Dämmerung *f* (*morgens*) فجر [faʤr]; (*abends*) غسق [ɣasaq].

Dampf *m* (-*¢s*; *¨e*) بخار [buxaːr]; ~**bad** *n* (-*¢s*; *¨er*) حمام تركى [ħammaːm turkiː]; ~**en** *v/i.* تصاعد البخار منه [taʕaːʕada lbuxaːr minhu].

dämpfen *v/t.* (*Stimme*) خفض [xafađa, -i-]; (*Licht*) خفف [xaffafa]; (*Speisen*) أنضج بالبخار [ʔanđaʤa bilbuxaːr]; (*Zorn*) كظم [kaʑama, -i-].

Dampf|er *m* باخرة [baːxira];

~**heizung** *f* تدفئة بالبخار [tadfiʔa bilbuxaːr]; ~**kochtopf** *m* (-*ẹs*; ⸚*e*) طنجرة الضغط [ṭandʒarat aḍḍaɣṭ]; ~**maschine** *f* آلة بخارية [ʔaːla buxaːriːja].

danach *adv.* (*nach etw.*) بعد ذلك [baʕda ðaːlik]; *zeitl.* [-'n-] (*hierauf*) ثم [θumma].

da'neben *adv.* بجانب ذلك [bidʒaːnib ðaːlik], بالقرب منه [bilqurb minhu]; (*außerdem*) عدا ذلك [ʕadaː ðaːlik].

Dank *m* (-*es*; *O*) شكر [ʃukr]; ≗ *präp. D* بفضل [bifaḍl]; ≗**bar** *adj.* معترف بالجميل [muʕtarif bildʒamiːl], متشكر [mutaʃakkir]; ~**barkeit** *f* (*O*) اعتراف بالجميل [iʕtiraːf bildʒamiːl], ممنونية [mamnuːniːja]; ≗**en** *v/t.* شكر [ʃakara, -u-]; ≗**e schön!** شكرا جزيلا [ʃukran dʒaziːlan].

dann *adv.* ثم [θumma], إذن [ʔiðan]; ~ ***und wann*** من حين إلى حين [min ħiːn ʔilaː ħiːn].

da'ran *adv.* عليه [ʕalaihi], فيه [fiːhi]; ***nahe*** ~ على وشك [ʕalaː waʃak].

da'rauf *adv.* على ذلك [ʕalaː ðaːlik]; ~'**hin** بعد ذلك [baʕda ðaːlik].

da'raus *adv.* منه [minhu].

darbiet|en (*L*) *v/t.* عرض [ʕaraḍa, -i-]; ≗**ung** *f* عرض (مسرحي) [ʕarḍ (masraħiː)].

darbringen (*L*) *v/t.* قدم [qaddama].

da'rin *adv.* فيه [fiːhi].

dar|legen *v/t.* شرح [ʃaraħa, -a-]; ≗**legung** *f* شرح [ʃarħ]; ≗**leh(e)n** *n* (-*s*; —) قرض [qarḍ].

Darm *m* (-*ẹs*; ⸚*e*) مصير [maṣiːr], معى [miʕan]; ~**katarrh** *m* التهاب الأمعاء [iltihaːb alʔamʕaːʔ].

dar|stellen *v/t.* مثل [maθθala]; ≗**stellung** *f* تمثيل [tamθiːl].

da'rüber *adv.* فوق ذلك [fauqa ðaːlik], عن ذلك [ʕan ð.]; ~ ***hinaus*** ما عدا ذلك [maː ʕadaː ð.].

darum *adv.* عنه [ʕanhu], حوله [ħaulahu]; (*deshalb*) لذلك [liðaːlika].

da'runter *adv.* تحت ذلك [taħta ðaːlik]; بينهم [bainahum].

das *art. n* ال [al-], هذا [haːðaː]; *rel. pron.* (*welches*) الذى [allaðiː]; ~ ***heißt*** يعنى [jaʕniː].

dasein (*L*; *sn*) *v/i.* وجد [wudʒida, juːdʒadu], حضر [ħaḍara, -u-]; ≗ *n* (-*s*; *O*) حضور [ħuḍuːr], وجود [wudʒuːd].

daß *cj.* أن (*vor Verb*) [ʔan]; (*vor Nomen, Pronomen*) [ʔanna]; ~ ***nicht*** ألا [ʔallaː].

Datei *f* ملف [milaff, malaff].

Daten *n/pl.* معلومات [maʕluːmaːt], معطيات [muʕtajaːt], بيانات [bajaːnaːt]; **~bank** *f* (-; -*en*) قاعدة البيانات [qaːʕidat albajaːnaːt]; **~speicherung** *f* اختزان المعلومات [ixtizaːn alm.]; **~ver-arbeitung** *f* معالجة المعلومات [muʕaːladʒat alm.].

da'tieren (—) *v/t.* أرخ [ʔarraxa].

Dattel *f* (-; -*n*) تمر [tamr], بلح [balaħ].

Datum *n* (-, -*s*; -*ten*, -*ta*) تأريخ [taʔriːx].

Dauer *f* (*O*) دوام [dawaːm], مدة [mudda]; **~haft** *adj.* دائم [daːʔim], متين [matiːn], باق [baːqin]; **~karte** *f* تذكرة موسمية [taðkara mausimiːja]; **~n** *v/i.* دام [daːma, -uː-]; **~nd** *adj.* دائم [daːʔim], مستمر [mustamirr]; **~welle** *f* تمويج الشعر (على البارد) [tamwiːdʒ aʃʃaʕr (ʕalaː lbaːrid)].

Daumen *m* إبهام [ʔibhaːm].

da'von *adv.* من ذلك [min ðaːlik], عن ذلك [ʕan ð.]; بعيدا [baʕiːdan]; **~laufen** (*L; sn*) *v/i.* هرب [haraba, -a-], فر [farra, -i-].

da'vor *adv.* أمام ذلك [ʔamaːma ðaːlik]; قبل ذلك [qabla ð.]; من ذلك [min ð.]

da'zu *adv.* إلى ذلك [ʔilaː ðaːlik]; فوق ذلك [fauqa ð.]; **~gehören** (—) *v/i.* انتمى إلى [intamaː], كان منهم [kaːna, -uː-, minhum].

da'zwischen *adv.* بينهما [bainahumaː]; **~kommen** (*L; sn*) *v/i.* حال دون [ħaːla, -uː-, duːna], تدخل [tadaxxala]; **~reden** *v/i.* تداخل [tadaːxala].

De'batt|e *f* جدال [dʒidaːl], مناقشة [munaːqaʃa]; **~ieren** [deˑba'tiːʀən] (—) *v/t.* (***mit j-m*** *etw.* ه فى) جادل [dʒaːdala], ناقش [naːqaʃa].

Debet ['deːbeˑt] *n* (-*s*; -*s*) *Hdl.* (فى الحسابات) عليه [ʕalaihi]; دين [dain].

dechiffrieren [deˑʃɪ'fʀiːʀən] (—) *v/t.* حل شفرة [ħalla, -i-, ʃifra].

Deck *n* (-*s*; -*s*) *Mar.* سطح [satħ], ظهر [zahr], متن [matn].

Decke *f* غطاء [ɣitaːʔ], (*Bett*~) بطانية [battaːniːja], (*Stepp*~) لحاف [liħaːf], (*Zimmer*~) سقف [saqf].

Deckel *m* غطاء [ɣitaːʔ], طبق [tabaq].

deck|en *v/i.* (*Farbe*); *v/t.* غطى [ɣattaː], (*Bedarf*) سد [sadda, -u-]; *Mil.* ستر [satara, -u-]; (*Tisch*) أعد [ʔaʕadda]; **≈ung** *f* حماية [ħimaːja], ساتر [saːtir].

de'fekt (*O*) *adj.* ناقص [naːqiʃ], به خلل [bihi xalal]; **≈** *m* (*ȼs; -e*) نقص [naqʃ], عيب [ʕaib], خلل [xalal].

defen'siv *adj.* دفاعي [difaːʕiː].

defin|ieren [deˑfiˑ'niːʀən] (—) *v/t.* عرف [ʕarrafa], حدد [ħaddada]; **≈ition** [-ni't-sĭoːn] *f* تعريف [taʕriːf], تحديد [taħdiːd]; **~itiv** [-niˑ'tiːf] *adj.* نهائي [nihaːʔiː].

Defizit ['deːfiˑtsɪt] *n* (*-s; -e*) عجز [ʕadʒz], نقص [naqʃ].

De|formation [-'tsĭoːn] *f* تشويه [taʃwiːh]; *Med.* تشوه [taʃaw-wuh]; **~generation** [-'tsĭoːn] *f* انتكاس [intikaːs], انحطاط [inħitaːt].

dehn|bar *adj.* قابل للتمدد [qaːbil littamaddud], قابل للمط [q. lilmatt]; **~en** *v/t.* مد [madda, -u-], مط [matta, -u-], مطل [matala, -u-]; **≈ung** *f* مد [madd], مطل [matl]; امتداد [imtidaːd].

Deich *m* (*-es; -e*) سد [sadd].

dein *poss. pron.*ك [-ka, -ki]; **~er-seits** من جهتك [min dʒihatika]; **~et-wegen** *adv.* من أجلك [min ʔadʒlika].

De'kan *m* (*-s; -e*) عميد [ʕamiːd].

dekla'rieren *v/t.* صرح [ʃaraħa, -a-] (*etw.* ب).

Dekoration [-'tsĭoːn] *f* زينة [ziːna], زخرفة [zaxrafa].

Dek'ret *n* (*-s; -e*) قرار [qaraːr], (*königlich*) مرسوم [marsuːm].

Dele|gation [-'tsĭoːn] *f* وفد [wafd]; **≈'gieren** (—) *v/t.* أوفد [ʔaufada]; **~'gierte(r)** *m* مندوب [manduːb], ممثل [mumaθθil].

deli'kat *adj.* رقيق [raqiːq]; (*lecker*) لذيذ الطعم [laðiːð attaʕm]; طعام لذيذ [taʕaːm laðiːð].

Delphin [dɛl'fiːn] *m* (*-s; -e*) درفيل [darfiːl].

Delta *n* (*-s; -s*) دلتا [daltaː].

dem|entsprechend, **~gemäß** *adv.* بموجب ذلك [bimuːdʒib ðaːlik], حسب ذلك [ħasab ð.].

Demis'sion *f* استقالة [istiqaːla].

dem|nach *adv.* من ثم [min θamma]; **~'nächst** *adv.* بعد

قليل [baʕda qaliːl], قريبا [qariːban].

Demo'krat *m* (*-en*) ديمقراطى [diːmuqraːtiː]; **~ie** [-kʀaˑ'tiː] *f* ديمقراطية [diːmuqraːtiːja]; **~isch** *adj.* ديمقراطى [diːmuqraːtiː].

demo'lieren (—) *v/t.* هدم [hadama, -i-], حطم [ħattama].

Demonstr|ation [-'tsĭoːn] *f* عرض [ʕarđ]; (*Kundgebung*) مظاهرة [muẓaːhara]; **~ieren** [-'striːʀən] *v/t.* عرض [ʕarađa, -i-]; *v/i.* تظاهر [taẓaːhara].

demütig *adj.* خاضع [xaːđiʕ], متواضع [mutawaːđiʕ]; **~en** *v/t.* أذل [ʔaðalla], أخضع [ʔaxđaʕ].

denk|bar *adj.*: **es ist ~bar, daß** من المحتمل أن [min almuħtamal ʔan]; **~en** (*L*) *v/i.* فكر [fakkara] (**an** *A* فى); (*vermuten*) ظن [ẓanna, -u-]; **~mal** *n* (*-s; ¨er, -e*) تمثال [timθaːl]; **~malschutz** *m* حماية الآثار [ħimaːjat alʔaːθaːr]; **~schrift** *f* مذكرة [muðakkira]; **~spruch** *m* (*-ɇs; ¨e*) شعار [ʃiʕaːr]; **~würdig** *adj.* جدير بالذكر [ʤadiːr biððikr], لا ينسى [laː junsaː]; **~zettel** *m* درس [dars].

denn *cj.* (*begründend*) لأن [liʔanna].

dennoch *adv.* مع ذلك [maʕa ðaːlik], مع أن [maʕa ʔan(na)].

Deodo'rant *n* (*-; -'rantien*) مزيل الرائحة [muziːl arraːʔiħa].

depo'nieren (—) *v/t.* أودع [ʔaudaʕa].

Depo'sitenbank *f* (*-; -en*) بنك الودائع [bank alwadaːʔiʕ].

De'pot *n* (*-s; -s*) مخزن [maxzan], مستودع [mustaudaʕ].

Depres'sion *f* *Psych.* اكتئاب [iktiʔaːb]; *Wirt.* كساد [kasaːd].

depri'miert *adj.* مكتئب [muktaʔib].

der *art. m* ال [al-]; *rel. pron.* (*welcher*) الذى [allaðiː]; **~art** *adv.* بحيث [biħaiθu]; **~artig** *adj.* من هذا النوع [min haːðaː annauʕ].

derb *adj.* خشن [xaʃin], غليظ [ɣaliːẓ].

der'gleichen *adv.* مثل هذا [miθlu haːðaː].

derjenige *pron.* الذى [allaðiː].

Dermato'loge *m* (*-en; -en*) طبيب الأمراض الجلدية [tabiːb alʔamraːđ alʤildiːja].

der'selbe *dem. pron.* نفسه [nafsuhu], ذاته [ðaːtuhu].

des'gleichen *adv.* بالمثل [bilmiθl], كذلك [kaðaːlik].

deshalb *adv.* لذلك [liðaːlik].

Desinfek'tion [-'tsĭoːn] *f* تطهير [tathiːr], تعقيم [taʕqiːm]; **~s-mittel** *n* مطهر [mutahhir].

desinfizieren [-'tsiːʀən] *v/t.* عقم [ʕaqqama], طهر [tahhara].

destillieren [de·stil'liːʀən] (—) *v/t.* قطر [qattara].

desto *adv. s.* **je**.

deswegen لذلك [liðaːlik].

detailliert *adj.* بالتفصيل [bittafʃiːl].

Detektiv [de·tɛk'tiːf] *m* (*-s; -e*) مخبر [muxbir]

De'tektor *m* (*-s; -en* [-'toː-]) كشاف [kaʃʃaːf].

deut|en (*-e-*) *v/i.* (**auf** *A* إلى) أشار [ʔaʃaːra]; (*Text*) فسر [fassara], شرح [ʃaraħa, -a-]; (*Traum*) عبر [ʕabbara]; **~lich** *adj.* واضح [waːđiħ]; **~lichkeit** *f* (*O*) وضوح [wuđuːħ].

deutsch ألمانى [ʔalmaːniː]; **~** *n* اللغة الألمانية [alluɣa alʔalmaːniːja]; **~land** *n* (*-s; O*) ألمانيا [ʔalmaːnija].

Deutung *f* تفسير [tafsiːr], تعبير [taʕbiːr].

De'vise *f* شعار [ʃiʕaːr]; **~n** *pl.* عملة أجنبية [ʕumla ʔadʒnabiːja].

De'zember *m Äg.* ديسمبر [diːsambar], *Syr.* كانون الأول [kaːnuːn alʔawwal].

Dezi'malsystem *n* (*-s; O*) النظام العشرى [annizaːm alʕaʃariː].

Dia'gnose *f* تشخيص مرض [taʃxiːf marađ].

Diago'nale *f Math.*: **~ e-s** ***Quadrats*** قطر مربع [qutr murabbaʕ].

Dia'lekt *m* (*-s; -e*) لهجة [lahdʒa].

Dia'log *m* (*-~~e~~s; -e*) حوار [ħiwaːr], محاورة [muħaːwara].

Dia'mant *m* (*-en*) ماس [maːs].

Diaposi'tiv *n* (*-s; -e*) شريحة (الفانوس السحرى) [ʃariːħa(t alfaːnuːs assiħriː)].

Diarrhöe [-'røː] *f Med.* إسهال [ʔishaːl].

Diät [di·'ɛːt] *f* (*O*) حمية [ħimja]; نظام غذائى [nizaːm ɣiðaːʔiː].

dich *pers. pron.*. **für** ~ لك [laka].

dicht (*-er; -est-*) *adj.* كثيف [kaθiːf]; (*Haar*) كث [kaθθ]; (*gegen Wasser*) سدود [saduːd]; **~ an** قريب جدا [qariːb dʒiddan]; **~e** *f* (*O*)

كثافة [kaθaːfa]; **~en** (*-e-*) *v/t.* كثف [kaθθafa]; *Techn.* سد [sadda, -u-]; (*Poesie*) نظم الشعر [nazama, -i-, aʃʃiʕr].

Dicht|er *m* شاعر [ʃaːʕir]; **~kunst** *f* (*O*) فن الشعر [fann aʃʃiʕr]; **~ung** *f* (*Poesie*) شعر [ʃiʕr]; *Techn.* جلبة [dʒilba], وردة [warda].

dick *adj.* غليظ [ɣaliːz], سميك [samiːk], ثخين [θaxiːn]; (*Person*) سمين [samiːn]; (*Brei, Nebel*) كثيف [kaθiːf]; **˜darm** *m* (*-¢s; ¨e*) المعى الغليظة [almiʕaː alɣaliːza]; **˜e** *f* غلظ [ɣilz], سمك [sumk]; **˜icht** *n* (*-¢s; -e*) أجمة [ʔadʒama], دغل [daɣal]; **˜kopf** *m* (*-¢s; ¨e*) عنيد [ʕaniːd]; **~leibig** *adj.* سمين [samiːn]; **˜leibigkeit** *f* بدانة [badaːna].

die *art. f, pl.* ال [al-]; *rel. pron.* (*welche*) التى [allatiː].

Dieb *m* (*-¢s; -e*) سارق [saːriq], لص [liʃʃ]; **~stahl** *m* (*-s; ¨e*) سرقة [sariqa].

Diele *f* (*Raum*) قاعة [qaːʕa]; (*Boden*) أرضية [ʔarđiːja]; (*Brett*) لوحة [lauħa].

dien|en *v/i.* خدم [xadama, -i-]; **zu etw. ~en** صلح لشيء [ʃalaħa, -u-, liʃajʔ]; **˜er** *m* خادم [xaːdim]; **˜erin** *f* (*-; -nen*) خادمة [xaːdima]; **˜erschaft** *f* (*O*) خدم [xadam]; **~lich** *adj.* نافع [naːfiʕ], مفيد [mufiːd].

Dienst *m* (*-es; -e*) خدمة [xidma]; (*Arbeit*) شغل [ʃuɣl]; (*Funktion*) وظيفة [waziːfa]; ***im ~*** أثناء العمل [ʔaθnaːʔ alʕamal].

Dienstag *m* (*-¢s; -e*) يوم الثلاثاء [jaum aθθulaːθaːʔ].

dienst|bereit *adj.* مستعد للخدمة [mustaʕidd lilxidma]; **~frei** *adj.*: **~freier Tag** يوم عطلة [jaum ʕutla]; **˜grad** *m* (*-es; -e*) رتبة [rutba]; **˜leistung** *f* خدمة [xidma]; **~lich** *adj.* (*O*) رسمي [rasmiː]; **˜mann** *m* (*-es; ¨er, a. Dienstleute*) ساع [saːʕin]; **˜reise** *f* سفر رسمي [safar rasmiː]; **˜stelle** *f* دائرة [daːʔira], قلم [qalam], مكتب [maktab]; **˜stunden** *f/pl.* ساعات العمل [saːʕaːt alʕamal].

dies|er, ~e, ~es *dem. pron.* هذا [haːðaː], *f* هذه [haːðihi]; **~e** *pl.* هؤلاء [haːʔulaːʔ]; **~jährig** *adj.* (*O*) من هذه السنة [min haːðihi ssana]; **~mal** *adv.* هذه المرة [haːðihi lmarra]; **~seits** *adv.* على هذا الجانب [ʕalaː haːðaː ldʒaːnib].

Dietrich *m* (*-s; -e*) (*Nachschlüssel*) طفاشة [taffaːʃa].

Differentialrechnung [dɪfəʀɛn'tsĭɑːl-] *f* حساب التفاضل [ħisaːb attafaːđul].

Diffe'renz *f* فرق [farq].

digital رقمي [raqmiː].

Dik't|at *n* (*-¢s; -e*) إملاء [ʔimlaːʔ]; **~ator** *m* (*-s; -en*) دكتاتور [diktaːtuːr]; **~atur** [-'tuːʀ] *f* دكتاتورية [diktaːtuːriːja]; **~̥ieren** [-'tiːʀən] (—) *v/t.* أملى [ʔamlaː].

Di'lemma *n* (*-s; -s*) ورطة [warta], حيرة [ħaira].

Dimension [-'zĭoːn] *f* بعد [buʕd]; **~en** *pl.* حجم [ħadʒm].

Ding *n* (*-¢s; -e, a. -er*) شيء [ʃajʔ]; (*abstrakt*) أمر [ʔamr]; ***guter ~e sein*** طابت نفسه [taːbat nafsuhu]; ***vor allen ~en*** قبل كل شيء [qabla kull ʃaiʔ].

Diphthe'rie [dɪftə-] *f* (*O*) دفتريا [dɪftirjaː].

Dip'lom *n* (*-s; -e*) شهادة [ʃahaːda].

Diplo'mat *m* (*-en*) دبلوماسي [diplomaːsiː], سياسي [sijaːsiː]; **~ie** [-ma˞'tiː] *f* (*O*) ديبلوماسية [diplomaːsiːja].

dir *pers. pron.* لك [laka, *f* laki].

di'rekt (*-est*) *adj.* مباشر [mubaːʃir]; *adv.* مباشرة [mubaːʃaratan], رأساً [raʔsan].

Direk|tion [-'tsĭoːn] *f* إدارة [ʔidaːra]; **~tor** [-'ʀɛktoʀ] *m* (*-s; -en* [-'toː-]) مدير [mudiːr]; (*Schul-*) ناظر [naːzir].

Di'rekt-übertragung *f* (*Radio*) برنامج حي [barnaːmadʒ ħajj].

Dirig|ent [di˞ʀi˞'gɛnt] *m* (*-en*) *Mus.* قائد فرقة موسيقية [qaːʔid firqa muːsiːqiːja]; **~̥ieren** [-'giːʀən] (—) *v/t.* قاد [qaːda, -uː-], أدار [ʔadaːra].

Diskette *f* قرص [qurʃ].

Dis'kont *m* (*-¢s; -e*) *Hdl.* خصم [xaʃm]; **~̥ieren** [-'tiːʀən] (—) *v/t.* خصم [xaʃama, -i-].

dis'kret (*-est*) *adj.* كتوم [katuːm]; **~̥ion** [-'tsĭoːn] *f* (*O*) كتمان [kitmaːn]; مراعاة شعور الغير [muraːʕaːt ʃuʕuːr alɣair].

Diskrimi'nierung *f* تمييز [tamjiːz], تفرقة [tafriqa].

Diskus *m* (—; *-se u. Disken*) (*a. Sport*) قرص [qurʃ].

Diskus'sion [-'sĭoːn] *f* مناقشة [munaːqaʃa].

disku'tieren (—) *v/t. u. v/i.* ناقش [naːqaʃa], حادث [ħaːdaθa].

Disposi'tion [-'tsĭoːn] *f* (*Anordnung*) تدبير [tadbiːr]; ***zu seiner ~*** تحت تصرفه

[taħta taʃarrufihi]; (*Anlage*) استعداد [istiʕdaːd].

D

Disserta'tion [-'tsĭoːn] *f* رسالة [risaːla], أطروحة [ʔutruːħa].

Dis'tanz *f* مسافة [masaːfa]; (*Ferne*) بعد [buʕd].

Distel *f* (—; -*n*) *Bot.* حسك [ħasak].

Diszi'plin *f* (*Ordnung*) نظام [nizaːm]; (*Zucht*) تأديب [taʔdiːb]; (*Wissenschaft*) فرع [farʕ], علم [ʕilm].

divi'dieren (—) *v/t. Math.* قسم [qasama, -i-].

Divi'sion [-'zĭoːn] *f Math.* قسمة [qisma]; *Mil.* فرقة [firqa].

doch لكن [laːkin], إلا أن [ʔillaː ʔanna], غير أن [ɣaira ʔanna]; ~ ***!*** بلى [balaː]; ***nicht*** ~ ***!*** كلا [kallaː].

Docht *m* (-*¢s*; -*e*) فتيلة [fatiːla].

Dock *n* (-*s*; -*s*) حوض السفن [ħauđ assufun].

Doktor ['dɔktɔʀ] *m* (-*s*; -*en* [-'toː-]) دكتور [duktuːr]; (*Arzt*) طبيب [tabiːb].

Doku'ment *n* (-*¢s*; -*e*) وثيقة [waθiːqa], مستند [mustanad], حجة [ħuddʒa].

Dolch *m* (-*¢s*; -*e*) خنجر [xandʒar].

Dollar *m* (-*s*; -*s*) دولار [duːlaːr].

Dolmetscher *m* ترجمان [tardʒumaːn], مترجم [mutardʒim].

Dom *m* (-*es*; -*e*) كنيسة أسقفية [kaniːsa ʔusqufiːja]; (*Kuppel*) قبة [qubba].

Domäne [do·'mɛːnə] *f* أملاك [ʔamlaːk]; *fig.* دائرة [daːʔira].

domi'nieren (—) *v/t.* غلب [ɣalaba, -i-], ساد [saːda, -uː-].

Donner *m* رعد [raʕd]; ~**n** *v/i.* [raʕada, -a-].

Donnerstag *m* (-*¢s*; -*e*) يوم الخميس [jaum alxamiːs].

Doppel *n* (-*s*; -) (*Kopie*) صورة [ʃuːra], نسخة [nusxa]; ~**bett** *n* سرير لشخصين [sariːr liʃaxʃain]; ~**fenster** *n* شباك مزدوج [ʃubbaːk muzdawidʒ]; ~**gänger** *m* شبيه [ʃabiːh]; صنو [ʃinw], شق [ʃiqq]; ~**punkt** *m* نقطتان [nuqtataːn]; ~**sinnig** *adj.* ذو معنيين [ðuː maʕnajain], موارب [muwaːrib].

doppelt مزدوج [muzdawidʒ], مضاعف [muđaːʕaf]; ***das*** ~**e** ضعف [điʕf].

Doppel|zentner *m* مائة كيلوجرام [miʔat kiːluːgraːm]; ~**zimmer** *n* غرفة بسريرين [ɣurfa bisariːrain].

Dorf *n* (-*es*; ¨-*er*) قرية [qarja].

Dorn *m* (*-ȩs; -e*) شوك [ʃauk]; **~ig** *adj.* شائك [ʃaːʔik].

dort *adv.* هناك [hunaːk]; **von ~** من هناك [min h.]; **~hin** *adv.* إلى هناك [ʔilaː h.].

Dose *f* علبة [ʕulba], حقة [ħuqqa]; *Irak* قوطية [quːtiːja]; **~n-öffner** *m* مفتاح لعلب [miftaːħ liʕulab].

do'sieren *v/t.* وزن [wazana, jazinu], وزع [wazzaʕa].

Dosis *f* (*-; Dosen*) مقدار [miqdaːr]; *Med.* جرعة [ʤurʕa].

Dotter *m u. n* صفار البيض [ʃafaːr albaiđ].

Drache *m* (*-n*) تنين [tinniːn]; (*Spielzeug*) طيارة ورق [tajjaːrat waraq].

Dragée *n* (*-s; -s*) ملبس [mulabbas].

Draht *m* (*-es; ¨e*) سلك [silk]; *pop.* **er ist auf ~** هو منتبه و منتظم [huwa muntabih wa muntazim], هو شاطر [huwa ʃaːtir]; **heißer ~** خط ساخن [xatt saːxin]; **~-anschrift** *f* عنوان تلغرافى [ʕunwaːn telegraːfiː]; **~bürste** *f* فرشة معدنية [furʃa maʕdiniːja]; **~los** (*O*) *adj.* لاسلكى [laː silkiː]; **~seil** *n* (*ȩs; -e*) حبل معدنى [ħabl maʕdiniː]; **~seilbahn** *f* قاطرات معلقة [qaːtiraːt muʕallaqa]; **~verhau** *m* حاجز من أسلاك شائكة [ħaːʤiz min ʔaslaːk ʃaːʔika].

Drama *n* (*-s; -men*) مسرحية [masraħiːja]; *fig.* حادثة مثيرة [ħaːdiθa muθiːra]; **~tisch** [dʀaˑ'maːtɪʃ] *adj.* مسرحى [masraħiː], تمثيلى [tamθiːliː]; *fig.* مثير [muθiːr].

dran *s. daran; ich bin ~* جاء دورى [ʤaːʔa, -iː-, dauriː].

Drang *m* (*-es; O*) نزعة [nazʕa]; (*Notdurft*) حاجة إلى المرحاض [ħaːʤa ʔilaː lmirħaːđ].

drängen *v/t. u. v/i.* دفع [dafaʕa, -a-], زاحم [zaːħama]; **die Zeit drängt** ضاق الوقت [đaːqa, -iː-, alwaqt].

draußen *adv.* فى الخارج [fiː lxaːriʤ]; **von ~** من الخارج [min alxaːriʤ].

drechs|eln (*-le*) *v/t.* خرط [xarat, -u-]; **~ler** *m* خراط [xarraːt].

Dreck *m* (*-ȩs; O*) قذر [qaðar], وسخ [wasax]; (*Schlamm*) وحل [waħl]; (*Exkrement*) براز [buraːz]; **~ig** *adj.* وسخ [wasix].

Dreh|bank *f* (*-; ¨e*) مخرطة [mixrata]; **~bar** (*O*) *adj.* دوار

[dawwaːr], دائر [daːʔir]; **~buch** *n* (*-¢s; ⸚er*) حوار (فيلم) [ħiwaːr (film)].

drehen *v/t.* دور [dawwara], أدار [ʔadaːra]; (*wenden*) قلب [qallaba]; (*Film*) صور [ʃawwara]; *v/r.* دار [daːra, -uː-].

Dreh|er *m* خراط [xarraːt]; **~scheibe** *f* صينية السكة الحديدية [ʃiːniːjat assikka alħadiːdiːja]; **~stuhl** *m* (*¢s; ⸚e*) كرسى دائر [kursiː daːʔir]; **~ung** *f* دوران [dawaraːn]; (*einmalig*) دورة [daura].

drei *num.* ثلاثة [θalaːθa]; **~dimensio'nal** (*O*) *adj.* ثلاثى الأبعاد [θulaːθiː alʔabʕaːd]; **~̊eck** *n* (*-¢s; -e*) *u.* **~eckig** (*O*) *adj.* مثلث [muθallaθ]; **~̊-einigkeit** *f* (*O*) الثالوث [aθθaːluːθ]; **~erlei** *adj.* (*O*) من ثلاثة أنواع [min θalaːθat ʔanwaːʕ]; **~fach** (*O*), **~fältig** (*O*) *adj.* مثلث [muθallaθ], ثلاثى [θulaːθiː]; **~̊faltigkeit** *f* (*O*) *s.* ***~einigkeit***; **~hundert** *num.* ثلاثمئة [θalaːθumiʔa]; **~̊königs-fest** *n* عيد الغطاس [ʕiːd alɣitaːs]; **~mal** *adv.* ثلاث مرات [θalaːθ marraːt]; **~ßig** *num.* ثلاثون [θalaːθuːn].

dreist (*-est*) *adj.* جسور [ʤasuːr], بلا حياء [bilaː ħajaːʔ].

drei|stöckig *adj.* (*O*) ذو ثلاثة طوابق [ðuː θalaːθat tawaːbiq]; **~stündig** *adj.* (*O*) طوله ثلاث ساعات [tuːluhu θalaːθ saːʕaːt]; **~teilig** *adj.* (*O*) ثلاثى [θulaːθiː]; **~viertel** *adj.* ثلاثة أرباع [θalaːθat ʔarbaːʕ]; **~zehn** *num.* ثلاثة عشر [θalaːθata ʕaʃara].

dresch|en *v/t.* (*L*) درس (حبوبا) [darasa, -u-, (ħubuːb)]; **~̊maschine** *f* دراسة [darraːsa].

Drill *m* (*-s; O*) تدريب عسكرى [tadriːb ʕaskariː].

drin *s.* ***darin***.

dringen *v/i.* (*L; sn*) (*ein~*) اقتحم [iqtaħama], دخل [daxala, -u-]; (*Wasser*) تسرب [tasarraba]; **~ *auf*** ألح على [ʔalaħħa ʕalaː]; **~d** *adj.* مستعجل [mustaʕʤal], عاجل [ʕaːʤil].

drinnen *adv.* فى الداخل [fiː ddaːxil].

dritt|e(r) *num.* ثالث [θaːliθ]; ***sie sind zu ~*** هم ثلاثة [hum θalaːθa]; **~̊el** *n* ثلث [θulθ]; **~ens** *adv.* ثالثا [θaːliθan].

Drog|e *f* عقار [ʕaqqaːr]; (*Rauschgift*) مخدر [muxaddir]; **~e'rie** *f* محل عقاقير [maħall ʕaqaːqiːr], محل العطور [m. alʕutuːr]; **~ist** [-o·'gɪst] *m* (*-en*) عطار [ʕattaːr].

drohen *v/i.* هدد [haddada]; **~d** *adj.* مهدد [muhaddid], تهديدى [tahdiːdiː]; (*Gefahr*) وشيك [waʃiːk].

Drohne *f Zo.* يعسوب [jaʕsuːb].

dröhnen *v/i.* دوى [dawwaː].

Drohung *f* تهديد [tahdiːd], توعد [tawaʕʕud], وعيد [waʕiːd].

drollig *adj.* مضحك [mudħik].

Droschke *f* عربة [ʕaraba]; تاكسى [taksi], سيارة أجرة [sajjaːrat ʔudʒra].

drosseln (*-le*) *v/t. Techn.* خنق [xanaqa, -u-]; (*Geschwindigkeit*) خفض [xaffada].

drüben *adv.* فى تلك الناحية [fiː tilka nnaːħiːja].

Druck *m* (*-ⱸs, -e*) ضغط [daɣt]; (*Buch*~) طبع [tabʕ]; ***im*** ~ تحت الطبع [taħt attabʕ]; **~en** *v/t.* طبع [tabaʕa, -a-].

drücken *v/t.* ضغط [daɣata, -a-]; (*j-m die Hand*) صافح [ʃaːfaħa]; ***an sich*** ~ حضن [ħadana, -u-]; *v/r.* تهرب [taharraba].

Druck|er *m* طباع [tabbaːʕ]; *EDV* طابعة (آلة) [(ʔaːla) tɒːbiʕa]; **~e'rei** *f* مطبعة [matbaʕa]; **~fehler** *m* خطأ مطبعى [xataʔ matbaʕiː]; **~knopf** *m* (*-es; ⸚e*) *El.* زر كهربائى [zirr kahrabaːʔiː]; **~luft** *f* هواء مضغوط [hawaːʔ madɣuːt]; **~luftbremse** *f* فرملة هوائية [farmala hawaːʔiːja]; **~messer** *m* مقياس ضغط [miqjaːs daɣt]; **~sache** *f* مطبوعات [matbuːʕaːt].

drum *adv. s.* ***da'rum***.

drunter *adv. s.* ***da'runter***; ~ ***und drüber*** هرج و مرج [hardʒ wa mardʒ].

Drüse *f* غدة [ɣudda].

Dschungel [dʒ-] *m* (*-s; O*) دغل [daɣal].

du *pers. pron.* أنت [ʔanta] *m*, [ʔanti] *f*.

ducken *v/r.* خضع [xadaʕa, -a-].

Dudelsack *m* (*-es; ⸚e*) زمارة القربة [zammaːrat alqirba].

Du'ell *n* (*-ⱸs; -e*) مبارزة [mubaːraza].

Duft *m* (*-ⱸs; ⸚e*) ريحة [riːħa], عطر [ʕitr]; **~en** *v/i.* فاح [faːħa, -uː-], عبق [ʕabiqa, -a-]; **~ig** *adj.* عاطر [ʕaːtir].

duld|en (*-e-*) *v/t.* صبر [ʃabara,

-i-], تسامح [tasaːmaħa]; **~samkeit** *f* (*O*) تسامح [tasaːmuħ], تساهل [tasaːhul].

dumm (*-̈er; -̈st-*) *adj.* أبله [ʔablah], أحمق [ʔaħmaq]; (*Witz*) سخيف [saxiːf]; **~heit** *f* حمق [ħumq], غباوة [ɣabaːwa], بلادة [balaːda]; **~kopf** *m* مغفل [muɣaffal].

dumpf *adj.* (*Laut*) خافت [xaːfit]; (*Wetter*) عك [ʕakk].

Düne *f* كثيب [kaθiːb].

Dünger *m* سماد [samaːd], سباخ [sibaːx].

dunkel (*-kl-*) *adj.* مظلم [muẓlim]; *im* **~n** فى الظلام [fiː ẓẓalaːm]; (*Farbe*) غامق [ɣaːmiq], قاتم [qaːtim]; (*Sinn*) مبهم [mubham], غامض [ɣaːmiđ].

Dünkel *m* (*-s; O*) غرور [ɣuruːr]; **~haft** *adj.* مغرور [maɣruːr].

Dunkel|heit *f* ظلام [ẓalaːm], ظلمة [ẓulma]; **~rot** *adj.* (*O*) أحمر قان [ʔaħmar qaːn(in)].

dünn *adj.* رفيع [rafiːʕ], رقيق [raqiːq]; (*Person*) نحيف [naħiːf]; (*Bier*) ضعيف [đaʕiːf].

Dunst *m* (*-es; -̈e*) (*Dampf*) بخار [buxaːr]; (*Nebel*) ضباب [đabaːb].

dünsten (*-e-*) *v/t.* سبك [sabaka], طبخه فى عصيره [ŧabaxahu fiː ʕaʃiːrihi].

dunstig *adj.* ذو ضباب [ðuː đabaːb].

Dupli'kat *n* (*-¢s; -e*) صورة [ʃuːra], نسخة [nusxa].

durch *präp. mit A* خلال [xilaːl], عبر [ʕabr]; *Math.* على [ʕalaː]; (*Mittel*) بواسطة [biwaːsiŧat]; ~ ***die Post*** بالبريد [bilbariːd]; ~ ***und*** ~ تمامًا [tamaːman]; **~arbeiten** *v/t.* (*Buch*) درس تماما [darasa, -u-, tamaːman]; **~'aus** *adv.* تماما [tamaːman], على الإطلاق [ʕalaː lʔiŧlaq]; **~'*aus nicht*** لا أبدا [laː ʔabadan]; **~blättern** *v/t.* تصفح [taʃaffaħa]; **~blicken** *v/i.*: **~*blicken lassen*** غمز [ɣamaza, -i-], لمح [lammaħa]; **~bohren** *v/t.* ثقب [θaqaba, -u-]; **~braten** *v/t.* (*L*) حمر جيدا [ħammara ʤajjidan]; ***gut durchgebraten*** محمر تماما [muħammar tamaːman]; **~brechen** (*L*) *v/t.* كسر [kasara, -i-], اخترق [ixtaraqa]; **~brennen** (*L*) *v/t.* أحرق [ʔaħraqa]; *v/i.* احترق [iħtaraqa]; (*Sicherung*) انصهر [inʃahara]; (*fliehen*) هرب [haraba, -u-]; **~bruch** *m*

(-*ẹs; ¨e*) خرق [xarq]; *Mil.* اقتحام [iqtiħaːm]; (*Öffnung*) فتحة [fatħa].

durch'denken (*L; —*) *v/t.* (*A* في) تمعن [tamaʕʕana], محص [maħħaʃa].

durchdringen[1] (*L; sn*) *v/i.* نفذ [nafaða, -u-].

durch'dringen[2] (*L; —*) *v/t.* (*A* في) توغل [tawaɣɣala].

durchein'ander *adj.* مختلط [muxtalat], مبعثر [mubaʕθar]; *≈ n* فوضى [fauđaː].

durchfahren[1] (*L; sn*) *v/i.* مر دون توقف [marra, -u-, duːna tawaqquf].

durch'fahren[2] (*L; —*) *v/t.* اجتاز [iʤtaːza].

Durchfahrt *f* ممر [mamarr]; (*Bewegung*) مرور [muruːr], عبور [ʕubuːr].

Durchfall *m* (*-ẹs; ¨e*) فشل [faʃal]; *Med.* إسهال [ʔishaːl]; *≈***en** (*L; sn*) *v/i.* (*Kandidat*) رسب [rasaba, -u-].

durchführ|bar *adj.* ممكن إنجازه [mumkin ʔinʤaːzuhu]; *~***en** *v/t.* أجرى [ʔaʤraː]; (*Plan*) أنجز [ʔanʤaza], نفذ [naffaða].

Durchgang *m* (*-ẹs; ¨e*) ممر [mamarr]; (*Bewegung*) مرور [muruːr]; ***kein ~!*** الدخول ممنوع [adduxuːl mamnuːʕ].

durchgängig *adj.* عام [ʕaːmm]; *adv.* باستمرار [bistimraːr], بدون انقطاع [biduːn inqitaːʕ].

Durchgangs|handel *m* (*-s; O*) تجارة المرور [tiʤaːrat almuruːr]; *~***verkehr** *m* (*-s; O*) ترانسيت [traːnsiːt].

durchgehen (*L; sn*) *v/i.* اجتاز [iʤtaːza], فر [farra, -i-]; (*Pferd*) جمح [ʤamaħa, -a-]; ***j-n ~ lassen*** أفسح له الطريق [ʔafsaħa lahu ttariːq].

durchgreifen (*L*) *v/i.* اتخذ تدابير بالغة [ittaxaða tadaːbiːr baːliɣa].

durchhalten (*L*) *v/t.* صبر [ʃabara, -i-], صمد [ʃamada, -u-].

durchhauen *v/t.* قطع [qataʕa, -a-], شق [ʃaqqa, -u-]; (*j-n*) ضربه (علقة) [đarabahu (ʕalqa)].

durchkommen (*L; sn*) *v/i.* نفذ [nafaða, -u-]; (*Kandidat*) نجح [naʤaħa, -a-]; (*Patient*) نجا [naʤaː, -uː].

durch'kreuzen (*-t; —*) *v/t.* (*Plan*) درأ [daraʔa, -a-], عطل [ʕattala].

durchlassen (*L*) *v/t.* سمح بالمرور

[samaħa, -a-, bilmuruːr]; (*Wasser*) أمر [ʔamarra].

durch'laufen (*L*) *v/t.* اجتاز [idʒtaːza].

durchlesen (*L*) *v/t.* (*etw.*) قرأه إلى آخره [qaraʔahu ʔilaː ʔaːxirihi].

durch'leucht|en (*-e-; —*) *v/t. Med.* فحص بالأشعة [faħaʃa, -a-, bilʔaʃiʕʕa]; **~ung** *f* فحص [faħʃ].

durch'löchern (*-re; —*) *v/t.* ثقب [θaqqaba], خرم [xarrama].

durch'lüften (*-e-; —*) *v/t.* هوى [hawwa].

durchmachen *v/t.* (*erdulden*) عانى [ʕaːnaː], قاسى [qaːsaː].

Durchmarsch *m* (*-es; ⸚e*) *Mil.* زحف (عبر بلاد) [zaħf (ʕabra bilaːd)]; *pop.* (*Diarrhöe*) إسهال [ʔishaːl].

Durchmesser *m* قطر [qutr].

durch'näßt *adv.* مبلول [mabluːl].

durch'queren *v/t.* اجتاز [idʒtaːza], عبر [ʕabara, -u-].

durchrechnen *v/t.* (*-e*) أتم الحساب [ʔatamma lħisaːb].

Durchreise *f* اجتياز [idʒtijaːz]; **~ durch e-n Ort** سفر خلال بلد [safar xilaːl balad]; **~visum** *n* تأشيرة عبور [taʔʃiːrat ʕubuːr].

durchreißen (*L*) *v/t.* مزق [mazzaqa]; *v/i.* تمزق [tamazzaqa]; (*Faden*) انقطع [inqataʕa].

durch'schauen (*—*) *v/t.*: ***j-s Absicht* ~** فطن بنيته [fatina, -a-, binijjatihi].

durchscheinen (*L*) *v/i.* (*Licht*) لاح [laːħa, -uː-].

Durchschlag *m* (*-es; ⸚e*) صورة كربون [ʃuːrat karbuːn]; **~end** *adj.* (*Erfolg*) باهر [baːhir]; **~papier** *n* ورق كربون [waraq karbuːn].

durchschneiden *v/t.* قطع [qataʕa, -a-], فصل [faʃala, -i-].

Durchschnitt *m* (*-ɇs; -e*) (*Mittelwert*) معدل [muʕaddal], متوسط [mutawassit]; **~lich** *adj.* متوسط [mutawassit]; *adv.* في المتوسط [fiː lm.]; **~sgeschwindigkeit** *f* متوسط السرعة [mutawassit assurʕa].

durchsehen (*L*) *v/t.* (*Buch*) اطلع على [ittalaʕa].

durchsetzen (*-t*) *v/t.* (*den Willen*) نفذ [naffaða]; *v/r.*: **sich** (*A*) **~** فاز [faːza, -uː-], أفلح [ʔaflaħa].

Durchsicht *f* مطالعة [mutaː-

laʕa], تصفح [taʃaffuħ]; **~ig** *adj.* شفاف [ʃaffaːf].

durchsickern *v/i.* *(sn)* تسرب [tasarraba].

durchsieben *v/t.* نخل [naxala, -u-].

durchstechen (*L*) *v/t.* ثقب [θaqaba, -u-].

Durchstich *m* (*-es; -e*) ثقب [θaqb], قطع [qatʕ].

durchstreichen (*L*) *v/t.* شطب [ʃataba, -u-].

durch'such|en *v/t.* فتش [fattaʃa]; **~ung** *f* تفتيش [taftiːʃ].

durch'trieben *adj.* ماكر [maːkir], مكار [makkaːr].

durch'wachen (—) *v/t.* (*Nacht*) سهر [sahira, -a-].

Durchwahl *f* (*Telefon*) اتصال مباشر [ittiṣaːl mubaːʃir].

durchweg *adv.* بصفة عامة [biṣifa ʕaːmma].

durch'wühlen (—) *v/t.* نبش [nabaʃa, -u-], فتش [fattaʃa].

durchzählen *v/t* عد بالتوالى [ʕadda, -u-, bittawaːliː].

durchziehen (*L*) *v/t.*: **e-n Faden ~** أدخل خيطا [ʔadxala xaitan]; *v/i.* (*sn*) (*Truppen*) زحف [zaħafa, -a-].

Durchzug *m* (*-¢s; ⸗e*) زحف [zaħf], مرور [muruːr]; (*Luftzug*) تيار هوائى [tajjaːr hawaːʔiː].

dürfen (*L*) *v/t.*: **er darf** يجوز له [jadʒuːzu lahu], يسمح له [jusmaħu lahu]; **darf ich ...?** هل لى أن ... [hal liː ʔan ...].

dürftig *adj.* ضئيل [đaʔiːl], ركيك [rakiːk], حقير [ħaqiːr]; (*spärlich*) شحيح [ʃaħiːħ].

dürr *adj.* يابس [jaːbis]; (*mager*) نحيف [naħiːf]; **~e** *f* جدب [dʒadb], قحط [qaħt].

Durst *m* (*-es; O*) عطش [ʕataʃ], ظمأ [zamaʔ]; **ich habe ~** أنا عطشان [ʔana ʕatʃaːn].

dürsten (*-e*) *v/i* *fig.* تعطش (**nach** إلى) [taʕattaʃa].

durstig *adj.* عطشان [ʕatʃaːn].

Dusch|e [uː] *f* دوش [duːʃ], دش [duʃ]; **~en** *v/i.* أخذ دوشا [ʔaxaða, -u-, duːʃan].

Düse *f* منفث [minfaθ]; **~nflugzeug** *n* (*-¢s; -e*) طائرة نفاثة [taːʔira naffaːθa].

düster *adj.* (*Tag*) مظلم [muzlim], معتم [muʕtim]; (*Mensch*) عابس [ʕaːbis], جهم [dʒahm], كالح [kaːliħ].

Dutzend *n* (*-s; -e*) دستة [dasta]; **~weise** *adv.* بالدستة [biddasta].

dy'namisch *adj.* (*Mensch*) نشط

[naʃit]; (*a. Techn.*) دينامى [diːnaːmiː].

Dyna'mit *n* (*-s; O*) ديناميت [diːnaːmiːt].

Dy'namo *m* (*-s; -s*) *El.* دينامو [diːnaːmuː], مولد [muwallid].

Dyna'stie *f* أسرة [ʔusra], دولة [daula].

D-Zug *m* (*-ẹs; ⸚e*) قطار سريع [qitaːr sariːʕ].

E

Ebbe *f* جزر [ʤazr].

eben *adj.* سهل [sahl], مستو [mustawin]; *adv.* (*soeben*) توا [tawwan], حالا [ħaːlan]; (*genau*) ~ **dies** هذا بالذات [haːða biððaːt]; **˜e** *f* سهل [sahl]; *Math. u. fig.* مستوى [mustawan]; **~falls** *adv.* أيضا [ʔaiđan], كذلك [kaðaːlik].

Ebenholz *n* (*-es; O*) أبنوس [ʔabanuːs].

ebenso *adv.* كذلك [kaðaːlik]; **~viel** *indef. pron.* نفس المقدار [nafs almiqdaːr].

Eber *m* ذكر الخنزير [ðakar alxinziːr].

ebnen (*-e-*) *v/t.* سوى [sawwaː], بسط [basata, -u-]; (*Weg*) مهد [mahhada].

Echo ['ˀɛçoː] *n* (*-s; -s*) صدى [ʃadan].

echt (*-est*) *adj.* حقيقى [ħaqiːqiː], خالص [xaːliʃ], صميم [ʃamiːm], محض [maħđ].

Eck|e *f* (*innen*) زاوية [zaːwija]; (*außen*) ركن [rukn]; (*Straßen˜*) ناصية [naːʃija]; **˜ig** *adj.* (*O*) ذو زوايا [ðuː zawaːjaː]; **~zahn** *m* (*-ẹs; ⸚e*) ناب [naːb].

edel (*-dl-*) *adj.* كريم [kariːm], نبيل [nabiːl]; (*wertvoll*) نفيس [nafiːs]; (*Pferd*) أصيل [ʔaʃiːl]; **˜metall** *n* (*-ẹs; -e*) معدن ثمين [maʕdin θamiːn]; **˜stein** *m* (*-ẹs; -e*) حجر كريم [ħaʤar kariːm], جوهر [ʤauhar]; **˜weiß** *n* (*-es; O*) ايـدلـويـس [eːdelwais] (زهـرة مشهورة فى جبال الألب).

Edition [-'tsĭoːn] *f* طبعة [tabʕa]; (*wissenschaftliche*) تحقيق [taħqiːq].

Efeu *m* (*-s; O*) *Bot.* لبلاب [lablaːb].

Ef'fekt *m* (*-s; -e*) تأثير [taʔθiːr]; **~en** *pl.* ممتلكات [mumtalakaːt]; (*Wertpapiere*) أوراق مالية [ʔauraːq maːliːja]; **~'iv** *adj.* فعال [faʕʕaːl].

e'gal *adj.*: **es ist mir ~** سواء على [sawaːʔ ʕalajja].

Egge *f* مسلفة [mislafa].

Ego'is|mus *m* (*-; O*) أنانية [ʔanaːniːja], أثرة [ʔaθara]; **~tisch** *adj.* أناني [ʔanaːniː].

ehe ['eːə] *cj.* قبل أن [qabla ʔan].

Ehe ['eːə] *f* زواج [zawaːʤ]; **~bruch** *m* (*-ęs; ⸗e*) زناء [zinaːʔ], خيانة زوجية [xijaːna zauʤiːja]; **~frau** *f* زوجة [zauʤa]; **~gatte** *m* (*-n*) زوج [zauʤ]; **~gattin** *f* زوجة [zauʤa], قرينة [qariːna]; **~leute** *pl.* الزوجان [azzauʤaːn]; **~lich** *adj.* (*O*) زوجي [zauʤiː]; (*Kind*) شرعي [ʃarʕiː]; **~losigkeit** (*O*) *f* عزوبة [ʕuzuːba].

ehe|malig *adj.* سابق [saːbiq]; **~mals** *adv.* سابقا [saːbiqan].

Ehe|mann *m* (*-ęs; ⸗er*) زوج [zauʤ]; **~paar** *n* (*-ęs; -e*) الزوجان [azzauʤaːn].

eher *adv.* (*früher*) من قبل [min qabl]; (*vorzugsweise*) الأرجح أن [alʔarʤaħ ʔan].

Ehering *m* (*-es; -e*) خاتم الزواج [xaːtam azzawaːʤ].

Ehescheidung *f* طلاق [ṭalaːq].

ehestens *adv.* فى أقرب وقت ممكن [fiː ʔaqrab waqt mumkin].

ehr|bar *adj.* شريف [ʃariːf], فاضل [faːḍil]; **~barkeit** *f* (*O*) حشمة [ħiʃma]; **~e** *f* (*O*) شرف [ʃaraf]; **~en** *v/t.* أكرم [ʔakrama], شرف [ʃarrafa].

Ehren-amt *n* منصب سرف [manṣib ʃaraf]; **~lich** *adj.* بدون أجر [biduːn ʔaʤr].

ehren|haft (*-est*) *adj.* شريف [ʃariːf]; **~mitglied** *n* عضو سرف [ʕuḍw ʃaraf], عضو فخرى [ʕ. faxriː]; **~rechte** *n/pl.*: **bürgerliche ~** حقوق مدنية [ħuquːq madaniːja]; **~rührig** *adj.* خادش للشرف [xaːdiʃ liʃʃaraf]; **~wort** *n* (*-ęs; -e*) كلمة شرف [kalimat ʃaraf], وعد بشرف [waʕd biʃaraf]; **~zeichen** *n* نيشان [niːʃaːn].

Ehr-erbietung *f* (*O*) احترام [iħtiraːm].

Ehr|furcht *f* (*O*) هيبة [haiba]; **~gefühl** *n* (*-es; O*) غيرة [ɣaira]; **~geiz** *m* (*-es; O*)

E

طموح [tumuːħ]; **˜geizig** *adj.* طموح [tamuːħ].

ehrlich *adj.* أمين [ʔamiːn]; (*Rede*) صريح [ʃariːħ]; **˜keit** *f* (*O*) أمانة [ʔamaːna], استقامة [istiqaːma], صدق [ʃidq], إخلاص [ʔixlaːʃ].

ehr|los (*-est*) *adj.* عديم الشرف [ʕadiːm aʃʃaraf]; **˜ung** *f* إكرام [ʔikraːm], تشريفة [taʃriːfa]; **~würdig** *adj.* وقور [waquːr].

Ei *n* (*-ęs; -er*) بيضة [baiða].

Eiche *f* بلوط [balluːt]; **~l** *f* ثمرة البلوط [θamrat alballuːt].

eichen[1] *v/t.* عاير [ʕaːjara].

eichen[2] *adj.* من خشب البلوط [min xaʃab alballuːt].

Eichhörnchen *n Zo.* سنجاب [sindʒaːb].

Eichmaß *n* (*-es; -e*) معيار [miʕjaːr].

Eid *m* (*-ęs; -e*) يمين [jamiːn], قسم [qasam]; **~bruch** *m* (*-ęs; ¨e*) حنث [ħinθ].

Eidechse *f Zo.* ضب [đabb].

eides-stattlich (*O*): **~e** ***Erklärung*** شهادة [ʃahaːda], إقرار [ʔiqraːr].

Eidotter *n* صفار البيض [ʃafaːr albaiđ].

Eier|becher *m* ظرف البيض [ẓarf albaiđ]; **~kuchen** *m* عجة بيض [ʕuddʒat baiđ]; **~schale** *f* قشر البيض [qiʃr albaiđ]; **~stock** *m* (*-ęs; ¨e*) *Anat.* مبيض [mibjađ].

Eifer *m* (*-s; O*) جد [dʒidd], اجتهاد [idʒtihaːd]; (*Begeisterung*) حماس [ħamaːs]; **~sucht** *f* (*O*) غيرة [ɣaira]; **˜süchtig** *adj.* غيور [ɣajuːr].

eifrig *adj.* مجتهد [mudʒtahid].

Eigelb *n* (*-s; -e*) صفار البيض [ʃafaːr albaiđ].

eigen *adj.* مملوك [mamluːk], خاص [xaːʃʃ]; (*sonderbar*) شاذ [ʃaːðð]; **˜-art** *f* خاصة [xaːʃʃa], خصلة [xaʃla], طبع [tabʕ]; **~-artig** *adj.* غريب [ɣariːb]; **˜heit** *f* صفة مميزة [ʃifa mumajjiza]; **~mächtig** *adj.* مستبد [mustabidd]; **˜name** *m* (*-ns; -n*) اسم علم [ism ʕalam].

Eigenschaft *f* صفة [ʃifa], خاصة [xaːʃʃa]; **~s-wort** *n Gr.* (اسم) صفة [(ism) ʃifa].

Eigen|sinn *m* (*-ęs; O*) عناد [ʕinaːd]; **˜sinnig** *adj.* عنيد [ʕaniːd], جموح [dʒamuːħ]; **˜tlich** *adj.* (*O*) حقيقي [ħaqiːqiː], صحيح [ʃaħiːħ]; *adv.* في الواقع [fiː lwaːqiʕ]; **~tum** *n* (*-s; ¨er*) ملك [milk]; **~tümer** *m* مالك

[maːlik], صاحب [ʃaːħib]; **∼tümlich** *adj.* غريب [ɣariːb], خاص [xaːʃʃ]; **∼willig** *adj.* عنيد [ʕaniːd], متشبث [mutaʃabbiθ].

eignen (*-e-*) *v/r.*: **sich ∼ (für** *A*, **zu** *D* ل) صلح [ʃalaħa, -u-].

Eignung *f* صلاحية [ʃalaːħiːja]; **∼s-prüfung** *f* امتحان مهني [imtiħaːn mihniː].

Eil|-auftrag *m* أمر عاجل [ʔamr ʕaːʤil]; **∼bote** *m* (*-n*): ***durch ∼boten*** *s.* ***Eilbrief***; **∼brief** *m* (*-¢s; -e*) خطاب مستعجل [xitaːb mustaʕʤal].

Eil|e *f* (*O*) عجلة [ʕaʤala]; ***ich bin in ∼*** أنا مستعجل [ʔana mustaʕʤil]; **∼en** (*sn*) *v/i.* استعجل [istaʕʤala]; ***es eilt!*** الأمر عاجل [alʔamr ʕaːʤil]; **∼gut** *n* (*-¢s; ¨er*) بضائع مستعجلة [baɖaːʔiʕ mustaʕʤala]; **∼ig** *adj.* (*Sache*) عاجل [ʕaːʤil], مستعجل [mustaʕʤal]; **∼zug** *m* (*-s; ¨e*) قطار سريع [qitaːr sariːʕ].

Eimer *m* جردل [ʤardal], سطل [satl], دلو [dalw].

ein *num.* واحد (اداة نكرة) [waːħid]; ; **∼ *und derselbe*** هو بالذات [huwa biððaːt]; **∼ *für allemal*** نهائيا [nihaːʔiːjan], قطعيا [qatʕiːjan]; ***in ∼em fort*** باستمرار [bistimraːr]; **∼ *Uhr*** الساعة الواحدة [assaːʕa alwaːħida].

Einakter *m* (*-s; -*) مسرحية في فصل واحد [masraħiːja fiː faʃl waːħid].

ein'ander *rezipr. pron.* بعضهم بعضا [baʕɖuhum baʕɖan].

ein-arbeiten *v/r.*: **sich ∼** تعود على عمل [taʕawwada ʕalaː ʕamal].

ein-äscher|n *v/t.* أحرق [ʔaħraqa]; **∼ung** *f* إحراق [ʔiħraːq].

ein-atmen *v/t.* نشق [naʃiqa, -a-], شهق [ʃahiqa, -a-].

Einbahnstraße *f* طريق ذو اتجاه واحد [tariːq ðuː ittiʤaːh waːħid].

einbalsamieren *v/t.* حنط [ħannata].

Einband *m* (*-s; ¨e*) غلاف [ɣilaːf].

einbegriffen *adv.* مشمول [maʃmuːl], مضمن [muɖamman].

einberuf|en (*L; —*) *v/t.* استدعى [istadʕaː]; **∼ung** *f* استدعاء [istidʕaː]; *Mil.* دعوة للخدمة [daʕwa lilxidma].

Einbettzimmer *n* غرفة بسرير واحد [ɣurfa bisariːr waːħid].

ein|beziehen (*L*) *v/t.* شمل [ʃamila, -a-]; **∼biegen** (*L;*

sn) *v/i.* (*in e-e Straße*) انعطف إلى [inʕatafa], عرج [ʕarradʒa].

einbild|en (*-e-*) *v/r.*: ***sich etw.* ~en** تخيل [taxajjala]; **~ung** *f* خيال [xajaːl], وهم [wahm], تخيل [taxajjul]; (*Dünkel*) عجب [ʕudʒb], غرور [ɣuruːr].

einbinden (*L*) *v/t.* (*Buch*) جلد [dʒallada].

Einblick *m* (*-ɇs; -e*) بصيرة [basiːra]; ***j-m* ~ *gewähren in*** (*A*) أطلعه على [ʔatlaʕahu ʕalaː].

einbrech|en (*L; sn*) *v/i.* انكسر [inkasara]; (*Nacht*) حل [ħalla, -i-]; (*in e. Haus*) سطا على [sataː, -uː-]; *v/t.* كسر [kassara]; **~er** *m* لص [liss]

Einbruch *m* (*-ɇs; ⸗e*) (*in e. Haus*) سطو [satw]; (*der Nacht*) حلول [ħuluːl]; **~s-sicher** *adj.* محكم ضد السطو [muħkam didd assatw].

einbürgern (*-re*) *v/t.* منح الجنسية [manaħa, -a-, aldʒinsiːja].

einbüßen (*-t*) *v/t.* فقد [faqada, -i-], خسر [xasira, -a-]; ***an Wert* ~** قل ثمنه [qalla θamanuhu].

eindeutig *adj.* واضح [waːdiħ], غير مبهم [ɣair mubham].

eindring|en (*L; sn*) *v/i.* نفذ [nafaða, -u-], توغل [tawaɣɣala]; (*mit Gewalt*) اقتحم [iqtaħama]; **~lich** *adv.* بإلحاح [biʔilħaːħ]; **~ling** *m* واغل [waːɣil], مندس [mundass]; (*Feind*) معتد [muʕtadin].

Eindruck *m* (*-ɇs; ⸗e*) أثر [ʔaθar], انطباع [intibaːʕ].

eindrücken *v/t.* (*Tür*) كسر [kasara, -i-].

eindrucks-voll *adj.* مؤثر [muʔaθθir], رائع [raːʔiʕ].

einein'halb *num.* واحد ونصف [waːħid wa nisf].

einen *v/t.* وحد [waħħada].

ein-engen *v/t.* ضيق [dajjaqa], حصر [ħasara, -i-].

ein|er, ~e, ~es *indef. pron.* أحد [ʔaħad], *f* إحدى [ʔiħdaː].

einer'lei (*O*) *adj.* سواء [sawaːʔ], لا فرق بينهم [laː farqa bainahum]; ***es ist mir* ~** سيان عندى [sijjaːni ʕindiː].

einerseits *adv.* من ناحية [min naːħija].

einfach *adj.* (*nicht doppelt*) مفرد [mufrad]; (*leicht*) بسيط [basiːt], سهل [sahl]; (*schlicht*) ساذج [saːðidʒ]; *Hdl.* **~e Buchführung** مسك

دفاتر بالقيد المفرد [mask dafaːtir bilqaid almufrad].

einfädeln (*-le*) *v/t.* سلك [salaka, -u-], لضم [lađama, -u-].

einfahren (*L; sn*) *v/i.* (*Zug, Wagen*) دخل [daxala, -u-].

Einfahrt *f* (*konkret*) مدخل [madxal]; (*Bewegung*) دخول [duxuːl].

Einfall *m* (*-ɇs; ⸚e*) (*feindlicher*) غزو [ɣazw]; (*Idee*) فكرة [fikra]; **≈en** (*L; sn*) *v/i.* سقط [saqata, -u-]; (*Feind*) غزا [ɣazaː, -uː]; ***j-m* ≈en** خطر فى باله [xatara, -u-, fiː baːlihi], طرأت عليه فكرة [tara?at, -a-, ʕalaihi fikra].

einfältig *adj.* أبله [?ablah], ساذج [saːðidʒ].

einfarbig *adj.* ذو لون واحد [ðuː laun waːħid], ساذج [saːðidʒ], سادة [saːda].

einfassen (*-ßt*) *v/t.* أحاط [?aħaːta]; (*Kleid*) حشى [ħaʃʃaː]; (*Edelstein*) رصع [raffaʕa].

einfetten (*-e-*) *v/t.* دهن [dahana, -u-], شحم [ʃaħħama].

einfinden (*L*) *v/r.*: **sich ~** حضر [ħađara, -u-].

einfließen (*L; sn*) *v/i.* انصب فى [infabba].

einflößen (*-ßt*) *v/t.* (*Flüssigkeit*) جرع [dʒarraʕa], أسقى [?asqaː].

Einflugschneise *f Flugw.* درب الاقتراب [darb aliqtiraːb].

Einfluß *m* (*-sses; ⸚sse*) مصب [mafabb]; *fig.* تأثير [ta?θiːr]; (*politischer*) نفوذ [nufuːð]; **≈reich** *adj.* ذو نفوذ [ðuː nufuːð].

einförmig *adj.* متماثل [mutamaːθil], من شكل واحد [min ʃakl waːħid]; *adv.* على وتيرة واحدة [ʕalaː watiːra waːħida]; **≈keit** *f* (*O*) تنسق [tanassuq].

einfried|en (*-e-*), **~igen** *v/t.* سور [sawwara], سيج [sajjadʒa]; **≈ung** *f* حظيرة [ħaziːra].

einfrieren (*L; sn*) *v/i.* جمد [dʒamuda, -u-], تجمد [tadʒammada]; (*L*) *v/t.* جمد [dʒammada].

einfügen *v/t.* أدخل [?adxala], أضاف [?ađaːfa].

Einfuhr *f* (*Import*) استيراد [istiːraːd], توريد [tauriːd]; (*Waren*) واردات [waːridaːt]; **~bestimmungen** *f/pl.* شروط الاستيراد [ʃuruːt alistiːraːd].

einführen *v/t.* أدخل [?adxala];

(*Ware*) استورد [istaurada]; (*Gesetz*) شرع [ʃaraʕa, -a-]; (*Steuer*) فرض [faraɗa, -i-]; (*Mode*) أحدث [ʔaħdaθa].

Einfuhrgenehmigung *f* رخصة استيراد [ruxʃat istiːraːd].

Einführung *f* إدخال [ʔidxaːl]; (*in e-e Wissenschaft*) مدخل [madxal].

Einfuhr|verbot *n* (-*ẹs; -e*) منع الاستيراد [manʕ alistiːrad]; **~zoll** *m* (-*es;* ⸗*e*) مكس [maks], رسم على الواردات [rasm ʕalaː lwaːridaːt].

Eingabe *f* طلب [talab], عريضة [ʕariːɗa].

Eingang *m* (-*ẹs;* ⸗*e*) مدخل [madxal], دخول [duxuːl]; (*Ankunft*) وصول [wuʃuːl].

eingeben (*L*) *v/t.* (*Medizin*) جرع [dʒarraʕa]; (*Gedanken*) ألهم [ʔalhama].

eingebildet *adj.* متوهم [mutawahhim]; (*dünkelhaft*) مغرور [maɣruːr].

Eingeborene(r) *m* من أهل البلاد [min ʔahl albilaːd], ساكن أصلي [saːkin ʔaʃliː].

Eingebung *f* وحي [waħj].

eingehen (*L; sn*) *v/i.* دخل [daxala, -u-], وصل [waʃala, jaʃilu]; (*Stoff*) انكمش [inkamaʃa], كش [kaʃʃa]; (*Tier*) مات [maːta, -uː-]; *v/t.*: ***e-n Vertrag*** ~ تعاقد [taʕaːqada]; ***e-e Ehe*** ~ تزوج [tazawwadʒa]; ***e-e Wette*** ~ تراهن [taraːhana].

eingemacht *adj.* كبيس [kabiːs], مربى [murabban]; **⁓es** *n* (*Eingemachten; O*) مربيات [murabbajaːt].

eingenommen *adj.*: ***von j-m*** ~ معجب به [muʕdʒab bihi]; ***für j-n*** ~ متحيز إليه [mutaħajjiz ʔilaihi]; ***von sich selbst*** ~ مغتر بنفسه [muɣtarr binafsihi].

eingeschrieben *adj.* (*Brief*) مسجل [musaddʒal].

Eingeständnis *n* (-*ses; -se*) اعتراف [iʕtiraːf].

eingestehen (*L*) *v/t.* اعترف ب [iʕtarafa bi].

Eingeweide *n/pl.* أحشاء [ʔaħʃaːʔ].

eingießen (*L*) *v/t.* صب [ʃabba, -u-].

eingleisig *adj.* (*O*) *Eisenb.* منفرد الخط [munfarid alxatt].

eingliedern *v/t.* ضم [ɗamma, -u-].

eingreifen (*L*) *v/i.* (**in** *A* في) (*a. Techn.*) تدخل [tadaxxala], تداخل [tadaːxala].

Eingriff *m* (-*ẹs; -e*) *Med.* عملية

جراحية [ʕamaliːja dʒiraːħiːja]; (*in e. Recht*) تعد [taʕaddin].

einhalten (*L*) *v/t.* (*Regel*) راعى [raːʕaː]; (*Versprechen*) وفى [wafaː, jafiː]; (*Termin*) التزم ب [iltazama].

einheften (*-e-*) *v/t.* شبك [ʃabaka, -i-], ثبت بخيط أو دبوس [θabbata bixait ʔaw dabbuːs].

einheimisch *adj.* (*O*) محلى [maħalliː], بلدى [baladiː].

Einheit *f* وحدة [waħda]; **˜lich** *adj.* موحد [muwaħħad]; **~s-preis** *m* (*-es; -e*) سعر موحد [siʕr muwaħħad].

einheizen (*-t*) *v/i.* أوقد النار [ʔauqada nnaːr].

einholen *v/i.* (*einkaufen*) تسوق [tasawwaqa]; *v/t.* لحق [laħiqa, -a-], أدرك [ʔadraka]; (*Segel*) جمع [dʒamaʕa, -a-]; (*Meinung, Erlaubnis*) التمس [iltamasa].

einig *adj.* (*O*) متفق [muttafiq], متحد [muttaħid]; **~ sein** اتفق [ittafaqa].

einige *indef. pron.* بعض [baʕđ], عدة [ʕidda], بضع [biđʕ]; **~ Zeit** بعض الوقت [baʕđ alwaqt].

einig|en *v/t.* وحد [waħħada]; *v/r.*: **sich ~en** (**auf, über** *A* على) اتفق [ittafaqa]; **~ermaßen** *adv.* نوعا ما [nauʕan maː], بعض الشيء [baʕđa ʃʃaiʔ]; **˜keit** *f* (*O*) اتحاد [ittiħaːd]; **˜ung** *f* اتفاق [ittifaːq].

Einkauf *m* (*-¢s; ¨e*) شراء [ʃiraːʔ]; **˜en** *v/t.* اشترى [iʃtaraː], تسوق [tasawwaqa]; **~s-preis** *m* (*-es; -e*) ثمن الشراء [θaman aʃʃiraːʔ]; **~s-tasche** *f* شنطة التسوق [ʃantat attasawwuq].

einkehren (*sn*) *v/i.*: **in e-m Gasthof ~** نزل فى فندق [nazala, -i-, fiː funduq].

einkerkern (*-re*) *v/t.* سجن [sadʒana, -u-].

einklammern (*-re*) *v/t.* وضع بين قوسين [wađaʕa, jađaʕu, bain qausain].

Einklang *m* (*-¢s; O*) انسجام [insidʒaːm]; **in ~ bringen** وافق بين [waːfaqa baina].

einkleben *v/t.* لزق [lazzaqa].

einkleiden (*-e-*) *v/t.* كسا [kasaː, -uː], ألبس [ʔalbasa].

Einkommen *n* دخل [daxl], إيراد [ʔiːraːd]; **~steuer** *f* (*—; -n*) ضريبة الدخل [đariːbat addaxl].

E

einkreisen (*-t*) *v/t.* طوق [tawwaqa], أحاط [ʔaħaːṭa].

einlad|en (*L*) *v/t.* (*Ware*) شحن [ʃaħana, -a-]; (*Gast*) دعا [daʕaː, -uː], عزم [ʕazama, -i-]; **~ung** *f* دعوة [daʕwa], عزومة [ʕuzuːma].

Einlage *f* (*Schuh~*) فرشة [farʃa]; (*Spar~*) وديعة [wadiːʕa]; (*Zahn~*) حشوة [ħaʃwa].

Einlaß *m* (*-sses; ⸗sse*) دخول [duxuːl]; منفذ [manfað].

einlassen (*L*) *v/t.* أدخل فى [ʔadxala], سمح بالدخول [samaħa, -a-, bidduxuːl]; (*Wasser*) ملأ ب [malaʔa].

Einlaßkarte *f* تذكرة دخول [taðkarat duxuːl].

Einlauf *m* (*-s; ⸗e*) (*Post*) الوارد [alwaːrid]; *Med.* حقنة شرجية [ħuqna ʃaradʒiːja]; **~en** (*L; sn*) *v/i.* (*Schiff*) دخل [daxala, -u-]; (*Post*) ورد [warada, jaridu], وصل [waʃala, jaʃilu]; (*Stoff*) انكمش [inkamaʃa].

Einlege|-arbeit *f* تطعيم [tatʕiːm]; **~n** *v/t.* (*in Essig*) كبس [kabasa, -i-]; (*Geld*) أودع [ʔaudaʕa]; ***Protest ~n gegen*** (*A* على) احتج [iħtadʒa]; **~sohle** *f* فرشة [farʃa].

einleit|en (*-e-*) *v/t.* بدأ [badaʔa, -a-], فتح [fataħa, -a-]; (*Buch*) قدم ل [qaddama]; **~end** *adj.* تمهيدى [tamhiːdiː]; **~ung** *f* (*Buch*) مقدمة [muqaddima], تصدير [taʃdiːr]; (*Präambel*) ديباجة [diːbaːdʒa].

einleuchten (*-e-*) *v/i.*: ***es leuchtet mir ein*** أرضى ب [ʔarđaː], أقتنع ب [ʔaqtaniʕu]; **~d** *adj.* بين [bajjin], مفهوم [mafhuːm].

einliefern *v/t.* نقل إلى [naqala, -u-]; سلم [sallama].

einlös|en (*-t*) *v/t.* (*Pfand*) خلص [xallaʃa]; (*Scheck*) صرف [ʃarafa, -i-]; (*Versprechen*) وفى ب [wafaː, jafiː].

einmal *adv.* مرة [marra(tan)], ذات يوم [ðaːta jaumin], يوما من الأيام [jauman min alʔajjaːm]; ***auf ~*** فجأة [fadʒʔatan], دفعة واحدة [dufʕa(tan) waːħida]; ***nicht ~*** حتى لا [ħattaː laː]; ***noch ~*** مرة أخرى [marra(tan) ʔuxraː].

Einmal'eins *n* (*—; O*) جدول الضرب [dʒadwal ađđarb].

Einmarsch *m* (*-es; ⸗e*) دخول [duxuːl], اقتحام [iqtiħaːm].

einmisch|en *v/r.* تدخل [tadaxxala], تداخل [tadaːxala]; **~ung** *f* تداخل [tadaːxul].

Einmündung *f* (*Fluß*) مصب [maʃabb]; (*Straße*) مجمع [madʒmaʕ].

einmütig *adv.* بالإجماع [bilʔidʒmaːʕ]; **~keit** *f* (*O*) إجماع [ʔidʒmaːʕ], اتفاق الآراء [ittifaːq alʔaːraːʔ].

Einnahme *f* دخل [daxl], محصول [maħʃuːl]; (*Steuer~*) متحصل [mutaħaʃʃil]; *Mil.* احتلال [iħtilaːl], فتح [fatħ].

einnehmen (*L*) *v/t.* (*Speise, Medizin*) تناول [tanaːwala]; (*Stadt*) فتح [fataħa, -a-]; (*Steuer*) حصل [ħaʃʃala].

Ein-öde *f* قفرة [qafra].

einpacken *v/t.* حزم [ħazama, -i-], لف [laffa, -i-].

einpflanzen *v/t.* غرس [ɣarasa, -i-]; (*Organ*) زرع [zaraʕa, -a-].

einpökeln (*-le*) *v/t.* (*Fleisch*) ملح [mallaħa].

einquartieren (—) *v/t.* أسكن [ʔaskana], أنزل [ʔanzala].

einrahmen *v/t.* وضع في إطار [wađaʕa, jađaʕu, fiː ʔitaːr], *Äg.* بروز [barwaza].

einräumen *v/t.* (*Dinge*) رتب [rattaba]; (*Recht*) منح [manaħa, -a-].

einreden (*-e-*) *v/t.*: **er hat es ihm eingeredet** أقنعه به [ʔaqnaʕahu bihi].

einreiben (*L*) *v/t.* دلك [dallaka].

einreichen *v/t.* (*Gesuch*) قدم [qaddama]; (*Klage*) رفع [rafaʕa, -a-].

einreihen *v/t.* صف [ʃaffa, -u-].

Einreise *f* دخول بلاد [duxuːl bilaːd]; **~n** (*sn*) *v/i.* دخل (كمسافر) [daxala, -u-, (kamusaːfir)]; **~visum** *n* تأشيرة دخول [taʔʃiːrat duxuːl].

einreißen (*L*) *v/i.* تمزق [tamazzaqa]; (*Unsitte*) انتشر [intaʃara].

einrenken *v/t.* *Med.* جبر [dʒabara, -u-].

einricht|en (*-e-*) *v/t.* رتب [rattaba], دبر [dabbara]; (*mit Gerät*) جهز [dʒahhaza]; (*Wohnung*) اثث [ʔaθθaθa]; **~ung** *f* (*e-s Zimmers*) أثاث [ʔaθaːθ]; (*öffentliche*) منشأة [munʃaʔa]; (*sanitäre*) مرفق [mirfaq].

einrosten (*-e-*) (*sn*) *v/i.* صدئ [ʃadiʔa, -a-]; *fig.* فتر [fatara, -u-].

einrücken *v/i.* (*sn*) *Mil.* تجند [tadʒannada]; *v/t.* أدرج [ʔadradʒa], دفع [dafaʕa, -a-].

eins *num.* واحد [waːħid]; **es**

ist alles ~ كل شىء واحد [kull ʃaiʔ waːħid]; ~ *f* (رقم) واحد [(raqm) waːħid]; (*Schulnote*) جيد جدا [ʤajjid ʤiddan].

einsalzen *v/t.* ملح [mallaħa].

einsam *adj.* (*Person*) وحيد [waħiːd]; (*Ort*) موحش [muːħiʃ]; **~keit** *f* (*O*) عزلة [ʕuzla], وحشة [waħʃa]; (*Zurückgezogenheit*) خلوة [xalwa].

einsammeln (*-le-*) *v/t.* جمع [ʤamaʕa, -a-], حصل [ħaffala].

Einsatz *m* (*-s; ⸚e*) (*Pfand*) رهن [rahn]; (*von Kräften*) بذل [baðl], استخدام [istixdaːm]; (*Kriegs~*) عمليات حربية [ʕamalijaːt ħarbiːja]; ***unter ~ seines Lebens*** مجازفا بحياته [muʤaːzifan biħajaːtihi].

einschalten (*-e-*) *v/t.* أدرج [ʔadradʒa]; (*Motor*) أدار [ʔadaːra]; (*elektr. Strom*) فتح [fataħa, -a-]; *v/r.* توسط [tawassata].

einschätzen (*-t*) *v/t.* خمن [xammana], قدر [qaddara].

einschenken *v/t.* صب فى [ʃabba, -a-], سكب [sakaba, -u-].

einschicken *v/t.* أرسل [ʔarsala].

einschiffen *v/r.* ركب سفينة [rakiba, -a-, safiːna], استقل باخرة [istaqalla baːxira].

einschlafen (*L; sn*) *v/i.* نام [naːma, -aː-]; (*Glieder*) نمل [namila, -a-].

einschläfern (*-re*) *v/t.* نوم [nawwama]; **~d** *adj.* منوم [munawwim]; (*langweilig*) ممل [mumill].

einschlagen (*L*) *v/t.* (*Fenster, Kopf*) كسر [kassara]; (*Nagel*) دق [daqqa, -u-]; (*Weg*) سلك [salaka, -u-]; ***der Blitz hat eingeschlagen*** نزلت الصاعقة [nazalat aʃʃaːʕiqa]; ***das Stück hat eingeschlagen*** نجحت المسرحية [nadʒaħat almasraħiːja]; ***etw. in Papier ~*** لفه فى ورق [laffahu fiː waraq].

einschleichen (*L*) *v/r.* تسلل [tasallala], دخل خفية [daxala, -u-, xifjatan].

einschließ|en (*L*) *v/t.* ضمن [đammana]; (*umgeben*) أحاط [ʔaħaːta]; *Mil.* حاصر [ħaːʃara]; (*enthalten*) شمل [ʃamila, -a-]; **~lich** *adv.* شاملا [ʃaːmilan], بما فيه [bimaː fiːhi].

einschmeicheln (*-le*) *v/r.*: ***sich***

bei j-m ~ تملق ل [tamal-laqa].

einschmuggeln (*-le*) *v/t.* هرب (إلى بلاد) [harraba (ʔilaː bilaːd)].

einschneiden (*L*) *v/t.* شرط [ʃarata, -i-], حز [ħazza, -u-]; **~d** *adj.* عنيف [ʕaniːf]; (*radikal*) جذرى [dʒiðriː].

Einschnitt *m* (*-es; -e*) حز [ħazz], قطع [qatʕ].

einschränk|en *v/t.* حدد [ħaddada]; **~ung** *f* تحديد [taħdiːd], حصر [ħaʃr]; (*Bedingung*) شرط [ʃart].

Einschreibe|brief *m* (*-es; -e*) خطاب مسجل [xitaːb musaddʒal]; **~gebühr** *f* رسم التسجيل [rasm attasdʒiːl]; **~n** *v/t.* سجل [saddʒala].

einschreiten (*L; sn*) *v/i.* تدخل [tadaxxala].

einschüchtern (*-re*) *v/t.* خوف [xawwafa].

einsehen (*L*) *v/t.* اطلع على [ittalaʕa ʕalaː]; (*verstehen*) فهم [fahima, -a-], أدرك [ʔadraka].

einseitig *adj.* ذو جانب واحد [ðuː dʒaːnib waːħid]; (*beschränkt*) محدود [maħduːd].

einsend|en (*L*) *v/t.* أرسل [ʔarsala]; **~er** *m* مرسل [mursil].

einsetz|en (*-t*) *v/t.* أدرج [ʔadradʒa], وضع [wadaʕa, jadaʕu]; (*pflanzen*) غرس [ɣarasa, -i-]; (*aufwenden*) بذل [baðala, -i-], استخدم [istaxdama]; (*in e. Amt*) نصب [naʃʃaba], وظف [wazzafa]; *v/r.*: **sich für j-n ~en** شفع ل [ʃafaʕa, -a-]; *v/i.* (*beginnen*) بدأ [badaʔa, -a-]; **~ung** *f* تنصيب [tanʃiːb], تولية [taulija].

Einsicht *f* اطلاع [ittilaːʕ]; فطنة [fitna], فهم [fahm]; **~ig** *u.* **~s-voll** *adj.* فطن [fatin], فاهم [faːhim].

Einsiedler *m* زاهد [zaːhid], ناسك [naːsik].

einsperren *v/i.* حبس [ħabasa, -i-], سجن [sadʒana, -u-].

einspritzen (*-t*) *v/t.* حقن [ħaqana, -u-, -i-].

Einspruch *m* (*-es; ⸗e*) اعتراض [iʕtiraːd], احتجاج [iħtidʒaːdʒ]; *Jur.* ممانعة [mumaːnaʕa]; ~ **erheben** اعترض [iʕtarada].

einst *adv.* ذات مرة [ðaːta marra]; قديما [qadiːman], سابقا [saːbiqan].

einstecken *v/t.* فى وضع [wadaʕa, jadaʕu], أدخل [ʔadxala].

einstehen (*L; sn*): ***ich stehe dafür ein*** أنا كفيل بذلك [ʔana kafiːl biðaːlik].

einsteigen (*L; sn*) *v/i.* (*in e-n Wagen*) ركب [rakiba, -a-]; (*in A* إلى) صعد [ʃaʕida, -a-].

einstell|en *v/t.* وضع في [wađaʕa, jađaʕu]; (*Arbeiter*) استخدم [istaxdama]; (*Zahlung*) أوقف [ʔauqafa]; (*Gerät*) ضبط [đabata, -u-]; (*Arbeit*) عطل [ʕattala]; بطل [battala]; *v/r.*: ***sich ~en*** حضر [ħađara, -u-]; **~ung** *f* إيقاف [ʔiːqaːf], تعطيل [taʕtiːl], ضبط [ðabt]; (*Ansicht*) اتجاه [ittidʒaːh].

einstimmig (*O*) *adj.* إجماعي [ʔidʒmaːʕiː]; *adv.* بالإجماع [bilʔidʒmaːʕ].

einstöckig *adj.* (*O*) ذو طابق واحد [ðuː taːbiq waːħid].

einstufen *v/t.* درج [darradʒa], رتب [rattaba].

Einsturz *m* (*-es; ⸗e*) انهيار [inhijaːr], تهدم [tahaddum].

einstürzen (*sn*) *v/i.* انهار [inhaːra].

einstweil|en *adv.* في أثناء ذلك [fiː ʔaθnaːʔ ðaːlik]; **~ig** (*O*) *adj.* موقت [muwaqqat].

eintauschen *v/t.* استبدل [istabdala].

einteil|en *v/t.* قسم [qassama]; (*in Kapitel*) بوب [bawwaba]; **~ung** *f* قسمة [qisma], تقسيم [taqsiːm].

eintönig *adj.* على وتيرة واحدة [ʕalaː watiːra waːħida], ممل [mumill]; **~keit** *f* (*O*) رتابة [rataːba].

Eintracht *f* (*O*) اتحاد [ittiħaːd], وفاق [wifaːq].

eintragen (*L*) *v/t.* (*schriftlich*) سجل [saddʒala], قيد [qajjada]; (*Gewinn bringen*) أربح [ʔarbaħa].

einträglich *adj.* مربح [murbiħ].

Eintragung *f* تسجيل [tasdʒiːl], قيد [qaid].

eintreffen (*L; sn*) *v/i.* وصل [waʃala, jaʃilu], قدم إلى [qadima, -a-]; (*Vorhersage*) تحقق [taħaqqaqa], حصل [ħaʃala, -u-].

eintreiben (*L*) *v/t.* (*Schulden, Steuern*) حصل [ħaʃʃala], جبى [dʒabaː, -iː].

eintreten (*L; sn*) *v/i.* دخل [daxala, -u-]; (*Schule, Verein*) التحق ب [iltaħaqa]; (*Ereignis*) حدث [ħadaθa, -u-], وقع [waqaʕa, jaqaʕu]; ***für j-n ~*** ساند [saːnada], دافع عن [daːfaʕa].

Eintritt *m* (*-ẹs; O*) دخول

[duxuːl], التحاق [iltiħaːq], ابتداء [ibtidaːʔ], حلول [ħuluːl]; **~s-geld** *n* (*-es; -er*) رسم دخول [rasm duxuːl]; **~s-karte** *f* تذكرة دخول [taðkarat duxuːl], بطاقة [bitaːqa].

eintrocknen (*-e-; sn*) *v/i.* يبس [jabisa, -a-], جف [ʤaffa, -i-].

ein-üben *v/t.* مرن [marrana], درب [darraba].

einverleiben (—) *v/t.* ضم [đamma, -u-], ضمن [đammana]; *v/r.*: ***sich etw.*** **~** تناول [tanaːwala].

einverstanden *adj.* (***mit D*** على) موافق [muwaːfiq].

Einverständnis *n* (*-ses; -se*) موافقة [muwaːfaqa].

Einwand *m* (*-es; ¨e*) اعتراض [iʕtiraːđ].

Einwander|er *m* مهاجر [muhaːʤir]; **≈n** (*-re*) (*sn*) *v/i.* هاجر [haːʤara]; **~ung** *f* مهاجرة [muhaːʤara].

einwandfrei *adj.* صالح [ʃaːliħ], بلا عيب [bilaː ʕaib].

einwechseln *v/t.* (*Geld*) صرف [ʃarafa, -i-].

einweihen (*in etw.*) أطلع على [ʔatlaʕa], أسر إلى [ʔasarra]; (*eröffnen*) افتتح [iftataħa]; قدس [qaddasa].

einwend|en (*L; a. -e-*) *v/t.* اعترض [iʕtarađa]; ***ich habe nichts einzuwenden*** ليس عندى مانع [laisa ʕindiː maːniʕ].

einwickeln *v/t.* لف [laffa, -i-].

einwillig|en *v/i.* (***in A*** على) وافق [waːfaqa]; **≈ung** *f* موافقة [muwaːfaqa].

einwirk|en *v/i.* (***auf A*** فى) أثر [ʔaθθara]; **≈ung** *f* تأثير [taʔθiːr].

Einwohner *m* ساكن [saːkin]; **~melde-amt** *n* (*-ɇs; ¨er*) مكتب تسجيل السكان [maktab tasʤiːl assukkaːn]; **~zahl** *f* عدد السكان [ʕadad assukkaːn].

Einwurf *m* (*-ɇs; ¨e*) اعتراض [iʕtiraːđ]; (*für Münzen*) فتحة [fatħa]; (*für Briefe*) صندوق المكاتيب [ʃunduːq almakaːtiːb].

Einzahl *f* مفرد [mufrad].

einzahl|en *v/t.* دفع [dafaʕa, -a-]; **≈ung** *f* دفع [dafʕ]; **≈ungs-schein** *m* قسيمة الدفع [qasiːmat addafʕ].

Einzelhandel *m* (*-s; O*) تجارة التجزئة [tiʤaːrat attaʤziʔa]; **~heit** *f* تفصيل [tafʃiːl].

einzeln (*O*) *adj.* منفرد [munfarid]; ***im ~en*** بالتفصيل [bittafʃiːl].

Einzel|person *f* فرد [fard]; **~-verkauf** *m s.* ***~handel; ~-*** **zimmer** *n* غرفة لشخص واحد [ɣurfa liʃaxʃ waːħid].

einziehen (*L*) *v/t.* سحب [saħaba, -a-]; (*Faden*) أدخل [ʔadxala]; (*Fahrgestell*) رفع [rafaʕa, -a-]; (*Fahne*) أنزل [ʔanzala]; (*Informationen*) التمس [iltamasa]; (*Luft*) تنفس [tanaffasa]; (*Steuern*) جبى [ʤabaː, -iː]; (*konfiszieren*) صادر [ʃaːdara]; *Mil.* جند [ʤannada]; (*in e-e Wohnung*) استقر فى [istaqarra fiː].

einzig *adj.* وحيد [waħiːd]; **~ *und allein*** فقط [faqat], ولا غير [walaː ɣair]; **~-artig** *adj.* فريد [fariːd], فذ [faðð].

Einzug *m* (-*ẹs;* ⸚*e*) (*Truppen*) دخول [duxuːl]; (*in e-e Wohnung*) استقرار [istiqraːr].

Eis *n* (-*es; O*) ثلج [θalʤ], جليد [ʤaliːd]; (*Speise*~) دندرمة [dandurma], جلاتى [ʤelaːtiː]; **~bahn** *f* ساحة التزحلق [saːħat attazaħluq]; **~brecher** *m* كاسحة الجليد [kaːsiħat alʤaliːd]; **~diele** *f* صالون جلاتى [ʃaːluːn ʤelaːtiː].

Eisen *n* حديد [ħadiːd].

Eisenbahn *f* سكة حديدية [sikka ħadiːdiːja], سكة الحديد [sikkat alħadiːd]; **~er** *m* موظف (عامل) سكة الحديد [muwaððaf (ʕaːmil) sikkat alħadiːd]; **~linie** *f* خط سكة الحديد [xatt s. alħ.]; **~netz** *n* (-*es; -e*) شبكة سكة الحديد [ʃabakat s. alħ.]; **~station** [-tsĭoːn] *f* محطة سكة الحديد [maħatta s. alħ.]; **~unglück** *n* (-*ẹs; O*) حادث سكة الحديد [ħaːdiθ s. alħ.]; **~wagen** *m* عربة سكة الحديد [ʕarabat s. alħ.].

eisern (*O*) *adj.* حديدى [ħadiːdiː], من حديد [min ħadiːd]; *fig.* شديد [ʃadiːd].

eis|frei (*O*) (*Fluß*) بدون جليد [biduːn ʤaliːd]; **~gekühlt** (*O*) *adj.* مثلج [muθallaʤ]; **~hockey** *n* هوكى الانزلاق [hokiː alinzilaːq].

eisig *adj.* جليدى [ʤaliːdiː], بارد [baːrid].

eis|kalt (*O*) *adj.* شديد البرودة [ʃadiːd alburuːda]; **~lauf** *m* (-*ẹs;* ⸚*e*) انزلاق على جليد [inzilaːq ʕalaː ʤaliːd]; **~scholle** *f* كتلة جليد [kutlat ʤaliːd]; **~schrank** *m* (-*ẹs;* ⸚*e*) ثلاجة [θallaːʤa]; **~zapfen** *m*

(-*s;* -) حبل جليدى [ħabl ʤaliːdiː].

eitel (-*tl*-) *adj.* (*nichtig*) باطل [baːtil]; (*eingebildet*) مغتر [muɣtarr]; (*vergänglich*) فان [faːnin]; **∻keit** *f* غرور [ɣuruːr], بطلان [butlaːn].

Eiter *m* (-*s;* *O*) قيح [qaiħ]; **∻n** (-*re*) *v/i.* تقيح [taqajjaħa]; **~ung** *f* تقيح [taqajjuħ].

Eiweiß *n* (-*es;* -*e*) زلال [zulaːl], بياض البيض [bajaːđ albaiđ].

Ekel *m* (-*s;* *O*) قرف [qaraf], عيف [ʕaif], اشمئزاز [iʃmiʔzaːz]; **∻haft** (-*est*) *adj.* مقرف [muqrif], منفر [munaffir]; **∻n** (-*le*): ***es ekelt mich davor*** أشمئز منه [ʔaʃmaʔizzu minhu], أتقزز عنه [ʔataqazzazu ʕanhu].

Ek'stase [-'st-] *f* وجد [wadʤd], نشوة [naʃwa].

Ek'zem *n* (-*s;* -*e*) *Med.* اكزيما [ekzeːma], قوباء [quːbaːʔ].

e'last|isch *adj.* مرن [marin], مطاط [mattaːt]; **∻izi'tät** *f* (*O*) مرونة [muruːna].

Ele'fant *m* (-*en*) فيل [fiːl].

ele'gan|t *adj.* أنيق [ʔaniːq], رشيق [raʃiːq]; **∻z** *f* (*O*) أناقة [ʔanaːqa], رشاقة [raʃaːqa].

elektrifi'zieren (—) *v/t.* كهرب [kahraba], حول إلى الكهرباء [ħawwala ʔilaː lkahrabaːʔ].

E'lektr|iker *m* كهربى (عامل) [(ʕaːmil) kahrabiː].

e'lektrisch *adj.* كهربائى [kahrabaːʔiː]; **~*er Schlag*** ضربة كهربائية [đarba kahrabaːʔiːja]; **~*er Strom*** تيار كهربائى [tajjaːr kahrabaːʔiː].

elektr|i'sieren (—) *v/t.* كهرب [kahraba]; *fig.* أثار [ʔaθaːra]; **∻izi'tät** *f* (*O*) كهرباء [kahrabaːʔ]; **∻izitäts-werk** *n* (-*ɇs;* -*e*) محطة توليد الكهرباء [maħattat tauliːd alkahrabaːʔ].

Elek'trode *f* الكترود [elektruːd], لاحب [laːħib].

E'lektro|gerät *n* (-*ɇs;* -*e*) جهاز كهربائى [ʤihaːz kahrabaːʔiː]; **~kardio'gramm** [-dĭo-] *n* (-*s;* -*e*) تخطيط القلب الكهربائى [taxtiːt alqalb alk.]; **~'lyse** *f* تحليل كهربائى [taħliːl k.]; **~mag'net** *m* (-*en u.* -*ɇs;* -*e* [*u. selten:* -*en*]) مغنطيس كهربائى [maɣnatiːs k.]; **~motor** *m* محرك كهربائى [muħarrik k.].

E'lektron *n* (-*s;* *Elek'tronen*) الكترون [elektruːn], كهيرب [kuhairib]; **~en-gehirn** [-'troː-] *n* (-*ɇs;* -*e*) حاسبة الكترونية [ħaːsiba elektruː-

niːja]; **~en-mikroskop** [-'troː-] *n* مجهر كهيربى [miʤhar kuhairibiː].

Elektro'technik *f* (*O*) هندسة كهربائية [handasa kahrabaːʔiːja]; **~er** مهندس كهربائى [muhandis kahrabaːʔiː].

Ele'ment *n* (*-s; -e*) عنصر [ʕunʃur].

elemen'tar *adj.* بدائى [badaːʔiː]; (*Kraft*) طبيعى [tabiːʕiː]; (*Unterschied*) مبدئى [mabdaʔiː].

Elend *n* (*-s; O*) بؤس [buʔs], ضيق [điːq], شقاء [ʃaqaːʔ].

elend *adj.* بائس [baːʔis].

elf *num.* أحد عشر [ʔaħada ʕaʃar].

Elfenbein *n* (*-ẹs; O*) عاج [ʕaːʤ].

elfter *num.* الحادى عشر [alħaːdiː ʕaʃar].

elimi'nieren (—) *v/t.* حذف [ħaðafa, -i-].

Elle *f* (*Maß*) ذراع [ðiraːʕ]; *Anat.* زند [zand].

Ell(en)bogen *m* (*-s; ⁻*) كوع [kuːʕ], مرفق [mirfaq].

El'lipse *f* إهليلج [ʔihliːlaʤ].

Eltern *pl.* أبوان [ʔabawaːn], والدان [waːlidaːn]; **~los** (*O*) *adj.* يتيم [jatiːm].

E'mail [eˑ'maɪ(l)] *n* (*-s; -s*) مينا [miːnaː].

Emanzipation *f* تحرر [taħarrur].

Embargo *n* (*-s; -s*) حظر [ħazr].

Embryo *m* جنين [ʤaniːn].

Emi'grant *m* (*-en; -en*) نازح [naːziħ].

Em'pfang *m* (*-ẹs; ⁻e*) (*Sache*) استلام [istilaːm]; (*Person*) استقبال [istiqbaːl]; **~en** (*L*) *v/t.* استلم [istalama], استقبل [istaqbala].

Em'pfäng|er *m* (*Radio*) جهاز لاقط [ʤihaːz laːqit]; (*e-s Briefes*) مرسل إليه [mursal ʔilaihi]; **~lich** *adj.* (**für** *A*) قابل (ل) [qaːbil]; **~lichkeit** *f* قابلية [qaːbiliːja], استعداد [istiʕdaːd]; **~nis** *f* (—; *-se*) حبل [ħabal]; **~nis-verhütend** *adj.*: **~*nis-verhütende Mittel*** *n/pl.* وسائل منع الحمل [wasaːʔil manʕ alħaml].

Em'pfangs|bestätigung *f* إيصال [ʔiːʃaːl]; **~gerät** *n* (*-ẹs; -e*) آلة استقبال [ʔaːlat istiqbaːl].

em'pfehl|en (*L*) *v/t.* وصى ب [waʃʃaː], نصح [naʃaħa, -a-]; **~*en Sie mich ihm!*** سلم لى عليه [sallim liː ʕalaihi]; *v/r.* (*aufbrechen*) انصرف [inʃarafa]; **~ens-wert** *adj.* جدير

بالتوصية [ʤadiːr bittauʃija]; **~ung** *f* توصية [tauʃija].

em'pfind|en (*L*) *v/t.* شعر [ʃaʕara, -u-], أحس [ʔaħassa]; **~lich** *adj.* حساس [ħassaːs]; **~lichkeit** *f* (*O*) حساسية [ħassaːsiːja]; **~ung** *f* شعور [ʃuʕuːr], إحساس [ʔiħsaːs]; **~ungs-los** *adj.* (*-est*) عديم الإحساس [ʕadiːm alʔiħsaːs].

em'por *adv.* إلى الأعلى [ʔilaː lʔaʕlaː], إلى فوق [ʔilaː fauq].

em'pör|en (—) *v/t.* أغضب [ʔaɣđaba]; *v/r.*: ***sich*** (*A*) **~*en*** (***über*** *A* على) غضب [ɣađiba, -a-]; ***sich ~en*** (***gegen*** *j-n* على) تمرد [tamarrada]; **~end** *adj.* مثير [muθiːr], شائن [ʃaːʔin]; **~ung** *f* تمرد [tamarrud], عصيان [ʕiʃjaːn].

emsig *adj.* نشط [naʃit], مجتهد [muʤtahid].

End|e *n* (*-s; -n*) (*e-s Stockes*) طرف [taraf]; ***an seinem ~e*** فى آخره [fiː ʔaːxirihi]; (*Schluß*) نهاية [nihaːja]; **~*e des Monats*** فى أواخر الشهر [fiː ʔawaːxir aʃʃahr]; **~en** (*-e-*) *v/i.* أنتهى [intahaː]; *v/t.* أنهى [ʔanhaː]; **~gültig** *adv.* قطعيا [qatʕiːjan], نهائيا [nihaːʔiːjan]; **~lich** (*O*) *adj.* متناه [mutanaːhin]; *adv.* أخيرا [ʔaxiːran]; **~los** (*O*) *adj.* بلا نهاية [bilaː nihaːja]; **~station** *f* محطة نهائية [mahatta nihaːʔiːja]; **~ung** *f Gr.* نهاية [nihaːja].

Ener'gie *f* طاقة [taːqa], قوة [quːwa]; (*e-s Menschen*) نشاط [naʃaːt].

e'nergisch *adj.* نشيط [naʃiːt].

eng *adj.* ضيق [đajjiq]; (*dicht gedrängt*) متلاصق [mutalaːʃiq]; (*innig*) وثيق [waθiːq]; (*Freund*) حميم [ħamiːm].

engagieren [aŋgaˑ'ʒiːʀən] (—) *v/t.* استخدم [istaxdama].

Enge *f* ضيق [điːq], حرج [ħaraʤ]; (*Engstelle*) مأزق [maʔziq]; (*Meer~*) مضيق [mađiːq]; ***in die ~ treiben*** أحرج [ʔaħraʤa].

Engel *m* ملأك [malʔak], ملك [malak].

England *n* انكلترا [ingiltera].

Engländer(in *f*) *m* انكليزى (انكليزية) [ingiliːziː, -ja].

englisch *adj.* انكليزى [ingiliːziː].

Engpaß *m* (*-es; ¨e*) مأزق [maʔziq].

Engroshandel [aŋ'groːhandel] *m* (*-s; O*) تجارة الجملة [tiʤaːrat alʤumla].

Engstelle *f* (*im Verkehr*) نقطة اختناق [nuqṭat ixtinaːq].

Enkel *m* حفيد [ħafiːd]; **~in** *f* حفيدة [ħafiːda].

e'norm *adj.* عظيم [ʕaẓiːm], ضخم [đaxm].

Ensemble [aŋ'saŋmbl] *n* (*-s; -s*) (*Theater*) فرقة [firqa]; (*Musik*) جوقة [ʤauqa].

ent-'art|en (*-e-;* —) *v/i.* انحط [inħaṭṭa]; **˜ung** *f* انحطاط [inħiṭaːṭ].

ent'behr|en (—) *v/t.* عدم [ʕadima, -a-], افتقر [iftaqara]; ***er ~t nichts*** لا ينقصه شيء [laː janquʃuhu ʃaiʔ]; ***etw. ~en können*** استغنى عنه [istaɣnaː ʕanhu]; **~lich** *adj.* يستغنى عنه [justaɣnaːʕanhu]; **˜ung** *f* عوز [ʕawaz], فاقة [faːqa].

Entbindung *f Med.* وضع [wadʕ], ولادة [wilaːda]; **~s-anstalt** *f*, **~s-heim** *n* (*-¢s; -e*) دار التوليد [daːr attauliːd].

ent'blöß'en [øː] (*-t;* —) *v/t.* كشف [kaʃafa, -i-]; **~t** *adj.* مكشوف [makʃuːf], عار [ʕaːrin].

ent'brennen (*L; sn*) *v/i.* (*Kampf*) اضطرم [iđṭarama].

ent'deck|en (—) *v/t.* اكتشف [iktaʃafa]; **˜er** *m* مكتشف [muktaʃif]; **˜ung** *f* اكتشاف [iktiʃaːf].

Ente *f* بطة [baṭṭa].

ent-'ehr|en (—) *v/t.* هتك عرضه [hataka, -i-, ʕirđahu], سود وجهه [sawwada waʤhahu]; (*Namen*) شان [ʃaːna, -iː].

ent-'eign|en (*-e-;* —) *v/t.* نزع الملكية [nazaʕa, -i-, almilkiːja]; **˜ung** *f* نزع الملكية [nazʕ almilkiːja].

ent-'erben (—) *v/t.* حرم من الميراث [ħarama, -i-, min almiːraːθ].

ent'fachen (—) *v/t.* (*Feuer*) أشعل [ʔaʃʕala]; (*Zorn*) أثار [ʔaθaːra], هيج [hajjaʤa].

ent'fallen (*L; sn*) *v/i.* سقط من [saqaṭa, -u-]; ***es ist mir entfallen*** نسيته [nasiːtuhu], لا أتذكره [laː ʔataðakkaruhu]; ***auf jeden entfällt ein Viertel*** حصة كل واحد ربع [ħiʃʃat kull waːħid rubʕ].

ent'falten (*-e-;* —) *v/t.* بسط [basaṭa, -u-], نشر [naʃara, -u-]; *v/r.* (*Blüte*) تفتح [tafattaħa]; (*Person, Ereignisse*) تطور [taṭawwara].

ent'fern|en (—) *v/t.* أبعد [ʔabʕada], أزال [ʔazaːla]; *v/r.* ابتعد [ibtaʕada]; **~t** *adj.* بعيد [baʕiːd]; **˜ung** *f* بعد [buʕd],

مسافة [masaːfa]; (*Beseitigung*) إزالة [ʔizaːla].

ent'fesseln (—) *v/t.* أثار [ʔaθaːra].

Ent'fettungskur *f* علاج إزالة السمنة [ʕilaːʤ ʔizaːlat assimna].

ent'flammen (—) *v/t.* أشعل [ʔaʃʕala]; (*sn*) *v/i.* التهب [iltahaba].

ent'fliehen (*L; sn*) *v/i.* فر [farra, -i-], هرب [haraba, -u-].

ent'führ|en (—) *v/t.* خطف [xaṭafa, -i-], اختطف [ixtaṭafa]; **˜er** *m* مختطف [muxtaṭif]; **˜ung** *f* خطف [xaṭf].

ent'gegen *adv., präp.* ضد [đidda], مقابل [muqaːbil], نحو [naħwa]; **~gehen** (*L; sn*) *v/i.* (*D* نحو) تقدم [taqaddama naħwa]; ***j-m*** **~*gehen*** ذهب للقائه [ðahaba, -a-, liliqaːʔihi]; **~gesetzt** *adj.* مضاد [muđaːdd]; **~kommen** (*L; sn*) *v/i.* (*D* ه) لاقى [laːqaː]; *fig.* تساهل [tasaːhala]; **˜kommen** *n* (*-s; O*) تساهل [tasaːhul]; **~kommend** *adj.* متساهل [mutasaːhil]; **~nehmen** (*L*) *v/t.* قبل [qabila, -a-], استلم [istalama]; **~sehen** (*L*) *v/i.* *D* انتظر ه [intaẓara]; **~stellen** *v/t.* (*A/D* ه ب) قابل [qaːbala]; **~treten** (*L; sn*) *v/i.* *D* تعرض ل [taʕarrađa]; اعترض ه [iʕtarađa].

ent'gegn|en (*-e-;* —) أجاب [ʔaʤaːba], رد [radda, -u-]; **˜ung** *f* جواب [ʤawaːb], رد [radd].

ent'gehen (*L; —; sn*) *v/i.* فات [faːta, -uː-]; ***dem Tod*** **~** نجا من الموت [naʤaː, -uː, min almaut].

Ent'gelt *n* (*-ℯs; O*) مكافأة [mukaːfaʔa], جزاء [ʤazaːʔ].

ent'gleisen (*-t; —; sn*) *v/i.* *Eisenb.* حاد (خرج) عن القضبان [ħaːda, -iː-, (xaraʤa, -u-) ʕan alquđbaːn].

Ent'haarungs-mittel *n* دواء لإزالة الشعر [dawaːʔ liʔizaːlat aʃʃaʕr].

ent'halt|en (*L; —*) *v/t.* اشتمل [iʃtamala], احتوى على [iħtawaː ʕalaː], تضمن [tađammana]; *v/r.*: **sich** (*A*) **~en** (*G* عن) امتنع [imtanaʕa]; **~sam** *adj.* متعفف [mutaʕaffif], زاهد [zaːhid]; **˜samkeit** *f* (*O*) عفة [ʕiffa], زهد [zuhd]; **˜ung** *f* امتناع [imtinaːʕ].

ent'hüllen (—) *v/t.* كشف

E

[kaʃafa, -i-]; *fig.* رفع السّتار عن [rafaʕa, -a-, assitaːr ʕan].

Ent'hüllung *f* كشف النقاب [kaʃf anniqaːb].

ent'kleiden (*-e-;* —) *v/t.* شلّح [ʃallaħa], خلع ثيابه [xalaʕa, -a-, θijaːbahu].

ent'kommen (*L;* —; *sn*) *v/i.* هرب [haraba, -u-]; (*e-r Gefahr*) نجا من [nadʒaː, -uː].

ent'kräft|en (*-e-;* —) *v/t.* أنهك [ʔanhaka], أضنى [ʔadnaː]; (*Behauptung*) أبطل [ʔabtala]; **˜ung** *f* إنهاك [ʔinhaːk], إبطال [ʔibtaːl].

ent'laden (*L;* —) *v/t.* فرّغ [farraɣa]; *v/r.*: **sich ~** تفجّر [tafaddʒara].

ent'lang *präp.* على طول [ʕalaː tuːl].

ent'larven (—) *v/t.* فضح [fadaħa, -a-], كشف [kaʃafa, -i-].

ent'lass|en (*L;* —) *v/t.* (*Beamten*) فصل [faṣala, -i-], عزل [ʕazala, -i-]; (*Arbeiter, Soldaten*) رفت [rafata, -i-], سرّح [sarraħa]; (*Häftling*) أفرج عن [ʔafradʒa]; **˜ung** *f* رفت [raft], فصل [faṣl], عزل [ʕazl]; إفراج [ʔifraːdʒ].

ent'last|en (*-e-;* —) *v/t.* (*j-n*) خفّف العبء عنه [xaffafa lʕibʔ ʕanhu]; *Jur.* شهد له [ʃahida, -a-, lahu]; **˜ung** *f* تخفيف [taxfiːf]; **˜ungs-zeuge** *m* (*-n*) شاهد نفي [ʃaːhid nafj].

ent'ledigen (—) *v/r.*: **sich** (*A*) **~** (*G* من) تخلّص [taxallaṣa].

ent'leeren (—) *v/t.* فرّغ [farraɣa], أفرغ [ʔafraɣa].

ent'legen *adj.* بعيد [baʕiːd].

ent'leihen *v/t.* استعار [istaʕaːra].

ent'locken (—) *v/t.* استخرج (بطريق الحيلة) [istaxradʒa (bitariːq alħiːla)].

ent'lohnen (—) *v/t.* جزى [dʒazaː, -iː], جازى [dʒaːzaː]; دفع الأجرة [dafaʕa, -a-, alʔudʒra].

entlüft|en (—) *v/t.* هوّى [hawwaː]; **˜ung** *f* تهوية [tahwija]; **˜ungs-anlage** *f* جهاز التهوية [dʒihaːz attahwiːja].

ent'mündigt *adj. Jur.* محجور [maħdʒuːr].

ent'mutigen (—) *v/t.* (*j-n*) أيأس [ʔaiʔasa], أخمد عزمه [ʔaxmada ʕazmahu].

ent'nehmen (*L;* —) *v/t.* أخذ من [ʔaxaða, -u-]; **ich entnehme seiner Bemerkung** أفهم من ملاحظته [ʔafhamu min mulaːħaẓatihi].

ent'rätseln (*-le;* —) *v/t.* حلّ لغزا [ħalla, -u-, luɣzan].

ent'reißen (*L*; —) *v/t.* انتزع [intazaʕa].

ent'richten (*-e-*; —) *v/t.*: **e-e Gebühr ~** دفع رسما [dafaʕa, -a-, rasman].

ent'rinnen (*L*; *sn*) *v/i.*: **e-r Gefahr ~** نجا من خطر [nadʒa, -uː, min xaṭar].

ent'rüst|en (*-e-*; —) *v/r.*: **sich** (*A*) **~en über** (*A* على) تسخط [tasaxxaṭa ʕalaː], استاء من [istaːʔa min]; **~ung** *f* استياء [istijaːʔ]

ent'sag|en (—) *v/i.* (*D* عن) تنازل [tanaːzala]; **der Welt ~en** زهد فى الدنيا [zahada, -a-, fiː ddunjaː].

ent'schädig|en (—) *v/t.* (**für** *A* عن) عوض [ʕawwaḍa]; **~ung** *f* تعويض [taʕwiːḍ].

ent'scheid|en (*L*; —) *v/t.* بت [batta, -u-], جزم [dʒazama, -i-]; (**über, gegen** *A* على) قضى [qaḍaː, -iː]; (*Streit*) حسم [ħasama, -i-]; *v/r.*: **sich** (*A*) **~en zu** (*D* على) عزم [ʕazama, -i-]; **~end** *adj.* فاصل [faːʃil], حاسم [ħaːsim]; **~ung** *f* فصل [faʃl], بت [batt]; عزم [ʕazm]; (*Bescheid*) قرار [qaraːr].

ent'schieden *adj.* حازم [ħaːzim]; **es ist ~** هو مقرر [huwa muqarrar]; *adv.* حتما [ħatman], بتاتا [bataːtan]; **~heit** *f* (*O*) عزم [ʕazm], تصميم [taʃmiːm].

ent'schlafen (*L*; —; *sn*) *v/i.* توفى [tuwuffija], مات [maːta, -uː-].

ent'schleiern (*-re*; —) *v/t.* كشف [kaʃafa, -i-], رفع الستار عن [rafaʕa, -a-, assitaːr ʕan].

ent'schließen (*L*; —) *v/r.*: **sich** (*A*) **~ zu** *D* عزم على [ʕazama, -i-, ʕalaː], صمم على [ʃammama ʕalaː].

ent'schlossen *adj.* حازم [ħaːzim]; **~heit** *f* (*O*) حزم [ħazm], عزم [ʕazm].

ent'schlüpfen (—; *sn*) *v/i.* تملص [tamallaṣa]; (*Wort*) أفلت [ʔaflata].

Ent'schluß *m* (*-sses*; *⸗sse*) عزم [ʕazm], قرار [qaraːr]; **zu e-m ~ kommen** عزم على [ʕazama, -i-, ʕalaː].

ent'schuldig|en (—) *v/t.* عذر [ʕaðara, -i-]; **~en Sie!** العفو [alʕafw], لا مؤاخذة [laː muʔaːxaða]; *v/r.*: **sich** (*A*) **~en** اعتذر [iʕtaðara]; **~ung** *f* (*die man gibt*) عذر [ʕaðr]; (*die man erbittet*) اعتذار [iʕtiðaːr].

ent'senden *v/t.* أرسل [ʔarsala].

ent'setzen (*-t*; —) *v/r.*: **sich** (*A*) ~ فزع [faziʕa, -a-], ارتاع [irtaːʕa].

E

Ent'setz|en *n* فزع [fazaʕ], ذعر [ðuʕr], رعب [ruʕb]; **≈lich** *adj.* مرعب [murʕib], مفزع [mufziʕ].

ent'sinnen (*L*; —) *v/r.*: **sich** (*A*) ~ (*G*) تذكر [taðakkara].

ent'spannen *v/r.*: **sich** (*A*) ~ استرخى [istarxaː], استراح [istaraːħa].

ent'sprech|en (*L*; —) *v/i.* ناسب [naːsaba], طابق [taːbaqa]; **~end** *adj.* مناسب [munaːsib], مطابق [mutaːbiq]; *adv.* طبقا [tibqan]; ***Ihrem Wunsch ~end*** إجابة لرغبتكم [ʔidʒaːbatan liraɣbatikum].

ent'springen (*L*; —; *sn*) *v/i.* هرب [haraba, -u]; (*Fluß*) نبع [nabaʕa, -a-].

ent'steh|en (*L*; —; *sn*) *v/i.* نشأ من [naʃaʔa, -a-]; (*sich entwickeln*) تطور [tatawwara]; **≈ung** *f* نشأة [naʃʔa].

ent'stell|en (—) *v/t.* شوه [ʃawwaha], أفسد [ʔafsada]; **~t** مشوه [muʃawwah]; **≈ung** *f* تشويه [taʃwiːh].

ent'täusch|en (—) *v/t.*: ***j-s Hoffnung ~en*** خيب أمله [xajjaba ʔamalahu]; **~t** *adj.* خائب [xaːʔib]; **≈ung** *f* خيبة [xaiba].

ent'völkern (*-re*; —) *v/t.* (*Land*) أخلى من السكان [ʔaxlaː min assukkaːn].

ent'waffnen (*-e-*; —) *v/t.*: ***j-n ~*** نزع السلاح عنه [nazaʕa ssilaːħ ʕanhu].

ent'wässer|n (*-re*; —) *v/t.* صرف الماء [sarrafa lmaːʔ]; **≈ung** *f* تصريف المياه [tasriːf almijaːh].

entweder: ~ ... ***oder*** ... إما ... وإما [ʔimmaː ... waʔimmaː], إما ... أو [ʔimmaː ... ʔau].

ent'weichen (*L*; —; *sn*) *v/i.* هرب [haraba, -u-], انطلق [intalaqa]; (*Gas*) تسرب [tasarraba].

ent'weihen (—) *v/t.* دنس [dannasa]; (*durch Schmutz*) نجس [naddʒasa].

ent'wenden (*-e-*; —) *v/t.* سرق [saraqa, -i-], اختلس [ixtalasa].

ent'werfen (*L*; —) *v/t.* خطط [xattata], صمم [sammama]; (*Brief*) سود [sawwada].

ent'werten (*-e-*; —) *v/t.* (*Geld*) نقص القيمة [naqqasa lqiːma]; (*Briefmarke*) عطل [ʕattala].

ent'wick|eln (*-le; —*) *v/t.* طور [tawwara]; *Fot.* حمض [ħammada]; *v/r.* تطور [tatawwara]; **~lung** *f* (*e-r Sache*) تطوير [tatwiːr]; (*von sich aus*) تطور [tatawwur]; *Wirt.* تنمية [tanmija]; **~lungsland** *n* بلاد نامية (متطورة) [bilaːd naːmija (mutatawwira)].

ent'wirren (—) *v/t.* حل [ħalla, -u-], فك [fakka, -u-].

ent'wöhnen (—) (*Kind*) فطم [fatama, -i-].

ent'würdigend *adj.* مهين [muhiːn], مذل [muðill].

Ent'wurf *m* (*-es; ¨e*) (*Skizze*) رسم [rasm]; (*Plan*) تصميم [taʃmiːm]; (*Gesetz~*) مشروع [maʃruːʕ]; (*e-s Briefes*) مسودة [muswadda].

ent'wurzeln (*-le; —*) *v/t.* اقتلع [iqtalaʕa], استأصل [istaʔʃala].

ent'zieh|en (*L; —*) *v/t.* سحب [saħaba, -a-]; (*D/A* عن) منع [manaʕa, -a-]; *v/r.* (*e-m Zugriff*) تملص [tamallaʃa]; (*den Blicken*) اختفى [ixtafaː]; تجنب [tadʒannaba]; **~ungskur** *f* علاج إدمان المخدرات [ʕiladʒ ʔidmaːn almuxaddiraːt].

ent'ziffern (*-re; —*) *v/t.* حل رموزا [ħalla, -i-, rumuːzan].

ent'zück|en (—) *v/t.* فتن [fatana, -i-], سحر [saħara, -a-]; **~end** *adj.* فاتن [faːtin], جذاب [dʒaððaːb], ساحر [saːħir]; لطيف [latiːf].

Entzug *m* حرمان [ħirmaːn].

ent'zünd|en (*-e-; —*) *v/t.* أشعل [ʔaʃʕala]; *v/r.* اشتعل [iʃtaʕala]; *Med.* التهب [iltahaba]; **~ung** *f Med.* التهاب [iltihaːb].

ent'zwei *adv.* مكسور [maksuːr]; **~brechen** (*L*) *v/t.* كسر [kasara, -i-]; **~en** (—) *v/t.* فرق [farraqa]; *v/r.* افترق [iftaraqa]; **~gehen** (*L; sn*) *v/i.* انكسر [inkasara].

Epide'mie *f* وباء [wabaːʔ].

epi'demisch *adj.* (*O*) وبائى [wabaːʔiː].

Epile'psie *f* (*O*) صرع [ʃaraʕ].

E'poche *f* عصر [ʕaʃr], عهد [ʕahd].

Epos *n* (*—; Epen*) شعر قصصى [ʃiʕr qaʃaʃiː].

er *pers. pron.* هو [huwa]; **~ selbst** هو نفسه [huwa nafsuhu].

Er-'achten *n* (*-s; O*) رأى [raʔj], ظن [ʒann]; ***meines ~s*** فى رأيى [fiː raʔjiː].

E

er'barmen (—) *v/r.*: **sich** ~ (*j-s* ه) (*Gott*) رحم [raħima, -a-]; (*Mensch*) رق ل [raqqa, -i-].

E

Er'barmen *n* (*-s; O*) رحمة [raħma], حنان [ħanaːn].

er'bärmlich *adj.* حقير [ħaqiːr], وضيع [wadiːʕ].

er'barmungs|los (*-est*) *adj.* عديم الشفقة [ʕadiːm aʃʃa-faqa], قاس [qaːsin].

er'bau|en (—) *v/t.* بنى [banaː, -iː], شيد [ʃajjada]; (*durch Worte*) وعظ [waʕaza, jaʕizu]; **~lich** *adj.* راق [raːq], وعظي [waʕziː], مهذب [muhaððib].

Erbe[1] *m* (*-n*) وارث [waːriθ].

Erbe[2] *n* (*-s; O*) ميراث [miːraːθ].

er'beben (—) (*sn*) *v/i.* ارتجف [irtadʒafa]; (*Erde*) تزلزل [tazalzala].

erben *v/t.* ورث [waraθa, jariθu].

er'beuten *v/t.* غنم [ɣanima, -a-], اغتنم [iɣtanama].

er'bieten (*L;* —) *v/r.*: **sich** (*A*) ~ (**zu** *D* ل) تطوع [tatawwaʕa li].

Erbin *f* وارثة [waːriθa].

er'bitten (*L;* —) *v/t.* التمس [ilta-masa].

er'bitter|n (*-re;* —) *v/t.* أغاظ [ʔaɣaːza]; **~t** *adj.* (*Streit*) عنيف [ʕaniːf]; (*Kampf*) حامى الوطيس [ħaːmiː lwatiːs].

erb-lich *adj.* وراثي [wiraːθiː].

er'blassen (*-ßt,* —, *sn*) *v/i.* اصفر وجهه [iʃfarra wadʒhu-hu].

er'blicken (—) *v/t.* رأى [raʔa, jaraː], لمح [lamaħa, -a-].

er'blinden (*-e-;* —*; sn*) *v/i.* عمي [ʕamija, -aː].

er'brechen (*L;* —) *v/t.* فض [fadda, -u-]; *v/r.*: **sich** (*A*) ~ قاء [qaːʔa, -iː-], استفرغ [istafraɣa]; *euph.* استنطق [istantaqa].

Erbschaft *f* ميراث [miːraːθ].

Erbse *f* بسلة [bisilla].

Erd|ball *m* (*-ḙs; O*) *s.* **~kugel**; **~beben** *n* زلزال [zilzaːl], زلزلة [zalzala]; **~beere** *f* فراولة [faraːwla]; **~boden** *m* (*-s; O*) أرض [ʔard], أرضية [ʔardiːja]; (*Erdreich*) تربة [turba].

Erde *f* أرض [ʔard]; (*Staub*) تراب [turaːb]; (*Welt*) دنيا [dunjaː].

erden (*-e-*) *v/t. El.* وصل بالأرض [waʃʃala bilʔard], أرض [ʔarrada].

er'denklich *adj.* ممكن تصوره [mumkin taṣawwuruhu].

Erdgas *n* (*-es; -e*) غاز طبيعي [ɣaːz tabiːʕiː].

Erdgeschoß *n* (*-sses; -sse*) طابق (دور) أرضي [taːbiq (daur) ʔarḍiː].

Erd|kugel *f* الكرة الأرضية [alkura alʔarḍiːja]; **~kunde** *f* (*—; O*) جغرافيا [ʤuɣraːfijaː]; **~leitung** *f El.* توصيل بالأرض [tauṣiːl bilʔarḍ]; **~öl** *n* (*-ẹs; -e*) بترول [bitroːl], نفط [nafṭ]; **~reich** *n* (*-ẹs; O*) تربة [turba].

er'dreisten (*-e-; —*) *v/r.*: **sich** (*A*) ~ (**zu** على) تجاسر [taʤaːsara].

er'drosseln (*-le; —*) *v/t.* خنق [xanaqa, -u-].

er'drücken (*—*) *v/t.* سحق [saħaqa, -a-], ضغط على [ḍaɣaṭa].

Erd|rutsch *m* (*-es; -e*) انهيال الأرض [inhijaːl alʔarḍ]; **~satellit** *m* (*-en*) قمر الأرض [qamar alʔarḍ]; **~stoß** *m* (*-es; ⸚e*) زلزال [zilzaːl]; **~teil** *m* (*-ẹs; -e*) قارة [qaːrra].

er'dulden (*-e-; —*) *v/t.* قاسى [qaːsaː], عانى [ʕaːnaː].

Erdung *f El.* تأريض [taʔriːḍ].

er-'eifern *v/r.*: **sich** (*A*) ~ تحمس [taħammasa].

er'eig|nen (*-e-; —*) *v/r.*: **sich** (*A*) **~nen** حدث [ħadaθa], وقع [waqaʕa, jaqaʕu]; **≈nis** *n* (*-ses; -se*) حادث [ħaːdiθ], واقعة [waːqiʕa].

er'fahren (*L; —*) *v/t.* علم [ʕalima, -a-]; ***ich habe*** ~ بلغني [balaɣaniː].

er'fahr|en *adj.* ذو خبرة [ðuː xibra], مجرب [muʤarrab], متمرس [mutamarris]; **≈ung** *f* خبرة [xibra], تجربة [taʤriba]; (*Lebenserfahrung*) حنك [ħunk]; ***durch ≈ung*** بالتجربة [bittaʤriba]; ***in ≈ung bringen*** استعلم [istaʕlama].

er'fassen (*-ßt; —*) *v/t.* (*einbeziehen*) شمل [ʃamila, -a-]; (*verstehen*) *fig.* أدرك [ʔadraka], فهم [fahima, -a-].

er'find|en (*L; —*) *v/t.* اخترع [ixtaraʕa]; ***e-e Ausrede ~en*** تمحل العذر [tamaħħala lʕuðr]; **≈er** *m* مخترع [muxtariʕ]; **≈ung** *f* اختراع [ixtiraːʕ]; (*Ding*) مخترع [muxtaraʕ]; (*Lüge*) افتراء [iftiraːʔ].

er'flehen (*—*) *v/t.* التمس [iltamasa], استجدى [istaʤadaː].

Er'folg *m* (*-ẹs; -e*) نجاح [najaːħ]; (*von Gott gegeben*)

توفيق [taufiːq]; ~ ***haben*** نجح [nadʒaħa, -a-]; وفق [wuffiqa]; **≗en** (—, *sn*) *v/i.* حدث [ħadaθa, -u-], جرى [dʒaraː, -iː]; **≗los** (*-est*) *adj.* فاشل [faːʃil], خائب [xaːʔib]; **≗reich** *adj.* ناجح [naːdʒiħ], موفق [muwaffaq].

er'forder|lich *adj.* ضروري [đaruːriː], لازم [laːzim]; **~n** (*-re;* —) *v/t.* استلزم [istalzama], اقتضى [iqtađaː].

er'forsch|en (—) *v/t.* (*a. Land*) استكشف [istakʃafa]; (*untersuchen*) تحرى [taħarraː], بحث [baħaθa, -a-]; **≗ung** *f* (*O*) استقصاء [istiqʃaːʔ], استكشاف [istikʃaːf].

er'freu|en (—) *v/t.* سر [sarra, -u-], أمتع [ʔamtaʕa], أفرح [ʔafraħa]; *v/r.*: ***sich*** (*A*) **~en** (*G* ب) تمتع [tamattaʕa]; **~lich** *adj.* سار [saːrr], ممتع [mumtiʕ]; **~t** *adv.* مسرور [masruːr].

er'frieren (*L; sn*) مات من البرد [maːta, -uː-, min albard].

er'frisch|en (—) *v/t.* أنعش [ʔanʕaʃa]; **≗ung** *f* إنعاش [ʔinʕaːʃ].

er'füll|en (—) *v/t.* ملأ [malaʔa, -a-]; (*Bedingung, Versprechen*) وفى [wafaː, jafiː]; (*Bitte*) أجاب [ʔadʒaːba], استجاب [istadʒaːba]; (*Pflicht*) أدى [ʔaddaː]; (*Plan*) أنجز [ʔandʒaza]; **≗ung** *f* وفاء [wafaːʔ], أداء [ʔadaːʔ], إنجاز [ʔindʒaːz]; ***in* ≗ung *gehen*** تحقق [taħaqqaqa].

er'gänz|en (*-t;* —) *v/t.* كمل [kammala]; **≗ung** *f* تكملة [takmila].

er'geb|en (*L;* —) *v/t.* أنتج [ʔantadʒa]; *v/r.* (*resultieren*) نتج [natadʒa, -i-]; *Mil.* استسلم [istaslama]; *adj.* (*im Briefschluß*): ***Ihr* ~ener** المخلص [almuxliʃ]; **≗enheit** *f* (—; *O*) استسلام [istislaːm], خضوع [xuđuːʕ]; (*Treue*) إخلاص [ʔixlaːʃ]; **≗nis** *n* (*-ses; -se*) نتيجة [natiːdʒa]; *Math.* حاصل [ħaːʃil]; **~nis-los** (*O*) *adj.* بدون نتيجة [biduːn natiːdʒa].

er'giebig *adj.* مثمر [muθmir], منتج [muntidʒ].

er'gießen (*L;* —) *v/r.*: ***sich*** (*A*) ~ انصب [inʃabba].

er'götz|en (*-t;* —) *v/t.* ألذ [ʔalaððа]; *v/r.*: ***sich*** (*A*) ~ التذ [iltaðða].

er'greif|en (*L;* —) *v/t.* مسك [masaka, -i-], قبض على [qabađa, -i-]; (*Beruf*) اختار [ixtaːra]; (*Gelegen-

heit) اغتنم [iɣtanama]; (*Maßnahme*) اتخذ [ittaxaða]; **die Flucht ~en** فر [farra]; **~end** *adj.* مؤثر [muʔaθθir].

Er'griffenheit *f* (*O*) تأثر نفسانى [taʔaθθur nafsaːniː].

er'gründen (*-e-;* —) *v/t.* تبحر [tabaħħara], تقصى [taqaffaː].

Er'guß *m* (*-sses;* *-̈sse*) دفق [dafq]; *fig.* ثرثرة [θarθara].

er'haben *adj.* مرتفع [murtafiʕ]; (*Anblick*) رائع [raːʔiʕ]; *fig.* جليل [ʤaliːl].

er'halten (*L;* —) *v/t.* (*bekommen*) استلم [istalama]; (*bewahren*) حفظ [ħafiza, -a-]; *adj.* **gut ~** فى حالة جيدة [fiː ħaːla ʤajjida].

erhältlich (*O*) *adj.* (*Ware*) يباع [jubaːʕu]; **~ bei** يطلب من [jutlabu min].

Er'haltung *f* حفظ [ħifz]; (*Instandhaltung*) صيانة [ʃijaːna].

er'hängen (—) *v/r.*: **sich** (*A*) **~** انتحر شنقا [intaħara ʃanqan].

er'härten (*-e-;* —) *v/t.* أثبت [ʔaθbata].

er'heb|en (*L;* —) *v/t.* رفع [rafaʕa, -a-]; (*Gebühren*) حصل [ħaffala]; **Klage ~en** اشتكى [iʃtakaː], أقام الدعوى [ʔaqaːma ddaʕwaː]; *v/r.*: **sich** (*A*) **~en** قام [qaːma, -uː-]; **sich** (*A*) **~en** (**gegen** *A* على) ثار [θaːra, -uː-, ʕalaː]; **~end** *adj.* حافل [ħaːfil], مهيب [muhiːb]; **~lich** *adj.* هام [haːmm], لا يستهان [laː justahaːnu]; **^̃ung** *f* (*Anhöhe*) مرتفع [murtafaʕ]; *abstr.* رفع [rafʕ]; (*Aufstand*) ثورة [θaura].

er'heitern (*-re;* —) *v/t.* سلى [sallaː], أبهج [ʔabhaʤa].

er'hellen (—) *v/t.* أضاء [ʔađaːʔa], نور [nawwara]; *v/i.* اتضح [ittađaħa].

er'hitzen (*-t;* —) *v/t.* سخن [saxxana]; *v/r.*: **sich** (*A*) **~** حمى [ħamija, -aː].

er'höh|en (—) *v/t.* رفع [rafaʕa, -a-], زاد [zaːda, -iː-]; **^̃ung** *f* رفع [rafʕ], زيادة [zijaːda].

er'hol|en (—) *v/r.*: **sich** (*A*) **~en** استجم [istaʤamma]; (*Kranker*) نقه [naqiha, -a-]; **^̃ung** *f* استجمام [istiʤmaːm]; **^̃ungs-heim** *n* (*-¢s;* *-e*) دار النقاهة [daːr annaqaːha]; **^̃ungs-reise** *f* سفر للاستجمام [safar lilistiʤmaːm].

er-'inner|n (*-re;* —) *v/t.* (*A* **an** *A* ه ب) ذكر [ðakkara]; *v/r.*:

sich (*A*) **~n** تذكر [taðakkara]; **~ung** *f* ذكرى [ðikraː], تذكار [taðkaːr]; ***zur ~ung*** (***an*** *A* ل) تذكارًا [taðkaːran].

er'kalten (*-e-; —, sn*) *v/i.* برد [barada, -u-]; *fig.* فتر [fatara, -u-].

er'kält|en (*-e-; —*) *v/r.*: **sich** (*A*) **~en** أصيب بالبرد [ʔuʃiːba bilbard], نزل [nazila, -a-], زكم [zukima]; **~ung** *f* برد [bard], نزلة [nazla].

er'kenn|en (*L; —*) *v/t.* عرف [ʕarafa, -i-], تعرف على [taʕarrafa]; (*Gericht*) قضى [qađaː, -iː]; **schuldig ~en** أدان [ʔadaːna]; **~tlich** *adj.* معترف بالجميل [muʕtarif bildʒamiːl]; **~tnis** *f* (*—; -se*) عرفان [ʕirfaːn], معرفة [maʕrifa].

Erkennungszeichen *n* علامة مميزة [ʕalaːma mumajjiza].

er'klär|en *v/t.* (*erläutern*) شرح [ʃaraħa, -a-], فسر [fassara], أوضح [ʔauđaħa]; (*bekanntmachen*) صرح [ʃarraħa]; (*Krieg*) أعلن [ʔaʕlana]; **~ung** *f* شرح [ʃarħ], إيضاح [ʔiːđaːħ]; تصريح [taʃriːħ], بيان [bajaːn]; إعلان [ʔiʕlaːn].

er'klingen (*L; sn*) *v/i.* رن [ranna, -i-].

er'krank|en (*—; sn*) *v/i.* مرض [mariđa, -a-]; **~ung** *f* مرض [marađ].

er'kund|en *v/t.* استطلع [istatlaʕa], جس [dʒassa, -u-]; **~igen** (*—*) *v/r.*: **sich** (*A*) ***~igen nach*** *A* استعلم عن [istaʕlama ʕan], استفهم عن [istafhama ʕan]; **~igung** *f* استعلام [istiʕlaːm], استفهام [istifhaːm].

er'langen (*—*) *v/t.* نال [naːla, -aː-], حصل على [ħaʃala, -u-].

Er'laß *m* (*-sses; -sse*) مرسوم [marsuːm]; (*königlicher*) إرادة [ʔiraːda]; (*~ der Strafe*) إعفاء [ʔiʕfaːʔ].

er'lassen (*L; —*) *v/t.* (*Verordnung*) أصدر [ʔaʃdara]; (*Strafe*) أعفى [ʔaʕfaː].

er'laub|en (*—*) *v/t.* سمح ب [samaħa, -a-], أذن [ʔaðina, -a-]; (*offiziell*) صرح ب [ʃarraħa]; *Rel.* أباح [ʔabaːħa]; **~nis** *f* (*O*) سماح [samaːħ], إذن [ʔiðn]; اجازة [idʒaːza]; (*Genehmigung*) تصريح [taʃriːħ], جواز [dʒawaːz]; **~t** *adj.* مسموح [masmuːħ], جائز [dʒaːʔiz], مباح [mubaːħ].

erläutern *s.* ***erklären***.

er'leb|en (—) *v/t.* جرب [ʤarraba], شهد [ʃahida, -a-]; عاش ليشهد [ʕaːʃa, -iː-, lijaʃhada]; **~nis** *n* (*-ses; -se*) حادثة [ħaːdiθa], تجربة [taʤriba]; (*Abenteuer*) مغامرة [muɣaːmara].

er'ledig|en *v/t.* (—) أنجز [ʔanʤaza], أتم [ʔatamma], خلص [xallaʃa]; **~ung** *f* إنجاز [ʔinʤaːz], قضاء [qađaːʔ].

er'legen (—) *v/t.* (*Wild*) اصطاد [iʃtaːda].

er'leichter|n (*-re;* —) *v/t.* (*Last*) خفف [xaffafa]; (*Arbeit*) سهل [sahhala]; **~ung** *f* تخفيف [taxfiːf], تسهيل تسهيل [tashiːl].

er'leiden (*L;* —) *v/t.* كابد [kaːbada], عانى [ʕaːnaː].

er'lernen (—) *v/t.* درس تماما [darasa, -u-, tamaːman], تعلم [taʕallama].

er'lesen *adj.* (*ausgewählt*) منتقى [muntaqan], ممتاز [mumtaːz].

er'leuchten (—) *v/t.* أضاء [ʔađaːʔa].

er'liegen (*L;* —; *sn*) *v/i.* خضع [xađaʕa, -a-]; ***e-r Krankheit*** ~ مات من مرض [maːta min marađ].

er'logen (*O*) *adj.* مفترى [muftaran].

Er'lös *m* (*-es; -e*) *Hdl.* دخل [daxl], مأخوذ [maʔxuːð].

er'löschen (*L;* —; *sn*) *v/i.* انطفأ [intafaʔa]; (*Gültigkeit, Frist*) انتهى [intahaː]; (*Recht*) سقط [saqata, -u-].

er'lös|en (*-t;* —) *v/t.* أنقذ [ʔanqaða], نجى [nadʤaː]; **~er** *m* منقذ [munqið]; *Rel.* مخلص [muxalliʃ]; **~ung** *f* (*O*) إنقاذ [ʔinqaːð], نجاة [nadʤaːt].

er'mächtig|en (—) *v/t.* خول [xawwala], وكل [wakkala]; **~ung** *f* توكيل [taukiːl].

er'mahn|en (—) *v/t.* نصح [naʃaħa, -a-]; (*warnen*) أنذر [ʔanðara]; (*Prediger*) وعظ [waʕaza, jaʕizu]; **~ung** *f* نصيحة [naʃiːħa], إنذار [ʔinðaːr].

Er'mangelung *f* (*O*) نقص [naqʃ], عدم وجود [ʕadam wuʤuːd].

er'mäßig|en (—) *v/t.* خفض [xaffađa], خصم [xaʃama, -i-]; **~ung** *f* خصم [xaʃm].

er'messen (*L;* —) *v/t.* قدر [qaddara].

Er'messen *n* (*-s; O*) تقدير [taqdiːr], رأى [raʔj].

er'mitteln (*-le;* —) *v/t.* كشف [kaʃafa, -i-], حقق [ħaqqaqa].

Er'mittlung *f*: **~en anstellen** قام بتحقيقات [qaːma, -uː-, bitaħqiːqaːt].

er'möglichen (—) *v/t.* أمكن [ʔamkana], يسر [jassara].

er'mord|en (*-e-;* —) *v/t.* فتك [fataka, -u-], اغتال [iɣtaːla]; **≈ung** *f* اغتيال [iɣtijaːl].

er'müd|en (*-e-;* —) *v/t.* أتعب [ʔatʕaba]; *v/i.* (*sn*) تعب [taʕiba, -a-]; **≈ung** *f* (*O*) تعب [taʕab].

er'muntern (*-re;* —) *v/t.* نشط [naʃʃata], شجع [ʃaddʒaʕa].

er'mutig|en (—) *v/t.* شجع [ʃaddʒaʕa]; **≈ung** *f* تشجيع [taʃdʒiːʕ].

er'nähr|en (—) *v/t.* غذى [ɣaðδaː], أطعم [ʔatʕama]; (*Familie*) عال [ʕaːla, -uː-]; **≈er** *m* معيل [muʕiːl]; **≈ung** *f* تغذية [taɣδija]; (*Unterhalt*) عول [ʕaul].

er'nenn|en (*L;* —) *v/t.* عين [ʕajjana]; **≈ung** *f* تعيين [taʕjiːn].

er'neuer|n (*-re;* —) *v/t.* جدد [dʒaddada]; **≈ung** *f* تجديد [tadʒdiːd].

er'neut *adj.* مجدد [mudʒaddad]; *adv.* من جديد [min dʒadiːd].

er'niedrigen (—) *v/t.* أذل [ʔaðalla].

ernst (*-est*) *adj.* جدى [dʒiddiː], رزين [raziːn]; (*Lage*) خطر [xatir].

Ernst *m* (*-es; O*) جد [dʒidd], رزانة [razaːna]; **~fall** *m* (*-ǿs; ¨e*): **im ~fall** فى حالة خطر [fiː ħaːlat xatar], عند الضرورة [ʕinda đđaruːra]; **≈haft** (*-est*) *adj.* جدى [dʒiddiː]; **≈lich** *adv.* خطر [xatir].

Ernte *f* حصاد [ħaʃaːd]; **≈n** (*-e-*) *v/t.* حصد [ħaʃada, -u-].

Er-'ober|er *m* فاتح [faːtiħ], غاز [ɣaːzin]; **≈n** *v/t.* (*-re;* —) (*Stadt*) فتح [fataħa, -a-], (*Land*) غزا [ɣazaː, -uː]; **~ung** *f* فتح [fatħ].

er-'öffn|en (*-e-;* —) *v/t.* افتتح [iftataħa]; **das Feuer ~en** فتح النيران [fataħa, -a-, an-niːraːn]; **≈ung** *f* افتتاح [iftitaːħ].

er-'örter|n (*-re;* —) *v/t.* ناقش [naːqaʃa], باحث [baːħaθa]; **≈ung** *f* مناقشة [munaːqaʃa], مباحثة [mubaːħaθa].

Ero'sion *f* انجراف التربة [indʒiraːf atturba].

e'rotisch *adj.* عشقى [ʕiʃqiː], غزلى [ɣazaliː].

er'press|en (*-ßt;* —) *v/t.* بلص

[balaʃa, -u-], اغتصب [iɣtaʃaba]; **∼̊ung** *f* اغتصاب [iɣtiʃaːb].

er'proben (—) *v/t.* جرب [ʤarraba], اختبر [ixtabara].

er'raten (*L*; —) *v/t.* خمن [xammana], حدس [ħadasa, -i-].

er'reg|bar *adj.* سريع الانفعال [sariːʕ alinfiʕaːl]; **∼en** (—) *v/t.* أثار [ʔaθaːra], هيج [hajjaʤa]; **∼̊ung** *f* (*Aktion*) إثارة [ʔiθaːra]; (*innere*) قلق [qalaq]; تهيج [tahajjuʤ].

er'reich|bar *adj.* (*O*) سهل المنال [sahl almanaːl]; **∼en** (—) *v/t.* بلغ [balaɣa, -u-], وصل إلى [waʃala, jaʃilu]; (*Zug usw.*) لحق [laħiqa, -a-], أدرك [ʔadraka].

er'retten (*-e-*; —) *v/t.* أنقذ [ʔanqaða].

er'richten (*-e-*; —) *v/t.* بنى [banaː, -iː], أقام [ʔaqaːma], شيد [ʃajjada]; أنشأ [ʔanʃaʔa].

er'ringen (*L*; —) *v/t.* نال [naːla, -aː-]; (*Gunst*) حظى ب [ħaᵶija, -aː]; **e-n Sieg ∼** انتصر [intaʃara].

er'röten (*-e-*; —) *v/i.* احمر وجهه [iħmarra waʤhuhu].

Er'rungenschaft *f* مكسب [maksab]; **∼en** *pl.* مكاسب [makaːsib], منجزات [munʤazaːt].

Er'satz *m* (*-es*; *O*) (*Austausch*, *∼stoff*) بدل [badal]; (*Vergütung*) تعويض [taʕwiːđ], عوض [ʕiwađ]; **∼mittel** *n* بدل [badal]; **∼reifen** *m* إطار احتياطي [ʔitaːr iħtijaːtiː]; **∼spieler** *m* (*Sport*) لاعب احتياطي [laːʕib iħtijaːtiː]; **∼teil** *n* (*-ɇs*; *-e*) قطعة غيار [qitʕat ɣijaːr].

er'schaff|en (*L*; —) *v/t.* خلق [xalaqa, -u-], برأ [baraʔa, -a-]; **∼̊ung** *f* خلق [xalq].

er'schein|en (*L*; —; *sn*) *v/i.* لاح [laːħa, -uː-], ظهر [ᵶahara, -a-]; (*vorkommen*) بدا [badaː, -uː]; (*Zeitung*) صدر [ʃadara, -u-]; **∼̊ung** *f* (*Natur∼̊*) ظاهرة [ᵶaːhira]; (*Aussehen*) منظر [manᵶar], مظهر [maᵶhar].

er'schießen (*L*; —) *v/t.* قتل رميا بالرصاص [qatala, -u-, ramjan birraʃaːʃ].

er'schlaffen (—, *sn*) *v/i.* تراخى [taraːxaː].

er'schlagen (*L*; —) *v/t.* قتل ضربا [qatala, -u-, đarban].

er'schließen (*L*) *v/t.* (*Land*) أعمر [ʔaʕmara]; (*Markt*) فتح [fataħa, -a-].

E

er'schöpf|en (—) *v/t.* (*ermüden*) أضنى [ʔađnaː]; (*Mittel*) أنفد [ʔanfada]; **~end** *adj.* (*Auskunft*) واف [waːfin], مفصل [mufaʃʃal]; **~t** *adj.* (*O*) منهوك [manhuːk], مضنى [muđnan]; **≈ung** *f* (*O*) ضنى [đanan], نهك [nahk].

er'schrecken (—) *v/t.* أفزع [ʔafzaʕa], أرعب [ʔarʕaba], أخاف [ʔaxaːfa]; *v/i.* (*L; —; sn*) فزع [faziʕa, -a-], رعب [raʕaba, -a-].

er'schütter|n (*-re; —*) *v/t.* هز [hazza, -u-], رج [radʤa, -u-]; *fig.* روع [rawwaʕa]; **~nd** *adj.* هائل [haːʔil], مؤثر [muʔaθθir]; **~t** *adj.* مذهول [maðhuːl]; **≈ung** *f* ارتجاج [irtiʤaːʤ].

er'schweren (—) *v/t.* صعب [ʃaʕʕaba].

er'schwinglich *adj.* (*Preis*) متهاود [mutahaːwid].

er'setzen (*-t; —*) *v/t.* استبدل [istabdala]; (*Schaden*) عوض عن [ʕawwađa].

er'sichtlich *adj.* بين [bajjin].

er'spar|en (—) *v/t.* ادخر [iddaxara], وفر [waffara]; **≈nis** *f* (*—; -se*) توفير [taufiːr]; **≈*nisse*** *pl.* مدخرات [muddaxaraːt].

erst *adv.* أولا [ʔawwalan]; ***er kommt ~ um 10 Uhr*** لا يحضر إلا فى الساعة العاشرة [laː jaħđuru ʔillaː fiː ssaːʕa lʕaːʃira].

er'starr|en (*—; sn*) *v/i.* جمد [ʤamuda, -u-], تجمد [taʤammada], صلب [ʃaluba, -u-], صلد [ʃalada, -u-]; **≈ung** *f* تجمد [taʤammud].

er'statt|en (*-e-; —*) *v/t.* (*Anzeige*) سجل [saddʒala]; (*Bericht*) قدم [qaddama]; (*Kosten*) رد [radda, -u-]; **≈ung** *f* رد [radd], تقديم [taqdiːm].

er'staunen (—) *v/i.* دهش [dahiʃa, -a-], اندهش [indahaʃa]; *v/t.* أدهش [ʔadhaʃa].

Er'staun|en *n* (*O*) دهشة [dahʃa], اندهاش [indihaːʃ]; **≈lich** *adj.* مدهش [mudhiʃ]; **≈t** *adj.* مندهش [mundahiʃ].

erste, ~r, ~s *num.* أول [ʔawwal] *m*, أولى [ʔuːlaː] *f*; ***am ~n des Monats*** فى أول الشهر [fiː ʔawwal aʃʃahr]; ***~ Hilfe*** الإسعاف [alʔisʕaːf]; ***zum ~n Mal*** للمرة الأولى [lilmarra alʔuːlaː].

er'stechen (*L; —*) *v/t.* طعن و قتل [taʕana, -a-, wa qatala, -u-].

er'stehen (*L; —*) *v/t.* (*kaufen*) اشترى [iʃtaraː].

er'steigen (*L; —*) *v/t.* صعد [ṣaʕida, -a-].

erstens *adv.* أولا [ʔawwalan].

er'sticken (—) *v/i.* (*sn*) اختنق [ixtanaqa]; *v/t.* (*Feuer*) أخمد [ʔaxmada].

erstklassig *adj.* من الدرجة الأولى [min addaradʒa alʔuːla].

erstmals *adv.* للمرة الأولى [lil-marra alʔuːlaː].

er'streben (—) *v/t.* قصد [qaṣada, -i-], سعى إلى [saʕaː, -aː].

er'strecken (—) *v/r.* امتد [imtadda].

er'such|en (—) *v/t.* (*j-n* **um** *A od.* **daß**) رجا ه أن [radʒaː, -uː], التمس ه من [iltamasa]; ***ich ~e Sie*** أرجوكم [ʔardʒuː-kum].

er'tappen (—) *v/t.* باغت [baː-ɣata], فاجأ [faːdʒaʔa].

er'teilen *v/t.* (*geben*) أعطى [ʔaʕṭaː].

er'tönen (*—; sn*) *v/i.* رن [ranna, -i-], دوى [dawwaː].

Er'trag *m* (*-ẹs; ⸗e*) غلة [ɣalla], محصول [maħṣuːl], إنتاج [ʔintaːdʒ]; **⸗en** (*L; —*) *v/t.* تحمل [taħammala], كابد [kaː-bada], أطاق [ʔaṭaːqa].

er'träglich *adj.* مطاق [muṭaːq], محتمل [muħtamal].

er'tränken (—) *v/t.* أغرق [ʔaɣ-raqa].

er'trinken (*L; —; sn*) *v/i.* غرق [ɣariqa, -a-], مات غرقا [maːta, -uː-, ɣaraqan].

er'übrig|en (—) *v/t.* استغنى عن [istaɣnaː]; **es ~t sich** يستغنى عنه [justaɣnaː ʕanhu], ليس من الضرورى [laisa min aḍḍaruːriː].

er'wachen (*—; sn*) *v/i.* استيقظ [istaiqaẓa].

er'wachsen (*L; —*) *v/i.* (**aus** من) تولد [tawallada]; *adj.* (*volljährig*) بالغ [baːliɣ]; (*mittleren Alters*) كهل [kahl]; **die ⸗en** *pl.* الكبار [alkibaːr].

er'wäg|en (*L; —*) *v/t.* تأمل [taʔammala], اعتبر [iʕta-bara]; **⸗ung** *f* اعتبار [iʕti-baːr].

er'wähn|en (—) *v/t.* ذكر [ðakara, -u-]; **~t** *adj.* مذكور [maðkuːr]; **⸗ung** *f* ذكر [ðikr].

er'wärmen (—) *v/t.* دفأ [daf-faʔa]; *v/r. fig.*: **sich** (*A*) **~ für** (*A* ب) أولع [ʔuːliʕa].

er'wart|en (*-e-; —*) *v/t.* انتظر

[intaẓara], ترقب [taraqqaba], توقع [tawaqqaʕa]; **es ist zu ~en** من المنتظر [min almuntaẓar]; **≈ung** *f* انتظار [intiẓaːr], توقع [tawaqquʕ].

er'wecken *v/t.* (*erregen*) أثار [ʔaθaːra].

er'weisen (*L; —*) *v/t.* (*Dienst*) قدم [qaddama]; *j-m* **Gutes ~** أحسن إليه [ʔaħsana ʔilaihi]; *j-m* **Ehre ~** بجله [baddʒalahu]; *v/r.*: **sich** (*A*) **~ als** ظهر [ẓahara, -a-], طلع [ṭalaʕa, -u-].

er'weiter|n (*-re; —*) *v/t.* وسع [wassaʕa]; **≈ung** *f* توسيع [tausiːʕ].

Er'werb *m* (*-ẹs; -e*) اكتساب [iktisaːb]; (*Kauf*) اقتناء [iqtinaːʔ]; **≈en** (*L; —*) *v/t.* كسب [kasaba, -i-], اكتسب [iktasaba]; (*kaufen*) اقتنى [iqtanaː]; **≈s-fähig** *adj.* قادر على العمل [qaːdir ʕalaː lʕamal]; **≈s-los** (*O*) *adj.* عاطل [ʕaːṭil]; **~s-losigkeit** *f* بطالة [biṭaːla]; **≈s-tätig** (*O*) *adj.* مشتغل [muʃtaɣil], عامل [ʕaːmil]; **~ung** *f* كسب [kasb].

er'wider|n (*-re; —*) *v/t.* رد [radda, -u-]; (*antworten*) أجاب [ʔadʒaːba]; **≈ung** *f* رد [radd], إجابة [ʔidʒaːba].

er'wischen (—) *v/t.* أدرك [ʔadraka], ضبط [ḍabaṭa, -i-, -u-].

er'wünscht (*-est*) *adj.* مأمول [maʔmuːl], مرغوب فيه [marɣuːb fiːhi].

er'würgen (—) *v/t.* خنق [xanaqa, -u-].

Erz *n* (*-es; -e*) معدن خام [maʕdin xaːm].

er'zähl|en (—) *v/t.* حكى [ħakaː, -iː], قص [qaṣṣa, -u-], روى [rawaː, -iː]; **≈er** *m* قاص [qaːṣṣ], راو [raːwin]; **≈ung** *f* قصة [qiṣṣa], حكاية [ħikaːja], رواية [riwaːja].

er'zeug|en (—) *v/t.* صنع [ṣanaʕa, -a-]; (*produzieren*) أنتج [ʔantadʒa]; (*Kind*) ولد [walada, jalidu]; (*Strom*) ولد [wallada]; **≈er** *m* صانع [ṣaːniʕ]; (*Gott*) خالق [xaːliq]; (*Vater*) والد [waːlid]; **≈nis** *n* (*-ses; -se*) مصنوع [maṣnuːʕ]; ***landwirtschaftliche ≈nisse*** منتجات زراعية [muntadʒaːt ziraːʕiːja]; **≈ung** *f* إنتاج [ʔintaːdʒ], صنع [ṣanʕ], توليد [tauliːd].

er'zieh|en (*L; —*) *v/t.* ربى [rabbaː]; (*zu guten Sitten*)

أدب [ʔaddaba]; ²**er** *m* مؤدب [muʔaddib]; ²**ung** *f* تربية [tarbija], تأديب [taʔdiːb]; ²**ungs-wesen** *n* شؤون التربية [ʃuʔuːn attarbija].

er'zielen (—) *v/t.* أصاب [ʔafaːba], نال [naːla, -aː-].

er'zürnen (—) *v/t.* أغضب [ʔaɣđaba].

er'zwingen (*L*; —) *v/t.* نال كرها (غصبا) [naːla, -aː-, karhan (ɣaʃban)].

es *pers. pron. n* (جماد) هو [huwa], هى [hija]; إنه [ʔinnahu]; ~ ***ist so*** هو كذلك [huwa kaðaːlik].

Esel *m* حمار [ħimaːr]; ~**treiber** *m* حمار [ħammaːr].

Eskalation [-'tsĭoːn] *f*: ***militärische*** ~ تصعيد عسكرى [taʃʕiːd ʕaskariː].

eßbar *adj.* صالح للأكل [ʃaːliħ lilʔakl].

essen (*L*) *v/t.* أكل [ʔakala, -u-]; *v/i.*: ***zu Mittag*** ~ تغذى [taɣaððaː]; ***zu Abend*** ~ تعشى [taʕaʃʃaː]; ***zu ~ geben*** أطعم [ʔaŧʕama].

Essen *n* (-*s*; *O*) أكل [ʔakl], طعام [taʕaːm]; (*Mahlzeit*) وجبة [wadʒba].

Essig *m* (-*s*; *O*) خل [xall]; ***in ~ eingelegt*** مخلل [muxallal].

Eß|löffel *m* ملعقة (كبيرة) [milʕaqa (kabiːra)]; ~**lust** *f* (*O*) شهية [ʃahiːja]; ~**tisch** *m* مائدة [maːʔida], سفرة [sufra]; ~**waren** *f/pl.* مأكولات [maʔkuːlaːt]; ~**zimmer** *n* غرفة الأكل [ɣurfat alʔakl].

eta'blieren (—) *v/t.* أسس [ʔassasa], أقام [ʔaqaːma].

Etablissement [-blıs(ə)'mãː] *n* (-*s*; -*s*) مؤسسة [muʔassasa], منشأة [munʃaʔa].

Etage [eˑ'taːʒə] *f* دور [daur], طابق [taːbiq].

E'tappe *f* مرحلة [marħala].

Etat [eˑ'taː] *m* (-*s*; -*s*) ميزانية دولة [miːzaːniːjat daula]; ~**-jahr** *n* (-*ẹs*; -*e*) سنة مالية [sana maːliːja].

Ethik *f* (*O*) علم الأخلاق [ʕilm alʔaxlaːq].

Eti'kett *n* (-*ẹs*; -*e od.* -*s*) بطاقة [bitaːqa], يفطة [jafta].

etliche *pl. indef. pron.* بضع [bıđaʕ].

Etui [eˑ'tviː] *n* (-*s*; -*s*) محفظة [miħfaza], علبة [ʕulba].

etwa *adv.* تقريبا [taqriːban], حوالى [ħawaːlaj].

etwas *pron.* شىء [ʃaiʔ], شىء ما [ʃaiʔun maː]; *adv.* نوعا ما

[nauʕan maː], بعض الشيء [baʕđ aʃʃaiʔ], قليلا [qaliːlan].

euch *pers. pron.* إياكم [ʔijjaːkum], إياكن [ʔijjaːkunna].

euer *poss. pron.* ...كم [-kum], ...كن [-kunna].

Eule *f* بومة [buːma].

euretwegen *adv.* من أجلكم [min ʔadʒlikum].

Eu'ro|pa *n* أوربا، أوروبا [ʔurubba]; **~'päer** *m*, **~'päisch** *adj.* أوربى، أوروبى [ʔurubbiː].

Euter *n* ضرع [đarʕ].

evan'gelisch (*O*) *adj.* بروتستنتى [brotostantiː].

Evangelium [eˑvan'geːlĭum] *n* (*-s; -ien*) إنجيل [ʔindʒiːl].

ewig (*O*) *adj.* خالد [xaːlid]; (*ohne Anfang*), أزلى [ʔazaliː]; (*ohne Ende*), أبدى [ʔabadiː]; **~keit** *f* خلد [xuld], أزل [ʔazal], أبد [ʔabad].

e'xakt (*-est*) *adj.* دقيق [daqiːq]; محكم [muħkam]; *adv.* بدقة [bidiqqa].

E'xamen *n* (*-s; — u. -mina*) امتحان [imtiħaːn].

Exem'plar *n* (*-ḝs; -e*) نسخة [nusxa].

exer'zieren (—) *v/i.* تدرب [tadarraba].

E'xil *n* (*-s; -e*) مهجر [mahdʒar]; (*Verbannung*) منفى [manfan].

Exi'st|enz *f* وجود [wudʒuːd]; (*Leben*) معيشة [maʕiːʃa]; **~ieren** (—) *v/i.* وجد [wudʒida].

Exkre'ment *n* (*-ḝs; -e*) براز [buraːz].

e'xotisch *adj.* غريب [ɣariːb].

expe'dieren (—) *v/t.* أرسل [ʔarsala].

Expedition [-'tsĭoːn] *f* (*Forschungs~*) بعثة [baʕθa]; *Mil.* حملة [ħamla].

Experi'ment *n* (*-ḝs; -e*) تجربة [tadʒriba]; **~ell** [-'tɛl] *adj.* اختبارى [ixtibaːriː]; **~ieren** [-'tiː-] *v/i.* أجرى تجارب [ʔadʒraː tadʒaːrib].

explo'dieren (—) *v/i.* انفجر [infadʒara].

Explo'sion *f* انفجار [infidʒaːr].

Expo'nent *m* (*-en; -en*) *Math.* أس [ʔuss]; (*e-r Ansicht*) نصير [naʃiːr].

Ex'port *m* (*-ḝs; -e*) تصدير [taʃdiːr]; **~e** *pl.* صادرات [ʃaːdiraːt]; **~eur** [ɛkspɔʀ'tøːʀ] *m* (*-s; -e*) مصدر [muʃaddir]; **~ieren** [-'tiːʀən] (—) *v/t.* صدر [ʃaddara].

extra *adv.* (*besonders*) خاص [xaːʃʃ]; (*zusätzlich*) إضافى [ʔiđaːfiː]; **~blatt** *n* (*-es; ¨-er*)

(لجريدة) نشرة خاصة [naʃra xaːʃʃa].

Ex'trakt *m* (-*¢s*; -*e*) خلاصة [xulaːʃa]; **~ion** [ɛks-tʀak't-sĭoːn] *f* (*e-s Zahnes*) خلع [xalʕ].

ex'trem *adj.* غال [ɣaːlin], متطرف [mutatarrif]; *adv.* للغاية [lilɣaːja]; **~** *n* (-*s*; -*e*) غاية [ɣaːja], طرف [taraf]; **~ismus** [-'mɪs-] *m* (-; *O*) تطرف [tatarruf]; **~ist** [-'mɪst] *m* (-*en*) متطرف [mutatarrif]; **~i'täten** *f/pl.* أطراف البدن [ʔatraːf albadan].

ex'zentrisch *adj. Techn.* مختلف المركز [muxtalif almarkaz]; *fig.* شاذ [ʃaːðð].

Ex'zerpt *n* (-*¢s*; -*e*) ملخص [mulaxxaʃ].

Ex'zeß *m* (-*sses*; -*sse*) (*Übertreibung*) افراط [ifraːt], شطط [ʃatat], غلو [ɣuluːw]; **Exzesse** *pl.* أعمال وحشية [ʔaʕmaːl waħʃiːja].

F

F

Fabel *f* (—; -*n*) قصة [qiʃʃa], خرافة [xuraːfa]; **~haft** *adj. fig.* فاخر [faːxir], بديع [badiːʕ].

Fa'brik *f* مصنع [maʃnaʕ], معمل [maʕmal]; **~ant** [-i·'kant] *m* (-*en*) صاحب مصنع [ʃaːħib maʃnaʕ]; **~at** [-i·'kaːt] *n* (-*¢s*; -*e*) منتج [muntaʤ].

Fabrikation [-'tsĭoːn] *f* صنع [ʃanʕ], إنتاج [ʔintaːʤ].

fabri'zieren (—) *v/t.* صنع [ʃanaʕa, -a-], أنتج [ʔantaʤa].

Fach *n* (-*¢s*; ⸗*er*) رف [raff]; (*Schub*~) درج [durʤ]; *fig.* فرع [farʕ], فن [fann], مادة اختصاص [maːddat ixtiʃaːʃ]; **~arbeiter** *m* عامل مختص (فنى) [ʕaːmil muxtaʃʃ (fanniː)]; **~arzt** *m* طبيب أخصائى [tabiːb ʔaxiʃaːʔiː]; **~ausdruck** *m* اصطلاح فنى [iʃtilaːħ fanniː].

fachlich *adj.* فنى [fanniː].

Fächer *m* مروحة [mirwaħa].

Fach|kenntnisse *f/pl.* معلومات فنية [maʕluːmaːt fanniːja], اختصاص [ixtiʃaːʃ]; **~mann** *m* (-*¢s*; -*leute*) خبير [xabiːr]; **~schule** *f* مدرسة مهنية [madrasa mihniːja].

Fackel *f* (—; -*n*) مشعل [maʃʕal]; ~**zug** *m* (*-es; ⁻̈e*) موكب المشاعيل [maukib almaʃaːʕiːl].

fade *adj.* لا طعم له [laː ŧaʕma lahu]; تفه [tafih]; (*langweilig*) ممل [mumill].

F

Faden *m* (*-s;* ⁻̈) خيط [xajŧ]; ~**nudeln** *f/pl.* شعرية [ʃaʕriːja]; ⁓**scheinig** *adj.* بال [baːlin].

fähig *adj.* قدير [qadiːr], موهوب [mauhuːb]; *zu etw.* قادر على [qaːdir ʕalaː]; ⁓**keit** *f* قدرة [qudra], كفاءة [kafaːʔa], قابلية [qaːbiliːja].

fahl *adj.* شاحب [ʃaːħib].

Fahne *f* علم [ʕalam], راية [raːja].

Fahrbahn *f* طريق مركبات [ŧariːq markabaːt].

fahrbar *adj.* سائر على عجلات [saːʔir ʕalaː ʕadʒalaːt].

Fährboot *n* (*-ɇs; -e*) *s.* ***Fähre***.

Fahrdienstleitung *f* إدارة المرور [ʔidaːrat almuruːr].

Fähre *f* معدية [maʕdija], معبر [miʕbar].

fahr|en (*L*) *v/i.* (*sn*) سار [saːra, -iː-], سافر [saːfara], ركب [rakiba, -a-]; *v/t.* (*e-n Wagen*) ساق [saːqa, -uː-]; (*e-e Last*) نقل [naqala, -u-]; ⁓**er** *m* سائق [saːʔiq], سواق [sawwaːq]; ⁓**er-flucht** *f* جريمة هرب (السائق) [dʒariːmat harab]; ⁓**gast** *m* (*-ɇs; ⁻̈e*) راكب [raːkib], مسافر [musaːfir]; ⁓**geld** *n* (*-ɇs; -er*) أجرة الركوب [ʔudʒrat arrukuːb]; ⁓**gestell** *n* (*-ɇs; -e*) هيكل السيارة [haikal assajjaːra]; *Flugw.* عجلات الهبوط [ʔadʒalaːt alhubuːŧ]; ⁓**karte** *f* تذكرة الركوب [taðkirat arrukuːb]; ⁓**kartenschalter** *m* شباك التذاكر [ʃubbaːk attaðaːkir]; ⁓**lässigkeit** *f* إهمال [ʔihmaːl], عدم الحذر [ʕadam alħaðar]; ⁓**lehrer** *m* معلم السياقة [muʕallim assijaːqa]; ⁓**plan** *m* (*-ɇs; ⁻̈e*) جدول مواعيد السفر [dʒadwal mawaːʕiːd assafar]; ~**planmäßig** (*O*) *adj.* مطابق للجدول [muŧaːbiq lildʒadwal]; ⁓**preis** *m* (*-es; -e*) *s.* ⁓***geld;*** ⁓**rad** *n* (*-ɇs; ⁻̈er*) دراجة [darraːdʒa], عجلة [ʕadʒala]; ⁓**schein** *m* (*-ɇs; -e*) *s.* ⁓***karte;*** ⁓**stuhl** *m* (*-ɇs; ⁻̈e*) مصعد [miʃʕad]; ⁓**t** *f* سير [sair], سفر [safar].

Fährte *f* أثر (قدم) [ʔaθar (qadam)].

Fahrtrichtung *f* اتجاه السير [ittidʒaːh assair].

Fahr|zeit *f* مدة السفر [muddat assafar]; **~zeug** *n* (-*¢s; -e*) مركبة [markaba], وسيلة النقل [wasiːlat annaql].

faktisch (*O*) *adj.* واقعي [waːqiʕiː]; *adv.* في الواقع [fiː lwaːqiʕ].

Faktor *m* (-*s;* -*'oren*) عامل [ʕaːmil].

Fak'tur(a) *f* فاتورة [faːtuːra].

Fakul'tät *f* كلية [kulliːja].

fakulta'tiv (*O*) *adj.* اختياري [ixtijaːriː].

Falke *m* (-*n*) صقر [ʂaqr], باز [baːz].

Fall *m* (-*¢s;* ¨*e*) سقوط [suquːʈ]; (*Ereignis*) حادث [ħaːdiθ]; (*Angelegenheit*) حال [ħaːl]; *Gr.* حالة الاسم [ħaːlat alism]; *Jur.* قضية [qađiːja]; *Med.* إصابة [ʔiʂaːba]; ***auf jeden ~, auf alle Fälle*** على كل حال [ʕalaː kulli ħaːl]; ***auf keinen ~*** لا ... بأى حال [laː ... biʔajji ħaːl]; ***in diesem ~*** في هذه الحالة [fiː haːðihi lħaːla].

Falle *f* مصيدة [miʂjada], فخ [faxx].

fallen (*L; sn*) *v/i.* سقط [saqaʈa, -u-], وقع [waqaʕa, jaqaʕu]; ***es fällt mir schwer*** يصعب على [jaʂʕubu ʕalajja]; ***er ist im Krieg gefallen*** قتل في الحرب [qutila fiː lħarb]; ***~ lassen*** أسقط [ʔasqaʈa].

fällen *v/t.* (*Bäume*) قطع [qaʈaʕa, -a-]; (*Urteil*) أصدر [ʔaʂdara].

fällig (*O*) *adj.* مستحق الدفع [mustaħiqq addafʕ]; **˜keit** *f* استحقاق [istiħqaːq]; **˜keits-termin** *m* (-*s;* -*e*) أجل الاستحقاق [ʔadʒal alist.].

falls إن [ʔin], في حالة [fiː ħaːlat ...].

Fallschirm *m* (-*¢s;* -*e*) مظلة الهبوط [miʐallat alhubuːʈ]; **~jäger** *m* *Mil.* مظلي [miʐalliː].

falsch (-*est*) *adj.* (*Mensch*) ذو وجهين [ðuː wadʒhain], منافق [munaːfiq]; (*Geld*) زائف [zaːʔif]; (*Zähne*) صناعي [ʂinaːʕiː]; (*unrichtig*) خاطئ [xaːʈiʔ]; ***~ verbunden*** *Telef.* النمرة غلط [annimra ɣalaʈ].

fälschen *v/t.* زيف [zajjafa], زور [zawwara].

Falschheit *f* (*O*) كذب [kiðb], زور [zuːr].

fälschlich (*O*) *adj.* خطأ [xaʈaʔan].

Falschmeldung *f* خبر كاذب [xabar kaːðib].

Falschspieler *m* غشاش فى اللعب [ɣaʃʃaːʃ fiː lliʕb].

Fälschung *f* تزييف [tazjiːf], تزوير [tazwiːr].

Falt|e *f* طية [tajja], ثنية [θanja]; (*im Gesicht; pl.*) تجاعيد [taʤaːʕiːd]; **~en** (-e-) *v/t.* طوى [tawaː, -iː], ثنى [θanaː, -iː]; ***die Hände ~en*** شبك يديه [ʃabaka, -i-, jadaihi].

Falz *m* (-*es*; ⁻*e*) ثنى [θinj].

familiär [-'lĭɛːʁ] *adj.* عائلى [ʕaːʔiliː]; *adv.* بدون كلفة [biduːn kulfa].

Fa'milie *f* عائلة [ʕaːʔila].

Fana'tismus *m* (—; *O*) تعصب [taʕaʃʃub].

Fang *m* (-*¢s*; ⁻*e*) صيد [ʃaid]; (*Zahn*) ناب [naːb]; (*Kralle*) مخلب [mixlab].

fangen (*L*) *v/t.* قبض [qabađa, -i-]; (*Ball*) التقط [iltaqata]; (*jagen*) صاد [ʃaːda, -iː-]; ***Feuer ~*** اشتعل [iʃtaʕala].

Fangfrage *f* أغلوطة [ʔuɣluːta].

Farb|band *n* (-*¢s*; ⁻*er*) شريط آلة كاتبة [ʃariːt ʔaːla kaːtiba]; **~e** *f* لون [laun]; (*Färbemittel*) صبغة [ʃibɣa]; **~echt** *adj.* ثابت اللون [θaːbit allaun].

färben *v/t.* صبغ [ʃabaɣa, -u-], لون [lawwana].

farbenblind (*O*) *adj.* أعمى الألوان [ʔaʕmaː lʔalwaːn].

Färbe'rei *f* مصبغة [maʃbaɣa].

Farb|fernsehen *n* تلفزة بالألوان [talvaza bilʔalwaːn]; **~film** *m* فلم ملون [film mulawwan]; **~fotografie** *f* التصوير الملون [attaʃwiːr almulawwan]; **~ig** *adj.* ملون [mulawwan]; **~los** *adj.* (-*est*) بلا لون [bilaː laun]; *fig.* تافه [taːfih].

Färbung *f* لون [laun], تلوين [talwiːn].

Farn *m* (-*¢s*; -*e*) *Bot.* خنشار [xinʃaːr].

Fa'san *m* (-*s*; -*e*; -*en*) *Zo.* تدرج [tadruʤ].

Fasching *m* (-*s*; -*e*) كرنفال [karnavaːl].

Faser *f* (—; -*n*) ليف [liːf]; **~ig** *adj.* ليفى [liːfiː].

Faß *n* (-*sses*; ⁻*sser*) برميل [barmiːl].

Fas'sade *f* واجهة [waːʤiha].

fassen (-*ßt*) *v/t.* (*ergreifen*) مسك [masaka, -i-], قبض [qabađa, -i-]; (*enthalten*) أحاط ب [ʔaħaːta], وعى [waʕaː, jaʕiː]; (*verstehen*) فهم [fahima, -a-], أدرك [ʔadraka]; *v/r.* تمالك نفسه [tamaːlaka nafsahu]; ***sich***

kurz ~ أوجز كلامه [ʔaudʒaza kalaːmahu].

Fassung *f* (*Umrahmung*) إطار [ʔitaːr]; (*Glühbirnen*~) دواة [dawaːt]; ~ ***e-s Textes*** صيغة نص [siːɣat nass]; (*Selbstbeherrschung*) تمالك [tamaːluk]; ~**slos** (*-est*) *adj.* مذهول [maðhuːl].

fast *adv.* تقريبا [taqriːban]; ***er ist ~ fertig*** يكاد انتهى [jakaːdu intahaː]; ***er wäre ~ gestorben*** كاد يموت [kaːda jamuːtu].

fasten (*-e-*) *v/i.* صام [saːma, -uː-]; ~ *n* صوم [saum]; ~**monat** *m* (*-ẹs; -e*) *Isl.* رمضان [ramadaːn]; ~**zeit** *f* وقت الصيام [waqt assijaːm].

fa'tal *adj.* خطير [xatiːr].

Fata'lismus *m* (*-; O*) جبرية [dʒabariːja].

Fata Mor'gana *f* (*— —; — -nen u. — -s*) سراب [saraːb].

faul *adj.* متعفن [mutaʕaffin], فاسد [faːsid]; (*träge*) كسلان [kaslaːn]; ~**enzen** (*-t*) *v/i.* تكاسل [takaːsala]; ~**heit** *f* (*O*) كسل [kasal].

Fäulnis *f* (*—; -se*) عفن [ʕafan], تعفن [taʕaffun].

Faust *f* (*—; ⸗e*) جمع اليد [dʒamʕ aljad].

Fäustling *m* (*-ẹs; -e*) قفاز بلا أصابع [quffaːz bilaː ʔasaːbiʕ].

Faust|kampf *m* (*-es; ⸗e*) ملاكمة [mulaːkama]; ~**schlag** *m* (*-ẹs; ⸗e*) ضربة بقبضة اليد [darba biqabdat aljad].

Fazit *n* (*-s; -e u. -s*) اليكون [aljakuːn].

Februar *m* (*-s od. —; -e*) *Syr.* شباط [ʃubaːt], *Äg.* فبراير [fibraːjir].

fecht|en (*L*) *v/i.* (*mit j-m*) ثاقف [θaːqafa], بارز [baːraza]; ~**en** *n*, ~**kunst** *f* *Sport* مثاقفة [muθaːqafa], مسايفة [musaːjafa].

Feder *f* (*—; -n*) ريشة [riːʃa]; (*Schreib*~) قلم حبر [qalam ħibr]; *Techn.* ياى [jaːj], نابض [naːbid], زنبرك [zunburak], *Äg.* سوستة [sosta]; ~**bett** *n* (*-ẹs; -en*) لحاف الريش [liħaːf arriːʃ]; ~**halter** *m* يد قلم حبر [jad qalam ħibr]; ~**kraft** *f* (*O*) مرونة [muruːna]; ~**n** (*-re*) *v/t.* *Techn.* مرن [marana, -u-].

Fee *f* جنية [dʒinniːja].

fegen *v/t.* كنس [kanasa, -u-].

Fehde *f* عداوة [ʕadaːwa].

Fehl|betrag *m* (*-ẹs; ⸗e*) مبلغ ناقص [mablaɣ naːqis]; ~**en**

F

v/i. نقص [naqaʃa, -u-]; (*abwesend sein*) غاب [ɣaːba, -iː-]; **er fehlt** هو غائب [huwa ɣaːʔib]; **was fehlt Ihnen?** ما لك؟ [maː laka/i].

Fehler *m* خطأ [xataʔ], غلط [ɣalat]; (*Mangel*) نقص [naqʃ]; **~frei** (*O*) *adj.* لا عيب فيه [laː ʕaiba fiːhi], بدون خطأ [biduːn xataʔ]; **~haft** *adj.* ناقص [naːqiʃ], معيب [maʕiːb].

fehl|gehen, ~schlagen (*sn*) *v/i.* فشل [faʃala, -i-]; **~tritt** *m* (*-ɇs; -e*) زلة [zalla].

Feier *f* (—; *-n*) احتفال [iħtifaːl], حفلة [ħafla]; **~lich** *adj.* مهيب [muhiːb], حافل [ħaːfil]; **~n** (*-re*) *v/t.* احتفل [iħtafala]; **~tag** *m* (*-ɇs; -e*) يوم عيد [jaum ʕiːd].

feig(e) *adj.* جبان [dʒabaːn].

Feige *f* تين [tiːn].

Feig|heit *f* (*O*) جبن [dʒubn]; **~ling** *m* (*-ɇs; -e*) جبان [dʒabaːn], خواف [xawwaːf].

Feil|e *f* مبرد [mibrad]; **~en** *v/t.* برد بالمبرد [barada, -u-, bilmibrad].

feilschen *v/i.* ساوم [saːwama].

fein *adj.* رقيق [raqiːq], دقيق [daqiːq]; (*zart*) ناعم [naːʕim]; (*Kunst*) رفيع [rafiːʕ], (*Sinn*) رهيف [rahiːf]; **das ist ~** طيب [tajjib]; **~bäcker** *m* حلوانى [ħalawaːniː].

Feind *m* (*-ɇs; -e*) عدو [ʕaduww]; **~lich** *adj.* عدائى [ʕadaːʕiː]; **~schaft** *f* عداوة [ʕadaːwa].

Fein|gehalt *m* (*-ɇs; -e*) عيار [ʕijaːr]; **~gold** *n* (*-ɇs; O*) ذهب نقى [ðahab naqiːj]; **~heit** *f* دقة [diqqa].

Feld *n* (*-es; -er*) حقل [ħaql]; *fig.* (*u. magnetisches*) مجال [madʒaːl]; *Mil., Sport*: ميدان [maidaːn]; (*im Schachbrett*) خانة [xaːna]; **~flasche** *f* زمزمية [zamzamiːja]; **~herr** *m* (*-n; -en*) قائد الجيش [qaːʔid aldʒaiʃ]; **~stecher** *m* منظار [minzaːr]; **~webel** *m Mil.* شاويش [ʃaːwiːʃ]; **~weg** *m* (*-ɇs; -e*) طريق زراعية [tariːq ziraːʕiː].

Fell *n* (*-ɇs; -e*) فرو [farw], جلد حيوان [dʒild ħajawaːn].

Fel'lache *m* (*-n*) فلاح [fallaːħ].

Fels *m* (*-en*), **~en** *m* صخرة [ʃaxra]; **~ig** *adj.* صخرى [ʃaxriː].

Fenchel *m* (*-s; O*) *Bot.* شمر [ʃamar].

Fenster *n* نافذة [naːfiða]; (*ver-*

gittertes) شباك [ʃubbaːk]; **~brett** *n* (*-ẹs; -er*) رف النافذة [raff annaːfiða]; **~laden** (*-s;* ⁼) *m* درفة النافذة [darfat annaːfiða]; **~scheibe** *f* زجاج النافذة [zudʒaːdʒ ann.].

Ferien *pl.* عطلة [ʕutla]; **~heim** *n* (*-ẹs; -e*) دار اصطياف [daːr iʃtijaːf]; **~lager** *n* معسكر صيفي [muʕaskar ʃaifiː]; **~reise** *f* رحلة صيف [riħlat ʃaif].

fern *adj.* بعيد [baʕiːd]; **von ~(e)** من بعيد [min b.].

Fern|amt *n* (*-es;* ⁼*er*) محطة تلفون [maħattat telefuːn]; **~bleiben** (*L; sn*) *v/i.* غاب [ɣaːba, -iː] (**von** *D* عن), تغيب [taɣajjaba].

Ferne *f* بعد [buʕd].

ferner *adv.* ثم [θumma]; **~hin** *adv.* فيما يلي [fiːmaː jaliː].

Fern|gespräch [ɛː] *n* (*-ẹs; -e*) مخابرة خارجية [muxaːbara xaːridʒiːja]; **~glas** *n* (*-es;* ⁼*er*) منظار [minẓaːr]; **~heizung** *f* تدفئة عن بعد [tadfiʔa ʕan buʕd]; **~lenkung** *f* قيادة عن بعد [qijaːda ʕan buʕd]; **~meldewesen** *n* (*-s; O*) مواصلات سلكية ولاسلكية [muwaːʃalaːt silkiːja wa laːsilkiːja]; **~rohr** *n* (*-ẹs; -e*) تلسكوب [teleskuːb]; **~schreiber** *m* طابعة مبرقة [taːbiʕa mubriqa].

Fernseh|apparat *m* (*-ẹs; -e*) جهاز تلفزيون [dʒihaːz televizjuːn]; **~empfang** *m* (*-es; O*) استقبال تلفزيوني [istiqbaːl televizjuːniː]; **~en** *n* (*-s; O*) تلفزة [talfaza]; **~programm** *n* (*-s; -e*) برنامج تلفزيون [barnaːmadʒ t.]; **~schirm** *m* (*-ẹs; -e*) شاشة [ʃaːʃa]; **~sender** *m* محطة تلفزيونية [maħatta televizjuːniːja]; **~sendung** *f* إذاعة تلفزيونية [ʔiðaːʕa t.].

Fernsicht *f* (*O*) منظر بعيد [manẓar baʕiːd].

Fernsprech|amt *n* (*-es,* ⁼*er*) *od.* محطة (مكتب) تلفون [maħattat (maktab) telefuːn]; **~anschluß** *m* (*-sses;* ⁼*sse*) اتصال تلفوني [ittiʃaːl telefuːniː]; **~buch** *n* (*-ẹs;* ⁼*er*) دليل تلفون [daliːl t.]; **~er** *m* تلفون [telefuːn], *Syr.* هاتف [haːtif]; **~gebühren** *f/pl.* رسوم تلفونية [rusuːm telefuːniːja]; **~zelle** *f* كشك تلفون [kuʃk t.].

Fern|steuerung *f* قيادة عن بعد [qijaːda ʕan buʕd]; **~studium** *n* (*-s; -ien*) الدراسة بالمراسلة [addiraːsa bilmuraːsala]; **~verkehr** *m* (*-s; O*) مواصلات بعيدة [muwaːʃalaːt baʕiːda].

F

Ferse *f* كعب [kaʕb].

fertig (*O*) *adj.* جاهز [ʤaːhiz]; (*beendet*) منته [muntahin]; **es** ***ist*** ~ انتهى [intahaː]; **≈keit** *f* مهارة [mahaːra]; **~machen** *v/t.* أتم [ʔatamma], أنهى [ʔanhaː]; (*vorbereiten*) أعد [ʔaʕadda]; ***sich*** **~*machen*** استعد [istaʕadda], تجهز [taʤahhaza], تأهب [taʔahhaba]; **≈teil** *n* جزء سابق الصنع [ʤuzʔ saːbiq aʃʃanʕ].

Fessel *f* (—; *-n*) قيد [qaid], صفاد [ʃifaːd]; **≈n** (*-le*) *v/t.* قيد [qajjada], صفد [ʃafada, -i-].

fest (*-est*) *adj.* متين [matiːn], (*stabil*) ثابت [θaːbit].

Fest *n* (*-ɇs; -e*) عيد [ʕiːd].

fest|binden (*L*) *v/t.* شد [ʃadda, -i-], ربط [rabaṭa, -u-]; **~halten** (*L*) *v/t.* مسك [masaka, -u-]; (**an** *A* ب) تمسك [tamassaka]; **≈igkeit** *f* (*O*) ثبات [θabaːt], متانة [mataːna]; **≈land** *n* (*-ɇs; ¨er*) بر [barr].

fest|lich *adj.* احتفالى [iħtifaːliː]; **≈lichkeit** *f* احتفال [iħtifaːl].

festmachen *v/t.* ثبت [θabbata].

Fest|nahme *f* قبض [qabđ], ضبط [đabṭ]; **≈nehmen** (*L*) *v/t.* قبض على [qabađa].

Festsaal *m* (*-ɇs; -säle*) قاعة احتفالات [qaːʕat iħtifaːlaːt].

festsetzen (*-t*) *v/t.* عين [ʕajjana].

Festspiele *n/pl.* مهرجان [mahraʤaːn].

fest|stehen (*L*) *v/i.* ثبت [θabata, -u-]; (*sicher sein*) تأكد [taʔakkada]; **~stellen** *v/t.* أثبت [ʔaθbata], حقق [ħaqqaqa].

Festtag *m* (*-ɇs; -e*) يوم عيد [jaum ʕiːd].

Festung *f* قلعة [qalʕa], حصن [ħiʃn].

Festzug *m* (*-ɇs; ¨e*) موكب [maukib].

fett *adj.* سمين [samiːn], دسم [dasim]; (*Mensch*) بدين [badiːn]; (*Boden*) خصب [xaʃib]; **~** ***werden*** سمن [samina, -a-].

Fett *n* (*-ɇs; -e*) سمن [samn], (*a. Öl*) دهن [duhn], (*a. Schmier≈*) شحم [ʃaħm]; **≈ig** *adj.* دهنى [duhniː].

Fetus *m* (*-ses; -se*) جنين [ʤaniːn].

Fetzen *m* خرقة [xirqa], (*Papier≈*) قصاصة [quʃaːʃa].

feucht (*-est*) *adj.* رطب [raṭb]; **≈igkeit** *f* (*O*) رطوبة [ruṭuːba]; **≈igkeits-messer** *m* مقياس رطوبة [miqjaːs r.].

Feuda'lismus *m* (-; *O*) إقطاعية [ʔiqtaːʕiːja].

Feuer *n* نار [naːr]; (*Brand*) حريق [ħariːq]; *fig.* حماس [ħamaːs]; **~bestattung** *f* إحراق جثث الموتى [ʔiħraːq dʒuθaθ almautaː]; **⁓fest** (*O*) *adj.* مقاوم للنار [muqaːwim linnaːr]; **⁓gefährlich** *adj.* سريع الاشتعال [sariːʕ aliʃtiʕaːl]; **~löscher** *m* جهاز إطفاء [dʒihaːz ʔitfaːʔ]; **~melder** *m* جهاز الإنذار عن الحريق [dʒihaːz alʔinðaːr ʕan alħariːq]; **⁓n** (*-re*) *v/i.* أوقد [ʔauqada], (*schießen*) (**auf** *A*) أطلق النار (على [ʔatlaqa nnaːr]; **~gefahr** *f* خطر حرائق [xatar ħaraːʔiq]; **~stein** *m* (-*ɇs*; -*e*) صوان [ʃawwaːn]; **~versicherung** *f* تأمين ضد الحريق [taʔmiːn ḍidd alħ.]; **~waffe** *f* سلاح ناري [silaːħ naːriː]; **~wehr** *f* فرقة المطافىء [firqat almataːfiʔ]; **~wehrmann** *m* (-*ɇs*; ⁻*er*, -*leute*) رجل إطفاء [radʒul ʔitfaːʔ]; **~werk** *n* (-*ɇs*; -*e*) ألعاب نارية [ʔalʕaːb naːriːja]; **~zeug** *n* (-*ɇs*; -*e*) ولاعة [wallaːʕa], قداحة [qaddaːħa].

feurig *adj.* ناري [naːriː]; حماسي [ħamaːsiː].

Fichte *f* صنوبر [ʃanaubar].

fi'del *adj.* مرح [mariħ].

Fieber *n* حمى [ħummaː]; **~anfall** *m* (-*ɇs*; ⁻*e*) نوبة الحمى [naubat alħummaː]; **⁓haft** (*O*) *adj.* محموم [maħmuːm]; *adv.* باستعجال [bistiʕdʒaːl].

Fi'gur *f* (*Form*) شكل [ʃakl], صورة [ʃuːra]; (*Gestalt*) قامة [qaːma]; (*Schach⁓*) قطعة [qitʔa].

fi'gürlich (*O*) *adj.* مجازى [madʒaːziː].

Fiktion [-'tsĭoːn] *f* وهم [wahm].

Filet [fi'leː] *n* (-*s*; -*s*) فلتو [filetto].

Filiale [-'lĭaː-] *f* *Hdl.* فرع [farʕ].

Film *m* (-*s*; -*e*) فلم *u.* فيلم [film], (*Belag*) طلاء [tilaːʔ]; **~-atelier** [-a'təljeː] *n* (-*s*; -*s*) استوديو سينمائى [istuːdjo siːneːmaːʔiː]; **⁓en** *v/t.* صور [ʃawwara]; **~schauspieler** *m* ممثل سينمائى [mumaθθil s.]; **~star** *m* نجم (كوكب) سينمائى [najm (kaukab) s.].

Filter *m*, *Techn.* *n* مرشح [muraʃʃiħ]; **⁓n** (*-re*) *v/t.* رشح [raʃaħa, -a-]; **~zigarette** *f* سجارة بفلتر [si'dʒaːra bi'filtir].

Filz *m* (-*es*; -*e*) لبد [libd].

F

Fi'nale *n* (*-s; -s*) نهاية [nihaːja], ختام [xitaːm].

Fi'nanz- مالى [maːliː].

Fi'nanz-amt *n* (*-ẹs; ¨er*) مصلحة الضرائب [maʃlaħat aððaraːʔib].

F

Fi'nanzen *pl.* حالة مالية [ħaːla maːliːja].

finan'zieren (—) *v/t.* مول [mawwala].

Fi'nanzministerium *n* (*-s; -ministerien*) وزارة المالية [wizaːrat almaːliːja].

finden (*L*) *v/t.* وجد [wadʒada, jadʒidu], لقِي [laqija, -aː]; (*meinen*) رأى [raʔaː, jaraː].

Finger *m* إصبع [ʔiʃbaʕ]; **~-abdruck** *m* (*-ẹs; ¨e*) بصمة إصبع [baʃmat ʔi.]; **~hut** *m* (*-ẹs; ¨e*) كستبان [kustubaːn]; **~nagel** *m* (*-s; ¨*) ظفر [ʑufr]; **~ring** *m* (*-es; -e*) خاتم [xaːtam]; **~spitze** *f* أنملة [ʔunmula].

fingiert *adj.* مختلق [muxtalaq].

finster (*-re*) مظلم [muʑlim]; **~̊nis** *f* (*—; O*) ظلام [ʑalaːm].

Finte *f* حيلة [ħiːla].

Firma *f* (*—; -men*) شركة [ʃarika], محل تجارى [maħall tidʒaːriː].

Firmung *f Rel.* سر التثبيت [sirr attaθbiːt].

Firnis *m* (*-ses; -se*) ورنيش [warniːʃ].

Fisch *m* (*-es; -e*) سمك [samak]; **~̊en** *v/t., v/i.* صاد السمك [ʃaːda, -iː-, assamak]; **~er** *m* صياد السمك [ʃajjaːd ass.]; **~e'rei** *f* صيد السمك [ʃaid ass.]; **~rogen** *m* (*-s; -*) بطرخ [batrax].

Fiskus *m* (*-; O*) مالية الدولة [maːliːjat addaula].

Fistel *f* (*—; -n*) *Med.* ناسور [naːsuːr].

fix (*-est*) *adj.* ثابت [θaːbit]; (*flink*) ماهر [maːhir]; **~ *und fertig*** جاهز [dʒaːhiz]; **~ieren** [fi'ksiːrən] (—) *v/t.* (*a. Fot.*) ثبت [θabbata]; (*e-n Termin*) حدد [ħaddada]; (*anstarren j-n* في) حملق [ħamlaqa]; **~̊ierung** [-'ksiː-] *f* تثبيت [taθbiːt].

Fixum *n* (*-s; Fixa*) مرتب معين [murattab muʕajjan].

flach *adj.* سهل [sahl], مسطح [musattaħ], مبسوط [mabsuːt].

Fläche *f* سطح [sath]; (*a.* **~n*-inhalt*** *m*) مساحة [misaːħa].

Flachs [-ks] *m* (*-es; -e*) كتان [kattaːn].

Fladen *m* قرص [qurʃ]; (*Brot*~) رغيف [raɣiːf].

Flagge *f* علم [ʕalam], راية [raːja].

Flak(-artillerie) *f* مدفعية مضادة للطائرات [midfaʕiːja muđaːdda littaːʔiraːt].

Flamme *f* لهب [lahab], لهيب [lahiːb].

Fla'nell *m* (-*s*; -*e*) فانلا [faːnilla].

Flanke *f* جانب [ʤaːnib], جناح [ʤanaːħ].

Flasche *f* زجاجة [zuʤaːʤa], قارورة [qaːruːra], قنينة [qinniːna]; *Techn.* بكرة [bakara].

flau *adj.* فاتر [faːtir], *Hdl.* كاسد [kaːsid].

Flaum *m* (-*ẽs*; *O*) زغب [zaɣab].

Flaute *f Mar.* هدوء [huduːʔ]; *Hdl.* كساد [kasaːd].

Flechte *f Bot.* أشنة [ʔuʃna]; *Med.* قوبة [quːba].

flechten (*L*) *v/t.* جدل [ʤadala, -u-], ضفر [đafara, -i-].

Fleck *m* (-*ẽs*; -*e u.* -*en*) بقعة [buqʕa]; **~(en)wasser** *n* سائل إزالة البقع [saːʔil ʔizaːlat albuqaʕ]; **~fieber** *n* حمى نمشية [ħummaː namaʃiːja].

fleckig *adj.* أبقع [ʔabqaʕ].

Fledermaus *f* (—; ⸚*e*) خفاش [xuffaːʃ], وطواط [waʈwaːʈ].

Flegel *m Agr.* دراسة [darraːsa]; *fig.* (*Grobian*) جلف [ʤilf].

flehen *v/i.* توسل [tawassala], تضرع [tađarraʕa].

Fleisch *n* (-*es*; *O*) لحم [laħm]; ***in ~ und Blut übergehen*** اختلط بلحمه و دمه [ixtalaʈa bilaħmihi wa damihi]; **~brühe** *f* مرق لحم [maraq laħm]; **~er** *m* جزار [ʤazzaːr], قصاب [qaʃʃaːb]; **≈ig** *adj.* لحيم [laħiːm]; **~kloß** *m* (-*es*; ⸚*e*) كفتة [kufta]; **~konserve** *f* علبة لحم محفوظ [ʕulbat laħm maħfuːẓ].

Fleiß *m* (-*es*; *O*) اجتهاد [iʤtihaːd], جد [ʤidd], مواظبة [muwaːẓaba]; **≈ig** *adj.* مجتهد [muʤtahid], مجد [muʤidd].

Flexion [-'ksĭoːn] *f Gr.* صرف [ʃarf].

flick|en *v/t.* رقع [raqqaʕa]; **≈e'rei** *f* ترقيع [tarqiːʕ].

Flieder *m* ليلك [lailak].

Flieg|e *f* ذبابة [ðubaːba]; **≈en** (*L*; *sn*) *v/i.* طار [ʈaːra, -iː-]; **~en** *n* (-*s*; *O*) طيران [ʈajaraːn]; **~er** *m* طيار [ʈajjaːr]; **~er-abwehr** *f* (—; *O*) دفاع ضد الطائرات [difaːʕ đidd attaːʔiraːt]; **~er-alarm** *m* (-*¢s*; -*e*) إنذار جوى [ʔinðaːr ʤawwiː].

fliehen (*L*; *sn*) *v/i.* هرب [haraba, -u-], فر [farra, -i-]; *v/t.* تجنب [taʤannaba].

Fliese *f* بلاطة [balaːta].

Fließband *n* (-*es*; -̈*er*) شريط ناقل [ʃariːt naːqil], خط تجميع [xatt taʤmiːʕ].

fließen (*L*; *sn*) *v/i.* سال [saːla, -iː-]; جرى [ʤaraː, -iː]; (*aus*~) انصب [inʃabba]; **~d** *adj.* سائل [saːʔil], جار [ʤaːrin]; **~d sprechen** تكلم بطلاقة [takallama bitalaːqa].

flimmern (-*re*) *v/i.* تلألأ [talaʔlaʔa].

flink *adj.* نشط [naʃit], فاره [faːrih].

Flinte *f* بندقية [bunduqiːja].

Flirt [floeʀt] *m* (-*¢s*; -*s*) مداعبة [mudaːʕaba].

flirten ['floeʀtən] (-*e*) *v/i.* غازل [ɣaːzala].

Flitter *m* بهرجان [bahraʤaːn]; **~wochen** *f/pl.* شهر العسل [ʃahr alʕasal].

Flocke *f* ندفة [nudfa].

Floh *m* (-*¢s*; -̈*e*) برغوث [burɣuːθ].

Flor *m* (-*s*; -*e*) (*e-s Teppichs*) وبر [wabar]; (*Schleier*) شفوفة [ʃafuːfa].

Flora *f* (-; *Floren*) المجموعة النباتية [almaʤmuːʕa annabaːtiːja].

Floß [oː] *n* (-*es*; -̈*e*) رمث [ramaθ], طوف [tauf].

Flosse *f* زعنفة [ziʕnifa].

Flöte *f* ناى [naːj].

flott (-*est*) *adj.* (*lustig*) مرح [mariħ]; (*schick*) أنيق [ʔaniːq]; (*schnell*) حثيث [ħaθiːθ].

Flotte *f* أسطول [ʔustuːl]; **~nstützpunkt** *m* (-*¢s*; -*e*) قاعدة بحرية [qaːʕida baħriːja].

Fluch *m* [uː] (-*es*; -̈*e*) لعنة [laʕna]; **~̈en** *v/i.* لعن [laʕana, -a-].

Flucht *f* فرار [firaːr], هرب [harab]; ***die ~ ergreifen* = *flüchten*; *in die ~ schlagen*** هزم [hazama, -i-].

flücht|en (-*e*-; *sn*) *v/i.* فر [farra, -i-], هرب [haraba, -u-]; **~ig** (*O*) *adj.* (*entflohen*) هارب [haːrib]; (*vergänglich*) عابر [ʕaːbir]; (*oberflächlich*) سطحى [satħiː]; (*Flüssigkeit*) طيار [tajjaːr]; **~̈ling** *m* (-*s*; -*e*) لاجئ [laːʤiʔ].

Flug [uː] *m* (-*¢s*; -̈*e*) طيران [tajaraːn]; **~bahn** *f* مسار [masaːr]; **~blatt** *n* (-*¢s*; -̈*er*)

منسور [manʃuːr]; **~boot** *n* (-*ẹs*; -*e*) طائرة مائية [taːʔira maːʔiːja].

Flügel *m* جناح [dʒanaːħ]; *Mus.* بيانو [bjaːno].

Fluggast *m* (-*ẹs*; ⸚*e*) مسافر [musaːfir].

Flug|hafen *m* (-*s*; ⸚) مطار [mataːr]; **~karte** *f* تذكرة السفر بالطائرة [taðkirat assafar bittaːʔira]; **~linie** *f* خط جوي [xatt dʒawwiː]; **~plan** *m* (-*ẹs*; ⸚*e*) جدول مواعيد [dʒadwal mawaːʕiːd]; **~platz** *m* (-*es*; ⸚*e*) مطار [mataːr]; **~verkehr** *m* حركة الطائرات [ħarakat attaːʔiraːt]; **~wesen** *n* (-*s*; *O*) الطيران [attajaraːn]; **~zeug** *n* (-*ẹs*; -*e*) طائرة [taːʔira]; **~zeugträger** *m* حاملة طائرات [ħaːmilat taːʔiraːt].

Flunder *f* (-; -*n*) سمك موسى [samak muːsaː].

Flur[1] *f* مرج [mardʒ].

Flur[2] *m* (-*ẹs*; -*e*) دهليز [dihliːz], ردهة [radha].

Fluß *m* (-*sses*; ⸚*sse*) نهر [nahr], سيل [sail]; *Techn.* صهور [ʃahuːr].

flüssig *adj.* سائل [saːʔil], مائع [maːʔiʕ]; **⁓keit** *f* سائل [saːʔil]; (*Zustand*) سيولة [sujuːla].

flüstern (-*re*) *v/t.* همس [hamasa, -i-].

Flut [uː] *f* (*Ggs. Ebbe*) مد البحر [madd albaħr]; (*Überschwemmung*) طوفان [tuːfaːn].

Fohlen *n* مهر [muhr].

Folg|e *f* (*Resultat*) نتيجة [natiːdʒa], عاقبة [ʕaːqiba]; (*Reihe*) تتابع [tataːbuʕ]; **⁓en** (*sn*) *v/i.* (*D* ه) تبع [tabiʕa, -a-], خلف [xalafa, -u-]; (*gehorchen*) أطاع [ʔataːʕa]; ***daraus folgt*** و نتيجة ذلك [wa natiːdʒat ðaːlika], و من هنا يأتي [wa min hunaː jaʔtiː]; **⁓end** *adj.* تال [taːlin], آت [ʔaːtin]; **⁓ender'maßen** [ɑː] *adv.* كما يلي [kamaː jaliː]; **⁓ern** *v/t.* استنتج [istantadʒa], استدل [istadalla]; **~erung** *f* استنتاج [istintaːdʒ]; **⁓lich** *adv.* إذن [ʔiðan], لذلك [liðaːlika].

Folie *f* رقيقة [raqiːqa].

Folter *f* (—; -*n*) تنكيل [tankiːl], تعذيب [taʕðiːb]; **⁓n** *v/t.* عذب [ʕaððaba].

Fön *m s.* ***Haartrockner***.

Fonds [foŋ] *m* (—; —) *Fin.* أموال [ʔamwaːl], ذخيرة

[ðaxiːra]; (*Organisation*) صندوق [ʃunduːq].

Fontäne *f* نافورة [naːfuːra].

förderlich *adj.* مفيد [mufiːd], مجد [mudʒdin].

F

fordern (*-re*) *v/t.* طلب [ṭalaba, -u-].

fördern (*-re*) *v/t.* استخرج [istaxradʒa]; *fig.* شجع [ʃaddʒaʕa].

Forderung *f* طلب [ṭalab]; (*Geld*~) مطلوب [maṭluːb].

Förderung *f* (*von Erz usw.*) استخراج [istixraːdʒ]; (*e-s Talents*) تشجيع [taʃdʒiːʕ]; (*des Tourismus*) تنشيط [tanʃiːṭ].

Fo'relle *f* سمك الايريوان [samak aliːriːwaːn].

Form *f* شكل [ʃakl], صيغة [ʃiːɣa], صورة [ʃuːra]; (*Gestalt*) هيئة [haiʔa]; (*Guß*~) قالب [qaːlib]; *Sport* حالة [ħaːla].

for'mal (*O*) *adj.* شكلي [ʃakliː]; **~i'tät** *f* كلفة [kulfa]; ***~itäten*** *pl.* تكليف [takliːf], رسوم [rusuːm].

For'mat *n* (*-¢s; -e*) حجم [ħadʒm].

Formation [-'tsĭoːn] *f Geol.* تكوين [takwiːn]; *Mil.* تشكيلة [taʃkiːla].

Formel *f* (*—; -n*) صيغة [ʃiːɣa].

for'mell *adj.* رسمي [rasmiː], شكلي [ʃakliː].

formen *v/t.* شكل [ʃakkala].

förmlich *adj.* رسمي [rasmiː]; *adv.* (*fast*) شبه [ʃibh].

formlos *adj.* (*-est*) عديم الشكل [ʕadiːm aʃʃakl].

Formu'lar *n* (*-s; -e*) استمارة [istimaːra].

forsch|en *v/i.* بحث [baħaθa, -a-], فحص [faħaʃa, -a-]; **~er** *m* باحث [baːħiθ], بحاث [baħħaːθ].

Forschung *f* بحث [baħθ]; ***die wissenschaftliche*** ~ البحث العلمي [albaħθ alʕilmiː]; **~sreise** *f* رحلة استكشافية [riħla istikʃaːfiːja].

Forst *m* (*-es; -e[n]*) غابة [ɣaːba], حرج [ħaradʒ].

Förster *m* خفير غابات [xafiːr ɣaːbaːt].

fort *adv.* بعيدا [baʕiːdan], جانبا [dʒaːniban], من هنا [min hunaː]; ***er ist*** ~ هو غائب [huwa ɣaːʔib], انصرف [infaʃarafa]; ***in einem*** ~ باستمرار [bistimraːr]; ***und so*** ~ وهلم جرا [wa halumma dʒarran], إلى آخره [ʔilaː ʔaːxirihi].

Fortbestand *m* دوام [dawaːm], استمرار [istimraːr].

fortbewegen *v/r.*: ***sich*** (*A*) ~

تنقل [tanaqqala], سار [saːra, -iː-].

Fort|bildungs-kurs *m* (*-es; -e*) فصل دراسة تكميلية [faʃl diraːsa takmiːliːja]; **~bleiben** (*L; sn*) *v/i.* غاب [ɣaːba, -iː-], تخلف [taxallafa]; **~fahren** (*L; sn*) *v/i.* رحل [raħala, -a-]; استمر [istamarra] (**mit** *D* في), واصل [waːʃala] (**mit** *D* ﻫ); **~gehen** (*L; sn*) *v/i.* ذهب [ðahaba, -a-]; **~geschritten** *adj.* متقدم [mutaqaddim]; **~laufend** *adj.* متواصل [mutawaːʃil]; **~pflanzung** *f* (*O*) تناسل [tanaːsul]; **~satz** *m* (*-es; ¨e*) بروز [buruːz]; **~schaffen** *v/t.* أزاح [ʔazaːħa].

Fortschritt *m* (*-¢s; -e*) تقدم [taqaddum]; **~lich** *adj.* تقدمي [taqaddumiː].

fort|setzen (*-t*) *v/t.* واصل [waːʃala], استمر [istamarra] (*etw.* في); **~setzung** *f* مواصلة [muwaːʃala]; (*e-s Romans*) بقية [baqiːja]; **~während** *adj.* مستمر [mustamirr]; *adv.* باستمرار [bistimraːr], على الدوام [ʕalaː ddawaːm].

Foto *n* (*-s; -s*) (شمسية) صورة [ʃuːra (ʃamsiːja)]; **~album** *n* (*-s; -ben*) ألبوم [ʔalbuːm]; **~-apparat** *m* (*-¢s; -e*) آلة التصوير [ʔaːlat attaʃwiːr]; **~'graf** *m* (*-en*) مصور [muʃawwir]; **~gra'fie** *f s.* **Foto**; **~gra'fieren** (—) *v/t.* صور [ʃawwara]; **~ko'pie** *f* صورة [ʃuːra], كوبيا [kuːbijaː]; **~'zelle** *f* خلية كهربائية ضوئية [xaliːja kahrabaːʔiːja đauʔiːja].

Foyer [foˑa'jeː] *n* (*-s; -s*) ردهة [radha], بهو [bahw].

Fracht *f* شحنة [ʃaħna], وسق [wasq]; (*~gebühr*) حمولة [ħumuːla]; **~brief** *m* (*-¢s; -e*) بوليصة شحن [buːliːʃat ʃaħn]; **~er** *m* سفينة شحن [safiːnat ʃaħn]; **~gut** *n* بضاعة شحنة [ʃaħna], [biđaːʕa]; **~schiff** *n* (*-¢s; -e*) *s.* **~er**.

Frack *m* (*-¢s; -s od. ¨e*) بدلة السهرة [badlat assahra].

Frage *f* سؤال [suʔaːl]; (*Problem*) مسألة [masʔala], قضية [qađiːja]; **e-e ~ stellen** سأل سؤالا [saʔala suʔaːlan]; ***das kommt nicht in ~*** هذا مستحيل [haːðaː mustaħiːl]; **~bogen** *m* استمارة [istimaːra].

fragen *v/t.* سأل [saʔala, -a-]

(**nach** *D* عن); *v/r.* تساءل [tasaːʔala].

Fragezeichen *n* علامة استفهام [ʕalaːmat istifhaːm].

fraglich مشكوك فيه [maʃkuːk fiːhi].

F

Franken *m* (-; -) (*Währung*) فرنك [frank].

fran'kieren *v/t.* (*e-n Brief*) خلص على [xallaṣa].

franko *adv.* خالص الرسم [xaːliṣ arrasm].

Frankreich *n* فرنسا [faransaː].

Franse *f* هدب [hudb].

Fran'z|ose *m* (-*n*) فرنسى [faransiː]; **~ösin** *f* فرنسية [faransiːja]; **~ösisch** *adj.* فرنسى [faransiː].

Frau *f* (*Ggs. Mann*) إمرأة [ʔimraʔa], (*mit Artikel* المرأة [almarʔa]); (*Ggs. Herr*) سيدة [sajjida]; (*Ehe*~) زوجة [zaudʒa].

Frauen *f/pl.* نساء [nisaːʔ]; **~arzt** *m* (-*es*; *⸚e*) طبيب خاص بأمراض النساء [ṭabiːb xaːṣṣ biʔamraːḍ annisaːʔ].

Fräulein *n* آنسة [ʔaːnisa].

frech *adj.* وقح [waqiħ]; **~heit** *f* وقاحة [waqaːħa].

frei *adj.* حر [ħurr], (*von etw.*) خال [xaːlin]; (*unbesetzt*) فاض [faːḍin]; (*unbeschäftigt*) فارغ [faːriɣ]; (*kostenlos*) مجانى [maddʒaːniː]; ***unter ~em Himmel, im Freien*** فى الهواء الطلق [fiː lhawaːʔ aṭṭalq]; ***j-m ~e Hand lassen*** (**in** *D*) خلى بينه و بين [xallaː bainahu wa baina]; ***~e Übersetzung*** ترجمة بتصرف [tardʒama bitaṣarruf]; **~bleibend** *adj.* دون التزام [duːna ltizaːm]; **~geben** (*L*) *v/t.*: ***den Weg ~geben*** أفسح الطريق [ʔafsaħa ṭṭariːq]; **~gebig** *adj.* سخى [saxiːj], كريم [kariːm]; **~gepäck** *n* (-*s*; *O*) الحقائب المنقولة مجانا [alħaqaːʔib almanquːla maddʒaːnan]; **~hafen** *m* ميناء حر [miːnaːʔ ħurr]; **~halten** (*L*) *v/t.*: ***e-n Platz ~halten*** حجز مكانا [ħadʒaza makaːnan]; **~handelszone** *f* منطقة التجارة الحرة [minṭaqat attidʒaːra alħurra].

Freiheit *f* حرية [ħurriːja]; **~s-kampf** *m* (-*es*; *⸚e*) نضال التحرر [niḍaːl attaħarrur], كفاح فى سبيل الحرية [kifaːħ fiː sabiːl alħurriːja]; **~s-strafe** *f* عقوبة الحبس [ʕuquːbat alħabs].

frei|lassen (*L*) *v/t.* ***j-n*** أطلق سراحه [ʔaṭlaqa saraːħahu];

∼̈lassung *f* إفراج [ʔifraːʤ] (*G* عن); **∼lich** *adv.* (*gewiß*) طبعا [tabʕan]; (*einräumend*) على أن [ʕalaː ʔan]; **∼machen** *v/t.* (*Brief*) خلص على [xallaṣa]; **∼mütig** *adj.* صريح [ṣariːħ]; **∼sprechen** (*L*) *v/t.* برأ [barraʔa]; **∼̈spruch** *m* تبرئة [tabriʔa]; **∼̈staat** *m* (*-ẹs; -en*) جمهورية [ʤumhuːriːja]; **∼stehen** (*L*): **es steht Ihnen ∼** لك أن [laka ʔan]; **∼̈tag** *m* (*-s; -e*) يوم الجمعة [jaum alʤumʕa]; **∼̈tod** *m* انتحار [intiħaːr]; **∼willig** (*O*) *adj.* متطوع [mutaṭawwiʕ]; **∼̈zeit** *f* وقت الفراغ [waqt alfaraːɣ].

fremd (*-est*) *adj.* غريب [ɣariːb]; (*ausländisch*) أجنبى [ʔaʤnabiː]; **∼-artig** *adj.* غريب [ɣariːb]; **∼̈e** *f* (*—; O*) بلاد أجنبية [bilaːd ʔaʤnabiːja], غربة [ɣurba]; **∼̈en-führer** *m* دليل السواح [daliːl assuwwaːħ]; **∼̈en-verkehr** *m* (*-s; O*) السياحة [assijaːħa]; **∼̈en-zimmer** *n* غرفة (حجرة) للإيجار [ɣurfa (ħuʤra) lilʔiːʤaːr]; **∼̈e(r)** *m* غريب [ɣariːb]; **∼ländisch** (*O*) *adj.* أجنبى [ʔaʤnabiː]; **∼̈sprache** *f* لغة أجنبي [luɣa ʔa.]; **∼̈wort** *n* (*-ẹs; ∼̈er*) كلمة دخيلة [kalima daxiːla].

Fre'quenz *f* تردد [taraddud].

fressen (*L*) *v/t.* (حيوان) أكل [ʔakala, -u-], التهم [iltahama].

Freud|e *f* فرح [faraħ], سرور [suruːr]; **∼̈ig** *adj.* فرحان [farħaːn], مسرور [masruːr].

freuen *v/r.* فرح [fariħa, -a-] (**über** *A* ب); **er freut sich** (*A*) (**auf** *A*) ينتظره بسرور [jantaẓiruhu bisuruːr]; **es freut mich, daß** يسرنى أن [jasurruniː].

Freund *m* (*-ẹs; -e*) صديق [ṣadiːq], صاحب [ṣaːħib], خليل [xaliːl]; (*Geliebter*) حبيب [ħabiːb]; **∼in** *f* صديقة [ṣadiːqa]; (*Geliebte*) حبيبة [ħabiːba]; **∼̈lich** *adj.* لطيف [laṭiːf], أنيس [ʔaniːs]; **∼lichkeit** *f* لطف [luṭf], أنس [ʔuns]; **∼schaft** *f* صداقة [ṣadaːqa]; **∼̈schaftlich** *adj.* ودى [wuddiː].

Frevel *m* إثم [ʔiθm], جريرة [ʤariːra]; **∼̈haft** (*-est*) *adj.* أثيم [ʔaθiːm].

Friede *m* (*-ns; -n*), **∼n** *m* (*-s; O*) سلام [salaːm], سلم [silm]; (*den man schließt*) صلح [ṣulħ].

Friedens|konferenz *f* مؤتمر الصلح [muʔtamar aṣṣulħ];

~**richter** *m* قاضى الصلح [qaːđiː aff.]; ~**schluß** *m* (*-sses; ¨sse*) عقد الصلح [ʕaqd aff.]; ~**verhandlungen** *f/pl.* مفاوضات الصلح [mufaːwađaːt aff.]; ~**vertrag** *m* (*-ẹs; ¨e*) معاهدة الصلح [muʕaːhadat aff.].

fried|fertig *adj.* مسالم [musaːlim]; ≈**hof** *m* (*-ẹs; ¨e*) مقبرة [maqbara]; ~**lich** *adj.* سلمى [silmiː], مسالم [musaːlim]; (*ruhig*) هادئ [haːdiʔ].

frieren (*L*) *v/i.* برد [barada, -u-]; (*Wasser*) تجمد [tadʒammada]; ***mich friert*** أنا بردان [ʔana bardaːn].

Fries *m* (*-es; -e*) إفريز [ʔifriːz].

frisch *adj.* طازج [taːzidʒ], طرى [tariːj]; (*kühl*) بارد [baːrid]; (*sauber*) نظيف [naziːf]; ~ ***gestrichen!*** احذر من الدهان [iħðar min addihaːn]; ***auf ~er Tat*** متلبسا بالجريمة [mutalabbisan bildʒariːma]; ≈**e** *f* (*—; O*) طراوة [taraːwa]; (*Jugendfrische*) نضارة [nađaːra]; (*Energie*) نشاط [naʃaːt].

Fri'seur [øː] *m* (*-s; -e*) حلاق [ħallaːq], مزين [muzajjin].

Fri'seuse [øː] *f* مزينة [muzajjina].

fri'sier|en (—) *v/t.* مشط [maʃata, -i-], سرح [sarraħa]; ≈**sa'lon** *m* (*-s; -s*) صالون حلاقة [saːluːn ħilaːqa], بيت الزينة [bait azziːna].

Frist *f* مدة [mudda]; (*Zeitpunkt*) أجل [ʔadʒal], ميعاد [miːʕaːd]; (*Aufschub*) مهلة [muhla].

Fri'sur *f* تسريحة [tasriːħa].

froh *adj.* فرحان [farħaːn], مسرور [masruːr], قرير العين [qariːr alʕain]; ***ich bin ~, daß*** يسرني أن [jasurruniː].

fröhlich *adj.* مرح [mariħ]; (*Fest*) سعيد [saʕiːd].

fromm (*¨er; ¨st-*) *adj.* متدين [mutadajjin], تقى [taqiːj].

Fron [oː] *f*, ~**arbeit** *f* سخرة [suxra].

Front *f* جبهة [dʒabha].

Frosch *m* (*-es; ¨e*) ضفدع [đifdiʕ].

Frost *m* (*-ẹs; ¨e*) صقيع [ʃaqiːʕ].

frösteln (*-le*) *v/i.* اقشعر بردا [iqʃaʕarra bardan].

frostig *adj.* مصقوع [maʃquːʕ]; *fig.* بارد [baːrid], جاف [dʒaːff].

Frostschutzmittel *n* واق من التجمد [waːqin min attadʒammud].

frot'tieren (—) *v/t.* حك [ħakka, -u-].

Frot'tierhandtuch *n* (-*¢s*; ⸚*er*) منشفة موبرة [minʃafa muwabbara].

Frucht *f* (—; ⸚*e*) ثمرة [θamra]; (*Obst*) فاكهة [faːkiha]; **≈bar** *adj.* خصب [xaʃib], مثمر [muθmir]; **~eis** *n* (-*es*; *O*) دندرمة من فواكه [dandurma min fawaːkih]; **≈los** (-*est*) *adj.* لا فائدة منه [laː faːʔida minhu]; **~saft** *m* عصير [ʕaʃiːr].

früh *adj.* مبكر [mubakkir]; **zu ~** قبل الميداد [qabla almiːdaːd]; **heute ~** صباح اليوم [ʃabaːħ aljaum]; **≈e** *f* (—; *O*) صباح باكر [ʃabaːħ baːkir]; **~er** *adv.* من قبل [min qablu], سابقا [saːbiqan].

Früh|jahr *n* (-*¢s*; *O*), **~ling** *m* (-*s*; -*e*) ربيع [rabiːʕ]; **≈reif** *adj.* ناضج (بالغ) قبل أوانه [naːđiʤ (baːliɣ) qabla ʔawaːnihi]; **~stück** *n* (-*¢s*; -*e*) فطور [futuːr]; **≈zeitig** *adj.* مبكر [mubakkir].

Frustration [-'tsĭoːn] *f* إحباط [ʔiħbaːt].

Fuchs [ks] *m* (-*es*; ⸚*e*) ثعلب [θaʕlab]; **~schwanz** *m* منشار اليد [minʃaːr aljad].

Fuge *f* وصلة [wuʃla], تعشيقة [taʕʃiːqa].

füg|en *v/t.* وصل [waʃala, jaʃilu], ركب [rakkaba]; *v/r.* أذعن [ʔaðʕana] (**in** *A* ل); **≈ung** *f* اتفاق الأحوال [ittifaːq alʔaħwaːl]; قسمة [qisma], قدر [qadar].

fühl|bar *adj.* محسوس [maħsuːs]; (*konkret*) ملموس [malmuːs]; **~en** *v/t.* شعر [ʃaʕara, -u-], أحس [ʔaħassa] (*A* ب); (*tasten*) لمس [lamasa, -i-]; *v/r.* **sich** (*A*) **~en: Wie ~en Sie sich?** كيف صحتك [kaifa ʃiħħatuka]; **≈ung** *f* اتصال [ittiʃaːl].

Fuhre *f* حمولة عربة [ħumuːlat ʕaraba].

führen *v/t.* دل [dalla, -u-], قاد [qaːda, -uː-]; (*zum Rechten*) هدى [hadaː, -iː], أرشد [ʔarʃada]; (*Geschäft*) أدار [ʔadaːra]; (*Buch*) مسك [masaka, -i-]; (*Fahrzeug, Tier*) قاد [qaːda, -uː-], ساق [saːqa, -uː-]; **Leben ~** عاش عيشا [ʕaːʃa, -iː-, ʕaiʃan]; **Krieg ~** حارب [ħaːraba] (**gegen** *A* ه); *v/i.* (*Weg*) أدى [ʔaddaː] (**nach** *D* إلى).

Führer *m* (*-s, -*) *Pol.* زعيم [zaʕiːm]; *Mil.* قائد [qaːʔid]; (*Wagen*≈) سائق [saːʔiq]; **~schein** *m* (*-ẹs; -e*) رخصة القيادة [ruxʃat alqijaːda].

Führung *f* قيادة [qijaːda], إدارة [ʔidaːra]; (*Museum*) زيارة مع دليل [zijaːra maʕa daliːl]; (*Anleitung*) توجيه [taudʒiːh]; (*Benehmen*) سلوك [suluːk]; **~s-zeugnis** *n* شهادة حسن السير والسلوك [ʃahaːdat ħusn assair wassuluːk].

Fuhr-unternehmen *n* وكالة نقل [wikaːlat naql].

Fülle *f* (*O*) ملء [milʔ], وفرة [wafra].

füllen *v/t.* ملأ [malaʔa]; (*Zahn, Paprika*) حشا [ħaʃaː, -uː].

Füllen *n* مهر [muhr].

Füll|feder(halter *m*) *f* (*—; -n*) قلم حبر (ذو خزان) [qalam ħibr (ðuː xazzaːn)]; **~ung** *f* ملء [malʔ]; حشوة [ħaʃwa].

Fund *m* (*-es; -e*) لقية [luqja, laqiːja], لقطة [luqta].

Funda'ment *n* (*-ẹs; -e*) أساس [ʔasaːs].

fundamen'tal *adj.* أساسي [ʔasaːsiː].

Fund|büro *n* (*-s; -s*) مكتب مفقودات [maktab mafquːdaːt]; **~grube** *f* منجم [mandʒam]; كنز [kanz].

fünf *num.* خمسة [xamsa]; **~hundert** *num.* خمس مائة [xamsu miʔa]; **~te(r)** *num.* خامس [xaːmis]; ***Fünfte Kolonne*** الطابور الخامس [attaːbuːr alx.]; **~zehn** *num.* خمسة عشر [xamsata ʕaʃara]; **~zehnte(r)** *num.* الخامس عشر [alxaːmis ʕaʃara]; **~zig** *num.* خمسون [xamsuːn]; **~zigste(r)** *num.* الخمسون [alxamsuːn].

Funk *m* (*-s; O*) لاسلكي [laːsilkiː]; **~amateur** *m* (*-s; -e*) هاوي لاسلكي [haːwiː l.]; **~bild** *n* (*-ẹs; -er*) صورة لاسلكية [ʃuːra laːsilkiːja]; **~e** *m* (*-ns; -n*), **~en** *m* شرارة [ʃaraːra]; **≈eln** (*-le*) *v/i.* تلألأ [talaʔlaʔa]; **≈en** *v/t.* أرسل باللاسلكي [ʔarsala billaːsilkiː], أبرق [ʔabraqa]; **~er** *m* عامل لاسلكي [ʕaːmil l.].

Funk|gerät *n* جهاز لاسلكي [dʒihaːz l.]; **~sprechverkehr** *m* (*-ẹs; O*) اتصال بالتلفون اللاسلكي [ittiʃaːl bittelefuːn allaːsilkiː]; **~spruch** *m* (*-ẹs; ¨-e*) رسالة لاسلكية [risaːla laːsilkiːja]; **~sta-**

tion *f* محطة لاسلكية [mahatta l.]; **~streife** *f* بوليس النجدة [buːliːs annadʒda]; **~technik** *f* هندسة لاسلكية [handasa laːsilkiːja].

Funktion [-'tsïoːn] *f* وظيفة [waziːfa], عمل [ʕamal]; *Math.* دالة [daːlla]; **~är** *m* (*-s; -e*) موظف [muwazzaf], رجل رسمى [radʒul rasmiː]; **≈ieren** *v/i.* اشتغل [iʃtaɣala]; **es ~iert** هو شغال [huwa ʃaɣɣaːl]; **es ~iert nicht** هو عاطل [huwa ʕaːtil].

Funkwagen *m* سيارة مجهزة باللاسلكى [sajjaːra mudʒahhaza billaːsilkiː].

für *präp. mit A* ل [li]; (*wegen*) لأجل [liʔadʒl]; (*im Austausch*) بدلا من [badalan min]; **~ zwei Mark** بماركين [bimaːrkain]; **~ zwei Tage** لمدة يومين [limuddat jaumain].

Fürbitte *f* شفاعة [ʃafaːʕa].

Furche *f* أخدود [ʔuxduːd], خد [xadd], حز [ħazz].

Furcht *f* (*—; O*) خوف [xauf], خشية [xaʃja]; **≈bar** *adj.* مخيف [muxiːf], مرعب [murʕib].

fürchten *(-e-) v/t.* خاف [xaːfa, -aː-] (*A* ه, من), خشى [xaʃija, -aː] (*A* ه); *v/r.* خاف (**vor** *D* من).

fürchterlich *adj.* مرعب [murʕib]; *adv.* جدا [dʒiddan], للغاية [lilɣaːja].

furcht|los *(-est) adj.* جسور [dʒasuːr]; **~sam** *adj.* خواف [xawwaːf].

Furnier *n* قشرة خشب [xaʃab qiʃra].

Fürsorg|e *f* (*O*) عناية [ʕinaːja], رعاية [riʕaːja]; ***soziale ~*** الضمان الاجتماعى [adđamaːn alidʒtimaːʕiː].

Fürst *m* (*-en*) أمير [ʔamiːr]; **~en-tum** *n* (*-s; ¨er*) إمارة [ʔimaːra]; **~in** *f* أميرة [ʔamiːra]; **≈lich** *adj.* أميرى [ʔamiːriː]; *fig.* فاخر [faːxir].

Furt *f* مخاضة [maxaːđa], معبر [maʕbar].

Fu'runkel *m* دمل [dummal], خراج [xuraːdʒ].

Fürwort *n* (*-¢s; ¨er*) *Gr.* ضمير [đamiːr]

Fuß *m* (*-es; ¨e*) رجل [ridʒl], قدم [qadam]; (*e-s Berges*) سفح [safħ].

Fußball *m* (*-¢s; ¨e*) كرة القدم [kurat alqadam]; **~mannschaft** *f* فريق كرة القدم [fariːq k. alq.]; **~spieler** *m*

لاعب كرة القدم [laːʕib k. alq.].

Fuß|boden *m* (*-s; — oder* ⸚) أرضية [ʔarđiːja]; **~bremse** *f* فرملة قدم [farmalat qadam]; **⁓en** (*-ßt*) *v/i.* استند [istanada] (**auf** إلى), قام [qaːma, -uː-] (**auf** *D* على); **~gänger** *m* ماش [maːʃin], راجل [raːʤil]; **~knöchel** *m* كاحل [kaːħil]; **~matte** *f* ممسح أقدام [mimsaħ ʔaqdaːm]; **~note** *f* حاشية [ħaːʃija]; **~sohle** *f* باطن القدم [baːtin alqadam]; **~spitze** *f* طرف القدم [taraf alq.]; **~tritt** *m* رفسة [rafsa]; **~weg** *m* طريق المشاة [tariːq almuʃaːt].

Futter *n* (*Tier*⁓) علف [ʕalaf]; (*Kleider*⁓) بطانة [bitaːna].

Futte'ral *n* (*-s; -e*) غلاف [ɣilaːf], ظرف [zarf].

fütter|n (*-re*) *v/t.* (*Tier*) علف [ʕalafa, -i-]; (*Kind*) أطعم [ʔatʕama]; (*Kleidung*) بطن [battana]; **⁓ung** *f* علف [ʕalf], تغذية [taɣðija]; (*Vogel*) زق [zaqq]; (*Kleidung*) تبطين [tabtiːn].

Futur [fu·'tuːʀ(um)] *n* (*-s; -e bzw. -s od. Futura*) *Gr.* مستقبل [mustaqbal].

G

Gabe *f* هدية [hadiːja], عطية [ʕatiːja]; (*Almosen*) صدقة [ʃadaqa]; (*Begabung*) موهبة [mauhiba].

Gabel *f* (*—; -n*) شوكة [ʃauka]; (*Heu*⁓) مذراة [miðraːt]; **~frühstück** *n* (*-ɇs; -e*) وجبة صغيرة بعد الفطور [waʤba ʃaɣiːra baʕd alfutuːr].

gabeln *v/r.*: **sich** (*A*) ~ تفرع [tafarraʕa].

Gabel|stapler *m* رافعة شوكية [raːfiʕa ʃaukiːja]; **~ung** *f* تفرع [tafarruʕ].

Gage ['gɑːʒə] *f* أجرة (فنان) [ʔuʤrat (fannaːn)].

gähnen *v/i.* تثاءب [taθaːʔaba].

ga'lant *adj.* ظريف [zariːf].

Gale'rie [-lə-] *f* ممر [mamarr], رواق [riwaːq]; (*Gemälde*⁓) معرض صور [maʕriđ ʃuwar].

Galgen *m* مشنقة [maʃnaqa];

~frist *f* مهلة [muhla]; **~humor** *m* هزل في يأس [hazl fiː jaʔs].

Galle *f* صفراء [ṣafraːʔ], مرارة [maraːra]; **~n-blase** *f* حوصلة صفراوية [ħauṣala ṣafraːwiːja]; **~n-kolik** *f* مغص صفراوي [maɣṣ ṣafraːwiː]; **~n-stein** *m* (-*ẹs*; -*e*) حصاة صفراوية [ħaṣaːt ṣafraːwiːja].

Gal'lert *n* (-*ẹs*; -*e bzw.* -; -*n*) هلام [hulaːm].

gallig *adj.* صفراوي [ṣafraːwiː].

Ga'lopp *m* (-*s*; -*e*) ربع (الخيل) [rabʕ (alxail)], قمص [qamṣ].

galop'pieren (—) *v/i.* ربع [rabaʕa, -a-], رمح [ramaħa, -a-]; **~d** *adj.* (*Krankheit*) طيار [tajjaːr].

Gang *m* (-*ẹs*; ̈-*e*) (*Bewegung*) حركة [ħaraka], سير [sair]; (*e-s Menschen*) مشية [miʃja]; (*Korridor*) ممر [mamarr], دهليز [dihliːz]; *Anat.* قناة [qanaːt], مجرى [madʒran]; *Mot.* سرعة [surʕa]; (*Essen*) دور وجبة [dauru wadʒbatin]; ***in* ~ *setzen*** أدار [ʔadaːra], شغل [ʃaɣɣala]; **˜ *und gäbe*** معتاد [muʕtaːd]; **˜bar** *adj.* (*Ware*) رائج [raːʔidʒ]; ممكن [mumkin].

Gans *f* (—; ̈-*e*) وز [wazz], إوز [ʔiwazz].

Gänsehaut *f* (*O*) قشعريرة [quʃaʕriːra].

ganz (*O*) *adj.* كامل [kaːmil]; (*heil*) سليم [saliːm]; (*gesamt*) كل [kull]; *adv.* تماما [tamaːman]; نوعا ما [nauʕan maː]; **~ *und gar*** تماما [tamaːman]; **˜e(s)** *n* كل [kull], مجموع [madʒmuːʕ].

ganztägig *adv.* طول النهار [ṭuːl annahaːr].

gar *adj.* (*Speise*) مستو [mustawin], ناضج [naːḍidʒ]; *adv.* جدا [dʒiddan]; **~ *nicht*** ... لا مطلقا [laː ... muṭlaqan], ... لا أبدا [laː ... ʔabadan].

Garage [gaˑ'ʀaːʒə] *f* جراج (*Äg.*), كراج (*Irak*) [garaːʒ].

Ga'rant *m* (-*en*) كفيل [kafiːl].

Garan'tie *f* ضمان [ḍamaːn], كفالة [kafaːla]; **˜ren** (—) *v/i. u. v/t.* ضمن [ḍamina, -a-] (*D/A* ل ه).

Garbe *f* حزمة [ħuzma].

Garde *f* حرس [ħaras].

Garde'robe *f* ملابس [malaːbis], *Thea.* مستودع الملابس [mustaudaʕ almalaːbis]; **~n-marke** *f* بطاقة إيداع [biṭaːqat ʔiːdaːʕ].

Gar'dine *f* ستارة [sitaːra].

gären (*L*) *v/i.* تخمر [taxammara].

Garn [-ɑː-] *n* (*-¢s; -e*) خيط [xait], غزل [ɣazl]; ***ins ~ gehen*** وقع فى الشرك [waqaʕa, jaqaʕu, fiː ʃʃarak].

gar'nieren (—) *v/t.* زين [zajjana].

Garni'son *f Mil.* حامية [ħaːmija].

Garni'tur *f* طقم [taqm]; (*Kleider~*) تغييرة [taɣjiːra].

garstig *adj.* قبيح [qabiːħ], شنيع [ʃaniːʕ].

Garten *m* (*-s; ¨*) بستان [bustaːn], حديقة [ħadiːqa]; **~bau** *m* (*-¢s; O*) زراعة البساتين [ziraːʕat albasaːtiːn]; **~haus** *n* (*-es; ¨er*) كشك [kuʃk]; **~laube** *f* عريش [ʕariːʃ]; **~schlauch** *m* (*-¢s; ¨e*) خرطوم رى [xurtuːm rajj]; **~zaun** *m* سياج [sijaːʤ].

Gärtner *m* بستانى [bustaːniː], جنان [ʤannaːn]; **~ei** *f* بستان تجارى [bustaːn tiʤaːriː].

Gärung *f* تخمر [taxammur].

Gas *n* (*-es; -e*) غاز [ɣaːz]; *Mot.* ***~ geben*** داس على المسرع [daːsa, -uː-, ʕalaː lmusarriʕ]; **~anzünder** *m* ولاعة (لموقد غاز) [wallaːʕa (li mauqid ɣaːz)]; **~förmig** *adj.* غازى [ɣaːziː]; **~hahn** *m* (*-¢s; ¨e*) صمام غاز [ʃimaːm ɣaːz]; **~hebel** *m* دواسة المسرع [dawwaːsat almusarriʕ]; **~heizung** *f* تدفئة بالغاز [tadfiʔa bilɣaːz]; **~herd** *m* (*-¢s; -e*) موقد غاز [mauqid ɣaːz]; **~leitung** *f* توصيل غاز [tauʃiːl ɣaːz]; **~maske** *f* كمامة واقية [kimaːma waːqija]; **~pedal** *n* = ***~hebel***.

Gasse *f* حارة [ħaːra], زقاق [zuqaːq].

Gast *m* (*-es; ¨e*) ضيف [đaif]; (*Hotel~*) نزيل [naziːl]; (*Besucher*) زائر [zaːʔir]; **~arbeiter** *m* عامل أجنبى [ʕaːmil ʔaʤnabiː]; **~frei** *adj.* مضياف [miđjaːf]; **~freundschaft** *f* ضيافة [đijaːfa]; **~geber** *m* مضيف [muđiːf]; **~haus** *n* (*-es; ¨er*) فندق [funduq], مطعم [matʕam]; **~lich** *adj.* مضياف [miđjaːf], مريح [muriːħ]; **~mahl** *n* وليمة [waliːma]; **~spiel** *n* (*-¢s; -e*) تمثيل لفرقة زائرة [tamθiːl lifirqa zaːʔira]; **~stätte** *f* مطعم [matʕam]; **~wirt** *m* (*-¢s; -e*) صاحب مطعم (فندق) [ʃaːħib matʕam (funduq)];

~wirtschaft *f* مطعم [matʕam].

Gas|vergiftung *f* تسمم بالغاز [tasammum bilɣaːz]; **~werk** *n* (*-ẹs; -e*) معمل توليد الغاز [maʕmal tauliːd alɣaːz]; **~zähler** *m* عداد الغاز [ʕaddaːd alɣaːz].

Gatte *m* (*-n*) زوج [zaudʒ], قرين [qariːn].

Gatter *n* سياج [sijaːdʒ], باب سياج [baːb s.].

Gattin *f* زوجة [zaudʒa], قرينة [qariːna], عقيلة [ʕaqiːla].

Gattung *f* نوع [nauʕ], صنف [ʃinf], ضرب [đarb], لون [laun].

Gau *m* (*-ẹs; -e*) إقليم [ʔiqliːm], منطقة [mintaqa].

Gaukler *m* مشعبذ [muʃaʕbið].

Gaul *m* (*-ẹs; ¨-e*) كديش [kadiːʃ].

Gaumen *m* حنك [ħanak].

Gauner *m* نصاب [naʃʃaːb], خداع [xaddaːʕ].

Gaze [-zə] *f* شف [ʃaff].

Ga'zelle *f* غزال [ɣazaːl].

Ge'ächtete(r) *m* منبوذ [manbuːð].

Ge'bäck *n* (*-ẹs; -e*) فطائر [fataːʔir].

Ge'bärde [-ɛː-] *f* حركة يد [ħarakat jad], إشارة [ʔiʃaːra].

ge'bären (*L; —*) *v/t.* ولد [walada, jalidu], أنجب [ʔandʒaba].

Ge'bärmutter *f* رحم [raħim].

Ge'bäude *n* بناء [binaːʔ], عمارة [ʕimaːra].

Ge'beine *n/pl.* عظام [ʕiẓaːm].

Ge'bell *n* (*-ẹs; O*) نباح [nubaːħ].

geben (*L*) *v/t.* أعطى [ʔaʕtaː]; (*gewähren*) منح [manaħa, -a-]; (*schenken*) أهدى [ʔahdaː]; ***es gibt*** يوجد [juːdʒadu].

Geber *m* معط [muʕtin].

Ge'bet *n* (*-ẹs; -e*) دعاء [duʕaːʔ]; (*rituelles ~*) صلاة [ʃalaːt]; **~s-nische** *f* (*in d. Moschee*) محراب [miħraːb]; **~s-richtung** *f* قبلة [qibla]; **~s-ruf** *m* (*-s; -e*) أذان [ʔaðaːn]; **~s-rufer** *m* مؤذن [muʔaððin]; **~s-teppich** *m* (*-s; -e*) سجادة [saddʒaːda]; **~s-zeit** *f* ميعاد الصلاة [miːʕaːd aʃʃalaːt].

Ge'biet *n* (*-ẹs; -e*) إقليم [ʔiqliːm], قطر [qutr]; (*Wissens~*) مضمار [miđmaːr], ميدان [maidaːn]; **~en** (*L; —*) *v/t.* أمر [ʔamara, -u-]; ***über ein Land ~en*** حكم بلادا [ħakama, -u-, bilaː-

dan]; **~er** *m* سيد [sajjid], آمر [ʔaːmir], صاحب [ʃaːħib].

Ge'bilde *n* شكل [ʃakl]; **≗t** *adj.* مثقف [muθaqqaf].

Gebirg|e *n* سلسلة جبال [silsilat ʤibaːl]; **≗ig** *adj.* جبلى [ʤabaliː].

Ge'biß *n* (*-sses; -sse*) (مجموعة) الأسنان [(maʤmuːʕat) alʔasnaːn]; (*künstliches* ~) طقم أسنان [taqm ʔ.]; (*am Pferdegeschirr*) شكيمة [ʃakiːma].

Ge'bläse *n* كور حداد [kuːr ħaddaːd], منفاخ [minfaːx].

Ge'blüt *n* (*-ẹs; O*) نسب [nasab], أصل [ʔaʃl].

ge'boren *part.* مولود [mauluːd]; ***er wurde*** ~ ولد [wulida].

ge'borgen *adj.* فى أمان [fiː ʔamaːn].

Ge'bot *n* (*-ẹs; -e*) أمر [ʔamr], وصية [waʃiːja]; **~s-schild** *n* (*-ẹs; -er*) لافتة [laːfita].

ge'braten *adj.* مقلى [maqliːj], مشوى [maʃwiːj].

Ge'brauch *m* (*-ẹs; ⸚e*) استعمال [istiʕmaːl]; **≗en** (—) *v/t.* استعمل [istaʕmala], استخدم [istaxdama]; ***es ist nicht zu ≗en*** لا يصلح [laː jaʃluħu], لا فائدة له [laː faːʔidata lahu].

ge'bräuchlich *adj.* مستعمل [mustaʕmal], شائع [ʃaːʔiʕ], سائر [saːʔir].

Ge'brauchs-anweisung *f* طريقة الاستعمال [tariːqat alistiʕmaːl].

ge'brauchs-fertig *adj.* جاهز للاستعمال [ʤaːhiz lilistiʕmaːl].

Ge'brauchs-gegenstände *m/pl.* مستلزمات يومية [mustalzamaːt jaumiːja].

ge'braucht *adj.* مستعمل [mustaʕmal].

Ge'brech|en *n* عاهة [ʕaːha]; **≗lich** *adj.* عاجز [ʕaːʤiz], ضعيف [đaʕiːf].

ge'brochen *adj.* مكسور [maksuːr].

Ge'brüll *n* (*-ẹs; O*) زئير [zaʔiːr].

Ge'bühr *f* رسم [rasm], أجرة [ʔuʤra]; **≗en** (—) *v/i.*: ***der Preis gebührt ihm*** هويستحق الجائزة [huwa jastaħiqqu lʤaːʔiza]; **≗end** *adj.* لائق [laːʔiq]; **≗en-frei** (*O*) *adj.* خالص الرسم [xaːliʃ arrasm].

Ge'burt [-uː-] *f* ميلاد [miːlaːd], ولادة [wilaːda]; (*Entbindung*) وضع [wađʕ].

Ge'burten|kontrolle *f* تحديد النسل [taħdiːd annasl]; **~-überschuß** *m* زيادة المواليد [zijaːdat almawaːliːd].

ge'bürtig (*O*) *adj.* (**aus** *D* في) مولود [mauluːd].

Ge'burts|helfer *m* مولد [muwallid]; **~helferin** *f* مولدة [muwallida]; **~-ort** *m* (-*¢s*; -*e*) مكان (محل) ميلاد [makaːn (maħall) m.], مولد [maulid]; **~schein** *m* (-*¢s*; -*e*) شهادة ميلاد [ʃahaːdat miːlaːd]; **~tag** *m* (-*¢s*; -*e*) يوم ميلاد [jaum m.]; **~-urkunde** *f*, **~zeugnis** (-*ses*; -*se*) *n s.* ***~schein***.

Ge'büsch *n* (-*es*; -*e*) أجمة [ʔadʒama], دغل [daɣal].

Ge'dächtnis *n* (-*ses*; -*se*) ذاكرة [ðaːkira], حافظة [ħaːfiẓa]; (*Andenken*) ذكرى [ðikraː], تذكار [tiðkaːr]; **~feier** *f* (—; -*n*) حفلة تذكارية [ħafla tiðkaːriːja].

gedämpft (*Stimme*) منخفض [munxafiḍ].

Ge'danke *m* (-*ns*; -*n*) فكرة [fikra]; ***sich ~n machen*** شغل باله [ʃaɣala baːlahu].

Ge'danken|gang *m* سياق الأفكار [sijaːq alʔafkaːr]; **~los** (-*est*) *adj.* غافل [ɣaːfil]; **~strich** *m* شرطة [ʃarta].

Ge'deck *n* (-*¢s*; -*e*) طقم (السفرة) [taqm (assufra)].

ge'deihen (*L*; —; *sn*) *v/i.* (*wachsen*) نما [namaː, -uː]; (*reifen*) نضج [naḍadʒa, -u-]; *s.a.* ***Erfolg haben***.

Ge'deihen *n* (-*s*; *O*) توفيق [taufiːq], فلاح [falaːħ], نجاح [nadʒaːħ].

ge'denken (*L*; —) *v/i.* (*G* هـ) تذكر [taðakkara]; ***was ~ Sie zu tun?*** ما قصدك [maː qaʃduka].

Ge'denken *n* (-*s*; *O*) ذكرى [ðikraː].

Ge'dicht *n* (-*¢s*; -*e*) قصيدة [qaʃiːda], شعر [ʃiʕr].

ge'diegen *adj.* (*rein*) خالص [xaːliʃ]; (*solid*) متين [matiːn].

Ge'dränge *n* ازدحام [izdiħaːm].

ge'drängt *adj.*: ***in ~er Form*** باختصار [bixtiʃaːr].

ge'drungen *adj.* مربوع [marbuːʕ].

Ge'duld *f* (—; *O*) صبر [ʃabr], جلد [dʒalad]; **~en** *v/r.*: ***sich*** (*A*) ~ صبر [ʃabara, -i-]; ***bitte, ~en Sie sich*** انتظر من فضلك [intaẓir, min faḍlika]; **~ig** *adj.* صبور [ʃabuːr], **~(s)-spiel** *n* (-*s*; -*e*) لعبة صبر [luʕbat ʃabr].

ge'ehrt *adj.* محترم [muħtaram].

ge'eignet *adj.* (**zu** *D* لـ) صالح [ʃaːliħ]; (*Zeit*) مناسب [munaːsib].

G

Ge'fahr *f* خطر [xatar].

gefährden (*-e-*) *v/t.* عرض للخطر [ʕarrađa lilxatar].

ge'fährlich *adj.* خطر [xatir].

ge'fahrlos *adj.* (*-est*) مأمون [maʔmuːn], لا خطر فيه [laː xatara fiːhi].

G

Ge'fährt|e *m* (*-n*) رفيق [rafiːq], صاحب [ʃaːħib]; **~in** *f* رفيقة [rafiːqa].

ge'fahrvoll *adj.* خطر [xatir], خطير [xatiːr].

Gefälle *n* (*-s; O*) انحدار [inħidaːr].

ge'fallen (*L; —*) *v/i.* أعجب [ʔaʕʤaba]; ***es gefällt mir (nicht)*** (لا) يعجبني [(laː) juʕʤibuniː]; ***sich etw. ~ lassen*** احتمل ه [iħ'tamala].

Ge'fallen *m*: ***~ finden an*** *D* أحب [ʔaħabba]; ***j-m e-n ~ tun*** عمل له معروفا [ʕamila lahu maʕruːfan].

Ge'fallene(r) *m* قتيل [qatiːl], شهيد [ʃahiːd].

ge'fällig *adj.* لطيف [latiːf]; **~keit** *f* لطف [lutf]; (*Gefallen*) معروف [maʕruːf]; **~st** *adv.* من فضلك [min fađlika].

Ge'fangen|e(r) *m* محبوس [maħbuːs], سجين [saʤiːn]; (*Kriegsgefangener*) أسير [ʔasiːr]; **~nehmen** قبض (*j-n* على) [qabađa, -i-], حبس [ħabasa, -i-], أسر [ʔasara, -i-]; **~schaft** *f* (*O*) حبس [ħabs]; (*Kriegsgefangenschaft*) أسر [ʔasr].

Ge'fängnis *n* (*-ses; -se*) سجن [siʤn].

Ge'fäß *n* (*-es; -e*) إناء [ʔinaːʔ]; (*auch Blut~*) وعاء [wiʕaːʔ].

ge'faßt *adj.* رزين [raziːn]; **~** (***auf*** *etw.* له) مستعد [mustaʕidd lahu]; *adv.* باطمئنان [bitmiʔnaːn].

Ge'fecht *n* (*-ẹs; -e*) معركة [maʕraka], اشتباك [iʃtibaːk].

Ge'fieder *n* ريش [riːʃ].

Ge'flecht *n* (*-ẹs; -e*) مشتبك [muʃtabak], مجدول [maʤduːl]; ضفيرة [đafiːra].

ge'fleckt *adj.* أبقع [ʔabqaʕ].

Ge'flügel *n* (*-s; O*) طيور [tujuːr], دواجن [dawaːʤin].

Ge'flüster *n* (*-s; O*) وشوشة [waʃwaʃa].

Ge'folge *n* حاشية [ħaːʃija], أتباع [ʔatbaːʕ]; ***im ~ haben*** أدى إلى [ʔaddaː ʔilaː].

ge'fräßig *adj.* شره [ʃarih], أكال [ʔakkaːl]; **~keit** *f* (*O*) شره [ʃarah].

Ge'freite(r) *m* *Mil.* جندى أول [ʤundiː ʔawwal].

ge'frier|en (*L; sn*) *v/i.* تجمد

[tadʒammada]; ˜fach n قسم التجميد (فى ثلاجة) [qism attadʒmiːd (fiː θallaːdʒa)]; ˜punkt m (-¢s; -e) نقطة التجمد [nuqtat attadʒammud].

Ge'frorene(s) n جيلاتى [dʒelaːtiː], بوظة [buːza], دندرمة [dundurma].

Ge'füge n بناء [binaːʔ], تركيب [tarkiːb].

ge'fügig adj. سلس [salis].

Ge'fühl n (-s; -e) (*Wahrnehmung*) إحساس [ʔiħsaːs]; (*Empfindung*) شعور [ʃuʕuːr]; (*Regung*) وجدان [widʒdaːn]; ˜los (-est) adj. غير حساس [ɣair ħassaːs]; (*grausam*) قاس [qaːsin]; ˜voll adj. ذو وجدان [ðuː widʒdaːn].

ge'füllt adj. (*Speise*) محشى [maħʃiːj].

ge'gebenfalls adv. إذا اقتضى الأمر [ʔiðaː qtađaː lʔamr].

gegen präp. mit A ضد [đidd]; (*gegenüber*) مقابل [muqaːbil]; (*Richtung, Zeit*) نحو [naħwa].

Gegend f ناحية [naːħija].

Gegen|dienst m رد الخدمة [radd alxidma]; ~druck m (-¢s; O) مقاومة [muqaːwama]; ˜einander adv. البعض ضد البعض [albaʕđ đidd albaʕđ]; ~gewicht n (-¢s; -e) ثقل موازن [θiql muwaːzin]; ~gift n (-¢s; -e) ترياق [tirjaːq]; ~leistung f مقابل الخدمة [muqaːbil alxidma]; ~liebe f (O) حب متبادل [ħubb mutabaːdil]; ~mittel n دواء [dawaːʔ]; ~partei f خصم [xaʃm], الطرف الآخر [attaraf alʔaːxar]; ~rede f رد [radd]; ~satz m (-es; ⸗e) تضاد [tađaːdd], خلاف [xilaːf]; *im ~satz dazu* بخلاف ذلك [bixilaːf ðaːlik]; ˜sätzlich adj. مضاد [muđaːdd]; ˜seitig (O) adj. متبادل [mutabaːdil]; ~seitigkeit f (O) المعاملة بالمثل [almuʕaːmala bilmiθl]; ~stand m (-¢s; ⸗e) (*Ding*) شىء [ʃaiʔ]; (*Objekt*) موضوع [mauđuːʕ]; ˜ständlich adj. (*materiell*) مادى [maːddiː]; ˜stands-los (O) adj. باطل [baːtil], لا أساس له [laː ʔasaːsa lahu]; ~teil n (-¢s; -e) عكس [ʕaks]; *im ~teil* بالعكس [bilʕaks]; ˜teilig (O) adj. (*Meinung*) مخالف [muxaːlif].

gegen'über präp. mit D مقابل

[muqaːbil], أمام [ʔamaːm], إزاء [ʔizaːʔ], لقاء [liqaːʔ]; **~stellung** *f* مقارنة [muqaːrana]; *Jur.* مواجهة [muwaːdʒaha].

Gegen|wart *f* (*O*) (الوقت) الحاضر [(alwaqt) alħaːđir]; (*Anwesenheit*) حضور [ħuđuːr]; **~wärtig** (*O*) *adj.* حاضر [ħaːđir]; **~wehr** *f* مقاومة [muqaːwama]; **~wert** *m* (-*ɇs*; -*e*) قيمة [qiːma], مثل [miθl]; **~wirkung** *f* رد الفعل [radd alfiʕl]; **~zug** *m* (-*ɇs*; -̈*e*) (*Spiel*) حركة مضادة [ħaraka muđaːdda]; *Esb.* قطار مقابل [qitaːr muqaːbil].

ge'gessen *part. s.* **essen**.

ge'gliedert *adj.* مفصل [mufaʃʃal].

Gegner *m* خصم [xaʃm]; (*Feind*) عدو [ʕaduww].

Ge'hackte(s) *n* لحم مفروم [laħm mafruːm].

Ge'halt[1] *m* (-*ɇs*; -*e*) (*Inhalt*) محتوى [muħtawan], مضمون [mađmuːn]; قيمة [qiːma]; (*Fein~*) عيار [ʕijaːr].

Ge'halt[2] *n* (-*es*; -̈*er*) مرتب [murattab], راتب [raːtib]; **~s-empfänger** *m* مستخدم [mustaxdam]; **~voll** *adj.* قيم [qajjim].

Ge'hässigkeit *f* حقد [ħiqd].

Ge'häuse *n* علبة [ʕulba], غلاف [ɣilaːf].

ge'heim *adj.* سرى [sirriː]; **~dienst** *m* (-*ɇs*; -*e*) مخابرات [muxaːbaraːt]; **~haltung** *f* إخفاء [ʔixfaːʔ], كتمان [kitmaːn]; **~nis** *n* (-*ses*; -*se*) سر [sirr]; **~nis-kräme'rei** *f* التكتم فى التوافه [attakattum fiː ttawaːfih]; **~nis-voll** *adj.* غامض [ɣaːmiđ], ملغز [mulɣaz]; **~polizei** *f* بوليس سرى [buːliːs sirriː].

gehen (*L; sn*) *v/i.* (*zu Fuß; a. Uhr*) مشى [maʃaː, -iː]; (*weg-, fortgehen*) ذهب [ðahaba, -a-]; (*sich fortbewegen*) سار [saːra, -iː-]; (*Waren*) راج [raːdʒa, -uː-]; ***das Fenster geht auf den Hof*** النافذة تشرف على الصحن [annaːfiða tuʃrifu ʕalaː ʃʃaħn]; ***wie geht es Ihnen?*** كيف حالك ؟ [kaifa ħaːluka]; ***es geht ihm gut*** هو بخير [huwa bixair].

ge'heuer *adj.*: ***nicht ~*** مريب [muriːb].

Ge'hilfe *m* (-*n*) معاون [muʕaːwin]; (*e-s Handwerkers*) صبى [ʃabiːj].

Ge'hirn *n* (-*ɇs*; -*e*) دماغ

[dimaːɣ]; (*a. Mark*) مخ [muxx]; **~-erschütterung** *f* ارتجاج المخ [irtiʤaːʤ almuxx].

Ge'höft *n* (*-ẹs; O*) ضيعة [đaiʕa]; *Äg.* عزبة [ʕizba].

Ge'hölz *n* (*-es; -e*) غابة [ɣaːba].

Ge'hör *n* (*-ẹs; O*) سمع [samʕ]; ~ ***schenken*** (*D* إلى) أصغى [ʔaʃɣaː].

ge'horchen (—) *v/i.* (*D* ه) أطاع [ʔaṭaːʕa].

ge'hören *v/i.* (*D* ه) خص [xaffa, -u-], (*D* ل) كان ملكا [kaːna, -uː-, mulkan]; ***wem gehört das?*** لمن هذا؟ [liman haːðaː]; *v/r.* لاق [laːqa, -iː-]; ***es gehört sich, daß*** من اللائق أن [min allaːʔiq ʔan].

Gehörgang *m* صماخ [ʃimaːx].

ge'hörig *adj.* لائق [laːʔiq], مناسب [munaːsib]; (*D* ل) تابع [taːbiʕ]; *adv.* (*gründlich*) تماما [tamaːman], كما يليق [kamaː jaliːqu].

ge'horsam *adj.* مطيع [muṭiːʕ].

Ge'horsam *m* (*-s; O*) طاعة [ṭaːʕa], امتثال [imtiθaːl].

Geier *m* أنوق [ʔanuːq], رخم [raxam].

Geige *f* كمان [kamaːn], ربابة [rabaːba]; **~r** *m* عازف كمان [ʕaːzif kamaːn].

Geisel *f* (*-; -n*), رهينة [rahiːna].

Geiß *f* عنزة [ʕanza]; **~bock** *m* (*-ẹs; ¨e*) تيس [tais].

Geißel *f* (*—; -n*) مقرعة [miqraʕa], كرباج [kurbaːʤ]; (*Plage*) بلاء [balaːʔ]; **~n** (*-le*) *v/t.* جلد [ʤalada, -i-]; *fig.* عنف [ʕannafa].

Geist *m* (*-ẹs; -er*) روح [ruːħ]; (*Verstand*) عقل [ʕaql]; (*Sinn*) بال [baːl]; (*Gespenst*) شبح [ʃabaħ]; ***den ~ aufgeben*** توفى [tuwuffija].

geistes|abwesend *adj.* شارد الفكر [ʃaːrid alfikr]; **~gegenwart** *f* (*O*) حضور البديهة [ħuđuːr albadiːha]; **~gestört** (*O*) *adj.* معتوه [maʕtuːh]; **~krank** *adj.* مختل العقل [muxtall alʕaql]; **~krankheit** *f* مرض عقلي [marađ ʕaqliː]; **~wissenschaften** *f/pl.* آداب [ʔaːdaːb]; **~zustand** *m* حالة عقلية [ħaːla ʕaqliːja].

geistig *adj.* روحي [ruːħiː]; (*intellektuell*) عقلي [ʕaqliː]; **~e *Getränke*** *n/pl.* مسكرات [muskiraːt].

geistlich *adj.* روحاني [ruːħaːniː], ديني [diːniː]; **~e(r)** *m* رجل الدين [raʤul addiːn].

geist|los (*-est*) *adj.* تفه [tafih]; **~reich** *adj.* ذكى [ðakiːj], ظريف [ẓariːf].

Geiz *m* (*-es; O*) بخل [buxl]; **~hals** *m* (*-es; ⸚e*) بخيل [baxiːl]; **⁓ig** *adj.* بخيل [baxiːl].

Ge'klapper *n* (*-s; O*) قعقعة [qaʕqaʕa].

ge'kocht *adj.* مسلوق [masluːq].

ge'konnt *adv.* بإتقان [biʔitqaːn].

ge'künstelt *adj.* مصطنع [muṣṭanaʕ].

Ge'lächter *n* قهقهة [qahqaha].

Ge'lage *n* وليمة [waliːma].

ge'lähmt *adj.* مفلوج [mafluːʤ].

Ge'lände *n* أرض [ʔarđ], صقع [ṣuqʕ].

Ge'länder *n* درابزين [daraːbziːn].

ge'langen (*—; sn*) *v/i.* وصل [waṣala, jaṣilu], بلغ [balaɣa, -u-].

ge'lassen *adj.* هادئ [haːdiʔ], رزين [raziːn].

Gelatine [ʒeˑlaˑ'tiːnə] *f* (*O*) جيلاتين [ʤiːlaːtiːn].

ge'läufig *adj.* مألوف [maʔluːf]; (*Ausdruck*) سائر [saːʔir]; *adv.* (*sprechen*) بطلاقة [biṭalaːqa]; **⁓keit** *f* سلاسة [salaːsa].

ge'launt *adj.*: **gut ~** حسن المزاج [ħasan almizaːʤ]; **schlecht ~** منحرف المزاج [munħarif alm.], مهموم [mahmuːm].

gelb (*O*) *adj.* أصفر [ʔaṣfar].

Gelb *n* (*-ȼs; O*) صفار [ṣafaːr], صفرة [ṣufra].

gelb|lich *adj.* ضارب إلى الصفرة [đaːrib ʔilaː ṣṣufra]; **⁓sucht** *f* (*O*) يرقان [jaraqaːn].

Geld *n* (*-es; -er*) نقود [nuquːd], *Äg.* فلوس [fuluːs]; (*Währung*) عملة [ʕumla]; (*Vermögen*) مال [maːl]; (*Bar⁓*) نقد [naqd]; (*Klein⁓*) صغير النقد [ṣaɣiːr annaqd], *Äg.* فكة [fakka], *Jr.* خردة [xurda], *Syr.* فراطة [furaːṭa]; **~anweisung** *f* تحويل (مالى) [taħwiːl (maːliː)]; (*Formular*) حوالة [ħawaːla]; **~betrag** *m* (*-ȼs; ⸚e*) مبلغ [mablaɣ]; **~beutel** *m*, **~börse** *f* كيس النقود [kiːs annuquːd]; **~mittel** *n/pl.* أموال [ʔamwaːl], وسائل مالية [wasaːʔil maːliːja]; **~schein** *m* (*-ȼs; -e*) ورقة مالية [waraqa maːliːja]; **~schrank** *m* (*-ȼs; ⸚e*) خزانة (النقود) [xizaːna(t annuquːd)]; **~strafe** *f* غرامة [ɣaraːma]; **~stück** *n* (*-es; -e*) قطعة نقدية [qiṭʕa naqdiːja], مسكوكة [maskuːka]; **~umlauf** *m* (-*¢s*; *-̈e*) تداول العملة [tadaːwul alʕumla]; **~-wechsel** *m* كامبيو [kaːmbiju]; **~wechsler** *m* صراف [ʃarraːf]; **~wert** *m* (-*¢s*; -*e*) قيمة نقدية [qiːma naqdiːja]; (*Kurs*) قيمة العملة [qiːmat alʕumla].

Gelee [ʒəˈleː] *n* (-*s*; -*s*) هلام [hulaːm].

geˈlegen *adj.* (*Ort*) واقع [waːqiʕ]; (*passend*) مناسب [munaːsib]; **~ *kommen*** حدث فى وقته [ħadaθa, -u-, fiː waqtihi]; ***mir ist daran ~, daß*** يهمنى أن [jahummuniː ʔan]; **~̈heit** *f* فرصة [furʃa]; ***bei ~̈heit*** عند الفرصة [ʕinda lfurʃa]; **~tlich** *adv.* أحيانا [ʔaħjaːnan].

geˈlehr|ig *adj.* سهل التعليم [sahl attaʕliːm]; **~̈samkeit** *f* (*O*) تبحر فى العلم [tabaħħur fiː lʕilm], سعة العلم [saʕat alʕilm]; **~t** *adj.* (-*est*) عالم [ʕaːlim]; **~̈te(r)** *m* عالم [ʕaːlim], علامة [ʕallaːma].

Geˈleise *n s.* ***Gleis***.

Geˈleit *n* (-*¢s*; -*e*) مرافقة [muraːfaqa]; ***freies ~*** ضمان سلامة المرور [đamaːn salaːmat almuruːr]; **~schutz** *m* (-*es*; *O*) مواكبة [muwaːkaba]; **~zug** *m* (-*¢s*; *-̈e*) قافلة بحرية [qaːfila baħriːja].

Geˈlenk *n* (-*¢s*; -*e*) مفصل [mafʃil]; **~entzündung** *f* (*O*) التهاب المفاصل [iltihaːb almafaːʃil]; **~̈ig** *adj.* لين المفاصل [lajjin almafaːʃil], مرن [marin].

geˈlernt (*O*) *adj.* (*Arbeiter*) ماهر [maːhir], مدرب [mudarrab].

Geˈliebte *f* حبيبة [ħabiːba], عشيقة [ʕaʃiːqa]; **~(r)** *m* حبيب [ħabiːb], عشيق [ʕaʃiːq].

geˈlinde *adv.*: **~ *gesagt*** بلطف العبارة [biluŧf alʕibaːra].

geˈlingen (*L*; —; *sn*) *v/i.* تيسر [tajassara], نجح [nadʒaħa, -a-]; ***es gelang mir*** نجحت فيه [nadʒaħtu fiːhi]; ***es gelang mir nicht*** عجزت عنه [ʕadʒaztu ʕanhu], فشلت فيه [faʃaltu fiːhi].

Geˈlingen *n* نجاح [nadʒaːħ]; *s.a.* ***Erfolg***.

geˈloben *v/t.* (*D/A* ه ب) وعد [waʕada, jaʕidu], تعهد له ب [taʕahhada].

Geˈlöbnis *n* (-*ses*; -*se*) وعد [waʕd], عهد [ʕahd].

gelt|en (*L*) *v/i.* (*gültig sein*) سرى مفعوله [saraː, -iː, mafʕuː-

luhu]; (*für A* ﻫ *od.* ه) أعتبر [ʔuʕtubira]; (*geschätzt werden*) قدر [quddira]; **~end** *adj.* جار [ʤaːrin], سارى المفعول [saːriː lmafʕuːl], معمول به [maʕmuːl bihi]; **~ung** *f* سريان [sarajaːn]; **~ungs-bedürfnis** *n* (*-ses; O*) حب الشهرة [ħubb aʃʃuhra]; **~ungs-dauer** *f* مدة السريان [muddat assarajaːn].

Ge'lübde *n* (*-s; O*) نذر [naðr].

ge'mächlich [-ɛː-] *adj.* متأن [mutaʔannin]; (*bequem*) مريح [muriːħ]; *adv.* بهداد [bihadaːd].

Ge'mahl *m* (*-ẹs; -e*) زوج [zauʤ], قرين [qariːn]; **~in** *f* زوجة [zauʤa], قرينة [qariːna], عقيلة [ʕaqiːla].

Ge'mälde [-ɛː-] *n* تصويرة [taʃwiːra], نقش [naqʃ]; **~galerie** *f* معرض صور [maʕriđ] ʃuwar].

ge'mäß [-ɛː-] *adj.* مطابق [mutaːbiq]; *präp.* طبق [tibqa], حسب [ħasaba]; **den Umständen ~** حسب الظروف [ħasaba zzuruːf].

ge'mäßigt *adj.* معتدل [muʕtadil].

ge'mein *adj.* عام [ʕaːmm], مشترك [muʃtarak]; (*gewöhnlich*) عادى [ʕaːdiː]; (*niedrig*) رذيل [raðiːl].

Ge'meinde *f* (*Stadt~*) بلدية [baladiːja]; (*Religions~*) ملة [milla]; (*Pfarr~*) أبرشية [ʔabraʃiːja].

Ge'meinheit *f* وضاعة [wađaːʕa], رذالة [raðaːla], حقارة [ħaqaːra].

ge'mein|nützig (*O*) *adj.* للمنفعة العامة [lilmanfaʕa lʕaːmma]; **~sam** (*O*) *adj.* مشترك [muʃtarak]; *adv.* معا [maʕan]; **~schaft** *f* جمعية [ʤamʕiːja]; (*Teilhabe*) اشتراك [iʃtiraːk]; **~schaftlich** (*O*) *adj.* مشترك [muʃtarak]; **~wohl** *n* (*-ẹs; O*) الصالح العام [aʃʃaːliħ alʕaːmm].

Ge'menge *n* خليط [xaliːt].

ge'messen *adj.* موزون [mauzuːn]; **~en Schrittes** بخطوات رتيبة [bixutuwaːt ratiːba].

Ge'metzel *n* مذبحة [maðbaħa].

Ge'misch *n* (*-es; -e*) خليط [xaliːt], مزيج [maziːʤ].

Ge'murmel *n* (*-s; O*) همهمة [hamhama].

Ge'müse *n* (*-s; O*) خضروات [xuđrawaːt]; **~händler** *m* خضرى [xuđariː], بقال [baqqaːl].

Ge'müt *n* (*-ẹs; -er*) خاطر [xaːtir], نفس [nafs], وجدان [widʒdaːn]; **˜lich** *adj.* (*Ort*) مريح [muriːħ]; (*Mensch*) أنيس [ʔaniːs]; **~lichkeit** *f* (*O*) راحة [raːħa], أنس [ʔuns].

Ge'müts|art *f* خلق [xuluq], مزاج [mizaːdʒ]; **˜krank** (*O*) *adj.* مريض النفس [mariːđ annafs]; **~zustand** *m* (*-ẹs; ¨e*) حالة نفسية [ħaːla nafsiːja].

Gen *n* (*-s; -e*) *Biol.* مورثة [muwarriθa].

ge'nau *adj.* (*Zeit, Gewicht*) مضبوط [mađbuːt]; (*Instrument*) دقيق [daqiːq]; (*Mensch*) مدقق [mudaqqiq]; *adv.* تماما [tamaːman]; **˜igkeit** *f* (*O*) دقة [diqqa].

ge'nehm *adj.* مقبول [maqbuːl].

ge'nehmig|en (—) *v/t.* رخص ب [raxxaʃa], صرح ب [ʃarraħa], وافق على [waːfaqa]; **˜ung** *f* تصريح [taʃriːħ], ترخيص [tarxiːʃ]

ge'neigt *adj.* مائل [maːʔil], منحدر [munħadir], منحن [munħanin]; (*bereit zu etw.*) مستعد ل [mustaʕidd].

Gene'ral *m* (*-ẹs; ¨e*) *Mil.* جنرال [dʒeneraːl], لواء [liwaːʔ]; **~agentur** *f* وكالة عامة [wikaːla ʕaːmma]; **~direktor** *m* (*-s; -en*) مدير عام [mudiːr ʕaːmm]; **~konsulat** *n* (*-ẹs; -e*) قنصلية عامة [qunʃuliːja ʕaːmma]; **~sekretär** *m* (*-s; -e*) سكرتير عام [sekreteːr ʕaːmm]; **~stab** *m* (*-ẹs; ¨e*) أركان الحرب [ʔarkaːn alħarb]; **~streik** *m* (*-ẹs; -s*) إضراب عام [ʔiđraːb ʕaːmm]; **~überholung** *f* ترميم كامل [tarmiːm kaːmil]; **~versammlung** *f* جمعية عمومية [dʒamʕiːja ʕumuːmiːja]; **~vollmacht** *f* توكيل عام [taukiːl ʕaːmm], كمال السلطة [kamaːl assulta].

Genera'tion *f* جيل [dʒiːl].

Gene'rator *m* (*-s; -en* [-'toː-]) *El.* مولد [muwallid].

gene'rell *adj.* عام [ʕaːmm], شامل [ʃaːmil]; *adv.* بصورة عامة [biʃuːra ʕaːmma].

ge'nes|en (*L; —; sn*) *v/i.* شفي [ʃufija]; **˜ung** *f* شفاء [ʃifaːʔ]; **˜ungs-heim** *n* دار النقاهة [daːr annaqaːha].

genial [geː'nĭaːl] *adj.* عبقري [ʕabqariː].

Ge'nick *n* (*-ẹs; -e*) قفا [qafan].

Genie [ʒə'niː] *n* (*-s; -s*) (*Eigenschaft*) عبقرية [ʕabqariːja]; (*Mensch*) عبقرى [ʕabqariː].

genieren [ʒəˈniːʀən] (—) *v/t.* ضايق [đaːjaqa]; *v/r.* استحى [istaħaː]; ~ ***Sie sich nicht!*** بدون تكليف [biduːn takliːf].

geˈnieß|bar *adj.* صالح للأكل (الشرب) [ʃaːliħ lilʔakl (aʃʃurb)]; **~en** (*L;* —) *v/t.* (*zu sich nehmen*) تناول [tanaːwala]; (*sich e-r Sache erfreuen*) تمتع ب [tamattaʕa].

Genitiv *m* (*-s; -e*) *Gr.* مخفوض [maxfuːđ], حالة المضاف إليه [ħaːlat almuđaːf ʔilaihi].

geˈnormt *adj.* معاير [muʕaːjar], موحد المقياس [muwaħħad almiqjaːs].

Geˈnosse *m* (*-n*) (*Weg~, Partei~*) رفيق [rafiːq]; (*Amts~*) زميل [zamiːl].

Geˈnoss|enschaft *f* جمعية تعاونية [ʤamʕiːja taʕaːwuniːja]; **~in** *f* رفيقة [rafiːqa], زميلة [zamiːla].

geˈnug *adv.*: ~ **sein** كفى [kafaː, -iː]; ***das ist*** ~ هذا كاف [haːðaː kaːfin]; ~***!*** كفاية [kifaːja], يكفى [jakfiː]; *adv.* لدرجة كافية [lidaraʤa kaːfija].

Geˈnüg|e *f* كفاية [kifaːja]; **~en** (—) *v/i.* كفى [kafaː, -iː]; **~end** *adj.* كاف [kaːfin], واف [waːfin]; **~sam** *adj.* قنوع [qanuːʕ]; **~samkeit** *f* (*O*) قناعة [qanaːʕa].

Geˈnugtu-ung *f* (*Zufriedenheit*) رضى [riđan], ارتياح [irtijaːħ]; (*Zufriedenstellung*) ترضية [tarđiːja].

Genus [ˈgeˑnʊs] *n* (*—; Genera*) جنس [ʤins].

Geˈnuß *m* (*-sses; ⸚sse*) متعة [mutʕa], لذة [laððа]; (*Verzehr*) تناول [tanaːwul]; ***in den ~ kommen*** حصل على منفعة [ħaʃala, -u-, ʕalaː manfaʕa].

Geo|graˈphie [-ˈfiː] *f* (*O*) جغرافيا [ʤuɣraːfijaː]; **~loˈgie** *f* (*O*) جيولوجيا [ʤijuːluːʤijaː]; علم طبقات الأرض [ʕilm ŧabaqaːt alʔarđ]; **~meˈtrie** *f* (*O*) هندسة [handasa]; **~ˈmetrisch** (*O*) *adj.* هندسى [handasiː].

Geˈpäck *n* (*-ęs; O*) شنط [ʃunaŧ], حقائب [ħaqaːʔib], أمتعة [ʔamtiʕa]; *Äg.* عفش [ʕafʃ]; **~-abfertigung** *f* شحن (إرسال) الأمتعة [ʃaħn (ʔirsaːl) alʔamtiʕa]; (*Zoll*) تخليص [taxliːʃ]; **~-annahme** *f* استلام الأمتعة [istilaːm alʔamtiʕa];

~-aufbewahrung *f* مخزن الأمانات [maxzan alʔamaːnaːt]; مستودع الأمتعة [mustaudaʕ alʔamtiʕa]; **~schalter** *m* مكتب (شباك) الأمتعة [maktab (ʃubbaːk) alʔamtiʕa]; **~-schein** *m* (*-ẹs; -e*) إيصال العفش [ʔiːsaːl alʕafʃ]; **~-stück** *n* (*-ẹs; -e*) حقيبة [ħaqiːba]; **~träger** *m* شيال [ʃajjaːl]; (*am Auto*) حامل [ħaːmil].

ge'panzert *adj.* مدرع [mudarraʕ].

ge'pflegt *adj.* معتنى به [muʕtanan bihi], مصون [maṣuːn], مهذب [muhaððab].

Ge'pflogenheit *f* عادة [ʕaːda].

Ge'präge *n* (*-s; O*) طابع [taːbiʕ].

ge'prüft *adj.* (*Meister*) صاحب (حامل) شهادة [ṣaːħib (ħaːmil) ʃahaːda].

ge'rade *adj.* مستقيم [mustaqiːm]; (*direkt*) مباشر [mubaːʃir]; (*Charakter*) صالح [ṣaːliħ]; (*Zahl*) زوجي [zaudʒiː]; *adv.* بالذات [biððaːt]; ***ich bin ~ gekommen*** توا جئت [tawwan dʒiʔtu].

Ge'rade *f* خط مستقيم [xaṭṭ mustaqiːm]; **⁓aus** *adv.* إلى الأمام [ʔilaː lʔamaːm].

gerade'zu *adv.* فى حقيقة الأمر [fiː ħaqiːqat alʔamr].

Ge'radheit *f* (*O*) استقامة [istiqaːma].

Ge'rät *n* (*-ẹs; -e*) جهاز [dʒihaːz]; (*Werkzeug*) آلة [ʔaːla]; (*Ausrüstung*) عدة [ʕudda].

ge'raten (*L; —; sn*) *v/i.* (**in** *A*) وقع (فى) [waqaʕa, jaqaʕu]; (*ausfallen*) طلع [ṭalaʕa, -u-]; (*in Schwierigkeiten ~*) تورط [tawarraṭa]; (*ins Stocken ~*) توقف [tawaqqafa]; (*in Vergessenheit ~*) نسى [nusija].

Gerate'wohl *n*: ***aufs*** ~ خبط عشواء [xabṭa ʕaʃwaːʔ].

geräuchert *adj.* مدخن [mudaxxan].

ge'räumig *adj.* فسيح [fasiːħ].

Ge'räusch *n* (*-es; -e*) صوت [ṣaut]; خشخشة [xaʃxaʃa]; (*leises ~*) حس [ħiss]; **⁓los** (*O*) *adj.* بلا صوت [bilaː ṣaut]; **⁓voll** صاخب [ṣaːxib].

gerben *v/t.* دبغ [dabaɣa, -u-].

Gerber *m* دباغ [dabbaːɣ].

ge'recht (*-est*) *adj.* (*Person, Urteil*) عادل [ʕaːdil]; (*Person*) منصف [munṣif]; **⁓igkeit** *f* (*O*) عدل [ʕadl], إنصاف

[ʔinʃaːf]; **~fertigt** *adj.* مبرر [mubarrar].

Ge'rede *n* (*-s; O*) ثرثرة [θarθara]; *Äg.* دردشة [dardaʃa]; ***leeres*** **~** كلام فارغ [kalaːm faːriɣ].

Ge'reiztheit *f* (*O*) هائج [haːʔidʒ]; تهيج [tahajjudʒ]; (*Schärfe*) حدة [ħidda].

Ge'richt *n* (*-¢s; -e*) (*Speise*) طبق الأكل [tabaq alʔakl], لون من الطعام [laun mina ttaʕaːm]; *Jur.* محكمة [maħkama]; **~lich** (*O*) *adj.* قضائي [qađaːʔiː]; *adv.* حسب القانون [ħasaba lqaːnuːn].

Ge'richts|arzt *m* طبيب شرعي [tabiːb ʃarʕiː]; **~barkeit** *f* (*O*) قضاء [qađaːʔ]; **~beschluß** *m* (*-sses; ⸚sse*) قرار [qaraːr]; **~hof** *m* (*-¢s; ⸚e*) محكمة [maħkama]; **~kosten** *pl.* مصاريف الدعوى [maʃaːriːf addaʕwaː]; **~stand** *m* مكان التقاضي [makaːn attaqaːđiː]; **~verfahren** *n* إجراءات قضائية [ʔidʒraːʔaːt qađaːʔiːja]; **~verhandlung** *f* محاكمة [muħaːkama]; **~vollzieher** *m* محضر [muħđir].

ge'ring *adj.* قليل [qaliːl]; (*unbedeutend*) تفه [tafih]; **~fügig** *adj.* هين [hajjin], قليل الأهمية [qaliːl alʔahammiːja]; **~schätzung** *f* (*O*) استخفاف [istixfaːf], احتقار [iħtiqaːr]; **~st**: ***nicht im ~sten*** لا ... قط [laː ... qattu], لا ... أبدا [laː ... ʔabadan].

ge'rinnen (*L; —; sn*) *v/i.* تخثر [taxaθθara].

Ge'rinnsel *n* جلطة [dʒulta].

Ge'rippe *n* هيكل [haikal].

gern(e) (*lieber; liebst-*) *adv.* بسرور [bisuruːr]; ***sehr*** **~** بكل سرور [bikull suruːr]; بكل ممنونية [bikull mamnuːniːja]; **~ *geschehen!*** (*Antwort auf Dank*) العفو [alʕafw]; ***ich habe ihn*** **~** أحبه [ʔuħibbuhu]; ***ich möchte*** **~** أود [ʔawuddu]; ***ich lese*** **~** أحب أن أقرأ [ʔuħibbu ʔan ʔaqraʔa].

Ge'röll *n* (*-¢s; -e*) حصب [ħaʃab], أحجار [ʔaħdʒaːr].

geröstet *adj.* مشوي [maʃwiːj], محمر [muħammar].

Gerste *f* (*O*) شعير [ʃaʕiːr]; **~nkorn** *n* شعيرة [ʃaʕiːra].

Ge'ruch *m* (*-¢s; ⸚e*) ريحة [riːħa], رائحة [raːʔiħa]; (*schlechter* **~**) نتانة [nataːna]; (*Mund*~) نكهة [nakha]; **~los** (*O*) *adj.* لا رائحة له [laː raːʔiħa lahu].

Ge'rücht *n* (-*¢s*; -*e*) إشاعة [ʔiʃaːʕa].

ge'ruhen (—) *v/i.* تفضل [tafađđala], تكرم [takarrama].

Ge'rüst *n* (-*¢s*; -*e*) منصة [minaṣṣa]; (*Bau*~) سقالة البناء [saqaːlat albinaːʔ].

ge'samt (*O*) *adj.* كامل [kaːmil], كلي [kulliː]; ***die ~e Bevölkerung*** السكان جميعا (بأجمعهم) [assukkaːn dʒamiːʕan (biʔadʒmaʕihim)]; **~betrag** *m* (-*es*; ⁼*e*) المجموع الكلي [almadʒmuːʕ alkulliː]; **~heit** *f* (*O*) جملة [dʒumla], كلية [kulliːja].

Ge'sandt|e(r) *m* وزير مفوض [waziːr mufawwađ]; **~schaft** *f* مفوضية [mufawwađiːja].

Ge'sang *m* (-*¢s*; ⁼*e*) غناء [ɣinaːʔ].

Ge'säß *n* (-*es*; -*e*) مقعدة [maqʕada], عجز [ʕadʒuz].

Ge'schäft *n* (-*¢s*; -*e*) (*Laden*) دكان [dukkaːn]; (*Transaktion*) صفقة [ṣafqa]; (*Handelsfirma*) محل تجاري [maħall tidʒaːriː]; (*Arbeitsstätte*) مكان عمل [makaːn ʕamal]; (*Beschäftigung*) شغل [ʃuɣl], مهنة [mihna]; **~ig** *adj.* شغال [ʃaɣɣaːl], نشيط [naʃiːṭ]; **~lich** *adj.* (*O*) خاص بالأعمال [xaːṣṣ bilʔaʕmaːl], تجاري [tidʒaːriː].

Geschäfts|-abschluß *m* صفقة [ṣafqa]; **~bereich** *m* مجال العمل [madʒaːl alʕamal]; **~brief** *m* رسالة تجارية [risaːla tidʒaːriːja]; **~freund** *m* عميل [ʕamiːl]; **~führer** *m* مدير [mudiːr]; **~-inhaber** *m* صاحب محل [ṣaːħib maħall]; **~mann** *m* رجل أعمال [radʒul ʔaʕmaːl]; **~-ordnung** *f* (*e-r Sitzung*) جدول أعمال [dʒadwal ʔaʕmaːl]; **~papiere** *n/pl.* مستندات [mustanadaːt]; **~-schluß** *m* غلق المحل [ɣalq almaħall]; **~-stelle** *f* مكتب [maktab]; (*Zweigstelle*) فرع [farʕ]; **~verbindung** *f* علاقة (تجارية) [ʕilaːqa (tidʒaːriːja)]; **~viertel** *n* حي تجاري [ħajj tidʒaːriː]; **~zeit** *f* ساعات العمل [saːʕaːt alʕamal].

ge'schehen (*L*; —; *sn*) *v/i.* حدث [ħadaθa, -u-], وقع [waqaʕa, jaqaʕu], كان [kaːna, -uː-]; ***das*** ~ الحوادث *pl.* [alħawaːdiθ].

ge'scheit (*-est*) *adj.* عاقل [ʕaːqil], ذكي [ðakiːj].

Ge'schenk *n* (-*¢s*; -*e*) هدية [hadiːja].

Ge'schicht|e *f* (*Historie*) تأريخ

[taʔriːx]; (*Erzählung*) حكاية [ħikaːja], قصة [qiʃʃa]; **~lich** (*O*) *adj.* تأريخي [taʔriːxiː].

Ge'schick *n* (*-ǝs; -e*) (*Schicksal*) قدر [qadar], قسمة [qisma]; (*Fertigkeit*) = **~lichkeit** *f* (*O*) مهارة [mahaːra]; **~t** *adj.* ماهر [maːhir].

ge'schieden *adj.* مطلق [mutallaq]; **~e Frau** طليقة [taliːqa].

Ge'schirr *n* (*-ǝs; -e*) (*Küchen~*) أوان *pl.* [ʔawaːnin], مواعين [mawaːʕiːn]; (*Pferde~*) طقم [taqm].

Ge'schlecht *n* (*-ǝs; -er*) *Biol.*, *Gr.* جنس [ʤins]; (*Familie*) أسرة [ʔusra], آل [ʔaːl]; (*Generation*) جيل [ʤiːl]; **~lich** (*O*) *adj.* جنسي [ʤinsiː].

Geschlechts|krankheit *f* مرض تناسلي (زهري) [marad tanaːsuliː (zuhariː)]; **~-organe** *n/pl.*, **~teile** *m/pl.* أعضاء التناسل [ʔaʕdaːʔ attanaːsul]; **~-verkehr** *m* اتصال جنسي [ittiʃaːl ʤinsiː], جماع [ʤimaːʕ].

ge'schlossen *adj.* مغلق [muɣlaq].

Ge'schmack *m* (*-ǝs; ⸚e, F, ⸚er*) (*e-r Speise*) طعم [taʕm]; (*Sinn*) ذوق [ðauq]; **~los** (*-est*) *adj.* (*Speise*) لا طعم له [laː taʕma lahu]; (*Mensch*) قليل الذوق [qaliːl aððauq]; **~voll** *adj.* سليم الذوق [saliːm aððauq].

Ge'schmeide *n* مجوهرات [muʤauharaːt].

ge'schmeidig *adj.* مرن [marin].

Ge'schöpf *n* (*-ǝs; -e*) مخلوق [maxluːq].

Ge'schoß *n* (*-sses; -sse*) قذيفة [qaðiːfa]; (*Kugel*) رصاصة [raʃaːʃa]; (*Granate*) قنبلة [qunbula]; (*Stockwerk*) طابق [taːbiq].

Ge'schrei *n* (*-s; O*) صياح [ʃijaːħ].

Ge'schütz *n* (*-es; -e*) مدفع [midfaʕ].

Ge'schwader *n* *Mar.* عمارة [ʕamaːra]; *Flugw.* سرب [sirb].

Ge'schwätz *n* (*-ǝs; O*) هذيان [haðajaːn], هراء [huraːʔ].

ge'schwind (*-est*) *adv.* سريع [sariːʕ]; **~igkeit** *f* سرعة [surʕa]; **~igkeits-begrenzung** *f* تحديد السرعة [taħdiːd assurʕa]; **~igkeits-messer** *m* مقياس السرعة [miqjaːs assurʕa].

Ge'schwister *pl.* إخوة وأخوات

[ʔixwa wa ʔaxawaːt], أشقاء [ʔaʃiqqaːʔ].

ge'schwollen *adj.* وارم [waːrim], مورم [muwarram].

Ge'schworene(r) *m Jur.* محلف [muħallaf].

Ge'schwulst *f* (—; ⁼e) ورم [waram].

Ge'schwür *n* (-ꞓs; -e) قرحة [qurħa].

Ge'selle *m* فتى [fatan]; (*Handwerker*) صانع [ʃaːniʕ].

ge'sellig *adj.* أنيس [ʔaniːs], محب للمعاشرة [muħibb lilmuʕaːʃara]; **≈keit** *f* (*O*) معاشرة [muʕaːʃara].

Ge'sellschaft *f* (*menschliche* ~) مجتمع [mudʒtamaʕ]; (*Begleitung*) صحبة [ʃuħba]; (*Verein*) جمعية [dʒamʕiːja]; (*Abend*≈) سهرة [sahra]; (*Gruppe*) جماعة [dʒamaːʕa]; *Hdl.* شركة [ʃarika]; **~er** *m Hdl.* شريك [ʃariːk]; **≈lich** (*O*) *adj.* اجتماعي [idʒtimaːʕiː].

Ge'sellschafts|anzug *m* (-ꞓs; ⁼e) بدلة السهرة [badlat assahra]; **~-ordnung** *f* النظام الاجتماعي [annizaːm alidʒtimaːʕiː].

Ge'setz *n* (-es; -e) قانون [qaːnuːn]; *Isl.* شرع [ʃarʕ], شريعة [ʃariːʕa]; **~buch** *n* (-ꞓs; ⁼er) مجموعة قوانين [madʒmuːʕat qawaːniːn], مجلة [madʒalla]; **~entwurf** *m* (-ꞓs; ⁼e) مشروع قانون [maʃruːʕ qaːnuːn]; **~gebung** *f* تشريع [taʃriːʕ], تقنين [taqniːn]; **≈lich** (*O*) *adj.* قانوني [qaːnuːniː], شرعي [ʃarʕiː]; *adv.* **es wird ≈lich bestraft** يعاقب حسب القانون [juʕaːqabu ħasaba lqaːnuːn]; **≈los** (*O*) *adj.* غير قانوني [ɣair qaːnuːniː]; **~losigkeit** *f* (*O*) فوضى [fauđaː]; **≈mäßig** (*O*) قانوني [qaːnuːniː]; (*regelmäßig*) *adj.* منظم [munaẓẓam]; **≈t** *adj.* وقور [waquːr]; **≈widrig** *adj.* مخالف للقانون [muxaːlif lilqaːnuːn].

Ge'sicht *n* (-ꞓs; -er) وجه [wadʒh]; (*Erscheinung*) رؤيا [ruʔjaː]; ***j-n zu ~ bekommen*** رأى ه [raʔaː, jaraː]; ***j-m zu ~ stehen*** لاق ب [laːqa, -iː-].

Ge'sichts|ausdruck *m* (-ꞓs; ⁼e) سيما [siːmaː], سحنة [saħna]; **~feld** *n* مجال البصر [madʒaːl albaʃar]; **~kreis** *m* (-es; -e) أفق [ʔufuq]; **~punkt** *m* (-ꞓs; -e) وجهة نظر [wudʒhat naẓar]; **~züge** *m/pl.* ملامح الوجه [malaːmiħ alwadʒh].

Ge'sims *n* (*-es; -e*) *Arch.* إفريز [ʔifriːz].

Ge'sindel *n* (*-s; O*) رعاع [raʕaːʕ], همج [hamadʒ].

ge'sinnt (*O*) *adj.*: **er ist mir wohl ~** حسنت نيته فى [ħasunat niːjatuhu fiːja].

Ge'sinnung *f* نية [niːja]; (*politische ~*) اعتقاد [iʕtiqaːd].

ge'sitt|et (*-est*) *adj.* مؤدب [muʔaddab].

ge'sondert *adv.* على حدة [ʕalaː ħida].

ge'spannt *adj.* ممدود [mamduːd]; (*Beziehungen*) متوتر [mutawattir]; **auf etw. ~ sein** انتظر ه بفارغ الصبر [intaẓara bi faːriɣ aʃʃabr].

Ge'spenst *n* (*-ɇs; -er*) طيف [ŧaif], شبح [ʃabaħ].

Gespinst *n* (*-es; -e*) غزل [ɣazl].

Ge'spött *n* (*-ɇs; O*) سخرية [suxriːja].

Ge'spräch *n* (*-ɇs; -e*) محادثة [muħaːdaθa], حديث [ħadiːθ]; **~ig** *adj.* كثير الكلام [kaθiːr alkalaːm].

ge'spreizt *adj. fig.* متكلف [mutakallif].

Ge'stalt *f* شكل [ʃakl], هيئة [haiʔa]; **~en** (*-e-; —*) *v/t.* شكل [ʃakkala]; **~ung** *f* تشكيل [taʃkiːl].

ge'ständig *adj.*: **~ sein** اعترف ب [iʕtarafa].

Ge'ständnis *n* (*-ses; -se*) اعتراف [iʕtiraːf].

Ge'stank *m* (*-ɇs; O*) نتانة [nataːna].

ge'statten (*-e-; —*) *v/t.* (*D/A*) سمح (ل ب) [samaħa, -a-].

Geste *f* إشارة يد [ʔiʃaːrat jad].

ge'stehen (*L; —*) *v/t.* اعترف ب [iʕtarafa], أقر ب [ʔaqarra].

Ge'stein *n* (*-ɇs; -e*) صخر [ʃaxr]; نوع من الحجر [nauʕ min alħadʒar], معدن [maʕdin].

Ge'stell *n* (*-ɇs; -e*) هيكل [haikal]; (*Regal*) رف [raff].

gestern *adv.* أمس [ʔamsi], البارحة [albaːriħa]; **~ abend** ليلة (عشية) أمس [lailata (ʕaʃiːjata) ʔamsi].

Ge'stirn *n* (*-ɇs; -e*) نجم [nadʒm], كوكب [kaukab]; (*Sternbild*) برج [burdʒ].

ge'storben *part.*: **~ im Jahre ...** المتوفى فى سنة ... [almutawaffaː fiː sanat ...].

ge'streift (*O*) *adj.* مخطط [muxaŧŧaŧ], مقلم [muqallam].

gestrig (*O*) *adj.*: **der ~e Tag** يوم الأمس [jaum alʔams].

Ge'strüpp *n* (*-ɇs; -e*) دغل [daɣal].

Ge'such *n* (*-ɇs; -e*) طلب [ŧalab];

(*offizielles* ~) عريضة [ʕariːđa].

ge'sund (*¨er; ¨est-*) *adj.* صحيح [ʃaħiːħ], سليم [saliːm]; ***er ist völlig*** ~ هو في تمام الصحة [huwa fiː tamaːm aʃʃiħa]; ~ ***werden*** = ~**en** (*-e-; —; sn*) *v/i.* صح [ʃaħħa, -i-], شفى [ʃufija].

Gesundheit *f* (*O*) صحة [ʃiħħa], عافية [ʕaːfija]; ~*!* (*beim Niesen*) يرحمك الله [jarħamuka llaːh]; ≈**lich** (*O*) *adj.* صحي [ʃiħħiː].

Ge'sundheits|amt *n* (*-¢s; ¨er*) مصلحة الصحة [maʃlaħat aʃʃiħħa]; ≈**halber** *adv.* بسبب الصحة [bisabab aʃʃiħħa]; ~**minis'terium** *n* (*-s; -rien*) وزارة الصحة [wizaːrat aʃʃiħħa]; ≈**schädlich** *adj.* مضر بالصحة [muđirr biʃʃiħħa]; ~**wesen** *n* (*-s; O*) العناية بالصحة العامة [alʕinaːja biʃʃiħħa alʕaːmma]; ~**zustand** *m* (*-¢s; O*) حالة صحية [ħaːla ʃiħħiːja].

Ge'töse *n* (*-s; O*) هدير [hadiːr].

Ge'tränk *n* (*-¢s; -e*) مشروب [maʃruːb].

ge'trauen (—) *v/r.*: ***sich*** (*A*) ~ (***zu*** *D* على) تجاسر [tadʒaːsara].

Ge'treide *n* حبوب [ħabuːb], غلال [ɣilaːl].

ge'treu *adj.* مخلص [muxliʃ].

Ge'triebe *n* حركة [ħaraka], زحمة [zaħma]; *Techn.* تروس [turuːs], مسننات [musannaːt].

ge'trost [oː] (*O*) *adv.* بلا خوف [bilaː xauf].

Ge'tue *n* (*-s; O*) ململة [malmala].

Ge'wächs *n* (*-es; -e*) نبات [nabaːt].

ge'wachsen *adj.*: ***e-r Sache*** ~ قادر على شيء [qaːdir ʕalaː ʃaiʔ].

ge'wagt *adj.* خطر [xatir], جرىء [dʒariːʔ].

Ge'währ *f* (*O*) ضمان [đamaːn]; ≈**en** (—) *v/t.* (*Bitte*) استجاب [istadʒaːba]; (*Gunst, Kredit*) منح [manaħa, -a-]; ***er läßt ihn*** ≈***en*** لا يمنعه [laː jamnaʕuhu]; ≈**leisten** (—) *v/t.* ضمن [đamina, -a-].

Ge'wahrsam *m* (*-s; -e*) حفظ [ħifʑ]; (*Polizei*≈) حبس [ħabs].

Ge'währsmann *m* (*-es; -leute*) راو [raːwin], مصدر [maʃdar].

Ge'walt *f* (*Stärke*) قوة [quwwa], شدة [ʃidda]; (*Macht*) سلطة [sulta]; ***ausübende*** ~ سلطة تنفيذية [sulta tanfiːðiːja]; ***höhere*** ~ القوة القاهرة [alquwwa alqaːhira]; ***mit*** ~ بعنف [biʕunf]; ~ ***antun*** (*D* ه) اغتصب [iɣtaʃaba]; **~akt** *m* (*-ℯs; -e*) عمل عنف [ʕamal ʕunf]; **⁓ig** *adj.* عظيم [ʕaẓiːm]; (*Menge*) ضخم [đaxm]; (*Unterschied*) شاسع [ʃaːsiʕ]; **⁓los** (*O*) *adj.* لاعنفى [laː ʕunfiː]; **⁓sam** *adv.* عنوة [ʕunwatan]; **⁓tätig** *adj.* ظالم [ẓaːlim].

Ge'wand *n* (*-ℯs; ⁓er*) ثياب [θijaːb], ملابس [malaːbis].

ge'wandt *adj.* (*körperlich*) مرن [marin]; (*geistig*) حاذق [ħaːðiq], لبق [labiq]; **⁓heit** *f* (*O*) مرانة [maraːna]; حذق [ħiðq].

Ge'wässer *n* مياه [mijaːh].

Ge'webe *n* (*a. Biol.*) نسيج [nasiːʤ].

Ge'wehr *n* (*-ℯs; -e*) بندقية [bunduqiːja].

ge'weiht *adj.* مكرس [mukarras].

Ge'werbe *n* (*-s; —*) حرفة [ħirfa], صنعة [ʃanʕa]; **~schule** *f* مدرسة صناعية [madrasa ʃinaːʕiːja]; **~treibende(r)** *m* صاحب صنعة [ʃaːħib ʃanʕa].

ge'werbsmäßig *adv.* بصفة مهنة [biʃifat mihna].

Ge'werkschaft *f* نقابة عمال [niqaːbat ʕummaːl].

Ge'wicht *n* (*-ℯs; -e*) وزن [wazn]; ***nach*** ~ بالوزن [bilwazn]; ***es fällt nicht ins*** ~ لا أهمية له [laː ʔahammiːjata lahu]; **⁓ig** *adj.* مهم [muhimm].

Ge'winde *n* سن اللولب [sinn allaulab], قلوظة [qalwaẓa].

Ge'winn *m* (*-ℯs; -e*) ربح [ribħ], كسب [kasb]; (*Nutzen*) فائدة [faːʔida]; **~-anteil** *m* (*-ℯs; -e*) حصة فى الربح [ħiʃʃa fiː rribħ]; **⁓bringend** *adj.* مربح [murbiħ]; **⁓en** (*L; —*) *v/t.* (*Hdl. u. Spiel*) ربح [rabiħa, -a-], كسب [kasaba, -i-]; (*Wahlen*) فاز [faːza, -uː-]; (*Industrie*) استخرج [istaxradʒa]; **~er** *m* فائز [faːʔiz]; **~spanne** *f* حد الربح [ħadd arribħ]; **⁓süchtig** *adj.* طماع [ṭammaːʕ].

ge'wiß *adj.* أكيد [ʔakiːd]; *e-r Sache* ~ ***sein*** كان متأكدا [kaːna mutaʔakkidan]; ***ein gewisser …*** أحد [ʔaħad]; ***gewisse Leute*** بعض الناس [baʕđ annaːs]; *adv.* ~***!*** بالتأكيد [bittaʔkiːd].

Ge'wissen *n* ضمير [đamiːr], ذمة [ðimma]; **⁓haft** (*-est*) *adj.* (*genau*) مدقق [mudaqqiq]; **∻los** (*-est*) *adj.* عديم الضمير [ʕadiːm ađđamiːr]; **~s-bisse** *m/pl.* وخـــزات الضمير [waxazaːt ađđ.]; **~s-frage** *f* مسألة أخلاقية [masʔala ʔaxlaːqiːja].

gewisser'maßen *adv.* نوعا ما [nauʕan maː], إلى حد ما [ʔilaː ħaddin maː].

Ge'wißheit *f* يقين [jaqiːn]; ***sich ~ verschaffen*** (**über** *A* من) تيقن [tajaqqana].

Ge'witter *n* عاصفة رعدية [ʕaːʃifa raʕdiːja].

ge'wöhnen (—) *v/t.* (*A* **an** *A* ه على) عود [ʕawwada]; *v/r.*: ***sich*** (*A*) **~** (**an** *A* على) تعود [taʕawwada].

Ge'wohnheit *f* عادة [ʕaːda]; **~s-recht** *n* (*-ẹs; O*) عرف [ʕurf].

ge'wöhnlich *adj.* عادى [ʕaːdiː], اعتيادى [iʕtijaːdiː]; *adv.* عادة [ʕaːdatan].

ge'wohnt (*O*) *adj.* معتاد [muʕtaːd].

Ge'wölbe *n* قبو [qabw].

Ge'wühl *n* (*-ẹs; O*) ازدحام [izdiħaːm].

Ge'würz *n* (*-es; -e*) تابل [taːbil]; **~gurke** *f* خيار مخلل [xijaːr muxallal]; **~händler** *m* عطار [ʕattaːr]; **~nelke** *f* قرنفل [qurunful]; **∻t** *adj.* متبل [mutabbal]; **~waren** *f/pl.* توابل [tawaːbil].

Ge'zeiten *f/pl.* المد والجزر [almadd waldʒazr].

ge'ziemen *v/r.* (—) لاق [laːqa, -iː-]; **~d** *adj.* لائق [laːʔiq].

ge'ziert *adj.* (*affektiert*) متكلف [mutakallif]; (*gekünstelt*) مصطنع [muʃtanaʕ].

ge'zwungen *adj.* مضطر [muđtarr], مجبور [madʒbuːr]; (*unnatürlich*) متكلف [mutakallaf].

Gicht *f* (*O*) نقرس [niqris].

Giebel *m* جملون [dʒamaluːn].

Gier *f* (*O*) طمع [tamaʕ], شره [ʃarah], جشع [dʒaʃaʕ]; **∻ig** *adj.* طماع [tammaːʕ], شهوان [ʃahwaːn].

gieß|en (*L*) *v/t.* صب [ʃabba, -u-], سكب [sakaba, -u-]; (*Metall*) سبك [sabaka, -i-]; **∻e'rei** *f* مسبك [masbak]; **∻form** *f* قالب [qaːlib]; **∻kanne** *f* مرشة [miraʃʃa].

Gift *n* (*-ẹs; -e*) سم [samm]; **~gas** *n* (*-es; -e*) غاز سام [ɣaːz saːmm]; **∻ig** *adj.* سام [saːmm]; **~mord** *m* (*-ẹs; -e*) اغتيال بالسم [iɣtijaːl bissamm].

G

Gi'gant (*-en*) *m* عملاق [ʕimlaːq]; **~isch** *adj.* هائل [haːʔil].

Gilde *f* نقابة [niqaːba].

Gipfel *m* قمة [qimma], ذروة [ðurwa]; *fig.* منتهى [muntahaː]; **~treffen** *n* مؤتمر قمة [muʔtamar qimma].

Gips *m* (*-es; -e*) جص [ʤiṣṣ].

girieren [ʒiˑˈriːrən] (—) *v/t. Fin.* حول (من حساب إلى آخر) [ħawwala (min ħisaːb ʔilaː ʔaːxar)]; (*indossieren*) ظهر [ẓahhara].

Giro [ˈʒiːroˑ] *n* (*-s; -s*) تحويل (حسابى) [taħwiːl (ħisaːbiː)]; **~bank** *f* (*—; -en*) بنك تحويل [bank taħwiːl]; **~konto** *n* (*-s; -konten*) حساب جار [ħisaːb ʤaːrin].

Gischt *m* (*-ęs; -e*) *od. f* (*O*) زبد البحر [zabad albaħr].

Gi'tarre *f* قيثارة [qiːθaːra].

Gitter *n* شبكة [ʃabaka]; ***hinter* ~*n*** وراء قضبان السجن [waraːʔa quđbaːn assiʤn]; **~netz** *n* (*e-r Karte*) شطرجة [ʃatraʤa].

glänzen (*-t*) *v/i.* لمع [lamaʕa, -a-]; **~d** *adj.* لامع [laːmiʕ], لماع [lammaːʕ]; *fig.* ممتاز [mumtaːz].

Glanz|leder *n* جلد لماع [ʤild lammaːʕ]; **~leistung** *f* عمل رائع [ʕamal raːʔiʕ]; **~los** (*-est*) *adj.* (*Leistung*) ضعيف [đaʕiːf]; **~punkt** *m* (*-ęs; -e*) أوج [ʔauʤ]; **~zeit** *f* عصر الازدهار [ʕaṣr alizdihaːr].

Glas *n* (*-es; ⸚er*) زجاج [zuʤaːʤ]; (*Trink~*) كوب [kuːb], كأس [kaʔs]; (*Konserven~*) برطمان [barṭamaːn]; **Gläser** *pl.* (*Brille*) نظارة [naẓẓaːra]; **~er** *m* زجاج [zaddʒaːʤ].

gläsern *adj.* زجاجى [zuʤaːʤiː].

Glasfasern *f/pl.* ألياف الزجاج [ʔaljaːf azzuʤaːʤ].

gla'sieren (—) *v/t.* قزز [qazzaza].

Glasscheibe *f* لوحة زجاجية [lauħa zuʤaːʤiːja].

Gla'sur *f* مينا [miːnaː].

glatt (*-er od. ⸚er; -est od. ⸚est*) *adj.* ناعم [naːʕim], أملس [ʔamlas]; (*eben*) سهل [sahl]; (*schlüpfrig*) زلق [zaliq]; (*rein*) محض [maħđ]; *adv.* بسهولة [bisuhuːla].

glätten (*-e-*) *v/t.* صقل [ṣaqala, -u-], نعم [naʕʕama].

Glatze *f* صلعة [ṣalʕa].

glatzköpfig *adj.* أصلع [ʔaṣlaʕ].

Glaub|e *m* (*-ns; O*) اعتقاد [iʕtiqaːd], عقيدة [ʕaqiːda]; *Rel.* إيمان [ʔiːmaːn]; (*Vermutung*) ظن [zann]; ***im guten ~en*** بسلامة النية [bisalaːmat anniːja]; **~en** *v/i.* اعتقد [iʕtaqada]; *Rel.* آمن [ʔaːmana]; *v/t. j-m etw* **~en** صدق ه فى [ʃaddaqa]; (*vermuten*) ظن [zanna, -u-]; **~ens-bekenntnis** *n Isl.* شهادة [ʃahaːda]; (*Konfession*) ديانة [dijaːna]; **~haft** (*-est*) *adj.* مصدق [muʃaddaq], موثوق به [mauθuːq bihi].

gläubig *adj.* مؤمن [muʔmin]; **~er** *m Hdl.* دائن [daːʔin].

glaub|lich *adj.*: ***das ist kaum ~lich*** هذا لا يكاد يصدق [haːðaː laː jakaːdu jusaddaqu]; **~würdig** *adj.* مصدق [muʃaqqaq].

gleich *adj.* مساو [musaːwin], مثيل [maθiːl]; (*einander* ~) متساو [mutasaːwin]; (*ähnlich*) مشابه [muʃaːbih]; (*eben*) مستو [mustawin]; *adv* لنفس الدرجة [linafs addaradʒa]; حالا [ħaːlan]; رأسا [raʔsan]; ***in ~er Weise*** بالتساوى [bittasaːwiː]; ***zu ~er Zeit*** فى نفس الوقت [fiː nafs alwaqt]; ***es ist mir (ganz) ~*** سيان عندى [sijjaːni ʕindiː].

gleich|-altrig *adj.* من سن واحد [min sinn waːħid]; **~-artig** *adj.* من نوع واحد [min nauʕ waːħid]; **~bedeutend** *adj.* (*Wort*) مرادف [muraːdif]; **~berechtigt** *adj.* (***mit*** *D* ل) مساو فى الحقوق [musaːwin fiː lħuquːq]; **~berechtigung** *f* (*O*) مساواة فى الحقوق [musaːwaːt fiː lħuquːq]; **~bleibend** *adj.* ثابت [θaːbit], مستمر [mustamirr].

gleichen (*L*) *v/i. j-m* ساوى ه [saːwaː]; ***einander*** ~ تساوى [tasaːwaː].

gleich|falls *adv.* أيضا [ʔaiđan], كذلك [kaðaːlik]; **~gewicht** *n* (*-ɇs; O*) توازن [tawaːzun]; **~gültig** *adj.* (*Person*) خامل [xaːmil], لا مبال [laː mubaːlin]; **~klang** *m* (*-ɇs; ¨e*) انسجام [insidʒaːm]; **~machen** *v/t.* سوى [sawwaː]; **~mäßig** *adv.* بالتساوى [bittasaːwiː]; **~mut** *m* (*-ɇs; O*) رباطة الجأش [ribaːtat aldʒaʔʃ]; **~namig** *adj.* حامل نفس الاسم [ħaːmil nafs alism]; *Math.* مشترك المخرج [muʃtarak almaxradʒ]; **~nis** *n* (*-sses*:*-sse*) مثل [maθal]; **~richter** *m El.* مقوم [muqawwim]; **~schalten** (*-e*)

G

v/t. Techn. زامن [zaːmana]; *Pol.* سوى [sawwaː], وحد الآراء [waħħada lʔaːraːʔ]; **~schenkelig** *adj. Geom.* متساوى الساقين [mutasaːwiː ssaːqain]; **~seitig** *adj. Geom.* متساوى الأضلاع [mutasaːwiː lʔađlaːʕ]; **~stellen** *v/t.* (**mit** *D* بين) ساوى [saːwaː]; **≈strom** *m* (*-s; O*) تيار مستمر [tajjaːr mustamirr]; **≈ung** *f Math.* معادلة [muʕaːdala]; **~wertig** *adj.* مكافئ [mukaːfiʔ]; **~zeitig** (*O*) *adv.* فى نفس الوقت [fiː nafs alwaqt].

Gleis *n* (*-es; -e*) *Eisenb.* خط [xatt], قضبان [quđbaːn]; **~übergang** *m* (*-ẹs; ⸚e*) معبر السكة الحديدية [maʕbar assikka alħadiːdiːja].

gleit|en (*L; sn*) *v/i.* انزلق [inzalaqa]; (*aus~*) زل [zalla, -i-]; *Flugw.* انحدر [inħadara]; **≈flugzeug** *n* (*-ẹs; -e*) طائرة شراعية [taːʔira ʃiraː ʕiːja].

Gletscher *m* سيل جليدى [sail ʤaliːdiː].

Glied *n* (*-ẹs; -er*) عضو [ʕuđw]; (*männliches* ~) ذكر [đakar]; (*Finger≈*) عقلة [ʕuqla]; (*Ketten≈*) حلقة [ħalaqa]; *Math.* حد [ħadd]; ***in Reih und ~*** بصفوف مرصوصة [bifufuːf marfuːfa]; **≈ern** (*-re*) *v/t.* فصل [faſſala]; (*in Kapitel*) بوب [bawwaba]; *v/r.*: **sich** (*A*) **≈ern** (**in** *A* إلى) انقسم [inqasama]; **~erung** *f* تفصيل [tafſiːl]; **~maßen** *pl.* أطراف الجسم [ʔatraːf alʤism].

glimmen (*L*) *v/i.* ومض [wamađa, jamiđu).

glimpflich *adv.*: ~ ***davonkommen*** نجا بجلده [naʤaː, -uː, biʤildihi].

glitzern (*-re*) *v/i.* تلألأ [talaʔlaʔa].

glo'bal *adj.* عالمى [ʕaːlamiː].

Globus *m* (*- od. -ses; Globen od. -se*) صورة الكرة الأرضية [ſuːrat alkura alʔarđiːja].

Glock|e *f* ناقوس [naːquːs]; (*Klingel*) جرس [ʤaras]; **~enschlag** *m* (*-ẹs; ⸚e*) قرعة الجرس [qarʕat alʤaras].

Glorie ['gloːʀĭə] *f* عزة [ʕizza], مجد [maʤd].

Glos'sar *n* (*-s; -e*) فهرست اللغات [fihrist alluɣaːt].

Glosse *f* حاشية [ħaːʃija], تعليق [taʕliːq].

Glück *n* (*-ẹs; O*) سعادة [saʕaːda]; (*Erfolg*) توفيق [taufiːq]; **zum ~ für ihn**

لحسن حظه [liħusni ħazzihi]; **auf gut ~** خبط عشواء [xabta ʕaʃwaːʔ]; *j-m* **~ wünschen** هنأ على [hannaʔa]; **~en** *(sn) v/i.* نجح [nadʒaħa, -a-]; **es ist mir geglückt** وفقت إليه [wuffiqtu ʔilaihi]; **~lich** *adj.* سعيد [saʕiːd], محظوظ [maħzuːz]; **~licher'weise** *adv.* لحسن الحظ [liħusn alħazz]; **~s-spiel** *n (-ẹs; -e)* قمار [qimaːr]; **~wunsch** *m (-ẹs; ¨-e)* تهنئة [tahniʔa]; **beste ~wünsche!** أطيب التهاني [ʔatjab attahaːniː], *(als Festtagsgruß)* كل عام وأنتم بخير [kull ʕaːm wa ʔantum bixair].

Glüh|birne *f* مصباح كهربائي [misbaːħ kahrabaːʔiː]; **~en** *v/i.* توهج [tawahhadʒa]; **~ende Hitze** قيظ لافح [qaiz laːfiħ]; **~würmchen** *n (Insekt)* سراج الليل [siraːdʒ allail].

Glut *f* وهج [wahadʒ]; *(Hitze)* حر محرق [ħarr muħriq]; *fig.* حماس [ħamaːs].

Gnade *f* رحمة [raħma]; *(Mitleid)* شفقة [ʃafaqa]; **~ngesuch** *n (-ẹs; -e)* طلب العفو [talab alʕafw].

gnädig *adj. (Gott)* رحيم [raħiːm]; كريم [kariːm]; **der ~e Herr** السيد الفاضل [assajjid alfaːđil]; **~e Frau!** يا ست [jaː sitt].

Gold *n (-es; O)* ذهب [ðahab]; **~barren** *m* سبيكة ذهب [sabiːkat ðahab]; **~en** *(O) adj.* ذهبى [ðahabiː]; **~gehalt** *m (-ẹs; O)* عيار الذهب [ʕijaːr aððahab]; **~münze** *f* مسكوكة ذهبية [maskuːka ðahabiːja]; **~reserven** *f/pl. Fin.* رصيد الذهب [rasiːd aððahab]; **~schmied** *m (ẹs; -e)* صائغ [saːʔiɣ]; **~stück** *n (-ẹs; -e) s.* **Goldmünze; ~währung** *f* عملة ذهبية [ʕumla ðahabiːja].

Golf[1] *m (-ẹs; -e) Geogr.* خليج [xaliːdʒ].

Golf[2] *n (Sport)* الجولف، الغولف [algolf]; **~platz** *m (-es; ¨-e)* ميدان الغولف [miːdaːn alg.]; **~schläger** *m* مضرب الغولف [miđrab alg.].

Gondel *f (-; -n)* مركبة [markaba].

gönn|en *v/t. j-m etw.* ما ضن على ب [maː đanna, -i-]; **~er** *m* مانح الحظوة [maːniħ alħuzwa].

Gosse *f* بالوعة [baːluːʕa].

Gott *m (-es; ¨-er)* الله [allaːh];

ein ~ إله [ʔilaːh]; ~ *sei Dank!* الحمد لله [alħamdu lillaːh]; *um* ~*es willen!* يا سلام [jaː salaːm]; **~es-dienst** *m* (*-es; -e*) عبادة [ʕibaːda]; (*rituelles Gebet*) صلاة [ʃalaːt]; (*christl. Messe*) قداس [quddaːs]; **~es-haus** *n* (*-es; ⸚er*) *Rel.* معبد [maʕbad], كنيسة [kaniːsa]; **~es-lästerung** *f* تجديف الله [tadʒdiːf allaːh]; **~es-urteil** *n* (*-ẹs; -e*) حكم إلاهي [ħukm ʔilaːhiː]; **~heit** *f* إلاه [ʔilaːh].

G

Gött|in *f* إلاهة [ʔilaːha]; **⁓lich** *adj.* إلاهي [ʔilaːhiː].

gottlos (*-est*) *adj.* كافر [kaːfir]; **⁓igkeit** *f* (*O*) كفر [kufr], إلحاد [ʔilħaːd].

Götze *m* (*-n*) وثن [waθan].

Gouverneur [guˑvɛʀˈnøːʀ] *m* (*-s; -e*) وال [waːlin]; *Äg.* محافظ [muħaːfiz]; *Irak* متصرف [mutaʃarrif].

Grab [-ɑː-] *n* (*-es; ⸚er*) قبر [qabr]; **⁓en** (*L*) *v/t.* حفر [ħafara, -i-]; **~en** *m* (*-s; ⸚*) خندق [xandaq], أخدود [ʔuxduːd]; **~hügel** *m* تل فوق قبر [tall fauqa qabr]; **~mal** *n* (*-ẹs; -e, ⸚er*) ضريح [đariːħ]; **~rede** *f* تأبين [taʔbiːn]; **~stätte** *f* مدفن [madfan]; (*Friedhof*) مقبرة [maqbara]; **~stein** *m* (*-ẹs; -e*) شاهد [ʃaːhid]; **~ung** *f* (*archäologische*) حفريات [ħufriːjat], تنقيبات [tanqiːbaːt].

Grad *m* (*-es; -e*) درجة [daradʒa]; (*Rang*) رتبة [rutba], مرتبة [martaba]; *im höchsten* ~*e* للغاية [lilɣaːja], إلى الحد الأعلى [ʔilaː lħadd alʔaʕlaː]; **~-einteilung** *f* تدريج [tadriːdʒ]; **⁓u'ell** *adj.* تدريجي [tadriːdʒiː]; *adv.* بالتدريج [bittadriːdʒ]; **⁓weise** *adv.* تدريجيا [tadriːdʒiːjan].

Graf *m* (*-en*) كونت [kont].

Gräfin *f* كنتيسة [kontessa].

Gram *m* (*-ẹs; O*) غم [ɣamm].

grämen *v/r.* اغتم [iɣtamma].

Gramm *n* (*-ẹs; -e, —*) جرام، غرام [garaːm].

Gram'matik *f* قواعد اللغة [qawaːʕid alluɣa], صرف ونحو [ʃarf wa naħw].

Grammo'phon *n* (*-ẹs; -e*) جراموفون [graːmuːfuːn].

Gra'nat *m* (*-ẹs; -e*) (*Mineral*) سيلان [siːlaːn]; **~-apfel** *m* (*-s; ⸚*) رمان [rummaːn].

Gra'nat|e *f* قنبلة [qunbula]; (*Handgranate*) رمانة [rummaːna]; ~**werfer** *m Mil.* قاذفة الرمانات [qaːðifat arrummaːnaːt].

grandios [-'dĭoːs] *adj.* رائع [raːʔiʕ], هائل [haːʔil].

Gra'nit *m* (-*ǝs*; *O*) حجر غرانيت [ħadʒar garaːniːt].

Graphik *f* فن الرسم [fann arrasm].

Gra'phit *m* (-*ǝs*; -*e*) غرافيت [ɣaraːfiːt].

Grapholo'gie *f* (*O*) فراسة الخط [firaːsat alxatt].

Gras *n* (-*es*; ¨*er*) حشيش [ħaʃiːʃ], عشب [ʕuʃb]; ~**en** (-*t*) *v/i.* ارتعى [irtaʕaː]; ~**halm** *m* عود العشب [ʕuːd alʕuʃb].

gräßlich *adj.* فظيع [faziːʕ].

Grat *m* (-*ǝs*; -*e*) حافة [ħaːffa].

Gräte *f* حسك [ħasak], شوكة سمك [ʃaukat samak].

gratis *adv.* مجانا [maddʒaːnan].

gratu'lieren (—) *v/i.* هنأ [hannaʔa].

grau *adj.* رمادى [ramaːdiː], سنجابى [sindʒaːbiː]; (*Haar, Mensch*) شائب [ʃaːʔib], أشيب [ʔaʃjab].

grauen *v/i.*: ***der Morgen graute*** طلع الفجر [talaʕa, -u-, alfadʒr]; ***es graut ihm davor*** يشمئز منه [jaʃmaʔizzu minhu].

Grauen *n* رعب [ruʕb], هول [haul]; (*Morgen*~) فجر [fadʒr].

grauenhaft (-*est*) *adj.* مرعب [murʕib], رهيب [rahiːb].

Graupen *f/pl.* برغل [burɣul].

grausam *adj.* قاس [qaːsin]; ~**keit** *f* قسوة [qaswa].

grausig *adj.* هائل [haːʔil].

Gra'v|eur *m* (-*s*; -*e*) حفار [ħaffaːr]; ~**ieren** (—) *v/t.* حفر (فى معدن) [ħafara, -i- (fiː maʕdin)], نقش [naqaʃa, -u-]; ~**ierend** *adj.* هام [haːmm]; *Jur.* مشدد [muʃaddid].

Grazie [-tsĭə] *f* رشاقة [raʃaːqa].

graziös [grʀa'tsĭøːs] رشيق [raʃiːq], لدن [ladn].

greif|bar *adj.* ملموس [malmuːs]; *fig.* واضح [waːđiħ]; *Hdl.* فى متناول اليد [fiː mutanaːwal aljad]; ~**en** (*L*) *v/t.* لمس [lamasa, -I-], مسك [masaka, -u-]; *v/i.*: ~**en** (***nach D*** إلى) مد يده [madda jadahu].

Greis *m* (-*es*; -*e*) شيخ [ʃaix]; ~**in** *f* عجوز [ʕadʒuːz], شيخة [ʃaixa].

G

grell *adj.* (*Licht*) ساطع [saːtiʕ]; (*Farbe*) فاقع [faːqiʕ].

Grenz|e *f* حد [ħadd]; (*e-s Landes*) حدود [ħuduːd]; تخم [taxm]; **~en** *v/i.* (**an** *A* هـ) تاخم [taːxama]; **~en-los** (*O*) *adj.* لا حد له [laː ħadda lahu]; **~zoll** *m* (*-ɇs; ¨-e*) كمرك، جمرك [gumruk].

Greuel *m*, **~tat** *f* شناعة [ʃanaːʕa], فظاعة [fazaːʕa].

greulich *adj.* فظيع [faziːʕ], شنيع [ʃaniːʕ].

Grieche *m* (*-n*) يوناني [juːnaːniː]; **~n-land** *n* اليونان [aljuːnaːn].

griechisch *adj.* يوناني [juːnaːniː].

Grieß *m* (*-es; O*) سميد [samiːd], جريش [dʒariːʃ]; **~brei** *m* (*-ɇs; -e*) عصيدة سميد [ʕaṣiːdat samiːd].

Griff *m* (*-ɇs; -e*) قبضة [qabđa]; (*e-s Werkzeugs*) يد [jad], مقبض [miqbað]; (*Tür~*) أكرة [ʔukra].

Grill *m* (*-s; -s*) مصبع [muʃabbaʕ].

Grille *f* صرصور [ṣurṣuːr]; (*Laune*) هوى [hawan], نزوة [nazwa].

Gri'masse *f* كشرة [kiʃra].

Grimm *m* (*-ɇs; O*) حنق [ħanaq]; **~ig** *adj.* حانق [ħaːniq].

grinsen (*-t*) *v/i.* كشر [kaʃʃara].

Grippe *f* نزلة وافدة [nazla waːfida], انفلونزا [influwanza].

grob [oː] (*¨-er; ¨-st-*) *adj.* خشن [xaʃin], غليظ [ɣaliːẓ]; (*Benehmen*) عنيف [ʕaniːf], شرس [ʃaris]; **~er Fehler** غلط فاحش [ɣalat faːħiʃ]; **~heit** *f* خشونة [xuʃuːna]; **~ian** ['-bĭaːn] *m* (*-ɇs; -e*) جلف [dʒilf], فظ [faẓẓ].

Groll *m* (*-ɇs; O*) حقد [ħiqd], غل [ɣill].

Gros[1] [gʀoː] *n* (*-; -*) أغلبية [ʔaɣlabiːja], جل [dʒull].

Gros[2] [gʀɔs] *n* (*-ses; -se*) *Hdl.* قروصة (= ١٢ دستة) [qaruːṣa].

groß [oː] *adj.* كبير [kabiːr], ضخم [đaxm]; (*gewaltig*) عظيم [ʕaẓiːm]; (*Person*) طويل (القامة) [tawiːl (alqaːma)]; (*erwachsen*) يافع [jaːfiʕ]; (*stark*) شديد [ʃadiːd]; ***wie ~ ist es?*** ما حجمه [maː ħadʒmuhu]; ***wie ~ ist der Junge?*** ما عمر الولد [ma ʕumr alwalad]; ***im ~en und ganzen*** بالإجمال [bilʔidʒmaːl].

groß-artig *adj.* فاخر [faːxir], عال [ʕaːlin]; **~!** عال [ʕaːl].

Groß|betrieb *m* شركة كبيرة [ʃarika kabiːra]; **~bri'tannien** *n* بريطانيا العظمى [briːtaːnijaː lʕuzmaː].

Größe [øː] *f* كبر [kubr], عظم [ʕizam]; (*Umfang*) حجم [ħadʒm]; (*Nummer*) رقم [raqam], نمرة [nimra]; (*Menge*) كمية [kammiːja]; (*Wert*) قيمة [qiːma], قدر [qadr].

Groß-eltern *pl.* جد وجدة [dʒadd wa dʒadda].

Größen|-ordnung *f* نسبة القياس [nisbat alqijaːs]; **~wahn** *m* جنون العظمة [dʒunuːn alʕazama].

Groß|grundbesitz *m* أملاك كبيرة [ʔamlaːk kabiːra]; **~handel** *m* (*-s; O*) تجارة الجملة [tidʒaːrat aldʒumla]; **~handelspreis** *m* (*-es; -e*) سعر الجملة [siʕr aldʒumla]; **~händler** *m* تاجر الجملة [taːdʒir aldʒumla]; **~handlung** *f* مخزن الجملة [maxzan aldʒumla].

Gros'sist *m* (*-en*) *s.* ***Großhändler***.

groß|jährig (*O*) *adj.* بالغ [baːliɣ]; **~macht** *f* (*—; ⸗e*) دولة كبرى [daula kubraː]; **~mütig** *adj.* كريم النفس [kariːm annafs]; **~mutter** *f* (*—; ⸗*) جدة [dʒadda]; **~stadt** *f* (*—; ⸗e*) مدينة عظمى [madiːna ʕuzmaː].

größten'teils *adv.* غالبا [ɣaːliban].

groß|tun (*L*) *v/i.* فشر [faʃara, -u-]; **~vater** *m* (*-s; ⸗*) جد [dʒadd]; **~ziehen** (*L*) *v/t.* ربى [rabbaː]; **~zügig** *adj.* رحب الصدر [raħb aṣṣadr]; **~zügigkeit** *f* (*O*) رحب الصدر [raħab aṣṣadr].

gro'tesk (*-est*) *adj.* هزلى مبالغ [hazliː mubaːlaɣ].

Grotte *f* كهف [kahf].

Grübchen *n* نقرة [nuqra].

Grube *f* حفرة [ħufra]; *Bergb.* منجم [mandʒam].

grübeln (*-le*) *v/i.* (**über** *A* فى) تأمل [taʔammala].

Gruben|arbeiter *m* عامل منجم [ʕaːmil mandʒam]; **~katastrophe** [-'stʀoː-] *f* كارثة فى منجم [kaːriθa fiː mandʒam].

Gruft *f* (*—; ⸗e*) ديماس [diːmaːs], قبر [qabr].

grün *adj.* أخضر [ʔaxđar]; **~anlage** *f* حديقة [ħadiːqa].

Grund *m* (*-es; ⸗e*) (*Boden*) أرض [ʔarđ], تربة [turba]; (*tiefste Stelle*) قعر [qaʕr]; (*~lage*) أساس [ʔasaːs]; (*~besitz*) عقار

[ʕaqaːr]; (*Ursache*) سبب [sabab]; (*Beweg*∼̊) داع [daːʕin], دافع [daːfiʕ]; *e-r Sache* **auf den ∼ gehen** تقصى ه [taqaṣṣaː]; *im* **∼e** فى الحقيقة [fiː lħaqiːqa]; **aus diesem ∼** لهذا [lihaːðaː]; **ohne ∼** بلا سبب [bilaː sabab]; **∼-ausbildung** *f Mil.* تدريب أساسى [tadriːb ʔasaːsiː]; **∼bedeutung** *f* معنى أصلى [maʕnan ʔaṣliː]; **∼begriff** *m* (-*ẹs*; -*e*) مبدأ [mabdaʔ], مفهوم أساسى [mafhuːm ʔasaːsiː]; **∼besitz** *m* (-*ẹs*; *O*) أملاك [ʔamlaːk], ملك عقارى [milk ʕaqaːriː]; **∼besitzer** *m* ملاك [mallaːk]; **∼buch** *n* (-*es*; -̈*er*) سجل عقارى [siʤill ʕaqaːriː]; *Irak* طابو [ṭaːpuː].

gründ|en *v/t.* (-*e*-) أسس [ʔassasa], أنشأ [ʔanʃaʔa]; **∼̊er** *m* مؤسس [muʔassis].

Grund|fläche *f Geom.* قاعدة (إن كانت سطحا) [qaːʕida]; **∼gebühr** *f* رسم أساسى [rasm ʔasaːsiː]; **∼gehalt** *n* (-*ẹs*; -̈*er*) أصل الراتب [ʔaṣl arraːtib]; **∼gesetz** *n* (-*es*; -*e*) دستور [dustuːr]; **∼lage** *f* أساس [ʔasaːs], قاعدة [qaːʕida], أصل [ʔaṣl]; **∼̊legend** *adj.* أصلى [ʔaṣliː], جذرى [ʤiðriː], حاسم [ħaːsim]; *adv.* بصورة فاصلة [biṣuːra faːṣila].

gründlich *adj.* (*Arbeit*) محكم [muħkam]; (*Mensch*) مدقق [mudaqqiq]; *adv.* بالإحكام [bilʔiħkaːm], جيدا [ʤajjidan].

Grund|linie *f Geom.* قاعدة (إن كانت خطا) [qaːʕida]; **∼̊los** (-*est*) *adj.* (*bodenlos*) لا قرار له [laː qaraːra lahu]; (*ohne Ursache*) بلا سبب [bilaː sabab]; **∼regel** *f* قاعدة أساسية [qaːʕida ʔasaːsiːja]; **∼riß** *m* (-*sses*; -*sse*) (*Buch*) مجمل [muʤmal]; *Arch.* مخطط [muxaṭṭaṭ], مسقط أفقى [masqaṭ ʔufqiː].

Grund|satz *m* (-*es*; -̈*e*) مبدأ [mabdaʔ]; **∼̊sätzlich** *adj.* مبدئى [mabdaʔiː]; *adv.* مبدئيا [mabdaʔiːjan]; **∼schule** *f* مدرسة ابتدائية [madrasa ibtidaːʔiːja]; **∼steuer** *f* ضريبة عقارية [ḍariːba ʕaqaːriːja]; **∼stoff** *m* (-*ẹs*; -*e*) عنصر [ʕunṣur]; **∼stück** *n* (-*ẹs*; -*e*) قطعة [quṭʕa]; **∼stücksmakler** *m* سمسار عقارى [simsaːr ʕaqaːriː].

Gründung *f* تأسيس [taʔsiːs], إنشاء [ʔinʃaːʔ].

Grundwasser *n* ماء جوفي [maːʔ ʤaufiː].

Grüne *n*: **ins** ~ إلى الأرياف [ʔilaː lʔarjaːf].

grünen *v/i.* اخضر [ixđarra].

Grünzeug *n* (-*¢s; O*) خضار [xuđaːr].

Gruppe *f* جماعة [ʤamaːʕa], طائفة [taːʔifa], فوج [fauʤ], زمرة [zumra], رهط [raht]; *Mil., Pol.* فصيلة [faʃiːla]; (*Alters*~, *Blut*~) فئة [fiʔa].

gruppieren (—) *v/t.* رتب [rattaba].

gruselig *adj.* مرعب [murʕib].

Gruß *m* (-*es;* ⸚*e*) تحية [taħiːja], سلام [salaːm]; *e-n* ~ ***bestellen, ausrichten*** بلغ تحية [ballaɣa t.]; ***beste Grüße!*** أطيب التحيات [ʔatjab attaħiːjaːt].

grüßen (-*ßt*) *v/t.* سلم على [sallama], حياه [ħajjaː]; *j-n* ~ ***lassen*** أوصل ه تحية [ʔaufala taħiːja].

Grütze *f* جريش [ʤariːʃ], *fig. F* عقل [ʕaql].

gucken *F v/i.* نظر [nazara, -u-].

Guerillakrieg [geˑ'rɪl(j)ɑˑ-] *m* (-*¢s; -e*) حرب العصابات [ħarb alʕiʃaːbaːt].

Gulasch *n od. m* (-*es; -e od. -s*) جلاش [gulaːʃ], يخنة [jaxna].

gültig *adj.* صحيح [ʃaħiːħ]; (*Ausweis*) ساري المفعول [saːriː lmafʕuːl]; ~**keit** *f* صحة [ʃiħħa]; *u.* ~**keitsdauer** *f* سريان المفعول [sarajaːn almafʕuːl].

Gummi *n od. m* (-*s; - od. -s*) مطاط [mattaːt]; (*Klebstoff*) صمغ [ʃamɣ]; (*Radier*~) ممحاة [mimħaːt]; ~**ball** *m* (-*¢s;* ⸚*e*) كرة مطاط [kurat m.]; ~**band** (-*es;* ⸚*er*) *n* رباط (شريط) مطاط [ribaːt (ʃariːt) m.]; ~**handschuhe** *m/pl.* قفاز مطاط [quffaːz m.]; ~**knüppel** *m* هراوة مطاطية [hiraːwa mattaːtiːja]; ~**mantel** *m* (-*s;* ⸚) ممطر [mimtar]; ~**ring** *m* (-*¢s; -e*) حلقة (رباط) من مطاط [ħalaqa (ribaːt) min m.]; ~**sohle** *f* نعل مطاطي [naʕl mattaːtiː].

Gunst *f* (—; *O*) منة [minna]; (*e-s Herrschers*) حظوة [ħuzwa]; (~ *Gottes*) نعمة [niʕma].

günstig *adj.* مؤات [muwaːtin, muʔaːtin], مناسب [munaːsib]; (*Gelegenheit*) سانح [saːniħ]; (*Preis*) رخيص [raxiːʃ].

G

Gurgel *f* (—; *-n*) حلق [ħalq], نحر [naħr]; *~***n** (*-le*) *v/i.* تغرغر [taɣarɣara].

Gurke *f* خيار [xijaːr].

Gurt *m* (*-ɇs; -e*) سير [sair]; حزام [ħizaːm].

Gürtel *m* حزام [ħizaːm]; (*Zone*) منطقة [mintaqa].

G

Guß *m* (*-sses; ⸚sse*) صب [ſabb]; (*Regen~*) هطلان [hatalaːn]; *Techn.* سبك [sabk]; **~-eisen** *n* حديد الزهر [ħadiːd azzahr]; **~form** *f* قالب [qaːlib]; **~stahl** *m* (*-ɇs; -e*) صلب صب [ſulb ſabb].

gut (*besser; best-*) *adj.* (*von Natur aus; Herz; Geschmack*) طيب [tajjib]; (*~ gemacht, von ~er Qualität*) جيد [ʤajjid]; (*Aussehen, Tat*) حسن [ħasan]; *~* (**zu** *D* ل) صالح [ſaːliħ]; ***im ~en*** بود [biwudd]; ***kurz und ~*** و بالإيجاز [wa bilʔiːʤaːz]; ***so ~ wie sicher*** كأنه مضمون [kaʔannahu maɗmuːn]; ***schon ~!*** يكفي [jakfiː]; *etw.* ***~ sein lassen*** تركه كما هو [tarakahu kamaː huwa], اكتفى به [iktafaː bihi]; *adv.* جيدا [ʤajjidan]; ***er spricht ~ Arabisch*** يجيد العربية [juʤiːdu lʕarabiːja]; ***das hast du ~ gemacht*** أحسنت [ʔaħsanta].

Gut *n* (*-ɇs; ⸚er*) (*Besitz*) مال [maːl], ملك [milk]; (*Land~*) ضيعة [ɗaiʕa]; ***~ und Böse*** الخير والشر [alxair waʃʃarr].

Gut|-achten *n Jur.* فتوى [fatwaː]; رأى خبير [raʔj xabiːr]; *~***-artig** *adj.* طيب [tajjib], دمث الأخلاق [damiθ alʔaxlaːq]; *Med.* غير خبيث [ɣair xabiːθ]; **~dünken** *n* رأى [raʔj].

Güte *f* جودة [ʤauda, ʤuːda]; (*e-s Menschen*) لطف [lutf], طيب [tiːb].

Güter *n/pl.* أموال [ʔamwaːl], خيرات [xairaːt]; (*Waren*) بضائع [baɗaːʔiʕ]; **~-abfertigung** *f* إرسال (شحن) بضائع [ʔirsaːl (ʃaħn) baɗaːʔiʕ]; **~bahnhof** *m* (*-ɇs; ⸚e*) محطة بضائع [maħattat baɗaːʔiʕ].

Güter|gemeinschaft *f* ملكية على الشيوع [milkiːja ʕalaː ʃʃuʔuːʕ]; **~wagen** *m*, **~waggon** [-vaˑˈgɔŋ] *m* (*-s; -s*) عربة البضائع [ʕarabat albaɗaːʔiʕ]; **~zug** [-uː-] *m* (*-ɇs; ⸚e*) قطار البضائع [qitaːr albaɗaːʔiʕ].

Gütezeichen *n* ماركة الجودة [maːrkat aldʒauda].

Guthaben *n Fin.* رصيد [rafiːd]; ***ich habe bei ihm ein ~ von 10 Pfund*** لى عليه ١٠ ل [liː ʕalaihi].

gutheißen (*L*) *v/t.* استحسن [istaħsana].

güt|ig *adj.* شفوق [ʃafuːq], طيب (القلب) [tajjib (alqalb)]; **~lich** *adv.* بصفة ودية [bififa wuddiːja].

gut|machen *v/t.* عوض عن [ʕawwađa]; **~mütig** *adj.* طيب القلب [tajjib alqalb].

Gutsbesitzer *m* صاحب ضيعة [faːħib đaiʕa].

Gut|schein *m* (*-ȼs; -e*) بون [boːn], قسيمة [qasiːma]; **~schreiben** *v/t. j-m etw.* قيد ه لحسابه [qajjada liħisaːbihi]; **~schrift** *f Fin.* تقييد لحساب [taqjiːd liħisaːb].

Gymnasiast [-'zĭast] *m* (*-en*) تلميذ مدرسة ثانوية [tilmiːð madrasa θaːnawiːja].

Gym'nasium *n* (*-s; Gymnasien*) مدرسة ثانوية [madrasa θaːnawiːja].

Gym'nastik *f* (*O*) رياضة بدنية [rijaːđa badaniːja].

Gynäkolog|e *m* (*-n*) طبيب مختص بأمراض النساء [tabiːb muxtaff biʔamraːđ annisaːʔ]; **~ie** [-'giː] *f* (*O*) علم أمراض النساء [ʕilm ʔamraːđ annisaːʔ].

H

Haar *n* (*-ȼs; -e*) *Koll.* شعر [ʃaʕr]; (*einzelnes*) شعرة [ʃaʕra]; ***aufs ~*** تماما [tamaːman]; ***um ein ~*** بمقدار شعرة [bimiqdaːr ʃaʕra]; **~-ausfall** *m* (*-s; ¨e*) سقوط الشعر [suquːt aʃʃaʕr]; **~bürste** *f* فرشة للشعر [furʃa liʃʃaʕr]; **~farbe** *f* لون الشعر [laun aʃʃaʕr]; **~färbemittel** *n* صبغة للشعر [fibɣa liʃʃaʕr]; **~nadel** *f* (*-; -n*) مشبك [miʃbak]; **~scharf** (*O*) *adj.* حاد للغاية [ħaːdd lilɣaːja]; *adv.* بمقدار شعرة [bimiqdaːr ʃaʕra]; **~schneiden** *n* قص الشعر [qaff aʃʃaʕr]; **~schnitt** *m* (*-ȼs; -e*) تسريحة [tasriːħa]; **~sträu-**

bend *adj.* فظيع [faziːʕ]; **~trockner** *m* آلة تجفيف [ʔaːlat tadʒfiːf].

Habe *f* (*O*) ممتلكات [mumtalakaːt], مال [maːl].

haben (*L*) *v/t.* (*besitzen*) ملك [malaka, -i-]; *meist nur durch* ل [li] *ausgedrückt*: ***er hat ein Haus*** له بيت [lahu bait], (*bei sich* ~) ***ich habe einen Bleistift*** عندي قلم [ʕindiː qalam]; **~̊** *n* (*-s; O*) *Buchhaltung* (*Gegens. Soll*) رصيد دائن [rafiːd daːʔin], (*als Überschrift*) له [lahu].

Habe-nichts *m* (*- u. -es; -e*) فقير [faqiːr].

Habgier *f*(*O*) طمع [tamaʕ], جشع [dʒaʃaʕ]; **~̊ig** *adj.* طماع [tammaːʕ].

Habicht *m* (*-s; -e*) صقر [ʃaqr].

Habilitation [-'tsĭoːn] *f* إجازة للتدريس الجامعي [ʔidʒaːza littadriːs aldʒaːmiʕiː].

Habitus *m* (*-; O*) مظهر [mazhar], سلوك [suluːk].

Habseligkeiten *f/pl.* ممتلكات [mumtalakaːt], أغراض [ʔaɣraːd].

Habsucht *f* (*-; O*) *s.* ***Habgier***.

Hackbraten *m* (*-s; O*) كفتة [kufta].

Hacke *f* فأس [faʔs]; (*Spitz*~̊) معول [miʕwal]; (*Haue*) معزقة [miʕzaqa]; (*Ferse*) كعب [kaʕb].

hacken *v/t.* (*Erde*) عزق [ʕazaqa, -i-]; (*Fleisch*) فرم [farama, -i-].

Hafen *m* (*-s;* ̈*-*) ميناء [miːnaːʔ]; (*Gefäß*) إناء [ʔinaːʔ]; **~gebühr** *f* رسوم الميناء [rusuːm almiːnaːʔ]; **~stadt** *f* (*-;* ̈*-e*) ثغر [θaɣr].

Hafer *m* (*-s; O*) شوفان [ʃuːfaːn]; **~brei** *m* (*-ẹs; -e*) عصيدة من شوفان [ʕafiːda min ʃ.]; **~flocken** *f/pl.* جريش شوفان [dʒariːʃ ʃ.]; **~schleim** *m* (*-ẹs; O*) حساء من شوفان [ħasaːʔ min ʃ.].

Haft *f* (*O*) حبس [ħabs]; ***in ~ nehmen*** حبس [ħabasa, -i-]; **~̊bar** *adj.* مسئول [masʔuːl]; **~befehl** *m* الأمر بالحبس [alʔamr bilħabs]; **~̊en** (*-e-*) *v/i.* (**an** *D* ب) التصق [iltaṣaqa]; (**für** *A* هـ) ضمن [đamina, -a-], كفل ب [kafala, -u-].

Häftling *m* (*-ẹs; -e*) مسجون [masdʒuːn].

Haft|pflicht *f* (*O*) مسؤولية الإضرار [masʔuːliːjat alʔiđraːr]; **~pflichtversicherung** *f* تأمين ضد مسؤولية الإضرار [taʔmiːn đidd m. alʔ.]; **~ung** *f* (*O*)

ضمان [đamaːn], مسئولية [masʔuːliːja]; ***mit beschränkter ~ung*** بمسئولية محدودة [bimasʔuːliːja maħduːda].

Hagel *m* (*-s; O*) برد [barad]; *fig.* وابل [waːbil]; **~n** *v/i.*: **es ~t** نزل البرد [nazala, -i-, albarad].

hager *adj.* هزيل [haziːl], نحيف [naħiːf].

Hahn *m* (*-ęs; ¨-e*) ديك [diːk]; (*Wasser~*) حنفية [ħanafiːja], صنبور [ʃunbuːr]; (*Gewehr*) زناد [zinaːd].

Hai(fisch) *m* (*-ęs; -e*) سمك القرش [samak alqirʃ].

Hain *m* (*-ęs; -e*) غابة صغيرة [ɣaːba ʃaɣiːra].

Haken *m* خطاف [xuttaːf]; (*Kleider~*) شماعة [ʃammaːʕa]; (*Angel~*) صنارة [ʃinnaːra].

halb *adj.* (*O*) نصفى [niʃfiː]; ***e-e halbe Stunde*** نصف ساعة [niʃf saːʕa]; *adv.* نصفيا [niʃfiːjan], حتى النصف [ħattaː nniʃf]; ***~ so groß wie er*** نصفه [niʃfuhu]; **~-amtlich** (*O*) *adj.* شبه رسمى [ʃibh rasmiː]; **~dunkel** *n* دغش [daɣaʃ]; **~fabrikat** *n* (*-ęs; -e*) سلعة نصف مصنوعة [silʕa niʃf maʃnuːʕa]; **~ieren** *v/t.* نصف [naʃʃafa]; **~-insel** *f* شبه جزيرة [ʃibh ʤaziːra]; **~-jahr** *n* (*-es; O*) نصف سنة [niʃf sana]; **~kreis** *m* (*-es; -e*) نصف دائرة [niʃf daːʔira]; **~kugel** *f* نصف كرة [niʃf kura]; **~mast** *adv.*: ***e-e Fahne auf ~mast setzen*** نكس العلم [nakkasa alʕalam]; **~mond** *m* هلال [hilaːl]; **~pension** [-paŋzĭoːn] *f* (*O*) غرفة مع فطور و وجبة واحدة [ɣurfa maʕa futuːr wa waʤba waːħiđa]; **~rund** (*O*) *adj.* نصف دائرى [niʃf daːʔiriː]; **~schuh** *m* حذاء [ħiðaːʔ]; **~seitig** (*O*) *adj.* على نصف صفحة [ʕalaː niʃf ʃafħa]; *Med.* نصفى [niʃfiː]; **~stündig** (*O*) *adj.* لمدة نصف ساعة [limuddat niʃf saːʕa]; **~stündlich** (*O*) *adv.* كل نصف ساعة [kulla niʃf saːʕa]; **~tägig** (*O*) *adj.* مدته نصف يوم [muddatuhu niʃf jaum]; **~tags** *adv.* لمدة نصف يوم [limuddat niʃf jaum]; **~tot** (*O*) *adj.* شبه ميت [ʃibh majjit]; **~zeit** *f Sport* شوط [ʃaut].

Halde *f* منحدر [munħadar]; *Bergb.* مقلب [maqlab], مطرح [matrah].

H

Hälfte *f* نصف [niʃf], شطر [ʃatr]; ***zur*** ~ حتى النصف [ħattaː nniʃf].

Hall *m (-ẹs; -e)* رنين [raniːn].

Halle *f* قاعة [qaːʕa], بهو [bahw]; *(Säulen*~*)* رواق [riwaːq]; *(Fabrik*~*)* عنبر [ʕambar].

hallen *v/i.* رن [ranna, -i-].

Hallenbad *n* مسبح مسقوف [masbaħ masquːf].

hallo! آلو [ʔaːluː].

Halm *m (-ẹs; -e)* عود [ʕuːd], ساق نبات [saːq nabaːt].

Hals *m (-ẹs; ⸚e)* عنق [ʕunq, ʕunuq], رقبة [raqaba]; *(Kehle)* زور [zaur], حنجرة [ħandʒara]; **~-aus-schnitt** *m (-ẹs; -e)* تقويرة [taqwiːra]; **~band** *n (-es; ⸚er)* عقد [ʕiqd]; *(Hunde*~*)* طوق [tauq]; **~-entzündung** *f* التهاب الزور [iltihaːb azzaur]; **~kette** *f* عقد [ʕiqd]; **~-Nasen-Ohren-Arzt** *m (-ẹs; ⸚e) Med.* إخصائى الأنف والأذن والحنجرة [ʔixʃaːʔiː alʔanf walʔuðn walħandʒara]; **~schlag-ader** *f* شريان سباتى [ʃirjaːn subaːtiː]; **~schmerzen** *m/pl.* آلام الزور [ʔaːlaːm azzaur]; **~starrig** *adj.* عنيد [ʕaniːd]; **~tuch** *n (-es; ⸚er)* كوفية [kuːfiːja]; **~weite** *f* مقاس الرقبة [maqaːs arruqba]; **~wirbel** *m* فقرة عنقية [fiqra ʕunqiːja].

Halt *m (Stütze)* سند [sanad]; *(Stehenbleiben)* وقوف [wuquːf]; ~ ***machen*** توقف [tawaqqafa]; ~ ***geben*** أسند [ʔasnada]; ~***!*** قف [qif]; **~bar** *adj. (fest)* متين [matiːn]; *(unverderblich)* مقاوم للتلف [muqaːwim littalaf].

halten *(L) v/t.* مسك [masaka, -i-], ب *od.* ه أمسك [ʔamsaka], قبض [qabaḍa, -i-]; ***e-e Rede*** ~ ألقى خطابا [ʔalqaː xitaːban]; ***Schritt*** ~ *(**mit** D* ه*)* ساير [saːjara]; ***Wort*** ~ وفى بوعده [wafaː, jafiː, biwaʕdihi]; ***es für richtig*** ~ اعتبره صحيحا [iʕtabarahu ʃaħiːħan]; ***etw. für leicht*** ~ استخفه [istaxaffahu]; ***was*** ~ ***Sie davon?*** ما رأيك فيه [maː raʔjuka fiːhi]; *v/i.* وقف [waqafa, jaqifu], توقف [tawaqqafa]; ~ ***verboten!*** ممنوع الوقوف [mamnuːʕ alwuquːf]; ***zu j-m*** ~ أيد ه [ʔajjada]; *v/r.* سلم [salima, -a-], بقى سالما [baqiya, -aː, saːliman]; ***sich bereit*** ~ استعد [istaʕadda];

sich links (rechts) ~ انحنى إلى اليسار (اليمين) [inħanaː ʔilaː ljisaːr (ljamiːn)].

Halte|signal *n* (*-s; -e*) إشارة الوقوف [ʔiʃaːrat alwuquːf]; **~stelle** *f* (*Autobus*) موقف [mauqif]; (*Bahn*) محطة [maħatta]; **~verbot** *n* (*-ẹs; -e*) منع الوقوف [manʕ alwuquːf].

haltlos (*-est*) *adj.* (*Mensch*) خوار الأخلاق [xawwaːr alʔaxlaːq]; (*Behauptung*) لا أساس له [laː ʔasaːsa lahu].

haltmachen *v/i.* توقف [tawaqqafa].

Haltung *f* (*Körper~*) وقفة [waqfa]; (*Einstellung*) موقف [mauqif].

Ha'lunke *m* (*-n*) وغد [waɣd].

Hammel *m* خروف [xaruːf]; **~braten** *m* لحم ضانى محمر [laħm đaːniː muħammar]; **~fleisch** *n* (*-ẹs; O*) لحم ضانى [laħm đaːniː].

Hammer *m* (*-s;* ̈) مطرقة [mitraqa], شاكوش [ʃaːkuːʃ].

hämmern *v/t. u. v/i.* دق [daqqa, -u-], طرق [taraqa, -u-].

Hampelmann *m* (*-es; ̈er*) قره كوز [qaragoːz].

hamstern *v/t.* كدس [kaddasa], اختزن [ixtazana].

Hand *f* (*—; ̈e*) يد [jad]; ***zur*** ~ تحت اليد [taħt aljad]; ***das liegt auf der*** ~ هذا واضح [haːðaː waːđiħ]; **~-arbeit** *f* شغل يد [ʃuɣl jad], عمل يدوى [ʕamal jadawiː]; **~ball** *m* (*-es; ̈e*) كرة اليد [kurat aljad]; **~bewegung** *f* تلويح [talwiːħ]; **~breit(e)** *f* (*-; O*) شبر [ʃibr]; **~bremse** *f* فرملة يد [farmalat jad]; **~buch** *n* (*-ẹs; ̈er*) مرجع [mardʒiʕ], مجمل [mudʒmal].

Händedruck *m* (*-ẹs; ̈e*) مصافحة [muʃaːfaħa].

Handel *m* (*-s; —*) تجارة [tidʒaːra].

handeln *v/i.* (*Handel treiben*) (***mit*** *D* ب) تجر [tadʒara]; (***mit*** *D* ه) تاجر [taːdʒara]; (*um den Preis*) ~ فاصل على [faːʃala]; (*wirken*) عمل [ʕamila, -a-], تصرف [taʃarrafa]; *v/r.*: ***worum handelt es sich?*** ما الأمر (الشأن) [maː lʔamr (ʃʃaʔn)]; ***es handelt sich darum, daß …*** المسألة هى أن [almasʔala hija ʔanna …].

Handels|-abkommen *n* اتفاقية تجارية [ittifaːqiːja tidʒaːriːja]; **~beziehungen** *f/pl.* علاقات تجارية [ʕalaːqaːt t.]; **~gesellschaft** *f* شركة تجارية

[ʃarika t.]; **~kammer** *f* (-; -*n*) غرفة تجارية [ɣurfa t.]; **~marine** *f* (*O*) البحرية التجارية [albaħriːja att.]; الأسطول التجارى [alʔusṭuːl attiʤaːriː]; **~mission** *f* بعثة تجارية [baʕθa tiʤaːriːja]; **~schiff** *n* (-*¢s*; -*e*) سفينة تجارية [safiːna t.]; **~schule** *f* مدرسة التجارة [madrasat attiʤaːra]; **~vertrag** *m* (-*¢s*; ⁻*e*) معاهدة تجارية [muʕaːhada tiʤaːriːja].

Hand|feger *m* مكنسة صغيرة [miknasa ṣaɣiːra]; **~fertigkeit** *f* مهارة [mahaːra]; **~fläche** *f* كف [kaff]; **~gelenk** *n* (-*¢s*; -*e*) رسغ [rusɣ].

Hand|gemenge *n* اشتباك [iʃtibaːk]; **~gepäck** *n* حقائب صغيرة [ħaqaːʔib ṣaɣiːra], عفش اليد [ʕaffʃ aljad]; **≗gewebt** (*O*) *adj.* منسوج باليد [mansuːʤ biljad]; **~granate** *f* قنبلة يدوية [qunbula jadawiːja]; **~griff** *m* (-*¢s*; -*e*) (*Bewegung*) حركة (يد) [ħaraka(t jad)], قبضة [qabđa]; (*zum Anhalten*) مقبض [miqbađ]; (*Henkel*) يد [jad]; **≗haben** (*L*) *v/t.* شغل [ʃaɣɣala], استعمل [istaʕmala]; **~habung** *f* تشغيل [taʃɣiːl]; **~koffer** *m* شنطة [ʃanṭa], حقيبة [ħaqiːba].

Händler *m* تاجر [taːʤir].

Handlung *f* (*Tat*) عمل [ʕamal]; (*Geschehen*) حوادث [ħawaːdiθ]; (*e-s Filmes*) قصة [qiṣṣa]; *Hdl.* دكان [dukkaːn], محل [maħall]; **~s-reisende(r)** *m* (-*n*) وكيل متجول [wakiːl mutaʤawwil].

Handschellen *f/pl.* كلبش [kalabʃ].

Hand|schlag *m* (-*¢s*; *O*) مصافحة [muṣaːfaħa]; (*beim Handel*) صفقة [ṣafqa]; **~schrift** *f* خط (اليد) [xaṭṭ (aljad)]; (*Buch*) مخطوط [maxṭuːṭ]; **≗schriftlich** (*O*) *adj.* مكتوب باليد [maktuːb biljad]; **~schuh** *m* (-*¢s*; -*e*) قفاز [quffaːz]; **~tasche** *f* شنطة [ʃanṭa], كيس [kiːs]; **~tuch** *n* (-*¢s*; ⁻*er*) منشفة [minʃafa], فوطة [fuːṭa]; **~wagen** *m* عربة يد [ʕarabat jad]; **~werk** *n* (-*¢s*; -*e*) صنعة [ṣanʕa], حرفة [ħirfa], مهنة [mihna]; **~werker** *m* صانع [ṣaːniʕ], رب حرفة [rabb ħirfa]; **~werkszeug** *n* (-*¢s*; -*e*) أدوات [ʔadawaːt], عدة [ʕudda]; **~wurzel** *f* (—; -*n*)

رسغ [rusɣ]; ~**zeichnung** *f* رسم [rasm].

Hanf *m* (-*¢s; O*) قنب [qinnab].

Hang *m* (-*¢s; ¨e*) (*e-s Berges*) منحدر [munħadar]; (*Neigung*) **zu** ميل إلى [mail].

Han'gar *m* (-*s;* -*s*) *Flugw.* حظيرة [ħaẓiːra].

hängen *v/i.* (*L*) تعلق [taʕallaqa]; *v/t.* علق [ʕallaqa]; ~**bleiben** (*L; sn*) *v/i.* اشتبك [iʃtabaka]; ~**lassen** (*L*) *v/t.* أدلى [ʔadlaː].

han'tieren (—) *v/i.* (**mit** *D* ـه) عالج [ʕaːladʒa], استعمل ـه [istaʕmala].

Happen *m* لقمة [luqma].

Harem *m* (-*s;* -*s*) حريم [ħariːm].

Häre'sie *f* *Rel.* هرطقة [harṭaqa]; *Isl.* بدعة [bidʕa], زندقة [zandaqa].

Harfe *f* قيثار [qiːθaːr], جنك [dʒunk].

Harke *f* مشط بستاني [miʃṭ bustaːnij].

harmlos (-*est*) *adj.* غير مضر [ɣair muđirr], لا يؤذي [laː juʔðiː].

Harmo'nie *f* انسجام [insidʒaːm], تناسق [tanaːsuq].

Harn *m* (-*¢s; O*) بول [baul]; ~**blase** *f* مثانة [maθaːna]; ≈**en** *v/i.* تبول [tabawwala].

Harn|röhre *f* مجرى البول [madʒraː lbaul]; ~**säure** *f* (*O*) حمض بولي [ħamđ bauliː]; ≈**treibend** *adj.* مدر للبول [mudirr lilbaul]; ~**vergiftung** *f* تسمم بولي [tasammum bauliː].

Har'pune *f* خطاف صيد [xuṭṭaːf ṣaid].

hart (¨*er;* ¨*est-*) *adj.* صلب [ṣulb], جامد [dʒaːmid]; (*Brot*) يابس [jaːbis]; (*Ei*) مسلوق [masluːq]; (*Arbeit, Währung*) صعب [ṣaʕb]; (*Strafe*) قاس [qaːsin]; ~ **werden** تجمد [tadʒammada]; *adv.* بشدة [biʃidda], بعنف [biʕunf].

Härte *f* صلابة [ṣalaːba], صلادة [ṣalaːda]; (*Strenge*) قسوة [qaswa].

Hart|geld *n* (-*¢s; O*) عملة (نقود) معدنية [ʕumla (nuquːd) maʕdiniːja]; ~**gummi** *m* (-*s;* -*s*) كاوتشوك صلب [kaːwutʃuːk ṣulb]; ≈**herzig** *adj.* قاسي القلب [qaːsiː lqalb]; ~**leibigkeit** *f* (*O*) إمساك [ʔimsaːk]; ≈**näckig** *adj.* عنيد [ʕaniːd].

Harz [aː] *n* (-*es;* -*e*) صمغ [ṣamɣ], راتينج [raːtiːnadʒ].

Ha'sardspiel *n* (-*¢s;* -*e*) قمار [qimaːr].

Ha'schee *n* (*-s; -s*) لحم مفروم [laħm mafruːm].

haschen *v/t.* لقف [laqifa, -a-].

Hase *m* (*-n*) أرنب [ʔarnab].

Haselnuß *f* (*—; ¨sse*) بندق [bunduq].

Haspel *f* (*—; -n*) بكرة [bakra].

Haß *m* (*-sses; O*) كره [karh], كراهة [karaːha]; بغض [buɣđ].

H

hassen (*-ßt*) *v/t.* كره [kariha, -a-], مقت [maqata, -u-].

häßlich *adj.* قبيح [qabiːħ], بشع [baʃiʕ]; *fig.* شنيع [ʃaniːʕ]; **˜keit** *f* قباحة [qabaːħa], شناعة [ʃanaːʕa].

Hast *f* (*O*) عجلة [ʕadʒala]; **˜en** (*-e-; sn*) *v/i.* تعجل [taʕaddʒala]; (*eilen*) أسرع [ʔasraʕa]; **˜ig** *adj.* عجل [ʕadʒil]; *adv.* فى عجلة [fiː ʕadʒala].

hätscheln (*-le*) *v/t.* دلل [dallala].

Haube *f* طاقية [taːqiːja]; (*Motor˜*) كبوت [kabbuːt], غطاء [ɣitaːʔ].

Hauch *m* (*-¢s; O*) نفس [nafas], نفخة [nafxa]; (*Duft˜*) نفحة [nafħa]; **˜en** *v/i.* نفخ [nafaxa, -u-].

hauen (*L*) *v/t.* ضرب [đaraba, -i-]; (*spalten*) شق [ʃaqqa, -u-]; (*fällen*) قطع [qataʕa, -a-]; ***übers Ohr*** **~** غش [ɣaʃʃa, -i-].

Haufen *m* كوم [kaum], ركم [rakam]; (*Menschen˜*) حشد [ħaʃd].

häuf|en *v/t.* كوم [kawwama], ركم [rakama, -u-]; *v/r.* تراكم [taraːkama]; **~ig** *adj.* كثير الوقوع [kaθiːr alwuquːʕ], متكرر [mutakarrir]; *adv.* كثيرا ما [kaθiːran maː], تكرارا [takraːran]; **˜igkeit** *f* (*O*) كثرة (الوقوع) [kaθra(t alwuquːʕ)]; **˜ung** *f* تكويم [takwiːm]; تراكم [taraːkum], تكاثر [takaːθur].

Haupt *n* (*-¢s; ¨er*) رأس [raʔs]; (*Ober˜*) رئيس [raʔiːs]; **~-** رئيسى [raʔiːsiː]; **~bahnhof** *m* (*-¢s; ¨e*) محطة رئيسية [maħatta raʔiːsiːja]; **~buch** [-buːx] *n* (*-¢s; ¨er*) *Hdl.* دفتر الأستاذ [daftar alʔustaːð]; **~-eingang** *m* (*-¢s; ¨e*) مدخل رئيسى [madxal raʔiːsiː]; **~fach** *n* (*-¢s; ¨er*) مادة الاختصاص [maːddat alixtiṣaːṣ]; **~linie** [-liːnĭe] *f* *Eisenb.* خط رئيسى [xatt raʔiːsiː].

Häuptling *m* (*-¢s; -e*) شيخ [ʃaix], رئيس [raʔiːs], قائد [qaːʔid].

Haupt|mahlzeit *f* وجبة رئيسية [wadʒba raʔiːsiːja]; **~mann** *m* (*-¢s; Hauptleute*) *Mil.* رئيس [raʔiːs]; *Äg.* نقيب [naqiːb]; **~masse** *f* جل [dʒull]; **~postamt** *n* (*-¢s; ⁻er*) مكتب البريد الرئيسى [maktab albariːd arraʔiːsiː]; **~quartier** *n* (*-s; -e*) مقر القيادة [maqarr alqijaːda]; **~sache** *f* الشئ الأهم [aʃʃaiʔ alʔahamm], جوهر [dʒauhar]; **⁓sächlich** (*O*) *adv.* خصوصا [xuṣuːṣan], قبل كل شيء [qabla kull ʃaiʔ]; **~stadt** *f* (*—; ⁻e*) عاصمة [ʕaːṣima]; **~straße** *f* شارع رئيسى [ʃaːriʕ raʔiːsiː]; **~teil** *m* (*-¢s; -e*) جل [dʒull]; **~verkehrszeit** *f* ساعات الازدحام فى المرور [saːʕaːt alizdiħaːm fiː lmuruːr]; **~versammlung** *f* الاجتماع العام [alidʒtimaːʕ alʕaːmm]; **~wort** *n* (*¢s; ⁻er*) *Gr.* اسم [ism].

Haus *n* (*-es; -er*) بيت [bait], دار [daːr] *f*, منزل [manzil]; *Hdl.* محل [maħall]; ***zu ~e*** فى البيت [fiː lbait]; ***nach ~e*** إلى البيت [ʔilaː lbait]; **~-arrest** *m* (-s; O) اعتقال في البيت [iʕtiqaːl fiː lbait]; **~-arzt** *m* (*-es; ⁻e*) طبيب العائلة [ṭabiːb alʕaːʔila]; **~besitzer** *m* صاحب البيت [ṣaːħib albait]; **~bewohner** *m* ساكن [saːkin]; **~boot** *n* *Äg.* ذهبية [ðahabiːja]; **⁓en** (*-t*) *v/i.* سكن [sakana, -u-]; (*verwüsten*) خرب [xarraba]; **~flur** *m* (*-s; -e*) دهليز [dihliːz]; **~frau** *f* ربة بيت [rabbat bait]; **~halt** *m* (*-¢s; -e*) منزل [manzil], البيت وما فيه [albait wamaː fiːhi]; (*Arbeit*) تدبير منزلى [tadbiːr manziliː]; **~hälterin** *f* مدبرة البيت [mudabbirat albait]; **~halts-jahr** *n* (*-es; -e*) سنة مالية [sana maːliːja]; **~halts-plan** *m* (*-¢s; ⁻e*) ميزانية [miːzaːniːja]; **~haltungs-kosten** *pl.* مصاريف المنزل [maṣaːriːf almanzil]; **~herr** *m* (*-n; -en*) صاحب بيت [ṣaːħib bait].

häuslich *adj.* منزلى [manziliː]; ***sich*** (*A*) **~** ***niederlassen*** استقر [istaqarra].

Haus|meister *m* بواب [bawwaːb]; **~nummer** *f* رقم بيت [raqm bait]; **~-ordnung** *f* لائحة نظام المنزل [laːʔiħat niẓaːm almanzil]; **~schlüssel** *m* مفتاح البيت [miftaːħ albait]; **~schuh** *m* (*-¢s; -e*) خف [xuff], شبشب [ʃibʃib],

بابوج [baːbuːdʒ]; **~suchung** *f* تفتيش البيت [taftiːʃ albait] **~tier** *n* (-*¢s*; -*e*) حيوان داجن (أليف) [ħajawaːn daːdʒin (ʔaliːf)]; **~tor** *n* (-*¢s*; -*e*) بوابة [bawwaːba]; **~wirtschaft** *f* تدبير منزلى [tadbiːr manziliː]; **~zins** *m* (-*¢s*; -*e*) أجرة البيت [ʔudʒrat albait].

Haut *f* (-; ⸚*e*) جلد [dʒild]; (*menschliche* ~) بشرة [baʃara]; (*e-r Frucht*) قشرة [qiʃra]; (*der Milch*) زبد [zabad]; **~-abschürfung** *f* سحج الجلد [saħdʒ aldʒild]; **~-arzt** *m* (-*es*; ⸚*e*) طبيب الأمراض الجلدية [ṭabiːb alʔamraːđ aldʒildiːja]; **~-ausschlag** *m* (-*¢s*; ⸚*e*) طفحة [ṭafħa].

Häutchen *n* غشاء [ɣiʃaːʔ].

Haut|creme *f* (-; -*s*) كريم [kreːm], دهان [dihaːn]; **~farbe** *f* لون البشرة [laun albaʃara]; **~krankheit** *f* مرض جلدى [marađ dʒildiː]; **~pflege** *f* (*O*) العناية بالبشرة [alʕinaːja bilbaʃara].

Hava'rie *f Mar.* تلف [talaf], عطل [ʕuṭl].

Heb-amme *f* قابلة [qaːbila], داية [daːja].

Hebel *m* رافعة [raːfiʕa], مخل [muxl]; (*Schalt*~) ذراع [ðiraːʕ]; *El.* مفتاح [miftaːħ].

heben (*L*) *v/t.* رفع [rafaʕa, -a-]; (*steigern*) زاد [zaːda, -iː-].

he'bräisch *adj.* عبرى [ʕibriː].

Hecht *m* (-*¢s*; -*e*) سمك الكراكى [samak alkaraːkiː].

Heck *n* (-*¢s*; -*e od.* -*s*) *Mar.* كوثل [kauθal], مؤخر السفينة [muʔaxxar assafiːna].

Hecke *f* وشيع [waʃiːʕ], سياج من نباتات [sijaːdʒ min nabaːtaːt].

Hedschra *f* الهجرة [alhidʒra].

Heer *n* (-*es*; -*e*) جيش [dʒaiʃ], جند [dʒund].

Hefe *f* خميرة [xamiːra]; **~teig** *m* (-*¢s*; -*e*) عجين خمير [ʕadʒiːn xamiːr].

Heft *n* (-*¢s*; -*e*) (*Schreib*~) دفتر [daftar], كراسة [kurraːsa]; (*Griff*) قبضة [qabđa]; **~en** (-*e*-) *v/t.* سرج [sarradʒa]; شبك بدبوس [ʃabaka, -i-, bidabbuːs]; **~ig** *adj.* شديد [ʃadiːd], قوى [qawiːj]; **~klammer** *f* دبوس [dabbuːs]; **~pflaster** *n* لزقة طبية [lazqa ṭibbiːja].

Hegemo'nie *f* سيادة [sijaːda], سيطرة [saiṭara].

hegen *v/t.* صان [ṣaːna, -uː-]; (*Gefühl*) أضمر [ʔađmara].

Hehl *m od. n* (*-ẹs; O*): ***er macht kein ~ daraus, daß*** لا يخفى أن [laː juxfiː ʔan(na)].

Heide[1] *m* (*-n*) وثني [waθaniː].

Heide[2] *f* برية [barriːja]; **~kraut** *n* (*-ẹs; O*) خلنج [xalandʒ].

Heiden-|geld *n* (*-ẹs; O*) مبلغ طائل [mablaɣ taːʔil]; **~lärm** *m* (*-ẹs; O*) ضوضاء [đauđaːʔ].

Heidentum *n* (*-ẹs; O*) وثنية [waθaniːja]; (*vorislamisches ~*) جاهلية [dʒaːhiliːja].

heidnisch *adj.* وثني [waθaniː].

heikel (*-kl-*) *adj.* حساس [ħassaːs]; (*Problem*) شائك [ʃaːʔik].

heil *adj.* سليم [saliːm]; ***mit ~er Haut davonkommen*** نجا وسلم [nadʒaː wa salima].

Heil *n* (*-s; O*) سلامة [salaːma].

Heiland *m Rel.*: **der ~** المسيح [almasiːħ].

Heil-anstalt *f* مصح [maṣaħħ]; **~bad** *n* (*-es; ̈-er*) حمام استشفاء [ħammaːm istiʃfaːʔ]; **⁓bar** (*O*) *adj.* قابل للشفاء [qaːbil liʃʃifaːʔ]; **⁓en** *v/i.* (*sn*) (*Wunde*) اندمل [indamala]; *v/t.* شفى [ʃafaː, -iː].

heilig *adj.* مقدس [muqaddas], حرام [ħaraːm]; ***der ⁓e Geist*** الروح القدس [arruːħ alquds]; **⁓abend** *m* (*-n*) ليلة عيد الميلاد [lailat ʕiːd almiːlaːd]; **⁓e(r)** *m* (*-s; -e*) قديس [qiddiːs]; *Isl.* ولي [waliːj]; **~en** *v/t.* قدس [qaddasa]; **⁓tum** *n* (*-ẹs; ̈-er*) قدس [quds], مكان مقدس [makaːn muqaddas]; **⁓ung** *f* تقديس [taqdiːs].

Heil|kraft *f* (*-; ̈-e*) قوة شافية [quwwa ʃaːfija]; **⁓kräftig** *adj.* ناجع [naːdʒiʕ]; **~kunde** *f* (*O*) طب [tibb]; **~mittel** *n* دواء [dawaːʔ]; **~praktiker** *m* حكيم شعبي [ħakiːm ʃaʕbiː]; **~quelle** *f* منبع مياه معدنية [manbaʕ mijaːh maʕdiniːja]; **⁓sam** *adj.* شاف [ʃaːfin], مفيد [mufiːd]; **~ung** *f* شفاء [ʃifaːʔ].

heim *adv.* إلى البيت [ʔilaː lbait]; (*in die Heimat*) إلى الوطن [ʔilaː lwatan].

Heim *n* (*-ẹs; -e*) بيت [bait], مسكن [maskan]; (*Zuflucht*) ملجأ [maldʒaʔ].

Heimat *f* (*O*) وطن [watan]; **⁓lich** (*O*) *adj.* وطني [wataniː]; **⁓los** (*O*) *adj.* لا وطن له [laː watana lahu], شارد [ʃaːrid]; **~vertriebene(r)** *m* (*-n*) مشرد [muʃarrad].

H

Heimchen *n* صرصور [ʃurʃuːr].
Heim|fahrt *f* عودة [ʕauda]; **˜isch** *adj.* بلدى [baladiː], وطنى [waṭaniː]; **˜isch werden** تأقلم [taʔaqlama]; **~kehr** *f* (*O*) عودة [ʕauda]; **˜lich** *adj.* سرى [sirriː]; **~lichkeit** *f* سرية [sirriːja]; **~reise** *f* رحلة العودة [riħlat alʕauda]; **˜tückisch** *adj.* غدار [ɣaddaːr], خبيث [xabiːθ]; **˜wärts** *adv.* نحو البيت [naħwa lbait]; **~weg** *m* (-¢s; -e) طريق العودة [ṭariːq alʕauda]; **~weh** *n* (-s; *O*) حنين الوطن [ħaniːn alwaṭan].
Heirat *f* زواج [zawaːʤ]; **˜en** (-e-) *v/t.* ب *od.* ه تزوج [tazawwaʤa]; **~s-antrag** *m* خطبة [xiṭba]; **~s-urkunde** *f* وثيقة الزواج [waθiːqat azzawaːʤ].
heiser *adj.* مبحوح [mabħuːħ]; **˜keit** *f* (*O*) بحة [buħħa].
heiß *adj.* حار [ħaːrr], ساخن [saːxin].
heißen (*L*) *v/t.* سمى [sammaː]; دعا [daʕaː, -uː]; (*befehlen*) *j-n etw.* **tun ~** أمره ب [ʔamara, -u-]; *v/i.* سمى [summija]; **was soll das ~?** ما معنى هذا [maː maʕnaː haːðaː]; **das heißt (d.h.)** يعنى [jaʕniː]; **es heißt, daß ...** يقولون إن [jaquːluːna ʔinna]; **wie heißen Sie?** ما اسمك [maː smuka]; **ich heiße ...** اسمى [ismiː].
heiter (-*tr*-) *adj.* مرح [mariħ]; (*Gesicht*) مشرق [muʃriq]; (*Himmel*) صاف [ʃaːfin]; **˜keit** *f* (*O*) مرح [maraħ], انبساط [imbisaːṭ], صفاء [ʃafaːʔ]; (*Gelächter*) قهقهة [qahqaha].
heiz|en (-*t*) *v/t.* (*Zimmer*) دفأ [daffaʔa]; (*Ofen*) زود بالوقود [zawwada bilwaquːd]; **˜er** *m* وقاد [waqqaːd]; **˜kissen** *n* وسادة كهربائية [wisaːda kahrabaːʔiːja]; **˜material** [-mateˈʀĭaːl] *n* (-*s*; -*ien*) وقود [waquːd]; **˜-öl** *n* (-¢s; -e) زيت وقود [zait waquːd]; **˜sonne** *f* مصباح التدفئة [miʃbaːħ attadfiʔa]; **˜ung** *f* تدفئة [tadfiʔa].
Hek'tar *n od. m* (-*s*; -*e*) هكتار (١٠,٠٠٠ متر مربع) [hektaːr].
hektisch *adj.* دون راحة [duːna raːħa], صاخب [ʃaːxib].
Held *m* (-*en*) بطل [baṭal]; **˜en-haft** (-*est*) *adj.* بطولى [buṭuːliː]; **~en-tat** *f* مأثرة [maʔθara].
helf|en (*L*) *v/i.* (*D* **bei** *od.* **zu**

D (ه على) ساعد [saːʕada], عاون [ʕaːwana], أعان [ʔaʕaːna]; (*Medizin*) أفاد [ʔafaːda]; ***das hilft alles nichts*** لا جدوى من كل هذا [laː dʒadwaː min kull haːðaː]; ***er weiß sich zu*** ~ هو داهية [huwa daːhija]; **~̊er** *m* مساعد [musaːʕid], معين [muʕiːn], معاون [muʕaːwin].

hell *adj.* (*voll Licht*) نير [najjir]; (*Farbe*) فاتح [faːtiħ]; (*~er Kopf*) شاطر [ʃaːtir]; ***es wird*** ~ يطلع النهار [jatluʕu nnahaːr]; **~blau** (*O*) *adj.* أزرق فاتح [ʔazraq faːtiħ]; **~̊igkeit** *f* (*O*) سطع [satʕ], ضياء [đijaːʔ].

Helm *m* (*-ẹs; -e*) خوذة [xuːða].

Hemd *n* (*-ẹs; -en*) قميص [qamiːʃ]; **~hose** *f* قميص بسروال [qamiːʃ bisirwaːl]; **~kragen** *m* ياقة [jaːqa].

hemm|en *v/t.* أوقف [ʔauqafa], عاق [ʕaːqa, -uː-]; (*behindern*) عرقل [ʕarqala]; (*bremsen*) فرمل [farmala]; **~̊schuh** *m* (*-ẹs; O*) عائق [ʕaːʔiq]; *Eisenb.* قبقاب [qabqaːb]; **~̊ung** *f* إيقاف [ʔiːqaːf], حجر [ħadʒr]; *Psych.* رادع [raːdiʕ]; **~ungslos** (*-est*) *adj. u. adv.* بلا رادع [bilaː raːdiʕ]; (*schamlos*) بلا حياء [bilaː ħajaːʔ].

Hengst *m* (*-es; -e*) فحل [faħl].

Henkel *m* عروة [ʕurwa], أذن [ʔuðn], يد [jad].

henken *v/t.* شنق [ʃanaqa, -u-].

Henker *m* جلاد [dʒallaːd].

Henne *f* دجاجة [dadʒaːdʒa], فرخة [farxa].

her *adv.* إلى هنا [ʔilaː hunaː]; ~ ***damit!*** هات [haːt]; ***wo kommen Sie her?*** من أين تأتى [min ʔaina taʔtiː]; ***e-e Woche*** ~ منذ أسبوع [munðu ʔusbuːʕ].

he'rab *adv.* إلى تحت [ʔilaː taħtu]; ***von oben*** ~ من فوق [min fauqu]; **~fallen** *v/i.* (*L; sn*) سقط [saqata, -u-]; **~hängen** *v/i.* (*L*) تدلى [tadallaː], تسدل [tasaddala]; **~lassen** *v/t.* (*L*) أدلى [ʔadlaː]; *v/r.* تنازل [tanaːzala]; **~setzen** (*-t*) *v/t.* أنزل [ʔanzala]; (*Preis*) خفض [xaffađa]; **~steigen** (*L; sn*) *v/i.* نزل [nazala, -i-]; **~stürzen** *v/t.* أسقط [ʔasqata]; *v/i.* انهار [inhaːra].

he'ran إلى هنا [ʔilaː hunaː], إلى قرب [ʔilaː qurb]; ***näher*** ~! قرب [qarrib]; **~holen** *v/t.* جلب [dʒalaba, -i-]; **~kom-**

men *v/i.* (*L; sn*) (**an** *A* من) اقترب [iqtaraba]; **~treten** *v/i.* (*L; sn*) (**an** *A* **mit** *D* ب) تقدم إلى [taqaddama]; **~wachsen** (*L; sn*) *v/i.* نما [namaː, -uː], كبر [kabura, -u-]; **~ziehen** *v/t.* (*L*) جذب [ʤaðaba, -i-]; (*A* **zu** *D* ب) استعان [istaʕaːna], استعمل [istaʕmala].

he'rauf *adv.* إلى فوق [ʔilaː fauqu]; **~bringen** *v/t.* (*L*) صعد ب [ʃaʕida, -a-]; **~kommen** *v/i.* (*L; sn*) صعد [ʃaʕida, -a-).

he'raus *adv.* إلى الخارج [ʕilaː lxaːriʤ]; ***das Geheimnis ist*** ~ فشا السر [faʃaː ssirr]; **~bekommen** *v/t.* (*L*) استخرج [istaxradʒa], نزع [nazzaʕa]; (*Fleck*) أزال [ʔazaːla]; (*erfahren*) استخبر [istaxbara]; **~bringen** *v/t.* (*L*) أخرج [ʔaxradʒa], استخرج [istaxradʒa]; (*Buch*) أصدر [ʔaʃdara]; **~fordern** *v/t.* تحدى [taħaddaː]; **~geben** *v/t.* (*L*) (*Buch*) نشر [naʃara, -u-]; (*Geld*) رد الباقي [radda, -u-, lbaːqiː]; **²geber** *m* ناشر [naːʃir]; **~holen** *v/t.* استخرج [istaxradʒa]; **~kommen** *v/i.* (*L; sn*) خرج [xaradʒa, -u-], طلع [ṭalaʕa, -u-]; **~lassen** *v/t.* (*L*) أطلق [ʔaṭlaqa]; **~nehmen** *v/t.* (*L*) أخذ (من داخل) [ʔaxaða, -u-], أخرج [ʔaxradʒa]; **sich** *etw.* **~nehmen** *fig.* تجاسر [tadʒaːsara]; **~ragen** *v/i.* برز [baraza, -u-]; *fig.* امتاز [imtaːza]; **~schmuggeln** *v/t.* (من بلاد) هرب [harraba]; **~schrauben** *v/t.* فك (لولبا) [fakka, -u-].

he'rausstellen *v/t.* وضع إلى الخارج [waḍaʕa, jaḍaʕu, ʔilaː lxaːriʤ]; *v/r.* ظهر [ẓahara, -a-], تبين [tabajjana].

he'raus|treten *v/i.* (*L; sn*) برز [baraza, -u-]; **~ziehen** *v/t.* (*L*) سحب [saħaba, -a-]; (*Zahn*) خلع [xalaʕa, -a-].

herb *adj.* عفص [ʕafiʃ].

her'bei إلى هنا [ʔilaː hunaː]; **~-eilen** *v/i.* جاء مسرعا [ʤaːʔa, -i-, musriʕan]; **~holen, ~schaffen** (*-te*) *v/t.* أحضر [ʔaħḍara].

Herberge *f* مبيت [mabiːt], مأوى [maʔwan].

herbringen *v/t.* (*L*) أحضر [ʔaħḍara].

Herbst *m* (*-es; -e*) خريف [xariːf]; **²lich** (*O*) *adj.* خريفي [xariːfiː].

Herd [eː] *m* (*-ẹs; -e*) موقد [mauqid].

Herde ['heːʁ-] *f* قطيع [qatiːʕ].

herein *adv.* [hɛ'ʀaɪn] إلى الداخل [ʔilaː ddaːxil]; *~!* أدخل [udxul], تفضل [tafađđal]; **~bitten** *v/t.* (*L*) دعا إلى الدخول [daʕaː, -uː, ʔilaː dduxuːl]; **~brechen** *v/i.* (*L; sn*) (*Nacht*) جن [ʤanna, -u-]; (*Unglück*) حل [ħalla, -i-]; **~fallen** *v/i.* (*L; sn*) (***auf** A* ب) انخدع [inxadaʕa]; **~holen** *v/t.* أحضر [ʔaħđara]; **~kommen** *v/i.* (*L; sn*) دخل [daxala, -u-]; **~lassen** *v/t.* (*L*) سمح له بالدخول [samaħa, -a-, lahu bidduxuːl]; **~legen** *v/t. fig.* خدع [xadaʕa, -a-], مكر [makara, -u-].

Her|fahrt *f* مجيء [maʤiːʔ]; **~gang** *m* (*-ẹs; O*) حدوث [ħuduːθ], مجرى [maʤraː]; **⁓geben** *v/t.* (*L*) سلم [sallama]; (*zurückgeben*) رد [radda, -u-]

Hering *m* (*-s; -e*) رنجة [ranga], رنكة [ranka].

herkommen *v/i.* (*L; sn*) جاء [ʤaːʔa]; ***wo kommen Sie her?*** من أين جئت [min ʔaina ʤiʔta]; ***komm her!*** تعال [taʕaːla].

herkömmlich *adj.* اعتيادى [iʕtijaːdiː].

Herkunft *f* (*O*) أصل [ʔaʃl], مصدر [maʃdar]; (*Familien⁓*) نسب [nasab].

her'metisch *adj.*: *~ **geschlossen*** محكم السد [muħkam assadd].

hernehmen *v/t.*: ***wo soll ich das ~?*** من أين لى به [min ʔaina liː bihi].

Heroin [-'iːn] *n* (*-s; O*) هيروين [hiːruwiːn].

heroisch [-'ʀoːɪʃ] *adj.* بطولى [butuːliː].

Herr *m* (*-n; -en*) سيد [sajjid]; (*Besitzer*) صاحب [ʃaːħib]; (*Gott*) رب [rabb]; ***sehr geehrter ~ …!*** السيد … المحترم [assajjid … almuħtaram].

Herren|konfektion *f* ملابس الرجال [malaːbis arriʤaːl]; **⁓los** (*O*) *adj.* بلا صاحب [bilaː ʃaːħib]; **~schneider** *m* خياط للرجال [xajjaːt lirriʤaːl].

herrichten (*-e-*) *v/t.* (*bereiten*) حضر [ħađđara], أعد [ʔaʕadda]; (*ordnen*) رتب [rattaba].

Herr|in *f* صاحبة [ʃaːħiba]; (*~ des Hauses*) ربة [rabba];

~isch *adj.* متعاظم [mutaʕaːzim]; **~lich** *adj.* فاخر [faːxir]; **~!** عال [ʕaːl(in)]; **~lichkeit** *f* مجد [madʒd], عظمة [ʕazama].

Herrschaft *f* سيادة [sijaːda]; *Pol.* حكم [ħukm]; ***meine ~en*** سادتي [saːdatiː].

herrsch|en *v/i.* ساد [saːda, -uː-], حكم [ħakama, -u-]; **~end** *adj.* سائد [saːʔid]; **~er** *m* حاكم [ħaːkim]; **~sucht** *f (O)* شهوة الحكم [ʃahwat alħukm].

her|rühren *v/i.*: ***wo rührt das her?*** أين أصله [ʔaina ʔaʃluhu]; **~stammen** *v/i.* (***von*** *D* من) نشأ [naʃaʔa, -a-]; **~stellen** *v/t.* صنع [ʃanaʕa, -a-], أنتج [ʔantadʒa]; **~steller** *m* صانع [ʃaːniʕ]; **~stellung** *f* صنع [ʃunʕ], إنتاج [ʔintaːdʒ].

he'rüber *adv.* إلى هذا الجانب [ʔilaː haːðaː ldʒaːnib].

he'rum حول [ħaula]; ***hinten ~*** من وراء [min waraːʔi]; **~drehen** قلب [qalaba, -i-], أدار [ʔadaːra]; **~gehen** *(L; sn)* جال [dʒaːla, -uː-]; **~irren** *v/i.* ضل [đalla, -i-], تخبط [taxabbata]; **~reichen** *v/t.* ناول [naːwala].

he'runter *adv.* إلى الأسفل [ʔilaː lʔasfal], إلى تحت [ʔilaː taħtu]; **~fallen** *v/i. (L; sn)* سقط [saqata, -u-]; **~klappen** *v/t.* نزل [nazzala], أهبط [ʔahbata]; **~kommen** *v/i. (L; sn)* نزل [nazala, -i-]; *fig.* انحل [inħalla], تدنى [tadannaː]; **~lassen** *v/t. (L)* أسدل [ʔasdala]; **~machen** *v/t.* وبخ [wabbaxa]; **~nehmen** *v/t. (L)* أخذ من فوق [ʔaxaða, -u-, min fauqu], نزل [nazzala]; **~reißen** *v/t. (L)* نزع [nazaʕa, -i-], خطف [xatafa, -i-].

her'vor *adv.* من وراء [min waraːʔi], إلى الظاهر [ʔilaː zzaːhir]; **~bringen** *v/t. (L)* أبرز [ʔabraza], أظهر [ʔazhara]; أنتج [ʔantadʒa]; *(Resultat)* آب ب [ʔaːba, -uː-]; **~heben** *v/t. (L)* اختص [ixtaʃʃa], نوه ب [nawwaha]; **~ragen** *v/i.* برز [baraza, -u-]; **~ragend** *adj.* ممتاز [mumtaːz]; *(Gelehrter)* مرموق [marmuːq]; **~rufen** *v/t. (L)* سبب [sabbaba], أحدث [ʔaħdaθa].

Herz *n (-ens; -en)* قلب [qalb]; *(poetisch)* فؤاد [fuʔaːd]; ***von***

ganzem ~en من صميم القلب [min ʃamiːm alqalb]; **~-anfall** *m* نوبة قلبية [nauba qalbiːja]; **~beklemmung** *f* انقباض الصدر [inqibaːđ aʃʃadr].

Herzensgüte *f (O)* طيبة القلب [tiːbat alqalb].

herz-ergreifend *adj.* مؤثر [muʔaθθir].

Herz|fehler *m* عيب فى القلب [ʕaib fiː lqalb]; **~haft** *(-est) adj. (Schluck)* كبير [kabiːr]; *adv.* بقوة [biquwwa], باندفاع [bindifaːʕ]; **~-infarkt** *m (-ẹs; -e)* سداد القلب [sudaːd alqalb]; **~klopfen** *n (-s; O)* خفقات القلب [xafaqaːt alqalb]; **~lich** *adj.* قلبى [qalbiː]; ***~liche* Grüße** تحيات قلبية [taħijjaːt qalbiːja]; *adv.* من القلب [min alqalb]; ***~lich* gern** بكل ممنونية [bikull mamnuːniːja]; **~lichkeit** *f (O)* ود [wudd], إخلاص [ʔixlaːʃ].

herz|los *(-est) adj.* قاس [qaːsin]; **~losigkeit** *f (O)* قسوة [qaswa].

Herzog *m (-s; ¨e)* دوق [duːq].

Herz|schlag *m (-ẹs; ¨e)* نبض القلب [nabđ alqalb]; *(Apoplexie)* سكتة قلبية [sakta qalbiːja]; **~schrittmacher** *m Med.* منظم ضربات القلب [munaẓẓim đarabaːt alqalb].

Hetz|e *f (O)* تحريض [taħriːđ]; *(Eile)* عجلة [ʕadʒala]; **~en** *v/i.* أسرع [ʔasraʕa]; **(gegen** *A* **على)** حرش [ħarraʃa], حرض [ħarrađa]; *v/t.* حرض [ħarrađa]; **~jagd** *f fig.* استعجال [istiʕdʒaːl].

Heu *n (-ẹs; O)* حشيش مجفف [ħaʃiːʃ mudʒaffaf].

Heuch|e'lei *f* نفاق [nifaːq], رياء [rijaːʔ]; **~eln** *(-le) v/i.* راءى [raːʔaː], نافق [naːfaqa]; *v/t.* تظاهر ب [taẓaːhara]; **~ler** *m* منافق [munaːfiq].

heuer *adv.* فى هذه السنة [fiː haːðihi ssana].

heulen *v/i.* عوى [ʕawaː, -iː]; *(weinen)* بكى [bakaː, -iː].

heurig *adj.* من هذه السنة [min haːđihi ssana].

Heuschrecke *f* جرادة [dʒaraːda].

heut|e *adv.* اليوم [aljauma], الآن [alʔaːna]; **~e abend** هذه الليلة [haːðihi llaila]; ***~e* in einer Woche** بعد أسبوع [baʕda ʔusbuːʕ]; **~ig** *adj.* حالى [ħaːliː], معاصر [muʕaːʃir]; ***bis auf den ~igen Tag***

حتى يومنا هذا [ħattaː jauminaː haːðaː]; **~zutage** *adv.* في هذه الأيام [fiː haːðihi lʔajjaːm].

Hexe *f* ساحرة [saːħira]; **~nschuß** *m* (*-sses; ⸚sse*) ألم في القطن [ʔalam fiː lqatan], قطان [qutaːn]; **~'rei** *f* سحر [siħr].

Hidschra *f s.* ***Hedschra***.

Hieb *m* (*-es; -e*) ضربة [đarba]; **~e** *pl.* علقة [ʕalqa].

hier *adv.* هنا [hunaː]; **~!** حاضر [ħaːđir]; ***von* ~** من هنا [min hunaː].

hie'raus *adv.* من هذا [min haːðaː].

hier'bei *adv.* عندئذ [ʕindaʔiðin].

hierbleiben (*L; sn*) *v/i.* بقي [baqija, -aː].

hier'durch *adv.* بواسطة هذا [biwaːsitat haːðaː], بهذا [bihaːðaː].

hier'für *adv.* لهذا [lihaːðaː].

hier'gegen *adv.* ضد هذا [điddа haːðaː].

hier'her *adv.* إلى هنا [ʔilaː hunaː].

hierin *adv.* في هذا [fiː haːðaː].

hiermit *adv.* مع هذا [maʕa haːða], بهذا [bihaːðaː].

Hiersein *n* (*-s; O*) حضور [ħuđuːr].

hierüber *adv.* عن هذا [ʕan haːðaː].

hierunter *adv.* تحت هذا [taħta haːðaː].

hierzu *adv.* إلى هذا [ʔilaː haːðaː]; **~lande** *adv.* في هذه البلاد [fiː haːðihi lbilaːd].

hiesig (*O*) *adj.* محلي [maħalliː].

Hilf|e *f* مساعدة [musaːʕada], عون [ʕaun]; ***zu* ~e!** النجدة [annadʒda]; ***mit* ~e** (*G*) بواسطة [biwaːsitat]; ***Erste* ~e** إسعاف [ʔisʕaːf]; **~e-ruf** *m* (*-ȩs; -e*) استغاثة [istiɣaːθa]; **∻los** *adj.* (*-est*) عاجز [ʕaːdʒiz], حائر [ħaːʔir]; **∻reich** *adj.* معوان [miʕwaːn].

Hilfs|arbeiter *m* عامل غير مدرب [ʕaːmil ɣair mudarrab]; **∻bedürftig** *adj.* عائز [ʕaːʔiz], محتاج إلى المساعدة [muħtaːdʒ ʔilaː lmusaːʕada]; **∻bereit** (*-est*) *adj.* مستعد للمساعدة [mustaʕidd lilmusaːʕada]; **~mittel** *n* وسيلة [wasiːla]; **~zeitwort** *n* (*-ȩs; ⸚er*) *Gr.* فعل مساعد [fiʕl musaːʕid].

Himbeer|e *f* فرامبواز [frambuwaːz], توت شوكي [tuːt ʃauki]; **~saft** *m* (*-ȩs; O*) شراب توت شوكي [ʃaraːb t.ʃ.].

Himmel *m* سماء [samaːʔ]; ***unter freiem*** **~** في الهواء الطلق [fiː lhawaːʔ attalq]; **˜blau** (*O*) *adj.* أزرق سماوي [ʔazraq samaːwiː].

Himmels|gewölbe *n* قبة السماء [qubbat assamaːʔ]; **~körper** *m* جرم فلكي [ʤirm falakiː]; **~richtung** *f*: ***die vier ~richtungen*** الجهات الأربع [alʤihaːt alʔarbaʕ].

himmlisch *adj.* سماوي [samaːwiː]; (*wunderbar*) رائع [raːʔiʕ].

hin *adv.* إلى هناك [ʔilaː hunaːk]; **~ *und her,* ~ *und zurück*** ذهابا و إيابا [ðahaːban wa ʔijaːban]; **~ *und wieder*** أحيانا [ʔaħjaːnan]; ***alles ist*** **~** كل شيء ضائع [kull ʃaiʔ ðaːʔiʕ].

hi'nab *adv.* إلى تحت [ʔilaː taħtu]; ***den Berg*** **~** نازلا من الجبل [naːzilan min alʤabal]; **~steigen** (*L; sn*) *v/i.* نزل [nazala, -i-].

hin-arbeiten (*-e-*) *v/i.* (**auf** *A* على) عمل [ʕamila, -a-].

hi'nauf *adv.* إلى الأعلى [ʔilaː lʔaʕlaː], إلى فوق [ʔilaː fauqu]; ***den Berg*** **~** صاعدا على الجبل [ṣaːʕidan ʕalaː lʤabal].

hi'naus *adv.* إلى الخارج [ʔilaː lxaːriʤ]; **~gehen** (*L; sn*) *v/i.* خرج [xaraʤa, -u-]; (*Fenster*) (**auf** *A* على) أطل [ʔatalla]; **~lehnen** *v/i.* انحنى إلى الخارج [inħanaː ʔilaː lxaːriʤ]; **~schieben** *v/t.* (*L*) *fig.* أجل [ʔaddʒala], سوف [sawwafa]; **~werfen** (*L*) *v/t.* طرح [taraħa, -a-]; (*Geld*) بذر [baððara]; (*Person*) طرد [tarada, -u-]; **~ziehen** (*L*), **~zögern** *v/t.* أجل [ʔaddʒala], طول [tawwala].

Hinblick *m* (*-ǿs; O*): ***im*** **~ *auf*** (*A*) نظرا إلى [nazaran ʔilaː].

hinbringen *v/t.* (*L*) جلب إلى [ʤalaba, -i-].

hinder|lich *adj.* مانع [maːniʕ], عائق [ʕaːʔiq]; **~n** (*-re*) *v/t.* منع [manaʕa, -a-], عاق [ʕaːqa, -uː-]; (*erschweren*) عرقل [ʕarqala]; **˜nis** *n* (*-ses; -se*) مانع [maːniʕ], عائق [ʕaːʔiq]; *Sport* حاجز [ħaːʤiz]; **˜nisrennen** *n* *Sport* سباق الحواجز [sibaːq alħawaːʤiz].

hindeuten *v/i.* (*Anzeichen*) *auf etw.* دل على [dalla, -u-].

hin'durch *adv.* خلال [xilaːl]; ***die ganze Nacht*** **~** طول الليل [tuːla llail].

H

hi'nein *adv.* إلى الداخل [ʔilaː ddaːxil]; **~bringen** (*L*) *v/t.* أدخل [ʔadxala]; **~fallen** (*L; sn*) *v/i.* وقع في [waqaʕa, jaqaʕu]; *fig.* اغتش [iɣtaʃʃa]; **~gehen** (*L; sn*) *v/i.* دخل [daxala, -u-]; **~kommen** (*L; sn*) *v/i.* نجح في الدخول [naʤaħa, -a-, fiː dduxuːl]; **~lassen** (*L*) *v/t.* سمح له بالدخول [samaħa, -a-, lahu bidduxuːl]; **~legen** *v/t.* وضع في [wađaʕa, jađaʕu]; *fig.* غش [ɣaffa, -u-]; **~passen** *v/i.* ناسب ه [naːsaba], لاءم ه [laːʔama]; **~stellen, ~tun** (*L*) *v/t.* وضع في [wađaʕa, jađaʕu].

Hinfahrt *f* ذهاب [ðahaːb]; ***Hin- und Rückfahrt*** ذهاب و إياب [ðahaːb wa ʔijaːb].

hin|fallen (*L; sn*) *v/i.* وقع [waqaʕa, jaqaʕu]; **~fällig** *adj.* باطل [baːtil], لاغ [laːɣin]; ضعيف [đaʕiːf]; **~führen** *v/i.* (*Weg*) أدى إلى [ʔaddaː].

Hin|gabe *f* (*O*) انهماك [inhimaːk]; **~geben** (*L*) *v/t.* (*Geld*) صرف [ʃarafa, -i-]; (*opfern*) ضحى ب [đaħħaː]; *v/r.* (*D* في) انهمك [inhamaka]; **~gebungs-voll** *adj.* منهمك [munhamik].

hin|gehen (*L; sn*) *v/i.* رحل [raħala, -a-], ذهب إلى [ðahaba, -a-]; **~halten** (*L*) *v/t.* *j-n* ماطل ه [maːtala]; ***den Kopf ~halten*** تعرض للخطر [taʕarrađa lilxatar]; **~hören** *v/i.* أصغى [ʔaʃɣaː].

hinken *v/i.* عرج [ʕaraʤa, -u-]; **~d** *adj.* أعرج [ʔaʕraʤ].

hinlegen *v/t.* وضع [wađaʕa, jađaʕu]; *v/r.* اضطجع [iđtaʤaʕa], رقد [raqada, -u-].

hinreichen *v/t.* ناول [naːwala]; *v/i.* كفى [kafaː, -iː].

Hinreise *f* رحيل [raħiːl], ذهاب [ðahaːb].

hinricht|en (*-e-*) *v/t.* أعدم [ʔaʕdama]; **~ung** *f* إعدام [ʔiʕdaːm].

hinscheiden *v/i.* (*L; sn*) ارتحل (إلى رحمة ربه) [irtaħala (ʔilaː raħmati rabbihi)].

Hinsicht *f* (*O*) اعتبار [iʕtibaːr]; ***in dieser ~*** في هذا الصدد [fiː haːðaː ʃʃadad], من هذه الوجهة [min haːðihi lwiʤha]; ***in gewisser ~*** من بعض الوجهات [min baʕđ alwiʤhaːt]; ***in jeder ~*** من كل الوجوه [min kull alwuʤuːh]; ***in quantitativer ~*** من الوجهة الكمية [min alwiʤha alkammi:ja]; **~lich** *präp.* (*G*) نظرا إلى [nazaran ʔila:].

hinstellen *v/t.* وضع [wađaʕa, jađaʕu]; *fig.* مثل [maθθala].

hint-'an|setzen (*-t*), **~stellen** *v/t.* أهمل [ʔahmala].

Hint-'anstellung *f*: ***unter ~ G*** بصرف النظر عن [bisarf anna-zar ʕan].

hinten *adv.* فى المؤخرة [fi: lmuʔaxxara]; ***von ~*** من الخلف [min alxalf], من الوراء [min alwara:ʔ]; ***nach ~*** إلى الوراء [ʔila: lwara:ʔ].

hinter *präp.* (*Lage = D, Richtung = A*) خلف [xalfa], وراء [wara:ʔa]; ***~ dem Haus*** وراء البيت [wara:ʔa lbait]; ***~ das Haus*** إلى ما وراء البيت [ʔila: ma: wara:ʔa lbait]; ***~ sich*** (*D*) ***lassen*** *j-n* سبق ه [sabaqa, -i-]; ***die Arbeit ~ sich*** (*D*) ***haben*** انتهى من العمل [intaha: min alʕamal]; **~-achse** *f Mot.* المحور الخلفى [almiħwar alxalfi:]; **~'bliebene(n)** *m/pl.* أهل المتوفى [ʔahl almutawaffa:]; **~e** *adj.* خلفى [xalfi:]; ***in der ~sten Reihe*** فى آخر الصفوف [fi: ʔa:xir assufu:f]; **~ei'nander** *adv.* الواحد بعد الآخر [alwa:ħid baʕda lʔa:xar]; **~'gehen** (*L*) *v/t.* خدع [xadaʕa, -a-]; **~grund** *m* (*-es; ⸚e*) خلفية [xalfi:ja]; **~halt** *m* (*-ȼs; -e*) كمين [kami:n]; ***im ~halt liegen*** تربص [tarabbasa]; **~hältig** *adj.* مكار [makka:r]; **~'her** *adv.* (*örtlich*) وراءه [wara:ʔahu], تابعا له [ta:biʕan lahu]; (*zeitlich*) بعد ذلك [baʕda đa:lika].

Hinter|land *n* (*-ȼs; O*) الأصقاع الواقعة وراء [alʔasqa:ʕ alwa:qiʕa wara:ʔa ...]; **~'lassen** (*L*) *v/t.* ترك [taraka, -u-], خلف [xallafa]; **~'lassenschaft** *f* مخلفات [muxallafa:t], ميراث [mi:ra:θ]; **~'legen** *v/t. etw.* ***bei j-m*** أودع ه ه [ʔaudaʕa]; **~list** *f* (*O*) مكر [makr]; **~listig** *adj.* مكار [makka:r].

Hintern *m* (*-s; O*) *F* دبر [dubur], عجز [ʕadʒuz].

Hinterrad *n* (*-ȼs; ⸚er*) عجلة خلفيه [ʕadʒala xalfi:ja]; **~-antrieb** *m* (*-ȼs; -e*) دفع بتحريك العجلات الخلفية [dafʕ bitaħri:k alʕadʒala:t alxalfi:ja].

hinter|rücks *adv.* من الخلف [min alxalf]; غدرا [ɣadran]; **~seite** *f* دبر [dubur]; **~tref-**

H

fen *n*: ***ins ~̊treffen geraten*** تأخر [taʔaxxara]; **~treiben** (*L*) *v/t.* أحبط [ʔaħbaṭa], عرقل [ʕarqala]; **~̊tür** *f* باب خلفي [baːb xalfiː]; **~̊zimmer** *n* غرفة خلفية [ɣurfa xalfiːja].

hintun (*L*) *v/t.* وضع [waḍaʕa, jaḍaʕu]; ***wo soll ich das ~?*** أين أضعه [ʔaina ʔaḍaʕuhu].

hi'nüber *adv.* إلى الجانب الآخر [ʔilaː ldʒaːnib alʔaːxar]; ***über den Fluß (die Straße) ~*** عبر النهر (الشارع) [ʕabra nnahr (aʃʃaːriʕ)]; **~fahren** (*L; sn*) *v/i.*: ***im Auto ~*** عبر بالسيارة [ʕabara, -u-, bissajjaːra]; **~führen** *v/i.*: ***der Weg führt dort ~*** الطريق يؤدى إلى هناك [aṭṭariːq juʔaddiː ʔilaː hunaːka]; **~gehen** (*L; sn*) *v/i.* عبر [ʕabara, -u-]; **~reichen** *v/t.*: ***er reichte ihm das Buch über den Tisch ~*** ناوله الكتاب فوق المائدة [naːwalahu lkitaːb fauqa lmaːʔida]; **~schwimmen** (*L; sn*) *v/i.* عبر سبحا [ʕabara sabħan].

hi'nunter *adv.* إلى تحت [ʔilaː taħtu], إلى الأسفل [ʔilaː lʔasfal]; **~bringen** (*L*) *v/t.* أنزل [ʔanzala]; **~fallen** (*L; sn*) *v/i.* سقط [saqaṭa, -u-]; **~gehen** (*L; sn*) *v/i.* نزل [nazala, -i-]; **~lassen** (*L*) *v/t.* أدلى [ʔadlaː]; **~schlucken** *v/t.* ابتلع [ibtalaʕa].

Hinweg *m* (-*es*; -*e*) ذهاب [ðahaːb]; ***auf dem ~*** في الطريق إلى هناك [fiː ṭṭariːq ʔilaː hunaːka].

hin'weg|gehen (*L; sn*) *v/i.* (***über** A* هـ) أهمل [ʔahmala]; **~kommen** (*L; sn*) *v/i.* (***über** A* عن) تعزى [taʕazzaː]; **~sehen** (*L*) *v/i.* (***über** A* هـ) تجاهل [tadʒaːhala]; **~setzen** *v/r.*: ***sich*** (*A*) **~setzen** (***über** A* هـ) أهمل [ʔahmala], استهان [istahaːna].

Hinweis *m* (-*es*; -*e*) إشارة [ʔiʃaːra]; **~̊en** (*L*) *v/i.* (***auf** A* إلى) أشار [ʔaʃaːra], لمح [lammaħa].

hinziehen (*L*) *v/t.* جذب [dʒaðaba, -i-]; (*verzögern*) طول [ṭawwala], أرجأ [ʔardʒaʔa]; *v/r.*: ***sich*** (*A*) **~** امتد [imtadda]; (*Zeit*) طال [ṭaːla, -uː-].

hin'zu *adv.* إلى ذلك [ʔilaː ðaːlika], إلى هناك [ʔilaː hunaːka].

hin'zu|fügen, ~rechnen, ~zählen *v/t.* أضاف [ʔađaːfa].

Hirn *n (-ẹs; -e)* مخ [muxx]; دماغ [dimaːɣ]; **~gespinst** *n (-es; -e)* خيال [xajaːl]; **~haut-entzündung** *f* التهاب سحائى [iltihaːb siħaːʔiː]; **~schlag** *m (-ẹs; ¨e)* سكتة [sakta].

Hirsch *m (-es; -e)* أيل [ʔajjil].

Hirse *f (O)* ذرة [ðura], دخن [duxn].

Hirt *m (-en)* راع [raːʕin].

hissen *(-ßt) v/t.*: ***die Flagge ~*** رفع العلم [rafaʕa, -a-, alʕalam].

Historie [hɪ'stoːʀĭə] *f* تأريخ [taʔriːx, taːriːx].

Historiker [hɪ'stoːʀɪkəʀ] *m* مؤرخ [muʔarrix], عالم التاريخ [ʕaːlim attaːriːx].

historisch [hɪ'stoːʀɪʃ] *adj.* تأريخى [taʔriːxiː].

Hitz|e *f (O)* حرارة [ħaraːra], حر [ħarr]; **~e·welle** *f* موجة الحر [maudʒat alħarr]; **~ig** *adj.* حام [ħaːmin]; **~schlag** *m (-es; ¨e)* ضربة الحرارة [đarbat alħaraːra].

Hobby (-biˑ] *n (-s; -s)* هواية [hiwaːja].

Hobel *m* مسحج [misħadʒ], فارة [faːra]; **~n** *v/t.* سحج [saħadʒa, -a-].

hoch [oː] *adj.* عال [ʕaːlin], مرتفع [murtafiʕ]; *(~ragend)* شامخ [ʃaːmix]; *(erhaben)* سام [saːmin]; ***es ist 10 m ~*** ارتفاعه ١٠ أمتار [irtifaːʕuhu]; ***hohes Alter*** كبر [kibar]; ***auf hoher See*** فى عرض البحر [fiː ʕurđ albaħr]; *adv.* *(nach oben)* إلى الأعلى [ʔilaː lʔaʕlaː]; ***zwei Treppen ~*** فى الطابق الثالث [fiː ttaːbiq aθθaːliθ]; ***er lebe ~!*** عاش [ʕaːʃa].

Hoch|-achtung *f* احترام [iħtiraːm]; **~-achtungs-voll** *adv.* *(Briefschluß)* مع فائق الاحترام [maʕa faːʔiq aliħtiraːm]; **~-amt** *n (-ẹs; ¨er) Rel.* قداس كبير [quddaːs kabiːr]; **~betrieb** *m (-ẹs; O)* ذروة العمل (النشاط) [ðurwat alʕamal (annaʃaːt)]; **~deutsch** *n* اللغة الألمانية الفصيحة [alluɣa alʔalmaːniːja alfaʃiːħa]; **~druck** *m (-ẹs; O)* ضغط عال [đaɣt ʕaːlin]; ***mit ~druck arbeiten*** عمل باندفاع (بجهد) [ʕamila bindifaːʕ (bidʒahd)]; **~druckgebiet** *n (-ẹs; -e) Meteor.* منطقة الضغط الجوى العالى [mintaqat ađđaɣt alʤawwiː alʕaːliː]; **~-ebene** *f* سهل مرتفع [sahl murtafiʕ]; **≗-empfindlich** (*O*) *adj.* (*Film*) ذو حساسية عالية [ðuː ħassaːsiːja ʕaːlija]; **≗-entwickelt** (*O*) *adj.* متقدم فى التطور [mutaqaddim fiː ttaṭawwur].

Hoch|frequenz *f* تردد عال [taraddud ʕaːlin]; **~gebirge** *n* جبال عالية [ʤibaːl ʕaːlija]; **≗gehen** (*L; sn*) *v/i.* ارتفع [irtafaʕa]; (*explodieren*) انفجر [infaʤara]; **~haus** *n* (*-es; ⸚er*) عمارة عالية [ʕimaːra ʕaːlija]; **~land** *n* (*-ɇs; ⸚er a. -e*) منطقة جبلية [manṭiqa ʤabaliːja]; **≗mütig** *adj.* متكبر [mutakabbir]; **~-ofen** *m* (*-s; ⸚*) فرن عال [furn ʕaːlin]; **≗prozentig** *adj.* عالى التركز [ʕaːliː ttarakkuz]; **≗qualifiziert** *adj.* عالى الكفاية [ʕaːliː lkifaːja]; **~saison** [-zɛˑˈzɔŋ] *f* (*-; -s*) ذروة الموسم [ðurwat almausim]; **≗schätzen** (*-t*) *v/t.* قدر [qaddara], كرم [karrama]; **~schule** *f* كلية [kulliːja]; (*Universität*) جامعة [ʤaːmiʕa]; **~seeflotte** *f* أسطول بحرى [ʔusṭuːl baħriː]; **~sommer** *m* عز الصيف [ʕizz aṣṣaif]; **~spannung** *f El.* جهد عال [ʤahd ʕaːlin]; **≗springen** (*L; sn*) *v/i.* طفر [ṭafara, -i-]; **~sprung** *m* (*-ɇs; ⸚e*) *Sport* القفز العالى [alqafz alʕaːliː].

höchst [øː] *adj.* الأعلى [alʔaʕlaː]; ***im ~en Grade*** للدرجة العليا [liddaraʤa alʕuljaː]; *adv.* (*äußerst*) للغاية [lilɣaːja].

Hochstapler *m* دجال [dadʤaːl], منتحل [muntaħil].

Höchst|belastung *f* الحمولة القصوى [alħumuːla alquṣwaː], الحد الأقصى للتحميل [alħadd alʔaqṣaː littaħmiːl]; **≗ens** *adv.* على الأكثر [ʕalaː lʔakθar]; **~geschwindigkeit** *f* أقصى سرعة [ʔaqṣaː surʕa], حد السرعة [ħadd assurʕa]; **~gewicht** *n* الوزن الأقصى [alwazn alʔaqṣaː]; **~leistung** *f* أعلى المنجزات [ʔaʕlaː lmunʤazaːt]; *Ind.* أقصى الإنتاج [ʔaqṣaː lʔintaːʤ]; *Sport* رقم قياسى [raqm qijaːsiː].

Hoch|verrat *m* الخيانة العظمى [alxijaːna alʕuẓmaː]; **~wasser** *n* فيضان [fajađaːn]; **≗wertig** *adj.* ممتاز [mumtaːz], قيم [qajjim].

Hochwohlgeboren *n* (*höfliche*

Anrede) جناب [dʒanaːb], حضرة [ħađra].

Hochzeit ['hɔxtsaɪt] *f* زواج [zawaːdʒ], عرس [ʕurs].

Hochzeits|feier *f*, **~fest** *n* زفاف [zifaːf]; **~nacht** *f* ليلة الفرح (الدخلة) [lailat alfaraħ (adduxla)]; **~reise** *f* رحلة شهر العسل [riħlat ʃahr alʕasal].

hocken *v/i.* قعد [qaʕada, -u-].

Hocker *m* مقعد [maqʕad].

Höcker *m* (*Kamel*) سنام [sanaːm]; (*Mensch*) حدبة [ħadaba].

Hode *f* خصية [xuʃja].

Hof *m* (*-ẹs; ¨-e*) حوش [ħauʃ], صحن [ʃaħn], فناء [finaːʔ]; (*Königs~*) بلاط [balaːt]; (*Bauern~*) بيت فلاح [bait fallaːħ], مزرعة [mazraʕa]; *e-r Frau* ***den ~ machen*** غازل ها [ɣaːzala].

hoffen *v/i.* أمل [ʔamala, -u-].

Hoffnung *f* أمل [ʔamal].

hoffnungs|los (*-est*) *adj.* (*Situation*) لا أمل فيه [laː ʔamala fiːhi]; (*Mensch*) يائس [jaːʔis]; **~schimmer** *m* بصيص من الأمل [baʃiːʃ min alʔamal]; **~voll** *adj.* كثير الأمل [kaθiːr alʔamal].

höflich *adj.* مؤدب [muʔaddab], لطيف [latiːf]; **~keit** *f* أدب [ʔadab], أنس [ʔuns], لطف [lutf].

hohe *s.* ***hoch***.

Höhe *f* ارتفاع [irtifaːʕ], علو [ʕuluːw]; (*Länge*) طول [tuːl]; (*Ort*) مرتفع [murtafaʕ], هضبة [hađba]; (*Gipfel*) قمة [qimma], ذروة [ðurwa]; ***auf gleicher ~*** على مستوى واحد [ʕalaː mustawan waːħid]; ***gesundheitlich auf der ~*** فى حالة صحية حسنة [fiː ħaːla ʃiħħiːja ħasana].

Hoheit *f Pol.* سيادة [sijaːda]; (*Titel e-s Prinzen*) سمو [sumuːw].

Hoheits|gebiet *n* (*-ẹs; -e*) حوزة [ħauza]; **~gewässer** *n/pl.* المياه الإقليمية [almijaːh alʔiqliːmiːja]; **~recht** *n* (*-ẹs; -e*) حق السلطة [ħaqq assulta]; **~zeichen** *n* شعار الدولة [ʃiʕaːr addaula].

Höhen|krankheit *f* دوار الجبال [duwaːr aldʒibaːl]; **~kurort** *m* (*-ẹs; -e*) مصح فى الجبال [maʃaħħ fiː ldʒibaːl]; **~messer** *m* مقياس الارتفاع [miqjaːs alirtifaːʕ]; **~rekord** *m* (*-ẹs; -e*) رقم قياسى فى الارتفاع [raqam qijaːsiː fiː lirtifaːʕ].

H

Höhepunkt *m* (*-¢s; -e*) ذروة [ðurwa].

höher *Komp. von* **hoch** أعلى [ʔaʕlaː].

hohl *adj.* أجوف [ʔadʒwaf]; (*Stimme*) كأنه من جوف برميل [kaʔannahu min dʒauf barmiːl].

Höhle *f* كهف [kahf], مغارة [maɣaːra].

Hohn *m* (*-¢s; O*) سخرية [suxriːja], استهزاء [istihzaːʔ].

höhnisch *adj.* بتهكم [bitahakkum].

holen *v/t.* جلب [dʒalaba, -i-], أحضر [ʔaħđara]; (*rufen*) استدعى [istadʕaː].

Holland *n* هولاندا [huːlaːndaː].

Holländ|er *m*, **~isch** *adj.* هولاندى [huːlaːndiː].

Hölle *f* جهنم [dʒahannam], جحيم [dʒaħiːm].

höllisch *adj.* جهنمى [dʒahannamiː].

holprig وعر [waʕr].

Holz *n* (*-es; ¨er*) خشب [xaʃab]; (*Brenn~*) حطب [ħatab].

hölzern *adj.* خشبى [xaʃabiː], من خشب [min xaʃab].

Holz|fäller *m* قطاع خشب [qattaːʕ xaʃab]; **~handel** *m* (*-s; O*) تجارة خشب [tidʒaːrat xaʃab]; **~ig** *adj.* مثل الخشب [miθl alxaʃab]; **~kohle** *f* فحم الخشب [faħm alxaʃab]; **~schnitt** *m* (*-¢s; -e*) صورة محفورة على الخشب [fuːra maħfuːra ʕalaː lxaʃab]; **~schnitzerei** *f* نقش فى الخشب [naqʃ fiː lxaʃab]; **~schuh** *m* (*-¢s; -e*) قبقاب [qabqaːb]; **~wolle** *f* نجارة رفيعة [nudʒaːra rafiːʕa].

Homosexuali'tät *f* جنسية مثلية [dʒinsiːja miθliːja].

Honig *m* (*-s; O*) عسل [ʕasal], شهد [ʃahd]; **~wabe** *f* قرص عسل [qurʃ ʕasal].

Honorar [hoˑnoˑ'ʀɑːʀ] *n* (*-s; -e*) أجر [ʔadʒr], مكافأة [mukaːfaʔa], أتعاب [ʔatʕaːb].

honorieren [hoˑnoˑ'ʀiː-] (—) *v/t.* كافأ [kaːfaʔa]; دفع الأتعاب [dafaʕa, -a-, alʔatʕaːb]; (*e-n Wechsel*) قبل كمبيالة [qabila, -a-, kambijaːla].

Hör-apparat *m* (*-¢s; -e*) جهاز مساعدة السمع [dʒihaːz musaːʕadat assamʕ].

hörbar *adj.* مسموع [masmuːʕ].

Hörbereich *m* مجال السمع [madʒaːl assamʕ].

horchen *v/i.* أصغى [ʔaʃɣaː], أنصت [ʔanʃata].

Horde *f* عصابة [ʕiʃaːba].

hör|en *v/t.* سمع [samiʕa, -a-];

v/i. (**auf** *A* ه) أطاع [ʔataːʕa]; **~er** *m* سامع [saːmiʕ]; (*Student*) طالب [taːlib]; *Telef.* سماعة [sammaːʕa]; **~funk** *m* راديو [raːdijuː]; **~gerät** *n* (*-ǿs; -e*) *s.* **~apparat**.

Hori'zont *m* (*-ǿs; -e*) أفق [ʔufq, ʔufuq].

Horn *n* (*-s; ¨er*) قرن [qarn]; *Mus.* بوق [buːq]; **~haut** *f* (*O*) قرنية العين [qarniːjat alʕain].

Hor'nisse *f* زنبور [zunbuːr].

Hör|rohr *n* (*-ǿs; -e*) سماعة [sammaːʕa]; **~saal** *m* (*-ǿs; -säle*) قاعة المحاضرات [qaːʕat almuħaːđaraːt]; **~spiel** *n* تمثيلية إذاعية [tamθiːliːja ʔiðaːʕiːja]; **~weite** *f* (*O*) مدى السمع [madaː ssamʕ].

Hose *f* بنطلون [bantaluːn], سروال [sirwaːl]; **~n-träger** *m* حمالة [ħammaːla].

Hostess *f* مضيفة [muđiːfa].

Hostie [-tĭə] *f Rel.* قربان [qurbaːn].

Ho'tel *n* (*-s; -s*) فندق [funduq], لوكاندة [luːkaːnda]; **~eigen** *adj.* خاص للفندق [xaːʃʃ lilfunduq].

Hubraum *m* (*-ǿs; -räume*) *Mot.* سعة الأسطوانة [saʕat alʔustuwaːna].

hübsch (*-est*) *adj.* ظريف [zariːf], مليح [maliːħ]; (*Person*) جميل [ʤamiːl].

Hubschrauber *m* هيليكوبتر [helikoptar], طائرة عمودية [taːʔira ʕamuːdiːja].

Huf *m* (*-ǿs; -e*) حافر [ħaːfir]; (*gespaltener* ~) ظلف [zilf]; **~-eisen** *n* حدوة [ħidwa], نعل [naʕl].

Hüfte *f* ورك [wirk, warik]; (*Taille*) خصر [xaʃr].

Hügel *m* تل [tall]; **~ig** *adj.* كثير التلال [kaθiːr attilaːl].

Huhn *n* (*-s; ¨er*) دجاجة [dadʒaːdʒa].

Hühner *n/pl.* دجاج [dadʒaːdʒ]; **~auge** *n* (*-s; -n*) مسمار قدم [mismaːr qadam]; عين السمكة [ʕain assamaka].

Huldigung *f* إكرام [ʔikraːm]; (*e-s Herrschers*) مبايعة [mubaːjaʕa].

Hülle *f* غلاف [ɣilaːf], ظرف [zarf]; ***in ~ und Fülle*** متوافر [mutawaːfir].

Hülse *f* قشر [qiʃr]; (*Bohnen*~) قرن [qarn]; (*Patronen*~) خرطوش [xartuːʃ]; **~n-früchte** *f/pl.* نباتات قرنية [nabaːtaːt qarniːja].

human *adj.* [huˑ'maːn] إنساني [ʔinsaːniː]; **~ität** [huˑ'maˑ-

H

niˑ'tɛːt] *f* (*O*) إنسانية [ʔinsaːniːja].

Hummel *f* (—; *-n*) دبور [dabbuːr].

Humor [huː'moːʀ] *m* (*-s; O*) مزاح [mizaːħ], هزل [hazl]; **~istisch** *adj.* هزلي [hazliː].

humpeln (*-le*) *v/i.* عرج [ʕaridʒa, -a-].

Humpen *m* كوب (كبير للبيرة) [kuːb (kabiːr lilbiːra)].

Hund *m* (*-es; -e*) كلب [kalb]; **~e-leine** *f* حزام الكلب [ħizaːm alkalb].

hundert *num.* مئة ، مائة [miʔa]; **~'jahrfeier** *f* (—; *-n*) ذكرى مئوية [ðikraː miʔawiːja]; **~prozentig** *adj.* مائة في المائة [miʔa fiː lmiʔa].

Hündin *f* كلبة [kalba].

Hundstage *m/pl.* أيام الحر الشديد [ʔajjaːm alħarr aʃʃadiːd].

Hüne *m* (*-n*) عملاق [ʕimlaːq].

Hunger *m* (*O*) جوع [dʒuːʕ]; ***ich habe großen*** **~** أنا جوعان جدا [ʔana dʒauʕaːn dʒiddan]; **~lohn** *m* (*-ɇs; ¨e*) أجر لا يسد الرمق [ʔadʒr laː jasuddu rramaq]; **~n** (*-re*) *v/i.* جاع [dʒaːʕa, -uː-]; **~s-not** *f* (*-; ¨e*) مجاعة [madʒaːʕa]; **~streik** *m* (*-ɇs;* *-e*) إضراب عن الطعام [ʔiđraːb ʕani ttaʕaːm].

hungrig *adj.* جائع [dʒaːʔiʕ], جوعان [dʒauʕaːn].

Hupe *f Mot.* آلة التنبيه [ʔaːlat attanbiːh], كلاكس [klaːks]; **~n** *v/i.* زمر [zammara].

hüpfen *v/i.* نط [natta, -u-].

Hürde *f* حاجز [ħaːdʒiz]; **~n-lauf** *m* (*-ɇs; ¨e*) سباق الحواجز [sibaːq alħawaːdʒiz].

Hure *f* عاهرة [ʕaːhira], قحبة [qaħba].

husten *v/i.* كح [kaħħa, -u-], سعل [saʕala, -u-].

Husten *m* (*O*) كحة [kuħħa], سعال [suʕaːl].

Hut[1] *m* (*-ɇs; ¨e*) (*Kopfbedeckung*) قبعة [qubbaʕa]; *Äg.* برنيطة [burneːta].

Hut[2] *f* (*O*) حذر [ħaðar]; ***auf der ~ sein*** *s.* ***sich hüten***.

hüten (*-e-*) *v/t.* حرس [ħarasa, -u-]; (*Vieh* ~) رعى [raʕaː, -aː]; *v/r.*: **sich** (*A*) **~ vor** *D* حذر ﻫ [ħaðira, -a-], احترس من [iħtarasa].

Hutkrempe *f* حافة القبعة [ħaːffat alqubbaʕa].

Hütte *f* كوخ [kuːx], كشك [kuʃk]; *Techn.* مسبك [masbak], مصنع [maʃnaʕ].

Hyäne [hyˑ'ɛː-] *f* ضبع [đabʕ].

Hya'zinthe [hyˑɑˑ-] *f* عيسلان [ʕaisalaːn].

Hy'drant *m* (*-en*) حنفية حريق [ħanafiːjat ħariːq].

hy'draulisch *adj.* هدروليكى [hidruːliːkiː].

Hygien|e [hyˑ'gĭeːnə] *f* (*O*) حفظ الصحة [ħifẓ aṣṣiħħa]; **˜isch** *adj.* صحى [ṣiħħiː].

Hymne *f* نشيد [naʃiːd].

Hy'perbel *f Geom.* قطع زائد [qatʕ zaːʔid]; (*Übertreibung*) مبالغة [mubaːlaɣa].

Hypertrophie [-'fiː] *f* تضخم [taḍaxxum].

Hyp'nose *f* تنويم مغنطيسى [tanwiːm maɣnatiːsiː].

hyp'noti'sieren (—) *v/t.* نوم [nawwama].

Hypo'thek *f* رهن عقارى [rahn ʕaqaːriː]; **~en-bank** *f* بنك عقارى [bank ʕaqaːriː].

Hypo'these *f* فرض [farḍ], فرضية [farḍiːja] **e-e ~ aufstellen** افترض [iftaraḍa].

hypo'thetisch *adj.* فرضى [farḍiː].

hy'sterisch *adj.* هستيرى [histiːriː].

I

ich *pers. pron.* أنا [ʔana]; **~ auch** وأنا كذلك [wa ʔana kaðaːlika]; **hier bin ~** ها أنا ذا [haː ʔana ðaː].

Ich *n* (*-s; O*) ذات [ðaːt]; **das ~** الأنا [alʔana]; **~sucht** *f* (*O*) أنانية [ʔanaːniːja].

Ide'al *n* (*-s; -e*) مثال [miθaːl]; (*Vorbild*) قدوة [qudwa]; **˜** *adj.* مثالى [miθaːliː]; (*vollkommen*) متكامل [mutakaːmil]; **~ismus** [-'li-] *m* (*-; O*) مثالية [miθaːliːja].

I'dee [iˑ'deː] *f* فكرة [fikra]; **˜ll** [ideˑ'ɛl] *adj.* معنوى [maʕnawiː].

i'dent|isch *adj.* متماثل [mutamaːθil], مطابق [mutaːbiq]; **˜i'tät** *f* (*O*) هوية [huwiːja]; **˜i'täts-ausweis** *m* (*-es; -e*) *s.* ***Personalausweis***.

Ideolo'gie *f* عقيدة [ʕaqiːda], إيديولوجيا [ʔiːdijuːluːdʒijaː].

Idiot [iˑ'dĭoːt] *m* (*-en*) أبله [ʔablah], معتوه [maʕtuːh].

I'dol *n* (*-s; -e*) صنم [ṣanam]; *fig.* معبود [maʕbuːd].

Igel *m* قنفذ [qunfuð].

Igno'r|anz *f (O)* جهل [ʤahl]; **˜ieren** *v/t.* تجاهل [taʤaːhala].

ihm *pers. pron.* له [lahu].

ihn *pers. pron.* إياه [ʔijjaːhu].

ihnen *pers. pron.* لهم [lahum].

Ihnen *pers. pron.* لكم [lakum].

ihr *pers. pron. sg.* لها [lahaː]; *pl.* أنتم [ʔantum]; *poss. pron.* ها [-ha], كم [-kum].

illegal *adj.* غير قانونى [ɣair qaːnuːniː].

illegi'tim *adj.* غير شرعى [ɣair ʃarʕiː].

Illusion [ɪlu·'zĭoːn] *f* وهم [wahm], خيال [xajaːl].

illu'sorisch *adj.* وهمى [wahmiː], موهوم [mauhuːm].

illu'strieren (—) *v/t.* صور [ʃawwara].

Illus'trierte *f* مجلة مصورة [maʤalla muʃawwara].

im = ***in dem***.

I'mam *m (-s; -s, -e) Isl.* إمام [ʔimaːm].

Imbiß *m (-sses; -sse)* وجبة خفيفة [waʤba xafiːfa].

Imitation [-'tsĭoːn] *f* تقليد [taqliːd]; *(Fälschung)* شىء مزيف [ʃaiʔ muzajjaf].

Imker *m* مربى النحل [murabbiː nnaħl].

Immatrikula'tion [-'tsĭoːn] *f* تسجيل (قيد) فى الجامعة [tasʤiːl (qaid) fiː lʤaːmiʕa].

immer *adv.* دائما [daːʔiman]; **~ *mehr*** أكثر فأكثر [ʔakθar faʔakθar]; **~ *wieder*** مرة بعد مرة [marratan baʕda marra]; ***für*** **~** إلى الأبد [ʔilaː lʔabad]; **~'fort** *adv.* على الدوام [ʕalaː ddawaːm]; **~'hin** *adv.* مع ذلك [maʕa ðaːlika], على كل حال [ʕalaː kull ħaːl]; **~'zu** *adv.* دائما [daːʔiman].

Immo'bilien [-lĭən] *pl.* ملك عقارى [milk ʕiqaːriː].

im'mun [ɪ'muːn] *adj.* منيع [maniːʕ]; *Med.* حصين [ħaʃiːn]; **~i'sieren** (—) *v/t.* حصن [ħaʃʃana]; **˜i'tät** *f (O)* حصانة [ħaʃaːna].

Imperativ *m (-s; -e) Gr.* الأمر [alʔamr].

Imperfekt *n Gr.* المضارع [almuđaːriʕ], الماضى المستمر [almaːđiː lmustamirr].

Imperia'lismus [-pe·ʀĭɑ·-] *m (-; O)* إمبريالية [ʔimberijaːliːja], استعمار [istiʕmaːr].

impf|en *v/t.* طعم [ŧaʕʕama], لقح [laqqaħa]; **˜schein** *m (-es; -e)* سهادة تطعيم [ʃahaːdat tatʕiːm]; ~ung *f* تطعيم [tatʕiːm].

impo'nierend *adj.* رائق [raːʔiq], مثير للإعجاب [muθiːr lilʔiʕdʒaːb].

Im'port *m* (-*ę*s; -*e*) استيراد [istiːraːd]; (~*ierte Waren*) واردات [waːridaːt]; ~**eur** [ɪmpɔʀ'tøːʀ] *m* (-*s*; -*e*) مستورد [mustaurid]; ~**ieren** [-'tiː-] (—) *v/t.* استورد [istaurada].

Impo'tenz *f* (*O*) عنة [ʕunna], عدم الكفاية الجنسية [ʕadam alkifaːja aldʒinsiːja].

imprägniert *adj.* مشرب [muʃarrab]; (*wasserdicht*) مشمع [muʃammaʕ].

Im'puls *m* (-*es*; -*e*) دافع [daːfiʕ]; *El.* نبضة [nabđa]; ~**iv** [-'ziːf] *adj.* انفعالى [infiʕaːliː].

im'stande: ~ ***sein zu*** *D* تمكن من [tamakkana]; استطاع ه [istataːʕa], ***nicht ~ sein zu*** عجز عن [ʕadʒaza, -i-].

in *präp.* (*wo?* = *D*) فى [fiː], ب [bi]; (*wohin?* = *A*) إلى [ʔilaː], إلى داخل [ʔilaː daːxil]; (*nach*) ~ ***zwei Wochen*** بعد أسبوعين [baʕda ʔusbuːʕain]; (*binnen*) ~ ***einem Jahr*** فى بحر سنة [fiː baħr sana].

inbegriffen *adv.* مشمول [maʃmuːl], بما فيه [bimaː fiːhi].

Inbe'triebnahme *f* تشغيل [taʃɣiːl].

in'dem *cj.* بأن [biʔan], حين [ħiːna].

Inder *m* هندى [hindiː].

in'dessen *adv.* فى أثناء ذلك [fiː ʔaθnaːʔ ðaːlika].

Index *m* فهرست [fihrist].

Indianer [-'dǐɑː-] *m* هندى أحمر [hindiː ʔaħmar].

Indien [-dǐən] *n* الهند [alhind].

indirekt *adj.* غير مباشر [ɣair mubaːʃir].

indisch *adj.* هندى [hindiː].

indiskret ['ɪndɪskʀeːt] *adj.* غير كتوم [ɣair katuːm].

individuell [ɪndi·vi·du·'ɛl] *adj.* فردى [fardiː].

Individuum [ɪndi·'viːdu·ʊm] *n* (-*s*; *Individuen*) فرد [fard], شخص [ʃaxʃ].

In'diz *n* دليل [dalıːl]; ~***ien*** *pl.* قرائن الأحوال [qaraːʔin alʔaħwaːl].

Indossa'ment *n* (-*s*; -*e*) *Hdl.* تظهير [taẓhiːr].

Induktion [-'tsǐoːn] *f* *El.* تأثير [taʔθiːr].

I

induk'tiv *adj.* (*Methode*) استقرائى [istiqraːʔiː].

Industriali'sierung *f* تصنيع [taʃniːʕ].

Indu'strie *f* (-; -*n*) صناعة [ʃinaːʕa].

industri'ell *adj.* صناعى [ʃinaːʕiː].

Infante'rie *f Mil.* المشاة [almuʃaːt].

Infektion [ɪnfɛk'tsĭoːn] *f Med.* عدوى [ʕadwaː]; **~s-krankheit** *f* مرض معد [marađ muʕdin].

Infini'tiv *m* (-*s*; -*e*) *Gr.* مصدر [maʃdar].

infi'zieren (—) *v/t.* أعدى [ʔaʕdaː].

Inflation [-'tsĭoːn] *f* تضخم مالى [tađaxxum maːliː].

in'folge *präp. mit G* بناء على [binaːʔan ʕalaː]; **~'dessen** *adv.* نتيجة لذلك [natiːdʒatan liðaːlika].

Infor'matik *f* الإعلامية [alʔiʕlaːmiːja].

Information [-'tsĭoːn] *f* إعلام [ʔiʕlaːm]; (*Auskunft*) استعلامات [istiʕlaːmaːt]; (*Daten*) معلومات [maʕluːmaːt].

infor'mieren (—) *v/t.* أخبر [ʔaxbara], أعلم [ʔaʕlama].

infrarot (*O*) *adj.* تحت الأحمر [taħt alʔaħmar].

Ingenieur [ɪnʒə'nĭøːʁ] *m* (-*s*; -*e*) مهندس [muhandis].

Inhaber *m* مالك [maːlik], صاحب [ʃaːħib].

inhaf'tieren (—) *v/t.* حبس [ħabasa, -i-].

inha'lieren (—) *v/t.* نشق [naʃiqa, -a-].

Inhalt *m* (-*ɇs*; *O*) محتويات [muħtawajaːt]; (*Brief*) مضمون [mađmuːn]; (*Fassungsvermögen*) سعة [saʕa]; **~s-angabe** *f* بيان المحتويات [bajaːn almuħtawajaːt]; **~s-verzeichnis** *n* (-*ses*; -*se*) فهرست [fihrist].

Initiative [ɪniˑtsĭaˑ'tiːvə] *f* مبادرة [mubaːdara]; **die ~ ergreifen** (**zu** *D* ب) بادأ [baːdaʔa], بادر [baːdara].

Injektion [-'tsĭoːn] *f Med.* حقنة [ħuqna], إبرة [ʔibra].

Inkasso *n* (-*s*; -*s*) *Fin.* تحصيل [taħʃiːl].

inklu'sive *adv.* بما فيه [bimaː fiːhi].

inkonsequent *adj.* متناقض [mutanaːqiđ].

Inland *n* (-*s*; *O*) داخل البلاد [daːxil albilaːd].

inländisch (*O*) *adj.* محلى [maħalliː], وطنى [wataniː].

inne|haben (*L*) *v/t.* ملك [malaka, -i-], تولى [tawallaː]; **~halten** *v/i.* (*L*) توقف [tawaqqafa].

innen *adv.* فى الداخل [fiddaːxil]; **von ~** من الداخل [min addaːxil]; **~minister** *m* وزير الداخلية [waziːr addaːxiliːja]; **~ministerium** *n* (*-s; -ministerien*) وزارة الداخلية [wizaːrat addaːxiliːja].

inner *adj.* داخلى [daːxiliː].

Innere(s) *n* داخل [daːxil].

inner|halb *präp. mit G* داخل [daːxila]; **~*halb e-r Stunde*** فى خلال (بحر) ساعة [fiː xilaːl (baħr) saːʕa]; *adv.* فى الداخل [fiddaːxil]; **~lich** *adj.* داخلى [daːxiliː], باطنى [baːtiniː].

innig *adj.* صميمى [ʃamiːmiː]; (*Freundschaft*) وطيد [watiːd].

Innung *f* اتحاد أصحاب الحرف [ittiħaːd ʔaʃħaːb alħiraf].

in-offiziell *adj.* غير رسمى [ɣair rasmiː].

Insasse *m* (*-n*) (*Passagier*) راكب [raːkib]; (*Gefängnis~*) مسجون [masʤuːn].

insbe'sondere *adv.* خاصة [xaːʃʃatan], خصوصا [xuʃuːʃan].

Inschrift *f* كتابة [kitaːba]; (*Stein~*) نقش [naqʃ].

In'sekt *n* (*-ȼs; -en*) حشرة [ħaʃara]; **~en-pulver** *n*, **~en-vertilgungsmittel** *n* مبيد الحشرات [mubiːd alħaʃaraːt].

Insel *f* (*-; -n*) جزيرة [ʤaziːra].

Inser|at [-eˑ'ʀaːt] *n* (*-ȼs; -e*) إعلان فى جريدة [ʔiʕlaːn fiː ʤariːda]; **~ieren** [-eː'ʀiːʀən] (—) *v/t.* أعلن [ʔaʕlana].

insge'samt *adv.* على الإجمال [ʕalaː lʔiʤmaːl].

inso'fern *adv.* بحيث [biħaiθu].

Inspek|tion [-'tsĭoːn] *f* تفتيش [taftiːʃ]; **~or** [-'spɛk-] *m* (*-s; -'toren*) مفتش [mufattiʃ].

Inspiration [-'tsĭoːn] *f* إلهام [ʔilhaːm].

inspi'riert *adj.* (**von** *D* من) مستوحى [mustauħan].

Install|ateur [ɪnstaˑlaˑ'tøːʁ] *m* (*-s; -e*) مركب أدوات ماء أو غاز أو كهرباء [murakkib ʔadawaːt maːʔ ʔau ɣaːz ʔau kahrabaːʔ]; **~ieren** [-aˑ'liːʀən] (—) *v/t.* ركب [rakkaba].

in'stand *adv.*: **~ halten** (*L; ich halte instand usw.*) صان [ʃaːna, -uː-]; **~ setzen** (*-t;*

ich setze instand usw.) أصلح [ʔaṣlaħa].

In'stanz *f* (*Behörde*) مصلحة مختصة [maṣlaħa muxtaṣṣa].

In'stinkt *m* (*-ʒs; -e*) غريزة [ɣariːza].

Insti'tut *n* (*-s; -e*) معهد [maʕhad].

Institution [-'tsĭoːn] *f* مؤسسة [muʔassasa], منشأة [munʃaʔa].

Instruktion [-'tsĭoːn] *f* تدريس [tadriːs], تدريب [tadriːb]; **~en** *pl.* تعليمات [taʕliːmaːt].

Instru'ment *n* (*-s; -e*) آلة [ʔaːla], أداة [ʔadaːt].

in'takt (*O*) *adj.* سليم [saliːm].

Inte'gral *n Math.* تكامل [takaːmul].

Integration [-'tsĭoːn] *f* اندماج [indimaːdʒ].

Intel'lekt *m* (*-ʒs; O*) عقل [ʕaql].

intellektuell [-tuˑ'ɛl] (*O*) *adj.* عقلي [ʕaqliː], ثقافي [θaqaːfiː].

intelligent (*-est*) *adj.* ذكي [ðakiːj].

Intelli'genz *f* ذكاء [ðakaːʔ]; (*~schicht*) المثقفون [almuθaqqafuːn].

Intensi'tät *f* (*O*) شدة [ʃidda].

inten'siv *adj.* شديد [ʃadiːd].

interess|ant [ɪntərɛ'sant] (*-est*) *adj.* مثير للاهتمام [muθiːr lilihtimaːm]; (*Buch*) ممتع [mumtiʕ]; **˜e** [-'ʀɛsə] *n* (*-s; -n*) (*Anteilnahme*) اهتمام [ihtimaːm]; (*Nutzen*) مصلحة [maṣlaħa]; **˜ent** [-'sɛnt] *m* (*-en*) راغب [raːɣib], (*Antragsteller*) متقدم [mutaqaddim]; **~ieren** [-'siːʀən] (—) *v/t.* أهم [ʔahamma]; *v/r.*: **sich** (*A*) **~ieren** (**für** *A* ب) اهتم [ihtamma].

Inter'nat *n* (*-s; -e*) مدرسة داخلية [madrasa daːxiliːja].

internatio'nal *adj.* دولي [duwaliː], عالمي [ʕaːlamiː].

inter'nieren (—) *v/t.* اعتقل [iʕtaqala].

Inter'nist *m Med.* طبيب الأمراض الباطنية [ṭabiːb alʔamraːḍ albaːṭiniːja].

Interpretation [-'tsĭoːn] *f* تفسير [tafsiːr], تأويل [taʔwiːl].

Interpunktions-zeichen [-'tsĭoːns-] *n* علامة ترقيم (وقف) [ʕalaːmat tarqiːm (waqf)].

Inter'vall *n* (*-s; -e*) فترة [fatra].

interve'nieren (—) *v/i.* (*vermitteln*) توسط [tawassaṭa]; (*einschreiten*) تدخل [tadaxxala].

Intervention [-vɛn'tsĭoːn] *f*

تدخل [tadaxxul], تداخل [tadaːxul].

Interview [-'vjuː] *n* (*-s; -s*) حديث صحفي [ħadiːθ ʃuħufiː].

In'tim *adj.* أليف [ʔaliːf]; (*Freund*) حميم [ħamiːm]; (*sexuell*) جنسي [ʤinsiː].

In'trige *f* دسيسة [dasiːsa].

Inva'lide *m* (*-n*) عاجز [ʕaːʤiz], مقعد [muqʕad]; (*Kriegs*~) مشوه [muʃawwah].

Invasion [-'zĭoːn] *f* غزو [ɣazw], اعتداء [iʕtidaːʔ].

Inven'tar *n* (*-s; -e*) موجودات [mauʤuːdaːt]; (*Mobiliar*) أثاث [ʔaθaːθ].

Inven'tur *f* جرد [ʤard].

inves'tieren (—) *v/t.* وظف [wazzafa], استثمر [istaθmara].

Investition [-'tsĭoːn] *f* توظيف [tauziːf], استثمار [istiθmaːr].

inwendig *adj.* داخلي [daːxiliː].

in'zwischen *adv.* في أثناء ذلك [fiː ʔaθnaːʔ ðaːlika].

I'rak *m* (*-s*) العراق [alʕiraːq].

i'rakisch *adj.* عراقي [ʕiraːqi].

I'ran *m* إيران [ʔiːraːn].

irden *adj.* فخاري [faxxaːriː].

irdisch *adj.* دنيوي [dunjawiː].

irgend *adv.*: ~ **etwas** أي شيء كان [ʔajju ʃaiʔin kaːna]; ~**'einer** أي واحد [ʔajj waːħid]; ~**wann** *adv.* في وقت ما [fiː waqtin maː]; ~**wie** *adv.* بشكل ما [bi ʃaklin maː]; ~**wo** *adv.* في أي مكان [fiː ʔajj makaːn]; ~**woher** *adv.* من أي مكان [min ʔa. m.]; ~**wohin** *adv.* إلى أي مكان [ʔilaː ʔa. m.].

Iron|ie [iʳʀoʳ'niː] *f* تهكم [tahakkum]; ~̊**isch** [-'ʀoːnɪʃ] *adj.* تهكمي [tahakkumiː].

irr|(e) *adj.* حائر [ħaːʔir], مجنون [maʤnuːn]; ~**e werden** (**an** *D* في) تحير [taħajjara]; ~**e-führen** *v/t.* أضل [ʔađalla]; ~**e-machen** *v/t.* ربك [rabaka, -u-], حير [ħajjara]; ~**en** *v/i.* ضل [đalla, -i-], خطئ [xatiʔa, -a-]; *v/r.* أخطأ [ʔaxtaʔa); ~̊**en-anstalt** *f* (*-es; ⸚er*) مستشفى الأمراض العقلية [mustaʃfaː lʔamraːđ alʕaqliːja]; ~**ig** *adj.* خاطئ [xaːtiʔ]; ~̊**sinn** *m* (*-s; O*) جنون [ʤunuːn]; ~̊**tum** *m* (*-s; ⸚er*) خطأ [xataʔ], غلط [ɣalat]; ~**tümlich** *adj.* خاطيء [xaːtiʔ]; *adv.* خطأ [xataʔan].

Ischias ['iʳʃĭas] *f* (*O*) *Med.* عرق النسا [ʕirq annasaː].

Is'lam *m* الإسلام [alʔislaːm].

I

is'lamisch *adj.* مسلم [muslim], إسلامى [ʔislaːmiː].

Isolation [-'tsĭoːn] *f* (*Absonderung*) عزل [ʕazl]; *El.* عازل [ʕaːzil], عازلة [ʕaːzila].

Isolator [iˑzoˑ'laːtoʁ] *m* (*-s; -'toren*) *El.* عازل [ʕaːzil].

iso'lier|en (—) *v/t.* عزل [ʕazala, -i-]; **˜material** [-'ʀĭaːl] *n* (*-s; -ien* [-lĭən]) مادة العزل [maːddat alʕazl]; **˜ung** *f s.* ***Isolation***.

Iso'top *n* (*-s; -e*) *Chem.* حبيبة [ħabiːba]; ***radioak'tives*** ~ نظيرة مشعة [naẓiːra muʃiʕʕa].

Israel ['iːsʀaˑɛl] *n* إسرائيل [ʔisraːʔiːl].

Israeli [-'eːliˑ] *m* (*- od. -s; - od. -s*) إسرائيلى [ʔisraːʔiːliː].

isra'elisch *adj.* إسرائيلى [ʔisraːʔiːliː].

ist *s.* ***sein*** *v/i.*

Italien [iˑ'taːlĭən] *n* إيطاليا [ʔiːtaːlijaː].

Italien|er [itaˑ'lĭeːnɐ] *m* إيطالى [ʔiːtaːliː]; **˜isch** *adj.* إيطالى [ʔiːtaːliː].

J

ja *adv.* نعم [naʕam].

Jacht *f Mar.* يخت [jaxt].

Jacke *f* سترة [sutra], جاكتة [ʤaːketta].

Jagd [-aː-] *f* صيد [ṣaid]; **~flugzeug** *n* (*-ęs; -e*) طائرة مطاردة [ṭaːʔira muṭaːrida]; **~geschwader** *n* سرب طائرات مطاردة [sirb ṭaːʔiraːt muṭaːrida]; **~gewehr** *n* بندقية صيد [bunduqiːjat ṣaid]; **~hund** *m* (*-es; -e*) كلب صيد [kalb ṣaid]; **~revier** *n* منطقة صيد [minṭaqat ṣaid]; **~schein** *m* (*-ęs; -e*) رخصة صيد [ruxṣat ṣaid].

jagen *v/t.* (*Tiere*) صاد [ṣaːda, -iː-]; (*treiben, verfolgen*) طارد [ṭaːrada]; *v/i.* انطلق [inṭalaqa].

Jäger *m* صياد [ṣajjaːd].

jäh *adj.* فجائى [fuʤaːʔiː]; *adv.* فجأة [faʤʔatan].

Jahr *n* (*-es; -e*) سنة [sana], عام [ʕaːm]; ***seit*** ***~en*** منذ سنين [munðu siniːn].

jahr'-aus *adv.*: ~, **jahr'-ein** من

سنة إلى سنة [min sana ʔilaː sana].

Jahres|-anfang *m* رأس السنة [raʔs assana]; **~-einkommen** *n* دخل سنوى [daxl sanawiː]; **~-ende** *n* آخر سنة [ʔaːxir sana]; **~frist** *f* مدة سنة [muddat sana]; **~tag** *m* (*-es; -e*) ذكرى سنوية [ðikraː sanawiːja]; **~wechsel** *m* حلول سنة جديدة [ħuluːl sana ʤadiːda]; **~zeit** *f* فصل [faʃl], موسم [mausim].

Jahrgang *m* (*-ės; ⸗e*) سنة [sana], دفعة [dufʕa]; (*die Geborenen e-s Jahres*) مواليد [mawaːliːd].

Jahrhundert *n* (*-s; -e*) قرن [qarn].

jährlich *adj.* سنوى [sanawiː]; *adv.* سنويا [sanawiːjan].

Jahr|markt *m* (*-ės; ⸗e*) سوق سنوية [suːq sanawiːja], مولد [maulid]; **~'tausend** *n* (*-s; -e*) ألف سنة [ʔalf sana]; **~'zehnt** *n* (*-s; -e*) عشر سنوات [ʕaʃr sanawaːt], عقد [ʕaqd].

jähzornig *adj.* سريع الغضب [sariːʕ alɣađab].

Jalousie [ʒa·lu·'ziː] *f* شيش (النافذة) [ʃiːʃ (annaːfiða)]

Jammer *m* (*-s; O*) ويل [wail]; (*Elend*) بؤس [buʔs].

jämmerlich *adj.* مسكين [miskiːn], بائس [baːʔis].

jammern (*-re*) *v/i.* ناح [naːħa, -uː-], نحب [naħaba, -i-].

Januar ['ja·nua·ʀ] *m* (*-s; -e*) *Äg.* يناير [janaːjir]; *Syr.* كانون الثانى [kaːnuːn aθθaːniː].

Japan *n* اليابان [aljaːbaːn].

Japan|er [ja·'pɑːnɐ] *m* يابانى [jaːbaːniː]; **⁓isch** *adj.* يابانى [jaːbaːniː].

Jas'min *m* (*-s; -e*) ياسمين [jaːsmiːn], فل [full].

jauchzen *v/i.* تهلل [tahallala].

ja'wohl *adv.* نعم; *~!* سمعا و طاعة [samʕan wa ŧaːʕatan].

Jazz [ʤes] *m* (*-; O*) جاز [ʤaːz].

je *adv. u. cj.* (*~mals*) أبدا [ʔabadan]; *~ **nachdem*** حسب الحال [ħasab alħaːl]; *~ **drei (und drei)*** ثلاثا ثلاثا [θalaːθan θalaːθan]; *~ ... **desto*** كلما ... كلما [kullamaː ... kullamaː].

jede|(r, ~s) *adj. u. pron.* كل [kull], كل واحد [kull waːħid]; *~ **beliebige*** أى [ʔajj]; ***~r von beiden*** كلاهما [kilaːhumaː].

J

jedenfalls *adv.* على كل حال [ʕalaː kull ħaːl].

jeder|mann *pron.* كل شخص [kull ʃaxʃ]; **~zeit** *adv.* فى كل وقت [fiː kull waqt].

jedesmal *adv.* كل مرة [kulla marra]; **~ wenn** كلما [kullamaː].

je'doch *adv.* ولكن [wa laːkin(na)].

jemals *adv.* فى أى وقت [fiː ʔajj waqt], أبدا [ʔabadan].

J

jemand *indef. pron.* أحد [ʔaħad], شخص ما [ʃaxʃun maː]; **~ hat gesagt** قال قائل [qaːla qaːʔil].

Jemen *m* اليمن [aljaman].

jene|(r, ~s) *dem. pron.* ذلك [ðaːlika], *f* تلك [tilka], *pl.* أولائك [ʔuːlaːʔika].

jenseitig *adj.* مقابل [muqaːbil]; *Rel.* فى الآخرة [fiː lʔaːxira].

jenseits *präp.* (*G*, **von** *D*) وراء [waraːʔa]; *adv.* فى الجانب الآخر [fiː ldʒaːnib alʔaːxar].

Jenseits *n Rel.* الآخرة [alʔaːxira].

Jerusalem *n* القدس [al-quds]

Jesuit [-zu·'iːt] *m* (*-en*) *Rel.* يسوعى [jasuːʕiː].

Jesus *m* (*G u. D Jesu; A Jesum*) يسوع [jasuːʕ], عيسى [ʕiːsaː]; **~ Christus** يسوع المسيح [j. almasiːħ].

jetzig *adj.* حالى [ħaːliː].

jetzt *adv.* الآن [alʔaːna], حاليا [ħaːliːjan], فى الوقت الحاضر [fiː lwaqt alħaːđir].

jeweils *adv.* فى كل مرة [fiː kull marra].

Joch *n* نير [niːr].

Jod *n* (*-s; O*) يود [juːd]; **~tinktur** *f* صبغة اليود [ʃibɣat aljuːd].

Joghurt *m od. n* (*-s; O*) لبن زبادى [laban zabaːdiː].

Jor'danien *n* الأردن [alʔurdunn].

jor'danisch *adj.* أردنى [ʔurduniː].

Journal [ʒuʀ'naːl] *n* (*-s; -e*) مجلة [madʒalla]; *Hdl.* دفتر [daftar].

Journalist [ʒuʀna·'lɪst] *m* (*-en*) صحفى [ʃuħufiː].

Jubel *m* (*-s; O*) فرح [faraħ]; **˜n** (*-le*) *v/i.* تهلل [tahallala].

Jubiläum [-'leːum] *n* (*-s; Jubiläen*) ذكرى [ðikraː]; **hundertjähriges ~** ذكرى مئوية [ð. miʔawiːja].

jucken *v/t.* أكل [ʔakala, -u-]; **meine Haut juckt (mich)** جلدى يأكلنى [dʒildiː jaʔkuluniː].

Jucken *n* (*-s; O*) حكة [ħikka].

Jude *m* (*-n*) يهودى [jahuːdiː].

Juden|tum *n* (*-s; O*) اليهودية [aljahuːdiːja]; **~verfolgung** *f* اضطهاد اليهود [iđtihaːd aljahuːd].

jüdisch *adj.* يهودى [jahuːdiː].

Jugend *f* (*O*) شباب [ʃabaːb], حداثة [ħadaːθa]; (*junge Leute*) شبيبة [ʃabiːba]; **~fürsorge** *f* (*O*) رعاية الشباب [riʕaːjat aʃʃabaːb]; **~gericht** *n* (*-ǿs; -e*) محكمة الأحداث [maħkamat alʔaħdaːθ]; **~heim** *n* (*-ǿs; -e*) دار (نادى) الشبان [daːr (naːdiː) aʃʃubbaːn]; **~̃lich** *adj.* شاب [ʃaːbb], شبابى [ʃabaːbi]; **~liche(r)** *m* شاب [ʃaːbb].

Juli *m* (*-s; -s*) *Äg.* يوليو [juːljuː]; *Syr.* تموز [tammuːz].

jung (*⸚er; ⸚st-*) *adj.* صغير السن [ʃaɣiːr assinn], شاب [ʃaːbb].

Junge *m* (*-n*) ولد [walad], صبى [ʃabiː].

Junge(s) *n* (*Tier*) صغير [ʃaɣiːr]; (*Vogel*) فرخ [farx].

jünger *adj. comp.* أصغر [ʔaʃɣar].

Jünger *m Rel.* حوارى [ħawaːriː].

Jung|frau *f* بكر [bikr], عذراء [ʕaðraːʔ]; **~fräulichkeit** *f* بكارة [bakaːra]; **~geselle** *m* (*-n*) أعزب [ʔaʕzab].

Jüngling *m* (*-s; -e*) شاب [ʃaːbb], غلام [ɣulaːm].

jüngst *adv.* أخيرا [ʔaxiːran]; **~̃er Tag** *Rel.* يوم الدين [jaum addiːn].

Juni *m* (*-s; -s*) *Äg.* يونيو [juːnjuː]; *Syr.* حزيران [ħaziːraːn].

Jurastudium [-dĭʊm] *n* دراسة الحقوق [diraːsat alħuquːq].

Ju'rist *m* رجل قانون [radʒul qaːnuːn]; (*Student*) طالب الحقوق [taːlib alħuquːq]; *Isl.* فقيه [faqiːh].

ju'ristisch *adj.* حقوقى [ħuquːqiː]; **~e Person** شخص معنوى [ʃaxʃ maʕnawiː]; **~e Fakultät** كلية الحقوق [kulliːjat alħuquːq].

Jury [ʒyː'ʀiˑ] *f* هيئة تحكيم [haiʔat taħkiːm].

Ju'stiz [iː] *f* (*O*) عدل [ʕadl], عدلية [ʕadliːja]; (*Gerichtswesen*) قضاء [qađaːʔ]; **~beamte(r)** *m* (*-n*) موظف قضائى [muwaẓẓaf qađaːʔiː]; **~minister** *m* وزير العدل [waziːr alʕadl]; **~minis'terium** *n* وزارة العدل [wizaːrat alʕadl].

J

Ju'wel *n* (*-s; -en*) جوهرة [dʒauhara].

Juwe'lier *m* (*-s; -e*) جواهری [dʒawaːhiriː].

Jux *m* (*-es; -e*) *F* مزاح [muzaːħ].

K

Kaaba *f Isl.* الكعبة [alkaʕba].

Kaba'rett *n* (*-s; -e od. -s*) كباريه [kabaːreː].

Kabel *n* قلس [qals]; *El.* سلك [silk], كابل [kaːbil]; **~n** (*-le*) *v/t.* أرسل برقية [ʔarsala barqiːja].

Ka'bine *f* كابين [kaːbiːn], مقصورة [maqʃuːra].

Kabi'nett *n* (*-s; -e*) حجرة (صغيرة) [ħudʒra (ʃaɣiːra)]; *Pol.* مجلس الوزراء [madʒlis alwuzaraːʔ].

Kachel *f* (*-; -n*) بلاطة [balaːta], كاشى [kaːʃiː].

Kader *m* كادر [kaːder], هيئة [haiʔa].

Käfer *m* جعل [dʒuʕal].

Kaffee [ka'feː] *m* (*-s; -s*) (*Getränk*) قهوة [qahwa]; (*~bohnen*) بن [bunn]; **'~bohne** *f* حبة البن [ħabbat albunn]; **~kanne** *f* كنكة [kanaka], تنكة [tanaka]; **~tasse** *f* فنجان [findʒaːn].

Käfig *m* (*-s; -e*) قفص [qafaʃ].

kahl *adj.* (*Kopf*) أصلع [ʔaʃlaʕ]; (*Baum*) أجرد [ʔadʒrad].

Kahn *m* (*-¢s; ¨-e*) قارب [qaːrib], زورق [zauraq].

Kai *m* (*-s; -s*) *Mar.* رصيف [raʃiːf].

Kairo القاهرة [alqaːhira].

Kaiser *m* (*-s; -*) قيصر [qaiʃar], امبراطور [imbaraːtuːr]; **~reich** *n* (*-¢s; -e*) امبراطورية [imbaraːtuːriːja]; **~schnitt** *m* (*-¢s; -e*) *Med.* العملية القيصرية [alʕamaliːja alqaiʃariːja].

Ka'jüte *f Mar.* قمرة [qamara], طارمة [taːrima].

Kakao [ka·'kau] *m* (*-s; -s*) كاكاو [kaːkaːu].

Kak'tee *f* (*-; -n*), **Kaktus** *m* (*-; -'teen, a. -sse*) صبار [ʃubbaːr].

Kalb *n* (*-ǿs; ⸚er*) عجل [ʕiʤl]; **~fleisch** *n* (*-es; O*) لحم عجل [laħm ʕiʤl]; **~sleder** *n* جلد عجل [ʤild ʕ.]; **~s-braten** *m* لحم عجل مشوى [laħm ʕ. maʃwiː].

Ka'lender *m* تقويم [taqwiːm]; (*Taschen~*) نتيجة [natiːʤa].

Ka'liber *n* عيار [ʕijaːr]; *fig.* مكانة [makaːna].

Ka'lif *m* (*-en*) خليفة [xaliːfa].

Kali'fat *n* (*-ǿs; -e*) خلافة [xilaːfa].

Kalium *n* (*-s; O*) *Chem.* بوتاسيوم [buːtaːsijuːm].

Kalk *m* (*-s; O*) جير [ʤiːr], كلس [kils]; **~stein** *m* حجر جيرى [ħaʤar ʤiːriː].

Kalkulation [-'tsĭoːn] *f* حساب [ħisaːb], تقدير [taqdiːr].

Kalorie [ka·lo·'ʀiː] *f* وحدة حرارية [waħda ħaraːriːja].

kalt (*⸚er; ⸚est-*) *adj.* بارد [baːrid]; **es ist ~** الجو بارد [alʤaww baːrid]; **~ *stellen*** برد [barrada].

kaltblütig *adj.* رابط الجأش [raːbiṭ alʤaʔʃ].

Kälte *f* برد [bard]; (*Eigenschaft*) برودة [buruːda]; (*eisige ~*) صقيع [ṣaqiːʕ].

Ka'mel *n* (*-s; -e*) جمل [ʤamal]; **~e** *pl.* (*kollektiv*) إبل [ʔibil]; **~stute** *f* ناقة [naːqa].

Kamera *f* (*—; -s*) آلة التصوير [ʔaːlat attaʃwiːr], كاميرا [kaːmiːraː].

Kame'rad *m* (*-en*) زميل [zamiːl], رفيق [rafiːq]; **~schaft** *f* زمالة [zamaːla].

Ka'mille *f* بابونج [baːbuːnaʤ].

Ka'min *m* (*-s; -e*) موقد [mauqid]; (*Rauchfang*) مدخنة [madxana].

Kamm *m* (*-ǿs; ⸚e*) مشط [miʃt].

kämmen *v/t.* مشط [maʃaṭa, -u-]; *v/r.*: **sich** (*A*) **~** تمشط [tamaʃʃaṭa].

Kammer *f* (*-; -n*) غرفة [ɣurfa]; (*Magazin*) مخزن [maxzin]; (*im Parlament*) مجلس [maʤlis]; (*Herz~*) بطين [buṭain].

Kampagne [-'panjə] *f* حملة [ħamla].

Kampf *m* (*-es; ⸚e*) كفاح [kifaːħ], قتال [qitaːl], نضال [niđaːl].

kämpfen *v/i.* (**gegen** *A* ه) كافح [kaːfaħa].

Kampfer *m* (*-s; O*) كافور [kaːfuːr].

Kämpfer *m* مقاتل [muqaːtil].

Kampf|flugzeug *n* (*-ǿs; -e*) طائرة مقاتلة [ṭaːʔira muqaːtila];

~**platz** *m* (*-es; ⸚e*) ميدان القتال [maidaːn alqitaːl]; ~**richter** *m* (*-s;* —) *Sport* حكم [ħakam]; ≈**unfähig** *adj.* غير صالح للقتال [ɣair faːliħ lilqitaːl].

kam'pieren *v/i.* تخيم [taxajjama].

Ka'nal *m* (*-ẹs; ⸚e*) قناة [qanaːt]; (*Bewässerungs*≈) ترعة [turʕa]; (*Abwasser*≈) مجرى [madʒran].

Kanalisation [-tsĭoːn] *f* المجاري [almadʒaːriː].

Ka'narienvogel *m* (*-s;* ⸚) عصفور كناري [ʕuʃfuːr kanaːriː].

Kandi'dat *m* (*-en*) *Pol.* مرشح [muraʃʃaħ]; (*Prüfling*) متقدم للامتحان [mutaqaddim lilimtiħaːn].

Ka'ninchen *n* أرنب [ʔarnab].

Ka'nister *m* صفيحة [ʃafiːħa].

Kanne *f* إبريق [ʔibriːq]; (*Blech*≈) صفيحة [ʃafiːħa].

Ka'none *f* مدفع [midfaʕ].

Ka'nonen|kugel *f* قنبلة [qunbula]; ~**schuß** *m* (*-sses; ⸚sse*) طلقة المدفع [ṭalqat almidfaʕ].

kannte *s.* ***kennen***.

Kante *f* حافة [ħaːffa].

Kan'ton *m* (*-s; -e*) إقليم (في سويسرا) [ʔiqliːm].

Kanzel *f* (—*; -n*) *Rel.* منبر [mimbar], *Flugw.* غرفة الطيار [ɣurfat aṭṭajjaːr].

Kanz|'lei *f* مكتب [maktab]; ~**ler** *m* رئيس الوزراء [raʔiːs alwuzaraːʔ]; ~**'list** *m* (*-en*) كاتب [kaːtib].

Kap *n* (*-s; -s*) رأس البر [raʔs albarr].

Kapazi'tät *f* سعة [saʕa]; قدرة [qudra]; (*großer Gelehrter*) علامة [ʕallaːma].

Ka'pelle *f* *Rel.* مصلى [muʃallan]; (*Musik*≈) جوقة موسيقية [dʒauqa muːsiːqiːja].

Ka'pellmeister *m* رئيس فرقة موسيقية [raʔiːs firqa musiːqiːja].

Kapi'tal *n* (*-s; -ien*) رأس مال [raʔs maːl]; ~**-anlage** *f* توظيف الأموال [tauẓiːf alʔamwaːl]; ~**flucht** *f* تهريب الأموال [tahriːb al.].

Kapita'list *m* (*-en*), **kapita'listisch** (*O*) *adj.* رأسمالي [raʔsmaːliː].

Kapi'tän *m* (*-s; -e*) *Mar.* قبطان [qubṭaːn]; *Flugw.* قائد طائرة [qaːʔid ṭaːʔira].

Ka'pitel *n* باب [baːb], فصل [faʃl]; (*im Koran*) سورة [suːra].

Kapitulation [-'tsĭoːn] *f* استسلام [istislaːm].

Kappe *f* طاقية [taːqiːja].

Kapsel *f* (—; *-n*) ظرف [ẓarf], علبة [ʕulba], كبسول [kabsuːl].

ka'putt (*O*) *adj.* مكسور [maksuːr], خربان [xarbaːn].

Ka'puze *f* قلنسوة [qalansuwa].

Kara'biner *m* قربينة [qarabiːna].

Ka'raffe *f* دورق [dauraq].

Ka'rat *n* (*-ǿs*; *-e*) قيراط [qiːraːṭ].

Kara'wane *f* قافلة [qaːfila].

Kardi'nal *m* (*-s*; *⸚e*) الكاردينال [alkaːrdiːnaːl]; **~zahlen** *f/pl.* الأعداد الأصلية [alʔaʕdaːd alʔaṣliːja].

Kardio'gramm [-dĭo˙-] *n* (*-ǿs*; *-e*) *Med.* تخطيط القلب الكهربائى [taxṭiːṭ alqalb alkahrabaːʔiː].

Kar'freitag *m* (*-s*; *-e*) *Rel.* الجمعة الحزينة [aldʒumʕa alħaziːna].

karg *adj.* قليل [qaliːl].

ka'riert ذو مربعات [ðuː murabbaʕaːt].

Karies [-ʀĭɛs] *f* (*O*) *Med.* تسوس [tasawwus].

Karika'tur *f* صورة هزلية [ṣuːra hazliːja].

Karo *n* (*-s*; *-s*) مربع [murabbaʕ]; (*Karten*) دينارى [diːnaːriː].

Karosse'rie [-sə'ʀiː] *f* هيكل (السيارة) [haikal (assajjaːra)].

Ka'rotte *f* جزر [dʒazar].

Karre *f* عربة يد [ʕarabat jad].

Karriere [ka˙'ʀĭeːʀə] *f* سيرة [siːra]; **~ machen** ترق فى منصبه [taraqqaː fiː manṣibihi].

Karte *f* (*a. Post*~) بطاقة [biṭaːqa], (*Eintritts*~) تذكرة [taðkara]; (*Land*~) خريطة [xariːṭa]; (*Spiel*~) ورقة [waraqa]; **~n spielen** لعب الورق [laʕiba lwaraq].

Kar'tei *f* فهرس (سجل) بطاقات [fihris (sidʒill) biṭaːqaːt].

Kar'teikasten *m* (*-s*; *⸚*) صندوق بطاقات [ṣunduːq biṭaːqaːt].

Kar'toffel *f* (*-*; *-n*) بطاطس [baṭaːṭis]; **~brei** *m* (*-s*; *O*) بطاطس مهروسة [b. mahruːsa].

Kartographie [-'fiː] *f* فن رسم الخرائط [fann rasm alxaraːʔiṭ].

Karton [kaʀ'tɔŋ] *m* (*-s*; *-s*) ورق مقوى [waraq muqawwan]; (*Schachtel*) علبة كرتون [ʕulbat kartuːn].

Käse *m* جبن [dʒubn].

Ka'serne *f* ثكنة [θukna].

Ka'sino *n* (*-s*; *-s*) كازينو [kaːziːnu].

Kaskoversicherung *f* تـأمين

(للسيارة) شامل [taʔmiːn ʃaːmil (lissajjaːra)].

Kasse *f* خزانة [xizaːna], صندوق [ʃunduːq]; **~n-arzt** *m* (*-es; ⸚e*) طبيب الضمان الصحى [tabiːb aɖɖamaːn aʃʃiħħiː]; **~n-schalter** *m* شباك الخزينة [ʃubbaːk alxaziːna].

Kas'sette *f* علبة [ʕulba]; (*Tonband*~) كاسيت [kaːseːt].

kas'sieren *v/t.* حصل [ħaʃʃala].

Kas'sierer *m* أمين خزينة [ʔamiːn xaziːna].

Kas'siererin *f* أمينة خزينة [ʔamiːnat xaziːna].

Kastanie [kaˑ'staːnĭə] *f* أبو فروة [ʔabuː farwa].

Kasten *m* دولاب [duːlaːb], خزانة [xizaːna], صندوق [ʃunduːq].

Katalog [kaˑtaˑ'loːk] *m* (*-ȼs; -e*) فهرس [fihris], جدول [ʤadwal].

Ka'tarrh *m* (*-s; -e*) *Med.* زكام [zukaːm], نزلة [nazla].

Katastrophe [-'stʀoː-] *f* كارثة [kaːriθa], نكبة [nakba], نائبة [naːʔiba].

Katego'rie *f* (*Art*) صنف [ʃinf]; *Philosophie* مقولة [maquːla].

kate'gorisch *adj.* قطعى [qatʕiː].

Kater *m* قط [qitt], هر [hirr].

Kathe'drale *f Rel.* كاتدرائية [kaːtidraːʔiːja].

Ka'theter *m Med.* قثرة [qaθtara].

Katho'lik *m* (*-en*), **ka'tholisch** (*O*) *adj.* كاثوليكى [kaːθuːliːkiː].

Kat'tun *m* (*-s; -e*) بفتة [bafta].

Katze *f* قطة [qitta].

kauen *v/t., v/i.* مضغ [maɖaɣa, -u-].

Kauf *m* (*-ȼs; ⸚e*) شراء [ʃiraːʔ]; **⁓en** *v/t.* اشترى [iʃtaraː].

Käufer *m* مشتر [muʃtarin].

Kauf|haus *n* (*-es; ⸚er*) محل تجارى [maħall tiʤaːriː], متجر عام [matʤar ʕaːmm]; **~kraft** *f* (*-; ⸚e*) قدرة شرائية [qudra ʃiraːʔiːja]; **~leute** *pl. von* ***Kaufmann***.

käuflich *adj.* للبيع [lilbiːʕ].

Kaufmann *m* (*-ȼs; -leute*) تاجر [taːʤir].

kaufmännisch *adj.* تجارى [tiʤaːriː].

Kaufpreis *m* (*-es; -e*) سعر [siʕr], ثمن [θaman].

Kaugummi *m* (*-s; -s*) لبان المضغ [lubaːn almaɖɣ].

kaum *adv.*: ~ ***denkbar*** بعيد عن الفكر [baʕiːd ʕan alfikr]; ***er bewegt sich*** (*A*) ~ يكاد

لا يتحرك [jakaːdu laː jataħar-raku].

kau'sal *adj.* سببى [sababiː].

Kausali'tät *f* سببية [sababiːja], علية [ʕilliːja].

Kaution [kaʊ'tsĭoːn] *f* كفالة [kafaːla].

Kautschuk *m* (*-s; -e*) مطاط [mattaːt].

Kavalle'rie *f Mil.* الفرسان [alfur-saːn].

keck *adj.* جسور [ʤasuːr].

Kegel *m Math.* مخروط [max-ruːt]; *Sport* وتد [watad]; **~förmig** *adj.* مخروطى [max-ruːtiː]; **~n** (*-le*) *v/i.* لعب الأوتاد [laʕiba lʔautaːd].

Kehl|e *f* حلق [ħalq], حلقوم [ħulquːm]; **~kopf** *m* (*-es; ⸚e*) حنجرة [ħanʤara].

Kehre *f* منعطف [munʕataf].

kehr|en *v/t.* (*wenden*) قلب [qalaba, -i-]; (*den Rücken*) ولى [wallaː]; (*fegen*) كنس [kanasa, -i-]; **~icht** *m* (*-s; O*) كناسة [kunaːsa]; **~ichthaufen** *m* مزبلة [maz-bala]; **~seite** *f* ظهر [zahr], الجانب الآخر [alʤaːnib alʔaːxar].

Keil *m* (*-ẹs; -e*) إسفين [ʔisfiːn].

Keilschrift *f* خط مسمارى [xatt mismaːriː].

Keim *m* (*-ẹs; -e*) (*e-r Pflanze*) نبتة [nabta], بذرة [baðra]; (*Bazil-lus*) جرثومة [ʤurθuːma]; **~en** *v/i.* نبت [nabata, -u-]; **~frei** *adj.* معقم [muʕaqqam].

kein *indef. pron.* لا [laː], ليس [laisa]; ***ich habe ~ Geld*** لا نقود عندى [laː nuquːda ʕindiː]; ***das ist ~ Vogel*** هذا ليس طيرا [haːðaː laisa tairan].

kein|e, ~er, ~es *indef. pron.* لا أحد [laː ʔaħad].

keines|falls, ~wegs *adv.* ... لا مطلقا [laː ... mutlaqan], ... لا على الإطلاق [laː ... ʕalaː lʔit-laːq].

Keks *m* بسكويت [biskawiːt].

Kelch *m* (*-ẹs; -e*) كأس [kaʔs]; *Bot.* كم [kimm].

Kelle *f* مالج [maːlaʤ].

Keller *m* بدروم [badruːm], سرداب [sardaːb].

Kellner *m*, **~in** *f* خادم (فى مطعم) [xaːdim (fiː matʕam)], جرسون [garsuːn]; **~in** *f* خادمة [xaːdima], جرسونة [gar-suːna].

kennen (*L*) *v/t.* عرف [ʕarafa, -i-]; **~lernen** *v/t.* (*A* ب) تعارف [taʕaːrafa].

Kenner *m* خبير [xabiːr], عارف [ʕaːrif].

Kenntnis *f* (*—; -se*) معرفة

K

[maʕrifa]; **~se** *pl.* معلومات [maʕluːmaːt]; **~nahme** *f* اطلاع [ittilaːʕ].

Kennzeichen *n* علامة [ʕalaːma], شعار [ʃiʕaːr]; (*Auto*~) لوحة الرقم [lauħat arraqm].

kentern (*-re; sn*) *v/i. Mar.* انقلب [inqalaba].

Ke'ramik *f* خزفيات [xazafiː-jaːt]; (*~erzeugung*) خزافة [xizaːfa].

ke'ramisch *adj.* خزفي [xazafiː].

Kerbe *f* حز [ħazz].

Kerker *m* سجن [sidʒn].

Kerl *m* (*-ǿs; -e*): **er ist ein netter ~** هو شخص لطيف [huwa ʃaxʃ latiːf]; **so ein verdammter ~!** يا للملعون [jaː lalmalʕuːn].

Kern *m* (*-ǿs; -e*) نواة [nawaːt]; *fig.* لب [lubb], صميم [ʃamiːm]; **~energie** *f* طاقة نووية [taːqa nawawiːja]; **~gesund** *adj.* في تمام الصحة [fiː tamaːm aʃʃiħħa]; **~kraftwerk** *n* محطة الطاقة النووية [maħattat attaːqa annawa-wiːja]; **~re'aktor** *m* مفاعلة نووية [mufaːʕila n.].

Kero'sin *n* نفط [naft], كيروسين [kiːruːsiːn].

Kerze *f* شمعة [ʃamʕa].

Kessel *m* غلاية [ɣallaːja], قدر [qidr]; (*groß*) مرجل [mirdʒal].

Kette *f* سلسلة [silsila]; (*e-s Fahrzeugs*) جنزير [dʒinziːr]; **~n-glied** *n* (*-ǿs; -er*) حلقة [ħalaqa]; **~n-reaktion** *f* تفاعل متسلسل [tafaːʕul muta-salsil].

Ketzer *m* ملحد [mulħid].

keuch|en *v/i.* نهج [nahadʒa, -i-], لهث [lahaθa, -a-]; **~-husten** *m Med.* سعال ديكي [suʕaːl diːkiː].

Keule *f* هراوة [hiraːwa]; (*Tier*~) فخذ [faxð].

keusch *adj.* عفيف [ʕafiːf]; **~heit** *f* عفة [ʕiffa].

Kfm. *Abk. für* ***Kaufmann, kaufmännisch***.

Kfz. *Abk. für* **Kraftfahrzeug**.

kg *Abk. für* **Kilogramm**.

KG *Abk. für* ***Kommanditgesellschaft***.

Khaki *n* (*-s; O*) (*Farbe*) خاكي [xaːkiː].

Khar'tum الخرطوم [alxurtuːm].

Kicher-erbse *f Bot.* حمص [ħimmiʃ].

Kiefer[1] *m Anat.* فك [fakk].

Kiefer[2] *f* (*—; -n*) *Bot.* صنوبر [ʃanaubar].

Kiel *m* (*-s; -e*) *Mar.* قارينة [qaːriːna].

Kies *m* (*-es; O*) حصى [ħaṣan].

Kiesel *m*, **~stein** *m* (*-ℯs; -e*) حصاة [ħaṣaːt].

Kilo *n* (*-s; -s od. -*), **~'gramm** *n* كيلو [kiːluː], كيلوجرام [kiːlugraːm]; **~'meter** *m* كيلومتر [kiːlumitr]; **~'meterzähler** *m* عداد الكيلومترات [ʕaddaːd alkiːlumitraːt].

Kind *n* (*-es; -er*) طفل [tˤifl]; (*Knabe*) ولد [walad]; (*Mädchen*) بنت [bint]; (*im Mutterleib*) جنين [dʒaniːn].

Kinder|arzt *m* (*-es; ⸚e*) طبيب الأطفال [tˤabiːb alʔatˤfaːl]; **~bett** *n* (*-es; -en*) سرير طفل [sariːr tˤifl]; **~ei** [-'ʀaɪ] *f* ولدنة [waldana]; **~-erziehung** *f* تربية الأطفال [tarbiːjat alʔatˤfaːl]; **~fahrschein** *m* (*-ℯs; -e*) تذكرة للأطفال [taðkara lilʔatˤfaːl]; **~garten** *m* (*-s; ⸚*) روضة الأطفال [raudˤat alʔ.]; **~heim** *n* (*-ℯs; -e*) دار الحضانة [daːr alħiðˤaːna]; **~lähmung** *f* *Med.* الشلل الطفلى [aʃʃalal attˤifliː]; **≗leicht** (*O*) *adj.* سهل للغاية [sahl lilɣaːja]; **~mädchen** *n* دادة [daːda]; **~spiel** *n* (*-ℯs; -e*) لعب أطفال [laʕib ʔatˤfaːl]; *fig.* شيء سهل جدا [ʃaiʔ sahl dʒiddan]; **~stube** *f fig.* تربية [tarbija]; **~wagen** *m* عربة أطفال [ʕarabat ʔ.]; **~zimmer** *n* غرفة الأطفال [ɣurfat alʔ.].

Kind|heit *f* (*O*) طفولة [tˤufuːla]; **≗isch** *adj.* صبيانى [ṣibjaːniː], سخيف [saxiːf]; **≗lich** *adj.* طفلى [tˤifliː].

Kinn *n* (*-ℯs; -e*) ذقن [ðaqan].

Kino *n* (*-s; -s*) سينما [siːnemaː].

Kiosk ['kiːɔsk] *m* (*-ℯs; -e*) كشك [kuʃk].

kippen *v/t.* قلب [qalaba, -i-].

Kirch|e *f* كنيسة [kaniːsa]; **~en-diener** *m* شماس [ʃammaːs]; **~en-schiff** *n* (*-ℯs; -e*) بهو الكنيسة [bahw alkaniːsa]; **~hof** *m* (*-ℯs; ⸚e*) مقبرة [maqbara]; **≗lich** *adj.* كنائسى [kanaːʔisiː], دينى [diːniː].

Kirsche *f* *Koll.* كرز [karaz].

Kissen *n* مخدة [mixadda], وسادة [wisaːda]; **~bezug** *m* (*-ℯs; ⸚e*) كيس مخدة [kiːs mixadda].

Kiste *f* صندوق [ṣunduːq].

Kitsch *m* (*-ℯs; O*) فن رخيص [fann raxiːṣ].

Kitt *m* (*-ℯs; O*) معجون [maʕdʒuːn], ليقة [liːqa].

K

Kittel *m* ثوب [θaub], معطف [miʕtaf].

kitz|eln (*-le*) *v/t., v/i.* دغدغ [daɣdaɣa]; **~lig** *adj.* حساس [ħassaːs].

klaffen *v/i.* انفتح [infataħa].

kläffen *v/i.* نبح [nabaħa, -a-].

klag|bar *s.* ***zahlbar***; **~e** *f* أنين [ʔaniːn], نواح [nuwaːħ]; (*Beschwerde*) شكوى [ʃakwaː]; *Jur.* دعوى [daʕwaː]; **~en** *v/i.* شكا [ʃakaː, -uː]; *v/t. Jur.* رفع الدعوى على [rafaʕa, -a-, addaʕwaː].

K

Kläg|er *m* مدع [muddaʕin]; **~lich** *adj.* ضئيل [đaʔiːl].

Klammer *f* (*—; -n*) مشبك [miʃbak]; (*runde ~*) قوس [qaus]; (*eckige ~*) معقوف [maʕquːf]; ***in ~n*** بين قوسين [baina qausain].

Klang *m* (*-ẹs; ⸗e*) صوت [ʃaut], رنين [raniːn]; ***Klänge der Musik*** نغمات موسيقية [naɣamaːt muːsiːqiːja].

Klapp|e *f* غطاء [ɣitaːʔ]; *Telef.* تحويلة [taħwiːla], توصيلة [taufiːla]; *Anat.* صمام [ʃimam]; (*Fliegen~*) مذبة [miðabba]; **~ern** (*-re*) *v/i.* (*Zähne*) صر [ʃarra, -i-]; (*Storch*) لقلق [laqlaqa]; شخشخ [ʃaxʃaxa]; **~sitz** *m* (*-es; -e*) مقعد منطو [maqʕad muntawin]; **~stuhl** *m* (*-ẹs; ⸗e*) كرسى منطو [kursiː muntawin].

Klaps *m* (*-es; -e*) صفعة [ʃafʕa]; *fig.* مس [mass].

klar *adj.* (*Wasser*) صاف [ʃaːfin]; (*Himmel*) صاح [ʃaːħin]; (*deutlich*) واضح [waːđiħ]; ***ist doch ~!*** معلوم [maʕluːm]; *Mar.* ***alles ~!*** كل شيء جاهز [kull ʃaiʔ ʤaːhiz].

Kläranlage *f* مرشح [muraʃʃiħ].

klären *v/t.* صفى [ʃaffaː]; وضح [wađđaħa].

Klar|heit *f* وضوح [wuđuːħ]; صفاء [ʃafaːʔ]; **~legen** *v/t.* أوضح [ʔauđaħa], بين [bajjana]; **~machen** *v/t.* وضح [wađđaħa]; **~stellen** أبان [ʔabaːna], أوضح [ʔauđaħa]; (*richtigstellen*) صحح [ʃaħħaħa]; **~stellung** *f* إيضاح [ʔiːđaːħ].

Klasse *f* درجة [daraʤa], رتبة [rutba], فئة [fiʔa]; (*soziale ~*) طبقة [tabaqa]; (*Schul~*) صف [ʃaff]; **~n-kampf** *m* (*-ẹs; ⸗e*) نضال الطبقات [niđaːl attabaqaːt]; **~n-zimmer** *n* فصل [faʃl].

Klassifikation [-'tsĭoːn] *f*

تصنيف [taʃniːf], تبويب [tabwiːb].

klassisch *adj.* كلاسيكي [klaːsiːkiː].

Klatsch *m (-es; O)* ثرثرة [θarθara]; **~maul** *n (-s; ⸚er)* ثرثار [θarθaːr].

Klaue *f* مخلب [mixlab].

Klausel *f (—; -n)* شرط [ʃart]; *(e-s Vertrages)* بند [band].

Klavier [klaˑ'viːʁ] *n (-s; -e)* بيانو [bijaːno].

kleb|en *v/t.* ألصق [ʔalʃaqa], لزق [lazzaqa], غرى [ɣarraː]; *v/i.* التصق [iltaʃaqa], لصق [laʃiqa, -a-], لزق [laziqa, -a-]; **⁓e-pflaster** *n* لزقة طبية [lazqa tibbiːja]; **~rig** *adj.* لزج [laziʤ], لزق [laziq]; **⁓stoff** *m (-ẹs; -e)* لزاق [lizaːq], لاصق [laːʃiq].

klecksen *(-t) v/i.* بقع [baqqaʕa].

Klee *m (-s; -arten)* برسيم [barsiːm].

Kleid *n (-ẹs; -er)* ثوب [θaub], ملبس [malbas]; *(Damen⁓)* فستان [fustaːn]; **~en** *(-e-) v/t.* ألبس [ʔalbasa]; *v/r.*: **sich** *(A)* **~en in** *(A)* تلبس ب [talabbasa], ارتدى [irtadaː].

Kleider|bügel *m* شماعة [ʃammaːʕa]; **~haken** *m* علاقة [ʕallaːqa]; **~schrank** *m (-ẹs; ⸚e)* دولاب ثياب [duːlaːb θijaːb].

Kleidung *f* ملابس [malaːbis], ثياب [θijaːb].

klein *adj.* صغير [ʃaɣiːr]; *(Mensch)* قصير [qaʃiːr]; *(Menge)* قليل [qaliːl], يسير [jasiːr]; **⁓format** *n* قطع صغير [qatʕ ʃaɣiːr]; **⁓geld** *n (-ẹs; O) Äg.* فكة [fakka]; *Irak* خردة [xurda]; **⁓handel** *m* تجارة بالقطاعي [tiʤaːra bilqattaːʕiː], تجارة التجزئة [tiʤaːrat attaʤziʔa]; **⁓igkeit** *f* أمر زهيد [ʔamr zahiːd], تافهة [taːfiha]; **~lich** *adj.* مهتم بالصغائر [muhtamm biʃʃaɣaːʔir], قصير اليد [qaʃiːr aljad]; **⁓od** *n (-s; -odien)* جوهرة [ʤauhara].

Kleinstadt *f* مدينة صغيرة [madiːna ʃaɣiːra].

Kleister *m* غراء [ɣiraːʔ], نشا مطبوخ [naʃan matbuːx].

Klemme *f Techn.* مشد [miʃadd]; *El.* مربط [mirbat]; *fig.* حيرة [ħaira], ضيق [điːq], ورطة [warta]; **⁓n** *v/t.* زنق [zanaqa, -i-], شد [ʃadda, -i-].

Klempner *m* سمكري [samkariː].

kleri'kal *adj.* إكليريكي [ʔikliːriːkiː].

Klerus *m* (—; *O*) إكليروس [ʔikliːruːs].

klettern (*-re; sn*) *v/i.* تسلق [tasallaqa].

Klima *n* (*-s; -s, -ta*) مناخ [manaːx]; ~**-anlage** *f* جهاز تكييف الهواء [ʤihaːz takjiːf alhawaːʔ]; ~̊**tisch** [-'maː-] *adj.* مناخى [manaːxiː].

klimmen (*L; sn*) *v/i.* تسلق [tasallaqa].

Klinge *f* نصل [naʃl].

Klingel *f* (—; *-n*) جرس [ʤaras]; ~**knopf** *m* (*-es; ¨e*) زر الجرس [zirr alʤaras]; ~̊**n** (*-le*) *v/i.* دق الجرس [daqqa, -u-, alʤaras].

klingen (*L*) *v/i.* رن [ranna, -i-]; ***der Vorschlag klingt vernünftig*** يظهر أن الاقتراح معقول [jaẓharu ʔanna liqtiraːħ maʕquːl].

Klinik *f* مستوصف [mustauʃaf], مستشفى [mustaʃfan].

Klinke *f* سقاطة [suqqaːta], أكرة [ʔukra].

Klippe *f* (فى البحر) صخر [ʃaxr]; *fig.* مانع [maːniʕ].

Kli'schee *n* (*-s; -s*) كليشة [kiliːʃa], قالب [qaːlib].

Klistier [-'st-] *n* (*-s; -e*) حقنة شرجية [ħuqna ʃaradʒiːja].

klopfen *v/i.* دق [daqqa, -u-]; (*an die Tür*) طرق [taraqa, -u-]; (*Herz*) خفق [xafaqa, -u-].

Klops *m* (*-es; -e*) كفتة [kufta].

Klo'sett *n* (*-s; -e, -s*) مرحاض [mirħaːđ], بيت الماء [bait almaːʔ], مستراح [mustaraːħ]; ~**papier** *n* (*-s; O*) ورق تواليت [waraq tuwaːleːt].

Kloß [-oː-] *m* (*-es; ¨e*) كبة [kubba], كبيبة [kubaiba]; (*Fleisch*~̊) كفتة [kufta].

Kloster [-oː-] *n* دير [dair].

Klotz *m* (*-es; ¨e, F ¨er*) كتلة [kutla], قرمة [qurma].

Klub *m* (*-s; -s*) ناد [naːdin].

Kluft *f* (—; *¨e*) هوة [huwwa], شق [ʃaqq]; *fig.* تباين [tabaːjun], اختلاف [ixtilaːf]; *F* (*Anzug*) بذلة [biðla].

klug [-uː-] (*¨er; ¨st-*) *adj.* عاقل [ʕaːqil], ذكى [ðakiːj], فطين [fatiːn]; ~̊**heit** *f* (*O*) ذكاء [ðakaːʔ], فطنة [fitna].

Klumpen *m* كتلة [kutla].

knabbern (*-re*) قرض [qarađa, -i-].

Knabe *m* (*-n*) ولد [walad], صبى [ʃabiːj].

knacken *v/t.* (*Nüsse*) كسر [kasara, -i-]; *v/i.* طقطق [taqtaqa].

Knall *m* (*-ȩs; -e*) فرقعة [farqaʕa]; **∻en** *v/i.* فرقع [farqaʕa].

knapp *adj.* ضيق [đajjiq]; **~e drei Stunden** ثلاث ساعات بالكاد [θalaːθ saːʕaːt bilkaːd]; **~ sein** *v/i.* شح [ʃaħħa, -u-], قل [qalla, -i-].

knarren *v/i.* خشخش [xaʃxaʃa].

knattern *v/i.* طقطق [taqtaqa].

Knauser *m* بخيل [baxiːl]; **∻n** (*-re*) *v/i.* (**mit** *D* ب) بخل [baxila, -a-].

Knecht *m* (*-¢s; -e*) عامل زراعى [ʕaːmil ziraːʕiː]; *fig.* عبد [ʕabd]; **~schaft** *f* عبودية [ʕubuːdiːja].

kneif|en (*L*) *v/t.* قرص [qarafa, -u-]; **∻zange** *f* كلابة [kullaːba].

Kneipe *f* خمارة [xammaːra].

kneten (*-e-*) *v/t.* عجن [ʕadʒana, -i-].

Knick *m* (*-¢s; -e*) بعجة [baʕdʒa], كسر جزئى [kasr dʒuzʔiː]; **∻en** *v/t.* كسر [kasara, -i-]; **~s** *m* (*-es; -e*) انحناء الاحترام [inħinaːʔ aliħtiraːm].

Knie *n* (*-s; —*) ركبة [rukba]; (*e-s Rohres*) كوع [kuːʕ]; **∻n** *v/i.* ركع [rakaʕa,-a-); **~scheibe** *f Anat.* داغصة [daːɣifa], صابونة [faːbuːna].

Kniff *m* (*-¢s; -e*) قرصة [qarfa]; *fig.* (*Trick*) حيلة [ħiːla].

knipsen (*-t*) (*e. Loch machen*) خرم [xarrama]; (*fotografieren*) أخذ صورة [ʔaxaða, -u-, fuːra].

Knirps *m* (*-es; -e*) قزم [qizm].

knirschen *v/i.* صر [farra, -i-].

knistern (*-re*) *v/i.* طق [taqqa, -u-].

Knoblauch [-oː-] *m* (*-¢s; O*) ثوم [θuːm].

Knöchel *m* عقلة [ʕuqla], برجمة [burdʒuma]; (*Fuß∻*) كعب [kaʕb].

Knochen *m* عظم [ʕazm]; **~bruch** *m* (*-¢s; ⸚e*) عظم مكسور [ʕazm maksuːr]; **~mark** *n* (*-¢s; O*) مخ العظام [muxx alʕizaːm].

Knödel *m* كبة [kubba], كبيبة [kubaiba].

Knolle *f* بصلة [bafala].

Knopf *m* (*-es; ⸚e*) زر [zirr]; **~loch** *n* (*-¢s; ⸚er*) عروة [ʕurwa].

Knorpel *m* (*-s; —*) غضروف [ɣuđruːf].

Knospe *f* برعم [burʕum].

Knoten *m* عقدة [ʕuqda]; (*Erhöhung*) عجرة [ʕudʒra]; **~punkt** *m* (*-¢s; -e*) *Esb.* ملتقى الخطوط [multaqaː lxutuːt].

K

knüpfen *v/t.* عقد [ʕaqada, -i-].

Knüppel *m* هراوة [hiraːwa], نبوت [nabbuːt].

knurren *v/i.* (*Hund*) زام [zaːma, -uː-], هر [harra, -i-]; (*Magen*) كركر [karkara].

knusperig [-sp-] *adj.* مقرمش [muqarmaʃ].

Knute *f* مقرعة [miqraʕa], كرباج [kurbaːdʒ].

Koalition [-ˈtsĭoːn] *f* ائتلاف [iʔtilaːf], حلف [ħilf].

Koch *m* (-*ęs*; *¨e*) طباخ [tabbaːx]; **˜en** *v/i.* غلى [ɣalaː, -iː]; *v/t.* (*in Wasser*) سلق [salaqa, -u-]; (*Essen zubereiten*) طبخ [tabaxa, -u-], طها [tahaː, -uː].

Köcher *m* كنانة [kinaːna].

Köchin *f* طباخة [tabbaːxa].

Kochtopf *m* (-*ęs*; *¨e*) طنجرة [tandʒara], قدر [qidr].

Kode [koːd(ə)] *m* (-*s*; -*s*) *s.* **Code**.

Köder *m* طعم [tuʕm].

Koffer *m* شنطة [ʃanta], حقيبة [ħaqiːba].

Kohl *m* (-*ęs*; *O*) كرنب [kurumb].

Kohle *f* فحم [faħm]; **~hydrat** *n* (-*ęs*; -*e*) كاربوهيدرات [kaːrbuːhidraːt]; **~n-becken** *n* منقل [manqal], مجمرة [midʒmara]; **~n-bergwerk** *n* (-*ęs*; -*e*) منجم فحم [mandʒam faħm]; **~n-säure** *f Chem.* حامض الفحم [ħaːmiđ alfaħm], حامض الكربونيك [ħ. alkarbuːniːk]; **~n-stoff** *m* (-*s*; *O*) *Chem.* كربون [karbuːn]; **~papier** *n* (-*ęs*; -*e*) ورق كربون [waraq k.].

Köhler *m* فحام [faħħaːm].

Koitus *m* (-; *O*) جماع [dʒimaːʕ].

Koje *f Mar.* سرير [sariːr].

koˈkett (-*est*) *adj.* متدلل [mutadallil].

Kokosnuß *f* (-; *¨sse*) جوز هندى [dʒauz hindiː].

Koks [-oː-] *m* (-*es*; *O*) فحم كوك [faħm kuːk].

Kolben *m* (*Motor*) مكبس [mikbas]; (*Gewehr˜*) كرنافة [kurnaːfa]; (*Mais˜*) كوز [kuːz].

Kolik *f* مغص [maɣʃ].

Kolˈleg *n* (-*s*; -*s u.* -*ien*) درس فى الجامعة [dars fiː ldʒaːmiʕa]; **~e** *m* (-*n*) زميل [zamiːl]; **~in** *f* زميلة [zamiːla].

kollekˈtiv (*O*) *adj.* جماعى [dʒamaːʕiː]; **˜vertrag** *m* (-*ęs*; *¨e*) عقد جماعى [ʕaqd dʒamaːʕiː].

kolliˈdieren (-) *v/i.* اصطدم [istadama].

Kolo'nie *f* مستعمرة [mustaʕmara]; (*von ansässigen Ausländern*) جالية [ʤaːlija].

Ko'lonne *f* طابور [taːbuːr].

Ko|loß *m* (*-sses; -sse*) عملاق [ʕimlaːq]; **~lossal** [koˑloˑ'saːl] (*O*) *adj.* ضخم [đaxm], عظيم [ʕaziːm].

Ko'lumne *f* (*Zeitungsspalte*) عمود [ʕamuːd].

Koma *n* (*-s; O*) *Med.* غيبوبة [ɣaibuːba].

Kombination [-'tsĭoːn] *f* تركيب [tarkiːb].

kombi'nieren (—) *v/t.* جمع [ʤamaʕa, -a-], وفق بين [waffaqa baina].

Ko'met *m* (*-en*) نجم مذنب [naʤm muđannab].

Komfort [-'foːʁ] *m* (*-s; O*) رفاهة [rafaːha]; **mit allem ~** مع جميع وسائل الراحة [maʕa ʤamiːʕ wasaːʔil arraːħa].

komisch *adj.* مضحك [muđhik], هزلى [hazliː].

Komitee [koˑmiˑ'teː] *n* (*-s; -s*) لجنة [laʤna].

Komma *n* (*-s; -s*) فارزة [faːriza].

Komman'dant *m* قائد [qaːʔid].

Kom'mando *n* (*-s; -s*) *Mil.* أمر [ʔamr]; (*Gruppe*) فرقة [firqa]; (*Führung*) قيادة [qijaːda]; **~brücke** *f Mar.* مركز الربان [markaz arrabbaːn].

kommen (*L; sn*) *v/i.* جاء [ʤaːʔa, -iː-], أتى [ʔataː, -iː], حضر [ħađara, -u-]; **komm!** تعال [taʕaːl]; **~d** *adj.* آت [ʔaːtin], قادم [qaːdim].

Kommen't|ar *m* (*-¢s; -e*) شرح [ʃarħ]; (*Koran~*) تفسير [tafsiːr]; (*zur Lage*) تعليق [taʕliːq]; **~ieren** (—) *v/t.* شرح [ʃaraħa, -a-], فسر [fassara].

Kommis'sar *m* (*-s; -e*) مندوب [manduːb].

Kommis'sion *f* لجنة [laʤna]; *Hdl.* عمولة [ʕumuːla]; *j-m etw.* **in ~ geben** كلفه بالبيع بالعمولة [kallafahu bilbiːʕ bilʕumuːla].

Kommissio'när [-sĭoː-] *m* (*-¢s; -e*) وكيل بالعمولة [wakiːl bilʕumuːla].

Kommu'nalverwaltung *f* إدارة البلدية [ʔidaːrat albaladiːja].

Kommu'nion [-'nĭoːn] *f Rel.* تناول القربان [tanaːwul alqurbaːn].

Kommu'nismus *m* (*—; O*) شيوعية [ʃujuːʕiːja].

Kommu'nist *m* (*-en*), **~isch** (*O*) *adj.* شيوعى [ʃujuːʕiː].

Komödie [koˑ'møːdĭe] *f* رواية

هزلية [riwaːja hazliːja], كوميديا [kuːmiːdija].

Kompa'nie *f* شركة [ʃarika]; *Mil.* سرية [sariːja].

Komparativ *m* (*-s; -e*) *Gr.* صيغة التفضيل [ʃiːɣat attafđiːl].

Kompaß *m* (*-sses; -sse*) بوصلة [buʃla].

Kompensation [-'tsĭoːn] *f* تعويض [taʕwiːđ].

Kompe'tenz *f* اختصاص [ixtiʃaːʃ]; مهارة [mahaːra].

kom'plett (*-est*) *adj.* كامل [kaːmil].

Komplex *m* شيء مركب [ʃaiʔ murakkab]; (*psychologischer* ~) عقدة نفسية [ʕuqda nafsiːja].

Komplikation [-'tsĭoːn] *f* تعقيد [taʕqiːd]; *Med.* مضاعفة [muđaːʕafa].

Kompli'ment *n* (*-ɇs; -e*) مدح [madħ], مجاملة [mudʒaːmala].

kompli'ziert (*-est*) *adj.* معقد [muʕaqqad].

Kom'plott *n* (*-s; -e*) مؤامرة [muʔaːmara].

Kompo'nente *f* مركبة [murakkiba].

Kompo'nist *m* (*-en*) ملحن [mulaħħin].

Kom'pott *n* (*-s; -e*) فواكه مطبوخة [fawaːkih matbuːxa].

Kom'presse *f* *Med.* مكمدة [mukammida].

Kom'pressor *m* (*-s; -en* [-'soː-]) *Techn.* آلة كابسة [ʔaːla kaːbisa].

Kompro'miß *m* (*-sses; -sse*) حل وسط [ħall wasat].

Kondensation [-'tsĭoːn] *f* تكثف [takaθθuf].

Kon'densmilch *f* حليب مكثف [ħaliːb mukaθθaf].

Kondition [-'tsĭoːn] *f* حالة صحية [ħaːla ʃiħħiːja].

Kon'ditor *m* (*-s; -en*) حلوانى [ħalwaːʔiː]; **~ei** [-'ʀaɪ] *f* محل حلويات [maħall ħalawiːjaːt].

Kondo'lenz *f* تعزية [taʕzija].

kondo'lieren (—) *v/i.* (*D* ه) عزى [ʕazzaː].

Kon'fekt *n* (*-s; O*) حلواء [ħalwaːʔ], حلاوة [ħalaːwa].

Konfektion [-'tsĭoːn] *f* ملابس جاهزة [malaːbis dʒaːhiza].

Konfe'renz *f* مؤتمر [muʔtamar]; (*Besprechung*) اجتماع [idʒtimaːʕ].

Konfession [kɔnfɛ'sĭoːn] *f* مذهب دينى [maðhab diːniː].

Konfirmation [-'tsĭoːn] *f* *Rel.* تثبيت [taθbiːt].

Konfi'türe *f* مربى [murabban].

Kon'flikt *m* (*-ɇs; -e*) خلاف

[xilaːf], خصام [xiʃaːm], نزاع [nizaːʕ], تنازع [tanaːzuʕ].

kon'form *adj.* (*O*) مطابق [mutaːbiq].

Konfrontation [-'tsĭoːn] *f* مواجهة [muwaːʤaha].

konfus *adj.* (*O*) مرتبك [murtabik], مضطرب [muđtarib].

Kon'greß *m* (*-sses; -sse*) مؤتمر [muʔtamar].

kongruent [-u'ɛ-] (*O*) *adj.* متطابق [mutatːaːbiq].

König *m* (*-s; -e*) ملك [malik]; **~in** *f* ملكة [malika]; **~lich** *adj.* ملكى [malakiː]; **~reich** *n* (*-ɇs; -e*) مملكة [mamlaka].

Konjugation [kɔnjuˑgaˑ'tsĭoːn] *f Gr.* تصريف الأفعال [taʃriːf alʔafʕaːl].

Konjunktion [kɔnjuŋk'tsĭoːn] *f Gr.* حرف عطف [ħarf ʕatf].

Konjunktur [kɔnjuŋk'tuːʁ] *f* حالة اقتصادية [ħaːla iqtiʃaːdiːja], رواج [rawaːʤ].

kon'kav *adj.* مقعر [muqaʕʕar].

Konkubi'nat *n* (*-ɇs; -e*) تسر [tasarrin].

Konkur'r|ent *m* (*-en*) منافس [munaːfis]; **~enz** *f* منافسة [munaːfasa]; *Sport* مباراة [mubaːraːt]; **~ieren** (—) *v/i.* (**mit** *A* ه) نافس [naːfasa], بارى [baːraː].

Konkurs [kɔn'kuʁs] *m Hdl.* (*-es; -e*) إفلاس [ʔiflaːs].

können (*L*) *v/aux.*, *v/i.* قدر [qadara, -i-], استطاع [istataːʕa], تمكن من [tamakkana]; أمكن [ʔamkana]: ***ich kann es tun*** يمكننى أن أفعله [jumkinuniː ʔan ʔafʕalahu]; ***es kann sein*** يمكن [jumkinu], يجوز [jaʤuːzu]; *v/t.* (*e-e Sprache*) عرف [ʕarafa, -i-].

Konnossement [koˑnɔsə'mɛnt] *n* (*-s; -e*) وثيقة الشحن [waθiːqat aʃʃaħn].

konseku'tiv *adj.* متوال [mutawaːlin].

konse'quent (*O*) *adj.* مطرد [muttarid], متابع [mutaːbiʕ].

Konse'quenz *f* (*Folge*) عاقبة [ʕaːqiba]; (*Folgerichtigkeit*) اطراد [ittiraːd].

konservativ [-vaˑ'tiːf] *adj.* محافظ [muħaːfiẓ].

Kon'serv|e *f*: **~en** *pl.* معلبات [muʕallabaːt], محفوظات [maħfuːẓaːt]; **~ieren** [kɔnzɛʁ'viːʀən] *v/t.* حفظ [ħafiẓa, -a-], علب [ʕallaba].

Kon'sole *f Techn.* حامل [ħaːmil], سند [sanad].

Konso'nant *m* (*-en*) حرف ساكن [ħarf saːkin].

K

Konstitu'tion *f Jur.* دستور [dusˈtuːr], (*körperliche* ~) بنية [bunja].

konstru'ieren (—) *v/t.* (*bauen*) بنى [banaː, -iː]; (*planen*) صمم [ʃammama].

Konstruktion [-'tsĭoːn] *f* بناء [binaːʔ], إنشاء [ʔinʃaːʔ], تصميم [taʃmiːm].

Konsul *m* (*-s; -n*) قنصل [qunʃul]; **~at** [kɔnzu·'laːt] *n* (*-s; -e*) قنصلية [qunʃuliːja].

konsul'tieren (—) *v/t.* استشار [istaʃaːra].

Konsum [kɔn'zuːm] *m* (*-s; O*) استهلاك [istihlaːk]; **~ent** [-'mɛnt] *m* (*-en*) مستهلك [mustahlik]; **~genossenschaft** *f*, **~verein** *m* (*-ɇs; -e*) تعاونية استهلاكية [taʕaːwuniːja istihlaːkiːja].

Kon'takt *m* (*-ɇs; -e*) اتصال [ittiʃaːl], مس [mass].

Konti'nent *m* (*-ɇs; -e*) قارة [qaːrra].

Kontin'gent *n* (*-ɇs; -e*) حصة [ħiʃʃa]; *Mil.* ملاك [milaːk].

kontinu'ierlich *adj.* مستمر [mustamirr].

Konto *n* (*-s; -ten, -ti*) *Fin.*, *Hdl.* حساب [ħisaːb]; **~inhaber** *m* صاحب الحساب [ʃaːħib alħisaːb]; **~korrent** [-kɔ'ʀɛnt] *n* (*-ɇs; -e*) حساب جار [ħisaːb ʤaːrin].

Kon'trakt *m* (*-ɇs; -e*) عقد [ʕaqd], تعهد [taʕahhud].

Kon'trast *m* (*-ɇs; -e*) تناقض [tanaːquđ], تضارب [tađaːrub].

Kon'trolle *f* مراقبة [muraːqaba]; (*Nachprüfung*) مراجعة [muraːʤaʕa]; (*Gepäck*~) تفتيش [taftiːʃ].

Kontrolleur [kɔntʀɔ'løːʀ] *m* (*-s; -e*) مراقب [muraːqib], مفتش [mufattiʃ].

kontrollieren (—) *v/t.* فتش [fattaʃa]; (*überwachen*) راقب [raːqaba]; (*Kontrolle haben über*) سيطر على [saiṭara].

Kontroverse [-'vɛʀ-] *f* مناظرة [munaːẓara].

Konven'tion [-'tsĭoːn] *f* اتفاق [ittifaːq]; (*Gewohnheit*) عادة [ʕaːda]; **~ell** [-tsĭo·'nɛl] (*O*) *adj.* اعتيادى [iʕtijaːdiː], تقليدى [taqliːdiː].

Konversation [-'tsĭoːn] *f* حديث [ħadiːθ], محادثة [muħaːdaθa], حوار [ħiwaːr].

konver'tierbar *adj. Fin.* قابل التحويل [qaːbil attaħwiːl].

Konzen'trat *n* (*-ɇs; -e*) مركز [murakkaz]; **~ion** [-'tsĭoːn] *f* (**auf** على) تركيز [tarkiːz];

~ionslager *n* معسكر اعتقال [muʕaskar iʕtiqaːl].

konzen'trieren (—) *v/t.* ركز [rakkaza]; *v/r.*: **sich** (*A*) ~ **auf** *A* ركز فى [rakkaza], تركز على [tarakkaza].

kon'zentrisch (*O*) *adj.* متراكز [mutaraːkiz].

Kon'zept *n* (*-ȼs; -e*) فكرة [fikra], خطة [xutta]; (*e-s Briefes*) مسودة [muswadda].

Kon'zern *m* (*-s; -e*) اتحاد المؤسسات [ittiħaːd almuʔassasaːt].

Kon'zert *n* (*-ȼs; -e*) حفلة موسيقية [ħafla muːsiːqiːja].

Konzession [-'sĭoːn] *f* (*Privileg*) امتياز [imtijaːz]; *Hdl.* رخصة [ruxʃa]; ***~en machen*** تنازل عن حقوقه [tanaːzala ʕan ħuquːqihi].

Kopf *m* (*-es; ⸚e*) رأس [raʔs]; **~-arbeit** *f* عمل ذهنى [ʕamal ðihniː]; **~bedeckung** *f* غطاء رأس [ɣitaːʔ raʔs]; **~hörer** *m* سماعة [sammaːʕa]; **~kissen** *n* مخدة [mixadda]; **~schmerz** *m* (*-es; -en*) صداع [ʃudaːʕ]; **~schuß** *m* (*-sses; ⸚sse*) طلقة فى الرأس [talqa fiː rraʔs]; **~tuch** *n* (*-ȼs; ⸚er*) منديل [mandiːl], كوفية [kuːfiːja].

Kopie [koˑ'piː] *f* نسخة [nusxa], صورة [ʃuːra].

ko'pieren (—) *v/t.* (*mit d. Hand*) نسخ [nasaxa, -a-]; (*fotomechanisch*) صور [ʃawwara].

Kopilot *m* طيار مساعد [tajjaːr musaːʕid].

Ko'ran *m* (*-s; -e*) القرآن [alqurʔaːn].

Korb *m* (*-es; ⸚e*) سلة [salla].

Kork *m* (*-en*) فلين [filliːn]; (*Flaschen~*) سدادة [sidaːda]; **~(en)zieher** *m* بريمة [barriːma].

Korn *n* (*-ȼs; ⸚er, O*) حبة [ħabba]; *Koll.* غلال [ɣilaːl]; (*Roggen*) جودار [dʒaudaːr]; **~speicher** *m* مخزن غلال [maxzan ɣilaːl].

körnig *adj.* محبب [muħabbab], حبيبى [ħubaibiː].

Körper *m* جسم [dʒism]; (*menschlicher ~*) بدن [badan], جسد [dʒasad]; (*Himmels~*) جرم [dʒirm]; **~bau** *m* (*-s; O*) بنية [binja]; **~behinderte(r)** *m* معوق [muʕawwaq], ذو عاهة [ðuː ʕaːha]; **~fülle** *f* (*O*) بدانة [badaːna]; **~größe** *f* قامة [qaːma]; **~kraft** *f* قوة بدنية [quːwa badaniːja]; **~lich**

(*O*) *adj.* جسمى [ʤismiː], جسمانى [ʤusmaːniː], جسدى [ʤasadiː], بدنى [badaniː]; **~pflege** *f* عناية بالجسم [ʕinaːja bilʤism].

Korrek'tur *f* تصحيح [taʃħiːħ].

Korrespon'd|ent *m* (*-en*) مراسل [muraːsil]; **~enz** *f* مراسلة [muraːsala]; **≗ieren** (—) *v/i.* (**mit** *D* ه) كاتب [kaːtaba], راسل [raːsala].

Korridor *m* ممر [mamarr], ممشى [mamʃan].

korri'gieren (—) *v/t.* صحح [ʃaħħaħa].

Korruption [-'tsĭoːn] *f* فساد [fasaːd], ارتشاء [irtiʃaːʔ].

Kor'sett *n* (*-s; -s*) كرسيه [korseː].

kos|en (*-t*) *v/t.* دلل [dallala].

Kos'metik *f* (*O*) تجميل [taʤmiːl]; **~salon** *m* صالون التجميل [ʃaːluːn attaʤmiːl].

kosmisch (*O*) *adj.* كونى [kauniː].

Kosmos [-mɔs] *m* (*-; O*) الكون [alkaun], العالم [alʕaːlam].

Kost *f* (*-; O*) طعام [taʕaːm], قوت [quːt]; **≗bar** *adj.* نفيس [nafiːs], ثمين [θamiːn]; **~en** *pl.* تكاليف [takaːliːf], مصاريف [maʃaːriːf]; **≗en** (*-e-*) *v/t.* ذاق [ðaːqa, -uː-]; *v/i.* ساوى [saːwaː], كلف [kallafa]; ***wieviel ≗et das?*** ما ثمنه ؟ [maː θamanuhu], بكم هذا ؟ [bikam haːðaː]; ***das ≗et zu viel Zeit*** سيدوم أكثر من اللازم [sajaduːmu ʔakθar min allaːzim]; **~en-frei** (*O*) *adj.*, **≗en-los** (*O*) *adj.* مجانى [maddʒaːniː]; *adv.* مجانا [maddʒaːnan]; **~envor-anschlag** *m* حساب تقديرى [ħisaːb taqdiːriː].

köstlich *adj.* لذيذ [laðiːð].

Kostprobe *f* عينة [ʕajjina].

kostspielig *adj.* غال [ɣaːlin]; مخسر [muxassir].

Kos'tüm *n* (*-s; -e*) زى [zijj]; (*Damen≗*) تايير [taːjeːr].

Kot *m* (*-ȩs; O*) (*Schlamm*) وحل [waħl]; (*Exkrement*) براز [buraːz], روث [rauθ].

Kotelett [kɔt'lɛt] *n* (*-s; -s*) كستليتة [kustaliːta].

Krach *m* (*-ȩs; O*) ضجة [đaddʒa], ضوضاء [đauđaːʔ]; (*Zusammenbruch*) انهيار [inhijaːr]; (*Streit*) شجار [ʃiʤaːr]; **≗en** *v/i.* فرقع [farqaʕa].

krächzen ['kreçtsen] (*-t*) *v/i.* (*Rabe*) نعب [naʕaba, -a-].

Kraft *f* (*-; ⸚e*) قوة [quːwa], طاقة [taːqa], قدرة [qudra]; **≗** *präp.* *mit G* بموجب

[bimuːʤib]; **~fahrer** *m* سائق سيارة [saːʔiq sajjaːra]; **~fahrzeug** *n* (-*ȩs*; -*e*) مركبة بمحرك [markaba bimuħarrik]; **~fahrzeugversicherung** *f* تأمين على السيارات [taʔmiːn ʕalaː ssajjaːraːt].

kräftig *adj.* قوي [qawiːj]; *adv.* بشدة [biʃidda]; **~en** *v/t.* قوى [qawwaː].

Kraft|rad *n* (-*ȩs*; -̈*er*) دراجة نارية [darraːʤa naːriːja]; **~stoff** *m Mot.* وقود [waquːd]; **≈voll** *adj.* قوي [qawiːj]; **~wagen** *m* سيارة [sajjaːra]; **~werk** *n* (-*ȩs*; -*e*) محطة توليد الكهرباء [maħattat tauliːd alkahrabaːʔ].

Kragen *m* ياقة [jaːqa].

Krähe *f* غراب [ɣuraːb].

Kralle *f* مخلب [mixlab].

Kram *m* (-*ȩs*; *O*) سقط المتاع [saqt almataːʕ]; *pop.* كراكيب [karaːkiːb].

Krampf *m* (-*es*; -̈*e*) تشنج [taʃannuʤ]; **~-ader** *f* (—; -*n*) *Med.* وريد متمدد [wariːd mutamaddid]; **≈haft** *adv.* بتكلف [bitakalluf].

Kran *m* (-*ȩs*; -̈*e*) *Techn.* رافعة [raːfiʕa].

krank *adj.* مريض [mariːđ]; **~en** *v/i.* (**an** *D* ب) مرض [mariđa, -a-].

kränken *v/t.* كدر [kaddara].

Kranken|haus *n* (-*es*; -̈*er*) مستشفى [mustaʃfan]; **~kasse** *f* تأمين صحي [taʔmiːn ʃiħħiː]; **~kost** *f* (—; *O*) حمية [ħimja]; **~pflege** *f* (*O*) تمريض [tamriːđ]; **~pfleger** *m* ممرض [mumarriđ]; **~pflegerin** *f*, **~schwester** *f* (—; -*n*) ممرضة [mumarriđa]; **~wagen** *m* سيارة نقل المرضى [sajjaːrat naql almarđaː].

Kranke(r) *m* مريض [mariːđ].

krankhaft *adj.* مرضي [marađiː].

Krankheit *f* مرض [marađ], داء [daːʔ], سقم [suqm]; **~s-erscheinung** *f Med.* (*Symptom*) عرض [ʕarađ].

kränklich *adj.* سقيم [saqiːm].

Kränkung *f* إساءة [ʔisaːʔa].

Kranz *m* (-*es*; -̈*e*) إكليل [ʔikliːl].

kraß (-*sser*; -*ssest*) *adj.*: **krasser Unterschied** فرق كبير [farq kabiːr].

Krater *m* فوهة بركان [fauhat burkaːn].

Krätze *f* (*O*) *Med.* جرب [ʤarab].

kratzen (-*t*) *v/t.* خدش [xadaʃa, -i-]; (*Haut gegen Jucken*)

K

حك [ħakka, -u-]; (*den Kopf*) هرش [haraʃa, -u-].

kraus (*-est*) *adj.* مجعد [mudʒaʕʕad].

Kraut *n* (*-ẹs; ¨er*) عشب [ʕuʃb]; (*Kohl*) كرنب [kurumb]; ~ ***und Rüben*** عسل بصل تمر هندى [ʕasal, baʃal, tamr hindiː].

Kra'wall *m* (*-s; -e*) صخب [ʃaxab], ضجة [đaddʒa].

Kra'watte *f* كرافتة [kraːfatta], رباط [ribaːŧ].

Krea'tur *f* مخلوق [maxluːq].

Krebs [kʀeːps] *m* (*-es; -e*) *a. Med.* سرطان [saraŧaːn].

Kre'dit *m* (*-s; -e*) *Fin.* (*Darlehen*) قرض [qarđ]; (*den man hat*) اعتماد [iʕtimaːd], ائتمان [iʔtimaːn]; **~brief** *m* (*-es; -e*) *Fin.* خطاب اعتماد [xiŧaːb iʕtimaːd]; **≈fähig** *adj.* ملىء [maliːʔ]; **~-institut** *n* (*-ẹs; -e*) بنك [bank], مصرف [maʃraf]; **~karte** *f* بطاقة ائتمان [bi'ŧɒː-qat iʔtimaːn].

Kreide *f* طباشير [ŧabaːʃiːr].

Kreis *m* (*-es; -e*) دائرة [daːʔira]; (*Ring*) حلقة [ħalaqa]; (*Verwaltungs≈*) ناحية [naːhija]; ***informierte ~e*** دوائر مطلعة [dawaːʔir muttaŧiʕa]; **~bahn** *f* مدار [madaːr]; **~bogen** *m* (*-s; -*) قوس الدائرة [qaus addaːʔira].

kreischen *v/i.* زعق [zaʕaqa, -a-], صرخ [ʃaraxa, -u-].

Kreisel *m* نحلة [naħla], دوارة [dawwaːra].

Kreis|lauf *m* (*-ẹs; ¨e*) دورة [daura]; *Med.* دورة دموية [daura damawiːja]; **~linie** [-liːnĭə] *f* خط دائرى [xatt daːʔiriː]; **~säge** *f* منشار دائر [minʃaːr daːʔir]; **~-umfang** *m* محيط دائرة [muħiːt daːʔira].

Kreuz *n* (*-es; -e*) صليب [ʃaliːb]; *Anat.* أسفل الظهر [ʔasfal azzahr]; ***das Rote ~*** الصليب الأحمر [aʃʃaliːb al-ʔaħmar]; **≈en** (*-t*) *v/t.* عبر [ʕabara, -u-], قطع [qaŧaʕa, -a-]; *Biol.* هجن [haddʒana]; ***einander ~en*** تقاطع [taqaː-ŧaʕa]; *v/i. Mar.* طاف [ŧaːfa, -uː-]; **~er** *m Mar.* طرادة [tarraːda]; **~fahrt** *f* جولة بحرية [dʒaula baħriːja]; **~igung** *f* صلب [ʃalb]; **~schmerz** *m* (*-es; -en*) لمباجو [lumbaːgo]; **~ung** *f* (*Straßen~*) تقاطع [taqaːtuʕ]; *Biol.* تهجين [tahdʒiːn]; خليط [xaliːt]; **~weg** *m* (*-es; -e*) مفرق الطرق [mafraq atturuq];

~**worträtsel** *n* كلمات متقاطعة [kalimaːt mutaqaːtiʕa]; ~**zug** [-uː-] *m* (-*¢s*; ⁻*e*) حرب صليبية [ħarb ʃaliːbiːja]; *fig.* جهاد [ʤihaːd].

kriechen (*L*) *v/i.* زحف [zaħafa, -a-], دب [dabba, -u-].

Kriechtier *n* (-*¢s*; -*e*) زاحفة [zaːħifa].

Krieg *m* (-*es*; -*e*) حرب [ħarb] *f*; ~ **führen** (**mit** *D* ب ه) حارب [ħaːraba]; ⁓**en** *v/t.* استلم ه [istalama], حصل على [ħaʃala, -u-]; ~**er** *m* محارب [muħaːrib]; ~**führung** *f* قيادة الحرب [qijaːdat alħarb].

Kriegs|ausbruch *m* نشوب الحرب [nuʃuːb alħarb]; ~**beschädigte(r)** *m* مشوه الحرب [muʃawwah alħarb]; ~**-erklärung** *f* إعلان الحرب [ʔiʕlaːn alħ.]; ~**flotte** *f* أسطول حربي [ʔustuːl ħarbiː]; ~**gebiet** *n* (-*¢s*; -*e*) منطقة الحرب [mintaqat alħ.]; ~**gefangene(r)** *m* (-*n*) أسير [ʔasiːr]; ~**gewinnler** *m* غني الحرب [ɣaniːj alħarb]; ~**hafen** *m* (-*s*; ⁻) ميناء حربي [miːnaːʔ ħarbiː]; ~**list** *f* حيلة حربية [ħiːla ħarbiːja]; ~**schauplatz** *m* (-*es*; ⁻*e*) ميدان الحرب [maidaːn alħarb]; ~**schiff** *n* (-*¢s*; -*e*) سفينة حربية [safiːna ħarbiːja]; ~**schuld** *f* المسؤولية عن نشوب الحرب [almasʔuːliːja ʕan nuʃuːb alħ.]; ~**zug** [-uː-] *m* (-*es*; ⁻*e*) غزو [ɣazw], حملة [ħamla].

Krimi'nalbeamte(r) *m* (-*n*) موظف البوليس [muwaẓẓaf albuːliːs], رجل التحري [raʤul attaħarriː].

Krimi'nalpolizei *f* البوليس الجنائي [albuːliːs alʤinaːʔiː].

Krimi'nalroman *m* (-*¢s*; -*e*) رواية بوليسية [riwaːja buːliːsiːja].

krimi'nell *adj.* جنائي [ʤinaːʔiː], إجرامي [ʔiʤraːmiː]; ~**e Handlung** *f* جناية [ʤinaːja]; ⁓**e(r)** *m* (-*n*) مجرم [muʤrim].

Krippe *f* معلف [miʕlaf].

Krise *f* أزمة [ʔazma].

Kris'tall *m* بلور [billaur, balluːr].

kristallisieren (—) *v/i.* تبلور [tabalwara].

Kri'terium [-RĭUM] *n* (-*s*; *Kriterien*) معيار [miʕjaːr].

Kri'tik *f* نقد [naqd]; ~**er** ['kRiː-] *m* ناقد [naːqid].

kritisch *adj.* انتقادي [intiqaːdiː]; (*gefährlich*) خطر [xatir].

kriti'sieren (—) *v/t.* نقد [naqada, -i-], انتقد [intaqada].

kritzeln (*-le*) *v/t.* خربش [xarbaʃa], شخبط [ʃaxbata].

Kroko'dil *n* (*-s; -e*) تمساح [timsaːħ].

Krone *f* تاج [taːʤ]; (*Kranz*) إكليل [ʔikliːl]; (*Zahnersatz*) طربوش [ŧarbuːʃ].

krönen *v/t.* توج [tawwaʤa].

Kronleuchter *m* نجفة [naʤafa].

Krönung *f* تتويج [tatwiːʤ]; *fig.* أوج [ʔauʤ].

Kropf *m* (*-es; ¨e*) (*e-s Vogels*) حوصلة [ħauʃala]; *Med.* تضخم الغدة الدرقية [tađaxxum alɣudda addaraqiːja].

Kröte *f* ضفدع كبير [đifđiʕ kabiːr].

Krücke *f* عكازة [ʕukkaːza].

Krug *m* (*-es; ¨e*) إبريق [ʔibriːq]; (*großer Ton*~) جرة [ʤarra]; (*kleiner Ton*~) قلة [qulla].

Krume *f* فتاتة [futaːta].

krumm (*-er, ¨er; -st-, ¨st-*) *adj.* مقوس [muqawwas], أعوج [ʔaʕwaʤ], منحن [munħanin].

krümmen *v/t.* لوى [lawaː, -iː], حنى [ħanaː, -iː], قوس [qawwasa]; *v/r.* انحنى [inħanaː], التوى [iltawaː].

Krümmung *f* انحناء [inħinaːʔ].

Krüppel *m* مكسح [mukassaħ].

Kruste *f* قشرة [qiʃra]; (*Brot*~) قشفة [qiʃfa].

Kübel *m* جردل [ʤardal], سطل [saŧl].

Ku'bikmeter *m* متر مكعب [mitr mukaʕʕab].

Küche *f* مطبخ [maŧbax]; ***ausgezeichnete*** ~ طعام ممتاز [ŧaʕaːm mumtaːz].

Kuchen *m* كعك [kaʕk], جاتو [gaːtoː].

Küchen|geschirr *n* أدوات المطبخ [ʔadawaːt almaŧbax]; ~**herd** *m* (*-es; -e*) موقد طبخ [mauqid ŧabx]; ~**schrank** *m* (*-ẹs; ¨e*) دولاب مطبخ [duːlaːb maŧbax].

Kugel *f* (—; *-n*) كرة [kura]; (*Gewehr*~) رصاصة [raʃaːʃa]; ~**förmig** *adj.* كروى [kurawiː]; ~**gelenk** *n* (*-ẹs; -e*) *Techn.* وصلة كروية [wuʃla kurawiːja]; ~**lager** *n* *Techn.* كرسى بيلى [kursiː biːliː], محمل كريات [maħmil kurajjaːt]; ~**schreiber** *m* قلم حبر جاف [qalam ħibr ʤaːff]; ~**sicher** *adj.* لا يخترقه الرصاص [laː jaxtariquhu rraʃaːʃ]; ~**stoßen** *n* *Sport* قذف الكرة [qaðf alkura].

Kuh *f* (—; *¨e*) بقرة [baqara].

kühl *adj.* بارد [baːrid], قر [qarr];

~-anlage *f* جهاز التبريد [dʒihaːz attabriːd]; **~e** *f* برودة [buruːda]; **~en** *v/t.* برد [barrada]; **~er** *m Mot.* مشع [muʃiʕʕ]; **~haus** *n* (*-es; ⸚er*) مخزن تبريد [maxzin tabriːd]; **~schrank** *m* (*-ȼs; ⸚e*) ثلاجة [θallaːdʒa]; **~ung** *f* تبريد [tabriːd].

kühn *adj.* جسور [dʒasuːr], جرىء [dʒariːʔ], شجاع [ʃudʒaːʕ]; **~heit** *f* جسارة [dʒasaːra].

Küken *n* كتكوت [katkuːt].

ku'lant *adj.* متساهل [mutasaːhil], مهاود [muhaːwid].

Ku'lisse *f*: ***hinter den ~n*** خلف الكواليس [xalfa lkawaːliːs].

Kult *m* (*-ȼs; -e*) عبادة [ʕibaːda].

Kul'tur *f* (*O*) حضارة [ħađaːra]; *Biol.* (*Bakterien~*) مستنبت [mustanbat]; **~film** *m* (*-ȼs; -e*) فلم ثقافى [film θaqaːfiː].

Kümmel *m* كمون [kammuːn].

Kummer *m* غم [ɣamm], هم [hamm].

kümmer|lich *adj.* بائس [baːʔis]; **~n** (*-re*) *v/r.*: ***sich*** (*A*) ***~n um A*** اهتم ب [ihtamma], اكترث ل [iktaraθa].

Kunde[1] *m* (*-n*) زبون [zabuːn].

Kunde[2] *f* خبر [xabar].

Kundendienst *m* خدمة زبائن [xidmat zabaːʔin].

Kundgebung *f* مظاهرة [muzaːhara].

kundig *adj.* خبير [xabiːr].

kündigen (*-e-*) *v/t.* (*e-n Vertrag*) ألغى [ʔalɣaː]; ***j-m ~*** أخطره بإلغاء [ʔaxtarahu biʔilɣaːʔ].

Kündigung *f* إلغاء [ʔilɣaːʔ], إنهاء [ʔinhaːʔ]; إخطار بإلغاء [ʔixtaːr biʔilɣaːʔ]; عزل [ʕazl].

künftig *adj.* مقبل [muqbil]; *adv.* مستقبلا [mustaqbalan].

Kunst *f* (*—; ⸚e*) فن [fann]; (*Fertigkeit*) مهارة [mahaːra]; **~-ausstellung** *f* معرض فنون [maʕriđ funuːn]; **~dünger** *m* سماد صناعى [samaːd ʃinaːʕiː]; **~faser** *f* ألياف صناعية [ʔaljaːf ʃinaːʕiːja]; **~geschichte** *f* (*O*) تأريخ الفنون [taʔriːx alfunuːn]; **~gewerbe** *n* فن تطبيق [fann tatbiːqiː]; **~leder** *n* جلد صناعى [dʒild ʃinaːʕiː].

Künst|ler *m* فنان [fannaːn]; **~lerin** *f* فنانة [fannaːna]; **~lerisch** *adj.* فنى [fanniː]; **~lich** *adj.* صناعى [ʃinaːʕiː], اصطناعى [iʃtinaːʕiː].

Kunst|sachverständige(r) *m* خبير فنى [xabiːr fanniː]; **~seide** *f* حرير صناعى [ħariːr ʃinaːʕiː]; **~stoff** *m* (*-ȼs; -e*)

مادة صناعية [maːdda ʃinaːʕiːja]; **~stoffe** *pl.* (*Plastik*) لدائن [ladaːʔin]; **~stück** *n* شعوذة [ʃaʕwaða], حيلة [ħiːla]; **~voll** *adj.* (*Mensch*) حاذق [ħaːðiq]; (*Werk*) بديع [badiːʕ]; **~werk** *n* (*-es; -e*) طرفة [turfa], تحفة [tuħfa].

kunterbunt *adv.*: **~ durcheinander** مبعثر [mubaʕθar].

Kupfer *n* (*-s; O*) نحاس [nuħaːs]; **~schmied** *m* نحاس [naħħaːs].

K

Ku'pon *m* قسيمة [qasiːma].

Kuppe *f* قمة [qimma].

Kuppel *f* (—; *-n*) قبة [qubba].

Kupplung *f Mot.* قابض [qaːbiđ], جهاز تعشيق [ʤihaːz taʕʃiːq].

Kur *f* علاج [ʕilaːʤ].

Ku'rator *m* (*-s; -en* [-'toː-]) قيم [qajjim].

Kurbel *f* (—; *-n*) ذراع تدوير [ðiraːʕ tadwiːr], منيفلا [manifella]; **~n** (*-le*) *v/t.* دور [dawwara]; **~welle** *f Mot.* عمود المرافق [ʕamuːd almaraːfiq].

Kürbis *m* (—; *-se*) *Bot. Koll.* قرع [qarʕ].

Ku'rier *m* (*-s; -e*) ساع [saːʕin], رسول [rasuːl].

ku'rieren (—) *v/t.* عالج [ʕaːlaʤa], شفى [ʃafaː, -iː].

Kur-ort *m* (*-ẹs; -e*) مستنجع [mustanʤaʕ]; (*Sommer~*) مصيف [maʃjaf].

Kurs *m* (*-es; -e*) (*Kursus*) دورة دراسية [daura diraːsiːja], صف [ʃaff]; (*Wechsel~*) سعر الصرف [siʕr aʃʃarf]; (*Richtung*) اتجاه [ittiʤaːh]; *Mar.* خط سير [xatt sair]; ***in ~ sein* = *kursieren***; **~bericht** *m* (*-ẹs; -e*) نشرة أسعار البورصة [naʃrat ʔasʕaːr alburʃa]; **~buch** *n* (*-es; ⸚er*) جدول مواعيد القطارات [ʤadwal mawaːʕiːd alqitaːraːt].

Kürschner *m* فراء [farraːʔ].

kur'sieren (—) *v/i.* تداول [tadaːwala].

Kursus *m* (—; *Kurse*) دورة دراسية [daura diraːsiːja].

Kurswagen *m Eisenb.* عربة مباشرة [ʕaraba mubaːʃira].

Kurve *f* منعطف [munʕataf]; (*Straßen~*) منحنى [munħanan]; *Math.* خط منحن [xatt munħanin]; انحناء [inħinaːʔ].

kurz (*⸚er; ⸚est-*) *adj.* قصير [qaʃiːr]; (*Rede*) وجيز [waʤiːz], موجز [muːʤaz]; (*abgekürzt*) مختصر [muxtaʃar]; ***~ vor der Ankunft*** قبل الوصول بقليل [qabla lwuʃuːl biqaliːl]; ***vor ~em*** قبل مدة

قصيرة [qabla mudda qaṣiːra]; *adv.* باختصار [bixtiṣaːr].

Kürz|e *f* قصر [qiṣar], إيجاز [ʔiːdʒaːz], اختصار [ixtiṣaːr]; *in* **~e** قريبا [qariːban]; **≈en** (*-t*) *v/t.* قصر [qaṣṣara]; (*abkürzen*) اختصر [ixtaṣara].

kurzfristig *adj.* قصير الأجل [qaṣiːr alʔadʒal].

kürzlich *adv.* منذ قليل [munðu qaliːl], حديثا [ħadiːθan].

Kurz|schluß *m* (*-sses; ⸗sse*) *El.* دائرة قصيرة [daːʔira qaṣiːra]; **~schrift** *f* اختزال [ixtizaːl]; **≈sichtig** *adj.* قصير النظر [qaṣiːr annaẓar]; **~welle** *f* *El.* موجة قصيرة [maudʒa qaṣiːra].

Ku'sine *f s.* ***Cousine***.

Kuß *m* (*-sses; ⸗sse*) قبلة [qubla].

küssen (*-ßt*) *v/t.* قبل [qabbala].

Küste *f* ساحل [saːħil], شاطئ [ʃaːtiʔ]; **~n-straße** *f* طريق الساحل [ṭariːq assaːħil].

Kutsche *f* عربة [ʕaraba], حنطور [ħanṭuːr].

Kutscher *m* عربجي [ʕarbadʒiː].

Kutte *f* ثوب راهب [θaub raːhib].

Kuvert [kuˑ'vɛːʀ] *n* (*-s; -s*) ظرف [ẓarf], غلاف [ɣilaːf].

Kuwait *n* الكويت [alkuwait].

Kyber'netik *f* (*O*) السبرنيتيك [assiberneːtiːk].

L

laben *v/t.* أنعش [ʔanʕaʃa].

la'bil *adj.* غير مستقر [ɣair mustaqirr].

La'bor *n* (*-s; -s od. -e*) *s.* ***Laboratorium***.

Labo'rant *m* (*-en*) عامل فى مختبر [ʕaːmil fiː muxtabar].

Labora'torium *n* (*-s; -torien*) مختبر [muxtabar], معمل كيماوى [maʕmal kiːmaːwiː].

lächeln (*-le*) *v/i.* ابتسم [ibtasama].

lachen *v/i.* ضحك [đaħika, -a-].

Lachen *n* (*-s; O*) ضحك [đaħik]; (*lautes* ~) قهقهة [qahqaha].

lächerlich *adj.* مضحك [muđħik]; **~e Sache** أمر يضحك [ʔamr juđħik].

Lack *m* (*-ɇs; -e*) ورنيش [warniːʃ], لك [lak], طلاء [tilaːʔ]; **~ieren** [laˑ'kiː-] (—) *v/t.* ورنش [warnaʃa].

Lade *f* (*Tisch~*) درج [durdʒ].

laden (*L*) *v/t.* شحن [ʃaħana, -a-], حمل [ħammala]; (*Gewehr*) عمر [ʕammara], عبى [ʕabbaː], حشا [ħaʃaː, -uː]; (*ein~*) دعا [daʕaː, -uː]; (*j-n vor Gericht*) كلف بالحضور [kallafa bilħuđuːr].

Laden *m* (*-s;* ¨) دكان [dukkaːn]; (*Fenster~*) درفة [darfa]; **~preis** *m* (*-es; -e*) سعر التجزئة [siʕr attadʒziʔa]; **~schild** *n* (*-ɇs; -er*) لافتة الدكان [laːfitat addukkaːn]; **~schluß** *m* (*-sses; O*) إغلاق الدكان [ʔiɣlaːq add.]; **~tisch** *m* (*-ɇs; -e*) خوان [xiwaːn], منضدة [minđada].

Laderampe *f* رصيف شحن [raʃiːf ʃaħn].

Ladung *f a. El.* شحنة [ʃaħna]; (*Gewehr~*) تعميرة [taʕmiːra]; (*gerichtliche ~*) تكليف بالحضور [takliːf bilħuđuːr].

Lage *f* وضع [wađʕ]; (*e-s Ortes*) موقع [mauqiʕ]; (*Zustand*) حالة [haːla]; (*Schicht*) طبقة [tabaqa]; ***in der ~ sein*** *zu etw.* تمكن من [tamakkana].

Lager *n* (*Bett*) مرقد [marqad]; (*Waren~*) مخزن [maxzan]; *Mil.* معسكر [muʕaskar]; (*Zelt~*) مخيم [muxajjam]; *Techn.* محمل [maħmil], كرسى [kursiː]; **~n** *v/t.* خزن [xazana, -u-]; *v/i.* عسكر [ʕaskara], خيم [xajjama].

lahm *adj.* أعرج [ʔaʕradʒ], مفلوج [maflũːdʒ].

lähm|en *v/t.* أشل [ʔaʃalla]; **~ung** *f* شلل [ʃalal].

Laib *m* (*-es; -e*) رغيف [raɣiːf].

Laie ['laĭə] *m* (*-n*) (*Gegens. zu Fachmann*) غير خبير [ɣair xabiːr]; (*Gegens. zu Priester*) علماني [ʕalmaːniː].

laienhaft ['laĭən-] (*-est*) *adj.* بدون خبرة [biduːn xibra].

Laken *n* ملاءة [mulaːʔa], *pop.* ملاية [milaːja], شرشف [ʃarʃaf].

la'konisch *adj.* وجيز [wadʒiːz], مقتضب [muqtađab].

Lamm *n* (*-s;* ¨*er*) حمل [ħamal].

Lampe *f* مصباح [miʃbaːħ].

Land *n* (*-ɇs;* ¨*er*) أرض [ʔarđ]; (*Staat*) بلاد [bilaːd], دولة [daula]; (*Gegens. zu Stadt*) (*O*) ريف [riːf]; ***aufs ~ gehen*** اصطاف [iʃtaːfa]; (*Gegens. zu Wasser*) (*-ɇs; -e*) بر [barr]; ***an ~ gehen*** نزل إلى البر [nazala, -i-, ʔilaː

lbarr]; **∻en** (-e-) *v/i.* (*Schiff*) رسا [rasaː, -uː]; (*Flugzeug*) هبط [habata, -i-]; **~-enge** *f* برزخ [barzax]; **~e-platz** *m* (-es; ¨e) مرسى [marsan].

Lände'reien *pl.* أراض [ʔaraː-đin].

Land|es-grenze *f* حد البلاد [ħadd albilaːd]; **∻es-üblich** *adj.* معتاد [muʕtaːd]; **~es-verrat** *m* (-ȼs; *O*) خيانة عظمى [xijaːna ʕuẓmaː]; **~gut** *n* (-es; ¨er) ضيعة [đaiʕa]; **~karte** *f* خريطة [xariːta].

ländlich *adj.* ريفى [riːfiː].

Land|mann *m* (-ȼs; -leute) فلاح [fallaːħ]; **~schaft** *f* ريف [riːf], صقع [ʃuqʕ]; منظر طبيعى [manẓar ṭabiːʕiː].

Landsmann *m* (-ȼs; -leute) مواطن [muwaːṭin], ابن البلد [ibn albalad].

Land|straße *f* طريق عام [ṭariːq ʕaːmm]; **~tag** *m* (-ȼs; -e) مجلس إقليمى [madʒlis ʔiqliː-miː]; **~transport** *m* (-ȼs; -e) نقل برى [naql barriː]; **~ung** *f* رسو [rasw]; (*Flugzeug*∻) هبوط [hubuːṭ].

Landungs|brücke *f*, **~steg** *m* (-ȼs; -e) *Mar.* سلم مركب [sul-lam markab].

Landwirt *m* (-ȼs; -e) مزارع [muzaːriʕ]; **~schaft** *f* زراعة [ziraːʕa]; **∻schaftlich** *adj.* زراعى [ziraːʕiː].

lang (¨er; ¨st-) *adj.* طويل [ṭawiːl]; ***es ist drei Meter ~*** طوله ثلاثة أمتار [ṭuːluhu θalaːθat ʔamtaːr]; ***zwei Wochen ~*** لمدة اسبوعين [limuddat ʔusbuːʕain]; ***seit ~em*** منذ مدة طويلة [munðu mudda ṭawiːla].

lange *adv.* مدة طويلة [mudda-tan ṭawiːla].

Länge *f* طول [ṭuːl]; *Geogr.* خط الطول [xaṭṭ aṭṭuːl]; **~n-maß** *n* (-es; -e) مقياس خطى (طولى) [miqjaːs xaṭṭiː (ṭuːliː)].

länger *adj. comp.* أطول [ʔaṭwal]; *adv.* مدة أطول [muddatan ʔaṭwal].

Lange'weile *f* (*O*) ملل [malal].

langfristig *adj.* طويل الأمد [ṭawiːl alʔamad]; *adv.* على المدى الطويل [ʕalaː lmadaː ṭṭawiːl].

länglich *adj.* مستطيل [musta-ṭiːl].

Langmut *f* (*O*) حلم [ħilm], صبر [ʃabr].

längs *präp. mit G od. D* على طول [ʕalaː tuːl].

langsam *adj.* بطىء [batiːʔ]; *adv.* مهلا [mahlan], ببطء [bibutʔ].

längst *adv.* منذ زمن طويل [munðu zaman tawiːl]; **~ens** *adv.* على الأكثر [ʕalaː lʔakθar].

Langweile *f s.* ***Langeweile***.

langweil|en *v/t.* أمل [ʔamalla]; *v/r.* تملل [tamallala]; **~ig** *adj.* ممل [mumill].

Langwelle *f El.* موجة طويلة [mauʤa tawiːla].

langwierig *adj.* مشكل [muʃkil], متعب [mutʕib], متطاول [mutataːwil].

Lanze *f* رمح [rumħ].

Lap'palie *f* تافهة [taːfiha].

Lappen *m* خرقة [xirqa].

läppisch *adj.* بليد [baliːd].

Lapsus *m (O)* فلتة [falta].

Lärm *m (-s; O)* ضجة [đaddʒa], صخب [ʃaxab], جلبة [ʤalaba], ضوضاء [đauđaːʔ].

Larve *f* (*Insekten~*) يرقة [jaraqa]; (*Maske*) قناع [qinaːʕ].

lassen (*L*) *v/t.* (*be~, unter~, ver~*) ترك [taraka, -u-], خلى [xallaː], ودع [wadaʕa, jadaʕu]; (*gehen ~*) أطلق [ʔatlaqa], أخلى سبيله [ʔaxlaː sabiːlahu]; (*j-m etw. erlauben*) سمح له ب [samaħa, -a-]; ***laß mich in Ruhe!*** خليني [xalliːniː]; ***laß das!*** دع هذا [daʕ haːðaː].

lässig *adv.* بتغافل [bitaɣaːful].

Last *f* حمل [ħiml]; *fig.* عبء [ʕibʔ]; **zur ~ legen** (*D/A*) اتهم (ه ب) [ittahama]; **~-auto** *n (-s; -s)* سيارة نقل [sajjaːrat naql]; **⁓en** (*-e-*) *v/i.* (**auf** *D* على) ثقل [θaqula, -u-].

Laster *n* رذيلة [raðiːla], عيب [ʕaib]; **⁓haft** (*-est*) *adj.* فاسق [faːsiq], فاسد [faːsid].

lästern (*-re*) *v/i.* سب الدين [sabba, -u-, ddiːn].

lästig *adj.* مزعج [muzʕiʤ], متعب [mutʕib].

Last|kahn *m (-es; ⁓e)* ماعونة [maːʕuːna], صندل [ʃandal]; **~kraftwagen** *m* سيارة نقل [sajjaːrat naql], لورى [loːri]; **~träger** *m* حمال [ħammaːl].

la'teinisch *adj.* لاتيني [laːtiːniː].

La'terne *f* فانوس [faːnuːs], (*Straßen~*) مصباح [miʃbaːħ]; **~n-pfahl** *m (-es; ⁓e)* عمود مصباح [ʕamuːd miʃbaːħ].

Latte *f* قدة خشبية [qidda xaʃabiːja].

lau *adj.* فاتر [faːtir].

Laub *n* (*-ẹs; O*) ورق شجر [waraq ʃadʒar]; **~baum** *m* (*-ẹs; ¨e*) شجرة وارقة [ʃadʒara waːriqa].

Laube *f* عريش [ʕariːʃ].

Lauch *m* (*-s; O*) كراث [kurraːθ].

lauern (*-re*) *v/i.*: **~ *auf*** *A* تربص ل [tarabbaʂa], رصد ه [raʂada, -u-].

Lauf *m* (*-ẹs; ¨e*) سير [sair], ركض [rakđ]; (*Wasser*~) مجرى [madʒran]; (*Gewehr*~) ماسورة [maːsuːra]; ***seinen ~ nehmen*** أخذ مجراه [ʔaxaða, -u-, madʒraːhu]; **~bahn** *f* مسار [masaːr]; (*Karriere*) سير مهني [sair mihniː], سيرة [siːra].

laufen (*L; sn*) *v/i.* (*Mensch, Tier, Wasser, Maschine*) جرى [dʒaraː, -iː]; (*rennen*) ركض [rakađa, -u-], عدا [ʕadaː, -uː]; **~d** *adj.* جار [dʒaːrin]; **~lassen** *v/t.* أطلق سبيله [ʔatlaqa sabiːlahu].

Läufer *m* عداء [ʕaddaːʔ]; (*Teppich*) بساط طويل [bisaːt tawiːl]; (*Schach*) فيل [fiːl]; (*Fußball*) نصف ظهير [niʂf zahiːr].

Lauge *f* بوغادة [buːɣaːda]; *Chem.* قلو [qilw], قلى [qilan].

Laune *f* هوى [hawan]; (*Stimmung*) مزاج [mizaːdʒ]; **~nhaft** *adj.* متقلب [mutaqallib], هوائى [hawaːʔiː].

Laus *f* (*—; ¨e*) قملة [qamla].

lauschen *v/i.* (*D* ل) أنصت [ʔanʂata], أصغى [ʔaʂɣaː].

laut[1] *adj.* عال [ʕaːlin]; *adv.* بصوت عال [biʂaut ʕaːlin].

laut[2] *präp. G* حسب [ħasaba], بموجب [bimuːdʒibi].

Laut *m* (*-ẹs; -e*) صوت [ʂaut].

Laute *f Mus.* عود [ʕuːd].

läuten (*-e-*) *v/t.* دق [daqqa, -u-]; *v/i.* دق [daqqa, -u-], رن [ranna, -i-]; ***es hat geläutet*** دق الجرس [daqqa ldʒaras].

lauter *adj.* صاف [ʂaːfin], خالص [xaːliʂ].

läutern (*-re*) *v/t.* روق [rawwaqa], كرر [karrara]; صفى [ʂaffaː].

laut|los (*-est*) *adj.* صامت [ʂaːmit]; **~sprecher** *m* مكبر الصوت [mukabbir aʂʂaut], مجهار [midʒhaːr]; **~stärke** *f* شدة الصوت [ʃiddat aʂʂaut].

lauwarm (*O*) *adj.* فاتر [faːtir].

Lava [v] *f* (*—; Laven*) طفح

[tafħ], حمم بركانية [ħumam burkaːniːja].

La'wine *f* انهيار ثلوج [inhijaːr θuluːdʒ]; *fig.* وابل [waːbil].

lax *adj.* رخو [rixw].

Laza'rett *n* (*-s; -e*), مستشفى عسكرى [mustaʃfan ʕaskariː].

leben *v/i.* عاش [ʕaːʃa, -iː-], حى [ħajja, jaħjaː]; ***er lebe hoch!*** عاش [ʕaːʃa], ليعش [lijaʕiʃ], يحيا [jaħjaː]; ***lebe wohl!*** الوداع [alwadaːʕ].

Leben *n* حياة [ħajaːt], عيش [ʕaiʃ].

lebend *adj.* حى [ħajj]; **~ig** [le'bɛndıç] *adj.* نشط [naʃiŧ].

Lebens|-alter *n* عمر [ʕumr]; **~beschreibung** *f* ترجمة شخصية [tardʒama ʃaxʃiːja]; **~-erwartung** *f* العمر المتوقع [alʕumr almutawaqqaʕ]; **~gefahr** *f* خطر الموت [xaŧar almaut]; **~̊gefährlich** *adj.* خطر على الحياة [xaŧir ʕalaː lħajaːt]; **~gefährte** *m* شريك الحياة [ʃariːk alħajaːt]; **~haltungs-kosten** *pl.* نفقات المعيشة [nafaqaːt almaʕiːʃa]; **~kraft** *f* (—; *¨e*) حيوية [ħajawiːja]; **~lauf** *m* (*-ɇs; ¨e*) سيرة [siːra]; **~mittel** *n/pl.* مواد غذائية [mawaːdd ɣiðaːʔiːja]; **~raum** *m* (*-es; O*) مجال حيوى [madʒaːl ħajawiː]; **~-standard** *m* مستوى المعيشة [mustawaː lmaʕiːʃa]; **~-umstände** *m/pl.* ظروف الحياة [ẓuruːf alħajaːt]; **~-unterhalt** *m* (*-ɇs; O*) رزق [rizq], معيشة [maʕiːʃa]; ***den ~unterhalt verdienen*** كسب رزقه [kasaba, -i-, rizqahu]; **~versicherung** *f* تأمين على الحياة [taʔmiːn ʕalaː lħajaːt]; **~wandel** *m* سير [sair]; **~̊wichtig** *adj.* حيوى [ħajawiː]; **~zeichen** *n* خبر [xabar], مظهر الحياة [maẓhar alħajaːt].

Leber *f* (*-; -n*) كبد [kabid].

Lebewesen *n* كائن حى [kaːʔin ħajj].

Lebe'wohl *n* (*-s; O*) وداع [wadaːʕ]; **~!** مع السلامة [maʕa ssalaːma].

lebhaft (*-est*) *adj.* نشط [naʃiŧ].

Lebkuchen *m* كعك عسل (متبل) [kaʕk ʕasal (mutabbal)].

leblos (*O*) *adj.* لا حياة فيه [laː ħajaːta fiːhi], ميت [majjit].

Leck *n* (*-ɇs; -e*) *Mar.* خرم [xurm]; فتحه تسرب [fatħat tasarrub].

lecken *v/t.* لعق [laʕiqa, -a-], لحس [laħisa, -a-].

Leder *n* جلد [dʒild].

ledern *adj.* من جلد [min dʒild], جلدى [dʒildiː].

Lederwaren *f/pl.* مصنوعات من جلد [maʃnuːʕaːt min dʒild].

ledig (*O*) *adj.* أعزب [ʔaʕzab]; **~lich** *adv.* فقط [faqat].

leer *adj.* فارغ [faːriɣ], خال [xaːlin], فاض [faːđin]; **~e** *f* (*O*) فراغ [faraːɣ], خلاء [xalaːʔ]; **~en** *v/t.* أخلى [ʔaxlaː], فرغ [farraɣa].

Leerlauf *m* (*-es; ⸗e*) *Mot.* اللاتعشيق [allaːtaʕʃiːq].

le'gal (*O*) *adj.* شرعى [ʃarʕiː], قانونى [qaːnuːniː].

legen *v/t.* وضع [wađaʕa, jađaʕu], حط [ħatta, -u-], أودع [ʔawdaʕa]; **Eier** ~ باض [baːđa, -iː-]; *v/r.* رقد [raqada, -u-]; اضطجع [iđtadʒaʕa]; (*Wind, Lärm*) هدأ [hadaʔa, -a-], سكن [sakana, -u-].

Le'gende *f* أسطورة [ʔustuːra].

Le'gierung *f* خليط معدنى [xaliːt maʕdiniː].

legi'tim (*O*) *adj.* شرعى [ʃarʕiː].

Legitima'tion [-'tsĭoːn] *f* رخصة [ruxʃa]; (*Ausweis*) هوية [huwiːja], بطاقة إثبات الشخصية [bitaːqat ʔiθbaːt aʃʃaxʃiːja].

legiti'mieren (—) *v/t.* قرره شرعيا [qarrarahu ʃarʕiːjan]; *v/r.* أثبت الشخصية [ʔaθbata ʃʃaxʃiːja].

Lehm *m* (*O; -s*) طين [tiːn].

Lehne *f* مسند [misnad]; (*Stuhl*~) ظهر كرسى [zahr kursiː]; **⸗n** *v/t.* (**gegen** *A* إلى) أسند [ʔasnada]; *v/r.* (**gegen, auf** *A* إلى، على) استند [istanada].

Lehn|sessel *m*, **~stuhl** (*-es; ⸗e*) *m* مقعد مريح [maqʕad muriːħ], كرسى بمساند [kursiː bimasaːnid]; **~wort** (*-es; ⸗er*) *n* كلمة دخيلة [kalima daxiːla].

Lehr|anstalt *f* مدرسة [madrasa], معهد [maʕhad]; **~buch** (*-es; ⸗er*) *n* كتاب مدرسى (تعليمى) [kitaːb madrasiː (taʕliːmiː)]; **~e** *f* تعليم [taʕliːm]; (*Wissenschaftszweig*) علم [ʕilm]; (*~meinung*) مذهب [maðhab]; ***j-m e-e ~e erteilen*** لقنه درسا [laqqanahu darsan]; **⸗en** *v/t.* (*A/A* ه ه) علم [ʕallama], درس [darrasa]; **~er** *m* مدرس [mudarris], معلم [muʕallim]; **~erin** *f* مدرسة [mudarrisa], معلمة [muʕallima]; **~fach** (*-es; ⸗er*) *n* فن [fann], مادة [maːdda]; **~gang** *m* (*-es;*

L

⸗e) مقرر دروس [muqarrar duruːs]; ~**geld** *n* (-*¢s; -er*) أجرة تلمذة [ʔudʒrat talmaða]; *fig.* ~***geld bezahlen*** تحمل عاقبة جهله [taħammala ʕaːqibat dʒahlihi]; ~**ling** *m* (-*s; -e*) صبي (في حرفة) [ʃabiːj (fiː ħirfa)]; ~**körper** *m* هيئة التدريس [haiʔat attadriːs]; ~̈**reich** *adj.* مفيد [mufiːd]; ~**stuhl** *m* (-*¢s;* ⸗*e*) كرسي جامعي [kursiː dʒaːmiʕiː]; ~**zeit** *f* مدة تلمذة صناعية [muddat talmaða ʃinaːʕiːja].

Leib *m* (-*¢s; -er*) بدن [badan], جسد [dʒasad]; ~**-arzt** *m* طبيب خاص [tabiːb xaːʃʃ]; ~**binde** *f* حزام [ħizaːm]; ~**chen** *n* فانلة [faːnilla], صدار [ʃidaːr]; ~**es-frucht** *f* (*O*) جنين [dʒaniːn]; ~**es-übung** *f* رياضة بدنية [rijaːđa badaniːja]; ~**es-visitation** [-tsĭoːn] *f* تفتيش شخصي [taftiːʃ ʃaxʃiː]; ~̈**lich** *adj.* بدني [badaniː], جسدي [dʒasadiː]; ~̈***licher Bruder*** شقيق [ʃaqiːq]; ~**schmerzen** *m/pl.* مغص [maɣʃ]; ~**wache** *f* حرس شخصي [ħaras ʃaxʃiː]; ~**wäsche** *f* (*O*) ملابس داخلية [malaːbis daːxiliːja].

Leiche *f* جثة [dʒuθθa].

Leichen|begängnis *n* (-*ses; -se*) جنازة [dʒinaːza]; ~**verbrennung** *f* إحراق الجثث [ʔiħraːq aldʒuθaθ]; ~**wagen** *m* عربة الموتى [ʕarabat almautaː]; ~**zug** *m* (-*¢s;* ⸗*e*) موكب الجنازة [maukib aldʒinaːza].

Leichnam *m* (-*s; -e*) جثة [dʒuθθa].

leicht *adj.* (*Gewicht*) خفيف [xafiːf]; (*einfach*) سهل [sahl]; ~̈**-athletik** [-atleːtɪk] *f* ألعاب رياضية [ʔalʕaːb rijaːđiːja]; ~**fertig** *adj.* طائش [taːʔiʃ]; ~**gläubig** *adj.* سريع التصديق [sariːʕ attaʃdiːq]; ~̈**igkeit** *f* سهولة [suhuːla]; ~̈**metall** *n* (-*¢s; -e*) معدن خفيف [maʕdin xafiːf]; ~̈**sinn** *m* (-*¢s; O*) طيش [taiʃ]; ~**sinnig** *adj.* طائش [taːʔiʃ].

leid: ***es tut mir*** ~ إني آسف [ʔinniː ʔaːsif]; أنا متأسف [ʔana mutaʔassif]; ***es tut mir*** ~**, *daß*** يؤسفني أن [juʔsifuniː ʔan].

Leid *n* (-*¢s; O*) حزن [ħuzn], أسف [ʔasaf]; (*Schmerz*) ألم [ʔalam], مض [mađđ]; (*Unglück*) مصيبة [muʃiːba].

leiden (*L*) *v/t.* عانى [ʕaːnaː],

قاسى [qaːsaː], كابد [kaːbada]; *v/i.* تألم [taʔallama].

Leiden *n* ألم [ʔalam], عناء [ʕanaːʔ]; *Med.* مرض [marađ], داء [daːʔ].

leidend *adj.* (**an** *D* ب) مريض [mariːđ]; متألم [mutaʔallim].

Leidenschaft *f* (*Liebes*~) غرام [ɣaraːm]; (*Begierde*) شهوة [ʃahwa]; (*Begeisterung*) هوى [hawan], حماس [ħamaːs]; ~**lich** *adj.* غرامى [ɣaraːmiː], حماسى [ħamaːsiː]; (*Gefühl*) جارف [dʒaːrif].

leider *adv.* للأسف [lilʔasaf], لسوء الحظ [lisuːʔ alħazz].

leid|lich *adj.* لا بأس به [laː baʔsa bihi]; *adv.* نوعا ما [nauʕan maː]; ~**tragende(n)** *m/pl.* أهل المتوفى [ʔahl almutawaffaː].

Leih|bücherei *f* مكتبة إعارة [maktabat ʔiʕaːra]; ~**en** (*L*) *v/t.* أعار [ʔaʕaːra]; (*Geld*) أقرض [ʔaqrađa], أسلف [ʔaslafa]; ~**haus** *n* (*-es; ¨er*) مرهن [marhan].

Leim *m* (*-ės; -e*) غراء [ɣiraːʔ]; ~**en** *v/t.* غرى [ɣarraː].

Lein *m* (*-ės; -e*) كتان [kattaːn].

Leine *f* حبل [ħabl]; (*Hunde*~) قيد [qaid].

Leinen *n* نسيج الكتان [nasiːdʒ alkattaːn]; ~ *adj.* كتانى [kattaːniː].

Lein|-öl *n* (*-s; O*) زيت حار [zait ħaːrr]; ~**wand** *f* (*—; O*) (*Kino*) شاشة [ʃaːʃa].

leise *adj.* منخفض [munxafiđ], خفيف [xafiːf]; *adv.* بخفة [bixiffa].

Leiste *f* شريحة [ʃariːħa], قدة [qidda]; *Med.* أربية [ʔurbiːja].

leisten (*-e-*) *v/t.* أنجز [ʔandʒaza], أدى [ʔaddaː]; ***Widerstand*** ~ قاوم [qaːwama].

Leistenbruch *m* (*-ės; ¨e*) فتق أربى [fatq ʔurbiː].

Leistung *f* إنتاج [ʔintadʒ], أداء [ʔadaːʔ], قدرة [qudra]; ~**s-fähigkeit** *f* قوة إنتاج [quːwat ʔintaːdʒ].

Leit|-artikel *m* مقالة افتتاحية [maqaːla iftitaːħiːja]; ~**en** (*-e-*) *v/t.* دل [dalla, -u-], أرشد [ʔarʃada], قاد [qaːda, -uː-]; (*dirigieren*) أدار [ʔadaːra]; *El.* وصل [waʃʃala], نقل [naqala, -u-].

Leiter[1] *m* مدير [mudiːr], مرشد [murʃid]; *El.* موصل [muwaʃʃil].

Leiter[2] *f* (*—; -n*) سلم [sullam].

Leitfaden *m* (*-s; ¨*) (*Buch*) دليل [daliːl], مدخل [madxal].

L

Leitung *f* إدارة [ʔidaːra], قيادة [qijaːda]; (*Wasser*∼) أنابيب [ʔanaːbiːb]; *El.* توصيل [tau-fiːl]; (*Telefon*∼) خط [xatt]; **∼s-draht** *m* (*-es; ⸗e*) سلك موصل [silk muwaffil]; **∼s-wasser** *n* ماء الأنابيب [maːʔ alʔanaːbiːb].

Lek'tion [-'tĭoːn] *f* درس [dars].

Lektor *m* (*-s; -en*) مدرس [mudarris].

Lektüre *f* قراءة [qiraːʔa].

Lende *f Anat.* صلب [ʃulb].

lenk|bar *adj.* سهل القيادة [sahl alqijaːda]; **∼en** *v/t.* وجه [waddʒaha]; (*Auto*) ساق [saːqa, -uː-]; **∼er** *m* سائق [saːʔiq]; **∼rad** *n* (*-es; ⸗er*) عجلة القيادة [ʕadʒalat al-qijaːda], مقود [miqwad]; **∼schloß** *n* (*-sses; ⸗sser*), **∼sperre** *f* قفل المقود [qufl almiqwad]; **∼stange** *f* مقود دراجة [miqwad darraːdʒa]; **∼ung** *f* توجيه [taudʒiːh]; *Mot.* قيادة [qijaːda].

Lenz *m* (*-es; -e*) ربيع [rabiːʕ].

Lepra *f Med.* برص [baraʃ].

Lerche *f Zo.* قنبر [qunbur].

lernen *v/t.* درس [darasa, -u-], تعلم [taʕallama].

les|bar *adj.* (*Schrift*) واضح [waːđiħ]; (*Buch*) ممتع [mum-tiʕ]; **∼e** *f* (*O*) حصاد [ħafaːd]; **∼e-buch** *n* منتخب للدراسة [muntaxab liddi-raːsa]; **∼en** (*L*) *v/t.* قرأ [qaraʔa, -a-], طالع [taːlaʕa]; (*rezitieren*) تلا [talaː, -uː]; (*sammeln*) جمع [dʒamaʕa, -a-]; **∼er** *m* قارئ [qaːriʔ]; **∼erlich** *adj.* (*Schrift*) واضح [waːđiħ]; **∼e-saal** *m* قاعة المطالعة [qaːʕat almutaːlaʕa].

letzte, **∼r**, **∼s** أخير [ʔaxiːr]; نهائي [nihaːʔiː]; (*e-r Reihe*) آخر [ʔaːxir]; ***zum letztenmal*** للمرة الأخيرة [lilmarra alʔaxiːra].

leuchten (*-e-*) *v/i.* أضاء [ʔađaːʔa].

Leuchter *m* شمعدان [ʃamʕa-daːn].

Leuchtturm *m* (*-es; ⸗e*) منارة [manaːra].

leugnen (*-e-*) *v/t.* أنكر [ʔankara], كذب [kaððaba].

Leumundszeugnis *n* (*-ses; -se*) شهادة حسن السير والسلوك [ʃahaːdat ħusn assair wassu-luːk].

Leute *pl.* ناس [naːs], قوم [qaum].

Leutnant *m* (*-s; -s u. -e*) *Mil.* ملازم [mulaːzim].

Lexikon [-kɔn] *n* (*-s; Lexika*)

معجم [muʕdʒam], قاموس [qaːmuːs].

libe'ral *adj.*: ~**e Partei** حزب الأحرار [ħizb alʔaħraːr].

licht *adj.* (*Raum*) نير [najjir], منور [munawwar]; (*Farbe*) فاتح [faːtiħ].

Licht *n* (-*¢s*; -*er*) نور [nuːr], ضوء [đauʔ]; ~**bild** *n* (-*s*; -*er*) صورة شمسية [ʃuːra ʃamsiːja]; ~**-empfindlich** *adj.* حساس للضوء [ħassaːs liđđauʔ]; ~**geschwindigkeit** *f* سرعة الضوء [surʕat ađđauʔ]; ~**maschine** *f Mot.* دينامو [diːnaːmo]; ~**reklame** *f* إعلان ضوئي [ʔiʕlaːn đauʔiː]; ~**spiel-theater** *n* سينما [siː-nema]; ~**strahl** *m* (-*¢s*; -*en*) شعاع [ʃuʕaːʕ], بصيص [baʃiːʃ].

Lid *n* (-*¢s*; -*er*) جفن [dʒafn].

lieb *adj.* عزيز [ʕaziːz]; لطيف [latiːf].

Liebe *f* (*O*) حب [ħubb], عشق [ʕiʃq].

lieben *v/t.* حب [ħabba, -i-], أحب [ʔaħabba]; (*erotisch*) عشق [ʕaʃiqa, -a-]; ~**s-würdig** *adj.* لطيف [latiːf].

lieber *adv.* أحب [ʔaħabb]; **so ist es mir** ~ هكذا هو أحب إلى [haːkaðaː huwa ʔaħabb ʔilajja]; ~ **nicht** أفضل أن لا [ʔufađđilu ʔan laː].

Liebes|dienst *m* (-*es*; -*e*) فضل [fađl], معروف [maʕruːf]; ~**paar** *n* (-*¢s*; -*e*) عشيقان [ʕaʃiːqaːn].

liebevoll *adv.* بود [biwudd].

liebhaben *v/t.* أحب [ʔaħabba].

Liebhaber *m* عاشق [ʕaːʃiq]; (*Amateur*) هاو [haːwin].

liebkosen (-*t*) *v/t.* دلل [dal-lala].

Liebling *m* (-*s*; -*e*), **Liebste(r)** *m* (-*n*) حبيب [ħabiːb].

Liebreiz *m* (-*es*; *O*) فتنة [fitna], جاذبية [dʒaːðibiːja].

Liebste *f* حبيبة [ħabiːba].

Lied *n* (-*¢s*; -*er*) أغنية [ʔuɣniːja].

liederlich *adj.* مهمل [muhmil]; داعر [daːʕir].

Liefe'rant *m* (-*en*) متعهد [muta-ʕahhid], مورد [muwarrid].

Lieferbedingungen *f/pl. Hdl.* شروط التوريد [ʃuruːt attau-riːd].

liefern (-*re*) *v/t.* سلم [sallama], ورد [warrada].

Lieferschein *m* (-*¢s*; -*e*) *Hdl.* إيصال التسليم [ʔiːʃaːl attas-liːm].

Lieferung *f Hdl.* تسليم [tas-liːm].

liegen (*L; a. sn*) *v/i.* رقد [raqada, -u-]; (*Ort*) وقع [waqaʕa, jaqaʕu].

Liegestuhl *m* (*-ɇs; ¨-e*) كرسى طويل [kursiː tawiːl].

Liegewagen *m Eisenb.* عربة نوم [ʕarabat naum].

Lift *m* (*-ɇs; -e*) مصعد [misʕad].

Liga *f* هيئة [haiʔa], جامعة [ʤaːmiʕa]; ***die ~ der Arabischen Staaten*** جامعة الدول العربية [ʤaːmiʕat adduwal alʕarabiːja].

lila (*O*) *adj.* ليلكى اللون [lailakiː allaun].

L

Lilie ['liːlĭə] *f Bot.* زنبق [zanbaq], سوسن [sausan].

Limo'nade *f* شراب الليمون [ʃaraːb allaimuːn], ليمونادة [liːmuːnaːda].

lind (*-est*) *adj.* لطيف [latiːf], خفيف [xafiːf].

Linde *f Bot.* زيزفون [zaizafuːn].

lindern (*-re*) *v/t.* خفف [xaffafa], سكن [sakkana].

Lineal [liˑneˑ'ɑːl] *n* (*-s; -e*) مسطرة [mistara].

Linie ['liːnĭə] *f* خط [xatt]; (*auf Schreibpapier*) سطر [satr]; *Mil.* صف [ʃaff]; **~n-treu** *adj.* متمسك بفلسفة حزبه [mutamassik bifalsafat ħizbihi].

li'niert *adj.* (*Papier*) مسطر [musattar].

link (*O*) *adj.* أيسر [ʔaisar], شمالى [ʃimaːliː]; *Pol.* يسارى [jasaːriː]; **~e** *f*: ***die ~e*** (*Hand*) اليسرى [aljusraː]; *Pol.* اليسار [aljasaːr]; **~isch** *adj.* غشيم [ɣaʃiːm], لخمة [lax(a)ma]; **~s** *adv.* على اليسار [ʕalaː ljasaːr]; ***nach ~s*** إلى اليسار [ʔilaː ljasaːr].

Linkshänder *m* أعسر [ʔaʕsar].

Linse *f Bot.* عدس [ʕads]; (*Optik*) عدسة [ʕadasa].

Lippe *f* شفة [ʃafa]; **~n-stift** *m* أحمر الشفاه [ʔaħmar aʃʃifaːh].

List *f* حيلة [ħiːla], مكر [makr].

Liste *f* قائمة [qaːʔima], كشف [kaʃf], جدول [ʤadwal].

listig *adj.* مكار [makkaːr], محتال [muħtaːl].

Liter *n* (*m*) لتر [litr].

lite'rarisch *adj.* أدبى [ʔadabiː].

Lite'rat *m* (*-en*) أديب [ʔadiːb].

Litera'tur *f* أدب [ʔadab]; **~geschichte** *f* تأريخ الأدب [taʔriːx alʔadab].

Li'zenz *f* رخصة [ruxʃa].

LKW = ***Lastkraftwagen***.

Lob *n* (*-es; -e*) مدح [madħ], ثناء [θanaːʔ]; (*~ Gottes*) حمد [ħamd]; **~en** [-bən] *v/t.* مدح ه [madaħa, -a-], أثنى على

[ʔaθnaː]; (*Gott*) حمد [ħamida, -a-]; **~̊ens-wert** *adj.* مستحسن [mustaħsan], جدير بالثناء [ʤadiːr biθ-θanaːʔ].

Loch *n* (*-es; ⸚er*) ثقب [θuqb], خرم [xurm]; (*Grube*) حفرة [ħufra]; **~̊en** *v/t.* خرم [xar-rama], ثقب [θaqaba, -u-].

Locke *f* خصلة [xuʃla], جعدة [ʤaʕda], عقيصة [ʕaqiːʃa].

locken *v/t.* أغرى [ʔaɣraː], اجتذب [iʤtaðaba], استدرج [istadraʤa].

Lockenwickel *m* مشبك تجعيد [miʃbak taʤʕiːd].

locker (*-ckr-*) *adj.* رخو [raxw]; (*Schraube*) مفكوك [maf-kuːk]; **~n** *v/t.* أرخى [ʔarxaː], فك [fakka, -u-]; *fig.* خفف [xaffafa].

lodern (*-re*) *v/i.* اشتعل [iʃta-ʕala], التهب [iltahaba].

Löffel *m* ملعقة [milʕaqa].

Loge ['loːʒə] *f* مقصورة [maq-ʃuːra].

Logik ['loːgɪk] *f* (*O*) منطق [mantiq].

logisch *adj.* منطقي [mantiqiː].

Lohn *m* (*-ẹs; ⸚e*) أجر [ʔaʤr], مكافأة [mukaːfaʔa]; *fig.* جزاء [ʤazaːʔ]; **~büro** *n* (*-s; -s*) مكتب المرتبات والأجور [maktab almurattabaːt walʔuʤuːr]; **~̊en** *v/t.*: **es ~̊t (sich) nicht** لا فائدة فيه [laː faːʔidata fiːhi]; **~̊end** *adj.* مستحق التعب [mustaħiqq attaʕab]; **~steuer** *f* (*—; -n*) ضريبة الأجور [đariːbat alʔuʤuːr].

Lok *f* (*-; -s*) *s.* ***Lokomotive.***

lo'kal *adj.* محلي [maħalliː], بلدي [baladiː]; **~̊** *n* (*-ẹs; -e*) (*Gasthaus*) مطعم [matʕam]; **~̊i'tät** *f* محل [mahall].

Lokomo'tive *f* *Eisenb.* قاطرة [qaːtira].

Lorbeer *m* (*-s; -en*) *Bot.* غار [ɣaːr]; **~en** *pl. fig.* (*Erfolg*) نجاح [naʤaːħ]; **~kranz** *m* (*-ẹs; ⸚e*) إكليل الغار [ʔikliːl alɣaːr].

Los [-oː-] *n* (*-es; -e*) حظ [ħaʒʒ], نصيب [naʃiːb]; (*Lotterie~̊*) تذكرة يانصيب [taðka-rat jaːnaʃiːb].

los (*-est*) *adj.* مفكوك [maf-kuːk], منقطع [munqatiʕ], منطلق [muntaliq]; *adv.* **~!** هيا [hajjaː]; انطلق [intaliq]; ***was ist los?*** ماذا جرى [maːðaː ʤaraː].

lösbar (*O*) *adj.* قابل للحل [qaːbil lilħall].

losbinden (*L*) *v/t.* حل رباطه [ħalla, -u-, ribaːtahu].

löschen *v/t.* أطفأ [ʔatfaʔa]; ***den Durst*** ~ شفى الغليل [ʃafaː, -iː, alɣaliːl], روى الظمأ [rawaː, -iː, azzamaʔ]; (*Tonband*) محا [maħaː, -uː]; *Mar.* (*Ladung*) فرغ [farraɣa].

lose *adj.* سائب [saːʔib], مفكوك [mafkuːk].

Lösegeld *n* (*-es; ¨er*) فدية [fidja].

lösen (*-t*) *v/t.* (*Knoten, Schraube*) فك [fakka, -u-]; (*Salz, Problem*) حل [ħalla, -u-]; (*Fahrkarte*) اشترى [iʃtaraː]; *v/r.* انفك [infakka].

los|gehen (*L; sn*) *v/i.* (*beginnen*) ابتدأ [ibtadaʔa]; (*Schuß*) انطلق [intalaqa]; (***auf*** *A* هـ) قصد [qaʃada, -i-]; (*angreifen*) (***auf*** *A* على) هجم [hadʒama, -u-]; **~kaufen** *v/t.* فدى [fadaː, -iː]; **~kommen** (*L; sn*) *v/i.* تخلص [taxallaʃa]; **~lassen** (*L*) *v/t.* أطلق [ʔatlaqa].

löslich *adj.* قابل للذوبان [qaːbil liððawabaːn].

los|machen *v/t.* فك [fakka, -u-]; **~reißen** (*L*) *v/t.* خطف [xatafa, -i-], انتزع [intazaʕa]; *v/r.* انقطع [inqataʕa]; ***ich kann mich von diesem Buch nicht ~reißen*** لا أستطيع أن أضع هذا الكتاب جانبا [laː ʔastatiːʕu ʔan ʔadaʕa haːðaː lkitaːba dʒaːniban]; **~sprechen** *v/t.* برأ [barraʔa].

Losung *f Pol.* شعار [ʃiʕaːr].

Lösung *f* (*e-s Problems*) حل [ħall]; *Chem.* محلول [maħluːl].

loswerden *v/t.* تخلص من [taxallaʃa].

Lot *n* (*-ʢs; -e*) شاقول [ʃaːquːl]; *Mar.* مقياس عمق [miqjaːs ʕumq], مرجاس [mirdʒaːs], مسبار [misbaːr]; **≈en** (*-e-*) *v/t.* سبر [sabara, -u-].

löten (*-e-*) *v/t.* لحم [laħħama].

lotrecht (*O*) *adj.* عمودى [ʕamuːdiː].

Lotse [-oː-] *m* (*-n*) *Mar.* مرشد [murʃid]; **≈n** (*-t*) *v/t. Mar.* أرشد [ʔarʃada].

Lotte'rie *f* يانصيب [jaːnaʃiːb].

Löwe *m* (*-n*) أسد [ʔasad].

Löwin *f* لبوة [labwa].

Loyali'tät *f* (*O*) وفاء [wafaːʔ], إخلاص [ʔixlaːʃ].

Luchs [-ks] *m* (*-es; -e*) *Zo.* وشق [waʃaq].

Lücke *f* ثغرة [θuɣra], فجوة [fadʒwa], فتحة [fatħa]; **≈nhaft** *adj.* ناقص [naːqiʃ].

Luft *f* (*—; ¨e*) هواء [hawaːʔ];

(*a. Atmosphäre*) جو [ʤaww]; **~ballon** ['-balɔŋ] *m* (*-s; -e, -s*) منطاد [mintaːd]; **~blase** *f* فقاعة [fuqqaːʕa]; **~̊dicht** (*O*) *adj.* سدود للهواء [saduːd lilhawaːʔ]; **~druck** *m* (*-¢s; O*) ضغط جوى [đaɣŧ ʤawwiː]; **~druckbremse** *f* فرملة هوائية [farmala hawaːʔiːja].

lüften (*-e-*) *v/t.* (*Zimmer*) هوى [hawwaː]; (*Vorhang*) رفع [rafaʕa, -a-].

Luft|fahrt *f* (*O*) طيران [ŧajaraːn]; **~fahrtgesellschaft** *f* شركة الطيران [ʃarikat attajaraːn]; **~fracht** *f* الشحن الجوى [aʃʃaħn alʤawwiː]; **~heizung** *f* تدفئة بالهواء الساخن [tadfiʔa bilhawaːʔ assaːxin]; **~kissen** *n* مخدة منفوخة [mixadda manfuːxa]; **~klappe** *f* صمام هوائى [ʃimaːm hawaːʔiː]; **~kühlung** *f* تبريد هوائى [tabriːd hawaːʔiː], **~kur-ort** *m* (*-¢s; -e*) منتجع جبلى [muntaʤaʕ ʤabaliː]; **~̊leer** *adj.* خال من الهواء [xaːlin min alhawaːʔ]; **~linie** [-nĭə] *f* خط مستقيم [xaŧŧ mustaqiːm]; **~post** *f* (*O*) بريد جوى [bariːd ʤawwiː]; **~pumpe** *f* منفاخ [minfaːx]; **~raum** *m* (*-¢s; O*) مجال جوى [maʤaːl ʤawwiː]; **~röhre** *f Anat.* قصبة الرئة [qaʃabat arriʔa], رغامى [ruɣaːmaː]; **~schutzkeller** *m* مخبأ [maxbaʔ]; **~stützpunkt** *m* (*-es; -e*) *Mil.* قاعدة جوية [qaːʕida ʤawwiːja].

Lüftung *f* تهوية [tahwija].

Luft|verkehrslinie [-nĭə] *f* خط جوى [xaŧŧ ʤawwiː]; **~verseuchung** *f* تلوث الجو [talawwuθ alʤaww]; **~waffe** *f* (*O*) سلاح الطيران [silaːħ attajaraːn]; **~weg** *m*: ***auf dem ~weg*** عن طريق الجو [ʕan ŧariːq alʤaww]; **~zug** *m* (*-¢s; O*) تيار هواء [tajjaːr hawaːʔ].

Lüge *f* كذب [kaðib], افتراء [iftiraːʔ].

lügen (*L*) *v/i.* كذب [kaðaba, -i-].

Lügner *m* كذاب [kaððaːb].

Luke *f* كوة [kuwwa].

Lump *m* (*-en*) صعلوك [ʃuʕluːk].

Lunge *f* رئة [riʔa].

Lungen|entzündung *f* التهاب رئوى [iltihaːb riʔawiː]; **~̊krank** (*O*) *adj.* مصدور [maʃduːr].

L

Lupe *f* عدسة مكبرة [ʕadasa mukabbira].

Lu'pine *f Bot.* ترمس [turmus].

Lust *f* (—; ⸚e) (*Begierde*) شهوة [ʃahwa], رغبة [raɣba]; (*Genuß*) لذة [laðða]; ~ ***haben*** (**zu** *D* ه) اشتهى [iʃtahaː].

lüstern *adj.* مشته [muʃtahin], نهم [nahiːm].

lustig *adj.* مرح [mariħ]; **˜keit** *f* (*O*) مرح [marah].

Lustspiel ['-stʃp-] *n* (-*s*; -*e*) كوميديا [kuːmiːdija], رواية هزلية [riwaːja hazliːja].

lutschen *v/t.* مص [maʃʃa, -u-].

Luxor (-*s*; *O*) الأقصر [alʔuqʃur].

luxuriös [lʊksuˈʀĭøːs] *adj.* رفيه [rafiːh], فاخر [faːxir].

Luxus *m* (—; *O*) رفاهة [rafaːha], ترف [taraf], نعيم [naʕiːm]; ~**hotel** *n* (-*s*; -*s*) فندق فاخر [funduq faːxir].

Lymphe *f* لمفا [limfaː].

Lymphknoten *m Anat.* عقدة لمفية [ʕuqda limfiːja].

Lyrik *f* (*O*) شعر غنائى [ʃiʕr ɣinaːʔiː].

lyrisch *adj.* وجدانى [widʒdaːniː].

L

M

m = ***Meter***.

m² = ***Quadratmeter***.

m³ = ***Kubikmeter***.

Mach-art *f* كيفية الصنع [kaifiːjat aʃʃunʕ].

machen *v/t.* (*tun*) فعل [faʕala, -a-]; (*a. arbeiten*) عمل [ʕamila, -a-]; (*herstellen*) صنع [ʃanaʕa, -a-]; *j-m* ***Platz*** ~ أخلى له مكانا [ʔaxlaː lahu makaːnan]; ***es macht nichts*** لا بأس [laː baʔsa]; ***wieviel macht das?*** بكم هذا [bikam haːðaː]; **˜schaften** *f/pl.* دسائس [dasaːʔis].

Macht *f* (—; ⸚e) قدرة [qudra], سلطة [sulta]; (*Einfluß*) نفوذ [nufuːð]; ~**haber** *m/pl.* الحكام [alhukkaːm].

mächtig *adj.* قادر [qaːdir], قوى [qawiːj]; (*riesig*) ضخم [daxm].

Mädchen *n* بنت [bint], فتاة [fataːt].

Made *f* دودة [duːda].

Maga'zin *n* (-*s*; -*e*) (*Lager*)

مخزن [maxzin]; (*Zeitschrift*) مجلة [maʤalla].

Magen *m* (-*s*; ⸚) معدة [maʕida]; **~beschwerden** *f/pl.* سوء الهضم [suːʔ alhaɗm]; **~geschwür** *n* (-*s*; -*e*) قرحة المعدة [qurħat almaʕida]; **~schmerzen** *m/pl.* ألم فى المعدة [ʔalam fiː lmaʕida]; **~tropfen** *m/pl.* دواء للمعدة [dawaːʔ lilmaʕida].

mager *adj.* نحيف [naħiːf], هزيل [haziːl]; (*Fleisch*) بدون شحم [biduːn ʃaħm]; (*Milch*) مقشود [maqʃuːd].

Ma'gie *f* سحر [siħr].

Ma'gister *m* (*Grad*) ماجستير [maːʤisteːr].

Magi'strat *m* (-*s*; -*e*) إدارة بلدية [ʔidaːra baladiːja].

Mag'net *m* (-*s*; -*e*) مغنطيس [maɣnatiːs]; **~feld** *n* (-*ɇs*; -*er*) مجال مغنطيسى [maʤaːl maɣnatiːsiː]; **⸗isch** *adj.* مغنطيسى [maɣnatiːsiː]; **~ismus** [-'tɪs-] *m* مغنطيسية [maɣnatiːsiːja]; **~nadel** *f* (—; -*n*) إبرة مغنطيسية [ʔibra maɣnatiːsiːja].

mähen *v/t.* حش [ħaʃʃa, -u-]; (*ernten*) حصد [ħaʃada, -u-].

Mahl *n* (-*ɇs*; -*e*) وجبة [waʤba]; (*Gast⸗*) وليمة [waliːma].

mahlen *v/t.* طحن [taħana, -a-].

Mahlzeit *f* وجبة [waʤba], أكلة [ʔakla].

Mähne *f* (*Pferde⸗*) عرف [ʕurf]; (*Löwen⸗*) لبدة [libda].

mahnen *v/t.* نبه [nabbaha], أنذر [ʔanðara].

Mahnung *f* تنبيه [tanbiːh], إنذار [ʔinðaːr].

Mai *m* (-*ɇs*, -; -*e*) *Äg.* مايو [maːjuː]; *Syr.* أيار [ʔajjaːr].

Mais *m* (—; *O*) ذرة [ðurra].

Maje'stät *f* جلالة [ʤalaːla].

Ma'jor *m* (-*s*; -*e*) *Mil.* رائد [raːʔid], صاغ [saːɣ].

Majori'tät *f* أغلبية [ʔaɣlabiːja].

Makel *m* عيب [ʕaib].

makellos (-*est*) *adj.* بلا عيب [bilaː ʕaib].

Makka'roni *pl.* معكرونة [maʕkaruːna].

Makler *m* سمسار [simsaːr].

Mal *n* (-*es*; -*e*) مرة [marra], دفعة [dafʕa]; (*Zeichen*) علامة [ʕalaːma]; (*Brandmal*) وسم [wasm]; (*Mutter⸗*) شامة [ʃaːma]; **⸗** (*pop* für *einmal*) مرة [marra]; **einmal** مرة واحدة [marra waːħida]; *Math.* فى [fiː]; **drei ~ drei ist neun** ثلاثة فى ثلاثة يساوى

تسعة [θalaːθa fiː θalaːθa ju-saːwiː tisʕa].

Ma'laria *f Med.* ملاريا [ma-laːrijaː].

malen *v/t.* رسم [rasama, -i-], صور [ʃawwara].

Maler *m* (*Kunst*~) رسام [ras-saːm]; (*Anstreicher*) دهان [dahhaːn]; **~ei** [-'ʀaɪ] *f* فن الرسم [fann arrasm].

Malz *n* (*-es; -e*) شعير منبت [ʃaʕiːr munbat], ملت [mult].

Management *n* (إدارة (الأعمال [ʔidaːra(t alʔaʕmaːl)].

man أحد [ʔaħad], المرء [almarʔ]; ~ ***sagt*** يقال [juqaːlu]; ~ ***muß*** من الواجب [min alwaːdʒib].

manch|e, **~er**, **~es** بعض [baʕđ]; **~mal** أحيانا [ʔaħ-jaːnan].

Manda'rine *f Bot.* يوسفى [juːsufiː].

Man'dat *n* (*-¢s; -e*) *Pol.* انتداب [intidaːb].

Mandel *f* (*—; -n*) لوز [lauz]; *Anat.* لوزة [lauza].

Mangel *m* (*-s;* ⸚) نقص [naqʃ]; (*totaler* ~) عدم [ʕadam]; ~ ***leiden*** (***an*** *D*) احتاج (إلى) [iħtaːdʒa], افتقر [iftaqara]; **⸚haft** (*-est*) *adj.* ناقص [naːqiʃ], معيب [maʕiːb]; **⸚n** (*-le*) *v/i.* نقص [naqaʃa, -u-]; **⸚s** *präp. G* لعدم [liʕadami].

Ma'nie *f* صرعة [ʃarʕa].

Ma'nier *f* طريقة [tariːqa], أسلوب [ʔusluːb]; **~en** *pl.* أدب [ʔadab].

Mani'fest *n* بيان [bajaːn].

Mani'küre *f* تجميل الأظافر [tadʒ-miːl alʔaẓaːfir].

Manipulation [-'tsĭoːn] *f* معالجة [muʕaːladʒa].

Manko *n* (*-s; -s*) نقص [naqʃ].

Mann *m* (*-es;* ⸚*er*) رجل [radʒul], مرء [marʔ]; (*Ehe*⸚) زوج [zaudʒ].

Männchen *n Zo.* ذكر [ðakar].

Mannequin [manəˈkɛ̃ː] *n* (*-s; -s*) عارضة أزياء [ʕaːriđat ʔazjaːʔ].

Männer *m/pl.* رجال [ridʒaːl].

männlich *adj.* ذكر [ðakar]; *Gr.* مذكر [muðakkar].

Mannschaft *f Mar.* رجال السفينة [ridʒaːl assafiːna]; *Sport* فريق [fariːq].

Ma'növer [-v-] *n* مناورة [mu-naːwara].

Man'sarde *f* حجرة تحت السطح [ħudʒra taħta ssatħ].

Man'schette *f* سوار [siwaːr], كم [kumm].

Mantel *m* (*-s;* ⸚) معطف [miʕ-

M

ṭaf], بلطو [balṭo]; (*Reifen*~) إطار [ʔiṭaːr].

manu'ell *adj.* يدوى [jadawiː].

Manu'skript *n* (-*ǝs*; -*e*) مخطوط [maxṭuːṭ].

Mappe *f* محفظة الأوراق [miħfaẓat alʔauraːq].

Märchen *n* خرافة [xuraːfa], أسطورة [ʔusṭuːra].

Marder *m Zo.* نمس [nims].

Marga'rine *f* مرغرين [marɣariːn].

Ma'rine *f* (—; *O*) بحرية [baħriːja]; ~**stützpunkt** *m* (-*es*; -*e*) قاعدة بحرية [qaːʕida baħriːja]; ~**wesen** *n* الشئون البحرية [aʃʃuʔuːn albaħriːja].

mari'nieren (—) *v/t.* خلل [xallala].

Mark[1] *n* (-*s*; *O*) *Anat.* مخ العظم [muxx alʕaẓm]; *Bot.* لب [lubb]; (*Tomaten*~) رب [rubb].

Mark[2] *f* (*O*) (*Währung*) مارك (عملة المانية) [mark].

Mark[3] *f* (*Grenz*~) تخم [tuxm], حدود [ħuduːd].

Marke *f* علامة [ʕalaːma]; *Hdl.* ماركة [marka]; (*Brief*~) طابع [ṭaːbiʕ].

mar'kieren (—) *v/t.* أشر [ʔaʃʃara], علم [ʕallama].

Markt *m* (-*es*; ⸚*e*) سوق [suːq]; ~**bude** *f* كشك [kuʃk]; ~**halle** *f* سوق مسقوفة [suːq masquːfa].

Marme'lade *f* مربى [murabban].

Marmor *m* (-*s*; -*e*) رجام [ruxaːm], مرمر [marmar].

Ma'rokko *n* المغرب [almaɣrib].

Ma'rone *f* أبو فروة [ʔabuː farwa].

Marrakesch *n* مراكش [marraːkuʃ].

Mars *m* (*Planet*) المريخ [almirriːx].

Marsch[1] *f* هور [haur], سهل [sahl].

Marsch[2] *m* (-*es*; ⸚*e*) *Mil.* سير [sair], زحف [zaħf]; *Mus.* مارش [marʃ].

Marschall *m* (-*s*; ⸚*e*) *Mil.* مارشال [maːriʃaːl], مشير [muʃiːr].

mar'schieren (*sn*) *v/i.* سار [saːra, -iː-], مشى [maʃaː, -iː-].

martern *v/t.* عذب [ʕaðːaba].

Märtyrer *m* شهيد [ʃahiːd].

Mar'xist *m* (-*en*) ماركسى [marksiː].

März *m* (-*es*; -*e*) *Äg.* مارس [maːris]; *Syr.* آذار [ʔaːðaːr].

Masche *f* أربة [ʔurba], عقدة [ʕuqda], لفة [laffa].

Ma'schine *f* ماكينة، مكنة [makina], آلة [ʔaːla].

M

maschi'nell *adj.* آلى [ʔaːliː].

Ma'schinen|-arbeit *f* شغل آلى [ʃuɣl ʔaːliː]; **~bau** *m* هندسة مكنات [handasat makinaːt]; **~gewehr** *n* (*-es; -e*) رشاش [raʃʃaːʃ], رشاشة [raʃʃaːʃa]; **~-öl** *n* زيت تشحيم [zait taʃħiːm]; **~pistole** *f* رشاشة خفيفة [raʃʃaːʃa xafiːfa].

ma'schineschreiben *v/i.* كتب على آلة [kataba, -u-, ʕalaː ʔaːla].

Maschi'nist *m* ميكانيكى [miːkaːniːkiː].

Masern *f/pl. Med.* حصبة [ħaʃba].

Maske *f* قناع [qinaːʕ].

Maß *n* (*-es; -e*) قياس [qijaːs]; (*Ausmaß*) قدر [qadr], مقدار [miqdaːr]; (*Meßgerät*) مقياس [miqjaːs]; ***nach*** **~** بالمقاس [bilmaqaːs].

Massage [maˑ'saːʒə] *f* تدليك [tadliːk].

Maß|-anzug *f* بدلة تفصيل [badlat tafʃiːl]; **~-arbeit** *f* شغل بالمقاس [ʃuɣl bilmaqaːs].

Masse *f* مادة [maːdda]; *Phys.* كتلة [kutla]; (*Menschen*) جمهور [ʤumhuːr].

Massen|-artikel *m* بضاعة الاستهلاك الواسع [biđaːʕat alistihlaːk alwaːsiʕ]; **~haft** *adv.* بكثرة [bikaθra]; **~produktion** *f* إنتاج بالجملة [ʔintaːʤ bilʤumla]; **~tourismus** *m* سياحة جماهيرية [sijaːħa ʤamaːhiːriːja].

maß|gebend, **~geblich** *adj.* رئيسى [raʔiːsiː], مثالى [miθaːliː], حاسم [ħaːsim].

massieren [maˑ'siːʀən] (—) *v/t.* دلك [dallaka].

massig *adj.* جسيم [ʤasiːm].

mäßig *adj.* معتدل [muʕtadil]; (*Leistung*) متوسط [mutawassit]; **~en** *v/t.* خفف [xaffafa]; **~ung** *f* اعتدال [iʕtidaːl].

massiv [maˑ'siːf] *adj.* كثيف [kaθiːf], مصمت [muʃmat]; (*riesig*) ضخم [đaxm]; (*erdrückend*) ساحق [saːħiq].

maß|los *adj.* غير متناه [ɣair mutanaːhin], مفرط [mufriŧ]; **~nahme** *f*, **~regel** *f* (*—; -n*) تدبير [tadbiːr]; **~regeln** *v/t.* أدب [ʔaddaba]; (*bestrafen*) عاقب [ʕaːqaba]; **~stab** *m* (*-es; ⸚e*) مقياس [miqjaːs]; ***seine eigenen*** **~*stäbe*** موازينه الخاصة [mawaːziːnuhu lxaːʃʃa]; **~voll** *adj.* معتدل [muʕtadil], رزين [raziːn].

Mast *m* (*-es; -en*) صار [ʃaːrin],

M

عمود [ʕamuːd]; (*e-s Schiffes*) سارية [saːrija]; **~darm** *m* (*-ǿs; ⸚e*) *Anat.* المستقيم [almustaqiːm].

mästen (*-e-*) *v/t.* سمن [sammana].

Material [maˑteˑ'ʀĭɑːl] *n* (*-s; -ien*) مادة [maːdda], مواد [mawaːdd]; (*Zubehör*) لوازم [lawaːzim]; **~ismus** [-ʀĭaˑ'lɪsmʊs] *m* (*—; O*) المادية [almaːddiːja], الدهرية [addahriːja]; **~ist** [-ʀĭaˑ'lɪst] *m* (*-en*) مادى [maːddiː], دهرى [dahriː].

Materie [maˑ'teːʀĭə] *f* مادة [maːdda]; *Philosophie* هيولى [hajuːlaː]; **~ll** [maˑteˑ'ʀɪɛl] *adj.* مادى [maːddiː]; (*greifbar*) ملموس [malmuːs].

Mathema'tik *f* (*O*) رياضيات [rijaːđiːjaːt]; **~er** [maˑteˑ'mɑːtiˑkɐ] *m* عالم رياضيات [ʕaːlim rijaːđijaːt].

Mati'nee *f* حفلة مبكرة [ħafla mubakkira].

Ma'tratze *f* مرتبة [martaba].

Ma'trize *f* قالب [qaːlib]; (*Wachs~*) ورق مهرق [waraq muhraq].

Ma'trose *m* (*-n*) ملاح [mallaːħ], بحار [baħħaːr].

matt *adj.* (*welk*) ذابل [ðaːbil]; (*müde*) تعب [taʕib], فاتر [faːtir]; (*Farbe*) كامد [kaːmid], مطفأ [mutfaʔ]; (*Glas*) مصنفر [muʃanfar].

Matte *f* حصيرة [ħaʃiːra].

Mattigkeit *f* وهن [wahn], كلل [kalal].

Ma'tura *f s.* ***Abitur***.

Mauer *f* (*—; -n*) (*Haus~*) جدار [dʒidaːr]; (*Stadt~*) سور [suːr].

Maul *n* (*-ǿs; ⸚er*) فم [fam] (للحيوان فقط); **~beere** *f* *Bot.* توت [tuːt]; **~korb** *m* (*-ǿs; ⸚e*) كمامة [kimaːma]; **~tier** *n* (*-ǿs; -e*) *Zo.* بغل [baɣl]; **~wurf** *m* (*-s; ⸚e*) *Zo.* خلد [xuld].

Maurer *m* بناء [bannaːʔ].

Maus *f* (*—; ⸚e*) فأر [faʔr]; **~e-falle** *f* مصيدة [miʃjada].

Mauso'le-um *n* ضريح [đariːħ].

maxi'mal *adj.* الأقصى [alʔaqʃaː].

Ma'xime *f* مبدأ [mabdaʔ].

Maximum *n* (*-s; Maxima*) الحد الأقصى [alħadd alʔaqʃaː], النهاية العظمى [annihaːja alʕuzmaː].

Mayonnaise [mɑˑjoˑ'neːzə] *f* مايونيز [maːjuːneːz].

Me'chanik *f* (*O*) الميكانيكا [al-

M

miːkaːniːkaː]; **~er** *m* ميكانيكى [miːkaːniːkiː].

Mechani'sierung *f* مكننة [maknana].

Mecha'nismus *m* (-; *Mechanismen*) آلة [ʔaːla], جهاز [ʤihaːz].

Medaille [-'daljə] *f* ميدالية [miːdaːlija], نوط [naut].

Medika'ment *n* (-*¢s*; -*e*) دواء [dawaːʔ].

Me'dina المدينة [almadiːna].

Medium *n* وسط [wasat].

Medi'zin *f* طب [tibb]; (*Arznei*) دواء [dawaːʔ]; **˜isch** *adj.* طبى [tibbiː].

Meer *n* (-*es*; -*e*) بحر [baħr]; **~busen** *m* خليج [xaliːʤ]; **~enge** ['meːʁ-ɛŋə] *f* مضيق [mađiːq], بوغاز [buːɣaːz]; **~es-spiegel** *m* سطح البحر [satħ albaħr]; **~rettich** *m* (-*s*; -*e*) *Bot.* فجل حار [fiʤl ħaːrr]; **~wasser** *n* ماء البحر [maːʔ albaħr].

Mehl *n* (-*es*; -*e*) طحين [taħiːn], دقيق [daqiːq]; **~speise** *f* حلاوة [ħalaːwa], كعك [kaʕk].

mehr *adj. comp.* أكثر [ʔakθar]; ***~ und ~, immer ~*** أكثر فأكثر [a. faʔakθar]; ***ich habe nichts ~*** لم يبق عندى شىء [lam jabqa ʕindiː ʃaiʔ].

mehren *v/t.* كثر [kaθθara].

mehrere عدة [ʕidda], بعض [baʕđ].

mehrfach *adj.* متعدد [mutaʕaddid], مكرر [mukarrar]; *adv.* عدة مرات [ʕiddat marraːt].

Mehr|gewicht *n* (-*¢s*; -*e*) وزن زائد [wazn zaːʔid]; **~heit** *f* أغلبية [ʔaɣlabiːja], أكثرية [ʔakθariːja]; **˜malig** *adj.* متكرر [mutakarrir]; **˜mals** *adv.* تكرارا [takraːran]; **~wertsteuer** *f* ضريبة على القيمة الزائدة [đariːba ʕalaː lqiːma azzaːʔida]; **~zahl** *f* أغلبية [ʔaɣlabiːja]; *Gr.* جمع [ʤamʕ].

meiden (*L*) *v/t.* تجنب [taʤannaba].

Meie'rei *f* ملبنة [malbana].

Meile *f* ميل [miːl].

mein, ~e *poss. pron.*: ***~ Haus*** بيتى [baitiː].

Mein-eid ['maın-aıt] *m* (-*¢s*; -*e*) حنث [ħinθ], يمين كاذب [jamiːn kaːðib].

meinen *v/t.* عنى [ʕanaː, -iː]; (*beabsichtigen*) قصد [qaʃada, -i-]; (*glauben*) ظن [ẓanna, -u-]; ***er hat es gut gemeint*** كان ينوى الخير [kaːna janwiː lxair].

meinerseits *adv.* من جهتى [min ʤihatiː].

meinetwegen *adv.* لأجلى [liʔaʤliː]; سيان عندى [sijjaːni ʕindiː].

meinig *poss. pron.* **die ∼en** أهلى [ʕahliː].

Meinung *f* رأى [raʔj].

Meinungs|-austausch *m* (-*ɇs*; *O*) تبادل الآراء [tabaːdul alʔaːraːʔ]; **∼freiheit** *f* (*O*) حرية الرأى [ħurriːjat arraʔj]; **∼verschiedenheit** *f* اختلاف الرأى [ixtilaːf arraʔj].

Meißel *m* إزميل [ʔizmiːl].

meist, ∼ens *adv.* فى الغالب [fiː lɣaːlib], غالبا [ɣaːliban]; **am ∼en** أكثر من جميع [ʔakθar min ʤamiːʕ].

Meister *m* أستاذ [ʔustaːð], معلم [muʕallim]; (*Handwerks*∼) أسطى [ʔusta]; (*Sport*∼) بطل [baṭal]; **∼n** (-*re*) *v/t.* تغلب على [taɣallaba]; (*e. Fach*) أتقن [ʔatqana]; **∼schaft** *f* إتقان [ʔitqaːn]; *Sport* بطولة [buṭuːla]; **∼stück** *n* عمل فائز [ʕamal faːʔiz]; **∼werk** *n* رائعة [raːʔiʕa], تحفة [tuħfa].

Mekka مكة [makka].

melan'cholisch *adj.* حزين [ħaziːn], سوداوى [saudaːwiː].

Melde|-amt *n* (-*ɇs*; ∼̈*er*) مكتب تسجيل أشخاص [maktab tasʤiːl ʔaʃxaːʃ]; **∼n** (-*e*-) *v/t.* بلغ [ballaɣa], أفاد [ʔafaːda]; *v/r.* قيد اسمه [qajjada smahu]; تقدم [taqaddama]; **∼pflicht** *f* وجوب تبليغ السلطات [wuʤuːb tabliːɣ assulutaːt]; **∼stelle** *f* مركز تبليغات [markaz tabliːɣaːt].

Meldung *f* خبر [xabar]; تبليغ [tabliːɣ]; (*Bericht*) تقرير [taqriːr].

melken (*L u. -te*) *v/t.* حلب [ħalaba, -i-].

Melo'die *f* نغمة [naɣama], لحن [laħn].

Me'lone *f Bot.* (*a. Wasser*∼) بطيخ [baṭṭiːx]; (*Zucker*∼) شمام [ʃammaːm].

Mem'brane *f* غشاء [ɣiʃaːʔ].

Memoiren [-moˑ'aːʀən] *pl.* مذكرات [muðakkiraːt], ذكريات [ðikrajaːt].

Memo'randum *n* (-*s*; *Memoranden*) مذكرة [muðakkira].

Menge *f* (*Quantität*) كمية [kammiːja]; كثرة [kaθra]; مقدار [miqdaːr]; (*Menschen*∼) جمهور [ʤumhuːr].

mengen *v/t.* خلط [xalaṭa, -i-].

Mensch *m* (-*en*) إنسان

M

[ʔinsaːn]; ***die*** ~***en*** *pl.* الناس [annaːs], البشر [albaʃar]; ***kein*** ~ لا أحد [laː ʔaħad].

Menschen|-affe *m* قرد شبيه بالإنسان [qird ʃabiːh bilʔinsaːn]; ~**-alter** *n* مدى العمر [madaː lʕumr]; (*Generation*) جيل [ʤiːl]; ~̈**leer** *adj.* مقفر [muqfir]; ~**menge** *f* جمهور [ʤumhuːr], زحام [ziħaːm]; ~**rechte** *n/pl.* حقوق الإنسان [ħuquːq alʔinsaːn]; ~̈**scheu** *adj.* نفور من الناس [nafuːr min annaːs]; ~**verstand** *m* (-*¢s*; *O*): ***der gesunde*** ~***verstand*** العقل البشرى السليم [alʕaql albaʃariː assaliːm]; ~**würde** *f* كرامة إنسانية [karaːma ʔinsaːniːja].

Mensch|heit *f* (*O*) بشر [baʃar], بشرية [baʃariːja], ناسوت [naːsuːt]; ~̈**lich** *adj.* إنسانى [ʔinsaːniː]; ~**lichkeit** *f* (*O*) إنسانية [ʔinsaːniːja].

Menstruation [-'tsĭoːn] *f* حيض [ħaiđ], طمث [ŧamθ].

Mentali'tät *f* عقلية [ʕaqliːja].

Me'nü *n* (-*s*; -*s*) وجبة كاملة [waʤba kaːmila]; *EDV* قائمة (الاختيارات) [qaːʔima(t alixtijaːraːt)].

Meridian [-'dĭaːn] *m* (-*s*; -*e*) *Geogr.* خط طول [xaŧŧ ŧuːl].

Merkblatt *n* تعليمات [taʕliːmaːt].

merken *v/t.* شعر [ʃaʕara, -u-], أحس [ʔaħassa], لاحظ [laːħaẓa]; *v/r.*: ***sich*** (*D*) *etw.* ~ ذكر [ðakara, -u-].

merklich *adj.* ملحوظ [malħuːẓ].

Merk|mal *n* (-*s*; -*e*) علامة [ʕalaːma], سيمة [siːma], خاصية [xaːʃʃiːja]; ~̈**würdig** *adj.* غريب [ɣariːb], عجيب [ʕaʤiːb].

Meßband *n* (-*¢s*; ¨*er*) شريط قياس [ʃariːŧ qijaːs].

meßbar *adj.* يقاس [juqaːsu], يمكن قياسه [jumkinu qijaːsuhu].

Messe *f Rel.* قداس [quddaːs]; *Hdl.* موسم [mausim], سوق [suːq]; (*Ausstellung*) معرض [maʕriđ].

messen (*L*) *v/t.* قاس [qaːsa, -iː-].

Messer *n* سكين [sikkiːn]; ~**klinge** *f* نصل السكين [naʃl assikkiːn]; ~**schneide** *f* حد السكين [ħadd ass.].

Messestand *m* كشك [kuʃk].

Messing *n* (-*s*; *O*) صفر [ʃufr], شبهان [ʃabahaːn].

Meß-instrument [-st-] *n* (-*¢s*; -*e*) آلة قياس [ʔaːlat qijaːs].

Me'tall *n* (-*¢s*; -*e*) معدن [maʕdin], فلز [filizz]; ~̈**isch** *adj.*

معدنی [maʕdiniː]; **~-industrie** *f* صناعة معادن [ʃinaːʕat maʕaːdin].

Metallur'gie *f* (*O*) علم الفلزات [ʕilm alfilizzaːt].

Me'tapher *f* مجاز [madʒaːz].

Metaphy'sik *f* ما وراء الطبيعة [maː waraːʔa ttabiːʕa].

Meta'stase *f Med.* انبثاث [imbiθaːθ].

Mete'or *m* (*-s; -e*) شهاب [ʃihaːb], نيزك [naizak]; **~ologie** [-loˑ'giː] *f* (*O*) علم الأرصاد الجوية [ʕilm alʔarʃaːd aldʒawwiːja].

Meter (*n*) *m* متر [mitr]; **~maß** [ɑː] *n* (*-es; -e*) مقياس [miqjaːs].

Me'thode *f* أسلوب [ʔusluːb], طريقة [tariːqa], منهج [manhadʒ].

Metrik *f* علم العروض [ʕilm alʕaruːđ].

Metro'pole *f* عاصمة [ʕaːʃima].

Metzger *m* قصاب [qaʃʃaːb], جزار [dʒazzaːr].

Meute'rei *f* عصيان [ʕiʃjaːn], تمرد [tamarrud].

mich *pers. pron.* إياى [ʔijjaːja], ... نی [niː]; *für* ~ لی [liː].

Mieder *n* مشد [miʃadd].

Miene *f* تعبير الوجه [taʕbiːr alwadʒh].

mies (*-est*) *adj. F* ردیء [radiːʔ].

Miete *f* أجرة [ʔudʒra]; **~n** (*-e-*) *v/t.* استأجر [istaʔdʒara]; **~r** *m* مستأجر [mustaʔdʒir].

Miet|vertrag *m* (*-es; ⸚e*) عقد إيجار [ʕaqd ʔiːdʒaːr]; **~wagen** *m* سيارة للإيجار [sajjaːra lilʔiːdʒaːr]; **~zins** *m* (*-es; -en*) أجرة [ʔudʒra].

Mi'gräne *f* صداع [ʃudaːʕ].

Mikrobiolo'gie *f* علم الأحياء الدقيقة [ʕilm alʔaħjaːʔ addaqiːqa].

Mikro'phon *n* (*-s; -e*) ميكروفون [miːkrufuːn].

Mikroskop [-ɔ'skoːp] *n* (*-s; -e*) مجهر [midʒhar].

Milch *f* (*O*) حليب [ħaliːb]; (*meist saure od. Pflanzen~*) لبن [laban].

mild (*-est*) *adj.* خفيف [xafiːf]; (*Zigarette*) سلس [salis]; (*Mensch*) لين العريكة [lajjin alʕariːka]; **~ern** (*-re*) *v/t.* خفف [xaffafa]; **⸚erung** *f* تخفيف [taxfiːf], تلطيف [taltiːf]; **⸚erungs-grund** *m* سبب مخفف [sabab muxaffif]; **⸚tätigkeit** *f* (*O*) إحسان [ʔiħsaːn].

Milieu [-'lĭøː] *n* (*-s; -s*) وسط [wasat], محيط [muħiːt].

Militär [miˑliˑ'tɛːʁ] *n* (*-s; O*) الجيش [alʤaiʃ]; **~isch** *adj.* عسكرى [ʕaskariː]; **~regierung** *f* حكومة عسكرية [ħuкuːma ʕaskariːja]; **~regime** [-'ʒiːm] *n* (*-s; -s*) حكم عسكرى [ħukm ʕaskariː].

Mi'liz *f* ميليشيا [miliːʃijaː], حرس أهلى [ħaras ʔahliː].

Milliarde [mɪ'lĭaˑʁdə] *f* مليار [miljaːr], ألف مليون [ʔalf maljuːn].

Million [mɪ'lĭoːn] *f* مليون [maljuːn].

Milz *f Anat.* طحال [tiħaːl].

Mina'rett *n* (*-s; -s od. -e*) مئذنة [miʔðana].

minder *adj. comp.* أقل [ʔaqall]; **~er** ***Qualität*** أقل جودة [ʔaqallu ʤaudatan]; **~heit** *f* أقلية [ʔaqalliːja]; **~jährig** *adj. Jur.* قاصر [qaːʃir]; **~n** (*-re*) *v/t* قلل [qallala], نقص [naqqaʃa]; **~ung** *f* تقليل [taqliːl]; **~wertig** *adj.* ناقص [naːqiʃ], أدنى درجة [ʔadnaː daraʤatan]; **~wertige Ware** سقط [saqat].

mindest *adj. superl.* الأقل [alʔaqall]; **~ens** *adv.* على الأقل [ʕalaː lʔaqall]; **~lohn** *m* (*-es; ⁼e*) الأجر الأدنى [alʔaʤr alʔadnaː]; **~maß** *n* (*-es; -e*) الحد الأدنى [alħadd alʔadnaː]; **~preis** *m* (*-es; -e*) السعر الأدنى [assiʕr alʔadnaː].

Mine *f* (*Bergwerk*) منجم [manʤam]; *Mil.* لغم [laɣam]; (*e-s Bleistifts*) رصاص [raʃaːʃ].

Mine'ral *n* (*-s; -e, -ien*) معدن [maʕdin]; **~o'gie** *f* (*O*) علم المعادن [ʕilm almaʕaːdin]; **~-öl** *n* زيت معدنى [zait maʕdiniː]; **~wasser** *n* (*-s; ⁼*) ماء معدنى [maːʔ maʕdiniː].

Minia'tur *f* صورة منمنمة [ʃuːra munamnama].

mini'mal *adj.* الأدنى [alʔadnaː].

Minimum *n* (*-s; Minima*) الحد الأدنى [alħadd alʔadnaː], النهاية الصغرى [annihaːja aʃʃuɣraː]; **~wörterbuch** *n* (*-ɇs; ⁼er*) قاموس الحد الأدنى [qaːmuːs alħadd alʔadnaː].

Mi'nister *m* وزير [waziːr]; **~ium** [miˑnɪs'teːʀĭʊm] *n* (*-s; -rien*) وزارة [wizaːra].

Minori'tät *f* أقلية [ʔaqalliːja].

minus *adv.* ناقص [naːqiʃ]; ***4 ~ 3 ist 1*** أربعة ناقص ثلاثة يساوى واحد [ʔarbaʕa naːqiʃ θalaːθa jusaːwiː waːħid].

Minus *n* نقص [naqʃ], عجز [ʕaʤz]; *Math.* السالب [asaːlib]; **~pol** *m* (*-ɇs; -e*) *El.* قطب سالب [qutb saːlib];

M

~zeichen *n Math.* علامة طرح [ʕalaːmat tarħ].

Mi'nute *f* دقيقة [daqiːqa].

Minze *f* نعناع [naʕnaːʕ].

mir *pron. pers.* لى [liː]; ***mit ~*** معى [maʕiː].

misch|en *v/t.* خلط [xalata, -i-], مزج [mazadʒa, -u-]; (*Karten*) فنط [fannata]; **~ung** *f* خلط [xalt]; (*Gemisch*) خليط [xaliːt].

miß|-'achten (*-e-; —*) *v/t.* استخف [istaxaffa], أهمل [ʔahmala]; **~-achtung** *f* (*O*) إهمال [ʔihmaːl]; *Jur.* ***~achtung des Gerichts*** إهانة المحكمة [ʔihaːnat almaħkama]; **~bildung** *f* تشوه [taʃawwuh]; **~'billigen** (—) *v/t.* استقبح [istaqbaħa], استنكر [istankara]; **~brauch** *m* (*-s; O*) سوء الاستعمال [suːʔ alistiʕmaːl]; **~'brauchen** (—) *v/t.* أساء الاستعمال [ʔasaːʔa listiʕmaːl]; **~deutung** *f* سوء التفسير [suːʔ attafsiːr]; **~-erfolg** *m* (*-¢s; -e*) فشل [faʃal], خيبة [xaiba]; **~-ernte** *f* قلة المحصول [qillat almaħsuːl], محل [maħl], قحط [qaħt].

Missetat *f* إثم [ʔiθm].

Miß|fallen *n* استياء [istijaːʔ], عدم الرضى [ʕadam arriđaː]; **~geschick** *n* (*-s; -e*) نحس [naħs], سوء الحظ [suːʔ alħazz]; **~glücken** *v/i.* فشل [faʃila, -a-]; **~gönnen** (—) *v/t.* (*j-m A* ه على) حسد [ħasada, -u-]; **~griff** *m* (*-s; -e*) غلطة [ɣalta]; **~gunst** *f* (*O*) حسد [ħasad], غيرة [ɣaira]; **~'handlung** *f* سوء المعاملة [suːʔ almuʕaːmala]; **~helligkeit** *f* (*O*) شقاق [ʃiqaːq].

Mission [-'sĭoːn] *f* (*Delegation*) بعثة [baʕθa]; *fig.* رسالة [risaːla]; *Rel.* تبشير [tabʃiːr].

Missionar [mɪsĭo·'naːʁ] *m* (*-s; -e*) مبشر [mubaʃʃir].

Mißklang *m* (*-¢s; ⸚e*) تنافر [tanaːfur], نشوز [nuʃuːz].

Mißkredit *m* (*-¢s; O*) سمعة رديئة [sumʕa radiːʔa].

mißlich *adj.* عسير [ʕasiːr], حرج [ħaridʒ].

miß'lingen (*L; —*) *v/i.* فشل [faʃila, -a-], حبط [ħabata, -i-], خاب [xaːba, -iː-].

miß|mutig *adj.* ضجر [đadʒir]; **~ton** [-oː-] *m* (*-¢s; ⸚e*) نشوز [nuʃuːz]; **~trauen** *n* (*-s; O*) شك [ʃakk], عدم الثقة [ʕadam aθθiqa]; **~'trauen** (—) *v/i.* *D* شك فى [ʃakka], خون ه

[xawwana]; **~trauisch** *adj.* مستريب [mustariːb], ظنون [zanuːn]; **≈verhältnis** *n* عدم التناسق [ʕadam attanaːsuq]; **≈verständnis** *n* (*-ses; -se*) (*einseitig*) سوء الفهم [suːʔ alfahm]; (*beiderseitig*) سوء التفاهم [suːʔ attafaːhum]; **~verstehen** (—) *v/t.* أساء الفهم [ʔasaːʔa lfahm]; **≈wirtschaft** *f* سوء التدبير [suːʔ attadbiːr].

Mist *m* (*-s; O*) زبالة [zibaːla]; (*von Tieren*) روث [rauθ].

mit *präp. D* (*zusammen ~*) مع [maʕa]; (*mittels*) ب [bi], بواسطة [biwaːsitat].

Mit|-arbeiter *m* زميل [zamiːl], معاون [muʕaːwin]; **~benutzung** *f* اشتراك فى الاستعمال [iʃtiraːk fiː listiʕmaːl]; **≈bringen** (*L*) *v/t.* جاء ب [dʒaːʔa, -iː-], جلب ه معه [dʒalaba, -i-]; **~bürger** *m* مواطن [muwaːtin].

mitein'ander *adv.* معا [maʕan].

mitfahren (*sn*) *v/i.* (**mit** *j-m* ه) صاحب [ʃaːħaba].

mitgeben *v/t.* (*j-m A* ه ب) زود [zawwada].

Mit|gefühl *n* (*-es; O*) عطف [ʕatf]; **≈gehen** (*L; sn*) *v/i.* (**mit** *j-m* ه) صاحب [ʃaːħaba]; **~gift** *f* جهاز (العروس) [dʒihaːz (alʕaruːs)].

Mitglied *n* (*-ɇs; -er*) عضو [ʕuđw]; **~s-beitrag** *m* (*-ɇs; ⸚e*) رسم [rasm], قيمة اشتراك [qiːmat iʃtiraːk]; **~schaft** *f* عضوية [ʕuđwiːja]; **~s-staat** *m* دولة عضو [daula ʕuđw].

Mithilfe *f* معونة [maʕuːna].

Mit-inhaber *m* شريك [ʃariːk].

Mitlaut *m s.* ***Konsonant***.

Mitleid *n* (*-s; O*) شفقة [ʃafaqa], حنان [ħanaːn]; **~enschaft** *f* تورط [tawarrut]; **≈ig** *adj.* شفوق [ʃafuːq].

mitmachen *v/i.* اشترك فى [iʃtaraka]; *v/t.* (*ertragen*) عانى [ʕaːnaː]; (*erleben*) شهد [ʃahida, -a-].

Mitmensch *m* (*-en*) جار [dʒaːr], أخ [ʔax].

mitnehmen (*L*) *v/t.* أخذ معه [ʔaxaða maʕahu], ذهب ب [ðahaba, -a-].

mitschuldig *adj.* شريك فى جريمة [ʃariːk fiː dʒariːma].

Mit|schüler *m* زميل التلمذة [zamiːl attalmaða]; **~spieler** *m* ملاعب [mulaːʕib]; **~spracherecht** *n* حق المساهمة فى المباحثات [ħaqq almusaːhama fiː lmubaːħaθaːt].

Mittag *m* (*-¢s; -e*) ظهر [zuhr]; **~-essen** *n* غداء [ɣadaːʔ].

mittags *adv.* ظهرا [zuhran]; **~pause** *f*, **~ruhe** *f* (*O*) راحة الظهر [raːħat azzuhr]; **~zeit** *f* (*O*) وقت الظهر [waqt azzuhr].

Mitte *f* وسط [wasat]; (*Zentrum*) مركز [markaz]; (*e-r Strecke*) منتصف [muntaʃaf].

mitteil|en *v/t.* (*D/A* ه ه) بلغ [ballaɣa], أخبر ه ب [ʔaxbara]; **~ung** *f* خبر [xabar], بلاغ [balaːɣ]; (*öffentliche ~ung*) إعلان [ʔiʕlaːn].

Mittel *n* (*Behelf*) واسطة [waːsita], وسيلة [wasiːla]; (*Weg*) سبيل [sabiːl]; (*Arznei*) دواء [dawaːʔ]; (*Durchschnitt*) معدل [muʕaddal]; (*Geld~ pl.*) أموال [ʔamwaːl].

mittel *adj.* متوسط [mutawassit].

Mittelalter *n* القرون الوسطى [alquruːn alwustaː].

mittel|bar *adj.* غير مباشر [ɣair mubaːʃir]; **~-europa** أوربا الوسطى [uruppa lwustaː]; **~finger** *m* الإصبع الأوسط [alʔiʃbaʕ alʔausat]; **~groß** *adj.* متوسط القامة [mutawassit alqaːma]; **~ländisch** *adj.*: **das ~ländische Meer** *s.* **Mittelmeer**; **~los** *adj.* فقير [faqiːr], أعوز [ʔaʕwaz]; **~mäßig** *adj.* متوسط [mutawassit], دون المتوسط [duːna lm.], ضعيف [đaʕiːf]; **~meer** *n* (*-¢s; O*) البحر الأبيض المتوسط [albaħr alʔabjađ almutawassit]; **~ohr** *n* *Anat.* الأذن الوسطى [alʔuðn alwustaː]; **~punkt** *m* (*-es; -e*) مركز [markaz]; **~s** *präp.* *G* بواسطة [biwaːsitat]; **~schule** *f* مدرسة ثانوية [madrasa θaːnawiːja]; **~s-person** *f* وسيط [wasiːt].

Mittel|stand *m* (*-es; O*) الطبقة المتوسطة [attabaqa almutawassita]; **~weg** *m* (*-es; O*) طريق الوسط [tariːq alwasat]; **~welle** *f* *El.* موجة متوسطة [mauʤa mutawassita].

mitten *adv.*: **~ in** *D* فى وسط [fiː wasat].

Mitternacht *f* (—) منتصف الليل [muntaʃaf allail].

Mittler *m u.* **~e(r, ~s)** *adj.* وسيط [wasiːt]; **der ~e Osten** الشرق الأوسط [aʃʃarq alʔausat].

mittler'weile *adv.* فى أثناء ذلك [fiː ʔaθnaːʔi ðaːlika].

Mittwoch *m* (*-¢s; -e*) يوم الأربعاء [jaum alʔarbaʕaːʔ].

M

mit'unter *adv.* أحيانا [ʔaħjaːnan].

mitwirk|en *v/i.* (**bei** *D* في [عمل]) ساهم [saːhama], اشترك [iʃtaraka]; **˜ung** *f* مساهمة [musaːhama].

Mitwisser *m* شريك [ʃariːk], متآمر [mutaʔaːmir].

Mixer *m* خلاطة [xallaːta], ميكسر [mikser].

Möbel *n/pl.* أثاث [ʔaθaːθ]; **~wagen** *m* عربة نقل الأثاث [ʕarabat naql alʔaθaːθ].

mo'bil *adj.* (*beweglich*) متحرك [mutaħarrik]; *Jur.* منقول [manquːl].

Mobil|iar [moˑbiˑ'li̯aːʁ] *n* (*-s; -e*) أثاث [ʔaθaːθ]; **~ien** [moˑ'biːli̯ən] *pl. Jur.* منقولات [manquːlaːt].

mobili'sieren *v/t. Mil.* جند [dʒannada].

Mo'bilmachung *f* تعبئة [taʕbiʔa].

Mobiltelefon *n* هاتف الجيب [haːtif aldʒaib].

mö'blieren *v/t.* فرش [faraʃa, -i-], أثث [ʔaθθaθa]; ***möbliertes Zimmer*** غرفة مفروشة [ɣurfa mafruːʃa].

Mode *f* مودة [moːda], موضة [moːđa]; (*Sitte*) عادة [ʕaːda].

Mo'dell *n* (*-s; -e*) نموذج [numuːðadʒ]; (*Mode˜*) موديل [modeːl]; (*Architektur˜*) مجسم [mudʒassam], ماكيت [maːkeːt].

Modenschau *f* معرض أزياء [maʕriđ ʔazjaːʔ].

Moder *m* (*-s; O*) عفونة [ʕufuːna]; **˜ig** *adj.* متعفن [mutaʕaffin].

modern[1] (*-re*) *v/i.* تعفن [taʕaffana].

mo'dern[2] *adj.* عصري [ʕaʃriː], حديث [ħadiːθ].

moderni'sieren (—) *v/t.* جدد [dʒaddada].

Modesalon *m* (*-s; -s*) محل أزياء [maħall ʔazjaːʔ].

modisch *adj.* على المودة [ʕalaː lmoːda].

Modus *m* (*-; Modi*) كيفية [kaifiːja], طريقة [tariːqa].

mög|en (*L*) *v/t.* رغب [raɣiba, -a-], ود [wadda, -u-]; (*gerne haben*) أحب [ʔaħabba]; ***es mag wohl so sein*** قد يكون كذلك [qad jakuːnu kaðaːlika]; **~lich** *adj.* ممكن [mumkin]; **˜lichkeit** *f* إمكان [ʔimkaːn]; **~lichst** *adv.* بقدر الإمكان [biqadr alʔimkaːn].

Mohn *m* (*-ẹs; -e*) *Bot. Koll.* خشخاش [xaʃxaːʃ].

Möhre *f*, **Mohrrübe** *f Bot. Koll.* جزر [ʤazar].

Mokka *m* (*-s; -s*) قهوة تركية [qahwa turkiːja].

Mole *f* مرطم [martam].

Mole'kül *n* (*-s; -e*) جزىء [ʤuzaiʔ].

Molke'rei *f* معمل ألبان [maʕmal ʔalbaːn].

Mo'ment[1] *n* (*-ɇs; -e*) *Phys.* عزم [ʕazm].

Mo'ment[2] *m* (*-ɇs; -e*) لحظة [laħza]; ***im ersten*** ~ لأول وهلة [liʔawwal wahla]; ≗**an** [moˑmɛn'tɑːn] (*O*) *adj.* (*vorübergehend*) فائت [faːʔit]; (*gegenwärtig*) راهن [raːhin]; *adv.* حاليا [ħaːliːjan].

Mo'narch *m* (*-en*) عاهل [ʕaːhil].

Monar'chie *f* (*Land*) مملكة [mamlaka]; (*Staatsform*) نظام ملكى [nizaːm malakiː].

Monat *m* (*-s; -e*) شهر [ʃahr]; ≗**lich** *adj.* شهرى [ʃahriː]; *adv.* شهريا [ʃahriːjan]; ~**s-karte** *f* تذكرة اشتراك شهرية [taðkarat iʃtiraːk ʃahriːja]; ~**s-rate** *f* (*Teilzahlung*) قسط شهرى [qist ʃahriː].

Mönch *m* (*-ɇs; -e*) راهب [raːhib]; ~**tum** *n* (*-s; O*) رهبنة [rahbana].

Mond [-oː-] *m* (*-ɇs; -e*) قمر [qamar]; (*Voll*≗) بدر [badr]; (*Neu*≗) هلال [hilaːl]; ~**finsternis** *f* (*—; -se*) خسوف [xusuːf]; ~**schein** *m* (*-ɇs; O*) ضوء القمر [dauʔ alqamar]; ~**sichel** *f* هلال [hilaːl].

Mon'gole *m* (*-n*) منغولى [munɣuːliː].

Mono'log *m* (*-ɇs; -e*) مونولوج [munuluːg].

Mono'pol *n* (*-s; -e*) احتكار [iħtikaːr]; ≗**i'sieren** (*—*) *v/t.* احتكر [iħtakara].

mono'ton *adj.* رتيب [ratiːb]; (*langweilig*) ممل [mumill].

Montag [-oː-] *m* (*-ɇs; -e*) يوم الاثنين [jaum aliθnain].

Montage [mɔn'tɑːʒə] *f* تركيب [tarkiːb].

Monteur [-'tøʁ] *m* (*-s; -e*) مركب [murakkib].

mon'tieren (*—*) *v/t.* ركب [rakkaba].

Moor *n* (*-ɇs; -e*) مستنقع [mustanqaʕ]; ~**bad** *n* (*-ɇs; ⸚er*) *Med.* حمام طين [ħammaːm tiːn].

Moos *n* (*-es; -e*) *Bot.* أشنة [ʔuʃna].

M

Moped *n* دراجة نارية خفيفة [darraːʤa naːriːja xafiːfa].

Mo'ral *f* (*O*) أخلاق [ʔaxlaːq]; (*Verfassung*) روح معنوية [ruːħ maʕnawiːja]; (*einer Geschichte*) مغزى [maɣzan]; **~isch** *adj.* خلقى [xuluqiː].

Mo'rast *m* (*-ẹs; -e*) موحل [mauħil]; مستنقع [mustanqaʕ].

Mord *m* (*-ẹs; -e*) قتل [qatl], اغتيال [iɣtijaːl]; **~en** (*-e-*) *v/t.* قتل [qatala, -u-]; ذبح [ðabaħa, -a-].

Mörder *m* قاتل [qaːtil].

Morgen *m* صباح [ʃabaːħ]; ***guten ~!*** صباح الخير [ʃ. alxair].

morgen *adv.* غدا [ɣadan]; **~ *abend*** مساء الغد [masaːʔa lɣad].

Morgen|dämmerung *f* فجر [fadʒr]; **~land** *n* (*-es; O*) مشرق [maʃriq]; **~röte** *f* فلق [falaq].

morgig *adj.*: ***der ~e Tag*** الغد [alɣad].

Morphium ['mɔʁfium] *n* (*-s; O*) مرفين [murfiːn].

morsch *adj.* رميم [ramiːm]; (*Stoff*) بال [baːlin].

Mörser *m* هاون [haːwun]; *Mil.* مدفع هاون [midfaʕ haːwun].

Mörtel *m* ملاط [milaːṭ].

Mosa'ik *n* فسيفساء [fusaifisaːʔ].

Moschee [mo'ʃeː] *f* مسجد [masdʒid]; (*Freitags~*) جامع [dʒaːmiʕ].

Moschus [ɔ] *m* (*-; O*) مسك [misk].

Mos'kito *m* (*-s; -s*) *Zo. Koll.* بعوض [baʕuːđ], ناموس [naːmuːs]; **~netz** *n* (*-ẹs; -e*) ناموسية [naːmuːsiːja].

Moslem *m* (*-s; -s*) مسلم [muslim].

Most *m* (*-es; -e*) عصير [ʕaʃiːr].

Mostrich *m* (*-s; -e*) خردل [xardal].

Mo'tiv *n* دافع [daːfiʕ], باعث [baːʕiθ]; (*Kunst, Literatur*) موضوع [mauđuːʕ].

Motor *m* (*-s; Mo'toren*) محرك [muħarrik]; **~boot** *n* (*-ẹs; -e*) قارب بمحرك [qaːrib bimuħarrik]; **~i'siert** *adj. Mil.* آلى [ʔaːliː], مزود بسيارات [muzawwad bisajjaːraːt]; **~rad** *n* (*-es; ⸗er*) دراجة نارية [darraːʤa naːriːja], موتوسيكل [motosiːkl]; **~schaden** *m* (*-s; ⸗*) خلل فى المحرك [xalal fiː lmuħarrik].

Motte *f Zo. Koll.* عث [ʕuθθ].

Möwe *f Zo.* نورس [nauras].

Mücke *f* ناموسة [naːmuːsa].

M

müde *adj.* تعب [taʕib], تعبان [taʕbaːn].

Müdigkeit *f* (*O*) تعب [taʕab].

Mühe *f* تعب [taʕab]; (*Anstrengung*) جهد [ʤahd]; **~los** (*-est*) *adj.* سهل [sahl], بدون تعب [biduːn taʕb]; **~voll** *adj.* متعب [mutʕib].

Mühle *f* طاحونة [ṭaːħuːna], مطحنة [miṭħana].

mühsam *adj.* متعب [mutʕib].

Müll *m* (*-es; O*) زبالة [zibaːla], نفاية [nufaːja]; **~-abfuhr** *f* إبعاد الزبالة [ʔibʕaːd azzibaːla]; **~-eimer** *m* وعاء نفايات [wiʕaːʔ nufaːjaːt].

Müller *m* طحان [ṭaħħaːn].

Multipli|kation [-'tsĭoːn] *f* *Math.* ضرب [ḍarb]; **~'zieren** (—) *v/t.* ضرب فى [ḍaraba, -i-].

Mumie ['muːmĭe] *f* مومياء [muːmijaːʔ].

Mund *m* (*-es; ¨er*) فم [fam]; **~-art** *f* لهجة [lahʤa].

Mündel *m, f, n* قاصر تحت الوصاية [qaːṣir taħta lwiṣaːja].

münden (*-e-*) *v/i.* (*Fluß*) انصب [inṣabba].

mündig *adj.* بالغ [baːliɣ]; **~keit** *f* (*O*) بلوغ [buluːɣ].

mündlich *adj.* شفوى [ʃafawiː].

Mündung *f* (*Rohr~*) فوهة [fuːha, fuwwaha]; (*Fluß~*) مصب [maṣabb].

Mund|vorrat *m* (*-es; ¨e*) زاد [zaːd]; **~wasser** *n* (*-s; ¨*) سائل للغرغرة [saːʔil lilɣarɣara].

Munition [muˑniˑ'tsĭoːn] *f* ذخيرة [ðaxiːra].

munter (*-tr-*) *adj.* (*wach*) يقظ [jaqiẓ]; (*lebhaft*) نشط [naʃiṭ]; (*fröhlich*) فرح [fariħ]; **~keit** *f* (*O*) انتعاش [intiʕaːʃ], نشاط [naʃaːṭ].

Münze *f* مسكوكة [maskuːka].

Münzfernsprecher *m* تليفون عمومى [tiliːfuːn ʕumuːmiː].

mürbe *adj.* هش [haʃʃ], لين [lajjin].

murmeln (*-le*) *v/i.* غمغم [ɣamɣama]; (*Bach*) خر [xarra, -u-].

mürrisch *adj.* عبوس [ʕabuːs], جهم [ʤahm].

Mus [-uː-] *n* (*-es; -e*) مهروس [mahruːs]

Muschel *f* (*—; -n*) صدفة [ṣadafa]; (*Becken*) حوض [ħauḍ]; (*Telefon~*) سماعة [sammaːʕa].

Museum [-'zeːʊm] *n* (*-s; Museen*) متحف [matħaf].

Mu'sik *f* موسيقى [muːsiːqaː];

~alisch [muˑziˑ'kaːlɪʃ] *adj.* موسيقى [muːsiːqiː]; **~er** ['muː-] *m* موسيقار [muːsiːqaːr], عازف [ʕaːzif].

musi'zieren *v/i.* عزف [ʕazafa, -i-].

Mus'katnuß *f* (—; ⸚sse) جوز الطيب [ʤauz attiːb].

Muskel *m* (-s; -n) عضلة [ʕađala].

Muße [-uː-] *f* (O) وقت الفراغ [waqt alfaraːɣ].

müssen (*L*) *v/i.* أضطر [uđturra]; ***ich muß*** يجب على [jaʤibu ʕalajja]; ***es muß sein*** لا بد منه [laː budda minhu].

müßig [-yː'] *adj.* عاطل [ʕaːtil]; (*unnütz*) باطل [baːtil]; **~gang** *m* (-¢s; *O*) كسل [kasal].

Muster *n* عينة [ʕajjina], نموذج [numuːðaʤ]; **~haft** (*-est*) *adj.* مثالى [miθaːliː]; **~n** (*-re*) *v/t. Mil.* فرز [faraza, -i-]; **~ung** *f* فرز [farz]; فحص [faħʃ].

Mut *m* (*-es; O*) شجاعة [ʃaʤaːʕa]; ***guten ~s*** مطمئن [mutmaʔinn].

Mutation [-'tsĭoːn] *f Biol.* تغير فجائى [taɣajjur fuʤaːʔiː].

mut|ig *adj.* شجاع [ʃuʤaːʕ]; **~los** (*-est*) *adj.* كئيب [kaʔiːb], خوار [xawwaːr]; **~maßlich** *adv.* تخمينا [taxmiːnan], رجما بالغيب [raʤman bilɣaib].

Mutter *f* (—; ⸚) أم [ʔumm]; (*Schrauben~*) صمولة [ʃamuːla].

Mutterleib *m* (-¢s; *O*) رحم [raħim].

mütterlich *adj.* أمى [ʔummiː], أمومى [ʔumuːmiː].

Mutterliebe *f* محبة أم [maħabbat ʔumm].

Muttermal *n* (-¢s; -e) شامة [ʃaːma].

Mutter|schaft *f* (*O*) أمومة [ʔumuːma]; **~sprache** *f* لغة أصلية [luɣa ʔaʃliːja].

Mutwill|e *m* (*-ns; O*) عبث [ʕabaθ]; **~ig** *adj.* ماجن [maːʤin].

Mütze *f* طاقية [taːqiːja].

Myrrhe *f* مر [murr].

Myrte *f Bot.* آس [ʔaːs].

myst|eriös [mʏsteˑ'ʀiøːs] *adj.* غامض [ɣaːmiđ], ملغز [mulɣaz]; **~erium** [-'teːʀĭum] *n* (*-s; Mysterien*) سر [sirr], لغز [luɣz]; **~ik** *f* (*O*) تصوف [taʃawwuʃ].

M

Mytholo'gie *f* أساطير الأولين [ʔasaːtiːr alʔawwaliːn].

Mythos *m* (—; *Mythen*) أسطورة [ʔustuːra].

N

Nabe *f* (العجلة) قب [qabb (alʕadʒala)].

Nabel *m Anat.* سرة [surra].

nach [-aː-] *präp. D*; (*Richtung*) إلى [ʔilaː], نحو [naħwa]; (*zeitlich*) بعد [baʕda], عقب [ʕaqiba]; (*~folgend*) وراء [waraːʔa]; (*gemäß*) حسب [ħasaba]; ~ **und** ~ تدريجيا [tadriːdʒiːjan].

nach-ahm|en *v/t.* قلد [qallada]; (*Laute, Benehmen*) حاكى [ħaːkaː]; **˜ung** *f* تقليد [taqliːd].

Nachbar *m* (*-n*) جار [dʒaːr]; **~schaft** *f* جوار [dʒiwaːr], قرب [qurb].

nachbestellen *v/t.* طلب المزيد [talaba, -u-, almaziːd].

Nachbildung *f* صورة [ʃuːra], تقليد [taqliːd].

nach'dem *cj.* بعد أن [baʕda ʔan]; *adv.* **je** ~ حسب الظروف [ħasaba zzuruːf].

nachdenk|en (*L*) *v/i.* (**über** *A* فى) فكر [fakkara], تأمل [taʔammala]; **~lich** *adj.* مفكر [mufakkir]; *adv.* مفكرا [mufakkiran], فى ترو [fiː tarawwin].

Nach|druck *m* (*-ȼs; -e*) (*e-s Buches*) إعادة الطبع [ʔiʕaːdat attabʕ]; *fig.* تأكيد [taʔkiːd], شدة [ʃidda]; **˜drücklich** *adv.* بالتأكيد [bittaʔkiːd].

nach-eifern (*-re*) *v/i.* (*D* ه) اقتدى [iqtadaː], احتذى [iħtaðaː].

nach-ei'nander *adv.* واحد بعد الآخر [waːħid baʕda lʔaːxar], بعض خلف بعض [baʕđ xalfa baʕđ].

Nachfolge *f* (*O*) خلافة [xilaːfa], متابعة [mutaːbaʕa]; **~r** *m* خلف [xalaf].

nachforsch|en *v/i.* (**über** *A* هـ) تحرى [taħarraː]; **˜ung** *f* تحر [taħarrin], بحث [baħθ].

Nachfrage *f* استعلام [istiʕlaːm]; *Hdl.* طلب [talab]; **˜n** *v/i.* استعلم [istaʕlama].

nach|fühlen *v/t.*: *j-m etw.*

~**fühlen** شارك ه فى شعور [ʃaːraka fiː ʃuʕuːr]; ~**füllen** *v/t.* ملأ [malaʔa, -a-]; ~**geben** (*L*) *v/i.* (*konkret*) لان [laːna, -iː-], تراخى [taraːxaː]; *fig.* أذعن [ʔaðʕana]; ⁓**gebühr** *f* رسم إضافى [rasm ʔiđaːfiː]; ~**gehen** (*L; sn*) *v/i.* (*j-m* ه) تبع [tabiʕa, -a-]; (*e-r Sache D* ه) تحرى [taħarraː]; (*e-r Tätigkeit*) مارس [maːrasa]; ***die Uhr geht nach*** تأخرت الساعة [taʔaxxarat assaːʕa].

nachgiebig *adj.* متراخ [mutaraːxin], مذعان [miðʕaːn].

nachgrübeln (*-le*) *v/i.* تروى [tarawwaː].

nachhaltig *adj.* باق [baːqin], له أثر [lahu ʔaθar].

nach'her, '~ *adv.* فيما بعد [fiːmaː baʕdu].

Nachhilfe *f* معاونة [muʕaːwana]; ~**stunde** *f* درس مراجعة [dars muraːʤaʕa].

Nachkomme *m* (*-n*) سليل [saliːl], حفيد [ħafiːd]; ⁓**n** (*L; sn*) *v/i.* (*j-m* ه) أعقب [ʔaʕqaba], تبع [tabiʕa, -a-]; (*e-m Befehl*) أطاع [ʔataːʕa], امتثل [imtaθala]; ~**nschaft** *f* (*O*) نسل [nasl].

Nachkriegszeit *f* مرحلة ما بعد الحرب [marħalat maː baʕda lħarb].

Nachlaß *m* (*-sses; ⁓sse*) *Hdl.* خصم [xaʃm], تخفيض [taxfiːđ]; (*Erbschaft*) تركة [tirka].

nachlassen (*L*) *v/i.* (*Wind*) هدأ [hadaʔa, -a-]; (*Schmerz*) خف [xaffa, -i-]; (*Energie*) تراخى [taraːxaː]; *v/t.* (*Preis*) خفض [xaffađa]; (*Erbschaft*) خلف [xallafa].

nachlässig *adj.* مهمل [muhmil], غافل [ɣaːfil].

nachlesen (*L*) *v/t.* راجع [raːʤaʕa].

Nachlieferung *f Hdl.* تسليم إضافى [tasliːm ʔiđaːfiː].

nachlösen *v/t.*: ***e-e Fahrkarte*** ~ اشترى تذكرة إضافية [iʃtaraː taðkara ʔiđaːfiːja].

nachmachen *v/t.* قلد [qallada].

Nach|mittag *m* (*-ɇs; -e*) عصر [ʕaʃr], بعد الظهر [baʕda zzuhr]; ~**nahme** *f* الدفع عند الاستلام [addafʕ ʕinda listilaːm]; ~**porto** *n* (*-s; -porti*) رسم ناقص [rasm naːqiʃ], غرامة [ɣaraːma].

nachprüf|en *v/t.* راجع [raːʤaʕa], فحص عن [faħaʃa, -a-]; ⁓**ung** *f* مراجعة [muraːʤaʕa], إعادة النظر فى [ʔiʕaːdat annaʐar].

nachrechnen *v/t.* راجع الحساب [raːʤaʕa lħisaːb].

Nachricht *f* خبر [xabar], نبأ [nabaʔ]; **~en-dienst** *m* (*-es; -e*) (*Pressedienst*) وكالة أنباء [wikaːlat ʔanbaːʔ]; *Mil.* مخابرات [muxaːbaraːt].

Nachruf *m* (*-¢s; -e*) رثاء [riθaːʔ].

nachschicken *v/t.*: **den Brief** ~ حول الرسالة إلى عنوان جديد [ħawwala rrisaːla ʔilaː ʕunwaːn ʤadiːd].

nachschlagen (*L*) *v/t.* (*in e-m Buch*) راجع [raːʤaʕ].

Nachschlagewerk *n* (*-¢s; -e*) مرجع [marʤaʕ].

Nach|schlüssel *m* مفتاح مزيف [miftaːħ muzajjaf]; **~schrift** *f* حاشية [ħaːʃija].

nachsehen (*L*) *v/t.* اطلع على [ittalaʕa]; *fig.* (*j-m A* في ه) سامح [saːmaħa].

Nachsicht *f* (*O*) تسامح [tasaːmuħ], تساهل [tasaːhul]; **~ig** *adj.* متسامح [mutasaːmiħ].

nachsinnen (*L*) (**über** *A* في) تمعن [tamaʕʕana], تأمل [taʔammala].

Nachspiel *n* (*-¢s; -e*) *fig.* عاقبة [ʕaːqiba].

nächst *adj. superl.* الأقرب [alʔaqrab]; **~e Woche** الأسبوع القادم [alʔusbuːʕ alqaːdim]; **~es Jahr** العام المقبل [alʕaːm almuqbil]; *präp. D* بالقرب من [bilqurb min].

nachstell|en *v/i.* (*D* ه) تعقب [taʕaqqaba]; *v/t.* (*Uhr*) ضبط [đabata, -u-]; **~ung** *f* تعقب [taʕaqqub].

Nächstenliebe *f* (*O*) حب الغير [ħubb alɣair].

nächstens *adv.* عن قريب [ʕan qariːb].

Nächster *m s.* **Mitmensch**.

nachstreben *v/i.* (*D* ه) اقتدى [iqtadaː].

Nacht *f* (*—; ¨e*) (*Gegens. Tag*) ليل [lail]; **e-e ~** ليلة [laila]; **gute ~!** اصبح على خير [iʃbaħ ʕalaː xair].

Nachtdienst *m* (*-¢s; —*) خدمة ليلية [xidma lailiːja].

Nachteil [ˈnaːxtaɪl] *m* (*-¢s; -e*) مضرة [mađarra]; **zu seinem ~** ضد مصلحته [đidda maʃlaħatihi]; **~ig** *adj.* مضر [muđirr], مضاد للمصلحة [muđaːdd lilmaʃlaħa].

Nacht|-essen *n* عشاء [ʕaʃaːʔ]; **~hemd** *n* (*-¢s; -en*) قميص النوم [qamiːʃ annaum].

Nachtigall *f Zo.* بلبل [bulbul].

nächtigen *v/i.* بات [baːta, -iː-].

Nachtisch *m* (-ḝs; *O*) نقل [nuql], حلويات [ħalawiːjaːt].

nächtlich *adj.* ليلي [lailiː].

Nachtlokal *n* (-s; -e) ملهى ليلي [malhan lailiː].

Nachtrag *m* (-s; ⸚e) ملحق [mulħaq], ذيل [ðail]; **~̊en** (*L*) *v/t.* أضاف [ʔađaːfa], ألحق [ʔalħaqa]; *fig. j-m etw.* **~en** آخذ على [ʔaːxaða].

nachträglich *adv.* متأخرا [mu-taʔaxxiran].

Nachtruhe *f* هدوء الليل [huduːʔ allail], نوم [naum].

nachts *adv.* ليلا [lailan].

Nachtschicht *f* نوبة الليل [nau-bat allail].

Nacht-tisch *m* (-es; -e) كومودينو [komodiːno].

N

Nachweis *m* (-es; -e) بيان [bajaːn], إثبات [ʔiθbaːt]; **~̊bar** *adj.* يمكن إثباته [jum-kinu ʔiθbaːtuhu]; **~̊en** (*L*) *v/t.* أثبت [ʔaθbata], بين [baj-jana].

Nach|welt *f* (*O*) الأجيال المقبلة [alʔadʒjaːl almuqbila]; **~wir-kung** *f* أثر [ʔaθar], نتيجة [na-tiːdʒa], مغبة [maɣabba]; **~wort** *n* (-es; -e) كلمة ختامية [kalima xitaːmiːja], خاتمة [xaːtima]; **~wuchs** *m* (-es; *O*) *fig.* جيل ناشئ [dʒiːl naːʃiʔ], الناشئة [annaːʃiʔa].

nachzahlen *v/i.* دفع فرقا [dafaʕa, -a-, farqan].

nachzählen *v/t.* عد [ʕadda, -u-]; أعاد العد [ʔaʕaːda lʕadd].

Nachzügler *m* متخلف [mutaxal-lif].

Nacken *m* قفا [qafan].

nackt *adj.* (*O*) عار [ʕaːrin], عريان [ʕurjaːn].

Nadel *f* (—; -*n*) إبرة [ʔibra]; (*Steck*~̊) دبوس [dabbuːs]; **~baum** *m* (-s; ⸚e) *Bot.* شجر صنوبري [ʃadʒar ʃanaubariː]; **~öhr** *n* (-ḝs; -e) ثقب الإبرة [θuqb alʕibra]; **~stich** *m* (-ḝs; -e) غرزة [ɣurza], نغزة [naɣza].

Nagel *m* (-s; ⸚) مسمار [mis-maːr]; (*Finger*~̊) ظفر [zufr].

nagen *v/t.* قرض [qarađa, -i-].

Nähe *f* قرب [qurb].

nahe *adj.* قريب [qariːb]; *adv.* ~ (**bei** *D* من) بالقرب [bil-qurb]; ~ **sein** *D* قرب من [qaruba, -u-]; **~gehen** (*L*; *sn*) *v/i.* (*D* ه) أهم [ʔahamma], أثر في [ʔaθθara]; **~kommen** (*L*; *sn*) *v/i.* اقترب [iqtaraba]; (*ähnlich sein*) شابه [ʃaːbaha]; **~legen** *v/t.*

(*j-m A* ه ب) أوصى [ʔausˤaː]; **~liegend** *adj.* واضح [waːdˤiħ], قريب إلى الظن [qariːb ʔilaː zˤzˤann].

nähen *v/t.* خاط [xaːtˤa, -iː-].

nähern *v/r.*: **sich** *e-r S.* ~ اقترب من [iqtaraba].

Nähgarn *n* (*-s; -e*) خيط [xaitˤ].

Nahkampf *m* (*-es; ¨e*) قتال متلاحم [qitaːl mutalaːħim].

Näh|maschine *f* مكنة الخياطة [makinat alxijaːtˤa]; **~nadel** *f* (*—; -n*) إبرة الخياطة [ʔibrat alxijaːtˤa].

nähren *v/t.* غذى [ɣaðða:].

nahr|haft (*-est*) *adj.* مغذ [muɣaðin]; **~ung** *f* (*O*) غذاء [ɣiðaːʔ]; **~ungs-mittel** *n/pl.* مواد غذائية [mawaːdd ɣiðaːʔiːja].

Nährwert *m* (*-ȩs; -e*) قيمة غذائية [qiːma ɣiðaːʔiːja].

Naht *f* (*—; ¨e*) درز [darz]; *Techn.* خط الالتحام [xatˤtˤ alilтiħaːm]; **~los** (*O*) *adj.* من قطعة واحدة [min qitˤʕa waːħida].

Nahverkehr *m* (*-s; O*) مرور محلى [muruːr maħalliː].

Nähzeug *n* (*-ȩs; O*) أدوات الخياطة [ʔadawaːt alxijaːtˤa].

naiv [na·'iːf] *adj.* ساذج [saːðidʒ].

Name *m* (*-ns; -n*) اسم [ism]; (*Eigen~*) علم [ʕalam].

Namenliste *f* قائمة الأسماء [qaːʔimat alʔasmaːʔ].

namenlos (*O*) *adj.* بلا اسم [bilaː ism], مجهول [madʒhuːl].

Namens|vetter *m* (*-s; -n*) سمى [samiːj]; **~zug** *m* (*-ȩs; ¨e*) إمضاء [ʔimdˤaːʔ].

namentlich *adv.* بالاسم [bilism]; (*besonders*) بصورة خاصة [bisˤuːra xaːsˤsˤa].

namhaft *adj.* مشهور [maʃhuːr].

nämlich *adv.* أى [ʔai].

Napf *m* (*-es; ¨e*) طاسة [tˤaːsa], صحن [sˤaħn].

Narbe *f* ندبة [nadba].

Nar'kose *f* تخدير [taxdiːr].

Nar'kotikum *n* (*-s; Narkotika*), **nar'kotisch** *adj.* مخدر [muxaddir].

Narr *m* (*-en*) مجنون [madʒnuːn]; (*Dummkopf*) أحمق [ʔaħmaq], أبله [ʔablah]; **~heit** *f* جنون [dʒunuːn].

Nase *f* أنف [ʔanf].

Nasen|bluten *n* رعاف [ruʕaːf]; **~loch** *n* (*-es; ¨er*) منخر [manxar]; **~tropfen** *m/pl.* دواء للأنف [dawaːʔ lilʔanf].

Nashorn *n* (*-ȩs; ¨er*) *Zo.* كركدن [karkadann].

N

naß (*-̈sser; -̈ssest-*) *adj.* مبلول [mabluːl].

Nässe *f* (*O*) بلل [balal], رطوبة [rutuːba].

Nation [naː'tsĭoːn] *f* أمة [ʔumma]; **∼al** [-tsĭo·'naːl] *adj.* وطنى [wataniː]; **∼ali'sierung** *f* تأميم [taʔmiːm]; **∼a'lismus** *m* قومية [qaumiːja]; **∼alität** *f* جنسية [dʒinsiːja]; (*Volksgruppe*) طائفة [taːʔifa].

Natrium ['naːtrĭum] *n* (*-s; O*) *Chem.* صوديوم [foːdijuːm].

Natter *f* (—; *-n*) حية [ħajja].

Na'tur *f* طبيعة [tabiːʕa]; (*Naturell*) خلق [xulq]; **∼alisa'tion** [-'tsĭoːn] *f* تجنس [tadʒannus]; **∼-erscheinung** *f* ظاهرة طبيعية [zaːhira tabiːʕiːja]; **∼gesetz** *n* سنة الطبيعة [sunnat attabiːʕa]; **∼getreu** *adj.* مطابق للطبيعة [mutaːbiq littabiːʕa].

na'türlich *adj.* طبيعى [tabiːʕiː]; *adv.* طبعا [tabʕan].

Naturschutz *m* صيانة الطبيعة [fijaːnat attabiːʕa].

Na'turwissenschaften *f/pl.* العلوم الطبيعية [alʕuluːm attabiːʕiːja].

Navigation [-viˑga'tsĭoːn] *f* ملاحة [milaːħa], قيادة مركب [qijaːdat markib].

Nebel *m* ضباب [đabaːb]; **∼haft** *adj. fig.* غامض [ɣaːmiđ], مبهم [mubham].

neben *präp.* (*wo? = D; wohin? = A*) جنب [dʒamba], بجانب [bidʒaːnibi]; **∼'an** *adv.* بالجوار [bildʒiwaːr]; فى البيت المجاور [fiː lbait almudʒaːwir]; **∼-anschluß** *m* توصيلة فرعية [taufiːla farʕiːja]; **∼bei** *adv.* عدا ذلك [ʕadaː ðaːlika]; *s. beiläufig*; **∼beschäftigung** *f* عمل إضافى [ʕamal ʔiđaːfiː]; **∼buhler** *m* منافس [munaːfis]; **∼ei'nander** *adv.* بعض جنب بعض [baʕđ dʒamba baʕđ]; **∼fach** *n* (*-s; -̈er*) مادة فرعية [maːdda farʕiːja]; **∼fluß** *m* (*-sses; -̈sse*) رافد [raːfid]; **∼kosten** *pl.* تكاليف إضافية [takaːliːf ʔiđaːfiːja]; **∼linie** *f Eisenb.* خط فرعى [xatt farʕiː]; **∼produkt** *n* (*-s; -e*) منتج فرعى [muntadʒ farʕiː]; **∼räume** *m/pl.* حمام ومطبخ [ħammam wamatbax], مرافق [maraːfiq]; **∼sächlich** *adj.* غير مهم [ɣair muhimm], ثانوى [θaːnawiː]; **∼satz** *m* (*-es; -̈e*) *Gr.* جملة فرعية [dʒumla farʕiːja]; **∼straße** *f* طريق

فرعى [tariːq farʕiː], زقاق [zuqaːq]; ≈**wirkung** *f Med.* مفعول ثانوى [mafʕuːl θaːnawiː], أثر جانبى [ʔaθar ʤaːnibiː]; ≈**zimmer** *n* حجرة مجاورة [ħuʤra muʤaːwira].

neblig *adj.* ['neːblıç] مضب [muđibb].

necken *v/t.* داعب [daːʕaba].

Neffe *m (-n)* إبن أخ [ʔibn ʔax], إبن أخت [ʔibn ʔuxt].

Nega'tion [-'tsĭoːn] *f* إنكار [ʔinkaːr]; *Gr.* نفى [nafj].

negativ ['neːgaˑtiːf] *adj.* سلبى [salbiː], سالب [saːlib].

Negativ *n (-s; -e)* صورة سالبة [ʃuːra saːliba].

Neger *m* زنجى [zanʤiː].

ne'gieren (—) *v/t.* نفى [nafaː, -iː], أنكر [ʔankara].

nehmen *(L) v/t.* أخذ [ʔaxaða, -u-]; *(greifen)* مسك [masaka, -i-]; *(zu sich ~)* تناول [tanaː-wala]; ***Platz*** ~ جلس [ʤa-lasa, -i-]; ***sich Zeit*** ~ تمهل [tamahhala].

Neid *m (-es; O)* حسد [ħasad]; ≈**en** *(-e-) v/t.* حسد [ħasada, -u-]; ≈**isch** *adj.* حسود [ħa-suːd].

Neig|e *f (O)* نهاية [nihaːja]; *(Rest im Glas)* ثمالة [θumaː-la]; ≈**en** *v/t.* أمال [ʔamaːla], أحنى [ʔaħnaː]; *(den Kopf)* نكس [nakasa, -u-]; *v/r.* انحنى [inħanaː]; ~**ung** *f* انحناء [inħinaːʔ]; *(Steigung)* انحدار [inħidaːr]; *(zu etw.)* ميل [mail].

nein *adv.* لا [laː]; ~, ***danke!*** شكرا لا [ʃukran, laː].

Nein-Stimme *f* صوت سلبى [ʃaut salbiː].

Nelke *f Koll. (Blume u. Ge-würz)* قرنفل [qurunful].

nennen *(L) v/t.* سمى [sammaː]; ~**s-wert** *adj.* جدير بالذكر [ʤadiːr biððikr].

Nerv *m (-s; -en)* عصب [ʕaʃab].

Nerven|-arzt *m (-es; ⸗e)* طبيب الأعصاب [ṭabiːb alʔaʕʃaːb]; ~**bündel** *n* كتلة الأعصاب [kutlat alʔaʕʃaːb]; ~**heil-anstalt** *f* مستشفى الأمراض العصبية [mustaʃfaː lʔamraːđ alʕaʃabiːja]; ≈**krank** *adj.* مصاب بمرض عصبى [muʃaːb bimarađ ʕaʃabiː]; ~**krank-heit** *f* مرض عصبى [marađ ʕaʃabiː]; ~**schock** *m* صدمة عصبية [ʃadma ʕaʃabiːja]; ~**schwach** *(O) adj.* ضعيف الأعصاب [đaʕiːf alʔaʕʃaːb]; ~**zusammenbruch** *m (-ẹs; ⸗e)* انهيار عصبى [inhijaːr ʕaʃabiː].

N

ner'vös (*-est*) *adj.* عصبى [ʕaʃabiː]; (*aufgeregt*) متهيج [mutahajjidʒ].

Nervosi'tät *f* (*O*) عصبية [ʕaʃabiːja], نرفزة [narvaza].

Nest *n* (*-es; -er*) عش [ʕuʃʃ].

nett (*-est*) *adj.* لطيف [laṭiːf].

Nettogewicht *n* (*-ϕs; -e*) الوزن الصافى [alwazn aʃʃaːfiː].

Netz *n* (*-es; -e*) شبكة [ʃabaka]; (*Falle*) شرك [ʃarak].

Netz-anschluß *m* (*-sses; ¨-sse*) *El.* توصيلة مع الشبكة الكهربائية [tauʃiːla maʕa ʃʃabaka alkahrabaːʔiːja].

Netzhaut *f* (*—; ¨-e*) *Anat.* شبكية العين [ʃabakiːjat alʕain].

Netzkarte *f* (*der Straßenbahn*) تذكرة اشتراك [taðkirat iʃtiraːk].

neu *adj.* جديد [dʒadiːd], حديث [ħadiːθ]; ***von ~em*** من جديد [min dʒadiːd]; **~-artig** *adj.* من طراز جديد [min ṭiraːz dʒadiːd]; **~̊-auflage** *f* طبعة جديدة [ṭabʕa dʒadiːda]; **~̊bau** *m* (*Gebäude*) بناء جديد [binaːʔ dʒadiːd]; (*Erneuerung*) تعمير [taʕmiːr]; **~erdings** *adv.* حديثا [ħadiːθan]; **~̊-erscheinung** *f* نشرة جديدة [naʃra dʒadiːda]; **~̊erung** *f* ابتداع [ibtidaːʕ], استحداث [istiħdaːθ]; بدعة [bidʕa]; **~geboren** *adj.* مولود حديثا [mauluːd ħadiːθan]; **~̊gier(de)** *f* (*O*) فضول [fuđuːl]; **~gierig** *adj.* فضولى [fuđuː liː]; **~̊heit** *f* شىء جديد [ʃaiʔ dʒadiːd], جدة [dʒidda]; *Hdl.* مستحدث [mustaħdaθ]; **~̊ig-keit** *f* خبر [xabar]; **~̊jahr** *n* (*-es; O*) رأس السنة [raʔs assana]; ***Prosit ~̊jahr!*** كل سنة وأنتم بخير [kull sana waʔantum bixair]; **~lich** *adv.* حديثا [ħadiːθan]; **~̊ling** *m* (*-s; -e*) مبتدئ [mustadʒidd], مستجد [mubtadiʔ]; **~̊mond** *m* (*-ϕs; O*) هلال [hilaːl].

neun *num.* تسعة [tisʕa]; **~zehn** *num.* تسعة عشر [tisʕata ʕaʃara]; **~zig** *num.* تسعون [tisʕuːn].

Neu-ordnung *f* إعادة التنظيم [ʔiʕaːdat attanẓiːm], إصلاح [ʔiʃlaːħ].

Neuregelung *f* تنظيم جديد [tanẓiːm dʒadiːd].

Neuro'loge *m* (*-n*) *s.* ***Nervenarzt.***

Neu'rose *f* *Med.* عصاب [ʕuʃaːb].

neu'tral *adj.* محايد [muħaːjid]; **~i'sieren** (—) *v/t.* *Pol.*

حيد [ħajjada]; *Chem.* عادل [ʕaːdala]; **~i'tät** *f (O)* حياد [ħijaːd], عدم الانحياز [ʕadam alinħijaːz].

Neutrum *n (-s; Neutra) Gr.* محايد [muħaːjid], جماد [ʤamaːd].

neuvermählt *adj.* حديث القران [ħadiːθ alqiraːn].

Neuzeit *f* العصر الحديث [alʕaʃr alħadiːθ].

neuzeitlich *adj.* حديث [ħadiːθ], عصرى [ʕaʃriː].

nicht *adv.* لا [laː], ما [maː], لم [lam]; *mit adj.*: **~ schön** غير حسن [ɣair ħasan]; **~ einmal** حتى لا [ħattaː laː]; **er hat ~ mehr geschrieben** لم يعد يكتب [lam jaʕud jaktubu]; **er wird ~ mehr sprechen** لن يتكلم [lan jatakallama]; **~ sein** ليس [laisa]; **es ist ~ nur schön, sondern auch nützlich** ليس جميلا فحسب بل هو مفيد أيضا [laisa ʤamiːlan faħasb, bal huwa mufid ʔaiđan]; **~ wahr?** أ ليس كذلك [ʔa laisa kaðaːlika]; **warum ~?** لماذا لا [limaːðaː laː].

Nicht-achtung *f (O)* إغفال [ʔiɣfaːl].

Nicht-angriffs-pakt *m (-ɇs; -e)* اتفاقية عدم الاعتداء [ittifaːqiːjat ʕadam aliʕtidaːʔ].

Nichtbeachtung *f (O)* إهمال [ʔihmaːl], إغفال [ʔiɣfaːl].

Nichte *f* بنت أخ [bint ʔax], بنت أخت [bint ʔuxt].

Nicht-einmischung *f* عدم تدخل [ʕadam tadaxxul].

nichtig *adj.* باطل [baːtil], لاغ [laːɣin]; تافه [taːfih].

Nichtraucher *m* غير مدخن [ɣair mudaxxin]; **nur für ~** ممنوع التدخين [mamnuːʕ attadxiːn].

nichts *indef. pron.* لا شيء [laː ʃaiʔ]; **es macht ~** لا بأس [laː baʔs]; **~desto'weniger** *adv.* مع ذلك [maʕa ðaːlika], بالرغم من ذلك [birraɣmi min ðaːlika]; **~nutzig** *adj.* رذيل [raðiːl], سافل [saːfil]; **~sagend** *adj.* تافه [taːfih], بدون معنى [biduːni maʕnan]; **~tuer** [-tuːɐ] *m* بطال [battaːl]; **~würdig** *adj.* دنى [daniːj], وضيع [wađiːʕ].

Nichtwissen *n (-s; O)* جهل [ʤahl].

Nichtzutreffende(s) *(-n; O) n:* **~ ist zu streichen** أشطب ما لا ينطبق [uʃtub maː laː jantabiq].

N

Nickel *n* (*-s; O*) *Chem.* نيكل [niːkal].

nicken *v/i.*: ***mit dem Kopf*** ~ أحنى الرأس [ʔaħnaː rraʔs].

nie *adv.* لا ... أبدا [laː ... ʔabadan]; **er ist noch** ~ ***gekommen*** لم يأت بعد [lam jaʔti baʕdu].

nieder *adv.* إلى الأسفل [ʔilaː lʔasfal]; ~ ***mit ...!*** ليسقط ... [lijasquṭ]; **~fallen** (*L; sn*) *v/i.* سقط [saqaṭa, -u]; (*Regen*) هطل [haṭala, -i-]; (*Mensch*) خر [xarra, -u-]; **≈gang** *m* (*-ȩs; O*) انحطاط [inħiṭaːṭ]; **~gehen** (*L; sn*) *v/i.* (*Flugzeug*) هبط [habaṭa, -i-]; (*Regen*) هطل [haṭala, -i-]; **~geschlagen** *adj.* كئيب [kaʔiːb], مكتئب [muktaʔib]; **~knien** *v/i.* جثا [ʤaθaː, -uː]; (*Kamel*) برك [baraka, -u-]; **≈kunft** *f* (—; ⸚e) ولادة [wilaːda]; **≈lage** *f Mil.* هزيمة [haziːma]; *Hdl.* مخزن [maxzan]; (*Filiale*) فرع [farʕ]; **≈lande** *pl.*: ***die ≈lande*** هولندا [huːlanda]; **~lassen** (*L*) *v/r.* نزل [nazala, -i-], سكن [sakana, -u-]; **≈lassung** *f* مؤسسة [muʔassasa]; **~legen** *v/t.* وضع [waḑaʕa, jaḑaʕu]; ***das Amt ~legen*** استقال [istaqaːla]; **~reißen** (*L*) *v/t.* هدم [hadama, -i-] *u.* [haddama]; **≈schlag** *m* (*-es;* ⸚*e*) *Meteor.* هاطل [haːṭil]; *Chem.* راسب [raːsib]; **~schlagen** (*L*) *v/t.* صرع [ʃaraʕa, -a-]; (*die Augen*) أطرق [ʔaṭraqa]; **≈schrift** *f* تدوين [tadwiːn]; (*Protokoll*) محضر [maħđar]; **~steigen** (*L; sn*) *v/i.* نزل [nazala, -i-]; **~strecken** *v/t.* صرع [ʃaraʕa, -a-]; **~trächtig** *adj.* سافل [saːfil], خسيس [xasiːs].

niedlich *adj.* لطيف [laṭiːf], ظريف [ẓariːf].

niedrig *adj.* واطئ [waːṭiʔ], منخفض [munxafiđ]; (*Preis*) **sehr** ~ بخس [baxs]; (*gemein*) وضيع [waḑiːʕ], حقير [ħaqiːr].

nie|mals *s.* **nie**; **~mand** *indef. pron.* لا أحد [laː ʔaħad].

Niere *f Anat.* كلية [kulja]; **~nstein** *m Med.* حصاة كلوية [ħaṣaːt kulwiːja].

niesen (*-t*) *v/i.* عطس [ʕaṭasa, -i-].

Niete *f Techn.* برشامة [burʃaːma]; *fig.* فاشل [faːʃil].

Niko'tin *n* نيكوتين [niːkotiːn].

Nilpferd *n Zo.* ورس البحر [faras albaħr].

Nimmersatt *m* من لا يشبع [man laː jaʃbaʕu], أكال [ʔakkaːl].

nirgends *adv.* لا فى أى مكان [laː fiː ʔajji makaːn].

Nische [iː] *f* مشكاة [miʃkaːt].

nisten (*-e-*) *v/i.* عشش [ʕaʃʃaʃa].

Ni'veau [-'voː] *n* (*-s; -s*) مستوى [mustawan].

No'belpreis *m* (*-es; -e*) جائزة نوبل [ʤaːʔizat noːbel].

noch *adv.* ما زال [maː zaːla], لا يزال [laː jazaːlu], لم يزل [lam jazal]; ***er ist ~ anwesend*** ما زال حاضرا [maː zaːla ħaːđiran]; ***sie arbeitet ~*** لا تزال تشتغل [laː tazaːlu taʃtaɣilu]; ***~ nicht*** لا ... بعد [laː… baʕdu]; ***sie ist ~ nicht gekommen*** لم تحضر بعد [lam taħđar b.]; (*mehr*) أكثر [ʔakθar]; ***~ einmal*** مرة أخرى [marratan ʔuxraː]; ***~ etwas?*** شيئا آخر [ʃaiʔan ʔaːxar].

nochmalig (*O*) *adj.* مكرر [mukarrar].

nochmals *adv.* من جديد [min ʤadiːd], مرة أخرى [marratan ʔuxraː].

Nockenwelle *f Mot.* عمود الكامات [ʕamuːd alkaːmaːt].

No'maden *m/pl.* رحل [ruħħal].

Nomen *n* (*-s; Nomina*) *Gr.* اسم [ism].

nomi'nal *adj.* اسمى [ismiː]; **~wert** *m* قيمة اسمية [qiːma ismiːja].

Nominativ *m* (*-s; -e* [-və]) *Gr.* حالة الفاعل [ħaːlat alfaːʕil], الرفع [arrafʕ].

nomi'nell (*O*) *adv.* بالاسم فقط [bilism faqat].

Nonne *f* راهبة [raːhiba].

Non'stop-flug [-st-] *m* (*-es; ⸚e*) *Flugw.* طيران بدون هبوط [tajaraːn biduːn hubuːt].

Norden *m* (*-s; O*) شمال [ʃimaːl].

nördlich *adj.* شمالى [ʃimaːliː]; *adv.* **~ *von D*** شمالى [ʃimaːliːja].

Nord-'osten *m* (*-s; O*) الشمال الشرقى [aʃʃ. aʃʃarqiː].

Nordpol ['nɔʁtpoːl] *m* (*-s; O*) القطب الشمالى [alqutb aʃʃimaːliː].

Nord'westen *m* (*-s; O*) الشمال الغربى [aʃʃ. alɣarbiː].

nörgeln *v/i.* تذمر [taðammara].

Norm *f* معيار [miʕjaːr]; (*Regel*) قاعدة [qaːʕida]; **~al** [nɔʁ'maːl] *adj.* اعتيادى [iʕtijaːdiː], قياسى [qijaːsiː]; (*gere-

gelt) منتظم [muntazim]; **~ali'sierung** *f* تسوية [taswiːja], تنظيم [tanziːm]; **~a'tiv** *adj.* معيارى [miʕjaːriː]; **~en** *v/t.* وحد المقاييس [waħħada lmaqaːjiːs].

Not *f* (—; ⸚e) ضيق [điːq], حاجة [ħaːdʒa]; (*Mangel*) شح [ʃuħħ]; (*Gefahr*) خطر [xatar].

No'tar *m* (-*s*; -*e*) موثق العقود [muwaθθiq alʕuquːd], كاتب عدل [kaːtib ʕadl].

Not|-ausgang *m* (-*es*; ⸚*e*) مخرج للطوارئ [maxradʒ littawaːriʔ]; **~behelf** *m* (-*ẹs*; -*e*) تدبير موقت [tadbiːr muwaqqat], بلغة [bulɣa]; **~bremse** *f* فرملة طوارئ [farmalat tawaːriʔ]; **~durft** *f* حاجة [ħaːdʒa]; ***seine ~durft verrichten*** قضى حاجته [qadaː, -iː, ħaːdʒatahu]; **~dürftig** *adj.* موقت [muwaqqat]; *adv.* بقدر الإمكان [biqadr alʔimkaːn].

Note *f Pol.* مذكرة [muðakkira]; (*Bank~*) ورقة نقدية [waraqa naqdiːja]; (*Schul~, Zensur*) درجة [daradʒa]; (*Musik*) نوتة موسيقية [noːta muːsiːqiːja].

Notfall (-*ẹs*; ⸚*e*) *m*: ***im ~*** عند الضرورة [ʕinda đđaruːra].

no'tieren (—) *v/t.* دون [dawwana], قيد [qajjada]; *Fin.* سعر [saʕʕara].

nötig *adj.* ضرورى [đaruːriː]; *etw. ~ haben* احتاج إليه [iħtaːdʒa ʔilaihi].

nötig|en *v/t.* أجبر [ʔadʒbara]; **~en-falls** *adv.* عند اللزوم [ʕinda lluzuːm], عند الضرورة [ʕinda đđaruːra]; **~ung** *f* إجبار [ʔidʒbaːr].

No'tiz *f* مذكرة [muðakkira]; ***~ nehmen*** (***von*** *D* ه) لاحظ [laːħaza]; **~buch** *n* (-*ẹs*; ⸚*er*) مفكرة [mufakkira], دفتر جيب [daftar dʒaib].

Not|landung *f Flugw.* هبوط اضطرارى [hubuːt iđtiraːriː]; **~leidend** *adj.* عائز [ʕaːʔiz], معوز [muʕwiz]; **~lösung** *f* حل موقت [ħall muwaqqat].

no'torisch *adj.* معروف [maʕruːf], ردىء السمعة [radiːʔ assumʕa].

Notruf *m* (-*ẹs*; -*e*) (*Telefon*) رقم النجدة [raqm annadʒda].

Not|stand *m* (-*ẹs*; ⸚*e*) حالة الطوارئ [ħaːlat attawaːriʔ]; **~stands-gebiet** *n* (-*ẹs*; -*e*) منطقة الكارثة [mintaqat alkaːriθa]; **~wehr** *f* (*O*) دفاع شرعى [difaːʕ ʃarʕiː]; **~wendig** *adj.* لازم [laːzim], ضرورى

[đaruːriː]; **~wendigkeit** *f* ضرورة [đaruːra], لزوم [luzuːm], اقتضاء [iqtiđaːʔ]; **~zucht** *f Jur.* اغتصاب [iɣtiʃaːb].

No'velle *f* رواية [riwaːja], قصة [qiʃʃa]; (*Gesetz*~) قانون معدل [qaːnuːn muʕaddil].

No'vember *m Äg.* نوفبر [nuːfambar]; *Syr.* تشرين الثانى [tiʃriːn aθθaːniː].

Nu: ***im*** ~ *adv.* فى لمح البصر [fiː lamħ albaʃar].

nüchtern *adj.* (*Gegens. betrunken*) صاح [ʃaːħin]; ***auf ~en Magen*** على الريق [ʕalaː rriːq].

Nudeln *f/pl.* معكرونة [maʕkaruːna]; (*Haar*~) شعرية [ʃaʕriːja].

nukle'ar *adj.* نووى [nawawiː].

Null *f* صفر [ʃifr].

nume'rieren (—) *v/t.* رقم [raqqama].

Nummer *f* (-; -*n*) رقم [raqm], *Äg.* نمرة [nimra].

nun [-uː-] *adv.* الآن [alʔaːn]; ***von ~ an*** من الآن [min alʔaːn]; **~mehr** *adv.* بعد الآن [baʕda lʔaːn].

nur [-uː-] *adv.* فقط [faqat], لا ... إلا [laː ... ʔillaː]; (*jedoch*) بيد أن [baida ʔanna].

Nuß *f* (—; *⁻sse*) (*bes. Wal*~) *Koll.* جوز [dʒauz]; **~knacker** *m* كسارة [kassaːra]; **~schale** *f* قشر الجوز [qiʃr aldʒauz].

Nüster *f* (—; -*n*) منخر [minxar].

nutz|bar *adj.* مفيد [mufiːd]; **~en** *m* (-*s*; *O*) فائدة [faːʔida], منفعة [manfaʕa]; **~en** (-*t*), **nützen** (-*t*) *v/i.* (*nützlich sein*) نفع [nafaʕa, -a-], أفاد [ʔafaːda], أجدى [ʔadʒdaː]; *v/t.* (*ausnutzen*) انتفع من [intafaʕa], استفاد [istafaːda]; (*Boden*) استغل هـ [istaɣalla]; ***die Gelegenheit ~en*** اغتنم الفرصة [iɣtanama lfurʃa].

nützlich *adj.* نافع [naːfiʕ], مفيد [mufiːd]; **~keit** *f* منفعة [manfaʕa].

nutz|los (-*est*) *adj.* غير نافع [ɣair naːfiʕ]; *adv.* بلا جدوى [bilaː dʒadwaː]; **~nießer(in** *f*) *m* منتفع [muntafiʕ], مستغل [mustaɣill]; **~nießung** *f* (*O*) حق الانتفاع [ħaqq alintifaːʕ]; **~ung** *f* استغلال [istiɣlaːl], استثمار [istiθmaːr]; **~ungs-**

recht *n* حق الاستثمار [ħaqq alistiθmaːr].

Nylon ['naılɔn] *n* (*-s; O*) نيلون [nailuːn]; **~strumpf** *m* جورب نيلون [ʤaurab n.].

O

Oase [oˑ'ɑːzə] *f* واحة [waːħa].

ob *cj.* إن [ʔin], إذا [ʔiðaː]; ***als*** **~** كأن [kaʔanna]; **~** ***sie es wollen oder nicht*** سواء شاؤوا أو أبوا [sawaːʔan ʃaːʔuː ʔau ʔabau].

Obacht ['oːb-axt] *f* (*O*) انتباه [intibaːh].

Obdach ['ɔpdax] *n* (*-¢s; O*) مأوى [maʔwan]; **≗los** *adj.* لا مأوى له [laː maʔwaː lahu].

Obe'lisk *m* (*-en*) مسلة [misalla].

oben *adv.* فوق [fauqu], في الأعلى [fiː lʔaʕlaː]; ***nach*** **~** إلى فوق [ʔilaː fauq]; **~-erwähnt** *adj.* مذكور أعلاه [maðkuːr ʔaʕlaːhu].

ober *adj.* أعلى [ʔaʕlaː], علوى [ʕulwiː], فوقانى [fauqaːniː].

Ober *m* نادل [naːdil]; ***Herr*** **~!** يا جرسون [jaː garsoːn]; **~ägypten** *n* الصعيد [aṣṣaʕiːd], الوجه القبلى [alwaʤh alqibliː]; **~befehl** *m* (*-¢s; -e*) *Mil.* القيادة العامة [alqijaːda alʕaːmma]; **~bekleidung** *f* ملابس خارجية [malaːbis xaːriʤiːja]; **~bett** *n* (*-¢s; -en*) لحاف [liħaːf]; **~fläche** *f* سطح [saṭħ]; **≗flächlich** *adj.* سطحى [saṭħiː]; **~geschoß** *n* (*-sses; -sse*) الطابق الأعلى [aṭṭaːbiq alʔaʕlaː]; **≗halb** *präp. G* فوق [fauqa]; **~haupt** *n* (*-¢s; ¨er*) رئيس [raʔiːs]; **~hemd** *n* (*-¢s; -en*) قميص [qamiːṣ]; **~herrschaft** *f* سيادة [sijaːda]; **≗irdisch** *adj.* فوق الأرض [fauqa lʔarḍ]; **~kellner** *m* رئيس الندل [raʔiːs annudul]; **~kiefer** *m Anat.* الفك الأعلى [alfakk alʔaʕlaː]; **~leder** *n* وجه الحذاء [waʤh alħiðaːʔ]; **~körper** *m* النصف الأعلى من البدن [anniṣf alʔaʕlaː min albadan]; **~leutnant** *m* (*-s; -s*) *Mil.* ملازم أول [mulaːzim ʔawwal]; ~**lippe** *f* الشفة العليا [aʃʃafa alʕuljaː]; ~**schenkel** *m Anat.* فخذ [faxð]; ~**schule** *f* مدرسة ثانوية [madrasa θaːnawiːja].

oberst *adj. superl.* الأعلى [alʔaʕlaː].

Oberst *m* (*-s; -en*) *Mil.* عقيد [ʕaqiːd].

Oberstaats-anwalt *m* رئيس النيابة [raʔiːs annijaːba].

ob'gleich *cj.* مع أن [maʕa ʔanna].

Obhut *f* (*O*) رعاية [riʕaːja], عناية [ʕinaːja].

Ob'jekt *n* (*-ɇs; -e*) موضوع [mauđuːʕ], عرضة [ʕurđa]; (*Gegenstand*) جسم [ʤism]; (*Grundstück*) عقار [ʕaqaːr]; *Gr.* مفعول به [mafʕuːl bihi].

objektiv *adj.* موضوعى [mauđuːʕiː]; ≈ *n* (*-s; -e*) (*e-r Kamera*) عدسة [ʕadasa]; ≈**i'tät** *f* موضوعية [mauđuːʕiːja].

Obliegenheit *f* واجب [waːʤib].

obli'gat *adj.* لازم [laːzim].

obliga'torisch *adj.* إجبارى [ʔiʤbaːriː].

Obmann *m* (*-es; ⸚er*) نقيب [naqiːb].

Obrigkeit *f* أولو الأمر [ʔuːluː lʔamr], سلطة [sulŧa].

ob'schon *cj. s.* ***obgleich***.

Observa'torium [-ʀĭum] *n* (*-s; Observatorien*) مرصد [marſad].

Obst [oː-] *n* (*-es; O*) فواكه [fawaːkih]; ~**bau** *m* (*-ɇs; O*) زراعة الفواكه [ziraːʕat alfawaːkih]; ~**-ernte** *f* جمع الفواكه [ʤamʕ alf.]; ~**garten** *m* (*-s; ⸚*) بستان [bustaːn]; ~**händler** *m* فاكهانى [faːkihaːniː]; ~**kern** *m* (*-ɇs; -e*) نواة [nawaːt]; ~**saft** *m* (*-ɇs; ⸚e*) عصير [ʕaſiːr].

ob'szön *adj.* فاحش [faːħiʃ]; ≈**i'tät** *f* خنى [xanan].

Obus *m* (*-ses; -se*) ترولى باص [troːliː baːſ].

Ochse ['ɔksə] *m* (*-n*) ثور مخصى [θaur maxſiːj].

öde *adj.* قفر [qafr], مهجور [mahʤuːr]; *fig.* ممل [mumill].

Öde *f* (*O*) قفرة [qafra].

oder *cj.* أو [ʔau]; **so ~ so?** كذا أم كذا [kaðaː ʔam k.].

Ofen *m* (*-s; ⸚*) مدفأة [midfaʔa], كانون [kaːnuːn]; (*Back*≈) فرن [furn]; ~**röhre** *f* مدخنة [midxana], ماسورة الموقد [maːsuːrat almauqid].

offen *adj.* مفتوح [maftuːħ]; (*unbedeckt*) مكشوف [makʃuːf]; (*aufrichtig*) صريح [ʃariːħ]; **~e Stelle** منصب شاغر [manʃib ʃaːɣir]; **~bar** *adj.* واضح [waːđiħ], جلي [ʤaliːj], بين [bajjin]; **≃'barung** *f* وحي [waħj]; **≃heit** *f* (*O*) صراحة [ʃaraːħa]; **~kundig, ~sichtlich** *adj.* جلي [ʤaliːj], ظاهر [ʐaːhir], باد [baːdin]; (*unverhohlen*) سافر [saːfir].

offen'siv *adj.* هجومي [huʤuːmiː]; **≃e** *f* هجوم [huʤuːm].

öffentlich *adj.* عام [ʕaːmm], عمومي [ʕumuːmiː]; *adv.* علنا [ʕalanan]; **≃keit** *f* (*O*) جمهور [ʤumhuːr]; *abstr.* علانية [ʕalaːniːja].

Offerte [ɔ'fɛʁtə] *f Hdl.* عرض [ʕarđ].

offiziell [ɔfiˑ'tsĭɛl] *adj.* رسمي [rasmiː].

Offi'zier *m* (*-s; -e*) ضابط [đaːbit].

öff|nen (*-e-*) *v/t.* فتح [fataħa, -a-]; *v/r.* انفتح [infataħa]; **~ner** *m* فتاحة [fattaːħa]; **≃nung** *f* فتحة [futħa]; (*Aktion*) فتح [fatħ].

oft (*-̈er; -̈est-*) *adv.* كثيرا ما [kaθiːran maː]; ***wie ~?*** كم مرة [kam marra].

öfters *adv.* مرارا [miraːran].

oftmalig *adj.* متكرر [mutakarrir].

ohne *präp. A* دون [duːna], بدون [biduːni], بلا [bilaː], من غير [min ɣair]; **~ *weiteres*** *adv.* حالا [ħaːlan], بلا عائق [bilaː ʕaːʔiq].

Ohnmacht *f* غشيان [ɣaʃajaːn], إغماء [ʔiɣmaːʔ]; ***in ~ fallen*** غشي عليه [ɣuʃija ʕalaihi].

ohnmächtig *adj.* مغمى عليه [muɣman ʕ.].

Ohr *n* (*-s; -en*) أذن [ʔuðn].

Öhr *n* (*-s; -e*) سم الإبرة [samm alʔibra].

Ohren|arzt *m* (*-es; -̈e*) *s.* ***Hals-Nasen-Ohrenarzt;*** **≃betäubend** *adj.* مصم [muʃimm]; **~leiden** *n* مرض الأذن [marađ alʔuðn]; **~sausen** *n* (*-s; O*) طنين الأذن [taniːn alʔuðn]; **~zeuge** *m* (*-n*) شاهد سماع [ʃaːhid samaːʕ].

Ohr|feige *f* صفعة [ʃafʕa]; **~läppchen** *n* شحمة الأذن [ʃaħmat alʔuðn]; **~muschel** *f* صيوان الأذن [ʃiːwaːn alʔuðn]; **~ring** *m* قرط [qurt].

Ökonom|ie [-'miː] *f* (*O*) اقتصاد

[iqtiʃaːd]; **~isch** *adj.* اقتصادى [iqtiʃaːdiː].

Ok'tober *m Äg.* أكتوبر [ʔuktuːbar]; *Syr.* تشرين الأول [tiʃriːn alʔawwal].

oku'lieren (—) *v/t.* (*e-n Baum*) طعم [taʕʕama].

Okzident *m* (-*s*; *O*) غرب [ɣarb], مغرب [maɣrib].

Öl *n* (-*ɇs*; -*e*) زيت [zait], دهن [duhn]; (*Erd~*) نفط [naft]; **~baum** *m* (-*ɇs*; *¨e*) زيتون [zaituːn]; **~bild** *m* (-*es*; -*er*) صورة زيتية [ʃuːra zaitiːja]; **~en** *v/t.* زيت [zajjata]; **~farbe** *f* دهان [dihaːn]; **~gemälde** [-gəmɛːldə] *n s.* ***~bild***; **~heizung** *f* تدفئة بالنفط [tadfiʔa binnaft].

O'liven *f/pl. Koll.* زيتون [zaituːn].

Ölwechsel *m Mot.* تبديل الزيت [tabdiːl azzait].

olympisch [o·'lʏmpɪʃ]; *adj.* ***~e Spiele*** العاب أولمبية [alʕaːb ʔuːlimbiːja].

Omen *n* (-*s*; *Omina*) فأل [faʔl].

Omnibus *m* (-*ses*; -*se*) أتوبيس [ʔutubiːs]; *s.* ***Autobus***.

ona'nieren (—) *v/i.* استمنى [istamnaː].

Onkel ['ɔŋkəl] *m* (*Vaterbruder*) عم [ʕamm]; (*Mutterbruder*) خال [xaːl].

Oper *f* (—; -*n*) أوبرا [oːbira].

Operateur [o·pəʀa·'tøːʀ] *m* (-*s*; -*e*) (*Chirurg*) جراح [ʤarraːħ].

Operation [-'tsĭoːn] *f* (*a. Med.*) عملية [ʕamaliːja]; **~s-saal** *m* (-*ɇs*; *¨e*) غرفة العمليات الجراحية [ɣurfat alʕamaliːjaːt alʤarraːħiːja].

operieren (—) *v/i.* عمل [ʕamila, -a-]; *v/t. Med.* أجرى عملية فى [ʔaʤraː ʕamaliːja]; ***sich ~ lassen*** تعرض لعملية [taʕarrada liʕamaliːja].

Opfer *n* ضحية [dahiːja]; *Rel.* قربان [qurbaːn]; **~n** (-*re*) *v/t.* ضحى [daħħaː].

Opium ['oːpĭum] *n* (-*s*; *O*) أفيون [ʔafjuːn].

Oppo'nent *m* (-*en*) معارض [muʕaːrid], خصم [xaʃm].

oppo'nieren (—) *v/i.* (*D* ه) عارض [ʕaːrada].

oppor'tun *adj.* ملائم [mulaːʔim]; **~ismus** [-'nɪ-] *m* (—; *O*) انتهازية [intihaːziːja]; **~ist** [-'nɪ-] *m* (-*en*) انتهازى [intihaːziː].

Opposition [ɔpo·zi·'tsĭoːn] *f* معارضة [muʕaːrada].

Optik *f* (*O*) علم البصريات [ʕilm

abaʃariːjaːt]; ~**er** *m* نظاراتى [naẓẓaːraːtiː].

opti'mal *adj.* أمثل [ʔamθal], أحسن ما يمكن [ʔaħsan maː jumkinu].

Opti|'mismus *m* (—; *O*) تفاؤل [tafaːʔul]; ~**'mist** *m* (-*en*) متفائل [mutafaːʔil].

optisch *adj.* بصرى [baʃariː].

O'rakel *n* تكهن [takahhun].

Orange [oˑ'ʀaŋʒə] *f Bot. Koll.* برتقال [burtuqaːl]; ~**n-saft** *m* عصير برتقال [ʕaʃiːr b.].

Orchester [ɔʀ'kɛstɐ] *n* فرقة موسيقية [firqa muːsiːqiːja].

Orden *m* (*Auszeichnung*) نيشان [niːʃaːn], وسام [wisaːm]; (*Bruderschaft*) جمعية دينية [ʤamʕiːja diːniːja]; *Isl.* (*Sufi*~) طريقة [ṭariːqa].

ordentlich [ə] *adj.* منتظم [muntaẓim].

Ordi'nalzahl *f* عدد ترتيبى [ʕadad tartiːbiː].

ordi'när *adj.* عادى [ʕaːdiː], مبتذل [mubtaðal]; (*rauh*) خشن [xaʃin].

Ordinarius [-'naːʀĭʊs] *m* (-; *Ordinarien*) أستاذ بكرسى [ʔustaːð bikursiː].

ord|nen *v/t.* (-*e*-) رتب [rattaba], نظم [naẓẓama]; ~**ner** *m* (*Mappe*) إضبارة [ʔiđbaːra]; ~**nung** *f* (*O*) نظام [niẓaːm]; (*Reihenfolge*) ترتيب [tartiːb]; ~**nungs-widrig** *adj.* مخالف للنظام [muxaːlif linniẓaːm].

Organ [ɔʀ'gaːn] *n* (-*s*; -*e*) *Anat.* عضو [ʕuđw]; *F* (*Nase*) أنف [ʔanf]; *fig.* (*Stimme*) صوت [ʃaut]; (*Partei*~) جريدة [ʤariːda]; ~**isation** [-'tsĭoːn] *f* (*Ordnung*) تنظيم [tanẓiːm]; (*Körperschaft*) منظمة [munaẓẓama], هيئة [haiʔa]; ~**isch** *adj.* عضوى [ʕuđwiː]; ~**i'sieren** (—) *v/t.* نظم [naẓẓama]; ~**is-mus** [-'nɪs-] *m* (-; *Organismen*) (*Körper*) جسم [ʤism]; (*Lebewesen*) كائن حى [kaːʔin ħajj].

Or'gasmus *m* (-; *Orgasmen*) هزة الجماع [hazzat alʤimaːʕ].

Orgel *f* (—; -*n*) أرغن [ʔurɣun].

Orient ['oˑʀĭɛnt] *m* (-*s*; *O*) الشرق [aʃʃarq]; **Vorderer** ~ الشرق الأدنى [aʃʃ. alʔadnaː]; ~**alisch** [-'taːlɪʃ] *adj.* شرقى [ʃarqiː]; ~**a'list** *m* مستشرق [mustaʃriq]; ~**a'listik** *f* الاستشراق [alistiʃraːq]; ~**ieren** [-'tiː-] (—) *v/t.* وجه [waddʒaha]; (*informieren*) (**über** *A* على) أطلع [ʔaṭlaʕa]; *v/r.* حقق اتجاهه [ħaqqaqa ttidʒaːhahu]; (**nach** *D* ب) اهتدى [ihtadaː];

(**auf** *A* نحو) اتخذ اتجاها [ittaxaða ttiʤaːhan]; **~lerung** [-'tiː-] *f* اهتداء [ihtidaːʔ], اتجاه [ittiʤaːh].

origi'nal *adj.* أصلى [ʔaʃliː]; **≈** *n* أصل [ʔaʃl]; **~getreu** *adj./adv.* طبق الأصل [ṭibqa lʔaʃl].

Origi|nali'tät *f* (*O*) أصالة [ʔaʃaːla]; (*Schöpferkraft*) ابتكار [ibtikaːr]; **≈nell** [-'nɛl] *adj.* (*Person*) أصيل; (*Werk*) مبتكر [mubtakar].

Or'kan *m* (-*¢s*; -*e*) إعصار [ʔiʕʃaːr], زوبعة [zaubaʕa].

Orna'ment *n* (-*¢s*; -*e*) زخرف [zuxruf].

Ort *m* (-*es*; -*e*) مكان [makaːn], محل [maħall], موضع [mauđiʕ]; (*Stand≈*) موقف [mauqif], مقام [maqaːm]; (*Dorf*) قرية [qarja], بلد [balad].

Orthogra'phie *f* ضبط الكتابة [đabṭ alkitaːba], تهجئة [tahʤiʔa].

Ortho'päde *m* (-*n*) جراح العظام [ʤarraːħ alʕiẓaːm].

örtlich (*O*) *adj.* محلى [maħalliː], موضعى [mauđiʕiː].

Orts-angabe *f* عنوان [ʕunwaːn].

Ortschaft *f* بلد [balad].

Orts|gespräch *n* (-*¢s*; -*e*) مخابرة محلية [muxaːbara maħalliːja]; **~kenntnis** *f* معرفة المنطقة [maʕrifat almintaqa]; **~name** *m* (-*ns*; -*n*) اسم بلد [ism balad]; **~zeit** *f* توقيت محلى [tauqiːt maħalliː].

Öse *f* عروة [ʕurwa].

Osten *m* (-*s*; *O*) شرق [ʃarq]; ***Naher (Mittlerer, Ferner)*** **~** الشرق الأدنى (الأوسط، الأقصى) [aʃʃarq alʔadnaː (alʔausat, alʔaqʃaː)].

ostenta'tiv *adv.* بتحد [bitaħaddin].

Ostern [oː] *n* عيد الفصح [ʕiːd alfiʃħ].

Österreich ['øːst(ə)ʀaɪç] *n* (-*s*; *O*) النمسا [annimsaː]; **~er** *m*, **≈isch** *adj.* نمساوى [nimsaːwiː].

östlich *adj.* شرقى [ʃarqiː]; *adv.* شرقا [ʃarqan].

Ouvertüre [uˑvɛʀ'tyːʀə] *f* مقدمة موسيقية [muqaddima muːsiːqiːja].

o'val *adj.* بيضوى [baiđawiː].

O'varium [-ʀĭʊm] *n* (-*s*; *Ovarien*) *Anat.* مبيض [mibjađ].

Oxid [ɔk'syːt] *n* (-*s*; -*e*) *Chem.* أكسيد [ʔuksiːd].

oxydieren [ɔksyˑ'diːʀən] (—) *v/i.* تأكسد [taʔaksada].

Ozean ['oːtseˑɑːn] *m* (-*s*; -*e*) (بحر) محيط [(baħr) muħiːt]; ***At'lantischer (Indischer,***

O

Stiller) ~ المحيط الأطلسى (الهندى، الهادئ) [almuħiːt alʔatlasiː (alhindiː, alhaːdiʔ)].

Ozeanogra'phie *f (O)* علم البحار [ʕilm albiħaːr].

P

Paar *n (-es; -e)* زوج [zaudʒ]; *(Ehe*~) زوجان [zaudʒaːn]; ***ein ~ Schuhe*** زوج حذاء [zaudʒ ħiðaːʔ]; ***ein ~*** بضع [bidˤʕ]; ***ein ~ Bücher*** عدة كتب [ʕiddat kutub].

paarweise *adv.* أزواجا [ʔazwaːdʒan].

Pacht *f* استئجار [istiʔdʒaːr], كراء [kiraːʔ]; **~en** *(-e-) v/t.* (ارضا) استأجر [istaʔdʒara], استكرى [istakraː].

Pächter *m* مستأجر [mustaʔdʒir].

Päckchen *n* طرد صغير [tˤard sˤaɣiːr].

pack|en *v/t.* مسك [masaka, -i-], قبض [qabadˤa, -i-]; ***den Koffer ~en*** حزم الحقيبة [ħazama, -i-, alħaqiːba]; **~papier** *n (-s; -e)* ورق لف [waraq laff]; **~ung** *f* لفة [laffa], صرة [sˤurra], علبة [ʕulba]; *Med.* كماد [kimaːd].

Päda'gogik *f (O)* علم التربية [ʕilm attarbija].

Pa'ket *n (-¢s; -e)* طرد [tˤard], رزمة [ruzma]; **~-ausgabe** *f* تسليم الطرود [tasliːm atturuːd]; **~post** *f* بريد الطرود [bariːd atturuːd]; **~schalter** *m* شباك تسليم الطرود [ʃubbaːk tasliːm att.].

Pakistan باكستان [baːkistaːn].

Pakt *m (-¢s; -e)* ميثاق [miːθaːq], حلف [ħilf].

Pa'last *m (-¢s; ¨e)* قصر [qasˤr].

Palä'stina *n* فلسطين [filastˤiːn].

Palme *f* نخلة [naxla].

Palmsonntag *m (-s; -e)* أحد السعف [ʔaħad assaʕf].

pa'niert *adj.* مقلى بالفتات [maqliːj bilfitaːt].

Panik *f (O)* فزع [fazaʕ], ذعر [ðuʕr].

Panne *f Mot.* عطل [ʕutl], خلل [xalal]; ***e-e ~ haben*** تعطل [taʕattˤala].

Pano'rama *n (-s; Panoramen)* منظر شامل [manzˤar ʃaːmil].

Pan'toffel *m* (*-s; -n*) شبشب [ʃibʃib], خف [xuff].

Panzer *m* درع [dirʕ]; *Mil.* دبابة [dabbaːba]; **~-abwehrgeschütz** *n* (*-es; -e*) مدفع مضاد للدبابات [midfaʕ muđaːdd liddabbaːbaːt]; **~schrank** *m* (*-ȼs; ⸚e*) خزانة فولاذية [xizaːna fuːlaːðiːja].

Papa'gei *m* (*-s; -en*) ببغاء [babaɣaːʔ].

Pa'pier *n* (*-s; -e*) ورق [waraq]; **~bogen** *m* (*-s; - od.* ⸚) فرخ ورق [farx w.]; **~e** *n/pl.* (*Dokumente*) مستندات [mustanadaːt]; **~geld** *n* (*-ȼs; O*) عملة ورقية [ʕumla waraqiːja]; **~taschentuch** *n* (*-ȼs; ⸚er*) محرمة ورق [mahramat waraq]; **~waren** *f/pl.* لوازم الكتابة [lawaːzim alkitaːba].

Pappe *f* ورق مقوى [waraq muqawwan].

Pappel *f* (*—; -n*) شجر الحور [ʃadʒar alħawar].

Paprika *m* (*-s; -s*) فلفل أحمر [filfil ʔaħmar].

Papst *m* (*-es; ⸚e*) البابا [albaːbaː].

päpstlich *adj.* باباوى [baːbaːwiː].

Pa'rabel *f* (*-; -n*) مثل [maθal]; *Math.* قطع مكافىء [qatʕ mukaːfiʔ].

Pa'rade *f* استعراض [istiʕraːđ].

Para'dies *n* (*-es; -e*) جنة [dʒanna]; *fig.* نعيم [naʕiːm].

Para'digma *n Gr.* نموذج [numuːðadʒ].

Para'graph *m* (*-en*) فقرة [fiqra], بند [band]; (*Gesetzes*≈) مادة [maːdda].

paral'lel *adj.* (**zu** *D* ل) مواز [muwaːzin]; **~e** ***Linien*** خطوط متوازية [xutuːt mutawaːzija].

Para'lyse *f Med.* شلل [ʃalal].

Para'sit *m* (*-en*) طفيلى [tufailiː].

Par'don [-'dɔŋ] *m* (*-s; O*): **~!** العفو [alʕafw].

Par'füm *n* (*-s; -s*) عطر [ʕitr].

Pari'tät *f* (*O*) تساو [tasaːwin].

Park *m* (*-s; -s*) حديقة [ħadiːqa], منتزه [muntazah]; **≈en** *v/t.* (سيارة) أوقف [ʔauqafa (sajjaːra)]; **~en** ***verboten*** ممنوع وقوف السيارات [mamnuːʕ wuquːf assajjaːraːt].

Par'kett *n* (*-ȼs; -e*) باركيه [baːrkeː]; *Thea.* صالة [ʃaːla].

Parkplatz *m* (*-es; ⸚e*) موقف السيارات [mauqif assajjaːraːt].

P

Parla'ment *n* (*-ȼs; -e*) برلمان [barlamaːn], مجلس النواب [madʒlis annuwwaːb].

Paro'die *f* محاكاة هزلية [muħaːkaːt hazliːja].

Pa'role *f* شعار [ʃiʕaːr].

Par'tei *f Pol.* حزب [ħizb]; *Jur.* طرف [taraf]; **~en-verkehr** *m* (*-ȼs; O*) مراجعات [muraːdʒaʕaːt]; **~gänger** *m* مشايع [muʃaːjiʕ]; **~isch** *adj.* متحيز [mutaħajjiz]; **~lich** *adj.* حزبي [ħizbiː]; **~losigkeit** *f* (*O*) حياد [ħijaːd], لاحزبية [laː ħizbiːja]; **~programm** *n* (*-s; -e*) برنامج حزب [barnaːmadʒ ħizb]; **~zugehörigkeit** *f* انتماء إلى حزب [intimaːʔ ʔilaː ħizb].

Parterre [paʁ'tɛʁ] *n* (*-s; -s*) الطابق الأرضي [attaːbiq alʔardiː].

P

Par'tie *f* (*Spiel*) لعبة [laʕba], دور [daur]; (*Ausflug*) نزهة [nuzha], دورة [daura]; *Hdl.* مجموعة [madʒmuːʕa], دفعة [dafʕa].

Par'tikel *f* (*-; -n*) *Phys.* جسيم [dʒusaim]; *Gr.* حرف [ħarf].

Partikula'rismus *m* (*-; O*) طائفية [taːʔifiːja].

Parti'san *m* (*-en*) نصير [nasiːr], فدائي [fidaːʔiː].

Parti'zip *n Gr.*: **aktive(s) ~** اسم فاعل [ism faːʕil]; **passive(s) ~** اسم مفعول [ism mafʕuːl].

Partner *m* (*Teilhaber*) شريك [ʃariːk]; (*Geschäfts~*) عميل [ʕamiːl]; (*Spiel~*) ملاعب [mulaːʕib].

Party ['paːʁtiˑ] *f* (*-; -s u. Parties*) حفلة [ħafla].

Par'zell|e *f* قطعة أرض [qutʕat ʔard]; **~ieren** [paʁtsɛ'liːʁən] (—) *v/t.* جزأ [dʒazzaʔa].

Paß *m* (*-sses; ⸚sse*) (*Gebirgs~*) ممر جبلي [mamarr dʒabaliː]; (*Reise~*) جواز سفر [dʒawaːz safar].

Passagier [paˑsaˑ'ʒiːʁ] *m* (*-s; -e*) (*e-s Fahrzeugs*) راكب [raːkib]; (*Reisender*) مسافر [musaːfir]; **~liste** *f* كشف أسماء المسافرين [kaʃf ʔasmaːʔ almusaːfiriːn]; **~schiff** *n* (*-ȼs; -e*) سفينة ركاب [safiːnat rukkaːb].

Passant [paˑ'sant] *m* (*-en*) مار [maːrr]; **die ~en** المارة [almaːrra].

Paßbild *n* (*-es; -er*) صورة للجواز [suːra lildʒawaːz].

passen (*-ßt*) *v/i.*: *D od.* **zu** *D* **~** لائم [laːʔama], ناسب [naːsaba], وافق [waːfaqa]; **~d** مناسب [munaːsib].

pas'sier|en (—) *v/i. (geschehen)* حدث [ħadaθa, -u-], حصل [ħaʃala, -u-]; *v/t (vorübergehen)* مر [marra, -u-]; **~schein** *m (-es; -e)* تصريح بالمرور [taʃriːħ bilmuruːr].

Pas'sion *f* (**für** *A* ل) هوى [hawan].

passiv *adj.* سلبي [salbiː]; *(untätig)* خامل [xaːmil]; **~er Widerstand** مقاومة سلبية [muqaːwama salbiːja].

Passiv *n Gr.* المبنى للمجهول [almabniːj lilmadʒhuːl]; *Hdl.* **die ~en** (*od.* **Passiva**) الديون [adduju:n].

Paßkontrolle *f* فحص الجوازات [faħʃ aldʒawaːzaːt].

Pate *m (-n)* شبين [ʃabiːn].

Pa'tent *n (-s; -e)* براءة [baraːʔa], امتياز [imtijaːz].

Patho|lo'gie *f (O)* علم أسباب الأمراض [ʕilm ʔasbaːb alʔamraːđ]; **~'logisch** *adj.* مرضي [marađiː].

Patient [pa·'tsĭɛnt] *m (-en)* مريض (تحت علاج) [mariːđ (taħta ʕilaːdʒ)].

Patriarch [pa·tʀi·'aʁç] *m (-en)* بطريق [batriːq].

Patriot [pa·tʀi·'oːt] *m (-en)*, **~isch** *adj.* وطني [wataniː]; **~ismus** [-'tɪsmʊs] *m (—; O)* وطنية [wataniːja], حب الوطن [ħubb alwatan].

Pa'trone *f Koll.* خرطوش [xartuːʃ], فشك [faʃak].

Patrouille [-'tʀʊljə] *f Mil.* دورية [dauriːja].

Pauke *f* طبل كبير [tabl kabiːr].

Pau'schal|e *f*, **~summe** *f* مبلغ إجمالي [mablaɣ ʔidʒmaːliː].

Pause *f* استراحة [istiraːħa], فسحة [fusħa]; **~n-los** *(O) adv.* باستمرار [bistimraːr], بدون انقطاع [biduːn inqitaːʕ].

Pavillon [-vɪljɔŋ] *m (-s; -s)* كشك [kuʃk].

PC *m (Personalcomputer) (-s; -s)* حاسوب شخصي [ħaːsuːb ʃaxʃiː]; *s.a. Computer.*

Pech *n (-ęs; O)* زفت [zift]; *fig.* نحس [naħs]; **~vogel** *m* (-s; ⁼) منحوس [manħuːs].

Pe'dal *n (-s; -e)* دواسة [dawwaːsa].

Pe'dant *m (-en)*, **~isch** *adj.* مدقق [mudaqqiq].

Pedi'küre *f* عناية بالأقدام [ʕinaːja bilʔaqdaːm].

Pein *f (O)* عذاب [ʕaðaːb]; **~igen** *v/t.* عذب [ʕaððaba]; **~lich** *adj.* مزعج [muzʕidʒ]; *adv.* **~lich genau** دقيق للغاية [daqiːq lilɣaːja].

Peitsche *f* سوط [saut], كرباج

[kurbaːʤ]; **∼n** *v/t.* جلد [ʤalada, -i-].

pekuniär [pe·ku·'nĭɛːʁ] *adj.* نقدى [naqdiː].

Pelz *m* (*-es; -e*) *Koll.* فرو [farw].

Pendel *n* رقاص [raqqaːʃ], بندول [banduːl]; **∼n** (*-le*) *v/i.* تأرجح [taʔarʤaħa].

Pension [paŋ'zĭoːn] *f* (*Ruhestand*) تقاعد [taqaːʕud]; (*Ruhegehalt*) معاش [maʕaːʃ]; (*Gästehaus*) بنسيون [bansijuːn].

per'fekt (*-est*) *adj.* تام [taːmm].

Perfekt *n* (*-ɇs; -e*) *Gr.* الزمن الماضى [azzaman almaːđiː].

perfo'riert *adj.* مثقوب [maθquːb].

Perga'ment *n* (*-ɇs; -e*) رق [riqq].

Periode [pe·'ʀĭoːdə] *f* فترة [fatra], مدة [mudda], مرحلة [marħala]; (*der Frau*) العادة الشهرية [alʕaːda aʃʃahriːja].

Periphe'rie *f* (*Kreis*) محيط [muħiːŧ]; (*e-r Stadt*) الضواحى [ađđawaːħiː].

Perl|e *f* *Koll.* لؤلؤ [luʔluʔ]; **∼mutter** *f* (*O*) صدف [ʃadaf], عرق اللؤلؤ [ʕirq alluʔluʔ].

perma'nent (*-est*) *adj.* دائم [daːʔim].

Perma'nenz *f* (*O*) دوام [dawaːm].

persisch *adj.* فارسى [faːrisiː].

Per'son *f* شخص [ʃaxʃ].

Personal [-zo·'naːl] *n* (*-s; O*) مستخدمون [mustaxdamuːn]; **∼ausweis** *m* (*-es; -e*) هوية [huwiːja], بطاقة إثبات الشخصية [biŧaːqat ʔiθbaːt aʃʃaxʃiːja]; **∼ien** *pl.* البينات الشخصية [albajjinaːt aʃʃ.]; **∼pronomen** *n* (*-s; - od. Pro'nomina*) *Gr.* الضمير الشخصى [ađđamiːr aʃʃaxʃiː].

Per'sonen|-aufzug *m* (*-ɇs; ⸚e*) مصعد للركاب [miʃʕad lirrukkaːb]; **∼kraftwagen** *m* سيارة ركاب [sajjaːrat rukkaːb]; **∼zug** *m* (*-ɇs; ⸚e*) *Eisenb.* قطار ركاب [qiŧaːr r.].

per'sönlich *adj.* شخصى [ʃaxʃiː]; **∼keit** *f* شخصية [ʃaxʃiːja].

Perspek'tive [-spɛk'tiːvə] *f* المنظور [almanẓuːr]; (*Standpunkt*) وجهة نظر [wiʤhat naẓar]; (*Aussichten*) آفاق [ʔaːfaːq], إمكانيات [ʔimkaːniːjaːt].

perspek'tivisch (*O*) *adj.* منظورى [manẓuːriː].

Pe'rücke *f* شعر مستعار [ʃaʕr mustaʕaːr].

per'vers *adj.* شاذ [ʃaːðð], منحرف [munħarif].

Pessi'mis|mus *m* (—; *O*) تشاؤم [taʃaːʔum]; **~t** *m* (*-en*), **~tisch** *adj.* متشائم [mutaʃaːʔim].

Pest *f* (*O*) طاعون [taːʕuːn].

Peter'silie *f* (*O*) *Bot.* بقدونس [baqduːnis].

Pet'roleum [-leˑʊm] *n* (*-s; O*) نفط [naft], بترول [batruːl], غاز [ɣaːz]; **~kocher** *m* وابور [waːbuːr].

Pfad *m* (*-es; -e*) درب [darb], طريق [tariːq]; **~finder** *m* كشاف [kaʃʃaːf].

Pfahl *m* (*-es; ¨e*) وتد [watad], خازوق [xaːzuːq].

Pfand *n* (*-es; ¨er*) رهن [rahn].

pfänden (*-e-*) *v/t.* حجز على [ħadʒaza, -u-].

Pfandleiher *m* مرتهن [murtahin]; **~schein** *m* (*-es; -e*) رهنية [rahniːja].

Pfändung *f* حجز قضائى [ħadʒz qađaːʔiː].

Pfann|e *f* مقلاة [miqlaːt]; **~kuchen** *m* عجة [ʕuddʒa].

Pfarrer *m* قسيس [qissiːs], خورى [xuːriː].

Pfau *m* (*-es; -e*) طاووس [taːwuːs].

Pfeffer *m* (*-s; O*) فلفل [filfil]; **~'minze** *f* نعناع [niʕnaːʕ].

Pfeife *f* صفارة [ʃaffaːra]; (*Wasser~*) شيشة [ʃiːʃa]; (*Tabaks~*) بيبة [biːba], غليون [ɣaljuːn].

Pfeil *m* (*-es; -e*) سهم [sahm].

Pfeiler *m* عمود [ʕamuːd], دعامة [diʕaːma].

Pfennig *m* (*-s; -e*) فينيج ، بفنج (عملة المانية) [pfennig]; *fig.* فلس [fils].

Pferd [-eː-] *n* (*-es; -e*) *nur Koll.* خيل [xail]; (*Hengst*) حصان [ħiʃaːn]; (*Stute*) فرس [faras]; (*edles ~*) جواد [dʒawaːd]; **~e-knecht** *m* (*-s; -e*) سائس [saːʔis]; **~e-rennen** *n* سباق الخيل [sibaːq alxail]; **~e-stärke** *f* قوة حصان [quwwat ħiʃaːn]; **~e-zucht** *f* تربية الخيل [tarbiːjat alxail].

Pfiff *m* (*-es; -e*) تصفيرة [taʃfiːra]; **~ig** *adj.* ماكر [maːkir], شاطر [ʃaːtir].

Pfingst|en *n* (*-; -*), **~fest** *n* (*-es; -e*) عيد العنصرة [ʕiːd alʕanʃara].

Pfirsich *m* (*-s; -e*) *Koll.* خوخ [xaux].

Pflanze *f* نبات [nabaːt]; **~n**

P

(*-t*) *v/t.* زرع [zaraʕa, -a-]; (*einsetzen*) غرس [ɣarasa, -i-].

Pflaster *n* (*Wund*~) لزقة طبية [lazqa tibbiːja]; (*Straßen*~) رصف [raff]; (*Stein*~) تبليط [tabliːt]; **~ung** *f* تعبيد [taʕbiːd].

Pflaume *f Koll.* برقوق [barquːq].

Pflege *f* (*O*) عناية [ʕinaːja]; (*Kranken*~) تمريض [tamriːđ]; **~n** *v/t.* اعتنى ب [iʕtanaː]; (*Kranke*) مرض [marrađa]; (*instand halten*) صان [ʃaːna, -uː-]; *etw.* **zu tun ~n** اعتاد أن يفعل [iʕtaːda ʔan jafʕala]; **~r** *m* ممرض [mumarriđ]; **~rin** *f* ممرضة [mumarriđa].

Pflicht *f* واجب [waːdʒib]; **~bewußt** *adj.* حى الضمير [ħajj ađđamiːr]; **~-erfüllung** *f* وفاء بالواجب [wafaːʔ bilwaːdʒib]; **~fach** *n* (*-ȩs; ¨er*) مادة إجبارية [maːdda ʔidʒbaːriːja]; **~versicherung** *f* تأمين إجبارى [taʔmiːn ʔidʒbaːriː].

Pflock *m* (*-es; ¨e*) وتد [watad].

pflücken *v/t.* قطف [qatafa, -i-], جنى [dʒanaː, -iː].

Pflug *m* (*-es; ¨e*) محراث [miħraːθ].

pflügen *v/t. u. v/i.* حرث [ħaraθa, -u-].

Pflugschar *f* سكة المحراث [sikkat almiħraːθ].

Pforte *f* باب [baːb].

Pförtner *m* بواب [bawwaːb].

Pfosten *m* عمود (خشب) [ʕamuːd (xaʃab)].

Pfote *f* كف الحيوان [kaff alħajawaːn].

Pfropfen *m* سداد [sidaːd].

pfropfen *v/t.* طعم (الشجر) [taʕʕama].

pfui! *interj.* أف [ʔuff], إخ [ʔixx].

Pfund *n* (*-es; -e*) (*Gewicht*) رطل [ratl]; (*Währung*) *Äg.* جنيه [gineːh]; *Syr.* ليرة [liːra]; *Irak* دينار [diːnaːr].

Pfütze *f* بركة ضحلة [birka đaħla], ماء متبق [maːʔ mutabaqqin].

Phäno'men *n* (*-s; -e*) ظاهرة [zaːhira].

Phanta'sie *f* خيال [xajaːl]; (*Wahn*) وهم [wahm]; **~ren** (—) *v/i.* تخيل [taxajjala]; (*im Fieber*) هذى [haðaː, -iː-].

phan'tastisch *adj.* وهمى [wahmiː]; (*großartig*) رائع [raːʔiʕ].

Phan'tom *n* (*-s; -e*) شبح

[ʃabah]; *Anat.* نموذج اصطناعى [numuːðadʒ iʃtinaːʕiː].

pharma'zeutisch *adj.* صيدلى [ʃaidaliː].

Phase *f* دور [daur], طور [taur]; (*Mond*~) *u. El.* وجه [wadʒh]; **~n-folge** *f* تتابع الأوجه [tataːbuʕ alʔaudʒuh].

Philo|lo'gie *f* (*O*) فقه اللغة [fiqh alluɣa]; **~'soph** *m* (*-en*) فيلسوف [failasuːf]; **~so'phie** *f* (*O*) فلسفة [falsafa].

Phlegma *n* (*-s; O*) بلغم [balɣam].

Phosphor *m* (*-s; -e*) *Chem.* فسفور [fusfuːr].

Photo|'graph *m* (*-en*) مصور [muʃawwir]; **~gra'phie** *f* تصوير [taʃwiːr]; **~gra'phie-ren** (—) *v/t.* صور [ʃawwara]; **~ko'pie** *f* نسخة فتوغرافية [nusxa futuːɣraːfiːja].

Phrase *f* عبارة [ʕibaːra].

Physik [fy'ziːk] *f* (*O*) علم الطبيعة [ʕilm attabiːʕa], فيزياء [fiːzijaːʔ]; **~alisch** [-zi'kaː-] *adj.* طبيعى [tabiːʕiː], فيزيائى [fiːzijaːʔiː]; **~er** *m* (عالم) فيزيائى [(ʕaːlim) fiːzijaːʔiː].

Physiolo'gie *f* (*O*) فيسيولوجيا [fisijuːluːdʒijaː].

physisch (*O*) *adj.* جسدى [dʒasadiː], بدنى [badaniː].

Pia'nist *m* (*O*) عازف بيانو [ʕaːzif bijaːno].

Pi'aster *m* قرش [qirʃ].

Pickel *m* (*Haut*~) بثرة [baθra]; (*Spitzhacke*) معول [miʕwal].

picken *v/t.* نقر [naqara, -u-].

Pietät [pi·ətɛːt] *f* (*O*) تقوى [taqwaː]; (*den Eltern gegenüber*) بر [birr].

Pig'ment *n* (*-es; -e*) خضاب [xiđaːb], صبغة [ʃibɣa].

pi'kant (*-est*) *adj.* حريف [ħirriːf].

Pik *n* (*-s; -s*) (*Karten*) بستونى [bastuːniː].

Pilger *m* حاج [ħaːddʒ]; **~fahrt** *f* حج [ħaddʒ].

Pille *f* *Med.* حبة [ħabba].

Pi'lot *m* (*-en*) *Flugw.* طيار [tajjaːr], قائد طائرة [qaːʔid taːʔira].

Pilz *m* (*-es; -e*) فطر [futr].

Pinsel *m* فرشاة [furʃaːt], ريشة [riːʃa].

Pin'zette *f* ملقط [milqat], جفت [dʒift].

Pio'nier *m* (*-s; -e*) رائد [raːʔid].

Pi'rat *m* (*-en*) قرصان [qurʃaːn].

pissen *v/i.* بال [baːla, -uː-].

Pis'tazie [-tsĭə] *f* *Koll.* فستق [fustuq].

Piste *f* درب [darb], طريق [tariːq].

P

Pi'stole *f* غدارة [ɣaddaːra].

Plage *f* عناء [ʕanaːʔ], بلوى [balwaː]; **˜n** *v/t.* أتعب [ʔatʕaba]; *v/r.* كد [kadda, -u-], أجهد نفسه [ʔadʒhada nafsahu].

Plagiat [-'gĭɑːt] *n* (-¢s; -e) انتحال [intiħaːl], سرقة أدبية [sariqa ʔadabiːja].

Pla'kat *n* (-¢s; -e) ملصق [mulṣaq], إعلان [ʔiʕlaːn].

Plan *m* (-¢s; ¨e) خطة [xuṭṭa]; (*Entwurf*) تصميم [taṣmiːm]; (*Projekt*) مشروع [maʃruːʕ]; **˜en** *v/t.* صمم [ṣammama], خطط [xaṭṭaṭa].

Pla'net *m* (-*en*) كوكب سيار [kaukab sajjaːr].

pla'nieren (—) *v/t.* مهد [mahhada], سوى [sawwaː].

Planke *f* (خشب) لوح [lauħ (xaʃab)].

plan|los (*O*) *adv.* دون تدبير [duːna tadbiːr], بلا منهج [bilaː manhadʒ]; **˜mäßig** (*O*) *adj.* منهجي [manhadʒiː], نظامي [niẓaːmiː]; **˜ung** *f* تخطيط [taxṭiːṭ]; **˜wirtschaft** *f* اقتصاد تخطيطي [iqtiṣaːd taxṭiːṭiː].

Plastik[1] *f* نقش [naqʃ], تمثال [timθaːl]; (*Kunst*) فن النحت [fann annaħt].

Plastik[2] *n* بلاستيك [blaːstiːk]; (*˜arten*) لدائن [ladaːʔin].

platt *adj.* مسطح [musaṭṭaħ], مستو [mustawin]; *fig.* مذهول [maðhuːl].

Platte *f* لوح [lauħ], لوحة [lauħa], صفيحة [ṣafiːħa]; (*Teller*) طبق [ṭabaq]; (*Schall˜*) أسطوانة [ʔusṭuwaːna].

Plätt|-eisen *n* مكواة [mikwaːt]; **˜en** (-*e*-) *v/t.* كوى [kawaː, -iː].

Plattenspieler *m* جراموفون [graːmofoːn].

Platz *m* (-*es*; ¨*e*) مكان [makaːn], محل [maħall]; (*Sitzplatz*) مجلس [madʒlis], مقعد [maqʕad]; (*e-r Stadt*) ميدان [maidaːn]; ~ ***nehmen*** جلس [dʒalasa, -i-]; ***fehl am*** ~ فى غير موضعه [fiː ɣairi mauḍiʕihi].

platzen (-*t*-) (*sn*) *v/i.* انفجر [infadʒara].

Platzkarte *f Eisenb.* تذكرة حجز مكان [taðkirat ħadʒz makaːn].

Plaude'r|ei *f* محادثة [muħaːdaθa]; **'˜n** (-*re*) *v/i.* تحدث [taħaddaθa].

plau'sibel (-*bl*-) *adj.* محتمل

[muħtamal], معقول [maʕquːl].

Pleite *f* إفلاس [ʔiflaːs].

Plombe *f* ختم رصاص [xitm raʃaːʃ]; (*Zahn*≈) حشو [ħaʃw].

plötzlich (*O*) *adj.* فجائى [fudʒaːʔiː]; *adv.* فجأة [fadʒʔatan].

plump *adj.* غليظ [ɣaliːẓ], لخمة [luxama].

Plunder *m* (-*s*; *O*) سقط [saqaṭ], قشيش [qaʃiːʃ].

plündern (-*re*) *v/t.* نهب [nahaba, -a-], سلب [salaba, -u-].

Plural *m* (-*s*; -*e*) *Gr.* جمع [dʒamʕ]; ≈**istisch** [-'lɪ-] *adj.* متكثر [mutakaθθir], تفرق [tafarruqiː].

plus *adv.* زائد [zaːʔid]; ≈ *n* (—; *O*) زيادة [zijaːda], مزية [maziːja]; ≈**punkt** *m* (-*¢s*; -*e*) مزية [maziːja]; ≈**zeichen** *n* علامة زائد [ʕalaːmat zaːʔid].

Pöbel *m* (-*s*; *O*) رعاع [raʕaːʕ].

pochen *v/i.* خبط [xabaṭa, -i-]; (**auf** *A* على) أصر [ʔaʃarra]; (*Herz*) خفق [xafaqa, -i-].

Pocken *f/pl. Med.* جدرى [dʒudariː]; ≈**narbig** *adj.* مجدور [madʒduːr].

Podium [-dĭʊm] *n* (-*s*; *Podien*) منصة [minaʃʃa].

Poesie [poˑ'eˑziː] *f* (*O*) شعر [ʃiʕr].

Poet [poˑ'eːt] *m* (-*en*) شاعر [ʃaːʕir]; ≈**isch** *adj.* شعرى [ʃiʕriː].

Po'kal *m* (-*s*; -*e*) كأس [kaʔs].

pökeln (-*le*) *v/t.* ملح [mallaħa].

Pol *m* (-*s*; -*e*) قطب [quṭb].

Polarisation [-'tsĭoːn] *f* استقطاب [istiqṭaːb].

Polari'tät *f* قطبية [quṭbiːja].

Po'larkreis *m* (-*es*; -*e*) مدار القطب [madaːr alquṭb].

Po'larstern *m* (-*¢s*; -*e*) الجدى [aldʒadj], نجم القطب [nadʒm alquṭb].

Polen بولونيا [buːluːnijaː].

Police [-'liːsə] *f* (*Versicherungs*≈) بوليصة [buːliːʃa].

po'lieren (—) *v/t.* صقل [ʃaqala, -u-], لمع [lammaʕa].

Poli'tik *f* (*O*) سياسة [sijaːsa].

Po'litiker *m*, **po'litisch** *adj.* سياسى [sijaːsiː].

Poli'zei *f* (*O*) بوليس [buːliːs], شرطة [ʃurṭa]; ~**kommissar** *m* (-*s*; -*e*) مأمور [maʔmuːr]; ~**revier** *n* (-*s*; -*e*) قسم البوليس [qism albuːliːs], مركز الشرطة [markaz aʃʃurṭa]; ~**streife** *f* دورية [dauriːja];

P

~**wache** *f* نقطة البوليس [nuqṭat albuːliːs].

Poli'zist *m* (*-en*) رجل البوليس [raʤul alb.], شرطى [ʃurtiː].

Polster ['pɔlstɐ] *n* مخدة [mixadda], وسادة [wisaːda]; ~**möbel** *n/pl.* أثاث منجد [ʔaθaːθ munaddʒad]; ≈**n** (*-re*) *v/t.* نجد [naddʒada]; ~**sessel** *m* كرسى منجد [kursiː munaddʒad].

poltern (*-re*) *v/i.* قصف [qaʃafa, -i-], دمدم [damdama].

Polythe'ismus *m* الشرك [aʃʃirk].

Po'made *f* دهينة [dahiːna].

Pommes frites [pɔm'fʁiˑt] *pl.* بطاطس محمرة [bataːtis muħammara].

popu'lär *adj.* شعبى [ʃaʕbiː]; (*beliebt*) محبوب [maħbuːb].

Populari'tät *f* (*O*) شعبية [ʃaʕbiːja], شهرة [ʃuhra].

Pore *f* مسامة [masaːmma].

porno'graphisch *adj.* داعر [daːʕir].

po'rös *adj.* ذو مسام [đuː masaːmm].

Portemonnaie [pɔʁt(ə)mɔ'neː, -mɔ'nɛː] *n* (*-s; -s*) حافظة نقود [ħaːfiẓat nuquːd].

Portier [pɔʁ'tĭeː] *m* (*-s; -s*) بواب [bawwaːb].

Portion [pɔʁ'tsĭoːn] *f* حصة [ħiʃʃa]; (*Essen*) صحن (مل٠) [(milʔ) ʃaħn].

Porto *n* (*-s; Porti*) رسم بريد [rasm bariːd]; ≈**frei** *adj.* خالص الرسم [xaːliʃ arrasm]; ≈**pflichtig** *adj.* مستحق الرسم [mustaħaqq arrasm].

Por'trät *n* صورة شخصية [ʃuːra ʃaxʃiːja].

Portugal البرتغال [alburtuɣaːl].

Portu'gies|e *m* (*-n*), ≈**isch** *adj.* برتغالى [burtuɣaːliː].

Porzel'lan *n* (*-s; -e*) خزف صينى [xazaf ʃiːniː].

Posaune [poˑ'zaʊnə] *f* بوق [buːq], صور [ʃuːr].

Position [-'tsĭoːn] *f* وضع [wadˤʕ], موقف [mauqif]; (*Funktion*) وظيفة [waẓiːfa].

positiv *adj.* إيجابى [ʔiːʤaːbiː].

Possessivpronomen *n* (*-s; - od. -pronomina*) *Gr.* ضمير الملكية [đamiːr almilkiːja].

Post *f* (*O*) بريد [bariːd], بوستة [busta]; **per** ~ بالبريد [bilbariːd]; ~**-amt** *n* (*-¢s; ¨er*) مكتب بريد [maktab bariːd]; ~**-anweisung** *f* حوالة بريد [ħawwaːlat bariːd]; ~**bote** *m* (*-n*) ساعى البريد [saːʕiː lb.]; ~**direktion** [-tsĭoːn] *f* إدارة البريد [ʔidaːrat alb.].

Posten *m* وظيفة [waẓiːfa],

منصب [manʃib]; (*Buchung*) نفدة [nafda]; (*Lieferung*) إرسالية [ʔirsaːliːja]; *Mil.* مخفر [maxfar].

Post|fach *n* (-*es*; *=er*) *s.* ***Postschließfach***; **~giro-konto** *n* (-*s*; -*konten*) حساب جار لدى البريد [ħisaːb dʒaːrin ladaː lbariːd]; **~karte** *f* بطاقة بريد [bitaːqat bariːd]; **~kasten** *m* (-*s*; *=*) صندوق البريد [ʃunduːq alb.]; **~lagernd** *adv.* يحفظ بشباك البريد [juħfaẓu biʃubbaːk alb.]; **~leitzahl** *f* شفرة بريدية [ʃifra bariːdiːja], رقم توجيه البريد [raqm taudʒiːh alb.]; **~paket** *n* (-*s*; -*e*) طرد بريد [tard bariːd]; **~schließfach** *n* (-*es*; *=er*) صندوق بريد خاص [ʃunduːq bariːd xaʃʃ]; **~sparkasse** *f* صندوق توفير البريد [ʃunduːq taufiːr alb.]; **~stempel** ['pɔstʃtɛmpəl] *m* ختم البريد [xitm albariːd]; **~wendend** *adv.* برجوع البريد [birudʒuːʕ alb.]; **~wertzeichen** *n* طابع بريد [taːbiʕ b.]; **~zustellung** *f* توزيع البريد [tauziːʕ alb.].

Po'tenz *f* قدرة [qudra], طاقة [taːqa]; *Math.* أس [ʔuss].

Pracht *f* (*O*) فخامة [faxaːma], أبهة [ʔubbuha], بهاء [bahaːʔ].

prächtig *adj.* فاخر [faːxir], بهيج [bahiːdʒ].

Prädi'kat *n* (-*s*; -*e*) (*Titel*) لقب [laqab]; (*Note*) تقدير [taqdiːr]; *Gr.* خبر [xabar].

Prä'fix *n* (-*es*; -*e*) *Gr.* سابقة [saːbiqa].

prägen *v/t.* ضرب [ḍaraba, -i-], (*Münzen*) سك [sakka, -u-].

prag'matisch *adj.* عملي [ʕamaliː].

Prägung *f* طابع [taːbiʕ], صفة [ʃifa].

prahl|en *v/i.* تفاخر [tafaːxara], فشر [faʃara, -u-]; **~er** *m* فشار [faʃʃaːr].

Prakti'kant *m* (-*en*) متمرن [mutamarrin].

Prakti|ker *m*, **~sch** *adj.* عملي [ʕamaliː].

prall (-*er*; -*st*-) *adj.* مملوء [mamluːʔ], منفوخ [manfuːx]; **~en** *v/i.* (**gegen, auf** *A* ﻫ) صادم [ṣaːdama].

Prämie ['pʀɛːmĭə] *f* (*Preis*) جائزة [dʒaːʔiza]; (*Erfolgs*~) مكافأة [mukaːfaʔa]; *s.* ***Versicherungsbeitrag.***

Präpa'rat *n* (-*es*; -*e*) مستحضر [mustaħḍar].

Präposition [-'tsĭoːn] *f* *Gr.* حرف جر [ħarf dʒarr].

P

Präsens *n* (—; *O*) *Gr.* الحاضر [alħaːđir], المضارع [almuđaːriʕ].

Präserva'tiv *n* (-*s*; -*e* [-və]) واق ذكرى [waːqin ðakariː], كبود [kabbuːd].

Präsi'dent *m* (-*en*) رئيس [raʔiːs]; **~schaft** *f* رئاسة [riʔaːsa].

Praxis *f* (—; *Praxen*) تمرين [tamriːn], خبرة [xibra]; (*ärztliche* ~) عيادة [ʕijaːda].

Präze'denzfall *m* (-*¢s*; *-̈e*) سابقة [saːbiqa].

prä'zis (-*est*) *adj.* دقيق [daqiːq], مضبوط [mađbuːŧ]; **~̊ion** [-'zĭoːn] *f* دقة [diqqa]; **~̊ions-instrument** [-st-] *n* (-*es*; -*e*) آلة دقيقة [ʔaːla daqiːqa].

predig|en *v/i.* وعظ [waʕaẓa, jaʕiẓu], خطب [xataba, -u-]; **~̊er** *m* خطيب [xatiːb], واعظ [waːʕiẓ]; **~̊t** *f* خطبة [xuŧba], وعظ [waʕẓ].

Preis *m* (-*es*; -*e*) (*Lob*) مدح [madħ]; (*zu Gott*) حمد [ħamd]; (*Kauf*~̊) سعر [siʕr], ثمن [θaman]; (*Prämie*) جائزة [ʤaːʔiza]; **~-aus-schreiben** *n* مباراة [mubaːraːt].

preisen (*L*) *v/t.* مدح [madaħa, -a-]; *Gott* ~ حمد [ħamada, -a-].

Preis|-erhöhung *f* ارتفاع الأسعار [irtifaːʕ alʔasʕaːr]; **~-ermäßigung** *f* تخفيض الأسعار [taxfiːđ alʔ.].

preisgeben (*L*) *v/t.* ترك [taraka, -u-], أسلم [ʔaslama].

Preis|liste *f* قائمة الأسعار [qaːʔimat alʔasʕaːr]; **~nachlaß** *m* (-*sses*; *-̈sse*) خصم [xaʃm]; **~regelung** *f* تحديد الأسعار [taħdiːd alʔasʕaːr]; **~richter** *m* حكم [ħakam]; **~senkung** *f s.* **~*ermäßigung***; **~-überwachung** *f* مراقبة الأسعار [muraːqabat alʔasʕaːr]; **~̊wert** (-*est*) *adj.* متهاود السعر [mutahaːwid assiʕr]; *adv.* بسعر مناسب [bisiʕr munaːsib].

prellen *v/t. fig.* غش [ɣaʃʃa, -i-].

Presse *f* صحافة [ʃiħaːfa]; (*Drucker*~̊) مطبعة [miŧbaʕa]; *in der* ~ تحت الطبع [taħta ttabʕ]; *Techn.* مكبس [mikbas]; (*Obst*~̊) عصارة [ʕaʃʃaːra]; **~konferenz** *f* مؤتمر صحافي [muʔtamar ʃiħaːfiː]; **~̊n** (-*ßt*) *v/t.* كبس [kabasa, -i-], ضغط [đaɣaŧa, -u-]; (*Obst*) عصر [ʕaʃara, -i-]; **~-**

zensur *f* الرقابة الصحفية [arriqaːba affuħufiːja].

Preßluft *f* (*O*) هواء مضغوط [hawaːʔ mađɣuːt].

Pres'tige [-ʒə] *n* (*-s; O*) مكانة [makaːna].

Priester *m* قسيس [qissiːs], قس [qiss].

prima *adv.* *F* عال [ʕaːl(in)], ممتاز [mumtaːz].

Pri'maner *m* تلميذ فى الصف الأخير من الثانوية [tilmiːð fiː ffaff alʔaxiːr min aθθaːnawiːja].

pri'mär *adj.* أولى [ʔawwaliː], أصلى [ʔafliː].

primi'tiv *adj.* بدائى [bidaːʔiː]; (*armselig*) حقير [ħaqiːr].

Prinz *m* (*-en*) أمير [ʔamiːr]; **~essin** [-'tsɛsɪn] *f* أميرة [ʔamiːra].

Prin'zip *n* (*-s; -ien*) مبدأ [mabdaʔ]; **~iell** [pʀɪntsiˑ'-pĭɛl] (*O*) *adj.* مبدئى [mabdaʔiː]; *adv.* مبدئيا [mabdaʔiːjan].

Priori'tät *f* أولوية [ʔaulawiːja], أسبقية [ʔasbaqiːja].

Prisma *n* (*-s; Prismen*) منشور [manʃuːr], موشور [mauʃuːr]; **~tisch** *adj.* منشورى [manʃuːriː].

pri'vat (*O*) *adj.* خاص [xaːff], خصوصى [xufuːfiː]; **~besitz** *m* (*-es; O*) ملك خاص [milk xaːff]; **~sektor** *m* (*-s; O*) القطاع الخاص [alqitaːʕ alxaːff].

Privi'leg *n* (*-s; -ien*) امتياز [imtijaːz].

Probe *f* تجربة [tadʒriba]; (*Test*) اختبار [ixtibaːr]; (*Waren~*) عينة [ʕajjina].

pro'bieren (—) *v/t.* جرب [dʒarraba]; (*abschmecken*) ذاق [ðaːqa, -uː-].

Pro'blem *n* (*-s; -e*) مسألة [masʔala]; (*Schwierigkeit*) مشكلة [muʃkila].

Pro'dukt *n* (*-s; -e*) (*Industrie~*) منتج [muntadʒ]; (*Landes~*) محصول [maħfuːl]; *Math.* حاصل ضرب [ħaːfil đarb]; **~ion** [-'tsĭoːn] *f* إنتاج [ʔintaːdʒ]; **~iv** *adj.* [-dʊk-'tiːf] منتج [muntidʒ], كثير الإنتاج [kaθiːr alʔintaːdʒ].

Produ'zent *m* (*-en*) منتج [muntidʒ], صانع [faːniʕ].

produ'zieren *v/t.* أنتج [ʔantadʒa]; (*vorbringen*) قدم [qaddama].

Profession [-ɛ'sĭoːn] *f* مهنة [mihna]; حرفة [ħirfa].

professio'nell *adj.* مهنى [mihaniː].

P

Pro'fessor *m* (*-s; -en* [-'soː-]) أستاذ (جامعى) [ʔustaːð (dʒaːmiʕiː)].

Profes'sur *f* أستاذية [ʔustaːðiːja], منصب أستاذ [manʃib ʔustaːð].

Pro'fil *n* (*-s; -e*) منظر جانبى [manẓar dʒaːnibiː].

Pro'fit *m* ربح [ribħ]; *fig.* نفع [nafʕ].

Pro'gnose *f* تنبؤ [tanabbuʔ]; (*Wetter*~) نشرة جوية [naʃra dʒawwiːja].

Pro'gramm *n* (*-s; -e*) برنامج [barnaːmadʒ]; **~ieren** [-'miː-] *v/t.* برمج [barmadʒa]; **~ierung** [-'miː-] *f* برمجة [barmadʒa].

progres'siv *adj. Pol.* تقدمى [taqaddumiː]; (*Steuer*) تصاعدى [taʃaːʕudiː].

Pro'jekt *n* (*-ɇs; -e*) مشروع [maʃruːʕ].

Projektion [-'tsĭoːn] *f* (*Vorführung*) عرض [ʕarḍ]; (*Karten*~) إسقاط [ʔisqaːṭ].

Projek'tions-apparat *m* (*-ɇs; -e*) جهاز العرض [dʒihaːz alʕarḍ], فانوس سحرى [faːnuːs siħriː].

Proku'rist *m* (*-en*) *Hdl.* وكيل المدير [wakiːl almudiːr].

Proletariat [-'ʀĭɑːt] *n* (*-ɇs; -e*) الطبقة العاملة [aṭṭabaqa alʕaːmila].

prolon'gieren (—) *v/t.* أطال مدة [ʔaṭaːla mudda].

Prome'nade *f* (*Spazierweg*) منتزه [muntazah].

Pro'mille *n* فى الألف [fiː lʔalf], نسبة ألفية [nisba ʔalfiːja].

promi'nent (*-est*) *adj.* وجيه [wadʒiːh]; ***an ~er Stelle*** فى مركز الصدارة [fiː markaz aʃʃadaːra].

Promi'nenz *f* (*O*) الأعيان [alʔaʕjaːn].

Promotion [pʀoˑmoˑ'tsĭoːn] *f* (حفلة) منح الدكتوراه [(ħaflat) manħ adduktuːraːh].

promo'vieren (—) *v/i.* حصل على الدكتوراه [ħaʃala ʕalaː dd.].

prompt (*-est*) *adj.* سريع [sariːʕ]; *adv.* حالا [ħaːlan], فى موعده [fiː mauʕidihi].

Pro'nomen *n* (*-s; Pronomina*) *Gr.* ضمير [ḍamiːr].

Propa'ganda *f* دعاية [diʕaːja].

Pro'peller *m Flugw.* مروحة [mirwaħa]; (*Schiffs*~) آلة الاندفاع [ʔaːlat alindifaːʕ].

Pro'phet *m* (*-en*) نبى [nabiːj].

prophe'zei|en (—) *v/t.* (*A* ب) تنبأ [tanabbaʔa]; **~ung** *f* تنبؤ [tanabbuʔ].

P

prophy'laktisch (*O*) *adj.* وقائى [wiqaːʔiː].

Proportion [-'tsĭoːn] *f* نسبة [nisba]; ***direkte*** ~ نسبة طردية [n. tardiːja]; ***umgekehrte*** ~ نسبة عكسية [n. ʕaksiːja]; *Math.* تناسب [tanaːsub].

proportio'nal (*O*) *adj.* نسبى [nisbiː].

Prosa *f* نثر [naθr].

prosit! *interj.* هنيئا [haniːʔan].

Pro'spekt *m* منشور [manʃuːr].

Prostituierte [pʀo˴sti˴tu'iːʁtə] *f* عاهرة [ʕaːhira].

Prostitu'tion *f* عهارة [ʕahaːra], بغاء [baɣaːʔ].

Protek'tion *f* حماية [ħimaːja].

Pro'test *m* (-*ɇs*; -*e*) احتجاج [iħtiʤaːʤ]; *Hdl.* بروتستو [burutesto]; **~ant** [-tɛ'stant] *m* (-*en*), **~antisch** *adj.* بروتستنتى [burutestantiː]; **~ieren** [-tɛ'stiːʀən] (—) *v/i.* (***gegen*** *A* ضد) احتج [iħtaddʒa].

Pro'these *f* (*künstliches Glied*) عضو اصطناعى [ʕuđw iʃtinaːʕiː]; (*Zahn*~) أسنان صناعية [ʔasnaːn ʃinaːʕiːja].

Proto'koll *n* (-*s*; -*e*) محضر [maħđar].

Provi'ant *m* (-*s*; *O*) مؤونة [maʔuːna], زاد [zaːd].

Pro'vinz *f* إقليم [ʔiqliːm], مقاطعة [muqaːtaʕa].

Provis|ion [pʀo˴vi˴'zĭoːn] *f* *Hdl.* عمولة [ʕumuːla]; (*Vermittlungs*~) سمسرة [samsara]; **~orisch** [-vi˴'zoːʀɪʃ] (*O*) *adj.* موقت [muwaqqat]; **~orium** [-'zoːʀĭum] *n* تدبير موقت [tadbiːr muwaqqat].

Provokat|eur [-'tøːʁ] *m* (-*s*; -*e*) متحد [mutaħaddin]; **~ion** [-'tsĭoːn] *f* تحد [taħaddin].

provo'zieren (—) *v/t.* حرض [ħarrađa], تحدى [taħaddaː].

Proze'dur *f* إجراءات [ʔiʤraːʔaːt].

Pro'zent *n* (-*ɇs*; -*e*) فى المئة [fiː lmiʔa]; ***fünf*** ~ خمسة بالمئة [xamsa bilmiʔa]; **~satz** *m* (-*es*; ¨-*e*) نسبة مئوية [nisba miʔawiːja].

Pro'zeß *m* (-*sses*; -*sse*) (*Vorgang*) عملية [ʕamaliːja], سير [sair]; *Jur.* قضية [qađiːja], دعوى [daʕwaː], محاكمة [muħaːkama].

prozessieren [-tsɛ'siːʀen] (—) *v/i.* (***mit*** *D* ه) قاضى [qaːđaː]; ***miteinander*** ~ تقاضى [taqaːđaː].

Prozes'sion *f* موكب [maukib].

P

Pro'zeß-ordnung *f* نظام الدعاوى [niẓaːm addaʕaːwiː].

prüde *adj.* خجول [xadʒuːl]; متكلف الحياء [mutakallif alħajaːʔ].

prüf|en *v/t.* امتحن [imtaħana]; (*testen*) اختبر [ixtabara]; (*untersuchen*) فحص [faħaṣa, -a-]; **~stein** *m* (*-s; -e*) محك [miħakk]; **~ung** *f* امتحان [imtiħaːn], فحص [faħṣ].

Prügel *m* (*Knüppel*) هراوة [hiraːwa]; *Äg.* نبوت [nabbuːt]; *pl.* (*Hiebe*) ضرب [ḍarb]; *Äg.* علقة [ʕalqa]; **~n** (*-le*) *v/t.* ضرب [ḍaraba, -i-].

Prunk *m* (*-ɇs; O*) أبهة [ʔubbaha], بهاء [bahaːʔ]; **~voll** *adj.* فاخر [faːxir].

PS = ***Pferdestärke***.

Psalm *m* (*-ɇs; -en*) مزمور [mazmuːr].

Pseudo'nym *n* (*-s; -e*) اسم مستعار [ism mustaʕaːr].

pst! *interj.* صه [ṣah].

Psyche *f* نفسية [nafsiːja].

Psychiater [-'çĭaː-] *m* طبيب الأمراض العقلية [ṭabiːb alʔamraːḍ alʕaqliːja].

psychisch (*O*) *adj.* نفسي [nafsiː], نفساني [nafsaːniː].

Psychoana'lyse *f* (*O*) تحليل النفس [taħliːl annafs].

Psycholo'gie *f* (*O*) علم النفس [ʔilm annafs].

psycho'logisch *adj.* سيكولوجي [siːkuluːdʒiː].

Psycho'path *m* (*-en*) مصاب بمرض عقلي [muṣaːb bimaraḍ ʕaqliː].

Psy'chose *f* *Med.* ذهان [ðuhaːn].

Psychothera'pie *f* علاج نفسي [ʕilaːdʒ nafsiː].

Puber'tät *f* (*O*) مراهقة [muraːhaqa].

Publikum *n* (*-s; O*) جمهور [dʒumhuːr]; المستمعون [almustamiʕuːn].

Puder *m* مسحوق [masħuːq]; (*kosmetischer ~*) بودرة [budra].

Puff *m* (*-ɇs; -s*) خبطة [xabṭa].

Pul'lover *m* بلوفر [buloːfar].

Puls *m* (*-es; -e*) نبض [nabḍ]; **~-ader** *f* (*—; -n*) شريان [ʃirjaːn]; **~ieren** [-'ziː-] (*—*) *v/i.* نبض [nabaḍa, -i-]; **~schlag** *m* (*-es; ⸚e*) نبضة [nabḍa].

Pult *n* (*-es; -e*) (*Schreib~*) مكتب [maktab]; (*Redner~*) منصة [minaṣṣa].

Pulver *n* مسحوق [masħuːq], ذرور [ðaruːr]; (*Schieß~*)

بارود [baːruːd]; **~i'sieren** (—) *v/t.* سحق [saħaqa, -a-].

Pumpe *f* مضخة [miđaxxa], طلمبة [tulumba]; **~n** *v/t.* ضخ [đaxxa, -u-].

Punkt *m* (*-es; -e*) نقطة [nuqta]; (*Schluß~*) علامة وقف [ʕalaːmat waqf]; *fig.* موضوع [mauđuːʕ]; (*Zeit*) *adv.* تماما [tamaːman]; ***um ~ 3 Uhr*** فى تمام الساعة الثالثة [fiː tamaːm assaːʕa aθθaːliθa]; **~ieren** [pʊŋk'tiː-] (—) *v/t.* نقط [naqqata]; *Med.* بزل [bazala, -u-].

pünktlich *adj.* محافظ على المواعيد [muħaːfiz ʕalaː lmawaːʕiːd]; *adv.* فى موعده [fiː mauʕidihi]; فى وقته بالضبط [fiː waqtihi biđđabt]; **~keit** *f* دقة [diqqa].

Pu'pille *f* حدقة [ħadaqa].

Puppe *f* دمية [dumja], عروسة [ʕaruːsa]; *Zo.* شرنقة [ʃarnaqa].

Purga'tiv *n* (*-s; -e*) *Med.* مسهل [mushil].

Pu'rismus *m* (*-; O*) تعصب لنقاء اللغة [taʕaʃʃub linaqaːʔ alluɣa].

Purpur *m* (*-s; O*) أرجوان [ʔurdʒuwaːn].

Purzelbaum *m* (*-ės; ⸗e*) شقلبة [ʃaqlaba].

Pute *f* فرخة رومية [farxa ruːmiːja]; **~r** *m* ديك رومى [diːk ruːmiː].

Putsch *m* (*-es; -e*) انقلاب [inqilaːb], عصيان [ʕiʃjaːn].

Putz *m* (*-es; O*) (*Schmuck*) حلية [ħilja], زينة [ziːna]; (*Mauer~*) ملاط [milaːt]; **~en** (*-t*) *v/t.* نظف [nazzafa]; (*Schuhe*) مسح [masaħa, -a-]; **~zeug** *n* (*-s; O*) أدوات التنظيف [ʔadawaːt attanziːf].

Py'jama *m* (*-s; -s*) بيجاما [biːdʒaːma].

Pyra'mide *f* هرم [haram]; ***die ~n*** الأهرام [alʔahraːm].

Q

Quader *m* حجر منحوت كبير [ħadʒar manħuːt kabiːr].

Qua'drant *m* (*-en*) ربع دائرة [rubʕ daːʔira].

Qua'drat *n* (*-s; -e*), **~isch** (*O*) *adj.* مربع [murabbaʕ]; **~kilometer** *m* كيلومتر مربع [kiːluːmitr m.]; **~meter** *m*

متر مربع [mitr m.]; **~ur·** [-'tuːʁ] *f* تربيع [tarbiːʕ]; **~wurzel** *f* (-; -*n*) جذر تربيعي [ʤiðr tarbiːʕiː].

qua'drieren *v/t. Math.* ربع [rabbaʕa].

quaken *v/i.* (*Frosch*) نق [naqqa, -i-].

Qual *f* عذاب [ʕaðaːb], ألم [ʔalam].

quälen *v/t.* عذب [ʕaððaba].

Qualifika'tion [-'tsĭoːn] *f* أهلية [ʔahliːja], مهارة [mahaːra], كفاية [kifaːja].

qualifi'zieren (—) *v/t.* أهل [ʔahhala]; *v/r.* تأهل [taʔahhala].

Quali'tät *f* كيفية [kaifiːja], صفة [ʃifa]; (*Güte*) جودة [ʤauda].

Qualm *m* (-*s*; *O*) دخان [duxaːn].

qualvoll *adj.* موجع [muːʤiʕ].

Q

Quanti'tät *f* كمية [kammiːja], مقدار [miqdaːr]; (*geringe* ~) قلة [qilla]; (*große* ~) كثرة [kaθra].

quantita'tiv (*O*) *adj.* كمي [kammiː].

Quantum *n* (-*s*; *Quanten*) مقدار [miqdaːr], كم [kamm].

Quaran'täne [ka·-] *f* حجر صحي [ħaʤr ʃiħħiː].

Quark *m* (-*s*; *O*) جبن [ʤubn], قريش [qariːʃ].

Quar'tal *n* (-*s*; -*e*) ربع سنة [rubʕ sana].

Quar'tett *n* (-*e̸s*; -*e*) جوقة رباعية [ʤauqa rubaːʕiːja].

Quar'tier *n* (-*s*; -*e*) مسكن [maskan], سكن [sakan], مقر [maqarr].

Quarz [ɑː] *m* (-*es*; -*e*) (*Mineral*) كوارتز [kwartz].

quasi *adv.* كأنه [kaʔannahu], شبه [ʃibh].

Quaste *f* شرابة [ʃurraːba].

Quatsch *m* (-*es*; *O*) كلام فارغ [kalaːm faːriɣ], هراء [huraːʔ]; **˜en** *v/i.* هذى [haðaː, -iː].

Quecksilber *n* (-*s*; *O*) زئبق [ziʔbaq].

Quelle *f* منبع [manbaʕ], عين [ʕain]; *fig.* أصل [ʔaʃl]; (*Informations*˜) مرجع [marʤiʕ]; **˜n** *v/i.* نبع [nabaʕa, -u-]; انتبر [intabara].

quer *adj.* عرضي [ʕarđiː]; *adv.* عبر [ʕabra]; **˜kopf** *m* (-*es*; *¨e*) عنيد [ʕaniːd]; **˜schnitt** *m* (-*e̸s*; -*e*) مقطع عرضي [maqtaʕ ʕarđiː]; **˜straße** *f* شارع مقاطع [ʃaːriʕ muqaːtiʕ].

Queru'lant *m* (-*en*) مشاكس [muʃaːkis].

quetsch|en *v/t.* معس [maʕasa, -a-]; **~ung** *f Med.* رض [raḍḍ].

quietschen *v/i.* صر [ʃarra, -i-].

quitt *adj.*: **wir sind ~** استوى حسابنا [istawaː ħisaːbunaː].

Quitte *f* سفرجل [safardʒal].

quittieren *v/t.* *(e-n Betrag)* أعطى إيصالا عن [ʔaʕtaː ʔiː-ʃaːlan]; *(den Dienst)* استقال [istaqaːla].

Quittung *f* إيصال [ʔiːʃaːl], وصل [waʃl], مخالصة [muxaːlaʃa].

Quote *f* حصة [ħiʃʃa], وزيعة [waziːʕa].

Quotient [kvoː'tsĭɛnt] *m (-en)* *Math.* حاصل القسمة [ħaːʃil alqisma].

quo'tieren *v/t. Hdl., Fin.* سعر [saʕʕara], أدرج فى قائمة [ʔadradʒa fiː qaːʔima].

R

Ra'bat *(Stadt)* الرباط [arribaːṭ].

Ra'baṭt *m (-s; -e)* خصم [xaʃm].

Rab'biner *m* حاخام [ħaːxaːm].

Rabe *m (-n)* غراب [ɣuraːb].

rabiat [-'bĭaːt] *(-est) adj.* عنيف [ʕaniːf].

Rache *f (O)* انتقام [intiqaːm]; *(Blut~)* ثأر [θaʔr].

Rachen *m* زور [zaur], حلق [ħalq].

rächen *v/t.* *(A* ل*)* انتقم [inta-qama]; *v/r.* **(an** *D* من*)* انتقم.

Rad *n (-ȩs; ¨er)* عجلة [ʕadʒala]; *(Fahr~)* دراجة [darraːdʒa].

Ra'dar *m (-s; O)* رادار [raːdaːr].

Ra'dau *m (-s; O)* ضجة [ḍaddʒa].

radebrechen *v/i.* رطن [raṭana, -u-].

radfahren *(L; sn; ich fahre Rad usw.) v/i.* ركب دراجة [rakiba, -a-, darraːdʒa].

Radfahrer *m* راكب دراجة [raːkib d.].

ra'dier|en *(—) v/t.* محا [maħaː, -uː], كشط [kaʃaṭa, -i-]; **~gummi** *m (-s; -s)* ممحاة [mimħaːt].

Ra'dierung *f* صورة محفورة [ʃuːra maħfuːra].

Radieschen [ʀaˑ'diːs-çən] *n* فجل أحمر [fidʒl ʔaħmar].

radi'kal *adj.* جذرى [dʒiðriː]; *Pol.* متطرف [mutaṭarrif].

Radio ['ʀaːdĭoˑ] *n (-s; -s)*

لاسلكي [laːsilkiː], راديو [raːdijuː]; *s.* ***Rundfunk***; **~-aktiv** *adj.* ذو نشاط إشعاعي [ðuː naʃaːt ʔiʃʕaːʕiː]; **~-aktivi'tät** *f* نشاط إشعاعي; **~-apparat** *m* (-*¢s*; -*e*), **~gerät** *n* (-*¢s*; -*e*) جهاز راديو [dʒihaːz raːdijuː].

Radiolo'gie *f* (*O*) *Med.* الطب الإشعاعي [attibb alʔiʃʕaːʕiː].

Radius [-dĭʊs] *m* نصف قطر [niʃf qutr].

Rad|nabe *f* قب العجلة [qabb]; **~reifen** *m* إطار [ʔitaːr]; **~rennen** *n* سباق دراجات [sibaːq darraːdʒaːt].

raffen *v/t.* جمع [dʒamaʕa, -a-], لم [lamma, -i-].

Raffine'rie *f* معمل تكرير [maʕmal takriːr].

raffi'niert *adj.* مكرر [mukarrar], مصفى [muʃaffan]; *fig.* ماكر [maːkir].

ragen *v/i.*: ***in die Höhe*** ~ شمخ [ʃamaxa, -a-].

Ragout [ʀaˑ'guː] *n* (-*s*; -*s*) يخنى [jaxniː].

Rahm *m* (-*s*; *O*) قشطة [qiʃta].

Rahmen *m* إطار [ʔitaːr], برواز [barwaːz].

rahmen *v/t.* بروز [barwaza].

Ra'kete *f* صاروخ [ʃaːruːx]; **~n-abschußrampe** *f* قاعدة إطلاق الصواريخ [qaːʕidat ʔitlaːq aʃʃawaːriːx]; **~n-antrieb** *m* (-*¢s*; -*e*) تسيير صاروخي [tasjiːr ʃaːruːxiː].

Rama'dan *m* (*islamischer Fastenmonat*) رمضان [ramaḍaːn].

rammen *v/t.* صدم [ʃadama, -i-].

Rampe *f* رصيف [raʃiːf], منصة [minaʃʃa].

Rand *m* (-*es*; ⸚*er*) حافة [ħaːffa], طرف [taraf]; (***Buch***~) هامش [haːmiʃ]; **~bemerkung** *f* تعليق بالهامش [taʕliːq bilhaːmiʃ].

Rang *m* (-*es*; ⸚*e*) رتبة [rutba], مرتبة [martaba], مكانة [makaːna]; **~-ordnung** *f* ترتيب المراتب [tartiːb almaraːtib].

Ranke *f* عرناس [ʕirnaːs], غصن [ɣuʃn].

ranzig *adj.* زنخ [zanix].

Rappe *m* (-*n*) حصان أدهم [ħiʃaːn ʔadham].

rar *adj.* نادر [naːdir]; **~i'tät** *f* تحفة [tuħfa], نادرة [naːdira].

rasch *adj.* سريع [sariːʕ]; *adv.* بسرعة [bisurʕa].

rascheln *v/i.* خشخش [xaʃxaʃa].

rasen (-*t*) *v/i.* أسرع [ʔasraʕa]; (*wüten*) ثار [θaːra, -uː-].

Rasen *m* مخضرة [maxđara], روضة [rauđa].

rasend *adj.* (*Geschwindigkeit*) خاطف [xaːtif].

Ra'sier|apparat *m* (*-es; -e*) آلة الحلاقة [ʔaːlat alħilaːqa]; **˜en** (—) *v/t.* حلق [ħalaqa, -i-]; *v/r.* حلق ذقنه [ħ. ðaqnahu]; **~klinge** *f* شفرة [ʃafra]; **~messer** *n* موسى [muːsaː]; **~seife** *f* صابون الحلاقة [ṣaːbuːn alħilaːqa]; **~zeug** *n* (*-s; O*) أدوات الحلاقة [ʔadawaːt alħ.].

Raspel *f* مبرد خشن [mibrad xaʃin].

Rasse *f* عنصر [ʕunṣur], جنس [ʤins].

rasseln (*-le*) *v/i.* صلصل [ṣalṣala].

rassisch *adj.* عنصرى [ʕunṣuriː].

Rassismus *m* عنصرية [ʕunṣuriːja].

Rast *f* (*O*) استراحة [istiraːħa]; **˜en** (*-e-*) *v/i.* استراح [istaraːħa]; **˜los** *adv.* بدون توقف [biduːn tawaqquf]; **~tag** *m* (*-es; -e*) يوم راحة [jaum raːħa].

Rat *m* (*-es; O*) (*~schlag*) نصيحة [naṣiːħa]; (*Beratung*) مشاورة [muʃaːwara], شورى [ʃuːraː]; (*Versammlung*) مجلس [maʤlis]; (*Titel*) مستشار [mustaʃaːr]; **um ~ fragen** استشار [istaʃaːra].

Rate *f* (*Teilzahlung*) قسط [qisṭ]; **auf ~n** بالتقسيط [bittaqsiːṭ]; (*Verhältniszahl*) نسبة [nisba].

raten (*L*) *v/t.* (*D/A* ل ب *od.* ه) نصح [naṣaħa, -a-]; (*mutmaßen*) خمن [xammana].

Ratenzahlung *f* دفع بالتقسيط [dafʕ bittaqsiːṭ].

Ratgeber *m* ناصح [naːṣiħ], مشير [muʃiːr].

Rathaus *n* (*-es; ¨er*) دار البلدية [daːr albaladiːja].

Ratifikation [-'tsĭoːn] *f* إبرام [ʔibraːm].

Ratio|n [-'tsĭoːn] *f* حصة [ħiṣṣa]; (*Tages˜*) جراية [ʤiraːja]; **˜'nal** *adj.* عقلى [ʕaqliː], منطقى [manṭiqiː]; **~nali'sierung** *f* تنظيم علمى [tanẓiːm ʕilmiː]; **~na'lismus** *m* (*-; O*) عقلانية [ʕaqlaːniːja]; **˜na'listisch** *adj.* عقلانى [ʕaqlaːniː]; **˜'nell** *adj.* معقول [maʕquːl], اقتصادى [iqtiṣaːdiː]; **~'nierung** *f* تقنين [taqniːn].

ratlos (*-est*) *adj.* حائر [ħaːʔir].

ratsam *adv.*: **es ist ~, daß ...**

R

من الرشد أن [min arruʃd ʔan].

Ratschlag *m* (-*¢s*; ⸚*e*) نصيحة [naʃiːħa].

Rätsel [ʀɛː-] *n* لغز [luɣz], حزورة [ħazzuːra].

Ratte *f Zo.* جرذ [ʤurað].

Raub *m* (-*¢s*; *O*) سلب [salb], نهب [nahb]; **~bau** *m* (-*¢s*; *O*) إنهاك [ʔinhaːk]; **⁓en** *v/t.* سلب [salaba, -u-], نهب [nahaba, -a-].

Räuber *m* لص [liʃʃ], قاطع طرق [qaːtiʕ turuq]; **~bande** *f* عصابة لصوص [ʕiʃaːbat luʃuːʃ]; **⁓isch** *adj.* ناهب [naːhib].

Raub|mord *m* (-*es*; -*e*) سرقة مصحوبة بقتل [sariqa maʃħuːba biqatl]; **~tier** *n* (-*¢s*; -*e*) حيوان مفترس [ħajawaːn muftaris]; **~-überfall** *m* (-*¢s*; ⸚*e*) سطو [satw]; **~vogel** *m* (-*s*; ⸚) طير جارح [tair ʤaːriħ]; **~zug** *m* (-*¢s*; ⸚*e*) غزو [ɣazw].

Rauch *m* (-*¢s*; *O*) دخان [duxaːn]; **⁓en** *v/i.* دخن [daxana, -a-]; *v/t.* (*Tabak* ~) دخن [daxxana], شرب [ʃariba, -a-]; ***⁓en verboten!*** ممنوع التدخين [mamnuːʕ attadxiːn]; **~er** *m* مدخن [mudaxxin]; **~er-abteil** *n* (-*s*; -*e*) *Eisenb.* قسم للمدخنين [qism lilmudaxxiniːn].

Räucher... مدخن [mudaxxan]; *z.B.* **Räucherspeck** *m* (-*es*; *O*) شحم مدخن [ʃaħm mudaxxan].

Rauchfang *m s.* ***Schornstein***.

Rauchfleisch *n* (-*¢s*; *O*) لحم مدخن [laħm mudaxxan].

Rauchtabak *m* (-*s*; -*e*) تبغ [tabɣ].

Rauchverbot *n* (-*¢s*; -*e*) منع التدخين [manʕ attadxiːn].

Räude *f* جرب [ʤarab].

raufen *v/t.* (*Haare*) نتف [natafa, -i-], انتزع [intazaʕa]; *v/i.* (**mit** *D*) تعارك [taʕaːraka].

rauh *adj.* خشن [xaʃin], فظ [faʒʒ]; (*Klima*) قاس [qaːsin]; (*Stimme*) أبح [ʔabaħħ].

Raum *m* (-*es*; ⸚*e*) (*Platz*) مكان [makaːn]; (*freier* ~) فراغ [faraːɣ]; (*Welt*⁓) فضاء [faðaːʔ]; (*Zimmer*) غرفة [ɣurfa]; (*Spiel*⁓) مجال [maʤaːl].

räumen *v/t.* (*reinigen*) نظف [naʒʒafa]; (*verlassen*) أخلى [ʔaxlaː]; *Hdl.* صفى [ʃaffaː].

Raumfähre *f* مكوك فضائي [makkuːk faðaːʔiː].

R

Raumfahrer *m* رائد الفضاء [raːʔid alfađaːʔ].

Raum|fahrt *f*, **~flug** *m* (-¢s; ⸚e) الطيران فى الفضاء [attajaraːn fiː lfađaːʔ].

Raum-inhalt *m* (-¢s; -e) سعة [saʕa].

räumlich *adj.* فضائى [fađaːʔiː].

Raumschiff *n* (-¢s; -e) مركبة فضائية [markaba fađaːʔiːja].

Räumung *f* إخلاء [ʔixlaːʔ]; *Hdl.* تصفية [taʃfiːja]; **~s-verkauf** *m* (-s; ⸚e) *s.* ***Ausverkauf.***

Raupe *f Zo.* يسروع [jusruːʕ]; *Techn.* جنزير [ʤinziːr]; **~n-fahrzeug** *n* مركبة مجنزرة [markaba muʤanzara].

raus *adv. s.* ***heraus***; **~!** برا [barraː].

Rausch *m* (-¢s; ⸚e) سكرة [sakra]; *fig.* نشوة [naʃwa]; **⁓en** *v/i.* (*Wasser*) هدر [hadara, -i-]; (*Wind*) عصف [ʕaʃafa, -i-]; **~gift** *n* (-¢s; -e) مخدر [muxaddir].

räuspern (*-re*) *v/r.* تنخم [tanaxxama].

Razzia [ˈʀatsĭaˑ] *f* (-; *Razzien* [-tsĭən]) كبسة [kabsa].

Rea'gen|s *n* (-; *Reagenzien* [-tsĭən]), **~z** *n* (*-es; -ien* [-tsĭən]) *Chem.* كاشف [kaːʃif].

Rea'genzglas *n* (*-es;* ⸚*er*) أنبوب اختبار [ʔunbuːb ixtibaːr].

rea'gieren (—) *v/i.* (**auf** *A* ل) استجاب [istaʤaːba], انفعل [infaʕala]; *Chem.* (**mit**) تفاعل [tafaːʕala].

Reaktio|n [-'tsĭoːn] *f* رد الفعل [radd alfiʕl]; *Chem.* تفاعل [tafaːʕul]; *Pol.* رجعية [raʤʕiːja]; **⁓'när** *adj. Pol.* رجعى [raʤʕiː].

Re'aktor *m* (*-s; -en* [-'toː-]) *Phys.* مفاعل [mufaːʕil].

re'al *adj.* حقيق [ħaqiːqiː], واقعى [waːqiʕiː]; (*greifbar*) ملموس [malmuːs].

Re'al-einkommen *n* دخل صاف [daxl ʃaːfin].

reali'sieren (—) *v/t.* حقق [ħaqqaqa].

Rea'lismus *m* (-; *O*) واقعية [waːqiʕiːja].

Rea'list *m*, **⁓isch** *adj.* واقعى [waːqiʕiː].

Reali'tät [-'liː-] *f* حقيقة [ħaqiːqa], واقع [waːqiʕ]

Rebe *f* كرمة [karma].

Re'bell *m* (*-en*) عاص [ʕaːʃin], متمرد [mutamarrid]; **⁓ieren** (—) *v/i.* ثار [θaːra, -uː-].

Rebhuhn *n* (*-es; ¨-er*) *Zo. Koll.* حجل [ħadʒl].

Rechen *m* جرافة [dʒarraːfa], مشط [muʃt].

Rechen|-anlage *f* نظامة (الكترونية) [nazzaːma (iliktruːniːja)]; **~fehler** *m* خطأ حسابي [xataʔ ħisaːbiː]; **~maschine** *f* آلة حاسبة [ʔaːla ħaːsiba].

Rechenschaft *f* (*O*) محاسبة [muħaːsaba]; **~ *ablegen*** حاسب [ħaːsaba]; **~ *fordern*** طلب المحاسبة [talaba, -u-, alm.].

Rechenschieber *m* مسطرة حاسبة [mistara ħaːsiba].

rechn|en *v/i.* حسب [ħasaba, -u-]; ***mit*** *etw.* اعتبر هـ [iʕtabara]; **ˆer** *m* حاسب [ħaːsib].

Rechnung *f* حساب [ħisaːb]; *Hdl.* (*Faktur*) فاتورة [faːtuːra]; ***auf*** **~** على حساب; ***in*** **~ *stellen*** (*D/A* هـ على) قيد [qajjada]; ***auf seine*** **~ *kommen*** نال حقه [naːla, -aː-, ħaqqahu].

recht *adj.* (*Gegens.* link) أيمن [ʔaiman], يمين [jamiːn]; ***die*** **ˆe** (*Hand*) اليمنى [aljumnaː]; (*richtig*) صحيح [ʃaħiːħ]; **~er *Winkel*** زاوية قائمة [zaːwija qaːʔima]; ***das*** **ˆe** الصواب [aʃʃawaːb], الحق [alħaqq]; (*günstig*) مناسب [munaːsib]; ***das ist mir*** **~** هذا يناسبني [haːða junaːsibuniː]; *adv.* نوعا ما [nauʕan maː]; ***das ist*** **~ *gut*** لا بأس به [laː baʔsa bihi]; **~ *haben*** *v/i.* صدق [ʃadaqa, -u-]; ***er hat*** **~** هو على الصواب [huwa ʕalaː ʃʃawaːb], الحق معه [alħaqq maʕahu].

Recht *n* (*-s; -e*) (***auf*** *A* في) حق [ħaqq]; (*Gesetze*) قوانين [qawaːniːn]; *Isl.* شريعة [ʃariːʕa]; ***im*** **~ *sein*** كان على حق [kaːna ʕalaː ħaqq]; ***die*** **~*e studieren*** درس الحقوق [darasa, -u-, alħuquːq]; ***alle*** **~*e vorbehalten*** جميع الحقوق محفوظة [dʒamiːʕ alħuquːq maħfuːza].

Recht|eck *n* (*-s; -e*) مستطيل [mustatiːl]; **ˆeckig** *adj.* مستطيل الشكل [m. aʃʃakl]; **ˆfertigen** *v/t.* برر [barrara]; **~fertigung** *f* تبرير [tabriːr]; **ˆhaberisch** *adj.* مكابر [mukaːbir]; **ˆlich** *adj.* قانوني [qaːnuːniː], شرعي [ʃarʕiː]; **ˆlos** (*-est*) *adj.* محروم الحقوق [maħruːm alħuquːq]; **ˆmäßig** *adj.* شرعي [ʃarʕiː], مستحق [mustaħaqq].

R

rechts *adv.* يميناً [jamiːnan], على اليمين [ʕalaː ljamiːn]; ***nach*** ~ إلى اليمين.

Rechts|-anspruch *m* (-ɇs; ¨e) استحقاق [istiħqaːq]; **~-anwalt** *m* (-ɇs; ¨e) محام [muħaːmin]; **~bruch** *m* (-ɇs; ¨e) خرق القانون [xarq alqaːnuːn].

rechtschaffen *adj.* مستقيم [mustaqiːm], بار [baːrr], صالح [ṣaːliħ].

Recht-schreibung *f* ضبط الكتابة [đabṭ alkitaːba].

rechtsfähig *adj.* كامل الأهلية [kaːmil alʔahliːja].

Rechts|fall *m* (-ɇs; ¨e) قضية [qađiːja]; **~gelehrte(r)** *m* عالم قانونى [ʕaːlim qaːnuːniː]; *Isl.* فقيه [faqiːh]; **~gültig**, **~kräftig** *adj.* نافذ المفعول [naːfið almafʕuːl]; **~mittel** *n* وسيلة قانونية [wasiːla qaːnuːnijja].

Rechtsprechung *f* القضاء [alqađaːʔ].

Rechts|spruch *m* (-ɇs; ¨e) حكم [ħukm]; **~verkehr** *m* (-s; *O*) المرور على اليمين [almuruːr ʕalaː ljamiːn]; **~widrig** *adj.* مخالف للقانون [muxaːlif lilqaːnuːn]; **~wissenschaft** *f* علم الحقوق [ʕilm alħuquːq]; *Isl.* فقه [fiqh].

recht|winklig *adj.* قائم الزاوية [qaːʔim azzaːwija]; **~zeitig** *adv.* فى وقته [fiː waqtihi], فى الوقت الملائم [fiː lwaqt almulaːʔim].

recken *v/t.* مد [madda, -u-]; *v/r.* تمطى [tamaṭṭaː].

Redak|'teur *m* (-s; -e) محرر [muħarrir]; **~'tion** [-'tsĭoːn] *f* مكتب التحرير [maktab attaħriːr].

Rede *f* كلام [kalaːm]; (*Gesagtes*) قول [qaul]; (*Ansprache*) خطبة [xuṭba]; (*Gespräch*) حديث [ħadiːθ]; **~freiheit** *f* (*O*) حرية الكلام [ħurriːjat alkalaːm].

reden (-e-) *v/t.* قال [qaːla, -uː-]; *v/i.* تكلم [takallama], تحدث [taħaddaθa].

Redens-art *f*, **Redewendung** *f* عبارة [ʕibaːra], تعبير [taʕbiːr], قول [qaul].

redi'gieren (—) *v/t.* حرر [ħarrara].

redlich *adj.* طاهر الذمة [ṭaːhir aððimma], صالح [ṣaːliħ].

Redner *m* خطيب [xaṭiːb].

redu'zieren (—) *v/t.* (*Preis*) خفض [xaffađa]; (*verkleinern*) صغر [ṣaɣɣara].

R

Reede *f Mar.* مرسى [marsan]; **~'rei** *f* شركة ملاحة [ʃarikat milaːħa].

reell [ʀeːˈɛl] *adj.* حقيق [ħaqiːqiː]; (*Preis*) مناسب [munaːsib].

Refe'rat *n* (-*¢s*; -*e*) تقرير [taqriːr]; (*Abteilung*) قسم [qism].

refe'rieren (—) *v/i.* قرر [qarrara].

reflek'tieren (—) *v/t.* عكس [ʕakasa, -i-].

Re'flex *m* (-*es*; -*e*) انعكاس [inʕikaːs]; ***bedingter*** ~ انعكاس شرطي [i. ʃartiː].

Re'form *f* إصلاح [ʔiflaːħ]; **˜ieren** [-ˈmiː-] (—) *v/t.* أصلح [ʔaflaħa].

Re'gal *n* (-*s*; -*e*) رف [raff].

rege *adj.* نشط [naʃit].

Regel *f* (—; -*n*) قاعدة [qaːʕida]; **˜los** (-*est*) *adj.* غير منتظم [ɣair muntaẓim]; **˜mäßig** *adj.* منتظم [muntaẓim]; *adv.* بانتظام [bintiẓaːm]; **˜n** (-*le*) *v/t.* نظم [naẓẓama]; **~ung** *f* تنظيم [tanẓiːm], ضبط [đabt]; (*e-r Rechnung*) تسديد [tasdiːd], تسوية [taswija].

regen *v/r.* تحرك [taħarraka].

Regen *m* (-*s*; *O*) مطر [matar]; *fig.* وابل [waːbil]; **~bogen** *m* قوس قزح [qaus quzaħ].

Regeneration [-ˈtsĭoːn] *f* تجدد [tadʒaddud].

Regen|mantel *m* (-*s*; ⁼) ممطر [mimtar]; **~schauer** *m* زخة [zaxxa], رخة [raxxa]; **~schirm** *m* (-*¢s*; -*e*) مظلة [miẓalla].

Re'gent *m* (-*en*) حاكم [ħaːkim]; (*Verweser*) وصي على العرش [waʃiːj ʕalaː lʕarʃ].

Regenzeit *f* موسم الأمطار [mausim alʔamtaːr].

Regie [-ˈʒiː] *f Thea.* إخراج [ʔixraːdʒ].

re'gier|en (—) *v/t.* حكم [ħakama, -u-]; **˜ung** *f* حكومة [ħukuːma].

Regime [-ˈʒiːm] *n* نظام الحكم [niẓaːm alħukm].

Regi'ment *n* (-*¢s*; -*er*) حكم [ħukm], نظام [niẓaːm]; *Mil.* ألاى [ʔalaːj].

Regio|n [-ˈgĭoːn] *f* منطقة [mintaqa], إقليم [ʔiqliːm]; **˜'nal** *adj.* إقليمى [ʔiqliːmiː].

Regisseur [-ʒiˑˈsøːʀ] *m* (-*s*; -*e*) *Thea.* مخرج [muxridʒ].

Re'gister *n* سجل [sidʒill]; (*Verzeichnis*) فهرست [fihrist]; **~tonne** *f* طن مسجل [tunn musaddʒal].

regis'trieren (—) *v/t.* سجل [saddʒala], قيد [qajjada].

Reglement [-ə'mɛnt, -'mɑ̃ː] *n* (*-s; -s*) نظام [niẓaːm].

Regler *m Techn.* ضابط [đaːbit], منظم [munaẓẓim].

regn|en *v/i.*: **es ~et** الدنيا تمطر [addunjaː tumṭiru]; **es ~ete** أمطرت السماء [ʔamṭarat assamaːʔ]; **~erisch** *adj.* ممطر [mumṭir].

Regression [-'sĭoːn] *f* تراجع [taraːdʒuʕ]; *Psych.* نكوص [nukuːʃ].

regres'siv *adj.* متراجع [mutaraːdʒiʕ].

regsam [-eː-] *adj.* نشط [naʃiːṭ].

regu'lieren (—) *v/t.* نظم [naẓẓama], ضبط [đabaṭa, -u-].

Regu'lierung *f* تنظيم [tanẓiːm].

Regung *f* حركة [ħaraka]; (*innere ~*) شعور [ʃuʕuːr], وجد [wadʒd].

regungs-los *adv.* بلا حراك [bilaː ħaraːk].

Reh *n* (*-ℯs; -e*) *Zo.* يحمور [jaħmuːr], أيل [ʔajjil].

Rehabilitation [-'tsĭoːn] *f Jur.* إعادة الحقوق [ʔiʕaːdat alħuquːq]; *Med.* إعادة الصحة [ʔiʕaːdat aṣṣiħħa].

reiben (*L*) *v/t.* حك [ħakka, -u-]; (*wischen*) مسح [masaħa, -a-].

Reibung *f* احتكاك [iħtikaːk]; **~s-los** *adv.* دون احتكاك [duːna ħtikaːk].

reich *adj.* غني [ɣaniːj], ثري [θariːj].

Reich *n* (*-ℯs; -e*) دولة [daula]; (*König~*) مملكة [mamlaka].

reichen *v/t.* (*geben*) ناول [naːwala]; *v/i.* (*sich erstrecken*) امتد [imtadda]; (*genügen*) كفى [kafaː, -iː]; **es reicht mir** يكفيني [jakfiːniː].

reichhaltig *adj.* كثير المحتويات [kaθiːr almuħtawajaːt].

reich|lich *adj.* وافر [waːfir], غزير [ɣaziːr]; **~tum** *m* (*-s; ¨er*) غنى [ɣinan], ثروة [θarwa]; **~weite** *f* مدى [madan].

reif *adj.* ناضج [naːđidʒ], يانع [jaːniʕ]; (*volljährig*) بالغ [baːliɣ].

Reif *m* (*-ℯs; O*) (*Frost*) صقيع [ṣaqiːʕ]; *s.* **Reifen**.

Reife *f* (*O*) نضوج [nuđuːdʒ], بلوغ [buluːɣ].

reifen *v/i.* نضج [nađidʒa, -u-].

Reif(en) *m* طوق [ṭauq]; (*Rad~*) إطار [ʔiṭaːr]; (*Arm~*) سوار [siwaːr].

Reifeprüfung *f* امتحان توجيهي [imtiħaːn taudʒiːhiː].

Reihe *f* صف [ṣaff]; **der ~ nach** بالترتيب [bittartiːb];

R

jetzt bin ich an der ~ الآن دوري [alʔaːna dauriː].

Reihenfolge *f* ترتيب [tartiːb], تعاقب [taʕaːqub], تسلسل [tasalsul].

reihenweise *adv.* صفوفا [ʃufuːfan].

Reim *m (-ȼs; -e)* قافية [qaːfija].

rein *adj.* نظيف [naẓiːf], نقي [naqiːj]; (*lauter*) بحت [baħt], خالص [xaːliʃ], صاف [ʃaːfin]; (*rituell ~*) طاهر [ṭaːhir]; *adv.* بحتا [baħtan], تماما [tamaːman]; ~ ***gar nichts*** لا شيء على الإطلاق [laː ʃaiʔa ʕalaː lʔiṭlaːq].

Reinemachen *n (-s; O)* تنظيف البيت [tanẓiːf albait]

Rein-ertrag *m (-ȼs; ¨-e)* المحصول الصافي [almaħʃuːl aʃʃaːfiː].

Reingewicht *n (-ȼs; -e)* الوزن الصافي [alwazn aʃʃaːfiː].

Reingewinn *m (-s; -e)* الربح الصافي [arribħ aʃʃaːfiː].

Reinheit *f (O)* نظافة [naẓaːfa]; (*Klarheit*) صفاء [ʃafaːʔ].

reinigen *v/t.* نظف [naẓẓafa], نقى [naqqaː], طهر [ṭahhara].

Reinigung *f* تنظيف [tanẓiːf], تطهير [taṭhiːr]; ~**s-mittel** *n* منظف [munaẓẓif], مادة التنظيف [maːddat attanẓiːf].

reinlich *adj.* أنيق [ʔaniːq], محب للنظافة [muħibb linnaẓaːfa].

Reinlichkeit *f (O)* حب النظافة [ħubb annaẓaːfa].

Reinschrift *f* مبيضة [mubajjaḍa].

Reis[1] *m (-es; -e)* أرز [ʔaruzz], رز [ruzz]; *Irak* تمن [timman].

Reis[2] *n (-es; -er)* غصن [ɣuʃn].

Reise *f* سفر [safar], سفرة [safra], رحلة [riħla]; (*Rund~*) جولة [ʤaula]; ~**büro** *n (-s; -s)* مكتب السياحة [maktab assijaːħa]; ~**dauer** *f* مدة سفر [muddat safar]; ~**führer** *m* (*Person u. Buch*) دليل [daliːl]; ~**genehmigung** *f* تصريح السفر [taʃriːħ assafar]; ~**gepäck** *n (-s; O)* شنط [ʃunaṭ], حقائب [ħaqaːʔib]; *Äg.* عفش [ʕafʃ]; ~**gepäckversicherung** *f* تأمين على أمتعة السفر [taʔmiːn ʕalaː ʔamtiʕat assafar]; ~**gesellschaft** *f* جماعة مسافرين [ʤamaːʕat musaːfiriːn]; ~**koffer** *m* شنطة سفر [ʃanṭat safar], حقيبة [ħaqiːba]; ~**leiter** *m* مشرف [muʃrif]; ~**n** *(-t; sn) v/i.* سافر [saːfara], ساح [saːħa, -uː-]; ***das ~n*** السياحة [assijaːħa]; ~**n-de(r)** *m* مسافر [musaːfir]; ~**paß** *m (-sses; ¨-sse)* جواز سفر [ʤawaːz safar]; ~**prospekt** *m (-ȼs; -e)* برنامج

رحلات [barnaːmadʒ rahalaːt]; ~**proviant** [-vĭa-] *m* (-*s*; -*e*) زاد [zaːd]; ~**route** [uː] *f* طريق السفر [tariːq assafar]; ~**ziel** *n* (-*¢s*; -*e*) مقصد السفر [maqʃad assafar].

reißen (*L*) *v/t.* نزع [nazaʕa, -a-], خطف [xatafa, -i-]; ***in Stücke*** ~ مزق [mazzaqa]; ***an sich*** ~ اختطف [ixtatafa]; (*zerren*) شد [ʃadda, -i-]; *v/i.* انقطع [inqataʕa]; ~**d** *adj.* (*Fluß*) جارف [dʒaːrif]; (*Tier*) كاسر [kaːsir].

Reißnagel *m* دبوس رسم [dabbuːs rasm].

Reißverschluß *m* (-*sses*; ⁻*sse*) سوستة [susta].

Reißzeug *n* (-*¢s*; -*e*) أدوات الرسم الهندسي [ʔadawaːt arrasm alhandasiː].

Reißzwecke *f s.* ***Reißnagel***.

reit|en (*L*; *sn*) *v/i.* ركب [rakiba, -a-]; ⁓**er** *m* خيال [xajjaːl], فارس [faːris]; ⁓**knecht** *m* (-*¢s*; -*e*) سائس [saːʔis]; ⁓**pferd** *n* (-*es*; -*e*) حصان ركوب [ħiʃaːn rukuːb]; ~**stiefel** *m* جزمة ركوب [dʒazmat rukuːb]; ~**turnier** *n* (-*s*; -*e*) مباراة الخيل [mubaːraːt alxail].

Reiz *m* (-*es*; -*e*) تهييج [tahjiːdʒ]; *Biol.* انفعال [infiʕaːl]; (*Anziehung*) جاذبية [dʒaːðibiːja], فتنة [fitna]; ⁓**bar** *adj.* سريع التهيج [sariːʕ attahajjudʒ], حساس [ħassaːs]; ⁓**en** (-*t*) *v/t.* أثار [ʔaθaːra], هيج [hajjadʒa]; (*zornig machen*) أغاظ [ʔaɣaːza]; (*verlocken*) أغرى [ʔaɣraː], فتن [fatana, -i-]; ⁓**end** *adj.* لطيف [latiːf], جذاب [dʒaððaːb], فاتن [faːtin]; ⁓**los** (-*est*) *adj.* غير جذاب [ɣair dʒaððaːb]; ~**ung** *f* تهيج [tahajjudʒ], انفعال [infiʕaːl].

Reklamation [ʀeˑklaˑmaˑ'tsĭoːn] *f Hdl.* شكوى [ʃakwaː].

Re'klame *f* (*O*) (*Anzeige*) إعلان [ʔiʕlaːn]; *allg.* دعاية تجارية [diʕaːja tidʒaːriːja].

rekla'mieren (—) *v/t.* (**bei** *D*/*A* ه ب) طالب [taːlaba].

Rekonstruktion [-'tsĭoːn] *f* إعادة الإنشاء [ʔiʕaːdat alʔinʃaːʔ], إصلاح [ʔiʃlaːħ], تجديد [tadʒdiːd].

Rekonvales'zent *m* ناقه [naːqih].

Re'kord *m* (-*s*; -*e*) رقم قياسي [raqm qijaːsiː]; ~**zeit** *f* أقصر وقت [ʔaqʃar waqt].

Re'krut *m* (-*en*) *Mil.* مقترع [muqtaraʕ], مستجد [mustadʒidd].

R

rekru'tieren *v/t.* جند [ʤannada].

Rektor *m* (*-s; -en*) رئيس جامعة [raʔiːs ʤaːmiʕa].

rela'tiv *adj.* نسبى [nisbiː]; **~i'tät** [-v-] *f* نسبية [nisbiːja]; **~pronomen** *n* (*-s; - od. ~pronomina*) *Gr.* اسم موصول [ism mauʃuːl].

Relief [-'lĭɛf] *n* (*-s; -s od. -e*) نقش نافر (بارز) [naqʃ naːfir (baːriz)].

Reli'g|ion *f* دين [diːn]; **~iös** [-liᵛ'gĭøːs] *adj.* دينى [diːniː]; (*fromm*) متدين [mutadajjin].

Rendezvous [ʀɑ̃ːdeᵛ'vuː] *n* (*-; -*) ميعاد [miːʕaːd].

Renn|bahn *f* حلبة [ħalba], مضمار [miđmaːr]; **~boot** *n* (*-es; -e*) زورق سباق [zauraq sibaːq]; **~en** (*L; sn*) *v/i.* عدا [ʕadaː, -uː], ركض [rakađa, -u-]; (*um die Wette ~en*) (**mit** *D* ه) سابق [saːbaqa]; **~en** *n* سباق [sibaːq]; **~platz** *m* (*-es; ⸚e*) ميدان سباق [maidaːn s.].

reno'vier|en (—) *v/t.* جدد [ʤaddada], رمم [rammama]; **~ung** *f* تجديد [taʤdiːd].

ren'tabel *adj.* مربح [murbiħ].

Rente *f* معاش [maʕaːʃ].

Rentner *m* متقاعد [mutaqaːʕid].

Reparationen [-'tsĭoː-] *f/pl.* تعويضات [taʕwiːđaːt].

Repar|a'tur *f* تصليح [taʃliːħ], ترميم [tarmiːm]; **~ieren** [-'ʀiː-] (—) *v/t.* صلح [ʃallaħa].

Re'porter *m* مخبر [muxbir], مندوب [manduːb].

Repräsen'tant *m* (*-en*) ممثل [mumaθθil].

Reproduktion [-'tsĭoːn] *f* طبع [tabʕ], صورة [ʃuːra], نسخة [nusxa]; *Biol.* تناسل [tanaːsul].

reprodu'zieren (—) *v/t.* نسخ [nasaxa, -a-], قلد [qallada].

Rep'til *n* (*-s; -e od. -ien*) *Zo.* زاحفة [zaːħifa].

Repu'blik *f* جمهورية [ʤumhuːriːja]; **~aner** [-'kaː-] *m*, **~anisch** [-'kaː-] *adj.* جمهورى [ʤumhuːriː].

Re'serve *f* (*a. Mil.*) احتياطى [iħtijaːtiː]; (*Vorrat*) مذخر [muđaxxar]; **~rad** *n* (*-es; ⸚er*) عجلة احتياطية [ʕaʤala iħtijaːtiːja].

reser'vier|en (—) *v/t.* حجز [ħaʤaza, -i-]; **~t** *adj.* محجوز [maħʤuːz]; **~ung** *f* حجز [ħaʤz].

Reservoir [-voˑ'ɑːʀ] *n* (-*s*; -*e*) خزان [xazzaːn].

Resi'denz *f* مقر [maqarr]; (*königliche* ~) بلاط [balaːt].

Resig|nation [ʀeˑzɪgnaˑ'-tsĭoːn] *f* (*O*) استسلام [istis-laːm]; ~'**nieren** *v/i.* استسلم [istaslama]; *Pol.* استقال [ista-qaːla]; ~'**niert** *adj.* خائب [xaːʔib], مستسلم [mustaslim].

reso'lut (-*est*) *adj.* حازم [ħaːzim].

Resolution [-'tsĭoːn] *f* قرار [qaraːr].

Reso'nanz *f* رنين [raniːn]; (*Widerhall*) صدى [ʃadan].

Re'spekt [sp] *m* (-*s*; *O*) احترام [iħtiraːm], هيبة [haiba]; ~**los** (-*est*) *adj.* مهين [muhiːn]; ~**voll** *adj.* محترم [muħtarim]; *adv.* باحترام [biħtiraːm].

Ressort [-'soːʀ] *n* (-*s*; -*s*) دائرة الاختصاص [daːʔirat alixti-ʃaːʃ]; (*e-s Ministers*) حقيبة [ħaqiːba].

Rest *m* (-*¢s*; -*e*) بقية [baqiːja], فضلة [fađla]; *Math.* الباقي [albaːqiː].

Restaurant [ʀɛstoˑ'ʀaŋ] *n* مطعم [matʕam].

restlos *adv.* تماما [tamaːman].

Resul'tat *n* (-*s*; -*e*) نتيجة [natiːdʒa], حاصل [ħaːʃil].

Re'torte *f* *Chem.* أنبيق [ʔambiːq]; ~**n-baby** *n* (-*s*; -*s*) طفل الأنبوب [tifl alʔum-buːb].

retten (-*e*-) *v/t.* أنقذ [ʔanqaða], نجى [naddʒaː]; *v/r.* نجا [nadʒaː, -uː].

Rettich *m* (-*s*; -*e*) فجل [fidʒl].

Rettung *f* إنقاذ [ʔinqaːð], نجاة [nadʒaːt]; (*Befreiung*) تخليص [taxliːʃ]; ~**s-boot** *n* (-*¢s*; -*e*) قارب نجاة [qaːrib nadʒaːt]; ~**s-dienst** *m* (-*es*; *O*) الإسعاف [alʔisʕaːf]; ~**s-ring** *m* (-*es*; -*e*) طوق نجاة [tauq n.]; ~**s-wagen** *m* سيارة الإسعاف [sajjaːrat alʔisʕaːf].

Retusche *f* رتوش [rituːʃ], تنميق [tanmiːq].

retuschieren [ʀeˑtuˑ'ʃiːʀən] (—) *v/t.* نقح [naqqaħa], نمق [nammaqa].

Reu|e *f* (*O*) ندم [nadam], ندامة [nadaːma]; ~**en** *v/t.*: **es reut mich** إني نادم [ʔinniː naːdim]; ~**e-voll**, ~**ig** *adj.* نادم [naːdim], ندمان [nad-maːn].

Revanche [ʀeˑ'vaŋʃə] *f* (*O*) انتقام [intiqaːm].

revanchieren [-'ʃiː-] *v/r.*: (*für*

R

Gutes) **sich** (*A*) **bei** *j-m* ~ رد له الجميل [radda, -u-, lahu alʤamiːl]; (*für Schlechtes*) **sich** (*A*) **bei** *j-m* ~ انتقم من ل [intaqama].

revidieren (—) *v/t.* أعاد النظر فى [ʔaʕaːda nnaẓar], راجع [raːʤaʕa].

Re'vier *n* (*-s; -e*) منطقة [minṭaqa].

Revision [-viˑ'zĭoːn] *f* إعادة النظر [ʔiʕaːdat annaẓar], مراجعة [muraːʤaʕa].

Revolution [-'tsĭoːn] *f* ثورة [θaura], انقلاب [inqilaːb].

Re'volver *m* مسدس [musaddas].

Revue [ʀeˑ'vyː] *f* استعراض [istiʕraːđ]; (*Zeitschrift*) مجلة [maʤalla].

Rezension [-'zĭoːn] *f* مقالة انتقادية [maqaːla intiqaːdiːja].

Re'zept *n* (*-ɇs; -e*) وصفة [waʃfa]; **~pflichtig** *adj.* بأمر الطبيب فقط [biʔamr aṭṭabiːb faqaṭ].

rezi'prok (*O*) *adj.* متبادل [mutabaːdil]; *Math.* عكسى [ʕaksiː].

Rezitation [-'tsĭoːn] *f* تلاوة [tilaːwa], ترتيل [tartiːl].

Rha'barber *m* (*-s; O*) راوند [raːwand].

Rhe'torik *f* بلاغة [balaːɣa].

rheu'mat|isch *adj.* روماتزمى [ruːmaːtizmiː]; **~ismus** [-maˑ'tɪsmʊs] *m* (—; *O*) روماتزم [ruːmaːtizm].

rhythmisch ['ʀʏt-] *adj.* توقيعى [tauqiːʕi], إيقاعى [ʔiːqaːʕiː].

Rhythmus *m* (—; *Rhythmen*) إيقاع [ʔiːqaːʕ].

Rial *m* (*-s; -s*) (*Münze*) ريال [rijaːl].

richten (*-e-*) *v/t.* (**an** *od.* **auf** *A*) وجه (إلى) [waddʒaha]; (*arrangieren*) دبر [dabbara]; (*reparieren*) صلح [ʃallaħa]; (*vorbereiten*) أعد [ʔaʕadda]; (*den Blick*) ألفت [ʔalfata]; (*urteilen*) حكم [ħakama, -u-]; *v/r.*: **sich** (*A*) ~ **nach** *j-m* تبع ه [tabiʕa, -a-], اهتدى ب [ihtadaː].

Richter *m* حاكم [ħaːkim], قاض [qaːđin].

richtig *adj.* صحيح [ʃaħiːħ]; **das ~e** الحق [alħaqq], الصواب [aʃʃawaːb]; *adv.* تماما [tamaːman], جيدا [ʤajjidan]; **~keit** *f* (*O*) صحة [ʃiħħa]; **~stellen** *v/t.* استدرك [istadraka].

Richt|linien *f/pl.* تعليمات [taʕliːmaːt]; **~platz** *m* (*-es; ⸚e*) منصة إعدام [minaʃʃat ʔiʕdaːm]; **~schnur** [-uː-] *f* (*O*) خيط البناء [xait albannaːʔ]; *fig.* إرشاد [ʔirʃaːd]; **~strahl** *m* شعاع دليل [ʃuʕaːʕ daliːl]; **~ung** *f* اتجاه [ittidʒaːh], جهة [dʒiha]; (*Gegend*) ناحية [naːħija].

riechen (*L*) *v/i.* فاح [faːħa, -uː-]; (*übel* ~) نتن [natina, -a-]; *v/t.* شم [ʃamma, -u-], استنشق [istanʃaqa].

Riegel *m* ترباس [tirbaːs], مزلاج [mizlaːdʒ].

Riemen *m* (*Leder*~) سير [sair], قشاط [qiʃaːt]; (*Ruder*) مجذاف [midʒðaːf].

Riese *m* (*-n*) عملاق [ʕimlaːq], جبار [dʒabbaːr].

rieseln *v/i.* انساب [insaːba].

riesig *adj.* عظيم [ʕaziːm].

Rille *f* أخدود [ʔuxduːd].

Rind *n* (*-ɇs; -er*) *Zo. Koll.* بقر [baqar].

Rinde *f* قشر [qiʃr], قشرة [qiʃra].

Rindfleisch *n* (*-ɇs; O*) لحم بقرى [laħm baqariː].

Ring *m* (*-ɇs; -e*) حلقة [ħalaqa]; (*Siegel*~) خاتم [xaːtam]; *Sport* حلبة [ħalba].

ring|en (*L*) *v/i.* (**mit** *D* ه) صارع [ʃaːraʕa]; **~er** *m* مصارع [muʃaːriʕ].

Ringfinger *m* بنصر [bunʃur].

ringförmig *adj.* حلقى الشكل [ħalaqiː aʃʃakl], دائرى [daːʔiriː].

Ringkampf *m* (*-ɇs; ⸗e*) مصارعة [muʃaːraʕa].

rings|um, **~herum** *adv.* من حول [min ħauli], من كل جهة [min kull dʒiha].

Rinne *f* مجرى [madʒran]; (*Bewässerungs*~) ساقية [saː-qija]; (*Dach*~) مزراب [miz-raːb].

rinnen (*L; sn*) *v/i.* سال [saːla, -iː-].

Rippe *f* ضلع [đilʕ]; **~n-fell** *n* (*-s; O*) *Anat.* غشاء الرئة (الجنب) [ɣiʃaːʔ arriʔa (aldʒamb)]; **~n-fell-entzün-dung** *f Med.* ذات الجنب [ðaːt aldʒamb].

Risiko *n* (*-s; -s od. Risiken*) (*Gefahr*) خطر [xatar]; (*Wagnis*) مخاطرة [muxaː-tara].

ris'kant (*-est*) *adj.* خطر [xatir].

ris'kieren *v/t.* خاطر ب [xaːtara].

Riß *m* (*-sses; -sse*) شق [ʃaqq], مزق [mazq], صدع [ʃadʕ].

Ritter *m* فارس [faːris].

rittlings *adv.* ممتطيا [mumtati-jan].

Ritze *f* شق [ʃaqq].

R

ritzen (*-t*) *v/t.* خدش [xadaʃa, -i-].

Ri'vale *m* (*-n*) خصم [xaʃm], مزاحم [muzaːħim].

Rivali'tät *f* منافسة [munaːfasa].

Rizinus-öl *n* (*-s; O*) زيت الخروع [zait alxirwaʕ].

Robbe *f Zo.* عجل البحر [ʕiʤl albaħr].

Robe *f* فستان [fustaːn].

Roboter *m* إنسان آلي [ʔinsaːn ʔaːliː].

ro'bust (*-est*) *adj.* متين [matiːn].

röcheln (*-le*) *v/i.* حشرج [ħaʃraʤa].

Rock *m* (*-¢s; ⸚e*) (*Frauen*~̊) جونلة [gunilla], تنورة [tannuːra]; (*Männer*~̊) سترة [sutra], جاكيت [ʤaːkeːt].

Rodel(schlitten) *m* زلاقة [zallaːqa].

roden (*-e-*) *v/t.* استصلح أرضا [istaʃlaħa ʔarđan].

Rogen *m* (*-s; O*) بطارخ [bataːrix].

Roggen *m* (*-s; O*) جودار [ʤaudaːr]; ~**brot** *n* (*-¢s; -e*) خبز الجودار [xubz alʤaudaːr].

roh *adj.* (*ungekocht*) نيء [niːʔ]; (*unbearbeitet*) خام [xaːm]; (*grob*) خشن [xaʃin], غليظ [ɣaliːz]; (*brutal*) وحشي [waħʃiː]; ~̊**eit** *f* خشونة [xuʃuːna], وحشية [waħʃiːja]; ~̊**material** [-ʀĭaːl] *n* (*-¢s; -ien*) مواد خام [mawaːdd xaːm]; ~̊**-öl** *n* (*-¢s; -e*) زيت خام [zait xaːm].

Rohr *n* (*-¢s; -e*) *Bot. Koll.* قصب [qaʃab]; *Techn.* أنبوب [ʔumbuːb], ماسورة [maːsuːra].

Röhre *f* أنبوبة [ʔumbuːba]; (*Radio*~̊) صمام [ʃimaːm].

Rohrleitung *f* خط أنابيب [xatt ʔanaːbiːb].

Rohr|post *f* (*O*) البريد بالهواء المضغوط [albariːd bilhawaːʔ almađɣuːt]; ~**zucker** *m* (*-s; O*) سكر القصب [sukkar alqaʃab].

Rohstoff *m* (*-¢s; -e*) مادة خام [maːdda xaːm].

Rollbahn *f Flugw.* مدرج [madraʤ].

Rolle *f* لفة [laffa]; *Techn.* بكرة [bakara]; *Theater* دور [daur]; **e-e ~ spielen** لعب دورا [laʕiba, -a-, dauran]; **es spielt keine ~** لا يهم [laː jahummu].

rollen *v/t.* دحرج [daħraʤa]; (*zusammen*~) لف [laffa, -i-]; *v/i.* تدحرج [tadaħraʤa].

Roll|er *m* دراجة أطفال [darraːdʒat ʔatfaːl]; **~feld** *n* (*-ȼs; -er*) *s.* ***Rollbahn***; **~film** *m* (*-es; -e*) فيلم للتصوير [film littaʃwiːr]; **~schuhe** *m/pl.* قباقيب ذات عجلات [qabaːqiːb ðaːt ʕadʒalaːt]; **~stuhl** *m* (*-ȼs; ⸚e*) كرسى للمرضى [kursiː lilmarđaː]; **~treppe** *f* سلم متحرك [sullam mutaħarrik].

Rom *n* روما [ruːmaː].

Ro'man *m* (*-s; -e*) رواية [riwaːja], قصة طويلة [qiʃʃa ŧawiːla]; **~̊tisch** *adj.* رومانتيكى [roːmantiːkiː].

röntgen *v/t.* كشف بالأشعة [kaʃafa, -i-, bilʔaʃiʕʕa]; **~̊aufnahme** *f*, **~̊bild** *n* (*-es; -er*) صورة الأشعة [ʃuːrat alʔaʃiʕʕa]; **~̊strahlen** *m/pl.* الأشعة السينية [alʔaʃiʕʕa assiːniːja]; أشعة إكس [ʔaʃiʕʕat ʔiks].

rosa (*O*) *adj.* وردى اللون [wardiː allaun], بمبه [bamba].

Rose *f Bot. Koll.* ورد [ward]; *Med.* مرض الحمرة [marađ alħumra].

Rosenkranz *m* (*-ȼs; ⸚e*) وردية [wardiːja]; *Isl.* سبحة [subħa].

Rosenwasser *n* (*-s; O*) ماء الورد [maːʔ alward].

Ro'sine *f* زبيبة [zabiːba]; **~n** *pl.* زبيب [zabiːb].

Roß [-ɔ-] *n* (*-sses; -sse*) حصان [ħiʃaːn], فرس [faras].

Rösselsprung *m* (*-s; O*) (*Schachspiel*) قفز الفرس [qafz alfaras].

Roßhaar *n* (*-ȼs; -e*) شعر الحصان [ʃaʕr alħiʃaːn].

Rost[1] *m* (*-ȼs; O*) (*Eisenoxid*) صدأ [ʃadaʔ].

Rost[2] *m* (*-ȼs; -e*) شبكة [ʃabaka]; (*Grill*) شواية [ʃawwaːja], مشواة [miʃwaːt]; **~braten** *m* لحم مشوى [laħm maʃwiːj].

rosten (*-e-*) *v/i.* صدئ [ʃadiʔa, -a-].

rösten (*-e-*) *v/t.* شوى [ʃawaː, -iː], حمر [ħammara]; (*Brot*) لدن [laddana].

rostig *adj.* صدئ [ʃadiʔ].

rot *adj.* أحمر [ʔaħmar]; **~ *werden*** *v/i.* احمر [iħmarra].

Rotation [ʀoˑtaˑˈtsĭoːn] *f* دوران [dawaraːn]; **~s-presse** *f* مطبعة دوارة [maŧbaʕa dawwaːra].

Röte *f* حمرة [ħumra].

röten *v/t.* حمر [ħammara]; *v/r.* احمر [iħmarra]; (*Wangen*) تورد [tawarrada].

R

ro'tieren (—) *v/i.* دار [daːra, -uː-].

Rotkohl *m* (-*¢s; O*) كرنب أحمر [kurumb ʔaħmar].

rötlich *adj.* مائل إلى الحمرة [maːʔil ʔilaː lħumra].

Rotlicht *n* (-*¢s; O*) نور أحمر [nuːr ʔaħmar], إشارة المرور [ʔiʃaːrat almuruːr].

Rotstift *m* (-*¢s; -e*) قلم أحمر [qalam ʔaħmar].

Rötung *f* احمرار [iħmiraːr].

Rotwein *m* (-*¢s; -e*) نبيذ أحمر [nabiːð ʔaħmar].

Rou'lade [-uˇ-] *f* ملفوف [malfuːf].

Route [-uː-] *f* طريق [ṭariːq].

Rou'ti|ne [-uˇ-] *f* روتين [ruːtiːn]; **~'niert** *adj.* مجرب [mudʒarrab].

Rübe *f Bot. Koll.* (*weiße* ~) لفت [lift], سلجم [saldʒam]; (*rote* ~) بنجر [bandʒar]; (*gelbe* ~) جزر [dʒazar].

Ru'bin *m* (*-s; -e*) ياقوت أحمر [jaːquːt ʔaħmar].

Ru'brik *f* عمود [ʕamuːd], فصل [faṣl].

Ruck *m* (-*¢s; -e*) دفعة [dafʕa], رجة [raddʒa].

Rückblick *m* (*-s; -e*) نظرة إلى الماضي [naẓra ʔilaː lmaːḍiː].

rücken *v/t.* زحزح [zaħzaħa].

Rücken *m* ظهر [ẓahr]; **~lehne** *f* ظهر الكرسي [ẓahr alkursiː]; **~mark** *n* (*-s; O*) نخاع [nuxaːʕ].

Rück|-erstattung *f* رد [radd], إرجاع [ʔirdʒaːʕ]; **~fahrkarte** *f* تذكرة ذهاب وإياب [taðkirat ðahaːb wa ʔijaːb]; **~fahrt** *f* إياب [ʔijaːb], عودة [ʕauda]; **~fall** *m* (*-s; ⸚e*) *Jur. u. Med.* نكس [nuks]; **~fällig** *adj.* منتكس [muntakis], انتكاسي [intikaːsiː]; **~gabe** *f* (*O*) *s.* ***Rückerstattung***; **~gang** *m* (-*¢s; ⸚e*) انحطاط [inħiṭaːṭ], تناقص [tanaːquṣ]; *Hdl.* كساد [kasaːd]; **~gängig** *adj.* منحط [munħaṭṭ]; ***~gängig machen*** *v/t.* ألغى [ʔalɣaː]; **~grat** *n* (*-s; -e*) العمود الشوكي (الفقري) [alʕamuːd aʃʃaukiː (alfiqriː)]; **~halt** *m* (*-s; O*) عماد [ʕimaːd], سند [sanad]; **~kehr** *f* (*O*) عودة [ʕauda], رجوع [rudʒuːʕ]; **~licht** *n* (-*¢s; -er*) *Mot.* ضوء خلفي [ḍauʔ xalfiː]; **~porto** *n* (*-s; -s*) رسم الرد بالبريد [rasm arradd bilbariːd].

Rucksack *m* (*-s; ⸚e*) حقيبة الظهر [ħaqiːbat aẓẓahr].

Rück|schritt *m* (*-s; -e*) تأخر

[taʔaxxur], تخلف [taxalluf]; **~seite** *f* ظهر [ẓahr], خلف [xalf].

Rücksicht *f* اعتبار [iʕtibaːr], مراعاة [muraːʕaːt], التفات [iltifaːt]; ~ ***nehmen auf*** *j-n* التفت إلى [iltafata]; **~s-los** (*-est*) *adj.* غير مبال [ɣair mubaːlin]; **~s-voll** *adj.* ملتفت [multafit].

Rück|sitz *m* (*-es; -e*) *Mot.* مقعد خلفي [maqʕad xalfiː]; **~sprache** *f* استشارة [istiʃaːra]; **~stand** *m* (*-¢s; ¨e*) باق [baːqin]; (*Bodensatz*) راسب [raːsib]; **~ständig** *adj.* متأخر [mutaʔaxxir]; **~stoß** *m* (*-es; ¨e*) (*e-s Gewehrs*) رفسة [rafsa]; **~tritt** *m* (*-s; -e*) استقالة [istiqaːla]; **~versicherung** *f* تأمين مثنى [taʔmiːn muθannan]; **~wärtig** *adj.* خلفي [xalfiː]; **~wärts** *adv.* (*wo?*) فى المؤخرة [fiː lmuʔaxxira]; (*wohin?*) إلى الوراء [ʔilaː lwaraːʔ]; **~*wärts gehen*** *v/i.* تقهقر [taqahqara]; **~wärts-gang** *m* (*-¢s; ¨e*) *Mot.* الحركة العكسية [alħaraka alʕaksiːja]; **~weg** *m* (*-¢s; -e*) طريق العودة [ṭariːq alʕauda]; ***auf dem ~weg*** عند الرجوع [ʕinda rrudʒuːʕ]; **~wirkend** *adv.* بأثر رجعى [biʔaθar radʒʕiː]; **~wirkung** *f* رد الفعل [radd alfiʕl]; **~zahlung** *f* سد الدين [sadd addain]; **~zug** *m* (*-es; ¨e*) انسحاب [insiħaːb].

Rudel *n* سرب [sirb].

Ruder *n* مجذاف [midʒðaːf]; **~boot** *n* (*-¢s; -e*) قارب تجذيف [qaːrib tadʒðiːf]; **~n** (*-re*) *v/i. u. v/t.* جذف [dʒaððafa].

Ruf *m* (*-es; -e*) نداء [nidaːʔ], هتفة [hatfa]; (*Berufung*) استدعاء [istidʕaːʔ]; (*Nachrede*) صيت [ṣiːt], سمعة [sumʕa]; **~en** (*L*) *v/t.* دعا [daʕaː, -uː], نادى [naːdaː]; *v/i.* هتف [hatafa, -i-]; **~name** *m* (*-ns; -n*) اسم [ism]; **~nummer** *f* (*—; -n*) رقم تليفون [raqm tilifuːn]; **~zeichen** *n* علامة التأثر [ʕalaːmat attaʔaθθur].

rügen *v/t.* وبخ [wabbaxa], لام [laːma, -uː-].

Ruh|e *f* (*O*) سكون [sukuːn], راحة [raːħa]; (*Stille*) هدوء [huduːʔ]; *j-n* ***in ~e lassen*** *v/t.* تركه وشأنه [tarakahu wa ʃaʔnahu]; ***zur ~e kommen*** هدأ [hadaʔa, -a-], استقر [istaqarra]; **~e-los** (*-est*) *adj.* قلق

[qaliq], مضطرب [mudtarib]; ∼en *v/i.* استراح [istaraːħa]; ∼e-stand *m* (-*ẹs*; *O*) تقاعد [taqaːʕud]; ∼e-tag *m* (-*es*; -*e*) يوم راحة [jaum raːħa]; ∼ig *adj.* هادئ [haːdiʔ], ساكن [sakin].

Ruhm *m* (-*ẹs*; *O*) مجد [madʒd], شهرة [ʃuhra].

rühm|en *v/t.* مجد [maddʒada]; *v/r.* افتخر [iftaxara].

Ruhr *f* (*O*) دوسنطاريا [dusintaːrijaː], إسهال شديد [ʔishaːl ʃadiːd].

Rühr|-ei *n* (-*ẹs*; -*er*) بيض مقلى مخلوط [baid maqliːj maxluːt]; ∼en *v/t.* خلط [xalata, -i-], قلب [qallaba], حرك [ħarraka] *fig.* *j-n* ∼en أثر فيه [ʔaθθara]; *v/r.* تحرك [taħarraka]; ∼end *adj.* مؤثر [muʔaθθir]; ∼ig *adj.* نشيط [naʃiːt], حرك [ħarik]; ∼ung *f* (*O*) تأثر [taʔaθθur], وجدان [widʒdaːn].

Ruin [ʀuˑ'iːn] *m* (-*s*; *O*) هلاك [halaːk]; (*Bankrott*) إفلاس [ʔiflaːs]; ∼e *f* خرابة [xaraːba]; ∼en *pl.* أطلال [ʔatlaːl]; ∼ieren [ʀuˑiˑ'niːʀən] (—) *v/t.* خرب [xarraba], دمر [dammara].

Rum *m* (-*s*; -*s*) روم [ruːm], عرق قصب [ʕaraq qaʃab].

Rummel *m* ضجة [daddʒa], صخب [ʃaxb].

Rumpf *m* (-*ẹs*; ⸚*e*) جذع [dʒiðʕ]; *Mar.*, *Flugw.* هيكل [haikal].

rund (-*est*) *adj.* مستدير [mustadiːr]; (*kugelig*) كروى [kurawiː]; *adv.* (*ungefähr*) حوالى [ħawaːlaj]; ∼ *um A* حول [ħaula]; ∼e *f* دورة [daura]; ∼fahrt *f* جولة [dʒaula]; ∼frage *f* استفتاء عام [istiftaːʔ ʕaːmm]; ∼funk *m* (-*s*; *O*) إذاعة [ʔiðaːʕa], راديو [raːdijuː]; ∼funkgerät *n* (-*ẹs*; -*e*) جهاز لاسلكى [dʒihaːz laːsilkiː]; ∼funksprecher *m* مذيع [muðiːʕ]; ∼funkstation [-tsĭoːn] *f* محطة الإذاعة [maħattat alʔiðaːʕa]; ∼funk-übertragung *f* إذاعة [ʔiðaːʕa]; ∼gang *m* (-*ẹs*; ⸚*e*) مطاف [mataːf]; ∼herum *adv.* من حوله [min ħaulihi]; ∼lich *adj.* مدور [mudawwar]; ∼reise *f* جولة [dʒaula]; ∼schau *f* (*O*) نظرة شاملة [nazra ʃaːmila], استعراض [istiʕraːd]; ∼schreiben *n* خطاب دورى [xitaːb dauriː]; ∼um *s.* ∼*herum*; ∼weg *adv.* حتما [ħatman].

R

Runzel *f* (—; *-n*) تجعد [tadʒaʕʕud], غضن [ɣađn]; **~ig** *adj.* مجعد [mudʒaʕʕad]; **~n** (*-le*) *v/t.*: **die Stirn ~n** قطب الجبين [qattaba ldʒabiːn].

Rüpel *m* جلف [dʒilf].

rupfen *v/t.* نتف [natafa, -i-].

Ruß [-uː-] *m* (*-es; O*) سخام [suxaːm].

Russe *m* (*-n*) روسى [ruːsiː].

Rüssel *m* (*Elefanten~*) خرطوم [xurtuːm]; (*Schweins~*) بوز [buːz].

rußig *adj.* مهبب [muhabbab].

russisch *adj.* روسى [ruːsiː].

Rußland *n* (*-s; O*) روسيا [ruːsijaː].

rüsten (*-e-*) *v/t.* جهز [dʒahhaza]; (*bewaffnen*) سلح [sallaħa]; *v/r.* تجهز [tadʒahhaza], تسلح [tasallaħa].

rüstig *adj.* ضليع [đaliːʕ], نشط [naʃit].

Rüstung (*Auf~*) تسلح [tasalluħ]; **~s-industrie** *f* صناعة حربية [ʃinaːʕa ħarbiːja]; **~s-wettlauf** *m* (*-¢s; O*) السباق فى التسلح [assibaːq fiːttasalluħ].

Rute *f* عود [ʕuːd].

rutschen *v/i.* زلق [zaliqa, -a-], زل [zalla, -i-].

rütteln *v/t.* (*-le*) هز [hazza, -i-], رج [raddʒa, -u-].

S

Saal *m* (*-¢s; Säle*) قاعة [qaːʕa], صالة [ʃaːla]; (*Empfangs~*) بهو [bahw].

Saat *f* زرع [zarʕ]; **~gut** *n* (*-¢s; O*) بذور (حبوب) للزرع [buðuːr (ħubuːb) lizzarʕ]; *Äg.* تقاوى [taqaːwiː].

Säbel *m* سيف [saif], شيش [ʃiːʃ].

Sabo'tage [-ʒə] *f* تخريب [taxriːb].

Saboteur [-'tøːʁ] *m* (*-s; -e*) مخرب [muxarrib].

sabo'tieren (—) *v/t.* خرب [xarraba].

Sachbearbeiter *m* موظف مختص [muwazzaf muxtaʃʃ].

Sachbeschädigung *f* إتلاف [ʔitlaːf].

Sache *f* شىء [ʃaiʔ]; *fig.* أمر [ʔamr], موضوع [mauđuːʕ]; **~n** *pl.* متاع [mataːʕ], مال [maːl].

sachgemäß *adj.* مناسب [munaːsib], ملائم [mulaːʔim];

S

adv. كما ينبغى [kamaː jan-baɣiː].

Sachkenntnis *f* (-; -se) إلمام ب [ʔilmaːm].

sachkundig *adj.* خبير [xabiːr].

Sachlage *f* وضع [wadˤʕ], حال [ħaːl].

sachlich *adj.* واقعى [waːqiʕiː], عملى [ʕamaliː].

sächlich *adj. Gr.* محايد [mu-ħaːjid], جماد [ʤamaːd].

Sach|lichkeit *f* (*O*) موضوعية [mauđuːʕiːja], واقعية [waːqi-ʕiːja]; **~register** *n* فهرست الموضوعات [fihrist almauđuː-ʕaːt]; **~schaden** *m* (*-s; ⸗*) ضرر مادى [đarar maːddiː], تلف [talaf].

sacht *adv.* بخفة [bixiffa].

Sach|verhalt *m* (*-s; -e*) وقائع [waqaːʔiʕ], ظروف [zuruːf]; **~verständige(r)** *m* خبير [xabiːr].

S

Sack *m* (*-ẹs; ⸗e*) كيس [kiːs]; (*großer ~*) زكيبة [zakiːba], شوال [ʃuwaːl]; **~gasse** *f* زقاق غير نافذ [zuqaːq ɣair naːfið]; *fig.* مأزق [maʔziq].

säen *v/t. u. v/i.* زرع [zaraʕa, -a-], بذر [baðara, -u-].

Safe [seːf] *m* خزينة فولاذية [xaziːna fuːlaːðiːja].

Safran *m* (*-s; O*) زعفران [zaʕfa-raːn].

Saft *m* (*-ẹs; ⸗e*) (*Frucht⸗*) عصير [ʕaṣiːr]; (*Baum⸗*) نسغ [nusɣ]; **⸗ig** *adj.* رطب [ratib], ريان [rajjaːn].

Sage *f* أسطورة [ʔusṭuːra].

Säge *f* منشار [minʃaːr]; **~mehl** *n* (*-ẹs; O*), **~späne** *m/pl.* نشارة [nuʃaːra].

sagen *v/t.* قال [qaːla, -uː-]; (*behaupten*) زعم [zaʕama, -a-].

sägen *v/t.* نشر (بالمنشار) [naʃara, -u-].

Sahne *f* قشطة [qiʃta], قشدة [qiʃda]; *saure* ~ قشدة رائبة [q. raːʔiba].

Saison [zɛːˈzɔŋ] *f* (*—; -s*) موسم [mausim]; **~arbeiter** *m* عامل موسمى [ʕaːmil mau-simiː]; **~beginn** *m* (*-ẹs; O*) بداية الموسم [bidaːjat almau-sim]; **~zuschlag** *m* (*-ẹs; ⸗e*) رسم إضافى فى ذروة الموسم [rasm ʔiđaːfiː fiː ðurwat alm.].

Saite *f* وتر [watar]; **~n-instrument** *n* (*-ẹs; -e*) معزف [miʕzaf].

Sakko *m* (*-s; -s*) جاكتة [ʤaː-ketta].

Sakra'ment *n* (*-¢s; -e*) *Rel.* سر [sirr].

säku'lar *adj.* دنيوى [dunjawiː].

Sa'lat *m* (*-¢s; -e*) سلطة [salaṫa]; ***grüner* ~** خس [xass].

Salbe *f* مرهم [marham].

salben *v/t.* (بالمرهم) دهن [dahana, -u-], مسح [masaħa, -a-].

Saldo *m* (*-s; Salden*) *Fin.* رصيد [raʃiːd].

Sa'line *f* ملاحة [mallaːħa].

Salmiakgeist ['zalmĭakgaɪst] *m* (*-s; O*) نشادر [nuʃaːdir].

Salon [zaˑ'lɔŋ] *m* (*-s; -s*) بهو [bahw]; (*Kosmetik*≈) صالون [ʃaːluːn].

sa'lopp (*-est*) *adj.* (*~ gekleidet*) متحشف [mutaħaʃʃif].

Sa'lut *m* (*-¢s; -e*) تحية عسكرية [taħiːja ʕaskariːja]; **≈ieren** *v/t.* *Mil.* أدى التحية ل [ʔaddaː ttaħiːja].

Salz *n* (*-es; -e*) ملح [milħ]; **≈-arm** *adj.* قليل الملح [qaliːl almilħ]; **~boden** *m* (*-s; ⸚*) سبخة [sabxa]; **≈en** *v/t.* ملح [mallaħa]; **~gehalt** *m* (*-¢s; -e*) ملوحة [muluːħa]; **~gurke** *f Koll.* خيار مملح [xijaːr mumallaħ]; **≈ig** *adj.* مالح [maːliħ], ملحى [milħiː]; **~säure** *f Chem.* حامض هيدروكلوريك [ħaːmiđ hidroːkloːriːk]; **~streuer** *m* مملحة [mimlaħa]; **~wasser** *n* (*-s; ⸚*) ماء مالح [maːʔ maːliħ].

Same(n) *m Bot. Koll.* بذر [baðr], حب [ħabb], بزر [bizr]; (*Sperma*) منى [maniːj].

Samenflüssigkeit *f Biol.* نطفة [nuṫfa].

Sammelfahrschein *m* (*-¢s; -e*) تذكرة جماعية [taðkira ʤamaːʕiːja].

sammeln *v/t.* جمع [ʤamaʕa, -a-], لم [lamma, -u-]; *v/r.* اجتمع [iʤtamaʕa], احتشد [iħtaʃada].

Sammelpunkt *m* (*-¢s; -e*) نقطة التجمع [nuqṫat attaʤammuʕ].

Samm|ler *m* جماع للتحف [ʤammaːʕ littuħaf], هاو [haːwin]; **≈lung** *f* مجموعة [maʤmuːʕa].

Samstag *m* (*-s; -e*) *s.* ***Sonnabend***.

samt *präp. D* مع [maʕa].

Samt *m* (*-¢s; O*) قطيفة [qaṫiːfa], مخمل [muxmal]

sämtlich *adj.* كل [kull], جميع [ʤamiːʕ]; *adv.* جميعا [ʤamiːʕan], كافة [kaːffatan].

Sand *m* (*-es; O*) رمل [raml].

S

San'dale *f* نعل [naʕl].

sandig *adj.* رملي [ramliː].

sanft (*-est*) *adj.* ناعم [naːʕim], خفيف [xafiːf]; (*Mensch*) حليم [ħaliːm]; *adv.* بلطف [bilutf], برفق [birifq].

Sänfte *f* (*Kamel*~) هودج [haudaʤ].

sanftmütig *adj.* حليم [ħaliːm], وديع [wadiːʕ].

Sang *m* (*-ẹs; ¨e*) غناء [ɣinaːʔ].

Sänger *m* مغن [muɣannin]; **~in** *f* مغنية [muɣannija].

sa'nieren *v/t.* أصلح [ʔaʃlaħa].

sani'tär *adj.* صحى [ʃiħħiː].

Sani'täter *m Mil.* ممرض [mumarrid].

Sanktion [-'tsĭoːn] *f* عقوبة [ʕuquːba], جزاء [ʤazaːʔ].

Saphir ['zaːfiːʁ] *m* (*-s; -'fiʀe*) ياقوت [jaːquːt].

Sar'dine *f* سردين [sardiːn].

Sarg *m* (*-ẹs; ¨e*) تابوت [taːbuːt].

Sar'kasmus *m* (—; *O*) سخرية [suxriːja].

Sarkophag [-'faːk] *m* (*-s; -e*) تابوت [taːbuːt].

Satan *m* (*-s; -e*) شيطان [ʃaitaːn].

Satel'lit *m* (*-en*): ***künstlicher*** ~ قمر اصطناعى [qamar iʃtinaːʕiː].

Sa'tir|e *f* هجو [haʤw]; **~isch** *adj.* هجوى [haʤwiː].

satt *adj.* شبعان [ʃabʕaːn]; ***ich bin*** ~ شبعت [ʃabiʕtu]; ***ich habe es*** ~ زهقت منه [zahaqtu minhu]; ***sich*** ~ ***essen*** أكل ملء بطنه [ʔakala, -u-, milʔa batnihi].

Sattel *m* سرج [sarʤ], رحل [raħl].

sättigen *v/t.* اشبع [ʔaʃbaʕa], شرب [ʃarraba].

Sattler *m* سراج [sarraːʤ].

Sa'turn *m* (*-ẹs; O*) زحل [zuħal].

Satz *m* (*-es; ¨e*) *Gr.* جملة [ʤumla]; (*Sprung*) وثبة [waθba]; (*Garnitur*) طقم [taqm]; (*Tarif*) تعرفة [taʕrifa], فئة [fiʔa]; (*Boden*~) راسب [raːsib], ثمالة [θumaːla]; (*Buchstaben*~) تجميع [taʤmiːʕ].

Satzung *f* لائحة [laːʔiħa], نظام أساسى [nizaːm ʔasaːsiː]; **~s-mäßig** *adj.* مطابق للائحة [mutaːbiq lillaːʔiħa].

Satz-zeichen *n* علامة ترقيم [ʕalaːmat tarqiːm].

Sau *f* (—; *¨e, -en*) خنزيرة [xinziːra].

sauber *adj.* نظيف [naziːf]; **~keit** *f* نظافة [nazaːfa].

säuber|n (*-re*) *v/t.* نظف [nazzafa]; **∼ung** *f* تطهير [tathiːr], تصفية [taffija].

Saubohne *f* فول [fuːl].

Sauce ['zoːsə] *f* صلصة [ʃalʃa].

'Saudi-A'rabien [-bĭən] *n* (*- -s; O*) المملكة العربية السعودية [almamlaka alʕarabiːja assaʕuːdiːja].

sauer (*saurer; -st-*) *adj.* حامض [ħaːmiđ]; (*Arbeit*) شاق [ʃaːqq]; **∼es Lächeln** ابتسامة كاذبة [ibtisaːma kaːðiba].

Sauerkraut *n* كرنب مخمر [kurunb muxammar].

säuerlich *adj.* مز [muzz].

Sauermilch *f* لبن [laban].

säuern (*-re*) *v/t.* حمض [ħammađa]; (*Teig*) خمر [xammara].

Sauerstoff *m* أكسيجين [ʔoksiʤeːn].

Säufer *m* سكير [sikkiːr].

saugen (*L*) *v/t* مص [maʃʃa, -u-], امتص [imtaʃʃa].

säug|en *v/t.* أرضع [ʔarđaʕa]; **∼e-tier** *n* (*-ės; -e*) حيوان لبون (ثديي) [ħajawaːn labuːn (θadjiː)]; **∼ling** *m* (*-s; -e*) رضيع [rađiːʕ].

Säule *f* عمود [ʕamuːd]; **∼n-gang** *m* (*-ės; ¨-e*) رواق [riwaːq].

Saum *m* (*-ės; ¨-e*) حافة [ħaːffa], حاشية [ħaːʃija], كنار [kanaːr].

säumen *v/t.* حشى [ħaʃʃaː], كفف [kaffafa]; *v/i.* أبطأ [ʔabtaʔa], ماطل [maːtala].

säumig *adj.* مماطل [mumaːtil].

Sauna *f* حمام تركي [ħammaːm turkiː].

Säure *f Chem.* حمض [ħamđ], حامض [ħaːmiđ]; (*∼gehalt*) حموضة [ħumuːđa].

sausen (*-t*) *v/i.* (*Wind*) عصف [ʕaʃafa, -i-]; (*eilen*) أسرع [ʔasraʕa], طار [taːra, -i-].

Schabe *f Zo.* صرصر [ʃurʃur].

schaben *v/t.* كشط [kaʃata, -u-], سحج [sahaʤa, -a-].

schäbig *adj.* بال [baːlin], رث [raθθ]; (*geizig*) شحيح [ʃaħiːħ].

Scha'blone *f* قالب [qaːlib], كليشيه [kliːʃeː].

Schach *n* (*-s; O*) شطرنج [ʃatranʤ]; **∼ spielen** لعب بالشطرنج [laʕiba, -a-, biʃʃatranʤ]; **∼ (dem König)!** كش ملك [kiʃʃ malik]; **∼brett** *n* (*-s; -er*) لوحة الشطرنج [lauħat aʃʃatranʤ]; **∼feld** *n* (*-ės; -er*) خانة [xaːna]; **∼figur** *f* قطعة

S

الشطرنج [qitʕat aʃʃatrandʒ]; '∼'matt (O) adj. شاه مات [ʃaːh maːt].

Schacht m (-ȼs; ∸e) نقب عمودى [naqb ʕamuːdiː], بئر [biʔr]; (*Bergwerk*) منجم [mandʒam].

Schachtel f (—; -n) علبة [ʕulba].

Schachzug m (-ȼs; ∸e) حركة فى الشطرنج [ħaraka fiː ʃʃa-trandʒ]; *fig.* خطة [xutta].

schade *adj.*: **wie ∼!** يا خسارة [jaː xasaːra]; **es ist ∼, daß** من المؤسف أن [min almuʔsif ʔan].

Schädel m جمجمة [dʒum-dʒuma].

schaden (-e-) v/i. (j-m ه) ضر [đarra, -u-].

Schaden m (-s; ∸) ضرر [đarar], تلف [talaf]; **∼-ersatz** m (-es; O) تعويض [taʕwiːđ]; **∼freude** f شماتة [ʃamaːta]; **∸froh** adj. شامت [ʃaːmit]; **∼versicherung** f التأمين من التلف [attaʔmiːn min atta-laf].

schadhaft (-est) adj. متلوف [matluːf]; (*gebrochen*) مكسور [maksuːr]; (*Stoff*) بال [baː-lin].

schädigen v/t. أتلف [ʔatlafa]; (*Person*) أضر [ʔađarra].

schädlich adj. مضر [muđirr], مؤذ [muʔðin].

Schädling m (-ȼs; -e) (*Insekt*) حشرة ضارة [ħaʃara đaːrra]; **∼s-bekämpfung** f مكافحة الحشرات الضارة [mukaːfaħat alħaʃaraːt ađđ.].

Schaf n (-es; -e) شاة [ʃaːt]; **∼bock** m (-ȼs; ∸e) كبش [kabʃ]; **∼e** pl. *Koll.* غنم [ɣanam], ضأن [đaʔn].

Schäfer m غنام [ɣannaːm].

schaffen (*L, auch -te*) v/t. (*arbeiten*) عمل [ʕamila, -a-]; (*er*∼) خلق [xalaqa, -u-]; (*vollenden*) أتم [ʔatamma].

Schaf-fleisch n s. ***Hammel-fleisch***.

Schaffner m *Äg.* كمسارى [kum-saːriː]; *Irak* جابي [dʒaːbin].

Schaffung f إيجاد [ʔiːdʒaːd].

Schaft m (-ȼs; ∸e) عمود [ʕamuːd], عود [ʕuːd].

Scha'kal m (-s; -e) *Zo.* ابن آوى [ibn ʔaːwaː].

schal adj. بائث [baːʔit], بلا طعم [bilaː taʕm]; *fig.* تافه [taːfih].

Schal m (-s; -e od. -s) شال [ʃaːl], كوفية [kuːfiːja].

Schale f (*Ei*∸, *Frucht*∸, *Nuß*∸) قشرة [qiʃra]; (*Tasse*) فنجان [findʒaːn]; (*Schüssel*)

S

صحن [ʃaħn]; (*Waag*~̊) كفة (ميزان) [kaffa(t miːzaːn)].

schälen *v/t.* قشر [qaʃʃara].

Schall *m* (-*¢s; -e*) صوت [ʃaut], رنين [raniːn], طنين [taniːn]; **~dämpfer** *m* كاتم صوت [kaːtim ʃaut]; **~̊en** (*L, auch -te*) *v/i.* رن [ranna, -i-]; **~geschwindigkeit** *f* سرعة الصوت [surʕat aʃʃaut]; **~platte** *f* أسطوانة [ʔustuwaːna].

Schaltbrett *n* (-*¢s; -er*) لوحة التحكم [lauħat attaħakkum]; *El.* لوحة تحويل [l. taħwiːl].

schalten (-*e*-) *v/t. El.* حول [ħawwala]; *Mot.* غير السرعة [ɣajjara ssurʕa]; *v/i.*: **~ und walten** تصرف [taʃarrafa].

Schalter *m* (*Bank*~̊, *Post*~̊) شباك [ʃubbaːk]; *El.* مفتاح [miftaːħ]; **~stunden** *f/pl.* أوقات فتح الشباك [ʔauqaːt fatħ aʃʃ.].

Schalt-hebel *m Mot.* عتلة التبديل [ʕatalat attabdiːl]; *El.* محول [muħawwil].

Schalt-jahr *n* (-*¢s; -e*) سنة كبيسة [sana kabiːsa].

Schaltung *f El.* توصيل [tauʃiːl].

Scham *f* (*O*) خجل [xadʒal], احتشام [iħtiʃaːm], حياء [ħajaːʔ]; *Anat.* عورة [ʕaura].

schämen *v/r.*: **sich** (*A*) ~ (*G*) استحيا (من [istaħjaː]; (**vor** *D*) خجل (من [xadʒila, -a-].

scham|haft (-*est*) *adj.* مستح [mustaħin], خجول [xadʒuːl]; **~los** (-*est*) *adj.* قليل الحياء [qaliːl alħajaːʔ], فاحش [faːħiʃ]; **~̊losigkeit** *f* قلة الحياء [qillat alħajaːʔ]; **~rot** (*O*) *adj.* محمر خجلا [muħmarr xadʒalan].

Schande *f* (*O*) عار [ʕaːr], عيب [ʕaib].

schänden *v/t.* شان [ʃaːna, -iː-]; (*vergewaltigen*) اغتصب [iɣtaʃaba].

Schandfleck *m* (-*¢s; -e*) عيب [ʕaib].

schändlich *adj.* شائن [ʃaːʔin], فضيح [fađiːħ].

Schandtat *f* فضيحة [fađiːħa], شناعة [ʃanaːʕa].

Schankstube *f* بار [baːr], خانة [xaːna].

Schanze *f Mil.* حصن [ħiʃn], استحكام [istiħkaːm].

Schar *f* (*Pflug*~̊) سلاح المحراث [silaːħ almiħraːθ]; (*Gruppe*) رهط [raht], سرب [sirb]; **~̊en** *v/r.* اجتمع [idʒtamaʕa].

scharf (*⸚er, ⸚st-*) *adj.* (*Messer, Blick*) حاد [ħaːdd]; (*Speise*) حريف [ħirriːf]; (*Sinn*) مرهف

S

[murhaf]; (*Bild*) واضح [waːđiħ]; (*Wort*) صارم [ʃaːrim], لاذع [laːðiʕ]; **~blick** *m* (*-s; O*) نفاذ البصيرة [nafaːð albaʃiːra].

Schärfe *f* حدة [ħidda]; **~n** *v/t.* سن [sanna, -u-], حدد [ħaddada].

Scharf|richter *m* جلاد [ʤallaːd]; **~sinn** *m* (*-s; O*) فطنة [fitna], ذكاء [ðakaːʔ].

Scharlach *m* (*-s; O*) *Med.* الحمى القرمزية [alħummaː lqirmiziːja]; **~(rot)** (*O*) *adj.* قرمزي [qirmiziː].

Schar'nier *n* (*-s; -e*) مفصلة [mufaʃʃala].

scharren *v/t.* نبش [nabaʃa, -u-].

Scharte *f* ثلم [θalm], حز [ħazz].

Schaschlik *m* (*-s; -s*) شيش كباب [ʃiːʃ kabaːb].

Schatt|en *m* ظل [ẓill], فيء [faiʔ]; (*undeutliche Gestalt*) شبح [ʃabaħ]; **~en-riß** *m* (*-sses; -sse*) خيال الظل [xajaːl aẓẓill]; **~en-seite** *f* جهة الظل [ʤihat aẓẓ.]; *fig.* الناحية السلبية [annaːħija assalbiːja]; **~ig** *adj.* مظل [muẓill].

Schatz *m* (*-es; ¨-e*) كنز [kanz]; *fig.* حبيب القلب [ħabiːb alqalb].

schätzen (*-t*) *v/t.* قدر [qaddara]; (*ab~*) خمن [xammana]; (*hoch~*) احترم [iħtarama].

Schatz|kammer *f* (*—; -n*) خزانة [xizaːna], متحف نفائس [matħaf nafaːʔis]; **~meister** *m* أمين الخزانة [ʔamiːn alxizaːna].

Schätzung *f* تقدير [taqdiːr]; **~sweise** *adv.* على تخمين [ʕalaː taxmiːn].

Schau *f* رؤية [ruʔja]; (*Ausstellung*) معرض [maʕriđ]; **zur ~ stellen** عرض [ʕarađa, -i-]; **~bühne** *f* مسرح [masraħ].

Schauder *m* رعدة [raʕda], اشمئزاز [iʃmiʔzaːz]; **~haft** (*-est*) *adj.* مرعب [murʕib].

schauen *v/i.* (**auf** *A* إلى) نظر [naẓara, -u-], تأمل هـ [taʔammala]; (*beachten*) راعى [raːʕaː].

Schauer *m* رعشة [riʕʃa]; *s.* ***Regen~***.

schauerlich *adj.* مرعب [murʕib], مرعش [murʕiʃ].

Schaufel *f* (*—; -n*) مجرفة [miʤrafa].

Schaufenster *n* فترينة [fitriːna], واجهة عرض [waːʤihat ʕarđ].

Schaukel *f* (*—; -n*) أرجوحة [ʔurʤuːħa].

Schaum *m* (*-¢s; ¨-e*) رغوة [raɣwa], زبد [zabad]; **~gummi** *m* (*-s;*

S

O) مطاط رغوى [mattaːt raɣwiː]; **~wein** *m* (-*ꞔs*; -*e*) *s*. ***Sekt***.

Schauplatz *m* (-*es*; ⁻*e*) محل الحوادث [maħall alħawaːdiθ], مشهد [maʃhad].

schaurig *adj*. *s*. **schauerlich**.

Schauspiel *n* (-*s*; -*e*) رواية تمثيلية [riwaːja tamθiːliːja]; **~er** *m* ممثل [mumaθθil]; **~erin** *f* ممثلة [mumaθθila]; **~haus** *n* (-*es*, ⁻*er*) مسرح [masraħ].

Schaustellung *f* معرض [maʕrid].

Scheck *m* (-*s*; -*s*) شيك [ʃiːk]; **~buch** [-uː-] *n* (-*es*; ⁻*er*) دفتر شيكات [daftar ʃiːkaːt].

scheckig *adj*. أبقع [ʔabqaʕ].

Scheckkarte *f* بطاقة اعتماد [bitaːqat iʕtimaːd].

scheel *adv*. شزرا [ʃazran].

Scheibe *f* (*runde* ~) قرص [qurʃ]; (*Schnitte*) شريحة [ʃariːħa]; (*Glas*~̊) لوح زجاج [lauħ zudʒaːdʒ]; **~n-wischer** *m* *Mot*. ماسحة [maːsiħa].

Scheide *f* غمد [ɣimd]; *Anat*. مهبل [mahbal].

scheiden (*L*) *v*/*t*. فصل [faʃala, -i-], فرق [farraqa]; (*e-e Ehe*) فسخ [fasaxa, -a-]; *v*/*i*.: ~ **von** *D* غادره [ɣaːdara], انصرف من [inʃarafa]; *v*/*r*. (*Wege*) افترق [iftaraqa]; **sich** (*A*) **von** *s-r Frau* ~ **(lassen)** طلق ها [tallaqa].

Scheidewand *f* (-; ⁻*e*) حاجز [ħaːdʒiz].

Scheidung *f* طلاق [talaːq]; **~s-grund** *m* سبب طلاق [sabab t.]; **~s-klage** *f* دعوى طلاق [daʕwaː t.].

Schein *m* (-*ꞔs*; -*e*) (*Licht*~̊) بصيص [baʃiːʃ]; (*An*~̊) ظاهر [zaːhir], مظهر [mazhar]; (*Zettel*) ورقة [waraqa]; (*Bestätigung*) وصل [waʃl], شهادة [ʃahaːda]; **~̊bar** *adj*. ظاهر [zaːhir], تمويهى [tamwiːhiː]; **~̊en** (*L*) *v*/*i*. (*Licht*) أضاء [ʔadaːʔa]; (*erscheinen*) ظهر [zahara, -a-]; **~̊heilig** *adj*. منافق [munaːfiq]; **~werfer** *m* كشاف كهربائى [kaʃʃaːf kahrabaːʔiː]; *Mot*. مصباح أمامى [miʃbaːħ ʔamaːmiː].

Scheiße *f* *vulg*. خرأ [xaraʔ].

Scheitel *m* قمة الرأس [qimmat arraʔs]; (*Haar*~̊) مفرق الشعر [mifraq aʃʃaʕr].

scheitern (-*re*) *v*/*i*. *fig*. فشل [faʃila, -a-].

schelten (*L*) *v*/*t*. شتم [ʃatama, -i-].

Sche|ma *n* (-*s*; -*s od*. *Sche-*

S

mata) رسم مبسط [rasm mubassat], تخطيط [taxtiːt]; **∼'matisch** *adj.* تخطيطي [taxtiːtiː], مبسط [mubassat].

Schemel *m* كرسي صغير [kursiː ʃaɣiːr], مقعد [maqʕad].

Schenke *f* خمارة [xammaːra], خانة [xaːna].

Schenkel *m Anat.* فخذ [faxð]; *Techn.* ساق [saːq].

schenk|en *v/t.* (*D/A* ه ه) وهب [wahaba, jahibu], أهدى [ʔahdaː]; (*Aufmerksamkeit*) أعار [ʔaʕaːra]; **∼ung** *f* إهداء [ʔihdaːʔ].

Scherbe *f* شظية [ʃaziːja]; (*Ton∼*) شقفة [ʃaqfa].

Schere *f* مقص [miqaʃʃ].

scheren (*L, a. -te*) *v/t.* جز [dʒazza, -u-], قص [qaʃʃa, -u-].

Schere'reien *f/pl.* مشاكل [maʃaːkil].

Scherz *m* (*-es; -e*) دعابة [duʕaːba], مزاح [muzaːħ]; **∼en** *v/i.* مزح [mazaħa, -a-], هزل [hazala, -i-]; **∼haft** (*-est*) *adj.* هزلي [hazliː].

scheu *adj.* نافر [naːfir]; (*schüchtern*) حشيم [ħaʃiːm]; (*Pferd*) جافل [dʒaːfil]; **∼en** *v/i.* جفل [dʒafala, -i-]; *v/t.* نفر من [nafara, -i-]; *v/r.* (**vor** *D* من) خاف [xaːfa, -aː-].

Scheuer|frau *f* عاملة تنظيف [ʕaːmilat tanziːf]; **∼lappen** *m* ممسحة [mimsaħa]; **∼n** (*-re*) *v/t.* مسح [masaħa, -a-]; (*reiben*) حك [ħakka, -u-].

Scheune *f* ظلة [zulla], عنبر [ʕanbar]; *Äg.* شونة [ʃoːna].

Scheusal *n* (*-s; -e*) وحش [waħʃ], غول [ɣuːl].

scheußlich *adj.* قبيح [qabiːħ], شنيع [ʃaniːʕ].

Schi *m* (*-s; -er*) خشبة الانزلاق على الثلج [xaʃabat alinzilaːq ʕalaː θθaldʒ].

Schicht *f* طبقة [tabaqa]; (*Arbeits∼*) فوج [faudʒ], فريق مناوبة [fariːq munaːwaba].

schicken *v/t.* بعث [baʕaθa, -a-], أرسل [ʔarsala]; *v/r.* لاق [laːqa, -iː-].

schicklich *adj.* لائق [laːʔiq]

Schicksal *n* (*-s; -e*) نصيب [naʃiːb], قسمة [qisma], حظ [ħazz], قدر [qadar]; **∼sschlag** *m* مصيبة [muʃiːba], نائبة [naːʔiba], ملمة [mulimma].

schieb|en (*L*) *v/t.* حرك [ħarraka], دفع [dafaʕa, -a-], زحزح [zaħzaħa]; **∼er** *m* مزلاج [mizlaːdʒ]; (*Spekulant*)

S

مضارب [muđaːrib]; **~e-tür** *f* باب منزلق [baːb munzaliq]; **~ung** *f* حيلة [ħiːla], خدعة [xudʕa].

Schieds|gericht *n* (*-s; -e*) هيئة تحكيم [haiʔat taħkiːm]; **~richter** *m* حكم [ħakam]; **~spruch** *m* (*-s; ⸚e*) تحكيم [taħkiːm].

schief *adj.* (*Gegens. gerade*) أعوج [ʔaʕwadʒ]; (*geneigt*) مائل [maːʔil]; (*schräg*) منحدر [munħadir].

Schiefer *m* (*Mineral*) أردواز [ʔarduwaːz]; (*Splitter*) شطفة [ʃitfa].

schiefgehen (*L; sn*) *v/i.* خاب [xaːba, -iː-].

schielend *adj.* أحول [ʔaħwal].

Schienbein *n* (*-s; -e*) *Anat.* ظنبوب [zumbuːb].

Schiene *f* *Eisenb.* قضيب [qađiːb]; *Med.* جبيرة [dʒabiːra].

schienen *v/t.* *Med.* ثبت بجبيرة [θabbata bidʒabiːra].

Schienennetz *n* شبكة السكك [ʃabakat assikak].

Schienenweg *m* (*-ę̸s; -e*) سكة حديدية [sikka ħadiːdiːja].

schier *adj.* خالص [xaːliʃ].

schieß|en (*L*) *v/t.* (*e-n Pfeil*) أطلق [ʔatlaqa]; *Sport* (*e. Tor*) أصاب [ʔaʃaːba]; *v/i.* (*feuern*) (**auf** *A* على) أطلق النار [ʔatlaqa nnaːra]; **~e'rei** *f* إطلاق النار [ʔitlaːq annaːr], تبادل النيران [tabaːdul anniːraːn]; **~scheibe** *f* هدف [hadaf], نيشان [niːʃaːn].

Schiff *n* (*-ę̸s; -e*) سفينة [safiːna], مركب [markab]; (*Dampf~*) باخرة [baːxira]; (*Kirchen~*) بهو الكنيسة [bahw alkaniːsa].

Schiff|ahrt *f* (*O*) ملاحة [milaːħa]; **~bar** (*O*) *adj.* صالح للملاحة [ʃaːliħ lilmilaːħa]; **~bruch** *m* (*-ę̸s; ⸚e*) تحطم [taħattum], غرق سفينة [ɣarq safiːna]; **~er** *m* ملاح [mallaːħ].

Schiffs|-agen'tur *f* وكالة ملاحة [wikaːlat milaːħa]; **~brücke** *f* جسر عائم [dʒisr ʕaːʔim]; **~kapitän** *m* (*-s; -e*) قبطان [qubtaːn]; **~katastrophe** *f* كارثة سفينة [kaːriθat safiːna]; **~ladung** *f* شحنة سفينة [ʃaħnat safiːna]; **~mannschaft** *f* طاقم سفينة [taːqim safiːna]; **~raum** *m* (*-es; ⸚e*) حمولة [ħumuːla]; **~schraube** *f* داسر [daːsir], رفاس [raffaːs]; **~verkehr** *m* مواصلات بحرية [muwaːʃalaːt baħriːja]; **~werft** *f* ترسانة [tarsaːna].

S

Schi'iten *m/pl.* الشيعة [aʃʃiːʕa].

Schi'kane *f* إعنات [ʔiʕnaːt], ممانعة [mumaːnaʕa].

Schi|lauf *m (-s; O)* انزلاق على الثلج [inzilaːq ʕalaː θθalʤ]; **~läufer** *m* متزلق على الثلج [munzaliq ʕ. θ.].

Schild[1] *m (-ɇs; -e)* ترس [turs], مجن [miʤann].

Schild[2] *n (-ɇs; -er) (Laden~, Verkehrs~)* لافتة [laːfita]; *(Tür~)* لوحة على باب [lauħa ʕalaː baːb]; *(Etikett)* بطاقة [bitaːqa].

Schilddrüse *f Anat.* غدة درقية [ɣudda daraqiːja].

schildern *(-re) v/t.* وصف [waʃafa, jaʃifu].

Schildkröte *f* سلحفاة [sulaħfaːt].

Schilf *n (-es; O) Koll.* بوص [buːʃ], سمار [samaːr].

Schilling *m (-ɇs; -e) (Währung)* شلن [ʃilin].

Schimmel *m (Pferd)* حصان أبيض [ħiʃaːn ʔabjaɗ]; *(Pilz) (O)* عفن [ʕafan], كرج [karaʤ].

Schimmer *m (-s; O)* ضياء [ɗijaːʔ], بصيص [baʃiːʃ], لمعة [lumʕa]; **~n** *v/i.* لمع [lamaʕa, -a-].

Schimpf *m (-es; O)* إهانة [ʔihaːna]; **~en** *v/i.* شتم [ʃatama, -i-], سب [sabba, -u-].

schinden *(L) v/t.* سلخ [salaxa, -a-]; *fig.* أرهق [ʔarhaqa].

Schinken *m* لحم فخذ خنزير مملح [laħm faxð xinziːr mumallaħ], جمبون [ʤamboːn].

Schirm *m (-ɇs; -e) (Regen~)* مظلة [miẓalla]; *(Sonnen~)* شمسية [ʃamsiːja]; *(Lampen~)* أباجور [ʔabaːʤuːr]; *(Mützen~)* رفرف [rafraf]; *(Trennwand)* حاجز [ħaːʤiz]; *(Bild~)* شاشة [ʃaːʃa]; *(Schutz)* حماية [ħimaːja].

Schizophre'nie *f Med.* فصام [fuʃaːm].

Schlacht *f* معركة [maʕraka], قتال [qitaːl], وقعة [waqʕa].

schlachten *v/t.* ذبح [ðabaħa, -a-], جزر [ʤazara, -u-].

Schlächter *m* جزار [ʤazzaːr].

Schlacht|feld *n (-ɇs; -er)* ميدان القتال [maidaːn alqitaːl]; **~haus** *n (-es; ¨er)*, **~hof** *m (-ɇs; ¨e)* مجزر [maʤzir]; **~schiff** *n (-ɇs; -e) Mar.* بارجة [baːriʤa]; **~ung** *f* ذبح [ðabħ].

Schlacke *f* خبث [xabaθ].

Schlaf *m (-ɇs; O)* نوم [naum], منام [manaːm]; **~-abteil** *n*

(*-s; -e*) مقصورة نوم [maqfuːrat naum]; **~-anzug** *m* (*-es; ¨e*) بذلة نوم [baðlat naum].

Schläfchen *n* نعسة [naʕsa]; (*Mittags~*) قيلولة [qailuːla].

Schläfe *f Anat.* صدغ [ʃudɣ].

schlafen (*L*) *v/i.* نام [naːma, -aː-].

schlaff *adj.* رخى [raxiːj], متراخ [mutaraːxin].

Schlaf|losigkeit *f* (*O*) أرق [ʔaraq]; **~mittel** *n* (دواء) منوم [(dawaːʔ) munawwim].

schläfrig [-ɛː-] *adj.* نعسان [naʕsaːn]; **~keit** *f* (*O*) نعاس [nuʕaːs].

Schlaf|tabletten *f/pl. s.* **~mittel**; **~wagen** *m* عربة نوم [ʕarabat naum]; **~zimmer** *n* غرفة نوم [ɣurfat naum].

Schlag *m* (*-ęs; ¨e*) (*Glocken~*) دقة [daqqa]; (*Klopfen*) خبطة [xabṭa]; (*Hieb*) ضربة [ɖarba]; (*Faust~*) لكمة [lakma]; *Med. s.* **~-anfall**; **~-ader** *f* (*—; -n*) شريان [ʃirjaːn]; **~-anfall** *m* (*-ęs; ¨e*) *Med.* سكتة [sakta]; **~baum** *m* (*-ęs; ¨e*) حاجز طريق [ħaːdʒiz ṭariːq]; **~en** (*L*) *v/t. u. v/i.* ضرب [ɖaraba, -i-]; (*klopfen*) دق [daqqa, -u-]; **~end** *adj.*: **~ender Beweis** برهان قاطع [burhaːn qaːṭiʕ].

Schlager *m* (*Lied*) أغنية محبوبة [ʔuɣniːja maħbuːba]; *Hdl.* بضاعة رائجة [biɖaːʕa raːʔidʒa].

Schläger *m Sport* مضرب [miɖrab]; (*Rowdy*) *Äg.* بلطجى [balṭagiː].

schlag|fertig *adj.* حاضر البديهة [ħaːɖir albadiːha]; **~instrument** [-st-] *n* (*-ęs; -e*) *Mus.* آلة النقر [ʔaːlat annaqr]; **~kraft** *f* (*O*) سطوة [saṭwa]; **~licht** *n* (*-ęs; -er*) *fig.* ضوء كاشف [ɖauʔ kaːʃif]; **~obers** *n* (*-; O*), **~sahne** *f* (*O*) قشطة مضروبة [qiʃṭa maɖruːba]; **~seite** *f Mar.* جنوح [dʒunuːħ], ميلان [majalaːn]; **~wort** *n* (*-es; pl. mst. ¨er*) كلمة دالة [kalima daːlla]; (*politisches ~wort*) شعار [ʃiʕaːr]; **~zeile** *f* عنوان (فى جريدة) [ʕunwaːn (fiː dʒariːda)].

Schlamm *m* (*-ęs; -e*) وحل [waħl], طين [ṭiːn]; (*Nil~*) طمى [ṭamj]; **~ig** *adj.* وحل [waħil].

Schlampe'rei *f* عدم النظام

[ʕadam annizaːm], تغافل [taɣaːful].

schlampig *adj.* مهمل [muhmil], غفلان [ɣaflaːn].

Schlange *f Zo.* حية [ħajja], ثعبان [θuʕbaːn], أفعى [ʔafʕan]; (*wartende Personen*) طابور [taːbuːr]; ~ **stehen** وقف فى طابور [waqafa, jaqifu fiː t.].

schlängeln (*-le*) *v/r.* تلوى [talawwaː], التوى [iltawaː].

schlank (*-st od. -est*) *adj.* أهيف [ʔahjaf], رشيق [raʃiːq]; **~̈heit** *f* (*O*) رشاقة [raʃaːqa]; **~̈heitskur** *f* علاج لإنقاص الوزن [ʕilaːʤ liʔinqaːʃ alwazn].

schlapp *adj.* متراخ [mutaraːxin].

Schlappe *f* هزيمة [haziːma], فشل [faʃal].

schlau *adj.* ماكر [maːkir], مكار [makkaːr], شاطر [ʃaːtir].

Schlauch *m* (*-es; ¨e*) خرطوم [xurtuːm]; *Mot.* إطار داخلى [ʔitaːr daːxiliː]; (*Wasserbehälter*) قربة [qirba]; **~boot** *n* (*-ẹs; -e*) قارب ينفخ [qaːrib junfaxu].

Schläue *f* (*O*) مكر [makr].

Schlaufe *f* عروة [ʕurwa].

schlecht (*-est*) *adj.* ردىء [radiːʔ], سيئ [sajjiʔ]; (*häßlich*) قبيح [qabiːħ]; (*böse*) خبيث [xabiːθ]; (*verdorben*) متلوف [matluːf]; (*fehlerhaft*) معيب [maʕiːb]; *adv.* **es geht ihm ~** حالته غير حسنة [ħaːlatuhu ɣair ħasana], ليس بخير [laisa bixair]; **ihm ist (wird) ~** غثت نفسه [ɣaθat nafsuhu]; **er behandelt ihn ~** يسىء معاملته [jusiːʔu muʕaːmalatahu]; **es ist ~ gemacht** صنعه ردىء [ʃanʕuhu radiːʔ].

Schlechtigkeit *f* رداءة [radaːʔa]; (*des Charakters*) رذالة [raðaːla], خبث [xubθ].

schlecken *v/t.* لحس [laħisa, -a-].

schleichen (*L; sn*) *v/i.* تسلل [tasallala]; **~d** *adj.* (*langsam*) بطىء [batiːʔ].

Schleichhandel *m* (*-s; O*) السوق السوداء [assuːq assaudaːʔ].

Schleier *m* حجاب [ħiʤaːb].

Schleife *f* (*Band*) شريط [ʃariːt]; (*Schlinge*) أنشوطة [ʔunʃuːta]; (*Straßenbahn~̈*) دوران [dawaraːn].

schleifen (*L*) *v/t.* (*nachziehen*) جر [ʤarra, -u-]; (*schärfen*) سن [sanna, -u-].

Schleifstein *m* (*-ẹs; -e*) مسن [misann].

Schleim *m* (-*¢s; O*) بلغم [balɣam], مخاط [muxaːtˤ]; ~**haut** *f* (-; ⸚*e*) غشاء مخاطي [ɣiʃaːʔ muxaːtˤiː].

Schleppe *f* ذيل الثوب [ðail aθθaub].

schleppen *v/t.* سحب [saħaba, -a-], جر [ʤarra, -u-]; (*schwer tragen*) حمل [ħamala, -i-].

Schlepper *m Mot. u. Mar.* جرار [ʤarraːr].

Schleuder *f* (-; -*n*) *Techn.* (*Zentrifuge*) فرازة [farraːza]; (*Stein*~) مرجام [mirʤaːm].

schleudern *v/t.* رمى [ramaː, -iː], قذف [qaðafa, -i-]; (*zu Boden* ~) طرح [tˤaraħa, -a-].

Schleuderpreise *m/pl.* أسعار بخسة [ʔasʕaːr baxsa].

schleun|ig *adj.* سريع [sariːʕ]; *adv.* ~**ig** *u.* ~**igst** بسرعة [bisurʕa], بالعجل [bilʕadʒal].

Schleuse *f* هويس [hawiːs].

schlicht (-*est*) *adj.* بسيط [basiːtˤ].

schlichten (-*e*-) *v/t.* رتب [rattaba]; (*e-n Streit*) سوى [sawwaː].

Schlichtung *f* تسوية [taswija], تحكيم [taħkiːm].

schließ|en (*L*) *v/t.* أغلق [ʔaɣlaqa], سد [sadda, -u-]; (*sperren*) أقفل [ʔaqfala]; (*beenden*) أنهى [ʔanhaː]; (*e-n Brief*) ختم [xatama, -i-]; (*e-n Vertrag*) عقد [ʕaqada, -i-]; *v/i.* انتهى [intahaː]; ≈**fach** *n* (-*s*; ⸚*er*) صندوق الأمانات [ʃunduːq alʔamaːnaːt]; ~**lich** *adv.* أخيرا [ʔaxiːran]; ≈**ung** *f* إغلاق [ʔiɣlaːq].

Schliff *m* (-*¢s; -e*) صقل [ʃaql].

schlimm *adj.* خبيث [xabiːθ].

Schlinge *f* أنشوطة [ʔunʃuːtˤa], عروة [ʕurwa]; ≈**n** (*L*) *v/t.* لف [laffa, -i-]; *v/r.* التف [iltaffa].

Schlips *m* (-*es; -e*) *s.* ***Krawatte***.

Schlitt|en *m* مزلقة [mizlaqa], زلاقة [zallaːqa]; ~**schuh** *m* (-*¢s; -e*) مزلق [mizlaq].

Schlitz *m* (-*es; -e*) شق [ʃaqq], فتق [fatq].

Schloß *n* (-*sses;* ⸚*sser*) (*Verschluß*) قفل [qufl]; (*Tür*≈) كالون [kaːluːn]; (*Gebäude*) قصر [qaʃr].

Schlosser *m* قفال [qaffaːl]; *Äg.* كوالينى [kawaːliːniː].

Schlot *m* (-*¢s; -e*) مدخنة [madxana].

Schlucht *f* هوة [huːwa], شعب [ʃiʕb], فج [faʤʤ].

schluchzen (-*t*) *v/i.* نشج [naʃadʒa, -i-].

S

Schluck *m* (*-es; -e*) جرعة [ʤurʕa].

schlucken *v/t.* جرع [ʤaraʕa, -a-], بلع [balaʕa, -a-].

Schlummer *m* (*O*) نعسة [naʕsa], سنة [sina].

Schlund *m* (*-es; -e*) حلق [ħalq], بلعوم [bulʕuːm]; *fig.* هوة [huːwa].

schlüpf|en *v/i.* انسل [insalla], اندس [indassa]; **~rig** *adj.* زلق [zaliq]; *fig.* فاحش [faːħiʃ].

Schluß *m* (*-sses; ¨sse*) نهاية [nihaːja], ختام [xitaːm]; **~bemerkung** *f* ملاحظة ختامية [mulaːħaẓa xitaːmiːja].

Schlüssel *m* مفتاح [miftaːħ]; **~bart** *m* (*-¢s; ¨e*) سن مفتاح [sinn miftaːħ]; **~bein** *n* (*-¢s; -e*) *Anat.* ترقوة [tarquwa]; **~bund** *m* (*-¢s; ¨e*) حزمة مفاتيح [ħuzmat mafaːtiːħ]; **~-industrie** *f* صناعة أساسية [ṣinaːʕa ʔasaːsiːja]; **~loch** *n* (*-s; ¨er*) فتحة القفل [fatħat alqufl]; **~stellung** *f* موقع حاكم [mauqiʕ ħaːkim].

Schluß|folgerung *f* استدلال [istidlaːl], نتيجة [natiːʤa]; **~licht** *n* (*-¢s; -er*) *Mot.* ضوء خلفي [ḍauʔ xalfiː]; **~wort** *n* (*-¢s; -e*) خاتمة [xaːtima].

Schmach [-ɑː-] *f* (*O*) عار [ʕaːr].

schmachten (*-e-*) *v/i.* (**nach** *D* إلى) تشوق [taʃawwaqa].

schmächtig *adj.* نحيف [naħiːf].

schmackhaft (*-est*) *adj.* لذيذ الطعم [laðiːð aṭṭaʕm], شهي [ʃahiːj].

schmähen *v/t.* طعن في [ṭaʕana, -a-], عير ه [ʕajjara].

schmal *adj.* (*¨er; -st-*) ضيق [ḍajjiq].

schmälern (*-re*) *v/t.* قلل [qallala]; (*j-s Recht*) اقتضب [iqtaḍaba].

Schmalz *n* (*-es; O*) شحم [ʃaħm]; **~ig** *adj.* شحيم [ʃaħiːm].

schma'rotz|en (*-t; —*) *v/i.* (**bei** *D* على) تطفل [taṭaffala]; **~er** *m* طفيلي [ṭufailiː].

Schmaus *m* (*-es; ¨e*) وليمة [waliːma].

schmecken *v/t.* ذاق [ðaːqa, -uː-]; (*kosten*) استطعم [istaṭʕama]; *v/i.* **es schmeckt gut** له طعم لذيذ [lahu ṭaʕm laðiːð]; **es schmeckt süß** طعمه حلو [ṭaʕmuhu ħilw].

Schmeich|e'lei *f* تملق [tamalluq]; **~eln** (*-le*) *v/i.* (*D* ه *od.* إلى) تملق [tamallaqa].

S

Schmelz *m* (*-es; -e*) مينا [miːnaː]; **~bar** *adj.* قابل للسبك [qaːbil lissabk]; **~en** *v/t.* (*-t*) (*Eis*) أذاب [ʔaðaːba]; (*Metall*) صهر [ʃahara, -a-]; *v/i.* (*L*) ذاب [ðaːba, -uː-], انصهر [infahara]; **~hütte** *f* مسبك [masbak], مصهر [maʃhar]; **~-ofen** *m* (*-s;* ⸚) كور [kuːr].

Schmerz *m* (*-es; -en*) ألم [ʔalam], وجع [wadʒaʕ]; **~en** *v/t. u. v/i.* آلم [ʔaːlama], أوجع [ʔaudʒaʕa]; **~ens-geld** *n* (*-ȼs; -er*) تعويض عن آلام [taʕwiːđ ʕan ʔaːlaːm]; **~frei** *adj.* بدون ألم [biduːn ʔalam]; **~haft** (*-est*), **~lich** *adj.* مؤلم [muʔlim]; **~lindernd** *adj.* مسكن للآلام [musakkin lilʔaːlaːm]; **~los** (*-est*) *s.* **~frei**; **~stillend** *adj. s.* **~lindernd**.

Schmetterling *m* (*-s; -e*) *Zo.* فراشة [faɪraːʃa].

Schmied *m* (*-ȼs; -e*) حداد [ħaddaːd]; **~e** *f* معمل حداد [maʕmal ħaddaːd]; **~en** (*-e-*) *v/t.* طرق [taraqa, -u-]; ***Pläne*** **~en** دبر خططا [dabbara xutatan].

schmiegsam *adj.* لين [lajjin], مرن [marin].

Schmier|e *f* شحم [ʃaħm]; **~en** *v/t.* شحم [ʃaħħama]; **~ig** *adj.* قذر [qaðir]; *fig.* بخيل [baxiːl]; **~mittel** *n* مادة تشحيم [maːddat taʃħiːm]; **~öl** *n* (*-s; -e*) زيت التزييت [zait attazjiːt].

Schminke *f* دهان الزينة [dihaːn azziːna]; **~n** *v/t.* دهن (الوجه) [dahana, -u-], زين [zajjana].

schmollen *v/i.* بوز [bawwaza].

Schmuck *m* (*-es; O*) حلية [ħilja], زينة [ziːna]; (*Juwelen*) جواهر [dʒawaːhir].

schmücken *v/t.* زين [zajjana], حلى [ħallaː].

Schmucksachen *f/pl.* حلى [ħuliːj], مجوهرات [mudʒauharaːt].

Schmuggel *m* تهريب [tahriːb]; **~n** (*-le*) *v/t.* هرب [harraba].

schmunzeln (*-le*) *v/i.* ابتسم [ibtasama].

Schmutz *m* (*-es; O*) وسخ [wasax], قذر [qaðar]; **~ig** *adj.* وسخ [wasix], قذر [qaðir]; (*verschmutzt*) ملوث [mulawwaθ]; (*Gedanken*) فاجر [faːdʒir].

Schnabel *m* (*-s;* ⸚) منقار [minqaːr].

Schnalle *f* إبزيم [ʔibziːm].

schnappen *v/t.* خطف [xatafa,

-i-]; *a.* *v/i.* (*Hund*) نهش [nahaʃa, -i-].

Schnappschuß *m* (*-sses; ⸗sse*) لقطة [laqṭa], صورة خاطفة [ʃuːra xaːṭifa].

Schnaps *m* (*-es; ⸗e*) عرق (مشروب) [ʕaraq].

schnarchen *v/i.* شخر [ʃaxara, -i-].

schnattern (*-re*) *v/i.* (*Gans*) نقنق [naqnaqa]; *fig.* ثرثر [θarθara].

schnauben (*-te, a. L*) *v/i.* (*Pferd*) شخر [ʃaxara, -i-].

schnaufen *v/i.* لهث [lahaθa, -a-].

Schnauze *f* بوز [buːz].

Schnecke *f* حلزون [ħalazuːn].

schneckenförmig *adj.* حلزوني [ħalazuːniː].

Schnee *m* ثلج [θalʤ]; (*Eiweiß*) بياض البيض المخفوق [bajaːđ albaiđ almaxfuːq]; **⁓bedeckt** *adj.* مغطى بالثلج [muɣaṭṭan biθθalʤ]; **~besen** *m* خفاقة البيض [xaffaːqat albaiđ]; **~fall** *m* (*-ⱸs; ⸗e*) نزول الثلج [nuzuːl aθθalʤ]; **~flocke** *f* ندفة ثلج [nudfat θalʤ]; **~ketten** *f/pl.* زناجير لعجلات السيارات [zanaːʤiːr liʕaʤalaːt assajjaraːt]; **~reifen** *m s.* **Winterreifen**; **~sturm** *m* (*-ⱸs; ⸗e*) عاصفة ثلجية [ʕaːṣifa θalʤiːja]; **⁓weiß** *adj.* (*O*) أبيض ناصع [ʔabjađ naːṣiʕ].

Schneid *m* (*-s; O*) جراءة [ʤaraːʔa].

Schneide *f* (سلاح) حد [ħadd]; **⁓n** (*L*) *v/t.* قطع [qaṭaʕa, -a-]; (*Haare*) قص [qaṣṣa, -u-]; (*Nägel*) قلم [qallama]; **j-n ⁓n** قاطع ه [qaːṭaʕa]; **⁓nd** *adj.* حاد [ħaːdd]; (*Kälte*) قارص [qaːriṣ].

Schneider *m* خياط [xajjaːṭ]; **~in** *f* خياطة [xajjaːṭa].

schneidern (*-re*) *v/t.* خاط [xaːṭa, -iː-].

Schneidezahn *m* (*-ⱸs; ⸗e*) سن قاطعة [sinn qaːṭiʕa].

schneidig *adj.* جريء [ʤariːʔ]; (*elegant*) أنيق [ʔaniːq].

schnei|en *v/i.*: **es ~t** أثلجت الدنيا [ʔaθlaʤat addunjaː], الثلج نازل [aθθalʤ naːzil].

schnell *adj.* سريع [sariːʕ]; *adv.* بسرعة [bisurʕa].

Schnellbahn *f* مترو [mitroː].

schnellen *v/i.* قفز [qafaza, -i-].

Schnellhefter *m* إضبارة [ʔiđbaːra].

Schnelligkeit *f* سرعة [surʕa]; **~s-rekord** *m* (*-ⱸs; -e*) رقم

قياسى فى السرعة [raqm qijaːsiː fiː ssurʕa].

Schnell|imbiß *m* (*-sses; -sse*) وجبة سريعة [wadʒba sariːʕa]; **~kraft** *f* (*O*) مرونة [muruːna]; **~straße** *f* طريق المرور السريع [tariːq almuruːr assariːʕ]; **~verfahren** *n* *Jur.* قضاء مستعجل [qadaːʔ mustaʕdʒal]; **~zug** *m* (*-es; ⸚e*) قطار سريع [qitaːr sariːʕ].

schneuzen *v/r.* تمخط [tamaxxata].

Schnitt *m* (*-es; -e*) قطع [qatʕ].

Schnitte *f* شريحة [ʃariːħa], قطعة [qitʕa].

Schnittlauch *m* (*-s; O*) كراث [kurraːθ].

Schnittpunkt *m* (*-ęs; -e*) نقطة تقاطع [nuqtat taqaːtuʕ].

Schnitzel *n* (*Papier~*) قصاصة [quʃaːʃa]; (*Fleisch~*) شريحة لحم [ʃariːħat laħm].

schnitzen (*-t*) *v/t.* نحت [naħata, -u-].

Schnitzer *m* نحات [naħħaːt]; (*Fehler*) فلتة [falta], غلطة [ɣalta].

schnüffeln (*-le*) *v/i.* تشمم [taʃammama]; (*spionieren*) تجسس [tadʒassasa].

Schnupfen *m* زكام [zukaːm].

schnuppern (*-re*) *v/i.* تشمم [taʃammama].

Schnur *f* (*—; ⸚e*) قيطان [qiːtaːn], خيط [xait], دوبارة [duːbaːra].

schnüren *v/t.* ربط [rabata, -u-], حزم [ħazama, -i-].

Schnurrbart *m* (*-ęs; ⸚e*) شارب [ʃaːrib].

Schnürriemen *m* رباط حذاء [ribaːt ħiðaːʔ].

Schock *m* (*-ęs; -e*) صدمة [ʃadma]; *Psych.* صدمة نفسية [ʃ. nafsiːja]; **~ieren** [-'kiː-] *v/t.* أرعب [ʔarʕaba].

Schokolade *f* شكولاتة [ʃukuːlaːta].

Scholle *f* *Zo.* سمك موسى [samak muːsaː]; (*Erd~*) كتلة تراب [kutlat turaːb].

schon *adv.* قد [qad]; **er ist ~ hier** قد أتى [q. ʔataː]; **~ gut** يكفى [jakfiː].

schön *adj.* جميل [dʒamiːl], حسن [ħasan].

schonen *v/t.* حافظ على [ħaːfaza], صان ه [ʃaːna, -uː-]; (*Mitleid haben*) عطف على [ʕatafa, -i-]; **j-s Leben ~** أبقاه [ʔabqaːhu].

Schönheit *f* جمال [dʒamaːl].

Schonkost *f* طعام الحمية [taʕaːm alħimja].

S

Schonung *f* محافظة [muħaːfaza], عناية [ʕinaːja].

schöpfen *v/t.* غرف [ɣarafa, -i-]; (*Luft*) استنشق [istanʃaqa].

Schöpfer *m* خالق [xaːliq]; (*Schöpflöffel*) مغرفة [miɣrafa].

Schöpfung *f* خلق [xalq].

Schorf *m* (-*¢s*; -*e*) قرفة جرح [qirfat dʒurħ].

Schornstein *m* (-*s*; -*e*) مدخنة [madxana]; ~**feger** *m* منظف مداخن [munazzif madaːxin].

Schoß [-oː-] *m* (-*es*; ⁻*e*) حجر [ħidʒr]; (*Mutterleib*) رحم [raħim]; ~**kind** *n* (-*es*; -*er*) طفل مدلل [tifl mudallal].

Schote *f Bot.* قرن [qarn], سنفة [sinfa].

Schotter *m* زلط [zalat], حصى [ħaʃan].

schottisch *adj.* إسكوتلندى [ʔiskuːtlandiː].

schräg *adj.* منحن [munħanin], منحرف [munħarif], مائل [maːʔil].

Schramme *f* أثر جرح [ʔaθar dʒurħ], خدش [xadʃ].

Schrank *m* (-*es*; ⁻*e*) دولاب [duːlaːb].

Schranke *f* حاجز [ħaːdʒiz].

Schraube *f* قلاووظ [qalaːwuːz], برغى [burɣiː]; *Mar.* داسر [daːsir]; ⁓**n-förmig** *adj.* لولبى [laulabiː]; ~**nmutter** *f* (—; -*n*) صمولة [ʃamuːla]; ~**n-schlüssel** *m* مفتاح صمولة [miftaːħ ʃamuːla]; ~**n-zieher** *m* مفك [mifakk].

Schraubstock *m* (-*¢s*; ⁻*e*) منجلة [mandʒala].

Schreck *m* (-*s*; -*en*) فزع [fazaʕ]; ⁓**lich** *adv.* مخيف [muxiːf], فظيع [faziːʕ].

Schrei *m* (-*¢s*; -*e*) صرخة [ʃarxa], صيحة [ʃaiħa].

schreiben (*L*) *v/t.* كتب [kataba, -u-]; ⁓ *n* مكتوب [maktuːb].

Schreiber *m* كاتب [kaːtib].

Schreib|feder *f* (—; -*n*) قلم حبر [qalam ħibr]; ~**fehler** *m* غلط إملائى [ɣalat ʔimlaːʔiː]; ~**heft** *n* (-*¢s*; -*e*) كراسة [kurraːsa], دفتر [daftar]; ~**mappe** *f* محفظة أوراق [miħfazat ʔauraːq]; ~**maschine** *f* آلة كاتبة [ʔaːla kaːtiba]; ~**papier** *n* (-*es*; -) ورق الكتابة [waraq alkitaːba]; ~**tisch** *m* (-*¢s*; -*e*) مكتب [maktab]; ~**waren** *f/pl.* لوازم الكتابة [lawaːzim alkitaːba].

schreien (*L*) *v/i.* صرخ [ʃaraxa, -u-], صاح [ʃaːħa, -iː-].

S

Schrein *m* صندوق [ʃunduːq].

Schreiner *m* نجار [naddʒaːr].

schreiten (*L; sn*) *v/i.* خطا [xaṭa, -uː-].

Schrift *f* كتابة [kitaːba], خط [xaṭṭ], حروف [ħuruːf]; ***die Heilige*** ~ الكتاب المقدس [alkitaːb almuqaddas]; **~führer** *m* كاتب [kaːtib], سكرتير [sekreteːr]; **~leiter** *m* محرر [muħarrir]; **≈lich** *adj.* كتابى [kitaːbiː], مكتوب [maktuːb]; *adv.* كتابة [kitaːbatan]; **~sprache** *f* لغة فصحى [luɣa fuʃħaː]; **~steller** *m* مؤلف [muʔallif]; **~wechsel** *m* مكاتبة [mukaːtaba], تراسل [taraːsul].

schrill *adj.* (*Ton*) حاد [ħaːdd].

Schritt *m* (*-ẹs; -e*) خطوة [xuṭwa].

schroff *adj.* شديد الانحدار [ʃadiːd alinħidaːr], شامخ [ʃaːmix]; *fig.* خشن [xaʃin].

Schrot *m u. n* (*-ẹs; -e*) (*Getreide≈*) برغل [burɣul]; (*Jagd≈*) خردق [xurduq], رش [raʃʃ].

schrumpfen *v/i.* تقلص [taqallaṣa]; (*Gewebe*) انكمش [inkamaʃa].

Schub|fach *n* (*-ẹs; ¨er*) درج [durdʒ], جارور [dʒaːruːr]; **~karren** *m* عربة يد [ʕarabat jad].

schüchtern *adj.* مستح [mustaħin], محتشم [muħtaʃim].

Schuft *m* (*-es; -e*) وغد [waɣd], نذل [naðl].

Schuh *m* (*-ẹs; -e*) حذاء [ħiðaːʔ], نعل [naʕl]; **~krem** *f* (*-; -s*) بوية [buːja]; **~-macher** *m* سكاف [sakkaːf], جزمجى [dʒazmadʒiː]; **~putzer** *m* مساح أحذية [massaːħ ʔaħðija], بويجى [buːjadʒiː]; **~sohle** *f* نعل [naʕl].

Schul|-arbeit *f* عمل مدرسى [ʕamal madrasiː]; **~-aufgabe** *f* واجب منزلى [waːdʒib manziliː].

schuld *adj.*: ***er ist*** ~ هو المذنب [huwa lmuðnib].

Schuld *f* ذنب [ðamb]; (*Vergehen*) جرم [dʒurm], إثم [ʔiθm]; (*Geld≈*) دين [dain].

schuldig *adj.* مذنب [muðnib]; ***Geld*** ~ مدين [madiːn]; ~ ***sprechen*** *v/t.* أدان [ʔadaːna]; **≈keit** *f* (*O*) واجب [waːdʒib].

schuldlos (*-est*) *adj.* برىء [bariːʔ].

Schuld|ner *m* مدين [madiːn]; **~schein** *m* (*-ẹs; -e*) سند دين [sanad dain]; **~spruch** *m*

(-*¢s*; *̈-e*) حكم بالإدانة [ħukm bilʔidaːna].

Schule *f* مدرسة [madrasa]; **˜n** *v/t.* درب [darraba].

Schüler *m* تلميذ [tilmiːð]; **~in** *f* تلميذة [tilmiːða].

Schul|ferien *pl.* عطلة مدرسية [ʕutla madrasiːja]; **~jahr** *n* (-*¢s*; *-e*) سنة دراسية [sana diraːsiːja]; **~lehrer** *m* مدرس [mudarris]; **~mappe** *f* حقيبة تلاميذ [ħaqiːbat talaːmiːð], شنطة [ʃanta]; **~pflicht** *f* تعليم إجباري [taʕliːm ʔidʒbaːriː]; **~stunde** *f* درس [dars], حصة [ħiʃʃa].

Schulter *f* (—; *-n*) كتف [katif].

Schulung *f* تدريب [tadriːb].

Schund *m* سقط [saqat], توافه [tawaːfih].

Schuppe *f* قشرة سمك [qiʃrat samak]; **~n** *pl. Med.* القشرة [alqiʃra].

Schuppen *m* حظيرة [ħaziːra]; (*Wagen˜*) عربخانة [ʕarbaxaːna].

schüren *v/t.*: **das Feuer ~** أجج النار [ʔaddʒadʒa nnaːr].

Schurke *m* (*-n*) *s.* **Schuft**.

Schurz *m* (*-es*; *-e*) إزار [ʔizaːr].

Schürze *f* مئزر [miʔzar], فوطة [fuːta].

Schuß *m* (*-sses*; *̈-sse*) طلقة [talqa].

Schüssel *f* (—; *-n*) صحن [ʃaħn].

Schußwaffe *f* سلاح ناري [silaːħ naːriː].

Schuster [-uː-] *m* سكاف [sakkaːf].

Schutt *m* (-*¢s*; *O*) أنقاض [ʔanqaːđ].

schütteln (*-le*) *v/t.* هز [hazza, -u-], رج [raddʒa, -u-]; *j-m* ***die Hand ~*** صافحه [ʃaːfaħa].

schütten (*-e-*) *v/t.* (*Flüssiges*) صب [ʃabba, -u-]; (*Trockenes*) أفرغ [ʔafraɣa].

Schutt|halde *f*, **~haufen** *m* مقلب [maqlab].

Schutz *m* (*-es*; *O*) حماية [ħimaːja]; (*Vorbeugung*) وقاية [wiqaːja].

Schutzbrille *f* نظارة واقية [nazzaːra waːqija].

Schutzgummi *m* (*-s*; *-s*) واق ذكري [waːqin ðakariː].

Schütze *m* (*-n*) رام [raːmin].

schützen (*-t*) *v/t.* حمى [hamaː, -iː].

Schutz|-engel *m* ملك حارس [malak ħaːris]; **~geleit** *n* (-*¢s*; *-e*) حراسة [ħiraːsa]; **~-impfung** *f* تلقيح واق [talqiːħ waːqin]; ~los (-est) adj. عديم الحماية [ʕadiːm alħimaːja]; ~marke f علامة تجارية [ʕalaːma tiʤaːriːja]; ~mittel n وسيلة وقاية [wasiːlat wiqaːja]; ~wache f حرس [ħaras]; ~zoll m (-¢s; ¨e) جمرك الحماية [gumruk alħimaːja].

schwach (¨er; ¨st-) adj. ضعيف [đaʕiːf], ضئيل [đaʔiːl]; (Stimme) خافت [xaːfit].

Schwäche f ضعف [đuʕf].

schwächlich adj. ضئيل [đaʔiːl], عاجز [ʕaːʤiz].

Schwach|sinn m (-¢s; O) عتاهة [ʕataːha]; ~sinnig (O) adj. معتوه [maʕtuːh], ضعيف العقل [đaʕiːf alʕaql]; ~strom m (-¢s; O) El. تيار الجهد المنخفض [tajjaːr alʤahd almunxafiđ].

Schwager m أخو الزوج [ʔaxuː zzauʤ], زوج الأخ (الأخت) [zauʤ alʔax (alʔuxt)].

Schwägerin f أخت الزوج [ʔuxt azzauʤ], زوجة الأخ [zauʤat alʔ.].

Schwalbe f Zo. سنونو [sunuːnuː].

Schwamm m (-¢s; ¨e) إسفنج [ʔisfanʤ]; (Pilz) فطر [futr].

Schwan m (-¢s; ¨e) Zo. إوز عراقي [ʔiwazz ʕiraːqiː].

schwanger (O) adj. حامل [ħaːmil], حبلى [ħublaː]; ~ werden v/i. حبلت [ħabilat, -a-].

Schwangerschaft f حبل [ħabal], حمل [ħaml]; ~s-unterbrechung f إجهاض [ʔiʤhaːđ]; ~s-verhütung f (O) منع الحمل [manʕ alħaml].

schwanken v/i. تمايل [tamaːjala], ترنح [tarannaħa]; fig. تردد [taraddada].

Schwanz m (-es; ¨e) ذيل [ðail], ذنب [ðanab].

Schwarm m (-¢s; ¨e) سرب [sirb], رجل [riʤl].

Schwärme'rei f هوس [hawas].

schwarz (¨er; ¨est-) adj. أسود [ʔaswad]; ~ werden v/i. اسود [iswadda]; ~es Meer البحر الأسود [albaħr alʔaswad].

Schwarz|arbeit f (O) عمل بدون رخصة [ʕamal biduːn ruxʃa]; ~brot n (-¢s; -e) خبز أسمر [xubz ʔasmar]; ~fahrer m راكب بلا تذكرة [raːkib bilaː taðkira]; ~handel m (-s; O) السوق السوداء [assuːq assaudaːʔ]; ~händler m تاجر السوق السوداء [taːʤir

S

ass.]; ~**seher** *m* متشائم [mutaʃaːʔim].

schwatzen (-*t*) *v/i.* ثرثر [θarθara].

Schwätzer *m* ثرثار [θarθaːr].

Schwebebahn *f* قاطرات معلقة [qaːtiraːt muʕallaqa].

schweben *v/i.* حام [ħaːma, -uː-]; ~**d** *adj.* معلق [muʕallaq].

Schwede *m* (-*n*), **schwedisch** *adj.* سويدى [suweːdiː].

Schwefel *m* (-*s*; *O*) كبريت [kibriːt].

Schweif *m* (-*¢s*; -*e*) ذيل [ðail].

schweifen *v/i.* طاف [taːfa, -uː-].

schweigen (*L*) *v/i.* سكت [sakata, -u-], صمت [ʃamata, -u-].

Schweigen *n* (-*s*; *O*) سكوت [sukuːt]; ***zum ~ bringen*** أسكت [ʔaskata], ألجم [ʔaldʒama].

schweigsam *adj.* سكوت [sakuːt].

Schwein *n* (-*¢s*; -*e*) *Zo.* خنزير [xinziːr]; ~**e-fleisch** *n* (-*es*; *O*) لحم خنزير [laħm x.].

Schweiß *m* (-*es*; *O*) عرق [ʕaraq].

schweißen (-*ßt*) *v/t.* لحم [laħama, -u-].

Schweißgerät *n* (-*¢s*; -*e*) جهاز لحام [dʒihaːz liħaːm].

Schweiz *f* (*O*) سويسرا [swiːsraː].

Schweizer *m*, **schweizerisch** *adj.* سويسرى [swiːsriː].

schwelen *v/i.* احترق بلا لهيب [iħtaraqa bilaː lahiːb].

schwelgen *v/i.* (**in** *D* فى) تمتع [tamattaʕa], أفرط فى التمتع [ʔafrata fiː ttamattuʕ].

Schwelle *f* (*Tür*~) عتبة [ʕataba]; *Eisenb.* فلنكة [falanka].

schwellen (*L*; *sn*) *v/i.* انتفخ [intafaxa]; (*Fluß*) فاض [faːđa, -iː-]; *Med.* تورم [tawarrama].

Schwellung *f* تورم [tawarrum].

Schwemme *f* *Hdl.* متجر رخيص [matdʒar raxiːʃ].

schwenken *v/t.* قلب [qallaba], حول [ħawwala]; (*Tuch*) لوح [lawwaħa]; *v/i.* تحول [taħawwala].

schwer *adj.* (*Gewicht*) ثقيل [θaqiːl]; (*schwierig*) صعب [ʃaʕb], شاق [ʃaːqq]; (*Schaden*) جسيم [dʒasiːm]; (*ernst*) جدى [dʒiddiː]; *adv.* بصعوبة [biʃuʕuːba]; ~**beschädigt** *adj.* مشوه [muʃawwah].

Schwere *f* ثقل [θiqal]; ~**losig-**

S

keit *f* (*O*) انعدام الوزن [inʕidaːm alwazn].

schwer|fällig *adj.* غليظ [ɣaliːẓ]; *fig.* أخرق [ʔaxraq], خامل [xaːmil]; **~hörig** *adj.* ثقيل السمع [θaqiːl assamʕ]; **~-Industrie** *f* الصناعة الثقيلة [aṣṣinaːʕa aθθaqiːla]; **~kraft** *f* (*O*) جاذبية الأرض [ʤaːðibiːjat alʔarḍ]; **~mut** *f* (*O*) كآبة [kaʔaːba], حزن [ħuzn]; **~mütig** *adj.* سوداوى [sawdaːwiː]; **~punkt** *m* (*-ɇs; -e*) مركز الثقل [markaz aθθiqal].

Schwert *n* (*-es; -er*) سيف [saif].

Schwer|verbrecher *m* مجرم خطير [muʤrim xaṭiːr]; **~verdaulich** *adj.* عسير الهضم [ʕasiːr alhaḍm]; **~verständlich** *adj.* مبهم [mubham]; **~wiegend** *adj.* خطير [xaṭiːr], مهم [muhimm].

Schwester *f* (*—; -n*) أخت [ʔuxt]; (*Kranken~*) ممرضة [mumarriḍa].

Schwieger|eltern *pl.* والدا الزوج (الزوجة) [waːlidaː zzauʤ (azzauʤa)]; **~mutter** *f* (*—; ¨*) حماة [ħamaːt]; **~sohn** *m* (*-es; ¨e*) ختن [xatan]; **~tochter** *f* (*—; ¨*) كنة [kanna]; **~vater** *m* (*-s; ¨*) حم [ħam].

Schwiele *f* كنب [kanab].

schwierig *adj.* صعب [ṣaʕb]; **~keit** *f* صعوبة [ṣuʕuːba].

Schwimm|bad *n* (*-ɇs; ¨er*) حمام سباحة [ħammaːm sibaːħa]; **~dock** *n* (*-s; -s*) ترسانة عائمة [tarsaːna ʕaːʔima]; **~en** (*L; sn*) *v/i.* (*als Fortbewegung*) سبح [sabaħa, -a-]; (*nicht sinken*) عام [ʕaːma, -uː-], طفا [ṭafaː, -uː]; **~er** *m Sport* سباح [sabbaːħ]; *Techn.* عوامة [ʕawwaːma]; **~gürtel** *m* حزام عوم [ħizaːm ʕaum]; **~hose** *f* لباس الاستحمام [libaːs alistiħmaːm]; **~weste** *f* صدرة النجاة [ṣudrat annaʤaːt].

Schwindel *m Med.* دوخة [dauxa]; (*Betrug*) غش [ɣiʃʃ]; **~n** (*-le*) *v/i.* غش [ɣaʃʃa, -u-], غدر [ɣadara, -i-]; ***ihm ~t*** هو دائخ [huwa daːʔix], رأسه دائر [raʔsuhu daːʔir].

schwinden (*L; sn*) *v/i.* تضاءل [taḍaːʔala], تلاشى [talaːʃa]; اختفى [ixtafaː].

Schwindler *m* غشاش [ɣaʃʃaːʃ]; (*Betrüger*) نصاب [naṣṣaːb].

schwindlig *adj.* دائخ [daːʔix]; ***mir wird ~*** رأسي دائر [raʔsiː daːʔir].

S

Schwinge *f* جناح [ʤanaːħ].

schwing|en (*L; sn*) *v/i.* تأرجح [taʔarʤaħa]; (*Nadel*) تذبذب [taðabðaba]; (*Pendel*) ترجح [taraddʒaħa]; *v/t.* (*Flügel*) خفق ب [xafaqa, -i-], رفرف [rafrafa]; **˜ung** *f* ذبذبة [ðabðaba], اهتزاز [ihtizaːz].

schwitzen (*-t*) *v/i.* عرق [ʕariqa, -a-].

schwören (*L*) *v/i. u. v/t.* حلف [ħalafa, -i-], أقسم [ʔaqsama].

schwül *adj.* ومد [wamid], حار خانق [ħaːrr xaːniq].

Schwund *m* (*-es; O*) نقص [naqʃ], تناقص [tanaːquʃ], تقلص [taqalluʃ].

Schwung *m* (*-¢s; ¨e*) حركة [ħaraka], اندفاع [indifaːʕ], تدفق [tadaffuq].

Schwur *m* (*-¢s; ¨e*) يمين [jamiːn], قسم [qasam]; **~gericht** *n* (*-¢s; -e*) محكمة المحلفين [maħkamat almuħallafiːn].

sech|s *num.* ستة [sitta]; **~ste** *num.* سادس [saːdis]; **~zehn** *num.* ستة عشر [sittata ʕaʃara]; **~zig** *num.* ستون [sittuːn].

Seda'tiv *n* (*-s; -e*) *Med.* مسكن [musakkin].

Sedi'ment *n* (*-¢s; -e*) راسب [raːsib].

See[1] *m* (*-s; -n*) بحيرة [buħaira].

See[2] *f* بحر [baħr]; (*Ozean*) محيط [muħiːt]; ***in ~ gehen*** (*od.* ***stechen***) أبحر [ʔabħara]; **~bad** *n* (*-es; ¨er*) مصيف بحرى [maʃjaf baħriː]; **~fahrer** *m* بحار [baħħaːr]; **~fahrt** *f* ملاحة [milaːħa]; **~gang** *m* (*-¢s; ¨e*) أمواج البحر [ʔamwaːdʒ albaħr]; **~hafen** *m* (*-s; ¨*) ميناء بحرى [miːnaːʔ baħriː]; **~hund** *m* (*-es; -e*) *Zo.* كلب البحر [kalb albaħr]; **˜krank** (*O*) *adj.* مصاب بدوار البحر [muʃaːb biduwaːr albaħr]; **~krankheit** *f* دوار البحر [duwaːr albaħr].

Seele *f* نفس [nafs]; **~n-wanderung** *f* تناسخ [tanaːsux].

Seeleute *pl. s.* ***Seemann***.

seelisch *adj.* نفسى [nafsiː].

Seelsorge *f* (*O*) رعاية دينية [riʕaːja diːniːja].

See|macht *f* (*—; ¨e*) دولة بحرية [daula baħriːja]; **~mann** *m* (*-¢s; -leute*) بحار [baħħaːr], ملاح [mallaːħ]; **~meile** *f* ميل بحرى [miːl baħriː]; **~not** *f* (*O*) خطر الغرق [xatar alɣaraq]; **~räuber** *m* قرصان [qurʃan]; ~**reise** *f* رحلة بحرية [riħla baħriːja].

Segel *n* شراع [ʃiraːʕ], قلع [qilʕ]; ~**boot** *n* (*-es; -e*) مركب شراعي [markab ʃiraːʕiː]; ~**flugzeug** *n* (*-s; -e*) طائرة شراعية [taːʔira ʃiraːʕiːja].

segeln (*-le*) *v/i.* أبحر بمركب شراعي [ʔabħara bimarkab ʃiraːʕiː].

Segelsport *m* (*-s; O*) رياضة شراعية [rijaːđa ʃiraːʕiːja].

Segen *m* بركة [baraka]; (*Wohltat*) نعمة [niʕma]; ~**s-wunsch** *m* (*-es; ⸚e*) تبريك [tabriːk].

Segler *m* مركب شراعي [markab ʃiraːʕiː].

Seg'ment *n* (*-¢s; -e*) قطعة [qitʕa].

segnen (*-e-*) *v/t.* ه *od.* في بارك [baːraka].

sehen (*L*) *v/i.* (*sehend sein*) بصر [baʃura, -u-]; *v/t.* رأى [raʔaː, jaraː], أبصر [ʔabʃara]; *pop.* شاف [ʃaːfa, -uː-]; (*erblicken*) لاحظ [laːħaza]; ~**s-wert** (*-est*) *adj.* جدير بالنظر [ʤadiːr binnazar]; ⁓**s-würdigkeiten** *f/pl.* عجائب [ʕaʤaːʔib], معالم [maʕaːlim].

Seher *m* كاهن [kaːhin].

Sehne *f* وتر [watar]; (*im Körper*) طنب [tunub].

sehnen *v/r.* (**nach** *D* إلى) اشتاق [iʃtaːqa].

Sehnerv *m* (*-s; -en*) *Anat.* العصب البصري [alʕaʃab albaʃariː].

Sehn|sucht *f* (*—; ⸚e*) شوق [ʃauq], تشوق [taʃawwuq], اشتياق [iʃtijaːq]; ⁓**süchtig** *adj.* مشتاق [muʃtaːq], متلهف [mutalahhif].

sehr *adv.* جدا [ʤiddan], كثيرا [kaθiːran]; ~ ***gut*** جيد جدا [ʤajjid ʤ.].

Seh|rohr *n* (*-¢s; -e*) *Mar.* منظار الغواصة [minzaːr alɣawwaːʃa]; ~**schärfe** *f* حدة البصر [ħiddat albaʃar]; ~**vermögen** *n* بصر [baʃar]; ~**weite** *f* مدى النظر [madaː nnazar].

seicht *adj.* ضحل [đaħl]; (*oberflächlich*) سطحي [satħiː]; (*banal*) تافه [taːfih].

Seide *f* حرير [ħariːr]; ~**n-papier** *n* (*-s; -e*) ورق رفيع [waraq rafiːʔ]; ~**n-raupe** *f*, ~**n-wurm** *m* (*-¢s; ⸚er*) دودة القز [duːdat alqazz].

Seife *f* صابون [ʃaːbuːn].

Seifen|blase *f* فقاعة صابون [fuqqaːʕat ʃ.]; ~**schaum** *m* (*-s; O*) رغوة صابون [raɣwat ʃ.].

S

seihen *v/t.* صفى [ʃaffaː].

Seil *n* (*-ɇs; -e*) حبل [ħabl]; **~(schwebe)bahn** *f* قاطرات معلقة [qaːtiraːt muʕallaqa]; **~tänzer** *m* بهلوان [bahlawaːn].

Sein *n* (*-s; O*) كون [kaun], كيان [kijaːn]; (*Da~*) وجود [wudʒuːd].

sein[1] (*L*) *v/i.* كان [kaːna, -uː-].

sein[2] *poss. pron.*: **~ Haus** بيته [baituhu]; **das ~e** ماله [maːluhu].

seinerseits *adv.* من ناحيته [min naːħijatihi].

seinerzeit *adv.* في حينه [fiː ħiːnihi].

seinet|halben, ~wegen *adv.* من أجله [min ʔadʒlihi].

seit *präp. D* منذ [munðu].

seit'dem *adv.* منذ ذلك [munðu ðaːlika].

Seite *f* جانب [dʒaːnib], جهة [dʒiha]; (*Buch~*) صفحة [ʃafħa]; (*e-s Dreiecks*) ضلع [đilʕ].

Seiten-ansicht *f* منظر جانبي [manzar dʒaːnibiː].

seitens *präp. G* من جانب [min dʒaːnib], من طرف [min taraf].

Seitenstraße *f* طريق فرعي [tariːq farʕiː].

seitlich *adj.* جانبي [dʒaːnibiː].

seitwärts *adv.* جانبا [dʒaːniban], إلى الجانب [ʔilaː ldʒaːnib].

Sekre'tär *m* (*-s; -e*) كاتب [kaːtib], سكرتير [sekreteːr].

Sekretariat [-'ʀĭɑːt] *n* (*-ɇs; -e*) سكرتارية [sekretaːriːja].

Sekre'tärin *f* سكرتيرة [sekreteːra].

Sekt *m* (*-s; -e*) شمبانيا [ʃambaːnjaː].

Sekte *f* طائفة دينية [taːʔifa diːniːja], فرقة [firqa], مذهب [maðhab].

Sek'tion *f* فصل [faʃl], قسم [qism]; *Med.* تشريح الجثة [taʃriːħ aldʒuθθa].

Sektor *m* (*-s; -en* [-'toː-]) قطاع [qitaːʕ].

sekun'där *adj.* ثانوي [θaːnawiː].

Se'kunde *f* ثانية [θaːnija].

selber, selbst *dem. pron.* نفس [nafs], ذات [ðaːt]; ***ich ~*** أنا بنفسي [ʔana binafsiː]; ***von ~*** من تلقاء نفسه [min tilqaːʔi nafsihi]; *adv.* حتى [ħattaː]; ***selbst wenn*** ولو [wa lau].

selb-ständig *adj.* قائم بذاته [qaːʔim biðaːtihi], مستقل [mustaqill].

Selbst|bedienung *f* خدمة ذاتية

[xidma ðaːtiːja]; **~beherrschung** *f* تمالك [tamaːluk]; **~bestimmung** *f* تقرير المصير [taqriːr almasˤiːr], الحكم الذاتى [alħukm aððaːtiː]; **≈bewußt** *adj.* واثق بالذات [waːθiq biððaːt]; **~bewußtsein** *n* الوعى الذاتى [alwaʕj aððaːtiː]; **~-erkenntnis** *f* (—; *-se*) معرفة الذات [maʕrifat aððaːt]; **~kosten** *pl.* تكاليف (البائع) [takaːliːf (albaːʔiʕ)]; **~losigkeit** *f* إيثار [ʔiːθaːr], غيرية [ɣairiːja]; **~mord** *m* (*-es; -e*) انتحار [intiħaːr]; ***~mord begehen*** انتحر [intaħara]; **~mörder** *m* منتحر [muntaħir]; **≈redend** *adv.* طبعا [tˤabʕan]; **~sucht** *f* (*O*) حب الذات [ħubb aððaːt], أنانية [ʔanaːniːja]; **≈tätig** *adj.* آلى [ʔaːliː], تلقائى [tilqaːʔiː], اوتوماتيكى [otomaːtiːkiː]; **~unterricht** *m* (*-ẹs; O*) تعلم بلا معلم [taʕallum bilaː muʕallim]; **~verleugnung** *f* (*O*) إنكار الذات [ʔinkaːr aððaːt]; **~verpflegung** *f* تموين ذاتى [tamwiːn ðaːtiː]; **≈verständlich** *adj.* مفهوم [mafhuːm], بديهى [badiːhiː]; *adv.* طبعا [tˤabʕan]; **~vertrauen** *n* (*-s; O*) الثقة بالنفس [aθθiqa binnafs]; **~verwaltung** *f* إدارة ذاتية [ʔidaːra ðaːtiːja].

selig *adj.* سعيد [saʕiːd]; (*verstorben*) مرحوم [marħuːm].

Seligkeit *f* سعادة [saʕaːda]; *Rel.* غبطة [ɣibtˤa].

Sellerie *m* (*-s; O*) كرفس [karafs].

selten *adj.* نادر [naːdir]; *adv.* نادرا [naːdiran], قليلا ما [qaliːlan maː]; **≈heit** *f* ندرة [nudra]; (*~e Sache*) نادرة [naːdira].

seltsam *adj.* عجيب [ʕadʒiːb], غريب [ɣariːb].

Se'mantik *f* (*O*) دلالة الألفاظ [dalaːlat alʔalfaːzˤ].

se'mantisch *adj.* دلالى [dalaːliː].

Se'mester *n* نصف سنة دراسية [nisˤf sana diraːsiːja], فصل [fasˤl]; **~ferien** *pl.* عطلة بين الفصلين [ʕutˤla bain alfasˤlain].

Semi'nar *n* (*-s; -e*) معهد [maʕhad]; (*Lehrveranstaltung*) حلقة دراسية [ħalqa diraːsiːja].

se'mitisch *adj.* سامى [saːmiː].

Semi'tistik *f* (*O*) الساميات [assaːmiːjaːt].

Semmel *f* (—; *-n*) رغيف أبيض

S

صغير [raɣiːf ʔabjaɗ ʃaɣiːr], كايزر [kaːjzer].

Se'nat *m* (-*ẹs*; -*e*) *Pol.* مجلس الشيوخ [madʒlis aʃʃujuːx]; (*Universitäts*~) مجلس الجامعة [madʒlis aldʒaːmiʕa].

senden (*L*) *v/t.* أرسل [ʔarsala], بعث [baʕaθa, -a-]; *Rundf.* أذاع [ʔaðaːʕa].

Send|er *m El.* جهاز إرسال [dʒihaːz ʔirsaːl]; *Rundf.* محطة الإذاعة [maħattat alʔiðaːʕa]; **~ung** *f* إرسال [ʔirsal]; *Rundf.* إذاعة [ʔiðaːʕa]; *Post, Hdl.* إرسالية [ʔirsaːliːja].

Senf *m* (-*es*; *O*) خردل [xardal].

sengen *v/t.* أحرق [ʔaħraqa].

se'nil *adj.* هرم [harim].

senken *v/t.* أنزل [ʔanzala]; (*Stimme, Preis*) خفض [xaffaɗa]; *v/r.* هبط [habata, -i-], نزل [nazala, -i-], انخفض [inxafaɗa].

senkrecht *adj.* قائم [qaːʔim], عمودى [ʕamuːdiː].

Sensation [-'tsĭoːn] *f* حادث مثير [ħaːdiθ muθiːr]; (*Nachricht*) خبر مثير [xabar muθiːr].

sensatio'nell *adj.* مثير [muθiːr], مدهش [mudhiʃ].

Sense *f* محش [miħaʃʃ].

sen'sibel (-*bl*-) *adj.* حساس [ħassaːs].

Sensibili'tät *f* رقة الشعور [riqqat aʃʃuʕuːr].

sentimen'tal *adj.* عاطفى [qaːtifiː].

Sentimentali'tät *f* عاطفية [ʕaːtifiːja].

sepa'rat *adj.* منفصل [munfaʃil], منفرد [munfarid]; *adv.* على حدة [ʕalaː ħida]; **~ismus** [-'tɪ-] *m* (-; *O*) انفصالية [infiʃaːliːja].

Sepsis *f Med.* خمج [xamadʒ], تقيح [taqajjuħ].

Sep'tember *m Äg.* سبتمبر [sibtambar]; *Syr.* أيلول [ʔailuːl].

septisch *adj. Med.* معفن [muʕaffan], عفن [ʕafin].

Serie ['zeːʀĭə] *f* سلسلة [silsila], مجموعة [madʒmuːʕa]; **~nfabrikation** [-'tsĭoːn] *f* إنتاج بالجملة [ʔintaːdʒ bildʒumla]; **~n-häuser** *n/pl.* مبان متكررة [mabaːnin mutakarrira]; **~n-nummer** *f* رقم متسلسل [raqm mutasalsil].

seriös [-'ʀĭøːs] (-*est*) *adj.* رزين [raziːn], جدى [dʒiddiː].

Serpen'tinen *f/pl.* تعاريج [taʕaːriːdʒ].

Serum *n* (-*s*; *Seren od. Sera*) *Med.* مصل [maʃl].

S

Ser'vice[1] [sɛʁ'viːs] *n* (-*s*; —) طقم السفرة [taqm assufra].

Ser'vice[2] ['sœʁvɪs] *m* (-; -*s*) خدمة [xidma]; *Mot.* صيانة [ʃijaːna]; ~**station** [-tsĭoːn] *f* مرأب [mirʔab], ورشة [warʃa], محطة بنزين [maħattat banziːn].

ser'vieren (—) *v/t.* قدم الطعام [qaddama ttaʕaːm].

Ser'viererin *f Äg.* جرسونة [garsoːna].

Serviette [-'vĭɛ-] *f* فوطة السفرة [fuːtat assufra].

Sessel *m* كرسى [kursiː].

setzen *v/t.* (*Ding*) وضع [wađaʕa, jađaʕu], حط [ħatta, -u-]; (*Person*) أجلس [ʔadʒlasa]; (*Schrift*) صف [ʃaffa, -u-]; (*wetten*) (**auf** *A* على) راهن [raːhana]; *v/i.* (**über** *A* فوق) وثب [waθaba, jaθibu], عبر قافزا [ʕabara, -u-, qaːfizan]; *v/r.* جلس [dʒalasa, -i-].

Setzer *m* صفاف الحروف [ʃaffaːf alħuruːf].

Seuche *f* وباء [wabaːʔ].

seufzen (-*t*) *v/i.* تنهد [tanahhada].

Seufzer *m* تنهدة [tanahhuda].

Sex *m* (-*es*; *O*) الجنس [aldʒins].

Sex-Appeal [-ə'piːl] *m* جاذبية جنسية [dʒaːðibiːja dʒinsiːja].

sexu'al, sexu'ell *adj.* جنسى [dʒinsiː].

se'zieren *v/t. Anat.* شرح [ʃarraħa].

sich *refl. pron.* نفسه [nafsahu], نفسها [nafsahaː], نفسهم [nafsahum]; ***von ~ aus*** من تلقاء نفسه [min tilqaːʔi nafsihi].

Sichel *f* (—; -*n*) منجل [mindʒal]; (*Mond*~) هلال [hilaːl].

sicher (-*chr*-) *adj.* أمين [ʔamiːn], مأمون [maʔmuːn]; (*gesichert*) مضمون [mađmuːn]; (*gewiß*) أكيد [ʔakiːd], محقق [muħaqqaq]; (*zuverlässig*) موثوق به [mauθuːq bihi]; ~ ***sein G*** تأكد من [taʔakkada]; ~ ***sein vor D*** أمن من [ʔamina, -a-]; *adv.* أكيدا [ʔakiːdan], بالتأكيد [bittaʔkiːd].

Sicherheit *f* أمن [ʔamn], أمان [ʔamaːn]; (*Garantie*) ضمان [đamaːn], أمانة [ʔamaːna]; (*Gewißheit*) تأكد [taʔakkud], يقين [jaqiːn]; ***kollektive*** ~ سلامة جماعية [salaːma dʒamaːʕiːja]; ***öffentliche*** ~ الأمن العام [alʔamn alʕaːmm].

Sicherheits|behörde *f* جهاز الأمن [dʒihaːz alʔamn];

S

~**gurt** *m* (*-¢s; -e*) حزام الأمن [ħizaːm alʔamn]; ∻**halber** *adv.* لأجل الأمان [liʔadʒl alʔamaːn]; ~**nadel** *f* (*-; -n*) دبوس إنكليزي [dabbuːs ʔinkiliːziː]; ~**polizei** *f* رجال الأمن [ridʒaːl alʔamn], شرطة [ʃurta]; ~**rat** *m* (*-¢s; ¨e*) مجلس الأمن [madʒlis alʔamn]; ~**schloß** *n* (*-sses; ¨sser*) قفل الأمان [qufl alʔamaːn]; ~**vorrichtung** *f* جهاز السلامة [dʒihaːz assalaːma].

sicherlich *adv.* أكيدا [ʔakiːdan], بلا شك [bilaː ʃakk].

sichern (*-re*) *v/t.* أمن [ʔammana].

sicherstellen *v/t.* كفل [kafala, -u-]; (*beschlagnahmen*) حجز [ħadʒaza, -u-].

Sicherung *f* تأمين [taʔmiːn]; *El.* مصهر [miʃhar]; (*e-r Waffe*) زر الأمان [zirr alʔamaːn].

Sicht *f* (*O*) مرأى [marʔan]; (*Gesichtspunkt*) وجهة نظر [widʒhat naẓar]; **auf lange** ~ لأمد بعيد [liʔamad baʕiːd]; ∻**bar** *adj.* مرئي [marʔiːj], بين [bajjin]; ∻**en** (*-e-*) *v/t.* (*sortieren*) نقى [naqqaː]; *Mar.* رأى [raʔaː, jaraː]; ~**vermerk** *m* (*-es; -e*) تأشيرة [taʔʃiːra]; ~**weite** *f* مدى البصر [madaː lbaʃar].

sickern *v/i.* تسرب [tasarraba].

sie *pers. pron.* هي [hija], هم [hum], هن [hunna].

Sie *pers. pron.* (للاحترام) انتم [ʔantum].

Sieb *n* (*-¢s; -e*) منخل [munxul]; (*grobes* ~) غربال [ɣirbaːl].

sieben[1] *v/t.* نخل [naxala, -u-], غربل [ɣarbala].

sieben[2] *num.* سبعة [sabʕa]; ~**fach** *adj.* سبعة أضعاف [sabʕat ʔaḍʕaːf]; ~**te** *num.* سابع [saːbiʕ].

siebzehn *num.* سبعة عشر [sabʕata ʕaʃara].

siebzig *num.* سبعون [sabʕuːn].

siech *adj.* سقيم [saqiːm].

siedeln (*-le*) *v/i.* (**an, in** *D* في) توطن [tawaṭṭana], استقر [istaqarra].

sieden (*-e-*) *v/i.* غلى [ɣalaː, -iː]; *v/t.* سلق [salaqa, -u-].

Siedepunkt *m* (*-¢s; -e*) نقطة الغليان [nuqṭat alɣalajaːn].

Siedler *m* مستوطن [mustauṭin].

Siedlung *f* مستوطنة [mustauṭana].

Sieg *m* (*-es; -e*) نصر [naʃr], غلبة [ɣalaba], ظفر [ẓafar]; *Sport* فوز [fauz].

Siegel *n* ختم [xatm].

sieg|en *v/i.* (**über** *A* على) انتصر [intaʃara], تغلب [taɣallaba]; **˜er** *m* غالب [ɣaːlib]; *Sport* فائز [faːʔiz]; **˜es-feier** *f* (-; -*n*) احتفال بالفوز [iħtifaːl bil-fauz]; **~reich** *adj.* منتصر [muntaʃir], مظفر [muzaffar].

Si'gnal *n* (-*s*; -*e*) إشارة [ʔiʃaːra].

si'gnieren *v/t.* وقع [waqqaʕa].

Silbe *f* مقطع [maqtaʕ].

Silber *n* فضة [fiđđa]; **˜n** *adj.* فضي [fiđđiː].

Silhouette [ziˑluˑ'ɛtə] *f* خيال [xajaːl].

Silvesterfeier *f* (-; -*n*) احتفال برأس السنة [iħtifaːl biraʔs assana].

Simu'lant *m* (-*en*) متمارض [mutamaːriđ].

Sinaihalb-insel *f* شبه جزيرة سيناء [ʃibh ʤaziːrat siːnaːʔ].

Sinfo'nie *f* سنفونية [sinfuːniːja].

singen (*L*) *v/t.* *u.* *v/i.* غنى [ɣannaː].

Singular *m* (-*s*; -*e*) *Gr.* مفرد [mufrad].

sinken (*L*) *v/i.* هبط [habata, -i-], انخفض [inxafađa]; (*Schiff*) غرق [ɣariqa, -a-].

Sinn *m* (-*es*; -*e*) بال [baːl], عقل [ʕaql], وعى [waʕj]; (~*es-organ*) حاسة [ħaːssa]; (*Bedeutung*) معنى [maʕnan], مغزى [maɣzan]; **die fünf ~e** الحواس الخمس [alħawaːss alxams]; **~bild** *n* (-*ɇs*; -*er*) رمز [ramz]; **˜en** (*L*) *v/i.* تأمل [taʔammala], تفكر [tafakkara]; **˜end** *adj.* مفكر [mufakkir].

Sinnes|-art *f* (*O*) عقلية [ʕaqliːja]; **~täuschung** *f* خداع الحواس [xidaːʕ alħawaːss].

sinn|gemäß *adj.* مطابق المعنى [mutaːbiq almaʕnaː]; **~lich** *adj.* (*die ˜e betreffend*) حسى [ħissiː]; (*lüstern*) شهوانى [ʃahwaːniː]; **~los** (-*est*) *adj.* باطل [baːtil], غير مفيد [ɣair mufiːd], بلا جدوى [bilaː ʤadwaː].

sinnvoll *adj.* مفيد [mufiːd].

Sintflut *f* (*O*) طوفان [tuːfaːn].

Sinus *m* (-; - *od.* -*se*) *Math.* جيب [ʤaib].

Sippe *f* أسرة [ʔusra], آل [ʔaːl].

Sirene *f* (*Alarm*˜) صفارة الإنذار [ʃaffaːrat alʔinðaːr].

Sirup *m* (-*s*; *O*) شراب حلو [ʃaraːb ħulw], دبس [dibs].

Sitt|e *f* عادة [ʔaːda], أدب [ʔadab]; **~en** *pl.* آداب [ʔaːdaːb], تقاليد [taqaːliːd]; **˜en-los** (*O*) *adj.* عديم الأدب [ʕadiːm alʔadab]; **˜lich**

S

adj. أخلاق [ʔaxlaːqiː]; **~lichkeit** *f* (*O*) أخلاقية [ʔaxlaːqiːja]; **~lichkeitsverbrechen** *n* جرم أخلاق [ʤurm ʔaxlaːqiː].

Situation [-'tsĭoːn] *f* وضع [wadˁʕ], موقف [mauqif]; (*Umstände*) ظروف [ẓuruːf]; ***die gegenwärtige ~*** الوضع الراهن [alwadˁʕ arraːhin].

Sitz *m* (*-es; -e*) (*Bank*) مقعد [maqʕad]; (*Standort, Wohn~*) مقر [maqarr].

sitzen (*L; a. sn*) *v/i.* جلس [ʤalasa, -i-], قعد [qaʕada, -u-]; (*Kleid*) ***gut ~*** لاءم [laːʔama]; *F* ***er sitzt*** هو فى السجن [huwa fiː ssiʤn]; ***beim ~*** عند الجلوس [ʕinda lʤuluːs]; **~bleiben** (*sn*) *v/i.* بقى جالسا [baqija, -aː, ʤaːlisan].

Sitz|gelegenheit *f* مقعد [maqʕad]; **~-ordnung** *f* نظام الجلوس [niẓaːm alʤuluːs]; **~platz** *m* (*-es; ¨e*) مكان جلوس [makaːn ʤuluːs]; **~streik** *m* (*-s; -s*) اعتصام [iʕtiʃaːm]; **~ung** *f* جلسة [ʤalsa].

Skala *f* (*—; Skalen*) مقياس مدرج [miqjaːs mudarraʤ]; *Mus.* سلم [sullam].

Skal'pell *n* (*-s; -e*) *Med.* مشرط [miʃrat].

Skan'dal *m* (*-s; -e*) فضيحة [fadˁiːħa].

skanda'lös *adj.* فاضح [faːdˁiħ], شائن [ʃaːʔin].

Ske'lett *n* (*-s; -e*) هيكل [haikal].

Skepsis *f* ارتياب [irtijaːb], شك [ʃakk].

Skeptiker *m* متشكك [mutaʃakkik].

Ski [ʃiː] *m* (*-s; -er od. -*) *s.* ***Schi***.

Skizze *f* رسم تخطيطى [rasm taxtiːtiː]; (*Entwurf*) مسودة [muswadda].

Sklave *m* (*-n*) عبد [ʕabd].

Skle'rose *f* *Med.* تصلب [taʃallub].

Skonto *m u. n* (*-s; Skonti*) *Hdl.* خصم [xaʃm].

Skrupel *m* شك [ʃakk], وخز الضمير [waxz adˁdˁamiːr]; **~los** (*-est*) *adj.* فاقد الضمير [faːqid adˁdˁamiːr].

Slawe *m*, **slawisch** *adj.* سلافى [sulaːfiː].

Sma'ragd *m* (*-es; -e*) زمرد [zumurrud].

Smoking *m* (*-s; -s*) سترة السهرة [sutrat assahra].

Sno'bismus *m* (*—; Snobis-

men) نفخة [nafxa], تشامخ [taʃaːmux].

so *adv.* كذا [kaðaː], هكذا [haːkaðaː]; ~ ***oder*** ~ إما كذا أو كذا [ʔimmaː k. ʔau k.]; ~ ***daß*** حتى [ħattaː]; *cj.* إن [ʔin]; **~bald** *cj.* حالما [ħaːla maː], عند ما [ʕinda maː], ما أن [maː ʔan].

Socke *f* جورب قصير [ʤaurab qaʃiːr].

Sockel *m* قاعدة [qaːʕida], ركيزة [rakiːza].

Soda(wasser) *n* (ماء) الصودا [(maːʔ) aʃʃoːda].

so'dann *adv.* ثم [θumma], بعد ذلك [baʕda ðaːlika].

Sodbrennen *n* حرقان المعدة [ħaraqaːn almaʕida].

so'eben *adv.* قبل لحظة [qabla laħza], توا [tawwan].

Sofa *n (-s; -s)* أريكة [ʔariːka].

so'fort *adv.* فورا [fauran], فى الحال [fiː lħaːl].

so'gar *adv.* (للتأكيد) حتى [ħattaː].

sogenannt *adj.*: **der ~e** المسمى [almusammaː].

so'gleich *adv.* حالا [ħaːlan]; *s.* ***sofort.***

Sohle *f* نعل [naʕl]; *(Fuß~)* باطن القدم [baːtin alqadam]; *(Tal~)* قعر [qaʕr].

Sohn *m (-es; ¨e)* ابن [ibn], ولد [walad].

so'lange *adv.* ما دام [maː daːma].

solch *dem. pron.* مثل [miθl].

Sold *m (-es; -e)* أجر الجندى [ʔaʤr alʤundiː].

Sol'dat *m (-en)* عسكرى [ʕaskariː], جندى [ʤundiː].

Söldner *m* مرتزق [murtaziq]; *fig.* أجير [ʔaʤiːr].

so'lid *(-est) adj.* متين [matiːn].

Solidari'tät *f (O)* تضامن [taḍaːmun], تكاتف [takaːtuf].

Soll *n (-s; O)* واجب [waːʤib]; *(Buchhaltung, Gegens. Haben)* رصيد مدين [raʃiːd madiːn], *(als Überschrift)* عليه [ʕalaihi].

sollen *v/i.*: ***ich soll*** ينبغى لى [janbaɣiː liː], ***er soll*** ينبغى له [j. lahu]; ***wie soll ich das wissen?*** كيف لى أن أعلم [kaifa liː ʔan ʔaʕlama]; ***was soll das heißen?*** ما معنى هذا [maː maʕnaː haːðaː].

Sommer *m* صيف [ʃaif]; **~-auf-enthalt** *m (-¢s; -e)* اصطياف [iʃtijaːf]; **~fahrplan** *m (-¢s; ¨e) Eisenb.* جدول صيفى [ʤadwal ʃaifiː]; **~lich** *adj.* صيفى [ʃaifiː]; **~schlußverkauf** *m (-¢s; ¨e)*

Hdl. تصفية صيفية [taffiːja faifiːja]; **~sprossen** *f/pl.* نمش [namaʃ], كلف [kalaf]; **~zeit** *f* (*O*) توقيت الصيف [tauqiːt affaif].

Sonde *f Med.* مجس [midʒass]; مسبر [misbar].

Sonder|-abdruck *m* (*-es; -e*) مستل [mustall]; **~-angebot** *n* (*-ɇs; -e*) *Hdl.* أوكازيون [ʔokazjoːn]; **~-ausgabe** *f* طبعة خاصة [tabʕa xaːffa]; **~̊bar** *adj.* غريب [ɣariːb]; **~beauftragte(r)** *m s.* ***~bevollmächtigte(r)***; **~berichterstatter** *m* مراسل خاص [muraːsil xaːff]; **~bestimmung** *f* بند (شرط) خاص [band (ʃart) xaːff]; **~bevollmächtigte(r)** *m* مندوب خاص [manduːb xaːff]; **~genehmigung** *f* تصريح خاص [tafriːħ xaːff]; **~ling** *m* (*-s; -e*) غريب الأطوار [ɣariːb alʔatwaːr].

sondern[1] *cj.* بل [bal]; ***nicht nur …, ~ auch*** *s.* ***nicht.***

sondern[2] (*-re*) *v/t.* فصل [fafala, -i-], فرز [faraza, -i-].

Sonder|recht *n* (*-s; -e*) امتياز [imtijaːz]; **~regelung** *f* استثناء [istiθnaːʔ]; **~zug** *m* (*-es; ⸚e*) قطار خاص [qitaːr xaːff].

son'dieren *v/t.* سبر [sabara, -u-], فحص [faħafa, -a-].

Sonnabend *m* (*-s; -e*) يوم السبت [jaum assabt].

Sonne *f* شمس [ʃams].

sonnen *v/r.* تشمس [taʃammasa].

Sonnen|aufgang *m* (*-s; ⸚e*) شروق الشمس [ʃuruːq aʃʃams]; **~brille** *f* نظارة شمسية [nazzaːra ʃamsiːja]; **~finsternis** *f* (*—; -se*) كسوف الشمس [kusuːf aʃʃams]; **~fleck** *m* (*-ɇs; -e*) بقعة شمسية [buqʕa ʃamsiːja]; **~schein** *m* (*-ɇs; O*) ضوء الشمس [đauʔ aʃʃams]; **~-schirm** *m* (*-s; -e*) شمسية [ʃamsiːja], مظلة [mizalla]; **~stich** *m* (*-s; -e*) ضربة الشمس [đarbat aʃʃams]; **~strahl** *m* (*-s; -en*) شعاعة الشمس [ʃuʕaːʕ aʃʃams]; **~-untergang** *m* (*-s; ⸚e*) غروب الشمس [ɣuruːb aʃʃams]; **~wende** *f* انقلاب الشمس [inqilaːb aʃʃams].

sonnig *adj.* (*Tag*) مشمس [muʃmis]; *fig.* صاف [faːfin].

Sonntag *m* (*-s; -e*) يوم الأحد [jaum alʔaħad].

sonst *adv.* وإلا [wa ʔillaː], في غير هذه الحالة [fiː ɣair haːðihi lħaːla]; ***~ etwas?*** شيء آخر [ʃaiʔ ʔaːxar].

S

Sorg|e *f* غم [ɣamm], هم [hamm]; **~en** *v/i.* (**für** *A* ب) اعتنى [iʕtanaː]; *v/r.* اغتم [iɣtamma], قلق [qaliqa, -a-]; **~falt** *f (O)* عناية [ʕinaːja]; **~fältig** *adj.* معتن [muʕtanin], مدقق [mudaqqiq]; (*Arbeit*) متقن [mutqan]; *adv.* بإتقان [biʔitqaːn]; **~los** (*-est*) *adj.* مهمل [muhmil], عديم الاكتراث [ʕadiːm aliktiraːθ]; **~loses Leben** عيش الراحة [ʕaiʃ arraːħa].

Sorte *f* نوع [nauʕ], صنف [ʃinf], لون [laun].

sor'tieren (—) *v/t.* صنف [ʃannafa].

Sorti'ment *n* (*-s; -e*) *Hdl.* مجموعة [madʒmuːʕa], تشكيلة [taʃkiːla].

SOS-Ruf *m* (*-ɇs; -e*) طلب النجدة [talab annadʒda].

Soße *f* صلصة [ʃalʃa].

so-undso *adv.* كذا و كذا [kaðaː wa kaðaː]; **~** *m* فلان [fulaːn]; *f* فلانة [fulaːna].

Souper [suˑ'peː] *n* (*-s, -s*) عشاء [ʕaʃaːʔ].

Souvenir [suˑvə'niːʁ] *n* (*-s; -s*) هدية (تحفة) تذكارية [hadiːja (tuħfa) taðkaːriːja].

souverän [suˑvə'ʀɛːn] *adj.* مستقل [mustaqill]; (*Staat*) ذات سيادة [ðaːt sijaːda]; **~i'tät** *f (O)* سيادة [sijaːda].

so'viel *adv.* مثل هذا المقدار [miθl haːðaː lmiqdaːr]; **halb ~** نصفه [niʃʃuhu]; **~ wie möglich** بقدر الإمكان [biqadr alʔimkaːn]; *cj.* مهما [mahmaː].

so'weit *adv.* حتى الآن [ħattaː lʔaːn], إلى هذا الحد [ʔilaː haːðaː lħadd]; *cj.* كما [kamaː].

so'wie *cj.* و ... أيضا [wa ... ʔaiđan].

sowie'so *adv.* بلا ريب [bilaː raib], على كل حال [ʕalaː kull ħaːl].

so'wjetisch *adj.* سوفييتي [sovjeːtiː].

sowohl: **~ ... als auch** و ... و [wa ... wa].

sozial [-'tsĭaːl] *adj.* اجتماعي [idʒtimaːʕiː]; **~er Wohnbau** بناء مساكن شعبية [binaːʔ masaːkin ʃaʕbiːja]; **~es Denken** الاهتمام بالمصلحة العامة [alihtimaːm bilmaʃlaħa alʕaːmma]; **~demokratisch** *adj.* اشتراكي ديموقراطي [iʃtiraːkiː diːmuːqraːtiː]; **~ist** [-'lɪst] *m* (*-en*), **~istisch** [-'lɪstɪʃ] *adj.* اشتراكي [iʃtiraːkiː]; **~produkt** *n* (*-ɇs;*

-*e*) الإنتاج الاجتماعى [alʔintaːʤ alidʒtimaːʕiː]; **~versicherung** *f* التأمين الاجتماعى [attaʔmiːn ali.].

Soziolo'gie [-tsĭoˑ-] *f* علم الاجتماع [ʕilm alidʒtimaːʕ].

Spachtel *m od. f* ملوق [milwaq].

Spa'gat *m* (-*ɇs*; -*e*) دوبارة [duːbaːra].

spähen *v/i.* استطلع [istatlaʕa], تجسس [tadʒassasa].

Spalt *m* (-*ɇs*; -*e*) شق [ʃaqq].

Spalte *f s.* ***Spalt***; صدع [ʃadʕ], فتحة [fatħa]; (*Zeitungs*~) عمود [ʕamuːd].

spalten *v/t.* شق [ʃaqqa, -u-]; *v/r.* انشق [inʃaqqa], انشطر [inʃatara].

Spaltung *f* شق [ʃaqq]; (*Teilung*) تقسيم [taqsiːm]; (*Atom*~) تحطيم [taħtiːm]; (*Sichspalten*) انشقاق [inʃiqaːq], انفلاق [infilaːq].

Span *m* (-*ɇs*; ⸗*e*) شظية [ʃaziːja]; *pl.*: (*Feil*~) برادة [buraːda]; (*Hobel*~) نجارة [nudʒaːra]; (*Säge*~) نشارة [nuʃaːra].

Spange *f* مشبك [miʃbak].

Span|ien [-nĭən] *n* اسبانيا [isbaːnijaː]; **~ier** *m*, **~isch** *adj.* اسبانى [isbaːniː].

Spanne *f* شبر [ʃibr]; (*Zeit*~) مدة [mudda].

spannen *v/t.* مد [madda, -u-], شد [ʃadda, -u-]; **~d** *adj.* مشوق [muʃawwiq], أخاذ [ʔaxxaːð].

Spann|feder *f* (—; -*n*) زنبلك [zambalik], زنبرك [zambarak]; **~kraft** *f* (—; ⸗*e*) مرونة [muruːna]; **~ung** *f* توتر [tawattur]; *El.* جهد [dʒahd].

Sparbuch *n* (-*ɇs*; ⸗*er*) دفتر التوفير [daftar attaufiːr].

sparen *v/i.* اقتصد [iqtaʃada]; *v/t.* وفر [waffara].

Spargel *m Bot.* هليون [hiljaun].

Sparkasse *f* صندوق التوفير [ʃunduːq attaufiːr].

spärlich *adj.* زهيد [zahiːd].

Sparmaßnahme *f* تدبير اقتصادى [tadbiːr iqtiʃaːdiː].

sparsam *adj.* مقتصد [muqtaʃid].

Sparte *f* باب [baːb], صنف [ʃinf].

Spaß *m* (-*es*; ⸗*e*) دعابة [duʕaːba], مزاح [muzaːħ]; **~en** *v/i.* مزح [mazaħa, -a-].

spät (-*est*) *adj.* متأخر [mutaʔaxxir]; *adv.* متأخرا [mutaʔaxxiran]; ***wie ~ ist es?*** كم الساعة [kam assaːʕa].

Spaten *m* مر [marr], مسحاة [misħaːt].

spät|er *adv.* فيما بعد [fiːmaː baʕdu]; **~estens** *adv.* على الأكثر [ʕalaː lʔakθar].

Spatz *m* (-*en*) *s.* ***Sperling***.

S

spa'zieren (—), **~gehen** (*L; sn*) *v/i.* تنزه [tanazzaha].

Spa'ziergang *m* نزهة [nuzha], فسحة [fusħa].

Speck *m* (*-s; O*) شحم الخنزير [ʃaħm alxinziːr].

Spedit|eur [ʃpe·di·'tøʁ] *m* (*-s; -e*) وكيل النقليات [wakiːl annaqliːjaːt]; **~ion** [-'tsĭoːn] *f* نقليات [naqliːjaːt], شحن [ʃaħn], إرسال [ʔirsaːl].

Speer *m* (*-s; -e*) رمح [rumħ].

Speiche *f* برمق العجلة [barmaq alʕadʒala]; *Anat.* كعبرة [kuʕbura].

Speichel *m* ريق [riːq], لعاب [luʕaːb]; (*Spucke*) بصقة [baʃqa].

Speicher *m* مخزن [maxzan], عنبر [ʕambar]; *Äg.* شونة [ʃoːna]; *El.* ذاكرة [ðaːkira]; **≗n** *v/t.* خزن [xazana, -u-]; *El.* كدس [kaddasa]; (*Information*) لقم [laqqama].

speien (*L*) *v/t.* بصق [baʃaqa, -u-]; (*erbrechen*) استنطق [istantaqa]; (*Vulkan*) نفث [nafaθa, -u-].

Speise *f* طعام [taʕaːm]; (*Nahrung*) غذاء [ɣiðaːʔ]; (*Essen*) أكل [ʔakl]; **~kammer** *f* (*—; -n*) كرار [karaːr]; **~karte** *f* قائمة الطعام [qaːʔimat attaʕaːm].

speisen (*-t*) *v/i.* تناول الطعام [tanaːwala ttaʕaːm].

Speise|röhre *f* *Anat.* مرىء [mariːʔ]; **~saal** *m* (*-¢s; -säle*) مطعم [matʕam]; **~wagen** *m* *Eisenb.* عربة الأكل [ʕarabat alʔakl]; **~zimmer** *n* غرفة الأكل [ɣurfat alʔakl].

Spekul|ant [ʃpe·ku·'lant] *m* (*-en*) مضارب [muđaːrib]; **~ation** [-la·'tsĭoːn] *f* مضاربة [muđaːraba]; (*philosophische*) تأمل نظرى [taʔammul nazariː]; **≗ieren** [-'liː-] (—) *v/i.* ضارب [đaːraba], قامر [qaːmara].

Spende *f* تبرع [tabarruʕ]; **≗n** *v/t.* تبرع ب [tabarraʕa].

Sperling *m* (*-s; -e*) عصفور [ʕuʃfuːr].

Sperma ['sp-] *n* (*-s; Spermen od. Spermata*) *Biol.* منى [maniːj].

Sperr|e *f* سد [sadd], حاجز [ħaːdʒiz]; *Fin.* حجز [ħadʒz]; **≗en** *v/t.* سد [sadda, -u-]; (*Tür*) أقفل [ʔaqfala]; **~holz** *n* (*-es; ¨er*) خشب معاكس [xaʃab muʕaːkas]; **~ung**

S

f إغلاق [ʔiɣlaːq], حصار [ħifaːr].

Spesen *pl.* مصاريف [mafaːriːf].

Spezial|fach [-'tsĭaːl-] *n* (-ɇs; ⸚er), **~gebiet** *n* (-ɇs; -e) اختصاص [ixtifaːf], تخصص [taxaffuf]; **⁓i'sieren** *v/r.* (**auf** *A* فى) تخصص [taxaffafa]; **~ist** [-'lɪst] *m* (-en) أخصائى [ʔaxiffaːʔiː], اختصاصى [ixtifaːfiː]; **~i'tät** *f s.* **~fach**; *pl.* **~'itäten** (*Delikatessen*) نوادر الطعام [nawaːdir attaʕaːm].

speziell [-'tsĭɛl] *adj.* خاص [xaːff]; *adv.* خاصة [xaːffatan].

Spezifikation [-'tsĭoːn] *f* مواصفة [muwaːfafa].

spe'zifisch *adj.* نوعى [nauʕiː].

spezifi'zieren (—) *v/t.* عين [ʕajjana], حدد [ħaddada], بين [bajjana].

Sphäre *f* (*Himmels*⁓) فلك [falak]; *fig.* (*Bereich*) مجال [madʒaːl].

Sphinx [sfɪŋks] *f* (-; -e) أبو الهول [ʔabuː lhaul].

Spiegel *m* مرآة [mirʔaːt]; **~bild** *n* (-s; -er) صورة منعكسة [fuːra munʕakisa]; **⁓n** (-le) *v/t.* عكس [ʕakasa, -i-]; *v/r.* انعكس [inʕakasa]; **~ung** *f* انعكاس [inʕikaːs].

Spiel *n* (-s; -e) لعب [laʕib]; *Thea.* تمثيل [tamθiːl]; *Musik* عزف [ʕazf]; (*Glücks*⁓) قمار [qimaːr]; **~-art** *f* نوع [nauʕ], ضرب [đarb]; **~automat** *m* (-en) آلة لعب القمار [ʔaːlat laʕb alqimaːr].

spiel|en *v/i.* (**mit** *D* ب) لعب [laʕiba, -a-]; (*frevelhaft* **~en**) عبث [ʕabaθa, -a-]; *v/t.* (*Schach, Karten, Rolle*) لعب; (*Instrument*) عزف [ʕazafa, -i-]; **⁓er** *m* لاعب [laːʕib]; (*im Glücksspiel*) مقامر [muqaːmir]; **~erisch** *adv.* بلا جهد [bilaː dʒahd]; **⁓feld** *n* (-es; -er) ملعب [malʕab]; **⁓karten** *f/pl.* ورق اللعب [waraq allaʕib]; **⁓plan** *m* (-s; ⸚e) *Theater* جدول التمثيل [dʒadwal attamθiːl]; **⁓platz** *m* (-es; ⸚e) ملعب الأطفال [malʕab alʔatfaːl]; **⁓regeln** *f/pl.* قواعد اللعب [qawaːʕid allaʕib]; **⁓sachen**, **⁓waren** *f/pl.* لعب [luʕab]; **⁓zeug** *n* (-s; -e) لعبة [luʕba].

Spieß *m* (-es; -e) حربة [ħarba]; (*Brat*⁓) سيخ [siːx].

Spi'nat *m* (-s; *O*) سبانخ [sabaːnax].

Spinn|e *f* عنكبوت [ʕankabuːt]; **˜en** (*L*) *v/t., v/i.* غزل [ɣazala, -i-]; *fig.* هذى [haðaː, -iː]; **~(en)gewebe** *n* (*-s;* —) نسيج عنكبوت [nasiːdʒ ʕankabuːt].

Spi'on *m* (*-s; -e*) جاسوس [dʒaːsuːs]; **~age** [ʃpiˑoˑ-'nɑːʒə] *f* تجسس [tadʒassus]; **~age-abwehr** [-'nɑːʒə-] *f* (*O*) تجسس مضاد [tadʒassus muđaːdd].

Spi'rale *f* لولب [laulab]; (*Linie*) خط حلزوني [xatt ħalazuːniː].

Spiritu'osen *pl.* مشروبات روحية [maʃruːbaːt ruːħiːja].

Spiritus *m* (—; *O*) إسبرتو [ʔisbirtuː].

spitz *adj.* مسنن [musannan], مدبب [mudabbab]; (*scharf*) حاد [ħaːdd]; (*beißend*) لاذع [laːðiʕ]; **˜bube** *m* (*-n*) شقي [ʃaqiːj].

Spitze *f* سن [sinn]; (*Nadel˜*) رأس [raʔs]; (*Berg˜*) *u. Pol.* قمة [qimma]; (*Nasen˜*) طرف [taraf]; (*Brüsseler* ~) دنتيلا [dantillaː].

Spitzel *m* مخبر [muxbir], عين [ʕain].

spitzen (*-t*) *v/t.* سنن [sannana]; (*e-n Bleistift*) برى [baraː, -iː].

Spitzen|geschwindigkeit *f* السرعة القصوى [assurʕa alquʃwaː]; **~kandidat** *m* (*-en*) المرشح المفضل [almuraʃʃaħ almufađđal]; **~leistung** *f* الأداء الأقصى [alʔadaːʔ alʔaqʃaː]; **~marke** *f* ماركة ممتازة [marka mumtaːza]; **~treffen** *n Pol.* مؤتمر القمة [muʔtamar alqimma]; **~wein** *m* (*-ℯs; -e*) نبيذ ممتاز [nabiːð mumtaːz].

spitzfindig *adj.* متمحل [mutamaħħil], مراوغ [muraːwiɣ].

Spitz|findigkeit *f* حيلة [ħiːla]; **~hacke** *f* معول [miʕwal]; **~name** *m* كنية [kunja], نبز [nabaz]; **˜winklig** *adj.* (*Dreieck*) حاد الزوايا [ħaːdd azzawaːjaː].

Splitter *m* شظية [ʃaziːja]; **˜n** (*-re; a. sn*) *v/i.* تشظى [taʃazzaː].

spon'tan *adj.* تلقائي [tilqaːʔiː], فوري [fauriː].

spo'radisch [*a.* sp-] *adj.* متشتت [mutaʃattit].

Spore *f Bot.* بوغ [bauɣ].

Sporn *m* (*-ℯs; Sporen*) مهماز [mihmaːz].

spornen *v/t.* همز [hamaza, -u-].

S

Sport *m* (*-∉s; -e*) رياضة [rijaːđa]; **~klub** *m* ناد رياضي [naːdin rijaːđiː]; **≈lich** *adj.* رياضي [rijaːđiː]; **~platz** *m* (*-es; ¨-e*) ملعب [malʕab].

Spott *m* (*-es; O*) تهكم [tahakkum], استهزاء [istihzaːʔ]; **≈'billig** (*O*) *adj.* بخس [baxs]; **≈en** (*-e-*) *v/i.* هجا [hadʒaː, -uː].

spöttisch *adv.* بسخرية [bisuxriːja].

Sprach|e *f* [-ɑː-] لغة [luɣa], كلام [kalaːm], لسان [lisaːn]; **~führer** *m* دليل لغوى [daliːl luɣawiː]; **~lehre** *f* قواعد اللغة [qawaːʕid alluɣa]; **≈lich** (*O*) *adj.* لغوى [luɣawiː]; **≈los** *adj.* مدهوش [madhuːʃ], عاجز عن الكلام [ʕaːdʒiz ʕan alkalaːm]; **~rohr** *n* (*-s; -e*) بوق [buːq], مكبر صوت [mukabbir ʃaut]; **~wissenschaft** *f* علم اللغة [ʕilm alluɣa].

S

sprechen (*L*) *v/i.*, *v/t.* (**mit** *D* ه) كلم [kallama], تكلم مع [takallama]; *e-e Sprache* تكلم ب.

Sprech|er *m* متكلم [mutakallim]; *Radio* مذيع [muðiːʕ]; (*offizieller ~er*) ناطق بلسان [naːtiq bilisaːn]; **~gebühr** *f* رسم التلفون [rasm attelefoːn]; **~stunde** *f* وقت العيادة [waqt alʕijaːda]; **~zimmer** *n* حجرة العيادة [ħudʒrat alʕ.].

spreizen (*-t*) *v/t.* (*Beine*) فرشح [farʃaħa]; (*Finger*) نشر [naʃara, -u-].

spreng|en *v/t.* (*mit Wasser*) رش [raʃʃa, -u-]; (*in die Luft*) نسف [nasafa, -i-]; فجر [faddʒara]; **≈stoff** *m* (*-∉s; -e*) مادة ناسفة [maːdda naːsifa], متفجر [mutafaddʒir]; **≈ung** *f* نسف [nasf], تفجير [tafdʒiːr].

Sprichwort *n* (*-∉s; ¨-er*) مثل [maθal], حكمة [ħikma].

sprießen (*L; sn*) نبت [nabata, -u-].

Springbrunnen *m* فسقية [fisqiːja], نافورة [naːfuːra].

springen (*L; sn*) قفز [qafaza, -i-], وثب [waθaba, jaθibu]; (*hüpfen*) نط [natta, -u-]; (*hoch~*) *a. fig.* طفر [tafara, -u-]; (*bersten*) تصدع [taʃaddaʕa].

Springer *m* قفاز [qaffaːz]; (*Schach*) فرس [faras].

Spritze *f* مضخة [miđaxxa]; *Med.* حقنة [ħuqna]; **≈n** (*-t*) *v/t.* ضخ [đaxxa, -u-], بخ [baxxa, -u-]; (*sprühen*) رش

[raʃʃa, -u-]; *Med.* حقن [ħaqana, -u-].

spröde *adj.* هش [haʃʃ]; (*trocken*) جاف [ʤaːff]; (*ablehnend*) آب [ʔaːbin].

Sproß *m* (*-sses; -sse*) نبتة [nabta]; (*Abkomme*) نجل [naʤl], سليل [saliːl].

Sprosse *f* درجة سلم [daraʤat sullam].

Sprößling *m* (*-s; -e*) *s.* **Sproß**.

Spruch *m* (*-es; ¨-e*) قول [qaul], حكمة [ħikma]; (*Urteil*) حكم [ħukm].

Sprudel *m* فوارة [fawwaːra]; (*Getränk*) غازوزة [ɣaːzuːza]; **~n** (*-le*) *v/i.* فار [faːra, -uː-], تدفق [tadaffaqa].

sprühen *v/t.* رش [raʃʃa, -u-].

Sprung *m* (*-es; ¨-e*) قفز [qafz], وثبة [waθba]; (*Bruchlinie*) صدع [ʃadʕ]; **~brett** *n* (*-ẹs; -er*) منطة [manatta]; **~haft** *adv.* بوثبات [biwaθabaːt].

Spucke *f* بصاق [buʃaːq]; **~n** *v/i.* بصق [baʃaqa, -u-].

Spuk *m* (*-s; -e*) شبح [ʃabaħ], خيال [xajaːl].

Spule *f* بكرة [bakara]; *El.* ملف [milaff].

spülen *v/t.* شطف [ʃatafa, -u-], غسل [ɣasala, -i-].

Spülmaschine *f* غسالة الصحون [ɣassaːlat aʃʃuħuːn].

Spur *f* أثر [ʔaθar]; (*Wagen~*) جرة [ʤurra]; *Eisenb.* خط [xatt].

spüren *v/t.* شعر [ʃaʕara, -u-], أحس [ʔaħassa].

spurlos *adv.* بلا أثر [bilaː ʔaθar].

Spurweite *f Eisenb.* عرض الخط [ʕarđ alxatt].

sputen (*-e-*) *v/r.* استعجل [istaʕʤala].

Staat *m* (*-es; -en*) دولة [daula]; **~en-los** (*O*) *adj.* بلا جنسية [bilaː ʤinsiːja]; **~lich** (*O*) *adj.* حكومي [ħukuːmiː], (أ)ميري [(ʔa)miːriː].

Staats|-angehörigkeit *f* جنسية [ʤinsiːja], تبعية [tabaʕiːja]; **~-anwalt** *m* (*-ẹs; -e*) *Jur.* نائب [naːʔib]; **~-anwaltschaft** *f* النيابة العمومية [anniјaːba alʕumuːmiːja]; **~bürger** *m* (*-s; —*) مواطن [muwaːtin]; **~haushalt** *m* (*-ẹs; -e*) ميزانية الدولة [miːzaːniːjat addaula]; **~macht** *f* سلطة الدولة [sultat addaula]; **~mann** *m* (*-es; ¨-er*) رجل سياسة [raʤul sijaːsa]; **~-papiere** *pl. Fin.* سندات حكومية [sanadaːt ħukuːmiːja]; **~präsident** *m*

(*-en*) رئيس الدولة [raʔiːs addaula]; **~sekretär** *m* (*-s; -e*) وكيل الوزارة [wakiːl alwizaːra]; **~verfassung** *f* دستور [dustuːr]; **~wissenschaften** *f/pl.* العلوم السياسية [alʕuluːm assijaːsiːja].

Stab *m* (*-es; ¨-e*) عصا [ʕaʃan], قضيب [qadiːb]; *Mil.* أركان حرب [ʔarkaːn ħarb]; *Sport* (*für Stabhochsprung*) زانة [zaːna].

sta'bil *adj.* ثابت [θaːbit]; **~i'sieren** (—) *v/t.* ثبت [θabbata]; **~̂i'sierung** *f* تثبيت [taθbiːt].

Stachel *m Bot.* حسكة [ħasaka], شوكة [ʃauka]; (*Bienen~̂*) إبرة [ʔibra]; (*Skorpion~̂*) زباني [zubaːnaː]; **~draht** *m* (*-¢s; O*) سلك شائك [silk ʃaːʔik]; **~̂ig** *adj.* شوكي [ʃaukiː], شائك [ʃaːʔik], حسكي [hasakiː].

Stadion *n* (*-s; Stadien*) إستاد [ʔistaːd], ميدان ألعاب [maidaːn ʔalʕaːb].

Stadium *n* (*-s; Stadien*) مرحلة [marħala], طور [taur].

Stadt *f* (—; *¨-e*) مدينة [madiːna], بلد [balad]; **~bevölkerung** *f* أهل المدينة [ʔahl almadiːna]; **~gebiet** *n* (*-¢s; -e*) منطقة مدنية [mintaqa madaniːja].

städtisch *adj.* بلدى [baladiː], مدنى [madaniː].

Stadt|teil *m* (*-s; -e*), **~viertel** *n* حى [ħajj].

Staffel *f* (—; *-n*) *Flugw.* سرب [sirb].

Stagnation [-'tsĭoːn] *f* ركود [rukuːd]; *Hdl.* كساد [kasaːd].

Stahl *m* (*-s; O*) صلب [ʃulb], فولاذ [fuːlaːð].

stähl|en *v/t.* صلب [ʃallaba]; *fig.* قوى [qawwaː]; **~ern** *adj.* فولاذى [fuːlaːðiː].

Stall *m* (*-es; ¨-e*) زريبة [zariːba]; (*Pferde~̂*) إسطبل [ʔistabl].

Stamm *m* (*-es; ¨-e*) جذع [ʤiðʕ], ساق [saːq]; (*Volk*) قبيلة [qabiːla]; (*Ursprung*) أصل [ʔaʃl]; **~baum** *m* (*-¢s; ¨-e*) شجرة النسب [ʃaʤarat annasab].

stammeln (*-le*) *v/i.* تلجلج [talaʤlaʤa].

stammen *v/i.* (**von** *D* إلى) انتسب [intasaba].

stämmig *adj.* ربعة القوام [rabʕat alqawaːm], متين [matiːn].

stampfen *v/i.* داس [daːsa, -uː-]; *v/t.* (*im Mörser*) دق [daqqa, -u-].

Stand *m* (*-es; ⸗e*) (*Zu~*) حال [ħaːl]; (*Lage*) وضع [waɖʕ]; (*Klasse*) طبقة [ŧabaqa]; (*Niveau*) مستوى [mustawan]; (*Rang*) رتبة [rutba]; (*Bude*) كشك [kuʃk].

Standard *m* (*-s; -s*) (*Norm*) عيار [ʕijaːr]; (*Niveau*) مستوى [mustawan].

standardi'sieren (—) *v/t.* وحد العيار [waħħada lʕ.].

Stan'darte *f* راية [raːja], لواء [liwaːʔ].

Standbild *n* (*-es; -er*) تمثال [timθaːl].

Ständer *m* دعامة [diʕaːma], حامل [ħaːmil].

Standes|-amt *n* (*-es; ⸗er*) مكتب الأحوال الشخصية [maktab alʔaħwaːl aʃʃaxʃiːja]; **~gemäß** *adj.* مناسب للمقام [munaːsib lilmaqaːm].

standhaft (*-est*) *adj.* صبور [ʃabuːr]; **~igkeit** *f* (*O*) صبر [ʃabr], جلد [ʤalad].

ständig *adj.* دائم [daːʔim], مستمر [mustamirr]; *adv.* باستمرار [bistimraːr].

Stand-ort *m* موضع [mauɖiʕ], موقع [mauqiʕ].

Standpunkt *m* (*-es; -e*) وجهة النظر [wiʤhat annaẓar].

Standrecht *n* الأحكام العرفية [alʔaħkaːm alʕurfiːja].

Stange *f* عمود [ʕamuːd], عود [ʕuːd].

Stapel *m* كدس [kuds]; **~lauf** *m* (*-~~es~~; ⸗e*) إنزال سفينة إلى البحر [ʔinzaːl safiːna ʔilaː lbaħr].

Star[1] *m* (*-s; -e*) *Zo.* زرزور [zurzuːr].

Star[2] *m* (*-s; O*) *Med.* (*grauer ~*) الماء الأبيض [almaːʔ alʔabjaɖ]; (*Glaukom*) الماء الأزرق [almaːʔ alʔazraq].

Star[3] *m* (*-s; -s*) (*Film~*) نجم سينما [naʤm siːnemaː].

stark (*⸗er; ⸗st-*) *adj.* قوى [qawiːj]; (*heftig*) شديد [ʃadiːd]; (*dick*) سميك [samiːk]; (*beleibt*) بدين [badiːn]; *adv.* كثيرا [kaθiːran], بشدة [biʃidda].

Stärke *f* قوة [quːwa]; (*Dicke*) سمك [sumk]; (*Heftigkeit*) شدة [ʃidda]; (*Wäsche~*) نشاء [naʃaːʔ].

stärken *v/t.* قوى [qawwaː]; (*Wäsche*) نشى [naʃʃaː]; *v/r.* انتعش [intaʕaʃa].

Stark-strom *m* (*-s; O*) *El.* تيار عالى الجهد [tajjaːr ʕaːliː lʤahd].

S

Stärkungsmittel *n* دواء مقو [dawaːʔ muqawwin].

starr *adj.* صلب [ʃulb], جامد [ʤaːmid]; (*Blick*) شاخص [ʃaːxiʃ]; (*~köpfig*) عنيد [ʕaniːd]; **~en** *v/i.* (**auf** *A*) حملق (في [ħamlaqa]; **~kopf** *m* عنيد [ʕaniːd]; **~krampf** *m* *Med.* كزاز [kuzaːz], تيتانوس [tiːtaːnuːs].

Start *m* (*-s; -s*) بدء [badʔ]; *Sport* انطلاق [intilaːq]; *Flugw.* قيام [qijaːm]; **~en** (*-e-*) *v/i.* قام [qaːma, -uː-], انطلق [intalaqa]; *v/t.* بدأ [badaʔa, -a-], قام ب; (*e-e Rakete*) أطلق [ʔatlaqa]; **~er** *m Mot.* محرك الإقلاع [muħarrik alʔiqlaːʕ].

Statik *f* إستاتيكا [ʔistaːtiːkaː], علم توازن القوى [ʕilm tawaːzun alquwaː].

Station [-'tsĭoːn] *f* محطة [maħatta].

statisch *adj.* ساكن [saːkin].

Statistik *f* إحصاء [ʔiħʃaːʔ]; (*Wissenschaft*) إحصائيات [ʔiħʃaːʔiːjaːt].

sta'tistisch *adj.* إحصائي [ʔiħʃaːʔiː].

Sta'tiv *n* (*-s; -e*) ركيزة [rakiːza], حامل [ħaːmil].

statt *präp.* *G* بدلا من [badalan min], عوضا عن [ʕiwađan ʕan].

Stätte *f s.* ***Ort, Stelle***.

statt|finden (*L; er, sie, es findet statt*) *v/i.* حدث [ħadaθa, -u-], تم [tamma, -i-], وقع [waqaʕa, jaqaʕu]; **~haft** (*-est*) *adj.* جائز [ʤaːʔiz], مسموح [masmuːħ]; **~halter** *m* حاكم [ħaːkim], عامل [ʕaːmil]; *s.* **Gouverneur**; **~lich** *adj.* فخم [faxm]; ***~liche Anzahl*** عدد غير قليل [ʕadad ɣair qaliːl].

Statue [-tuᵘə] *f* تمثال [timθaːl].

Sta'tur *f* قوام [qawaːm], قامة [qaːma].

Status *m* (*—; —*) حالة اجتماعية [ħaːla iʤtimaːʕiːja].

Sta'tut *n* (*-s; -en*) نظام [nizaːm], دستور [dustuːr].

Stau *m* (*-s; -s*) (*Verkehrs~*) تجمع [taʤammuʕ].

Staub *m* (*-es; O*) تراب [turaːb], غبار [ɣubaːr].

Stau-becken *n* خزان [xazzaːn].

Staub|sauger *m* مكنسة كهربائية [miknasa kahrabaːʔiːja]; **~tuch** [-uː-] *n* (*-¢s; ⸚er*) خرقة تنفيض [xirqat tanfiːđ].

Staudamm *m* (*-¢s; ⸚e*) سد [sadd].

Staude *f* شجيرة [ʃudʒaira], عشب [ʕuʃb].

stauen *v/t.* سد [sadda, -u-], خزن [xazzana]; *v/r.* انسد [insadda], تجمع [tadʒammaʕa].

staunen *v/i.* تعجب [taʕaddʒaba], اندهش [indahaʃa].

Staunen *n* (*-s; O*) تعجب [taʕaddʒub], استغراب [istiɣraːb].

Stausee *m* (*-s; -n*) خزان [xazzaːn].

Stauung *f Med.* احتقان [iħtiqaːn].

stechen (*L*) *v/t.* شك [ʃakka, -u-], طعن [taʕana, -a-]; (*Insekt*) لسع [lasaʕa, -a-]; ***in See*** ~ أبحر [ʔabħara].

Stechmücke *f Koll.* بعوض [baʕuːđ].

Steckbrief *m* (*-es; -e*) وصف مجرم فار [waʃf mudʒrim faːrr].

Steckdose *f El.* بريزة [bariːza].

stecken (*L; auch -te*) *v/t.* دس [dassa, -u-], أدخل [ʕadxala], وضع [wađaʕa, jađaʕu], (*ins Haar*) شبك [ʃabaka, -i-]; (*in die Erde*) غرز [ɣaraza, -i-]; *v/i.* (*sn*) كان [kaːna, -u-], وجد [wudʒida]; *F* ***wo steckst du?*** أين أنت [ʔaina ʔanta].

Steckenpferd *n* (*-s; -e*) *fig.* هواية [hawaːja].

Stecker *m El.* فيشة [fiːʃa].

Stecknadel *f* (*—; -n*) دبوس [dabbuːs].

Steg *m* (*-es; -e*) جسر صغير [dʒisr ʃaɣiːr].

stehen (*L*) *v/i.* وقف [waqafa, jaqifu], قام [qaːma, -uː-]; ***es steht geschrieben*** مكتوب [maktuːb]; ***im*** ~ عند الوقوف [ʕinda lwuquːf]; **~bleiben** (*sn*) *v/i.* توقف [tawaqqafa]; **~d** *adj.* واقف [waːqif]; (*Gewässer*) راكد [raːkid]; **~lassen** *v/t.* ترك [taraka, -u-].

stehlen (*L*) *v/t.* سرق [saraqa, -i-].

steif *adj.* جامد [dʒaːmid], صلب [ʃulb].

Steig *m* (*-es; -e*) درب [darb]; **~bügel** *m* ركاب [rikaːb]; **~en** (*L; sn*) *v/i.* صعد [ʃaʕida, -a-], ارتفع [irtafaʕa]; (*klettern*) رقى [raqija, -aː], تسلق [tasallaqa]; ***aufs Pferd*** **~en** ركب [rakiba, -a-].

steiger|n (*-re*) *v/t.* زاد [zaːda, -iː-], كثر [kaθθara], رفع [rafaʕa, -a-]; *v/r.* ازداد [izdaːda]; **~ung** *f* (*Preise*) ارتفاع [irtifaːʕ]; (*Produktion*) إكثار [ʔikθaːr].

Steigung *f* صعود [ʃuʕuːd];

(*Straßen*~) انحدار [inħidaːr].

steil *adj.* قائم [qaːʔim], شامخ [ʃaːmix].

Stein *m* (-*¢s*; -*e*) حجر [ħadʒar]; (*Kiesel*~ *u.* *Med.*) حصاة [ħaʃaːt]; (*Edel*~) حجر كريم [ħ. kariːm]; (*Obstkern*) نواة [nawaːt]; ~**bruch** *m* (-*¢s*; ⸚*e*) محجر [maħdʒar]; ~**druck** *m* (-*¢s*; -*e*) طبع حجرى [tabʕ ħadʒariː]; ~**ern** (*O*) *adj.* حجرى [ħadʒariː]; ~**hart** (*O*) *adj.* صلب مثل الحجر [ʃulb miθl alħadʒar]; ~**ig** *adj.* كثير الأحجار [kaθiːr alʔaħdʒaːr]; ~**kohle** *f* فحم حجرى [faħm ħadʒariː]; ~**metz** *m* (-*en*) حجار [ħaddʒaːr], نحات [naħħaːt]; ~**pflaster** *n* بلاط [balaːt]; ~**zeit** *f* العصر الحجرى [alʕaʃr alħadʒariː].

Stelldichein [ˈʃtɛldıçˀaın] *n* (-*s*; *O*) ميعاد [miːʕaːd].

Stelle *f* مكان [makaːn], موضع [mauđiʕ]; *an erster* ~ فى المقام الأول [fiː lmaqaːm alʔawwal]; *offene* ~ وظيفة شاغرة [waziːfa ʃaːɣira]; *zur* ~ حاضر [ħaːđir].

stellen *v/t.* وضع [wađaʕa, jađaʕu], حط [ħatta, -u-]; أقام [ʔaqaːma]; (*Uhr*) ضبط [đabata, -u-]; *s.a.* **Frage**; (*e-n Dieb*) أدرك [ʔadraka]; *v/r.* تصنع [taʃannaʕa]; *Jur.* سلم نفسه [sallama nafsahu].

Stellung *f* (*Haltung*) وضع [wađʕ]; (*Funktion*) وظيفة [waziːfa]; (*Rang*) مكانة [makaːna]; ~ **nehmen** أبدى رأيه [ʔabdaː raʔjahu].

Stellvertreter *m* نائب [naːʔib], وكيل [wakiːl].

Stemm-eisen *n* إزميل [ʔizmiːl].

stemmen *v/t.* (*Wand*) قور [qawwara]; (*Gewichte*) رفع [rafaʕa, -a-]; *v/r.* (**gegen** *A*) قاوم (ه) [qaːwama].

Stempel *m* ختم [xatm], طابع [taːbiʕ]; ~**gebühr** *f* رسم الدمغة [rasm addamɣa]; ~**marke** *f* دمغة [damɣa]; ~**n** (-*le*) *v/t.* ختم [xatama, -i-]; ~**papier** *n* عرض حال [ʕarđ ħaːl].

Stengel *m* ساق النبات [saːq annabaːt], عود [ʕuːd].

Steno|gra'phie *f* اختزال [ixtizaːl]; ~**gra'phieren** (—) *v/t. u. v/i.* كتب بالاختزال [kataba, -u-, bilixtizaːl]; ~**ty'pistin** *f* كاتبة مختزلة [kaːtiba muxtazila].

Steppdecke *f* لحاف [liħaːf].

Steppe *f* برية [barriːja].

sterb|en (*L*; *sn*) *v/i.* مات

[maːta, -u-], توفى [tuwuffija], احتضر [uħtuđira]; ~**lich** *adj.* فان [faːnin], هالك [haːlik].

Stereopho'nie *f* موسيقى مجسمة [muːsiːqaː mudʒassama].

ste'ril *adj.* عقيم [ʕaqiːm]; *(Frau)* عاقر [ʕaːqir].

sterili'sieren (—) *v/t.* عقم [ʕaqqama].

Stern *m (-¢s; -e)* نجم [nadʒm], كوكب [kaukab]; ~**bild** *n (-¢s; -er)* برج [burdʒ]; ≈**förmig** *adj.* نجمى [nadʒmiː]; ~**kunde** *f (O)* علم الفلك [ʕilm alfalak]; ~**schnuppe** *f* نيزك [naizak]; ~**warte** *f* مرصد فلكى [marʃad falakiː].

stetig *adj.* مستمر [mustamirr]; ≈**keit** *f (O)* استمرار [istimraːr].

stets [-eː-] *adv.* دائما [daːʔiman].

Steuer[1] *f* (—; *-n*) ضريبة [đariːba].

Steuer[2] *n Mar.* دفة [daffa], دومان [duːmaːn]; *Mot.* مقود [miqwad].

Steuer|-amt *n (-¢s; ¨er)* مصلحة الضرائب [maʃlaħat ađđaraːʔib]; ~**-erklärung** *f* بيان الدخل والضرائب [bajaːn addaxl wađđ.]; ≈**frei** *adj.* معفى من الضريبة [muʕfan min ađđariːba].

Steuer|knüppel *m Flugw.* مقود الطائرة [miqwad attaːʔira]; ~**mann** *m (-¢s; ¨er u. Steuerleute)* دومانجى [duːmaːndʒiː]; ≈**n** *v/t.* قاد [qaːda, -uː-], وجه [waddʒaha].

steuer|pflichtig *adj.* مكلف بدفع الضرائب [mukallaf bidafʕ ađđaraːʔib]; ≈**progression** *f* تصاعد الضريبة [taʃaːʕud ađđariːba].

Steuerrad *n (-¢s; ¨er)* عجلة القيادة [ʕadʒalat alqijaːda].

Steuerung *f* قيادة [qijaːda], توجيه [taudʒiːh].

Steuerzahler *m* دافع الضرائب [daːfiʕ ađđaraːʔib].

Stich *m (-es; -e)* طعنة [taʕna], وخزة [waxza]; *(beim Sticken)* غرزة [ɣurza]; *(Insekten*≈*)* لسعة [lasʕa]; *(Kunst*≈*)* صورة محفورة [ʃuːra maħfuːra]; ***im ~ lassen*** غادر [ɣaːdara].

Stichprobe *f* عنة عشوائية [ʕajjina ʕaʃwaːʔiːja].

Stichwort *n (-s; ¨er)* *(im Wörterbuch)* كلمة ترتيبية [kalima tartiːbiːja]; *(Wink)* رمز [ramz].

stick|en *v/t.* طرز [tarraza]; ≈**e'rei** *f* تطريز [tatriːz].

S

stickig *adj.* (*Luft*) خانق [xaːniq].

Stickstoff *m* (-*s*; *O*) *Chem.* نيتروجين [nitroʤiːn].

Stiefel *m* حذاء طويل [ħiðaːʔ tawiːl].

Stief|mutter *f* (—; ⸚) رابة [raːbba]; **~sohn** *m* (-*es*; ⸚*e*) ربيب [rabiːb]; **~tochter** *f* (—; ⸚) ربيبة [rabiːba]; **~vater** *m* (-*s*; ⸚) راب [raːbb].

Stiel *m* (-*s*; -*e*) قبضة [qabđa], يد [jad]; *Bot.* ساق النبات [saːq annabaːt].

Stier *m* (-*s*; -*e*) ثور [θaur].

stieren *v/i.* *s.* ***starren***.

Stift[1] *m* (-*es*; -*e*) مسمار [mismaːr], خابور [xaːbuːr]; (*Schreib~*) قلم [qalam].

Stift[2] *n* (-*s*; -*e*) دير [dair]; **~en** (-*e*-) *v/t.* أسس [ʔassasa]; *Isl.* أوقف [ʔauqafa]; ***Unheil* ~en** أحدث شرا [ʔaħdaθa ʃarran]; **~er** *m* مؤسس [muʔassis]; *Isl.* واقف [waːqif]; **~ung** *f* تأسيس [taʔsiːs]; (*Institution*) مؤسسة [muʔassasa]; *Isl.* وقف [waqf].

Stil *m* (-*s*; -*e*) طراز [tiraːz]; (*literarischer* ~) أسلوب [ʔusluːb].

still *adj.* هادىء [haːdiʔ]; (*schweigend*) صامت [ʃaːmit]; (*verborgen*) كامن [kaːmin]; **~er Ozean** المحيط الهادئ [almuħiːt alhaːdiʔ].

stillen *v/t.* (*Kind*) أرضع [ʔarđaʕa]; (*Blut*) أوقف [ʔauqafa]; (*Hunger*) أهجأ [ʔahʤaʔa]; (*Durst*) أطفأ [ʔatfaʔa]; (*Schmerz*) سكن [sakkana].

still|halten (*L*) *v/i.* صبر [ʃabara, -i-], سكن [sakana, -u-]; **~legen** *v/t.* عطل [ʕattala]; **~schweigen** *n* (*O*) سكوت [sukuːt], صمت [ʃamt]; **~schweigend** *adv.* بصمت [biʃamt], بدون اعتراض [biduːn iʕtiraːđ]; **~stand** *m* (-*s*; *O*) وقوف [wuquːf], ركود [rukuːd], بطلان [butlaːn]; **~stehen** (*L*; *a. sn*) *v/i.* وقف [waqafa, jaqifu], ركد [rakada, -u-].

Stimm|band *n* (-*es*; ⸚*er*) *Anat.* وتر صوتي [watar ʃautiː]; **~berechtigung** *f* حق التصويت [ħaqq attaʃwiːt]; **~e** *f* صوت [ʃaut]; **~en** *v/i.* صح [ʃaħħa, -i-]; ***es stimmt*** صح [ʃaħħa], هو صحيح (مضبوط) [huwa ʃaħiːħ (mađbuːt)]; ***da stimmt etwas nicht*** هناك خلل ما

[hunaːka xalalun maː]; (*die Stimme abgeben*) (**für** *A* ل) صوت [ʃawwata]; (*e. Instrument*) ضبط [đabaṭa, -u-], دوزن [dauzana]; **~-enthaltung** *f* امتناع عن التصويت [imtinaːʕ ʕan attaʃwiːt]; **~gabel** *f* (—; -*n*) شوكة الدوزنة [ʃaukat addauzana]; **~recht** *n* (-*s*; *O*) *s.* **~*berechtigung***.

Stimmung *f* مزاج [mizaːʤ]; (*Atmosphäre*) جو [ʤaww]; **≈s-voll** *adj.* ذو جو بهيج [ðuː ʤaww bahiːʤ].

Stimulans *n* (—; *Stimu'lantia* [-tsĭa] *u.* *Stimu'lantien* [-tsĭən]) *Med.* منشط [munaʃʃiṭ], منعش [munʕiʃ].

stinken (*L*) *v/i.* نتن [natina, -a-], دفر [dafira, -a-], زخم [zaxima, -a-]; **~d, stinkig** *adj.* نتن [natin].

Sti'pendium *n* (-*s*; *Stipendien* [-dĭən]) منحة دراسية [minħa diraːsiːja].

Stirn *f* جبين [ʤabiːn], جبهة [ʤabha].

Stock *m* (-*ẹs*; *¨e*) عصا [ʕaʃan]; (*~werk*) طابق [taːbiq], دور [daur].

stock|en *v/i.* ركد [rakada, -u-], توقف [tawaqqafa]; (*Milch*) خثر [xaθara, -u-]; (*Blut*) جمد [ʤamada, -u-]; **~finster** *adj.* دامس [daːmis]; **≈ung** *f* انقطاع [inqitaːʕ], توقف [tawaqquf]; **≈werk** *n* (-*ẹs*; -*e*) *s.* ***Stock***.

Stoff *m* (-*es*; -*e*) (*Gewebe*) نسيج [nasiːʤ], قماش [qumaːʃ]; (*Materie*) مادة [maːdda]; **≈lich** (*O*) *adj.* مادى [maːddiː]; **~wechsel** *m* (-*s*; *O*) *Med.* أيض [ʔaiđ].

stöhnen *v/i.* أن [ʔanna, -i-].

Stollen *m* (*Bergwerks≈*) نفق [nafaq]; (*Backware*) رغيف حلو [raɣiːf ħulw].

stolpern (-*re*; *sn*) *v/i.* (**über** *A* على) تعثر [taʕaθθara].

stolz (-*est*) *adj.* فخور [faxuːr], متكبر [mutakabbir]; (*prächtig*) فاخر [faːxir]; **~ *sein*** (**auf** *A* ب) افتخر [iftaxara]; **≈** *m* (-*es*; *O*) فخر [faxr], كبرياء [kibrijaːʔ].

stopfen *v/t.* (*ver~*) سد [sadda, -u-]; (*füllen*) حشا [ħaʃaː, -uː]; (*ausbessern*) رفأ [rafaʔa, -a-].

Stopfgarn *n* (-*ẹs*; -*e*) خيط الرفء [xait arrafʔ].

Stoppel *m* (—; -*n*) *s.* ***Stöpsel***; **~n** *f/pl.* جذامة [ʤuðaːma].

stoppen *v/i.* توقف [tawaqqafa];

S

v/t. أوقف [ʔauqafa]; (*Zeit*) وقت [waqqata].

Stöpsel *m* سداد [sidaːd].

Storch *m* (*-es; ¨e*) *Zo.* (أبو) لقلق [(ʔabuː) laqlaq].

stören *v/t.* أزعج [ʔazʕadʒa], ضايق [đaːjaqa]; (*hindern*) منع [manaʕa, -a-]; (*Radio*) شوش [ʃawwaʃa]; **~d** *adj.* مزعج [muzʕidʒ].

stor'nieren *v/t. Hdl.* ألغى الطلب [ʔalɣaː ttalab].

störrig *adj.* (*Pferd*) جموح [dʒamuːħ].

Störung *f* مضايقة [muđaːja-qa]; (*mechanische* ~) خلل [xalal]; (*Verwirrung*) اضطراب [iđtiraːb]; (*Radio*~) تشويش [taʃwiːʃ]; **~s-dienst** *m* خدمة صيانة [xidmat ʃijaːna].

Stoß *m* (*-es; ¨e*) دفعة [dafʕa], صدمة [ʃadma]; (*Stapel*) كدس [kuds]; **~dämpfer** *m Mot.* ممتص صدمات [mumtaʃʃ ʃada-maːt].

Stößel *m* مدق [midaqq].

stoßen (*L*) *v/t.* دفع [dafaʕa, -a-], صدم [ʃadama, -i-]; *v/i.* (**an** *D*, **gegen** *A* ب) اصطدم [iʃtadama]; (**auf** *A* على) عثر [ʕaθara, -u-], صادف ﻫ [ʃaːdafa].

Stoßstange *f Mot.* مصد [miʃadd].

Stoßverkehr *m* (*-s; O*) ذروة المرور [ðurwat almuruːr].

Stoßzahn *m* (*-ẹs; ¨e*) ناب [naːb].

Stotterer *m* ألكن [ʔalkan].

stottern (*-re*) *v/i.* لكن [lakina, -a-], تلجلج [taladʒladʒa].

Straf-anstalt *f* سجن [sidʒn].

straf|bar *adj.* مستوجب العقاب [mustaudʒib alʕiqaːb]; **~e** *f* عقوبة [ʕuquːba], جزاء [dʒazaːʔ]; (*Geld*~) غرامة [ɣaraːma]; **~en** *v/t.* عاقب [ʕaːqaba], جازى [dʒaːzaː]; **~-erlaß** *m* (*-sses; ¨sse*) عفو عن العقوبة [ʕafw ʕan alʕu-quːba].

straff *adj.* مشدود [maʃduːd].

straf|fällig *adj.* عرضة للعقاب [ʕurđa lilʕiqaːb]; **~gefange-ne(r)** *m* محكوم عليه بالسجن [maħkuːm ʕalaihi bissidʒn], سجين [sadʒiːn]; **~gericht** *n* (*-ẹs; -e*) محكمة جنائية [maħ-kama dʒinaːʔiːja]; **~gesetz** *n* (*-es; -e*) قانون العقوبات [qaːnuːn alʕuquːbaːt].

sträflich *adj.* مستحق العقاب [mustaħiqq alʕiqaːb].

Sträfling *m* (*-ẹs; -e*) سجين [sadʒiːn].

S

Straf|porto *n* (*-s; -porti*) *Post* رسم إضافى [rasm ʔiđaːfiː], غرامة [ɣaraːma]; **~prozeß** *m* (*-sses; -sse*) محاكمة جنائية [muħaːkama ʤinaːʔiːja]; **~recht** *n* (*-ǝs; O*) القانون الجنائى [alqaːnuːn alʤinaːʔiː].

Strahl *m* (*-s; -en*) شعاع [ʃuʕaːʕ]; (*Wasser*~) دفقة [dufqa]; **~en** *v/i.* أشع [ʔaʃaʕʕa]; (*Sonne*) أشرق [ʔaʃraqa]; (*Gesicht*) تألق [taʔallaqa]; **~end** *adj.* مشرق [muʃriq], منير [muniːr], ساطع [saːtiʕ]; **~en-schutz** *m* (*-es; O*) الوقاية من الإشعاع [alwiqaːja min alʔiʃʕaːʕ]; **~ung** *f* إشعاع [ʔiʃʕaːʕ].

Strähne *f* (*Haar*~) خصلة [xuſla].

Strand *m* (*-es; ⸚e*) شاطىء [ʃaːtiʔ]; (*Bade*~) بلاج [blaːʤ]; **~bad** *n* (*-es; ⸚er*) مسبح مكشوف [masbaħ makʃuːf]; **~en** (*-e-; sn*) *v/i.* (*Schiff*) شحط [ʃaħata, -a-]; **~hotel** *n* (*-s; -s*) فندق على الشاطىء [funduq ʕalaː ʃʃaːtiʔ].

Strang *m* (*-es; ⸚e*) حبل [ħabl]; *Eisenb.* خط [xatt]; **~u'lieren** *v/t.* خنق [xanaqa, -u-].

Stra'paze *f* تعب [taʕab], مشقة [maʃaqqa].

Straße *f* شارع [ʃaːriʕ]; (*Land*~) طريق [tariːq]; **~n-bahn** *f* ترام [traːm]; **~n-beleuchtung** *f* إنـــارة الشوارع [ʔinaːrat aʃʃawaːriʕ]; **~n-karte** *f* خارطة الطرق [xaːritat atturuq]; **~n-kehrer** *m* كناس [kannaːs]; **~n-kreuzung** *f* تقاطع [taqaːtuʕ]; **~n-räuber** *m* قاطع الطرق [qaːtiʕ atturuq]; **~n-schild** *n* (*-ǝs; -er*) لافتة [laːfita]; **~n-verkehr** *m* حركة مرور [ħarakat muruːr]; **~n-verzeichnis** *n* (*-ses; -se*) فهرست الشوارع [fihrist aʃʃawaːriʕ].

sträuben *v/r.* (**gegen** *A* فى) مانع [maːnaʕa], قاوم ه [qaːwama]; (*Haar*) قب [qabba, -u-], قف [qaffa].

Strauch *m* (*-es; ⸚er*) شجيرة [ʃuʤaira].

straucheln (*-le; sn*) *v/i.* كبا [kabaː, -uː].

Strauß[1] *m* (*-es; ⸚e*) (*Blumen*~) باقة [baːqa], صحبة [ſuħba]; (*Kampf*) صراع [ſiraːʕ].

Strauß[2] *m* (*-es; -e*) *Zo.* نعامة [naʕaːma].

Strebe *f* دعامة [diʕaːma].

S

streben *v/i.* (**zu** *D* إلى) سعى [saʕaː, -iː].

strebsam *adj.* طموح [tamuːħ], مجتهد [mudʒtahid]; **⁓keit** *f* (*O*) طموح [tumuːħ].

Streck|e *f* مسافة [masaːfa], بعد [buʕd]; *Eisenb.* خط [xatt]; **⁓en** *v/t.* مد [madda, -u-]; *v/r.* تمطى [tamattaː].

Streich *m* (*-ẹs; -e*) خبطة [xabta], ضربة [đarba]; (*Scherz*) عبث [ʕabaθ].

streicheln (*-le*) *v/t.* ربت [rabbata].

streichen (*L*) *v/t.* (*malen*) دهن [dahana, -u-]; (*auf⁓*) نشر [naʃara, -u-]; (*reiben*) حك [ħakka, -u-], مسح [masaħa, -a-]; (*aus⁓, auslassen*) حذف [ħaðafa, -i-], شطب [ʃataba, -u-]; (*Flagge, Segel*) أنزل [ʔanzala].

Streich|holz *n* (*-es; ⁓er*) *Äg.* عود كبريت [ʕuːd kibriːt]; *Syr., Irak* شحاطة [ʃaħħaːta]; **⁓hölzer** *n/pl.* كبريت [kibriːt], شحاط [ʃaħħaːt]; **⁓-instrument** *n* (*-ẹs; -e*) *Musik* آلة وترية [ʔaːla watariːja].

Streife *f Mil. Polizei* دورية [dauriːja].

streifen *v/t.* (*berühren*) مس [massa, -a-]; (*Thema*) تطرق إلى [tatarraqa]; *v/i.* (*durch die Gegend ⁓*) طاف [taːfa, -uː-].

Streifen *m* شريط [ʃariːt].

Streifenwagen *m* سيارة دورية [sajjaːra dauriːja].

Streif|schuß *m* (*-sses; ⁓sse*) جرح سطحى [dʒurħ satħiː]; **⁓zug** *m* (*-ẹs; ⁓e*) جولة [dʒaula], شطحة [ʃatħa].

Streik *m* (*-s; -s*) إضراب [ʔiđraːb]; ***in den ⁓ treten*** أضرب عن العمل [ʔađraba ʕan alʕamal]; **⁓brecher** *m* كاسر الإضراب [kaːsir alʔiđraːb]; **⁓en** *v/i.* أضرب [ʔađraba]; **⁓ende(r)** *m* مضرب [muđrib].

Streit *m* (*-ẹs; O*) نزاع [nizaːʕ], جدال [dʒidaːl], خصام [xiʃaːm]; (*Zank*) شجار [ʃidʒaːr]; **⁓en** (*L*) *v/i.* (*kämpfen*) حارب [ħaːraba], ناضل [naːđala]; (*disputieren*) جادل [dʒaːdala]; ***miteinander ⁓en*** *u. v/r.* (**mit** *D* مع) تنازع [tanaːzaʕa], تشاجر [taʃaːdʒara], تجادل [tadʒaːdala]; **⁓ig** *s.* ***strittig***; **⁓igkeit** *f* خلاف [xilaːf], خصومة [xuʃuːma]; **⁓kräfte** *f/pl.* قوات مسلحة [quːwaːt musallaħa]; **~punkt** *m* (*-ȼs; -e*) موضع الجدال [mauđiʕ aldʒidaːl]; **~schrift** *f* رسالة جدلية [risaːla dʒadaliːja].

streng *adj.* صارم [ʃaːrim], عنيف [ʕaniːf], قاس [qaːsin]; (*Kälte*) شديد [ʃadiːd]; **˷e** *f* صرامة [ʃaraːma], عنف [ʕunf], قسوة [qaswa], شدة [ʃidda].

Streß [st-] *m* (*-sses; -sse*) إجهاد [ʔidʒhaːd].

streuen *v/t.* نثر [naθara, -u-]; (*Körner*) بذر [baðara, -u-].

Streuung *f* انتشار [intiθaːr], توزيع [tauziːʕ].

Strich *m* (*-ȼs; -e*) خط [xatt], شرطة [ʃarta]; (*Gegend*) ناحية [naːħija]; **~punkt** *m* (*-ȼs; -e*) فاصلة منقوطة [faːsila manquːta].

Strick *m* (*-ȼs; -e*) حبل [ħabl]; **˷en** *v/t.* حبك [ħabaka, -i-]; **~leiter** *f* (*—; -n*) سلم حبال [sullam ħibaːl]; **~nadel** *f* إبرة الحياكة [ʔibrat alħijaːka]; **~waren** *f/pl.* تريكو [triːkuː].

strikt (*-est*) *adj.* بات [baːtt], جازم [dʒaːzim], قاطع [qaːtiʕ].

strittig *adj.* خلافي [xilaːfiː], مختلف فيه [muxtalaf fiːhi].

Stroh *n* (*-ȼs; O*) تبن [tibn], قش [qaʃʃ].

Strolch *m* (*-es; -e*) صعلوك [ʃuʕluːk].

Strom *m* (*-ȼs; ¨-e*) نهر [nahr], سيل [sail], مجرى [madʒran]; *El.* تيار [tajjaːr]; **~-abnehmer** *m* مستهلك تيار [mustahlik t.].

strömen *v/i.* جرى [dʒaraː, -iː], سال [saːla, -iː-].

Strom|schnelle *f* شلال [ʃallaːl]; **~spannung** *f El.* جهد [dʒahd]; **~stärke** *f* (*O*) *El.* قوة التيار [quːwat attajjaːr].

Strömung *f* جريان [dʒarajaːn], تيار [tajjaːr].

Strom|verbrauch *m* (*-ȼs; O*) استهلاك التيار [istihlaːk attajjaːr]; **~zähler** *m* عداد كهربائي [ʕaddaːd kahrabaːʔiː].

Strudel *m* دوامة [duwwaːma]; (*Backware*) كعك ملفوف [kaʕk malfuːf].

Struk'tur *f* بناء [binaːʔ], تركيب [tarkiːb].

Strumpf *m* (*-ȼs; ¨-e*) جورب [dʒaurab]; **~halter** *m* حمالة الجوارب [ħammaːlat al.]; **~hose** *f* جورب سروال [dʒaurab sirwaːl].

struppig *adj.* أشعث [ʔaʃʕaθ].

Stube *f* حجرة [ħudʒra]; **~nmädchen** *n* خادمة [xaːdima].

Stuck *m* (*-ȼs; O*) طلاء من الجص [tilaːʔ min aldʒiʃʃ].

S

Stück *n* (-*ẹs*; -*e*) قطعة [qitʕa]; (*Theater*~) تمثيلية [tamθiːliːja]; ~**weise** *adv.* قطعة قطعة [qitʕatan q.].

Stu'dent *m* (-*en*) طالب (جامعى) [taːlib (ʤaːmiʕiː)]; ~**enheim** *n* (-*ẹs*; -*e*) بيت (مسكن) الطلاب [bait (maskan) attullaːb]; ~**in** *f* طالبة [taːliba].

Studie [-dĭə] *f* دراسة [diraːsa], بحث [baħθ]; ~**n-ordnung** *f* نظام الدراسة [nizaːm addiraːsa].

stu'dieren *v/i.*, *v/t.* (—) درس [darasa, -u-].

Studio [-dĭoː] *n* إستوديو [ʔistuːdijo]; (*Atelier*) مرسم [marsam].

Studium [-dĭum] *n* (-*s*; *Studien*) دراسة جامعية [diraːsa ʤaːmiʕiːja], طلب علم [talab ʕilm].

Stufe *f* درجة [daraʤa]; ~**n-pyramide** *f* هرم مدرج [haram mudarraʤ].

Stuhl *m* (-*es*; ⸚*e*) كرسى [kursiː]; ~**gang** *m* (-*ẹs*; *O*) *Med.* فسحة [fusħa], تبرز [tabarruz].

stumm *adj.* أخرس [ʔaxras], أبكم [ʔabkam]; (*nicht sprechend*) ساكت [saːkit].

Stummel *m* عقب [ʕuqb].

Stummfilm *m* (-*ẹs*; -*e*) فيلم صامت [film ʃaːmit].

Stümper *m* مكلفت [mukalfit], مرمق [murammiq].

stumpf *adj.* كليل [kaliːl], ثالم [θaːlim]; (*Winkel*) منفرج [munfariʤ]; (*Blick*) بليد [baliːd].

Stumpf *m* (-*es*; ⸚*e*) جذع [ʤiðʕ], جذمور [ʤuðmuːr].

stumpf|nasig *adj.* أفطس [ʔaftas]; ~**sinnig** *adj.* متبلد [mutaballid], بليد [baliːd], أبله [ʔablah].

Stunde *f* ساعة [saːʕa]; (*Schul*~) درس [dars], حصة [ħiʃʃa].

stunden *v/t.* أجل [ʔaddʒala], مهل [mahhala].

Stunden|geschwindigkeit *f* معدل السرعة فى الساعة [muʕaddal assurʕa fiː ssaːʕa]; ~**kilometer** *m* كيلومتر فى الساعة [kiːlomitr f. s.]; ~**lang** (*O*) *adv.* ساعات طويلة [saːʕaːt tawiːla]; ~**lohn** *m* (-*es*; ⸚*e*) الأجر بالساعة [alʔaʤr bissaːʕa]; ~**plan** *m* (-*ẹs*; ⸚*e*) جدول الدروس [ʤadwal adduruːs].

stündlich *adv.* كل ساعة [kull saːʕa], من ساعة إلى ساعة [min s. ʔilaː s.].

Stundung *f* تأجيل [taʔdʒiːl].

stu'pid(e) (*-est*) *adj.* بليد [baliːd].

stur *adj.* عنيد [ʕaniːd], مقلد [muqallid].

Sturm *m* (*-ȼs; ⸚e*) عاصفة [ʕaːsifa], إعصار [ʔiʕsaːr]; *Mil.* هجوم [hudʒuːm]; (*Erstürmung*) اقتحام [iqtihaːm]; ~ ***und Drang*** عرام [ʕuraːm].

stürmen *v/i.* (*Wind*) عصف [ʕasafa, -i-]; (*rennen*) اندفع [indafaʕa], هجم [hadʒama]; *v/t. Mil.* اقتحم [iqtahama].

Stürmer *m* (*Fußball*) مهاجم [muhaːdʒim].

stürmisch *adj.* عاصف [ʕaːsif]; (*Charakter*) عارم [ʕaːrim]; *adv.* باندفاع [bindifaːʕ].

Sturmwind *m* (*-ȼs; -e*) عاصفة [ʕaːsifa].

Sturz *m* (*-es; ⸚e*) (*Fall*) سقوط [suquːt], سقطة [saqta]; (*Ausgleiten*) عثرة [ʕaθra]; (*Preis*⁓) تدهور [tadahwur]; (*e-r Regierung*) إسقاط [ʔisqaːt]; **~bach** *m* (*-es; ⸚e*) سيل جارف [sail dʒaːrif].

stürzen (*-t*) *v/i.* (*sn*) (*fallen*) سقط [saqata, -u-], وقع [waqaʕa, jaqaʕu]; (*davon*~, *hinein*~, *hinaus*~) اندفع [indafaʕa]; *v/t.* أسقط [ʔasqata]; (*um*~) كب [kabba, -u-], قلب [qalaba, -i-]; *v/r.* (***auf A*** على) انقض [inqadda].

Sturzflug *m* (*-es; ⸚e*) *Flugw.* انقضاض [inqidaːd].

Sturzhelm *m* (*-ȼs; -e*) خوذة واقية [xuːða waːqija].

Stute *f* فرس [faras].

Stütze *f* سند [sanad], دعامة [diʕaːma], عماد [ʕimaːd].

stutzen (*-t*) *v/t.* قص [qaffa, -u-], قلم [qalama, -i-]; *v/i.* فز [fazza, -i-], تردد [taraddada].

stützen (*-t*) *v/t.* عمد [ʕamada, -i-], دعم [daʕama, -a-], أسند [ʔasnada]; *v/r.* (***auf A*** على) ارتكز [irtakaza], استند [istanada], اعتمد [iʕtamada].

Stutzer *m* (*-s; O*) غندور [ɣanduːr].

stutzig *adj.* متردد [mutaraddid].

Stützpunkt *m* (*-es; -e*) *Mil., Mar.* قاعدة [qaːʕida].

Subjekt *n* (*-ȼs; -e*) *Gr.* مبتدأ [mubtadaʔ], فاعل [faːʕil]; (*Person*) شخص [ʃaxʃ]; **⁓iv** *adj.* ذاتى [ðaːtiː]; (*persönlich*) شخصى [ʃaxʃiː].

subku'tan *adj. Med.* تحت الجلد [taht aldʒild].

substantiell [-stan'tsĭɛl] *adj.* مادى [maːddiː], جوهرى [dʒauhariː].

S

Substantiv *n Gr.* اسم [ism].

Sub'stanz *f* مادة [maːdda].

sub'til *adj.* دقيق [daqiːq].

subtra'hieren (—) *v/t.* طرح [taraħa, -a-].

Subtrak'tion *f* طرح [tarħ].

Subvention [-'tsĭoːn] *f* إعانة مالية [ʔiʕaːna maːliːja].

Suche *f* (*O*) بحث [baħθ]; **∼n** *v/t.* بحث عن [baħaθa, -a-], تفقد [tafaqada].

Sucht *f* (—; ⸚*e*) إدمان [ʔidmaːn].

süchtig *adj.* مدمن [mudmin].

Su'dan *m* السودان [assuːdaːn].

Süd|en *m* (*-s; O*) جنوب [ʤanuːb]; **∼lich** *adj.* جنوبي [ʤanuːbiː]; **∼-östlich** *adj.* جنوبي شرقي [ʤanuːbiː ʃarqiː]; **∼pol** *m* (*-s; O*) القطب الجنوبي [alqutb alʤanuːbiː]; **∼wärts** *adv.* نحو الجنوب [naħw alʤanuːb]; **∼'westlich** *adj.* جنوبي غربي [ʤanuːbiː ɣarbiː].

S

Suezkanal *m* (*-s;* ⸚*e*) قناة السويس [qanaːt assuweːs].

Sühne *f* تكفير [takfiːr], كفارة [kaffaːra].

Sultan *m* (*-ℯs; -e*) سلطان [sultaːn]; **∼at** [-'nɑːt] *n* سلطنة [saltana].

Sülze *f* هلام [hulaːm].

sum'marisch *adj.* إجمالي [ʔiʤmaːliː].

Summe *f* مجموع [maʤmuːʕ], جملة [ʤumla]; *s.* ***Fazit***.

summen *v/i.* زن [zanna, -u-], طن [tanna, -i-].

sum'mieren (—) *v/t.* جمع [ʤamaʕa, -a-].

Sumpf *m* (*-es;* ⸚*e*) مستنقع [mustanqaʕ]; **∼fieber** *n s.* ***Malaria***; **∼ig** *adj.* وحل [waħil].

Sünd|e *f* خطيئة [xatiːʔa], معصية [maʕṣija], ذنب [ðamb], إثم [ʔiθm]; **∼er** *m* آثم [ʔaːθim], خاطئ [xaːtiʔ]; **∼haft** (*-est*) *adj.* آثم [ʔaːθim], أثيم [ʔaθiːm]; *adv.* **∼*haft teuer*** غال جدا [ɣaːlin ʤiddan]; **∼igen** *v/i.* أثم [ʔaθima, -a-].

Sun'nit *m*, **∼isch** *adj. Isl.* سني [sunniː]; **∼en** *m/pl.* أهل السنة [ʔahl assunna].

Superlativ *m* (*-s; -e*) *Gr.* الأفعل للتفضيل [alʔafʕal littafdiːl].

Suppe *f* حساء [ħasaːʔ], شوربة *u.* شربة [ʃurba]; **∼n-schüssel** *f* سلطانية [sultaːniːja]; **∼n-würfel** *m* مرق مجفف [maraq muʤaffaf].

Supple'ment *n* (*-es; -e*) ملحق [mulħaq].

Surrea'lismus *m* (-; *O*) السريالية [assurjaːliːja].

suspen'dieren *v/t.* (*e-n Beamten*) أبعد عن الوظيفة [ʔabʕada ʕan alwaẓiːfa].

süß (*-est*) *adj.* حلو [ħilw]; (*Wasser*) عذب [ʕaðb]; *fig.* لذيذ [laðiːð], جذاب [ʤaððaːb].

Süße *f* (*Eigenschaft*) حلاوة [ħalaːwa].

süßen *v/t.* حلى [ħallaː].

Süßigkeit *f* حلاوة [ħalaːwa]; *pl.* **~en** حلويات [ħalawiːjaːt].

Süß-speise *f s.* **Süßigkeit**.

Süß-stoff *m* (*-¢s; -e*) محل صناعى [muħallin ʃinaːʕiː].

Süßwaren *f/pl. s.* **Süßigkeiten**.

Süßwasser *n* ماء عذب [maːʔ ʕaðb].

Symbi'ose *f Biol.* تعايش [taʕaːjuʃ].

Sym'bol *n* (*-¢s; -e*) رمز [ramz]; **~isch** *adj.* رمزى [ramziː]

Symme'trie *f* تماثل [tamaːθul], تناسق [tanaːsuq].

sym'metrisch *adj.* متماثل [mutamaːθil], متناظر [mutanaːẓir].

Sympa'thie *f* عطف [ʕatf], انعطاف [inʕitaːf]; (*astrologische* ~) ألفة [ʔulfa]; (*gegenseitige* ~) تعاطف [taʕaːtuf]; **~streik** *m* (*-¢s; -s*) إضراب تعاطف (تأييد) [ʔiđraːb taʕaːtuf (taʔjiːd)].

sym'pathisch *adj.* لطيف [latiːf], يجذب العطف [jaʤðibu lʕatf]; *er ist mir* ~ يستميلنى [jastamiːluniː].

Sympho'nie *f Musik* سنفونية [sinfuːniːja].

Sym'posium *n* (*-s; Sym'posien* [-zĭən]) ندوة علمية [nadwa ʕilmiːja].

Symp'tom *n* (*-¢s; -e*) ظاهرة [ẓaːhira]; *Med.* عارضة [ʕaːriđa].

Syna'goge *f* كنيسة يهودية [kaniːsa jahuːdiːja].

syn'chron *adj.* متزامن [mutazaːmin], تزامنى [tazaːmuniː].

syno'nym *adj.* (**mit** *D* ل) مرادف [muraːdif]; **~e** *n/pl.* ألفاظ مترادفة [ʔalfaːẓ mutaraːdifa].

syn'taktisch *adj. Gr.* نحوى [naħwiː].

Syntax *f* (*O*) *Gr.* النحو [annaħw].

Syn'these *f* تركيب [tarkiːb], تجميع [taʤmiːʕ].

syn'thetisch *adj.* مركب [murakkab], تركيبى [tarkiːbiː]; معد معمليا [muʕadd maʕmaliːjan].

S

Syphilis *f* (*O*) *Med.* زهري [zuhariː].

Syrer *m* سوري [suriː].

Syrien [-ʀĭən] *n* سوريا [suːrijaː], الشام [aʃʃaːm].

syrisch *adj.* سوري [suːriː].

Sys'tem *n* (*-s; -e*) نظام [niẕaːm]; *Pol.* نظام الحكم [n. alħukm]; (*Methode*) أسلوب [ʔusluːb], طريقة [ṯariːqa]; (*Denk*≈) مذهب [maðhab].

syste'matisch *adj.* منتظم [muntaẕim]; *adv.* بصورة منتظمة [biʃuːra muntaẕima].

sys'temlos (*-est*) *adj.* غير منتظم [ɣair muntaẕim]; *adv.* بلا انتظام [bilaː ntiẕaːm].

Szene ['stseːnə] *f* *Theater* مشهد [maʃhad]; *j-m* **e-e** ~ **machen** شاجره [ʃaːdʒara]; ~**'rie** *f* منظر [manẕar].

T

Tabak *m* (*-s; -e*) تبغ [tabɣ], دخان [duxaːn], تتن [tutun]; ~**laden** *m* (*-s;* ⸚) دكان التبوغ [dukkaːn attubuːɣ]; ~**(s)-pfeife** *f* بيبة [biːba]; (*Wasserpfeife*) غليون [ɣaljuːn], شيشة [ʃiːʃa], نارجيلة [naːrdʒiːla].

tabel'larisch *adj.* بشكل جدول [biʃakl dʒadwal], مجدول [mudʒadwal].

Ta'belle *f* جدول [dʒadwal].

Ta'blett *n* (*-s; -s*) صينية [ʃiːniːja].

Ta'blette *f* *Med.* قرص [qurʃ].

ta'bu *adj.* حرام [ħaraːm].

Tacho'meter *m* *Mot.* مقياس السرعة [miqjaːs assurʕa].

Tadel *m* لوم [laum], عتب [ʕatb], عتاب [ʕitaːb]; ≈**los** (*-est*) *adj.* بلا عيب [bilaː ʕaib], سليم [saliːm]; ≈**n** (*-le*) *v/t.* لام [laːma, -uː-], عاتب [ʕaːtaba].

Tafel *f* (—; *-n*) لوحة [lauħa]; (*Hinweis*≈) لافتة [laːfita]; (*Schul*≈) سبورة [sabbuːra]; (*Tisch*) مائدة [maːʔida], سفرة [sufra]; (*Illustration*) صورة [ʃuːra], لوحة; ≈**n** (*-le*) *v/i.* أقام وليمة [ʔaqaːma waliːma].

Täfelung *f* تكسية بالخشب [taksija bilxaʃab].

Tag *m* (*-es; -e*) يوم [jaum]; **jeden** ~ كل يوم [kulla jaumin]; (*Gegens. zu Nacht*) نهار

[naha:r]; ~ ***und Nacht*** ليلا و نهارا [lailan wa naha:ran]; ***den ganzen*** ~ طول النهار [tu:l ann.]; ***guten*** ~**!** نهارك سعيد [naha:rak saʕi:d]; **~e-buch** [-u˅-] *n* (-*¢s*; *-̈er*) دفتر يوميات [daftar jaumi:ja:t]; **~e-dieb** *m* (-*¢s*; *-e*) كسول [kasu:l]; **≗e-lang** *adv.* أياما طويلة [ʔajja:man tawi:la]; **~e-lohn** *m* (-*¢s*; *-̈e*) أجرة يومية [ʔudʒra jaumi:ja]; **~e-löhner** *m* أجير [ʔadʒi:r]; **≗en** *v/i.* (*Kongreß*) انعقد [inʕaqada], اجتمع [idʒtamaʕa]; ***es tagt*** بزغ النهار [bazaɣa nnaha:r]; **~es-anbruch** *m* (*-es*; *O*) فجر [fadʒr]; **~es-kurs** *m* *Fin.* سعر اليوم [siʕr aljaum]; **~es-licht** *n* (*-s*; *O*) ضوء النهار [đauʔ annaha:r]; **~es-ordnung** *f* جدول الأعمال [dʒadwal alʔaʕma:l].

täglich [-ɛ:-] *adj.* يومى [jaumi:]; *adv.* يوميا [jaumi:jan].

tags-über *adv.* أثناء النهار [ʔaθna:ʔ annaha:r].

Tagung *f* اجتماع [idʒtima:ʕ]; (*Konferenz*) مؤتمر [muʔtamar].

Taille ['taljə] *f* خصر [xaʃr].

Takelung *f Mar.* حبال سفينة [ħiba:l safi:na].

Takt *m* (*-es*; *-e*) *Mus.* إيقاع [ʔi:qa:ʕ]; *Mot.* شوط [ʃauṭ]; (*Feingefühl*) لباقة [laba:qa], حصافة [ħaʃa:fa], مراعاة اللائق [mura:ʕa:t alla:ʔiq], ذوق [ðauq].

Taktik *f* تكتيك [takti:k].

taktisch *adj.* تكتيكى [takti:ki:].

taktlos (*-est*) *adj.* غير لبق [ɣair labiq], عديم اللياقة [ʕadi:m allija:qa].

taktvoll *adj.* مؤدب [muʔaddab], ملتفت إلى شعور الغير [multafit ʔila: ʃuʕu:r alɣair].

Tal *n* (-*¢s*; *-̈er*) واد [wa:din].

Ta'lent *n* (-*¢s*; *-e*) قريحة [qari:ħa], موهبة [mauhiba], عبقرية [ʕabqari:ja]; **≗iert** [-'ti:ʁt] *adj.* ذو قريحة [ðu: qari:ħa], موهوب [mauhu:b].

Talfahrt *f* نزول [nuzu:l].

Talg *m* (*-es*; *O*) شحم [ʃaħm].

Talisman *m* (*-s*; *-e*) طلسم [tilɑsm]

Talkumpuder *m* (*-s*; *O*) بودرة تلك [budrat talk].

Talsperre *f* سد [sadd].

Talstation [-tsĭo:n] *f* المحطة السفلى [almaħatta assufla:].

Tama'rinde *f Bot.* تمر هندى [tamr hindi:].

T

Tama'riske *f Bot. Koll.* أثل [ʔaθl].

Tam'pon *m* (*-s; -s*) سدادة قطنية [sidaːda qutniːja], فدام [fidaːm].

Tang *m* (*-ɇs; -e*) عشب البحر [ʕuʃb albaħr].

Tan'gente *f Math.* مماس [mumaːss].

Tanger *n* طنجة [tandʒa].

Tank *m* (*-s; -s*) (*Behälter*) خزان [xazzaːn]; (*Panzer*) دبابة [dabbaːba]; **~̊en** *v/i.* استمد بنزينا [istamadda banziːnan]; **~er** *m*, **~schiff** *n* (*-ɇs; -e*) ناقلة الزيت [naːqilat azzait]; **~stelle** *f* محطة بنزين [maħattat banziːn].

Tanne *f Bot. Koll.* شوح [ʃuːħ], تنوب [tannuːb]; **~n-zapfen** *m* كوز [kuːz].

Tante *f väterlicherseits:* عمة [ʕamma]; *mütterlicherseits:* خالة [xaːla].

Tantieme [-'tĭɛː-] *f* مكافأة المؤلف [mukaːfaʔat almuʔallif].

Tanz *m* (*-es; ¨-e*) رقص [raqʃ]; **~̊en** (*-t*) *v/i.* رقص [raqaʃa, -u-].

Tänzer *m* راقص [raːqiʃ]; **~in** *f* راقصة [raːqiʃa].

Ta'pete *f* ورق الجدار [waraq aldʒidaːr].

tape'zier|en (—) *v/t.* (*Möbel*) نجد [naddʒada]; (*Wand*) ورق [warraqa]; **~̊er** *m* منجد [munaddʒid].

tapfer (*-pfr-*) *adj.* شجاع [ʃudʒaːʕ]; (*Heer*) باسل [baːsil].

Ta'rif *m* (*-s; -e*) تعريفة [taʕriːfa]; **~vertrag** *m* (*-ɇs; ¨-e*) اتفاقية الأجور [ittifaːqiːjat alʔudʒuːr].

tarnen *v/t. Mil.* موه [mawwaha].

Tarnung *f* تمويه [tamwiːh].

Tasche *f* (*Trage~̊*) حقيبة [ħaqiːba], شنطة [ʃanta]; (*Hand~̊*) حقيبة يد [ħaqiːbat jad], محفظة [miħfaza]; (*Rock~̊*, *Hosen~̊* *etc.*) جيب [dʒaib].

Taschen|buch *n* (*-ɇs; ¨-er*) كتاب الجيب [kitaːb aldʒaib]; **~dieb** *m* (*-es; -e*) نشال [naʃʃaːl]; **~lampe** *f* مصباح جيب [miʃbaːħ dʒaib]; **~messer** *n* مطواة [mitwaːt]; **~rechner** *m* حاسب يدوي [ħaːsib jadawiː], آلة حاسبة [ʔaːla haːsiba]; **~tuch** [uː] *n* (*-ɇs; ¨-er*) منديل [mandiːl]; **~uhr** *f* ساعة جيب [saːʕat dʒaib].

Tasse *f* فنجان [findʒaːn].

Tasta'tur *f* لوحة ملامس [lauħat malaːmis]; *EDV* لوحة المفاتيح [lauħat almafaːtiːħ].

Taste *f* ملمس [malmas], مفتاح [miftaːħ].

tast|en (*-e-*) *v/i.* (***nach*** *D* ـه) لمس [lamasa, -i-], تلمس [talammasa]; **˜sinn** *m* حاسة اللمس [ħaːssat allams].

Tat *f* فعل [fiʕl], عمل [ʕamal]; (*Verbrechen*) جريمة [ʤariːma]; ***in der ~*** فعلا [fiʕlan], فى الواقع [fiː lwaːqiʕ].

Tatbestand *m* (*-ęs; ¨e*) الوقائع [alwaqaːʔiʕ].

Täter *m* فاعل [faːʕil]; (*Verbrecher*) مجرم [muʤrim], مرتكب [murtakib].

tätig *adj.* ناشط [naːʃit]; (*... als*) مشتغل [muʃtaɣil]; **˜keit** *f* نشاط [naʃaːt]; (*Beruf*) عمل [ʕamal], شغل [ʃuɣl].

Tatkraft *f* (*O*) همة [himma], نشاط [naʃaːt]; فاعلية [faːʕiliːja].

tätlich *adj.* عنفى [ʕunfiː]; ***~ werden*** استعمل العنف [istaʕmala lʕunf]; (***gegen*** *A* على) اعتدى [iʕtadaː]; **˜keit** *f* عنف [ʕunf], عنوة [ʕanwa], غصب [ɣaʃb].

Tat-ort *m* (*-ęs; -e*) *Jur.* مكان الجريمة [makaːn alʤariːma].

täto'wieren (—) *v/t.* وشم [waʃama, jaʃimu].

Tat|sache *f* حقيقة [ħaqiːqa], واقعة [waːqiʕa]; **˜sächlich** (*O*) *adj.* واقعى [waːqiʕiː]; *adv.* فى الواقع [fiː lwaːqiʕ].

Tatze *f* كف (الحيوان) [kaff (alħajawaːn)].

Tau[1] *n* (*-es; -e*) حبل [ħabl], قلس [qals], مرسة [marasa].

Tau[2] *m* (*-es; O*) ندى [nadan], طل [tall].

taub *adj.* أطرش [ʔatraʃ], أصم [ʔaʃamm].

Taube *f Zo. Koll.* حمام [ħamaːm].

Taub|heit *f* (*O*) طرش [taraʃ], صمم [ʃamam]; **˜stumm** (*O*) *adj.* أطرش أخرس [ʔatraʃ ʔaxras].

tauch|en *v/i.* (*sn*) غاص [ɣaːʃa, -uː-], غطس [ɣatasa, -i-]; *v/t.* غطس [ɣattasa], غمس [ɣamasa, -i-]; **˜er** *m* غطاس [ɣattaːs]; (*a. Perlen˜*) غواص [ɣawwaːʃ].

tauen *v/i.* (*Schnee, Eis*) ذاب [ðaːba, -uː-].

Tauf|e *f* تعميد [taʕmiːd], غطاس [ɣitaːs]; **˜en** *v/t.* عمد [ʕammada]; **~pate** *m* (*-n*) شبين [ʃabiːn], عراب [ʕarraːb]; **~schein** *m* (*-ęs; -e*) شهادة التعميد [ʃahaːdat attaʕmiːd].

taug|en *v/i.* (***zu*** *D* ل) صلح [ʃaluħa, -u-], نفع [nafaʕa,

-a-]; **~lich** *adj.* (**zu** *D*) صالح [ʃaːliħ]; **˜lichkeit** *f* (*O*) صلاحية [ʃalaːħiːja].

Taumel *m* (*-s; O*) دوخة [dauxa]; *fig.* حماس [ħamaːs], نشوة [naʃwa]; **˜n** (*-le; sn*) *v/i.* ترنح [tarannaħa].

Tausch *m* (*-es; O*) مبادلة [mubaːdala], قياض [qijaːđ]; **˜en** *v/t.* (*A* **mit** *D* ه ﺑ) بادل [baːdala].

täuschen *v/t.* خدع [xadaʕa, -a-], غر [ɤarra, -u-], غش [ɤaʃʃa, -u-]; *v/r.* انخدع [inxadaʕa], اغتر [iɤtarra]; (*sich irren*) أخطأ [ʔaxtaʔa].

Tauschgeschäft *n* (*-ɇs; -e*) صفقة مبادلة [ʃafqat mabaːdala].

Tauschhandel *m* مقايضة [muqaːjađa].

Täuschung *f* خدعة [xudʕa], تضليل [tađliːl]; (*Selbst˜*) انخداع [inxidaːʕ].

tausend *num.* ألف [ʔalf]; ***Tausend-und-eine Nacht*** ألف ليلة وليلة [ʔalf laila walaila]; **˜stel** *n* جزء واحد من ألف [ʤuzʔ waːħid min ʔalf].

Tauwerk *n* (*-s; O*) حبال [ħibaːl].

Tauwetter *n* وقت ذوبان الثلوج [waqt ðawabaːn aθθuluːʤ].

Tauziehen *n* (*-s; O*) شد الحبل [ʃadd alħabl]; *fig.* تنازع [tanaːzuʕ].

Tax|a'meter *m* عداد (سيارات أجرة) [ʕaddaːd (sajjaːraːt ʔuʤra)]; **~e** *f* (*Abgabe*) ضريبة [đariːba], رسم [rasm]; **~i** *n* (*-s; -s*) تكسى [taksiː], سيارة أجرة [sajjaːrat ʔuʤra]; **˜'ieren** (—) *v/t.* قدر [qaddara]; **~istand** *m* (*-ɇs; ˜e*) موقف سيارات الأجرة [mauqif sajjaːraːt alʔuʤra].

Tech|nik *f* (*O*) هندسة [handasa], فن [fann]; (*Verfahren*) تكنيك [takniːk], تقنية [taqniːja]; **~niker** *m* مهندس [muhandis], تقنى [taqniː]; **˜nisch** *adj.* فنى [fanniː], تقنى [taqniː], تكنيكى [takniːkiː]; **~*nische Hochschule*** *f* كلية الهندسة [kulliːjat alhandasa]; **˜no'logisch** *adj.* تكنولوجى [tiknuluːʤiː].

Tee *m* (*-s; -s*) شاى [ʃaːj]; **~gebäck** *n* (*-ɇs; -e*) فطائر [fataːʔir], أرغفة صغيرة [ʔarɤifa ʃaɤiːra]; **~kanne** *f* إبريق الشاى [ʔibriːq aʃʃaːj]; **~löffel** *m* ملعقة الشاى [milʕaqat aʃʃaːj].

Teen-ager ['tiːneːʤɚ] *m* مراهق [muraːhiq].

Teer *m* (*-s; -e*) قطران [qatraːn], قير [qiːr].

Teetasse *f* فنجان الشاى [findʒaːn aʃʃaːj].

Teich *m* (*-es; -e*) بركة [birka].

Teig *m* (*-es; -e*) عجين [ʕadʒiːn]; **~waren** *f/pl.* عجين [ʕadʒiːn], معكرونة [maʕkaruːna].

Teil *n od. m* (*-ẹs; -e*) قسم [qism], جزء [dʒuzʔ]; (*Anteil*) حصة [ħiṣṣa], نصيب [naṣiːb]; (*Welt~, Landes~*) ناحية [naːħija], منطقة [minṭaqa]; **e. ~ der Anwesenden** بعض الحاضرين [baʕḍ alħaːḍiriːn]; ***zum*** **~** جزئيا [dʒuzʔiːjan].

Teil-ansicht *f* منظر جزئى [manẓar dʒuzʔiː].

teilbar *adv.* قابل للقسمة [qaːbil lilqisma].

Teilchen *n Phys.* جسيم [dʒusaim].

teilen *v/t.* قسم [qasama, -i-], قسّم [qassama]; (**mit** *j-m etw.*) قاسم (ه ه) [qaːsama], شاطر [ʃaːṭara]; ***unter sich*** **~** تقاسم [taqaːsama]; *v/r.* انقسم [inqasama].

teil|haben (*L*) *v/i.* (**an** *D* فى) شارك [ʃaːraka]; **~haber** *m* شريك [ʃariːk]; **~nahme** *f* اشتراك [iʃtiraːk]; (*Sympathie*) عطف [ʕaṭf]; **~nehmen** (*L*) *v/i.* (**an** *D* فى) اشترك [iʃtaraka], ساهم [saːhama]; **~nehmer** *m* (*a. Telef.*) مشترك [muʃtarik].

teils *adv.*: **~** ... **~** بين ... و [baina ... wa].

Teil|strecke *f* مسافة جزئية [masaːfa dʒuzʔiːja]; **~ung** *f* قسمة [qisma], تقسيم [taqsiːm]; (*Spaltung*) انقسام [inqisaːm]; **~weise** *adj.* جزئى [dʒuzʔiː]; *adv.* جزئيا [dʒuzʔiːjan]; **~zahlung** *f* الدفع بالتقسيط [addafʕ bittaqsiːṭ]; (*Rate*) قسط [qisṭ].

Telefax *n* (*-; -e*) فاكس [faks].

Tele'fon *n* (*-s; -e*) تلفون [telefoːn, tilifuːn], هاتف [haːtif]; *s. a.* ***Fernsprech ...***; **~anschluß** *m* (*-sses; ¨sse*) مواصلة تلفونية [muwaːṣala tilifuːniːja], خط تلفونى [xaṭṭ tilifuːniː]; **~buch** [-uː-] *n* (*-es; ¨er*) دليل التلفون [daliːl attilifuːn]; **~gespräch** *n* (*-ẹs; -e*) مخابرة تلفونية [muxaːbara tilifuːniːja]; **~ieren** [-oˑ'niː-] (—) *v/i.* تلفن [talfana], خابر بالتلفون [xaːbara bitt.]; **~isch** *adv.* بالتلفون [bittilifuːn], بالهاتف [bilhaːtif]; **~nummer** *f* رقم تلفون [raqm tilifuːn]; **~zelle** *f*: **öffentliche ~zelle** كشك تلفون [kuʃk tilifuːn].

Tele'graf *m* (*-en*) تلغراف [tiliɣraːf]; **~enamt** *n* (*-s;* *¨er*) مكتب التلغراف [maktab att.]; **˜ieren** [-aˈfiː-] (—) *v/i. u. v/t.* أبرق [ʔabraqa], بعث برقية [baʕaθa, -a-, barqiːja]; **˜isch** *adj.* برقى [barqiː]; *adv.* بالبرق [bilbarq], تلغرافيا [tiliɣraːfiːjan].

Tele'gramm *n* (*-s; -e*) برقية [barqiːja]; **~-adresse** *f* عنوان تلغراف [ʕunwaːn tiliɣraːfiː]; **~stil** *m* أسلوب مختصر [ʔusluːb muxtaʃar].

Tele'skop *n* (*-s; -e*) تلسكوب [tiliskuːb], مرقب [mirqab].

Telex *n* (*-; O*) تلكس [teleks].

Teller *m* طبق [tabaq], صحن [ʃaħn].

Tempel *m* معبد [maʕbad].

Tempera'ment *n* (*-ẹs; -e*) مزاج [mizaːdʒ]; (*Hitzigkeit*) حمية [ħamiːja]; **˜voll** *adj.* حام [ħaːmin], متحمس [mutaħammis].

Tempera'tur *f* درجة الحرارة [daradʒat alħaraːra].

Tempo *n* (*-s; -s*) سرعة [surʕa].

Tempus *n* (*-; Tempora*) *Gr.* زمن الأفعال [zaman alʔafʕaːl].

Ten'denz *f* اتجاه [ittidʒaːh], ميل [mail], نزعة [nazʕa], منزع [manzaʕ].

tendenziös [-ˈtsĭøːs] (*-est*) *adj.* له منزع [lahu manzaʕ].

Tenne *f* جرن [dʒurn]; *Irak* بيدر [baidar].

Tennis *n* (—; —) تنس [tenis]; **~platz** *m* (*-es;* *¨e*) ملعب التنس [malʕab att.]; **~schläger** *m* مضرب التنس [miđrab att.].

Teppich *m* (*-s; -e*) بساط [bisaːt], فرش [farʃ]; (*kleiner ~, Gebets˜*) سجادة [saddʒaːda].

Ter'min *m* (*-es; -e*) أجل [ʔadʒal], موعد [mauʕid]; **~kalender** *m* مفكرة [mufakkira].

Terminolo'gie *f* مصطلحات [muʃtalaħaːt].

Ter'mite *f* *Zo. Koll.* أرض [ʔarađ].

Terrain [tɛˈʀɛ̃ː] *n* (*-s; -s*) أرض [ʔarđ].

Ter'rasse *f* مدرج [mudarradʒ], مستشرف [mustaʃraf].

territorial [-ˈʀĭɑːl] (*O*) *adj.* إقليمى [ʔiqliːmiː].

Territorium [-ˈtoːʀĭʊm] *n* (*-s; Terri'torien*) أرض [ʔarđ].

Terror *m* (*-s; O*) إرهاب [ʔirhaːb]; **~ist** [-'rɪst] *m* (*-en*) إرهابى [ʔirhaːbiː].

Test *m* (*-ẹs; -e od. -s*) اختبار [ixtibaːr].

Testa'ment *n* (*-s; -e*) وصية [waʃiːja]; (*Bibel*) ***das Alte*** ~ العهد القديم [alʕahd alqadiːm]; ***das Neue*** ~ العهد الجديد [alʕahd aldʒadiːd], الإنجيل [alʔindʒiːl].

testen *v/t.* اختبر [ixtabara], جرب [dʒarraba].

te'stieren (—) *v/t. etw.* شهد ب [ʃahida, -a-], وقع هـ [waqqaʕa].

Tetanus *m* (*-; O*) *Med.* كزاز [kuzaːz].

teuer (*teurer*) *adj.* غال [ɣaːlin]; (*kostbar*) نفيس [nafiːs]; (*lieb*) عزيز [ʕaziːz].

Teufel *m* شيطان [ʃaitaːn], إبليس [ʔibliːs].

Text *m* (*-es; -e*) نص [naʃʃ].

Textilien *pl.* منسوجات [mansuːdʒaːt].

Textverarbeitung *f* معالجة النصوص [muʕaːladʒat annuʃuːʃ].

The'ater *n* دار التمثيل [daːr attamθiːl], مسرح [masraħ]; **~kasse** *f* شباك التذاكر [ʃubbaːk attaðaːkir]; **~stück** *n* (*-es; -e*) مسرحية [masraħiːja], رواية تمثيلية [riwaːja tamθiːliːja]; **~vorstellung** *f* عرض مسرحى [ʕarđ masraħiː].

Theke *f* منضدة [minđada].

Thema *n* (*-s; -ta oder Themen*) موضوع [mauđuːʕ].

Theolo'gie *f* (*O*) علم الإلاهيات [ʕilm alʔilaːhiːjaːt].

Theo'r|etiker *m*, **~etisch** *adj.* نظرى [nazariː]; **~ie** *f* نظرية [nazariːja].

Thera'pie *f* علاج [ʕilaːdʒ].

Ther'malbad *n* (*-es; ⸚er*) حمامات [ħammaːmaːt].

Thermo'meter *n* ميزان الحرارة [miːzaːn alħaraːra].

thermonuklear *adj.* حرارى نووى [ħaraːriː nawawiː].

Thermosflasche *f* ترموس [tirmuːs].

Thermo'stat [-st-] *m* (*-ẹs od. -en; -e od. -en*) مثبت الحرارة [muθabbit alħaraːra].

Thron *m* (*-ẹs; -e*) عرش [ʕarʃ]; **~besteigung** *f* جلوس [dʒuluːs], اعتلاء العرش [iʕtilaːʔ alʕarʃ]; **~folger** *m* ولى العهد [waliːj alʕahd].

Thunfisch *m* (*-ẹs; -e*) *Zo.* تونة [tuːna].

ticken *v/i.* (*Uhr*) تكتك [taktaka].

tief *adj.* عميق [ʕamiːq]; (*niedrig*)

واطئ [waːtiʔ], منخفض [munxafiđ].

Tiefbau *m* (-*ẹs*; *O*) الإنشاء تحت الأرض [alʔinʃaːʔ taħt alʔarđ].

tief|blau *adj.* أزرق قاتم [ʔazraq qaːtim]; **~druck** *m* (-*ẹs*; -*e*) *Meteor.* ضغط منخفض [đaɣt munxafiđ]; *Typ.* طبع حفرى [ŧabʕ ħafriː]; **~e** *f* عمق [ʕumq]; **~-ebene** *f* سهل واطئ [sahl waːtiʔ], وهد [wahd]; **~en-psychologie** *f* التحليل النفسى العميق [attaħliːl annafsiː alʕamiːq]; **~en-wirkung** *f* تأثير عميق [taʔθiːr ʕamiːq]; **~flug** *m* (-*es*; ⸗*e*) تحليق منخفض [taħliːq munxafiđ]; **~gang** *m* (-*es*; *O*) *Mar.* غاطس [ɣaːtis]; **~gehend** *adj.* (*Untersuchung*) عميق [ʕamiːq]; **~gekühlt** *adj.* منجمد [mundʒamid], مصقع [muʃaqqaʕ]; **~greifend** *adj.* بالغ [baːliɣ]; **~sinnig** *adj.* متعمق [mutaʕammiq]; **~stand** *m* (-*ẹs*; *O*) تدن [tadannin].

Tiegel *m* بوتقة [buːtaqa].

Tier *n* (-*es*; -*e*) حيوان [ħajawaːn]; **~-arzt** *m* (-*es*; ⸗*e*) بيطار [baitaːr], طبيب بيطرى [ŧabiːb baitariː]; **~garten** *m* (-*s*; ⸗) حديقة الحيوان [ħadiːqat alħajawaːn]; **~heilkunde** *f* (*O*) الطب البيطرى [attibb albaitariː]; **~isch** *adj.* حيوانى [ħajawaːniː]; *fig.* وحشى [waħʃiː]; **~kreiszeichen** *n* برج [burdʒ]; **~zucht** *f* (*O*) تربية الحيوانات [tarbijat alħajawaːnaːt].

Tiger *m* *Zo.* ببر [babr], نمر [nimr, namir].

tilgen *v/t.* محا [maħaː, -uː]; (*e-e Schuld*) سد [sadda, -u-], استهلك [istahlaka].

Tilgung *f* محو [maħw], سد [sadd], استهلاك [istihlaːk].

Tinktur *f* *Med.* صبغة [ʃibɣa].

Tinte *f* حبر [ħibr], مداد [midaːd]; **~n-fisch** *m* (-*es*; -*e*) أم الحبر [ʔumm alħibr].

Tip *m* (-*s*; -*s*) تلميح [talmiːħ].

tippen *v/t.* كتب على الطابعة [kataba, -u-, ʕalaː ttaːbiʕa].

Tippfehler *m* غلطة عند الطبع [ɣalta ʕinda ttabʕ].

Tisch *m* (-*es*; -*e*) منضدة [minđada], مائدة [maːʔida]; (*Eß*~) سفرة [sufra]; (*Schreib*~) مكتب [maktab]; *nach* ~ بعد الأكل [baʕda lʔakl]; **~lampe** *f* مصباح المائدة [miʃbaːħ almaːʔida]; **~tennis** *n* (—; *O*) بنج بنج [bing bong], تنس الطاولة

[tenis attaːwula]; **~tuch** [-uː-] *n* (*-es; ⸚er*) مفرش [mifraʃ].

Titel *m* (*Buch~*) عنوان [ʕunwaːn]; (*Ehren~*) لقب [laqab].

Toast [toːst] *m* (*-¢s; -e*) (*Röstbrot*) مقمر [muqammar]; **~er** *m* (*-s; -*) محمصة [miħmɒʃɒ].

tob|en *v/i.* (*See*) صخب [ʃaxiba, -a-], ثار [θaːra, -uː-]; (*Mensch*) احتد [iħtadda], انسعر [insaʕara]; **~sucht** *f* (*O*) جنون حاد [ʤunuːn ħaːdd]; *fig.* احتدام [iħtidaːm].

Tochter *f* (*—; ⸚*) بنت [bint], ابنة [ibna]; **~gesellschaft** *f* *Hdl.* شركة فرعية [ʃarika farʕiːja].

Tod *m* (*-¢s; -e*) موت [maut], وفاة [wafaːt]; **~es-angst** *f* (*—; ⸚e*) خوف شديد [xauf ʃadiːd]; **~es-anzeige** *f* نعية [naʕja]; **~es-gefahr** *f* خطر الموت [xaṫar almaut]; **~es-jahr** *n* (*-es; -e*) سنة الوفاة [sanat alwafaːt]; **~es-kampf** *m* (*—; O*) سكرة الموت [sakrat almaut], نزع [nazʕ]; **~es-opfer** *n* ضحية [đaħiːja], مقتول [maqtuːl]; **~es-strafe** *f* عقوبة الإعدام [ʕuquːbat alʔiʕdaːm]; **~es-urteil** *n* (*-¢s; -e*) حكم بالإعدام [ħukm bilʔiʕdaːm].

Todfeind *m* (*-es; -e*) عدو لدود [ʕaduːw laduːd].

tödlich *adj.* مميت [mumiːt], قاتل [qaːtil]; *mit* **~er Gewißheit** بحق اليقين [biħaqq aljaqiːn].

todmüde *adj.* منهوك [manhuːk].

todsicher *adj.* أكيد [ʔakiːd], يقيني [jaqiːniː].

Toi'lette [toˑɑˑ-] *f* (*Kleidung*) ملابس [malaːbis], زي [ziːj]; (*Körperpflege, Putz*) زينة [ziːna], تواليت [tuwaːleːt]; (*Klosett*) مستراح [mustaraːħ], مرحاض [mirħaːđ]; **~n-artikel** *m/pl.* أدوات الزينة [ʔadawaːt azziːna]; **~n-papier** *n* ورق التواليت [waraq attuwaːleːt].

tole'rant (*-est*) *adj.* **gegen** *j-n* متسامح مع [mutasaːmiħ].

Tole'ranz *f* (*O*) تسامح [tasaːmuħ]; *Techn.* تفاوت مباح [tafaːwut mubaːħ].

toll *adj.* (*verrückt*) مجنون [maʤnuːn]; (*Hund*) كلب [kalib]; *F* (*großartig*) رائع [raːʔiʕ], عال [ʕaːlin]; **~kühn** *adj.* متهور [mutahawwir], مجازف [muʤaːzif]; **~wut** *f* (*O*) *Med.* كلب [kalab]; **~wütig**

T

adj. *Med.* كلب [kalib]; *fig.* مسعور [masʕuːr].

Tölpel *m* مغفل [muɣaffal].

To'mate *f* طماطم [ṭamaːṭim], بنادورة [banaːduːra]; *Äg.* قوطة [quːṭa].

Ton[1] *m* (*-es; -e*) (*Erde*) طين [ṭiːn], صلصال [ʃalʃaːl].

Ton[2] *m* (*-es; ⸚e*) (*Musik*) صوت [ʃaut], نغمة [naɣama].

Tonband *n* (*-ȼs; ⸚er*) شريط تسجيل [ʃariːṭ tasdʒiːl]; **~gerät** *n* (*-ȼs; -e*) مسجل [musaddʒil].

tönen *v/i.* رن [ranna, -i-]; *v/t.* صبغ [ʃabaɣa, -u-].

Tonfilm *m* (*-ȼs; -e*) فيلم ناطق [film naːṭiq].

Ton'nage [-ʒə] *f* *Mar.* حمولة [ħumuːla].

Tonne *f* (*Behälter*) برميل [barmiːl]; (*Gewicht*) طن [ṭunn].

Tonwaren *f/pl.* فخار [faxxaːr], خزف [xazaf].

Topf *m* (*-es; ⸚e*) قدر [qidr], طنجرة [ṭandʒara].

Töpfer *m* خزاف [xazzaːf].

Tor[1] *n* (*-s; -e*) باب [baːb]; (*Portal*) بوابة [bawwaːba]; *Sport* مرمى [marman], هدف [hadaf].

Tor[2] *m* (*-en*) أبله [ʔablah], سخيف [saxiːf].

Torf *m* (*-ȼs; O*) خث [xaθθ].

Torheit *f* بله [balah], غباوة [ɣabaːwa].

Torhüter *m* بواب [bawwaːb]; *Sport* حارس مرمى [ħaːris marman].

töricht *adj.* أبله [ʔablah], مخبون [maxbuːn].

torkeln (*-le; a. sn*) *v/i.* ترنح [tarannaħa].

torpe'dieren *v/t.* *Mil.* نسف [nasafa, -i-]; *fig.* عرقل [ʕarqala].

Tor'pedo *m* (*-s; -s*) طوربيد [ṭurbiːd], نسيفة [nasiːfa].

Torschluß *m* (*-sses; O*) إغلاق البوابة [ʔiɣlaːq albawwaːba]; *fig.* انتهاء [intihaːʔ].

Torschuß *m* (*-sses; ⸚sse*) *Sport* إصابة [ʔiʃaːba].

Törtchen *n* كعكة [kaʕka].

Torte *f* تورتة [torta], كعك [kaʕk].

Tor'tur *f* عذاب [ʕaðaːb].

Torwart *m* (*-ȼs; -e*) *s.* ***Torhüter***.

tosen *v/i.* صخب [ʃaxiba, -a-].

tot *adj.* ميت [majjit]; (*verstorben*) متوفى [mutawaffan]; (*getötet*) مقتول [maqtuːl].

Tote(r) *m* *s.* ***tot***; ***die Toten*** الموتى [almautaː].

T

töten *v/t.* قتل [qatala, -u-], أمات [ʔamaːta].

Toten|gräber *m* حفار القبور [ħaffaːr alqubuːr]; **~kopf** *m* (-*¢s*; ⸚*e*) جمجمة [ʤumʤuma]; **~schein** *m* (-*¢s*; -*e*) شهادة الوفاة [ʃahaːdat alwafaːt]; **~starre** *f* (*O*) تصلب الجثة [taʃallub alʤuθθa]; **~stille** *f* (*O*) صمت الموت [ʃamt almaut].

tot|geboren *adj.* مولود ميتا [mauluːd majjitan], مليص [maliːʃ]; **⁓schlag** *m* (-*s*; *O*) قتل [qatl].

Tötung *f* إماتة [ʔimaːta], إزهاق الروح [ʔizhaːq arruːħ].

Tour [tuˑʁ] *f* جولة [ʤaula], رحلة [riħla].

Tou'rist [tuˑ-] *m* (-*en*) سائح [saːʔiħ]; **~en-klasse** *f* الدرجة السياحية [addaraʤa assijaːħiːja]; **~ik** *f* سياحة [sijaːħa].

Trab *m* (-*es*; *O*) خبب الخيل [xabab alxail]; **⁓en** *v/i.* خب [xabba, -u-]; **~rennen** *n* سباق الخبب [sibaːq alxabab].

Tracht *f* زى [ziːj]; *F* **e-e ~ *Prügel*** علقة [ʕalqa].

trachten (-*e*-) *v/i.*: ~ ***nach*** *D* طمع فى [ʃaʕaː, -aː], سعى إلى [tamiʕa, -a-].

trächtig *adj.* حبلى [ħublaː]; (*Stute*) عشار [ʕiʃaːr].

Tradi'tion [-'tsĭoːn] *f* نقل [naql], تقليد [taqliːd].

traditio'nell *adj.* تقليدى [taqliːdiː].

Tragbahre *f* محفة [miħaffa], نقالة [naqqaːla].

tragbar *adj.* (*transportabel*) نقال [naqqaːl]; (*erträglich*) محتمل [muħtamal].

träge *adj.* خامل [xaːmil], كسلان [kaslaːn]; (*langsam*) بطىء [batiːʔ].

tragen (*L*) *v/t.* حمل [ħamala, -i-]; (*Kleider*) لبس [labisa, -a-].

Träger *m* (*Gepäck⁓*) شيال [ʃajjaːl]; (*Lasten⁓*) حمال [ħammaːl]; *Techn.* حمالة [ħammaːla], حامل [ħaːmil].

Trägheit *f* (*O*) خمول [xumuːl], كسل [kasal]; *Phys.* قوة الاستمرار [quːwat alistimraːr].

Tragik *f* (*O*) المؤلم [almuʔlim].

trag|isch *adj.* مؤسف [muʔsif], فاجع [faːʤiʕ]; **⁓ödie** [tʀaˑ'-gøːdĭə] *f* مأساة [maʔsaːt]; (*Unheil*) فاجعة [faːʤiʕa].

Tragweite *f* مدى [madan]; *fig.* أهمية [ʔahammiːja].

Trainer ['tʀɛːnəʁ] *m* مدرب [mudarrib].

trainieren [tʀɛ'niːʀən] (—) *v/t.* مرن [marrana], درب [darraba]; *v/i.* تمرن [tamarrana].

Training [ɛː] *n* (*-s; -s*) تمرين [tamriːn].

Tra'jekt *n* (*-s; -e*) (*Fähre*) معدية [maʕdija].

Trakt *m* (*-ȼs; -e*) (*Land*) صقع [ʃuqʕ]; (*Gebäude*∼) بناء ممدود [binaː mamduːd]; *Anat.* مسلك [maslak].

Traktor *m* (*-s; -en* [-'toː-]) جرارة [ʤarraːra].

Tram *f* (*-; -s*), **∼bahn** *f* ترام [traːm], تراموای [tramwaːj].

Tramp [ɛ] *m* (*-s; -s*) متشرد [mutaʃarrid].

trampeln *v/i.* (**auf** *D* هـ) داس [daːsa, -uː-].

Tran *m* (*-es; O*) زيت السمك [zait assamak].

tranchieren [-'ʃiːʀən] *v/t.* قطع (ذبيحة) [qattaʕa (ðabiːħa)].

Träne *f* دمعة [damʕa]; *Koll.* دمع [damʕ]; **∼n-gas** *n* (*-es; O*) غاز مسيل للدموع [ɣaːz musajjil liddumuːʕ].

Trank *m* (*-ȼs; ∸e*) مشروب [maʃruːb].

tränken *v/t.* سقى [saqaː, -iː], أسقى [ʔasqaː]; (*e-n Stoff*) شرب [ʃarraba], بلل [ballala].

Trans|-aktion [-tsĭoːn] *f* معاملة [muʕaːmala]; (*Geschäft*) صفقة [ʃafqa]; **∼-at'lantisch** *adj.* عبر المحيط الأطلسى [ʕabr almuħiːt alʔatlasiː]; **∼fer** *m* (*-s; O*) *Fin.* تحويل [taħwiːl]; (*Personen*∼) نقل [naql]; **∼formation** [-'tsĭoːn] *f* تحول [taħawwul], تغير [taɣajjur]; **∼for'mator** *m* (*-s; -en* [-'toː-]) *El.* محول [muħawwil]; **∼fusion** [-'sĭoːn] *f Med.* نقل الدم [naql addam]; **∼istor** *m* (*-s; -en* [-'toː-]) ترانزستور [tranzistuːr]; **∼it-verkehr** *m* (*-s; O*) مرور عابر [muruːr ʕaːbir]; **∼it-visum** *n* (*-s; -visa a. -visen*) تأشيرة مرور [taʔʃiːrat muruːr]; **∼kription** [-'tsĭoːn] *f* (*phonetische* ∼) تعبير برموز صوتية [taʕbiːr birumuːz ʃautiːja]; **∼mission** *f Techn.* جهاز نقل الحركة [ʤihaːz naql alħaraka]; **∼pa'rent** (*-est*) *adj.* شفاف [ʃaffaːf]; **∼plantation** [-'tsĭoːn] *f Med.* غرز [ɣarz].

Trans'port *m* (*-ȼs; -e*) نقل [naql]; *pl.* نقليات [naqliːjaːt]; **∼ieren** [-'tiː-] (—) *v/t.* نقل [naqala, -u-]; **∼kosten** *pl.* نفقات النقل [nafaqaːt annaql]; **∼unternehmen** *n* وكالة النقل [wakaːlat annaql].

Tratsch *m* (*-es; -e*) ثرثرة [θarθara], قيل و قال [qiːl wa qaːl].

Traube *f* عنقود [ʕunquːd]; (*Wein*~) *Koll.* عنب [ʕinab]; **~n-lese** *f* جمع العنب [ʤamʕ alʕinab]; **~n-saft** *m* عصير العنب [ʕaṣiːr alʕ.]; **~n-zucker** *m* سكر العنب [sukkar alʕ.].

trauen *v/i.* (*D* ه) أمن [ʔamina, -a-]; *v/t.* (*e. Brautpaar*) عقد الزواج بين [ʕaqada zzawaːʤ]; *v/r.* (*etw.* على) اجترأ [iʤtaraʔa]; **sich ~ lassen** تزوج [tazawwaʤa].

Trauer *f* (*O*) حزن [ħuzn]; (**über** *e-n Toten* على) حداد [ħidaːd]; **~fall** *m* (*-es; ⸚e*) وفاة [wafaːt]; **~kleidung** *f* ملابس الحداد [malaːbis alħidaːd]; **~n** *v/i.* (**um** *A* ل) رثى [raθaː, -iː]; **~spiel** *n* (*-ɇs; -e*) مأساة [maʔsaːt].

Traufe *f* مزراب [mizraːb].

träufeln (*-le*) *v/i.* تقطر [taqaṭṭara].

Traum *m* (*-es; ⸚e*) حلم [ħulm]; **im ~** في المنام [fiː lmanaːm].

Trauma *n* (*-s; Traumen u. -ta*) إصابة [ʔiṣaːba], صدمة [ṣadma].

Traum|bild *n* (*-es; -er*) رؤيا [ruʔjaː]; **~deutung** *f* تعبير الرؤيا [taʕbiːr arruʔjaː].

träumen *v/i.* حلم [ħalama, -u-].

traurig *adj.* حزين [ħaziːn]; **~keit** *f* (*O*) حزن [ħuzn].

Trauring *m* (*-ɇs; -e*) خاتم الزواج [xaːtam azzawaːʤ].

Trauschein *m* (*-ɇs; -e*) شهادة زواج [ʃahaːdat zawaːʤ].

Trauung *f* عقد الزواج [ʕaqd azzawaːʤ].

Treff *n* (*-s; -s*) (*Kartenfarbe*) إسباتي [ʔisbaːtiː].

treffen (*L*) *v/t.* أصاب [ʔaṣaːba]; (*begegnen*) قابل [qaːbala], صادف [ṣaːdafa].

Treffen *n* مقابلة [muqaːbala], اجتماع [iʤtimaːʕ].

treffend *adj.* سديد [sadiːd], مناسب [munaːsib].

Treffer *m* إصابة [ʔiṣaːba]; (*Lotterie*~) ربح [ribħ].

Treffpunkt *m* (*-ɇs; -e*) ملتقى [multaqan].

treiben (*L*) *v/t.* ساق [saːqa, -uː-], دفع [dafaʕa, -a-]; (*ausüben*) مارس [maːrasa]; (*Metall*) بعج [baʕaʤa, -a-]; **Knospen ~** برعم [barʕama]; *v/i.* (*im Wasser*) طفا [ṭafaː, -uː]; (*im Wind*) هفا [hafaː, -uː].

T

Treibhaus *n* (*-es; ¨er*) منبت زجاجي [manbat zuʤaːʤiː].

Treibstoff *m* (*-ɇs; -e*) وقود [waquːd], بنزين [banziːn].

Trend *m* (*-s; -s*) *s.* ***Tendenz***.

trennen *v/t.* فرق [farraqa], فصل [faʃala, -i-]; *v/r.* تفرق [tafarraqa], انفصل [infaʃala].

Trennung *f* تفرق [tafarruq], انفصال [infiʃaːl].

Treppe *f* سلم [sullam]; **~n-absatz** *m* (*-es; ¨e*) بسطة سلم [bastat sullam]; **~n-geländer** *n* درابزين [daraːbziːn].

Tresor *m* (*-s; -e*) خزينة [xaziːna].

treten (*L*) *v/t.* داس [daːsa, -uː-]; (*Kicken*) رفس [rafasa, -i-]; *v/i.* (*sn*) خطا [xataː, -uː].

treu *adj.* مخلص [muxliʃ], أمين [ʔamiːn], وفي [wafiːj]; **≈e** *f* إخلاص [ʔixlaːʃ], وفاء [wafaːʔ]; **≈händer** *m* أمين [ʔamiːn], وصي [waʃiːj]; **~los** (*-est*) *adj.* خائن [xaːʔin], غدار [ɣaddaːr].

T

Tribu'nal *n* (*-s; -e*) محكمة [maħkama].

Tri'büne *f* منصة [minaʃʃa]; (*Zuschauer≈*) مدرج [mudarraʤ].

Tri'but *m* (*-ɇs; -e*) جزية [ʤizja], إتاوة [ʔitaːwa].

Trichter *m* قمع [qamʕ].

Trieb *m* (*-es; -e*) غريزة [ɣariːzza], دافع [daːfiʕ]; *Bot.* نبت [nabt]; **~kraft** *f* (*—; ¨e*) قوة دافعة [quːwa daːfiʕa], باعث [baːʕiθ]; **~wagen** *m* *Eisenb.* عربة قاطرة [ʕaraba qaːtira].

triftig *adj.* (*Grund*) وجيه [waʤiːh].

Trigonome'trie *f* (*O*) المثلثات [almuθallaθaːt].

Trikot [-'koː] *n* (*-s; -s*) تريكو [triːkoː].

trillern (*-re*) *v/i.* زغرد [zaɣrada].

trinkbar *adj.* صالح للشرب [ʃaːliħ liʃʃurb].

trinken (*L*) *v/t.* شرب [ʃariba, -a-].

Trink|geld *n* (*-es; -er*) بقشيش [baqʃiːʃ], وهبة [wahba]; **~wasser** *n* (*-s; O*) ماء الشرب [maːʔ aʃʃurb].

Tritt *m* (*-ɇs; -e*) رفسة [rafsa]; (*Spur*) أثر [ʔaθar]; (*Pedal*) دواسة [dawwaːsa]; **~brett** *n* (*-ɇs; -er*) (*e-s Wagens*) سلم [sullam], درجة [daraʤa].

Tri'umph *m* (*-ɇs; -e*) فوز [fauz], نصر [naʃr], ظفر [ʐafar]; **≈ieren** [-'fiː-] (*—*) *v/i.* (***über*** *A* على) ظفر [ʐafira, -a-], فاز [faːza, -uː-].

trocken *adj.* جاف [ʤaːff], ناشف [naːʃif]; **~batterie** *f* بطارية جافة [battaːriːja ʤaːffa]; **~dock** *n* (*-s; -s*) حوض جاف [ħauđ ʤaːff]; **~heit** *f* (*O*) جفاف [ʤafaːf]; **~milch** *f* (*O*) لبن مجفف [laban muʤaffaf]; **~-obst** *n* (*-ẹs; O*) فواكه مجففة [fawaːkih muʤaffafa]; **~zeit** *f* قحط [qaħt], محل [maħl].

trock|nen (*-e*) *v/t.* جفف [ʤaffafa], نشف [naʃʃafa]; *v/i.* (*sn*) نشف [naʃifa, -a-]; **~ner** *m* مجفف [muʤaffif].

Trödel *m* أشياء قديمة [ʔaʃjaːʔ qadiːma], كهنة [kuhna]; **~n** (*-le*) *v/i.* تسكع [tasakkaʕa].

Trog [-oː-] *m* (*-es; ̈-e*) حوض [ħauđ], قصعة [qaʃʕa]; (*Futter~*) مذود [miðwad], معلف [miʕlaf].

Trommel *f* (*—; -n*) طبلة [tabla]; **~fell** *n Anat.* طبلة الأذن [tablat alʔuðn]; **~n** *v/i.* طبل [tabala, -u-].

Trom'pete *f* بوق [buːq].

Tropen *pl.* المناطق الحارة [almanaːtiq alħaːrra].

Tropfen *m* قطرة [qatra], نقطة [nuqta]; **~** *v/i.* قطر [qatara, -u-].

Trost [-oː-] *m* (*-es; O*) مواساة [muwaːsaːt], تعزية [taʕziːa].

trösten (*-e-*) *v/t.* عزى [ʕazzaː], واسى [waːsaː], آسى [ʔaːsaː], سلى [sallaː]; *v/r.* (**über** *A* عن, **mit** *D* ب) تعزى [taʕazzaː].

trotz *präp. D* رغم [raɣma], بالرغم من [birraɣmi min]; **~** *m* (*-es; O*) عناد [ʕinaːd]; **~dem** *adv.* مع ذلك [maʕa ðaːlika]; *cj.* مع ان [maʕa ʔan]; **~en** (*-t*) *v/i. D* عند [ʕanada, -i-], تحدى [taħaddaː]; **~ig** *adj.* عنيد [ʕaniːd], متحد [mutaħaddin].

trüb(e) *adj.* عكر [ʕakir]; (*Himmel*) غائم [ɣaːʔim].

Trubel *m* (*-s; O*) ضجة [đaddʒa].

trüb|en *v/t.* عكر [ʕakkara]; **~sal** *f* (*—; -e*) حزن [ħuzn], كرب [karb]; **~sinn** *m* (*-ẹs; O*) كآب [kaʔb], سوداء [saudaːʔ]; **~ung** *f* كدرة [kudra], تعكير [taʕkiːr].

Trüffel *f* (*—; -n*) كمء [kamʔ].

trügen *v/t.* خدع [xadaʕa, -a-], غدر [ɣadara, -i-].

trügerisch *adj.* خداع [xaddaːʕ], غرور [ɣaruːr], مضل [muđill].

Trugschluß *m* (*-sses; ̈-sse*) استدلال كاذب [istidlaːl kaːðib].

Truhe *f* صندوق [ʃunduːq].

Trümmer *pl.* أنقاض [ʔanqaːđ], حطام [ħutaːm].

T

Trumpf *m* (*-es; ¨-e*) آتو [ʔaːtuː], ورقة رابحة [waraqa raːbiħa].

Trunk *m* (*-ɇs; ¨-e*) شربة [ʃurba]; **~en-heit** *f* (*O*) سكر [sukr]; **~sucht** *f* (*O*) إدمان المسكرات [ʔidmaːn almuskiraːt].

Trupp *m* (*-s; -s*) زمرة [zumra], رهط [raht].

Truppe *f Mil.* جيش [ʤaiʃ], جند [ʤund]; *pl.* **~n** قوات [quːwaːt].

Truthahn *m* (*-es; ¨-e*) ديك رومي [diːk ruːmiː].

Tube *f* أنبوبة [ʔumbuːba].

Tuberku'lose *f* سل [sull], تدرن [tadarrun].

Tuch [-uː-] *n* (*-es; ¨-er*) (*Gewebe*) جوخ [ʤuːx], قماش [qumaːʃ]; *s.* ***Kopf~, Lein~, Taschen~, Tisch~***.

tüchtig *adj.* ماهر [maːhir], شاطر [ʃaːtir], كفء [kufʔ]; **~keit** *f* (*O*) مهارة [mahaːra], كفاءة [kafaːʔa].

Tücke *f* مكر [makr], خبث [xubθ].

tückisch *adj.* خبيث [xabiːθ], غدار [ɣaddaːr].

Tugend *f* فضيلة [fađiːla]; **~haft** *adj.* فاضل [faːđil].

Tüll *m* (*-s; -e*) (نسيج) التل [(nasiːʤ) attull].

Tulpe *f* سوسن معمم [sausan muʕammam].

Tümpel *m* بركة [birka].

Tu'mult *m* (*-ɇs; -e*) غاغة [ɣaːɣa], ضجة [đaddʒa], صخب [ʃaxb].

tun (*L*) *v/i. u. v/t.* فعل [faʕala, -a-]; ***ich habe zu ~*** أنا مشغول [ʔana maʃɣuːl]; ***ich habe nichts zu ~*** أنا فارغ [ʔana faːriɣ]; **~** *n* (*-s; O*) فعل [fiʕl], أعمال [ʔaʕmaːl].

Tünche *f* بياض جدران [bajaːđ ʤudraːn], صبغة [ʃibɣa]; *fig.* طلاء [tilaːʔ].

Tu'nesien [-ziən] *n* تونس [tuːnis].

Tu'nes|ier [-ziəʁ] *m*, **~isch** *adj.* تونسي [tuːnisiː].

Tunis *n s.* ***Tunesien***.

Tunke *f* صلصة [ʃalʃa].

tunken *v/t.* غمس [ɣamasa, -i-].

Tunnel *m* نفق [nafaq].

Tüpfel *m* نقطة [nuqta].

Tür *f* باب [baːb]; **~-angel** *f* (*—; -n*) مفصلة [mufaʃʃala].

Turban *m* (*-ɇs; -e*) عمامة [ʕimaːma].

Tur'bine *f* توربينة [turbiːna].

turbu'lent (*-est*) *adj.* مضطرب [muđtarib], صاخب [ʃaːxib].

Türflügel *m* مصراع [miʃraːʕ].

Türke *m* (*-n*) تركي [turkiː].

Tür'kei *f* تركيا [turkijaː].

Tür'kis *m* (*-es; -e*) فيروز [fairuːz].

türkisch *adj.* تركي [turkiː].

Türklinke *f* مقبض الباب [miqbađ albaːb], أكرة [ʔukra], سقاطة [suqqaːta].

Turm *m* (-*ẹs*; ⸚*e*) برج [burʤ]; *Schach* رخ [ruxx], طابية [taːbija].

türmen *v/t.* كوم [kawwama]; *v/i.* (*sn*) *pop.* فر [farra, -i-]; *v/r.* تكوم [takawwama], تراكم [taraːkama].

turn|en *v/i.* مارس الجنباز [maːrasa ldʒumbaːz], تمرن [tamarrana]; **⁓en** *n* جنباز [dʒumbaːz], رياضة [rijaːđa]; **⁓halle** *f* قاعة الجنباز [qaːʕat aldʒ.].

Tur'nier *n* (-*s*; -*e*) مباراة [mubaːraːt].

Turnus *m* (—; -*se*) نوبة [nauba], دور [daur].

Türschild *n* لوحة الباب [lauħat albaːb].

Türschwelle *f* عتبة [ʕataba].

Tusche *f* حبر صينى [ħibr ʃiːniː].

tuscheln (-*le*) *v/i.* تهامس [tahaːmasa].

Tüte *f* كيس ورق [kiːs waraq].

tuten (-*e*-) *v/i.* زمر [zammara].

Typ *m* (-*s*; -*en*) *s.* **Typus**.

Typhus *m* (—; *O*) *Med.* تيفوس [tiːfuːs].

typisch *adj.* مثالى [miθaːliː], ممثل لنوعه [mumaθθil linauʕihi].

Typogra'phie *f* (*O*) فن الطباعة [fann attibaːʕa].

Typus *m* (—; *Typen*) ميثال [miθaːl], طراز [tiraːz], نوع [nauʕ], نمط [namat].

Ty'rann *m* (-*en*) ظالم [zaːlim]; **⁓ei** [-'naɪ] *f* ظلم [zulm]; **⁓isch** *adj.* ظالم [zaːlim]; **⁓i'sieren** (—) *v/t.* ظلم [zalama, -i-], استبد ب [istabadda], عذب [ʕaððaba].

U

U-Bahn *f* مترو [metro, mitruː].

übel (-*bl*-) *adj.* ردئ [radiːʔ], سيئ [sajjiʔ]; *s. a.* ***schlecht***; ***mir ist*** **⁓** أنا متوعك [ʔana mutawaʕʕik].

Übel *n* شر [ʃarr], سوء [suːʔ]; **⁓gelaunt** *adj.* منحرف المزاج [munħarif almizaːdʒ]; **⁓keit** *f* (*O*) وعكة [waʕka], غثيان [ɣaθajaːn]; **⁓nehmen** (*L*) *v/t. etw.* استاء من [istaːʔa]; *j-m etw.* آخذ ه على [ʔaːxaða];

U

~wollen (*L*) *v/i. j-m* أساء القصد إلى [ʔasaːʔa lqaʃda], حقد على [ħaqida, -a-].

üben *v/t.* مرن [marrana], درب [darraba], روض [rawwađa]; *v/r.* تمرن [tamarrana], تدرب [tadarraba], تروض [tarawwađa].

über *präp.* (*wo?*) *D*, (*wohin?*) *A* فوق [fauqa]; ~ **den Fluß** عبر النهر [ʕabr annahr]; **sprechen** ~ (*A* عن) تكلم [takallama]; (*mehr als*) أكثر من [ʔakθar min]; ~ **Nacht** فى أثناء الليلة [fiː ʔaθnaːʔ allaila], بين عشية و ضحاها [baina ʕaʃiːja wa đuħaːhaː]; *adv.* **die Nacht** ~ طول الليلة [tuːla llaila]; ~ **und** ~ **beschmiert** ملطخ بكليته (بأسره) [mulattax bikulliːjatihi (biʔasrihi); **einer war** ~ فضل واحد [fađala waːħid].

über-'all *adv.* فى كل مكان [fiː kull makaːn].

über-'anstrengen (—) *v/t.* أجهد فوق الطاقة [ʔadʒhada fauqa ttaːqa]; *v/r.* أجهد نفسه فوق الطاقة [ʔ. nafsahu f. t.].

über'arbeiten (*-e-*; —) *v/t.* أعاد النظر فى [ʔaʕaːda nnazar fiː]; *v/r.* أفرط فى العمل [ʔafrata fiː lʕamal], أجهد نفسه [ʔadʒhada nafsahu].

über-'aus *adv.* للغاية [lilɣaːja], جدا [dʒiddan].

überbelasten *v/t.* أرهق [ʔarhaqa].

überbelichten (*-e-*; —) *v/t. Fot.* عرض للضوء أكثر من اللازم [ʕarađa, -i-, liđđauʔ ʔakθar min allaːzim].

Überbevölkerung *f* اكتظاظ بالسكان [iktizaːz bissukkaːn].

über'bieten (*L*; —) *v/t.* (*e-e Leistung*) فاق [faːqa, -uː-]; (*beim Steigern*) زاد العطاء [zaːda, -iː-, alʕataːʔ].

Überbleibsel *n* بقية [baqiːja], فضلة [fađla].

Überblick *m* (*-s; -e*) منظر شامل [manzar ʃaːmil]; (*Zusammenfassung*) مختصر [muxtaʃar]; **~en** [-'bl-] (—) *v/t.* أحاط بالنظر [ʔaħaːta binnazar].

über'brin|gen (*L*; —) *v/t.* سلم [sallama], بلغ [ballaɣa]; **~ger** *m* حامل [ħaːmil].

über'dauern (*-re*; —) *v/t.* فاق دواما [faːqa, -uː-, dawaːman]; *j-n* عاش أكثر من [ʕaːʃa, -iː-, ʔakθar].

Überdruck *m* (*-ẹs*; *-e*) ضغط زائد [đaɣt zaːʔid].

Überdruß *m* (*-sses*; *O*) ملل [malal], سآمة [saʔaːma].

überdrüssig: ~ **sein** *G* سئم ﻫ [saʔima, -a-].

überdurchschnittlich *adj.* فوق المتوسط [fauq almutawassit].

Übereifer *m* (*-s*; *O*) حرص مفرط [ħirʃ mufrit].

über'eilt *adj.* متهور [mutahawwir].

übereí'nander *adv.* بعض فوق بعض [baʕđ fauqa baʕđ].

Über'ein|kommen *n* اتفاق [ittifaːq]; ~**stimmen** (—) *v/i.* ***mit*** وافق ه ﻫ [waːfaqa], طابق [taːbaqa]; ~**stimmung** *f* مطابقة [mutaːbaqa]; (*gegenseitige*) تطابق [tataːbuq].

über'fahren[1] (*L*; —) *v/t.* داس [daːsa, -u-], دهس [dahasa, -a-].

überfahr|en[2] (*L*; *sn*) *v/i.* عبر [ʕabara, -u-]; ~**t** *f* عبور [ʕubuːr], اجتياز [idʒtijaːz]

Überfall *m* (*-s*; *¨e*) هجوم [hudʒuːm], غارة [ɣaːra], سطو [satw]; ~**en** [-'fa-] (*L*; —) *v/t.* اعتدى على [iʕtadaː], هاجم ه [haːdʒama].

überfällig *adj.* (*Zug*) متأخر [mutaʔaxxir]; (*Abgabe*) سبق استحقاقه [sabaqa stiħqaːquhu].

Überfallkommando *n* (*-s*; *-s*) بوليس النجدة [buːliːs annadʒda].

über'fliegen (*L*; —) *v/t.* *Flugw.* حلق على [ħallaqa].

überfließen (*L*; *sn*) *v/i.* فاض [faːđa, -iː-].

über'flügeln (*-le*; —) *v/t.* *fig.* فاق [faːqa, -uː-], سبق [sabaqa, -i-].

Über|fluß *m* (*-sses*; *O*) وفرة [wafra], فيض [faiđ]; ~**flüssig** *adj.* زائد [zaːʔid], مستغنى عنه [mustaɣnan ʕanhu].

über'fluten (*-e-*; —) *v/t.* فاض على [faːđa, -iː-].

überführen[1] (—) *v/t.* نقل [naqala, -u-].

überführen[2] [-'fyː-] *Jur.* *j-n e-r S.* (*G*) أثبت على [ʔaθbata], أثبت ذنبه [ʔ. ðambahu].

Über'führung *f* نقل [naql]; *Eisenb.* جسر [dʒisr]; *Jur.* إثبات [ʔiθbaːt].

über'füllt (*-est*) *adj.* مكتظ [muktazz].

Übergabe *f* تسليم [tasliːm].

Übergang *m* (*-ẹs*; *¨e*) ممر [mamarr]; *Eisenb.* مزلقان [mazlaqaːn]; (*Queren*) عبور [ʕubuːr]; (*Veränderung*) تحول

[taħawwul], استحالة [istiħaːla].

über'geben (*L; —*) *v/t.* سلم [sallama]; *v/r.* استفرغ [istafraɣa], استنطق [istantaqa].

übergehen[1] (*L; sn*) *v/i.* انتقل [intaqala], تحول [taħawwala].

über'gehen[2] (*L; —*) *v/t.* أهمل [ʔahmala], تخطى [taxattaː], ضرب صفحا عن [đaraba, -i-, ʃafħan].

Übergewicht *n* (*-ℯs; -e*) زيادة الوزن [zijaːdat alwazn]; (*Überwiegen*) رجحان [ruʤħaːn].

Übergriff *m* (*-ℯs; -e*) جور [ʤaur], سطو [satw].

über'handnehmen (*L*) *v/i.* انتشر [intaʃara], تكاثر [takaːθara].

über'häufen (—) *v/t.* (*A* **mit** *D* غمر (ه ب [ɣamara, -u-].

über'haupt *adv.* مطلقا [mutlaqan], عامة [ʕaːmmatan]; ~ **nicht** لا ... إطلاقا [laː... ʔitlaːqan].

über'heb|en (*L; —*) *v/r.* تعاظم [taʕaːzzama]; ~**lich** *adj.* متعاظم [mutaʕaːzzim]; ~**lichkeit** *f* تعاظم [taʕaːzzum], تكبر [takabbur].

über'holen (—) *v/t.* سبق [sabaqa, -i-], فات [faːta, -uː-]; (*ausbessern*) صلح [ʃallaħa].

über'holt *adj.* متأخر [mutaʔaxxir], متخلف [mutaxallif].

Über'holung *f* ترميم [tarmiːm], تصليح [taʃliːħ].

über'hören (—) *v/t.* ما سمع [maː samiʕa, -a-], أغفل [ʔaɣfala].

über'kommen (*L*) *v/t.* (*Gefühl*) ساور [saːwara].

über'lassen (*L; —*) *v/t. D/A* ترك ه ل [taraka, -u-]; تنازل عن [tanaːzzala].

über|laufen[1] (*L; sn*) *v/i.* (*Milch*) طفح [tafaħa, -a-]; (*desertieren*) هرب إلى العدو [haraba, -u-, ʔilaː lʕaduːw].

über'laufen[2] *adj.* مزدحم [muzdaħim].

über'leben *v/i.* نجا [nadʒaː, -uː].

Über'lebende(r) *m* ناج [naːʤin], باق على قيد الحياة [baːqin ʕalaː qaid alħajaːt].

über'legen[1] (—) *v/t.* اعتبر [iʕtabara], تدبر [tadabbara], تروى في [tarawwaː].

über'legen[2] *adj.* فائق عن [faːʔiq], متفوق [mutafawwiq]; ~**heit** *f* (*O*) تفوق [tafawwuq].

Über'legung *f* تفكر [tafakkur], تأمل [taʔammul], ترو [tarawwin].

Über'lieferung *f* تقليد [taqliːd], نقل [naql].

über'listen (*-e; —*) *v/t.* احتال على [iħtaːla].

Übermaß *n* (*-es; -e*) فرط [fart], إفراط [ʔifraːt].

übermäßig *adj.* مفرط [mufrit]; *adv.* فوق العادة [fauq alʕaːda].

über'mitteln (*-le-*) *v/t.* أوصل [ʔaufala], بلغ [ballaɣa].

übermorgen *adv.* بعد غد [baʕda ɣadin].

Über|mut *m* (*-ēs; O*) تجاسر [taʤaːsur], مجون [muʤuːn]; **~mütig** *adj.* متجاسر [mutaʤaːsir].

über'nachten (*-e-; —*) *v/i.* بات [baːta, -iː-], قضى الليل [qaɖaː, -iː, allail].

Über'nachtung *f* مبيت [mabiːt].

Über|nahme *f* تسلم [tasallum], استلام [istilaːm], قبول [qubuːl]; (*Verpflichtung zu*) تعهد ب [taʕahhud]; **~natürlich** *adj.* فوق الطبيعى [fauq attabiːʕiː]; **~'nehmen** (*L; —*) *v/t.* استلم [istalama]; (*als Pflicht*) تعهد ب [taʕahhada]; **~produktion** [-tsĭoːn] *f* زيادة الإنتاج [zijaːdat alʔintaːʤ]; **~'prüfen** (*—*) *v/t.* فحص [faħafa, -a-], راجع [raːʤaʕa]; **~'queren** (*—*) *v/t.* عبر [ʕabara, -u-].

über'ragen (*—*) *v/t.* فاق [faːqa, -uː-], علا [ʕalaː, -uː].

über'raschen (*—*) *v/t.* فاجأ [faːʤaʔa].

Über'raschung *f* مفاجأة [mufaːʤaʔa].

über'reden (*-e-; —*) *v/t.* أقنع [ʔaqnaʕa].

über'reich|en (*—*) *v/t. j-m A* ناول ه ه [naːwala]; قدم ه ل [qaddama], **~ung** *f* تقديم [taqdiːm].

Überrest *m* (*-es; -e*) فضلة [faɖla], باق [baːqin].

über'rumpeln (*-e-; —*) *v/t.* أتى ه على غرة (فى غير وعى) [ʔata, -iː, ʕalaː ɣirra (fiː ɣair waʕj)].

über'runden (*—*) *v/t. Sport u. fig* تخطى [taxattaː].

Überschallgeschwindigkeit *f* سرعة ما فوق الصوت [surʕat maː fauq affaut].

über'schätzen (*-t; —*) *v/t.* غالى (بالغ) فى التقدير [ɣaːlaː (baːlaɣa) fiː ttaqdiːr].

über'schlagen (*L; —*) *v/t.*

(*schätzen*) قدر [qaddara]; *v/r.* انقلب [inqalaba].

über'schneiden (*L;* —) *v/r.* تقاطع [taqaːŧaʕa].

überschreiben (*L;* —) *v/t.*: **e.** ***Haus auf*** *j-n* ~ نقل ملكية بيت إلى [naqala milkiːjat bait].

über'schreiten (*L;* —) *v/t.* جاوز [ʤaːwaza], اجتاز [iʤtaːza]; (*e-n Fluß*) عبر [ʕabara, -u-].

Überschrift *f* (مقالة) عنوان [ʕunwaːn (maqaːla)].

Überschuß *m* (*-sses; ⸚sse*) فائض [faːʔiđ], زيادة [zijaːda].

über'schütten (*-e-;* —) *v/t.* (*mit e-r Flüssigkeit*) صب على [ʃabba, -u-]; *fig.* (*mit Wohltaten*) غمر ب [ɣamara, -u-].

über'schwemm|en (*L;* —) *v/t.* فاض على [faːđa, -iː-]; **~ung** *f* فيضان [fajađaːn].

überschwenglich *adj.* مفرط [mufriŧ], فياض [fajjaːđ].

übersee-isch *adj.* ماوراء البحار [maːwaraːʔa lbiħaːr].

über'sehen (*L;* —) *v/t.* أغفل [ʔaɣfala], ما رأى [maː raʔaː, laː jaraː]; (*absichtlich*) تغاضى عن [taɣaːđaː]; *s.* ***überblicken***.

über'senden (*L;* —) *v/t.* أرسل [ʔarsala].

übersetz|en (*-t; sn*) *v/i.* (***über*** *A* (ه) عبر [ʕabara, -u-]; *v/t.* [-'zɛtsən] (—) ترجم [tarʤama], نقل [naqala, -u-]; **~er** *m* مترجم [mutarʤim]; **~ung** [-'zɛtsʊŋ] *f* ترجمة [tarʤama]; *Techn. s.* ***Transmission***.

Übersicht *f* نظرة عامة [nazra ʕaːmma]; (*Zusammenfassung*) ملخص [mulaxxaʃ]; **~lich** *adj.* واضح [waːđiħ]; *adv.* بترتيب واضح [bitartiːb w.].

über'siedeln (*-le;* —*; sn*) *v/i.* انتقل [intaqala], غير سكناه [ɣajjara suknaːhu].

übersinnlich *adj.* غيبى [ɣaibiː].

über'springen (*L;* —) *v/t.* قفز فوق [qafaza, -i-, fauq]; *fig.* تخطى [taxaŧŧaː].

über'stehen (*L;* —) *v/t.* صبر على [ʃabara, -i-], اجتازه [iʤtaːza].

über'steigen (*L;* —) *v/t.* تخطى [taxaŧŧaː], عبر [ʕabara, -u-]; *fig.* زاد عن [zaːda, -iː-].

über'stimmen (—) *v/t.* غلب فى التصويت [ɣalaba, -i-, fiː ttaʃwiːt].

überströmen (*sn*) *v/i.* فاض [faːđa, -iː-], طفح [ŧafaħa, -a-].

Überstunde *f* ساعة إضافية [saːʕa ʔiđaːfiːja].

über'stürzt *adj.* متهور [mutahawwir], عديم التروى [ʕadiːm attarawwiː].

Über'trag *m* (-*¢s*; *¨e*) *Fin.* مرحل [muraħħal]; **∼bar** *adj.* منقول [manquːl]; *Med.* معد [muʕdin]; **∼en** (*L*; —) *v/t.* نقل [naqala, -u-]; *Rundf.* (*senden*) أذاع [ʔaðaːʕa]; (*übersetzen*) ترجم [tarʤama]; *Med.* *j-m e-e Krankheit* أعدى ه من [ʔaʕdaː]; **∼ung** *f* نقل [naql]; *Rundf.* إذاعة [ʔiðaːʕa]; *Med.* عدوى [ʕadwaː].

über'treffen (*L*; —) *v/t.* فاق [faːqa, -uː-].

über'treib|en (*L*; —) *v/t.* بالغ فى [baːlaɣa], غالى فى [ɣaːlaː], أسرف [ʔasrafa]; **∼ung** *f* مبالغة [mubaːlaɣa], إفراط [ʔifraːʈ].

übertreten[1] (*L*; *sn*) *v/i.* عبر [ʕabara, -u-]; (*Fluß*) فاض [faːđa, -iː-]; **zum Christentum ∼** تنصر [tanaʃʃara]; **zum Islam ∼** أسلم [ʔaslama].

über'treten[2] (*L*) *v/t.* (*Gesetz*) خالف [xaːlafa].

Über'tretung *f* مخالفة [muxaːlafa].

über'trieben *adj.* مبالغ فيه [mubaːlaɣ fiːhi], مسرف [musraf].

über'vorteilen (—) *v/t.* غبن [ɣabana, -i-].

über'wachen (—) *v/t.* راقب [raːqaba].

Über'wachung *f* مراقبة [muraːqaba].

über'wältigen (—) *v/t.* قهر [qahara, -a-], غلب [ɣalaba, -i-].

über'weis|en (*L*; —) *v/t.* أحال [ʔaħaːla]; (*Geld*) حول [ħawwala]; **∼ung** *f* تحويل [taħwiːl].

über'werfen (*L*; —) *v/r.* (*A*) (**mit** *D* مع) تخالف [taxaːlafa].

über'wiegen (*L*; —) *v/t.* رجح [raʤaħa, -a-]; *v/i.* غلب على [ɣalaba, -i-]; **∼d** *adv.* غالبا [ɣaːliban].

über'winden (*L*; —) *v/t.* غلب [ɣalaba, -i-], تغلب على [taɣallaba], اقتحم [iqtaħama]; (*Schwierigkeiten*) اجتاز [iʤtaːza].

über'wintern (-*re*; —) *v/i.* شتى [ʃattaː], تشتى [taʃattaː].

Über|zahl *f* (*O*) أكثرية [ʔakθariːja], تفوق عددى [tafawwuq ʕadadiː]; **∼zählig** *adj.* زائد

عن العدد [zaːʔid ʕan al-ʕadad].

über'zeug|en (—) *v/t.* أقنع [ʔaqnaʕa]; *v/r.* **(von** *D* من) تأكد [taʔakkada]; **~end** *adj.* مقنع [muqniʕ]; (*Beweis*) حاسم [ħaːsim]; **~t** *adj.* متيقن [mutajaqqin], ذو عقيدة [ðuː ʕaqiːda]; **~ung** *f* اقتناع [iqtinaːʕ]; (*Glaube*) عقيدة [ʕaqiːda].

überzieh|en[1] (*L*) *v/t.* (*Mantel*) لبس [labisa, -a-].

über'ziehen[2] (—) *v/t.*: ***das Bett*** ~ فرش الشرشف [faraʃa, -u-, aʃʃarʃaf]; ***das Bankkonto*** ~ سحب أكثر من الرصيد [saħaba, -a-, ʔakθar min arraʃiːd].

Überzieher *m* معطف [miʕtaf].

Überzug *m* (-*ǫ*s; ⸗e) غلاف [ɣilaːf]; (*Polster*~) كيس مخدة [kiːs mixadda].

üblich *adj.* عادى [ʕaːdiː], معتاد [muʕtaːd], متداول [mutadaːwil]; *adv.* ***wie*** ~ كالمعتاد [kalmuʕtaːd].

U-Boot *n* (-*ǫ*s; -e) غواصة [ɣawwaːʃa].

U

übrig *adj.* باق [baːqin]; ***das*** ~***e Geld*** سائر النقود [saːʔir annuquːd]; **~bleiben** (*L; sn*) *v/i.* بقى [baqija, -aː], فضل [fađila, -a-]; **~ens** *adv.* على فكرة [ʕalaː fikra]; **~lassen** (*L*) *v/t.* أبقى [ʔabqaː], ترك [taraka, -u-].

Übung *f* تمرين [tamriːn]; (*Erfahrung*) تمرن [tamarrun], خبرة [xibra].

Ufer *n* (*Fluß*~) ضفة [điffa]; (*Meeres*~) ساحل [saːħil], شاطئ [ʃaːtiʔ].

Uhr *f* (الآلة) ساعة [saːʕa]; **~feder** *f* (—; -*n*) زمبلك [zambalik], زنبرك [zumburuk]; **~macher** *m* ساعاتى [saːʕaːtiː]; **~werk** *n* (-*ǫ*s; -e) نابض [naːbiđ], آلية [ʔaːliːja]; **~zeiger** *m* عقرب ساعة [ʕaqrab saːʕa].

Uhu *m* (-*s*; -*s*) *Zo.* بومة [buːma].

Ulk *m* (-*s*; *O*) مزاح [mizaːħ], دعابة [duʕaːba].

ulkig *adj.* مضحك [muđħik], فكاهى [fukaːhiː].

Ulti'matum *n* (-*s*; *Ultimaten*) إنذار نهائى [ʔinðaːr nihaːʔiː].

Ultimo *m* (-*s*; -*s*) *Hdl.* آخر الشهر [ʔaːxir aʃʃahr].

Ultrakurzwelle *f El.* موجة متناهية القصر [maudʒa mutanaːhijat alqiʃar].

ultraviolett *adj.* فوق البنفسجى [fauqa lbanafsadʒiː].

um *präp. A* (*rund um*) حول [ħaula]; ~ ***e-n Piaster*** بقرش [biqirʃ]; ~ ***drei Uhr*** فى الساعة الثالثة [fiː ssaːʕa aθθaːliθa]; ~ ***das Haus herum*** حول البيت [ħaula lbait]; ~ ***zu*** لكى [likai]; (*ungefähr*) حوالى [ħawaːlai].

um-ändern (*-re*) *v/t.*, **um-arbeiten** (*-e-*) *v/t.* غير [ɣajjara].

um-'armen (—) *v/t.* عانق [ʕaːnaqa].

umbauen *v/t.* أعاد (غير) البناء [ʔaʕaːda (ɣajjara) albinaːʔ].

umbiegen (*L*) *v/t.* ثنى [θanaː, -iː], لوى [lawaː, -iː].

umbilden (*-e-*) *v/t.* غير [ɣajjara], أعاد التشكيل [ʔaʕaːda ttaʃkiːl].

umbinden (*L*) *v/t.* ربط حول [rabaṭa, -u-].

umblättern *v/t.* قلب (صفحة) [qalaba, -i-, (ṣafħa)].

umbringen (*L*) *v/t.* قتل [qatala, -u-]; *v/r.* انتحر [intaħara].

umdreh|en *v/t.* قلب [qalaba, -i-], أدار [ʔadaːra]; *v/r.* التفت [iltafata]; **~ung** [-'dʀeː-] *f* دورة [daura].

umfallen (*L; sn*) *v/i.* وقع [waqaʕa, jaqaʕu], انقلب [inqalaba], خر [xarra, -i-].

Umfang *m* (*-ęs; ⸚e*) محيط [muħiːṭ]; (*Format*) حجم [ħadʒm]; (*Maßstab*) نطاق [niṭaːq]; **~reich** *adj.* واسع [waːsiʕ], ضخم [ḍaxm], واسع النطاق [waːsiʕ anniṭaːq].

um'fassen (*-ßt;* —) *v/t.* شمل [ʃamila, -a-], ضم [ḍamma, -u-], أحاط ب [ʔaħaːṭa], احتوى على [iħtawaː]; **~d** *adj.* شامل [ʃaːmil].

umformen *v/t. etw.* غير شكله [ɣajjara ʃaklahu]; (*a. El.*) حول [ħawwala].

Umformer *m El.* محول [muħawwil].

Umfrage *f* استفتاء عام [istiftaːʔ ʕaːmm].

umfüllen *v/t.* صب من إناء إلى آخر [ṣabba, -u-, min ʔinaːʔ ʔilaː ʔaːxar].

Um|gang *m* (*-ęs; O*) معاشرة [muʕaːʃara], مخالطة [muxaːlaṭa]; **~gang pflegen mit** عاشره [ʕaːʃara]; **~gänglich** *adj.* أنيس [ʔaniːs], حلو المعاشرة [ħulw almuʕaːʃara]; **~gangs-sprache** *f* لغة دارجة [luɣa daːridʒa].

um'geb|en (*L;* —) *v/t.* **mit** أحاط ب [ʔaħaːṭa]; **~ung** *f* جوار [dʒiwaːr]; (*e-r Stadt*) ضواح [ḍawaːħin].

umgehen[1] (*L; sn*) *v/i.* جال

U

[ʤaːla, -uː-]; ***mit j-m*** ~ خالط ه [xaːlaṭa]; ***mit*** *etw.* عامل ه [ʕaːmala].

um'gehen[2] (*L; —*) *v/t.* تجنب [taʤannaba], تحاشى من [taħaːʃaː]; (*e. Gesetz*) احتال على [iħtaːla].

umgekehrt *adj.* مقلوب [maqluːb]; *adv.* (*im Gegenteil*) بالعكس [bilʕaks].

um'grenzen (*-t; —*) *v/t.* حدد [ħaddada].

Umhang *m* (*-ęs; ⁻e*) حرملة [ħarmala], طرحة [ṭarħa], إزار [ʔizaːr].

umhauen (*L*) *v/t.* أوقع [ʔauqaʕa]; (*e-n Baum*) قطع [qaṭaʕa, -a-].

um'her *adv.* دائرا [daːʔiran], فى كل جهة [fiː kull ʤiha]; **~gehen** (*L; sn*) *v/i.* تجول [taʤawwala], طاف [ṭaːfa, -uː-].

um'hüllen (—) *v/t.* غلف [ɣallafa], دثر [daθθara], كسا [kasaː, -uː].

Umkehr *f* (*O*) عودة [ʕauda], رجوع [ruʤuːʕ]; **⁓en** (*sn*) *v/i.* رجع [raʤaʕa, -i-]; *v/t.* قلب [qalaba, -i-], عكس [ʕakasa, -i-]; **~ung** *f* قلب [qalb], انعكاس [inʕikaːs].

umkippen *v/t.* (*e. Gefäß*) قلب [qalaba, -i-]; *v/i.* (*sn*) انقلب [inqalaba].

umklammern (—) *v/t.* قبض [qabaḍa, -i-], تمسك ب [tamassaka].

umkleiden *v/r.* بدل ملابسه [baddala malaːbisahu].

Umkleideraum *m* (*-es; ⁻e*) مشلح [muʃallaħ].

umkommen (*L; sn*) *v/i.* هلك [halaka, -i-], فنى [fanija, -aː].

Umkreis *m* (*-es; O*) محيط [muħiːṭ]; ***im ~ von*** فى نطاق [fiː niṭaːq].

umladen (*L*) *v/t.* حول الشحنة [ħawwala ʃʃaħna].

Umlauf *m* (*-s; O*) دورة [daura]; (*Geld⁓*) تداول (النقد) [tadaːwul].

umlaufen[1] (*L; sn*) *v/i.* دار [daːra, -uː-], سرى [saraː, -iː]; (*kursieren*) تداول [tadaːwala].

um'laufen[2] (*L*) *v/t.* (*Planet die Sonne*) دار حول [daːra, -uː-, ħaula].

umleiten *v/t.* (*den Verkehr*) حول [ħawwala].

Umleitung *f* تحويلة [taħwiːla].

umliegend *adj.* محيط [muħiːṭ], مجاور [muʤaːwir].

umpacken *v/t.*: ***den Koffer*** ~

أعاد حزم الحقيبة [ʔaʕaːda ħazm alħaqiːba].

umpflanzen *v/t.* نقل (نباتا) [naqala, -i-, (nabaːtan)].

umrech|nen (*-e-*) *v/t.* أحصى مبلغ الصرف [ʔaħṣaː mablaɣ aṣṣarf]; **~nungskurs** *m* (*-es; -e*) سعر العملة [siʕr alʕumla]; **~nungs-tabelle** *f* جدول تحويل المبالغ [ʤadwal taħwiːl almabaːliɣ].

umreißen[1] (*L*) *v/t.* هدم [hadama, -i-].

um'reißen[2] (*L; —*) *v/t.* لخص [laxxaṣa], رسم مبسطا [rasama, -u-, mubassiṭan].

um'ringen (*—*) *v/t.* أحاط [ʔaħaːṭa].

Umriß *m* (*-sses; -sse*) رسم محيطى [rasm muħiːṭiː]; *pl.* ملامح [malaːmiħ].

umrühren *v/t.* قلب [qallaba].

Umsatz *m* (*-es; ⸚e*) *Hdl.* رقم المبيعات [raqm almabiːʕaːt]; (*Verkauf*) رواج [rawaːʤ].

umschalten (*-e-*) *v/t* حول [ħawwala]; *Mot.* بدل السرعة [baddala ssurʕa]; *El.* غير التوصيل [ɣajjara ttauṣiːl].

Umschlag *m* (*-es; ⸚e*) (*Brief~*) مظروف [maẓruːf], ظرف [ẓarf]; (*Schutz~*) غلاف [ɣilaːf]; *Med.* لبخة [labxa], كمادة [kimaːda]; (*des Wetters*) تغير [taɣajjur]; **~en** (*L, sn*) *v/i.* (*Wind*) تغير [taɣajjara].

um'schlingen *v/t.* التف حول [iltaffa]; (*umarmen*) عانق [ʕaːnaqa].

umschreiben[1] (*L*) *v/t.* نسخ [nasaxa, -u-], أعاد الكتابة [ʔaʕaːda lkitaːba]; *Jur.* سجل باسم الآخر [sadʤala bism alʔaːxar].

um'schreib|en[2] (*L; —*) *v/t.* وصف بعبارات أخرى [waṣafa, jaṣifu, biʕibaːraːt ʔuxraː]; **~ung** *f* وصف [waṣf].

Umschwung *m* (*-s; ⸚e*) تغير [taɣajjur], انقلاب [inqilaːb].

Umsicht *f* (*O*) احتياط [iħtijaːṭ], حذر [ħiðr]; **~ig** *adj.* حذر [ħaðir].

um'sonst *adv.* (*gratis*) مجانا [madʤaːnan]; (*vergebens*) عبثا [ʕabaθan], من غير فائدة [min ɣair faːʔida], بلا جدوى [bilaː ʤadwaː].

umspannen *v/t.* *El.* غير الجهد [ɣajjara lʤahd], حول [ħawwala].

Umspannstation [-tsĭoːn] *f* محطة تحويل التيار [maħaṭṭat taħwiːl attajjaːr].

Umstand *m* (*-es; ⸚e*) حال

U

[ħaːl], حالة [ħaːla]; (*a. Gr.*) ظرف [ẓarf]; ***unter diesen Umständen*** فى هذه الظروف [fiː haːðihi ẓẓuruːf]; ***ohne Umstände*** بدون تكليف [biduːn takliːf]; ***sie ist in anderen Umständen*** هى حامل [hija ħaːmil].

umständlich *adj.* متكلف [mutakallif], متصاعب [mutaṣaːʕib]; *adv.* بالتفصيل [bittafṣiːl]; **˜keit** *f* حب التفاصيل [ħubb attafaːṣiːl].

umsteigen (*L; sn*) *v/i.* غير (مركبة أوقطارا) [ɣajjara (markaba ʔau qiṭaːran)].

umstellen[1] *v/t.* غير الوضع [ɣajjara lwaḍʕ]; *v/r.* تكيف [takajjafa]; (**auf** *A* ل) حول الاستعداد [ħawwala listiʕdaːd].

um'stellen[2] *v/t.* طوق [ṭawwaqa], حاصر [ħaːṣara].

Umstellung *f* تغيير [taɣjiːr], تكيف [takajjuf].

umstimmen *v/t. j-n* غير رأيه [ɣajjara raʔjahu], أقنع [ʔaqnaʕa].

umstoßen (*L*) *v/t.* أوقع [ʔauqaʕa]; (*j-s Pläne*) عرقل [ʕarqala], غير [ɣajjara].

um'stritten *adj.* متنازع فيه [mutanaːzaʕ fiːhi].

Umsturz *m* (*-es; ˜e*) انقلاب [inqilaːb].

Umtausch *m* (*-s; O*) تبديل [tabdiːl]; **˜en** *v/t.* بدل [baddala].

Umtriebe *m/pl.* دسائس [dasaːʔis].

umwälz|en (*-t*) *v/t.* قلب [qalaba, -i-]; **˜ung** *f* انقلاب [inqilaːb].

umwand|eln *v/t.* غير [ɣajjara], بدل [baddala]; **˜lung** *f* تغيير [taɣjiːr], تحويل [taħwiːl].

umwechseln (*-le*) *v/t.* بدل [baddala]; (*Geld*) صرف [ṣarafa, -i-].

Umweg *m* (*-s; -e*) طريق غير مباشر [ṭariːq ɣair mubaːʃir], دورة [daura].

Umwelt *f* (*O*) محيط [muħiːṭ], وسط [wasaṭ], بيئة [biːʔa]; **~schutz** *m* (*-es; O*) صيانة البيئة [ṣijaːnat albiːʔa].

umwenden *s.* ***umdrehen***.

umwerfen (*L*) *v/t.* أوقع [ʔauqaʕa], قلب [qalaba, -i-].

Umwertung *f* تغير القيم [taɣajjur alqijam].

um'wölken (—) *v/r.* غام [ɣaːma, -iː-].

um'zäunen (—) *v/t.* سيج [sajjadʒa].

umziehen (*L*) *v/t.* (*die Kleider*)

بدل [baddala]; *v/i.* (*sn*) انتقل من مسكن إلى آخر [intaqala min maskan ʔilaː ʔaːxar]; *v/r.* بدل ملابسه [baddala malaːbisahu].

um'zingeln (*-le; —*) *v/t.* طوق [tawwaqa], حاصر [ħaːʃara].

Umzug *m* (*-es; ⸗e*) انتقال [intiqaːl]; (*Prozession*) موكب [maukib].

un-abhängig *adj.* مستقل [mustaqill]; **⁓keit** (*O*) *f* استقلال [istiqlaːl].

un-abkömmlich *adj.* لا يستغنى عنه [laː justaɣnaː ʕanhu].

un-ablässig *adj. s.* ***unaufhörlich***.

un-absichtlich *adj.* غير مقصود [ɣair maqʃuːd].

un-abwendbar *adj.* لا مفر منه [laː mafarra minhu].

un-achtsam *adj.* غير منتبه [ɣair muntabih], مهمل [muhmil].

un-angebracht *adj.* غير مناسب [ɣair munaːsib].

un-angefochten *adv.* بدون اعتراض [biduːn iʕtiraːđ].

un-angenehm *adj.* كريه [kariːh], مزعج [muzʕidʒ], ثقيل [θaqiːl].

un-annehmbar *adj.* غير مقبول [ɣair maqbuːl].

Un-annehmlichkeit *f* إزعاج [ʔizʕaːdʒ], مشكلة [muʃkila].

un-anständig *adj.* فاحش [faːħiʃ], بذيء [baðiːʔ]; *s.* ***unehrlich***.

un-appetitlich *adj.* غير شهي [ɣair ʃahiːj].

Un-art *f* شقاوة [ʃaqaːwa].

un-artig *adj.* شقي [ʃaqiːj].

un-auffällig *adj.* غير ملحوظ [ɣair malħuːʒ]; *adv.* خفية [xifjatan].

un-auffindbar *adj.* مفقود [mafquːd].

un-aufhörlich *adj.* مستمر [mustamirr], لا ينقطع [laː janqatiʕ]; *adv.* دون انقطاع [duːna nqitaːʕ], باستمرار [bistimraːr].

un-aufmerksam *adj.* غير منتبة [ɣair muntabih], غير ملتفت [ɣair multafit].

un-aufrichtig *adj.* منافق [munaːfiq], غير مخلص [ɣair muxliʃ].

un-aufschiebbar *adj.* لا يمكن تأجيله [laː jumkinu taʔdʒiːluhu].

un-aus|bleiblich *adj.* لا بد منه [laː budda minhu], حتمي [ħatmiː]; **~führbar** *adj.* لا يمكن تنفيذه [laː jumkinu tanfiːðuhu]; **~sprechlich** *adj.* لا يمكن النطق به [laː jumkinu

U

nnutq bihi]; **~stehlich** *adj.* لا يحتمل [laː juħtamalu], ثقيل الدم [θaqiːl addam], مقرف [muqrif].

unbarmherzig *adj.* قاسي القلب [qaːsiː lqalb].

unbe|-absichtigt *adj.* دون قصد [duːna qaʃd], غير مقصود [ɣair maqʃuːd]; **~-achtet** *adj.* لا يباليه أحد [laː jubaːliːhi ʔaħad]; **~denklich** *adj.* غير مشكوك فيه [ɣair maʃkuːk fiːhi]; **~deutend** *adj.* تافه [taːfih], قليل الأهمية [qaliːl alʔahammiːja]; **~dingt** *adj.* مطلق [mutlaq]; *adv.* ***ich muß es ~dingt haben*** لا بد لي منه [laː budda liː minhu]; **~fahrbar** *adj.* غير صالح للسير [ɣair ʃaːliħ lissair]; **~fangen** *adj.* غير متحير [ɣair mutaħajjir], غير متأثر [ɣair mutaʔaθθir]; **~friedigend** *adj.* غير مرض [ɣair murđin]; **~friedigt** *adj.* غير راض [ɣair raːđin]; **~fugt** *adj.* غير مصرح له [ɣair muʃarraħ lahu]; **~greiflich** *adj.* لا يدركه العقل [laː judrikuhu lʕaql]; **~grenzt** *adj.* غير محدود [ɣair maħduːd].

Unbehagen *n* (*-s; O*) ضيق [điːq].

unbehaglich *adj.* غير مريح [ɣair muriːħ].

unbe|hindert *adv.* بدون مانع [biduːni maːniʕ]; **~holfen** *adj.* غشيم [ɣaʃiːm]; **~kannt** *adj.* مجهول [maʤhuːl]; **~kleidet** *adj.* عار [ʕaːrin]; **~kümmert** *adj.* غير مكترث [ɣair muktariθ]; **~liebt** *adj.* غير محبوب [ɣair maħbuːb], مكروه [makruːh]; **~mittelt** *adj.* معوز [muʕwiz], معدم [muʕdim]; **~quem** *adj.* غير مريح [ɣair muriːħ], متعب [mutʕib]; **~̊quemlichkeit** *f* تعب [taʕab]; *pl.* ***~̊quemlichkeiten*** متاعب [mataːʕib]; **~rechtigt** *adj.* غير مستحق [ɣair mustaħiqq], غير مرخص [ɣair muraxxaʃ]; **~rührt** *adj.* لم تمسسه يد [lam tamsashu jad]; (*jungfräulich*) بكر [bikr]; **~schadet** *präp. G* دون مساس [duːna misaːs]; **~schädigt** *adj.* سليم [saliːm]; **~schränkt** *adj.* غير محدود [ɣair maħduːd], مطلق [mutlaq]; **~schreiblich** *adj.* لا يمكن وصفه [laː jumkinu waʃfuhu]; **~sonnen** *adj.* طائش [taːʔiʃ]; *adv.* بلا ترو [bilaː tarawwin]; **~ständig** *adj.* غير ثابت [ɣair θaːbit];

(*Charakter*) متقلب [mutaqal-lib]; **~stätigt** *adj.* غير مؤكد [ɣair muʔakkad]; **~stechlich** *adj.* لا يرتشي [laː jartaʃiː], نزيه [naziːh].

unbestimmt *adj.* غير معين [ɣair muʕajjan]; (*unklar*) مبهم [mubham].

unbe|streitbar *adj.* لا يقبل الجدال [laː jaqbalu ldʒidaːl]; *adv.* لا جدال [laː dʒidaːla]; **~stritten** *adj.* لا تنازع فيه [laː tanaːzuʕa fiːhi]; ***es ist ~, daß*** من المسلم أن [min almusallam ʔan].

unbe|trächtlich *adj.* تافه [taːfih], ضئيل [đaʔiːl]; **~wacht** *adj.* غير محروس [ɣair mahruːs]; ***~wachter Augenblick*** غفلة [ɣafla]; **~waffnet** *adj.* غير مسلح [ɣair musallah]; **~weglich** *adj.* ثابت [θaːbit], لا يتحرك [laː jatаharrak]; **~wußt** *adj.* غير مقصود [ɣair maqʃuːd]; *Psych.* لاشعوری [laː ʃuʕuːriː]; *adv.* دون وعى [duːna waʕj]; **~zahlbar** *adj.* لا يقدر ثمنه [laː juqaddaru θamanuhu].

unbrauchbar *adj.* غير مفيد [ɣair mufiːd].

und *cj.* و [wa]; (*plus*) ***zwei ~ drei ist fünf*** اثنان زائد ثلاثة يساوى خمسة [iθnaːni zaːʔid θalaːθa jusaːwiː xamsa]; ***~ zwar*** أى [ʔaj]; ***na ~?*** و بعد [wa baʕdu].

Undank *m* (*-ẹs; O*) كنود [kunuːd], نكران الجميل [nukraːn aldʒamiːl]; **~bar** *adj.* كنود [kanuːd], منكر للجميل [munkir lildʒamiːl].

un'denkbar *adj.* لا يمكن تخيله [la jumkinu taxajjuluhu].

undeutlich *adj.* مبهم [mubham], غير واضح [ɣair waːđih].

undicht *adj.* غير محكم [ɣair muhkam], راشح [raːʃih], مخروق [maxruːq].

Unding *n* (*-ẹs; -e*) محال [muhaːl], مستحيل [mustahiːl], خرافة [xuraːfa].

unduldsam *adj.* غير متسامح [ɣair mutasaːmih].

undurch|dringlich *adj.* لا يجتاز [laː judʒtaːzu]; (*dicht*) كثيف [kaθiːf]; **~führbar** *adj. s.* ***unausführbar***; **~lässig** *adj.* سدود [saduːd], غير نفاذ [ɣair naffaːð]; **~sichtig** *adj.* غير شفاف [ɣair ʃaffaːf]; *fig.* غامض [ɣaːmiđ].

un-eben *adj.* غير مستو [ɣair

U

mustawin]; (*Weg*) وعر [waʕr].

un-echt *adj.* غير حقيقي [ɣair ħaqiːqiː]; (*falsch*) كاذب [kaːðib]; (*gefälscht*) مزيف [muzajjaf]; (*künstlich*) اصطناعي [iʃtinaːʕiː].

un-ehelich *adj.* (*Kind*) غير شرعي [ɣair ʃarʕiː].

Un-ehr|e *f* (*O*) عار [ʕaːr], شين [ʃain]; **≈lich** *adj.* غير صادق [ɣair ʃaːdiq], خداع [xaddaːʕ]; **~lichkeit** *f* مكر [makr], غدر [ɣadr]; عدم أمانة [ʕadam ʔamaːna].

un-eigennützig *adj.* غير نفعي [ɣair nafʕiː], غير مغرض [ɣair muɣriđ].

un-einig *adj.* متنافر [mutanaːfir]; (**über** *A* في) مختلف [muxtalif]; **≈keit** *f* (*O*) تنافر [tanaːfur], اختلاف [ixtilaːf], عدم الاتفاق [ʕadam alittifaːq].

un-eins *adj.*: **~ sein** اختلف [ixtalafa].

un-empfindlich *adj.* غير حساس [ɣair ħassaːs]; **≈keit** *f* (*O*) عدم الحساسية [ʕadam alħassaːsiːja].

un-'endlich *adj.* لا نهائي [laː nihaːʔiː].

un-ent|behrlich *adj.* لا يستغنى عنه [laː justaɣnaː ʕanhu]; **~geltlich** *adj.* مجاني [maddʒaːniː]; *adv.* مجانا [maddʒaːnan]; **~schieden** *adj.* غير محسوم [ɣair maħsuːm], معلق [muʕallaq]; *Sport* تعادل [taʕaːdul]; **~schlossen** *adj.* حائر [ħaːʔir], متردد [mutaraddid]; **≈schlossenheit** *f* (*O*) حيرة [ħaira], تردد [taraddud]; **~wegt** *adj.* مواظب [muwaːẓib].

un-er|'bittlich *adj.* لا يلين [laː jaliːnu], قاس [qaːsin]; **~fahren** *adj.* بدون خبرة [biduːn xibra], غير مجرب [ɣair mudʒarrab]; **~forscht** *adj.* غير مستكشف [ɣair mustakʃaf]; **~freulich** *adj.* مزعج [muzʕidʒ]; **~giebig** *adj.* قليل الإنتاج [qaliːl alʔintaːdʒ]; (*unfruchtbar*) مجدب [mudʒdib]; **~heblich** *adj.* تافه [taːfih], واه [waːhin]; **~hört** *adj.* لم يسمع بمثله [lam jusmaʕ bimiθlihi], خارق [xaːriq], باهظ [baːhiẓ]; **~läßlich** *adj.* ضروري [đaruːriː], لا بد منه [laː budda minhu]; **~laubt** *adj.* ممنوع [mamnuːʕ], حرام [ħaraːm], غير مسموح [ɣair masmuːħ]; **~müdlich** *adj.*

لا يتعب [laː jatʕabu], لا يكل [laː jakillu].

un-erreich|bar *adj.* لا سبيل إليه [laː sabiːla ʔilaihi]; **~t** *adj.* لا مثيل له [laː maθiːla lahu].

un-ersättlich *adj.* لا يشبع [laː jaʃbaʕu].

unerschöpflich *adj.* لا ينفد [laː janfadu], لا يستنزف [laː justanzafu].

un-erschüttert *adj.* ثابت الجأش [θaːbit alʤaʔʃ].

un-er|setzlich *adj.* لا يعوض [laː juʕawwađu]; **~träglich** *adj.* لا يحتمل [laː juħtamalu]; **~wartet** *adj.* غير منتظر [ɣair muntazar]; *adv.* (*plötzlich*) فجأة [faʤʔatan].

unfähig *adj.* (**zu** *D* عن) عاجز [ʕaːʤiz], قاصر [qaːʃir]; **~keit** *f* (*O*) قصور [quʃuːr], عجز [ʕaʤz].

Unfall *m* (-*¢s*; *¨e*) حادث [ħaːdiθ]; **~station** [-tsĭoːn] *f* مركز الإسعاف [markaz alʔisʕaːf]; **~versicherung** *f* تأمين ضد الحوادث [taʔmiːn đidd alħawaːdiθ].

un'faßbar *adj.* لا يدرك [laː judraku].

un'fehlbar *adj.* معصوم [maʕʃuːm]; **~keit** *f* (*O*) عصمة [ʕiʃma].

unfein *adj.* غير مؤدب [ɣair muʔaddab].

unfrankiert *adj.* (*Brief*) لم يخلص رسمه [lam juxallaʃ rasmuhu].

unfreiwillig *adj.* غير اختيارى [ɣair ixtijaːriː], إجبارى [ʔiʤbaːri]; *s.* **unwillkürlich**.

unfreundlich *adj.* غير ودى [ɣair wuddiː], بارد [baːrid], جهم [ʤahm], خشن [xaʃin].

Unfriede *m* (-*ns*; *O*) شقاق [ʃiqaːq], خلاف [xilaːf].

unfruchtbar *adj.* (*Erde*) مجدب [muʤdib]; (*Frau*) عاقر [ʕaːqir]; **~keit** *f* (*O*) جدب [ʤadb], عقر [ʕuqr], عقم [ʕuqm].

Unfug *m* (-*s*; *O*) عبث [ʕabaθ].

Ungarn *n* هنغاريا [hunɣaːrijaː], المجر [almaʤar].

un-geachtet *präp.* *G* بصرف النظر عن [biʃarf annazar ʕan].

un-gebildet *adj.* غير مثقف [ɣair muθaqqaf].

un-gebräuchlich *adj.* نادر [naːdir], قليل الاستعمال [qaliːl alistiʕmaːl].

Un-geduld *f* (*O*) قلة الصبر [qillat aʃʃabr], لهفة [lahfa]; **~ig** *adj.* قليل الصبر [qaliːl aʃʃabr].

un-gefähr *adj.* تقريبى [taqriːbiː]; *adv.* تقريبا [taqriː-

U

ban], بالتقريب [bittaqriːb]; **~lich** *adj.* غير خطير [ɣair xatiːr], مأمون [maʔmuːn].

ungeheuer *adj.* (*furchterregend*) مخيف [muxiːf]; (*enorm*) هائل [haːʔil].

Ungeheuer *n* وحش [waħʃ], غول [ɣuːl].

ungehörig *adj.* غير لائق [ɣair laːʔiq].

ungehorsam *adj.* عاص [ʕaːfin], غير مطيع [ɣair mutiːʕ].

ungekünstelt *adj.* بسيط [basiːt].

ungelegen *adj.* غير مناسب [ɣair munaːsib], فى غير وقته [fiː ɣairi waqtihi]; **~heit** *f* إزعاج [ʔizʕaːdʒ].

ungelernt *adj.* (*Arbeiter*) غير متمرن [ɣair mutamarrin].

ungemütlich *adj.* غير مريح [ɣair muriːħ].

ungenannt *adj.* غير مذكور [ɣair maðkuːr].

ungenau *adj.* غير مضبوط [ɣair mađbuːt], بلا تدقيق [bilaː tadqiːq].

ungenügend *adj.* ناقص [naːqiʃ], غير كاف [ɣair kaːfin]; (*Schulnote*) غير مقبول [ɣair maqbuːl].

ungerade *adj.* (*Zahl*) فردى [fardiː].

ungerecht *adj.* ظالم [zaːlim]; **~igkeit** *f* ظلم [zulm].

ungern *adv.* على كره [ʕalaː kurh].

Ungeschicklichkeit *f* عدم المهارة [ʕadam almahaːra], غشومة [ɣuʃuːma].

ungeschickt *adj.* غشيم [ɣaʃiːm].

ungeschützt *adj.* دون حماية [duːna ħimaːja]; (*unbedeckt*) مكشوف [makʃuːf].

ungesetzlich *adj.* غير قانونى [ɣair qaːnuːniː], مخالف للقانون [muxaːlif lilqaːnuːn].

ungestüm *adj.* شديد [ʃadiːd], عنيف [ʕaniːf].

ungesund (*-est*) *adj.* غير صحى [ɣair ʃiħħiː]; *s.* ***gesundheitsschädlich***.

ungetrübt *adj.* صاف [ʃaːfin], صحو [ʃaħw].

Ungetüm *n* (*-ẹs; -e*) غول [ɣuːl]; *fig.* هيكل [haikal], شيء ضخم [ʃaiʔ đaxm].

ungewiß *adj.* غير مؤكد [ɣair muʔakkad], مجهول [madʒhuːl]; **~heit** *f* ريب [raib].

ungewöhnlich *adj.* غير عادى [ɣair ʕaːdiː].

Ungeziefer *n* هوام [hawaːmm],

U

حشرات ضارة [ħaʃaraːt đaːrra].

ungezogen *adj.* شقي [ʃaqiːj], غير مؤدب [ɣair muʔaddab].

ungezwungen *adj.* طبيعي [ṭabiːʕiː], غير متكلف [ɣair mutakallif].

Unglaube *m (-ns; O)* عدم الإيمان [ʕadam alʔiːman]; *Rel.* كفر [kufr].

unglaublich *adj.* لا يصدق [laː juʃaddaq].

unglaubwürdig *adj.* غير جدير بالتصديق [ɣair ʤadiːr bittaʃdiːq].

ungleich *adj.* متفاوت [mutafaːwit], غير متساو [ɣair mutasaːwin]; **~mäßig** *adj.* غير مستو [ɣair mustawin]; *adv.* على غير استواء [ʕalaː ɣair istiwaːʔ].

Unglück *n (-ẹs; -e)* نحس [naħs], سوء الحظ [suːʔ alħazz]; *(Elend)* شقاء [ʃaqaːʔ]; *s.* **~sfall**; **≈lich** *adj.* منحوس [manħuːs], تعس [taʕis]; *(elend)* مسكين [miskiːn]; *(bedrückt)* كئيب [kaʔiːb]; **≈licherweise** *adv.* لسوء الحظ [lisuːʔ alħazz]; **~sfall** *m (-es; ¨e)* حادث [ħaːdiθ], مصيبة [muʃiːba].

Ungnade *f (O)* عدم الحظوة [ʕadam alħazwa]; *in ~ fallen bei j-m* فقد حظوته لدى [faqada ħazwatahu ladaː].

ungültig *adj.* باطل [baːtil], لاغ [laːɣin], منقضي السريان [munqađiː ssarajaːn]; *für ~ erklären* ألغى [ʔalɣaː], فسخ [fasaxa, -a-].

ungünstig *adj.* غير مناسب [ɣair munaːsib]; *(nicht förderlich)* غير موات [ɣair muwaːtin].

unhandlich *adj.* غليظ [ɣaliːz], صعب الاستعمال [ʃaʕb alistiʕmaːl].

Unheil *n (-s; O)* شر [ʃarr]; *(böses Vorzeichen)* شؤم [ʃuʔm], نحس [naħs]; *~ anrichten od. stiften* عاث فسادا [ʕaːθa, -iː-, fasaːdan]; **≈bar** *adj.* عضال [ʕuđaːl], مستعص [mustaʕʃin].

unheimlich *adj.* مخيف [muxiːf], موحش [muːħiʃ].

unhöflich *adj.* غير مؤدب [ɣair muʔaddab].

unhörbar *adj.* لا يسمع [laː jusmaʕu], غير مسموع [ɣair masmuːʕ].

unhygienisch [-gĭɛː-] *adj.* غير صحي [ɣair ʃiħħiː].

Uni'form *f* بدلة رسمية [badla

rasmiːja]; *Mil.* بزة عسكرية [bizza ʕaskariːja].

U'nion *f* اتحاد [ittiħaːd].

univer'sal *adj.* عام [ʕaːmm], كلي [kulliː], شامل [ʃaːmil].

Universali'tät *f* (*O*) عمومية [ʕumuːmiːja].

univer'sell *adj. s.* ***universal***.

Universi'tät *f* جامعة [ʤaːmiʕa]; **~s-pro'fessor** *m* (*-s; -en* [-'so-]) أستاذ جامعي [ʔustaːð ʤaːmiʕiː].

Uni'versum *n* (*-s; O*) العالم [alʕaːlam], الكون [alkaun].

Unkenntnis *f* (*-; -se*) جهل [ʤahl].

unklar *adj.* مبهم [mubham], غامض [ɣaːmiđ], غير واضح [ɣair waːđiħ].

Unkosten *pl.* تكاليف [takaːliːf], مصاريف [maʃaːriːf].

Unkraut *n* (*-ẹs; ⸚er*) عشب ضار [ʕuʃb đaːrr]; *Koll.* حشائش غير نافعة [ħaʃaːʔiʃ ɣair naːfiʕa].

unlängst *adv.* حديثا [ħadiːθan], منذ قليل [munðu qaliːl].

unlauter *adj.* غير شريف [ɣair ʃariːf]; ***~er Wettbewerb*** منافسة غير مشروعة [munaːfasa ɣair maʃruːʕa].

unleserlich *adj.* لا يقرأ [laː juqraʔu].

unlösbar *adj.* لا حل له [laː ħalla lahu].

unlöslich *adj.* لا يذوب [laː jaðuːbu].

Unlust *f* (*O*) عدم الرغبة [ʕadam arraɣba].

unmäßig *adj.* مفرط [mufriŧ]; *adv.* لحد الإسراف [liħadd alʔisraːf].

Unmenge *f* كثرة [kaθra], كمية هائلة [kammiːja haːʔila].

Unmensch *m* (*-en*) وحش [waħʃ], مسخ [misx].

unmerklich *adj.* غير محسوس [ɣair maħsuːs].

unmittelbar *adj.* مباشر [mubaːʃir]; *adv.* مباشرة [mubaːʃaratan].

unmodern *adj.* عتيق الطراز [ʕatiːq attiraːz].

unmöglich *adj.* مستحيل [mustaħiːl], محال [muħaːl], غير ممكن [ɣair mumkin].

unmoralisch *adj.* فاسد [faːsid], فاسق [faːsiq].

unmotiviert *adj.* بلا داع [bilaː daːʕin].

unmündig *adj.* قاصر (عن البلوغ) [qaːʃir (ʕan albuluːɣ)].

Unmut *m* (*-es; O*) زعل [zaʕal], سخط [suxŧ], امتعاض [imtiʕaːđ].

U

un-nachgiebig *adj.* شديد الشكيمة [ʃadiːd aʃʃakiːma].

unnatürlich *adj.* غير طبيعى [ɣair tabiːʕiː].

unnötig *adj.* غير ضرورى [ɣair đaruːriː].

unnütz *adj.* غير نافع [ɣair naːfiʕ]; *adv.* بلا جدوى [bilaː dʒadwaː].

un-ordentlich *adj.* مهمل [muhmal]; (~ *gekleidet*) متحشف [mutaħaʃʃif].

Un-ordnung *f* عدم النظام [ʕadam annizaːm], فوضى [fauđaː]; (*Defekt*) خلل [xalal].

unpartei-isch *adj.* غير متحيز [ɣair mutaħajjiz], محايد [muħaːjid].

Unparteilichkeit *f* حياد [ħijaːd], عدم الانحياز [ʕadam alinħijaːz].

unpassend *adj.* غير مناسب [ɣair munaːsib], فى غير موضعه [fiː ɣairi mauđiʕihi]

Unrat *m* (*-es; O*) زبالة [zubaːla], قمامة [qumaːma], قذر [qaðar].

unrecht (*O*) *adj.* غير لائق [ɣair laːʔiq]; **~̂** *n* (*-s; O*) ظلم [zulm]; ~ **haben, im ~̂ sein** كان على خطأ [kaːna ʕalaː xataʔ], كان غلطان [kaːna ɣaltaːn].

unrechtmäßig *adj.* غير قانونى [ɣair qaːnuːniː].

unredlich *adj.* قليل الذمة [qaliːl aððimma], غير أمين [ɣair ʔamiːn].

unregelmäßig *adj.* غير منتظم [ɣair muntazim], شاذ [ʃaːðð]; **~̂keit** *f* اضطراب [iđtiraːb], عدم الانتظام [ʕadam alintizaːm], شذوذ [ʃuðuːð].

unreif *adj.* غير ناضج [ɣair naːđidʒ].

unrein *adj.* قذر [qaðir], وسخ [wasix]; *Isl.* (*rituell*) نجس [nadʒis]; (*besudelt*) دنس [danis], ملوث [mulawwaθ]; (*mit Beimengungen*) مخلوط [maxluːt].

unrichtig *adj.* خاطئ [xaːtiʔ], غير صحيح [ɣair ʂaħiːħ].

Unruhe *f* اضطراب [iđtiraːb], هيجان [hajadʒaːn]; (*innere* ~) قلق [qalaq]

unruhig *adj.* قلق [qaliq], مضطرب [muđtarib].

uns *pers. pron. A* إيانا [ʔijjaːnaː], *D* لنا [lanaː]; **bei ~** عندنا [ʕindanaː]; **mit ~** معنا [maʕanaː]; **zu ~** إلينا [ʔilainaː].

U

unsachlich *adj.* غير موضوعي [ɣair mauđuːʕiː].
unsauber *adj.* قذر [qaðir]; *fig.* غير نزيه [ɣair naziːh].
unschädlich *adj.* غير مضر [ɣair muđirr].
unscheinbar *adj.* تافه [taːfih], حقير [ħaqiːr].
unschlüssig *adj.* متردد [mutaraddid].
Unschuld *f* (*O*) براءة [baraːʔa]; (*Naivität*) سذاجة [saðaːʤa]; (*Jungfräulichkeit*) بكارة [bakaːra]; **~ig** *adj.* بريء [bariːʔ]; (*Kind*) طاهر [ṭaːhir]; (*naiv*) ساذج [saːðiʤ].
unselbständig *adj.* غير مستقل [ɣair mustaqill]; (*untergeordnet*) تابع [taːbiʕ]; **~keit** *f* (*O*) عدم الاعتماد على النفس [ʕadam aliʕtimaːd ʕalaː nnafs]; (*Unterordnung*) تبعية [tabaʕiːja].
unselig *adj.* نحس [naħis].
unser *poss. pron.*: **~ Haus** بيتنا [baitunaː]; **~einer, ~eins** *indef. pron.* أحد مثلي [ʔaħad miθliː], ابن آدم [ibn ʔaːdam].
unsert|'wegen, ~'willen *adv.* لأجلنا [liʔaʤlinaː].
unsicher *adj.* غير مأمون [ɣair maʔmuːn]; (*ungewiß*) غير مؤكد [ɣair muʔakkad]; (*unentschlossen*) متردد [mutaraddid]; **~heit** *f* عدم الأمن [ʕadam alʔamn]; (*innere ~*) عدم الثقة [ʕadam aθθiqa].
unsichtbar *adj.* غير مرئي [ɣair marʔiːj].
Unsinn *m* (-~~e~~s; *O*) كلام فارغ [kalaːm faːriɣ], هذيان [haðajaːn], باطل [baːṭil].
Unsitte *f* عادة قبيحة [ʕaːda qabiːħa].
unsittlich *adj.* فاسد [faːsid], مخالف للأدب [muxaːlif lilʔadab].
unsozial [-tsĭaːl] *adj.* مضاد لمصلحة الجميع [muđaːdd limaʃlaħat alʤamiːʕ].
unsterblich *adj.* خالد [xaːlid], باق [baːqin]; **~keit** *f* (*O*) خلود [xuluːd].
unstet *adj.* غير مستقر [ɣair mustaqirr].
Unstimmigkeit *f* اختلاف [ixtilaːf].
unstreitig *adj.* لا خلاف فيه [laː xilaːfa fiːhi]; *adv.* بلا جدال [bilaː ʤidaːl].
unsympathisch *adj.* ثقيل الظل [θaqiːl azzill].
untätig *adj.* عاطل [ʕaːṭil], بطال [baṭṭaːl].
untauglich *adj.* (**zu** *D*) غير

صالح [ɣair faːliħ]; **~keit** *f* (*O*) عدم الأهلية [ʕadam alʔahliːja].

unteilbar *adj.* غير قابل للقسم [ɣair qaːbil lilqisma].

unten *adv.* فى الأسفل [fiː lʔasfal], تحت [taħtu].

unter *präp.* (*wo?* = *D*, *wohin?* = *A*) تحت [taħta]; (*zwischen*) بين [baina].

Unter-ägypten *n* الوجه البحرى [alwadʒh albaħriː].

Unterarm *m* (-*ǝs*; -*e*) ساعد [saːʕid].

unterbelichten (-*e*-; —) *v/t. Fot.* عرض للضوء أقل من اللازم [ʕarađa, -i-, liđđauʔ ʔaqall min allaːzim].

Unterbeschäftigung *f* توظيف تحت المقدرة [tauziːf taħt almaqdira].

Unterbewußtsein *n* (-*s*; *O*) اللاشعور [allaːʃuʕuːr].

unter'bieten (*L*; —) *v/t.* باع بسعر أدنى من [baːʔa, -iː-, bisiʕr ʔadnaː]; (*bei e-r Ausschreibung*) قدم عطاء أدنى من [qaddama ʕataːʔ ʔadnaː].

unter'bleiben (*L*; —) *v/i.* ما جرى [maː dʒaraː, -iː], ألغى [ʔulɣija], تعطل [taʕattala].

unter'brechen (*L*; —) *v/t.* قطع [qataʕa, -a-], عطل [ʕattala]; (*j-n beim Sprechen*) قاطع [qaːtaʕa]; *v/r.* انقطع [inqataʕa].

Unter'brechung *f* انقطاع [inqitaːʕ]; ***ohne*** ~ بلا انقطاع [bilaː nqitaːʕ].

unterbringen (*L*) *v/t.* وضع [wađaʕa, jađaʕu], وجد مكانا ل [wadʒada, jadʒidu, makaːnan]; (*e-n Gast*) أبات [ʔabaːta].

unter'dessen *adv.* فى أثناء ذلك [fiː ʔaθnaːʔi ðaːlika].

unter'drücken (—) *v/t. j-n* ظلم [zalama, -i-]; (*hindern*) قمع [qamaʕa, -a-]; (*den Zorn*) كظم [kazama, -i-].

untere *adj.* أسفل [ʔasfal], سفلى [sufliː], تحتانى [taħtaːniː].

unterei'nander *adv.* فيما بينهم [fiːmaː bainahum], بعض تحت بعض [baʕđ tahta b.].

unter-entwickelt *adj.* متخلف [mutaxallif].

Unter-ernährung *f* (*O*) سوء التغذية [suːʔ attaɣðija].

Unter'führung *f* نفق [nafaq], ممر [mamarr].

Untergang *m* (-*es*; ⸗*e*) هلاك [halaːk], دمار [damaːr], انهيار [inhijaːr]; (*Schiffs*~) غرق [ɣarq]; *s.* **Sonnen~**.

untergehen (*L*; *sn*) *v/i.* (*zu-

grunde gehen) هلك [halaka, -i-], دمر [damara, -u-]; (*Schiff*) غرق [ɣariqa, -a-]; (*Sonne*) غرب [ɣaraba, -u-].

unterge-ordnet *adj*. (*sekundär*) فرعي [farʕiː], ثانوي [θaːnawiː]; *s*. ***untergeben***.

Untergrund *m* (*-ȼs*; *⸚e*) سفل [sufl], أسفل [ʔasfal], أرضية [ʔarđiːja], تحت الأرض ما [maː taħt alʔarđ]; **~bahn** *f s*. ***U-Bahn***.

unterhalb *präp*. *G* تحت [taħta]; *adv*. تحت [taħtu], في الأسفل [fiː lʔasfal].

Unterhalt *m* (*-ȼs*; *-e*) معاش [maʕaːʃ]; (*Ernährung*) إعالة [ʔiʕaːla], قوت [quːt]; (*von Gott*) رزق [rizq]; (*~skosten*) نفقة [nafaqa].

unter'halten (*L*; —) *v/t*. (*ernähren*) أعال [ʔaʕaːla], رزق [razaqa, -u-]; (*belustigen*) سلى [sallaː]; (*in Ordnung halten*) صان [ʃaːna, -uː-]; **~d** *adj*. مسل [musallin].

Unter'haltung *f* (*Gespräch*) حديث [ħadiːθ]; (*Belustigung*) تسلية [taslija].

unter'handeln (*-le*; —) *v/i*. فاوض [faːwađa].

Unterhemd *n* (*-ȼs*; *-en*) فانلة [faːnilla].

Unterhose *f* لباس [libaːs].

unter-irdisch *adj*. *u*. *adv*. تحت الأرض [taħta lʔarđ].

unter'jochen (—) *v/t*. أخضع [ʔaxđaʕa], استعبد [istaʕbada].

Unterkiefer *m* الفك الأسفل [alfakk alʔasfal].

unterkommen (*L*; *sn*) *v/i*. وجد مأوى [wadʒada, jadʒidu, maʔwan].

Unterkörper *m* أسفل البدن [ʔasfal albadan].

Unterkunft *f* (—; *⸚e*) مأوى [maʔwan], مبيت [mabiːt], مسكن [maskan].

Unterlage *f* قاعدة [qaːʕida]; (*Tuch*) مفرش [mifraʃ]; (*Dokument*) سند [sanad].

unter'lass|en (*L*; —) *v/t*. أهمل [ʔahmala], ترك [taraka, -u-], ودع [wadaʕa, jadaʕu]; **⸗ung** *f* ترك [tark], إهمال [ʔihmaːl].

unterlegen[1] (—) *v/t*. *j-m* وضع تحت [wađaʕa, jađaʕu]; *fig*. عزا إلى, أسند إلى [ʔasnada], [ʕazaː, -uː].

unter'legen[2] *adj*. مغلوب [maɣluːb]; *j-m* ***an Kraft*** ~ دونه قوة [duːnahu quːwatan].

Unterleib *m* (*-es*; *-er*) بطن [batn].

unter'liegen (*L*; —) *v/i*. غلب [ɣuliba].

U

Unterlippe *f* الشفة السفلى [aʃʃafa assuflaː].

Untermieter *m* مستأجر من الباطن [mustaʔʤir min albaːtin].

unter'nehm|en (*L*; —) *v/t. etw.* قام ب [qaːma, -uː-]; (*sich verpflichten zu*) تعهد ب [taʕahhada]; **~en** *n* (*Firma*) مؤسسة [muʔassasa]; (*Projekt*) مشروع [maʃruːʕ]; *Mil.* حملة [ħamla], عملية [ʕamaliːja]; **~end** *adj.* نشيط [naʃiːt], جرىء [ʤariːʔ]; **~er** *m* (*Bau~*) مقاول [muqaːwil]; (*Geschäftsmann*) رجل الأعمال [raʤul alʔaʕmaːl]; **~ung** *f* مشروع [maʃruːʕ]; *s.* ***Unternehmen***; **~ungs-lustig** *adj. s.* ***unternehmend***.

Unter-offizier *m* ضابط الصف [đaːbit aṣṣaff].

unter-ordnen (*-e-*) *v/t. e-r S.* أخضع ل [ʔaxđaʕa], سخر ل [saxxara]; *v/r. j-m* أطاع ه [ʔataːʕa].

Unterpfand *n* (*-es*; *¨er*) رهن [rahn].

Unter'redung *f* محادثة [muħaːdaθa], مقابلة [muqaːbala].

Unterricht *m* (*-ẹs*; *O*) تعليم [taʕliːm], تدريس [tadriːs]; **~en** [-'rɪçtən] (*-e-*; —) *v/t.* علم [ʕallama], درس [darrasa].

Unter-rock *m* (*-ẹs*; *¨e*) تنورة داخلية [tannuːra daːxiliːja], قميص [qamiːṣ].

unter'sagen (—) *v/t. j-m etw.* نهى ه [nahaː, -aː], منع [manaʕa, -a-].

Untersatz *m* (*-es*; *¨e*) حامل [ħaːmil], قاعدة [qaːʕida]; (*Tasse*) طبق [tabaq].

unter'schätzen *v/t.* قدر دون القيمة [qaddara duːna lqiːma], استخف [istaxaffa].

unter'scheid|en (*L*; —) *v/t.* (***zwischen*** *D* بين) فرق [farraqa], ميز [majjaza]; *v/r.* (***von*** *D* عن) اختلف [ixtalafa]; (***durch*** *A* ب) امتاز [imtaːza]; **~ung** *f* تمييز [tamjiːz], تفرقة [tafriqa].

Unterschenkel *m* ساق [saːq].

unter'schieben (*L*; —) *v/t. j-m etw.* نسب زورا إلى [nasaba, -i-, zuːran].

Unterschied *m* (*-es*; *-e*) فرق [farq]; **~lich** *adj.* مختلف [muxtalif]; **~slos** *adv.* بدون تمييز [biduːn tamjiːz].

unter'schlag|en (*L*; —) *v/t.* اختلس [ixtalasa]; **~ung** *f* اختلاس [ixtilaːs].

unter'schreiben (*L*; —) *v/t.*

وقع [waqqaʕa], أمضى [ʔamđaː].

Unterschrift *f* توقيع [tauqiːʕ], إمضاء [ʔimđaːʔ].

Unterseeboot *n (-es; -e)* غواصة [ɣawwaːʃa].

unter'setzt *adj.* ربعة القوام [rabʕat alqawaːm].

unterste(r) *adj. superl.* الأسفل [alʔasfal].

unter'stehen *(L; —) v/i. j-m* كان تحت أمره [kaːna, -uː-, taħta ʔamrihi], خضع ل [xađaʕa, -i-]; *v/r.:* **sich ~ zu** *+ inf.* تجاسر على [taʤaːsara], اجترأ على [iʤtaraʔa].

unterstellen[1] *v/t.* وضع تحت [wađaʕa, jađaʕu], أودع [ʔaudaʕa].

unter'stellen[2] *(—) v/t. j-m etw. s.* **unterschieben**; *j-s* **Befehl ~** وضع تحت أمره [wađaʕa taħta ʔamrihi].

unter'streichen *(L) v/t.* وضع خطا تحت [wađaʕa xattan taħt]; *fig.* أكد [ʔakkada], شدد على [ʃaddada].

unter'stütz|en *(-t; —) v/t.* عاون [ʕaːwana], ساعد [saːʕada], نصر [naʃara, -u-], أيد [ʔajjada]; **∼ung** *f* مساعدة [musaːʕada], معاونة [muʕaːwana].

unter'such|en *(—) v/t. (a. Med.)* فحص [faħaʃa, -a-], كشف [kaʃafa, -i-]; *(wissenschaftlich)* بحث [baħaθa, -a-], تحرى [taħarraː]; **∼ung** *f* فحص [faħʃ], كشف [kaʃf]; *(Inspektion)* تفتيش [taftiːʃ]; **∼ungs-raum** *m (-ɇs; ⸚e)* حجرة الفحص [ħuʤrat alfaħʃ]; **∼ungs-richter** *m* قاضي التحقيق [qaːđiː ttaħqiːq].

untertan *(O) adj. j-m* تابع ل [taːbiʕ].

Untertan *m (-s; -en)* محكوم [maħkuːm]; *pl.* **~en** رعية [raʕiːja].

untertänig *adj.* خاضع [xaːđiʕ].

Untertasse *f* طبق فنجان [ŧabaq finʤaːn].

untertauchen *v/t.* غمس [ɣamasa, -i-], غطس [ɣattasa]; *v/i.* غاص [ɣaːʃa, -uː-].

Unterteil *n od. m (-ɇs; -e)* أسفل الشيء [ʔasfal aʃʃaiʔ], القسم التحتاني [alqism attaħtaːniː].

unterteilen *v/t.* قسم [qassama].

Untertitel *m Film* حاشية سينمائية (مترجمة) [ħaːʃija siːnemaːʔiːja (mutarʤima)].

Unterwäsche *f (O)* ملابس داخلية [malaːbis daːxiliːja].

Unterwasser|fotografie *f* تصوير

تحت الماء [tafwiːr taħta lmaːʔ]; **~massage** [-'saːʒə] *f Med.* تدليك تحت الماء [tadliːk taħta lmaːʔ].

unter'wegs *adv.* في الطريق [fiː ttariːq], أثناء السفر [ʔaθnaːʔ assafar].

unter'weisen (*L; —*) *v/t.* علم [ʕallama].

Unterwelt *f* (*O*) أوساط المجرمين [ʔausaːt almudʒrimiːn]; *Mythologie* العالم السفلى [al-ʕaːlam assufliː], الأرض السفلى [alʔarđ assuflaː].

unter'werfen (*L; —*) *v/t.* غلب على [ɣalaba, -i-]; (*e. Land*) فتح [fataħa, -a-]; (*e-r Kontrolle usw.*) أخضع ل [ʔaxđaʕa]; (*demütigen*) أذل [ʔaðalla]; *v/r.* خضع [xađaʕa, -a-].

unterwürfig *adj.* خاضع [xaːđiʕ], متذلل [mutaðallil]; **~keit** *f* (*O*) مذلة [maðalla].

unter'zeichn|en (*-e-; —*) *v/t.* *s.* ***unterschreiben***; **~ete** *m* (*-n*): **der ~ete** الموقع أدناه [almuwaqqiʕ adnaːhu]; **~ung** *f s.* ***Unterschrift.***

unterziehen (*L*) *v/t.*: ***j-n e-r Prüfung ~*** امتحن [imtaħana]; *v/r.*: ***sich e-r Operation ~*** *Med.* أجريت عليه عملية [ʔudʒrijat ʕalaihi ʕamaliːja].

Untiefe *f* ضحل [đaħl].

Untreue *f* (*O*) خيانة [xijaːna].

untröstlich [-øː-] *adj.* لا يعزى [laː juʕazzaː], يائس [jaːʔis].

un-überlegt (*-est*) *adj.* عديم التروى [ʕadiːm attarawwiː].

un-übersichtlich *adj.* صعب الاطلاع عليه [ʂaʕb alittilaːʕ ʕalaihi], غير واضح [ɣair waːđiħ].

un-über|'trefflich, ~'troffen *adj.* مستحيل التفوق عليه [mustaħiːl attafawwuq ʕalaihi].

un-um'gänglich *adj.* لا بد منه [laː budda minhu].

un-um'schränkt *adj.*: ***~e Gewalt*** سلطة مطلقة [sulta mutlaqa].

un-um'wunden *adv.* بصراحة [biʂaraːħa].

un-unter'brochen *adj.* مستمر [mustamirr]; *adv.* بدون انقطاع [biduːn inqitaːʕ].

unver-änderlich *adj.* لا يتغير [laː jataɣajjaru].

unver-antwortlich *adj.* لا يبالى التبعة [laː jubaːliː ttabiʕa], مستهتر [mustahtir]; **~keit** *f* (*O*) عدم المسئولية [ʕadam almasʔuːliːja], استهتار [istihtaːr].

U

unverbesserlich *adj.* مصر على الضلال [muʃirr ʕalaː đđalaːl], لا يتصح [laː jantaʃiħu].

unverbindlich *adj.* غير ملزم [ɣair mulzim]; *adv.* بلا التزام [bilaː ltizaːm].

unver'bürgt *adj.* غير مضمون [ɣair mađmuːn].

unver'daulich *adj.* لا يهضم [laː juhđamu]; *fig.* غير مستساغ [ɣair mustasaːɣ].

unverdient *adj.* غير مستحق [ɣair mustaħaqq].

unver-einbar *adj.* متناقض [mutanaːqid]; (**mit** *D* هـ) مناقض [munaːqid].

unver'fälscht *adj.* نقي [naqiːj], محض [maħđ].

unver'gänglich *adj.* خالد [xaːlid].

unver'geßlich *adj.* لا ينسى [laː junsaː], غير منسي [ɣair mansiːj].

unver'gleichlich *adj.* لا مثيل له [laː maθiːla lahu]; *adv.* جدا [ʤiddan].

unverhältnismäßig *adv.* للغاية [lilɣaːja], لدرجة غير مناسبة [lidaraʤa ɣair munaːsiba].

unver'heiratet *adj.* أعزب [ʔaʕzab].

unver'käuflich *adj.* لا يباع [laː jubaːʕu].

unver'kennbar *adj.* واضح [waːđiħ], بين [bajjin], ملحوظ [malħuːz].

unver'meidlich *adj.* لا مفر منه [la mafarra minhu].

unver'mindert *adj.*: **mit ~er Stärke** بشدة لا تخف [biʃidda laː taxiffu].

unver'mittelt, unver'mutet *adj.* مفاجئ [mufaːʤiʔ], طارئ [taːriʔ].

Unvernunft *f* (*O*) فقدان الصواب [fuqdaːn aʃʃawaːb].

unvernünftig *adj.* (*Person*) غير عاقل [ɣair ʕaːqil]; (*Gedanke*) غير معقول [ɣair maʕquːl].

unverschämt *adj.* وقح [waqiħ], قليل الحياء [qaliːl alħajaːʔ]; (*Preis*) باهظ [baːhiz]; **~heit** *f* وقاحة [waqaːħa].

unversehrt *adj.* سليم [saliːm].

unversöhnlich *adj.* لا يصالح [laː juʃaːliħu], غير مسالم [ɣair musaːlim].

unversorgt *adj.* لا عائل له [laː ʕaːʔila lahu].

Unverstand *m* (*-es; O*) سخافة [saxaːfa], غباء [ɣabaːʔ].

unverständlich *adj.* غير مفهوم [ɣair mafhuːm], غامض [ɣaːmiđ].

U

unverträglich *adj.* شكس [ʃakis].

unverwandt *adj.* (*Blick*) ثابت [θaːbit], ثاقب [θaːqib].

unver'wüstlich *adj.* لا يبلى [laː jablaː], متين [matiːn], قوى التحمل [qawiːj attaħammul].

unverzagt *adj.* ثابت الجنان [θaːbit alʤanaːn]; *adv.* بلا وجل [bilaː waʤal].

unverzollt *adj.* غير خالص رسوم الجمرك [ɣair xaːliʃ rusuːm alʤumruk].

unverzüglich *adv.* فى الحال [fiː lħaːl], فورا [fauran].

unvokalisiert *adj.* (*arabischer Text*) غير مشكل [ɣair muʃakkal].

unvoll|-endet *adj.* غير متمم [ɣair mutammam]; **~kommen** *adj.* غير كامل [ɣair kaːmil], ناقص [naːqiʃ], معيب [maʕiːb]; **~ständig** *adj.* ناقص الأجزاء [naːqiʃ alʔaʤzaːʔ], غير كامل [ɣair kaːmil].

unvor|bereitet *adj.* غير مستعد [ɣair mustaʕidd]; *adv.* دون تأهب [duːna taʔahhub]; **~hergesehen** *adj.* غير متوقع [ɣair mutawaqqaʕ]; **~sichtig** *adj.* غير محترس [ɣair muħtaris], طائش [taːʔiʃ]; (*tollkühn*) متهور [mutahawwir]; *adv.* دون احتياط [duːna ħtijaːt]; **~'stellbar** *adj.* لا يمكن تصوره [laː jumkinu taʃawwuruhu]; **~teilhaft** *adj.* غير مفيد [ɣair mufiːd], مخسر [muxassir].

unwahr *adj.* غير صحيح [ɣair ʃaħiːħ], باطل [baːtil], كاذب [kaːðib].

Unwahrheit *f* كذب [kiðb].

unwahrscheinlich *adj.* غير محتمل [ɣair muħtamal]; **⁓keit** *f* (*O*) عدم احتمال [ʕadam iħtimaːl].

un'weigerlich *adv.* لا بد [laː budda], بلا ريب [bilaː raib], حتما [ħatman].

unweit *adv.* بالقرب [bilqurb].

Unwesen *n* (*-s; O*) فساد [fasaːd]; ***sein ~ treiben*** (***in*** *D* فى) عاث [ʕaːθa, -iː-].

unwesentlich *adj.* غير مهم [ɣair muhimm]; (*sekundär*) ثانوى [θaːnawiː].

Unwetter *n* زوبعة [zaubaʕa].

unwichtig *adj.* غير مهم [ɣair muhimm].

unwider'leglich *adj.* لا يفند [laː jufannadu]; ***~er Beweis*** برهان قاطع [burhaːn qaːtiʕ].

unwider'ruflich *adj.* لا يمكن الرجوع فيه [laː jumkinu rruʤuːʕ fiːhi].

unwider'stehlich *adj.* لا يقاوم [laː juqaːwamu].

unwieder'bringlich (*O*) *adv.*: ~ ***verloren*** مفقود و لا يسترد [mafquːd wa laː justaraddu].

Unwille *m* (*-ns; O*) سخط [suxŧ].

unwillig *adj.* ساخط [saːxiŧ].

unwillkürlich *adj.* لا إرادى [laː ʔiraːdiː], تلقائى [tilqaːʔiː]; *adv.* من غير قصد [min ɣair qaʃd]; ~ ***kam mir ein Gedanke*** طرأت على فكرة [ŧaraʔat ʕalajja fikra].

unwirksam *adj.* غير فعال [ɣair faʕʕaːl], عديم الجدوى [ʕadiːm aldʒadwaː]; **~keit** *f* (*O*) عدم التأثير [ʕadam attaʔθiːr].

unwirtschaftlich *adj.* غير اقتصادى [ɣair iqtiʃaːdiː].

unwissend *adj.* جاهل [dʒaːhil].

Unwissenheit *f* (*O*) جهل [dʒahl].

unwohl *adj.* متوعك [mutawaʕʕik]; (*Frau*) حائض [ħaːʔiđ]; **~sein** *n* (*-s; O*) وعكة [waʕka], غثيان [ɣaθajaːn]; (*Periode der Frau*) عادة شهرية [ʕaːda ʃahriːja].

unwürdig *adj. e-r S.* غير مستحق ل [ɣair mustaħiqq].

un'zählbar, unzählig *adj.* لا يعد [laː juʕaddu].

Unzeit *f*: ***zur*** ~ فى غير وقته [fiː ɣairi waqtihi].

unzerbrechlich *adj.* لا ينكسر [laː jankasiru].

Unzucht *f* (*O*) زنى [zinan], فحشاء [faħʃaːʔ].

unzüchtig *adj.* فاحش [faːħiʃ].

unzufrieden *adj.* (***mit*** *D* ب) غير راض [ɣair raːđin], ضجر [đadʒir]; **~heit** *f* (*O*) عدم الرضى [ʕadam arriđaː], ضجر [đadʒar].

unzulänglich *adj.* غير كاف [ɣair kaːfin], قاصر [qaʃir]; **~keit** *f* قصور [quʃuːr].

unzulässig *adj.* غير مشروع [ɣair maʃruːʕ].

unzurechnungsfähig *adj.* غير مميز [ɣair mumajjiz], معتوه [maʕtuːh], مختبل [muxtabil]; **~keit** *f* (*O*) عدم التمييز [ʕadam attamjiːz].

unzureichend *adj. s.* ***unzulänglich***.

unzuständig *adj.* غير مختص [ɣair muxtaʃʃ].

unzuträglich *adj.* مضر [muđirr].

unzutreffend *adj.* خاطئ [xaːŧiʔ], غير مصيب [ɣair muʃiːb].

unzuverlässig *adj.* غير أمين

U

[ɣair ʔamiːn]; لا يوثق به [laː juːθaqu bihi].

unzweckmäßig *adj.* غير مناسب [ɣair munaːsib], غير خادم للغرض [ɣair xaːdim lilɣarađ].

üppig *adj.* غزير [ɣaziːr], وافر [waːfir]; **˜keit** *f* (*O*) غزارة [ɣazaːra]; (*Luxus*) ترف [taraf].

ur|-alt (*O*) *adj.* قديم جدا [qadiːm ʤiddan], هرم [harim]; **˜-aufführung** *f* عرض أول [ʕarđ ʔawwal].

urbar: ~ **machen** *v/t.* (*Land*) استصلح [istaʃlaħa].

Urbewohner *m* ساكن أصلي [saːkin ʔaʃliː].

Urbild *n* (*-es; -er*) أصل [ʔaʃl], مثال [miθaːl].

Ur|-'enkel *m* ابن الحفيد(ة) [ibn alħafiːd(a)]; **~geschichte** *f* ما قبل التاريخ [maː qabl attaːriːx]; **~großmutter** *f* (—; ¨) أم الجد(ة) [ʔumm alʤadd(a)]; **~großvater** *m* (s; ¨) أبو الجد(ة) [ʔabuː lʤadd(a)].

Urheber *m* مؤلف [muʔallif], محدث [muħdiθ]; **~recht** *n* (*-ęs; -e*) حقوق المؤلف [ħuquːq almuʔallif].

U'rin *m* (*-s; -e*) بول [baul].

uri'nieren *v/i.* بال [baːla, -uː-].

Urkunde *f* وثيقة [waθiːqa], مستند [mustanad].

Urlaub *m* (*-s; -e*) إجازة [ʔiʤaːza], عطلة [ʕutla]; **~er** *m* (*Sommergast*) مصيف [muʃajjif]; (*Tourist*) سائح [saːʔiħ].

Urlaubs|geld *n* (*-es; -er*) راتب الإجازة [raːtib alʔiʤaːza]; **~reise** *f* رحلة العطلة [riħlat alʕutla]; **~zeit** *f* (*Reisezeit*) موسم السياحة [mausim assijaːħa].

Urne *f* وعاء [wiʕaːʔ]; (*Wahl˜*) صندوق الاقتراع [ʃunduːq aliqtiraːʕ].

Ur|sache *f* سبب [sabab], علة [ʕilla]; **~schrift** *f* نص أصلي [naʃʃ ʔaʃliː]; **~sprung** *m* (*-ęs; ¨e*) أصل [ʔaʃl], مصدر [maʃdar]; (*Quelle*) منبع [mambaʕ]; **˜sprünglich** *adj.* أصلي [ʔaʃliː], مبدئي [mabdaʔiː]; *adv.* أصلا [ʔaʃlan].

Urteil *n* (*-s; -e*) حكم [ħukm]; (*Meinung*) رأي [raʔj]; **˜en** *v/i.* (**über** *A* على) حكم [ħakama, -u-], قضى [qađaː, -iː]; **~s-begründung** *f* *Jur.* حيثية الحكم [ħaiθiːjat alħukm].

Ur|wald *m* (*-es; ¨er*) غابة عذراء [ɣaːba ʕaðraːʔ]; **~zeit** *f*

U

أوائل الزمان [ʔawaːʔil azzamaːn].

USA الولايات المتحدة الأمريكية [alwilaːjaːt almuttaħida alʔamiriːkiːja].

usf. = ***und so fort*** و هلم جرا [wa halumma ʤarran].

Usus *m* (—; *O*) عادة [ʕaːda].

usw. = ***und so weiter*** إلى آخره [ʔilaː ʔaːxirihi].

Uten'silien [-lĭən] *pl.* أدوات [ʔadawaːt].

Uto'pie *f* عالم وهمى [ʕaːlam wahmiː].

u'topisch *adj.* خيالى [xajaːliː].

V

Vaga'bund [v-] *m* (*-en*) متشرد [mutaʃarrid]; **~ieren** [-'diː-] (—) *v/i.* تشرد [taʃarrada].

Va'gina [v-] *f* (—; *Vaginen*) *Anat.* مهبل [mihbal].

va'kant [v-] *adj.* شاغر [ʃaːɣir].

Vakuum ['vaːkuˑʊm] *n* (*-s; Vakua*) فراغ [faraːɣ].

Va'luta [v-] *f* (—; *Valuten*) عملة [ʕumla].

Vanille [vaˑ'nɪljə] *f* فانليا [fanilijaː].

variabel [vaˑ'ʀĭaː-] (*-bl-*) *adj.* متغير [mutaɣajjir].

Variante [vaˑ'ʀĭaˑntə] *f* نوع [nauʕ], لون [laun]; ***literarische*** **~** رواية [riwaːja].

Variation [vaˑʀĭaˑ'tsĭoːn] *f* تغير [taɣajjur], اختلاف [ixtilaːf].

vari'ieren [v-] (—) *v/i.* اختلف [ixtalafa], تنوع [tanawwaʕa].

Vase [v-] *f* زهرية [zuhriːja].

Vater ['f-] *m* (*-s;* ⸚) أب [ʔab], والد [waːlid]; **~land** *n* (*-ⱸs;* ⸚*er*) وطن [watan]; **~landsliebe** *f* حب الوطن [ħubb alwatan].

väterlich *adj.* أبوى [ʔabawiː].

Vaterschaft (*O*) *f* أبوة [ʔubuːwa].

Vege'tarier [veˑgeˑ'taːʀĭə] *m*, **vege'tarisch** [v-] (*O*) *adj.* نباتى [nabaːtiː].

Veilchen *n* بنفسج [banafsaʤ].

Vene [v-] *f* وريد [wariːd].

Ven'til [v-] *n* (*-s; -e*) صمام [ʃimaːm]; *fig. pl.* **~e** متنفسات [mutanaffisaːt]; **~a'tion** [-'tsĭoːn] *f* تهوية [tahwija]; **~ator** [-'laː-] *m* مروحة تهوية [mirwaħat tahwija].

Venus ['v-] *f* (*Planet*) الزهرة [azzuhara].

ver-'abfolg|en (—) *v/t. j-m etw.* ناول ه ه [naːwala]; **~ung** *f* مناولة [munaːwala].

ver-'abred|en (*-e-;* —) *v/t. etw.* اتفق على [ittafaqa]; **~ung** *f* اتفاق [ittifaːq]; (*zum Treffen*) موعد [mauʕid].

ver-'abscheuen (—) *v/t.* مقت [maqata, -u-], استقبح [istaqbaħa].

ver-'abschied|en (*-e-;* —) *v/t.* ودع [waddaʕa]; (*e. Gesetz*) اتخذ [ittaxaða], وافق على [waːfaqa]; (*e-n Beamten*) عزل [ʕazala, -i-]; *v/r.* (**von** *D* ه) ودع [waddaʕa]; (*voneinander*) تبادل تحية الوداع [tabaːdala taħijat alwadaːʕ]; **~ung** *f* توديع [taudiːʕ]; (*von e-m Amt*) عزل [ʕazl].

ver-'achten (*-e-;* —) *v/t.* احتقر [iħtaqara], ازدرى [izdaraː].

ver-'ächtlich *adj.* محتقر [muħtaqir]; (*gemein*) حقير [ħaqiːr].

Ver-'achtung *f* احتقار [iħtiqaːr].

ver-allge'meinern (*-re;* —) *v/t.* عمم [ʕammama].

ver-'altet *adj.* قديم الطراز [qadiːm attiraːz], عتيق [ʕatiːq].

ver-'änderlich *adj.* متقلب [mutaqallib], متغير [mutaɣajjir].

ver-'ändern (*-re;* —) *v/t.* غير [ɣajjara]; *v/r.* تغير [taɣajjara].

Ver-'anlagung *f* غريزة [ɣariːza]; *Fin.* خرص [xarʃ].

ver-'anlass|en (*-ßt;* —) *v/t.* (*A* ب) أمر [ʔamara, -u-], (*A* ه) سبب [sabbaba]; (*j-n* **zu** *A* به إلى) حدا [ħadaː, -uː]; **~ung** *f* سبب [sabab], داع [daːʕin], باعث [baːʕiθ].

ver-'anstalt|en (*-e-;* —) *v/t.* أقام قام ب [qaːma, -uː-], [ʔaqaːma]; **~ung** *f* قيام [qijaːm]; (*Festlichkeit*) حفلة [ħafla].

ver-'antwort|en (*-e-;* —) *v/t. etw.* تحمل المسؤولية عن [taħammala lmasʔuːliːja]; (*rechtfertigen*) برر [barrara]; **~lich** *adj.* (**für** *A* عن) مسؤول [masʔuːl]; **~ung** *f* مسؤولية [masʔuːliːja].

ver-'arbeiten (—) *v/t.* صنع [ʃannaʕa].

ver-'äußern (*-re;* —) *v/t.* باع [baːʕa, -iː-]; *Jur.* نقل [naqala, -u-].

Verb [vɛʁp] *n* (*-s; -en*) *Gr.* فعل [fiʕl].

Ver'band *m* (*-es;* ⸚*e*) اتحاد [ittiħaːd], جمعية [dʒamʕiːja]; *Mil.* وحدة [waħda]; *Med.* ضمادة [đimaːda]; **~zeug** *n*

V

أدوات التضميد [ʔadawaːt attađmiːd].

ver'bannen (—) *v/t.* (**aus** *D*) نفى (من، عن) [nafaː, -iː-].

Ver'bannung (*O*) *f* نفى [nafj]; (*Exil*) منفى [manfan].

verbarrika'dieren (—) *v/t.* أقام متاريس فى [ʔaqaːma mataːriːs].

ver'bauen (—) *v/t.* (*Land*) عمر [ʕammara]; (*e-n Ausgang etc.*) سد [sadda, -u-].

ver'bergen (*L;* —) *v/t.* كتم [katama, -u-], ستر [satara, -u-], أخفى [ʔaxfaː]; *v/r.* اختفى [ixtafaː], اختبأ [ixtabaʔa].

ver'besser|n (*-re;* —) *v/t.* صحح [ʃaħħaħa], تدارك [tadaːraka]; (*reformieren*) أصلح [ʔaʃlaħa]; **≈ung** *f* تصحيح [taʃhiːħ]; (*Berichtigung*) استدراك [istidraːk].

ver'beug|en (—) *v/r.* انحنى [inħanaː]; **≈ung** *f* انحناء [inħinaːʔ].

ver'bieten (*L;* —) *v/t.* منع [manaʕa, -a-]; *j-m etw.* حرم ه على [ħarrama].

ver'billigt *adj.* مخفض [muxaffađ], مرخص [muraxxaʃ].

ver'binden (*L;* —) *v/t.* (**mit** *D* ب) وصل [waʃala, jaʃilu], وصل [waʃʃala], ربط [rabaṭa, -u-]; *Med.* ضمد [đammada].

ver'bindlich *adj.* ملزم [mulzim]; **≈keit** *f* التزام [iltizaːm]; (*Freundlichkeit*) لطف [lutf].

Ver'bindung *f* وصل [waʃl], ربط [rabṭ]; *El.* توصيل [tauʃiːl]; (*Beziehung*) صلة [ʃila], علاقة [ʕilaːqa], ارتباط [irtibaːṭ]; *Chem.* مركب [murakkab]; **~s-linie** [-niə] *f* خط مواصلة [xaṭṭ muwaːʃala].

ver'bissen *adv.*: **an** *etw.* **~** ***festhalten*** تمسك به بعنف [tamassaka bihi biʕunf].

ver'bitter|n (*-re;* —) *v/t.* مرر [marrara]; **≈ung** *f* كرب [karb].

ver'blassen (*-ßt;* —) *v/i.* بهت [bahita, -a-].

Ver'bleib *m* (*-ɇs; O*) بقاء [baqaːʔ]; (*Ort*) مقر [maqarr]; **≈en** (*L; sn;* —) *v/i.* بقى [baqija, -aː].

ver'blendet *adj.* مغرور [maɣruːr].

ver'blüff|en (—) *v/t.* أدهش [ʔadhaʃa], أذهل [ʔaðhala]; **≈ung** *f* (*O*) دهشة [dahʃa].

ver'blühen (—) *v/i.* ذبل [ðabula, -u-].

ver'bluten (—) *v/i.* مات من نزيف [maːta, -uː-, min naziːf].

ver'borgen (—) *adj.* خفى [xafiːj], مستتر [mustatir]; ***das* ~e** الغيب [alɣaib]; ***im* ~en** فى الخفاء [fiː lxafaːʔ].

Ver'bot *n* (-*ẹs*; -*e*) منع [manʕ]; **~en** *adj.* ممنوع [mamnuːʕ].

ver'brannt *adj.* محروق [maħruːq].

Ver'brauch *m* (-*s*; *O*) استهلاك [istihlaːk].

ver'brauch|en (—) *v/t.* استهلك [istahlaka], استنفد [istanfada]; **~er** *m* مستهلك [mustahlik].

ver'brech|en (*L*; —) *v/t. pop.* ارتكب [irtakaba]; **~en** *n* جريمة [ʤariːma], جناية [ʤinaːja]; (*Frevel*) إثم [ʔiθm]; **~er** *m* مجرم [muʤrim], جان [ʤaːnin]; **~erisch** *adj.* إجرامى [ʔiʤraːmiː].

ver'breit|en (-*e*-; —) *v/t.* نشر [naʃara, -u-], أذاع [ʔaðaːʕa]; *v/r.* انتشر [intaʃara]; **~ung** *f* نشر [naʃr].

ver'breitern (-*re*; —) *v/t.* وسع [wassaʕa], عرض [ʕarrađa].

Ver'breitung *f* نشر [naʃr], انتشار [intiʃaːr], تداول [tadaːwul].

ver'brennen (*L*; —) *v/t.* حرق [ħaraqa, -i-], أحرق [ʔaħraqa]; *v/i.* أحترق [iħtaraqa].

Ver'brennung *f* حرق [ħarq], إحراق [ʔiħraːq], احتراق [iħtiraːq]; *pl.* **~en** *Med.* حروق [ħuruːq].

Ver'brennungs-motor *m* (-*s*; -*mo'toren*) محرك احتراق داخلى [muħarrik iħtiraːq daːxiliː].

ver'bringen (*L*; —) *v/t.* قضى [qađaː, -iː], أمضى [ʔamđaː].

ver'buchen (—) *v/t.* سجل [sadʤala], قيد [qajjada].

ver'bunden *adj.*: *j-m* **eng ~** وثيق الصلة ب [waθiːq aʃʃila].

ver'bünden (-*e*-; —) *v/r.*: **sich** (*A*) **~ mit** *D* تحالف مع [taħaːlafa].

Ver'bundenheit *f* (*O*) صلة [ʃila], ترابط [taraːbuṭ]; (*Zuneigung*) ألفة [ʔulfa].

Ver'bündete(r) *m* حليف [ħaliːf], حلف [ħilf].

ver'bürgen (—) *v/t.* ضمن [đamina, -a-]; *v/r.*: **sich ~ für** *A* = *v/t.*

Ver'dacht *m* (-*s*; *O*) ريبة [riːba], شبهة [ʃubha]; (*Anschuldigung*) تهمة [tuhma].

ver'dächtig *adj.* مشتبه فيه [muʃtabah fiːhi], مريب [muriːb], متهم [muttaham]; **~en** (—) *v/t.* *j-n* ارتاب فى [irtaːba], اشتبه فى [iʃtabaha]; **~ung** *f* تهمة [tuhma], اتهام [ittihaːm].

ver'dammen (—) *v/t.* لعن

V

[laʕana, -a-]; (*verurteilen*) شجب [ʃadʒaba, -u-], استقبح [istaqbaħa].

ver'dampfen (—) *v/i.* تبخر [tabaxxara].

ver'danken (—) *v/t.* ***j-m*** *etw.* دان له ب [daːna, -iː-].

ver'dau|en (—) *v/t.* هضم [hađama, -i-]; **~lich** *adj.*: ***leicht*** **~** سهل الهضم [sahl alhađm]; **~ung** *f* هضم [hađm]; **~ungs-beschwerden** *f/pl.* سوء الهضم [suːʔ alhađm].

Ver'deck *n* (-*¢s*; -*e*) تندة [tanda]; *Mar.* سطح علوى [satħ ʕulwiː]; **~en** (—) *v/t.* غطى [ɣattaː].

Ver'derb *m* فساد [fasaːd], تلف [talaf], خراب [xaraːb]; عطب [ʕatab].

ver'derben (*L*; —) *v/t.* أفسد [ʔafsada], أتلف [ʔatlafa], خرب [xarraba]; *v/i.* فسد [fasada, -i-], تلف [talifa, -a-]; (*verfaulen*) تعفن [taʕaffana]; **~** *n* (-*s*; —) عطب [ʕatab], هلاك [halaːk], دمار [damaːr].

ver'derblich *adj.* (*gefährlich*) مهلك [muhlik]; ***leicht*** **~** سريع التلف [sariːʕ attalaf].

V

ver'deutlichen *v/t.* وضح [wađđaħa].

ver'dicht|en (-*e*-; —) *v/t.* كثف [kaθθafa]; *v/r.* تكثف [takaθθafa]; **~ung** *f* تكثيف [takθiːf].

ver'dienen (—) *v/t.* (*e-r S. würdig sein*) استحق [istaħaqqa]; (*Geld*) كسب [kasaba, -i-], اكتسب [iktasaba].

Ver'dienst[1] *m* (-*¢s*; -*e*) كسب [kasb], دخل [daxl], إيراد [ʔiːraːd]; (*Gewinn*) ربح [ribħ].

Ver'dienst[2] *n* (-*¢s*; -*e*) فضل [fađl].

ver'dient (-*est*) *adj.* ذو فضل [ðuː fađl].

ver'doppel|n (-*le*; —) *v/t.* ضعف [đaʕʕafa], ضاعف [đaːʕafa]; (*e-n Konsonanten*) شدد [ʃaddada]; **~ung** *f* (*O*) مضاعفة [muđaːʕafa]; *Gr.* تشديد [taʃdiːd].

Ver'doppelungszeichen *n* *arab. Gr.* شدة [ʃadda].

ver'dorben *adj.* متلوف [matluːf].

ver'dorren (—) *v/i.* *s.* ***vertrocknen***.

ver'dreh|en (—) *v/t.* لوى [lawaː, -iː]; (*Worte, Wahrheit*) قلب [qalaba, -i-], شوه [ʃawwaha]; **~t** *adj.* ملتو [multawin], ملوى [malwiːj], مقلوب

[maqluːb]; **~ung** *f* قلب [qalb], لى [lajj].

ver'dreifachen *v/t.* ثلث [θallaθa].

ver'drieß|en (*L;* —) *v/t.* ضايق [đaːjaqa], أزعج [ʔazʕadʒa]; **~lich** *adj.* مزعج [muzʕidʒ]; (*verdrossen*) متضايق [mutađaːjiq].

Ver'druß *m* (*-sses; -sse*) زعل [zaʕal], سخط [suxŧ]; (*Ärgernis*) إزعاج [ʔizʕaːdʒ].

ver'dunkeln (*-le;* —) *v/t.* عتم [ʕattama], أظلم [ʔazlama].

ver'dünnen *v/t.* (*e-e Lösung* محلولا) خفف [xaffafa].

ver'dunsten (*-e-;* —) *v/i.* تبخر [tabaxxara], تطاير [tataːjara].

ver'dursten (*-e-;* —) *v/i.* مات عطشا [maːta, -uː-, ʕataʃan].

ver'dutzt *adj.* مندهش [mundahiʃ].

ver-'ehren (—) *v/t.* كرم [karrama], بجل [baddʒala], احترم [iħtarama]; (*Gott*) عبد [ʕabada, -u-].

Ver-'ehrer *m* معجب [muʕdʒab]; *Rel.* عابد [ʕaːbid].

Ver-'ehrung *f* احترام [iħtiraːm], إجلال [ʔidʒlaːl], تكريم [takriːm]; *Rel.* عبادة [ʕibaːda].

ver-'eidig|en (—) *v/t.* حلف [ħallafa]; **~t** *adj.* محلف [muħallaf].

Ver-'ein *m* جمعية [dʒamʕiːja], ناد [naːdin]; **im ~** (**mit** *D* مع) بالاشتراك [biliʃtiraːk].

ver-'einbar *adj.* (**mit** *D* مع) متطابق منسجم [munsadʒim], [mutataːbiq]; **~en** (—) *v/t.* *etw.* اتفق على [ittafaqa]; (*zwei Dinge*) جمع بين [dʒamaʕa, -a-]; **~ung** *f* اتفاق [ittifaːq].

ver-'einfach|en (—) *v/t.* بسط [bassata]; **~ung** *f* تبسيط [tabsiːt].

ver-'ein(ig)en (—) *v/t.* جمع [dʒamaʕa, -a-], وحد [waħħada]; *v/r.* اتحد [ittaħada].

Ver-'einigung *f* اتحاد [ittiħaːd], رابطة [raːbita].

Ver-'einsamung *f* انفراد [infiraːd], وحشة [waħʃa].

ver-'einzelt *adv.* فى بعض الأمكنة [fiː baʕđ alʔamkina], فى بعض الأحيان [f. b. alʔaħjaːn].

ver-'eitel|n (*-le;* —) *v/t.* أحبط [ʔaħbata]; **~ung** *f* إحباط [ʔiħbaːt].

ver-'enden *v/i.* مات (حيوانات فقط) [maːta, -uː-].

ver-'engen (—) *v/t.* ضيق [đajjaqa]; *v/r.* تضايق [tađaːjaqa].

ver-'erb|en (—) *v/t. j-m etw.* ترك ه ل [taraka, -u-], خلف ه ه [xallafa], ورث ه ه [warraθa]; *v/r.* ورث [wuriθa]; **~ung** *f* وراثة [wiraːθa].

ver'fahren (*L;* —) *v/i.* (**mit** *D* في) تصرف [taʕarrafa]; *v/t.* (*Benzin*) استهلك [istahlaka]; *v/r.* ضل [đalla, -i-]; **~** *n* أسلوب [ʔusluːb], طريقة [tariːqa]; *Jur.* إجراءات [ʔidʒraːʔaːt], قضية [qađiːja].

Ver'fall *m* (*-s; O*) خراب [xaraːb], تهدم [tahaddum], انحدار [inħidaːr]; (*e-s Rechtes*) سقوط [suquːt].

ver'fallen[1] (*L; sn;* —) *v/i.* تهدم [tahaddama], انهار [inhaːra], خرب [xariba, -a-]; (*Kräfte*) تدهور [tadahwara]; (*Pfand*) خسر [xusira]; (*Recht*) سقط [saqata, -u-]; **~**[2] *adj.* خرب [xarib], خربان [xarbaːn], متهدم [mutahaddim]; (*Körper*) مهزول [mahzuːl]; (*Gutschein*) ملغى [mulɣan], باطل [baːtil]; (*süchtig*) *e-r S.* مدمن على [mudmin].

ver'fälschen (—) *v/t.* زيف [zajjafa], زور [zawwara]; (*Nahrungsmittel*) غش [ɣaʃʃa, -u-].

ver'fänglich *adj.* (*Frage*) محرج [muħridʒ].

ver'färben (—) *v/r.* بهت [bahita, -a-], تغير لونه [taɣajjara launuhu].

ver'fass|en (*-ßt;* —) *v/t.* ألف [ʔallafa]; **~er** *m* مؤلف [muʔallif].

Ver'fassung *f Pol.* دستور [dustuːr]; (*Zustand*) حالة [ħaːla]; **~s-mäßig** *adj.* دستوری [dustuːriː].

ver'faulen (—) *v/i.* تعفن [taʕaffana].

ver'fech|ten (*L;* —) *v/t.* دافع عن [daːfaʕa]; **~ter** *m* مدافع [mudaːfiʕ].

ver'fehlen *v/t.* (*Ziel*) أخطأ [ʔaxtaʔa]; (*Weg*) ضل عن [đalla, -i-]; **einander ~** ما تلاقيا [maː talaːqajaː].

ver'fehlt *adj.* خاطئ [xaːtiʔ].

ver'feinden *v/r.*: **sich** (*A*) **~** (**mit** *j-m* ه) عادى [ʕaːdaː].

ver'feiner|n (*-re;* —) *v/t.* هذب [haððaba], كرر [karrara]; **~ung** *f* تهذيب [tahðiːb].

ver'fertigen *v/t.* صنع [ʃanaʕa, -a-].

ver'filzt *adj.* متلبد [mutalabbid].

ver'finstern *v/r.* (*Gesicht*) تجهم [tadʒahhama].

ver'fließen (*L;* —) *v/i.* (*Zeit*) فات [faːta, -uː-], مضى [mađaː, -iː].

ver'flossen *adj.* ماض [maːđin], فائت [faːʔit].

ver'fluchen (—) *v/t.* لعن [laʕana, -a-].

ver'flucht *adj.* ملعون [malʕuːn].

verflüssigt *adj.* (*Gas*) مسيل [musajjal].

ver'folg|en (—) *v/t.* تعقب [taʕaqqaba]; (*Plan, Politik*) اتبع [ittabaʕa]; **~er** *m* متعقب [mutaʕaqqib]; **~ung** *f* تعقب [taʕaqqub], مطاردة [mutaːrada]; (*e-s Planes*) اتباع [ittibaːʕ].

ver'frachten (*-e-;* —) *v/t.* (**nach** *D* إلى) شحن [ʃaħana, -a-].

ver'früht *adj.* مبكر [mubakkir]; *adv.* قبل الأوان [qabla lʔawaːn].

ver'fügbar (*O*) *adj.* تحت التصرف [taħta ttaʃarruf], تحت اليد [taħta ljad].

ver'füg|en (—) *v/t. etw.* أمرب [ʔamara, -u-]; *v/i.* (**über** *A* فى) تصرف [taʃarrafa]; *v/r.* (**nach** *D* إلى) توجه [tawaddʒaha]; **~ung** *f* أمر إدارى [ʔamr ʔidaːriː]; **zur ~ung** تحت التصرف [taħta ttaʃarruf], رهن الإشارة [rahna lʔiʃaːra].

ver'führ|en (—) *v/t.* أغرى [ʔaɣraː], غرر [ɣarrara], غوى [ɣawaː, -iː]; **~ung** *f* إغراء [ʔiɣraːʔ].

ver'gangen *adj.* ماض [maː-đin]; **~heit** *f* (الزمن) الماضى [(azzaman) almaːđiː].

ver'gänglich *adj.* فان [faːnin]; **~keit** *f* (*O*) فناء [fanaːʔ].

Ver'gaser *m Mot.* مكربن [mukarbin].

ver'geb|en (*L;* —) (*verzeihen*) *v/t. j-m etw.* غفر ل ه [ɣafara, -i-]; (*gewähren*) منح [manaħa, -a-]; (*verteilen*) وزع [wazzaʕa]; **~lich** *adj.* عديم الجدوى [ʕadiːm aldʒadwaː]; *adv.* بلا جدوى [bilaː dʒadwaː], عبثا [ʕabaθan], سدى [sudan], هدرا [hadran].

ver'gehen (*L; sn;* —) *v/i.* (*Zeit*) فات [faːta, -uː-], مر [marra, -u-], مضى [mađaː, -iː]; (*Schmerz*) ذهب [ðahaba, -a-], انتهى [intahaː]; *v/r.* أذنب [ʔaðnaba]; (**an** *D* على) جنى [dʒanaː, -iː]; (**gegen** *A* ه) خالف [xaːlafa]; **~** *n Jur.* جنحة [dʒunħa]; (*der Zeit*) فوات [fawaːt].

ver'gelt|en (*L;* —) *v/t. j-m etw.* جازى ه على [dʒaːzaː]; **~ung** *f* مجازاة [mudʒaːzaːt].

ver'gessen (*L;* —) *v/t.* نسى

V

[nasija, -aː]; **~heit** *f* (*O*) نسيان [nisjaːn].

ver'geßlich *adj.* نساء [nassaːʔ], كثير النسيان [kaθiːr annisjaːn]; **~keit** *f* (*O*) غفلة [ɣafla], سهو [sahw].

ver'geud|en (*-e-;* —) *v/t.* بذر [baððara], أسرف [ʔasrafa]; **~ung** *f* (*O*) إسراف [ʔisraːf].

verge'waltig|en (—) *v/t.* (*tyrannisieren*) (*j-n* على) جار [ʤaːra, -uː-]; (*e-e Frau*) اغتصب [iɣtaʃaba]; **~ung** *f* جور [ʤaur]; (*Notzucht*) اغتصاب [iɣtiʃaːb].

verge'wissern (*-re;* —) *v/r.* (*G* من) تأكد [taʔakkada].

ver'gießen (*L;* —) *v/t.* صب [ʃabba, -u-], سكب [sakaba, -u-]; (*Blut*) سفح [safaħa, -a-], سفك [safaka, -i-].

ver'gift|en (*-e-;* —) *v/t.* سم [samma, -u-], سمم [sammama]; *v/r.* تسمم [tasammama]; **~ung** *f* تسمم [tasammum].

Ver'gleich *m* (*-es; -e*) (**mit** *D* ب) مقارنة [muqaːrana], مضاهاة [muđaːhaːt]; *Jur.* تسوية [taswija]; (*Versöhnung*) مصالحة [muʃaːlaħa]; **~bar** *adj.* محل للمضاهاة [maħall lilmuđaːhaːt]; **~en** (*L;* —) *v/t.* (**mit** *D* ب) قارن [qaːrana], ضاهى [đaːhaː]; *v/r.* (**mit** *D* ه) صالح [ʃaːlaħa].

ver'gnügen (—) *v/r.* تسلى [tasallaː], تلهى [talahhaː]; **~** *n* لهو [lahw], تسلية [taslija]; **zum ~** للتسلية [littaslija]; **mit ~** بسرور [bisuruːr].

Ver'gnügung *f* تسلية [taslija]; **~s-lokal** *n* (*-e*) ملهى [malhan]; **~s-park** *m* حديقة ملاه [ħadiːqat malaːhin].

ver'gold|en (*-e-;* —) *v/t.* ذهب [ðahhaba]; **~et** *adj.* مذهب [muðahhab]; **~ung** *f* تذهيب [taðhiːb].

ver'graben (*L;* —) *v/t.* طمر [tamara, -u-], دفن [dafana, -i-], وارى التراب [waːraː ttuгaːb].

ver'griffen *adj.* (*Buch*) نافد [naːfid].

ver'größer|n (*-re;* —) *v/t.* كبر [kabbara]; **~ung** *f* تكبير [takbiːr]; **~ungs-glas** *n* (*-es; ¨er*) عدسة مكبرة [ʕadasa mukabbira].

Ver'günstigung *f* امتياز [imtijaːz].

ver'güten (*-e-;* —) *v/t.* (*j-m A* ه عن) عوض [ʕawwađa], رد ل [radda, -u-].

Ver'gütung *f* تعويض [taʕwiːđ].

ver'haft|en (*-e; —*) *v/t.* حبس [ħabasa, -i-], قبض على [qabaɖa]; **~ung** *f* قبض [qabɖ], اعتقال [iʕtiqaːl].

ver'halten (*L; —*) *v/t.* (*unterdrücken*) كبت [kabata, -i-]; *v/r.* تصرف [taʃarrafa], سلك [salaka, -u-]; **~** *n* (*-s; O*) سلوك [suluːk], تصرف [taʃarruf].

Ver'hältnis *n* (*-ses; -se*) (*Beziehung*) علاقة [ʕalaːqa]; (*Proportion*) نسبة [nisba]; **~se** *pl.* (*Zustände*) وضع [waɖʕ], أحوال [ʔaħwaːl], ظروف [zuruːf]; **~mäßig** *adj.* نسبي [nisbiː]; *adv.* نسبيا [nisbiːjan].

ver'hand|eln (*-le; —*) *v/i.* (**mit** *D* **über** *A* (ه في) فاوض [faːwaɖa]; *Jur.* حاكم [ħaːkama]; **~lung** *f* مفاوضة [mufaːwaɖa]; *Jur.* محاكمة [muħaːkama].

Ver'hängnis *n* (*-ses; -se*) قدر [qadar], شؤم [ʃuʔm], نحس [naħs]; **~voll** *adj.* نحس [naħis], مشؤوم [maʃʔuːm].

ver'härten (*-e-; —*) *v/t.* جمد [ʤammada], صلب [ʃallaba]; *v/i.* تصلب [taʃallaba].

ver'haßt (*-est*) *adj.* مكروه [makruːh].

ver'heerend *adj.* مخرب [muxarrib].

ver'heimlich|en (*—*) *v/t.* كتم [katama, -u-], أخفى [ʔaxfaː]; **~ung** *f* كتم [katm], إخفاء [ʔixfaːʔ].

ver'heirate|n (*-e-; —*) *v/t.* زوج [zawwaʤa]; *v/r.* تزوج [tazawwaʤa]; **~t** *adj.* متزوج [mutazawwiʤ].

ver'herrlichen (*—*) *v/t.* عظم [ʕazzama], مجد [maddʒada].

ver'hind|ern (*-re; —*) *v/t.* منع [manaʕa, -a-]; **~erung** *f* منع [manʕ].

ver'höhnen (*—*) *v/t. j-n* سخر من [saxira, -a-], تهكم على [tahakkama].

Ver'hör *n* (*-es; -e*) استجواب [istiʤwaːb].

verhören (*—*) *v/t.* استجوب [istaʤwaba]; *v/r.* أخطأ السمع [ʔaxtaʔa ssamʕ].

ver'hüllen (*—*) *v/t.* ستر [satara, -u-], حجب [ħaʤaba, -u-].

ver'hungern (*-re; sn; —*) *v/i.* مات جوعا [maːta, -uː-, ʤuːʕan].

ver'hüten (*-e-; —*) *v/t.* منع [manaʕa, -a-], وقى [waqaː, jaqiː].

Ver'hütung *f* (*O*) الحيلولة دون

V

[alħailuːla duːna], منع [manʕ].

ver-'irren (—) *v/r.* ضل [đalla, -i-].

ver'jagen (—) *v/t.* طرد [ŧarada, -u-].

ver'jüngen (—) *v/r.* تصبى [taʃabbaː]; (*schmäler werden*) تضايق [tađaːjaqa], تدبب [tadabbaba].

Ver'kauf *m* (-*ęs*; *-̈e*) بيع [baiʕ]; **~̈en** (—) *v/t.* باع [baːʕa, -iː-]; ***zu*** **~̈en** للبيع [lilbaiʕ].

Ver'käuf|er *m* بياع [bajjaːʕ], بائع [baːʔiʕ]; **~̈lich** *adj.* للبيع [lilbaiʕ], يباع [jubaːʕu].

Ver'kehr *m* (-*s*; *O*) (*Bewegung*) حركة [ħaraka], مرور [muruːr]; (*Austausch*) تبادل [tabaːdul]; *Fin.* (*Umlauf*) تداول [tadaːwul]; (*~sverbindungen*, *~swesen*) مواصلات [muwaːʃalaːt]; ***geschlechtlicher*** **~** اتصال جنسي [ittiʃaːl ʤinsiː]; **~̈en** *v/i.* (***mit*** ***D*** ه) عاشر [ʕaːʃara], خالط [xaːlaŧa]; (***bei*** *j-m* إلى) اختلف [ixtalafa].

Ver'kehrs|-ampel *f* (—; *-n*) أنوار المرور [ʔanwaːr almuruːr], إشارة ضوئية [ʔiʃaːra đauʔiːja]; **~ministerium** *n* (-*s*; *-ministerien*) وزارة المواصلات [wizaːrat almuwaːʃalaːt]; **~mittel** *n* وسيلة النقل [wasiːlat annaql]; **~polizist** *m* (-*en*) شرطى (عسكرى) المرور [ʃurŧiː (ʕaskariː) almuruːr]; **~signal** *n* (-*ęs*; *-e*) إشارة المرور [ʔiʃaːrat alm.]; **~-unfall** *m* (-*ęs*; *-̈e*) حادثة المرور [ħaːdiθat alm.]; **~zeichen** *n* علامة (لافتة) المرور [ʕalaːmat (laːfitat) alm.].

ver'kehrt (-*est*) *adj.* مقلوب [maqluːb], معكوس [maʕkuːs]; (*falsch*) خاطئ [xaːŧiʔ].

ver'kennen (*L*; —) *v/t.* تناكر [tanaːkara].

Ver'kettung *f* تشابك [taʃaːbuk], اندماج [indimaːʤ].

ver'klagen (—) *v/t.* *j-n* ادعى على [iddaʕaː], اشتكى من [iʃtakaː].

ver'kleid|en (-*e*-; —) *v/t.* نكر [nakkara], *Techn.* كسا [kasaː, -uː]; *v/r.* تنكر [tanakkara]; **~̈ung** *f* تنكر [tanakkur]; *Techn.* تكسية [taksija].

ver'klein|ern (-*re*; —) *v/t.* صغر [ʃaɣɣara]; **~̈erung** *f* تصغير [taʃɣiːr].

ver'kommen[1] (—) *v/i.* انحط [inħaŧŧa], انفسد [infasada]; **~**[2] *adj.* مهمل [muhmal], متفسخ [mutafassix], فاسد [faːsid].

ver'körper|n (*-re; —*) *v/t.* مثل [maθθala], شخص [ʃaxxaʃa]; **~ung** *f* تمثيل [tamθiːl], تجسيم [taʤsiːm].

ver'krüppelt *adj.* كسيح [kasiːħ], مكسح [mukassaħ].

ver'kümmer|n (*-re; sn; —*) *v/i.* ذبل [ðabula, -u-], ضمر [đamura, -u-]; **~t** *adj.* ضامر [đaːmir].

ver'kürzen (—) *v/t.* قصر [qaʃʃara]; (*zusammenfassen*) اختصر [ixtaʃara].

Ver'ladebahnsteig *m* (*-¢s; -e*) *Eisenb.* رصيف الشحن [rašiːf aʃʃaħn].

ver'laden (*L; —*) *v/t.* شحن [ʃaħana, -a-].

Ver'ladung *f* شحن [ʃaħn].

Ver'lag *m* (*-¢s; -e*) دار النشر [daːr annaʃr]; **~s-buchhandlung** *f* دار النشر والتوزيع [d. ann. wattauziːʕ]; **~s-recht** *n* (*-es; -e*) حقوق الطبع [ħuquːq attabʕ].

ver'langen (—) *v/t.* طلب [talaba, -u-]; (*erfordern*) تقاضى [taqaːđaː], اقتضى [iqtađaː]; *v/i.* (***nach D*** الى) تشوق [taʃawwaqa]; **~** *n* طلب [talab], رغبة [raɣba]; (*Sehnsucht*) اشتياق [iʃtijaːq].

ver'längern (*-re; —*) *v/t.* طول [tawwala], أطال [ʔataːla], مدد [maddada].

Ver'längerung *f* تطويل [tatwiːl], تمديد [tamdiːd].

ver'langsamen (—) *v/t.* أبطأ [ʔabtaʔa].

ver'lassen (*L; —*) *v/t.* ترك [taraka, -u-], غادر [ɣaːdara]; *v/r.* (***auf A*** على) اعتمد [iʕtamada], اتكل [ittakala].

ver'läßlich *adj.* موثوق [mauθuːq].

Ver'lauf *m* (*-s; O*) جرى [ʤarj], سير [sair]; ***im ~ e-s Monats*** فى مدة شهر [fiː muddat ʃahr].

ver'laufen (*L; —*) *v/i.* جرى [ʤaraː, -iː]; (*Straße*) مر [marra, -u-], (***durch A*** ﻫ) اجتاز [iʤtaːza]; *v/r.* ضل [đalla, -i-].

Ver'lautbarung *f* إعلان [ʔiʕlaːn], نشرة [naʃra].

ver'leben (—) *v/t.* قضى [qađaː, -iː]; ***er verlebte e-n Monat in …*** … عاش شهرا فى [ʕaːʃa, iː-, ʃahran fiː]

ver'legen[1] (—) *v/t.* حول [ħawwala], نقل [naqala, -u-]; (*e-e Frist*) أجل [ʔaddʤala]; (*e. Buch*) نشر [naʃara, -u-]; (*Leitungen*) وضع [wađaʕa, jađaʕu], مد [madda, -u-]; (*nicht finden*

V

können) ضيع [đajjaʕa], ما وجد [maː wadʒada, jadʒidu].

ver'legen[2] *adj.* حيران [ħajraːn], مرتبك [murtabik]; **~heit** *f* حيرة [ħaira], ارتباك [irtibaːk].

Ver'leger *m* ناشر [naːʃir].

Ver'legung *f* نقل [naql]; (*e-r Frist*) تأجيل [taʔdʒiːl].

Ver'leih *m* (*-ęs; -e*) إعارة [ʔiʕaːra], تأجير [taʔdʒiːr]; (*Film~*) توزيع [tauziːʕ].

ver'leihen (*L; —*) *v/t.* (*Gegenstand*) أجر [ʔaddʒara]; (*Geld*) أعار [ʔaʕaːra]; (*gewähren*) منح [manaħa, -a-], أضفى على [ʔađfaː]; (*Farbe*) أكسب [ʔaksaba].

ver'leit|en (*-e-; —*) *v/t.* (**zu** *D*) أغرى (ب) [ʔaɣraː].

ver'lernen (—) *v/t.* نسى [nasija, -aː].

ver'lesen (*L; —*) *v/t.* (*j-m A*) قرأ (على) [qaraʔa], تلا [talaː, -uː]; *v/r.* أخطأ في القراءة [ʔaxtaʔa fiː lqiraːʔa].

ver'letz|en (*-t; —*) *v/t.* جرح [dʒaraħa, -a-]; *fig.* آذى [ʔaːðaː], أهان [ʔahaːna]; (*Regel, Vertrag*) نقض [naqađa, -u-], أخل [ʔaxalla], خرق [xaraqa, -i-]; **~end** *adj.* جارح [dʒaːriħ], مؤذ [muʔðin]; **~ung** *f* جرح [dʒurħ]; *fig.* إهانة [ʔihaːna], أذى [ʔaðan].

ver'leugnen (*-e-; —*) *v/t.* أنكر [ʔankara].

ver'leumden (*-e-; —*) *v/t.* اغتاب [iɣtaːba], افترى على [iftaraː].

ver'lieben (—) *v/r.* (**in** *A* ه) عشق [ʕaʃiqa, -a-].

ver'liebt *adj.* عاشق [ʕaːʃiq]; (**in** *A* ب) مغرم [muɣram]; **~heit** *f* (*O*) عشق [ʕiʃq], هيام [hujaːm].

ver'lieren (*L; —*) *v/t.* فقد [faqada, -i-]; (*bes. Zeit*) ضيع [đajjaʕa], أضاع [ʔađaːʕa]; (*im Spiel, Geld*) خسر [xasira, -a-]; **den Krieg ~** غلب [ɣuliba].

ver'lob|en (—) *v/r.*: **er hat sich mit ihr verlobt** خطبها [xatabahaː]; **~te** *f* (*-n*) خطيبة [xatiːba], مخطوبة [maxtuːba]; **~te(r)** *m* خطيب [xatiːb]; **~ung** *f* خطوبة [xutuːba].

ver'logen *adj.* كذاب [kaððaːb]; **~heit** *f* (*O*) ميل إلى الكذب [mail ʔilaː lkiðb].

ver'lorengehen (*L; sn*) *v/i.* *j-m* ضاع من [đaːʕa, -iː-].

ver'löschen (*L; —*) *v/i.* انطفأ [intafaʔa].

V

ver'losen (*O*) *v/t.* اقترع [iqtaraʕa].

Ver'losung *f* قرعة [qurʕa], اقتراع [iqtiraːʕ].

Ver'lust *m* (*-ȼs; -e*) خسارة [xasaːra]; (*G*) فقدان [fuqdaːn]; **~bringend** *adj.* مخسر [muxassir].

Ver'mächtnis *n* (*-ses; -se*) وصية [waṣiːja].

Ver'mählung *f* عقد الزواج [ʕaqd azzawaːʤ], اقتران [iqtiraːn].

ver'mehren (—) *v/t.* زيد [zajjada], كثّر [kaθθara]; *v/r.* ازداد [izdaːda], تكاثر [takaːθara].

Ver'mehrung *f* ازدياد [izdijaːd], تكاثر [takaːθur].

ver'meid|en (*L*; —) *v/t.* تجنب [taʤannaba]; **~ung** *f* تجنب [taʤannub], تفاد [tafaːdin].

ver'mengen (—) *v/t.* (**mit** *D* ب) خلط [xalaṭa, -i-].

Ver'merk *m* (*-ȼs; -e*) ملاحظة [mulaːħaẓa], حاشية [ħaːʃija]; (*Sicht~*) تأشيرة [taʔʃiːra].

ver'messen[1] (*L*; —) *v/t.* (*Land*) مسح [masaħa, -a-]; *v/r.* (**zu** *D* على) جرؤ [ʤaruʔa, -u-], تجاسر [taʤaːsara]; **~**[2] *adj.* جرىء [ʤariːʔ].

ver'mieten (*-e-*; —) *v/t.* أجر [ʔaʤʤara].

Ver'mieter *m* مؤجر [muʔaʤʤir].

Ver'mietung *f* تأجير [taʔʤiːr].

ver'mindern (—) *v/t.* قلل [qallala], نقص [naqqaṣa].

ver'missen *v/t.* افتقد [iftaqada].

ver'mißt *adj. Mil.* مفقود [mafquːd].

ver'mitt|eln (*-le*; —) *v/i.* توسط [tawassaṭa]; *v/t.* على دل [dalla, -u-]; **~ler** *m* وسيط [wasiːṭ]; (*Makler*) دلال [dallaːl], سمسار [simsaːr]; **~lung** *f* وساطة [wisaːṭa]; *Telef.* لوحة التوصيل [lauħat attauṣiːl].

Ver'mögen *n* قدرة [qudra]; (*Besitz*) مال [maːl]; (*Reichtum*) ثروة [θarwa]; **~d** *adj.* ثرى [θariːj].

ver'mut|en (*-e-*; —) *v/t.* ظن [ẓanna, -u-], خمن [xammana]; **~lich** *adj.* محتمل [muħtamal]; *adv.* حسب الظن [ħasaba ẓẓann]; **~ung** *f* ظن [ẓann], تخمين [taxmiːn]; (*Annahme*) افتراض [iftiraːḍ].

ver'nachlässig|en (—) *v/t.* أهمل [ʔahmala]; **~ung** *f* إهمال [ʔihmaːl].

ver'narben (—) *v/i.* اندمل [indamala].

ver'nehmen (*L*; —) *v/t.* (*hören*) سمع [samiʕa, -a-];

V

(*verhören*) استجوب [istadʒwaba].

Ver'nehmung *f s.* ***Verhör.***

ver'neig|en (—) *v/r.* انحنى [inħanaː]; **~ung** *f* انحناء [inħinaːʔ].

ver'nein|en (—) *v/t.* أنكر [ʔankara], نفى [nafaː, -iː]; **~end** منكر [munkir]; **~ung** *f* إنكار [ʔinkaːr], نفى [nafj].

ver'nichten (*-e-;* —) *v/t.* أهلك [ʔahlaka], أعدم [ʔaʕdama], أباد [ʔabaːda].

Ver'nichtung *f* إهلاك [ʔihlaːk], إبادة [ʔibaːda].

Ver'nunft *f* (*O*) عقل [ʕaql], رشد [ruʃd].

ver'nünftig *adj.* (*Mensch*) عاقل [ʕaːqil], راشد [raːʃid]; (*Idee*) معقول [maʕquːl].

ver'öffentlich|en (—) *v/t.* (*im Druck*) نشر [naʃara, -u-]; *Rundf.* أذاع [ʔaðaːʕa]; **~ung** *f* نشر [naʃr]; ***~ungen*** *pl.* منشورات [manʃuːraːt], مطبوعات [matbuːʕaːt].

ver'ord|nen (*-e;* —) *v/t.* أمر ب [ʔamara, -u-]; *Med.* وصف [waʃafa, jaʃifu]; **~nung** *f* أمر إدارى [ʔamr ʔidaːriː]; *Med.* أمر الطبيب [ʔamr attabiːb]; (*Rezept*) وصفة [waʃfa].

ver'pachten *v/t.* آجر [ʔaːdʒara].

ver'packen (—) *v/t.* حزم [ħazama, -i-], غلف [ɣallafa].

ver'pesten *v/t.* (*die Luft*) لوث [lawwaθa].

ver'pfänden (*-e-;* —) *v/t.* رهن [rahana, -a-].

ver'pflanzen (*-t;* —) *v/t.* نقل [naqala, -u-]; *Med.* (*e. Organ*) *j-m* زرع ل [zaraʕa, -a-].

ver'pflegen *v/t.* غذى [ɣaððaː], مون [mawwana].

Ver'pflegung *f* مؤونة [maʔuːna], قوت [quːt]; (*Versorgung*) تموين [tamwiːn].

ver'pflicht|en (*-e-;* —) *v/t. j-n* (**zu** *D* ه ب) ألزم [ʔalzama]; *v/r.* تعهد [taʕahhada]; **~ung** *f* تعهد [taʕahhud], التزام [iltizaːm].

ver'pfuschen (—) *v/t. pop.*: ***die Arbeit ~*** أفسد العمل [ʔafsada lʕamal].

Ver'putz *m* طلاء الحائط [tilaːʔ alħaːʔit]; (*Mörtel*) ملاط [milaːt].

Ver'rat *m* (*-¢s; O*) خيانة [xijaːna]; **~en** (*L;* —) *v/t.* خان [xaːna, -uː-].

Ver'räter *m* خائن [xaːʔin]; **~isch** *adj.* خؤون [xaʔuːn].

ver'rechnen (*-e-;* —) *v/t.* قيد فى الحساب [qajjada fiː

lħisaːb]; *v/r.* أخطأ في الحساب [ʔaxtaʔa f. lħ.].

ver'reisen (*-t; sn; —*) *v/i.* سافر [saːfara], ارتحل [irtaħala].

ver'renk|en (—) *v/t. Med.* خلع [xalaʕa, -a-], فسخ [fasaxa, -a-]; **≈ung** *f* خلع [xalʕ].

ver'richt|en (*-e-; —*) *v/t.* أنجز [ʔanʤaza], أدى [ʔaddaː]; **≈ung** *f* إنجاز [ʔinʤaːz], شغل [ʃuɣl].

ver'riegeln (*-le; —*) *v/t.* تربس [tarbasa], أقفل بالمزلاج [ʔaqfala bilmizlaːʤ].

ver'ring|ern (*-re; —*) *v/t.* قلل [qallala], نقص [naqqaʂa]; **≈erung** *f* تقليل [taqliːl].

ver'rosten (*-e-; —*) *v/i.* صدئ [ʂadiʔa, -a-].

ver'rückt (*-est*) *adj.*, **≈e(r)** *m* مجنون [maʤnuːn], مخبول [maxbuːl].

ver'rufen *adj.* سيئ السمعة [sajjiʔ assumʕa].

Vers [f-] *m* (*-es; -e*) بيت (الشعر) [bait (aʃʃiʕr)].

ver'sagen (—) *v/t.* (*j-m e-n Wunsch*) رفض [rafađa, -u-]; *j-m* ***den Dienst ~*** خذله [xaðala, -u-]; *v/i.* (*Motor*) تعطل [taʕattala]; (*Mensch*) خاب [xaːba, -iː-], فشل [faʃila, -a-]; (*Kräfte*) خان [xaːna, -uː-]; **≈** *n* (*O*) تعطل [taʕattul]; (*Mißerfolg*) فشل [faʃal].

ver'samm|eln (*-le; —*) *v/t.* جمع [ʤamaʕa, -a-]; *v/r.* اجتمع [iʤtamaʕa]; **≈lung** *f* اجتماع [iʤtimaːʕ].

Ver'sand *m* (*-ẹs; O*) إرسال [ʔirsaːl]; **~haus** *n* (*-ẹs; ¨er*) محل يبيع بالبريد [maħall jabiːʕu bilbariːd].

ver'säum|en (—) *v/t.* (*vorbeigehen lassen*) فوت [fawwata]; (*unterlassen*) أهمل [ʔahmala]; (*verpassen*): **er ~te den Zug** فاته القطار [faːtahu lqiʈaːr]; **≈nis** *n* (*-ses; -se*) إهمال [ʔihmaːl].

ver'schaffen (—) *v/t. j-m etw.* وفره ل [waffara]; *v/r.*: **sich** (*D*) *etw.* **~** حصل على [ħaʂala, -u-].

ver'schämt (*-est*) *adj.* خجلان [xaʤlaːn], محتشم [muħtaʃim].

ver'schärfen (—) *v/t.* شدد [ʃaddada]; *v/r.* اشتد [iʃtadda].

Verschärfung *f*: **~ *der Lage*** تفاقم الحالة [tafaːqum alħaːla].

ver'scheiden (*L; —; sn*) *v/i.* توفي [tuwuffija].

ver'schicken (—) *v/t.*: ***mit der Post ~*** وزع بالبريد [wazzaʕa bilbariːd]; (*e-n Gefangenen*) أبعد [ʔabʕada].

ver'schieb|en (*L*; —) *v/t.* حرك [ħarraka], أزاح [ʔazaːħa], زحزح [zaħzaħa]; (*e-n Termin*) أجل [ʔaddʒala]; (*schmuggeln*) هرب [harraba]; **≈ung** *f* تغير الوضع [taɣajjur alwadˤʕ]; (*e-s Termins*) تأجيل [taʔdʒiːl].

ver'schieden *adj.* مختلف [muxtalif]; ~ **sein von** باين ه [baːjana]; **~-artig** *adj.* متنوع [mutanawwiʕ]; **≈heit** *f* اختلاف [ixtilaːf].

ver'schiffen (—) *v/t.* أرسل بالباخرة [ʔarsala bilbaːxira].

ver'schimmeln (*-le; sn*) *v/i.* تعفن [taʕaffana].

ver'schlafen[1] (*L*; —) *v/t.* فوت بالنوم [fawwata binnaum]; ~[2] *adj.* وسن [wasin], نعسان [naʕsaːn].

ver'schlagen *adj.* مكار [makkaːr].

ver'schlechter|n (*-re*; —) *v/t.* زاد سوءا [zaːda, -iː-, suːʔan]; *v/r.* ازداد سوءا [izdaːda s.], ساء [saːʔa, -uː-], تردأ [taraddaʔa]; **≈ung** *f* فساد [fasaːd], تردؤ [taradduʔ].

ver'schleiern (*-re*; —) *v/t.* حجب [ħaddʒaba], ستر [satara, -u-]; (*das Gesicht*) قنع [qannaʕa], لثم [laθθama].

ver'schleudern (*-re*; —) *v/t.* (*Besitz*) بذر [baððara]; (*Ware*) باع بسعر بخس [baːʕa, -iː-, bisiʕr baxs].

ver'schlimmern (*-re*; —) *s.* ***verschlechtern***.

ver'schlingen (*L*; —) *v/t.* بلع [balaʕa, -a-], ازدرد [izdarada].

ver'schlossen *adj.* مغلق [muɣlaq]; (*versperrt*) مقفل [muqfal]; (*Mensch*) كتوم [katuːm], منطو على نفسه [muntawin ʕalaː nafsihi].

ver'schlucken (—) *v/t.* بلع [balaʕa, -a-], اجترع [idʒtaraʕa].

Ver'schluß *m* (*-sses*; *⸚sse*) سداد [sidaːd]; (*Schloß*) قفل [qufl]; *Fot.* حاجب العدسة [ħaːdʒib alʕadasa].

ver'schmähen (—) *v/t.* استنكف عن [istankafa], أعرض عن [ʔaʕradˤa], أنف من [ʔanifa, -a-].

ver'schmelzen (*L*) *v/t.* سبك و خلط [sabaka, -i-, wa xalata, -i-], شاب [ʃaːba, -uː-]; *v/i.* اندمج [indamadʒa].

ver'schmerzen (—) *v/t.* أطاق

[ʔataːqa], تعزى عن [taʕazzaː].

ver'schmieren (—) *v/t.* (*beschmutzen*) وسخ [wassaxa], لطخ [lattaxa].

ver'schmitzt (*-est*) *adj.* ماكر [maːkir].

ver'schmutzen (—) *v/t.* لوث [lawwaθa], وسخ [wassaxa].

Ver'schmutzung *f* تلوث [talawwuθ].

ver'schnaufen (—) *v/i.* استراح [istaraːħa].

ver'schnupft *adj.* مزكوم [mazkuːm].

ver'schnüren (—) *v/t.* ربط [rabata, -u-].

ver'schollen (*-ln; O*) *adj.* مفقود [mafquːd].

ver'schonen (—) *v/t.* (*j-n* **mit** *D* ه من) أعفى [ʔaʕfaː]; (*am Leben lassen*) أبقى على [ʔabqaː].

ver'schönern (*-re;* —) *v/t.* جمل [ʤammala], زين [zajjana].

ver'schreib|en (*L;* —) *v/t.* (*Arznei*) وصف [wafafa, jafifu]; (*Papier*) استهلك [istahlaka]; *v/r.* أخطأ في الكتابة [ʔaxtaʔa fiː lkitaːba]; (*e-r Idee*) اعتنق [iʕtanaqa]; **~ung** *f* وصفة [waffa].

ver'schrotten (—) *v/t.* (*Metall*) خرد [xarrada].

Ver'schulden *n* ذنب [ðamb].

ver'schütten (*-e-;* —) *v/t.* (*mit Erde*) ردم [radama, -i-], طمر [tamara, -u-]; (*Wasser*) سكب [sakaba, -u-].

Ver'schwägerung *f* مصاهرة [mufaːhara].

ver'schweigen (*L;* —) *v/t.* **vor** *j-m* كتم عن [katama, -u-].

ver'schwend|en (*-e-;* —) *v/t.* بذر [baððara], أسرف [ʔasrafa], بدد [baddada]; **~er** *m* مبذر [mubaððir]; **~ung** *f* (*O*) تبذير [tabðiːr], إسراف [ʔisraːf].

ver'schwiegen *adj.* كتوم [katuːm]; **~heit** *f* (*O*) تكتم [takattum].

ver'schwinden (*L;* —) *v/i.* غاب [ɣaːba, -iː-], ضاع [đaːʕa, -iː-], ذهب [ðahaba, -a-], اختفى [ixtafaː]; **~** *n* (*-s; O*) اختفاء [ixtifaːʔ].

ver'schwommen *adj.* مبهم [mubham], غامض [ɣaːmiđ], مشوش [muʃawwaʃ]; *Fot.* مهزوز [mahzuːz].

ver'schwör|en (*L;* —) *v/r.* تآمر [taʔaːmara]; **~er** *m* متآمر [mutaʔaːmir]; **~ung** *f* مؤامرة

V

[muʔaːmara], تآمر [taʔaː-mur].

ver'sehen (*L*; —) *v/t*. (*e-e Funktion*) أدى [ʔaddaː]; (**mit** *D* ب) زود [zawwada]; *v/r*. تزود [tazawwada]; **~** *n* غلطة [ɣalṭa], فلتة [falta], سهو [sahw]; **aus ~** سهوا [sahwan].

Ver'sehrte(r) *m* ذو عاهة [ðuː ʕaːha].

ver'send|en (*L*; —) *v/t*. أرسل [ʔarsala]; **~ung** *f* أرسال [ʔirsaːl].

ver'sengen (—) *v/t*. شعط [ʃaʕaṭa, -a-], لفح [lafaħa, -a-].

ver'senk|en (—) *v/t*. أغرق [ʔaɣraqa]; **~ung** *f* إغراق [ʔiɣraːq]; (*Trance*) غيبوبة [ɣaibuːba].

ver'setz|en (*-t*; —) *v/t*. (*Pflanzen, Beamte*) نقل [naqala, -u-]; (*verpfänden*) رهن [rahana, -a-]; ***j-m e-n Schlag ~*** ضربه ضربة [đarabahu đarba]; **~ung** *f* نقل [naql], انتقال [intiqaːl].

ver'sicher|n (*-re*; —) *v/t*. (***gegen*** *A* ضد) أمن [ʔammana]; (*beteuern*) (*j-m etw.* ل) أكد [ʔakkada]; **~ung** *f* تأمين [taʔmiːn]; (*Beteuerung*) تأكيد [taʔkiːd].

Ver'sicherungs|-agent *m* (*-en*) وكيل التأمين [wakiːl attaʔmiːn]; **~beitrag** *m* (*-ęs*; *⸗e*) قسط التأمين [qisṭ at.]; **~betrag** *m* (*-ęs*; *⸗e*) مبلغ التأمين [mablaɣ at.]; **~betrug** *m* (*-ęs*; *⸗e*) خداع التأمين [xidaːʕ at.]; **~gesellschaft** *f* شركة التأمين [ʃarikat at.]; **~nehmer** *m* المؤمن له [almuʔamman lahu]; **~police** [-'liːsə], *f* بوليصة التأمين [buːliːṣat at.]; **~träger** *m* المؤمن [almuʔammin]; **~vertreter** *m s.* ***~agent***.

ver'sickern (—; *sn*) *v/i*. نضب [nađaba, -u-], تسرب [tasarraba].

ver'siegeln (*-le*; —) *v/t*. ختم [xatama, -i-].

ver'siegen (—; *sn*) *v/i*. نضب [nađaba, -u-], جف [dʒaffa, -i-]; (*Tränen*) رقأ [raqaʔa, -a-].

ver'sinken (*L*; —) *v/i*. غرق [ɣariqa, -a-].

Verslehre *f* علم العروض [ʕilm alʕaruːđ].

Versmaß *n* (*-es*; *-e*) بحر (الشعر) [baħr (aʃʃiʕr)].

ver'söhnen (—) *v/t*. أصلح بين [ʔaṣlaħa]; *v/r*. (**mit** *j-m* ه)

V

صالح [faːlaħa], تصالح [ta-faːlaħa].

Ver'söhnung *f* صلح [ʃulħ], تصالح [tafaːluħ].

ver'sorg|en (—) *v/t.* (*mit D*) زود ب [zawwada], مون [mawwana], أمد [ʔamadda]; (*Sicherheit geben*) كفل [kafala, -u-]; **∼ung** *f* تموين [tamwiːn]; (*Sicherheit*) كفالة [kafaːla], ضمان [đamaːn]; ***ärztliche* ∼*ung*** عناية طبية [ʕinaːja tibbiːja].

ver'spät|en *v/r.* تأخر [taʔax-xara]; **∼et** *adj.* متأخر [mutaʔaxxir]; **∼ung** *f* تأخر [taʔaxxur]; ***∼ung haben*** تأخر [taʔaxxara].

ver'sperren (—) *v/t.* سد [sadda, -i-], قفل [qafala, -i-].

ver'spielen (—) *v/t.* خسر (فى القمار) [xasira, -a-, (fiː lqu-maːr)].

ver'spotten (*-e-*; —) *v/t.* استهزأ ب [istahzaʔa], سخر من [saxira, -a-].

ver'sprechen (*L*; —) *v/t.* وعد [waʕada, jaʕidu]; *v/r.* أخطأ فى الكلام [ʔaxtaʔa fiː lka-laːm]; **∼** *n* وعد [waʕd].

ver'sprengen (—) *v/t.* شتت [ʃattata].

ver'spritzen (*-t*; —), **ver'-sprühen** (—) *v/t.* رش [raʃʃa, -u-].

ver'spüren (—) *v/t.* أحس [ʔaħassa].

ver'staatlich|en (—) *v/t.* أمم [ʔammama]; **∼ung** *f* تأميم [taʔmiːm].

Ver'städterung *f* تمدين [tam-diːn].

Ver'stand *m* (*-es*; *O*) عقل [ʕaql], فهم [fahm]; ***gesunder Menschen*∼** عقل سليم [ʕaql saliːm]; ***den* ∼ *verlieren*** جن [ʤunna]; **∼es-mäßig** *adj.* عقلي [ʕaqliː]; *adv.* بالعقل [bilʕaql]; **∼es-schärfe** *f* ذكاء [ðakaːʔ].

ver'ständig *adj.* ذكى [ðakiːj]; **∼en** (—) *v/t.* أخبر [ʔaxbara], أعلم [ʔaʕlama], أبلغ [ʔablaɣa]; *v/r.* (**mit** *j-m* مع) تفاهم [ta-faːhama]; **∼ung** *f* (*O*) إعلام [ʔiʕlaːm]; (*gegenseitige*) تفاهم [tafaːhum].

ver'ständlich *adj.* مفهوم [maf-huːm].

Ver'ständnis *n* (*-ses*; *-se*) فهم [fahm], إدراك [ʔidraːk].

ver'stärk|en (—) *v/t.* قوى [qawwaː], كبر [kabbara]; **∼er** *m* جهاز تقوية [ʤihaːz taqwija]; **∼ung** *f* تقوية [taq-wija].

ver'stauchen *v/t.* فسخ [ʕasaxa, -a-].
verstauen *v/t.* عبأ [ʕabbaʔa], شحن [ʃaħana, -a-].
Ver'steck *n* (*-es; -e*) مخبأ [maxbaʔ]; **˜en** (—) *v/t.* خبأ [xabbaʔa], أخفى [ʔaxfaː]; *v/r.* اختفى [ixtafaː], اختبأ [ixtabaʔa].
ver'stehen (*L;* —) *v/t.* فهم [fahima, -a-].
ver'steigern (—) *v/t.* باع بالمزاد [baːʕa, -iː-, bilmazaːd].
Ver'steigerung *f* مزاد [mazaːd], مزايدة [muzaːjada], حراج [ħaraːdʒ].
ver'stellbar (*O*) *adj.* قابل للتعديل [qaːbil littaʕdiːl].
ver'stellen (—) *v/t.* (*Stimme*) غير [ɣajjara]; (*Gerät*) عدل [ʕaddala], ضبط [đabaṭa]; ***die Möbel*** ~ غير وضع الأثاث [ɣajjara wadˤʕ alʔaθaːθ]; ***den Gang mit e-m Schrank*** ~ سد الممر بدولاب [sadda, -i-, almamarr biduːlaːb]; *v/r.* تظاهر [taẓaːhara], نافق [naːfaqa].
ver'stimmt *adj.* (*Mensch*) كاسف [kaːsif], معكر البال [muʕakkar albaːl]; (*Magen*) متلبك [mutalabbik]; (*Musikinstrument*) مختل [muxtall].
Ver'stimmung *f* عدم انسجام [ʕadam insidʒaːm], اضطراب [iđṭiraːb], إخلال [ʔixlaːl]; (*des Magens*) تلبك [talabbuk].
ver'stockt (*-est*) *adj.* عنيد [ʕaniːd]; **˜heit** *f* (*O*) عناد [ʕinaːd].
ver'stohlen (*-ln-*) *adj.* خفي [xafiːj]; *adv.* خلسة [xulsatan].
ver'stopf|en (—) *v/t.* سد [sadda, -u-], صم [ʃamma, -u-]; **~t** *adj.* مسدود [masduːd]; **˜ung** *f* سد [sadd]; *Med.* إمساك [ʔimsaːk].
ver'storben (*O*) *adj.* متوفى [mutawaffan], مرحوم [marħuːm].
Ver'stoß *m* (*-es; ¨-e*) مخالفة [muxaːlafa], خرق [xarq], مجافاة [mudʒaːfaːt]; **˜en** (*L;* —) *v/i.* (***gegen A*** هـ) خرق [xaraqa, -u-], خالف [xaːlafa]; *v/t.* (*verjagen*) طرد [ṭarada, -u-].
ver'streichen *v/i.* (*Zeit*) فات [faːta, -uː-].
ver'stümmeln (*-le;* —) *v/t.* شوه [ʃawwaha]; (*Wort*) حرف [ħarrafa].
Ver'such *m* (*-es; -e*) محاولة [muħaːwala]; (*Experiment*)

V

تجربة [tadʒriba], اختبار [ixtibaːr].

ver'such|en (—) *v/t.* حاول [ħaːwala], جرب [dʒarraba]; (*in Versuchung führen*) أغرى [ʔaɣraː], ابتلى [ibtalaː]; (*kosten*) ذاق [ðaːqa, -uː-]; **~ung** *f* إغراء [ʔiɣraːʔ], ابتلاء [ibtilaːʔ].

ver'süßen (*-ßt;* —) *v/t.* حلى [ħallaː].

ver'tagen *v/t.* أجل [ʔaddʒala].

ver'tauschen (—) *v/t.* بدل [baddala].

ver'teidig|en (—) *v/t.* دافع عن [daːfaʕa]; **~er** *m* مدافع [mudaːfiʕ]; (*Anwalt*) محام [muħaːmin]; *Sport* دفاع [difaːʕ]; **~ung** *f* دفاع [difaːʕ]; *Jur.* محامات [muħaːmaːt].

ver'teil|en (—) *v/t.* وزع [wazzaʕa]; **~ung** *f* توزيع [tauziːʕ].

ver'tiefen (—) *v/t.* عمق [ʕammaqa].

Ver'tiefung *f* حفرة [ħufra], نقرة [nuqra].

ver'tilg|en (—) *v/t.* أباد [ʔabaːda]; **~ung** *f* إبادة [ʔibaːda].

Ver'trag *m* (*-es;* ⸚*e*) عقد [ʕaqd], معاهدة [muʕaːhada], اتفاقية [ittifaːqiːja].

ver'tragen (*L;* —) *v/t.* تحمل [taħammala], تكبد [takabbada]; *v/r.* اتفق [ittafaqa], انسجم [insadʒama].

ver'träglich *adj.* (*Mensch*) مسالم [musaːlim]; (*Speise*) مرىء [mariːʔ].

Ver'trags|bruch *m* (*-es;* ⸚*e*) نقض العقد [naqđ alʕaqd]; **~kündigung** *f* فسخ العقد [fasx alʕ.]; **~mäßig** *adj.* مطابق للعقد [mutaːbiq lilʕaqd].

ver'trauen (—) *v/i.*: ~ *j-m od. auf A* وثق ب [waθiqa, jaθiqu], أمن ه [ʔamina, -a-]; **~** *n* ثقة [θiqa], إطمئنان [itmiʔnaːn]; (*auf Gott*) توكل [tawakkul].

ver'traulich *adj.* سرى [sirriː].

ver'traut (*-est*) *adj.* مألوف [maʔluːf], أنيس [ʔaniːs]; (**mit** *D* ب) ملم [mulimm], خبير [xabiːr]; **~e(r)** *m* إلف [ʔilf]; **~heit** *f* (*O*) ألفة [ʔulfa]; (*Kenntnis*) (**mit** *D* ب) إلمام [ʔilmaːm].

ver'treib|en (*L;* —) *v/t.* طرد [tarada, -u-], شرد [ʃarrada]; (*Waren*) صرف [ʃarrafa]; (*Zeit*) مضى [mađđaː]; **~ung** *f* طرد [tard].

ver'tret|en (*L;* —) *v/t. j-n* مثل

[maθθala], ناب عن [naːba, -uː-]; *j-m* **den Weg ~en** اعترض ل [iʕtarađa]; **~er** *m* وكيل [wakiːl], ممثل [mumaθθil]; (*Volks~*) نائب [naːʔib]; **~ung** *f* وكالة [wikaːla]; (*Stell~*) نيابة [nijaːba]; ***in* ~*ung*** بالنيابة [binnijaːba].

Ver'trieb *m* (*-ęs; O*) *Hdl.* تصريف [taʃriːf], توزيع [tauziːʕ].

Ver'triebene(r) *m* طريد [taɾiːd], مشرد [muʃarrad].

ver'trocknen (*sn*) *v/i.* يبس [jabisa, -a-].

ver'trösten (*-e-;* —) *v/t.* سوف [sawwafa].

ver'tun (*L;* —) *v/t.* (*Zeit*) ضيع [đajjaʕa]; (*Geld*) أسرف [ʔasrafa], بعثر [baʕθara].

ver-'übeln (*-le;* —) *v/t.* (*j-m etw.* ه على) آخذ [ʔaːxaðа].

ver-'üben *v/t.* ارتكب [irtakaba].

ver-'unglücken (—) *v/i.* أصيب [ʔuʃiːba]; وقع فى حادث [waqaʕa, jaqaʕu, fiː ħaːdiθ]; ***tödlich* ~** مات فى حادث [maːta, -uː-, f. ħ.].

ver-'unreinigen (—) *v/t.* وسخ [wassaxa], لوث [lawwaθa]; (*rituell*) نجس [naddʒasa].

ver-'unstalten (*-e-;* —) *v/t.* شوه [ʃawwaha].

ver-'untreuen *v/t.* اختلس [ixtalasa].

ver-'ursachen (—) *v/t.* سبب [sabbaba].

ver-'urteil|en (—) *v/t.* أدان [ʔadaːna], قضى على [qađaː, -iː], حكم على [ħakama, -u-]; (*moralisch*) استنكر [istankara]; **~ung** *f* إدانة [ʔidaːna].

ver'vielfältigen (—) *v/t.* كثر [kaθθara]; (*kopieren*) نسخ [nasaxa, -u-], طبع [tabaʕa, -a-].

ver'vollkommnen (*-e-;* —) *v/t.* أكمل [ʔakmala], أتقن [ʔatqana], أتم [ʔatamma]; *v/r.* اكتمل [iktamala].

vervollständig|en (—) *v/t.* أتم [ʔatamma], كمل [kammala]; **~ung** *f* إتمام [ʔitmaːm], تكميل [takmiːl], تكملة [takmila].

ver'wahren (—) *v/t.* حفظ [ħafiza, -a-].

ver'walten (*-e-;* —) *v/t.* أدار [ʔadaːra].

Ver'walter *m* مدير [mudiːr], ناظر [naːzir].

Ver'waltung *f* إدارة [ʔidaːra].

ver'wandeln (*-le;* —) *v/t.* (***in***

A (إلى) حول [ħawwala], قلب هـ هـ [qalaba, -i-], مسخ إلى [masaxa, -a]; *v/r.* انقلب هـ [inqalaba].

Ver'wandlung *f* مسخ [masx].

ver'wandt (*-est*) *adj.* (**mit** *j-m* ل) قريب [qariːb], نسيب [nasiːb]; **~e(r)** *m* قريب [qariːb]; **~schaft** *f* قرابة [qaraːba]; (*die Verwandten*) الأقارب [alʔaqaːrib].

Ver'warnung *f* إنذار [ʔinðaːr].

ver'wechseln (*-le;* —) *v/t.* بدل [baddala], خلط بين [xalaṫa, -i-].

ver'weichlicht *adj.* مخنث [muxannaθ], مدلل [mudallal].

ver'weiger|n (*-re;* —) *v/t.* (*j-m A* هـ ل) رفض [rafađa, -u-], منع [manaʕa, -a-]; **~ung** (*O*) *f* رفض [rafđ].

ver'weilen (—) *v/i.* مكث [makaθa, -u-].

Ver'weis *m* (*-es; -e*) تأنيب [taʔniːb], توبيخ [taubiːx]; (*Hinweis*) إشارة [ʔiʃaːra].

ver'welken *v/i.* ذبل [ðabula, -u-].

ver'wendbar *adj.* صالح للاستعمال [ʃaːliħ lilistiʕmaːl].

ver'wenden (*-e-;* —) *v/t.* استعمل [istaʕmala], استخدم [istaxdama]; *v/r.*: **sich** (*A*) ~ (**für** *j-n* ل) شفع [ʃafaʕa, -a-].

Ver'wendung *f* استعمال [istiʕmaːl]; ***ich habe dafür keine*** ~ هذا لا ينفعني [haːðaː laː janfaʕuniː].

ver'werfen (*L;* —) *v/t.* نبذ [nabaða, -i-], رفض [rafađa, -u-], استقبح [istaqbaħa].

Ver'wertung *f* استغلال [istiɣlaːl], استفادة من [istifaːda].

Ver'wesung *f* تعفن [taʕaffun], رم [ramm], تفسخ [tafassux].

ver'wickel|n (*-le;* —) *v/t.* ربك [rabaka, -u-]; *v/r.* اشتبك [iʃtabaka]; (*hineingezogen werden*) تورط [tawarraṫa]; **~t** *adj.* معقد [muʕaqqad], مرتبك [murtabik].

Ver'wicklung *f* ارتباك [irtibaːk]; (*Komplikation*) تعقد [taʕaqqud].

ver'wildern (*sn*) *v/i.* توحش [tawaħħaʃa].

ver'wirklich|en (—) *v/t.* حقق [ħaqqaqa]; **~ung** *f* تحقيق [taħqiːq].

ver'wirren (—) *v/t.* ربك [rabaka, -u-], خربط [xarbaṫa], لخبط [laxbaṫa]; *fig.* حير [ħajjara].

ver'wirrt (*-est*) *adj.* مرتبك [murtabik], مخربط [muxarbat]; (*Mensch*) حائر [ħaːʔir].

Ver'wirrung *f* ارتباك [irtibaːk], اضطراب [iđtiraːb]; *fig.* حيرة [ħaira].

ver'witwet *adj.* مترمل [mutarammil].

ver'wöhn|en (—) *v/t.* دلل [dallala], دلع [dallaʕa]; **~ung** *f* (*O*) دلال [dalaːl].

ver'worfen *adj.* خبيث [xabiːθ].

ver'worren *adj.* (*Rede*) مبهم [mubham]; (*Haar*) شعث [ʃaʕiθ]; (*Angelegenheit*) معقد [muʕaqqad], مضطرب [muđtarib]; (*Mensch*) ذاهل [ðaːhil].

ver'wundbar *adj.* عرضة للجرح [ʕurđa lildʒarħ].

ver'wunden *v/t.* جرح [dʒaraħa, -a-].

ver'wundern (*-re;* —) *v/t.* أدهش [ʔadhaʃa].

ver'wundet *adj.*, **Ver'wundete(r)** *m* جريح [dʒariːħ], مجروح [madʒruːħ].

Ver'wundung *f* جرح [dʒarħ], إصابة [ʔiṣaːba].

ver'wünsch|en (—) *v/t.* لعن [laʕana, -a-], سب [sabba, -u-]; *s.* **verzaubern**; **~ung** *f* لعنة [laʕna], سب [sabb].

ver'wüsten (*-e-;* —) *v/t.* خرب [xarraba].

Ver'wüstung *f* تخريب [taxriːb].

ver'zagen (—) *v/i.* يئس [jaʔisa, -a-].

ver'zählen *v/r.* أخطأ في العد [ʔaxtaʔa fiː lʕadd].

ver'zaubern *v/t.* سحر [saħara, -a-].

ver'zehren (—) *v/t.* استهلك [istahlaka], أكل [ʔakala, -u-].

Ver'zeichnis *n* (*-ses; -se*) جدول [dʒadwal], قائمة [qaːʔima], كشف [kaʃf], فهرست [fihrist].

ver'zeih|en (*L;* —) *v/t.*: **~en** *j-m etw.* عذره عن [ʕaðara, -i-], عفا ه عن [ʕafaː, -uː], غفر ه ل [ɣafara, -i-]; **~lich** *adj.* معذور [maʕðuːr]; **~ung** *f* (*O*) عفو [ʕafw], صفح [ʃafħ], غفر [ɣafr].

ver'zerr|en (—) *v/t.* عوج [ʕawwadʒa], شوه [ʃawwaha]; (*Gesicht*) غضن [ɣađđana]; **~ung** *f* تشويه [taʃwiːh].

ver'zetteln (*-le;* —) *v/t.* (*Information*) فهرس على بطاقات [fahrasa ʕalaː bitaːqaːt]; (*vertun*) شتت [ʃattata], بعثر [baʕθara].

Ver'zicht *m* (*-es; -e*) تنازل [tanaːzul], امتناع [imtinaːʕ]; **~en** (*-e-;* —) *v/i.* (**auf** *A* عن) تنازل [tanaːzala]; (*sich*

V

enthalten) امتنع عن [imtanaʕa].

ver'zier|en (—) *v/t.* زين [zajjana], نقش [naqaʃa, -u-], زخرف [zaxrafa]; **~ung** *f* نقش [naqʃ] زخرف [zuxruf].

ver'zinsen *v/t.* (*e. Kapital*) دفع ربحا على [dafaʕa, -a-, ribħan].

Ver'zinsung *f* فائدة [faːʔida].

ver'zöger|n (*-re;* —) *v/t.* بطأ [battaʔa], مطل [matala, -u-]; **~ung** *f* تباطؤ [tabaːtuʔ], مماطلة [mumaːtala].

ver'zollen (—) *v/t.* (*Ware*) خلص على [xallaʃa].

Ver'zug *m* (*-es; O*) تأخير [taʔxiːr], تأخر [taʔaxxur].

ver'zweif|eln (*-le;* —) *v/i.* (**an** *D* من) يئس [jaʔisa, -a-], قنط [qanita, -a-]; **~elt** *adj.* يائس [jaːʔis]; (*Lage*) بلا أمل [bilaː ʔamal]; **~lung** *f* (*O*) يأس [jaʔs], قنوط [qunuːt].

ver'zweigen (—) *v/r.* تفرع [tafarraʕa], تشعب [taʃaʕʕaba].

Vete'ran [v-] *m* (*-en*) محارب قديم [muħaːrib qadiːm].

Veteri'när [v-] *m* (*-s; -e*) بيطار [baitaːr].

Veto [v-] *n* (*-s; -s*) (حق) الفيتو [(ħaqq) alviːto], نقض [naqđ]; ***ein ~ einlegen*** (***gegen** A* في) استعمل حق الفيتو [istaʕmala ħaqq alviːto].

Vetter [f-] *m* (*-s; -n*) ابن عم [ibn ʕamm]; *s.* ***Cousin***.

Via'dukt [v-] *m* (*-¢s; -e*) جسر [dʒisr].

vi'brieren [v-] (—) *v/i.* تذبذب [taðabðaba].

Videogerät *n* فيديو (جهاز) [(dʒihaːz) vidijoː].

Vieh [fiː] *n* (*-¢s; O*) *Koll.* مواش [mawaːʃin], بهائم [bahaːʔim]; **~futter** *n* علف [ʕalaf]; **~seuche** *f* طاعون بقرى [taːʕuːn baqariː]; **~weide** *f* مرعى [marʕan]; **~zucht** *f* تربية المواشي [tarbijat almawaːʃiː].

viel [fiːl] (*mehr; meist-*) *adj.* كثير [kaθiːr]; *adv.* بكثير [bikaθiːr]; **~deutig** *adj.* متعدد المعانى [mutaʕaddid almaʕaːniː]; **~fach** *adj.* مضعف [muđaʕʕaf]; **~fältig** *adj.* متنوع [mutanawwiʕ]; **~leicht** [fiˑ'laı-] *adv.* ربما [rubbamaː]; **~mals** *adv.* كثيرا [kaθiːran]; (*sehr*) جدا [dʒiddan]; **~mehr** *adv.* بل [bal]; **~seitig** *adj.* متعدد الجوانب [mutaʕaddid aldʒawaːnib]; (*kenntnisreich*) واسع الاطلاع [waːsiʕ alittilaːʕ].

vier *num.* أربعة [ʔarbaʕa], **~-eck**

V

n (*-s; -e*) مربع [murabbaʕ]; **~fach** *adj.* أربعة أضعاف [ʔarbaʕat ʔadˤʕaːf]; **~schrötig** *adj.* غليظ [ɣaliːẓ]; **~taktmotor** *m* محرك رباعي الأشواط [muħarrik rubaːʕiː alʔaʃwaːṭ]; **~te(r)** *num.* رابع [raːbiʕ]; **~tel** *n* ربع [rubʕ]; **~telstunde** *f* ربع ساعة [rubʕ saːʕa]; **~zehn** ['fɪʀ-] *num.* أربعة عشر [ʔarbaʕata ʕaʃara]; **~zig** ['fɪʀtsɪç] *num.* أربعون [ʔarbaʕuːna].

Villa [v-] *f* (*-; Villen*) فيلا [filla, villa].

vio'lett [v-] (*O*) بنفسجي [banafsadʒiː].

Vio'line [v-] *f* كمان [kamaːn].

virtu'os [v-] *adj.* ماهر [maːhir], حاذق [ħaːðiq]; (*Spiel*) رائع [raːʔiʕ]; **~i'tät** *f* (*O*) مهارة [mahaːra].

Vi'site [v-] *f* زيارة [zijaːra]; (*Kranken~*) عيادة [ʕijaːda]; **~nkarte** *f* بطاقة الزيارة [biṭaːqat azzijaːra], كرت [kart].

Visum [v-] *n* (*-s; Visen*) تأشيرة [taʔʃiːra].

Vita'min [v-] *n* (*-s; -e*) فيتامين [fiːtaːmiːn].

Vogel [f-] *m* (*-s; ¨*) طير [ṭair], طائر [ṭaːʔir].

Vo'kabel [v-] *f* كلمة [kalima], لفظ [lafẓ].

Vo'kal [v-] *m* (*-s; -e*) حرف علة [ħarf ʕilla], حركة [ħaraka]; **~i'siert** *adj.* (*arabischer Text*) مشكل [muʃakkal]; **~zeichen** *n* حركة [ħaraka], شكلة [ʃakla].

Volk [f-] *n* (*-es; ¨er*) شعب [ʃaʕb], قوم [qaum]; (*breite Masse*) العامة [alʕaːmma].

Volks|-abstimmung *f* استفتاء عام [istiftaːʔ ʕaːmm]; **~-einkommen** *n* الدخل القومي [addaxl alqaumiː]; **~-entscheid** *m* (*-s; -e*) *s.* **~*abstimmung***; **~fest** *n* (*-s; -e*) مولد [maulid], عيد شعبي [ʕiːd ʃaʕbiː]; **~kunst** *f* (*O*) فن شعبي [fann ʃaʕbiː]; **~lied** *n* (*-es; -er*) أغنية شعبية [ʔuɣnija ʃaʕbiːja]; **~musik** *f* (*O*) موسيقى شعبية [muːsiːqaː ʃ.]; **~republik** *f* جمهورية شعبية [dʒumhuːriːja ʃaʕbiːja]; **~schule** *f* *s.* ***Grundschule***; **~stamm** *m* (*-es; ¨e*) قبيلة [qabiːla]; **~tümlich** *adj.* شعبي [ʃaʕbiː]; **~wirtschaft** *f* (*O*) الاقتصاد القومي [aliqtiṣaːd alqaumiː]; **~wirtschaftslehre** *f* الاقتصاد السياسي [aliqtiṣaːd assijaːsiː]; **~zählung** *f* تعداد السكان [taʕdaːd assukkaːn].

voll *adj.* ملىء [maliːʔ], ملآن

[malʔaːn]; (**von** *D* ب) مملوء [mamluːʔ]; **~-'enden** (—) *v/t.* أنهى [ʔanhaː], أتم [ʔatamma], أكمل [ʔakmala]; **~'führen** (—) *v/t.* أنجز [ʔandʒaza].

Vollgas *n*: **mit ~** بأقصى السرعة [biʔaqʃaː ssurʕa].

völlig *adj.* تام [taːmm], كامل [kaːmil], كلي [kulliː].

voll|jährig (*O*) *adj.* بالغ [baːliɣ]; **~'kommen** *adj.* كامل [kaːmil]; (*exakt*) متقن [mutqan]; *s.* **makellos**; **∼kornbrot** *n* (-*ẹs*; -*e*) خبز الجريش [xubz al-dʒariːʃ]; **~machen** *v/t.* (*Gefäß*) ملأ [malaʔa, -a-]; (*Zahl*) استكمل [istakmala], وفى [waffaː]; **∼macht** *f* توكيل [taukiːl], تفويض [tafwiːđ]; **∼milch** *f* (*O*) حليب كامل [ħaliːb kaːmil]; **∼mond** *m* (-*ẹs*; -*e*) بدر [badr]; **~ständig** *adj.* *s.* **völlig, vollzählig**; **~'strecken** *v/t.* نفذ [naffaða]; **~tanken** *v/t. u. v/i. Mot.* ملأ الخزان [malaʔa lxazzaːn]; **~wertig** *adj.* واف [waːfin]; **~zählig** *adj.* كامل العدد [kaːmil alʕadad]; **~'ziehen** (*L*; —) *v/t.* نفذ [naffaða]; **∼'ziehung** *f* (*O*), **∼zug** *m* (-*ẹs*; *O*) تنفيذ [tanfiːð].

Volt [v-] *n* (-*s*; *O*) *El.* فولت [volt].

Vo'lumen [v-] *n* حجم [ħadʒm]; (*Kapazität*) سعة [saʕa].

vom = **von dem**.

von *präp. D* من [min], عن [ʕan]; (*nach Passiv*) من قبل [min qibal], على يد [ʕalaː jad]; **~ mir aus** لا مانع عندي [laː maːniʕa ʕindiː].

vor *präp.* (*wo?*) *D*, (*wohin?*) *A* أمام [ʔamaːma]; (*zeitlich*) *D* قبل [qabla].

Vor-abend *m* (-*ẹs*; -*e*) عشية [ʕaʃiːja], ليلة [laila]; **am ~ des Festes** ليلة العيد [lailata lʕiːd].

vo'ran *adv.* إلى الأمام [ʔilaː lʔamaːm]; **allen ~** في مقدمة الجميع [fiː muqaddimat aldʒamiːʕ].

vo'rangehen (*L*; *sn*) *v/i.* تقدم [taqaddama]; (*j-m* ه) سبق [sabaqa, -i-].

Vor-anmeldung *f*: **nur nach ~** بالموعد السابق فقط [bilmauʕid assaːbiq faqat]; *Telef.* **mit ~** بسابق الإخطار [bisaːbiq alʔixtaːr].

Vor-anschlag *m* (-*ẹs*; *¨e*) كشف تقديري [kaʃf taqdiːriː].

vo'ranstellen *v/t.* قدم [qaddama].

Vor-anzeige *f* إعلان البرنامج القادم [ʔiʕlaːn albarnaːmaʤ alqaːdim].

Vor-arbeit *f* عمل تحضيرى [ʕamal taħđiːriː].

vo'raus *adv.* مقدما [muqaddaman], سلفا [salafan].

Vo'rausbestellung *f* طلب مسبق [talab musbaq].

vo'raus|bestimmen *v/t.* عين مقدما [ʕajjana muqaddaman]; **~gehen** (*L; sn*) *v/i.* (*j-m* ه) تقدم [taqaddama], سبق [sabaqa, -i-].

vo'raus|gesetzt: **~** ***daß ...*** بفرض أن [bifarđ ʔan]; **~sehen** (*L*) *v/t.* توقع [tawaqqaʕa]; **~̂setzung** *f* فرض [farđ], افتراض [iftiraːđ], شرط [ʃart]; **~sichtlich** *adj.* محتمل [muħtamal], متوقع [mutawaqqaʕ]; *adv.* حسب التقدير [ħasab attaqdiːr].

Vo'rauszahlung *f* سلفة [sulfa], تسليف [tasliːf].

Vorbedeutung *f* فأل [faʔl].

Vorbehalt *m* (*-ẹs; -e*) تحفظ [taħaffuẓ]; (*Wahrung*) احتفاظ [iħtifaːẓ]; (*Bedingung*) شرط [ʃart].

vor'bei *adv.* بجانب [biʤaːnib]; (*entlang*) على طول [ʕalaː tuːl]; ***an ihm*** **~** مارا أمامه [maːrran ʔamaːmahu]; (*zeitlich*) ***es ist*** **~** انتهى [intahaː], خلاص [xalaːʃ]; ***die Zeit ist*** **~** فات الوقت [faːta, -uː-, alwaqt].

vor'bei|fahren (*L; sn*) *v/i.* (***an*** *D* ب) مر (راكبا سيارة) [marra, -u-, (raːkiban sajjaːra)]; **~gehen** (*L; sn*) *v/i.* (***an*** *D* ب) مر (ماشيا) [marra, -u-]; (*Zeit*) فات [faːta, -uː-]; **~lassen** (*L*) *v/t.* سمح بالمرور [samaħa, -a-, bilmuruːr].

vorbereit|en (*-e-; —*) *v/t.* حضر [ħađđara], هيأ [hajjaʔa], أعد [ʔaʕadda]; *v/r.* استعد [istaʕadda], تهيأ [tahajjaʔa], تأهب [taʔahhaba]; **~̂ung** *f* (***auf*** *A* ل) تحضير [taħđiːr], تأهب [taʔahhub], استعداد [istiʕdaːd].

vorbestraft *adj.* محكوم عليه سابقا [maħkuːm ʕalaihi saːbiqan].

Vorbeter *m Isl.* إمام [ʔimaːm].

vorbeug|en *v/i.* (*D* ه) اتقى [ittaqaː]; **~̂ung** *f* وقاية [wiqaːja], احتياط [iħtijaːt]; ***zwecks ~̂ung gegen die Infektion*** للحيلولة دون الإصابة [lilħailuːla duːna lʔiʃaːba].

Vorbild *n* (*-es; -er*) قدوة [qudwa], مثال [miθaːl];

V

~lich *adj.* مثالي [miθaːliː], نموذجي [numuːðadʒiː].

vorbringen (*L*) *v/t.* قدم [qaddama]; (*bei e-r Behörde*) رفع إلى [rafaʕa, -a-].

Vorder-achse *f Mot.* المحور الأمامي [almiħwar alʔamaːmiː].

Vordergrund *m* (-*¢s*; *-̈e*) الأرضية الأمامية [alʔarđiːja alʔamaːmiːja].

Vorderseite *f* وجه [wadʒh]; (*Fassade*) واجهة [waːdʒiha].

vordringen (*L*; *sn*) *v/i.* (**in** *A* إلى) تقدم [taqaddama], توغل في [tawaɣɣala].

Vordruck *m* (-*¢s*; -*e*) استمارة [istimaːra].

vor-ehelich *adj.* قبل الزواج [qabla zzawaːdʒ].

vor-eilig *adj.* مندفع [mundafiʕ], متعجل [mutaʕaddʒil].

vor-eingenommen *adj.* (**für** *A* إلى) متحيز [mutaħajjiz].

Vorfahren *pl.* أجداد [ʔadʒdaːd], أسلاف [ʔaslaːf].

Vorfahrt *f* الأولية في المرور [alʔawwaliːja fiː lmuruːr].

Vorfall *m* (-*¢s*; *-̈e*) حادث [ħaːdiθ]; **~en** (*L*; *sn*) *v/i.* حدث [ħadaθa, -u-].

vorfinden (*L*) *v/t.*: ***bei der Ankunft*** ~ وجد عند الوصول [wadʒada, jadʒidu, ʕinda lwuṣuːl].

Vorführung *f* عرض [ʕarđ], تقديم [taqdiːm].

Vorgang *m* (-*¢s*; *-̈e*) عملية [ʕamaliːja], حدوث [ħuduːθ].

Vorgänger *m* سلف [salaf]; ~ ***im Amt*** صاحب الوظيفة السابق [ṣaːħib alwaẓiːfa assaːbiq].

vorgeben (*L*) *v/t.* ادعى ب [iddaʕaː], تظاهر ب [taẓaːhara].

vorgefaßt *adj.*: **~e *Meinung*** حكم سبقي [ħukm sabqiː].

vorgehen (*L*) *v/i.* (*geschehen*) حدث [ħadaθa, -u-], جرى [dʒaraː, -iː]; (*handeln*) تصرف [taṣarrafa]; (***gegen*** *j-n* ضد) اتخذ إجراءات [ittaxaða ʔidʒraːʔaːt]; (*vorangehen*) (*j-m* ه) سبق [sabaqa, -i-]; ***die Arbeit geht vor*** العمل أهم [alʕamal ʔahamm]; ***meine Uhr geht vor*** ساعتي تسبق [saːʕatiː tasbiqu].

Vorgesetzte(r) *m* رئيس [raʔiːs], مقدم [muqaddam].

vorgestern *adv.* أول البارحة [ʔawwala lbaːriħa], أمس الأول [ʔamsi lʔawwal].

vorgreifen (*L*) *v/i.* (*j-m* **in** *D* ه إلى) بادر [baːdara].

vorhaben (*L*) *v/t.* قصد ه

V

[qaʃada, -u-], رمى إلى [rama, -iː], نوى ه [nawaː, -iː]; **~** *n* قصد [qaʃd], خطة [xutta], مشروع [maʃruːʕ].

Vorhalle *f* دهليز [dihliːz], بهو [bahw].

vor'handen *adj.* موجود [maudʒuːd], قائم [qaːʔim].

Vorhang *m* (-*¢s;* -*̈e*) ستار [sitaːr].

Vorhängeschloß *n* (-*sses;* -*̈sser*) قفل [qufl].

vorher *adv.* من قبل [min qablu], سابقا [saːbiqan]; **~gehend** *adj.* سابق [saːbiq].

Vorherrschaft *f* سيادة [sijaːda], سيطرة [saitara].

vorherrschend *adj.* سائد [saːʔid].

Vorhersage *f* تنبؤ [tanabbuʔ]; **~ des Wetters** تنبؤ بحالة الجو [t. biħaːlat aldʒaww].

vor'her|sagen *v/t.* تنبأ ب [tanabbaʔa]; **~sehen** (*L*) *v/t.* توقع [tawaqqaʕa].

vorig *adj.* سابق [saːbiq]; **~es Jahr** فى العام الماضى [fiː lʕaːm almaːđiː].

Vorjahr *n* (-*¢s;* -*e*) العام السابق [alʕaːm assaːbiq].

Vorkämpfer *m* مجاهد [mudʒaːhid]; (*Pionier*) رائد [raːʔid].

Vorkaufsrecht *n* (-*¢s; O*) *Jur.* شفعة [ʃufʕa].

Vorkehrungen *f/pl.*: **~ treffen** اتخذ تدابير [ittaxaða tadaːbiːr].

Vorkenntnisse *pl.* معلومات سابقة [maʕluːmaːt saːbiqa].

vorkommen (*L*) *v/i.* (*geschehen*) حدث [ħadaθa, -u-]; (*Pflanzen, Minerale*) وجد [wudʒida]; (*Wort*) ورد [warada, jaridu]; **~** *n* وجود [wudʒuːd].

Vorkommnis *n* (-*ses;* -*se*) حادث [ħaːdiθ].

Vorkriegszeit *f* ما قبل الحرب [maː qabla lħarb].

vorlad|en (*L*) *v/t.* دعا [daʕaː, -uː], استدعى [istadʕaː]; **~ung** *f* استدعاء [istidʕaːʔ]; *Jur.* تكليف بالحضور [takliːf bilħuđuːr].

Vorlage *f* (*Muster*) نموذج [numuːðadʒ]; (*Gesetzes~*) مشروع [maʃruːʕ]; (*Urschrift*) أصل [ʔaʃl].

vorlassen (*L*) *v/t.* (*j-n* **bei** *j-m*) أدخل (ه على) [ʔadxala].

vorläufig *adj.* موقت [muwaqqat]; *adv.* موقتا [muwaqqatan], لمدة محدودة [limudda maħduːda].

Vorleben *n* سوابق [sawaːbiq].

vorlegen *v/t.* (*Dokumente*) قدم [qaddama].

Vorleger *m* حصيرة [ħaʃiːra], سجادة صغيرة [saddʒaːda ʃaɣiːra].

vorlesen (*L*) *v/t.* (*j-m A* ه على) قرأ [qaraʔa, -a-], تلا [talaː, -uː].

Vorlesung *f* (جامعية) محاضرة [muħaːđara (dʒaːmiʕiːja)].

vorletzt *adj.* ما قبل الأخير [maː qabla lʔaxiːr].

Vorliebe *f* (**für** *A* إلى) ميل [mail].

vor'liebnehmen (*L*) *v/i.* (**mit** *D* ب) اقتنع [iqtanaʕa].

vorliegen (*L*) *v/i.*: ***es liegt uns darüber nichts vor*** ليس لدينا عن ذلك معلومات [laisa ladainaː ʕan ðaːlika maʕluːmaːt].

vorliegend *adj.* حاضر [ħaːđir], حالى [ħaːliː], الذى أمامنا [allaðiː ʔamaːmanaː].

Vormarsch *m* (-*¢s*; *⸚e*) *Mil.* تقدم [taqaddum], زحف [zaħf].

vormerken *v/t.*: ***im Kalender*** ~ سجل فى التيجة [saddʒala fiː nnatiːdʒa].

Vormittag *m* (-*¢s*; -*e*) ضحى [đuħan], ضحوة [đaħwa]; ~**s** *adv.* قبل الظهر [qabla zzuhr].

Vormund *m* (-*¢s*; -*e u.* ⸚*er*) وصى [waʃiːj]; ~**schaft** *f* وصاية [wiʃaːja].

vorn *adv.* فى المقدمة [fiː lmuqaddima]; ***nach*** ~ إلى الأمام [ʔilaː lʔamaːm].

Vorname *m* (-*n*) اسم [ism].

vornehm *adj.* شريف [ʃariːf], نبيل [nabiːl]; (*elegant*) فاخر [faːxir], شيك [ʃiːk].

vornehmen (*L*) *v/t.* (*e-e Operation*) أجرى [ʔadʒraː]; ***sich*** (*D*) *etw.* ~ عزم على [ʕazama, -i-], قصد ه [qaʃada, -i-].

vorn'herein: ***von*** ~ *adv.* من أول الأمر [min ʔawwal alʔamr].

Vor-ort *m* (-*es*; -*e*) ضاحية [đaːħija].

Vorrang *m* (-*¢s*; *O*) أسبقية [ʔasbaqiːja]; أولية [ʔawwaliːja].

Vorrat *m* (-*es*; ⸚*e*) مخزونات [maxzuːnaːt], مذخر [muðaxxar]; (*Reserve*) احتياطى [iħtijaːtiː].

vorrätig *adj.* (*vorhanden*) موجود [maudʒuːd].

Vorrecht *n* (-*¢s*; -*e*) امتياز [imtijaːz].

Vorrede *f* مقدمة [muqaddima].

Vorrichtung *f* جهاز [dʒihaːz], عدة [ʕudda].

V

vorrücken *v/t.* قدم [qaddama]; *v/i.* تقدم [taqaddama]; (*schrittweise* ~) دلف [dalafa, -i-].

Vorsatz *m* (*-es;* *⸚e*) عمد [ʕamd], تعمد [taʕammud]; قصد [qaʃd].

vorsätzlich *adj.* متعمد [mutaʕammid]; *adv.* عمدا [ʕamdan].

Vorschau *f* لمحة إلى البرنامج القادم [lamħa ʔilaː lbarnaːmadʒ alqaːdim].

Vorschein *m*: **zum ~ kommen** ظهر [ẓahara, -a-], لاح [laːħa, -uː-].

Vorschlag *m* (*-ℯs;* *⸚e*) اقتراح [iqtiraːħ].

vorschlagen (*L*) *v/t.* (*j-m A* عرض (ه على [ʕaraḍa, -i-], اقترح [iqtaraħa].

vorschreiben (*L*) *v/t.* (*j-m A* رسم (له ب [rasama, -u-], أمر [ʔamara, -u-].

Vorschrift *f* أمر [ʔamr], لائحة [laːʔiħa], مرسوم [marsuːm]; (*Anweisung*) تعليمات [taʕliːmaːt]; **⸚s-mäßig** *adv.* طبق التعليمات [tibq attaʕliːmaːt].

Vorschuß *m* (*-sses;* *⸚sse*) سلفة [sulfa].

vorschütz|en (*-t*) *v/t.* ادعى [iddaʕaː], تعلل ب [taʕallala]; **⸚ung** *f* ادعاء [iddiʕaːʔ].

vorseh|en (*L*) *v/t.* (*planen*) صمم [ʃammama]; *v/r.* احترس [iħtarasa]; **⸚ung** *f* العناية الربانية [alʕinaːja arrabaːniːja], قدر [qadar].

Vorsicht *f* (*O*) حذر [ħaðar], احتراس [iħtiraːs], حيطة [ħiːta]; **~!** احترس [iħtaris], حذار [ħaðaːri]; **⸚ig** *adj.* حذر [ħaðir].

Vorsilbe *f Gr.* سابقة [saːbiqa].

Vorsitz *m* (*-es;* *-e*) رئاسة [riʔaːsa]; **~ende(r)** *m* رئيس (جلسة) [raʔiːs (dʒalsa)].

Vorsorge *f* رعاية [riʕaːja], عناية [ʕinaːja], تبصر [tabaʃʃur], احتياط [iħtijaːt]; **⸚n** *v/i.* احترز [iħtaraza], احتاط [iħtaːta].

Vorspeise *f* مشهيات [muʃahhijaːt].

vorsprechen (*L*) *v/i.* (**bei** *j-m* واجه (ه [waːdʒaha].

vorspringen (*L; sn*) *v/i.* برز [baraza, -u-], نتأ [nataʔa, -a-].

Vorsprung *m* (*-ℯs;* *⸚e*) نتوء [nutuːʔ], بروز [buruːz]; (*Vorteil*) تفوق [tafawwuq], سبق [sabq].

Vorstadt *f* (—; ⸚e) ضاحية [đaːħija].

Vorstand *m* (-ės; ⸚e) رئيس [raʔiːs], مدير [mudiːr]; (*Ausschuß*) مجلس الإدارة [madʒlis alʔidaːra].

vorstehen (*L*) *v/i.* نتأ [nataʔa, -a-]; (*e-m Amt*) ترأس [taraʔʔasa].

Vorsteher *m* رئيس [raʔiːs]; (*Stations*~) ناظر [naːẓir].

vorstellen *v/t.* قدم [qaddama]; (*bekannt machen*) (*j-n j-m* عرف (ه ب [ʕarrafa]; *v/r.* (*j-m* قدم نفسه (إلى [qaddama nafsahu], تعرف ب [taʕarrafa]; ***sich*** (*D*) **etw.** ~ تصور [taʃawwara].

Vorstellung *f* تقديم [taqdiːm], تعريف [taʕriːf]; *Thea.* عرض (مسرحى) [ʕarđ (masraħiː)]; (*Idee*) تصور [taʃawwur].

Vorstoß *m* (-es; ⸚e) هجوم [hudʒuːm], تقدم [taqaddum].

Vorstrafe *f* *Jur.* سابقة [saːbiqa].

vortäuschen *v/t.* تصنع [taʃannaʕa].

Vorteil *m* (-ės; -e) منفعة [manfaʕa], فائدة [faːʔida]; (*Interesse*) مصلحة [maʃlaħa]; (*Vorzug*) تفوق [tafawwuq];

~haft *adj.* نافع [naːfiʕ], مفيد [mufiːd].

Vortrag *m* (-ės; ⸚e) محاضرة [muħaːđara]; (*Rezitation*) تلاوة [tilaːwa]; **~en** (*L*) *v/t.* (*Rede*) ألقى [ʔalqaː]; (*Gedicht*) أنشد [ʔanʃada]; (*rezitieren*) تلا [talaː, -uː].

vor'trefflich *adj.* (*Mensch*) فاضل [faːđil]; (*Leistung*) ممتاز [mumtaːz].

vortreten (*L*) *v/i.* تقدم [taqaddama].

vo'rüber *adv.* *s.* **vorbei**; **~gehen** (*L; sn*) *v/i.* (*Zeit*) فات [faːta, -uː-]; (**an** *D* ب) مر [marra, -u-]; **~gehend** *adj.* عابر [ʕaːbir], موقت [muwaqqat].

Vor-urteil *n* (-ės; -e) وهم [wahm], تحيز [taħajjuz], حكم سبق [ħukm sabqiː].

Vorverkauf *m* (-*s*; *O*) بيع مقدم للتذاكر [baiʕ muqaddam littaðaːkir].

Vorwählnummer *f* (—; -*n*) *Telef.* رقم المنطقة [raqm almantiqa].

Vorwand *m* (-*s*; ⸚e) حجة [ħuddʒa], علة [ʕilla], تعلل [taʕallul].

vorwärts *adv.* إلى الأمام [ʔilaː lʔamaːm].

V

vor'wegnehmen (*L*) *v/t.* سبق [sabbaqa], استبق إلى [ista-baqa].

vorweisen (*L*) *v/t. s.* **vorzeigen**.

vorwerfen (*L*) *v/t.* (*j-m A*) عاتب (ه على) [ʕaːtaba], آخذ [ʔaːxaða].

vorwiegend *adv.* غالبا [ɣaːliban], في الغالب [fiː lɣaːlib].

Vorwort *n* (*-es; -e*) مقدمة [muqaddima], فاتحة [faːtiħa].

Vorwurf *m* (*-ẹs; ⁼e*) تأنيب [taʔniːb], لوم [laum], عتاب [ʕitaːb], تعيير [taʕjiːr].

Vorzeichen *n* فأل [faʔl]; *Math.* علامة [ʕalaːma].

vorzeigen *v/t.* أرى [ʔaraː, juriː]; (*Ausweis*) أبرز [ʔabraza], قدم [qaddama].

vorziehen (*L*) *v/t.* (*bewegen*) سحب إلى الأمام [saħaba, -a-, ʔilaː lʔamaːm]; (*Vorzug geben*) (*etw. D* ه على) فضل [fađđala], آثر [ʔaːθara].

Vorzimmer *n* مدخل [madxal], دهليز [dihliːz].

Vorzug *m* (*-ẹs; ⁼e*) ميزة [miːza], فضيلة [fađiːla]; **den ~ geben** فضل [fađđala].

vor'züglich *adj.* ممتاز [mumtaːz], رائع [raːʔiʕ]; **⁓keit** *f* جودة [ʤuːda, ʤauda].

vorzugsweise *adv.* بصفة خاصة [biṣifa xaːṣṣa].

vul'gär [v-] *adj.* مبتذل [mubtaðal], سوقي [suːqiː]; (*Sprache*) دارج [daːriʤ], عامي [ʕaːmmiː].

Vul'kan [v-] *m* (*-ẹs; -e*) بركان [burkaːn], جبل نار [ʤabal naːr]; **⁓isch** *adj.* بركاني [burkaːniː]; **⁓isieren** (—) *v/t.* (*Gummi*) كبرت [kabrata], قسى [qassaː].

W

Waage *f* ميزان [miːzaːn]; **⁓recht** *adj.* أفقي [ʔufuqiː].

Waagschale *f* كفة [kaffa].

Wabe *f* قرص عسل [qurṣ ʕasal].

wach *adj.* صاح [ṣaːħin], يقظ [jaqiẓ], يقظان [jaqẓaːn]; **~ werden** تيقظ [tajaqqaẓa]; **~ sein** *s.* **wachen**; **⁓e** *f* حرس [ħaras], دورية [dauriːja]; **~en** *v/i.* يقظ [jaqiẓa, -a-];

(*über A* ه) حرس [ħarasa, -u-]; *s.* ***aufbleiben***.

Wachhabende(r) *m* نوبتجى [naubatdʒiː].

Wa'cholder *m Bot.* عرعر [ʕarʕar].

Wachs [-ks] *n (-es; O)* شمع [ʃamʕ].

wachsam [-xz-] *adj.* متيقظ [mutajaqqiẓ], منتبه [muntabih]; **~keit** *f (O)* تيقظ [tajaqquẓ], انتباه [intibaːh].

wachsen [-ks-] *(L; sn) v/i.* كبر [kabura, -u-], نما [namaː, -u-]; *(Bart, Gras)* نبت [nabata, -u-].

Wachstuch [-ks-] *n (-¢s; ⁼er)* مشمع [muʃammaʕ].

Wachstum [-ks-] *n (-s; O)* نمو [numuːw].

Wächter *m* حارس [ħaːris], خفير [xafiːr]; *(Flur~)* ناطور [naːtuːr].

Wachtmeister *m Mil.* جاويش [dʒaːwiːʃ].

Wachtposten *m* حارس [ħaːris].

wack(e)lig *adj.* متخلخل [mutaxalxil], ملخلخ [mulaxlax]; *(zerrüttet)* مزعزع [muzaʕzaʕ].

wackeln *v/i.* ترنح [tarannaħa], تلخلخ [talaxlaxa].

wacker *(-kr-) adj.* شهم [ʃahm], صالح [saːliħ]; *(tapfer)* شجاع [ʃudʒaːʕ].

Wade *f* سمانة الرجل [samaːnat arridʒl], بطن [batn], بطة [batta].

Waffe *f* سلاح [silaːħ].

Waffen|gattung *f* صنف (السلاح) [ṣinf (assilaːħ)]; **~schein** *m (-¢s; -e)* رخصة حمل السلاح [ruxṣat ħaml assilaːħ]; **~schmied** *m (-¢s; -e)* صانع سلاح [ṣaːniʕ silaːħ]; **~stillstand** *m (-s; O)* هدنة [hudna].

wagemutig *adj.* مقدام [miqdaːm].

wagen *v/t. etw.* جرؤ على [dʒaruʔa, -u-], جسر [dʒasara, -u-].

Wagen *m* عربة [ʕaraba], *(Kraft~)* سيارة [sajjaːra].

Wagenheber *m Mot.* كريك [kureːk], رافعة [raːfiʕa].

Waggon [va'gɔn] *m (-s; -s) Eisenb.* عربة [ʕaraba].

waghalsig *adj.* جرىء [dʒariːʔ].

Wagnis *n (-ses; -se)* مغامرة [muɣaːmara].

Wahl *f* اختيار [ixtijaːr]; *Pol.* انتخاب [intixaːb]; ***vor die ~ stellen*** خير [xajjara].

Wählbarkeit *f* أهلية للانتخاب [ʔahliːja lilintixaːb].

Wahlen *f/pl.* انتخابات [intixaːbaːt].

wähl|en *v/t.* اختار [ixtaːra]; *a. Pol.* انتخب [intaxaba]; **~er** *m* ناخب [naːxib].

Wahlergebnis *n* (*-ses; -se*) نتيجة الانتخابات [natiːdʒat alintixaːbaːt].

wählerisch *adj.* صعب الإرضاء [ʃaʕb alʔirđaːʔ].

Wahl|kampf *m* (*-ℯs; ⸚e*) حملة انتخابية [ħamla intixaːbiːja]; **~los** *adv.* دون تمييز [duːna tamjiːz]; **~spruch** *m* (*-ℯs; ⸚e*) شعار [ʃiʕaːr]; **~-urne** *f* صندوق الاقتراع [ʃunduːq aliqtiraːʕ]; **~zelle** *f* مقصورة التصويت [maqʃuːrat attaʃwiːt].

Wahn *m* (*-ℯs; O*) وهم [wahm], خيال [xajaːl].

wähnen *v/t.* ظن [ẓanna, -u-].

Wahnsinn *m* (*-ℯs; O*) جنون [dʒunuːn]; **~ig** *adj.* مجنون [madʒnuːn].

wahr *adj.* صحيح [ʃaħiːħ], حق [ħaqq], حقيقي [ħaqiːqiː]; ***nicht ~?*** أليس كذلك [ʔa laisa kaðaːlika]; **~en** *v/t. etw.* حافظ على [ħaːfaẓa].

währen *v/i.* دام [daːma, -u-], استغرق [istaɣraqa]; **~d** *präp. G* أثناء [ʔaθnaːʔa]; *cj.* بينما [bainamaː].

Wahr'haftigkeit *f* (*O*) صدق [ʃidq].

Wahrheit *f* حقيقة [ħaqiːqa], حق [ħaqq], صحة [ʃiħħa]; **~sliebe** *f* صدق [ʃidq], إخلاص [ʔixlaːʃ]; **~s-liebend** صدوق [ʃaduːq], صادق [ʃaːdiq], صديق [ʃiddiːq].

wahrnehm|bar *adj.* محسوس [maħsuːs], يمكن إدراكه [jumkinu ʔidraːkuhu]; **~en** (*L*) *v/t.* أحس [ʔaħassa], أدرك [ʔadraka]; (*bemerken*) لاحظ [laːħaẓa]; (*e-e Gelegenheit*) انتهز [intahaza]; **~ung** *f* إحساس [ʔiħsaːs], إدراك [ʔidraːk].

wahr|sagen *v/i. u. v/t.* تنبأ [tanabbaʔa]; (*aus den Sternen*) تنجم [tanaddʒama]; **~'scheinlich** *adj.* محتمل [muħtamal]; **~scheinlichkeit** *f* احتمال [iħtimaːl].

Währung *f* (*O*) عملة [ʕumla].

Waise *f* يتيم [jatiːm].

Wal *m* (*-ℯs; -e*) حوت [ħuːt].

Wald *m* (*-ℯs; ⸚er*) غابة [ɣaːba], حرج [ħaradʒ].

Walfisch *m* (*-ℯs; -e*) *s.* ***Wal.***

Wall *m* (*-ℯs; ⸚e*) سور [suːr], سد [sadd].

Wall|fahrer *m* حاج [ħaːddʒ]; **~fahrt** *f* حج [ħaddʒ].

Wallung *f* ثورة [θaura], غليان [ɣalajaːn].

W

Walnuß [-a-] *f* (—; ⸗*sse*) جوز [ʤauz].

Walze *f* (*Straßen*∼) مردس [mirdas], محدلة [miħdala]; (*kleine* ∼) أسطوانة [ʔusṭuwaːna]; ∼**n** *v/t.* ردس [radasa, -i-]; (*Stahl, Blech*) درفل [darfala].

wälzen (-*t*) *v/t.* دحرج [daħraʤa]; *v/r.* تدحرج [tadaħraʤa], تخبط [taxabbaṭa].

Walzer *m* رقصة الفالس [raqʕat alvals].

Wälzer *m pop.* كتاب ضخم [kitaːb ɗaxm].

Walzwerk *n* (-*ęs*; -*e*) مصنع درفلة الصلب [maʃnaʕ darfalat aʃʃulb].

Wand *f* (—; ⸗*e*) حائط [ħaːʔiṭ], جدار [ʤidaːr].

Wandel *m* (-*s*; *O*) (*der Zeit*) مجرى [madʒran]; (*Lebens*∼) سلوك [suluːk]; (*Veränderung*) تغير [taɣajjur], تحول [taħawwul]; ***Handel und*** ∼ الحياة [alħajaːt]; ∼**n** (-*le*; *sn*) *v/i.* جال [ʤaːla, uː-], تجول [tadʒawwala]; *v/r.* تحول [taħawwala].

Wander|er *m* سائح [saːʔiħ], جوالة [ʤawwaːla]; ∼**n** (-*re*; *sn*) *v/i.* تجول [tadʒawwala], تمشى [tamaʃʃaː], ساح [saːħa, -uː-]; ∼**schaft** *f* (*O*) تجوال [tadʒwaːl]; ∼**ung** *f* جولة [ʤaula].

Wandlung *f* تحول [taħawwul].

Wange *f* خد [xadd], وجنة [wadʒna].

wanken *v/i.* ترنح [tarannaħa].

wann *adv.* متى [mataː]; ***bis*** ∼ ? حتى متى [ħattaː m.]; ***seit*** ∼ ? منذ أى وقت [munðu ʔajj waqt].

Wanne *f* حوض [ħauɗ], مغسل [miɣsal].

Wanze *f Koll.* بق [baqq].

Wappen *n* شعار [ʃiʕaːr].

Ware *f* بضاعة [biɗaːʕa], سلعة [silʕa].

Waren|austausch *m* تبادل تجارى [tabaːdul tiʤaːriː]; ∼**bestand** *m* (-*ęs*; ⸗*e*) مخزون البضاعة [maxzuːn albiɗaːʕa]; ∼**haus** *n* (-*es*; ⸗*er*) متجر [matʤar]; ∼**probe** *f* عينة [ʕajjina]; ∼**rechnung** *f* فاتورة [faːtuːra]; ∼**zeichen** *n* علامة تجارية [ʕalaːma tiʤaːriːja], ماركة [marka].

warm (⸗*er*; ⸗*st*-) *adj.* دافىء [daːfiʔ], دفىء [dafiːʔ].

Wärme *f* (*O*) حرارة [ħaraːra], دفء [difʔ].

wärmen *v/t.* دفأ [daffaʔa], سخن [saxxana].

W

Warm'wasserheizung *f* تدفئة بالماء [tadfiʔa bilmaːʔ].

Warndreieck *n* (-*ẹs*; -*e*) *Mot.* مثلث الإنذار [muθallaθ alʔinðaːr].

warn|en *v/t.* (*j-n* **vor** *D* ه من) أنذر [ʔanðara], حذر [ħaððara]; **~ung** *f* إنذار [ʔinðaːr].

Warnungs|signal *n* (-*ẹs*; -*e*) إشارة الخطر [ʔiʃaːrat alxaʈar]; **~tafel** *f* (—; -*n*) لافتة تحذير [laːfitat taħðiːr].

Wartehalle *f. s.* **~saal**.

Warteliste *f* قائمة المنتظرين [qaːʔimat almuntaziriːn].

warten (-*e*-) *v/i.* (**auf** *A* ه ، ه) انتظر [intazara].

Wärter *m* خفير [xafiːr]; (*Kranken*~) ممرض [mumarriđ].

Warte|saal *m* (-*es*; -*säle*) قاعة انتظار [qaːʕat intizaːr]; **~zeit** *f* مدة انتظار [muddat intizaːr].

Wartung *f* *Techn.* صيانة [ʃijaːna].

wa'rum *interr. adv.* لماذا [limaːðaː].

Warze *f* ثؤلول [θuʔluːl]; (*Brust*~) حلمة [ħalama].

was *interr. pron. u. rel. pron.* ما [maː], ماذا [maːðaː].

wasch|bar *adj.* قابل للغسل [qaːbil lilɣasl]; **~becken** *n* حوض الغسل [ħauđ alɣasl].

Wäsche *f* (*Leib*~) بياضات [bajaːđaːt]; (*zu waschende* ~) غسيل [ɣasiːl].

waschecht *adj.* ثابت اللون [θaːbit allaun].

Wäsche|klammer *f* (—; -*n*) مشبك غسيل [miʃbak ɣasiːl]; **~korb** *m* (-*ẹs*; ¨-*e*) سلة الغسيل [sallat alɣasiːl].

waschen (*L*) *v/t.* غسل [ɣasala, -i-]; *v/r.* اغتسل [iɣtasala].

Wäsche'rei *f* مغسل [maɣsil], محل الغسل [maħall alɣasl]; *Äg.* مكوجي [makwagiː].

Wäscherin *f* غسالة [ɣassaːla].

Waschkorb *m s.* **Wäschekorb**.

Wasch|lappen *m* ممسحة الوجه [mimsaħat alwadʒh]; **~maschine** *f* مكنة غسالة [makina ɣassaːla].

Wasch|mittel *n*, **~pulver** *n* مسحوق الغسيل [masħuːq alɣasiːl].

Waschraum *m* (-*ẹs*; ¨-*e*) مغسل [maɣsal], دورة المياه [daurat almijaːh].

Wasch-schüssel *f* (—; -*n*) طست [ʈast], طشت [ʈaʃt].

Waschtrog *m* (-*ẹs*; ¨-*e*) قصعة الغسيل [qaʃʕat alɣasiːl].

Wasser *n* ماء [maːʔ]; **fließen-**

des ~ ماء جار [m. ʤaːrin]; **zu ~** بحرا [baħran]; **~behälter** *m* خزان ماء [xazzaːn maːʔ]; **~blase** *f Med.* نفطة [nafta], بقبوقة [baqbuːqa]; **⁓dicht** *adj.* سدود للماء [saduːd lilmaːʔ]; **~eimer** *m* دلو [dalw], سطل [satl], جردل [ʤardal]; **~fall** *m* (*-es; ⁓e*) شلال [ʃallaːl]; **~flugzeug** *n* (*-ⱸs; -e*) طائرة مائية [taːʔira maːʔiːja]; **~hahn** *m* (*-ⱸs; ⁓e*) حنفية [ħanafiːja]; صنبور [ʃumbuːr].

wässerig *adj.* ماهى [maːhiː].

Wasser|kanne *f* إبريق [ʔibriːq]; **~kraftwerk** *n* (*-ⱸs; -e*) محطة توليد كهرباء بالماء [maħattat tauliːd kahrabaːʔ bilmaːʔ]; **~kühlung** *f* (*O*) تبريد بالماء [tabriːd bilmaːʔ]; **~leitung** *f* (خط) أنابيب المياه [(xatt) ʔanaːbiːb almijaːh]; **~melone** *f* بطيخ [battiːx].

Wasser|rinne *f* ميزاب [miːzaːb]; **~rohr** *n* (*-es, -e*) ماسورة [maːsuːra]; **~schlauch** *m* (*-es; ⁓e*) خرطوم [xurtuːm]; *s.* ***Schlauch***.

Wasser|sport *m* (*-s; O*) الرياضة المائية [arrijaːđa almaːʔiːja]; **~stoff** *m* (*-s; O*) *Chem.* هيدروجين [hidruːʤiːn]; **~strahl** *m* (*-s; -en*) نافورة [naːfuːra], دفقة [dufqa]; **~sucht** *f* (*O*) داء الاستسقاء [daːʔ alistisqaːʔ]; **~versorgung** *f* جهاز الماء [ʤihaːz almaːʔ]; **~waage** *f* ميزان تسوية [miːzaːn taswija]; **~welle** *f* تمويج مائى [tamwiːʤ maːʔiː].

waten *v/i.* خاض [xaːđa, -uː-].

Watt *n El.* واط [waːt].

Watte *f* قطن طبى [qutn tibbiː].

weben (*L*) *v/t.* حاك [ħaːka, -uː-], نسج [nasaʤa, -u-].

Weber *m* نساج [nassaːʤ], حائك [ħaːʔik]; **~schiffchen** *n* مكوك [makkuːk].

Web|stuhl *m* (*-ⱸs; ⁓e*) منسج [minsaʤ], نول [naul], منوال [minwaːl]; **~waren** *f/pl.* منسوجات [mansuːʤaːt].

Wechsel ['vɛksəl] *m* تغير [taɣajjur], تبدل [tabaddul]; (*Geld⁓*) صرف [ʃarf]; *Hdl.* كمبيالة [kambijaːla]; **~fälle** *m/pl.* · **~fälle des Lebens** تقلبات الدهر [taqallubaːt addahr]; **~fieber** *n* (*-s; O*) *Med.* حمى متقطعة [ħummaː mutaqattiʕa]; **~geld** *n* (*-es; -er*) صغير النقد [ʃaɣiːr annaqd]; Äg. فكة [fakka]; *Irak* خردة [xurda]; **⁓haft** (*-est*) *adj.* متغير [mutaɣajjir], متقلب [mutaqallib]; **~jahre** *n/pl.* سن اليأس [sinn aljaʔs]; **~kurs** *m* (*-es; -e*) سعر الصرف [siʕr aʃʃarf]; **~n** (*-le*) *v/t.* (*ändern*) غير [ɣajjara]; (*Geld* **~**) صرف [ʃarafa, -i-]; **~seitig** *adj.* متبادل [mutabaːdil]; **~strom** *m* (*-ɇs; ¨e*) *El.* تيار متناوب [tajjaːr mutanaːwib]; **~weise** *adv.* بالتناوب [bittanaːwub].

wecken *v/t.* أيقظ [ʔaiqaẓa], صحى [ʃaħħaː].

Wecker *m* (*~uhr*) منبه [munabbih].

wedeln (*-le*) *v/i.* بصبص بذيله [baʃbaʃa biðailihi].

weder *cj.*: **~ ... noch** ... لا ولا [laː ... walaː].

Weg [veːg] *m* (*-ɇs; -e*) طريق [tariːq], درب [darb], سكة [sikka]; *abstr.* سبيل [sabiːl]; (*Methode*) طريقة [ṭariːqa], أسلوب [ʔusluːb]; *j-m* **im ~e stehen** تصدى ل [taʃaddaː].

weg [vɛk] *adv.*: **~ sein** غاب [ɣaːba, -iː-]; **weit ~** بعيدا [baʕiːdan]; **~ von hier!** ابتعد [ibtaʕid], لنذهب [linaðhab].

Wegbereiter *m* رائد [raːʔid].

weg|bleiben (*L; sn*) *v/i.* (**von** *D* عن) تغيب [taɣajjaba]; **~bringen** (*L*) *v/t.* أزال [ʔazaːla], أبعد [ʔabʕada].

Wegelagerer *m* قاطع الطريق [qaːṭiʕ aṭṭariːq].

wegen *präp. G* (*infolge*) بسبب [bisabab]; (*zum Zweck*) لأجل [liʔaʤl].

wegfahren (*L; sn*) *v/i.* ارتحل [irtaħala], سافر [saːfara].

Weg|fall *m* (*-ɇs; O*) زوال [zawaːl], بطلان [buṭlaːn], سقوط [suquːṭ]; **~gang** *m* (*-ɇs; O*) انصراف [inʃiraːf], ذهاب [ðahaːb]; **~gehen** (*L; sn*) *v/i.* انصرف [inʃarafa], ذهب [ðahaba, -a-]; **~nahme** *f* (*O*) أخذ [ʔaxð], خطف [xaṭf], سلب [salb]; **~nehmen** (*L*) *v/t.* أخذ [ʔaxaða, -u-], سلب [salaba, -u-]; **~reisen** (*sn*) *v/i.* سافر [saːfara], ارتحل [irtaħala]; **~schaffen** *v/t.* أزال [ʔazaːla], أبعد [ʔabʕada]; **~strecke** [ˈveːg-] *f* مسافة [masaːfa], مرحلة [marħala]; **~treten** (*L; sn*) *v/i.* انصرف [inʃarafa]; **~tun** (*L*) *v/t.* أبعد [ʔabʕada].

Wegweiser [ˈveːg-] *m* علم [ʕalam], معلم [maʕlam].

weg|werfen (*L*) *v/t.* رمى [ramaː, -iː], طرح [ṭaraħa,

-a-], نبذ [nabaða, -i-]; **~werfend** *adj.* مزدر [muzdarin]; *adv.* بازدراء [bizdiraːʔ]; **~wischen** *v/t.* مسح [masaħa, -a-]; **~ziehen** (*L*) *v/t.* جر [ʤara, -u-], سحب [saħaba, -a-].

weh *adj.* مؤلم [muʔlim]; (*verletzt*) مجروح [maʤruːħ]; (*entzündet*) ملتهب [multahib]; ***weh dir!*** ويل لك [wailun laka].

Weh *n* (-*ɇs*; *O*) ألم [ʔalam], وجع [waʤaʕ].

Wehen[1] *n* (-*s*; *O*) (*des Windes*) هبوب [hubuːb].

Wehen[2] *f/pl.* آلام الوضع [ʔaːlaːm alwadˤʕ], طلق [tˤalq].

wehen *v/i.* هب [habba, -u-].

weh|klagen *v/i.* ناح [naːħa, -uː-]; **˜mut** *f* حزن [ħuzn], كآبة [kaʔaːba]; **~mütig** *adj.* حزين [ħaziːn], كئيب [kaʔiːb].

Wehr[1] *n* (-*ɇs*; -*e*) سد [sadd], قنطرة [qantˤara].

Wehr[2] *f* درع [dirʕ], حصن [ħiʃn]; ***sich zur ~ setzen*** *s.* ***wehren*** *v/r.*; **~dienst** *m* (-*ɇs*; *O*) خدمة عسكرية [xidma ʕaskariːja]; **˜en** *v/r.* دافع عن نفسه [daːfaʕa ʕan nafsihi]; **˜fähig** *adj.* صالح لحمل السلاح [ʃaːliħ liħaml assilaːħ]; **˜los** (-*est*) *adj.* غير قادر على الدفاع [ɣair qaːdir ʕalaː ddifaːʕ]; (*unbewaffnet*) أعزل [ʔaʕzal]; **~pflicht** *f* خدمة إلزامية [xidma ʔilzaːmiːja], تجنيد إجباري [tadʒniːd ʔidʒbaːriː].

wehtun *v/i.* *D* آلم [ʔaːlama], أوجع [ʔauʤaʕa].

Weib *n* (-*ɇs*; -*er*) امرأة [imraʔa]; *vulg.* زوجة [zauʤa]; **~chen** *n* (*e-s Tieres*) أنثى [ʔunθaː].

weiblich *adj.* نسوي [niswiː], نسائي [nisaːʔiː]; *Gr.* مؤنث [muʔannaθ].

weich *adj.* لين [lajjin], ناعم [naːʕim]; (*biegsam*) مرن [marin]; ~ **werden** لان [laːna, -iː-], رخي [raxija, -aː].

Weiche[1] *f* *Anat.* خصر [xaʃr].

Weiche[2] *f* *Eisenb.* تحويلة [taħwiːla], محولة [muħawwila].

weichen (*L*; *sn*) *v/i.* (*nachgeben*) (*D* ل) انصاع [infaːʔa]; (*im Wasser* ~) نقع [naqiʕa].

weichlich *adj.* لين [lajjin]; (*weibisch*) مخنث [muxannaθ].

Weide[1] *f* مرعى [marʕan]; **~**[2] *f* *Bot.* صفصاف [ʃaffaːf].

weiden *v/i.* (*Vieh*) ارتعى [irtaʕaː].

W

weigern *v/r.*: **sich** ~ *etw. zu tun* امتنع عن [imtanaʕa], أبى أن [ʔabaː, -aː].

Weigerung *f* امتناع [imtinaːʕ], إباء [ʔibaːʔ], رفض [rafđ].

Weihe *f* تدشين [tadʃiːn], تقديس [taqdiːs].

weihen *v/t.* نذر [naðara, -u-], دشن [daʃʃana].

Weiher *m* بركة [birka].

Weihnachten *f/pl.* عيد ميلاد المسيح [ʕiːd miːlaːd almasiːħ].

Weihnachtsbaum *m (-¢s; ¨-e)* شجرة عيد الميلاد [ʃadʒarat ʕiːd almiːlaːd].

Weih|rauch *m (-¢s; O)* بخور [baxuːr]; **~wasser** *n (-s; O)* ماء مقدس [maːʔ muqaddas].

weil *cj.* لأن [liʔanna], بما أن [bimaː ʔanna].

Weilchen *n* برهة [burha], مدة قصيرة [mudda qaʃiːra].

Weile *f* فترة [fatra], مدة [mudda].

Wein *m (-¢s; -e)* خمر [xamr], نبيذ [nabiːð]; *Bot. Koll.* عنب [ʕinab]; **~bau** *m (-s; O)* زراعة العنب [ziraːʕat alʕinab]; **~beere** *f* عنبة [ʕinaba]; **~berg** *m (-s; -e)* كرم [karm]; **~blätter** *n/pl.* ورق عنب [waraq ʕinab].

Weinbrand *m (-s; O)* عرق [ʕaraq], كونياك [kunjaːk].

weinen *v/i.* بكى [bakaː, -iː].

Wein|essig *m (-¢s; O)* خل العنب [xall alʕinab]; **~gut** *n (-¢s; ¨-er)* مزرعة عنب [mazraʕat ʕinab]; **~lese** *f* جمع العنب [dʒamʕ alʕinab]; **~-schenke** *f* خمارة [xammaːra]; **~stock** *m (-¢s; ¨-e)* كرمة [karma]; **~traube** *f* عنبة [ʕinaba], عنقود عنب [ʕunquːd ʕinab]; *pl.* عنب [ʕinab].

weise *adj.* حكيم [ħakiːm].

Weise *f* طريقة [tariːqa], نمط [namat]; ***auf diese*** ~ على هذا النمط [ʕalaː haːðaː ln.]; *Mus.* لحن [laħn], نغم [naɣam].

weisen *v/t.* (*u. v/i.* ***auf A***) أشار إلى [ʔaʃaːra]; (*den Weg*) دل [dalla, -u-]; ***von sich*** ~ رفض [rafađa, -u-].

Weisheit *f* حكمة [ħikma].

weiß (*-est*) *adj.* أبيض [ʔabjađ]; **~brot** *n (-¢s; -e)* خبز أبيض [xubz ʔabjađ]; **~glut** *f (O)* وهج [wahadʒ]; **~haarig** *adj.* أشيب [ʔaʃjab].

Weisung *f* إرشاد [ʔirʃaːd], توجيه [taudʒiːh].

W

weit (*-est*) *adj.* (*entfernt*) بعيد [baʕiːd]; (*Ggs. eng*) واسع [waːsiʕ]; (*ausgedehnt*) رحب [rahb], ممتد [mumtadd].

Weite *f* سعة [saʕa]; (*Entfernung*) بعد [buʕd].

weiter *adj.* أبعد [ʔabʕad]; *adv.* (يدل على المواصلة): **und so ~** إلى آخره [ʔilaː ʔaːxirihi], وهلم جرا [wa halumma ʤarran]; **das ~e** الباقى [albaːqiː]; **~fahren** (*L; sn*) *v/i.* واصل السفر [waːṣala ssafar]; **~fliegen** (*L; sn*) *v/i.* واصل الطيران [w. ttajaraːn]; **~gehen** (*L; sn*) *v/i.* استمر فى المشى [istamarra fiː lmaʃj]; **~kommen** *v/i.* تقدم [taqaddama]; (*emporkommen*) ترقى [taraqqaː]; **~machen** *v/i.* استمر على ذلك [istamarra ʕalaː ðaːlika].

Weiterreise *f* (*O*) مواصلة السفر [muwaːṣalat assafar].

weitgehend *adj.* بالغ [baːliɣ]; *adv.* إلى حد بعيد [ʔilaː hadd baʕiːd].

weit'her *adv.* من بعيد [min baʕiːd].

weit|herzig *adj.* واسع الصدر [waːsiʕ aṣṣadr]; **~läufig** *adj.* مفصل [mufaṣṣal], مستفيض [mustafiːḍ]; **~schweifigkeit** *f* (*O*) تطويل [taṭwiːl], إسهاب [ʔishaːb]; **~sichtig** *adj.* طويل البصر [ṭawiːl albaṣar]; *fig.* بعيد النظر [baʕiːd annaẓar].

Weizen *m* (*-s; O*) قمح [qamh].

welch *interj.*: **~ ein ...!** يا له من ... [jaː lahu min]; **~e, ~er, ~es** *rel. pron.* الذى [allaðiː], *f* التى [allatiː]; **~er?** *interr. pron.* أى [ʔajj].

welken *v/i.* ذبل [ðabula, -u-].

Wellblech *n* (*-¢s; O*) صفيح مضلع [ṣafiːh muḍallaʕ].

Welle *f* موجة [mauʤa].

Wellen|band *n* (*-es; ⸚er*) *Rundf.* فئة [fiʔa]; **~länge** *f* طول الموجة [ṭuːl almauʤa]; **~linie** [-nĭə] *f* خط مموج [xaṭṭ mumawwaʤ].

wellig *adj.* متموج [mutamawwiʤ].

Welt *f* عالم [ʕaːlam]; (*irdische ~*) دنيا [dunjaː]; **~-all** *n* (*-s; O*) العالم [alʕaːlam], الكون [alkaun]; **~-anschauung** *f* عقيدة [ʕaqiːda], فلسفة شخصية [falsafa ʃaxṣiːja]; **⸚berühmt** *adj.* ذو شهرة عالمية [ðuː ʃuhra ʕaːlamiːja]; **~frieden** *m* (*-s; O*) السلام العالمى [assalaːm alʕaːlamiː]; **~gericht** *n* (*-¢s; O*) *Rel.* يوم الدين [jaum

W

addiːn]; **~handel** *m* التجارة العالمية [attidʒaːra alʕaːlamiːja]; **~karte** *f* خريطة العالم [xariːtat alʕaːlam]; **~krieg** *m* (-*¢s*; -*e*) الحرب العالمية [alħarb alʕaːlamiːja]; **~kugel** *f* (—; -*n*) كرة الأرض [kurat alʔarđ].

weltlich *adj.* دنياوى [dunjaːwiː]; (*Ggs. klerikal*) علمانى [ʕalmaːniː].

Welt|macht *f* (—; ¨-*e*) دولة كبرى [daula kubraː]; **~meer** *n* (-*¢s*; -*e*) محيط [muħiːt]; **~meister** *m Sport* بطل عالمى [batal ʕaːlamiː]; **~meisterschaft** *f* بطولة عالمية [butuːla ʕaːlamiːja]; **~raum** *m* (-*¢s*; *O*) الفضاء [alfađaːʔ]; **~raumschiff** *n* (-*¢s*; -*e*) مركبة الفضاء [markabat alf.]; **~rekord** *m* (-*es*; -*e*) رقم قياسى عالمى [raqm qijaːsiː ʕaːlamiː]; **~sicherheitsrat** *m* (-*¢s*; *O*) مجلس الأمن [madʒlis alʔamn]; **~teil** *m* (-*¢s*; -*e*) قارة [qaːrra].

wem *interr. pron.* [veːm] لمن [liman].

wen *interr. pron.* [veːn] من [man].

Wende *f* تحول [taħawwul], تقلب [taqallub].

Wendekreis *m* مدار [madaːr].

Wendeltreppe *f* سلم حلزونى [sullam ħalazuːniː].

wenden (*L*; -*e*-) *v/t.* قلب [qalaba, -i-]; (*den Wagen*) أدار [ʔadaːra]; *v/r.* التفت [iltafata]; **an** *j-n* توجه إلى [tawaddʒaha].

Wendepunkt *m* (-*¢s*; -*e*) نقطة التحول [nuqtat attaħawwul].

Wendung *f* قلب [qalb], منعرج [munʕaradʒ], دوران [dawaraːn]; (*Rede*~) عبارة [ʕibaːra].

wenig *adj.* قليل [qaliːl]; *adv.* **ein** ~ قليلا [qaliːlan]; **~er** *adj.* أقل [ʔaqall]; **~er werden** نقص [naqaşa, -u-]; (*bei Subtraktion*) ناقص [naːqis]; **drei ~er zwei ist eins** (3 – 2 = 1) ثلاثة ناقص اثنان يساوى واحد [θalaːθa naːqiş iθnaːni jusaːwiː waːħid]; **~stens** *adv.* على الأقل [ʕalaː lʔaqall].

wenn *cj.* إن [ʔin], إذا [ʔiðaː]; (*hypothetisch*) لو [lau]; **selbst** ~ ولو [walau].

wer [veːʁ] *interr. pron.* من [man]; *rel. pron.* من [man], الذى [allaðiː].

werb|en (*L*) *v/i.* (**für** *A* لـ) دعا [daʕaː, -uː]; (*um e.

Mädchen) خطب ها [xaṭaba, -u-]; *Mil.* جند [dʒannada]; **~ung** *f* دعاية [diʕaːja]; (*Braut~*) خطوبة [xuṭuːba]; *Mil.* تجنيد [tadʒniːd]; **~ungskosten** *pl.* نفقات الترويج [nafaqaːt attarwiːdʒ].

werden ['veːɐ-] (*L; sn*) *v/i.* صار [ṣaːra, -iː-], أصبح [ʔaṣbaħa]; (*entstehen*) نشأ [naʃaʔa, -a-]; (*sich verwandeln*) تحول إلى [taħawwala]; **~** *n* (*-s; O*) صيرورة [ṣairuːra], مصير [maṣiːr], نشوء [nuʃuːʔ].

werfen (*L*) *v/t.* رمى [ramaː, -iː], قذف [qaðafa, -i-], ألقى [ʔalqaː]; *v/r.* (**auf** *A* على) انقض [inqaḍḍa].

Werft *f* مصنع سفن [maṣnaʕ sufun], ترسانة [tarsaːna].

Werk *n* (*-es; -e*) (*Tat*) عمل [ʕamal]; (*literarisches ~*) مؤلف [muʔallaf]; (*Kunst~*) تحفة [tuħfa]; (*Fabrik*) مصنع [maṣnaʕ], معمل [maʕmal].

Werk|statt *f*, **~stätte** *f* ورشة [warʃa]; **~stoff** *m* (*-es; -e*) مادة [maːdda]; **~tag** *m* (*-es; -e*) يوم عمل [jaum ʕamal]; **~tätig** *adj.* عامل [ʕaːmil], مشغول [maʃɣuːl], شغال [ʃaɣɣaːl]; **~zeug** *n* (*-es; -e*) أداة [ʔadaːt], آلة [ʔaːla], عدة [ʕudda].

wert [veːɐt] *adj.* جدير [dʒadiːr]; **~er Freund!** صديق العزيز [ṣadiːqiː alʕaziːz]; **nichts ~** بلا قيمة [bilaː qiːma]; **~ sein** ساوى [saːwaː]; **er ist es nicht ~** لا يستحقه [laː jastaħiqquhu]; **~** *m* (*-es; -e*) قيمة [qiːma].

Wert-angabe *f* بيان القيمة [bajaːn alqiːma].

Wert|bestimmung *f* تقدير [taqdiːr], تقييم [taqjiːm]; **~los** (*-est*) *adj.* لا قيمة له [laː qiːmata lahu]; **~papiere** *n/pl.* أوراق مالية [ʔauraːq maːliːja]; **~sachen** *pl.* أشياء ثمينة [ʔaʃjaːʔ θamiːna]; **~schätzung** *f* احترام [iħtiraːm]; **~voll** *adj.* ثمين [θamiːn].

Wesen *n* (*Geschöpf*) كائن [kaːʔin]; (*Natur*) طبع [ṭabʕ], خلق [xuluq]; (*Essenz*) جوهر [dʒauhar], حقيقة [ħaqiːqa]; (*in Zssgn.*) شؤون [ʃuʔuːn].

wesentlich *adj.* جوهري [dʒauhariː], أساسي [ʔasaːsiː], مهم [muhimm]; *adv.* بكثير [bikaθiːr], بدرجة ملحوظة [bidaradʒa malħuːẓa].

wes'halb *adv.* لماذا [limaːðaː].

Wespe *f* دبور [dabbuːr].

Weste *f* صدرة [ʃudra].

West|en *m* (*-s; O*) غرب [ɣarb], مغرب [maɣrib]; **~lich** *adj.* غربى [ɣarbiː].

Wett|bewerb *m* (*-ɇs; -e*) *Hdl.* منافسة [munaːfasa]; *Sport* مسابقة [musaːbaqa], مباراة [mubaːraːt]; **~büro** *n* (*-s; -s*) مكتب مراهنات [maktab muraːhanaːt].

Wette *f* مراهنة [muraːhana].

Wett-eifer *m* (*-s; O*) غيرة [ɣaira], حرص [ħirʃ], حماس [ħamaːs]; **~-eifern** *v/i.* (**mit** *j-m* ه) سابق [saːbaqa]; (*miteinander*) تسابق [tasaːbaqa].

wetten (*-e-*) *v/i.* (**mit** *j-m* **um** *A* ه على) راهن [raːhana].

Wetter *n* طقس [taqs], جو [ʤaww]; (*Un~*) عاصفة [ʕaːʃifa]; **~bericht** *m* (*-ɇs; -e*) نشرة الأنباء الجوية [naʃrat alʔanbaːʔ alʤawwiːja]; **~fest** (*-est*) *adj.* (*Kleidung*) واق [waːqin], متين [matiːn]; *fig.* (*Mensch*) جلود [ʤaluːd]; **~kunde** *f* علم الأرصاد الجوية [ʕilm alʔarʃaːd alʤawwiːja]; **~lage** *f* حالة الطقس [ħaːlat attaqs]; **~wendisch** *adj.* متقلب [mutaqallib].

Wett|kampf *m* (*-ɇs; ⸚e*) مباراة [mubaːraːt]; **~kämpfer** *m* متبار [mutabaːrin]; **~lauf** *m* (*-ɇs; ⸚e*) مراكضة [muraːkaɖa]; **~rennen** *n* سباق [sibaːq]; **~streit** *m* (*-ɇs; O*) منافسة [munaːfasa].

wichtig *adj.* مهم [muhimm]; (*schwerwiegend*) خطير [xatiːr].

Wichtigkeit *f* أهمية [ʔahammiːja].

wickeln (*-le*) *v/t.* لف [laffa, -i-].

Wicklung *f* لفة [laffa].

wider *präp. A* ضد [ɖidda]; **~ Willen** رغم أنفه [raɣma ʔanfihi]; **~'fahren** (*L; —; sn*) *v/i. j-m* حدث ل [ħadaθa, -u-]; **~haken** *m* خطاف معقوف [xuttaːf maʕquːf]; **~hall** *m* (*-ɇs; -e*) صدى [ʃadan]; **~'legen** (*—*) *v/t.* فند [fannada], رد على [radda, -u-]; **~lich** *adj.* منفر [munaffir], مقرف [muqrif]; **~natürlich** *adj.* مخالف للطبيعة [muxaːlif littabiːʕa]; **~rechtlich** *adj.* مخالف للقانون [muxaːlif lilqaːnuːn]; **~rede** *f* رد [radd], اعتراض [iʕtiraːɖ]; **~ruf** *m* (*-s; O*) إلغاء [ʔilɣaːʔ]; **~sacher** *m* خصم [xaʃm], عدو [ʕaduːw]; **~schein** *m* (*-ɇs; -e*) انعكاس

[inʕikaːs]; ~'**setzen** (—) *v/r. j-m* عارض ه [ʕaːrađa], قاوم [qaːwama]; ~**sinnig** *adj.* غير معقول [ɣair maʕquːl]; ~**spenstig** *adj.* عنيد [ʕaniːd], جموح [ʤamuːħ]; ~**spiegeln** (*-le*) *v/t.* عكس [ʕakasa, -i-]; ~'**sprechen** (*L;* —) *v/i.* (*D* ه) خالف [xaːlafa], عارض [ʕaːrada]; ~'**sprechend** *adj.* متناقض [mutanaːqiđ], مخالف [muxaːlif]; ∻**spruch** *m* (*-ȼs; ¨e*) خلاف [xilaːf], تناقض [tanaːquđ]; (*Protest*) اعتراض [iʕtiraːđ]; ∻**stand** *m* (*-ȼs; ¨e*) مقاومة [muqaːwama]; ~**wärtig** *adj.* مقرف [muqrif], مقيت [maqiːt]; ∻**wille** *m* (*-ns; O*) كراهة [karaːha]; ~**willig** *adv.* على كره [ʕalaː kurh].

wid|men (*-e-*) *v/t.* (*für e-n Zweck*) خصص [xaʃʃaʃa]; (*j-m e. Buch*) أهدى [ʔahdaː]; *v/r.* (*D* على) عكف [ʕakafa, -u-]; ∻**mung** *f* إهداء [ʔihdaːʔ].

wie *cj.* (*im Vergleich*) كـ [ka], مثل [miθla]; ~**?** *interr. adv.* كيف [kaifa].

wieder *adv.* من جديد [min ʤadiːd], ثانيا [θaːnijan], مرة أخرى [marratan ʔuxraː]; ∻'**aufbau** *m* (*-ȼs; O*) إعادة الإنشاء [ʔiʕaːdat alʔinʃaːʔ], تجديد [taʤdiːd]; ~'**aufleben** *v/i.* انتعش [intaʕaʃa]; ∻'**ausfuhr** *f* إعادة تصدير [ʔiʕaːdat taʃdiːr]; ~**bekommen** (*L;* —) *v/t.* استرد [istaradda], استعاد [istaʕaːda]; ∻**belebungsversuch** *m* (*-ȼs; -e*) محاولة رد الحياة [muħaːwalat radd alħajaːt]; ~**-erstatten** (—) *v/t.* رد [radda, -u-], أعاد [ʔaʕaːda]; ∻**gabe** *f* نقل [naql], أداء [ʔadaːʔ], تمثيل [tamθiːl]; ∻**gewinnung** *f* استعادة [istiʕaːda]; ∻'**gutmachung** *f* تعويض [taʕwiːđ]; ~'**herstellen** *v/t.* (*Zustand, Ordnung*) أعاد [ʔaʕaːda]; (*reparieren*) أصلح [ʔaʃlaħa]; ∻'**herstellung** *f* إعادة [ʔiʕaːda]; (*Reparatur*) إصلاح [ʔiʃlaːħ]; ~ **der Gesundheit** استرداد الصحة [istirdaːd aʃʃiħħa]; ~'**holen** (—) *v/t.* كرر [karrara], أعاد [ʔaʕaːda]; ∻'**holung** *f* إعادة [ʔiʕaːda], تكرار [takraːr]; ∻**käuer** *m* حيوان مجتر [ħajawaːn muʤtarr]; ~**kehren** *v/i.* عاد [ʕaːda, -uː-], رجع [raʤaʕa, -i-]; ∻**sehen** *n* (*-s; O*) لقاء

[liqaːʔ]; ***auf ∼sehen!*** إلى اللقاء [ʔilaː lliqaːʔ]; **∼um** *adv.* من جديد [min ʤadiːd].

Wiege *f* مهد [mahd]; ***von der ∼ bis zur Bahre*** من المهد إلى اللحد [min alm. ʔilaː llaħd].

wiegen[1] *v/t.* (*e. Kind*) هدهد [hadhada].

wiegen[2] *v/i.* (*Gewicht haben*) وزن [wazana, jazinu].

wiehern (*-re*) *v/i.* صهل [ṣahala, -a-].

Wiese *f* مرج [marʤ], مرعى [marʕan].

Wiesel *n Zo.* ابن عرس [ibn ʕirs].

wie'so *interr. adv.* كيف [kaifa], لماذا [limaːðaː].

wie'viel *interr. adv.* كم [kam].

wieviel'mal *interr. adv.* كم مرة [kam marra].

wild *adj.* وحشى [waħʃiː]; (*nicht zahm*) برى [barriː].

Wild *n* (*-es; O*) حيوانات الصيد [ħajawaːnaːt aṣṣaid]; **∼bret** *n* (*-s; O*) لحم حيوانات الصيد [laħm ħ. aṣ.].

Wildnis *f* (*—; -se*) قفرة [qafra], برية [barriːja].

Wildschwein *n* (*-ẹs; -e*) *Zo.* خنزير برى [xinziːr barriː].

Wille *m* (*-ns; -n*) إرادة [ʔiraːda], مشيئة [maʃiːʔa]; **∼ns-freiheit** *f* اختيار [ixtijaːr].

willig *adj.* راض [raːđin], مطيع [muṭiːʕ]; (*bereit*) (**zu** ل) مستعد [mustaʕidd]; *adv.* طوعا [ṭauʕan].

willkommen *adj.* يرحب به [juraħħabu bihi]; **∼ *heißen*** *v/t. j-n* رحب ب [raħħaba].

Will|'kommen *n* ترحيب [tarħiːb]; **∼*!*** مرحبا [marħaban]; **∼kür** *f* ظلم [ẓulm], تعسف [taʕassuf]; **∼kürlich** *adj.* كيفى [kaifiː], تحكمى [taħakkumiː], تعسفى [taʕassufiː].

wimmeln *v/i.* (*Straße von Menschen*) عج ب [ʕaddʒa, -u-].

wimmern *v/i.* أن [ʔanna, -i-].

Wimpern *f/pl.* رمش [rimʃ], هدب [hudub].

Wind *m* (*-ẹs; -e*) (*a. Med.*) ريح [riːħ]; (*Brise*) نسيم [nasiːm].

Winde *f Techn.* مرفعة [mirfaʕa], ونش [winʃ].

Windel *f* (*—; -n*) قماط [qimaːṭ].

winden (*L*) *v/t.* لف [laffa, -i-]; (*flechten*) ضفر [đafara, -i-]; (*aus∼*) عصر [ʕaṣara, -i-]; *v/r.* تلوى [talawwaː].

windgeschützt (*-est*) *adj.* معزول

عن الريح [maʕzuːl ʕan arriːħ].

windig *adj.* كثير الرياح [kaθiːr arrijaːħ], ريح [rajjiħ]; *fig.* طائش [taːʔiʃ].

Wind|mühle *f* طاحونة هواء [ṭaːħuːnat hawaːʔ]; **~schutzscheibe** *f Mot.* الزجاج الأمامى [azzudʒaːdʒ alʔamaːmiː]; **~stärke** *f* شدة الريح [ʃiddat arriːħ]; **~stille** *f* هدوء [huduːʔ], سكون الريح [sukuːn arriːħ]; **~stoß** *m* (*-es; ⸗e*) هبة [habba].

Windung *f* لفة [laffa]; (*Straßen~*) التواء [iltiwaːʔ].

Wink *m* (*-es; -e*) إشارة [ʔiʃaːra]; (*mit den Augen*) لمحة [lamħa], غمزة [ɣamza]; (*Hinweis*) تلميح [talmiːħ].

Winkel *m* زاوية [zaːwija]; (*e-s Zimmers*) ركن [rukn]; ***rechter*** **~** زاوية قائمة [zaːwija qaːʔima].

winken *v/i. j-m* لوح ل [lawwaħa].

winseln (*-le*) *v/i.* (*Hund*) هر [harra, -i-].

Winter *m* شتاء [ʃitaːʔ]; **~fahrplan** *m* (*-ȼs; ⸗e*) *Eisenb.* جدول الشتاء [dʒadwal aʃʃitaːʔ]; **~kur-ort** *m* (*-ȼs; -e*) مشتى [maʃtan]; **~lich** *adj.* شتوى [ʃitwiː, ʃatawiː]; **~mantel** *m* (*-s; ⸗*) معطف الشتاء [miʕṭaf aʃʃitaːʔ]; **~reifen** *m Mot.* إطار الشتاء [ʔiṭaːr aʃʃitaːʔ]; **~schlaf** *m* (*-ȼs; O*) سبات [subaːt]; **~sport** *m* (*-ȼs; O*) رياضة شتوية [rijaːḍa ʃatawiːja].

Winzer *m* كرام [karraːm].

winzig *adj.* صغير جدا [ṣaɣiːr dʒiddan], ضئيل [ḍaʔiːl], دقيق [daqiːq].

Wipfel *m* قمة الشجر [qimmat aʃʃadʒar].

wir *pers. pron.* نحن [naħnu].

Wirbel *m* فقرة [fiqra]; (*Wasser~*) دوامة [dawwaːma]; **~säule** *f* عمود فقرى [ʕamuːd fiqariː]; **~sturm** *m* (*-ȼs; ⸗e*) إعصار [ʔiʕṣaːr].

wirken *v/i.* عمل [ʕamila, -a-]; (**auf** *A* أثر (فى [ʔaθθara]; *v/t.* نسج [nasadʒa, -u-].

wirklich *adj.* حقيقى [ħaqiːqiː], واقع [waːqiʕ], واقعى [waːqiʕiː]; **~keit** *f* حقيقة [ħaqiːqa], الواقع [alwaːqiʕ].

wirksam *adj.* فعال [faʕʕaːl]; *Med.* شاف [ʃaːfin]; **~keit** *f* فاعلية [faːʕiliːja].

Wirkung *f* أثر [ʔaθar], فعل [fiʕl], تأثير [taʔθiːr]; (*Resultat*) مفعول [mafʕuːl]; **~skreis** *m* (*-es;*

W

-*e*) دائرة النشاط [daːʔirat annaʃaːt]; ~̊**slos** (-*est*) *adj.* دون أثر [duːna ʔaθar], بلا نتيجة [bilaː natiːdʒa]; ~̊**svoll** *adj.* فعال [faʕʕaːl], مؤثر [muʔaθθir].

Wirkwaren *f/pl.* تريكو (منسوجات) [(mansuːdʒaːt) triːkuː].

wirr *adj.* مشتبك [muʃtabik]; (*Haar*) شعث [ʃaʕiθ]; *fig.* مضطرب [muđtarib], مرتبك [murtabik].

Wirren *pl.* اضطرابات [iđtiraːbaːt].

Wirsing *m* (-*s*; *O*) كرنب [kurumb].

Wirt *m* (-*ȩs*; -*e*) مضيف [muđiːf]; (*Gast*~̊) صاحب مطعم [ʃaːħib matʕam], صاحب فندق [ʃ. funduq]; ~**in** *f* مضيفة [muđiːfa], صاحبة البيت [ʃaːħibat albait]; ~̊**lich** *adj.* مضياف [miđjaːf].

Wirtschaft *f* اقتصاد [iqtiʃaːd]; (*Gut*) ضيعة [đaiʕa]; (*Haus*~̊) تدبير منزلى [tadbiːr manziliː]; *pop.* (*Unordnung*) فوضى [fauđaː]; ~̊**en** *v/i.* (**mit** *D*) دبر (ه [dabbara]; ~**erin** *f* مدبرة البيت [mudabbirat albait]; ~̊**lich** *adj.* اقتصادى [iqtiʃaːdiː]; ~**lichkeit** *f* (*O*) اقتصاد [iqtiʃaːd]; ~**s-politik** *f* (*O*) سياسة اقتصادية [sijaːsa iqtiʃaːdiːja].

Wirtshaus *n* (-*es*; ¨*er*) حانة [ħaːna], مطعم [matʕam].

wischen *v/t.* مسح [masaħa, -a-].

wispern (-*re*) *v/i.* همس [hamasa, -i-].

Wißbegier(de) *f* حب الاستطلاع [ħubb alistitlaːʕ].

wissen (*L*) *v/t.* علم [ʕalima, -a-], درى [daraː, -iː], عرف [ʕarafa, -i-]; ~̊ *n* (-*s*; *O*) علم [ʕilm], معرفة [maʕrifa]; (*Kenntnisse*) معلومات [maʕluːmaːt].

Wissenschaft *f* علم [ʕilm]; ~**ler** *m* عالم الأبحاث [ʕaːlim alʔabħaːθ]; ~̊**lich** *adj.* علمى [ʕilmiː].

wissentlich *adv.* مع المعرفة [maʕa lmaʕrifa].

wittern (-*re*) *v/t.* (*Tier*) تشمم [taʃammama], أحس [ʔaħassa].

Witterung *f* (*e-s Tieres*) شم [ʃamm]; *s.* **Wetter**.

Witwe *f* أرملة [ʔarmala]; ~**r** *m* أرمل [ʔarmal].

Witz *m* (-*es*; -*e*) نكتة [nukta], ملحة [mulħa], دعابة [duʕaːba]; (*Verstand*) ذكاء [ðakaːʔ]; ~**blatt** *n* (-*ȩs*; ¨*er*) جريدة هزلية [dʒariːda hazliːja]; ~**bold** *m* (-*ẹs*; -*e*) مزاح [mazzaːħ]; ~̲**eln** (-*le*) *v/i.* مزح [mazaħa, -a-], هزل [hazala, -i-], فاكه [faːkaha]; ~̲**ig** *adj.* هزلى [hazliː], مضحك [mudħik], فكه [fakih].

wo *interr. adv.* أين [ʔaina]; (*relativ*) حيث [ħaiθu].

wo'anders *adv.* فى مكان آخر [fiː makaːn ʔaːxar].

Woche *f* أسبوع [ʔusbuːʕ].

Wochen|bett *n* (-*ẹs*; -*en*) نفاس [nifaːs]; ~**blatt** *n* (-*ẹs*; ¨*er*) جريدة أسبوعية [dʒariːda ʔusbuːʕiːja]; ~**ende** *n* (-*s*; -*n*) عطلة نهاية الأسبوع [ʕutlat nihaːjat alʔusbuːʕ]; ~̲**lang** *adv.* أسابيع طويلة [ʔasaːbiːʕa tawiːla]; ~**tag** *m* (-*ẹs*; -*e*) يوم العمل [jaum alʕamal], يوم الدوام [j. addawaːm].

wöchentlich *adj.* أسبوعى [ʔusbuːʕiː]; *adv.* أسبوعيا [ʔusbuːʕiːjan].

Wöchnerin *f* نفساء [nafsaːʔ].

wo'durch *interr.adv.* بما [bimaː].

wo'für *interr.adv.* لما [limaː].

Woge *f* موجة [maudʒa].

wogen *v/i.* ماج [maːdʒa, -uː-], تموج [tamawwadʒa].

wo'her *interr.adv.* من أين [min ʔaina].

wo'hin *interr.adv.* إلى أين [ʔilaː ʔaina].

wohl *adv.* بخير [bixair]; (*vermutlich*) على الأرجح [ʕalaː lʔardʒaħ]; ***sich ~ fühlen*** استراح [istaraːħa]; ***~ bekomm's!*** هنيئا لك [haniːʔan laka]; ***leben Sie ~!*** وداعا [wadaːʕan]; ~̲ *n* (-*ẹs*; *O*) خير [xair]; ***auf j-s ~̲ trinken*** شرب نخبه [ʃariba naxbahu]; ***zum ~̲!*** فى صحتك [fiː ʃiħħatika]; ~̲**befinden** *n* (-*s*; *O*) عافية [ʕaːfija]; ~**behalten** *adv.* بسلامة [bisalaːma]; ~̲**ergeh(e)n** *n* (-*s*; *O*) هناء [hanaːʔ], سلامة [salaːma]; ~̲**fahrt** *f* (*O*) خير [xair]; ***die öffentliche ~̲fahrt*** الصالح العام [aʃʃaːliħ alʕaːmm]; ~̲**gefallen** *n* (-*s*; *O*) رضى [ridan]; (**an** *D* ب) إعجاب [ʔiʕdʒaːb]; ~̲**geruch** *m* (-*ẹs*; ¨*e*) عطر [ʕitr], طيب [tiːb], أرج [ʔaradʒ]; ~**gesinnt** *adj.* حسن النية [ħasan annija]; ~**habend** *adj.* موسر [muːsir], مثر [muθrin].

wohlig *adj.* مريح [muriːħ].

wohl|klingend *adj.* منسجم

W

[munsadʒim]; **~riechend** *adj.* عاطر [ʕaːtir]; **∻stand** *m* (-*¢s; O*) يسر [jusr], رفه [rifh], رفاهة [rafaːha]; **∻standsgesellschaft** *f* المجتمع المتيسر [almudʒtamaʕ almutajassir]; **∻tat** *f* حسنة [ħasana]; (*Genuß*) نعمة [niʕma]; **∻täter** *m* محسن [muħsin]; **∻tätigkeit** *f* (*O*) إحسان [ʔiħsaːn]; **~tu-end** *adj.* مريح [muriːħ], ممتع [mumtiʕ]; **~tun** *v/i.* (*Gutes tun*) أحسن [ʔaħsana]; (*angenehm sein*) طاب [taːba, -iː-]; **∻wollen** *n* (-*s; O*) تعطف [taʕattuf], لطف [lutf]; **~wollend** *adj.* عطوف [ʕatuːf].

Wohnbau *m* (-*s; -ten*) *s.* ***sozial***.

Wohnblock *m* (-*¢s; ¨e*) عمارة كبيرة [ʕimaːra kabiːra].

wohnen *v/i.* (**in** *D* في *od.* هـ) سكن [sakana, -u-]; (**an** *D* هـ) قطن [qatana, -u-]; (*wohnhaft sein*) (**in** *D* ب) أقام [ʔaqaːma]; ***möbliert*** **~** سكن في غرفة مفروشة [sakana fiː ɣurfa mafruːʃa].

Wohnhaus *n* (-*es; ¨er*) بيت سكن [bait sakan], مسكن [maskan].

wohnlich *adj.* مريح [muriːħ].

Wohn-ort *m* (-*¢s; O*) محل السكنى [maħall assuknaː].

Wohn|raum *m* (-*es; ¨e*) غرفة سكن [ɣurfat sakan]; *s.* ***~zimmer***.

Wohnsitz *m* (-*es; -e*) محل الإقامة [maħall alʔiqaːma].

Wohnung *f* شقة [ʃaqqa]; (*Behausung*) سكن [sakan]; **~s-amt** *n* (-*es; ¨er*) مصلحة الإسكان [maʃlaħat alʔiskaːn]; **~s-mangel** *m* (-*s; O*), **~s-not** *f* أزمة المساكن [ʔazmat almasaːkin]; **~s-vermittlung** *f* سمسرة المساكن [samsarat alm.].

Wohnwagen *m* مقطورة النوم [maqtuːrat annaum].

Wohnzimmer *n* غرفة الجلوس [ɣurfat aldʒuluːs].

wölben *v/r.* تقوس [taqawwasa].

Wölbung *f* قبو [qabw], قوس [qaus].

Wolf *m* (-*es; ¨e*) ذئب [ðiʔb]; *Med.* قرحة احتكاك [qarħat ihtikaːk].

Wolke *f* غيمة [ɣaima], سحابة [saħaːba].

Wolken|bruch *m* (-*¢s; ¨e*) زخة [zaxxa], وابل [waːbil], همرة [hamra]; **~kratzer** *m* ناطحة السحاب [naːtiħat assaħaːb].

wolkig *adj.* غائم [ɣaːʔim].

Wolldecke *f* بطانية [battaːniːja].

Wolle *f* صوف [ʃuːf].

wollen[1] *adj.* من صوف [min ʃuːf], صوفى [ʃuːfiː].

wollen[2] (*L*) *v/t.* أراد [ʔaraːda], شاء [ʃaːʔa, -aː-]; (*begehren*) رغب في [raɣiba, -a-]; بغى [baɣaː, -iː], ≈ *n* (*-s; O*) إرادة [ʔiraːda], مشيئة [maʃiːʔa].

Wollstoff *m* (*-¢s; -e*) قماش صوف [qumaːʃ ʃuːf].

Wollust *f* (—; ⁻*e*) شهوة [ʃahwa].

wollüstig *adj.* شهوانى [ʃahwaːniː].

Wollwaren *f/pl.* بضائع صوفية [badaːʔiʕ ʃuːfiːja].

wo'mit *interr.adv.* بما [bimaː].

wo'nach *interr.adv.* بعد ما [baʕda maː].

Wonne *f* لذة [laððа], متعة [mutʕa].

wo'ran *interr.adv.* بما [bimaː], فيما [fiːmaː]; ~ **denken Sie?** فى أى شيء (فيما) تفكر [fiː ʔajji ʃaiʔin tufakkiru].

wo'rauf *interr.adv.* على ما [ʕalaː maː].

wo'raus *interr.adv.* من ما [min maː].

Wort *n* (*-es; ⁻er, -e*) كلمة [kalima], لفظ [lafẓ]; (*Ausdruck*) عبارة [ʕibaːra]; (*gegebenes* ~) وعد [waʕd]; ~ **für** ~ حرفا بحرف [ħarfan biħarf]; **mit anderen ~en** بعبارة أخرى [biʕibaːra ʔuxraː]; **~bruch** *m* (*-¢s; ⁻e*) إخلاف الوعد [ʔixlaːf alwaʕd].

Wörterbuch *n* (*-¢s; ⁻er*) معجم [muʕdʒam], قاموس [qaːmuːs].

Wort|führer *m* متكلم [mutakallim], رئيس [raːʔiːs]; **~gefecht** *n* (*-¢s; -e*) جدل [dʒadal], مشادة [muʃaːdda]; **≈getreu** *adj.* حرفى [ħarfiː], مطابق للأصل [mutaːbiq lilʔaʃl]; **≈karg** *adj.* سكوت [sakuːt]; **~laut** *m* (*-¢s; O*) نص [naʃʃ].

wörtlich *adj.* حرفى [ħarfiː]; *adv.* حرفيا [ħarfiːjan].

wort|los *adv.* ساكتا [saːkitan], بصمت [biʃamt]; **≈schatz** *m* (*-es; O*) مجموع المفردات اللغوية [madʒmuːʕ almufradaːt alluɣawiːja].

Wort|spiel *n* (*-¢s; -e*) جناس [dʒinaːs], تورية [taurija]; **~wechsel** *m* (*O*) مناظرة [munaːẓara].

wo'rüber *adv.* عن ما [ʕan

maː]; ~? عن أى شىء [ʕan ajj ʃaiʔ].

wo'rum *adv.* عن ما [ʕan maː], حول ما [ħaula maː].

wo'von *adv.* مما [mimmaː], عن ما [ʕan maː].

wo'vor *adv.* مما [mimmaː]; **~?** أمام أى شىء [ʔamaːma ʔajj ʃaiʔ].

wo'zu *adv.* لما [limaː]; **~?** لأى غرض [liʔajj ɣarađ], لماذا [limaːðaː].

Wrack *n (-¢s; -s od. -e)* حطام [ħutaːm].

wringen *(L) v/t. (Wäsche)* عصر [ʕaʃara, -i-].

Wucher *m* ربا [riban]; **~er** *m* مراب [muraːbin]; **~̊n** *(-re) v/i. Fin.* رابى [raːbaː]; *(Pflanzen, Gewebe)* نما (تكاثر) بصورة مفرطة [namaː, -uː, (takaːθara) biʃuːra mufrita]; **~ung** *f Med.* نامية [naːmija].

Wuchs [-uː-] *m (-es; ¨e) (Wachsen)* نمو [numuːw]; *(Statur)* قامة [qaːma].

Wucht *f (e-s Stoßes)* قوة [quːwa], شدة [ʃidda]; *(e-r Last)* ثقل [θiqal].

wühlen *v/i.* نبش [nabbaʃa]; *(in der Erde)* نكش [nakaʃa, -i-].

Wulst *f (—; ¨e)* انتفاخ [intifaːx], بروز [buruːz]; *Med.* ورم [waram]; **~̊ig** *adj. (Lippe)* غليظ [ɣaliːz].

wund *(-est) adj.* مجروح [madʒruːħ], قرح [qariħ], متقرح [mutaqarriħ].

Wunde *f* جرح [dʒurħ]; *(Geschwür)* قرح [qarħ].

Wunder *n* معجزة [muʕdʒiza]; *Isl.* آية [ʔaːja]; *Rel.* كرامة [karaːma]; **durch e. ~** بأعجوبة [biʔuʕdʒuːba]; **~̊bar** *adj.* عظيم [ʕaziːm], رائع [raːʔiʕ], بديع [badiːʕ].

wunderlich *adj.* غريب [ɣariːb].

wundern *(-re) v/t.* أدهش [ʔadhaʃa]; *v/r.* *(**über** A* من*)* تعجب [taʕaddʒaba].

Wund-starrkrampf *m (-es; ¨e) Med.* كزاز [kuzaːz].

Wunsch *m (-es; ¨e)* رغبة [raɣba], منية [munja], أرب [ʔarab]; *(Begehren)* طلب [talab]; *(Glück~̊)* تهنئة [tahniʔa]; ***beste Wünsche*** أطيب التمنيات [ʔatjab attamanniјaːt].

wünschen *v/t. (etw.* فى*)* رغب [raɣiba, -a-], ابتغى هـ [ibtaɣaː]; *(j-m etw.* هـ ل*)* تمنى [tamannaː]; **~s-wert** *adj.* مرغوب فيه [marɣuːb fiːhi].

W

wunschgemäß *adj.* على ما يرام [ʕalaː maː juraːmu].

wurde, würde *s.* **werden**.

Würde *f* وقار [waqaːr]; (*Rang*) رتبة [rutba].

würdig *adj.* (*Auftreten*) وقور [waquːr]; (*G* ب) جدير [ʤadiːr], (*G* ل) أهل [ʔahl]; **~en** *v/t.* قدر [qaddara], احترم [iħtarama]; **~ung** *f* تقدير [taqdiːr].

Wurf *m* (*-es; ¨e*) رمية [ramja], إلقاء [ʔilqaːʔ]; *Zo.* نتاج [nitaːʤ].

Würfel *m* مكعب [mukaʕʕab], كعب [kaʕb]; **~becher** *m* حقة النرد [ħuqqat annard]; **~förmig** *adj.* مكعب [mukaʕʕab]; **~n** *v/i.* لعب الطاولة [laʕiba, -a-, attaːwula]; **~spiel** *n* (*-es; -e*) نرد [nard], لعب الطاولة [laʕib att.]; **~zucker** *m* سكر قوالب [sukkar qawaːlib].

würgen *v/t.* خنق [xanaqa, -u-].

Wurm *m* (*-es; ¨er*) دودة [duːda]; *Koll.* دود [duːd].

Wurmfortsatz *m* (*-es; ¨e*) *Anat.* زائدة دودية [zaːʔida duːdiːja].

wurm|ig, ~stichig *adj.* مسوس [musawwis].

Wurst *f* (*—; ¨e*) سجق [suʤuq].

Würstchen *n/pl.* نقانق [naqaːniq].

Würze *f* تابل [taːbil].

Wurzel *f* (*—; -n*) أصل [ʔaʃl]; *a. Math.* جذر [ʤiðr].

wurzeln (*-le*) *v/i.* تأصل [taʔaʃʃala].

würzen (*-t*) *v/t.* تبل [tabbala].

wüst [-yː-] (*-est*) *adj.* مقفر [muqfir]; *fig.* وحشي [waħʃiː]; (*unordentlich*) مخربط [muxarbaṭ].

Wüste *f* صحراء [ʃaħraːʔ], بادية [baːdija].

Wüstling [-yː-] *m* (*-s; -e*) فاسق [faːsiq].

Wut *f* (*O*) حدة الغضب [ħiddat alɣaḍab], غيظ [ɣaiẓ], حنق [ħanaq]; **~-anfall** *m* (*-es; ¨e*) سورة الغضب [saurat alɣaḍab].

wüten (*-e-*) *v/i.* جاش [ʤaːʃa, -iː-]; (*Sturm*) ثار [θaːra, -uː-]; (*Verheerungen anrichten*) عاث [ʕaːθa, -iː-].

wütend *adj.* غضبان [ɣaḍbaːn]; **~ sein (werden)** (**über** *A* من) حنق [ħaniqa, -a-], تغيظ [taɣajjaẓa].

X

X-Achse ['ɪks-] *f Math.* المحور السيني [almiħwar assiːniː].

x-beliebig ['ɪks-] *adj.* أى [ʔajj]; ***nimm e-n ~en*** خذ أيا شئت [xuð ʔajjan ʃiʔta].

Xerogra'phie *f* طباعة جافة [tˤibaːʕa dʒaːffa].

x-mal ['ɪks-] *adv.* مرات عديدة [marraːt ʕadiːda]; **~ig** *adj.* متكرر [mutakarrir].

X-Strahlen ['ɪks-] *m/pl. s.* ***Röntgenstrahlen***.

Xylo'phon *n* (*-s; -e*) *Mus.* كسيلوفون [ksiːlufuːn].

Y

Y-Achse ['ypsiˑlɔn-] *f Math.* المحور الصادى [almiħwar asˤsˤaːdiː].

Ypsilon ['ypsiˑlɔn] *n* (*-s; -s*) (y اسم حرف).

Z

Zack|e *f Techn.* سن [sinn], مسمار [mismaːr]; **~ig** *adj.* مسنن [musannan], منشارى [minʃaːriː], شائك [ʃaːʔik].

zag|en *v/i.* تردد [taraddada]; **~haft** (*-est*) *adj.* متردد [mutaraddid], وجل [wadʒil], متخوف [mutaxawwif].

zäh(e) ['tsɛːə] *adj.* جاسئ [dʒaːsiʔ], صلب [sˤulb], مثل الجلد [miθl aldʒild]; (*Flüssigkeit*) لزج [lazidʒ]; (*Mensch*) جلد [dʒald].

Zahl *f* عدد [ʕadad].

zahlbar *adj.* مستحق [mustaħaqq]; **~ *und klagbar in*** مكان الأداء والقضاء [makaːn alʔadaːʔ walqadˤaːʔ].

zählbar *adj.* يحصى [juħsˤaː].

zahlen *v/t.* دفع [dafaʕa, -a-]; *v/i.* سدد الحساب [saddada lħisaːb].

zählen *v/t.* عد [ʕadda, -u-], أحصى [ʔaħsˤaː].

Zähler *m* عداد [ʕaddaːd].

Zahlkarte *f* حوالة بريدية [ħawaːla bariːdiːja].

zahl|los *adj.* لا يعد [laː juʕaddu]; **~reich** *adj.* عديد [ʕadiːd]; **~ung** *f* دفع [dafʕ], أداء [ʔadaːʔ], سداد [sadaːd].

Zählung *f* تعداد [taʕdaːd], عد [ʕadd].

Zahlungs|-anweisung *f* حوالة [ħawaːla]; **~-aufschub** *m* تأجيل الدفع [taʔʤiːl addafʕ]; **~bedingungen** *f/pl.* شروط الدفع [ʃuruːt add.]; **~frist** *f* مدة الدفع [muddat addafʕ]; **~mittel** *n/pl.* عملة [ʕumla], نقد [naqd]; **~termin** *m* (-ẹs; -e) ميعاد الدفع [miːʕaːd addafʕ]; **~verkehr** *m* (-s; O) نظام المدفوعات [niẓaːm almadfuːʕaːt].

Zahlwort *n* (-ẹs; ⸚er) *Gr.* اسم العدد [ism alʕadad].

Zahlzeichen *n* رقم [raqm].

zahm *adj.* داجن [daːʤin], أليف [ʔaliːf].

zähm|en *v/t.* دجن [daddʒana]; (*bändigen*) روض [rawwaḍa]; **~ung** *f* روض [rauḍ].

Zahn *m* (-ẹs; ⸚e) سن [sinn]; (*Eck~*) ناب [naːb]; (*Backen~*) ضرس [ḍirs]; **~-arzt** *m* (-es; ⸚e) طبيب أسنان [ṭabiːb ʔasnaːn]; **~bürste** *f* فرشة أسنان [furʃat ʔasnaːn].

zahnen *v/i.* (*Kind*) أسن [ʔasanna].

Zahn-ersatz *m* (-es; O) أسنان اصطناعية [ʔasnaːn iṣṭinaːʕiːja].

Zahn|fleisch *n* (-es; O) لثة [liθa]; **~füllung** *f* حشو (سن) [ħaʃw (sinn)]; **~pasta** *f* (—; -ten) معجون أسنان [maʕʤuːn ʔasnaːn]; **~rad** *n* *Techn.* ترس [tirs]; **~schmelz** *m* (-es; -e) ميناء [miːnaːʔ]; **~schmerz** *m* (-es; -en) وجع الأسنان [waʤaʕ alʔasnaːn]; **~stein** *m* (-ẹs; O) جير أسنان [ʤiːr ʔasnaːn]; **~stocher** *m* خلالة [xilaːla], سواك [siwaːk]; **~weh** *n* (-ẹs; O) *s.* **~schmerz**.

Zange *f* كلابة [kullaːba], زردية [zardiːja], كماشة [kammaːʃa]; (*Kohlen~*) ملقط [milqaṭ].

Zank *m* (-ẹs; O) نزاع [nizaːʕ], شجار [ʃiʤaːr].

zanken *v/r.* تنازع [tanaːzaʕa], تشاجر [taʃaːʤara].

zänkisch *adj.* مشاغب [muʃaːɣib].

Zäpfchen *n* (*Gaumen~*) لهاة [luhaːt]; *Med.* لبوس [labuːs].

zapfen *v/t.* بزل [bazala, -u-].

Zapfen *m Techn.* خابور [xaːbuːr], لسان [lisaːn]; (*Stöpsel*) سداد [sidaːd]; *Bot.* (*Tannen*≈) كوز [kuːz].

Zapf-stelle *f Mot.* محطة بنزين [maħattat banziːn].

zart (*-est*) *adj.* (*empfindlich*) حساس [ħassaːs]; (*fein*) رقيق [raqiːq]; (*weich*) ناعم [naːʕim]; (*frisch u. weich*) طرى [tariːj]; *fig.* **das ~e Geschlecht** الجنس اللطيف [aldʒins allatiːf]; **≈heit** *f* (*O*) رقة [riqqa], طراوة [taraːwa].

zärtlich *adj.* حنون [ħanuːn], مدلل [mudallil]; **≈keit** *f* حنان [ħanaːn].

Zauber *m* سحر [siħr]; (*Reiz*) فتنة [fitna], جاذبية [dʒaːðibiːja]; **~ei** [-'raɪ] *f* سحر [siħr]; (*Gaukelei*) شعوذة [ʃaʕwaða]; **~er** *m* ساحر [saːħir]; **≈haft** (*-est*) *adj.* فاتن [faːtin], جذاب [dʒaððaːb], رائع [raːʔiʕ].

zaubern (*-re*) *v/i.* سحر [saħara, -a-].

zaudern (*-re*) *v/i.* تردد [taraddada]; **≈** *n* (*O*) تردد [taraddud].

Zaum *m* (*-¢s; ¨-e*) زمام [zimaːm], لجام [lidʒaːm].

Zaun *m* (*-¢s; ¨-e*) سياج [sijaːdʒ], حاجز [ħaːdʒiz], سور [suːr].

Zeche *f* ثمن الأكل والشرب [θaman alʔakl waʃʃurb]; (*Bergwerk*) منجم [mandʒam].

Zecke *f Zo. Koll.* قراد [quraːd].

Zeder *f* (*—; -n*) *Bot. Koll.* أرز [ʔarz].

Zehe *f* إصبع القدم [ʔiʃbaʕ alqadam].

zehn *num.* عشرة [ʕaʃara]; **~te(r)** *num.* عاشر [ʕaːʃir].

Zehntel *n* عشر [ʕuʃr].

Zeichen *n* علامة [ʕalaːma]; (*Anzeichen*) ظاهرة [zaːhira]; (*Signal*) إشارة [ʔiʃaːra]; (*Symbol*) رمز [ramz].

Zeichen|-papier *n* (*-¢s; -e*) ورق الرسم [waraq arrasm]; **~-stift** *m* (*-es; -e*) قلم الرسم [qalam arr.].

zeichnen (*-e-*) *v/t.* رسم [rasama, -u-]; (*unterschreiben*) وقع [waqqaʕa]; *Fin.* (*Anleihe*) اكتتب [iktataba].

Zeige|finger *m* سبابة [sabbaːba]; **≈n** *v/t. j-m etw.* أرى ه ه [ʔaraː], أشار له إلى [ʔaʃaːra]; (*Einsicht geben*) أطلع ه على [ʔatlaʕa]; (*sichtbar machen*) أظهر [ʔazhara], أبدى

[ʔabdaː]; *v/r.* ظهر [zahara, -a-], تبين [tabajjana]; **~r** *m* (*Uhr*~) عقرب [ʕaqrab]; (*e-s Instruments*) مؤشر [muʔaʃʃir].

Zeile *f* سطر [satr].

Zeit *f* زمن [zaman], زمان [zamaːn]; (*die meßbare* ~) وقت [waqt]; (*Orts*~) توقيت [tauqiːt]; (~ *und Schicksal*) دهر [dahr]; **~-alter** *n* عصر [ʕaʃr]; **~-angabe** *f* بيان الوقت [bajaːn alwaqt]; **~gemäß** (*-est*) *adj.* مناسب للعصر [munaːsib lilʕaʃr]; **~genosse** *m* (*-n*), **~genössisch** *adj.* معاصر [muʕaːʃir], عصرى [ʕaʃriː]; **~ig** *adj.* مبكر [mubakkir]; **~punkt** *m* (*-¢s; -e*) آن [ʔaːn], حين [ħiːn]; (*Termin*) موعد [mauʕid]; (*Datum*) تأريخ [taʔriːx]; **~raum** *m* (*-¢s; ¨e*) فترة [fatra], مدة [mudda], حقبة [ħiqba]; **~rechnung** *f* تأريخ [taʔriːx]; ***islamischer ~rechnung*** بعد الهجرة [baʕda lhidʒra]; **~-schrift** *f* مجلة [madʒalla]; **~-umstände** *m/pl.* ظروف الحال [zuruːf alħaːl].

Zeitung *f* جريدة [dʒariːda].

Zeitungs|-bericht *m* (*-¢s; -e*) تقرير صحفى [taqriːr ʃuħufi]; **~kiosk** *m* (*-¢s; -e*), **~stand** *m* (*-¢s; ¨e*) كشك الجرائد [kuʃk aldʒaraːʔid]; **~stil** *m* (*-¢s; -e*) أسلوب صحفى [ʔusluːb ʃuħufi]; **~verkäufer** *m* بائع جرائد [baːʔiʕ dʒaraːʔid]; **~wesen** *n* (*-s; O*) الصحافة [aʃʃiħaːfa].

Zeit-unterschied *m* (*-¢s; -e*) فرق التوقيت [farq attauqiːt].

Zeit|verschwendung *f* (*O*) تضييع الوقت [tadjiːʕ alwaqt]; **~vertreib** *m* (*-¢s; -e*) تسلية [taslija]; **~weilig, ~weise** *adv.* أحيانا [ʔaħjaːnan].

Zelle *f Biol., Pol.* خلية [xaliːja]; (*Gefängnis*~) زنزانة [zinzaːna]; (*Kabine*) خلوة [xalwa]; (*Mönchs*~) قلية [qilliːja].

Zellstoff *m* سيلولوز [selluːloːz].

Zelt *n* (*-¢s; -e*) خيمة [xaima]; **~bahn** *f s.* ***~leinwand***; **~lager** *n* مخيم [muxajjam]; **~leinwand** *f* (*O*) نسيج الخيم [nasiːdʒ alxijam].

Ze'ment *m* (*-¢s; -e*) أسمنت [ʔasmant].

Ze'nit *m* (*-¢s; O*) سمت الرأس [samt arraʔs].

Zen'sur *f* رقابة [riqaːba]; (*Schulnote*) تقدير [taqdiːr], درجة [daradʒa].

Zenti'meter *m* سنتمتر [santimitr].

Zentner *m* قنطار [qintaːr].

zen'tral *adj.* مركزى [markaziː]; **˜e** *f* مركز [markaz]; (*Direktion*) إدارة [ʔidaːra].

Zen'tralheizung *f* تدفئة مركزية [tadfiʔa markaziːja].

zentrali'sieren *v/t.* مركز [markaza].

Zentrum *n* (*-s; Zentren*) مركز [markaz].

Zepter *n* صولجان [ʃauladʒaːn].

zer'brechen (*L; —*) *v/t.* كسر [kasara, -i-]; (*in Stücke*) كسر [kassara], حطم [ħattama]; *v/i.* انكسر [inkasara].

zer'brechlich *adj.* سهل الكسر [sahil alkasr]; **˜keit** *f* سهولة الكسر [suhuːlat alkasr].

Zeremo'nie *f* مراسم [maraːsim]; (*Feierlichkeit*) حفلة [ħafla]; *Rel.* طقس دينى [taqs diːniː].

zeremoniell [-'nĭɛl] *adj.* رسمى [rasmiː]; (*gezwungen*) متكلف [mutakallaf].

zer'fallen (*L; —; sn*) *v/i.* (*Gebäude*) انهدم [inhadama]; (*in kleine Stücke*) تفتت [tafattata].

zer'fetzt (*-est*) *adj.* مهلهل [muhalhal].

zer'fließen (*L; —; sn*) *v/i.* ذاب [ðaːba, -uː-], ماع [maːʕa, -iː-], ساح [saːħa, -iː-].

zer'fressen[1] (*L; —*) *v/t.* (*Säure, Motten*) أكل [ʔakala, -u-]; **~**[2] *adj.* متأكل [mutaʔakkil].

zer'furcht (*O*) *adj.* محزز [muħazzaz]; (*Gesicht*) مجعد [mudʒaʕʕad].

zer'gehen (*L; —; sn*) *v/i. s.* ***zerfließen***.

zer'gliedern (*-re; —*) *v/t.* فصل [faʃʃala]; (*e-n Körper*) شرح [ʃarraħa].

zer'kleinern (*-re; —*) *v/t.* دق [daqqa, -u-], هشم [haʃʃama]; (*mit d. Messer*) قطع [qattaʕa]; (*zerkauen*) مضغ [mađaɣa, -u-].

zer|'knittern (*-re; —*) *v/t.*, **~'knüllen** (*—*) *v/t.* دعك [daʕaka, -a-].

zer'kratzen (*-t; —*) *v/t.* خدش [xadaʃa, -i-].

zer'legbar (*O*) *adj.* تنفصل أجزاؤه [tanfaʃilu ʔadʒzaːʔuhu].

zer'legen (*—*) *v/t.* فك [fakka, -u-]; *Chem.* حلل [ħallala].

zer'lumpt (*-est*) *adj. s.* ***zerfetzt***.

zer'mürben (*—*) *v/t.* أنهك [ʔanhaka].

zer'platzen (*—*) *v/i.* (*Blase*)

تفرقع [tafarqaʕa]; (*Bombe*) انفجر [infadʒara].

zer'quetschen (—) *v/t.* سحق [sаħaqa, -a-], هرس [harasa, -u-], معس [maʕasa, -a-].

Zerrbild *n* (*-es; -er*) صورة مشوهة [ʃuːra muʃawwaha].

zer'reißen (*L;* —) *v/t.* مزق [mazzaqa]; (*e-n Faden*) قطع [qataʕa, -a-]; *v/i.* تمزق [tamazzaqa], انقطع [inqataʕa].

Zer'reißprobe *f* اختبار المتانة [ixtibaːr almataːna].

zerren *v/t.* جر [dʒarra, -u-], شد [ʃadda, -i-].

zer'rinnen (*L;* —*; sn*) *v/i. s.* ***zerfließen***.

zer'rissen *adj.* ممزق [mumazzaq], مقطوع [maqtuːʕ].

Zerrung *f Med.* شد الوتر [ʃadd alwatar].

zer'rütten (*-e-;* —) *v/t.* هد [hadda, -u-], أفسد [ʔafsada].

zer'sägen (—) *v/t.* قطع بمنشار [qataʕa, -a-, biminʃaːr].

zer'schellen (; *sn*) *v/i.* تحطم [taħattama].

zer'schlagen (*L;* —) *v/t.* كسر [kassara]; *fig.* (*vereiteln*) أحبط [ʔaħbata].

zer'schmettern (—) *v/t.* حطم [ħattama].

zer'schneiden (*L;* —) *v/t.* فصل [faʃala, -i-], قطع [qataʕa, -a-].

zer'setzen (*-t;* —) *v/t. Chem.* حل [ħalla, -i-]; *fig.* أفسد [ʔafsada], هد [hadda, -u-].

zer'splittern (*-re;* —) *v/t.* حطم [ħattama], فرق [farraqa]; *v/i.* تشظى [taʃazzaː].

zer'springen (*L;* —*; sn*) *v/i.* (*Glas*) انكسر [inkasara]; (*explodieren*) انفجر [infadʒara].

zer'stäuben (—) *v/t.* رش [raʃʃa, -u-].

zer'stör|en (—) *v/t.* دمر [dammara], خرب [xarraba], أباد [ʔabaːda], أتلف [ʔatlafa]; **~ung** *f* تدمير [tadmiːr], تخريب [taxriːb].

zer'streu|en (—) *v/t.* نثر [naθara, -u-], شتت [ʃattata]; *v/r.* (*Menschen*) تفرق [tafarraqa]; (*sich unterhalten*) تسلى [tasallaː]; **~t** (*-est*) *adj.* منتشر [muntaʃir], متنثر [muntaθir]; (*verwirrt*) *fig.* شارد الفكر [ʃaːrid alfikr]; **~ung** *f* تسلية [taslija].

zer'teilen (—) *v/t.* قسم [qasama, -i-], قطع [qattaʕa].

zer'treten (*L;* —) *v/t.* دعس [daʕasa, -a-].

zer'trümmern (*-re;* —) *v/t.*

هدم [haddama], حطم [ħattama].

Zer'trümmerung *f* (*a. des Atoms*) تحطيم [taħtiːm].

Zer'würfnis *n* (*-ses; -se*) شقاق [ʃiqaːq], فتنة [fitna].

zer'zaust *adj.* شعث [ʃaʕiθ].

Zes'sion *f Jur.* تحويل [taħwiːl]; ~ ***e-r Schuld*** نقل دين [naql dain].

Zettel *m* ورقة [waraqa], بطاقة [bitaːqa]; (*Notiz*) مذكرة [muðakkira].

Zeug *n* (*-ẹs; O*) (*Stoff*) قماش [qumaːʃ]; (*Dinge, Gerät*) عدة [ʕudda]; (*Kram*) *pop. Äg.* عفش [ʕafʃ], *Irak* غراض [ɣaraːđ]; ***dummes*** ~ هذيان [haðajaːn].

Zeuge *m* (*-n*) شاهد [ʃaːhid]; **~̊n** *v/i.* (**für** *j-n* ل; **gegen** *j-n* على) شهد [ʃahida, -a-]; (**von** *etw.* على) دل [dalla, -u-]; *v/t.* (*Kinder*) أنجب [ʔandʒaba]; **~n-aussage** *f Jur.* شهادة [ʃahaːda].

Zeugnis *n* (*-ses; -se*) شهادة [ʃahaːda].

Zeugung *f* تناسل [tanaːsul], إنجاب [ʔindʒaːb].

Zickzack *m* (*-ẹs; -e*): ***im*** ~ متعرجا [mutaʕarridʒan].

Ziege *f Zo. Koll.* معز [maʕz], عنز [ʕanz].

Ziegel *m* طوب [tuːb], طابق [taːbaq], آجر [ʔaːdʒurr]; (*Roh~̊*) لبن [libn].

Ziegenbock *m* (*-ẹs; ¨e*) تيس [tais].

ziehen (*L*) *v/t.* سحب [saħaba, -a-], جر [dʒarra, -u-]; (*heraus~*) نزع [nazaʕa, -i-]; (*e-n Zahn*) خلع [xalaʕa, -a-]; *v/i.* مشى [maʃaː, -iː]; (*Heer*) زحف [zaħafa, -a-]; (*ein~, aus~, um~*) انتقل [intaqala]; ***es zieht*** يوجد تيار هواء [juːdʒadu tajjaːr hawaːʔ].

Ziehung *f* سحب [saħb].

Ziel *n* (*-ẹs; -e*) هدف [hadaf]; (*Zweck*) قصد [qaʃd], غرض [ɣarađ]; **~̊bewußt** *adj.* مصمم [muʃammim]; **~̊en** *v/i.* (**auf** *A* إلى) صوب [ʃawwaba], نشن على [naʃʃana]; **~punkt** *m* (*-ẹs; -e*) هدف [hadaf], مرمى [marman]; **~scheibe** *f* هدف [hadaf], نشان [niʃaːn]; *fig.* عرضة [ʕurđa].

ziemlich *adv.* إلى حد ما [ʔilaː ħaddin-maː], نوعا ما [nauʕan-maː]; ~ ***gut*** لا بأس به [laː baʔsa bihi].

Zier *f* (*O*), **~de** *f* زينة [ziːna], حلية [ħilja].

zieren *v/t.* زين [zajjana], حلى [ħallaː]; *v/r.* تدلل [tadallala].

Ziere'rei *f* تدلل [tadallul].

zierlich *adj.* ظريف [zariːf], رشيق [raʃiːq].

Ziffer *f* (—; *-n*) رقم [raqm]; **~blatt** *n* (*-ɇs*; *⸚er*) وجه ساعة [wadʒh saːʕa], ميناء [miːnaːʔ].

Ziga'rette *f* سجارة، سكارة [sigaːra].

Zi'garre *f* سيجار [siːgaːr].

Zi'geuner *m* غجرى [ɣadʒariː]; **~** *pl.* غجر [ɣadʒar], نور [nawar].

Zimmer *n* حجرة [ħudʒra], غرفة [ɣurfa]; **~decke** *f* سقف [saqf]; **~mädchen** *n* خادمة [xaːdima]; **~mann** *m* (*-es*; *Zimmerleute*) نجار [naddʒaːr].

Zimt *m* (*-es*; *-e*) قرفة [qirfa].

Zink *n* (*-es*; *O*) زنك [zink], خارصين [xaːraʃiːn].

Zinke *f* سن شوكة [sinn ʃauka].

Zinn *n* (*-ɇs*; *O*) قصدير [qaʃdiːr].

Zinne *f* شرفة [ʃurfa], برج [burdʒ].

Zins *m* (*-es*; *-en*) (*Miete*) إيجار [ʔiːdʒaːr]; **~en** *pl.* فائدة [faːʔida], ربح [ribħ]; **~eszins** *m* (*-es*; *-en*) ربح مركب [ribħ murakkab]; **~fuß** *m* (*-es*; *⸚e*), **~-satz** *m* (*-es*; *⸚e*) سعر الفائدة [siʕr alfaːʔida].

Zio'nismus *m* (—; *O*) صهيونية [ʃahjuːniːja].

Zio'nist *m* (*-en*), **⁓isch** *adj.* صهيونى [ʃahjuːniː].

Zipfel *m* طرف [taraf].

zirka *adv.* نحو [naħwa], حوالى [ħawaːlaj].

Zirkel *m* برجل [bardʒal], بركار [birkaːr]; (*Gruppe*) حلقة [ħalaqa].

Zirkulation [-'tsĭoːn] *f Fin.* تداول [tadaːwul]; (*Blut⁓*) دورة [daura].

zirku'lieren *v/i.* دار [daːra, -uː-]; (*publik werden*) شاع [ʃaːʕa, -iː-].

Zirkus *m* سيرك [sirk].

zischen *v/i.* فح [faħħa, -u-]; (*Fett*) نش [naʃʃa, -i-].

Zita'delle *f* قلعة [qalʕa].

Zi'tat *n* (*-ɇs*; *-e*) اقتباس [iqtibaːs], استشهاد [istiʃhaːd].

zi'tieren (—) *v/t.* اقتبس [iqtabasa], أورد [ʔaurada], استشهد ب [istaʃhada]; (*vorladen*) دعا [daʕaː, -uː], استحضر [istaħđara].

Zi'trone *f* ليمون [laimuːn].

Zi'tronen|presse *f* عصارة ليمون [ʕaffaːrat laimuːn]; **~saft** *m* (*-ɇs*; *⸚e*) عصير ليمون [ʕafiːr l.];

~**schale** *f* قشرة ليمون [qiʃrat l.].

zittern *v/i.* ارتعش [irtaʕaʃa], ارتجف [irtadʒafa]; (*vibrieren*) اهتز [ihtazza], تذبذب [taðabðaba].

Zittern *n* رجفة [radʒfa], رعش [raʕaʃ], ارتعاش [irtiʕaːʃ].

Zitze *f* بز [bizz], خلف [xilf].

zi'vil *adj.* مدنى [madaniː]; ~**bevölkerung** *f* السكان [assukkaːn].

Zivilisa'tion [-'tsĭoːn] *f* تمدن [tamaddun].

zivili'siert (*-est*) *adj.* متمدن [mutamaddin].

Zivi'list *m* (*-en*) مدنى [madaniː].

zögern (*-re*) *v/i.* تردد [taraddada].

Zoll[1] *m* (*Maß*) بوصة [buːsa].

Zoll[2] *m* (*-es; ¨-e*) كمرك، جمرك [gumruk]; ~**-abfertigung** *f* تخليص الجمرك [taxliːs algumruk]; ~**-amt** *n* (*-es; ¨-er*) مصلحة الجمارك [maʃlaħat algamaːrik]; ~**beamte(r)** *m* موظف الجمارك [muwazzaf alg.]; ~**deklaration** [-tsĭoːn] *f*, ~**-erklärung** *f* بيان الجمارك [bajaːn alg.]; ~**frei** *adj.* معفى من الرسوم الجمركية [muʕfan min arrusuːm algumrukiːja]; ~**kontrolle** *f* التفتيش الجمركى [attaftiːʃ algumrukiː]; ~**pflichtig** *adj.* خاضع للرسم الجمركى [xaːdiʕ lirrasm alg.]; ~**tarif** *m* (*-¢s; -e*) تعريفة رسوم الجمرك [taʕriːfat rusuːm algumruk].

Zone *f* منطقة [mintaqa].

Zoo *m* حديقة الحيوان [ħadiːqat alħajawaːn].

Zoolo'gie [tsoˑoˑ-] *f* (*O*) علم الحيوان [ʕilm alħajawaːn].

Zopf *m* (*-es; ¨-e*) ضفيرة [đafiːra], جديلة [dʒadiːla].

Zorn *m* (*-¢s; O*) غضب [ɣađab], غيظ [ɣaiz]; ~**ig** *adj.* غضبان [ɣađbaːn]; ~**ig werden** غضب [ɣađiba, -a-].

zu *präp. D* ل [li], إلى [ʔilaː], فى [fiː], ب [bi]; ~ ***Hause*** فى البيت [fiː lbait]; ~ ***Mittag*** فى الظهر [fiː zzuhr]; *adv.* زيادة [zijaːdatan]; ~ ***lang*** أطول من اللازم [ʔatwal min allaːzim]; ***es ist ihm ~ viel*** لا يسعه [laː jasaʕuhu]; ***Tür ~!*** اغلق الباب [iɣliq albaːb].

Zubehör *n* (*-¢s; O*) لوازم [lawaːzim].

zubereiten *v/t.* حضر [ħađđara], أعد [ʔaʕadda].

Zubereitung *f* تحضير [taħđiːr].

zubringen *v/t.* وصل [waʃʃala],

أوصل [ʔauʃala]; (*Zeit*) قضى [qaɗaː, -iː].

Zucht *f* تربية [tarbija]; (*Disziplin*) تأديب [taʔdiːb], نظام [niẓaːm].

züchten (*-e-*) *v/t.* (*Tiere*) ربى [rabbaː].

Zuchthaus *n* (*-es; ¨er*) سجن [sidʒn], لمان [liːmaːn].

züchtigen *v/t.* أدب [ʔaddaba], قرع [qaraʕa, -a-].

zucken *v/i.* تشنج [taʃannadʒa], اختلج [ixtaladʒa]; ***mit den Schultern ~*** هز كتفيه [hazza katifaihi].

zücken *v/t.* (*Messer*) شهر [ʃahara, -a-], (*Bleistift*) امتشق [imtaʃaqa].

Zucker *m* (*-s; O*) سكر [sukkar]; **~krankheit** *f* (*O*) داء السكر [daːʔ assukkar]; **~melone** *f Äg.* شمام [ʃammaːm], *Irak* بطيخ [battiːx]; **≈n** *v/t.* سكر [sakkara]; **~rohr** *n* قصب السكر [qaʃab assukkar]; **~rübe** *f* بنجر السكر [bandʒar ass.].

Zuckung *f* تشنج [taʃannudʒ].

zudecken *v/t.* غطى [ɣattaː]; *v/r.* تغطى [taɣattaː].

zu'dem *adv.* فوق هذا [fauqa ħaːðaː], هذا و... [ħ. wa ...].

zudrehen *v/t.* (*e-n Hahn*) أغلق [ʔaɣlaqa].

zudringlich *adj.* ملح [mulihħ], مصر [muʃirr], مزعج [muzʕidʒ].

zudrücken *v/t.* ضغط وأغلق [ɗaɣata, -u-, wa ʔaɣlaqa]; **e. *Auge ~*** (***bei** D* عن) غض النظر [ɣaɗɗa, -u-, annaẓar].

zu-erkennen (*L; —*) *v/t.* (*j-m A* له ب) حكم [ħakama, -u-]; ***der Preis wurde ihm zuerkannt*** فاز بالجائزة [faːza bildʒaːʔiza].

zu'erst [-eː-] *adv.* أولا [ʔawwalan]; (*anfangs*) فى البدء [fiː lbadʔ]; ***wer ~ kommt, mahlt ~*** السابق أولى [assaːbiq ʔaulaː].

Zufall *m* (*-es; ¨e*) صدفة [ʃudfa]; ***durch reinen ~*** بمحض الاتفاق [bimaħɗ alittifaːq].

zufällig *adj.* تصادفى [taʃaːdufiː], عشوائى [ʕaʃwaːʔiː]; *adv.* صدفة [ʃudfatan].

Zuflucht *f* (*O*) ملجأ [maldʒaʔ], ملاذ [malaːð].

Zufluß *m* (*-sses; ¨sse*) تدفق [tadaffuq]; (*Nebenfluß*) رافد [raːfid].

zu'folge *präp. G* بناء على [binaːʔan ʕalaː], حسب [ħasaba]; (*D ... ~*) ***dem***

Befehl ~ حسب الأمر [ħ. alʔamr].

zu'frieden *adj.* (***mit** D* عن) راض [raːđin], مكتف ب [muktafin]; ~**geben** *v/r.* (***mit** D* ب) اكتفى [iktafaː], اقتنع ب [iqtanaʕa]; ~**heit** *f (O)* رضى [riđan], سرور [suruːr], انبساط [inbisaːŧ]; ~**lassen** (*L*) *v/t. j-n* ترك ه و شأنه [taraka, -u-, wa ʃaʔnahu]; ~**stellen** *v/t.* أرضى [ʔarđaː]; ~**stellend** *adj.* مرض [murđin].

zufrieren (*L; sn*) *v/i.* (*See*) تجمد تماما [taʤammada tamaːman].

zufügen *v/t.* (*dazugeben*) أضاف [ʔađaːfa]; (*antun*) *j-m etw.* أضاب ه ب [ʔađaːba], عاد عليه ب [ʕaːda, -uː-].

Zufuhr *f* توصيل [tauʃiːl], توريد [tauriːd]; (*Versorgung*) تموين [tamwiːn].

zuführen *v/t.* (*j-m A* إلى) وصل [waʃʃala].

Zug *m* (*-ẹs; ⸚e*) جر [ʤarr]; (*Marsch*) سير [sair], زحف [zahf]; (*Kriegs*~) حملة [ħamla]; (*Prozession*) موكب [maukib]; (*Eisenbahn*~) قطار [qitaːr]; *Mil.* فصيلة [faʃiːla]; (*Atem*~) نفس [nafas]; (*Schluck*) جرعة [ʤurʕa]; (*Schrift*~) خط [xaŧŧ]; (*Charakter*~) مميزة [mumajjiza], خصلة [xaʃla]; (~*luft*) *s.* **Luftzug**; (*im Ofen*) تيار السحب [tajjaːr assaħb]; (*Schach*~) *s.* **Schachzug**; *pl.* **Züge** (*Gesichts*~) معالم [maʕaːlim].

Zugabe *f* إضافة [ʔiđaːfa], زيادة [zijaːda].

Zugang *m* (*-ẹs; ⸚e*) مدخل [madxal].

zugänglich *adj.* سهل الوصول إليه [sahl alwuʃuːl ʔilaihi]; ***frei*** ~ الدخول مجانا [adduxuːl maddʒaːnan]; (*Mensch*) أنيس [ʔaniːs].

zugeben (*L*) *v/t.* سلم ب [sallama]; (*e. Vergehen*) اعترف ب [iʕtarafa].

zu'gegen *adv.*: ~ **sein** حضر [ħađara, -u-].

Zugehörigkeit *f* تبعية [tabaʕiːja].

Zügel *m* عنان [ʕinaːn], زمام [zimaːm].

zugelassen *adj.* مرخص له [muraxxaʃ lahu]; معتمد [muʕtamad].

zügel|los (*-est*) *adj.* جامح [ʤaːmiħ], متهور [mutahawwir]; ~**n** (*-le*) *v/t.* ألجم

[ʔaldʒama], كبح [kabaħa, -a-].

zugesellen *v/t.* أشرك [ʔaʃraka].

Zugeständnis *n (-ses; -se)* تنازل [tanaːzul], تساهل [tasaːhul], تسليم [tasliːm].

zugestehen *(L; —) v/t. (zugeben)* اعترف ب [iʕtarafa]; *j-m etw.* أذعن له ب [ʔaðʕana].

zugetan *adj.: j-m* ~ **sein** أخلص ل [ʔaxlaṣa].

Zugführer *m Eisenb.* رئيس قطار [raʔiːs qiṭaːr], سائق قاطرة [saːʔiq qaːṭira]; *Mil.* رئيس فصيلة [r. faṣiːla].

zugig *adj.* ذو تيار هواء [ðuː tajjaːr hawaːʔ].

zügig *adv.* بحركة مستمرة [biħaraka mustamirra], سريعا [sariːʕan].

Zugkraft *f (O)* جاذبية [dʒaːðibiːja].

zu'gleich *adv.* معا [maʕan], دفعة واحدة [dufʕatan waːħida].

Zugluft *f s.* **Luftzug**.

Zugmaschine *f* جرارة [dʒarraːra].

zugreifen *(L) v/i.* ناهز [naːhaza], باشر [baːʃara]; ***bitte, greifen Sie zu!*** تفضل (كل) [tafaḍḍal (kul)].

zu'grunde *adv.:* ~ **gehen** *v/i.* هلك [halaka, -i-], خرب [xariba, -a-]; ~ ***richten*** *v/t.* أهلك [ʔahlaka], دمر [dammara], خرب [xarraba].

Zugschaffner *m Eisenb.* محصل [muħaṣṣil], كمسارى [kumsaːriː].

Zug-unglück *n* حادث سكة حديد [ħaːdiθ sikkat ħadiːd].

zu'gunsten *präp. G* ل [li], لصالح [liṣaːliħi].

Zugverbindung *f* مواصلة بالسكة الحديدية [muwaːṣala bissikka alħadiːdiːja].

Zugverkehr *m (-s; O)* الحركة على السكك الحديدية [alħaraka ʕalaː ssikak alħadiːdiːja].

Zugvögel *m/pl.* طيور قواطع [ṭujuːr qawaːṭiʕ].

Zuhälter *m* قواد [qawwaːd].

Zuhause *n (—; O)* ملجأ [maldʒaʔ], مسكن [maskan].

zuheilen *v/i. (Wunde)* التأم [iltaʔama], اندمل [indamala].

zuhören *v/i. j-m* أصغى إلى [ʔaṣɣaː], استمع [istamaʕa].

Zuhörer *m* سامع [saːmiʕ], مستمع [mustamiʕ].

zukleben *v/t.* أغلق بلزاق [ʔaɣlaqa bilizaːq], ألصق [ʔalṣaqa].

zuknöpfen *v/t.* زرر [zarrara].

zukommen (*L; sn*) *v/i.* **auf** *A* أقبل على [ʔaqbala].

Zukost *f* إدام [ʔidaːm].

Zukunft *f* (—; *O*) مستقبل [mustaqbal]; **in ~** فى المستقبل.

zukünftig *adj.* مستقبل [mustaqbal], مقبل [muqbil], قادم [qaːdim].

Zulage *f* علاوة [ʕilaːwa].

zulänglich *adj.* كاف [kaːfin]; *adv.* بصورة كافية [biʃuːra kaːfija]; **˜keit** *f* (*O*) كفاية [kifaːja].

zulassen (*L*) *v/t.* اعتمد [iʕtamada], أجاز [ʔadʒaːza], رخص ل [raxxaʃa]; (*einlassen*) *j-n* سمح (أذن) له بالدخول [samaħa, -a-, (ʔaðina, -a-) lahu bidduxuːl]; (*nicht verhindern*) ما اعترض ل [maː iʕtarađa].

zulässig *adj.* مباح [mubaːħ], جائز [dʒaːʔiz].

Zulassung *f* سماح [samaːħ], قبول [qubuːl], ترخيص [tarxiːʃ]; (*~sschein*) رخصة [ruxʃa].

Zulauf *m* (*-ȼs; O*) إقبال [ʔiqbaːl].

zu'leide *adv.*: *j-m* **etwas ~ tun** أضره [ʔađarra], أساء إلى [ʔasaːʔa].

Zuleitung *f* (*a. El.*) توصيل [tauʃiːl]; **~s-rohr** *n* (*-ȼs; -e*) ماسورة توصيل [maːsuːrat t.].

zu'letzt *adv.* أخيرا [ʔaxiːran].

zu'liebe *adv.*: **ihm ~** لخاطره [lixaːtirihi], لأجله [liʔadʒlihi].

zum = **zu dem**.

zumachen *v/t.* أغلق [ʔaɣlaqa], سد [sadda, -u-].

zu'mal *cj.* لا سيما أن [laː sijjamaː ʔanna].

zu'meist *adv.* غالبا [ɣaːliban].

zu'mindest *adv.* على الأقل [ʕalaː lʔaqall].

zumuten (*-e-*) *v/t. j-m etw.* توقع ه من [tawaqqaʕa]; **mutest du ihm dies wirklich zu?** أحقا تظنه قادرا على هذا [ʔaħaqqan taẓunnuhu qaːdiran ʕalaː haːðaː].

zu'nächst *präp. D* بجوار [bidʒawaːr]; *adv.* أولا [ʔawwalan].

Zunahme *f* زيادة [zijaːda], ازدياد [izdijaːd], نمو [numuːw].

Zuname *m* (*-n*) اسم العائلة [ism alʕaːʔila], لقب [laqab].

zünden *v/t.* أشعل [ʔaʃʕala]; *v/i.* اشتعل [iʃtaʕala].

Zünd|holz *n* (*-es; ⸗er*) عود كبريت [ʕuːd kibriːt], شحاطة [ʃaħħaːta]; *pl.* كبريت [kibriːt], ثقاب [θiqaːb], شحط [ʃaħt]; **~kerze** *f Mot.*

شمعة إشعال [ʃamʕat ʔiʃʕaːl]; **~schlüssel** *m Mot.* مفتاح الإقلاع [miftaːħ alʔiqlaːʕ]; **~spule** *f Mot.* ملف الإشعال [milaff alʔiʃʕaːl]; **~stoff** *m* (-*¢s; -e*) وقود [waquːd], مادة ملتهبة [maːdda multahiba]; **~ung** *f Mot.* جهاز الإشعال [ʤihaːz alʔiʃʕaːl].

zunehmen (*L*) *v/i.* ازداد [izdaːda].

Zuneigung *f* (**zu** *D* إلى) ميل [mail], عطف على [ʕatf].

Zunft *f* (—; ⸚*e*) حرفة [ħirfa], نقابة [niqaːba].

zünftig *adj.* محترف [muħtarif], مناسب لمحترف [munaːsib lim.].

Zunge *f* (*a. Sprache*) لسان [lisaːn]; **~n-spitze** *f* أسلة [ʔasala].

zu'nichte *adv.*: ~ ***machen*** *v/t.* أحبط [ʔaħbata].

zu'nutze *adv.*: ***sich*** *etw.* ~ ***machen*** استفاد من [istafaːda].

zu'oberst *adv.* فى الأعلى [fiː lʔaʕlaː].

zupacken *v/i. s.* ***zugreifen***.

zupfen *v/t.* نتف [natafa, -i-]; (*ziehen*) جر [ʤarra, -u-].

zur = ***zu der***.

zurechnen (-*e*-) *v/t.* أضاف إلى عدد [ʔađaːfa ʔila ʕadad], اعتبر ه من [iʕtabara].

zurechnungsfähig *adj.* صحيح العقل [ʂaħiːħ alʕaql], مميز [mumajjiz], رشيد [raʃiːd], مسؤول [masʔuːl]; **~keit** *f* (*O*) رشد [ruʃd], تمييز [tamjiːz].

zu'recht|finden (*L*) *v/r.* وجد طريقه [waʤada, jaʤidu, tariːqahu]; **~kommen** (*L; sn*) *v/i.* جاء فى وقته [ʤaːʔa, -iː-, fiː waqtihi]; ***mit*** *etw.* قدر على [qadara, -i-]; **~legen** *v/t.* رتب [rattaba], دبر [dabbara], أعد [ʔaʕadda]; **~weisen** (*L*) *v/t.* وبخ [wabbaxa], أنب [ʔannaba].

zureden *v/i. j-m* حاول أن يقنع ه [ħaːwala ʔan juqniʕa]; (*ermuntern*) شجع [ʃaddʒaʕa].

zureichend *adj.* كاف [kaːfin].

zureiten (*L*) *v/t.* (*e. Pferd*) روض [rawwađa].

zurichten (-*e*-) *v/t.* أعد [ʔaʕadda]; *fig.* (*übel* ~) شوه [ʃawwaha].

zürnen *v/t. j-m* غضب من [ɣađiba].

zu'rück *adv.* إلى الخلف [ʔilaː lxalf], إلى الوراء [ʔi. lwaraːʔ], عودا [ʕaudan]; ~ ***sein*** (قد) رجع [(qad) raʤaʕa, -i-]; **~bekommen** (*L;* —) *v/t.* استرد

[istaradda]; **~berufen** (*L*) *v/t.* استدعى [istadʕaː]; **~bleiben** (*L; sn*) *v/i.* تخلف [taxallafa]; (***hinter** D* عن) تأخر [taʔaxxara]; **~bringen** (*L*) *v/t.* عاد ب [ʕaːda, -uː-], أعاد ه [ʔaʕaːda]; **~drängen** *v/t.* دفع [dafaʕa, -a-], رد [radda, -u-]; **~drehen** *v/t.* أدار إلى الوراء [ʔadaːra ʔilaː lwaraːʔ]; (*Uhr*) أخر [ʔaxxara]; **~-erstatten** *v/t. s.* ***~geben***; **~fahren** (*L; sn*) *v/i.* رجع (راكبا) [radʒaʕa, -i- (raːkiban)]; **~fliegen** (*L; sn*) *v/i.* رجع (طائرا) [radʒaʕa, -i- (taːʔiran)]; **~führen** *v/t.* عاد ب [ʕaːda, -uː-]; (*auf e-e Ursache*) علل ب [ʕallala], عزا إلى [ʕazaː, -uː]; *v/i.* (*Weg*) أدى إلى المبدأ [ʔaddaː ʔilaː lmabdaʔ]; **~geben** (*L*) *v/t.* رد [radda, -u-], أرجع [ʔardʒaʕa], أعاد [ʔaʕaːda]; **~gehen** (*L; sn*) *v/i.* عاد [ʕaːda, -uː-]; (***auf** A* من) أصله [ʔafluhu]; (*nachlassen*) خف [xaffa, -i-], هبط [habata, -u-]; (*sich vermindern*) نقص [naqafa, -u-]; **~gewinnen** (*L*) *v/t.* استرجع [istardʒaʕa]; **~gezogen** *adj.* معتزل [muʕtazil]; **~greifen** (*L*) *v/i.* (***auf** A* إلى) رجع [radʒaʕa, -i-]; **~halten** (*L*) *v/t.* أوقف [ʔauqafa], منع [manaʕa, -a-], استبقى [istabqaː], حجز [ħadʒaza, -i-]; (*unterdrücken*) قمع [qamaʕa, -a-], كبت [kabata, -i-]; *v/r.* (**von** *D* عن) امتنع [imtanaʕa]; **~haltend** *adj.* متحفظ [mutaħaffiz]; **~holen** *v/t.* استرد [istaradda]; **~kehren** *v/i.* عاد [ʕaːda, -uː-], رجع [radʒaʕa, -i-]; **~kommen** (*L; sn*) *v/i. s.* ***~kehren***; **~lassen** (*L*) *v/t.* ترك [taraka, -u-]; (*hinterlassen*) خلف [xallafa]; **~legen** *v/t.* (*reservieren*) حجز [ħadʒaza, -i-]; (*sparen*) وفر [waffara]; (*Weg, Strecke*) قطع [qataʕa, -a-]; *v/r.* (***auf** A* على) اتكأ [ittakaʔa]; **~liegen** (*L*) *v/i.* غبر [ɣabara, -u-]; **~liegend** *adj.* غابر [ɣaːbir]; **~nehmen** (*L*) *v/t.* استرد [istaradda]; (*Wort*) تراجع من [taraːdʒaʕa]; (*Angebot*) سحب [saħaba, -a-]; **Ware ~** قبل إرجاع البضاعة [qabila, -a-, ʔirdʒaːʕ albiđaːʕa]; **~prallen** *v/i.* ارتد [irtadda], نبا [nabaː, -uː]; **~rufen** (*L*) *v/t.* استدعى [istadʕaː]; *Telef.*

رد المخابرة [radda, -u-, almuxaːbara]; **~schicken** *v/t.*: ***mit der Post ~schicken*** أرجع بالبريد [ʔardʒaʕa bilbariːd]; **~schlagen** (*L*) *v/t.* (*e-n Angriff*) رد [radda, -u-], صد [ʃadda, -u-]; (*Tuch, Decke*) ثنى [θanaː, -iː], رفع [rafaʕa, -a-]; (*den Mantel*) فتح [fataħa, -a-]; **~schrecken** *v/i.* (**vor** *D* عن) تورع [tawarraʕa]; **~senden** (*L*) *v/t. s.* **~schicken**; **~setzen** (*-t*) *v/t.* أهمل [ʔahmala], أخر [ʔaxxara]; **≈setzung** *f* إهمال [ʔihmaːl]; **~spiegeln** (*-le*) *v/t.* عكس [ʕakasa, -i-]; **~stehen** (*L; sn*) *v/i.* (***hinter D*** عن) تأخر [taʔaxxara]; (*nachstehen*) (*j-m* عن) قل [qalla, -i-]; **~stellen** *v/t.* أخر [ʔaxxara]; **~stoßen** (*L*) *v/t.* صد [ʃadda, -u-]; **~strahlen** *v/t.* عكس [ʕakasa, -i-]; **~treten** (*L; sn*) *v/i.* تراجع [taraːdʒaʕa]; (*verzichten*) (**von** *D* عن) تنازل [tanaːzala]; (*Amt niederlegen*) استقال [istaqaːla]; **~weichen** (*L; sn*) *v/i.* تراجع [taraːdʒaʕa], تقهقر [taqahqara]; **~weisen** (*L*) *v/t.* رد [radda, -u-], رفض [rafađa, -u-]; **~werfen** (*L*) *v/t. s.* **~schlagen**; (*Licht*) عكس [ʕakasa, -i-]; **~zahlen** *v/t.*: ***e-e Schuld ~*** رد دينا [radda, -u-, dainan]; **~ziehen** (*L*) *v/t.* سحب [saħaba, -a-], أزاح [ʔazaːħa]; *v/r.* انسحب [insaħaba]; (*von der Arbeit*) تقاعد [taqaːʕada].

Zuruf *m* (*-ȼs; -e*) نداء [nidaːʔ], هتاف [hutaːf].

zurufen (*L*) *v/i. j-m* نادى ه [naːdaː].

Zusage *f* موافقة [muwaːfaqa]; (*Versprechen*) وعد [waʕd]; (*Verpflichtung*) تعهد [taʕahhud].

zu'sammen *adv.* معا [maʕan]; ***alle ~*** جميعا [dʒamiːʕan]; **≈arbeit** *f* تعاون [taʕaːwun]; **~arbeiten** (*-e-*) *v/i.* (**mit** مع) تعاون [taʕaːwana]; **~binden** (*L*) *v/t.* ربط [rabaṭa, -u-]; **~brechen** (*L; sn*) *v/i.* تهدم [tahaddama], انهار [inhaːra]; (*Mensch*) وقع [waqaʕa, jaqaʕu], خارت قواه [xaːrat quwaːhu]; **≈bruch** *m* (*-ȼs; ¨e*) انهيار [inhijaːr], انحطاط [inħiṭaːṭ]; ***seelischer ≈bruch*** صدام وجدانى [ʃidaːm widʒdaːniː]; **~drücken** *v/t.* ضغط [đaɣaṭa, -a-], كبس [kabasa, -i-]; **~fahren** (*L;*

sn) *v/i.* (*Fahrzeuge*) تصادم [taʃaːdama]; (*Mensch*) ارتعد [irtaʕada], جفل [ʤafala, -i-]; **~fallen** (*L; sn*) *v/i. s.* **~brechen**; **~fassen** (*-ßt*) *v/t.* جمع [ʤamaʕa, -a-]; (*umreißen*) لخص [laxxaʃa]; **≈fassung** *f* تلخيص [talxiːʃ]; **≈fluß** *m* (*-sses; ⸚sse*) ملتقى [multaqan]; **~fügen** *v/t.* ركب [rakkaba]; **~gehörig** *adj.* مرتبط [murtabit], متلازم [mutalaːzim]; **~gesetzt** *adj.* مركب [murakkab]; **≈halt** *m* (*-¢s; O*) تماسك [tamaːsuk]; **≈hang** *m* (*-¢s; ⸚e*) علاقة [ʕalaːqa], صلة [ʃila], ارتباط [irtibaːt]; (*der Rede*) سياق [sijaːq]; **~hängen** (*L*) *v/i.* **mit** تعلق ب [taʕallaqa], ارتبط ب [irtabata]; **~hanglos** (*-est*) *adj.* غير مرتبط [ɣair murtabit], بلا اتصال [bilaː ttiʃaːl] **~heften** *v/t.* شبك [ʃabaka, -i-]; **~kommen** (*L; sn*) *v/i.* تقابل [taqaːbala]; (**mit** *D* مع) اجتمع [iʤtamaʕa], التقى ب [iltaqaː]; **≈kunft** *f* (*—; ⸚e*) اجتماع [iʤtimaːʕ]; **~legen** *v/t.* (*anordnen*) رتب [rattaba], جمع [ʤamaʕa]; (*falten*) طوى [tawaː, -iː], ثنى [θanaː, -iː]; (*häufen*) كوم [kawwama]; (*Hände*) ضم [đamma, -u-]; **~nehmen** (*L*) *v/t.* جمع [ʤamaʕa, -a-], لم [lamma, -u-]; *v/r.* اجتهد [iʤtahada]; **~prallen** (*sn*) *v/i.* (**mit** *D* مع) اصطدم [iʃtadama]; **~rechnen** (*-e*) *v/t.* (*addieren, summieren*) جمع [ʤamaʕa, -a-], أجمل [ʔaʤmala]; **~rücken** *v/t.* قرب [qarraba]; *v/i.* تقارب [taqaːraba]; **~setzen** (*-t*) *v/t.* ركب [rakkaba]; *v/r.* (**aus** *D* من) تركب [tarakkaba], تكون [takawwana]; **≈setzung** *f* تركيب [tarkiːb]; **~stellen** *v/t.* جمع [ʤamaʕa, -a-], شكل [ʃakkala]; (*Werk, Regierung*) ألف [ʔallafa] (*ordnen*) رتب [rattaba]; **≈stellung** *f* جمع [ʤamʕ]; (*Aufzählung*) سرد [sard]; **≈stoß** *m* (*-es; ⸚e*) تصادم [taʃaːdum]; **~strömen** (*sn*) *v/i.* تلاقى [talaːqaː]; **~stürzen** (*-t*) (*sn*) *v/i.* انهار [inhaːra]; **~treffen** (*L; sn*) *v/i.* التقى [iltaqaː]; (*Personen*) تقابل [taqaːbala]; **~zählen** *v/t. s.* **~rechnen**; **~ziehen** (*L*) *v/t.* جمع [ʤamaʕa, -a-], قلص [qallaʃa]; *Mil.* (*Truppen*) حشد [ħaʃada, -u-]; *v/r.* تقلص

[taqallafa], تقبض [taqab-badˁa], انكمش [inkamaʃa].

Zusatz *m* (*-es; ⸚e*) إضافة [ʔidˁaːfa]; (*Anhang*) ملحق [mulħaq].

zusätzlich *adj.* إضافي [ʔidˁaːfiː]; *adv.* ~ (**zu** *D* إلى) بالإضافة [bilʔidˁaːfa].

zuschau|en *v/i. j-m* راقب ه [raːqaba], شاهد [ʃaːhada]; (*bei e-r Darbietung*) تفرج على [tafarradʒa]; **˜er** *m* متفرج [mutafarridʒ], مشاهد [muʃaː-hid]; *pl.* نظارة [nazˁzˁaːra]; **˜er-raum** *m* (*-ɇs; ⸚e*) قاعة النظار [qaːʕat annuzˁzˁaːr].

zuschicken *v/t. j-m A* أرسل ه إلى [ʔarsala].

Zuschlag *m* (*-ɇs; ⸚e*) إضافة [ʔidˁaːfa], زيادة [zijaːda].

zuschlagen (*L*) *v/t.*: **die Tür** ~ صفق الباب [ʃafaqa, -i-, albaːb].

zuschneiden (*L*) *v/t.* (*Kleid*) فصل [faʃʃala].

Zuschnitt *m* (*-ɇs; -e*) تفصيل [tafʃiːl].

zuschnüren *v/t.* ربط [rabatˁa, -u-].

zuschrauben *v/t.* شد البرغي [ʃadda, -u-, alburɣiː].

zuschreiben (*L*) *v/t. j-m A* عزا إلى [ʕazaː, -uː], نسب [nasaba, -u-].

Zuschrift *f* رسالة [risaːla].

Zuschuß *m* (*-sses; ⸚sse*) علاوة [ʕilaːwa].

zuschütten *v/t.* (*mit Erde*) ردم [radama, -i-].

zusehen (*L*) *v/i. s.* **zuschauen**; ~ **daß** اعتنى ب [iʕtanaː].

zusehends *adv.* بصورة ملحوظة [biʃuːra malħuːzˁa].

zusetzen *v/t.* أضاف [ʔadˁaːfa]; *v/i. j-m* ألح على [ʔalaħħa].

zusicher|n (*-re*) *v/t. j-m* أكد ل [ʔakkada], وعد [waʕada, jaʕidu]; **˜ung** *f* وعد [waʕd], تأكيد [taʔkiːd].

zusperren *v/t.* أقفل [ʔaqfala].

zuspitzen (*-t*) *v/t.* دبب [dab-baba]; *v/r.* (*Lage*) تفاقم [ta-faːqama].

Zustand *m* (*-ɇs; ⸚e*) حال [ħaːl]; حالة [ħaːla].

zu'stande *adv.*: ~ **bringen** *v/t.* أنجز [ʔandʒaza], حقق [ħaqqaqa], أتم [ʔatamma]; ~ **kommen** *v/i.* حصل [ħaʃala, -u-], تم [tamma, -i-].

Zu'standekommen *n* (*-s; O*) تحقيق [taħqiːq].

zuständig *adj.* (**für** *A* ب) مختص [muxtaʃʃ]; **˜keit** *f* اختصاص [ixtiʃaːʃ].

Z

zustehen (*L*) *v/i. j-m* حق ل [ħaqqa, -i-].

zustell|en *v/t.* سلم [sallama], وصل [waffala]; **~gebühr** *f* أجر التوصيل [ʔadʒr attaufiːl]; **~ung** *f* تسليم [tasliːm], توصيل [taufiːl].

zustimm|en *v/i. D* وافق على [waːfaqa]; **~ung** *f* موافقة [muwaːfaqa].

zustopfen *v/t.* سد [sadda, -u-].

zustoßen *v/t. j-m etw.* دفع ه إلى [dafaʕa, -a-]; *v/i. j-m* جرى ل [dʒaraː, -iː], حدث ل [ħadaθa, -u-].

Zustrom *m* ورود [wuruːd], تدفق [tadaffuq].

zu'tage *adv.*: ~ **treten** *v/i.* بدا [badaː, -uː], ظهر [zahara, -a-].

Zutaten *f/pl.* إدام [ʔidaːm].

zu'teil *adv.*: *j-m* ~ **werden** كان من نصيبه [kaːna min nafiːbihi], حص ه [ħaffa].

zuteilen *v/t. j-m* أحص ه [ʔaħaffa].

Zuteilung *f* محاصة [muħaːffa]; (*Portion*) حصة [ħiffa].

zutragen *v/t. j-m* نقل إلى [naqala, -u-]; *v/r.* حدث [ħadaθa, -u-], وقع [waqaʕa, jaqaʕu].

zuträglich *adj.* ناجع [naːdʒiʕ], نافع [naːfiʕ], ملائم [mulaːʔim].

zutrauen *v/r.*: **sich** (*D*) *etw.* جرؤ على [dʒaruʔa, -u-]; **~** *n* (*-s; O*) ثقة [θiqa], اطمئنان [itmiʔnaːn], اتكال [ittikaːl].

zutraulich *adj.* أليف [ʔaliːf], أنيس [ʔaniːs], واثق [waːθiq]; **~keit** *f* ألفة [ʔulfa], إيناس [ʔiːnaːs].

zutreffen (*L*) *v/i.* صح [ʃaħħa, -i-], صاب [ʃaːba, -uː-]; **~d** *adj.* صحيح [ʃaħiːħ], صائب [ʃaːʔib], صواب [ʃawaːb].

Zutritt *m* (*-¢s; -e*) دخول [duxuːl]; **kein ~!** الدجول ممنوع [add. mamnuːʕ].

zu-'ungunsten *präp. G* خسارة ل [xasaːratan li].

zu-'unterst *adv.* فى الأسفل [fiː lʔasfal].

zuverlässig *adj.* أمين [ʔamiːn]; **~keit** (*O*) *f* أمانة [ʔamaːna].

Zuversicht *f* (*O*) اطمئنان [itmiʔnaːn]; **~lich** *adj.* مطمئن [mutmaʔinn], واثق [waːθiq].

zu'viel *adv.* فوق المطلوب [fauqa lmatluːb], للغاية [lilɣaːja], أكثر من اللازم [ʔakθar min allaːzim]; **einer ~** واحد زائد [waːhid zaːʔid]; **~ für ihn** كثير عليه [kaθiːr ʕalaihi]; **~ essen** بالغ (أسرف) فى الأكل

[baːlaɣa (ʔasrafa) fiː lʔakl].

zu'vor *adv.* من قبل [min qablu], سابقا [saːbiqan]; **e-e** ***Woche*** ~ قبل ذلك بأسبوع [qabla ðaːlika biʔusbuːʕ].

zu'vorkommen *v/i. j-m* ه سبق [sabaqa, -i-]; ~**d** *adj.* مؤدب [muʔaddab], متساهل [mutasaːhil]; ˆ**heit** *f (O)* لطف [lutf], أدب [ʔadab].

Zuwachs *m (-es; O)* تكاثر [takaːθur], تزايد [tazaːjud], نمو [numuːw]; ~**rate** *f* نسبة الزيادة [nisbat azzijaːda], معدل النمو [muʕaddal annumuːw].

Zuwanderung *f* هجر [hadʒr], هجرة [hidʒra].

zu'weilen *adv.* أحيانا [ʔaħjaːnan].

zuweisen *(L) v/t. j-m A* عين ل [ʕajjana], خصص [xaṣṣaṣa].

zuwenden *v/t. j-m* وجه إلى [waddʒaha], لفت [lafata, -i-].

zu'wenig *adv.* تحت المطلوب [taħta lmaṭluːb], أقل من اللازم [ʔaqall min allaːzim].

zu'wider *adj.* مضاد [muḍaːdd], كريه [kariːh]; ~**handeln** *v/i. (e-m Gebot)* خالف ه [xaːlafa].

zuwinken *v/i. j-m* لوح ل [lawwaħa].

zuzählen *v/t. s.* ***zurechnen***.

zuziehen *v/t. (e-n Vorhang)* شد [ʃadda, -i-]; *(e-n Arzt)* استشار [istaʃaːra]; **sich e-e** ***Infektion*** ~ أصيب بعدوى [ʔuṣiːba biʕadwaː].

zuzüglich *adv. s.* ***zusätzlich***.

Zwang *m (-ɇs; selten: ¨e)* إكراه [ʔikraːh], إجبار [ʔidʒbaːr], قهر [qahr].

zwängen *v/t.*: **etw. in** *A* ~ أدخل (فى مكان ضيق) [ʔadxala (fiː makaːn ḍajjiq)], حشر [ħaʃara, -u-, -i-].

zwanglos *(-est) adj.* دون تكليف [duːna takliːf], دون موعد [duːna mauʕid], غير منتظم [ɣair muntaẓim].

Zwangs|arbeit *f* أشغال شاقة [ʔaʃɣaːl ʃaːqqa]; ~**herrschaft** *f (O)* ظلم [ẓulm]; ~**lage** *f (O)* اضطرار [iḍṭiraːr]; ~**versteigerung** *f* بيع إجبارى بالمزاد [baiʕ ʔidʒbaːriː bilmazaːd]; ~**vollstreckung** *f* تنفيذ قهرى [tanfiːð qahriː]; ~**vorstellung** *f* وسواس متسلط [waswaːs mutasalliṭ], وهم قهرى [wahm qahriː]; ˆ**weise** *adj.* قهرى [qahriː]; *adv.* قهرا [qahran], جبرا [dʒabran], غصبا [ɣaṣban].

zwanzig *num.* عشرون [ʕiʃruː-

na]; **~ste(r)** *num.* العشرون [alʕiʃruːna].

zwar *adv.*: **~ ... aber** حقا ... ولكن [ħaqqan... walaːkin]; **und ~** أى [ʔai].

Zweck *m* (-*¢s*; -*e*) غرض [ɣarađ], قصد [qaʃd], غاية [ɣaːja], مرام [maraːm]; **~bestimmung** *f* تخصيص [taxʃiːʃ], تحديد الغاية [taħdiːd alɣaːja].

Zwecke *f* مسمار [mismaːr], دبوس رسم [dabbuːs rasm].

zwecklos (-*est*) *adj.* غير مفيد [ɣair mufiːd], عديم الجدوى [ʕadiːm alʤadwaː]; **es ist ~ zu** من العبث أن [min alʕabaθ ʔan]; **˜igkeit** *f* (*O*) عبث [ʕabaθ], عدم الجدوى [ʕadam alʤadwaː].

zweckmäßig *adj.* فعال [faʕʕaːl], مفيد [mufiːd], مناسب [munaːsib]; (*praktisch*) عملى [ʕamaliː]; **˜keit** *f* (*O*) فاعلية [faːʕiliːja], ملاءمة [mulaːʔama], حسن التدبير [ħusn attadbiːr].

zwecks *präp. G* لغرض [liɣarađ].

zweckwidrig *adj.* غير مناسب [ɣair munaːsib].

zwei *num.* اثنان [iθnaːni].

zwei-armig (*O*) *adj.* ذو ذراعين [ðuː ðiraːʕaini].

zweibändig (*O*) *adj.* (*Buch*) فى مجلدين [fiː muʤalladaini].

Zweibettzimmer *n* غرفة بسريرين [ɣurfa bisariːraini].

zwei|deutig *adj.* مبهم [mubham], ذو معنيين [ðuː maʕnajaini]; **~dimensional** *adj.* ثنائى البعد [θunaːʔiː lbuʕd]; **~er'lei** *adj.* من نوعين [min nauʕaini].

Zweifel *m* شك [ʃakk], ريب [raib], شبهة [ʃubha]; **˜haft** (-*est*) *adj.* مشكوك فيه [maʃkuːk fiːhi]; **˜los** (*O*) *adj.* لا شك فيه [laː ʃakka fiːhi]; *adv.* بلا شك [bilaː ʃakk].

zweifeln (-*le*) *v/i.* (**an** *D* فى) شك [ʃakka, -u-], ارتاب [irtaːba].

Zweifels-fall *m* (-*¢s*; *¨e*): **im ~** عند الشك [ʕinda ʃʃakk].

Zweig *m* (-*¢s*; -*e*) *Bot.* غصن [ɣuʃn]; *a. fig.* فرع [farʕ]; **~stelle** *f Hdl.* فرع [farʕ].

zweihundert *num.* مئتان [miʔataːni].

zweijährig (*O*) *adj.* (*Alter*) ابن سنتين [ibn sanataini]; (*Dauer*) مدته سنتان [muddatuhu sanataːni].

Zweikampf *m* (-*¢s*; *⸚e*) مبارزة [mubaːraza].

zwei|mal *adv.* مرتين [marrataini]; **~malig** (*O*) *adj.* ثنائى الوقوع [θunaːʔiː alwuquːʕ], الذى يحدث مرتين [allaðiː jaħduθu marrataini]; **~-motorig** (*O*) *adj.* (*Flugzeug*) ذو محركين [ðuː muħarrikaini]; **~reihig** [-ʀaɪɪç] (*O*) *adj.* بصفين [biʃaffaini]; **~seitig** (*O*) *adj.* بوجهين [biwadʒhaini]; **~sitzig** (*O*) *adj.* (*Auto, Flugzeug*) بمقعدين [bimaqʕadaini]; **~sprachig** (*O*) *adj.* (*Formular*) بلغتين [biluɣataini]; (*Person*) مجيد للغتين [mudʒiːd liluɣataini]; **~spurig** (*O*) *adj.* *Eisenb.* مزدوج [muzdawidʒ]; **~stöckig** (*O*) *adj.* (*Haus*) ذو طابقين [ðuː taːbiqaini].

Zweistromland *n* بلاد الرافدين [bilaːd arraːfidaini].

zwei|stündig (*O*) *adj.* مدته ساعتان [muddatuhu saːʕataːni]; **~teilig** (*O*) *adj.* متكون من جزأين [mutakawwin min dʒuzʔaini].

zweit: **zu ~** *adv.* اثناهما [iθnaːhumaː].

zweite(r) *num.* ثان [θaːnin].

zweitens *adv.* ثانيا [θaːnijan].

zweit|letzte(r) *adj.* قبل الأخير [qabla lʔaxiːr]; **~rangig** *adj.* من الدرجة الثانية [min addaradʒa aθθaːnija].

Zweitschrift *f* نسخة [nusxa].

Zwerchfell *n* (-*s*; -*e*) الحجاب الحاجز [alħidʒaːb alħaːdʒiz].

Zwerg *m* (-*¢s*; -*e*) قزم [qazam].

Zwetschge *f* *s.* ***Pflaume***.

Zwieback *m* (-*¢s*; *⸚e* *u.* -*e*) بسكوت [baskuːt], بقسماط [buqsumaːt], خبز مجفف [xubz mudʒaffaf].

Zwiebel *f* (—; -*n*) *Koll.* بصل [baʃal].

Zwie|gespräch *n* (-*¢s*; -*e*) حوار [ħiwaːr], محاورة [muħaːwara]; **~-licht** *n* (-*¢s*; *O*) شفق [ʃafaq], غسق [ɣasaq]; **~spalt** *m* (-*¢s*; *selten*: -*e* *u.* *⸚e*) شقاق [ʃiqaːq], اختلاف [ixtilaːf]; تشكك [taʃakkuk].

Zwilling|e *m/pl.* توأمان [tauʔamaːni]; **~s-bruder** *m* (-*s*; *⸚*) توأم [tauʔam], **~s-schwester** *f* (—; -*n*) توأمه [tauʔama].

zwingen (*L*) *v/t.* ***j-n zu etw.*** أجبر ه إلى [ʔadʒbara], أكره [ʔakraha], أرغم [ʔarɣama]; **~d** *adj.* قاهر [qaːhir], قاسر [qaːsir]; (*Grund*) وجيه [wadʒiːh].

Z

zwinkern (*-re*) *v/i.*: ***mit den Augen*** ~ غمز بعينيه [ɣamaza, -i-, biʕainaihi]; (*blinzeln*) رمش [ramaʃa, -i-].

Zwirn *m* (*-ẹs; -e*) خيط [xaiṭ], سلك [silk]; **~s-faden** *m* (*-s; ¨*) خيط [xaiṭ].

zwischen *präp. D* بين [baina]; ~ ***ihm und dir*** بينه و بينك [bainahu wa bainaka].

Zwischen|bemerkung *f* ملاحظة اعتراضية [mulaːħaẓa iʕtiraːđiːja]; **~deck** *n* (*-ẹs; -e*) *Mar.* الطبقة السفلى [aṭṭabaqa assuflaː]; **≈durch** *adv.* بين وقت وآخر [baina waqt waʔaːxar]; **~fall** *m* (*-ẹs; ¨e*) حادث [ħaːdiθ]; **~handel** *m* (*-s; O*) تجارة الوساطة [tidʒaːrat alwisaːṭa]; **~händler** *m* وسيط [wasiːṭ]; **~landung** *f* توقف [tawaqquf]; **~lösung** *f* حل موقت [ħall muwaqqat]; **~raum** *m* (*-ẹs; ¨e*) خلل [xalal], فراغ [faraːɣ]; (*zeitlich*) فترة [fatra]; **~ruf** *m* (*-es; -e*) اعتراض [iʕtiraːđ], هتاف [hutaːf]; **≈staatlich** *adj.* دولى [duwaliː]; **~station** [-tsĭoːn] *f* توقف [tawaqquf]; **~stück** *n Techn.* وصلة [wuṣla]; **~stufe** *f* مرحلة متوسطة [marħala mutawassiṭa]; **~wand** *f* (*—; ¨e*) حاجز [ħaːdʒiz]; **~zeit** *f* فترة [fatra]; ***in der ~zeit*** فيما بين ذلك [fiːmaː baina ðaːlika].

Zwist *m* (*-ẹs; -e*) شجار [ʃidʒaːr], شقاق [ʃiqaːq].

zwitschern *v/i.* غرد [ɣarrada].

Zwitter *m* خنثى [xunθaː].

zwölf *num.* اثنا عشر [iθnaː ʕaʃara]; **~te(r)** *num.* ثانى عشر [θaːniː ʕaʃara].

Zwölffingerdarm *m* (*-es; ¨e*) *Anat.* المعى الاثنا عشر [almaʕj aliθnaː ʕaʃara].

Zyankali [tsyᵛ'ɑːn'-] *n* (*-s; O*) سيانيد البوتاسيوم [sijaːniːd albutaːsijuːm].

Zy'klon *m* (*-s; -e*) إعصار [ʔiʕʃaːr].

Zyklus *m* (*—; Zyklen*) دورة [daura].

Zy'lind|er *m* أسطوانة [ʔusṭuwaːna]; (*Hut*) قبعة عالية [qubbaʕa ʕaːlija]; **≈risch** *adj.* أسطوانى [ʔusṭuwaːniː].

zy|nisch *adj.* متهكم [mutahakkim]; **≈'nismus** *m* (*-ses; O*) تهكم [tahakkum], سخرية [suxriːja].

Zypern قبرص [qubruʃ].

Zy'presse *f* شجرة السرو [ʃadʒarat assarw].

Zyste *f Med.* كيس [kiːs].

Z

كشف الافعال القوية او الشاذة

تشير النجمة (*) إلى جواز تصريف الفعل كفعل عادى.

backen *Präs.* backe, bäckst, bäckt; *Impf.* backte (buk); *Konj.* backte (büke); *Imp.* back(e); *Part. Perf.* gebacken.

befehlen *Präs.* befehle, befiehlst, befiehlt; *Impf.* befahl; *Konj.* beföhle (befähle); *Imp.* befiehl; *Part. Perf.* befohlen.

beginnen *Präs.* beginne, beginnst, beginnt; *Impf.* begann; *Konj.* begönne (begänne); *Imp.* beginn(e); *Part. Perf.* begonnen.

beißen *Präs.* beiße, beißt, beißt; *Impf.* biß, bissest; *Konj.* bisse; *Imp.* beiß(e); *Part. Perf.* gebissen.

bergen *Präs.* berge, birgst, birgt; *Impf.* barg; *Konj.* bärge; *Imp.* birg; *Part. Perf.* geborgen.

bersten *Präs.* berste, birst, birst; *Impf.* barst; *Konj.* bärste; *Imp.* birst; *Part. Perf.* geborsten.

bewegen* *Präs.* bewege, bewegst, bewegt; *Impf.* bewog; *Konj.* bewöge; *Imp.* beweg(e); *Part. Perf.* bewogen.

biegen *Präs.* biege, biegst, biegt; *Impf.* bog; *Konj.* böge; *Imp.* bieg(e); *Part. Perf.* gebogen.

bieten *Präs.* biete, bietest, bietet; *Impf.* bot; *Konj.* böte; *Imp.* biet(e); *Part. Perf.* geboten.

binden *Präs.* binde, bindest, bindet; *Impf.* band; *Konj.* bände; *Imp.* bind(e); *Part. Perf.* gebunden.

bitten *Präs.* bitte, bittest, bittet; *Impf.* bat; *Konj.* bäte; *Imp.* bitte (bitt), *Part. Perf.* gebeten.

blasen *Präs.* blase, bläst, bläst; *Impf.* blies; *Konj.* bliese; *Imp.* blas(e); *Part. Perf.* geblasen.

bleiben *Präs.* bleibe, bleibst, bleibt; *Impf.* blieb; *Konj.* bliebe; *Imp.* bleib(e); *Part. Perf.* geblieben.

bleichen* *v/i. Präs.* bleiche, bleichst, bleicht; *Impf.* blich; *Konj.* bliche; *Imp.* bleich(e); *Part. Perf.* geblichen.

braten *Präs.* brate, brätst, brät; *Impf.* briet, briet(e)st; *Konj.* briete; *Imp.* brat(e); *Part. Perf.* gebraten.

brechen *Präs.* breche, brichst, bricht; *Impf.* brach; *Konj.* bräche; *Imp.* brich; *Part. Perf.* gebrochen.

brennen *Präs.* brenne, brennst, brennt; *Impf.* brannte; *Konj.* brennte; *Imp.* brenn(e); *Part. Perf.* gebrannt.

bringen *Präs.* bringe, bringst, bringt; *Impf.* brachte; *Konj.* brächte; *Imp.* bring(e); *Part. Perf.* gebracht.

denken *Präs.* denke, denkst, denkt; *Impf.* dachte; *Konj.* dächte; *Imp.* denk(e); *Part. Perf.* gedacht.

dingen* *Präs.* dinge, dingst, dingt; *Impf.* dang; *Konj.* dänge; *Imp.* ding(e); *Part. Perf.* gedungen.

dreschen *Präs.* dresche, drischst, drischt; *Impf.* drosch; *Konj.* drösche; *Imp.* drisch; *Part. Perf.* gedroschen.

dringen *Präs.* dringe, dringst, dringt; *Impf.* drang; *Konj.* dränge; *Imp.* dring(e); *Part. Perf.* gedrungen.

dünken* *Präs.* mir (mich) dünkt (deucht); *Impf.* mir (mich) deuchte; *Part. Perf.* gedeucht.

dürfen *Präs.* darf, darfst, darf; *Impf.* durfte; *Konj.* dürfte; *Imp.* —; *Part. Perf.* gedurft.

empfangen *Präs.* empfange, empfängst, empfängt; *Impf.* empfing; *Konj.* empfinge; *Imp.* empfang(e); *Part. Perf.* empfangen.

empfehlen *Präs.* empfehle, empfiehlst, empfiehlt; *Impf.* empfahl; *Konj.* empföhle (empfähle); *Imp.* empfiehl; *Part. Perf.* empfohlen.

empfinden *Präs.* empfinde, empfindest, empfindet; *Impf.* empfand; *Konj.* empfände; *Imp.* empfind(e); *Part. Perf.* empfunden.

erlöschen *Präs.* erlösche, erlischst, erlischt; *Impf.* erlosch, erloschest;

Konj. erlösche; *Imp.* erlisch; *Part. Perf.* erloschen.
erschallen *Präs.* es erschallt; *Impf.* erscholl (erschallte); *Konj.* erschölle; *Imp.* erschalle; *Part. Perf.* erschollen (erschallt).
erschrecken *v/i. Präs.* erschrecke, erschrickst, erschrickt; *Impf.* erschrak; *Konj.* erschräke; *Imp.* erschrick; *Part. Perf.* erschrocken.
essen *Präs.* esse, ißt, ißt; *Impf.* aß, aßest; *Konj.* äße; *Imp.* iß; *Part. Perf.* gegessen.
fahren *Präs.* fahre, fährst, fährt; *Impf.* fuhr; *Konj.* führe; *Imp.* fahr(e); *Part. Perf.* gefahren.
fallen *Präs.* falle, fällst, fällt; *Impf.* fiel; *Konj.* fiele; *Imp.* fall(e); *Part. Perf.* gefallen.
fangen *Präs.* fange, fängst, fängt; *Impf.* fing; *Konj.* finge; *Imp.* fang(e); *Part. Perf.* gefangen.
fechten *Präs.* fechte, fichtst, ficht; *Impf.* focht, focht(e)st; *Konj.* föchte; *Imp.* fechte (ficht); *Part. Perf.* gefochten.
finden *Präs.* finde, findest, findet; *Impf.* fand, fand(e)st; *Konj.* fände; *Imp.* find(e); *Part. Perf.* gefunden.
flechten *Präs.* flechte, flichtst, flicht; *Impf.* flocht, flochtest; *Konj.* flöchte; *Imp.* flicht; *Part. Perf.* geflochten.
fliegen *Präs.* fliege, fliegst, fliegt; *Impf.* flog; *Konj.* flöge; *Imp.* flieg(e); *Part. Perf.* geflogen.
fliehen *Präs.* fliehe, fliehst, flieht; *Impf.* floh; *Konj.* flöhe; *Imp.* flieh(e); *Part. Perf.* geflohen.
fließen *Präs.* fließe, fließt, fließt; *Impf.* floß; *Konj.* flösse; *Imp.* fließ(e); *Part. Perf.* geflossen.
fressen *Präs.* fresse, frißt, frißt; *Impf.* fraß, fraßest; *Konj.* fräße; *Imp.* friß; *Part. Perf.* gefressen.
frieren *Präs.* friere, frierst, friert; *Impf.* fror; *Konj.* fröre; *Imp.* frier(e); *Part. Perf.* gefroren.
gären* *Präs.* gäre, gärst, gärt; *Impf.* gor (gärte); *Konj.* gärte (göre); *Imp.* gäre; *Part. Perf.* gegoren.
gebären *Präs.* gebäre, gebärst (gebierst), gebärt (gebiert); *Impf.* gebar; *Konj.* gebäre; *Imp.* gebier; *Part. Perf.* geboren.
geben *Präs.* gebe, gibst, gibt; *Impf.* gab; *Konj.* gäbe; *Imp.* gib; *Part. Perf.* gegeben.
gedeihen *Präs.* gedeihe, gedeihst, gedeiht; *Impf.* gedieh; *Konj.* gediehe; *Imp.* gedeih(e); *Part. Perf.* gediehen.
gehen *Präs.* gehe, gehst, geht; *Impf.* ging; *Konj.* ginge; *Imp.* geh(e); *Part. Perf.* gegangen.
gelingen *Präs.* es gelingt; *Impf.* es gelang; *Konj.* es gelänge; *Imp.* geling(e); *Part. Perf.* gelungen.
gelten *Präs.* gelte, giltst, gilt; *Impf.* galt, galt(e)st; *Konj.* gölte (gälte); *Imp.* —; *Part. Perf.* gegolten.
genesen *Präs.* genese, gene(se)st, genest; *Impf.* genas, gena(se)st; *Konj.* genäse; *Imp.* genese; *Part. Perf.* genesen.
genießen *Präs.* genieße, genießt, genießt; *Impf.* genoß, genossest; *Konj.* genösse; *Imp.* genieß(e); *Part. Perf.* genossen.
geschehen *Präs.* es geschieht; *Impf.* es geschah; *Konj.* es geschähe; *Imp.* —; *Part. Perf.* geschehen.
gewinnen *Präs.* gewinne, gewinnst, gewinnt; *Impf.* gewann; *Konj.* gewönne (gewänne); *Imp.* gewinn(e); *Part. Perf.* gewonnen.
gießen *Präs.* gieße, gießt, gießt; *Impf.* goß, gossest; *Konj.* gösse; *Imp.* gieß(e); *Part. Perf.* gegossen.
gleichen *Präs.* gleiche, gleichst, gleicht; *Impf.* glich; *Konj.* gliche; *Imp.* gleich(e); *Part. Perf.* geglichen.
gleiten* *Präs.* gleite, gleitest, gleitet; *Impf.* glitt; *Konj.* glitte; *Imp.* gleit(e); *Part. Perf.* geglitten.
glimmen* *Präs.* glimme, glimmst, glimmt; *Impf.* glomm; *Konj.* glömme; *Imp.* —; *Part. Perf.* geglommen.
graben *Präs.* grabe, gräbst, gräbt; *Impf.* grub; *Konj.* grübe; *Imp.* grab(e); *Part. Perf.* gegraben.
greifen *Präs.* greife, greifst, greift; *Impf.* griff; *Konj.* griffe; *Imp.* greif(e); *Part. Perf.* gegriffen.
haben *Präs.* habe, hast, hat; *Impf.* hatte; *Konj.* hätte; *Imp.* hab(e); *Part. Perf.* gehabt.
halten *Präs.* halte, hältst, hält; *Impf.* hielt; *Konj.* hielte; *Imp.* halt(e); *Part. Perf.* gehalten.
hängen *v/i. Präs.* hänge, hängst, hängt; *Impf.* hing; *Konj.* hinge; *Imp.* häng(e); *Part. Perf.* gehangen.

hauen *Präs.* haue, haust, haut; *Impf.* hieb (haute); *Konj.* hiebe; *Imp.* hau; *Part. Perf.* gehauen.

heben *Präs.* hebe, hebst, hebt; *Impf.* hob; *Konj.* höbe; *Imp.* heb(e); *Part. Perf.* gehoben.

heißen *Präs.* heiße, heißt, heißt; *Impf.* hieß, hießest; *Konj.* hieße; *Imp.* heiß(e); *Part. Perf.* geheißen.

helfen *Präs.* helfe, hilfst, hilft; *Impf.* half; *Konj.* hälfe (hülfe); *Imp.* hilf; *Part. Perf.* geholfen.

kennen *Präs.* kenne, kennst, kennt; *Impf.* kannte; *Konj.* kennte; *Imp.* kenne; *Part. Perf.* gekannt.

klimmen* *Präs.* klimme, klimmst, klimmt; *Impf.* klomm; *Konj.* klömme; *Imp.* klimm(e); *Part. Perf.* geklommen.

klingen *Präs.* klinge, klingst, klingt; *Impf.* klang; *Konj.* klänge; *Imp.* kling(e); *Part. Perf.* geklungen.

kneifen *Präs.* kneife, kneifst, kneift; *Impf.* kniff; *Konj.* kniffe; *Imp.* kneif(e); *Part. Perf.* gekniffen.

kommen *Präs.* komme, kommst, kommt; *Impf.* kam; *Konj.* käme; *Imp.* komm(e); *Part. Perf.* gekommen.

können *Präs.* kann, kannst, kann; *Impf.* konnte; *Konj.* könnte; *Imp.* —; *Part. Perf.* gekonnt.

kriechen *Präs.* krieche, kriechst, kriecht; *Impf.* kroch; *Konj.* kröche; *Imp.* kriech(e); *Part. Perf.* gekrochen.

laden *Präs.* lade, lädst (ladest), lädt (ladet); *Impf.* lud; *Konj.* lüde; *Imp.* lad(e); *Part. Perf.* geladen.

lassen *Präs.* lasse, läßt, läßt; *Impf.* ließ, ließest; *Konj.* ließe; *Imp.* laß; *Part. Perf.* gelassen.

laufen *Präs.* laufe, läufst, läuft; *Impf.* lief, lief(e)st; *Konj.* liefe; *Imp.* lauf(e); *Part. Perf.* gelaufen.

leiden *Präs.* leide, leidest, leidet; *Impf.* litt, litt(e)st; *Konj.* litte; *Imp.* leid(e); *Part. Perf.* gelitten.

leihen *Präs.* leihe, leihst, leiht; *Impf.* lieh, lieh(e)st; *Konj.* liehe; *Imp.* leih(e); *Part. Perf.* geliehen.

lesen *Präs.* lese, liest, liest; *Impf.* las, lasest; *Konj.* läse; *Imp.* lies; *Part. Perf.* gelesen.

liegen *Präs.* liege, liegst, liegt; *Impf.* lag; *Konj.* läge; *Imp.* lieg(e); *Part. Perf.* gelegen.

lügen *Präs.* lüge, lügst, lügt; *Impf.* log; *Konj.* löge; *Imp.* lüg(e); *Part. Perf.* gelogen.

mahlen *Präs.* mahle, mahlst, mahlt; *Impf.* mahlte; *Konj.* mahlte; *Imp.* mahl(e); *Part. Perf.* gemahlen.

meiden *Präs.* meide, meidest, meidet; *Impf.* mied, mied(e)st; *Konj.* miede; *Imp.* meid(e); *Part. Perf.* gemieden.

melken* *Präs.* melke, melkst (milkst), melkt (milkt); *Impf.* melkte (molk); *Konj.* melkte (mölke); *Imp.* melk(e) (milk); *Part. Perf.* gemolken.

messen *Präs.* messe, mißt, mißt; *Impf.* maß, maßest; *Konj.* mäße; *Imp.* miß; *Part. Perf.* gemessen.

mißlingen *Präs.* es mißlingt; *Impf.* es mißlang; *Konj.* es mißlänge; *Imp.* —; *Part. Perf.* mißlungen.

mögen *Präs.* mag, magst, mag; *Impf.* mochte; *Konj.* möchte; *Imp.* —; *Part. Perf.* gemocht.

müssen *Präs.* muß, mußt, muß; *Impf.* mußte; *Konj.* müßte; *Imp.* —; *Part. Perf.* gemußt.

nehmen *Präs.* nehme, nimmst, nimmt; *Impf.* nahm; *Konj.* nähme; *Imp.* nimm; *Part. Perf.* genommen.

nennen *Präs.* nenne, nennst, nennt; *Impf.* nannte; *Konj.* nennte; *Imp.* nenn(e); *Part. Perf.* genannt.

pfeifen *Präs.* pfeife, pfeifst, pfeift; *Impf.* pfiff; *Konj.* pfiffe; *Imp.* pfeif(e); *Part. Perf.* gepfiffen.

preisen *Präs.* preise, preist, preist; *Impf.* pries, priest; *Konj.* priese; *Imp.* preis(e); *Part. Perf.* gepriesen.

quellen *Präs.* quelle, quillst, quillt; *Impf.* quoll; *Konj.* quölle; *Imp.* quill; *Part. Perf.* gequollen.

raten *Präs.* rate, rätst, rät; *Impf.* riet, riet(e)st; *Konj.* riete; *Imp.* rat(e); *Part. Perf.* geraten.

reiben *Präs.* reibe, reibst, reibt; *Impf.* rieb; *Konj.* riebe; *Imp.* reib(e); *Part. Perf.* gerieben.

reißen *Präs.* reiße, reißt, reißt; *Impf.* riß, rissest; *Konj.* risse; *Imp.* reiß(e); *Part. Perf.* gerissen.

reiten *Präs.* reite, reitest, reitet; *Impf.* ritt, rittest; *Konj.* ritte; *Imp.* reit(e); *Part. Perf.* geritten.

rennen *Präs.* renne, rennst, rennt; *Impf.* rannte; *Konj.* rennte; *Imp.* renn(e); *Part. Perf.* gerannt.

riechen *Präs.* rieche, riechst, riecht; *Impf.* roch; *Konj.* röche; *Imp.* riech(e); *Part. Perf.* gerochen.

ringen *Präs.* ringe, ringst, ringt; *Impf.* rang; *Konj.* ränge; *Imp.* ring(e); *Part. Perf.* gerungen.

rinnen *Präs.* rinne, rinnst, rinnt; *Impf.* rann; *Konj.* ränne; *Imp.* rinn(e); *Part. Perf.* geronnen.

rufen *Präs.* rufe, rufst, ruft; *Impf.* rief; *Konj.* riefe; *Imp.* ruf(e); *Part. Perf.* gerufen.

saufen *Präs.* saufe, säufst, säuft; *Impf.* soff; *Konj.* söffe; *Imp.* sauf(e); *Part. Perf.* gesoffen.

saugen* *Präs.* sauge, saugst, saugt; *Impf.* sog; *Konj.* söge; *Imp.* saug(e); *Part. Perf.* gesogen.

schaffen *Präs.* schaffe, schaffst, schafft; *Impf.* schuf; *Konj.* schüfe; *Imp.* schaff(e); *Part. Perf.* geschaffen.

scheiden *Präs.* scheide, scheidest, scheidet; *Impf.* schied; *Konj.* schiede; *Imp.* scheide; *Part. Perf.* geschieden.

scheinen *Präs.* scheine, scheinst, scheint; *Impf.* schien; *Konj.* schiene; *Imp.* schein(e); *Part. Perf.* geschienen.

scheißen *Präs.* scheiße, scheißt, scheißt; *Impf.* schiß; *Konj.* schisse; *Imp.* scheiß(e); *Part. Perf.* geschissen.

schelten *Präs.* schelte, schiltst, schilt; *Impf.* schalt; *Konj.* schölte; *Imp.* schilt; *Part. Perf.* gescholten.

scheren* *Präs.* schere, scherst, schert; *Impf.* schor; *Konj.* schöre; *Imp.* scher(e); *Part. Perf.* geschoren.

schieben *Präs.* schiebe, schiebst, schiebt; *Impf.* schob; *Konj.* schöbe; *Imp.* schieb(e); *Part. Perf.* geschoben.

schießen *Präs.* schieße, schießt, schießt; *Impf.* schoß, schossest; *Konj.* schösse; *Imp.* schieß(e); *Part. Perf.* geschossen.

schinden *Präs.* schinde, schindest, schindet; *Impf.* schund; *Konj.* schünde; *Imp.* schinde; *Part. Perf.* geschunden.

schlafen *Präs.* schlafe, schläfst, schläft; *Impf.* schlief; *Konj.* schliefe; *Imp.* schlaf(e); *Part. Perf.* geschlafen.

schlagen *Präs.* schlage, schlägst, schlägt; *Impf.* schlug; *Konj.* schlüge; *Imp.* schlag(e); *Part. Perf.* geschlagen.

schleichen *Präs.* schleiche, schleichst, schleicht; *Impf.* schlich; *Konj.* schliche; *Imp.* schleich(e); *Part. Perf.* geschlichen.

schleifen *Präs.* schleife, schleifst, schleift; *Imp.* schliff; *Konj.* schliffe; *Imp.* schleif(e); *Part. Perf.* geschliffen.

schließen *Präs.* schließe, schließt, schließt; *Impf.* schloß; *Konj.* schlösse; *Imp.* schließ(e); *Part. Perf.* geschlossen.

schlingen *Präs.* schlinge, schlingst, schlingt; *Impf.* schlang; *Konj.* schlänge; *Imp.* schling(e); *Part. Perf.* geschlungen.

schmeißen *Präs.* schmeiße, schmeißt, schmeißt; *Impf.* schmiß, schmissest; *Konj.* schmisse; *Imp.* schmeiß(e); *Part. Perf.* geschmissen.

schmelzen *v/i. Präs.* schmelze, schmilzt, schmilzt; *Impf.* schmolz; *Konj.* schmölze; *Imp.* schmilz; *Part. Perf.* geschmolzen.

schnauben* *Präs.* schnaube, schnaubst, schnaubt; *Impf.* schnob; *Konj.* schnöbe; *Imp.* schnaub(e); *Part. Perf.* geschnaubt (geschnoben).

schneiden *Präs.* schneide, schneidest, schneidet; *Impf.* schnitt, schnitt(e)st; *Konj.* schnitte; *Imp.* schneid(e); *Part. Perf.* geschnitten.

schreiben *Präs.* schreibe, schreibst, schreibt; *Impf.* schrieb; *Konj.* schriebe; *Imp.* schreib(e); *Part. Perf.* geschrieben.

schreien *Präs.* schreie, schreist, schreit; *Impf.* schrie; *Konj.* schriee; *Imp.* schrei(e); *Part. Perf.* geschrieen.

schreiten *Präs.* schreite, schreitest, schreitet; *Impf.* schritt; *Konj.* schritte; *Imp.* schreite; *Part. Perf.* geschritten.

schweigen *Präs.* schweige, schweigst, schweigt; *Impf.* schwieg; *Konj.* schwiege; *Imp.* schweig(e); *Part. Perf.* geschwiegen.

schwellen *Präs.* schwelle, schwillst, schwillt; *Impf.* schwoll; *Konj.* schwölle; *Imp.* schwill; *Part. Perf.* geschwollen.

schwimmen *Präs.* schwimme, schwimmst, schwimmt; *Impf.* schwamm; *Konj.* schwömme (schwämme); *Imp.* schwimm(e); *Part. Perf.* geschwommen.
schwinden *Präs.* schwinde, schwindest, schwindet; *Impf.* schwand, schwandest; *Konj.* schwände; *Imp.* schwind(e); *Part. Perf.* geschwunden.
schwingen *Präs.* schwinge, schwingst, schwingt; *Impf.* schwang; *Konj.* schwänge; *Imp.* schwing(e); *Part. Perf.* geschwungen.
schwören *Präs.* schwöre, schwörst, schwört; *Impf.* schwor (schwur); *Konj.* schwüre; *Imp.* schwör(e); *Part. Perf.* geschworen.
sehen *Präs.* sehe, siehst, sieht; *Impf.* sah; *Konj.* sähe; *Imp.* sieh(e); *Part. Perf.* gesehen.
sein *Präs.* bin, bist, ist, sind, seid, sind; *Impf.* war; *Konj. Präs.* sei, seist, sei, seien, seiet, seien; *Konj. Impf.* wäre; *Imp.* sei, seid; *Part. Perf.* gewesen.
senden* *Präs.* sende, sendest, sendet; *Impf.* sandte; *Konj.* sendete; *Imp.* send(e); *Part. Perf.* gesandt.
sieden* *Präs.* siede, siedest, siedet; *Impf.* sott, sottest; *Konj.* siedete (sötte); *Imp.* sied(e); *Part. Perf.* gesotten.
singen *Präs.* singe, singst, singt; *Impf.* sang; *Konj.* sänge; *Imp.* sing(e); *Part. Perf.* gesungen.
sinken *Präs.* sinke, sinkst, sinkt; *Impf.* sank; *Konj.* sänke; *Imp.* sink(e); *Part. Perf.* gesunken.
sinnen *Präs.* sinne, sinnst, sinnt; *Impf.* sann; *Konj.* sänne; *Imp.* sinn(e); *Part. Perf.* gesonnen.
sitzen *Präs.* sitze, sitzt, sitzt; *Impf.* saß, saßest; *Konj.* säße; *Imp.* sitz(e); *Part. Perf.* gesessen.
sollen *Präs.* soll, sollst, soll; *Impf.* sollte; *Konj.* sollte; *Imp.* —; *Part. Perf.* gesollt.
speien *Präs.* speie, speist, speit; *Impf.* spie; *Konj.* spiee; *Imp.* spei(e); *Part. Perf.* gespieen.
spinnen *Präs.* spinne, spinnst, spinnt; *Impf.* spann; *Konj.* spönne (spänne); *Imp.* spinn(e); *Part. Perf.* gesponnen.
sprechen *Präs.* spreche, sprichst, spricht; *Impf.* sprach; *Konj.* spräche; *Imp.* sprich; *Part. Perf.* gesprochen.
sprießen *Präs.* sprieße, sprieß(es)t, sprießt; *Impf.* sproß, sprossest; *Konj.* sprösse; *Imp.* sprieß(e); *Part. Perf.* gesprossen.
springen *Präs.* springe, springst, springt; *Impf.* sprang; *Konj.* spränge; *Imp.* spring(e); *Part. Perf.* gesprungen.
stechen *Präs.* steche, stichst, sticht; *Impf.* stach; *Konj.* stäche; *Imp.* stich; *Part. Perf.* gestochen.
stecken* *v/i. Präs.* stecke, steckst, steckt; *Impf.* steckte (stak); *Konj.* stäke; *Imp.* steck(e); *Part. Perf.* gesteckt.
stehen *Präs.* stehe, stehst, steht; *Impf.* stand, stand(e)st; *Konj.* stände (stünde); *Imp.* steh(e); *Part. Perf.* gestanden.
stehlen *Präs.* stehle, stiehlst, stiehlt; *Impf.* stahl; *Konj.* stähle; *Imp.* stiehl; *Part. Perf.* gestohlen.
steigen *Präs.* steige, steigst, steigt; *Impf.* stieg; *Konj.* stiege; *Imp.* steig(e); *Part. Perf.* gestiegen.
sterben *Präs.* sterbe, stirbst, stirbt; *Impf.* starb; *Konj.* stürbe; *Imp.* stirb; *Part. Perf.* gestorben.
stieben* *Präs.* stiebe, stiebst, stiebt; *Impf.* stob; *Konj.* stöbe; *Imp.* —; *Part. Perf.* gestoben.
stinken *Präs.* stinke, stinkst, stinkt; *Impf.* stank; *Konj.* stänke; *Imp.* stink(e); *Part. Perf.* gestunken.
stoßen *Präs.* stoße, stößt, stößt; *Impf.* stieß, stießest; *Konj.* stieße; *Imp.* stoß(e); *Part. Perf.* gestoßen.
streichen *Präs.* streiche, streichst, streicht; *Impf.* strich; *Konj.* striche; *Imp.* streich(e); *Part. Perf.* gestrichen.
streiten *Präs.* streite, streitest, streitet; *Impf.* stritt, stritt(e)st; *Konj.* stritte; *Imp.* streit(e); *Part. Perf.* gestritten.
tragen *Präs.* trage, trägst, trägt; *Impf.* trug; *Konj.* trüge; *Imp.* trag(e); *Part. Perf.* getragen.
treffen *Präs.* treffe, triffst, trifft; *Impf.* traf; *Konj.* träfe; *Imp.* triff; *Part. Perf.* getroffen.
treiben *Präs.* treibe, treibst, treibt;

Impf. trieb; *Konj.* triebe; *Imp.* treib(e); *Part. Perf.* getrieben.

treten *Präs.* trete, trittst, tritt; *Impf.* trat; *Konj.* träte; *Imp.* tritt; *Part. Perf.* getreten.

triefen* *Präs.* triefe, triefst, trieft; *Impf.* troff; *Konj.* tröffe; *Imp.* —; *Part. Perf.* getrieft.

trinken *Präs.* trinke, trinkst, trinkt; *Impf.* trank; *Konj.* tränke; *Imp.* trink(e); *Part. Perf.* getrunken.

trügen *Präs.* trüge, trügst, trügt; *Impf.* trog; *Konj.* tröge; *Imp.* trüg(e); *Part. Perf.* getrogen.

tun *Präs.* tue, tust, tut; *Impf.* tat; *Konj.* täte; *Imp.* tu(e); *Part. Perf.* getan.

verderben *Präs.* verderbe, verdirbst, verdirbt; *Impf.* verdarb; *Konj.* verdürbe; *Imp.* verdirb; *Part. Perf.* verdorben.

verdrießen *Präs.* verdrieße, verdrießt, verdrießt; *Impf.* verdroß, verdrossest; *Konj.* verdrösse; *Imp.* verdrieß(e); *Part. Perf.* verdrossen.

vergessen *Präs.* vergesse, vergißt, vergißt; *Impf.* vergaß, vergaßest; *Konj.* vergäße; *Imp.* vergiß; *Part. Perf.* vergessen.

verlieren *Präs.* verliere, verlierst, verliert; *Impf.* verlor; *Konj.* verlöre; *Imp.* verlier(e); *Part. Perf.* verloren.

verlöschen *Präs.* verlösche, verlöschst, verlöscht; *Impf.* verlosch, verloschest; *Konj.* verlösche; *Imp.* verlisch; *Part. Perf.* verloschen.

wachsen *Präs.* wachse, wächst, wächst; *Impf.* wuchs, wuchsest; *Konj.* wüchse; *Imp.* wachs(e); *Part. Perf.* gewachsen.

wägen *Präs.* wäge, wägst, wägt; *Impf.* wog (wägte); *Konj.* wöge (wägte); *Imp.* wäg(e); *Part. Perf.* gewogen (gewägt).

waschen *Präs.* wasche, wäschst, wäscht; *Impf.* wusch, wuschest; *Konj.* wüsche; *Imp.* wasch(e); *Part. Perf.* gewaschen.

weben* *Präs.* webe, webst, webt; *Impf.* wob; *Konj.* wöbe; *Imp.* web(e); *Part. Perf.* gewoben.

weichen *Präs.* weiche, weichst, weicht; *Impf.* wich; *Konj.* wiche; *Imp.* weich(e); *Part. Perf.* gewichen.

weisen *Präs.* weise, weist, weist; *Impf.* wies, wiesest; *Konj.* wiese; *Imp.* weis(e); *Part. Perf.* gewiesen.

wenden* *Präs.* wende, wendest, wendet; *Impf.* wandte; *Konj.* wendete; *Imp.* wende; *Part. Perf.* gewandt.

werben *Präs.* werbe, wirbst, wirbt; *Impf.* warb; *Konj.* würbe; *Imp.* wirb; *Part. Perf.* geworben.

werden *Präs.* werde, wirst, wird; *Impf.* wurde (ward); *Konj.* würde; *Imp.* werde; *Part. Perf.* geworden (worden).

werfen *Präs.* werfe, wirfst, wirft; *Impf.* warf; *Konj.* würfe; *Imp.* wirf; *Part. Perf.* geworfen.

wiegen *Präs.* wiege, wiegst, wiegt; *Impf.* wog; *Konj.* wöge; *Imp.* wieg(e); *Part. Perf.* gewogen.

winden *Präs.* winde, windest, windet; *Impf.* wand, wandest; *Konj.* wände; *Imp.* winde; *Part. Perf.* gewunden.

wissen *Präs.* weiß, weißt, weiß; *Impf.* wußte; *Konj.* wüßte; *Imp.* wisse; *Part. Perf.* gewußt.

wollen *Präs.* will, willst, will; *Impf.* wollte; *Konj.* wollte; *Imp.* wolle; *Part. Perf.* gewollt.

wringen *Präs.* wringe, wringst, wringt; *Impf.* wrang; *Konj.* wränge; *Part. Perf.* gewrungen.

zeihen *Präs.* zeihe, zeihst, zeiht; *Impf.* zieh; *Konj.* ziehe; *Imp.* zeih(e); *Part. Perf.* geziehen.

ziehen *Präs.* ziehe, ziehst, zieht; *Impf.* zog; *Konj.* zöge; *Imp.* zieh(e); *Part. Perf.* gezogen.

zurückschrecken* *Präs.* schrecke, schrickst, schrickt zurück; *Impf.* schrak zurück; *Konj.* schräke zurück; *Imp.* schrick zurück; *Part. Perf.* zurückgeschrocken.

zwingen *Präs.* zwinge, zwingst, zwingt; *Impf.* zwang; *Konj.* zwänge; *Imp.* zwing(e); *Part. Perf.* gezwungen.